U0906663

教育部党组书记、部长袁贵仁接见全国第六届少代会代表。

教育部党组副书记、副部长陈希（前排中）出席东北片区高校学习实践科学发展观活动交流座谈会并讲话。

教育部党组成员、副部长鲁昕到北京百年农工子弟职业学校调研。

教育部党组成员、副部长陈小娅在南京的一所中学听课。

教育部党组成员、中纪委驻教育部纪检组组长王立英（前排左三）在西南大学进行调研。

教育部党组成员、副部长李卫红（右四）在四川师范大学物理与电子工程学院实验中心调研。

宁夏回族自治区海原县第三小学学生在现代化的教室里上语音课。

昔日：宁夏南部山区的学生在简陋的教室里上课。

甘肃省会宁县鸡儿小学建立卫星教学收视点，让学生接受远程教育。

北京开展《中华人民共和国职业教育法》宣传活动。

全国职业院校技能大赛在天津的举办标志着“普通教育有高考，职业教育有大赛”的局面从此形成，体现了职业教育的重大制度设计与创新。图为参赛选手在进行机电一体化设备组装与调试比赛。

“国家教育考试考务管理与服务平台”与全国近半数省（自治区、直辖市）建立了视频联通。

宁夏回族自治区考生参观“阳光招生”过程。

为培养造就大批优秀教师，鼓励更多的优秀青年终身从事教育工作，国务院决定在教育部直属六所师范大学实行师范生免费教育。图为北京师范大学免费师范生在学习。

武汉大学博士学位获得者。

辽宁省锦州市古塔区良安南社区辅导教师给失业人员和老人讲课。

识字改变贵州农家女的生活。

国家实施“农村劳动力转移培训工程”和“农村实用技术培训课程”，培养“有文化、懂技术、会经营”的新型农民。图为安徽省颍上县阜阳工商贸易学校培训返乡农民工。

《中国教育年鉴》编辑部

主　　编　牟阳春

副 主 编　史习江　安钰峰　续　梅　李志军　张新洲　蔺海波

编辑部主任　夏　越

编　　辑　程淑华　罗汉书　周伟涛　闫丽春

中国教育年鉴

（2010）

《中国教育年鉴》编辑部

人民教育出版社

·北京·

图书在版编目（CIP）数据

中国教育年鉴. 2010/《中国教育年鉴》编辑部编.
—北京：人民教育出版社，2011
ISBN 978-7-107-23621-1

Ⅰ.①中…
Ⅱ.①中…
Ⅲ.①教育事业—中国—2010—年鉴
Ⅳ.①G52-54

中国版本图书馆 CIP 数据核字（2011）第 095821 号

人民教育出版社 出版发行
网址：http://www.pep.com.cn
中国农业出版社印刷厂印装　全国新华书店经销
2011 年 8 月第 1 版　2011 年 8 月第 1 次印刷
开本：890 毫米×1 240 毫米　1/16　印张：76.5　插页：56
字数：2 300 千字　　印数：0 001～2 000 册
定价：295.00 元

（联系地址：北京市海淀区中关村南大街 17 号院 1 号楼　邮编：100081）

编　辑　说　明

《中国教育年鉴》是教育部组织编纂的按年度向国内外发布中国教育改革和发展情况的专业性年鉴。它是各级教育行政部门、各级各类学校执行党和国家的教育法律法规与方针政策、做好教育工作的经验总结，是中国教育事业发展进程的真实记录。编纂本年鉴是为教育管理决策、教育科学研究提供参考，为宣传交流中国教育改革与发展成就设立窗口，为热心关注和研究中国教育的相关部门及读者提供信息资料。

《中国教育年鉴》的基本内容有：教育部领导关于教育工作的重要讲话或专文，党和国家领导人出席重要教育活动的报道或综述，年度教育工作要点，教育发展统计，教育综合管理（教育新闻宣传、教育政务公开、教育法制建设等），教育人事管理，先进集体与先进人物表彰，教育财务与审计，基础教育，职业教育与成人教育，高等教育，师范教育，民族教育，学校体育、卫生、艺术与国防教育，教育考试，教育信息化建设与远程教育，语言文字工作，国际与港、澳、台教育合作与交流，教材建设与教学仪器研究，教育科研与学术活动，教育新闻媒体，各省、自治区、直辖市教育，香港、澳门教育情况简介，教育工作文件选编与资料汇编，教育大事记，等等。本年鉴暂不包括我国台湾地区教育情况简介。

按目前国际国内通例，当年的教育年鉴反映的是上一年教育改革和发展的基本情况。某些需要多年才能完成的工作，当年的年鉴主要记述的是上一年此项工作的进展情况。

本年鉴发布的统计数据均由教育部发展规划司统计处提供，引用应以此为准。但某些条目中的数据由于统计口径不一，可能有不尽一致的地方，请读者使用时注意。

在年鉴的编纂过程中，虽力求做到内容全面系统、资料准确无误、文字简明精炼，但由于我们水平有限，仍有一些需要改进之处，欢迎广大读者批评指正。

《中国教育年鉴》编辑部

2011年7月

目　　录

Contents

继续解放思想 坚持改革创新 努力开创教育事业科学发展新局面

——在教育部2010年度工作会议上的讲话

（2010年1月14日）

袁贵仁

今天上午，中共中央政治局委员、国务委员刘延东同志出席会议并发表重要讲话，充分肯定了去年教育系统取得的显著成绩，深刻分析了当前面临的形势挑战，全面提出了今年工作的任务要求。讲话内涵丰富、思想深刻、求真务实，对做好今年和今后一个时期教育改革发展稳定工作具有重要指导意义。我们要认真学习领会、全面贯彻落实。12个省区市的经验介绍，讲得很好，对我们大家很有启发，值得进一步总结推广，值得各地学习借鉴。刚才，六位副部长分别讲了各自主管工作的思路和重点，对今年各项工作的开展有很好的指导意义。下面，我讲三个问题。

一、关于2010年教育工作的总体考虑

刚刚过去的2009年，教育系统认真贯彻党的十七大和十七届三中、四中全会精神，深入开展学习实践科学发展观活动，全面落实《政府工作报告》中关于教育工作的部署和要求，《国家中长期教育改革和发展规划纲要》研究制定工作取得重大进展，教育改革发展迈出了新的步伐。一是教育公平取得新进展。全面落实城乡免费义务教育政策，农村中小学公用经费基准定额提前一年落实。国家助学制度不断完善，资助面进一步扩大，资助标准进一步提高。从去年秋季学期开始，中等职业学校农村家庭经济困难和涉农专业学生免除学费，这是促进教育公平的又一重大举措。二是教育结构进一步优化。中等职业教育规模进一步扩大，办学条件进一步改善。高等教育招生增量继续向中西部倾斜，专业学位研究生等应用型人才招生规模进一步扩大，高水平大学和重点学科建设取得新进展。三是教师队伍建设成效显著。义务教育阶段教师基础性绩效工资基本兑现，中小学教师工资待遇普遍提高。农村义务教育阶段学校教师特设岗位计划规模继续扩大，越来越多的优秀高校毕业生到农村任教。师范生免费教育深入实施，高等学校引进国外优秀人才迈出更大步伐。四是素质教育扎实推进。以庆祝新中国成立60周年为契机，深入开展“我爱我的祖国”主题教育活动，切实加强爱国主义教育、学校民族团结教育。基础教育改革继续深化，义务教育学科课程标准修订工作基本完成。中等职业学校德育课程改革深入推进。高校招生制度改革进一步深化，多元评价、多样化录取的高校招生方式在实践中探索前进。五是办学条件不断改善。全国中小学校舍安全工程全面开展，排查鉴定任务全部完成，工程规划认真编制，加固改造扎实推进。六是高校毕业生就业工作进展顺利，经过各方共同努力，就业率稳中有升，就业人数较大幅度增长。

这些工作的完成或推进，为做好2010年教育工作奠定了坚实基础。

回顾过去一年，在国际金融危机带来严峻挑战、经济发展十分困难的宏观环境下，取得这些成绩极为不易，这是党中央国务院正确领导的结果，是全党全社会关心支持的结果，是教育系统全体同志团结奋斗的结果。借此机会，我代表教育部向全国教育工作者和为教育事业作出贡献的同志们，表示衷心的感谢和崇高的敬意!

2010年是实施“十一五”规划最后一年，是规划纲要启动实施的第一年，也是编制“十二五”规划、为“十二五”奠定基础的关键一年。谋划好、落实好今年的工作，意义重大、影响深远。在研究确定今年重点工作、编制年度工作要点的过程中，我们主要考虑了以下四个方面。

*第一，落实中央教育工作决策部署。*做好教育工作，首要的一条是要认真学习贯彻中央关于教育工作的重要思想、重要决策、重要部署。党的十六大特别是十七大以来，以胡锦涛同志为总书记的党中央着眼党和国家事业长远发展，深入实施科教兴国和人才强国战略，确立了教育优先发展的战略地位和建设人力资源强国的战略目标，提出了办好人民满意教育的根本要求。刘延东同志在今天上午讲话中从七个方面阐述了中央关于教育工作的重大思想，这是今后一个时期我国教育改革发展的重要指导思想。最近，党中央、国务院对今年工作作出了全面部署和安排，特别是中央经济工作会议、中央农村工作会议、十七届中央纪委五次全会等一系列重要会议，立足经济社会改革发展全局，立足提高党的建设科学化水平大局，对教育工作提出明确要求。一是启动实施《国家中长期教育改革和发展规划纲要》。二是优先发展教育。多渠道增加教育投入，健全教育投入保障机制，改善教育办学条件，提高教育现代化水平。三是进一步优化教育结构，促进各级各类教育科学发展。继续巩固和提高“普九”成果，加快普及高中阶段教育，提高高等教育质量，扩大职业教育规模。四是着力推进素质教育。减轻中小学生过重课业负担，促进学生全面发展。深化未成年人思想道德建设和大学生思想政治教育，加强和改进中小学思想品德课和高校思想政治理论课建设。认真落实哲学社会科学重点教材建设规划，采取有力措施确保教材编写、审议、使用的质量和效率，推动马克思主义中国化最新成果进教材、进课堂、进头脑。五是推进教育改革。围绕教育优先发展、科学发展的目标和要求，推进义务教育、高等教育、职业教育体制改革。六是统筹城乡、区域教育发展。适应稳妥推进城镇化的需要，解决好进城务工人员随迁子女平等接受义务教育和农村留守儿童教育问题。加大农村义务教育投入力度，积极改善农村和贫困地区办学条件。促进义务教育均衡发展。推进教育信息化和优质教育资源共享。支持相关民族地区开展“双语”教育。七是完善家庭经济困难学生资助政策。解决好经济困难家庭子女上学问题。改进农村学生营养状况。加快中等职业教育免费进程，将政策实施范围扩大到城市低收入家庭子女。加强农民工职业技能培训，逐步实施农村新成长劳动力免费劳动预备制培训。逐步实施免费为农村定向培养全科医生和招聘执业医师计划。八是加强教师队伍建设。落实义务教育学校教师绩效工资政策。加大农村教师校长培养培训力度。九是引导高校毕业生树立正确择业观，鼓励他们到城乡基层、中西部地区、中小企业就业和自主创业，高度重视解决家庭贫困的高校毕业生就业问题。十是适应群众生活多样化、个性化的需要，提高教育培训水平。中央这些决策部署，明确了今年教育工作的目标任务，我们必须坚决贯彻落实好。

*第二，满足人民群众根本教育需求。*教育工作做得好不好，关键还是要看是不是真正满足了广大人民群众的根本教育需求。当前，广大人民群众最根本的教育需求是什么？主要是对更加公平、更高质量、更为多样教育的需求。一是随着知识、技能的价值越来越充分显现，教育对改变个人命运、创造幸福生活越来越重要，人民群众对优质教育的渴望从来没有像今天这样强烈；二是随着社会主义民主法制不断完善和公民权利意识的不断增强，人民群众对教育公平的关注从来没有像今天这样突出；三是随着社会经济、文化和群众生活的日益丰富，人民群众对多样化、个性化教育的需求从来没有像今天这样迫切。在新形势下办好人民满意的教育，我们必须积极回应社会关切，切实解决群众反映强

烈的问题，努力实现好、维护好、发展好最广大人民的根本利益。

第三，遵循教育基本规律。科学发展必然是把握规律、运用规律、符合规律的发展。遵循教育规律是转变教育发展方式、促进教育事业科学发展的客观要求和根本保证。在当前教育改革发展的关键时期，我们必须切实尊重教育规律、教学规律、人才成长规律，全面贯彻党的教育方针，自觉地将中央的要求、人民群众的期望与尊重教育规律统一起来。教育是中国特色社会主义事业的重要组成部分，教育改革发展必须立足国情，符合社会发展规律，从基本国情出发，主动适应和服务经济社会发展；教育是培养人的活动，要按照人成长成才的规律，深入推进素质教育，育人为本，德育为先，积极适应和促进人的全面发展，培养社会主义事业建设者和接班人。一是尊重教育活动的特殊性。"十年树木，百年树人"。与其他活动相比，教育周期长、见效慢，我们的工作必须具有前瞻性、预见性，超前部署。同时，教育涉及各个领域、各个方面，我们的工作必须具有战略性、全局性，必须加强统筹协调。二是尊重教育对象的特殊性。教育工作的对象是人，尤其是充满生机活力、具有远大理想追求、富有个性化发展潜质的青少年。我们的工作必须始终坚持以人为本，牢固树立全面发展、人人成才的观念，终身学习、系统培养的观念，注重学思结合、知行统一、因材施教，努力改变单纯以升学率、发展规模和发展速度衡量发展成效和工作成绩的观念和做法，努力改变简单以学历文凭衡量人才质量和水平的观念和做法。三是尊重教师工作的特殊性。教书育人是一项专业性、探索性、创造性极强的工作，要求教育者必须先受教育，具有高度的使命感、责任心，静下心来教书、潜下心来育人，来不得半点急功近利，来不得半点三心二意，来不得半点弄虚作假。我们一方面要千方百计改善教师的学习、工作和生活条件，为教师解除后顾之忧，让他们全身心地投入到教育教学工作中去；另一方面要努力改进教师管理制度，严格教师资格准入制度，健全教师考核评价机制，使每位教师都能够成为爱岗敬业的模范、教书育人的模范、终身学习的模范，成为受学生爱戴、让人民满意的教师。

第四，体现规划纲要战略思路。正在研究制定的规划纲要力图体现中央精神、人民期盼、教育规律。今年，教育工作要在思路和重点上努力体现规划纲要精神，启动实施规划纲要。一要体现到2020年教育改革发展的总体战略，全面贯彻党的教育方针，坚持以人为本，以改革创新为动力，以促进公平为重点，以提高质量为核心，全面实施素质教育，推动教育事业在新的历史起点上科学发展。二要体现各级各类教育发展重点任务，提升教育现代化水平，进一步完善中国特色社会主义现代教育体系。三要体现深化体制改革和制度创新，加快重点领域和关键环节改革步伐，激发教育活力，形成有利于教育事业科学发展的体制机制。四要体现为教育改革发展提供有力保障，不断完善教师队伍建设、经费投入、教育信息化、依法治教、组织领导等政策措施。五要着力推进重大项目和改革试点的组织实施，真正办成办好几件让人民群众满意、为教育发展增添动力的好事实事。

以上四个方面，是制定今年工作要点的基本依据，是做好今年各项教育工作的总体考虑。概括起来，就是我们2010年的教育工作，要努力做到对党负责、对国家负责、对人民负责、对历史负责，使我们的教育真正成为适应国家经济社会发展的教育，顺应人民群众期盼的教育，支撑中华民族伟大复兴的教育。我们必须以更加坚决的态度、更加有力的措施、更加扎实的工作，尽心尽力、尽职尽责地做好2010年的各项教育工作，向党和人民交出一份满意的答卷。

二、关于2010年教育工作的主要任务

2010年教育工作的总体要求，教育部工作要点已作了全面表述，主要突出了以下几点：以中国特色社会主义理论体系为指导，深入贯彻落实科学发展观，全面贯彻落实党的教育方针；以研究制定和启动实施《国家中长期教育改革和发展规划纲要》为主线；以优先发展、改革创新、提高质量、促进公平为工作方针，以夯实基础、调整结构、优化布局、提升内涵为工作着力点；以进一步提高教育现代化水平，增强教育为现代化建设服务、为人民服务能力为导向，推动教育事业在新的历史起点上科学发展。关于今年的主要工作，刚才六位副部

长就各自主管领域分别作了介绍。这里，我着重强调以下四点。

第一，更加积极主动地适应和服务经济社会发展。为社会主义现代化建设服务、为人民服务，是教育工作的根本宗旨，也是教育改革发展的力量源泉。多年来，教育工作围绕中心、服务大局，为经济发展、社会进步、民生改善作出了重要贡献。但同时也应清醒地看到，我们的教育还不适应经济社会发展的要求、不适应国家对人才培养的要求。当前，我国正处在进一步发展的重要战略机遇期，经济转轨的新形势、社会转型的新课题、科技文化发展的新动态，迫切需要我们积极行动起来，认真分析、及早谋划，不断解决好这两个“不适应”问题，不断增强主动为经济社会发展服务的意识和能力。

一要主动适应经济发展方式转变和经济结构调整，统筹教育的规模、结构、质量、效益，统筹各级各类教育协调发展。合理配置教育资源，科学调整教育区域布局、层次结构和学科专业设置，更多更好地培养经济社会发展急需的高素质劳动者和创新型、实用型、复合型人才。二要主动适应城镇化进程，把学校作为中小城市和小城镇发展的重要基础公共设施，科学规划、合理布局，健全公共教育服务体系，提高教育服务能力，努力把学校建设成为城乡社区教育的主阵地、科技文化的辐射源和全民学习的重要场所。三要主动适应国家区域发展战略，加大对中西部地区教育支持力度，鼓励东部地区教育率先发展，促进区域教育改革和协调发展。各地教育行政部门、各级各类学校都要瞄准区域发展战略需求，积极主动地融入到当地经济社会发展之中去。四要主动适应产业结构优化升级和培育战略性新兴产业需求，特别是针对新能源、节能环保、新材料、新医药、生物育种、信息网络、新能源汽车等新兴产业发展需要，组织和开展科技攻关，不断提高自主创新能力，突破关键核心技术，推进产学研用结合。哲学社会科学要积极推进马克思主义中国化、时代化、大众化，主动推进文化传播，参与决策咨询，发挥智囊团、思想库作用。

第二，更加积极主动推进重点领域和关键环节改革步伐。教育要发展，根本靠改革。与经济体制改革相比，社会事业改革相对滞后，教育体制亟待改革。我们要认真贯彻中央的要求，坚定不移地推进改革、聚精会神地谋划改革、扎扎实实地实施改革，使2010年成为教育改革年。

为此，一要坚持改革，加快改革。我们要继续解放思想，坚持改革创新，突破教育科学发展的瓶颈问题，解决老百姓关心的热点问题。教育部正在研究制定2010年深化教育体制改革实施方案，进一步明确改革工作的“路线图”和“时间表”，力求在体制改革方面取得实质性进展。今后几年，我们每年都要围绕工作重点，出台一个教育体制改革实施方案，明确年度目标任务，落实责任制，建立检查工作机制，扎实深入地推进教育体制改革的各项工作，使改革工作如同发展工作一样成为可执行、可检查、可评估的工作。二要突出重点，加大投入。当前，教育改革要适应经济社会发展需要，努力促进教育公平、提高教育质量。今年要在创新人才培养模式、改革教学内容方法、完善考试招生制度、扩大高校办学自主权、深化办学体制改革、扩大教育开放、健全教育投入保障机制、加强省级政府教育统筹等方面，加大力度、加快进度，重点突破、整体推进。要加大对重点领域改革的支持力度，加大对改革的投入。三要先行先试、积累经验。经验来自基层，创造来自群众。要充分尊重基层和群众首创精神，允许、鼓励和支持各地各校开展教育改革试点。要善于发现新典型，正确对待新探索，及时总结新经验，勇于在更大的范围推广已经实践证明成功的做法。四要统筹推进、有序改革。越是在改革的攻坚阶段，越要加强统筹协调，稳步推进。教育部将成立教育体制改革工作小组，加强对教育体制改革的组织领导；成立教育体制改革办公室，负责改革项目的整体谋划、综合协调等事项；成立教育咨询委员会，对教育体制改革进行咨询指导。各省区市和学校也要提出推进改革方案，加强工作指导，规范工作程序，切实做好各项改革工作。

第三，更加积极主动在促进教育公平上办好事办实事。实现社会公平正义是中国特色社会主义的本质要求。不断促进教育公平是实现社会公平正义的重要方面。近年来，中央采取了一系列重大政策措施，城乡免费义务教育全面实现、农村教育得到加强、国家助学制度不断完善，教育公平迈出重大步伐。但我们的工作与人民群众的新要求、新期盼相比还有较大差距，特别是校际、城乡、区域发展不平衡，义务教育“择校”问题比较突出，家庭经济困难学生资助存在薄弱环节，一些地方行风建设亟待加强改进。这些都是老百姓意见比较集中的方面，要采取有力措施切实加以解决。长远来看，我们要大力促进教育优先发展，最大限度地实现公平；要更加注重体制机制改革创新，最大程度地保障和维护公平。

今年，推进教育公平，一要把好事办好、实事办实。中央在解决好农民工随迁子女入学、关爱留守儿童、完善家庭经济困难学生资助政策、支持特殊教育、发展民族教育、解决“择校”问题等方面都提出了明确要求。我们要在已有工作基础上，进一步确定工作目标，细化任务安排，加大工作力度，切实抓出让老百姓看得见、摸得着的成效。二要加强研究，完善政策体系。在合理配置公共教育资源方面，中央始终强调要对革命老区、民族地区、边疆地区、贫困地区实行倾斜。我们既要在经费保障、项目安排上倾斜，还要在师资配置等方面加大支持力度，并从制度设计上提供保障。在健全国家助学制度方面，要扩大资助覆盖面、提高资助标准，逐步扩大中等职业教育免费范围，推进把普通高中家庭经济困难学生纳入国家助学体系，鼓励各地对家庭经济困难幼儿入园提供资助，努力做到不让一个孩子因家庭经济困难而失学。三要规范办学行为、从严治教。今年要进一步突出重点、明确目标，加大教育收费的管理力度，力争在群众关注的几个热点上取得实实在在的进展。

第四，更加积极主动抓紧抓实提高质量这个核心任务。质量是教育的生命，没有质量的持续提高，规模和数量扩大的社会效益就会大打折扣。要使中国的教育“由大变强”，必须紧紧扭住提高质量这个核心不放松。应当说，我们多年来对质量问题在思想上一直是很重视的，但实践中确实还存在标准不完善、监测不到位、保障不得力等不足之处。因此，在实际工作中，如何判断全国的教育质量、一个省区市的教育质量、一所学校的教育质量，常常众口不一，较难统一认识和行动。当前国家发展、国际竞争、广大人民群众都对提高教育质量提出了强烈要求。我们要进一步树立科学的质量观，抓紧质量标准体系的建立与健全，抓好教育质量的监测与评估，抓实每一名教师教书育人能力的提高，抓细课堂教学效果的优化。

一要在改革教学内容和教学方法上下功夫。课堂是教育教学的主阵地，提高教育质量必须首先提高课堂教学质量。要整体谋划大中小学教学改革，深化课程教材改革，倡导启发式教学，积极推行探究式学习，鼓励学生全面发展、个性发展。在切实提高教师素质、增强课堂教学效果的基础上，进一步完善减轻中小学生过重课业负担的有效措施。建立健全科学的评价体系和政策导向，引导学生专心学习、奋发成才、健康成长。探索培养高素质专门人才和创新人才的有效途径和办法，发展每一个学生的优势潜能，形成各类人才辈出、创新人才不断涌现的局面。二要在提高教师队伍素质、推动广大教师在聚精会神教书育人上下功夫。提高质量，首先要加强教师队伍建设。要把建设师德高尚、业务精湛、结构合理、充满活力的专业化教师队伍作为提高质量的重要任务和根本途径。要以农村教师为重点提高中小学教师队伍整体素质，大力加强农村中小学教师和校长培养培训。扩大实施农村义务教育特设岗位计划，创新和完善农村教师补充机制。继续抓好教师绩效工资制度的落实和完善，对长期在艰苦边远地区工作的教师实行工资福利倾斜政策。通过完善政策，提高教师地位待遇，吸引优秀人才长期从教、终身从教、到艰苦贫困地区从教。要加强教师管理，加强师德师风建设，完善有利于实施素质教育的教师考核、聘任和评价办法，引导广大教师全身心地投入教育教学工作。三要在促进优质教育资源共享上下功夫。信息技术对教育发展、提高质量具有革命性影响，必须予以高度重视。要坚持应用导向加快教育信息化进程，大力推进信息技术在教育教学的实际运用，促进教育内容、教学手段和教学方法现代化。四要在完善教育质量监控体系上下功夫。科学确立质量标准，加强质量监控机构建设，完善教育质量保障体系，强化教育督导与评估，把教育资源配置和学校工作重点进一步集中到提高质量上来。

三、关于提高推进教育事业科学发展的能力和水平

当前，我国正处在社会转型、改革攻坚、实现科学发展的关键时期，全社会对教育问题的关注度、敏感度、期望值空前提高，教育工作的外部环境日益复杂，办好让人民满意的教育任务繁重艰巨。完成好今年的工作，各级教育部门特别是在座的同志们肩负重大的责任。党的十七届四中全会对加强党的建设、改进工作作风，提高执政能力和水平提出明确要求。我们一定要牢记“为民、务实、清廉”的要求，倾听人民群众的呼声，对人民群众负责，接受人民群众监督，不断提高教育工作的科学化水平。

*第一，必须立足大局，明确工作定位。*进一步明确教育工作的战略方向、找准工作定位，既要紧紧围绕党和国家中心工作、着眼于现代化建设全局谋划教育改革和发展，又要强基固本、不断提高教育服务大局的基础能力和水平；既要有全球视野、瞄准国际前沿，借鉴经验、应对挑战，又要坚持一切从基本国情出发，牢牢把握我国教育改革发展的阶段性特征，尽力而为，量力而行；既要着眼长远、体现研究制定规划纲要中明确的基本思路和总体导向，又要立足当前，扎扎实实推进各项工作取得明显成效；既要加强战略谋划，努力从党和国家重要决策部署中寻求工作着力点，又要注重统筹协调，从教育与其他领域关系中找准工作结合点，凝聚力量、集中优势、集成资源，提高工作的整体效应。

*第二，必须突出重点，抓住关键环节。*推进教育改革发展，必须找准着力点、选好突破口，抓住牵一发而动全身的关键环节。比如，义务教育要以推进均衡发展为突破口，加快学校校舍、设备、教师标准化建设，健全教师校长流动机制，促进基本公共教育服务均等化、建立城乡一体化发展机制，率先在县域内实现均衡发展。要通过推进义务教育均衡发展，有效缓解“择校”、学生课业负担过重等老大难问题。又比如，职业教育要以加强与行业企业的紧密合作为关键，建立健全政府主导、行业指导、企业参与的办学机制，鼓励校企合作、顶岗培养，推动工学结合，加强实习实训基地、“双证书”制度、“双师型”教师队伍、基础能力建设以及毕业生就业创业等工作，促进职业教育与经济社会发展相适应。再比如，高等教育要以创新人才培养为中心，推动教育质量全面提高。要加快教育教学改革步伐、加强教师队伍建设特别是师德师风建设和大学生思想政治工作，统筹好高校人才培养、科学研究、社会服务三大功能，整体提高学生素质，增强学生的社会责任感、创新精神和实践能力。并以高等教育创新人才培养的新思路新举措，积极影响和有效引领中等教育以及初等教育教学模式的改革创新，营造全社会关心创新人才培养的环境氛围，构建大中小学创新人才培养的体制机制。

*第三，必须科学调研，增强前瞻性、预见性和针对性。*调查研究是正确制定教育政策的前提和基础。没有调查就没有发言权，没有调查就谈不上决策权。科学调研是科学决策的基础，而科学决策则是科学执政、科学发展的前提。要清醒地看到，一些应该做好的事情没有做好、一些本来可以解决的问题久拖未决，大都与调研不深、心中无数，思路不清晰、决策不科学有关系。面对错综复杂的国内外形势、面对艰巨的改革发展稳定任务、面对不断出现的新情况新问题，只有不断加强学习、深入调研，努力掌握和运用一切科学的新思想、新知识、新经验，才能不断增强工作的主动性和实效性。一是深入调研。各级教育部门领导干部都要深入基层、注重实践，带头深入教育教学第一线，形成联系学校制度和听课制度。认真研究思考教育教学工作中深层次问题，及时总结、推广基层创造的新鲜经验和有效做法，及时解决热点难点问题，不断深化对新时期教育教学工作特点、规律的认识，使我们的工作更加符合实际、更加富有成效。二是长远谋划。当前要抓紧开展教育事业“十二五”规划研制，完善中长期规划，充分尊重和发挥好民主党派、专业咨询机构、教育学会和科研单位以及驻外教育处组的作用，加强对国内外形势特别是科技进步、产业发展、人口变化、社会结构等调查分析，深入了解各行业、各领域对教育的需求特别是用人单位对人才的需求。三是科学决策。要坚持科学理论指导，切实提高战略思维、创新思维、辩证思维

能力，提高宏观教育政策研究能力和决策能力。要建立健全重大决策、重大工程和改革的咨询、听证制度以及社会稳定风险评估机制，提高运用民主方法、凝聚共识从而推进工作的本领，提高教育工作科学化、规范化水平。

第四，必须转变职能，提高管理水平和执行能力。事业越是发展、改革越是深化，越是需要加强管理、改进管理。要牢固树立向管理要质量、向管理要公平的理念，坚持一手抓改革发展，一手抓科学管理。要切实改进管理缺位、管理越位、管理错位的状况，切实解决工作中不敢管、不愿管、不会管的问题，切实做到管理及时、有力、到位。一要改进管理方式。加快推进由传统的办教育向管教育转变，由管理微观向管理宏观转变，由直接管理向善于应用综合手段管理转变，切实做好统筹规划、政策引导、监督管理和提供公共教育服务的职责。既要全国一盘棋，确保政令畅通，又要加强分类指导，不搞一刀切。二要改进工作作风。要以优良的党风促政风、带行风、正学风、树新风。要大力提倡勤政、高效、廉洁的政风，克服一些地方和部门不同程度存在的官僚主义、形式主义；大力倡导情系人民、竭力为群众排忧解难的行风，根除少数党员干部对群众利益不关心、对工作不负责的思想和习气；大力提倡求真务实、科学严谨、默默耕耘的学风，纠正有的地方、学校和个人在学术上存在的急功近利、弄虚作假的行为。要更加注重抓执行、抓落实，脚踏实地推进工作，做到责任到人、落实到位。要大力强化监督检查，研究解决实际困难和问题，及时调整完善政策措施。要充分肯定教育系统这支队伍是一支忠于党和人民教育事业的队伍，是一支能够让党和人民放心的队伍。同时我们也要清醒地看到，目前教育系统也确有少数同志宗旨意识不强，责任心事业心不够，问题研究不深入，工作作风学风不扎实，甚至出现一些违规违纪违法的问题。这些问题的存在，影响了教育系统的形象，损害了人民群众的利益，危害了党的教育事业，我们决不能掉以轻心、听之任之。要通过坚持不懈的努力，使教育系统的同志们更加自觉、更加坚定地始终坚持党的利益高于一切、人民的利益高于一切、国家的利益高于一切，不为私心所扰、不为名利所累、不为物欲所惑；一诺千金、说到做到，多办顺民意、解民忧、增民利的实事、好事；踏实治学、严谨自律，恪守学术道德，树立优良学风。三要全面推进依法行政。适应依法治国方略深入实施的要求，认真梳理现行教育法律、法规和规章，做到有法必依、违法必究，不适应形势发展的要抓紧修改，能够上升为法律规范的要尽快进入立法程序，使管理工作有法可依、有章可循。教育系统领导干部要带头学法、知法、懂法、用法，学会并善于依法处理教育工作中各种实际问题，提高依法行政的能力和水平。

第五，必须善于协调，进一步促进全社会形成关心支持教育的合力。教育是国家和民族最根本的事业，是全社会共同的事业。我们不仅要埋头苦干、努力做好本职工作，还要以满腔热忱、耐心细致、任劳任怨的态度，最大限度地动员和发挥各方面的积极性，努力争取全社会的广泛支持。一要紧紧围绕规划纲要颁布实施和“十二五”规划的研究编制，积极主动地做好教育政策的宣传工作，做好教育热点问题的释疑解惑工作，做好社会舆论的引导工作。要善待媒体、善用媒体、善管媒体，努力提高同媒体打交道的能力。要拓宽听取广大师生和社会各方面意见建议的渠道，把全社会的意见建议进一步集中起来，把全社会重视和关心教育的热情力量进一步凝聚起来，把全社会参与和支持教育的积极性进一步调动起来，为教育改革发展稳定营造良好的社会环境和氛围。二要进一步推动各级党委政府健全教育优先发展的体制机制，完善部部合作、部省（区、市）合作机制，探索省际间教育协作机制，完善利用、协调和整合各种教育资源的有效模式。特别是在开展重点工作、完成重大任务时，不仅要考虑自己怎么做，还要考虑社会怎么做，更好地发挥社会各方面的积极性，推动形成全社会共同参与和支持教育的强大合力。三要扩大社会资源进入教育的渠道，积极鼓励和引导社会力量以多种形式捐资助学、投资办学，形成公办教育与民办教育公平竞争、共同发展的格局。

最后，我要特别强调一下廉洁自律和维护稳定两个问题。学校是教书育人的神圣殿堂，在廉洁自律方面理应有更高要求。应该说，教育系统反腐倡廉建设成效是明显的，但也面临许多新情况新问题，也成为腐败案件易发多发的领域。我们必须警钟长鸣、常抓不懈，不断加强反腐倡廉建设。领导干部要讲党性、重品行、作表率，以身作则、率先垂范，要守土有责、守土有方、守土有效，进一步严格要求、严明纪律、严肃查处，坚决遏制不正之风和腐败现象，决不让腐败玷污教育这一方净土。

稳定压倒一切。越是在形势复杂、任务繁重的时候，越是要切实做好稳定工作。当前，我国经济体制深刻变革、社会结构深刻变动、利益格局深刻调整、思想观念深刻变化，各类矛盾和风险有所增加，教育改革发展的任务繁重，保持教育系统的稳定关系全局。各级教育部门和学校主要领导要更加自觉、更加主动地落实稳定也是硬任务、是第一责任的要求，加强对影响教育系统稳定因素的分析和把握，及时排查和化解矛盾和纠纷，完善维护教育系统稳定的体制机制，确保教育系统的和谐稳定，为教育改革发展创造良好环境，为全社会的和谐稳定作出积极贡献。

同志们，教育事业是值得我们为之不懈奋斗的事业。办人民满意的教育，建设人力资源强国，使命光荣、责任重大。让我们在以胡锦涛同志为总书记的党中央领导下，高举中国特色社会主义伟大旗帜，以邓小平理论和“三个代表”重要思想为指导，深入贯彻落实科学发展观，解放思想、改革创新，真抓实干、奋发进取，努力开创教育事业科学发展的新局面！

（原载《中国教育报》2010 年 2 月 10 日）

以科学发展观为指导　推进中西部地方高校改革与发展

陈　希

高等教育发展状况，是一个国家国民教育发展水平的重要标志，也是一个国家综合国力的重要体现。党中央、国务院把教育一直摆在优先发展的战略地位，十分重视教育在一个国家经济和社会发展中的基础性、先导性和全局性的重要作用。经过60年的发展，特别是改革开放30多年的发展，我国高等教育事业取得了举世瞩目的成就，实现了两个历史性跨越。一是实现了高等教育的大众化。2008年，我国高等教育全日制在校生规模达到2 021万人，毛入学率达到23.3%，进入到国际公认大众化发展阶段。在我国总人口中，受过高等教育的人数达到7 000万人，科技人力资源总量达3 500万人，已实现了由人口大国向人力资源大国的转变。二是实现了管理体制的深刻变化。经过世纪之交高等教育管理体制的改革，基本结束了行业部门办学的历史，形成了中央和省级政府两级管理，以省级政府统筹管理为主的新的高等教育管理体制。在这个历史进程中，包括中西部在内的地方高校都取得了长足进步和发展。

一、地方高校的地位和作用日益凸显

伴随我国高等教育大众化进程的推进和高等教育管理体制改革的突破，一个极其显著的特点是地方高校成为了我国高等教育领域的主力军，加强和办好地方高校，对构建中国特色高等教育体系和建设高教强国具有特殊重要的意义。

第一，地方高校在高等教育大众化进程中承担着主体任务。据统计，全国普通高校由1998年的1 022所增加到2008年的2 263所。其中，地方高校由1998年的759所增加到2008年的2 152所，增加了184%；地方高校占全国高校总数的比例由1998年的74%上升到目前的95%。从在校生规模看，地方高校本专科在校生数由1998年的225.8万人增加到2008年的1 850.5万，由占全国本专科在校生数的70%上升到93.2%。因此，地方高校是我国高等教育体系中的主力军，在高等教育大众化进程中承担着主体任务，功不可没。

第二，地方高校承担着为区域经济社会发展提供人才和技术支撑的重任。地方高校承担着培养地方经济社会发展所需的各级各类高素质人才的重要职能，特别是中西部地区的地方高校已经成为当地人才科技支撑的主力军，是支撑、引领区域创新体系建立的重要力量。西部边疆和民族地区的地方高校还承担着促进文化交融，保护民族文化、维护民族团结，以及以“软实力”巩固边疆、促进睦邻友好、为我国和平发展营造良好周边环境等任务。由于地方高校的人才培养、科学研究、服务社会等方面与地方经济社会发展的结合更为直接，服务面更为广泛深入，已经形成了一些独特的办学优势和办学传统，其中有的大学办学历史较长，基础较好，社会声誉较高，经过体制的整合调整，以及多年的重点建设，呈现出良好发展势头，在当地高等教育事业中发挥着重要的示范和引领作用。

第三，地方高校承担着满足人民群众接受不同层次高等教育需求的重任。中华民族有良好的重视教育的文化传统，特别是随着国家和区域经济社会快速发展，人民生活水平的不断提高，广大人民群众对接受不同层次高等教育的需求和愿望也越来越强烈，而地方高校的兴起不仅丰富了我国高等教育的类型，拓展了我国高等教育的层次，在满足人民群众接受不同层次类型高等教育的愿望过程中也作出了积极的贡献。

纵观世界，地方高等教育的大发展是世界各国高等教育发展到一定历史阶段的普遍趋势。地方高等学校兴起于19世纪。伴随着工业革命的浪潮，大学与地方经济社会发展日益结合，出现了前所未有的高等教育区域化、地方化的发展趋势。可以说，19世纪以来，西方发达国家高等教育的现代化、大众化是与高等教育的区域化、地方化发展相伴而成、同步实现的。美国19世纪六七十年代通过实行赠地运动，推动了一些与地方经济发展密切结合的学校的发展，这一举措为美国经济社会的发展作出了突出的贡献，也对构建美国高等教育体系起了重要作用。英国随着各地方城市工商业活动的蓬勃发展，19世纪开始新大学运动，拉开了区域高等教育大发展的序幕。德国为了解决区域发展差距问题，采取了鼓励地方高等教育发展的改革措施，高校与地方经济发展实现了更紧密的结合。法国通过《高等教育法》规定大学要向社区开放，各大学广泛设立了跨学科、与区域经济发展相联系的教学和研究机构。20世纪60年代以来，印度、泰国、巴西等发展中国家，在进行高等教育改革中也都十分注重地方高等教育的发展问题，强调与区域经济相适应的高等教育。

党的十七大明确提出建设人力资源强国和建设创新型国家战略目标，大学肩负着不可替代的历史责任。要适应时代对于我们的新要求，实现好时代赋予我们的新使命，我们必须实现由高等教育大国向高等教育强国的跨越。建设高等教育强国，根本目的在于服务国家建设发展对于人才和智力支持的需要，在于不断满足人民群众对享受高等教育的需要。国家建设发展的需求是多样化的，人民群众对高等教育的需求也是多样化的，这就要求我们的大学不仅要有较大的规模、较高的水平，更要有适应国家建设发展和人民需要的比较完善、协调的体系结构。高等教育的成功实践充分证明，和谐、可持续发展的高等教育体系应该是多层次、多样化、有特色、有活力的“生态系统”。正如剑桥大学校长艾莉森·理查德教授所言“不同类型的大学有不同的功能，一个国家需要一些世界知名大学，但绝不需要所有大学都变成有名的大学”。我们认为，建设高等教育强国是一项宏大而艰巨的工程，需要各个类型、各个层次的所有大学的共同努力，需要我们以科学发展观为指导做好五个统筹协调发展：一是统筹区域高等教育的协调发展；二是统筹高水平大学与其他高校的协调发展；三是统筹中央高校与地方高校的协调发展；四是统筹公办教育与民办教育的协调发展；五是统筹各类高等教育人才培养工作的协调发展。作为我国高等教育体系中数量最多的地方高校，更应得到高度重视和关注。地方高校是建设人力资源强国和高等教育强国的强大基石，只有大力支持和推动地方大学提升办学水平，才能更好地实现我们建设人力资源强国、高等教育强国的宏伟目标。

二、重点支持中西部地区的省部共建工作成效显著

地方高校的发展一直面临着一些特有的困难和问题，特别是长期以来，地方高校的发展受到区域经济社会发展不平衡的影响，总体上呈现出“东部较强，中西部较弱”的现状。我国中西部地区占有国土总面积的85%，占全国总人口的56%，虽然经过近年来的发展，中西部地方高校的数量已经有很大增长，目前，中西部高校达到1 215所，占全国高校总数的53%。但教育部直属高校数量偏少，除了鄂、陕、川、渝在20世纪50年代高等教育大区布局时中央部门高校布点较多、实力较强外，中西部其他各个省区高等教育整体实力还是偏弱。“211工程”建设初期，由于西部某些省（区）的高等教育基础比较薄弱、条件暂不具备，有些省（区）还没有一所高校进入“211工程”的建设行列，西部与东部高等教育的差距十分明显。为了缩小这种差距，提升中西部地区高等教育的水平，促进区域高等教育协调发展和高等教育质量全面提高，经过一段时间酝酿论证，2004年，教育部党组作出了一项战略决策：主要面向中西部无教育部直属高校的省（区），选择一批基础、条件都比较好的地方高校进行省部共建，加大对这些地区高等教育的指导、支持力度。后来，鉴于新一轮“211工程”启动后，在布局结构上一些省份面临的一些特殊矛盾，我们对共建的范围又做了适当的延展。六年来，在各个省区（兵团）积极配合下，省部共建工作持续开展，不断推进深化，成效显著。

1. 省部共建高校得到了有力的宏观指导和资金支持。省部共建工作实施六年来，教育部采取一系列综合配套的指导、扶持举措，指导共建高校科学定位、理清发展思路，支持共建高校开拓视野、稳步提高综合实力。主要做了以下六项工作。一是组织由高教界资深老领导和规划工作专家组成的专家组，对省部共建和重点支持的高校，进行发展战略规划的论证、咨询工作，对这些学校科学定位，明确发展目标、理清办学思路起了很重要的作用。二是积极为共建高校争取专项经费支持。三是吸收共建高校领导参加海外培训，培养战略眼光和战略思维。四是吸收共建高校参加直属高校的重要会议，诸如直属高校工作咨询会。五是组织有关部属高校对共建高校进行对口支援，提高共建高校的管理水平和教学科研水平。六是在人才培养基地、重点学科、重点实验室、学位点等布点和建设上将共建高校纳入整体规划统筹考虑。

2. 省部共建工作促进了地方政府加大对高等教育扶持的力度。开展省部共建工作，重点促进中西部地方高等教育的发展，有利于缩小中西部与东部高等教育的差距，是实现高等教育整体协调发展，推进社会和谐的战略决策。六年来，地方政府的认识有了新的高度，建设有了更大的力度，为共建高校的发展创造良好的外部环境。一是地方政府高度重视省部共建工作。河南省委省政府提出“集全省之力建设好郑州大学”。宁夏回族自治区人民政府将宁夏大学经过教育部专家组论证的发展规划批准备案，为实现共建目标提供了有效保证。新疆维吾尔自治区主要领导多次对省部共建工作发表重要意见，结合新疆特殊的战略地位，阐述了共建工作的重要性。二是调整布局结构，整合办学资源。有些共建省、自治区利用共建时机，积极调整地方高等学校布局结构，通过整合办学资源，从而提高了共建高校的整体实力。三是加大了支持力度。各地方政府及其各部门认真落实“共建协议”的有关要求，在政策、投入、引进人才等方面加大了对共建高校的支持力度，特别是在重点建设项目上优先向共建高校倾斜，加快了共建高校的发展步伐。省部共建工作之所以顺利推进，并取得显著成效，得益于地方党委和政府的高度重视、关心和支持。

3. 开展省部共建工作推动了重点建设一批高水平地方大学的探索。高等教育布局合理与否，关系高等教育资源的配置效率，关系高等教育的协调发展和整体实力的增强。任何一个国家都十分重视本国高等教育的布局。中西部地区是我国欠发达地区。随着西部大开发和中部崛起战略的实施，对所在区域高等教育的发展提出了更多的需求，提出了更高的要求。开展省部共建工作，就是要充分调动和发挥中央、地方两个积极性，共同关注、重点支持地方高校尤其是起带头作用的地方高校的发展，这本身也是调整和完善高等教育结构，实现优质教育资源合理配置的体制性改革。这一改革进一步强化了教育部和地方政府支持地方大学的责任，特别是促进地方政府重点扶持地方龙头高校发展，是促进地方高校建设和发展的一种新探索，从实践效果看，这种模式是成功的。通过省部共建，扶持这批高校成为实力强、质量高、效益好、辐射能力强、排头兵式的示范性高校，有利于对区域高等教育发挥引领带动作用，有利于对地方经济建设和社会发展发挥重要的支撑作用。

三、对加快中西部高等学校改革发展的对策建议

经过60年的发展，特别是改革开放30多年的发展，我国实现了由人口大国向人力资源大国的转变。今天的中国已经成为一个对世界具有重要影响力的大国，高等教育在其中发挥了举足轻重、不可替代的重大作用。伴随我国现代化建设的历史进程，我国高等教育事业继续向前推进，正站在一个崭新的历史新起点。第一，国家发展所处的历史方位，对高等教育提出了新使命。党的十七大确立了到2020年全面建成小康社会的美好蓝图。21世纪前20年是全面建设小康社会的重要战略机遇期，是中国经济社会全面发展、实现中华民族伟大复兴的关键时期。国家发展所处的历史方位，对高等教育提出了新的历史使命。我们要立足全面建设小康

社会，实现社会主义现代化的目标，按照“三个面向”的要求，坚持改革创新，努力构建具有世界先进水平的中国特色社会主义现代高等教育体系，为国家经济社会发展提供强有力的智力支撑和人才支持。第二，科学发展观指导下的国家发展，对高等教育提出了新要求。深入贯彻科学发展观，推进社会主义现代化建设，必然会出现新的发展模式、发展重点、发展要求。这些都会对高等教育的发展提出一系列新的要求。高等教育要敏锐感知，不断适应。一方面要服务于国家科学发展需要，另一方面也要实现自身的科学发展。第三，新形势下人的全面发展的新需求，对高等教育提出了新课题。随着经济社会发展和高等教育大众化，人民群众对高等教育提出了多层次、多类型、高质量的要求，更加强调人的全面发展，更加注重人的自主性需求和个性化需要。如何满足群众的新期盼，如何促进教育公平，办好人民满意的高等教育，是对高等教育提出的新要求。因此，如何适应新形势，如何应对新的发展趋势、如何步入新时期，是摆在每一所大学面前的重大课题。特别是我国的教育现状与国际竞争的新趋势、与国家现代化建设的新要求、与人民群众的新期盼相比，还存在着差距和不足。这些问题关系到高等教育能否有力支撑经济社会又好又快地发展，关系能否建设好创新型国家和人力资源强国，需要我们认真、深入地思考，谋划新的发展。

党中央、国务院对新时期教育的发展非常重视。为了承接好建设的新起点，指导好发展的新阶段，集中全民智慧，正在研究制定《国家中长期教育改革和发展规划纲要》，这是贯彻落实党的十七大精神，深入落实科学发展观的重大战略举措，也是本届政府必须着力做好的一件大事。对教育系统来讲，这是进入21世纪以来我们国家第一个教育中长期的规划纲要，意义非常重大。《纲要》的题目把改革放在前面，表明这不仅是一个发展纲要，更是特别突出改革的纲要。教育尽管可以说是开创改革开放的风气之先，这些年改革也有很大推进，但是相对整个国家的发展要求来讲，教育的改革力度还是不够的。教育事业要上一个新台阶，关键在改革。希望中西部的高校要抓住难得的机遇，在深化改革上下功夫，在优化结构上下功夫，在办出特色上下功夫，在提高质量上下功夫。这就要求我们正确处理好五个方面的关系。

1. 要正确处理好深化改革和促进发展的关系。改革是为了更好地推进发展，在改革中发展，在发展中改革，这是辩证的统一，也是实践的昭示。改革是动力，是推动自我完善的过程，是实现发展目标的重要途径。一所大学要走向成熟，必然要经历自我完善的过程，也就是改革的过程。改革，伴随我们走过了波澜壮阔的历程，取得了举世瞩目的成就。站在新的历史起点上，要推进中西部高等教育的加速发展，建设区域特色鲜明的高水平地方大学，同样要加大改革的力度。《国家中长期教育改革和发展规划纲要》突出改革，强调改革，贯穿改革，必将促使我们在改革的大背景中更加深入地思考“建设一个什么样的大学”的问题；推动我们在改革的大视野中更加积极地谋划“怎样建设这样的大学”。我们必须以更开阔的视野、更长远的眼光、更开放的思想，进一步认识改革的重要性，进一步增强改革的坚定性，进一步凸显改革的时代性，进一步激发改革的创造性。20世纪80年代中期，我国高等教育进行了扩大办学自主权的改革，90年代初期进行了办学体制、招生就业制度、校内管理体制、教育教学等一系列改革，90年代后期，推进高等教育管理体制的改革，并取得重大突破。三次改革对我国高等教育发展起到了十分重要的作用。当前，影响高校科学发展，特别是在提高质量上水平方面的观念和体制性障碍仍然存在，这就需要我们进一步深化改革。中西部高校的每一位领导都要做改革的研究者，改革的宣传者，改革的组织者和改革的推进者。改革的过程不要简单地照抄照搬他人的做法，而是要在研究他人的经验的基础上，从实际出发，按客观规律办事，科学谋划发展战略和发展思路，创造性地开展工作，努力走出一条符合国情和自身实际的特色发展之路。总之，办教育、办学一定要在发展中解决矛盾和问题，通过改革克服制约发展的体制性障碍。只有这样，才能推动我们的各项工作科学发展。

2. 要正确处理好区域特色和高水平的关系。前一阶段，通过学习实践科学发展观活动，使我们进一步深化了对建设什么样的高等教育、如何建设中国特色社会主义高等教育，建设什么样的大学、如何建设中国特色社会主义大学等一系列重大问题的认识，积累了十分宝贵的经验。其中一条十分重要的经验，就是要建设有特色高水平的大学。刘延东国务委员在直属高校咨询会第十九次全体会议上深刻地阐述了高校特色发展的问题。“有特色”：就是有个性、有优势、有竞争力；“高水平”：就是要高标准、高效益、高质量。地方院校在我国整个高等教育体系中作用和地位突显，只有以特色求生存，以特色求发展，才能提升学校核心竞争力，才能奠定自己的地位。

要突出特色，必须准确把握形势和现状，看清发展的轨迹和方向，进一步明确学校未来的长远发展目标和办学定位。地方高水平大学科学合理的办学定位，应主要体现在“三个结合”：一是要与区域经济社会发展的实际需要紧密结合起来；二是要与高等教育和科学技术的发展趋势紧紧地结合起来；三是要与学校的历史传统和办学能力紧紧地结合起来。通过这“三个结合”，进一步明确大学的使命和责任，做好学校发展的顶层思考、顶层设计、顶层谋划，为完成好“十一五”规划任务，制定好“十二五”发展规划乃至中长期规划奠定很好的基础。

省部共建高校和“211 工程”建设的地方高校都是地方起示范、引领作用的高校，我们要在分析自身特点，认真学习和总结国内外高水平大学发展的经验和做法的基础上，进行科学发展的定位，要坚持有所为，有所不为，不要贪大求全，不要盲目地强调综合化，也不能不顾现实的约束条件而追求“研究型”。这是我们形成和增强竞争优势的重要出发点。

3. 要正确处理好人才培养和科研、社会服务的关系。高等学校具有教学、科研和社会服务三项功能。但大学区别于其他社会组织的本质特征是人才培养。我们必须坚持以人才培养为中心，开展教学、科研和社会服务。目前，随着一批地方高校的科研能力不断提升，教师在研究方面的兴趣也在提升，如何把科研与教学有机结合好，这是我们需要解决的重要关系问题。坚持以人才培养为中心，就要求我们要在思想认识上、政策制定上和资源配置上予以充分的保证。中西部地区经济的快速增长，不仅对人才的需求加大，同时对人才的质量也提出了新的要求，靠谁来培养，主要依靠我们地方高校，纵览服务于中西部各行各业的人才，中西部地方高校的毕业生占很大比例，尤其是西部边陲最高寒、最边远、最贫困的地方，中西部地方高校培养的人才扎根地方、服务地方的占绝大多数，为中西部地方经济社会发展提供了重要的人才支持。因此，中西部地方高校要根据区域经济社会发展对人才的需求，把人才培养作为办学的根本任务，真正为区域经济社会发展培养大批“留得住、下得去、用得上”的高素质人才。

4. 要正确处理好各层次各类型人才培养的关系。大众化高等教育必定是多样化的高等教育，就是要有不同层次和类型的高等学校，来满足社会经济发展和人民群众对不同层次人才和接受不同层次类型教育的需求。地方高校在推进大众化高等教育进程中承担了本专科扩容的大部分任务，如何在大众化高等教育的背景下办好本科教育和高等职业教育，具有特殊的重要性。省部共建高校和“211 工程”建设的地方高校尤其要发挥好示范作用，承担起为区域经济社会发展培养更多高素质应用型人才的重任。目前，为了适应社会经济发展对高层次应用型人才的迫切需求，我国的研究生教育正在加快推进结构性调整，积极发展专业学位硕士研究生教育，一些地方高校特别是省部共建高校，在办好本科教育的同时，也要切实承担起为区域经济社会发展培养高层次应用型人才的重任。

5. 要正确处理好外延和内涵的关系。地方大学的发展重心要从前一阶段更多关注外延扩张转移到加强内涵建设上来，把提高办学质量作为学校事业发展的主线，坚持“好”字当头，更加重视质量提高而非数量增长，更加重视内涵提升而非外延扩张。加强内涵建设，我认为要着重体现在以下几个方面。一要加快学科布局、专业设置和人才培养类型的调整。地方高校要紧密结合区域经济社会发展的需要培养各类人才，不断调整学科布局，优化专业设置，加快区域经济社会发展紧缺型人才培养。二要进一步深化教育教学改革。提高高等教育质量，培养高素质人才，必须依靠教学改革的不断深人。地方高校要根据各类人才培养的目标和特点，推进教育理念的更新和人才培养模式的创新。改革课程体系和教学方式，使学生具备宽厚的知识基础和再学习能力。加强实践环节教学，提供多种形式的实习条件，培养学生的创新能力和实践能力。使我们能够培养更多有志于中西部发展的高层次、高素质创新人才、创业人才和应用人才，为中西部实现梯度发展输送适用的合格人才支持。三要进一步加强教师队伍的建设。提高教育教学质量的关键是教师。中西部地方高校地处偏远地区，要用更大的精力、更有力的措施来引进人才，培养人才，用好人才。四要加强管理，重视制度建设。高等学校要办出特色、办出水平，必须把规范管理放在学校工作的突出位置。要及时将成功做法和成熟经验上升为制度，要靠规范学校各方面的管理促进学校各项事业的发展。五要加强学风建设。办教育特别是高等教育，加强学风建设对育人、产出高水平高质量的科研成果、服务社会和树立好的社会形象有着特殊的意义。当前大学的学风问题引起社会的普遍关注，希望各高校要大力加强良好学风建设，尽可能避免学术不端行为的出现。如果出现，要在充分科学调研论证的基础上严肃处理，绝对不能姑息。我们要把加强学风建设，反对学术不端行为作为重大的事情来抓，营造良好的育人环境和学术科研环境，树立良好的社会形象。

当前我国高等教育正站在一个新的起点上，高校要肩负起时代赋予的使命，要抓住改革发展的大好时机，进一步深化改革，完善机制，优化结构，坚定不移地走内涵式发展之路，加快建设区域特色鲜明的高水平大学，为带动中西部高等教育发展，为推动地方经济社会发展，作出新的更大的贡献。

（原载《中国高等教育》2010 年第 2 期）

以科学发展观为统领　以改革创新为动力
全面提升国家培养技能型人才的水平

鲁　昕

2009年12月，胡锦涛总书记在视察广东职业教育时指出，“没有一流的技工，就没有一流的产品”。2007年3月召开的“两会”上，温家宝总理在《政府工作报告》中强调，“要把发展职业教育放在更加突出的位置，使教育真正成为面向全社会的教育，这是一项重大变革和历史任务”。党和国家领导人的这些重要指示，凸显出职业教育在当前经济社会发展中的重要意义和重要地位。事实上，作为与经济社会发展联系最紧密、服务最直接、反映最敏捷的一种教育类型，职业教育的作用越来越明显，贡献也越来越显著。尤其是在新一轮国际金融危机爆发以来，世界进入大调整大变革时期，要求主要依靠增加物质资源消耗的传统增长方式尽快向主要依靠科技进步、劳动者素质提高和管理创新的新型发展方式转变。而要顺利实现这一转变，关键在于人才，特别是数以亿计的技能型人才。

当前和今后一个时期，我们要以科学发展观为统领，以改革创新为动力，清醒认识当前所处的新方位和新特征，深入分析当前面临的新形势和新机遇，准确把握人民群众的新需求和新期盼，用新的思维引领改革，用新的举措推动改革，解放思想，实事求是，与时俱进，开拓创新，把大力发展职业教育的国家战略落实到具体措施和实际行动上，努力提升国家培养技能型人才尤其是中高级技能型人才的水平。

一、职业教育改革发展站在新起点

新中国成立60年尤其是改革开放30年以来，职业教育改革发展取得了历史性突破。一是办学规模迅速扩大。2004年，根据国务院要求，教育部做出了调整高中阶段教育结构、扩大中等职业教育招生的决策。2005年、2006年，中等职业教育连续两年扩招100万，2007年再次扩招50万，2008年招生超过810万，2009年超过860万，在校生达到2 200万，中等职业教育已经占到高中阶段教育的半壁江山。二是改革发展思路更加清晰。进入新世纪以来，国家坚持以服务为宗旨、以就业为导向，大力推行工学结合、校企合作的人才培养新模式，积极探索规模化、集团化、连锁化的办学路子，切实推动职业教育从计划培养向市场驱动、从政府直接管理向宏观指导、从学科本位向能力本位的转变，实现学生职业道德教育和职业技能培养并重，走出了一条符合我国国情的中国特色职业教育办学之路。三是基础能力建设不断加强。截至2009年底，中央财政“十一五”期间共投入84亿元，重点建设了1 270个实训基地（含高职）、2 158个县级职教中心和示范性中等职业学校，实施了“中等职业学校教师素质提高计划”，累计培训专业骨干教师约13万人，资助近3 600所学校聘请兼职教师1.2万人，开发了80个重点专业的师资培训方案、课程和教材，极大地改善了办学条件，有力地提升了职业教育办学质量。四是国家职业教育改革试验区不断扩大。2005年以来，教育部先后在天津、四川、河南、广西和三峡库区设立了5个省部共建的国家职业教育改革试验区。试验区对职业教育改革的重大政策先行先试，对于一些长期困扰职业教育发展的体制机制问题进行积极探索实践，取得了明显的进展，发挥了引领示范作用，也带动了地方政府对职业教育投入的大幅度增加。五是资助政策体系和免学费政策逐步建立健全。2005年《国务院关于大力发展职业教育的决定》提出，建立职业教育贫困家庭学生助学制度。2007年国务院下发《关于建立健全普通本科高校、高等职业学校和中等职业学校家庭经济困难学生资助政策体系的意见》，进一步完善了中等职业学校学生资助政策体系。到2009年底，各级财政共安排资助经费近600亿元，中等职业学校90%的学生每年都可以得到1 500元的资助。2009年12月2日，国务院常务会议决定从2009年秋季学期开始，对公办中等职业学校全日制在校学生中农村家庭经济困难学生和涉农专业学生逐步免除学费。资助政策体系的建立和免学费政策的出台，增强了职业教育的吸引力，促进了职业教育的可持续发展，有力地促进了教育公平。六是服务国计民生的能力显著增强。近年来，国家启动实施了技能型紧缺人才培养培训、农村劳动力转移培训、农村实用技术培训和就业再就业培训等“四大工程”，职业教育服务经济社会的意识和能力明显增强。

总之，经过这些年的发展，我国中等职业教育已经站在了一个新的历史起点，具备了三大基本能力：一是具备了大规模培养数以亿计中高级技能型人才的基本能力；二是具备了承接普及义务教育之后，加快普及高中阶段教育的基本能力；三是具备了服务国家从人力资源大国向人力资源强国转变的基本能力。

但是，在看到成绩的同时，我们也必须清醒地认识到，中等职业教育仍然是整个教育工作中最薄弱的环节，面临着诸多困难和问题，制约着其进一步发展与完善，集中体现在以下五对矛盾关系上。一是经济社会需求旺盛与有效供给不足的矛盾。职业教育规模、结构、质量和效益，距离经济社会发展的客观需求还有一定的差距。二是规模能力较大与质量结构不尽合理的矛盾。我国已成为世界上职业教育规模最大的国家，但其区域、专业和教师等结构不尽合理，教育质量有待提高。三是就业能力提升与社会吸引力不强的矛盾。职业教育可以提高技能，提高劳动者就业能力，但职业教育自身体系不健全，与普通教育缺乏衔接，不少家长不愿意让子女接受职业教育。四是强调大力发展与有关方面响应不足的矛盾。党中央制定了一系列大力发展职业教育的政策措施，但有关方面响应不足，政策体系不完善，落实机制不健全，行业企业积极性不高，校企合作缺乏有效机制支撑。五是公平教育目标与政府责任缺位的矛盾。公平目标与市场取向相悖，市场中的政府职责缺位，政府履责的法律、制度和机制建设滞后，已成为制约职业教育健康发展的关键因素。

上述矛盾形成的原因是多方面的，主要表现在以下六个“缺少”。一是缺少共识支撑。发展职业教育是政府责任，市场配置资源的基础性作用不应排斥职业教育的公益性质。但是，不少人认为发展职业教育主要依靠市场，导致国家定位和主体责任定位出现偏差。二是缺少制度供给。产教结合、校企合作等法律法规、教师企业实践制度、企业社会责任制度、生均经费拨款标准、“双证书”制度、教师编制标准等缺失或不完善，使职业教育发展失去支撑。三是缺少财力保障。中等职业教育预算内教育经费占全部预算内教育经费的比例由1997年的11.58%下降至2007年的5.76%，高等职业院校生均预算内教育事业费为3 912元（2007年），远低于普通本科的7 460元，近半数的职业学校办学条件达不到2001年颁布的《职业学校设置标准》。四是缺少政策引导。财政金融税收等引导行业企业和社会积极办学的政策体系没有建立，政府无力充分调动行业企业参与职业教育改革与发展的积极性。五是缺少机制配套。管理机制、经费保障机制、政策落实机制、质量评价机制、市场监管机制等不健全、不配套，导致相关法律制度政策的实际效果大打折扣。六是缺少体系建设。职业教育与普通教育、中职与高职、职业教育与终身教育衔接不紧密。

总的来说，新中国成立60年来，尤其是改革开放30年来，我国职业教育快速发展，在规模和质量上都得到了明显的提升。但是，由于在理论与实践领域对职业教育的基本特性认识不够，对职业教育的发展规律把握不够，对职业教育发展的政策支持不够，制约了职业教育在提升国家竞争力、产业竞争力、企业竞争力、产品竞争力和就业贡献率中的作用。

二、职业教育改革发展面临新机遇

（一）站在中华民族伟大复兴的高度，党中央国务院对职业教育改革发展寄予厚望

党中央国务院一直高度重视职业教育的发展。特别是新世纪以来，党中央国务院把大力发展职业教育，作为繁荣经济、促进就业、消除贫困、保障公平、维护稳定的一项重要举措，作为经济社会发展的重要基础和教育工作的战略重点，采取了一系列强有力的措施，推动职业教育改革发展。2003年3月28日胡锦涛总书记在中央政治局第三次集体学习会上强调，“必须把加强人力资源能力建设、增强劳动者就业和创业能力作为一项战略任务来部署、来落实”，“要积极开展以提高就业和创业能力为目标的教育和培训，努力培养适应改革开放和现代化建设发展要求的人才，努力提高劳动者的就业和创业能力”。2007年10月24日，胡锦涛总书记在党的十七大报告中明确指出，要坚持“优先发展教育，建设人力资源强国”，要“加快普及高中阶段教育，大力发展职业教育”。近年来，温家宝总理也多次指出，“在整个教育结构和教育布局当中，要把职业教育摆在更加突出、更加重要的位置”。党和国家领导人对职业教育的重要指示，充分表明了职业教育不仅是整个教育工作的重点，更是国家发展战略的重要内容，关系着国家和民族的未来。落实党中央国务院的指示精神，需要我们加强战略谋划，从问题入手，确立目标，拿出规划，完善制度，分类指导，抓紧落实。

（二）转变经济发展方式，迫切需要加快高素质技能型人才的培养步伐

2007年10月，胡锦涛总书记在十七大报告中指出：“实现未来经济发展目标，关键要在加快转变经济发展方式、完善社会主义市场经济体制方面取得重大进展。要大力推进经济结构战略性调整，更加注重提高自主创新能力、提高节能环保水平、提高经济整体素质和国际竞争力。要深化对社会主义市场经济规律的认识，从制度上更好发挥市场在资源配置中的基础性作用，形成有利于科学发展的宏观调控体系。”总书记的报告不仅指明了未来经济发展中转变经济发展方式的重要性，也为我国职业技能型人才培养指明了方向。加快转变经济发展方式转变，走中国特色的新型工业化道路，一要依靠科学技术进步，二要大力提高劳动者素质。在这一进程中，没有技术不行，没有人才尤其是数以亿计的技能型人才更不行。转变经济发展方式，优化经济结构，提高自主创新能力，提升国家产业竞争力，没有职业教育则无从实现。因此，加快转变经济发展方式，为职业教育的发展提供了机遇和舞台。

（三）产业振兴和调整升级，迫切需要提高技能型人才的培养水平和质量

实施国家产业振兴规划，发展战略性新兴产业，推动产业结构调整升级，必然带来新的就业岗位、新的就业方向，对技能型人才培养的数量、规格和质量也提出了新的更高要求。职业学校的专业设置、人才培养，必须立足区域经济发展，做到专业对接岗位、专业链对接产业链，这样培养出来的人才是产业需要的，地方发展用得上的。我国一些地区先后出现的“民工荒”，实质上是“技工荒”，表明随着经济结构调整和产业升级，对人才的要求更高了，而工人的技能没有及时更新，适应不了新产业的要求，这也暴露出了职业教育在需求预测和人才培养上的不足。推动产业升级、产品升级，发展新能源、新材料等战略新兴产业，我们国家不缺乏高端设计人才，急需的是高端制造业生产线上的技能型人才。

（四）实现农业现代化，迫切需要做大做强农业职业教育和涉农专业

发展现代农业、现代畜牧业、农产品深加工，提高农业产业化和经营管理水平，传统的农民和农村管理人员是不能适应的。农业现代化必然催生许多新兴产业，这就需要有人才，需要职业教育培养一大批懂技术、善经营、会管理的新型农民和农村管理人才。目前中等职业学校涉农专业比较有限，要适应农业现代化的要求，进一步丰富涉农专业的内涵，推出新的涉农专业，扩大涉农专业的服务面，做大做强农业职业教育。

（五）加快城镇化进程，迫切需要职业教育为农村劳动力转移发挥更大作用

推动城镇化建设，改变城乡二元结构，解决

“三农”问题，是实现我国现代化建设目标的必然选择。在这一进程中，将有数以亿计的农民离开土地，走向城镇和非农产业。农村劳动力向城镇和非农产业转移，不是简单的居住地和身份的变化，而是生活方式和生存方式的转变。只有带着技能转移，他们才能真正在城里立足。新生代农民工多数是出了校门就进城、进工厂。我们必须要通过职业教育，让他们掌握一技之长和城市生活常识，进而提高他们在城市生存的能力，顺利成为新市民和新产业工人。

（六）改善民生维护稳定，迫切需要中等职业教育作出新的更多的贡献

就业是民生之本。我国的就业形势一直十分严峻，国际金融危机的爆发进一步加剧了这种形势。2009年1月，温家宝总理在视察江苏职业教育工作时指出："应对金融危机，需要解决两个重要问题：一是保持经济平稳较快发展而不发生大的波动，二是保证群众就业而不造成大批失业。解决就业问题，根本靠发展，也需要通过培训提高劳动者的技能。"大力发展职业教育，提高劳动者的就业能力和创业能力，是一项长期的就业支持政策。同时，职业教育满足了不同特点学生的学习需要，对于农村和家庭经济困难学生，通过接受职业教育，掌握一技之长，实现就业，脱贫致富，提升生活质量具有重要作用。这是教育在改善民生、促进和谐、维护稳定方面的重要使命。

总之，经济社会发展对职业教育改革提出了新的需要，国家对职业教育工作提出了新的要求，广大人民群众对职业教育发展提出了新的期盼，这些都为职业教育改革发展提供了新的机遇。只有抓住了发展的机遇，才能迎来职业教育明天的辉煌。

三、中等职业教育改革发展需要新思维

（一）职业教育改革发展要把握时代定位的新思维

综观发达国家和发展中国家的发展轨迹，一个鲜明的教育经济规律是：工业化初期，教育需求首先是普及义务教育；工业化中期，人均GDP达到3 000—10 000美元，是重化工业大发展的时期，教育需求主要是职业教育；工业化后期，教育需求主要是高等教育。我国处在工业化中期，人均GDP超过3 000美元，正在从人力资源大国迈向人力资源强国，这个阶段的人才需求主要依靠职业教育来供给。具体来说，当前职业教育至少肩负着五个方面的历史使命。一是肩负着为建设人力资源强国培养数以亿计有职业道德、有中高级职业技能的劳动者的历史使命。二是肩负着支撑工业化、信息化、城镇化、市场化、国际化发展特别是解决“三农”问题的历史使命。三是肩负着承接普及九年义务教育之后，加快普及高中阶段教育、促进高等教育大众化、调整优化教育结构的历史使命。四是肩负着服务产业升级、经济结构调整、发展方式转变，培养技能型、应用型人才的历史使命。五是肩负着促进就业、改善民生和维护稳定的历史使命。

中等职业教育作为职业教育的重要组成部分，随着经济社会的发展，其定位也在发生变化。中等职业教育有两个国家定位，一是基础职业教育，是面向每一个有中高等技能需求的人的教育，是为培养高端技能型人才奠定基础的教育。二是面向未成年人的学历教育，是高中阶段教育。中等职业教育有三个学校定位，一是面向未成年人学历与职业生涯的教育，使受教育者获得基本职业技能、继续学习和持续发展能力。二是面向社会有择业培训需求成年人的教育，使受教育者具备和提高再就业和创业的能力。三是面向有提高生活质量需求的社会成员的教育，使受教育者具备改善生活质量的能力。只有把握好中等职业教育的国家定位和学校定位，才能在经济社会发展中找到适当的位置，真正肩负起时代所赋予的五项历史使命。

（二）职业教育改革发展要服务经济社会的新思维

职业教育是各级各类教育中与经济发展联系最直接、与产业企业竞争力提高联系最紧密、对就业贡献最显著的一种教育，是培养高素质劳动者与技能性人才的主要途径，是把科学知识转化为具体技能和现实生产力的桥梁，是提高劳动生产率的基本手段，是经济发展的“助推器”，是促进社会融合、实现社会稳定、减轻贫困程度的“万能钥匙”，是提升国家、产业、企业竞争力、实现国民经济可持续发展的重要基础。因此，办好职业教育，就要跳

出教育办教育，不能仅仅在自己的领域中定位，还要站在国民经济高度和全局来定位，着力提升职业教育对经济社会发展的服务能力和促进作用。

当前，中等职业教育服务经济社会发展的全局，就是要实现八个服务：服务经济发展方式转变，服务产业结构调整和升级，服务工业化、城镇化、现代化发展进程，服务国家统筹区域、城乡协调发展，服务区域特色产业发展，服务企业技术进步和产品换代，服务民族文化和民间技艺的传承，服务改善民生和社会稳定。今后一个时期，中等职业教育要贯彻面向人人、面向全社会的发展方向，坚持以服务为宗旨、以就业为导向的办学方针，致力培养经济社会发展需要的高素质劳动者和技能型人才，进一步增强人才培养的针对性和实效性，全面提升服务经济和社会发展的能力。

（三）职业教育改革发展要强化公益性质的新思维

《教育法》规定，教育是一项公益性事业。职业教育作为教育的重要组成部分，无疑也具有公益性质。它是全体社会成员都需要的一项公共产品，是政府主导供给的一项公共服务，符合国家和社会的公共利益，可以使国家、社会、企业和个人四个主体共同受益。通过发展职业教育，国家可以获得发达生产力与核心竞争力，社会可以实现稳定与和谐，企业可以获得产品竞争力和附加价值，个人可以提高生存力和工资收入水平。基于此，马克思早在140年前的《哥达纲领批判》和《资本论》两本论著中，对劳动者技能的社会承担和同一劳动时间创造更多价值就有过精辟论述。在社会产品分配扣除理论中，论述了劳动者工资是只包含维持基本生存简单再生产的劳动力价格，劳动者技能培养培训支出应由社会承担；在劳动创造价值理论中，论述了有技能的复杂劳动同一单位劳动时间能创造更多的价值，从而增加了社会产品的价值，要拿出增量价值的一部分，安排取之于劳动者创造用于劳动者技能提高的培养培训支出。此外，亚当·斯密的“绝对成本理论”、大卫·李嘉图的“比较优势理论”、索洛的“新古典经济增长理论”、西奥多·舒尔茨的“人力资本理论”、道格拉斯·诺斯的“制度变迁理论”等西方经济学理论，无一例外地都十分重视职业教育的经济社会功能，并就职业教育资源的供给和配置展开了深入研究和探讨。所有这些研究都得出一个结论，职业教育通过提升劳动者技能极大的促进了整个社会的经济发展，从而成为社会生产中增量价值的重要来源，成为实现社会再生产的重要环节，成为大多数社会成员的共同需求。

反映在实践中，无论是发达国家还是新兴工业化国家，都非常强调职业教育的公益性，把发展职业教育作为政府的一项重要职责。在许多国家，职业教育公益性已成为国家理念，成为国家战略，成为国家理念的法律实践，职业教育经费保障成为国家分配规律，职业教育公益性实践形成多种实现形式，成为国家、社会、企业和个人的共同利益。基于此，职业教育成为主要发达国家完成工业化进程的重要动力和条件支撑，成为后工业化时代争取21世纪国际竞争主导权的重大国家战略，成为后金融危机时代推进就业、促进公平、实现稳定的重要责任和举措。新中国职业教育的发展历程也是一个坚持公益性、探索多种实现形式的过程。在1949年至1978年间，我国始终强化职业教育的公益性，特别是“一五”期间，党中央、国务院在建设156个大型重工业项目时，配套布局了上千所职业技术教育学校，为我国教育事业发展、经济社会进步奠定了坚实的基础。1978年至1998年间，我国虽然仍然坚持职业教育的公益性，但20世纪90年代中期在“以职养职”、“财政断奶”等思想的影响下，公益性质开始趋于弱化。直到2002年后，在中央政策干预下重新回归公益性质，建立市场经济体制过程中职业教育公益性质的弱化趋势得到了有效扭转。

综合来看，强化职业教育的公益性，符合国家和社会共同利益，市场配置资源的基础性作用不能否定职业教育的公益性。职业教育离不开市场，但不能依靠市场，尤其不能依靠发育不成熟的行业和处于转型期的企业，需要政府强力主导、公共财政积极支撑、宏观政策有效引导。政府主导并不等于政府全包，可以通过多种形式实现公益性质。对此，国家应做出理念上的战略思考和法律制度机制体制政策层面上的战略安排。

（四）职业教育改革发展要完善国家制度的新思维

制度建设是抓好工作的根本。邓小平同志曾极其精辟地指出："制度问题带有根本性、全局性、稳定性和长期性。"按照制度的定义，它是指在一个社会组织或团体中要求其成员共同遵守并按一定程序办事的规程。一个组织或团体推行一种规章制度的诱因在于这个组织或团体期望获得最大的潜在效益，而最直接的原因则在于提高组织的协调性和管理的有效性，协调组织内各部门之间协作效果和组织与外部衔接的有效性。因此，加强制度建设，也是协调好职业教育内外部关系的重要手段；依靠完善的制度来管理和发展职业教育，应成为保障未来职业教育健康发展的重要方式。

事实上，制度不完善是当前制约职业教育发展的重要因素之一。以经费筹措为例，由于我国尚未建立一套完整规范的政府职业教育经费资源统筹配置制度，造成了当前职业教育经费资源非常分散、经费使用效率不高的困境。按照有关法律、规定和文件的要求，2008 年全社会可用于职业教育的财政性经费资源总额超过 4 000 亿元，然而实际上用于职业教育的经费还不到 1 300 亿元，两者之差令人忧虑。因此，立足国情，制定和完善职业教育国家制度和学校制度是当前职业教育的一项刻不容缓重要任务。从国家层面来看，急需完善的制度包括校企合作制度、教师企业实践制度、专业建设制度、招生考试制度、国家购买企业职业教育成果制度、集团化办学产权制度、企业足额提取职业教育资金制度、国家职业教育均等化转移支付制度、政府职业教育经费资源统筹配置制度等。从学校层面来看，急需完善的制度包括学校管理制度、教师培训制度、班主任工作制度、教学质量评价制度、财务管理制度等。只有将这些制度完善起来，用制度来管理和发展职业教育，才能让职业教育驶入规范化发展的理想轨道。

（五）职业教育改革发展要依靠行业企业的新思维

职业教育的特征多种多样，在总体上来说，现代职业教育具有职业性、技术性、社会性、终身性和全民性，其中职业性和技术性是职业教育的本质属性。职业性指职业教育应该以职业活动的形式进行，职业应当成为职业教育的专业、课程和评价的标准。技术性指职业教育应该是技术转化为现实生产力的重要桥梁，技术只有通过职业教育才能内化到劳动者身上，从而职业教育的过程也要充分体现技术的属性，体现技术传授的规律和要求。从职业教育的两大本质特性可以发现，大力发展职业教育，按举办普通教育的思维和模式是行不通的，仅仅依靠学校和教育部门也是行不通的，而应该充分发挥行业企业的积极作用，建立政府主导、行业指导、企业参与的办学机制，逐步形成以政府为指导、以利益机制为基础的工学结合、校企合作、资源共享、合作共赢的职业教育发展方式。

中等职业教育改革发展要依靠行业企业，一要以实现专业与产业、企业、岗位对接为目标，加快校企一体化建设，建立健全教育与行业合作、学校与企业一体共同推进中等职业教育改革创新的机制。二要以实现专业课程内容与职业标准对接为目标，构建新的专业课程体系，职业学校应该结合国家经济社会发展需求和区域产业发展现状，加强自身专业建设，规范专业设置管理，探索课程改革，创新教材建设，实现职业教育人才培养与产业，特别是与区域产业的紧密对接。三要以实现教学过程与生产过程对接为目标，推进人才培养模式改革。创新人才培养模式是人才培养体制改革的核心环节，目的是优化人才知识结构，提高综合素质，增强创新和实践能力，形成人才辈出、人尽其才的生动局面。要创新人才培养模式，就必须深化教育教学改革，按照德育为先、能力为重、全面发展的要求，依照新的人才培养观念，制定人才培养目标，更新教学内容，改进教学方法和教学管理制度，健全教育质量保障体系和督导制度，做到学思结合、知行统一、因材施教。四要以实现学历证书与职业资格证书对接为目标，建立健全"双证书"制度。职业学校的学历证书反映了学生学习的经历，是文化知识、专业理论知识和专业技能水平的证明。职业资格是对从事某一职业所需学识、技术和能力的基本要求，职业资格证书的取得反映了持证者为适应职业劳动需要而运用特定的知识、技术和技能的能力，两者都是劳动者求职、任职、创业的资格凭证，是用人单位招聘、录用劳动者的重要依据。五要以实现职业教育与终身学习对接为目标，构建人才培养立交桥。我们要适应当今职业发展和技术更新的趋势，探索学校教育与职业培训并举、全日制与非全日制并重的培养方式，逐步建立弹性学习制度和工学交替学习制度，以在职进修和脱产学习等形式，方便学生分阶段完成学业，为毕业生参加工作以后继续深造创造更多机会，满足学生在职继续学习、终身发展的需求。

（六）职业教育改革发展要注重体系建设的新思维

某种程度上来说，职业教育体系的不完善已经成为制约职业教育继续发展的最大障碍。未来职业教育能否取得长足发展，能否积累国家经验和成功案例，能否实现国家人力资源强国的目标，都与职业教育体系建设密切相关。因此，树立职业教育改革发展要注重体系建设的新思维，是实现职业教育顺利发展的重要前提。构建健全完备的职业教育体系，是当前大力发展职业教育的一项基础性工作。

如果职业教育同普通教育一样，能够满足各种类型学生的发展需求，就可以吸引更多学生选择职业教育。因此，我们要把职业教育作为一种类型教育来规划和统筹，创新建立普通教育与职业教育课程互通体系，为学生个性成长、未来职业选择创造条件；创新建立中等职业教育与高等职业教育的课程衔接体系，为培养高端技能型人才搭建“立交桥”；创新建立职业教育与终身教育的衔接体系，为完善体现终身教育理念的职业教育奠定基础。

四、职业教育改革发展需要新举措

（一）从整个社会角度，要群策群力，共同构建支持职业教育发展的政策体系

1. 要在明晰政府职责的前提下，督促各级政府切实履行发展职业教育的各项职责

大力发展职业教育，需要政府切实承担与履行统筹规划、合理布局、建立健全法律制度、提供经费保障、完善宏观政策等职责。具体来讲，主要包括以下几个方面。一是统筹规划。在国家层面，统筹职业教育发展、经济社会发展及产业发展，实现“人”与“物”两方面的平衡协调；在区域层面，统筹职业教育与区域发展及城乡发展，坚持分区规划和分类指导，实现职业教育资源共享与协调发展；在教育体系内部，统筹职业教育与普通教育、中等职业教育与高等职业教育、职业教育与终身教育，建设符合时代要求的现代职业教育体系。二是合理布局。合理安排国家层面的地区间布局，形成区域特色和优势；合理安排省级政府层面的辖区内布局，建立健全符合地域发展要求的职业教育资源网络；合理安排学校内的专业与课程布局。三是制度建设。法律法规方面，修订《职业教育法》，制定校企一体化办学等法律法规；基础制度方面，制定与完善职业学校教师资格标准、教职工编制标准、教师企业实践制度、职业教育集团化办学等制度；标准方面，制定职业学校办学、经费和质量等标准。四是经费保障。经费投入方面，建立未成年人基础职业教育的政府承担机制，建立准基础性职业教育的共同分担机制，健全引导多元主体参与职业教育的多元投入机制，建立职业教育重大专项投入机制；转移支付方面，建立未成年人基础职业教育均等化转移支付，建立东部支援中西部地区的职业教育专项转移支付等。五是政策制定。制定政府购买政策；制定鼓励行业企业举办职业学校的优惠政策；制定促进工学结合、校企合作的宏观政策；完善职业学校学生资助政策；制定鼓励社会捐赠的税收政策等。六是管理监督。加强经费使用的管理与监督；加强教育执法监督检查；完善教育问责机制；加强教育质量监测与评估；规范与培育专业教育服务机构；维护教育公平和教育秩序。七是信息服务。构建公共资源信息服务网络，为职业院校招生、专业建设、学校管理、学生就业和企业招聘等提供信息服务。

此外，根据公共产品理论和教育公平原则，发展职业教育的职责在各级政府之间的分工也不尽相同。各级政府之间应根据财权与事权相匹配的原则，结合区域经济社会的发展现状，将政府发展职业教育的七项职责逐一分解到各级政府，落实到各级政府的各个部门，使“政府主导”职业教育发展的各项职责能一一落到实处。

2. 要以有利于事业发展为前提，继续完善部门之间以及教育内部的职业教育管理体制

发展职业教育需要各级政府、各个部门和社会

各界的群策群力、共同推进。健全的职业教育管理体制有助于各个参与主体之间的沟通和交流，形成共同发展职业教育的合力。职业教育管理体制主要包括两个层次，一个是政府层面的管理体制，一个是教育内部的管理体制，当前这两个层次的管理体制都有待理顺和完善，交叉管理严重、合作机制不完善等现象依然存在，人为增加了行政成本，不利于政令的统一，不利于“立交桥”的搭建。在政府层面，教育部门与人力资源和社会保障等部门之间的管理职能有待进一步厘清，应当以职业教育部门联席会议为载体，加强部门之间的对话合作，共同构建部门之间职责明确、密切配合的职业教育管理体制。在教育内部，中等职业教育与高等职业教育之间的管理也有待进一步完善。人要实现全面发展，就必然重视人生职业生涯规划，职业学校的学生也不例外。如果能使中等职业学校毕业生在毕业后或具有一定工作经历后，通过直接升学制度和在职继续学习制度，有机会接受更高层次的教育和培训，获得更高学历，实现个人发展，将极大地增强职业教育吸引力。因此，构建完整的职业教育体系，加强中高等职业教育的衔接，实现中高等职业教育的统筹管理是社会和百姓的民生需求，也是职业教育发展的必然趋势。总之，我们要抓住改革机遇，周密部署，在有利于职业教育事业发展的前提下，不断改革和完善部门之间以及教育内部的职业教育管理体制，建立分工合理、职责明确、运作规范、切实可行的执行机制，从而在根本上解决部门分割、多头管理、资金分散、缺乏监管、效率低下等多重问题。

3. 要发挥行业企业的积极作用，制定实施引导行业企业和社会参与职业教育办学的宏观政策

强调行业、企业在发展职业教育中的作用，是职业教育区别于普通教育的一个重要标志。职业教育的本质特性——职业性和技术性也要求在举办职业教育的过程中有行业、企业的充分参与。真正实现“政府主导、行业指导、企业参与”的职业教育办学模式，首先需要明确界定政府、行业、企业等不同主体参与办学的责任、权利和利益，用制度创新和政策创新来鼓励行业、企业参与职业教育办学，丰富职业教育办学机制的内涵。

从长远来看，要充分发挥行业企业在职业教育中的作用，需要制定实施引导行业企业和社会参与办学的宏观政策，用制度来实现对行业企业的持续激励。一是要落实未成年人基础职业教育免学费、补生活费的普惠政策，保护行业企业和社会共同培养高质量中等技能型人才的积极性。二是要制定实施行业企业实训能力建设公共财政专项补助政策，实行行业企业购置实训设备税收抵扣优惠。三是要制定减免社会公益性单位举办职业教育的税收优惠，实行企业实训岗位生产的产品减免相关税收的政策。四是要实施引导行业企业与学校一体化办学的财税政策，鼓励行业企业与职业学校共同建立产品设计中心、研发中心和工艺技术服务平台。五是要制定实施高端技能职业教育和提高生活品质的终身教育的收费政策，科学合理确定受教育者承担培训费用的标准。六是要落实鼓励社会各界捐赠职业教育的所得税减免政策，调动社会各界捐资举办职业教育的积极性。七是要建立金融机构支持行业、企业、学校强化基础能力建设的信贷政策，通过财政贴息、金融机构低息等支持职业教育。八是要制定实施支持改善职业教育办学条件的土地优惠政策，采取土地出让金返还、减缓有关用地费用等措施支持提高基础能力建设水平。

4. 要积极探索职业教育经费的筹措方式，逐步完善政府主导下职业教育多元投入保障机制

职业教育要发展，经费保障是前提。目前职业教育经费保障还存在一些十分突出的问题，包括投入不充足、制度不完善、捐助不踊跃、使用欠规范等。我们要逐步建立政府主导、财政投入为主、多渠道筹措的职业教育经费保障机制；要加大公共财政投入，逐年提高各级财政用于职业教育的比例，提高预算内职业教育经费占教育总经费的比例。在具体政策方面，我们应增加各级财政职教专项经费；制定和实施职业学校生均公用经费、校舍建设和维修以及设备配置标准；落实城市教育费附加按规定比例用于职业教育的政策，并通过政府和市场两种方式拓宽职业教育经费来源渠道；推动省市两级政府优化各类职业教育资源配置，提高财政和社会投入效益；通过政策引导和鼓励行业企业、社会团体和公民个人举办职业教育和捐资助学；从法律

上界定和强化政府、行业、企业以及社会各界举办职业教育责任和义务。保障职业教育经费的足额投入和逐年增长，破解职业教育经费投入难题，需要各级政府和相关部门尽快将上述措施逐条转化为操作性强的制度规定，并在实际工作中切实落实和执行。

（二）从中等职业教育角度，要精心组织，认真实施《中等职业教育改革创新行动计划》

为进一步推动中等职业教育改革创新，落实好本届政府发展职业教育的各项任务，教育部正在研究制定《中等职业教育改革创新行动计划（2010—2012年）》（以下简称“行动计划”），旨在通过“行动计划”的制定，将未来发展中等职业教育的每一项任务具化为切实可行的“行动”。

“行动计划”的重点任务与主要内容包括10大计划、30个项目。基本特点是“问题入手、突出创新、重在行动、务求实效”。总体目标是：到2012年，中等职业教育服务国计民生的能力全面提高，保障事业发展的政策、制度和重大机制基本健全，改革创新实现整体跨越，人才培养质量、社会吸引力显著提升，就业贡献率和经济贡献率明显增强。在总体目标之下，分别明确了事业发展、服务产业、改革创新、基础能力等四个分目标。每一个计划有针对性地解决职业教育发展中的一类问题，每个项目都明确了各自的任务目标、配套措施、时间表、路线图和责任人。

一是针对中等职业学校综合办学实力不足，亟须提升服务产业发展能力的问题，实施中等职业教育支撑产业建设能力提升计划。主要任务是：促使职业教育规模、专业设置与经济社会发展需求相适应，加强职业教育基础能力建设等。

二是针对行业企业参与办学的体制机制不顺，学校办学生机和活力不足的问题，实施教产合作与校企一体办学推进计划。主要任务是：实行工学结合、校企合作、顶岗实习人才培养模式，建立健全政府主导、行业指导、企业参与的办学机制，支持行业、企业发展职业教育，推进职业教育集团化办学等。

三是针对中等职业教育区域发展不平衡、资源配置不均衡的问题，实施中等职业教育资源整合与东西合作推进计划。主要任务是：促进中等职业学校合理分布，办好面向民族地区的职业学校，开展好省级政府教育统筹综合改革试点等。

四是针对农村、农业中等职业教育发展滞后问题，实施中等职业教育支撑现代农业及新农村建设能力提升计划。主要任务是：加快发展面向农村的职业教育，推进城乡、区域合作，增强服务“三农”能力等。

五是针对中等职业学校基本办学规范和管理制度不健全、素质教育需要强化问题，实施中等职业学校科学管理能力建设计划。主要任务是：制定基本办学标准，加强中等职业学校德育工作和共青团组织建设等。

六是针对中等职业学校“双师型”教师队伍建设政策机制不健全，校长和行政领导者推动改革创新能力不强问题，实施校长能力和“双师型”教师队伍建设计划。主要任务是：加强“双师型”教师建设，大力开展骨干教师培训、校长培训，推进中等职业学校人事制度改革等。

七是针对学校专业与职业岗位不对接，课程和教材与职业标准不对接，人才培养质量不高问题，实施中等职业学校专业与课程体系改革创新计划。主要任务是：推动中等职业学校教学改革，推进素质教育，建立健全职业教育课程衔接体系等。

八是针对中等职业教育信息化水平不高问题，实施中等职业教育信息化能力提升计划。主要任务是：推进数字化校园建设，加强网络教学资源体系建设，构建中等职业教育综合管理信息系统等。

九是针对中等职业教育宏观管理制度不健全，学生成长“立交桥”不畅通问题，实施中等职业教育宏观政策与制度建设计划。主要任务是：加快有关职业教育的法律法规建设，制定并逐步提高学生人均财政拨款基本标准，完善职业学校毕业生直接升学制度，鼓励企业接收学生实习实训和教师实践等。

十是针对成人职业教育培训发展机制欠缺，整体工作水平不高的问题，实施成人职业教育培训推进计划。主要任务是：建立健全继续教育体制机制，统筹扩大继续教育资源，加强城乡社区教育机构和网络建设等。

“行动计划”的十个计划是立足当前实际，针对当前存在的问题而制定，积极响应了党中央国务院发展职业教育的指示精神，把思想和行动统一到中央的要求和部署上来，对未来三年发展中等职业教育的主要工作和任务进行了分类和细化，是我国2012年前中等职业教育工作的行动指南。

总之，站在新的历史起点上，肩负着由人力资源大国向人力资源强国迈进的历史任务，面对着职业教育由注重规模发展向更加重视质量提高的历史转折，各级政府、行业企业、职业院校以及社会各界都要以科学发展观为统领，以改革创新为动力，树立新思维，采取新举措，分工协作，各司其责，从国家经济发展、产业振兴和建设人力资源强国大局出发，努力提升国家培养技能型人才的水平，全面推动职业教育实现科学发展。让我们在以胡锦涛同志为总书记的党中央领导下，坚持以邓小平理论和“三个代表”重要思想为指导，深入贯彻落实科学发展观，抓住机遇，扎实工作，努力开创职业教育改革发展的新局面！

坚定不移地深化基础教育课程改革 努力开创素质教育工作新局面

陈小娅

教师节前夕，温家宝总理专程到北京市第三十五中学调研，召开教师代表座谈会，并就教育教学改革工作发表了重要讲话。我们这次会议的主要任务是深入学习贯彻党的十七大和温家宝总理的重要讲话精神，总结交流2001年以来基础教育课程改革取得的成绩和经验，研究分析面临的困难和问题，对今后一个时期的课程改革工作作出部署。教育部对这次会议非常重视。下面我就新时期深化基础教育课程改革，进一步推进素质教育讲几点意见。

一、基础教育课程改革取得了显著成效，为推进素质教育发挥了重要作用

新一轮基础教育课程改革，是党中央国务院为迎接知识经济时代的到来，应对日益激烈的国际竞争，立足于全面提高国民素质，提升综合国力做出的重大战略决策。八年来，在各级党委和政府的正确领导下，各级教育部门锐意改革、开拓进取，广大中小学校勇于探索、大胆实践，高等院校和科研机构积极参与、大力支持，课程改革取得了显著成效。

（一）基础教育课程改革的特点

八年来，基础教育课程改革本着“先立后破，先试验后推广”的工作方针，通过顶层设计、实验探索、全面推开三个重要工作阶段，从点上实验到全面铺开，从义务教育到高中教育，从政府行为到学校实践，经历了艰辛探索的历程。回头看，这次改革有以下几个特点。

其一，党中央国务院高瞻远瞩，不失时机地推动改革。为应对日趋激烈的国际竞争，切实解决我国基础教育人才培养问题，在国务院的直接领导下，教育部进行系统调研和顶层设计，制订改革方案，启动了面向21世纪的基础教育课程改革。

其二，在认真实验的基础上，坚定不移地有序推进。我们抢抓机遇，遵循教育规律，采取了一边实验一边推进，一边探索一边完善的策略，在实验创新的基础上，不断扩大改革实验区，较快形成了整体、有序推进的态势。

其三，坚持继承和创新并举，逐步形成自己的特色。课程改革整体方案和制度的设计在继承我国优秀教育传统的基础上，一方面考虑了我国社会主义初级阶段教育发展的实际，另一方面合理吸收世界先进国家的优秀经验，力求体现时代要求，推进改革创新，适应教育现代化发展的趋势。

其四，强调统一性与多样性相结合，保持改革的生机与活力。基础教育课程体现国家意志，传承民族文化，维护国家利益，必须有统一的基本要求。同时，我国各地社会经济教育发展不平衡，条件及保障水平差异较大，必须在课程设置、教材选用和课程管理等方面，给地方和学校留下充分空间，以适应不同地区教育发展的需要，也使各地各民族优秀文化传统得以更好地继承和发扬。

其五，改革得到全社会的高度关注，有着较为广泛的群众基础。课程改革是一次深刻的教育变革，涉及面广，影响面大，社会各方面高度关注。教育界、学术界的很多专家学者，上千万中小学教师以及成千上万的家长都从不同角度关心、支持和参与了这场改革，发表了各种意见，极大地丰富了改革实践。从客观上看，这些关注、关心、批评和建议甚至较为激烈的争论，都是对课程改革的支持和推进，也起到了转变思想、理清思路、提高认识、推动创新的作用。

（二）基础教育课程改革的成效和经验

八年来，基础教育课程改革使学校、学生和教师发生了深刻变化，经历了高考检验，初步得到了社会认可，也受到了世界其他国家的积极关注，这充分说明课程改革的基本方向是正确的，成效是明显的。

一是基础教育课程体系突出时代特色，更加符合全面推进素质教育的要求。

基础教育培养目标把党和国家的教育方针落到实处，更加体现时代特点。新课程从为国家培养社会主义建设者和接班人的高度，在强调学生德智体美全面发展的同时，把社会责任感、创新精神和实践能力作为人才培养目标的核心内容，更加体现国家意志，更加符合素质教育要求和学生身心发展规律。

在继承我国基础教育重视基础知识和基本技能的优良传统的基础上，调整课程设置和课时结构，借鉴国外先进经验，增加课程的综合性和开放性，增设综合实践活动、科学、通用技术等课程，适当减少了数学等课程的课时，增加了德育、体育、艺术等课程的课时，让学生有更多的时间思考和实践，促进学生的全面发展。

把“德育为先”融入教育教学的全过程，充分体现“育人为本”。从中小学生身心发展规律出发，按照循序渐进的原则，整体规划了中小学德育课程。同时，把社会主义核心价值体系有机融入了各学科课程之中，把正确的世界观、人生观、价值观培养渗透在学校教育的每一个环节，在具体、生动的教育情境中充分发挥各学科全面育人的功能，使德育的针对性和实效性不断增强。

“一纲多本”的教材建设适应了不同地区的需求。按照“一纲多本”的要求，编写出一大批全面渗透德育、反映人类文明成果、体现时代精神的教材。这些教材深受教师和学生欢迎，较好地满足了不同地区和中小学校多样化的需要。

二是积极推进人才培养模式变革，学生综合素质明显提高。

新课程凸显了以学生为主体的教育理念，体现了以人为本的要求。强调激发学生学习的内在动力，保护学生的好奇心和求知欲，关注学生兴趣、潜能的培养。经过多年努力，学生学习的主动性和参与意识明显增强，生动活泼主动发展的局面正在形成。

新课程强调教育过程的“知行统一”。强化了实践环节，增设了社区服务、社会实践、研究性学习等课程，一大批中小学生社会实践基地和校外活动场所得以建立，为学生走出校门，参与社会实践建立了制度化的桥梁。实践成为学生学习、成长的重要环节、途径。

新课程强调了教师角色转变。引导教师观念和教学方式的变革，使教师从传统的让学生被动学习转变为更多引导学生主动学习和探究，为学生设计了广泛参与的平台，培养学生的学习能力，与学生共同学习、共同成长，成为学生的良师益友。

新课程强调了学校制度建设和管理模式的转变。学校开始探索现代化的管理制度，注重文化建设，从过去重视统一性和规范性开始向多样性和创造性转变，从被动接受评价向主动形成特色转变。

这些年，无论在城市还是农村，我们都能感受到学生面貌的显著变化。城市学生自主、自信，敢于表现，富有挑战精神。偏远农村地区的学生不再胆怯羞涩，他们活泼、大方，争先恐后回答问题，主动性和参与意识明显增强。温家宝总理到北京第三十五中学听课，看到课堂教学方法的改进以及研究性学习课程后，十分欣喜，给予了充分肯定。课改让教育发生了积极变化。

三是考试评价制度改革取得积极进展，注重学生全面发展的评价机制正在形成。

评价观念发生了根本性转变。评价更加尊重学生，更加关注学生的个性差异，更加强调学生的全面发展。校本课程、选修课、体育、艺术、综合实践等课程的开设，使对学校、教师和学生的评价更加全面和准确。

建立了综合素质评价制度。综合素质评价强调学生全面发展，关注每一个学生发展的全过程，使教师了解每一个学生的发展需求，给予学生针对性的指导和帮助，使学生在评价中认识自我，充满自信，不断进步，使评价逐渐成为教育的手段和教育的过程。尽管由于社会诚信等各方面原因，综合素质评价结果的使用受到局限，但作为教育创新，其改革方向是值得充分肯定的。

中考改革取得重大突破。课程体系、内容、教育教学方式的变化必然引起考试的重大变革。中考命题更加重视能力和综合素质的考查。招生录取基本改变了过去以分数作为唯一依据的做法，综合素质评价结果成为高中学校招生的重要依据，有效推动了高中学校自主多元地录取新生。同时，将优质高中招生名额合理分配给初中，促进了义务教育的均衡发展。

推动了高校招生考试制度改革。从已经实施新高考的10省情况看，高考改革总体上体现了基础教育课程改革的要求和导向，考试内容更加突出对学生能力的考核，增加了选考内容，有利于引导学生有个性地发展。同时，探索建立了普通高中学业水平考试，有利于引导学生全面发展。学生学业水平考试成绩和综合素质评价结果逐渐成为高校招生录取的重要依据。可以说，以国家统一考试为主，多元化考试评价和多样化选拔录取相结合的有中国特色的高校招生考试制度正在形成。

江苏、山东、浙江等省的高考改革实践，既大胆突破，又保持了相对平稳，既推动了制度创新，又促进了普通高中课程改革，得到了社会各界的普遍认同，为我们深化高考改革增加了信心，提供了经验。

四是有力促进了教师素质的提高和专业发展。

充分发挥了教师潜能。课程改革极大调动和激发了广大中小学教师的积极性、主动性和创造性。广大教师立足本职岗位和教学实际转变观念、改进教学，努力提高业务素质和教书育人的能力。参与学习和培训、开展教学研究已经成为广大教师的基本工作方式和工作需要。

开展了大规模的教师培训。课程改革涉及许多新观念、新内容和新要求，必须把教师培训摆在重要位置。八年来，各级教育部门围绕新课程开展了多层次、多形式和多专题的教师培训。到2008年年底，全国1 000多万义务教育阶段教师和100多万高中教师均接受了不低于40学时的新课程培训。其中，由教育部直接培训的骨干教师达3万余人。同时，教师培训资源共享平台越来越多，教师信息化能力极大提升，培训方式得到不同程度的改进。

建立了以校为本的教学研究制度。校本教研是中国的创造，也是中国特色，为广大教师在实践中发现问题、研究问题和解决问题提供了平台。广大教师以学校和工作岗位为中心，结合改革中的具体问题进行研讨交流，发展自己的业务素质和基本能力。校本教研和教师研修在全国蔚然成风。如福建、山西等省的教研工作都取得了很好的实效。

促进了教师教育的改革创新。课程改革对教师的专业水平提出了新的更高的要求，客观上要求师范大学推进教师教育的改革和创新。当前，培养适应基础教育课程改革特别是面向未来教育的新教师，已成为师范大学最为关心的问题。

八年的改革实践说明，如此广泛、深刻的涉及上亿学生、上千万教师的教育变革，在迅速、有序的推进中基本做到了平稳、健康进行，充分说明了教育变革是最富有希望的变革。课程改革的基本方向得到较为广泛的认可；优秀的教育传统得以继承并与时俱进；素质教育理念逐步深入人心；教育模式、教学方式发生了较为深刻的变化；学生的创新精神和实践能力得到加强；广大教育工作者在改革实践中创造了丰富的经验。改革搅动了基础教育长期以来的稳态，广大中小学校正在发生悄然无声而又积极、本质的变化。

八年的改革实践，饱含着各级教育部门和广大中小学教师的心血和汗水，饱含着大家对党和人民教育事业的一片忠诚。

二、深入推进基础教育课程改革面临着新情况、新挑战

课程改革取得了明显成效，但也引发了各种议论，有些意见甚至很尖锐，仁者见仁，智者见智。这也从另一个方面表明，只有课程改革走到深处，才能产生如此广泛的影响，才能促使大家更加深入的分析和思考改革进程中的各种问题。当前，课程改革到了认真总结、完善机制、全面推进的新阶段，需要研究新情况、解决新问题，需要调整、完善政

策措施，推进基础教育课程改革健康、深入地发展。

从制度建设层面看，课程标准有待在实验的基础上进一步修订，修订程序和政府决策程序有待进一步完善，修订工作的权威性和代表性有待进一步提高，对专家、一线教师和学生的意见尚待沟通、整合和吸收。教材的多样化面临着日益激烈的市场经济的冲击和影响，迫切需要完善教材编写、审定、选用、出版、发行等方面的管理制度。考试评价制度改革还有待进一步深化，综合素质评价的公信力和可操作性有待提高，高中学校招生录取方式的改革力度尚需继续加大。高中课程改革也迫切需要与之相衔接、相协调的高校招生考试制度。

从保障层面看，教师队伍不完全适应。受传统观念的影响，教师对新课程与新教材的理解和驾驭需要一个适应过程。目前，教师培训还没完全跟上，教师队伍整体素质特别是农村教师队伍素质还不完全适应。教育行政部门指导能力、校长专业化水平和课程领导力需要提升。各方面专业支撑力量整合不够，还没有完全形成合力。此外，学校办学基本条件也不完全适应，影响了一些课程的开设和实验的开展。课程改革的经费保障不到位，学校公用经费紧张，课程改革所必需的教师培训、教学资源开发以及各种综合实践活动均受到限制。

从学校层面看，将新课程理念转化为自觉行动，需要一个实践探索的过程。教师的水平不同，对新课程理解的角度不同，将在实践中表现出很大的差异性。一些问题需要及时地加以引导，如在强化“合作学习”、“探究学习”的同时，如何发挥“传统课堂”的优势作用，在培养学生正确的思想观念和各项能力的同时，如何正确处理好“基础知识”和“基本技能”的教学要求，等等。此外，学校办学自主权不足，责任不到位也是必须要重视的问题。总之，让教育战线最基层和教育教学活动最细微的环节都活跃起来是一项艰巨而复杂的工程，需要进行不懈的努力。

从社会层面看，课程改革是涉及方方面面的复杂的系统工程，需要全社会共同努力，需要各级政府高度重视。改革具有很强的规律性、周期性，需要积极而又慎重的态度。改革还具有很强的连续性、系统性，“开弓没有回头箭”，必须坚定不移地予以推进。课程改革还是一项很强的专业性工作，必须静下心来，潜心研究，长期跟踪，不断探索和实验，因此，需要由相对宽松的政策环境和社会环境，允许有一个逐步探索的过程，需要方方面面给予更多的理解和支持，避免急功近利和急于求成。

三、充分认识深化课程改革的重要性，进一步增强责任感和紧迫感

经过改革开放以来 30 多年的大发展，我国基础教育事业已经站在新的历史起点上，进入了一个以提高质量为核心的新的发展时期。提高教育质量最重要的载体就是基础教育课程改革。在新形势下，深化基础教育课程改革使命崇高，任务艰巨，责任重大。

第一，深化基础教育课程改革是建设创新型国家和人力资源强国的重要举措。许多国家尤其是发达国家都充分认识到教育教学改革在培养创新人才方面具有重要意义，纷纷把基础教育课程改革作为增强国力、积蓄国家竞争实力的战略选择。从各国的实践看，基础教育课程改革都是国之大事，都是在国家层面来组织实施和推动的。党的十七大提出优先发展教育，建设人力资源强国，这是国家战略，是提高综合国力的关键。基础教育承担着为各类人才成长奠基的重要作用，提高国民素质，培养创新人才离不开基础教育。基础教育的人才培养目标、教育观念、教育内容、教育方式、教育水平要更加适应国家发展战略的需要，必须深化基础教育课程改革。

第二，深化基础教育课程改革是推进教育现代化的重要内容。教育现代化不仅是办学条件的现代化，更重要的是教育思想、教育内容、教育方式和手段的现代化。基础教育课程改革提出了符合国家利益和时代要求的人才培养目标，强调教育与社会发展与时俱进，体现了实现教育现代化的内涵要求。在推进教育现代化的过程中，我们既要重视普及水平，更要重视教学质量，把先进的教育思想、教育制度、教育内容、教育方法和手段，作为实现教育现代化的重要内容。

第三，深化基础教育课程改革是我国基础教育发展到新阶段的必然要求。随着义务教育的全面普及和普通高中教育的稳步发展，有学上的问题已经初步得到解决，上好学的问题成为突出矛盾，提高教育质量成为基础教育最为紧迫的任务。当前，关键是要深化基础教育课程改革，转变人才培养方式，提高人才培养质量。要以课程改革为契机加强教师和校长队伍建设，加强校园文化和学校制度建设，鼓励改革创新，鼓励特色发展，适应人民群众多样化的教育要求，满足人民群众上好学的新期盼。

第四，深化基础教育课程改革是在新的历史起点上推进素质教育的重要途径。党的十七大报告提出，要全面贯彻党的教育方针，坚持育人为本、德育为先，实施素质教育，提高教育现代化水平，培养德智体美全面发展的社会主义建设者和接班人。多年的实践证明，课程改革是实施素质教育的核心问题和关键环节，素质教育只有深入到课程教学层面，才能全面推进，取得实质性成果。课程教材是教育思想和培养目标的集中体现，是德育工作的重要载体，是教学活动的基本依据，更是提高中小学教育质量的关键。课程改革涉及培养目标的调整、课程方案的规划、课程标准的制定、教材的编写、教学的改革、评价体系的重建和教师的培养培训等一系列有关人才培养的重要环节，牵动着基础教育的全面改革，是有效破解制约素质教育的体制机制障碍的重要抓手，是在新的起点上推进素质教育的主要措施。从这个意义上说，抓课程改革，就是抓素质教育，抓素质教育必须抓课程改革。

总之，各级教育部门和中小学校要充分认识深化基础教育课程改革的重要意义和作用，把它作为当前和今后一个时期基础教育的中心工作。

四、明确任务，突出重点，把基础教育课程改革推向新阶段

深化基础教育课程改革既是改革进行到现阶段的需要，更是适应国家经济社会发展和教育发展新形势、新任务的需要，既要逐步解决实验和推广阶段存在的困难和问题，更要与时俱进，积极应对新挑战、新要求，赋予课程改革更丰富的内涵。要以科学发展观为指导，把有效推进素质教育、提高教育质量作为深化课程改革的出发点和落脚点，努力把课程改革推向新阶段。

今后，我们要在巩固扩大成果、创新体制机制、健全服务体系、增强办学活力等方面下功夫，重点抓好以下几项工作。

一要健全组织领导机构，完善科学决策程序。

教育部将进一步加强基础教育课程改革的组织领导。成立由部长负责的课程改革领导机构，研究制订基础教育课程改革规划和重大政策。成立国家基础教育课程教材顾问委员会，请教育界、学术界的大专家、大学者担任委员，加强课程改革的咨询与指导。成立国家基础教育课程教材专家审议委员会，加强对课程教材的审核把关。

要在总结课程改革经验的基础上，完善课程设置方案，加快修订各学科课程标准，全面修订教材。修订过程中要进一步精选课程教材内容，减轻学生负担，更好地把社会主义核心价值体系融入中小学课程教材之中。进一步强化与社会发展、科技进步和学生经验的联系，突出时代性，增强课程教材的科学性和适宜性，提升课程教材的现代化水平。

健全国家、地方和学校三级课程管理制度，进一步明确各级教育行政部门和学校的课程管理职责。坚持课程的统一性和多样化相结合，鼓励各地在达到国家课程基本要求的前提下，因地制宜地开好地方课程和学校课程，加强分类指导和规范管理。

鼓励地方和学校大胆探索，努力形成充满生机和活力的改革局面。各地要建立一批实验区和实验学校，开展教育教学改革实验，进一步激发每一所学校的内在活力，形成更多办学特色鲜明的学校。要树立一批抓课改、抓内涵、抓质量的典型，发挥好他们的示范和带动作用。

二要开展大规模教师培训，努力提高教师专业化水平。

要进一步加大对农村教师的培训力度。全面实施国家教师培训计划，采取远程方式把培训送到县、送到边远地区、送到边疆，对刚进入高中课程改革的省份做到培训到校。各地也要高度重视教师培训工作，加大培训力度。各级培训机构要以全面提高教师实施新课程的能力为重点，积极开发以优秀教学案例为载体的培训课程，改进培训模式，增强培训的针对性和实效性。

要大力推进教师教育的改革与创新。师范大学要紧紧围绕深化基础教育课程改革的要求，加快教师教育培养目标、专业设置、课程体系、培养方式等方面的改革，使走上工作岗位的新教师适应新课程的需要，初步具备实施新课程的能力。鼓励更多的师范大学积极服务、研究和引领基础教育的改革与发展，形成若干个由高等院校、教研部门、中小学共同参与的教学改革实验区。

要继续完善以校为本的教研制度。引导教师结合课程改革加强学习、研究和交流，逐步形成民主、开放、合作的教研文化，真正把学校建设成为学习型组织。要搭建大学、教研机构深入中小学研究和指导课程改革的平台，利用好教育信息化平台、教师网络联盟等为教师特别是农村教师提供培训、教研、专业咨询、资源共享等教师继续教育服务。

要配齐配好教师。地方各级教育行政部门要高度重视深化课程改革对教师数量和结构的新要求，编制要落实，结构要合理。要切实解决好科学、技术、艺术和综合实践活动等新设课程的教师配置问题，特别要解决好农村学校教师结构性缺编问题。

三要深化考试评价制度改革，充分发挥推动素质教育的导向作用。

要进一步完善综合素质评价的科学方法和基本程序，加强对评价过程的指导和管理，使综合素质评价成为学校常规管理制度的基本内容和教师的岗位职责。

要加强对中考改革方案的评估和指导。进一步完善以能力为核心的命题改革，强化综合素质评价结果在高中招生录取中的作用。要全面建立普通高中学业水平考试制度，使之成为各级教育行政部门管理课程和教育教学质量的重要手段。

要积极稳妥地推进高考改革。努力探索分类考试、自主招生、多元录取，把综合素质评价和学业水平考试作为高校招生录取的重要依据，积极引导中小学加强对学生全面素质的培养。

四要继续推进人才培养模式改革，着力培养学生的创新精神和实践能力。

要深入研究教学规律和学生认知规律，努力创设引导学生独立思考、积极探究、求异创新的教育环境。不论在课堂教学还是在研究性学习、社会实践等综合实践活动中都要充分利用各种教育资源，创新教学方式，注意激发学生的学习兴趣和参与热情，指导学生深入思考，学思联系，学会探究，知行统一。要积极推进现代信息技术在教学中的科学应用，提高学生在信息技术环境中的学习能力。

要引导学校做好普通高中选修课程建设规划。大力推进高中选修课的多样化，改变单纯依据高考方案统一设置选修课、限制学生选课的做法，加强对学生选课的指导，使每一个学生有机会选择适合自己的课程，促进学生个性的充分发展和优秀学生的脱颖而出。充分利用现代信息技术，加大网络优质课程资源建设的力度，实现优秀教学成果、优质选修课资源的互通共享，开好选修课。

五要重点加强农村课程改革，提高农村基础教育质量。

农村教育是整个教育工作的重中之重，农村课程改革是当前的薄弱环节，也是下一步深化课程改革的重点。各地要进一步加大对农村课程改革工作的指导和支持力度，有针对性地提出推进农村课程改革的有效策略和工作方案，在经费分配、资源建设和专业指导等方面向农村倾斜，为农村课程改革提供切实支持。

要进一步加大农村教师队伍建设的力度，以城镇教师支援、特岗教师、对口帮扶等多种形式帮助农村教师提高适应课程改革的能力。教研部门要充分发挥组织协调和教学研究指导作用，促进农村学校建立多种形式的教研共同体和教学合作组织。充分发挥农村中小学现代远程教育工程的作用，运用信息化手段和方式，引入优质教育资源，实现农村教育的跨越式发展。

六要加强学校规范管理，为深化课程改革创造条件。

地方各级教育行政部门要切实履行监管职责，建立和完善工作机制，下决心解决好当前一些违背教育规律、影响教育教学秩序的突出问题。要指导学校认真执行国家课程方案，开齐开足课程，全面落实国家教育教学的基本要求，为深化课程改革创造条件。

要认真解决中小学教材管理和选用中的突出问

题。教材是中小学教育教学的基本依据，体现国家意志。《义务教育法》明确规定，未经审定的教科书，不得出版、选用。各地和中小学要严格遵守法律规定，对于未经国家审查的国家课程教材和未经省级教育部门审查的地方课程教材，要坚决清理。要进一步严格规范教材选用程序，充分尊重广大教师的意见，保证教材选用过程的公开、公平、公正和选用版本的科学、适宜。

七要加强组织领导，保障课程改革深入推进。

地方各级教育行政部门要在当地政府的领导下，积极协调各部门，共同研究制定深化课程改革的工作方案，特别要针对一些重大问题和薄弱环节提出切实可行的政策措施。要统筹规划课程改革、教师培养培训、高校招生考试制度改革等相关工作，增强各项改革工作的协调性。要深入基层，深入学校，深入课堂，认真了解学校教育、课堂教学的实际情况，及时解决课程改革中的实际问题和困难。

大力加强教研队伍和工作机制建设，进一步明确教研机构的工作职责，把教研队伍作为推进课程改革的专业骨干力量，发挥好其在教学研究和指导中的作用，形成直接服务学校的专业支持网络。各级教研部门要切实转变教研方式，深入学校和课堂，与中小学教师共同研究、探索实施课程改革。

要把握好舆论导向，充分发挥新闻媒体的积极作用，深入宣传课程改革工作，为深化基础教育课程改革营造良好的氛围。

深化基础教育课程改革是促进基础教育内涵发展的关键，是适应国家经济和社会发展对新型人才培养需要的重要举措，让我们以庆祝新中国成立六十周年为契机，深入学习实践科学发展观，振奋精神，开拓进取，以更加饱满的热情和更加高效的工作，扎实推进基础教育课程改革，为全面建设小康社会，建设人力资源强国作出新的更大的贡献！

（原文载《人民教育》2009 年第 24 期）

深入开展学习实践活动 切实加强高校党风廉政建设

王立英

深入开展学习实践科学发展观活动是用中国特色社会主义理论体系武装全党的重大举措，是深入推进改革开放、推动经济社会又好又快发展、促进社会和谐稳定的迫切需要，是提高党的执政能力、保持和发展党的先进性的必然要求，是推动教育事业科学发展、办好人民满意教育、建设人力资源强国的根本要求，是当前高校一项重要的政治任务，必须持之以恒地抓紧抓好。

一、高校学习实践活动必须突出实践特色，抓住科学发展上水平这个核心，在解决制约和影响高校科学发展的突出问题上下功夫

党中央对高校学习实践活动高度重视，2009年5月7日，中央深入学习实践科学发展观活动领导小组在中国人民大学召开了高校学习实践活动座谈会，习近平同志作了重要讲话。他指出，目前高校学习实践活动形势很好，效果显著，呈现以下四个特点。一是坚持学好一个理论。用中国特色社会主义创新理论和科学发展观武装头脑，把加强学习、统一思想、凝聚人心放在重要位置，为整个学习实践活动奠定了坚实的思想基础。二是坚持开好一个会议。各高校在深入学习的基础上，召开了高质量的民主生活会，会前广泛征集群众意见，班子成员之间深入谈心，民主生活会上，大家认真开展批评与自我批评，进一步统一了思想意志，明确了发展思路，确立了发展方向。三是形成一个高质量的分析报告。各高校党委高度重视分析检查报告的形成过程和内容实质，党委书记、纪委书记全程参与。四是突出高校特点。坚持把突出高校特点作为学习实践活动的支撑点和关键点。第一，强化服务。围绕中央保增长、保民生、保稳定、促发展的重大决策部署，做好政策研究和服务保障工作，为扩大内需、促进经济增长，有效应对经济危机作出了贡献。第二，突出解决大学生就业问题。就业问题是保民生和保稳定的重要内容，中央高度重视，群众广泛关注。温家宝同志几次听取有关就业工作汇报，刘延东同志就大学生就业问题做了多次批示，教育部出台了一系列政策措施。高校党委和领导班子把落实大学生就业作为学习实践活动的重要内容，加强指导，广泛协调，推动大学生就业工作取得了较好成效。2009年高校毕业生人数611万，目前就业率已达到68%，有的学校就业率还更好一些。第三，促进高校的稳定。2009年是我国改革发展稳定面临最为严峻考验的一年，西方敌对势力和国内有自由化倾向的人策划一系列分裂、分化活动，由于我们思想工作细致，超前谋划，未雨绸缪，现在高校总体稳定，学生对党的认同度较高，这是在学习实践活动中党委和领导班子高度重视的结果。下一阶段高校学习实践活动，要在解放思想中转变观念，更新思路，真抓实干，破解难题，实现科学发展、和谐发展、率先发展上下功夫。要重点做好两项工作。

（一）进一步加强理论武装

最近，习近平同志在部分省市区学习实践科学发展观活动座谈会上指出，有些党员干部对中央规定书目的学习仍然存在浅尝辄止的现象，对科学发展观的理解还不深刻。要通过加强学习，使广大党员干部深刻认识到，以集中教育的方式搞好马克思主义创新成果的理论武装，是我们党加强自身建设的一条成功经验，是提高干部素质、推动改革发展的有效途径。下一阶段，学习实践活动要继续一以贯之地把理论武装头脑融入全过程，进一步加强对中央文件的学习和理解，加强对中央领导同志近期在视察大学时讲话精神的学习，重点要学习好胡锦涛总书记在中国农业大学的讲话，温家宝总理在清华大学、西安交通大学和湖南大学的讲话，李长春同志在纪念“五四运动”90周年大会上的讲话，习近平同志在北京考察5所大学时的讲话。要组织党员干部尤其是党员领导干部进一步学习科学发展观，深刻理解科学发展观的重大意义、科学内涵、精神实质、根本要求。用中国特色社会主义理论体系、社会主义核心价值体系武装师生员工和党员干部，在真学、真懂、真信、真用上下功夫。

（二）突出实践特色

突出实践特色是这次学习实践活动的最大特点，下一步要着力抓好以下几项具体工作。

1. 以分析检查报告为依据，认真制定整改措施。解决影响和制约科学发展的问题是这次学习实践活动的基本任务。各高校要把分析报告起草好，在此基础上把整改措施制定好。整改措施要坚持“三性”。一要有针对性，各个学校的情况、特点不一，整改措施要符合学校实际。二要有操作性，切实用来解决党员干部思想作风方面和学校改革发展过程中的实际问题。三要有公开性。整改措施要采取适当方式，在一定范围内公布，重要事项要作出公开承诺，落实情况要向师生员工通报，自觉接受监督，通过解决突出问题、推进教育事业的实际成效取信于民，凝聚力量，汇集才智。

2. 集中力量解决突出问题，着力完善体制机制。一要积极创造条件解决群众关心的突出问题。包括影响和制约学校科学发展的突出问题，师生员工反映的与切身利益相关的突出问题，建设和谐校园中的突出问题和领导干部党性、党风、党纪方面存在的突出问题。二要立足现实，量力而行。有些问题我们看到了，但由于种种因素解决起来有难度，学校要量力而行，一时解决不了的问题，一定要给群众解释清楚，得到群众理解。三要着眼发展，建立健全长效机制。要按照科学发展观的要求，认真清理现有的规章制度，努力构建充满活力、富有效率、更加开放、有利于科学发展的体制机制。在内容上它不是单方面的，要涵盖教学、科研、后勤管理、党的建设等各方面制度，对现有成形的要固化下来，对需要完善的要进一步完善，要在建立长效机制上下功夫。四要把“做党的忠诚卫士，当群众的贴心人”主题实践活动进一步纳入到整改措施中。纪检监察部门存在工作方式、思维方法不适应科学发展观要求的问题，在这次活动中要进一步查找解决，使学校的纪检监察工作为教育事业科学发展提供有力保障。

3. 加强学习实践活动的领导。在学习实践活动中，各高校普遍建立了双组长制，下一阶段的学习实践活动要继续加强组织领导。按照教育部的部署，学习实践活动拟在8月底完成，在最后的整改阶段中要进一步加强领导，周密部署，围绕解决影响和制约科学发展的突出问题狠下功夫，下真功夫。

二、围绕科学发展这个核心，推动“有特色、高水平”大学的建设步伐

高校学习实践活动根本要求解决好两个问题，一是“办什么样的大学，怎样办好大学”的问题，二是“培养什么人，怎样培养人”的问题。目的是为中国特色社会主义事业培养合格建设者和可靠接班人。

（一）围绕科学发展这个核心，在“办什么样的大学，怎样办好大学”上下功夫

胡锦涛总书记强调大学要办出特色，办出高水平。有特色、高水平是相辅相成的，只有办出特色才能有高水平，才能培养出创新型的人才。温家宝总理指出大学办得好坏，不是在规模大小，关键要办出特色，要形成自己的办学理念和治校风格。刘延东同志在2月16日的咨询会上提出，建设世界一流的大学，要在“有特色，高水平”这六个字上下功夫，就是要有中国特色，世界水平。“有特色，高水平”就是要面向现代化、面向世界、面向未来，坚持从中国的国情和实际出发，走我们自己的路，努力提高中国大学在世界的竞争力和影响力。有特色就是有个性、有优势、有竞争力。有特色要体现在具有鲜明的办学理念，有优势明显的学科专业，有定位明确的服务方向。高水平就是要高标

准、高质量、高效率。高水平要体现在一些领域能够培养出高素质人才，取得领先的科研成果，汇集优秀的教师群体，形成社会公认的品牌和良好的声誉。有特色、高水平是辩证统一，相辅相成的。在学习实践活动中，学校要把“有特色，高水平”作为一个重要课题来考虑，要按照实事求是的要求，根据经济社会文化发展的需要，客观分析学校的历史传统、学科特色、资源优势，要研究世界知名大学建设和高素质人才培养的普遍规律，研究中国高校发展和人才成长的特殊要求。要通过比较研究，全方位地审视和规划高校“有特色、高水平”建设之路，逐步形成科学的办学理念，形成独具特色的办学风格，使学校真正为建设中国特色社会主义和构建社会主义和谐社会培养一流人才、创造一流的科研成果、提供一流的社会服务。

（二）围绕教师队伍建设这个关键，在提高教师的综合素质上下功夫

办好教育，适应改革发展的需要，培养中国特色社会主义事业合格建设者和可靠接班人，教师是核心和关键。高校要坚持把师德建设放在首位，全面提高教师队伍整体素质，着力解决高校教师队伍建设特别是高层次创造性人才队伍建设中存在的突出问题，要注意把握好三个环节。一是学校要注意引进人才，尤其是引进高精尖人才，高素质人才。一个高素质的人才就有可能在学科建设方面树起一面旗帜，带动一个学科的发展。二是要注意培养学校成长起来的人才，在优化人才成长环境上狠下功夫。要尊重教师在办学治校中的主体地位，通过完善政策措施来调动老师的积极性，要给他们创造良好的工作环境，发挥他们的聪明才智，在提高教育质量、教育水平上充分发挥他们的创造作用。三是要培养德才兼备人才。学校是我们党意识形态的重要领域，是教书育人、培养中国特色建设者和优秀人才的重要阵地，我们要坚持德才兼备、以德为先来加强师德教育，加强教师队伍建设。学校要注重教师品德培养，要注重培养建设一支德才兼备的教师队伍。

（三）围绕人才培养这个重点，在培养中国特色社会主义合格建设者和可靠接班人上下功夫

培养中国特色社会主义合格建设者和可靠接班人是我国高校的根本任务，也是高校坚持社会主义办学方向的本质要求。高校各级领导干部必须坚持以培养中国特色社会主义事业合格建设者和可靠接班人为己任，切实把培养德才兼备的高素质人才摆在更加突出的战略位置，适应我国改革开放和社会主义现代化建设事业发展需要，不断改革和创新教育工作，在提高大学生科学文化素质的同时，大力提高大学生的思想政治素质，为国家和社会源源不断地输送德才兼备的人才。在人才培养方面，一是要教育学生成为政治坚定的合格人才。当前，意识形态领域渗透与反渗透、颠覆与反颠覆的斗争异常激烈，各种矛盾错综复杂，各种思潮碰撞交锋，西方敌对势力把渗透和颠覆的重点放在在校大学生上，企图通过西方的意识形态来影响和争夺我们的学生，对此必须高度警惕，加强学生的政治教育，使我们的学生成为政治清醒、信念坚定、能担大任的有用人才。二是要把有用的知识传授给学生。要让学生学到一技之长，能够到社会上有所作为，能够真正为社会主义建设、社会主义市场经济建设发挥作用，我们要给学生创造一个学习的氛围，提供提高能力的机会。三是要培养学生高尚的道德情操，青年学生步入大学校园，要在道德品行上受到良好的教育。要把政治、才华、道德三个方面作为人才培养的重点，要使大学生通过四年、七年或者更长时间的学习教育，真正成为政治坚定、才华出众、品德高尚的合格建设者和可靠接班人。

三、加强党的建设和党风廉政建设，为推动高校科学发展和人才培养提供坚强的政治保证

高等教育事业的健康发展离不开党的建设这个根本。党的建设和党风廉政建设关系到我们党的执政能力，关系到人心向背。在高等学校，党的建设和党风廉政建设关系到高校事业的科学健康发展，必须高度重视并不断加强。

（一）加强党的建设

高校领导班子是推动学校管理建设的核心要素，高校党的建设的核心是加强领导班子建设。为此，要做到“三个坚持”。一要坚持党委领导下的校长负责制。党委领导下的校长负责制是中国特色社会主义的办学体制。习近平、李源潮同志多次强调，高校一定要坚持党委领导下的校长负责制。党

委领导不是个人领导，而是集体领导，这个领导体制不能变，必须坚持，而且在今后的工作中必须继续贯彻和完善。二要坚持政治家教育家办学的方针。高校的领导班子和领导干部不仅要懂教育、善管理，更要懂政治、讲政治。按照中央和教育部党组提出的，高校领导班子特别是书记、校长要是教育家、政治家，要是讲政治的教育家，要是懂教育的政治家。要始终坚持正确的办学方向，不断加强领导班子建设。在领导班子建设上要做到在六个方面下功夫：始终坚持坚定正确的政治方向，在提高推进科学发展上下功夫；始终坚持民主集中制原则，在提高科学决策、民主决策上下功夫；始终坚持改革创新，在提高攻尖克难的能力上下功夫；始终坚持德才兼备以德为先的用人标准，在提高选人、育人、用人的能力上下功夫；始终坚持以人为本，在提高服务社会、服务人民的能力上下功夫；始终坚持廉洁自律，在提高抵御风险、拒腐防变的能力上下功夫。三要坚持加强干部管理队伍建设这个根本。培养和造就一支政治坚定、作风优良、纪律严明、学术精湛、清正廉洁的管理干部队伍是学校科学发展、可持续发展的根本保证。高校这些年来启用了很多学术型的领导，这些干部一般是“双肩挑”，甚至是“三肩挑”。我们强调领导干部要把主要精力放在抓管理促教育上，同时也要为他们提高教学质量、提高科研能力和水平创造条件，使其在教学科研上取得好的成绩。管理干部是学校事业发展的骨干，我们的领导干部要做到“五个始终”。一是始终保持政治上的清醒。大学是思想、人才、知识的聚集地，是意识形态的重要阵地，大学领导干部尤其是管理干部，要在政治上保持高度敏锐和清醒，始终和党中央保持高度一致，始终把维护人民的根本利益作为首要任务。二是始终坚持学以致用。领导干部要加强理论学习，锲而不舍地加强理论修养，孜孜不倦地追求真理，把中央的要求贯彻落实到工作的全过程。三是始终坚持谦虚谨慎。树立全心全意为人民服务的思想，心系百姓，心系师生，与人民心连心。领导干部要坚持宗旨意识，倾听群众的呼声，体察群众的情绪，感受群众的疾苦，集中群众的智慧，想师生员工之所想，急师生员工之所急，办师生员工之所需。四是始终保持求真务实。要大兴求真务实之风，发扬实干精神，真抓实干，靠前指挥，出实招，办实事，求实效，在自己的工作岗位上有建树，出实绩。五是始终坚持公道正派。领导干部尤其是主要领导干部手中都有一定的权力，在处理每项工作中，都要坚持清正廉洁、公道正派，做到干干净净做人、认认真真做事，做合格的党员领导干部。

（二）加强高校党风廉政建设

党风廉政建设是党的建设的重要组成部分。胡锦涛总书记在十七届中央纪委第三次全体会议上明确要求：“全党同志要全面把握形势，充分认识反腐败斗争的长期性、复杂性、艰巨性，毫不动摇地加强党风廉政建设和反腐败斗争，把反腐倡廉建设放在更加突出的位置，旗帜鲜明地反对腐败。”深刻理解总书记的讲话精神，从全党工作大局出发全面把握高校反腐倡廉形势的发展变化，对于我们始终保持清醒的政治头脑，牢牢掌握工作的主动权，具有十分重要的意义。

改革开放以来，我国经济连续 30 年保持高速增长，创造了举世瞩目的成就，国际地位和国际影响力明显提高。但是我们也要看到，西方敌对势力并不愿看到有着强大生命力的中国共产党屹立在国际舞台之上，不愿看到充满生机活力的中国特色社会主义制度优越性的充分发挥，千方百计在政治观念、意识形态、伦理道德、生活方式等方面对我国实施西化、分化，进行意识形态渗透，企图搞乱人们的思想，腐蚀我们的干部，动摇马克思主义在我国意识形态领域的指导地位，动摇全体人民共同奋斗的思想基础，动摇干部群众对社会主义制度的信心、对共产党的信任。同时，随着我国经济体制深刻变革、社会结构深刻变动、利益格局深刻调整、思想观念深刻变化，人们在思想认识、价值取向等方面的独立性、多样性、多变性、差异性日益增强，经济成分、组织形式、就业方式、利益关系和分配方式日益多元化。国内经济多元、多样、多变的趋势更加明显，滋生消极腐败现象的土壤和条件还没有从根本上消除，源头防治腐败的任务依然艰巨。尤其是去年以来，受国际金融危机的影响，我国经济下行压力加大，为应对国际金融危机，党中央国务院出台了一系列扩内需、促增长的方针政策，三年内将增加中央投资1.18万亿元，拉动地方和社会投资4万亿元。2008年中央投向教育的资金44亿元，2009年中央将进一步加大对教育的投入。随着中央投资的落实到位和大量社会投资的逐步跟进，一些腐败问题可能会暴露出来。对此，我们必须高度重视，做到超前防范。

高校是我国实施科教兴国战略和人才强国战略的重要阵地，学校承担着培养人才、科学研究、传承文明、服务社会的重要使命。同时，高校是各种社会思潮的集散地，处在意识形态较量和斗争的前沿，是社会稳定的晴雨表，高校稳则社会稳。当前我国高等教育事业发展站在了新的历史起点上，党和国家对高等教育改革发展提出了新要求，人民群众对高等教育有新的期盼，高校反腐倡廉建设面临着新情况新变化。特别是我们应该看到，高校已不再是一片净土，一些学校大案要案时有发生。据中央纪委监察部统计，2003年至2008年，全国纪检监察机关共立案查办教育系统违纪违法案件56 239件，给予党纪政纪处分56 685人，其中高校2 303人。高校违纪违法案件的主要特点是，校级干部违纪违法案件明显增多，窝案、串案、案中案明显增多，大额资金案件明显增多。涉案领域主要集中在基建工程、招生考试、财务管理、设备物资采购等环节。从近两年查处的案件看，直属高校领导违纪违法行为数量有上升趋势。这些情况表明，当前高校反腐倡廉形势依然严峻。因此，我们必须从更好地服务于党和国家工作全局的高度，从推动高等教育事业科学发展、健康发展的高度，从办好世界一流大学的高度，充分认识高校反腐倡廉建设的重要性和紧迫性，不断增强高校党风廉政建设的责任感和使命感，把反腐倡廉工作放在更加突出的位置，认真抓好以下三项工作。

1. 认真执行党风廉政建设责任制。反腐倡廉建设是一项系统工程，是一项艰巨的政治任务。党风廉政建设责任制是反腐倡廉建设的一项根本制度，高校要把执行党风廉政建设责任制作为反腐倡廉工作的首要任务，抓紧抓好。必须进一步明确高校党委党风廉政建设责任主体地位，不断强化各级领导干部“一岗双责”的责任意识。

落实党风廉政建设责任制，关键在领导班子和领导干部。各级领导班子特别是“一把手”，要切实肩负起第一责任人的领导责任，把反腐倡廉工作与党的建设、教学科研和其他行政管理工作有机结合起来，统筹安排，努力做到一手抓高校教育和业务建设、一手抓党风廉政建设，党风廉政建设工作与教育科研等业务工作同步部署、同步落实、同步检查、同步考核，使党风廉政建设工作和教育事业同推进、同发展。要抓好反腐倡廉工作任务分解、责任考核、责任追究，构筑严密的反腐倡廉责任体系。要明确责任，把反腐倡廉的重点任务分解到相关职能部门和领导班子的每个成员，做到任务分工具体、职责划分清晰、责任要求明确。要严格考核，把责任制落实情况作为领导班子、领导干部年度考核和工作目标考核的重要内容，突出重点，严格程序，坚持标准，形成有效的奖惩机制。要加强监督检查，对在执行党风廉政建设责任制方面严重失职渎职的领导干部，要严肃追究责任。

2. 以推进高校惩防体系建设为重点，认真贯彻执行三部委印发的《关于加强高等学校反腐倡廉建设的意见》。2008年9月，中央纪委、教育部、监察部印发了《关于加强高等学校反腐倡廉建设的意见》。《意见》是当前和今后一个时期加强高校反腐倡廉建设的重要指导性文件。要把贯彻落实好三部委文件作为一项重要任务，贯穿于教育改革发展的全过程，与教育事业的发展同步推进。构建惩治和预防腐败体系在反腐倡廉建设中具有全局性、战略性地位，必须坚持不懈地抓好。一要抓好教育。要不断增强教育领导干部是非面前的辨别能力、诱惑面前的自控能力、警示面前的醒悟能力，筑牢思想道德和政策法规防线，使领导干部树立正确的世界观、人生观、价值观，树立正确的权利观、地位观、利益观。要注重加强廉政文化进校园建设。大学生活阶段是一个人世界观、价值观形成的黄金阶段，高校要通过廉政文化教育，使青年学生牢固树立廉洁意识、诚信意识、法纪意识。二要建好制度。制度带有根本性、全局性和长期性，加强制度建设是惩防体系建设的根本，必须高度重视。制度建设包括教学的、科研的、管理的各个方面。建立制度一定要有针对性、操作性、实用性。三要强化监督。我们指的监督更多的是党内监督，制度监督，自我约束。惩防体系建设必须与完善社会主义市场经济体制相适应、与推进教育事业改革进程相适应、与加强党在高校的执政能力建设相适应，立足当前，着眼长远，贯穿于教育教学的全过程。必须紧紧抓住重点部位和关键环节，分步实施，使教育、制度、监督、改革、惩治等方面工作整体推进。

3. 切实加强高校领导干部作风和学风建设。坚强的党性和优良的作风是加强党的执政能力建设和先进性建设的根本要求，是贯彻落实科学发展观的重要保证。党员领导干部要自觉加强党性修养和党性锻炼，始终保持旺盛的生机和活力。严格执行党的政治纪律，自觉遵行社会主义核心价值体系，始终在政治上、思想上、行动上同党中央保持高度一致。认真落实“八个坚持、八个反对”，大力倡导八个方面的良好风气。切实树立宗旨意识，增强立党为公、执政为民的自觉性、坚定性，听群众之所议，想群众之所想，思群众之所虑，解群众之所难，真心实意地为群众办好事、办实事。坚持理论联系实际，切实用党的科学理论指导实践，不断提高干事创业、应对复杂局面的能力。发扬求真务实和艰苦奋斗的作风，强化责任意识，干干净净做人，认认真真做事。各级党组织要加强对党员领导干部作风状况的监督检查。

加强作风建设的同时，还要高度重视学风建设。继上海交大“汉芯”造假事件后，2009 年，浙江大学又发生“贺海波论文事件”，引起社会强烈反响，严重损害了高校声誉。教育部专门召开加强学风建设座谈会，并下发《关于严肃处理高等学校学术不端行为的通知》。周济部长强调，对学术不端要“出重拳、零容忍”。我们要清醒认识到学风不正的危害性，切实加强对学风建设的领导，坚决遏制学术不正之风，严肃查处学术不端行为。要下大力气从源头上进行治理，加强教育引导，健全制度，规范管理，努力营造诚信治学的学术氛围。要引导高校教师带头践行社会主义荣辱观，加强学术道德修养和师德修养，自觉抵制不良风气的侵蚀，真正做到“学为人师，行为世范”。

（原载《中国高等教育》2009 年第 15-16 期）

校长队伍建设与教育家办学

李卫红

当前，我国教育事业已经进入到从人力资源大国向人力资源强国迈进的历史发展新阶段，提高教育质量已经成为各级各类教育最为紧迫的任务。中小学校长承担着引领学校改革发展、全面实施素质教育的历史重任，具有不可替代的重要作用。中小学校长队伍整体素质的提升，已经成为提高教育质量的关键所在。努力提升校长素质，造就大批教育家型校长，为教育家办学提供良好的体制和机制环境，是时代的要求，也是我们的历史责任。围绕今天的主题，我想讲三个方面的问题，一是对我国中小学校长队伍发展现状的几点判断；二是对教育家办学与教育家成长规律的几点认识；三是对努力造就一支教育家型校长队伍的几点思考。今天所谈的这些方面，既有我个人的一些理论思考，也有一些是工作实践中的认识，借此机会与各位校长交流，供大家参考。

一、对我国中小学校长队伍发展现状的几点判断

任何一项教育改革都是通过学校层面的有效贯彻和落实才可能真正见到成效。实践表明，学校校长已成为教育改革与发展各项政策措施的主要落实者、重要执行者、有为实践者。进入新世纪，我国基础教育事业的改革与发展离不开高素质校长的支撑。“校长是学校的灵魂”、“校长是教师的教师”、“一个好的校长就是一所好的学校”、“校长的专业发展是促进学生发展的保障”，等等，这些来自于教育实践界和理论界的精辟论述足以表明学校校长在学校发展、学生发展、师资队伍建设等各项事业中必不可少的关键作用。

（一）校长队伍建设取得的成就

改革开放以来，党中央、国务院与各级政府对我国中小学校长队伍的建设给予了高度的关注，采取了一系列富有成效的举措，极大地提升了我国中小学校长的整体素质，经过多年的努力，我国校长队伍建设取得了显著成就，这些成就主要表现在以下几个方面。

1. 我国中小学校长队伍的数量与素质基本满足了教育事业发展的需要。2008 年 4 月，教育部人事司委托中国教师教育学会，对全国中小学校长队伍的基本情况进行了调查。调查显示：目前全国普通中小学和职业中学校长共有约 54 万人，其中中共党员占 80.5%，平均年龄 43.2 岁，平均任职时间 6 年。不同学段校长的学历水平都高于同学段专任教师的学历水平。其中，具有专科以上学历的小学校长占 73.5%（小学教师为 70.88%），具有本科以上学历的初中校长占 56.1%（初中教师为 53.22%），具有研究生学历的高中校长占 4.64%（高中教师为 2.2%）。高级中学校长中，具有中学高级教师职务的比例为 81.2%；普通初中校长中，具有中学高级教师职务的比例为 39.46%；完全小学校长中，具有小学高级以上教师职务的比例为 69.4%；全国有 4 400 多位校长是由特级教师来担任的。全国中小学校长队伍中涌现出了一大批取得突出办学成绩的优秀校长。总体来看，我们的中小学校长队伍是一支素质较高、业务较强的队伍，是支撑基础教育改革发展的中坚力量、骨干力量，从数量与质量上讲，已基本适应了我国教育改革发展的需要。

2. 我国中小学校长队伍的专业化水平有了较大幅度的提高。自 1993 年《中国教育改革和发展纲要》提出建立中小学校长持证上岗制度以来，国家逐步建立了以任职培训、提高培训、高级研修和专题培训为主要内容的中小学校长培训制度，进一步加强了中小学校长继续教育和培训。1999年教育部印发的《中小学校长培训规定》进一步明确要求，新任校长任职培训时间累计不少于300学时，在职校长提高培训时间每五年累计不少于240学时。经过培训提高，目前我国大多数校长具有任职资格证书，99%的校长具有专业技术职务和专业背景。随着学校安全管理、预算管理、新课程改革、绩效工资政策等专题培训工作的大规模开展，全国中小学校长队伍的专业素养和适应新形势改革发展要求的办学治校能力得到了显著提升，校长队伍的专业化水平得到了较大幅度的提高。

3. 建立了比较健全的校长队伍管理体制和机制。进入新世纪以来，《国务院关于基础教育改革与发展的决定》、《国务院关于进一步加强农村教育工作的决定》以及《国务院办公厅关于完善农村义务教育管理体制的通知》提出，要进一步落实农村义务教育以县为主的管理体制，改革中小学校长的选拔任用和管理制度。特别是新修订的《义务教育法》明确规定，义务教育学校校长由县级教育行政部门依法聘任。几年来，各地教育行政部门加强了与有关部门的协调，按照权责相一致的原则，认真贯彻了国务院关于理顺中小学校长管理体制的要求，基本实现了校长任用和管理的目标要求，即高级中学和完全中学校长由县级以上教育行政部门提名、考察，按干部管理权限任用和聘任；其他中小学校长由县级教育行政部门选拔任用并归口管理；农村中小学校长的选拔、任用、培训、考核、交流由县级教育行政部门归口管理。落实和理顺中小学校长管理体制的有关政策，对深入开展中小学校长选拔任用和管理制度改革，全面深入地推进中小学校长队伍建设，具有十分重要的意义。

4. 健全完善了校长培训网络体系，为校长专业的可持续发展提供了坚强有力的智力支持和能力建设保障。校长的培训和继续教育是校长专业可持续发展的重要途径。经过多年的努力，目前我们已经建立了比较完整的中小学校长培训网络，形成了国家、省（区、市）、地（市）、县（区）四级中小学校长培训网络，培训面覆盖了整个内地地区的所有中小学校长。我们现在举办着世界上最大规模的培训事业。在这一宏大的培训体系中，我们积极探索出了理论与实践相结合、国际视野与本土实践相结合、校长发展与学校发展相结合、通识培训与专题培训相结合、面授培训与远程培训相结合的校长培训模式，基本构建了多层次、全覆盖、多类型的培训体系。在政府财政投入为主体的前提下，多渠道筹措校长培训经费，积极借助中国移动公司、联合国儿童基金会等社会资源加大对校长培训的经费投入。按照中央关于大规模培训干部、大幅度提高干部素质的战略部署，仅“十五”时期，就培训了包括中小校长在内的各级各类教育干部达72万人次。培训形式多样，培训效果明显，培训数量不断加大，不断满足着校长专业发展与我国教育改革的需求。

（二）校长队伍建设存在的问题

在我国中小学校长队伍建设取得显著成绩的同时，我们还必须清醒的认识到，中小学校长队伍建设仍还存在着许多深层次的矛盾和问题，还有许多促进发展课题需要去破解，不断提高校长素质和专业化水平的体制机制还有待建立。主要还存在以下几个方面的问题。

1. 整体素质较高，但能起示范和引领作用的优秀校长相对不足。随着高等教育大众化的推进、校长资格证书制度的实施以及校长培训工作的有力推进，目前，总体而言，我国中小学校长队伍的整体素质较之以往有比较大的提升，基本满足教育事业改革发展的需要。但是不可否认，在整个校长群体中，还缺乏一批能够引领基础教育事业发展、有创新精神和管理智慧的领军人物，大多数校长执行决策的能力较强，改革创新的能力欠缺。在大力提倡“教育家办学”的时代要求面前，我们还十分缺乏像蔡元培、陶行知、晏阳初、徐特立这样的知名教育家，还十分缺乏具有独立教育思想、教育理念、教育办学思想的教育家和教育家型的校长。“齐而不尖”的状况，使得在中小学领域缺少这样一些大师级的领军人才，这不能不说是我们教育从业者的一大憾事。

2. 专业知识较为丰富，但部分校长专业精神尚需进一步增强。校长的专业发展包括专业精神的提升，专业伦理的修炼以及专业知识和专业能力的丰富等。在这几种专业素养中，专业精神如追求卓越的精神，凝聚和体现着校长对教育事业的责任感和历史使命感，是校长专业发展和事业发展的动力。专业精神决定着校长的人才观和教育质量观、权力观、利益观、地位观以及政绩观等。由于学习机会的增多，部分校长扩充了教育视野，丰富了教育以及管理的知识，能力有了提升。但在另一个层面，还有一部分校长需进一步增强对教育事业的使命感与责任感，有的校长缺乏对教育和教育管理全身心投入的精神，敬业精神与工作动力仍显不足。这种精神素质方面的缺失或不足，必须引起我们的高度重视，这是加强校长队伍建设面临的严峻课题。

3. 行政管理能力较高，课程与课堂教学指导能力相对欠缺。行政管理能力是作为任何一个组织和机构的负责人所必须具备的能力，而课程与课堂教学的指导能力是学校校长之为校长的专业核心能力。课程是教育目标实施的载体，课堂教学是实现教育目标的主要阵地和途径。随着人民群众对教育的要求越来越高，人们对校长专业素养的要求也越来越高。这就要求学校的校长不仅仅只具备一般的行政管理能力，更要具备能够指导学校课程改革与提升课堂教学质量的能力。而后者恰恰是目前部分校长所比较欠缺的能力。从根本上讲，这也是校长队伍能力建设的核心问题。

4. 中小学校长队伍建设总体得到加强，但发展水平还很不平衡。按照科学发展观的要求，中小学校长队伍的发展必须是全面协调可持续的发展，我们在抓这项工作时必须始终遵循统筹兼顾的根本方法，把推进义务教育均衡发展放在十分重要的地位。在党中央、国务院的有力领导下，经过全社会的不懈努力，我们实现了“两基”战略目标，近些年来，国家采取了一系列重大举措，我国基础教育呈现出前所未有的大好局面。尽管这些年来校长队伍建设取得了显著成效，但与快速发展的形势相比，中小学校长队伍建设还存在着不少问题，特别是在城市、县镇、农村之间，在东、中、西部地区之间，校长的专业发展、校长队伍的建设水平还存在着明显差距。特别是在中西部农村，特别是贫困地区、少数民族地区、边远农村地区，中小学校长队伍建设还相对薄弱。这些都不利于促进教育质量的全面提升、不利于素质教育的全面推进、不利于义务教育的均衡发展，应当引起我们高度的重视。

二、对教育家办学与教育家成长规律的几点认识

关于教育家办学与教育家成长的规律，目前无论从理论界还是在实践领域，都做出了大量积极不懈的探索，这是我们深入推进教育家办学思想研究的最根本基础，在座的各位也都有很好的心得。在这里，我想从三个层面来探讨这个问题：第一个层面，谁是教育家；第二个层面，为什么要提倡教育家办学；第三个层面，我们怎样才能成为教育家。

第一，谁是教育家。当今社会所谓“艺术家”、“企业家”等称谓满天飞，但政府与社会很少有人敢称一位杰出的教育工作者为“教育家”。真正的教育家未能得到社会的认同，他们的教育思想与教育实践成果未能在更大范围内得到传播，其影响未能在更大范围内产生作用。与此同时，一些因片面追求升学率而成功的校长被当做“明星”受到社会的追捧，影响了素质教育的全面实施。

有效解决上述问题，让那些具有强烈的教育理想追求，真正懂教育的人按照教育规律办学，让教育家去实践教育和管理教育，让他们成为教育事业的骨干力量，成为教育思想的创造者、教育实践发展的引领者和指导者，已经成为时代的要求。

这一时代的要求，事实上已经隐含着对“谁是教育家?”这一问题的答案。从建设中国特色社会主义教育事业的需要出发，我国的教育家应当是讲政治、明方向、视培养合格的社会主义建设者和接班人为已任的育人导师；是熟悉教育规律、潜心研究教育、致力和弘扬教育精神的业内专家；是熟稔管理知识、富于学校管理能力与经验、善于驾驭全局的管理精英。总之，他们应当就是忠诚于党的教育事业、能力突出、潜心办学的优秀人才，就是集领导者、管理者、教育者三种角色为一体的专业人士。

具体而言，我们可以从专业精神、专业伦理、专业知识、专业成就四个方面来理解教育家的特质。

——专业精神：教育家的专业精神就是指他们在对教育意义充分理解的基础上，执著于“以生为本、为国育才”的奉献精神，以及“敢探未发明的新理，即创造精神；敢入未开化的边疆，即开辟精神”。有学者曾言，对目前我国的教育事业而言，教育家与教育家精神同样难得和可贵。

——专业伦理：教育从来就是一项与社会伦理和道德密切相关的工作，教育工作者经常被当作社会道德的化身。社会在给予教育工作者应有尊重的同时，对其职业的纯洁性、高尚性有高于社会其他职业的期望。人们不仅要求教育家的言行合乎相关法律法规的要求、合乎社会公认的伦理，更要求他们能够学为人师、行为世范，成为社会的楷模和表率。

——专业知识：教育家从事的是专业性的工作，完成这一工作需要具备一整套的精深的专业知识和技能。教育家需要掌握从事教育教学所需的学科专业知识，如物理学科、化学学科的知识，需要掌握教育发展的规律与从事教育教学的技能和技巧，需要知晓学生身心发展的规律，能够根据学生身心发展的特点从事有针对性的教育教学。作为教育管理人员，还要具备相应的理论思维能力、战略规划能力、组织协调能力、课程教学领导力以及反思和研究能力等。

——专业成就：专业成就构成了教育家区别于一般教育工作者的重要标志。教育家在教育领域做出的为同行和公众普遍认可的突出成绩，对教育发展做出了超越普通教育工作者的重大贡献，其工作成为其他教育工作者的楷模，能在一定时期引领教育发展的潮流，甚至能在一国教育发展史上留下浓重的一笔。

第二，为什么要提倡教育家办学。党和国家领导人对教育家问题的关注，对教育家办学的呼唤，不仅反映了国家对教育发展规律的认识，也反映了国家对提升我国各级各类教育质量的强烈愿望。事实上，在我国提倡“教育家办学”具有强烈的针对性。

——无教育教学经历的“外行办学”现象在不少地区相当严重。有些地区还习惯于按照干部级别调配校长与教育行政人员，常常将没有任何教育教学经历的乡镇长调任校长或其他教育行政干部，形成了事实上的“外行办学”。这些没有任何教育教学经历的人员由于没有教育积累，缺乏教育经验，因而，只能根据“红头文件”办学。他们中的不少人工作也很辛苦，但是办学绩效不彰，严重影响了我国教育质量的整体提高。

——不尊重与不按教育规律办事的“候选人办学”、“活动家办学”、“企业家办学”有相当市场。目前教育界多数校长和教育行政官员都有过教育教学经历，对教育教学规律也有所了解。但是，由于缺乏正确的政绩观与教育价值观，在短期功利因素的诱导下，他们追求的是办学的短期效应，视学校为跳板，拿“业绩”作交换，谋自己升迁。他们不屑于研究教育规律，也无心于按教育规律办学。他们热衷于争经费，抢生源，挖教师，学校似乎也搞得轰轰烈烈，他们的办学“业绩”有时也得到了部分家长与上级领导的肯定；他们用经营企业的方式管理教育，有些还特别讲究“办学效益”——办学的经济效益，为教师谋取不少福利，因而，也受到了不少教师的拥戴，唯独素质教育在这些学校很难推行。

——缺乏教育理想的“匠人办学”现象相当普遍。目前我国多数校长“领会上级意图的能力比较强，原创能力和改革能力比较弱”。缺乏崇高的教育理想、强烈的历史使命感与社会责任感，部分管理者和教师安于现状，年复一年地重复陈旧的管理模式或陈年教案，墨守成规，不思进取，缺乏创新意识，成了名副其实的“匠人”。这种“匠人办学”现象严重阻碍了我国教育事业的改革与发展。

在这样的背景下，提倡教育家办学，是教育改革和发展的必然要求。呼唤教育家办学，就是呼唤教育理性的回归，具体来说又可以分为以下几点。

1. 办学主体的回归，把教育交给教育行家来办。教育工作应该由教育专业工作者来做，让真心献身教育事业和真诚投入教育事业的人去办学，让他们将教育作为崇高的事业去追求。提倡教育家办学就是提倡对教育工作的真诚、无私的奉献和长期艰苦的努力。没有教育理想的人不能办学，没有经过办学专业训练的人不让办学，教育家办学的实质就是办学主体的专业化。

2. 教育规律的回归，让教育置于教育理性之下。教育家办学要求教育工作者尊重教育活动的特点，自觉按照教育规律办学，用系统的教育专业知识指导教育实践。当前，尤其要防止和反对懂教育的人无视教育活动的特殊性、违反教育规律的要求，利用教育谋取个人或小群体利益的恶劣倾向。

3. 办学目标的回归，将人与社会的发展作为教育事业的最高目标去追求。教育家办学就是让教育成为一种培养人、发展人和完善人的事业，成为传承文明、创造文化的事业，成为支持经济社会发展、国家进步和民族复兴的事业。为此，教育家办学就要改变片面追求升学率的政绩观，促进学生的全面发展和进步。

第三，怎样才能成为教育家。教育家的成长当然会受到一定社会因素的影响。研究表明，影响教育家成长的社会因素有这样一些方面。

——强烈的社会需求。社会发展的需求是产生教育家的外部推动力。考察古今中外教育家所处的历史背景可以发现，当时的社会转型和由此产生的社会需要是造就教育家的一个非常重要的环境因素。

——宽松的外部环境。教育家从事的是创造性工作，需要提出富有创造性的思想，从事创造性的教育实践。进行创造，需要有比较宽松、适于创造的外部环境。这就需要社会各界尤其是教育行政部门允许和鼓励人们提出与众不同的教育思想和教育理念，能够质疑传统的教育思想、教育理念和办学模式等。在办学实践中，赋予其足够的办学自主权，不干扰教育家的办学实践，让其有从事创造性办学活动的时间、空间和舞台。

——科学的管理体制。教育家的成长和培养需要让教育工作者在业务方面有探索和实验的空间，需要鼓励和提倡教育工作者遵循教育规律办学，在办学实践的基础上总结提出新思想、新方法。这是教育家成长的关键所在。历史证明，我们越是这样做，越有可能产生教育家，甚至产生具有历史影响的大教育家。改革开放30多年来，我国经济社会等各方面进入了快速发展时期，教育事业的改革发展也取得了令人瞩目的成就。党和国家对教育家办学高度重视，人民群众对优秀的教育工作者充满了期待。全面实施素质教育，不断提高教育质量，迫切需要越来越多的教育家在实践中不断涌现。

当然，能否成为教育家更多地还取决于教育工作者自身的努力。个人的教育追求和教育作为在很大程度上决定了一个人能否成为教育家。成为教育家必须做到立大志，聚大智，明大势，做大事。

——立大志：教育家不把教书育人当作谋生的手段，而是将之视为自己终身从事的志业，视为体现自身价值、实现人生意义的舞台。他们致力于将美好的教育理想转化为教育现实，并把它作为自己毕生奋斗的目标。把帮助孩子成功、推动社会发展视为自己的天职和内在职业要求。

——聚大智：历史上的教育家都受过良好教育，都是勤于学习、善于学习，具有渊博的知识，拥有高度智慧的人。在当代，知识已经成为社会发展的基础，无大智不可能有所作为。一个人要成为教育家，必须通过接受良好的教育或通过终身不懈的学习，吸收知识，增长才干，才能成为有知识、有文化、有智慧的人。

——明大势：教育家们能够敏感地知晓和把握国际、国内以及当地经济、社会和文化发展的现状和趋势，准确地判断社会发展对人才的需要、对教育提出的挑战和要求以及学校教育的功能和作用等。他们能够围绕社会发展需要，确定人才培养的目标，改革人才培养的模式。

——做大事："把整个心灵献给孩子"，"捧着一颗心来，不带半根草去"，人生"为一大事来，做一大事去"。不拘泥于学校在升学率方面几个百分点的提高，而是始终关心着学生身心的全面健康发展。

就教育家成长的规律和成长路径而言，根据国家教育发展中长期规划"教育家办学"课题组研究的结果：一般而言，从一名普通教育工作者成长为教育家，需要经过三个阶段，即先成才，后成名，再成家。

——先成才。先成才意味着要成为教育家首先要成为教育领域的专门人才。要熟悉教育的规律，知晓国家的教育方针和法律法规，具有一定的教育与教学经验，有足够的专业知识、技能与能力去完成自己所承担的教育教学或教育行政工作。可以说，当前我国免费师范教育政策的实施为教育家的成才提供了有力的支持和保障。

——后成名。成名是指教育工作者基于其卓有成效的办学实绩以及对教育事业的热爱、专注和付出，成为一定区域的“名师”或“名校长”，在社会上享有广泛的声誉，为他人所敬仰。

——再成家。在卓有成效的教育实践、杰出的专业成就的基础上，他们能提炼出具有鲜明个性的办学思想，并通过办学理念和办学经验的广泛传播，富有成效地引领区域教育发展。

三、努力造就一支教育家型校长队伍的几点思考

建设中国特色社会主义教育事业迫切需要造就一大批教育家型校长。胡锦涛总书记在2007年“8.31”讲话中指出，推动教育事业又好又快发展，培养高素质人才，教师是关键，没有高水平的教师队伍，就没有高质量的教育。温家宝总理多次强调，要培养大批优秀的教师，造就教育家，提倡教育家办教育，教育家办学。2007年《政府工作报告》用前所未有的篇幅报告政府的教育工作，提出了政府在推动教育发展、促进教育公平方面将采取的一系列重大举措，表达了政府优先发展教育的决心。温家宝总理在报告中强调了要提倡“教育家办学”。这些都充分表明党中央、国务院对教育工作的高度重视，对广大教师和校长们寄予殷切希望。教育部始终对教育家办学问题高度重视。2007年，国务院转批教育部的《国家教育事业发展“十一五”规划纲要》就明确提出：“提倡教育家办学。选拔一批忠诚于党的教育事业、能力突出、潜心办学的优秀人才担任各级各类学校的主要领导。”

本期研究班是为贯彻落实《国家教育事业发展“十一五”规划纲要》提出的“提倡教育家办学”的要求和《全国教育系统干部培训“十一五”规划》精神，为促进教育家办学局面早日形成，教育部中学校长培训中心受教育部人事司委托而举办的。它计划在一至三年时间内，通过集中研修与分散研修相结合的方式，对全国范围内遴选的优秀中学校长进行个性化培养，使其尽快成长为教育家型校长。它的目标是非常明确的，造就教育家型的校长，需要校长自身、培训中心与各级教育行政部门共同努力。下面，我就围绕着“造就一支教育家型的校长队伍”，校长应当做什么，校长培训机构应当做什么，以及政府教育行政部门应当做什么，这三个方面提一些意见。

（一）校长应当做什么

1. 不断提升责任感与使命感。“知识决定命运，教育决定未来”。教育在极大地提高民族的素质，把我国巨大的人口压力转化为巨大的人力资源中具有重要的作用。能不能为人民群众提供充分的受教育机会，无疑，这是政府的责任。然而，能不能把我们的学校办成优质学校，使政府提供的教育资源成为优质的教育资源，这在很大程度上取决于校长的努力。所以，要成为教育家，校长首先要有强烈的历史使命感，要始终把自己的工作与国家的未来、学生的未来紧密的联系起来。每时每刻都要想到国家的发展和学生的未来。这是一份沉甸甸的历史责任。校长们要勇敢地承担起这份责任。

2. 不断更新教育理念。先进的教育理念是办出一流学校的关键。纵观世界各国的一流学校，不管是一流大学还是一流的中小学都是以理念领先、实践跟进为基本途径的。校长作为学校办学思想、教育理念的引领者，他的思想在很大程度上决定着学校教育理念的先进性水平。所以，人们往往把有没有自己独到的教育思想，这一教育思想的先进性与影响力作为能否称得上教育家的标志。这是很有道理的。希望校长们认真研究教育规律，认真研究我们所处的伟大时代的特征，根据我国社会发展的需要，党和人民的要求，不断更新自己的教育思想，提高自己教育理念的先进性水平。

3. 努力践行办学理想，创造优异的办学业绩。作为校长要以百折不挠的精神，不惧困难，实践自己的教育理想。有些校长一遇困难就退缩，为了一些蝇头小利就可以置学生、学校的大局于不顾；或者，屈服来自某些部门、来自社会的一些不正确舆论的压力，违心地去做一些违反教育规律、不利于学生身心长远发展的事情。比如，为了满足上级部门和学生家长对升学率的需要，置学生身心健康于不顾，大搞题海战术，学生的一时学业成绩似乎上去了，领导与家长满意了，但学生的身心被摧残，思维被压抑，人格被扭曲。这样的校长是不可能成为教育家的。教育要对学生的终身发展负责，学校要把学生的成长而不是学生的成果作为自己的追求。

4. 在反思学校管理的实践中，不断提高领导学校的能力。教育家或者教育家型的校长是不可能在一个早上突然形成的。为此，我们的校长要不断学习，要学习理论，更要注重在实践中学习，即在工作中不断反思自己的实践，不断总结自己成功的经验与失败的教训，使自己得到最大程度的提升。校长之间的交流也是学习的重要途径，为此，一个聪明的校长一定是善于向他人学习的校长。交流，可以拓展自己的眼界，提高自己的境界，为自己的发展奠定更为厚实的基础。

（二）培训机构应当做什么

1. 要高度重视教育家培养的工作。培养与造就一大批人民教育家是时代的要求，是党和国家交给我们的光荣任务，我们培训中心一定要高度重视这项工作。我同意这样的观点：教育家是在实践中成长起来，而不是培训出来的；但是，我们的培训工作可以为教育家的成长提供理论的支持、反思的机会、交流的平台，使教育家的成长从自发走向自觉。这一工作对造就一大批教育家有重要意义。为此，培训中心要高度重视这一工作。

培训中心要认真研究教育家成长的规律，精心设计教育家型校长培训的方案，为教育家型的校长成长助上一臂之力。这是一项了不起的工作。这一工作搞好了，对改进培训中心的其他培训班的工作，提升它们的质量，相信也会有很大帮助。

2. 要充分发挥研究班学员的主体作用。从全国遴选出来的这批校长，他们有丰富的实践经验与相当的理论造诣，培训中心要注意充分发挥他们自身的作用。通过他们相互间反思性的研讨、各自独到的办学经验的交流、在理性水平上对自身以往经验的总结，乃至在此基础上著书立说，使他们切实做到学有所获，自觉、自主发展的能力得到更大程度的提升。

3. 要注重能力提升，创新培训模式。校长培训工作一定要树立人才是第一资源的理念，把校长培训作为教育人才资源开发的重要途径，作为加速学校变革的重要策源地；要树立素质培训与能力培训的理念，使校长培训由简单的理论和知识灌输向注重培养综合素质、提高解决实际问题的能力转变；要树立终身教育的理念，让校长培训贯穿校长成长与发展的全过程，逐步建立和完善校长终身学习与培训的体系。培训的根本任务，就是要以现在做的事情为中心，教育事业发展需要什么就培训什么，使创新校长培训体制机制与推进事业科学发展步伐相一致，使校长所学与所用相结合，使校长培训与时代发展要求相协调，真正做到体制机制创新要为中心任务服务，为教育家型校长的成长发展服务。

（三）教育行政部门应当做什么

在培养造就教育家型校长的过程中，各级政府也承担着重要的责任。为让教育家型的校长得以脱颖而出，我们各级教育行政部门应当努力做好以下几个方面的工作。

1. 建立标准，引领发展。研究制订中小学校长专业标准，是引领校长专业发展的基础性工程。2008年，教育部委托全国教师教育学会牵头启动开展了以工作实践为导向的中小学校长专业标准研究。在华东师大、上海师大、上海教科院的共同努力下，目前校长专业标准已形成了阶段性研究成果，即将进入征求意见阶段。我们考虑，校长专业标准一旦成型，还要在若干省进行实验，接受实践的检验。教育家型校长有一个成长发展的过程。从新任职的校长，到积累了一定办学和管理经验的骨干校长，到形成了办学思想和办学特色的教育家型校长，引领中小学校长的专业发展一般要经历三个大的发展阶段。(1) 在校长的入职阶段，应建立校长资格准任制度，严格校长的任职资格条件，突出强调侯选人热爱教育、献身教育的专业精神和熟悉掌握教育教学规律的教育工作经历，重点从爱教育、懂教育的优秀教师中选拔校长，为校长的成长发展奠定一个良好的专业基础。(2) 在校长的成长发展阶段，应突出校长在学校管理实践能力方面的业务要求，对于校长在规划学校发展、营造育人文化、领导课程教学、引领教师成长、提升组织效能、协调公共关系等方面的能力素质，提出明确的专业要求，着力予以培养锻炼，努力培养造就一大批能够推进教育改革创新的优秀校长和实施素质教育的带头人。(3) 在教育家型校长的形成阶段，应突出校长在形成办学思想和办学特色、引领教育改革创新方面的素质要求。按照育人导师、业内专家、管理精英的发展方向，通过名师指导、立项研究、资助出版等形式，进行重点培养，努力造就一批教育家型的杰出校长。

2. 完善制度，创新机制。基于我国校长队伍建设已经取得的成就以及存在的不足，根据新时期社会发展以及教育改革的特点和要求，借鉴发达国家中小学校长队伍建设取得的成功经验，为持续优化我国中小学校长队伍，完善制度，创新机制，需要着力在以下几个方面取得新进展。

一是要进一步完善校长资格准任制度。顺应国际上校长专业化发展趋势，依据我国教育体制改革的要求，我们要进一步完善我国中小学校长持证上岗制度。要探索实施开放性的中小学校长资格考试制度，使校长资格认定工作做到公开、公正、公平；要促进中小学校长资格培训课程的规范化；要根据中小学校长任职条件、主要职责和岗位要求，来设计校长资格培训的课程，并作为校长资格考试的基本内容；要积极探索实行中小学校长资格有效期制，从而更好地促进校长不断自我完善、不断提高。

二是要进一步理顺校长管理体制。落实和理顺中小学校长管理体制的有关政策，既是落实国务院决定的重要体现，也是落实《中华人民共和国义务教育法》规定的基本要求，对深入开展中小学校长选拔任用和管理制度改革，全面深入地推进中小学校长队伍建设，具有十分重要的意义。为此，各级教育行政部门要积极会同有关部门，特别是组织人事部门，认真抓好这项工作。各地教育行政部门要加强与有关部门的组织协调，按照权责相一致的原则，认真贯彻国务院关于理顺中小学校长管理体制的要求，进一步落实校长任命和管理的目标任务。

三是要进一步完善竞争择优的校长聘任机制。校长的选拔和聘任是从源头、从入口提高队伍素质的关键，也是人事制度改革的重要内容。目前，我国已经在部分地区进行了校长聘任制的改革，今后要扩大实施的范围，在出现校长职务空缺或校长任期届满而需要重新确定校长人选时，都要以公开招聘、平等竞争、择优聘任作为主要方式。要进一步完善聘任程序，并积极探索不合格校长的退出机制，使一些不适合当校长的人有正常途径退出校长岗位，从事适合他们自己的工作。要及时总结经验，认真研究校长聘任工作中出现的新情况、新问题，不断改进和完善这项工作，保证校长聘任工作持续健康地发展。

四是要进一步完善我国中小学校长培训机制，改革校长培训的模式，提高校长培训的质量。根据中央关于开展新一轮大规模培训干部的战略部署，教育部党组也研究了关于开展教育系统新一轮大规模培训干部的任务措施。新一轮大规模培训干部要始终坚持以学习实践科学发展观为主线，重点是用马克思主义中国化的最新理论成果武装各级干部的头脑。另外，要把进一步完善培训的体制、机制作为关键环节，要不断地使各培训机构在改革培训模式、不断提高培训质量上下大力气。通过体制创新和模式改革，充分发挥校长在培训活动中的主体作用，不断增强校长培训的实践环节。新一轮大规模培训干部工作的另一个突出特点，就是要充分发挥远程和网络培训平台的作用，使我国中小学校长培训的质量与效益、形式与内容呈现更好的创新发展。

3. 转变职能，强化服务。温家宝总理在去年《政府工作报告》中指出，要着力转变职能、理顺关系、优化结构、提高效能，努力建设服务型政府。积极创建教育家型校长成长的体制环境，教育行政部门要不断加强政府转变职能的力度，特别是在构建校长负责制上下功夫。实行校长负责制已提了多年，但由于体制问题，还存在校长用人、治事不统一的问题，还存在行政过多干预的问题，还存在校长在办学思想、办学风格、办学特色方面，大胆探索、大胆实践、大胆创新不够的问题。因此，营造教育家型校长成长的体制环境，根本的还是校长负责制这一制度落实到位，从而把校长从繁杂的行政事务中摆脱出来，潜心抓好学校的教学、育人任务以及谋划发展规划和改革发展工作。

4. 搭桥铺路，提供舞台。帮助和引导优秀教育工作者、优秀校长在办学实践中成长，这是体现政府服务职能的重要方面。要深入研究如何通过多种形式的办法与措施，把加强教育家型校长的培养造就工程纳入国家重大专项建设工程，设计一些高水平的国家级研修项目，在全国范围内遴选一批具有丰富办学实践经验、形成一定办学特色、具备良好发展潜力的骨干校长，围绕实施素质教育的中心任务，立足于培养实施素质教育带头人，组织开展境内外研修相结合、名师指导与资助著书立说相结合的高级研修，通过政府采取的重大举措，真正让想干事的有机会、能干事的有舞台、干成事的有位置。

5. 创设氛围，营造舆论。温总理指出，要像宣传劳动模范、宣传科学家那样宣传教育家、宣传优秀教师，在全社会形成尊师重教的良好风尚。校长成为教育家的社会土壤十分重要，在宣传教育家方面，胆子要再大一些，思想也要再解放一些，视野要再开阔一些，在切实发挥好报纸、广播、电视等传统媒体新闻宣传主阵地、主渠道作用的同时，也要发挥好网络等新兴媒体的宣传作用，通过扎实有效的宣传教育家的思想和事迹，树立教育家的良好社会形象、舆论形象，激励和支持一批优秀教育专家努力进取，让真正的教育家名至实归，在理解、包容、支持、鼓励的氛围中，使教育家得到全社会认可、尊重和支持。

迎接挑战　科学发展
开创教育外事工作新局面

郝　平

今天上午，刘延东国务委员就教育外事工作发表了重要讲话，系统总结了新中国成立60年特别是改革开放30多年来教育外事工作所取得的主要成就和基本经验，指明了今后教育外事工作前进的方向，并对教育外事工作提出了具体要求。袁贵仁部长就当前教育若干重大问题和明年工作重点作了专题报告。我们要深入学习领会，认真贯彻落实。

当前，我们正处于全球一体化和知识经济时代，国与国之间的比拼和较量日趋激烈，在新的形势下，党和人民对教育事业有着新的期盼，对我们教育外事工作也提出了新的要求。在这样的背景下，教育部党组决定召开此次会议，意义十分重大。

下面，根据教育部党组的安排，我讲几点意见。

一、总结经验，坚定信心，坚持走中国特色教育外事工作道路

进入新世纪以来，教育外事工作坚持服务经济社会发展大局，积极参与教育改革发展，配合国家“走出去”战略的实施，在建设创新型国家和人力资源强国、增强国家软实力等方面做出了积极贡献。

一是教育国际交流与合作极大地巩固了双边关系的人文社会基础。

迄今为止，我国已与189个国家和地区以及联合国教科文组织等40多个重要国际组织建立了教育交流与合作关系，形成了18个双边教育高层工作磋商机制，签署并正在实施的各项协议共154个，与35个国家和地区签订了相互承认学历学位协议。政府层面的教育交流为推动双边、多边广泛合作奠定了政治基础。

机制化合作平台在人文交流中发挥了重要作用。2000年底成立的“中俄人文合作委员会”为中俄战略合作伙伴关系注入了强劲的动力。2006年和2007年，双方两度成功举办了“国家年”活动。在今年的“俄语年”期间，双方举办活动260余场，吸引社会各界参与达上亿人次，为未来合作营造了良好人文氛围，极大地巩固了中俄战略伙伴关系的社会基础。

中美教育交流与合作机制化平台建设取得重大突破。2008年，中美双方确立了部长级教育高层磋商机制，为两国在教育领域实现可持续的对话提供了创新性平台。今年4月，刘延东国务委员成功访美，在多个场合强调了开辟中美关系新境界、加强两国人文交流的重要性。在我方积极倡导下，美国总统奥巴马访华期间双方签署的《中美联合声明》中明确提出，要建立一个新的双边人文交流机制，今后四年美方计划向中国派遣十万名留学人员。

“中日青少年交流年”、“中德科教年”、意大利“中国文化年”、中西（西班牙）“语言年”等一系列制度化、机制化的安排相继开展，推动中国与各主要国家教育交流合作向全方位、宽领域、多层次方向发展。

举办中外论坛，共享发展成果。为推动高等教育改革和发展，教育部从2002年起先后举办了三届中外大学校长论坛。中外大学校长共聚一堂，就“大学发展战略规划”、“大学科研与科研成果转化”、“大学创新与服务”等议题进行了深入探讨。中外大学校长论坛成功推动了不同背景下教育领导者之间的对话，促进了中外教育成果的相互借鉴，对我国高等教育的发展产生了积极影响。

以“文明的和谐与共同繁荣”为主题的北京论坛迄今已举办六届，来自世界40多个国家和地区的2 100多位名流政要和知名学者参加了这一学术盛会，为推动全球人文社会科学问题的研究，促进世界的学术发展和社会进步作出了贡献，成为以学术和文化为中心议题的世界级学术论坛。

“上海论坛”致力于打造“学界、政界、商界”三方交流互动的平台，就当今全球经济和国际局势所面临的重大问题进行广泛、深入的研讨，迄今已成功举办四届，正发展成为国际顶尖的探讨亚洲与全球经济的重要论坛。

世界汉学大会迄今已经成功举办两届，旨在通过“汉学”搭建国际交往平台，促进不同文化之间的交流和理解。在大会的推动和呼吁下，中外学术界的对话式汉学研究正成为新的学术潮流。

此外，“中欧（盟）教育政策论坛”、“中日大学校长论坛”、“中韩大学校长论坛”、“中德教育政策对话”、“上海合作组织教育论坛”、“中国—东盟教育交流周”、“中阿高教合作研讨会”、“中非教育部长论坛”、“亚洲教育北京论坛”等一系列论坛，已经成为中外教育、经济、文化交流合作的桥梁和纽带。

二是推动强强合作，促进高水平大学建设。

教育部自2003年实施高校领导赴海外培训项目以来，共培训高校领导678人。通过学习借鉴世界著名大学的成功办学经验，开阔了高校领导的国际视野，加强了中外高校之间的交流与合作，推动了我国高水平大学建设。

2006年以来，教育部直属高校和直属单位举办了3 000余次国际会议。来华出席国际会议的外国学者达11万人次。清华大学举办的“第十二届国际人机交互研讨会”、浙江大学举办的“第四届世界华人数学家大会”等高层次国际学术会议，大大提升了我国在国际学术界的声誉和地位，促进了中外学术交流。

2002—2008年，教育部与20多家世界著名跨国公司建立了合作关系，与其中12家公司签订了21份合作备忘录。由跨国企业提供的计算机软硬件设备等实物捐赠市场价值约达20亿元人民币，捐助我国大学精品课程建设、教师培训、大学生实习等市场价值约15亿美元，为我国35所本科、35所专科示范性软件学院捐赠了大量软件。

教育部设立了“中法蔡元培合作项目”、“中日博士生项目”、“中英高等院校科研合作项目”、“中德博士生联合培养项目”等，提高了我国高层次人才培养质量，充实了我国高校师资队伍。设立了“中德农业合作科研项目”、中国高校与美国加州大学系统“10＋10”合作科研联盟项目、“中日据点大学科研合作项目”、“教育部与法国国家科学研究院科研合作项目”等，深化了跨国科技合作体制机制，促进了我国高校科研水平的提升。

高校间学分互认、学生互换、学位互授联授逐步展开，提升国际化水平已成为高校的战略选择。

三是积极发展出国留学事业，为建设创新型国家提供智力支撑。

公派留学规模扩大，层次提高。2008年向海外派出公费留学人员达12 957人，是2002年的4倍。近几年，根据国家发展战略以及重大工程对高层次人才的需求，设立了“国家建设高水平大学公派研究生项目”、“青年骨干教师出国研修项目”、“西部地区人才培养特别项目”、“地方合作项目”、“航空工程技术骨干人才培养项目”、“地震科技青年骨干人才培养项目”等一批公派留学项目。

此外，国家留学基金委还与国外高水平院校及研究机构建立了77个高层次人才培养合作项目，如“哈佛大学项目”、“耶鲁大学生物医学世界学者项目”等。

鼓励支持留学人员回国工作或为国服务。教育部设立“留学回国人员科研启动基金”、“高等学校优秀青年教师资助基金”、“春晖计划”、“长江学者奖励计划”等，与有关部委联合建立了21个“国家留学人员创业示范基地”，与科技部联合举办“春晖杯中国留学人员创新创业大赛”，与地方政府携手搭建北京“科博会”、“中国留学人员广州科技交流会”和“中国海外学子辽宁创业周”等创业和科技交流平台，鼓励和吸引留学人员回国工作或为国服务。

重视对自费留学人员的服务和培养。自费出国留学人员是我国留学队伍的主体。教育部2003年设立了“国家优秀自费留学生奖学金”项目，迄今已有1 400余名自费留学人员获奖，体现了国家对自费留学人员的关怀，对鼓励他们勤奋学习、报效祖国起到了引导、推动和促进作用。

四是中央地方同心协力，来华留学教育迅猛发展。

新世纪以来，按照“扩大规模、提高层次、保证质量、规范管理”的工作方针，来华留学教育快速发展。2002年，在华留学生人数仅8.6万人，2008年达到22.35万，增加了1.6倍。2009年，中国政府奖学金生规模达到18 078人，比2002年的6 074人增加了2倍。

地方政府和高校都高度重视来华留学工作。2009年，北京市投入4 500万元设立“来华留学奖学金”，上海市投入了2 500万元，辽宁、浙江两省各投入了500万元。此外还有七八个省市设立了数额不等的来华留学奖学金。

五是以质量为中心，汉语国际推广加速推进。

在地方、学校和社会各界积极参与下，汉语国际推广工作发展迅速。截至目前，我国已在全球88个国家和地区建立了282所孔子学院和272个孔子课堂，在37个国家和地区设立了161个汉语水平考试（HSK）考点，海外考生数量累计40万人次；在国内建立105个基地，为40个国家培训汉语教师2万人；向109个国家派出了2 060名汉语教师，向71个国家派出了汉语教师志愿者2 740名。

六是稳步推进中外合作办学，促进教育教学改革。

近年来，中外合作办学层次逐步提高、规模不断扩大、形式日趋多样。截至目前，全国中外合作办学机构和项目近1 200个，分布在28个省、自治区、直辖市。

宁波诺丁汉大学、西安交通大学利物浦大学和北京师范大学—香港浸会大学联合国际学院等独立设置的中外合作办学机构，在办学体制机制方面进行了大胆的尝试。北航中法工程师学院、上海交通大学密西根学院等非独立设置的中外合作办学形式和众多的中外合作办学项目，在学科建设、科学研究、人才培养方面进行了有益探索，为进一步发展中外合作办学积累了宝贵经验。

七是适应对外开放要求，加强涉外法规建设。

为适应加入世界贸易组织的新形势，从深化教育改革开放，维护教育主权出发，《中外合作办学条例》及其实施办法、《高等学校境外办学暂行管理办法》等法规和一系列规范性文件相继出台。按照一手抓发展，一手抓规范的工作思路，教育部国际合作与交流司设立专门机构，强化了涉外教育监管职能。从对自费出国留学中介服务机构的监管入手，加强了对涉外教育活动的管理，维护国内教育教学的正常秩序，保护受教育者的合法权益。

回顾教育外事工作所取得的成绩，我们要特别指出，各地和国务院有关部门结合工作实际，积极推进教育外事工作，为促进现代化建设和教育改革发展做出了积极贡献。高校积极开展国际交流，深化务实合作，推动了教学、科研水平的全面提升。驻外使领馆教育处组在使领馆的领导下，在留学生管理服务、优秀尖子人才工作、教育交流、汉语国际推广、教育调研等方面作了大量工作。在国家重大外交活动以及与境外敌对势力的斗争中，工作卓有成效。在此，我代表教育部党组向辛勤工作在教育外事战线上的同志们，表示亲切的问候和崇高的敬意！

在总结成绩的同时，我们也清醒地认识到，教育外事工作在一些方面还不能够完全适应教育改革发展的新要求。

一是教育外事工作缺乏长远、总体规划和运作策略，对教育服务贸易带来的新情况新课题研究不足，对国别和地区教育政策研究不够全面深入，工作思路、工作载体、工作手段和方法需要进一步改进，干部综合素质和业务能力需要进一步提升。

二是教育国际合作的广度、深度不够。通过国际合作借鉴国外先进教育理念、经验，推动教育改革发展的成效还不明显；中小学和职业学校对外交流与合作尚待加强；在国际组织有关教育政策、规则、标准的研究制定方面参与不足。

三是对实施教育“走出去”战略重视不够。我国高水平教育机构海外办学还不多，广泛参与国际教育服务的能力有限；汉语国际推广工作在一些国家基础薄弱，教师、教材和教学方法仍是发展的瓶颈；来华留学总体规模较小、结构有待优化，培养理念、专业设置和课程教学缺乏吸引力和国际竞争力。

四是引进优质教育资源不足。从总体上看，高校与国外高水平大学、知名研究机构和跨国公司开展实质性教学科研合作相对偏少。在高校任教或从事科研工作的高水平外籍教师比例偏低。部分中外合作办学存在一定盲目性，引进国家紧缺、空白以及战略学科不足。

二、认清形势，迎接挑战，增强做好教育外事工作紧迫感

随着经济全球化不断深入，国际竞争日趋激烈。教育在建设人力资源强国、推动经济社会发展、塑造国家软实力中的基础性、先导性、全局性作用，得到越来越多国家的认同和重视。教育外事工作面临国际新形势。

一是各国加紧制定教育发展战略规划、加速推进教育改革。

目前，教育发展战略规划已成为各国实现教育科学发展的有效工具和自觉行为，从某种意义上说，世界教育已经迈进了一个“战略谋划的世纪”。

美、英等西方发达国家长期重视教育改革发展规划的制定。2006 年，美国出台《高等教育未来规划》，旨在引领未来 10 年至 20 年美国高等教育走向；2007 年，美国联邦教育部正式发布《2007—2012 年战略规划》，对未来美国教育进行重大谋划。

2007 年，英国首相布朗提出了一整套教育改革方案，力图建立世界级的教育体系，成为全球教育联盟的领头羊。同年，英国发布《儿童计划——创造更美好的未来》，规划英国儿童发展的 10 年战略远景。

发展中国家也非常重视教育改革发展规划的制定和实施。印度政府在第十一个五年（2007—2012）教育发展规划中，对普及八年义务教育、调整中等职业教育布局、加大教育投入等作出了具体部署。

各国在战略规划中对教育改革发展提出了许多新的思路和举措，尤其对终身教育、职业教育作出了安排。

终身教育、终身学习成为大多数国家教育改革发展的重要战略思想之一。美国在《2000 年目标：美国教育法》中提出，终身教育是“通往美国美好未来之路”；英国政府认为，终身教育对本国经济至关重要，改革必须为所有人创造机会；法国在教育改革报告《为了全体学生成功》中提出，全体学生应具备终生学习的能力。

许多国家正在探索以就业为导向的职业教育办学模式。欧盟部分国家提出，现代职业教育要适应经济结构变化，强化校企合作，加强与普通教育的衔接。通过设立非传统新型大学适应地方社会发展需要，满足学生对学历、学习期望和职业计划的多样化需求。俄罗斯发布《2020 年前的俄罗斯教育——服务于知识经济的教育模式》报告，提出将中等层次职业教育纳入高等教育组成部分，实现不同类型教育之间的学分转化，推动职业教育和普通高等教育路径互通。

二是积极构思高等教育未来，推进一流大学建设。

近日，英国商业创新技能部正式公布了高等教育改革创新计划《更高的雄心——知识经济时代大学的未来》，这份改革计划提出，大学对保障国家经济复苏和长期繁荣具有重要作用，主张扩大入学机会，提高科研能力，培养更多经济竞争所需的高水平技术人才和科研人员，为经济发展作出更大贡献。

2004 年，日本中央教育审议会提交《高等教育未来展望》报告，提出 2015—2020 年，日本的高等教育应考虑让地方高校积极扮演区域经济文化桥头堡的角色；应建立一种不同学科领域、不同层次、无论何时任何人都可以通过自由选择进行学习的高等教育体系；适应学习者的各种需求，明确各学校的特色。

德国以联邦和各州“共建”的形式，在2006—2010 年间斥资 19 亿欧元，建立 10 所“精英大学”，同时重点资助德国大学的“精英系”以及旨在培养高层次科研后备力量的“博士生院”。默克尔总理领导下的德国新一届政府对精英大学计划持积极态度，继续推进该计划的进程。建设精英大学的目标就是要提高德国的国际竞争能力，确保德国在世界科学和研究中的领先地位。

俄罗斯计划在2020年以前，选拔40至50所联邦级研究型大学，在资源上予以保证，使其承担起提高俄罗斯科学和教育世界竞争力的任务。

印度“十一五”教育发展规划明确提出，到2012年高等教育毛入学率达到15%，新建30所中央大学，做到各邦均有一所中央大学，并创建14所世界一流大学，增强印度高等教育的全球竞争力。

此外，还有韩国提出的BK21计划（Brain Korea 21）、日本提出的COE计划（Center of Excellence）、中国台湾地区提出的国际一流大学计划（五年500亿计划）等。

三是全球范围高层次人才争夺日趋白热化。

近年来，特别是自去年爆发金融危机以来，世界经济深陷衰退，环境、气候、粮食、能源、疾病和贫困等全球性问题日益突出。面对人类共同挑战，为尽快走出危机，并考虑“后危机”时代抢占经济发展的制高点，发达国家全力开发新能源、新材料、生物技术、信息技术等，加大人才争夺的力度。

美国总统奥巴马上台后，大力推进新能源战略和低碳经济，为美国经济寻找新的增长点，提出未来10年投入1 500亿美元资助替代能源的研究，大力吸引相关人才。2008年，加拿大设立“杰出讲席教授项目”，设立20个超级教席，每人资助1 000万加元，以提高加拿大整体科研水平、创新能力和科技竞争力。

日本为吸引世界一流科研人员，近年来将科研开发经费增加了一倍；开放了国家实验室主任的职位，设立了25万美元的年薪，供海外学者竞争上岗。日本还利用其高度国际化的企业设立海外研发中心，网罗当地高级人才，为日本发展服务。

我国台湾地区也提出要和大陆抢人才，拟将研究经费中的人事费上限从15%放宽到40%，让大学可以使用更多研究经费聘请高级人才。

四是加大投入，优先发展教育成为西方主要国家经济刺激计划的重要内容。

2008年以来的金融危机给国外教育机构带来了一定冲击。在美国，各大学捐赠基金明显减少，基金投资出现亏损。为应对资金短缺，美国20多个州在2009年提高了学费标准，其中佛罗里达州学费上涨15%，华盛顿州上涨20%。2009年11月22日，加利福尼亚大学上调了32%的学费，2010年学费将上升至1万多美元，是10年前学费的3倍，引起了学生的抗议。

在澳大利亚，据当地媒体统计，2009年以来已有10所私立学校倒闭。11月初，澳大利亚环球校园集团因财务原因突然宣布破产，近3 400名国际学生一度失学，受影响的中国学生达1 265名。11月19日，澳大利亚又一所私立学校马威尔英语学院悉尼校区倒闭，26名中国学生失学。

全球经济危机形势下，各国为实现国家发展目标，在未来的竞争中取得有利地位，纷纷把教育放在优先发展的战略地位，在经济刺激计划中加大对教育的支持。

2009年，美国通过《复苏与再投资法案》，从7 870亿美元经济刺激资金中安排超过1 000亿美元支持教育。最近，美国发布《美国创新战略：推动可持续增长创造高层次就业岗位》报告，提出今后10年联邦政府将投入2 000亿美元，加强对21世纪人才的培养；投入40亿美元，强化科学、技术、工程和数学教育，为美国科研人才成长奠定基础。

德国联邦政府刺激经济方案中，涉及教育和科研的经费达172亿欧元。日本政府也拿出3 000亿日元资金实施“世界尖端研究强化项目”，进一步加强新兴、尖端领域科学研究，抢占未来科技制高点。

五是高等教育的区域化和国际化步伐加快。

1999年，欧洲29国教育部长共同签署《博洛尼亚宣言》，建立统一的“3—5—8学制”，实行统一的学士—硕士—博士学位制度，相互承认学历学位，目标是到2010年建立一个统一的“欧洲高等教育区”。《博洛尼亚宣言》签署10年来，成员国已经发展到46个。欧盟不遗余力地通过《伊拉斯谟计划》等，扩大欧洲高等教育的影响。

欧美等国高校为了提升自身的竞争力，在机构设置、师生结构、课程设置、科学研究、办学观念等方面积极推进国际化，增强对国际学生的吸引力，同时推动本国学生出国留学，开阔其国际视野。法国高校为吸引更多的国际学生，广泛增设英语课程。近三年来，法国高校开设的英语授课课程就从700门增至1 200门。美国提出了今后四年向中国派遣10万名留学人员的计划，推动美国学生到海外游学，开阔学生国际视野，提高学生跨文化理解能力。

六是信息技术突破性发展和广泛应用对教育产生了深远影响。

网络学习已成为世界高等教育最新发展战略。在欧美，甚至在传统的大学之外出现了一种全新的教育机构——虚拟大学（Virtual University）。美国菲尼克斯网上大学、宾夕法尼亚州立大学世界校园（Penn State World Campus）等已成为举世闻名的网络大学。

许多传统大学也发展了依托本校的虚拟教育。麻省理工学院、斯坦福大学、哥伦比亚大学、杜克大学等名校，以及大学21世纪等大学组织都纷纷开设网络课程，就连《新闻周刊》、《华盛顿邮报》等新闻媒体也在网上建立学历教育机构。

网络学习以其开放性、交互性、个别化、时效性、共享性、公平性等优势和特点，满足了日益增长的多样化的学习需求，逐渐摆脱过去的边缘化角色，在全球范围内步入主流。

七是各国更加重视软实力建设，人文交流肩负着重要使命。

重视文化软实力建设，已经成为一种全球性趋势。美、英、法、德、日、西班牙、印度等国家都更加重视各自语言的国际推广力度，宣传本国本民族文化。文化软实力已经成为目前全球竞争的新领域。

美国提出要在我国高校中建立“美国角”。英国文化委员会提出到2010年在101个国家招收510万学生，到2015年让全世界一半以上人口讲英语。德国歌德学院宣布“复制”孔子学院建设模式，与各国大学、图书馆等合作建设德语中心。西班牙塞万提斯学院与西班牙教育部成立合作联盟，加大在全球推广西班牙语的力度。俄罗斯要求今后与各国对等开展语言推广。日本宣布加紧在海外增建100个“日语中心”。印度推出“甘地学院”发展计划。韩国大力推行“世宗学院”。

八是西方主要国家积极推进教育服务，促进贸易发展。

随着经济全球化深入发展，世界经济结构调整与产业优化升级加快，以跨境交付、境外消费、商业存在和自然人流动为主要形式的服务贸易蓬勃兴起。1980—2008年，全球服务贸易进出口总额从7 675亿美元扩大到72 151亿美元，服务贸易占全球贸易总额的比重从16.2%上升到22.6%，逐步成为推动世界经济增长的一支重要力量。在拥有优质教育资源的西方国家——尤其是英语国家，留学每年创造的价值更是要以百亿美元来计算。国际教育被赋予新的功能，西方国家推销本国教育服务动力十足。

英国早在2004年发布的《置世界于世界一流教育中》明确提出，要使教育和培训部门以及大学研究对海外贸易和外来投资的贡献最大化，鼓励采取增设海外学校和教学点等各种措施，增加英国高等教育和继续教育国际学生数量。

澳大利亚自20世纪90年代开始坚持实施教育出口战略。2008年，国际学生为澳大利亚带来直接经济贡献155亿澳元，比上一年增长23.4%，连续10年保持两位数增长，成为出口额仅次于煤炭和铁矿石的第三大出口产业。

新加坡、马来西亚、中国香港等地也先后制定了建设区域教育枢纽的发展计划，引进西方教育机构服务亚洲学生，或者引进西方高校基础课程或预科课程，并与西方高校达成课程衔接协议，吸引大陆和周边地区的学生。

三、扎实工作，科学发展，开创教育外事工作新局面

面对新形势、新挑战，教育外事工作责任重大，使命光荣。正如刘延东国务委员所指出的，教育外事工作在促进国家现代化建设和改革开放中的作用日益凸显，在服务国家外交全局中的作用日益凸显，在提升国家软实力中的作用日益凸显，在推动教育教学改革发展中的作用日益凸显。当前和今后一个时期，教育外事工作要坚持以邓小平理论和“三个代表”重要思想为指导，深入贯彻落实科学发展观，认真贯彻中央关于外交工作的方针政策，以服从服务党和国家大局为前提，以配合国家外交总体布局为原则，以推进人文交流合作为契机，以促进教育改革发展为落脚点，统筹好国内国际两个大局，进一步解放思想，不断扩大教育对外开放，着力推动教育外事工作迈上新的台阶。

今后一个时期要重点抓好以下几项工作。

一是进一步解放思想，提高认识，扩大教育对外开放，努力提高我国教育国际化水平。

教育部将结合《国家中长期教育改革和发展规划纲要》的制定，研究制定教育国际交流与合作发展战略和总体规划。加强对教育外事工作的顶层设计和战略指导。

省级教育行政部门和高校要结合经济社会发展对人才的需要，结合教育改革发展，研究制定教育国际交流与合作的发展规划。

通过多层次、宽领域的教育交流与合作，充分借鉴先进的教育理念和教育经验，促进我国教育改革发展，加速培养大批具有国际视野、通晓国际规则、能够参与国际事务与国际竞争的国际化人才，全面提升我国教育的国际地位、影响力和竞争力。

二是加快能力建设，提高教育国际交流与合作水平。

健全机制体制，创新工作思路和方法。要按照统一领导、归口管理、分级负责、协调配合的原则，健全各级教育外事工作管理机构和管理制度。要加大对教育外事工作的人力和经费投入，发挥官方教育交流的引领作用，激发民间教育交流积极性和创造性，开创官民互动、上下联动的教育国际交流与合作的新局面。

教育国际合作要更加注重内涵的发展、质量的提升和品牌的建设，支持各级各类学校开展对外交流。以实质性项目为抓手，有序开展校际交流和人员往来。以人才培养和知识创新为重点，加强与国外高水平大学合作，支持高校建设一批国际联合实验室，推进高水平基础研究和高技术研究。

组织实施大中小学校长海外研修培训，促进教育教学改革，提高管理水平。加强中小学、职业学校对外交流与合作。加强国际理解教育，增进学生对不同国家、不同文化的认识和理解。

加强与联合国教科文组织等国际组织的合作，积极参与双边、多边和全球性、区域性国际组织的教育合作。积极参与国际教育组织工作，参与国际标准和规则的制定，提高我在国际组织中的话语权和影响力。

搭建高层次国际教育交流与政策对话平台，加强教育研究领域和教育创新实践活动的国际交流与合作。

三是创新和完善公派出国留学机制，提高服务和管理水平。

坚持“支持留学，鼓励回国，来去自由”方针，按照拓宽出国留学渠道，吸引人才回国，支持创新创业，鼓励为国服务的要求，切实做好出国留学工作。要制定好国家公派留学中长期发展规划，动员和吸纳各类社会资源，扩大选派规模，形成中央政府为主导，地方政府与行业、企业积极参与的留学事业新格局，实现国家公派留学事业的跨越式发展。力争公派出国留学规模增加50%；大幅度提高奖学金资助标准。

切实做好在外留学人员的服务和管理工作，充分发挥他们在对外宣传工作中的积极作用，同时要注意保护他们的安全。加强对自费留学的政策引导，加大对优秀自费留学生的资助和奖励力度。积极吸引更多的留学人员回国工作或为国服务。

四是制定实施“留学中国计划”，推动来华留学跨越式发展。

扩大外国留学生规模，力争到2020年在华学习的外国留学生达到50万人，把我国建成亚洲最大的留学目的地国。使学生来源更加广泛、学习专业更加丰富，学历生比例明显提高。构建以中央政府奖学金为主，地方政府、高校、企业奖学金为辅，多元并重的奖学金架构，逐步扩大奖学金规模。争取到2020年，使获得中国政府奖学金的外国留学生人数达到5万名。

教育部拟结合重点学科建设，向符合条件的学校提供部分中国政府奖学金自主招生名额，打造

300个左右的英语授课的学位课程。重点支持中国学、中医药、西医药、经济、法律、管理、自然基础学科、工科专业等学科。

完善制度，规范管理，探讨来华留学生趋同化管理，增进他们对中国社会文化的理解。

五是大力实施“走出去”战略，增强我国软实力。

组织实施“孔子学院质量工程”。办好孔子学院，做好汉语国际推广工作，是中央赋予我们的重大使命。各级教育行政部门和高校要积极支持和配合，全力打造孔子学院国家品牌，重点抓好一批示范孔子学院建设。解决好教师培养、教材建设和教法创新等问题。孔子学院总部决定自2009年至2013年设立“外国汉语教师奖学金项目”，向有志于从事汉语教学并符合条件的外国人每年提供1 000个奖学金名额，支持其来华攻读汉语国际教育专业硕士学位和课程。

积极主动参与教育国际服务。要做好中国教育的推介工作，助推中国教育走向世界，打造中国教育品牌。建设面向发展中国家的教育培训合作基地，使我国成为培养、培训发展中国家中高级技能人才、教学和管理人才的主要国家之一。推进高水平教育机构境外办学，提高我国优势学科的国际拓展能力。

六是大力引进优质资源，着力提高教育竞争力。

积极开展高质量的中外合作办学。要继续坚持以引进优质教育资源为导向，以提高教育竞争力为核心，以培养高素质、国际化人才为宗旨，积极开展中外合作办学，满足人民群众对高质量、多样化教育的需要。要积极引进境外高端、精品、特色教育的新途径。重点发展理科、工科、农科、医科。不同类型学校应根据自身定位和发展目标开展合作办学。建立中外合作办学质量保障机制，加强质量管理，切实维护受教育者的合法权益。

吸引世界一流专家学者来华工作。在明年的外国文教专家聘请计划中，将在继续实施“高等学校学科创新引智计划”的同时，增设“海外名师项目”。该项目通过聘请具有较高造诣的海外名师来华任教和合作科研，快速提升高校的科研水平和人才培养质量。此外，还将实施“学校特色项目”，提高高校教学、科研、服务、管理水平。

根据以上思路和部里工作布局，最近一个时期我们在教育外事方面重点推动了几项工作。

一是在来华留学招生机制方面，我们将部分政府奖学金名额分配给有关边境省份和部分高等学校，由他们根据本地区、本部门工作需要，自主招收高层次学生。这一改革让边境省份和有关高校在教育部的政策、资源的支持下，利用政府奖学金发挥与周边国家山水相连、风俗相近的优势，找到开展周边国家工作的切入点，促进国家间青少年交流，共同营造和平稳定、平等互信、合作共赢的地区环境。这一工作体制的创新得到有关省级教育行政部门和高等学校的高度重视和欢迎。

二是在自费出国留学中介服务机构管理方面，通过教育部与省级教育行政部门签署留学中介机构审批与管理协议的方式，推动审批和管理制度的改革，进一步加强教育部和省级教育行政部门对自费出国留学中介机构的管理。稍后，教育部将与4个省、市签署共建共管协议。与此同时，教育部有关部门也在积极酝酿相关法规的修改，及早明确跨地区经营等政策性问题，促进自费出国留学中介服务工作健康发展。

三是在中外合作办学项目的审批管理方面，教育部从2009年8月起启动对本科以下的中外合作办学项目备案编号工作，加快了备案编号进程。11月底，教育部组织专家对2008年9月以来申请实施本科以上教育的中外合作办学项目进行了评议。还成立了广东省涉港澳合作办学部省联合审批机制工作小组，双方将按照《广东省涉港澳合作办学部省联合审批机制工作方案》开展工作。

四是加强中外合作办学质量监管。今年教育部办公厅下发了《教育部办公厅关于开展中外合作办学评估工作的通知》，这项评估工作将首先在天津、辽宁、江苏、河南四省进行试点，在取得经验的基础上再向全国推开。同时，通过建立中外合作办学管理工作信息平台，加强对颁发证书的管理，促进中外合作办学规范健康发展。

同志们，教育外事工作任务艰巨，责任重大，使命光荣。面对新形势、新任务，希望大家按照党中央的要求，认真学习党的十七大和十七届四中全会精神，深入贯彻落实科学发展观，进一步增强责任感、使命感，坚持改革开放，努力开拓进取，扎扎实实做好各项工作，为促进我国教育事业发展、建设创新型国家和人力资源强国作出更大贡献。

综　述

胡锦涛前往中国农业大学考察并看望师生

2009年5月2日上午，在五四运动90周年之际，中共中央总书记、国家主席、中央军委主席胡锦涛前往中国农业大学，同广大师生共迎五四青年节，代表党中央向全国各族各界青年致以节日的祝贺。

胡锦涛首先参观了学校的校史展览和科研成果综合展示。在中国农业大学历史沿革简表前，在报道学校师生当年参加五四运动的旧报样前，在记录师生们开展科技支农活动的照片前，在克隆牛、高产玉米等反映学校科研成果的图片和实物前……胡锦涛驻足观看，详细了解学校建设和发展情况，对学校取得的成绩给予充分肯定。总书记希望师生们继承和发扬优良传统，加快建设世界一流农业大学步伐。

接着，胡锦涛考察了学校植物生产类实验教学中心基地。学生们在教师带领下，正进行测土配方施肥等实验。胡锦涛饶有兴趣地观看，不时询问有关情况。随后，总书记走到学校实验田，来到正在开展农学认知教学的师生中间。他俯下身子了解欧当归、辣根等药用植物的特性和功效，还亲口尝了尝刚摘下的芦笋和枸杞叶。总书记深有感触地对大家说，坚持理论教学与生产实践相结合，帮助同学们增强感性认识，巩固书本知识，提高动手能力，这样做大有益处。他希望农科学生学农爱农，刻苦学习，加强实践，努力成为知行合一的高素质农业科技和管理人才，为加快我国农业现代化进程贡献智慧和力量。

在生命科学研究中心功能基因组平台实验室，胡锦涛认真观看水稻基因表达分析演示和玉米幼穗早期分化扫描照片等，了解农业前沿科研最新进展。在植物生理学与生物化学国家重点实验室，胡锦涛同科研人员亲切交谈，询问植物抗旱、抗盐等生物学基础研究情况。得知他们在这些重大课题研究上已经有了一些进展，总书记十分高兴，祝愿他们取得更多的成果。胡锦涛对科研人员说，发展现代农业需要强有力的科技支撑。从事农业科技研究的同志们责任重大。希望大家瞄准世界农业科技前沿，围绕我国农业发展需求，努力突破关键核心技术，为提升我国农业科技实力、加快发展现代农业发挥更大作用。

胡锦涛十分关心高校毕业生就业问题。这些年来，中国农业大学在帮助毕业生就业、创业方面做了大量工作，特别是积极鼓励毕业生到农村基层和欠发达地区去工作。总书记对中国农业大学的这些做法表示赞许，并同几名即将毕业的学生深入交谈，询问他们找到工作了没有、今后有些什么打算。总书记语重心长地对学生们说，五四运动昭示的青年运动正确方向，就是在党的领导下，走与工农群众相结合、与中国革命实践相结合的道路。对青年学生来说，基层一线是了解国情、增长本领的最好课堂，是磨炼意志、汲取力量的火热熔炉，是施展才华、开拓创业的广阔天地。希望同学们自觉到基层一线去发挥才干，到艰苦的环境里去经受锻炼，到祖国和人民最需要的地方去建功立业，切实走好迈向社会的第一步，开辟事业发展的新天地。胡锦涛还特别叮嘱学校负责人，要大力开展就业服务，帮助毕业生了解就业政策，掌握就业信息，疏通就业渠道，尤其是对困难毕业生要及时提供就业援助，使毕业生尽快实现就业、创业。

考察结束时，胡锦涛同中国农业大学师生代表进行了座谈，并在听取师生代表发言后作了重要讲话。他强调，当代青年对五四运动最好的纪念、对五四先驱最好的告慰，就是要在党的领导下，以执著的信念、优良的品德、丰富的知识、过硬的本领，勇敢地担负起历史重任，同广大人民群众一道，奋力开创中国特色社会主义事业新局面，让伟大的五四精神在振兴中华新的实践中放射出更加夺目的时代光芒。

总书记指出，在开创祖国美好未来的征程上，青年学生责任重大、使命光荣。他希望全国广大青年学生把爱国主义作为始终高扬的光辉旗帜，把勤奋学习作为人生进步的重要阶梯，把深入实践作为成长成才的必由之路，把奉献社会作为不懈追求的优良品德，在实现中华民族伟大复兴的历史征程上谱写出更加辉煌的青春乐章。

中共中央政治局委员、书记处书记、中宣部部长刘云山，中共中央政治局委员、国务委员刘延东，中共中央书记处书记、中央办公厅主任令计划，中共中央书记处书记、中央政策研究室主任王沪宁，教育部部长周济，共青团中央书记处第一书记陆昊，中国农业大学党委书记瞿振元、校长柯炳生等陪同考察。

胡锦涛等中央领导同志亲切会见全国优秀教师代表

2009年9月9日，在第25个教师节到来之际，庆祝教师节暨全国教育系统先进集体和先进个人表彰大会在北京举行。中共中央总书记、国家主席、中央军委主席胡锦涛，中共中央政治局常委、国务院总理温家宝，中共中央政治局常委李长春，中共中央政治局常委、中央书记处书记、国家副主席习近平亲切会见了全体与会代表。

上午9时许，胡锦涛等中央领导同志来到人民大会堂3层金色大厅，在全场热烈的掌声中，胡锦涛等高兴地同代表们亲切握手，向受到表彰的先进集体和先进个人表示热烈祝贺，向全国广大教师和教育工作者致以节日的祝贺和亲切的问候，向60年来为祖国教育事业贡献智慧和力量的所有教师和教育工作者致以崇高的敬意。

刘云山、刘延东、李源潮、令计划参加了会见。

刘延东出席表彰大会并讲话。刘延东在讲话中回顾了60年来教育事业取得的举世瞩目的伟大成就。她指出，当前，我国正处于全面建设小康社会、加快推进现代化的关键时期。教育兴则国家兴，教育强则国家强。满足全面建设小康社会和创新型国家建设对各级各类人才的需求，从根本上讲必须依靠教育。保障群众公平接受良好教育的机会、促进人的全面发展，从根本上讲必须加快教育改革与发展。一定要把教育放在优先发展的战略地位，把推进素质教育作为教育工作的主题，把促进教育公平作为教育政策的基本取向，把改革创新作为教育事业发展的强大动力，把服务经济社会发展作为重要使命，通过大胆探索、勇于实践的扎实努力，实现教育事业科学发展，把我国由教育大国建成教育强国，由人力资源大国建成人力资源强国，为推进社会主义现代化、实现中华民族伟大复兴奠定坚实的基础。

刘延东强调，教师是教育事业的第一资源。建设中国特色社会主义伟大事业需要一支高素质、高水平的教师队伍。她希望广大教师忠诚敬业、学为人师、开拓创新、行为世范，培养造就更多的社会主义合格建设者和可靠接班人。

刘延东要求各级党委和政府加强对教育工作的领导，满腔热情关心教师，维护教师合法权益，加强对教师的培养培训，特别要重视农村教师队伍建设，进一步在全社会弘扬尊师重教的良好风尚，让教师成为社会上最受尊重的职业。

教育部部长周济主持大会，中央和国家机关有关部门负责同志出席会议。会上，人力资源和社会保障部、教育部联合表彰了500个“全国教育系统先进集体”，831名“全国模范教师”和“全国教育系统先进工作者”。教育部还表彰了2 014名“全国优秀教师”和“全国优秀教育工作者”，授予651项教改项目“第六届高等教育国家级教学成果奖”，授予100名高校教师“第五届高等学校教学名师奖”。

胡锦涛致贺信 温家宝作出批示 祝贺中国矿业大学建校100周年

2009年10月18日，在中国矿业大学建校100周年之际，中共中央总书记、国家主席胡锦涛致信表示祝贺。中共中央政治局常委、国务院总理温家宝在批示中勉励该校毕业生。

胡锦涛在贺信中指出，中国矿业大学在百年办学历程中，始终以开发矿业、开采光明、建设祖国、造福人类为己任，秉承严谨治学、开拓创新的校训，紧紧围绕能源资源开发利用，精心做好教学、科研、管理工作，为国家输送了大批优秀人才，在促进我国能源资源产业发展、服务社会主义现代化建设中发挥了重要作用。

胡锦涛强调，能源资源是国民经济和社会发展的基础与保证。中国矿业大学作为我国能源资源科技教育重要基地，肩负使命重大，发展前景广阔。他希望中国矿业大学坚持以邓小平理论和“三个代表”重要思想为指导，深入贯彻落实科学发展观，始终坚持党的教育方针，进一步突出办学特色，面向现代化、面向世界、面向未来，着力培养更多高素质创新人才，着力取得更多高水平科研成果，为提升我国能源资源产业技术水平、为推动我国经济社会又好又快发展作出新的更大贡献。

温家宝在中国矿业大学2009届去西部基层工作毕业生的来信上批示：同学们，基层艰苦地方需要你们，那里大有可为。希望同学们努力奋斗。

中共中央政治局委员、国务委员刘延东出席庆祝大会并讲话。她说，胡锦涛总书记的贺信和温家宝总理的批示，充分体现了党中央、国务院对中国矿业大学的高度重视、亲切关怀和殷切期望。刘延东指出，能源资源科学开发和洁净利用是世界各国共同面临的重大课题，也是我国现代化建设的关键制约因素。希望中国矿业大学按照胡锦涛总书记和温家宝总理的要求，弘扬优良传统，积极改革创新，突出办学特色，提高办学质量，努力成为煤炭能源行业培育创新人才的高地，成为孕育科学知识和科技成果的重要基地，成为矿业和能源工业科技进步和区域经济社会发展的重要支撑。希望师生们把实现个人价值与为国家作贡献紧密结合起来，积极投身到祖国最需要的地方去建功立业。

以不同形式向中国矿业大学建校100周年表示祝贺的还有路甬祥、韩启德、蒋树声、孙孚凌、徐匡迪。

教育部部长周济，国家安全生产监督管理总局局长骆琳，江苏省省委书记梁保华、省长罗志军及国务院有关部门负责同志出席了庆祝大会。

温家宝前往清华大学考察并与毕业生座谈

2009年5月3日，在五四运动90周年到来之际，中共中央政治局常委、国务院总理温家宝来到清华大学，与师生共同迎接五四青年节。温家宝总理考察了学校下一代互联网示范工程、出土文献研究和保护中心，和学生代表亲切座谈并发表重要讲话，号召广大青年学生要继承和发扬五四精神，把自己的命运和国家的命运紧紧连在一起，做一个德、学、才兼备的人。

上午10时，温家宝总理一行首先来到信息科学技术大楼，听取了有关下一代互联网研究的汇报，参观了中国下一代互联网示范工程阶段总结和成果展览后，并与图灵奖获得者姚期智先生亲切交谈。温家宝指出，中国要走新型工业化道路，信息科学要与工业化结合；应对金融危机从长远来看还要靠科技革命，下一代互联网是发展科技的一个重要方面；发展科技的关键在于自主创新，必须把理论研究、技术创新和实际生产结合起来；要发挥产学研结合的优势，充分发挥高校的力量，给高校创造更好的科研条件。

接着，温家宝参观了2008年入藏清华大学的2 388枚“清华简”。听说竹简不能接受强光照射，温总理强调要以保护为第一，他小心翼翼地使用冷光手电，不时举起放大镜，弯下腰来仔细辩读，在听取了关于竹简入藏、鉴定和初步整理情况的汇报后，温家宝表示，“清华简”是国家的国宝、民族的自豪，不仅有考古价值，还记载了中国的历史、文化、科技，而且补充了我们已经缺失的很多东西。他希望清华妥善、完整地保存好这批竹简。希望老专家们带领和培养年轻人做好竹简的解释、研究工作。

随后，温家宝来到图书馆阅览室，与即将赴祖国西部和基层就业的清华大学应届毕业生代表座谈。阅览室内座无虚席，一百多名清华学子济济一堂，同学们以热烈的掌声向总理致意，温家宝说，我想和大家谈谈心，你们中很多人要到西部去，到基层去，希望这次谈话能对你们今后的人生有所启发。

同学们纷纷举手发言，表达自己扎根西部和基层的坚定决心。温家宝高兴地说，每一个青年的前途离不开国家的前途，没有国家的前途，也没有青年的前途。我们国家的发展，社会的进步，将会给每个青年创造用武之地。同时，国家的前途也离不开青年的前途，一个国家的希望就寄托在青年身上，寄托在你们身上。没有青年的牺牲和奋斗精神，没有整个民族素质的提高，这个民族和国家也是没有希望的。这两点互相联系，归根到底，就是青年人要把自己的命运和国家的命运连在一起。总理的话，引起在场学生的强烈共鸣。

座谈会快结束时，温家宝深情地希望同学们做一个德、学、才兼备的人。他说，经过大学的培养，做一个有道德的人，做一个有学问的人，做一个有才能的人，做一个能为人民做出贡献的人。这就是我对青年人的期望。

中午，温家宝步行来到学生食堂，和同学们共进午餐，了解他们的学习和生活情况，鼓励同学们要好好学习，立志成才。

中共中央政治局委员、国务委员刘延东，教育部部长周济，人力资源和社会保障部部长尹蔚民，国务院研究室主任谢伏瞻，清华大学党委书记胡和平、校长顾秉林等陪同考察。

温家宝到北京市第三十五中学调研

2009年9月4日，在第25个教师节到来前夕，中共中央政治局常委、国务院总理温家宝来到北京市第三十五中学调研，看望全校师生并在学校主持召开北京市教师代表座谈会。温家宝向全国广大教师致以节日的祝贺和诚挚的问候。他强调，教育是一项神圣而光荣的事业。国运兴衰系于教育，只有一流的教育，才有一流的人才，才能建设一流的国家。希望广大教师充满爱心，忠诚事业，学为人师，行为世范，做一名合格的人民教师。

9月4日上午，温家宝一大早就来到北京市第三十五中学，在初二（五）班和学生坐在一起连上5节课，对当前中学教育进行调查研究。中午，他在学生餐厅和同学们共进午餐。下午，温家宝在学校主持召开座谈会，听取北京市部分教师代表对教育发展和教学改革的意见和建议，并和教师一起讨论。

座谈会上，温家宝说，我今天听了一上午课，一方面，用这种方式表示对教师们的尊重；另一方面，了解一些教学的真实情况。接着，他对上午听的五节课一一作了点评。他肯定了数学课运用启发式的教学方法，但也指出内容比较单薄。肯定了语文课的默读和概括故事情节锻炼了学生的阅读和逻辑推理，但缺少介绍作者生平的环节。肯定了研究性学习有利于开阔学生的思维，但希望教师要有广博的知识。他赞成地理课把地理和地质、气候结合起来，也指出了教材中的问题。他说一堂音乐课其实是让孩子们通过唱歌懂得人世间的爱，把音乐课上升到美育的高度。点评用了近一个小时，评价中既有教师，又有学生，也有教材。每点评一节课后，温总理都要听任课教师的意见，当面与他们交流自己点评的内容。

在先后听取8位教师代表发言后，温家宝指出，百年大计，教育为本；教育大计，教师为本。我国有1 600万教育工作者，有1 200万中小学教师。长期以来，广大教师牢记自己的神圣使命，兢兢业业，默默耕耘，培养了一批又一批优秀人才，为我国教育事业和现代化建设作出了突出贡献。

温家宝指出，教育的根本任务是培养人才，特别是培养德智体美全面发展的高素质人才。新中国成立60年来，我国教育事业有了很大的发展，取得了巨大成绩。但是，必须清醒地看到，我国教育还不适应经济社会发展的形势，不适应国家对人才培养的要求。当前，我国教育改革和发展正处在一个关键时期，要结合制定《国家中长期教育改革和发展规划纲要》，努力解决这些问题。必须树立先进的教育理念，冲破传统观念和体制的束缚，在办学体制、教学内容、教育方法、评价方式等多方面进行大胆探索和改革。一要符合教育自身发展规律的要求。注重启发式教育，把学、思、知、行结合起来，使学生不仅学到知识，还要学会做人做事。二要符合时代发展的要求。教育既要面向现代化、面向世界、面向未来，与时俱进；又要办出具有中国特色、中国风格、中国气派的现代化教育。三要符合建设中国特色社会主义对人才的要求。加强爱国主义和理想信念教育，努力培养创新型、实用型和复合型人才。四要符合以人为本的要求。尊重学生、关爱学生、服务学生，为学生成长创造自由活泼的氛围，培养学生独立思考、勇于创造的能力，塑造学生大爱、和谐的心灵。

温家宝强调，教师的日常工作既平凡，又不平凡。教师不是雕塑家，却塑造着世界上最珍贵的艺术品。广大教师应当成为善良的使者、挚爱的化身，做一名品格优秀、业务精良、职业道德高尚的教育工作者。他对广大教师提出三点希望。一要充满爱心，忠诚事业。当好一名教师，首先要是一个充满爱心的人，把追求理想、塑造心灵、传承知识当做人生的最大乐趣。要关爱每一名学生，关心每一名学生的成长进步，努力成为学生的良师益友，成为学生健康成长的指导者和引路人。二要努力钻研，学为人师。教师只有学而不厌，才能做到诲人不倦。要崇尚科学精神，严谨笃学，潜心钻研，做热爱学习、善于学习、终身学习的楷模。要如饥似渴地学习新知识、新科学、新技能，不断提高教学质量和教书育人本领。要积极投身教学改革，运用最先进的方法、最现代的理念，把最宝贵的知识传授给学生。三要以身作则，行为世范。身教重于言教。教师个人的范例，对于学生心灵的健康和成长是任何东西都不可代替的最灿烂的阳光。广大教师要加强师德修养，以自己高尚的情操和良好的思想道德风范去教育和感染学生，以自身的人格魅力和卓有成效的工作赢得全社会的尊重。

温家宝说，一个国家有没有前途，很大程度上取决于这个国家重视不重视教育；一个国家重视不重视教育，首先要看教师的社会地位。国家从今年起对义务教育阶段教师实行绩效工资，保证教师平均工资水平不低于当地公务员平均工资水平。我们要继续发扬中华民族尊师重教的优良传统，不断提高教师的政治地位、社会地位和生活待遇，把广大教师的积极性、主动性、创造性更好地发挥出来。各级政府都要满腔热情地关心和支持教育工作，积极改善教师的工作和生活条件。中小学教师非常重要，要像尊重大学教授一样尊重中小学教师。要大力宣传教育战线的先进事迹，营造良好的舆论氛围，让尊师重教蔚然成风，让教师成为全社会最受人尊敬、最值得羡慕的职业。

中共中央政治局委员、国务委员刘延东，教育部部长周济陪同参加。

李长春看望全国见义勇为舍己救人英雄集体先进事迹报告团成员

2009年12月21日，全国见义勇为舍己救人大学生英雄集体先进事迹报告会在北京人民大会堂举行。受胡锦涛总书记委托，报告会开始前，中共中央政治局常委李长春亲切看望大学生英雄集体代表和报告团成员，并向英勇牺牲的三位大学生烈士的亲属表示亲切慰问。

李长春强调，要广泛深入宣传见义勇为舍己救人大学生英雄集体的先进事迹和崇高精神，引导全社会特别是广大青少年学习他们忠于祖国、热爱人民的赤子情怀，见义勇为、舍己救人的英雄气概，关爱他人、心系社会的优秀品德，众志成城、团结协作的集体主义精神，进一步弘扬社会正气、树立良好风尚，在全社会形成学习英雄、崇尚英雄、关爱英雄、争当英雄的浓厚氛围，使我们的时代成为英雄辈出的时代。

李长春指出，在人民群众生命受到严重威胁的危急时刻，长江大学15位同学不怕牺牲、挺身而出、舍己救人，陈及时、何东旭、方招三位同学献出了宝贵的生命，他们的英雄事迹真实感人、催人泪下，生动诠释了当代大学生强烈的社会责任感和高尚的精神境界，集中体现了当代大学生的优秀品德和价值追求，全面展示了当代大学生的崭新精神风貌和时代风采，在全社会特别是大学生中引起强烈反响。他们不愧为当代大学生的优秀楷模，不愧为人民群众心目中的真正英雄，不愧为社会主义核心价值体系的模范践行者。李长春要求有关部门切实关心三位烈士的亲属，帮助他们解决实际困难。

李长春指出，当前，全国上下正在深入学习贯彻党的十七大和十七届四中全会精神，学习宣传“双百”人物和全国道德模范的先进事迹，深入开展社会主义核心价值体系学习教育。要把大学生见义勇为舍己救人英雄集体的先进事迹作为加强和改进青少年思想道德建设的生动教材，通过广泛深入的宣传，引导广大青少年以英雄集体为榜样，树立正确的世界观、人生观、价值观，坚定理想信念，培养高尚情操，自觉把个人的前途同国家和民族的命运紧密联系在一起，在奉献社会和服务人民的过程中实现自身价值，在全面建设小康社会、实现中华民族伟大复兴的历史征程中建功立业，努力成为中国特色社会主义事业的合格建设者和可靠接班人。

中共中央政治局委员、中央书记处书记、中宣部部长刘云山，中共中央政治局委员、国务委员刘延东参加了会见。

中宣部、中央文明办、教育部、共青团中央、中共湖北省委负责同志及在京部分高校师生代表近700人参加报告会。

2009年10月24日，长江大学学生在长江荆州宝塔湾江段发现两名少年不慎落水，15名学生冒着生命危险，跳入长江救起了两名少年，陈及时、方招、何东旭三名同学不幸被江水吞没。湖北省人民政府追认陈及时、何东旭、方招3人为革命烈士，教育部授予15名同学“全国见义勇为舍己救人大学生英雄集体”荣誉称号。

习近平前往北京市高校调研学习实践科学发展观活动

2009年5月6日至7日，中共中央政治局常委、中央书记处书记、国家副主席、中央学习实践活动领导小组组长习近平来到北京大学、北京航空航天大学、中央民族大学、首都师范大学、中国人民大学，对高校开展学习实践活动的情况进行调研。他深入研发中心、实验室、图书馆，了解高校教学、管理、科研和人才培养等情况。在阅览室、教室、学生就业指导中心和校学生会，他与大学生亲切交谈，勉励他们珍惜美好青春，刻苦学习知识，锤炼意志品质，陶冶道德情操，打下报效祖国、成长成才的坚实基础。

5月7日，中央深入学习实践科学发展观活动领导小组在中国人民大学召开高校学习实践活动座谈会，习近平作了重要讲话。他强调，各级党委和高校党组织要以高度的政治责任感、良好的精神状态和扎实的工作作风抓好高校学习实践活动，坚持把科学发展观内化为高校办学观，把科学发展观的要求转化为高校科学发展的正确思路和自觉行动，切实做到学以致用、用有所成。

习近平指出，各高校学习实践活动开展以来，认真贯彻中央精神，紧紧围绕“培养什么人，怎样培养人”和“办什么样的大学，怎样办好大学”这两个根本问题，精心谋划安排，认真组织实施，进展是顺利的。

习近平指出，高校是思想、文化、科技资源的聚集地，是培养中国特色社会主义合格建设者和可靠接班人的重要阵地。通过开展学习实践活动，切实加强高校党的思想理论建设，提高高校党员干部的思想政治素质，意义重大。各高校要采取符合高校党员特点的方式方法把理论学习贯穿学习实践活动始终，力戒形式主义，务求取得实效。要充分发挥高校思想政治理论课的主渠道作用，深入推进科学发展观进教材、进课堂、进头脑，帮助学生深刻领会科学发展观的科学内涵、精神实质和根本要求。

习近平强调，突出实践特色是这次学习实践活动的最大特点。高校学习实践活动突出实践特色，要抓住科学发展上水平这个核心问题，进一步理清学校科学发展思路，完善学校科学发展规划，明确学校科学发展战略，着力解决影响和制约学校科学发展的突出问题；要围绕人才培养这个根本任务，改革教育教学制度，创新人才培养模式，着力解决与培养合格人才不相适应的观念和体制机制问题；要抓好教师队伍建设这个关键环节，进一步完善人才激励机制、竞争机制、流动机制和社会保障机制，坚持把师德建设放在首位，全面提高教师队伍整体素质，着力解决高校教师队伍建设特别是高层次创造性人才队伍建设中存在的突出问题；要找准学习实践活动与当前各项工作的结合点，加强对大学生就业的指导和服务，做好维护学校稳定的工作，通过各种形式为地方和企业应对危机、克服困难提供技术服务和智力支持。

习近平强调，各高校要把加强党员干部党性修养、大力弘扬优良作风作为学习实践活动的重要内容抓实抓好。要针对高校学风建设面临的问题，把教育、制度、监督相结合的惩治和预防学术不端行为的工作体系尽快建立起来、有效运转起来，在学术道德和学风建设方面不断取得新进展。

中共中央政治局委员、中央书记处书记、中央组织部部长、中央学习实践活动领导小组副组长李源潮出席座谈会。教育部部长周济介绍了部属高校开展学习实践活动前一阶段的情况和下一步的工作打算，清华大学、中国人民大学、中国农业大学、北京外国语大学、北京科技大学、北京工业大学的负责同志发了言。

习近平等中央领导同志会见第十八次全国高等学校党的建设工作会议代表

2009年12月24日，中共中央组织部、中共中央宣传部、中共教育部党组在北京联合召开第十八次全国高等学校党的建设工作会议。中共中央政治局常委、中央书记处书记、国家副主席习近平在会前会见出席会议的代表并发表讲话。他强调，认真贯彻落实党的十七大和十七届四中全会精神，进一步加强和改进新形势下高校党的建设，是坚持社会主义办学方向、促进高校改革发展、培养社会主义合格建设者和可靠接班人的根本政治保证，各级党委一定要高度重视、切实抓紧抓实抓好。

习近平指出，高校是会聚人才的高地，是培养人才的基地，在国家经济社会发展全局中居于重要地位。做好新形势下高校党建工作，要坚持和完善党委领导下的校长负责制，既充分发挥党委的领导核心作用、又切实保证校长在依法行政中的执行权力，切实提高高校领导班子办学治校能力；要坚持用中国特色社会主义理论体系武装党员、教育师生，认真做好学习实践科学发展观活动整改落实后续工作，大力开展创建学习型党组织活动，以学习为党组织建设的重要特征，以学习为党组织活动的重要内容，以学习为提高党组织战斗力的重要途径，推动高校党员干部和广大师生不断深化对党的理论创新成果的认识；要做好抓基层、打基础工作，健全高校党的各级组织，明确职责任务，加强指导督促，严格按照标准和程序把优秀知识分子和大学生吸收到党内来，充分发挥基层党组织的战斗堡垒作用和党员的先锋模范作用；要坚持改革创新，继承和发展高校党的建设在长期实践中形成的成功方法，又要不断创新和丰富高校党的建设有效管用的新方法，不断增强高校党建工作的生机活力。

中共中央政治局委员、中央书记处书记、中央宣传部部长刘云山，中共中央政治局委员、国务委员刘延东，中共中央政治局委员、中央书记处书记、中央组织部部长李源潮参加会见。

刘云山出席会议并讲话。他强调，要从贯彻落实党的十七届四中全会精神的高度充分认识加强和改进高校党的建设的重要性和紧迫性，全面落实高校党的建设各项任务，着力提高党员干部的党性修养，着力增强党组织的凝聚力、创造力和战斗力，着力提高高校党建科学化水平，为促进高校科学发展，培养造就中国特色社会主义建设者和接班人提供坚强有力的政治保证、思想保证和组织保证。要按照建设马克思主义学习型政党的要求，以提高思想理论素养为重点，在推进用马克思主义中国化最新成果武装头脑、指导教学科研实践上取得新成效；按照建设社会主义核心价值体系的要求，以坚定理想信念为重点，在加强和改进大学生思想政治教育上取得新成效；按照围绕中心服务大局、拓宽领域强化功能的要求，以扩大覆盖、增强活力为重点，在发挥高校基层党组织战斗堡垒和党员先锋模范作用上取得新成效；按照党要管党、从严治党的要求，以加强高校党风廉政建设为重点，在以优良党风促校风带学风上取得新成效；按照德才兼备、以德为先的要求，以提高思想政治素质、增强办学治校能力为重点，在加强高校领导班子和干部队伍建设上取得新成效。

刘延东主持会议，李源潮出席会议。教育部部长袁贵仁及中央和国家机关有关部门负责同志，解放军总政治部、各省区市和新疆生产建设兵团有关负责同志，全国部分高校党委书记、校长参加会议。

刘延东出席教育部直属高校工作咨询委员会第十九次全体会议

2009年2月16日至18日，教育部直属高校工作咨询委员会第十九次全体会议在北京国家教育行政学院召开。中共中央政治局委员、国务委员刘延东出席16日下午的会议并讲话，她强调，要深入贯彻落实科学发展观，坚持从中国国情出发，面向现代化、面向世界、面向未来，加快有特色、高水平大学建设步伐，努力满足国家现代化建设重大战略需要，努力提升中国大学在世界上的竞争力和影响力。

刘延东指出，世界一流和高水平大学是一个国家综合国力和科学文化水平的重要标志，在引领国家未来发展走向中发挥着关键作用，是国家核心竞争力的重要支撑，是国家强盛长久持续的巨大推动力，是提升国家软实力的重要依托。建设世界一流和高水平大学关系中华民族根本利益和国家现代化建设的长远利益。

刘延东强调，要系统总结新中国成立60年，特别是改革开放30年高等教育的成就和经验，把建设有特色、高水平大学作为高等教育的战略重点抓紧抓好。一要坚持科学定位，鼓励不同类型大学根据各自历史传统、学科特色和资源条件，合理确定发展目标和路径。二要建设优势学科，集中力量发展重点学科，整合学科资源，创新学科交叉融合机制，建设跨学科、特色鲜明、优势突出的新的学科生长点，形成一流的学科群体。三要培养拔尖创新人才，加快教育教学改革，优化质量评价体系，注重大学文化建设，形成多样化的人才培养模式。四要实施人才强校战略，把发现、培养、引进杰出人才作为高水平大学建设的战略任务，营造激励人才成长的有利环境。五要提升科技创新和社会服务能力。围绕国家和区域重大战略需求，提高自主创新能力，推进产学研用结合，加快高校科研成果向现实生产力转化。发挥思想库、智囊团作用，繁荣发展哲学社会科学，为党和国家决策、提升国民素质和社会文明程度服务。六要推进体制机制创新，坚持和完善党委领导下的校长负责制，深化学校内部管理制度改革，积极探索依法自主办学和教授治学、民主管理的有效途径。七要拓展对外交流合作的广度和深度，加强国际学术交流和高水平科研合作，引进国外优质教育资源，扩大来华留学生规模。她还要求高校书记校长提高领导能力和治校水平，成为讲政治的教育家、懂教育的政治家。

刘延东强调，2009年高校要按照中央的部署和安排，认真组织开展深入学习实践科学发展观活动，以重大纪念活动为契机加强师生思想政治教育，发挥优势为应对金融危机、促进经济平稳较快增长作贡献，认真做好高校毕业生就业工作，切实维护社会稳定。她要求高校深刻理解、准确把握制定《国家中长期教育改革和发展规划纲要》的时代背景、指导思想和总体要求，立足实际，发挥优势，积极参与，建言献策。

教育部部长周济主持会议，国务院有关部门负责同志出席会议。

刘延东出席 2007—2008 学年度国家奖学金颁奖大会

2009 年 2 月 22 日下午，2007—2008 学年度国家奖学金颁奖大会在北京人民大会堂召开。中共中央政治局委员、国务委员刘延东为国家奖学金获奖学生代表颁奖时强调，建立健全家庭经济困难学生资助政策体系和国家奖学金制度，是党和国家为建设创新型国家和人力资源强国、实现教育优先发展和促进教育公平的重要举措，要坚决落实各项资助政策措施，保障每一个孩子不因家庭经济困难而失学。

刘延东指出，党和国家始终把坚持教育公益性和促进教育公平作为基本教育政策，切实保障全体人民特别是困难群体的受教育权。近年来，中央和地方各级政府采取了一系列重大举措，建立了家庭经济困难学生资助政策体系，每年资助近 1.8 亿学生。这是国家对困难学生资助强度最大、资助范围最广、财政投入最多的制度安排，是困难学生得实惠最多的制度安排。

刘延东强调，促进教育公平是一项长期艰巨的任务。受国际金融危机影响，这项工作难度进一步加大，但无论遇到多么大的困难，国家促进教育公平的决心不会改变，扶助经济困难学生的政策措施不会改变，保障每一个孩子不因家庭经济困难而失学的承诺不会改变。各级政府、各有关部门要把建立健全资助政策体系作为履行政府公共财政职能的重要内容，努力做到家庭经济困难学生“应助尽助”。要确保资助经费落实到位，扎实推进生源地信用助学贷款，关心特殊困难学生群体，落实好汶川地震重灾区困难学生特别资助政策。

刘延东指出，每年奖励 5 万名特别优秀高校学生的国家奖学金制度激发了广大高校学生积极进取、全面发展的热情。她希望青年学生深切感受党和国家的关怀和温暖，勉励青年学生坚定理想信念，树立远大志向，在建设中国特色社会主义中奉献才智；勤奋刻苦学习，掌握扎实本领，在建设创新型国家中勇挑重担；塑造人文情怀，培育宽广胸襟，在弘扬中华优秀文化中贡献力量；坚持深入基层，开展社会实践，在服务经济社会发展中创造业绩；磨砺精神品质，锤炼道德修养，在战胜困难和考验中成长成才，做社会主义事业的合格建设者和可靠接班人。

会议由财政部副部长张少春主持。教育部部长周济宣读了获奖公告。中央和各省（区、市）教育、财政部门及部分高校有关负责人，2007—2008 学年度国家奖学金获奖学生代表以及部分在京高校师生代表约 700 人参加会议。

2007 年，中央政府出资设立国家奖学金，以奖励高校全日制本专科（含高职、第二学士学位）学生中特别优秀的学生，奖励金额为每人每年 8 000元，每年奖励人数为 5 万人。

刘延东出席第四次全国特殊教育工作会议

2009年5月11日，第四次全国特殊教育工作会议在北京京西宾馆召开，中共中央政治局委员、国务委员刘延东出席会议并讲话。她强调，要以科学发展观为指导，不断完善特殊教育体系，大力提高特殊教育水平，切实保障残疾人受教育权，使广大残疾人共享教育改革发展成果。

刘延东指出，特殊教育是中国特色社会主义教育事业的重要组成部分。发展特教事业，是党和政府坚持以人为本、弘扬人道主义精神和保障基本人权的重要举措，是促进残疾人全面发展和实现“平等、参与、共享”目标的有效途径，对于推动教育事业科学全面发展、维护残疾人合法权益、实现社会公平正义具有重要意义。

刘延东强调，要认真贯彻党中央、国务院关于促进残疾人事业和特殊教育事业发展的精神，提高残疾儿童少年的受教育水平，大力普及残疾儿童少年义务教育，积极发展残疾儿童学前教育、康复教育，加快发展以职业教育为主的残疾人高中阶段教育，推进残疾人高等教育和成人教育发展；要发展基本覆盖所有残疾人的特殊教育网络，开展以就业为导向的技能培训，为残疾人受教育提供多样化的帮助和服务；要加快培育良好的社会氛围，宣传残疾人顽强拼搏、自强不息的先进事迹，动员社会各界力量，形成共同关心和支持特殊教育的良好局面。

刘延东要求各地各有关部门坚持特教特办，加强组织领导，完善法律法规，加大财政投入，改善办学和残疾学生学习生活条件，加强特教教师队伍建设和保障。

全国政协副主席、中国残联名誉主席邓朴方出席会议并讲话。教育部部长周济主持会议，教育部、民政部、中国残联和各省（区、市）有关部门负责同志及部分特教先进单位代表参加会议。

刘延东出席全国高校学生“我爱我的祖国”主题暑期社会实践活动启动仪式

2009年7月4日上午，全国高校学生“我爱我的祖国”主题暑期社会实践活动启动仪式在清华大学举行，中共中央政治局委员、国务委员刘延东出席并发表讲话。刘延东指出，党和政府历来高度重视大学生的成长成才，希望大学生通过社会实践活动，加深对国情、民情和社情的了解，增强使命感和责任感，尽快成长为国家的栋梁之材。

刘延东强调，社会实践是大学生受教育、长才干、作贡献的有效载体，是加强和改进高校思想政治教育的重要途径，既符合教育发展规律和大学生成长规律，又适应经济社会发展的现实需要。近年来，大学生积极响应党和国家号召，踊跃参加社会实践和志愿服务，深入基层、深入群众，展现出对理想信念的坚定追求，对历史使命的积极回应，对时代责任的勇于担当。在当代大学生身上，我们看到了与祖国同呼吸、共命运的主人翁意识，看到了中华民族的未来和希望。

刘延东希望大学生们要在了解国情中坚定理想信念，更加深入地理解中国特色社会主义理论体系，为中国特色社会主义事业贡献力量；要在艰苦环境中磨炼意志品质，培养求真务实的作风，把实践经历转化为宝贵的精神财富；要在服务社会中彰显人生价值，发挥自身专业特长，帮助基层和群众解决实际困难；要在向实践和群众学习中增长才干，全面提升自身素质和能力，为建设祖国、服务人民打牢基础。

启动仪式前，刘延东亲切会见了学生代表。教育部部长周济主持启动仪式，教育部、北京市、共青团中央负责同志出席启动仪式。

刘延东出席弘扬和培育民族精神月启动仪式

2009年9月1日上午，中共中央政治局委员、国务委员刘延东在出席2009年“中小学弘扬和培育民族精神月”启动仪式上强调，中华民族精神是我们的宝贵财富，要以庆祝新中国成立60周年为主题，进一步大力弘扬和培育民族精神，创造中华民族更加美好的未来。

刘延东指出，新中国从苦难中走来，中国人民自强不息、顽强拼搏，经过一百多年的浴血奋斗，最终在中国共产党的领导下建立了崭新国家，奋斗的历史锤炼了伟大的中华民族精神。新中国在探索中奋进，新的时代丰富了伟大的中华民族精神，经过改革开放，中华民族精神与时俱进、开放包容，彰显出追求自由平等、公平正义、民主法制、文明进步的新内涵，达到了历史新高峰。

刘延东强调，中国正在迈向现代化，民族复兴呼唤着伟大的民族精神，要把这种精神传承下去，使之发扬光大，永远激励我们奋勇前进。她希望同学们要大力弘扬爱国主义精神，深怀爱国之心，树立报国之志，把自己的成长和祖国的发展紧紧联系在一起，自觉把自身的理想融入民族复兴的伟大实践。要大力弘扬各民族大团结精神，牢固树立“三个离不开”的思想，做民族团结的践行者、传播者和捍卫者。要大力弘扬艰苦奋斗精神，把理想抱负化为励志图强的实际行动，刻苦学习，积极实践，全面提高自身素质。要大力弘扬创新与开放的精神，敢于尝试，敢于创造，以开放的胸怀、开阔的视野认识世界，使自己不断进步完善。要树立远大志向，养成优良品德，增长实际本领，锻炼强健体魄，努力成长为中国特色社会主义事业的合格建设者和接班人。

教育部在京部党组成员、有关司局负责人及中小学生代表出席了启动仪式。

刘延东出席全国推进义务教育均衡发展现场经验交流会并作重要讲话

2009年11月6日至7日，全国推进义务教育均衡发展现场经验交流会在河北省邯郸市召开。中共中央政治局委员、国务委员刘延东出席6日下午的会议并讲话。她强调，各级政府要切实承担责任，把推进均衡发展作为义务教育改革和发展的战略性任务。

刘延东指出，全面推进义务教育均衡发展是社会主义制度的本质要求，是贯彻落实党的十七大精神和实施《中华人民共和国义务教育法》的重要举措，是坚持以人为本、办人民满意教育的迫切需要，是新形势下教育事业发展的必然要求，是实施素质教育的重要保证。刘延东充分肯定了近年来各地推进义务教育均衡发展取得的成绩和经验，分析了当前面临的机遇和挑战，强调当前及今后一段时间，推进义务教育均衡发展要做到“四个围绕”，即围绕让每一个适龄儿童少年平等享有接受义务教育的机会，全面提高普及水平；围绕保障学生公平接受教育的权利，合理配置义务教育资源；围绕发展高质量义务教育和学生健康成长，大力推进素质教育；围绕学生都能享有条件良好的义务教育，不断提高保障水平。

刘延东要求，当前要重点抓好以下四项工作。第一，以内涵发展为导向，全面提高义务教育质量。要大力推进素质教育，切实减轻学生课业负担，重视提高学生身体素质，规范学校办学行为。第二，加大对困难地区和困难群体的支持力度，不断缩小区域间发展差距。要进一步提高农村义务教育发展水平，大力支持革命老区、民族地区、边疆地区、贫困地区义务教育的发展，保障特殊群体学生平等接受义务教育的权利。第三，推动区域内教育资源均衡配置，努力办好每一所学校。要推动教育资源的均衡配置，加强薄弱学校的教师队伍建设，促进优质教育资源共享。第四，推进体制机制创新，为义务教育均衡发展提供长远保障。要探索形成城乡和区域义务教育共同发展机制，创新教育管理运行机制，完善义务教育质量监测评估机制和督导机制。

刘延东强调，全面推进义务教育均衡发展是政府的法定责任。各级政府要按照科学发展观的要求，坚持依法行政，把推进义务教育均衡发展作为履行政府职责的一项重要任务。要强化政府投入责任，充分发挥政府和学校两个积极性，营造良好社会舆论氛围，为推进义务教育均衡发展创造良好环境。

教育部部长袁贵仁主持会议，文化部部长蔡武、河北省省长胡春华及国务院有关部门负责同志出席会议。

刘延东出席高等学校科学研究优秀成果奖（人文社会科学）颁奖大会

2009年12月30日下午，高等学校科学研究优秀成果奖（人文社会科学）颁奖大会在人民大会堂举行，中共中央政治局委员、国务委员刘延东出席会议时指出，繁荣发展哲学社会科学，不仅关系到我国经济、政治、文化、社会建设以及生态文明建设的全面协调发展，而且关系到社会主义核心价值体系的构建，关系到全民族思想道德素质和科学文化素质的提高，关系到国家文化软实力的增强。

刘延东向获奖的各位专家学者表示热烈祝贺，向60年来为我国哲学社会科学事业付出辛勤劳动、作出重要贡献的教育工作者致以诚挚问候。她说，高校哲学社会科学是我国哲学社会科学重要组成部分，60年来学科建设成绩斐然，研究队伍不断壮大，学术研究硕果累累，对外交流不断扩大，走出了具有中国特色的发展之路，为探索社会发展规律和人类文明进步作出了贡献。

刘延东指出，哲学社会科学的发展水平，体现着一个国家和民族的思维能力、精神状态和文明素质，反映了一个国家的综合国力和国际竞争力。在社会发展历史进程中，哲学社会科学往往是社会变革、制度创新的理论先导，在社会发展的关键时期，哲学社会科学的地位和作用更加突出。当前，我国已站在新的历史起点上，要按照党的十七大和十七届四中全会提出的任务和要求，围绕建设中国特色、中国风格、中国气派的哲学社会科学，努力构建高校哲学社会科学创新体系。

刘延东希望广大高校哲学社会科学工作者，要积极参与马克思主义理论研究和建设工程，研究推动马克思主义中国化、时代化、大众化；要深入研究事关党和国家事业发展全局的重大理论和现实问题，推出更多有深度的理论成果和政策建议，发挥思想库作用；要发挥哲学社会科学育人功能，促进学生坚定理想信念，锤炼意志品质，塑造良好人格，培养造就社会主义合格建设者和可靠接班人；要积极开展国际学术交流与合作，向世界展示我国哲学社会科学优秀成果，传播中华优秀文化，增强国际学术话语权；要牢记社会责任，切实加强学术道德和学风建设，传播先进思想文化，引领良好社会风尚。

中央和国家机关有关部门负责同志、教育部社会科学委员会委员及部分获奖者代表出席了会议。

教育部2009年工作要点

2009年教育工作深入贯彻落实科学发展观，全面贯彻党的教育方针，继续解放思想，坚持改革开放，谋划发展，提高质量，促进公平，加强管理，办好人民满意教育，努力建设人力资源强国。

一、深入学习实践科学发展观，制定国家中长期教育改革和发展规划纲要

研究制定国家中长期教育改革和发展规划纲要，做好全国教育大会筹备工作。总结和宣传新中国成立60周年特别是改革开放30年来教育事业改革发展的成绩与经验，动员和组织全国教育系统与全社会力量广泛开展教育大调研、大讨论活动，把规划纲要的制定过程作为解放思想、形成共识、推进工作的过程。

坚持农村教育重中之重的战略地位，大力办好农村教育事业。以提高质量为核心，巩固农村义务教育普及成果；以深化改革为动力，大力加强农村教师队伍建设；以中等职业教育为重点，加快普及农村高中阶段教育；以服务“三农”为方向，增强高校为农输送人才和服务能力；以强化政府责任为关键，推动形成大力办好农村教育事业的合力。

认真落实中央保增长、调结构、扩内需的要求和部署，以加强薄弱环节为重点，继续增加教育投入，集中力量办一些让社会公众满意、给教育发展添动力的事情。保质保量完成中央新增教育投资项目。统筹城乡教育发展，继续将新增教育经费主要用于农村，扶持贫困地区、民族地区和边远地区教育事业发展。积极化解农村“普九”债务，争取三年内基本化解历史欠账。开展化解高校债务风险工作。加强教育经费统计和监测，依法推动落实教育经费“三个增长”。坚持勤俭办教育、办学校，加强规划项目和资金的管理，提高教育经费使用效益。

大力加强教育法制建设。加快修订《职业教育法》进程；配合国务院法制办，继续做好《考试法》的修订；加快起草《学位法》、《终身学习法》，加大教育法律贯彻实施和执法监督检查力度。全面落实教育系统“五五”普法规划，大力推进依法治教、依法治校。

二、切实推进素质教育，着力培养学生创新精神和实践能力

以庆祝新中国成立60周年为主题，深入开展弘扬和培育民族精神月教育活动，进一步加强中小学德育工作。全面开展与学科课程相衔接的丰富多彩的社会实践活动，继续加强语文、历史、地理等课程教材建设，在学科教学中进一步加强德育。总结、交流和宣传班主任工作经验，加强班主任和德育队伍建设。积极推动校外活动场所建设，促进家庭、社会和学校齐抓共管格局的形成。实施新的中等职业教育德育课程改革方案，着力加强以敬业和诚信为重点的职业道德教育。

深入推进中国特色社会主义理论体系进教材、进课堂、进大学生头脑，进一步加强和改进大学生思想政治教育。全面推进高校思想政治理论课建设，以思想政治理论课教师队伍为重点，加强马克思主义理论学科建设，提高教学的针对性和实效性。深入开展世情、国情和社情教育。研究制定加强和改进研究生思想政治教育意见。推动优秀网站建设，普及辅导员博客，引领高校网络文化。加强高校辅导员培训和队伍建设。

深入推进基础教育课程改革，全面提高基础教育质量。扎实推进义务教育课程标准教材修订工作，进一步改进和完善中小学教材审查标准和程序。扩大普通高中新课程改革实验范围。建立和完善教学常规制度，加强教学管理。深化教育教学改革，切实减轻中小学生过重的课业负担。

广泛开展亿万学生阳光体育运动，确保学生每天锻炼一小时，切实落实《国家学生体质健康标准》。抓好预防近视和科学营养工作。加强学校体育、卫生和艺术课程建设。深入开展国防教育，推进学生军训制度化、规范化。

深化招生考试和质量评价制度改革。坚持义务教育就近免试入学，全面推动中考改革和学生评价方式改革。深入推进高校招生考试内容改革，发挥高考命题的素质教育导向作用。指导和推动10个省（市）积极稳妥开展高考综合改革。积极推行平行志愿等录取方式改革。扩大和规范重点建设高校自主选拔录取改革和示范性高等职业院校单独招生考试改革。

继续做好部分省（区）“两基”国检工作。推动各地开展“两基”巩固提高督导复查。做好义务教育经费保障机制等专项督导检查，抓好义务教育均衡发展评估试点。加强县级政府教育工作督导评估制度建设。建立健全基础教育质量监测制度，完善学生数学学习、心理状况监测标准与指标体系，开展义务教育阶段学生语文、科学学习质量测试。制定中等职业教育督导基本标准，开展评估试点。做好第八届国家督学换届工作。

三、大力办好农村义务教育，促进义务教育均衡发展

进一步健全义务教育经费保障机制，落实在全国城乡实行免费义务教育的各项政策。加强和落实省级政府统筹规划实施义务教育责任，建立健全经费拨付管理使用责任追究制度。提高农村中小学公用经费标准。完善中小学预算制度。认真落实农民工子女在流入地免费接受义务教育，加强农村留守儿童教育工作的研究和工作力度。做好关心农村下一代工作。鼓励和支持学校开展勤工俭学。加快发展农村学前教育和特殊教育。

加快中西部农村初中校舍改造和特殊教育学校建设，推进农村中小学寄宿制学校建设。重点支持贫困地区、民族地区、边境地区、革命老区和中西部地区新建和改造学生宿舍、食堂和厕所等，为农村学生和留守儿童提供更好的学习生活条件。改善农村中小学办学条件，提高实验装备水平和学校图书、体育器材配备质量，加强体育卫生设施建设。

实施中小学校舍安全工程，对全国学校特别是中小学校舍进行全面安全排查，对不符合要求的尽快维修改造，经过若干年努力，把学校建成最牢固、最安全、最让家长放心的地方。

加强农村中小学现代远程教育，全面推进基础教育信息化。扩大农村现代远程教育网络覆盖面，进一步提高应用水平，努力实现“班班通、堂堂用”，促进优质教育资源共享。加强基础教育信息资源建设，做好应用指导和技术服务工作。

全力推进区域内义务教育均衡发展，加大解决义务教育择校问题的力度。均衡配置公共义务教育资源，加强薄弱学校建设，努力办好每一所学校；均衡配置教师资源，逐步推进校长和教师定期交流；推广把示范性高中大部分招生指标均衡分配到区域内初中的办法；完善素质教育的评价、监测和督导机制。深入推进创建义务教育均衡发展示范区工作，总结和推广先进经验。

四、大力发展职业教育，重点加强农村中等职业教育

坚持把中等职业教育作为战略突破口。重点加快发展农村中等职业教育并逐步实行免费，对农村家庭经济困难学生和涉农专业学生实行免费，开展农村中等职业教育免费政策试点。继续扩大中等职业教育招生规模，实现年招生840万人的目标。创新办学模式和体制机制，加快推进职业教育集团化办学，支持东西部和城乡之间职业院校合作办学、联合招生，进一步增强职业教育发展的生机和活力。促进民办职业教育健康发展。

健全县域职业教育培训网络，深入推进“一网两工程”。以县级职教中心为核心，充分发挥各级各类农村学校和农村中小学现代远程教育的作用，建设覆盖县、乡、村农村职业教育培训网络。加强“三教统筹”，促进农科教结合。组织实施新型农民培养培训工程和农村劳动力转移培养培训工程。

以服务为宗旨、以就业为导向，全面提高职业教育学生实践能力。大力推进校企合作、工学结合，积极推行半工半读、工学交替和顶岗实习，认真总结和大力推广先进经验，深入推进建立健全顶岗实习制度。健全弹性学习制度和学生学籍管理办法。探索建立学生实习保险制度。

全面加强中等职业教育基础能力建设，加快建设县级职教中心、示范性中等职业学校和职业教育实训基地。启动国家中等职业教育改革发展示范学校建设计划，深入推进国家示范性高等职业院校建设，引领职业教育持续健康发展。

五、提高高等教育质量，增强培养高素质人才、科技创新和社会服务的能力

深入实施高等学校质量工程。认真做好 2009 年全国高等教育招生计划安排和管理工作，相对稳定招生规模，继续加大支援中西部地区招生协作计划实施力度。优化学科专业结构，加强国家重点发展领域学科专业建设，加大紧缺人才培养力度。深入实施高等学校本科教学质量与教学改革工程，进一步加强教学管理，提高本科教育质量。支持以就业为导向的高等职业教育院校建设和改革。全面推进高校学风建设。加强高校教学科研能力建设。

健全高等教育质量保障体系，规划和启动新一轮教学评估工作。进一步完善评估方案，切实加强分类指导，促进高校科学定位、特色发展。建设全国高校教学质量信息数据库和质量监控信息系统，积极探索教学状态数据发布、专家进校评估和社会评价相结合的评估机制。继续开展专业评估认证试点。

全面推进研究生培养机制改革，推动高校设立研究生培养创新基金，完善以科学研究为导向的导师负责制和资助制度。深入实施研究生教育创新计划，提高研究生教育质量和创新人才培养水平。继续加强医学、法学学位体系研究，完成专业学位总体设计工作。深化以初试、复试和推免生为重点的研究生招生制度改革，进一步加强创新人才的选拔。积极推进在职攻读硕士学位全国联考改革，做好专业学位招生考试工作。

加强高校科技创新的组织、培育和协调，推动高校积极承担国家科技重大专项任务。强化国家（重点）实验室、国家工程（技术）实验室等创新基地建设和管理，完善高校创新体系。推动高校设立科技创新基金，支持和引导开展自主科研。加强科技领军人才和创新团队建设。大力推进产学研结合，深入推进行业产业创新联盟和省部科技创新合作。促进高新技术产业化。促进国家大学科技园又好又快发展。

实施新一轮高校哲学社会科学繁荣计划，大力提高高校哲学社会科学创新能力和服务水平。积极参与马克思主义理论研究和建设工程，进一步加强中国特色社会主义理论体系研究与宣传。扎实推进高校哲学社会科学教学科研骨干研修工作，着力加强马克思主义中青年理论队伍建设。启动高校哲学社会科学中长期重大专项。完善高校社会科学基金体系。加强高校哲学社会科学数据库和人文社会科学重点研究基地建设。

加快创建高水平大学步伐，提高我国高等教育竞争力。坚持以重点学科建设为核心，实施“211工程”三期建设，使更多的学科达到国际先进水平。启动“985 工程”三期建设，支持优势学科创新平台建设，增强为建设创新型国家服务的能力。

六、积极发展成人继续教育，推动全民学习、终身学习的学习型社会建设

大力发展成人继续教育和远程教育。进一步加强和发展农民技能培训，特别要积极开展返乡农民工职业技能培训，完成 3 000 万人次的农村劳动力转移培训和 6 000 万人次的农村实用技术培训任务。积极推进行业企业职工教育，大力发展社区教育和现代远程教育，广泛开展面向城乡劳动者的成人继续教育。

积极推进终身教育体系建设，构建全民学习、终身学习服务支撑平台，推动形成学习型社会。办好广播电视大学，完善自学考试制度，支持和引导各级各类教育面向全社会、实行更加灵活多样的办学形式。进一步总结经验、抓好试点和完善政策，充分利用全社会的教育文化科技资源，努力使人人享有终身学习机会。

七、重点加强农村教师队伍建设，全面提高教师素质

实施义务教育学校绩效工资制度，深化教师人事制度改革。认真贯彻国务院《关于义务教育学校实施绩效工资的指导意见》，大力加强政策落实和思想政治工作，及时研究解决实施过程中出现的问题，积极稳妥做好这项重点工作。开展统一中小学教师职务制度改革试点。完善和调整农村学校编制。加强学校岗位设置管理。严格实行教师资格制度。启动农村教师周转房和住房建设试点。

创新义务教育教师补充机制，大力推广并逐步全面实施农村义务教育学校教师特设岗位计划。完善农村学校教育硕士培养计划，探索教育硕士培养与特设岗位计划相结合的新机制。全面推进师范生实习支教计划。健全城乡教师交流机制，继续选派城镇教师下乡支教。

深入推进并扩大实施师范生免费教育。启动实施国家教师教育创新平台建设计划，落实部属师范大学师范生免费教育的示范性举措。支持地方试行师范生免费教育。规范中小学和幼儿园教师培养。推进教师教育布局和结构调整，加强师范教育类专业建设，提高教师培养质量。

健全教师培训制度，实施新一轮中小学教师培训规划，大力推进全国教师教育网络联盟计划。以农村义务教育学校教师为重点，采取集中培训、远程培训、光盘培训、送教上门等灵活多样的方式，有针对性地开展教师培训。抓好在职教师岗位培训、骨干教师研修提高、新任教师培训和班主任培训。实施国家级教师培训计划。进一步加强中小学校长培训。

进一步加强职业院校"双师型"教师队伍建设。继续组织实施中等职业学校教师素质提高计划，全面落实职业学校教师到企业实践制度。完善相关政策与制度，加大从企事业单位和社会聘请特聘教师和兼职教师的力度。扩大中等职业学校教师在职攻读硕士学位规模，加强骨干学校校长培训。

启动新一轮高校高层次创新人才计划，深入实施人才强校战略。加大高层次人才队伍建设力度，继续实施长江学者和创新团队等项目，培养和会聚一批拔尖创新人才和创新团队。进一步加强引智基地建设和管理，积极推进海外人才引进工作。开展与地方共建引智基地和创新团队的试点。

进一步加强和改进师德建设。深入开展学习宣传抗震救灾英雄教师活动，弘扬新时期人民教师的高尚师德。贯彻落实新的《中小学教师职业道德规范》，倡导"学为人师、行为世范"的高尚精神，全面提高教师师德素养。坚持把师德作为教师资格认定和新教师聘用的重要依据，引导广大教师努力成为受学生爱戴、让人民满意的教师。

八、落实教育惠民政策，努力办好人民满意教育

全力做好2009年高校毕业生就业工作，健全毕业生就业服务体系。切实加强对毕业生就业的指导和服务，鼓励和引导大学生到基层就业。完善国家大学生就业供求信息发布和网上联合招聘制度，积极推进就业市场体系建设。认真做好就业困难毕业生帮扶工作，提高就业服务水平。

贯彻落实《汶川地震学校灾后重建规划》，确保2009年秋季开学时大部分学生回到新建校舍学习生活。配合地震灾区地方政府，加大地震灾区教育对口支援组织协调工作力度。抓好地震灾区学校恢复重建。继续实行地震重灾区非义务教育阶段家庭经济困难学生特别资助政策。

完善家庭经济困难学生资助政策，健全国家助学体系。全面落实普通本科高校、高等职业学校和中等职业学校国家奖学金和助学金制度，加大家庭经济困难学生的资助力度。以生源地信用贷款为重点，扎实推进高校国家助学贷款，进一步扩大贷款覆盖面。做好国家助学贷款代偿资助工作。提高农村寄宿制学校家庭经济困难学生生活补助标准，改善学生营养状况。落实好解决北方农村学校冬季取暖问题政策措施。进一步完善普通高中家庭经济困难学生资助制度。

大力支持民族地区教育。实施少数民族高层次骨干人才培养计划。积极推进"双语"教学，加强"双语"教师和民族文字教材建设。办好西藏班、新疆高中班和高校民族班、预科班。完善教育对口支援机制，做好支援西藏、新疆等西部地区教育工作。

全面实施"阳光工程"，确保高校招生录取公平公正。进一步加大信息公开力度，规范和细化信息公开内容，完善信息公开体系。做好高考命题、试卷安全保密工作。有效防范和打击危害考试安全和录取公正的行为，综合治理高考移民和高校违规招生。严格规范特殊类型招生。加强研究生和成人高校招生管理和监督。

依法从严治教，加强规范管理，维护教育良好形象。进一步规范教育收费行为，坚决制止乱收费；深入推进义务教育阶段改制学校清理与规范工作；继续严格执行高中招生“三限”政策；研究和制定幼儿教育收费政策。深化政务公开、校务公开，全面推行教育收费公示制度。推行教育行风评议制度，接受群众和社会监督。

积极开展创建和谐校园活动，建设平安健康文明和谐的校园。全面加强安全教育，上好“开学安全第一课”，普遍开展安全演练。落实学校安全责任制和责任追究制，着力加强寄宿制学校、学校公共卫生和交通安全等方面的管理。大力开展校园植树活动，积极建设绿色校园，努力使各级各类学校绿树成阴、鲜花盛开。深入推进节约型学校建设。积极倡导和培育尊敬师长、关心同学、热爱学校、热心公益的优良校风，形成蓬勃向上、文明和谐的校园文化，使学校成为学生喜欢、家长放心、社会满意的和谐校园。

九、深入推进改革开放，进一步提高教育管理水平

深化教育管理体制改革。支持地方开展义务教育均衡发展、职业教育综合改革和城乡教育一体化改革试验，进一步加强分区规划、分类指导。继续深化学校内部管理体制改革。深入推进与地方政府、部门、企业集团开展多种形式的共建，促进高校为区域经济社会和行业发展服务。切实办好高校学生食堂，改进和完善后勤保障体系。

鼓励和规范社会力量兴办教育。加强对民办教育的统筹规划、综合协调和宏观管理，依法落实国家扶持民办教育发展的政策措施。强化民办学校管理，继续规范独立学院设置和管理。督促民办高校落实法人财产权，进一步改善办学条件。规范民办幼儿教育发展和管理。

进一步扩大教育对外开放。深化与外国政府和联合国教科文组织、欧盟等国际组织的教育高层磋商机制，构建区域性教育交流与合作平台，积极开展教育国际交流与合作。深入推进与其他国家和地区学历学位互认。做好俄语年各项工作。完善跨境教育质量保障机制，健全教育涉外法规体系，加强对教育涉外活动的监管和引导。做好与港澳台教育交流工作。

进一步加强和改进出国留学工作，积极发展来华留学事业。深入推进国家建设高水平大学公派研究生项目，改进和完善公派出国留学机制，进一步加强高层次创新人才的培养。加大引进海外优秀留学人才的力度。支持公民自费出国留学。扩大中国政府奖学金规模，提高来华留学教育质量。

制定《汉语国际推广中长期规划》，统筹规划全球孔子学院布局，注重提高质量，鼓励探索创新，促进平等合作。加强汉语学习读物和文化产品开发，创新汉语教学资源推广模式。设立孔子学院奖学金。举办汉语夏令营和汉语桥世界大学生中文比赛。加强汉语国际推广教师和志愿者队伍建设，进一步加大国外本土汉语教师培养培训力度。

加强教育服务与管理体系信息化建设，建立和完善全国教育系统信息化管理和公共服务体系。加强各级各类学校招生、学籍管理、学生资助、质量监控、毕业生就业、国家公派留学管理和教育涉外监管等应用平台建设，进一步提高应用和服务水平。积极推进教育电子政务。

进一步加强语言文字应用与管理，促进语言生活健康和谐发展。规范校园语言文字，规范学生汉字书写。开展中华经典诵读活动。继续推进普通话水平测试信息化，开展汉字应用水平测试。加强汉语汉字和少数民族语言文字规范标准建设。启动新世纪普通话审音。建设语言生活监测与中国语言资源库。加强网络语言监测与研究，发布年度语言生活状况报告。

十、加强教育系统党的建设，提高领导教育事业科学发展的能力

加强高校党的思想理论建设和意识形态工作。建立健全党委统一领导、各方面齐抓共管的工作格局，用中国特色社会主义理论体系武装党员干部、教育广大师生，牢牢掌握意识形态领域的主动权。充分发挥高校在推进党的理论创新中的独特作用，大力推进社会主义核心价值体系建设。

加强学校领导班子和干部队伍建设。按照社会主义政治家、教育家的要求，大力加强高校领导班子思想政治建设，努力把高校领导班子建设成为善于领导学校科学发展的坚强领导集体。完善高校党委领导下的校长负责制，制定党委领导下的校长负责制实施意见。做好直属高校巡视工作。健全中小学校长负责制。研究制定体现科学发展观要求的领导班子和领导干部综合考核评价办法。扎实推进新一轮大规模培训干部工作，全面提高教育系统干部队伍整体素质。

加强各级各类学校党的基层组织建设。建立健全高校院系党政联席会议制度，理顺党组织的工作体制和机制，充分发挥党组织的政治核心和保证监督作用。做好普通高校党的基层组织工作条例的修订和落实工作。认真抓好民办高校党建工作。加强中小学党支部建设。

进一步加强教育部机关建设，大力推进机关干部队伍的思想建设、组织建设、作风建设、制度建设和反腐倡廉建设。做好机构完善和职能调整工作。全面推进依法行政。完善教育政务公开制度，加大信息公开。深入开展调查研究，改进工作作风。强化综合协调、公文审核、文件归档、会议管理和督察督办职能。全面加强保密工作。做好教育信访工作。做好老干部工作。深入推进学习型机关和节约型机关建设。

全面加强教育系统反腐倡廉建设，落实党风廉政建设责任制。贯彻落实《建立健全惩治和预防腐败体系2008—2012年工作规划》，把惩防体系建设纳入教育改革发展规划。加强对财务、基建、招生、采购、校办企业等重点领域和薄弱环节的监督。深化校务公开，推进学校信息公开。严肃查办案件。深入推进廉洁教育和廉政文化进校园，营造风清气正的校园环境。

切实维护教育系统稳定。完善教育系统突发公共事件应急预案和体制机制，加强应急组织、队伍、平台和能力建设，提高各类突发事件预警、防范和处置能力。全面落实安全稳定责任制，认真排查和整改薄弱环节。充分发挥思想政治工作优势，及时化解各种矛盾和问题。加大净化网络工作力度，深入推进校园周边环境综合治理。坚持正确的舆论导向，营造教育改革发展的良好环境。

教育发展统计

2009年全国教育事业发展统计公报

教　育　部

2009年，教育系统认真贯彻党的十七大和十七届三中、四中全会精神，深入开展学习实践科学发展观活动，全面落实《政府工作报告》中关于教育工作的部署和要求，《国家中长期教育改革和发展规划纲要》研究制定工作取得重大进展，教育改革发展迈出了新的步伐。教育公平取得新进展，教育结构进一步优化，教师队伍建设成效显著，素质教育扎实推进，办学条件不断改善。

义务教育

到2009年年底，实现"两基"验收的县（市、区）累计达到3 052个（含其他县级行政区划单位207个），占全国总县数的99.5%，"两基"人口覆盖率达到99.7%。

由于学龄人口的逐年减少，小学校数、学生数继续减少。全国共有小学28.02万所，比上年减少2.07万所；招生1 637.80万人，比上年减少57.92万人；在校生10 071.47万人，比上年减少260.04万人；小学毕业生1 805.20万人，比上年减少59.75万人。小学学龄儿童净入学率达到99.4%；其中男女童净入学率分别为99.36%和99.44%，女童高于男童0.08个百分点。

小学教职工和专任教师有所增加，专任教师学历合格率继续提高。全国小学教职工613.55万人，比上年增加0.26万人；其中专任教师563.34万人，比上年增加1.15万人。小学专任教师学历合格率99.4%，比上年提高0.13个百分点，小学生师比17.88∶1，比上年的18.38∶1有所降低。

由于学龄人口的逐年减少，初中校数、招生数、在校生数和毕业生数略有减少，初中阶段毛入学率和初中毕业生升学率继续提高。全国共有初中学校5.63万所（其中职业初中0.02万所），比上年减少0.16万所。招生1 788.45万人，比上年减少71.15万人；在校生5 440.94万人，比上年减少144.03万人；毕业生1 797.70万人，比上年减少70.25万人。初中阶段毛入学率99%，比上年提高0.5个百分点。初中毕业生升学率85.60%，比上年提高2.2个百分点。

全国初中专任教师351.80万人，比上年增加4.25万人。初中专任教师学历合格率98.28%，比上年提高0.49个百分点。生师比15.47∶1，比上年的16.07∶1有所降低。

全国普通中小学校舍建筑面积138 750.52万平方米，比上年增加2 229.15万平方米。小学体育运动场（馆）面积达标校数的比例为53.88%、体育器械配备达标校数的比例为49.43%，音乐器械配备达标校数的比例为45.45%、美术器械配备达标校数的比例为44.29%、数学自然实验仪器达标校数的比例为53.29%。普通初中体育运动场

(馆)面积达标校数的比例为68%、体育器械配备达标校数的比例为66.02%,音乐器械配备达标校数的比例为59.87%、美术器械配备达标校数的比例为58.84%、理科实验仪器达标校数的比例为73.14%。

学前教育与特殊教育

学前教育进一步发展。幼儿园数、在园幼儿数、幼儿园园长和教师数均有增加。全国共有幼儿园13.82万所,比上年增加0.45万所,在园幼儿(包括学前班)2 657.81万人,比上年增加182.85万人。幼儿园园长和教师共112.78万人,比上年增加9.58万人。

特殊教育稳步发展。全国共有特殊教育学校1 672所,比上年增加32所;招收残疾儿童6.40万人,比上年增加0.16万人;在校残疾儿童42.81万人,比上年增加1.07万人。其中在盲人学校就读的学生4.84万人,在聋人学校就读的学生11.51万人,在弱智学校及辅读班就读的学生26.46万人。在普通学校随班就读和在附设特教班就读的残疾儿童招生数和在校生数分别占特殊教育招生总数和在校生总数的65.23%和62.87%。残疾儿童毕业人数5.74万人,比上年增加0.54万人。

高中阶段教育

全国高中阶段教育(包括普通高中、成人高中、中等职业学校)共有学校29 761所,比上年减少1 045所;招生1 698.86万人,比上年增加49.74万人;在校学生4 640.91万人,比上年增加64.84万人。高中阶段毛入学率79.2%,比上年提高5.2个百分点。其中:

全国普通高中14 607所,比上年减少599所;招生830.34万人,比上年减少6.67万人,下降0.8%;在校生2 434.28万人,比上年减少42万人,下降1.7%;毕业生823.72万人,比上年减少12.34万人,下降1.48%。

普通高中专任教师149.33万人,比上年增加1.78万人;生师比16.3∶1,比上年的16.78∶1有所降低;专任教师学历合格率93.61%,比上年提高2.06个百分点。普通高中体育运动场(馆)面积达标校数的比例为79.26%;体育器材配备达标校数的比例为79.43%;音乐器材配备达标校数的比例为74.87%;美术器材配备达标校数的比例为75.94%;理科实验仪器达标校数的比例为83.74%;建立校园网的学校占普通高中学校总数的比例为74.02%。各项办学条件均比上年有所改善。

全国成人高中753所,与上年持平;在校生11.47万人,比上年减少1.23万人;毕业生9.80万人,比上年增加0.46万人。成人高中教职工0.61万人,比上年减少0.04万人;其中专任教师0.44万人,比上年减少0.01万人。

全国中等职业教育(包括普通中等专业学校、职业高中、技工学校和成人中等专业学校)共有学校14 401所,比上年减少446所;招生868.52万人,比上年增加56.41万人;在校生2 195.16万人,比上年增加108.07万人。其中:

全国普通中等专业学校3 789所,比上年减少57所;招生311.71万人,比上年增加7.93万人;在校生840.43万人,比上年增加23.15万人;毕业生241.52万人,比上年增加20.96万人。普通中等专业学校教职工41.13万人,比上年增加0.85万人;其中专任教师27.23万人,比上年增加1.09万人。

全国职业高中5 652所,比上年减少263所;招生313.17万人,比上年增加22.51万人;在校生778.42万人,比上年增加28.1万人;毕业生229.15万人,比上年增加17.52万人。职业高中教职工42.56万人,比上年减少0.22万人;其中专任教师32.15万人,比上年增加0.18万人。

全国技工学校3 077所,比上年减少26所;招生156.75万人,比上年减少5.09万人;在校生415.32万人,比上年增加16.47万人;毕业生115.53万人,比上年增加5.96万人。技工学校教职工25.97万人,比上年增加1.09万人;其中专任教师18.64万人,比上年减少3.43万人。

全国成人中等专业学校1 883所,比上年减少100所;招生86.89万人,比上年增加31.06万人;在校生160.99万人,比上年增加40.34万人;毕业生 38.99 万人，比上年增加 0.09 万人。成人中等专业学校教职工 9.42 万人，比上年减少 0.91 万人；其中专任教师 6.26 万人，比上年减少 0.4 万人。

高等教育

高等教育稳步发展。全国共有普通高等学校和成人高等学校 2 689 所，比上年增加 26 所。其中，普通高等学校 2 305 所，比上年增加 42 所，成人高等学校 384 所，比上年减少 16 所。普通高校中本科院校 1 090 所，高职（专科）院校 1 215 所。全国共有培养研究生单位 796 个；其中高等学校 481 个，科研机构 315 个。

高等教育招生数和在校生规模持续增加。全国各类高等教育总规模达到 2 979 万人，高等教育毛入学率达到 24.2%。

全国招收研究生 51.09 万人，比上年增加 6.45 万人，增长 14.45%；其中博士生 6.19 万人，硕士生 44.90 万人。在学研究生 140.49 万人，比上年增加 12.19 万人，增长 9.50%；其中博士生 24.63 万人，硕士生 115.86 万人。毕业研究生 37.13 万人，比上年增加 2.65 万人，增长 7.69%；其中博士生 4.87 万人，硕士生 32.26 万人。

普通高等教育本专科共招生 639.49 万人，比上年增加 31.83 万人，增长 5.24%；在校生 2 144.66 万人，比上年增加 123.64 万人，增长 6.12%；毕业生 531.10 万人，比上年增加 19.15 万人，增长 3.74%。成人高等教育本专科共招生 201.48 万人，比上年减少 1.08 万人；在校生 541.35 万人，比上年减少 6.94 万人；毕业生 194.39 万人，比上年增加 25.3 万人。全国高等教育自学考试报考 1 042 万人次，取得毕业证书 62.5 万人；非学历教育报考 1 051 万人次。

普通高等学校本科、高职（专科）全日制在校生平均规模为 9 086 人。

普通高等学校教职工 211.15 万人，比上年增加 6.05 万人；其中专任教师 129.52 万人，比上年增加 5.77 万人。生师比为 17.27∶1。成人高等学校教职工 8.42 万人，比上年减少 0.57 万人；其中专任教师 5.04 万人，比上年减少 0.28 万人。

成人培训与扫盲教育

全国接受各种非学历高等教育的学生 289.46 万人次，当年已结业 531.70 万人次；接受各种非学历中等教育的学生达 5 411.21 万人次，当年已结业 6 112.75 万人次。

全国职业技术培训机构 15.31 万所，比上年减少 0.89 万所；教职工 49.59 万人，其中专任教师 25.24 万人。

成人初等学校 1.41 万所，与上年持平；毕业生 107.54 万人，比上年减少 12.32 万人；在校生 95.96 万人，比上年减少 14.16 万人。教职工 2.11 万人，比上年增加 0.09 万人；其中专任教师 1.24 万人，比上年增加 0.27 万人。

全国共扫除文盲 95.74 万人，比上年减少 19.28 万人；另有 114.86 万人正在参加扫盲学习，比上年减少 10.1 万人。扫盲教育教职工 6.16 万人，比上年减少 2.46 万人；其中专任教师 2.16 万人，比上年减少 1.54 万人。

民办教育

民办教育持续发展。全国共有各级各类民办学校（教育机构）10.65 万所，比上年增加 0.56 万所，各类学历教育在校生达 3 065.39 万人，比上年增加 240.99 万人。其中：民办幼儿园 89 304 所，在园儿童 1 134.17 万人；民办普通小学 5 496 所，在校生 502.88 万人；民办普通初中 4 331 所，在校生 433.89 万人；民办职业初中 4 所，在校生 0.1 万人；民办普通高中 2 670 所，在校生 230.13 万人；民办中等职业学校 3 198 所，在校生 318.1 万人，另有非学历中等职业教育学生 40.08 万人；民办高校 658 所（含独立学院 322 所），在校生 446.14 万人，其中本科生 252.48 万人，专科生 193.66 万人，另有自考助学班学生、预科生、进修及培训学生 19.39 万人；民办的非学历高等教育机构 812 所，各类注册学生 85.22 万人。

另外，还有其他民办培训机构 19 395 所，844.93 万人次接受了培训。

2009 年各级各类教育发展基本情况

全国各级各类学校校数、教职工、专任教师情况

	学校数（所）	教职工数（人）	专任教师数（人）
一、高等教育			
（一）研究生培养机构（不计校数）	（796）		
1. 普通高校	（481）		
2. 科研机构	（315）		
（二）普通高等学校	2 305	2 111 451	1 295 248
1. 本科院校	1 090	1 512 099	896 013
其中：独立学院	322	162 571	116 218
2. 高职（专科）院校	1 215	592 918	395 016
3. 其他机构（点）（不计校数）	（74）	6 434	4 219
（三）成人高等学校	384	84 196	50 402
（四）民办的其他高等教育机构	（812）	38 075	17 881
二、中等教育	87 639	7 093 557	5 888 521
（一）高中阶段教育	29 761	7 080 743	2 366 270
1. 高中	15 360	5 851 542	1 497 687
普通高中	14 607	5 845 444	1 493 313
成人高中	753	6 098	4 374
2. 中等职业教育	14 401	1 229 201	868 583
普通中专	3 789	411 303	272 270
成人中专	1 883	94 181	62 587
职业高中	5 652	425 577	321 511
技工学校	3 077	259 724	186 432
其他机构（教学点）（不计校数）	（2 390）	38 416	25 783
（二）初中阶段教育	57 878	12 814	3 522 251
1. 普通初中	56 167		3 513 438
2. 职业初中	153	5 198	4 571

续表

	学校数（所）	教职工数（人）	专任教师数（人）
3. 成人初中	1 558	7 616	4 242
三、初等教育	322 094	6 218 272	5 667 481
（一）普通小学	280 184	6 135 536	5 633 447
（二）成人小学	41 910	82 736	34 034
其中：扫盲班	27 850	61 621	21 602
四、工读学校	72	2 669	1 745
五、特殊教育	1 672	47 466	37 945
六、学前教育	138 209	1 570 756	985 889

注：①普通高中的教职工数中包含普通初中的教职工数；②“（ ）”内数据为不计校数。

全国各级各类学历教育学生情况

	毕业生数（人）	招生数（人）	在校生数（人）
一、高等教育			
（一）研究生	371 273	510 953	1 404 942
博　士	48 658	61 911	246 319
硕　士	322 615	449 042	1 158 623
（二）普通本专科	5 311 023	6 394 932	21 446 570
本　科	2 455 359	3 261 081	11 798 511
专　科	2 855 664	3 133 851	9 648 059
（三）成人本专科	1 943 893	2 014 776	5 413 513
本　科	865 421	815 795	2 256 662
专　科	1 078 472	1 198 981	3 156 851
（四）其他各类高等学历教育			
1. 在职人员攻读博士、硕士学位		115 985	394 331
2. 网络本专科生	983 521	1 625 687	4 172 721
本　科	405 549	551 287	1 572 642
专　科	577 972	1 074 400	2 600 079
3. 其他	1 113		
二、中等教育	33 115 503	34 873 148	101 306 413
（一）高中阶段教育	14 587 074	16 988 625	46 409 122
1. 高中	8 335 170	8 303 384	24 457 459

续表

	毕业生数（人）	招生数（人）	在校生数（人）
普通高中	8 237 220	8 303 384	24 342 783
成人高中	97 950		114 676
2. 中等职业教育	6 251 904	8 685 241	21 951 663
普通中专	2 415 223	3 117 118	8 404 291
成人中专	389 905	868 917	1 609 942
职业高中	2 291 526	3 131 735	7 784 240
技工学校	1 155 250	1 567 471	4 153 190
（二）初中阶段教育	18 528 429	17 884 523	54 897 291
1. 普通初中	17 947 254	17 863 912	54 336 420
2. 职业初中	29 754	20 611	72 995
3. 成人初中	551 421		487 876
三、初等教育	20 084 844	16 377 978	102 822 860
（一）普通小学	18 051 997	16 377 978	100 714 661
（二）成人小学	2 032 847		2 108 199
其中：扫盲班	957 408		1 148 550
四、工读学校	4 511	3 919	9 213
五、特殊教育	57 423	64 018	428 125
六、学前教育	10 406 353	15 468 596	26 578 141

注：特殊教育学生数中包括普通中小学随班就读的学生。

全国各级各类非学历教育学生情况

	结业生数（人）	注册生数（人）
总　计	**66 444 523**	**57 006 717**
一、高等教育	5 317 020	2 894 578
（一）研究生课程进修班	46 803	68 646
（二）自考助学班	196 768	696 503
（三）普通预科生		30 649
（四）进修及培训	5 073 449	2 098 780
其中：资格证书培训	1 094 037	409 090
岗位证书培训	1 184 880	698 173
二、中等职业教育	61 127 503	54 112 139

续表

	结业生数（人）	注册生数（人）
其中：资格证书培训	6 014 710	4 779 729
岗位证书培训	7 002 076	5 368 904
（一）中等职业学校	6 822 378	3 981 864
其中：资格证书培训	1 982 254	1 107 193
岗位证书培训	1 693 276	869 602
（二）职业技术培训机构	54 305 125	50 130 275
其中：资格证书培训	4 032 456	3 672 536
岗位证书培训	5 308 800	4 499 302

全国各级各类民办教育基本情况

	学校数（所）	毕业生数（人）	招生数（人）	在校生数（人）	教职工数（人）	专任教师数（人）	其他学生数（人）
一、民办高等教育							
（一）民办高校	658	932 878	1 401 477	4 461 395	330 377	222 008	193 942
本科学生		428 704	728 428	2 524 755			
专科学生		504 174	673 049	1 936 640			
其中：独立学院	322	449 462	691 231	2 413 707	162 571	116 218	15 962
本科学生		380 560	617 548	2 190 096			
专科学生		68 902	73 683	223 611			
（二）民办其他高等教育机构	812				38 075	17 881	852 219
二、民办中等教育							
（一）高中阶段教育	5 868	1 602 361	2 094 075	5 482 256	630 193	447 067	
1. 民办普通高中	2 670	784 872	813 687	2 301 299	458 837	339 712	
2. 民办中等职业教育	3 198	817 489	1 280 388	3 180 957	171 356	107 355	400 763
（二）初中阶段教育	4 335	1 285 198	1 484 946	4 339 810	158	113	
1. 民办普通初中	4 331	1 284 559	1 484 681	4 338 852			
2. 民办职业初中	4	639	265	958	158	113	
三、民办普通小学	5 496	820 993	840 220	5 028 766	300 532	219 684	
四、民办幼儿园	89 304	3 500 720	5 746 897	11 341 694	932 783	552 348	
另有：民办培训机构（不计校数）	（19 395）				220 596	114 934	8 449 263

注：①“其他学生数”包括：学历文凭考试学生、自考助学班学生、预科生、进修及培训学生数；②民办普通高中的教职工数和专任教师数包含民办普通初中的教职工数和专任教师数；③“（ ）”内数据为不计校数。

2009 年教育基本建设投资完成情况

各级各类学校基本建设投资完成情况

学校类别	投资合计	本年完成投资按资金来源分（万元）							本年竣工建筑面积（平方米）			
		国家预算内			自筹资金			其他				
						其中						
		计	中央	省级	计	学校自筹	个人捐资		合计	教学及辅助用房	行政办公用房	其他用房
总计	**23 698 942**	**13 059 903**	**3 524 696**	**9 535 207**	**9 731 791**	**9 398 587**	**333 203**	**907 249**	**121 923 839**	**70 126 551**	**4 578 928**	**47 218 360**
高等教育学校	8 954 822	1 688 124	144 283	1 543 842	7 028 601	6 777 935	250 666	238 096	31 178 868	15 667 867	1 046 675	14 464 326
中等职业学校	1 913 191	1 305 882	260 555	1 045 327	500 056	490 856	9 199	107 253	10 731 304	6 860 545	422 820	3 447 939
普通中学	7 737 840	6 088 003	1 973 929	4 114 075	1 328 573	1 289 175	39 398	321 264	48 383 189	24 727 258	1 748 697	21 907 234
职业初中	18 565	13 436	9 238	4 199	4 868	4 868	0	261	105 294	81 479	2 993	20 822
小学	4 128 414	3 324 123	978 382	2 345 741	583 336	557 047	26 289	220 955	27 264 299	19 354 934	1 195 539	6 713 826
特殊教育学校	116 660	93 512	35 039	58 474	20 545	20 383	163	2 602	609 622	456 173	25 844	127 605
幼儿园	413 945	243 574	79 201	164 373	158 856	154 599	4 257	11 515	1 895 401	1 614 700	55 274	225 427
其他	415 506	303 248	44 071	259 177	106 955	103 725	3 230	5 303	1 755 862	1 363 595	81 086	311 181

各省（区、市）教育基本建设投资完成情况

省份	投资合计	本年完成投资按资金来源分（万元）							本年竣工建筑面积（平方米）			
		国家预算内			自筹资金			其他	合计	教学及辅助用房	行政办公用房	其他用房
		计	中央	省级	计	其中 学校自筹	其中 个人捐资					
合计	**23 698 942**	**13 059 903**	**3 524 696**	**9 535 207**	**9 731 791**	**9 398 587**	**333 203**	**907 249**	**121 923 839**	**70 126 551**	**4 578 928**	**47 218 360**
北京	167 570	145 842	0	145 842	20 697	20 697	0	1 031	397 851	276 449	22 060	99 342
天津	188 560	14 119	780	13 339	144 276	144 176	100	30 165	273 096	123 453	39 056	110 587
河北	759 860	413 925	100 366	313 558	327 790	321 345	6 445	18 145	4 422 419	2 524 990	154 695	1 742 734
山西	260 697	158 193	38 575	119 618	80 919	73 205	7 713	21 586	2 003 296	1 453 035	36 077	514 184
内蒙古	599 874	262 865	38 208	224 658	280 574	275 074	5 500	56 434	3 631 317	1 698 896	132 449	1 799 972
辽宁	545 096	304 794	12 255	292 539	206 883	204 372	2 511	33 419	3 013 536	2 049 380	58 828	905 328
大连	60 254	46 567	0	46 567	259	259	0	13 428	393 824	372 813	12 126	8 885
吉林	386 201	182 550	36 803	145 747	195 216	180 381	14 835	8 435	1 412 036	729 657	84 178	598 201
黑龙江	1 466 717	151 689	32 336	119 354	1 304 724	1 302 286	2 438	10 304	1 663 248	1 020 020	88 819	554 409
上海	546 681	248 787	0	248 787	297 894	297 894	0	0	1 076 274	1 076 274	0	0
江苏	1 965 567	995 265	3 910	991 355	867 986	861 467	6 519	102 317	8 696 857	5 095 304	494 394	3 107 159
浙江	996 199	699 924	5 640	694 284	273 511	273 481	30	22 763	3 961 672	2 443 414	235 414	1 282 844
宁波	171 238	142 385	470	141 915	28 853	28 853	0	0	733 454	418 788	53 066	261 600
安徽	740 888	361 689	97 028	264 662	334 766	330 521	4 245	44 433	5 143 566	3 008 146	207 279	1 928 141
福建	419 158	106 859	16 127	90 732	258 403	258 403	0	53 896	2 936 360	1 580 804	114 828	1 240 728
厦门	99 569	69 287	0	69 287	27 467	27 467	0	2 815	655 787	462 639	21 410	171 738
江西	430 369	212 471	80 983	131 488	191 327	188 526	2 801	26 571	3 359 418	1 873 391	131 899	1 354 128

续表

省份	投资合计	本年完成投资按资金来源分（万元）							本年竣工建筑面积（平方米）			
		国家预算内			自筹资金			其他	合计	教学及辅助用房	行政办公用房	其他用房
		计	中央	省级	计	其中：学校自筹	其中：个人捐资					
山东	1 017 492	449 818	12 712	437 106	437 531	409 396	28 135	130 144	5 559 895	3 669 016	263 622	1 627 257
青岛	121 244	113 780	0	113 780	500	500	0	6 964	434 150	315 681	25 126	93 343
河南	795 476	316 612	106 192	210 419	448 514	402 139	46 375	30 351	6 291 294	2 836 588	222 462	3 232 244
湖北	684 193	266 266	69 355	196 911	401 554	392 572	8 981	16 374	3 979 876	2 027 968	126 915	1 824 993
湖南	506 494	212 245	57 712	154 533	268 904	263 947	4 957	25 345	4 447 917	2 370 119	65 465	2 012 333
广东	1 689 701	1 076 674	6 629	1 070 045	542 984	489 451	53 533	70 043	6 349 835	3 648 158	346 244	2 355 433
深圳	317 731	317 731	0	317 731	0	0	0	0	445 962	351 103	35 295	59 564
广西	720 619	393 289	130 045	263 244	324 268	310 305	13 963	3 062	5 591 415	2 708 455	91 241	2 791 719
海南	161 762	101 061	26 686	74 375	56 262	54 697	1 565	4 438	849 281	412 035	3 744	433 502
重庆	488 766	217 268	63 505	153 764	257 397	244 137	13 260	14 101	2 481 940	1 184 351	90 908	1 206 681
四川	2 632 169	1 803 721	1 187 098	616 624	773 963	731 947	42 015	54 485	12 926 657	7 461 311	544 102	4 921 244
贵州	387 952	318 575	90 559	228 016	68 419	68 349	70	959	2 798 623	1 845 830	59 646	893 147
云南	1 340 827	823 778	184 290	639 488	457 942	448 448	9 494	59 108	7 378 326	4 095 576	201 377	3 081 373
西藏	152 043	145 163	133 357	11 806	5 992	5 992	0	888	887 260	391 558	17 658	478 044
陕西	831 176	448 975	152 016	296 959	358 421	317 868	40 554	23 780	4 371 988	2 016 275	156 128	2 199 585
甘肃	956 014	689 006	556 102	132 903	253 055	252 755	300	13 953	5 872 746	3 597 552	186 398	2 088 796
青海	131 037	108 227	51 612	56 615	22 691	22 161	530	119	663 120	372 621	13 121	277 378
宁夏	253 631	145 979	60 342	85 637	107 140	107 020	120	512	890 204	505 410	47 834	336 960
新疆	643 730	556 532	140 264	416 268	80 316	66 960	13 356	6 882	5 521 574	3 960 928	192 018	1 368 628
新疆生产建设兵团	62 388	37 993	32 739	5 254	24 395	21 537	2 858	0	407 765	148 563	3 046	256 156

2009 年科研活动基本情况

全国普通高等学校科技人力情况

单位：人

	教学与科研人员		研究与发展人员		研究与发展全时人员		R&D 成果应用及科技服务人员		R&D 成果应用及科技服务全时人员	
	计	其中：科学家和工程师	计	其中：科学家和工程师	计	其中：科学家和工程师	计	其中：科学家和工程师	计	其中：科学家和工程师
合计	**796 327**	**761 292**	**315 755**	**307 235**	**189 413**	**184 301**	**45 711**	**44 328**	**27 427**	**26 589**
按学校规格分										
“211”及省部共建高等学校	281 677	267 077	148 913	143 550	89 339	86 121	23 560	22 551	14 136	13 529
其他本科院校	443 229	426 068	157 446	154 392	94 454	92 621	21 306	20 949	12 783	12 561
高等专科学校	71 421	68 147	9 396	9 293	5 620	5 559	845	828	508	499
按学校隶属分										
部委院校	30 282	28 970	16 852	16 362	10 110	9 816	2 764	2 639	1 658	1 583
教育部直属院校	201 493	190 797	108 073	103 851	64 836	62 304	16 837	16 117	10 100	9 669
地方院校	564 552	541 525	190 830	187 022	114 467	112 181	26 110	25 572	15 669	15 337
按学校类型分										
综合大学	240 434	228 174	105 772	101 754	63 450	61 039	18 163	17 381	10 893	10 419
工科院校	260 455	251 447	108 563	106 776	65 129	64 060	199 963	19 619	11 981	11 767
农林院校	45 988	43 449	18 914	18 309	11 343	10 980	3 361	3 242	2 018	1 947
医药院校	181 145	172 053	55 533	53 922	33 316	32 348	1 582	1 538	951	927
师范院校	55 152	53 517	22 521	22 052	13 507	13 224	2 029	1 935	1 217	1 162
其他院校	13 153	12 652	4 452	4 422	2 668	2 650	613	613	367	367

全国普通高等学校科技经费情况

单元：千元

	拨入				支出				
	合计	政府资金	企事业单位委托	其他	合计	劳务费	业务费	转拨外单位经费	其他
合计	**72 773 500**	**40 296 145**	**27 548 395**	**4 928 960**	**65 738 631**	**1 615 776**	**1 958 205**	**5 660 314**	**54 685 081**
按学校规格分									
“211”及省部共建高等学校	50 861 523	29 462 700	19 053 604	2 345 219	45 498 828	1 293 102	1 423 443	4 385 600	37 191 405
其他本科院校	21 398 184	10 538 609	8 369 643	2 489 932	19 774 399	320 443	528 363	1 263 423	17 078 628
高等专科学校	513 793	294 836	125 148	93 809	465 404	2 231	6 399	11 291	415 048
按学校隶属分									
部委院校	8 257 641	5 337 622	2 652 329	267 690	7 589 088	70 278	140 446	632 691	6 104 704
教育部直属院校	38 344 993	21 643 570	14 911 782	1 789 641	33 996 952	1 144 927	1 250 417	3 552 889	27 551 145
地方院校	26 170 866	13 314 953	9 984 284	2 871 629	24 152 591	400 571	567 342	1 474 734	21 029 232
按学校类型分									
综合大学	23 198 005	14 106 281	7 792 904	1 298 820	20 712 864	634 219	243 155	1 578 603	17 432 056
工科院校	37 917 099	17 391 870	18 325 429	2 199 800	34 517 380	629 443	1 547 741	3 108 970	28 285 152
农林院校	5 092 260	4 143 352	597 654	351 254	4 374 947	215 818	105 020	599 306	3 534 191
医药院校	3 221 263	2 554 255	175 536	491 472	2 887 020	101 032	37 846	240 955	2 481 247
师范院校	2 879 178	1 813 767	572 257	493 154	2 816 467	33 373	22 846	126 948	2 547 371
其他院校	465 695	286 620	84 615	94 460	429 953	1 891	1 597	5 532	405 064

全国普通高等学校研究与发展课题、成果情况

单位：千元

	科技课题			出版科技专著(部)	发表学术论文(篇)	成果获奖		技术转让		知识产权授权数	专利出售	
	课题数（项）	投入人数	实际支出			合计	其中：国家奖	合同数	收入		项数	实现金额
合计	**334 371**	**45 345 908**	**58 361 114**	**13 898**	**703 538**	**4 876**	**307**	**8 770**	**2 152 646**	**24 708**	**1 571**	**762 182**
按学校规格分												
"211"及省部共建高等学校	171 199	31 943 352	41 867 285	3 606	338 303	2 446	211	5 373	1 250 730	15 246	866	333 754
其他本科院校	156 441	13 187 420	16 211 798	7 406	334 884	2 303	96	3 344	838 754	8 914	685	424 157
高等专科学校	6 731	215 136	282 031	2 886	30 351	127	0	53	63 162	548	20	4 271
按学校隶属分												
部委院校	20 099	4 788 683	6 541 962	529	42 717	281	26	393	349 090	2 125	70	289 359
教育部直属院校	127 373	24 461 650	32 056 512	2 459	250 214	1 854	172	4 375	1 049 835	11 725	697	278 059
地方院校	186 899	16 095 575	19 762 640	10 910	410 607	2 741	109	4 002	753 721	10 858	804	194 764
按学校类型分												
综合大学	102 847	14 683 154	18 957 552	2 791	222 188	1 462	93	3 402	916 848	8 311	479	423 387
工科院校	139 827	24 358 463	31 191 267	5 690	277 023	1 999	159	3 969	967 978	13 869	865	264 707
农林院校	24 920	3 228 760	4 244 578	1 354	45 550	415	33	805	176 819	996	96	17 080
医药院校	37 538	1 412 252	1 918 848	2 797	95 143	765	15	151	46 518	507	28	34 240
师范院校	25 080	1 508 058	1 829 488	976	53 155	185	7	242	33 186	833	61	18 083
其他院校	4 159	155 221	219 381	290	10 479	50	0	201	11 297	192	42	4 685

教育综合管理

教育新闻宣传

〔综述〕 2009年，教育部重点开展了十五大方面工作的宣传：一是做好新中国成立60年教育发展成就的宣传；二是做好教育系统学习实践科学发展观活动的宣传；三是做好《国家中长期教育改革和发展规划纲要》第一轮公开征求意见工作；四是做好庆祝第25个教师节以及表彰优秀教师工作的宣传；五是高校毕业生就业工作的宣传；六是做好全国职业院校技能大赛、中等职业教育改革发展成就和典型经验的宣传；七是做好基础教育课程改革、推进义务教育均衡发展的宣传；八是做好第六个“中小学弘扬和培育民族精神月”、民族团结主题教育活动的宣传；九是做好中小学校舍安全工程的宣传；十是做好国家资助家庭经济困难学生政策的宣传；十一是做好《通用规范汉字表》公开征求意见工作；十二是做好一批优秀教师、优秀学生先进事迹的宣传；十三是做好全国亿万学生阳光体育运动、第26届世界大学生运动会、第十届全国中学生运动会、全国第二届大学生艺术展演活动、全国教育系统“祖国万岁”歌咏活动的宣传；十四是做好第十二个全国推广普通话宣传周和“中华诵”活动的宣传；十五是做好特岗教师计划的宣传。

2009年，教育部在国务院新闻办召开新闻发布会1次，在庆祝新中国成立60周年活动新闻中心召开新闻发布会1次，教育部新闻办召开新闻发布会16次、新闻通气会11次。教育部领导在教育新闻宣传件上批示124次，圈阅128次，发表重要文章22篇。教育部新闻办组织17路中央新闻单位采访团，安排记者采访活动82次，协助各司局发新闻通稿240余篇。中央暨首都100余家新闻媒体共刊播教育部新闻6 000余篇次，中国政府网、教育部门户网站、人民网、新华网、中国网、中国教育新闻网、中央电视台、中国教育电视台直播或录播教育部新闻发布会70余次，各大网站多次转载教育部新闻。同时，和中央教科所联合编印了《对话教育热点2009》，还编发了《教育部新闻宣传工作简报（月报）》12期，《教育舆情快报》107期，《教育部新闻宣传工作快讯》38期，《〈国家中长期教育改革和发展规划纲要〉公开征求意见每日情况报告》42期，有效推进了教育系统教育新闻宣传和新闻发布工作。此外，还积极加强内部建设，建立并完善了教育新闻宣传工作网络，编印了教育新闻宣传工作通讯录，使新闻宣传工作进一步制度化、规范化。

撰稿 赵建武

审稿 续 梅

2009 年新闻发布会简况表

场次	发布时间	发布人	主持人	发布主题
1	1月7日	孙霄兵　韩　进	续　梅	介绍为制定《国家中长期教育改革和发展规划纲要》公开征求意见工作的有关情况
2	2月6日	韩　进　田慧生	续　梅	介绍《国家中长期教育改革和发展规划纲要》启动第一轮公开征求意见以来工作进展情况
3	2月9日	杨贵仁　丁晓昌　谷公胜	续　梅	介绍全国第二届大学生艺术展演活动情况
4	2月25日	李宇明　陈　力　张书岩 陈　燕　徐锦培	续　梅	介绍《汉字部首表》、《GB13000.1 字符集汉字部首归部规范》两项标准和中国教育电视台空中课堂频道开播有关情况
5	3月18日	宋永刚　孙光奇　王明政　吴志良	续　梅	介绍实施“农村义务教育阶段学校教师特设岗位计划”有关情况
6	3月25日	张秀琴　刘京辉	续　梅	介绍 2008 年中国教育对外开放总体情况及出国留学、来华留学事业发展情况
7	3月26日	王立英　晓　敏　周长奎　郭开朗 张剑飞　杨贵仁　杨立国　张放平	续　梅	介绍“中华人民共和国第十届全国中学生运动会”有关情况
8	4月27日	武贵龙　李光宪　吴朝晖　张吉龙	续　梅	介绍高校发挥科技支撑作用促进经济发展有关情况
9	5月26日	王继平　王向群　李怡民　聂海英 方世国　朱浩峰	续　梅	介绍中等职业学校毕业生就业情况
10	6月25日	靳润成　刘建同　刘　桔　刘　欣	续　梅	介绍 2009 年全国职业院校技能大赛有关工作情况
11	7月27日	葛道凯　王登峰　陈瑞峰　缪志红	续　梅	介绍开展士官远程教育工作有关情况和 2009 年全国中小学生“中华诵”夏令营活动情况
12	8月12日	李宇明　王铁琨　曹先擢　王　宁	续　梅	介绍《通用规范汉字表》研制及公开征求意见工作情况
13	8月16日	杨贵仁　何寄华　杨立国　王　键	续　梅	介绍第十届全国中学生运动会有关情况
14	9月11日	周　济　张　力	郭卫民	介绍新中国成立 60 年来教育事业发展成就
15	9月13日	杨贵仁　王合清　钟　燕　龚　燕	续　梅	介绍爱国歌曲大家唱——全国教育系统“祖国万岁”歌咏活动的有关情况
16	9月28日	郝　平	陈文俊	介绍新中国成立 60 年来特别是改革开放 30 年来教育事业发展成就
17	10月26日	张浩明　魏贻恒　刘桂霞　刘景胜	续　梅	介绍 2009 年高校应届毕业生应征入伍工作和教育部哲学社会科学研究重大课题攻关项目有关情况
18	11月25日	宋永刚	续　梅	介绍实施农村义务教育阶段学校教师特设岗位计划和师范生实习支教工作有关情况

2009 年教育部通气会情况统计表

场次	时间	发布人	发布内容
1	1月15日	林蕙青 张浩明	介绍高校毕业生就业工作有关情况
2	5月7日	王登峰 陈瑞峰 张世平 吕学武 李守业	介绍“中华诵·2009经典诵读”、“中华诵·2009诗词歌赋创作”大赛有关情况
3	6月2日	戴家干 姜 钢 刘军谊 张为舟 杨 松 苟人民	介绍2009年普通高等学校招生全国统一考试有关情况
4	7月8日	林蕙青 张浩明 黎德龙 訾新建 刘 铸 韩景阳 吴良仁 梁远钢	介绍2009年全国普通高校毕业生就业工作有关情况
5	8月6日	崔邦焱 马文华 何光彩 周春树 喻小明	通报2009年全国普通高校家庭经济困难学生资助政策有关情况
6	9月1日	田祖荫 周 为 杨 宇	介绍全国中小学校舍安全工程进展情况并通报宣传报道安排
7	9月2日	吕玉刚 杨志坚 宋永刚	介绍2009年教师节有关活动安排、教育系统评选表彰情况和60年来我国教师队伍建设取得的成就
8	9月8日	王登峰 张世平 吕学武 阎志坚 方 雨	介绍第12届全国推广普通话宣传周和“中华诵”活动有关情况
9	9月24日	阿布都 刘贵芹 次仁多布杰 徐晓黎 徐建军 张中治 林 絮	介绍全国各级各类学校深入开展民族团结教育活动情况
10	11月19日	吴德刚 高 洪 陈 锋 田祖荫 杨志坚 宋永刚 张昭文	介绍西部大开发战略实施十年来教育改革发展总体情况
11	12月2日	王登峰 张世平 吕学武 方 雨	介绍新中国语言文字工作60年成就展等情况

教育政务公开

〔**综述**〕 2009年，教育部深入贯彻党的十七大和十七届三中、四中全会精神，在教育部党组、部依法行政和政务公开领导小组的领导下，认真落实《中华人民共和国政府信息公开条例》（以下简称《条例》）和全国深化政务公开经验交流会的要求，坚持围绕中心、服务大局，进一步完善部机关政府信息公开的制度机制，着力改进和加强公共企事业单位办事公开，稳妥有序推进学校信息公开，大力推行重大决策过程的动态信息公开，努力创新公开形式、增强公开效果，顺利完成了2009年的各项任务，教育政务公开工作取得了新的进展。

〔**部机关政府信息公开工作**〕 2009年，为进一步巩固部机关政府信息公开工作的已有成果，努力完善信息公开的制度体系，教育部制定并推行了部机关公文信息公开属性标识情况通报制度，从2009年开始每季度通报一次部内各司局所办公文信息公开属性的标识情况，并以此作为评价各司局政务公开工作的一个重要指标。同时针对依申请公开工作时限要求紧、答复要求高等特点，制定了政府信息公开申请办理的催办制度，设计启用了《教育部政务公开办公室有关事项催办单》。凡信息公开有关事项未在规定期限内办结的，政务公开办公室会在逾期后的2个工作日内发送催办单，要求承办单位及时报送材料并说明未能如期完成工作的原因。这两项制度实施后，机关各司局依法公开、及时公开的意识明显增强。政府信息公开工作通报制度、催办制度与2008年已经建立的政府信息公开审批制度、确认制度一道，构成了较为完善的制度体系，发挥了制度建设的综合效应，为形成信息公开工作长效机制奠定了基础。据统计，部机关公文信息公开属性的初始标识率已达98%。

在实施政府信息主动公开工作方面，一是继续做好公文类信息的公开。2009年，教育部通过门户网站政府信息公开专栏主动公开公文类信息408条，其中位列前五位的信息是：干部人事人才类110条，占26.96%；高等教育类91条，占22.3%；发展规划类35条，占8.58%；基础教育类33条，占8.09%；科学研究类32条，占7.84%。

二是进一步突出公开的重点。继续推动普通高校招生“阳光工程”的实施，建立健全以招生政策、高校招生资格及有关考生资格、招生计划、录取信息、考生咨询申诉渠道与重大违规事件及处理结果等“六公开”为主的招生信息公开制度。在研究生招生工作中以切实保障考生的知情权为出发点和落脚点，大力推进研究生招生中的信息公开。针对社会普遍关注的研究生复试和推荐免试生等问题，严格落实《教育部关于加强硕士研究生招生复试工作的指导意见》（教学〔2006〕4号）和推荐优秀应届本科毕业生免试攻读硕士学位研究生的有关规定，明确要求招生单位在复试中实行信息公开制度，复试基本分数线、复试工作办法、复试结果等信息应及时公布。进一步加大研招工作透明度，要求各招生单位及时向社会公布招生简章、专业目录、拟接收的推免生和统考生人数等信息，努力将公平公正理念贯穿于招生全过程。此外，有关重大科研项目的申报、优秀成果评选以及全国中小学校校舍安全工程等重大建设项目的信息，也坚持主动及时公开，接受社会监督。

三是进一步丰富公开的形式。主要包括以下渠道。一是通过教育部政府信息公开专栏公开信息。据统计，截至2009年底专栏访问量已达37万次，日均点击率近900人次，较之于2008年的200人次有大幅提升。二是通过教育部门户网站首页的“政策文件”栏目公开重要政策性信息，2009年总计公开196条，比2008年增长了一倍。三是通过《教育部公报》公开信息。2009年共刊发《教育部公报》10期，公开政府信息164条。四是通过新闻发布会发布信息。2009年教育部召开各类新闻发布会18次、新闻通气会11次，组织中央新闻单位采访团17路，安排记者采访活动82次，发新闻通稿240篇。部领导参加新闻活动70余次、发表文章22篇。中央暨首都100余家媒体刊播教育部新闻6 000篇次。五是通过门户网站和专题网页公开各类信息。截至2009年年底，门户网站共发布各类信息13 745条，采编制作“深入学习实践科学发展观”、“高校毕业生就业”、“中小学校舍安全工程”、“家庭经济困难学生资助工作”等专题13组。六是对英文版门户网站进行了大幅改版并于2009年11月13日正式开通，新增部领导、机构设置、新闻、图片、政策、专题、项目等多个栏目，翻译、更新各类信息315条。

在处理政府信息公开申请方面，2009年1月1日至2009年12月31日，教育部共受理公民、法人和其他组织通过各种形式提出的信息公开申请68件，其中有效申请53件。政府信息公开申请的按时办结率达100%。53件有效申请中，从申请的主体看，公民提出的申请52件，占98.11%；法人提出的申请1件，占1.89%。从申请方式看，当面申请9件，占16.98%；以电子邮件方式申请32件，占60.38%；以信函方式申请8件，占

15.10%；以传真方式申请4件，占7.55%。从申请的内容看，涉及招生就业的7件，占13.21%；涉及教育机构设置的8件，占15.10%；涉及教育收费的1件，占1.89%；涉及历史信息的4件，占7.55%；涉及教育综合管理的19件，占35.85%；涉及教师待遇的3件，占5.65%；教育统计信息11件，占20.75%。申请内容涉及教育部14个业务司局。从答复和处理情况看，53件有效申请中“同意公开（含部分公开）”的39件，占73.58%；“不予公开”的4件，占7.55%，“不属于本行政机关公开或者该信息不存在”的9件，占16.98%；“申请内容不明确，告知申请人作出更改、补充，申请人主动放弃”的1件，占1.89%。2009年未发生有关政府信息公开的收费和费用减免情况，未发生因政府信息公开申请行政复议、提起行政诉讼的情况。

在处理社会公众有关政府信息公开的咨询方面，一是由教育部政府信息公开申请受理中心继续做好接待公众咨询和处理信息公开意见箱的工作。2009年，中心共接待400余人次电话及当面咨询，处理对信息公开工作的意见585条，其中有实质内容的566条，全部转相关司局参考或答复。二是做好网上留言和答复情况。2009年根据网民留言编发留言摘编55期，答复公众留言274条，并针对“硕师计划”、《中小学班主任工作规定》等9个政策热点问题做了深度咨询。三是积极开展在线互动情况。2009年度门户网站开展在线访谈19次，接受公众提问52 000条，网上调查栏目的参与者达20 369人次。

〔直属事业单位办事公开工作〕 直属事业单位是教育系统履行社会管理和公共服务职能的重要机构，是信息公开的义务主体和办事公开的责任主体。为督促各直属单位认真贯彻落实《条例》要求，教育部于2009年3月印发了《教育部办公厅关于进一步改进和加强办事公开工作的意见》（教办厅［2009］4号，以下简称《意见》），要求各直属单位在部署和推进业务工作的同时，以更加有力的措施、更加开放的态度、更加优质的服务推动办事公开工作，进一步完善工作制度、健全考核制度、建立社会评议制度、推广问责制度，全面推动职能公开、依据公开、程序公开、收费公开、结果公开、监督公开，进一步丰富载体形式、开展主动服务、加强组织领导，确保办事公开工作水平不断提高。《意见》是教育部深化办事公开工作的规范性文件，为直属单位今后改进和加强办事公开工作提供了有力指导。此外，还设计印发了《教育部直属单位办事项目一览表》，汇总了直属单位22个具体办事项目的基本情况，为在门户网站开设办事公开一级栏目做好前期准备工作。

为进一步掌握各直属单位开展信息公开和办事公开工作的情况，了解其中存在的问题和困难，2009年8月教育部组织开展了信息公开专项督查调研。调研显示，各直属单位在加强组织领导、完善制度机制、突出公开内容、推动载体建设等方面做了大量工作。2009年，各直属单位累计公开各类信息2 829条，培训人员528人次，直属单位信息对社会的服务作用得到了有效发挥，工作效率和管理水平也有进一步提高。同时，针对其中存在的对信息公开工作认识不够深、工作措施不够细、公开时效性有待提高等问题，教育部研究确立了今后深化直属单位信息公开和办事公开工作的基本思路，明确将以专项检查为抓手，以加强工作指导为措施，督促各直属单位不断提高对信息公开与办事公开工作意义和重要性的认识，积极贯彻落实《意见》要求，努力提升信息公开和办事公开工作水平。

〔学校校务公开、信息公开工作〕 学校作为与人民群众利益密切相关的事业单位，其校务公开、信息公开工作受到社会各界的普遍关注。自2002年教育部、中华全国总工会联合印发《关于全面推进校务公开工作的意见》（教监［2002］1号）以来，各级教育行政部门加大对校务公开工作的指导力度，各级各类学校努力探索校务公开的新形式、新做法，在规范管理、加强监督、促进党风廉政和民主政治建设方面积累了经验。2008年正式施行的《条例》又把包括教育在内的公共企事业单位作为信息公开的重要主体，并明确实施的具体办法由国务院有关主管部门制定。因此，各级各类学校的信息公开工作是教育信息公开的重要组成部分，也有待于在校务公开已有的工作基础上进一步深化和发展。

为营造教育系统推进信息公开的良好氛围，教育部办公厅印发了《关于做好教育系统施行〈条例〉准备工作的通知》，要求教育系统充分认识制定实施《条例》的重大意义，切实加强组织领导，认真开展学习、教育和培训，抓紧编制或修订信息公开指南和目录，尽快建立健全信息公开的制度规范和工作机制。2008 年，教育部组织开展全国范围的校务公开工作情况调研，并根据调研结果制定了进一步推进全国校务公开工作方案。鉴于高等学校和中小学的不同特点，决定分别制定高等学校、中小学信息公开工作的制度规范。从 2008 年初教育部开始研究起草《高等学校信息公开办法》（以下简称《办法》），2008 年 6 月上旬形成了《办法（征求意见稿）》，从 7 月开始集中征求有关方面对《办法》的意见。

在历时一年多的修改过程中，先后征求了省级教育行政部门、普通高校、部内有关司局和法律、高教管理、信息公开方面专家的意见和建议共 14 轮。特别是 2009 年 4 月 2 日至 17 日向社会公开征求意见，引起了社会各界的热烈反响。广大人民群众积极参与征求意见活动，针对《办法》条款各抒己见，提出了很多具体的修改建议。许多专家学者也积极建言献策，共同为做好高校信息公开出谋划策。14 轮征求意见工作共收到并处理各类意见建议 900 余条，据此修改《办法》30 余次。持续深入的征求意见和修改工作不仅进一步完善了《办法》的结构、体例和内容，也营造了推进高校信息公开的舆论环境，有利于《办法》正式发布后的贯彻实施。

多次修改后的《办法》提出了对高校信息公开的基本要求，明确了高校信息公开的目的、依据、适用范围、原则、职责分工，对高校信息公开的管理体制和工作机制、公开的范围和内容、公开的程序和要求、监督和保障等做出了具体的规定。对于进一步深化高校校务公开，促进依法治校，提高高校管理水平和工作透明度，保障师生员工与社会公众的知情权、参与权、表达权和监督权，努力办好人民满意的教育，都将具有十分重要的意义。教育部将根据征求意见情况对《办法》草案做出修改后，适时提请部长办公会审议。此外，推进中小学信息公开工作的指导意见正处于研究制定阶段。

〔**重大决策信息公开**〕 2009 年，在教育领域的重大决策过程中，教育部坚持问政于民、问需于民、问计于民，开展广泛的社会听证和意见征询工作，积极推进重大决策的动态信息公开。2009 年年初《国家中长期教育改革和发展规划纲要》（以下简称《教育规划纲要》）第一轮公开征求意见期间，中央主要媒体报道达 600 多篇，社会各界踊跃建言，通过各种渠道发表意见建议 210 多万条。教育部据此编发《〈规划纲要〉公开征求意见每日情况报告》42 期近 300 万字，为《教育规划纲要》调研和起草工作提供了重要参考。4 月《办法》公开征求意见期间，包括光明日报、中国教育报、新华每日电讯、中央政府网、新华网、人民网等在内的 80 余家媒体做了相关链接或报道。8 月，《通用规范汉字表》通过网站和报刊等多种形式向社会公开征求意见，引起社会各界广泛关注。社会公众积极评价《通用规范汉字表》的意义和作用，提出了许多针对性强、富有建设性的意见和建议，进一步促进了《通用规范汉字表》的完善。持续深入的社会听证和意见征询工作，广泛地听取了民意、集中了民智、了解了民情，推动了教育领域重大政策的修改和完善，同时进一步澄清了疑问、凝聚了共识，有助于形成支持和推动教育事业改革发展的良好舆论氛围。

撰稿 李 俊
审稿 牟阳春

教育法制建设

〔**全国人大常委会修改《教育法》、《教师法》部分条款**〕　为保证法律的科学统一和谐，全国人大常委会对法律进行了清理。2009 年 8 月 27 日第十一届全国人民代表大会常务委员会第十次会议审议通过《全国人民代表大会常务委员会关于修改部分法律的决定》。其中，根据农村税费制度改革和义务教育经费保障机制改革的要求，对《教育法》做了两项修改。一是，删去《中华人民共和国教育法》第五十七条第三款，内容为：农村乡统筹中的教育费附加，由乡人民政府组织收取，由县级人民政府教育行政部门代为管理或者由乡人民政府管理，用于本乡范围内乡、村两级教育事业。农村教育费附加在乡统筹中所占具体比例和具体管理办法，由省、自治区、直辖市人民政府规定。二是，删除第五十九条，内容为：经县级人民政府批准，乡、民族乡、镇的人民政府根据自愿、量力的原则，可以在本行政区域内集资办学，用于实施义务教育学校的危房改造和修缮、新建校舍，不得挪作他用。修改后的《教育法》为十章 83 条。

此外，根据《刑法》修订情况，将《中华人民共和国教师法》第三十六条中“依照刑法第一百四十六条的规定追究刑事责任。”修改为“依照刑法有关规定追究刑事责任。”以保证法制统一。

〔**《考试法》起草、《职业教育法》修订等立法工作进展顺利**〕　国务院法制办对《考试法》（送审稿）公开征求各地、各部门和专家学者的意见。教育部配合国务院法制办对 543 条意见进行分类整理，并对《考试法》（送审稿）进行了修改完善。

教育部高度重视《职业教育法》修订工作。2009 年 4 月 22 日在十一届全国人大常委会第八次会议上，周济同志受国务院委托，作了《国务院关于职业教育改革与发展情况的报告》，对《职业教育法》修订工作提出了六条要求，明确了《职业教育法》修订的重点。同时，教育部组织各地开展职业教育法修订大调研；委托重庆市教委和重庆师范大学起草《职业教育法》修订专家建议稿，形成了修订草案初稿和一批研究成果；陪同全国人大教科文卫委员会调研组开展调研活动，组织有关专家到各地开展《职业教育法》修订调研活动；收集整理了德国、美国、澳大利亚、法国等国家的职业教育法律法规。

为做好高校消防安全管理工作，根据《消防法》、《高等教育法》的规定，教育部、公安部以第 28 号令的形式联合发布了规章《高等学校消防安全管理规定》（以下简称《规定》）。按照《政府信息公开条例》的规定，加紧研究制定《高等学校信息公开办法》。

〔**继续推进依法行政工作**〕　根据行政审批制度改革工作部际联席会议办公室《关于对现有行政许可事项进行审核论证并提出取消或调整建议的通知》（监函［2009］76 号）要求，对法律、行政法规和国务院决定设定的教育类行政许可事项进行了全面清理，逐项进行梳理，提出意见。经与国家体育总局协调，同意将开办实施学历教育的武术学校和少年儿童体育学校纳入教育行政部门审批管理范围。

全面总结《全面推进依法行政实施纲要》实施情况。根据国务院法制办的要求，发文要求各省级教育行政部门和机关各司局、直属单位开展自查，认真总结贯彻落实国务院《全面推进依法行政实施纲要》的基本情况。上报教育部贯彻实施国务院《全面推进依法行政实施纲要》五年来的工作情况，并在全国法制办主任法规司司长会议上交流。

此外，在实施“五五”普法规划、推进依法治校和加强行政复议工作、维护当事人合法权益方面开展了有效工作。

撰稿 黄兴胜
审稿 孙霄兵

〔制定《高等学校消防安全管理规定》〕 2009年10月19日教育部、公安部以第28号令的形式联合发布了规章《高等学校消防安全管理规定》(以下简称《规定》)。《规定》从2006年开始调研起草到发布近三年的时间,经历了广泛征求意见、深入调查研究、立法审核和多次研究修改等阶段。《规定》包括总则、消防安全责任、消防安全管理、消防安全检查和整改、消防安全教育和培训、灭火、应急疏散预案和演练、消防经费、奖惩、附则共9章51条,全面总结了高校消防安全管理的规律性要求、成熟做法与成功经验,填补了高校安全管理的立法空白,是加强高校消防安全管理制度与机制建设、加强预防和妥善处理高校消防安全事故、营造安全稳定的校园环境、推进高校科学发展的迫切需要。

《规定》明确该规章的适用范围为“普通高等学校和成人高等学校的消防安全管理”,其中应当包括实施学历教育的民办高校。对于其他实施非学历教育的高等教育机构的消防安全管理,《规定》第四十九条规定参照本《规定》执行。另外,驻高校内的其他单位的消防安全管理,按照本规定的有关规定执行。

《规定》的内容全面,注重制度建设,注意与新修订的《消防法》等有关法律法规的衔接。《规定》明确规定了学校法定代表人、分管校领导和其他校领导、“防火办”以及学校二级单位和其他驻校单位的消防安全职责,理清各主体间的消防职责与义务,进一步健全消防安全工作体系与机制。同时,《规定》对高校消防安全管理的主要方面做出了具体规定,主要包括消防安全重点单位或部位、举办大型活动、消防设施设备、基建装修活动、地下空间的使用、消防控制室、易燃易爆危险品的管理、动用明火、学校出租房屋和外来务工人员的消防管理、火灾报警扑救及现场清理、消防档案等。在明确消防安全职责和消防安全管理主要方面的基础上,规定了学校每个季度、校内各单位每个月、消防安全重点单位每日巡查等消防安全检查制度,而且,特别列出专章规定了消防安全教育、预案和演练。

《规定》的出台,对规范高校消防安全管理、预防和减少火灾危害,保障师生员工生命财产和学校财产安全,具有重大长远的积极意义。

撰稿 夏 娟
审稿 孙霄兵

〔规范管理独立学院,做好五年过渡期工作〕 《独立学院设置与管理规定》(教育部令第26号,以下简称26号令)颁布后,为推动26号令的贯彻落实,做好已设独立学院五年过渡期工作,教育部根据党的十七大“鼓励和规范社会力量办学”的精神,和独立学院已由试办阶段进入了新的发展阶段的现实状况,于2009年2月下发了《教育部办公厅关于编报省级独立学院五年过渡期工作方案的通知》(教发厅函〔2009〕15号,以下简称《通知》)。

《通知》要求,各省级教育行政部门要根据当地经济社会发展的实际需要,结合本地区高等学校设置规划,做好工作方案的编制工作。《通知》希望,各省级教育行政部门从大局出发,把规范管理独立学院,促进其健康发展,作为当前一项重要工作抓紧抓好。《通知》明确,各省级教育行政部门要按照26号令的规定,区分以下不同情况,逐校、分类明确工作意见和26号令施行之日起五年内的进度:一是,各项要求均达标,拟报请教育部考察验收的;二是,待理顺体制机制,充实办学条件后再报请教育部考察验收的;三是,拟转设民办普通本科高校或民办其他层次学校的;四是,拟终止、合并或并入公办普通高校、民办学校的;五是,在既不扩大本地区现有独立学院数量、又符合本地区高等学校设置规划的前提下,拟新设的。《通知》强调,各省级教育行政部门要加强领导,确保独立学院五年过渡期和谐与稳定。

撰稿 金平一
审稿 宋德民

全国人大代表建议、全国政协委员提案办理工作

2009年“两会”期间，教育部共接到建议、提案1 551件，比上年（1 271件）增加280件，增幅22.03%。其中，人大代表建议845件，比上年（659件）增加了186件，增幅为28.22%；政协委员提案706件，比上年（612件）增加了94件，增幅为15.36%。全国人大代表重点交办建议8件，其中教育部牵头主办件是大学生就业问题。建议、提案内容丰富，涉及教育改革和发展各个方面，特别是在基础教育、高等教育、职业教育、民族地区教育、师范教育等方面，广大代表、委员积极建言献策。

教育部党组高度重视建议、提案办理工作。并将此项工作列为4月份部党组重点工作。4月28日，部党组召开办公会议，研究部署“两会”建议、提案的办理工作。5月5日，召开了2009年“两会”建议、提案交办动员会，教育部副部长鲁昕出席会议并代表部党组做动员报告。

根据部党组的要求，教育部办公厅严把办复前、办复中和办复后三个关键环节的工作，收到较好效果。一是抓好办复前准备工作。2009年“两会”期间，派出两位同志分别参加了人大和政协建议、提案接收工作。会后，根据全国人大和全国政协有关要求，规范和完善了教育部办理工作各项规章制度。二是抓好办复中的督促检查及协调指导工作，严把办理质量关，指导办好重点建议、提案。三是抓好办复后的总结提高工作。督促各承办单位及时总结承办过程中好的经验和做法，认真查找不足与差距。及时搜集、整理代表委员的反馈意见，进一步研究改进工作的措施。开展优秀建议、提案评选和表彰工作。撰写教育部“两会”建议、提案办理工作总结。

由于领导重视，措施得力，各承办单位克服了时间紧、任务重、人手少等困难，较好地完成了2009年“两会”建议、提案办理工作。代表、委员对教育部办理工作基本表示满意。

撰稿　顾　然

审稿　安钰峰

教育纪检监察

〔**2009年度全国教育纪检监察工作会议**〕2009年2月15日至16日，教育部党组在京召开全国教育纪检监察工作会议，研究部署2009年教育系统反腐倡廉建设工作。部党组书记、部长周济，中央纪委常委、监察部副部长王伟出席会议并发表讲话。周济强调，要以开展深入学习实践科学发展观活动为契机，进一步加强党性修养，弘扬良好作风，加强领导班子和领导干部队伍建设。要全面落实《中央纪委、教育部、监察部关于加强高等学校反腐倡廉建设的意见》，把维护政治稳定放在突出位置，牢牢把握高校意识形态主动权；加强领导干部廉洁自律工作，严格

遵守党纪国法和廉洁自律各项规定；加强民主决策、科学决策，坚持重大事项集体讨论决定，建立健全决策、执行、监督既互相制约又相互协调的权力结构和运行机制；扎实推进廉政文化进校园工作，积极营造风清气正的育人环境；深入推进以治理教育乱收费为重点的行风建设，切实抓好纪检监察队伍建设。王伟充分肯定了党的十七大以来教育系统反腐倡廉建设取得的成效，要求进一步加强监督检查，确保中央科学发展重大决策部署在教育系统的贯彻落实；强化对领导干部的监督，加大查办案件工作力度，深化专项治理，着力解决教育收费中损害群众利益的突出问题。部党组副书记、副部长袁贵仁传达了胡锦涛总书记重要讲话和第十七届中央纪委第三次全会精神。部党组成员、中央纪委驻部纪检组组长王立英作工作报告。会议由部党组副书记、副部长陈希主持，在京部党组成员出席。教育部直属高校党委书记、校长、纪委书记，机关各司局、直属单位主要负责人，各省（区、市）教育（高校）纪工委、教育厅（教委）纪检组、新疆生产建设兵团、计划单列市教育局纪委以及省部共建高校纪委主要负责人300余人参加了会议。

〔**教育部直属高校纪检监察部门深入开展“做党的忠诚卫士、当群众的贴心人”主题实践活动**〕　根据中央纪委监察部和教育部党组部署，2009年3月至9月，教育部75所直属高校纪检监察部门、1 945名专兼职纪检监察干部深入开展了主题实践活动。6月10日，召开教育部部分直属高校主题实践活动座谈会，教育部党组书记、部长周济，中央纪委副书记黄树贤出席并讲话。在开展活动中，各高校坚持理论学习引路、教育贯穿始终。直属高校共组织专题辅导报告243场，组织收看专题教育片48次，举办培训班90期，参观廉政教育基地620余人次。结合正在开展的学习实践科学发展观活动，各高校纪检监察部门深入查找不符合“四个对”要求的突出问题，开展专题调查研究275次，制定整改措施402项。为建立完善反腐倡廉工作体制、机制、制度，许多高校编印了纪检监察工作制度汇编，开发了各项制度网上查询系统，完善了制度宣传和执行情况监督渠道。在活动期间，各高校切实做到了主题实践活动和重点工作“两不误、两促进”，取得较好效果。2009年，中山大学纪委副书记、监察处处长王录德被评为“全国先进教育工作者”，东华大学监察处被评为“全国教育系统先进集体”。

撰稿　杨火林
审稿　钟　燕

〔**以量化考核为抓手深入推进《关于加强高等学校反腐倡廉建设的意见》的贯彻落实**〕　2008年9月，中央纪委、教育部、监察部共同制定印发了《关于加强高等学校反腐倡廉建设的意见》（以下简称《意见》）。2009年，教育部科学设计，周密组织，历时5个月，分三个阶段对75所直属高校贯彻落实三委部《意见》的情况进行了量化考核。一是科学谋划，精心部署。在充分调研论证的基础上，制定了详细的考核方案，采取百分制量化的办法，把《意见》提出的4大任务、25项工作细化为97个考核要点，印发各高校，既增强了考核的针对性和可操作性，更为推进高校反腐倡廉建设工作提供了有效方法。二是自查自评，互查互评。各高校严格按照量化考核要求，认真开展自查自评，全面检查《意见》落实情况。在此基础上，组织11个考评组，对75所直属高校开展互查互评。考评组对每一所高校的工作情况进行量化评定打分，并向学校领导班子反馈检查中发现的薄弱环节和存在的问题，提出意见和建议。三是定性分析，整改落实。互查互评结束后，召开专题汇报总结会，对梳理出来的149个问题和考评组提出的210条建议进行分析研判，督促整改。量化考核作为一次有益尝试，达到了以考促改、以考促建的目的，实现了“四个促进”：促进了高校党风廉政建设责任制的落实，增强了领导干部的责任感、使命感；促进了高校对重点部位和关键环节的监督，加大了预防腐败工作的力度；促进了校园廉政文化建设，提高了党员干部和师生的廉洁意识；促进了高校纪检监察队伍建设，提升了纪检监察干部的能力和水平。

撰稿　田福元
审稿　钟　燕

〔2009年全国治理教育乱收费工作情况〕 2009年，全国治理教育乱收费部际联席会议办公室全年受理教育收费问题举报同比下降21%，全国查处教育收费违法案件数同比下降26%。治理工作取得新的阶段性成效。深入落实义务教育经费保障机制改革各项政策，义务教育经费保障水平进一步提高。2009年，中央财政拨付农村义务教育经费保障机制改革资金666.1亿元、义务教育阶段教师绩效工资制度改革资金120亿元，全国约1.5亿农村义务教育阶段学生享受免除学杂费和免费教科书政策，1 505万家庭经济困难寄宿生获得生活费补助，共有2 900多万城市义务教育阶段学生享受免除学杂费或相应补助。强化管理，中小学校办学行为进一步规范。各地进一步完善相关制度，坚决取消义务教育阶段各类重点学校、重点班、实验班，严格禁止基础教育阶段学校举办收费补习班，严肃查处违规行为，规范办学行为。全国义务教育阶段1 825所改制学校，已回归公办880所，转为民办364所，停办126所，完成目标任务的75%；普通高中498所改制学校，已完成清理规范223所，完成目标任务的45%。严格收费政策，教育收费政策界限进一步明晰。全国共清理废止教育收费项目累计1 018项，收费项目和标准全部向社会公布，接受社会监督。继续执行普通高中招收择校生"三限"政策和标准。高校收费标准继续稳定在2006年秋季学期的水平。加强监督检查，治理成果得到进一步巩固。全国各地共派出检查组12 375个，检查学校22.53万所(次)，各级监察纠风部门查处教育乱收费问题涉及金额4.1亿元，清退2.45亿元，给予党政纪和其他处理3 530人；全国价格主管部门共查处教育乱收费案件12 173件，实施经济制裁4.23亿元。加强收费管理，教育收费行为得到进一步规范。各地认真执行教育收费公示制度和校务公开制度，严格执行收费资金"收支两条线"管理规定；继续推进经常性审计及审计公告制度，完善教育收费监督和举报体系，教育收费行为进一步规范。继续深入开展"规范教育收费示范县"创建活动，新增规范教育收费示范县243个，总数已达940个。

撰稿　张其华
审稿　钟　燕

〔教育系统党风廉政建设工作会议〕 2009年12月26日，教育部党组在京召开教育系统党风廉政建设工作会议，学习贯彻党的十七届四中全会精神，总结2009年教育系统反腐倡廉工作，部署2010年工作任务。教育部党组书记、部长袁贵仁出席会议并讲话。袁贵仁指出，要加强监督检查，推动中央重大决策部署的贯彻落实；加强制度创新，推动预防腐败工作取得新成果；加强纠风工作，推动解决损害群众利益的问题取得新突破；加强办案工作，推动惩治腐败取得新进展。袁贵仁强调，加强反腐倡廉建设重点在领导干部，责任也在领导干部，必须加强对领导干部的教育、管理和监督，认真执行党风廉政建设责任制，以更大的决心、更坚定的态度、更有力的措施抓紧抓好，始终保持惩治腐败的高压态势，坚决遏制腐败现象在一些领域的多发势头，决不让腐败玷污学校这一"教书育人"的神圣殿堂。部党组成员、中央纪委驻教育部纪检组组长王立英作工作报告。王立英强调，要加强组织领导，切实在履行党风廉政建设责任制上下功夫；抓住关键环节，切实在着眼长效机制建设上下功夫；深入调查研究，切实在破解热点难点问题上下功夫；坚持开拓创新，切实在提高党风廉政建设水平上下功夫。会议由部党组成员、副部长李卫红主持。教育部在京党组成员以及中央纪委、监察部有关部门负责同志出席会议。各省（区、市）党委教育工委、纪工委和新疆生产建设兵团教育局、纪检组主要负责同志，教育部直属高校党委书记、部分校长、纪委书记，教育部机关、直属单位主要负责同志参加了会议。

〔2009年教育系统反腐倡廉建设进展情况〕 2009年，教育系统认真贯彻落实党中央、国务院和中央纪委关于党风廉政建设和反腐败工作的部署

要求，服从服务于教育改革发展稳定大局，坚持标本兼治、综合治理、惩防并举、注重预防的方针，不断完善惩治和预防腐败体系，反腐倡廉建设各项工作取得了新的成效。

一、认真贯彻中央精神，对党风廉政建设认识取得新高度。第十七届中央纪委第三次、四次全会以及国务院第二次廉政工作会议召开后，教育部党组召开全国教育纪检监察工作会议，全面部署工作任务，确保了中央加强党风廉政建设和反腐败斗争的各项方针政策在教育系统的贯彻落实。党的十七届四中全会和第十七届中央纪委四次全会后，教育系统迅速掀起了学习、宣传、贯彻落实的热潮，自觉地把思想统一到中央的部署上来，把行动凝聚到中央要求上来，对深入抓好教育系统党风廉政建设极端重要性的认识不断提高。

二、坚持把握工作重点，惩治和预防腐败体系建设取得新进展。各地各高校认真落实《建立健全惩治和预防腐败体系 2008—2012 年工作规划》，抓住关键环节，全面推进反腐倡廉建设。坚持和完善“大宣教”格局，组织、宣传等部门与纪检监察通力合作，深入开展反腐倡廉教育。评选“全国十佳校园廉洁教育网站”，组织优秀廉政公益广告校园展播，廉政文化建设扎实推进。认真落实党内监督制度，诫勉谈话、函询、述职述廉等监督措施进一步完善。教育部完善了高校巡视工作制度，制定了《关于开展直属单位巡视工作的意见》，并启动试点工作。制定《关于改进和加强办事公开工作的意见》，政务公开和校务公开工作进一步深入。各地各高校针对腐败现象易发多发的重点领域和关键环节，不断深化改革，创新体制机制，制定完善了一大批管理监督制度，为从源头上预防和治理腐败奠定了坚实基础。教育部组织开展检查工作，惩治和预防腐败体系建设工作呈现出良好发展态势。

三、切实加强监督检查，中央重大决策部署的贯彻落实取得新成果。着力开展中央扩大内需促进经济增长政策落实情况的监督检查，以扩大内需教育投资项目为重点，全面部署开展工程建设领域突出问题专项治理，加强工作指导和监督检查，及时发现和纠正问题，确保了项目工程顺利实施。制定下发了《关于 2009 年规范教育收费进一步治理教育乱收费工作的实施意见》，针对义务教育阶段择校乱收费、服务性收费代收费等人民群众关注的热点难点问题，进行深入调查研究。组织开展教育收费全面检查和专项督察工作，维护人民群众切身利益。深入推进高校招生“阳光工程”，严肃处理了招生违规案件，切实维护了教育公平公正。组织召开了“全国高校学风建设座谈会”，下发《关于严肃处理高等学校学术不端行为的通知》，对一些学术不端行为进行了严肃查处，促进了高校师德师风和学风建设。深入开展“小金库”专项治理，教育部直属机关、直属高校共清理“小金库”239 个。严格落实中央关于党政机关厉行节约的有关规定，较好完成了任务。

四、深入贯彻三委部《意见》，高校反腐倡廉建设取得新成效。教育部以扎实做好量化考核与督促整改为抓手，着力推动《关于加强高等学校反腐倡廉建设的意见》的贯彻落实，有效地提升了高校反腐倡廉建设水平。针对高校案件易发多发的重点领域、关键环节，教育部进一步完善了招生考试、校办产业、科研经费使用、科研成果奖励等方面 18 项制度规定，积极推进直属高校会计委派制、规范基建工程招投标管理，高校管理规范化水平进一步提高。教育部党组会同中央组织部举办“加强党性修养、坚定理想信念、保持优良作风”专题研讨班，对 31 所中管高校党政主要领导进行集中培训；举办了多期高校校级领导干部专题班，进行党性党风党纪教育；组织近百所高校开展加强领导干部作风建设的专题调研，取得重要成果，得到中央领导同志充分肯定。各高校结合深入开展学习实践科学发展观活动，组织召开党性党风党纪专题民主生活会，着力查找作风建设方面群众反映强烈的突出问题。通过一系列举措，高校领导干部作风建设得到切实加强。

五、严肃查处违纪违法案件，发挥案件治本功能取得新拓展。教育系统各级党委、行政和纪检监察部门认真处理群众信访，妥善化解矛盾纠纷，引导群众依法表达合理诉求，严肃查处违纪违法行为，促进了学校和谐稳定。教育纪检监察部门全年共受理群众信访举报 38 133 件，立案 5 303 件，结案 5 263 件，涉案人员 5 907 人，给予党纪政纪处分 4 229 人，移送司法机关处理 259 件，挽回经济损失9 684万元，维护了党纪国法的严肃性。驻部纪检组监察局组织编写《教育系统职务犯罪案例辨析》，制作《背叛与忏悔》警示教育片。

六、认真开展主题实践活动，教育纪检监察干部素质取得新提高。在中央纪委和教育部党组领导下，教育纪检监察部门在学习实践科学发展观活动中，同步开展了“做党的忠诚卫士，当群众的贴心人”主题实践活动。以主题实践活动为载体，积极组织专题学习和业务培训，不断加强干部队伍建设，干部队伍能力素质得到了全面提高。

撰稿　杨火林

审稿　钟　燕

教育督导

〔**对辽宁等5省区城市免杂费等相关工作进行专项督导检查**〕　2009年2月下旬至3月上旬，国家教育督导团组织部分国家督学和专家，对辽宁、河南、湖南、广西、贵州5省区免除城市义务教育阶段学生学杂费（简称“城市免杂费”）、农村义务教育经费保障机制（简称“新机制”）改革及农村义务教育相关工程实施情况进行了专项督导检查，共督查了5个省区的7个市（州）、10个县（市、区）、55所义务教育阶段学校。

督查结果表明：5省区政府认真贯彻落实国务院精神，城市免杂费和新机制的各项政策得到了较好贯彻落实，义务教育相关专项工程顺利推进，同时探索了一些好的做法和经验。

一、城市免杂费工作起步顺利。一是5省区党委、政府高度重视，政策落实，都制定了专门的实施方案，城市免杂费做到了“应免尽免”。二是分担责任明确，资金落实，免除学杂费后，城市义务教育学校经费得到保障，运转正常。三是切实解决进城务工人员随迁子女就学问题，落实“两为主”政策，采取多种措施，做到了同城同待遇，努力保障其平等接受义务教育。

二、调整完善后的新机制政策得到落实。一是各项资金落实到位，农村义务教育学校保障水平明显提高。二是免费提供教科书和补助家庭经济困难寄宿生生活费政策得到切实落实。三是加强制度建设，管理进一步规范，围绕新机制实施中的关键性问题，出台了一系列政策文件，细化和完善了规章制度，加强了监督检查。

三、相关工程按计划实施。一是工程资金落实到位。二是工程进度总体正常。三是工程管理制度健全，均建立了项目法人责任制、招投标制、工程监理制、合同管理制、竣工验收制和工程质量终身负责制等各项工程管理制度。

督查发现存在以下主要问题。一是除湖南、贵州两省外，其他3省区尚未制定城市义务教育阶段学校预算内生均公用经费基本标准。二是2009年春季学期城市免杂费和新机制资金未及时拨付到校，督查组所到学校，均未收到2009年春季学期公用经费拨款，对学校正常运转带来隐患。三是农村中小学预算工作开展不平衡，财务管理基础还很薄弱，不少农村中小学校，未按规范程序编制2009年度预算，一些学校虽然编制了预算，但明显不规范，农村中小学普遍缺乏财会人员。四是部分省份工程进度迟缓，少数工程项目建设程序不规范，有的省区初中工程2007—2008年项目完工率仍不到30%。有的地方一些工程项目未进行设计和监理招投标。

针对各省区存在的问题，国家教育督导团对辽宁等5省区人民政府办公厅印发了城市免杂费等相关工作专项督导检查的意见，提请5省区人民政府根据《意见》中提出的问题和整改要求，研究整改方案，采取措施，切实解决存在的问题。

〔**对贵州省进行“两基”国检**〕　根据贵州省

人民政府申请，国家教育督导团组成国检组，于2009年6月14日至21日，对贵州省进行了“两基”国检。对贵州的“两基”国检由总督学顾问陶西平同志任组长，共检查了该省6个地（市、州）中6个县的23个乡镇，共56所学校。贵州省省长林树森同志参加了汇报会和反馈意见会。教育部部长周济，副部长、总督学陈小娅出席了贵州省的反馈意见会并讲话。

国检组高度肯定了贵州省“两基”工作所取得的成绩和经验。一是省委、省政府高度重视，举全省之力奋力攻坚。各级党政领导都将“两基”作为“一把手”工程，把优先发展教育作为重要职责；各级政府将“两基”工作纳入当地经济社会发展规划、年度财政计划；各有关部门明确分工，形成齐抓共管的合力。二是认真实施“两基”攻坚各项工程，大力改善办学条件。以农村寄宿制学校建设工程为主的一系列国家专项工程如期完成，贵州城乡特别是边远贫困山区的中小学办学条件发生了巨大变化。三是千方百计增加教育投入，为实现“两基”夯实基础。建立健全了以各级政府为主体的“两基”投入保障与分担机制以及农村义务教育经费保障机制，2006—2008年中央和全省各级财政共投入义务教育经费74.74亿元。四是加强农村教师队伍建设，努力提高义务教育质量。在实行招聘录用、组织省内支教、引进外省人员支教的基础上，加大力度实施“特岗教师计划”，大大缓解了教师总量不足的问题，同时，投入专项资金，实施了中小学教师继续教育工程、农村教师素质提升工程，努力提高教师的专业水平。五是大力抓好新形势下控辍保学工作，着力巩固义务教育的普及程度。坚持依法控辍、责任控辍、制度控辍、宣传控辍等行之有效的措施，保障留守儿童、进城务工人员子女、民族女童、残疾儿童、贫困家庭子女等弱势群体和厌学、亲情缺失、关爱缺失的孩子完成九年义务教育。六是完善教育督导机制，保障全省“两基”工作扎实推进。省政府建立了政府督办和教育督导双管齐下的督查机制，保质保量完成“两基”规划目标。

国检组同时指出了贵州省“两基”的主要问题。一是义务教育经费保障水平需要进一步提高。二是教师队伍建设需要进一步加强。三是办学条件需要进一步改善。四是控辍保学力度需要进一步加大。贵州省政府表示要采取切实有力的措施，进一步做好“两基”巩固提高工作。林树森省长在反馈意见会上说，这次“两基”国检，对于贵州的“两基”工作，只是一个逗号而不是句号，一定要把检查组的意见和建议消化好、落实好，我们将把这次国家督导检查作为新的起点，继续坚持把“两基”工作作为贵州省教育事业发展的首要任务来抓，认清差距，查缺补漏，不断提高贵州省基础教育发展水平。

国检组认为，贵州省“两基”主要指标达到了验收标准，建议教育部认定贵州省实现了“两基”目标。教育部根据督导检查的结果，经研究决定，向贵州省人民政府印发了关于认定贵州全省实现“两基”目标的意见。

〔对新疆维吾尔自治区进行“两基”国检〕 根据新疆维吾尔自治区人民政府申请，国家教育督导团组成国检组，于2009年9月18日至26日，对新疆进行了“两基”国检。对新疆“两基”国检由总督学顾问王湛任组长，共检查了该自治区8个地（市、州）中13个县的9个乡镇，共65所学校。中共中央政治局委员、新疆维吾尔自治区党委书记王乐泉出席了反馈意见会并作重要讲话，自治区主席努尔·白克力参加了汇报会和反馈意见会。教育部部长周济出席反馈意见会并作了重要讲话，教育部副部长、总督学陈小娅深入到4个地（州）以及12所农牧区学校检查了解情况，出席了反馈意见会并讲话。

国检组高度肯定了新疆“两基”工作所取得的成绩和经验。一是将优先发展教育作为稳边兴疆的根本大计，切实把“两基”摆在“重中之重”的战略地位。全区上下在推进“两基”的进程中，加强领导，形成了“党政一把手亲自抓、分管领导具体抓、四大班子共同抓”的工作格局；明确分工，形成了政府相关部门齐抓共管的局面；全区动员，形成了全社会关心重视支持教育的良好氛围。二是政府切实履行职责，增加教育投入，为实现“两基”夯实基础。从2006年实施农村义务教育经费保障机制改革过程以来，各级政府安排资金 13.35 亿元；在迎国检过程中，投入 2.25 亿元，为经济困难县的中小学校购置图书、仪器设备；安排地方国债 20 亿元，实施中小学危房改造和校舍安全工程。三是加强两支队伍建设，努力提高教学质量和学校管理水平。坚持从新疆区情出发，努力创新教师补充机制，多渠道增加教师数量；大力加强“双语”教师队伍建设，加大师资培养、培训力度，努力提高教师素质。四是坚持以双语教育为突破口，促进少数民族教育发展水平显著提高。成立专门机构，在课程设置、教材建设等方面统筹规划，大力推进“双语”教学工作；坚持办好内地新疆高中班、区内初中班和区内高中班，大力推进民汉合校。五是以爱国主义和民族团结教育为主旋律，加强中小学生思想道德教育。旗帜鲜明，坚决抵制“三股势力”对教育的渗透；提高针对性和实效性，把爱国主义和民族团结教育融入教育教学和校园文化之中；各部门通力协作，形成保障青少年健康成长的合力。六是继续巩固提高扫盲成果，为农牧民脱贫增收服务。大力加强“三教统筹”和“农科教结合”，组织实施农村实用技术人才培养培训计划和农村劳动力转移培训工作，为农牧民脱贫致富提供服务。七是充分发挥教育督导作用，推动“两基”工作顺利实施。据不完全统计，迎国检以来，自治区先后组织开展了 21 次“两基”督导检查，通过督导检查，仅 2009 年各地就追补或增拨教育资金 7 亿多元。

国检组同时指出了新疆“两基”的主要问题。一是保障义务教育经费投入的机制仍需完善。二是学校办学条件需要进一步改善。三是中小学教师队伍建设还需要进一步加强。自治区政府表示采取切实有力的措施，进一步做好“两基”巩固提高工作。自治区主席努尔·白克力在反馈意见会上表示，将以这次“两基”督导检查为新的起点，扎实做好“两基”巩固提高工作，促进新疆教育事业快速健康发展。

国检组认为，新疆维吾尔自治区“两基”主要指标达到了验收标准，建议教育部认定新疆实现了“两基”目标。教育部根据督导检查的结果，经研究决定，向新疆维吾尔自治区人民政府印发了关于认定全自治区实现“两基”目标的意见。

撰稿 马书义
审稿 周 坚

〔建立义务教育常规监测制度〕 2002 年，教育部启动了义务教育监测工作，在全国建立了 72 个监测县。七年来，相继开展了关于义务教育阶段学生变动情况、办学条件、教育经费、教师学习和生活状况等内容的七次监测工作，监测结果为教育部及有关教育行政部门提供了大量的第一手信息和情况，为有关教育改革与发展的政策制定和实施发挥了重要的决策咨询作用。为使义务教育监测工作进一步科学化、常规化，更好地发挥预警和决策服务作用，按照部领导要求，从 2009 年起，全国义务教育监测项目建立了常规监测制度，实施常规监测与专项监测相结合的工作模式，常规监测每年一次，专项监测根据工作需要定期不定期开展。

相比以前专项监测，常规监测主要体现以下特点。一是内容上更加全面，包括有关学生、教师队伍、办学条件、教育经费等情况。二是监测对象更多，由原来的以县为单位采集数据，变为以学校为单位采集数据，共涉及全国 72 个监测县中的近万所义务教育阶段中小学校。三是实现连续动态监测。将每年监测的义务教育相关情况进行分析整理，逐渐形成数据库，而后可进行年度对比分析、动态跟踪分析、变化趋势分析等，以实现预测、预警功能。

2009 年 7 月底，教育部督导办在哈尔滨市召开了全国义务教育监测工作会议。会议总结了三年来义务教育监测工作的开展情况，并就 2009 年秋季开展的第一次常规监测工作进行了全面部署。2009 年 9 月，义务教育监测第一次常规监测在全国 72 个监测县全面开展，目前监测结果已分析处理完毕，并形成了年度监测报告。

〔“两基”新进展〕 2009 年，西部未实现“两基”的地区进一步明确任务，强化责任，坚持推进“两基”攻坚工作不动摇。在中央专项资金的支持下，努力加大投入，改善办学条件，加强中小学教师队伍建设，认真落实农村义务教育经费保障机制改革资金与政策，狠抓控辍保学和扫盲，努力提高义务教育普及程度和青壮年非文盲率，“两基”攻坚又取得新进展。

2009 年，经国家教育督导团审查，教育部批准，有 14 个县达到实现“两基”的各项指标要求，被列入第十六批实现“两基”县名单并予以公布，其中有 5 个县“两基”工作还存在薄弱环节，需要在 2010 年进行整改和复查。同时，在第十五批实现“两基”县（市、区）中，还有 7 个需要复查的县，经审查，达到了实现“两基”要求，通过复查。

截至 2009 年底，全国实现“两基”的县（市、区）累计达到 2 845 个，占全国总县数的 99.5%；全国“两基”人口覆盖率达到 99.7%。西部地区实现“两基”县（市、区）累计达到 1 063 个，西部地区“两基”人口覆盖率为 99.5%。截至 2009 年底，全国尚有 13 个县未实现“两基”。

附件 1：全国第十六批基本普及九年义务教育、基本扫除青壮年文盲县名单（14 个）

附件 2：第十五批“两基”县复查结果（7 个）

撰稿　陈卫军

审稿　周　坚

附件 1：

全国第十六批基本普及九年义务教育、基本扫除青壮年文盲县名单（14 个）

四川省（2 个）

色达县、美姑县

云南省（3 个）

鲁甸县、镇雄县、澜沧拉祜族自治县

西藏自治区（6 个）

比如县、聂荣县、安多县、班戈县、巴青县、改则县

甘肃省（1 个）

宕昌县

青海省（1 个）

同德县

新疆维吾尔自治区（1 个）

塔什库尔干塔吉克自治县

其中需要复查的县名单（5 个）

云南省（2 个）

镇雄县、澜沧拉祜族自治县

西藏自治区（3 个）

聂荣县、巴青县、改则县

附件 2：

第十五批“两基”县复查结果（7 个）

通过复查的县名单（7 个）

西藏自治区（5 个）

嘉黎县、仲巴县、萨嘎县、日土县、革吉县

甘肃省（1 个）

广河县

新疆维吾尔自治区（1 个）

墨玉县

〔**开展学生语文和科学学习质量抽样监测**〕 为了解我国义务教育阶段中小学生语文、科学学习质量状况及其影响因素，完善义务教育阶段语文和科学学科质量监测指标体系、工具和办法，2009 年 9 月，教育部督导办和教育部基础教育质量监测中心对山西、重庆、辽宁三省（直辖市）中 30 个县的 270 所小学和 180 所初中的部分小学、初中生，进行了语文和科学学习质量的试点监测，同时对相应学校的校长、语文和科学教师也进行了问卷调查。此次监测按照科学严密又简便易行的原则，对原有的监测实施程序和办法进行了完善，确保了监测的权威性、客观性、真实性。

撰稿 黄 琳

审稿 林仕梁

教 育 信 访

〔**2009 年信访工作基本情况**〕 2009 年，教育部信访办共受理人民群众来信、来访和电话信访 28 856件/人、个，与上年同期（28 726 件/人、个）基本持平。其中：处理来信 12 833 件，比上年同期（14 111 件）减少 1 278 件，减幅为 9.06%。来信中初信 9 679 件，比上年同期（11 499 件）减少 1 820 件，减幅为 15.83%，占来信总数的 75.42%。联名信 1 395 件，比上年同期（1 570 件）减少 175 件，减幅为 11.15%，占来信总数的 10.87%。来信量排前 10 位的省（市）依次为：北京、山东、湖南、江苏、四川、河南、湖北、辽宁、浙江、安徽。

接待来访 5 023 人，比上年同期（4 115 人）增加 908 人，增幅为 22.06%。其中接待初访 1 981 人，比上年同期（1 742 人）增加 239 人，增幅为 13.72%。接待集体访 157 批、1 737 人，批次和人数分别比上年同期（48 批、405 人）增加 109 批和 1 332 人，增幅为 227.08%和 328.89%。来访量排前 10 位的省（区、市）依次为：河北、辽宁、河南、内蒙古、山东、北京、黑龙江、湖北、山西、吉林。

接听和处理电话信访 11 000 个，比上年同期（10 500 个）略有增加。

〔**群众信访反映的主要问题**〕 2009年，群众信访反映的突出问题主要有以下几类：(1) 原民办教师和代课人员有关问题（3 199件，占信访总量的17.92%）；(2) 检举揭发教育系统领导干部违规违纪问题（1 383件，占信访总量的7.75%）；(3) 教职工工资福利待遇等问题（1 085件，占信访总量的6.08%）；(4) 高校招生等问题（895件，占信访总量的5.01%）；(5) 基础教育学校布局调整、人事制度改革、学生负担重、教材教法等问题（870件，占信访总量的4.87%）；(6) 历史遗留问题（860件，占信访总量的4.82%）。此外，义务教育绩效工资和均衡发展、企业办学教师待遇、学生伤害等问题，也是2009年群众反映较突出的问题。

〔**强化敏感期和重要活动期间信访工作，为60周年国庆活动营造和谐气氛**〕 2009年"两会"、国庆等期间以及"六四"等敏感时期，按照党中央、国务院和教育部党组要求，部信访办结合教育实际，周密组织，超前部署，主要做了四项工作。第一，认真分析研判形势。根据经验，对可能引发大规模群体访的信访事项及教育热点难点问题，提前分析研判，重点列出了如民办代课、高校毕业生就业及学历文凭、绩效工资、企业办学教师、学生伤害等六类信访突出问题。第二，完善工作机制和制度。针对突发事件，成立了应急工作协调指挥部，下设若干工作小组，协调指挥和处置不同类型信访问题；针对集体访和疑难复杂信访问题，完善了联席会议机制和联合接访制度；同时，还健全了信访信息报送工作制度。第三，制定应急工作预案。针对不同时段，制定了相应的应急工作预案。制定了《2009年"两会"期间教育部信访办应急工作预案》、《"六四"敏感期教育部信访办应急工作预案》，印发了《2009年国庆节期间教育部处置信访突出问题及群体性事件应急工作预案》的通知。第四，加强接访工作。充实接访力量，改变接待方式，延长接待时间，加强值班工作，做到了职责清晰、责任到位、工作到位、服务到位。通过上述工作，敏感时段和60周年国庆活动期间，教育部机关没有发生一起影响稳定的信访事项。

2009年3月9日，"两会"期间，中央督查组对教育部"两会"期间信访工作进行了督导检查。在反馈意见时指出：教育部对信访工作高度重视，工作考虑全面，准备充分，安排周密，措施到位，应对有力。工作针对性强，抓落实到位，成效突出，特别是周六、周日全天接访，充分体现了教育部高度负责的精神和很强的政治意识、大局意识、责任意识。

2009年10月4日，中央督查组对教育部"国庆"期间信访工作进行了突击检查。在反馈意见时指出：教育部党组对信访工作高度重视，对中央精神贯彻落实坚决有力，工作扎实规范，准备充分有预见性，超前部署主动性强，各项工作有条不紊，成效显著。

〔**认真总结中央文件精神贯彻落实情况，精心组织迎接中央信访工作督导组检查工作**〕 2009年6月初，中央联席会议下发了《关于组织开展中发［2007］5号和中办发［2009］3号文件贯彻落实情况督导检查活动的意见》通知。为贯彻落实通知精神，部信访办重点做了四方面工作。（一）向部直属高校（单位）下发了《教育部办公厅关于组织开展中发［2007］5号和中办发［2009］3号文件贯彻落实情况督导检查活动的通知》。（二）认真开展自查工作。（三）组织5个督查组，对10所部直属高校进行了重点抽查。（四）将自查情况形成《教育部关于贯彻落实中发［2007］5号和中办发［2009］3号文件自查情况的函》，上报中央联席会议。

2009年8月底，中央联席会议下发了《关于赴教育部、民政部、人力资源和社会保障部、住房和城乡建设部、卫生部重点抽查的通知》。为迎接中央信访工作督导组检查指导工作，部信访办精心准备，周密安排。9月7日，中央督导组对教育部贯彻落实"中央两个文件"和有关会议精神进行督导检查。听取了鲁昕副部长代表教育部党组的自查情况汇报，到部人事司、部信访办、北京师范大学、教育部考试中心进行了现场调研检查。9月14日，督导组向教育部党组反馈意见，从五方面，对教育部信访工作给与了充分肯定。一是领导重视，认识到位，贯彻落实中央关于信访工作一系列决策部署坚决有力。二是创新机制，落实责任，信访工作效能不断提升。三是健全制度，夯实基础，注重从源头上预防和化解信访问题。四是行动迅速，应对有策，认真贯彻落实全国电视电话会议精神。五是调配力量，提升素质，进一步加强了信访部门的自身建设。

〔加强部直属高校信访工作，努力化解信访积案〕 2009年初，教育部党组就进一步加强部直属高校信访工作作出部署。部信访办重点做了七项工作。（一）春节后，对部直属高校信访积案进行了一次认真排查，确定了29宗信访积案。2月初，要求21所涉案高校采取有力措施，妥善化解这些积案。（二）3月初，印发了《教育部关于进一步加强部直属高校信访工作的通知》。这是新中国成立以来，以教育部名义，针对高校信访工作发的第一个文件。《通知》从要站在政治和全局的高度，切实重视信访工作等五个方面，对新时期高校信访工作提出了明确要求，有效规范和推动了高校信访工作。（三）3月底和4月底，在北京和浙江，召开了75所部直属高校信访工作座谈会。会议邀请国家信访局同志作报告，传达中央有关文件精神，交流经验，部署工作。（四）5月初，向21所涉案高校，发出信访积案督办通知，要求各校加强领导，采取校领导“包案”等办法，切实做好积案化解工作。（五）8月初，组织5个信访工作督查组，赴北京、吉林等五省（市），重点抽查了北京化工大学、吉林大学等10所部直属高校，对学校贯彻落实党中央、国务院和教育部党组有关信访工作决策部署工作，特别是积案化解工作，进行了重点督查。（六）10月初，又向21所涉案高校，发出信访积案督办通知，再次要求各校加大积案化解力度，争取年底前将剩下的“骨头案”、“钉子案”化解掉。（七）12月上旬，对积案化解工作进行总结，形成了《部直属高校29宗信访积案化解情况报告》。29宗信访积案中，16宗基本化解，4宗工作有明显进展。

〔切实加强信访信息和宣传工作，注重信访问题“源头治理”〕 教育部信访办重点做了五项工作。一是重点对5人以上集体访，以及群众信访反映的民办代课、企业办教师、高考招生、绩效工资、毕业生就业等教育热点难点问题情况，编发了47期《信访摘报》。二是每季度，向到教育部来信来访量，排前5位的省级政府和教育行政部门，及时反馈信访情况。三是编发了3期《教育部简报》，重点宣传了教育部党组贯彻落实中央精神以及对信访工作的决策部署情况，宣传了加强部直属高校信访工作情况等。四是就教育系统信访工作先进经验和典型事例，编发了16期《信访简报》加以宣传。五是向中办、国办、中央联席会议和国家信访局等部门，报送各类信息和材料30余份。

〔加强学习和基础工作，提升工作整体水平〕 一是加强学习，不断提高干部队伍素质。坚持每周二、五下午学习制度。主要学习党的十七届四中全会精神，学习中央有关信访工作文件精神，学习教育政策法规及相关业务知识，并就如何解决和化解教育信访突出问题进行学习研讨。2009年，共组织集体学习27次，其中组织《义务教育阶段中小学教师绩效工资政策及相关问题》专题讲座1次。通过学习，加深了对新时期信访工作重要性的认识，强化了政治意识，增强了责任感和使命感，大大提高了干部队伍综合素质，提升了信访工作总体水平。二是大力加强基础工作。首先，整理了《部直属高校老上访户情况简介》，做到了底数清、责任明。其次，对工作中的成功经验和好做法进行提炼，固化成制度，编印了《教育信访工作，“两会”建议、提案办理工作手册》和《办公厅信访处工作须知》，内容包括政策文件、各项工作流程、内部管理制度等，使信访工作更加制度化、规范化、科学化。再次，认真总结积案化解工作。对29宗信访积案，逐一进行分析研究，提炼经验，编辑了《教育部直属高校29宗信访积案案例分析》，为日后深入开展积案化解工作，奠定了良好的工作基础。

〔以“事要解决”为工作突破口，切实解决信访突出问题〕 2009年，部信访办以开展“信访积案化解年”为抓手，以“事要解决”为突破口，对部直属高校29宗信访积案，进行了督查督办，其中，16宗积案基本化解，成绩显著。此外，还采取多种措施，协调解决了一批高校招生、学生毕业证书发放、教职工养老保险和住房补贴、家庭经济困难学生资助、基础教育办重点班和入园入学难、职业技术学院管理等12宗信访疑难问题，切实维护了群众的合法权益。

撰稿　王进保

审稿　安钰峰

关心下一代工作

〔《中共教育部党组关于加强全国教育系统关心下一代工作委员会建设的意见》正式发布〕　为了全面贯彻党的十七大和《中共中央国务院关于进一步加强和改进未成年人思想道德建设的若干意见》和《中共中央国务院关于进一步加强和改进大学生思想政治教育的意见》精神，按照“要重视关心下一代工作委员会的工作，支持他们为加强和改进未成年人思想道德建设贡献力量”的要求，进一步发挥教育系统离退休老同志在培养教育青少年工作中的作用。同时，根据《中国关心下一代工作委员会工作条例》精神，2009年7月，《教育部党组关于加强全国教育系统关心下一代工作委员会建设的意见》（教党［2009］20号，以下简称《意见》）正式下发。《意见》指出，要深刻认识加强教育系统关工委建设的重要性，准确把握教育系统关工委的性质、任务和工作方针，要求切实加强对关工委工作的领导，努力建立健全各级关工委组织和机构，着力加强教育系统关工委队伍建设，逐步完善关工委长效工作机制。

〔开展丰富多彩的社会主义核心价值体系教育活动〕　2009年以来，各地教育系统关工委按照中央的部署和要求，以中华人民共和国建国60周年、纪念“五四”运动90周年等重大活动为契机，以爱国主义教育为重点，用社会主义核心价值体系教育引导青少年，组织开展了一系列教育活动，取得了明显成效。

2009年，教育部关工委继续主办、参与主办了“五好小公民”、“中华魂”、“全国青少年爱国主义教育”主题读书活动，读书活动的主题基本都是围绕新中国成立60周年开展爱国主义教育。各地教育系统关工委充分挖掘利用本地德育资源，将社会主义核心价值体系贯穿于读书、演讲、歌咏、绘画、参观及社会实践活动等教育活动中，唱响共产党好、社会主义好、改革开放好、伟大祖国好。据统计，仅“五好小公民”读书教育活动，就有24个省（区、市）的近3 500万大中小学生参加。江苏省教育关工委与江苏教育电视台联合在全省教育系统开展了“歌唱祖国”活动，组织发动青少年学生、中青年教师和离退休教师学唱、演唱爱国主义歌曲，并举办了“歌唱祖国”电视大赛。北京市教育系统关工委在离退休老同志中广泛开展了“庆祝国庆60周年寄语青少年”征文活动，并编印了《经历·感悟·寄语——庆祝国庆六十周年寄语青少年征文选》，免费发放到基层。

〔召开全国部分省（市）关爱农村留守儿童工作座谈会〕　为贯彻落实十七届三中全会精神，部关工委把加强农村关工委工作作为重点，把关爱农村留守儿童作为主题于2009年9月下旬，在四川省南充市召开了全国部分省（市）教育系统关工委关爱农村留守儿童工作座谈会，四川、江苏、辽宁、河南、安徽、湖南、重庆、陕西、湖北等9省市作了大会交流。

教育部关工委主任田淑兰在讲话中指出，从总体上看，各地教育系统关工委积极配合政府、学校、社区和家庭做了大量有益的工作，取得了一定的成效。她强调，各地要从搞好调查、深入研究，创新形式、搭建平台，推广典型、榜样示范，加强组织、壮大队伍四个方面，积极探索、认真总结关爱农村留守儿童工作的新经验。她要求，各地教育关工委要明确关爱留守儿童的工作思路，进一步加强基层组织建设，壮大农村关心下一代工作队伍，创新关爱留守儿童的工作方法，积极呼吁，努力营造全社会关爱的良好社会氛围，充分发挥教育系统关工委优势，在关爱留守儿童工作中做出新贡献。

〔推广高校特邀党建组织员制度〕 高校党委重视发挥老同志优势，普遍建立了特邀党建组织员制度。为深入贯彻中央16号文件精神，进一步加强大学生思想政治教育工作，2009年12月，教育部关工委与思政司在京联合召开了“发挥高校关工委作用，进一步加强和改进大学生思想政治教育工作”座谈会。教育部副部长、党组成员李卫红出席会议并讲话，她指出，五年来，关工委老同志认真贯彻落实16号文件精神，做了许多实实在在的工作，取得了显著的育人成绩，成为大学生思想政治教育的宝贵资源、重要方面军和不可或缺的依靠力量。在充分肯定成绩的同时，李卫红提出了新形势下进一步加强和改进思想政治教育的思路和举措，希望关工委和广大老同志要在大学生理想信念教育、学习生活指导、党建工作等方面进一步发挥重要作用，为大学生思想政治教育，为教育改革、发展和稳定作出新的更大的贡献。吉林省委高校工委、清华大学、中国农业大学、同济大学、江南大学、华中师范大学、中南大学、四川大学分别在会上介绍了经验。

〔家庭教育工作深入开展〕 家教工作是关工委工作的重要内容。为推动家长学校工作深入开展，教育部关工委新成立了家长学校教材资源研究开发中心，组织专家编辑出版了家长学校系列教材，确定15个省（市）的120个市（县、区）为教育部关工委首批家长学校教育实验区。

〔积极开展关工委理论研究〕 为加强关工委长效机制建设，教育部关工委委托上海、江苏、广东、四川、辽宁五省（市）教育关工委开展关工委长效机制课题研究，并开展了“关心下一代工作长效机制建设”征文工作，共收到论文566篇。经专家评审，评出一等奖3篇，二等奖17篇，三等奖29篇，提名奖45篇，组织奖8个。精选获奖文章编辑印发了《关心下一代工作长效机制建设征文论文集》。部关工委组织专题小组，开展学习型关工委课题研究，并在中国关工委理论研讨会上交流。

教育部关工委与基础教育一司合作，组织力量承担了中央彩票公益金支持建设的青少年校外活动场所调研项目，对河南、湖南、四川、江苏四省已经建成的校外活动场所使用情况进行了全面调研，形成了详细的调研报告。委托东北林业大学关工委承担了2009年教育部人文社会科学研究专项任务项目二类课题“加强大学生党支部建设研究”；委托广东省教育厅关工委编辑出版课题研究成果《中华励志贤文》一书。

〔组织、队伍建设进一步加强〕 关工委工作队伍变动比较频繁，教育部关工委一直重视培训工作。2009年4月，部关工委在京召开省（区、市）教育关工委和部直属高校关工委新任领导干部学习班，提出建设学习型关工委的号召。5月，在上海召开全国省级教育关工委秘书处工作座谈会，这是教育系统关工委成立以来召开的第一次专题研究秘书处工作的会议。会议期间，与会代表交流了各地多年来秘书处工作的经验和体会，研究讨论了关工委建设的长效机制问题，分析了当前教育系统关工委面临的新情况、新问题，提出了进一步加强和改善关工委秘书处工作的新举措。

加强了领导班子建设。增加三位在职部领导担任顾问，原四位副主任改任常务副主任，增加一位常务副主任，明确办公厅、人事司、财务司、基础一司、思政司、老干部局为副主任单位，其一把手为副主任。加强了部关工委所属中心的建设，对关工委所属中心进行了调整，保留并加强了家教中心、社区教育中心和理论研究中心，依托教育部基础课程教材发展中心建立了关工委家长学校教材资源研究开发中心。

关工委队伍进一步壮大。据统计，全国31个省（区、市）教育行政部门全部建立了关工委，其所属高校和所辖地市、县区也普遍建立了关工委，全国教育系统（含直属高校）已经形成一支158万余人的离退休老同志关心下一代工作队伍（约占全国教育系统离退休总人数的29.48%），其中核心骨干队伍约有70万人。组织网络的形成和老年志愿者队伍的发展，为关工委工作的开展提供了组织保证。

撰稿　刘永强
审稿　赵　晖

社会组织管理工作

〔**成立教育部社会组织管理工作领导小组**〕为进一步加强对教育部社会组织管理工作的领导，统筹协调教育部社会组织管理工作，成立了以教育部副部长郝平为组长、办公厅副主任安钰峰为副组长的教育部社会组织管理工作领导小组。领导小组下设办公室，办公室主任由安钰峰同志兼任，副主任由郑志强同志兼任。社团管理与安全保卫处负责办公室的日常工作。

〔**教育部主管的社会组织概况**〕　目前，教育部主管的全国性社会组织有160个，占全国性社会组织总数的8.1%；其中社会团体146个，基金会14个，分别占各自门类的8.0%和9.8%，这些社会组织下设的分支机构或代表机构（即二级组织）320余个。教育部是当前管理全国性社会组织数量最多的中央国家机关之一。长期以来，教育部主管的社会组织紧紧围绕教育部中心工作，以解放思想、改革创新为动力，以服务国家、服务社会、服务人民、服务教育为己任，充分发挥联结党和国家与人民群众的桥梁纽带作用，在服务于教育部重大政策的制定，促进教育事业科学发展；促进学习型社会的建设；为国家建设建言献策，提升为社会公共服务的能力；开展捐资助学，改善办学条件，促进学校的建设发展；推动国际教育交流与合作；传承中华优秀传统文化，促进世界多元文化的发展等方面发挥了重要作用。

撰稿　郑志强　李锦清
审稿　安钰峰

热点关注

〔**研究制定《国家中长期教育改革和发展规划纲要》**〕　2008年8月，温家宝总理主持召开国家科技教育领导小组第一次会议，正式启动《国家中长期教育改革和发展规划纲要》（以下简称《教育规划纲要》）研究制定工作。《教育规划纲要》是21世纪我国第一个教育中长期规划纲要，是指导我国2010—2020年教育改革和发展的纲领性文件。胡锦涛总书记高度重视《教育规划纲要》的制定工作，多次作出重要指示。温家宝总理亲自主持《教育规划纲要》制定工作，两次发表重要文章，多次深入学校调研。刘延东国务委员具体指导《教育规划纲要》研究制定工作，主持召开调研、咨询、征求意见和文本修改会50余次。

建立了专门组织机构。成立了以温家宝总理为组长、刘延东国务委员为副组长、国家科教领导小组成员组成的领导小组，以刘延东国务委员为组长、14个政府部门主管部长为成员组成的工作小组，研究部署《教育规划纲要》研究制定工作。工作小组办公室设在教育部，承担具体的研究制定工作。成立了由500多位专家学者直接参加、近2 000人参与的11个重大战略专题组，成立了包括人大政协专门委员会、各民主党派、各级各类学校、科研机构、企事业单位和海外高校等单位100多位高层次专家组成的咨询专家组，成立了北京、辽宁、上海、江苏、河南、湖南、广东、重庆、新疆东中西9省区市分区域规划小组，成立了学前教育、义务教育、普通高中教育、职业教育、高等教育、继续教育、民办教育7个教育分领域规划小组。

开展了大量的研究制定工作。一是深入调查，开展战略研究。先后开展了包括36个子课题的11个重大战略专题调研；组织工作小组各成员单位、各省区市和80多所高校广泛调研；委托8个民主党派中央、4个社会研究机构、6个一级教育学（协）会和中央教科所等全国教科院所平行调研；委托世界银行研究院、欧盟总部、经济合作发展组织教育委员会等国际组织及我国驻外60个教育处组进行国际调研；针对20个热点、难点问题开展深度调研。共形成500多万字的调研报告。二是问计于民，广泛征求意见。从2009年1月上旬到2月底，分两个阶段先后将36个子课题和20个热点难点问题向全社会公开征求意见，各界人士通过各种渠道发表意见建议210多万条，发来信件14 000多封。三是起草文本，反复咨询论证。成立专门小组，邀请200多位知名专家学者、《教育规划纲要》工作小组有关部委司局长、地方教育部门负责同志、大中小学校长和教师等直接参与起草修改工作。文本初稿形成后，先后3次大范围征求意见，全国人大、全国政协、民主党派中央、中央有关部委、企事业单位以及海外教育界人士等400多个单位、1 000余名专家提出意见建议4 340多条。据统计，在境内外召开不同层面、不同类型的座谈会和研讨会1 500余次，参与人员达23 000余人次，文本前后进行了30多轮大的修改。

撰稿　向明灿　吴延磊
审稿　韩　进

〔西部大开发中的教育发展战略与政策调整研究〕 西部大开发战略是我国改革开放和现代化建设进程中的重大战略选择与政策调整。这一国家战略的实施，为西部教育跨越式发展提供了难得的历史机遇。“十五”期间，国家已将教育发展与人力资源能力开发作为西部大开发的重点领域之一，采取了一系列重大政策措施。由国家教育发展研究中心牵头组织，包括西部省区在内的有关教育行政部门、教育科研机构和高等院校参加，组成总体实力较强、优势互补的科研团队，围绕西部教育发展的战略选择与政策调整，开展调查研究和政策分析。2002年2月，《西部大开发中的区域教育发展战略选择与公共教育政策调整》被列为全国教育科学“十五”规划重点课题，并纳入国家社会科学基金资助管理范畴。国家教育发展研究中心主任张力牵头该课题并担任总课题组组长，15个协作单位设立分课题组。总课题组以及分课题组所有立项课题于2007年底完成结题工作，2008年按照全国教育科学规划课题成果鉴定办法，通过专家组评审。

课题组坚持以邓小平理论和“三个代表”重要思想为指导，深入贯彻落实科学发展观，探索教育战略思想和公共政策理论的创新，力图为制定西部中长期教育规划提供理论支持和施政依据，推动宏观教育决策的科学化和民主化，促进教育战略和教育政策相关学科与研究队伍建设。课题研究的主要成果体现在以下几个方面。

1. 较系统地总结了西部大开发战略实施以来西部教育发展的成就与问题，为研究和制定西部教育战略规划提供了现实依据。国家实施西部大开发战略，加速了西部教育发展。中央政府组织和实施了“农村中小学远程教育工程”、“农村寄宿制学校建设工程”、“中小学危房改造工程”、“中西部农村初中校舍改造工程”等多项教育重大项目，投资重点向西部倾斜，大大改善了西部地区办学条件。“两免一补”政策使得每年5 000多万西部义务教育阶段中小学生受益。一些重要政策和重大项目的实施，促进了西部“两基”攻坚目标的如期实现，基本解决了长期以来困扰西部地区的农村学龄人口“上学难、留不住”的问题。至2008年底，西部地区共有1 049个县和174个团场实现了“两基”目标，占西部地区县（市、区）总数的97.5%，西部地区“两基”人口覆盖率为98.5%，义务教育“普及”程度大大提高，特别是西部农村学校面貌发生了根本变化。总体来看，进入“十二五”时期，西部地区教育发展处在一个新的起点之上。

但在另一方面，西部地区教育发展与改革仍然面临突出的矛盾和问题。由于特殊的自然地理条件的限制和经济社会历史进程等原因，西部民族地区、边境地区、荒漠与高山地区等局部地区，教育发展还相当滞后，办学条件基础弱、水平低，师资总量不足且结构矛盾突出，职业教育与高等教育服务于区域发展的能力不强，就业需求与能力对教育发展的拉动力不够。有些问题和困难是长期累积下来的，也有不少是新形势下产生出来的。

2. 概要分析西部大开发中公共教育政策调整方向和主要路径。随着我国社会主义市场经济体制改革的不断完善，参与经济全球化进程越来越深入，特别是党的十六大以来，政府强调“经济调节、市场监管、社会管理、公共服务”功能，社会基本公共服务均等化成为国家决策的主导取向，这为探索西部大开发中公共教育政策调整，为西部教育均衡化发展目标以及区域教育跨越式发展模式提供了价值导向。促进教育公平正在成为国家基本教育政策，也是西部教育发展的政策立足点。西部教育改革同全国一样，进入体制、机制改革等“深水区”，改革重点依然是市场配置人力资源基础性作用的发挥与政府职能转变，需要注意避免多重失灵的问题。国际教育发展的经验表明，促进教育公平普遍有一个渐进过程。课题组认为，应该区分基本、非基本的公共教育服务和非公共教育服务，厘清政府权责边界，切实改变“缺位”和“越位”状况。我国教育体制改革的根本目的，就是理顺教育与现代化建设的重大关系，致力形成一个中国特色社会主义现代化教育体系，能够向所有学龄人口和全体国民提供更加公平和更有质量保障的教育。区域教育现代化发展目标已经纳入国家政策范畴，对西部教育发展形成新的压力与挑战。

3. 着重探索西部大开发进入新时期后西部教育发展战略选择问题。课题组在深入分析西部地区教育发展的机遇和挑战的背景下，提出了西部大开发和全面建设小康社会大背景下的教育目标和战略重点，探索西部教育的全局性、特殊性和多样性发展模式，提出了西部教育发展的战略思路在于“加强基础、消除薄弱、局部跨越、协调发展”。分课题组采用德尔菲咨询法调查了国内30位专家对区域教育发展战略选择和西部教育政策调整方向的观点，比较集中的意见是：在区域教育发展战略的选择上，认为均衡地普及九年义务教育以及高中阶段教育，非均衡地调整高等教育布局，促使国家扶持、东部地区支持与西部地区自身努力有机结合，坚持走区域特色发展、分类推进的路子；在西部教育政策的调整上，加强中央政府与西部地方政府之间的政策配套；进一步协调部门政策，以契合西部教育发展实际；加强政策的法律支撑体系和良性运行机制建设；采取不同方式处理东、中、西部及西部内部地区之间的关系；健全投入体制，深化办学体制改革和制度创新。

4. 提出了西部教育发展的战略重点。“十一五”期间乃至更长的时期，必须将大力促进教育公平，特别是促进民族地区教育发展，作为西部教育发展与办好人民满意教育的重点领域；坚持统筹协调发展，调整教育体系和学校布局结构，建立不同层次人才“本地化”培养体系，促进职业教育发展，合理配置教育资源，作为保证教育可持续发展的重要途径；着力提高教育质量，大力加强教师特别是农村教师队伍的建设，加强民族地区的“双语”教学工作，作为教育规模稳定后教育发展的关键环节；加快西部教育教学条件标准化建设，推进教育信息化，作为西部教育现代化的条件保障；深化改革创新，正确处理政府主导与市场调节的关系，加强政府对教育公益性发展进行监管引导的作用，充分发挥市场合理配置资源的优势，作为促进西部教育改革的重要手段；探索跨区域合作，重视次区域经济布局变化的新形势，调整与次区域增长相关的教育发展和人力资源开发机制，作为西部区域教育跨越式发展的创新模式。

该课题研究的一个鲜明特点是，紧紧扣住西部教育改革与发展战略决策的主题，将科研工作和决策咨询紧密地结合在一起，及时地把“西部大开发中的教育发展规划”、“区域教育跨越式发展”、“民族地区教育发展”等一些阶段性研究成果转化为政府决策，特别是为国家“十一五”教育发展规划的制定、《2004—2010年西部地区教育事业发展规划》的研制、2020年国家教育发展规划纲要的前期调研以及青海、新疆等民族自治地区的教育发展对策等若干政府重要决策，提出了政策建议。

撰稿　管西亮

审稿　张　力

教育人事管理

综合管理

〔**义务教育学校实施绩效工资**〕 2009年1月1日，义务教育学校率先实施绩效工资。党中央、国务院对义务教育学校实施绩效工资高度重视。在国务院领导下，地方各级政府以及人事、财政、教育部门按照国办发［2008］133号文件精神和有关部署要求，认真组织实施义务教育学校绩效工资，总体工作进展顺利，取得明显成效。义务教育学校实施绩效工资，普遍提高了义务教育学校教师的收入水平，进一步完善了保障教师工资水平的长效机制，初步建立起按实绩和贡献分配的激励机制，有力地促进了教师队伍建设和义务教育均衡发展，受到广大教师的衷心拥护和普遍欢迎。截至2009年底，全国义务教育学校基本兑现了基础性绩效工资。

一年来，教育部为了推进义务教育学校绩效工资平稳顺利实施，采取多种措施，积极开展工作。一是先后举办了四期省级教育人事部门负责人、地市教育局长、县区教育局长、义务教育学校校长参加的专题培训班，同时还开展了全国义务教育学校实施绩效工资远程培训，帮助各地和学校深刻理解、准确把握国家文件精神，指导做好贯彻133号文件实施意见的研究制定工作。二是积极会同有关部门做好对有关省份和新疆生产建设兵团实施意见的审核备案工作，重点就绩效工资水平核定、经费保障和分配的激励导向三个关键问题提出了审核意见。三是认真贯彻落实国务院领导同志指示精神，制定印发了《义务教育学校实施绩效工资政策宣传提纲》和《义务教育学校奖励性绩效工资分配宣传参考提纲》，要求各地传达到每所学校、每位教师，切实加强教育系统内部的政策宣传工作。四是会同有关部门制定下发了《关于抓紧做好义务教育学校实施绩效工资组织实施工作的通知》、《关于抓紧做好义务教育学校绩效工资兑现工作的通知》、《关于进一步做好义务教育学校绩效工资实施工作的紧急通知》等文件，针对各地义务教育学校实施绩效工资工作中的有关情况和问题，及时提出意见和要求，加强工作指导。五是赴河北、内蒙古、辽宁、上海等10多个省（自治区、直辖市）专题调研，深入了解情况，督促和推动各地采取措施加快工作进程。六是制定印发了《教育部关于做好义务教育学校教师绩效考核工作的指导意见》，举办了全国义务教育学校绩效考核专题培训班，加强对地方做好教师绩效考核方案的制订、实施以及奖励性绩效工资分配工作的指导。七是下发通知要求各地建立义务教育学校实施绩效工资联系点制度，召开了部分地区义务教育学校实施绩效工资联系点交流研讨会，会同各地教育行政部门加强对联系点的指导，以点带面，为其他地区提供可供借鉴的经验和做法。八是通过举办省级教育行政部门人事处长培训班，编发《教育人事工作通讯》“绩效工资专刊”的形式，组织交流研讨实施工作情况，总结推广地方好的经验。

为了贯彻落实中央的重大决策，确保义务教育学校绩效工资顺利实施，把好事办好，各地做了大量的工作，卓有成效，在实践中形成了很多好经验、好做法。一是各级党委政府高度重视；二是各级人事、财政、教育部门密切配合；三是资金及时保障到位；四是义务教育学校教师绩效考核和奖励性绩效工资分配努力做到公平公正，多劳多得、优绩优酬，并向班主任、一线教师倾斜；五是政策宣传和教师思想工作得到加强。

撰稿　卢波辉　郑保国

审稿　谢志敏　吕玉刚

〔进一步完善中小学编制管理〕　为大力加强农村教师队伍建设，推进城乡义务教育均衡发展，促进教育公平，2009 年 3 月 12 日，中央编办、教育部、财政部印发了《关于进一步落实〈国务院办公厅转发中央编办、教育部、财政部关于制定中小学教职工编制标准意见的通知〉有关问题的通知》（中央编办发［2009］6 号），要求各地加强和完善中小学教职工编制管理工作，促进教师资源合理配置。

《通知》重点解决了县镇与农村中小学基本编制标准不一致的问题，要求进一步改进农村中小学教职工编制核定工作，各省（区、市）可根据实际需要，在县域范围内和总量控制的基础上，按照有增有减的原则，参照县镇标准核定农村中小学教职工编制。同时还在以下几个方面做出了规定。一是切实加强中小学教职工编制的总量调控与统筹使用，针对城镇学校大量接收进城务工人员子女和不同学段学生规模变化等情况，调整和使用本地区中小学教职工编制。二是认真落实增编因素，对内地民族班中小学，举办民族班的城镇普通中学和开设双语教学课程的班级，寄宿制中小学，乡镇中心小学，安排教师脱产进修、现代化教学设备达到一定规模的学校，承担示范和实验任务的学校，山区、湖区、海岛、牧区和教学点较多地区的中小学，按照从严从紧的原则适当增加编制。三是不断完善中小学教职工编制动态管理机制，特别是要及时调整接收流动人口子女较多学校的编制。通知还要求，严禁挤占、挪用和截留中小学教职工编制，要求各地教育部门作一次全面清查，凡被挤占、挪用和截留的编制，应立即清理，优先调整到急需编制的学校用于新教师的补充；严禁在有合格教师来源的情况下“有编不补”。目前各地编制、教育、财政部门正在按照中央文件精神，研究进一步完善中小学教职工编制管理的政策措施。

撰稿　卢波辉　郑保国

审稿　谢志敏　吕玉刚

〔中小学教师职称制度改革试点工作进展顺利〕

根据国家关于中小学教师职称制度改革的工作部署，经国务院同意，2009 年教育部与人力资源和社会保障部决定在山东省潍坊市、吉林省松原市、陕西省宝鸡市组织开展中小学教师职称制度改革试点工作。改革试点的重点任务是健全中小学教师职务体系、完善评价标准、创新评价机制、建立与事业单位岗位聘用制度相衔接的职称制度。三个市的试点工作共涉及 29 个县（市、区）的 6 585 所中小学和 168 087 名教师，情况复杂，任务艰巨。两部领导高度重视改革试点工作，狠抓落实，部省地三级教育、人事部门通力合作，试点工作进展顺利，为整体推进中小学教师职称制度改革探索积累经验。

试点工作开展以来，教育部重点抓了八个方面的工作。一是 2009 年 1 月，教育部会同人社部制定印发《关于印发深化中小学教师职称制度改革试点指导意见的通知》和《关于印发深化中小学教师职称制度改革试点工作方案的通知》，并成立两部试点工作领导小组，分别由教育部副部长李卫红和人社部副部长王晓初同志担任组长。二是 2009 年 2 月，两部在京联合召开中小学教师职称制度改革试点工作部署会，教育部副部长李卫红和人社部副部长王晓初出席会议并讲话，对试点工作做出全面部署。三是 2009 年 5 月，教育部人事司与人社部专技司就三个试点地市拟报送的试点方案逐一与试点省市的教育、人事部门进行了沟通协商。四是 2009 年 6 月，两部正式批复吉林、陕西、山东三省的试点实施方案。五是三市分别召开了试点工作动员会，教育部人事司和人社部专技司负责同志出席并讲话，正式部署启动试点工作。六是三个试点市及时对工作人员进行了业务培训，着手进行人员过渡登记、岗位核准和职称评审等工作。七是两部建立试点工作联系制度，教育部副部长李卫红、人社部副部长王晓初以及相关司领导多次带队赴试点市调研，加强指导，并通过内部简报等形式做好信息沟通和宣传。八是安排部署试点总结工作。

通过各方面的共同努力，中小学教师职称制度改革试点工作取得积极进展。截至 2010 年 5 月，潍坊市和宝鸡市的试点工作总体进展顺利，已进入全面总结阶段。通过试点，潍坊市共有 81 321 人过渡到了新的教师职务系列，147 人晋升为一级教师，268 人晋升为高级教师，28 人被推荐参加由省人社厅和教育厅组织的正高级教师职务评审。宝鸡市共有 34 471 人过渡到新的职务系列，830 人晋升为一级教师，296 人晋升为高级教师，评审出 12 名正高级教师。吉林省松原市人员过渡、岗位设置工作已经结束，部分县区已完成职务晋升人选学校推荐及评审工作。

经过一年来的扎实工作，试点工作取得较好成效。一是对促进教师职业发展产生了重要影响。改革试点健全了中小学教师职务制度体系，将原来相互独立的中学教师职务系列与小学教师职务系列统一并入新设置的中小学教师职称（职务）系列，并将职务最高等级设置到正高级。这一举措受到了试点地区中小学教师的普遍拥护，对促进教师成长、拓展教师职业发展通道、吸引高层次人才终身从教，具有重要的持续激励作用。二是进一步探索完善了教师评价标准。改革试点对原中小学教师水平评价的基本标准条件进行了修订，充分考虑中小学教师工作专业性、实践性、长期性的特点，坚持重师德、重能力、重业绩、重贡献，改变了原来中小学教师职称评价过分强调论文和学历的倾向，把教书育人的工作实绩作为评价的重要依据。三是注重发挥同行专家在职称评审的重要作用。突出以同行专家评审为基础的水平和能力评价，完善评委会管理办法，注重遴选教育专家和经验丰富的一线教师参加评审，采取说课讲课、面试答辩、专家评议等多种评价方式，增强评价结果的公信力。四是强化了学校在职称评聘中的主体作用。注重职称评聘与学校实际工作和岗位管理紧密结合。五是促进优秀人才脱颖而出。倡导了竞争择优的导向，允许符合申报推荐条件的教师与已经取得相应职称资格的教师一起参加竞聘，使一批业绩比较突出、相对比较年轻的教师通过竞聘脱颖而出，对年轻教师起到了明显的激励作用。

三市改革试点证明，国家关于深化中小学教师职称制度改革的决策正确，两部关于试点的总体方案可行，试点工作得到了广大教师、校长的拥护和支持。

撰稿　孟庆瑜　王光彦

审稿　谢志敏　吕玉刚

〔部属高校开展深入学习实践科学发展观活动〕

按照党中央的统一部署，高校参加第二批深入学习实践科学发展观活动，从 2009 年 3 月开始，到 2009 年 8 月基本结束。

按照中央的安排和部署，参加第二批学习实践活动的部属高校共 90 所；其中，教育部直属高校 73 所，工业和信息化部直属高校 7 所，国家民族事务委员会直属高校 6 所，国务院侨务办公室直属高校 2 所，交通运输部直属高校 1 所，中国科学院直属高校 1 所。参加活动的部属高校二级党组织和党支部共 4.25 万个，党员 83.73 万人；其中，副处级以上党员领导干部 2.53 万人，学生党员 51.91 万人。

为组织好高校的学习实践活动，中央专门成立部属高校学习实践活动领导小组，小组成员由中组部、教育部、工业和信息化部、国家民委、中国科学院有关负责同志组成，在中央学习实践活动领导小组的领导下，具体负责对部属高校学习实践活动的组织领导和工作指导，同时对全国高校的学习实践活动进行指导。

部属高校学习实践活动领导小组始终按照中央的要求，认真组织学习中共中央总书记、国家主席、中央军委主席胡锦涛在学习实践活动动员大会上的讲话，中共中央政治局常委、中央书记处书记、国家副主席、中央深入学习实践科学发展观活动领导小组组长习近平关于第二批学习实践活动的重要讲话和中央关于学习实践活动有关文件，认真学习传达中共中央政治局委员、国务委员刘延东关于开展高校学习实践活动的重要批示精神和中共中央政治局委员、中央书记处书记、中央组织部部长、中央深入学习实践科学发展观活动领导小组副组长李源潮到教育部调研指导高校学习实践活动时的重要讲话精神，牢牢把握正确方向，坚持高标准、高质量地抓好高校学习实践活动。领导小组结合高校特点，提出高校要把科学发展上水平作为核心，通过学习实践活动，自觉用科学发展观指导实践、推动工作，围绕从高等教育大国向高等教育强国迈进的目标，坚持社会主义办学方向，把握办学规律，深化教育改革，提高办学质量，进一步办好符合社会发展需要、人民满意的高校，大力培养高素质创新型人才，更好地为国家和地方的科学发展服务。2009 年 2 月底 3 月初，部属高校学习实践活动领导小组制订《部属高校开展深入学习实践科学发展观活动实施方案》，并先后召开动员大会，举办学习实践活动专题培训班，召开指导检查工作培训会，扎实做好各项准备工作。活动期间，召开 5 次领导小组会议、4 次视频会议、7 次片区会议传达中央精神，研究和部署工作；下发《关于认真学习习近平同志〈在高等学校深入学习实践科学发展观活动座谈会上的讲话〉的通知》、《关于做好研究起草领导班子分析检查报告有关工作的通知》、《关于做好整改落实阶段有关工作的通知》等 43 个指导性文件，针对活动中遇到的问题及时提出指导意见。

领导小组成员和教育部党组其他成员，分别确定 1 所高校为各自联系点，审阅有关材料、听取学校领导汇报、到联系高校为师生作专题辅导报告、参加领导班子专题民主生活会和党性党风党纪建设专题会，推广典型经验；同时，先后深入陕西、天津、上海、湖北、辽宁、四川、广东等地 40 余所高校调研指导工作，帮助解决实际问题。派驻部属高校的 14 个指导检查工作组认真贯彻落实中央精神和部属高校学习实践活动领导小组的统一部署，牢牢把握学习实践活动的正确方向，紧紧依靠联系高校党委，积极发挥部属高校领导小组和高校的参谋助手、桥梁纽带作用。部属高校学习实践活动领导小组办公室加强调查研究，适时提出工作建议，做好协调服务工作；通过工作简报、专题网站、教育新闻媒体等多种渠道，及时传达中央精神，反映领导小组工作要求，报道各高校活动的进展情况以及好做法、好经验，共编发简报 200 多期，中央主流新闻媒体刊播稿件 200 多篇。

高校的学习实践活动分 3 个阶段、6 个环节进行。活动启动之初（2 月底至 3 月中旬），各高校认真做好各项准备工作；在学习调研阶段（3 月中旬至 4 月中旬），重点抓好学习调研和围绕科学发展进行解放思想讨论 2 个环节；在分析检查阶段（4 月下旬至 6 月上旬），重点抓好领导班子专题民主生活会和形成领导班子贯彻落实科学发展观情况的分析检查报告 2 个环节；在整改落实阶段（6 月中旬至 7 月上旬），重点抓好制订整改落实方案、集中解决突出问题 2 个环节。在学习实践活动基本完成时，各高校组织校内各级党代表、人大代表、政协委员和专家学者、学生党员代表及部分用人单位，对开展学习实践活动的情况进行满意度测评。据统计，党员群众对本校开展学习实践活动情况表示“满意”和“比较满意”的平均在 95%以上。总体上看，各高校认真贯彻中央精神，紧密联系当前形势和学校改革发展稳定的实际，紧紧围绕“培养什么人，怎样培养人”和“办什么样的大学，怎样办好大学”这两个根本问题，有力、有序、有效地推进学习实践活动的各项工作，基本达到了“党员干部受教育、科学发展上水平、人民群众得实惠”的总要求，实现了预期目标，取得了实际成效，得到了高校广大党员干部、师生员工的拥护和社会各界的好评。

撰稿 胡 炜 吕 杰

审稿 谢志敏 姜沛民

〔**中等职业学校和中小学开展深入学习实践科学发展观活动**〕 按照中央统一部署，2009 年 9 月至 2010 年 2 月，中等职业学校和中小学、幼儿园作为参加第三批学习实践活动单位，开展了深入学习实践科学发展观活动。全国 1.4 万所中等职业学校、42 万多所中小学和 13.4 万所幼儿园，1 478.2万多名教职员工、2.3 亿在校学生，近 20

万个党组织、约 403 万名党员参加了学习实践活动。在中央学习实践活动领导小组领导下，教育部、国家民委、人力资源和社会保障部、共青团中央等部门共同组成了中等职业学校和中小学深入学习实践科学发展观活动指导小组，教育部原党组书记、部长周济，教育部党组书记、部长袁贵仁先后担任组长，11 位部领导担任指导小组成员；组建了办公室及下属的综合协调、政策文件、宣传简报、巡回指导联络等 4 个工作小组，组长由相关司局一把手担任；组织成立了 6 个巡回指导组，组长由长期从事教育工作、有着丰富教育工作领导经验的副部级领导担任，各组设两位副组长，分别由国家督学、退休的省教育原厅厅长和教育部现任司局级干部担任。各省（区、市）均成立了由教育工委、教育厅（局）主要负责同志担任组长、副组长的中职和中小学学习实践活动指导机构。

在中央学习实践活动领导小组领导下，中职和中小学学习实践活动指导小组全面贯彻落实中央部署，认真组织学习中共中央总书记、国家主席、中央军委主席胡锦涛在学习实践活动动员大会上的讲话，中共中央政治局常委、中央书记处书记、国家副主席、中央深入学习实践科学发展观活动领导小组组长习近平关于第三批学习实践活动的重要讲话和中央关于学习实践活动有关文件，学习中共中央政治局委员、国务委员刘延东关于开展中等职业学校和中小学学习实践活动的重要批示精神和中共中央政治局委员、中央书记处书记、中央组织部部长、中央深入学习实践科学发展观活动领导小组副组长李源潮到教育部调研指导中职和中小学学习实践活动时的重要讲话精神，认真研究部署有关工作方案。教育部党组书记、部长、指导小组组长袁贵仁先后深入基层开展调研指导。教育部党组副书记、副部长、指导小组副组长陈希及其他指导小组成员也都先后赴各地，就深入推进中等职业学校和中小学学习实践活动进行调研指导。

指导小组先后印发了《李源潮同志在教育系统第三批学习实践活动调研座谈会上的讲话》、《关于中等职业学校和中小学开展深入学习实践科学发展观活动的指导意见》、《关于深入学习贯彻党的十七届四中全会精神，加强中等职业学校和中小学党组织建设的通知》、《中央宣传部、教育部关于进一步深化科学发展观“三进”工作的通知》、《关于做好中等职业学校和中小学开展深入学习实践科学发展观活动分析检查阶段工作的指导意见》、《关于做好中等职业学校和中小学开展深入学习实践科学发展观活动整改落实阶段工作的指导意见》、《关于在中职和中小学学习实践活动中向韩国祥、卜延荣同志学习的决定》等 25 个指导性文件，并先后组织召开了中等职业学校和中小学基层党建工作座谈会、部分省市技工学校学习实践活动座谈会、部分省市民办学校学习实践活动座谈会、部分省市幼儿园学习实践活动座谈会等 20 余次工作会议，切实加强工作指导，特别是把加强学校基层党组织建设尤其是加强民办学校党建工作摆在更加突出的位置。6 个巡回指导组按照统一部署和工作安排，调研指导覆盖了全国 31 个省（区、市）和新疆生产建设兵团，共走访地市 153 个、县（市、区）205 个、乡镇 63 个，学校（中职、中小学、幼儿园）579 个，参与座谈活动 333 次，累计上报简报及典型材料 353 份，调研报告 72 份。

为学习宣传中央的精神和部署、贯彻落实中职和中小学学习实践活动指导小组的要求和安排、及时反映各地各校活动开展和 6 个巡回指导组指导工作的情况，共编印《简报》132 期、编印《工作周报》23 期、发表评论员文章 6 篇。在教育部门户网站开通“中等职业学校和中小学深入学习实践科学发展观”专题网站。人民日报、新华社等中央主要媒体刊播相关稿件 240 余篇，涉及 10 余个省（区、市）；中国教育报、中国教育电视台等教育媒体共编发相关稿件 360 余篇，重点宣传了近 40 所学校的典型经验和 10 余名典型人物的先进事迹，举办了教育系统开展深入学习实践科学发展观活动巡礼展览，并编印了画册。编印并向各地免费赠送了《中等职业学校和中小学开展深入学习实践科学发展观活动参阅资料》。

通过开展深入学习实践科学发展观活动，各地中职和中小学围绕贯彻党的十七大和十七届四中全会精神，集中力量解决了一些影响和制约学校科学发展的体制机制性问题，促进了学校科学发展，特别是在加强基层党组织建设、加强师德师风建设、促进义务教育均衡发展等方面都取得了显著成效。

撰稿　潘俊强　朱小杰
审稿　谢志敏　姜沛民

〔**教育部组织抗震救灾一周年宣传纪念活动**〕

为纪念汶川地震一周年，进一步弘扬伟大的抗震救灾精神，彰显教育部干部临危不惧、恪尽职守、顽强抗灾的先进事迹和英雄气概，教育部人事司于2009年5月组织了抗震救灾一周年宣传纪念活动。纪念活动以“为了灾区书声琅琅”为主题，以图片展、报告文学和书籍为载体，全面介绍了教育部选派22名同志赴灾区工作的情况，以及22名同志帮助灾区教育系统在重建规划、延期高考、复学复课、转移安置、对口支援等方面的工作情况，展现了教育部干部良好的精神风貌和为抗震救灾做出的贡献。

5月11日上午，周济部长、李卫红副部长出席了教育部纪念抗震救灾一周年活动暨“为了灾区书声琅琅”图片展开展仪式。周济部长作了纪念讲话，肯定了以22名同志为代表的广大教育工作者，在灾难面前表现出的大无畏的奉献精神和高尚的职业操守。他指出，当前教育系统灾后重建工作还非常繁重，任务十分艰巨，教育部干部职工要继续发扬伟大的抗震救灾精神，团结奋进、开拓创新、甘于奉献、尽职尽责，努力办好人民满意的教育，为促进教育事业改革与发展做出新贡献。

撰稿　杨大研　刘立国
审稿　谢志敏　许　涛

〔**推荐组织优秀教师代表参加新中国成立60周年国庆活动**〕　根据国家关于新中国成立60周年国庆观礼等活动的有关安排，经商各省级教育行政部门，报教育部领导审定，并报有关部门批准，教育部组织72名优秀教师代表于10月1日上午在天安门观礼台出席了国庆60周年庆典活动；当晚，在天安门观礼台观看了国庆联欢晚会。其中16位优秀教师参加了9月30日晚在人民大会堂举办的国庆招待会。

根据60周年国庆北京市筹委会群众游行指挥部的相关安排，教育部推荐的15位教育工作者代表和14位学生代表参加了10月1日上午的国庆彩车游行活动。其中，20名代表参加了“教育成就”彩车的展演，9名代表参加了“绘就蓝图”彩车的展演。

撰稿　范贤睿　朱保江
审稿　谢志敏　吕玉刚

〔**2009年教育部机关与直属单位机构设置及变动情况**〕　2009年教育部机关与直属单位机构设置与变动情况主要如下。

一、财务司增设中小学校舍维修管理处。为贯彻国务院常务会议精神，将全国中小学校舍安全工程抓实抓好，5月11日，成立中小学校舍维修管理处。

二、办公厅保卫处更名为社团管理与安全保卫处。为加强对教育部主管的全国性教育类社会团体的管理，规范社会组织活动，11月27日，办公厅保卫处更名为社团管理与安全保卫处。

三、11月5日，教育部机关文印中心并入教育部机关服务中心。为进一步整合机关后勤服务资源，充分发挥后勤服务的整体优势，经部党组研究并报中央机构编制委员会办公室批准，机关文印中心并入机关服务中心。

四、3月4日，孔子学院总部“法律事务处”更名为“政策法规处”。其主要职责调整为：负责汉语国际推广发展战略的研究并就重大问题进行政策调研；规划并起草有关法律文件；负责法律咨询及相关法律事务。

五、3月25日，教育部教学仪器研究所“科技成果转化推广中心”更名为“科技成果转化协调中心”。其主要职责调整为：负责教学仪器研究所科技成果的转化协调工作；负责职业技术教育相关业务工作及与部内有关司局和行业的联络；负责中小学社会实践基地及校外活动场所装备建设；负责《教仪动态》的编辑工作；协调推动所办科技经济实体的发展。

六、3月25日，教育部教育管理信息中心增设网络信息处。其主要职责是：制定教育部门户网站的发展规划，建立配套的管理制度并组织落实；采集教育部门户网站需要的各类信息并审核发布，组织在线访谈等活动；向中国政府网提供与教育部工作有关的政务信息；承担机关内部办公网络系统公共信息的管理和维护；承担与机关工作有关的各类网络信息的收集整理，建立教育政务信息资源库，为机关提供服务。

七、12月3日，教育部科技发展中心设立高校节能减排技术推广办公室，挂靠产学研合作处。其主要职责为：编制高校节能减排技术推广项目计划；组织高校节能减排项目申报；制定高校节能减排建议方案，推广节能减排技术等。

八、10月29日，成立教育部学风建设协调小组。为加强对高校学风建设的领导，有效遏制学术不端行为，成立教育部学风建设协调小组。

组　长：陈　希　教育部党组副书记、副部长

副组长：王立英　教育部党组成员、中纪委驻教育部纪检组组长

李卫红　教育部党组成员、副部长

成　员：人事司、高等教育司、师范教育司、社会科学司、科学技术司、直属高校工作司、学位管理与研究生教育司、驻部纪检组监察局、教育部高等学校社会科学发展研究中心、教育部科技发展中心主要负责人。

为充分发挥专家在高校学风建设中的重要作用，成立教育部学风建设委员会，成员由教育部社会科学委员会和教育部科学技术委员会的学风建设委员会委员组成。

教育部学风建设协调小组下设社科类学风建设办公室和科技类学风建设办公室，分别设在社会科学司和科学技术司，主任分别由社会科学司和科学技术司司长兼任。办公室主要职责为：制定高校学风建设相关政策；组织开展学术道德和学风建设研究及宣传教育；受理直属高校学风问题举报并组织对重大学风问题进行调查核实，提出处理建议；宏观指导、督促高校加强学风建设等。

九、9月25日，调整教育部突发公共事件应急处置工作领导小组成员。

组　长：周　济　教育部党组书记、部长

副组长：袁贵仁　教育部党组副书记、副部长

陈　希　教育部党组副书记、副部长

鲁　昕　（执行组长）教育部党组成员、副部长

陈小娅　教育部党组成员、副部长

李卫红　教育部党组成员、副部长

郝　平　教育部党组成员、副部长

成　员：办公厅、政策法规司、发展规划司、人事司、财务司、基础教育一司、基础教育二司、职业教育与成人教育司、高等教育司、民族教育司、思想政治工作司、社会科学司、高校学生司、科学技术司、体育卫生与艺术教育司、国际合作与交流司、机关党委、驻部纪检组监察局、教育部高等学校社会科学发展研究中心、教育部教育管理信息中心、教育部考试中心、中国教育报刊社、中国教育电视台、中国教育和科研计算机网CERNET网络中心主要负责人。

领导小组办公室设在办公厅。日常工作由教育部应急管理办公室承担。领导小组下设社会安全类突发事件应急处置工作组；事故灾难类突发事件应急处置工作组；公共卫生类突发事件应急处置工作组；自然灾害类突发事件应急处置工作组；网络与信息安全类突发事件应急处置工作组；考试安全类突发事件应急处置工作组。

十、11月17日，成立远程教育大厦建设领导小组。为加强对远程教育大厦建设工作的领导，确保工程顺利开展，成立远程教育大厦建设领导小组。

组　长：袁贵仁　教育部党组书记、部长

副组长：鲁　昕　教育部党组成员、副部长

牟阳春　办公厅主任

成　员：李胜利　驻部监察局局长

张泰青　发展规划司副司长

徐孝民　财务司副司长

阮志勇　中央广播电视大学党委书记

黄百炼　中国教育电视台党委书记

陈志龙　中央电化教育馆馆长

领导小组办公室设在办公厅。办公室主要职责为：负责工程前期报建工作；负责组织编制项目建议书、征集工程设计方案工作；负责组织委托工程勘察、设计、施工及监理单位招投标工作；负责组

织工程设备和材料采购工作；负责工程质量监督管理和组织竣工验收工作；负责组织工程预决算审查工作；负责工程建设中的其他具体事项。领导小组办公室下设综合组、工程组和财务组等三个工作组。

十一、11月23日，成立教育部对口支援西部地区高等学校工作协调小组。为全面贯彻落实中央西部大开发战略部署，进一步加强对口支援西部地区高等学校工作，成立教育部对口支援西部地区高等学校工作协调小组。

组　长：陈　希　教育部党组副书记、副部长
副组长：林蕙青　教育部党组成员、部长助理
成　员：张大良　高等教育司司长
杨志坚　高等教育司副司长
张泰青　发展规划司副司长
魏士强　人事司副司长
徐孝民　财务司副司长
宋永刚　师范教育司副司长
张东刚　社会科学司副司长
陈盈晖　科学技术司副司长
姜　钢　高校学生司副司长
郭新立　学位管理与研究生教育司副司长
次仁多布杰　民族教育司副巡视员
牛燕冰　直属高校工作司副巡视员

协调小组办公室设在高等教育司。办公室主要职责为：负责教育部对口支援西部高校政策研究工作；负责教育部对口支援日常管理工作；负责协调教育部内各司局对口支援工作等。

撰稿　潘　逵　吴　强　张国辉
审稿　谢志敏　许　涛

〔**2009年教育部机关、直属事业单位、直属高等学校及驻外教育机构干部任免情况**〕 2009年教育部机关、直属事业单位、直属高等学校及驻外教育机构干部任免情况分述如下。

一、教育部机关干部任免名单

办公厅
纪　智　3月16日　任秘书处副处长
吴培红　3月16日　任信息处副调研员
刘　茸　3月16日　任档案处副调研员
刘　卫　6月22日　任信访处调研员
赵佳惠　6月22日　任行政管理处调研员
张　勇　12月30日　任综合处调研员

政策法规司
王大泉　1月13日　任法制办公室副调研员
赵　为　3月16日　任专题调研处副处长
范绪锋　8月24日　任综合研究处处长
黄兴胜　12月30日　任法制办公室副主任

发展规划司
于　洋　4月27日　任基建管理处副处长

人事司
姜沛民　6月28日　任司长
吴德刚　6月28日　免司长
马贵生　4月27日　任机关与直属单位干部处调研员
容　宏　4月27日　任劳动工资处调研员
沈国华　4月27日　任人才发展办公室调研员
韩春勇　6月25日　任高校领导干部一处副调研员
宋　磊　12月8日　任国外人事工作处副处长
吴　强　12月8日　任机关与直属单位人事处副处长

财务司
王　俊　3月16日　任高教财务处副处长
魏秦歌　10月22日　任综合处副处长
徐　薇　3月31日　任高教财务处主任科员

基础教育一司
高　洪　6月28日　任司长
姜沛民　6月28日　免司长、副总督学
王　岱　4月27日　任办公室主任
王　雪　4月27日　任办公室调研员
王民养　4月27日　任综合处处长
高学贵　4月27日　任政策处处长
于长学　4月27日　任学校德育处处长
朱东斌　4月27日　任学校德育处副处长
吕同舟　4月27日　任校外教育处处长
张东燕　4月27日　任校外教育处副处长
俞伟跃　4月27日　任学校管理处处长

基础教育二司

袁　磊　1月22日　任办公室副主任
马嘉宾　1月22日　任高中事业处副处长
姜　瑾　1月22日　任幼儿教育处处长
谢敬仁　1月22日　任特殊教育处处长
周德茂　1月22日　任特殊教育处调研员
刘月霞　1月22日　任课程发展处处长
李　明　1月22日　任课程发展处副处长
沈白榆　1月22日　任课程发展处调研员
臧爱珍　1月22日　任教材管理处处长
秦　伟　1月22日　任教材管理处调研员
杨秀梅　1月22日　任教材管理处调研员
蔡　耘　1月22日　任技术装备处处长
乔玉全　1月22日　任技术装备处调研员
马嘉宾　8月24日　任高中事业处处长

职业教育与成人教育司

葛道凯　6月28日　任司长
黄　尧　6月28日　免司长、副总督学
安　钢　4月27日　任中等职业学校管理处调研员

高等教育司

张大良　6月28日　任司长
张尧学　6月28日　免司长
李　静　1月22日　任教学条件处处长
李晓明　1月22日　任教学条件处调研员
吴爱华　8月24日　任理工科教育处调研员

教育督导团办公室

何秀超　6月28日　任主任
高　洪　6月28日　免主任

师范教育司

董　萍　1月8日　任中小学教师培养处副处长
陈　武　1月22日　任办公室主任

体育卫生与艺术教育司

高　军　4月24日　任综合处副处长
柴海鹰　4月24日　任卫生与健康教育处副调研员

思想政治工作司

余先亭　8月24日　任维护高校稳定工作处处长
荆　辉　8月24日　任组织宣传处调研员

社会科学司

魏贻恒　8月24日　任社会科学成果处处长
马建通　8月24日　任社会科学成果处调研员
陈　睿　8月24日　任思想政治理论课教学处调研员
林　丽　8月24日　任出版管理处调研员

科学技术司

李　楠　3月16日　任综合处副处长
舒　华　3月16日　任高新技术处副处长

高校学生司

王建国　6月28日　任司长
林蕙青　6月28日　免司长

直属高校工作司

陈志龙　6月28日　任巡视员
陈　伟　8月24日　任高校领导工作处处长

学位管理与研究生教育司（国务院学位委员会办公室）

张尧学　6月28日　任司长、主任
杨玉良　6月28日　免司长、主任
卢晓斌　12月30日　任综合处处长
陆　敏　12月30日　任文理医学科处调研员

语言文字应用管理司

高　阳　4月27日　任普通话推广处副处长
容　宏　12月30日　任普通话推广处处长

国际合作与交流司

方庆朝　1月22日　任政策规划处处长
聂瑞麟　1月22日　任对外汉语教学与专家处处长
杨晓春　1月22日　任欧洲处处长
吴劲松　4月27日　任亚非处处长
王道余　1月22日　任政策规划处调研员
田露露　10月14日　任来华留学工作处副处长
刘建丰　12月30日　任港澳台事务办公室副主任
李　海　12月30日　任欧亚处调研员兼中俄人文合作委员会秘书处办公室主任

直属机关党委

陈东升　3月16日　任群众工作处副处长

张　静　4月27日　任办公室主任
郭宇光　4月27日　任组织宣传处处长
胡永宽　4月27日　任群众工作处处长
离退休干部局
王京海　1月8日　任老部长秘书室副主任
李梦林　1月8日　任生活处副处长
邹东海　1月8日　任保健处副处长
王海萍　1月8日　任活动中心副主任
夏云奇　1月8日　任生活处副调研员
徐　萍　1月8日　任保健处副调研员
高　云　5月21日　任办公室副主任
王　澎　5月21日　任组织人事处副处长
高莉娜　12月30日　任组织人事处处长、党委办公室主任
刘天国　12月30日　任活动中心主任
陈　昆　12月30日　任办公室主任

撰稿　杨大研　潘　逵
张国辉　刘立国
审稿　谢志敏　许　涛

二、直属事业单位司局级干部任免名单

高等教育出版社
查卫平　1月10日　任副总编辑
王　霁　1月10日　免副总编辑
李朋义　12月2日　任社长
刘志鹏　12月2日　免社长
全国高等学校学生信息咨询与就业指导中心
韩呼生　1月10日　任副主任
学位与研究生教育发展中心
王战军　1月10日　免副主任
中国高等教育学会秘书处
王　革　1月10日　任副秘书长
高等教育教学评估中心
王战军　1月10日　任副主任

撰稿　杨大研　刘立国
审稿　谢志敏　许　涛

三、直属高校领导干部任免名单

清华大学
陈　旭　6月12日　任党委常务副书记（正局级）
韩景阳　9月5日　任纪委书记
程建平　9月5日　任副校长，免党委副书记、纪委书记职务
邓　卫　12月31日　任党委副书记
邱　勇　12月31日　任副校长
汪劲松　9月5日　免副校长职务
陈　旭　12月31日　免副校长职务
北京邮电大学
王亚杰　1月17日　当选党委书记（第十三次党代会，连任）
赵纪宁　1月17日　当选党委副书记（第十三次党代会，连任）
牟文杰　1月17日　当选党委副书记、纪委书记（第十三次党代会，连任）
北京化工大学
陈冬生　2月10日　任副校长
谭天伟　4月22日　任副校长（试用期满，正式任职）
李显扬　4月22日　任副校长（试用期满，正式任职）
北京林业大学
逄广洲　2月10日　任副校长
钱　军　6月3日　免党委副书记、副校长职务
北京中医药大学
靳　琦　5月22日　任党委副书记
乔延江　5月22日　任副校长
乔旺忠　5月22日　免党委副书记职务
魏天卯　5月22日　免副校长职务
中央财经大学
胡树祥　2月6日　任党委书记
邱　东　2月6日　免党委书记职务
对外经济贸易大学
施建军　5月1日　任校长
徐子健　5月1日　任副校长（连任）

刘 亚 5月1日 任副校长（连任）
胡福印 5月1日 任副校长（连任）
林桂军 5月1日 任副校长（连任）
张新民 5月1日 任副校长
陈准民 5月1日 免校长职务
王正富 5月1日 免副校长职务

中国政法大学

黄 进 2月6日 任校长
高浣月 8月28日 任党委副书记，免副校长职务
胡 明 8月28日 任党委副书记、纪委书记
冯世勇 8月28日 任副校长
徐显明 2月6日 免校长职务
马抗美 8月28日 免党委副书记职务
李书灵 8月28日 免党委副书记、纪委书记职务

中央音乐学院

王次炤 2月10日 任院长（连任）
徐昌俊 2月10日 任副院长（连任）
周海宏 2月10日 任副院长（连任）
江小艾 2月10日 任副院长
叶小钢 2月10日 任副院长
李 续 2月10日 免党委副书记、副院长职务

中央美术学院

杨 力 4月1日 当选党委书记（第一次党代会，连任）
孙红培 4月1日 当选党委副书记、纪委书记（第一次党代会，连任）
徐 冰 4月22日 任副院长（试用期满，正式任职）

天津大学

李义丹 9月14日 任党委副书记

大连理工大学

孔宪京 2月20日 任党委常务副书记（正厅级）
郭东明 2月20日 任常务副校长（正厅级）

同济大学

李 昕 12月31日 任党委副书记
方守恩 12月31日 任党委副书记
陆敏恂 12月31日 免党委副书记职务

东华大学

徐明稚 9月11日 任校长（连任）
殷 耀 12月17日 任党委副书记
宋立群 12月17日 任副校长（连任）
俞建勇 12月17日 任副校长
陈招应 12月17日 任副校长
刘春红 12月17日 任副校长
邱 高 12月17日 任副校长
吴楚武 12月17日 免党委副书记、副校长职务
朱世根 12月17日 免副校长职务
陈田初 12月17日 免副校长职务
江建明 12月17日 免副校长职务
朱美芳 12月17日 免副校长职务

华东理工大学

钱旭红 1月21日 任校长（连任）
陈英南 1月21日 任副校长（连任）
于建国 1月21日 任副校长（连任）
马玉录 1月21日 任副校长（连任）
涂善东 1月21日 任副校长（连任）
杨存忠 1月21日 任副校长（连任）
钱 锋 1月21日 任副校长（连任）

华东师范大学

朱 民 7月14日 任党委副书记、纪委书记
范 军 7月16日 任副校长
任友群 7月16日 任副校长（试用期一年）
陆 靖 7月16日 任副校长（试用期一年）
朱自强 7月16日 任副校长（试用期一年）
杜公卓 7月14日 免党委副书记、纪委书记职务
朱 民 7月16日 免副校长职务
唐明建 7月16日 免副校长职务
王小明 7月16日 免副校长职务

上海外国语大学

吴友富 1月11日 当选党委书记（第十三次党代会，连任）

李月松 1月11日 当选党委副书记（第十三次党代会，连任）
冯庆华 1月11日 当选党委副书记（第十三次党代会，连任）
王 静 1月11日 当选党委副书记（第十三次党代会，连任）

南京大学
张异宾 2月12日 任党委副书记，免副校长职务
杨 忠 2月12日 任党委副书记
任利剑 2月12日 任党委副书记
闵铁军 2月12日 任副校长，免党委副书记职务
谈哲敏 2月12日 任副校长
洪银兴 3月30日 当选党委书记（第九次党代会，连任）
张异宾 3月30日 当选党委副书记（第九次党代会，连任）
杨 忠 3月30日 当选党委副书记（第九次党代会，连任）、纪委书记（第九次党代会）
任利剑 3月30日 当选党委副书记（第九次党代会，连任）
施建军 7月3日 免常务副校长职务（另有任用）

东南大学
杨树林 12月15日 免党委常务副书记、纪委书记职务

中国矿业大学（北京）
杨仁树 2月26日 当选党委书记（第二次党代会，连任）
朱书全 2月26日 当选党委副书记、纪委书记（第二次党代会，连任）

河海大学
朱 拓 2月6日 任党委书记
王 乘 2月6日 任校长
王济干 11月10日 任党委副书记
唐洪武 11月10日 任副校长
李乃富 11月10日 任副校长
徐卫亚 11月10日 任副校长
林萍华 2月6日 免党委书记职务（另有任用）
张长宽 2月6日 免校长职务
徐 辉 6月3日 免副校长职务
严以新 6月3日 免副校长职务

南京农业大学
盛邦跃 7月14日 任党委副书记、纪委书记
胡 锋 7月16日 任副校长
庄娱乐 7月14日 免党委副书记、纪委书记职务
曹卫星 7月16日 免副校长职务

中国药科大学
李丰文 7月3日 免副校长职务

江南大学
符惠民 5月20日 任党委副书记
纪志成 5月20日 任副校长
朱 拓 2月12日 免党委副书记、副校长职务（另有任用）

浙江大学
郑 强 2月19日 任党委副书记
任少波 12月15日 任党委副书记
吴 平 12月18日 任副校长
罗卫东 12月18日 任副校长
叶高翔 2月19日 免党委副书记职务
倪明江 12月18日 免常务副校长职务
朱 军 12月18日 免副校长职务

合肥工业大学
吴玉程 9月27日 任副校长（试用期满，正式任职）

中国海洋大学
于志刚 1月23日 任党委书记，免副校长职务
吴德星 12月4日 任校长（连任）
于宜法 12月4日 任副校长（连任）
董双林 12月4日 任副校长（连任）
李巍然 12月4日 任副校长
闫 菊 12月4日 任副校长
李华军 12月4日 任副校长

冯瑞龙　1月23日　免党委书记职务
翟世奎　12月4日　免副校长职务
武汉大学
陈昭方　6月12日　任常务副校长（正厅级，连任）
李清泉　6月12日　任常务副校长（正厅级）
黄从新　6月12日　任副校长（连任）
周创兵　6月12日　任副校长（连任）
谢红星　6月12日　任副校长（连任）
黄泰岩　6月12日　任副校长
蒋昌忠　6月12日　任副校长
李　斐　6月12日　任副校长
吴俊培　6月12日　免副校长职务
李文鑫　6月12日　免副校长职务
黄　进　6月12日　免副校长职务（另有任用）
龙小乐　9月10日　免党委常务副书记职务
华中科技大学
林萍华　2月12日　任常务副校长（正厅级）
王　乘　2月12日　免常务副校长职务（另有任用）
武汉理工大学
程森成　2月28日　免党委副书记职务
陈冬生　6月3日　免副校长职务（另有任用）
华中农业大学
陈兴荣　6月12日　任副校长
李崇光　6月12日　任副校长
谢从华　1月13日　免副校长职务
华中师范大学
丁烈云　1月12日　当选党委书记（第十次党代会，连任）
吴晋生　1月12日　当选党委副书记、纪委书记（第十次党代会，连任）
何祥林　1月12日　当选党委副书记（第十次党代会，连任）
谢守成　1月12日　当选党委副书记（第十次党代会，连任）
黄晓玫　11月25日　任副校长

逄广洲　6月3日　免副校长职务（另有任用）
中南大学
黄伯云　8月21日　任校长（连任）
中山大学
梁庆寅　6月11日　任党委常务副书记（正厅级）
四川大学
安小予　9月14日　任副校长
孙卫国　9月14日　免副校长职务
西南交通大学
黄　庆　11月25日　免副校长职务
电子科技大学
王志强　4月10日　任党委书记
汪劲松　6月26日　任校长
余敏明　6月26日　任副校长（连任）
王厚军　6月26日　任副校长（连任）
马　争　6月26日　任副校长（连任）
熊彩东　6月26日　任副校长（连任）
朱　宏　6月26日　任副校长（连任）
杨晓波　6月26日　任副校长（连任）
李言荣　10月29日　任党委副书记
胡树祥　4月10日　免党委书记职务
邹寿彬　6月26日　免校长职务
重庆大学
欧可平　1月8日　当选党委书记（第十二次党代会，连任）
陈德敏　1月8日　当选党委副书记（第十二次党代会）
舒立春　1月8日　当选党委副书记（连任）、纪委书记（第十二次党代会）
肖铁岩　1月8日　当选党委副书记（第十二次党代会）
陈德敏　7月24日　任党委常务副书记（正局级）
西南大学
黎小龙　6月3日　免副校长职务
西安交通大学
王小力　1月21日　任党委副书记

闫剑群 1月21日 任副校长（连任）
卢天健 1月21日 任副校长（连任）
徐宗本 1月21日 任副校长（连任）
蒋庄德 1月21日 任副校长（连任）
宋晓平 1月21日 任副校长
程光旭 1月21日 任副校长
丘 进 1月21日 免党委副书记、副校长职务
袁治平 1月21日 免党委副书记职务
席西民 1月21日 免副校长职务
朱世华 1月21日 免副校长职务

西北农林科技大学
马建华 12月14日 任党委副书记
钱永华 12月14日 任副校长
王 革 12月14日 免党委副书记、副校长职务

西安电子科技大学
黄国泉 2月10日 任副校长
余南楠 2月10日 免副校长职务

撰稿 吴映强 杨博宇 吕 杰 彭 实
审稿 谢志敏 魏士强

四、驻外教育机构领导干部任免名单

驻洛杉矶总领事馆教育组
陈准民 8月21日 任驻洛杉矶总领馆教育组参赞衔领事（正司级）

撰稿 赵春露 陈向阳
审稿 谢志敏 许 涛

〔**教育部关于给予有关同志奖励的决定**〕 根据《公务员奖励规定（试行）》，经研究决定，对部内各司局、直属单位有关同志给予奖励，具体如下。

1. 对2008年赴地震重灾区工作的22名同志，给予嘉奖奖励：

曾 阳、王家勤、马贵生、杨 宇、高学贵、马建斌、李 平、高 军、马建通、邰忠智、胡志钢、卢晓斌、张映川、宋 磊、陈汶特、郝志军、蒋 涛、陈珂琦、夏鲁惠、焦江方、陈景才、王振亚。

2. 对2005—2008年期间连续三年年度考核获得优秀等次的公务员，给予记三等功奖励：

牟阳春、韩 进、金平一、吕 杰、刘立国、周家贵、王光彦、郭 鹏、姜沛民、王民养、王 岱、俞伟跃、郑富芝、刘建同、谢 俐、郭春鸣、杨志坚、宋 毅、康 凯、李 彬、于兴国、杨贵仁、何立芳、王 辉、王洪歧、刘 力、周福成、窦春祥。

3. 对2007年年度考核获得优秀等次的公务员（按规定2005—2007年连续三年优秀获记三等功奖励的，2007年度不予重复奖励），给予嘉奖奖励：

牟阳春、杜柯伟、崔保师、孙瑞华、陈 星、周 为、顾 然、郑志强、刁 强、蔺海波、孙霄兵、陈 锋、韩燕凤、黄兴胜、朱宝铜、李燕丽、徐小强、王长树、吴德刚、彭 实、吕 杰、潘 逴、张 旭、周家贵、潘俊强、陈伟光、宋家乐、何光彩、刘玉光、周 坚、王 岱、俞伟跃、郑富芝、刘月霞、马嘉宾、张昭文、安 钢、郭春鸣、张尧学、吴 燕、吴爱华、范 唯、高 洪、陈卫军、阿布都、李 彬、管培俊、葛振江、杨贵仁、高 军、万丽君、迟刚毅、徐艳国、余先亭、徐维凡、陈 矛、梅 红、谢焕忠、李渝红、何立芳、林蕙青、杨 松、冯 佳、平 伟、牛燕冰、张爱龙、杨玉良、王洪歧、卢晓斌、赵玉霞、王登峰、魏 丹、李宇明、陈 敏、岑建君、徐永吉、于继海、薛彦青、杨 军、徐培祥、宋 磊、刘 力、陈大立、胡永宽、孙成华、陈 昆、刘炳来、邹东海、高莉娜、华玉桂、杜 越、葛思颖。

4. 对2008年年度考核获得优秀等次的公务员（按规定2006—2008年连续三年优秀获记三等功奖励的，2008年度不予重复奖励），给予嘉奖奖励：

崔保师、王进保、张 萍、赵建武、蒋 琦、蒋 元、刁 强、蔺海波、孙霄兵、廖舒力、杨志刚、韩 进、张泰青、李彦莉、晁桂明、秦昌威、徐小强、吴德刚、彭 实、陈向阳、

张国辉、郑保国、朱保江、朱小杰、陈伟光、宋家乐、何光彩、郭　鹏、赵建军（财务司）、刘　景、姜沛民、姜　瑾、刘月霞、谢敬仁、黄　尧、谢　俐、王扬南、刘培俊、张尧学、杨志坚、宋　毅、康　凯、王启明、吴爱华、高　洪、马书义、阿布都、管培俊、宋永刚、唐京伟、郄　跃、谭　钢、张　芯、杨振斌、迟刚毅、徐艳国、余先亭、杨　光、陈　矛、梅　红、谢焕忠、武贵龙、李　楠、林蕙青、杨　松、王　辉、陈瑞武、范卫宏、陈维嘉、范海林、杨玉良、朱　瑞、王登峰、郝阿庆、于　虹、李宇明、王翠叶、张秀琴、刘宝利、静　炜、黄　培、张晓东、赵　磊、申玉彪、聂瑞麟、张　栋、郑　晗、周福成、史丽荣、高　云、刘晓勤、陈继山、王海萍、朱秀萍、方茂田、董建红、葛思颖。

中华人民共和国教育部
二〇〇九年五月二十七日

撰稿　杨大研　刘立国
审稿　谢志敏　许　涛

教育管理干部培训

〔制定印发《中共教育部党组关于教育系统深入开展大规模培训干部工作的实施意见》〕　为贯彻落实全国干部教育培训工作会议精神，切实推进教育系统新一轮大规模培训干部工作，经过一年多的广泛调研和深入研究，起草了教育部党组关于教育系统大规模培训干部的工作文件（代拟稿）。2009年12月29日部党组听取了人事司关于教育系统深入开展大规模干部培训工作的专题汇报，通过了人事司提出的关于2010年乃至今后几年大规模开展教育干部培训的工作计划、经费需求和部署安排。2010年1月18日经袁贵仁部长签发，正式印发了《中共教育部党组关于教育系统深入开展大规模培训干部工作的实施意见》（教党〔2010〕3号），明确了今后几年大规模开展教育干部培训的总体要求、目标任务和保障措施。

〔会同中组部确定13所高校为全国干部教育培训基地〕　为贯彻落实全国干部教育培训工作会议精神，充分发挥高校在干部教育培训中的重要作用，2009年教育部会同中组部制定印发了《中组部教育部关于建立和规范高校干部培训基地的意见》（中组发〔2009〕9号）以及《中组部教育部关于印发首批全国干部教育培训高校基地名单的通知》（组通字〔2009〕47号），确定北京大学、清华大学、中国人民大学、北京师范大学、复旦大学、西安交通大学、哈尔滨工业大学、浙江大学、南京大学、四川大学、南开大学、武汉大学、中山大学等13所高校为首批全国干部教育培训高校基地。2009年10月，教育部配合中组部在北京召开了首批全国干部教育培训高校基地暨中央和国家机关司局级干部自主选学试点工作会议。

〔配合中组部举办中管高校领导干部专题研讨班〕　2009年8月3日至9日，配合中组部在中国井冈山干部学院举办了以“加强党性修养、坚定理想信念、弘扬优良作风”为主题的第二期中管高校主要领导干部专题研讨班。57位中管高校党委书记、校长参加了培训班。中共中央政治局委员、中央书记处书记、中组部部长李源潮对培训班的举办给予了充分肯定，人民日报、新华社等新闻单位进行了专题报道。在办好中管高校主要领导干部专题班的基础上，从2009年开始连续五年，中组部会同教育部等单位每年举办中管高校党政副职专题班两期，加强中管高校领导班子思想政治建设。2009年10月、11月教育部配合中组部共选送54位教育部所属中管高校党政副职参加了延安、井冈山干部学院中管高校领导班子党政副职专题班。

〔**举办分管教育工作副市长（副专员）、副县（市）长“优先发展教育，建设人力资源强国”专题研究班**〕 根据中组部培训计划，依托国家教育行政学院分别于2009年4月和10月在北京举办了第二期分管教育工作副市长（副专员）和第二期副县（市）长“优先发展教育，建设人力资源强国”专题研究班，培训全国31个省（区、市）分管教育工作的副县（市）长38名、副市长（副专员）32名。

〔**启动实施2009—2011年教育部—中国移动中小学校长培训项目**〕 在成功实施2006—2008年中国移动西部农村中小学校长培训项目的基础上，2009年6月教育部与中国移动签署了2009—2011年新周期中小学校长合作培训项目协议。项目在东部8省和西部12省遴选确定了200所中小学作为校长培训实践基地，每年组织1 000名西部校长到实践基地参加影子培训，提高西部校长管理实践能力；每年组织1万名中西部农村校长参加远程专题培训，加强对基础教育改革动态和先进办学经验的学习培训。2009年10月19日教育部—中国移动新周期合作培训项目在国家教育行政学院启动实施，教育部副部长李卫红和中国移动副总裁李正茂出席启动仪式并讲话。2009年度教育部—中国移动中小学校长培训项目工作顺利实施。

〔**教育部中学校长培训中心成立20周年**〕 2009年10月，教育部中学校长培训中心成立20周年庆典暨“走向教育家”全国中学校长论坛在华东师范大学举行。教育部副部长李卫红出席大会并讲话。教育部中学校长培训中心成立20年来，共举办450期培训班，培训包括港澳台地区在内的全国中学校长和各类教育干部1.59万人次，在全国中小学校长培训领域发挥了重要的示范和引领作用。

〔**举办全国优秀中小学校长高级研究班**〕 为贯彻落实中央领导同志关于倡导教育家办学的指示精神，2009年委托教育部中学、小学校长培训中心分别举办全国优秀中学校长高级研究班和全国优秀小学校长高级研究班，各招收学员31人。研究班以促进“教育家型”校长成长、储备教育家型校长后备人才为目标，通过名师指导、境内外访学、立项研究、资助出版等形式进行1至3年的重点培养，努力造就一批教育家型的优秀校长。

〔**举办首期全国幼儿园园长高级研修班**〕 为加强幼儿园园长能力建设，以全面提高幼儿园园长管理水平和实施幼儿素质教育的能力为目标，促进学前教育的改革发展，2009年10月委托教育部小学校长培训中心成功举办首期全国幼儿园园长高级研修班，培训各省（区、市）教育部门选送的全国骨干幼儿园园长60人。

〔**围绕教育改革发展中心工作加大教育干部专题培训力度，专题培训取得新成效**〕 2009年重点配合农村义务教育经费保障机制改革、义务教育学校实施绩效工资制度、高中新课程改革等重大改革任务的实施，开展大规模的专题培训。(1) 为配合农村义务教育经费保障机制改革，做好农村学校预算管理工作，人事司会同财务司依托全国中小学教师继续教育网举办农村中小学校长预算管理国家级远程专题培训，共培训西部地区农村中小学校长6 000人。(2) 为配合义务教育学校实施绩效工资制度，2009年除组织举办多批次的面授培训外，通过网络视频直播组织义务教育学校实施绩效工资制度政策解读，参加培训的中小学校长和教育行政干部达23万人次。(3) 为推进教育人事制度改革和人才队伍建设，举办教育系统人事人才工作专题培训班，培训教育厅局人事处长55人。(4) 配合高中新课程改革，支持基础教育二司连续四年每年举办4期新课程实验区高中校长专题培训班，2009年培训高中新课程改革实验校校长240人。(5) 委托国家教育行政学院举办2期全国基础教育改革动态专题研修班，培训全国中小学骨干校长205人。

〔**顺利完成中国中小学校长专业发展基本标准课题研究**〕 教育部人事司委托全国教师教育学会在完成新中国成立以来首次全国中小学校长队伍基本

情况普查和抽样调查工作的基础上，组织开展并顺利完成了“中国中小学校长专业发展基本标准”课题研究。2009年12月1日，人事司组织以顾明远教授为组长的专家组对课题成果进行了评审验收。课题研究成果得到了专家组和部领导的较高评价。经报部领导同意，教育部将在部分地区组织开展中小学校长专业标准试点工作。

撰稿 黄 伟 王光彦
审稿 谢志敏 吕玉刚

高层次人才队伍建设

〔实施“长江学者奖励计划”情况〕 为延揽海内外优秀人才，培养造就一批具有国际领先水平的学术带头人，2009年，教育部继续实施“长江学者奖励计划”。

根据2008年度“长江学者奖励计划”的实施安排，在上一年度有关工作的基础上，上半年，组织完成专家通讯评审、会议评审、长江学者聘任顾问组会议审核、公示等工作，共遴选出135位特聘教授、109位讲座教授，授予北京大学程和平等5位学者2008年度“长江学者成就奖”。244位长江学者中，自然科学领域200人，人文社会科学领域44人，平均年龄43.7岁，具有博士学位243人，具有在海外留学或工作经历230人；特聘教授中直接从海外应聘和近三年全职回国工作的30人，109位讲座教授全部从海外应聘，绝大部分为国外知名大学教授或副教授。

下半年，部署开展2009年度“长江学者奖励计划”实施工作。150所高校推荐了821位长江学者特聘教授、讲座教授候选人，其中特聘教授527名，讲座教授294名。经国内外知名专家通讯评审、同行专家会议评审、长江学者聘任顾问组会议审核、公示等环节，共遴选出153位特聘教授、99位讲座教授，厦门大学韩家淮等4位学者荣获2009年度“长江学者成就奖”。252位长江学者中，自然科学领域216人，人文社会科学领域36人，平均年龄43.7岁，具有博士学位251人，具有在海外留学或工作经历217人；特聘教授中直接从海外应聘和近三年全职回国工作的24人，99位讲座教授全部从海外应聘，绝大部分为国外知名大学教授或副教授。

与上一年度相比，2009年度“长江学者奖励计划”实施工作主要从两个方面进行了改进完善。一是完善专家通讯评审。为进一步增强评审工作的客观性和科学性，充实完善通讯评审专家库，总人数达到9 715人，其中近半数为海外专家；增加参评专家人数，使每位候选人通讯评审专家人数由2008年平均5人增加到9至15人。二是完善专家会议评审。考虑到国防科技领域研究内容及成果体现形式的特殊性，根据专家建议，对学科分组进行适当调整，增设了国防科技组，并对国防科技组安排了答辩环节。

撰稿 张 旭 王 磊 周家贵
审稿 谢志敏 吕玉刚

附一：

2008年度长江学者特聘教授、讲座教授人选名单

一、特聘教授（135人）

北京大学	经济学	蔡洪滨
北京大学	理论化学	高毅勤
北京大学	微电子学与固体电子学	黄　如
北京大学	神经生物学	陆　林
北京大学	理论物理	朱世琳
北京大学	基础数学	宗传明
北京工业大学	凝聚态物理	隋曼龄
北京航空航天大学	航空宇航推进理论与工程	蔡国飙
北京航空航天大学	空间物理学	曹晋滨
北京航空航天大学	管理学	黄海军
北京航空航天大学	无机化学	江　雷
北京化工大学	化学工程	高正明
北京交通大学	管理科学与工程	高自友
北京科技大学	材料学	林均品
北京理工大学	材料学	王沿东
北京理工大学	管理科学与工程	魏一鸣
北京师范大学	环境科学	杨志峰
北京师范大学	天文学	朱宗宏
北京邮电大学	通信与信息系统	廖建新
大连海事大学	环境科学与工程	白敏冬
大连理工大学	机械制造及其自动化	贾振元
大连理工大学	材料表面工程	雷明凯
大连理工大学	化学工程与技术（化学工艺）	邱介山
第三军医大学	病理学与病理生理学	卞修武
第四军医大学	军事预防医学	陈景元
第四军医大学	外科学（整形外科学）	郭树忠
电子科技大学	材料物理与化学	邓龙江
电子科技大学	生物医学工程（计算医学）	蒋田仔
电子科技大学	通信与信息系统	隆克平
东北林业大学	林木遗传育种	柳参奎
东北师范大学	东亚史学	韩东育
复旦大学	分子生物学	王丽华

续表

复旦大学	材料物理与化学	武利民
复旦大学	理论物理	游建强
复旦大学	生理学	朱依纯
国防科技大学	控制科学与工程	胡德文
哈尔滨工业大学	应用化学	黄玉东
哈尔滨工业大学	机械制造及其自动化	梁迎春
哈尔滨工业大学	动力机械及工程	于达仁
湖南大学	国际贸易学	赖明勇
华东理工大学	生物化工	许建和
华南理工大学	材料学	邱建荣
华南农业大学	农业经济管理	罗必良
华南师范大学	光学	朱诗亮
华中科技大学	机械设计及理论	陈学东
华中科技大学	水利水电工程	戴会超
华中科技大学	计算机系统结构	冯　丹
华中科技大学	神经病学	王　伟
华中农业大学	土壤学	黄巧云
华中师范大学	理论物理	王恩科
吉林大学	马克思主义哲学	贺　来
吉林大学	病理生物学	李校堃
吉林大学	理论物理	汪　劲
吉林大学	无机化学	朱广山
江苏大学	机械制造及其自动化	周　明
兰州大学	大气科学	黄建平
兰州大学	植物学	黎　家
南京大学	中国古代文学	程章灿
南京大学	理论物理	李建新
南京大学	分析化学	夏兴华
南京航空航天大学	机械制造及其自动化	徐九华
南京林业大学	林木遗传育种	尹佟明
南开大学	应用数学	C. Reidys
南开大学	细胞生物学	陈　佺
南开大学	光学工程	袁小聪
南开大学	政治学	朱光磊
清华大学	水力学及河流动力学	陈永灿
清华大学	凝聚态物理	段文晖

续表

清华大学	固体力学	冯西桥
清华大学	环境工程	黄　霞
清华大学	药物化学与化学生物学	黄子为
清华大学	材料学	李敬锋
清华大学	车辆工程	李克强
清华大学	分析化学	林金明
清华大学	信息与通信工程	陆建华
清华大学	理论化学	帅志刚
清华大学	中国语言文学	汪　晖
清华大学	公共管理	薛　澜
清华大学	工程热物理	郑丽丽
清华大学	控制理论与控制工程	周东华
山东大学	机械制造及其自动化	黄传真
山东大学	控制理论与控制工程	张承慧
上海大学	一般力学与力学基础	陈立群
上海交通大学	理论物理	敖　平
上海交通大学	应用物理及数学	蔡申瓯
上海交通大学	政治学	陈　捷
上海交通大学	法学	季卫东
上海交通大学	内科学	宁　光
上海交通大学	控制理论与控制工程	汪小帆
上海中医药大学	中医学	王拥军
首都师范大学	基础数学	刘兆理
四川大学	口腔医学	陈谦明
四川大学	精神病学与精神卫生学	李　涛
四川大学	天然药物化学	秦　勇
天津财经大学	统计学	邱　东
天津大学	水利水电工程	练继建
天津大学	电气工程	夏长亮
天津科技大学	食品科学	王　硕
同济大学	岩土工程	朱合华
武汉大学	岩土工程	刘泉声
武汉大学	国际法学	易显河
武汉大学	摄影测量与遥感	朱　庆
西安电子科技大学	通信与信息系统	李建东
西安交通大学	材料学	单智伟

续表

西安交通大学	仪器科学与技术	赵玉龙
西安交通大学	计算机应用技术	郑庆华
西北工业大学	高分子化学与物理	张秋禹
西藏大学	植物学	钟　扬
西南财经大学	金融学	刘锡良
西南大学	基础心理学	李　红
西南交通大学	桥梁与隧道工程	何　川
厦门大学	化学（无机化学）	谢素原
湘潭大学	一般力学与力学基础	郑学军
燕山大学	材料物理与化学	张湘义
云南大学	数理统计	王启华
浙江大学	理论物理	陈启瑾
浙江大学	工程热物理	成少安
浙江大学	光学工程	刘　旭
浙江大学	呼吸病学	沈华浩
浙江大学	电力电子与电力传动	盛　况
浙江大学	农业机械化工程	应义斌
浙江大学	计算机应用	庄越挺
中国地质大学（北京）	矿产普查与勘探	郑有业
中国海洋大学	环境友好型海洋功能材料	于良民
中国矿业大学（北京）	矿产普查与勘探	代世峰
中国农业大学	作物栽培与耕作学	李召虎
中国农业大学	基础兽医学	沈建忠
中国人民大学	财政学（含税收学）	郭庆旺
中国石油大学（北京）	化学工艺	高金森
中南大学	材料学	贺跃辉
中南大学	矿物加工工程	姜　涛
中山大学	光学工程	李宝军
中山大学	肿瘤免疫学	郑利民
中山大学	科学技术哲学	朱　菁
中央民族大学	中国少数民族语言文学	阿不都热西提亚库甫

二、讲座教授（109 人）

北京大学	口腔医学	柴　洋
北京大学	一般力学力学系统与控制	姜钟平
北京大学	等离子体物理	林志宏
北京大学	分子生物物理	谢晓亮
北京大学	社会学	谢　宇

续表

北京大学	人类遗传学	张　康
北京大学	大气化学	张人一
北京大学	中国文学（比较文学与文艺学）	张旭东
北京大学	应用数学	赵宏凯
北京航空航天大学	光学工程	靳　伟
北京航空航天大学	空气动力学	张　欣
北京化工大学	环境工程	张瑞红
北京理工大学	神经生物学	申　勇
北京林业大学	林木基因组学及分子育种	邬荣领
北京邮电大学	管理科学与工程	郑大昭
北京语言大学	语言学及应用语言学	孙朝奋
长安大学	道路与铁道工程	蔡宜长
大连理工大学	无机非金属材料	Yury Gogotsi
大连理工大学	环境科学与工程	陈国华
大连理工大学	结构工程	宋钢兵
电子科技大学	光学工程	蒋华北
东北大学	管理科学与工程	陈志龙
东北师范大学	植物学	蒋继明
东华大学	材料学	刘向阳
东华大学	控制理论与控制工程	王子栋
东南大学	控制理论与控制工程	余星火
复旦大学	神经生物学	陈　俊
复旦大学	遗传学-医学遗传（基因到药物）	刘　钧
复旦大学	磁学	邱子强
复旦大学	光电微纳集成芯片系统	余思远
复旦大学	基础数学	张　坚
广西大学	结构工程	朱建文
贵州大学	人类学/民族学	纳日碧力戈
哈尔滨工业大学	超精密加工及微纳制造技术	Mark Jackson
哈尔滨工业大学	化学	N. A. Kotov
哈尔滨工业大学	一般力学与力学基础	朱伟东
合肥工业大学	地质学	林寿发
合肥工业大学	测试计量技术及仪器	杨连祥
河北师范大学	生物学	王志勇
湖南大学	计算机应用技术	沙行勉
华北电力大学	管理科学与工程	黎建强

续表

华东师范大学	生物医学	冯新华
华东师范大学	生态环境遥感与模型	高　炜
华东师范大学	认知科学	何子江
华东师范大学	比较文学	王　斑
华南理工大学	高分子化学与物理	G. C. Bazan
华中科技大学	西方经济学	黄晓东
华中科技大学	人体解剖学与组织胚胎学	李晓江
华中科技大学	材料加工工程	上官东恺
华中科技大学	管理科学与工程	魏国基
华中科技大学	电工理论与新技术	虞清泉
吉林大学	计算机应用技术	徐　鹰
江南大学	控制理论与控制工程	黄　彪
江南大学	食品科学	王加生
兰州大学	生态遥感	齐家国
南京大学	凝聚态物理	任志锋
南京大学	生物化学与分子生物学	吴殿青
南京航空航天大学	飞行器设计	覃　宁
南京航空航天大学	控制科学与工程	陶　钢
南京理工大学	控制理论与控制工程	冯　刚
南开大学	语言学及应用语言学	张洪明
清华大学	计算机软件与理论	蔡维德
清华大学	物理电子学	常瑞华
清华大学	经济学	陈志武
清华大学	物理	高海燕
清华大学	专门史	黄一农
清华大学	核技术及应用	李德润
清华大学	材料加工工程	李　琳
清华大学	管理科学与工程	赵建良
清华大学	化学工程	祝京旭
山东大学	免疫学	陈有海
山东大学	信息安全	郑玉良
上海交通大学	材料加工工程	曹　简

续表

上海交通大学	流体力学	董　澄
上海交通大学	分子生物学	王义斌
上海交通大学	管理学	奚恺元
上海交通大学	信号与信息处理	谢汉萍
石河子大学	病理学与病理生理学	曹　旭
四川大学	工商管理	何　佳
四川大学	水文学及水资源	梁　旭
天津大学	生物医学工程	贺　斌
天津医科大学	泌尿外科学	张传祥
武汉大学	空间物理学	刘维宁
西安电子科技大学	通信与信息系统	杨伟豪
西安交通大学	国际经济法	单文华
西安交通大学	数学	李　亦
西安交通大学	微电子学与固体电子学	叶作光
西安交通大学	工程热物理	张玉文
西北工业大学	材料学	安立楠
厦门大学	经济学	蔡宗武
浙江大学	电子科学与技术	Juin J Liou
浙江大学	生物物理学	沈炳辉
浙江大学	区域经济学	宋顺锋
浙江大学	外科学（骨移植）	郑铭豪
浙江大学	数学（代数几何学）	左　康
中国传媒大学	传播学	赵月枝
中国地质大学（武汉）	地球动力学	王雁宾
中国科学技术大学	基础数学	叶如钢
中国科学技术大学	生物物理学	周正洪
中国农业大学	作物遗传育种	PS Schnable
中国人民大学	比较文学与世界文学	David Jasper
中南大学	大地测量学与测量工程	丁晓利
中南大学	耳鼻咽喉科学	苏　冰
中山大学	肿瘤学	Huang Peng
中山大学	分子遗传学	蓝　田

续表

中山大学	统计学和生物信息学	张和平
中山大学	社会学	周　敏
中央财经大学	金融学	Eichen-green
重庆医科大学	外科学	何通川

附二：

2008 年度“长江学者成就奖”入选名单（5 人）

数理化科学奖	中国科学技术大学	陈仙辉
生命科学奖	北京大学	程和平
资源与环境科学奖	中国科学技术大学	郑永飞
信息科学奖	北京航空航天大学	张广军
工程科学奖	上海交通大学	林忠钦

附三：

2009 年度长江学者特聘教授、讲座教授名单

一、特聘教授（153 人）

北京大学	高分子化学与物理	宛新华
北京大学	物理化学	吴　凯
北京大学	基础数学	朱小华
北京大学	世界史	李剑鸣
北京大学	妇产科学	乔　杰
北京大学	诉讼法学	陈瑞华
北京大学	环境毒理与风险评价	胡建英
北京航空航天大学	飞行器设计	向锦武
北京航空航天大学	流体力学	王晋军
北京化工大学	材料学	吴一弦
北京化工大学	生物化工	袁其朋
北京交通大学	结构工程	杨庆山
北京交通大学	电磁场与微波技术	王均宏
北京理工大学	化学	杨国昱
北京理工大学	导航、制导与控制	付梦印

续表

北京理工大学	通信与信息系统	陶　然
北京师范大学	心理学	方晓义
北京师范大学	外国哲学	江　怡
北京协和医学院	分子肿瘤学	刘芝华
大连理工大学	水利水电工程	程春田
大连理工大学	焊接工艺与装备	刘黎明
大连理工大学	管理科学与工程	胡祥培
第二军医大学	消化内科学	谢渭芬
第三军医大学	普通外科学	杨　桦
第四军医大学	外科学（骨外科学）	罗卓荆
第四军医大学	内科学（消化）	聂勇战
电子科技大学	电磁场与微波技术	夏明耀
东北大学	管理科学与工程	唐加福
东北大学	采矿工程	冯夏庭
复旦大学	高分子化学与物理	丁建东
复旦大学	植物分子遗传学	王学路
复旦大学	基础数学	袁小平
复旦大学	理论物理	周　磊
复旦大学	表观遗传学	于文强
国防科技大学	计算机科学与技术	王　戟
哈尔滨工业大学	材料学	贾德昌
哈尔滨工业大学	结构工程	郑文忠
哈尔滨工业大学	高超声速热防护技术	孟松鹤
黑龙江大学	应用化学	付宏刚
湖南大学	结构工程	何益斌
湖南大学	工程力学	韩　旭
华东理工大学	热能工程	王辅臣
华东师范大学	化学、物理化学	吴　鹏
华东师范大学	中国古代文学	谭　帆
华东师范大学	数据库	周傲英
华东师范大学	自然地理学	周俊良
华南理工大学	建筑学	孙一民
华南农业大学	动物遗传育种与繁殖学	高绍荣
华中科技大学	材料学	黄云辉
华中科技大学	机械制造及其自动化	尹周平
华中科技大学	计算机系统结构	金　海

续表

华中科技大学	控制科学与工程	岳　东
华中科技大学	内科学（血液病）	胡　豫
华中科技大学	劳动卫生与环境卫生学	邬堂春
吉林大学	机械设计及理论	赵丁选
吉林大学	数量经济学	刘金全
吉林大学	凝聚态物理	刘冰冰
南方医科大学	病理学与病理生理学	姜　勇
南京大学	理论化学	黎书华
南京大学	无机化学	左景林
南京大学	天体物理	丁明德
南京大学	凝聚态物理	王伯根
南京大学	微电子与固体电子学	徐　骏
南京大学	生化药学	华子春
南京大学	环境工程	李爱民
南京大学	自然地理学	鹿化煜
南京航空航天大学	机械制造及其自动化	胡俊辉
南京医科大学	公共卫生与预防医学	沈洪兵
南开大学	微生物学	冯　露
南开大学	基础数学	扶　磊
南开大学	心血管生物学	韩际宏
清华大学	材料学	王晓慧
清华大学	电气工程	何金良
清华大学	电力系统及其自动化	梅生伟
清华大学	水工结构工程	李庆斌
清华大学	机械设计与理论	路新春
清华大学	人力资源开发与管理	杨百寅
清华大学	分析化学	李景虹
清华大学	化学工程	骆广生
清华大学	经济学	李宏彬
清华大学	结构生物学	柴继杰
清华大学	分子细胞生物学	潘俊敏
清华大学	物理	王向斌

续表

清华大学	模式识别与智能系统	戴琼海
清华大学	环境工程	王建龙
山东大学	岩土工程	陈卫忠
山东大学	粒子物理与原子核物理	梁作堂
山东大学	控制理论与控制工程	张焕水
山东大学	神经生物学	陈哲宇
山西大学	物理学	张　靖
陕西师范大学	汉语言文字学	邢向东
上海财经大学	西方经济学	孙　宁
上海交通大学	机械制造及其自动化	来新民
上海交通大学	水稻遗传学	张大兵
上海交通大学	发育生物学	李保界
上海交通大学	凝聚态实验物理	贾金锋
上海交通大学	整复外科学	李青峰
上海交通大学	医学遗传学	韩泽广
上海交通大学	政治学	钟　扬
四川大学	管理科学与工程	徐玖平
四川大学	化学工程与技术（化学工艺）	褚良银
四川大学	绿色化学	余孝其
四川大学	口腔临床医学	胡　静
太原理工大学	化学工艺	李文英
天津大学	光学工程	张伟力
天津医科大学	神经病学	施福东
同济大学	光学工程	王占山
武汉大学	图书馆学	陈传夫
武汉大学	有机化学（化学生物学）	周　翔
武汉理工大学	材料物理与化学	孙涛垒
西安电子科技大学	信号与信息处理	廖桂生
西安电子科技大学	计算机科学与技术	马建峰
西安交通大学	高电压与绝缘技术	成永红
西安交通大学	机械工程	梅雪松
西北工业大学	一般力学与力学基础	邓子辰

续表

西南石油大学	石油与天然气工程	刘清友
厦门大学	无机化学	郑南峰
浙江大学	工程热物理	高　翔
浙江大学	农业昆虫与害虫防治	陈学新
浙江大学	预防兽医学	周继勇
浙江大学	植物营养学	郑绍建
浙江大学	应用数学	葛根年
浙江大学	话语语言学	施　旭
浙江大学	外科学	蔡秀军
浙江大学	麻醉学	方向明
浙江大学	环境工程	吴忠标
浙江工业大学	工业催化	李小年
中国地质大学（武汉）	构造地质学与灾害地质	Timothy Kusky
中国海洋大学	海洋化学	杨桂朋
中国科学技术大学	功能高分子材料	刘世勇
中国科学技术大学	管理科学与工程	梁　樑
中国科学技术大学	细胞生物	廉哲雄
中国科学技术大学	空间物理学	陆全明
中国农业大学	农业机械化工程	李洪文
中国农业大学	作物遗传育种	孙传清
中国农业大学	植物学	郭　岩
中国人民大学	比较文学	高旭东
中国人民大学	物理学	陈根富
中国人民大学	中外政治制度	杨光斌
中国人民大学	民商法学	张新宝
中国石油大学（北京）	油气井工程	邓金根
中国石油大学（华东）	油气井工程	孙宝江
中国医科大学	皮肤性病学	高兴华
中南大学	有色金属冶金	李　劼
中南大学	机械设计及理论	黄明辉
中南大学	皮肤病与性病学	陈　翔
中南大学	哲学	李建华

续表

重庆大学	电气工程	陈伟根
重庆大学	工程热物理	廖　强
重庆大学	机械电子工程	王时龙
重庆大学	新能源化工	魏子栋
重庆大学	电子科学与技术	廖晓峰
重庆大学	矿业工程	卢义玉

二、讲座教授（99 人）

北京大学	化学生物学	何　川
北京大学	基础数学	庆　杰
北京大学	计算机软件与理论	蔡进一
北京大学	构造地质学	Guillaume Dupont-Nivet
北京航空航天大学	空间物理学	张铁龙
北京交通大学	交通运输规划与管理	林兴强
北京科技大学	材料学	王循理
北京协和医学院	免疫学	何有文
长安大学	地质工程	路　中
大连海事大学	轮机工程	李冬青
大连理工大学	管理科学与工程	周荫强
第二军医大学	长江学者	程根宏
第四军医大学	口腔基础医学	施松涛
东北大学	控制理论与控制工程	孙　静
东南大学	通信与信息系统	王晓东
对外经济贸易大学	国际贸易学	彼得·巴克利
复旦大学	管理科学与工程	宋京生
复旦大学	遗传学（肿瘤分子遗传）	易　庆
复旦大学	传播学	赵心树
复旦大学	耳鼻喉科学	蒋家琪
国防科技大学	计算机科学与技术	薛京灵
哈尔滨工程大学	船舶与海洋结构物设计制造	马庆位
哈尔滨工业大学	仪器科学与技术	Tony Wilson
河海大学	岩土工程	吴宏伟

续表

湖南农业大学	作物遗传育种	王国梁
华东理工大学	控制理论与控制工程	韩清龙
华东师范大学	生态学	何芳良
华南理工大学	数学	景乃桓
华中科技大学	电力电子与电力传动	谢智刚
华中科技大学	理论物理	段　勇
华中科技大学	通信与信息系统	熊子祥
华中科技大学	天然药物生物合成	李书明
华中科技大学	病理学与病理生理学	沈　康
华中农业大学	生物化学与分子生物学	赵云德
吉林大学	机械制造及其自动化	闫纪旺
吉林大学	理论物理	路　洪
兰州大学	概率论与数理统计	荆炳义
南京大学	材料学	周豪慎
南京大学	无机化学	孙守恒
南京大学	英语语言文学	尹晓煌
南京大学	凝聚态物理	毛志强
南京航空航天大学	检测技术及自动化装置	田贵云
南京理工大学	控制科学与工程	陈本美
南开大学	生物化学与分子生物学	雷　鸣
南开大学	计算数学	王　奇
南开大学	理论物理	何杨辉
南开大学	遗传学	潘多加
清华大学	车辆工程	彭　晖
清华大学	有机化学	祝介平
清华大学	凝聚态物理	汪自强
清华大学	计算机应用技术	傅晓明
清华大学	环境工程	张　阳
山东大学	外国哲学	余纪元
陕西师范大学	物理化学	肖建良
上海交通大学	动力机械与工程	王　海
上海交通大学	船舶与海洋工程	陶龙宾

续表

上海交通大学	机械设计与理论	陈　卫
上海交通大学	新闻传播学	魏　然
上海交通大学	计算机科学与技术	李　波
天津大学	仪器科学与技术	郭跃彬
天津科技大学	制浆造纸工程	倪永浩
武汉理工大学	材料物理与化学	刘　俊
武汉理工大学	环境科学与工程	余济美
西安电子科技大学	信号与信息处理	夏香根
西安交通大学	材料学	李　巨
西安交通大学	热能工程	赵天寿
西安交通大学	固体力学	陈　曦
西安交通大学	理论物理	李宝安
西安交通大学	计算机科学与技术	高立新
西南财经大学	金融学	Philip H. Dybvig
西南大学	发展与教育心理学	Cody Ding
厦门大学	计算数学	Shen　Jie
厦门大学	基础数学	关　波
厦门大学	海洋科学	蔡卫君
浙江大学	机械电子工程	姚　斌
浙江大学	产业经济学	陈勇民
浙江大学	蔬菜学	陈志祥
浙江大学	比较教育及东亚研究学	莫家豪
浙江大学	凝聚态物理	斯其苗
浙江大学	控制科学与工程	LT Biegler
浙江大学	微电子学与固体电子学	俞　滨
浙江大学	控制科学与工程	周武元
浙江大学	外科学（器官移植）	戴一凡
中国地质大学（武汉）	环境地质工程	詹红兵
中国海洋大学	物理海洋学	王春在
中国科学技术大学	信息与通信工程	罗杰波
中国农业大学	生物学	张　毅
中国人民大学	人口、资源与环境经济学	吴俊杰

续表

中国药科大学	微生物与生化药学	程晓东
中南财经政法大学	金融学讲座教授	李海涛
中南大学	计算机应用技术	潘　毅
中南大学	病理学与病理生理学	陈　林
中山大学	工商管理	柯　滨
中山大学	生物化学与分子生物学	陈俊杰
中山大学	计算数学	张智民
中山大学	麻醉学	左志义
中山大学	哲学	李明辉
中山大学	环境科学	M. H. Thiemens
重庆大学	材料学	聂建峰

附四：

2009 年度“长江学者成就奖”获奖者名单（4 人）

数理化科学奖	中科院大连化学物理研究所	杨学明
生命科学奖	厦门大学	韩家淮
地球科学与环境科学奖	湖南大学	曾光明
工程科学奖	西北工业大学	祝小平
信息科学奖	空缺	

国家教育行政学院培训工作

〔**综述**〕　2009 年，国家教育行政学院坚持“围绕中心，服务大局”，以组织开展庆祝新中国成立 60 周年相关活动和高质量完成教育部主要规划培训项目为重点，以提高培训质量为核心，坚持改革创新，学院以教育干部培训为中心的各项事业实现新发展，学院教育干部培训工作为教育事业科学发展服务、为教育干部健康成长服务的能力和水平有新增强。

〔**教育管理干部和教师培训工作**〕　学院教育管理干部和教师培训工作按照“强化办学特色，精心打造品牌，加强软实力建设，走内涵发展道路”的总思路，继续全面发展。2009 年，共举办 48 个面授培训项目，培训 4 740 人次，计 86 767 人天。其中，累计培训高校领导干部 351 人次，高校中青年干部 406 人次，教育行政干部 999 人次，分管教育工作副市长（副专员）、县（市）长 70 人次，高校思想政治理论课骨干教师 566 人次。培训项目中来自教育部规划项目占 60％以上，涵盖基础教育、高等教育和职业教育各个方面。另外，还较好地完成了各类高标准高规格的接待任务，共计接待了 80 多次副部级以上领导到学院参加开班和结业等各项活动。2009年学院培训工作有三个基本特点。一是加强培训管理，质量全面提升。通过加强需求调研、制订详细的“教学计划实施指南”等措施，进一步提高了教学计划的科学性和针对性，进一步规范了教学计划的执行流程。培训工作各环节都有明显改善，学员评估满意度均有不同程度提高，项目总体满意度达97.1%。二是加大了专题培训的力度，培训针对性更强。为深入贯彻落实2008年全国干部教育培训工作会议有关精神和全国教育系统干部培训“十一五”规划的要求，学院特别注意抓住教育战线改革发展的热点、难点问题，贴近教育管理实际，有针对性地开发培训项目，举办了高校科研、教学、组织人事、党校管理等专题培训班，以及福建省高校领导干部办学治校能力专题培训班、西安市职业教育院校长培训班等。三是注重培训研究及教学改革，培训实效性进一步提高。在小班教学、案例教学、结构化研讨、培训组织管理等方面均迈出了坚实的步伐，在推动教育干部培训方法改革创新、提升教育干部培训质量效果方面进行了创新性、富有成效的探索。

充分利用学院资源，为《国家中长期教育改革和发展规划纲要》起草提供有力后勤保障和重要调研咨询服务。高质量完成《国家中长期教育改革和发展规划纲要》起草组接待工作，部分干部教师直接参与了《教育规划纲要》的起草制定工作，多次组织相关培训班次的学员参与《教育规划纲要》起草调研工作。

〔**积极参与职业教育法修订专题调研**〕《中华人民共和国职业教育法》自1996年颁布实施，对我国职业教育的改革和发展发挥了重大作用，产生了重要影响。但是，随着时代和经济社会的发展，职业教育从外部环境到自身状况均发生了许多变化，现行职业教育法在结构、内容和立法技术上需要进一步修订和完善。根据全国人大常委会五年立法规划对修订职业教育法的有关要求和部署，为提高立法质量，将立法建立在科学研究的基础上，学院在全国人大科教文卫委员会教育室的指导下，与有关方面一起，承担了开展职业教育法修订专题调研工作。学院依托专兼职教师队伍和学员的资源优势，组织了一支具有良好素养的研究团队，对国外发达国家职业教育发展历史、法规建设、办学特色、发展成效进行深入分析研究；课题组成员分赴我国东中西部地区的八省二十余个市、县，走访了五十余所职业院校和十余家各类企业，通过召开座谈会、专题访谈等多种形式，展开深入的调研工作。还采取个别访谈和问卷调查方式，在学院多个培训研修班开展调研活动，调研对象涉及东中西部的有关市（州）分管教育工作的副市长（州长）和地市、县市教育局长、中职学校校长等，获得了大量有价值的第一手材料。通过调研，进一步认清了职业教育法颁布以来，我国职业教育在原有基础上发生的巨大而深刻的变化，总结分析了职业教育法颁布以来，我国职业教育取得的巨大成就和成功经验，明确了当前职业教育改革发展现状与国家要求之间存在着的差距和需要着力解决的问题，对修法原则和方法、主要内容等初步形成了思路和建议，取得初步成效，为开展职业教育法修订工作奠定了科学研究基础。

〔**远程教育干部培训迅速发展**〕远程培训合作与协议单位进一步拓展，学员规模稳步提升。2009年，中国教育干部培训网与3个省级培训机构、45所高校和25个地市县市教育单位建立了合作关系。这样，目前已与4家省级培训机构、102所高校和86个地市县市教育单位开展远程培训合作，总协议单位191个；参加高等学校管理者平台培训的学员26 600人，参加中小学校长培训平台培训的学员61 373人；累计结业学员22 754人，获取结业证学员14 310人。远程培训资源建设进一步加强，培训质量得到有效保证。根据教育部机关干部的培训需求，对教育部机关干部培训学习平台升级改造，进一步完善功能，保障机关学习网的稳定运行。

〔**教育部、国家外国专家局第三周期“高校领导赴海外培训项目”启动**〕由教育部、国家外国专家局联合举办、学院和中国国际人才交流基金会分别承办的“高校领导海外培训项目”第三周期项目于2009年2月启动。该周期项目旨在立足高等教育国际合作日趋广泛的宏观背景，适应我国经济社会发展战略对发展高等教育的迫切要求，针对高等教育质量建设对高校领导干部素质与能力的现实需求，追踪了解发达国家高等教育发展的新理论、新动态、新战略和新方法，学习借鉴世界著名大学成功办学经验，拓展参训高校领导的国际视野，提高战略思维能力，提升领导管理水平，全面推进我国高水平大学建设，提升中国高等教育的质量和国际竞争力。培训对象主要为教育部和其他部委所属高校、国家重点支持的西部高校、教育部和省市共建地方高校校级领导。3年计划培训370余名高校领导。2009年，学院比较圆满完成“大学发展战略规划及研究生培养”、“高水平大学建设：教学、科研及文化发展”、“高水平大学建设：教学、科研及经济发展”为主题的3期培训班共66人次的培训任务。

〔**中等职业学校校长改革创新战略专题研究班启动**〕 为适应职业教育改革发展新形势的需要，积极配合国家实施中等职业教育改革发展示范校建设计划，加快提升中等职业学校校长的改革创新意识和能力，教育部决定2009年开始启动中等职业学校校长改革创新战略专题研究班项目，为职业教育改革创新奠定人才和思想基础。培训对象为国家级重点中等职业学校校长。培训班围绕以服务为宗旨、以就业为导向，重点学习研究职业教育体制机制和模式改革创新的新理念、新思路、新举措、新途径，职业教育办学模式、培养模式、教学模式和评价模式改革，教学环境、教材应用、教学方式、队伍建设、专业设置和管理制度创新等。2009年12月举办了第一期班，共有来自全国各省、自治区、直辖市和新疆生产建设兵团国家级重点中等职业学校的184位校长参加了培训。

〔**2009—2011年中国移动中小学校长培训项目启动**〕 2009—2011年中国移动中小学校长培训项目是在国家关于校长培训总体规划框架之下，由中国移动捐资1 500万元与教育部联合实施的新一轮中西部中小学校长培训项目。该项目计划利用3年时间，通过“影子培训”和远程培训两种形式，为中西部地区培训33 000名农村中小学校长。该项目是“中国移动蓝色梦想教育捐助提升计划”的重要组成部分，也是中国移动西部农村中小学校长培训项目（2006—2008年）的继续与深化。该项目将立足中西部农村，服务和面向中西部农村教育，通过改革创新培训模式与手段，突出影子培训和远程培训两种新的培训形式，架设东部支援西部、城市支援农村的桥梁。为确保项目顺利实施，教育部人事司组织成立了中国移动中小学校长培训项目专家顾问组和工作指导小组。2009年8月24日至27日、10月19日至20日，教育部人事司会同学院举办了省级承办机构负责人培训班。9月19日在学院举行项目专家会议，审议了各项目省教育行政部门推荐的200所项目实践基地学校，并举办基地学校校长培训班。10月19日，项目启动仪式在学院举行，教育部副部长李卫红、中国移动副总裁李正茂出席会议并讲话，为200所中小学校长培训实践基地学校授牌并颁发培训指导教师聘书。在此轮项目中，学院发挥着统筹协调作用，组成了由培训部、远程培训部以及杂志社、图书信息中心参与的移动项目办公室，负责项目的总体策划、协调、指导、宣传、总结等工作。学院参与完成了2009年该项目的规划、筹备、启动以及培训者培训，协调并参与指导了全国各省、自治区、直辖市承办单位的培训工作，全年完成11 000位校长的总体培训任务。该项目的实施，将进一步提高西部校长的管理实践能力和办学水平，为西部学校培养一批推进学校改革创新和实施素质教育的带头人，促进义务教育均衡发展和城乡教育协调发展。

〔**富有学院特色的科研工作成绩显著**〕 学院科研继续围绕教育干部培训工作，紧贴教育改革发展与管理实践，重视实证研究。学院全年发表学术论文100余篇，出版专著、论著或合著12部。获中国高等教育学会和中国教育学会等国家一级学会一等奖1项、二等奖2项。专兼职教师出席国内外各类学术会议10多人次，交流论文10余篇。3项申报课题被列为教育部重点课题和教育部留学基金课题。2009年度，学院有3人次分别当选国际儒学联合会第四届理事、全国教育科研管理专业委员会常务理事和中国职业技术教育学会职教发展战略研究工作委员会副主任。学院科研与合作交流处因科研工作规范化管理、科研管理和服务水平突出，被全国教育科学规划办公室评为全国教育科研管理先进单位。

作为学院重要学术窗口与平台的《国家教育行政学院学报》等四刊质量建设得到有力加强，学术影响、社会效益明显提高。《国家教育行政学院学报》再次入选“2009年至2011年社会期刊CSSCI来源期刊”，《中小学校长》2009年8月纳入“全国中小学校长培训工作研究会会刊”。

积极推进“全国各类学校校史校志特藏中心”资料建设。至2009年底，特藏中心已拥有493所高校资料，高校相关资料1 152份，校徽纪念品60份，光盘资料724张，校史校志图书431册，全国中小学相关资料200份。为开展相关研究提供了便利、丰富的文献资源服务，成为学院图书馆馆藏一大特色。

〔教育干部培训国际合作交流取得新进展〕 首次接待了悉尼大学亚太研究所副主任菲利普先生在学院访学。顺利完成赴印度、泰国、日本三国教育干部培训工作考察和赴我国台湾参加“教育创新与两岸校际合作”研讨会的工作。与台湾文化大学合作，成功举办台湾高校大陆招生制度研修考察团培训项目。与悉尼大学合作成功举办“培养未来大学领导人”学术研讨会。与悉尼大学、伦敦南岸大学建立了更为稳固的合作与交流关系。接待多个国家和地区的教育行政官员及专家学者50余人次，达成多项合作意向。

〔高教管理研究会秘书处工作稳步推进〕 高教管理研究会以学术交流工作规范有效而再次受到中国高等教育学会的表彰。高等教育管理研究会以“科学发展观统领下的高等教育管理”为主题的2009学术年会于7月26日在黑龙江齐齐哈尔职业学院举办；会议增补18人为常务理事、19人为理事，研究会理事达503位。申报参加“中国高教学会第七次优秀高等教育研究成果评奖”，共获得论文类奖项5篇，著作类奖项3部；有9位理事通过高教学会其他分会申报的研究成果获得奖励。《高等院校质量建设与特色发展》一书，由江苏大学出版社正式出版。启动纪念“高教管理研究会成立25周年”有奖征文活动。

〔中国教育学会教育行政专业委员会获批〕 历经两年多不懈努力，“中国教育学会教育行政专业委员会”获得审批。该委员会是研究教育行政管理理论与实践，发展教育行政管理科学，为各级教育行政机关进行行政管理、提高行政效能服务的全国性学术团体。秘书处设在学院。教育行政专业委员会将采取理事会的组织形式。理事会成员包括教育部有关司局、省地县教育行政部门、有关科研机构主要领导，同时注意吸收在教育行政领域卓有建树的有关方面领导和著名学者。理事单位主体为地县两级教育行政部门，同时吸收一定数量的学校、教育研究机构及关心支持教育事业的有关企事业单位作为理事单位。教育行政专业委员会的获批，将为深化教育行政管理体制改革、促进教育事业科学发展、推动教育行政管理学术研究和实践创新注入新的动力，提供新的平台。

撰稿　姜永平
审稿　张兰春

先进集体和先进个人

〔庆祝教师节暨全国教育系统先进集体和先进个人表彰大会〕 为隆重庆祝新中国成立60周年和第25个教师节，大力弘扬人民教师的高尚师德，倡导尊师重教的良好社会风尚，进一步激励广大教师献身教育事业，办人民满意的教育，经中央批准，教育部、人力资源和社会保障部、北京市人民政府于2009年9月9日在北京人民大会堂联合召开了庆祝教师节暨全国教育系统先进集体和先进个人表彰大会。

会前，中共中央总书记、国家主席、中央军委主席胡锦涛，中共中央政治局常委、国务院总理温家宝，中共中央政治局常委李长春，中共中央政治局常委、中央书记处书记、国家副主席习近平等领导同志在人民大会堂三层金色大厅亲切会见了全体与会代表，并合影留念。胡锦涛等领导同志高兴地同代表们亲切握手，向受到表彰的先进集体和先进个人表示热烈祝贺，向全国广大教师和教育工作者致以节日的祝贺和亲切的问候，向60年来为祖国教育事业贡献智慧和力量的所有教师与教育工作者致以崇高的敬意。

刘云山、刘延东、李源潮、令计划参加了会见。

刘延东出席表彰大会并作了题为《国家发展希望在教育，办好教育希望在教师》的重要讲话。刘延东在讲话中回顾了60年来教育事业取得的举世瞩目的伟大成就。她指出，当前，我国正处于全面建设小康社会、加快推进现代化的关键时期。教育兴则国家兴，教育强则国家强。满足全面建设小康社会和创新型国家建设对各级各类人才的需求，从根本上讲必须依靠教育。保障群众公平接受良好教育的机会、促进人的全面发展，从根本上讲必须加快教育改革与发展。一定要把教育放在优先发展的战略地位，把推进素质教育作为教育工作的主题，把促进教育公平作为教育政策的基本取向，把改革创新作为教育事业发展的强大动力，把服务经济社会发展作为重要使命，通过大胆探索、勇于实践的扎实努力，实现教育事业科学发展，把我国由教育大国建成教育强国，由人力资源大国建成人力资源强国，为推进社会主义现代化、实现中华民族伟大复兴奠定坚实的基础。

刘延东强调，教师是教育事业的第一资源。建设中国特色社会主义伟大事业需要一支高素质、高水平的教师队伍。她希望广大教师忠诚敬业、学为人师、开拓创新、行为世范，培养造就更多的社会主义合格建设者和可靠接班人。

刘延东要求各级党委和政府加强对教育工作的领导，满腔热情关心教师，维护教师合法权益，加强对教师的培养培训，特别要重视农村教师队伍建设，进一步在全社会弘扬尊师重教的良好风尚，让教师成为社会上最受尊重的职业。

教育部部长周济主持表彰大会。国务院办公厅、教育部、财政部、人力资源和社会保障部、北京市人民政府、全国总工会、全国妇联的有关领导同志参加了会议，并向获得全国教育系统先进集体荣誉称号的代表颁发奖牌，向获得全国模范教师、全国教育系统先进工作者、全国优秀教师、全国优秀教育工作者荣誉称号的代表，第六届高等教育国家级教学成果奖获奖者代表、第五届高等学校教学名师奖获奖教师代表、2008年度长江学者特聘教授、讲座教授代表颁发证书。

全国模范教师代表、湖南省桃江县桃花江小学教师黄丽君，全国模范教师代表、上海交通大学教授王如竹，全国教育系统先进集体代表、海南省农业学校校长陆红专分别在会上发言。

2009年受表彰的全国教育系统先进集体和先进个人代表，为教育改革发展做出过重要贡献、以往曾获得全国模范教师荣誉称号的教师代表，第六届高等教育国家级教学成果奖获奖者代表，第五届高等学校教学名师奖获奖教师代表，2008年度长江学者特聘教授、讲座教授代表共约400人参加了表彰大会。

撰稿　范贤睿　朱保江
审稿　谢志敏　吕玉刚

〔2009年全国教育系统先进集体和先进个人评选表彰工作〕 开展全国教育系统先进集体和先进个人评选表彰工作，是推进教育事业改革发展和加强教师队伍建设的重要举措，也是弘扬尊师重教良好社会风尚的重要体现。2009年是中华人民共和国成立60周年，又适逢第25个教师节，中央领导同志和教育部党组对表彰工作高度重视。根据刘延东国务委员的批示精神，教育部、人力资源和社会保障部联合开展了教育系统先进集体和先进个人评选表彰工作。

5月中旬，印发了《人力资源和社会保障部教育部关于评选全国教育系统先进集体和全国模范教师、全国教育系统先进工作者的通知》（人社部函［2009］146号）、《教育部关于认真做好2009年全国优秀教师和全国优秀教育工作者评选表彰工作的通知》（教人函［2009］9号），对2009年的评选表彰工作进行了全面部署。各地各单位高度重视，按照评选通知的要求，精心组织，坚持群众路线，严格履行程序，自下而上逐级审核推荐。经教育部组织的评审工作组严格评审，在相关媒体公示，报全国教育系统评选表彰工作领导小组审定后，确定了表彰名单。

9月，先后印发了《人力资源和社会保障部教育部关于表彰全国教育系统先进集体和全国模范教师、全国教育系统先进工作者的决定》（人社部发［2009］106号）、《教育部关于表彰全国优秀教师和全国优秀教育工作者的决定》（教人［2009］14号）、《教育部关于表彰全国中小学优秀班主任和高校优秀辅导员等先进个人的决定》（教人［2009］15号）、《教育部全国妇联关于表彰全国教育系统巾帼建功标兵的决定》（教人［2009］16号），共表彰了500个教育系统先进集体和2 845名先进个人。

——人力资源和社会保障部、教育部联合表彰“全国教育系统先进集体”500个。其中，基础教育领域310个（农村学校占70.0%，义务教育阶段学校占73.9%），中等职业教育领域100个，高等教育领域90个。

——人力资源和社会保障部、教育部联合授予“全国模范教师”荣誉称号734人、“全国教育系统先进工作者”荣誉称号79人，追授“全国模范教师”荣誉称号18人。被授予“全国模范教师”和“全国教育系统先进工作者”荣誉称号的人员，享受省部级劳模待遇。为激励广大女教师和女教育工作者在本职岗位上做出更大的贡献，教育部、全国妇联对受表彰的全国模范教师、全国教育系统先进工作者中的330名女同志同时授予“全国教育系统巾帼建功标兵”荣誉称号。

——教育部授予“全国优秀教师”荣誉称号1 816人、“全国优秀教育工作者”荣誉称号197人，追授“全国优秀教师”荣誉称号1人。

——为深入贯彻落实《中共中央国务院关于进一步加强和改进未成年人思想道德建设的若干意见》和《中共中央国务院关于进一步加强和改进大学生思想政治教育的意见》文件精神，加强中小学生德育和大学生思想政治教育工作，促进广大德育和思想政治教育工作者的积极性、创造性，在受表彰的2 845名先进个人中，教育部同时表彰“全国中小学优秀班主任”199名、“全国中小学优秀德育课教师”100名、“全国中小学优秀德育工作者”100名、“全国高校优秀辅导员”34名、“全国高校优秀思想政治理论课教师”34名、“全国高校优秀思想政治教育工作者”34名。

2009年的评选表彰工作进一步突出了“三个倾斜”。一是进一步突出向农村学校倾斜。受表彰的基础教育领域先进集体中，农村学校占70.0%，比2007年提高了18.7个百分点；受表彰的先进个人中，乡村中小学教师（不含县镇）占36.2%，比2007年提高了7.3个百分点。二是进一步突出向义务教育学校倾斜。受表彰的基础教育领域先进集体中，义务教育阶段学校占73.9%，比2007年提高了23.3个百分点；受表彰的先进个人中，义务教育学校教师占52.8%，比2007年提高了15.5个百分点。三是进一步突出向职业教育教师倾斜。受表彰的先进个人中，中等职业学校教师占9.0%，比2007年提高了2个百分点。与此同时，还加大了对“5·12”汶川特大地震抗震救灾英雄教师和新疆乌鲁木齐“7·5”事件中表现突出的优秀教师的表彰力度。

撰稿　范贤睿　朱保江

审稿　谢志敏　吕玉刚

附一：

关于表彰全国教育系统先进集体和全国模范教师、全国教育系统先进工作者的决定

各省、自治区、直辖市人力资源社会保障（人事、劳动保障）厅（局）、教育厅（教委），新疆生产建设兵团人事局、劳动保障局、教育局，解放军总政治部：

近年来，在党中央、国务院的正确领导下，全国教育系统广大教师和教育工作者高举中国特色社会主义伟大旗帜，以邓小平理论和“三个代表”重要思想为指导，深入贯彻落实科学发展观，大力实施科教兴国和人才强国战略，锐意进取、扎实工作，为社会主义现代化建设和教育事业改革发展作出了重要贡献，涌现出一大批先进集体和先进个人。

在喜迎新中国成立60周年之际，为进一步弘扬尊师重教的良好社会风尚，激励广大教师和教育工作者献身教育事业，建设一支让人民满意的教师和教育工作者队伍，更好地推进教育事业的改革与发展，人力资源和社会保障部、教育部决定，授予北京市海淀区巨山小学等500个单位“全国教育系统先进集体”荣誉称号；授予冯勉等720名同志“全国模范教师”荣誉称号，追授杨爱军等3名同志“全国模范教师”荣誉称号；授予刘畅等78名同志“全国教育系统先进工作者”荣誉称号；授予（追授）周汝兰等30名教育系统抗震救灾英雄“全国模范教师”或“全国教育系统先进工作者”荣誉称号。被授予“全国模范教师”和“全国教育系统先进工作者”荣誉称号的人员，享受省部级劳动模范和先进工作者待遇。希望受到表彰的先进集体和先进个人珍惜荣誉，谦虚谨慎，戒骄戒躁，再接再厉，不断取得新的更大的成绩。

广大教师与教育工作者要以受表彰的先进集体和先进个人为榜样，更加紧密地团结在以胡锦涛同志为总书记的党中央周围，高举中国特色社会主义伟大旗帜，以邓小平理论和“三个代表”重要思想为指导，深入贯彻落实科学发展观，模范贯彻执行党的教育方针，勇于创新，开拓进取，努力办好人民满意的教育，为建设人力资源强国，加快推进社会主义现代化建设作出更大的贡献。

人力资源和社会保障部　教育部

二〇〇九年九月四日

附二：

2009年全国教育系统先进集体和个人表彰名单

一、2009年全国教育系统先进集体名单

北京市	
	崇文区光明小学
	朝阳区芳草地国际学校
	海淀区巨山小学
	昌平区马池口中心小学
	北京市第四中学
	延庆县永宁中学
	房山区青龙湖镇中心幼儿园
	北京商贸学校

续表

	北京市外事学校
	首都师范大学数学科学学院
	北京大学第一医院“以器官系统为主线”的临床医学教学团队
	北京交通大学工科物理教学基地
	北京体育大学排球教研室
	中央财经大学商学院
天津市	
	武清区杨村第八小学
	蓟县城关第六小学
	西青区杨柳青镇第一小学
	静海县实验中学
	塘沽区实验学校
	天津中学
	宝坻区第一中学
	天津市经济贸易学校
	天津市机电工程技术学校
	天津大学精密仪器与光电子工程学院
	天津医科大学国际医学院
河北省	
	沧州市第二幼儿园
	邯郸市邯山区渚河路小学
	定州市实验小学
	石家庄市第四十中学
	馆陶县魏僧寨中学
	新河县振堂中学
	饶阳县五公镇初级中学
	唐山英才学校
	保定市美术中学
	河北丰润车轴山中学
	香河县第一中学
	秦皇岛市特殊教育学校
	邢台市农业学校
	承德工业学校
	石家庄市第三职业中专
	玉田县职教中心
	邯郸市第六职业中学
	河北大学工商学院
	河北工业大学化工学院

续表

	河北经贸大学金融学院
	河北医科大学药学院
山西省	
	阳泉市城区幼儿园
	太原大学外语师范学院第一附属小学
	黎城县西仵完小
	朔州市平鲁区高石庄乡寄宿制小学
	文水县开栅镇开栅村小学
	繁峙县砂河第二中学
	临汾市尧都区贾得乡第一初级中学
	绛县横水镇初级中学
	山西省平遥中学
	大同市特殊教育学校
	山西省电化教育馆
	太原铁路机械学校
	高平市职业中学
	长治市高级技工学校
	山西大学科学技术哲学研究中心
	太原理工大学机械工程学院
	太原电力高等专科学校电力工程系
内蒙古自治区	
	锡林郭勒盟西乌珠穆沁旗蒙古族第一小学
	鄂尔多斯市蒙古族小学
	巴彦淖尔市临河区城关小学
	阿拉善盟阿拉善左旗蒙古族第二实验小学
	赤峰市翁牛特旗乌丹第五中学
	呼和浩特市第一中学
	兴安盟科尔沁右翼前旗第一中学
	呼伦贝尔市阿荣旗岭东特殊教育学校
	鄂尔多斯卫生学校
	通辽市奈曼旗民族职业中等专业学校
	内蒙古师范大学教务处
辽宁省	
	大连市沙河口区教师幼儿园
	抚顺经济开发区李石寨朝鲜族小学
	西丰县东方红小学
	大洼县新兴中学
	黑山县大虎山镇九年一贯制学校

续表

	新民市兴隆堡学校
	阜蒙县福兴地镇学校
	朝阳市英德学校
	辽宁省实验中学
	丹东市特殊教育学校
	沈阳铁路机械学校
	大连市轻工业学校
	辽宁省劳动经济学校
	大连海事大学交通运输管理学院
	大连交通大学机械工程学院
	辽宁中医药大学基础医学院
	辽宁省交通高等专科学院汽车工程系
吉林省	
	长春市第一实验小学
	东丰县横道河中心小学
	乾安县实验小学
	东北师范大学附属小学
	伊通满族自治县第三中学
	柳河县三源浦镇中心小学
	抚松县第十中学
	通榆县明德小学
	吉林市第一中学
	长春市机械工业学校
	延吉市职业高级中学
	东北师范大学学生就业指导服务中心
	吉林农业大学食药用菌教育部工程研究中心
黑龙江省	
	密山市兴凯湖乡中心学校
	鹤岗市蔬园中心小学
	饶河县小佳河镇小佳河小学
	肇东市姜家中学
	肇源县民意乡中学
	黑河市爱辉区幸福乡中学
	大兴安岭地区新林区第二中学
	哈尔滨市第三中学
	黑龙江省实验中学
	尚志市职业技术教育中心学校
	齐齐哈尔市职业教育中心学校

续表

	哈尔滨理工大学材料科学与工程学院
	黑龙江大学化学化工与材料学院
	哈尔滨医科大学基础医学院
上海市	
	闵行区七宝镇明强小学
	嘉定区普通小学
	浦东新区龚路中心小学
	上海市钱圩中学
	崇明县东门中学
	复旦大学附属中学
	上海市向明中学
	上海信息技术学校
	上海交通大学医学院附属卫生学校
	上海大学材料复合及先进分散技术教育部工程研究中心
	复旦大学数学科学学院
	东华大学纪委、监察审计处
江苏省	
	南京市实验幼儿园
	灌南县孟兴庄镇中心小学
	响水县红十字博爱小学
	丹阳市界牌中心小学
	淮安市实验小学
	盐城市第一小学
	溧水县东庐初级中学
	泰兴市洋思中学
	江苏省苏州中学
	江苏省如东高级中学
	海门市特殊教育学校
	扬州商业学校
	徐州幼儿师范学校
	无锡职业教育中心校
	武进职业教育中心校
	赣榆县金山职业高级中学
	盐城市高级技工学校
	南京大学配位化学国家重点实验室
	河海大学水利水电工程学院
	南京信息工程大学纪委、监察审计处
	南通大学江苏省神经再生重点实验室

续表

	泰州职业技术学院医学技术学院
	正德职业技术学院招生办公室
浙江省	
	温州市第四幼儿园
	桐庐县深澳小学
	余姚市东风小学
	金华市东苑小学
	绍兴县实验中学
	衢州市实验学校
	青田县章旦中学教育集团
	泰顺县育才高级中学
	杭州聋人学校
	宁波外事学校
	浙江信息工程学校
	平湖市职业中学
	永康市职业技术学校
	临海市中等职业技术学校
	宁波大学生命科学与生物工程学院
	温州医学院眼视光学院
	浙江机电职业技术学院现代制造工程系
安徽省	
	蚌埠市蚌山幼儿园
	阜阳市颍东区插花镇插花小学
	宣城市宣州区新田中心小学
	桐城市吕亭中心学校
	合肥市第四十五中学
	蒙城县许町中学
	濉溪县南坪中心学校
	萧县刘套初级中学
	当涂县亭头初级中学
	铜陵县安平中心学校
	芜湖市徽文中学
	巢湖市特殊教育学校
	淮南工业学校
	合肥铁路工程学校
	黄山市行知中学（歙县职业教育中心）
	霍邱县陈埠职业高级中学

续表

	合肥工业大学机械与汽车工程学院
	安徽师范大学共青团委员会
	安徽建筑工业学院材料与化学工程学院
福建省	
	福建省实验幼儿园
	福州教育学院附属第二小学
	三明市梅列区洋溪中心小学
	莆田市荔城区黄石中心小学
	福鼎市秦屿中心小学
	晋江市松熹中学
	南平市王台中学
	永定县虎岗初级中学
	厦门第一中学
	南靖县特殊教育学校
	泉州电子科技学校
	三明市农业学校
	厦门市集美职业技术学校
	福州电子职业中专学校
	福州大学化学化工学院
	福建医科大学护理学院
	福建信息职业技术学院机电工程系
江西省	
	江西省八一保育院
	赣州市滨江第二小学
	崇仁县实验小学
	婺源县江湾中心小学
	贵溪市周塘初级中学
	景德镇市丽阳中学
	高安市第四中学
	芦溪县源南学校
	湖口县第二中学
	江西师范大学附属中学
	吉安市特殊教育学校
	南昌汽车机电学校
	江西省中山电子计算机中等专业学校
	于都县职业中等专业学校

续表

	南昌大学人事处
	江西财经大学信息管理学院
	南昌航空大学材料科学与工程学院
山东省	
	青岛市实验幼儿园
	临沂市白沙埠镇中心小学
	潍坊日向友好学校
	宁阳县实验小学
	淄博市临淄区朱台镇高阳中学
	枣庄市薛城舜耕中学
	泗水县柘沟初级中学
	邹平县明集镇中心初级中学
	平原县第三中学
	定陶县陈集镇中学
	章丘市第四中学
	牟平第一中学
	威海市第一中学
	烟台市聋哑中心学校
	淄博市张店区教师进修学校
	济南师范学校
	日照市工业学校
	山东省特殊教育中等专业学校
	东营市蓝海餐旅管理学校
	青岛旅游学校
	桓台县职业中等专业学校
	山东大学软件学院
	中国海洋大学海洋环境学院
	中国石油大学（华东）石油工程学院
	山东财政学院东方学院会计学系
	山东省教育学院化学与化工系
河南省	
	固始县第一小学
	济源市五龙口镇实验小学
	温县祥云镇祥云镇村小学
	洛阳市涧西区安徽路小学
	许昌实验小学

续表

	邓州市城区第一初级中学
	舞阳县第一实验中学
	原阳县城关镇第一初级中学
	沈丘县白集镇第一初级中学
	西平县宋集初级中学
	河南省第二实验中学
	河南师范大学附属中学
	开封高级中学
	睢县高级中学
	郑州市第一中学
	灵宝市职业中等专业学校
	河南省卫生学校
	安阳县职业中等专业学校
	平顶山外国语学校
	濮阳市职业中等专业学校
	河南省职业技术教育教学研究室
	郑州大学国家橡塑模具国家工程研究中心
	河南大学教育科学学院
	河南农业大学农学院
	中原工学院人事处
湖北省	
	建始县花坪民族小学
	远安县茅坪场镇中心小学
	武穴市梅川镇小学
	潜江市实验小学
	谷城县实验小学
	武汉小学
	荆州市荆州区川店中学
	赤壁市中伙中学
	安陆市陈店乡初级中学
	黄石市第九中学
	鄂州高中
	崇阳县职业教育中心
	钟祥市职业高级中学
	郧阳科技学校
	利川市民族中等职业技术学校

续表

	十堰市高级技工学校
	武汉大学新闻与传播学院
	华中科技大学机械科学与工程学院
	武汉理工大学学生就业指导中心
	湖北大学生命科学学院
	武汉工程大学化工与制药学院
湖南省	
	新晃侗族自治县幼儿园
	衡阳市雁峰区环城南路小学
	醴陵市浦口镇浦口中学
	桃江县三塘街镇合水桥中学
	沅江政通实验学校
	郴州市第六中学
	桑植县人潮溪乡学校
	湖南蓝山博爱学校
	平江县第七中学
	长沙市特殊教育学校
	湘西土家族苗族自治州民族教育科学研究院
	郴州工业交通学校
	长沙市财经职业中等专业学校
	株洲市中等职业学校
	安化县第二职业中等专业学校
	永州市工商职业中等专业学校
	湘潭大学法学院
	长沙环境保护职业技术学院环境监测系
	长沙理工大学土木与建筑学院
	中南大学化学化工学院
广东省	
	德庆县直属机关幼儿园
	仁化县董塘中心小学
	化州市长岐镇自强小学
	博罗县实验小学
	河源市第二小学
	潮安县浮洋镇六联小学
	新兴县实验小学
	佛山市南海区九江镇初级中学

续表

	清新县山塘镇初级中学
	深圳市宝安区翻身实验学校
	阳东县实验学校
	华南师范大学附属中学
	中山市特殊教育学校
	广州市新穗学校
	广东省经济贸易职业技术学校
	广州市交通运输职业学校
	湛江市湛江机电学校
	珠海市第一中等职业学校
	广东省机械高级技工学校
	南方医科大学基础医学院
	中山大学物理科学与工程技术学院
	华南农业大学预防兽医学教学科研团队
	华南师范大学生命科学学院
	广东交通职业技术学院公路学院
广西壮族自治区	
	广西壮族自治区直属机关第三幼儿园
	广西壮族自治区教育厅幼儿园
	龙胜各族自治县龙胜小学
	玉林市玉州区第一实验小学
	河池市金城江区第五小学
	西林县八达镇第一小学
	崇左市江州区江南第一中学
	贵港市覃塘区覃塘镇第三初级中学
	南宁市第十四中学
	柳州市第一中学
	柳州地区民族高级中学
	北海市卫生学校
	柳州市第一职业技术学校
	田东县中等职业技术学校
	南宁职业技术学院艺术工程学院
	桂林理工大学资源与环境工程系
海南省	
	陵水黎族自治县中山小学
	琼海市中原镇中心学校

续表

	海南省国营八一总场中学
	屯昌县屯昌中学
	海南省洋浦中学
	海南省农业学校
	海南省高级技工学校
	海南大学材料与化工学院
重庆市	
	江北区新村实验小学
	长寿区海棠镇中心小学
	黔江区马喇初级中学
	石柱土家族自治县南宾中学
	涪陵第十一中学
	重庆市江津中学
	重庆市第八中学
	重庆市云阳高级中学
	重庆教育管理学校
	重庆市渝北职业教育中心
	重庆市机械高级技工学校
	重庆师范大学学前教育学院
	重庆工商大学长江上游经济研究中心
四川省	
	绵阳市花园实验幼儿园
	攀枝花市仁和区平地校区
	安岳县岳阳镇东方红小学
	荥经县胡长保小学
	安县茶坪乡中心小学
	旺苍白水初级中学
	乐山市第十二中学
	南江县下两中学
	雷波县黄琅中学
	茂县民族中学
	自贡市蜀光中学
	成都市石室中学
	威远中学校
	双流县特殊教育学校
	宜宾市商业职业中等专业学校

续表

	古蔺县职业高级中学校
	中江县职业中专学校
	射洪县职业中专学校
	四川省宣汉职业中专学校
	仁寿县第二高级职业中学
	四川大学华西口腔医学院
	电子科技大学微电子与固体电子学院
	西南交通大学电气工程学院
	四川国际标榜职业学院人物形象设计系
贵州省	
	开阳县楠木渡镇黄木小学
	水城县南开乡南开小学
	紫云苗族布依族自治县水塘镇羊场小学
	遵义县团溪镇初级中学
	赫章县达依乡初级中学
	平塘县牙舟中学
	雷山县永乐中学
	兴仁县下山中学
	贵州省松桃民族中学
	大方县第一中学
	贵州省电子工业学校
	安顺职业技术高级中学
	贵州师范大学地理与环境科学学院
云南省	
	云县茶房中心校马街完小
	麻栗坡县天保镇帐篷小学
	兰坪县河西中心校
	西盟县勐卡镇小学
	楚雄市云龙中学
	陇川县第二中学
	弥勒县西山民族中学
	云南师范大学附属中学
	大理州大理一中
	昆明市五华区新萌学校
	玉溪工业财贸学校
	曲靖工商职业学校

续表

	昆明理工大学材料与冶金工程学院
	云南民族大学民族文化学院
西藏自治区	
	措勤县江让乡中心小学
	米林县多卡中心小学
	芒康县如美镇中心小学
	江孜县第一小学
	昌都县俄洛镇中心小学
	拉萨市第六中学
	日喀则地区上海实验学校
	山南地区职业技术学校
	西藏民族学院外语系
陕西省	
	西安市第二保育院
	石泉县城关第一小学
	铜川市新区文家明德小学
	延安市宝塔区东关小学
	富平县莲湖小学
	宁强县铁锁关中学
	宝鸡市第一中学
	清涧县乐堂堡乡九年制学校
	长庆石油勘探局第八中学
	西安市第二聋哑学校
	陕西省机电工程学校
	镇安县职教中心
	咸阳市秦都区职业教育中心
	西安交通大学电气工程学院
	西安电子科技大学电子工程学院
	西北工业大学“自主水下航行器”创新团队
	西京学院机电工程系
甘肃省	
	民乐县李寨寄宿制实验小学
	瓜州县渊泉小学
	宁县九岘小学
	定西市安定区西寨初级中学
	徽县第四中学

续表

	甘谷县总门九年制学校
	武威市凉州区永昌镇和寨九年制学校
	会宁县第二中学
	兰州市第二中学
	甘肃省电化教育中心
	庄浪县职业教育中心
	甘肃农业大学动物医学院
青海省	
	玉树州红旗小学
	西宁市第七中学
	久治县藏文中心寄宿制中学
	海晏县民族完全中学
	德令哈市一中
	乐都县第一中学
	青海油田教育管理中心
	青海省重工业职业技术学校
	青海畜牧兽医职业技术学院动物科学系
宁夏回族自治区	
	灵武市郝家桥回民小学
	平罗县陶乐第二小学
	中卫市常乐小学
	同心县石狮中学
	彭阳县红河乡初级中学
	西吉县回民中学
	六盘山高级中学
	银川市第一职业中专学校
	宁夏大学生命科学学院
新疆维吾尔自治区	
	皮山县臧桂乡小学
	且末县托格拉克勒克乡中心小学
	鄯善县第二小学
	新源县那拉提镇中学
	青河县中学
	奇台县第一中学
	泽普县维吾尔高中
	乌鲁木齐铁路运输学校

续表

	新疆水利水电学校
	新疆大学生命科学与技术学院
新疆生产建设兵团	
	石河子市第二小学
	兵团第二中学
	农十三师红星一场学校
	农五师中学
	农三师四十四团第二中学
	石河子工程技术学校
	石河子大学医学院

二、2009 年全国模范教师名单

北京市		
冯　勉	（女）	北京第二实验小学
孙建国		朝阳区管庄中心小学
罗　俊	（女）	丰台区东高地第四小学
刘淑敏	（女）	门头沟区大台中心小学
任　季	（女）	昌平区城关小学
石利颖	（女）	北京市第五幼儿园
范锦荣	（女）	北京市第二中学
张　国		北京汇文中学
梁学军		顺义区第八中学
文　伟	（女）	怀柔区第五中学
李晓凤	（女，满族）	首都师范大学附属密云中学
孙慧环	（女）	北京交通大学
钱伟量		北京工业大学
陈懋章		北京航空航天大学
郭　湛		中国人民大学
张传茂		北京大学
蔡美峰		北京科技大学
天津市		
周　瑞	（女）	天津师范大学第二附属小学
张亚玲	（女）	西青区大稍直口中心小学
董新玉	（女）	大港区第五小学

续表

朱玉宾		静海县实验小学
王　威	（女）	天津市第二十一中学
李树林		汉沽区第一中学
杜学彤	（女）	天津市第九中学
徐英杰		天津市电子计算机职业中等专科学校
王　磊		南开大学
张英华		天津财经大学
河北省		
苗文玲	（女）	涞水县龙门乡爱心希望小学
尚德普		永清县三圣口乡黄家堡小学
高文艳	（女）	涞源县银坊镇司格庄小学
张宇峰		昌黎县两山乡梁各庄小学
郑秀娟	（女）	唐山市开平区洼里教育总校
杨秀玲	（女）	乐亭县第四实验小学
张海丽	（女）	滦南县安各庄镇中心小学
齐吉平		平山县北冶乡沕沕水小学
苗永革	（女）	灵寿县三圣院乡中学
郭丽云	（女）	柏乡县实验中学
管　余		兴隆县三道河乡中心校
陈金生		沧州市第二中学
张维升		沧县姚官屯乡中心校
刘雪琴	（女）	顺平县高于铺镇第三初级中学
李英柱		沙河市刘石岗乡中学
王学森		肥乡县东漳堡中学
宋秀君	（女）	抚宁县驻操营中学
胡迷果	（女）	鸡泽县实验中学
田立红	（女）	唐山市第一中学
张玉滨		衡水中学
马瑞华	（女）	石家庄市第一中学
王　忠	（满族）	平泉县第一中学
王　珊	（女）	定州中学
李　钢		张家口市特殊教育学校
赵英杰	（女）	石家庄市职业技术教育中心
刘　珍	（女）	张家口市职业技术教育中心
杨卫东		文安县综合职业技术教育中心

续表

朱月龙		河北师范大学
李文斌		河北医科大学
冯石岗		河北工业大学
王熙照		河北大学
王　岭		河北理工大学
周　燕	（女）	河北农业大学
于恩林		燕山大学
律方成		华北电力大学
山西省		
原瑞丰		汾阳市西河小学
刘秀莲	（女）	忻州市七一路学校
赵新雪	（女）	运城市东郊逸夫小学
赵文慧	（女）	太原大学外语师范学院第二附属小学
王俊芬	（女）	陵川县附城镇南马寄宿制小学
原子朝		平顺县虹梯关乡中心校
刘志强		临县白文镇中心学校
蔡英霞	（女）	古县城北小学
乔志勇		介休市绵山镇中心校
陈肖琳	（女）	阳泉市矿区洪城河小学
罗艳梅	（女）	盂县西潘乡均才中心小学
李　进		天镇县南高崖寄宿制小学
段俊英	（女）	朔州市朔城区第六小学
白兰香	（女）	晋中市榆次区第五中学
时利民		山西大学附属中学
张先德		临汾第一中学
郝丽萍	（女）	忻州市特殊教育学校
白素芳	（女）	阳城县职业高级中学
张瑜胜		太原市交通学校
王斌全		山西医科大学
刘毓庆		山西大学
内蒙古自治区		
娜日苏	（女，蒙古族）	兴安盟科尔沁右翼中旗杜尔基中心校
包桂兰	（女，蒙古族）	兴安盟扎赉特旗宝力根花中心校
胡日乐	（蒙古族）	通辽市科尔沁左翼后旗吉尔嘎朗镇中心学校
孔维龙	（蒙古族）	赤峰市喀喇沁旗乃林镇中心学校

续表

姚玉梅	（女）	赤峰市翁牛特旗乌丹第三小学
石彩霞	（女）	巴彦淖尔市五原县塔尔湖小学
闫丽华	（女）	莫力达瓦达斡尔族自治旗民族实验小学
王艳梅	（女）	乌海市实验小学
白阿日斯楞	（蒙古族）	新巴尔虎右旗第一中学
张东霞	（女）	鄂尔多斯市达拉特旗第六中学
白春燕	（女）	通辽市科尔沁区第四中学
王　隽	（女）	锡林郭勒盟第二中学
张惠珍	（女）	阿拉善右旗第一中学
常　春		察哈尔右翼前旗第一中学
林青枝	（女）	呼和浩特市土默特左旗第一中学
卢建国		包头市达尔罕茂明安联合旗百灵庙中学
叶新铭		内蒙古大学
吕晓琪		内蒙古科技大学
辽宁省		
谭秀丽	（女，满族）	宽甸满族自治县大川头学校
李律华	（女）	大连市中山区中心小学
钟　岩		本溪市明山区卧龙镇金坑小学
高　侠	（女）	海城市高坨镇中心小学
邓　艳	（女）	沈阳市苏家屯区城郊中心小学
杨爱军		大连市长海县第四中学
张艳鹏		葫芦岛市连山区大兴乡初级中学
韩凤华	（女）	凌源市四合当中学
王丽艳	（女）	昌图县金家中学
郭秀斌	（女）	辽阳市第十中学
杨　环	（女，满族）	凌海市大业乡初级中学
刘大卿	（女，满族）	新宾满族自治县永陵中学
王德盛		庄河市第八初级中学
张　波	（女，满族）	本溪满族自治县高级中学
钱桂荣	（女）	盘锦市高级中学
田　鸣	（女）	锦州市锦州中学
孙空鸣	（女）	鞍山市第三中学
赵维玲	（女）	大连育明高级中学
王　淑	（女）	沈阳市第二中学

续表

潘丽庆	（女）	沈阳市第三十一中学
代高男		本溪市机电工程学校
马　翀		沈阳市外事服务学校
陈温福		沈阳农业大学
王恩华		中国医科大学
宋福贵		大连工业大学
吉林省		
李艳书		大安市叉干镇中心小学
孟宪秋	（女）	榆树市城发乡中心小学
郭　英	（女）	公主岭市双城堡镇万胜村小学
刘绍荣	（女）	四平市铁西区地直街小学
赵庆全		长春市朝阳区安达小学
周世山		长白县十四道沟镇冷沟子小学
辛素兰	（女）	东辽县安恕镇李趟村小学
祝亚杰	（女）	吉林市昌邑区孤店子镇中心小学
赵立娟	（女，蒙古族）	长岭县东岭乡中心校
崔桂增		集安市清河中学
金今海	（女，朝鲜族）	珲春市第六中学
陈　杰		吉林省第二实验学校
张新玲	（女）	延边第二中学
张晓霓	（女）	吉化第一高级中学
曲祖峰		吉林市经济贸易学校
李惠芳	（女）	长春市第二中等专业学校
李万龙		长春工业大学
吴　学	（朝鲜族）	延边大学
朱　泓		吉林大学
黑龙江省		
钟　铃	（女）	大庆石化第一小学
王　岩	（女）	哈尔滨市花园小学
史文玉		安达市吉星岗镇中心交
朱有春	（女）	穆棱市河西乡中心校
于　杰	（女）	集贤县集贤中心校
张尧运		绥滨县忠仁镇中心校
王佳莹	（女）	巴彦县巴彦镇临城小学校长
潘铁梅	（女）	大兴安岭地区呼中区第二小学
陆晓萍	（女）	龙江县实验小学

续表

张文惠	（女）	鸡东县平阳中学
韩　涛	（女）	黑龙江省农垦总局宝泉岭分局局直中学
张展伸		北安市赵光镇中心校
王丽丽	（女）	讷河市六合镇中心学校
蒋守玲	（女）	黑龙江省桃山林业局桃山中学
王广才		哈尔滨师范大学附属中学
胥文涛		绥化市第二中学
王　健	（女）	哈尔滨市第三中学
刘亚芹	（女）	庆安县第三中学
刘艳玲	（女）	哈尔滨市第十二职业中学
唐朔飞	（女）	哈尔滨工业大学
郭成宇	（女）	齐齐哈尔大学
王洪斌		东北农业大学
周亚滨		黑龙江中医药大学
上海市		
王熙珍	（女）	虹口区曲阳第二幼儿园
沈文华	（女）	卢湾区巨鹿路第一小学
杨晓萍	（女）	崇明县实验小学
段建国		上海市曹杨中学
朱　萍	（女）	上海市世界外国语中学
冯　韬		松江区李塔汇学校
鲍佳健	（女）	崇明县建设中学
周彩霞	（女）	上海市罗泾中学
陈小英	（女）	上海市杨浦高级中学
谢国安		上海市群益职业技术学校
顾钰民		复旦大学
陈立群		上海大学
王如竹		上海交通大学
叶　澜	（女）	华东师范大学
江苏省		
邵海霞	（女）	滨海县滨海港镇第二中心小学
陆炜乾	（女）	启东市南阳小学
孙　荣		江阴市华士实验小学
张菊凤	（女）	江都市大桥中心小学
朱红甫		赣榆县实验小学
李同康		东海县青湖中心小学

续表

许嫣娜	（女）	常州市局前街小学
王　军		沭阳县胡集实验小学
吴小菊	（女）	丹阳市导墅中心小学
朱　永		睢宁县王集镇中心小学
戴卫红	（女）	阜宁县实验小学
吴晓梅	（女）	江苏省如皋师范学校附属小学
徐露莺	（女）	无锡新区实验小学
宋玉伟		洪泽县共和中学
陈玉坤		昆山市周庄中学
尹建林		丰县华山镇华山初级中学
朱　军		宿迁市宿豫区新庄初级中学
顾广林		泰州市九龙实验学校
陈永宏		宝应县西安丰镇中心初级中学
吴伟星		常州市武进区郑陆初级中学
王　闻	（女）	邳州市燕子埠中学
樊孝诚		南京市江宁区铜山初级中学
王鼎宏		南京市金陵中学
沈树忠		淮州中学
王晓滨		镇江市丹徒高级中学
陈允飞		木渎高级中学
吉晨春	（女）	江苏省姜堰中学
刘　燕	（女）	南京市莫愁中等专业学校
杨延兵		射阳职业高级中学
朱建明		无锡市高级技工学校
王　岩		南京航空航天大学
陶勑恒		南京晓庄学院
韩召军		南京农业大学
陈林森		苏州大学
郭文彬		徐州师范大学
胡建华		南京师范大学
戴先中		东南大学
张全兴		南京大学
浙江省		
徐立科		余姚市梁弄镇初级中学
茹茉莉	（女）	嵊州市城北小学
王邦光		文成县珊溪镇中心小学

续表

杨丽佳	（女）	缙云县实验小学
俞彩琴	（女）	诸暨市次坞镇中心小学
施达军		乐清市雁荡镇海岛寄宿小学
姚江萍	（女）	杭州市余杭区余杭镇太炎小学
王自文		安吉天略外国语学校
蒋飞英	（女）	金华市第十五中学
陆　熊		南海实验学校
姜育兰	（女）	江山市淤头镇初中
居丽华	（女）	嘉兴市南糊区余新镇中学
寿才明		金华第一中学
林辉庆		台州中学
俞炯志		象山中学
张赛芬	（女）	舟山职业技术学校
周　岚	（女）	温州华侨职业中等专业学校
吴松高		德清县职业中等专业学校
应义斌		浙江大学
陈　乐	（女）	中国计量学院
闫　彦	（女）	浙江水利水电专科学校
黄董良		浙江财经学院
孔庆江		浙江工商大学
安徽省		
唐权友		长丰县杜集乡中心学校
刘道存		肥东县撮镇学区中心学校
李　杰		亳州市夏侯小学
吴维峰		滁州市第一小学
李翠霞	（女）	马鞍山市湖东路第二小学
周乃荣		霍山县德仁希望小学
余友军		金寨县燕子河中心小学
吴来富		休宁县五城镇上岩教学点
汪文生		庐江第四中学
唐华龙		淮南市第十二中学
张克保		铜陵市第九中学
李　丽	（女）	淮北市第二中学
汪玉才		石台县占大初级中学
江　羚	（女）	旌德县庙首中学
李传勇		无为县周闸初级中学

续表

孙开章		砀山县文庄学校
张华东		太和县宫集镇中心学校
孟凡平		阜南县洪河桥镇曾沃中学
程庆友		太湖县沙河初级中学
张振学		利辛县阚疃镇中心学校
王　帅		灵璧县第一中学
王　来		来安县水口中学
李方显		蚌埠职业教育中心
程蓓蓓	（女）	芜湖市职业教育中心
吴　飞		枞阳县牛集高级职业中学
丁克伟		安徽建筑工业学院
徐小牛		安徽农业大学
陈治文	（女）	蚌埠医学院
俞汉青		中国科学技术大学
裘灵光		安徽大学
福建省		
张占人		仙游县钟山中心小学
蒋碧琴	（女）	古田县吉巷乡永安小学
陈明达		漳平市官田中心学校
吴三春		漳浦县石榴中心学校
张清江		惠安县小岞中心小学
林幼春	（女）	大田县均溪中心小学
林　芝	（女）	霞浦县海岛九年一贯制学校
陈　颖	（女）	福州第一中学
郑　峰		顺昌县际会中学
梁金中		漳州第一中学
罗　翀		三明第一中学
林景辉		莆田第二中学
黄献磅		同安第一中学
林　风		福州第三中学
戴开腾		长汀县第一中学
郭胜光		邵武县第一中学
赖晓红	（女）	福建三明林业学校
廖保玉	（女）	集美轻工业学校
郭祥群	（女）	厦门大学
汪征鲁		福建师范大学

续表

江西省		
王旭明		湖口县城山镇中心小学
黄　丽	（女）	萍乡市安源区北桥小学
林兴修		铜鼓县高桥中心学校
王雪峰	（女）	广丰县洋口镇中心小学
陈智辉		抚州市临川区大岗镇中心小学
潘小卉	（女）	分宜县分宜镇界桥中心小学
王文芳	（女）	万年县六〇小学
陈清平		东乡县珀玕乡初级中学
熊新军		鹰潭市第二中学
刘梅香	（女）	安福县章庄学校
黄达生		南康市第五中学
梁宪平		景德镇一中
胡景华	（女）	南昌外国语学校
明立新		赣县中学
范洪泉		临川第二中学
郭天平		吉安市第一中学
俞文琪		奉新县第一中学
魏德才		德安县第一中学
邱黎平		江西省电子信息工程学校
金一平		江西省通用技术工程学校
李康平		南昌航空大学
丁树良		江西师范大学
山东省		
元红君	（女）	威海市教育实验幼儿园
徐慧颖	（女）	青岛市实验小学
张立新	（女）	莒县刘官庄镇中心小学
董春玲	（女）	莱芜市钢城区黄庄镇丈八丘联小校长
丁万寿		平度市祝沟镇沙埠小学
陈桂玲	（女）	山东师范大学附属小学
胡廷香	（女）	临沂第四实验小学
杨桂香	（女）	高唐县固河镇中心小学
黄连芳	（女）	巨野县独山镇中心小学
颜廷芳	（女）	东平县第二实验小学
张东梅	（女）	山东省金乡师范附属小学
王桂莲	（女）	济阳县曲堤镇中心小学

续表

赵秀凤	（女）	寿光市稻田镇第一初级中学
李立群	（女）	莱阳市团旺中心初级中学
王继萍	（女）	山东大学第二附属中学
万　红	（女）	烟台第十中学
李忠兰	（女）	曹县魏湾镇中学
赵维娥	（女）	阳信县鹁李中学
李国庆		乐陵市朱集镇三间堂中学
李　刚		德州市德城区二屯镇中学
赵桂梅	（女）	临沂市罗庄区高都中学
原凤英	（女）	威海市第七中学
杨焕河		泰安市岱岳区化马湾第一中学
王大伟		兖州市小孟镇中心中学
王艳芳	（女）	垦利县西宋中学
王锦科		枣庄市市中区西王庄乡中学
张利平	（女，回族）	淄博市张店区文苑学校
姜　宏	（女）	泰安第二中学
刘暖祥		济南第一中学
修　荣	（女）	烟台经济技术开发区高级中学
李　芳	（女）	青岛第一中学
尹秋华	（女）	昌邑市第一中学
贾益芹	（女）	淄博市聋人学校
曹文萍	（女）	桓台县职业中等专业学校
李守贵		临沭县职业中等专业学校
李　慧	（女）	济宁第一职业中等专业学校
崔发昌		博兴县职业中专
郭灵光		滕州市高级职业学校
毛建群		山东师范大学
何中华		山东大学
陈　兵		青岛大学
刘喜友		山东科技大学
张　民		山东农业大学
张书香		济南大学
刘永红		中国石油大学（华东）
刘秦玉	（女）	中国海洋大学

续表

曹宝香		曲阜师范大学
河南省		
王　茜	（女）	商丘市第二幼儿园园长
詹　慧	（女）	河南省实验幼儿园
武凤霞	（女）	濮阳市子路小学
康予萍	（女）	平顶山市新华区新鹰小学
党若平	（女）	安阳市第一实验小学
车晓梅	（女）	卫辉市第一完全小学
米　红	（女）	原阳县城关镇东街完全小学
魏书芹	（女）	汤阴县任固镇中心小学
陈冬梅	（女）	鹿邑县太清宫镇营子寨学校
符喜华		西峡县城区第二小学
张国榜		宝丰县赵庄乡初级中学
郝景贤	（女）	伊川县实验中学
王正武		开封市第二十七中学
胡向红	（女）	驻马店市第二初级中学
陈锡元		光山县仙居乡第一初级中学
李　霞	（女）	淮滨县第一中学
孙彩敏	（女）	禹州市夏都街道办事处中心学校
杨松润		方城县博望镇第三初级中学
李　敏	（女）	焦作市第三十一中学
李备战		通许县练城乡第一初级中学
陈进学		淅川县荆紫关镇第一初级中学
赵国敬		睢县涧岗乡第一初级中学
贾广岭		新郑市观音寺镇第一初级中学
张玉霞	（女，回族）	太康县常营镇第一初级中学
张增军		濮阳县海通乡中心校
孟建伟		栾川县庙子乡第一初级中学
王克强	（女）	许昌市第一中学
高保卫		三门峡市第一高级中学
董中奎		郑州市第一中学
张永华		郸城县第一高级中学
郭国良		汝州市第一高级中学
周家宏		宁陵县高级中学
吴　燕		安阳市第一中学
李　伟		夏邑县高级中学

续表

武　燕	（女）	河南机电学校
杨素玲	（女）	漯河市第二职业高中
窦明升		正阳县职业中等专业学校
闫玉东		永城市第一职业高级中学
张国杰		长垣县第一职业高中
许瑞勋		河南师范大学
杨　云	（女）	河南中医学院
尚富德		河南大学
孟现志		商丘师范学院
李潮海		河南农业大学
郭国侠		河南省职业技术教育教学研究室
湖北省		
范文巧	（女）	沙市北京路第一小学
刘　红	（女）	武汉市育才第二小学
温文娟	（女）	天门市实验小学
杨　红	（女）	黄石市铁山区第三小学
王登兴		神农架林区木鱼中心学校
田静玲	（女，土家族）	巴东县茶店子镇茶店子小学校长
胡茂香		鄂州市梁子湖区梁子生态旅游区赵怡忠小学
段宝生		蕲春县漕河镇第一小学
王章富		仙桃市第三中学
王晓静	（女）	武汉市将军路中学
王盛刚		嘉鱼县鱼岳镇实验中学
杨春燕	（女）	宜昌市第五中学
彭友林		武汉市第一初级中学
蔡德花	（女）	襄樊市第二十七中学
晏志鹏		罗田县平湖中学
李梦雪	（女）	应城市杨岭镇初级中学
陈兴林		房县实验中学
马立学		随州市第二中学
赵明庄		恩施土家族苗族自治州高级中学
周实忠		汉川市第一高级中学
刘文松		武汉市第十一中学
万显军		潜江市园林高级中学
陈　新		宜昌市三峡高级中学
王青云		湖北省机械工业学校

续表

敖小锋		湖北信息工程学校
陈睦华		松滋市职业高级中学
邓银城		孝感学院
王绪前		湖北中医学院
王石平	（女）	华中农业大学
杨光富		华中师范大学
彭　芸	（女）	湖北经济学院
李友荣		武汉科技大学
湖南省		
奉光辉		新化县奉家镇中心学校
卢学军		湘潭市和平小学
阳松桃	（女）	洞口县罗溪瑶族乡崇山江教学点
黄丽君	（女）	桃江县桃花江镇桃花江小学
夏畅元	（女）	安化县南金乡中心学校
李远仿		澧县盐井镇中心小学
王方华		韶山市大坪学校校长
殷　蓉	（女）	长沙市芙蓉区大同小学
石明一		永州市第四中学
聂　阳	（土家族）	湘西土家族苗族自治州民族中学
王晓珍	（女）	怀化市第三中学
刘慧芳	（女）	郴州市第五完全中学
黄国雄		株洲市第二中学
姚元仲	（土家族）	永顺县石堤镇初级中学
邓先华		永州市金洞林场中学
陈善明		邵东县黑田铺乡高家铺中学
李　俊		衡阳县第三中学
刘辉波	（土家族）	张家界市第一中学
罗　霞	（女，瑶族）	怀化市铁路第一中学
许鹏辉		长沙市雅礼中学
李典华		冷水江市第一中学
王中辉	（女，土家族）	石门县第一中学
廖文华		临湘市第一中学
张孝红	（女）	炎陵县第一中学校长
黄年春		衡阳市特殊教育学校
段小清	（女）	湖南省邵阳工业学校
尹存成		湖南省永州工贸学校

续表

李梅阳	（女）	湘乡市第一职业中专学校
石雪晖	（女）	湖南农业大学
欧阳友权		中南大学
钟建新		湘潭大学
江　文		湖南科技职业学院
广东省		
王佩芳	（女）	大埔县大埔小学
徐烈海		中山市沙溪镇濠涌小学
阮美好	（女）	东莞市东城区花园小学
邵　君	（女）	肇庆市第十六小学
徐林智		云浮市云城区都杨镇中心小学
林雁彬		揭东县炮台镇竞智中心小学
黄炎辉		饶平县大埕镇中心小学
李强周		阳西县新圩镇东水小学
张武珍	（女）	丰顺县汤坑镇第一中心小学
陈超新		高州市古丁镇新龙小学
莫如才		湛江市新民镇新圩小学
李锦清	（女）	江门市新会区崖门镇交贝石小学
伍周旋	（女）	佛山市顺德区勒流大晚小学
周昭坤		汕头市潮南区峡山街道拱上小学
邝艳姬	（女）	珠海市斗门区井岸镇第一小学
吕珠源		海丰县海镇中心小学
洪素香	（女）	惠东县平山中心小学
张小娴	（女）	英德市石牯塘镇初级中学
魏书峥		深圳市教苑中学
赵天金	（瑶族）	乳源瑶族自治县民族实验学校
刘子增		紫金县附城中学
江丽娟	（女）	广州市白云区江村中学
钟　芳	（女，侗族）	深圳市龙城高级中学
金庆莉	（女）	广州市执信中学
郭小雁		电白县第一中学
郑俏华	（女）	佛山市启聪学校
陈继明		广东省民政职业技术学校
陈　靖	（女）	广东省贸易职业技术学校
梁　登		广州市交通高级技工学校
李斯伟	（女）	广州民航职业技术学院

续表

徐福荫		华南师范大学
栾　栋		广东外语外贸大学
叶文才		暨南大学
张晓东		广东白云学院
郭钟宁		广东工业大学
林冬妹	（女）	广东水利电力职业技术学院
桑　兵		中山大学
罗颂平	（女）	广州中医药大学
刘新光		广东医学院
乌兰哈斯	（蒙古族）	汕头大学
陈克复		华南理工大学
广西壮族自治区		
梁　青	（女，瑶族）	来宾市直属机关保育院院长
汤　荡	（女）	桂林市榕湖小学
罗　瀚	（壮族）	凤山县长洲乡长洲小学
陈向荣	（女）	梧州市民主路小学
杜小鹭	（女）	南宁市人民路东段小学
蓝金威	（壮族）	上林县木山乡厂圩小学
黄锦庭	（壮族）	百色市右江区汪甸瑶族乡中心小学校长
蒋德明	（瑶族）	防城港市那梭中心校
滕大韶	（壮族）	武鸣县太平镇上江希望小学安吉教学点
陈晓玲	（女）	陆川县第二小学
冯筱玲	（女）	北海市第五中学
张献军		柳州市第十二中学
苏凤英	（女，壮族）	宁明县城镇第一中学
黄小音	（女，壮族）	平果县马头镇初级中学
张宗红	（女）	玉林市玉州区第五初级中学
钟红珍	（女）	藤县藤州中学
蒙科祺		玉林市育才中学
康　翔		柳州高级中学
石　鹏	（壮族）	南宁市第二中学
朱明强		玉林市福绵高级中学
陈　莹	（女）	桂林市职业教育中心学校
郑　燕	（女）	玉林市第一职业中等专业学校
高中庸		广西工学院
罗建举		广西大学

续表

海南省		
黄春燕	（女）	白沙县第一小学
邢源霞	（女，黎族）	乐东县万冲镇中心学校
史兰俊	（女）	海口市琼山府城中学
梁东敏	（女）	海南省财税学校
王崇敏		海南大学
重庆市		
*唐　芳	（女）	梁平县文化镇中心小学
王洪春	（女）	开县白泉乡平安希望中心小学
张正委		渝北区华蓥山中心小学
成月波		万盛区石林镇中心学校
曹淑碧	（女）	酉阳第一中学
左天玖		垫江县包家学校
吴晓将		綦江县三角镇乐兴中学
周建平	（女）	永川双石中学校
范顺权		万州区铁炉学校
张祖安		奉节永安中学
袁　敏	（女）	重庆市第一中学
饶　英	（女）	重庆市朝阳中学
刘运超		重庆市第十一中学
陈文林		重庆市立信职业教育中心
李晓梅	（女）	西南政法大学
涂植光		重庆医科大学
彭晓玲	（女）	重庆科技学院
张　纲		沙坪坝区教师进修学院
四川省		
*谭千秋		德阳市东汽中学
*王光香	（女）	江油市武通村幼儿园
*吴忠红		崇州市怀远镇中学
*罗晓明		德阳市东汽中学
*向　倩	（女）	什邡市龙居中心小学
*李佳萍	（女）	北川中学
*张家春		北川中学
*连　蓉	（女）	汶川县映秀中心校
*袁文婷	（女）	什邡市民主中心小学
*张米亚		汶川县映秀中心校

续表

＊郑发富		安县花荄镇初级中学
＊刘继军		什邡市龙居中心小学
＊何智霞	（女）	都江堰聚源中学
＊周其祥		绵竹市汉旺学校
＊蒲　斌		都江堰聚源中学
＊周汝兰	（女）	彭州市红岩小学
＊肖晓川		北川羌族自治县刘汉希望小学
＊潘俊强		平武县平通镇初级中学
＊杨文友		彭州市白鹿镇九年制学校
＊何　悦	（女）	青川县红光乡中心小学
＊朱贵平		北川羌族自治县曲山小学
＊邓丽君	（女）	阆中市特殊教育学校
＊刘　勇		绵竹市汉旺学校
＊谭国强		汶川县映秀中心校校长
＊文天立		青川县红光乡陶龙村小学
＊付秀银		北川中学
＊杨宗明		苍溪县龙山镇柏杨小学
孙建军		资中县轮镇发庙沟村小学
赵启琼	（女）	南溪县前进小学
魏　虹	（女）	成都市龙江路小学
张容子	（女）	简阳市简城镇第一小学
曾玉玲	（女）	广元市利州区北街小学
泽仁多吉	（藏族）	康定县普沙绒乡中心小学
李绍华	（彝族）	木里藏族自治县李子坪乡小学
杨顺珍	（女）	岳池县红星小学
邵建军		眉山市东坡区修文镇中心小学
阿罗阿根	（彝族）	峨边彝族自治县新林镇中心小学
周文俊		大英县河边镇福禄小学
陈永红		剑阁县江石小学
解绍英	（女）	叙永县枧槽苗族乡中心小学采山村小学
曾令才		什邡市民主小学
张金诚		平昌县得胜小学
朱发华	（女）	名山县车岭镇中心小学
董雪峰		汶川县映秀小学
吉庆云		绵竹市汉旺学校
侯晓梅	（女）	攀枝花市第二十五中学

续表

张　波		自贡市第一中学
纪　蓉	（女）	阆中市峰占乡中心学校
杨俊杰		乐山市沙湾区谭坝乡学校
林　强		安县桑枣初级中学
唐凤淑	（女）	德阳市旌阳区柏隆镇初级中学
任维鼎		平武县南坝中学
陈　祥		四川省昭觉中学
任德峰		雅安中学
陈淑萍	（女）	武胜中心中学
周　江		康定中学
赵正惠	（女，藏族）	马尔康中学
付健生		内江市第六中学
陈　平		南充市李渡中学
庞　勇		达县中学
陶斯学		大竹中学
许安富		遂宁市安居育才中学
刘　宁	（羌族）	北川中学
周良永		巴中市巴州区教师进修学校
杨丽佳	（女）	成都市财贸职业高级中学
邵玉刚		四川省丹棱职业高级中学
雷卫东		泸州市树风职业高级中学
郭复初		西南财经大学
霍　巍		四川大学
高淑桃	（女）	四川农业大学
贵州省		
周晓燕	（女，彝族）	台江县台盘乡中心小学
胡连祖	（女）	福泉市牛场中心小学
吴云鹰	（苗族）	江口县太平乡苗匡小学
邹德均		习水县东皇镇羊九小学
李光明		兴仁县巴铃镇大荒萍村小学校长
徐思学		桐梓县茅石乡小平小学校长
张铭德		遵义县石板中学
王文强		贵阳市第一中学
唐莉莉	（女）	六盘水水矿一中
刘建国		毕节第一中学
苏正淮	（土家族）	贵州省思南中学

续表

田　戈	（女）	贵州省惠水民族中学
王　茜		威宁彝族回族苗族自治县第四中学
冯　萍	（女，侗族）	贵阳市盲聋哑学校
戴　琳	（女）	安顺职业技术学院
孙兆霞	（女）	贵州民族学院
左　丽	（女）	贵阳医学院
谢贵华	（苗族）	凯里学院
云南省		
桑　培	（藏族）	德钦县羊拉乡茂顶完小格亚顶教学点
苏莺华	（女）	大理州实验小学
杨永维	（苗族）	马关县夹寒箐镇尖山村中心校校长
魏东菊	（女，彝族）	西双版纳州允景洪小学
戴丽慧	（女，彝族）	云南师范大学附属小学
刘正堂		水富县太平乡中心学校
王文花	（女）	祥云县云南驿镇棕棚小学
苏发芝	（女）	双柏县妥甸镇中心小学
吴存珍	（女）	墨江县通关小学
罗雪芳	（女）	凤庆县三岔河中学
丁文贵	（回族）	沾益县菱角乡第三中学
姜家奇		腾冲县中和中学
陈再春		福贡县石月亮乡九年一贯制学校校长
尹兴欣		陇川县景罕中学
王贤德		建水县第十二中学
郭建明		罗平县板桥第一中学校长
顾绍林		江川县前卫镇前卫中学
成信文		镇雄县第一中学
马育文	（回族）	曲靖市师宗职业技术学校
杨　翔		云南省红河州卫生学校
张国庆		云南大学
西藏自治区		
云　丹	（藏族）	浪卡子县普玛江塘乡中心小学
琼　色	（藏族）	那曲聂荣县完全小学
边巴扎西	（藏族）	洛扎县生格乡中心小学
巴旦桑姆	（女，藏族）	阿里普兰县九年一贯制学校
尼玛次仁	（藏族）	西藏大学

续表

陕西省		
*王　敏	（女）	宁强县黄坝驿乡中心小学
赵明涛		西安市新城区明诚小学
吕俊光		勉县小河庙乡中心小学
张存贵		陇县火烧寨乡峰山小学
高彩云	（女）	安塞县第二小学
罗东群	（女）	淳化县城关小学
张多德		太白县鹦鸽镇中心小学
高　琳	（女）	靖边县第一小学
代亚琼	（女）	武功县实验小学
罗润侠	（女）	扶风县城关镇城关初中
许名菊	（女）	旬阳县城关第一初级中学
蒙书学		旬邑县张洪中学
庄希春		佳县王家砭中学
邓　健		大荔县赵渡乡初级中学
冯雪红	（女）	户县纸房学校
刘占良		陕西省商洛中学
沙　涛	（回族）	西安市第八十三中学
黄厚林		白河县第一中学
董新庄		蒲城县蒲城中学
强建才		陕西省榆林农业学校
周绍林		南郑县职业教育中心
李长久		西安交通大学
李贺军		西北工业大学
武忠民		铜川市教育科学研究室
甘肃省		
高泽林		金昌市金川区双湾镇黑沙窝小学
孙玉梅	（女）	兰州实验小学
曹桂娥	（女）	临洮县八里铺镇王家大庄小学
高占生		金塔县东坝小学校长
张万春		舟曲县八楞藏族九年制学校校长
曹银治		榆中县来紫堡中学
卢奇伟		西和县西峪乡初级中学
徐彩梅	（女）	庆阳第五中学
萧　岩	（女）	嘉峪关市第一中学
杨丽萍	（女）	临夏市第一中学

续表

钱守忠		张掖中学
张　敏		天水市第一中学
朱怀永		白银市第十中学
宁童年		古浪县第五中学
王渭宁		泾川县第一中学
李晓焱	（女）	兰州电力学校
常　青		兰州交通大学
青海省		
汪昌祥		湟中县拦隆口镇尼麻隆小学校长
尹　林		贵德县中学
蔡相德		互助土族自治县第三中学
焦士汛		果洛藏族自治州大武完全民族中学
刘小苏		青海省重工业职业技术学校
赵海兴		青海师范大学
宁夏回族自治区		
金玉霞	（女，回族）	吴忠市孙家滩种畜场小学
唐文昌		同心县马高庄乡邱家渠小学
王栓林		银川市第九中学
马红元	（回族）	隆德县杨河中学
陈　霞	（女）	石嘴山市第八中学
张永宏		银川一中
刘立红	（女）	宁夏师范学院
新疆维吾尔自治区		
木合亚提·孜亚汗	（哈萨克族）	福海县齐干吉迭乡寄宿制学校
哈拜尔·吾卜力哈斯木	（维吾尔族）	和田县塔瓦库乐乡小学
吐提姑丽·依地力斯	（女，维吾尔族）	伽师县英买里乡中学
杨靖华		乌鲁木齐市第十三中学
马学琴	（女）	温泉县哈日布呼镇中学
艾克热木·阿布都米吉提	（维吾尔族）	伊宁县曲鲁海乡中学
库地然提·沙比提	（维吾尔族）	库车县牙哈镇中学
托兰汗·哈塔依	（女，柯尔克孜族）	阿合奇县同心中学
迪丽努尔·比斯尔	（女，维吾尔族）	托克逊县第二中学
程彩玲	（女）	乌鲁木齐八一中学
陈晓峰	（女）	新疆化工学校
汤建钢		伊犁师范学院
刘晓平	（女）	新疆建设职业技术学院

续表

新疆生产建设兵团		
达　芳	（女）	农十四师一牧场中心小学
肉孜卡斯木	（维吾尔族）	农三师第三中学
付祖勇		石河子市第一中学
李炳奇		石河子大学
解放军		
李秀芬	（女）	95972 部队子女学校
周开建		西藏军区拉萨八一学校
杨爱群	（女）	91458 部队八一中学
郭亚军	（回族）	第二军医大学
金一南		国防大学
许　军	（女）	装甲兵工程学院
沈树章		通信指挥学院
张金城		第二炮兵指挥学院
备注：姓名前加注 * 的人选为教育系统抗震救灾英雄		

三、2009 年全国教育系统先进工作者名单

北京市		
刘　畅	（女）	海淀区中关村第一小学校长
史晓鹤	（女）	北京市商业学校校长
天津市		
潘怀林		塘沽区第十五中学校长
河北省		
郭媛英	（女）	张家口市宣化第一中学校长
赵浩军		邯郸市教育局局长、教工委书记
孙怀春		唐山市教育局副局长
金文华		石家庄市桥东区教育局局长
山西省		
郭晋华	（女）	长治市城区英雄街小学校长
王小元		垣曲中学校长
内蒙古自治区		
郭炳胜		呼和浩特市第二中学党总支书记、校长
包革命	（蒙古族）	内蒙古农业大学宣传部部长
辽宁省		
丛素娥	（女）	大石桥市黄土岭镇九年一贯制学校校长
刘朝忠		辽宁省实验中学副校长

续表

高　琛	（女）	东北育才学校党委书记、校长
吉林省		
郑立国		吉林动画学院董事长兼院长
于　深		通化市教育局局长
黑龙江省		
卜祥林		牡丹江市第一高级中学校长
邵曙光		哈尔滨市第六中学校长
于庆澎		佳木斯市旅游职业学校党委书记、校长
上海市		
卢起升		上海市第八中学校长
江苏省		
孙双金		南京市北京东路小学校长
潘晓芙	（女）	镇江市外国语学校校长
孙伟宏		张家港职业教育中心校党委书记、校长
张德超		宿迁市中小学教学研究室主任
浙江省		
余如玉		余姚市实验学校校长、党总支书记
叶翠微		杭州第二中学校长
安徽省		
汪建飞		安徽科技学院教务处副处长
福建省		
蔡宗松		福州第六中学校长
邱少伟		泉州市东海中学校长
江西省		
樊　仁		九江第一中学校长、党总支书记
胡伯项		南昌大学马克思主义学院院长
山东省		
王泽贤		济南育英中学校长
孙桂芳	（女）	潍坊市实验学校校长
孙先亮		青岛第二中学校长
吴少怡	（女）	山东大学学生处心理咨询中心主任
孙金存		滕州市教育局党委书记
河南省		
陈云昌		商丘市第一高级中学党委书记、校长
吴童玲	（女）	焦作市女子中等专业学校校长
贾少鑫		河南大学党委组织部部长

续表

王连照		南阳市卧龙区教育体育局党委书记、局长
张玉田		濮阳市教育局党组书记
湖北省		
周楚发		南漳县武安镇安集初级中学校长
董汉利		武汉市第二中学校长
杨　伦		中国地质大学（武汉）教务处处长
湖南省		
陈登斌		湖南信息科学职业学院董事长
秦　平	（土家族）	湘西土家族苗族自治州教育局局长
莫良斌		邵阳市教育局局长
彭　新		长沙市教育局局长
广东省		
钟丽香	（女）	广州市花都区狮岭镇冠华小学校长
曾凡辉		南雄市黎灿学校校长
郑炽钦		广东实验中学校长
廖　益		广东省电子技术学校校长
王录德		中山大学纪委副书记、监察处处长
广西壮族自治区		
方洁玲	（女）	南宁市第三中学校长
邓庆文		广西玉林农业学校校长
简金宝		广西大学社会科学处处长
海南省		
林　虎		海南职业技术学院党委书记、院长
重庆市		
马　宏	（女）	重庆市巴蜀小学副校长
叶　辉		重庆市第四十二中学校长
四川省		
*肖明清		都江堰市紫坪铺九年制学校校长
陆　枋	（女）	成都市实验小学校长、党总支书记
陈登权		资阳市雁江区伍隍中学副校长
张舜华	（藏族）	汶川县漩口中学校长
卢健全		富顺第二中学校长
尹连成		长宁县职业高级中学校长
贵州省		
穆显法		水城县木果乡中心校校长
杨　赟	（侗族）	黎平县中等职业技术学校校长

续表

云南省		
肖　东		香格里拉县第五中学校长
赵灿东		昆明市第一中学校长
陕西省		
李建东		西安电子科技大学研究生院常务副院长
张洪涛		渭南市教育局党组书记、局长
辛小权		西安市长安区教育局局长
甘肃省		
高　强		天水农业学校校长
张永义		兰州理工大学外国语学院书记
青海省		
张建国		湟川中学校长
宁夏回族自治区		
韩建军		中卫市海原一中校长
新疆维吾尔自治区		
艾尔肯·阿尤蒲	（维吾尔族）	莎车县恰尔巴格乡中学校长
黄春娣	（女）	哈巴河县高级中学校长
新疆生产建设兵团		
刘生江		农六师芳草湖农场中学校长
备注：姓名前加注＊的人选为教育系统抗震救灾英雄		

附三：

关于表彰全国教育系统巾帼建功标兵的决定

各省、自治区、直辖市教育厅（教委）、妇联，新疆生产建设兵团教育局、妇联，解放军总政治部：

在建设社会主义和谐社会和人力资源强国，大力实施科教兴国和人才强国战略的进程中，全国教育系统广大女教师和女教育工作者，坚持以邓小平理论和“三个代表”重要思想为指导，深入贯彻落实科学发展观，全面贯彻党的教育方针，爱岗敬业、教书育人、无私奉献、开拓创新，在教育事业的改革和发展中取得了显著成绩，涌现出一大批先进模范人物。

为充分展现新时期女教师和女教育工作者的高尚师德和崇高精神，激励广大女教师和女教育工作者在教育事业的改革发展中作出新的更大的贡献，教育部、全国妇联决定，授予冯勉等 330 名同志“全国教育系统巾帼建功标兵”荣誉称号。希望受表彰的同志珍惜荣誉，谦虚谨慎，发扬成绩，再立新功。

全国广大女教师和女教育工作者要以“全国教育系统巾帼建功标兵”为榜样，牢记使命、奋发进取，自尊自爱、自强自立，岗位成才、建功立业，更加紧密地团结在以胡锦涛同志为总书记的党中央周围，高举中国特色社会主义伟大旗帜，深入贯彻落实科学发展观，以更加优异的成绩迎接新中国成立 60 周年，为办好人民满意的教育，全面建设小康社会而努力奋斗。

中华人民共和国教育部　中华全国妇女联合会

二〇〇九年九月一日

附四：

2009年全国教育系统巾帼建功标兵名单

北京市		
冯　勉		北京第二实验小学
罗　俊		丰台区东高地第四小学
刘淑敏		门头沟区大台中心小学
任　季		昌平区城关小学
石利颖		北京市第五幼儿园
文　伟		怀柔区第五中学
范锦荣		北京市第二中学
李晓凤	（满族）	首都师范大学附属密云中学
孙慧环		北京交通大学
刘　畅		海淀区中关村第一小学校长
史晓鹤		北京市商业学校校长
天津市		
周　瑞		天津师范大学第二附属小学
张亚玲		西青区大稍直口中心小学
董新玉		大港区第五小学
王　威		天津市第二十一中学
杜学彤		天津市第九中学
河北省		
苗文玲		涞水县龙门乡爱心希望小学
高文艳		涞源县银坊镇司格庄小学
郑秀娟		唐山市开平区洼里教育总校
杨秀玲		乐亭县第四实验小学
张海丽		滦南县安各庄镇中心小学
苗永革		灵寿县三圣院乡中学
郭丽云		柏乡县实验中学
刘雪琴		顺平县高于铺镇第三初级中学
宋秀君		抚宁县驻操营中学
胡迷果		鸡泽县实验中学
田立红		唐山市第一中学
马瑞华		石家庄市第一中学
王　珊		定州中学
赵英杰		石家庄市职业技术教育中心
刘　珍		张家口市职业技术教育中心
周　燕		河北农业大学

续表

郭媛英		张家口市宣化第一中学校长
山西省		
刘秀莲		忻州市七一路学校
赵新雪		运城市东郊逸夫小学
赵文慧		太原大学外语师范学院第二附属小学
王俊芬		陵川县附城镇南马寄宿制小学
蔡英霞		古县城北小学
陈肖琳		阳泉市矿区洪城河小学
罗艳梅		盂县西潘乡均才中心小学
段俊英		朔州市朔城区第六小学
白兰香		晋中市榆次区第五中学
郝丽萍		忻州市特殊教育学校
白素芳		阳城县职业高级中学
郭晋华		长治市城区英雄街小学校长
内蒙古自治区		
娜日苏	（蒙古族）	兴安盟科尔沁右翼中旗杜尔基中心校
包桂兰	（蒙古族）	兴安盟扎赉特旗宝力根花中心校
姚玉梅		赤峰市翁牛特旗乌丹第三小学
石彩霞		巴彦淖尔市五原县塔尔湖小学
闫丽华		莫力达瓦达斡尔族自治旗民族实验小学
王艳梅		乌海市实验小学
张东霞		鄂尔多斯市达拉特旗第六中学
白春燕		通辽市科尔沁区第四中学
王　隽		锡林郭勒盟第二中学
张惠珍		阿拉善右旗第一中学
林青枝		呼和浩特市土默特左旗第一中学
辽宁省		
谭秀丽	（满族）	宽甸满族自治县大川头学校
李律华		大连市中山区中心小学
高　侠		海城市高坨镇中心小学
邓　艳		沈阳市苏家屯区城郊中心小学
韩凤华		凌源市四合当中学
王丽艳		昌图县金家中学
郭秀斌		辽阳市第十中学
杨　环	（满族）	凌海市大业乡初级中学
刘大卿	（满族）	新宾满族自治县永陵中学

续表

张　波	（满族）	本溪满族自治县高级中学
钱桂荣		盘锦市高级中学
田　鸣		锦州市锦州中学
孙空鸣		鞍山市第三中学
赵维玲		大连育明高级中学
王　淑		沈阳市第二中学
潘丽庆		沈阳市第三十一中学
丛素娥		大石桥市黄土岭镇九年一贯制学校校长
高　琛		东北育才学校校长、党委书记
吉林省		
孟宪秋		榆树市城发乡中心小学
郭　英		公主岭市双城堡镇万胜村小学
刘绍荣		四平市铁西区地直街小学
辛素兰		东辽县安恕镇李趟村小学
祝亚杰		吉林市昌邑区孤店子镇中心小学
赵立娟	（蒙古族）	长岭县东岭乡中心校
金今海	（朝鲜族）	珲春市第六中学
张新玲		延边第二中学
张晓霓		吉化第一高级中学
李惠芳		长春市第二中等专业学校
黑龙江省		
钟　铃		大庆石化第一小学
王　岩		哈尔滨市花园小学
朱有春		穆棱市河西乡中心校
于　杰		集贤县集贤中心校
王佳莹		巴彦县巴彦镇临城小学校长
潘铁梅		大兴安岭地区呼中区第二小学
陆晓萍		龙江县实验小学
张文惠		鸡东县平阳中学
韩　涛		黑龙江省农垦总局宝泉岭分局局直中学
王丽丽		讷河市六合镇中心学校
蒋守玲		黑龙江省桃山林业局桃山中学
王　健		哈尔滨市第三中学
刘亚芹		庆安县第三中学
刘艳玲		哈尔滨市第十二职业中学
唐朔飞		哈尔滨工业大学

续表

郭成宇	齐齐哈尔大学
上海市	
王熙珍	虹口区曲阳第二幼儿园
沈文华	卢湾区巨鹿路第一小学
杨晓萍	崇明县实验小学
朱　萍	上海市世界外国语中学
鲍佳健	崇明县建设中学
周彩霞	上海市罗泾中学
陈小英	上海市杨浦高级中学
叶　澜	华东师范大学
江苏省	
邵海霞	滨海县滨海港镇第二中心小学
陆炜乾	启东市南阳小学
张菊凤	江都市大桥中心小学
许嫣娜	常州市局前街小学
吴小菊	丹阳市导墅中心小学
戴卫红	阜宁县实验小学
吴晓梅	江苏省如皋师范学校附属小学
徐露莺	无锡新区实验小学
王　闻	邳州市燕子埠中学
吉晨春	江苏省姜堰中学
刘　燕	南京市莫愁中等专业学校
潘晓芙	镇江市外国语学校校长
浙江省	
茹茉莉	嵊州市城北小学
杨丽佳	缙云县实验小学
俞彩琴	诸暨市次坞镇中心小学
姚江萍	杭州市余杭区余杭镇太炎小学
蒋飞英	金华市第十五中学
姜育兰	江山市淤头镇初中
居丽华	嘉兴市南糊区余新镇中学
张赛芬	舟山职业技术学校
周　岚	温州华侨职业中等专业学校
陈　乐	中国计量学院
闫　彦	浙江水利水电专科学校

续表

安徽省	
李翠霞	马鞍山市湖东路第二小学
李　丽	淮北市第二中学
江　羚	旌德县庙首中学
程蓓蓓	芜湖市职业教育中心
陈治文	蚌埠医学院
福建省	
蒋碧琴	古田县吉巷乡永安小学
林幼春	大田县均溪中心小学
林　芝	霞浦县海岛九年一贯制学校
陈　颖	福州第一中学
赖晓红	福建三明林业学校
廖保玉	集美轻工业学校
郭祥群	厦门大学
江西省	
黄　丽	萍乡市安源区北桥小学
王雪峰	广丰县洋口镇中心小学
潘小卉	分宜县分宜镇界桥中心小学
王文芳	万年县六〇小学
刘梅香	安福县章庄学校
胡景华	南昌外国语学校
山东省	
元红君	威海市教育实验幼儿园
徐慧颖	青岛市实验小学
张立新	莒县刘官庄镇中心小学
董春玲	莱芜市钢城区黄庄镇丈八丘联小校长
陈桂玲	山东师范大学附属小学
胡廷香	临沂第四实验小学
杨桂香	高唐县固河镇中心小学
黄连芳	巨野县独山镇中心小学
颜廷芳	东平县第二实验小学
张东梅	山东省金乡师范附属小学
王桂莲	济阳县曲堤镇中心小学
赵秀凤	寿光市稻田镇第一初级中学
李立群	莱阳市团旺中心初级中学
王继萍	山东大学第二附属中学

续表

万　红		烟台第十中学
李忠兰		曹县魏湾镇中学
赵维娥		阳信县鹁李中学
赵桂梅		临沂市罗庄区高都中学
原凤英		威海市第七中学
王艳芳		垦利县西宋中学
张利平	（回族）	淄博市张店区文苑学校
姜　宏		泰安第二中学
修　荣		烟台经济技术开发区高级中学
李　芳		青岛第一中学
尹秋华		昌邑市第一中学
贾益芹		淄博市聋人学校
曹文萍		桓台县职业中等专业学校
李　慧		济宁第一职业中等专业学校
刘秦玉		中国海洋大学
孙桂芳		潍坊市实验学校校长
吴少怡		山东大学学生处心理咨询中心主任
河南省		
王　茜		商丘市第二幼儿园园长
詹　慧		河南省实验幼儿园
武凤霞		濮阳市子路小学
康予萍		平顶山市新华区新鹰小学
党若平		安阳市第一实验小学
车晓梅		卫辉市第一完全小学
米　红		原阳县城关镇东街完全小学
魏书芹		汤阴县任固镇中心小学
陈冬梅		鹿邑县太清宫镇营子寨学校
郝景贤		伊川县实验中学
胡向红		驻马店市第二初级中学
李　霞		淮滨县第一中学
孙彩敏		禹州市夏都街道办事处中心学校
李　敏		焦作市第三十一中学
张玉霞	（回族）	太康县常营镇第一初级中学
王克强		许昌市第一中学
武　燕		河南机电学校
杨素玲		漯河市第二职业高中

续表

杨　云		河南中医学院
吴童玲		焦作市女子中等专业学校校长
湖北省		
范文巧		沙市北京路第一小学
刘　红		武汉市育才第二小学
温文娟		天门市实验小学
杨　红		黄石市铁山区第三小学
田静玲	（土家族）	巴东县茶店子镇茶店子小学校长
王晓静		武汉市将军路中学
杨春燕		宜昌市第五中学
蔡德花		襄樊市第二十七中学
李梦雪		应城市杨岭镇初级中学
王石平		华中农业大学
彭　芸		湖北经济学院
湖南省		
阳松桃		洞口县罗溪瑶族乡崇山江教学点
黄丽君		桃江县桃花江镇桃花江小学
夏畅元		安化县南金乡中心学校
殷　蓉		长沙市芙蓉区大同小学
王晓珍		怀化市第三中学
刘慧芳		郴州市第五完全中学
罗　霞	（瑶族）	怀化市铁路第一中学
王中辉	（土家族）	石门县第一中学
张孝红		炎陵县第一中学校长
段小清		湖南省邵阳工业学校
李梅阳		湘乡市第一职业中专学校
石雪晖		湖南农业大学
广东省		
王佩芳		大埔县大埔小学
阮美好		东莞市东城区花园小学
邵　君		肇庆市第十六小学
张武珍		丰顺县汤坑镇第一中心小学
李锦清		江门市新会区崖门镇交贝石小学
伍周旋		佛山市顺德区勒流大晚小学
邝艳姬		珠海市斗门区井岸镇第一小学
洪素香		惠东县平山中心小学

续表

张小娴		英德市石牯塘镇初级中学
江丽娟		广州市白云区江村中学
钟　芳	（侗族）	深圳市龙城高级中学
金庆莉		广州市执信中学
郑俏华		佛山市启聪学校
陈　靖		广东省贸易职业技术学校
李斯伟		广州民航职业技术学院
林冬妹		广东水利电力职业技术学院
罗颂平		广州中医药大学
钟丽香		广州市花都区狮岭镇冠华小学校长
广西壮族自治区		
梁　青	（瑶族）	来宾市直属机关保育院院长
汤　荡		桂林市榕湖小学
陈向荣		梧州市民主路小学
杜小鹭		南宁市人民路东段小学
陈晓玲		陆川县第二小学
冯筱玲		北海市第五中学
苏凤英	（壮族）	宁明县城镇第一中学
黄小音	（壮族）	平果县马头镇初级中学
张宗红		玉林市玉州区第五初级中学
钟红珍		藤县藤州中学
陈　莹		桂林市职业教育中心学校
郑　燕		玉林市第一职业中等专业学校
方洁玲		南宁市第三中学校长
海南省		
黄春燕		白沙县第一小学
邢源霞	（黎族）	乐东县万冲镇中心学校
史兰俊		海口市琼山府城中学
梁东敏		海南省财税学校
重庆市		
*唐　芳		梁平县文化镇中心小学
王洪春		开县白泉乡平安希望中心小学
曹淑碧		酉阳第一中学
周建平		永川双石中学
袁　敏		重庆市第一中学

续表

饶　英		重庆市朝阳中学
李晓梅		西南政法大学
彭晓玲		重庆科技学院
马　宏		重庆市巴蜀小学副校长
四川省		
*周汝兰		彭州市红岩小学
*何　悦		青川县红光乡中心小学
*邓丽君		阆中市特殊教育学校
赵启琼		南溪县前进小学
魏　虹		成都市龙江路小学
张容子		简阳市简城镇第一小学
曾玉玲		广元市利州区北街小学
杨顺珍		岳池县红星小学
解绍英		叙永县枧槽苗族乡中心小学采山村小学
朱发华		名山县车岭镇中心小学
侯晓梅		攀枝花市第二十五中小学
纪　蓉		阆中市峰占乡中心学校
唐凤淑		德阳市旌阳区柏隆镇初级中学
陈淑萍		武胜中心中学
赵正惠	（藏族）	马尔康中学
杨丽佳		成都市财贸职业高级中学
高淑桃		四川农业大学
陆　枋		成都市实验小学校长、书记
贵州省		
周晓燕	（彝族）	台江县台盘乡中心小学
胡连祖		福泉市牛场中心小学
唐莉莉		六盘水水矿一中
田　戈		贵州省惠水民族中学
冯　萍	（侗族）	贵阳市盲聋哑学校
戴　琳		安顺职业技术学院
孙兆霞		贵州民族学院
左　丽		贵阳医学院
云南省		
苏莺华		大理州实验小学
魏东菊	（彝族）	西双版纳州允景洪小学
戴丽慧	（彝族）	云南师范大学附属小学

续表

王文花		祥云县云南驿镇棕棚小学
苏发芝		双柏县妥甸镇中心小学
吴存珍		墨江县通关小学
罗雪芳		凤庆县三岔河中学
西藏自治区		
巴旦桑姆	（藏族）	阿里普兰县九年一贯制学校
陕西省		
王　敏		宁强县黄坝驿乡中心小学
高彩云		安塞县第二小学
罗东群		淳化县城关小学
高　琳		靖边县第一小学
代亚琼		武功县实验小学
罗润侠		扶风县城关镇城关初中
许名菊		旬阳县城关第一初级中学
冯雪红		户县纸房学校
甘肃省		
孙玉梅		兰州实验小学
曹桂娥		临洮县八里铺镇王家大庄小学
徐彩梅		庆阳第五中学
萧　岩		嘉峪关市第一中学
杨丽萍		临夏市第一中学
李晓焱		兰州电力学校
宁夏回族自治区		
金玉霞	（回族）	吴忠市孙家滩种畜场小学
陈　霞		石嘴山市第八中学
刘立红		宁夏师范学院
新疆维吾尔自治区		
吐提姑丽・依地力斯	（维吾尔族）	伽师县英买里乡中学
马学琴		温泉县哈日布呼镇中学
托兰汗・哈塔依	（柯尔克孜族）	阿合奇县同心中学
迪丽努尔・比斯尔	（维吾尔族）	托克逊县第二中学
程彩玲		乌鲁木齐八一中学
陈晓峰		新疆化工学校
刘晓平		新疆建设职业技术学院
黄春娣		哈巴河县高级中学校长

续表

新疆生产建设兵团		
达　芳		农十四师一牧场中心小学
解放军		
李秀芬		95972 部队子女学校
杨爱群		91458 部队八一中学
许　军		装甲兵工程学院
备注：姓名前加注＊的人选为教育系统抗震救灾英雄。		

附五：

关于表彰全国优秀教师和全国优秀教育工作者的决定

各省、自治区、直辖市教育厅（教委），新疆生产建设兵团教育局，解放军总政治部：

在党中央、国务院的领导下，近年来全国教育系统广大教师和教育工作者坚持以邓小平理论和“三个代表”重要思想为指导，深入贯彻落实科学发展观，认真执行党的教育方针，忠于职守，无私奉献，教书育人，为人师表，在教育事业的改革和发展中取得了显著成绩，涌现出一大批优秀教师和优秀教育工作者。

为表彰他们对教育事业作出的积极贡献，弘扬人民教师的高尚师德和奉献精神，进一步激励广大教师和教育工作者树立崇高职业理想，把全部精力和满腔真情献给教育事业，大力营造尊师重教的良好社会氛围，努力开创教育工作的新局面，在各地认真评选推荐和严格评审的基础上，教育部决定授予王小苹等 1 816 名同志“全国优秀教师”荣誉称号，授予沙晓燕等 197 名同志“全国优秀教育工作者”荣誉称号，追授史革新同志“全国优秀教师”荣誉称号。希望受到表彰的同志保持荣誉，再接再厉，进一步发挥先锋模范作用，在教育事业的改革和发展中取得更加优异的成绩。

受到表彰的全国优秀教师和全国优秀教育工作者是全国教育系统广大教职工的优秀代表。他们在平凡的工作岗位上创造了不平凡的业绩，集中体现了新时期人民教师和教育工作者崇高的思想境界和良好的精神风貌。教育部号召教育战线广大教职工以全国优秀教师和全国优秀教育工作者为榜样，深入学习贯彻落实科学发展观，勤奋敬业、积极进取，学为人师、行为世范，为办好人民满意的教育，建设人力资源强国和创新型国家作出新的更大的贡献。

教　育　部

二〇〇九年九月一日

附六：

2009 年全国优秀教师和优秀教育工作者名单

一、2009 年全国优秀教师名单

北京市		
王小苹	（女）	延庆县第一小学
项连弟	（女，满族）	密云县第三小学

续表

张云霞	（女）	平谷区第五小学
王海龙		怀柔区长哨营满族乡中心小学
何艳梅	（女）	大兴区黄村镇第一中心小学
马文征	（女）	顺义区石园小学
陈晓光	（女）	通州区北关小学
薛　东		石景山区先锋小学
高雅跃	（女）	宣武区康乐里小学
郑月宏	（女）	崇文区培新小学
蔡　涛	（女）	北京市第一幼儿园
段素华	（女）	延庆县第四中学
由广慧	（女）	大兴区德茂中学
李士杰		昌平区第五中学
张　勃	（女）	房山区良乡第二中学
贾　宏	（女）	北京市燕山前进中学
见长江		北京市平谷中学
张　璇	（女）	北京市第十中学
刘乃忠		北京市和平街第一中学
张斌平		北京市第五中学
罗　滨	（女）	中国人民大学附属中学
李庆忠		北京市盲人学校
张福顺		北京铁路电气化学校
周建平		北京市交通学校
宋永兴		北京金隅科技学校
朱永亮		北京市工业高级技工学校
史革新		北京师范大学
余新晓		北京林业大学
王　萍	（女）	北京电子科技职业学院
李哲英		北京联合大学
王晓燕	（女）	首都医科大学
张静如		北京师范大学
高晓虹	（女）	中国传媒大学
孟庆春	（满族）	北京印刷学院
周青青	（女）	中央音乐学院
乌云娜	（女，蒙古族）	华北电力大学
徐小力		北京信息科技大学
汪文川		北京化工大学

续表

徐　蓝	（女）	首都师范大学
柯红岩	（女）	北京科技大学
李晋宏		北方工业大学
天津市		
刘学会	（女）	蓟县城关第二小学
吕顺艳	（女）	宁河县潘庄镇西塘坨小学
韩志敏	（女）	宁河县芦台镇第一小学
陈建禹	（女）	北辰区刘招庄小学
黄以丽	（女）	天津市津南实验小学
尚俊歆	（女）	东丽区杨台小学
张　媛	（女）	河北区光明小学
李　琳	（女）	南开区风湖里小学
李广红	（女）	河东区互助道小学
靳长福		宝坻区方家庄镇杨家口初级中学
房秀娟	（女）	武清区王庆坨镇初级中学
刘　坚		大港区油田实验中学
秦　屹	（女）	天津市美术中学
赵承烈	（女）	天津市民族中学
马芳苓	（女）	天津市电子信息高级技术学校
张秋怀		天津市经济贸易学校
张军平		天津中医药大学
温显斌		天津理工大学
李运博		天津外国语学院
陈　利		天津工业大学
李宝席	（女）	天津科技大学
寇清杰		南开大学
马德普		天津师范大学
杨金玲	（女）	天津对外经济贸易职业学院
河北省		
张雪峰	（女）	邢台市第一幼儿园
张美玲	（女）	武邑县韩庄中心校
张建志	（女）	衡水市南门口小学
于金红	（女）	霸州市扬芬港镇第十小学
陈晓兵		廊坊市安次区东沽港镇马道口中心小学
崔　霞	（女）	盐山县千童镇北街小学
李先柳	（女）	河间市兴村乡瓦井小学

续表

石志聪	（女）	肃宁县师素镇西南庄学校
贾俊苓	（女）	任丘市新华路东关小学
邢文华	（女）	沧州市新华小学
卜延荣	（满族）	隆化县湾沟门中心小学
常金华	（女，满族）	承德市桥东小学
刘　勇		万全县洗马林中心学区
高海英		尚义县大青沟镇总校
祁亚娟	（女）	保定市乐凯小学
苑秀婷	（女）	阜平县城厢小学
刘志敏	（女）	玉田县实验小学
王洪涛		唐山市路北区果园乡刘火新庄小学
刘　娟	（女）	鹿泉市白鹿泉乡水峪小学
秦翠珍	（女）	新乐市实验小学
张　莉	（女）	石家庄市井陉矿区第二小学
邢红茹	（女）	石家庄市桥西区振头小学
秦坤茹	（女）	石家庄市长征街小学
韩卫平	（女）	广宗县第二中学
刘建芹	（女，回族）	河北师范大学附属实验中学
胡清会	（女）	枣强县张秀屯乡卷子中学
赵文涛		固安县柳泉镇中学
丛艳丽	（女，满族）	宽城满族自治县柳树底下中学
赵素梅	（女）	崇礼县育华中学
赵贺芳	（女）	沽源县小厂镇寄宿制学校
于朝辉		唐县理想中学
冉红改	（女）	满城县大册营镇中学
包洪秀	（女）	河北容城张市中学
牛景华		定兴县高里中学
牛玉明		易县黄石塘初级中学
许春英	（女）	徐水县第二中学
贺　辉	（女）	蠡县蠡吾镇第二中学
陈丛款	（女）	博野镇第二中学
韩　晔	（女）	定州市留早初级中学
程永强		平乡县第三中学
乔社美	（女）	肥乡县常耳寨中学
武民鱼	（女）	涉县索堡中学
安殿洪		成安县成安镇林里堡中学

续表

冯丽芳	（女）	邯郸市第二十五中学
刘书平	（女）	馆陶县魏僧寨中学
刘艳杰	（女）	磁县阜才中学
张素荣	（女，满族）	青龙县大石岭总校
赵经纬	（满族）	滦南县柏各庄镇初级中学
郭玉梅	（女）	唐山市丰润区岔河镇中学
孙育红	（女）	石家庄市第二十八中学
陈荣秀	（女）	鹿泉市实验初级中学
王惠芬	（女）	石家庄市第四十二中学
刘忠才		中国石油天然气管道局中学
张金成		沧县中学
陈利民	（女）	青县第一中学
张淑敏	（女，满族）	围场县第一中学
张翠茹	（女）	清苑县清苑中学
闫秀杰		邢台市第一中学
李建平		武安市第一中学
闫子强		馆陶县第一中学
王国相		永年县第二中学
刘存权		唐山市丰南区第一中学
王大旗	（女）	河北丰润车轴山中学
王宏伟	（女，满族）	迁西县第二中学
闫凤芹	（女）	遵化市第一中学
孙丽红	（女，满族）	石家庄市第十五中学
闫立军		河北无极中学
常莉旭	（女）	正定县特教学校
苏志爽		南宫市职业技术教育中心
苏敦洪		故城县职业教育中心
李东乐		霸州市职成教育总校
孙明杰	（女，蒙古族）	围场县职业技术教育中心
师　勇		宣化县职业技术教育中心
田艳芳	（女）	高阳县职业技术教育中心
胡迷彩	（女）	鸡泽县综合职教中心
肖艳进	（女）	平山县职业教育中心
陈凤平	（女）	石家庄铁路职业技术学院
张　森		河北科技大学
邹振春		承德石油高等专科学校

续表

于多珠		承德医学院
郭志敏	（女）	河北建材职业技术学院
任凤珍	（女）	石家庄经济学院
张建民		石家庄铁道学院
郭秀云	（女）	河北建筑工程学院
任　亮		河北北方学院
李建民	（满族）	华北煤炭医学院
叶　嘉	（女）	邯郸学院
赵丽娟	（女）	邢台市教育局普教教研室
山西省		
段晓燕	（女）	中阳县星宇幼儿园
王素玲	（女）	安泽县幼儿园
付百学		临汾市尧都区土门镇联合学校
张香珍	（女）	临汾市实验小学
王翠萍	（女）	永和县城关第二小学
董俊红	（女）	曲沃县曲村镇曲村中心小学
刘丽英	（女）	岢岚县西街实验小学
陈小龙	（女）	宁武县涔山乡联校
张俊霞	（女）	芮城县城关联校
李武萍	（女）	闻喜县东镇中心校
王妍龙	（女）	运城市人民路学校
侯英梅	（女）	晋中市榆次区东赵乡中心校
曹兰萍	（女）	灵石县段纯镇段纯中心小学
苏振希		平遥县实验小学
曹树森		朔州市第七小学
姬丽萍	（女）	晋城市城区凤鸣小学
梁素芳	（女）	泽州县周村小学
冯耀红	（女）	沁县松交小学
崔晓燕	（女）	襄垣县城内第一小学
王莉芳	（女）	壶关县八一希望小学
贾美英	（女）	阳泉市杨家庄乡联合学校北杨家庄中心小学
王　艳	（女）	阳泉市上站小学
刘丽霞	（女）	大同市实验小学
李德宝		大同市南郊区高山联合学校
郭二仁	（女）	左云县管家堡乡联合学区
史彩凤	（女）	古交市桃园街道联合学校

续表

李美云	（女）	太原市迎泽区孟家井寄宿制学校
王英英	（女）	清徐县东于镇中心学校
韦凤花	（女）	石楼县第二中学
王　华	（女）	吕梁市离石区第三中学
冯振霞	（女）	五台县高洪口中心校
任璞林		永济市城西第二初级中学
狄俊娟	（女）	垣曲县新城镇初级中学
李秀玲	（女）	山西省右玉中学
张联珍	（女）	长治县第五中学
王文英	（女）	太原市杏花岭区第六中学
陈玉凤	（女）	太原市尖草坪区向阳镇傅山初级中学
张彩珍	（女）	山西省临猗中学
景　明	（女）	山西省运城中学
闫吉祥		高平市第一中学
苏明霞	（女）	大同机车中学
陈明贵		大同市实验中学
刘　琦	（女）	太原市实验中学
曹军利	（女）	山西省实验中学
杜凡林		长治学院附属太行中学
程庆兵		山西省临汾人民警察学校
侯晋芳	（女）	忻州市第一职业高级中学
梁建岗		和顺县职业中学
杨晓飞	（女）	长治市第二职业高级中学
任晋军		太原理工大学
崔小朝		太原科技大学
张　晔	（女）	太原师范学院
薛菊凤	（女）	山西医科大学
内蒙古自治区		
齐秀花	（女，蒙古族）	巴彦淖尔市幼儿园
秦高娃	（女，蒙古族）	兴安盟扎赉特旗阿拉达尔吐中心小学
吴志斌		乌兰察布市察哈尔右翼后旗绿洲园区小学
娜仁高娃	（女，蒙古族）	乌拉特中旗蒙古族小学
崔丽环	（女）	额尔古纳市三河小学
梅　花	（女，鄂温克族）	呼伦贝尔市鄂温克族自治旗伊敏中心校
徐金梅	（女）	鄂尔多斯市伊金霍洛旗阿镇第二小学
温　烨	（女）	杭锦旗巴拉贡镇中心小学

续表

钟金玉	（蒙古族）	开鲁县小街基镇中心校
刘爱丹		通辽市科尔沁区钱家店镇孔家小学
额尔德木图	（蒙古族）	赤峰市巴林右旗宝日勿苏镇中心小学
布仁巴根	（蒙古族）	赤峰市阿鲁科尔沁旗天山蒙古族实验小学
张丽辉	（女，蒙古族）	赤峰市阿鲁科尔沁旗荞麦塔拉总校
程占芹	（女）	乌海市乌达区梁家沟小学
石皇冠		包头市土默特右旗党三尧中心学校
赵满红		呼和浩特市赛罕区黄合少第二中心校
孙明文		通辽市扎鲁特旗香山中心校
乌　兰	（女，蒙古族）	锡林郭勒盟镶黄旗蒙古族中学
杜晶鑫		丰镇市第六中学
刘志毅		乌兰察布市察右中旗第三中学
于静泓	（女）	满洲里市第八中学
齐学郡		鄂伦春自治旗鄂伦春中学
刘亚娟	（女）	赤峰市敖汉旗新惠第三中学
哈斯其其格	（女，蒙古族）	克什克腾旗经棚蒙古族中学
姬晨明	（女）	包头市第四十九中学
特木尔巴根	（蒙古族）	内蒙古师范大学附属中学
魏成文		阿拉善盟第一中学
范立武		锡林郭勒盟太仆寺旗宝昌第一中学
宝音贺希格	（蒙古族）	科尔沁右翼中旗巴彦呼舒第一中学
特木尔	（蒙古族）	鄂尔多斯市蒙古族第二中学
宝音通拉嘎	（蒙古族）	通辽蒙古族中学
唐会民		赤峰市松山区红旗中学
王　烁	（女）	包头市第九中学
韩　芳	（女）	包头市第九中学
张　瑛		和林格尔县民族中学
温爱云	（女）	托克托县第一中学
斯庆嘎	（蒙古族）	呼和浩特市第二职业中等专业学校
郭士荣		赤峰市元宝山区第二中学
张玉凤	（女）	固阳县职业中学
袁　广		内蒙古机电职业技术学院
吴宝山	（蒙古族）	呼和浩特民族学院
王永顺		内蒙古工业大学

续表

杨贵生		内蒙古大学
辽宁省		
张素贤	（女）	葫芦岛市师范学校附属小学
赵文君	（女）	绥中县前所镇中心小学
于文华	（女，蒙古族）	朝阳县柳城镇中心小学
周学英	（女）	朝阳市双塔区育红小学
田立娟	（女，蒙古族）	朝阳市龙城区八里堡小学
许桂媛	（女，满族）	开原市中固镇中心小学
孙　轶	（女）	辽阳县沙岭镇中心小学
张岩峰	（女）	灯塔市兆麟小学
王淑霞	（女）	阜新蒙古族自治县七家子学校
张旭东		阜新市新邱区西部小学
齐丽军	（女）	锦州市凌河区解放小学
毕秀梅	（女）	东港市菩萨庙镇中心小学
徐　岩	（女，满族）	抚顺市望花区逸夫小学
张兰兰	（女）	海城市西四镇中心小学
王　丹	（女，满族）	岫岩县牧牛乡中心小学
刘晓玲	（女）	大连市西岗区石道街小学
庄　慧	（女）	普兰店市墨盘乡中心小学
李元广		瓦房店市复州湾镇中心小学
李宇红	（女）	长海县海洋乡中心小学
许　红	（女）	大连市沙河口区玉华小学
山丽娜	（女）	辽宁省实验学校
董玉兰	（女）	兴城市第二初级中学
薄文君	（女）	建昌县老大杖子乡初级中学
马宗彪		北票市蒙古族初级中学
刘福军		调兵山市晓明学校
杨益光	（女）	盘山县陆家学校
孙学忠	（锡伯族）	盖州市杨运学校
高淑珍	（女）	营口市第十六中学
韩　冰	（满族）	义县大定堡初级中学
王树敏	（满族）	本溪市张其寨中学
乔　颖	（女，回族）	鞍山市育才学校南校中学部
徐　卫		鞍山市华育学校
刘春霞	（女）	大连市第六十六中学
张英莲	（女）	大连市一一二中学

续表

孙立新	（女）	沈阳市新兴初级中学
瞿　敏	（女）	新民市柳河沟学校
王　敏	（女）	法库县三面船镇初级中学
林翠萍	（女）	沈阳市第六十一中学
李　健	（女）	铁岭县李千户九年一贯制学校
赵立辉	（女）	黑山县八道壕镇九年一贯制学校
孙立山		康平县东关九年一贯制学校
刘　英	（女）	辽中县刘二堡九年一贯制学校
徐　雁	（女）	辽宁师范大学附属中学
高明昊	（满族）	渤海大学附属高级中学
李　波		铁岭市高级中学
李国义		盘锦市辽河油田第一高级中学
李　荃		营口开发区第一高级中学
张桂月	（女）	丹东市第二中学
刘　昕	（女）	抚顺市第十中学
雪飞虎		大连市旅顺中学
崔明国	（朝鲜族）	沈阳市朝鲜族第一中学
张　祥		沈阳市第二十中学
吴湘志		辽宁省农业经济学校
陈连成		锦西工业学校
隋志成	（满族）	西丰县中等职业技术专业学校
张海英		盘锦市经济技术学校
关胜文	（满族）	营口市农业工程学校
孙素杰	（女）	抚顺市第一中等职业技术专业学校
代岩岩	（女，回族）	沈阳建筑大学
房广顺		辽宁大学
崔风岐		大连职业技术学院
刘　刚		沈阳音乐学院
徐建华		辽宁工程技术大学
贾振元		大连理工大学
张沙艳	（女）	抚顺师范高等专科学校
李　杰	（女）	沈阳市沈河区少年宫
吉林省		
何　伟	（女）	农安县职业教育中心
苗　壮	（女）	四平市六马路小学校
解　微	（女，满族）	伊通县满族中心小学

续表

郑　雁	（女）	长白山保护开发区管理委员会池北区第三小学
胡炳林		龙井市白金乡平顶村小学
许英子	（女，朝鲜族）	和龙市东城学校
郑香兰	（女，朝鲜族）	汪清县第二实验小学
邢丽艳	（女）	镇赉县坦途镇中心小学
闫　梅	（女）	洮南市那金镇中心校
李英钦	（女）	松原市宁江区善友镇后官小学校长
周志梅	（女）	白山市江源区孙家堡子中心学校
孙晓莺	（女）	梅河口市山城镇中心校
王红萍	（女）	辉南县抚民镇中心小学
贾　萍	（女）	东丰县横道河镇中心校
齐行和		桦甸市常山镇中心校
朱聪颖		长春市南关区树勋小学
李秀英	（女）	长春市绿园区迎宾路小学
王红丽	（女）	长春市宽城区天津路小学
王红梅	（女，满族）	长春市二道区劝农山镇中心小学
王显峰		吉林大学附属中学
李　丹	（女）	东北师范大学附属中学
郭淑秋	（女）	长春外国语学校
金京爱	（女，朝鲜族）	图们市第五中学
宋德龙		前郭县第二高级职业中学
庄春晨	（女）	辽源市实验中学
刘振华	（女）	梨树县双河乡第一中学
刘桂菊	（女）	永吉县第十中学
段静波	（女）	吉林市第十九中学
余雁翔		九台市第二中学
张彩云	（女）	长春市第164中学
矫彦航		德惠市第九中学
陈江秋	（女，满族）	长春汽车产业开发区第九中学
尹志英	（女）	吉林省实验中学
许振鹏		吉林市第十二中学
何静波	（女）	白城市第一中学
康　亮		通化县第七中学
郭为利	（满族）	四平市第一高级中学
卢洪波	（女）	吉林特殊教育实验学校
陈　沫	（女）	吉林工贸学校

续表

祝　畅	（女）	白山职业技术学校
王志刚		双辽市职业中专
刘　舒		吉林省城市建设学校
姜生元	（满族）	北华大学
刘　宝		东北师范大学
姜会林		长春理工大学
何英凯		长春税务学院
于鹏翔		吉林师范大学
罗　晶	（女）	长春中医药大学
史慕华	（女）	吉林大学
包秀敏	（女，蒙古族）	松原职业技术学院
黑龙江省		
于明霞	（女）	大兴安岭地区加格达奇区加北乡中心校
孟令名	（女）	青冈县劳动乡中心小学
韩淑英	（女）	肇东市涝洲中心小学
沈艳华	（女）	海林市三道镇中心校
马睿姝	（女）	牡丹江市景福小学
陈香科	（女）	桦南县驼腰子镇西合村小学
仲威平	（女）	铁力市工农乡中心学校
刘淑梅	（女）	肇州县永胜乡中心校
王光辉		大庆市红岗区杏树岗镇太平山小学
段丽晖	（女）	宝清县第四小学
唐亚丽	（女）	富裕县友谊达斡尔族满族柯尔克孜族乡中心校
刘瑞林		哈尔滨市呼兰区许堡中心校
吴海涛		五常市冲河镇中心学校
范翠英	（女）	黑龙江省尾山农场初级中学
于国东		绥化市第八中学
吴朝阳		明水县双兴乡初级中学
栾　娟	（女）	望奎县恭六乡中学
肖　利		逊克县车陆中学
肖　杰		黑河市第三中学
陈　清	（女）	牡丹江市第十一中学
姜　华	（女）	七台河市逸夫中学
关明辉	（女，满族）	林甸县第二中学
张　明		双鸭山市第十五中学
徐边疆		鹤岗市第二十二中学

续表

刘兆宾		鸡西市第二中学
范淑云	（女）	虎林市第二中学
任凤全		甘南县宝山乡中心学校
王　利		龙江县黑岗乡中心学校
吴文舟		依兰县道台桥镇第二中学
吴英姬	（女，朝鲜族）	哈尔滨市第一〇八中学
姜晓斌		哈尔滨市第四十六中学
齐　萍	（女）	哈尔滨市第一一三中学
龙胜宇		哈尔滨市阿城区交界中心校
符丽萍	（女）	黑龙江省实验中学
马瑞雪	（女）	农垦总局红兴隆分局第一高级中学
李水明		东京城林业局第三中学
王建国		大兴安岭实验中学
刘晓焱	（女）	嫩江县高级中学
张　莉	（女）	佳木斯市第一中学
赵春江	（女）	萝北县高级中学
刁慧玉	（女）	鸡西市第十九中学
刘润东	（女）	泰来县第一中学
王涤非	（女）	齐齐哈尔市实验中学
周丽华	（女）	哈尔滨市第九中学
姜　波	（女）	哈尔滨市第一中学
于孟忠		黑龙江农垦工业学校
张丽萍	（女）	牡丹江市职业教育中心学校
何祚才		双鸭山市职业技术学校
丁士圻		哈尔滨工程大学
严善春	（女）	东北林业大学
于逸生		黑龙江大学
刘　峰		哈尔滨师范大学
宋　妍	（女）	东北林业大学
张新知		哈尔滨商业大学
李庆霞	（女）	哈尔滨师范大学
杜善义		哈尔滨工业大学
王国华		哈尔滨医科大学
谷　峡	（女）	黑龙江建筑职业技术学院
姜仲波		黑龙江省政法管理干部学院
高爱玲	（女）	哈尔滨市教育研究院

续表

上海市		
丁菊英	（女）	青浦区庆华小学
俞文岚	（女）	徐汇区高安路第一小学
冯　琳	（女）	上海福山外国语小学
李碧云	（女）	长宁区江苏路第五小学
王律言	（女）	杨浦区控江二村小学
王莉韵	（女）	虹口区第三中心小学
程　峰		嘉定区南翔小学
管英姿	（女）	上海市江宁学校
许　斌		虹口区第四中心小学
赵　萍	（女）	浦东新区教育学院附属学校
陶年萍	（女）	青浦区重固小学
姚燕华	（女）	上海市东林中学
徐　隽	（女）	上海市市东中学
李　贞	（女）	静安区教育学院附属学校
沈亚平	（女）	闵行区浦江第二中学
沈倩如	（女）	梅陇中学
黄卫芝	（女）	上海市敬业初级中学
龙　华	（女）	上海市彭浦第四中学
冯志刚		上海中学
陈文珊	（女）	上海市工商外国语学校
叶蔚成		上海市曹杨职业技术学校
俞吾金		复旦大学
孙雅艳	（女）	上海师范大学
朱美丽	（女）	上海戏剧学院
李　梁		上海大学
解　超		华东师范大学
许建和		华东理工大学
赵　强		复旦大学
郭晓奎		上海交通大学
陈　鸿		同济大学
高　岩		上海理工大学
符　杨		上海电力学院
周敬山		上海市教育委员会教学研究室

续表

冯耀武		中国福利会少年宫
江苏省		
孙　进		大丰市万盈镇中心小学
卢耀辉		宿迁市宿城区中扬镇中心小学
王学明		泗洪县魏营镇中心小学
赵春玲	(女)	宿迁市宿豫区蔡集中心小学
万秀丽	(女)	泰州市鲍徐中心小学
李　军		泰州市许庄中心小学
倪芳华	(女)	句容市华阳镇中心小学
陈仲湘		高邮市卸甲镇伯勤小学
冯永升		江苏省东台师范附属小学
韩小云	(女)	盐城市大冈小学
王广仁		盱眙县实验小学
曹延标		灌云县下坊中心小学
胡训忠		赣榆县柘汪镇第二中心小学
陶　莉	(女)	连云港市海宁小学
黄海玲	(女)	连云港市墟沟中心小学
夏　冰		如皋市搬经镇搬经小学
顾　娟	(女)	南通师范学校第二附属小学
姚阿江		吴江市七都镇中心小学
毛家英	(女)	苏州市相城区东桥中心小学
薛　晟	(女)	苏州市东中市实验小学
叶莲芳	(女)	苏州市沧浪区实验小学
朱莉珍	(女)	苏州工业园区唯亭实验小学
史珍芳	(女)	溧阳市别桥中心小学
蒋　辉		常州市新北区泰山小学
王淑敏	(女)	徐州市少华街小学
马淑红	(女)	新沂市瓦窑镇中心小学
包红心	(女)	无锡市钱桥中心小学
周燕微	(女)	无锡市积余实验学校
姜　静	(女)	无锡市南长街小学
谢吉裕		无锡市华庄中心小学
陆晓阳	(女)	无锡市东港镇黄土塘小学
刘　弘	(女)	六合区瓜埠镇中心小学
李　琳	(女)	南京市力学小学
杨　玲	(女)	南京市下关区天妃宫小学

续表

杨金莲	（女）	南京市栖霞区八卦洲中心小学
魏和根		溧水县晶桥中心小学
李加兵		沭阳县华冲中学
殷　胜		江苏省宿迁中学
何如涛		兴化市板桥初级中学
赵明华		泰兴市蒋华镇第一初级中学
张爱琴	（女）	淮安市严卓初级中学
王步龙		淮安市季桥镇初级中学
马沛银		东海县温泉中学
王觉秋		海门市货隆初级中学
虞继东	（女）	启东市吕四港镇双鹤学校
龚　辉		太仓市沙溪实验中学
刁正久		常州市雕庄中学
尹成兰	（女）	铜山县伊庄镇吕梁学校
王永强		铜山县大彭镇中心中学
宗鹤鹛		宜兴市范道中学
孔小红		高淳县固城中学
杭秉全		南京市雨花台中学
王红兵		南京市沿江中学
朱秀凤	（女）	靖江市第一中学
潘竹娟	（女）	江苏省邗江中学
薛义荣		扬州市新华中学
吉国军		江苏省上冈高级中学
周永华		东台市三仓中学
王利华		响水县七套中学
袁桂平		江苏省大丰高级中学
詹明静	（女）	江苏省淮阴中学
潘家永		江苏省新海高级中学
王锦优	（女）	江苏省平潮高级中学
顾小京		江苏省如东高级中学
汪　明		常州市田家炳实验中学
谭瑞军		江苏省华罗庚中学
冯　利	（女）	徐州高级中学
吴　磊		江苏省运河中学
张之光		沛县湖西中学
徐长征		新沂市高级中学

续表

杨新明		铜山中学
孙天山		无锡市辅仁高级中学
石高峰		江苏省如皋师范学校
于跃忠		姜堰市职业教育中心校
宋从山		盐城市盐南中等专业学校
周万民		江苏省常熟职业教育中心校
郑　娟	(女)	徐州市贾汪区职业教育中心
张卫东		淮安市高级技工学校
王荣庆		扬州市高级技工学校
周作民		南京医科大学
堵国成		江南大学
施　军		淮阴师范学院
杜文东		南京中医药大学
王德明		中国矿业大学
童志伟		淮海工学院
袁　锋		常州轻工职业技术学院
周捍东		南京林业大学
尹　群		江苏科技大学
杨孝平		南京理工大学
秦爱建		扬州大学
蒋其琴	(女)	南京师范大学
浙江省		
桑丽虹	(女)	丽水市莲都区大洋路学校
巩美英	(女)	武义县壶山小学
汤旭飞	(女)	兰溪市梅江镇白沙中心小学
葛龙玲	(女)	绍兴市马山镇中心小学
许以均		上虞市岭南乡中心学校
郭美阳	(女)	湖州师范附属实验小学
董林根		海盐县西塘桥镇元通中心小学
钱宝云		嘉兴市秀洲区新塍镇中心小学
乐加颖	(女)	宁波市李惠利小学
许　憬		余姚市实验小学
陈朝峰		宁波市鄞州区东吴镇中心小学
虞大明		杭州市崇文实验学校
朱小丽	(女)	杭州外国语学校
黄瑞珍	(女)	义乌市廿三里初级中学

续表

王建军		岱山县衢山初中
徐月仙	（女）	龙游县小南海初级中学
韩满先		衢州市衢江区实验中学
吕嘉兴		永康市第三中学
罗敏江		上海外国语大学附属浙江宏达学校
陈丽娟	（女）	平湖市东湖中学
余晓琴	（女）	温州市实验中学
李新林		温州市龙湾区海滨中学
陈妙芳	（女）	宁波市北仑区芦渎中学
汪学民		淳安县汾口镇初级中学
汪红炬		富阳市新桐乡中学
陈　芳	（女）	杭州市萧山区进化镇第二初级中学
侯营翰		苍南县五凤乡辅导中心学校
柯高益		洞头县元觉义务教育学校
叶勇军		松阳县第二中学
许　玲	（女）	玉环县玉城中学
王忠林		东阳市巍山高级中学
申屠兴山		磐安县第二中学
郑建雄		绍兴县鲁迅中学
吴维平		浙江省湖州中学
王晓明		浙江省宁波中学
方　淳		杭州第十四中学
卢文静	（女）	温岭市职业技术学校
杨宗斌		衢州中等专业学校
吴建华		武义县职业技术学校
俞升强		新昌职业技术学校
袁哲海		宁海县高级职业技术中心学校
沈柏民		杭州市中等职业学校
彭　伟		浙江工业大学
毛筱媛	（女）	浙江工业大学
沈银珍	（女）	浙江经贸职业技术学院
谢国珍	（女）	浙江商业职业技术学院
郭福春		浙江金融职业学院
范景中		中国美术学院
高　玉		浙江师范大学
李延军		浙江林学院

续表

吴　敏		浙江大学
黄祖辉		浙江大学
朱志勇		绍兴文理学院
王荣德		湖州师范学院
李　洁	（女）	温州职业技术学院
安徽省		
谢有成		滁州市琅琊区城东小学
田　丽	（女）	全椒县章辉小学
程林雄		绩溪县伏岭镇中心小学
于献会		亳州市丹华小学
田　震		利辛县大李集镇中心小学
李甲凤	（女）	舒城县柏林乡秦桥辅导区小学
高大贵		六安市金安区东河口镇雪峰小学校长
陈益文		和县香泉镇中心小学
洪　胜		含山县环峰小学
徐钦杰		萧县栾庄小学
李朝敏		宿州市埇桥区时村镇胡集小学
王春梅	（女）	砀山县西关小学
张献尹	（女）	阜阳市实验小学
产满红		怀宁县石牌镇中心学校
夏能彬		当涂县新市中心学校
高贵永		凤台县新集镇胡马小学
李春葆		繁昌县荻港镇中心小学
程　洁	（女）	南陵县籍山镇中心小学
尹小利	（女）	长丰县三十头镇中心学校
王　兰	（女）	肥西县小庙镇小庙学区中心学校
苏小勇		青阳县朱备学校
杨家慧	（女）	合肥市第三十中学
沈其锋		明光市古沛中学
储　峰		安徽省涡阳第五中学
张效敏		蒙城县坛城中学
李德玉		霍邱县岔路镇中心学校
经　郑		六安市裕安区独山镇中心学校
朱建平		巢湖市海如初级中学
卢凤敏		颍上县迪沟镇中心学校
王永田		临泉县滑集中学

续表

许文标		阜阳市颍州区程集镇中心学校
陈　坤		界首市段寨中心学校
江礴	（女）	黄山市屯溪第四中学
汪志强		歙县深渡中心学校
吴文革		岳西县毛尖山中心学校
姚元德		宿松县趾凤初级中学
郭玉峰		潜山县第四中学
钱立英	（女）	望江初级中学
胡　勇		濉溪县城关中心学校
刘海萍	（女）	淮南第二十六中学
胡岩松		固镇县安圩学校
马君跃		安徽省蚌埠第九中学
陈立利	（女）	合肥市第三十八中学
王士友		亳州市第一中学
卢　毅		六安市叶集中学
丁敬武		泗县第三中学
丁德健		安庆市石化第一中学
程乐根		安庆市第一中学
张书堂		淮北市第一中学
赵　兴		安徽省怀远第一中学
游　平		安徽电子工程学校
刘利峰		铜陵市工业学校
严家才		来安县高级职业中学
陈道才		广德县职业教育中心
孙礼群	（女）	巢湖市职业教育中心
陈佳伟	（女）	灵璧县韦集农职业高级中学
汝宗山		阜阳市第一高级职业中学
孙五一		马鞍山市职业教育中心
陶仪声	（女）	蚌埠医学院
李金泽		亳州师范高等专科学校
马进中		安徽机电职业技术学院
张　利	（女）	合肥工业大学
檀江林		合肥工业大学
张学亮		芜湖职业技术学院
吴　佩		皖南医学院
袁树杰		安徽理工大学

续表

宋光天		中国科学技术大学
沈连娟	(女)	中国科学技术大学
吴家华		安徽大学
芮必峰		安徽大学
汪芳启		阜阳师范学院
叶甲生		安徽广播电视大学
李　峰		淮北煤炭师范学院
刘晓君	(女)	安徽建筑工业学院
汤　虹	(女)	蚌埠学院
福建省		
张向红	(女)	福建师范大学附属小学
林振明		福安市范坑中心小学
张俊江		永定县下洋思贤小学
黄锦华		建瓯市徐墩镇中心小学
吴开寿		浦城县盘亭中心小学
张华东		东山县前楼中心小学
郑艺英	(女)	长泰县第二实验小学
何港清		云霄县马铺中心小学
陈毓桢		泉州市泉港区界山小学
黄剑峰		泉州市第二实验小学
黄辉玲		泉州市洛江区河市中心小学
傅丽霞	(女)	永安市第十中学附属小学
陈秋梅	(女)	泰宁县实验小学
陈玉闪		仙游县大济中心小学
洪金星		厦门市同安区莲花中心小学
林　琴	(女)	福州教育学院附属第一小学
高　申	(女)	罗源县中房中心小学
游凤珠	(女)	柘荣县城郊中心校
张尚标		上杭县稔田中学
谢伙财		光泽县茶富中学
李志雄		安溪县崇文中学
李盛山		福建省永春玉斗中学
孙桃香	(女)	清流县林畲学校
黄庆荣		莆田市秀屿区东湖初级中学
游秀芬	(女)	莆田市涵江区白塘镇中学
程少萍	(女)	莆田文献中学

续表

刘　鹏		厦门第六中学
林忠达		连江县黄如论中学
王亦珍	（女）	福州第二十一中学
王神华		宁德市民族中学
修春莲	（女）	武平县第一中学
段永洪		龙岩市第二中学
陈列文		诏安第一中学
杨淑延	（女）	南安第一中学
吴光明		三明市第二中学
徐朝阳		莆田第二十二中学
车　云	（女）	福州第三中学
潘好云		福州亭江中学
张秋强		福建工贸学校
刘振英	（女）	福鼎职业中专学校
张苏强		龙岩市农业学校
王　茵	（女）	建阳农业工程学校
林　鹤		漳州第一职业中专学校
李桥英	（女）	泉州华侨职业中专学校
刘玉慈	（女）	永安职业中专学校
严添明		湄洲湾职业技术学校
方张龙		福州电子职业中专学校
林　涛	（女）	福建中医学院
关　雄		福建农林大学
梁晓玲	（女）	福建对外经济贸易职业技术学院
郑小敏	（女）	厦门理工学院
江西省		
胡文香	（女）	萍乡市第二中学
张晓玲	（女）	余干县黄金埠镇中心小学
林志华		横峰县莲荷乡中心小学
龚慧群	（女）	上饶市逸夫小学
钟永辉	（畲族）	宜黄县中港中心小学
熊水云	（女）	抚州金巢经济开发区城西街道中心小学
刘理琴	（女）	丰城市建新小学
刘素琴	（女）	吉水县实验小学
周丽华	（女）	峡江县砚溪镇砚溪小学
戴长春		泰和县桥头镇春和小学

续表

曾昭富		万安县棉津中心小学
张珊英	（女）	宁都县黄陂中心小学
李　梅	（女）	江西革命老区会昌珠兰示范学校
熊贤标		石城县高田中心小学
谢金梅	（女）	兴国县高兴中心小学
危　群	（女）	余江县第一小学
陈春香	（女）	永修县涂埠镇杨柳津小学
龙茶花	（女）	修水县复原乡中心小学
时　琼	（女）	九江化学纤维厂子弟学校
史清秋		景德镇市昌江区吕蒙乡官庄中心小学
范玉红	（女）	景德镇市第七小学
万小艳	（女）	南昌市西湖区桃花镇五村小学
余建连	（女）	新建县石岗中心小学
王　蕾	（女）	南昌市三店小学
李福田		上饶县华坛山镇中学
洪花平		金溪县对桥中学
饶定芳		抚州市临川区七里岗乡初级中学
汤启文		宜春市袁州区楠木第二中学
黄长通		靖安县仁首镇初级中学
龙锦才		万载县仙源初级中学
薛军生		永丰县佐龙第二初级中学
郭红梅	（女）	吉安市第二中学
肖德恩		都昌县土塘中学
徐纪涛		南昌市第二十八中学
李国平		南昌县向塘实验学校
叶　青	（女）	德兴铜矿中学
谭满根		抚州市第一中学
张　莉	（女）	江西省宜春中学
丁永发		赣州市第三中学
肖文龙		新余市第一中学
丁　蓉	（女）	南昌市铁路第一中学
叶　方		南昌市第二中学
张红华	（女）	江西省水利水电学校
李从容	（女）	武宁县职业中等专业学校
曹小川	（女）	鄱阳县职业技术教育中心
邹克斌		上高县职业技术学校

续表

钟展军		崇义县职业中等专业学校
徐阳春		南昌大学
肖　绚		景德镇陶瓷学院
谢力军		江西广播电视大学
刘义保		东华理工大学
罗永明		江西中医学院
蔡锌如		江西电力职业技术学院
廖春发		江西理工大学
杨　萌	（女）	南昌工程学院
曾志将		江西农业大学
左振华		江西蓝天学院
山东省		
宋向荣	（女）	苍山县实验幼儿园
朱晓鸣	（女）	烟台市市级机关幼儿园
赵秋枝	（女）	东明县焦元乡中心学校
王书东		鄄城县彭楼乡董庄完全小学
张建青	（女）	沾化县下洼镇中心小学
霍玉红	（女）	临清市潘庄镇中心小学
陈　霞	（女）	聊城市东昌府区斗虎屯镇中心小学
张　晶	（女）	平原县龙门街道办事处中心小学
刘乃昌		蒙阴县旧寨乡殷家洼小学
任瑞萍	（女）	平邑县仲村镇岐山完小
赵西旺		沂南县辛集镇库沟中心小学石泉联小
张　艳	（女）	临沂市河东区实验小学
王　建	（女）	莱芜市方下镇方下中心小学
毕建凤	（女）	文登市高村镇中心完全小学
于艳丽	（女）	威海经济技术开发区皇冠小学
王淑华	（女）	泰安市第一实验学校
刘广生		邹城市张庄镇中心小学
郗冬霞	（女）	汶上县杨店乡王楼小学
李玉君		济宁高新区黄屯镇二十里铺小学
吕映红	（女）	诸城市枳沟镇枳沟小学
韩相福		临朐县海尔希望小学
张春静	（女）	海阳市凤城街道中心小学
马文华	（女）	栖霞市实验小学
曲莉莉	（女）	龙口市新港路学校

续表

陆繁伟		枣庄市山亭区徐庄镇辛召小学
李为超		枣庄市峄城区古邵镇曹庄中心小学
叶传福		即墨市段泊岚镇中心小学
张启玉		青岛世原希望小学
韩　英	（女）	山东省青岛第四十四中学
张　馨	（女）	济南市小辛庄小学
田德伟		济南高新技术产业开发区大正小学
王福花	（女）	郓城县侯咽集镇初级中学
任景兰	（女）	菏泽市牡丹区吕陵镇中心初级中学
张长存		菏泽市牡丹区沙土镇新兴初级中学
张宗龙		惠民县姜楼镇第一中学
吴顺峰		滨州市里则树人学校
徐　利		茌平县杜郎口中学
陈秀芳	（女）	阳谷县实验中学
王建立		庆云县严务乡初级中学
朱　爽	（女）	宁津县保店镇保店初级中学
张德军		德州市同济中学
魏荣军		费县费城镇第三初级中学
杨　娟	（女）	郯城县郯城镇小埠岭初级中学
王伟香	（女）	日照市新营中学
马先艳	（女）	日照市岚山区巨峰镇第二初级中学
武雪梅	（女）	肥城市汶阳镇初级中学
郇新业	（女）	新泰市泉沟镇初级中学
刘桂荣	（女）	宁阳县第二十二中学
王廷志		曲阜市实验中学
杨玉芝	（女）	梁山县小路口镇初级中学
苗立志		高密市育才实验中学
程风玲	（女）	安丘市柘山镇柘山初级中学
史云志		青州市莲花盆初级中学
张祥军		山东省昌乐二中
杨立军	（女）	招远市蚕庄镇蚕庄初级中学
尹玉林		烟台市牟平区大窑镇初级中学
任兰英	（女）	东营市东营区第一中学
代苏萍	（女）	东营市胜利第五中学
崔　涛		枣庄市台儿庄区邳庄镇中学
李彩霞	（女）	高青县青城镇初级中学

续表

傅　琴	（女）	淄博高新技术产业开发区卫固镇中学
刘同军		山东省淄博第十八中学
韩通波		胶南市黄山经济区中心中学
姜丽丽	（女）	青岛市城阳区实验中学
李　莉	（女）	济南市历城区彩石镇彩石中学
何　昆	（女）	山东省济南第五中学
吴福彪		山东省菏泽第一中学
张维芳		滨州市滨城区第二中学
马金燕	（女）	山东省聊城第三中学
王志祥		德州市第一中学
常发友		沂水县第二中学
韩秀波		莱芜市第一中学
惠希亮		山东省日照实验高级中学
徐春晓		乳山市第一中学
程兆见		嘉祥县第一中学
吴玉平		东营市第一中学
李建业		枣庄市第三中学
贾福梅	（女）	山东省淄博第一中学
刘尚密		微山县特殊教育学校
王德萍	（女）	济南特殊教育中心
解传昶		单县师范学校
孙可祥		无棣县职业中等专业学校
薛世英	（女）	山东省临清工业学校
杜淑红	（女）	齐河县职业中等专业学校
崔玉良		广饶县中等专业学校
崔久海		莒南县职业教育中心
赵春法		莱芜市综合高级中学
李春勤		五莲县职业技术教育中心
王　波		荣成市第四职业中等专业学校
耿颖杰	（女，蒙古族）	淄博市淄川区职业教育中心
于万成		青岛市职业教育公共实训基地
于兴修		临沂师范学院
阎　芳	（女）	潍坊医学院
张　新		山东经济学院
谭奇纹	（女）	山东中医药大学
张书圣		青岛科技大学

续表

韩　旭	（女）	青岛大学
姚维国		山东体育学院
景学安		泰山医学院
曲伶俐	（女）	山东政法学院
曲吉林		山东财政学院
张敏霞	（女）	青岛理工大学
宋华岭		山东工商学院
林建华		聊城大学
黄　飞		滨州医学院
赵晓春		青岛农业大学
王慧云	（女）	济宁医学院
刘　甦		山东建筑大学
赵　宇		山东艺术学院
魏　嘉		山东轻工业学院
亢世勇		鲁东大学
王兰美	（女）	山东理工大学
徐毅刚		山东警察学院
赵　屹	（女）	山东工艺美术学院
傅风华		烟台大学
河南省		
李　焱	（女）	河南省实验幼儿园
李艳红	（女）	郏县第一幼儿园
邓　萍	（女）	开封市金明幼儿园
于文玲	（女）	濮阳市实验小学
时爱玲	（女）	濮阳高新区王助乡西郭占小学
王长青		辉县市南村镇中心学校
郭慧芬	（女）	濮阳县实验小学
何春红	（女）	宝丰县李庄乡杨庄学校
李秀峰		开封市瞿家寨小学
李迎莉	（女）	温县招贤乡仓头学校
刘新花	（女）	柘城县牛城乡郑楼小学
闫丽婷	（女）	郑州市管城回族区南曹乡七里河小学
毛献忠		正阳县慎水乡山头小学校长
袁子付		确山县李新店乡徐庄小学
高进敏	（女）	商丘市梁园区谢集镇镇直小学
刘杰生		周口市七一路第二小学

续表

许玉峰		郑州市中原区须水镇第六小学
贾玉东		周口市直第一小学
齐　华	（女）	郑州市二七区陇西小学
曾素玲	（女）	栾川县第二实验小学
王素霞	（女）	洛阳市西工区洛北乡涧东小学
生修本		南阳市卧龙区龙兴乡中心小学
罗惠珍	（女）	开封市第一师范附属小学
高春香	（女）	南召县乔端镇玉葬完全小学
赵春战		济源市轵城镇王庄中心小学
关　瑞	（女）	新乡市红旗区西街小学
张绍军		许昌县椹涧乡庙张小学
潘　俊	（女）	息县城关镇东街小学
王喜秋	（女）	巩义市米河镇东竹园小学
王巧珍	（女）	焦作市解放区王褚乡中心小学
李慧香	（女）	长垣县第二中学
许引丽	（女）	灵宝市第一初级中学
陈巧丽	（女）	虞城县第一初级中学
陈秀华	（女）	睢县第二中学
李小杰	（女）	开封县陈留镇第一初级中学
林银滚		洛阳高新技术产业开发区孙旗屯乡第一中学
黄万朝		宜阳县高村乡初级中学
叶秀丽	（女）	内黄县二安乡第一初级中学
程学军		荥阳市高村乡第一中学
苗天志		商丘市睢阳区高辛镇第二初级中学
谢　慧	（女）	扶沟县汴岗镇第一初级中学
夏军政		上蔡县和店初级中学
康利平	（女）	鲁山县第十一初级中学
张文峰	（女）	清丰县六塔初级中学
彭建勋		汝南县韩庄乡初级中学
来梅英	（女）	卫辉市第九中学
杨素芳	（女）	渑池县仰韶乡西阳中学
常建阁		漯河市召陵区老窝镇第一初级中学
张学友		周口市市直第一初级中学
易蓉晖	（女）	郑州市第二中学
王晓涛		漯河市郾城初级实验中学
夏振武		淅川县上集镇第一初级中学

续表

时春晓	（女）	镇平县涅阳第一初级中学
陈佩红	（女）	洛阳市第二十三中学
林会丽	（女）	郑州市城区第四初级中学
牛晓丽	（女）	安阳市龙安区马投涧乡第一中学
王翠玲	（女）	焦作市人民中学
王艳军	（女）	安阳市第五中学
秦江云	（女）	鹤壁市外国语中学
齐卫军	（女）	滑县四间房乡第二初级中学
冯增年		襄城一高教育集团第一初级中学
刘照兴		鹿邑县王皮溜镇中心学校
张贤志		新县八里畈镇初级中学
彭俊涛		固始县第三初级中学
朱世铎		商城县第二初级中学
胡海照		禹州市朱阁乡中心学校
葛晓华		永城市实验中学
赵玉秀	（女）	开封市化建中学
陈世淮		罗山县莽张乡第一初级中学
葛庆霞	（女）	河南南乐一中
赵鸿涛	（女）	新乡市第一中学
黄　铭		台前县第一高级中学
王存章		西平县杨庄高级中学
吴　涛		周口市第二高级中学
徐学文		郑州外国语学校
李西锋		郸城县第三高级中学
梁志杰		郑州市第七中学
范新忠		周口市第三高级中学
陈中磊		河南省正阳高级中学
常　耘	（女）	平顶山市第一中学
李桂琴	（女）	南阳市第五中学
王振虎		南阳市第一中学
杜艳美	（女）	安阳市第二实验中学
杨小林		温县第一高级中学
任传义		河南省潢川第一中学
张祖鹏		光山县第二高级中学
肖大宏		河南省信阳高级中学
许志强		长葛市第一高级中学

续表

李　晨		信阳市特殊教育学校
丁振明		汝南幼儿师范学校
刘显锋		夏邑县第一职业高级中学
李吉明		新乡市第六职业高级中学
王太增		泌阳县第一职业高级中学
张廷仲		商水县第二职业中等专业学校
张文清	（女）	舞钢市职业中等专业学校
陈迎枝	（女）	叶县职业教育培训中心
张志兰	（女）	孟州市职业中等专业学校
赵德敏		永城市第三职业中等专业学校
孙智奇		鹤壁煤业（集团）有限责任公司高级技工学校
余明高		河南理工大学
周光辉		中原工学院
尹新明	（女）	河南农业大学
徐久成		河南师范大学
朱艳琴	（女）	河南中医学院
杨万才		河南科技大学
梅宪宾		河南科技学院
王　剑		周口师范学院
王　强		河南大学
朱美玉	（女）	鹤壁职业技术学院
张国富		河南农业大学
湖北省		
许艳荣	（女）	仙桃市干河办事处石桥小学
钱厚琴	（女）	曾都区淅河镇小学
王　珺	（女）	随州市曾都区尚市镇中心小学
朱热爱	（女）	通山县慈口乡老屋小学
章玉英	（女）	咸宁市咸安区大幕乡常收小学
蒋秋生		浠水县绿杨乡读书中心小学
伍贞祥		英山县雷家店镇过路滩完全小学
赵长志		红安县七里坪镇中心小学
孔令娥	（女）	监利县龚场镇中心小学
冯　英	（女）	荆州市荆州区川店小学书记、校长
邓桂红	（女）	孝感市实验小学
罗　斌	（女）	孝感市孝南区实验小学
李安洲		宜城市流水镇黄冲村小学校长

续表

雷元瑛	（女）	兴山县榛子乡榛子岭小学
李　琳	（女）	宜昌市隆中路小学
陈晓华	（女）	宜昌市西陵区东山小学
罗寿文		郧县安阳镇崌峪完全小学校长
张合新		天门市九真镇柳河中学
杨　烁		潜江市老新镇徐李初级中学
钟世华	（畲族）	来凤县实验中学
杨长英	（女，土家族）	恩施市三岔乡初级中学
段胜利		咸宁市温泉中学
周良进		麻城市铁门岗中心学校
易淑良		湖北省团风中学
程汉华	（女）	黄冈市黄州区宝塔中学
陈　艳	（女）	洪湖市府场镇中心学校
张再德		石首市东升镇第二中学
余　辉		江陵县资市镇初级中学
朱小毛		云梦县曾店镇曾店初级中学
黄宏胜		大悟县丰店镇中心初级中学
周　毅		孝昌县小河中学
刘立慧	（女）	钟祥市长寿镇第一初级中学
潘兰林		京山县钱场镇初级中学
熊锦梅	（女）	荆门市东宝区文峰初级中学
吴自汉		鄂州市华容区临江乡临江中学
杨玉萍	（女）	枣阳市实验中学
刘莹莹	（女，回族）	老河口市第四中学
王慧敏	（女）	襄樊市第二十三中学
宋家芳	（女）	枝江市七星台镇第一初级中学
周立雄		秭归县杨林桥镇初级中学
顾先根		十堰市实验中学
李建华		大冶市还地桥镇初级中学
陈长树		阳新县龙港镇富水中学
李德政		武汉经济技术开发区第三中学
李前进		武汉市江夏区土地堂中学
黄　敏	（女）	武汉市陆家街中学
蔡圣兵		黄梅县第一中学
叶方勇		湖北省荆州中学
吕绪友		鄂州市第二中学

续表

段仁保		襄樊市第五中学
王德清		襄樊市襄阳区第二高级中学
王亚章	（女）	十堰市东风高级中学
杨　剑		武汉市黄陂区第一中学
董晓荣	（女）	武汉市蔡甸区第五中学
祝保生		武汉市汉南第一中学
岑爱国		武汉钢铁公司第三子弟中学
顾　静	（女）	武汉市第三中学
姬振红	（女）	武汉市第二聋哑学校
彭红娟	（女）	随州机电工程学校
周桂梅	（女）	武汉铁路桥梁学校
罗开发		湖北航天工业学校
程中东		黄冈计算机信息工程中等专业学校
董才荣		孝感市工业学校
黄文明		黄石中等专业学校
禹　诚	（女）	武汉市第二轻工业学校
王燕铭		保康县职业高级中学
李友柱		宜都市职业教育中心
曾　华		郧西县职业技术学校
刘红霞	（女）	湖北师范学院
李庆宁	（女，壮族）	武汉船舶职业技术学院
唐宏贵		武汉体育学院
罗时军		湖北汽车工业学院
况成云	（女）	郧阳医学院
王鸿斌		武汉交通职业学院
黄泽元		武汉工业学院
胡卫兵	（土家族）	湖北民族学院
刘成武		咸宁学院
何幼斌		长江大学
刘茂林		中南财经政法大学
王小月	（女）	华中科技大学
王奎正	（回族）	中南民族大学
宋　俭		武汉大学
张维功		襄樊学院
湖南省		
彭　武	（女）	郴州市直属机关幼儿园

续表

陈瑶泉		娄底市第一小学
傅海梅	（女，苗族）	麻阳苗族自治县锦江小学
郭喜翠	（女）	溆浦县卢峰镇警予学校
简孝传		辰溪县黄溪口镇小学校长
唐代翠	（女）	新田县枧头镇学校
蒋柏石		临武县三合乡中心小学校长
李五果		嘉禾县石桥镇中心学校
谢作塘		宜章县东风中心小学
伍俊斐	（女）	益阳精瑞英才经典学校
唐　珉	（女）	邵阳市大祥区滑石小学
彭泽顺	（苗族）	城步苗族自治县茅坪镇胡山界村小学
彭　玲	（女）	邵阳县第一实验小学
李植华		衡山县贯塘乡石丰小学
李竹华		衡阳市蒸湘区衡钢小学
王　成		湘乡市潭市镇中心学校
黄田田	（女）	长沙市天心区金峰小学
麻老珍	（苗族）	花垣县吉卫民族中学
彭景云	（女）	双峰县花门镇第三中学
谢振国		娄底市第四中学
黄春云	（女，瑶族）	江华瑶族自治县大路铺中学
刘朝晖		祁阳县第二中学
唐叶梅	（女）	桂阳县白水乡中心学校
叶放武		益阳市箴言中学
李能知	（女）	益阳市益师艺术实验学校
卓金华	（女）	桃源县架桥镇中学
谢建英	（女）	常德市第十一中学
任其文		汨罗市第二中学
周小年	（女）	湘阴县知源中学
李　辉	（女）	岳阳市第二中学
曾旭平		隆回县高平镇中心校
王爱平	（女）	邵阳市北塔区状元中学
李志国		衡南县第七中学
李端扬		祁东县第二中学
王爱民	（女）	湘潭市第十六中学
周宏桥		株洲市芦淞区淞欣学校
匡　锋		株洲景炎学校

续表

陈金娇	（女）	株洲市第二中学
戴端全		浏阳市淳口镇淳口初级中学
刘功华		长沙市第二十六中学
杨崇珍	（女）	长沙市第七中学
张成林		长沙市岳麓区清水塘中学
黄洪才		长沙市第一中学
田顺江	（土家族）	龙山县高级中学
李军书		涟源市第一中学
曾　燕	（女）	靖州苗族侗族自治县第一中学
罗长海	（侗族）	会同县第一中学
李沅生		沅陵县第一中学
成少华		永州市第一中学
崔宇清		沅江市第一中学
彭德劲		南县第一中学
涂志勇		慈利县第一中学
唐洪波		常德市第二中学
尤先哲		常德市鼎城区第一中学
徐元清		津市市第一中学
刘　峰		华容县第一中学
曾　祯	（女）	岳阳市云溪区一中
黄　宇		岳阳县第一中学
肖顺凯		邵阳市第二中学
黄芳梅	（女）	新宁县第一中学
李仲辉		衡阳市第一中学
胡革新		衡阳市第二中学
邓玉明		耒阳市第二中学
刘建军		宁乡县第四高级中学
姚武良		望城县第一中学
彭　越	（土家族）	吉首市职业中等专业学校
邹妮娜	（女）	娄底市卫生学校
赵小勤		郴州师范学校
刘秋良		湖南郴州工业交通学校
吴菊英	（女，侗族）	芷江民族职业中专学校
李享玲	（女）	沅江市职业中专
李朝霞	（女，苗族）	桑植县职业中等专业学校
叶　泽		长沙理工大学

续表

易伟建		湖南大学
曾天雄		湘南学院
陈　勇		长沙航空职业技术学院
吴义强		中南林业科技大学
李佑新		湘潭大学
徐政坤		张家界航空工业职业技术学院
刘少军		湖南师范大学
周　虹	（女）	湖南铁道职业技术学院
唐陶富		永州职业技术学院
广东省		
梁晓英	（女）	新兴县里洞镇中心小学
刘寸英	（女）	揭西县良田乡良文小学
刘　燕	（女）	中山市石岐杨仙逸小学
陈　丽	（女）	中山市火炬开发区中心小学
禤间娣	（女）	清远市清城区源潭镇大连小学
杜　巧	（女）	阳江市阳春春城逸夫小学
林美英	（女）	阳江市高新区平冈镇中心小学
梁丽珍	（女）	阳江市海陵岛海陵镇那拿小学
龙家美	（女）	阳春市双滘镇叶辉小学
张雪萍	（女）	河源市龙川县赤光镇中心小学
林慧萍	（女）	河源市连平县第一小学
邓春苗	（女）	河源市第三小学
陈瑞良		陆丰市博美镇图美小学
刘会珍	（女）	梅州市兴宁市罗浮镇石蕉小学
赖伟雄		梅州市五华县安流镇中心小学
钟丽玲	（女）	梅州市蕉岭县人民小学
凌　琳	（女）	肇庆市第十五小学
曾东平		化州市平定镇中心学校
黄雪莲	（女）	电白县树仔镇中心学校
周柳仙	（女）	雷州市东里镇白岭小学
林一如		吴川市振文中心小学
郭观秀		湛江市坡头区龙头镇中心小学
郑创业		恩平市大槐镇中心小学
黄佩云	（女）	佛山市高明区杨和镇中心小学
陈慎瑜	（女）	汕头市澄海实验小学
郑考明		新丰县黄礤镇良坝学校

续表

吴小勇		从化市温泉镇第三中心小学
张远林	（女）	广州市天河区先烈东小学
曾淑筠	（女）	广州市番禺区石碁镇罗家桥虹小学
吴永雄		云浮市罗定实验中学
林烨峰		揭阳市试验区渔湖初级中学
何婵娥	（女）	潮州市湘桥区城基中学
郑志坚		潮州市饶平师范实验中学
陈贤语		潮州市潮安县登塘中学
林雪云	（女）	东莞市塘厦初级中学
张建英	（女）	清远市连州龙坪镇中心小学
黄根跃		清新县禾云镇第一初级中学
张定红		河源市河源中学实验学校
李忠全		陆河县南溪中学
古志茂		惠东县平海中学
徐　兰	（女）	四会市下布学校
陈志超		肇庆市高要河台中学
林　海		湛江市第九中学
罗国俊		开平市月山初级中学
谢觉新		台山市冲蒌中学
梁尚荣		佛山市三水区芦苞镇龙坡中学
麦艳贤	（女）	佛山市第三中学
黄文秉		汕头市达濠华侨中学
宋朝华	（女，朝鲜族）	珠海市文园中学
穆　青		深圳市宝安区宝安中学
钱　红	（女）	深圳市翠园中学
沈　穗	（女）	韶关市浈江区花坪实验学校
夏朗杨		增城市新塘镇第三中学
仇　钧	（女）	中山市华侨中学
王锡文		中山市第一中学
王长在		中山市中山纪念中学
唐章辉		东莞市东莞中学
胡翠娥	（女）	清远市田家炳实验中学
陈　恕		阳江市第一中学
刘　瑛	（女）	蕉岭县蕉岭中学
石　勇	（土家族）	梅县东山中学
何汝玉	（女）	惠州市惠阳区第一中学

续表

侯京红		惠州市第一中学
江　华	（女）	龙门县永汉中学
刘　军	（女）	湛江市第二中学
谢明春		湛江市麻章区第一中学
林月文	（女）	江门市培英高级中学
张碧姬	（女）	佛山市南海区九江中学
陈昌金		汕头市金山中学
李为群		珠海市第三中学
郭铭辉		珠海市金海岸中学
严开明		广州市第六中学
魏穗菊	（女）	广州市第七中学
郑迎辉	（女）	深圳市元平特殊教育学校
赵　刚		广东省石油化工职业技术学校
杜夏谷	（女）	广东省理工职业技术学校
晋　利	（女）	广东省轻工职业技术学校
吴作歆		广东省财政职业技术学校
吴　蕾	（女）	东莞市东莞理工学校
童恩球		清远连山壮族瑶族自治县职业技术学校
徐利国		广州市旅游职业学校
谢晓红	（女）	广东省高级技工学校
何国喜	（女）	广东省新兴中药学校
周尚哲		华南师范大学
吕　志		广东药学院
林良盛		广东工业大学
安晓灿	（女）	韶关学院
张健泓	（女）	广东食品药品职业学院
卢　诚		茂名学院
罗杰红	（女）	广东纺织职业技术学院
凌文华		中山大学
刘晓瑜	（女）	广东培正学院
吕元礼		深圳大学
王家骥		广州医学院
蔡乔中		星海音乐学院
胡　潇		广州大学
慕容居敏		肇庆学院
陈国杰		佛山科学技术学院

续表

伍锡岳		广东科贸职业学院
甘俊英	（女）	五邑大学
罗庚兴		广东松山职业技术学院
广西壮族自治区		
胡　明	（女）	广西区直属机关第三幼儿园
张建明	（女）	广西教育厅幼儿园
黄建亚	（壮族）	都安县高岭镇三合小学校长
赵福锦	（瑶族）	贺州市贺街镇联东小学校长
刘玉菲	（女）	贺州市八步实验小学
廖盛猛	（壮族）	田阳县玉凤镇巴庙小学校长
岑光录		乐业县花坪镇实验小学校长
韦福康	（壮族）	田东县祥周镇新洲小学校长
黄　锋	（壮族）	西林县马蚌乡八大河希望学校校长
廖业北		桂平市麻垌镇容荔小学校长
吴丽芳	（女）	贵港市港北区荷城小学校长
李海娟	（女，壮族）	钦州市新棠镇中心小学
黎相艳	（女）	钦州市实验小学
周妙泉	（女）	北海市银海区平阳学校
黄　卉	（女）	梧州市第二实验小学
李雪连	（女）	藤县同心镇中心校
肖登明		灵川县青狮潭镇西岭小学校长
蒙定鲜	（女，水族）	融水县永乐中心小学
梁红霞	（女，壮族）	南宁市天桃实验学校
张　立	（女）	南宁市红星小学
赖　嫦	（女）	容县杨村镇中心学校
李翠莲	（女）	博白县三滩镇学田村小学
罗永启		博白县大垌镇石龙村小学校长
邹翠宜	（女）	陆川县温泉镇万丈中心小学
杨琼玲	（女）	龙州县民族中学
黄　玲	（女）	天等县民族中学
肖修团	（壮族）	来宾市平阳镇初级中学
韦建伟	（女，壮族）	环江毛南族自治县民族中学
陆凤美	（女，壮族）	靖西县第二中学
黄燕娟	（女）	贵港市港南区木松岭学校
张伟英	（女）	藤县天平镇第一初级中学
陆　华		平乐县福兴中学

续表

杨文练	（侗族）	三江侗族自治县良口乡中学
杨茂武	（壮族）	南宁市蒲庙镇朝阳初级中学
邱爱华	（女）	南宁市第十八中学
韦春革	（壮族）	马山县白山镇合作初中
罗权明	（壮族）	大新县大新中学
韦　景	（壮族）	都安县高级中学
何大荣		贺州第二高级中学
冯碧红	（女，壮族）	广西百色高级中学
麦子俊		贵港市高级中学
李禄全		钦州市第一中学
李宗文		岑溪市第二中学
蒋涓涓	（女）	桂林市第十八中学
韦均艺	（壮族）	宾阳县宾阳中学
邹　蓓	（女）	南宁市第四中学
李晓翎	（女）	南宁市第三中学
邱　蕾	（女）	南宁沛鸿民族中学
王　琼	（女）	北流市特殊教育学校
韦必泉	（壮族）	来宾市职业技术学校
蒋小平		广西桂林电子中等专业学校
陈有东		广西桂东机电工程学校
陆　进	（女，壮族）	柳州市第二职业技术学校
靳　林	（女）	南宁市第六职业技术学校
张志勇		广西医科大学
林春逸		广西师范大学
王昌明		桂林医学院
韦国锋	（壮族）	右江民族医学院
龚小平	（女）	广西艺术学院
海南省		
余　阳	（女）	琼海市第一小学
关义芸	（女）	乐东县利国镇中心学校
张洁芸	（女，黎族）	琼中县第一小学
李瑞山		海口市第二十七小学
胡娇雁	（女，黎族）	陵水黎族自治县北斗小学
黄鸿香	（女，黎族）	五指山市毛道中心学校
黎彩霞	（女）	屯昌县屯城镇屯昌小学
李　赟		万宁市东澳中学

续表

林茵茵	（女）	海口市第一中学
王如琨		海南实验中学
郑燕康		儋州市白马井中学
张裕帆		海南省农垦实验中学
钟瑞华		昌江黎族自治县昌江中学
王业端	（女）	海南省工业学校
谭　蓉	（女）	海口市旅游职业学校
陈雄海		海口市高级技工学校
史济纯		海南医学院
符玉梅	（女，黎族）	琼州学院
罗邻球	（女）	海南大学
重庆市		
唐大勤		忠县忠州镇第二小学
秦登伟		重庆高新技术产业开发区第一实验小学
张远富		秀山土家族苗族自治县官庄镇中心校
张贵福		城口县东安乡中心小学
龙　辉		梁平县礼让镇中心小学
傅春华	（女）	荣昌县仁义镇中心小学
蒋　妍	（女）	大足县龙水镇复隆中心小学
张春梅	（女）	潼南县塘坝镇永康小学
胡邦书	（女）	綦江县永新镇紫荆学校
张志勇		南川区隆化第一小学
胡建华		合川区香龙镇香炉完全小学
唐礼惠	（女）	双桥区龙滩子小学
黄　兰	（女）	渝中区第二实验小学
晏　燕	（女）	万州区电报路小学
吴启能		巫溪县中学校
谭成林		巫山县河梁初级中学
马寿红	（女，回族）	重庆市武隆中学
罗友生		丰都县三元中学
方仁香	（女）	梁平县大观镇中心小学
胡　荣	（女）	璧山县广普初级中学
余显明		铜梁县大庙初级中学
潘金万		长寿区石堰镇初级中学
孙　跃		重庆市涪陵第十七中学
张爱明		西南师范大学附属中学

续表

张　安		彭水苗族土家族自治县中学
甘　平		江津区第二中学
杨富成		重庆市兼善中学
刘雪梅	（女）	重庆市南坪中学
刘　敏	（女）	重庆铁路中学
朱　军		重庆市第十八中学
谭向荣	（女）	重庆市三峡水利电力学校
钟　勤		重庆市龙门浩职业中学
罗　婕	（女）	重庆市商务学校
赵明阶		重庆交通大学
王海宝		重庆三峡学院
游普元		重庆工程职业技术学院
廖七一		四川外语学院
刘　庆		重庆大学
杨　双		长江师范学院
王汝言		重庆邮电大学
四川省		
聂晓燕	（女）	汶川县映秀幼儿园
单春英	（女，藏族）	乡城县城区小学
邢代坤		九龙县烟袋乡淇木林中心校校长
何书华		金阳县芦稿中心校
王大全	（羌族）	茂县富顺乡小学
蒲　慧	（女）	壤塘县城关小学
胡永利	（藏族）	金川县沙耳乡南古坪小学
刘　毅		安岳县永顺镇中心小学
唐顺凤	（女）	乐至县城东小学
曾晓英	（女）	四川省资阳中学
贾海萍	（女）	通江县民胜镇中心小学
张仲鹏		巴中市巴州区义兴乡中心小学
宿仁全		石棉县安顺场八一希望小学
赵　平	（女）	雅安市雨城区实验小学
张可英	（女）	万源市白果乡中心小学
唐雪梅	（女）	开江县靖安乡中心小学
曹　海		达州市通川区罗江八一希望学校
杨秀成		广安实验学校
苏理金		广安市广安区小井乡小学

续表

连　晓	（女）	珙县巡场镇希望小学
刘英贵		屏山县大乘镇中心学校
盛黎平		彭山县保胜乡中心小学
魏素芳	（女）	眉山市第一小学
陈　伟		仪陇县土门镇小学
陈明洪		南充市顺庆区潆溪镇小学校长、党支部书记
阿罗格日	（彝族）	马边彝族自治县永红乡中心校
余联禄		犍为县同兴中心小学
邓甫修		蓬溪县群力乡小学
罗晓敏	（女）	绵阳市富乐实验小学
谢国元		梓潼县玛瑙镇小学
俞华平		绵竹市天河小学
周雪梅	（女）	合江县白米乡印子小学
刘诗珍	（女）	泸州市实验小学
王科文		盐边县和爱彝族乡中心小学
邱友富	（彝族）	米易县麻陇乡民族初级中学
刘庆华	（女）	自贡市沿滩区逸夫小学
姚满华	（女）	自贡市自流井区檀木林小学
李觉英		自贡市大安区凤凰学校
唐俊峰		成都高新区实验小学
张立新		新津县花桥镇中心小学校长
张永清		安县睢水镇小学
牟廷光		北川县擂鼓镇中心小学
白培锋		青川县姚渡镇中心小学校长
蒋国琴	（女，羌族）	茂县光明乡小学
陈开凤	（女）	彭州市龙门山镇九年制学校
柏　松	（藏族）	丹巴县第二中学
黄　涛		简阳市三岔镇初级中学
王春雁		华蓥市双河第二初级中学
宋瑞华	（女）	邻水县牟家镇初级中学
朱大中		兴文县共乐初级中学
徐　敏	（女）	洪雅县槽渔滩镇晓兰中学校长
张晓勇		内江市第五初级中学
赵立军		遂宁市第六中学
李奉林		苍溪县漓江镇初级中学
黄　勇		广元市元坝区虎跳初级中学

续表

吴天春	（羌族）	北川羌族自治县桂溪初级中学校长
张文沥	（女）	什邡市云西中学
张　瑜	（女）	中江县普兴镇中心学校清凉分校
周宗琼	（女）	泸州市龙马潭区石洞镇中心校
代生和	（女）	成都新都区石板滩镇初级中学
周兆伦		大邑县安仁镇学校
米永泽		成都市青白江区祥福中学
孟明福		什邡市红白中心学校
夏泸林		西昌市第一中学
李　军	（回族）	汶川县威州中学
孙　健		四川省平昌中学
王　莉	（女）	四川省南江中学
高益贵		四川省天全中学
王永楷		达州市第一中学
张　芸	（女）	筠连县中学
王晓梅	（女）	青神中学
黄　树		四川省南充龙门中学
朱晓庄	（女）	四川省乐山第一中学
官桂民		威远县龙会中学
王永刚		四川省射洪中学
尹华松		广元市实验中学
范斌凌		德阳市第五中学
陈自元		四川省罗江中学
王　明		攀枝花市第七高级中学
刘志刚		荣县中学
乔永泽		邛崃市高埂中学
刘　嘉	（女）	成都市树德中学
曹宝静	（女）	成都市第七中学
刘瑰瑾	（女）	成都市特殊教育学校
禹云建		四川省凉山民族师范学校
张　勇		南充市中等专业学校
苟　华	（女）	内江市市中区教师进修学校
魏寿明		德昌县职业高级中学
王玉兰	（女）	渠县职业中专学校
韦　露	（女）	宜宾市商业职业中等专业学校
宋　红	（女）	乐山市第一职业高级中学

续表

邱　平		隆昌县城关职业中学
周正明		遂宁市安居职业高级中学
王文勋		青川县职业高级中学
孙绪棣		四川省盐亭职业高级中学
罗晓一	（女）	平武县第一中学
谌晓琼	（女）	三台县刘营职业高级中学
李开海		泸县建筑职业中专学校
李　灵	（女）	成都市礼仪职业中学
张晓黎	（女）	四川城市职业学院
邓　贤		四川教育学院
伍良富		四川大学锦江学院
翟婉明		西南交通大学
黎　实		西南财经大学
王晓莉	（女）	成都电子机械高等专科学校
冯小明		四川大学
王帅亭子	（女）	川北医学院
郭小阳		西南石油大学
蔡富莲	（女，彝族）	西南民族大学
王晓霞	（女）	成都航空职业技术学院
尧德中		电子科技大学
贵州省		
叶　馨	（女）	金沙县城关一小
唐　发	（仡佬族）	石阡县龙井仡佬族侗族乡民族小学
张小敏	（女）	遵义市迎红小学
张武卫	（苗族）	道真自治县城关第二完全小学
杨从霞	（女）	普定县实验学校
杨昌凤	（女）	清镇市百花湖乡石操小学
王朝云	（女，布依族）	平塘县牙舟小学
罗向忠		六枝特区郎岱镇安乐小学
聂开周		镇远县蕉溪镇中心小学
赵康丽		兴义市桔山街道办金城小学
邰宗伟	（苗族）	剑河县温泉希望小学
邹　琳	（女）	赫章县城关第一小学
郑锦秀	（女）	平坝县夏云小学
黄建跃	（女）	都匀市第四完全小学
黄　萍	（女）	黔西县绿化白族彝族乡中心学校

续表

丁亚玲	（女）	毕节市第三中学
余　黔		兴义市第八中学
刘　芳	（女）	贵阳市白云区第三中学
吴俊霞	（女）	赤水市文化中学
李发林		施秉县民族中学
杨启梅	（女，苗族）	黔东南州振华民族中学
洪　敏	（女）	纳雍县第二中学
王跃敏	（女）	凤冈县龙潭中学
谢永强	（仡佬族）	正安县市坪民族中学
谭恩贵	（土家族）	印江土家族苗族自治县第三中学
赵玉萍	（女）	织金县第六中学
金明贵	（白族）	盘县羊场中学
颜兴勇	（苗族）	从江县庆云乡初级中学
何全忠	（土家族）	德江县第一中学
姚明富	（布依族）	都匀市第一中学
张天平	（回族）	兴义市第一中学
张庆贵		安顺市第一高级中学
张永辉		毕节地区民族中学
白龙兴	（布依族）	独山民族中学
罗馨贤	（女）	铜仁市第二中学
贾晓红	（女）	六盘水市红岩中学
陈友灿		习水县第五完全中学
黄　艳	（女，回族）	普安县第一中学
刘恒幼	（女）	贵州省人民医院护士学校
张　波		遵义市职业技术学校
李凤霞	（女）	贵阳幼儿师范学校
关艳华	（女，满族）	中航工业贵航高级技工学校
宋春梅	（女）	遵义师范学院
李竹青	（女）	贵阳学院
林　雅	（女）	贵阳中医学院
罗中玺	（侗族）	铜仁学院
陈贵平		贵州师范大学
彭　旸	（女）	贵州财经学院
叶明亮		贵阳市教育科学研究所
云南省		
赵素梅	（女，白族）	迪庆州幼儿园

续表

贡曲取扎	（藏族）	德钦县佛山乡中心小学校长
李正明	（独龙族）	贡山县独龙江乡献九当小学校长
周淑兰	（女，白族）	泸水县老窝白族乡中心学校
尹兆芬	（女）	德宏州瑞丽姐告小学校长
罗雯俪	（女）	景洪市第一小学
郑美华	（女，彝族）	勐腊县勐腊镇中心小学
陈自华	（拉祜族）	勐海县打洛镇中心小学
余世春		文山壮族苗族自治州实验小学
李子光	（壮族）	丘北县新店乡小江口小学校长
聂应龙		麻栗坡县下金厂乡外头坪小学
王荣俊		武定县狮山镇近城小学
杨旺华	（白族）	南华县雨露乡雨露中心学校校长
俸文斌	（傣族）	双江县大文乡中心学校
张合香	（女）	临沧市临翔区圈内乡圈内中心学校
田明忠	（佤族）	沧源县岩帅镇团结中心完小校长
刀学德	（布朗族）	景谷傣族彝族自治县勐班乡芒海小学校长
周晓燕	（女）	宁洱哈尼族彝族自治县直属小学
李绍华	（哈尼族）	澜沧县上允镇中心小学校长
尚定平		彝良县角奎镇示范小学
艾祖龙		威信县双河乡中心学校桐子林小学
李林艳	（女）	龙陵县龙江赧等小学
普发林	（彝族）	易门县绿汁镇中心小学龙格利完小校长
陈继清		澄江县九村镇龙潭小学校长
李宏友		会泽县待补镇歹咩小学校长
王高琼	（女）	陆良县大莫古镇麻舍所小学
赵汝玲	（女）	呈贡县大渔乡中心小学校长
朱卫政	（白族）	维西县第一中学
刘祥生		潞西市民族中学
张德勐		陇川县城子镇第二中学（初级中学）校长
杨乾辉	（白族）	大理市上关镇第三初级中学
罗家明		巍山县青华初级中学
周翠荣	（女）	金平县十里村中学
陈建玲	（女）	石屏县第二中学
马黎江	（女，回族）	个旧市第十三中学
黄志德		元阳县逢春岭中学
霍玉洪		孟连县勐马镇红塔中学

续表

和东光	（纳西族）	丽江市古城区福慧学校
张庆斌	（彝族）	巧家县小河中学
刘　冰		昌宁县更戛初级中学校长
唐彦明		通海县第五中学
段亚鹏		曲靖市麒麟区第三中学
赵　平	（白族）	兰坪县中排乡九年制学校
李曙光		大理州下关镇第一中学
庄黎佳	（女）	云南省保山第一中学
扶　红	（女）	云南师范大学实验中学
张永禄	（彝族）	云南省临沧财贸学校
赵光清	（彝族）	云南省曲靖财经学校
石　红	（女）	云南省华夏中等专业学校
李　明		云南师范大学
何　黎	（女，彝族）	昆明医学院
韩跃红	（女）	昆明理工大学
西藏自治区		
蔡红霞	（女）	察隅县完全小学
尼玛次仁	（藏族）	阿里地区中心小学
布　琼	（藏族）	双湖区多玛乡小学
宋玉刚		墨竹工卡县日多乡完全小学
达娃卓玛	（女，藏族）	拉萨市第五中学
群　培	（藏族）	拉萨中学
达　欧	（藏族）	岗巴县中学
土登尼玛	（藏族）	昌都地区第二高级中学
旦　增	（藏族）	拉萨师范高等专科学校
达瓦次仁	（藏族）	西藏民族学院
佘毓惠	（藏族）	西藏警官高等专科学校
扎西卓玛	（女，藏族）	西藏民族学院
陕西省		
李建莉	（女）	丹凤县龙驹寨镇中心小学
郭亚宏	（女）	商洛市商州城关第二小学
白云娥	（女）	商洛市小学
颉　缨	（女）	安康市第二小学
艾　娟	（女）	米脂县华润希望小学
张孝清		神木县店塔第一小学
崔建军		陕西省汉中师范附属小学

续表

王晓玲	（女）	佛坪县城关小学
郭麦娥	（女）	略阳县高台小学
黄凤琴	（女）	宁强县南街小学
张新荣	（女）	黄龙县石堡镇小学
谢庭香	（女）	甘泉县太皇山小学
甘玉芳	（女）	华县杏林镇杏林中心小学校长
郭亚莉	（女）	大荔县平民乡鲁安中心小学
王亚莉	（女）	渭南市临渭区北塘实验小学
樊树芳		永寿县店头镇益海嘉里小学
秦兴华		三原县陵前镇中心小学
白　涛		凤县平木镇中心小学
高丽云	（女）	麟游县两亭镇中心小学
任玉杰		千阳县张家塬镇南湾岭小学
王卫民		铜川市耀州区小坵镇白瓜中心小学校长
阮绪辉		蓝田县灞源乡中心学校
李珍学		西安市长安区滦镇街道办事处喂子坪小学
吴文红	（女）	西安市雁塔区航天小学
陈　雪	（女）	陕西省西安小学
程文娇	（女）	岚皋县城关初级中学
祁小雪	（女）	富县沙梁初级中学
郑刚强		泾阳县姚家巷中学
张晓霞	（女）	宝鸡市陈仓区虢镇第一初级中学
谢红莉	（女）	周至县骆峪乡初级中学
张新勇		西安市阎良区关山镇关山初级中学
姬文亮		西安高新唐南中学
张德俭		紫阳县高桥中学
蔡亚利	（女）	绥德县第一中学
高永强		神木县第六中学
柳逢祥		陕西省榆林中学
邱成嘉		城固县第一中学
傅凌飞		陕西延安中学
赵有章		富平县曹村中学
曹王民		蒲城县罕井中学
陈建荣		澄城县北关中学
张晓梅	（女）	大荔县大荔中学
张玉凤	（女）	泾阳县云阳中学

续表

王美玲	（女）	三原县南郊中学
王青岗		咸阳渭城中学
邱　健		咸阳育才中学
陶文辉		周至县第四中学
李月芬	（女）	陕西省第二商贸学校
邓　华		岐山县职业技术教育中心
杨玉印		西安市未央区第二职业中学
杨　洁	（女）	西安职业中等专业学校
谢永利		长安大学
柳益群	（女）	西北大学
庞　诚		咸阳职业技术学院
傅钢善		陕西师范大学
施　卫		西安理工大学
刘克成		西安建筑科技大学
李晓娥	（女）	西北农林科技大学
王艳芬	（女）	榆林市教育局教学研究室
甘肃省		
许　杰	（女）	甘肃省保育院
马国福	（东乡族）	广河县三甲集小学
蒲云昌		文县桥头小学
王芙蓉	（女）	临泽县沙河镇五三小学
俞小华	（女）	武威市凉州区高坝镇同益小学
潘　弢		民勤县重兴乡高级小学
陈耀先		白银市平川区第二小学
刘国秀	（女）	嘉峪关市胜利路小学
王丽娟	（女）	兰州市安宁区十里店小学
王国乾		兰州市七里河区五星坪小学
杨志英	（藏族）	迭部县旺藏学校
张爱军		陇西县第三中学
黄建荣		漳县第二中学
柴建平		华池县柔远初中
贾迎春	（女）	酒泉市第二中学
徐占芳		庄浪县永宁中学
范志平		平凉市崆峒区香莲乡中学
董虎林		武山县渭北初级中学
崔正德		白银市白银区武川初级中学

续表

茹武年		金昌市永昌县红山窑中学
孙爱梅	（女）	兰州铁路第四中学
麻海成	（回族）	临潭县第二中学
张　喆		陇南市第一中学
马　健		陇南市武都第二中学
何仁权		渭源县第一中学
苏彦芳		庆城县陇东中学
王映屏		静宁县第一中学
安维武	（裕固族）	肃南裕固族自治县第一中学
田利云		高台县第一中学
张长录		天祝藏族自治县第一中学
张　杰		秦安县第四中学
马海清	（回族）	张家川回族自治县第一中学
陈亲贵		皋兰县第一中学
孙开军		兰州市商业学校
赵仙龙		甘肃省理工中等专业学校
刘先春		兰州大学
周又和		兰州大学
崔　燕	（女）	甘肃农业大学
吴建春		酒泉职业技术学院
张　俊		西北师范大学
青海省		
旗　宝	（藏族）	杂多县结多乡中心寄宿学校
增　吉	（女，藏族）	班玛县知钦乡寄宿小学
当增加	（藏族）	同仁县兰采学区
窦存兰	（女，蒙古族）	门源县青石嘴镇中心学校
苏代春	（女）	平安县第一完全小学
刘健美	（女）	西宁市城西区行知小学
马福龙		德令哈市第六中学
兰可乙	（藏族）	海南州民族中学
张秀梅	（女）	民和县第二中学
孙　静	（女）	青海湟川中学
周　毛	（女，藏族）	海南州职业技术学校
蔡连宝		青海省水电职业技术学校
李　琼	（女）	青海民族大学
杨文宏		青海大学

续表

王建军		青海大学
辛全洲		青海师范大学
宁夏回族自治区		
丁志刚	（回族）	泾源县城关一小
张　华	（女）	青铜峡市铝业学校
年锦莲	（女）	银川市西夏区第十小学
周志山		中宁县第三中学
孙晓莉	（女）	宁夏固原二中
杨秀花	（女，回族）	固原市原州区张易中学
谢志娟	（女）	石嘴山市惠农区尾闸中学
张学民		永宁中学
冯克国		宁夏中卫中学
侯凤章		盐池县实验中学
马学礼	（回族）	石嘴山市第三中学
朱晓宁		青铜峡市职业教育中心
吴金霞	（女）	宁夏民族职业技术学院
哈学林		宁夏司法警官职业学院
张闽娜	（女）	宁夏大学
窦红莉	（女）	宁夏医科大学
新疆维吾尔自治区		
别肯·萨黑道拉	（哈萨克族）	巴里坤县下涝坝乡中心校
坎拜散姆·克然木	（女，维吾尔族）	新和县尤鲁都斯巴格镇中心小学
木黑塔尔·马木提	（维吾尔族）	柯坪县启浪乡中心学校
李海英	（女）	吉木乃县哈尔交乡牧业寄宿学校
热娜·阿不都苏里	（女，维吾尔族）	伊宁县第一小学
美日尼沙·克力木	（女，维吾尔族）	喀什市夏马勒巴格乡托尕依栏杆小学
艾白都拉·买提西日甫	（维吾尔族）	洛浦县布亚乡小学
迪丽娜尔·马克苏提	（女，哈萨克族）	精河县第三小学
阿不力米提·依布拉音	（维吾尔族）	库车县林基路小学维语学校
陈玉霞	（女）	喀什市第十小学
吐尔地·白都拉	（维吾尔族）	于田县奥依托格拉克乡中学校长
图妮莎·阿卜杜克里木	（女，维吾尔族）	策勒县第二中学
柴　滢	（女）	克拉玛依市独山子区第一中学
色力克	（哈萨克族）	尼勒克县喀拉苏乡中心学校
袁仕凤		和硕县一中
阿卜杜塞麦提·阿卜力孜	（维吾尔族）	莎车县阿瓦提镇中学

续表

马桂珍	（女，回族）	吉木萨尔县大有乡中心学校
麦麦提吐尔孙·艾散	（维吾尔族）	莎车县一中
刘为民	（女）	塔城地区第一高级中学
刘白杨		昌吉州第一中学
古力扎尔·吐尔逊	（女，维吾尔族）	乌鲁木齐高级中学
孔德祥		乌苏市第一中学
李　芳	（女）	和静县第一中学
贺红岩	（女，锡伯族）	察布查尔县第一中学
阿布都卡德尔·艾沙	（柯尔克孜族）	克州三中
陶新梅	（女）	乌鲁木齐市第二十中学
付义霞	（女）	石河子第一中学
吕祝庆	（女）	玛纳斯县第一中学
金　涛	（女）	乌鲁木齐市盲人学校
原新华	（女）	新疆残疾人职业中专学校
杨晓红	（女）	乌鲁木齐市铁路运输学校
艾尔肯·艾买提	（维吾尔族）	新疆供销学校
王　颖	（女）	新疆大学
马德尼也提·穆巴拉克	（哈萨克族）	新疆医科大学
绕娅·沙哈生	（女，哈萨克族）	和布克赛尔县城关小学
新疆生产建设兵团		
王　兰	（女）	五家渠市第一小学
张中钦	（女）	农一师三团中学
李　卉	（女）	兵团第一中学
张　敏	（女）	农二师华山中学
林　刚		建工师职业技术学校
张振华		石河子大学
张燕飞	（女）	塔里木大学
张爱萍	（女）	石河子大学
解放军		
赵新宇	（女）	总政治部幼儿园
成　军	（女）	山东省军区机关幼儿园
林秋萍	（女）	福建省厦门警备区幼儿园
夏元习		63650 部队马兰小学
李秋菊	（女）	国防科技大学附属小学
袁　彬	（女）	95948 部队子女小学
马利群	（女）	第二炮兵工程学院附属小学

续表

何立明		空军工程大学
孙华燕	（女）	装备指挥技术学院
张广苏		解放军炮兵学院
朱艾华		南京陆军指挥学院
朴金波	（朝鲜族）	中国人民武装警察部队警种指挥学院
李业平		西安陆军学院
殷建平		解放军国防科学技术大学
毕长剑		空军指挥学院
熊友存		军事经济学院
袁彩锦		海军指挥学院
詹隽青		军事交通学院
贾铭椿		海军工程大学
赵　庆		空军第三飞行学院
陈　耿		西安政治学院
傅占河		石家庄陆军指挥学院

二、2009 年全国优秀教育工作者名单

北京市		
沙晓燕	（女，回族）	房山区良乡镇良乡中心小学校长
刘　燕	（女）	北京市六一幼儿院院长
张佳春		通州区运河中学校长兼党总支书记
杜汇良		清华大学学生工作部部长
李铁铮		北京林业大学党委宣传部部长
天津市		
王　杰	（女，回族）	天津市第九十中学校长
崔振平		天津大学院团委书记
河北省		
王　爽	（女）	河北师范大学附属小学校长
秦海地		衡水市第二中学校长
王建勇		河北衡水中学党委委员、副校长
苏铁岳		河北城乡建设学校校长、党委副书记
张　军		河北理工大学研究生学院党委书记
赵敬兰	（女）	河北经贸大学
魏宝林	（满族）	承德市教育局副局长
孙社英		邢台市教育局副局长、副书记
裴相峰		邯郸市邯山区文化教育体育局局长、党委书记

续表

吴野平	（女）	秦皇岛市教育局副局长
山西省		
李　爱	（女）	忻州市实验小学
高　蓉	（女）	太原平民中学政教主任
白春桃	（女）	山西省太谷中学校心理健康教育中心主任
王黎明		山西省工贸学校校长
肖连喜		大同市职业教育中心校长
马占世		山西大学数学科学学院副书记
内蒙古自治区		
宋振岭		宁城县小城子镇总校校长
崔　标		乌兰察布市集宁区第四中学校长
霍培新		巴彦淖尔职业技术学校校长
王　立		内蒙古建筑职业技术学院副院长
胡少戡		呼和浩特市玉泉区教育局局长
辽宁省		
靳海霞	（女，满族）	开原市民主小学校长
宋　莉	（女）	丹东市六纬路小学校长
林　松		朝阳市第一中学校长
王金斗	（满族）	北镇市正安镇九年一贯制学校校长
王兴文		阜新市高级中学校长
徐　峰		东北大学学生工作处处长
刘明坤	（满族）	本溪市教师进修学院院长
吉林省		
张树全		通化市东昌区实验小学校长
曹　葵		长春市实验中学校长
梁荣滨		吉林航空工程学校校长
张国媛	（女）	东北电力大学电气工程学院党总支书记
穆树源		东北师范大学人文学院院长
黑龙江省		
于湘秋	（女）	齐齐哈尔市建华区二马路小学校校长
李荫莲	（女）	哈尔滨市闽江小学校党支部书记、校长
吕茂盛		七星农场第二中学校长
殷春霞	（女）	佳木斯市第十三中学校长
孟北明		哈尔滨市航空服务中等专业学校校长
徐术权		伊春市职业技术教育中心学校校长
沙启龙	（回族）	森林工业总局教育局局长

续表

上海市		
朱国花	（女）	南汇区新港镇初级中学校长、书记
翁肇桢		奉贤区育秀实验学校校长
姜晓敏	（女）	上海市贸易学校校长
袁　园	（女）	闸北区教育局副局长
江苏省		
丁永真		淮阴师范学院第一附属小学校长
王　勇		仪征市马集中学校长
徐复光		盐城市田家炳中学校长
丁静伟		江苏省惠山职业教育中心校校长
单　强		苏州工业园区职业技术学院院长
刘启东		南通职业大学党委副书记
顾明社		扬中市教育局局长、书记
张英稳		海安县教育局局长
郭为民		邳州市教育局党委书记、副局长
徐敏南		无锡市教育研究中心主任、书记
浙江省		
林培明	（女）	温州市建设小学校长
毛卫华		遂昌县第二中学校长
林益富		舟山市定海区第五中学校长、书记
徐国敏		德清县三合乡中心学校校长
张锦荣		嘉兴市秀州中学校长兼副书记
钱国英	（女）	浙江万里学院副院长
安徽省		
谢海芹	（女）	宿州市市直幼儿园副园长
杨永久	（女）	安庆师范学院党总支秘书
谢法忠		阜南县教育局局长
福建省		
郭正光		福建省宁德师范附属小学校长、党支部书记
刘为林		武夷山市武夷中学校长
谢　慧	（女）	厦门市音乐学校校长、书记
卢明辉		龙海市程溪中学校长、书记
俞白桦	（女）	三明学院党政办主任
江西省		
全彩晖	（女）	抚州市临川区第一小学校长
李云生		玉山县第一中学校长

续表

黄加文		江西师范大学人事处处长
朱小理		南昌大学科学技术学院学院党委书记
陈富茂		华东交通大学
袁化仁		定南县教育体育局局长
山东省		
宋方报		东营市海河小学春晖分校校长
朱文业		邹平县黄山中学校长
于文林		山东省聊城第一中学副校长
董春堂		德州市第二中学副校长
张永恒		山东省临沂第二中学副校长
许崇文		山东省日照第一中学校长、党委书记
王卫东		肥城市第一高级中学校长、支部书记
程德权		淄博实验中学校长
吕春国		莱州市职业中等专业学校校长
胡耀华		菏泽市教育局人事科科长
陶遵旭		威海市环翠区教育局副局长
陈　伟		济宁市教育局基础教育科科长
河南省		
李志刚	（回族）	新乡市第二实验小学校长
牛　超	（女）	商丘市第一中学校长
谢谋荣	（女）	安阳市第七中学书记、副校长
宫少华		许昌高级中学校长
郭建军		郑州市第一中学副校长
吴克勤		开封市第一职业中等专业学校校长
王　霞	（女）	河南师范大学化学与环境科学学院党总支副书记
刘雪娟	（女）	洛阳市教育局副局长
周建华		驻马店市驿城区教育体育局党委书记、局长
李国富		平舆县教育局局长
谢复兴		信阳市教育局副书记、副局长
谢宪立		范县教育局局长
陈文彬		新郑市教育体育局局长
邵水潮		河南省基础教育教学研究室主任
湖北省		
阳文灿	（土家族）	宣恩县晓关侗族乡晓关初级中学校长
万松柏		武汉市新洲高级职业中学校长

续表

夏庆利		黄冈师范学院人事处处长
姜明华		武汉科技学院副处长
王艳林		三峡大学医学院院长
王承军		公安县教育局党委书记、局长
颜中祥		孝感市教育局人事科科长
李　菲		襄樊市教育局局长
尹国平		黄石市教育局局长
湖南省		
朱声文	（白族）	桑植县官地坪镇中学校长
袁贤琼		郴州市第二中学校长
喻跃龙		中南大学学生工作部部长
皇晓东	（土家族）	湖南科技大学助理调研员
李　钊		湖南涉外经济学院副院长
张山群		岳阳市岳阳楼区教育局党委书记、局长
奉祥明		衡阳市教育局局长
易　磊		醴陵市教育局局长
胡国强		湖南省教育科学研究院所长
广东省		
王微丽	（女）	深圳市莲花二村幼儿园园长
温亿民		潮州市实验学校校长
刘雄山		东莞市虎门镇沙角小学校长
陈勇强		罗定市廷锴纪念中学校长
丘忠飞		梅县梅北中学校长
陈庆江		广宁县五和中学校长
余　平		平远县平远中学校长
陈仕楷		中山市沙溪理工学校校长
梁承华		肇庆理工中等职业学校董事长
吕志平		南方医科大学中医药学院院长
李　红	（女）	广东工程职业技术学院招生与就业指导办公室主任
毛少琼	（女）	惠州市教育局德育科科长
广西壮族自治区		
张丽琼	（女，壮族）	来宾市兴宾区实验小学校长
张　弘	（女，壮族）	防城港市实验小学校长
王纯国		广西柳州畜牧兽医学校党委书记、校长
张　翔	（女）	广西柳州职业技术学院副院长

续表

黄文韬		桂林电子科技大学数学与计算科学学院院长
李浩基	（壮族）	凭祥市教育局局长
撒忠民	（回族）	柳州市教育局局长、党委副书记
海南省		
陈克文		海南省机电工程学校校长
吴家谟		澄迈县教育局副局长
重庆市		
邹　勤		巴县中学校校长
杨宗武		重庆工商学校校长
蒋红梅	（女）	重庆市立信职业教育中心校长、书记
李竹英	（女）	西南大学物理科学与技术学院党委书记
范永同		重庆市教育委员会监察室主任
四川省		
杨春云	（彝族）	美姑县民族初级中学校长
龙开文		营山县化育初级中学校长
康玉龙		什邡市灵杰初级中学校长
杨勇军		四川省简阳中学校长
陈永红	（女）	宜宾市第三中学校高中年级主任
许玉权		遂宁市第二中学校校长、总支书记
何荣生		广元市朝天中学校长
勾红蔚		江油市第一中学校长
温国富		四川省纳溪中学校副校长
陈　军		达县职业高级中学校长
向贵根		四川师范大学党办主任
周泽邦		都江堰市教育局机关党委书记
贵州省		
舒丽娜	（女）	贵阳市第二实验小学党支部书记、校长
兰显亮	（土家族）	沿河土家族自治县夹石镇初级中学校长
岳明亮		威宁县教育局党组书记、局长
杨丽华	（女）	贵阳市第三实验中学书记、校长
孟爱玲	（女）	贵州大学科技学院党委书记
杨国军	（布依族）	荔波县教育局局长
云南省		
陈忠云		禄丰县一平浪镇干海资学校校长
杨锋元	（彝族）	宁蒗县第一中学校长
茅建华		云南省昆明高级技工学校校长

续表

张静波		云南商务信息工程学校党委书记、校长
胡海毅		泸西县教育局局长
西藏自治区		
王中奎		西藏大学后勤管理处处长
杨　静		西藏职业技术学院系副主任
陕西省		
王彩凤	（女）	西北工业大学附属小学校长
申福太		合阳县城关中学校长
李超旗		石泉县职业教育中心校长
刘常明		山阳县教育局局长
张建存		子洲县教育局局长
刘聚斌		西乡县教育局局长
张文辉		兴平市教育局局长
甘肃省		
杨东戈	（藏族）	甘南藏族自治州合作藏族中学校长
刘建伟		兰州市第三十三中学校长
胡茂林		环县职业中等专业学校校长
贾　宁		甘肃省教育厅发展规划处处长
青海省		
公　保	（藏族）	海南藏族自治州教育局局长
马　财		湟中县教育局局长
宁夏回族自治区		
吴风虎		吴忠市红寺堡开发区第二中学校长
张增仁		宁夏电化教育中心主任
新疆维吾尔自治区		
王红军		裕民县第三小学校长
何建忠		新疆农业大学学工部部长、学生处处长
阿不都热西提·尼亚孜	（维吾尔族）	新疆师范大学学工部部长、学生处处长
麦麦提吐逊·尼扎木丁	（维吾尔族）	喀什地区行署教育督导室副主任
王献新		乌鲁木齐市教研中心编辑部主任
新疆生产建设兵团		
张玉新		农十师北屯高级中学校长

附七：

关于表彰全国中小学优秀班主任和高校优秀辅导员等先进个人的决定

各省、自治区、直辖市教育厅（教委），新疆生产建设兵团教育局，解放军总政治部：

在党中央、国务院的领导下，近年来全国广大教师和教育工作者以高度的政治责任感和历史使命感，全面贯彻党的教育方针，认真落实《中共中央国务院关于进一步加强和改进未成年人思想道德建设的若干意见》和《中共中央国务院关于进一步加强和改进大学生思想政治教育的意见》，坚持育人为本，德育为先，立德树人，开拓创新，全面实施素质教育，在加强和改进未成年人思想道德建设和大学生思想政治教育工作中取得了显著成绩，涌现出了一大批先进典型人物。

为表彰他们为中小学生德育和大学生思想政治教育工作作出的突出贡献，进一步激发广大教师和教育工作者的积极性、创造性，推动全国各级各类学校德育和思想政治教育工作再上新台阶，教育部决定授予冯勉等199名同志“全国中小学优秀班主任”荣誉称号；授予罗俊等100名同志“全国中小学优秀德育课教师”荣誉称号；授予刘畅等100名同志“全国中小学优秀德育工作者”荣誉称号；授予孙慧环等34名同志“全国高校优秀辅导员”荣誉称号；授予钱伟量等34名同志“全国高校优秀思想政治理论课教师”荣誉称号；授予杜汇良等34名同志“全国高校优秀思想政治教育工作者”荣誉称号。希望受到表彰的同志珍惜荣誉，谦虚谨慎，进一步发挥先锋模范作用，在全面实施素质教育，努力提高人才培养质量，促进学生全面发展中作出新贡献。

受到表彰的501名同志是全国中小学德育和大学思想政治教育工作者的优秀代表。希望全国广大教师和教育工作者以他们为榜样，深入贯彻落实科学发展观，坚持以社会主义核心价值体系教育、引导学生健康成长，遵循教育规律和青少年身心发展规律，不断探索学校德育和思想政治教育工作的新方法、新途径，努力做到教书育人、管理育人、服务育人，为把广大青少年学生培养成为社会主义合格建设者和可靠接班人而努力奋斗。

教　育　部

二〇〇九年九月一日

附八：

2009年全国中小学优秀班主任和高校优秀辅导员等先进个人名单

一、2009年全国中小学优秀班主任名单

北京市		
冯　勉	（女）	北京市第二实验小学
王小苹	（女）	延庆县第一小学
何艳梅	（女）	大兴区黄村镇第一中心小学
马文征	（女）	顺义区石园小学

续表

刘乃忠		北京市和平街第一中学
天津市		
周　瑞	（女）	天津师范大学第二附属小学
秦　屹	（女）	天津市美术中学
王　威	（女）	天津市第二十一中学
河北省		
苗永革	（女）	灵寿县三圣院乡中学
郭丽云	（女）	柏乡县实验中学
刘艳杰	（女）	磁县阜才中学
张素荣	（女，满族）	青龙县大石岭总校
郭玉梅	（女）	唐山市丰润区岔河镇中学
张金成		沧县中学
闫秀杰		邢台市第一中学
王国相		永年县第二中学
赵英杰	（女）	石家庄市职业技术教育中心
山西省		
侯英梅	（女）	晋中市榆次区东赵乡中心校
梁素芳	（女）	泽州县周村小学
崔晓燕	（女）	襄垣县城内第一小学
王文英	（女）	太原市杏花岭区第六中学
时利民		山西大学附属中学
景　明	（女）	山西省运城中学
内蒙古自治区		
梅　花	（女，鄂温克族）	呼伦贝尔市鄂温克族自治旗伊敏中心校
布仁巴根	（蒙古族）	赤峰市阿鲁科尔沁旗天山蒙古族实验小学
乌　兰	（女，蒙古族）	锡林郭勒盟镶黄旗蒙古族中学
齐学郡		鄂伦春自治旗鄂伦春中学
韩　芳	（女）	包头市第九中学
辽宁省		
谭秀丽	（女，满族）	宽甸满族自治县大川头学校
齐丽军	（女）	锦州市凌河区解放小学
徐　岩	（女，满族）	抚顺市望花区逸夫小学
刘晓玲	（女）	大连市西岗区石道街小学
乔　颖	（女，回族）	鞍山市育才学校南校中学部
孙立新	（女）	沈阳市新兴初级中学
张　波	（女，满族）	本溪满族自治县高级中学

续表

吉林省		
李艳书		大安市叉干镇中心小学
崔桂增		集安市清河中学
李　丹	（女）	东北师范大学附属中学
张彩云	（女）	长春市第 164 中学
何静波	（女）	白城市第一中学
郭为利	（满族）	四平市第一高级中学
黑龙江省		
于明霞	（女）	大兴安岭地区加格达奇区加北乡中心校
马睿姝	（女）	牡丹江市景福小学
段丽晖	（女）	宝清县第四小学
肖　杰		黑河市第三中学
王　利		龙江县黑岗乡中心学校
赵春江	（女）	萝北县高级中学
姜　波	（女）	哈尔滨市第一中学校
上海市		
沈文华	（女）	卢湾区巨鹿路第一小学
丁菊英	（女）	青浦区庆华小学
管英姿	（女）	上海市江宁学校
叶蔚成		上海市曹杨职业技术学校
江苏省		
邵海霞	（女）	滨海县滨海港镇第二中心小学
陆炜乾	（女）	启东市南阳小学
张菊凤	（女）	江都市大桥中心小学
史珍芳	（女）	溧阳市别桥中心小学
马淑红	（女）	新沂市瓦窑镇中心小学
杨　玲	（女）	南京市下关区天妃宫小学
宋玉伟		洪泽县共和中学
陈玉坤		昆山市周庄中学
王锦优	（女）	江苏省平潮高级中学
浙江省		
钱宝云		嘉兴市秀洲区新塍镇中心小学
蒋飞英	（女）	金华市第十五中学
徐月仙	（女）	龙游县小南海初级中学
许　玲	（女）	玉环县玉城中学
郑建雄		绍兴县鲁迅中学

续表

张赛芬	（女）	舟山职业技术学校
安徽省		
张献尹	（女）	阜阳市实验小学
程　洁	（女）	南陵县籍山镇中心小学
苏小勇		青阳县朱备学校
汪文生		安徽省庐江第四中学
汪志强		歙县深渡中心学校
王士友		安徽省亳州市第一中学
陈道才		广德县职业教育中心
福建省		
张占人		仙游县钟山中心小学
林振明		福安市范坑中心小学
张俊江		永定县下洋思贤小学
何港清		云霄县马铺中心小学
傅丽霞	（女）	永安市第十中学附属小学
李志雄		安溪县崇文中学
江西省		
王旭明		湖口县城山镇中心小学
黄　丽	（女）	萍乡市安源区北桥小学
梁宪平		江西省景德镇一中
胡景华	（女）	南昌外国语学校
张　莉	（女）	江西省宜春中学
丁永发		赣州市第三中学
山东省		
徐慧颖	（女）	青岛市实验小学
陈　霞	（女）	聊城市东昌府区斗虎屯镇中心小学
张　艳	（女）	临沂市河东区实验小学
李为超		枣庄市峄城区古邵镇曹庄中心小学
赵秀凤	（女）	寿光市稻田镇第一初级中学
李立群	（女）	莱阳市团旺中心初级中学
任景兰	（女）	菏泽市牡丹区吕陵镇中心初级中学
徐　利		茌平县杜郎口中学
姜　宏	（女）	山东省泰安第二中学
刘暖祥		山东省济南第一中学
韩秀波		莱芜市第一中学
贾福梅	（女）	山东省淄博第一中学

续表

河南省		
许玉峰		郑州市中原区须水镇第六小学
生修本		南阳市卧龙区龙兴乡中心小学
高春香	（女）	南召县乔端镇玉葬完全小学
赵春战		济源市轵城镇王庄中心小学
张国榜		宝丰县赵庄乡初级中学
李慧香	（女）	长垣县第二中学
夏军政		上蔡县和店初级中学
王晓涛		漯河市郾城初级实验中学
赵玉秀	（女）	开封市化建中学
范新忠		周口市第三高级中学
丁振明		汝南幼儿师范学校
湖北省		
范文巧	（女）	沙市北京路第一小学
刘　红	（女）	武汉市育才第二小学
温文娟	（女）	天门市实验小学
李　琳	（女）	宜昌市隆中路小学
王章富		仙桃市第三中学
钟世华	（畲族）	来凤县实验中学
周良进		麻城市铁门岗中心学校
马立学		随州市第二中学
段仁保		襄樊市第五中学
湖南省		
奉光辉		新化县奉家镇中心学校
麻老珍	（苗族）	花垣县吉卫民族中学
唐叶梅	（女）	桂阳县白水乡中心学校
王爱民	（女）	湘潭市第十六中学
陈金娇	（女）	株洲市第二中学
刘辉波	（土家族）	张家界市第一中学
曾　燕	（女）	靖州苗族侗族自治县第一中学
成少华		永州市第一中学
崔宇清		沅江市第一中学
广东省		
杜　巧	（女）	阳江市阳春春城逸夫小学
曾淑筠	（女）	广州市番禺区石碁镇罗家桥虹小学
张小娴	（女）	清远市英德市石牯塘镇初级中学

续表

麦艳贤	（女）	佛山市第三中学
石　勇	（土家族）	梅州市梅县东山中学
何汝玉	（女）	惠州市惠阳区第一中学
林月文	（女）	江门市培英高级中学
郑迎辉	（女）	深圳市元平特殊教育学校
杜夏谷	（女）	广东省理工职业技术学校
晋　利	（女）	广东省轻工职业技术学校
广西壮族自治区		
汤　荡	（女）	桂林市榕湖小学
梁红霞	（女，壮族）	南宁市天桃实验学校
张　立	（女）	南宁市红星小学
冯筱玲	（女）	北海市第五中学
张献军		柳州市第十二中学
苏凤英	（女，壮族）	宁明县城镇第一中学
李宗文		岑溪市第二中学
海南省		
史兰俊	（女）	海口市琼山府城中学
钟瑞华	（女）	昌江黎族自治县昌江中学
梁东敏		海南省财税学校
重庆市		
王洪春	（女）	开县白泉乡平安希望中心小学
张贵福		城口县东安乡中心小学
胡建华		合川区香龙镇香炉完全小学
罗友生		丰都县三元中学
余显明		铜梁县大庙初级中学
四川省		
孙建军		资中县轮镇发庙沟村校
胡永利	（藏族）	金川县沙耳乡南古坪小学
张仲鹏		巴中市巴州区义兴乡中心小学
柏　松	（藏族）	丹巴县第二中学
张　瑜	（女）	中江县普兴镇中心学校清凉分校
任德峰		四川省雅安中学
王晓梅	（女）	四川省青神中学
刘志刚		荣县中学
宋　红	（女）	乐山市第一职业高级中学
谌晓琼	（女）	三台县刘营职业高级中学

续表

贵州省		
周晓燕	（女，彝族）	台江县台盘乡中心小学
胡连祖	（女）	福泉市牛场中心小学
郑锦秀	（女）	平坝县夏云小学
余　黔		兴义市第八中学
吴俊霞	（女）	赤水市文化中学
王文强		贵阳市第一中学
云南省		
苏莺华	（女）	大理州实验小学
罗雯俪	（女）	景洪市第一小学
罗雪芳	（女）	凤庆县三岔河中学
朱卫政	（白族）	维西县第一中学
黄志德		元阳县逢春岭中学
扶　红	（女）	云南师范大学实验中学
西藏自治区		
蔡红霞	（女）	察隅县完全小学
达　欧	（藏族）	岗巴县中学
陕西省		
李建莉	（女）	丹凤县龙驹寨镇中心小学
张孝清		神木县店塔第一小学
白　涛		凤县平木镇中心小学
罗润侠	（女）	扶风县城关镇城关初中
程文娇	（女）	岚皋县城关初级中学
曹王民		蒲城县罕井中学
邱　健		咸阳育才中学
甘肃省		
王芙蓉	（女）	临泽县沙河镇五三小学
曹银治		榆中县来紫堡中学
卢奇伟		西和县西峪乡初级中学
徐占芳		庄浪县永宁中学
张　杰		秦安县第四中学
青海省		
旗　宝	（藏族）	杂多县结多乡中心寄宿学校
尹　林		贵德县中学
张秀梅	（女）	民和县第二中学

续表

宁夏回族自治区		
张　华	（女）	青铜峡市铝业学校
王栓林		银川市第九中学
张永宏		宁夏银川一中
新疆维吾尔自治区		
木合亚提·孜亚汗	（哈萨克族）	福海县齐干吉迭乡寄宿制学校
图妮莎·阿卜杜克里木	（女，维吾尔族）	策勒县第二中学
马桂珍	（女，回族）	吉木萨尔县大有乡中心学校
金　涛	（女）	乌鲁木齐市盲人学校
新疆生产建设兵团		
张　敏	（女）	农二师华山中学

二、2009 年全国中小学优秀德育课教师名单

北京市		
罗　俊	（女）	丰台区东高地第四小学
陈晓光	（女）	通州区北关小学
张　璇	（女）	北京市第十中学
天津市		
刘学会	（女）	蓟县城关第二小学
刘　坚		大港区油田实验中学
河北省		
陈晓兵		廊坊市安次区东沽港镇马道口中心小学
管　余		兴隆县三道河乡中心校
韩卫平	（女）	广宗县第二中学
李建平		武安市第一中学
山西省		
李武萍	（女）	闻喜县东镇中心校
张联珍	（女）	长治县第五中学
闫吉祥		高平市第一中学
内蒙古自治区		
娜日苏	（女，蒙古族）	兴安盟科尔沁右翼中旗杜尔基中心校
唐会民		赤峰市松山区红旗中学
王　烁	（女）	包头市第九中学

续表

辽宁省		
张岩峰	（女）	灯塔市兆麟小学
马宗彪		北票市蒙古族初级中学
吉林省		
孟宪秋	（女）	榆树市城发乡中心小学
邢丽艳	（女）	镇赉县坦途镇中心小学
金今海	（女，朝鲜族）	珲春市第六中学
黑龙江省		
于国东		绥化市第八中学
马瑞雪	（女）	农垦总局红兴隆分局第一高级中学
张　莉	（女）	佳木斯市第一中学
上海市		
王莉韵	（女）	虹口区第三中心小学
赵　萍	（女）	浦东新区教育学院附属学校
徐　隽	（女）	上海市市东中学
江苏省		
朱红甫		赣榆县实验小学
冯永升		江苏省东台师范附属小学
包红心	（女）	无锡市钱桥中心小学
尹建林		丰县华山镇华山初级中学
浙江省		
桑丽虹	（女）	丽水市莲都区大洋路学校
周　岚	（女）	温州华侨职业中等专业学校
袁哲海		宁海县高级职业技术中心学校
安徽省		
唐权友		长丰县杜集乡中心学校
李德玉		霍邱县岔路镇中心学校
马君跃		安徽省蚌埠第九中学
张书堂		淮北市第一中学
福建省		
蔡宗松		福建省福州第六中学校长
谢伙财		光泽县茶富中学
赖晓红	（女）	福建三明林业学校
江西省		
薛军生		永丰县佐龙第二初级中学
明立新		赣县中学

续表

曹小川	（女）	鄱阳县职业技术教育中心
山东省		
张立新	（女）	莒县刘官庄镇中心小学
董春玲	（女）	钢城区黄庄镇丈八丘联小校长
于艳丽	（女）	威海经济技术开发区皇冠小学
刘广生		邹城市张庄镇中心小学
马文华	（女）	栖霞市实验小学
河南省		
袁子付		确山县李新店乡徐庄小学
齐　华	（女）	郑州市二七区陇西小学
陈佩红	（女）	洛阳市第二十三中学
彭俊涛		固始县第三初级中学
朱世铎		商城县第二初级中学
湖北省		
邓桂红	（女）	孝感市实验小学
王晓静	（女）	武汉市将军路中学
熊锦梅	（女）	荆门市东宝区文峰初级中学
李友柱		宜都市职业教育中心
湖南省		
李竹华		衡阳市蒸湘区衡钢小学
石明一		永州市第四中学
尤先哲		常德市鼎城区第一中学
肖顺凯		邵阳市第二中学
广东省		
王佩芳	（女）	梅州市大埔县大埔小学
林美英	（女）	阳江市高新区平冈镇中心小学
张定红		河源市河源中学实验学校
林　海		湛江市第九中学
钱　红	（女）	深圳市翠园中学
广西壮族自治区		
罗　瀚	（壮族）	凤山县长洲乡长洲小学
李晓翎	（女）	南宁市第三中学
陈有东		广西桂东机电工程学校
海南省		
李　赟		万宁市东澳中学
林茵茵	（女）	海口市第一中学

续表

重庆市		
唐大勤		忠县忠州镇第二小学
曹淑碧	（女）	重庆市酉阳第一中学
左天玖		垫江县包家学校
四川省		
俞华平		绵竹市天河小学
李奉林		苍溪县漓江镇初级中学
吴天春	（羌族）	北川羌族自治县桂溪初级中学校长
陈淑萍	（女）	四川省武胜中心学校
曹宝静	（女）	成都市第七中学
贵州省		
邹　琳	（女）	赫章县城关第一小学
刘　芳	（女）	贵阳市白云区第三中学
唐莉莉	（女）	贵州省六盘水水矿一中
云南省		
杨永维	（苗族）	马关县夹寒箐镇尖山村中心学校校长
尹兆芬	（女）	德宏州瑞丽姐告小学校长
李绍华	（哈尼族）	澜沧县上允镇中心小学校长
西藏自治区		
云　丹	（藏族）	浪卡子县普玛江塘乡中心小学
陕西省		
陈　雪	（女）	陕西省西安小学
许名菊	（女）	旬阳县城关第一初级中学
蒙书学		旬邑县张洪中学
甘肃省		
张爱军		陇西县第三中学
杨丽萍	（女）	临夏市第一中学
苏彦芳		庆城县陇东中学
宁夏回族自治区		
金玉霞	（女，回族）	吴忠市孙家滩种畜场小学
年锦莲	（女）	银川市西夏区第十小学
冯克国		宁夏中卫中学
新疆维吾尔自治区		
迪丽娜尔·马克苏提	（女，哈萨克族）	精河县第三小学
阿不力米提·依布拉音	（维吾尔族）	库车县林基路小学维语学校
艾尔肯·阿尤蒲	（维吾尔族）	莎车县恰尔巴格乡中学校长

续表

贺红岩	（女，锡伯族）	察布查尔县第一中学
新疆生产建设兵团		
王　兰	（女）	五家渠市第一小学

三、2009 年全国中小学优秀德育工作者名单

北京市		
刘　畅	（女）	北京市海淀区中关村第一小学校长
沙晓燕	（女，回族）	北京市房山区良乡镇良乡中心小学校长
史晓鹤	（女）	北京市商业学校校长
天津市		
赵承烈	（女）	天津市民族中学
王　杰	（女，回族）	天津市第九十中学校长
河北省		
张淑敏	（女，满族）	围场县第一中学
王大旗	（女）	河北丰润车轴山中学
孙丽红	（女，满族）	石家庄市第十五中学
王建勇		河北衡水中学党委委员、副校长
山西省		
李　爱	（女）	忻州市实验小学
高　蓉	（女）	太原平民中学政教主任
白春桃	（女）	山西省太谷中学校心理健康教育中心主任
内蒙古自治区		
额尔德木图	（女）	赤峰市巴林右旗宝日勿苏镇中心小学
宋振岭		赤峰市宁城县小城子镇总校校长
白阿日斯楞	（蒙古族）	新巴尔虎右旗第一中学
辽宁省		
董玉兰	（女）	兴城市第二初级中学
杨益光	（女）	盘山县陆家学校
高淑珍	（女）	营口市第十六中学
李　波		铁岭市高级中学
吉林省		
郭　英	（女）	公主岭市双城堡镇万胜村小学

续表

张树全		通化市东昌区实验小学校长
曹　葵		长春市实验中学校长
黑龙江省		
张文惠	（女）	鸡东县平阳中学
关明辉	（女，满族）	林甸县第二中学
李水明		东京城林业局第三中学
上海市		
杨晓萍	（女）	崇明县实验小学
袁　园	（女）	闸北区教育局副局长
江苏省		
李同康		东海县青湖中心小学
丁永真		淮阴师范学院第一附属小学校长
王鼎宏		南京市金陵中学
顾小京		江苏省如东高级中学
浙江省		
王邦光		文成县珊溪镇中心小学
林培明	（女）	温州市建设小学校长
汪红炬		富阳市新桐乡中学
安徽省		
刘道存		肥东县撮镇学区中心学校
谢有成		滁州市琅琊区城东小学
唐华龙		安徽省淮南市第十二中学
郭玉峰		潜山县第四中学
福建省		
张向红	（女）	福建师范大学附属小学
杨淑延	（女）	福建省南安第一中学
张秋强		福建工贸学校
江西省		
林志华		横峰县莲荷乡中心小学
陈春香	（女）	永修县涂埠镇杨柳津小学
陈清平		东乡县珀玕乡初级中学
山东省		
丁万寿		平度市祝沟镇沙埠小学
刘乃昌		蒙阴县旧寨乡殷家洼小学
宋方报		东营市海河小学春晖分校校长
何　昆	（女）	山东省济南第五中学

续表

王志祥		德州市第一中学
河南省		
李艳红	（女）	郏县第一幼儿园
毛献忠		正阳县慎水乡山头小学校长
牛　超	（女）	商丘市第一中学校长
高保卫		三门峡市第一高级中学
李　晨		信阳市特殊教育学校
湖北省		
杨　红	（女）	黄石市铁山区第三小学
王盛刚		嘉鱼县鱼岳镇实验中学
吕绪友		鄂州市第二中学
周桂梅	（女）	武汉铁路桥梁学校
湖南省		
彭　玲	（女）	邵阳县第一实验小学
李植华		衡山县贯塘乡石丰小学
谢建英	（女）	常德市第十一中学
刘建军		宁乡县第四高级中学
广东省		
钟丽香	（女）	广州市花都区狮岭镇冠华小学校长
温亿民		潮州市实验学校校长
刘雄山		东莞市虎门镇沙角小学校长
吴作歆		广东省财政职业技术学校
毛少琼	（女）	惠州市教育局德育科科长
广西壮族自治区		
刘玉菲	（女）	贺州市八步实验小学
蒋涓涓	（女）	桂林市第十八中学
韦必泉	（壮族）	来宾市职业技术学校
海南省		
黄春燕	（女）	白沙县第一小学
黎彩霞	（女）	屯昌县屯城镇屯昌小学
重庆市		
张正委		重庆市渝北区华蓥山中心小学
叶　辉		重庆市第四十二中学校长
邹　勤		巴县中学校长
四川省		
赵启琼	（女）	南溪县前进小学

续表

陈　伟		仪陇县土门镇小学
王玉兰	（女）	渠县职业中专学校
罗晓一	（女）	平武县第一中学
李　灵	（女）	成都市礼仪职业中学
贵州省		
吴云鹰	（苗族）	江口县太平乡苗匡小学
穆显法		六盘水市水城县木果乡中心学校校长
杨丽华	（女）	贵州省贵阳市第三实验中学书记、校长
云南省		
周晓燕	（女）	宁洱哈尼族彝族自治县直属小学
丁文贵	（回族）	沾益县菱角乡第三中学
姜家奇		腾冲县中和中学
西藏自治区		
达娃卓玛	（女，藏族）	拉萨市第五中学
陕西省		
邱成嘉		城固县第一中学
陶文辉		周至县第四中学
李超旗		石泉县职业教育中心校长
甘肃省		
高泽林		金昌市金川区双湾镇黑沙窝小学
潘　岃		民勤县重兴乡高级小学
贾迎春	（女）	酒泉市第二中学
青海省		
增　吉	（女，藏族）	班玛县知钦乡寄宿小学
刘健美	（女）	西宁市城西区行知小学
宁夏回族自治区		
周志山		中宁县第三中学
朱晓宁		青铜峡市职业教育中心
新疆维吾尔自治区		
王红军		裕民县第三小学校长
吕祝庆	（女）	玛纳斯县第一中学
新疆生产建设兵团		
刘生江		农六师芳草湖农场中学校长

四、2009 年全国高校优秀辅导员名单

北京市		
孙慧环	（女）	北京交通大学
柯红岩	（女）	北京科技大学
天津市		
崔振平		天津大学团委书记
河北省		
赵敬兰	（女）	河北经贸大学
山西省		
薛菊凤	（女）	山西医科大学
内蒙古自治区		
杨贵生		内蒙古大学
辽宁省		
代岩岩	（女，回族）	沈阳建筑大学
吉林省		
史慕华	（女）	吉林大学
黑龙江省		
宋　妍	（女）	东北林业大学
王国华		哈尔滨医科大学
上海市		
孙雅艳	（女）	上海师范大学
赵　强		复旦大学
江苏省		
蒋其琴	（女）	南京师范大学
浙江省		
毛筱媛	（女）	浙江工业大学
安徽省		
杨永久	（女）	安庆师范学院
福建省		
林　涛	（女）	福建中医学院
江西省		
陈富茂		华东交通大学

续表

山东省		
韩　旭	（女）	青岛大学
河南省		
王　霞	（女）	河南师范大学化学与环境科学学院党总支副书记
湖北省		
王小月	（女）	华中科技大学
张维功		襄樊学院
湖南省		
皇晓东	（土家族）	湖南科技大学
广东省		
林良盛		广东工业大学
海南省		
罗邻球	（女）	海南大学
重庆市		
李晓梅	（女）	西南政法大学
四川省		
王帅亭子	（女）	川北医学院
贵州省		
陈贵平		贵州师范大学
西藏自治区		
达瓦次仁	（藏族）	西藏民族学院
陕西省		
庞　诚		咸阳职业技术学院
甘肃省		
张　俊		西北师范大学
青海省		
杨文宏		青海大学
宁夏回族自治区		
哈学林		宁夏司法警官职业学院
新疆维吾尔自治区		
马德尼也提·穆巴拉克	（哈萨克族）	新疆医科大学
新疆生产建设兵团		
张燕飞	（女）	塔里木大学

五、2009年全国高校优秀思想政治理论课教师名单

北京市		
钱伟量		北京工业大学
孟庆春	（满族）	北京印刷学院
天津市		
寇清杰		南开大学
河北省		
朱月龙		河北师范大学
山西省		
张　晔	（女）	太原师范学院
内蒙古自治区		
王永顺		内蒙古工业大学
辽宁省		
房广顺		辽宁大学
吉林省		
包秀敏	（女，蒙古族）	松原职业技术学院
黑龙江省		
李庆霞	（女）	哈尔滨师范大学
上海市		
顾钰民		复旦大学
李　梁		上海大学
江苏省		
王　岩		南京航空航天大学
浙江省		
朱志勇		绍兴文理学院
安徽省		
檀江林		合肥工业大学
福建省		
郑小敏	（女）	厦门理工学院
江西省		
李康平		南昌航空大学
山东省		
毛建群		山东师范大学
河南省		
张国富		河南农业大学
湖北省		
宋　俭		武汉大学

续表

湖南省		
曾天雄		湘南学院
广东省		
吕　志		广东药学院
卢　诚		广东茂名学院
广西壮族自治区		
林春逸		广西师范大学
海南省		
符玉梅	（女，黎族）	琼州学院
重庆市		
杨　双		长江师范学院
贵州省		
孙兆霞	（女）	贵州民族学院
云南省		
韩跃红	（女）	昆明理工大学
西藏自治区		
尼玛次仁	（藏族）	西藏大学
陕西省		
李晓娥	（女）	西北农林科技大学
甘肃省		
刘先春		兰州大学
青海省		
李　琼	（女）	青海民族大学
宁夏回族自治区		
窦红莉	（女）	宁夏医科大学
新疆维吾尔自治区		
王　颖	（女）	新疆大学
新疆生产建设兵团		
张振华		石河子大学

六、2009 年全国高校优秀思想政治教育工作者名单

北京市		
杜汇良		清华大学学生工作部部长
李铁铮		北京林业大学党委宣传部部长
天津市		
李宝席	（女）	天津科技大学

续表

河北省		
于多珠		承德医学院
山西省		
马占世		山西大学数学科学学院副书记
内蒙古自治区		
包革命	（蒙古族）	内蒙古农业大学宣传部部长
辽宁省		
徐　峰		东北大学学生工作处处长
吉林省		
张国媛	（女）	东北电力大学电气工程学院党总支书记
黑龙江省		
刘　峰		哈尔滨师范大学
上海市		
解　超		华东师范大学
江苏省		
陶勑恒		南京晓庄学院
刘启东		南通职业大学党委副书记
浙江省		
吴　敏		浙江大学
安徽省		
汪芳启		阜阳师范学院
福建省		
俞白桦	（女）	三明学院党政办主任
江西省		
胡伯项		南昌大学马克思主义学院院长
山东省		
吴少怡	（女）	山东大学学生处心理咨询中心主任
河南省		
贾少鑫		河南大学组织部部长
湖北省		
刘红霞	（女）	湖北师范学院
湖南省		
喻跃龙		中南大学学生工作部部长
广东省		
慕容居敏		肇庆学院
广西壮族自治区		

续表

张　翔	（女）	柳州职业技术学院副院长
海南省		
史济纯		海南医学院
重庆市		
李竹英	（女）	西南大学物理科学与技术学院党委书记
四川省		
向贵根		四川师范大学党办主任
贵州省		
孟爱玲	（女）	贵州大学科技学院党委书记
西藏自治区		
扎西卓玛	（女，藏族）	西藏民族学院
陕西省		
傅钢善		陕西师范大学
甘肃省		
张永义		兰州理工大学外国语学院书记
青海省		
辛全洲		青海师范大学学生工作处处长
宁夏回族自治区		
吴金霞	（女）	宁夏民族职业技术学院
新疆维吾尔自治区		
何建忠		新疆农业大学学工部部长、学生工作处处长
阿不都热西提·尼亚孜	（维吾尔族）	新疆师范大学学工部部长、学生工作处处长
新疆生产建设兵团		
张爱萍	（女）	石河子大学

撰稿　范贤睿　朱保江

审稿　谢志敏　吕玉刚

教育财务与审计

教育部、国家统计局、财政部
2008年全国教育经费执行情况统计公告

〔**全国教育经费情况**〕 2008年，全国教育经费为14 500.74亿元，比上年的12 148.07亿元增长19.37%。其中，国家财政性教育经费（包括国家财政预算内教育经费、各级政府征收用于教育的税费、企业办学中的企业拨款、校办产业和社会服务收入用于教育的经费）为10 449.63亿元，比上年的8 280.21亿元增长26.20%。

〔**落实《教育法》规定的“三个增长”情况**〕

1. 中央和地方各级政府预算内教育拨款（不包括教育费附加）为9 685.56亿元，比上年的7 654.91亿元增长26.53%。其中，中央财政教育支出1 603.71亿元，按同口径比较，比上年增长49.00%，高于中央财政经常性收入约17.50%的增长幅度。

2. 各级教育生均预算内教育事业费支出增长情况。2008年全国普通小学、普通初中、普通高中、中等职业学校、普通高等学校生均预算内教育事业费支出情况分别如下。

（1）全国普通小学生均预算内事业费支出为2 757.53元，比上年的2 207.04元增长24.94%。其中，农村普通小学生均预算内事业费支出为2 617.59元，比上年的2 084.28元增长25.59%。普通小学生均预算内事业费支出增长最快的是宁夏回族自治区（49.64%）。

（2）全国普通初中生均预算内事业费支出为3 543.25元，比上年的2 679.42元增长32.24%。其中，农村普通初中生均预算内事业费支出为3 303.16元，比上年的2 433.28元增长35.75%。普通初中生均预算内事业费支出增长最快的是宁夏回族自治区（68.31%）。

（3）全国普通高中生均预算内事业费支出为3 208.84元，比上年的2 648.54元增长21.16%。普通高中生均预算内事业费支出增长最快的是北京市（51.21%）。

（4）全国中等职业学校生均预算内事业费支出为3 811.34元，比上年的3 124.01元增长22.00%。中等职业学校生均预算内事业费支出增长最快的是陕西省（51.32%）。

（5）全国普通高等学校生均预算内事业费支出为7 577.71元，比上年的6 546.04元增长15.76%。普通高等学校生均预算内事业费支出增长最快的是云南省（52.34%）。

3. 各级教育生均预算内公用经费支出增长情况。2008年全国普通小学、普通初中、普通高中、中等职业学校、普通高等学校生均预算内公用经费支出情况分别如下。

（1）全国普通小学生均预算内公用经费支出为

616.28元，比上年的425.00元增长45.01%。其中，农村普通小学生均预算内公用经费支出581.88元，比上年的403.76元增长44.12%。普通小学生均预算内公用经费支出增长最快的是宁夏回族自治区（141.54%）。

（2）全国普通初中生均预算内公用经费支出为936.38元，比上年的614.47元增长52.39%。其中，农村普通初中生均预算内公用经费支出为892.09元，比上年的573.44元增长55.57%。普通初中生均预算内公用经费支出增长最快的是西藏自治区（240.42%）。

（3）全国普通高中生均预算内公用经费支出为698.28元，比上年的509.96元增长36.93%。普通高中生均预算内公用经费支出增长最快的是江西省（168.22%）。

（4）全国中等职业学校生均预算内公用经费支出为911.71元，比上年的718.00元增长26.98%。中等职业学校生均预算内公用经费支出增长最快的是宁夏回族自治区（185.63%）。

（5）全国普通高等学校生均预算内公用经费支出为3 235.89元，比上年的2 596.77元增长24.61%。普通高等学校生均预算内公用经费支出增长最快的是海南省（229.83%）。

〔预算内教育经费占财政支出比例情况〕　按预算内教育经费包含教育费附加的口径计算，2008年全国预算内教育经费占财政支出62 592.66亿元（2009年《中国统计年鉴》公布数）的比例为16.32%，比上年的16.26%增加了0.06个百分点。从全国情况看，有15个省、自治区、直辖市预算内教育经费占财政支出比例比上年有不同程度的下降。

〔国家财政性教育经费占国内生产总值比例情况〕　据统计，2008年全国国内生产总值为300 670亿元，国家财政性教育经费占国内生产总值比例为3.48%，比上年的3.22%增加了0.26个百分点。

2008年全国教育经费执行情况监测结果表明，政府教育投入总量继续增加，国家财政性教育经费占GDP的比例以及预算内教育经费占财政支出比例均比上年有所增加，但有一些省、自治区、直辖市没有达到《教育法》规定的教育投入增长要求。

注：①公告中所涉及的全国性统计数据，均不包括台湾省、香港特别行政区、澳门特别行政区；②公告中的2008年全国国内生产总值300 670亿元、全国财政收入61 330.35亿元和财政支出62 592.66亿元等数据来源于2009年《中国统计年鉴》。

撰稿　刘　景

审稿　徐孝民

附：

2008年全国教育经费执行情况统计表

表一 2008年预算内教育拨款增长与财政经常性收入增长比较

地区	预算内教育拨款本年比上年增长（%）	财政经常性收入本年比上年增长（%）	增长幅度比较
中　央	49.00	31.50	17.50
北京市	19.87	18.62	1.25
天津市	30.53	21.65	8.88
河北省	34.80	17.87	16.93
山西省	31.81	27.52	4.29
内蒙古自治区	37.06	31.38	5.68
辽宁省	22.29	21.05	1.24
吉林省	34.56	27.50	7.06
黑龙江省	33.03	19.22	13.81
上海市	10.48	10.28	0.20
江苏省	22.50	20.37	2.13
浙江省	14.87	15.40	−0.53
安徽省	30.38	22.80	7.58
福建省	24.56	17.24	7.32
江西省	19.83	15.19	4.64
山东省	21.83	10.50	11.33
河南省	22.62	21.97	0.65
湖北省	22.24	19.30	2.94
湖南省	31.17	21.00	10.17
广东省	20.96	19.70	1.26
广西壮族自治区	30.77	26.63	4.14
海南省	23.62	36.34	−12.72
重庆市	22.70	20.06	2.64
四川省	40.83	12.97	27.86
贵州省	37.96	19.16	18.80
云南省	28.77	21.45	7.32
西藏自治区	17.78	27.01	−9.23
陕西省	46.93	29.77	17.16
甘肃省	48.30	11.54	36.76
青海省	36.03	16.72	19.31
宁夏回族自治区	6.12	32.90	−26.78
新疆维吾尔自治区	37.84	26.31	11.53

注：预算内教育拨款包括教育事业费、科研经费、基建经费和其他经费。

表二 2008年预算内教育经费占财政支出比例情况

地区	预算内教育经费（亿元）			预算内教育经费占财政支出比例（%）		
	2007年	2008年	增长比例（%）	2007年	2008年	增减百分点
总　计	**8 094.34**	**10 212.97**	**26.17**	**16.26**	**16.32**	**0.06**
北京市	315.97	381.28	20.67	19.16	19.46	0.30
天津市	113.88	147.17	29.23	16.89	16.96	0.07
河北省	302.68	406.33	34.24	20.09	21.59	1.50
山西省	189.21	251.40	32.87	18.02	19.12	1.10
内蒙古自治区	159.59	215.81	35.23	14.75	14.84	0.09
辽宁省	295.04	360.68	22.25	16.72	16.75	0.03
吉林省	154.68	208.23	34.62	17.50	17.64	0.14
黑龙江省	196.48	255.40	29.99	16.55	16.56	0.01
上海市	318.21	358.86	12.77	14.59	13.83	−0.76
江苏省	507.43	618.94	21.98	19.87	19.06	−0.81
浙江省	411.73	471.55	14.53	22.79	21.35	−1.44
安徽省	239.53	312.31	30.38	19.26	18.96	−0.30
福建省	216.72	269.41	24.31	23.80	23.68	−0.12
江西省	183.76	220.23	19.85	20.30	18.20	−2.10
山东省	458.21	555.84	21.31	20.26	20.55	0.29
河南省	406.47	496.01	22.03	21.73	21.74	0.01
湖北省	223.59	272.50	21.87	17.50	16.51	−0.99
湖南省	260.93	338.99	29.92	19.23	19.20	−0.03
广东省	659.75	797.98	20.95	20.88	21.12	0.24
广西壮族自治区	200.65	258.72	28.94	20.35	19.95	−0.40
海南省	50.30	62.07	23.40	20.51	17.34	−3.17
重庆市	146.72	180.07	22.73	19.10	17.72	−1.38
四川省	340.83	476.45	39.79	19.37	16.16	−3.21
贵州省	163.31	226.19	38.50	20.53	21.46	0.93
云南省	217.50	279.70	28.60	19.16	19.02	−0.14
西藏自治区	40.60	47.83	17.81	14.74	12.57	−2.17
陕西省	180.55	264.58	46.54	17.13	18.52	1.39
甘肃省	133.19	194.23	45.83	19.72	20.06	0.34
青海省	40.13	54.48	35.76	14.22	14.98	0.76
宁夏回族自治区	52.43	56.65	8.05	21.68	17.45	−4.23
新疆维吾尔自治区	151.57	210.44	38.84	19.06	19.86	0.80

注：表中预算内教育经费含教育费附加。

表三（1） 各级教育生均预算内教育事业费增长情况

单位：元

地区	普通小学			普通初中			普通高中		
	2007年	2008年	增长率（%）	2007年	2008年	增长率（%）	2007年	2008年	增长率（%）
总　计	**2 207.04**	**2 757.53**	**24.94**	**2 679.42**	**3 543.25**	**32.24**	**2 648.54**	**3 208.84**	**21.16**
北京市	7 316.16	10 111.51	38.21	10 358.08	13 224.85	27.68	9 172.68	13 870.45	51.21
天津市	4 956.36	6 850.83	38.22	5 537.86	7 779.00	40.47	6 605.60	7 944.79	20.27
河北省	2 272.34	2 981.05	31.19	2 350.44	3 523.64	49.91	2 197.55	2 916.65	32.72
山西省	2 057.54	2 690.28	30.75	2 345.91	3 225.25	37.48	2 557.23	3 111.90	21.69
内蒙古自治区	2 946.35	3 799.54	28.96	3 074.74	4 517.27	46.92	2 449.60	3 329.76	35.93
辽宁省	2 841.42	3 761.22	32.37	3 489.78	4 631.64	32.72	3 010.10	3 615.00	20.10
吉林省	3 028.29	3 992.80	31.85	2 917.44	4 165.84	42.79	2 601.16	3 593.22	38.14
黑龙江省	3 548.60	4 295.88	21.06	3 267.33	4 269.62	30.68	2 859.88	3 762.16	31.55
上海市	11 498.99	13 016.14	13.19	13 122.69	15 473.62	17.92	11 498.63	14 964.98	30.15
江苏省	3 679.97	4 306.54	17.03	3 595.85	4 464.21	24.15	3 256.48	3 744.45	14.98
浙江省	3 734.35	4 528.11	21.26	4 795.31	5 710.27	19.08	4 561.95	5 035.15	10.37
安徽省	1 644.73	2 083.25	26.66	1 793.39	2 527.79	40.95	1 636.62	1 969.86	20.36
福建省	2 587.20	3 240.22	25.24	2 608.11	3 524.78	35.15	3 007.78	3 538.48	17.64
江西省	1 666.80	1 795.53	7.72	2 067.24	2 513.38	21.58	1 909.20	2 310.48	21.02
山东省	2 396.58	2 908.50	21.36	3 387.00	4 389.46	29.60	2 571.72	3 207.91	24.74
河南省	1 392.91	1 640.03	17.74	1 909.95	2 436.20	27.55	1 626.56	1 857.39	14.19
湖北省	1 920.87	2 361.98	22.96	2 213.10	3 031.37	36.97	1 652.99	1 880.71	13.78
湖南省	1 905.43	2 327.61	22.16	2 660.86	3 611.40	35.72	1 847.82	2 326.96	25.93
广东省	2 053.92	2 470.06	20.26	2 742.77	3 206.87	16.92	3 778.38	4 311.32	14.10
广西壮族自治区	1 829.33	2 329.63	27.35	2 032.03	2 990.60	47.17	2 176.04	2 469.04	13.46
海南省	2 175.25	2 616.89	20.30	2 443.25	3 040.01	24.42	2 911.74	3 087.50	6.04
重庆市	1 757.99	2 167.47	23.29	2 143.19	2 802.17	30.75	2 087.42	2 840.84	36.09
四川省	1 681.05	2 230.71	32.70	1 995.44	2 690.64	34.84	1 760.72	2 055.55	16.74
贵州省	1 466.39	1 852.96	26.36	1 741.50	2 310.83	32.69	2 478.40	2 774.66	11.95
云南省	1 798.70	2 077.32	15.49	2 209.16	2 894.71	31.03	2 646.24	2 908.78	9.92
西藏自治区	4 648.19	5 061.95	8.90	4 758.66	5 965.68	25.36	5 105.25	5 305.38	3.92
陕西省	2 128.46	3 072.04	44.33	2 153.55	3 402.69	58.00	1 833.39	2 593.25	41.45
甘肃省	1 774.22	2 476.17	39.56	2 050.82	3 093.11	50.82	2 066.43	2 754.14	33.28
青海省	2 733.17	3 395.54	24.23	2 991.36	4 052.02	35.46	2 910.52	3 976.48	36.62
宁夏回族自治区	1 975.60	2 956.19	49.64	2 623.24	4 415.22	68.31	3 507.46	4 848.88	38.24
新疆维吾尔自治区	2 573.48	3 652.78	41.94	3 271.55	4 577.56	39.92	3 661.56	4 366.14	19.24

表三（1） 各级教育生均预算内教育事业费增长情况（续）

单位：元

地区	中等职业学校			普通高等学校		
	2007年	2008年	增长率（%）	2007年	2008年	增长率（%）
总　计	**3 124.01**	**3 811.34**	**22.00**	**6 546.04**	**7 577.71**	**15.76**
北京市	7 603.00	11 127.10	46.35	21 431.73	24 380.40	13.76
天津市	5 562.83	6 031.94	8.43	9 183.86	9 826.92	7.00
河北省	2 468.56	3 326.89	34.77	3 332.89	5 008.76	50.28
山西省	3 285.39	4 629.02	40.90	4 669.90	5 222.33	11.83
内蒙古自治区	4 168.92	5 392.14	29.34	5 017.39	6 728.42	34.10
辽宁省	3 916.55	4 782.78	22.12	5 137.44	4 923.15	−4.17
吉林省	4 127.37	5 387.57	30.53	5 457.51	6 891.74	26.28
黑龙江省	4 710.85	5 225.25	10.92	5 720.07	6 103.06	6.70
上海市	8 887.02	10 078.47	13.41	12 453.98	15 349.20	23.25
江苏省	2 575.15	3 386.71	31.52	6 135.33	8 156.83	32.95
浙江省	4 443.31	5 599.48	26.02	7 413.99	8 771.40	18.31
安徽省	1 716.60	2 075.27	20.89	2 852.95	4 078.57	42.96
福建省	3 017.05	3 783.47	25.40	5 047.15	6 311.90	25.06
江西省	2 221.44	2 819.88	26.94	3 301.15	4 236.33	28.33
山东省	3 170.55	3 832.18	20.87	4 587.12	5 459.48	19.02
河南省	2 415.19	2 771.71	14.76	4 079.66	4 099.88	0.50
湖北省	1 583.57	1 778.83	12.33	3 125.25	3 713.46	18.82
湖南省	2 194.93	3 140.70	43.09	3 393.51	4 531.27	33.53
广东省	3 757.01	4 260.22	13.39	10 597.39	10 622.18	0.23
广西壮族自治区	2 646.08	3 333.70	25.99	5 207.31	6 139.38	17.90
海南省	5 400.45	6 243.14	15.60	4 283.76	6 085.64	42.06
重庆市	2 764.77	3 006.39	8.74	4 418.34	5 583.69	26.38
四川省	2 362.30	3 053.07	29.24	3 209.97	4 000.78	24.64
贵州省	2 597.49	3 081.38	18.63	4 961.03	5 243.47	5.69
云南省	3 731.16	3 983.80	6.77	4 958.68	7 554.00	52.34
西藏自治区	4 827.03	4 979.89	3.17	11 407.18	13 794.79	20.93
陕西省	2 122.32	3 211.43	51.32	3 916.46	5 448.21	39.11
甘肃省	3 097.11	3 930.91	26.92	5 073.55	5 979.94	17.87
青海省	3 945.06	4 640.27	17.62	7 737.03	8 916.98	15.25
宁夏回族自治区	3 327.59	4 776.95	43.56	8 247.95	12 310.86	49.26
新疆维吾尔自治区	3 730.36	5 110.91	37.01	4 781.39	5 984.27	25.16

表三（2） 各级教育生均预算内公用经费增长情况

单位：元

地区	普通小学			普通初中			普通高中		
	2007年	2008年	增长率（%）	2007年	2008年	增长率（%）	2007年	2008年	增长率（%）
总 计	**425.00**	**616.28**	**45.01**	**614.47**	**936.38**	**52.39**	**509.96**	**698.28**	**36.93**
北京市	2 951.59	4 271.47	44.72	4 963.63	5 796.73	16.78	3 708.31	6 187.14	66.85
天津市	592.62	1 042.40	75.90	787.69	1 326.07	68.35	1 393.22	1 433.31	2.88
河北省	379.32	540.17	42.40	478.28	757.71	58.42	457.72	599.90	31.06
山西省	458.90	567.56	23.68	629.64	827.47	31.42	553.03	628.49	13.64
内蒙古自治区	647.74	906.90	40.01	781.75	1 342.31	71.71	587.97	978.88	66.48
辽宁省	590.47	699.89	18.53	788.12	1 069.72	35.73	752.06	826.92	9.95
吉林省	530.27	758.73	43.08	619.29	971.51	56.87	611.19	1 088.76	78.14
黑龙江省	485.18	840.23	73.18	564.11	1 055.46	87.10	399.26	951.26	138.26
上海市	2 844.93	3 179.68	11.77	3 425.92	3 915.60	14.29	2 959.87	3 764.32	27.18
江苏省	506.86	641.01	26.47	642.55	871.03	35.56	336.63	409.64	21.69
浙江省	602.53	758.75	25.93	920.22	1 051.34	14.25	995.08	996.66	0.16
安徽省	296.87	539.63	81.77	399.85	806.03	101.58	185.97	364.29	95.89
福建省	421.30	588.78	39.75	519.68	758.57	45.97	502.32	552.24	9.94
江西省	283.34	363.74	28.38	363.35	582.74	60.38	141.22	378.78	168.22
山东省	370.82	505.32	36.27	568.10	828.60	45.85	314.01	381.15	21.38
河南省	316.52	466.13	47.27	512.22	755.53	47.50	399.41	498.58	24.83
湖北省	308.81	512.05	65.81	450.25	800.74	77.84	151.83	250.01	64.66
湖南省	370.60	634.61	71.24	494.36	1 070.66	116.57	221.28	345.81	56.28
广东省	449.20	543.91	21.08	732.95	834.51	13.86	878.76	1 074.21	22.24
广西壮族自治区	308.06	383.90	24.62	474.76	589.20	24.10	226.88	433.27	90.97
海南省	374.18	556.23	48.65	576.38	1 034.71	79.52	808.13	741.68	−8.22
重庆市	495.35	714.58	44.26	696.97	1 107.10	58.84	576.05	1 073.03	86.27
四川省	491.46	703.50	43.14	628.38	1 052.90	67.56	332.24	468.86	41.12
贵州省	198.56	403.33	103.13	324.60	638.85	96.81	391.32	462.90	18.29
云南省	281.26	419.99	49.32	395.50	640.31	61.90	488.47	679.92	39.19
西藏自治区	494.57	676.27	36.74	505.01	1 719.13	240.42	544.77	621.68	14.12
陕西省	519.28	772.51	48.77	657.80	1 097.25	66.81	354.28	609.75	72.11
甘肃省	300.45	609.80	102.96	454.68	914.61	101.15	343.09	596.04	73.73
青海省	436.96	777.46	77.92	554.62	1 001.05	80.49	330.85	596.22	80.21
宁夏回族自治区	473.99	1 144.86	141.54	837.91	2 065.98	146.56	1 259.67	2 228.94	76.95
新疆维吾尔自治区	445.31	945.06	112.23	726.71	1 472.68	102.65	974.87	1 184.72	21.53

表三（2） 各级教育生均预算内公用经费增长情况（续）

单位：元

地区	中等职业学校			普通高等学校		
	2007 年	2008 年	增长率（%）	2007 年	2008 年	增长率（%）
总　计	**718.00**	**911.71**	**26.98**	**2 596.77**	**3 235.89**	**24.61**
北京市	3 335.15	5 155.52	54.58	12 999.78	15 418.47	18.61
天津市	1 366.87	865.19	−36.70	4 466.36	4 490.68	0.54
河北省	469.54	462.06	−1.59	1 043.36	1 107.88	6.18
山西省	630.78	984.76	56.12	1 388.36	1 411.67	1.68
内蒙古自治区	930.69	1 375.07	47.75	1 104.92	2 565.11	132.15
辽宁省	1 019.53	1 600.45	56.98	2 327.31	1 909.57	−17.95
吉林省	850.00	1 170.01	37.65	2 167.53	3 393.73	56.57
黑龙江省	826.36	1 014.67	22.79	1 350.10	1 920.72	42.27
上海市	2 840.07	3 283.87	15.63	7 106.59	9 494.30	33.60
江苏省	405.36	580.29	43.15	2 274.68	4 108.39	80.61
浙江省	1 257.33	1 673.56	33.10	2 471.75	2 835.17	14.70
安徽省	214.55	317.22	47.85	456.47	1 164.65	155.14
福建省	596.02	740.47	24.24	1 920.72	2 770.41	44.24
江西省	333.74	659.50	97.61	731.86	1 426.07	94.86
山东省	436.10	542.68	24.44	956.92	1 135.52	18.66
河南省	584.75	548.84	−6.14	1 003.22	1 411.77	40.72
湖北省	162.65	204.25	25.58	828.95	1 031.50	24.43
湖南省	358.12	370.99	3.59	856.91	1 095.89	27.89
广东省	1 186.31	1 400.80	18.08	5 235.95	5 133.69	−1.95
广西壮族自治区	477.82	1 030.75	115.72	1 662.94	1 911.63	14.95
海南省	2 739.15	2 966.30	8.29	628.76	2 073.82	229.83
重庆市	761.22	947.79	24.51	2 636.03	2 707.59	2.71
四川省	470.42	694.16	47.56	1 402.17	2 068.18	47.50
贵州省	476.55	777.35	63.12	980.72	1 157.96	18.07
云南省	1 159.24	1 250.54	7.88	1 988.32	4 046.21	103.50
西藏自治区	617.07	818.24	32.60	2 551.06	2 943.78	15.39
陕西省	369.66	817.62	121.18	1 308.23	1 983.13	51.59
甘肃省	602.18	827.21	37.37	1 534.28	1 750.03	14.06
青海省	1 184.70	1 717.50	44.97	1 013.56	1 532.64	51.21
宁夏回族自治区	605.20	1 728.66	185.63	2 183.72	4 910.26	124.86
新疆维吾尔自治区	724.81	988.69	36.41	1 581.48	2 411.40	52.48

〔**职业教育实训基地建设计划进展情况**〕 为落实《国务院关于大力发展职业教育的决定》（国发［2005］35号），加强职业教育基础能力建设，"十一五"时期，中央财政安排专项资金继续实施职业教育实训基地建设计划，目标是在重点专业领域建成2 000个专业门类齐全、装备水平较高、优质资源共享的职业教育实训基地。为进一步加强对职业教育实训基地项目的管理，总结经验，及时发现并研究解决存在的问题，大力推进职业教育实训基地建设，2009年4月，教育部、财政部组织专家对湖南、湖北等14个省份的职业教育实训基地建设工作进行专项检查，督促各地做好项目落实工作。同月，教育部办公厅、财政部办公厅联合印发了《关于申报2009年中央财政支持的职业教育实训基地项目有关事项的通知》，要求各地认真做好2009年实训基地评审和申报工作。各地项目上报后，教育部、财政部共同组织专家，对各地申报的实训基地项目进行了复核，确定了年度奖励支持项目。10月，中央财政下达了2009年职教实训基地中央专项资金5亿元，共支持建设职业教育实训基地320个。2004—2009年中央财政已累计安排专项资金28.6亿元，共支持建设了1 716个职业教育实训基地，占计划建设2 000个基地任务的85.8%。职业教育实训基地建设计划的实施，改善了职业院校办学条件，学校急需的实验实训设备数量有了明显增加，大大增加了学生实践操作机会，为企业培养了急需的技能型紧缺人才。

撰稿　刘　景

审稿　徐孝民

〔**中等职业学校国家助学金政策落实情况**〕 为落实国务院《关于建立健全普通本科高校、高等职业学校和中等职业学校家庭经济困难学生资助政策体系的意见》（国发［2007］13号），促进教育公平，确保广大家庭经济困难学生都能上得起大学、接受职业教育，2009年教育部、财政部和地方各级政府做了大量工作，采取了一系列措施，扎实推进中等职业学校国家助学金政策的落实。一是积极落实资金，确保国家助学金足额发放到位。2009年，各级政府共安排中等职业学校国家助学金资金约170亿元，其中中央财政92.8亿元，共资助了1 118万名中等职业学校学生。二是完善制度建设，研究建立中等职业学校国家助学金监管长效机制。9月份，教育部印发了《关于坚决制止和查处中小学校虚报学生人数骗取财政资金行为的通知》，要求各地进一步加强中小学学生学籍管理，确保学生人数真实、准确；进一步加大监督力度，保证国家财政资金安全、有效。三是加强信息管理，对全国中等职业学校学生信息管理系统进行优化升级。目前该系统已基本实现了对受助学生名单实行每日动态监控、对助学金发放信息按月统计分析两大监管功能。四是注重信访投诉，严肃查处助学金发放过程中出现的违规行为。五是强化资金管理，提高资金使用效益。11月份，财政部、教育部、人力资源和社会保障部联合印发了《关于开展中等职业学校国家助学金专项清查的通知》，对2007年秋季学期至2009年春季学期中等职业教育国家助学金发放和结余情况进行了专项清查。

撰稿　高庆峰

审稿　徐孝民

〔**进一步完善农村义务教育经费保障新机制政策**〕 农村义务教育阶段学校公用经费基准定额提前一年到位（中西部地区为小学每年每生300元，初中每年每生500元；东部地区为小学每年每生350元，初中每年每生550元）。免除了农村义务教育阶段寄宿生住宿费。教育部会同财政部印发了《关于进一步加强农村义务教育经费保障机制改革资金管理的若干意见》，对进一步加强义务教育保障经费管理提出明确要求。2009年，全国共免除1.3亿多名农村义务教育阶段学生杂费和教科书费，约3 000万名农村寄宿制学生免除了住宿费，中西部约1 100多万名家庭经济困难寄宿生享受到生活费补助。

〔**免除城市义务教育学杂费工作全面推进**〕 从2008年秋季学期启动的免除城市义务教育学杂费工作，要求全面免除城市义务教育阶段学生学杂费，同步解决好进城务工人员随迁子女就学问题。2009年全国约2 800万城市义务教育阶段学生学杂费得到免除，其中约1 000万名学生同时享受免费教科书。全国共接收义务教育阶段进城务工人员随迁子女997.1万人，其中在公办学校接受义务教育的有779.4万人，占78.2%。

〔**义务教育保障经费投入明显增加**〕　2009年全国共落实农村义务教育经费保障资金1 108亿元（其中，中央财政落实609亿元，占55%；地方财政落实499亿元，占45%），包括：公用经费资金613亿元，补助家庭经济困难寄宿生生活费资金94亿元，校舍维修改造长效机制资金217亿元，免费教科书资金161亿元，"特岗计划"专项资金22亿元。2009年共落实城市免杂费相关经费268亿元（其中，中央财政落实52亿元，占19.4%；地方财政落实216亿元，占80.6%），包括：免除学杂费补助资金75亿元，解决进城务工人员随迁子女入学中央奖励资金20亿元，免除教科书、提高公共经费补助水平和校舍维修改造长效机制等资金173亿元。

〔**中西部农村初中校舍改造工程实施情况**〕　2009年，中央在扩大内需一揽子投资计划中加大了对教育投入的力度。2009年2月，下达中西部农村初中校舍改造工程（以下简称"初中工程"），新增中央预算内投资计划50亿元，除继续覆盖中西部地区22个省（区、市）及新疆生产建设兵团和黑龙江省农垦总局外，将工程实施范围扩大到东部的福建、山东、辽宁三省困难地区及广东、浙江、江苏三个接收进城务工子女较多的省份。自2007年起实施"初中工程"以来，已累计安排中央专项资金120亿元，支持6 600多所学校建设学生生活设施，新建改扩建校舍1 300多万平方米，预计可满足170多万新增寄宿生的寄宿需求。

更好更快地推进"初中工程"。2009年3月，联合国家发展改革委召开北方和东部省份加快推进农村初中工程建设工作部署会，动员各地加快工程实施进度，部署工作。陈小娅副部长和国家发展改革委有关司局负责同志出席会议并讲话。

进一步规范工程管理。2009年6月，教育部办公厅印发《关于加快推进中央扩大内需投资中有关教育项目建设的通知》（教财厅〔2009〕3号），要求各地加快项目建设进度，及时足额落实配套资金，严格按照基本建设制度，进一步规范工程项目的管理。

加大对工程的监督检查力度。联合监察部驻教育部监察局、国家教育督导团办公室组织了专项督导检查；配合全国人大检查组对"初中工程"实施情况进行检查。检查后，以正式文件形式将检查发现的问题及整改要求反馈相关省（区、市）人民政府及有关部门，进一步促进了各地加强和规范工程管理、加快和保证工程进度。

及时掌握进展情况。从2009年8月起，将进度报告由每两月一次改为每月一次。同时，将工程进展情况向中央、地方有关部门进行通报，督促各地工作。

在国务院的正确领导下，经地方各级人民政府和有关部门的共同努力，"初中工程"进展顺利。截至2009年12月底，批复项目学校6 658所，开工6 654所，占批复总数的99.94%；完工6 063所，占批复总数的91.06%。批复建设面积1 440.7万平方米，开工1 435.2万平方米，占批复总数的99.62%；完工1 281.9万平方米，占批复总数的88.98%；批复设备采购投资4.57亿元，完成设备购置投资3.67亿元，占批复总数的80.42%。

撰稿　周　为　韩冬升
审稿　田祖荫

〔**实施全国中小学校舍安全工程**〕　校舍安全直接关系广大师生的生命安全，关系社会和谐稳定。2009年4月8日，国务院办公厅印发《全国中小学校舍安全工程实施方案》，决定实施全国中小学校舍安全工程，在全国中小学校开展抗震加固、提高综合防灾能力建设，使学校校舍达到重点设防类抗震设防标准，并符合对山体滑坡、崩塌、泥石流、地面塌陷和洪水、台风、火灾、雷击等灾害的防灾避险安全要求；经过一段时间的努力，将学校建成最安全、家长最放心的地方。校舍安全工程的主要任务是：从2009年起，用三年时间，对地震重点监视防御区、七度以上地震高烈度区、洪涝灾害易发地区、山体滑坡和泥石流等地质灾害易发地区的各级各类城乡中小学存在安全隐患的校舍进行抗震加固、迁移避险，提高综合防灾能力。其他地区，按抗震加固、综合防灾的要求，集中重建整体出现险情的D级危房、改造加固局部出现险情的C级校舍，消除安全隐患。

校舍安全工程实行国务院统一领导，省级政府统一组织，市、县级政府负责实施，充分发挥专业部门作用的领导和管理体制。国务院成立了由刘延东国务委员任组长的全国中小学校舍安全工程领导小组，统一领导和部署校舍安全工程。发展改革、教育、公安（消防）、监察、财政、国土资源、住房城乡建设、水利、审计、安全监管、地震、气象等部门参加领导小组。领导小组办公室设在教育部。

校舍安全工程资金安排实行省级统筹，市县负责，中央财政补助。中央在整合目前与中小学校舍安全有关的资金基础上，2009年新增专项资金80亿元，重点支持中西部七度及以上地震高烈度且人口稠密地区。

2009年，在国务院的统一领导下，在各成员单位的紧密配合、地方各级政府的高度重视下，工程开局良好，总体进展顺利，取得了阶段性成果。一是排查鉴定基本完成。全国共排查鉴定学校37.5万所，单体建筑物217万栋，校舍面积14.48亿平方米。二是校舍安全档案和信息管理系统同步建立。各地按统一要求和规范建立了每一所学校、每一栋校舍的安全档案，以县为主建立了校舍安全档案室，以省为主部署了校舍信息管理系统建设。三是工程规划初步编制。各地在省级人民政府的统一领导下，初步编制了工程的三年总体规划、年度实施计划和每一所学校、每一栋校舍的加固改造计划。四是加固改造全面启动。全国已开工校舍面积1.18亿平方米，已竣工5 650万平方米。

撰稿　杨　宇　吕东伟
审稿　田祖荫

〔启动减轻中央高校债务负担试点工作〕 近年来，高校债务问题成为高等教育发展中的突出问题，引起社会广泛关注。对此，党中央、国务院高度重视。中央领导先后作出一系列重要批示、指示。2009年年初，教育部、财政部对高校贷款问题和债务化解工作进行了认真研究分析，以两部名义向国务院报送了《关于启动中央高校化债工作、化解高校财务风险的请示》和有关情况的补充说明，提出了化解中央高校债务的基本思路和具体政策建议。2月和6月，李克强副总理、刘延东国务委员先后召开专门会议，研究启动高校化债工作。教育部和财政部领导就高校贷款基本情况、成因和影响，化解高校债务工作的政策目标、基本原则、主要措施等问题作了专题汇报。两部拟订的化债方案得到国务院领导的充分肯定。

根据国务院领导指示精神，财政部、教育部及时研究制定了减轻中央高校债务负担试点方案，并于2009年9月16日下发了《财政部、教育部关于启动中央高校减轻债务风险试点工作的通知》。9月23日，教育部、财政部联合召开中央高校减轻债务负担试点工作视频会议，明确提出了试点工作的基本原则、工作目标、资金分配方式和总体工作安排，要求各高校在规定时间内制定并报送化债方案。在组织专家对各校上报的化债方案进行汇审的基础上，决定2009年选择债务风险高、化债积极性高、化债方案科学合理的51所中央高校进行化债工作试点。10月23日，教育部、财政部联合召开中央高校减轻债务负担试点启动会，与试点高校签订了责任书。10月26日，教育部专门召开非试点部属高校会议，对试点学校遴选原则及试点工作安排作出了说明和解释，对非试点学校工作方案存在的问题进行了分析，要求部分与会高校重新论证和调整工作方案，为下一步工作全面铺开打好基础。

2009年10月底，教育部向直属试点高校下达了中央财政化债资金90.32亿元。11月初，中央财政专项资金全部由国库直接支付到高校贷款银行偿还贷款。

〔在中央高校全面推行“基本科研业务费”制度〕 为实施《国家中长期科学和技术发展规划纲

要（2006—2020年）》，提升高等学校自主创新能力、原始创新水平与高层次人才培养水平，在2008年开展中央高校“基本科研业务费”试点的基础上，教育部、财政部决定，2009年在所有中央高校全面设立“中央高校基本科研业务费专项资金”，重点支持中央高校青年教师和品学兼优且具较强科研潜质的在校学生开展自主选题科学研究工作。经费数量从2008年的1.2亿元大幅度增加到2009年的15亿元。2009年8月，财政部、教育部制定并印发了《中央高校基本科研业务费专项资金管理暂行办法》，对基本科研业务费的使用和管理原则、项目组织程序、开支范围和开支标准等做了原则性规定，规范和加强了中央高校基本科研业务费管理。9月，教育部向直属高校下达了经费预算。10月13日，教育部、财政部联合召开高校基本科研业务费研讨会，研讨问题，交流经验，并对全面铺开基本科研业务费工作做了部署。中央高校基本科研业务费的设立和全面推开，对于增加国家对高校的科研投入、完善高校科研经费投入制度、提高学校的整体科研水平、促进创新人才培养具有开创性的重要意义。

撰稿 郭 鹏 王 俊
审稿 崔邦焱

〔设立“农林试点实践基地建设专项资金”〕为进一步增强高等学校为农林业培养人才和服务能力，进一步完善高校社会服务经费补偿机制，教育部、财政部决定，2009年在教育部有关直属高校设立“农林试点实践基地建设专项资金”，支持有关直属高校进行农林实践基地建设，实现农林类院校教育教学与农业科学研究、农业生产实践、农业科技推广的紧密结合，更好地为社会主义新农村建设服务。2009年共安排11所直属高校52个项目5.15亿元专项经费，主要用于补偿有关直属高校在农林实践基地发生的与人才培养、教师科研、服务新农村建设相关的开支，包括实践场所改造、实验设备购置、实验耗材成本补偿、学生实习实践、农林科技推广等条件建设。农林试点实践基地建设专项经费的设立对于增加高等农林教育投入，增强直属高校服务经济社会能力，提高教学和科研质量，促进农林类院校持续健康发展提供了重要保障。

撰稿 王 俊 徐 薇
审稿 崔邦焱

〔增设“中央高校捐赠收入财政配比资金”〕为引导和鼓励社会各界向高校捐赠，拓宽高校筹资渠道，进一步促进高等教育事业发展，教育部、财政部决定从2009年起，由中央财政设立配比资金，对中央级普通高校接受的捐赠收入实行奖励补助。2009年10月，财政部、教育部印发了《中央级普通高校捐赠收入财政配比资金管理暂行办法》，对财政配比项目申报及评审、配比资金的管理与使用、项目监督与检查等作出了明确规定。2009年，中央财政配比资金规模为10亿元，经费预算于12月下达有关高校。

〔进一步构建、完善中央高校绩效评价机制〕为进一步完善中央高校预算拨款制度，提高财政资金使用效益和效率，促进中央高校调整支出结构、优化资源配置、加强财务管理，教育部、财政部根据“科学规范、分类考核、公开公正、稳步实施”的原则，在中央高校初步研究建立了中央高校预算支出绩效评价体系，综合人才培养、科学研究、管理绩效等方面因素对中央高校预算支出绩效进行评价，并将评价结果作为改进预算管理和安排以后年度预算的重要依据。在此基础上，根据高校实际情况，教育部、财政部选择一部分导向明确、操作简单的指标进行考评，并对考评成绩突出的高校安排相应的绩效预算，以引导高校注重质量、加强管理。

2009年，在总结2008年实施高校绩效评价经验的基础上，结合各直属高校对绩效评价指标的反馈意见，教育部对中央高校绩效评价指标体系进行了调整。调整后的绩效评价指标体系包括自然科学绩效拨款指标、人文社会科学绩效拨款指标和管理绩效拨款指标。根据三类指标的最新数据，结合财力情况，共安排28所中央高校2.6亿元绩效拨款。其中，教育部25所直属高校绩效拨款1.86亿元。

撰稿　郭　鹏　王　俊
审稿　崔邦焱

〔**继续推进落实高校家庭经济困难学生资助政策体系**〕 2009年，教育部会同财政部、银监会、国家开发银行等单位，继续采取切实有效措施，积极督促各地、各高校加强国家奖助学金评审、发放和管理，大力开展生源地信用助学贷款，积极推进高校国家助学贷款，精心组织做好学费补偿、助学贷款代偿工作，扎实做好其他各项资助工作。高校家庭经济困难学生各项资助政策得到全面贯彻落实。

（一）国家奖助学金

2009年5月和6月，教育部会同有关部门分别召开了地方高校和中央高校家庭经济困难学生资助工作会议，全面部署2009—2010学年高校资助工作；6月及时安排下达了国家奖助学金分配名额和经费预算；12月国家奖学金评审领导小组和评审委员会组织开展了严格的国家奖学金评审工作。与此同时，进一步加强了对国家奖学金评审、发放的监督和检查。中央有关部门，各地教育、财政部门高度重视国家奖助学金管理工作，进一步加强了组织领导。各高校按照要求认真组织开展了国家奖助学金评审和发放工作。

1. 国家奖学金。2009年，经过各高校初评，各地教育行政部门、中央有关部门审核，教育部最终评审，全国高校共有50 014名特别优秀的学生获得了国家奖学金。中央财政共安排专项资金约4亿元。

2. 国家励志奖学金。2009年，经过各高校初评，各地教育行政部门、中央有关部门评审，全国高校共有60.47万名家庭经济困难且品学兼优的学生获得了国家励志奖学金。中央和地方财政共计安排专项资金30.23亿元，其中，中央财政安排16.94亿元，各省（区、市）、计划单列市财政安排13.29亿元。

3. 国家助学金。2008年，全国高校经过评审共有403.96万名家庭经济困难学生获得了国家助学金。中央和地方财政共计安排专项资金80.79亿元，其中，中央财政安排49.52亿元，各省（区、市）、计划单列市财政安排31.27亿元。

（二）国家助学贷款

2009年，教育部会同财政部、人民银行、银监会等有关部门进一步加大工作力度，扎实推进国家助学贷款新政策、新机制工作。各地有关部门、各高校采取切实措施，加强了与经办银行的配合，高校国家助学贷款工作取得新的进展。自开展国家助学贷款工作以来，全国累计获得贷款学生人数达538.2万人，累计贷款金额494.3亿元。2009年当年新增贷款学生102.1万人，新增贷款金额87亿元（含生源地信用助学贷款）。

生源地信用助学贷款全面推开。2009年，有24个省份启动了工作，22个省份的1 740个县（市、区）发放了贷款。2007年以来，全国累计贷款学生97.4万人，累计贷款金额72.1亿元。其中，2009年，新增贷款学生62.2万人，新增贷款金额46.1亿元，分别占当年全国助学贷款新增审批总人数102.1万人和总金额87亿元的60.9%和53%。

（三）学费补偿和助学贷款代偿

2009年5月，教育部会同财政部、总参谋部等单位召开会议，具体部署中央高校应届毕业生到基层就业、全国高校应届毕业生应征入伍服义务兵役的学费补偿和助学贷款代偿工作。各地、各高校精心组织，加强宣传，认真审核。2009年，中央高校共有7 469名赴县以下基层单位就业的应届毕业生获得学费和国家助学贷款代偿，代偿总金额1.31亿元；全国普通高校共有3.05万名应征入伍服义务兵役的应届毕业生获得学费补偿和国家助学贷款代偿，补偿和代偿总金额4.7亿元。

（四）“绿色通道”

2009年7月，教育部下发《关于切实做好2009年普通高等学校新生入学“绿色通道”和贯彻落实国家资助政策有关工作的通知》，各高校认真贯彻落实，确保了家庭经济困难新生顺利入学。2009年秋季学期开学时，全国共有53.25万名新生通过“绿色通道”办理了入学手续，占家庭经济困难新生总数的36.1%，占特困新生总数的95.5%，占所有报到新生总数的9.1%。

（五）其他资助措施

除上述政策和措施外，各高校还按照规定要求，结合本校家庭经济困难学生的实际情况，有组织、有计划地开展了临时伙食补贴、校内奖助学金、勤工助学、特殊困难补助和学费减免等其他各项资助工作。

撰稿　何光彩　辛倩倩
审稿　崔邦焱

〔**认真贯彻落实学费和国家助学贷款代偿工作，积极引导高校毕业生面向基层就业**〕　为引导和鼓励中央高校毕业生面向中西部地区、艰苦边远地区基层单位就业，2009年3月，财政部、教育部对原国家助学贷款代偿政策进行了修订和完善，制定了新的《高等学校毕业生学费和国家助学贷款代偿暂行办法》，将代偿对象从过去的仅限于国家助学贷款毕业生扩大到所有志愿到中西部地区、艰苦边远地区基层单位就业的毕业生，将代偿毕业生就业地域从过去的仅限于西部地区12个省份扩大到中西部地区22个省份，将代偿内容从过去仅限于代偿国家助学贷款扩大到代偿学费和国家助学贷款。为推进落实新的代偿政策，教育部、财政部召开专门会议，开展深入宣传，加大培训力度，强化监督检查。各中央高校加强组织领导，细化工作方案，明确责任分工，认真做好宣传、动员、申请、审核等各项工作。2009年中央高校毕业生赴基层就业的学费和国家助学贷款代偿工作已顺利完成。

1. 新的代偿政策正在吸引更多的中央高校毕业生到基层就业。2009年获得代偿的毕业生总人数为7 469人，是2007年737人的10倍、2008年1 011人的7.4倍。其中，学费代偿5 021人，占总人数的67%；国家助学贷款代偿2 448人，占总人数的33%。这7 469名毕业生代偿总经费为1.31亿元，其中，学费代偿8 269万元、贷款代偿4 858万元，生均代偿1.75万元。

2. 中央单位艰苦行业生产第一线是代偿毕业生就业的主要选择。获得代偿的毕业生中有4 993人到中央单位艰苦行业生产一线工作，占代偿总人数的67%。此外，赴乡（镇）、村机关担任公职人员和从事教育工作的人数也在大幅增加。获得代偿的应届毕业生中有2 476人到县以下机关、企事业单位工作，占代偿总人数的33%，表明有关部门组织实施的“选聘高校毕业生到农村基层任职”、“大学生志愿服务西部计划”等促进高校毕业生就业的项目，正在吸引更多的高校毕业生积极投身于社会主义新农村建设。

3. 大学毕业生党员发挥了表率作用。获得代偿的毕业生中有中共党员（含预备党员）2 615人，占代偿总人数的35%，高于全国普通高校学生党员的平均比例。这表明中央高校大学生党员在响应国家号召赴基层就业问题上有着鲜明的认识，体现出较强的责任感，起到了积极带头作用。

4. 代偿政策也促进了女性大学毕业生就业。获得代偿的毕业生中有女生1 726人，占代偿总人数的23%，与2007年、2008年相比明显增加。这表明随着国家有关促进大学生就业政策的落实，农村中小学教师、乡（镇）、村公务员等职位的增加，为女性大学毕业生提供了更多的就业机会。

撰稿　何光彩　喻小明
审稿　崔邦焱　马文华

〔**加强教育审计，提高审计质量**〕　明确年度工作重点。为做好2009年的各项审计工作，3月3日，印发《教育部办公厅关于做好2009年教育审计工作的通知》，提出2009年教育审计工作的指导思想和重点工作：以“为规范财务会计工作服务、为提高教育资金使用效益服务、为教育改革和发展服务”为目标；全面贯彻科学发展观，树立科学的审计理念；抓好重点领域，力求审计实效；突出内审特色，提高审计质量。各部门、各单位根据《通知》要求，结合本部门本单位的实际，制定了年度教育审计工作计划。

编写《高校内部审计实务指南》。根据教育部第17号令——《教育系统内部审计工作规定》和《中国内部审计准则》，组织部分高校同志用近两年的时间编写了《高校内部审计实务指南》。经中国内部审计协会准则委员会专家审议通过后，由中国内部审计协会颁布，于2009年9月1日起实施。

开展经济责任审计。在教育部经济责任审计工作领导小组的领导下，根据人事司委托，完成了对武汉大学、华东理工大学、西安交通大学、厦门大学、复旦大学、对外经济贸易大学、河海大学、中国海洋大学等8所高校校长和教师发展基金会负责人的经济责任审计。

开展预算执行与决算审计或审计调查。根据《教育部关于加强高校预算执行与决算审计工作的意见》，组织力量，对8所高校预算执行和决算情况进行了审计或审计调查。

开展军工项目审计和专项审计。根据国防军工委的委托，完成了对清华大学、北京交通大学、天津大学、大连理工大学、东南大学承担的国防军工基础科研项目的财务决算审计5项。根据教育部“关于开展2006—2008年军工科研项目专项检查的通知”，配合科技司完成了对清华大学等16所学校的军工科研项目专项检查，重点抽查了37个项目，涉及经费总额1.3亿元。此外，根据相关部门委托，完成了财务收支审计2项。

召开教育审计工作研讨会。2009年8月18日，在黑龙江省召开了省区市教育行政部门审计处长座谈会，对全国教育行政部门审计工作的现状和面临的形势进行了梳理和研讨，围绕教育行政部门内审工作机构设置、人员配置、制度规范、审计重点、队伍建设及存在的困难和问题展开了分析，提出了解决的意见和建议。10月14日，在清华大学召开了直属高校审计工作研讨会，通报各组、各片区的活动情况、活动内容，交流了各高校审计工作的特点。

教育战线审计工作情况。各省、自治区、直辖市、计划单列市教育主管部门和部属高校的内审机构围绕教育改革和发展的中心任务积极开展内审工作。据不完全统计，2009年，共完成财务收支审计、预算执行与决算审计、基本建设审计、修缮项目审计、经济责任审计、经济效益审计、专项资金审计等各项审计200 793项，审计资金约5 800亿元，查出管理不规范资金29亿元；纠正违规金额1.3亿元；发现经济案件线索，移送纪检部门132件。在上述审计项目中有基建、修缮工程审计70 713项，送审额781亿元，审减额69亿元，审减率8.83%，取得了较好的效果。同时，各部门、各单位注重建立健全内审工作规章制度，制定或修订各项内审制度4 349项，使教育内审工作进一步制度化、规范化。

2009年，全国各级教育主管部门和高校重视加强机构与队伍建设，建立内审机构3 726个，配备内审人员20 178名。各审计机构认真执行审计人员后续教育制度，结合工作需要，有针对性地选择培训内容，不断提高审计人员素质，共有23 577人次参加了学习培训。同时，积极开展教育审计理论研究，共撰写相关论文1 939篇，公开发表文章615篇，为全面提高审计人员的业务素质、提升审计工作质量、有效发挥职能作用提供了理论基础和实务指南。

撰稿　刘　宜

审稿　胡延品

基础教育

〔大力推进义务教育均衡发展〕 2009年11月初，教育部在河北省邯郸市召开全国推进义务教育均衡发展现场经验交流会。国务委员刘延东出席会议，并作重要讲话，强调要深入贯彻科学发展观，坚持以人为本，采取有效措施，大力推进义务教育均衡发展，让更多学生享受高质量教育，让广大人民群众共享教育改革成果。教育部部长袁贵仁出席会议并讲话，强调各地要认真学习、深刻领会刘延东同志重要讲话精神，把义务教育作为教育改革和发展的重中之重，把均衡发展作为义务教育的重中之重，把义务教育均衡发展作为国家推动教育发展的奠基工程和贯彻落实《中华人民共和国义务教育法》的重要工程，进一步完善政策措施，加大工作力度，2012年实现初步均衡，2020年实现基本均衡。

会议以科学发展观为指导，对新阶段推进义务教育均衡发展工作作出部署，突出抓好关键环节，重点加强内涵发展。明确推进义务教育均衡发展是各级政府法定职责，应当纳入当地经济社会发展规划。均衡配置教师和校长资源，完善师资队伍建设。促进广大学生德智体美全面发展，切实提高教育质量。完善政策措施，保障全体学生平等接受义务教育。强化督导评估，建立义务教育均衡发展激励机制。会上，教育部对全国92个推进义务教育均衡发展先进地区进行了表彰。部分省、市、县交流了在促进城乡教育一体化发展、实施义务教育合格学校建设、开展义务教育均衡发展先进县创建活动、构建推进均衡发展体制机制等方面的经验和做法。

会后，各地积极采取措施深入推进义务教育均衡发展工作。一是普遍开展义务教育均衡发展规划的制订工作。各地按照《中华人民共和国义务教育法》有关规定和国家的要求，认真研究制定义务教育均衡发展总体规划，提出目标任务、实施步骤和政策措施。二是进一步完善义务教育均衡发展的经费保障制度。许多地方积极调整教育经费支出结构，在经费投入上对农村地区和薄弱学校采取倾斜政策，加大了薄弱学校改造的力度。三是扎实推进义务教育学校标准化建设。全国已经有20多个省份根据促进义务教育均衡发展的要求，制定了本地义务教育学校办学标准，不少省份启动了学校标准化建设工程。四是建立中小学校长、教师交流制度。许多省份制定了促进师资交流政策措施，城乡之间、地区之间、校际之间师资交流工作机制逐步形成。五是不断完善义务教育均衡发展的督导评估制度。许多地方把义务教育均衡发展作为对县级人民政府教育工作督导评估的重要内容，把督导评估结果作为考核主要领导干部政绩的重要依据，调动基层政府推进义务教育均衡发展工作的积极性。

撰稿　荣　雷

审稿　杨念鲁

附：

全国推进义务教育均衡发展工作先进地区名单

北京市：	密云县	东城区	朝阳区	
天津市：	河西区	塘沽区	北辰区	
河北省：	邯郸市	唐山市	石家庄市	承德市
山西省：	晋中市	阳泉市	朔州市平鲁区	
内蒙古自治区：	阿荣旗	鄂尔多斯市东胜区	西乌珠穆沁旗	
辽宁省：	大连市	沈阳市铁西区	桓仁县	
吉林省：	敦化市	桦甸市	通榆县	
黑龙江省：	宁安市	哈尔滨市南岗区	鸡西市	
上海市：	杨浦区	浦东新区	青浦区	
江苏省：	苏州市	无锡市	姜堰市	
浙江省：	杭州市下城区	宁波市北仑区	义乌市	
安徽省：	合肥市	铜陵市	界首市	
福建省：	厦门市	泉州市丰泽区	福州市鼓楼区	
江西省：	上高县	新余市渝水区	南昌市东湖区	
山东省：	威海市	胶南市	东营市	
河南省：	焦作市	新郑市	内乡县	
湖北省：	武汉市武昌区	通山县	宜昌市夷陵区	
湖南省：	桂东县	醴陵市	岳阳县	
广东省：	佛山市顺德区	深圳市南山区	惠州市惠阳区	
广西壮族自治区：	武鸣县	蒙山县	贵港市覃塘区	
海南省：	琼海市	屯昌市	三亚市	
重庆市：	万州区	綦江县	黔江区	
四川省：	成都市	绵阳市涪城区	宜宾市南溪县	
贵州省：	贵阳市白云区	余庆县	丹寨县	
云南省：	玉溪市	大姚县	昆明市五华区	
西藏自治区：	拉萨市	山南地区		
陕西省：	西安市长安区	眉县	吴起县	
甘肃省：	庆阳市	酒泉市	民勤县	
青海省：	西宁市城西区	互助县		
宁夏回族自治区：	石嘴山市大武口区	灵武市	青铜峡市	
新疆维吾尔自治区：	克拉玛依市			
新疆生产建设兵团：	农三师	农八师		

〔**全国学前教育事业持续发展**〕 “十一五”以来，全国学前教育规模持续增长。2009年全国幼儿园总数达13.8万所，比上年增长3.4%，比“十五”末增长了11.1%。在园幼儿总数达2 657.8万人，比上年增长7.4%，比“十五”末增长了22.0%。分区域看，中部地区在园幼儿规

模增长最快，比上年增长9.2%，明显快于东部和西部地区。分城乡看，全国县镇幼儿园在园规模增长最快，达10%；高于城市和农村2.7和4.5个百分点。

幼儿教师队伍不断壮大，学历层次逐年提高。2009年，全国幼儿园园长和专任教师总数为112.8万人，比上年增长9.3%，比“十五”末增加了29.2万人，增长34.9%。园长和专任教师中高中以上学历已达96.8%，专科以上学历已达59.7%。

全国学前教育普及水平逐年提高，2009年全国学前三年毛入园率为50.9%，比上年提高了3.6个百分点，比“十五”末提高了9.5个百分点。小学招生中接受过学前教育的比例持续提高，2009年，全国小学招生中接受过学前教育的比例达89.9%，比上年提高1.3个百分点。从区域来看，西部小学招生中接受过学前教育的比例仅为80.5%，低于东部和中部15.2和12.1个百分点。分城乡看，农村地区小学招生中接受过学前教育的比例为88.6%，低于城市9个百分点；西部农村地区最低，仅为78.3%。

〔各地采取积极措施，加快推进学前教育发展〕 近年来，各地认真贯彻落实党的十七大关于“重视学前教育”的要求，采取积极措施，加快学前教育发展。

一是切实履行政府责任，加大财政投入力度，扩大学前教育资源。全国大多数省（区、市）都制定了学前教育事业发展规划和相关配套文件。北京、天津、上海、辽宁、江苏、浙江、福建、广东、湖北、湖南、黑龙江、广西、重庆、云南、贵州、新疆等地先后设立了学前教育专项经费。上海、浙江等地明确规定了财政性学前教育经费比例和生均公用经费标准。杭州、大连、威海、青岛等地明确了城市小区幼儿园的规划、建设、使用、产权及监管等问题，确保城市新增资源用于提供公共服务，扩大了城市普惠性学前教育资源。

二是加快推进农村学前教育的发展和普及。河北省利用中小学布局调整的富余校舍和教师资源，坚持以政府办学为主、公办教师为主、财政投入为主，大力发展农村规范化幼儿园。江苏省安排2亿元专项资金，实施“农村合格幼儿园建设工程”。辽宁省实施《农村学前教育快速发展计划》，加强乡镇中心幼儿园建设。北京、天津、浙江、山东、福建、海南、内蒙古、黑龙江、湖南、山西、陕西、广西、重庆、四川、云南、宁夏等地都出台了加快农村学前教育发展的政策措施。

三是积极落实幼儿教师待遇，加强幼儿教师队伍建设。辽宁省实施“农村乡镇中心幼儿园百名带头人”工程，加强幼儿教师培训，积极探索解决幼儿教师编制待遇问题。浙江省通过“增编、增资、增培训”等措施来保障教师待遇。江苏省严格实行教师资格证书制度，严把幼儿教师入口关，实行地区最低工资保障，统一解决社会保险。四川省成都市把“特岗教师计划”扩大到农村幼儿园，专门为学前教育设置了500个特设岗位。

四是积极扶持和规范民办幼儿园健康发展。上海市率先探索构建民办非营利管理机制，严格民办园准入机制和监管程序。浙江省采取减免税收和建设规费、以奖代补、划拨生均公用经费、派驻公办教师、免费教师培训等扶持措施提高民办园教育质量。

五是加强幼儿园管理，规范办园行为。安徽省连续出台了《关于规范幼儿园办班收费等有关问题的通知》和《关于严禁使用幼儿教材等问题的紧急通知》等系列文件，坚决纠正幼儿园乱办班、滥用教材、小学化倾向等问题，切实保障幼儿身心健康成长。天津、山东、河南、重庆等许多省市也出台了一系列政策措施，加强各级各类幼儿园监督管理。

六是关注弱势群体幼儿入园，推进学前教育公平。上海市、天津市、江苏省无锡市、浙江省宁波市等地制定了具体政策措施，探索解决城乡低收入人群、进城务工人员随迁子女、残疾儿童等弱势群体幼儿的入园问题，保障学前教育公平。

撰稿 姜 瑾 王正科
审稿 李天顺

〔加强中小学管理，规范办学行为〕 针对中小学管理中存在的突出问题，2009年4月16日至

17日，教育部在山东济南召开加强中小学管理、规范办学行为现场经验交流会。各省、自治区、直辖市和计划单列市教育行政部门主管基础教育的同志参加了会议。山东省的主要经验是积极争取省委、省政府的坚强领导和强力支持，以省为单位，实行全省一盘棋、齐步走，整体减负。明确各级教育行政部门和学校加强管理的具体职责。建立健全各项规章制度，使学校管理有法可依、有章可循。不断加大监督检查和惩治力度，追究有关当事人和主管者的责任，20多人因违背规范办学的规定受到处分。加强宣传，取得人民群众的理解和支持，对一些典型案例予以曝光，主动接受舆论监督，为规范办学营造良好舆论氛围。

会后印发了《教育部关于当前加强中小学管理规范办学行为的指导意见》，主要内容如下。一要科学安排作息时间，切实减轻学生过重课业负担。根据当地实际情况，按照不同学段和年级、走读生和寄宿生的实际需要，对学生休息时间、在校学习（包括自习）时间、体育锻炼时间、在校活动内容和家庭作业等方面作出科学合理安排和严格规定。坚决纠正各种随意侵占学生休息时间的做法，切实把课内外过重的课业负担减下来，依法保障学生的休息权利。二要严格执行课程计划，切实提高教育教学质量。坚决纠正任何违背教育规律、随意加深课程难度、随意增加课程和课时、赶超教学进度的现象。鼓励和表彰在规定教学时间内、通过提高教学效率、提高教育质量的先进学校和优秀教师。三要严格规范考试科目与次数，逐步完善教育评价办法。不以升学率对学校排队，不单纯以考试成绩对学生排名，制止对高考成绩的各种炒作。四要加强招生管理，严格规范招生秩序。五要合理调整学校布局，避免简单撤点并校，重视解决当前城镇化过程中不同程度出现的大班额问题。六要强化农村寄宿制学校管理，让学生平安愉快地成长。七要加强安全教育，确保师生安全。八要大力推进义务教育均衡发展，有效化解择校现象，完善政策措施，研究提出本地区治理义务教育择校乱收费现象的政策措施和实施步骤。

为了加强中小学规范管理，教育部组织专家赴浙江、安徽等地就保证学生睡眠时间问题进行了专题调研，起草了《关于保证学生睡眠时间有关工作情况的报告》呈报国务院。针对中考时一些地方和部分学校为保障升学率对“差生”进行劝退的情况，进行了调查核实，纠正了一些地方和学校不规范的办学行为。与国务院侨务办公室联合印发了《关于华侨子女回国接受义务教育相关问题的规定》，为满足华侨子女回国接受义务教育提供政策保障。为了贯彻国家节能减排、勤俭节约的要求，教育部函商北方十一省（自治区）教育行政部门，在保证完成国家规定的教学计划和在总假期不变的前提下，采取延长寒假、缩短暑假的办法，减少取暖支出。各有关省（自治区）中小学寒暑假期已按既定目标进行了调整。

〔中小学幼儿园安全工作〕 进一步完善中小学安全教育工作的机制。修订印发了《教育系统事故灾难类突发事件应急预案》，并指导地方各级教育行政部门和中小学校开展了专项预案的修订和完善工作，部署开展了《应急预案》的学习、宣传和演练。针对春、夏、秋、冬四季事故发生的特点和规律，印发了中小学幼儿园安全工作第1、2、3号预警和有关通知、通报，明确要求各地教育行政部门采取针对措施，预防不同季节各类安全事故发生。与公安部等部门共同制定了《2009年道路交通安全宣传教育工程工作要点》、《关于进一步加强和改进道路交通管理工作的意见》、《社会消防安全教育培训规定》和《消防安全监管司局级联席会议制度》等一系列涉及中小学安全方面的文件。

持续开展中小学安全教育活动和安全检查，深度整改各类安全隐患。2009年3月30日，与有关部委联合主办了以“加强防灾减灾，建设和谐校园”为主题的“第14个全国中小学生安全教育日”宣传教育活动；在福建省福州市举行了“特种设备进校园”宣传教育活动。组织了对四川、陕西和甘肃51个地震重灾区县的校长与教师的学校安全和危机管理的培训，举办了暑期西部12省（区）120个县2.4万名中小学校长及教师国家级远程专题培训。同有关部门对广西、湖南、广东、湖北、陕西、青海等六省区中小学校及周边环境进行了专项检查；对北京、内蒙古自治区等省份开展净化社会文化环境工作进行了督查；对安徽、浙江等12省就贯彻落实《突发事件应对法》进行了专项抽查；开展了重点青少年群体排查摸底专项行动。

开发中小学安全教育资源。组织编写了《中小学安全工作指南》，并向全国县级以下30万所农村中小学校免费发放，并通过教育部门户网站和国家基础教育资源网播放专题片。在联合国儿基会的支持下，向西部农村地区免费发放《农村学校安全工作指导手册》8 800册。动员社会力量，免费向全国部分中小学、幼儿园提供7万余套安全教育挂图及光盘。开发制作了《春夏秋冬话安全》秋、冬篇等部分安全教育专题片。同有关部门编制《台风灾害防御知识》宣传片和《防台风知识》宣传图册。

撰稿　俞伟跃
审稿　王定华

〔印发《中小学班主任工作规定》〕　为进一步加强中小学班主任工作，发挥班主任在中小学教育中的重要作用，保障班主任的合法权益，全面推进素质教育，2009年8月，教育部印发《中小学班主任工作规定》。《规定》明确了班主任工作量，要求班主任工作量按当地教师标准课时工作量的一半计入教师基本工作量。提高了班主任经济待遇，要求班主任津贴纳入绩效工资管理，在绩效工资分配中要向班主任倾斜，对于班主任承担超课时工作量的，以超课时补贴发放班主任津贴。保证了班主任教育学生的权利，明确规定班主任在日常教育教学管理中，有采取适当方式对学生进行批评教育的权利。强调了班主任在学校中的重要地位，明确规定选拔学校管理干部应优先考虑长期从事班主任工作的优秀班主任。《规定》的印发在中小学、各级教育行政部门和全社会引起强烈反响，各地教育行政部门也在结合本地实际情况研究制定具体实施办法。

〔召开全国中小学心理健康教育工作研讨会〕2009年7月9日，教育部中小学心理健康教育专家指导委员会和教育部基础教育一司在广东省佛山市南海区召开全国中小学心理健康教育工作研讨会。来自全国31个省、自治区、直辖市及新疆生产建设兵团的代表共200多人参加了会议。会议交流了浙江省、河南省、陕西省、吉林省长春市、江苏省南京市、福建省厦门市、河北省石家庄市、上海市虹口区、广东省佛山市南海区、四川省成都市青羊区、四川省北川中学、中国地质大学附中等开展心理健康教育的典型经验，实地考察了南海区5所学校，并就当前中小学心理健康教育工作面临的新情况、新问题进行了研讨，提出了对策建议。会议认为，加强中小学心理健康教育有用有效、势在必行，面向未来必须遵循规律、因地制宜，切实抓紧抓好。

〔开展庆祝新中国成立60周年主题教育活动〕为贯彻落实党中央关于庆祝新中国成立60周年深入开展群众性爱国主义教育活动的有关部署，2009年7月，教育部、中宣部、中央文明办、共青团中央联合下发《关于组织开展2009年“中小学弘扬和培育民族精神月”活动的通知》，要求各地以庆祝新中国成立60周年为主题开展第六个“中小学弘扬和培育民族精神月”系列活动。活动分为“了解新中国建立历程”、“感受祖国变化”、“我为祖国服务”三个部分。根据要求，各级教育行政部门和中小学校充分发挥地方资源优势，加强领导、精心组织、周密部署，制订具体实施方案，通过生动活泼、主题鲜明的教育活动，让广大中小学生了解新中国建立的艰辛历程和祖国建设取得的伟大成就，理解中国共产党领导中国人民走社会主义道路是历史的必然选择，进一步加强民族团结教育，增强对祖国和中华民族的热爱，进一步把爱国情感化为具体行动，立志为实现中华民族伟大复兴作出贡献。为更好地开展民族精神月活动，教育部于9月1日上午举行了启动仪式，中共中央政治局委员、国务委员刘延东参加了启动仪式，启动仪式上播放了由教育部制作的电视片《走进新中国》，与会领导向全国中小学赠送了《新中国60年》教育挂图，北京市学生代表还向全国中小学生发出了“弘扬民族精神，立志振兴中华”的倡议。作为民族精神月活动的一个重要组成部分，教育部还联合中央电视台制作了以爱国主义为主题的电视节目《开学第一课·我爱你中国》。节目通过“爱是分享”、“爱是力量”、“爱是承担”、“爱是荣耀”四个篇章，启示学生爱国要从身边的小事做起，爱同学、爱父母、爱家乡、爱祖国，只有付出、传递“小爱”才能汇聚成荣耀祖国的“大爱”，为全国两亿中小学生上了一堂意蕴深厚的爱国主义教育课。节目在广大中小学生中引起强烈反响，纷纷撰写观后感，社会反响强烈，收到了良好的教育效果和社会效果。

撰稿　战洪丽

审稿　王定华

〔第四次全国特殊教育工作会议在京召开〕 第四次全国特殊教育工作会议于2009年5月11日上午在京召开。中共中央政治局委员、国务委员刘延东出席会议并发表讲话。她强调，各级党委、政府及有关部门要按照党中央要求，切实把特殊教育纳入当地经济社会发展，特别是教育事业发展的总体规划。坚持以科学发展观统领特殊教育工作，进一步完善特殊教育体系，提升特殊教育质量，促进特殊教育发展。

刘延东在讲话中指出：特殊教育是中国特色社会主义教育事业的重要组成部分，是促进残疾儿童少年全面发展、帮助他们全面融入社会的必要途径。党的十七大明确提出了“关心特殊教育”的要求，胡锦涛总书记强调“特殊教育事业是一项神圣的事业”，他期望残疾孩子们“积极面对人生，全面融入社会”。这为我国特殊教育事业发展指出了明确方向。我们要更加关心、更为关注残疾人群体的生活、生存状况，更加重视发展残疾人的特殊教育事业。

刘延东在全面总结了我国特殊教育事业所取得的巨大成就后认为，我国特殊教育发展取得的成绩充分说明，关心特殊教育，发展特殊教育，必须坚持各级党委、政府的主导作用，严格依法治教，以普及残疾儿童少年义务教育为重点，将特殊教育纳入教育事业发展的总体规划；必须坚持给特殊教育以特别的支持，给残疾孩子以特殊的关爱，不断完善特殊教育的保障机制；必须坚持不断加强特殊教育学校和师资队伍的建设，为特殊教育发展提供必要的条件支撑，努力满足残疾人多样化的受教育需求；必须坚持努力营造良好的舆论氛围，动员全社会的力量，共同关心和支持特殊教育。

刘延东强调，由于我国仍处于社会主义初级阶段，特殊教育事业发展的起点低、底子薄，与全面建设小康社会和构建社会主义和谐社会的新要求相比，与广大残疾人不断增长的受教育需求和生存发展期望相比，与我国教育事业发展的平均水平相比，特殊教育还面临着许多困难和问题，面临新的挑战。

刘延东指出，大力发展特殊教育事业，是落实党的十七大精神的重要举措，是维护残疾人合法权益，实现社会公平正义的必然要求，是帮助残疾人全面发展，融入社会的重要途径，是推动教育事业科学发展的重要方面，是实现全纳教育目标的重要内容。

刘延东对今后一个时期发展特殊教育事业提出了要求：一要不断提高残疾儿童少年的受教育水平；二要努力发展覆盖所有残疾人的社区特殊教育培训网络；三要加快建设促进残疾学生融入社会的支撑平台。

她特别强调：要全面建立保障机制，切实落实政府发展特殊教育的责任；要坚持特教特办，加强组织领导保障；要不断加大投入，加强公共财政保障；要坚持依法治教，加强法律、法规保障；要建好特教学校，加强办学条件保障；要推进免费教育，加强学习生活条件保障；关心特教师资，加强师资队伍保障。

会上，对全国106所特殊教育先进单位进行了表彰，对获得特殊教育先进单位的代表颁发了奖牌。

教育部部长周济主持了会议。

全国政协副主席、中国残联名誉主席邓朴方出席了会议。

民政部、中国残联的领导和有关部委的同志出席了会议。各省、自治区、直辖市教育厅（教委）厅长（主任），民政厅（局）主管副厅长（副主任），残联理事长，新疆生产建设兵团教育局、民政局、残联负责同志及各方代表200多人出席会议。

撰稿 谢敬仁
审稿 李天顺

〔**高度重视普通高中教育**〕 2009年，全国普通高中共有学校14 607所，招生830.34万人，比上年下降0.8%，在校生2 434.28万人，下降1.7%。其中，民办普通高中有学校2 670所，招生81.37万人，在校生230.13万人。随着学龄人口减少和高中阶段教育规模的稳步发展，高中阶段教育普及水平不断提高，普职比例大体相当，毛入学率由上年的74%上升到79.2%，初中毕业生升学率达到85.6%，满足了更多适龄学生接受高中教育的需求。全国普通高中有专任教师149.3万人，比上年增长1.2%，专任教师学历合格率达93.6%，比上年提高2.1个百分点，教师配置状况有所改善，生师比为16.3∶1，较上年略有下降。另据调查，全国有省级示范普通高中4 009所，在校学生1 101.9万人；地市级示范普通高中2 517所，在校学生506.7万人。有外语、艺术、体育特色普通高中1 700多所，在校生290多万人。普通高中办学条件进一步得到改善，建网学校比例达74%，每百名学生拥有计算机12.9台，生均仪器设备值达1 503元，生均校舍建筑面积为16.04平方米。

2009年，在研究制定《国家中长期教育改革和发展规划纲要（2010—2020年）》的过程中，普通高中教育改革和发展受到高度重视。在规划纲要公开征求意见稿中，对普通高中教育列专章进行部署，明确了加快普及高中阶段教育、全面提高普通高中学生综合素质、推动普通高中多样化发展三大任务。同时，国家还在研究制订普通高中教育专题规划（征求意见稿），全面分析我国普通高中教育发展面临的形势，明确改革发展的目标与任务，大力完善相关政策措施，促进普通高中教育事业健康发展。

撰稿 章空尽
审稿 申继亮

〔**组织召开全国基础教育课程改革经验交流会**〕为深入贯彻落实温家宝总理在北京35中听课调研时的重要讲话精神，全面总结八年来基础教育课程改革的经验，研究分析改革形势，部署下一阶段深化基础教育课程改革、推进素质教育的重点工作，2009年10月30日至31日，教育部在江苏南京召开了全国基础教育课程改革经验交流会。与会代表考察了南京市8所中小学校，深入课堂进行教学观摩，与师生进行了互动交流。北京市教委等12个单位作了专题发言，交流了经验。会议还举办了全国基础教育课程改革成果展和南京市中小学研究性学习成果展。各省、自治区、直辖市教育厅（教委），计划单列市教育局和新疆生产建设兵团教育局负责同志参加了会议，部分师范大学校长和普通高中校长代表应邀列席会议。教育部副部长陈小娅出席会议并讲话。

会上，陈小娅指出，基础教育课程改革是党中央国务院为迎接知识经济时代的到来，应对日益激烈的国际竞争，立足于全面提高国民素质，提升综合国力做出的重大战略决策。她强调，八年来的基础教育课程改革促进了先进教育理念的传播，带动了基础教育的整体变革，为全面推进素质教育发挥了重要作用，取得了明显成效。基本建立了有中国特色的、更加符合时代要求的新课程体系，一大批全面体现德育要求、反映人类文明成果的教材深受广大师生喜爱；人才培养模式改革积极推进，学生社会责任感、创新精神和实践能力的培养受到高度重视；考试评价制度改革取得重要进展，注重关注学生成长过程和全面发展的评价体系正在形成；广大教育工作者的教育观念和教学行为发生积极变化，改革的主动性和创造性不断增强，为进一步深化基础教育课程改革奠定了扎实基础。她还指出，由于受相关制度、政策的制约和社会环境的影响，基础教育课程改革还面临着许多困难和问题。各级教育部门和广大中小学要认真学习实践科学发展观，贯彻落实温家宝总理的重要讲话精神，站在建设创新型国家和人力资源强国的战略高度，以对党、国家和民族未来高度负责的态度，充分认识深化课程改革的重要意义，进一步增强责任感和使命感，努力把课程改革推向新阶段。

结合当前改革的需要，教育部研究起草了《关于深化基础教育课程改革进一步推进素质教育的意见（讨论稿）》，在会上征求了意见。

撰稿 柳夕浪
审稿 朱慕菊

〔**基础教育信息化工作**〕 基础教育信息化工作取得重大成就。基础教育信息化从三个方面推进，一是在中小学普及信息技术教育，并推进以多媒体计算机技术为核心的教育技术在学校的普及和运用；二是网络的普及和应用，使学生学会充分利用网上资源；三是大力发展现代远程教育，建设远程教育平台并提供大量的经过信息化加工的教育软件和课程资源，通过中国教育卫星宽带网、互联网、教学光盘等多种手段，用较低的成本将优质资源送到广大农村地区，实现资源共享，切实提高教育质量。

信息技术教育基本普及。目前，信息技术必修课程已经成为我国中小学生信息素养培训的主要渠道。中小学校普遍成立了信息技术兴趣小组，基于信息技术的各种专题活动十分活跃，中小学生信息素养和信息能力得以提高。

信息技术与课程整合普遍开展。信息技术与课程整合的理念逐渐深入人心，远程教育资源和网上优质资源逐步进入课堂教学，信息技术已经逐步应用到教师备课和课堂教学活动中。信息技术与学科教学整合的普遍水平正在逐步提高并改变着传统的教学和学习方式，信息技术环境下的创新教学模式初步形成，学生的学习动机得到更好的激发，学生的信息素养得到更好的培养，学生的自主性、主动性和创造性得到更好的发展。

〔**中小学实验室建设工作**〕 制定发布教育行业标准，开展实验室标准化建设。2009 年 11 月，在江苏省苏州市组织召开全国中小学实验室标准化建设工作现场会。2009 年 12 月，制定发布《中小学实验室规程》。2010 年 2 月，发布《高中理科教学仪器配备标准》和《义务教育阶段盲校教学与医疗康复仪器设备配备标准》等四项教育行业标准，形成全面、系统的中小学教学仪器设备配备标准体系。指导各地制定中小学实验室标准化建设规划，大力推动中小学实验室标准化建设工作。采取有效措施，推动按照课程标准要求开齐开好实验课工作，为推进素质教育和课程改革，培养创新人才提供有效支持。

撰稿 蔡 耘
审稿 李天顺

热点关注

名师应当是思想者

名师应当有也必须有自己的教学主张。

说到名师成长，总是想到李吉林。这位从小学教师里走出来的儿童教育家，身上藏着名师成长的密码。她曾说："我不敢说自己是一个思想者，但我觉得，即便是小学教师，也应该有自己的思想和教育主张，那么，我就可以大言不惭地说，我是一个思想者。"的确，没有自己的教学主张，不能说自己是个思想者，当然，也不能说是名师，更不能说是教育家。看来，教学主张，是名师成长中一个不可忽略的问题，它关乎名师的文化品质和教学品位，也关乎教师的专业发展。

教学主张是名师"教育自觉"的关键性标志。

名师应当是思想者，是“反思性实践家”。思想者、反思性实践家存在的价值之一，就在于思想，而教学主张正是对教育教学深刻思考后所形成的一种见解、一种思想，不仅表达了对事业、对学生热爱的情感上的自愿，也表达了理智上的自觉。这种自愿与自觉，正是对理想教育的追求，表现为教育自觉和自由。具有教育自觉的教师才会有追求，也才会有行动；有理念，理念才会逐步成为信念；有实践，实践才会逐步成为实验。可以说，教学主张是从教育自觉的根上长出来的鲜亮的绿叶。一个缺乏教育自觉的教师，很难成长为优秀教师。

教学主张是名师成熟、成功的核心因素。它在很大程度上表达着教师成熟的程度和专业发展的深度。同时，教学主张的形成是教师长期历练和专业发展深化的过程。在形成的过程中，教师不断总结、提炼自己的经验，不断汇聚、提升自己的实践智慧，开发了自身生命的活力，积蓄着可贵的能量。这一个过程，是教师不断成熟的过程，过程中积蓄的能量将成为教师持续发展的力量，提炼的经验和智慧，必然形成教师进一步发展的平台，开始新的探索，最终走向成功。年轻的小学数学教师张齐华，潜心研究数学文化，从“数学＋文化”，到“用文化观照数学教学，在数学中开发文化元素”，正是一个不断学习、思索、实验和提炼的过程，教学中充满着青春的活力和智慧的魅力，生动而又深刻，活泼轻松而又从容沉稳，表现出教学的成熟，他的教学主张正坚定地引领他走向更大的成功。

教学主张是名师产生和保持影响力的重要原因，是具有影响力的名师与一般名师的显著区别。改革开放以来，中小学涌现了一批名师，如稍加注意，我们就会发现一些名师已没有多少声音了，他们的影响已基本消失。而另一些名师则能持续地影响着今天的教学改革和教师的成长。当下的名师也大体如此。实际上，名师已分成了两类。之所以如此，其中一个重要原因，就是因为有的名师缺少自己的见解，没有真正形成自己的教学主张，没有形成自己的教学风格。严格说来，他们是操作型的，甚至是技术性的，只是按规定要求执行得忠诚、实施得认真。说得严重些，他们还没有从根本上摆脱“教书匠”的桎梏。这类名师固然可敬，但并不是我们需要的真正的名师。真正的名师应当有自己的教学主张，不仅以他的教学经验、教学特色影响着教师，更应以他的教学主张，即个性化的教育思想影响着、改变着教师。即便是教学经验，也应是以教学主张为支撑的教学经验，也才能真正影响教师。就他本人而言，也因为是教学主张以及教学主张下的实践，使自己获得持续的影响力，并使自己不断有新的进展和新的经验。这样，才能从深度上推进教学改革和教师的专业发展。“教育家办学”才是有可能的。

教学主张是名师教学风格的内核。名师应当有自己的教学风格。但是，教学风格绝不是一张面具，也绝不是教学的炫技和表演，它有自己的内核。这内核就是思想。福楼拜说：“风格是思想的血液。”别林斯基则说，风格是“思想的浮雕”。思想，使风格具有深刻的内涵，使风格站到一块精神高地上。教学风格的这一思想内核，往具体方面说，应该是教学主张。教学主张是教育思想的具体化和个性化，教学主张的血液里流淌着思想。失却教学主张，教学风格就失去了灵魂，充其量只是一种可供一时观赏而无实质内容的平庸、苍白的教学表演。历史上所谓的幽默型、典雅型等教学风格，其背后都有理论支撑，其内在总是活跃着一种思想。从另一个方面说，教学主张也是形成教学风格的重要因素。从总体上说，教学主张贯穿名师成长的全过程，它不是一个环节，不是一个步骤，而像是发动机，提供着名师发展的动力。

当下，不少人对“名片”情有独钟，不过，我还是喜欢“通行证”。教学主张以及以教学主张为内核的教学风格，应该是名师成长道路上的通行证。这张通行证，引领名师走向教学改革的深处，走向特级教师，走向教育家，走向全国，走向世界，可以和国内外的教育专家们站在同一个平台上进行对话。总之，教学主张是名师发展中一个亟待重视的话题，也是当下课程改革、教师专业发展中一个亟待深度开发的领域。

教学主张是一种个性化的教学见解，它坚定地指向教学改革的实践。

教学主张是对教学、对教学改革的一种坚定的见解。这种见解是个性化的、独特的、稳定的。它指向行动，坚持在教学实践中运用，被证明而发展。著名特级教师李庚南，在长期的初中数学教学中，总结、提炼出“自学·议论·引导”的教学方法和教学模式，实际上这就是她的教学主张。她始终认为，教学的核心是学生的学习，教师教学的使命在于让学生学会学习，让学生主动学习。她主张，应该让学生的学走在教师教的前头，并且贯穿在整个教学的全过程。唯此，才能真正确立教学过程中学生的主体地位，使他人的教育成为学生自己的教育。李庚南对此坚信不疑、坚定不移，“自学·议论·引导”这一主张，坚持数十年，并在坚持中改善，在改善中发展，至今她还活跃在课堂上。

教学主张植根于教育思想，是教育理念的深化与聚焦。从这个意义上说，教学主张是个性化的，但又具有普遍的意义和价值。从文献资料来看，思想与理念往往是同义的。苏格拉底说：“每个理念只是我们心中的思想。”黑格尔甚至说：“理念也就是真理。”柏拉图认为，“理念是完美的永恒存在”。在我国也有关于“理”的概念，它指向事物存在的根据，揭示事物的规律。我们应该把教学主张看作是教师对教学、对教学改革的一种理性认识、一种理想追求。新一轮课程改革生成了一系列的教育理念，可以说形成了教育观念体系。随着课程改革的深入，教师应当结合自己的实践与思考，提出自己的见解并加以梳理和概括。对此，不仅不应该反对，而且要鼓励。南京市力学小学一直致力于“力学”校训的传承和践行，让学生努力学习、自主学习、享受学习，着力构建“研究性课堂”。他们认为，研究性学习不一定是学生的尤其是小学生的主要学习方式，但应成为课堂教学的主导思想。“研究性课堂”是以培养学生创新精神、探究能力为目标的课堂，无疑，这种主张是正确的。也正因此，我相信这样的团队里会走出名师。所以，教学主张既打上了个体经验、理念的烙印，是个体对教育思想、教育理念的深刻理解与凝聚，又植根于整个教育思想体系之中。

教学主张是对学科和教学特质深度开发后的独到见解。苏州市高级中学语文特级教师黄厚江，坚定地认为语文就是语文。他说：“语文和生活密切关联，但语文不等于生活，生活也不等于语文，应该是生活中的语文或语文中的生活。”“语文的人文性，不是文学的人文性，不是历史的人文性，不是艺术的人文性，也不是人文科学的人文性，只能是语文的人文性。”他认为，把一切人文性的东西都拉过来堆在语文上，必然会失去语文自我，“语文的人文性只能在语文课程价值实现的过程中体现”。（黄厚江：《语文就是语文》，《江苏教育研究》，2008 年 5 月号实践版）笔者也曾写过类似的文章，不过黄厚江更有自己独到的见解。这说明，教学主张往往不在“主张”的命名，而在“主张”内涵的独到和丰富。

学科教学还应体现教学的特质。香港大学程介明先生曾讲过“墙上的洞”的故事，说，印度新德里穷人街上的孩子，没有钱进学校，实验者在墙上开了洞，安上电脑，洞的高度与孩子的身高差不多。孩子看到电脑感到非常新奇，乱触摸。三个星期以后，孩子们在互相帮助下，竟然学会了用英文上网。故事后的题目特别有意思：“他们在学校吗?”回答是：“不在。”“他们在受教育吗?”回答是：“不知道。”“他们在学习吗?”回答十分肯定：“他们在学习。”实验告诉我们，要重新从学生学习的角度来理解教学；要从学生内心渴望和经验建构的角度来理解学习。教学主张的独特性，表现了教师的独到的、创新的见解，但仍然基于学科教学特质和基于教学特质的深度认识与把握。

教学主张坚定地指向实践，但又是实践经验的理性概括和提炼。可以说，教学主张在理论与实践中搭起了一座桥梁，闪烁着理性的光芒。它与学院式的概念不同，更具有实践智慧，更“平易近人”。名师需要有理论素养。笔者以为，名师与一般教师相比较，他的可贵之处、高人之处，就在于他有理性思考的品质和习惯，在于他逐步累积并内化的理论素养，因而，他往往有深度。长期以来，我们强调理论与实践相结合，强调的是理论向实践靠拢，这当然没错。但是，实践也应主动向理论趋近。这是一个互动的过程。教学主张最终指向实践，不过是在理论指导下的实践，又把实践提升到理论层面。孙双金开始认为，小学生在课堂里学得好，应当是“小眼发亮、小脸通红、小手常举、小嘴常开”。这些描述符合实际，也很形象、生动，还便于观察，但毕竟是现象的罗列和描述，而非理论的概括。经过学习、思考及与专家的研讨后，他提出了“情智语文”的主张，从情感与智慧两方面追求他所认为的理想的语文教学。笔者认为，孙双金已把自己的认识提升到了形成自己教学主张的层面。这一教学主张内在地包含着理论与实践经验，并始终互动着。今后，他的实践将更有方向感，会持续地向着教学改革的核心部位走去。

保持教学主张与教改实验互动的张力，使教学主张成为一种现实。

教学主张与教改实验，是一个问题的两个方面，它们应该是一个互动的过程。有了教学主张应当进行实验，实验应当伴随教学主张的发展。这种互动产生一种张力，推动教学改革的深入和成功。道理不难理解。其一，教学主张是一种思想、一种见解，这种理性层面的主张必须通过实验去证明，只有在实验中才能得到完善，进而形成操作体系，否则，它只是理念而已，只是口头的“主张”而已，只是一种可能性。其二，如前所述，教学主张是指向行动的，是为行动服务的，唯有行动的改进才是它真正价值的体现。否则，它只是空中楼阁，是天上的五彩云霞，教师可望而不可及。其三，名师成长的实践，不止一次地告诉我们，他们成功的关键是将教学主张与实验融为一体，在互动的过程中共生共长。邱学华的小学数学尝试教学就是一个最有说服力的范例。曾记得，邱学华开始把尝试教学叫做教学方法，在以后的实践中，他把尝试提炼为一种教学的原则，又是在实践中，尝试教学成了小学数学教学模式。说起邱学华，必然想起尝试教学，必然浮现他在课堂躬耕的身影。

教学主张引领下的教学改革实验应该关注以下问题。

第一，用课题来凝练、提升。教学主张及其实验应有它的表达方式，笔者以为，最适合的表述还是用课题的方式。课题最具凝练性，是理念精髓的揭示，是研究重点的表达，也是发展方向的引领。而且之所以是课题，说明是未完成的，是生成性的、发展中的。因此，把自己的教学主张形成课题来研究，既是对教学主张的进一步确认，又是在研究中对其提炼、提升，使之更准确、更清晰，通过研究去完善它、发展它。研究最讲科学，实事求是是研究的生命，通过研究可以发现自己主张的偏颇与缺陷，因而可以作进一步的修整、调整。这是一条被名师发展事实证明了的正确的有效的成功之路。

第二，从问题出发来研究。研究要从问题出发。教学主张的形成之始，也是从问题开始的。有问题才会有研究的价值，才会有发展的空间。教学主张在实验中，必须把研究学生、认识学生、发现学生放在最核心的地位，只有从学生学习、发展中的问题出发，才能在解决问题的过程中，促进学生发展。教学是十分复杂的过程，学生的学习也是千差万别的，只有深入到教学的内部，深入到学生真实的学习情景中，才可能发现问题，把存在的问题与自己的教学主张结合起来，深入解剖，有针对性地采取措施，解决问题。教学就是在发现问题、研究问题、解决问题的过程中向前发展的，教学主张也正是在这一过程中完善和坚定起来的。当然，关键是要找到教学主张与教改实验的最佳结合点，用教学主张来看待与对待问题。如果把教学主张永远看作是一个解决问题的过程，它才会持续地在高位运行。

第三，让案例和故事来说话。我常常把案例研究和叙事研究结合起来、统一起来。案例就是一个个事件、一种种现象，实质上就是一则则故事。说案例、说故事，就是将时间人格化，就是给予我们一个人人可以分享的世界；同时，说案例、说故事就是用象征符号解决无法用经验解决的问题，这是一个研究的方式、研究的过程，又是一个文化的方式、文化的过程；此外，说案例、说故事在本质上就是再创作。让我们想象一下，如果你的教学主张在教改实践中变成一个个案例、一则则故事的时候，那将是一个多么精彩的、令人欣喜的状态啊！那时，教学主张已不仅仅是一种见解，也不仅仅是一种可能性，而是成为现实，它鲜活起来、真实起来，可感受、可触摸。翻看《李吉林文集》和苏霍姆林斯基的专著，我们就是这种感觉。

第四，在教学主张引领下追求教学风格。教学风格也是名师成长一个不可回避的问题。余光中先生说得非常好：“风格多样，因为我长寿。”教学生命的长寿甚至永恒，可能就在于你的风格。他又说风格可以使自己“清楚自己站在哪里”。如果你还不知道在教学改革中自己站在哪里的话，那么，说明你还没有自己的风格；而无教学风格是不可能成为名师的。教学主张只有走向教学风格，才会是真正的成功。名师以自己的教学主张去追求教学风格，那么，教学主张就不是昙花一现，在教学改革的大潮中就不会转瞬即逝，而可能是完美的永恒存在。

在即将结束这篇文章的时候，南京市琅琊路小学校长、特级教师戚韵东约我去讨论她的“快乐学语文”。我心里一亮：这是个好题目、好主张。名师们已在实践中认识到教学主张的重要，教学主张在实践这块土壤上将会生长出更加绚丽的名师之花。

（原载《人民教育》2009年第1期，作者成尚荣）

构建高效公平的中国现代教育体系

教育体系是一个国家各级各类及各种形式教育相互联系、相互衔接而构成的整体。教育体系涉及教育总体各个部分的相互关系及组合方式。对教育体系的功能进行评价，标准有二：有效性和公平性。一个好的、理想的教育体系应该是“高效公平”的教育体系。“高效公平”是现代国家教育体系的根本特征。

教育体系有效性的核心是教育质量问题，教育体系公平性的核心是教育公平问题。周济部长在教育部2008年度工作会议上讲话时指出，“现在，‘有学上’的问题已经基本解决，‘上好学’的问题成为突出矛盾；数量和规模的问题已经基本解决，质量和结构的问题成为突出矛盾”，“尽管教育规模仍然有一定的发展空间，但从总体上看，今后各级各类教育的发展重点都要放在提高质量上。人民群众不仅要求享有接受教育的机会，更加要求享有接受良好教育的机会”。当前，我国教育面临的突出问题是教育公平和教育质量问题，或者说是“有质量的公平”问题，促进教育公平、提高教育质量是当今各国教育改革的核心目标，也是我国今后教育政策与教育发展的主导价值观念。将来教育体系的进一步完善、教育体制的进一步改革都是围绕提高教育质量、促进教育公平展开，并为之服务的。

一、现代教育体系的基本特征

一个高效、公平的教育体系，应该具有以下特征。

第一，全民性。现代教育体系是面向全民、人人平等的。教育对象是全体人民，教育惠及全体人民，弱势群体的教育权益受到充分保障。

第二，终身性。现代教育体系中，一次性学校教育被终身教育、终身学习所取代，教育的时间跨度拉长为人的一生，一个人从出生到生命终结都可获得教育和学习的机会。

第三，易得性。现代教育体系所提供的教育服务是便于获得的，从空间、时间、内容、形式上都更容易获取，可以就地就近获取，可以在一生中随时获取，可以获取到自己感兴趣的教育内容，可以选择方便自己的教育形式和学习形式。

第四，完整性。构成教育体系的结构要素齐全，不缺位。各级各类教育在层次、类型、科类方面结构完整，定位清晰。这是教育体系发挥其功能的结构性前提。

第五，多样性。现代教育体系不仅要求教育类别、学校类型多种多样，教育内容、教学方式、教育提供方式也应该多种多样，以反映并满足经济社会发展和人的发展的多方面的需求。发展民办教育是提供多样性教育、满足多样化教育需求的重要策略。

第六，融通性。融通性是指教育体系内部的纵向衔接和横向沟通，即不同层级教育之间的纵向衔接，以及同一层级教育中普通教育与职业教育的横向沟通。纵向衔接和横向沟通顺畅可为受教育者提供更多的教育选择机会，是现代教育体系的重要特征。

第七，协调性。协调性是指教育体系中不同类型教育的结构比例关系的合理性，涉及学历教育与非学历教育的结构比例关系、不同层级教育的结构比例关系、普通教育与职业教育的结构比例关系、学科或者专业的结构比例关系、公立教育与民办教育的结构比例关系。教育体系的结构比例是否合理是重要的教育战略问题，直接影响一个国家教育的质量效能和国际竞争力。

第八，均衡性。教育体系的均衡性涉及教育机构、教育资源的空间布局是否均衡。教育公平政策要求教育均衡发展，要求调整教育体系的空间布局结构，缩小区域之间、城乡之间、校际之间的教育差距。

第九，开放性。首先，对受教育者、学习者开放，为他们受教育和学习提供服务和支持。其次，向社会开放，积极服务社会，同时通过办学体制、教育投入体制、教育管理体制的改革，主动从社会获取更多的资源和支持。再次，向世界开放，加强国际教育交流与合作，利用国外教育体系为我国培养稀缺人才。

第十，灵活性。现代教育体系应该根据不同历史时期经济社会发展和人的发展的需求，灵活调整与外部社会的关系以及内部的结构比例关系，以不断适应时代需要。教育体系的调整，应该建立一个在政府宏观指导下，面向社会的自动调节机制。我国的政治和行政体制，有其独特的优越性，政府可以集中力量办大事，可以高效率地、以非常规方式实现教育的跨越式发展，迅速改变教育体系中的结构比例关系，但在此过程中也存在政府部门之间统筹协调不够，社会力量参与不够等问题。现代教育体系是体现终身教育思想的“大教育”体系，对其管理和调整，需要教育行政部门内部各职能管理部门的协调统筹，也需要教育行政部门与其他行政部门的协调统筹（如教育部与人力资源和社会保障部、科技部的协调统筹），还需要社会力量积极参与治理。

总之，一个在功能上“高效公平”的现代教育体系应该是一个在结构上“面向全民、服务终身、方便易得、种类齐全、定位清晰、形式多样、衔接顺畅、比例协调、布局均衡、开放灵活”的教育体系。

二、我国教育体系存在的主要问题

新中国成立 60 年来尤其是改革开放 30 年来，我国已初步形成了学前教育至高等教育贯通、学历教育与非学历教育并举、普通教育与职业教育并重、课堂教学与远程教育并存、层次较完整、类别较齐全、形式较为多样的教育体系，初步满足了我国社会主义现代化建设对不同层次和不同类型人才的需要，初步满足了社会成员接受基本的职前教育和职后培训的需求。教育体系为我国素质教育的实施奠定了结构性基础，为我国建设学习型社会提供了较为充分的进行各类学习所需的学习资源、途径和方式的保障。

但根据上文提出的现代教育体系的标准，我国现代教育体系建设的任务依然繁重。从总体上看，我国教育体系离“高效公平”的目标尚有距离，不能充分满足我国经济社会发展的需要和全体人民全面发展的需要，不能完全适应社会主义市场经济体制的需求，不能很好地适应新型工业化和知识经济发展对人才结构和培养模式的要求。主要表现在：教育体系对社会发展的适应性、引导性和支持性还不强；教育体系在满足社会成员的个性化的学习需求方面能力有限，学习者还不能在教育体系内随时随地获得能满足自身学习需求的场所、机会、方式和内容；充分体现终身教育理念、终身学习理念的教育体系尚未真正建立起来。

具体而言，我国教育体系在结构上主要存在以下问题。

第一，教育层次结构不合理，普通教育与职业教育层次不对等。目前，全国普通教育有 6 个层次，职业教育有初职、中职和高职 3 个层次，职业教育存在高层缺位、低层越位、本专科错位的问题。职业教育类别的研究生和本科层次严重缺位，我国专业硕士、专业博士的种类还非常少，专业博士几乎还处于零起点状态。初等职业教育层次低、比例小且已基本不发挥原有功能。2006 年全国职业初中只有335所，占初中学校数的5.5‰，招生数5.94万人，占初中招生数的3.1‰，在校生数20.57万人，占初中在校生数的3.5‰。随着我国九年义务教育的普及和高中阶段入学率的提高，针对农村小学毕业生和部分只有小学文化水平的劳动力而设置的农村职业初中已经不能发挥“普九”作用和提高农村地区小学文化水平的劳动力和准劳动力的就业能力的作用。高等教育中普通专科教育与高职高专功能划分不清，错位严重，在本专科专业目录设置中没有区分同一专业在不同层次上的培养目标。在实践中，普通专科和高职高专的错位导致我国高等学校重复建设、办学效率低、毕业生就业竞争激烈、结构性失业的问题也日益突出。

第二，教育体系融通性不够，缺乏灵活的横向沟通和纵向衔接。目前，我国的教育体系在学历教育和非学历培训之间、普通教育和职业教育之间、职业教育的中高层次之间缺乏沟通和衔接。学历教育和非学历培训之间沟通不够，缺乏学分和证书互认。主要表现在我国中等及以上层次的各类教育之间沟通不够，缺乏通过学分互认促进人才培养的多样化和个性化的机制设置。在学历教育领域，普通教育和职业教育缺乏通过学分互认帮助学生在更大的范围内选修课程或转换专业；在非学历教育领域，缺乏在各种职业培训机构之间的学分互认，以及建立在学分互认基础上的职业资格证书的互认和转换；在学历教育与非学历教育之间，缺乏将学习者取得的职业培训的学分折成高校学历教育的学分，也缺乏将在正规学校获得的学分对等于职业培训中的课程和学分，给予职业资格证书的认定和颁发。劳动力市场中学历证书和职业资格证书种类繁多、标准不一、多头发放，很难形成国家统一的职业准入制度和薪酬体系，不利于职业教育和培训的整体推进和健康发展。

第三，非学历教育与学历教育相互补充、共同发展的局面还没有形成。学历教育仍是当前教育体系的重点，非学历教育亟待大发展。目前，一些发达国家已基本完成由“偏重学历的社会”向“学习型社会”的转变。学习者除了通过学历教育体系接受教育之外，还可以通过非学历教育机构和非正式学习获得受教育的机会，这也是现代教育体系区别于传统教育体系的根本所在。2007年，我国中高等学历教育的毕业生数为2 067万多人，而非学历教育的毕（结）业生数为413万多人，数量相差悬殊。面对大量的需要更新知识和提高职业技能的初高中毕业生、农村剩余劳动力、城市转岗人员、各类在职人员和老龄化社会背景下大量的老年人，非学历教育和培训机构少、学习内容不丰富、学习方式不灵活的教育和培训现状，是不能满足学习者终身化、多样化和个性化的学习需求的，也是不适应学习型社会建设的需要的。

第四，城乡之间、区域之间教育不均衡问题仍然突出。我国教育资源的配置主要表现为以城市为主，义务教育在不同区域之间、城乡之间都表现出资源配置的不合理性，教育经费、师资配备都不能充分体现“高效公平”的基本原则；高中阶段教育、尤其是中等职业教育在区域间、城乡间的差异也很大；高等教育主要集中在大中城市，中小城市缺乏高等教育的支持势必影响当地经济社会的发展水平。

第五，教育体系开放性不足，进行国际接轨还存在障碍。目前，我国教育体系的开放性不足还表现为国际间学业水平相互认可能力不足、机制不健全。学分互认起源于欧洲，主要目的是打通欧洲学分体制，促进学历相互承认，鼓励欧洲学生到其他国家学习深造，从数量和质量上加强欧洲学生的流动，加速知识社会的发展和经济进步。到2005年，已有45个国家和地区签署了《博洛尼亚宣言》，成为欧洲学分互认体系的参与者，我国还没有加入这一体系。2007年，我国的36所高校和美国的7所大学建立了学分互认和学位互认机制，促进了中美国际合作教育的发展。在非学历教育领域，近年来，部分经济发达的省份也开展了职业资格证书的国际互认，推动了职业证书的国际认可性和流通性。但是，我国在校际之间、地区之间和国家之间的学分互认还处于起步阶段，教育体系的开放性特点要求这种学分互认在更大范围内、更大程度上得到制度性的推广和保障。

三、建设中国现代教育体系的若干建议

第一，以终身教育理念为指导，构建现代教育体系。按照终身教育理念，建设全民学习、终身学

习的学习型社会的要求，扩大并整合各种教育资源，建立健全学校教育、家庭教育、社会教育相互配合、相互促进的良性机制，坚持正规教育与非正规教育相结合、学历教育与职业技能培训相结合，加快教育信息化建设，充分整合各种教育资源，使教育成为有效而便捷的一体化体系，使所有公民可以方便地获得教育与学习机会。同时，改革学校教育模式，满足公民日益多样化和个性化的受教育需求。按照终身教育的理念改革传统学校教育的模式，推进学制系统的规范和完善，在各级各类学校之间构建“立交桥”。拓展学校的功能，打通学习者通过学校教育与社会培训、自主学习以及网络学习、实践学习等各种学习方式取得的学习成果的互认渠道，建立学校与社会双向沟通、互相促进的体制。在不同的教育阶段采取学分制、学分银行、工学交替、工学结合等方式保持灵活性和开放性，建立开放的现代化学习制度，满足公民接受教育的要求。建立国家学历认证制度，对公民通过学校教育以外的多种教育方式所获得的知识、能力进行评价、认定，在全体公民中推广“终身学习证书”。在各种企事业组织、城市社区、乡镇、农村设立“终身学习站”，作为终身学习的基础设施。

第二，完善学历教育体系，实行分类指导。我国学历教育体系可分为小学、初中、高中、高职高专与本科、硕士、博士教育六个层次，普通教育与职业教育两大系统。总体改革思路是：逐步取消初等职业教育，推动义务教育均衡发展；大力发展中等职业教育，促进高中教育和中等职业教育协调发展；明确不同类型高等教育的定位，促进各级各类高等教育协调发展；提高专业学位授予比例，提高研究生培养质量。此外，应明确并进一步加强政府责任，把学前教育作为基础教育发展的重点领域，纳入到普及教育的范围，合理规划、持续推进学前三年教育的普及工作。

第三，建立、健全非学历教育体系，满足人民多样化的教育需求。首先，充分依靠企业、行业，举办职工继续教育和职业能力培训。充分依靠企业举办职业教育，行业主管部门要对行业职业教育进行协调和业务指导，继续办好职业学校和职业培训机构。其次，开展多种形式的老年教育，提高老年人群体的生活质量。再次，积极开展社区教育，不断完善社区文化传播体系。继续加强政府统筹、社会参与、与社会需要紧密结合、协调发展的社区教育。广泛开展针对不同类型人群的教育培训，抓好社区内婴幼儿教育、青少年学生校外素质教育、家长学校，以及多种形式的职业技能培训。此外，还应当积极鼓励企业、行业、私人团体和个人举办其他形式的非学历教育与职业技能培训。各级各类学校应充分发挥自身的资源优势和智力优势，开展多种形式的非学历教育培训，满足人民多样化的非学历继续教育需求。

第四，加强各级各类教育体系之间的衔接与融通。首先，加强学历教育与非学历教育的融通。建立学历教育与非学历教育的学分互认机制，为学生提供多样化、个性化的选择机会。以学分互认和课程整合为基础，实现学历文凭和非学历职业资格证书的融通、正规职业教育与非正规职业培训的融通。其次，加强普通教育与职业教育的融通。要切实改变当前普通教育与职业教育自成系统的现状，努力实现“普通教育职业化、职业教育普通化”。建立普通学校与职业学校的学分互认机制和转学机制，允许符合转学条件的学生转到其他类型的学校就读，实现普通教育与职业教育的融通。再次，加强中等职业教育和高等职业教育的衔接。在管理体制上，应该将两者统筹安排。当前，高等职业学校在招生范围上对中等职业学校的生源比例进行了严格的限定，人为地割裂了中等职业教育与高等职业教育的衔接。因此，必须深化高等职业学校的招生考试制度和转学制度改革，破除高等职业学校的招生壁垒，扩大中等职业学校毕业生进入高等学校，尤其是进入高等职业学校继续学习的比例，适当增加高等职业教育专科毕业生接受本科教育的比例。

第五，协调城乡间、区域间和区域内的教育发展，形成合理的教育布局结构。首先，统筹区域教育共同发展，分区推进、分步实施。进一步加强对区域教育协调发展工作的领导，建议在国家、省、市等政府层面成立促进区域教育协调发展办公室，配备专门人员，建立区域教育发展情况数据库，研究区域教育协调发展的现状、问题，协调区域教育发展工作，并建立东、中、西部教育发展良性互动机制。其次，重点推进区域内基础教育均衡发展。按照新《中华人民共和国义务教育法》“县级为主，省级统筹”的要求，建议至少在县级行政区域内实现义务教育均衡发展，也可在有条件的省或直辖市进行试点。

第六，增强教育体系的开放性，提高与国外教育的对接能力，提升我国教育的竞争力和影响力。积极参与国际合作与国际竞争，面向世界并实现与国际接轨。完善与外国政府以及联合国教科文组织等机构高层工作磋商机制，构建双边、多边教育合作与交流平台。加强与世界知名大学和高水平科研机构的合作，加快高层次创新型人才培养，推进重大科研项目的联合研究。积极引进国外优质教育资源，创新中外合作办学机制及人才培养模式。

（原载《人民教育》2009年第19期，作者褚宏启、杨海燕、曲正伟）

职业教育与成人教育

〔**全国中等职业教育招生和在校生规模创新高**〕2009年，各级党委、政府进一步把大力发展中等职业教育作为经济社会发展的重要基础和教育工作的战略重点，摆在更加突出位置。党中央、国务院进一步加大了对中等职业教育支持的力度。在继续实施中等职业教育国家助学金政策的同时，又提出了中等职业教育实行免费，2009年先从农村家庭经济困难学生和涉农专业做起，通过资助和免费两大政策吸引更多青少年特别是农村学生接受中等职业教育。教育部党组把加快发展职业教育作为2009年工作重点之一，部长和分管副部长致信各地分管教育工作的副省（区、市）长，争取地方加大对职业教育支持的力度。教育部多次召开专题会议研究职业教育工作。年初，在海口召开了2009年度职业教育与成人教育工作会议。按照党中央、国务院大力发展职业教育的有关部署，提出了2009年中等职业教育招生规模要在2008年的基础上再扩大招生50万人，达到860万人。会后印发了《教育部关于做好2009年中等职业学校招生工作的通知》等文件，对做好2009年中等职业学校招生工作进行动员、部署。7月，在兰州又召开了全国中等职业学校招生工作会议。认真分析2009年中等职业学校招生工作中出现的新情况和新特点，研究扩大招生规模的措施和办法，并会同人力资源和社会保障部、民政部、农业部、中华全国总工会、共青团中央、全国妇联联合下发了《关于进一步做好中等职业学校招生工作的通知》，对落实2009年招生任务，做好招生工作，进行了再动员、再部署。10月，在北京再次召开了全国中等职业学校招生工作推进会。听取各地招生工作情况汇报，及时与各地沟通，研究部署完成招生任务的工作方案，进一步推进招生工作，确保完成2009年的招生任务。

各地认真贯彻2009年度职成教工作会议、招生工作会议、招生工作推进会和教育部有关文件精神，进一步统一思想，提高认识，加强领导，调整结构，加大督导和免费力度，引导更多的应往届初高中毕业生、农村青年、农民工、退役士兵等进入中等职业学校学习，全力以赴落实教育部下达的中等职业学校指导性招生任务，千方百计扩大招生规模。截至2009年年底，全国中等职业学校招生873.6万人，在校生规模超过2 178.69万人，全国中等职业教育招生和在校生规模均创历史新高。

实现全国中等职业学校招生860万人目标，标志着中等职业教育进入到一个新的历史发展阶段，为实现党的十七大提出的“加快普及高中阶段教育，大力发展职业教育”的目标迈出了战略性的关键一步。这对于优化教育结构、推动产业升级、支持企业技术进步、促进就业再就业、改善民生、稳定社会和建设社会主义新农村将发挥重要的作用。

〔**中等职业学校免学费工作取得突破性进展**〕2008年10月，党的十七届三中全会提出，“加快普及农村高中阶段教育，重点加快发展中等职业教育并逐步实行免费。”2009年3月，温家宝总理在十一届人大二次会议的《政府工作报告》中郑重宣布，大力发展职业教育，特别是要重点支持农村中等职业教育。逐步实行中等职业教育免费，今年先从农村家庭经济困难学生和涉农专业做起。教育部认真落实党中央和国务院精神，从2009年年初起，会同财政部等部门共同研究制定了中等职业教育免费工作的思路、内容及步骤等。起草了《关于中等职业学校农村家庭经济困难学生和涉农专业学生免学费工作的意见》，并以财政部、国家发改委、教育部、人力资源和社会保障部名义上报国务院审定，先后向国务院办公厅和刘延东国务委员作专题汇报。12月2日，温家宝总理主持召开国务院第90次常务会议，审议并通过了对中等职业学校农村家庭经济困难学生和涉农专业学生逐步免除学费的政策。12月14日，财政部、国家发改委、教育部、人力资源和社会保障部联合印发了《关于中等职业学校农村家庭经济困难学生和涉农专业学生免学费工作的意见》。12月22日，四部门在教育部召开落实中等职业学校农村家庭经济困难学生和涉农专业学生免学费工作视频会，全面部署中等职业学校农村家庭经济困难学生和涉农专业学生免学费工作。2009年秋季学期，免学费政策计划覆盖学生400多万人。

实施中等职业学校农村家庭经济困难学生和涉农专业学生免学费政策，是继全部免除城乡义务教育阶段学生学杂费之后优化教育结构、促进教育公平的又一重大举措。是落实科教兴国和人才强国战略，全面提高国民素质，把我国巨大的人口压力转化为人力资源优势的重要途径；是优化教育结构，促进教育公平和社会公正的有效手段；是推进我国走新型工业化道路，建设社会主义新农村，调整产业结构、促进就业再就业的必然选择。中等职业教育免学费工作先从农村家庭经济困难学生和涉农专业学生做起，对于减轻农民负担，增强农村中等职业教育的吸引力，鼓励高素质劳动者在农村创业、就业及改善农村劳动力结构，加快新农村建设，发展现代农业，发展农村经济，缩小城乡差别，具有重要的推动作用。

撰稿　葛维威
审稿　张昭文

〔**2009年中等职业学校毕业生就业情况**〕 2009年，全国中等职业学校毕业生平均就业率仍保持在95%以上，与2008年相比略有回升。2009年，全国中等职业学校毕业学生数为608.68万人，就业学生数为584.27万人，平均就业率为95.99%。其中，普通中专、职业高中、成人中专三类中等职业学校毕业生数为493.52万人，就业学生数为473.56万人，就业率为95.96%；技工学校毕业生数为115.16万人，就业学生数为110.70万人，就业率为96.10%。

〔**召开全国中等职业学校德育工作会议**〕 为深入贯彻党的十七大精神和《中共中央国务院关于进一步加强和改进未成年人思想道德建设的若干意见》（中发［2004］8号），进一步加强和改进中等职业学校学生思想道德教育工作，6月30日，教育部、中宣部、中央文明办、人力资源和社会保障部、共青团中央、全国妇联在天津联合召开新中国成立以来第一次全国中等职业学校德育工作会议。会议总结了改革开放以来特别是近几年来中等职业学校德育工作的主要经验，进一步明确了加强和改进中等职业学校德育工作的思路与主要任务，动员各有关方面共同做好中职学生思想道德教育工作，开创新时期新阶段中等职业学校德育工作的新局面。

中共中央政治局委员、国务委员刘延东在给会议的信中指出，加强和改进中职学生思想道德教育，是教育系统必须始终不渝、长期不懈的一项重要任务，也是全社会应该共同关心支持的一项重要工作。她希望各地把这项工作纳入未成年人思想道德建设的整体规划，切实加强领导，形成齐抓共管、各负其责、共同参与的工作机制，综合协调，标本兼治，强化队伍建设，完善保障机制，加强科研与评估，努力把中职学生思想道德教育工作提高到一个新水平，培养造就一大批质高品优的社会主义合格建设者和接班人。

会前，教育部等六部门联合印发了《关于加强和改进中等职业学校学生思想道德教育的意见》（教职成［2009］11号），就加强和改进中等职业学校学生思想道德教育工作作出全面部署。

撰稿　刘宝民　张军伟
审稿　王继平

〔**中等职业学校教师和校长队伍建设进一步加强**〕 2009年，国家采取多种措施，以骨干教师和校长培训为重点，进一步加强了中等职业学校教师和校长队伍建设。

一是中等职业学校教师素质提高计划继续实施。教育部、财政部投入1亿元专项经费，组织5 750名中等职业学校专业骨干教师参加国家级培训，选派249名教师赴德国、奥地利进修；资助1 000所中等职业学校聘请兼职教师3 600人。各地组织2.5万名中等职业学校专业骨干教师参加省级培训；省级财政投入4 400万元，支持近900所中等职业学校聘请兼职教师4 400人。

二是中等职业学校校长培训活动大规模开展。教育部启动中等职业学校校长改革创新战略专题研修计划，2009～2010年将举办10期战略专题研究班，对2 000名国家级重点中等职业学校校长轮训一遍。12月13日，第一期战略专题研究班在国家教育行政学院开班，200名校长参加培训，教育部副部长鲁昕出席开班式并作专题报告。通过举办研究班，搭建了提高校长能力、研究制度政策措施、研究重大科研课题、教育部征求意见、校长与教育部共同寻求落实工作载体的平台。同时，教育部委托北京师范大学等全国重点建设职教师资培养培训基地，举办了5期中等职业学校骨干校长高级研修班，通过国内研修、国内外考察相结合的方式，培训校长125人。

三是中职教师在职攻读硕士学位工作扩大实施。2009年，中职教师在职攻读硕士学位招生单位达到33个，招生专业46个，计划招生1 945人，招生规模进一步扩大。这项工作开展10年来，已累计招生9 100人，毕业6 600人，95%以上的毕业生回到职业学校工作，发挥了教学骨干和专业带头人的作用。

四是职教师资培养培训基地建设深入推进。陕西科技大学、哈尔滨商业大学等基地学校成立了职业技术教育（师范）学院。至此，已有近20个全国重点建设职教师资培养培训基地建立了专门开展职教师资培养培训的二级学院，职教师资培养培训基地进一步向机构实体化、功能专门化发展。

五是一批职业教育先进集体和先进个人获表彰。人事部、教育部开展全国教育系统先进集体和先进个人评选表彰活动，中等职业教育战线共评出“全国模范教师”60人、“全国教育系统先进工作者”9人、“全国教育系统先进集体”100个、“全国优秀教师”164人、“全国优秀教育工作者”23人。经教育部同意，中国职业技术教育学会举办了“首届中国职业院校教学名师”和“第二届中国职业教育杰出校长”评选表彰活动，共评出中国职业院校教学名师305名、中国职业教育杰出校长130名。9月13日，表彰大会在北京举行，全国人大常委会副委员长陈至立、全国政协副主席黄孟复、教育部副部长鲁昕等出席会议并向获奖者颁发奖章和证书。

〔印发中等职业学校语文等七门公共基础课程和机械制图等九门大类专业基础课程教学大纲〕 为贯彻落实党的十七大精神和《国务院关于大力发展职业教育的决定》，进一步深化中等职业教育教学改革，提高教育质量和技能型人才培养水平，根据《教育部关于进一步深化中等职业教育教学改革的若干意见》和《教育部关于制定中等职业学校教学计划的原则意见》，在认真总结上一轮课程教学改革经验的基础上，教育部组织力量对中等职业学校语文、数学、英语、体育与健康、计算机应用基础、物理、化学等七门公共基础课程，以及机械类、电类、土木建筑类等专业大类的基础课程大纲进行了修订，并于2009年正式印发新修订的教学大纲。教育部同时要求各地要认真组织对教学大纲的学习、研究和实施工作，积极总结教学改革的经验，及时组织开展师资培训和教研活动，促进教师转变教育教学观念，提高运用新教学大纲的能力，为新大纲的实施提供必要的条件保障，确保教学改革工作顺利进行。新修订的两类教学大纲分别自2009年秋季学期和2010年春季学期开始实施。

〔推进中等职业教育教学信息化建设〕 为大力推广辽宁等省市在教学信息化建设方面取得的成功经验，推进中等职业教育在新的形势下加快转变发展方式，大力提升其服务经济社会发展的能力和水平，2009年11月，教育部在辽宁沈阳召开全国中等职业教育教学资源信息化建设现场会。会议研究讨论了进一步推进中等职业教育教学资源信息化建设的思路、政策措施等。会议提出，要充分认识推进教学资源信息化建设对于全面提高中等职业教育质量的重要意义，要以教学信息化为切入点，推动中等职业教育改革创新。会议进一步明确了中等职业教育教学资源信息化建设的指导思想和目标任务，研究确定了当前要重点抓好的四项工作：一是加快中等职业教育信息化基础设施建设，二是加强中等职业教育数字化教学资源开发，三是加快培养适应教育信息化要求的师资队伍，四是积极探索和构建信息化环境下的教学新模式。要通过努力，逐步建立健全教学资源信息化网络体系，显著提升教师的信息素养和信息技术应用水平，构建信息化环境下中等职业教育教学新模式。加强职业教育教学资源信息化建设，一要加强领导，统筹规划。二要筹措资金，加大投入。三要突出重点，重在应用。四要完善制度，精心组织。会议还商讨了成立全国中等职业教育教学资源信息化建设协作组以及下一步工作等具体事宜。

撰稿　王扬南　张　磊
审稿　王继平

〔**积极推进社区教育工作深入发展**〕　2009年，社区教育工作继续向纵深发展，社区学习正在成为全民学习、终身学习的重要形式，成为推动学习型社会建设深入开展的重要抓手。目前，社区教育发展正由量的扩大转向质的提升，已开始进入内涵发展、特色创建的新阶段。

研究制定《中等职业教育改革创新行动计划(2010—2012年)》，提出了“成人继续教育体系建设推进计划”。为适应经济发展和社会建设需要，加快推进社区教育发展，打造全民终身学习的平台，努力满足社会成员提高就业创业能力、提升生活品位以及享受社会发展成果的需求，职业教育与成人教育司在“成人继续教育体系建设推进计划”中明确提出了2010—2012年我国社区教育改革发展的目标和主要任务。

重新调整公布全国社区教育实验区名单。针对社区教育工作中出现的新情况新变化，教育部对全国社区教育实验区进行了梳理和调整，于2009年7月重新公布了实验区名单。经此次调整，全国社区教育实验区共有103个，示范区34个，覆盖了全国大部分省（区、市）。这是自2001年教育部确定首批社区教育实验区以来，第一次对实验区进行调整。在示范区、实验区的带动下，东部经济发达地区的大部分城乡已经基本普及社区教育，中部和西部大城市以及一些中等城市的社区教育有了较大进展。

〔**开展数字化学习社区建设工作**〕　委托中国成人教育协会社区教育专业委员会2009年2月在天津召开“数字化学习社区建设标准座谈会”，组织专家起草了《数字化学习社区建设标准》。4月，在上海徐汇区召开了“全国数字化学习社区建设交流研讨会”，12月，在上海长宁区召开了“全国数字化学习社区评估工作交流会”。会后，以社区教育专业委员会的名义印发了《关于推进全国数字化学习社区建设的意见》和《关于申报建设数字化学习社区的补充通知》。截至2009年年底，全国共有21个区（县）、17个街道（镇）进行了申报。经过专家组评审，并报教育部职业教育与成人教育司核准，确定上海市徐汇区等14个区（县）为“全国数字化学习先行区”、北京市西城区月坛街道等4个街道为“全国数字化学习实验街道”。

〔**各地社区教育工作深入发展**〕　江苏、浙江等省通过建立“教育培训消费券”和“学习卡”制度，鼓励居民积极参与社区教育活动。江苏省苏州市沧浪区投资29万元搭建了终身教育学习平台，该平台整合了历史、科学、文艺、生态环保、卫生保健等课程内容，包含39个门类，202个课程单元，邀请专家学者授课，全程视频。并按户籍32万人测算，每户一张，印制了10万张电子学习卡，免费向辖区的居民家庭发放。拿到电子学习卡的居民按实名注册后，可以在沧浪区社区教育网终身教育学习平台上免费学习1 000个小时，足不出户就可以随时听到专家学者的授课。浙江省杭州市上城区向辖区内市民发放教育培训消费券，社区居民可选择自己需要的课程。他们还在工会就业招聘会发放教育培训消费券，让外来务工人员和来杭就业人员根据培训“菜单”选择相应的教育培训，内容涉及计算机操作、服装制作、餐厅服务、养老护理等。目前，共有社区教育课程资源35类，300多门课程。

山东省济南市文明办、济南市教育局、济南市民政局联合印发《济南市社区教育暂行办法》，对社区教育的领导和制度建设、社区教育培训机构、社区教育工作者以及社区教育经费管理等方面做出了明确规定。

北京市西城区成立学习型城区研究中心。该中心主要承担学习型城区建设的理论研究、科研课题管理、实验与示范项目的开发工作。同时对西城区建设学习型城区和创建学习型组织工作进行理论和实践的咨询和指导。

山东省青岛市市北区在社区教育管理体制方面进行积极的探索，摸索出社区居民自主教育模式，通过建立各级社区居民自主教育协会，把广大的社区居民吸引进来、组织起来，共同加入到社区教育的行列，通过互帮互教互相学习的形式，自发、主动地开展有益的社区教育活动，使之既成为社区教育的受益者，又成为社区教育的传播者，从而达到共同进步、共同提高的社区教育效果。

〔全国社区教育实验区的教育培训活动取得新成果〕 各实验区积极面向社区居民开展多种形式的教育培训活动，进一步提高了社区居民的综合素质，推进了社区教育的基本建设。根据对93个实验区的调查，2009年，实验区居民全员培训率达到59.37%，其中，外来务工人员培训率41.78%，下岗失业人员培训率76.52%，老年教育培训率60.66%。

〔组织实施2009年全国职工教育统计工作〕 根据《教育部办公厅关于做好2009年全国职工教育统计工作的通知》（教职成厅函［2009］36号）要求，各省（区、市、兵团）的各级教育行政部门以及钢铁、机械、煤炭、水利、铁道、有色金属6个试点部门（行业）组织实施并完成了2009年的职工教育统计工作。在统计工作开展过程中，上海、天津、河北、辽宁、江苏、浙江、安徽、湖南、广东、广西、重庆、西藏、陕西、宁夏、新疆和新疆生产建设兵团等地以及钢铁、机械、煤炭、水利、铁道、有色金属等行业，按时做好数据汇总、分析和上报，在规定时间内通过验收，年度统计工作取得良好成绩。本年度全国共有5 112.43万职工参加统计，其中参加学历教育和各类培训人数分别为309.01万人和2 423.88万人，全员培训率为53.46%，职工教育经费投入为1 275 749.18万元，人均249.5元，占工资总额的1.41%。

〔成功举办2009年全民终身学习活动周〕 2009年10月，教育部职业教育与成人教育司、中国成人教育协会、中国教科文全委会共同举办了以“人人学习，促进发展”为主题的第五届“全民终身学习活动周”，全国共有32个城市参加了活动。本次活动周首次以教育部办公厅的名义发文，动员面更宽，要求更高，内容更加丰富，为“活动周”注入了新鲜的血液，也构成了本届活动周的特色。“全民终身学习活动周”的举办，使“全民学习”、“终身学习”的理念进一步深入人心，产生了良好的社会影响。

〔不断推进成人教育培训标准化建设〕 为了进一步推动成人教育培训健康发展，加强成人教育培训机构规范管理，提高教育培训质量，在建设全民学习、终身学习的学习型社会中更好地发挥作用，教育部决定制定成人教育培训国家标准，主要内容包括：成人教育培训服务基本术语，成人教育培训组织服务评价，成人教育培训工作者服务能力评价。这三项标准已列入《全国服务业标准2009—2013年发展规划》（国标委服务联［2009］7号文件）。

同时，为营造成人教育培训机构标准化建设的良好氛围，亦为制定成人教育培训国家标准的工作摸索经验，奠定基础，依托中国成人教育协会评选表彰了一批优秀成人教育培训机构。经过选拔，全国有120个机构被评选为“优秀成人教育培训机构”，并在中国成人教育协会2009年年会上获得表彰。

撰稿 张志坤 蔡 妍 王珊珊
审稿 刘建同

〔**深入推进“一网两工程”，加强新型农民培训工作**〕 2009年，教育系统贯彻落实党的十七届三中全会提出的“使广大农民学有所教”，“健全县域职业教育培训网络，加强农民技能培训，广泛培养农村实用人才”，启动教育部新型农民培训工作联系点试点工作，组织实施教育部“农村实用技术培训计划”和“农村劳动力转移培训”，为转化农村人口压力为人力资源优势，促进农民持续增收和农村经济社会又好又快发展作出了积极贡献。

〔**教育部新型农民培训工作联系点**〕 为总结、推广各地开展新型农民培训典型经验，教育部决定以县（市、区）为单位，抓好一部分“新型农民培训工作联系点”，以点带面推动工作。2009年6月，根据《教育部办公厅关于推荐新型农民培训联系点的通知》（教职成厅函［2009］28号）要求和各单位推荐提名，经过指导小组成员和教育部审核，教育部办公厅11月印发了《关于公布新型农民培训工作联系点名单的通知》（教职成厅［2009］3号），确定了北京市大兴区等61个县（市、区）为“教育部新型农民培训工作联系点”，要求联系点在建立新型农民培训组织机构和工作机制、健全培训网络、创新培训模式、提供条件保障等方面探索出具有特色的典型经验，创建一批县域培训规模大、培训项目多、培训质量高，为农服务能力强的先进典型。

〔**农村实用技术培训**〕 职业教育与成人教育战线认真落实《教育部2009年工作要点》提出要进一步加强和发展农民技能培训，继续推动实施“教育部农村实用技术培训计划”，特别要积极开展返乡农民工职业技能培训。

一是动员职成学校面向返乡农民工开展现代农业技术培训。2009年2月，印发了《教育部关于切实做好返乡农民工职业教育和培训等工作的通知》（教职成［2009］5号），要求确定一批有条件的中等职业学校和成人学校因地制宜地开展农民工职业技能培训，促进返乡农民工就业。中等职业学校和成人学校积极响应号召，面向返乡农民工开展种植、养殖和农产品深加工等现代农业技术培训，帮助返乡农民工成功实现再就业或创业。

二是印发《教育部办公厅关于教育系统农村实用技术培训2008年工作总结及2009年工作计划的通报》。2009年4月，教育部办公厅公布了2008年各省（区、市）农村实用技术培训的数据，总结推广部分省份的先进经验，并对2009年培训任务进行了分解和部署。

三是推动部分中心城市农村成人教育的改革与发展。2009年5月，教育部职业教育与成人教育司在济南市召开部分中心城市农村成人教育研讨会，来自济南等15个中心城市代表交流了各地加强基础能力建设、建立健全县域职业教育培训网络、开展农村实用技术培训的经验和做法，研讨了当前农民教育培训工作中存在的困难和问题，提出了进一步加强农民教育培训工作的政策建议。

四是表彰一批农村成人教育先进单位和先进学校。2009年11月27日，教育部职业教育与成人教育司和中国成人教育协会共同商定，以中国成人教育协会名义表彰了200个在农村实用技术培训等农民教育培训工作中作出突出贡献的农村成人教育先进单位和学校，为各地进一步扩大培训规模、提高培训质量提供了示范。同时还举办了振兴农村成人教育圆桌会议，深入研讨了振兴农村成人教育的政策与措施。

2009年，全国农村实用技术培训4 130.67万人，其中教育行政部门和集体开展实用技术培训4 007.18万人。

〔**农村劳动力转移培训计划**〕 《教育部2009年工作要点》和教育部2009年职业教育与成人教育工作会议都提出：教育系统开展农村劳动力转移培训不少于3 000万人次，其中技能性培训不少于1 200万人，并对工作任务和工作要求作了具体部署。各地教育行政部门积极贯彻落实会议精神，组织动员中等职业学校和成人学校开展农村劳动力转移培训。

一是继续参与实施六部门农村劳动力转移培训“阳光工程”。农业部、教育部等六部门联合印发了《关于2009年农村劳动力转移培训“阳光工程”实施意见》（农办科［2009］50号），安排部署了培训工作。

二是以教育部简报的形式通报了2008年教育系统农村劳动力转移培训情况，对完成任务好的省份进行了表扬。

三是认真开展农民工特别是返乡农民工的职业技能培训。2008年下半年，国际金融危机爆发后，教育部高度重视返乡农民工职业技能培训工作，2009年2月印发了《教育部关于切实做好返乡农民工职业教育和培训工作的通知》（教职成［2009］5号），两个《通知》都要求各级教育行政部门和职业学校把做好返乡农民工职业技能培训工作作为重要而紧迫的任务，采取强有力措施，切实抓紧抓好。2009年12月，教育部牵头，人力资源和社会保障部、国务院法制办、共青团中央参与，组成督察组对河北省农民工六项重点工作进行了专项督导。2009年，农民工技能培训792万人次，比2008年增加30万人次。

四是推动三峡移民职业教育与技能培训。教育部与国务院三峡办、湖北省人民政府、重庆市人民政府等四家共同签订了《三峡库区移民职业教育和技能培训试验区协议》，优势互补、共同开展三峡库区移民职业教育和技能培训试验工作。确定以湖北省巴东县和重庆市巫山县作为试点县，先期开展移民免费职业技能培训。

五是利用《教育部简报》、《职教成教情况》等形式，对浙江、安徽、江苏、山东等地开展农村劳动力转移培训经验和做法进行了宣传推广。

2009年教育系统开展劳动力转移培训4 249.31万人次，其中技能性培训1 564.46万人次。

撰稿　陈建华　陈亚伟
审稿　张昭文

高等教育

教育教学管理

〔**实施“质量工程”**〕 评选表彰100名教学名师奖获得者，资助120所高校5 682项“大学生创新实验计划”，完成671个第一类第四批特色专业建设点、83个第二类第五批特色专业建设点、101个人才培养模式创新实验区、142个实验教学示范中心、152门双语教学示范课程、305个国家级教学团队和679门国家精品课程的遴选工作。全面推进专业设置预测系统、全国高校教学基本状态数据库系统、国家精品课程集成系统、网络教育资源管理和质量监管系统、大学英语与网络教育网上考试系统、立体化教材数字资源系统、终身学习服务系统等七大系统工程的建设。

撰稿　李　智
审稿　杨志坚

〔**马克思主义理论研究和建设工程高等学校哲学社会科学重点教材编写工作**〕 根据中央马克思主义理论研究和建设工程工作的总体部署，按照教材编写的总体规划，完成41种中央负责组织编写的工程重点教材建设工作。研究制定了工程重点编写教材使用和教师培训工作方案，启动了教育部负责的第一批29种重点编写教材工作，组织召开了第一批教材课题组首席专家和成员会议。

撰稿　刘向虹
审稿　杨志坚

〔**启动“基础学科拔尖学生培养计划”筹备工作**〕 为培养国际一流的基础学科领域拔尖人才，促进我国基础研究水平的提升，着眼于人才的基础性培养和战略性开发，筹备实施“基础学科拔尖学生培养计划”。研究制定了工作方案，召开了筹备会议，明确了实施计划原则，组成了专家组和工作组。

〔**推进工程教育和理科教育改革**〕 为推动工程教育改革，培养大批实践能力强、企业满意度高的工科学生，研究制定了“卓越工程师培养计划”。组织制定了《高等理科教育改革指导意见》和《高等工程教育改革指导意见》初步文件；支持CDIO工程教育模式研究与试点，成立了课题组，研究试点工作、培训、调研等相关工作。

撰稿　李茂国
审稿　刘　桔

〔**推进文科教育教学改革**〕 召开新时期高等学校文科人才培养与学术繁荣工作座谈会，总结了改革开放30年来特别是近10年来文科教育取得的突出成绩，对于推进文科教育教学改革，促进文科人才培养质量提高和学术繁荣进行了深入研讨，并对下一阶段高校文科教育教学改革发展提出了思路和举措，为今后高校文科人才培养工作指明了方向。开展高等学校文科人才培养工作调研，理清下一步推进文科教育改革的思路。

〔**推进艺术教育教学改革**〕 召开新时期高等学校艺术类人才培养和学术繁荣工作座谈会，梳理艺术教育存在的问题，对于今后艺术人才培养和学术研究如何更加适应我国社会主义文化发展需要，如何培养出更多的高水平艺术人才，创作出更多的无愧于时代的艺术精品进行了研讨，进一步明确新时期艺术教育改革发展的思路。

〔**推进大学英语教学改革**〕 自2009年上半年首次利用网络开展了全国高校大学英语教师在线培训以来，共组织了两批2 000名英语教师的培训。召开了大学英语教学改革研讨会。继续推进大学英语四、六级机网考题库建设，完成了10个网考命题点的建设工作，进行了4次四、六级网考试点工作。

撰稿　刘向虹
审稿　杨志坚

〔**推进政法干警招录培养体制改革试点，培养双语政法人才**〕 根据中央司法体制改革总体部署，自2008年开始，政法干警招录培养体制改革开始试点，重点从部队退役士兵和普通高校毕业生中选拔优秀人才，为基层政法机关特别是西部和经济欠发达地区的基层政法机关提供人才保障和智力支持。试点实行定向培养，将公务员考试与入学考试同步进行，统筹解决招录编制，突出实务教学，并由国家承担培养经费。2009年试点学校范围扩大，在中国政法大学、华东政法大学、中南财经政法大学、西南政法大学、西北政法大学、辽宁大学、吉林大学、山东大学、武汉大学、四川大学等高校试点的基础上，又增加了内蒙古大学、内蒙古民族大学、新疆大学、新疆财经大学、西藏大学、青海民族大学、四川民族学院、云南民族大学8所院校参加试点，承担蒙汉、维汉、藏汉、哈汉以及其他民族语言双语政法人才培养任务。教育部将按照中央政法委的统一部署，不断推进这项工作。

撰稿　武世兴
审稿　杨志坚

〔**推进创业教育工作**〕 做好创业教育人才培养模式创新实验区建设工作，及时总结有关高校开展创业教育的工作经验，筹备组建教育部创业教育指导委员会。筹备2010年召开的高等学校创业教育推进会议，积极探索下一步推进高等学校创业教育工作的思路与举措。

撰稿　吴　燕
审稿　杨志坚

〔**加强服务外包人才培养，促进大学生就业**〕 以配合高校学生司做好高校毕业生就业工作为契机，改革服务外包人才培养模式，与商务部联合出台了《教育部商务部关于加强服务外包人才培养、促进高校毕业生就业工作的若干意见》（教高[2009]5号），提出10条具体政策措施，促进服务外包领域全国2009年新增46万高校毕业生就业，促进20个示范城市加快专业结构调整，促进校企合作，加快培养服务外包人才。与有关省、市人民政府签署了服务外包人才培训中心共建协议。推动建立了服务外包校企合作联盟。

撰稿　李茂国
审稿　刘　桔

〔**推动高校加强实验教学和实验室建设**〕 组织200多所高校按照学科类别开展实验教学改革的广泛交流与研讨，开发研制创新性试验项目2 000余项，新出版实验教材200多种，自制实验仪器设备数十个品种、数百台套。积极运用信息技术改进实验教学方法和手段，推动实验教学和实验室管理的信息化建设，实现实验室时间、空间和实验教学资源的开放，部分学科领域实现跨校共享，提高了资源使用效益，有效发挥了实验室在高校人才培养中的支撑作用。

撰稿　孙丽为
审稿　石鹏建

〔**启动实施“使用信息技术改造课程”项目**〕 为推进现代信息技术在课程教学中的应用，探索课程教学模式、内容和方法改革，提高学生可持续发展能力，启动了“使用信息技术改造课程”项目，由西安电子科技大学等19个单位牵头，252所学校共同推动，提高我国课程建设的现代化水平。

撰稿 李 智
审稿 杨志坚

〔**第二届全国大学生节能减排社会实践与科技竞赛**〕 为贯彻落实《教育部关于开展节能减排高校行动的通知》（教发［2007］19号）精神，高等教育司委托高等学校能源动力学科教学指导委员会组织了第二届全国大学生节能减排社会实践与科技竞赛。活动的宗旨是提高教育质量，培养大学生的综合运用知识的能力、创新实践能力、理论与实践相结合的能力和团队协作能力。

第二届全国大学生节能减排社会实践与科技竞赛决赛于2009年9月12日至14日在华中科技大学举行，共有包括西藏、新疆在内的25个省（自治区、直辖市）的159所高校的1 620件作品参加了本届竞赛，111件作品参加了决赛。经过分组答辩、现场展示、专家集中评议等环节，产生了特等奖6项、一等奖21项、二等奖73项，还产生了三等奖和鼓励奖，31所高校获组织奖。学生的竞赛作品除关注国家重大的能源政策和能源问题，涉及能源、电学、材料学、化学、医学、建筑学、经济学、社会学等诸多领域外，更注重结合生产、生活实际，有很高的实用性和可转让价值。

与第一届相比，第二届的参赛高校数增加了近一倍，参赛的作品增加了两倍多。这项竞赛得到了广大高校领导、教师和学生的高度重视和欢迎。第二届全国大学生节能减排社会实践与科技竞赛还得到了全国许多媒体的关注。新浪网对其开幕式做了全程直播，《中国教育报》于9月17日、23日两次做了报道。全国大学生节能减排社会实践与科技竞赛受到社会的广泛关注和好评。

撰稿 康 凯 赵 伟
审稿 杨志坚

〔**对口支援西部地区高等学校**〕 2009年3月20日教育部印发了《教育部办公厅关于西安交通大学对口支援新疆大学联合培养本科生的批复》，同意西安交通大学与新疆大学自2009年起实施联合培养本科生工作，两校2009年联合培养本科专业是热能与动力工程，总计划64人，联合培养人数为25名，此专业新生进校后统一培养，两年后择优选拔25名学生到西安交通大学进行后两年的学生培养。热能与动力工程2009年的招生情况第一志愿上线学生是1∶2.3，而新疆大学整体招生情况第一志愿上线学生仅是1∶0.78。新疆重点分数线480分，本专业录取最低分是506分，极大地提高了新疆大学的吸引力和生源质量。

为进一步加强对口支援工作的领导，2009年11月教育部成立了以副部长陈希为组长、部长助理林蕙青为副组长的“教育部对口支援西部地区高等学校工作协调小组”，统筹协调教育部内部的各种资源，形成合力，使对口支援进入最佳工作状态。11月教育部在北京召开了“对口支援西部地区高等学校工作会议”，支援和受援高校的书记或校长，以及西部12个省区教育厅（教委）和新疆生产建设兵团教育局负责人等100多位代表参加了会议。会议认为八年的对口支援工作取得了巨大成绩，促进了西部高等教育的发展和教育公平，提高了西部高校的办学水平和服务区域经济社会发展能力，形成了奉献西部、服务国家的精神文化。全面部署了在新形势下进一步加强对口支援工作，明确把服务和促进西部经济社会发展作为对口支援的核心目标，新的任务是“四个显著提升”，即：显著提升受援高校的师资队伍水平、人才培养质量、科研服务能力和学校管理水平。着力增强受援高校自身发展的“造血功能”，把对口支援工作的重心转移到大力促进受援高校服务本地区经济社会发展的能力上来，引导、支持和帮助受援高校在人才培养、科学研究和社会服务等方面实现与西部地区经济社会发展需要的全方位对接。

2009年，教育部通过“质量工程”对口支援项目共选派560名受援高校教师和212名干部到支援高校进修和学习锻炼。3月30日至31日，在西藏民族学院召开对口支援西部地区高等学校专家工作组工作会议，就“对口支援”十周年相关事宜进行讨论，对口支援理论研讨论文等进行评议。2009年批准了西南大学对口支援毕节学院，受援高校达到38所，支援高校为64所。

撰稿 康 凯 吴英策
审稿 杨志坚

〔第六届高等教育国家级教学成果奖评审表彰〕在总结近几届国家级高等教育教学成果奖评审经验的基础上，研究制定了第六届国家级教学成果奖评审方案、评审指标体系，研究开发了国家级教学成果奖网络申报、网络评审和网络管理系统，组织了第六届高等教育国家级教学成果奖评选工作，共评审表彰了651项国家级教学成果。其中，特等奖2项，一等奖64项，二等奖585项。

撰稿 马 杰
审稿 石鹏建

〔“现代远程教育与终身学习高端论坛”暨“现代远程教育十年成果展”举行〕 2009年11月10日至12日，“现代远程教育与终身学习高端论坛”暨“现代远程教育十年成果展”在北京举行。本次论坛的主题是“积极发展现代远程教育，努力推进全民学习、终身学习”，全面总结了十年来高校现代远程教育在建设学习型行业、城市、社区、农村、部队等学习型组织中的成就与经验，重点研讨了现代远程教育在终身学习中新的发展定位、思路和举措。十年来，68所试点普通高校和中央广播电视大学的现代远程教育开设了299种专业、1 560个专业点，建设了2万多门网络教育资源和一批网络教育教学与管理系统平台，设立了9 000多个校外学习中心和教学点，使优质教育教学资源及支持服务延伸到了西部地区、农村乡镇、城市社区、各行业、企业和部队军营等。截至2009年，全国累计招收网络本专科生近1 000万人，毕业学生500多万人，开展专业技术人才非学历教育培训数千万人次，初步探索建立了适合在职人员远程继续学习与自主化学习的教学、管理及支持服务模式，以及现代远程教育的政策和监管体系，成为发展我国多样化、终身化、网络化和开放式继续教育的重要形式。

〔中央广播电视大学空军学院成立〕 2009年3月，继中央广播电视大学八一学院、总参学院成立后，中央广播电视大学又成立空军学院，这标志着远程开放教育延伸到了空军军营，空军士官可以通过远程方式接受高等学历教育。截至2009年7月，士官远程教育在部队共招收学员近12.5万人，先后有4.7万名士官学员获得教育部电子注册的中央广播电视大学学历证书及人力资源和社会保障部颁发的职业资格证书。中央广播电视大学士官远程教育从中专起步，坚持以军为主，兼顾军民两用的原则，已开设本专科12个专业，课程计百余门。士官们亲切地把远程教育这种独特的天地网合一的教学模式称为“飞进军营的彩虹”。

〔中央广播电视大学庆祝建校三十周年〕 2009年10月18日，中央广播电视大学建校30周年庆祝大会在人民大会堂隆重举行。“辉煌30年——广播电视大学成就展”同期举办。30年来，广播电视大学坚持社会主义办学方向，秉承“扎根基层、服务社会”的办学理念，坚持面向基层、面向行业、面向农村、面向边远和民族地区的办学方向，高等学历教育毕业生累计达720万人，开展的各种非学历培训学员超过5 000万人，已从以广播、电视为载体的广播电视教育转为基于计算机、卫星、多媒体和互联网为载体的远程开放教育，发展成由中央电大、44所省级电大、近1 000所地市级电大分校、近2 000所县级电大工作站组成的覆盖全国城乡、运作有序的教育教学系统。

〔高校网络教育实现信息化质量监管〕 2009年12月，质量工程“现代远程教育信息管理系统建设”项目通过了结题验收。从2001年开始，教育部建立了“高等学校网络教育质量监管系统”，目前全面实现了高校网络教育年报年检、统考、评估、新生注册及日常工作的信息化管理；实施了600多万人次网络教育全国统考，全面实现了跨省

（区、市）的网上报名、网上交费、网上机考、网上预约考试、混编考场、机考及考场实时网络视频监控的全程信息化的考试及管理；为了加强对社会公众的信息服务和政策宣传，建设了“中国远程与继续教育网”和“网络教育阳光招生服务平台”，向社会全面公开远程和继续教育办学和管理信息。

〔**“高校网络教育阳光招生服务平台”全面公开网络教育招生信息**〕 为了进一步规范网络高等学历教育招生服务流程，加强对社会公众的服务，教育部启动“高校网络教育阳光招生服务平台”，建立新生学籍注册、统考、毕业生电子注册等基础数据库，严格新生学籍注册制度，全面公开招生简章、校外学习中心名单、咨询与投诉电子信箱和电话等招生信息，方便考生信息查询，并要求试点高校在招生信息发布、准考证和录取通知书发放以及咨询投诉等关键环节上建立直接面向学生服务的机制，防止“冒名”招生、点外招生、中介招生和虚假承诺等违规问题，避免不法分子的欺诈行为。

〔**“数字化学习示范中心建设”项目探索建立不同区域、类型、对象和需求的典型应用模式**〕 2009年12月，质量工程领导小组办公室组织专家召开了“数字化学习示范中心建设”项目验收会。该项目主要探索构建数字化学习港理念下面向乡镇、社区、行业和企业等社会成员提供继续学习和终身学习的数字化学习支持服务，建立适合中国国情的不同区域、类型、对象和需求的典型应用模式。目前，该项目单位自建了20多个不同类型的数字化示范学习中心，天津、上海和沈阳市等地已启动有关项目推广该项目成果，创新社区教育模式，推进学习型城市建设。

撰稿 刘 英
审稿 刘 桔

〔**示范高职院校建设成效显著**〕 2009年，教育部、财政部对2006年立项建设的首批28所院校组织了联合验收。经过3年的努力，示范建设在探索校企合作办学体制机制、推进工学结合人才培养模式改革、试点单独招生考试改革、增强社会服务能力、跨区域共享优质教育资源等方面取得了比较明显的成效。第六届高等教育国家级教学成果奖高职类共评出一等奖8项，其中示范校7项，占87.5%；二等奖79项，其中示范校56项，占70.9%。

〔**推进高职工学结合、校企合作教育教学改革**〕 精品课程、教学名师、教学团队、教学成果奖等质量工程项目中，高职部分单列指标、单独评审，突出了校企合作、工学结合的特点，重视融教、学、做为一体，强化做中学、做中教，引导高职教育教学改革方向。2009年，共评选产生高职国家级精品课程194门，使工学结合的国家精品课程数量达到814门，基本覆盖了从公共基础到各专业的主要核心课程；评选出国家级教学名师20人、国家级优秀教学团队40个，使高职名师的总数达到59人、国家级团队总数达到86个。高职教学改革项目的实施，为全面提升高职教育教学质量，起到了积极的推动作用。

〔**推进高职教育单独招生考试改革试点**〕 高等职业院校开展单独招生改革试点工作，是落实《教育部财政部关于实施国家示范性高等职业院校建设计划 加快高等职业教育改革与发展的意见》（教高［2006］14号）有关政策要求的重大制度改革设计，以使学生和家长能够根据考生自身的特点，更加理性地选择自已未来发展的专业方向和职业领域，体现以学生为本的思想。2009年教育部批准13省（区）33所国家示范建设高等职业院校开展高职单独招生试点工作，招生专业点330个，计划招生9 240人，实际招生9 492人。通过开展单独招生改革试点工作，引导高中毕业生向优质高等职业院校合理分流，提高高等职业教育的生源质量和办学水平，进一步完善具有中国特色的高等职业教育体系和高等教育多样化选拔录取机制，建立“知识＋技能”为主体的考试科目体系，逐步形成以就业能力和职业能力为导向的高职招生考试制度体系，更好地为区域经济和社会发展服务。

〔**大力促进 2009 年高职毕业生就业，首次就业率同比 2008 年稳中有升**〕　颁布了《教育部关于加快高等职业教育改革　促进高等职业院校毕业生就业的通知》（教高［2009］3 号），鼓励高职院校更加灵活设置专业，适应市场需求的变化；加强顶岗实习，增强毕业生职业岗位操作能力和适应能力；协调人力资源和社会保障部等部门、行业，开展针对高职毕业生的专场职业技能鉴定服务；推进“双证书”制度的实施，促进、服务毕业生就业能力提高；调整毕业生就业心态，在继续面向基层、面向一线岗位的基础上，鼓励踊跃参军、自主创业等多种渠道就业。通过一系列政策措施，2009 年高职毕业生全国平均初次就业率达 70%，且 16 个省超过本科或持平，年底就业率又比初次就业率提高了 15 个百分点。实践证明，这些组合政策与措施不仅对 2009 年高职院校毕业生就业，而且对于高职院校以教育教学改革促进高素质技能人才培养、促进毕业生就业的长远制度建设具有积极而深远的作用。

撰稿　范　唯
审稿　刘　桔

〔**教学基本条件建设**〕　以国家级实验教学示范中心建设带动高校加强实验室建设。2009 年示范中心采取重点支持中西部地区和地方所属高校建设、重点考虑文科相关类别实验中心建设、重点关注国家级实验教学示范中心空白学校建设的思路，立项建设 142 个国家级实验教学示范中心，完成了全国 500 个示范中心的建设布局，基本形成了国家、省、高校三级实验教学示范中心建设体系。

加强精品课程教学资源建设。精品课程资源中心运行环境建设基本完成。精品课程资源库初具规模，加工课程资源近 45 万条，数据总量 11TB。正式运营以来注册用户超过 11 万人，访问人次达到 133 万。

加强教材建设。继续组织开展普通高等教育精品教材评选，共有 209 种“十一五”国家级规划教材入选 2009 年度“普通高等教育精品教材”。

撰稿　高东锋　李　静
审稿　石鹏建

〔**本科专业管理和专业目录调整研究**〕　普通高校按艺术类专业招生办法招生的非艺术类本科专业的清理审核工作。按照《教育部办公厅关于做好普通高等学校按艺术类专业招生办法招生的非艺术类本科专业清理审核工作的通知》精神，于 2009 年 10 月 29 日召开审核会议，同意 313 个非艺术类本科专业点可继续按艺术类专业招生办法招生。

2009 年度专业备案、审批工作。2009 年申请增设和调整的本科专业点共 2 025 个，其中需要教育部审批的 839 个。通过第二届教育部学科发展与专业设置专家委员会第四次评议会议审议以及对有关专业分别函商卫生部、中医药管理局、公安部，最后同意设置、调整专业 1 733 个，其中备案专业 1 186个，审批专业 547 个。

开展专业认证和专业规范的研究工作。开展工程教育、医学教育等专业认证试点工作。组织开展了 2009 年度专业参考规范的研究制订工作和理工科学科专业目录设置的研究工作。

专业目录修订的预研究工作。从 2009 年 9 月份开始，启动本科专业目录修订专项调研工作。全面总结 1998 年以来本科专业目录的实施情况、成绩经验，分析当前高校本科专业设置存在的主要问题，着重研究专业设置调整与社会需求之间的联系，提出修订原则、基本思路和工作方案，为新一轮高校本科专业目录修订做好准备。

撰稿　李　智
审稿　杨志坚

教育部直属高校工作

〔**组织召开咨询委员会第十九次全体会议**〕 教育部直属高校工作咨询委员会第十九次全体会议于2009年2月16日至18日在北京召开。国务委员刘延东，教育部领导周济、袁贵仁、陈希、李卫红、王立英、杨周复及部内相关司局负责人、咨询委员会全体委员出席会议。有关部委所属高校、地方“211工程”建设高校和中西部地区实施省部共建高校领导列席了会议。

本次会议以科学发展观指导下的高水平大学建设为主题，围绕新形势下的“质量、管理、改革、特色”展开研讨咨询。

国务委员刘延东到会听取了部分咨询委员的发言并发表重要讲话。刘延东的讲话以邓小平理论和“三个代表”重要思想为指导，深入贯彻落实科学发展观，充分肯定了高等教育战线在2008年取得的成绩，系统介绍了国家中长期教育改革和发展规划纲要的研究、制订过程，深刻论述了建设高水平大学的重大意义，明确提出了以科学发展观统领高等教育工作，加快创建世界一流大学和高水平大学的总体部署和政府思路。特别指出建设高水平大学就是要在“有特色、高水平”六个字上下工夫，为今后一个时期高等教育改革发展指明了前进方向。

教育部副部长陈希作了大会总结讲话。北京科技大学、复旦大学、南京大学、浙江大学等12所高校围绕会议主题进行了交流发言。会议听取各位书记、校长对《国家中长期教育改革和发展规划纲要》（提纲草稿）的意见和建议，并围绕相关司局工作以及会议主题展开了分组咨询和讨论活动。

撰稿　甄炜旎
审稿　陈维嘉

〔**部属高校深入学习实践科学发展观指导检查工作**〕 2009年2月28日，部属高校深入学习实践科学发展观活动正式启动。为了全面了解掌握各部属高校开展学习实践活动的实际效果，督促各部属高校按照中央要求，结合本校实际，把学习实践活动引向深入，部属高校学习实践活动领导小组精心选调了94位政治强、作风硬、熟悉高校工作的同志，组建了14个指导检查工作组，对部属高校开展学习实践活动进行工作指导和督促检查，每个工作组6至9人，联系5至8所部属高校。

指导检查工作组认真贯彻落实中央精神和部属高校学习实践活动领导小组的统一部署，牢牢把握学习实践活动的正确方向，加强自身学习、完善工作制度、细化工作方案、注意调查研究、明确工作定位，紧密联系学校党委，积极发挥部属高校领导小组和高校的参谋助手、桥梁纽带作用，抓住关键环节，加强宏观指导和分类指导，突出实践特色，创造性地开展指导检查工作，为部属高校学习实践活动取得实效提供了有力保证。

在实际工作中，各指导检查工作组既能够深入学校调查研究，了解实情，给学校提出大量高质量的意见和建议，又能够帮助学校及时总结和推广典型经验。活动期间，14个指导检查工作组共编写简报489期、情况专报49期，其中有31期以《部属高校深入学习实践科学发展观活动简报》形式编发，有力地推动了各部属高校之间的经验交流和相互促进。

学习实践活动结束后，14个指导检查工作组向部属高校学习实践活动领导小组提交了高质量的工作总结。这些总结报告集中反映了各部属高校学习实践活动所取得的成效，也集中反映了各组深入学校开展指导检查工作取得的经验。

撰稿　周　志
审稿　贾德永

附：

部属高校深入学习实践科学发展观活动指导检查组人员名单

第一组（6人）

组　　长：张浚生　浙江大学原党委书记

副 组 长：张永甡　北京交通大学原党委书记

　　　　　徐长发　中央教育科学研究所党委书记

联 络 员：荆德刚　教育部高校学生司综合处处长

工作人员：张永华　浙江大学学生工作部副部长

　　　　　马永恒　北京外国语大学党校办信访科科长

第二组（6人）

组　　长：卢铁城　四川大学原党委书记

副 组 长：陶文沂　江南大学原校长

　　　　　黄百炼　教育电视台党委书记兼副台长

联 络 员：王家勤　教育部政策法规司法制办公室副主任（正处级）

工作人员：常建勇　首都师范大学外国语学院党委副书记

　　　　　刘春晓　北京邮电大学团委干部

第三组（6人）

组　　长：贺美英　清华大学原党委书记

副 组 长：冯瑞龙　中国海洋大学原党委书记

　　　　　娄　晶　教育部科学技术司副司长

联 络 员：刘建丰　教育部国际合作与交流司港澳台办调研员

工作人员：王　芹　清华大学机关党委副书记

　　　　　李　芹　北京科技大学工会组宣部副部长

第四组（6人）

组　　长：王文生　西安交通大学原党委书记

副 组 长：王裕国　西南财经大学原校长

　　　　　王新民　中央纪委驻教育部纪检组、监察局监察专员（副司级）

联 络 员：张　丽　教育部财务司国资与企业处处长

工作人员：李华涛　北京信息科技大学奥林匹克教育工作领导小组办公室副主任

　　　　　范新荣　对外经济贸易大学组织部干部

第五组（6人）

组　　长：洪国起　南开大学原党委书记

副 组 长：李保仁　中央财经大学原党委书记
　　　　　罗先友　人民教育出版社副社长
联 络 员：朱洪涛　教育部高等教育司高等教育评估处处长
工作人员：邵红英　北京师范大学党委统战部副部长
　　　　　林海新　东北师范大学校办信息信访室秘书

第六组（6 人）
组　　长：李发伸　兰州大学原校长
副 组 长：周冬成　中央纪委驻教育部纪检组原副组长
　　　　　吕晓澎　中国科学院研究生院副院长
联 络 员：杨　罡　教育行政学院人事处副处长
工作人员：龚河华　北京师范大学工会副主席
　　　　　林旭升　中国海洋大学团委副书记

第七组（7 人）
组　　长：韩星臣　南京大学原党委书记
副 组 长：徐大平　华北电力大学原党委书记
　　　　　石鹏建　教育部高等教育司副司长
联 络 员：李　岩　高等教育教学评估中心综合处副处长
工作人员：刘　敦　上海市委科教党委组织干部处副调研员
　　　　　徐韶瑛　复旦大学纪委办公室主任
　　　　　张　华　教育部直属高校工作司副处级干部

第八组（6 人）
组　　长：王宗光　上海交通大学原党委书记
副 组 长：张端品　华中农业大学原校长
　　　　　陈志龙　中央电化教育馆馆长
联 络 员：陈　睿　教育部社会科学司思想理论教育处副处长
工作人员：孙其华　江苏省委教育工委委员、教育电视台副台长、党总支书记
　　　　　王永义　南京大学党委宣传部科长

第九组（7 人）
组　　长：杨渝钦　天津大学原党委书记
副 组 长：刘树道　华南理工大学原党委书记
　　　　　王登峰　教育部语言文字应用管理司司长
联 络 员：夏鲁惠　高等教育出版社教学研究室常务副主任
工作人员：乔志强　湖北省委高校工委组织处副处长
　　　　　郑　宁　华中师范大学校办干部
　　　　　刘　朝　教育部直属高校工作司干部

第十组（6 人）

组　　长：刘经南　武汉大学原校长

副 组 长：简大钧　江南大学原党委书记

王洪元　教育部办公厅副巡视员

联 络 员：袁　礼　孔子学院标准与质量认证处副处长

工作人员：陈　飞　浙江大学玉泉校区党工委副书记、管委会主任

郝登峰　中山大学地理科学与规划学院党委副书记

第十一组（6 人）

组　　长：徐通模　西安交通大学原校长

副 组 长：朱新民　合肥工业大学原党委书记

李　鑫　高等教育出版社副社长

联 络 员：王柄权　高等学校社会科学发展研究中心邓小平理论研究中心副主任

工作人员：向贵根　四川师范大学党委办公室调研员

吴　宇　四川大学学生工作部副科长

第十二组（7 人）

组　　长：侯杰昌　武汉大学原校长

副 组 长：钱一呈　教育部原副总督学

徐孝民　教育部财务司副司长

联 络 员：王光彦　教育部人事司综合处处长

工作人员：靳华锋　陕西省教育厅

康金勇　西安交通大学励志书院组织员

毛永强　教育部直属高校工作司干部

第十三组（9 人）

组　　长：郝文明　国家民委原党组成员、中央纪委驻民委纪检组组长

副 组 长：王　彦　中央民族大学原党委书记

谢玉杰　西北民族大学原党委书记

马继祖　国家民委机关党委副书记

联 络 员：沙玛加甲　教育部民族司民语处处长

工作人员：邓发明　国家民委科教司基础教育处干部

张剑辉　国家民委财务司综合处干部

宫　艳　中央民族大学党委宣传部副部长

高志平　西北民族大学党委宣传部副部长

第十四组（7 人）

组　　长：焦文俊　北京理工大学原党委书记

副 组 长：徐复铭　南京理工大学原校长

尹卫军　工信部人事教育司副司长

联 络 员：唐继卫　教育部学位办文理医学科处调研员
工作人员：杨志宏　工信部人教司教育处处长
　　　　　闫为革　工信部人教司直属单位干部处副处长
　　　　　许百涛　工信部人教司教育处调研员

〔直属高校巡视工作〕　2009 年，按照中央部署，直属高校参加第二批深入学习实践科学发展观活动，直属高校巡视工作与学习实践科学发展观活动指导检查工作结合进行。同时，本年度巡视工作重点是进一步梳理和完善开展巡视工作以来的各项制度，并筹备新一批巡视专员的聘任和调整。

年初，教育部下发了《教育部直属高校巡视工作成果运用暂行办法》（教直厅〔2009〕1 号），这是进一步完善直属高校巡视工作制度、提高巡视工作成效的一项重要制度。

2009 年 7 月，组织召开了暑期巡视工作交流研讨扩大会。会议期间，与会同志结合巡视工作，对学习实践活动指导检查工作和学校科学发展中存在的共性问题进行分析讨论，对如何进一步坚持和完善党委领导下的校长负责制，建立现代大学制度，进一步推进校内管理体制改革提出了意见和建议。

由于 2007 年部党组聘任的第一批巡视专员即将届满，2009 年年底启动了新一批巡视专员聘任、调整工作，准备续聘和增聘部分巡视专员。同时，按照中央颁布实施的《中国共产党巡视工作条例（试行）》精神，对直属高校巡视工作的 8 项工作制度进行了修订和完善。

〔教育部办公厅制定并印发《教育部直属高校巡视工作成果运用暂行办法》〕　为进一步完善直属高校巡视工作制度，加强巡视成果运用，推动直属高校科学发展，根据《中共教育部党组关于开展直属高校巡视工作的意见》（教党〔2006〕26 号）精神，2009 年 2 月教育部办公厅制定并印发了《教育部直属高校巡视工作成果运用暂行办法》（教直厅〔2009〕1 号），对建立巡视工作报告涉及问题的转办、督办制度以及处理影响被巡视高校改革发展稳定若干问题的原则予以明确。

撰稿　周　志
审稿　贾德永

附：

教育部直属高校巡视工作成果运用暂行办法

为进一步加强巡视工作制度建设，推动直属高校巡视工作成果运用，确保巡视工作的实效性，根据《中共教育部党组关于开展直属高校巡视工作的意见》，制定本暂行办法。

一、关于巡视工作报告

（一）巡视组在对被巡视高校情况进行全面了解的基础上，认真梳理、分析归纳、集体研究后形成巡视工作报告（即《关于××大学巡视工作的报告》），提交部直属高校巡视工作领导小组。巡视工作报告要全面客观地反映被巡视高校的工作情况和领导班子建设等情况。主要内容包括：开展巡视工作的总体情况；学校工作的总体评价；学校领导班子的运转情况和党委书记、校长的主要情况及其评价；学校改革发展稳定中的重大问题及党政领导班子特别是党委书记、校长存在的问题；解决问题的意见和建议；需要提交部直属高校巡视工作领导小组和部党组研究处理的有关事项。

（二）部直属高校巡视工作领导小组审阅巡视工作报告后，分别听取各巡视组组长关于巡视工作的情况汇报，对巡视工作报告中反映的主要成绩、主要问题、相关建议进行分析研究。

（三）建立部内巡视工作成果共享机制。巡视工作报告和党风廉政工作专项报告在部内人事司、直属高校工作司、驻部纪检组监察局等有关司局共享，作为学校工作评价、干部考核和选拔任用工作的重要依据。

（四）建立巡视工作报告涉及问题转办、督办制度。巡视报告所涉及问题按照工作分工和干部管理权限，按以下原则处理。

1. 涉及被巡视高校事业发展的重大问题，需由部领导出面解决的，由部直属高校巡视工作办公室商相关部门提出初步处理意见后，经部直属高校巡视工作办公室主任报请部主要领导阅批。

2. 涉及被巡视高校改革发展稳定方面的有关问题，需由部内有关司局协调解决的，由部直属高校巡视工作办公室提出转办意见，经部直属高校巡视工作办公室主任批准后转请有关司局研究处理。

3. 涉及被巡视高校违法违纪的案件线索，由部直属高校巡视工作办公室直接移交驻部纪检组、监察局调查处理。

4. 其他涉及被巡视高校改革发展稳定方面的问题，应由被巡视高校自行解决的，由部直属高校巡视工作办公室督促被巡视高校认真整改。

5. 对上述转办、督办事项，有关单位应及时将处理情况以书面形式反馈部直属高校巡视工作办公室，由部直属高校巡视工作办公室汇总整理后向部直属高校巡视工作领导小组汇报。涉及案件的查处情况，按相关规定处理。

（五）直属高校巡视工作办公室综合整理和分析各校巡视工作报告，找出高校科学发展、领导班子建设等方面的共性问题，提交部直属高校巡视工作领导小组研究。

二、关于巡视工作反馈意见

（一）巡视工作反馈意见（即《教育部赴××大学巡视组关于巡视工作的反馈意见》）由巡视组起草，经部直属高校巡视工作领导小组审定后，由部直属高校巡视工作办公室印发相关学校。反馈意见的主要内容包括：开展巡视工作的简要情况；对学校工作和领导班子及党委书记、校长的总体评价；存在的主要或带有倾向性的问题；主要意见和建议。

（二）部直属高校巡视工作领导小组听取巡视工作汇报后一个月内，由部直属高校巡视工作领导小组委派有关人员陪同巡视组组长到被巡视高校进行反馈。一般先向被巡视高校党委书记、校长个别反馈，再向被巡视高校领导班子集体反馈。

（三）集体反馈范围一般为被巡视高校党政领导班子全体成员，也可视情况扩大到全体校党委委员和纪委委员。

（四）经部直属高校巡视工作领导小组授权，巡视组组长可与被巡视高校党委书记、校长或领导班子成员进行座谈或诫勉谈话。

三、关于党风廉政工作专项报告

（一）党风廉政工作专项报告为写实性报告，反映被巡视高校领导班子和领导干部廉政勤政和贯彻落实党风廉政建设责任制的有关情况、信访情况以及有关案件线索。

（二）巡视组在被巡视高校党风廉政工作方面获悉的重要线索，应按照干部管理权限，及时移交给相应的纪检、监察部门。

（三）党风廉政工作专项报告由巡视组组长指定专人负责起草，经巡视组组长、副组长审阅并签字后，提交直属高校巡视工作办公室和驻部纪检组、监察局。

四、关于巡视工作整改和回访

（一）被巡视高校领导班子和党委书记、校长要高度重视巡视工作反馈意见，认真研究，深刻剖析，采取切实措施，提出整改报告。整改报告及整改落实情况应于三个月内书面报告部直属高校巡视工作办公室。

（二）部直属高校巡视工作领导小组视情况决定对部分被巡视高校进行回访。巡视工作回访的重点为被巡视高校对巡视反馈意见的整改落实情况。

（三）巡视回访计划报部直属高校巡视工作领导小组审定后由巡视工作办公室组织实施。

五、巡视工作文件管理

巡视工作报告、巡视工作汇报录音（含录音整理稿）、党风廉政工作专项报告均按秘密级文件运转和管理。

六、本暂行办法由部直属高校巡视工作办公室负责解释

〔教育部与地方政府、行业（部门）共建相关高校工作继续推进〕　在以往工作的基础上，2009

年，适应建立“以企业为主体，以市场为导向，产学研相结合”的技术创新体系的需要，教育部进一步完善共建工作思路，在加强高校与地方政府、行业紧密联系的同时，着力推动高校在为区域经济社会发展与产业振兴服务方面取得实效。

2009年，“985工程”重点共建及“211工程”共建工作取得新的进展。3月11日，教育部与中国科学院、安徽省人民政府签订了持续共建中国科学技术大学的协议。10月18日、11月24日教育部与江苏省人民政府分别签订了共建中国矿业大学和河海大学的协议。教育部与行业（部门）共建相关直属高校工作同步推进。2009年5月27日，教育部与农业部签订了共建中国农业大学、西北农林科技大学、南京农业大学、华中农业大学、西安大学、吉林大学、上海交通大学、浙江大学的协议。6月16日，教育部与国土资源部签订了共建吉林大学地学部的协议。10月18日，教育部与国家安全生产监督管理总局签订了继续共建中国矿业大学的协议。

撰稿　祁慧勇

审稿　陈维嘉

〔省（自治区、兵团）部共建地方高校工作〕 2009年3月22日、6月8日、6月17日，陕西省、浙江省、甘肃省分别与教育部签订共建西北大学、浙江工业大学、西北师范大学的协议。目前，省部共建（共同重点支持）的高校总数共计22所。

2009年11月7日，省（自治区、兵团）部共建暨中西部高等教育发展战略研讨会在山西太原召开。来自全国19个省（自治区、兵团）的教育厅（局）、22所省部共建高校和中西部4所“211工程”地方高校（太原理工大学、安徽大学、湖南师范大学、四川农业大学）及所在省教育厅的主要负责人参加了会议。教育部副部长、党组副书记陈希出席会议并作了重要讲话。

陈希从贯彻落实科学发展观、建设人力资源强国和高等教育强国的战略高度，系统阐述了地方高校，特别是中西部地方高校在我国高等教育体系中的特殊地位、在区域经济社会发展中的独特作用。他指出，国家建设发展的需求是多样化的，人民群众对高等教育的需求也是多样化的，这就要求我们的大学不仅要有较大的规模、较高的水平，更要有适应国家建设发展和人民需要的比较完善、协调的体系结构。高等教育的成功实践充分证明，和谐、可持续发展的高等教育体系应该是多层次、多样化、有特色、有活力的“生态系统”。建设高等教育强国是一项宏大而艰巨的工程，需要各个类型、各个层次的所有大学的共同努力，需要我们以科学发展观为指导做好五个统筹协调发展：一是统筹区域高等教育的协调发展；二是统筹高水平大学与其他高校的协调发展；三是统筹中央高校与地方高校的协调发展；四是统筹公办教育与民办教育的协调发展；五是统筹各类高等教育人才培养工作的协调发展。作为我国高等教育体系中数量最多的地方高校，更应得到高度重视和关注。地方高校是建设人力资源强国和高等教育强国的强大基石，只有大力支持和推动地方大学提升办学水平，才能更好地实现我们建设人力资源强国、高等教育强国的宏伟目标。

陈希强调，当前，我国的高教事业不断向前推进，正站在一个崭新的历史起点，进入内涵建设的新时期。内涵建设的重点在于提升质量，优化结构。地方高校的发展由于受到区域经济社会发展不平衡的影响，总体呈现出“东部较强，中西部较弱”的现状，而中西部高等教育的发展战略是关系到国家高等教育全局能否实现又好又快科学发展的重大问题。希望中西部地方高校把握好国家的历史方位和高等教育的发展方向，适应新形势和新趋势，进一步解放思想，按规律办学，从实际出发，认真思考学校的发展。要正确处理好深化改革和促进发展，区域特色和高水平，科学研究、社会服务和人才培养，各层次人才培养，外延和内涵等五个方面的关系，抓住难得的机遇，在深化改革上下工夫，在办出特色上做文章，走出符合各自学校实际的科学发展之路、改革创新之路，开创中西部地方高等教育蓬勃发展的新局面。

撰稿　钟贤坤

审稿　陈维嘉

〔**直属高校"两院院士"当选情况**〕　2009年12月2日中国工程院院士增选工作顺利结束，确认48人当选中国工程院院士。其中教育部直属高校新增中国工程院院士9名（当选名单附后），分别是机械与运载工程学部1名，化工、冶金与材料工程学部1名，能源与矿业工程学部1名，土木、水利与建筑工程学部1名，环境与轻纺工程学部1名，农业学部2名、医药卫生学部2名。年龄最大的75岁，最小的45岁，平均年龄为56岁。

2009年12月4日中国科学院院士增选工作也顺利结束，确认35人当选中国科学院院士。其中教育部直属高校新增中国科学院院士13名（当选名单附后），分别是数学物理学部3名，化学部3名，生命科学和医学学部2名，地学部2名，信息技术科学部1名，技术科学部2名。年龄最大的73岁，最小的45岁，平均年龄为55.5岁。

附一：

2009年教育部直属高校新增中国工程院院士名单

序号	姓名	年龄	学部	学校
1	段正澄	75	机械与运载工程学部	华中科技大学
2	刘炯天	46	化工、冶金与材料工程学部	中国矿业大学
3	岳光溪	64	能源与矿业工程学部	清华大学
4	钟登华	45	土木、水利与建筑工程学部	天津大学
5	石　碧	51	环境与轻纺工程学部	四川大学
6	麦康森	51	农业学部	中国海洋大学
7	南志标	58	农业学部	兰州大学
8	程　京	46	医药卫生学部	清华大学
9	周良辅	68	医药卫生学部	复旦大学

附二：

2009年教育部直属高校新增中国科学院院士名单

序号	姓名	年龄	学部	学校
1	李安民	62	数学物理学部	四川大学
2	罗　俊	52	数学物理学部	华中科技大学
3	郑晓静	51	数学物理学部	兰州大学
4	陈小明	47	化学部	中山大学
5	涂永强	50	化学部	兰州大学
6	周其林	52	化学部	南开大学
7	尚永丰	45	生命科学和医学学部	北京大学
8	隋森芳	64	生命科学和医学学部	清华大学
9	莫宣学	70	地学部	中国地质大学（北京）

续表

序　号	姓　名	年　龄	学　部	学　校
10	陶　澍	58	地学部	北京大学
11	许宁生	51	信息技术科学部	中山大学
12	王光谦	47	技术科学部	清华大学
13	王锡凡	73	技术科学部	西安交通大学

撰稿　高　扬
审稿　牛燕冰

〔2009年中国—耶鲁大学领导高级研讨班〕 2009年10月18日至27日，由教育部与美国耶鲁大学合作举办的“2009年中国—耶鲁大学领导高级研讨班”在耶鲁大学顺利举行。研讨班以“建设世界一流大学的机遇和挑战”为主题，研讨内容涉及大学内部权力运行和管理体系、大学经费及财务预算管理、学术规划、教师队伍建设、本科教育模式创新、应急规划、校友及筹款等当今国际高等教育界共同关注的若干重大问题。本届研讨班学员以中管高校领导为主，共有17所大学的27位校领导参加，其中正职校领导13位。北京大学校长周其凤担任团长，北京师范大学党委书记刘川生、教育部直属高校工作司副司长贾德永任副团长。教育部副部长陈希出席了研讨班开班式并讲话。

举办该研讨班的目标是通过全面系统、集中深入地研究探讨耶鲁大学这样一所世界名校的办学治校经验，从而加快我国建设世界一流大学的步伐，拓展我国大学领导国际视野，进一步增进中美大学交流与合作。本届研讨班是继2004年和2005年之后第三次在耶鲁大学校园举行，三期共有20多所中国大学的近百名校领导参加。此外，“中国—耶鲁大学领导高级研讨班”还在厦门大学和西安交通大学分别举办过一期。

本届研讨班得到了教育部领导、相关司局的高度重视。在开班之前，教育部有关司局和高校领导共同研究提出了研讨班的教学方案和日程安排建议，并与耶鲁大学进行了细致的商讨和精心的筹备。耶鲁大学对本届研讨班也表现了极大的热忱，莱文校长亲自授课，并和中国校长们进行了深入细致的探讨。

本届研讨班仍然突出“互动”特色，学员们与美国高校领导和教授直接对话、深入研讨、共同谋略。吉林大学校长展涛代表中方学员作了有关中国高等教育改革和发展的报告，每位学员也都在研讨互动过程中就中国高校人才培养的创新模式作了口头和书面交流。此外，研讨班学员还充分利用各种机会，注意加强与耶鲁大学师生和美国高等教育界的交流，探讨合作新领域。

本届研讨班各项活动运行充实有序，学习和生活安排周到细致、高质高效，学员们一致对本届研讨班给予了高度评价。

撰稿　周　志
审稿　贾德永

〔2009年直属高校领导干部培训工作〕 2009年直属高校领导干部培训工作以全面学习领会党的十七大和十七届三中全会精神为主线，将深入学习实践科学发展观贯穿整个教学培训过程始终。按照建设高素质领导班子和干部队伍的要求，围绕加强党的执政能力建设和先进性建设的目标，重点加强党性修养和领导能力建设，全面深刻认识高等教育发展的新任务。本年度直属高校领导干部培训工作分国内培训和海外培训两部分。

国内培训工作重点组织实施了第34期高校领导干部进修班和第31期、第32期高校中青年干部培训班，共培训学员284人次。学员主要是来自教育部直属高校、其他部委所属高校、各省进入“211工程”高校以及省（自治区、直辖市）所属高校的校级领导干部。培训班以“贯彻党的十七大精神，深入学习实践科学发展观”为主题，围绕教育事业的重大方针政策和教育部2009年中心工作，结合各高校实际，就高等教育改革和发展中的重大理论与现实问题以及提高高校中青年干部的思想政治素质和领导管理能力、促进高等教育健康发展等方面开展学习和培训。

海外培训工作继续做好由教育部和国家外国专家局共同组织实施的高校领导赴海外培训项目。2009年是高校领导赴海外培训项目第三个三年计划的第一年，在做好本年项目的组织实施同时还加强了项目的成果开发工作。本年度实际执行海外培训团组6个（含2008年项目团组2个，因地震等原因推延），来自教育部直属高校、其他部委有关高校、省部共建高校以及部分地方院校的114名校级领导参加了培训，分别赴美国、英国、澳大利亚等国家的世界著名大学和高等教育机构进行培训考察。培训主要围绕高校教学质量保障、师资队伍建设、产学研合作、科技成果转化及高校资金筹集与配置、学生就业政策及保障措施、高校领导者素质与能力提升、大学文化建设、高校的国际交流与合作等主题展开。

高校领导赴海外培训项目自2003年起启动实施，每三年为1个周期，每年5个班次。截至2009年，已成功举办35个班次，累计培训高校领导干部674人。项目涉及斯坦福大学、密歇根大学、多伦多大学、剑桥大学、悉尼大学、早稻田大学、高丽大学等数十所世界著名大学和高等教育机构。海外培训紧扣“放开视野看教育，下大力气抓培训，大规模培训干部，大幅度提高素质”的要求，已经形成了国内预培训、国外学习考察培训、回国总结三位一体的考察学习培训模式，在提升我国高校领导管理水平、加快高水平大学建设和高等教育事业的全面进步等方面发挥了积极作用，同时也有效地促进了高等教育的国际交流，宣传了改革开放以来中国高等教育取得的历史性成就，扩大了我国高等教育的国际影响。

撰稿　周　志
审稿　贾德永

〔兰州大学建校100周年〕　2009年9月19日，兰州大学迎来建校100周年。

兰州大学始于1909年年初开办的甘肃法政学堂，1954年成为教育部直属高校，1960年被确定为全国重点大学，目前是“211工程”、“985工程”重点建设的大学。

在兰州大学建校100周年之际，中共中央总书记、国家主席胡锦涛发来贺信表示祝贺。胡锦涛在贺信中指出，长期以来，兰州大学秉承自强不息、独树一帜的校训，扎根西部，艰苦奋斗，形成了光荣的爱国传统和优良的校风学风。新中国成立以来特别是改革开放以来，在党的领导下，兰州大学与民族共命运、与时代同前进，在人才培养、科学研究、社会服务等方面成绩斐然，逐步发展成为一所国内外有影响的综合性高水平大学，为我国特别是西部地区经济社会发展作出了重要贡献。

胡锦涛强调，高等学校是实施科教兴国战略、人才强国战略的重要阵地。他希望兰州大学以邓小平理论和“三个代表”重要思想为指导，深入贯彻落实科学发展观，坚持党的教育方针，发扬优良传统，不断开拓创新，突出自身特色，提高办学质量，为推动西部大开发、建设创新型国家，为全面建设小康社会、加快推进社会主义现代化，作出新的更大的贡献。

9月19日，兰州大学举行庆祝大会。中共中央政治局委员、国务委员刘延东出席大会，宣读胡锦涛总书记贺信并作重要讲话。刘延东代表党中央、国务院向兰州大学建校100周年表示热烈祝贺，向全体师生员工和广大海内外校友表示亲切问候和良好祝愿！她说，胡锦涛总书记的贺信，充分体现了党中央、国务院对兰州大学的高度重视和亲切关怀，体现了对兰州大学办成“有特色、高水平”大学的殷切期望。她强调，建设一个强大的现代化国家，归根结底要靠人才和教育。高水平大学担负着培养各类高质量人才、创造高水平科研成果、提供一流社会服务的责任，是一个国家综合国力和科学文化水平的重要标志。希望兰州大学按照胡锦涛总书记的要求，深入贯彻落实科学发展观，提高人才培养质量，提升科技创新能力，增强服务社会本领，努力把学校建设成为西部地区培育创新人才的高地，成为孕育先进思想、科学知识和科技成果的重要基地，成为区域经济社会发展的重要支撑。

以不同形式向兰州大学建校100周年表示祝贺的还有宋平、韩启德、陈至立、蒋树声。教育部部长周济出席大会并致辞。

撰稿 高 扬
审稿 牛燕冰

〔**中国矿业大学建校100周年**〕 2009年10月18日，中国矿业大学迎来建校100周年。

中国矿业大学是教育部直属的全国重点大学，也是国家“211工程”建设的高校之一。其前身是创办于1909年的焦作路矿学堂，后改称焦作工学院、中国矿业学院。1988年，该校更名为中国矿业大学，目前形成了徐州、北京两地办学的格局。

在中国矿业大学建校100周年之际，中共中央总书记、国家主席胡锦涛发来贺信表示祝贺。胡锦涛在贺信中指出，中国矿业大学在百年办学历程中，始终以开发矿业、开采光明、建设祖国、造福人类为己任，秉承严谨治学、开拓创新的校训，紧紧围绕能源资源开发利用，精心做好教学、科研、管理工作，为国家输送了大批优秀人才，在促进我国能源资源产业发展、服务社会主义现代化建设中发挥了重要作用。

胡锦涛强调，能源资源是国民经济和社会发展的基础与保证。中国矿业大学作为我国能源资源科技教育重要基地，肩负使命重大，发展前景广阔。他希望中国矿业大学坚持以邓小平理论和“三个代表”重要思想为指导，深入贯彻落实科学发展观，始终坚持党的教育方针，进一步突出办学特色，面向现代化、面向世界、面向未来，着力培养更多高素质创新人才，着力取得更多高水平科研成果，为提升我国能源资源产业技术水平、为推动我国经济社会又好又快发展作出新的更大贡献。

中共中央政治局常委、国务院总理温家宝在中国矿业大学2009届去西部基层工作毕业生的来信上的批示中勉励该校毕业生，基层艰苦地方需要你们，那里大有可为。希望同学们努力奋斗。

10月18日，中国矿业大学、中国矿业大学（北京）同时举行庆祝大会。中共中央政治局委员、国务委员刘延东出席中国矿业大学庆祝大会并作重要讲话。她说，胡锦涛总书记的贺信和温家宝总理的批示，充分体现了党中央、国务院对中国矿业大学的高度重视、亲切关怀和殷切期望。刘延东指出，能源资源科学开发和洁净利用是世界各国共同面临的重大课题，也是我国现代化建设的关键制约因素。希望中国矿业大学按照胡锦涛总书记和温家宝总理的要求，弘扬优良传统，积极改革创新，突出办学特色，提高办学质量，努力成为煤炭能源行业培育创新人才的高地，成为孕育科学知识和科技成果的重要基地，成为矿业和能源工业科技进步和区域经济社会发展的重要支撑。希望师生们把实现个人价值与为国家作贡献紧密结合起来，积极投身到祖国最需要的地方去建功立业。

校庆前夕，中共中央政治局委员、国务委员刘延东于10月14日到中国矿业大学（北京）进行考察，祝贺建校100周年，并向全校师生员工和海内外校友致以亲切问候。

以不同形式向中国矿业大学建校100周年表示祝贺的还有路甬祥、韩启德、陈至立、蒋树声、孙孚凌、徐匡迪。教育部部长周济出席中国矿业大学校庆大会并致辞，教育部副部长袁贵仁出席中国矿业大学（北京）校庆大会并致辞。

撰稿 高 扬
审稿 牛燕冰

高校思想政治工作

〔**召开第十八次全国高等学校党的建设工作会议**〕 2009年12月24日至25日，中共中央组织部、中共中央宣传部、中共教育部党组在北京召开第十八次全国高等学校党的建设工作会议。中共中央政治局常委、中央书记处书记、国家副主席习近平在会前会见出席会议的代表并发表讲话。他强调，认真贯彻落实党的十七大和十七届四中全会精神，进一步加强和改进新形势下高校党的建设，是坚持社会主义办学方向、促进高校改革发展、培养社会主义合格建设者和可靠接班人的根本政治保证，各级党委一定要高度重视、切实抓紧抓实抓好。

党中央、国务院始终高度重视高校党的建设工作，从1990年开始每年召开一次全国高校党的建设工作会议，研究新问题、交流新经验、作出新部署。这次全国高校党建工作会议的主要任务是，深入分析高校党的建设面临的新情况新问题，对进一步加强和改进新形势下高校党的建设进行部署。

习近平指出，做好新形势下高校党建工作，要坚持和完善党委领导下的校长负责制，既充分发挥党委的领导核心作用，又切实保证校长在依法行政中的执行权力，切实提高高校领导班子办学治校能力；要坚持用中国特色社会主义理论体系武装党员、教育师生，认真做好学习实践科学发展观活动整改落实后续工作，大力开展创建学习型党组织活动，以学习为党组织建设的重要特征，以学习为党组织活动的重要内容，以学习为提高党组织战斗力的重要途径，推动高校党员干部和广大师生不断深化对党的理论创新成果的认识；要做好抓基层、打基础工作，健全高校党的各级组织，明确职责任务，加强指导督促，严格按照标准和程序把优秀知识分子和大学生吸收到党内来，充分发挥基层党组织的战斗堡垒作用和党员的先锋模范作用；要坚持改革创新，继承和发展高校党的建设在长期实践中形成的成功方法，又要不断创新和丰富高校党的建设有效管用的新方法，不断增强高校党建工作的生机活力。

中共中央政治局委员、中央书记处书记、中央宣传部部长刘云山，中共中央政治局委员、国务委员刘延东，中共中央政治局委员、中央书记处书记、中央组织部部长李源潮参加会见。

刘云山出席会议并讲话，刘延东主持会议，李源潮出席会议。刘云山强调，要从贯彻落实党的十七届四中全会精神的高度充分认识加强和改进高校党的建设的重要性紧迫性，全面落实高校党的建设各项任务，着力提高党员干部的党性修养，着力增强党组织的凝聚力创造力战斗力，着力提高高校党建科学化水平，为促进高校科学发展，培养造就中国特色社会主义建设者和接班人提供坚强有力的政治保证、思想保证和组织保证。要按照建设马克思主义学习型政党的要求，以提高思想理论素养为重点，在推进用马克思主义中国化最新成果武装头脑、指导教学科研实践上取得新成效；按照建设社会主义核心价值体系的要求，以坚定理想信念为重点，在加强和改进大学生思想政治教育上取得新成效；按照围绕中心服务大局、拓宽领域强化功能的要求，以扩大覆盖、增强活力为重点，在发挥高校基层党组织战斗堡垒和党员先锋模范作用上取得新成效；按照党要管党、从严治党的要求，以加强高校党风廉政建设为重点，在以优良党风促校风带学风上取得新成效；按照德才兼备、以德为先的要求，以提高思想政治素质、增强办学治校能力为重点，在加强高校领导班子和干部队伍建设上取得新成效。

教育部党组书记、部长袁贵仁作了总结讲话。他强调，加强和改进新形势下高校党的建设意义重大、责任重大。要深入贯彻落实党的十七大和十七届四中全会精神，按照习近平、刘云山同志重要讲话要求，坚持改革创新，突出工作重点，找准工作着力点，力求在重点突破中实现整体推进。

山东省委高校工委、上海市委教卫党委、中国农业大学、天津大学、哈尔滨工业大学、青海大学、云南农业大学、长江大学8家单位的代表作了交流发言。中央和国家机关有关部门负责同志，解放军总政治部、各省区市和新疆生产建设兵团有关负责同志，全国部分高校党委书记、校长参加了会议。

〔举办全国高校宣传部长论坛〕 为提高高校宣传思想工作部门把握意识形态主导权、增强应急舆论引导能力，2009年4月9日至10日，教育部思想政治工作司、社会科学司、高等学校社会科学发展研究中心、中国教育报刊社、中国教育电视台、中国大学生在线、湖南大学联合主办了全国高校宣传部长论坛。教育部党组成员、副部长李卫红发表书面讲话，她充分肯定了党的十六大以来高校宣传思想工作所取得的重大成绩，深入分析了高校宣传思想工作面临的新形势新任务，强调了2009年高校宣传思想工作要全面贯彻党的十七大、十七届四中全会和第十七次全国高校党建工作会议精神，深入贯彻落实科学发展观，统一思想，凝聚力量，切实维护好高校科学发展的大局，切实维护好深化改革的大局，切实维护好和谐稳定的大局。

北京大学、清华大学、复旦大学、湖南大学、中国政法大学、华中师范大学6所高校作了主题发言。

教育部直属高校、部分省属高校以及其他部委所属部分高校党委宣传部部长参加了论坛。有关专家还以增强高校舆论引导能力为主题作了专题讲座。

〔**举办高校统战部长“管理与公共关系”研修班**〕 2009年8月28日至9月18日，中央统战部六局和教育部思想政治工作司联合举办了高校统战部长“管理与公共关系”研修班，并赴加拿大进行了培训考察。部分部属高校党委统战部部长、省区市党委教育工作部门统战工作处室负责人和省区市党委统战部知识分子工作处处长等23人参加了研修。

〔**12名教育系统人物入选“100位新中国成立以来感动中国人物”**〕 为推动群众性爱国主义活动深入开展，迎接新中国成立60周年，经中央批准，中央宣传部、中央组织部、中央统战部、中央文献研究室等11个部门联合组织开展评选“100位为新中国成立作出突出贡献的英雄模范人物和100位新中国成立以来感动中国人物”活动。教育部专门下发通知，积极组织教育系统广大师生员工参与“双评”活动。在投票评选的基础上，经过有关部门审核，组委会评审组专家投票，最终评出100位为新中国成立作出突出贡献的英雄模范人物和100位新中国成立以来感动中国人物。其中12位教育系统人物当选100位新中国成立以来感动中国人物，他们分别是（以姓氏笔画为序）：海军大连舰艇学院教授方永刚、湘潭大学学生文花枝、北京大学教授王选、重庆市合川县渠嘉乡双江村完小学生刘文学、四川省凉山彝族自治州甘洛县乌史大桥乡二坪村小学教师李桂林和陆建芬夫妇、解放军第四军医大学学生张华、北京大学教授孟二冬、四川省成都市盐道街小学学生林浩、草原英雄小姐妹龙梅和玉荣（蒙古族）、广州医学院教授钟南山、四川省雅安市石棉中学初中二年级学生赖宁、四川省绵竹东方汽轮机厂所属东汽中学教师谭千秋。

撰稿 荆 辉

〔**开展“我爱我的祖国”主题教育活动**〕 2009年是中华人民共和国成立60周年。根据中央关于围绕庆祝新中国成立60周年深入开展群众性爱国主义教育活动的意见精神，教育部党组印发《关于围绕庆祝新中国成立60周年在各级各类学校深入开展“我爱我的祖国”主题教育活动的通知》，召开“我爱我的祖国”主题教育活动视频会议，全面部署教育系统爱国主义教育活动。组织全国高校学生开展“我爱我的祖国”主题暑期社会实践活动。7月4日，在清华大学举行启动仪式，中共中央政治局委员、国务委员刘延东出席并讲话。教育部先后会同中宣部、共青团中央举办“我与祖国共奋进——纪念五四运动90周年”主题歌会，会同中央文明办、广电总局、共青团中央举办“迎国庆讲文明树新风”电视礼仪知识竞赛等活动。各地各学校认真贯彻落实中央精神和教育部党组要求，紧密围绕主题，充分发挥课堂主渠道作用，深入开展主题鲜明、形式多样、喜闻乐见的文艺活动、主题社会实践和志愿服务活动、学习表彰先进典型活动、各类庆祝活动，“我爱我的祖国”主题教育活动广泛深入开展，取得显著成效。

撰稿 成黎明

〔**举办主题形势政策报告会**〕 围绕庆祝新中国成立60周年，教育部组织全国高校积极开展“喜迎国庆60周年 唱响校园主旋律”主题形势报告会活动，同时，中宣部、教育部联合发文要求集中组织开展高校形势报告会并邀请省部级党政负责同志到高校作形势报告，进一步完善了省部级党政负责同志到高校作形势政策报告的制度。2009年，先后有近百位省部级领导到高校作形势政策报告，受到大学生的广泛欢迎。8月20日至9月14日，中宣部、中央直属机关工委、中央国家机关工委、教育部、解放军总政治部、中共北京市委联合举办“辉煌60年”系列形势报告会，先后邀请人力资源和社会保障部部长尹蔚民，中宣部副部长、文化部部长蔡武，外交部部长杨洁篪，财政部部长谢旭人，农业部部长孙政才，国家发展和改革委员会主任张平作了6场报告，20余所高校的2 000余名师生现场聆听了报告会。

〔**开展民族团结教育活动**〕 8月20日，中宣部、教育部、国家民委联合印发《关于在学校开展民族团结教育活动的通知》，要求各级各类学校广泛开展“民族团结教育”主题活动。8月24日，中宣部、教育部、国家民委联合召开深入开展民族团结宣传教育活动电视电话会议，中共中央政治局委员、中央书记处书记、中宣部部长刘云山出席会议并讲话，中宣部常务副部长雒树刚、教育部副部长袁贵仁、国家民委党组书记杨传堂作了发言。会议对把民族团结教育贯穿于国民教育的全过程、贯穿于未成年人思想道德建设与大学生思想政治教育的各方面、贯穿于青少年成长成才的各阶段提出明确的要求。9月26日，教育部在新疆召开专题座谈会，就新疆各级各类学校开展民族团结教育活动进行调研和指导。各地各学校在秋季开学后，认真组织学生上好民族团结教育第一课；将解决民族学生实际问题与解决思想问题相结合，帮助民族学生解决学习、生活及语言、心理上的困难；将民族团结教育与爱国主义教育有机融合，组织开展形式多样、内涵丰富的主题教育活动；将民族团结教育内容有机融入《思想道德修养和法律基础》等相关课程，扎实推进民族团结教育进教材、进课堂、进学生头脑。

撰稿 李亚员

〔**表彰全国高校优秀辅导员、思想政治教育工作者**〕 为表彰高校辅导员与思想政治教育工作者为加强和改进大学生思想政治教育工作作出的突出贡献，进一步激发广大教师和教育工作者的积极性、创造性，推动全国大学生思想政治教育工作再上新台阶，9月1日，教育部印发《关于表彰全国中小学优秀班主任和高校优秀辅导员等先进个人的决定》（教人［2009］15号），授予北京交通大学孙慧环等34名同志“全国高校优秀辅导员”荣誉称号；授予清华大学杜汇良等34名同志“全国高校优秀思想政治教育工作者”荣誉称号。

〔**评选“2008全国高校辅导员年度人物”**〕 为进一步加强高校辅导员队伍建设，宣传表彰一批为人师表、爱岗敬业、无私奉献的优秀辅导员，更好地调动和激励高校辅导员工作的积极性和创造性，教育部思想政治工作司指导，全国高校辅导员工作研究会、中国教育报、中国教育电视台联合举办了“2008全国高校辅导员年度人物”评选活动，新华网提供了独家网络支持。各地各高校踊跃参与，共推荐412名辅导员参评。本着客观、公平、公正的原则，经过评委会认真评议，华中师范大学冯圣兵、上海师范大学孙雅艳（女）、北京交通大学孙慧环（女）、华南师范大学李卫东、大连理工大学杨晓英（女）、复旦大学赵强、河北经贸大学赵敬兰（女）、湖南科技大学皇晓东、西藏大学格桑尼玛、四川大学夏磊（女）等10名辅导员获“2008全国高校辅导员年度人物”称号，20人获提名奖，70人获入围奖。10月14日，“立德树人与爱同行”2008全国高校辅导员年度人物颁奖晚会在大连理工大学举行，教育部副部长李卫红出席并为辅导员年度人物颁奖。各地各高校组织辅导员集中观看了中国教育电视台播出的晚会实况录像。

撰稿 陈 洁

〔**评选“2008中国大学生年度人物”**〕 教育部思想政治工作司、共青团中央学校部、人民日报教科文部共同指导，人民网和大学生杂志社联合举办了“2008中国大学生年度人物”评选活动。北京大学王启宁，清华大学胡凯，北京师范大学李菊（女），天津大学王荃，哈尔滨工业大学何晓波、刘峰，复旦大学邓贝西，中国地质大学（武汉）袁复栋，湖北职业技术学院谭之平（女），成都信息工程学院蒙祖海，新疆大学王燕娜（女）等当选“2008中国大学生年度人物”，云南农业大学杨继斌获“2008中国大学生年度人物”特别奖。4月29日，“2008中国大学生年度人物”颁奖典礼在人民大会堂举行，教育部副部长李卫红出席并讲话。中国大学生年度人物评选活动自2005年举办以来在广大学生中产生强烈反响，累计参与人次3 000多万，网络投票总数近亿。在两届全国道德模范评选中，有12名大学生当选，其中6名是“中国大学生年度人物”获得者。

〔**组织大学毕业生建功立业先进事迹报告团**〕为教育引导大学生到基层、到西部、到祖国最需要的地方建功立业，中宣部、教育部、团中央联合组织了大学毕业生建功立业先进事迹报告团。报告团由7名成员组成，他们是：南京军区某团二营四连连长、清华大学2004届毕业生覃文强，江苏省盐城市射阳县四明镇新南村党总支书记、南京农业大学2006届毕业生郭碧玉（女），湖北天人生态农业有限公司董事长、华中农业大学1998届毕业生师智敏，杭州每日科技有限公司董事长、浙江大学2006届毕业生方毅，湖北省鹤峰县燕子乡朝阳村朝阳小学校长、华中师范大学2007届毕业生费宝莉（女），西安三人行广告传媒有限公司董事长、长安大学2004届毕业生钱俊冬，贵州省遵义市绥阳县黄杨镇人民政府计生办干部、湖北省中医药高等专科学校2006届毕业生黄贵军。6月19日，在清华大学举行首场报告会，中宣部副部长翟卫华、教育部副部长李卫红、共青团中央书记处书记周长奎出席。6月20日至7月5日，报告团先后赴天津、上海、武汉、广州、西安、哈尔滨等6个城市作了11场报告，上百所高校的1.6万余名师生代表参加报告会。报告会上，7位报告人结合自己的亲身经历，用朴实无华的语言，生动感人的事例，讲述了他们毕业之后在平凡的工作岗位上作出的突出成绩，向人们展示了当代大学生坚韧不拔、积极进取、勇于担当、乐于奉献、报效祖国、服务人民的高尚品质。巡讲活动在社会各界引起强烈反响。

〔**组织先进模范人物爱国奉献事迹报告团**〕为大力宣传改革开放和社会主义现代化建设中涌现出来的模范人物的感人事迹，引导大学生以模范人物为榜样，高扬爱国主义的光辉旗帜，勤奋学习、深入实践、奉献社会，中宣部、教育部、团中央联合组织了先进模范人物爱国奉献事迹报告团。报告团由8位成员组成，他们分别是：全国优秀教师、全国师德先进个人奖获得者，清华大学计算机系教授、博士生导师吴文虎；“中国青年五四奖章”获得者、“当代青年的榜样”，中国石油天然气集团公司工程技术分公司副总经理秦文贵；全国道德模范、全国劳动模范，青岛港前湾集装箱码头有限责任公司固机部经理许振超；“中国青年五四奖章”获得者、全国十佳法官，北京市海淀区人民法院知识产权庭庭长宋鱼水（女）；“中国十大杰出青年”、“新一代模范士兵”，沈阳军区某高炮团修理连士官向南林；“北京奥运会、残奥会先进个人”、“全国模范教师”、“全国高校优秀辅导员”，北京交通大学辅导员孙慧环（女）；“中国青年五四奖章标兵”获得者、全国三好学生标兵，南京航空航天大学博士生胡铃心；“全国抗震救灾模范”、“抗震救灾优秀志愿者”，成都信息工程学院学生蒙祖海。6月21日，报告团首场报告在北京航空航天大学举行。中宣部副部长翟卫华、教育部副部长李卫红、共青团中央书记处书记周长奎出席报告会。6月22日至30日，报告团先后赴大连、厦门、济南、长沙、昆明等5个城市作了10场报告，近百所高校的1.4万余名师生代表参加报告会。

〔**宣传表彰长江大学“全国见义勇为舍己救人大学生英雄集体”**〕 10月24日，长江大学陈及时、何东旭、方招、徐彬程、李佳隆、龚想涛、张荣波、姜梦淋（女）、黄检（女）、孔璇（女）、昌子琪（女）、万莉莎（女）、贾云芸（女）、李立科、孟亮雨等15名同学冒着生命危险，跳入长江荆州宝塔湾江段，救起了两名不慎落水滑入江中的少年。其中，陈及时、何东旭、方招3名同学不幸被江水吞没，献出了年轻的生命。为表彰他们的先进事迹，教育部授予徐彬程等15名同学“全国见义勇为舍己救人大学生英雄集体”荣誉称号，追授陈及时、何东旭、方招同学“全国舍己救人优秀大学生”荣誉称号。11月4日，教育部、中共湖北省委举办学习长江大学见义勇为舍己救人大学生英雄集体先进事迹座谈会，教育部副部长李卫红出席并讲话。11月9日，中共教育部党组印发《关于在教育系统开展向长江大学“全国见义勇为舍己救人大学生英雄集体”学习活动的通知》。各地各校广泛宣传大学生英雄集体的先进事迹和崇高精神，迅速掀起学习大学生英雄集体的热潮。12月，中宣部、中央文明办、教育部、共青团中央、中共湖北省委联合组织全国见义勇为舍己救人大学生英雄集体先进事迹报告团。12月21日，首场报告会在人民大会堂举行。受胡锦涛总书记委托，报告会开始前，中共中央政治局常委李长春亲切看望大学生英雄集体代表和报告团成员，并向英勇牺牲的3位大学生的亲属表示亲切慰问。之后，报告团赴北京、天津、哈尔滨、郑州、武汉等地作巡回报告。长江大学“全国见义勇为舍己救人大学生英雄集体”还荣获中央电视台“2009感动中国人物特别奖”、“2009中国教育年度新闻人物”集体奖等荣誉称号。

撰稿　成黎明

〔**加强大学生就业思想政治教育工作**〕　为充分做好当前形势下大学生就业思想政治教育工作，特别是做好毕业生的就业思想政治教育工作，引导大学生树立正确的就业观、成才观，3月25日，教育部办公厅印发《关于加强普通高等学校学生就业思想政治教育的通知》，并将2009年4月确定为高校学生就业教育活动月。各地各高校充分认识学生就业思想政治教育的重要性，大力开展就业主题教育活动，引导学生正确看待就业形势，调整就业预期，唱响到基层、到西部、到祖国最需要的地方建功立业的主旋律。6月，教育部会同中宣部、共青团中央联合组织大学毕业生建功立业先进事迹报告团，在北京、天津、上海、武汉、广州、西安、哈尔滨等7个城市作了12场报告，上百所高校的1.7万余名师生参加了报告会。7月4日，教育部召开“我爱我的祖国”大学生基层建功立业座谈会，中共中央政治局委员、国务委员刘延东亲切接见座谈会上发言的6位学生代表，教育部部长周济出席座谈会并讲话。

〔**召开全国高校辅导员工作座谈会**〕　5月18日，教育部在北京师范大学召开全国高校辅导员工作座谈会。当选“2008全国高校辅导员年度人物”的优秀辅导员代表和第十七期全国高校辅导员班主任骨干培训班的全体学员参加了座谈会。教育部部长周济出席会议并讲话。座谈会上，教育部思想政治工作司负责同志介绍了全国高校辅导员队伍建设情况。辅导员代表孙慧环（女）、赵强、夏磊（女）等作了发言。周济在讲话中充分肯定了高校辅导员队伍建设取得的显著成绩。他指出，经过各地各高校的共同努力，高校辅导员队伍建设在思想认识、体制机制、明确政策、培养人才方面取得明显的阶段性成果，并正在逐步引向深入。高校辅导员队伍建设摆到了应有位置，辅导员队伍发展更加顺畅，整体素质和工作水平不断提高。周济要求以科学发展观为统领，坚持不懈地做好高校辅导员队伍建设工作。进一步提高认识，切实加强领导；明确职责，开拓创新，不断提高辅导员工作水平；完善政策措施，加强培养培训，推动辅导员队伍专业化建设。

撰稿　陈　洁

〔**组织专家组赴新疆开展“7·5”事件心理危机干预培训**〕　乌鲁木齐“7·5”事件发生后，为提高广大师生心理危机干预能力，8月21日至29日，新疆维吾尔自治区党委教育工委、自治区教育厅举办了两期心理危机干预培训班，120多名来自新疆34所高校的学生处处长、心理健康教师和部分辅导员，1 200多名来自乌鲁木齐市中小学及教育机构中层以上领导、骨干班主任、心理辅导教师参加了培训。教育部组织大中小学心理健康教育与咨询方面的9名专家赴新疆进行专业培训与指导。

专家们围绕大学生思想政治教育与心理危机干预工作的有机结合、中小学生生理心理发育特点与心理危机干预工作的有机结合、心理危机干预理论与技术、心理危机预防的新范式、心理创伤的评估与治疗技术等专题，采取授课与讨论相结合、讲座与情景教学相结合、理论与实践相结合的形式进行培训，帮助学员们掌握处理危机事件的能力，学会心理创伤治疗的原理和操作方法。

撰稿　李亚员

审稿　杨振斌　刘贵芹

〔**召开新媒体环境下高校思想政治工作研讨会**〕　2009 年 9 月 18 日，教育部在北京召开新媒体环境下高校思想政治教育工作研讨会。教育部党组成员、副部长李卫红出席会议并讲话。会议交流了利用网络新媒体开展舆情分析、学生党建、辅导员博客建设以及完善高校 BBS 等方面的做法，进一步探讨了应对网络新媒体挑战、提高做好高校思想政治教育工作的能力、推进高校思想政治教育工作不断深入开展等工作。北京、天津、上海等省市党委教育工作部门、北京大学、清华大学等 20 余所高校、教育部有关司局和直属单位负责人出席了会议。

〔**召开高校新闻网创新发展论坛**〕　2009 年 12 月 27 日，教育部在武汉召开高校新闻网创新发展论坛。论坛主题是“积极建设健康向上的高校校园网络舆论环境”。论坛围绕运用新技术在新媒体环境下推动高校新闻网创新发展，完善高校新闻网领导体制及工作机制，促进高校新闻网贴近实际、贴近生活、贴近学生，发挥高校新闻网在大学生思想政治教育工作中的作用等议题进行了深入研讨。来自北京、天津、上海、重庆、湖北、陕西等省市党委教育工作部门和北京大学、清华大学等 40 余所高校的宣传部门负责人参与了研讨。华中科技大学承办了此次论坛。

〔**加强辅导员博客建设**〕　2009 年，教育部通过推广先进经验、建设完善平台、加强基础培训、组织研究研讨、编写并配发指导手册、开展多校试点等举措推动辅导员博客建设。高校通过努力，初步形成一定规模和影响的辅导员博客群，在凝聚学生、服务学生和及时化解网下问题与矛盾方面，发挥出思想政治工作的优势和积极作用。

〔**成立中国大学生在线校园网络通讯社**〕　为了更快速、更全面、更真实地掌握高校校园内情况，了解师生思想动态，2009 年 4 月中国大学生在线成立了由 120 家高校、1 400 余名师生组成的校园网络通讯社。校园网络通讯社在高校设立通讯站，由高校党办、宣传部、学工部或团委指派 1 至 2 人作为指导教师，依托高校已有的学生记者团队开展工作。各通讯站每日为中国大学生在线校园时讯频道提供大量鲜活的校园信息，记录大学生成长的点点滴滴，展示校园生活的时时刻刻。

〔**加强中国大学生在线网站共建频道建设**〕　根据教育部有关文件要求，2009 年 6 月，中国大学生在线顺利完成共建频道重新征选工作，共推选出 65 个共建频道。在线通过举办共建团队精英夏令营、创办《共建通讯》电子杂志、为共建团队学生成员颁发社会实践工作证书等举措，着重加强队伍培训、工作交流，进一步提高共建频道建设水平，激发共建团队建设热情。目前，65 个共建频道共有 65 名指导教师，594 名工作人员。

〔**启动第五届中国大学生 DV 文化艺术节**〕　为倡导健康向上的高校校园文化，培养和提升大学生的创业意识和自强精神，2009 年 10 月，第五届中国大学生 DV 文化艺术节正式启动。本届艺术节由中国大学生在线、上海世博会中国馆领导小组办公室、湘潭大学主办，中国教育电视台协办。艺术节以大学生“创业与成长”、“同一时刻”为主题，以“大学生办、大学生拍、大学生看、大学生评”为宗旨，向全国大学生征集 DV 作品。评选结果预计于 2010 年 5 月公布。

撰稿　许敏敏

审稿　杨振斌　迟刚毅

高校社会科学研究

〔加强高校思想政治理论课教师队伍建设〕　为落实胡锦涛总书记重要批示精神，教育部把加强思政课教师队伍建设作为中心工作来抓。一是继续做好每年六期的高校思政课骨干教师研修工作。2009年共举办6期研修班，培训600人。教育部党组主要负责同志与研修班学员座谈并讲话，中宣部有关负责同志也到班作专题报告。二是继续依托全国高校19个马克思主义理论一级学科博士点授权单位，做好2009年思政课教师在职攻读马克思主义理论博士学位的招生和培养工作。在2008年招收50名的基础上，2009年又招收了80名专职教师攻读博士学位。三是建设并开通了全国高校思政课教师队伍信息管理平台。四是加强高校思政课参考资料建设。截至2009年年底，中宣部、教育部定期编辑并向全国高校思政课专兼职教师发送《高校思想政治理论课参考资料》32期，发送170万册。中央领导同志作出批示，给以充分肯定。同时，向全国高校思政课教师赠送电影纪录片《西藏今昔》和电视政论片《伟大的历程》光盘资料，并印发文件，要求各地各高校把大型电视文献片《中国1978—2008》作为思政课的辅导材料。五是组织实施高校思政课骨干教师参观考察活动。根据中央领导同志重要批示精神，中宣部、教育部印发了《关于做好高校思想政治理论课骨干教师参观考察活动的通知》，决定从2009年起，有计划、分层次地组织高校思政课骨干教师进行参观考察。7月21日至26日，两部组织全国百名思政课骨干教师分赴上海、苏州进行参观考察。考察活动取得圆满成功，在广大思政课教师中引起热烈反响，受到教师普遍欢迎，收到良好效果。中央领导同志对考察活动给予了充分肯定，要求制度化，不断总结、完善，使之成为教师队伍建设的重要途径。中央电视台、中央人民广播电台、人民日报、光明日报、中国教育报作了相关报道。

〔积极推进社会主义核心价值体系“三进”工作〕　根据中央统一部署和有关要求，教育部深入扎实地在高校思政课中开展社会主义核心价值体系教育。一是根据马克思主义理论研究和建设工程办公室要求，组织对高校思政课四本教材进行修订，以充分反映党的十七大和十七届三中全会精神，特别是充分反映中国特色社会主义理论体系、科学发展观、社会主义核心价值体系等重大理论观点和重大战略思想；充分反映胡锦涛同志在纪念党的十一届三中全会召开30周年大会上的重要讲话精神，特别是充分反映改革开放30年来中国特色社会主义伟大事业所取得的理论成果和宝贵经验。同时，充分吸收高校广大师生对教材在使用过程中的意见和建议。四本教材于2009年7月出版，秋季开学投入使用。二是印发通知，对开展深入学习科学发展观、“六个为什么”教育、民族团结教育作出部署，要求适当调整高校思政课教学计划，安排相应教学活动。三是认真研制高校形势与政策课教育教学要点，加重科学发展观、“六个为什么”和民族团结三项专题教育的分量，制作配套教学录像，积极探索和总结改进教学方法、增强教学效果的有效途径和方法。同时，明确要求在“形势与政策”课教育教学中，集中开展一次科学发展观专题教育活动，集中组织学习《六个“为什么”——对几个重大问题的回答》读本。四是对思政课教师进行相关专题培训，把三项专题教育活动作为高校思想政治理论课骨干教师研修班的重要内容，列入研修重要日程，邀请有关方面的专家学者作专题报告。五是以教育部人文社会科学研究项目形式，选取北京大学、上海大学两所高校开展“六个为什么”教学试点。试点工作于2009年9月秋季开学后开始。拟经过一个学期的试点，形成具有可操作性的做法后在全国高校推广。

撰稿　陈　矛

〔**推进高校思想政治理论课教学方法改革**〕 高校思想政治理论课“05方案”实施以来，教材编写已经形成一套成熟的工作机制。当前，着力改进教学方法，推进教材体系转化为教学体系，教学体系转化为学生的知识体系和信仰体系，成为提高思想政治理论课教学质量的关键环节。2009年主要采取了以下措施。一是评选高校思想政治理论课“精彩教案”、“精彩多媒体课件”，规范课堂教学，改进课堂教学方法。面向全国高校征集“精彩教案”、“精彩多媒体课件”，通过专家认真评审并经过公示，共评选出“精彩教案”65份，“精彩多媒体课件”125份，并列入高校哲学社会科学课题专项任务研究项目。二是推动案例教学法在高校思想政治理论课教学中的运用。在2008年面向全国高校征集思想政治理论课4门课程优秀教学案例并召开“高校思想政治理论课案例教学研讨会”基础上，组织编写与4门必修课教材相配套的教学案例，已完成编写工作，计划于2010年上半年陆续出版并投入使用。三是加大教学重点、难点问题研究的力度。设立教育部哲学社会科学研究专项任务项目（高校思想政治理论课）59项，鼓励思想政治理论课教师从教学体系与基本内容研究、课程间相互关系研究、教学方法研究、教学疑难问题研究、学科建设和课程建设支撑关系研究等五个方面加强教学研究，提高教学质量。

撰稿 陈 睿

〔**加强高校思想政治理论课宏观指导**〕 为落实2008年全国加强和改进高校思政课工作会议和加强思政课教师队伍建设意见精神，进一步加强宏观指导，提高管理科学化水平，2009年重点加强三个方面的指导。一是加强对思政课教学科研机构建设的指导。中央领导同志高度重视这项工作的进展情况，批示要“加强面对面的工作”，切实抓好落实。2009年，教育部加强了对机构建设工作的指导，加快了工作步伐。一方面，与有关高校面对面沟通；另一方面，要求高校把这一问题的解决与深入学习实践科学发展观活动结合起来，作为学习实践活动整改工作的一项重要内容。经过各高校的共同努力，工作取得了新的进展，三分之二的教育部直属高校和60%的地方高校建立了独立的直属学校领导的思政课教学科研机构。二是整合马克思主义理论学科资源，规范学科建设。高校按照教育部的要求，把马克思主义理论学科点整合到思政课教学科研机构中，把为思政课服务作为学科建设的重要任务和工作重点，不举办本科专业，不招本科生，学术骨干承担思政课教学任务。这一举措使教师把更多的时间和精力投入到思政课教学中去，促进教学质量进一步提高。三是推进《高等学校思想政治理论课建设标准》（以下简称《建设标准》）的研制和试点工作。教育部会同北京、上海等六省市区教育部门，共同研制了《建设标准》，2009年4月面向全国广泛征求意见，并同时在北京、上海等六个省（区、市）开展试测。试点工作取得了较好的效果，为下一步全面实施奠定了良好的基础。

撰稿 陈 矛
审稿 杨 光 徐维凡

〔**第五届高等学校科学研究优秀成果奖（人文社会科学）揭晓**〕 根据教育部《高等学校科学研究优秀成果奖（人文社会科学）奖励办法》，2009年教育部组织了高等学校科学研究优秀成果奖（人文社会科学）评奖工作。本届优秀成果奖的评选范围是2005年1月1日至2007年12月31日期间出版的著作、发表的论文或提交的研究咨询报告。经专家评审、面向社会公示和奖励委员会审核通过，共产生获奖成果648项，其中一等奖38项，二等奖205项，三等奖392项，成果普及奖13项。北京大学、中国人民大学、复旦大学、武汉大学、南开大学、浙江大学、南京大学、北京师范大学、清华大学、中山大学位列获奖总数前十位。

评奖工作坚持以马克思主义为指导，坚持质量第一、宁缺毋滥和公开、公平、公正的原则，所有获奖成果或推动了理论创新，或推动了学科建设和基础理论发展，或回答了国家经济建设和社会发展中的一些重大理论与现实问题，真实地反映了近年来高校哲学社会科学研究的质量和水平。总体来看，本届获奖成果呈现以下四个特点。一是文史哲等人文学科获奖成果不仅数量优势明显，而且对文明传承、文化交流贡献突出，反映出高校人文基础学科的深厚积淀。二是基础性研究立足于中国国情，以重大理论和现实问题为主攻方向，提炼经验、创新理论，显示出高校学者植根实践沃土，密切联系实际的优良学风。三是研究咨询报告类获奖成果创历届新高，一批应用性研究成果直接服务于党和政府决策咨询，应用于经济建设和社会发展，取得显著成效。四是本届评奖首设成果普及奖，十余种传播普及人文社会科学知识读物多次重印，发行量达数十万册，有的还翻译成其他文字，深受中外读者好评。

2009 年 12 月 30 日，高等学校科学研究优秀成果奖（人文社会科学）颁奖大会在人民大会堂隆重举行。中央政治局委员、国务委员刘延东出席颁奖大会并发表重要讲话。她指出，哲学社会科学的发展水平，体现着一个国家和民族的思维能力、精神状态和文明素质，反映了一个国家的综合国力和国际竞争力。繁荣发展哲学社会科学，不仅关系到我国经济、政治、文化、社会建设以及生态文明建设的全面协调发展，而且关系到社会主义核心价值体系的构建，关系到全民族思想道德素质和科学文化素质的提高，关系到国家文化软实力的增强。她提出要围绕建设中国特色、中国风格、中国气派的哲学社会科学，紧扣时代主题，扎根社会实践，努力构建高校哲学社会科学创新体系。

撰稿　王日春

〔**教育部成立学风建设协调小组，大力加强高校学术道德和学风建设**〕　教育部历来高度重视高校学术道德和学风建设，近年来先后出台了《关于加强学术道德建设的若干意见》、《高等学校哲学社会科学研究学术规范》、《关于进一步加强和改进师德建设的若干意见》、《关于树立社会主义荣辱观进一步加强学术道德建设的意见》等文件。2009 年 3 月 15 日，教育部召开高校学术风气建设座谈会，教育部党组书记、部长周济出席会议并讲话。他强调，要深刻认识加强学术道德和学风建设的重要性和紧迫性，标本兼治，惩防并举，多管齐下，综合治理，自律与他律相统一，内部治理与社会监督相结合，着力构建教育、制度、监督相结合的预防和惩处工作体系。2009 年 3 月 19 日，印发了《教育部关于严肃处理高等学校学术不端行为的通知》。《通知》列举了必须严肃处理的七种高校学术不端行为，明确了高校对本校学术不端行为的查处负有直接责任，为高校严肃查处学术不端行为提供了依据。同时，对学术不端行为实行“零容忍”，发现一起，调查一起，处理一起。

2009 年 7 月，由教育部社会科学委员会下设的学风建设委员会组织编写的高校科研职业道德规范教育的指导性用书《高校人文社会科学学术规范指南》在全国出版发行。各高校已将《指南》纳入高校思想政治理论课的重要内容。清华大学、北京大学、中国政法大学等高校，新生入学第一课即邀请专家学者主讲学术道德和学术规范，使新生从入学起就能知晓学术规范，养成遵守学术道德的良好习惯。

2009 年 10 月，教育部成立学风建设协调小组，下设社科类学风建设办公室和科技类学风建设办公室，主要职责为：制定高校学风建设相关政策；组织开展学术道德和学风建设研究及宣传教育；受理直属高校学风问题举报并组织对重大学风问题进行调查核实，提出处理建议；宏观指导、督促高校加强学风建设等。为充分发挥专家在高校学风建设中的重要作用，成立教育部学风建设委员会，成员由教育部社会科学委员会和教育部科学技术委员会的学风建设委员会委员组成。这是教育部加强对高校学风建设的领导，有效遏制学术不端行为的又一项重大举措。全国高等学校相继建立学风建设组织机构，制定相关规章制度，逐步形成领导有力、责任明确、协调配合、监督到位的学风建设工作体制。

撰稿　魏贻恒

〔**积极推进中国特色社会主义理论体系的研究和宣传**〕　教育部积极组织高校学者参与马克思主义理论研究和建设工程，深入开展马克思主义中国化、大众化、时代化的研究、阐释和宣传，为党的理论创新成果提供了有力的学理支撑。目前，在中央马克思主义理论研究和建设工程 532 位专家中，来自高校系统的专家有 337 人，占 67%。

2009 年度教育部哲学社会科学研究重大课题攻关项目设立了马克思主义理论研究与建设工程重点教材编写专项项目，共立项 29 项。同时，设置了“坚持马克思主义在意识形态领域指导地位研究”、“新中国 60 年中国共产党反腐廉政基本经验研究”等招标课题，组织高校理论工作者开展联合攻关，推出了一批有价值、有分量的理论成果。

2009 年，教育部人文社会科学研究项目首次设立“马克思主义大众化”专项课题，组织一批高水平高校学者围绕马克思主义大众化的理论和实际问题深入开展研究，共立项 59 项。设立“加强社会主义核心价值体系建设研究和宣传”专项课题，围绕建设社会主义核心价值体系的一系列重大理论和现实问题，特别是六个“为什么”，组织高校学者深入开展研究，共立项 28 项，推出了一批既有理论深度、又通俗易懂的正面引导文章。部分优秀成果在中国教育报发表，并结集汇编成《高校学者解读六个“为什么”》一书，由高等教育出版社出版。

〔哲学社会科学教学科研骨干研修工作取得显著成效〕 开展哲学社会科学教学科研骨干研修工作，是党中央立足新的实际，进一步繁荣发展我国哲学社会科学，加强马克思主义理论队伍建设作出的重大决策。自 2005 年以来，在中央高度重视和关心指导下，中组部、中宣部、中央党校、教育部、财政部、解放军总政治部分工协作、周密安排，不断充实内容、加强管理、完善制度，全面深入推进哲学社会科学教学科研骨干研修工作，取得了显著成效。各地按照中央要求，认真组织地方哲学社会科学教学科研骨干参加研修，推动各项工作不断向深度和广度发展。

五年来，中央五部门共举办研修班 30 期，培训学员 3 149 人，其中部属高校 2 363 人，地方高校 360 人，军队院校 185 人，中国社科院和地方社科院 135 人，地方党委宣传部、讲师团、社科联 106 人。同时，各地结合实际开展研修工作，共举办研修班 428 期，培训学员 37 619 人。经过研修班的学习，学员们在思想政治上、理论素养上得到明显提高，在了解国情、了解革命传统、了解党的大政方针上有了明显收获，在做好哲学社会科学教学科研工作和大学生思想政治工作的责任感和使命感上明显增强。哲学社会科学教学科研骨干研修已成为我国哲学社会科学队伍建设的品牌项目和重要抓手。

2009 年 12 月 18 日，中组部、中宣部、中央党校、教育部、财政部、解放军总政治部联合下发了《2010—2014 年哲学社会科学教学科研骨干研修工作规划》，对未来五年哲学社会科学教学科研骨干研修工作进行了全面规划和总体部署。

〔教育部人文社会科学研究项目体系进一步完善，资助力度进一步加大〕 2009 年，教育部人文社会科学研究基金总额达到 4 亿。通过加大资金投入、完善项目体系、加强项目管理，教育部人文社会科学研究项目的评审质量和立项水平显著提高。

一是项目受益面大为扩大，立项率明显提高。2009 年度一般项目首次面向全部 2 600 余所全日制普通高校组织申报，共立项 3 241 项，比上一年度增加 150%，受益高校达 498 所，受益面比上一年度扩大了 53.7%。

二是项目类别更加丰富，项目体系更加完善。在重大课题攻关项目增设马克思主义理论研究与建设工程重点教材编写专项。在一般项目中增设马克思主义大众化、教育廉政理论研究、高校思想政治工作、高校思想政治理论课专项课题，与国家汉办合作设立汉语国际推广与中华文化传播研究专项。首次设立西部和边疆地区项目，在立项上给予政策倾斜，提高了西部地区高校的立项率。教育部人文社会科学研究项目已经形成学科领域更广泛、项目层次更分明、项目类别更齐全、资助渠道更多样的立体化项目资助体系。

三是充实完善了评审专家数据库，共收录了 10 000 多条具有正高级职称的高水平同行专家完整信息，覆盖了人文社会科学的所有学科和部分文理交叉学科。组织研发了高校人文社会科学研究项目评审系统，评审立项工作的规范性和科学性进一步提升。

撰稿　段洪波
审稿　杨　光　张东刚

〔**全面稳步推进高校出版社体制改革**〕　为进一步推进高校出版社转企改制工作，2009 年 8 月 26 日，教育部社会科学司会同新闻出版总署出版管理司、产业发展司在京联合召开高校出版社体制改革座谈会。会议学习传达全国文化体制改革经验交流会议精神，贯彻落实新闻出版总署《关于进一步推进新闻出版体制改革的指导意见》（新出产业［2009］298 号），通报高校出版社体制改革进展情况，交流各校出版社体制改革的思路与措施，对本年度完成高校出版社转企改制提出了明确要求。参加会议的有未启动体制改革的 11 家高校图书出版社和 14 家音像、电子出版社的主管校领导和社长。截至 2009 年 12 月 31 日，除新疆大学出版社待定外，全国 102 家高校图书出版社和 14 家独立设置的高校音像电子出版社都已报送转制方案，并获批准；已完成事业法人注销、工商注册登记、加入社会保险三项工作的高校出版社共有 64 家；进行了工商登记注册的有 89 家出版社；非事业编制人员全部加入社保的有 83 家。

〔**启动第三批高校哲学社会科学名刊工程评审工作**〕　为做好第三批名刊工程评审工作，本次评审总结了前两批评审工作的经验，在专家会议评审之前，增加了专家通讯评审、编校质量检查的环节，加重了学术质量的权重，严把学术质量关，努力做到科学严谨，结果公正合理，具有权威性。全国共 59 所高校报送的 60 个刊物参加评选。2009 年组织对第二批入选名刊工程建设的 8 家学报进行了中期检查，以各刊自查为主，自查与专家会评相结合。中期检查使这些学报找到了差距，明确了努力的方向，增强了办刊的责任感和紧迫感。

〔**积极争取国家出版基金**〕　组织教育部主管出版社参加国家出版基金的申报工作。在首届国家出版基金评审中，教育部主管出版社获批 29 项，占全部资助项目 227 项的 12.8%，总计获资助金额 3 665 万元，其中，2009 年资助 1 477 万元，在获批项目、资助金额方面均处于出版业前列。

撰稿　魏小波
审稿　杨　光　徐维凡

高校学生工作

〔**普通高校招生工作**〕　2009 年全国普通高校招生报名人数约 1 020 万，实际录取人数约 630 万。高校招生考试战线深入学习实践科学发展观，在各级政府和有关部门的大力支持、积极配合下，严格管理，精心实施，招生考试工作进展顺利、秩序良好，全国高考考试期间查处违规考生占参加考试人数的万分之二点三，比 2008 年进一步下降；高校招生全面实施“阳光工程”，2009 年经教育部“阳光高考”信息平台集中公示特殊类型资格考生 5.5 万名，做到了经公示录取无一起举报；高校招生外部环境得到进一步净化，教育部接到的举报投诉比 2008 年减少 40%，网上招生诈骗信息减少了 95%。

深化高校招生考试改革，稳步推进高中新课程实验省份高考综合改革、高水平大学和高职院校两类高校选拔录取改革试点、高考志愿填报投档模式改革，为进一步探索完善在统一基础上多元评价、多样录取的高校招生方式，积累了经验。一是新增浙江、天津等 5 个高中新课程实验省市试行高考新方案，北京、湖南等 5 省市确定并发布 2010 年高考改革方案，体现分类考试、综合评价、适当减负的思路，在探索高考、高中学业水平考试和综合素质评价有机结合方面迈出了新步伐。二是80所高水平大学试点自主选拔录取，在高考前后组织测试确定入选资格考生，再结合其高考成绩进行录取，选拔综合素质高、有创新精神和潜质的人才，实际招收约1.5万名。三是浙江、湖南等省国家示范性高职院校和京津沪渝4个直辖市的部分高职院校共82所，在高考前举行单独考试招收新生，选拔符合高职教育培养所需的人才约3万名。四是16个省份实行高考志愿填报和录取投档模式改革，降低了考生志愿填报的风险，进一步提高了考生的志愿满意度。

高校招生计划向中西部倾斜，促进高等教育协调发展。一是扩大"支援中西部地区招生协作计划"规模，2009年北京等14个教育相对发达省市安排计划6万名，投放到山西、内蒙古、安徽、河南、贵州、甘肃等6省区。二是京、津、沪等地将所属高校招生计划调出近2万名，投放到广西、宁夏、新疆等省区。三是进一步降低教育部直属高校在属地安排计划比例，2009年部属高校在属地安排计划比例比2008年平均下降2个百分点，从属地调出计划5 200余名，绝大部分投向中西部生源大省。教育部所属师范大学招收免费师范生1.2万名，其中面向中西部招生约占90%。据统计，2009年中部11省招生计划总量比2008年增长6.5%，西部12省区增长了7.3%，均高于全国平均5%的增幅。

在当地党委政府的大力支持下，吉林松原高考舞弊、重庆考生民族资格等事件，得到及时有效的处理。乌鲁木齐"7·5"严重暴力事件发生后，在工信部、公安部的指导和配合下，按照网上录取应急工作方案，新疆录取工作顺利进行，对稳定新疆考生及家长情绪、维护教育和社会稳定起到了重要作用。

撰稿　苟人民

〔**研究生招生工作**〕　2009年全国硕士生招生单位共778个，其中普通高等学校485所，科研机构278个、中央党校及地方党校14所。博士生招生单位共354个，其中普通高校262所、科研机构91个及中央党校。

2009年全国报考攻读硕士学位研究生122.5万人（不含军队院校和港澳台生，下同），比2008年增加4.0%。其中应届本科毕业生74.7万人，占2009年应届本科毕业生总数的29.9%，占报考总数的61.0%。全国报考攻读博士学位研究生15.9万人，比2008年增加8.0%。

2009年全国共录取硕士和博士研究生51.4万人，比2008年增长15.0%。录取硕士研究生45.2万人，比2008年增长16.7%，其中全日制专业学位录取7.0万人；录取博士研究生6.2万人（含少数民族骨干计划和高校与中科院联合培养博士生）。

录取的硕士研究生中，应届本科毕业生32.1万人，占71.0%，在职人员13.1万人，占29.0%。各学科门类录取人数分别是：哲学4 361人，经济学18 945人，法学28 015人，教育学13 965人，文学39 257人，历史学4 976人，理学53 337人，工学134 506人，农学13 203人，医学40 240人，管理学30 839人；各专业学位类别录取人数分别为：法律硕士（非法学）6 079人，法律硕士（法学）4 826人，教育硕士5 154人，工程硕士21 755人，建筑学硕士463人，临床医学硕士4 681人，农业推广硕士792人，兽医硕士97人，口腔医学硕士296人，会计硕士1 328人，体育硕士528人，风景园林硕士390人，汉语国际教育硕士1 262人，翻译硕士548人，工商管理硕士21 546人，公共管理硕士23人。

博士各学科门类录取人数分别是：哲学793人，经济学2 626人，法学3 128人，教育学1 032人，文学2 579人，历史学870人，理学11 688人，工学23 446人，农学2 710人，医学7 536人，管理学4 571人。

2009年香港、澳门特别行政区及台湾人士报考内地（祖国大陆）高校和科研机构研究生的考生共2 031人，其中报考硕士研究生1 300人，报考博士研究生731人；录取1 626人，其中硕士研究生987人，博士研究生639人。

2009年研究生招生工作有以下特点。

1. 继续推进研究生招生制度改革。继续深入推进初试科目改革、复试改革和推免生制度改革。2009年在工学门类的计算机科学与技术一级学科进行了初试科目改革，实行全国统一命题。加强复试规范化和制度化建设，积极探索把教育评价、心理测试等专业化手段引入复试。引导学校建立与学科水平、培养质量、专业特色等方面挂钩的推免生名额分配机制。

2. 扩大全日制专业学位招生规模。为贯彻落实党中央、国务院关于促进大学生就业工作的决策部署，教育部决定适度增招硕士研究生，主要用于应届毕业生全日制攻读专业学位硕士研究生，经各校全面落实和精心实施，实际录取全日制专业学位研究生3.83万人。一是以此为契机，树立新时期、新阶段研究生教育科学发展新的理念，即由单纯重视规模的发展向选拔培养质量的全面提高和结构的整体优化转变。二是以此为标志，明确了学术型人才和应用型人才并重的研究生教育发展模式。三是以此为抓手，用增量促存量，推动研究生教育结构调整迈出重大步伐。四是以此为引导，调动高等学校进行培养类型和培养模式改革创新的积极性，提高人才培养质量和社会适应性，推动培养模式的创新和完善。

3. 启动高校和科研机构联合培养博士研究生工作。为充分利用高校与科研机构在功能和资源等方面的优势，加强高层次拔尖创新人才培养，创新研究生培养机制和培养模式，教育部启动了高等学校和科研机构联合培养博士研究生的试点工作。2009年8所高等学校和17个中科院科研院所共招收联合培养博士生150名，用于该项试点工作。通过联合培养，一是促进高校和科研单位进行高起点、宽领域、全方位的科学研究合作，培养一批掌握世界发展趋势、承担国家重大科技攻关任务的科技领军人才。二是推动高水平学校和科研机构在强势学科上进行高精尖重大科学研究，提高我国自主创新能力，更好地服务于创新型国家建设。

4. 加强考试环境综合治理。一是考前准备"严密"，多个部门集体研究分析形势，共同制定行动方案，联合发文部署，进行严密的准备工作。二是对网络有害信息"严控"，考前开始对助考、替考网站进行关停、封堵，从源头上切断作案团伙的联系渠道，考试敏感期内有关部门24小时全网搜索，对有害信息"先删后查"。三是对手机有害信息进行"严防"，考试期间对手机有害信息进行专项治理。四是对通讯工具团伙作弊进行"严打"，对重点区域实施无线信号的监控，采取"出人、出车、出警"联合执法形式，利用无线电测向和定位技术抓获团伙，予以严厉打击。五是考后严惩，除对团伙舞弊的人员移交公安机关外，对参与作弊的在校生给予直至开除学籍的处分，对社会考生通报所在单位，给予相关处分，考生作弊和处理情况自动进入诚信档案。

撰稿　白丽新
审稿　姜　钢

〔**高等教育学籍学历管理**〕　2009年，进一步贯彻落实《普通高等学校学生管理规定》（教育部第21号令），规章制度更加健全完善，高校学生管理行为不断规范，管理育人、服务育人的理念进一步确立，高等教育学籍学历管理力度和管理水平全面提升。

1. 学籍电子注册制度化。新生学籍电子注册范围进一步扩展，在普通高等教育本专科入学新生电子注册的基础上，实施了研究生新生入学电子注册。全国普通高校统一招生本专科新生注册629.15万人，研究生新生注册49.85万人。强化在校生学年电子注册制度，部署了普通本专科在校生重姓名重身份证号清查专项工作。遏止了招生违规、中介欺诈等行为，进一步促进了高等教育办学秩序的规范。

2. 学历证书电子注册规范化。高等教育学历证书电子注册制度更加完善，工作进一步规范，注册范围涵盖高等学历教育的各类型各层次。学历证书电子注册共905.42万余人，其中：普通本专科535.86万，研究生32.56万，成人教育276.53万，网络教育37.80万，自考22.67万。开展了全国成人高等教育专升本新生专科学历资格核查专项工作。

3. 完善高等教育学籍学历管理系统。高等教育学籍学历管理系统功能进行了全面优化和升级，建立起高校学生从入学学籍电子注册、在校期间学籍变动电子处理、毕业学历证书电子注册全过程信息化管理系统平台，进一步完善了管理系统数据参谋决策作用和统计分析功能。

撰稿 解汉林

〔**全国普通高校毕业生就业工作**〕 2009年，全国普通高校毕业生规模达611万人，比2008年增加52万人，毕业生总量创历史新高。截至9月1日统计，全国普通高校毕业生实现就业人数452万人，与2008年同比增加39万人；毕业生初次就业率为74%，与2008年同期相比增加了0.2个百分点。其中，到中西部地区、中小企业、民营企业就业的毕业生人数有所增加。

2009年高校毕业生就业工作有以下几个主要特点。

一是党中央、国务院对高校毕业生就业高度重视，明确提出必须把高校毕业生就业摆在当前就业工作首位。胡锦涛总书记、温家宝总理等中央领导多次深入有关省市、高校视察高校毕业生就业工作。国务院先后召开常务会议和电视电话会议，研究、部署和推动高校毕业生就业工作，并下发《国务院办公厅关于加强普通高等学校毕业生就业工作的通知》（国办发［2009］3号），出台七方面重大政策。

二是有关部门密切配合、地方政府强力推动、全社会大力支持，共同促进高校毕业生就业工作。教育部及多个中央部门以应对危机为契机，加强协调配合，共同构建了一整套促进毕业生就业的新的政策体系，巩固和完善了多部门分工协作、齐抓共管的工作机制。各省份都出台了与国办文件相配套的地方性文件，同时因地制宜，出台了许多新政策，并全力抓好政策落实。有关社会团体主动想办法、出项目、出资金，与教育部联合开展专项就业行动。

三是教育系统勇挑重担、全力以赴，超常规推动高校毕业生就业工作。教育部成立了毕业生就业工作领导小组；提出“非常时期、非常决心、非常举措”和解放思想、深入挖潜、积极作为、实事求是的工作要求；立足教育系统自身挖潜，与各有关部门积极配合，制定出台了落实国办文件精神的29个配套文件，包括九方面、70多条新的政策措施，其中教育部牵头制定下发的文件就达19个。与往年相比，2009年出台的政策文件之多、涉及方面之宽、措施力度之大、惠及学生之广都前所未有。

四是应对危机、深化改革，加快推进教育相关领域制度创新。在全力推进高校毕业生就业工作的同时，教育部认真贯彻落实中央有关在应对国际金融危机中推进改革的精神，着力把解决现实就业问题与深化教育改革和建立长效机制相结合，加快推进了科研助理、专业学位、服务外包、入伍服义务兵役、特岗教师、基层就业等六个相关领域的深化改革和制度创新，取得积极成效，直接解决了百万名应届毕业生就业问题。

五是扩大规模、拓宽渠道，引导高校毕业生面向基层就业工作实现新突破。2009年，中央有关部门组织的各类中央和地方项目共招募毕业生32万余人，同比增加了17万余人；中央和地方实施的基层就业项目共计145个，项目数比2008年增长24%。

六是多措并举，重点帮扶，千方百计促进困难毕业生就业。教育部专门下发文件，要求教育系统按照“重点关注、重点推荐、重点服务”的原则，通过专项培训、重点指导等多渠道做好高校困难毕业生的就业帮扶。

七是更大力度全面加强政策宣传，积极营造良好舆论环境。教育部多次召开新闻通气会，两次举办大型网上咨询周活动，印发了6万张宣传公告、16万册政策问答手册，并协助中央主流媒体对国家促进毕业生就业的政策措施进行富有声势的宣传报道。

八是多种形式加强大学生思想政治教育和就业教育。教育部下发文件，要求教育系统通过开展就业教育、创业教育、心理健康教育、毕业离校教育等方式，充分做好毕业生思想政治教育工作，并与中宣部、共青团中央共同举办了“大学毕业生建功立业先进事迹报告团”巡讲活动。

2010年全国普通高校毕业生达631万人，比2009年增加20万人，就业形势依然严峻。为做好2010年高校毕业生就业工作，教育部于2009年11月召开了全国普通高校毕业生就业工作视频会议，教育部部长袁贵仁作重要讲话。会议总结了2009年高校毕业生就业工作的做法和经验，对全国高校毕业生就业工作的先进集体和先进个人进行了表扬，并对教育系统做好2010年高校毕业生就业工作进行全面部署。一是要提高认识，深刻领会新形势下做好高校毕业生就业工作的重要意义。二是要巩固和完善政策，加大工作力度，确保到基层就业的高校毕业生数量有较大幅度的增加。三是要加强创业教育，优化政策环境，力争实现2010年高校毕业生自主创业工作取得新的突破性进展。四是要以社会需求为导向，推动新一轮高等教育改革。五是要全面加强就业指导。六是要加强领导，狠抓落实，继续把高校毕业生就业工作摆在突出重要位置，全力抓好落实。会后，教育部下发工作文件，提出了八方面、25条政策措施，对各地、各高校做好高校毕业生就业工作进行具体的工作部署。

撰稿　王　辉　杨　琨
审稿　张浩明

〔**2009年高校毕业生就业总结宣传工作取得阶段性成果**〕　为贯彻落实国务院领导重要批示精神，推动各地高校主动适应经济社会发展需要，深化高校教育教学及人才培养模式改革，不断创新就业工作内容和方式，逐步建立毕业生就业和人才培养良性互动的长效机制，教育部全国高等学校学生信息咨询与就业指导中心会同有关司局单位共同组织实施了2009年高校毕业生就业工作总结宣传工作。最终产生了50所2009年度全国毕业生就业典型经验高校，并已正式向社会公布。

教育部高校学生司、高教司、学位办、财务司、评估中心、就业指导中心等六单位负责同志组成领导小组，组建了由有关部委、省市教育行政部门、高校及相关研究机构专家组成的专家组，并于2009年9月专门下发《关于开展高校毕业生就业工作总结宣传的通知》（教学厅函［2009］23号），正式启动这项工作。

总结宣传工作严格按照“科学、客观、严谨、公开、高效”的工作原则，采用推荐和自荐相结合、专家评议和社会评价相结合、统一要求和分类指导相结合的方式，按申报推荐、专家初选、社会调查、实地调研和推广宣传五阶段进行。第一阶段采用部属高校自愿申报和省属高校由省市推荐的方式，产生163所申报推荐高校。第二阶段按照分类指导原则，由专家组依据初选办法进行评审初选，产生81所候选学校。初选办法包括：注重改革创新导向、特色鲜明，连续三年就业率保持较高水平并基本保持稳定，东、中、西部分布均衡并兼顾民族、农林等特殊类别学校，地方高校每省原则上产生一所。第三阶段委托国家统计局社情民意调查中心、抽取20 000名学生和1 200家用人单位样本，采用科学、标准的调查方法和专业的入户、电话调查方式，开展毕业生和用人单位满意度调查，并按照专家初选、毕业生满意度和用人单位满意度权重综合排序，初步产生50所入围高校。第四阶段组织专家调研小组分赴各省（市、区）对入围高校开展实地调研，凝练学校深化教育教学改革、创新人才培养及促进就业的经验特色，核实就业工作相关情况。

最后产生的50所就业典型经验高校，均为各类型各地区毕业生就业水平和社会满意度位居前列的高校，在教育教学改革创新人才培养和大力促进毕业生就业工作等方面创造了很多经验和特色。其中既有部属高校，也有省属本科高校和高职高专院校，既有农林、地、矿、油等艰苦行业高校，也有民族学校和民办学校的代表，中西部高校也占有一定比例。

〔**全面加强全国高等学校学生信息咨询工作**〕推进学籍学历电子注册。根据学籍学历注册工作要求，2009年，全国高等学校学生信息咨询与就业指导中心进行学籍学历管理平台功能升级，完成325万成人本专科新生学籍电子注册、900万人各类学历电子注册以及1 100万各类招生录取数据（含照片）的入库工作。开通来华留学生学籍学历管理平台；对在校重名重身份证号的学生进行清查；对各类专升本资格进行核查；开展学历查询和在线验证服务。

做好高考招生和研究生招生信息服务。依托“阳光高考”信息平台和研究生招生信息网，落实高校招生阳光工程，做好研招网上报名、调剂和录取检查工作。（1）14天高考网上咨询活动，共有2 386所院校参加，平台点击量6.8亿，访问人次539万，回答考生各类问题11万个。（2）38天研招网上调剂，共有17.7万调剂考生填报69.5万条志愿，网站点击量14亿，访问人次746万，采用短信方式免费向考生发送复试通知和拟录取通知30万条。（3）21天研招网上报名，共采集报名数据198.9万条，网站点击量28亿，访问人次866万。

加大信息资源整合，强化管理决策支持功能。整合招生录取、学籍学历、毕业生就业、学生资助等信息，构成完整的学生信息档案，为深度开展横向信息服务和提供管理决策支持奠定基础。为相关司局提供专业规模和分布情况；对各类信息进行关联统计分析。

加强信息安全工作。采用服务器数字证书、实名注册、身份确认等10项有效安全策略，保障系统安全；完成第二机房建设，实施异地备份，开展数据审计和数据库审计，确保数据安全。

规范学历认证咨询服务。学历认证工作和收费问题进一步规范，与省市代理机构的合作机制进一步完善，为社会提供高质量的服务，打击了社会不法分子制假文凭的行为，有利于促进高等教育学历管理制度进一步加强，维护了毕业生的合法权益和教育公平公正。

大力拓展电子政务服务内容。在原有六大电子政务平台基础上，2009年完成“政法干警招录培养体制改革试点招生服务网站”、“中国教育基金会官方网站”以及“农村义务教育阶段学校教师特设岗位计划信息管理与服务系统（一期）”建设。至此，由中心负责管理和维护的电子政务平台已达到九个。

〔加强就业信息化平台建设，提升就业指导服务水平〕 为更好地为高校毕业生就业服务，实现“全天候、多功能、广覆盖、高效率”，全国高校学生信息咨询与就业指导中心重视加强就业服务信息化建设。2009年，在已建立的全国大学生就业立体化平台基础上，组织开发“就业服务、电子政务、监测评估一体化系统”（简称“三合一系统”），全面提升就业立体化平台服务能力，实现国家就业政策、通知公告等上传下达，高校就业供需信息交流共享，方便了毕业生求职和用人单位招聘活动。数据统计分析及时处理，根据要求监测评估毕业生就业状况。该系统同时嵌入“全国大学生就业应急指挥系统”，新拓展“重点就业项目招聘”、“高校信息员制度”、“百度招聘信息资源整合系统”三大渠道，整合最新招聘信息、实习信息、招聘会信息等内容，使广大毕业生能够直接、迅速地搜索所需最新信息，全面提升就业服务。该系统已于2009年底开始择点试用。

2009年，全国大学生就业公共服务立体化平台针对金融危机下企业招聘不足的现状，将网上招聘会作为向广大毕业生提供招聘信息服务的主要手段，广泛联合16个部委、行业协会以及所有省市55家社会人才网站，全年共举办招聘会25场，提供岗位信息100万个，比去年增长70%。同时，积极开拓网下见面会，举办“全国民营科技企业与院校对接会”、“全国高校毕业生就业网络联盟首次校企见面会”、“全国教育系统2010届毕业生对接会”等5场线下校企活动，搭建学校、企业沟通平台，实现双方面对面直接交流，取得良好效果。

就业网络联盟召开了2009年全国高校毕业生就业网络联盟工作研讨会，并根据会议建议，分别在河南和长春建立了全国高校毕业生就业市场河南分市场、全国高校毕业生教育人才专业市场（东北），探索建立地区性、行业性的就业分市场，充实完善全国就业市场格局。同时，联盟秘书处积极推进网下活动，举办了全国高校毕业生就业网络联盟首次校企见面会，联合利华等50余家知名央企、外企及59所高校就业指导中心参加。2009年，全国大学生就业公共服务立体化平台全年日均点击量近340万，同比去年增长了21.1%。

〔组织开展丰富多彩的大学生就业创业活动〕 2009年，全国高等学校学生信息咨询与就业指导中心与中国教育电视台联合推出了“大学生就业·创业群英会”系列主题活动，包括“全国大学生职业生涯规划大赛”和“‘昆山杯’全国大学生优秀创业团队大赛”两大赛事，以普及职业规划理念，培养自主创业的观念与意识，提升高校学生就业能力。“全国大学生职业生涯规划大赛”全国共有24个省市70余万大学生参加，反响热烈。“‘昆山杯’全国大学生优秀创业团队大赛”于2009年11月启动，在省市初赛、复赛的基础上，拟于2010年7月进行决赛。

〔**积极办好《中国大学生就业》期刊**〕《中国大学生就业》是由国家教育部主管，全国高校学生信息咨询与就业指导中心主办，全国唯一为大学生就业提供指导与服务的专业性刊物。以“面向学生、独立自主、开门办刊”为原则，强调进校园、进院系、进宿舍，突出权威性、指导性和实用性，力求贴近大学生生活，宣传解读高校毕业生就业政策，为高校毕业生就业服务。

2009年，杂志成功改版，版面、内容和风格焕然一新，发行量提高；2009—2010年度杂志理事会成功召开，通过了新的理事会章程，理事会规模不断扩大，理事会成员113家，涵盖了全国大部分省级就业指导中心和部属高校；杂志还积极配合部内就业重点工作，对2009年国家出台的鼓励和引导毕业生到基层就业、应征入伍服义务兵役、扩大实施“农村教师特岗计划”、鼓励和支持服务外包企业录用毕业生等一系列促进毕业生就业的新政策措施进行专题宣传；积极参与报道“高校毕业生就业政策网上咨询周活动”和“毕业生应征入伍政策网上咨询”活动，并编印《国家促进普通高等学校毕业生就业政策百问》免费发给毕业生；参加商务部举办的服务外包中央媒体采访周系列活动，积极宣传示范城市积极吸纳高校毕业生促进服务外包产业发展的政策落实经验及做法。此外，为贯彻国务院领导同志批示，杂志还专辟版面，配合“高校毕业生就业总结宣传”工作，追踪报道宣传全国毕业生就业典型经验高校，为促进高校就业改革发挥了重要作用。在两会召开期间，《中国大学生就业》杂志专门送达两会代表，以引起全社会对大学生就业工作的关注和支持。

〔**全面推进万名就业指导师培训计划**〕金融危机影响下的高校毕业生就业，更加需要高水平就业指导教师的指导。为加强高校就业指导教师培训，全国高校学生信息咨询与就业指导中心力争做到系统培训与专题培训相结合、非学历培训与学历教育相结合、国内培训与海外进修相结合、培训与交流研讨相结合，构建层次丰富、形式多样的培训体系。2009年，中心在北京、华北、华南、东北、安徽、江苏、海南、西南等地区，先后举办9期培训班，共有来自31个省（自治区、直辖市）的600余所高校1 700余名高校就业指导教师参加了培训。在培训过程中，探索出了有效的工作模式，与各地方建立了良好的合作关系。通过对每期培训效果的调查发现，学员对培训课程的整体满意度较高，平均达到了95%以上。

为进一步提升高校就业指导服务水平，提高广大毕业生的就业能力，根据国办发［2007］26号和教高厅［2007］7号等文件精神，2009年，按照《大学生职业发展与就业指导教学要求》，全国高等学校学生信息咨询与就业指导中心组织专家等各方面力量共同编写了《大学生职业发展与就业指导》示范教材，该教材已由高等教育出版社正式出版。

〔**以就业研究引领就业指导与服务工作**〕2009年2月，全国高校学生信息咨询与就业指导中心开始筹建大学生就业研究所，以组织相关研究力量，开展深入、系统的大学生就业问题研究，及时分析、把握我国大学生就业动态、面临的问题及发展趋势，探索大学生就业的有效途径和方式方法。大学生就业研究所与有关高校合作，对过去五年来我国高校毕业生就业状况及主要特点进行了总结和分析，正式出版《2004—2008年中国大学生就业状况白皮书》，《白皮书》着重阐述了近年来我国毕业生就业的社会背景及出现的新情况、新趋势，以及国家实施的主要就业政策和举措等内容。

为把握2009届高校毕业生就业进展情况，了解促进高校毕业生就业政策的落实效果，反映毕业生就业中的期望和诉求，探究新形势下高校毕业生就业趋势和规律，大学生就业研究所在全国范围内进行了2009届中国大学生就业首选调查，编发了《2009中国大学生就业首选调查报告》。

2009年，大学生就业研究所编发内部资料《大学生就业动态》四期，为有关大学生就业的宏观管理和科学决策提供依据。

撰稿 余 舰 孙长缨
审稿 张继栋

〔**全面推进高校学生资助工作**〕 以推进生源地信用助学贷款、落实学费补偿和国家助学贷款代偿政策为突破口，全面推进高校学生资助工作。

一、修订代偿办法。2009年3月17日，财政部、教育部印发《高等学校毕业生学费和国家助学贷款代偿暂行办法》，对中央部门所属全日制普通高等学校应届毕业生，自愿到中西部地区和艰苦边远地区县以下基层单位工作、服务期达到3年以上（含3年）的学生，实施相应的学费补偿和国家助学贷款代偿；4月20日，财政部、教育部、总参谋部印发《应征入伍服义务兵役高等学校毕业生学费补偿国家助学贷款代偿暂行办法》，决定自2009年起，对应征入伍服义务兵役的全日制普通高等学校应届毕业生，实施相应的学费补偿和国家助学贷款代偿。

二、部署全年工作。5月25日，教育部、财政部、银监会、国家开发银行联合在安徽合肥召开2009年全国学生资助工作会议。教育部党组成员、部长助理林蕙青出席会议并讲话。会议重点部署了2009年推进生源地信用助学贷款工作和落实新代偿政策。6月11日，教育部财务司和全国学生资助管理中心在吉林省长春市召开2009年中央部门所属高等学校学生资助工作会议。会议对2008年工作进行了全面总结；对2009年，尤其是对推动中央部属高校国家助学贷款工作以及推进落实应届毕业生学费补偿和国家助学贷款代偿政策，进行了重点部署。

三、大力推进生源地信用助学贷款工作。教育部联合国家开发银行赴河北、山西、辽宁、江西、山东、湖南等十余个省，对生源地信用助学贷款工作进行重点督查督办。为保证贷款办理的顺利快捷，国家开发银行对运行速度、交互操作等相关功能和信息系统进行了升级、优化，江西省与高招信息管理系统的直接对接试点，大大提高了办事的工作效率。

四、抓好新生入学工作。7月14日，教育部下发《关于切实做好2009年普通高等学校新生入学"绿色通道"和贯彻落实国家资助政策有关工作的通知》，从而确保了各地、各高校家庭经济困难的新生顺利入学。截至2009年9月22日，全国共有53.25万名新生通过"绿色通道"办理了入学手续，占家庭经济困难新生总数的36.1%、特困新生总数的95.5%、报到新生总数的9.1%。

五、加强资助政策宣传工作。2009年6月以来，财政部、教育部通过召开新闻发布会、安排电视专访等形式，多渠道宣传资助政策，努力做到宣传工作不留死角。修订和印制《高等学校学生资助政策简介》630万册；解答教育部门户网站资助政策问答专栏的公众提问；开通资助热线电话，接受政策咨询和问题投诉；协商工业和信息化部，由中国移动和中国联通向全国用户发送简洁明了的资助政策信息。

六、学生资助工作取得显著成效。

1. 2009年，各级财政共下达高校国家奖助学金经费112.29亿元（其中，中央财政投入69.53亿元，地方财政投入42.76亿元）。全国高校有50 014名优秀学生获得国家奖学金，中央财政拨款4亿多元；约有60.47万名学生获国家励志奖学金，中央和地方财政拨款30.23亿元，资助面达3%；约有403.96万名家庭经济困难学生获国家助学金，中央和地方财政共拨款78亿元，平均资助面达20%。

2. 开展国家助学贷款工作以来，全国累计获得贷款学生人数达538.2万人；累计贷款合同金额494.3亿元。2009年新增审批贷款学生102.1万人；新增审批合同金额87亿元（含生源地信用助学贷款）。

3. 2009年，开展生源地信用助学贷款工作的省份由5个试点省份扩大到22个省份。全年共审批生源地信用助学贷款学生81万人，占全年国家助学贷款审批总人数的79.3%，较2008年增长239%；审批合同金额46.1亿元，占全年国家助学贷款审批合同金额的53%，较2008年增长266%。连同几年前办理的生源地信用助学贷款，全国累计审批贷款学生97.4万人；审批合同金额72.1亿元。

4. 2009年，共有7 469名赴县以下基层就业的应届毕业生获得学费和国家助学贷款代偿，代偿总金额1.31亿元；共有30 505名服义务兵役的应届毕业生获得学费补偿和国家助学贷款代偿，补偿和代偿总金额4.7亿元。

〔国家对中等职业学校农村家庭经济困难学生和涉农专业学生实施免学费政策〕 根据“中央政策引导、地方统筹安排、积极稳妥起步、逐步推进实施”的原则，国家从2009年秋季学期起，对公办中等职业学校全日制正式学籍一、二、三年级在校生中，农村家庭经济困难学生和涉农专业学生逐步免除学费（艺术类相关表演专业学生除外）。西藏自治区和新疆维吾尔自治区喀什、和田、克孜勒苏柯尔克孜三地州农村户籍的学生全部享受免学费政策；其他地区享受免学费政策的农村家庭经济困难学生分地区按以下比例确定：西部地区按在校生的25%确定，中部地区按在校生的15%确定，东部地区按在校生的5%确定。中央财政参照上述比例安排中央补助资金。各地可根据实际，合理确定行政区域内农村家庭经济困难学生的比例。

涉农专业为2000年教育部发布的《中等职业学校专业目录》中的农林类所有专业，具体包括：种植、农艺、园艺、蚕桑、养殖、畜牧兽医、水产养殖、野生动物保护、农副产品加工、棉花检验加工与经营、林业、园林、木材加工、林产品加工、森林资源与林政管理、森林采运工程、农村经济管理、农业机械化、航海捕捞，以及能源类的农村能源开发与利用专业和土木水利工程类的农业水利技术专业等21类专业。

对因免学费导致学校收入减少的部分，通过财政给予的补助和学校开展校企合作以及顶岗实习获取的收入来解决，以保证学校正常运转。具体办法是：第一、二学年学校因免学费导致的运转经费缺口，由财政按免除的学费标准给予补助；第三学年学校因免学费导致的运转经费缺口，原则上由学校通过校企合作和顶岗实习等方式获取的收入予以弥补。对涉农专业和经认定顶岗实习有困难的其他专业，由财政按一定标准给予学校顶岗实习补助，具体办法由国务院相关部门另行制定。

免学费标准按各省（区、市）人民政府及其价格主管部门批准的学费标准确定。对在政府职业教育行政管理部门依法批准的民办中等职业学校就读的一、二年级符合免学费政策条件的学生，按照当地同类型同专业公办中等职业学校免学费标准，给予补助。

免学费补助资金，由中央财政统一按照每生每年平均2 000元标准，与地方财政按比例分担。其中，西部地区，不分生源，中央与地方分担比例为8∶2；中部地区，生源地为西部地区的，中央与地方分担比例为8∶2，生源地为其他地区的，中央与地方分担比例为6∶4；东部地区，生源地为西部地区和中部地区的，中央与地方分担比例分别为8∶2和6∶4，生源地为东部地区的，中央与地方分担比例分省（市）确定。免学费资金由省级财政统筹落实。

撰稿　王振亚　谈　蔚　吕　杰

审稿　崔邦焱　张光明　马文华　马建斌

学位工作与研究生教育

〔研究生专业学位教育〕 2009年在职人员攻读硕士专业学位全国联考报考人数超过23万人。其中，报考人数最多的是工程硕士专业学位，共95 516人；其他专业学位的报考人数分别为法律硕士 20 471 人、教育硕士 33 925 人、工商管理硕士 11 963 人、农业推广硕士 19 915 人、兽医硕士 1 251 人、公共管理硕士 24 843 人、公共卫生硕士 2 326 人、会计硕士 4 956 人、体育硕士 3 982 人、艺术硕士 8 162 人、风景园林硕士 2 065 人、汉语国际教育硕士 2 059 人、翻译硕士 1 453 人。

为更好地适应国家经济建设和社会发展对高层次应用型人才的迫切需要，进一步调整和优化硕士研究生的类型结构，积极发展具有中国特色的专业学位教育，教育部决定自 2009 年起，扩大招收以应届本科毕业生为主的全日制硕士专业学位范围。为做好全日制硕士专业学位研究生的培养工作，教育部下发了《关于做好全日制硕士专业学位研究生培养工作的若干意见》（教研［2009］1 号），国务院学位委员会办公室转发了有关专业学位教育指导委员会制定的《全日制硕士专业学位（分类别）研究生指导性培养方案》，指导、规范各研究生培养单位做好全日制硕士专业学位研究生培养工作。

完成研究生专业学位总体设计研究工作。课题组成立以来，先后召开了七次工作会议，通过文献查阅、资料收集、分析整理等方法，完成了国外专业学位教育研究、我国主要行业人才需求特征研究、我国专业学位拟增设类型征求意见等工作；2009 年 11 月，课题组对美国、加拿大职业学位教育制度进行了专题考察；2009 年底，完成了《研究生专业学位教育发展总体方案》、《研究生专业学位设置与授权审核办法》、《关于新增金融硕士等 19 种专业学位的建议》等报告。

根据研究生专业学位总体设计工作部署，国务院学位委员会办公室委托部分高校牵头，按类别组成了新增研究生专业学位论证专家组，对在我国设置金融、应用统计、税务、国际商务、保险、资产评估、警务、应用心理、新闻与传播、出版、文物与博物馆、城市规划、林业、护理、药学、中药学、旅游管理、图书情报、工程管理等 19 种硕士专业学位的必要性和可行性进行研究、论证，初步提出了上述 19 种硕士专业学位设置方案，提交国务院学位委员会第 27 次会议审议通过。

启动教育博士、社会工作硕士专业学位教育试点工作。国务院学位委员会第 26 次会议审议通过了《教育博士专业学位设置方案》、《社会工作硕士专业学位设置方案》，决定在我国设置教育博士、社会工作硕士专业学位。经申报和专家评审，批准 15 所高等院校为教育博士专业学位研究生培养单位、33 所学位授予单位为社会工作硕士专业学位研究生培养单位，分别研究、制定了教育博士、社会工作硕士专业学位研究生的招生、培养办法。

根据有关专业学位教育指导委员会专家审核意见，国务院学位委员会办公室批准新增一批专业学位研究生培养单位，具体为：批准新增法律硕士研究生培养单位 35 个，教育硕士 16 个，工程硕士 5 个，工商管理硕士 55 个，兽医硕士 2 个，临床医学硕士 12 个，口腔医学硕士 12 个、公共卫生硕士 10 个，体育硕士 42 个，艺术硕士 69 个，汉语国际教育硕士 39 个，翻译硕士 25 个；同时，批准新增临床医学博士研究生培养单位 11 个，口腔医学博士 6 个；此外，还批准新增高级管理人员工商管理硕士（EMBA）研究生培养单位 32 个，批准 3 个单位开展授予建筑学学士学位工作，1 个单位开展授予建筑学硕士学位工作，批准 1 个单位继续行使建筑学学士学位工作。

经国务院学位委员会和教育部选聘，分别成立了由清华大学校长顾秉林院士担任主任委员的第三届全国工程硕士专业学位教育指导委员会；调整组成了由北京师范大学校长钟秉林教授担任主任委员的全国教育专业学位教育指导委员会；组建了由民政部党组副书记、副部长李立国同志担任主任委员的全国社会工作硕士专业学位教育指导委员会。

委托全国教育、工商管理、公共管理硕士专业学位教育指导委员会组织专家对部分专业学位研究生培养单位进行教学合格评估工作。评估结果表明，专业学位研究生总体培养质量较好，师资队伍建设成效明显，许多院校在教育理念、课程设置、教学方式、项目管理等方面进行了积极的探索，教学水平与培养质量不断提高。同时，评估中发现部分院校在生源质量、师资水平、管理水平、教学设施等方面存在不均衡，在特色品牌意识、师资队伍结构、案例教学和实践教学等方面存在不足，需要进一步改进。

在充分研究论证的基础上，第二批开展的机械工程、仪器仪表工程、集成电路工程、水利工程、测绘工程、石油与天然气工程、环境工程、车辆工程、制药工程、项目管理等10个领域完成了硕士专业学位标准的制定工作，并于2010年开始试行。

组织开展农业推广、兽医、风景园林硕士专业学位培养、管理与教学实施情况专项调研，调研工作采取培养单位自查和指导委员会专家组实地调研相结合的方式，有关教指委组织专家组分别对11个农业推广硕士单位、2个兽医硕士单位、8个风景园林单位进行了实地考察调研。

全国兽医专业学位教育指导委员会举行了“兽医专业学位设立十周年”纪念活动和有关学术活动。教育部原副部长赵沁平、吴启迪，农业部兽医局原局长贾幼陵，国家首席兽医师于康震等领导分别为纪念大会题词，评选表彰了13位全国兽医专业学位研究生教育先进工作者和16位作出突出贡献的兽医专业学位获得者，汇编了《中国兽医专业学位教育（2000—2009年）》宣传画册和《开拓创新　任重道远　中国兽医专业学位教育十周年回顾》、《中国兽医专业学位教育10年大事记》等文集。

围绕农业推广硕士专业学位各领域主干课程，投入经费30余万元，设立教材建设项目26项、课程建设项目10项、师资培训项目6项；投入经费20万元，组织开展教育教学改革立项研究课题25项；开展第二届农业推广硕士专业学位优秀论文评选，并对20篇获奖论文作者及其导师进行表彰。

为进一步规范风景园林硕士研究生教学体系，保证培养质量，组织编写并发布《风景园林历史与理论》、《风景园林规划与设计》、《园林植物应用与技术》和《生态学专题》等四门主干课程教学大纲。

2009年7个兽医博士培养单位共招收76名在职攻读兽医博士专业学位研究生。为适应新形势，全国兽医专业学位教育指导委员会制定并发布《2010年全日制兽医博士专业学位研究生招生工作指导意见》，并进一步明确限定在职人员攻读兽医博士专业学位的报考条件如下。①须是硕士学位获得者，具有3年以上兽医业务相关实践经验。工作年限计算截止期为每年7月31日。②须具备兽医或相关学科领域的硕士学位，相关学科领域指医学门类、动物学、微生物学（与动物相关）、动物遗传育种与繁育、水产（限鱼病方向）；养殖、渔业领域的农业推广硕士（毕业论文内容与兽医相关）。③若硕士学位为非兽医及相关学科领域，则本科专业必须为兽医或动物医学、动物药学、兽医公共卫生、中兽医、动物检疫等。④不接受普通本科高校教学科研人员报考。

撰稿　陆　敏　雍翠菊　欧百钢

〔**研究生教育创新计划**〕　2009年，教育部投入专项经费5 000万元，批准支持130个单位组织实施研究生教育创新计划项目259项。批准的项目包括：继续分学科领域举办全国博士生学术论坛18个，全国博士生学术会议53个，全国研究生暑期学校56个；继续资助25所高校和科研院所接受校外博士生来本单位重点学科或重点实验室访学研究；首次举办青年导师研修班5个，研究生教育管理干部研修班2个；首次支持56家研究生院高校接收其他地方高校研究生教育管理干部到本校交流学习；支持各省（自治区、市）开展地方研究生教育创新探索项目31项；支持建设东北、西南、西北3个地区性的研究生教育创新平台；此外，还开展了研究生教育改革研究等其他类型项目7项。

总体来看，2009年研究生教育创新计划的覆盖面进一步扩大，项目类型进一步丰富；项目数量、参与单位、参与人数均创新高，为促进优质教育资源共享、营造浓厚的研究生教育创新氛围、推进研究生教育改革发挥了积极作用。

2009年3月，为进一步发挥高校和专家作用，更加有效地实施研究生教育创新计划，决定设立研究生教育创新计划项目管理专家工作小组秘书处，挂靠在北京大学研究生院。秘书处主要承担有关研究生教育创新计划项目管理及组织实施具体工作，负责建设、维护“中国研究生教育创新网”等。

撰稿　朱　瑞

〔**2009年全国优秀博士学位论文评选**〕　全国优秀博士学位论文评选是提高研究生培养质量、鼓

励创新、促进高层次创新人才脱颖而出的重要措施。根据《全国优秀博士学位论文评选办法》的规定，经学位授予单位推荐、省级初选、同行专家通讯评议、专家会复审并在网上公示征询异议后，2009年9月，教育部和国务院学位委员会批准了2009年全国优秀博士学位论文名单（98篇）和提名论文名单（363篇），向优秀论文的作者及其指导教师颁发了证书。根据《高等学校全国优秀博士学位论文作者专项资金资助办法》，教育部对在高等学校工作的优秀论文作者给予了专项资金资助。

撰稿　郝彤亮

附：

2009年全国优秀博士学位论文名单

编　号	论文题目	作　者	指导教师	学位授予单位
2009001	唐宋之际敦煌民生宗教社会史研究	余　欣	荣新江	北京大学
2009002	正负电子湮灭中 J/Ψ 的产生以及底夸克偶素衰变到粲夸克对的研究	张玉洁	赵光达	北京大学
2009003	单壁碳纳米管的 AFM 操纵、形变及相关拉曼光谱研究	段小洁	刘忠范	北京大学
2009004	在投射电子显微镜中对碳纳米管进行操控和电性测量	王鸣生	彭练矛	北京大学
2009005	教育与代际流动的关系研究——中国劳动力市场分割的视角	郭丛斌	闵维方	北京大学
2009006	社会认知与联盟信任形成	尹继武	宋新宁	中国人民大学
2009007	相对论重离子碰撞中产生夸克胶子等离子体的信号研究	朱相雷	庄鹏飞	清华大学，北京协和医学院—清华大学医学部
2009008	铁磁智能材料力磁耦合行为研究	裴永茂	方岱宁	清华大学，北京协和医学院—清华大学医学部
2009009	高介电聚合物基复合材料的制备与性能	沈　洋	南策文	清华大学，北京协和医学院—清华大学医学部
2009010	溶液调湿式空气处理过程中热湿耦合传递特性分析	刘晓华	江　亿	清华大学，北京协和医学院—清华大学医学部
2009011	微分散体系尺度调控与传质性能研究	徐建鸿	骆广生	清华大学，北京协和医学院—清华大学医学部
2009012	CASP8 基因启动子区六核苷酸插入/缺失多态与多种肿瘤易感性相关	孙　瞳	林东昕	北京协和医学院—清华大学医学部，清华大学
2009013	宽温域稀土超磁致伸缩合金研究	马天宇	徐惠彬	北京航空航天大学
2009014	钛酸铅基化合物晶体结构及其负热膨胀性	陈　骏	邢献然	北京科技大学
2009015	普通野生稻匍匐生长习性基因克隆及其分子进化	谭禄宾	孙传清	中国农业大学

续表

编　号	论文题目	作　者	指导教师	学位授予单位
2009016	脱落酸结合蛋白 ABAR 受体功能的鉴定	王小芳	张大鹏	中国农业大学
2009017	美国研究型大学与城市互动机制研究	郄海霞	王英杰	北京师范大学
2009018	不同情绪义的词的“阈下启动”效应的认知神经机制研究	罗　倩	彭聃龄	北京师范大学
2009019	同声传译与工作记忆的关系研究	张　威	王克非	北京外国语大学
2009020	生物安全立法研究	于文轩	王灿发	中国政法大学
2009021	形而上学的批判与拯救—阿多诺否定辩证法的逻辑和影响	谢永康	王南湜	南开大学
2009022	哈密顿系统与微分几何中的闭轨道	王　嵬	龙以明	南开大学
2009023	原子光谱联用新技术及其在形态分析和金属组学中的应用	李　妍	严秀平	南开大学
2009024	冰片对血脑屏障P－糖蛋白功能及其信号通路的影响——“开窍中药”作用模式初探	范　祥	张伯礼	天津中医药大学
2009025	我国经济转轨时期房地产增长周期波动——特征、成因和结构变化的计量分析	梁云芳	高铁梅	东北财经大学
2009026	缠结网络的合成、结构和拓扑类型研究	王新龙	王恩波	东北师范大学
2009027	基于 AFM 的纳米加工机理及相关工艺技术研究	闫永达	董　申	哈尔滨工业大学
2009028	多空间尺度下驼鹿和狍受人类干扰的生态效应及其适应机制研究	姜广顺	马建章	东北林业大学
2009029	piggyBac 转座系统—哺乳动物遗传分析的新工具	丁　昇	许　田	复旦大学
2009030	精神分裂症遗传易感位点的系统研究	师咏勇	贺　林	上海交通大学
2009031	数据挖掘的建模及在生物信息学中的应用研究	沈红斌	杨　杰	上海交通大学
2009032	白血病相关蛋白 AML1－ETO 与细胞凋亡的关系研究	卢　莹	陈国强	上海交通大学
2009033	折射率变化型多层光存储的矢量衍射理论	郭汉明	庄松林	上海理工大学
2009034	三维纺织结构复合材料压缩性能的应变率效应及动态特性分析	孙宝忠	顾伯洪	东华大学
2009035	财政分权、财政竞争的经济绩效研究	付文林	沈坤荣	南京大学
2009036	喷动流化床流体动力学特性及放大规律研究	钟文琪	章名耀	东南大学
2009037	基片集成频率选择表面的研究	罗国清	洪　伟	东南大学
2009038	一维纳米结构的若干力学问题	王立峰	胡海岩	南京航空航天大学
2009039	温度－应力共同作用下砂岩破坏的细观机制与强度特征	左建平	谢和平	中国矿业大学

续表

编　号	论文题目	作　者	指导教师	学位授予单位
2009040	受载煤体变形破裂表面电位效应及其机理的研究	李忠辉	王恩元	中国矿业大学
2009041	DNA 修复基因多态性、基因型—表型相关性与肺癌易感性关系的分子流行病学研究	胡志斌	沈洪兵	南京医科大学
2009042	中国东南沿海地区史前文化中的鸟形象	黄厚明	阮荣春	南京艺术学院
2009043	黄酒品质和酒龄的近红外光谱分析方法研究	于海燕	应义斌	浙江大学
2009044	提高罗伦隐球酵母拮抗效力的途径及其机理的研究	余　挺	郑晓冬	浙江大学
2009045	动力学性质的相对化与局部化	张国华	叶向东	中国科学技术大学
2009046	日冕物质抛射的对地有效性及近地空间环境的研究	薛向辉	窦贤康	中国科学技术大学
2009047	中国上市公司股权分置改革的理论与实证研究	许年行	吴世农	厦门大学
2009048	卵巢特异性转录因子 NOBOX、NANOS3、LHX8 在卵巢早衰发病机制中的作用研究	秦莹莹	陈子江	山东大学
2009049	海面风矢量、温度和盐度的被动微波遥感及风对温盐遥感的影响研究	殷晓斌	刘玉光	中国海洋大学
2009050	遥感影像处理中的人工免疫系统理论及其应用方法研究	钟燕飞	张良培	武汉大学
2009051	计算电磁学的无单元方法研究	张　勇	邵可然	华中科技大学
2009052	水稻抗白叶枯病隐性基因 xa13 的分离与鉴定	储昭晖	王石平	华中农业大学
2009053	DNA 在土壤活性颗粒表面结合机制及其稳定性和生物活性	蔡　鹏	黄巧云	华中农业大学
2009054	熔锥型光纤器件的流变成形机理、规律与技术研究	帅词俊	钟　掘	中南大学
2009055	政策工具的挤出效应与挤入效应研究	杨子晖	陈浪南	中山大学
2009056	若干金属及氧化物准一维纳米材料的制备及应用基础研究	周　军	许宁生	中山大学
2009057	含离子液体介质中生物催化不对称反应及其特性的研究	娄文勇	宗敏华	华南理工大学
2009058	复式河槽水流阻力及泥沙输移特性研究	杨克君	曹叔尤	四川大学
2009059	人子宫内膜癌比较蛋白质组学研究及癌相关蛋白 Cyclophilin A 的表达与功能验证	李征宇	赵　霞	四川大学
2009060	口腔黏膜癌变相关分子蛋白组学分析及 RACK1 蛋白表达验证和功能研究	王　智	陈谦明	四川大学

续表

编　号	论文题目	作　者	指导教师	学位授予单位
2009061	球孢白僵菌降解寄主体壁的几丁质酶和蛋白酶的分子改良	范艳华	裴　炎	西南大学
2009062	基于微纳加工电化学超微电极制备与表征新方法研究	朱明智	蒋庄德	西安交通大学
2009063	流动传热问题先进算法及其在强化空气对流传热应用中的研究	屈治国	陶文铨	西安交通大学
2009064	SiC 晶须增韧硅化物及 SiC/玻璃高温防氧化涂层的研究	付前刚	李贺军	西北工业大学
2009065	雷达高分辨距离像目标识别方法研究	杜　兰	保　铮	西安电子科技大学
2009066	沙打旺（Astragalus adsurgens Pall）黄矮根腐病（Embellisia astragali sp. nov. Li & Nan）的研究	李彦忠	南志标	兰州大学
2009067	文类研究	陈　军	姚文放	扬州大学
2009068	含蜡原油流变性与蜡晶形态、结构及原油组成间关系研究	高　鹏	张劲军	中国石油大学
2009069	载能粒子沉积硬质润滑薄膜	于　翔	王成彪	中国地质大学
2009070	心肺复苏自动化过程中的关键算法研究	李永勤	邓亲恺	南方医科大学
2009071	随机非线性系统的控制器设计和闭环性能分析	刘淑君	张纪峰	中国科学院数学与系统科学研究院
2009072	非晶金属塑料	张　博	汪卫华	中国科学院物理研究所
2009073	量子信息启发的量子热力学和量子相变问题	全海涛	孙昌璞	中国科学院理论物理研究所
2009074	伽玛暴外流体的物质组分及其观测效应	范一中	韦大明	中国科学院紫金山天文台
2009075	酞菁单晶微纳材料与微纳光电器件的研究	汤庆鑫	胡文平	中国科学院化学研究所
2009076	2，3-联烯酸（酰胺）与联烯及炔烃的偶联环化反应研究	顾振华	麻生明	中国科学院上海有机化学研究所
2009077	分子分散型三基色和白光高分子发光材料体系	刘　俊	王利祥	中国科学院长春应用化学研究所
2009078	类水滑石衍生复合氧化物上 NOx 储存、分解与还原的研究	於俊杰	郝郑平	中国科学院生态环境研究中心
2009079	ENSO 集合预报研究	郑　飞	朱　江	中国科学院大气物理研究所
2009080	北极 Gakkel 超慢速扩张脊大洋橄榄岩的地球化学特征及其意义	刘传周	郭敬辉	中国科学院地质与地球物理研究所
2009081	多年冻土区气冷路基长期热稳定性研究	张明义	赖远明	中国科学院寒区旱区环境与工程研究所

续表

编　号	论文题目	作　者	指导教师	学位授予单位
2009082	从生长锥到胞体的长距离钙离子信号介导Slit-2引起的神经细胞迁移的翻转	管沉冰	袁小兵	中国科学院上海生命科学研究院
2009083	控制水稻粒宽/粒重主效QTL的定位、克隆和功能研究	宋献军	林鸿宣	中国科学院上海生命科学研究院
2009084	β-Arrestin1的核内功能：通过影响表观遗传修饰调节基因转录及其在自身免疫中的作用	施裕丰	裴　钢	中国科学院上海生命科学研究院
2009085	计算生物学方法发展及其在分子生物学和药物研究中的应用	张　健	蒋华良	中国科学院上海药物研究所
2009086	基于数据驱动的表面质感建模与绘制	王嘉平	沈向洋	中国科学院计算技术研究所
2009087	高性能MEMS射频无源器件与三维硅微机械加工技术	顾　磊	李昕欣	中国科学院上海微系统与信息技术研究所
2009088	量子相干控制原子、分子超快多光子非线性效应研究	杨玮枫	徐至展	中国科学院上海光学精密机械研究所
2009089	明诗文学生态研究	郭万金	胡　明	中国社会科学院研究生院
2009090	商代青铜器铭文研究	严志斌	刘一曼	中国社会科学院研究生院
2009091	超宽带SAR浅埋目标成像与检测的理论和技术研究	金　添	周智敏	国防科学技术大学
2009092	合成射流/合成双射流机理及其在射流矢量控制和微泵中的应用研究	罗振兵	夏智勋	国防科学技术大学
2009093	新型免疫抑制性细胞亚群（dMSC）的发现和功能研究	韩岩梅	曹雪涛	第二军医大学
2009094	ZNRD1在胃癌发生和胃癌多药耐药中的功能研究	洪　流	樊代明	第四军医大学
2009095	装备采办风险辨识与评估研究	吕　彬	陈庆华	装备指挥技术学院
2009096	电力电子系统传导干扰建模和预测方法研究	孟　进	马伟明	海军工程大学
2009097	基于混沌理论的线谱控制技术研究	楼京俊	朱石坚	海军工程大学
2009098	CUEDC2通过抑制IKK复合体磷酸化下调NF-kB通路	李慧艳	张学敏	军事医学科学院

〔**研究生培养机制改革**〕　2009年9月，教育部办公厅发出《关于进一步做好研究生培养机制改革试点工作的通知》（教研厅〔2009〕1号），将改革试点范围扩大到全部中央部委属培养研究生的高校。《通知》阐述了改革研究生培养机制的目的、意义，并在贯彻研究生培养的科学研究导向原则、加强指导教师队伍建设与管理、充分调动研究生创新积极性和大力调整研究生培养类型结构等方面提

出明确要求。

撰稿 任增林

〔**启动《学位授予和人才培养学科目录》修订工作**〕 为适应我国经济、社会、科技和高等教育的发展，2009 年 6 月，根据国务院学位委员会第二十六次会议的有关决议以及《学位授予和人才培养学科目录设置与管理办法》的要求，国务院学位委员会、教育部下发《关于修订学位授予和人才培养学科目录的通知》，启动了学科目录修订工作。

这次学科目录修订将统筹考虑本科生和研究生教育，遵循科学性、系统性和适应性的原则，从学理基础、学科属性、学界认同、人才需求等方面进行论证。学科目录修订工作大致分为三个阶段。第一阶段，请各学位授予单位和有关部门对现行学科门类和一级学科提出修订意见；工作小组在收集、整理修订意见的基础上，经过研究提出《学位授予和人才培养学科目录》修订草案。第二阶段，听取专家咨询小组对学科目录修订草案的意见并进行论证，在广泛征求意见后，提交国务院学位委员会学科评议组进行评议。第三阶段，工作小组在汇总各方面意见后，对学科目录进行修改完善，提出学科目录送审稿，送交国务院学位委员会和教育部审批。

〔**加强学位授予工作中的学术道德建设**〕 经国务院学位委员会第二十七次会议审批，国务院学位委员会下发了《关于在学位授予工作中加强学术道德和学术规范建设的意见》(以下简称《意见》)。

《意见》要求各学位授予单位必须高度重视学位授予工作中的学术道德和学术规范建设，保证学位授予质量，自觉维护我国学位授予的严肃性和权威性；规定各学位授予单位要建立健全学术道德标准和学术规范，通过各种有效途径对学位申请者和教师进行学术道德和诚信教育；要在整个培养过程中安排必修环节，对学位申请者进行学术道德教育和学术规范训练，培养学位申请者严谨的治学态度和求实的科学精神；要进一步加强指导教师的师德教育，督促指导教师自觉维护学术尊严和学者声誉，加强学术自律、恪守学术诚信和学术道德。《意见》还要求各学位授予单位深化学术评价制度、学术评价方法、相关考核评价等制度改革，建立科学合理的学术评价体系；建立和完善对学位授予工作中舞弊作伪行为的惩处机制，制定切实可行的处理办法，完善和规范有关处理程序，严惩舞弊作伪行为，促进学术自律，并根据有关舞弊作伪行为，对有关人员做出取消学位申请资格或撤销已获得学位的处理，同时也要对指导教师做出严肃处理。

为督促各学位授予单位切实做好学术道德建设工作，要求各省级学位委员会和军队委员会对本区域或本系统学位授予单位落实《意见》的情况进行监督。

撰稿 郝彤亮

〔**中外互相承认学位证书协议签署情况**〕 2009 年我国与越南签署了关于互相承认学历、学位和文凭的合作协议或备忘录。目前与我国签署有关互相承认学位协议的国家和地区达 35 个。相关协议的签订为我国和签约国之间人员往来提供了极大的便利。

〔**名誉博士授予情况**〕 2009 年国务院学位委员会批准授予 23 位境外著名专家学者、政治家和社会活动家名誉博士学位，其中有德国总理安格拉·默克尔、诺贝尔奖获得者哈特姆特·米歇尔博士、世界经济论坛主席克劳斯·施瓦布等人。名誉博士的授予促进了中国教育、科技、文化、体育等的国际或地区交流与合作，对中国的涉外工作以及教育事业的发展都起到了积极的推动作用。

撰稿 刘 璞

附：

2009年名誉博士学位授予情况统计表

授名誉博士名单	国家或地区	授予学校
哈特姆特·米歇尔	德国	南开大学
帕萃克·贺克	美国	厦门大学
李昌钰	美国	中国政法大学
韩德华	比利时	北京交通大学
布立顿·强斯	美国	华中科技大学
齐揩华	以色列	华中科技大学
于尔根·海舍勒	德国	华中科技大学
亚历山大·季米特里耶维奇·茹科夫	俄罗斯	北京外国语大学
御手洗富士夫	日本	清华大学
吴伯雄	台湾	南京大学
安格拉·默克尔	德国	南京大学
Adi Shamir	以色列	山东大学
黄志源	印度尼西亚	北京大学
达图·斯里·穆罕默德·纳吉布·宾·敦·阿卜杜勒·拉扎克	马来西亚	北京外国语大学
克劳斯·施瓦布	瑞士	南开大学
阿里·纳伊米	沙特	北京大学
斯蒂芬·卡隆佐·穆西约卡	肯尼亚	南京农业大学
韩礼德	英国	北京师范大学
焦立中	美国	山东大学
有马朗人	日本	北京科技大学
金炯昨	韩国	天津大学
朱马利·赛雅贡	老挝	苏州大学
波松·布帕万	老挝	苏州大学

〔**“985工程”建设**〕 “985工程”二期建设于2008年底结束，各校校内验收已经结束。教育部、财政部在各校“985工程”二期总结工作的基础上，专门成立了“985工程”研究课题组，重点对“985工程”十年建设取得的成绩、经验和存在的问题进行系统、全面的总结。目的是为科学地制订新一轮“985工程”建设规划，加快推进创建世界一流大学步伐，奠定更加坚实的基础。

为贯彻落实胡锦涛总书记关于加快推进创建世界一流大学步伐的指示精神，教育部、财政部围绕今后一个时期“985工程”建设的总体思路和建设重点等问题，先后召开了“教育发展若干重大问题研讨会”等一系列研讨会，重点研究了“985工程”发展战略、建设重点、改革措施等问题，提出了具有改革思路“985 工程”建设方案，同时听取了部分学校对该方案的意见。考虑到新一轮“985 工程”建设有待《国家中长期教育改革和发展规划纲要》批准后得以启动，为保证“985 工程”建设不间断进行，按照温家宝总理关于《国家中长期教育改革和发展规划纲要》“一边制订、一边试点”的原则，教育部、财政部建议尽快启动新一轮“985 工程”建设。

〔**“211 工程”建设**〕　根据国务院批准的《高等教育“211 工程”三期建设总体方案》，“211 工程”三期建设已全面启动，纳入“211 工程”三期建设的学校共 112 所。

根据《国民经济和社会发展第十一个五年规划纲要》和国务院批准的《高等教育“211 工程”三期建设总体方案》，教育部、国家发展改革委、财政部共同组织编制了《高等教育“211 工程”三期建设规划》，并印发有关主管部门和有关高等学校实施。

重点学科建设项目划分为人文社会、经济、政法、管理、基础科学、能源、信息、资源环境、基础产业和高新技术、医药卫生、农林、新兴交叉学科共十二个一级领域。纳入《高等教育“211 工程”三期建设规划》的重点学科建设项目共计 1 073项，涵盖 37 个二级领域，总投资约 127 亿元，拟安排中央专项资金约 65 亿元。其中，人文社会科学领域 119 项，占重点学科建设项目的 11.1%；经济领域 54 项，占 5%；政法领域 42 项，占 3.9%；管理领域 51 项，占 4.8%；基础科学领域 153 项，占 14.3%；能源领域 47 项，占 4.4%；信息领域 98 项，占 9.1%；资源环境领域 67 项，占 6.2%；基础产业和高新技术领域 202 项，占 18.8%；医药卫生领域 120 项，占 11.2%；农林领域 68 项，占 6.3%；新兴交叉学科领域 52 项，占重点学科建设项目的 4.9%。

纳入《高等教育“211 工程”三期建设规划》的创新人才培养和队伍建设计划投入资金 62.3 亿元，其中拟安排中央专项资金 23.3 亿元。

纳入《高等教育“211 工程”三期建设规划》的高等教育公共服务体系建设，计划安排中央专项资金 8 亿元。

〔**“优势学科创新平台”建设**〕　根据《教育部、财政部关于试点建设“优势学科创新平台项目”的意见》，从国家发展紧迫需要出发，对行业优势突出学校的相关学科给予重点支持，增强这些学科在国家发展战略重点和解决发展瓶颈制约中的创新能力和高质量人才培养能力。在前期试点的基础上，2009 年在师范教育、林、水、交通、化工等领域，继续进行了“优势学科创新平台”项目建设。截至 2009 年底，“优势学科创新平台”项目累计投入建设资金已达 13.6 亿元。

为充分发挥高等学校的学科综合优势，深化高等教育管理体制改革，以适应建设创新型国家、构建社会主义和谐社会与全面建设小康社会对人才、科技的要求和精神文化的需求，教育部、财政部决定在“优势学科创新平台”试点工作的基础上，继续实施“优势学科创新平台”建设。目前正在编制“优势学科创新平台”建设规划。

〔**“特色重点学科项目”建设**〕　国务委员刘延东同志多次强调要把建设“有特色、高水平”大学作为高等教育的战略重点抓紧抓好。要坚持科学定位，鼓励不同类型大学根据各自历史传统、学科特色和资源条件，合理确定发展目标和路径。根据国务委员刘延东的指示精神，教育部、财政部在深入调研和论证的基础上，决定设立“特色重点学科项目”，即由中央财政设立专项资金对非“211 工程”学校的国家重点学科给予重点支持，大幅提升其自主创新能力和为国家区域经济社会发展服务的能力，推动学科水平的提高。“特色重点学科项目”由教育部、财政部共同组织，自 2010 年起实施。

〔**研究生院建设及院长联席会**〕　研究生院院长联席会 2009 年年会暨纪念研究生院院长联席会成立十周年大会，于 10 月 30 日至 31 日在西安举行。教育部部长助理林蕙青致开幕辞，教育部副部长陈希出席会议并作重要讲话。陈希副部长代表教育部祝贺研究生院院长联席会成立十周年大会的召开，他充分肯定了院长联席会十年来为推动我国学位与研究生教育改革与发展所作的贡献。从国家战略高度指出新形势下研究生教育改革发展的重要性和紧迫性，以及未来中国研究生教育的发展方向，并对联席会未来的发展提出了新的期望。

北京大学校长周其凤院士作为院长联席会的秘书长向大会作了题为《总结经验、开拓创新、努力把我国建成研究生教育强国——研究生院院长联席会成立十周年工作回顾》的主题报告。会议还听取了研究生院院长联席会出访团组的汇报以及离任院长代表的报告。

撰稿　赵玉霞

审稿　张尧学　李　军　郭新立　梁国雄

高校科技及产业

〔**高校科技工作主要数据**〕　2009 年全国高校理工农医学科领域科技工作主要数据指标如下。

1. 科技人力。全国高校从事科技活动的人数为 36.1 万，其中科学家和工程师 35.1 万人，占 97.5%；研究与发展人员 31.6 万人，其中科学家和工程师 30.7 万人，占 97.2%；全时研究与发展人员 18.9 万人，其中科学家和工程师 18.4 万人，占 97.4%。

2. 科技经费。2009 年全国高校通过各种渠道共获得科技经费 727.7 亿元，比上年增长 11.2%。经费主要来自国家各类科技计划以及地方、部门和企事业单位委托项目等。

3. 研究与发展机构。2009 年全国高校经上级主管部门批准的研究与发展机构 4 552 个，机构中从事研究与发展人员 7.5 万人，其中具有高级专业技术职务的人员折合 4.1 万人，培养研究生 22.2 万人。

4. 科技课题。2009 年全国高校共承担各类科技课题 33.4 万项，其中研究与发展课题 28.33 万项，非研究与发展课题 5.1 万项。当年投入课题经费 583.6 亿元，其中基础研究经费占 24.0%，应用研究经费占 43.6%，试验发展研究经费占 13.9%。

5. 国际科技交流。2009 年高校开展了广泛的国际科技交流活动。全年有 12.1 万人次出席国际学术会议，交流学术论文 7.6 万篇。当年派遣进修访问学者 3.5 万人次，接收进修访问学者 3.3 万人次。

6. 科技成果及技术转让。在 2009 年度国家科学技术奖授奖项目中，全国高等学校获得国家自然科学奖 16 项，占总数的 51.7%；国家技术发明奖 31 项，占通用项目总数的 79.5%；国家科学技术进步奖 151 项，占通用项目总数的 68.0%（以上统计不包含专用项目）。

2009 年全国高校共出版科技专著 3 326 部，在国外学术刊物上发表学术论文 15.2 万篇，鉴定科技成果 9 019 项，签订技术转让合同 8 770 项，当年实际收入 21.5 亿元。

2009 年高校申请专利近 54 099 件，比上年增长 33.2%；获得专利授权 27 899 万件，比上年增长 44.9%，其中获得国外专利授权 176 件。

〔**创新团队与新世纪优秀人才**〕　2009 年创新团队项目和新世纪优秀人才支持计划继续实施。经过专家评审、实地考察和网上公示，共支持创新团队 80 个。经过专家评审和网上公示，共遴选支持新世纪优秀人才 927 人，其中自然科学领域 673 人，人文科学领域 254 人。

附：

2009年度教育部创新团队名单

带头人	研究方向	单位
王克威	镇痛和药物成瘾的神经生物学机制	北京大学
叶新山	基于内源性物质的先导药物发现	北京大学
查红彬	机器感知理论与应用	北京大学
方精云	中国陆地植被的大尺度格局与生态功能	北京大学
丁水汀	航空发动机复杂系统安全性	北京航空航天大学
邱志平	航空航天系统大型计算与信息处理中的前沿数学问题研究	北京航空航天大学
项昌乐	军用车辆传动系统的理论与技术	北京理工大学
唐梓洲	调和分析与流形的几何	北京师范大学
赵春华	FlK＋Lin一人成体干细胞亚群	北京协和医学院
尧德中	神经信息学的若干前沿问题研究	电子科技大学
武利民	功能微球的可控制备、结构与应用	复旦大学
郝　模	中国公共卫生体系绩效评估模型、优化与控制	复旦大学
廖湘科	基础软件技术	国防科学技术大学
刘林华	红外热辐射特性及其传输机理	哈尔滨工业大学
孙立宁	纳米级精密定位及微纳操作技术与装备	哈尔滨工业大学
马超群	经济管理复杂系统中的建模、优化与决策研究	湖南大学
何益斌	超高层混合结构体系与技术研究	湖南大学
段纯刚	极化类信息功能材料	华东师范大学
杜　昶	新型仿生功能化硬组织修复材料	华南理工大学
胡　豫	常见重大疾病的生物靶向治疗	华中科技大学
王　擎	重大心血管疾病相关基因和蛋白质的分子机理研究	华中科技大学
于吉红	无机固体功能材料的合成与制备化学	吉林大学
李校堃	FGFs药物与糖尿病并发症的药理作用机制和病理生物学研究	吉林大学
黎　家	植物多重抗逆的分子机理	兰州大学
邹志刚	环境材料与再生能源	南京大学
李维安	公司治理研究	南开大学
陈　军	新能源材料化学基础及应用研究	南开大学
江　亿	建筑节能和建筑环境科学	清华大学
尤　政	微系统与测控技术	清华大学
李庆斌	大型水电枢纽灾变机理与安全极限理论	清华大学
赵国群	材料塑性成形工艺与模具技术	山东大学
宁　光	基于系统生物学的2型糖尿病转换型医学研究	上海交通大学

续表

带头人	研究方向	单位
盛政明	极端强场激光物理研究	上海交通大学
胡卫生	下一代电视网络的基础理论与技术	上海交通大学
母得志	早期发育与损伤的基础与临床嵌合研究	四川大学
李鑫钢	蒸馏过程节能与强化关键技术及其应用研究	天津大学
陈　鸿	特殊人工微结构材料与电磁波调控	同济大学
李长久	金属表面改性与服役性能优化	西安交通大学
宋保维	自主水下航行器技术	西北工业大学
昝林森	肉牛、奶牛遗传改良与种质创新	西北农林科技大学
高坤山/王克坚	海洋环境生理与毒理学研究	厦门大学
李伯耿	聚合物产品工程	浙江大学
周雪平	水稻重要病害的成灾机理和持续控制	浙江大学
于广利	海洋创新药物的研究与开发	中国海洋大学
呙于明	家禽产品品质的营养调控理论与技术	中国农业大学
刘昭前	中药和天然药物的遗传药理学基础与临床应用研究	中南大学
翁建平	2 型糖尿病干预和缓解的代谢记忆机制研究	中山大学
潘复生	轻合金加工与制备中的基础问题和关键技术	重庆大学
钟章队	面向高速铁路控制的无线移动通信系统研究	北京交通大学
吴爱祥	复杂难采矿床高效开采理论与技术	北京科技大学
赵祥模	多源异构交通信息智能检测与融合技术研究	长安大学
刘　石	融合快速、分布信息的电力燃烧过程测控系统	华北电力大学
杨光富	绿色农药的生物合理设计、合成及其化学生物学	华中师范大学
廖桂生	雷达信号处理	西安电子科技大学
何　川	大型及复杂交通隧道工程	西南交通大学
王进喜	证据科学研究与应用	中国政法大学
苏定冯	脑卒中发生和防治的基础研究	第二军医大学
常耀明	国家航空航天工程实施中的医学保障研究	第四军医大学
霍贵成	乳酸菌代谢调控与发酵剂制造技术	东北农业大学
杨玉盛	湿润亚热带山地生态地理过程	福建师范大学
王　健	COPD 发病机制与防治系列研究	广州医学院
张　骁	生物节水的分子遗传学基础和技术	河南大学
刘仲华	园艺植物功能成分优异资源高效利用	湖南农业大学
余洪伟	量子效应及其应用	湖南师范大学
叶文才	中草药来源的神经系统疾病创新药物研究	暨南大学
张国珍	黄河上游水环境综合整治技术体系研究	兰州交通大学
张和平	乳酸菌与发酵乳制品应用基础研究	内蒙古农业大学

续表

带头人	研究方向	单位
裘进浩	飞行器先进结构设计与制造	南京航空航天大学
陈如山	高效电磁方针与近程探测	南京理工大学
夏延致	海洋生物质纤维新材料	青岛大学
刘金喜	智能材料结构的动力学与控制关键问题研究	石家庄铁道学院
刘旭光	纳米材料界面物理与化学问题	太原理工大学
何　新	组分中药基础与应用研究	天津中医药大学
池汝安	矿物处理过程强化	武汉工程大学
欧　珠	藏文信息处理技术	西藏大学
王进军	柑桔主要病虫害持续控制基础研究	西南大学
阿不都热义木·玉苏甫	复杂性疾病新疆特高发病种维医病证的临床、基础及其方药的一体化研究	新疆医科大学
秦爱建	动物疫病病原分子致病机制及控制研究	扬州大学
傅文甫/李明	西部高原地区太阳能有效利用及可持续开发研究	云南师范大学
朱伟东	先进催化材料	浙江师范大学

〔**战略研究重大与重点项目**〕　2009年，教育部科技委结题两个重大专项，即由清华大学承担的“中国大学知识创新及科技产业研究”和由上海交通大学承担的“面向创新型国家建设的科技领军人才研究”，并由中国人民大学出版社正式出版，即《大学与产业合作关系——中国大学知识创新及科技产业研究》和《面向创新型国家建设的科技领军人才成长研究》两本专著。

2009年，科技委设立了“中国大学国际化发展特色与策略”、“科教集成的HRST能力建设战略与实施研究”两个重大专项，分别由西安交通大学“中国管理问题研究中心”和浙江大学“科教发展战略研究中心”两个战略研究基地牵头，组织战略研究领域专家，对两个问题展开深入研究。

为深入学习和实践科学发展观，加强对高等教育和高校科技创新发展战略的研究，充分发挥科技委的战略研究和政策咨询职能，围绕高校科技发展战略、区域创新体系建设、产学研结合等问题科技委启动了“高校自然科学学术规范指南”、“高水平学科特色型大学的国际比较和发展模式研究”、“三网融合现状及发展策略”、“985工程三期跨校研究平台构建的可行性研究”、“教育部科学技术委员会历史沿革与比较研究”等一批战略研究重点项目，重点项目分别由北京大学、北京邮电大学、湖南大学和中国农业大学承担，以更好地为教育、科技工作科学决策和有效指导建可信之言、献可行之策。

〔**教育部科学技术委员会学部委员换届及学部活动**〕　教育部科学技术委员会（以下简称科技委）是教育部指导高等学校科学技术工作的高级咨询机构，自1987年成立以来，已经历五届。根据科技委章程规定“每届任期三年”，第五届科技委及其学部委员的任期已过，为此，教育部颁发“教育部关于聘任第六届教育部科学技术委员会及其战略研究指导委员会、学风建设委员会和学部委员的通知”（教技函〔2009〕86号）进行了换届，组建了第六届科技委。

第六届科技委共设2个专门委员会即“战略研究指导委员会”、“学风建设委员会”和11个学部即数理学部、化学化工学部、资源环境与地球科学部、生命科学一部、生命科学二部、信息学部、材料学部、工程技术一部、工程技术二部、管理科学部、国防科技学部。总计遴选学部委员377名，其中科技委委员108人。科技委设主任1名，常务副主任1名，副主任8名；其中中南大学钟掘院士担任主任，中国农业大学吴常信院士担任常务副主任。各学部设主任1名，副主任2至4名，其中包括1名常务副主任，学部挂靠在相关高校。

本届科技委具有四个突出特点。

一是根据新的形势和任务需要，第六届科技委增设了“战略研究指导委员会”、“学风建设委员会”，在原来10个学部的基础上，增设了“国防科技学部”。

二是学术结构更加合理，两院院士共94人，比例由第五届的15.76%提高到了24.93%；长江学者共92人，比例由第五届的18.79%提高到了24.40%；国家杰出青年科学基金获得者133人，比例由第五届的26.06%提高到了35.28%；新世纪优秀人才134人，比例由第五届的26.97%提高到了35.54%。

三是年龄结构更加合理，1960年后的青年专家比例高达45.62%，1950年到1960年间出生的专家所占比例为35.54%，目前科技委已形成老中青结合的合理结构。

四是学校类型更具广泛性，除中央所属院校外，还新增部分省部共建学校、地方高校等，更具广泛性和代表性。

〔编辑出版12期《专家建议》〕 为了充分发挥科技委专家的高级咨询参谋作用，积极开展面向国家层面经济社会发展战略的探索和研究。科技委高度重视，积极引导和组织各学部与战略研究基地进一步加强宏观战略研究。围绕国家教育科技发展战略、有关部委工作要点和高校教育科技发展等进行深入研究，2009年共编辑出版了12期《专家建议》，反响强烈，受到了有关领导、部门和高校的高度重视与广泛关注。

12期《专家建议》的题目分别是：

第1期 构建孕育创新人才的大学学术文化

第2期 关于设立“国家工程技术杰出青年基金”的建议

第3期 改革开放以来我国的科技发展战略及政策建议

第4期 我国大学的功能定位与创新文化建设

第5期 抓住金融危机带来的新契机促进外资在华研发更大发展

第6期 关于领军人才迁移的特征分析与政策建议

第7期 通过大学结构调整来促进高等教育公平

第8期 创新能力的激发与领军人才的成长

第9期 “将苏州工业园区建成我国和谐社会建设示范区”的建议

第10期 加快迈向高等教育强国的步伐

第11期 行业特色型大学是促进我国高等教育多样化发展的中坚力量

第12期 国际金融危机对高等教育的影响与应对策略。

〔出版“10 000个科学难题”数理化分册，举办新闻发布会并开展天地生三个学科领域征集活动〕 根据《教育部、科学技术部、中国科学院、国家自然科学基金委员会关于联合开展“10 000个科学难题”征集活动的通知》（教技函［2007］59号）文件精神，2007年先行启动了数学、物理、化学三个学科的难题征集工作，2008年数理化难题征集工作圆满结束，2009年6月8日《10 000个科学难题》系列丛书《数学卷》、《物理学卷》、《化学卷》正式出版。2009年7月15日教育部和科学技术部、中国科学院、国家自然基金委联合举办“10 000个科学难题”新闻发布会，进一步宣传活动意义和扩大影响。

6月9日，下发《关于在天文学、地球科学、基础生物学三个学科领域开展“10 000个科学难题”征集活动的通知》（教技司［2009］201号），确定活动宗旨、征集原则、组织机构、组织实施等事项。2月28日召开地球科学和生物科学编辑委员会第一次会议，6月4日，召开天文学编辑委员会第一次会议，正式聘任编委会委员，对下一步工作进行了分工和部署。按照征集活动整体安排，活动正在稳步推进中。

〔2009年度“中国高等学校十大科技进展”〕 2009年度“中国高等学校十大科技进展”继续评

选。35所高校共推荐了53个参选项目。按照评选办法和程序，科技委各学部采取网上评审或会议评审的方式，遴选出20个候选项目，后经过第四次主任办公（扩大）会议终审，评选出2009年度“中国高等学校十大科技进展”，在2009年度科技委全会上揭晓并颁发了证书和奖金，入选项目如下表。

序号	项目名称	主持人	主持单位
1	数字视频编解码技术研究与国家标准制定	高　文	北京大学
2	抗病毒感染新型免疫分子机制的研究	曹雪涛	第二军医大学
3	天河一号高性能计算机系统	杨学军	国防科技大学
4	禽流感病毒聚合酶关键亚基的结构与机制研究	饶子和	南开大学
5	微波通信用高温超导接收前端	曹必松	清华大学
6	成年哺乳动物雌性生殖干细胞的发现及其生物学特性研究	吴　际	上海交通大学
7	世界最早的带羽毛恐龙的发现	胡东宇	沈阳师范大学
8	电力大系统安全域预警监控理论及其工程应用	王成山	天津大学
9	基于自旋的量子调控实验研究	杜江峰	中国科学技术大学
10	双功能单分子器件的设计与实现	侯建国	中国科学技术大学

注：所有入选项目名单按主持单位拼音顺序排序。

〔**2009年度教育部科学技术委员会全会**〕 2009年度教育部科学技术委员会全会于12月23日至24日在京召开。教育部部长袁贵仁、副部长陈希出席会议并发表了重要讲话。出席会议的有国家发展改革委员会、科技部、财政部等部门的有关领导，教育部人事司、高教司、学位办、科技司、国际司、科技发展中心等司局的领导，教育部科技委主任、副主任、委员和学部委员等共近400人。第五届科技委主任倪维斗全面回顾和总结了第五届科技委的工作，总结了2009年度科技委的工作。第六届科技委主任钟掘提出了新一届科技委的工作思路和2010年度工作要点。国家发展和改革委员会、科技部、财政部、教育部的有关领导应邀通报相关部委2010年有关科技工作的思路和计划。教育部科技委各学部委员分组讨论了科技委的工作和学部工作以及《教育部科学技术委员会章程》、《教育部科学技术委员会学部章程》和《教育部科学技术委员会学风建设委员会章程》并进行审议表决。会议还揭晓了“2009年度中国高等学校十大科技进展”并颁发荣誉证书和奖金。

〔**实验室建设与管理**〕

1. 国家重点实验室建设管理。

（1）积极组织高校13个化学领域国家重点实验室参加了2009年度评估。最终2个高校国家重点实验室评为优秀，11个评为良好。（详见附一）。

（2）根据国家重点实验室管理办法，先后组织6个高校重点实验室通过国家组织的建设计划验收，正式纳入国家重点实验室序列（详见附二）。

2. 教育部重点实验室建设管理。

（1）为加快国家科技创新体系（大学）建设，进一步完善和优化教育部重点实验室的布局，围绕国家经济和社会发展的重大需求，结合科技发展前沿和区域发展特色，2009年新建教育部重点实验室22个（详见附三），省部共建教育部重点实验室21个（详见附四）。

（2）根据《教育部重点实验室评估规则》，组织对数理、地学领域30个教育部重点实验室进行评估，其中北京大学“数学及应用数学”等5个实验室为优秀类实验室，北京大学“地表过程分析与模拟”等24个实验室为良好类实验室（详见附五），其余为较差类实验室，不再列入教育部重点实验室序列。

（3）根据《高等学校重点实验室建设与管理暂行办法》，组织专家对已满2年建设期的34个教育部重点实验室和23个省部共建教育部重点实验室进行验收，全部通过验收，并正式挂牌。

(4) 组织专家对教育部一民委共建的 7 个重点实验室进行验收，全部达到要求，通过验收。

〔**973 计划（含重大科学研究计划）**〕 2009 年，围绕农业、能源、信息、资源环境、人口与健康、材料、综合交叉和重要科学前沿等领域，经过三轮专家评审，科技部共批准 84 个国家重点基础研究发展计划项目立项（详见附六），其中教育部作为依托部门的有 33 项，占总立项数 39.29%，高校专家担任首席科学家的有 49 项，占总立项数 58.33%。

2009 年，在蛋白质研究、量子调控研究、纳米研究和发育与生殖研究四个领域，根据专家评审结果和专家综合咨询意见，科技部共批准 39 个重大科学研究计划项目立项（详见附七），其中教育部作为依托部门的有 17 项，占总立项数 43.59%，高校作为第一承担单位的项目 22 项，占立项总数的 56.41%。

〔**国家科技重大专项**〕 2009 年是 16 个国家科技重大专项全面实施推进的一年。至此，5 个社会发展领域科技重大专项已全部启动实施。“转基因生物新品种培育”专项中高校承担总体任务的 40%，“艾滋病和病毒性肝炎等重大传染病防治”专项占到一半，“水体污染控制与治理”和“重大新药创制”专项各占到 1/3。

〔**国家重大科技计划**〕 2009 年正式启动了 1 个城镇化领域项目、2 个农业领域项目、3 个社会发展领域项目，并成立了相关组织机构，推动了项目的顺利实施。高校在农业和社会发展领域的其他国家科技任务也得到了相应的发展，国家科技基础条件平台项目和农业科技成果转化资金等项目继续保持平稳增长。农业科技成果转化资金项目采用“分级遴选、集中评审”，教育部共推荐 24 个项目，其中 20 个项目得到立项批复，获资助经费 1 438 万元。

〔**国家重大科技基础设施建设**〕 “十一五”期间高校承担国家重大科技基础设施建设项目进入了一个新阶段。在已立项的 12 个设施建设中，北京科技大学牵头承担了“重大工程材料服役安全研究评价设施”，前期组织实施工作已经全面展开，预计 2010 年开工建设；华中科技大学承担的“脉冲强磁场实验装置”建设，已取得了一些阶段性标志成果，2009 年 11 月刘延东国务委员考察了该中心，对该装置的建设给予了高度评价；高校与军事医学科学院联合承担的“蛋白质科学研究设施”建设，目前各项建设工作正积极有效地开展。同时，教育部在“中国大陆构造环境监测网络”、“子午工程”和“海洋科学综合考察船”等项目上也作为共建部门，积极参与项目建设。

附一：

2009 年化学领域国家重点实验室评估结果（高校）

良好类实验室		
材料化学工程	南京工业大学	江苏省科技厅
超分子结构与材料	吉林大学	教育部
功能有机分子化学	兰州大学	教育部
化工资源有效利用	北京化工大学	教育部
化学工程联合	清华大学、天津大学、华东理工大学、浙江大学	教育部

续表

良好类实验室		
化学生物传感与计量学	湖南大学	教育部
聚合物分子工程	复旦大学	教育部
生命分析化学	南京大学	教育部
无机合成与制备化学	吉林大学	教育部
现代配位化学	南京大学	教育部
元素有机化学	南开大学	教育部

附二：

2009年通过验收的国家重点实验室（高校）名单

实验室名称	依托单位
病毒学国家重点实验室	武汉大学、中科院武汉病毒研究所
生物电子学国家重点实验室	东南大学
煤炭资源与安全开采国家重点实验室	中国矿业大学（北京、徐州）
传染病诊治国家重点实验室	浙江大学
精密光谱科学与技术国家重点实验室	华东师范大学
核物理与核技术国家重点实验室	北京大学

附三：

2009年教育部重点实验室立项建设名单

序号	实验室名称	依托单位
1	视觉损伤与修复	北京大学
2	城市地下工程	北京交通大学
3	媒介音视频	中国传媒大学
4	高效微纳化学电源	南开大学
5	滨海土木工程结构与安全	天津大学
6	人工结构及量子调控	上海交通大学
7	东北油田盐碱植被恢复与重建	东北林业大学
8	现代服装设计与技术	东华大学
9	环境医学工程	东南大学
10	煤矿瓦斯与火灾防治	中国矿业大学
11	轻工过程先进控制	江南大学
12	计量经济学	厦门大学

续表

序号	实验室名称	依托单位
13	电网智能化调度与控制	山东大学
14	水工岩石力学	武汉大学
15	糖尿病免疫学	中南大学
16	自主系统与网络控制	华南理工大学
17	妇儿疾病与出生缺陷	四川大学
18	低品位能源利用技术及系统	重庆大学
19	南方山地园艺学	西南大学
20	原子分子簇科学	北京理工大学
21	生物力学与力生物学	北京航空航天大学
22	运动与体质健康	北京体育大学

附四：

2009年立项建设的省部共建教育部重点实验室名单

序号	实验室名称	依托单位	共建地方
1	禽类预防医学	扬州大学	江苏
2	中枢神经创伤修复与再生	天津医科大学	天津
3	华北作物种质资源研究与利用	河北农业大学	河北
4	环境友好材料制备与应用	吉林师范大学	吉林
5	肝脾外科	哈尔滨医科大学	黑龙江
6	筋骨理论与治法	上海中医药大学	上海
7	城市雨水系统与水环境	北京建筑工程学院	北京
8	检验医学	温州医学院	浙江
9	冶金减排与资源综合利用	安徽工业大学	安徽
10	绿色化学介质与反应	河南师范大学	河南
11	大宗粮油精深加工	武汉工业学院	湖北
12	高性能计算与随机信息处理	湖南师范大学	湖南
13	水稻育性发育与抗逆	华南农业大学	广东
14	北部湾环境演变与资源利用	广西师范学院	广西
15	热带药用植物化学	海南师范大学	海南
16	最优化与控制	重庆师范大学	重庆
17	流体及动力机械	西华大学	四川
18	高原山地动物遗传育种与繁殖	贵州大学	贵州
19	功能性纺织材料及制品	西安工程大学	陕西
20	铁道车辆热工	兰州交通大学	甘肃
21	生育力保持	宁夏医科大学	宁夏

附五：

2009年数理、地球科学领域教育部重点实验室评估结果

序号	实验室名称	依托高校
	优秀类	
1	数学及应用数学	北京大学
2	西部环境	兰州大学
3	原子分子纳米科学	清华大学
4	污染环境修复与生态健康	浙江大学
5	地理信息系统	武汉大学
	良好类	
6	地表过程分析与模拟	北京大学
7	西南资源开发及环境灾害控制工程	重庆大学
8	核心数学与组合数学	南开大学
9	近代声学	南京大学
10	海底科学与探测技术	中国海洋大学
11	信息数学与信息行为	北京航空航天大学
12	非线性数学模型与方法	复旦大学
13	射线束技术与材料改性	北京师范大学
14	辐射物理及技术	四川大学
15	环境演变与自然灾害	北京师范大学
16	地理信息科学	华东师范大学
17	地球空间环境与大地测量	武汉大学
18	造山带与地壳演化	北京大学
19	生物地质与环境地质	中国地质大学（武汉）
20	海岸与海岛开发	南京大学
21	物理海洋	中国海洋大学
22	海洋环境与生态	中国海洋大学
23	浅水湖泊综合治理与资源开发	河海大学
24	长江水环境	同济大学
25	三峡库区生态环境	重庆大学
26	旱区农业水土工程	西北农林科技大学
27	流体力学	北京航空航天大学
28	中尺度灾害性天气	南京大学
29	应用离子束物理	复旦大学

附六：

2009年国家重点基础研究发展计划项目高校承担情况表

序号	项目名称	首席科学家	第一承担单位	依托部门
1	主要农作物核心种质重要农艺性状单元型区段及互作研究	张学勇	中国农业科学院作物科学研究所	农业部
2	棉花纤维品质功能基因组研究及优质高产新品种的分子改良	喻树迅	中国农业科学院棉花研究所	农业部
3	分子靶标导向的绿色化学农药创新研究	钱旭红	华东理工大学	上海市科学技术委员会
4	稻飞虱灾变机理及可持续治理的基础研究	娄永根	浙江大学	教育部　农业部
5	重要养殖鱼类功能基因组和分子设计育种的基础研究	桂建芳	中国科学院水生生物研究所	中国科学院　农业部
6	养殖贝类重要经济性状的分子解析与设计育种基础研究	张国范	中国科学院海洋研究所	中国科学院　山东省科学技术厅
7	生物固氮作用的分子机理研究	王忆平	北京大学	教育部　农业部
8	重要热带作物木薯品种改良的基础研究	彭　明	中国热带农业科学院热带生物技术研究所	农业部　海南省科学技术厅
9	深井复杂地层安全高效钻井基础研究	李根生	中国石油大学（北京）	中国石油天然气集团公司
10	煤炭深部开采中的动力灾害机理与防治基础研究	姜耀东	中国矿业大学（北京）	教育部
11	重油梯级分离与高效转化的基础研究	鲍晓军	中国石油大学（北京）	中国石油天然气集团公司
12	煤等含碳固体原料大规模高效清洁气化的基础研究	王辅臣	华东理工大学	教育部　上海市科学技术委员会
13	高效规模化太阳能热发电的基础研究	黄　湘	中国科学院电工研究所	中国科学院
14	大规模高效液流电池储能技术的基础研究	张华民	中国科学院大连化学物理研究所	中国科学院
15	多能源互补的分布式冷热电联供系统基础研究	金红光	中国科学院工程热物理研究所	中国科学院
16	硅基毫米波亚毫米波集成电路与系统的基础研究	洪　伟	东南大学	江苏省科学技术厅　教育部
17	超高频、大功率化合物半导体器件与集成技术基础研究	刘新宇	中国科学院微电子研究所	中国科学院

续表

序号	项目名称	首席科学家	第一承担单位	依托部门
18	新型光电子器件中的异质兼容集成与功能微结构体系基础研究	任晓敏	北京邮电大学	教育部
19	新型微显示和场发射平板显示高品质化及应用的基础研究	许宁生	中山大学	教育部
20	新一代光纤智能传感网与关键器件基础研究	刘铁根	天津大学	教育部　天津市科委
21	数字媒体理解的理论与方法研究	李　波	北京航空航天大学	工业和信息化部
22	现代设计大型应用软件的可信性研究	孙家广	清华大学	教育部
23	信息服务的模型与机理研究	蒋昌俊	同济大学	上海市科学技术委员会　教育部
24	Pbit/s级可控管光网络基础研究	陈章渊	北京大学	教育部
25	超高速超大容量超长距离光传输基础研究	余少华	武汉邮电科学研究院	湖北省科学技术厅
26	气候变化对我国东部季风区陆地水循环与水资源安全的影响及适应对策	夏　军	中国科学院地理科学与资源研究所	中国科学院　中国气象局
27	我国东部沿海城市带的气候效应及对策研究	杨修群	南京大学	教育部　中国科学院
28	平流层大气基本过程及其在东亚气候与天气变化中的作用	吕达仁	中国科学院大气物理研究所	中国科学院　中国气象局
29	我国近海藻华灾害演变机制与生态安全	周名江	中国科学院海洋研究所	中国科学院
30	华北平原地下水演变机制与调控	石建省	中国地质科学院水文地质环境地质研究所	国土资源部河北省科学技术厅
31	我国陆架海生态环境演变过程、机制及未来变化趋势预测	赵美训	中国海洋大学	教育部
32	重大水利工程影响下长江口环境与生态安全	王　超	河海大学	教育部
33	类风湿关节炎发病的免疫学机制及其干预策略的研究	栗占国	北京大学	教育部
34	基于系统生物医学基础的白血病临床转化研究	韩泽广	上海交通大学医学院附属瑞金医院	上海市科学技术委员会
35	胃癌新标志物的筛选及其预警和早诊作用的大规模人群研究	樊代明	中国人民解放军第四军医大学	中国人民解放军总后勤部
36	肿瘤干细胞在恶性肿瘤发生发展中的作用及机理研究	卞修武	中国人民解放军第三军医大学	重庆市科学技术委员会
37	先天性心脏病形成、发展和干预的基础研究	胡盛寿	中国医学科学院阜外心血管病医院	卫生部

续表

序号	项目名称	首席科学家	第一承担单位	依托部门
38	精神分裂症遗传发育问题的临床基础研究	贺　林	上海交通大学	上海市科学技术委员会
39	炎症过程中细胞间相互作用的信号转导机制及其应用研究	耿建国	中国科学院上海生命科学研究院	中国科学院　上海市科学技术委员会
40	我国特有产毒动物多肽毒素的基础与应用基础研究	梁宋平	湖南师范大学	教育部　湖南省科学技术厅
41	基因靶向治疗的应用基础研究	魏于全	四川大学	教育部　四川省科学技术厅
42	我国重要食源性寄生虫病的发病机制及防治研究	余新炳	中山大学	教育部
43	重要病毒的入侵机制研究	胡勤学	中国科学院武汉病毒研究所	中国科学院
44	重要人兽共患胞内寄生菌病流行特征及病原致病机制研究	陈创夫	石河子大学	新疆生产建设兵团科学技术局　教育部
45	利用遗传地理时空模型预测H5N1禽流感病毒的传播及控制策略研究	徐　冰	清华大学	教育部
46	基于“肾藏精”的脏象理论基础研究	王拥军	上海中医药大学	国家中医药管理局　上海市科委
47	经脉体表特异性联系的生物学机制及针刺手法量效关系的研究	许能贵	广州中医药大学	国家中医药管理局
48	以量一效关系为主的经典名方相关基础研究	仝小林	中国中医科学院广安门医院	国家中医药管理局
49	光电功能晶体的结构、性能和制备过程研究	王　牧	南京大学	教育部
50	高性能钢的组织调控理论与技术基础研究	董　瀚	中国钢研科技集团公司	中国钢研科技集团公司（原钢铁研究总院）
51	微生物冶金过程强化的基础研究	邱冠周	中南大学	教育部
52	介观尺度材料特性与服役行为表征的基础研究	孙　军	西安交通大学	教育部
53	先进复合材料空天应用技术基础科学问题研究	益小苏	中国航空工业第一集团公司北京航空材料研究院	中国航空工业集团公司
54	高温合金材料设计与制备的基础研究	孙晓峰	中国科学院金属研究所	中国科学院
55	新型高容量储氢材料的关键基础科学问题研究	朱　敏	华南理工大学	教育部
56	混合网络下社会集群行为感知与规律研究	张文军	上海交通大学	上海市科学技术委员会

续表

序号	项目名称	首席科学家	第一承担单位	依托部门
57	重大工程地质灾害的预测理论及数值分析方法研究	李世海	中国科学院力学研究所	中国科学院
58	空间飞行器长寿命关键构件制备与服役中的基础问题	刘日平	燕山大学	河北省科学技术厅
59	航空航天用高性能轻合金大型复杂结构件制造的基础研究	李晓谦	中南大学	湖南省科学技术厅
60	复杂条件下飞行器近可视导航的基础理论研究	戴海琼	清华大学	教育部
61	稀疏微波成像的理论、体制和方法研究	吴一戎	中国科学院电子学研究所	中国科学院
62	深部重大工程灾害的孕育演化机制与动态调控理论	冯夏庭	中国科学院武汉岩土力学研究所	中国科学院
63	城市地下工程安全性的基础理论研究	张顶立	北京交通大学	教育部
64	生物质转化为高值化材料的基础科学研究	孙润仓	北京林业大学	教育部
65	清洁能源生产和环境治理中稀土催化材料应用的基础研究	卢冠忠	华东理工大学	上海市科学技术委员会
66	仿生分子识别技术在生物医学应用的基础研究	鞠熀先	南京大学	教育部
67	现代医学成像与高维图像分析关键科学问题研究	陈武凡	南方医科大学	广东省科学技术厅
68	心脑血管易损斑块的高分辨成像识别与风险评估预警体系重大问题的基础研究	张元亭	深圳先进技术研究院	中国科学院
69	民机驾驶舱人机工效综合仿真理论与方法研究	陈迎春	中国商用飞机有限责任公司	中国商用飞机有限责任公司
70	复杂装备研发数字化工具中的计算力学和多场耦合若干前沿问题	张洪武	大连理工大学	教育部　辽宁省科技厅
71	基于精密测量物理的引力及相关物理规律研究	罗　俊	华中科技大学	教育部
72	高能离子束与物质相互作用的微观机理研究	肖国青	中科院近代物理研究所	中国科学院
73	暗物质的理论研究和实验预研	吴岳良	中国科学院理论物理研究所	中国科学院
74	中国先进研究堆中子束应用关键技术及若干科学问题	陈东风	中国原子能科学研究院	中国核工业集团公司

续表

序号	项目名称	首席科学家	第一承担单位	依托部门
75	具有重要生物活性的天然产物的化学合成	马大为	中国科学院上海有机化学研究所	上海市科委
76	手性催化的重要科学基础	丁奎岭	中国科学院上海有机化学研究所	上海市科委
77	晚新生代以来我国季风—干旱环境耦合系统演变的动力学研究	安芷生	中国科学院地球环境研究所	中国科学院
78	中国陆地生态系统碳－氮－水通量的相互作用关系及其环境影响机制	于贵瑞	中国科学院地理科学与资源研究所	中国科学院
79	抗体－抗原分子识别的结构基础和功能研究	郭亚军	中国人民解放军第二军医大学	总后卫生部　上海市科委
80	生物膜动态变化的分子机理与功能研究	陈晔光	清华大学	教育部
81	海洋微生物次生代谢的生理生态效应及其生物合成机制	张　偲	中国科学院南海海洋研究所	中国科学院　广东省科技厅
82	攻击与亲和社会行为的机理和异常—多学科多层次交叉研究	饶　毅	北京大学	教育部
83	重离子治癌关键科学技术问题研究	张　红	中国科学院近代物理研究所	中国科学院
84	基于上海光源针对重大疾病医学影像的若干关键问题研究	徐学敏	上海交通大学	上海市科委　教育部

附七：

2009 年重大科学研究计划项目高校承担情况表

序号	项目名称	项目首席	第一承担单位	依托部门
1	细胞抗病毒先天免疫相关蛋白的生物学研究	郭德银	武汉大学	教育部
2	免疫相关重要蛋白质的生物学研究	张学敏	中国人民解放军军事医学科学院	中国人民解放军总后勤部
3	神经元信息感受重要蛋白质膜转运的结构基础、调控及功能研究	罗建红	浙江大学	教育部
4	细胞生长调控的重要蛋白质群的功能与作用机制	李　林	中国科学院　上海生命科学研究院	中国科学院　上海市科学技术委员会
5	基因组稳定性和细胞周期调控相关蛋白质群的功能及作用机制研究	尹玉新	北京大学	教育部

续表

序号	项目名称	项目首席	第一承担单位	依托部门
6	基于基因密码子扩展的蛋白质标记新方法	周德敏	北京大学	教育部
7	基于冷冻电子显微镜学的生物大分子的高时空分辨率的结构和功能研究	高海啸	清华大学	教育部
8	细胞膜重要脂质代谢产物对重大疾病病理生理过程的调控	朱　毅	北京大学	教育部
9	内源性代谢产物硫化氢与介导心脏生理与病理机制的蛋白质靶分子的相互作用及其机制	朱依谆	复旦大学	教育部　上海市科学技术委员会
10	蛋白质组海量质谱数据的解析及其在人类基因组注释中的应用	刘斯奇	中国科学院北京基因组研究所	中国科学院
11	恶性肿瘤非编码 RNA 相关蛋白的功能网络与调控机制的研究	宋尔卫	中山大学	教育部
12	囚禁离子、原子体系的精密调控及在量子频标上的应用	王力军	清华大学	教育部
13	新型量子功能体系的特性表征及其材料探索	丁　洪	中国科学院物理研究所	中国科学院
14	基于光场量子态的量子信息研究	王　海	山西大学	山西省科学技术厅
15	固态系统中光与物质强耦合作用的量子调控研究	王雪华	中山大学	教育部
16	基于分子和分子体系的量子调控	罗　毅	中国科学技术大学	中国科学院
17	低维自旋体系的量子效应及其调控	丁海峰	南京大学	教育部
18	纳米材料与技术在水中污染物选择性消除中的应用基础研究	赵进才	中国科学院化学研究所	中国科学院
19	纳米材料与纳米技术在水污染物检测与治理中的应用基础研究	逯乐慧	中国科学院长春应用化学研究所	中国科学院
20	基于纳米材料的太阳能光伏转换应用基础研究	戴　宁	中国科学院上海技术物理研究所	上海市科学技术委员会
21	新型微纳结构硅材料及其广谱高效太阳能电池研究	李晋闽	中国科学院半导体研究所	中国科学院
22	应用纳米技术解决胃癌预警与早期诊断中的关键科学问题	崔大祥	上海交通大学	教育部　上海市科学技术委员会
23	基于纳米技术的药物新剂型改善肿瘤治疗效果的应用基础研究	李亚平	中国科学院上海药物研究所	中国科学院
24	光子束超衍射纳米加工技术与应用基础研究	段宜明	中国科学院理化技术研究所	中国科学院

续表

序号	项目名称	项目首席	第一承担单位	依托部门
25	纳米结构电荷俘获材料及高密度多值存储基础研究	张满红	中国科学院微电子研究所	中国科学院
26	相变存储器规模制造技术关键基础问题研究	刘 波	中国科学院上海微系统与信息技术研究所	中国科学院 上海市科学技术委员会
27	纳米磁性自旋存储器和半导体硅量子点存储器的研制及其器件物理研究	季明华	中芯国际集成电路制造（上海）有限公司	上海市科学技术委员会
28	纳米结构的新型同步辐射表征技术及若干关键科学问题的研究	徐洪杰	中国科学院上海应用物理研究所	上海市科学技术委员会
29	新型纳米复合磁性材料及其应用的关键基础研究	张志东	中国科学院金属研究所	中国科学院
30	仿生轻质高强纳米复合结构材料的可控制备与性能研究	俞书宏	中国科学技术大学	中国科学院
31	牙发生发育分子机理及牙齿再生研究	田卫东	四川大学	教育部 四川省科学技术厅
32	胚胎发育的核小体重排和染色质重塑	江赐忠	同济大学	教育部 上海市科学技术委员会
33	卵巢衰老机理及相关重大疾病的基础研究	韩际宏	南开大学	教育部 天津市科学技术委员会
34	卵巢早衰的分子机制及其生物标记的研究	徐 璎	南京大学	江苏省科学技术厅
35	基于诱导多能干细胞（iPS）技术的若干重大疾病模型与机理研究	金 颖	上海交通大学	上海市科学技术委员会
36	胸腺与免疫细胞发育的分子调控	赵 勇	中国科学院动物研究所	中国科学院
37	干细胞向生殖细胞诱导分化的调控机理及应用性研究	松阳洲	中山大学	教育部 中国科学院
38	组织干细胞识别、谱系重编程研究	朱剑虹	复旦大学	教育部 上海市科委
39	组织干细胞的干性维持、分化控制和免疫调节研究	时玉舫	中国科学院上海生命科学研究院	中国科学院 上海市科委

〔国家工程（技术）研究中心〕 2009 年，华南农业大学国家植物航天育种工程技术研究中心、吉林大学国家地球物理探测仪器工程技术研究中心、华中师范大学国家数字化学习工程技术研究中心、华北电力大学国家火力发电工程技术研究中心、南京大学国家有机毒物污染控制与资源化工程技术研究中心、华南理工大学国家人体组织功能重建工程技术研究中心等 6 个依托高校建设的国家工程技术研究中心获得科技部立项建设批复。

同时通过国家发改委同地方联合共建方式，西安理工大学晶体生长设备及系统集成（陕西）、西安工业大学精密与超精密加工及测量（陕西）等技术创新基地获得国家地方联合工程研究中心支持。

〔教育部工程研究中心〕 2009 年，开展了教育部工程研究中心的项目申报、评审、立项批复建设等工作，共批准立项的教育部工程研究中心建设项目 92 项，其中依托部委直属高校 40 所，依托地方高校 52 所。新立项的教育部工程研究中心技术领域分布情况：电子与通信 10 项、生物医药 8 项、现代农业 12 项、材料 9 项、制造业 13 项、化工轻纺 13 项、能源交通 9 项、资源环境 17 项、现代服务业 1 项。截至 2009 年年底，教育部工程研究中心总数为 371 项。

〔国家工程实验室〕 2009 年，高校进一步加强创新能力建设，在信息、新能源等领域，清华大学下一代互联网核心网、华中科技大学下一代互联网接入系统、北京邮电大学灾备技术、北京大学数字视频编解码技术、上海交通大学信息内容分析技术、同济大学新能源汽车及动力系统、北京理工大学电动车辆、上海交通大学汽车电子控制技术、华北电力大学生物质发电成套设备等 9 个国家工程实验室获得国家发改委立项支持。同时通过国家发改委同地方联合共建方式，四川大学环保型高分子材料（四川）、重庆大学复杂煤气层瓦斯抽采（重庆）、第三军医大学多肽药物（重庆）、贵州大学生物质资源综合利用（贵州）、兰州理工大学有色金属合金加工（甘肃）、宁夏大学宁东煤化工资源循环利用（宁夏）等 6 个技术创新基地获得国家地方联合工程实验室支持。

〔高技术产业化项目〕 截至 2009 年年底，教育部主管在建国家高技术产业发展项目 35 项。其中自主创新能力建设项目 22 项，包括：重大科技基础设施项目 1 项，国家工程实验室项目 15 项，国家工程研究中心项目 1 项，国家工程研究中心创新能力项目 3 项，其他项目 2 项；高技术产业化项目 8 项，包括：信息产业关键技术专项 1 项（电子元器件专项），下一代互联网专项 4 项（其中含宽带网络 1 项），生物技术专项 3 项（生物育种 1 项，生物医学 1 项，生物医学工程 1 项）；信息化项目 5 项，包括：信息安全项目 4 项，国家信息化试点项目 1 项。

2009 年共有 2 个 2009 年信息安全专项项目、1 个信息安全标准专项项目和 1 个安全信息安全产品产业化专项项目获得立项支持，共有 7 项教育部主管国家高技术产业发展项目通过验收。

〔知识产权战略〕 2009 年，教育部进一步推进《国家知识产权战略纲要》实施，在义务教育课程标准修订工作中，将知识产权内容纳入《全日制义务教育思想品德课程标准》；制定《学位授予和人才培养学科目录设置与管理办法》，鼓励高校自主设置与调整一级学科下的知识产权二级学科，目前已有 10 所高校在相关一级学科下自主设置了知识产权方向的二级学科；引导和鼓励相关学科及专业建设，目前已有 7 所高校在本科阶段设置了知识产权专业，在校生人数达 1 437 人，10 余所高校自主设置了知识产权方向的第二学士学位；启动“国家知识产权人才培养基地建设”调研工作，进行基地建设方案设计；举办“知识产权法课程骨干教师高级研修班”，与国家知识产权局联合举办“第五期全国高校知识产权师资培训班”；梳理高校知识产权工作，编辑出版首部介绍高校知识产权工作的《中国高校知识产权报告（2008）》。

〔国家大学科技园〕 2009 年，是国家大学科技园启动建设 10 周年。截至 2009 年年底，国家大学科技园已发展至 76 家，其中采取一校一园模式建设的有 62 家，采取多校一园模式建设的有 14 家，涉及教育部直属高校 54 所，地方院校 56 所。据对 2009 年前认定的 69 家大学科技园统计，年投入孵化资金总额已超过 20 亿元，投入使用的孵化面积超过 600 万平方米，在孵企业 6 574 家，孵化企业总收入 295.1 亿元；累计孵育毕业企业 1 958 家，年工业总产值达 2 950 多亿元，其中已上市企业 30 多家；园内在孵企业累计转化省级以上科技成果6 000多项，设立留学人员创业园 40 多个，创造了约 13 万个就业岗位。

为促进“以创业带动就业”的发展战略，发挥大学科技园、高新区等园区在创新创业人才培养方面的作用，2009 年授予清华大学国家大学科技园、北京航空航天大学国家大学科技园等 11 家国家大学科技园“高校学生科技创业实习基地”称号。据调查统计，11 个基地提供给高校学生创业用场地共计 3 万多平方米，学生创业企业达到 540 家，创业人数近 4 000 人，仅 2009 年一年就创办了 203 家企业和团队，共有 2 236 人创业。

〔**通过科研项目吸纳高校毕业生就业**〕 为贯彻落实党中央、国务院应对金融危机、保持经济平稳较快增长的战略部署和国务院办公厅《关于加强普通高等学校毕业生就业工作的通知》（国办发［2009］3 号）精神，缓解金融危机给高校毕业生就业带来的巨大压力，科技部、教育部、财政部、人力资源和社会保障部、国家自然科学基金委员会联合下发了《关于鼓励科研项目单位吸纳和稳定高校毕业生就业的若干意见》（国科发财［2009］97 号）。五部委《意见》出台后，教育部党组高度重视，下发《关于落实〈关于鼓励科研项目单位吸纳和稳定高校毕业生就业的若干意见〉精神的通知》（教技司［2009］69 号）和《教育部关于应对国际金融危机、发挥高校支撑作用的意见》（教技［2009］5 号），并先后召开教育系统“发挥高校科技支撑作用、服务经济平稳较快发展”视频会议和 69 所高校通过科研项目吸纳毕业生就业工作交流会，动员高校积极行动起来，做好项目吸纳毕业生就业工作。同时，组织力量开展深入调研，认真分析落实吸纳毕业生就业工作过程中的重要环节和关键问题，分阶段完成多份调研报告；及时与科技部、财政部、人力资源和社会保障部、国家自然科学基金委员会等有关部门沟通和协调，不断完善政策；加强宣传，营造良好的舆论氛围，各项措施推动工作有力有序有效地开展。截至 2009 年年底，全国高校共吸纳毕业生 4 017 人，在促进高校毕业生就业、推进高校科研队伍结构的优化建设和人事制度改革、探索推进我国科研项目经费结构的调整、引导高校毕业生逐步转变就业观念等方面取得阶段性成效。

〔**中央高校基本科研业务费专项资金**〕 为进一步完善高校科研经费投入制度，提高高层次创新人才的培养质量，调动科研人员特别是年轻科研人员的积极性，挖掘高校创新潜力，促进创新性成果取得重大突破，不断提升高校自主创新能力，国家财政在 2008 年 14 所中央高校试点的基础上，2009 年面向中央高校全面实施“中央高校基本科研业务费专项资金”。共有 92 所中央高校获得支持，总经费额度 15 亿元，其中，72 所教育部直属高校，获得 12.85 亿元经费支持。

同时，为规范中央高校基本科研业务费管理，提高资金使用效益，财政部、教育部联合下发了《中央高校基本科研业务费专项资金管理暂行办法》。在教育部的积极推动下，各高校高度重视，明确了基本科研业务费的定位和具体实施的工作思路与基本做法，根据财政部、教育部《管理暂行办法》的规定和要求，结合各自学校发展优势和特点，制定了相应的专项资金实施细则及具体实施方案，并建立专门领导机构，编写项目指南，逐步组织开展了实施基本科研业务费的各项工作。

〔**高等学校学科创新引智计划**〕 为深入推进高等学校学科创新引智计划的实施，充分有效利用海外智力等资源，更好地发挥高等学校学科创新引智基地在国际科技合作、学科建设、人才培养、团队建设等方面的积极作用，继 2008 年在上海召开引智基地华东地区工作交流会之后，教育部与国家外国专家局分别在西安、北京召开了中西部地区和华北华南地区引智基地工作交流会，进一步推动了各基地健康、有序发展。

同时，为进一步加强引智基地的科学化和规范化管理，推进高等学校学科创新引智基地各类学术资源的共享和优化配置，提高资源的利用效益，启动了引智工作网络平台建设；研究拟定引智基地评价方案，经征求意见和试测评，形成《高等学校学科创新引智基地评估体系（暂行）》。

〔**教育部科学技术研究项目**〕 继续实施教育部科学技术研究重点项目计划。经组织申报、评审，2009 年度共批复立项 316 项，合计资助经费 1 992.4万元。其中直属高校 160 项，资助率为 57.1%，平均支持强度约为 10 万元；地方高校 156 项，资助率为 69.6%，在充分发挥教育部资助经费引导作用的同时，提高地方的积极性，加大项目投入力度。

〔"教育信息化建设"正式列入《国家中长期教育改革和发展规划纲要》〕 "教育信息化建设"正式列为《国家中长期教育改革和发展规划纲要》(征求意见稿)重要内容,独立成章(第十九章"加快教育信息化进程"),并设立了"国家教育信息化工程"(第二十一章"重大项目和改革试点")重点推进。

〔"教育服务与监管体系信息化建设"启动〕 "教育服务与监管体系信息化建设"是教育部为建成数据集中、应用集成、基础设施整合、标准规范、安全高效的教育电子服务平台,全面提高教育公共服务能力和教育管理水平而组织的重大项目,2009年11月该项目正式启动,总投资4.95亿元,预计2011年底完成。该项目坚持"统一基础运行环境、统一数据标准、统一用户管理、统一技术架构"的技术路线,主要建设内容是:建立教育机构、学生、师资等基础数据库及其管理信息系统;建设一批教育监管业务支撑系统和教育服务信息系统;实现学生全程信息化管理;建立安全稳固的基础设施;进行系统整合与信息集成。

〔教育信息化相关指标列入教育事业统计报表〕 为准确掌握教育信息化现状数据,促进教育信息化科学决策和规范建设,教育部正式将教育信息化相关指标纳入教育事业统计年报,从2009年开始填报,并将根据反馈意见和发展需求适当修订。本次纳入的主要是易量化、与发展程度紧密相关的统计指标。其中,高等教育信息化指标12项、基础教育信息化指标8项、中等职业教育信息化指标9项,主要涉及基础设施、信息系统和资源建设与应用以及学校信息化投入等方面。

〔"基础教育信息资源开发与服务试点工程"启动实施〕 "基础教育信息资源开发与服务试点工程",是2008年10月国家发改委批复的"国家信息化示范项目",2009年6月完成初步设计方案设计和报批,进入启动实施阶段。该项目总投资2 892万元,建设期2年,由中国人民大学附属中学承担建设。旨在整合优质基础教育资源,并探索资源普遍服务的公益性和市场化运作机制,促进基础教育均衡发展。建设内容主要有:建设硬件支撑平台,包括1个一级管理中心(北京)、2个二级接入中心(青岛、银川)及上述3个城市的15个中小学节点;建设系统支撑平台与应用支撑平台,提供业务支撑系统及开发工具;开发与整合6T优质教育信息资源、9 840课时视频资源及配套电子讲义库,项目建成后,将同时容纳10万师生在线使用,面向全国特别是广大基础教育落后地区师生、家长共享国家优质教育资源。

〔高校科技产业管理〕 2009年高校产业规范化建设取得突破性进展。1月13日至14日召开直属高校产业年度工作会议,教育部副部长陈希代表教育部党组作了重要讲话,教育部有关司局和部分省市教育厅(教委)有关负责人、直属高校主管校领导和资产公司董事长、总经理出席了会议。会议研究部署了2009年度高校产业重点工作,提出2009年要力争取得高校产业规范化建设的决定性胜利,并且确定了资产公司组建、经营性资产划转、全资企业改制、校级领导撤出在校企的不合规兼职、学校企业冠用校名清理整顿等五项工作任务,每一项任务都有明确的工作指标和完成时限,会议还对高校产业应对当前困难的经济形势所采取的风险防控措施做出工作部署。会后以〔教技发[2009]1号〕文件的形式下发了《教育部关于做好2009年度直属高校产业工作的意见》。

2009年规范化建设五项任务取得了可喜的成果,除7所高校因产业规模较小经教育部批准,可以暂不组建资产公司外,其余的68所直属高校均组建了资产公司;绝大部分经营性资产已经划转到资产公司,新型的高校产业管理体制初步建立;全资企业改制和撤并工作稳步推进,数量逐步减少;106位校级领导在156家学校企业中的不合规兼职已全部撤出;各直属高校对本校企业冠用校名问题都进行了不同程度的清理和整顿工作,许多学校制定了企业冠用校名的相关制度或管理办法并认真执行。

为了对已组建的高校资产公司的工作作出客观、科学的评价,促进其进一步规范管理与运营,教育部科技发展中心组织专家对 61 所部属高校资产公司报送的《2008 年年度报告》进行评议。根据年报的质量，从高到低分为 A、B、C、D 四档，并与被评为 C 和 D 的高校资产公司总经理集体谈话，逐校反馈专家意见，要求这些高校的资产公司在今后的工作中加以整改。

加强高校产业队伍建设，教育部科技发展中心先后组织了两次专题培训，一次是高校资产公司管理骨干培训班，另一次是高校企业风险管理与内部控制专题研修班，邀请国内知名专家就《企业国有资产法》、《企业内部控制规范》、《高校资产公司设立与运营中涉及的法律问题》、《高校企业风险防范体系》、《经营性资产划转及全资企业改制中的操作实务及难点》等举办专题讲座，并组织参加培训的学员开展交流研讨，取得了很好的效果，为今后高校资产公司规范管理与运营打下了良好的基础。

加强对教育部直属高校企业及经营性资产的监督管理。按照国家有关法律法规，严格履行直属高校经营性经济行为审批职责。2009 年全年共办理直属高校及所属企业经济行为审批 212 件，其中教育部发文 54 件，教育部科技发展中心发文 158 件。按照批复类型，设立公司事项 24 件，全资企业改制事项 44 件，注销事项 3 件，股权转让事项 66 件，注册资本变更事项 22 件，无偿划转事项 34 件，其他事项 19 件。

〔**高校校办产业统计**〕 组织 2008 年度全国普通高校校办产业统计工作。对 2008 年度高校校办产业统计数据进行了汇总和分析，并出版《2008 年度中国高等学校校办产业统计报告》一书。受全球金融危机影响，2008 年度全国高校校办产业收入总额 1 233.37 亿元，比 2007 年减少了 140.19 亿元，降低了 10.21%；其中科技型企业收入总额 911.58 亿元，占全国高校校办产业收入总额的 73.91%。2008 年度全国高校校办产业实现利润总额 71.23 亿元，比 2007 年减少了 47.30 亿元，降低了 39.91%。其中科技型企业实现利润总额 44.44 亿元，占全国高校校办产业实现利润总额的 62.39%。2008 年度全国高校校办产业已支付给学校的利润或股利 7.96 亿元，比 2007 年减少了 0.28 亿元，降低了 3.40%。2008 年度全国高校校办产业向国家缴纳税费 94.69 亿元，比 2007 年增加了 37.67 亿元，增长率为 66.06%。2008 年末全国高校校办企业资产总额 1 652.67 亿元，负债 920.16 亿元，所有者权益 732.51 亿元，归属于学校方股东的所有者权益 362.55 亿元。全国高校校办企业的资产负债率为 55.68%。

撰稿 贾一伟
审稿 李建聪

〔**高等学校博士学科点专项科研基金**〕 2009 年博士学科点专项科研基金申请课题的受理和评审工作从 2009 年 3 月开始到 10 月完成，共有 224 所高校申报自然科学类课题 7 387 项。其中博士生导师基金课题申请 3 390 项，新教师基金课题申请 3 997项。经形式审查，合格的申请课题 7 326 项。其中，博士生导师基金课题 3 370 项，新教师基金课题 3 956 项。

基金评审工作采取网络通讯评审和学科组网络复评两级评审的方式进行。网络通讯评审共遴选 147 所高校 4 528 位同行专家参与评审，评审总项次 36 630 次，平均每位专家评审 8 项。评审专家共反馈评审意见 34 994 项次，反馈率为 95.53%。学科组复评工作分成 24 个评审组进行，共有 70 所高校的 168 位同行专家参与了复评工作。博士生导师基金课题进入复评的有 2 173 项，占参评项目的 64.48%；新教师基金课题进入复评的有 2 481 项，占参评项目的 62.71%。复评采取网上投票的方式进行，投票完成后，再将各个评审组的投票情况进行汇总排序。根据专家网络通讯评审和学科组网络复评两级评审的结果，按照各个学科的资助比例确定资助课题。

2009 年高等学校博士学科点专项科研基金资助博士生导师基金课题 1 169 项，资助比例为 34.48%。其中中央部委所属高校 946 项，占资助课题的 80.92%；地方高校 223 项，占资助课题的 19.08%。为支持地方高校科研发展和人才培养，对于资助率比较低的地方高校采取与其所在省

（区、市）教育厅（教委）联合资助的方式予以资助，批准地方高校228个博士生导师申报课题为“联合资助课题”。计入“联合资助课题”后，博士生导师基金的总资助率为41.21%。资助新教师基金课题共1 468项，资助比例为36.73%。

〔**霍英东青年教师基金及青年教师奖申报和评审工作**〕 2009年霍英东青年教师基金、青年教师奖申报工作从2009年3月初开始进行，截至4月中旬，共接收245所高校申报的霍英东基金课题和奖项1 209项。其中基础性研究课题581项，青年教师奖222项，应用研究课题406项。经过形式审查，基础性研究课题和青年教师奖所有申请课题均符合申报条件；应用研究课题有378项符合申报要求，有28项申报课题不属于指南课题研究内容。

基金和奖励评审工作采取网络通讯评审和霍英东教育基金会理事及顾问委员会联席会议复评两级评审方式进行。通讯评审工作首次采用《霍英东青年教师基金及青年教师奖网络评审系统》进行，共聘请122所高校的987位三级学科同行专家进行了网络通讯评审工作（每个申请课题或奖项聘请5位专家进行评审，每个项目回收3份专家评议意见为有效评议），专家评审意见的回收率达到94%。根据网络通讯评审和霍英东教育基金会理事及顾问委员会联席会议复评的结果确定资助课题和奖项。

2009年霍英东青年教师基金基础研究课题共资助111项；青年教师基金应用研究课题共资助46项；青年教师奖共奖励100人，其中一等奖5人，二等奖16人，三等奖79人。

撰稿 孙 燕 刘昕民
审稿 周 静

〔**专利工作与科技成果管理**〕 组织编写首部《中国高校知识产权年度报告》；和国家知识产权局合作，在教育部网内建设了“高校专利信息服务平台”，为高校系统内广大教师、科研人员、学生提供专利信息服务。2009年全国高校共申请专利61 579件，比2008年增长36.4%，占全国职务专利申请总数的12.8%；申请发明专利37 965件，占申请总数的61.7%，占全国职务发明专利申请总数的22%。2009年全国高校共获授权专利27 947件，比2008年增长45.9%；其中发明专利获授权14 391件，占获授权专利总数的51.5%，占全国发明专利授权总数（52 265件）27.5%。

2009年共进行科技成果登记1 136项，其中应用技术成果768项，基础理论成果354项，软科学成果15项。受理办理科技成果鉴定申请181项，其中社会鉴定项目25项。

2009年继续加强高校科技查新工作的管理。①完成教育部科技查新站年检工作。2009年度67所科技查新站共完成27 041份查新报告，其中校内科技查新12 226项，校外科技查新14 815项，每所查新站年平均完成科技查新404项。②发布《教育部科技查新站查新报告撰写规范（试行）》以及查新报告评价指标体系，进一步规范科技查新工作。③举行对第四批审批的科技查新站的授牌仪式，并举办第二次教育部科技查新审核员培训班，来自84所高校的154名学员参加了审核员培训，共有134名学员获得教育部查新审核员资格证书。④在西南交通大学举办2009年度教育部科技查新站查新人员培训班，指导学校及查新人员学习、贯彻查新报告撰写规范，共有来自191所高校的近300位查新人员参加了培训。

〔**高校科技奖励工作**〕 2009年度进一步完善奖励专家评审机制，提高奖励评审的公正性和权威性。经专家评审和奖励委员会审核，教育部批准2009年度高等学校科学研究优秀成果奖（科学技术）授奖项目293项；其中一等奖119项，二等奖174项。在全部授奖项目中，自然科学奖108项（一等奖49项，二等奖59项），技术发明奖38项（一等奖16项，二等奖22项），科技进步奖135项（一等奖52项，二等奖83项），推广奖10项（一等奖1项，二等奖9项），专利奖2项（一等奖1项，二等奖1项）。

组织、推荐高校申报2009年度国家科学技术奖。2009年度全国高校获国家科技奖励情况：复旦大学谷超豪院士获得2009年度国家最高科学技术奖（教育部推荐），国家自然科学奖项目16项，占总数（28项）的57.1%；国家技术发明奖31项，占通用项目总数（39项）的79.5%；国家科学技术进步奖151项，占通用项目总数（222项）的68.0%。2009年国家三大奖全国高校共获奖198项，占授奖总数（289项）的68.5%。

撰稿　杨健安　万　猛
审稿　周　静

〔**产学研合作**〕　为切实推进产学研用结合的深度和广度，加快高校科技成果转化，帮助提高区域自主创新能力，服务经济和社会发展，2009年教育部开始实施“蓝火计划”，联合地方政府共同组织高等学校赴地方开展产学研合作。“蓝火计划”由教育部科技发展中心具体实施，2009年分别在福建漳州市、江苏常熟市和宜兴市进行了“蓝火计划”试点。一年来，共组织了全国近百所高校的600余位专家学者赴地方开展合作，参加对接的企业界代表达到800余人，累计达成合作意向280余项。成立了中国高校技术转移中心漳州中心，设立了五个特色技术转移示范基地。

2009年，教育部组织57所高校参加上海国际工业博览会，教育部党组副书记、副部长陈希出席开幕式并视察了高校展区。2009年参展的高校科技成果项目总数为458项，其中获得国家三大科技奖或省部级科技进步一等奖以上的重大技术突破项目39项，重点推介的应用技术成果项目419项。香港理工大学“大型结构诊断与预测系统”项目获本届工博会的金奖，高校展区还获得银奖3项、创新奖5项、铜奖6项。参展项目在现场签订的交易协议（含正式成交和意向）总金额达6.78亿人民币，其中上海大学“磷酸铁锂电池组控制管理系统及应用”交易金额达5 000万元。

2007年，科技部、教育部、中国科学院开始共同实施“国家技术转移促进行动”。在2008年评出76家国家技术转移示范机构的基础上，2009年复旦大学技术转移中心等58家机构被确定为第二批国家技术转移示范机构。其中高校相关部门为16家，占总数的27.6%。

撰稿　刘红斌　张劲松
审稿　李建聪

〔**科研环境建设**〕　“中国学术会议在线”是为优化我国科研创新环境、创新人才培养环境而建立的一个学术会议资源交流与共享的信息化服务平台。2009年，“中国学术会议在线”共发布信息12 302条。共审核发布会议新闻8 611条，审核发布会议预告3 691条。转播了2009年诺贝尔奖获得者北京论坛、第三届整合动物学国际研讨会暨达尔文诞辰200周年纪念大会、第六届国际数字地球会议、中国地理学会百年庆典暨2009年学术年会等80场学术会议；共计录制学术报告3 113个，其中大会特邀报告389个，收集论文摘要13 522篇。截至2009年12月20日，“中国学术会议在线”共发布会议信息22 412条，发布讲座信息1 500余条，转播会议275场，转播讲座612场，发布学术报告视频10 185部，论文摘要31 715篇，与近四百家科研院所、学术组织建立了合作关系。

“中国科技论文在线”作为科研环境建设的重要平台，影响和作用进一步扩大。2009年为保持网站的健康发展，进一步加强论文审查、栏目编辑工作，严格控制论文质量。为满足网站快速发展的需要，进行了网站重构和功能扩展，对网站栏目进行了梳理，将后台管理模块化、前台栏目条理化。在内容和功能上，突出首发论文、学者等栏目的特色，改进了全文检索和个人工具箱等功能。搭建了开放存取（OA）资源在线集成服务平台，整合开放存取的科学资源，提供了我国最大、最全的开放资源在线集成服务。发布了“网络时代的科技论文快速共享（2009）”专项研究课题指南。

为进一步规范发展，按要求向新闻出版总署提出了从事互联网出版业务的申请，已经获得许可。完成了《中国科技论文在线精品论文》电子期刊第2卷，共24期的编辑出版工作。

截至2009年年底，在线发表论文38 241篇，用户在线发表评论3 124条；知名学者栏目为5 904

名优秀学者建立了学术专栏，收录论文 66 870 篇；名家荐精品栏目论文 5 316 篇；自荐学者栏目为 1 696名学者建立学术专栏，收录论文 17 199 篇；科技期刊栏目已收录了 315 家学报的 251 137 篇论文。论文总数已达到 370 108 篇。

高校实验室资质认定。2009 年，实验室资质认定高校评审组在国家认监委的指导下，对所属实验室加大了监管力度。2009 年共评审实验室 29 家，换证复查实验室 24 家，监督扩项实验室 3 家，新增首次评审实验室 2 家，共派出评审员 80 人次。截至 2009 年年底，高校评审组所属实验室为 61 家，其中理化分析实验室 32 家、专业测试实验室 29 家。在评审员队伍建设方面，高校评审组推荐了 9 名实验室主任或关键技术、管理岗位的专家，尤其是环保、金属材料等专业领域参加了国家级计量认证评审员的培训，目前高校登记在册的评审员 91 人。在评审规范化工作方面，针对评审标准不统一、程序不统一的问题，高校评审组出台了《高校实验室资质认定评审工作细则》，并组织了评审员集中学习。在检测能力验证方面，高校评审组组织所属实验室开展了 2 次实验室间比对活动，共有 33 所学校的实验室的 77 台设备参加了本次比对活动。

2009 年“教育部科技发展中心”网站充分发挥宣传、报道和服务三大功能，继续为高校科技管理及科研人员提供有价值的资讯服务。2009 年网站共发布信息 4 471 条，进行了 1 次后台系统的更新和升级，进一步完善稳定了网站后台系统；着力加强栏目建设，丰富信息来源，对网站所有的栏目信息进行了全面的整理更新，新建了“科研基金”、“长江学者”、“蓝火计划”等栏目，增加了 12 个子栏目，同时确定了各处室负责的栏目和信息员，加强了日常的信息报送工作。2009 年“中心”网站访问总量达到 98 万余次，最高月访问量为 119 641 次，平均日访问量约 2 700 余次。

撰稿 曾 艳 万 猛 林 烨
审稿 李志民

〔中国教育和科研计算机网建设进展情况〕 到 2009 年年底，中国教育和科研计算机网（CERNET）传输网主干线光纤超过 32 000 公里，实际安装传输网设备 18 000 公里，机站 198 个，设备 422 台。形成了以 160 × 10G 密集波分复用（DWDM）为基础，DWDM 和 SDH 自愈环网为业务承载平台的网络结构。CERNET IP 地址数为 15 075 840个，EDU. CN 域名数为 3 573；CERNET 网络国际和港澳地区双向带宽 12. 55G；CERNET 国内与其他互联网单位互联双向带宽 94. 18G G；CERNET 主干网核心带宽达到 5～20 Gbps；一般带宽达到155 M～2. 5 Gbps；覆盖 31 个省、自治区、直辖市的 36 个城市，通达全国 200 多座城市，联网的大学、教育机构和科研等单位超过 2 000 个，用户超过 2 000 万人，CERNET 已成为世界上最大国家级公益性计算机互联网。

中国下一代互联网示范工程 CNGI 是国务院批准、国家发改委等七部委联合组织的国家重大项目，由 CERNET 网络中心牵头和协调建成的 CNGI-CERNET2/6IX 核心网和 CNGI 高校驻地网是 CNGI 示范工程中 CNGI 示范网络建设的重要组成部分。CNGI 示范网络包括覆盖全国 22 个城市、连接 59 个核心节点的 6 个主干网，2 个交换中心，273 个驻地网。

世界上规模最大的纯 IPv6 大型互联网主干网 CNGI-CERNET2，国际/国内互联中心 CNGI-6IX，接入分布在全国 20 个城市 25 个 CNGI-CERNET2 核心节点的 100 个 CNGI 高校驻地网，构成了我国研究下一代互联网技术、开发重大应用、推动产业发展的关键性网络基础设施。

这一基础设施，为我国下一代互联网技术研究、标准制定、产品开发提供了科技创新和成果的测试平台。在国家发改委批复实施的 103 项 CNGI 技术试验、应用示范和产业化项目中，CNGI-CERNET2 为其中的 56 项提供测试验证环境；并为自然科学基金，“973”、“863”、“科技支撑”计划等国家科研计划重大项目的实施提供了技术研发和开发试验环境，为我国参与全球下一代互联网及其应用研究提供了开放性的试验环境。

“教育科研基础设施 IPv6 技术升级和应用示范”项目是国家发改委组织实施的下一代互联网业

务试商用及设备产业化专项中最大的一项。该项目由教育部主管，中国教育和科研计算机网 CERNET 网络中心协调，清华大学、北京大学等 100 所学校共同实施。项目包括 100 个“校园网 IPv6 技术升级”子项目和 30 个网络技术支撑试商用和应用示范类子项目。该项目自 2008 年 11 月底批复立项，2009 年顺利启动，预计 2010 年年底完成。

撰稿 谷艳丽

审稿 李志民

师范教育

〔**综述**〕 2009年，全国培养本科、专科和中师层次师范生的院校分别有334所、384所和2 247所。其中，师范大学38所、师范学院65所、综合性院校369所、中等师范学校190所。

2009年，全国普通院校师范类在校生247.64万。其中，本科生113.95万、专科生64.60万、中师生69.09万。普通院校师范类招生总计71.33万。其中，本科29.52万、专科16.38万、中师25.43万。普通院校师范类毕业生75.8万。其中，本科27.93万、专科26.65万、中师21.22万。

2009年，全国普通中小学专任教师1 064.01万人，其中小学专任教师563.34万人，比上年增加1.15万人；初中专任教师351.34万人，比上年增加4.44万人；高中专任教师149.33万人，比上年增加1.78万人。城乡分布上，城市教师218.07万人，县镇372.99万人，农村472.95万人，县镇以下中小学教师占到79.50%。

普通小学、初中、高中专任教师学历合格率分别为99.40%、98.28%、93.61%，比上年分别提高0.13、0.49、2.06个百分点。小学专任教师具有专科以上学历的比例为74.8%，初中专任教师具有本科学历的比例为59.44%，高中专任教师具有研究生学历的比例为2.81%，分别比2008年提高3.93、6.24、0.61个百分点。

年龄结构上，中青年教师占主体。35岁以下的小学、初中和高中教师分别占42.69%、51.29%和54.96%。45岁以下的小学、初中、高中教师分别占69.8%、84.69%、88.57%。

职务结构上，具有中高级专业技术职务的教师比例有较大提高。小学、初中、高中具有中高级专业技术职务的教师分别为52.07%、53.05%、57.99%，分别比上年提高1.6、1.98、1.44个百分点。

撰稿 姜南 邬跃
审稿 宋永刚

〔**2009年师范生免费教育进展情况**〕 2009年是教育部直属师范大学实行师范生免费教育的第三年。在国务院领导直接关心和指导下，教育部在认真总结前两年工作经验基础上，精心组织，及早部署，狠抓落实，部属师范大学师范生免费教育试点工作取得新的进展和成效。

招生录取工作进展顺利。2009年，六所部属师范大学共招收免费师范生12 112人，比2008年实际录取人数增加729人。考生报考踊跃，重点线上考生达到招生计划数的数倍以上。生源质量保持良好，六所部属师范大学在各地录取的免费师范生平均成绩高出省重点线42.5分。2009级免费师范生中，中西部生源占89.4%，农村生源占59.4%，男生占35.1%，与2008年相近。

教师教育改革不断推进。为了使免费师范生将来成为优秀教师，六所部属师范大学深化免费师范生培养模式、课程和教学改革，取得新的进展。北京师范大学加强专业、课程及教材建设，招收师范生的14个专业中，13个专业进入教育部质量工程特色专业建设点。华东师范大学形成“通识课程、专业课程和教师教育课程”相结合的课程体系、“课堂教学、技能训练和研究指导”相结合的教学体系。东北师范大学形成由通识教育课程、专业教育课程、教师职业教育课程三大模块构成的教师教育课程体系，推进教学模式创新，实践启发式、讨论式、研究式等教学模式。华中师范大学按“主修专业课程（约 3 学年）＋教师教育课程（约 1 学年)”模式设计教师教育课程体系，为免费师范生配备校内一流名师、校外教育名家、中学特级教师 3 支名师团队。陕西师范大学实施“2＋2”培养模式，构建“通识＋学科基础＋专业课程＋教师教育＋实践”模块化课程体系。西南大学优化师范教育课程体系，提高能力训练课程学分，促进师范生专业化发展。

教师教育创新实验区逐步建立。为了改革创新教师人才培养模式，提高免费师范生教育教学能力，六所部属师范大学建立教师教育创新实验区，取得实质性进展。北京师范大学建立京师教育创新实验区、西部生源地教育创新实验区、华北教育创新实验区、校际合作教育创新实验区。华东师范大学在上海及周边省份建立了若干“服务基础教育、教师培训和教师培养一体化”的教师教育创新实验区。东北师范大学与东北三省教育厅下辖的 23 个县（市）教育局和 105 所中学共建教师教育创新东北实验区，探索集本科实践教学、教育硕士培养、基础教育研究、在职教师培训、教育信息平台建设于一体的多功能综合性实验区。华中师范大学与中部省份共建“国家教师教育创新与服务综合改革实验区”。陕西师范大学与西部省份共建教师教育创新实验区与教育教学实践基地已达 225 个。西南大学在西南地区多个省份建立顶岗实习基地，2 000 多名师范生全部到农村中小学实习。

“教师教育创新平台项目计划”启动实施。为了进一步落实师范生免费教育示范性举措，2009 年 4 月，教育部在东北师范大学召开“教师教育创新平台项目计划”启动暨师范生免费教育工作会议，交流部属师范大学免费师范生培养改革进展情况，部署“教师教育创新平台项目计划”实施工作，研讨免费师范毕业生就业和攻读教育硕士等相关政策的实施细则。2009 年 6 月，印发《教育部关于“教师教育创新平台项目”实施工作的意见》。通过项目实施，形成一大批支撑教师教育的优势学科和特色专业，建设高质量的教师教育课程教学资源，组建高水平的教师教育师资队伍，创造高标准的师范生教育教学能力实训条件，建立高效能的教学管理和运行机制，集中最好的教师教育资源用于师范生的培养和中小学教师的培训。

撰稿　董　萍

审稿　宋永刚

〔**“特岗计划”首批服务期满教师留任近九成**〕 2006 年，教育部等四部门启动实施“农村义务教育阶段学校教师特设岗位计划”（以下简称“特岗计划”)，至 2009 年，首批招聘的特岗教师三年服务期满，近九成服务期满特岗教师留任。据统计，首批招聘的特岗教师留任 13 407 人，占服务期满时在岗教师的 88.7%。其中，广西、宁夏自治区留任教师占服务期满在岗教师的 99%以上。

教育部将期满特岗教师留任当作一项重要工作，对各地做好首批服务期满特岗教师留任工作提出明确要求，部领导亲自动员部署，督促落实。各有关省（区、市）党委、政府高度重视，结合实际制订完善相关落实政策。教育、财政、人事、编制等部门分工协作，通力配合，认真做好期满特岗教师留任工作。例如，宁夏自治区党委、政府将实施“特岗计划”作为为民办实事的重要内容之一，规定特岗教师正式录用为在编教师所需事业编制，由各县（市）编办在自治区编办核定的当地教职工编制总额内核定。云南省政府率先将特岗教师纳入义务教育学校实施绩效工资的范围。新疆维吾尔自治区将“特岗计划”与自治区“人才储备编制计划”相结合，面向全国招生。贵州省采取由“特岗计划”实施县（市）政府书面承诺的方式，确保服务期满后按政策做好特岗教师留任工作。重庆市各区县申报“特岗教师”招聘计划时都由编制部门签注意见后经区县政府研究同意申报，确保服务期满后留任工作顺利进行。广西自治区教育厅、财政厅、人事厅、编办联合下发文件，要求落实“特岗计划”政策，切实做好特岗教师考核转岗工作，鼓励特岗教师服务期满后继续从教，区政府教育督导团对“特岗计划”设岗县特岗教师留任工作进行全面督查。

〔**2009 年扩大实施“特岗计划”**〕 2009 年，教育部等四部门决定扩大实施“农村义务教育阶段

学校教师特设岗位计划”（以下简称“特岗计划”），实施范围由西部 12 个省区和新疆生产建设兵团“两基”攻坚县扩大到中西部地区 22 个省区的国家级扶贫开发工作重点县，以及四川、陕西、甘肃等省地震灾区县。

2009 年共招聘特岗教师 64 397 人，覆盖 885 个县，1.5 万多所学校。特岗教师中本科以上毕业生占 71.6%；其中，湖北、吉林、湖南、重庆、海南、贵州、青海等省达 80%以上。同时，各地按照《教育部关于做好中小学教师补充工作的通知》要求，根据中央“特岗计划”的精神和促进高校毕业生就业的总体部署，积极推进地方“特岗计划”。例如，河南省按照 1∶1 的配套比例，地方计划与中央计划分别设岗 5 000 人，补充教师近万人。河北、贵州、重庆分别招聘地方特岗教师 2 000名、3 121 名、686 名。辽宁省启动实施“高校师范类毕业生农村从教计划”，省教育厅统筹，统一考试，公开招聘，计划用 3 至 5 年时间招聘 1 万名高校师范毕业生到农村中小学任教。

教育部党组连续几年都将“特岗计划”列入部重点工作。部领导亲自抓，多次召开工作会议，督促落实。2009 年 3 月，先后两次召开部署工作会。6 月，在河南召开中期交流汇报会。9 月，在河北召开工作座谈会，及时交流总结“特岗计划”实施情况和第一批服务期满特岗教师岗位落实工作。各地认真组织实施，通过召开新闻发布会、专题讲座、组织现场招聘会等广泛宣传动员。在招聘过程中坚持政策公开、程序公开、成绩公开、结果公开，严把招聘质量关。

实践证明，“特岗计划”是一项广受欢迎、标本兼治的重要举措，探索和创新了中小学教师补充机制，具有一举多得的作用。一是为农村学校补充大批合格师资，促进了义务教育均衡发展和教育公平。有效缓解了农村贫困地区，尤其是“两基”攻坚地区的燃眉之急。二是提高了教师整体素质水平，增强了农村学校的生机和活力，改变了农村学校面貌。三是创新了教师补充机制，并起到积极示范效应，带动各地积极采取相应措施加强教师队伍建设。四是鼓励引导高校毕业生到基层、到祖国最需要的地方建功立业，拓宽了就业渠道。

〔进一步做好中小学教师补充工作〕 为切实加强中小学特别是农村学校师资力量，切实做好中小学教师补充工作。2009 年 3 月 25 日，教育部印发《关于进一步做好中小学教师补充工作的通知》（教师〔2009〕2 号），要求各地抓住有利时机，全面推进“特岗计划”，同时，积极实施地方“特岗计划”，形成规模，鼓励吸引大批优秀高校毕业生到农村从教。今后城市、县镇中小学校教师自然减员空岗优先聘用服务期满的特岗教师，以及高校毕业生下基层做项目的服务期满人员。

《通知》指出，省级教育行政部门统一掌握本行政区域内中小学教师编制需求情况，及时会同省级机构编制部门，加强统筹协调，实行编制动态管理，按照总量调控、城乡统筹、结构调整、有增有减的原则，调整和使用本地区中小学教职工编制，不断完善中小学教职工编制管理，及时满足教师补充需求。要切实保障编制紧张学校特别是农村寄宿制学校、教学点分散的地区、民族地区双语教学配备教职工的基本需求。可参照县镇标准核定农村中小学教职工编制，及时调整接收流动人口子女入学较多学校的编制数。同一区域中小学教职工编制可以互补余缺。全面推行新任教师公开招聘制度，形成长效机制。省级教育行政部门要结合国家或地方“特岗计划”的实施，统一组织教师公开招聘考试，按规定程序择优聘用。要着力解决教师队伍结构性矛盾，重视英语、信息技术、艺术、体育、科学等紧缺学科教师的补充。

《通知》强调，要严格实施教师资格制度，确保持证上岗。严禁聘用不具备教师资格的人员担任专任教师。教师资格认定进一步强化教育教学能力要求，所有申请教师资格的人员必须通过由省级教育行政部门统一组织的教育教学能力测试（包括综合笔试和实践能力测试）。国家教育考试机构负责研制测试大纲、建设试题库、组织命题和考务等工作。省级教育行政部门按教育部审定的测试标准和测试大纲组织实施。地方各级教育行政部门要严格掌握教师资格申请条件和认定程序。要将申请人修学教师资格课程、通过教育教学能力测试，进行教育实习和具备现代教育技术水平等作为申请教师资格的前提条件。

《通知》要求加强对教师补充工作的监督管理。严禁任何部门和单位以任何理由任何形式占用或变相占用中小学教职工编制。教育部将对各地教师补充工作情况进行监测，定期公布状态信息，作为教育质量评价的重要指标。

撰稿 姜 南 邬 跃
审稿 宋永刚

〔**“国培计划（2009）”实施情况**〕 为贯彻落实十七大关于“加强教师队伍建设，重点提高农村教师素质”的要求，2009 年，中央财政投入 5 000 万元专项经费，支持教育部组织实施了“中小学教师国家级培训计划”（简称“国培计划（2009）”）。“国培计划（2009）”采用集中培训、远程培训、对口支援、送教上门等多种模式，共计培训 45 万名中小学教师，覆盖 31 个省（区、市）600 多个县，几十万所中小学校，其中县及县以下农村中小学教师近 37 万名，占 82%左右。

“国培计划（2009）”主要包括八大项目。一是中西部地区中小学骨干教师培训项目。遴选 43 所高等院校采用集中培训方式，对中西部地区 7 750 名中小学骨干教师进行 50 学时的培训。二是援助边境民族地区中小学骨干教师培训项目。委托东北师大、陕西师大和西南大学采取“送培到省（区）、集中培训”方式，分别对内蒙古、宁夏和贵州 3 000名中小学骨干教师进行 50 学时的培训。三是中西部农村义务教育学校教师远程培训项目。委托中央电教馆、中国教育电视台和中央电大采取卫星电视播放、网络在线研讨和集中辅导答疑相结合的方式，对中西部 100 个县 25 万农村义务教育阶段学科教师进行 30 学时的培训。四是普通高中课改教师远程培训项目。采取网络学习与集中研讨相结合方式，组织对 2009 年新进入高中课改的河北、内蒙古、湖北、云南四省（区）8 万余名高中教师进行 50 学时的培训。五是培训者研修项目。遴选高水平师范院校和北京大学、东南大学等高校，采取集中研修方式对全国 1 150 名骨干培训者进行 50 学时的培训。六是中小学体育和艺术教师培训项目。委托东北师大、厦门大学等高校采取集中培训方式，对中西部地区 1 200 名农村中小学专职体育和艺术骨干教师分别进行 50 学时的培训。七是知行中国——中小学班主任教师培训项目。利用国内捐资，采取集中培训与网络培训相结合的方式，组织对辽宁等 10 省（市）近 10 万名一线小学班主任教师进行 50 学时的培训。八是援助地震灾区中小学教师培训项目。委托有关高校采取集中培训方式，对四川、陕西、甘肃等地震灾区的 1 200 名中小学教师进行 50 学时的培训。

“国培计划（2009）”充分发挥了示范引领、雪中送炭和促进改革的作用，有效提高了教师专业水平和教学能力，推动了教师教育的改革，受到广大教师和各地的高度评价。在国家级培训项目示范引领下，各地结合本地实际，采取有力措施，创新培训模式，积极推动了全国尤其是农村中小学教师培训工作的开展。

撰稿 王 薇
审稿 宋永刚

〔**2009 年师范生实习支教进展情况**〕 2009 年，各地师范院校认真贯彻落实《教育部关于大力推进师范生实习支教工作的意见》，因地制宜地开展师范生实习支教工作。据不完全统计，2008—2009 学年，河北等 19 个省份 124 所师范院校共有 8.5 万名师范生到 1.6 万所农村中小学校进行了实习支教，7.5 万名农村教师接受了师范院校举办的各种形式的培训。教育部进一步加大宣传工作力度，总结推广各地各校开展师范生实习支教的做法和经验。

实践证明，师范生实习支教工作在多个方面取得成效。一是推动了师范院校在人才培养模式、专业建设、课程设置、教学内容、教学方法、师资配置等方面的全方位改革。例如，北京师范大学等直属师范大学整体设计师范生培养方案，加大实践教学课程比例，强化实践教学环节，构建由教育见习、模拟教学、教育实习、实践反思等组成的实践教学体系。青海师范大学等院校学生在学校接受三年半的专业教育，用半年时间参加实习支教。二是探索了地方教育部门、师范院校和中小学校三方合作培养教师的新机制。例如，河北、山西、浙江、广东、四川等省印发大力推进师范生实习支教工作的意见，明确省、市、县级教育行政部门和师范院校的职责分工，建立了沟通协作机制。三是开辟了师范院校服务农村教育的新途径。例如，新疆维吾尔自治区先后与西北师范大学等7所内地师范院校签订了实习支教工作协议，缓解了汉语教师短缺状况。河北师范大学先后组织8 473名师范生到全省68个县（市、区）640多所基层学校进行实习支教，对近5万名农村中学管理人员和教师进行了培训。

撰稿　董　萍
审稿　宋永刚

〔**2009年“硕师计划”实施情况**〕　2009年，教育部在总结经验的基础上，进一步调整完善“农村教育硕士师资培养计划”（以下简称“硕师计划”）政策。9月，印发《教育部关于做好2010年“农村学校教育硕士师资培养计划”实施工作的通知》，决定从2010年开始，进一步扩大“硕师计划”规模，并与“农村义务教育阶段学校教师特设岗位计划”（以下简称“特岗计划”）结合实施。从四个方面调整政策。第一，服务范围由国家级和省级扶贫开发工作重点县扩大到所有县镇及以下农村学校，由中西部21个省份扩大到全国31个省份。第二，改革培养方式，“硕师计划”研究生先到县镇及以下农村学校任教三年，边工作、边学习，通过现代远程教育、寒暑假集中面授等方式学习研究生基础课程，再到高校脱产集中一年学习核心课程，并完成教育硕士论文答辩，毕业时获硕士研究生毕业证书和教育硕士专业学位证书。第三，采取两种方式，与“特岗计划”结合实施：录取为“硕师计划”研究生并同时应聘为特岗教师，到设岗县的农村义务教育阶段学校任教服务三年；对于具备普通高等学校本科学历、三年聘期内年度（或绩效）考核至少一年优秀并继续留在当地学校任教，表现突出的特岗教师，经任教学校和县级教育行政部门考核推荐、培养学校单独考核、符合培养要求的，可推荐免试在职攻读教育硕士。第四，参加推荐免试工作的高等学校由58所增加至86所，承担教育硕士专业学位培养资格的高等学校由30所增加至73所。

据统计，2010年将有24个省份实施“硕师计划”，共录取“硕师计划”研究生1 470名，比2009年增加701名，增幅达91.2%。

撰稿　董　萍
审稿　宋永刚

〔**2009年教师资格制度实施情况**〕　教师资格认定工作自1996年开始，历经过渡认定、试点认定两个阶段后，2001年进入全面实施阶段。2009年共有118.38万人通过教师资格认定，比2008年增加10.13万人。全国累计已有2 192.11万人取得教师资格。

为严把教师入口关，保证新增教师质量，2009年3月教育部下发《关于进一步做好中小学教师补充工作的通知》（教师［2009］2号），规定要切实落实教师“持证上岗”制度，将持有与教学岗位相应的教师资格证书作为教师招聘录用的前提条件和职务晋升的必要条件。严禁聘用不具备教师资格的人员担任专任教师。教师资格认定中要进一步强化教育教学能力要求。要将申请人修学教师资格课程、通过教育教学能力测试，进行教育实习和具备现代教育技术水平等作为申请教师资格的前提条件。省级教育行政部门要对开办师范类专业和教师资格课程的院校进行评估和资质认定，并报教育部备案。

按照推进教师资格认定工作的整体部署，2009年4月，教育部委托教育部考试中心着手研制幼儿园、小学、初级中学、高级中学四类教师资格考试标准，在广泛征求教师教育院校专家、教育行政部门负责人及一线教师校长意见基础上，组织专家研制中小学教师资格考试大纲。为提高教师资格认定工作信息化水平，2009年教育部开展了网络版信息系统网上报名试点工作。湖北、安徽等11个省份的300多个地区开展了参加网络版教师资格认定信息系统网上报名的试点。2009年，教育部继续按照国家有关规定，采用政府集中采购、公开招标方式印制《教师资格证书》，并继续向教师资格申请人免费发放《教师资格证书》。

撰稿　刘璇璇
审稿　宋永刚

〔**举办第四届全国师德论坛，大力推进师德建设**〕　2009年教师节，适逢新中国成立60周年，也是新修订的《中小学教师职业道德规范》颁发一周年。9月8日，教育部在北京举办第四届全国师德论坛。与教师节的主题“祖国的未来与人民教师的使命”相呼应，本届师德论坛的主题为“爱国敬业，教书育人”。来自全国的优秀中小学教师代表、社会知名人士、教育界专家学者、政府及教育行政部门和高校代表共140余人参加了论坛。与会人员就“学习实践师德规范，不断提高师德修养”、“关注师德建设热点，破解师德建设难题”、“加强和改进师德建设，为师德建设创造制度环境”等问题进行深入研讨，在许多方面形成共识，提出很多有益建议。

一是教育大计，教师为本；教师素质，师德为魂。师德水平是教师专业化的重要标志，是教师首要的专业素质，是教师的执教之本。要充分认识加强教师队伍建设的重要意义，进一步将师德建设摆在教师队伍建设更加突出的位置，努力培养和造就具有良好职业道德、先进教育理念和坚实业务基础的专业化教师队伍。

二是新时期的师德建设要有新的理念。要从以人为本的科学发展观和新的教育理念审视和指导师德建设，研究解决师德建设面临的新问题、新情况。遵循新时期教师职业特点，探索师德建设规律，正确理解和处理教书和育人、关爱学生和管理学生、为人和为师、教师专业权利和责任、教师权益保障和甘于奉献、提高教师素质和改善制度环境等之间的关系，将师德建设引向新的发展阶段。

三是加强师德建设重在制度创新。在强化师德教育、强调教师自律的同时，坚持依法执教，建立健全法规、制度，是师德建设的关键环节。新颁《规范》对教师职业道德提出了基本要求，并做出若干禁行规定，例如，教师保护学生安全的责任、不得从事有偿家教、教育惩戒权等，需要进一步得到法律支持，依法做出具体界定。制度创新是推动师德建设不竭的动力，关键是形成长效机制。

四是加强师德建设需要良好的社会环境。加强师德建设归根结底要提高教师地位和待遇，所以师德建设也是政府的责任。要站在战略高度上，采取有效措施，提高教师地位和待遇，保障教师合法权益，创造良好工作条件，表彰奖励师德先进，营造尊师重教氛围，调动教师教书育人的热情和积极性。同时，师德建设是一个社会化的系统工程，必须依靠全社会力量共同营造尊重教师、理解教师、支持教师的良好氛围。要加强对热点问题的舆论引导，防止不当炒作，切实形成有利于师德建设的舆论导向和社会氛围。

撰稿　王海英　赵建军
审稿　宋永刚

民族教育

〔**综述**〕 2009年，民族教育全面贯彻党的教育方针和民族政策，用科学发展观统领民族教育工作全局，解放思想，深化改革，实事求是，进一步提高民族教育的办学质量和水平，努力推进民族教育又好又快发展。贯彻落实十七大精神，把科学发展观学习与民族教育实践相结合，积极赴民族地区进行调研；进一步加强民族团结教育工作和内地民族班安全稳定工作；继续加强民族语文教材建设，积极做好双语教学及教师培训工作；进一步抓好高等学校少数民族预科和少数民族高层次骨干人才培养工作；教育对口支援西藏工作稳步推进，办好内地西藏班和新疆高中班。各项工作取得明显成效。

截至2009年年底，全国各级各类学校中少数民族在校学生总数为2 242.70万人。其中，普通高等学校的少数民族在校生数为141.05万人，占学生总数的6.58%；高中阶段的少数民族在校生数为286.78万人，占学生总数的6.71%；普通初中的少数民族在校生数为501.22万人，占学生总数的9.24%；普通小学少数民族在校生数为1 059.12万人，占学生总数的10.52%。目前，全国各级各类学校中少数民族专任教师数已达113.55万人，占专任教师总数的8.25%。在中央的大力支持下，通过各级政府和广大教育工作者的艰苦努力，民族地区“两基”攻坚取得了显著成效。2002年民族地区实现“两基”的县只有369个，到2009年年底，已增加到685个，占民族地区县总数的98.1%。

〔**扎实推进中小学民族团结教育**〕 深入贯彻落实中共中央办公厅、国务院办公厅《关于深入开展民族团结宣传教育活动的意见》和教育部办公厅、国家民委办公厅《学校民族团结教育指导纲要（试行）》精神，全面推进中小学民族团结教育，2009年5月召开了全国中小学民族团结教育工作部署视频会，并印发了会议纪要，会议明确了民族团结教育的目标任务和具体措施，对今后一个时期全国中小学开展民族团结教育工作进行了初步部署，组织编写并审定出版了中小学民族团结教育教材。会同新疆就暑期及开学前后对疆内各级各类学校师生集中开展民族团结教育专题培训工作进行了部署，中央财政专门安排1 000万元予以支持；会同中央统战部、中央政法委和国家民委联合召开了大力加强内地民族班民族团结教育和学校管理工作会议。

〔**赴民族地区调研**〕 2009年，根据中央统一部署，教育部组织调研组，深入西藏和青海、甘肃、四川、云南以及新疆等民族地区进行专题调研，形成了专题调研报告，初步提出了推进西藏、新疆等教育事业实现跨越式发展的政策措施。

〔**与青海、宁夏签署发展教育事业合作协议书**〕 2009年6月14日，教育部和青海省人民政府在西宁共同签署《中华人民共和国教育部　青海省人民政府大力支持青海省教育事业改革发展合作协议》。7月14日，教育部和宁夏人民政府在北京共同签署《中华人民共和国教育部　宁夏回族自治区人民政府大力支持宁夏教育事业改革发展的合作协议》。

撰稿　田晓勤
审稿　阿布都

〔**召开内地民族班民族团结教育和学校管理工作电视电话会议**〕 2009年8月27日，为贯彻落实《中共中央办公厅 国务院办公厅印发〈关于深入开展民族团结宣传教育活动的意见〉的通知》文件精神，教育部会同中央统战部、中央政法委、国家民委在京联合召开大力加强内地民族班民族团结教育和学校管理工作电视电话会议。会议明确了今后的主要任务和重点工作。21个承担内地办学任务的省市教育厅（教委）、统战部、政法委、民（宗）委有关负责同志和所有承担内地民族班办学任务的学校领导、班主任、教师代表以及有关部委司局负责同志近1 600人参加了电视电话会议，其中北京主会场代表220人。

〔**在内地民族班开展宣讲活动**〕 为庆祝西藏民主改革50周年，2009年3月12日至18日，与西藏自治区教育厅联合组织，在全国27所内地西藏班（校）和53所散插班学生开展了以宣传西藏民主改革50年、改革开放30年辉煌成就为主要内容的宣讲活动。2009年9月22日至9月28日，与新疆教育厅联合组成宣讲组，对内地新疆高中班52所学校全体学生进行“感恩伟大祖国，维护民族团结”的主题宣讲活动。通过宣讲，使学生认识到国家对西藏、新疆的关心，了解到家乡的巨大变化，坚定了学生们维护祖国统一和民族团结、反对分裂的信心，教育和鼓舞学生努力成才，报效祖国。

〔**举办内地高校民族学生思想政治教育工作专题培训班**〕 2009年9月25日至28日，与新疆教育厅联合在西安和上海两地举办内地高校民族学生思想政治教育工作专题培训班，有近200所内地高校有关校领导、统战、学生工作部门的负责同志近300人参加了培训。通过培训，使学生进一步了解我国的民族政策以及新疆区情，对学生的管理工作更有针对性、实效性。

〔**继续办好内地西藏班、新疆高中班**〕 根据2007年全国内地西藏班办学和教育援藏工作会议要求，积极推进办学布局、结构的调整和改革，适度扩大办学规模的精神，2009年，下达内地西藏班初中招生计划1 700名，高中招生计划1 865名。根据新疆的需求及中央有关文件精神，对进一步扩大内地新疆高中班招生规模征求了各办班省市的意见。同时，内地新疆班办班学校克服教学、住宿超负荷的困难，在2008年招生规模的基础上又增加了100名，2009年招生规模达到5 500名。

〔**少数民族预科班、民族班和少数民族高层次骨干人才招生情况**〕 进一步扩大内地高校招收少数民族预科和高层次骨干人才培养计划，2009年下达少数民族预科招生计划3.1万人，比2008年增加了7 000人。录取少数民族高层次骨干人才硕士研究生2 400人，博士研究生1 000人，此项计划受到了西部和民族地区的广泛欢迎，录取率比2008年分别提高了20%和24%。

撰稿 李 彬
审稿 次仁多布杰

〔**举办《全日制民族中小学汉语课程标准（试行）》国家级培训班**〕 为了帮助广大少数民族中小学汉语教师更好地学习和理解教育部组织制定并于2006年颁布的《全日制民族中小学汉语课程标准（试行）》，在2008年工作基础上，2009年6月和8月先后在新疆和西藏举办了《全日制民族中小学汉语课程标准（试行）》国家级培训班，其中新疆片区培训采取集中加远程的方式，培训规模达1 100人，总计有1 200余名少数民族汉语教研员和骨干教师参加了培训。

〔**举办《蒙古族中小学语文课程标准》国家级培训班**〕 为帮助少数民族教师更好地学习和理解民族语文课程标准，提高民族语文教学质量，2009年5月在呼和浩特市举办了《蒙古族中小学语文课程标准》国家级培训班，包括来自青海、甘肃和新疆的150余名蒙古族蒙古语文教研员和骨干教师参加了培训。这是教育部第一次举办民族语文课程标准国家级培训班。

〔**中国少数民族汉语水平等级考试工作**〕　为积极稳妥地在少数民族地区推进汉语教学改革，进一步做好中国少数民族汉语水平等级考试（简称“民族汉考”）工作，2009年3月教育部民族教育司在贵州召开会议，商议民族汉考有关工作，并于4月印发了《关于中国少数民族汉语水平等级考试有关工作的通知》，明确“民族汉考”的考试实施由教育部考试中心具体负责，民族教育司在政策制定和宏观管理等方面给予指导和协调。

〔**少数民族汉语教育质量监测试点**〕　为了准确反映少数民族地区汉语教育质量的现状，为教育决策提供可靠依据，自2009年开始，逐步在有关省区对少数民族学校汉语教学进行监测，由教育部考试中心具体实施。在青海省教育厅、黄南州教育局的大力支持下，2009年6月底结合民族汉考（一级）考试对该州小学六年级毕业生进行质量监测。在总结经验的基础上，还将选取更多省区和考生段进行试点。

撰稿　赵　卫
审稿　张　强

〔**落实新疆双语教育工作**〕　一次性解决了新疆七地州九县市2 237个乡级双语幼儿园建设资金20.95亿元，落实了2009—2012年新疆学前双语教育保障经费19.25亿元，形成新疆学前双语教育经费保障长效机制。教育部与财政部会商启动了第二期国家支援新疆汉语教师工作方案，落实专项经费4 460万元，拟在内地培养培训新疆汉语教师3 300余名。

撰稿　田晓勤
审稿　阿布都

学校体育、卫生、艺术与国防教育

〔**召开第二次全国亿万学生阳光体育运动推进会**〕 为深入贯彻落实《中共中央国务院关于加强青少年体育增强青少年体质的意见》，2009 年 5 月 14 日，教育部在重庆市召开了第二次全国亿万学生阳光体育运动推进会，会议的主要任务是深入分析研究工作形势，总结交流经验，改进薄弱环节，进一步推动中央 7 号文件的贯彻落实，进一步推动阳光体育运动广泛深入地开展。教育部部长周济出席会议并发表重要讲话：(1) 贯彻落实中央 7 号文件取得积极进展，初步形成了加强学校体育工作的大好局面；(2) 要进一步提高认识，增强贯彻落实中央 7 号文件，大力推进阳光体育运动的坚定性和自觉性；(3) 以爱与责任，扎扎实实推进阳光体育运动。周济部长特别强调：要认清形势，明确目标，进一步增强使命感、责任感、紧迫感，要充分调动学生、教师和学校的主观能动性和积极性，要采取有力措施，为学校体育工作创造良好条件。

重庆、天津、内蒙古、江苏、河南、浙江、湖南七省（区、市）介绍了贯彻落实中央 7 号文件、开展阳光体育运动的经验，现场观摩了重庆市中小学校开展阳光体育运动的情况。会议同时分析了当前面临的问题，研究部署了今后一个时期深入贯彻中央 7 号文件和广泛开展阳光体育运动的措施与计划安排。

〔**召开中华人民共和国第十届中学生运动会**〕 由教育部、国家体育总局、共青团中央共同主办，长沙市人民政府承办的中华人民共和国第十届中学生运动会，于 2009 年 8 月 16 日至 21 日在湖南省长沙市举行。

根据《学校体育工作条例》，全国中学生运动会每三年举办一届。本届中运会共设有田径、游泳、篮球、排球、足球、乒乓球、武术、健美操 8 个比赛项目。有来自全国各省、自治区、直辖市、新疆生产建设兵团和香港、澳门特别行政区的 34 个代表团的 205 个运动队参赛，并同时举行了体育科学论文报告会、表彰 2008 年国家级体育传统项目学校等活动。运动会总规模 5 000 多人。

全国中学生运动会的宗旨是“团结、奋进、文明、育人”，原则是“突出教育特色、讲求综合效益”。

中共中央、国务院下发的《关于加强青少年体育增强青少年体质的意见》，是我国学校体育工作的纲领性文件。这次中运会，就是贯彻落实中央 7 号文件精神的一次积极实践，是对近两年来学校体育工作的一次检阅，是对阳光体育、业余体育训练工作的一次全面促进。

〔**大力开展全国亿万学生阳光体育运动**〕 2009 年教育部继续组织开展了全国亿万学生阳光体育运动，进一步掀起了全国亿万学生阳光体育运动的高潮。(1) 会同共青团中央、国家体育总局共同启动了以“阳光体育与全民健身同行”为主题的第三届全国亿万学生阳光体育冬季长跑活动。(2) 组织创编了《全国中小学生系列武术健身操》，丰富了学校大课间体育活动形式和内容，为广大青少年学生提供了科学的锻炼手段。(3) 进一步完善了《国家学生体质健康标准》国家数据库。2009 年有效上报学校为 118 778 所，比 2008 年增加 30 894 所，有效上报学生数为 9 275 万人，比 2008 年增加 1 633.8万人。

〔**推进体育教学改革，研究提高教学质量**〕 在中央7号文件的指引下，教育部积极采取有效措施深化基础教育课程改革，保障体育教学课时，落实学生每天一小时锻炼时间，加强体育教师队伍建设。(1) 全面实施考试制度，继续推进初中毕业升学体育考试项目与《国家学生体质健康标准》测试项目结合的改革。(2) 组织了第三届“2009年全国高校体育教育专业学生基本功大赛”，有来自全国23所高校的100多名学生参赛，本次活动对各高校的专业办学方向起到积极的引导作用。(3) 加大了对西部农村中小学体育教师的培训力度，举办了第二届西部体育骨干教师国家级培训班，面向西部13个地区600名体育教师进行了培训。(4) 为加强农村中小学校体育工作，保障体育课教学质量，组织专家编写了共6册的《小学体育教学教师用书》，本书主要的适用范围是没有接受过专业体育教育的小学兼职体育教师。(5) 根据高校“质量工程”的有关要求，紧密结合高等学校体育学类本科专业发展实际，体育卫生与艺术教育司组织开展了高等体育学类本科5个专业指导性专业规范的研制工作。经过一年多的研制，专业规范的文稿已基本完成。

撰稿 许 弘
审稿 廖文科

〔**高度重视，周密部署，认真抓好学校甲型H1N1流感防控工作**〕 制定学校甲型H1N1流感防控工作政策文件，及时部署防控工作。2009年5月，教育部成立了应对甲型H1N1流感工作领导小组，由教育部副部长陈小娅担任组长，制定了应对甲型H1N1流感工作预案。针对不同时期甲型H1N1流感疫情及学校防控要求，先后印发了《学校甲型H1N1流感防控工作方案（试行）》、《关于做好暑期学校甲型H1N1流感防控工作的通知》、《关于做好学校秋季开学甲型H1N1流感防控工作的意见》、《关于切实加强农村学校甲型H1N1流感防控工作的通知》等文件，对学校甲型H1N1流感防控工作进行及时部署。9月11日专门召开“全国教育系统甲型H1N1流感防控工作视频会议”，对加强甲型H1N1流感防控工作进行全面部署，提出了针对性措施和要求。

做好第十届全国中学生运动会、全国教育系统“祖国万岁”歌咏活动期间的防控甲型H1N1流感保障工作。通过赛前（集中演唱活动前）向各代表团分别发出了《关于做好第十届全国中学生运动会期间甲型H1N1流感防控工作的通知》、《关于做好“祖国万岁”歌咏活动集中演唱活动期间甲型H1N1流感防控工作的通知》，赛中制定相应的工作预案，实施晨午检、每日疫情零报告、每日巡查、室内赛场（演出场所）和宿舍开窗通风等多项制度与措施，全方位严防严控，确保了中运会和集中演唱活动期间没有发生一例甲型H1N1流感病例。

加大对甲型H1N1流感防控宣传。组织编制了学校预防甲型H1N1流感宣传画及提示，并筹集资金50万元，印制20万套配发至各省（区、市）农村学校；组织编制了《学校甲型H1N1流感等传染病防控工作指导手册》，并印制10万册配发至西部农村学校；利用中国教育报、教育部网站对学校甲型H1N1流感防控政策措施和科普知识进行专题宣传教育，通过编印教育部简报总结交流了各地学校甲型H1N1流感防控工作的情况与经验。

开展培训工作，提高地方教育行政部门和学校应对能力。2009年7月，举办了省级教育行政部门甲流防控专题培训班，对来自各省级教育行政部门负责甲流防控工作的管理人员30余人进行了《学校甲型H1N1流感防控工作方案》培训；11月，分别对来自各地的县市级教育局长、各省级教育行政部门相关工作人员共计230余人进行了甲型H1N1流感防控专题培训。12月，对来自全国90余高校卫生保健机构负责人进行《学校甲型H1N1流感防控工作方案》培训；另外，还组织专家通过培训到地方的形式，到江西等地开展包括甲型H1N1流感防控在内的学校突发公共卫生事件防控工作培训。

开展学校甲型H1N1流感防控工作督查。先后对北京、上海、广东、河南、重庆、广西、江西、福建8省（区、市）学校甲型H1N1流感防控工作情况进行了抽查，督促各地切实落实学校甲型 H1N1 流感防控各项工作措施。

〔**大力推进中小学生近视眼防控工作**〕 为贯彻落实《中共中央国务院关于加强青少年体育增强青少年体质的意见》精神，推进学校近视眼防控工作，2009 年 6 月至 9 月，教育部体卫艺司、中央电化教育馆、高等教育出版社联合在国家基础教育资源网上举办了“青少年爱眼知识网上有奖竞答活动”。截至 9 月 20 日，网上总点击率达 5 211 万人次，参与的青少年学生覆盖了 30 个省（自治区、直辖市）。本次活动共评选出个人奖 930 名，其中，中学生占 40%，小学生占 60%。这次活动产生了广泛的社会影响，收到了较好的社会效益。

12 月 10 日，教育部召开了全国中小学生近视眼防控工作网络视频会议，对进一步加强中小学近视眼防控工作进行了部署。教育部副部长陈小娅出席会议并讲话。会议要求，各级教育行政部门和学校一定要以学生为本，以学生德智体全面发展为本，牢固树立健康第一的思想，切实将近视眼防控工作抓实、抓细、抓出成效。要大力推进素质教育，切实减轻学生课业负担，要改革和完善评价制度，把健康素质作为评价学生全面发展的重要指标。要不断改善学校办学条件，深入开展视力保护健康教育，建立完善眼保健操制度，坚持学生每天一小时体育锻炼制度，要完善学校、家庭和社会相结合的工作体系，形成全覆盖的学生近视眼防控工作网络。天津市教委、黑龙江省教育厅、上海市教委、武汉市教育局、湖南省桃江县教育局等单位在会上介绍了中小学生近视眼防控方面的做法和经验。

撰稿 李英奇 张 芯
审稿 廖文科

〔**成功举办全国教育系统“祖国万岁”歌咏活动**〕 为庆祝新中国成立 60 周年，教育青少年学生铭记革命历史，继承光荣传统，弘扬民族精神，立志报效祖国，2009 年 3 月，教育部发出通知，在各级各类学校广泛开展以“歌颂伟大祖国，肩负神圣使命”为主题的“祖国万岁”歌咏活动。5 月，中宣部、中央文明办、教育部等 10 部委联合印发《关于广泛开展“爱国歌曲大家唱”群众性歌咏活动的通知》后，教育部办公厅随即把教育系统“祖国万岁”歌咏活动纳入“爱国歌曲大家唱”群众性歌咏活动之中，要求各级教育行政部门和学校进一步做好组织发动工作，把工作重心放到基层学校，使活动覆盖到全国城乡每一所学校。

各级教育行政部门和学校认真贯彻落实通知精神，积极组织，深入宣传，广泛发动，以形式多样的群众性歌咏活动为载体，对青少年学生进行生动的爱国主义、集体主义、社会主义教育和党的基本路线教育，形成了“校校有活动、班班有歌声、人人唱好歌、师生共参与”的校园文化氛围，充分展示了当代青少年热爱祖国的情怀和朝气蓬勃的精神风貌。

为推进各地开展歌咏活动，教育部先后组织有关专家赴中西部 10 个省（区）举办合唱指挥培训班，共有 2 000 余名音乐教师接受培训，培训工作有效地提高了各地开展歌咏活动的水平。为交流开展活动的成果和经验，教育部编发了 10 期专题简报，并在重庆集中展演期间编发了 17 期快报。中国教育电视台开辟了“祖国万岁”歌咏活动专题，从 6 月上旬开始播出 25 期专题访谈节目，140 余条动态新闻，及时报道了全国各地各校开展歌咏活动的情况。中央文明办编发的《全国“爱国歌曲大家唱”群众歌咏活动快报》报道了教育系统开展“祖国万岁”歌咏活动的情况，充分肯定了歌咏活动的成果。

9 月 11 日至 13 日，教育部和中央文明办、中共重庆市委、重庆市人民政府共同举办爱国歌曲大家唱——全国教育系统“祖国万岁”歌咏活动集中展演。集中展演活动包括两场演唱会和一场歌咏大会。全国各省（区、市）31 支大中学生合唱队，以及重庆市大中小学校师生 4 000 余人参加了集中展演活动。中共中央政治局委员、中共重庆市委书记薄熙来，教育部部长周济、副部长陈小娅以及重庆市有关负责同志出席了 9 月 13 日举行的歌咏大会。薄熙来在歌咏大会上发表了即席讲话。周济对参演学生进行了鼓励并提出了希望。歌咏大会充分展示了莘莘学子的爱国主义情怀、与时代同步伐的青春激情和报效祖国的豪迈志向。

〔全国第三届中小学生艺术展演活动圆满结束〕 根据《学校艺术教育工作规程》，全国中小学生艺术展演活动每三年举办一届。2010 年 3 月，全国第三届中小学生艺术展演活动圆满结束。

本届中小学生艺术展演活动的主题是“阳光下成长”。活动项目包括艺术表演类（声乐、器乐、舞蹈和校园剧）、艺术作品类（绘画、书法篆刻、摄影等）和全国中小学艺术教育科研论文报告会。

本届中小学生艺术展演活动从 2008 年 10 月开始启动，分为三个阶段。第一阶段为基层学校开展艺术活动，各地将活动与庆祝新中国成立 60 周年“祖国万岁”歌咏活动相结合，组织开展了丰富多彩的学生艺术活动，全国中小学参加活动的覆盖面超过了 80%。第二阶段为各省（区、市）举办省级集中艺术展演活动。第三阶段为全国集中展演活动。全国集中展演活动期间，全国 31 个省（区、市）及新疆生产建设兵团的近 6 000 名师生参加了在上海举行的为期 9 天的艺术表演类节目现场展演，400 余件学生艺术作品在展览会上展出，70 余名教师参加了艺术教育科研论文报告会，来自全国的中小学艺术教师参加了 4 场艺术教育专题座谈会，近 1 000 名中小学校长和艺术教师到现场观摩学习。

本届展演活动具有四个显著的特点。一是坚持活动的主题导向，体现先进文化的导向性。二是坚持正确的育人宗旨，让更多的学生成为艺术教育的受益者。三是以活动为载体推进艺术教师队伍建设，建立艺术教育的长效机制。四是注重创新，彰显校园文化特色，总体水平显著提高。

国务委员刘延东给展演活动组委会发来贺信，对展演活动这一形式给予了充分肯定并指出，“各级各类学校要切实重视和加强艺术教育，开展经常性的、丰富多彩的校内外艺术活动；要面向全体学生，努力让每个学生都成为艺术教育的受益者；要坚持正确的育人导向，把社会主义核心价值体系融入艺术教育活动之中，帮助学生形成正确的价值观和审美观；要通过艺术教育，引导青少年培养高尚的审美修养和丰厚的人文素养，汲取中华民族和世界各民族优秀文化艺术财富，为全面发展和健康成长奠定基础”。

教育部党组对中小学生艺术展演活动高度重视，教育部部长袁贵仁出席了本届展演活动闭幕式暨颁奖晚会并致闭幕词，副部长陈小娅自始至终参加了展演活动。

各级教育行政部门和中小学校高度重视，广泛发动，精心组织，使得展演活动成为对中小学生进行爱国主义教育，弘扬民族精神，建设“向真、向善、向美、向上”的校园文化环境的重要途径，充分展现了中小学生热爱祖国、朝气蓬勃、昂扬向上的精神风貌，展示了我国学校艺术教育的丰硕成果。

〔成功组织 2009 年高雅艺术进校园活动〕 2009 年，教育部、财政部、文化部继续举办高雅艺术进校园活动。

3 月 29 日，《李岚清中国近现代音乐笔谈》首发式暨 2009 年高雅艺术进校园活动开幕式在北京国家大剧院举行。原中央政治局常委、国务院副总理李岚清出席。在开幕式上，李岚清作了关于中国近现代音乐的专题讲座。对于三部委多年来坚持组织高雅艺术进校园活动，他认为很有意义，指出，提倡美育、注重艺术教育的主要目的是提高人的文化素质、审美情操、创意激情和人格修养，并衷心祝贺高雅艺术进校园活动取得成功。教育部、文化部、财政部、新闻出版总署、中宣部出版局以及有关部委的负责同志，京津两地高校校长代表，有关艺术院校和中央艺术院团负责人以及北京大学生代表 1 600 余人参加活动。

2009 年高雅艺术进校园活动以“走近大师，感受经典，陶冶情操，提高修养”为主题，内容包括：组织 10 个国家级艺术院团赴 21 个省（区、市）的高校为学生演出 162 场京剧、昆曲、话剧、交响乐、歌剧、芭蕾舞、民族民间音乐歌舞等经典剧目；组织 31 个省（区、市）的高校学生乐团和地方艺术院团到高校、中学为学生演出交响音乐和民族音乐会 276 场；组织全国高校艺术教育专家讲学团到 10 个省（区、市）讲学近 100 余场，讲学内容涉及音乐、舞蹈、美术、书法、戏剧、戏曲、影视、审美等领域；组织中国美术馆到北京有关高校为学生展出中国近现代美术作品。问卷调查表明，高雅艺术进校园活动受到了学生的热烈欢迎和广泛认同。

撰稿　陈蓓蓓

审稿　杨贵仁

〔**开展全国城市学校艺术教育调研工作**〕　为全面了解目前全国中小学校艺术教育的现状，了解《学校艺术教育工作规程》、《教育部关于加强和改进中小学艺术教育活动》和《教育部关于进一步加强中小学艺术教育的意见》的落实情况，为促进学校艺术教育改革与发展提供科学依据，在2008年全国农村学校艺术教育调研工作的基础上，2009年10月至12月，教育部组织开展全国城市艺术教育调研工作。调研组由教育部艺术教育委员会专家、教育行政管理干部和有关教研人员组成。调研从华北、东北、华东、中南、西南、西北六大区域选择7个省（市），每省（市）抽取代表上、中、下不同发展水平的三个地级市，共21个地市级单位；每个地级市调查6所学校（其中小学、初中、高中各2所）。调查对象为学生、教师、校长、教育行政干部、教研人员。

本次调研坚持“边调查研究、边推动促进”的原则，调研组在所到地区和学校大力宣传全面贯彻教育方针、推进素质教育的重要意义，推动学校艺术教育的发展。调研采取抽样和重点调查相结合的方法，通过问卷调查、座谈会、查阅资料、听（看）课、观看现场、个别访谈等重点了解艺术课程的开课情况和课堂教学质量；艺术教师队伍的数量和质量；课外艺术活动情况；艺术教育器材设备及资源配置情况；本地开展学校艺术教育的经验和做法；加强和改进学校艺术教育的意见、建议。现场调研126所学校，回收问卷共13 299份，包括市教育局问卷21份，学校问卷122份，教师问卷1 001份，学生问卷12 155份。听（看）音乐/美术课250余节。

调查组认为，1999年把美育写进教育方针之后，全国学校艺术教育的面貌发生了根本性变化。学校艺术教育法规建设得到加强，学校艺术教育开始走上法规化轨道。省级教育行政部门相继建立了艺术教育管理机构和教研网络，艺术教师队伍建设有显著发展，艺术教师数量严重不足的状况得到缓解，艺术教师的素质也逐步提高。随着基础教育课程改革的推进，中小学艺术课程开课率逐年提高，艺术教育教学体系初步形成，艺术教育质量和艺术教育科研水平有所提高。课外艺术教育活动不断丰富，成为素质教育的重要内容和推进形式。尤其是在部分发达地区和城市地区，艺术教育展现出了较高的水平。调研数据显示，城市中小学音乐、美术的开课率达94.43%，能按照国家规定的教学计划开设艺术课程，94.4%的学校进行艺术课程的考试或考查；专职音乐、美术教师的数量占在编教师总数的4.45%，平均每校有8.56名艺术教师，75%以上的专职艺术教师具有本科及以上学历；99.2%的学校有艺术专用教室，96.4%的学校有艺术教育专项经费，97%以上的学校有艺术教育的分管领导和艺术教育的工作规划，94.7%的学校定期举办艺术节。

在艺术教育取得长足发展的同时，通过调研也发现城市学校艺术教育存在以下主要问题。第一，城市学校艺术课程开课率不平衡。调查显示，城市中小学虽普遍开设了艺术课程，但是不同学段和不同年级还存在差距，课程开设小学好于中学，初中好于高中。毕业年级普遍不开设艺术课程。第二，艺术教师配备不均衡。没有教师或是教师缺乏仍是有些地区不能正常开设艺术课程的主要原因。

〔**积极组织艺术教师培训，提高艺术教师素质**〕根据党的十七大关于“加强教师队伍建设”的精神，针对目前西部和广大农村地区学校艺术课程开课率不高、艺术教师数量不足质量不高的现实状况，大力开展多层次和多渠道的中小学艺术教师培训工作。

一是将艺术教师培训纳入教育部中小学教师国家级培训计划。针对目前各地各校广泛开展学生课外合唱活动的实际需要，为提高教师的合唱指挥和指导能力，2009年国家级培训以合唱指挥为主要内容，确定东北师范大学、厦门大学、河南大学、重庆师范大学等学校为中小学艺术教师培训基地学校，培训对象主要是西部地区中小学校的600名音乐骨干教师。由于培训方案论证充分，对培训课程、培训教材、培训模式、培训教师等进行统一要求，课程设置科学合理，管理规范，保证了培训的质量，参训学员反响热烈。问卷调查显示，94%的学员对培训的内容和形式表示非常满意。

二是为贯彻落实《学校艺术教育工作规程》，提高中小学艺术教师指导课外艺术活动的水平，推进课外艺术活动健康发展，每年定期组织开展全国中小学艺术骨干教师培训。2009年在上海举办了第五期全国中小学艺术教师（管乐指挥）培训班，培训了40名发达地区的中小学骨干音乐教师。有针对性的培训内容和立足实践的培训形式受到教师们充分肯定。

三是组织全国知名专家开展送培到基层活动，特别是送培到中西部欠发达地区。共组织了15期合唱指挥、乐队指挥、舞蹈教师培训班，13省（区、市）的2 000余名艺术教师和教研员接受了培训。各地反映，培训理论和实践相结合、教师讲授和学员互动相结合、课内讲学和课外活动相结合，实用性非常强。这些培训得到了教师们的热烈欢迎，产生了一定的辐射作用，对于提高中小学艺术教育的质量产生了积极的影响。

撰稿 罗 晶
审稿 杨贵仁

〔全国国防教育工作会议〕 为总结交流《国防教育法》颁布以来各地开展国防教育的情况，进一步推动全民国防教育的开展，2009年11月12日至13日中宣部、教育部、解放军总政治部和国家国防教育办公室在北京召开了全国国防教育工作会议。中央军委副主席徐才厚在会前接见了会议代表，国务委员马凯作了重要讲话，陈小娅副部长代表教育部出席了会议并讲话。会议下发了中宣部、教育部、总政治部和国家国防教育办公室《关于表彰全民国防教育先进单位、先进个人的决定》，表彰了126个全民国防教育先进单位和100名全民国防教育先进个人。会议充分肯定了近年来学校国防教育取得的成果，明确了当前和今后一个时期学校国防教育工作的目标和任务。

〔全国普通高等学校军事理论课骨干教师培训班〕 为提高普通高等学校军事理论课专职军事教师教学能力和水平，学习掌握《普通高等学校军事课教学大纲》规定的教学内容与要求，提升普通高等学校军事理论课教学质量。2009年6月3日至12日教育部国防教育办公室、全军学生军训工作办公室在国防大学共同举办了全国普通高等学校军事理论课骨干教师培训班。国防大学安排长期从事军事课教学工作的17位校内外知名专家教授进行授课。培训期间组织教师进行了关于高等学校军事理论课教学方面的研讨和交流，参加培训的军事教师普遍反映开阔了视野，更新了知识，学到了先进的教学方法和手段，教学能力和水平得到较大提高。

〔第二届全国普通高等学校军事理论课教师授课竞赛〕 为了检验普通高等学校专职军事教师的教学能力和水平，提高普通高等学校军事理论课教学质量，2009年10月14日至17日在中国海洋大学举办了第二届全国普通高等学校军事课教师授课竞赛。由各省、自治区、直辖市教育厅（教委）遴选的71位优秀教师参加了此次竞赛。共评出一等奖6名、二等奖10名、三等奖14名。授课竞赛的举办对于提高高等学校军事教师的授课水平，促进相互学习借鉴，提高教师能力和素质，提高高校军事理论课教学质量起到了重要作用。

〔全民国防教育网络知识竞赛〕 为庆祝新中国成立60周年，教育部和国家国防教育办公室于2009年4月28日至11月16日共同举办了全民国防教育网络知识竞赛。本次竞赛以“赞颂辉煌成就，建设伟大国防”为主题，以网上闯关竞答为基本形式，竞赛历时8个月，先后有967 997人注册参赛，总的答题次数达到1 051 399次。在各级教育行政部门和学校认真组织和积极引导下，参赛学生达907 238人次，占参赛总人数的93.7%，其中135 117人成功闯关。通过竞赛活动，达到了激发广大青少年学生热爱党、热爱祖国、热爱人民军队的目的，增强了学生的国防观念和国家安全意识，推进了学校国防教育工作在学校的深入开展。

撰稿 谭 钢
审稿 廖文科

教育考试

考务管理

〔综述〕 按照国务院和教育部党组的要求，在各级党委、政府和国务院有关部门、有关司局强有力的支持下，教育部考试中心举全中心之力，采取多项措施，充分发挥部际联席会议作用，积极应对甲型H1N1流感疫情，坚持以人为本，从维护社会稳定和考生利益出发，部署并开展各项工作。各级考试机构狠抓落实，在有关部门的配合下，重点做好安全保密和考场管理工作，加强对考试工作人员培训，及时查处考试违规行为。总体看，在迎接新中国成立60周年、确保稳定的形势下，2009年国家教育考试考务工作实施平稳。

在2009年各项国家教育考试考务工作中，充分利用“十一五”事业发展规划取得的成果，发挥国家教育考试考务管理与服务平台等高科技手段的作用，效果良好，得到了教育部领导的充分肯定和高度评价。

撰稿 刘 勇
审稿 刘军谊

〔教育部出台高等教育自学考试考务工作规定〕 2009年1月5日，教育部印发了《高等教育自学考试考务工作规定》（教考试〔2009〕1号）。对考试工作人员的配备、报名报考、试卷的印刷、运送与保管、考试实施、评卷与分数报告、考试信息管理以及相关考试工作要求、人员职责等方面作出了规定。

撰稿 刘 勇
审稿 蔡武越

〔加强考务培训工作〕 为使各地了解国家教育考试面临的新形势和新情况，更好地贯彻落实国家教育考试相关考务规定，考试中心加强考务的培训工作，先后召开多次考务业务培训工作会议，从制卷、考务管理、评卷、加密传真、安全保密、突发事件处置等环节对省级考试机构人员进行了培训。

撰稿 刘 勇
审稿 张为舟

〔加强应急管理工作〕 不断开展应急预案的完善工作和考务的培训、检查工作。各级教育考试机构建立、健全了领导组和工作组，充分发挥各级联席会议作用，形成了多部门齐抓共管、共同应对突发事件的局面。在不断完善《国家教育考试突发事件应急处置预案实施办法》的同时，有针对性地制定了如地震、疫情等专项预案。加大了应急管理的资金和技术投入，建立了连接国家、省、地三级的应急管理平台，实现了应急指挥、视频指挥、突发事件应急处置、考场视频图像采集等多个功能。同时，还完成了国家教育考试题库系统和命题基地建设，组建了应急管理专家组和应急处置机动小组，建立了报告制度和网络有害信息监察员制度，加强对教育考试的专业学习和业务培训以及监督、监察力度，不断完善应急管理的案例库。

撰稿　蔡武越
审稿　张为舟

〔**国家教育考试标准化考点规范制订工作启动并按计划开展**〕　根据教育部及考试中心“十一五”事业发展规划要求，为使考点建设工作更加科学、规范、安全，进一步明确考点的职责、任务，多考统筹，考试中心于 2009 年 8 月启动国家教育考试标准化考点规范制订工作。该规范将是继《国家教育考试网上巡查视频标准技术规范》、《国家教育考试网上评卷标准技术规范》后，考试中心制订的第三个教育行业标准规范。

撰稿　谢建国
审稿　蔡武越

高校入学考试

〔**综述**〕　2009 年全国高考试题在总体保持稳定的基础上，在试题设计方面都有不同程度的进步和创新。试题在考查学科主干内容的同时，加强了分析问题、解决问题能力的考查，特别是探究能力的考查；试题注重理论联系实际，贴近生产、生活和社会实际；试题覆盖面合理，难度基本适当，具有较好的信度、效度和区分度；试题基本无科学性问题，参考答案基本准确、规范，评分参考合理，有利于评卷和评分误差的控制。

2009 年共有海南、宁夏、广东、山东、江苏、天津、辽宁、安徽、福建、浙江等 10 个省（区、市）使用课程标准试卷，其中天津、辽宁、安徽、福建、浙江是首次使用课程标准试卷。

课程标准试卷符合实行高中课程改革实验省（区、市）的教学和考生实际情况，体现了新课程标准理念。试题关注学科基础，突出学科核心内容和主干知识；突出能力立意命题，在理论联系实际方面有新意，在考查学生探究能力方面做了有益的探索，努力体现了课程标准的“知识与技能、过程与方法、情感态度价值观”的三维教学目标，有利于新课程标准的推进和实施。

撰稿　任子朝

〔**分省命题工作**〕　2009 年全国高考分省命题省市为 16 个。其中，北京、天津、浙江、福建、安徽、山东、重庆、四川 8 个省市命制语文、数学（文/理）、英语、文科综合、理科综合（山东还命制基本技能），上海、江苏、广东 3 个省市命制语文、数学（文/理）、英语、政治、历史、地理、物理、化学、生物等学科（上海、广东还命制文科基础和理科基础）；辽宁、江西、湖北、湖南 4 个省命制语文、英语、数学（文/理），陕西省命制数学（文/理）和英语，其他考试科目使用教育部考试中心命制的试题。所有小语种考试仍由教育部考试中心命题。

2009 年教育部继续加强对分省命题的指导、业务培训、监督和评价工作，重视对实行高中课程改革后高考命题省的管理工作，特别是新增的实行高中课程改革后高考命题省的命题工作。2009 年有天津、辽宁、福建、安徽、浙江 5 省市开始实行高中课程改革后的高考。4 月中旬在安徽召开了 2009 年课程改革后高考命题工作交流会，山东、广东、江苏、天津、辽宁、福建、安徽、浙江八省市考试机构的命题管理人员和学科人员约 80 人参加会议，交流学科命题工作的经验，研究和讨论课程改革后高考命题的思路与方向。

〔高考试题评价与分析〕　教育部考试中心高度重视全国高考试题的评价、分析和总结工作，提高全国高考试题质量。2009年7月，在北京召开2009年全国普通高考试题评价会，成立全国高考试题专家评价组，对全国高考试题从政治性、科学性、公平性、规范性等方面进行了专业分析和评价，形成了《2009年全国普通高考试题专家评价报告》。2009年10月，在广州召开2009年全国高考命题工作总结会，交流各学科命题经验，总结2009年全国高考命题工作。

撰稿　李　勇

〔硕士研究生入学统一考试新增专业学位联考命题〕　为更好地适应国家经济建设和社会发展对高层次应用型人才的迫切需要，增强研究生教育服务经济社会发展的能力，2009年，教育部提出，要加快研究生教育结构调整、优化的步伐，扩大专业学位研究生招生规模，加强应用型人才的选拔和培养力度，促进人才培养与社会需求的有效衔接。

在上述改革措施下，考试中心承接了适用于专业学位研究生招生的英语（二）试题命制工作，适用于工商管理硕士、公共管理硕士和会计硕士三个专业学位招生的综合能力试题命制工作，适用于法律硕士（法学）专业学位招生的专业基础课（包括刑法学、民法学）、综合课（包括法理学、中国宪法学、中国法制史）试题命制工作。

截至2009年年底，考试中心负责的全国硕士研究生入学统一考试命题科目达到23科。

〔政法院校招录培养体制改革试点教育入学考试命题〕　根据中央政法委联合中央14部委印发的《2009年政法干警招录培养体制改革试点工作实施方案》（政法［2009］21号）文件的指示精神，2009年政法干警招录培养体制改革试点工作在2008年的基础上，继续深入推进。

2009年，教育入学考试专科层次增加文化综合（包括历史、地理、政治）笔试内容，本科、法律硕士专业学位层次的考试科目和内容不变。

2009年教育入学考试笔试于8月30日举行，共有165 447人参加了专科层次文化综合的笔试，有137 498人参加了本科层次民法学的笔试，有11 240人参加了法律硕士专业学位层次专业综合Ⅰ、专业综合Ⅱ的笔试。

根据考后考生成绩统计数据分析，试题难度基本适中、区分度较好，符合预期设计目标，较好地满足了招生录取的需求。

撰稿　陈　睿

〔成人高考〕　2009年成人高等学校招生全国统一考试的题库建设工作通过了一期验收。在2009年的考试中，采取从题库中随机抽取试题组卷用于考试的办法，实现了命题方式的转变。

撰稿　胡传勇

审稿　李光明

高等教育自学考试

〔综述〕　2009年高等教育自学考试报考1 042万人次、2 471万科次，与2008年相比增加53万人次和128万科次，分别增加5.4%和5.5%。本科报考644万人次（占61.8%），专科报考378万人次（占36.3%），无法区分专业层次有20万人次（占1.9%）；本科报考1 530万科次（占61.9%），专科报考科次892万科次（占36.1%），无法区分专业层次有49万科次（占2%）。首次报考人数190.9万余人（不含解放军）。毕业生62.5万人。

撰稿 张 薇

〔专业建设规范管理〕 加强专业建设规范管理，实施专业公告制度。对各省（区、市）现行开考专业进行了全面清理，并在高等教育自学考试办公网试公告。加强专业开考审批、备案管理，实行宏观规划和总量控制，审批备案新开考专业点134个，含本科层次78个、专科层次56个；其中经审批开考的新专业8个。全国统一专业考试计划中新设义务教育专业（专科、独立本科段）和销售管理专业（专科、独立本科段）4个。

撰稿 谭 松

〔召开专业建设工作会〕 11月9日，2009年全国高等教育自学考试专业建设工作会在江西省南昌市召开。各省、自治区、直辖市和解放军考办负责人及相关人员参加了会议。全国考办副主任刘军谊出席会议并讲话。自考综合处作了近年来高等教育自学考试专业建设工作情况的报告，天津、吉林、浙江、江苏、四川和江西考办作了大会发言。会议总结、交流了2006年以来各地专业建设工作情况，对专业和课程体系调整、开考专业管理等方面进行了讨论，并对下一步专业建设工作的思路、重点、措施等进行了部署。

〔推进综合改革试点〕 部署福建、江苏、陕西开展自学考试综合改革试点工作。2009年5月9日，全国考办主任戴家干、副主任刘军谊带队赴陕西调研考察综合改革等工作情况。7月13日至16日，全国考办副主任刘军谊带队赴江苏、湖北调研考察综合改革等工作情况。

撰稿 杨 榭

〔探索专科专业试点〕 2009年4月23日召开了专科专业审批权委托试点研讨会，对7个开展专科专业委托审批权试点省市试点工作进行检查评估。下发了《关于加强和规范高等教育自学考试专科审批权委托试点工作的函》，要求试点省市继续坚持试点工作的方向，进一步明确试点工作的改革思路，实现向高等职业教育的转型。

撰稿 邱建臣 谭 松

〔专业委员会建设〕 修订并印发了《全国高等教育自学考试指导委员会专业委员会章程》和《高等教育自学考试专业委员会经费管理办法》。

撰稿 谭 松

〔农村中小学教师远程教育项目〕 在教育部的指导和支持下，实施“农村中小学教师远程教育项目”，切实推进自学考试面向农村工作，开辟农村中小学教师学历提升的新渠道，搭建农村中小学教师终身教育平台，推动农村中小学教师队伍建设。

2009年4月，全国考委下发《高等教育自学考试义务教育专业（专科、独立本科段）考试计划》。

5月，教育部办公厅印发《关于支持开展“高等教育自学考试义务教育专业”课程与在职中小学教师非学历培训课程学分互认试点工作的通知》，在河北等15个省（自治区、直辖市）开展在职中小学教师学历教育与非学历培训课程学分互认试点工作。

撰稿 李 颖
审稿 刘军谊 鲁欣正

〔全国统考课程概况〕 2009年高等教育自学考试全国统考课程共计653门。其中全国考办负责命题课程114门，北京、沈阳、上海、南京、武汉、成都、西安、广州、杭州、哈尔滨、重庆、天津、长春、济南、福州、兰州（筹）16个命题中心共负责命题课程539门。

撰稿 东晓华

〔考试安排和试卷申报〕　2009年全国考办共安排733科（次）课程进行全国统一命题考试，共组织提供13 875套试卷清样。

1月、7月，通过统考课程单独申报工作，安排465科（次）课程，组织提供2 787套试卷清样。

撰稿　姚　刚

〔全国自学考试命题工作会议〕　2009年2月，在长春召开全国自学考试命题工作会议。会议的主要内容是：总结近两年自学考试命题工作，研究部署下一阶段的重点任务；介绍“自学考试命题信息管理平台”基本功能，研究做好培训及应用工作；讨论完善“自学考试省级命题工作管理办法”。全国考办戴家干主任出席会议并作重要讲话，梁育民副主任主持会议并作总结。

〔考试大纲建设〕　配合经济管理类等有关专业委员会组织自考大纲建设工作，其中有56门课程召开大纲编前会，有28门课程召开大纲审稿会。

撰稿　东晓华

〔国家题库和命题信息管理平台建设〕　完成自学考试《大学语文》等15门课程的A类题库建设，共计入库试题2 968道，相当于试卷约80倍量；完成《中国近现代史纲要》等114门课程的B类题库建设，共计入库试卷317套。

2009年8月正式启用命题信息管理平台，标志着自学考试命题信息化建设取得重要成就。

撰稿　姚　刚

〔统考课程命题质量评估〕　2009年9月召开“全国统考课程命题质量评估会”。组织新闻类、经济管理类等6个专业委员会秘书长以及24位课程专家参加，对英语（二）等8门课程进行命题质量评估，形成了每门课程的命题质量评估报告及试卷具体评估意见。

撰稿　东晓华

〔统考课程命题质量与考试情况调查反馈〕统计汇总2008年10月考试的335门和2009年4月考试327门全国统考课程命题质量与考试情况。上海、江苏等22个省级考办按照要求，上报了有关课程的考试数据和评价意见。经整理，及时将有关课程考试信息分别反馈给各命题中心，供命题工作参考，提高命题质量。

撰稿　姚　刚

〔省级命题管理工作〕　2009年10月，全国考办下发《高等教育自学考试省级命题工作管理办法（征求意见稿）》，加强省级命题管理，规范命题程序，保证命题质量与安全。

撰稿　东晓华
审稿　柳　博

〔高等教育自学考试优秀自考生在线访谈〕2009年7月24日至9月29日，由教育部自考办主办，华夏大地教育网与新浪网教育频道协办的“高等教育自学考试优秀自考生大型网络在线访谈”活动在山东、福建、安徽、天津、重庆、西藏、辽宁、湖北、甘肃9省（自治区、直辖市）陆续举行。此次活动，邀请了全国自学成才奖励基金首届全国十佳自考生、单项奖优秀自考生和第三届优秀自考生的代表与广大自考生和网友“面对面”真情交流，互动、分享自考人的励志人生、挑战自我的故事与心得，吸引了广大自考生和网友的热情参与，人数多达10余万人次。

〔《新中国教育纪事》自学考试专题片〕　全国考办积极配合中国教育电视台新中国成立60周年大型教育纪录片《新中国教育纪事》第十五集“自学考试”专题的制作工作。“自学考试”专题片通过主人公王季平、侯晶晶等人的自考故事和人生经历，全面回顾了《高等教育自学考试暂行条例》发布20年来，自学考试制度这一具有中国特色的高等教育制度的发展历程。本片还以事实证明，20年来，自学考试制度给中国5 000多万自考生提供了学习机会，体现和促进了教育公平。

〔**自学考试宣传工作**〕 2009年4月9日，高等教育自学考试宣传工作会在河北保定召开，全国考办主任戴家干、副主任刘军谊出席会议并讲话，来自30个省、自治区、直辖市以及解放军自考办的百余人参加了会议，会议对自学考试再认识和自学考试宣传工作所面临的任务作了重要阐述和部署。组织在《中国教育报》、《光明日报》、《中国青年报》、《半月谈》等发表宣传文章。组织在全国开展自学考试宣传周活动。编写《自学考试宣传画册（英文版）》、《高等教育自学考试2008年工作报告》、《高等教育自学考试2008年大事记》，编发《高等教育自学考试简报》12期。

〔**中国高等教育学会自考分会工作**〕 截至2009年年底，会员单位增至275个。对15个课题进行中期检查，4个课题陆续完成结题，分会承担中国高等教育学会“改革开放30年中国高等教育改革发展研究”专项课题的研究成果《自学考试——中国高等教育制度的创新》，在“中国高等教育学会第七次（2009）优秀高等教育研究成果”评选活动中获“专著类”三等奖；出版论文集《石头集》。召开自学考试报刊宣传委员会会议，对自考宣传人员进行工作培训。召开中国高等教育学会自考分会常务理事会，讨论落实2009年工作。在成都召开中国高等教育学会自考分会年会，以凝聚力量、调动积极性、部署工作、提高自考队伍素质。有350余人参加会议。

撰稿 刘素娟

审稿 刘军谊 鲁欣正

〔**成立自考助学管理处**〕 2009年7月8日教育部考试中心研究决定，成立自考助学管理处。

自考助学管理处的主要职责：

1. 草拟自学考试社会助学的政策和业务规范；
2. 指导和监督各省级自学考试机构社会助学，并对其社会助学工作进行检查、评估；
3. 指导各地自考助学刊物和个人自学；
4. 指导各地建立自学考试咨询服务机构；
5. 负责自学成才奖励基金的日常工作；
6. 指导各地建立自学考试注册备案制度；
7. 指导全国中专自学考试工作。

〔**组织拟订、研讨《高等教育自学考试社会助学管理试行办法》**〕 2009年9月14日，“高等教育自学考试社会助学工作研讨会”在沈阳召开，来自全国16个省（市）自考办助学工作负责人及部分助学单位负责人共50余位代表参加了会议。全国考办副主任刘军谊出席会议并讲话。刘军谊要求自学考试机构要根据《高等教育自学考试暂行条例》和自学考试发展的客观要求，加强对社会助学的监督指导。本次研讨会对《高等教育自学考试社会助学管理办法》（讨论稿）进行了讨论，与会代表一致认为，加强对社会助学工作的管理十分必要，希望社会助学管理办法能尽快实施。

〔**2009年社会助学组织登记备案情况**〕 2009年，全国注册登记并经教育行政管理部门批准的社会助学组织共有1 464个，较上年增加128个。按助学组织主体类型分，普通高校（成教学院）611所，占42%；成人高校38所，占3%；民办高等教育机构585所，占40%（其中民办普通高校179所，占全部助学组织总数的12%）；部门委托办学63个，占4%；其他助学组织167个，占11%。从数量上统计，普通高校与民办高等教育机构数量的总和占全国总数的比例为82%。

2009年，在上述1 464个社会助学组织中，参加助学的学员共有159万多人。按助学组织的主体类型分：普通高校助学学员81.8万人，占全部参加助学学员总数的51%；民办高等教育机构助学学员59.8万人，占全部参加助学学员总数的38%（其中民办普通高校助学学员25.9万人，占全部参加助学学员总数的16%）；部门委托助学学员6.5万人，占全部参加助学学员总数的4%；其他助学组织助学学员7.8万人，占全部参加助学学员总数的5%；成人高校助学学员3.2万人，占全部参加助学学员总数的2%。从参加助学学员人数分布来看，在普通高校参加助学的学员仍占大多数。在参加助学辅导的学员中，约有46%的学员是业余学习，54%的学员参加全日制学习。

撰稿 沈 漪
审稿 王建民

非学历教育考试

〔**全国计算机等级考试（NCRE）**〕 2009年全国计算机等级考试（NCRE）的报考人次达473.5万（比2008年增长13.3%），获证人数189.2万。截至2009年年底，逐年累计报考人数达3 348.0万，累计获证人数达1 262.5万。

2009年，基于SQL Server数据库的新版上机考试系统在全国顺利推广应用；从5月份开始，NCRE查询网站向社会公布，该网站提供成绩、证书查询以及合格证书网上补办；在年初，教育部考试中心与北京军区签署了合作开考社会证书考试的协议，NCRE一级作为首批科目在北京军区多个师团考点开考，全年还组织了“我与NCRE征文”以及系统内评优表彰活动，纪念NCRE开考15周年。

撰稿 黄啸波

〔**全国英语等级考试（PETS）**〕 2009年，PETS在全国31个省（自治区、直辖市）和解放军总参系统、北京军区开考，全年考生总人次达133.99万，比2008年增长22.89%。

开展了全国PETS优秀考试承办机构和先进工作者的评选活动，评选出8个优秀省级考试承办机构、85个优秀考点和81名优秀考试工作者。

撰稿 吴 莎

〔**中国餐饮业职业经理人资格证书考试（CMEP）**〕 该项目是由全国自考办和中国烹饪协会共同创建并共同实施，面向社会，用于考查应试人员餐饮行业管理知识和能力、进行资格认证的水平考试。目前共设置两个级别，包括中级职业经理人资格证书考试和高级职业经理人资格证书考试，证书课程与自考相应专业课程相互衔接。考试采取全国统一考试的形式，每年举办两次，时间分别为5月和11月。2004年5月首次开考。2009年全国23个省（自治区、直辖市）开考，总报考科次为15 696。

〔**调查分析师证书考试**〕 该项目是全国自考办与国家统计局合作开发和联合实施的考试与培训项目。调查分析师证书课程考试合格，在高等教育自学考试调查与分析专业（专科、独立本科段）中承认相应课程的学分。调查分析师证书分为初级、中级和高级三个等级。该考试采取全国统考的形式，每年开考两次，时间分别为5月和11月。2004年11月首次开考。2009年全国27个省（自治区、直辖市）开考，总报考科次为16 918。

〔**机械工程师资格认证考试**〕 该项目是由教育部考试中心与中国机械工程学会联合开发的“综合素质与技能考试”。教育部考试中心主要承担《考试大纲》编写以及考试命题工作。凡申请机械工程师资格认证的人员，必须参加并通过该“综合素质与技能考试”。该考试于每年11月举行。2004年11月首次开考。2009年全国22个省（自治区、直辖市）开考，总报考科次为1 070。

〔**中国市场营销资格证书考试（CMAT）**〕 该项目是教育部考试中心与中国市场学会联合举办，

在全国实施的用以测试应试人员市场营销知识与营销管理能力的资格证书考试。考试共分三个级别：中国市场营销总监资格证书、中国市场营销经理资格证书、中国市场营销经理助理资格证书。该考试采取全国统考形式，每年开考两次，时间分别为5月和11月。2005年11月首次开考。2009年全国17个省（自治区、直辖市）开考，总报考科次为1 138。

〔劳动和社会保障岗位资格证书考试（LSSEP）〕 该项目是人力资源和社会保障部人事教育司、教育培训中心（原劳动和社会保障部教育培训中心）与教育部高等教育自学考试办公室共同推出和实施的岗位资格考试与培训项目。证书课程与全国高等教育自学考试劳动和社会保障专业（专科）相应课程学分相衔接。证书由人力资源和社会保障部人事教育司、教育培训中心和教育部考试中心共同审核、签署，人力资源和社会保障部教育培训中心负责发放。

2004年11月首次开考。2009年全国14个省（自治区、直辖市）开考，总报考科次为19 969。

〔中国物流职业经理资格证书（CPLM）〕 该项目是全国高等教育自学考试指导委员会与中国交通运输协会联合开发和实施的考试与培训项目。

证书课程与高等教育自学考试物流管理专业（专科、独立本科段）相应课程学分相衔接，与英国皇家物流与运输学会的职业资质证书有限制互认。

2005年11月首次开考。2009年全国27个省（自治区、直辖市）开考，总报考科次为263 968。

撰稿　姜春红

〔中英合作采购与供应管理职业资格证书考试（CIPS）〕 中英合作采购与供应管理职业资格证书考试是由全国高等教育自学考试指导委员会与中国交通运输协会、英国皇家采购与供应学会（The Chartered Institute of Purchasing and Supply，简称CIPS）合作开发、联合实施的考试项目，包括：中国采购与供应管理职业资格证书、英国皇家采购与供应学会（CIPS）职业资格证书、高等教育自学考试“采购与供应管理”专业（专科、本科）。

2009年全年报考人次为19 125，报考科次为42 582。与2008年相比，考生人次增长了176%，报考科次增长了189%。开考省份增至14个。报考科次较多的地区为上海、北京和广东三省，占全年总报考科次的82%。从考生报考级别看，86%的考生报考了中级和高级课程（即本科课程），仅有14%的考生报考初级课程（专科课程）。

撰稿　吴　莎

〔全国外语翻译证书考试（NAETI）〕 全国外语翻译证书考试（NAETI）是教育部考试中心与北京外国语大学合作举办，在全国实施的面向全体公民的非学历证书考试。主要测试应试者笔译和口译能力。目前开设英语和日语两个语种，以后将逐步扩展到其他语种。NAETI分为笔译和口译两大类，日语含三个级别，英语含四个级别。

目前全国共有考点48个，2009年全国共报考5 540人次，较2008年增长112%。

〔全国外语水平考试〕 全国外语水平考试（WSK）是教育部举办的用于考查国家公派出国留学人员外语水平的标准参照性考试，共包括英语（PETS-5）、法语（TNF）、德语（NTD）、日语（NNS）和俄语（ТПРЯ）五个语种。每年6月考英语、德语、法语，12月考英语、日语和俄语。

2009年全国共有考点36个，共报考19 710人次，较2008年增长3.66%。

撰稿　赵宝华

〔全国中小学教师教育技术水平考试〕 2009年共有260 922名考生参加了在辽宁、江苏、河南、福建、上海、四川、重庆、广西、云南、海南、陕西、宁夏、青海、新疆、西藏等15个省、自治区、直辖市举行的考试，228 072人取得了合格证书。其中，来自上海市各区县的555名骨干教师参加了教学人员中级考试，考试顺利并得到考生积极评价。考后给每个教师的成绩评价报告中新增了一个操作能力的评价维度，可以让教师更加清楚自己在教育技术的操作能力和非操作能力方面的表现。2009年首次编写了NTET考试分省数据分析评价报告，成功完成了考试版本从OFFICE2000到OFFICE2003的升级工作。另外，教育部办公厅下发文件，将本考试的教学人员初级和中级作为必修课，分别纳入高等教育自学考试义务教育专业专科段和本科段的公共基础课程。

撰稿　孙显福

〔**中国少数民族汉语水平等级考试**〕　中国少数民族汉语水平等级考试（MHK）（以下简称“民族汉考”）是专门测试母语非汉语少数民族汉语学习者汉语水平的国家级标准化考试，由教育部民族教育司于2001年立项研制。该项考试从2003年起正式开考，主要在北京、青海、吉林、内蒙古、四川及新疆等省（区、市）推广。目前民族汉考（三级）已经成为吉林、青海、四川、内蒙古的高考科目，民族汉考（二级）成为青海省的中考科目。2009年报考考生为38 978人次，较2008年增长8.6%。

撰稿　王连晓

〔**全国计算机应用技术证书考试（NIT）**〕　全国计算机应用技术证书考试（NIT）是教育部考试中心主办，以培养计算机应用人才为目标的技能培训考试系统。

2009年NIT开考三大类别：基础应用类、专业应用类、专业类，共分为《计算机应用基础（Windows XP环境）》等17个模块考试，全年共开考4次，有24个省市承办该项考试，考试人次达到31万。

〔**全国信息技术高级人才水平考试（NIEH）**〕　全国信息技术高级人才水平考试（NIEH）（原全国计算机职业技能考试（NIT-Pro））是教育部考试中心推出的一套由权威认证、课程先进、就业服务完善的标准人才测评的职业资格认证考试体系。项目根据职业岗位需求，以培训为基础，以考试为标准，以职业技能带动就业，并建立以大学生为主的人才标准信息化能力评测体系。目前开考工程师及高级工程师两个级别共15个模块。

2009年，共开考3次，全国有8个省市开考，报考考生为4 139人次。

〔**全国青少年计算机考试（NYIT）**〕　全国青少年计算机考试（NYIT）是教育部考试中心组织全国计算机专家、计算机教育专家、教育心理学专家，针对5岁至16岁青少年的认知能力和心理特点研究设计的计算机应用能力培训与考试系统。

2009年，共开考4次，报考考生为41 575人次。目前全国共21个省市承办该项考试，共有考点约100个。

撰稿　赵英华

〔**中国书画等级考试（CCPT）**〕　中国书画等级考试（CCPT）是教育部考试中心自主开发，面向全国书画学习者的技能培训与测试系统。2007年6月正式开考，目前开考了书法、硬笔书法、素描、色彩、动漫画五个科目，每个科目各设九个级别。2009年5月、11月、12月在全国15个省市开展了该项考试。全年报考考生为12 222人次。

撰稿　王连晓

〔**剑桥少儿英语**〕　剑桥少儿英语是英国剑桥大学外语考试部为非英语母语国家6岁至12岁少年儿童提高英语能力而设计的。1996年由教育部考试中心中英教育测量学术交流中心（以下简称“中英中心”）引进、完善成为集培训、考试一体的学习系统，并负责在中国的推广。

剑桥少儿英语学习系统在全国30个省（区、市）建立了两级管理体制及专家督察队伍。2009年全年报考22.3万人次。目前，参加剑桥少儿英语考试的人数累计已达200多万人次，是全世界参加考试人数最多的国家。现全国持证上岗的教师有3万余人，培训合格的口试考官5 000余人。

2009年评出2006—2008年度剑桥少儿英语优秀承办机构10家，先进个人87人，优秀培训机构133家。

2009年，全国范围内的各省级承办机构正式使用剑桥少儿英语考务系统进行网上考务管理、培训管理、教师与考官管理。

2009年，完成了项目宣传片的摄制和编辑，并下发至各省（区、市）、各培训机构广泛使用。

〔**中英合作商务管理与金融管理证书**〕 高等教育自学考试中英合作商务管理专业、金融管理专业课程考试，从2000年1月起在部分省市开考。取得9门商务管理专业或金融管理专业指定课程合格证的考生，可获得剑桥大学考试委员会签发的剑桥商务管理证书；取得本专业15门课程合格证的考生，可获得高等教育自学考试该专业专科毕业证书，同时，获得剑桥大学考试委员会签发的剑桥高级商务管理证书或剑桥高级金融管理证书。

中英合作商务管理和金融管理专业考试自2000年开考以来累计报考科次为95.8万，累计报考人数达到394 559人。2009年，中英合作商务管理和金融管理专业考试全年报考科次为11.6万，在北京、天津等15个省（区、市）开考，北京报考科次达54 159，占报考科次总数的47%。

〔**中英合作商务管理与金融管理证书管理段**〕 为适应中国高等教育自学考试改革与发展的需要，更好地适应和满足中国经济与社会发展的需要，教育部考试中心（NEEA）与英国剑桥大学国际考试部（CIE）于2009年1月签署协议，同意在中国高等教育自学考试领域进一步发展合作关系，在中国合作开展高等教育自学考试商务管理、金融管理新证书项目，即“中英合作商务管理与金融管理证书管理段”，“管理段”设计的能力和水平高于2000年开考的中英合作商务管理与金融管理的能力和水平。

撰稿 韩 雁
审稿 王 莉

海外考试

〔**综述**〕 2009年海外考试虽受到国际金融危机及甲型H1N1流感的影响，但由于海外考试处采取措施积极面对，保证了各项海外考试的正常举行，使海外考试考生人数保持了快速增长的态势。2009年各项海外考试考生总人数首次突破了100万，再创历史新高。全年总人数超过128万，与2008年的97万人相比，增长32%。考生总人数排前五位的考试项目分别为：日本语能力测试，IELTS考试，托福（TOEFL）考试，韩国语能力考试，BEC考试。其中日本语能力测试增长幅度最大，为52.4%。

在考试管理方面，通过多种方式扩大现有考试容量，满足考生报考需求；制定有效措施防范甲流，确保考生的身体健康；认真落实执行境外考试保密管理规则，加强对考试实施各环节的监控力度，重点抓身份证件的防伪鉴别和执行各考试考务程序的情况，组织相关人员对考点巡查。

在引进新项目方面，完成了与巴西教育部关于巴西葡萄牙语考试合作协议和意大利佩鲁贾大学关于意大利语合作协议的草拟、审批和签署，还完成了与法国工商会关于法语TEF考试的合作备忘录的草拟、审批和签署。继续与西班牙塞万提斯学院、培生集团等国外考试机构会谈，商讨合作举办西班牙语考试和培生英语的相关事宜。同时积极做好实施GRE网考各项准备工作。

〔**TOEFL**（**英语作为外国语考试·美国**）〕 2009年在上一年设有考点的基础上增设了15个考点，44个考场，至今全国共设有网考考点84个，考场169个。全年实施计算机化网络考试37次。到2009年年底，全年网考报名总数192 250人，比上一年增加了47.8%。实际参加考试总人数164 703人，比去年实际参加考试总人数增加35.7%。

〔**GRE**（**研究生入学考试·美国**）〕 2009年GRE一般能力双模式考试机考人数为48 531人，比上年度增长7.76%。一般能力双模式纸笔考试（词汇和数学考试）2次（6月、10月），考生总人数为46 985人，比上年度增长8.27%。专业测验考试1次（11月），考生总人数为2 451人。比上年度增加11%。

〔**GMAT**（**工商管理研究生入学考试·美国**）〕 2009年全国12个（9个兼用、3个专用）GMAT考场共有20 804名考生参加了GMAT机考考试。比2008年度参考人数（15 250）增长36.4%。

〔**LSAT**（**美国法学院入学考试·美国**）〕 2009年组织考试2次，6月报考327人，12月报考321人，考生人数共计648人。比2008年考生人数增长了14.5%。

〔**CGFNS考试**（**外国护校毕业生委员会·美国**）〕 由于美国移民政策收紧，考试人数和考试次数都大幅减少。2009年全年共进行了1次（7月）考试，考生人数30人。比2008年考生人数下降了67.7%。

〔**信息技术证书考试·美国**〕 因委托实施考试的信息技术证书考试公司减少，2009年共有11 359名考生报名考试，比2008年的12 911名减少了12%。

〔**BEC**（**商务英语证书考试·英国**）〕 BEC考试的发展仍然坚持面向需求、在具有商务财经特色的学校及在经济发达的中等城市设立考点的发展思路。2009年BEC考试呈现出纸笔考试和计算机化考试并举的格局，在保持每年两次纸笔考试的同时，还提供四次计算机化考试。2009年BEC考试考生总人数首次突破10万人。

为部署准备计算机化BEC考试，2009年3月在北京举办了BEC考试新闻发布会并召集14个考点进行了专项技术培训。这些活动确保了2009年的四次计算机化BEC考试顺利举办。

在考点建设方面，基于上述发展思路，在上海财经大学、扬州大学、山东大学威海分校等有商务财经特色及在中等城市的学校设立了BEC考点。

全年纸笔考试两次，考生人数110 413人，比2008年增长19%；机考四次，考生人数73人。

〔**剑桥英语主体考试·英国**〕 2009年剑桥英语主体考试考生人数依然保持了快速增长的趋势，全年举行两次考试，考生人数9 106，比2008年增长了51%。其中70%的考生来自北京。

〔**IELTS考试**（**国际英语语言测试系统·英国**）〕 2009年是IELTS考试推出20周年，全球考生已突破了125万人。中国大陆考生总人数首次超过30万人，占到了全球考生的五分之一多，成为全球参加IELTS考试人数最多的国家。

为满足报考IELTS考试的需求，各考点普遍增加了考点的容量，并适当增加了考试次数。另外，在内蒙古师范大学、石家庄信息工程学院、上海经贸学院和南昌大学设立了IELTS考点。

2009年共举行46次考试，考生人数312 842人，比2008年增长18%。

〔**LCCIIQ考试**（**伦敦工商会国际认证·英国**）〕 2009年在原有的23个考点的基础上又增加了黑龙江大学应用外语学院、南昌大学外国语学院、福建信息职业技术学院3个考点。目前在全国共有26个考点承担LCCIIQ的考试工作。另外，原西安国际经贸人才培训中心考点经批准更名为西安博雅国际培训学校；原四川经济管理学院LCCI

考试中心并入西华大学，更名为西华大学 LCCI 考试中心。

2009 年共举行了固定的 3 期考试。并为西安国际经贸人才培训中心、华东师范大学、广州市广播电视大学继续教育学院、辽宁教育国际交流中心和深圳赛格人才培训中心举行了 15 次即期考试。全年 3 期考试全国共有 510 名考生参加了 666 科次的考试。15 次即期考试共有 888 名考生参加了 1 533 科次的考试。全年共计考试 2 199 科次。比上一年度考试科次增长了 8.8%。

〔日本语能力测试·日本〕 2009 年，考试收费额调高至 350 元/每考生。实施一年 2 次考试。具体考试时间为 7 月 5 日和 12 月 6 日。7 月考试的级别仅限于 1、2 级，12 月考试为全部级别（1、2、3、4 级）。

为适应考生人数不断增加的情况，对网络设备进行了改造，并完善报名网站的各种信息。年初设立中山大学、东华大学、广西大学、扬州大学、海南大学、云南师范大学、成都信息工程学院、山东科技职业学院等 8 个考点，下半年设立了延边大学、兰州大学 2 个考点。考试次数的增加和考点容量的扩大，极大地缓解了日本语能力考试的供求矛盾。全年两次考试总考生人数达到历史最高纪录 374 495 人。比上一年总考生人数增长了 52.4%。

〔BJT（商务日语能力考试·日本）〕 2009 年实施一年 2 次考试（6 月、11 月）。6 月份报名人数为 1 243 人，11 月报名人数为 1 300 人，全年共计报名 2 543 人，比上一年下降 31%。实际考试 2 370人。

〔德福考试（Test Daf，德语作为外国语考试·德国）〕 2009 年 TestDaf 考试共举行 3 次（4 月，7 月，11 月）。全年报考 4 331 人。比去年增长 20.4%。

〔学习能力考试（Test AS·德国）〕 2009 年是 TestAS 考试在中国举行的第二年。全年举行了 2 次考试（3 月和 10 月），共有 160 名考生参加了考试。比上一年增长了 146.1%，并新增加了上海外国语大学和青岛大学考点。

〔韩国语水平考试（TOPIK·韩国）〕 为满足考生的需求，2009 年在原 21 个考点的基础上，又增加了东南大学、哈尔滨师范大学、湖南大学、辽宁师范大学、南昌大学、南开大学、山东大学、深圳职业技术学院、沈阳师范大学、四川大学、苏州大学、武汉大学、西安外国语大学、长春理工大学、东北师范大学和北华大学等 16 个考点。考生全年总人数 142 870 人，与 2008 年相比增长 14.2%。

撰稿 陈 可

审稿 罗 民

教育信息化建设与远程教育

中央广播电视大学

〔综述〕　中央广播电视大学是基于计算机网络、卫星电视网络，运用文字教材、音像教材、多媒体课件、网络课程等多种媒体，面向全国开展现代远程教育的开放大学。中央电大和全国44所省级电大、近1 000所地（市）级电大分校、近2 000个县级电大工作站、6.6万个教学班（点）组成了统筹规划、分级管理、分工协作的现代远程教育教学系统。

中央电大现设有6个学科学院和直属学院、继续教育学院以及西藏学院、八一学院、总参学院、空军学院、残疾人教育学院，专设中国电视师范学院、中国燎原广播电视学校、中央广播电视中等专业学校。开设开放教育本科（专科起点）、专科、教育部“一村一名大学生计划”专业83个，在校生266万人。年内开放教育招生94.4万，毕业54.3万人。图书馆藏书8.08万册，电子图书6 275GB。教职工464人，其中教授、副教授85人。

〔启动奖学金试点工作〕　1月至5月，中央电大启动开放教育奖学金试点工作。陕西电大、西安电大、甘肃电大、宁夏电大、内蒙古电大、四川电大、贵州电大、沈阳电大、武汉电大、湖北电大、湖南电大和中央电大西藏学院、中央电大直属学院等13个单位参加首批试点。中央电大向957名获奖学生颁发奖学金及证书，奖学金额度每人1 000元。建立奖学金制度旨在推进电大内涵建设、探索并构建具有开放教育特点的广播电视大学学生工作机制、鼓励学生刻苦学习、调动学生学习积极性和主动性，推进校风、学风建设。

〔成立中央广播电视大学空军学院〕　3月26日，中央广播电视大学空军学院成立大会暨开学典礼在空军司令部举行。中央军委委员、空军司令员许其亮，教育部党组副书记、副部长陈希，空军政委邓昌友、副司令员何为荣、副政委王伟，中央电大校长葛道凯、党委书记阮智勇等领导出席。空军学院是中央电大和中国人民解放军空军军事职业教育部商议并报教育部备案同意后成立的，面向空军士官开展中专、大专、本科（专科起点）远程学历教育。

〔召开全国广播电视大学书记校长会〕　3月30日至31日在京召开全国电大党委书记校长会议。会议主题是：深入贯彻落实科学发展观，结合国家中长期教育改革和发展规划纲要的研究制定，在分析广播电视大学发展面临的新机遇、新挑战基础上，重点研讨广播电视大学深化教学改革、加强内涵建设、提高教学质量、增强办学实力的思路和举措，营造良好的发展环境，提升广播电视大学为构建终身教育体系、建设学习型社会的服务能力。教育部党组副书记、副部长陈希出席会议并讲话。中央电大校领导、全国44所省级电大的党委书记和校长以及中央电大八一学院、总参学院、空军学院、西藏学院和残疾人教育学院等近百名代表参加会议。

〔**举办全国电大系统书画展**〕 4月5日，全国广播电视大学书画展在中国美术馆开幕。欧阳中石为展览题名，高等教育专家、厦门大学原副校长潘懋元发贺词。全国电大500余人参加开幕式。41所省级电大、310名教职工和学生参加全国广播电视大学书画摄影比赛，共有53件书法作品、34件绘画作品、30件摄影作品分获一、二、三等奖及优秀奖。部分作品于4月5日至12日在中国美术馆展出。

〔**变更中央电大英文校名**〕 4月，经教育部批准，中央广播电视大学英文校名变更为“The Open University of China”，简称“OUC”。

〔**启动“以职业人教育为核心的职业导向式技能人才培养教学改革”项目**〕 5月，中央广播电视大学与人力资源和社会保障部合作，启动“以职业人教育为核心的职业导向式技能人才培养教学改革”项目。项目核心内容是将职业岗位技能的要求与开放教育、学历教育、人才培养目标有机结合，使学生在获得学历教育证书的同时能够取得职业资格证书，增强开放教育的适应性，实现提升电大学生职业能力的培养目标。2009年秋季中央电大的文秘、药品经营与管理、应用化工技术、城市轨道交通运营管理等专业纳入试点范围，同时启动部分老专业改造试点。

〔**中央电大两项成果获得国家级教学成果二等奖**〕 9月1日，教育部印发《关于批准第六届高等教育国家级教学成果奖获奖项目的决定》。中央电大《创建〈普通高等学校高职高专教育指导性专业目录〉促进高职高专教育健康发展》和《中国特色远程开放教育的创新与实践》两项成果被评为国家级教学成果二等奖。

〔**确定第一批全国示范性基层电大（教学点）**〕 10月15日，中央电大公布第一批全国示范性基层电大（教学点）名单，北京电大宣武分校等50所基层电大（教学点）为第一批“全国示范性基层电大（教学点）”。

〔**召开2009国际远程开放教育论坛**〕 10月16日至17日，中央电大和全国高校远程教育协作组在京主办“2009国际远程开放教育论坛”。论坛主题是“金融危机背景下远程开放教育面临的挑战、机遇与对策”。10个国家、3个国际组织约40名国际代表和全国高校网院、各省电大的专家学者200余人参会。教育部部长助理林蕙青、中央电大校长葛道凯出席开幕式。10位国内外代表进行了主题演讲。会议期间还组织了学前认证研讨会、中韩日三国开放大学合作研究座谈会以及中央电大、英国开放大学课程合作座谈会。

〔**中央广播电视大学成立30周年**〕 10月18日，在人民大会堂举行建校30周年庆祝大会。中共中央政治局委员、国务委员刘延东，原中共中央政治局常委、国务院副总理李岚清发来贺信和题词。教育部副部长李卫红，全国人大常委会教科文卫委员会委员、教育部原副部长吴启迪等出席大会。合作办学行业部委、普通高校、地方教育行政部门、中央电大和地方电大师生以及国际远程开放教育理事会、欧洲远程电子学习网络协会和美国等7个国家的国际远程教育界代表共计1 400多人参加庆祝大会。

刘延东在贺信中指出，广播电视大学为扩大人民群众受教育机会，加快我国高等教育大众化进程，为构建我国终身教育体系作出了重要贡献。希望中央广播电视大学继续高举中国特色社会主义伟大旗帜，深入贯彻落实科学发展观，进一步解放思想，深化改革，突出特色，完善机制，不断提高教学质量，为建设中国特色社会主义现代教育体系，努力培养和造就更多现代化建设亟需的各类高素质人才，为全面建设小康社会和中华民族伟大复兴作出新的更大贡献。

同日，“辉煌30年——广播电视大学成就展”在人民大会堂宴会厅展出。“携手明天——中央广播电视大学三十年校庆文艺汇演”在北京民族文化宫举行。

〔《医学生物化学》等获国家精品课程〕 10月17日，教育部、财政部批准2009年度国家精品课程。中央电大申报的《医学生物化学》、《Visual Basic程序设计》、《高级财务会计》被评为国家精品课程。

〔举办现代远程教育与终身学习高端论坛〕 11月10日，中央电大和全国高校现代远程教育协作组在京共同主办“现代远程教育与终身学习高端论坛”暨“现代远程教育十年成果展”。教育部党组成员、部长助理林蕙青出席论坛开幕式并讲话。69所远程教育试点高校、全国电大系统、有关行业系统、企业、基层单位代表和学生代表等约400余人参加了论坛和展览。林蕙青指出，高等学校要在远程教育和继续教育中发挥重要作用，深入研究新的发展战略，理清新的发展思路，探索新的发展模式，进一步明确发展定位，在终身学习和非学历教育方面发挥更大作为，推动远程和继续教育在新的起点上实现新的发展。与会代表从现代远程教育教学模式与质量保证、优质资源建设与共享、教学支持服务、技术应用与拓展等方面进行了交流，总结了十年来高校现代远程教育在建设学习型行业、城市、社区、农村、部队等学习型组织中的成就与经验，研讨了现代远程教育在终身学习中新的发展定位、思路和举措。

〔召开2009中国国际远程教育大会〕 12月17日至18日，中央电大在京组织召开2009中国国际远程教育大会。会议主题是“发挥远教优势、服务社会发展”。全国人大常委、教育部原副部长吴启迪出席开幕式。会议设立“高校网络及继续教育发展高峰论坛”、“E-Learning发展高峰论坛”、“行业培训及干部教育发展高峰论坛”、“远程教育与教育服务业发展高峰论坛”、“E-Learning与企业大学建设高峰论坛”、“资源建设与技术发展高峰论坛”。大会还同期举办了“2009中国国际远程教育展”。800余人参加大会。

撰稿 徐建新

审稿 李彦忠

中央电化教育馆

〔2009年中西部农村义务教育学校教师国家级远程培训工作圆满完成〕 7月23日至8月27日，教育部组织的2009年中西部农村义务教育学校教师国家级远程培训工作圆满完成。7月23日，教育部副部长陈小娅出席“2009年中小学教师国家级培训计划”暨“2009年中西部农村义务教育学校教师远程培训项目”启动仪式并讲话。教育部师范教育司副司长宋永刚主持启动仪式。中国科协副主席、教育部原副部长韦钰院士应邀为本次培训作了《了解学生脑的发展规律　更好地提高教学效果》的专题讲座。中央电化教育馆承担了该项培训的具体实施工作，并联合中央广播电视大学、中国教育电视台进行了培训课程的设计、摄制及播出。

此次远程培训分两批进行，第一批为7月23日至8月9日，吉林、江西、山西、陕西、青海、海南、西藏、贵州8个省（自治区）的18个项目县的4万名教师参加了培训。第二批为8月10日至27日，辽宁、河北、吉林、云南、海南、内蒙古、重庆、江西、四川、河南、甘肃、黑龙江、广西、湖南、安徽、宁夏、新疆、湖北18个省（自治区、直辖市）的79个项目县的25万多名教师参加了培训。

为确保此次国家级远程培训的成功实施，提高培训实效，中央电化教育馆对培训工作中的学习支持、组织管理、信息反馈等环节进行了系统设计和重点部署。第一，组建了由授课教师、学科联络人、学科编辑、言论管理员、信息员、网络管理员等各类人员组成的国家级教学支持服务团队。第二，7月20日、8月6日中央电化教育馆分别召开了针对两批培训的网络视频工作会议，部署工作。第三，做好三种途径的教学支持服务工作，加大学习支持服务力度，拓展学习交互广度。各学科每天安排6小时的专家答疑服务，信息员、学科编辑将手机短信、语音电话、网络平台三种途径收集到的学员问题提交给专家进行解答。各学科每天发布专家答疑集锦文档，供学员下载，促进学习资源的超循环利用。网络培训平台讨论区交流情况良好，18天的培训发表的主题帖数达392 888个，回复帖数达2 104 591个。第四，提供在线视频直播答疑服务，让参训教师与专家面对面交流。中央电化教育馆各有关部门组成远程培训直播答疑支持团队，每门学科安排2至3名授课专家、2名学科编辑、2名学科信息员、6至8名技术支持人员，共同参与在线直播答疑，累计答疑40课时。直播答疑情况还通过卫星IP及时发送到各培训点。第五，督促各地项目县上报培训简报，积极报道本地培训情况，促进项目执行机构之间的信息反馈与经验共享。第六，选派专家和项目管理人员深入一线实地指导和检查。以上各项措施确保了此次大规模国家级远程培训的顺利实施。

撰稿　杜光胜
审稿　王珠珠

〔**第十三届全国多媒体教育软件大奖赛在北京举行**〕　2009年11月1日，由教育部指导、中央电化教育馆主办的第十三届全国多媒体教育软件大奖赛（以下简称“大奖赛”）颁奖大会在北京隆重举行。教育部部长助理吴德刚出席颁奖大会并讲话。出席颁奖大会的领导和嘉宾还有：教育部基础教育二司司长郑富芝、高等教育司司长张大良、科学技术司司长谢焕忠、基础教育二司副司长李天顺、职业教育与成人教育司副司长刘建同、人民教育出版社社长李志军、高等教育出版社社长刘志鹏、中国人民解放军总参军训和兵种部训练保障局副局长高庆明，中央电化教育馆馆长陈志龙和副馆长王珠珠与王晓芜。本次大奖赛现场决赛专家代表，部分省、自治区、直辖市电教馆馆长，来自31个省、自治区、直辖市及新疆生产建设兵团中小学、特殊教育学校、职业与成人教育学校和高校的获奖作者以及新闻记者近300人参加颁奖大会。

吴德刚指出，30多年来，我国电化教育取得了长足发展，为我国教育事业的发展作出了重要贡献。近几年来，我国电化教育蓬勃发展，教育信息化推进速度明显加快，尤其是实施农村中小学现代远程教育工程以来，农村基础教育信息化取得了突破性进展，教育技术正发挥着越来越重要的作用。他说，在我国教育信息化的进程中，全国多媒体教育软件大奖赛已经成为一个亮点。通过大奖赛的参赛作品，我们可以清楚地看到各级各类学校教师在信息素养、教育技术应用能力和信息化教学等方面的可喜变化与进步，真切地感受到广大教师投身教育信息化的积极性、高度的责任感和对教育教学改革的执著精神。大奖赛对教育信息化发展，对优质教育资源建设的推动作用、引导作用和示范作用日趋明显。他希望各地教育部门及电教馆等单位，继续将大奖赛作为推进本地区教育信息化建设的一项举措，精心做好组织工作。希望各级各类学校通过参加活动、观摩作品，进一步提高教师的多媒体教育软件资源的制作水平和质量，推动信息技术与学科教学整合，促进农村中小学现代远程教育工程教学应用的普及和深化。希望大家充分利用大奖赛这个平台，加强地区之间、学校之间、教师之间以及企事业单位之间的协作与交流，合力推动教育教学资源的共建共享，促进我国教育信息化全面协调可持续发展。

陈志龙代表主办单位向大会报告了大奖赛的有关情况。

王珠珠宣读了获奖通知。基础教育与中等职业教育组、高等教育组评审专家代表在大会上分别对获奖作品进行了介绍和讲评，给与会者留下深刻印象。与会领导和嘉宾为获奖作者与获得组织奖的单位颁发了奖牌和证书。

撰稿　陈　莉　施　枫
审稿　王晓芜

〔**第十届全国中小学电脑制作活动颁奖仪式暨夏令营在山东举行**〕 2009年7月24日至8月1日，由中央电化教育馆和山东省教育厅联合主办的"现代杯"第十届全国中小学电脑制作活动电脑机器人竞赛、学生作品面试暨夏令营在山东省寿光市隆重举行。近1 500名来自全国各地的中小学教师、学生和教育工作者参加或观摩了竞赛、作品面试、颁奖仪式及夏令营等项活动。

原全国人大常委、原国家教委副主任柳斌，教育部基础教育二司副司长李天顺，中央电化教育馆馆长陈志龙，副馆长王晓芜和丁新，山东省教育厅副巡视员杜希福，潍坊市副市长王桂英，寿光市委书记孙明亮等领导出席颁奖仪式。柳斌宣布颁奖仪式开始，陈志龙代表活动组委会介绍了活动开展情况并宣读了表彰通知。

本届活动"评选类项目"包括：电脑绘画、电脑动画、电子报刊、网页、程序设计和电脑艺术设计。共收到全国32个省级教育部门推荐的作品1 746件。经过技术测试、网上公示、专家评审和作品面试，有465件作品分别获得一、二、三等奖。

本届活动"竞赛类项目"包括：电脑机器人足球竞赛、电脑机器人灭火竞赛和机器人工程挑战赛——破解能源竞赛。25个省级教育部门推荐的169支代表队、247名中小学生参加了现场比赛，最终65支队伍分别获得竞赛组各项目的冠、亚、季军等奖项。组委会综合各地组织开展活动及推荐作品获奖情况，授予山东、广东省教育厅等10个省级教育部门最佳组织奖。至此，历时近半年的第十届全国中小学电脑制作活动圆满结束。

撰稿 陈 莉 付 涛
审稿 王晓芜

〔**教育领域推广试用ScienceWord软件项目通过专家验收**〕 2009年6月5日，教育部科学技术司在北京组织专家对中央电化教育馆负责实施的教育领域推广试用ScienceWord软件项目（以下简称"项目"）进行了验收。

专家组在认真审阅并听取了项目工作总结报告、用户使用情况报告和项目评估报告后，经讨论一致认为：该项目建立了较为完善的组织管理机制，在各级教育行政部门的大力支持和指导下，中央电化教育馆与软件研制单位密切配合，采取多种有效措施和策略，调动了项目学校教师和学生学习使用ScienceWord软件的积极性，在112所中学、11所高校、25所网络教育学院开展了推广试用，直接参与的师生达14万人。该项目向用户发放了111 540套软件、安装了9套网络版控件，开展了10次集中培训和多次巡回培训讲座，设立了"ScienceWord软件推广试用工作专栏"，通过该服务平台下载软件达25 000次。中央电化教育馆在"全国多媒体教育软件大奖赛"中设置了"ScienceWord优秀教案设计"评比项目，2007年、2008年两届比赛中，共有31个省市、30多所大学报送的1 800件作品参赛，其中351件作品获奖，并编辑成《"ScienceWord优秀教案设计"集锦》正式出版。在中央电化教育馆"十一五"全国教育技术研究课题中开展了ScienceWord软件的推广应用研究。

专家组一致认为中央电化教育馆完成了项目预定目标和任务，促进了ScienceWord软件在教育领域的有效应用，培养了用户群，提高了该软件的用户满意度和市场占有率，取得了良好的应用示范效应。专家组同意通过项目验收并建议：该项目要继续争取国家支持，进一步加大推广应用和普及力度。

验收专家组由技术领域、管理领域和应用领域的专家组成，包括教育部基础教育司、高等教育司和师范教育司领导、清华大学等高校和北京市第八中学教师。

撰稿 陈 莉 施 枫
审稿 王晓芜

〔**国情教育专题系列片《中国——我的祖国》制作完成，在香港举行捐赠仪式**〕 2009年7月4日，教育部委托中央电化教育馆编制的百集大型国情教育系列专题片《中国——我的祖国》在香港举行捐赠仪式。教育部港澳台事务办公室常务副主任丁雨秋代表教育部向全港中小学校捐赠了4 422套专题片。中联办副主任李刚、外交部驻香港特别行政区特派员公署副特派员杨子刚、全国人大常委范徐丽泰女士等嘉宾出席捐赠仪式。

香港、澳门回归祖国后，为更好地帮助港澳地区青少年加深对祖国的了解，认同国民身份，增加港澳地区青少年的民族自豪感和民族凝聚力，受教育部委托，中央电化教育馆在港澳台办的支持下，历时3年，策划并摄制完成了针对港澳地区青少年进行国情教育的专题系列片《中国——我的祖国》(100集)。系列片分为祖国概况、民族、历史和当代中国4个部分，从不同侧面，全景式、形象化地展现了我国的历史与现实、政治与经济、科学与文化，力求使青少年在潜移默化中接受爱国主义教育。该片通过对我国国情的客观展示，帮助青少年了解祖国历史的轨迹，见证祖国的发展和进步，感知当代中国的风貌，树立对中国未来发展的信心，同时促进了香港地区国情教育事业的发展。该片主题鲜明，内容翔实，素材丰富，形式恰当，制作精良，被新闻出版总署列为纪念国庆60周年100个重点项目之一。

撰稿 许 林
审稿 丁 新

〔中国教育技术协会荣获“全国先进社会组织”称号〕 2009年，中国教育技术协会在民政部每五年举办一届的全国先进社会组织表彰评选活动中荣获“全国先进社会组织”称号。

中国教育技术协会自1991年成立以来，一直围绕国家教育信息化建设大局积极开展工作。作为教育部直属社团组织，协会主动为教育主管部门提供咨询服务，出色完成了教育主管部门交办的各项任务。作为全国教育技术领域的群众性组织，协会始终坚持非营利组织宗旨，诚信自律，经常性举办公益活动和培训，每年举办科研活动，传播先进理念，引领业内学术研究，在课题研究、业务培训、国内外学术交流、组织发展等方面取得突出成绩，赢得了良好的社会声誉。

撰稿 刘新丽
审稿 王珠珠

语言文字工作

〔**2009年度语言文字工作会议**〕 2009年2月24日，国家语委在北京召开2009年度语言文字工作会议。国家语委成员单位联络员，29个省（自治区、直辖市）教育厅（教委）、民（语）委负责人，各省级语委办及测试中心主任，相关省区民语委办主任共160余人出席会议。

教育部副部长、国家语委主任赵沁平出席会议并发表题为《深入学习实践科学发展观，努力构建和谐语言生活、提高国民语言文化素质》的书面讲话。他总结了2008年工作，回顾了新中国成立60年特别是改革开放30年来语言文字工作取得的成就，分析了当前国家发展形势对语言文字工作和语言文字工作者提出的新要求，并对2009年工作做了部署。

国家语委副主任、教育部语言文字应用管理司司长王登峰，国家语委副主任、教育部语言文字信息管理司司长李宇明分别在开幕式上讲话，并向会议通报了2009年语用司、语信司的重点工作。

与会的教育厅、民语委领导在会上交流了2008年的工作和今后一段时期的工作设想与思路。上海、山西、甘肃、广西、江苏、河南、新疆等地就依法管理、语言文字规范化示范校建设、城市语言文字工作评估、计算机辅助普通话水平测试试点、经典诵读活动、汉字应用水平测试试点、少数民族教师普通话培训等工作进行了书面交流。国家语委成员单位与会代表就《国家中长期语言文字工作改革和发展规划纲要》的制定、外文使用、如何进一步做好沟通协调工作和配合教育部门开展活动等问题进行了研讨。各地代表在分组讨论中介绍了各地工作开展情况，就语言文字工作目前面临的形势、目标、任务、内容、方式、机制、改革创新等问题各抒己见，对国家语委提出加强部门协调，争取经费支持，做好规划纲要，加强外文管理等意见和建议。

会议为2008年度通过一类城市评估认定达标的长春市、济南市颁发了“达标城市”奖牌；授予江苏省、湖南省、上海市语委和中国教育电视台、中国传媒大学“中华诵·2008经典诵读”活动特别贡献奖，同时授予中国教育电视台、语文出版社“震撼·汶川地震诗词创作”和“中华赞·诗词歌赋创作”征集特别贡献奖。

〔**国家语委咨询委员会第九次会议**〕 2009年2月10日，国家语委咨询委员会第九次会议在北京召开。第十届全国人大常委会副委员长、国家语委咨询委员会主任许嘉璐，原国家教委副主任、国家语委原主任、国家语委咨询委员会新任副主任柳斌及其他13位委员，教育部副部长、国家语委主任赵沁平，教育部语用司、语信司、语用所、语文出版社负责人出席了会议。

许嘉璐介绍了新一届咨询委员会的组成及调整原则。国家语委副主任、教育部语用司司长王登峰，国家语委副主任、教育部语信司司长李宇明分别汇报了两司2008年工作及2009年设想，并就《国家中长期语言文字工作改革和发展规划纲要》的制定、面向基础教育的汉语言文字科研及资源建设等问题咨询了专家意见。

委员们对两司2008年工作和2009年思路给予了充分肯定，围绕咨询问题展开热烈讨论，认为：应进一步重视并加强语言文字工作的力度；要做好语言文字工作中长期规划纲要，同时，在教育中长期规划中应纳入语言文字工作的内容；国家应进一步加大对语言文字工作的经费投入。委员们还就加强基础教育阶段的语言文字工作、树立服务的工作理念、正确处理各种语言文字之间的关系和语言生活中的各种问题、加强汉语教学和外语教学、加强语委机构和体制建设、推进语言文字标准化信息化工作、加强与台港澳的交流等方面提出具体意见和建议。

许嘉璐在讲话中最后指出，国家语委要加强宣传，争取领导的重视和群众支持；要借势借力，充分发挥领导专家、研究所、学会、高校、企业等的资源优势。今后12年，语言文字工作的核心依然是贯彻《国家通用语言文字法》，依法行政。

〔新中国语言文字工作60年成就展和国家语言政策国际论坛〕 2009年12月11日至14日，国家语委在北京举办了“雅言华章　和谐中华——新中国语言文字工作60年成就展”。中共中央政治局常委李长春，中共中央政治局委员、国务委员刘延东，教育部部长袁贵仁，教育部副部长、国家语委主任郝平等观看了展览。国家语委成员单位的有关负责同志，部分国家语委咨询委员会委员和专家学者，全国省级语委办及语言文字培训测试中心负责人，北京等地大中小学师生、市民，以及出席第四届孔子学院大会的部分代表和北京高校留学生也参观了展览。

展览以图文并茂、历史实物与现场讲解、多媒体呈现等相结合的方式，全面系统地展示了国家语言文字工作60年走过的道路和取得的成绩，主要分为“工作任务的确立和工作制度的形成”、“国家通用语言文字的普及与提高”、“语言文字应用管理的基本措施”、“语言文字标准化和信息化建设”、“中华诵：语言文字与弘扬中华优秀文化相结合的新开拓”、“语言文字的交流与合作”六大专题。此外，新中国成立60年来的民族语文工作和盲文手语工作的成就也在此次展览中得到呈现。在展会现场开辟的普通话水平测试、汉字应用水平测试、朗诵艺术水平考试3个现场模拟测试教室受到参观者的热烈欢迎，500多名参观者参加了现场模拟测试。

为了研讨、交流不同国家在语言文字管理方面的做法，促进我国语言文字工作的深入发展，推动中外语言文化交流，在举办新中国语言文字工作60年成就展的同时，国家语委举办了“国家语言政策国际论坛”。国家语委副主任、教育部语言文字应用管理司司长王登峰作了题为《中国语言文字工作的使命》的演讲。国家语委咨询委员会委员、教育部语言文字应用研究所研究员陈章太，中央民族大学教授戴庆厦分别介绍了我国语言政策、语言立法和语言规划情况及少数民族语言政策。法国、俄罗斯、英国驻华使馆文教官员、专家介绍了各自国家语言政策与语言教育的经验，并对未来的语言政策及规划进行展望。

撰稿　周道娟
审稿　张世平

〔2009“中华诵”经典诵读活动〕 2009年4月11日，教育部党组印发《关于围绕庆祝新中国成立60周年在各级各类学校深入开展“我爱我的祖国”主题教育活动的通知》，明确要求各地将中华经典诵读活动列入“我爱我的祖国”主题教育活动内容；4月30日，教育部召开进一步做好“中华诵”经典诵读活动的部长专题办公会，指出要进一步开拓创新，精心谋划，不断强化品牌意识，使这项活动成为新时期加强语言文字工作的有效载体和传承中华文明、开展爱国主义教育的重要平台。6月4日，教育部办公厅下发《教育部办公厅关于在教育系统做好“中华诵”经典诵读工作的意见》，在教育系统部署“中华诵”经典诵读工作。2009年的中华诵·经典诵读活动主要有以下几项。

1. 举办“中华诵·2009经典诵读大赛”。经典诵读大赛是“中华诵”活动的核心项目，840余万各界群众参与。大赛设立教师、大学生、港澳台侨、留学生、公务员、军人、综合等七个组别。经专家打分和网民投票综合评定，42名选手最终胜出参加了全国总决赛，决出各组冠、亚、季军和优秀奖。江苏等6省（市）和北京等22省（区、市）的语委办公室分别获得最佳组织奖和优秀组织奖。总决赛等相关视频在中国教育电视台1频道播出。

2. 举办中华诵经典诵读传统节日晚会。2008

年，国务院确定增列清明、端午、中秋三个传统节日为法定假日，中华诵传统节日系列晚会应运而生，迅速成为节日荧屏的收视热点。2009 年清明晚会由山西省教育厅、语委等单位承办；端午晚会由北京市语委、教委等单位承办；中秋晚会由青岛市语委、教育局等单位承办。三场晚会分别于节日期间在中国教育电视台、山东卫视、青岛卫视等电视台播出。

3. 举办首届全国中小学生“中华诵”夏令营。教育部语用司和中央文明办调研组于 2009 年 8 月 10 日至 15 日在江苏泰州举办了以“传诵中华经典，做一个有道德的人”为主题的首届全国中小学生“中华诵”夏令营。来自全国的近百名中小学生参加了此项活动。夏令营开展语言文字趣味游戏、趣味文化辩论赛；开办泰州特色文化兴趣班，组织营员学习掌握“抖空竹、叶雕、面塑、泰兴木偶”等特色文化；参观梅兰芳纪念馆、中国海军诞生地纪念馆、书法家高二适纪念馆、溱湖湿地公园；举办“星光灿烂”汇报演出，为夏令营活动画上圆满句号。

4. 举办中华诵经典诵读进校园。2009 年教育部语用司与思想政治工作司启动了“中华诵”进高校校园工作。活动由武汉大学篇、复旦大学篇、南开大学篇和首都大学生庆祝新中国成立 60 周年诵读晚会组成，分别于 2009 年 7 月 12 日在武汉大学、9 月 14 日在复旦大学、9 月 20 日在北方交通大学、10 月 12 日在南开大学录制并在中央电视台、中国教育电视台等播出；两司还召开了有 25 所高校领导参加的“中华诵”活动进高校工作研讨会，部署了 2010 年“中华诵”进校园工作。

5. 举办“中华诵·古辞新韵”创作大赛。2009 年教育部语用司和体育卫生与艺术教育司、思想政治工作司联合主办了“中华诵·古辞新韵”创作大赛，受到文学艺术界和社会的热烈欢迎，大学生和社会人士踊跃报名参赛，征集作品千余首，遴选出一批有特色的作品，发现了一批颇具潜质的音乐人才。

6. 举办“首届全国大中小学生规范汉字书写大赛”。2009 年教育部语言文字应用管理司举办了以“书写经典，传承文明”为主题的“首届全国大中小学生规范汉字书写比赛”，全国有近一千万名选手报名参赛，各地组织了分赛区决赛，最后在北京组织了总决赛和颁奖晚会，极大地调动了大中小学生提高书写水平、熟悉中华经典、传承中华文明的热情。

7. 举办“中华赞·2009 诗词歌赋创作大赛”。鼓励诗词歌赋等多种文体的创作，举办“中华赞创作大赛”，是经典诵读活动的又一有益尝试。“中华赞·2009 诗词歌赋创作大赛”吸引社会各界来稿 2 万多份，经专家评审，最终有《上党赋》等 45 篇文稿分获古体诗词类、现代诗歌类、散文类、儿童诗类的各类奖项。天津市语委办公室等 13 个部门和单位荣获组织奖。

撰稿　郝阿庆　张映川
审稿　张世平

〔**城市语言文字工作评估**〕　2009 年，各地城市语言文字工作评估工作继续扎实、深入、有序进行，在推动城市贯彻实施《国家通用语言文字法》，建立健全语言文字工作法制、队伍、机制，普及国家通用语言文字等方面进一步发挥全面带动作用。截至 2009 年年底，全国共有 32 个一类城市、191 个二类城市、240 个三类城市通过达标认定，分别约占全国一、二、三类城市总数的 89%、57%、11%。评估推动建立城市语言文字工作机构 8 个，增加行政编制 8 个，新设立或增加办公经费 149 万元，增加专项评估经费 1 311 万元，推动 173 个城市开展公务员普通话水平测试，已有 132 个城市 411 945 人次进行了测试，推动 176 个城市 219 607 人次开展了窗口行业普通话测试。

2009 年，尚未开展一类城市评估的河南、西藏、青海 3 省（区）发文部署开展评估工作。除吉林、河南、海南、贵州、西藏、陕西、青海、宁夏以外，其他各省（区、市）均已启动二类城市评估工作。共有 63 个城市开展了自评，其中 32 个通过评估认定。湖北在 2009 年完成所有二类城市评估，成为继黑龙江、江苏、广西之后第四个一、二类城市全部达标的省份。已有 18 个省（区、市）部署启动三类城市评估工作，共 177 个三类城市开展了自评，其中88个三类城市完成评估认定。河北36个、黑龙江62个、江苏51个三类城市完成达标认定工作。江苏着力推进区域性达标，除6个三类城市以外，其他一、二、三类城市均已达标。

完成评估认定的地区，积极开展工作，巩固、提升城市评估工作成果。2009年共有19个已完成一类城市评估的省（区、市）开展了评估回访或回头看活动；18个省（区、市）开展了示范街（单位）等创建活动；14个省（区、市）创造性地开展过其他形式的巩固一类城市评估成果的活动。各地进一步加大评估工作力度，加强分类指导和监督，创新手段，提高工作水平。山西、江西、河南、湖北、西藏、甘肃等地召开会议或者印发文件对一、二、三类城市评估工作进行规划与部署。山东、河南、陕西、新疆等地加强调研、研讨与培训，推动评估工作中重点、难点问题的解决。浙江、山东、湖北等地更加重视以评促建和过程性的指导监督，通过预评估、复查整改等手段进行分类指导，进一步查漏补缺，确保实效。上海、云南着力对高校进行评估，通过评估带动高校语言文字规范化工作持续发展。黑龙江、江苏、浙江、福建、湖北、新疆等地根据实际情况与相关部门协作开展专项整治活动，在规范用语用字方面取得较大进展。

撰稿　张　艳
审稿　张世平

〔**语言文字规范化示范校创建活动**〕　2004年以来，教育部、国家语委启动了语言文字规范化示范校创建活动，得到地方和学校的积极响应。目前全国各地相继评估命名了省市级语言文字规范化示范校1万多所。2009年，教育部、国家语委经各地遴选推荐，认定国家级语言文字规范化示范学校426所，对语言文字工作的全面推进打下了基础。

撰稿　郝阿庆
审稿　张世平

〔**2009国家级语言文字规范化示范校校长论坛**〕　2009年9月，由教育部、国家语委主办，江苏省语委、江苏省教育厅承办，南京师范大学协办的“2009国家级语言文字规范化示范校校长论坛”在南京师范大学举行。教育部副部长、国家语委主任郝平，江苏省副省长曹卫星，国家语委副主任、教育部语用司司长王登峰等领导出席论坛并讲话。

郝平在讲话中指出推广普通话和使用规范汉字对实现民族团结、繁荣发展具有重要意义，并强调语言文字应用能力对提高国民素质具有重要作用，希望各地、各校能够互相切磋，总结经验，提升学校语言文字工作水平。

原国家教委副主任柳斌，国家语委副主任、教育部语用司司长王登峰分别以《关于语文教育问题》、《中华诵与学校语言文字工作》为题开设了讲座。

南京师范大学、山西大学、上海市建平中学、厦门第三中学、安徽铜陵人民路小学、吉林工程技术师范学院、华中师范大学、山东五莲县实验小学、重庆市人和街小学、江苏省南通第一中学作了大会发言，其余学校分别在小组进行交流。来自全国20省（自治区、直辖市）60多所国家级语言文字规范化示范学校的校长、教师200余人参加了论坛。

〔**第12届全国推广普通话宣传周**〕　第12届全国推广普通话宣传周活动于2009年9月13日至19日在全国各地广泛开展。

2009年适逢新中国成立60周年华诞，本届推普周的宣传主题定为：热爱祖国语言文字，构建和谐语言生活。为进一步扩大推普周的社会影响，2009年4月23日，教育部、中宣部、人事部、文化部、国家广播电影电视总局、国家语言文字工作委员会、解放军总政治部和共青团中央联合发出《教育部等八部门关于开展第12届全国推广普通话宣传周活动的通知》，对推普周活动进行了总体部署。

为了充分发挥语言文字与文化发展唇齿相依的特点，推普周期间，各省（区、市）举办了形式多样的省级选拔赛和富有地域特色的“中华诵·经典诵读”文艺汇演。

本届推普周以党政机关、部队和高等学校为重点宣传领域，特别强调要进一步重视并发挥学校、特别是各级语言文字规范化示范校在推广普及普通话中的基础和辐射作用。2009 年 9 月 13 日，第 12 届全国推广普通话宣传周开幕式暨 2009 国家级语言文字规范化示范校校长论坛在江苏省南京市隆重举行。

本届推广普通话宣传周制作了以回顾新中国语言文字工作成就为主题的电视公益广告片《语言文字工作 60 年》，并以“和谐语言生活”和“中华诵”为主题设计了推普周招贴画。

〔**普通话水平测试工作进展**〕 普通话水平测试是测查应试人的普通话规范程度、熟练程度，认定其普通话水平等级的标准参照性考试，分为三级六等，最高为一级甲等（中央和省级电台、电视台播音员、主持人的普通话水平应达到此等级），最低为三级乙等。

“计算机辅助普通话水平测评系统”是国家语委“十五”重点科研攻关项目，由安徽科大讯飞信息科技有限公司研制开发。截至 2009 年年底，机测试数量已达 103 万人次。

15 年来，全国总计逾 3 000 万人次接受了普通话水平测试，各地已建立普通话水平测试机构近 1 300个，共有普通话水平测试员 4.4 万多名，有效地促进了普通话在全社会的普及和普通话应用水平的逐步提高。

撰稿　郝阿庆
审稿　张世平

〔**第五届两岸经贸文化论坛提出语言文字方面的建议**〕 2009 年 7 月 11 日至 12 日，第五届两岸经贸文化论坛在长沙隆重召开，国家语委副主任、教育部语言文字应用管理司司长王登峰、综合处处长魏丹作为中共中央台办特邀专家出席会议，语言文字专家、国家语委咨询委员会委员李行健、北京大学教授苏培成也应邀出席会议。

在语言文字方面，两岸学者就民间合作编纂中华语文工具书、繁体字与简化字、汉语拼音、专有名词翻译等有关问题进行了讨论，并提出两岸学术界在语言文字方面进行合作的多项建议。论坛最后达成了《第五届两岸经贸文化论坛共同建议》，在语言文字方面提出如下建议。

——两岸使用的汉字属于同一系统。客观认识汉字在两岸使用的历史和现状，求同存异，逐步缩小差异，达成更多共识，使两岸民众在学习和使用方面更为便利。鼓励两岸民间合作编纂中华语文工具书。

——支持两岸学者就术语和专有名词规范化、辞典编纂进行合作，推动异读词审音、电脑字库和词库、地名审音定字及繁、简体字转换软件等方面的合作。

——鼓励两岸相关团体和学校合办以诵读和书写中华经典为主题的中小学生交流活动。

〔**外文使用情况调查**〕 为全面了解外文使用的现状及其对母语的学习、使用特别是对未来 10 年社会语文生活产生的影响，研究相关对策措施，教育部语言文字应用管理司于 2008 年 12 月至 2009 年 3 月，在北京、天津、上海、重庆，黑龙江、山东、甘肃、浙江、广东、广西 10 省（区、市）的 16 个大中城市组织开展外文使用情况调查。

语用司组织制定了调查问卷，调查范围涉及 16 个城市的党政机关、广播电视、报纸期刊、学校、城市街头、商品名称及使用说明、旅游景点、宾馆和餐馆、公共交通设施等 9 个行业系统，1 240 个单位、2 700 人。

撰稿　魏　丹
审稿　张世平

〔**少数民族教师普通话培训**〕 为了提高少数民族教师汉语教学能力，推动民族地区国家通用语言文字的普及，2009 年 7 月至 8 月，教育部语言文字应用管理司在内蒙古、广西、海南、贵州、云南、西藏、甘肃、青海 8 省（区）开展少数民族教师普通话培训工作。受语用司委托，上述 8 省（区）教育厅共举办培训班 11 期，来自 8 省（区）23 个地州偏远贫困的县、乡中小学和村小、教学点的964名教师接受了培训，涉及藏、蒙、壮、苗、布依、彝、侗、仫佬、白、景颇、黎等20个民族。8省（区）和相关地（州、市）教育行政部门和语言文字工作部门以及内蒙古大兴安岭林业师范学校、梧州学院、海南琼台师范高等专科学校、贵州民族学院、兰州城市学院、青海师范大学等学校具体承担了培训任务。培训结束时，绝大部分学员的普通话水平均有不同程度的提高。

撰稿　周道娟
审稿　张世平

〔**教育部语言文字应用管理司组团访问坦桑尼亚和埃及**〕　2009年4月20日至29日，教育部语言文字应用管理司组成的语言文字工作考察团一行6人，赴坦桑尼亚、埃及进行了语言文字工作考察。考察团访问了坦桑尼亚文化部、达沃达里小学、埃及教育部、开罗大学中文系和孔子学院、亚历山大大学和文学院，与坦桑尼亚文化部艺术发展司、埃及教育部、开罗大学中文系和孔子学院、亚历山大大学和文学院的负责人及有关部门代表交流了各自国家的语言政策，斯瓦希里语、阿拉伯语等官方语言的教学、推广和规范化情况，外国语言的教学和使用情况以及对外汉语教学情况，考察了公共场所的用语用字，并就共同关心的问题交换了意见。辽宁、贵州、内蒙古和广西4省（区）教育厅语言文字工作处负责同志参加了考察。

撰稿　魏　丹
审稿　张世平

〔**汉字应用水平测试**〕　旨在检测相关人员的汉字应用能力，提高劳动者职业素质和社会整体语文素质的语言类标准化测试——汉字应用水平测试于2007年开始进行试点测试，三年来累计在全国13个省（区、市）50多个城市测试9万余人次。2009年，在及时总结前两年试点工作经验的基础上，教育部语用司进一步加强组织，推进测试科学化、规范化发展。一是加强组织推动。印发《教育部语用司关于2009年汉字应用水平测试有关事项的通知》（教语用司函〔2009〕18号），对2009年测试工作做出部署；试点工作领导小组第四次会议召开，领导小组成员对2009年相关工作提出指导建议，并一致同意对《汉字应用水平等级及测试大纲》进行修订；与相关部门进行沟通协调，对推广测试、加强管理进行探索。二是加强科研。组织课题组研究修订汉字应用水平等级标准，调整试题结构，开发建设题库；组织研发计算机测试系统，即由考生操作鼠标选择答案、利用触摸笔直接在计算机屏幕上书写汉字答题，由计算机存储、处理答题信息并直接对除书写以外的题评判打分；在上海首次进行试点，得到测试组织实施机构、参测者和相关专家的充分肯定。三是规范测试操作与管理。组织研发并使用信息管理系统进行报名、测试管理、成绩登录等；召开管理工作培训研讨会，就测试的性质、目的、方式、组织工作及考题、操作规程、管理系统等进行培训研讨；修改、完善测试《操作规程》，对测试操作各环节做出明确规定。四是精心组织测试工作，效果良好。10个试点省（市）共组织25 577人参测，测试信度和效度进一步提高。

〔**首届全国大中小学生规范汉字书写大赛**〕　2009年，教育部语言文字应用管理司举办了以“书写经典，传承文明”为主题的“首届全国大中小学生规范汉字书写大赛”大型公益比赛。

全国31个省（区、市）及新疆生产建设兵团均组织学生参赛，有19个地区成立了赛事领导小组或组委会，有30个地区组织了省级现场复赛，河南、陕西等地的部分县（区）和中小学组织全员参赛。大赛分小学一组、小学二组、初中组、高中组、高校组、港澳台组、留学生组7个组别，分软、硬笔及楷书、隶书、行书3种书体。共有708万学生参加所在地市、高校比赛，包括27个少数民族的学生、20多位港澳台地区学生及来自11个国家的60余位在华留学生。参加初选的学生约1 000万人。经初赛、复赛、决赛和特等奖比赛层层选拔，评出7个组别的特等及一、二、三等奖和优秀奖，1 892名学生获奖；6名学生获最佳才艺奖；95名教师分获最佳指导教师和优秀指导教师称号；30个省级语委办分获最佳组织单位和优秀组织单位奖。

本次大赛以比赛为主线，通过初赛、复赛、全国决赛及特等奖比赛和颁奖晚会，层层组织，吸引广大学生参赛和社会的关注。延伸、拓展各项活动，组织参赛选手与书法家座谈与互动，知名书法家现场点评并创作作品，录播大赛专题片与颁奖晚会，举办展览，出版作品集，组织优秀选手赴日本交流等，进一步发挥比赛的示范、引导和辐射带动作用；以大赛为契机，推动加强书写教育，召开加强规范汉字书写教育研讨会，形成加强规范汉字书写教育的初步意见。

欧阳中石、佟韦、张飙、林岫、赵长青等74位知名书法家专门为大赛创作了80幅祝贺作品。

撰稿　张　艳

审稿　张世平

〔《汉字部首表》等四项语言文字规范发布〕 2009年1月至3月，教育部、国家语委先后发布了4项语言文字规范：《汉字部首表》、《GB13000.1字符集汉字部首归部规范》、《现代常用字部件及部件名称规范》和《现代常用独体字规范》。

《汉字部首表》是在1983年中国文字改革委员会和国家出版局联合发布的《汉字统一部首表（草案）》基础上制定的，规定了汉字的部首表及其使用规则。该规范主要适用于工具书编纂、汉字信息处理及其他领域的汉字排序检索，也可供汉字教育参考。《GB13000.1字符集汉字部首归部规范》规定了GB13000.1字符集汉字部首的归部原则和规则，给出了20 902个汉字的部首归部表。该规范主要适用于中文信息处理领域汉字排序检索，也可供辞书编纂和汉字教育参考。《现代常用字部件及部件名称规范》规定了现代常用字的部件拆分规则、部件及其名称。该规范适用于汉字教育、辞书编纂等方面的汉字部件分析和解说，也可供汉字信息处理等参考。《现代常用独体字规范》规定了现代汉字中常用的独体字，给出了《现代常用独体字表》。该规范适用于识字教育、辞书编纂等，也可供汉字信息处理等参考。

这4项语言文字规范的发布，对贯彻实施《国家通用语言文字法》，推动汉字教育、辞书编纂、汉字信息处理等方面语言文字的规范化、标准化具有重要意义。

〔“第三届语言与国家高层论坛暨第二届全国应用语言学系主任（所长）论坛”召开〕 教育部语言文字信息管理司与语言文字应用研究所、国家汉办联合主办的“第三届语言与国家高层论坛暨第二届全国应用语言学系主任（所长）论坛”于2009年5月8日至11日在江苏省徐州市召开。教育部副部长、国家语委主任郝平出席论坛开幕式并作主旨报告。来自全国各地从事应用语言学专业研究的大学校长、所长、系主任等就应用语言学与当今中国、应用语言学怎样为当今中国的发展服务、应用语言学的学科建设与人才培养以及领域语言研究等议题进行了深入的交流、研讨。

〔“汉语口语水平测试（母语非汉语）标准研究”通过专家鉴定〕 2009年5月29日，“汉语口语水平测试（母语非汉语）标准研究”项目鉴定会在天津召开。汉语口语水平测试是天津市语言文字培训测试中心受国家语委委托研发的、面向母语非汉语人士和华人华裔、测量汉语口语水平的一种标准参照性考试。该项目填补了母语非汉语人士和华人华裔的汉语口语专项测试空白，有利于改变汉语考试“重读写、轻听说”的现状，促进汉语普通话的国际传播。项目以理念的国际化、手段的现代化、内容的中国化和形式的生活化，采用人机对话互动形式完成汉语口语测试，在汉语水平考试史上具有开拓意义。

〔国家语言资源监测与研究中心少数民族语言分中心维吾尔语文研究基地、藏语文研究基地成立〕 2009年4月1日，中央民族大学与新疆师范大学共建“国家语言资源监测与研究中心少数民族语言分中心维吾尔语文研究基地”的签约挂牌仪式在新疆师范大学举行。2009年6月16日，国家语言资源监测与研究中心少数民族语言分中心藏语文研究基地在兰州西北民族大学揭牌成立。

“国家语言资源监测与研究中心少数民族语言分中心”是教育部语言文字信息管理司、国家民委教育科技司、国家新闻出版总署报纸期刊发行管理司与中央民族大学四方共建机构，该机构现设立于中央民族大学。为做好维语文、藏语文的监测和研究工作，经教育部、国家民委和国家新闻出版总署同意，中央民族大学与新疆师范大学联合共建“国家语言资源监测与研究中心少数民族语言分中心维吾尔语文研究基地”，与西北民族大学联合共建“国家语言资源监测与研究中心少数民族语言分中心藏语文研究基地”，分别对维吾尔语文、藏语文的主要媒体进行动态监测与研究，为维吾尔语言文字、藏语言文字的信息化建设提供服务。

〔**《通用规范汉字表》公开征求意见**〕 经国务院批准，教育部、国家语委于2009年7月至8月组织开展了《通用规范汉字表》公开征求意见工作。

教育部、国家语委领导高度重视字表公开征求意见工作，多次召开会议专门研究和部署，并成立了字表公开征求意见工作领导小组。召开了4次内部座谈会，分别向汉字应用领域、学术团体和高等学校、新闻媒体和文化界、全国人大和全国政协等方面征求意见。2009年8月12日，召开新闻发布会和工作部署会，在教育部门户网站、《中国教育报》向社会发布公告公开征求意见（8月12日至31日）。

字表公开征求意见工作得到了社会广泛关注，中央和地方各大报纸、电视、网络等媒体通过发表文章、访谈等多种形式进行报道和评论；香港、澳门、台湾及海外媒体也有转载。从专家学者到普通民众，从中小学教师到在校学生，从现役军人到离退休干部，各界人士踊跃参与，积极建言献策。

社会各界对字表公开征求意见的方式给予了高度评价，认为是“问计于民、问道于贤”的重大举措；充分肯定了字表的意义和作用，认为是落实《国家通用语言文字法》、满足信息时代社会发展和汉字应用需要的重要汉字规范，字表的研制和发布是利国便民的重大工程；充分肯定了字表对一些重大政策问题的处理原则，普遍赞许字表对简繁以及异体字问题的处理。同时社会各界也从不同角度、不同层次就字量和分级、繁体字、异体字、字形、字表的实施等问题提出了许多富有建设性的意见和建议。

字表公开征求意见工作是政府部门坚持政务公开的一次生动实践，既广泛征集了社会意见，对进一步完善字表以及字表发布后的贯彻实施奠定了良好基础，也宣传了国家语言文字的方针和政策，扩大了语言文字工作的影响。

字表公开征求意见工作结束后，领导小组认真组织开展了意见的分类整理和归档工作。字表研制组就有争议的问题进一步听取了研究者和应用者的意见，对社会各界提出的具有重要参考价值的意见和建议进行了认真研究和充分吸收，至2009年年底已形成字表修改完善方案。

〔**2008年度中国语言生活状况报告发布**〕 2008年，我国语言生活呈现出健康有序、丰富多彩的发展态势。语言文字工作深入实际，贴近生活，有序开展；义务教育阶段“语文课程标准”完成修订；汉语国际传播形成规模；法律语言规范水平明显提高；北京奥运会提供几十种语言服务，汉语元素成功运用；非物质文化遗产保护中的语言保护日益引起社会关注。国家语言资源监测与研究中心对2008年报纸、广播电视、网络（新闻）语言文字使用情况调查的若干数据，中文网络用字用语专项调查以及基础教育新课标历史、地理教材的用字用语调查得到的数据同时发布。东南亚华文媒体用字用语调查报告及数据首次以“附录”的形式发布。这是教育部、国家语委第四次向社会发布年度语言生活状况报告，“构建和谐语言生活”、“语言资源”等理念已成为社会共识。

〔**中国语言资源有声数据库建设取得新进展**〕 中国语言资源有声数据库建设江苏省首批试点通过验收，第二批试点工作启动。汉语方言调查表和调查规范修改完善并定稿，中国语言资源有声数据库建设实施方案确定。少数民族语言有声数据库建设试点工作启动。中国语言资源有声数据库建设相关项目《汉语方言已有成果目录》、《汉语方言已有成果整理规范》、《汉语方言语法调查表和调查规范》、《少数民族语言调查表和调查规范》、《中国语言资源有声数据库建设工作规范》、《录音和记音规范》等的研制工作完成。

〔**国家语言资源监测与研究中心暨平面媒体语言分中心成立五周年纪念学术会议召开**〕 2009年9月10日至12日，教育部语言文字信息管理司、北京语言大学共同召开了“国家语言资源监测与研究中心暨平面媒体语言分中心成立五周年纪念学术会议”。

与会代表高度赞扬了国家语言资源监测与研究中心及平面媒体语言分中心成立五周年以来取得的成果；强调应把语言资源提高到国家资源的高度来认识，要加强语言资源监测与研究的资源建设、理论建设、技术平台建设和体制机制建设，促进国家语言资源监测研究工作科学、平稳、可持续地健康发展。

会议围绕“树立语言研究的科学发展观，珍爱国家语言资源，构建和谐语言生活”的主题进行了深入探讨。会议期间还进行了第一届国家语言资源监测与研究中心成果展。

〔**《中国语言生活绿皮书》A系列《日本汉字的汉语读音规范（草案）》等6项语言文字规范草案发布**〕 2009年10月，教育部、国家语委发布了第二部A系列《中国语言生活绿皮书》，包括《日本汉字的汉语读音规范》、《文语转换与语音识别系统语言文字评测规范》、《机器翻译系统语言文字评测规范》、《语料库系统语言文字评测规范》、《现代汉语语料库元数据规范》、《基于概念层次的语句概念结构语料库标注规范》6项规范草案。

这6项规范草案是语言文字“软性”规范，供社会参考，并鼓励使用。它们的发布对日本汉字读音的规范化和语言文字信息处理系统的建设与评测的规范化具有重要引导作用。

〔**全国彝语术语标准化工作委员会成立**〕 2009年11月15日，全国彝语术语标准化工作委员会成立大会在西南民族大学举行。四川省副省长、省民语委主任张作哈指出，彝语术语标准化工作委员会成立是我国彝语文工作的一件大事，也是彝族人民文化生活中的一件喜事，对进一步推动滇、川、黔、桂四省区彝语文全面规范化、标准化、信息化进程，对及时准确地宣传和贯彻党的方针政策，促进彝语文健康发展，推动彝族文化和彝族社会经济建设具有重要的现实意义和深远的历史意义。教育部语言文字信息管理司副司长王铁琨强调，希望全国彝语术语标准化工作委员会在四省区民族语文工作部门的支持下，负起组织、协调的责任，继续发挥四省区协作的传统，在彝语术语标准化工作和彝语用字用词规范化研究中发挥重要作用，为彝语文发展和彝区社会文化建设作出积极贡献。他还就如何进一步做好彝语术语标准化工作提出了要求。

〔**澳门语言文化研究中心成立**〕 由澳门理工学院与北京语言大学、教育部语言文字应用研究所合作组建的“澳门语言文化研究中心”于2009年11月17日在澳门理工学院揭牌，“二〇〇九澳门·语言接触与跨文化交际”国际学术研讨会同时举行。

中联办文化教育部副部长张晓光，外交部驻澳特派员公署政策研究办公室主任王璨芬，国家语委副主任、教育部语言文字信息管理司司长李宇明，澳门理工学院院长李向玉，教育部语言文字应用研究所所长姚喜双，北京语言大学港澳台事务办公室主任陈曦等出席揭牌仪式。李向玉、姚喜双、陈曦代表中心组建的三方主持揭牌礼，并签署合作备忘录。李宇明宣读了第十届全国人大常委会副委员长许嘉璐的贺信。

揭牌仪式后，举行了“二〇〇九澳门·语言接触与跨文化交际”国际学术研讨会。李宇明司长作了题为“保护和开发语言资源”的学术报告。

〔**“藏、维、彝民语语音参数数据库”、“汉藏语系语言词汇语音数据库”等项目结项**〕 2009年，“藏、维、彝民语语音参数数据库”、“汉藏语系语言词汇语音数据库”、“汉英维哈柯语名词术语数据库建设”、“汉、锡伯语名词术语数据库建设”、“彝语人名汉字音译转写规范”等多项民族语言文字规范标准建设及信息化项目结项，对相关民族语言文字的规范化、信息化具有积极的促进作用。

“藏、维、彝民语语音参数数据库”建立了藏语、维吾尔语和彝语三个语言标准音（广播语）的语音特征声学参数数据库，建立了用于单一语言语音研究和多语言比较研究的索引库与应用软件平台。该项目的研究成果为促进藏、维、彝三种民族语言标准音的推广使用，促进少数民族语言资源的保护和开发，为语音系统研究、语音教学、言语工程研究和病理语音矫治等，提供了有效的数据支撑，是国家信息化建设的重要基础信息资源。

“汉藏语系语言词汇语音数据库”采集汉藏语系 6 个语言集团共 361 种语言或方言的常用词，每个语言或方言采集的常用词都在 2 000 条以上，总词目共约 68 万条；建成了数据库，进入数据库的每个词都带有多种标记，并设计了检索功能强大的软件系统。该数据库的建成和投入使用是我国语言研究的一项标志性成果，对国内外汉藏语系语言研究将起到重要的推动作用。

〔**全国语言文字工作系统网站建设评估交流会召开**〕　2009 年 11 月 24 日，由教育部语言文字信息管理司主办的“全国语言文字工作系统网站建设评估交流会”在浙江宁波召开，会议由中国语言文字网、浙江省语委办及普通话培训测试中心承办。来自全国各省市的语委干部和网站工作人员参加了会议。四川省语言文字网、山东省语言文字网等 24 家单位受到表彰。获奖省市代表分别汇报了网站建设情况，网络专家王琳教授对各地网站作了点评。

国家语委副主任、教育部语言文字信息管理司司长李宇明在开幕式上的讲话中指出，如今网络已成为我们的生存方式和生活方式，现实空间正不断地向虚拟空间迁移。国家语委和地方语委在虚拟生活中有三项重要任务：尽快实现中华民族语言文字的信息化，构造一个适宜中国人生存和发展的虚拟空间；加强对虚拟空间语言生活的研究和引导；实现虚拟空间和现实空间语言生活的和谐。

语言文字信息管理司副司长王铁琨在会议总结中对下一阶段语委系统政务信息化建设提出了要求：充分认识语言文字网站建设、舆情监测和政务信息化工作的重要性；通过更加适应社会需求的措施办好语言文字网站，切实实现“信息公开、网上办事、政民互动”等多项功能；各地语言文字网站要从侧重技术驱动向侧重内容需求转型，关注网络舆情，做到内容和技术并重。

撰稿　王翠叶　王　奇
审稿　李宇明

国际与港、澳、台教育合作与交流

留学工作

〔**出国留学**〕 2009年度我国出国留学人员总数为22.93万人，留学回国人员总数为10.83万人。从1978年到2009年底，各类出国留学人员总数达162.07万人，留学回国人员总数达49.74万人。截至2009年底，以留学身份出国、在外的留学人员有112.34万人，其中82.29万人正在国外进行专科、本科、硕士、博士等阶段的学习以及从事博士后研究或学术访问等。

按照“选派一流人才，到国外一流院校、专业，师从一流导师”的工作思路，进一步提高国家公派出国留学派出质量和留学效益。2009年，国家公派出国留学共录取12 769人，其中“国家建设高水平大学公派研究生项目”录取4 876人。当年派出国家公派留学人员10 401人，回归率为98%。

以新中国成立60周年为重要契机，教育部开展了留学人员“与国同庆、为国服务”活动，推荐组织了大批优秀留学回国人员代表参加了元宵节晚会、“60年辉煌成就与我国人才的贡献”专家活动、国庆观礼和群众游行主题彩车等活动，鼓舞了广大留学人员的爱国热情，进一步激发了他们的报国之志，为今后留学工作尤其是留学回国工作的开展提供了新契机和新动力。

为配合中央实施海外高层次人才引进工作，教育部成立了海外高层次人才引进工作小组，制定了《教育部贯彻落实海外高层次人才引进计划工作方案》，对做好海外高层次人才引进工作进行了统筹安排和部署，全力支持高等学校引进海外高层次人才。教育部完善了海外高层次留学人才信息库，指导驻外教育处组加强与海外高层次留学人才的联系，利用中国留学人员广州科技交流会、中国海外学子辽宁（大连）创业周等活动搭建沟通平台，积极为海外高层次留学人员回国工作创造有利条件。

2009年，教育部继续利用“春晖计划”项目组织并资助18个在外留学人员服务团组及一批优秀在外留学人员个人回国开展讲学、学术交流与科研合作。组织“春晖计划”合作科研项目评审工作，进一步带动国内科研水平的提高和新型学科的成长，促进地方经济和社会发展。主办第四届“‘春晖杯’中国留学人员创新创业大赛”，促成优秀海外留学人员科技项目的对接合作与推广，推动留学人员回国创办高新技术企业。

2009年，教育部组织开展“国家优秀自费留学生奖学金”评审活动，共有497名优秀自费留学人员获奖。“国家优秀自费留学生奖学金”的设立是新时期贯彻“支持留学，鼓励回国，来去自由”留学政策的重要举措，自2003年设立以来共奖励1 900余名学业成绩优异的自费博士生，受到广大自费留学人员的热烈欢迎和好评，极大地激发了他们刻苦学习、报效祖国的爱国热情。

2009年12月，教育部联合有关部门举办了第十二届中国留学人员广州科技交流会，并开设留学回国人员创业投资等专场论坛，积极组织在外优秀留学人员回国参会，实现了留学人员与用人单位直接交流、多方参与洽谈。会议产生了良好影响，为海外优秀留学人员和国内用人单位打造有效沟通平台。

2009 年度，“留学回国人员科研启动基金”共资助 1 266 名年轻优秀留学回国人员，为其在国内的教学、科研工作的启动提供了强有力的经费支持，更进一步促进我国高等学校的学科发展与人才队伍建设。

撰稿 梁 霄 徐培祥
审稿 于继海

〔来华留学〕

一、总体统计数据

2009 年全年在华学习人数首次突破 23 万人，来华留学生总人数、生源国家和地区数、我国接受留学生单位数及中国政府奖学金生人数四项均创新中国成立以来新高。

新中国成立 60 年来，我国共累计接受来华留学人员 169 万人次。2009 年共有来自 190 个国家和地区的 238 184 名各类来华留学人员，分布在全国 31 个省、自治区、直辖市（不含台湾省、香港特别行政区和澳门特别行政区）的 610 所高等院校、科研院所和其他教学机构中学习。

与 2008 年相比，2009 年来华留学生总人数增加 14 685 名，同比增长 6.57%。其中中国政府奖学金生增加 4 729 名，达到 18 245 名，同比增长 34.99%，增幅显著；自费生增加了 9 956 名，达到 219 939 名，同比增长 4.74%。

按洲别统计，来自亚洲的留学生人数占首位，计 161 605 名，占全年来华留学生总数的 67.84%；欧洲为 35 876 名，占 15.06%；美洲为 25 557 名，占 10.73%；非洲为 12 436 名，占 5.22%；大洋洲为 2 710 名，占 1.14%。从增幅上看，来自非洲和欧洲留学生人数增长显著，同比增长率分别为 41.33%和 10.52%。

按国别统计，来华留学生人数名列前 10 位的国家是韩国 64 232 名，美国 18 650 名，日本 15 409 名，越南 12 247 名，泰国 11 379 名，俄罗斯 10 596 名，印度 8 468 名，印度尼西亚 7 926 名，哈萨克斯坦 6 497 名，巴基斯坦 5 738 名。此外，来华留学生数量超过 4 000 名的国家还有蒙古 5 684 名，法国 5 422 名，德国 4 239 名。

按留学生类别统计，学历生 93 450 名，占来华留学生总数的 39.23%，同比增长 16.81%，远高于来华留学生总人数增长速度；非学历生 144 734 名，占来华留学生总数的 60.77%，同比有所增长。

按学习期限统计，长期留学生（6 个月以上，含 6 个月）共计 166 914 人，占来华生总数的 70.08%，比 2008 年增加 1 912 人。短期留学生（6 个月以内）53 025 名，占总数的 22.26%。

按学科类别统计，文科 148 282 名（含汉语类 130 296 名、艺术类 2 471 名），医科 32 145 名（含西医 21 123 名、中医 11 022 名），经济 14 367 名，管理 12 260 名，理科 1 417 名，工科 11 606 名，法学 4 966 名，教育 2 788 名（含体育类 1 318 名），历史 1 046 名，农科 1 018 名，哲学 628 名。

按地区分布统计，北京 62 786 名；上海 38 465 名；天津 13 857 名；辽宁 12 806 名；江苏 12 607 名；广东 11 331 名；山东 9 961 名；浙江 8 179 名；云南 7 947 名；黑龙江 7 587 名；湖北 7 199 名；吉林 6 406；广西 6 008 名；福建 5 611 名；陕西 4 866 名；四川 4 238 名；重庆 2 405 名；河北 2 325名；新疆 2 312 名；湖南 2 192 名；内蒙古 2 002名；河南 1 939 名；江西 1 799 名；甘肃 809 名；安徽 785 名；海南 713 名；青海 348 名；宁夏 325 名；贵州 209 名；山西 133 名；西藏 34 名。

按经费办法统计，中国政府奖学金生共计 18 245人，占来华生总数的 7.66%；自费生共计 219 939 人，占来华生总数的 92.34%。

二、中国政府奖学金来华留学生统计数据

根据我国与有关国家之间的教育交流协议和交流计划，2009 年全年共计有来自 174 个国家的 18 245 名中国政府奖学金来华留学生在华学习，占来华生总数的 7.66%，比 2008 年增加了 4 729 人。其中，来自亚洲 47 国 8 409 人，占奖学金生总数的 46.09%；来自非洲 51 国 4 824 人，占 26.44%；来自欧洲 39 国 3 022 人，占 16.56%；来自美洲 27 国 1 599 人，占 8.77%；来自大洋洲 10 国 391 人，占 2.14%。

中国政府奖学金生中，接受学历教育的共计

14 275 名，占奖学金生总数的 78.2%。其中博士研究生 2 350 名，比 2008 年增加了 38.8%；硕士研究生 5 753 名，比 2008 年增加了 44.6%；本科生 6 172 名，比 2008 年增加了 54.0%。

中国政府奖学金生分布在全国 24 个省（自治区、直辖市）的 146 所高校和科研院所中学习。学科涵盖了文、理、工、农、医、经济、管理、教育、历史、哲学、法律 11 个门类。其中文科、工科、医学、经济、管理和法律学生的人数均超过了千人。（文科类 7 661 人，占奖学金生总人数的 41.99%；工科 3 049 人，占 16.71%；医学 1 841 人，占 10.09%；经济 1 640 人，占 8.99%；管理 1 278 人，占 7.00%；法律 1 071 人，占 5.87%）

三、自费来华留学生统计数据

2009 年，共有来自五大洲 188 个国家的 219 939 名外国留学生在我国的 31 个省（自治区、直辖市）的 610 所高校和科研院所中学习。其中 37 个国家的自费来华生人数超过 500 人，58 个高校的自费生人数超过了 1 000 人。

四、重大事项和重要举措

（一）重大事项

1. 胡锦涛主席在访问哈萨克斯坦时宣布，中国决定自 2010/2011 学年起，将哈赴华中国政府奖学金留学生名额由每年 100 人增加到 200 人。

2. 胡锦涛主席在访问土库曼斯坦时宣布，中国决定自 2010/2011 学年起，将土赴华中国政府奖学金留学生名额由每年 45 名增加到 90 名。

3. 温家宝总理出席第四届东亚会议，在会上宣布：中方将在未来 5 年内向东亚峰会的发展中国家新增 2 000 名中国政府奖学金和 200 名公共管理硕士奖学金。

4. 温家宝总理出席中非合作论坛第四届部长级会议开幕式，在会上宣布：到 2012 年，向非洲提供的中国政府奖学金名额将增加到 5 500 名。

5. 美国总统奥巴马访华期间，中美双方签署联合声明，美方宣布将在今后 4 年向中国派遣 10 万名留学人员。

6. “中国高教学会外国留学生教育管理分会成立 20 周年庆典大学暨 2009 年学术年会”在吉林长春召开，教育部副部长郝平出席并作重要讲话。

7. 北京大学、清华大学首届发展中国家公共管理硕士项目毕业典礼及第二届发展中国家公共管理硕士项目开学典礼举办。

（二）重要举措

1. 印发了《关于实施中国政府奖学金本科来华留学生预科教育的若干意见》，决定自 2010 年 9 月 1 日起，对中国政府奖学金本科来华留学生新生在进入专业学习前开展预科教育。

2. 为应对金融危机，教育部 2009/2010 学年度设立来华留学优秀自费生奖学金，资助 500 名因金融危机影响而处于困境的自费来华留学生。

3. 为鼓励地方政府设立来华留学奖学金，教育部自 2009 年起向已设立奖学金的省级地方政府分配部分中国政府奖学金名额，用于自主招生。

4. 举办来华留学管理干部专项培训和举办“2009 年度教育外事干部（来华留学）工作研讨班”，参训人员分别为 253 名和 90 名。

5. “祝福中国 · 2010 首都外国留学生新年文艺晚会”2009 年 12 月 4 日在中国人民大学举行。教育部部长袁贵仁出席并致词，教育部副部长郝平、中共北京市委副书记王安顺出席。来自各有关部门的领导，以及来自 62 国家的 109 名驻华使馆官员、留学生代表共 1 000 多人观看了晚会。

撰稿　赵灵山
审稿　生建学

国际合作与交流

〔**对外合作与交流活动**〕　目前，我国与世界上 188 个国家和地区建立了教育合作与交流关系。

2009年，教育对外合作与交流取得了丰硕的成果。

中央领导高度重视，教育高层往来不断加强。胡锦涛主席参观新加坡南洋女中并赠书，见证中新两国教育部签署协议；温家宝总理与我留德学生举行春节联欢并同台歌唱，还通过手机与留西学生许锦晶对话，激励同学们的报国之志；李长春同志会见日本大学校长和孔子学院院长；习近平副主席访问比利时鲁汶大学、匈牙利匈中学校；刘延东国务委员考察美国、新加坡20余所学校，看望灾区学生代表，与留美专家和学者座谈。2009年，共安排中央领导以教育为主的出访1次，部领导出访15次（其中，美大地区1次，欧洲地区7次，亚非地区2次，欧亚地区5次）。接待外国教育高层来访34次（其中，美大地区5次，欧洲地区20次，亚非地区4次，欧亚地区5次）。

双边和多边教育合作与交流不断拓展。成功举办“第二届中国—东盟教育交流周”活动，教育部副部长郝平在会上发表主旨讲演并代表中国教育部倡议在2010年“第三届中国—东盟教育交流周”期间召开首届“中国—东盟教育部长圆桌会议”；落实“促进与美大地区科研合作与高层次人才培养项目”，支持中国项目高校与美、加、澳、新的高等院校、科研机构开展共同研究；与欧盟达成建立“中欧清洁和可再生能源学院”协议；“中国教育部·电通广告人才培养基金项目”项目院校已增至全国300余所开设广告传媒专业的高校，推动了我国广告和传媒专业学科的发展；完善高校聘请外籍教师的管理模式，本着“循序渐进、突出重点、注重效益”的原则，逐步将目前按人头划拨外专经费的管理方式过渡到项目管理的模式，新引进了“海外名师项目”、“学校特色项目”和“学校常规项目”；成功举办了中德职业教育合作30年庆典暨职业教育论坛。

不断加强以教育为先导的人文交流。成功组织了中国“俄语年”活动；中美之间就加强两国人文交流与合作达成重要共识，并被写入中美联合声明，美方宣布今后4年将向中国派遣10万名留学生；圆满完成四川等地震灾区中小学生赴俄罗斯、日本、蒙古、菲律宾疗养任务；组织派遣了1 100名中国优秀高中生访日。

加强教育外事工作战略思维和政策研究。配合《国家中长期教育改革和发展规划纲要》的制定，依靠各地教育行政部门和驻外使领馆教育处组的积极配合和大力支持，编写了两辑《国际教育改革发展政策调研》。组织专人参加了《教育规划纲要》文本的起草工作，完成了《教育对外开放研究专题报告》、《中外合作办学政策研究报告》，并适时召开世界银行专家政策咨询会，邀请欧盟教育政策专家专程来华与中方专家共同探讨教育规划相关问题。此外，还参与了国家《服务贸易中长期发展规划纲要（2010—2020年）》的制定工作，研究了将教育服务列为服务贸易重点领域的相关问题。

积极参与国际组织教育政策制定。牵头协调亚太经合组织（APEC）未来4年在职业教育领域的合作，成功地将“职业技能教育”列为亚太经合组织教育方面未来的四个优先研究领域之一。积极引导和鼓励部属高校成立自然科学领域类的国际学术组织。

成功召开全国教育外事工作会议。2009年12月10日，在北京召开2009年全国教育外事工作会议。这是自2002年以来召开的又一次有关教育外事工作的重要会议，也是有史以来层次最高、规模最大的全国教育外事工作会议。中共中央政治局委员、国务委员刘延东出席会议并作重要讲话。会议总结了新中国成立60年特别是改革开放30年来教育外事工作所取得的主要成就和基本经验，分析了面临的机遇和挑战，进一步明确了今后一个时期教育外事工作的主要思路、重点任务和工作要求。

撰稿　方庆朝
审稿　徐永吉

〔对外汉语教学工作〕 汉语国际教育和推广事业在2009年保持了良好的发展势头。在88个国家和地区建立了282所孔子学院和272个孔子课堂，注册学生26万人。150多所孔子学院所在大学已将汉语教学纳入本校学分课程体系。各国孔子学院专兼职教师达到3 100人，志愿者教师2 700多人。“外国汉语教师奖学金项目”招收50个国家1 021名学生来华攻读汉语国际教育专业硕士学位或进修汉语教学课程。培训外国教师2.3万人。改编翻译45个语种对照的汉语教材和工具书，开发36个语种的《汉语900句》网络学习课件。网络孔子学院基本完成了硬件平台建设，启动48个中英文汉语教学和中华文化频道。向114个国家2 169个机构赠送教材、文化读物、音像制品和工具书430多万册（套）。1 400多名外国中小学校长和教育官员应邀访华；3 900多名外国青少年来华参加“汉语桥”国际学生夏（冬）令营。“孔子学院奖学金”资助了112个国家（地区）4 100多人来华学习汉语。

〔**聘请外籍教师工作**〕　为了更好地服务于我国高等教育的改革和发展，探索外国文教专家和外籍教师工作的新机制，启动了部直属高校外国文教专家计划编制和执行方式的改革，设立了《海外名师项目》、《学校特色项目》、《学校常规项目》等不同层次和类别的项目。其中，“海外名师项目”旨在支持高校紧密结合学校的整体发展战略和学术规划，聘请在某一学科或者专业领域具有国际公认的较高造诣的海外名师来华任教和合作科研，以快速提升高校的学科建设水平和人才培养质量，增强高校在某一学科或者专业领域的国际竞争能力。“学校特色项目”旨在鼓励高校结合自身实际情况和整体发展战略，重在突出高校的比较优势和特色，推动高校差异化战略的发展，促进高校在教学、科研、社会服务和内部管理等方面的若干领域或者层面的持续改进或者提高。59所直属高校申报的77项海外名师项目、65所直属高校的65项学校特色项目最终获得立项。

据不完全统计，2009年全国各级各类学校共聘请各类长、短期外籍教师44 409人次，其中教育部直属高校聘请的长、短期外籍教师为24 188人次，部分省（自治区、直辖市）各级各类学校聘请的外籍教师为20 221人次。

撰稿　聂瑞麟
审稿　沈　阳

〔**加强教育涉外监管**〕　2009年，教育部加大对教育涉外活动的监管力度，重点在自费出国留学与中外合作办学工作中切实保护人民群众利益和提高相关工作质量，有关举措受到社会的重视和欢迎。

进一步完善出国留学预警发布制度。先后就自费出国留学中出现的突出问题发布留学预警5期，累计发布留学预警46期，涉及17个国家，98所国外学校，13家留学中介。留学预警发布工作在解决自费留学重大和突出问题中发挥了快速预防与应急救助功能，对维护留学人员的实际利益起到了重要作用，受到我驻外机构的重视以及社会各界更广泛的关注和广大留学人员的欢迎。先后四次更新教育部面向社会公布的33个国家学校名单。该名单已成为自费出国留学选择学校的重要标准，对有效保护广大留学人员的利益发挥了重要作用。进一步加强教育部教育涉外监管信息网（www.jsj.edu.cn）建设，及时通过网站提供与留学群体等群众利益密切相关的信息，网站访问人数总计达到近1亿人次，日访问量增加到6.5万人次。与天津、山东、江苏、江西教育行政主管部门签署协议，对留学中介实行省部共管共建，推动留学中介管理模式改革，就如何发挥中央与地方在留学中介管理工作中的作用进行有益探讨和尝试。利用与澳大利亚等国家建立的教育磋商制度，就涉及留学人员利益的重大问题及时与国外政府部门和相关教育机构进行磋商，推动相关问题的解决。

推动对中外合作办学的规范管理，加快教育部加强中外合作办学行政监管的“两个平台”（中外合作办学监管工作信息平台和中外合作办学颁发证书认证注册平台）和“两个机制”（中外合作办学评估机制和中外合作办学执法机制）建设。决定对依法批准设立和举办的实施本科以上高等学历教育的中外合作办学机构与项目，以及实施境外学士学位以上教育的中外合作办学机构和项目进行合格性评估。先在辽宁、天津、江苏、河南四地进行试点。依托教育涉外监管信息网建设的中外合作办学监管工作信息平台在互联网上试运行（www.crs.jsj.edu.cn），提供的信息基本上涵盖了中外合作办学的主要方面。平台在发挥信息沟通，在促进中外合作办学规范管理和质量提高中起到了积极作用。

中外合作办学颁发证书认证注册平台投入使用，完成了已经报送的就读境外学位学历证书的学生证书认证注册工作。认证注册工作对于加强对中外合作办学的办学过程监管开始发挥作用。面向社会公布了教育部和省市教育行政主管部门中外合作办学监督渠道。

撰稿　陶洪建
审稿　徐永吉

〔**中外合作办学**〕　中外合作办学作为教育国际交流与合作的一种重要形式，在推动教育改革与发展、拓宽人才培养途径、加强学校能力建设以及满足人民群众多样化教育需求等方面的作用更加突出。

加大中外合作办学工作的规范力度。继续以《中外合作办学条例》及其实施办法，《教育部关于当前中外合作办学若干问题的意见》（教外综〔2006〕5号），《教育部关于进一步规范中外合作办学秩序的通知》（教外综〔2007〕14号）等政策法规及规范性文件为依据，指导各地教育行政部门和教育机构加大引进境外优质教育资源的力度。为进一步明确中外合作办学申报材料的具体内容及审查标准，于2009年8月出台了《关于进一步做好申请举办实施本科以上高等学历教育的中外合作办学项目形式审查和实质内容初审工作的通知》（教外司综〔2009〕1083号）。

完成对中外合作办学的深度调研工作。为配合《国家中长期教育改革和发展规划纲要（2010—2020年）》的制定，组织了《教育规划纲要》民办教育分规划中外合作办学子课题的研究工作，撰写了《中外合作办学研究报告》，报国务院领导参考。

继续做好中外合作办学机构和项目的行政许可工作。注重材料受理、资格审查、专家评议、审批发证和备案编号等各个环节。由省级教育行政部门批准设立的中外合作办学机构和项目的备案编号工作实现常态化，并于2009年11月启动了新一轮由教育部审批的本科以上中外合作办学项目的专家评议工作。截至2009年12月，教育部共完成了462个中外合作办学机构和项目的备案编号工作，并新批准举办1个中外合作办学项目。

进一步贯彻依法行政和依法治教的精神，加大政务公开的力度。及时将与中外合作办学相关的最新政策法规及指导性文件，以及中外合作办学机构和项目（含内地与港澳台地区合作办学机构和项目）的相关信息在教育部门户网站和教育涉外监管信息网中外合作办学专栏中对外公布。

撰稿　方庆朝　王道余　刘　波
审稿　徐永吉

民间交流

〔**与联合国教科文组织建立正式业务关系**〕　在取得联合国经社理事会“咨商地位”及联合国新闻部“非政府组织合作伙伴地位”资质的基础上，2009年中国教育国际交流协会成功与联合国教科文组织建立“正式业务关系”，成为国内目前唯一的以“民间”组织身份与联合国组织建立关系并得到其认可的全国性教育组织，在参与国际多边组织活动方面进一步取得突破性进展，将有助于进一步提升我国在教育领域的国际话语权。9月，协会组团参加了教科文执行局第182次会议，成为首家参加该会议的中国非政府组织。

〔**组织和参与跨境及跨地区交流活动**〕　2009年10月，中国教育国际交流协会成功举办以“教育改变世界”为主题的“第十届中国国际教育年会”。其中，论坛部分涵盖高等教育、职业教育、基础教育、继续教育、国际学生流动等领域，约1 500位中外教育界人士与会。同期举办的教育展吸引了包括15个国家展团在内的30多个国家和地区的约500所院校参展，创国内同类展会之最；美国首次成为展会主宾国；5个城市的巡回展吸引了近6.8万人次观众，受到媒体广泛关注。

2009年4月17日至19日，中国教育国际交流协会牵头举办AFS亚太区域伙伴组织年会（简称AAI年会）暨全国AFS骨干志愿者培训会，来自12个国家和地区，以及我国25个城市的百余名中外嘉宾出席会议。会上，协会倡导并推动各方达成了“同舟共济、相互支持、深化合作、互利共赢，加强亚太区域AFS伙伴组织合作，弘扬和宣传亚洲优秀文化、推动亚太区域间的青年学生交流”的共识，有效提升了协会在该组织内的声誉和影响力。

2009年，协会继续组织国内高校赴海外参加美国国际教育工作者协会（NAFSA）年会、欧洲国际教育协会（EAIE）年会等国际大型教育展和交流活动，向国外教育界和普通民众展示中国教育的魅力。由协会主办的“21世纪中国高等教育展”首次在东欧地区（捷克、保加利亚、匈牙利）成功举办。同时，协会继续注重加强与世界大学联合会、亚太国际教育协会、阿拉伯联盟教科文组织等世界性或地区性的多边教育组织的联系和交流，并在巩固与亚洲、欧洲、北美洲、南美洲、大洋洲及非洲170多个机构合作关系的基础上，分别与美国李氏教育基金会、美国英语学会、美国加州州立大学北岭分校、美国公立与赠地学院协会、新西兰大学校长委员会、芬兰大学校长委员会等组织签署了合作协议，与奥克兰大学、印尼雅加达市教育局等达成了具体的合作意向，搭建了一批新的双边工作平台。

〔**积极推动民间教育国际交流取得新进展**〕中国教育国际交流协会积极发挥自身优势，加强对“美中友好志愿者”项目、“艾森豪威尔基金会”等政府委托项目的规范管理。“艾森豪威尔基金会”项目年度派出2名中国学者、接待3名美国学者；统筹协调美国艾森豪威尔基金会理事会执行委员会主席、新泽西州前州长克里斯汀·惠特曼及会长约翰·沃尔夫的访华活动；成功邀请台湾艾森豪威尔基金会主席辜涟松先生率“台湾艾森豪威尔项目代表团”访问大陆，做民间友好工作。

中国教育国际交流协会承办的其他服务于国家大外交需要的政府委托项目也获得圆满成功。例如，“中俄大学生艺术节”成功举办；中国“俄语年”开幕式活动创演职人员数最多、出席领导级别最高、观众人数最多；“21世纪东亚青少年大交流计划”培训出访人员1 390人次；“中国—爱沙尼亚青少年交流项目”开启与东欧国家合作进程；首次组织我国优秀青少年走进“亚洲科学夏令营”，与诺贝尔奖得主亲密接触；首次开展“中美本科生暑期交流项目”，为中美大学生相互交流学习、增进友谊搭建桥梁；等等。

〔**“高职院校领导海外培训项目”首年度取得阶段性成果**〕 为配合国家示范性高职院校建设工程，受教育部委托，协会承担了“高职院校领导海外培训项目”的实施工作。项目以高等职业院校领导能力建设为切入点，采用“研究型培训”的方式，旨在通过提升我国高等职业教育发展的软实力，促进高等职业院校办出特色、办出水平。同时，为参与项目的院校提供国际合作交流的平台，鼓励高等职业院校开展多种形式的国际交流与合作。为确保项目首年度取得预期的阶段性成果及其可持续发展，成立了项目领导小组、专家咨询组和项目办公室，精心设计、认真实施、抓关键环节。2009年度共派出4个境外培训团，培训高职院校领导85人；召开8次专家会议、1次国际研讨会；发展了美国、德国、澳大利亚、英国等国的境外合作伙伴，初步建立了境外培训渠道网络。

〔**进一步加强和改进出国（境）培训团组工作**〕作为全国教育系统唯一具有开展组织派遣团组和人员出国（境）培训工作资格的单位，中国教育国际交流协会认真贯彻落实中央指导精神，把握政策方向，规范工作流程，改进操作程序，特别注重规范申报、严格审核，认真执行团组计划，努力提高团组工作的专业化水平，并主动与相关部门协商、沟通。年度完成16个培训团组的派出任务，约培训300人次。

〔**服务国家“人文交流”、“公共外交”战略，开展特色项目**〕　2009年中国教育国际交流协会秘书处继续大力实施各级各类教育“领导者和管理人才能力建设计划”等特色项目，进一步加强项目管理，提升“品牌”质量，加强项目的内涵建设，提高项目的专业化水平。积极开拓英国哥德史密斯学院社会工作者来华研修项目和德国巴伐利亚精英学院来华研修等具有发展潜力的新项目。

紧密围绕热点问题，推动双边学术交流向高水平、多层次、宽领域发展。举办中加教育合作论坛、中加研究生教育合作圆桌会议、中欧高教和职教研讨会、中国东北地区大学与美国阿拉斯加大学系统合作研讨会、中英“大学的全球化发展以及大学在帮助经济发展摆脱困境的过程中所发挥的作用”主题研讨会、中澳大学校长领导能力建设项目十周年学术研讨会、中澳科研合作专题讲座、第六届中日高等教育交流研讨会；参与组织中美法律信息与图书馆研讨会；出席中韩未来论坛、亚洲（澳门）国际公开大学教学及管理工作研讨会等学术研讨活动。

成功创办首届“中日青少年动漫比赛”；首次开展“美国青年汉语语言学习项目”、中学生赴美文化交流“富达”项目；认真策划实施“中美优秀高中生交流计划”；全国200所大专院校的8 000名学生报名参加第四届“中华全国日语演讲大赛”，创历届之最。这些层次高、形式多样、内容丰富的交流活动，对内培养具有国际视野的优秀人才，对外广交朋友，有利于增进中外青少年之间的理解和友谊，营造于我有利的周边和国际环境。

实施“援助中西部欠发达地区教育计划”，支持中西部和欠发达地区教育机构的人才培养、合作项目和国际交流工作。首次实施“西部大学生赴日本短期留学项目”；通过“牵手计划”培训400名中西部省市基层英语教师；通过李氏教育基金会项目资助贫困地区优秀英语教师；提升外籍教师引智项目和志愿者项目的规模和管理水平。同时，积极援助灾区建设，促成美国英语学会与四川省教育厅签署《中美四川5·12地震灾区教育援助项目合作备忘录》。

〔**加强为教育行业服务的能力建设**〕　中国教育国际交流协会2009年度全国工作会议，与会人数及活动影响创近年之最；增加了互动环节，形式及内容有所创新；产生了丰富的成果，形成了一批较高质量的报告及经验交流文章。

协会进一步推动教育外事干部队伍能力建设工作，举办的地方院校教育外事干部培训研讨班突出地域特色、丰富课程内容、创新培训形式，培训资料实用，受到广泛好评。2009年度培训全国教育战线外事干部约220人次。

〔**重视加强对外宣传工作**〕　2009年，中国教育国际交流协会发布了《中国教育国际交流协会2008年度报告》，组织编写了《中华人文教育交流与留学史料辑录》魏晋南北朝卷并参与编撰《中国公民受教育情况报告》及《教育对外开放30周年调研报告》。《国际教育时代》平面期刊成功创刊，与电子版同步推出，有助于进一步树立协会“非官方”国际教育合作与交流行业的品牌形象，扩大服务范围，推动协会大平台建设。此外，编译出版《第一至三届中华全国日语演讲大赛优秀演讲文集》、《西部地区大学生赴日短期留学项目成果报告集》、《中澳大学校长领导能力建设项目十周年成果汇编》等文集，推广项目成果。2009年，协会还开设了博众网（国际教育资源网），进一步加强网络资源建设。

撰稿　李　杨
审稿　吴早凤

中国与联合国教科文组织合作

〔**世界遗产证书颁发仪式暨纪念中国联合国教科文组织全国委员会成立30周年、联合国教科文组织驻北京办事处建立25周年活动**〕 2009年12月23日下午，世界遗产证书颁发仪式暨纪念中国联合国教科文组织全国委员会成立30周年、联合国教科文组织驻北京办事处建立25周年活动在北京人民大会堂举行。中共中央政治局委员、国务委员刘延东出席活动并致辞。刘延东在致辞中高度评价了中国联合国教科文组织全国委员会和联合国教科文组织驻北京办事处的工作。她指出，教科文组织是联合国系统最大的国际多边智力合作机构，已成为中国开展多边外交和教科文等领域交流与合作的重要平台。中国政府将继续发展与教科文组织的良好关系，同世界各国人民一道，为推动建设持久和平、共同繁荣的和谐世界作出新贡献。她指出，世界遗产作为人类与自然共同创造的杰作，是人类社会永续发展不可再生的资源。中国政府历来高度重视遗产保护事业，从法律法规、经费投入、科研教育、交流合作等多方面采取措施，促进了世界遗产的保护和民族优秀文化的传承。她强调，中国政府将继续履行国际公约，扩大与世界各国的交流，相互学习借鉴，加强同联合国教科文组织及有关世界组织的合作，推动遗产保护事业可持续发展。

教育部部长袁贵仁，教育部副部长兼中国联合国教科文组织全国委员会主任、教科文组织执行局委员郝平，住房和城乡建设部副部长仇保兴，文化部副部长赵少华，国家文物局局长单霁翔，中国科学院副院长詹文龙，中国社会科学院副院长李扬等部门领导以及钱李仁、章新胜、滕藤、杨蕴玉等长期从事教科文组织工作的老同志代表、联合国教科文组织教育部门副助理总干事唐虔先生、教科文组织驻北京办事处主任辛格先生、联合国驻华机构协调员马和励先生、教科文组织驻曼谷办事处主任金光祚先生、获得“世界遗产”称号的山西、江西、福建、云南、贵州、广东和重庆等省（市）代表300多人出席了活动。

教科文组织新任总干事博科娃女士专门发来了视频贺辞。中国联合国教科文组织全国委员会还与教科文组织驻北京办事处共同举办了图片回顾展。

〔**出席联合国教科文组织第35届大会**〕 2009年10月6日至10月23日，联合国教科文组织第35届大会在巴黎该组织总部举行。

大会期间，教育部副部长兼中国联合国教科文组织全国委员会主任、教科文组织执行局委员郝平会见了即将离任的教科文组织总干事松浦晃一郎先生及新当选的总干事博科娃女士并与其进行了工作会谈；与本届大会主席赫本、执行局主席亚伊交换了意见；应约会晤了柬埔寨副首相索安；与教科文组织副总干事及外联、教育、战略规划、行政等主要部门的助理总干事就今后的合作进行了商谈；与近30位亚洲及非洲国家的代表团团长或大使进行了集体工作会谈。此外，郝平还会见了中国留法学生代表。

10月15日，大会投票通过了教科文组织执行局推荐的博科娃女士（保加利亚籍）为总干事的任命。在大会前夕召开的第182届执行局会议上，各执行局委员国对9名总干事候选人进行了5轮投票。最终保加利亚推举的候选人博科娃以31对27票的微弱优势战胜埃及候选人胡斯尼。

大会期间进行了执行局部分委员的换届选举，我国以158票（位居第二，第一名为摩纳哥160票）高票当选连任执行局委员，任期至2013年。

大会讨论通过该组织2010—2011年双年度计划与预算及相关修正案，批准了总额为6.53亿美元的双年度预算，比上个双年度增加2 200万美元。根据联合国通过的新的会费分摊比额，我国2010—2011年会费比额为3.190%，成为该组织第八会费大国。

〔**出席联合国教科文组织世界可持续发展教育大会**〕　2009年3月31日至4月2日，联合国教科文组织首届世界可持续发展教育大会在德国波恩举行。教育部副部长陈小娅率团出席会议并发言。会议通过了《波恩宣言》。

〔**出席联合国教科文组织世界高等教育大会**〕　2009年7月6日至8日，联合国教科文组织世界高等教育大会在巴黎举行。教育部部长周济率团出席会议并作主旨发言。我国向会议提交了中国高等教育发展报告。

大会召开之前分别举办了五个地区筹备会议。亚太地区筹备会议于2008年9月24日至26日在中国澳门特别行政区召开。

〔**联合国教科文组织第六届国际成人教育大会**〕　2009年12月1日至4日，联合国教科文组织第六届国际成人教育大会在巴西巴拉州州府贝伦市召开，主题为可实现未来的生活和学习：成人学习的力量。

本次大会强调成人教育与学习对可持续发展的关系与贡献，以及在实现全民教育目标、联合国扫盲十年、千年发展目标和以能力为核心的扫盲项目与可持续发展教育十年目标过程中的重要作用，对上届大会提出建议的实施情况进行审议，并提出新的建议与行动。

〔**出席联合国教科文组织第181届执行局会议**〕　2009年4月14日至30日，联合国教科文组织第181届执行局会议在巴黎该组织总部召开。我国执委、教育部原副部长章新胜率团于4月19日至25日出席了第一阶段的会议并在全会上发言，重点就教科文组织拟定2010—2011年计划与预算草案阐述了我原则立场和建议。

〔**中国联合国教科文组织全国委员会第26次全体会议在北京举行**〕　2009年6月10日，中国联合国教科文组织全国委员会第26次全体会议在北京举行，来自委员单位和合作伙伴单位的100多位代表出席了会议。教育部副部长兼中国联合国教科文组织全国委员会主任郝平出席会议并讲话。全委会副主任、文化部副部长赵少华，全委会副主任、科技部副部长曹健林，外交部国际司司长吴海龙、国家海洋局副局长陈连增等分别就中国非物质文化遗产保护、中国科技领域多边合作、多边外交总体形势以及维护中国海洋权益等作了专题发言。全委会秘书长方茂田作了全委会工作报告。全会欢迎国务院新闻办成为全委会委员单位。全委会副秘书长杜越主持了会议。

〔**与教科文组织合作伙伴关系研讨会**〕　2009年12月24日，由中国联合国教科文组织全国委员会主办的“与教科文组织合作伙伴关系研讨会”在北京举行。

研讨会回顾和总结了中国联合国教科文组织全国委员会积极利用教科文组织这一国际多边合作舞台，服务于我国的外交大战略，促进教育、科学、文化领域发展的历程和经验，并对今后如何扩大和进一步加强与教科文组织伙伴关系进行了研讨。中国联合国教科文组织全委会秘书长方茂田、教科文组织驻北京办事处主任辛格、尼泊尔教科文全委会秘书长以及来自全委会委员单位和合作单位的10多位代表作了主题发言。会议由全委会副秘书长杜越主持。

〔**教育领域活动**〕　2009年3月2日至3日，全委会秘书处与教科文组织驻北京办事处和联合国儿基会驻华代表处联合举办了第四届国家全民教育论坛暨2009年全民教育全球监测报告研讨会。教育部副部长陈小娅出席了会议开幕式并致辞。会议期间，教育部有关部门负责人向与会者全面介绍了我国制定《国家中长期教育改革和发展规划纲要》相关情况。

国际农村教育研究与培训中心于2008年6月迁至北京师范大学。2009年2月24日至25日全委会秘书处与联合国教科文组织、北京师范大学合作召开了国际农村教育研究与培训中心管委会会议。联合国教科文组织教育助理总干事N·伯纳德、教育部副部长章新胜、北京师范大学校长钟秉林出席了会议开幕式并致辞。

2009年9月27日，第四届“孔子教育奖”颁奖仪式在山东省曲阜市举行。

2009年3月26日至27日，全委会秘书处、国家汉办与联合国教科文组织共同在北京举办了“设立多语言学习网络空间”国际专家会议。本次会议的主要内容是落实教科文组织第180届执行局会议的决定，研究建立世界范围内多语言学习网络平台的政策和标准框架，推动各国分享、学习和保护各种语言所做的努力。

10月28日，在教科文组织驻北京办事处的支持下，全委会秘书处与教育部发展规划司召开国际专家座谈会。发展规划司司长韩进介绍了我国中长期教育改革和发展规划纲要的主要内容。

11月15日至17日，由全委会秘书处与联合国教科文组织亚太地区教育局、世界银行、杭州市人民政府主办，由杭州市教育局、杭州市下城区人民政府承办的第七届杭州国际教育创新大会暨第十三届UNESCO-APEID亚太地区教育革新为发展服务计划大会在杭州举行。教育部副部长陈小娅出席大会开幕式并致辞，中国科协副主席韦钰院士作了主题演讲，教育部总督学顾问陶西平出席会议闭幕式并致辞。本次会议的主题是“信息传播技术与教育”。

12月7日至9日，全委会秘书处与教科文组织技术职业教育中心合作在杭州举办了为变化着的劳动市场开展教育国际专家研讨会。会议设立的三个分议题分别为：课程开发与传授，学校与工作过度的研究与创新，技术职业教育教师教育学历的认证和质量保障。

参加完成了四项参与计划活动：浙江大学的流动人口与高等教育认证地区研讨会和个案研究项目，北方交大的工程教育项目及会议，教科文北京协会联合会与北京教科院的通过学校网络提高全民教育质量国际研讨会，东南大学的特殊儿童科学教育资源建设国际研讨会及网络建设项目。

由西班牙资助千年发展目标框架下的少数民族教育政策回顾研究的第一阶段工作已经完成，该项目经教育部民族教育司委托民族大学教育学院执行。

完成了沙特资助针对四川灾后教育重建及灾害预防教育设计的项目活动。该活动将主要为国家、省级和学校级的培训活动。

2008年开始实施的第三阶段省级全民教育评估研究项目已经顺利完成并告结束。

〔**自然科学领域**〕 国家海洋局组团出席了一系列重要会议。例如，2009年6月15日至25日在法国巴黎召开的政府间海洋学委员会第42届执理会和第25次大会、全球海洋观测系统（I-GOOS）第九次大会、海洋学和海洋气象学联合委员会（JCOMM）第三次大会、太平洋海洋预警系统政府间协调组会议、全球海洋环境状况定期评估计划特别工作组会议等。还积极组织专家参与了海委会发起和实施的各项重大国际海洋项目和活动，包括全球海洋环境状况定期评估计划（GRAME）、全球海洋观测系统（GOOS）、全球海平面观测系统（GLOSS）、国际ARGO浮标观测计划、国际数据交换计划（IODE）、西太平洋制图计划和建立地区性及全球海啸预警系统等。国家海洋信息中心名誉主任林绍花当选为I-GOOS主席。5月4日至8日在北京承办了IODE第20次大会。

配合水利部组织开展与教科文组织在水科学领域的合作，成功举办了“水文与灾害管理”国际研讨会和第17届IHP东南亚及太平洋地区区域指导委员会工作会议，积极参与和支持了国际水文实验与网络数据项目工作。

继续支持国际泥沙研究培训中心的各项活动。该中心成立25周年庆典大会暨全球气候变化下流域综合管理学术报告会于2009年7月29日在北京召开。水利部党组书记、部长陈雷，联合国教科文组织自然科学助理总干事埃德伦先生和全委会秘书处领导出席活动并致辞。2009年4月17日举办了“全球气候变化与水资源”学术报告会，邀请联合国教科文组织副助理总干事、国际水文计划（IHP）秘书、水学司主任塞勒什-纳吉博士（A. Szollosi-Nagy）出席并讲话。2009年7月28日至8月3日，泥沙中心在北京举办了“流域综合管理国际培训班”。9月17日，泥沙中心组团访问位于日本筑波的联合国教科文组织国际水灾与风险管理中心，并签署合作谅解备忘录。

协调中国 IGCP 国家委员会出席 2009 年 2 月 18 日至 20 日在法国巴黎举行的第 37 次 IGCP 科学执行局会议。2009 年 8 月 22 日至 25 日，第三届国际地质公园发展研讨会在山东泰安举行。期间，根据教科文组织生态地学部（IGCP 秘书处）的要求，召开了教科文组织世界地质公园网络（GGN）执行局会议和亚太地区地质遗迹与地质公园网络会议。

配合国土资源部并参与了 2008 年世界地质公园项目的申报工作。截至目前，我国共有世界地质公园 22 处，居世界第一。

配合国土资源部推进国际岩溶研究中心的建设。该中心于 2008 年 12 月 15 日在广西桂林正式挂牌成立，2009 年 11 月举行了为期 28 天的岩溶水文地质与生态国际培训班。经国家“友谊奖”评审委员会评审并报请国务院批准，由地科院推荐、国土资源部申报的联合国教科文组织生态与地球科学部地学主管、国际地学计划（IGCP）秘书长 Robert Missotten 教授荣获 2009 年度中国政府“友谊奖”。Missotten 教授于 9 月 28 日至 10 月 2 日专程来京，参加了 2009 年度中国政府“友谊奖”颁奖大会，受到温家宝总理的接见，国务院副总理张德江为其颁发了证书。10 月 25 日至 28 日，中国地质大学在京举办了第一届世界青年地球科学家（YES）大会。

2009 年 11 月 10 日至 15 日，中国暨东亚地区生物圈保护区网络国际会议在福建武夷山生物圈保护区召开。中国联合国教科文组织全委会秘书长方茂田出席会议并致辞。至 11 月底，中国 CBRN 网络有 136 个成员单位，包括 28 个世界生物圈保护区。

我国提出在北京建立教科文组织Ⅱ类中心“文化与自然遗产空间技术应用中心”的申请正式获得教科文组织第 35 届大会批准。

经秘书处推荐，上海瑞金医院血液学研究所施静艺获得了 2008 年“教科文组织—欧莱雅青年女科学家奖学金”，教科文组织于 2009 年 3 月在巴黎举行了颁奖仪式。3 月 5 日，中国科学院院长路甬祥和中国联合国教科文组织全委会秘书处领导接见了获奖的施静艺博士。6 月，中国联合国教科文组织全委会同全国妇联、中国科协和欧莱雅公司组织了 2009 年度中国青年女科学家奖的申报工作。

9 月，科技部部长万钢致信教科文组织总干事，提出申请成立联合国教科文组织 II 类中心“国际科技战略研究与培训中心”。12 月教科文组织回函，表示其自然科学部将审核该申请。

科技部推荐中科院哲学所应用伦理中心教授邱宗仁申报阿维森纳科学伦理奖。

〔**文化领域**〕 2009 年 6 月 4 日，教育部部长周济在教育部会见了来华出席成都非遗节及大使论坛的 32 个国家的常驻联合国教科文组织大使、副代表和联合国教科文组织官员等，并向各国大使介绍了中国教育的发展情况。

6 月 22 日至 30 日，联合国教科文组织第 33 届世界遗产委员会会议在西班牙塞维利亚召开。五台山在此次会议上被列入《世界遗产名录》。

我国提出建立教科文组织 II 类中心“亚太地区非物质文化遗产国际培训中心”的申请正式获得教科文组织第 35 届大会批准。

〔**信息和传播领域**〕 在教科文组织第 35 届大会期间举行的各理事机构选举中，我国再次连任 IFAP 政府间理事会成员。

国家档案局向世界记忆工程亚太地区委员会秘书处报送了由中国中医科学院图书馆准备的《本草纲目》和《黄帝内经》有关材料，申报入选世界记忆工程亚太地区名录，并拟于 2010 年向世界记忆工程秘书处报送上述材料，申报入选世界记忆名录。

撰稿 窦春祥

审核 方茂田

留学基金管理

〔**公派出国留学**〕 根据建设创新型国家、“十一五”规划与国家中长期科技发展规划等国家发展战略对高层次和特殊人才的需要，按照“创新机制，集成资源，突出重点，跨越发展”的总体思路，不断改革创新选派机制；侧重按项目进行选派，重点满足国家重大发展战略、重大工程、重大项目及未来经济社会发展对高层次创新人才培养的需求。形成了多模式、多渠道、多层次的选派格局，国家公派出国留学实现了跨越式发展。

一、领导重视，社会关注国家公派留学工作

2009年4月，国务委员刘延东在美国访问期间，看望了正在纽约州立大学学习的150名四川地震灾区大学生代表。国务委员刘延东在美期间还出席了留学基金委与纽约州立大学合作协议书签字仪式和驻美国使馆2008年度国家优秀自费生奖学金项目颁奖仪式，并为14名获奖学生颁奖。她殷切勉励在外留学人员认真学好知识和本领，充分发挥桥梁和纽带作用，为促进中国与世界之间的人文交流与融合作贡献。

教育部领导非常重视留学工作。时任教育部部长的周济同志多次主持召开部长专题办公会，研究国家建设高水平大学公派研究生项目实施工作。陈希副部长专门主持召开工作研讨会，并多次对公派研究生项目作指示；分管留学基金委工作的郝平副部长不断对国家公派出国留学工作提出新任务和新要求。

国家公派留学也越来越受到各方关注。2009年，多名人大代表和政协委员的提案涉及国家公派留学工作，提出了许多很好的意见和建议。

二、积极做好2009年国家公派出国留学各类项目的录取选派工作

2009年共录取各类留学人员12 769人；其中研究生5 896人，高级研究学者219人，访学学者4 001人，博士后331人，其他类别2 322人。留学国别共包括77个国家；其中美国4 687人，英国1 371人，古巴1 056人，加拿大757人，德国737人，日本716人，澳大利亚626人，法国469人，俄罗斯412人，荷兰265人，其他国家1 673人。2009年已派出10 355人。

2009年，按期学成回归率平均为99.79%。

1. 全力推进国家建设高水平大学公派研究生项目。项目执行三年来共录取13 748人，其中攻读博士学位研究生4 966人，约占录取总数的37%，联合培养博士生8 782人。2009年录取4 744人，其中攻读博士学位研究生2 244人，约占选派计划的45%；联合培养博士研究生2 500人。

政策措施日益完善。先后出台了《国家建设高水平大学公派研究生项目实施方案》、《国家公派出国留学研究生管理规定（试行）》、《“博士生兼招补偿”办法》、《国家建设高水平大学公派研究生项目资助学费管理办法（试行）》等一系列管理办法和配套文件。

2. 支持国家重大工程、重大专项及特殊行业、部门的人才培养项目。2009年，留学基金委与中国地震局、中国商用飞机有限责任公司、中央编译局等部门签署协议，合作开展专门人才培养项目。

国家公派留学继续为外交部、中联部、新华社、广电总局、社科院、中航集团等部门和行业培养急需人才。2009年共选派了近1 000人。

3. 继续做好常规项目的录取选派工作。2009年，留学基金委继续做好与有关高校合作开展的“青年骨干教师出国研修项目，共选派了102所高校的1 592名青年骨干教师，录取人员平均年龄36岁。

2009年，西部地区人才培养特别项目和地方合作项目分别录取了780人和258人。

4. 按照教育部的统一部署，顺利完成古巴政府单方奖学金项目按全国高考统招录取的工作。在该项目的实施因古巴经济出现严重困难而受到影响的情况下，积极配合教育部国际合作与交流司提出应对方案，并妥善处理好家长和学生共同关切的问题。

5. 积极扩大中外政府互换奖学金项目的选派渠道。2009 年，根据中国政府与 82 个国家签有的互派留学生协议，共计录取 1 043 名互换奖学金项目留学人员。

6. 认真实施国家优秀自费留学生奖学金项目。为奖励优秀在外自费留学人员，鼓励他们为国和回国工作，体现国家对自费留学生的关怀，2008—2009 年度，在自费留学生较集中的 32 个国家评选出 305 名获奖者，一次性奖励 5 000 美元。自 2003 年项目实施以来，共有 1 409 人获奖。

三、立足长远、以人为本，进一步完善管理机制

2009 年继续按照“签约派出、违约赔偿”的法制化管理机制，坚持以人为本和依法管理的理念，及时处理提前（中途）回国、延期回国、转变留学身份等问题共 995 起；妥善处理突发、紧急事件；对逾期和滞留不归等各类违约行为进行追偿。

〔**中国政府奖学金来华留学工作**〕 认真贯彻落实党中央、国务院的有关指示精神，遵循“扩大规模，优化结构，保证质量，规范管理”的来华留学工作方针，2009 年中国政府奖学金来华留学的规模进一步扩大，层次不断提高，来华留学渠道进一步拓宽，在华留学生的管理逐步完善。

1. 中国政府奖学金来华留学生规模创新高。2009 年中国政府奖学金来华留学生总数创新高，共有 18 245 名留学生享受中国政府奖学金在华学习，比 2008 年增加了 34.99%。其中亚洲学生 8 409名，非洲 4 824 名，欧洲 3 022 名，美洲 1 599名，大洋洲 391 名。

学历生共计 14 275 名，占奖学金生总数的 78.24%，较 2008 年增加了 47.85%。其中本科生 6 172 名，硕士研究生 5 753 名，博士研究生 2 350 名；非学历生为 3 970 名，其中普通进修生 3 291 名，高级进修生 602 名，短期生 77 名。

2009 年共录取了 8 141 名中国政府奖学金新生来华学习。

2. 加强留学生在华的管理，认真完成中国政府奖学金年度评审工作。完善中国政府奖学金学生的日常管理，加强过程管理，妥善处理各类突发事件，保证奖学金生的培养质量。2009 年共有 131 所院校的 7 608 名奖学金生参加了年度评审，其中 7 512名学生奖学金评审合格，继续享受中国政府奖学金在华学习；96 名学生未通过评审，自 2009/2010 学年起被中止或取消奖学金资格。

2009 年与各国驻华使馆及时沟通与协调，与高等学校密切配合，妥善处理了 28 起有关留学生违法违纪、交通事故、精神疾病、吸食毒品和非正常死亡等各类突发事件。

3. 全面实施中国政府奖学金本科新生预科教育。为严把奖学金生的入学质量关，自 2009 年起对所有来华接受本科教育的新生实施预科教育，即在其来华第一年采用强化教学的方式进行汉语补习，并开展专业基础知识和跨文化交际能力方面的学习。2009 年共有 1 096 名本科新生分别在北京语言大学、天津大学、山东大学、华中师范大学、南京师范大学和同济大学等 6 所院校学习。

4. 推动高校国际化课程建设。以中国政府奖学金外国留学生教育为基础，成规模成建制地支持具备条件的高校开展全英文授课研究生国际课程建设。2009 年共支持 76 所高校录取了 1 213 名新生来华接受全英语授课研究生教育，占新生录取总数的 14.9%，同比 2008 年增加了 37.1%。

5. 成功举办多次境外中国教育展。继续积极组织国内高校实施“走出去”战略，扩大中国高等教育宣传，提升我国高等教育国际影响力。2009 年共 108 所高校先后在希腊、土耳其、越南、尼泊尔、南非、埃及等 6 国举办了中国教育展，吸引了 1.2 万名国外青年学生到展会参观和咨询。创新宣传模式和办法，首次在南非和埃及教育展期间，举办了中国—南非、中国—埃及大学校长对话交流会，成为教育展的新亮点。

〔**国际交流与合作**〕 以高层次人才培养为核心，促进中外教育科研机构的合作与交流。

1. 主办、参与有关国际会议，搭建国际合作与交流平台。2009 年，与美方联合举办了第五届"国际研究生奖学金会议"，成功举办了首届"国家公派研究生项目奖学金信息说明会"，组织并参与了中德科教年开幕式及相关活动，中国—东盟教育交流周，第四届中国广告人才培养研讨会，第六届中日大学校长论坛，德中博士教育论坛，中国—阿拉伯大学校长论坛，首届中朝大学校长论坛，美国 NAFSA 年会，亚太国际教育年会，澳大利亚国际教育会议，加拿大国际教育年会和中加高等教育论坛以及"中国研究生院院长联席会 2009 年年会暨纪念院长联席会成立十周年大会"，联席会首届国际论坛（2009）等若干大型国际活动。

2. 积极与外方院校、科研机构签署协议，合作培养高层次人才。截至 2009 年 10 月底，新增与外方院校及科研机构合作协议 18 个，协议方包括美国加州大学洛杉矶分校、肯塔基大学，加拿大多伦多大学、女皇大学、卡尔顿大学，澳大利亚悉尼科技大学、昆士兰大学、昆士兰科技大学、西悉尼大学、新英格兰大学、卧龙岗大学，新西兰坎特伯雷大学，荷兰皇家文理学院、鹿特丹伊拉斯姆斯大学，英国萨塞克斯大学，奥地利科学基金会，德国亚琛工业大学，法国国际交流人员接待管理中心等。

3. 不断扩大与跨国公司的合作。认真落实中国大学生赴英实习项目，进一步深化与惠普公司、IBM 公司及日本电通公司等有关公司合作项目的内容，不断拓展合作领域。

撰稿　曹士海　李彦光　王建光
审稿　刘京辉

留学服务

〔综述〕　教育部留学服务中心，是教育部直属事业单位，主要从事出国留学、留学回国、来华留学以及教育国际交流与合作等领域的相关服务，是我国唯一一家国家级留学服务机构。

教育部留学服务中心的业务涉及公派留学、自费留学、签证代理、国外宣传保障、国（境）外学历学位认证、留学人员档案管理、留学人员集体户口管理、留学回国人员科研启动基金项目管理、留学人员回国就业、中国留学人才市场、回国创业政策咨询、"春晖杯"中国留学人员创新创业大赛、中国国际教育巡回展、留学中国教育展、来华留学毕业生联络联谊工作等。

教育部留学服务中心自 1989 年 3 月 31 日成立以来，紧紧围绕国家改革开放、经济社会发展的总体战略和国家留学工作的总方针，按照教育部党组对留学服务工作的总体要求，不断适应留学工作发展的新形势和广大留学人员的需求，始终坚持"为留学人员服务、为留学工作服务"的宗旨，不断创新服务方式、开拓新的服务项目和服务内容，提供优质高效的服务，为我国留学工作和教育外事工作作出了应有的贡献，得到了广大留学人员的称赞和有关单位的好评。

2009 年的工作情况，主要体现在以下两个方面。一是留学服务质量和效益稳步提高，2009 年度，教育部留学服务中心共为 9 万多名各类留学人员提供了服务。二是教育国际交流与合作成效明显。

〔公派出国（境）服务〕　积极配合国家留学基金委员会秘书处的工作，认真落实国家公派留学计划。共为派往 87 个国家和地区的 8 968 名各类公派留学人员办理了签证和派出手续，为 4 707 人次办理了因公出国团组签证，为 9 个部长级团组、98 个校长级团组、81 个司局级团组办理了出国手续，为 508 人次办理了因公赴香港、澳门通行证签注。

〔办理留学回国人员就业报到手续〕　为留学人员回国工作提供就业落户服务。共为 6 982 名留学回国人员办理了就业报到手续，比上年同期增长7%。

〔办理北京集体户口〕 为在京出国留学人员和回国留学人员提供户政管理服务。共为4 784名留学人员办理了北京集体户口手续（其中，出国留学人员户口迁入3 775人，回国留学人员户口迁入1 009人），与上年同期相比增长了19%。

〔办理国（境）外学历学位认证〕 为留学人员办理国（境）外学历学位认证手续。共为51 623名各类留学人员办理了国（境）外学历学位认证，比上年同期增长29%。其中，国外学历学位认证43 009份，合作办学学历学位认证5 875份，港澳台学历学位认证2 739份。

〔办理留学存档〕 为留学人员提供档案管理服务。共为12 641名留学人员办理了人事档案存档、调出等手续，比上年同期增长12%。其中，出国留学存档10 195人，留学回国存档2 446人。

〔承办第四届中国留学人员创新创业大赛〕 中国留学人员创新创业大赛，自2006年以来，每年举办一届。该大赛由教育部和科技部共同主办，教育部留学服务中心作为大赛的承办单位之一，负责大赛办公室的日常工作。第四届中国留学人员创新创业大赛，对符合受理条件的326个参赛项目进行了初审，确定193名留学人员的200个参赛项目入围，从中评出一等奖56名，二等奖72名，优秀奖39名。

〔留学回国人员科研启动基金受理、评审工作〕 认真做好留学回国人员科研启动基金受理、评审工作。2009年度共收到申请2 978件，完成评审核实1 226件，总资助金额3 729.5万元。

〔驻外使（领）馆外宣保障工作〕 认真做好对驻外使（领）馆的外宣保障工作。全年共向驻外使（领）馆邮寄报刊195 569份；发运外宣用品4 484箱，总重量43 546公斤。为配合驻外使（领）馆开展好庆祝新中国成立六十周年活动，共向驻外使（领）馆教育处（组）发运有关外宣物品17批885箱，共计11 856公斤。

〔举办“第十四届中国国际教育巡回展”〕 充分利用教育展平台，加强国内外教育交流与合作。于2009年2月28日至3月16日先后在北京、上海、西安、南京、广州五市举办了“第十四届中国国际教育巡回展”，来自30个国家和地区的470所院校与教育机构参加了展览，观展人数总计近9万人。

〔赴国外举办“留学中国教育展”〕 教育部留学服务中心每年都要组织若干个代表团，赴留学中国的主要生源地国家举办“留学中国教育展”，目前，“留学中国教育展”已成为外国学生了解中国教育和文化的一个重要窗口，在国外的影响越来越大。2009年组织“留学中国教育展”团组7个，分赴韩国（2次）、西班牙、印度尼西亚、日本、泰国和俄罗斯等国，参展院校129所次，参团人数286人次，在6个国家的8座城市举办展览（说明会）9场次，观众达2.8万多人次。同时，访问国外知名院校及高等教育机构29所（个），举办留华毕业生招待会2场，参加教育研讨会3个。

〔留学培训基地建设〕 在原有4个出国留学培训基地的基础上，年内又新建了3个出国留学培训基地。到2009年底，教育部留学服务中心共与北京外国语大学、上海外国语大学、西安外国语大学、广东外语外贸大学、西南财经大学、青岛大学和天津师范大学7所高校合作建成了7个出国留学培训基地；还与黑河学院合作共建了“中国留学服务中心/黑河学院赴俄留学培训基地”；与韩国的大佛大学、崇实大学、东西大学，日本的中日自动车短期大学，澳大利亚的迪肯大学，新西兰的惠灵顿维多利亚大学共同签署了有关留学培训基地项目的合作协议。

〔“新加坡本科和护理奖学金项目”招生工作〕 圆满完成了“新加坡本科和护理奖学金项目”招生

工作，分别招收本科和护理奖学金项目学生 323 名和 200 名。

〔**世界留华毕业生北京联络处工作**〕 教育部留学服务中心担负着世界留华毕业生北京联络处的日常工作任务。2009 年，建立完善了优秀留华毕业生信息库；开展了对优秀留华毕业生经常性的信息服务工作；编辑了《媒体上的留华毕业生》等宣传材料；组织开展了形式多样的联络联谊活动，分别在北京、上海举办了留华毕业生 2010 年新春招待会。

〔**加强与外国高等院校、高等教育机构的联络与沟通**〕 全年共接待国外代表团 70 余个，双方就共同关心的问题进行了广泛的沟通。

撰稿 丁建国

审稿 程家财

汉语国际推广

〔**孔子学院建设和汉语国际推广**〕 2009 年，孔子学院建设和汉语国际推广蓬勃发展，取得新的重大进展，为推动中外教育交流与合作，增进中外人民之间的理解和友谊，提升国家软实力作出了积极贡献。

2009 年，中央领导同志对孔子学院和汉语国际推广工作多次作出重要批示，并亲自出席孔子学院有关活动。胡锦涛总书记在驻外使节会上指出，要稳步推进孔子学院建设，在会见各国元首时多次鼓励对方开办孔子学院，加强人文交流。温家宝总理在出席东盟峰会期间亲切接见汉语教师志愿者，并作重要讲话。12 月，第四届孔子学院大会在北京召开，88 个国家和地区的 1 200 多名代表出席会议。李长春同志亲切接见 200 多名与会外国大学校长和先进孔子学院代表，参观“多国语言和孔子学院资源展”，并观看孔子学院学生汇报演出，对孔子学院取得的成绩给予高度评价。刘延东国务委员主持召开孔子学院总部常务理事会和理事会，并在大会开幕式上发表主旨演讲。各国代表受到巨大鼓舞，国内外舆论广泛好评。

国务院办公厅、教育部、财政部、国务院侨办、外交部、国家发改委、商务部、文化部、广电总局、新闻出版总署、国务院新闻办、国家语委、中国国际广播电台等孔子学院总部常务理事单位贯彻落实党和国家的有关方针政策，各负其责，密切配合，大力支持孔子学院建设和汉语国际推广工作。各省（区、市）也纷纷加大了汉语国际推广工作力度。重庆、湖南、北京、上海、陕西、河南、浙江、湖北、辽宁、吉林、黑龙江等 11 个省（市）积极参与组织国际大中学生汉语比赛，大批选派出国汉语教师和志愿者，大规模接待外国学校师生访华活动等。

目前，国内共有 120 多所高等学校参与孔子学院建设，其中有 50%以上是“985”和“211”院校。50 多所中学与外国中学“结对子”开办孔子课堂，107 所中小学建立了汉语国际推广基地。各国内学校通过参与汉语国际推广，直接感受和借鉴外国学校的办学经验，从而有力地带动了我国教育的改革开放。

〔**全球孔子学院稳步、协调发展**〕 截至 2009 年底，已在 88 个国家（地区）开设了 282 所孔子学院和 272 个孔子课堂。其中，252 所孔子学院和 90 个孔子课堂已启动运行。孔子学院师资队伍不断壮大，现有专兼职教职工约 3 100 人。其中，中方院长和教师 1 150 人。孔子学院办学条件基本具备，教学场地总面积达到 50 万平方米。其中，专用面积 10 万平米，平均每所 390 平米。软硬件教学设施总值 2 000 万美元。汉语图书 82.4 万册，平均每所 3 200 多册。中外双方对孔子学院的投入为1∶1。2009年，孔子学院开设各种层次的汉语课程9 000多班次，注册学生26万人，比2008年增加13万人，举办各类文化活动7 500多场次，参加人数300多万人，是上年的2倍。各国申办孔子学院的热情持续高涨，共有50多个国家260多所学校提出新设孔子学院。为进一步提升孔子学院影响力，孔子学院布局重点放在世界著名大学和未设孔子学院的空白国家。2009年与美国斯坦福大学、芝加哥大学、哥伦比亚大学、密歇根大学、华盛顿大学等世界一流大学合作设立了孔子学院。同时，在老挝、柬埔寨等10个未设立孔子学院的发展中国家新建了孔子学院。

〔**孔子学院管理水平显著提升**〕 一是向各国孔子学院提供办学“主菜”。例如，为孔子学院普遍配备“长城汉语”多媒体成套课程，并组织教师培训。配备体验中华文化的软件和设备，在209所孔子学院建立中华文化体验中心或体验角，并向当地公众开放。要求各孔子学院举办统一汉语考试。组织开展新中国成立60周年庆祝活动，利用国内合作院校资源优势，组织40个师生小分队（平均每队20人），依托孔子学院，深入各国主流学校和社区开展中华文化巡讲、巡展、巡演活动。许嘉璐、袁行霈、李肇星、吴建民等著名专家学者都积极参与其中。通过巡讲、巡展、巡演活动，在向各国人民广泛宣传当代中国和中华文化的同时，充分展现了我国大学生良好的精神风貌和优秀的人文素养。二是强化中方派出人员特别是中方院长的选拔培训。严格派出人员遴选标准，在中方合作院校和重点中学及省（区、市）教育厅（教委）推荐和统一考试的基础上，每个院长岗位都按3∶1择优录取。同时，组织1 100多名教师和志愿者参加为期2个月的出国前集训。三是加强区域性指导。先后组织召开了北美、亚洲、大洋洲、西语地区、东欧中亚地区、非洲、欧洲等7个地区性会议，针对如何解决“三教”问题，提高办学质量，问计于中外专家，中外大学校长和孔子学院院长800多人积极参加。同时，组织中外专家分赴15个国家，对50多所孔子学院进行了评估督导。

〔**汉语教师队伍得到重点加强**〕 一是扩大培养外国本土教师规模。设立“孔子学院奖学金”，招收50个国家1 020名外国学生来华攻读汉语国际教育专业硕士学位，11月10日在北京举行集体开学典礼，刘延东国务委员亲自出席并致辞，使各国学生和培养院校深受鼓舞。从117个国家招收2 200名外国大学生来华进修汉语，大举培养本土教师后备人才。各国孔子学院还举办当地汉语教师培训班，规模达1.2万多人。二是组织实施非英语语种汉语教师三个“800”项目。即，招收800名应届大学毕业生，在国内12所高校进行为期1年的西班牙语、德语、法语等12个语种培训，之后，将赴各国孔子学院、大中小学任教；从回国志愿者、应届毕业生和在职教师中选拔800人，派往24个国家58所建有孔子学院的大学，一边在孔子学院工作，一边进行共计20个非英语语种的培训，之后，经考核合格将成为孔子学院（课堂）的正式教师；向各国孔子学院所在大学提供培养当地汉语师资的学分课程奖学金800名。三是加强汉语国际教育专业学科建设。新增了39个汉语国际教育专业硕士学位点，由原来的24所增加到63所，并将该学位纳入全日制招生系列，招生数达1 000多人。同时，加强对现有培养院校的办学质量督导。四是大幅扩大汉语教师和志愿者派出规模。除派往孔子学院外，2009年共向109个国家培训派出了2 060名教师，向71个国家派出志愿者2 740多名，共计4 800多人。其中，地方高校和中学的比例占80%以上。

〔**汉语教材资源开发和推广全面加快**〕 一是加快多语种、多媒体教材开发。选择各国汉语学习者普遍反映较好的《快乐汉语》等教材和《汉英对照字典》等工具书，组织中外专家将其改编翻译成45个语种。同时，与国际广播电台合作，开发36个语种的《汉语900句》网络学习课件。二是加强中华历史文化题材的教材开发和学术研究。将电视专题片《汉字五千年》改编翻译成9种语言，提供给各国孔子学院；召开了由中外专家组成的《五经》翻译工作委员会会议，正式启动《五经》翻译项目；组织编写了《中外文化交流故事丛书》、《中国蒙学经典故事丛书》等汉语教学辅助读物。三是加大教材推广力度。向104个国家2 500多所主流学校赠送教材、图书和音像资料315万册。组织2 000多种多语种汉语教材和文化读物参加法兰克福书展中国主宾国活动，与国际知名出版机构签署10个教材开发和版权转让协议。此外，还向国内157所高校11万名来华留学生每人赠送一套新改编翻译的《中国历史常识》、《中国地理常识》和《中国文化常识》。在美、英、德、法等10个国家举办汉语教材资源展，将教材供应延伸到各国学习者身边。四是网络孔子学院建设取得重要进展。基本建成以北京、上海、香港、伦敦和洛杉矶为辐射点的全球网络传输硬件平台，初步建立了一支80多人的专业技术队伍，50个中英文版频道已启动试运营。

〔重点国家汉语推广取得新的突破〕 贯彻落实国务委员刘延东2009年4月访美成果，加强对美国的汉语推广工作。一是完成三个“800”项目，即邀请800名美国中小学校长访华，800名美国学生来华参加夏令营，向美国学生提供800个“孔子学院奖学金”。二是邀请纽约州立大学22个分校200名学生及25名教师和斯坦福、华盛顿、康奈尔、耶鲁、圣何塞、乔治城等大学的280名师生访华。三是与斯坦福大学签署联合设立基金运作孔子学院的协议，与华盛顿大学签署合作举办孔子学院协议。四是与美国大学理事会、亚洲协会达成协议，2009—2011三年内在美国增设100个中学孔子课堂，每年向美国派出500名汉语教师志愿者。目前首批20个孔子课堂已经运营。继续实施“汉语桥”品牌项目，2009年邀请英国、法国、德国、日本、印尼、泰国、新加坡等国家的教育官员和师生访华上万人，与广电系统合作成功举办“汉语桥”世界大、中学生中文演讲比赛，共有60个国家8万多名学生参加。

孔子学院建设和汉语国际推广有力推动了世界范围“汉语热”的持续升温。据统计，截至2009年底，美国已有4 000多所中小学开设了汉语课，中小学生学习汉语的人数已超过16万人，是5年前的8倍，1 000多所大学开设汉语专业，招生规模达5.2万人。法国大中学校学习汉语人数连年增长40%，今年已达4.6万人。泰国千余所大中小学开设汉语课，学生达50万人。澳大利亚1 000多所中小学开设汉语课，学生12万人。非洲各国汉语学习人数大幅增长，阿根廷、智利等拉美国家也都颁布政令，鼓励大中小学开设汉语课。

孔子学院和汉语国际推广为促进世界多元文化的交流，增进中国人民与各国人民的友谊作出了积极贡献，受到世界各国的广泛欢迎。2009年，希腊总统、澳大利亚前总理、老挝国家主席、比利时首相等很多国家政要都出席了当地孔子学院的活动。蒙古国教育部为国立大学孔子学院中方院长颁发“蒙古人民优秀教育家”奖章和证书，美国阿肯色州议会给孔子学院的志愿者授予“外交使节”称号，田纳西州议会议长连续两年为孟菲斯大学孔子学院院长颁发了嘉奖令。奥地利还专门发行了一套“孔子学院”邮票，借以表达对孔子学院的欢迎之情。

撰稿　曹叠峰

审稿　许　琳　胡志平

与港、澳、台教育合作与交流

〔内地与香港地区教育交流与合作〕 2009年1月，教育部副部长袁贵仁应香港特别行政区政府邀请出席香港“薪火相传”国民教育委员会就职典礼并致辞，在港期间，袁贵仁出席了邵氏基金举办的活动；2009年12月，应香港教育局孙明扬局长请求，教育部部长袁贵仁为“薪火相传”国民教育计划特刊题词。

组织实施“内地与香港教师交流及协作计划”，

从内地相关省（自治区、直辖市）选派了49名优秀幼儿园、中小学语文和数学教师赴港驻校担任教学指导；中国人民大学举办“香港领袖生奖励计划——北京国情教育课程班”、中山大学实施“根脉相连——香港教师内地交流计划”、首都师范大学实施“种子计划——香港中学生国情教育北京研习班”；中央电教馆面向港澳青少年编写制作了百集国情教育系列片《中国——我的祖国》，并向港澳地区2 700所中小学校、幼儿园及公共图书馆赠送；人民教育出版社等五家出版社向香港国民教育中心和香港国民教育服务中心赠送国情教育类图书、电子音像制品等近千册（套）。

2009年，邀请并组织安排了香港教育界83个团组，约6 000人次到内地参观访问；内地32所高校策划了52个教育交流项目，约有1 500名香港大学生和高校教师参加；新中国成立60周年之际，教育部邀请了200名教师参加“2009港澳教育界国庆访京团”；接待了由香港东华三院、新界校长会、香港岛校长联会等到内地，开展学习研讨、参观访问等活动；支持香港国民教育中心、香港新一代文化协会、青年大专学生协会、香港高校学者协会、中国高等院校香港校友会联会组织香港师生到内地高校参加各类国情教育培训和交流活动。

邀请香港教育界人士就《国家中长期教育改革和发展规划纲要》的起草工作献计献策；2009年“两会”期间及8月，分别组织召开港籍教育界全国人大代表和全国政协委员座谈会，就国家教育改革与发展等内容听取代表委员的意见和建议。

部直属高校书记、校长32人次访问香港；接待香港教育局局长、常任秘书长，以及香港大学、香港中文大学、香港科技大学、香港教育学院校长等人士来访；教育部基础教育课程教材发展中心与香港出版局联合举办“第七届京港课程专家研讨会”。

撰稿　申玉彪

审稿　丁雨秋

〔内地与澳门地区教育交流与合作〕 2009年12月20日，教育部部长袁贵仁作为中央代表团成员出席了庆祝澳门回归祖国十周年大会暨澳门特区第三届政府行政长官就职典礼，并参加了澳门大学横琴新校区奠基仪式。

12月21日，教育部部长袁贵仁应邀出席由澳门特区政府举办的“两岸四地大学校长论坛”，并作大会发言，内地18所大学校长赴澳出席了本次论坛；经国务院批准，2009年“华夏园丁大联欢”活动于12月26日至30日在澳门举办，教育部副部长郝平作为主礼嘉宾出席活动并致辞；来自海峡两岸、港澳地区的教师代表及新加坡、马来西亚的华人教师代表共计480多人参加了本次活动。

委托清华大学、南京大学在澳门分别为澳门的500名中学生和120名大学生举办了国情教育课程班。

参与了澳门大学迁址珠海横琴岛相关政策的研究；派遣了20名内地优秀中、小学及幼儿园教师赴澳门担任教学指导；应澳门教育暨青年局的邀请，推荐了内地教育改革和课程改革专家赴澳门担任顾问；委托北京师范大学分别为澳门的中学地理课骨干教师、中学科学骨干教师、小学自然骨干教师举办了培训班，参加培训的教师为90人。

邀请了28个澳门教育界团组，应邀来访的澳门教育界人士为740人次；邀请45名澳门中小学校长、优秀中小学教师、教育社团负责人组成澳门教育界国庆访京团来北京交流访问；批准了澳门理工学院、北京语言大学和教育部语言研究所共同在澳门设立了澳门语言文化研究中心；批准北京大学、中山大学与澳门理工学院合作在澳门建立“澳门博彩研究中心”。

〔祖国大陆与台湾地区教育交流与合作〕 2009年5月，教育部支持和配合福建省举办首届“海峡论坛”活动，组织有关单位参与论坛子项目“海峡两岸大学校长研讨会”，与福建省共同建立了“海峡两岸职业教育交流合作中心”，并举行揭牌仪式；7月，教育部副部长袁贵仁作为特邀嘉宾出席了在湖南省长沙市举办的“第五届两岸经贸文化论坛”；12月，制定了部分省、直辖市教育部直属高校全日制在读学生赴台交流申报的办法。

2009年，教育部直属高校规划和实施了78个对台重点交流项目，邀请台湾师生5 300人次；2009年，教育部批准直属高校赴台交流的师生和研修学生共计 3 196 人次，其中正校级领导 20 人次，赴台研修的学生为 1 533 人次；2009 年 10 月，第四届海峡两岸知名高校两岸事务负责人研讨会首次在台湾举办，祖国大陆共有 20 所高校的 23 名代表出席会议。

2009 年，教育部审批直属高校聘请了 32 名台湾学者为客座教授、讲座教授或名誉教授。

撰稿　刘建丰
审稿　丁雨秋

〔**港澳台招生**〕　2009 年 7 月，在“第五届两岸经贸文化论坛”上教育部副部长袁贵仁宣布，自 2010 年起参加台湾大学入学考试学科能力测验、成绩达顶标级的台湾高中毕业生可直接向大陆高校申请就读。

2009 年，北京大学、清华大学香港毕业生俞安妮、梁肇麟参加香港特区政府公务员考试并获录取，成为在内地高校学习而首次被香港特区政府录用为公务员的香港学生。

2009 年，内地高校招收港澳台学生共计7 060 人，其中香港 3 378 人，澳门 1 838 人，台湾 1 844 人；截至 2009 年，在内地高校就读的港澳台学生共计 23 503 人，其中香港学生 10 679 人，澳门学生 6 069 人，台湾学生 6 755 人；港澳高校招收内地学生 3 145 人，其中香港高校招收内地学生 1 413人，澳门高校招收内地学生 1 732 人。

2009 年 3 月 12 日至 17 日，应澳门特区政府邀请，内地高等教育访问团一行 43 人访澳，举办内地高等教育展览并招收澳门保送生。2009 年内地高校共招收澳门保送生 255 人。

2009 年由中央财政拨款设立的港澳台学生奖学金评审工作顺利开展，3 825 名港、澳学生和 1 505名台湾学生获得奖学金。

撰稿　李大光
审稿　丁雨秋

〔**接受港澳台教育捐款**〕　2009 年，香港邵逸夫基金会向内地提供第 22 批教育赠款 2 亿港元，重点支持西部及共兴中部贫困地区教育事业发展，采取与各地方政府资金配套的方式，建了大、中、小学校教学用房 180 所；各类项目均按计划在建设中。

2009 年，台湾台塑集团捐赠 2.4 亿元人民币，在内地贫困地区建设 530 余所明德小学。

香港嘉华集团董事长吕志和先生 2009 年继续向内地捐赠 900 万港币，在中西部革命老区和少数民族地区的中小学校建设 18 栋教学楼或实验楼，帮助改善当地中小学办学条件。

霍英东教育基金会举行第二十三届理事会暨顾问委员会联席会议，会上讨论并通过了获得第十二届高等院校青年教师基金及青年教师奖资助和奖励的青年教师名单，资助款超过 300 万美元。

曾宪梓教育基金会秉承“科教兴国，培育英才”宗旨，出资 630 万元继续资助在内地高校就读的家境贫寒、品学兼优的大学生完成学业。

王宽诚教育基金会 2009 年捐赠 18 万美元，用于资助高等院校举办或出境参加国际学术会议。

邵方逸华女士和华夏基金会分别继续捐赠 48 万人民币和 50 万人民币，资助内地贫困地区中等职业学校的学生接受职业教育。

新鸿基地产郭氏基金资助 50 万港币在香港举办“内地高校就业指导教师培训班”。

华夏基金会资助 20 万美元举办 8 个中等职业学校专业教师培训班和 2 个中等职业学校行政管理人员研修班。

太古奖学金、新鸿基郭氏奖学金等项目继续实施。

2009 年，教育部接受来自港澳台教育基金会和爱国人士的捐款合计 4.5 亿人民币。

撰稿　余　彬
审稿　丁雨秋

教材建设与教学仪器研究

人民教育出版社

〔综述〕 在教育部党组的领导下，在中宣部和新闻出版总署的指导下，面对出版新媒体、新业态和激烈市场竞争所带来的挑战，人民教育出版社努力拼搏，团结一致，改革创新，开拓进取，圆满完成了2009年度工作的各项任务，事业发展保持良好势头。

2009年，人教社纸质教材和一般图书计划发稿3 881种，实际发稿4 752种，完成全年计划的122.4%。其中，中小学教材1 679种，配套教学资源类图书692种，其他各级各类教材732种，一般图书和同步教辅1 658种。电子音像出版物全年共发稿212种451盒（片）。其中，录音带77种126盒，VCD16种24片，DVD24种168片，CD-ROM95种133片。

人教社在2009年紧紧围绕中小学教材建设这一核心任务，总结各学科教材研究编写的经验和成就，归纳各学科教材的编写规律，不断加大各级各类教材的研究和开发力度，致力于为广大读者提供编写精良、质量上乘的教材。同时，人民教育出版社还从市场宏观环境着眼，深入分析当前面临的形势与挑战，科学判断行业发展趋势，捕捉发展机遇，开辟新的业务领域，拓展新的经济增长点，在校外英语教材、对外汉语教材、网络中小学教材、版权许可开发等方面，进行了一系列有益的探索和尝试。

〔转企改制工作进入实质操作阶段〕 根据中央文化体制改革精神的总体要求，在教育部部属出版社体制改革领导小组的直接指导下，2009年，人民教育出版社转制工作稳步推进，进入实质操作阶段。

为高质量如期完成转企改制工作，人教社认真贯彻落实中央有关出版体制改革精神和各项政策，开展了一系列宣传动员活动，统一思想，提高认识；召开中层干部会议，传达中央各部门各单位出版社体制改革工作会议及相关文件精神，介绍出版社体制改革工作进展情况；编发《体制改革信息》，及时向员工通报相关情况；参加上级机关举办的央属出版社体制改革宏观政策、养老保险政策和养老金测算等培训班，为推动人教社体制改革工作顺利开展打好基础。

在社务会的直接领导下，社体制改革工作小组多次召开会议，组织讨论和调研，学习中央文件精神，分析面临的形势，研究部署工作。在借鉴相关出版社体制改革成功经验和广泛征求群众意见的基础上，体制改革小组按照《中央各部门各单位出版社转制工作基本规程》等文件要求，经过反复讨论和修改，完成了《人民教育出版社转制工作方案》。2009年8月，人教社向教育部报送《人民教育出版社转制工作方案》，并由教育部统一报中央各部门各单位出版社体制改革领导小组。

为顺利完成转企改制工作，人教社先后成立了转企改制清产核资工作小组和人事工作小组。各小组分别制订了工作方案，聘请两家清产核资中介公司和一家人力资源管理咨询公司，协助人教社全面开展清产核资和人事改革工作。2009 年 12 月，中央各部门各单位出版社体制改革工作领导小组对人民教育出版社提交的《人民教育出版社转制工作方案》给予了正式批复。自此，人教社的转企改制工作进入了实质操作阶段，各项工作有条不紊地推进。

〔**中等职业教育教材的投标立项和送审工作**〕为进一步深化中等职业教育教学改革，2009 年初，教育部启动了新一轮中职国家规划教材立项工作。为顺利完成此次投标立项工作，人民教育出版社统一组织，协调社内各学科编辑室、出版设计等部门密切配合，全力以赴。经过激烈角逐，人教社最终有包括职业道德与法律、语文、数学、物理（通用类、机械建筑类、电子电工类、化工农医类）、化学、体育与健康、心理健康等在内的共十种教材立项通过。

作为全国基础教育教材及其他各级各类教育教材的出版基地，人教社从 20 世纪 80 年代起，就开始从事职业教育教材特别是公共基础课程的研究与开发工作，积累有丰富的编写经验。为高质量地完成本次立项教材的编写和送审，人教社在原有中等职业教育国家规划教材、教育部职成司推荐教材及中职实验教材的研究、编写和实验的基础上，精心组织相关课程专家、资深教材编者、一线教师与教学研究人员等，共同组成编写队伍，致力于开发面貌一新的“中等职业教育课程改革国家规划教材”。目前，在人教社获得立项的中职教材中，有的已编写完成并通过审查，投入到学校使用，有的正处在紧张的编写过程中。

此外，根据中等职业教育发展的新特点和实际需求，人教社还开发了多种教师、学生用教辅图书，制作教学光盘、多媒体教学软件等，以适应中职教育教学手段现代化的需要。

〔**加强主流教材建设，开发多种产品**〕 继续强化主业，加强主流教材建设，变优势为强势。2009 年，人民教育出版社紧紧围绕主流教材建设这一核心使命，通过教学研讨会、教材培训会、征求意见座谈会、跟踪回访、专门调研等多种形式，介绍人教社中小学教材研究、编写、出版、实验及售后服务等情况，听取各方面的建议和意见，解决一线教师在教学过程中遇到的问题，不断强化人教社在教材领域的传统优势。目前，人民教育出版社已进一步成为我国中小学教材的建设基地，具有独特的品牌优势和市场优势。

在加强主流教材建设的同时，人教社还积极研发多种产品。

《派斯英语》的问世。2009 年，在对社会少儿英语培训现状进行周密调研的基础上，人民教育出版社全力打造了一套培训机构专用英语系列教材——《派斯英语》。这也是人教社在校外教材开发领域的首次大胆尝试。

对外汉语教材和图书的开发。截至 2009 年底，人教社的两项对外汉语拳头产品《快乐汉语》和《跟我学汉语》已与国家汉办签订了 43 个语种的出版协议，这是汉办实施的优秀汉语教材多语种项目的重要组成部分，也是人教版对外汉语教材和图书进一步成功走向世界的重要一步。

网络教材的推出。2009 年 6 月，《英语（新目标）》网络教材——“英语互动 Q 学堂”正式上市。该套网络教材是人教社与创而新（中国）科技有限公司合作，针对我国初中英语教学的实际需求，以全方位、立体化、智能化的方式探索网络出版的新形态和新的运营模式。

〔**以科研带动人才培养**〕 作为一家教材专业出版社，人教社不仅承担着一般意义上的编辑出版工作，而且一直从事中小学课程、教材的研究和开发工作，这种“编研一体”的特色是她有别于国内其他出版社的地方。2009 年，人教社不断加大对科研工作的支持力度，完善科研考评制度与方法，营造有利于潜心科研的制度环境和激励机制，以科研带动人才培养，促进教材建设，提升产品竞争力。

2009 年，人民教育出版社承担的多项科研课题顺利开展。国家课题“中小学生学科学业评价标准的研究与开发”进行了子课题和总课题的中期检查，各学科编制了适应义务教育和普通高中的学科学业评价标准，并开始在全国部分地区和学校进行实验研究；国家课题“新课改后各类教材特点的比较研究”各学科子课题均形成研究报告，为新课标颁布后人教社教材的修订打下了良好的基础；教育部重点课题“国外中小学教材有关中国内容的研究”以国别研究为重点，以主题研究为切入点，先行开展了对韩国和日本的教科书研究；“课程资源促进有效教学的研究与实验”、“课堂教学行为分析与评价的实验研究”、“农村中小学教学模式变革的研究与实验”、“中小学探究式学习指导策略实证研究”等教育部重点课题和青年基金课题，从不同角度对中小学教学与学习领域进行了深入研究。

在加强科研管理工作的同时，2009 年，人教社还举办了第十四届中青年论文评选活动，共收到论文 129 篇；举行学术报告和研讨交流活动 8 次，参加者达 600 多人次，营造了良好的学术交流氛围；借助全社科研协作优势，组织各学科对“各科教材横向纵向衔接”专题进行交流研讨，20 个学科编辑室提交了研究成果，极大地促进了全社教材整体建设水平的提高。

〔**打造优秀出版物，荣获多项社会荣誉**〕 2009 年，人民教育出版社精心打造一批优秀出版物，以高质量赢得社会好评，获得多项荣誉。其中，《李吉林文集》（8 卷本）、《现代教学论》（3 卷本）荣获第五届中国教育学会优秀教育科研成果奖一等奖，《审美人格教育论》、《动机心理学》荣获二等奖；《现代教学论》（3 卷本）荣获教育部“高等学校科学研究优秀成果奖（人文社会科学）”一等奖，《中国高等教育百年史论》、《日本侵华教育全史》、《后现代主义课程理论》、《主体教育论》荣获二等奖，《现代教学论纲要》、《教学心理学新视点》荣获三等奖，获奖总数在全国教育类出版社中名列第一。

凭借良好的社会效益和经济效益，2009 年，在新闻出版总署首次全国经营性图书出版单位等级评估和百佳图书出版单位评选中，人民教育出版社被评为一级并获得全国百佳图书出版单位荣誉称号。此外，出版社多位个人在 2009 年也分获不同荣誉称号：李志军同志荣获新闻出版总署“百名优秀出版企业家”荣誉称号；叶圣陶、戴伯韬、韩绍祥同志荣获中国版协“建国 60 年百名优秀出版人物”荣誉称号；王岳同志荣获中宣部全国文化宣传系统“四个一批”人才荣誉称号。

〔**社会捐赠活动**〕 2009 年，人民教育出版社一如既往地参与社会公益事业，积极承担自己的教育责任和社会责任。

全年共捐资 1 200 多万元，并捐赠大量图书和音像制品。其中，向中国教师发展基金会捐资 800 万元，用于向四川汶川大地震中不幸遇难的中小学教师家属发放抚恤金和表彰奖励全国优秀教师；向四川绵阳日报社捐资 400 万元，支持其恢复重建工作；向四川等地震灾区中小学校捐赠 40 万码洋图书、10 万码洋音像制品；向香港国民教育中心捐赠适合国情教育的书籍，供香港青少年学习；向驻美国大使馆阳光学校捐赠教学参考书和课外读物；等等。

撰稿 邓文锋

审稿 李志军 徐 岩

高等教育出版社

〔**体制改革工作取得阶段性成果**〕 贯彻落实《中共中央办公厅 国务院办公厅关于深化中央各部门各单位出版社体制改革的意见》，深入研究，妥善安排，稳步推进，高等教育出版社体制改革工作取得阶段性成果。根据中央文化体制改革的有关精神与部署安排，自 2008 年 3 月开始，高教社成立了以社领导为核心成员的体制改革领导小组，组建了专职的工作团队，通过严格的招投标程序选聘中介机构进场工作，初步确定了体制改革工作方案，与相关主管部门进行了积极沟通。2009年，《中共中央办公厅　国务院办公厅关于深化中央各部门各单位出版社体制改革的意见》印发后，中央部委出版社的体制改革进入了最后的冲刺阶段。面对紧迫的改革形势和任务，社领导班子在认真学习、领会有关政策精神的基础上，进一步完善关于加快转企改制工作的总体思路与工作计划，调整和充实体制改革工作领导小组和体制改革领导小组办公室，在教育部直属出版社体制改革领导小组的领导下，按照《关于中央各部门各单位出版社转制工作基本规程》的要求，对转制的实施步骤与进度安排、转制后公司的发展规划和组织架构等问题进行充分研究，制定了《转制工作方案》。2009年8月，方案经高教社第二届职工代表大会第八次全体会议审议通过后上报教育部，经教育部审批通过报送中央各部门各单位出版社体制改革领导小组办公室。2009年10月，《转制工作方案》获得中央各部门各单位出版社体制改革工作领导小组办公室的同意批复。按照批复方案，积极开展清产核资、员工社会保障与劳动人事关系调整等各项转企改制的实施工作，各项工作正在按计划稳步有序进行。

〔**圆满完成马克思主义理论研究与建设工程重点教材修订版出版任务并承接“工程”第一批专业基础课教材编辑出版工作，《思想理论教育导刊》成功举办第二届论坛**〕　2009年上半年，按照中央马克思主义理论研究和建设工程（以下简称“工程”）办公室的安排，在中宣部和教育部的组织下，“工程”4本高校思想政治理论课教材——《马克思主义基本原理概论》、《思想道德修养与法律基础》、《中国近代史纲要》、《毛泽东思想、邓小平理论和“三个代表”重要思想概论》完成了修订工作。在完成重点教材修订版编辑出版任务的基础上，高教社配合教育部完成了“优秀教案”、“优秀课件”、“教学案例”的征集和评审工作。2009年，高教社承接“工程”第一批专业基础课教材《文学理论》、《新闻学概论》、《史学概论》、《马克思主义哲学》四本教材的编辑出版工作。2009年5月，由《思想理论教育导刊》编辑部、高校思想政治理论课教学研究中心主办的第二届《思想理论教育导刊》论坛在成都成功举办。论坛以“新中国成立60周年与中国特色社会主义”为主题，主要任务是学习贯彻党的十七大精神，深入学习实践科学发展观，回顾新中国成立60年来走过的光辉历程，深刻总结60年来我国经济社会发展的伟大成就和宝贵经验，充分研讨马克思主义中国化进程中的重大理论和现实问题，对进一步推进中国特色社会主义理论体系以及马克思主义中国化最新成果的研究，深入研讨解决思想理论领域中的热点难点问题起到了重要作用。

〔**全面落实“走出去”战略，组织200多种产品参加法兰克福国际书展，获得多方肯定**〕　2009年，高教社“走出去”步伐明显加快，工作成效明显。充分利用法兰克福国际书展中国主宾国活动的平台，宣传外向型产品，树立国际品牌形象，共组织200多种产品参加法兰克福国际书展，实现版权输出签约64项，版权引进130项，版权输出和产品外销收入共计330万元，版权输出位列中国图书对外推广计划成员单位单体出版社第二名。2009年，高教社国际化业务获得了多方的肯定，分别荣获北京市新闻出版版权创意成果奖、中国版权产业最具影响力企业奖、法兰克福国际书展中国主宾国版权输出先进奖一等奖、2009—2010年度重点文化出口企业等。

〔**中等职业教育课程改革国家规划新教材建设取得积极进展**〕　为贯彻落实《国务院关于大力发展职业教育的决定》，教育部启动“中等职业教育课程改革国家规划新教材”（以下简称“中职新国规教材”）立项申报工作。2009年1月，高教社全面开展立项申报与编辑出版发行工作。在教育部中职“新国规”教材申报工作中，德育、文化课总共批准立项19项，高教社立项18项，取得了阶段性成果。截至2009年10月底，完成立项批准的18种教材及相关的教师用书、学习辅导书、教师参考书，数字化教学资源库，以及在资源库基础上形成的助教光盘、助学光盘70余种，为新课程改革的实施提供了全面的教学资源。高教社还在全国30

个省（区、市）举办德育课、文化课省级教师培训班162个，在43个地（市、州）举办德育课、文化课地市级教师培训班254个，总计培训中职教师多达81 090人次，为帮助教师准确把握新课改的精神和教材特点，加快国家规划新教材的使用推广奠定了良好基础。

〔全国高校教师网络培训中心项目被纳入“高等学校本科教学质量与教学改革工程”总体规划，成功参加“辉煌六十年——中华人民共和国成立60周年成就展”〕 2009年，高教社承接的教育部全国高校教师网络培训中心（以下简称“网培中心”）在精品课程师资培训与分中心建设等方面取得了明显进展，共完成103门课程培训，培训全国高校教师约3万人，分中心增至55个，形成了覆盖全国31个省（区、市）的高校教师网络培训体系。2009年7月，教育部、财政部批准立项建设“高等学校教师网络培训系统项目”，并将该项目纳入“高等学校本科教学质量与教学改革工程”总体规划，旨在促进优秀教学成果和优质教学资源的广泛应用与共享，解决广大中青年教师教学经验缺乏和教学能力不足的突出问题，提高高校教师的教学水平和教学效果。2009年9月，在“辉煌六十年——中华人民共和国成立60周年成就展”中，网培中心以“超越时空，共享资源，创新教师培训模式”为主题参展，现场设置了“教育新媒体超市”多媒体数字平台，全面展示了高校教师网络培训的基本情况。

撰稿　谢　丹
审稿　苏雨恒

语文出版社

〔综述〕 在部党组的正确领导下，面对新媒体、新业态和激烈市场竞争所带来的挑战，语文出版社深入学习实践科学发展观，解放思想，开拓进取，团结一心，扎实工作，圆满完成了2009年度各项工作任务，继续保持了良好的发展势头。2009年度，全社出书总计564种（新出书115种，重印书449种，重印率近80%），印数总计36 872 448册（新出书2 905 967册，重印书33 966 481册），印制码洋总计271 621 812元，销售码洋总计2.15亿元。

〔贯彻两个“一主一辅”的经营方针〕 2009年初，在深入学习实践科学发展观，广泛开展调研，综合分析出版社现状以及整个出版业发展形势的基础上，以社长王旭明为班长的社领导班子制定了“以教材出版为主、一般图书出版为辅，以出版业为主、多业经营为辅”的经营方针。2009年，语文出版社采取了诸多切实措施，认真贯彻落实这一经营方针。一是继续下大力气加强教材建设工作，确保主业健康发展。①加大社领导对教材编辑部门的管理力度：合并原第三编辑室和小学语文项目组，集中优势兵力，组建新的小学语文编辑部，并由社长王旭明亲自分管；总编辑王晓庆分管职教教材部；副总编辑张万彬、李守业分别分管高中和初中语文教材编辑部。②通过网站、报刊等加大对教材使用区教师的培训力度：加强网站建设，丰富网站内容，改版网站栏目，开设网上答疑，创办电子期刊，为一线教师提供尽可能多的网上服务；加大教材使用区教师在《语文建设》杂志和《语言文字报》发表作品的比例，努力为一线教师创建教研交流平台，促进教学水平的提高，同时继续向教材使用区学校免费赠送《语文建设》杂志。二是加大力度开发适销对路的一般图书，特别是文化思想类图书。2009年初语文出版社专门组建文化图书编辑部，策划编辑出版了若干种图书，丰富了出书品种，产生了一定的市场影响，积累了一定的开发经验，初步印证了走“以教材出版为主、一般图书为辅”的路子是可行的。三是采取多种措施尝试多业经营。2009年初语文出版社专门成立了事业发展部，以多种形式开展了多项非出版业务，其中与有关电视台合作推出的专题节目《问教》，产生了相当的社会影响，也获得了一定的经济收益。

〔初步完成中职教材立项编写送审工作〕 2009年初教育部启动新一轮中职教育课程改革国家规划新教材建设工作。语文出版社以职业教育教材部为主，其他各个部门密切配合，顺利完成了有关教材立项编写送审工作。经过激烈角逐，语文出版社组织编写的中职语文、数学、英语、物理等四种教材立项通过。2009年，语文出版社完成了上述四科教材的基础模块部分编写，并且顺利通过了教育部审定。

作为中职教育文化基础课教材出版基地，语文出版社自20世纪90年代初起，就开始从事教材研发工作，拥有一批善于理论联系实际的资深编者，积累了较丰富的编写经验。本次教材编写，语文出版社精心组织课程专家、资深编者、一线教师和教研人员，密切结合中职教育教学实际，继续坚持通用为准、实用为主、够用为度的编写理念，在原有中等职业教育国家规划教材的基础上，努力开发出面貌一新的教材。语文出版社的中职课改新教材已有一部分进入学校使用。广大师生纷纷表示，语文版中职教材好用、管用、够用，符合中等职业教育实际需要。此外，根据中职教育发展的实际需求，语文出版社还开发了多种教师、学生用教学辅助图书，制作了教学光盘、多媒体教学软件等。

〔初步完成转企改制，积极推动集团组建〕 2009年语文出版社按照中央精神、教育部党组部署以及有关部门的规程要求，在部属出版社体制改革领导小组的直接指导下，群策群力，初步完成了转企改制工作。

①领导班子高度重视、员工高度关注。转制关系出版社生存发展，关系员工切身利益。为做好转制有关工作，语文出版社成立了体制改革领导小组，王旭明社长任组长，王晓庆总编辑任副组长，办公室牵头落实相关具体工作。数十次召开社务会，专题讨论、研究转制事宜。全社员工非常关注转制，并通过各种途径把意见和建议提交体改领导小组；在《转制工作方案》的制定及其他有关转制的决策过程中，领导小组充分尊重、认真研究、切实吸纳员工的意见和建议，确保决策反映民心、顺应民意。②认真学习中央精神，自觉与中央精神保持一致。先后通过动员会、讨论会、征求意见会等多种形式，认真学习、深刻领会两办［2009］16号等文件精神，努力提高员工对转制的认识，努力把员工的思想统一到中央精神上来，统一到教育部党组部署上来，理解改革、支持改革、参与改革，积极主动地贯彻落实中央精神，贯彻落实上级部门关于转制的部署和要求。③按照《转制工作基本规程》要求，结合出版社具体实际，制定《转制工作方案》。《转制工作方案》数易其稿后，7月27日获语文出版社体制改革领导小组讨论通过，8月14日报教育部部长办公会原则通过，8月24日获全体在职员工一致通过，9月2日报教育部党组通过，并报送中央出版社转制工作领导小组审批。11月14日收到中央出版社转制工作领导小组的批复。④组织落实《转制工作方案》，稳步推进有关工作。收到中央出版社转制领导小组的批复后，语文出版社立即着手组织落实《方案》。11月18日正式启动清产核资工作。在清产核资的同时，还对员工社保接续等问题进行研究，准备了多套方案，确保2010年7月1日前能顺利完成社保接续。⑤努力推动组建中国教育出版集团。组建大型教育出版集团，符合中央精神，符合发展方向。语文出版社在向教育部提交《转制工作方案》的同时，还提交了有关建议，积极推动集团组建。

〔加强队伍建设，提升员工素质〕 员工队伍是出版社的核心竞争力，员工队伍素质的高低直接关系出版社的竞争力。加强人才建设，提升员工素质，对出版社的发展有着至关重要的作用。2009年，语文出版社在这方面主要做了两项工作。一是不拘一格引进人才，尤其是与有关人才管理公司建立长期业务联系，通过劳务派遣的方式引进了15名同志。二是通过多种途径、方式提升员工素质。

比如，11月初以党总支名义组织年轻员工开展业务学习，由社领导以及有关部门领导作专题报告，讲解编辑出版发行工作的规程、介绍各自多年工作积累的经验。年轻员工普遍反映报告既有理论深度又有实用价值，非常切合他们的需要。

深化改革、加强管理也是提升员工素质的重要手段。2009年，语文出版社鼓励原图文中心美术编辑成立自负盈亏的美术设计工作室，努力引导美编适应市场需要、提高应对市场的能力。对极个别严重违反劳动纪律的员工，则做出了解除聘用合同的严肃处理。

撰稿 王永强

审稿 王旭明 王晓庆

教学仪器与装备

〔第七届（华师京城杯）全国优秀自制教具展评活动〕 为支持新一轮课程改革，推动实践教学开展，促进教师开展教研活动和自制教具活动，在有关单位协助下，教育部教学仪器研究所于2009年8月在上海主办了第七届（华师京城杯）全国优秀自制教具展评活动。

此次全国自制教具评选活动参与面广。全国36个省、自治区、直辖市、新疆生产建设兵团和计划单列市的近十万中小学教师、教研人员、教学仪器装备人员，设计制作了中小学各学科上万件自制教具作品参与评选活动。

在此次全国自制教具评选活动中涌现出一批优秀作品。教师们运用先进的教育理论和技术手段，从各自教学实际需要出发，通过设计制作使用教具，更好地实施素质教育，更有效地培养学生创新精神和实践能力，更有利于促进学生全面发展。评审专家经过观摩教师现场演示、学科组专家评议和无记名投票，评选出本次自制教具展评活动优秀作品一等奖79件、二等奖167件、三等奖255件、提名奖183件。河北省代表团、上海市代表团、北京市代表团分别获得团体总分第一、二、三名。

为了鼓励更多的教师参与自制教具活动，表彰优秀自制教具设计制作者，本次展评活动组委会在众多长期积极参加自制教具活动的教师中，选拔出所设计制作的教具在教学实践中效果显著，且在全国、省级评选中多次获得优异成绩者，获得全国自制教具能手称号。在本次展评活动中有76位获奖作者获得全国自制教具能手称号。全国现已有170位教师获得此称号。

此次自制教具评选活动受到了教育部主管领导的充分肯定和称赞。

〔中国教学仪器设备展示会〕 为了搭建好教学仪器行业企业与各级各类学校、与政府采购招标单位沟通交流平台，本着“展示、交流、合作、发展”的宗旨，2009年中国教学仪器设备行业协会分别在烟台和重庆主办了第57届、第58届中国教学仪器设备展示会。该展示会从1980年秋季举办第1届以来，规模逐渐扩大，内容不断丰富。2009年展会参展展位超过2 000个，参展企业超过1 000家，展会期间既有展品展示，还有新成果新产品新闻发布、教学仪器设备发展论坛、供求信息发布等内容。

〔10项教学仪器研究成果通过鉴定〕 2009年教育部教学仪器研究所独立或合作承担的“家校通平安短信系统”、“新技术与新方法在生物显微玻片标本制作中的应用”等10项课题完成各自的研究任务并通过鉴定。

〔教育部教学仪器研究所教学仪器设备产品质量检测中心通过了国家资质认定高校评审组的复查及扩项评审〕 教育部教学仪器研究所教学仪器设

备产品质量检测中心于2009年11月27日至28日顺利通过了国家资质认定高校评审组委派评审组的复查及扩项评审。通过此次评审，进一步加强和完善相关制度建设与设施建设，扩大了对电子开关、充磁器等12个产品的检测能力。

撰稿　金　林
审稿　刘诗海

教育科研与学术活动

中央教育科学研究所

〔承担《国家中长期教育改革和发展规划纲要》意见收集工作〕 2009年8月29日，国家科教领导小组审议并原则通过了《国家中长期教育改革和发展规划纲要》(以下简称《教育规划纲要》) 制订工作方案。根据教育部指示精神，中央教育科学研究所立即行动起来，全力参与《教育规划纲要》的调研起草和意见收集工作，有近百人直接、间接地参与了《教育规划纲要》制定工作。

为更好地广开言路、广集众智，《教育规划纲要》领导小组办公室根据起草工作的统一部署，决定公开向社会征求意见。为及时收集、整理社会意见，受教育部委托，中央教育科学研究所成立了由50位科研人员组成的意见收集组，并制定详细的工作方案和工作程序，明确分工、规范流程、严格执行，确保意见收集不出遗漏。在2009年1月7日至2月28日、2010年2月28日至3月28日的两次公开征求意见阶段，意见收集组全体人员24小时轮流值守，负责收集、整理教育部网站、相关报刊、来电来函对《教育规划纲要》的建议和意见共53 847条（约3 400万字)。其中教育部门户网站帖子29 479条，电子邮件22 096封，信函2 272封。累计编制报送各种意见建议资料169份（共计460万字)。

第一轮公开征求意见阶段，意见收集组编制报送《公开征求意见摘报》56期（共163万字)、《综合分析报告》6期（共5万字)、《每日报告》43期（共4万字)。第二轮公开征求意见阶段，社会各界对《教育规划纲要》（征求意见稿）持续高度关注，踊跃参与讨论，高峰时段的日均意见量达到900条左右（50余万字)。意见收集组编制报送《公开征求意见综合分析》30期（共12万字)、《公开征求意见摘报》25期（共167.5万字)、《各界人士来信来函来帖选编》（共8.3万字)、《国务院部门、教育厅局、部属高校意见建议选编》2期（共23万字)、《全国人大代表教育意见摘编》（共4万字)、《全国政协委员教育意见摘编》（共4.5万字)、《刘延东同志听取教育界政协委员意见建议座谈会观点摘编》(共1.3万字)、《主要意见选编》3期（共67万字)。大部分意见汇编都以《教育规划纲要》工作小组办公室名义印发。

此外，在2009年8月至9月期间，根据领导要求，意见收集组还整理了温家宝总理关于制定《教育规划纲要》的重要指示、关于教育问题的重要论述，人民群众反映强烈的重大教育问题，以及深入各地调研的意见和建议。总结归纳了教育改革发展中若干重大问题与建议，编制了《关于编制教育规划纲要的重要指示与重大问题》表册（共计2.1万字)。意见收集组还整理了各方面专家针对《教育规划纲要》文本提出的意见建议210余万条，归纳整理最有代表性的意见建议2 429条，形成《国家中长期教育改革和发展规划纲要重要意见》(约35万字)。

意见收集组为各级领导及时准确了解民情民意、舆论信息提供了第一手资料，得到国务院领导、教育部领导的充分肯定。袁贵仁部长多次对中央教育科学研究所在全面参与纲要研制工作中作出的突出贡献提出表扬。2010年4月14日，袁贵仁部长在教育部司局签报《关于规划纲要意见收集组工作总结的报告》上作了重要批示："教科所为《教育规划纲要》研究起草特别是两次公开征求意见收集整理报送工作出了大力，立了大功，向大家高度负责、精心策划、周密安排、艰苦的工作表示感谢！"

〔为制定《国家中长期教育改革和发展规划纲要》成立数据组〕 为了更好地配合《国家中长期教育改革和发展规划纲要》（以下简称《教育规划纲要》）工作的顺利开展，受教育部委托，中央教育科学研究所成立了由所长袁振国任组长，信息中心、教育政策研究中心、国际比较教育研究中心等部门20多人组成的规划纲要数据组，负责收集整理国内外相关数据、资料、文献，对有关文献进行宏观分析，并提出分析报告。

数据组根据编制《教育规划纲要》工作的需要，先后组成了"国际教育发展规划纲要资料"、"国家中长期发展规划纲要资料"、"国家'十一五'发展规划纲要资料"、"各地教育改革发展成功经验资料"四个板块的资料收集和分析系统。累计编发141期115万字的参考资料，及时、客观地反映了国内外教育事业改革发展的基本情况、突出问题、主要政策、重要经验和发展趋势。此外，数据组还为《教育规划纲要》提供了《关于人力资源强国指标体系与教育改革发展目标定位的研究报告》、《2020年基本实现教育现代化的可行性研究报告》等背景性调研报告。

上述各类资料及调研报告为《教育规划纲要》文本起草及各战略研究专题组提供了及时、丰富的信息支撑；同时也为社会、民众以及地方政府制定教育发展规划提供了丰富的数据信息服务。除了为《教育规划纲要》提供大量的数据信息支撑，中央教育科学研究所还推荐科研骨干30余人全力参与专题组的调研起草工作。其中，有的担任战略专题组负责人，有的担任子课题组负责人；有的接受新闻媒体采访、发表论文、编辑背景宣传材料等。还遴选了10位优秀青年科研人员分别担任《教育规划纲要》十个战略专题组的联络员工作。

2010年4月15日，国家科技教育领导小组审议并原则通过了《国家中长期教育改革和发展规划纲要》。中央教育科学研究所凝聚全所力量，参与纲要研制工作并作出了突出贡献，多次得到国务院领导、教育部领导的肯定，也充分展现了中央教育科学研究所围绕中心、服务大局、勇担重任、能打硬仗的精神风貌。

〔为制定《国家中长期教育改革和发展规划纲要》提供六十条建议〕 《教育规划纲要》制定工作启动后，中央教育科学研究所响应号召，从2008年10月到2009年3月，举全所之力并凝聚全国教育科研系统力量，积极参与《教育规划纲要》的调研制定工作。在深入调研的基础上，为《教育规划纲要》提供了六十条建议（以下简称《六十条建议》）。

《六十条建议》以人的全面发展为出发点和落脚点，以学有所教为灵魂，旨在通过促进人的发展，更好地服务国家、服务人民。《六十条建议》分为六篇，分别是"人人受完全的义务教育、人人受公平的教育、人人受高质量的教育、人人受适合的教育、人人受终身的教育、深化改革为学有所教提供制度保障"。

比如，关于"受完全的义务教育"，从"接受法定的义务教育、接受充分的义务教育、适时实施学前一年义务教育"三个方面提出8条建议；关于"受公平的教育"，从"缩小城乡、区域、校际和群体教育差距，促进职业学校学生受公平的教育，建立促进公平的长效机制"等六个方面提出15条建议；关于"受高质量的教育"，从"提高学生的社会责任感、创新精神和实践能力、身心和谐发展的健康素质、提高教师素质、建立国家教育质量标准和监测体系"五个方面提出14条建议；关于"受适合的教育"，从"人人有选择、生生有个性、个个能成功"三个方面提出9条建议；关于"受终身的教育"，从"变革学校教育、强化继续教育、发展社区教育、建设学习型社会"四个方面提出9条建议；关于"制度保障"，提出了"深化教育管理体制、办学体制、投入体制改革”的3条建议。

《六十条建议》是中央教育科学研究所和全国教育科研系统团结协作、联合攻关的成果；是体现教育科研系统对教育问题长期思索及对国内外教育发展趋势深度把握的结果；也是全国教育科研系统体现社会责任、强化大局意识和应用意识、提升解决重大问题能力的一次成功努力。2009年3月，《六十条建议》被提交给规划纲要领导小组办公室，得到相关领导和社会各界的高度好评。全文还正式发表在《教育研究》2009年第3期上。

〔**编写2009年度《对话教育热点》**〕　教育关乎国计民生，涉及千家万户。随着社会发展水平和人民生活水平的不断提高，教育越来越受到社会关注。为了回应人民群众的关切，阐明教育问题的复杂原因，自2009年起，将在广泛征求意见、深入调查研究的基础上，由教育部新闻办公室与中央教育科学研究所共同组织编写年度《对话教育热点》，以增进人民群众对教育工作的理解和支持，从人民群众的问题中获得工作的方向和动力，推动教育事业科学发展。

2009年度《对话教育热点》的问题，是结合制定《国家中长期教育改革和发展规划纲要》调研工作而梳理出有代表性的100多个热点问题中，首选出的百姓特别关注的18个热点问题。这些问题涉及学前教育、基础教育、职业教育、高等教育、国际教育等多个教育层次和教育类型，以及“减负、择校、‘奥数’加分、高考改革、大学生就业”等社会普遍关注的热点。这些问题不仅是热点问题，而且都是时间较长、因素复杂的问题。

《对话教育热点》呈现了三个突出特点。一是真实回答。几乎所有的人对教育都有自己的看法、想法，都可以对教育问题发表自己的意见。面对千言万语，《对话教育热点》不回避矛盾，有针对性地就问题谈问题，努力做到既尊重事实又积极引导。二是真诚回应。《对话教育热点》以真实典型的事例开始，客观分析问题的表现和原因，呈现各级政府和教育部门以及广大校长、教师的艰苦努力及其取得的客观进展，准确阐明已有的和将要实施的政策和措施，努力做到既鼓舞人心又实事求是。三是真心回馈。尊重百姓的知情权，增强教育工作的透明度，更重要的是通过回答问题，促进政府部门的工作与人民群众的希望相对接，以回馈人民群众对教育工作的信任与期盼，切实改进工作。

中央教育科学研究所研究人员踊跃参加《对话教育热点》的编写，并多次征求教育部相关司局的意见和建议，及时修改和调整写作的内容与形式，最终在较短的时间内高质量地完成了工作目标和任务。该书用人们身边的鲜活事例说明深刻的道理，用真实的数据展现变革的历程，用解决问题的思路增强人民群众的信心。全书深入浅出、图文并茂，并有很强的思想性、政策性和可读性，是人民群众了解教育政策形势、展望教育改革发展未来的重要参考读物。该书于2010年2月由教育科学出版社出版。

〔**编制印发《中央教育科学研究所工作手册（试用）》**〕　规章制度是贯彻执行党的方针政策和实现各项工作目标的基本保障。党的十七大报告指出：“要坚持用制度管权、管事、管人，建立健全决策权、执行权、监督权既相互制约又相互协调的权力机构和运行机制。”为促进中央教育科学研究所全面协调可持续发展，特成立以袁振国所长为组长的工作手册专门工作小组，本着依法治所、民主管理、规范高效的精神和立足全局、便于工作的原则，带领全所职工共同努力，经过一年的学习、调研、讨论，三上三下，反复修改，形成了中央教育科学研究所各项规章制度的基本框架和主要内容。参照《教育部机关工作手册》，于2009年12月完成了《中央教育科学研究所工作手册（试用）》的编制和印发工作，使中央教育科学研究所制度建设上了一个新台阶。

《中央教育科学研究所工作手册（试用）》包括各类工作规则、工作规定和管理办法共33篇，内容涉及：机构设置及主要职责、工作规则、人事管理办法、聘用管理办法、年度考核办法、行政管理部门满意度测评办法、职工考勤管理办法、职工退休管理办法、离退休工作管理办法、专业技术职务评审工作实施办法、博士后科研工作站管理办法、访问学者管理办法、党员干部廉洁自律规定、行政监察管理规定、各级负责人经济责任制、学术委员会章程、科研人员业务考核办法、课题管理办法、基本科研业务费专项基金课题管理办法、教育综合改革实验区建设与管理办法、外事工作管理办法、出国（境）管理办法、财务管理办法、基本科研业务费专项基金试用与管理办法、后勤工作管理办法、固定资产管理办法、医疗管理办法、公文处理办法、印章管理办法、保密工作管理办法、计算机信息网络管理办法。另外，还包括全国教育科学规划课题管理办法、全国教育科学规划课题经费管理办法。

《中央教育科学研究所工作手册（试用）》制定过程中力求体现以人为本，充分考虑实用性和可操作性。在目前试用阶段，不尽合理的地方仍可修改。制度重在贯彻执行。在执行过程中，中央教育科学研究所力求站在全局的高度，从实际出发，把握好管理的“度”，让各工作部门能有法可依、有章可循，以适度的制度管理充分调动全所职工的工作积极性，引导职工规范工作行为、养成尽职尽责的做事风格。同时，中央教育科学研究所还将加强制度落实过程中的监督检查。

撰稿　杨润勇　方铭琳

审稿　袁振国　田慧生

中国教育学会

〔继续参与并完成《教育规划纲要》的调研，为教育改革与发展建言献策〕　遵照教育部党组要求，中国教育学会积极参与《国家中长期教育改革和发展规划纲要》（以下简称《教育规划纲要》）的调研、修改工作，2009 年初形成了《关于制定〈国家中长期教育改革和发展规划纲要（2010—2020）〉的建议》（即 32 条建议）。《建议》提出我国教育亟待解决的问题主要包括：教育的公益性地位和教育公平尚未得到落实、办学质量效益低下、高素质多元化人才和创新人才培养模式尚不完善、理想信念教育和德育实效性差、大量学生缺乏主动性和实践能力等。并提出落实教育的战略地位，依法治教，德育为先；加大教育投入和师资队伍建设力度，缩小班额；加强制度创新，完善教育结构、学制和考试制度，以整合、融合促发展；深化课程教学改革，切实减轻学生负担等具体建议。教育部《教育规划纲要》工作小组办公室第 5 期《简报》刊发了学会提交的汇报提纲。2009 年 2 月，教育部副部长袁贵仁主持召开六个学（协）会和中央教科所等单位的调研成果交流会，对学会的建议给予了充分肯定，认为这些调研针对性很强，提出的建议很有参考价值。

在教育部 11 个《教育规划纲要》重大战略专题调研组中，中国教育学会顾明远、谈松华、陶西平、张民生、史宁中 5 位会长、副会长分别担任“推进素质教育研究”、“教育公平与协调发展研究”、“教育改革与制度创新研究”、“教师队伍建设研究” 4 个专题组的正副组长，为《教育规划纲要》制定作出了应有贡献。此外，部分分支机构也独立承担了调研任务。例如，高中教育专业委员会与民进中央教育委员会在京召开 2009 年基础教育改革座谈会，就《教育规划纲要》制定提出了建设性意见和建议；家庭教育专业委员会提交的《家庭教育要由教育行政部门主管主抓》的报告由《光明日报》作为内参上报了中央有关部门。

〔围绕《教育规划纲要》的核心理念开展学术研究和交流活动〕　2009 年 10 月 24 日至 25 日，由中国教育学会主办、湖南省教育学会承办的中国教育学会第 22 次全国学术年会在长沙召开。年会主题为“办好每一所学校，教好每一个学生”。会长顾明远，副会长谈松华、郭永福、韩绍祥，副秘书长马建华，教育部基教一司处长王民养，湖南省原副省长、省人大常委会党组成员唐之享，湖南省教育厅厅长张放平，副厅长葛建中，湖南省教育学会会长陈白玉，常务副会长张学军等出席会议，来自全国各省、自治区、直辖市教育学会的负责人、教育专家、教育行政人员和中小学校长、教师350余人与会。学会小学教育、初中教育、高中教育三个专业委员会参与了策划和组织工作。

会长顾明远、湖南省原副省长唐之享分别致辞，湖南省教育厅厅长张放平介绍了湖南省新课改的情况，并对湖南省中小学在新课改中出现的问题进行了深刻剖析。常务副会长谈松华作了题为“人才培养模式变革的若干问题”的报告，阐明了全球化、信息化背景下我国人才培养模式变革的未来走向、变革途径以及新型人才培养模式的内涵。湖南师范大学原校长张楚廷作了题为“教育就是教育”的学术报告。他认为：教育要构建自己的哲学体系；教育不应成为经济或政治的工具，应是社会的一切事物的尺度，在自身之外不应有功利目的；教育的目标应是培养全面发展的有个性和独立人格的人；教育应摆脱模式束缚，彰显个性，让学生在超越自己的过程中成为自己。北京十一学校校长李希贵详细介绍了学校在学校管理、教学改革、学生民意测评、社会实践活动等方面的创新。武汉市粮道街中学校长王朝文介绍了学校“让学生对自己充满信心，对未来充满希望”的办学追求以及相应的课程改革举措。沈阳市第134中学校长吴艳以“教学生三年，想学生一生，思国家千秋”为题作了发言。上海市沪新中学校长刘永和提出了“尊重生命，促进真实生命成长的生命教育六观”，建议学校从师生关系改革入手，从尊重学生的学习基础、学习兴趣、学习过程和结果入手，将生命教育融入课堂。北京小学原校长吴国通作了“立足终身教育价值观，追求教育家办学理想境界”的报告，他从宏观的角度阐释了一名校长应该具备什么样的价值观、应该胸怀什么样的理想去办教育、去培养人。北京市第35中学校长朱建民介绍了2009年9月4日温家宝总理在北京35中调研的情况。他详细描述了总理精心准备、认真听课的情形。温总理强调，课堂教学要做到学以致用，要锻炼学生的逻辑思维和概括能力；教师要把爱心传递给学生，要在课堂教学中渗透爱的教育。温总理鼓励校长和教师们树立先进的教育理念，敢于突破传统体制的束缚，在办学体制、教学内容、教育方法、评价方法等方面进行大胆的探索和改革。通过反思温总理的调研，朱建民校长总结出以下几点：一是校长、教育行政官员和科研人员一定要深入一线；二是学校要摒弃短视和功利；三是必须把课堂教学作为素质教育的主渠道；四是要重视教师队伍建设，尤其是要加强师德的培养，要打造一支深切关爱学生的教师队伍。

5月16日至17日，中国教育学会与华东师范大学在上海联合召开“‘新基础教育’成型性研究成果发布暨现场研讨会”。教育部副部长、国家总督学陈小娅，会长顾明远，上海市副市长沈晓明，教育部基础教育二司司长郑富芝，上海市政府副秘书长翁铁慧，上海市教育委员会副主任张民选、尹后庆，华东师范大学党委书记张济顺、校长俞立中出席了开幕式。来自有关师范院校和研究所的专家学者、教育研究人员以及近800名校长、教师出席了会议。陈小娅副部长发表讲话，她指出：“新基础教育”作为一项学校综合改革实验，贴近中小学需要，贴近教师、校长以及当前学校中存在的具体问题的需要，其师范院校与中小学合作的研究模式符合当代中国的实际，是一条探索中国特色教育理论之路。叶澜教授作了题为“在现实中携手走出建设新型学校的创业之路——‘新基础教育’成型性研究总报告”。

〔中国教育学会召开成立30周年纪念会〕 2009年11月15日中国教育学会在北京隆重召开成立30周年纪念会。全国人大原副委员长许嘉璐，全国政协原副主席张怀西，教育部党组成员、部长助理吴德刚，民政部民间组织管理局副局长贾晓九，教育部有关司（局）领导，会长顾明远，副会长陶西平、郑树山、谈松华、郭振有、郭永福、韩绍祥、李烈以及在京的学术委员会副主任、常务理事、学术委员，分支机构和单位会员负责人，荣获中国教育学会系统先进单位和先进工作者称号的代表、荣获第五届“中国教育学会科研成果奖”的代表180余人与会。中共中央政治局委员、国务委员刘延东，全国人大常委会副委员长陈至立为大会发了贺信。李岚清、许嘉璐、严隽琪、张怀西等国家领导题了词。刘延东同志在贺信中对中国教育学会30年来所取得的成绩予以充分肯定，希望学会能“成为我国教育工作者的精神家园，未来教育家的摇篮”。袁贵仁部长因事未能到会，专门写了书面讲话。他在讲话中充分肯定了学会的工作，并对学会提出四点希望：一是坚持抓好学习，努力把学会建设成为学习型组织；二是切实加强理论与实践的结合，努力提高教育科研水平；三是要勇于创新，努力做好教育改革实验工作；四是进一步发现和扶持教育人才，推进教育家办学。

顾明远会长在讲话中回顾了学会30年的发展历程，介绍了学会在教育部党组的关怀和指导及社会各界的大力支持下，在教育改革发展和繁荣教育科学方面所取得的成就。30年来，学会充分利用自身学科齐全、人才济济的优势，积极开展群众性的学术活动，竭诚为教育决策服务，为教育改革与发展的实践服务，为广大师生服务，为繁荣教育科学服务。截至2009年年底，学会共召开学术年会22次、专题研讨会110多次，与兄弟单位联合举办论坛30多次。学会的分支机构和地方各级学会召开的学术讨论会更是不计其数。在“十五”和“十一五”期间，先后建立32个教改实验区，进行区域性的教育改革实验，许多分支机构和地方教育学会也建立了各具特色的实验基地和实验学校。学会积极为广大会员和教师开展学术研究及交流提供平台与机会，努力把学会办成学习教育理论、教改经验和业务知识的大学校。学会前任副会长李吉林、中青年教育理论工作者分会理事长石中英、辽宁省盘锦市教育局局长魏书生、宁波市教育学会会长陈大申分别发言，结合自己的成长经历畅谈学会的发展和成绩。

为纪念中国教育学会成立30周年，学会分别开展了“第五届中国教育学会科研成果奖”(2005—2008年)和学会系统2004—2009年度先进单位和先进工作者评选与表彰活动，共评选、表彰了科研成果一等奖11项，二等奖34项，三等奖163项；学会系统先进单位154个，先进工作者167名。编辑了《蓬勃发展30年——中国教育学会的历史回顾》纪念册。

〔**开展海峡两岸教育学术交流与合作**〕2009年8月17日至18日，中国教育学会与中国宋庆龄基金会、台湾省教育会在北京举办主题为“因材施教，适性扬才，探究‘以人为本’的教育理念与实践”、“第三届海峡两岸青少年社会教育研讨会”。全国人大常委会原副委员长何鲁丽、宋庆龄基金会副主席黄跃金、吉佩定，会长顾明远，副会长陶西平、谈松华、郭永福、史宁中、张民生以及台湾省教育会理事长郭添财等出席会议，两岸教育专家学者及来自近百所中小学的校长、教师约200余人参加了研讨交流。

台湾亚洲大学讲座教授杨国赐先生对台湾教育改革进行了评述，介绍了台湾于2008年提出的《提升教育力，永续创新局》的施政计划在完善教育制度、改善学习环境、提升教师专业素质、采取弹性化教学与辅导措施、落实小班教学等方面的重要举措。淡江大学教授杨明清以“因材施教需要人文情怀与专业素养，需要心力兼具并且知行合一”为基点深入阐明了认知力、行动力、创新力、制度力等因材施教所需的关键实力。副会长史宁中围绕“以人为本”的教育理念，深入浅出地论证了尊重学生以及在“基础知识和基本技能”的基础上加入“基本思想和基本经验”的“四基”教学目标的重要意义。他认为，素质教育的核心是树立大教育观，也就是要求教师在培养学生时应当不仅重视课堂内的教学，也应当注重课堂外的训练，通过各种方式锻造学生的创造力等素质，为学生的全面发展夯实基础。副会长张民生以山东省全面规范办学行为等举措为例，论证了在当前推进素质教育的可行性，并以杜郎口中学、上海中学的办学实践为例阐述了到第一线去发现教育改革智慧的可行性和必要性。会议期间，两岸13位校长分别在高中、初中、小学三个分论坛上就现代学校管理的价值选择、打造高效课堂和乡土艺术教学等专题作了报告，并同与会代表进行了深入而广泛的交流。

两岸青少年社会教育研讨会开始于2007年，三年来，作为两岸基础教育领域的一个盛会，先后有两岸数百所中小学的校长、教师参加。研讨会受到了三方的高度重视，也结出了丰硕成果。借助这个桥梁，两岸部分中小学校结为姊妹校，开展了多方位合作与交流。为了满足两岸一线教育工作者加强交流的愿望，推动两岸青少年教育更快更好地发展，三方已经确定2010年秋季将在台北市举行第四届两岸青少年社会教育研讨会。

〔**加强科研规划课题指导与管理**〕 "十一五"期间，中国教育学会共立项科研课题989项，为加强对课题的指导与管理，2009年8月22日至23日，学会与广东教育学会、广州市教育学会在广州举办了"'十一五'科研规划课题交流会暨《中国教育学刊》2009年度工作会议"。会长顾明远，副会长谈松华、郭永福，副秘书长马建华，广东省教育厅副巡视员文传道，广东教育学会副会长刘劲予，秘书长郭鸿，广州市教育局局长华同旭等出席会议。来自全国各地的近150名代表与会。

北京师范大学裴娣娜教授、广东教育学院施铁如教授作了研究指导专题报告，18位课题主持人介绍了课题研究的经验、进展效果以及面临的问题。其中教育管理分会承担的重点课题"中小学学生自我教育和自我管理实验研究"参加研究和实验的单位77个，教师、学生和家长共计42 630人，成果丰硕，先后编写出版了著作《自我教育和自我管理论著选读》、《激励学生自我教育》和《自我教育方法》。上海市闵行区"整体推进'新基础教育'的实践与探索"课题以"构建整体格局—培育、扩展核心学校—增强核心学校内生力"为目标，通过"放"、"助"、"推"促进了学校自主发展，锤炼了一支注重管理育人、领导方式科学的新型管理团队，打造了一批高质量的现代学校。北京第14中学的"以人的发展为本的教育动力学研究及实践"从生物性、精神性、社会性三个维度对学生活动的动力进行了整合研究，构建与完善了人的发展动力学说，研究了如何以发展动力理论完善学校管理机制，增强学校德育管理效益和教学效益，促进学生自主发展积极性。唐山师范学院滦州分校的"弱势群体子女在中小学阶段的心理现状、成因与对策研究"系统研究了势群体子女的心理问题及成因，并提出了行之有效的对策。宁波市江东区教育局的"区域教育均衡发展的纵深研究"围绕"为更多的人提供更多的教育机会，为所有的人提供基本平等的教育，为尽可能多的人提供尽可能好的教育"这一目标，解放思想，转变发展模式，推动了全区教育质量的全面稳步提高。黑龙江省鸡西市教育局、武汉市江岸区教育局介绍了他们深化区域教育均衡发展和多领域拓展性研究的成果。天津市第二南开中学、四川省双流县中和中学、杭州市西湖小学、南京市江宁高级中学、岳阳市君山区良心堡中学、晋江市第二中学、珠海市金湾区三灶镇中心小学也分别介绍了在综合素质评价、校本课程开发和校本培训等领域的研究经验和启示。

〔**加强书报刊编辑和宣传工作**〕 在教育部等有关单位的大力支持下，《中国教育学刊》编辑部于2009年12月正式升格为杂志社。作为全国最大的教育学术团体的综合性学术刊物，《学刊》紧紧围绕"传播教育理论，推广教师经验，促进教育改革，繁荣教育科学"的办刊宗旨组织编发稿件，力求贴近基础教育实际，贴近中小学教师，紧扣教育大事和基础教育热点难点问题，全年发稿355篇，来自中小学的稿件有较大幅度增长，办刊质量不断提高，《新华文摘》转载转摘《学刊》文章较往年有明显增加，影响力进一步扩大。

为提高教师人文素质，塑造教师人格魅力，编辑出版了教师人文读本一套四册：《启迪教师心灵的哲理美文》、《滋润教师心灵的情感美文》、《感动教师心灵的教育故事》和《中外教育名家的教育智慧》。与人民教育出版社合作编辑出版了《中国教育科学》2008年卷。

〔**召开"第五届中国学校体育科学大会"**〕 2009年8月，中国教育学会和教育部体育卫生与艺术教育司、中国高等教育学会在湖南省长沙市湖南师范大学附属中学联合主办了第五届中国学校体育科学大会。教育部副部长陈小娅、湖南省政协副主席袁隆平、教育部体卫艺司司长杨贵仁出席大会并讲话。陈小娅副部长充分肯定了中运会科报会对进一步加强学校体育工作、不断提升学校体育科研水平所具有的重要意义。她指出了学校体育工作面临的困难及存在的问题，并对各级教育行政部门和学校的领导提出了具体要求：要重视并卓有成效地开展学校体育科研，深化体育课程与教学改革，致力于培养学生终身体育的意识和能力；要围绕贯彻落实中央 7 号文件开展学校体育工作，把开发符合青少年身心特点的体育项目和健身方法的研究作为重点，为青少年学生体育锻炼提供科学指导，提高其体质健康水平；要坚持科学严谨的学风，努力创建具有中国特色的学校体育科学体系。

〔**为青少年健康成长搭建平台，丰富学校文化生活**〕 2009 年 7 月，中国教育学会与中国合唱协会共同举办“祝福祖国——庆祝建国 60 周年暨魅力校园合唱汇演”活动，文化部、团中央、全国妇联的有关领导，学会以及中国合唱协会主要领导和著名艺术家出席。2009 年年初，学会与中国教育电视协会和中国文学艺术基金会在京联合举办“魅力校园第四届全国校园文艺汇演暨第九届全国校园春节联欢晚会活动”，第十届全国政协副主席张怀西、中国文学艺术基金会名誉会长高占祥、中国文联副主席冯远、中国教育国际交流协会会长柳斌、中国舞蹈家协会名誉主席贾作光、中国教育电视协会会长宋成栋、中国教育学会常务副会长郭永福等出席并为获奖单位颁奖。2009 年 4 月至 7 月与国家工商行政管理总局商标局、中国版权协会共同举办“第三届中国青少年创意大赛”，来自2 000 多所学校的中小学生参加了比赛。2009 年学会与中央电视台少儿频道联合录制 6 期“挑战小勇士”系列节目。

撰稿　王　燕　孙彦川

审稿　马建华

中国高等教育学会

〔**综述**〕 2009 年，在教育部党组和民政部领导的有力指导下，中国高等教育学会深入学习实践科学发展观，以贯彻党的十七大精神、庆祝中华人民共和国成立 60 周年为动力，以深化建设高等教育强国研究为主线，紧密围绕教育部的中心工作，努力推动教育思想观念的变革和高等教育科学研究水平的提升，各项学术交流活动更加丰富多样，学术研究工作及学术成果宣传的质量明显提高，学会内部组织团体的联系合作更加密切，组织建设及制度建设取得新的进展。

〔**科研水平和质量不断提高，成果显著**〕 以建设高等教育强国研究为主线的科研工作成果显著。2009 年，“遵循科学发展，建设高等教育强国”重大研究项目全面铺开，成果显著。12 个课题组进行了中期检查，并提交了课题中期研究报告。一批高质量的阶段研究成果陆续刊发，到 2009 年底，已发表有关学术论文 200 余篇，调研报告 50 多篇。

完成“2009 年重点规划课题”的申报及开题的组织工作。为深化建设高等教育强国的研究，推动省级高等教育学会的教育科学研究工作，在新世纪教学研究所支持下，学会于 2009 年初面向 30 个省级高教学会发布了“2009 年度重点规划课题”，其中 10 个省级高等教育学会申报的 10 项课题获得立项，12 月下旬，召开了开题报告会。

高等学校管理领域质量标准及评价体系研究不断深入。《高等学校管理领域质量标准及评价体系研究》课题，是学会组织各有关管理分会参加的重要研究项目。课题研究同时列入了国家社会科学基金“十一五”规划研究课题，2009 年，研究工作开展得扎实有序，组织召开了多次研讨会，进行了大量的调研和访谈，并已初步构建出相关领域的质量标准框架，取得了重要的阶段性研究成果，为课题结题工作做了充足的准备。

《高等教育十年跨越发展经验及改革成效的纪实研究》顺利启动。2008 年，学会圆满完成高等教育改革开放 30 年经验研究项目，在此基础上，学会秘书处向全国教育科学规划办申报了《中国高等教育十年跨越发展经验及改革成效的纪实研究》课题，被批准为教育部重点课题立项。同时争取到福特基金会70万元研究经费的资助。总课题组自2009年3月以来召开了多次专家论证会，并于2009年10月召开了课题开题报告论证会。

《新时期地方本科院校改革发展理论与实践研究》如期结题。2009年，在组织地方本科院校深入研究的基础上，对学会2008年重点专项课题《新时期地方本科院校改革发展理论与实践研究》进行结题，并于5月正式出版《中国高等教育启示录——百所地方本科院校办学理念与特色研究》一书。书中收录地方本科院校校长的研究论文112篇。此书的出版，受到地方本科院校和地方教育行政部门的高度重视，产生了广泛的社会影响。

参加撰写《中华人民共和国高等教育史》。为纪念中华人民共和国成立60周年，2009年，学会在组织完成"共和国教育专题史研究"课题成果《高等教育史》的基础上，又组织撰写了《中华人民共和国高等教育史》一书。

完成《蔡克勇教育文集》的编撰出版和发行发放。中国高等教育学会副会长蔡克勇是我国著名的高等教育研究专家，为纪念和弘扬他为高等教育科学研究事业的献身精神，总结他的教育思想，秘书处与蔡克勇夫人张秀梅同志合作编撰的《蔡克勇教育文集》，于2009年底由高等教育出版社出版。

〔服务于学术研究，推进高等教育科学研究质量水平的全面提升〕 2009年学会在为高等教育科学研究及学科建设的服务工作，取得较大进展，学术研究和管理水平明显提高。

2009年，学会完成第七次优秀高等教育研究成果的评选、表彰工作，共评选出论文类一等奖11项、二等奖49项、三等奖104项、优秀成果奖92项；著作类一等奖5项、二等奖10项、三等奖21项、优秀成果奖28项。

组织第五届高等教育学优秀博士学位论文的评选表彰活动，评选出5篇优秀博士学位论文。获奖者及其导师在"2009年高等教育国际论坛"上受到表彰。博士论文《美国研究型大学与城市互动机制研究》（作者郄海霞）入选2009年全国百篇优秀博士论文。

继续出版高等教育学硕士研究生教学参考用书。到2009年，已有《院校研究》、《高等教育组织与管理》、《高等学校教学论》、《高等教育心理学》、《高等教育研究方法》、《高等教育学》、《高等教育社会学》等7本书正式出版，受到使用者的广泛好评。

加强对"十一五"规划课题、年度专项课题的结题管理。学会秘书处审核批准了215项"十一五"规划课题的结题报告；对学会年度专项课题105项进行了结题审核并颁发结题证书。

进一步加强"中国高等教育改革与发展网"的建设。2009年网站进行了多项工作创新，开发了网员单位专区，包括工作要闻、高层视点、高教研究、高教核心期刊导读、经验借鉴与工作指导、内部参考资料、咨询问答等；在学会秘书处的指导下，于4月成功召开中国高等教育改革与发展网学术委员会成立大会，组建了各专业学术组；探讨开发网上研究院，推动在线学术活动；定期为网员单位及网站学术委员发送专题电子简报；升级了教材图书频道，架设起出版社与读者直接沟通的桥梁；开展了第二届网上优秀学术论文评选活动。网站在把握正确的学术导向前提下，使点击率稳步增加。2009年，"中国高等教育改革与发展网"访问次数达到148.9万次，比2008年增加7.6万次，说明用户基本稳定并有一定增长。

〔充分发挥学会研究、咨询、中介、服务职能〕 2009年，高教学会学术交流活动十分频繁，各会员单位和分支机构的学术交流活动，质量和水平均有较大提升。

2009年10月，由中国高等教育学会和浙江省人民政府主办，浙江省教育厅承办的"2009年高等教育国际论坛"在杭州隆重召开。论坛主题"遵循科学发展，建设高等教育强国"。来自美国、日本等国家的高等教育专家、国内部分地区的教育行政部门的领导、高校校长或党委书记和高等教育界的专家、学者，以及高等教育学博士研究生共计600余人出席了论坛。全国人大副委员长陈至立出席并发表题为《深入贯彻落实科学发展观，为建设高等教育强国而努力奋斗》的重要讲话，周远清会长在论坛上作了题为《建设高等教育强国是历史发展的必然》的主题报告。教育部党组成员、部长助理吴德刚出席了论坛，浙江省副省长郑继伟主持了论坛开幕式。项目各课题组组长和教育行政部门领导、高校校长和党委书记、中外专家学者等50余人在论坛上作了主题演讲。30余位高等教育学博士研究生在博士生论坛上讨论交流了研究成果。论坛收到学术论文230余篇。在此次论坛上，中国高等教育学会还对第五届高等教育学优秀博士学位论文获奖者及其导师进行了表彰。

2009年5月，中国高等教育学会和福建省教育厅联合在厦门召开“海峡两岸大学校长学术研讨会”。清华大学、厦门大学等26所大陆高校和台湾政治大学、台北大学等20所台湾高校的负责人共聚一堂，围绕加强两岸高校交流、共创教育双赢的主题，就两岸高校校际交流与合作前景展望，两岸高校校际互补性分析，两岸高校教师交流与合作展望，两岸高校科研交流与合作展望，两岸高校学生联合培养现状、难点分析，两岸高校学生联合培养展望等六方面的内容进行深入研讨。

2009年3月，中国高等教育学会全国高等教育研究机构协作组与厦门大学教育研究院联合在厦门大学召开“2009年中国高等教育学会全国高等教育研究机构协作组会议”。会议的主题是：新形势下高等教育的研究范式变化。周远清会长、潘懋元顾问等学会领导和来自全国各高校高等教育研究机构和高校高等教育学会以及各省级高等教育研究机构的负责人、专家学者，共计143个单位的173位代表出席会议。

继续成功举办春、秋两届“全国高教仪器设备展示会”。2009年春秋两季“高仪展”均保持了较高的水平，5月和11月分别在大连市和东莞市成功召开春季和秋季“全国高教仪器设备展示会”（“高仪展”），展位数分别达到1 200多个和1 100多个，高校组团参展人员和组织当地高校教师参会人数也达到较好水平。“高仪展”为全国高等学校教学改革提供了一个技术装备保障平台，赢得高等教育界和社会较高的声誉。

承办了教育部有关司局的委托培训工作。2009年，中国高等教育学会秘书处承办的教育部有关司局所委托培训等工作，均有很好的社会效益。例如，接受高等教育司委托的“2009年高等学校国家大学生创新性实验计划立项学校骨干教师高级研修班”、“2009年实验教学骨干教师高级研修班”、“高职高专高等数学课程骨干教师高级研修班”、“高等学校摄影基础课程骨干教师高级研修班”等培训活动，协助组织了“高教司质量工程评审会”、完成了“高等教育教学改革项目”课题成果的结集出版工作；继续办好高校学生司委托的“《普通高等学校学生管理规定》研讨班”，并为推广高校自主招生工作成果，交流自主招生经验，召开“全国高校自主招生与中学教育改革论坛”，就自主招生的可持续发展与中学的教育教学改革等问题进行研讨和交流。受体育卫生与艺术教育司的委托，策划承办2010年大学生健康校园行活动等。

结合有关课题研究召开了一批中小型研讨会。学会承担的“中国高等教育十年跨越发展改革成效经验的纪实研究”6个专题组先后召开了5次专题研讨会。例如，2009年11月底，在广州召开“全国独立学院创新发展及办学经验研讨会”暨“我国独立学院及民办学校创新发展实践及改革成效研究”专题调研会；12月下旬在海南召开“高校战略管理、规划发展及质量保证体系建设学术研讨会”暨“我国高等学校发展规划的制定与实施实践及成效研究”专题研讨会；等等。这些学术交流会议得到高校一线相关领导干部的高度评价。

联合开展“全国普通高校信息技术创新与实践活动”。学会与中国发明协会、中国教育技术协会联合开展了“全国普通高校信息技术创新与实践活动”（NOC）。2009年6月，在北京召开了有关新闻发布会。11月，在无锡市召开“首届普通高校大学生NOC活动决赛”。活动内容包括创意设计类竞赛、网络安全类竞赛、智能机器人竞赛、创业计划竞赛、发明创新类竞赛等。首届大赛有数万名高校师生参与，有近百所高校的700余名大学生参加决赛。

举办“庆奥运、迎大运，龙岗杯全国大学生书画大赛”。中国高等教育学会与中国艺术教育促进会联合于2008年7月发出通知，举办“庆奥运、迎大运，龙岗杯全国大学生书画大赛”。通知发出后，得到大学生的热烈响应。经精心组织、认真评选，大赛圆满结束。评出获奖作品共219件。2009年8月，在深圳龙岗举行颁奖会，向获得书法作品一等奖、美术作品一等奖的23名作者颁奖。在2011年“世界大学生运动会”期间，获奖作品中部分精品将参加第26届世界大学生运动会艺术展。

依托培训中心，举办各类干部、教师培训。在2009年，中国高等教育学会主要依托培训中心先后举办了“高职高专院校院系管理人员培训班”、“高职高专院校骨干教学管理人员培训班”、“高职高专院校院系教学秘书培训班”、“中德高职师资进修项目前期培训”、“中德高职师资进修项目回国汇报会”，以及高等职业院校的人力资源师、物流师、营销师的培训等各种类型的培训活动10次，培训高校干部、教师800余人次。培训活动得到参训干部、教师的好评。

西部教育顾问活动持续开展，富有成效。学会参与以发动东、中部学校帮扶西部基础教育为宗旨的西部教育顾问活动已经8年。2009年4月至10月，西部教育顾问活动秘书处先后组织了800名教育顾问分别赴西藏、宁夏、青海、甘肃开展考察、指导和帮扶活动。同时，组织西部校长和教师300余名赴东部学校学习访问。12月，学会与教育部老干部协会和《中国教育报》联合在深圳召开了第九次西部教育顾问工作会议。到会的西部教育顾问和西部教育战线的同志700余人参加了会议，签订“一对一”帮扶协定400余份。

〔坚持“宣传、交流、推动、提升”，稳步提升办刊质量及社会影响〕　2009年，学会宣传工作始终注意遵循科学发展、创新工作思路、开创工作新局面，积极探索与实践，取得了突出的成效。

《中国高教研究》杂志办刊质量进一步提高。《中国高教研究》杂志是学会的会刊和基本宣传阵地。2009年，编辑部坚持正确的政治方向和学术导向，杂志质量进一步提高，所发表的一批重要文章，引起教育部领导的关注，并分别被《新华文摘》、中国人民大学《报刊复印资料》全文转发。其中，《中国人民大学报刊复印资料》上全文转载15篇，刊登目录索引107篇，全文转载数在高等教育类刊物中列第三，刊登目录索引数高于同类刊物。继续入选“中文社会科学引文索引来源期刊”，名列第18位，在高等教育类期刊中列第三位。另据《中国知网》统计，在2000—2009年期间，《中国高教研究》杂志的总下载频次为540 425次，略低于《中国高等教育》（560 609），高于《高等教育研究》（503 930）、《教育发展研究》（498 054）、《江苏高教研究》（366 264）等刊物。影响因子逐年提高，达到1.8以上。在当前纸质媒体受到巨大挤压的情况下，《中国高教研究》的发行量保持平稳并略有增加，社会声誉也在提高。

《中国教育科研参考》宣传影响持续上升。自2006年中旬，学会秘书处恢复了《中国教育科研参考》出版工作之后，发给学会的常务理事、个人会员和学会系统各个单位，很受大家欢迎。《中国教育科研参考》的针对性强、信息量大、每期主题相对集中，抓住了研究的前沿和普遍关注的重大主题，得到高等教育界的好评。2009年，《中国教育科研参考》共出刊24期，发行份数进一步增加。

继续做好各高校发表论文情况的统计排序。学会秘书处自2000年起，开始对各高校在全国14家中文核心期刊上发表教育科研论文的情况进行统计排序。目前，这项工作已经在各高校中产生了较大的积极影响，在一定程度上，促进了高教研究水平的不断提高和群众性高教研究活动的开展。到2009年，统计排序情况已发布了7期。

加强与新闻媒体的联系，加强对联办刊物的合作与管理。2009年，学会与有关新闻媒体，特别是与新华社、人民网、新浪网、《人民日报》、《光明日报》、《中国教育报》等主流媒体加强联系与沟通，多次邀请他们参与学会主办的重要会议，推动他们积极报道学会的重大学术活动。同时，学会加强了对属于学会名下的或与其他单位合办的报刊（《中国现代教育装备》、《实验室科学》、《高校后勤管理研究》、《科学时报》、《大学周刊》）的联系和管理工作。

〔**进一步加强学会内部管理和制度建设**〕 一年来，高教学会组织建设及制度建设取得较大进展，组织影响力不断提升，组织系统的规范化管理经验，受到有关方面的高度评价。

系统内部制度建设初见成效。秘书处于2009年初制定并颁发了《中国高等教育学会分支机构管理办法》，同时印发了《分支机构日常业务工作流程图》。下半年，根据教育部社团办的意见，开展了学会分支机构自我评价工作，推动分支机构加强自身建设、实现科学发展。一年来，各分支机构对于《中国高等教育学会分支机构管理办法》执行情况总体良好。

分支机构组织发展健康平稳。2009年，中国高等教育学会的组织建设又有了新的发展。经民政部批准，学会又新设立了2个分支机构，即国防教育分会、广告教育专业委员会，使学会所属的分支机构总数达到65个。

加强对个人会员的管理和服务。学会于2006年启动发展个人会员工作后，联络和服务工作富有成效。2009年，学会按时向个人会员免费寄送《中国高教研究》和《中国教育科研参考》，7月，“中国高等教育学会第三次个人会员学术年会”在安徽池州召开。通过学术年会等活动，加强了与个人会员的联系，了解了他们的需要，为他们提供了学习和交流的平台。

2009年，加强了与学会系统及教育行政部门的沟通。全年发出《中国高等教育学会简讯》11期，发出《中国高等教育学会学术活动专报》8期。全年秘书处共派人参加各学会、分会、专业委员会的重大活动（代表大会、学术年会等）约30次。

撰稿 范笑仙
审稿 张晋峰

中国职业技术教育学会

〔**职业院校杰出校长和教学名师表彰大会**〕 经教育部批准，中国职业技术教育学会于2009年9月13日在北京隆重召开“华中数控杯”首届中国职业院校教学名师、“天煌杯”第二届中国职业教育杰出校长表彰大会。全国人大常委会副委员长陈至立、全国政协副主席黄孟复和教育部副部长鲁昕等领导出席大会并为获奖代表颁奖。

大会由中国职业技术教育学会会长张天保主持，常务副会长刘来泉宣读表彰决定。经31个省、自治区、直辖市和新疆生产建设兵团自下而上的评选推荐，并在中国职业技术教育网上对初选名单进行为期15天的公示，最终评出职业院校杰出校长130人、教学名师305人。

鲁昕副部长在大会上讲话。她充分肯定改革开放以来我国职业教育取得的巨大成就，指出学会组织的“双表彰”活动，有利于调动广大职业院校校长、教师的工作热情，有利于向全社会展示职教工作者甘于奉献、奋发向上和勇于创新的精神风貌，有利于营造全社会关心重视支持职业教育的良好氛围。她提出今后一个时期职业教育提高质量、改革创新的工作重点，一是加强学校基础能力，降低学生学习成本，提高教育教学质量，提升就业创业能力和构建职教继续学习体系，大幅度提高职业教育特别是中等职业教育的吸引力；二是改革职业院校的办学模式、培养模式、教学模式和评价模式，进一步增强职业教育的生机与活力；三是创新职业院校教学环境、教材应用、教学方式、队伍建设、专业设置和管理制度，加快提升职业教育服务经济社会发展的能力；四是突出三项成果，即职业院校学生提高就业创业能力和继续学习能力，学生得到毕业证书和职业资格证书，职业院校为经济建设和改善民生作出贡献。她希望中国职业技术教育学会积极发挥“学术性、教育性、民间性”的社团优势，与职教战线同志们一道团结奋进，再创佳绩；希望获得此次表彰的校长和教师再接再厉，发挥模范作用，以培养国家高素质技能型人才为己任，扎根职教，忠诚敬业，学为人师，开拓创新，行为世范，为推动我国职业教育的改革与发展作出新的更大的贡献。

四川工程职业技术学院院长司徒渝、内蒙古扎兰屯农牧学校教师陈申宽、河南周口海燕职业中专校长李海燕、北京电气工程学校教师宋友山、苏州建设交通学校校长杨建良、重庆工商学校教师刘钦平、上海交通职业技术学院院长鲍贤俊在大会上作了个人先进事迹报告。

来自31个省、自治区、直辖市和新疆生产建设兵团的获奖代表和地方职业技术教育学会、部分行业协会负责人等共550人参加大会。本次表彰大会是教育系统首次专门针对职业院校院校长和教师进行的大型表彰活动，也是中国职业技术教育学会向新中国成立60周年献的一份厚礼。

〔**首届国家开发区职业教育年会在穗举行**〕 由中国职业技术教育学会和中国开发区协会、高新技术开发区协会、广州经济技术开发区管委会联合举办的“2009年国家级开发区职业教育年会”，于2009年11月18日在广州开幕。这次年会以“新机遇、新舞台、新举措——中国开发区科学发展与职业教育”为主题，来自中央有关部委和开发区政府、企业、职业院校等共200多名代表参加。

教育部副部长鲁昕出席大会并讲话。她指出在新的历史背景下，要增强职业教育主动服务经济社会发展的意识和能力，突出抓好服务区域经济发展，服务国家产业升级，服务经济增长方式转变，服务区域经济结构调整，服务城市化进程，服务企业产品升级换代，服务民族文化、民间工艺和民间技术的传承，服务国家统筹国家区域发展、城乡发展、中部和西部协调发展，服务改善民生等重要历史任务。她提出开发区是我国经济发展的排头兵，有条件、有能力成为职业教育发展和改革的先行者，希望开发区职业院校充分利用产业集群、人才密集、理念超前的优势，为全国职业教育改革创新创造经验。

鲁昕还考察了广州、佛山等地的职业技术教育，她充分肯定广东作为国家改革开放的前沿阵地，职业教育的创新探索发展也走在前头。她希望在新的起点上，广东职业教育进一步改革办学模式、培养模式、教学模式、评价模式，实现教学环境、专业设置、教材应用、教学模式、教师队伍、学校管理制度六大创新，努力使培养的学生既有就业能力、创业能力，又有继续学习的能力，推动学校为经济建设、社会发展、改善民生作出更大的贡献。

〔**2009中德职业教育交流大会**〕 德国职业教育历史悠久，其成功经验对于改革和发展我国职业教育具有借鉴意义。为纪念中德职业教育交流与合作30周年，促进两国职业教育在新的历史条件下进一步交流与合作，2009年11月18日，中国职业技术教育学会与德国职业教育联盟在南京联合举办了“2009中德职业教育交流大会”。会议以“创新与合作——中德职教同行”为主题，介绍中德两国职业教育体系、特点和典型经验，展示中德两国职业教育创新和教学改革成果，研讨中德职业教育发展趋势，探索中德职业教育交流与合作的新模式。

全国人大常委会委员、教育部原副部长吴启迪，中国职业技术教育学会会长、教育部原副部长张天保，德国外交部国务部长科尔内利娅·皮珀(Cornelia Pieper)，德国职业教育联盟主席罗伊特(Reuter)等领导应邀出席会议并讲话。吴启迪感谢德国职业教育联盟及德国菲尼克斯公司对会议做了大量的组织工作，指出30年来在中德两国政府的大力支持下，双方职业教育的合作覆盖教育教学、课程开发、师资培训等多个领域，取得了非常好的社会效果和经济效益，树立了中外职业教育合作的典范。

张天保在讲话中强调，我国职业教育坚持改革开放，走以我为主、博采众长、外为中用的路子，我国不少地区和职业院校就是通过学习借鉴德国的“双元制”职业教育模式而取得成功的。在新的国际经贸合作背景下，中德两国职业教育合作交流的空间非常广阔，希望能够通过真诚合作，互利双赢，共同创新和发展两国的职业教育。

教育部职成教司、江苏省教育厅、南京市总工会等有关领导也出席了会议。中德两国教育界、企业界约 200 余人参加了本次大会。围绕会议主题，大会共进行了 27 个专题报告。

会议期间，张天保会长与德国国务部长科尔内利娅·皮珀、德国职业教育联盟主席罗伊特等进行了亲切交谈，就明年进一步加强合作达成了共识。

〔**中国职业技术教育学会 2009 年学术年会**〕2009 年 10 月 25 日至 26 日，中国职业技术教育学会 2009 年学术年会在河北省石家庄市召开。本次学术年会的主题是，落实科学发展观，以全面提升职业教育质量为核心，增强职业教育吸引力，推动职业教育健康可持续发展。河北省副省长龙庄伟、中国职业技术教育学会会长张天保出席会议并讲话。教育部职业教育与成人教育司司长葛道凯在大会上宣读了教育部副部长鲁昕的讲话。

鲁昕副部长主要谈了三点意见：一是站在新的历史起点上，职业教育已经由注重扩大规模步入全面提高质量的历史新阶段；二是深入贯彻落实科学发展观，以改革创新为动力，扎实推进职业教育科学发展；三是着力找准和解决制约吸引力的突出问题，努力办好人民满意的职业教育。她号召全国职教工作者要抓住深入开展学习实践活动的重大契机，以科学发展观为行动指南，以改革创新为实践动力，切实把学习实践活动中形成的共识、明确的思路、制定的举措落实到事业科学发展上，落实到解决突出问题上，落实到教育改革创新上，落实到推进各项工作的实践中，坚定不移地走科学发展之路，进一步提高职业教育的经济贡献率和社会吸引力，努力办人民满意的职业教育，为实现全面小康社会目标和社会主义现代化建设作出新的更大的贡献。

张天保会长在讲话中指出，提高职业教育的吸引力，必须站在国际视野上，立足本国实际，认真贯彻科学发展观，落实职业教育在经济社会发展中的基础地位和在教育工作中的战略重点地位。改革职业教育的办学模式、培养模式、教学模式和评价模式，创新职业教育的教学环境、教材应用、教学方式、队伍建设、专业设置和管理制度等机制，进一步提高职业教育质量，增强职业教育的生机与活力，加快提升职业教育服务经济社会发展和个人自身发展的能力。他希望学术年会能本着学会一贯坚持的“围绕中心，服务大局，紧贴基层”的原则，围绕主题、拓宽思路、集思广益、建言献策，为进一步全面提升职业教育的吸引力、推动职业教育健康可持续发展作出贡献。

职业教育领域的专家学者周稽裘、姜大源、余祖光、欧阳河、和震、郭扬、汤生玲、翟海魂、周明星、马成荣、赵志群、邓泽民等，分别在大会上作了学术报告，并与会议代表进行了现场互动。由学会各分支机构组织的 7 个分论坛，分别从教学改革、师资队伍、实训基地建设、德育工作、职业生涯规划、农村职教改革以及产教结合、校企合作等方面，交流了增强职业教育吸引力、推动职业教育健康可持续发展的研究。本次年会还专门组织了一个行业企业论坛，特别邀请了一些行业带头人和企业家共同研究如何推动职业教育深化改革，实行产教结合、校企合作的问题。来自全国各地的教育行政部门管理人员、职业院校领导和教师、职教科研和教研人员、行业企业专家、职业教育学者、职教学会工作者等共 800 多人参加了 2009 年学术年会。会议期间与会领导和代表还参观了石家庄铁路运输学校和石家庄城乡建设学校。

撰稿　于　芳
审稿　刘来泉

中国民办教育协会

〔**完成《中国民办教育改革和发展调研报告》**〕自 2008 年 7 月起，组织全国民办教育力量开展《国家中长期民办教育改革和发展规划纲要》的调研工作。2009 年 2 月 15 日，会长办公会审议通过了中国民办教育学会主持的《国家中长期民办教育改革和发展研究》成果——《中国民办教育改革和发展调研报告》。《调研报告》共分三大部分：一是中国民办教育发展的成就、主要特点和基本经验；二是中国民办教育发展存在的问题；三是中国民办教育发展的对策思路。此报告经会长办公会审定后报国家《教育规划纲要》工作领导小组及教育部领导。

调研报告在总结中国民办教育发展的成就、特点、经验和问题的基础上，提出了民办教育中长期发展目标和基本对策思路，并且就是否立即实行营利与非营利分类管理这一重大问题进行了专门比较分析。明确提出“民办教育是教育事业发展的重要增长点和促进办学体制改革的重要力量”。主张当前应当重在《民办教育促进法》及其实施条例这一法律框架下落实鼓励扶持政策和规范管理行为，可在一定范围内开展分类管理试点。

〔“全国民办中小学课堂教学改革研讨会”在河南商丘召开〕 2009 年 4 月 15 日至 18 日，中国民办教育协会中小学专业委员会与河南省民办教育协会、河南省商丘市人民政府在商丘市兴华学校联合举办“全国民办中小学课堂教学改革研讨会”。研讨会的召开旨在引导民办中小学关注内涵发展，加强自身建设，深化课堂教学改革，着力提高教育质量。中国民办教育协会会长陶西平出席大会并作了题为“着力提高教育质量”的专题学术报告。

〔召开民办高校办学经验交流会〕 5 月 5 日至 6 日，中国民办教育协会在吉林华桥外国语学院召开民办高校办学经验交流会。协会会长陶西平，监事会主席胡大白，副会长瞿延东、于果、张杰庭、黄藤、谢可滔、任芳、朱玉，副秘书长王文源以及吉林省教育厅有关领导、广州华美教育集团副总裁骆雪超、内蒙古北方职业技术学院副院长李星云等参加会议。协会副会长、吉林华桥外国语学院院长秦和率学校领导班子成员，同与会者主要围绕民办高校的管理和内涵发展问题开展了深入交流。

座谈会上，秦和院长首先介绍了华桥外国语学院的办学情况。秦和院长说：吉林华桥外国语学院创办于 1995 年，经历了三次搬迁、三次更名、三次跨越，取得了一定的成绩。这得益于学院所坚持的正确的办学指导思想，得益于学院的机制好、体制新以及坚持的民、特、新的办学之路，得益于来自四面八方的优秀教师们的敬业精神，得益于学院的核心文化建设和发展目标的明确，得益于学院高举公益性办学的这面大旗，得益于学院德育为首的育人理念和不断完善中的全套人才培养方案，得益于学院严、精、细的工作作风等。

秦和院长最后说：“面对战略转型考验的华桥外院有信心走向百年！中国的民办高校要想可持续性发展就必须解决社会效益和经济效益、教育规律和市场规律、规模和质量、素质教育和应试教育几个问题，必须重视内涵建设，不断提高人才培养质量。”

随后，与会者分别就自己感兴趣的问题进行提问或发表看法。大家纷纷表示这是一次难得的学习与交流的机会，胡大白、于果、张杰庭、黄藤、谢可滔、任芳和朱玉等来自全国著名民办高校的领导均对吉林华桥外国语学院的办学思想、管理水平和发展成就表示高度认可，对于秦和同志的治校方略给予高度评价。在整个活动过程中，表现出同行之间互相学习、共同探讨，大家经过实地考察和倾心交流，毫不吝啬自己发自内心的赞美之词。

陶西平会长在最后总结时说：“此行收获很大，每一所成功的民办高校背后都有一堆故事。我们现在要做的有两件事情，一是拟定好国家教育中长期规划纲要中民办教育部分的内容，从而有力推动中国民办教育事业的发展；二是要推出一批优秀民办学校来让社会及有关方面深入了解民办教育取得的实实在在的成就。中国民办教育的发展性作用还是非常重要的。民办学校在发展过程中积累创造了很多经验，推动了民办教育社会声誉的提高。吉林华桥外国语学院体现了成功民办学校的个性。总结其经验，我认为，民办学校的举办者要做到‘五有’：一是要‘有志’，学校要有追求卓越的远大目标；二是要‘有识’，学校要有科学的定位，包括学校发展的方向、办学性质等；三是要‘有勇’，中国的民办高校在发展过程中还面临着地区发展不平衡、理念差距大等不很好的外部环境问题，要想坚持把这条路走下去，就一定要有勇；四是要‘有谋’，需要有完整清晰的办学思路，华桥外院的办学探索已经从理念进一步深化到体制、模式的层面的探索；五是要‘有文化’，华桥外院把严格管理和人文关怀结合在一起，这个结合点找得很好。为了使中国民办高校得到更好的发展，各兄弟院校之间也要做到多沟通、多交流、多宣传，此类活动要继续组织，大家自愿参加，多到各种类型的民办学校学习交流。”

〔**2009“培养全球视野公民”国际教育研讨会在上海召开**〕 5月10日至12日，中国民办教育协会与中国教育学会、美国“世界教育质量促进联盟”、美国“国际及跨地区认证委员会”在上海联合举办以“培养全球视野公民”为主题的“2009国际教育论坛”。来自中国、美国、印度、欧盟、巴基斯坦等国家和地区的政府部门、专家学者、学校管理者以及教育工作者等近300人参加了会议。其中，60多位代表来自境外国家和地区的教育行政部门、知名教育认证机构、国外大型教育集团和研究机构。陶西平会长出席并作专题报告。

本次论坛是中国民办教育协会自2008年5月成立以来组织的第一次高规格、大规模的国际学术活动。论坛期间，中外专家学者围绕国际教育交流与合作、人才培养模式改革、跨境教育中的质量保障，特别是学校教育评估等问题进行了深入研讨。

〔**中国民办教育协会建立信息联络员制度**〕 2009年8月14日，为进一步加快协会信息化建设，加强各地民办教育信息交流，提高民办教育信息采集和发布的整体质量，切实做好民办教育宣传工作，提升信息联络员业务水平，中国民办教育协会办公室在大连召开中国民办教育协会信息联络员工作会议。会议由中国民办教育协会副秘书长兼办公室主任王文源主持，他向与会人员介绍了协会基本情况、主要职能以及协会成立以来开展的主要工作，还重点介绍了“中国民办教育协会信息联络员管理办法（试行草案）”内容及有关制度与要求。会议决定：信息联络员会议每年召开一次。

〔**中国民办教育发展大会暨中国民办教育协会（2009）年会在湖南韶山召开**〕 2009年10月19日，由中国民办教育协会主办、湖南省民办教育协会承办的“中国民办教育发展大会暨中国民办教育协会（2009）年会”在伟大领袖毛主席的故乡、革命圣地韶山隆重召开。大会的主题是：“团结、鼓励、创新、发展”。中共中央政治局委员、国务委员刘延东，全国人大常委会副委员长严隽琪分别给大会发来贺信。全国政协副主席张榕明、全国人大常委会原副委员长、中国民办教育协会名誉会长许嘉璐出席会议并发表重要讲话，教育部部长助理吴德刚到会祝贺并讲话。湖南省人民政府、韶山市人民政府主要领导同志分别致欢迎辞。协会会长陶西平致开幕词，常务副会长王佐书主持大会。

来自中共湖南省委、云南省教育厅、浙江省宁波市教育局、四川省成都市成华区政府等部门的4位政府行政部门代表作了大会发言，各自介绍了近年来如何在国家法律框架下，因地制宜、创造性地推动促进民办教育发展的举措和取得的成绩，为如何推动区域民办教育发展提供了宝贵经验。

江西蓝天学院、湖南信息科学职业学院、广州市华美英语实验学校、大连万达星海人家幼儿园、新东方教育集团等5家民办教育机构的代表也作了大会发言，分别介绍了各自的办学经验和办学成就。充分展示了民办学校如何坚定信心，克服困难，坚持改革和创新，不断提高办学质量，打造品牌，彰显办学特色，全面推进素质教育的成功经验。大会发言单位是近年来涌现出的一批优秀的举办者和办学者的代表，得到了社会的充分认可和高度评价，获得了良好的社会声誉，已经成为我国民办教育领域具有重要影响的优秀品牌。

为全面促进我国民办教育事业的科学发展继续作出不懈努力，大会向民办教育界发出倡议：第一，要以更广阔的视野审时度势，坚持民办教育的正确发展方向；第二，要以更长远的眼光奠基未来，推动完善民办教育的制度环境；第三，要以更全面的观点看待发展，履行民办教育的社会责任；第四，要以更积极的心态勇于实践，充分激发民办教育的生机活力；第五，要以更务实的行动建设学校，树立民办教育的良好社会声誉。

大会还向中国民办教育发展大会优秀论文获奖者颁发了获奖证书。

中国民办教育协会总顾问、顾问，会长、常务副会长、监事会主席，副会长、监事会副主席，副秘书长，各分支机构负责人及我会部分常务理事、理事和会员等单位及个人代表共 400 余人参加了大会。

〔**协会调研民办中小学校教师绩效工资情况**〕为了坚持教育优先发展战略，贯彻落实《义务教育法》，稳定、吸引和鼓励各类优秀人才长期从教、终身从教，党中央、国务院决定同意自 2009 年 1 月 1 日起，率先从义务教育学校开始实施绩效工资分配政策，受到了广大义务教育阶段教师的欢迎和好评。但是，按照既有的政策设计思路，本次绩效工资改革并未包括义务教育阶段的民办中小学校。从而引起了众多义务教育阶段的民办学校举办者、办学者以及广大民办中小学校教职员工的高度关注，反响较为强烈。

2009 年 10 月 29 日，中国民办教育协会对民办义务教育学校绩效工资情况开展调研。中国民办教育协会法律事务部就“义务教育绩效工资改革对民办中小学的影响”展开了全国性调研，并形成了调研报告，提交给教育及相关政策制定部门。绩效工资制度改革对民办中小学的影响有以下几点。

1. 对民办中小学师资队伍有影响：相当部分民办中小学教师特别是优秀教师可能将加速流失。

2. 对民办中小学办学成本有影响：人员经费支出将大幅攀升，办学成本刚性增长，民办中小学其他经费开支将受压缩。

3. 对民办中小学发展格局有影响：民办中小学可能加剧两极分化，部分民办学校办学更加困难，少部分优质学校则可借机走上精品发展道路。

调研报告提出了应对冲击的几点举措建议。

1. 建议适时召开全国民办教育工作会议，从战略高度再次强调民办教育在办学体制改革和满足多元化教育需求方面发挥的重要作用，进一步重申和明确促进民办教育发展的指导思想。

2. 针对目前民办中小学的实际情况，逐步放开对民办中小学的收费审批，尝试收费标准由审批制改为备案制，同时鼓励民办中小学积极吸纳社会捐赠，允许民办中小学申请贷款。

3. 建立财政资助机制，逐步将对民办教育的财政经费支持纳入地方教育财政预算，对接受政府资助的民办学校实行分类管理，学校账户单列，接受相关部门监督。

撰稿　王文源　魏君兰
审稿　蔺海波

高等学校社会科学发展研究中心

〔**继续深入推进学习实践科学发展观活动**〕　按照有关文件精神和要求，社会科学发展研究中心把继续推进深入学习实践科学发展观活动作为新一年的首要工作，在广泛征求意见和充分讨论的基础上，研究制定了学习实践活动整改落实方案，认真进行整改落实情况自查和学习实践活动总结测评。

通过开展深入学习实践科学发展观活动，社科中心领导班子广泛调研，深入研讨，对影响和制约中心科学发展、群众反映强烈的突出问题等有了比较清楚的认识，初步形成了解决问题、推动发展的工作思路；党员干部的理想信念更加坚定，在加强党性修养、树立和弘扬良好作风、推动科学发展的能力等方面有了新的提高。

经过一年的努力，整改落实方案提出的各项任务基本落实，各项工作得到多方面推进，学习实践活动的成效日益显现。

〔**谋划和开展纪念新中国成立60周年系列学术研讨**〕 组织举办系列研讨会（论坛）。①组织召开了“社会主义与新中国60年”理论研讨会、第二届“中国特色社会主义理论体系论坛”，对新中国成立与实现中华民族的伟大复兴、新中国60年与推进马克思主义中国化、新中国60年高等教育事业改革发展的成就与经验等进行了深入研讨。②组织召开了“新中国成立60周年与高校哲学社会科学繁荣发展研讨会”，对新中国成立以来高校哲学社会科学发展的经验、规律及前瞻性问题进行了研讨。③组织举办了“新中国成立60年与高校德育创新发展论坛”，系统总结了新中国成立特别是中央16号文件下发以来高校德育创新发展取得的成绩和经验，研讨了高校德育工作面临的新情况和新问题。④组织召开了“新中国高校党建60年理论与实践研讨会”，着重对新中国60年高校党的建设在思想、组织、制度、廉政等方面所取得的基本经验进行了研讨。⑤组织召开了“新中国成立60年学校美育理论与实践研讨会”，回顾总结了新中国60年特别是改革开放30年来美育理论与实践的发展，对当前学校美育教育应遵循的理念进行了交流和研讨。

编写出版系列丛书。组织北京大学、清华大学、北京师范大学、中国人民大学、武汉大学、南开大学等14所院校的专家学者，编写了“历史新起点书系”，丛书包含《中国特色社会主义理论体系研究》、《科学发展观研究》、《中国政治建设与发展研究》、《全面建设小康社会研究》、《高校思想政治教育创新发展研究》、《高校党的建设研究》等14本论著，对新中国成立后特别是改革开放以来的实践发展与理论创新进行了概括和总结，就当前马克思主义理论教育中的难点、热点问题进行了梳理和解答，对高校师生关心的重大理论与现实问题进行了分析和研究，集中展现了高校哲学社会科学工作者的理论思考和一些重大理论探索的研究成果。

〔**研究宣传中国特色社会主义理论体系**〕 组织中国特色社会主义理论体系专题研究。组织召开了高校“中国特色社会主义理论研究中心”工作会议；完成“中国特色社会主义体系研究报告（2009）”；启动全国教育科学规划重点课题——“科学发展观教育理论研究”。组织编写《科学发展观青少年读本》，对学习贯彻科学发展观的重大问题进行了全面准确、深入浅出的阐述。教育部办公厅专门下发《通知》，要求各级教育部门充分发挥《读本》在引导中学生学习科学发展观中的重要作用。2009年4月7日教育部专门编发第59期简报充分肯定了教育部理论中心研究宣传中国特色社会主义理论体系的相关工作。

开展理论热点、难点问题的研究和宣传。通过多形式多层次调研，梳理出十个亟需在理论上阐明的思想认识问题和热点难点问题，撰写了《关于当前干部群众思想认识问题和热点难点问题的调研报告》，受到上级有关部门的关注；配合《六个“为什么”——对几个重大问题的回答》的出版，组织召开高校师生学习座谈会；围绕马克思主义指导地位、符合国情的我国政党制度、新中国成立的历史意义和60年取得的伟大成就、五四运动精神等重大理论和现实问题，约请专家学者撰写并以“教育部中国特色社会主义理论体系研究中心”署名，在《人民日报》、《求是》杂志、《光明日报》等中央主要报刊发表14篇理论文章。

〔**学术理论动态跟踪研究**〕 围绕纪念新中国成立60周年和五四运动90周年开展学术理论动态跟踪研究。通过组织理论研讨会、座谈会、学术访谈等方式，展开广泛理论调研，形成“庆祝新中国成立60周年宣传教育活动中应注意的一些问题”、“专家学者研讨新中国成立60周年”等简报，就相关理论研究的最新动态做了较全面的梳理和概括。在召开理论座谈会和剖析相关纪念文章的基础上，编写了“专家学者纪念五四运动90周年”、“五四运动90周年纪念文章中的一些重要观点”等简报。简报得到中央有关领导的重视和批示，有关内容被收入高校思想政治课教师教学参考资料。

加强对国际金融危机与我国经济安全问题及其他重点、热点问题研究。整理报送了“国际金融危机与中国经济安全”、“国际金融危机、经济危机与发展中国特色社会主义”等简报；汇总摘录了国家经济安全问题的研究情况和有关论著的重要观点，就我国在国际金融危机中的表现与中国特色社会主义模式的关系、美国的反危机措施及其效果、我国应对危机的对策建议等做了比较深入的研讨。

〔组织实施马克思主义大众化专项研究〕 组织实施教育部人文社会科学研究“马克思主义大众化”专项任务项目。研究编制了课题申报指南，内容涉及马克思主义研究与教学等方面的28项重点难点问题。经严格评审，确定了59项立项课题。为保证研究质量，通过与各课题组保持经常联系、参加部分开题报告会、严格中期检查等措施，加强课题立项后的管理，并专门召开了“马克思主义大众化项目”的全国性工作研讨会。在北京、上海、南京、长春等地召开专题调研会和理论研讨会，编写出版了《高校马克思主义大众化研究报告(2009)》。

加强高校马克思主义理论队伍建设。为摸清当前高校马克思主义理论队伍基本情况，逐步建立专家和学者数据库，经多次调研，完成《高校马克思主义理论队伍建设调研报告》。通过定期邀请高校专家学者和实际工作者进行学术研讨、举办学术报告等活动，努力营造浓厚的学术研究氛围，发现和培养一批有潜力的学术新人，团结和凝聚高校马克思主义理论骨干队伍。成功举办首届“马克思主义学科博士生论坛”。推出旨在扶持哲学社会科学学术新人的“高校社科文库”出版资助项目，第一批入选论著已出版。

〔开展高校党建和思想政治教育有关问题研究〕 推进党建和思想政治教育相关问题研究。积极开展“当代大学生的思想特点和成长规律”、“哲学社会科学的育人功能”、“新形势下宗教对大学生思想的影响”等课题研究，形成《聚焦：大学生关注的理论热点问题（2009)》、《在党的旗帜下——大学生党课教程》、《中国学校德育编年史》、《辅导员工作概论》、《创新人才思想素质培养》等成果；参与中宣部组织的《理论热点面对面2009》的撰写。召开了“创新人才思想政治素质培养”、“新媒体技术与大学生思想政治教育”、“思想政治教育基础理论研究”、“高校党建和宣传思想工作”等专题学术论坛。这些学术活动的开展，既推动了对高校党建和思想政治教育工作基本理论的深入研究，又起到了引领高校理论工作者关注实际问题，促进党建和思想政治教育工作者加强理论研究的积极作用。

开展校园文化建设与美育问题研究。召开“高校校园文化建设研讨座谈会”、“以社会主义核心价值体系引领大学校园文化建设理论研讨会”，深入研讨以社会主义核心价值体系引领校园文化思潮、校园文化建设的理论与实践总结等方面问题，组织起草“2008—2009年高校校园文化建设年度报告”，参与教育部“农村艺术教育调查”等课题，组织开展文化艺术领域前沿理论问题的广泛调研；组织完成“学校艺术教育丛书”（共16册）的修订再版。

〔《高校理论战线》杂志的编辑出版和宣传发行工作〕 围绕深入学习实践科学发展观、学习贯彻十七届四中全会精神、国际金融危机、新自由主义的实质、普世价值论的实质以及马克思主义学科建设、高校党建与思想政治教育等重大理论和实际问题的研究讨论，配合新中国成立60周年、五四运动90周年等重大节庆活动的纪念宣传，《高教理论战线》杂志及时组织、约请专家学者撰稿，发挥了积极的舆论导向作用。同时，进一步增强服务意识，广泛听取教学、科研和管理一线同志们的意见，不断提高办刊质量；加强作者队伍建设，注重学术新人的发现与培养。

刊物的宣传发行工作取得较大进展。除完成刊物年检、责任编辑申请注册、主办单位变更等具体工作之外，还改进了封面和插页设计，加大了对高校改革发展成就的宣传，进一步扩大了刊物在教育战线的影响。

撰稿 段成钢

审稿 冯 刚

教育新闻媒体

中国教育报刊社

中国教育报刊社是中华人民共和国教育部直属的新闻出版机构。现编辑出版两报四刊两网：《中国教育报》、《人民教育》杂志（半月刊）、《中国高等教育》杂志（半月刊）、《神州学人》杂志（月刊）及神州学人杂志网站、《中国民族教育》杂志（月刊）、《中国教师报》（周报）、中国教育新闻网。

从1994年9月组建至今，中国教育报刊社秉承“为教育而鼓，为教师而歌”的办报办刊理念，在宣传党和国家教育方针政策、法律法规，报道各地教育动态、教育教学改革经验，研究探讨教育热点问题、理论问题，宣传教育界先进人物等方面起到了重要的舆论导向作用和宣传指导作用。各报刊及时准确地为各级教育行政部门、学校、教师、学生和关心教育的各界人士提供权威性、专业性、大容量、多角度的教育信息服务，是反映中国教育现状的重要窗口，是了解中国教育改革与发展的权威新闻机构。

近年来，两报四刊两网着重在提高报刊质量、扩大影响力上下功夫，并取得了重要进展。《人民教育》、《中国高等教育》、《中国民族教育》将月刊、双月刊扩展为半月刊、月刊，并增加印张，使报道总量翻了一番多。“中国教育新闻网”于2006年11月正式开通，2009年月访问量超过300万人次。《中国教育报》彩色版（北京地区）已于2007年3月投入试印，报纸面貌焕然一新。

2009年，中国教育报刊社资产已由1995年的200万元增加到2.229 7亿元，成为中国教育领域最有影响力的教育报刊传媒集团。

撰稿　焦　雄
审稿　史习江

（一）中国教育报

〔**综述**〕　中国教育报在2009年的新闻宣传工作中，努力把握教育改革发展的新精神、新任务、新形势，坚持“围绕中心、服务大局”，以提高宣传报道质量和引导力为核心，以增强新闻报道的亲和力、感染力、吸引力为着力点，做“靓”三件大事、做足“重点”报道、做透“热点”引领。

〔**做“靓”三件大事**〕　《教育规划纲要》公开征求意见的报道。制订《国家中长期教育改革和发展规划纲要》是2009年教育部全年的一项最重要的工作。对《教育规划纲要》公开征求意见，是制订《教育规划纲要》的重要内容和关键环节，教育报的报道在其中发挥了主渠道、主阵地的作用。教育报编辑部精心策划了整体报道方案和阶段计划，打破常规，从编辑部各部门选派骨干力量，组成专门报道队伍，在持续近两个月的报道中，力争做到坚持主旨、把握导向、有力引导、良性互动。教育报围绕《教育规划纲要》讨论中提出的36个问题，组织专家、群众积极建言献策，共刊发25个整版，专家引导性文章37篇及系列访谈，就制订工作给予答疑，并配发评论员文章、答记者问等，同时刊发建言献策的文章140多篇，体现了广纳谏言、广集民智、求教于民、问计于民。报道收到很好的效果，得到教育部领导和广大读者的充分肯定。人民网等主流媒体网站也纷纷转载教育报刊载的内容。

庆祝新中国成立60周年的报道。2009年，举国上下庆祝新中国成立60周年，中国教育报有责任报道好60年来新中国教育事业取得的历史性变革和奠基性成就，抒写好广大教师与教育工作者的不朽业绩和时代精神之歌。编辑部高度重视并及早筹划、精心组织60周年报道，确定了重点栏目和特刊；采用集团化作战的模式，抽调多个部门的采编人员，集中力量做好战役性报道。编辑部提出，60周年报道不仅要做得盛大、隆重，更要努力创新，生动可读。创新是做好60年报道的关键。一版“教育奠基中国——庆祝新中国成立60周年”栏目力图通过亲历者对44项重大教育政策制订和出台回顾，配以新闻背景、图表，让读者走进历史的隧道，立体化地感受共和国教育发展的脉络。四版“60教育纪事”特刊则选择了50年代8大学院建设，60年代的“减负”，70年代社会各界对怀柔教师被打事件的反响，80年代北京大学建拆南墙及斯霞、张华等共16个历史事件和人物。每一个都是一段动人心弦的故事，16个整版的报道展示新中国60年教育发展的沧桑巨变和波澜壮阔的发展历程。教育报60周年特别报道在读者中引起了强烈反响。人民网、新华网、教育部网站等主流媒体网站以及搜狐、腾讯、新浪等社会网站关于60年教育成就的专题报道，基本内容均来自教育报的这两个栏目。

教育系统学习实践科学发展观活动的报道。为配合2009年3月开始的教育系统学习实践活动，教育报在一版重要位置推出了“学习实践科学发展观特别报道”、“笔谈（访谈）”等栏目，报道学校开展活动的进展情况及好经验、好做法和取得的成果，反映教育界人士特别是校长、局长们对学习实践活动的认识，并推出了一大批有影响力的典型和言论。高校学习实践活动报道中推出的评论员文章，被新华社、人民日报、光明日报全文转发，同时也被中央电视台新闻联播、中央人民广播电台播发。

〔**做足“重点”报道**〕　2009年是宣传报道任务非常繁重的一年，据不完全统计，仅中宣部直接下达给教育报的报道选题就多达20多个；在一版重要条位刊发的中央及教育部重要方针政策、工作会议和工作部署的消息多达六七十条。为配合这些重要工作，教育报在新闻版开辟了二三十个栏目，如“加强学校管理　规范办学行为”、“走进大学教改前沿”、“育人为本　德育为先”、“关注大学生就业”等，大规模集束式地报道推进中心工作的经验，深入解读相关政策和措施。

针对推进教育均衡、实施素质教育、提高教育质量、促进教育公平中的重点难点问题，教育报推出重大经验典型报道，取得了良好的宣传效果。《为了每个孩子都享受优质教育——河北靠管理创新促进区域均衡推进素质教育》报道刊发后在教育界引起了很大反响。国务委员刘延东作出批示，2009年11月在河北邯郸召开了全国义务教育均衡发展现场交流会议。《湖北农村百万寄宿生乐享“菜篮子”》报道刊发后，刘延东对该做法作出指示。“高教改革新观察”系列报道刊发后，教育部有关领导专门给编辑部发来表扬信。

教师节前后，教育报推出“祖国未来，神圣使命”特别栏目，报道了33位优秀教师，在教育系统大力弘扬高尚师德和改革创新精神。此外，还重点推出了近30个师生典型报道，在社会上引起了重大影响的“长江大学英雄群体”，是由教育报第一时间做出了报道，并在随后不断跟进，进行了密集的宣传，其系列评论员文章受到教育部领导的肯定。

〔**做透“热点”引领**〕　2009年，教育报编辑部本着加强新闻、做足深度的理念，把三版开辟为深度新闻版，竭力做好热点新闻剖析、教育新政解读及突发事件报道。通过新闻纵深、新闻视点、新闻人物等报道，从整体上形成了一个强有力的深度新闻板块，一周七天，每天都有深度新闻报道。

《“大学生村官模式”从农村包围城市》的报道受到中共中央政治局常委习近平的重视，专门就大学生社工问题作出重要批示，有力推动了这项工作。

此外，大学生医保能否得实惠、卸任大学生村官何去何从、贫困大学生认定的尴尬、民办高校招生困境、北大自主招生的中学校长实名推荐、寄宿制学校学生营养状况调查、校园踩踏事件背后被忽视的细节以及2009年逝世的季羡林、钱学森等大师级人物，都是教育战线师生甚至社会关注的热点，通过对这些选题的开掘，教育报充分发挥了对热点问题的引导作用，同时也展现和提升了自身的影响力。

〔**增加精品意识，打造品牌栏目**〕 为了适应报纸分众化、对象化的发展趋势，教育报编委会高度重视专刊与周刊报道，视其为服务核心读者、体现专业特色、提高专业引领性和权威性，不断提高报纸宣传报道质量的重要方面。2009年，各专周刊在创新报道内容、形式、手段上下足功夫，不断增加精品意识，打造品牌栏目。

校长周刊推出的话题性报道，高教专刊的“高端视点”，国际教育专刊的“独家访谈”等栏目，理论专刊的“纪念新中国诞生60周年专论”系列专论等，都在各自的读者群中产生了广泛影响。文化副刊“人文天下”在汶川大地震一周年刊发的《灾难，终将成为人类背影》一文，受到刘延东同志批示；推出的季羡林、任继愈、钱学森等学术大家的纪念特刊受到读者欢迎。读书周刊策划的“推动读书十大人物”活动，获得中宣部、新闻出版总署颁发的“全国阅读活动优秀项目奖”。

2009年，教育报与中国教育新闻网合作举办“首届全国教育改革创新奖评选活动暨中国教育创新论坛”，赢得了社会各界的极大关注。1 100多个单位和个人参加评选，565万余人次参与投票，投票总数超过1 800万票，网民留言数量超过10万条。经过网络投票和专家评议，130个单位和个人分获实践奖、管理奖、校长奖、教师奖四个奖项。

撰稿 刘 微
审稿 刘仁镜

（二）《人民教育》杂志

〔**综述**〕 2009年，中国教育事业改革与发展站在了一个新的历史起点上。编辑部按照教育部党组的要求，认真学习实践科学发展观，进一步增强主流教育媒体的责任意识，围绕中心、服务大局，密切关注教育改革与发展中的新动向，把“特色发展，文化育人”作为全年宣传的重点，大策划深度宣传新中国成立60年基础教育领域取得的成就，深入教育一线，加强典型报道，努力从教育舆论上引领教育理论与教育实践。关注读者关心的教育热点难点问题，让读者的需要变成杂志的追求。

〔**认识基础教育发展新方向，把“特色发展”作为全年舆论引领的重点**〕 2009年初，根据《国家中长期教育改革和发展规划纲要（征求意见稿）》传递的信息，编辑部提出了“中国教育改革与发展的目标是实现教育现代化”、“特色发展是基础教育内涵发展的路径”的思想，认为这是着眼于我国现代化建设要求、着眼于教育改革发展实际，符合教育自身发展规律的。根据对特色学校建设的关注与研究，《人民教育》2009年2月合刊策划推出了“特色学校建设”专辑，发表了代表编辑部声音的言论文章：《每一所学校都是潜在的特色学校——关于特色学校的七点认识》。文章指出，“每一所学校都是潜在的特色学校，都可以生长发展为特色学校。发展特色学校，是办好所有学校的路径。”揭示了特色学校建设对于办好和发展好每一所学校所具有的普遍意义。“特色学校建设”专辑，从理论上阐释了对特色学校建设的见解，澄清了认识上的一些误区，提供了特色学校建设实践中的成功思路和做法，“专辑”在全国产生了一定的影响；

《每一所学校都是潜在的特色学校——关于特色学校的七点认识》也很快被《人大复印资料》转载。

随后编辑部围绕“特色发展，文化育人”重点采写发表了系列通讯、报道和言论。通讯《快乐校长的文化管理》、《文化的力量》、《魅力南开》，综述《特色是学校发展的硬道理》以及对浙江镇海中学、江苏前黄高中、广东潮州金山实验中学等“特色发展、文化育人”的报道，凸显了刊物从舆论上引领的指向。特别是本刊采写的江苏无锡市蠡园中学办学特色的通讯《给学生可选择的教育》，尖锐触及了教育模式单一化的痼疾，展示了“教育选择性”的新理念。年底编辑部还特别策划了一组“从均衡发展到特色发展”文章，有对专家的访谈，也有学校的经验。

在2009年“年终综述”中，本刊记者撰写的《走向教育现代化的纵深》、《为了个体生命的提升——写于2009年中国教育站在现代化的门坎上》等有分量的文章，揭示了走向现代化教育的重要内涵。

〔**在深、透上下功夫，精心策划新中国成立60周年教育成就的宣传**〕 2009年是中华人民共和国成立60周年大庆。宣传60周年来基础教育领域的成就，是《人民教育》宣传的重头，编辑部进行了精心策划，从不同侧面、不同角度做有深度的文章。一是邀请中央教育科学研究所教育史专家和华东师范大学、北京师范大学知名学者就新中国成立60周年教育改革发展成就、教育给予个人的影响、构建高效公平的中国现代教育体系撰写了多篇文章。二是策划推出了“60年，与祖国共同走过”的专栏，先后采写了北京小学、江苏苏州金阊区实验小学、辽宁实验中学的通讯报道，并组织了新中国成立60年来教育体制改革回顾的理论文章。三是策划了“中国课堂60年的表情与思想”一组文章，在宣传教育成就的同时，强调新意义的生成，强调现实针对性，强调独立的观点。同时考虑到读者群的阅读兴趣，分三个层次深入：用课堂影像，作为叙事史，很有亲和力；以教学实验的回顾，透视每个时期课程教学最前沿的理念及变化，是教学思想和研究史；借助历史性重大论争的观点，不回避矛盾、不因循守旧，成为语文教育、数学教育的一部思想发展史，其中不乏发人深思的评论。这些文章，虽然主题都是历史回顾，但不停留于文献整理，而是透辟的见解，作者均为业内很有思想、个性的教师、教授。四是从名师个人成长的角度，延展国家基础教育发展的画卷。名师伴随着新中国教育发展的脚步不断成长的人生经历和感受，既反映了中国的教育成就，也作为教育成就的见证人和推动者，很具感染力。

这些宣传，既浓墨重彩又尊重客观，受到了多方好评。西南大学副校长宋乃庆认为，“新中国课堂60年的表情与思想”的策划非常好，他受此启发，专门成立了一个“数学教育重大论争课题组”。语文教育界的著名专家王尚文也认为这个题目很有意义。文章刊出后，受到读者的好评与珍藏，多篇被《人大复印资料》转载，被各大网站广为转载。

〔**深入教育一线，继续发挥刊物典型报道的优势**〕 2009年《人民教育》记者深入教育一线，采写和报道教育教学典型，为读者提供区域、学校教育改革的鲜活经验。报道的内容涉及区域教育均衡发展、教育为民服务、实施素质教育、减轻学生负担、关注教育内涵发展、提高教育质量、学校文化建设、区域教育生态建设、学校管理制度创新、班主任专业化推进、引领学生精神成长、优秀教育工作者成长、优质学校先进经验，等等。其中《人民教育》2009年第2期率先推出的山东省潍坊市教育惠民服务经验，浙江省杭州市下城区“周培植和他的区域教育生态理论”、杭州上城区课堂“减负”的经验；苏州一中、江苏口岸中学、青岛开发区一中、宁夏六盘山高中、河南濮阳四中、湖北宜昌五家港区实验小学、吉林省第二实验学校、江苏淮阴师范学院一附小、中央教科所南山附属学校等一系列学校通讯报道，收到良好的新闻宣传效果，引发读者参观学习的热潮。这些文章大多被转载，有的获得了教育好新闻优秀奖。

此外，《人民教育》13—14期合刊推出了“魏书生民主科学教育”专辑，对魏书生30多年的教育思想和实践进行了全景式的报道，在全国引起强烈反响，又一次引发了学习魏书生的热潮。15—16

期合刊推出“生本教育”专辑，对“生本教育”的理念和方法进行了立体式的报道，给读者提供了有益的启发，产生了较大的影响。

〔**关注教育热点，关注教师专业成长**〕 2009年的选题策划及组稿中，密切关注教育社会热点、积极回应一线教师的关切点。例如，组织了关于农民工随迁子女教育、“人权教育”内涵及其实施策略、学生实践能力应如何培养、义务教育教师绩效工资实施中岗位设置等问题的文章，结合《中小学班主任工作规定》的发布，先后推出了专家学者的解读文章和本刊评论文章，在教育理论界和实践工作者中引起一定反响。在贴近一线教师方面，《人民教育》以案例为主，坚持思想性与通俗性并举，一年中，从教师的角度出发，先后就如何看待语文、如何看待鲁迅作品的去留、什么是教育家型教师等热点话题作出有力的回应，深受读者欢迎。

2009年《人民教育》在教学板块新开了“亲近理论”、“热点与争鸣”两个栏目，为传播思想、学术争鸣提供平台；及时策划了“究竟什么是中国数学教育的优良传统”这一敏感而尖锐的问题，为课改的重新出发辨明方向，受到读者的好评。

〔**《人民教育》通联发行工作有新变化**〕 2009年《人民教育》的发行工作全部交给了编辑部，并且确定了5年内达到的数量目标，编辑部对5年目标进行了分解。为扩大发行量，着眼基础性工作，作长期打算，以地、县为单位，逐步建立自己的发行网络，重新确定了各省的通联组长，并通过通联组长的推荐，在市县重新确定了96个通讯员。经过努力，2010年《人民教育》的发行止跌有升。

2009年《人民教育》被新闻出版总署中国期刊协会评为“新中国60年有影响力的期刊”。

撰稿 刘 然
审稿 傅国亮

（三）《中国高等教育》杂志

〔**综述**〕 2009年，《中国高等教育》进一步确立高教理论期刊的定位，更加突出以科学发展观为指导，坚持正确的高教舆论导向，积极主动关注高教理论与实践中的深层次问题、重点热点问题，有效引导高教界深入开展理性求索，努力使刊物成为“高教理论探索交流的高端平台，治教治校治学智慧的前沿瞭望”。刊物发行量在激烈竞争中继续保持全国同类期刊中的领先地位。

〔**宣传科学发展观，推动高教事业科学发展**〕 根据中央的统一部署，2009年在全国高校开展深入学习实践科学发展观活动，刊物给予高度关注和密切的舆论配合。对先行试点的浙江大学、北京师范大学给予深度宣传，又在第13—14期合刊，发表署名评论《将科学发展观内化为办学观》，同期约请11位大学书记（校长）撰写专题文章，集中展示高校学习实践科学发展观的阶段性成果。其中，有清华大学党委书记胡和平的文章《科学发展创一流 教育创新迎百年》、中国人民大学校长纪宝成的《坚守使命 特色强校 科学发展》、大连理工大学党委书记张德祥的《创新体制机制 推动科学发展》等。

〔**从理性深度宣传新中国60年高等教育的历史巨变与宝贵经验**〕 2009年是新中国成立60周年，为宣传60年来新中国高等教育的历史巨变和宝贵经验，刊物精心策划，分工合作，并开辟“特别视线”专栏，刊发了多篇有较深思考、特色鲜明的纪念文章。例如，发表了高教理论家潘懋元先生的文章《高教研究60年：后来居上 异军突起》，教育部人事司的文章《新中国60周年高校教师队伍的发展壮大与变革》；还发表了《高等教育60年：成大国伟业 迈强国征程》、《60年求索与奋斗：一个研究生大国的崛起》、《新中国高职教育改革的非凡成就和经验》、《共和国民办高等教育的变迁与勃兴》等。

〔**高举改革旗帜，为推进高等教育教学改革创新鼓与呼**〕 多年来，刊物一直注重高等教育教学改革方面的宣传。2009年刊物在高教改革特别是教学改革、人才培养模式创新方面，是具有前瞻性和引领性的。例如，这一年发出的《改到深处是教学》、《提振高等教育改革的欲望与能力》、《新一轮高教改革应突出"新"》等时代强音，都在高教界引起很大反响。再如，刊物持续不断地呼吁人才培养模式改革和落实以人才培养为大学根本任务等，也有较好评议，像署名文章《反思与回归：大学根本任务的厘定》、《以改革创新精神创建世界一流大学》、《现行大学教师绩效评价制度的反思与改善》等4篇被新华文摘转载。

〔**发挥导向作用，办好相关栏目**〕 在加强做好重点宣传和专题报道的同时，刊物对其他相关栏目的宣传报道也一直很重视，相关栏目都办出了各自的特色。"卷首微言"栏目经过几年的努力，已经成为了刊物的品牌栏目，刊登的署名评论被读者誉为"小文章，大手笔；小角度，大视野"，具有可读性和较强的吸引力，特别受地方高校领导喜爱。对于相关栏目的宣传，如"德育与党建"、"高校教学评估"、"创新研究生教育"、"教改新视野"、"高职教育在线"、"民办高教视窗"、"放眼世界"等栏目，也积极配合教育部的工作重点，并根据读者感兴趣的一些问题精心组织稿件，力求对各高校具有借鉴和启迪作用，基本上办出了各自的特色。

撰稿 李石纯
审稿 陈 浩

（四）《神州学人》杂志及网站

〔**综述**〕 2009年，神州学人编辑部贯彻党的十七大和十七届三中全会精神，深入贯彻落实科学发展观，坚持"弘扬爱国主义精神，鼓励在外留学人员回国工作、创业或以适当方式为祖国服务"的宗旨，运用《神州学人》杂志和网站，围绕全国经济社会发展大势和留学工作新形势，多角度、多层次、全方位进行报道，为我国建立创新型国家，构建社会主义和谐社会，实施人才强国战略与科教兴国战略，为全国留学工作的发展提供舆论支持。

〔**《神州学人》杂志**〕 2009年，《神州学人》杂志开设"新闻·专题"、"人物"、"文苑"、"服务"等四大板块，除常规栏目和内容外，从突出特色，抓住重点，打造品牌的办刊理念出发，策划实施了"重大重点突发事件"专题报道：中华人民共和国成立60周年专题、纪念"长江学者奖励计划"10周年、纪念5·12地震一周年、追忆"中国航天之父"钱学森等。其中，"中华人民共和国成立60周年专题"涵盖60年留学史综述、封面人物、60年留学各时期代表人物、60周年庆典报道等。约请中共中央党史研究室副主任李忠杰撰写开篇综述稿件，先后共采访了9位于60年中不同时期回国的新老留学人员，既有90高龄的著名科学家，也有新近回国的年轻自费留学人员的代表。在这些报道中，编辑部尝试新的报道形式，实现"新闻·专题"、"人物"、"文苑"栏目间的配合编发，也实现了《神州学人》杂志与网站多形式表现互为补充的立体风采。

《神州学人》杂志在"新闻·专题"、"服务"栏目及时刊登了《中央决定组织实施海外高层次人才引进计划》、《〈中央人才工作协调小组关于实施海外高层次人才引进计划的意见〉答记者问》、《引进海外高层次人才"千人计划"政策问答》、《教育部加快高等学校实施"千人计划"的步伐》及综述《"千人计划"：引才的"国家行为"》等。

"人物"报道注重突出人物的新闻性，加大信息量，丰富报道内容。例如，"千人计划入选者"施一公，2009年中国工程院院士入选者麦康森，2009年中国科学院外籍院士入选者王中林等一大批优秀留学人员代表。

〔**神州学人网站**〕 作为全国首家网上新闻媒

体的神州学人网，2009 年认真贯彻执行党和国家的方针政策，坚持正确的舆论导向，紧密围绕教育部留学工作的部署，根据编辑部制订的规划，进一步做好留学宣传工作的同时，下大力气加强了海外人才归国服务和为国服务信息交流平台的建设和完善。配合国家和教育部的人才工作，为海外人才回国服务和为国服务提供了有效的帮助。

宣传方面：2009 年，加大力度宣传报道了大量的留学政策、事件、留学人员活动等各方面新闻信息，同时开设了专题栏目，如《悼念钱学森》、《国庆 60 周年》、《第四届春晖杯》、《王宽诚人才奖》、《2008 年度国家优秀自费生颁奖》、《60 周年摄影》、《全意学联 2009 留学生摄影大赛》、《千人计划》、《迎国庆 60 周年在新留学生摄影比赛》、《在日留学生主题摄影活动》、《纪念 5·12》等十余个原创专题。

活动方面：承办了第四届教育部“春晖杯”创新创业大赛的在线访谈，为吸引更多的留学人员报名参赛起到了令人满意的效果。

网络视频招聘会已逐渐成为神州学人网站品牌。2009 年共举办了 3 场网络视频招聘会，吸引了 40 余所高校参与。海外人才参与规模也不断扩大，绝大多数是取得博士学位的学生或已工作的学者。为了使这项活动具有可持续性，并最终成为一个更加重要的平台，经过努力探索创新，增加了专题研讨活动，除参加招聘的单位外，还邀请了海外留学人员社团及使馆教育处的同志通过在线视频参与研讨。招聘单位对这种研讨给予了很高的评价，认为这是难得的机会，对于开阔工作思路广纳海外人才大有帮助。

撰稿　安艳琪

审稿　许　珑

（五）《中国民族教育》杂志

〔综述〕　2009 年，《中国民族教育》以科学发展观为指导，始终坚持正确的舆论导向，坚持贴近基层、贴近学校、贴近教师，紧密围绕教育部的工作中心和重点展开宣传；注重选题策划，提高杂志的思想含量，改进报道的内容和宣传的形式，以高度的责任意识，做好民族教育的宣传工作。

〔关注热点，提高舆论引导能力〕　2009 年，杂志及时、准确、深入地宣传国家教育方针政策，特别是民族教育的方针政策，重视传达教育部主管部门的声音。在卷首语栏目中，围绕教育热点问题，约请教育部有关部门负责人撰写了《抓住机遇、开拓进取、民族教育工作再上新台阶》、《让美丽草原洒满阳光——写在“西藏百万农奴解放纪念日”到来之际》、《民族团结教育工作要常抓不懈》、《民族教育 60 年：辉煌的成就　历史的丰碑》、《学习实践科学发展观　推进民族教育跨越式发展》等评论员文章。加强了对重大教育政策的解读和指导，进一步增强了杂志的思想含量和权威性。

〔加强策划，做好重大选题的宣传〕　加强策划是提高杂志质量的保证。2009 年是新中国成立 60 周年，为了更好地宣传 60 年来我国民族教育在党和国家的关心重视下所取得的辉煌成就，杂志刊发了《民族教育 60 年：巨大的成就与面临的挑战》、《正确的决策是我国民族教育取得辉煌成就的重要保证——从五次全国民族教育会议看 60 年来我国民族教育的发展》等系列文章，取得了良好的宣传效果。

为了充分反映社会各界对即将颁布的新世纪以来我国第一个《国家中长期教育改革和发展规划纲要》的意见，编辑部约请知名专家撰写了《抓住机遇　加大投入　实现民族教育跨越式发展——对〈规划纲要〉促进民族教育发展的几点建议》。

按照教育部的要求和部署，杂志开设了“学习实践科学发展观活动专栏”，刊发了《精心组织　统筹兼顾　深入开展学习实践科学发展观活动》、《深入学习实践科学发展观　办好人民满意的学校》等文章，大力宣传报道了民族中小学开展学习实践活动的典型经验和实际成效，引领和推动学习实践活动取得更好的效果。

〔**坚持特色，拓宽宣传报道的空间**〕 杂志坚持民族特色办刊，充分挖掘杂志的特色，拓宽民族教育特色化宣传报道的空间。

双语教学栏目深入探讨双语教学的规律，围绕民族地区双语教学存在的问题，刊发了《羌族儿童汉语学习策略的培养》、《预科汉语教学中应当注意的问题》等文章。

内地办学栏目继续围绕内地西藏班（校）、内地新疆高中班、预科班在教育教学、管理等方面的经验进行深入的报道。

2009年，西藏设立百万农奴解放纪念日、新疆乌鲁木齐发生"7·5"打砸抢烧严重暴力犯罪事件，针对这些重大事件，编辑部采访了中国藏学研究中心以及中国社科院的相关专家，刊发了《民主改革——西藏社会的历史性跨越》、《认清"三股势力"反动本质，维护新疆民族团结》等文章，起到了积极、正确的舆论引导作用。

耕耘者足迹栏目2009年一共宣传了11位少数民族优秀教师的先进事迹，通过抓典型报道，提高了杂志的权威性。

〔**贴近教师，增强教育服务功能**〕 杂志从读者的需求出发，不断增强教育服务功能，为民族地区的教师介绍成功的教学方法和先进的教学理念，为教师的专业成长服务。

名师谈教学栏目约请湖北黄冈中学的特级教师、高级教师撰稿，围绕教学热点和难点问题，从不同学科进行了阐述，刊发了《如何在全体学生中开展"数学培优"》等十几篇深受读者欢迎的文章。

教师教育栏目密切关注民族地区教师综合素质的提升，关注教育部农村义务教育阶段教师特设岗位计划的实施情况以及师范生实习支教的工作情况，探讨教师培训、教师队伍建设方面存在的问题，寻找解决问题的办法。

〔**坚持创新，改进栏目设置**〕 按照编辑部"提高杂志的思想含量"的要求，2009年杂志新设立了"思想前沿"栏目，约请专家就教育领域尤其是民族教育领域的相关问题做前瞻性的探讨与分析，刊发了《价值教育的时代使命》等10篇文章，为民族地区的教育工作者提供新的思路。

撰稿　钟慧笑
审稿　傅国亮

（六）中国教师报

2009年，中国教师报积极配合教育部党组的中心工作，发挥教师教育主流媒体的正确导向和专业引领作用，同时努力推进自身事业跨越式发展，重点采取了三项措施：第一，着力提升中国教师报的传播自觉，不断增强自身的传播能力；第二，着力提升中国教师报的文化自觉，努力加强文化软实力建设；第三，着力提升中国教师报人的生命自觉，克服员工的职业倦怠感，提高幸福感和生命价值。

体现在宣传方面，主要抓了以下几项工作。

1. 紧扣教育部本年度工作重点，及时推出义务教育均衡发展区域典型的深度报道。如《河北邯郸：教育均衡不是梦》、安徽教育均衡交响曲（四大乐章：合肥、界首、宿州、芜湖）。

2. 配合《国家中长期教育改革和发展规划纲要》公开征求意见，传递一线教师校长的建言。如《政府问计于民　教师踊跃参与》、《农村教师待遇和教育公平仍是关注焦点》。

3. 重点关注区域教育发展。如《安庆教育何以长盛不衰》、《杭州拱墅区八年磨一剑，打造教育强区》。在区域教育发展中，尤其关注农村教育，如《浙江农村中小学教师"领雁工程"掠影》、《湖南涟源市伏口镇教育发展二三事》。

4. 继续深挖典型，努力做好对基础教育的"三大引领"。

（1）引领学校改革，如《深圳滨海小学：让校园里的每一个生命都闪亮》、《扬州教育学院附中：精致化管理的背后》。

（2）引领教师专业发展和职业提升，如《教师专业成长的领跑者——记江苏扬州特级教师陈萍》、《顾静：体育也时尚》。

（3）引领课程改革，如新推出“课改名校访谈”专栏，在长久筹划后推出反映当前课改热点探索的“语文课改特别报道”。

5. 为更加全面地反映我国教育的发展现状，2009 年在职业教育、高等教育和特殊教育三大领域实现了报道突破，刊登了《河南职业教育跨越式发展的金钥匙》、《“江中”教改的六大“处方”》、《为智障孩子提供生命的全程服务》等文章，受到读者好评。

由于中国教师报按照传播自觉的要求，主动在报道策划上下功夫，推出一系列有深度的报道，使报纸的影响力不断提升，继在全国各地拥有一批人手一份中国教师报的学校之后，2009 年又出现了湖北宜昌市武家岗区等人手一份中国教师报的县级区域。同时，中国教师报还开展了形式多样的社会活动。除了一年一度的“中国名校长高峰会议”、“全国中小学教师演讲比赛”外，2009 年 4 月，在教育部新闻办等单位的指导下，中国教师报还与中国青年报共同主办了第二届“助学政策　助我成才”征文，并评选出 10 名“优秀助学教师”；2009 年 4 月至 10 月，与教育部师范教育司、中国教育报合作开展了“我的特岗生活”征文，获得广泛好评；2009 年 9 月 8 日，在教育部师范教育司指导下，由教育部主办的第四届全国师德论坛收到良好的社会效果。

2009 年，中国教师报实现了社会效益和经济效益“双效”增长，广告营业额和纯利润较大幅度提高。2010 年中国教师报的期发行量达到 236 338 份，在发行成本不变的前提下，比上一年增长 41 812 份，增长率为 21.49%，实现了发行量七年连续增长。

撰稿　王　琰
审稿　刘堂江

（七）中国教育新闻网

2009 年，中国教育新闻网紧紧围绕教育中心工作，强化大局意识，抓住新闻热点难点，解答网民关切，传播主流声音，积极扩大网络教育新闻宣传阵地，努力为教育改革与发展创造良好的舆论环境。

围绕新中国成立 60 周年，中国教育新闻网精心策划报道方案，以“教育奠基中国”为主题，从盛典、大计、发展、引领、公平、开放等多个侧面，全面展现新中国教育发展的不平凡历程和创造的辉煌成就，讴歌广大教育工作者洒下的辛勤汗水和聪明智慧、铸就的不朽的教育精神，在潜移默化中让网民认识到，我国教育事业之所以取得辉煌成就，是因为有了新中国，有了中国共产党的领导。

为了取得更好的传播效果，中国教育新闻网通过让网民说、网民写等方式，增进吸引力和感染力。为此，专门组织开展了庆祝新中国成立 60 周年网络征文大赛和摄影大赛，参赛作品超过 1 000 余篇（幅）；同时，还开设网络互动区域，让网民为祖国祝福，为教育喝彩。在国庆期间，网站还专门调整了首页页面，以红色为基调，辅以通栏大标题和大幅图片，给人以热烈、喜庆的气氛。对于国庆庆典活动以滚动的形式播发，进行实时报道，仅 10 月 1 日当天，网站刊载的国庆消息就达 1 000 余篇（幅），整个国庆报道刊发稿件总量超过 3 万多篇，图片超过 1 500 多幅，参与为祖国祝福、为教育喝彩活动的网民超过万人。

围绕教育改革与发展这一主题，中国教育新闻网突出抓好两大重点：一是就制定《国家中长期教育改革和发展规划纲要》公开征求意见的报道；二是首届全国教育改革创新奖评选活动的报道。

《教育规划纲要》制定采取了前所未有的问计于民的方式，为了凸显这一理念，中国教育新闻网刊发了不同媒体、各界人士的建议和意见，并在此基础上进行梳理，提供背景材料，让公众了解问题的由来、应对举措等。此外，还开辟网友留言区，收集网友的建议和意见。公开征求意见期间，网站共刊发相关稿件800多篇。

为了推进教育事业不断改革创新，弘扬锐意改革、开拓创新的时代精神，2009年中国教育新闻网与中国教育报联合举办了“首届全国教育改革创新奖”评选活动。整个评选活动历时近4个月，参与评选活动的候选单位和候选人达1 100多个。565万余人次参与投票，投票总数达1 827万票。这一活动引起教育界的广泛关注和热烈反响，既宣传了各地各校鲜活的教育创新实践和经验，又进一步激发了教育工作者投身创新的热情。

在连续成功举办三届中国教育年度新闻人物评选活动的基础上，2009年中国教育新闻网继续参与策划组织新一届中国教育年度新闻人物评选活动。500多份推荐表，有88.5万人次参与投票，投票总数超过230万票。在历届获奖人物中，有的成为媒体宣传的典型人物，有的受到国家的奖励和表彰，对树立教育在人民群众中的良好形象起到了积极的推动作用。

2009年，中国教育新闻网受众人数实现快速增长，每月平均访问数超过300万人次，全年页面访问数超过5亿。

撰稿　张国华

审稿　翟　博

中国教育电视台

〔综述〕　2009年，中国教育电视台坚持以邓小平理论和“三个代表”重要思想为指引，深入贯彻落实科学发展观，积极响应中央大力倡导的文化体制改革，不断深化对国家教育电视传媒的认识，坚定不移地推进教育电视台的各项改革事业，创新发展思路，为营造良好的教育舆论氛围，构建覆盖全社会的公共教育文化服务体系、建设全民学习终身学习的学习型社会提供了有力的媒体支持与平台保障。

一是牢记和坚守新闻媒体的根本责任，营造良好教育舆论氛围，服务办好人民满意教育。有计划、有步骤、有重点地全面深入报道教育部党组以及各地教育部门和各级各类学校深入学习实践科学发展观活动的动态进展与主要成就；围绕科教兴国、人才强国战略和教育部中心任务，教育主题宣传效果良好。累计进行教育新闻宣传约20 728分钟，教育专题宣传报道100多期。

二是以庆祝新中国成立60周年为宣传重点，围绕党和国家系列重大事件开展了卓有成效的宣传和舆论引导工作。围绕新中国成立60周年做足文章，累计播出国庆60周年节目约464小时；专门制作的关注新中国教育事业发展成就的大型纪录片《新中国教育纪事》系统展示了新中国教育发展与改革的实践，为新中国教育史留下可供研究借鉴的文献资料，荣获“为祖国骄傲”庆祝新中国成立60周年纪录片展评银牌节目。中宣部《内部通信》以《中国教育电视台打造品牌出亮点》和《电视纪录片“新中国教育纪事”受好评》为题两次对中国教育电视台国庆节目做了专门推介，予以肯定。

三是以为人民群众尤其是为广大青少年创作更多优秀作品为方向和目标，全力打造教育节目的核心竞争力。中国教育电视台拍摄制作的《热爱电视剧的人们》荣获中国广播电视协会电视纪录片金奖，《共同记忆》、《热爱电视剧的人们》分别荣获“纪念改革开放30年电视纪录片论坛暨改革题材优秀电视纪录片推选活动”优秀作品奖、中国文学艺术界联合会与中国电视艺术家协会“中国纪录片系列片优秀作品奖”。《新中国教育纪事》、《看中国》、《长江大桥》荣获中国电视艺术家协会、中国电视纪录片学术委员会“2008—2009年度中国电视纪录片系列片十优作品”。在中国教育电视协会第14届全国优秀教育电视节目评选活动中，中国教育电视台《城市新增留守儿童特殊群体》等十余个节目分别获得一、二等奖。在中国视协2008“奥运中国”优秀体育电视节目推选活动中，《〈相约冠军名家讲谈〉——杨澜》荣获体育栏目类最佳作品奖，《奥运因我更精彩》荣获特别节目优秀作品奖。《奥运因我更精彩》还被教育部评为2008—2009年度访谈类优秀教育新闻。

四是挖掘自身独特资源，精心选题、用心制作的影视作品获得殊荣。中国教育电视台与上影集团共同出品的电影《高考1977》夺得中国电影最高荣誉即第13届中国电影华表奖“优秀故事片”奖，获中宣部颁发的第11届精神文明建设“五个一工程”奖和第27届金鸡奖“最佳编剧奖”。中国教育电视台与上影集团上海美术片厂联合出品的民族奇幻影院动画片《马兰花》获第13届中国电影华表奖优秀动画片奖提名、文化部及吉林省人民政府颁发的吉林国际动漫大展“最佳电影动画片”奖及“最佳音乐”奖以及第27届中国电影金鸡奖“最佳美术片奖”。《马兰花》与《高考1977》还双双被列为中宣部、国家广电总局庆祝新中国成立60周年的50部献礼影片和迎接新中国成立60周年重点国产影片。中国教育电视台还拍摄了儿童真实纪录电影《小人国》，获第十届四川电视节“金熊猫”奖社会类纪录片大奖。中国教育电视台与中央电视台中国电视剧制作中心共同出品了30集电视连续剧《红莓花儿开》，这是两个国家级电视制作机构共同制作新中国成立60年来第一部以20世纪50年代留苏的中国留学生故事为背景的电视剧。

五是频道建设不断推进，品牌影响力不断提高。中国教育电视台一频道积极探索制播分离模式下频道新的运行机制。三频道先后荣获广电总局“2009年全国十大最具网络影响力的省级地面频道”、《中国广播影视》主办的“TV地标（2009）中国电视媒体公益榜-频道（专业类）8强”。汉语文化频道在北美麒麟电视平台试播出后开局良好，节目整体收视率达到27%以上，在北美麒麟电视新开播频道中名列前茅。9月29日，电视台汉语文化节目首次亮相我国香港地区，并取得开门红。空中课堂频道2009年3月正式开播以来，与国家农村中小学现代远程教育工程捆绑，已进入全国30万个中小学校。早期教育数字专业频道已在全国31个省（区、市）落地，覆盖城镇市区达160个，被评选为中央数字电视2009年度“十佳频道”。早期教育频道发挥独特优势，积极筹措将信号定向传输到新疆等民族地区“双语”幼儿园及村镇文化站点与牧区家庭，推进优质教育资源共享。

六是积极重视网络的作用，充分发挥新媒体在宣传教育中的独特作用，继续开发电视台的教育新媒体事业。教育新媒体“学习超市”建设迄今已获得了广泛肯定与好评。“学习超市”二期第一步系统建设顺利推进，超额完成15%。第二步、第三步建设在前期平台的基础上完善扩充了多网融合平台、节目生产平台和应用管理平台，完成招标任务；2009年，中国教育电视台“高校创意总部”项目成功申报2009年度北京市文化创意产业发展专项资金，赢得800万的资金补贴，是所有参评项目的最高等级；适时启动中国教育手机报，项目积极稳步稳妥推进，在内容规划、对外合作及运营拓展等方面取得显著进展，实现零的突破。电视台已将教育手机教育资讯服务作为“新媒体发展战略规划”中“三步走”战略的第二步，同时也列为电视台“十一五”工作重点以及应对金融危机挑战的重要项目之一。3月24日中国教育电视台教育手机报测试版第一期成功发出，截至2009年底，已正式对外发送手机报158期，日均覆盖3 500余名教育战线的各级领导，涵盖行业350余家教育主管单位、行业机构、各大高校，总发刊量超过15余万人次。

七是全方位回报社会，为人民群众提供公共文化服务产品的多项能力进一步提高。中国教育电视台积极完成中组部、中宣部、教育部、文化部、工信部、中央文明办、国家汉办、关工委等多个部委、上级单位委托的专项工作70余项，并获得好评；全国电视频道覆盖及收视状况2009年也取得了好的成绩。截至2009年底，中国教育电视台-1在全国覆盖人口达到8.12亿，较2008年度覆盖人口增长1亿人以上。

八是实现经营创收工作的稳定发展。努力将资源优势发挥到极致，因势利导，破除障碍，保持了国际化、品质化、差异化的广告经营战略，实现经营创收工作的稳定发展，为电视台可持续发展目标提供坚强的后盾。在取得较好经济效益的同时，中国教育电视台还在今年被广电总局列入第二批“广播电视广告播放行业自律示范单位”，彰显了国家级媒体的良好形象。

九是不断学习探索、坚持完善电视台相关节(栏)目与项目的制播分离机制，摸索实行公司机制运营。以国务院《文化产业振兴规划》和国家广电总局《关于认真做好广播电视制播分离改革的意见的通知》为指引，制订了《中国教育电视台制播分离与公司制改革操作方案》，启动了北京中线传媒有限公司运营，迈出了制播分离的历史性步伐。中国教育电视台在制播分离方面的改革与探索得到上级领导的肯定。

十是安全稳定工作取得成绩。今年正值新中国成立六十周年，中国教育电视台通过建立安全研判制度，并按照制度要求，分阶段、分层级，动员全台上下进行扎实的安全研判工作，取得了一定的成绩。由于在国庆重要播出安全保障期间，保障了国庆期间安全播出，广电总局授予中国教育电视台“国庆60周年广播电视安全播出保障工作先进集体”。

〔**中国教育电视台手机报**〕 2009年，中国教育电视台根据已经规划的中国教育手机报需求，实现中国教育手机报零的突破，并使项目积极稳妥推进，在手机报内容规划、对外合作及运营拓展等方面均取得显著进展。

2009年6月16日，中国教育电视台向教育部办公厅新闻办呈报了《中国教育电视台开展手机报业务的情况说明的报告》(新闻办签报419号)，周济部长，袁贵仁、陈希、鲁昕、李卫红几位副部长均进行了圈阅。其中鲁昕副部长批示“这是一项很好的建议，应给予积极支持”。教育部新闻办负责同志的意见为“建设手机媒体新平台，是扩大教育正面宣传的重要途径，是抢占教育宣传舆论制高点的必然要求，早一天开通就多一份影响。我办拟在业务上重视与教育台手机报的大力合作，同时建议整合教育报刊社等部属相关资源，尽可能将这一新媒体做大做强，为教育改革发展营造良好氛围”。根据教育部领导的指示精神，中国教育电视台将全力加快教育手机报业务的推进，进一步扩大教育手机报的发送范围和影响。

2009年，手机报项目组已正式对外发送手机报120余期，而在项目组内部进行测试制作接近600期，发送量已经达到10万多人次。

〔**制播分离与公司制改革的探索与实践**〕 为了更好地贯彻中央领导同志特别是国务委员刘延东视察中国教育电视台的讲话精神和中央有关文件精神，更好地应对国际金融危机和新媒体新技术带来的挑战，确保国家电视文化安全，优化资源配置，使中国教育电视台这一国家重要的战略资源、公共资源、服务资源、特色资源在“一个创建、三个服务”的过程中更好地发挥作用，中国教育电视台2009年进行了制播分离与公司制改革的探索与实践。

在推进制播分离与公司制改革的过程中，中国教育电视台遵循了三项基本原则：分类实施、分步推进、分层管理。

1. 分类实施。中国教育电视台目前涉及制播分离改革的情况较为复杂。既有各种节目、栏目、大型活动，又涉及相关整体频道；产品中既有通过卫星传播的，又有通过地面波传播的；有的通过有线电视网络传播，有的通过互联网传播；有的是免费接收，有的需要付费才能接收；既有通过社会化制作生产的，也有联合制作的，还有纯自制的；有的是新闻类节目，有的是非新闻类节目。各类节目有各类节目的标准，不能简单“一刀切”。

中国教育电视台推进制播分离与公司制改革的过程中，按照上级领导部门特别是国家广电总局《关于促进广播影视产业发展的意见》等有关文件精神，并结合台具体实际，把除新闻(不包括网络新闻)宣传以外的社会服务类、大众娱乐类节目，特别是影视剧制作经营从现有体制中逐步分离出来，按照产业发展的方向和现代企业制度的要求组建公司，实行所有权与经营权分开，自主经营，自负盈亏，依法纳税。这些拟进行制播分离改革的非新闻类节目必须具体情况具体分析，每一类都要不同情况区别对待，制订不同的具体实施方案。

2. 分步推进。制播分离与公司制改革是一项系统的、渐进性的运作过程，不可能在短期内毕其功于一役，应当既解放思想，又实事求是，不搞“一刀切”，应按照“试点先行，区别对待，逐步推开”的原则，成熟一个进行一个，这样做的好处是可以“积累经验，以利再战”。

中国教育电视台在分步推进制播分离的实践中，采取了以下几种方式进行。一是按照目前现有的组织机构分步推进。选择其中相对容易社会化制作与市场化运作的机构作为实行制播分离试点单位，待时机成熟，再在相关频道与其他组织机构内推行制播分离。二是按照现在的节目、栏目、大型活动等产品分步推进。将《师说》、《教育人生》等相对在对外合作方面进行过探索的栏目与大型活动，选择作为制播分离的首批试点，并及时总结成功经验再运用到其他的节栏目与大型活动上面，以便使节栏目与大型活动的收视率、满意度与整体水平得到显著提高，最后再推进节栏目与大型活动内容相关产品、衍生产品的开发，形成完整的产业链。三是按照不同任务要求进行分步推进。在确保节目安全播出，不断提升影响力，提高收视率，不断扩大市场收益的基础上，每个频道每个部门甚至每个节目栏目可按照不同的任务要求进行分步推进。

3. 分层管理。在责任承担的问题上，中国教育电视台采取对公司总经理个人的有限活动负有限责任。实行制播分离后，分离出来的台属公司可以自主经营，自负盈亏，依法纳税，公司总经理要对由公司向电视台所提供的所有节目的内容质量负完全责任，由该公司总经理直接对台长负责。同时在相关任务书中明确公司所生产产品的政治导向、公司所应当承担的社会责任以及台向公司订制产品的要求等。

在遵循以上三原则的前提下，中国教育电视台先后成立了两家全资子公司：北京佳易广告公司、北京中线传媒有限公司。经过一系列的节目机制改革与探索，中国教育电视台发挥自己的独特资源和公共资源优势，着力提高引导舆论的能力，引领社会的能力，制作播出了大量导向正确、制作精良、社会影响力大的电视节目。

撰稿　杨春光

审稿　康　宁

北京市教育

概　况

〔基本情况〕

2009 年各级各类学校校数、教职工、专任教师情况

	学校数（所）	教职工数（人）	专任教师数（人）
一、高等教育			
（一）研究生培养机构（不计校数）	(167)		
1. 普通高校	(50)		
2. 科研机构	(117)		
（二）普通高等学校	86	131 184	58 007
1. 本科院校	62	117 051	50 903
其中：独立学院	5	1 846	1 117
2. 高职（专科）院校	24	13 060	6 474
3. 其他机构（点）（不计校数）	(4)	1 073	630
（三）成人高等学校	27	3 569	1 623
（四）民办的其他高等教育机构	65	7 862	3 135
二、中等教育	799	90 996	61 161
（一）高中阶段教育	457	90 996	30 738
1. 高中	305	71 831	19 814
普通高中	305	71 831	19 814
成人高中			
2. 中等职业教育	152	19 165	10 924
普通中专	36	5 353	2 581
成人中专	12	684	334
职业高中	66	9 009	5 508
技工学校	38	3 794	2 255
其他机构（教学点）（不计校数）	(19)	325	246
（二）初中阶段教育	342		30 423

续表

	学校数（所）	教职工数（人）	专任教师数（人）
1. 普通初中	342		30 423
2. 职业初中			
3. 成人初中			
三、初等教育	1 160	60 428	49 257
（一）普通小学	1 160	60 428	49 257
（二）成人小学			
其中：扫盲班			
四、工读学校	6	363	221
五、特殊教育	24	1 160	844
六、学前教育	1253	34 973	19 752

注：普通高中的教职工数中包含普通初中的教职工数。

2009 年各级各类学历教育学生情况

	毕业生数（人）	招生数（人）	在校生数（人）
一、高等教育			
（一）研究生	59 387	76 772	211 386
博　士	12 709	15 376	59 060
硕　士	46 678	61 396	152 326
（二）普通本专科	155 142	159 829	586 685
本　科	112 128	118 523	461 369
专　科	43 014	41 301	125 316
（三）成人本专科	125 324	109 648	288 481
本　科	65 205	57 558	155 854
专　科	60 119	52 090	132 627
（四）其他各类高等学历教育			
1. 在职人员攻读博士、硕士学位		14 847	51 926
2. 网络本专科生	624 755	1 085 724	3 002 245
本　科	229 786	309 786	994 112
专　科	394 969	775 938	2 008 133
3. 其他	34		
二、中等教育	254 645	242 450	738 392
（一）高中阶段教育	152 834	136 520	419 518
1. 高中	70 132	65 983	203 477
普通高中	70 132	65 983	203 477
成人高中			
2. 中等职业教育	82 702	70 537	216 041
普通中专	27 659	18 748	74 596

续表

	毕业生数（人）	招生数（人）	在校生数（人）
成人中专	5 266	9 876	20 870
职业高中	23 863	21 159	66 132
技工学校	25 914	20 754	54 443
（二）初中阶段教育	101 811	105 930	318 874
1. 普通初中	101 811	105 930	318 874
2. 职业初中			
3. 成人初中			
三、初等教育	110 730	102 414	647 101
（一）普通小学	110 730	102 414	647 101
（二）成人小学			
其中：扫盲班			
四、工读学校	330	287	744
五、特殊教育	1 734	861	7 921
六、学前教育	65 684	89 761	247 778

注：特殊教育学生数中包括普通中小学随班就读的学生。

2009 年各级各类非学历教育学生情况

	结业生数（人）	注册生数（人）
总　计	2 975 236	2 544 789
一、高等教育	543 469	446 128
（一）研究生课程进修班	14 820	31 978
（二）自考助学班	48 726	161 003
（三）普通预科生		2 476
（四）进修及培训	479 923	250 671
其中：资格证书培训	56 716	27 060
岗位证书培训	87 682	33 160
二、中等职业教育	2 431 767	2 098 661
其中：资格证书培训	306 944	261 750
岗位证书培训	320 688	201 550
（一）中等职业学校	72 128	36 467
其中：资格证书培训	28 215	16 828
岗位证书培训	18 242	8 190
（二）职业技术培训机构	2 359 639	2 062 194
其中：资格证书培训	278 729	244 922
岗位证书培训	302 446	193 360

2009年各级各类民办教育基本情况

	学校数（所）	毕业生数（人）	招生数（人）	在校生数（人）	教职工数（人）	专任教师数（人）
一、民办高等教育						
（一）民办高校	15	22 245	22 696	75 588	9 735	4 717
本科学生		6 447	8 002	30 733		
专科学生		15 798	14 694	44 855		
其中：独立学院	5	3 903	5 729	21 290	1 846	1 117
本科学生		3 903	5 729	21 290		
专科学生						
（二）民办其他高等教育机构	65				7 862	3 135
二、民办中等教育						
（一）高中阶段教育	84	6 727	7 115	22 102	4 766	2 787
1. 民办普通高中	63	3 934	5 382	15 267	3 570	2 191
2. 民办中等职业教育	21	2 793	1 733	6 835	1 196	596
（二）初中阶段教育	22	6 130	7 839	22 428		
1. 民办普通初中	22	6 130	7 839	22 428		
2. 民办职业初中						
三、民办普通小学	24	3 860	5 904	30 630	1 970	1 326
四、民办幼儿园	409	16 337	24 671	69 529	12 138	6 801
另有：民办培训机构（不计校数）	（1 391）				25 743	9 383

注：民办普通高中的教职工数包含民办普通初中的教职工数。

〔**学习实践科学发展观**〕　首都教育的统筹协调水平进一步提高。按照中央和市委的统一部署，指导高校和直属直管单位开展第二批、第三批深入学习实践科学发展观活动。首都中长期教育改革和发展规划纲要和“十二·五”时期教育发展规划思路初步成型，研究制定一系列提升首都教育现代化整体水平的重大举措，力争解决几个教育重点难点问题。积极推进首都教育空间布局调整，加快亦庄职教园区和良乡、沙河高教园区建设，加快新少年宫、新盲校校舍建设工程和特教学院等一批教育设施建设。

〔**圆满完成国庆60周年庆典各项任务**〕　北京市组织教育系统干部教师和大中小学生17万人参加国庆60周年群众游行、广场联欢和背景表演。以新中国成立60周年为契机，举办“我爱我的祖国”主题教育系列活动；举办北京市中小学百校爱国主义教育成果展，推动区县和学校深入开展爱国主义教育。通过校校唱响国歌、寻找青年榜样激励同伴、组织千场民族艺术进校园等形式，开展青少年爱国主义教育。开展大学生国庆60周年志愿服务活动。

〔**落实各项教育优惠政策**〕　北京市进一步完善义务教育“两免一补”政策，重点完善本市高中阶段残疾学生资助政策，提高公办义务教育学校四类寄宿学生伙食补助标准，每人每月从100元增至160元。2009年起对在中等职业学校学习的家庭经济困难学生、涉农专业学生实行免费教育。启动北京市生源地信用助学贷款试点，帮助京籍家庭经济困难学生就学。

〔切实推进特殊教育事业发展〕 召开北京市第四次特殊教育工作会议，制定一系列措施推动全市特殊教育事业发展。在对全市23所基础教育学段特殊教育学校公用经费执行情况充分调研的基础上，大幅度提高生均公用经费标准。通过扶残助学、送教上门方式，解决因重度残疾无法上学的学生接受义务教育，并建立学籍。进一步提高特殊教育教师的待遇和社会地位，在新核定绩效工资基础上设置岗位补助津贴。

〔全力推进大学生就业指导和服务工作〕 北京市积极配合有关部门落实选聘高校毕业生到社区、到农村基层工作，选聘优秀高校毕业生参与国家重大科研项目研究等具体政策措施，对高校毕业生自主创业给予引导和支持。投入专项经费加强北京高校毕业生就业指导中心建设，进一步提高就业指导和服务水平。北京地区高校毕业生就业率达96.04%，略高于上年同期，家庭经济困难毕业生就业率高于整体就业率。积极为毕业生拓宽京外就业渠道，7 297名毕业生响应国家号召到西部地区就业，17 939名毕业生到基层就业，较好地完成了年初制定的工作目标。

〔持续推进依法行政〕 认真落实《北京市实施〈中华人民共和国义务教育法〉办法》，在落实政府责任、居民区配套教育设施建设、学生免试入学和教师队伍建设等问题上努力进行制度创新，不断推进城乡统筹，促进均衡发展。进一步规范各级各类学校教育收费行为，组织区县、学校进行秋季收费自查自纠，督促区县教委对学校违规收费和不规范收费的行为进行整改。

〔教育督导工作得到全面加强〕 北京市初步建立起义务教育均衡发展督导监测体系，并在全国率先形成区域义务教育均衡发展督导报告；全程对初中建设工程进行督导评估，将结果在市政府公告中向社会公布，促进全市初中教育整体办学条件进一步改善。不断拓展教育督导新领域，首次与人力资源和社会保障局联合对5所技工学校进行督导，促进各类职业教育学校整体水平提升。对10所民办普通高校贯彻落实教育部第25号令情况进行整改复查，对5所民办独立学院开展办学状况及贯彻执行的督导检查。对18个区县政府及其有关部门推进素质教育情况进行综合督导，首次征求公众意见，促进各级各类教育内涵发展，不断提升教育发展水平，真正体现“办人民满意教育的宗旨”。

〔颁发北京市教学成果奖〕 2009年9月3日，市政府颁发北京市教育教学成果奖。赵凤桐、黄卫、李福祥等市领导，市委教育工委、市人力社保局、市财政局、市教委领导出席会议。会议为获奖代表颁奖。其中，高等教育方面，6项成果获得市级特等奖、196项成果获得市级一等奖、314项成果获得市级二等奖。特等奖设立在北京尚属首次。基础教育方面，46项成果获得市级一等奖、109项成果获得市级二等奖。该奖项是以市政府名义颁发的重要奖项，包括高等教育教学成果奖和基础教育教学成果奖。该评选由市教委、市人事局、市财政局共同举办，采取自愿申报、逐级推荐、专家组评审、成果奖评选工作委员会确认、报请市政府批准产生。

〔改革招生考试评价制度〕 年内，市教委进一步改革招生考试评价制度。完善小升初“免试就近入学”政策，初中入学新生实现持卡注册；加大高中招生“推优”力度，扩大中职学校招收未升学应（往）届高中毕业生比例，由上年22所2 545人增至29所4 615人。公办普通高中招收择校生继续执行“三限”政策，择校生计划通过招生简章向社会公布。经过调研论证，制定2010年高校招生考试方案并向社会公布。稳步扩大高职自主招生试点，继续拿出50%的招生计划用于招收农村户籍考生。

〔推进和谐校园建设〕 年内，北京市推进和谐校园建设。开展节能减排学校行动，制定节约型学校建设标准，对17所学校117万平方米建筑进行节能改造。为教育系统90家单位安装70万只节能灯。做好将大学生、研究生纳入城镇居民基本医疗试点工作，推动实现有关学生应保尽保。为市属普通高校家庭经济困难本专科学生发放临时伙食补贴814万元。组织开展消防隐患排查整改“雷霆行动”、“校园百日消防安全大检查”、“合围攻坚行动”等，努力营造和谐校园环境。

〔**建设安全稳定长效机制**〕 北京市探索建设教育系统安全稳定长效机制。总结“平安奥运”工作经验，研究制定预警研判、综合防控、队伍建设等方面的长效工作机制，组织首都高校深入推进“平安北京”建设工作。全面落实市委、市政府“国庆平安行动”相关工作要求，认真开展节前专项整治行动和国庆节期间各项严控工作，圆满实现“平安国庆”的工作目标。在敏感时期切实抓好形势研判、工作部署、督导检查和突发事件处置等工作，实现重要敏感时段教育系统的持续稳定。

〔**推进中小学德育工作**〕 北京市继续推进中小学德育工作。在中小学社会大课堂建设工程中，市、区两级资源单位拓展至千余家，课程资源开发形成序列，推出社会大课堂课程表，340万人次中小学生走进社会大课堂，取得良好教育效果。以国庆60年为契机，在全市中小学中广泛开展爱国主义教育，举办百校爱国主义教育成果展。进一步加强班主任队伍建设，完成全市4万余名中小学班主任开展基本功展示交流活动。印发《关于进一步弘扬奥运精神建立和完善学生志愿服务长效机制的意见》，深入开展志愿服务精神教育。积极开展净化社会文化环境有关工作，制定市教委净化社会文化环境的举措。

〔**继续推进高层次人才队伍建设**〕 北京市推进高层次人才队伍建设。该项工作在市属高校设置学科首席专家岗位，面向海内外公开招聘；对市级百千万人才工程培养的相关人员情况进行跟踪调查，继续实施职业院校素质提高工程，不断完善人才强教计划项目评审验收指标体系；坚持以人为本，努力解决高校青年教师住房困难，为2 500名教师争取到限价房配售资格。

〔**农村教师队伍建设得到加强**〕 北京市加强农村教师队伍建设。重点做好近1 000名农村教师城镇研修工作站和“绿色耕耘”、“春风化雨”等21个培训项目，不断增强培训实效。继续选派1 000名城镇骨干教师赴农村中小学支教，评选特级教师首次向农村地区教师倾斜。制定印发《关于进一步加强农村教师队伍建设的意见》，不断提高农村教师素质水平。

〔**开展甲型H1N1流感防控工作**〕 北京市强化教育系统甲型H1N1流感防控工作。结合各级各类学校的不同特点，召开系列教育系统防控甲型流感工作会议，连续制定印发十几个针对各级各类学校甲型H1N1型流感防控工作文件，包括强化中小学晨午检特别是校门筛查，对所有师生进行体温监测，对体温超过37.5 ℃或有咳嗽、咽痛等流感样症状的学生停止上学，要求及时就医治疗和休息观察，恢复健康后方可复学；要求学校慎重采取停课措施，以确保正常的教学秩序；要求各级各类学校充分利用已经开通的中小学校和普通高校学生流感样病例监测系统，与卫生部门保持有效联系；要求加强疫苗接种工作等。

〔**国内外教育交流与合作继续拓展**〕 北京市着力加强教育外事工作的统筹协调，搭建高层次国际合作交流平台，成功举办第六届北京国际教育博览会。组织广大师生参加中俄“语言年”、诺贝尔奖获得者北京论坛等活动。对北京市具有招收境外外国学生资质的中小学进行教育管理评估，加强对中外合作办学等涉外教育活动的规范管理。2009年，外国留学生数超过7万人次，首都院校在境外承办孔子学院（课堂）95个。大力促进京津冀区域教育合作。通过开展中小学“手拉手”结对共建、专家教师支教、骨干教师培训、远程教育培训平台等项目建设，全力支持什邡市灾区重建工作。

〔**学校阳光体育和艺术教育工作继续深入**〕 北京市制定措施不断加强学校体育工作，探索建立阳光体育运动长效机制。2010年起将初中学生毕业升学考试总成绩中的体育分数提高为40分，在中小学校实行“北京市学生阳光体育证书”制度，将体育测试成绩优秀和体育考核成绩良好以上纳入市“三好学生”评选标准。加大各级政府财政投入，确保2010年学校体育卫生办学条件达到《北京市中小学校办学条件标准》。在小学生中推广家庭护眼按摩操，为66万名小学生免费提供《家庭护眼按摩操》讲解图谱和预防近视小手册。组团参加第十届全国中学生运动会，北京代表团在金牌总数、奖牌总数、团体总分和体育科学论文一等奖获奖数量上位居34个代表团榜首，取得历史最好成绩。成功举办首届青少年学生艺术周活动，6 000余名大中小学生走进国家大剧院免费观看演出。继续组织开展高雅艺术进校园和民族艺术进校园活动，近百万名大中小学生观赏到高水平艺术表演，丰富学校艺术教育氛围。

基础教育

〔**综述**〕　2009年，北京市义务教育均衡发展持续推进，基础教育发展水平不断提高。持续加大农村教育的支持力度。在本年预算中明确新增教育经费向农村地区、薄弱学校倾斜。市级基础教育经费的70%投入农村地区学校和薄弱学校。启动“首都高校全面支持郊区中小学建设工程”，57所首都高校充分发挥资源优势，大力支持义务教育均衡发展。

城乡教育一体化发展全面推动。继续实施中小学规范化建设工程，重点推进200所小学在主要项目上达到新颁办学条件标准，修缮改造300所农村中小学教师集体宿舍，解决7 000余名农村教师在校住宿的困难。开展初中建设工程系列展示活动，推出一批在特色建设上卓有成效的学校典型。

中小学校舍安全建设分步推进。启动中小学校舍安全工程，在全面排查全市中小学校舍基础上，确定三年分步推进的改造计划，优先改造危旧校舍和农村平房校舍。本年工程建设涉及275所中小学，市区县投入改造资金14亿元。

妥善解决来京务工人员随迁子女接受义务教育问题。北京市按照以流入地政府为主和以公办中小学为主的原则，做好外来务工人员随迁子女义务教育工作，公办学校接收比例达68%。市级投入专项经费改善接收来京务工人员子女公办学校的办学条件，为69所经审批的自办学校配备基本的教学设备设施，还向部分自办学校捐赠150台奥运电脑和3 000册地图册，在国庆60周年“银幕上看祖国”文化活动中，为1万名来京务工人员随迁子女组织专场放映。

学前教育发展不断推进。针对人口出生和外来人口增长造成学前教育资源不足的现状，进一步理顺学前教育办学体制和总体思路。投入3 000万元在全市幼儿园扩班300个，增加1万个幼儿园学位，一定程度上缓解了入园压力。继续加大对农村学前教育的扶持力度，重点改造70所农村乡镇中心园的办园条件，同时进一步推进建设17个学前特殊教育干预基地，努力建设具有首都特色的学前特殊教育体系。

〔**基础教育课程改革不断深化**〕　北京市总结义务教育课程改革和高中新课改典型经验，引导素质教育的改革方向。组织教育系统教职员工认真学习贯彻温家宝到北京市调研时的重要讲话精神，在梳理基础教育存在矛盾和问题的基础上，制定《进一步深化基础教育改革提高教育质量和办学水平的意见》，在深化课程改革、加大教师培训力度、切实减轻学生过重的课业负担等方面提出一系列措施。

〔**启动首都高校全面支持郊区中小学建设工程**〕　7月29日，市委教育工委、市教委召开首都高校全面支持郊区中小学建设启动大会。北京市副市长黄卫出席会议并作重要讲话。各区县教委领导、首都高校主管领导和对口支援的农村中小学校长400

人参加会议。首都56所高校以“一对一”的形式帮助郊区中小学校提高办学水平、干部管理水平、教师教书育人水平，实现郊区中小学整体办学水平的全面提升，缩小城乡教育差距。开展首都高校全面支持郊区中小学建设，是为贯彻落实教育部和市委、市政府关于进一步推进义务教育均衡发展有关文件精神，优先支持农村义务教育，引导优质教育资源向农村辐射，充分发挥首都高校教育资源优势，进一步提高高等学校为首都经济建设、社会发展和率先基本实现教育现代化贡献力量。

〔**组织修订办学条件标准细则**〕 7月，市教委修订完成了《北京市中小学办学条件标准细则(修订)》。新方案对小学和初中两个阶段的各学科教学仪器设备进行部分调整，将部分“必配项目”调整为“选配项目”。2006年12月，市教委颁布《北京市中小学校办学条件标准细则（试行)》，随着课程改革的不断深入，教学内容和教学手段不断创新，原方案中的小学和初中阶段部分项目不适应当前的教学需求。2009年初，市教委组织开展针对110所学校的1 600名一线教师的问卷调查工作，同时对区县装备部门、学校、市区教研员分别开展访谈和问卷调查，对数据进行统计分析后，制定《细则》修订方案。

〔**完成义务教育入学工作**〕 8月，市教委完成义务教育入学工作。该项工作坚持政府主导、规范有序、程序透明、平稳过渡，政策延续的指导思想，坚持免试和就近入学原则，所有学校不能通过自行组织的考试或测试录取学生；坚持以区县为主承担义务教育阶段教育责任原则。区县政府均衡配置教育资源，缩小学校之间办学条件和教育水平的差距，促进学校均衡发展，制定、组织、实施本区县小学、初中入学具体方案。随着体制改革试点校工作全部结束，彻底取消体制改革试点学校和学科类实验班招生方式，体改校分别按照公办或民办方式招生。为规范入学管理，市教委、市政府教育督导室联合印发《关于进一步治理利用培训机构选拔学生，干扰义务教育阶段入学秩序行为的意见》，并开展专项工作，初步规范利用各种培训班选拔学生的行为。

〔**做好外来务工人员随迁子女在京接受义务教育工作**〕 年内，市教委继续做好外来务工人员随迁子女在京接受义务教育工作。该项工作按照“政府负责、齐抓共管、公办为主、依法规范”原则，主要以公办学校为主接收外来务工人员随迁子女接受义务教育工作，公办学校接收比例约为68%。继续加大市级专项投入，按照各区县接收外来务工人员随迁子女数量情况，由市级按照比例统一资助4 825万元，用于公办学校改善办学条件，进一步扩大接纳数量和比例。自2009年起，全市普通公办中小学全部取消义务教育阶段借读费。为进一步改善外来务工人员随迁子女在京接受义务教育条件，引导通过审批的自办学校依法、规范办学，投入1 300万元，对全市69所获批自办学校基本办学项目给予更新和配备。充分利用奥运遗产，向部分自办学校捐赠150台计算机和3 000册地图册；组织1万名外来务工人员随迁子女参加“银幕上看祖国”活动。

〔**解决适龄儿童入园问题**〕 3月，市教委召开幼儿园招生问题紧急会。会议决定采取多种措施解决儿童入园问题。一是在幼儿园内部挖潜，压缩行政办公用房，扩大办园规模，每增加1个班市教委拨款10万元。二是班均面积较大的幼儿园适当扩大班容量，大、中、小班在原有定额基础上可增加5人以内。三是年内新建10所幼儿园。四是举办半日制、小时制亲子班，利用社区场地组织游戏小组、托管中心等多种形式满足幼儿受教育需求。近年来，北京市非户籍新生儿逐年增加，造成北京市出现新一轮入园难问题。市教委投入3 000万元，至9月秋季开学，新增300个教学班，1万个学位，缓解了幼儿入园压力。

〔**加大投入促进学前教育内涵发展**〕 3月，市教委投入2 305万元促进北京市学前教育的内涵发展。其中，570万元用于幼儿园五大领域融合教育、减少幼儿园隐性时间浪费、儿童意外伤害原因及对策、瑞吉欧教育思想中国化实验、促进幼儿语言发展策略等13个研究项目经费；40万元用于幼儿园奥尔夫音乐、蒙台梭利教育、提高区县教研员业务指导能力等方面的培训经费；1 200万元用于特殊儿童教育、社区0至3岁儿童早期教育、示范园和幼儿园信息化建设项目投入；100万元用于幼儿教师基本功大赛、幼儿园开展阳光体育活动及21世纪北京园本教研探索与实验丛书编写等项目经费；340万元用于六一儿童节慰问、玩具图书馆建设及幼儿园农村资源利用等经费；55万元用于11个教师培养工作室活动经费。

职业教育与成人教育

〔**综述**〕 2009年，北京市职业教育改革发展不断创新，学习型城市建设持续推进。积极推进职业教育体制机制创新。在首都经济社会重点发展的行业和区域领域组建职业教育集团，北京交通职教集团和昌平职教集团相继组建，促进职业教育与行业发展紧密结合，促进中高等职业教育相互衔接，职前教育与在职培训相互沟通，为北京市的产业结构调整和市场需求培养更多的实用型人才。

促进职业教育特色发展。立足北京城市功能定位和四大功能发展区规划与产业结构调整需要，进一步调整中等职业学校布局和专业结构，重点支持73所国家级和市级重点中职学校建设。启动第二轮现代化标志性中等职业学校建设，不断深化中等职业学校教学改革，继续实施实训基地建设工程，加强和改进实践教学工作。开展“3＋2”中高等职业教育衔接沟通模式研究。

农村成人教育大力开展。加强各类成人学校建设，15所乡镇成人学校通过专家评估，全市共建成45所办学示范性乡镇和村成人学校。加强农村实用人才培养力度，完成各类实用技术培训1万余人次。加强农民教育流动课堂车的使用管理，组织开展送教下乡活动，较好地满足了农民的学习需求。

学习型城市建设继续推进。加强理论学习和工作研讨，举办“学习型组织理论与实践”等培训活动，全市共有300多名基层骨干人员参加。加强网络学习资源建设，建立北京学习型城市网站，汇集课程资源，为市民随时随地和个性化学习提供支持和服务。指导昌平区、门头沟区以及48所学校参加学习型区县和学习型学校创建和评估。继续办好“国子监大讲堂”，受到广大市民的欢迎。

〔**1所学校入选国家重点中职学校**〕 1月4日，中国音乐学院附属中等音乐专科学校入选2008年国家级重点中等职业学校。该评选由教育部举办，全国共有110所学校入选。教育部要求入选学校坚持以服务为宗旨、以就业为导向的办学方针，将学校建设成为适应社会和经济发展需要，办学条件好、教育质量与办学效益高、社会声誉好，能够在办学和改革各个方面起骨干与示范作用的高水平的中等职业学校。国家级重点中等职业学校调整认定工作开始于2003年。

〔**认定首批首都市民学习品牌**〕 11月6日，北京市建设学习型城市工作领导小组认定第一批“首都市民学习品牌”。经专家评议、领导小组会议审议等程序，干部在线学习、国子监大讲堂、益民书屋、职工书屋、青檬夜校、巧娘工作室、首都科学讲堂、和谐之声艺术团、周末社区大讲堂、学习讲坛共10个项目入选首都市民学习品牌。该评选为推进首都学习型城市建设，充分发挥首都丰富的人才、教育、科技、文化等资源优势，创新学习服务载体，加快市民终身学习服务体系建设，为广大市民提供更为丰富的学习内容，更多的学习场所和更好的学习环境，最大限度地满足市民日益增长的学习需求。

〔**举办第五届全民终身学习活动周**〕 11月6

日至12日，北京市第五届全民终身学习活动周举办。该活动以“人人参与终身学习，做‘人文北京、科技北京、绿色北京’建设者”为主题，表彰第一届“首都市民学习品牌”单位和学习型街道、学习型乡镇、学习型企业、学习型学校等学习型组织创建先进单位；举办2009年环渤海地区社区教育协作组织第四届研讨会。活动结合新中国成立60周年和学习贯彻中共中央十七届四中全会关于“建设马克思主义学习型政党、学习型社会”的精神，各区县学习周开展内容丰富、形式多样的学习活动，引领市民走进广阔的知识世界，营造人人学习、事事学习、时时学习、处处学习的氛围。

〔**中央财政支持的职业学校实训基地项目**〕 10月28日，北京市8所职业院校实训基地项目获得教育部、财政部2009年度中央财政支持。其中，高职院校项目4个、中职学校项目4个。此次市教委共12所职业院校实训基地项目参加申报。

〔**开展中高等职业教育衔接沟通试验**〕 年内，市教委开展中高等职业教育衔接沟通试验。该试验选择部分职业院校和专业，通过自主招生、课程衔接等方式进行3年+2年分段中高等职业教育衔接人才培养模式改革办学试验，并撰写研究报告，制定衔接建议方案。市教委为促进中高等职业教育之间的衔接沟通，制定优秀中职毕业生参加高职自主招生的优惠政策，做好中高等职业教育的衔接工作。至年底，应届中职毕业生接受高职教育的比例从8%增至12%。

〔**组织开展职业培训**〕 年内，市教委组织职业院校开展职业培训。鼓励引导职业院校面向各类从业人员、转岗人员、下岗失业人员和外来务工经商人员，积极开展内容丰富和形式灵活多样的职业培训，努力提高从业人员的科学文化和职业技术素质，为构建面向全体劳动者的职业培训制度，建设学习型社会作出贡献。

〔**加强农村成人学校建设**〕 年内，市教委开展乡镇成人学校评估验收工作。该评估依据《示范性乡镇成人学校基本办学标准》等文件，对15所乡校开展评估验收工作。

〔**加强农村实用人才培养力度**〕 年内，市教委加强农村实用人才培养力度。市教委落实关于“加强农村实用人才开发培养力度，提高农村实用人才数量和质量”的折子工程。动员各中职学校和成人学校，开展农村实用人才培养工作，举办农村经济合作组织带头人培训班7期，农业科技致富带头人培训班5期，农村巧娘工作室带头人培训班6期，共有5 000余农民参加培训。加强农民教育实训基地建设，发挥基地“带着农民干、做给农民看、帮助农民赚”的作用，举办各种培训班35期，共培训农民8 612人次，较好地完成培训工作任务。

〔**开展中职学校布局调整**〕 年内，市教委开展中职学校布局结构调整。该调整根据社会实际需求，统筹优化配置教育资源，调整和撤并16所中职学校。其中，中专学校7所、职业高中5所、技校4所，使招生学校减少至134所，全市中职学校校均规模由1 310人增至1 620人，增长23.6%。

〔**整合资源组建职教集团**〕 年内，市教委组建职教集团。该项工作按照“行业穿成线”、“区域捏成团”的方式，围绕重点发展产业领域和新城区建设，分别组建为行业发展服务的北京交通职教集团和为区域发展服务的昌平区职教集团。依托职教集团研究探索办学和管理体制改革，开展校企合作、产教结合、工学交替等人才培养模式改革实验。

〔**调整中职学校专业结构**〕 年内，市教委围绕产业发展调整中职学校专业结构。市教委印发《关于推进中等职业学校专业结构调整的意见》，根据经济社会发展、区域功能定位和产业结构升级的要求，重点加强18个现代化标志专业和45个骨干特色专业建设，优化中等职业学校专业结构布局，基本形成根据产业发展、市场需求设置和调整专业的机制。年内完成 28 所学校 56 个新专业（专门化）备案工作。

〔深化中等职业学校教学改革〕 年内，市教委深化中等职业学校教学改革。市教委印发《关于进一步深化中等职业教育课程改革工作的指导意见》，继续推进 41 所学校课程改革工作；组织专家和骨干教师到北京市主要行业的 270 家企业，开展人才需求、岗位职业能力和基本素质要求调研；校企合作共同开发专业课程，探索专业教学标准与职业资格标准衔接、课堂教学内容与岗位工作内容结合的教育模式，构建基于“工作过程系统化”的中等职业教育课程体系，促进中职课程的整体优化；指导学校完成 41 个专业教案和 232 门核心课程的教学设计工作，强化新课程的实施及管理工作。对全市中职学校近 2 000 名教学骨干进行课程改革专题培训。

高等教育

〔综述〕 2009 年，北京市高等教育内涵发展稳步提高，高校科技创新服务能力不断增强。北京市高等学校本科教学质量与教学改革工程深入推进。完成北京市地方特色型大学、精品课程、优秀教学团队评审工作，着力开展年度北京高校教改立项、人才培养模式创新试验区建设等工作，不断巩固质量工程建设成果。分两批认定北京燕山石油化工有限公司等 59 个京内外单位作为高等学校市级校外人才培养基地，帮助毕业生实现从学习到就业的“零过渡”。以高等教育教学成果奖评选为契机，进一步提高高等教育教学质量，北京市推荐的 109 项成果分获国家级教学成果特等奖和一、二等奖，为历年最好成绩。

进一步推动高校科技创新。统筹规划高校学科专业布局，加大对北京市重点学科专业的支持力度。启动实施北京市高校工程中心建设，为实现产业结构的优化升级提供技术服务。大力开展北京市重点实验室、北京市哲学社会重点研究基地等科研基地建设。发挥北京市大学科技园、北京市技术转移中心的作用，促进高校科研成果的转化和产业化。加大对中央在京高校的支持，投入 3 000 余万元共建经费支持中央在京高校科技成果转化。组织推荐 15 所高校参与中关村国家自主创新示范区股权激励改革试点，积极推进自主创新配套改革。在国家科学技术奖授奖项目中，2 项国家最高奖项目全部由北京高校获得，市属高校在国家奖项目评选中进展明显。

努力提高研究生教育质量。召开首次北京市学位与研究生教育工作会议，努力实现北京市学位与研究生教育的科学发展。组织开展“第二届北京市优秀博士学位论文评选”工作，促进研究生教育质量的全面提升。进一步扩大产学研联合和国内外联合研究生培养基地的建设，为研究生创新创业提供实践平台，推进研究生培养的国际化进程。

进一步规范民办教育发展，加强民办教育管理工作。完成 61 所民办高校的年检工作；完成 59 所学校的广告与简章备案工作，并对招生宣传活动进行监测，对宣传招生存在问题的 24 所学校发放整改通知书；启动 2009—2010 学年民办高等教育机构办学状况评估工作；制定《北京市民办学校退费管理办法》等 5 个规范性文件；对 2007、2008 年度民办高校资助进展和资金使用情况进行监测，完成 2009 年度项目 1 000 万元资助资金的发放工作，启动 2010 年度资助项目的申报和评审工作。

〔首次召开学位与研究生教育工作会议〕 1 月 18 日，北京市首次召开学位与研究生教育工作会议。会议围绕“加强统筹，内涵发展，突出特色，提高质量，努力实现北京市学位与研究生教育的科学发展”主题，听取副市长黄卫作题为《提高高层次创新人才培养质量，努力实现北京市学位与研究生教育工作科学发展》工作报告，全面总结30年来北京市学位与研究生教育主要成绩和基本经验，提出今后的主要任务。会议听取北京大学、中国人民大学、清华大学作关于研究生培养机制改革探索、研究生创新人才培养等方面的典型发言；表彰北京市学位与研究生教育管理先进集体28个和先进个人47人；为首批建立的北方交通大学等9个北京高校产学研联合研究生培养基地，中国人民大学等10个北京高校国内外联合研究生培养基地授牌。会议由市教委主任刘利民主持，市委常委、教育工委书记赵凤桐及教育部相关领导作讲话。教育部、市政府、市教委领导，研究生教育管理人员和专家学者以及在读的研究生等300人参加会议。改革开放30年来，北京市学位与研究生教育工作结合首都经济社会特点，稳步推进体制和机制改革，学科布局不断优化，人才培养质量显著提高，基本实现协调、统筹和健康发展，成为全国规模最大的研究生培养基地。

〔**北京高校市级校外人才培养基地授牌**〕 3月3日和11月19日，市教委分别举行2008年和2009年北京高等学校市级校外人才培养基地授牌仪式。仪式为首批2008年的19个校外人才培养基地和2009年的40个校外人才培养基地授牌；听取交流发言，介绍校外人才培养基地发展的进程和特色。教育部、市政府、市教委领导参加授牌仪式。该项工程开始于2008年，是北京高等教育“质量工程”建设的重要组成部分，采取市教委指导、校企联合共建的形式，创建大学生实习实践平台，是不断推进北京高等教育改革、提高高等教育教学质量、推进大学生就业工作开展的重要举措。市教委给予建设经费支持，并适时组织专家对项目建设情况进行检查验收，校外人才培养基地建设期为3年。

〔**评选优秀教学团队**〕 7月，北京市完成2009年北京市优秀教学团队评选。该评审在学校先期建设并推荐的基础上，经专家评审小组评议、评审委员会投票以及市教委审核并公示等程序，确定北京大学普通化学本科主干基础课教学团队等120个团队入选北京市优秀教学团队。

〔**评选高等学校教学名师**〕 7月，北京市评选第五届北京市高等学校教学名师。该评选经学校推荐、专家评议、评审委员会评审、市教委审核并公示等程序，评出北京市高等学校教学名师100人。

〔**评审高校实验教学示范中心**〕 7月14日，市教委完成2009年北京高等学校实验教学示范中心评审，36所高校的43个实验教学中心入选。该评选根据市教委、市财政局《关于实施北京高等学校教学质量与教学改革工程的意见》和市教委《关于做好2009年北京市高等学校实验教学示范中心申报评审工作的通知》，在各高校多年建设和自主申报的基础上，开展土建类、环境类、轻工纺织食品类、能源动力类、资源勘探类、交通运输类、航空航天类、水产类、农林工程类、临床技能类、中医类、公共卫生类、法学类、传媒类、艺术类、考古类、文科综合类、其他类共18个类别的市级实验教学示范中心的申报评审工作。经评审专家现场考察、评审委员会投票以及市教委审核并公示等程序确定入选名单。

〔**150门课程入选市级精品课程**〕 7月14日，市教委公布2009年度北京高等学校市级精品课程名单。该评审经过网络初审、评审委员会投票以及市教委审核并公示，确定北京大学“古代东方文明”等150门课程为北京市精品课程。市教委要求各高校要继续按照《北京地区高等学校精品课程网络资源共享、维护和更新工作的意见》和《北京市级精品课程网上发布的基本组成部分及其技术规范》的要求，继续加强课程建设，不断完善和更新精品课程网上教学资源，进一步利用和借鉴国家精品课程与北京市精品课程的优质资源和建设经验，切实落实质量工程，不断提高教育教学质量。

〔**北京中央高校与市属高校共建**〕 9月，北京市举办北京中央高校与市属高校共建协议签字仪式。北京师范大学、首都师范大学等22所高校签订结对共建协议。黄卫、赵凤桐等领导出席并讲话，教育部相关领导出席仪式。北京中央高校与市属高校共建是推动首都高等教育发展的一个重要举措，对优化高等教育资源配置结构，提高北京高校教育教学质量和办学水平，促进高等教育服务首都经济发展和社会建设具有重要意义。

〔**举办首届京津冀高等教育合作发展论坛**〕　11月6日至7日，市教委组织召开第一届京津冀高等教育合作发展论坛。论坛以“合作、共赢、创新、发展”为主题，加强三地高等教育的交流合作，实现资源共享、优势互补，推动京津冀高等教育共同发展。论坛决定建立、完善部门协调工作机制，不断推进“京津冀高等教育综合改革试验区”建设，加强科研与研究生教育合作，推进教师、学生互派互访，实现资源数据网上共享。论坛确定今后每年举行一次。北京市教委、天津市教委、河北省教育厅领导以及相关部门负责人参加论坛。

〔**评审高等教育精品教材建设立项项目**〕　11月，北京市评选2009年北京高等教育精品教材建设立项项目。北京市有85所高等学校组织参加高等教育精品教材建设立项申报，共提出立项申请1 766项。其中，本科及以上层次申报项目1 463项、高职（高专）层次申报项目303项。经专家组按规定程序和标准对参评项目严格评审，最终确认540个项目入选，其中，重大支持项目32项、重点支持项目126项、一般支持项目382项。立项项目建设经费额度为：重大支持项目每项5万元、重点支持项目每项2万元、一般项目每项1万元。

〔**提高高校科技创新能力**〕　年内，市教委提高高校科技创新能力。具体措施包括启动实施北京市高校工程中心建设，培育一批具有创新活力的产学研联合体，为实现产业结构的优化升级提供技术服务；建设北京市重点实验室、北京市哲学社会研究基地，在提高自主创新能力上实现新突破；发挥北京市大学科技园、北京市技术转移中心的作用，以社会需求为导向，促进高校科研成果的转化和产业化，在强化校企合作，建立产学研结合上实现新突破。

〔**调整市属高校招生结构**〕　年内，市教委调整市属高校招生结构。根据本年全市考生数量减少的实际情况，调整市属高校京内外招生的结构，市属高校京外招生数量有所增加；调整不同类型招生计划的结构，适当增加单考单招计划总量；调整外埠院校在京招生的结构，通过严格审核外埠院校招生资格、办学条件以及在京招生情况等情况，适当减少部分外埠院校在京的招生计划总量。

〔**调整优秀高职毕业生升本科招生政策**〕　年内，市教委调整高职升本科的相关政策和招生计划。调整高职升本科的录取比例，由原来5%调整至8%，招生计划比上年增加1 300人，增加高职毕业生的升学机会；调整接收院校，增加北京石油化工学院、北方工业大学、北京信息科技大学、北京电影学院；打破隶属关系，由市属高校接收部委高校高职毕业生，为部委高校的高职毕业生提供入学机会。

〔**评审市级示范性高职院校建设计划立项建设院校**〕　10月22日，市教委完成北京市示范性高等职业院校建设计划2009年度立项建设院校评审。经申报推荐及专家评审，北京京北职业技术学院、北京劳动保障职业学院、北京北大方正软件职业技术学院和北京汇佳职业学院入选，项目建设期3年。该项工程评审开始于2008年，首批8所院校入选。市教委对申报单位在院校综合建设、重点专业建设、社会服务能力建设等方面提出明确要求。

撰稿　聂　荣　华　蕾
审稿　李　壑　张永凯　李晓秋

天津市教育

概　　况

〔基本情况〕

2009 年各级各类学校校数、教职工、专任教师情况

	学校数（所）	教职工数（人）	专任教师数（人）
一、高等教育			
（一）研究生培养机构（不计校数）	(18)		
1. 普通高校	(18)		
2. 科研机构			
（二）普通高等学校	55	44 611	27 118
1. 本科院校	29	33 654	19 860
其中：独立学院	10	4 170	2 729
2. 高职（专科）院校	26	10 957	7 258
3. 其他机构（点）（不计校数）			
（三）成人高等学校	15	2 483	1 351
（四）民办的其他高等教育机构			
二、中等教育	713	68 853	52 073
（一）高中阶段教育	360	68 853	25 602
1. 高中	218	53 079	14 993
普通高中	218	53 079	14 993
成人高中			
2. 中等职业教育	142	15 774	10 609
普通中专	41	7 003	4 642
成人中专	23	933	589
职业高中	34	4 053	2 992
技工学校	44	3 762	2 368
其他机构（教学点）（不计校数）	(13)	23	18
（二）初中阶段教育	353		26 471

续表

	学校数（所）	教职工数（人）	专任教师数（人）
1. 普通初中	353		26 471
2. 职业初中			
3. 成人初中			
三、初等教育	983	44 999	37 942
（一）普通小学	983	44 999	37 942
（二）成人小学			
其中：扫盲班			
四、工读学校	3	131	58
五、特殊教育	20	612	460
六、学前教育	1 621	15 654	10 069

注：普通高中的教职工数中包含普通初中的教职工数。

2009 年各级各类学历教育学生情况

	毕业生数（人）	招生数（人）	在校生数（人）
一、高等教育			
（一）研究生	10 968	14 919	37 650
博　士	1 793	1 914	7 319
硕　士	9 175	13 005	30 331
（二）普通本专科	101 369	118 807	405 968
本　科	53 377	70 865	255 643
专　科	47 992	47 942	150 325
（三）成人本专科	36 741	32 556	77 533
本　科	17 374	13 593	35 833
专　科	19 367	18 963	41 700
（四）其他各类高等学历教育			
1. 在职人员攻读博士、硕士学位		3 982	10 011
2. 网络本专科生	4 860	13 475	21 036
本　科	2 359	5 711	9 758
专　科	2 501	7 764	11 278
3. 其他			
二、中等教育	238 264	199 733	644 576
（一）高中阶段教育	141 391	112 680	357 545
1. 高中	70 624	60 871	187 554
普通高中	70 624	60 871	187 554
成人高中			
2. 中等职业教育	70 767	51 809	169 991

续表

	毕业生数（人）	招生数（人）	在校生数（人）
普通中专	36 219	23 936	81 070
成人中专	3 601	6 123	13 459
职业高中	16 318	11 771	35 949
技工学校	14 629	9 979	39 513
（二）初中阶段教育	96 873	87 053	287 031
1. 普通初中	96 873	87 053	287 031
2. 职业初中			
3. 成人初中			
三、初等教育	91 481	81 303	507 385
（一）普通小学	91 481	81 303	507 385
（二）成人小学			
其中：扫盲班			
四、工读学校			
五、特殊教育	330	244	2 520
六、学前教育	72 408	85 103	206 447

注：特殊教育学生数中包括普通中小学随班就读的学生。

2009 年各级各类非学历教育学生情况

	结业生数（人）	注册生数（人）
总　计	1 323 479	1 013 205
一、高等教育	85 664	44 852
（一）研究生课程进修班	404	638
（二）自考助学班	3 907	7 964
（三）普通预科生		10
（四）进修及培训	81 353	36 240
其中：资格证书培训	22 636	12 885
岗位证书培训	23 828	7 956
二、中等职业教育	1 237 815	968 353
其中：资格证书培训	63 135	44 785
岗位证书培训	258 560	233 607
（一）中等职业学校	57 794	22 965
其中：资格证书培训	24 581	15 427
岗位证书培训	2 809	2 116
（二）职业技术培训机构	1 180 021	945 388
其中：资格证书培训	38 554	29 358
岗位证书培训	255 751	231 491

2009年各级各类民办教育基本情况

	学校数（所）	毕业生数（人）	招生数（人）	在校生数（人）	教职工数（人）	专任教师数（人）
一、民办高等教育						
（一）民办高校	11	10 938	14 996	53 828	4 498	2 960
本科学生		9 917	14 426	51 309		
专科学生		1 021	570	2 519		
其中：独立学院	10	9 917	13 861	50 439	4 170	2 729
本科学生		9 917	13 861	50 439		
专科学生						
（二）民办其他高等教育机构						
二、民办中等教育						
（一）高中阶段教育	40	9 657	6 902	22 970	2 979	1 825
1. 民办普通高中	34	7 833	5 716	18 065	2 434	1 383
2. 民办中等职业教育	6	1 824	1 186	4 905	545	442
（二）初中阶段教育	18	8 411	7 957	24 511		
1. 民办普通初中	18	8 411	7 957	24 511		
2. 民办职业初中						
三、民办普通小学	14	1 999	1 680	11 346	491	368
四、民办幼儿园	443	12 689	15 922	44 053	3 695	2 155
另有：民办培训机构（不计校数）	(674)				10 986	5 407

注：民办普通高中的教职工数包含民办普通初中的教职工数。

〔**国际汉语推广**〕 2009年，天津市在海外新筹建孔子学院、孔子课堂各2所，使天津在海外设立的孔子学院达13所、孔子课堂达4所。在2009年启动的孔子学院奖学金项目中，天津市5所高校、2所中学入围中国政府孔子学院奖学金院校名单，年内从境外接收166位孔子学院奖学金学生进入天津市大学、中学就读。受国家对外汉语教学领导小组办公室委托，市教委组织天津市大学生赴泰国慰问汉语教师和汉语教师志愿者，直接慰问汉语教师和汉语教师志愿者500余人，近3 000人观看了大学生演出。市教委继续派团赴泰国出席“汉语桥—宝石王杯汉语大赛”，并为优胜者提供到津学习奖学金。

〔**学生阳光体育活动**〕 天津市教委投资120万元，创建学校体育与健康信息网站——学生阳光体育运动信息教育园地。投资近300万元，编制从小学一年级至高中三年级共5册《阳光体育运动手册》，免费发放给学生，受到广大师生和社会各界普遍好评。2009年，全市举办足球、健美操、棋类等62项大中小学阳光体育竞赛和群体活动，来自全市56所高校、18个区县以及开发区、大港油田、天津铁厂3个办学单位的1 896所大中小学160万名学生参加，营造了人人参加体育活动、班班有体育项目、校校有体育特色的阳光体育运动良好氛围。市政府投入1 200万元，集中采购《国家学生体质健康标准》测试仪器，逐步完善科学、规范的统一与测试手段。据统计，2009年《国家学生体质健康标准》优秀、良好率较2007年分别上升10.03%和9.6%，不及格率下降12.8%。在第十届全国中学生运动会上，天津市中学生体育代表团获 9 枚金牌、5 枚银牌和 4 枚铜牌，金牌总数位居第三。在科学论文报告会论文评选中，天津市获 5 个一等奖、11 个二等奖、19 个三等奖，位居全国第三。

〔**对口支援和民族教育**〕　为贯彻落实教育部、国家民委下发的《学校民族团结教育指导纲要（试行）》，市教委制定了《指导纲要》实施意见。结合新中国成立 60 周年庆祝活动，市教委表彰了 43 个民族教育工作先进单位和 69 个先进个人。完善民族班（校）应急制度，健全维护学校稳定的长效机制。市教委向第五中学投入 40 万元，用于新疆班学生公寓楼及附属设施的维修、改造和更新。落实《天津市教育委员会与西藏自治区昌都地区教育局“十一五”教育对口支援协议书》的援助项目。组织天津市基础教育讲师团赴西藏昌都地区开展教育援藏讲学活动，举办讲座 7 场，受到当地干部教师好评。市教委投入经费 187.24 万元，举办第二、三期昌都地区干部和教师培训班。向昌都职业技术学校汽车修理专业驾驶培训基地和藏药制药车间分别提供了 50 万元和 30.75 万元的援助。天津市承担了第二期国家支援新疆汉语教师工作任务，市教委投入 196.25 万元，组织新疆中学少数民族“双语”骨干教师 113 人、中小学骨干校长 15 人到津参加培训。

〔**资助家庭经济困难学生**〕　市教委印发了《关于进一步加强我市学生资助工作机构建设的通知》（津教委〔2009〕39 号），通知要求区县教育行政部门确定主管领导和工作部门，配备工作人员，实行责任制和目标管理。下发了《关于发挥资助体系育人作用进一步加强家庭经济困难学生思想政治教育工作的实施意见》（津党教［2009］27 号）。本年度，通过绿色通道办理入学手续的新生达 8 591 名；评出国家奖学金 603 名，发放国家奖学金 482.4 万元；评出国家励志奖学金 10 324 名，发放国家励志奖学金 5 162 万元；评出国家助学金 59 335 名（其中一等国家助学金 29 667 名，二等国家助学金 14 834 名，三等国家助学金 14 834 名），发放国家助学金 5 933.5 万元；评出天津市人民政府奖学金 800 名，发放天津市人民政府奖学金 640 万元；共发放奖助学金 12 217.9 万元。2008—2009 学年度，为 7 762 名高校学生办理了新机制助学贷款，发放贷款 12 217.3 万元；设立勤工助学岗位 2 万多个，发放勤工助学金约 1 123 余万元；为 4 945 名家庭困难学生减免学费 1 249 万元；发放特殊困难补助 793 万元；发放伙食补贴 3 954万元。市教委、天津农村合作银行、天津市教育发展基金会为 420 名经济困难大学生发放帮困助学金 63 万元。

基础教育

〔**综述**〕　2009 年，全面完成列入天津市政府 20 项民心工程的示范幼儿园建设和农村乡镇中心幼儿园达标工程。落实外来务工人员子女在津接受义务教育与本市居民子女同等政策，外来务工人员子女就读人数达 13.38 万人，占在校生总数的 17.03%。其中，小学 10.44 万人，初中 2.94 万人，分别为小学和初中在校生总数的 20.58%和 10.55%。实施义务教育学校现代化标准建设，对首批申报的 295 所学校进行评估验收，其中 259 所学校通过验收；继续实施义务教育学校新增教学仪器和图书配送工程，为全市中小学配送图书 184 万册，义务教育学校办学条件得到明显提升。在教育部召开的全国推进义务教育均衡发展现场经验交流会上，天津介绍了经验，河西区、塘沽区、北辰区被评为全国义务教育均衡发展工作先进区。会同有关部门对全市 1 579 所中小学校校舍进行排查和鉴定，对 118 所农村中小学 32 万平方米校舍进行加固维修和功能提升。推进教育教学改革，总结课程改革8年来的工作，推广典型经验，推进高效教学的深入开展；集中优势资源建设普通高中“空中课堂”选修课，开设普通高中“空中课堂”选修课的学校扩展到60所，促进了优质教育资源的共享；完善综合素质多元评价机制，健全教学质量监测体系和教学指导体系；继续实行小学生素质发展水平评价办法，做好小学与初中招生制度改革的衔接；推进高中招生考试制度改革，在全市范围内实行优质高中招生指标定向分配制度改革。实施“未来教育家奠基工程”和“农村265骨干教师培养工程”，首批学员完成集中培训。5所特教学校荣获全国特殊教育先进单位称号，并对不能到校接受义务教育的适龄重度残疾儿童少年开展送教服务。

〔**义务教育现代化标准建设**〕 为推进义务教育城乡一体均衡发展，天津市教委于2009年4月1日在南开中学组织召开天津市义务教育学校现代化建设标准校长培训会，全市400余名初中校校长、各区县教育局有关负责人参加。上半年，由市教委督导室牵头，由4组专家分别对全市13所中小学进行试评，在试评的基础上，总结经验，树立榜样。下半年，对全市300余所中小学从硬件和软件两方面进行专项检查，从而使全市义务教育发展水平达到高标准均衡化的目标。配合学校图书馆建设和图书配送工程，建立学校图书遴选、配送、管理、使用的长效机制。通过建章立制、加强管理、培训馆员、加大投入、开展读书活动等有效措施，全方位加强中学图书馆建设，提高图书的借阅率、使用率，使图书投资效益最大限度地发挥出来。完善学校教学仪器管理制度，加强对新增教学仪器设备保养和维护，利用学校现有教育信息技术装备推行电子校务，将学校工作逐步纳入信息化管理，包括建立电子档案、推行电子备课、强化信息技术与素质教育整合，通过信息化实现效益最大化。参加教育部于2009年11月6日在河北省邯郸市召开的全国推进义务教育均衡发展现场经验交流会，市教委主任靳润成在大会上作题为《强化政府责任 加大统筹力度扎实推进义务教育高水平均衡发展》的发言，受到与会代表高度关注。河西区、北辰区均衡发展的经验在大会上作书面交流。河西区、北辰区、塘沽区被命名为全国义务教育均衡发展工作先进地区。

〔**课程改革**〕 为推进基础教育课程改革，在各区县召开总结大会的基础上，市教委于2009年5月22日在天津一中召开天津市基础教育课程改革总结推动会，教育部基础教育司有关领导出席会议并讲话，全市各区县教育局、教研室负责人及校长、教师代表参加会议。大会分为论文交流、课堂展示、成果交流等十个专场，展示了初中课程改革取得的成果。天津市高中新课程改革已完成一个实验周期，市教委组织各区县开展天津市高中新课程实验总结工作。此项工作分为三个阶段。第一阶段全面总结，第二阶段征集课改典型经验和成果，第三阶段展示交流典型经验和成果。2009年完成第一、二阶段工作。2008年10月至2009年3月，由市教委中学处主办、市教育招生考试院《身边科学》编辑部承办了首届中学生研究性学习成果展评活动，评选出获奖课题75个。其中，一等奖5个、二等奖15个、三等奖55个；并对获奖选手、指导教师进行了表彰。参加教育部于2009年10月30日至31日在南京市召开的基础教育课程改革经验交流会，会上，天津市的典型发言《突破发展瓶颈 让课程改革的亮点亮起来》受到教育部和其他省市广泛关注，有5篇文章入选全国经验材料选编。

〔**考试评价制度改革**〕 市教委完善《天津市初中毕业生学业水平考试方案》，健全教学质量监测体系和教学指导体系，发挥考试学科命题导向功能，引导学校深化素质教育，以高效课堂教学为抓手，改进教学方式。加强对区县级学业考查的监督指导，提高考试信度，为招生改革提供翔实的统计信息。完善综合素质多元评价机制，贯彻实施初中、高中学生《综合素质评价实施方案》和《建立学生成长记录的指导意见》。在综合素质评价实施过程中，注意发挥综合素质评价的激励、改进功能，使之成为记载成长足迹、规划人生、促进发展的动力。正式启动“天津市初中高中素质评价电子平台”，充分发挥信息化优势，实现初高中学生综合素质评价、学生成长记录电子化，为高一级学校招生提供便捷、翔实的多元评价信息。

〔**改革初高中招生制度**〕 市教委制定《2009年天津市初中招生工作指导意见》（津教委中［2009］14号）。《指导意见》突出了三个特点：一是加强对区县初中招生工作的指导和管理；二是进一步完善义务教育免试就近入学制度；三是完善优质高中初中部向小学定向分配招生指标办法，各区县按照市教委统一部署，将优质高中初中部招生计划的60%以上用于指标定向分配。初中招生充分运用“小学毕业生综合素质评价和成长记录”，促进公办中小学均衡发展。在总结试点工作经验的基础上，全市18个区县全面推行优质高中招生指标定向分配制度改革，优质高中招生计划的10%定向分配到全区各个初中校。充分运用学业水平考试、综合素质评价（学生成长记录袋）积累的信息，促进高级中等学校招生向多元评价、多元录取方向发展，转变以中考成绩简单相加作为高中录取唯一依据的做法。在2009年取消中考特长加分的情况下，市教委与市科协、青少年科技活动中心密切配合，研究制定天津市科技特长生认定标准，确定招收科技特长生的普通高中学校，颁布《关于2009年在天津市部分普通高中学校招收科技特长生的通知》（津教委中［2009］12号），调动了科技特色校和科技特长生的积极性。

〔**特殊教育**〕 2009年，市教委、市财政局、市残联联合下发《对义务教育阶段适龄重度残疾儿童少年积极开展送教服务的实施意见》，重点在市内六区及其他区县城镇地区开展送教服务。年内，有80余名重度适龄残疾儿童少年享受了送教上门服务，市内六区都建立了特殊教育中心并有效开展工作。在全市普及视力、听力残疾学生高中阶段教育的基础上，深化推进教育教学改革，提高教育教学的针对性和实效性，加强劳动技能和职业教育，提高残疾学生适应生活、适应社会、适应就业的能力。特殊教育学校义务教育学段学生免除学杂费、课本费、寄宿费与住校生生活补贴政策全面落实并得到进一步充实和完善。特殊教育学校办学层次和水平得到明显提高。在2009年5月11日由教育部、民政部、中国残联召开的第四次全国特殊教育工作会议上，天津市河西区启智学校、南开区育智学校、红桥区培育学校、宝坻区博爱学校、天津理工大学聋人工学院，获全国特殊教育先进单位称号并受到表彰。

职业教育与成人教育

〔**综述**〕 2009年，海河教育园区建设工程正式开工。天津市承办的第二届全国职业院校技能大赛取得圆满成功。天津职业大学通过首批国家级示范性高等职业院校验收工作；天津城市职业技术学院等5所院校被批准为中央财政支持的职业院校实训基地建设单位，获得中央财政支持730万元，通过率100%；天津市中德职业技术学院等10所职业院校被教育部、天津市人民政府命名为滨海新区技能型紧缺人才培养基地。天津市高职教育获国家级优秀教学成果一等奖1项、二等奖7项；10门课程被评为2009年度国家级精品课程，通过率蝉联全国高等职业教育第二名；1个团队被批准为2009年立项建设的国家级教学团队，1名教师获国家级教学名师奖。批准高职高专新增专业41个。6月30日至7月1日，由教育部、中宣部、中央文明办、人力资源和社会保障部、全国妇联、共青团中央在天津联合召开全国中等职业学校德育工作会议。会上，市教委主任靳润成介绍天津中等职业学校德育工作经验。10月19日至21日，举行2009年海峡两岸青年学生职业技能竞赛，天津市中职学校2人获一等奖、3人获二等奖、6人获三等奖。15所首批示范性中职学校建设项目和12个中职学校实训基地建设项目完成第一阶段的建设任务，第二阶段的建设工作全面启动。2所中等职业学校的实训基地项目被教育部、财政部批准为中央财政支持的建设项目，获中央财政专项经费支持300万元。4所中职学校基础能力建设项目被列入中央扩大内需促进经济增长重点建设项目，获国家发改委和市发改委专项资金支持1 900万元。召开全市中职学校教学改革工作会，新一轮中等职业学校教学改革全面展开。举办中职学校公共基础课新教材培训班，全市中职学校教师1 175人次参加培训。在中等职业学校设立紧缺专业特聘兼职教师80名。

市政府批转了《天津市关于构建终身教育体系大力推进学习型城市建设的决定》。10月31日至11月7日，由市教委主办、河西区人民政府承办了天津市第三届社区教育展示周暨2009年天津市全民终身学习活动周活动。11月，教育部发文（教职成函〔2009〕4号）批准天津市西青区、河北区为全国社区教育实验区。至此，全市有国家级社区教育示范区2个、实验区6个。2009年，成人学校新增15个专科专业和8个本科专业；城市职业技术学院及其5所分院完成6个特色专业的建设，专业建设专项资金已到位并实施。市广播电视大学、南开社区学院（即南开职工大学）、市工程师范学院成人教育学院的3项成果被评为市级教学成果一等奖。经市教委审核，新增远程教育学习中心4个。津南区8所乡镇成人文化技术学校（以下简称成校）通过市教委组织的示范校验收，北辰、宝坻两区4所乡镇成校通过市教委验收，由一类校升级为示范校。全市12个涉农区县170个乡镇街中，有9个区县所属的135所成校通过验收，其中示范校49所。蓟县被教育部列为全国新型农民培训联系点单位；北辰区、西青区两个教育局被评为全国农村成教先进单位；蓟县上仓镇、静海县梁王庄乡、宝坻区大白镇3所成校被评为全国农村教育先进学校；蓟县渔阳镇、武清区杨村镇、北辰区果园新村街、静海县西翟庄镇4所成校被评为全国优秀成人教育培训机构；武清区南蔡村镇成校校长刘文华的事迹被教育部职业教育与成人教育司编入先进事迹集。全市教育系统开展农村实用技术培训（含实验、示范、推广）46.68万人次；农村劳动力转移培训46.71万人次，其中技能型培训19.34万人次，培训后推介就业7.07万人次。

〔**海河教育园区建设**〕 海河教育园区建设工程于2009年6月30日正式开工，全部建设工程将于2010年底全部完成。中德职业技术学院、电子信息职业技术学院、现代职业技术学院、轻工职业技术学院、海运职业学院被确定为首批进入园区的高职院校，机电工业学校、仪表无线电工业学校被确定为首批进入海河教育园区的中职学校。

〔**第二届全国职业院校技能大赛**〕 6月26日至30日，由教育部、天津市人民政府等10家单位联合举办的2009年全国职业院校技能大赛在天津举行。中共中央政治局委员、国务委员刘延东专程来津，视察了大赛赛场和教学仪器展览会场馆，并观看了高职组“产品造型设计及快速成型”项目的比赛。中共中央政治局委员、天津市委书记张高丽，全国政协副主席张榕明，教育部部长周济，天津市市长黄兴国等领导出席闭幕式，并向获奖单位与个人代表颁发奖杯和获奖证书。本次大赛是继成功举办2008年职业院校技能大赛后，在天津举办的第二届全国职业院校技能大赛，大赛在规模、竞赛项目及参赛覆盖面上都比上届有较大突破。天津职业大学、机电职业技术学院、电子信息职业技术学院、轻工职业技术学院、南洋工业学校、青年职业学院、交通职业学院、国土资源和房屋职业学院、机电工艺学院、南开区教育局、北辰中等职业学校、第一商业学校、红星中等职业学校等13个单位为赛事承办单位。第二届全国职业院校技能大赛分高职和中职两个组别进行，比赛涵盖计算机应用技术、数控技术、电工电子、烹饪、汽车运用与维修、服装设计制作与模特表演、美容美发、建筑工程、数控机床装配、调试与维修、电子产品设计及制作、产品造型设计及快速成型、3G基站建设及数据网组建等12个专业类别35个竞赛项目，参赛选手2 951人。高职组有30个省份193支代表队参赛，中职组有37个省份代表队参赛。天津市高等职业院校派出8个参赛队参加高职组3G基站建设维护及数据网组建（天津职业大学），数控机床装配、调试与维修（天津机电职业技术学院），电子产品设计及制作（天津电子信息职业技术学院），产品造型设计及快速成型（天津轻工职业技术学院）4个比赛项目，获2个一等奖、4个二等奖、2个三等奖，列全国各省份前列；中职学校派出64名选手，参加中职组计算机、烹饪、汽车维修、数控、美容美发、服装设计制作与表演、电工电子、建筑工程技术等八大类专业31个项目的比赛，获9个一等奖、19个二等奖、23个三等奖。大赛组委会还授予北京市等37个省（区、市）教育厅（教委）优秀组织奖；授予亚龙科技集团等13个赞助企业突出贡献奖。

大赛期间，还举办了第七届全国职业教育现代化技术装备展览会等活动。

〔**全国中职学校德育工作会议**〕 新中国成立以来的第一次全国中等职业学校德育工作会议于2009年6月30日至7月1日在天津召开。会议由教育部、中宣部、中央文明办、人力资源和社会保障部、共青团中央、全国妇联联合召开。各省、自治区、直辖市、计划单列市及新疆生产建设兵团等有关方面负责人共200人参加会议。会上传达了中共中央政治局委员、国务委员刘延东对此次会议的重要指示；教育部部长周济、共青团中央书记处第一书记陆昊、中央文明办副主任王世明、人力资源和社会保障部副部长王晓初、全国妇联书记处书记赵东花出席会议并讲话；天津市市长黄兴国，市委常委、教育工委书记苟利军，副市长张俊芳到会祝贺。会议期间，河北省文明办、共青团湖北省委、天津市教委、江苏省教育厅、河南省教育厅、重庆市教委、北京市商业学校、青岛市城阳区职教中心等8个单位作大会经验交流发言。与会代表围绕新时期我国中职学校德育工作出现的新情况、新问题以及新做法、新经验，进行了深入研究与探讨。会议总结了改革开放以来，特别是近年来中等职业学校德育工作的主要经验，明确了加强和改进中等职业学校德育工作的思路和主要任务，动员社会各方力量共同做好中职学生思想道德教育工作，努力开创新时期、新阶段中等职业学校德育工作的新局面。

〔**海峡两岸青年学生职业技能竞赛**〕 两年一届的2009两岸青年学生职业技能竞赛于10月19日至21日在天津举行。来自台湾的28名选手和天津各职业院校的48名学生开展了数控技能、钳工技能、软件程序设计、平面设计、网络建设与管理、汽车维修6个项目的技能竞赛。此次竞赛设高职和中职两个组别，共开设数控技能数控车床操作（高职、中职）、钳工技能、计算机技能软件程序设计、平面设计、网络建设与管理、汽车维修技能等7个项目。天津市参赛选手获4个一等奖。

〔**中职教学改革**〕 市教委下发《关于进一步深化中等职业教育教学改革的实施意见》（津教委职〔2009〕18号），4月22日至23日，召开全市中职学校教学改革工作会，全市中等职业学校新一轮教学改革全面展开。2009年7月下旬，市教委抽调近30名教学校长，用2周时间，对全市78所中职校制定的505份新的实施性教学计划进行审定。根据新一轮教学改革要求，新的实施性教学计划要充分体现以素质为基础，以能力为本位的教学思想和半工半读、工学结合的教学模式。2009年新学年开学初，组织专门人员对全市中职学校贯彻落实新一轮教学改革情况进行全面检查。检查表明，全市中职学校全部实行了半工半读、工学结合的教学模式。

〔**示范性职业院校和实训基地建设**〕 2009年9月25日，国家首批示范性高职院校建设单位——天津职业大学通过市级检查验收。至此，全市有4所院校成为国家示范性高等职业院校建设计划立项单位（天津职业大学、天津中德职业技术学院、天津医学高等专科学校、天津电子信息职业技术学院），共获得中央财政7 900万元的资金支持。完成“十一五”高职示范校投资，其中市财政投入经费1 500万元。完成中央财政支持的实训基地申报工作。上半年，市教委组织专家论证，推荐城市职业技术学院、石油职业技术学院、冶金职业技术学院、开发区职业技术学院、城市建设与管理职业技术学院5所院校为中央财政支持的职业院校实训基地建设单位。经教育部、财政部审核，5 所院校均被批准，获得中央财政支持 730 万元。开展对天津市“十一五”职业教育实训基地首批建设项目中期检查工作。全市共有 21 所高职院校的 21 个实训基地被列为天津市“十一五”职业教育实训基地的首批建设项目，全部建设项目顺利通过市教委、市财政局立项审批。接受中期检查的天津市高职首批实训基地建设项目有 18 个，基本完成采购任务的学校有 17 个，占 89.5%。按照教育部、财政部《关于申报 2009 年中央财政支持的职业教育实训基地项目有关事项的通知》（教财厅函〔2009〕13 号）精神，经市教委、市财政局推荐、申报，天津市南洋工业学校的机电技术应用实训基地和北辰区中等职业技术学校的汽车运用与维修实训基地获得中央财政 300 万元的资金支持。市教委、市财政局组织有关专家，对天津市首批职业教育实训基地建设项目一期投资计划的执行情况进行中期检查推动。2009 年 11 月，市教委、市财政局对一期投资计划已完成的学校启动二期投资计划。劳动保护学校数控技术实训基地、第一商业学校经济贸易类实训基地、港口中等专业学校港航职业技术实训基地、第一轻工业学校数控实训基地、美术中等专业学校工艺美术职业教育实训基地、南洋工业学校电工电子实训基地、滨海中等专业学校数控技术应用实训基地 7 个中职学校的首批职业教育实训基地建设项目正式启动二期投资计划。

高等教育

〔**综述**〕 2009 年，天津市高校在四年一届的高等教育教学成果奖评审中，有 70 项成果获第六届高等教育天津市级教学成果一等奖，90 项成果获二等奖。在第六届高等教育国家级教学成果奖评审中，有 8 项成果获国家级教学成果一等奖，25 项成果获国家级二等奖。在教育部“高等学校本科教学质量与教学改革工程”项目评审中，有 5 名教师获国家级教学名师奖，10 个团队被批准为立项建设的国家级教学团队，20 门本科课程被评为国家级精品课程，3 门课程被批准为双语教学示范课程，17 个本科专业被批准为第四批高等学校特色专业建设点，3 个本科专业被批准为第五批高等学校特色专业建设点，7 个实验教学中心被确定为国家级实验教学示范中心建设单位，4 个实验区被批准为人才培养模式创新实验区，1 个项目被批准为 2009 年度本科专业认证（评估）项目。通过启动天津市高等学校加快培养急需人才重大研究立项计划、创新产学研合作教育，推动本市高等教育积极主动地融入天津经济社会发展和滨海新区开发开放建设。组织各类学科竞赛，努力提高大学生创新意识和实践能力。大力推进天津市大学软件学院建设。高校“十一五”综合投资学科建设项目稳步推进，并在此基础上启动了新一轮“重中之重”学科建设和研究生教育创新计划；完成新增博士学位授予单位立项规划，参与完成国务院学位委员会学科评议组换届；开展硕士学位论文抽查和研究生指导教师工作检查，以及优秀博士学位论文评选；新增一批专业学位培养单位和种类。

〔**教育支持滨海新区建设**〕 本年度，天津市加快大学软件学院建设，年内竣工面积 16.4 万平方米，完成投资 6.99 亿元，确保 2010 年新学期学生入驻。落实“滨海双百科技特派计划”，首批 122 名科技特派员进驻新区 60 余个企业开展工作。“年度双五重点支持项目”正式立项实施，有力地促进了高校与新区企业的深度结合。在全市实施的前两批共 35 个自主创新产业化重大项目中，由高校主持和重点参与的有 11 项，涌现出以中药大品种二次开发、大功率半导体照明产品产业化等为代表的产值过亿的重大项目。主动聚焦新区建设，积极参与建设国际生物医药联合研究院、中国民航科技产业化基地、中意中医药联合实验室、天津生命科学研究中心、滨海高校技术转移中心、六大产学研战略联盟、七个科技创新服务团队、八个滨海新区技能型紧缺人才培养基地等。

〔**大学软件学院建设**〕 2009年4月28日，市教委组织召开天津市大学软件学院建设工作座谈会，邀请何积丰院士围绕创新软件人才培养作主题报告，10所高校主管教学工作的副校长及软件学院院长参加座谈会。市教委组织相关高校赴东北大学、大连理工大学、大连软件产业管理局等单位进行考察学习。批准天津工业大学、天津师范大学、天津理工大学软件学院为市级示范性软件学院建设单位，围绕人才培养过程中实现“工程化”、“国际化”、产学研合作教育的要求，市教委组织专家组对建设单位进行实地考察，推动建设工作。

〔**大学生学科竞赛**〕 市教委与市大学外语教学指导委员会联合举办天津市第十二届大学生英语演讲竞赛暨2009年“CCTV杯”全国英语演讲大赛天津赛区复赛，评选出特等奖3名、一等奖3名、二等奖5名、三等奖9名；3名选手代表天津市参加全国大赛，天津大学韩沛均获全国第四名；天津理工大学等7所学校被评为组织工作先进单位，李蕴明等27人被评为组织工作先进个人。全市25所高校16 002人参加2009年全国大学生英语竞赛，16人获特等奖，81人获一等奖，242人获二等奖，485人获三等奖。9人参加2009年全国大学生英语竞赛全国总决赛暨2009年全国大学生英语夏令营活动，1人获第三届全国大学生英语风采大赛一等奖，6人次分获第十届全国大学生英语演讲竞赛、辩论赛二、三等奖，2人被评为优秀参赛选手。2009年，天津市举办普通高校大学生数学竞赛，有23所学校47个代表队2 312名学生参加；举办首届全国大学生数学竞赛天津赛区竞赛，12所院校937名大学生参赛，168人获奖，其中南开大学31人获奖；全市24所普通高校358个代表队1 074名大学生参加了2009年全国大学生数学建模竞赛，参赛学校数比上届增加4所，参赛队比上届增加50个，共获全国一等奖6项、二等奖25项，天津赛区第五次荣获全国大学生数学建模竞赛优秀组织工作奖，天津赛区还评出天津市一等奖65项、二等奖64项，南开大学等8所高校获天津赛区优秀组织工作奖。全市26所普通高校328个代表队984名大学生参加2009年全国大学生电子设计竞赛，参赛学校比上届增加8所，参赛队比上届增加123个，共获全国一等奖5项、二等奖18项。天津赛区还评出天津市一等奖27项、二等奖26项、三等奖31项，天津大学等6所高校获天津赛区优秀组织工作奖。市教委和市普通高等学校计算机教学指导委员会共同主办2009年天津市大学生计算机应用能力竞赛，全市23所普通高校3 200余名大学生参赛，评选出获奖项目160个，优秀组织奖5个。天津大学、中国民航大学和天津工程师范学院代表天津市参加由教育部高等教育司主办的首届全国大学生工程训练综合能力竞赛，天津工程师范学院代表队以总分第一名、天津大学代表队以总分第二名分获大赛一等奖，中国民航大学获大赛二等奖，天津工程师范学院获优秀组织奖。

撰稿　孟令梅

审稿　孙志良

河北省教育

概　况

〔基本情况〕

2009年各级各类学校校数、教职工、专任教师情况

	学校数（所）	教职工数（人）	专任教师数（人）
一、高等教育			
（一）研究生培养机构（不计校数）	(19)		
1. 普通高校	(17)		
2. 科研机构	(2)		
（二）普通高等学校	109	92 104	58 394
1. 本科院校	51	61 347	38 257
其中：独立学院	18	11 321	8 653
2. 高职（专科）院校	58	30 757	20 137
3. 其他机构（点）（不计校数）	(1)		
（三）成人高等学校	13	1 959	1 248
（四）民办的其他高等教育机构	27	1 169	683
二、中等教育	4 491	395 167	325 413
（一）高中阶段教育	1 601	395 041	139 130
1. 高中	682	314 383	82 130
普通高中	661	313 983	81 765
成人高中	21	400	365
2. 中等职业教育	919	80 658	57 000
普通中专	308	23 865	15 046
成人中专	181	7 543	5 458
职业高中	266	28 684	22 820
技工学校	164	12 597	9 018
其他机构（教学点）（不计校数）	(106)	7 969	4 658
（二）初中阶段教育	2 890	126	186 283

续表

	学校数（所）	教职工数（人）	专任教师数（人）
1. 普通初中	2 887		186 179
2. 职业初中	1	28	26
3. 成人初中	2	98	78
三、初等教育	14 549	344 398	321 291
（一）普通小学	14 447	344 343	321 238
（二）成人小学	102	55	53
其中：扫盲班	81		
四、工读学校			
五、特殊教育	144	3 191	2 551
六、学前教育	6 434	66 922	46 859

注：普通高中的教职工数中包含普通初中的教职工数。

2009年各级各类学历教育学生情况

	毕业生数（人）	招生数（人）	在校生数（人）
一、高等教育			
（一）研究生	7 317	10 787	28 346
博　士	388	497	1 844
硕　士	6 929	10 290	26 502
（二）普通本专科	282 705	329 224	1 060 450
本　科	99 500	149 174	504 983
专　科	183 205	180 050	555 467
（三）成人本专科	91 086	83 196	218 549
本　科	36 795	35 809	87 279
专　科	54 291	47 387	131 270
（四）其他各类高等学历教育			
1. 在职人员攻读博士、硕士学位		1 706	5 348
2. 网络本专科生			
本　科			
专　科			
3. 其他			
二、中等教育	1 874 708	1 694 730	5 003 685
（一）高中阶段教育	879 502	961 079	2 584 758
1. 高中	470 222	447 232	1 311 214
普通高中	468 982	447 232	1 308 690
成人高中	1 240		2 524
2. 中等职业教育	409 280	513 847	1 273 544

续表

	毕业生数（人）	招生数（人）	在校生数（人）
普通中专	144 797	182 783	475 530
成人中专	31 726	67 769	109 269
职业高中	171 563	201 884	519 082
技工学校	61 194	61 411	169 663
（二）初中阶段教育	995 206	733 651	2 418 927
1. 普通初中	990 746	733 595	2 418 637
2. 职业初中	90	56	180
3. 成人初中	4 370		110
三、初等教育	734 554	875 823	4 887 694
（一）普通小学	733 936	875 823	4 886 544
（二）成人小学	618		1 150
其中：扫盲班	258		
四、工读学校			
五、特殊教育	1 052	2 221	12 742
六、学前教育	518 119	1 024 154	1 512 922

注：特殊教育学生数中包括普通中小学随班就读的学生。

2009 年各级各类非学历教育学生情况

	结业生数（人）	注册生数（人）
总　计	3 637 421	3 165 263
一、高等教育	102 676	28 654
（一）研究生课程进修班	613	103
（二）自考助学班	5 267	14 356
（三）普通预科生		417
（四）进修及培训	96 796	13 778
其中：资格证书培训	16 432	8 539
岗位证书培训	3 183	1 003
二、中等职业教育	3 534 745	3 136 609
其中：资格证书培训	360 633	391 227
岗位证书培训	258 433	215 347
（一）中等职业学校	419 181	226 890
其中：资格证书培训	76 860	57 050
岗位证书培训	97 914	43 450
（二）职业技术培训机构	3 115 564	2 909 719
其中：资格证书培训	283 773	334 177
岗位证书培训	160 519	171 897

2009 年各级各类民办教育基本情况

	学校数（所）	毕业生数（人）	招生数（人）	在校生数（人）	教职工数（人）	专任教师数（人）
一、民办高等教育						
（一）民办高校	34	51 667	83 641	268 994	18 786	13 955
本科学生		32 908	58 028	191 519		
专科学生		18 759	25 613	77 475		
其中：独立学院	18	32 889	55 112	185 682	11 321	8 653
本科学生		32 889	55 112	185 682		
专科学生						
（二）民办其他高等教育机构	27				1 169	683
二、民办中等教育						
（一）高中阶段教育	387	86 824	111 788	286 049	35 426	24 404
1. 民办普通高中	120	45 298	40 739	118 771	23 706	17 465
2. 民办中等职业教育	267	41 526	71 049	167 278	11 720	6 939
（二）初中阶段教育	208	90 493	67 779	224 970		
1. 民办普通初中	208	90 493	67 779	224 970		
2. 民办职业初中						
三、民办普通小学	295	35 714	30 799	218 204	14 930	10 391
四、民办幼儿园	1 917	73 096	161 937	299 182	27 076	17 162
另有：民办培训机构（不计校数）	（1 425）				23 598	6 412

注：民办普通高中的教职工数包含民办普通初中的教职工数。

〔**年度工作指导思想**〕 2009 年，全省教育系统认真贯彻落实党的十七大和十七届三中、四中全会和省委七届四次、五次会议精神，以科学发展观为指导，坚持教育优先发展，全面实施素质教育，积极推进义务教育均衡发展，大力发展职业教育，不断提高高等教育质量，努力办好人民满意的教育，各级各类教育呈现出快速、健康、协调发展的良好态势。

〔**教育厅领导下基层调研**〕 3 月，省委教育工委书记、省教育厅厅长刘教民到张家口万全县就义务教育学校绩效工资改革、义务教育经费保障机制改革、义务教育均衡发展等问题进行调研。他强调，各地要积极组织实施义务教育阶段教师绩效工资制度，尽快研究制定义务教育阶段教师绩效考核实施办法，确保广大教师从中受益，真正落实这一惠及广大教师的良策。要进一步完善义务教育经费保障机制，切实提高农村中小学公用经费标准，力争年内将中央制定的生均公用经费基准定额全部落实到位。继续做好免除城市义务教育阶段公办学校学生杂费工作，对享受城市居民最低生活保障政策家庭的义务教育阶段学生免费提供教科书，并对确需寄宿的家庭经济困难学生补助生活费。要深入推进义务教育均衡发展，继续推进农村学区建设，建立健全学区管理制度。积极推广优质学校与薄弱学校“结盟”等模式，进一步促进城乡义务教育均衡发展，从根本上解决城市区学校“择校”和“大班额”问题。

〔**教育投入与支出**〕 2009 年，教育总投入

615亿元，比上年增长10%。其中，财政性教育经费总投入为469亿元，增长12.5%。财政性教育经费占全部教育经费的比例达到76.3%，比上年增长1.6个百分点，财政主渠道作用更加明显。

〔**教师队伍建设**〕 切实加强师德建设，大力弘扬爱岗敬业、锐意进取、无私奉献的高尚师德。庆祝新中国成立60周年之际，国家和省分别对优秀教师与教育工作者进行了表彰。根据国家统一部署，组织实施了义务教育阶段教师绩效工资改革，建立了绩效考核分配机制，进一步提高了教师工资水平，调动了教师工作积极性。完成了高校岗位设置和首次聘任工作，加大了高层次人才引进力度，全年引进150多人。评审通过了1.2万余名教师的高级专业技术职务，改善了教师队伍的专业技术职务结构。完成了省级教学成果奖评审，并在国家级评审中取得突出成绩。创新教师补充机制，积极实施农村义务教育阶段学校教师特岗计划，共录用国家和地方"特岗计划"教师6 883人，全部安排到国家和省级扶贫开发重点县中小学工作；各地面向社会公开招录教师9 800余名。完成了城镇教师支援农村学校的"万人支教"工程，继续实施师范生到农村学校顶岗实习工程。安排500万元专项资金，开展中等职业教育"双师型"教师队伍培训。继续组织开展教学团队项目建设，遴选第三批省级教学团队30个，4个团队被评为国家教学团队。

基础教育

〔**推进义务教育经费保障机制改革**〕 2009年，全省共筹集资金50.9亿元，继续深化义务教育经费保障机制改革。一是足额落实农村义务教育生均公用经费基准定额，进一步提高农村中小学公用经费保障水平。小学生均公用经费基准定额达到355元，初中生均达到555元（含冬季取暖补助每生每年55元）。二是继续落实贫困寄宿生生活费补助政策，确保每一名贫困寄宿学生不因家庭经济困难而失学。三是认真落实城市义务教育阶段学生免收学杂费政策。全年共筹集资金3.1亿元，免除了85万城市义务教育阶段学生学杂费。四是大力实施中小学校舍维修改造工程，及时消除新增危房，优化教育资源配置，努力提高校舍建筑质量，确保师生人身安全。2009年全省投入资金7.4亿元，新建、改扩建学校913所，新建、改扩建校舍面积185万平方米，消除D级危房30.3万平方米。五是严格组织实施省级集中招标采购，免费向全省651万名农村中小学生和5.3万名城市家庭经济困难学生提供教科书。六是继续加大对农村中小学取暖设施改造工程的督查力度，及时下拨冬季取暖经费2.97亿元，确保农村中小学广大师生安全过冬、温暖过冬。

〔**加强基础教育专项资金管理**〕 充分利用信息化管理手段，进一步强化对基础教育专项资金的监控和管理，努力提高资金使用效益。一是大力推行石家庄、承德教育集中支付分中心市级监控平台建设，加强对县级教育专项资金使用情况的日常监控；二是积极配合省财政厅驻教育厅监督组研究开发教育专项转移支付资金监控系统，加强对资金运行环节的监督，督促市、县加快资金拨付进度，提高资金使用效益；三是认真实施教育专项资金绩效评价办法，组织开展教育专项资金检查，建立财务管理奖惩机制，切实加大奖惩力度。

〔**推进基础教育财务管理体制改革**〕 进一步加强县级教育集中支付分中心建设，规范管理模式，不断完善各项规章制度，充分发挥"集中管理、分校核算"的作用，防范财务风险。进一步强化中小学预算的约束力，严格按照预算及有关规定办理各项支出，严防违规违纪行为的发生。切实加强对农村中小学固定资产管理工作，尤其是加强对布局调整后学校闲置的土地、房屋及其他建筑物的变卖、出租、出借行为的监督和管理，防止国有资产流失。建立和完善中小学财务管理责任追究制度，切实落实责任、强化监督。

〔**中央财政奖励资金助农民工子女就学**〕 本年度，中央财政补助本省 5 000 万元，用于接收农民工子女学校的公用经费和改善办学条件等支出，以便更好地解决全省进城务工农民工随迁子女的义务教育问题，保障农民工子女与城市学生一样平等接受义务教育。河北省城市（含县镇）中小学接受进城务工就业的农民工子女入学总数达到了 19.18 万人，基本实现了以公办学校接收为主与城市区学生享受同等待遇的目标。

〔**启动普通高中课程改革**〕 2009 年 4 月，全省普通高中新课程实验工作动员电视电话会议在石家庄召开。省委教育工委书记、省教育厅厅长刘教民出席会议并讲话。刘教民指出，高中阶段是人的受教育生涯当中最为关键的时期，是青年学生世界观、人生观和价值观形成的黄金时期，也是拔尖创新人才培养的重要时期。实施普通高中课程改革是建设人力资源强国的时代要求，是推进教育事业科学发展的必然选择，是推进素质教育的必然要求，各地必须明确普通高中课程改革的总体目标是以促进学生全面而有个性发展为核心，构建特色鲜明、充满活力的普通高中课程管理体系和课程资源体系，努力提高全省基础教育质量和办学水平，为河北省全面建设小康社会培养和造就大批高素质的劳动者、专门人才与拔尖创新人才奠定坚实基础。刘教民强调，为实现普通高中课程改革的总体目标，各地教育行政部门和各高中学校要紧密结合自身实际，切实抓好课程改革培训工作，加强对教育行政干部和校长以及一线教师队伍的培训；要积极整合学校内外两个资源，校内根据新课程的需要抓好硬件和软件两个资源，校外注重加强与中等职业技术教育的融合与渗透，增加通用技术、实用技术等课程，引导学生进行社会实践、社区服务和研究性学习；要大力加强课程和教学管理，课程设置除必修、选修外，还增加地方课程、学校课程，构建起重基础、多样化、有层次、综合性的普通高中课程结构；要不断深化评价和考试制度改革，围绕培养全面而有个性发展的人，为学生的终身发展奠定基础这一核心目标，建立发展性评价体系和教学水平监控体系，实行学生学业成绩与成长记录相结合的综合评价方式。同时，要积极推进与高中课程改革相适应的普通高等学校招生制度改革，将高校招生制度改革纳入高中课程改革的整体规划，尽快制定普通高等学校招生考试改革方案，切实发挥高校招生对普通高中课程改革的正面导向作用。

〔**国家“特岗计划”**〕 9 月 3 日，河北省举行特岗教师出征启动仪式。千余名特岗教师代表在省会参加了出征仪式。教育部副部长陈小娅、副省长龙庄伟出席出征仪式并讲话。省委教育工委书记、省教育厅厅长刘教民主持仪式。河北省 2009 年首次纳入国家“特岗计划”。首批确定的 7 178 名特岗教师是从 3 万多名报名者中选拔出来的，本科以上学历的占到总数的 64.67%。其中，国家特岗计划 5 178 人，本科以上占到总数的 67.56%；地方特岗计划 2 000 人，本科以上占到总数的 57.20%（实际共录用国家“特岗计划”教师 4 971 人，地方“特岗计划”教师 1 912 人）。这些特岗教师将分赴 51 个国家级和省级扶贫开发工作重点县农村中小学任教，对全省从整体上提升农村中小学教师队伍的学历水平和综合素质将起到有力的促进作用。副省长龙庄伟在讲话中说，“特岗计划”的实施将为河北省农村中小学及时补充合格教师，逐步解决教师队伍结构性矛盾。各级政府特别是设置“特岗计划”的县级政府要充分认识到实施“特岗计划”的重要性，以高度的责任感用好特岗教师，将特岗教师作为引进的人才倍加珍惜和爱护；要关心特岗教师的成长，帮助他们解决工作和生活中的困难，努力为他们提供必要的生活条件。各级教育部门要加强对特岗教师的跟踪管理，研究制定特岗教师管理办法和制度，建立培养和管理的长效机制。各级财政部门要认真落实特岗教师应该享有的中央和本省规定的各项优惠政策，加强对“特岗计划”专项资金的管理，保证及时足额发放特岗教师的工资和津贴补贴。各级人力资源和社会保障、编制等部门要加强对中小学校编制的管理，对特岗教师在聘任期间执行国家统一的工资制度和标准，创新教师补充机制，今后城市、县镇中小学校教师岗位空缺需补充人员时，要优先聘用特岗教师。龙庄伟希望特岗教师要爱岗敬业，忠于职守，为人师表，不断创新，把先进的教育思想和教育理念带进农村，促进农村学校教育教学质量的不断提高。同时，加强学习，勤于奉献，努力做一名学生爱戴、人民满意的合格教师，以优异的工作成绩赢得人民群众和所在学校教职工的信任和尊重，并成长为河北省教育事业的中坚力量。

〔**“我爱我的祖国”主题教育活动**〕　紧密联系新中国成立60年来的光辉历程，通过丰富多彩、生动活泼的形式，深入开展新中国成立60周年特别是改革开放30年辉煌成就的宣传教育。一是组织纪念中华人民共和国建国60周年征文活动。宣传和展示了60年来中国的政治、经济、文化和社会发生的巨大而深刻变化，回顾、总结了中国60年来的发展轨迹、伟大成就和历史经验，弘扬和培育了广大中小学生爱国主义精神。二是举办全省中小学“庆祝新中国成立60周年”知识竞赛活动。通过知识竞赛的形式，宣传和展示新中国60年的奋斗历程、辉煌成就和宝贵经验，让广大中小学生了解和认识新中国成立60年具有代表性的建设成就、历史事件、重要会议、重要文献、重大政治活动等，对广大中小学生进行爱祖国、爱家乡教育，弘扬和培育广大中小学生的爱国主义精神。

〔**爱国主义读书活动**〕　全省共有430万中小学生参加了“改革开放三十年”读书教育活动。坚持理论联系实际，读书与实践紧密结合，开展了形式多样、特色鲜明的教育活动。如主题班会、故事会、知识竞答、文艺演出等活动，通过校园广播、墙报等方式宣传好人好事等，深化了学生对改革开放概念的理解，有效地促进了社会主义精神文明建设。

〔**“向国旗敬礼、做一个有道德的人”网上签名寄语活动**〕　开展了“向国旗敬礼、做一个有道德的人”网上签名寄语活动，并以网上签名寄语活动为载体，引导未成年人积极参与爱国主义教育活动，增强爱国意识，激发爱国情感，唱响共产党好、社会主义好、改革开放好、伟大祖国好、各族人民大团结的主旋律，进一步扩大了群众性爱国主义教育活动的覆盖面和影响力，推动了“做一个有道德的人”主题活动的深入开展。组织开展了优秀童谣评选投票活动，发动广大未成年人积极参与，评选出自己喜爱的优秀童谣，丰富他们的精神文化生活，以优秀童谣取代不健康的“灰色童谣”，净化孩子心灵，营造未成年人健康成长的良好环境。

〔**成立“学生家长协会”**〕　旨在探求青少年思想道德建设中诸类问题的解决之道，呼吁和动员全社会都来关注和重视青少年的思想道德教育并积极参与其中。在全社会形成共识与合力，卓有成效地推进德育工作，为学生的成长奠定扎实的基础。配合教育部对河北省中小学生思想道德发展状况进行调查。深入16所中小学，座谈调查100多人，问卷调查1 600多人，为中小学德育工作决策提供了科学依据。

〔**中小学校舍安全工程视频调度会**〕　2009年8月，河北省召开中小学校舍安全工程视频调度会。省委教育工委书记、省教育厅厅长刘教民主持会议。副省长龙庄伟出席会议并听取了11个设区市主管副市长关于实施中小学校舍安全工程进展情况的汇报。龙庄伟要求各地进一步明确任务，突出重点，力争8月底完成校舍排查工作，9月底全部完成校舍鉴定工作，并抓紧启动实施一批工程建设项目。他指出，全省中小学校舍安全工程启动以来，各地认真按照《河北省中小学校舍安全工程实施方案》要求，组织开展各项工作，校舍安全工程实施工作取得了一定成效，各设区市、县（市、区）都建立了专门的组织机构，制定了中小学校舍安全工程实施方案、“路线图”和时间表，校舍排查鉴定工作也稳步推进。

职业教育与成人教育

〔继续扩大招生规模，努力完成招生任务〕2009年，河北省中职教育招生计划数为49.2万人，比上年增加3万多人，中职招生计划总数已超过普通高中招生计划数。为保障完成任务，3月，召开了年度工作会议，传达了全国职成教年度会议精神，特别对2009年招生工作做了部署。制定下发了《关于做好2009年中等职业学校招生工作的通知》（冀教办〔2009〕16号），要求各地一是统筹协调好高中阶段教育学校招生工作，把高中阶段教育的增量部分用于发展中等职业教育。二是大力宣传中等职业学校学生资助和免费两项政策的作用，增强中等职业教育的吸引力。三是继续扩大中职招生范围，通过改变办学模式，特别把招收有学习愿望的中青年农民接受中等学历教育作为招生的重要增长点。四是完善招生激励机制，把中央和省级职教项目及资金的安排与各地及中等职业学校的招生任务完成情况有机结合。10月，召开了招生工作会议，总结招生工作成绩，同时对招生扫尾工作做了安排。在全省上下共同努力下，圆满完成了全年招生任务，实际招生51.74万人（含技校招生6.5万人）。

〔做好中职学籍及学生资助工作〕 从2009年起，中等职业学校学籍管理及学生资助工作划转职成教处负责。为切实做好工作，一是给予高度重视，严格管理措施，完善管理方法，坚持和维护中等职业学校学籍管理工作的严肃性和准确性。二是强化责任意识，明确管理范围。按照学籍管理与资助工作相一致的原则，实行省、市两级教育行政部门负责的制度。三是严格管理程序，提高管理水平。制定了管理工作规范，严格照章办事，按程序办事。四是增强服务意识，灵活管理方法。学籍管理适应中等职业学校办学形式多样、招生方法灵活的职教特点，在严格遵守程序、原则的前提下，努力为基层学校、为学生做好服务。例如，常年招生、学历证书遗留问题处理、学生学籍备案等，随时、快速办理。

〔加强师资队伍建设，提高教学实践能力〕结合教育部中等职业学校教师素质提高计划的实施，在河北省以往职教师资培训工作的基础上，以全面提高职业学校教师素质为中心，以培养专业带头人和骨干教师为抓手，以建设“双师型”教师队伍为重点，加大了培训力度。遴选了34个专业的370名专业教师参加国家级骨干教师培训；组织开展了省级重点专业师资培训、课程和教材开发工作。2009年安排500万元专项资金，在全省10个师资培训基地开展了20个专业的390名专业带头人培训，100人的校园网管理培训，200人的中等职业教育教学工作培训和200人的中等职业教育管理干部培训，200人的中等职业学校职业指导培训，100人的中等职业学校实训基地建设项目培训。此外还资助了30所中等职业学校特聘了64名紧缺专业的兼职教师。

〔深化教育教学改革，提高教学质量〕2009年，把提高质量作为职业教育工作的重点，坚持一手抓发展，一手抓质量，努力实现职业教育数量、质量、结构、效益的协调发展。一是为改变职教师资队伍整体素质与提高职业教育人才培养质量不相适应的局面，从制度性建设入手，把教师培训和骨干教师、教学名师的培养、选拔和表彰工作结合起来，制定实施了《中等职业教育骨干教师、教学名师培养培训和选拔计划》。本年度，首次以教育厅名义表彰教学名师102名；以省职教学会名义表彰职业教育专家20名、优秀职业学校校长43名；5名校长受到全国职教学会表彰。二是加快专业结构调整，指导和规范专业建设，做大做强骨干特色专业。起草了特色专业和骨干专业建设与评估方案。三是启动了精品课程建设计划，评选了一批优质课程和优秀教学能手。四是安排部署了第六届中等职业学校教学成果奖立项工作。五是以“半工半读、顶岗实习”为主要内容的工学结合模式改革力度进一步加大，完善了实习就业制度。中职毕业生就业情况良好，全省平均就业率95%，部分学校的个别专业达100%。

〔**重点学校建设有序推进**〕　认真做好双重评估工作。2009年，全省共有24所中等职业学校申报国家级、省级重点职业学校，10月组织开展了评估工作。通过评估，2009年新增10所中等职业学校为省级重点，恢复1所中等职业学校省级重点职业学校资格，10所中等职业学校作为国家级重点报国家教育部。至2009年底，全省有省级重点职业学校138所，国家级重点职业学校110所。

〔**调整优化职教集团建设**〕　为有效推动河北省职业教育走规模化、集约化、连锁化的办学道路，根据《关于组建省级职业教育集团的若干意见》（冀教职成［2007］6号），对原组建的15个职业教育集团在体制、机制、运行方式以及开展工作业绩等方面进行了初步评估，在此基础上，对职教集团的工作作出评价。对个别牵头单位开展工作不理想的坚决给予了调整和整顿。

〔**推进实训基地建设工作**〕　一是与有关部门配合，对今后三年河北省中等职业教育实训基地建设作出了总体规划，在完善评审遴选机制的基础上，建立了2009—2011年中等职业学校专业实训基地建设项目库。二是加大支持力度，改进实训基地建设办法。在项目库基础上，结合职业教育发展情况，集中资金支持了41个省级实训基地项目的建设。每个项目省支持资金在100万元以上，使项目学校的专业实训基地条件迅速得到改善和提升。三是积极向教育部推荐国家级实训基地建设项目，经多方努力沟通协调，有7个中职实训基地建设项目争取到了国家建设项目资金支持。

〔**实施“新农村建设双带头人培养工程”**〕　为认真贯彻落实《关于推进“送教下乡”，加快培养农村实用人才的意见》精神，省教育厅决定开展“送教下乡”，实施“新农村建设双带头人培养工程”（以下简称“工程”）。通过实施“工程”，使农村的大批基层党员干部、专业户、复转军人等有志青年，特别是2008年金融危机以来从各地返乡的农民工，接受正规的中等职业教育，提高综合素质，掌握生产经营技术，成为具有一定技能、可自主创业或再就业的新型农民，成为新农村建设“留得住，用得上”的技术人才，其中的优秀分子成为农村改革发展的带头人和科技致富的带头人。“工程”招生对象是具有初中毕业或同等学力，年龄45周岁以下，农村党员、入党积极分子、基层干部、村后备干部和返乡农民工、农村专业户、复转军人等有志在农村创业的社会青年。招生纳入当地年度中职招生计划，计入当地年度招生统计范围。学员自愿报名，学校统一录取，实行注册入学。学完规定的全部课程，经考试考核成绩合格后，颁发中职毕业证书。开设种植技术、养殖技术及农村经济管理等六个专业，各地也可结合当地实际需要开设其他专业。课程设置包括公共基础课、专业基础课、专业技能课和综合实践课四大模块。修业年限为3至5年，实行以学分制为基础的弹性学制，最长修业年限不超过5年。培养形式由河北省现代农业职教集团（邢台农校）和拥有涉农专业的部分省级重点以上骨干学校牵头，以县级职教中心、乡镇成人学校、农广校和电大分校为阵地，采取集中学习与生产实践相结合，实行弹性学制和学分制，在规定的5年内修满学分，即可获得毕业证书。

〔**开展合作办学，支援灾区**〕　为落实省政府京、津、冀区域协作指示，把合作办学的重点放在了京津地区。暑期，省教育厅分别与北京、天津两市教委进一步做了合作协商，结合三地职业教育实际发展情况，对相关合作事宜做了周密部署，扎扎实实，全方位开展协作，取得了一定的成果。一是开展联合招生。2009年7月22日、7月26日，三地教育行政部门共同组织，分别在安新县、天津商业学校召开了“中等职业学校合作办学洽谈会”，达成合作意向。2009年，全省共有140所职业学校与京津两地的近百所学校开展联合办学，实际合作招生29 000多人，涉及70多个专业。二是推进校企合作。全省职教系统结合当地和学校工作实际，发挥职业教育特色优势，全力推进与京津企业的合作，努力开拓职业学校毕业生在京津的就业市场，提高学生就业质量和档次。全省共计有140所职业学校与京津地区的429家企业有合作协议。2009年，在两地实习、工作的学生达10万人。三是拓展合作项目。与京津商定，将成立区域职业教育发展协作组织，促进地区间职业教育的交流，开展多种形式的互助合作。例如，共建职业教育集团，共同举办中等职业教育业务范围内的各项交流研讨活动，互派学校管理干部、教师到对方学校挂职学习，对等培训专业教师，互聘专家开展各类业务评估等。

继续做好对口支援四川省平武县工作。2009年，有10所职业学校再次接收平武县300名学生来河北省就读。同时两个省级职教师资培训基地为平武职教中心8名专业教师开展为期一年的培训。

〔**积极开展技能大赛活动**〕 从2009年开始，河北省中等职业学校学生技能大赛与全国职业院校技能比赛接轨，在检验选手技能水平的同时，也作为代表河北省参加全国比赛选手的选拔赛。以后，全省中等职业学校技能大赛将形成定期举办的长效机制，逐步形成“普通教育有高考，职业教育有大赛”的新局面。系列大赛由河北省教育厅、人力资源和社会保障厅及工业和信息化厅共同主办，共涉及电工电子、汽车运用与维修、烹饪技术、数控技术、计算机等五个大类、十四个比赛项目。大赛自2009年4月20日开幕，历时一个多月，参赛选手近800人，是历次比赛中规模最大、时间最长、比赛项目和参赛选手最多、竞赛水平最高的一届比赛。根据省技能大赛成绩，推荐确定64名队员组成河北中职代表队参加了31个单项全国大赛，取得一等奖3个，二等奖16个，三等奖15个的优异成绩。

高等教育

〔**张云川为驻石高校大学生作报告**〕 2009年9月29日上午，中共河北省委书记张云川来到石家庄铁道学院，为驻石高校大学生作经济社会发展形势报告。张云川说，能够来到同学们中间，同大家一起畅谈伟大祖国和可爱的河北60年来的辉煌成就，感到十分高兴。新中国成立以前的一百多年里，中国人民历经磨难，中华民族到了最为危难的时刻。中国共产党领导全国人民，经过28年血与火的抗争，付出了无数流血牺牲，终于建立了人民的政权。60年来，党领导我们把一个一穷二白的旧中国，建设成为一个昂首屹立于世界民族之林的东方大国。“事非亲历不知难”。在新中国成立60周年来临之际，回顾我们革命、建设和改革开放的艰苦奋斗史，每一个中国人都会为今天所取得的伟大成就感到骄傲和自豪。河北是一方美丽富饶的土地，这里有悠久的历史、壮美的山河和勤劳朴实的人民。新中国成立60年来特别是改革开放30年来，在党中央、国务院的坚强领导下，经过全省人民的不懈努力，河北大地发生了沧桑巨变，无论是经济总量、财政收入、城乡面貌还是人民群众的生活水平，都发生了翻天覆地的变化。在深入学习实践科学发展观活动中，我们深深体会到，科学发展是时代的要求，是历史的必然，在实践中越来越显示出强大的真理力量。用科学发展观的要求来衡量，制约河北又好又快发展的主要矛盾有两个：一是经济结构不合理，二是城乡结构不合理。我们必须按照科学发展观的要求，坚持以人为本，坚持统筹兼顾，实现全面协调可持续的发展。要进一步增强自主创新能力，提高行业技术水平，努力打造具有河北特色的现代产业体系；要切实抓好“三年大变样，推进城镇化”工作，努力推动城乡统筹发展。我们必须按照党的十七届四中全会的要求，努力加强和改进新形势下党的建设，使我们党始终成为中国工人阶级的先锋队、中国人民和中华民族的先锋队，始终坚持全心全意为人民服务的宗旨，永远保持先进性，勇于变革、勇于创新，永不僵化、永不停滞，不断增强创造力、凝聚力和战斗力。相信在党的正确领导下，在全省人民的共同努力下，河北的明天一定会更加美好！张云川深情寄语大学生们，要十分珍惜来之不易的好形势、好环境，珍惜宝贵的时间，努力学习本领，成为学有专长的人才。要继承和发扬中华民族的传统美德，感恩父母、感恩老师、感恩祖国、感恩人民，把自己的聪明才智奉献到祖国和家乡的建设事业中来。他勉励莘莘学子：要坚定信念、志存高远，把个人的追求同祖国和人民的事业紧紧联系在一起，立志成为合格的中国特色社会主义建设者；要勤奋学习、增长才干，不断提高思维能力和解决问题的能力，努力成为高素质的劳动者；要不畏艰难、自强自立，正确面对和解决生活、学习中遇到的困难与问题，毕业以后要到基层去、到艰苦的地方去、到祖国最需要的岗位上去锻炼自己，一步一步增长真才实学，最终成就大器，在干事创业中实现人生价值。

〔**2009年全省高校书记校长论坛**〕 8月13日至14日，2009年全省高校书记校长论坛（暑期读书班）在石家庄举办。省委副书记车俊出席论坛并作重要报告。省委常委、组织部长梁滨主持论坛。车俊强调，全省高校要进一步增强大局意识，增强为构建现代产业体系、为经济社会发展服务的意识和能力，充分发挥高等教育的功能和作用，成为建设河北现代产业体系的生力军，为实现富民强省作出贡献。车俊指出，建设现代产业体系是党的十七大作出的重大战略部署，也是河北省现代化建设战略层面的一个事关全局、事关长远的核心性问题。高校具有人才密集、信息敏感、科研能力强、社会联系广等独特优势，在构建河北现代产业体系中具有重要地位和作用。为构建河北现代产业体系提供高素质的人才和提供强有力的科技支撑，高校要进一步优化学科专业结构，建设符合河北现代产业体系需求的学科专业体系；要大力提高学生的实践和创新能力，增强学生的实际就业创业能力，真正把“课堂学的”变成“工作用的”；要加大高层次人才的培养引进力度，重点培养一批本土的高校领军人物和中青年骨干教师，尽快在钢铁、机械、化工、信息等重点学科领域汇集一批具有国内外先进水平的领军人物；要加强重点大学和重点学科建设，使之成为河北省构建现代产业体系急需的高层次人才培养基地；要加大技术攻关力度，强化科研成果转化，进一步完善科技创新体制，充分发挥高校知识密集和高新技术创新的引领作用。省委教育工委书记、省教育厅厅长刘教民在论坛上作了关于建立现代大学制度若干问题思考的报告。报告详细阐述了现代大学制度在国内外的发展脉络以及制度确立的各种影响因素、治理结构等。报告认为，现代大学制度是经济社会发展和大学自身发展的需要，它的确立应当着眼于对各种力量——社会力量、政府力量以及学术力量的制衡，并对这些力量及其作用的动力机制进行进一步的分析，从而建立起一种政府放权、法律约束、学校自主、民主管理的具有中国特色的现代大学制度。报告对高校进一步拓宽思路、开阔视野、积极推进现代大学制度建设，有着重要的指导意义。

〔**高校“双重工程”建设和高水平大学建设**〕 2009年，大力加强省属10所骨干大学重点建设工作。河北大学省部共建和河北工业大学“211”工程三期建设进展顺利。大力加强强势特色学科（群）和省级重点学科建设。指导高校制定完成了强势特色学科2010年建设规划。进一步理顺重点学科层次结构和目标定位，为不同类型、不同层次学校搭建发展平台。组织完成了第三轮省级重点学科评估和新增遴选工作，新增一批省级重点学科和重点发展学科（总数分别达到95个和44个），重点学科空间布局和科类布局更加合理，整体实力明显提高。进一步改革强势特色学科（群）专项经费分配办法，努力提高经费使用效益。

〔**加强国家、省示范性高职院校和实训基地建设工作**〕 组织开展了邢台职业技术学院国家示范性高职院校建设项目省级验收。召开了国家示范性高职院校经验交流会。加大了国家示范性高职院校省财政配套资金的投入。安排部署了第四批高职高专省示范校建设遴选工作。加强国家、省高职实训基地遴选建设工作。7校7个专业实训基地获得中央财政支持。进一步加强63个省高职教育实训基地建设。

〔加强高校学科专业建设，优化高校学科专业布局〕 组织召开了全省高校学科专业建设工作会议。起草了《关于进一步加强高等学校学科专业建设工作的意见（讨论稿）》。主动适应构建现代产业体系需要，进一步调整优化学科专业布局和科类结构，提高人才培养的适应性和针对性。完成了2009年度高校本专科专业设置备案工作。经省专业设置委员会评议，新增目录内专科专业146个，拟新增本科专业74个，已上报教育部备案批准。对接十大主导产业需要，组织开展了以品牌特色专业建设为重点的本科教育创新高地建设，遴选建设第三批30个高地和52个品牌特色专业。21个专业被教育部批准为特色专业建设点。完成了2009年成人高等教育招生专业网上审核工作和2010年普通高职高专拟招生专业的审核上报工作。

〔加强高校精品课程建设〕 组织开展了第二轮第三批精品课程建设，省精品课程滚动发展174门。其中，评估省精品课程102门（优秀课程10门、良好课程32门、通过课程51门、淘汰课程9门）；新增遴选省精品课程81门，目前省精品课程总数达504门。27门课程推荐参加国家精品课程评选。继续加强河北省高校精品课程网站建设，促进优质资源共享。

〔加强师资队伍和教学管理队伍建设〕 继续组织开展教学团队建设项目，组织遴选第三批河北省高等学校教学团队30个，4个团队被评为国家教学团队。组织完成了河北省第五届高等学校教学名师奖评选表彰工作，评选省级教学名师22名，3名教师被评为国家教学名师，国家教学名师总数达到8名。完成了第二批高校教学管理干部挂职培训工作。

〔华润助学基金发放〕 2009年2月，华润助学基金2008年度发放仪式在河北会堂举行。10所省重点骨干大学的1 000名家庭贫困、品学兼优的大学生，每人获得3 000元的助学金。副省长龙庄伟出席仪式并讲话。省委教育工委书记、省教育厅厅长刘教民出席仪式。华润集团是我国内地与香港最具实力的多元化企业之一，主营业务覆盖零售、电力、地产、纺织等行业，产业优势、技术优势和管理优势十分明显。该集团也是河北省的重要战略合作伙伴。2007年2月，省政府与华润集团有限公司签署协议，由华润公司出资设立“河北华润助学基金”，基金总额度3 000万元，每年安排300万元资助河北省高校贫困学生1 000人，10年将资助1万名贫困大学生。此次获得资助的大学生是继2007年之后河北省第二批获助大学生。龙庄伟在讲话中说，党和政府十分关心爱护家庭经济困难的青少年学生，一直积极设法帮助他们完成学业，建立和完善家庭经济困难学生资助政策体系。今后，各级各有关部门和高校，要继续大力做好资助家庭经济困难学生工作，进一步加大对家庭经济困难学生的资助力度，使每一名学生都能顺利完成学业。省教育厅和相关高校要认真做好华润助学基金的管理与发放工作。受资助的学生要勤奋学习，立志成才，努力掌握报效祖国、服务人民的丰富知识和扎实本领，成长为德智体美全面发展的高素质社会主义事业建设者。

〔万名教师访万家〕 为确保省属42所高校深入学习实践科学发展观活动取得实效，省委教育工委创新活动载体，突出实践特色，组织高校开展“万名教师访万家”活动，即省属高校万名党员教师访问万名学生家庭和万家用人单位，广泛开展调查研究和社会实践活动。该活动将通过初步访广泛征求意见、继续访聚焦提炼问题、深入访寻求解决办法、拓展访创新体制机制等步骤，达到帮助一万名就业困难学生落实就业岗位、征集一万条推动高校科学发展的意见建议、形成一批既符合高校实际又真正管用的制度成果和组织建设成果的目标。通过开展活动，一是引领各高校走出“象牙塔”，增强全局意识和开放意识，进一步转变办学理念，站在服务全省经济社会发展全局的高度认真谋划、推动高校科学发展。二是加强高校干部作风建设，帮助广大党员教师特别是党员领导干部进一步树立“以学生为本”的服务理念，切实贯彻落实好为学生服务的宗旨要求。三是充分发动社会力量特别是广大学生家庭和用人单位参与到推动学校科学发展的实践中，形成推动高校科学发展的强大合力。四是切实帮助学生解决生活、学习、就业等方面的实际困难和问题，为学生成人成才创造良好环境。2009年3月，河北大学充分发挥自身优势，组织开展“千名教授访千家”活动。千余名党员教师深入农村、社区、大学生家庭和用人单位，了解学生家庭情况，帮助企业解决难题，探索了一条高校服务社会的新模式。

〔**普通高等学校和中职学校资助贫困学生工作**〕2009年，继续加大资金督查力度，督促市、县足额落实配套资金，严禁用中央和省级资金抵顶市、县本级配套资金。进一步规范中职助学金发放工作，完善银行卡发放程序，防止虚报冒领和挤占、截留和挪用问题的发生。按照国家教育部等三部委要求，对助学金资金结余情况进行清理。2009年，全省共发放国家奖助学金12.91亿元，春季学期资助高校学生19.68万人，资助中职学生47.99万人；秋季学期资助高校学生24.09万人，资助中职学生48.99万人。

〔**优先推荐家庭困难毕业生就业**〕 4月，省教育厅下发通知，要求各高校切实做好2009年毕业生离校前的思想教育和就业指导与服务工作，并提出将重点帮扶、优先推荐困难家庭毕业生就业。2009年，河北省普通高校毕业生人数达到30万人，创历史新高。同时，受金融危机等因素影响，毕业生就业形势更为严峻。省教育厅要求各高校，对困难家庭的毕业生，可根据实际情况给予适当的求职补贴。在切实摸清每一个毕业生具体情况的基础上，针对学生自身特点，开展个性化的就业指导和服务。各高校要将创业教育纳入职业指导课程体系，通过多种形式提高大学生创业能力。积极争取利用当地的经济技术开发区、高新技术开发区、工业园区和大学科技园区，为高校毕业生和在校大学生构建创业孵化基地。对有创业意愿的大学生，要争取地方政府有关职能部门的支持，有效开展项目引导、资金支持、技能培训、专家指导、法律援助等公益性服务。

〔**高校毕业生入伍预征工作**〕 河北省是兵员大省，2009年男性高校毕业生总数为12万多人。为改善兵员结构，缓解大学生就业压力，省教育厅采取了一系列措施做好高校毕业生入伍预征工作。省教育厅召开两次会议动员和部署预征工作，要求各高校认真抓好预征工作的再宣传和再发动，抓住毕业生毕业前返校办理毕业手续的黄金时间，通过多方努力，鼓励和动员毕业生积极报名，确保圆满完成全省预征工作目标任务。同时，紧急转发教育部关于积极做好2009年普通高等学校应届毕业生入伍预征工作的通知，并将预征公告上传至河北省大中专毕业生就业服务信息网、就业论坛和各高校校园网，要求高校利用校园广播、主题班会、专题座谈会等多种形式，最大限度地将国家出台的相关征兵入伍的优惠政策传达给毕业生，发动广大毕业生踊跃报名。截至2009年7月，河北省普通高校应届毕业生预征报名达10 769人，占应届男性毕业生总数的8.6%，全国排名第二。

撰稿　刘立新　崔海江　王彦怀

审稿　刘教民

山西省教育

概　　况

〔基本情况〕

2009 年各级各类学校校数、教职工、专任教师情况

	学校数（所）	教职工数（人）	专任教师数（人）
一、高等教育			
（一）研究生培养机构（不计校数）	(12)		
1. 普通高校	(9)		
2. 科研机构	(3)		
（二）普通高等学校	71	56 804	35 863
1. 本科院校	25	38 504	23 816
其中：独立学院	8	4 630	3 612
2. 高职（专科）院校	46	18 300	12 047
3. 其他机构（点）（不计校数）			
（三）成人高等学校	15	3 365	2 000
（四）民办的其他高等教育机构	39	2 255	1 143
二、中等教育	3 615	248 375	201 943
（一）高中阶段教育	1 192	246 912	80 893
1. 高中	604	204 841	51 869
普通高中	544	204 293	51 447
成人高中	60	548	422
2. 中等职业教育	588	42 071	29 024
普通中专	93	11 918	7 147
成人中专	128	4 760	3 177
职业高中	258	15 622	12 328
技工学校	109	8 858	5 741
其他机构（教学点）（不计校数）	(153)	913	631
（二）初中阶段教育	2 423	1 463	121 050

续表

	学校数（所）	教职工数（人）	专任教师数（人）
1. 普通初中	2 316		119 901
2. 职业初中	40	1 279	1 107
3. 成人初中	67	184	42
三、初等教育	17 950	213 937	195 462
（一）普通小学	14 722	210 015	193 657
（二）成人小学	3 228	3 922	1 805
其中：扫盲班	1 075	1 375	985
四、工读学校	2	85	64
五、特殊教育	45	1 427	1 163
六、学前教育	4 354	39 470	26 119

注：普通高中的教职工数中包含普通初中的教职工数。

2009 年各级各类学历教育学生情况

	毕业生数（人）	招生数（人）	在校生数（人）
一、高等教育			
（一）研究生	5 498	8 031	21 556
博　士	281	421	1 654
硕　士	5 217	7 610	19 902
（二）普通本专科	153 422	165 407	547 391
本　科	57 790	77 734	269 977
专　科	95 632	87 673	277 414
（三）成人本专科	40 838	47 404	130 258
本　科	17 949	22 198	61 725
专　科	22 889	25 206	68 533
（四）其他各类高等学历教育			
1. 在职人员攻读博士、硕士学位		1 485	4 823
2. 网络本专科生			
本　科			
专　科			
3. 其他			
二、中等教育	1 079 185	1 138 197	3 262 296
（一）高中阶段教育	454 957	554 823	1 515 824
1. 高中	259 134	277 882	836 310
普通高中	251 434	277 882	805 659
成人高中	7 700		30 651
2. 中等职业教育	195 823	276 941	679 514

续表

	毕业生数 （人）	招生数 （人）	在校生数 （人）
普通中专	75 602	83 940	222 703
成人中专	6 404	32 918	49 496
职业高中	70 865	118 226	279 970
技工学校	42 952	41 857	127 345
（二）初中阶段教育	624 228	583 374	1 746 472
1. 普通初中	615 374	579 561	1 726 832
2. 职业初中	5 894	3 813	15 880
3. 成人初中	2 960		3 760
三、初等教育	678 213	430 781	3 137 035
（一）普通小学	583 791	430 781	3 046 931
（二）成人小学	94 422		90 104
其中：扫盲班	7 903		7 688
四、工读学校	45	82	287
五、特殊教育	607	1 257	8 809
六、学前教育	210 767	365 416	642 881

注：特殊教育学生数中包括普通中小学随班就读的学生。

2009年各级各类非学历教育学生情况

	结业生数 （人）	注册生数 （人）
总　计	2 325 019	2 181 602
一、高等教育	51 273	22 227
（一）研究生课程进修班	60	139
（二）自考助学班	1 403	8 785
（三）普通预科生		
（四）进修及培训	49 810	13 303
其中：资格证书培训	15 272	7 801
岗位证书培训	16 944	1 632
二、中等职业教育	2 273 746	2 159 375
其中：资格证书培训	637 353	609 220
岗位证书培训	489 094	458 350
（一）中等职业学校	219 606	83 819
其中：资格证书培训	62 834	35 182
岗位证书培训	50 868	15 017
（二）职业技术培训机构	2 054 140	2 075 556
其中：资格证书培训	574 519	574 038
岗位证书培训	438 226	443 333

2009 年各级各类民办教育基本情况

	学校数（所）	毕业生数（人）	招生数（人）	在校生数（人）	教职工数（人）	专任教师数（人）
一、民办高等教育						
（一）民办高校	15	15 738	27 559	89 735	6 577	4 838
本科学生		11 326	18 189	67 995		
专科学生		4 412	9 370	21 740		
其中：独立学院	8	11 326	18 189	67 995	4 630	3 612
本科学生		11 326	18 189	67 995		
专科学生						
（二）民办其他高等教育机构	39				2 255	1 143
二、民办中等教育						
（一）高中阶段教育	288	61 896	97 382	245 902	37 656	26 497
1. 民办普通高中	183	49 541	60 318	167 028	33 009	23 568
2. 民办中等职业教育	105	12 355	37 064	78 874	4 647	2 929
（二）初中阶段教育	298	91 280	84 557	257 993	86	70
1. 民办普通初中	297	90 870	84 515	257 441		
2. 民办职业初中	1	410	42	552	86	70
三、民办普通小学	258	42 634	22 818	204 026	16 113	11 419
四、民办幼儿园	1 417	58 109	112 567	201 839	17 433	10 943
另有：民办培训机构（不计校数）	(730)				8 352	4 662

注：民办普通高中的教职工数包含民办普通初中的教职工数。

〔**教育经费收入与支出**〕 2009 年全省教育经费收入 380.91 亿元，其中预算内教育经费拨款（不含教育费附加）269.48 亿元，较上年增长 17.20%；各级政府征收用于教育的税费收入达 22.79 亿元，较上年减少 10.88%；企业办学教育经费 1.22 亿元，比上年减少 7.59%；民办学校中举办者投入经费 2.08 亿元，较上年减少 17.51%；社会捐集资办学经费 0.82 亿元，较上年增长 2.77%；事业收入 75.14 亿元，较上年增长 7.81%；其他收入 5.14 亿元，较上年的 2.98 亿元增长 72.48%。

2009 年全省地方教育和其他部门教育经费总支出 346.15 亿元，较上年增长 13.22%。教育部门教育经费总支出 327.21 亿元，较上年增长 13.48%。

2009 年教育部门事业性经费总支出 318.10 亿元，比上年的 280.43 亿元增长 13.43%。其中：个人部分支出 200.82 亿元，比上年的 177.94 亿元增长 12.86%；公用部分支出 117.27 亿元，比上年的 102.49 亿元增长了 14.42%。普通高校事业性支出 44.95 亿元。其中：个人部分支出 25.84 亿元，占事业性支出的 57.49%；公用部分支出 19.10 亿元，占事业性支出的 42.51%。普通高中支出 42.24 亿元，其中：个人部分支出 22.36 亿元，占事业性支出的 52.94%；公用部分支出 19.88 亿元，占事业性支出的 47.06%。普通初中支出 70.09 亿元。其中：个人部分支出 45.53 亿元，占事业性支出的 64.96%；公用部分支出 24.56 亿元，占事业性支出的 35.04%。农村初中支出 39.52 亿元。其中：个人部分支出 25.59 亿元，占事业性支出的 64.75%；公用部分支出 24.56 亿元，占事业性支出的 35.25%。中等职业学校支出 20.59 亿元。其中：个人部分支出 11.99 亿元，占事业性支出的 58.23%；公用部分支出 8.6 亿元，占事业性支出的 41.77%。小学支出 114.84 亿元。其中：个人部分支出 82.49 亿元，占事业性支出的 71.83%；公用部分支出 32.35 亿元，占事业性支出的 28.17%。农村小学支出 78.09 亿元。其中：个人部分支出 57.37 亿元，占事业性支出的 73.47%；公用部分支出 20.72 亿元，占事业性支出的 26.53%。

2006 年度教育部门财政预算内教育事业费总支出 237.02 亿元，较上年的 197.36 亿元增长 20.10%。其中：个人部分支出 174.88 亿元，比上年的 151.28 亿元增长 15.60%；公用部分支出 62.14 亿元，比上年的 46.08 亿元增长了 34.85%。普通高校预算内事业性支出 24.49 亿元。其中：个人部分支出 17.53 亿元，占事业性支出的 71.58%；公用部分支出 6.96 亿元，占事业性支出的 28.42%。普通高中预算内事业性支出 23.80 亿元。其中：个人部分支出 17.94 亿元，占事业性支出的 75.38%；公用部分支出 5.86 亿元，占事业性支出的 24.62%。普通初中预算内事业性支出 60.87 亿元。其中：个人部分支出 42.63 亿元，占事业性支出的 70.03%；公用部分支出 18.25 亿元，占事业性支出的 29.97%。农村初中预算内事业性支出 36.49 亿元。其中：个人部分支出 24.92 亿元，占事业性支出的 68.29%；公用部分支出 11.57 亿元，占事业性支出的 31.71%。中等职业学校预算内事业性支出 12.56 亿元。其中：个人部分支出 10.05 亿元，占事业性支出的 80.02%；公用部分支出 2.51 亿元，占事业性支出的 19.98%。小学预算内事业性支出 100.71 亿元。其中：个人部分支出 76.27 亿元，占事业性支出的 75.73%；公用部分支出 24.44 亿元，占事业性支出的 24.27%。农村小学预算内事业性支出 71.27 亿元。其中：个人部分支出 54.46 亿元，占事业性支出的 76.41%；公用部分支出 16.81 亿元，占事业性支出的 23.59%。

落实《教育法》规定的“三个增长”的情况。

1. 全省各级人民政府预算内教育拨款增长速度与财政经常性收入的增长速度比较情况。由于 2009 年全省财政经常性收入数据尚未计算出来，所以此处采用一般预算收入计算。2009 年全省各级人民政府预算内教育拨款（不包括城市教育费附加）为 269.48 亿元，比上年 229.94 亿元增长 17.20%。同年全省财政一般预算收入完成 805.8 亿元，增长 7.7%，全省预算内教育拨款增长速度高于财政一般预算收入的增长速度 9.5 个百分点。

2. 各类教育生均预算内教育事业费支出增长情况。2009 年全省普通小学、普通初中、普通高中、中等职业学校、普通高等学校生均预算内教育事业费支出情况如下。

全省普通小学生均预算内教育事业费支出 3 430.75元，较上年的 2 690.28 元增长 27.52%。其中，农村普通小学生均预算内教育事业费支出为 3 851.42 元，比上年的 2 987.28 元增长 28.93%。

全省普通初中生均预算内教育事业费支出 4 036.01元，较上年的 3 225.25 元增长 25.14%。其中，农村普通初中生均预算内教育事业费支出 4 541.40元，较上年的 3 496.16 元增长 29.90%。

全省普通高中生均预算内教育事业费支出 3 536.40元，较上年的 3 111.90 元增长 13.64%。

全省中等职业学校生均预算内教育事业费支出 4 259.36 元，较上年的 4 629.02 元降低 7.99%。

全省普通高等学校生均预算内教育事业费支出 5 881.77 元，较上年的 5 222.33 元增长 12.63%。

3. 各类教育生均预算内公用经费支出增长情况。2009 年全省普通小学、普通初中、普通高中、中等职业学校、普通高等学校生均预算内公用经费增长情况如下。

全省普通小学生均预算内公用经费支出 832.20 元，较上年的 567.56 元增长 46.63%。其中，农村小学生均预算内公用经费支出 908.21 元，比上年的 602.84 元增长 50.66%。

全省普通初中生均预算内公用经费支出 1 208.41元，比上年的 827.47 元增长 46.04%。其中，农村普通初中生均预算内公用经费支出 1 438.37元，比上年的 904.07 元增长 59.10%。

全省普通高中生均预算内公用经费支出 868 元，较上年的 628.49 元增长 38.11%。

全省中等职业学校生均预算内公用经费支出

878.86元，较上年的984.76元降低10.75%。

全省普通高校生均预算内公用经费支出1 670.54元，较上年的1 411.67元增长18.34%。

〔**深入学习实践科学发展观活动**〕 按照省委的统一部署，省教育厅紧紧围绕“深入贯彻落实科学发展观，认真实施教育协调发展工程，努力办好人民满意的教育”的主题，组织机关和厅直单位干部认真参加了第一批深入学习实践科学发展观活动。全省共有54所高校及4所省教育厅直属中专学校参加了第二批学习实践活动，包括135个党委、440个党总支、2 171个党支部、5.8万名党员。在学习实践活动中，全省高校努力实现“提高思想认识、解决突出问题、创新体制机制、促进科学发展”的目标，取得了显著成效。一是进一步强化了理论武装，明确了科学发展思路。二是集中解决了一批影响和制约高校科学发展的突出问题。据统计，全省高校解决影响和制约科学发展的突出问题460个，为师生办实事好事630件，使广大师生员工切实感受到了学习实践活动带来的新变化新气象。三是创新和完善了促进高校科学发展的体制机制。全省高校共废止制度422项，修订制度1 319项，新建制度676项，为学校科学发展营造了良好的政策制度环境。四是高校领导班子能力和作风建设取得显著成效。五是为促进全省社会经济发展作出了积极贡献。六是推进学校各项重点工作取得新进展。

2009年9月中旬起，按照省委要求，省教育厅又承担起全省中职学校和中小学参加第三批科学发展观学习实践活动的指导工作。参加本批学习实践活动的学校共23 422所，党组织3 584个，党员60 309名。同时还承担了教育系统新社会组织(40多个非学历高等教育机构和近20个专业学会、协会)学习实践活动的领导工作。教育厅成立了领导和指导工作机构，摸清了参加学习实践活动的学校数、党组织数、党员数，制定了活动指导意见，确定了14所学校为教育厅直接联系点，并深入调研，加强督导，有力促进了学习实践活动的深入开展，取得了良好成效。中职和中小学在提高质量、均衡发展、推进素质教育等热点难点问题上，新社会组织在解决加强党的领导，规范办学、办会行为等问题上都取得了新进展，在活动中两所应建而一直未建党组织的民办高校已建立起了党组织。

〔**加强高校党建工作**〕 2009年2月12日，经省委批准，省委组织部、省委宣传部、省高校工委联合召开了全省高校党建工作会议。省委副书记、省政协主席薛延忠出席会议并作了重要讲话，省委常委、宣传部长胡苏平主持了会议。会议回顾总结了改革开放新时期山西省高校党的建设的宝贵经验，以开展深入学习实践科学发展观活动为主线，以培养中国特色社会主义合格建设者和可靠接班人为目标，认真研究和部署了新时期山西省高校党的建设工作。山西师范大学、山西财经大学、太原科技大学、运城学院和太原电力高等专科学校等五所学校党委就加强党员队伍建设、加强领导班子建设等方面作了大会交流。

加强领导班子建设。配合省委组织部对高校领导班子进行了全面考核和补充调整。一批年富力强，有较高学术造诣和较强能力的中青年补充到领导班子中来，全省高校领导班子结构进一步优化，年龄结构更加合理。指导高校进行基层党组织换届选举，评选表彰了一批高校先进基层党组织。太原理工大学党委等93个先进基层党组织、山西大学环境与资源学院党委书记林建亚等100名优秀基层党组织书记和山西大学文学院韩志强等100名优秀党员受到了表彰。

〔**中小学校舍安全工程**〕 2009年年初，省政府将实施中小学校舍安全工程，维护、加固和改造400万平方米中小学校舍列为2009年为全省人民办的十件实事之一。各级政府高度重视，加大投入，有关部门协调配合，精心实施，合力攻坚。全省各级教育行政部门全力组织实施。一是做好规划，细化责任。在去年排查的基础上，按照国家要求，完成了新一轮排查鉴定工作。认真做好中小学校布点规划、三年校舍改造总体规划和分年度实施计划，制定了每一所学校的加固改造方案，明确了总体目标和阶段性任务。二是制定政策，完善制度。会同有关部门制定下发了《中小学校舍安全工程建设项目管理办法》、《中小学校舍安全工程资金管理办法》、《关于对中小学校舍安全工程进行督导检查的实施意见》和《校舍新建改扩建与加固技术导则》等，对中小学校舍安全工程项目的立项、规划、建设、监理、验收以及资金管理等做了明确规定，指导各地开展工程建设。三是多方筹资，落实经费。据统计，2009 年全省累计投入中小学校舍安全改造资金 45.48 亿元（其中：中央和省财政 18.76 亿元，市县配套 14.73 亿元，其他资金 11.99 亿元）。在确保政府投入的基础上，广泛宣传、积极引导社会各界开展捐助活动，对捐款 100 万元以上的单位和个人报请省政府授予“捐资助教先进单位”和“捐资助教功臣”称号。四是建立机制，强化督查。教育厅建立了厅领导联系地市、处室联系县区工作制度，组织厅机关干部深入基层进行督查。并抽调 30 余名懂管理、懂基建、懂财务的专业人员，由省督学带队对所有建设项目进行两次全面督查，相关督查结果报省政府向全省通报。经过全省上下的共同努力，2009 年全省累计完成改造任务 506 万平方米，超额 106 万平方米，向省政府和全省人民交了一份合格答卷。

〔**大学生思想政治教育工作**〕 进一步加强高校思想政治理论课工作，2009 年 6 月 17 日至 18 日在长治医学院召开全省高校思想政治理论课实践教学推进会。通过推进思想政治理论课实践教学工作，努力提高思想政治理论课的针对性和实效性，进一步巩固思想政治理论课在大学生思想政治教育中的主渠道地位。在山西师范大学召开第九届思政部主任论坛，评选表彰全省高校思想政治理论课“精彩多媒体课件”、“优秀教学案例”和“精彩教案”。确定山西大学、太原科技大学、山西建筑职业技术学院为高校思想政治理论课督查试测学校。高校辅导员队伍建设得到加强。做好高校“学生心理健康教育与咨询中心”和“思想政治教育主题网站”建设工作。在高校扶持建设了 12 个“大学生心理健康教育与咨询中心”和 8 个“高校思想政治教育主题网站”。截至目前，全省已有近 40 家高校建立了规范的心理健康教育与咨询中心；15 所高校建立了高校思想政治教育主题网站，多数高校有了思想政治教育主题网页。

〔**未成年人思想道德建设**〕 加强德育示范学校管理，完成了对首期 203 所德育示范学校的复查。加强中小学生心理健康教育工作。2009 年 6 月 15 日至 16 日在长治市召开全省中小学生心理辅导室建设工作会议，进一步推进全省中小学校心理辅导室建设。继续推进中小学生行为习惯养成教育工作，下发了《关于继续推进全省中小学生行为习惯养成教育工作的通知》，进一步明确行为习惯养成教育的内容，创新养成教育工作的方法和途径，确保此项工作取得实效。10 月，在晋中市太谷县召开全省中小学养成教育区域推进现场会，学习推广晋中市养成教育区域推进做法。做好“中小学弘扬和培育民族精神月”活动，以庆祝新中国成立 60 周年为主题，在全省中小学开展“中小学弘扬和培育民族精神月”系列活动。

〔**教师队伍建设**〕 平稳推进义务教育绩效工资改革，出台了《义务教育学校教师绩效考核工作实施办法（试行）》、《义务教育学校校长、书记绩效考核工作实施办法（试行）》、《中小学教师职业道德考核办法（试行）》、《中小学校师德建设工作考核办法（试行）》与《山西省义务教育学校教师工作量参考标准（试行）》，建立起绩效工资考核指标体系，以考核带动中小学教师队伍建设和人事制度改革，推动教师向农村流动。在国家、省扶贫开发工作重点县实施“农村义务教育学校教师特设岗位计划”和“农村中学教育硕士师资计划”，公开招聘 4 000 名高校毕业生和 80 名教育硕士到贫困县 800 所农村学校任教，引导和鼓励高校毕业生从事农村教育工作，逐步解决农村师资总量不足和结构不合理等问题，提高农村学校教师队伍整体素质。加强教师继续教育，围绕学习贯彻《义务教育法》、提高教师现代教学技能和教学创新能力开展了全员培训。强化师德师风建设，制定了中小学校师德建设工作考核办法和中小学教师职业道德考核办法，在教师职称评定、评模奖励时将师德师风作为重要依据，实行一票否决。

〔**隆重举行教师节庆祝暨表彰大会**〕 9月8日上午，山西省隆重举行庆祝2009年教师节暨表彰先进大会，对全国和全省模范教师、优秀教师、德育和思想政治教育先进个人，全国和全省教育系统先进集体、先进工作者、优秀教育工作者，以及捐资助教先进单位和先进个人进行了表彰奖励。省委副书记、省长王君出席大会并作重要讲话。他强调，全省广大教师和教育工作者要忠诚党的教育事业，努力践行胡锦涛总书记对教师提出的“四点希望”，始终把师德建设放在首位，不断提高思想素质和业务水平，树立为人师表、教书育人的良好形象。会议由省委副书记、省政协主席薛延忠主持，副省长张平宣读表彰决定，省政协副主席令政策等省领导出席会议。省教育厅、省人力资源和社会保障厅、省发展和改革委员会、省财政厅、省妇联、省教育工会的负责人也出席了会议。

〔**语言文字工作**〕 推进二类、三类城市语言文字工作评估达标工作，原平市、高平市等10个县（市、区）被评为语言文字工作三类达标城市，山西大学、太原理工大学等17所学校被命名为国家级语言文字规范化示范校。推动“中华诵”、“中华赞”活动的深入开展，举办了山西省“中华诵·2009经典诵读大赛”，并于3月31日成功承办了全国“中华诵·2009经典诵读晚会（清明篇）”，在全省上下掀起了对中华优秀传统文化和祖国语言文字的学习热潮。

〔**庆祝新中国成立60周年**〕 9月25日，山西教育60年成就展暨全省教育系统庆祝新中国成立60周年书画作品展在省实验中学举行。副省长张平、省教育厅厅长李东福分别作了重要讲话。省委副书记、省政协主席薛延忠出席并宣布展览开幕。全国政协人口资源环境委员会副主任、原省政协主席刘泽民，省委常委、宣传部长胡苏平，省人大常委会副主任安焕晓，省政协副主席韩儒英、省军区副政委谢玉久，原省级老领导以及省委统战部等厅局的负责同志出席并参观了展览。山西教育60年成就展是山西省教育厅为庆祝中华人民共和国成立60周年举行的一项重要活动。展览分三个部分，900余幅图片图表，全面反映了60年来山西教育所取得的辉煌成就，充分展示了实行改革开放、贯彻科学发展观以来山西教育事业发生的历史巨变。

〔**《山西省实施〈中华人民共和国义务教育法〉办法》颁布**〕 《山西省实施〈中华人民共和国义务教育法〉办法》于2009年11月26日在山西省第十一届人民代表大会常务委员会第十三次会议上修订通过，于2010年1月1日起施行。新修订的《山西省实施〈中华人民共和国义务教育法〉办法》对义务教育阶段的学生、教师、学校、教育教学、经费保障以及法律责任等方面作出一系列具体规定，是落实《义务教育法》、保障九年义务教育、提高教育质量、促进人的全面发展的一个重要的地方性法规。它的颁布与实施，既是贯彻国家义务教育法的重要举措，也是山西省教育改革与发展进程中的一件大事，对于全面贯彻党和国家的教育方针，坚持教育优先发展，推进义务教育均衡发展，全面实施素质教育具有重要的现实意义和深远的历史意义。

〔**学校安全稳定工作**〕 2009年年初，制定并由省政府下发了《全省学校安全专项整治工作方案》，在全省各级各类学校全面开展安全专项整治，消除了一批影响安全稳定的矛盾和隐患。制定下发了《2009年全省中小学（幼儿园）安全管理工作意见》，指导、督促各市、县（区）进一步完善安全管理各项制度。5月，按照省政府应急办《山西省防灾减灾宣传周活动方案》要求，结合全省教育工作实际，认真组织开展全省教育系统防灾减灾宣传周活动，提高自救互救能力。5月4日下发了《关于推行校方责任险完善校园伤害事故风险管理机制的实施意见》，在全省中小学全面推行校方责任险，完善安全事故风险管理机制。

〔**群防群控甲型H1N1流感**〕 面对秋冬季甲型H1N1流感疫情持续、迅速蔓延的严峻防控工作形势，在省甲型H1N1流感防控工作领导协调组的指导下，省政府多次组织召开“全省学校甲型

H1N1 流感防控工作会议”，安排部署流感防控工作。教育厅相继制定下发了《山西省教育厅关于印发山西省教育系统甲型 H1N1 流感防控工作应急预案》等一系列文件，积极安排部署学校落实甲型 H1N1 流感防控的各项工作，并与省卫生部门联合组成督导检查组，对全省各级各类学校通过抽查和实地调研相结合的方式，督促各地各校积极应对，联防联控，依法科学处置，扎实做好各项防控工作。通过与卫生部门的密切配合和各省教育系统群防群控甲型流感，有效遏制了疫情的发生，在维护师生健康和正常教学秩序方面取得了积极成效。

〔**建立完善贫困家庭学生政策资助体系**〕 在普通高校建立健全了以国家奖学金、国家励志奖学金、国家助学金和国家助学贷款为主体的助学体系，普遍开通了新生入学“绿色通道”。2008—2009 学年，山西省获国家奖学金学生共 836 人，发放金额共计 669 万元，全部为中央资金。获励志奖学金学生共 14 534 人，发放金额共计 7 267 万元。其中：中央资金 4 535.2 万元，省级资金 2 575.1万元，市级资金 156.7 万元。普通本科高校、高等职业学校国家助学金受助学生 106 800 人，发放金额共计 21 360 万元。其中：中央资金 13 540 万元，省级资金 7 372 万元，市级资金 448 万元。从 2009 年秋季开学起，全面启动了生源地信用助学贷款工作，切实保证考上公办普通高校的学生不因家庭经济困难而失学。2009 年因推动助学贷款工作力度而获国家奖励资金 2 400 万元。在中等职业学校建立健全国家助学金制度，并着手实施农村家庭困难和涉农专业中职生免除学费制度，开展了全省 500 所中职学校管理人员的业务培训工作。

〔**教育法制建设**〕 落实国家和山西省教育系统“五五”普法规划，全面推进教育系统普法工作，与团省委等 7 部门开展了“为了明天——法律进校园”青少年法制宣传教育活动。根据省委依法治省领导组《关于组织 2008 年度全省公职人员法律知识考试的通知》精神，组织全省各级各类大中小学及中等职业学校教师和学校的其他公职人员、教育厅机关及厅直属单位全体公职人员、各高校和各省直中等专业学校的校级以上领导同志 43 万人参加了考试。深入开展创建依法治校示范校活动，山西师范大学、太原工业学院等 7 所高校通过审核并报送省委依法治省办审查验收。

〔**毕业生就业工作**〕 面对受金融危机影响就业形势进一步严峻的情况，2009 年 5 月，省政府办公厅下发了《关于加强全省普通高等学校毕业生就业工作的实施意见》，从鼓励和引导高校毕业生到城乡基层就业、鼓励中小企业和非公有制企业招聘毕业生等七个方面提出了具体的意见和措施，努力增强学生创业能力，推动学生到基层就业。围绕增加岗位，教育厅出台了促进高校毕业生就业的政策措施：与组织部密切配合，选聘近 1 万名高校毕业生到村任职工作，实现了省委确定的一村一名大学生计划；选聘 4 500 名高校毕业生参加“农村义务教育阶段学校教师特设岗位计划”；选聘 600 名高校毕业生到基层支教、支农、支医实施“三支一扶”计划；组织 1 万名高校毕业生到全省各类企业进行就业见习；组织有关科研项目单位聘用 2 000 名高校毕业生担任研究助理，参与研究工作；积极开发城乡基层社会服务和公共管理类公益岗位，安置 5 000 名就业困难的高校毕业生；招募公安干警 900 余人；组织实施各级事业单位公开招聘工作，全省下达事业单位增人计划 2 万余名；鼓励高校毕业生应征入伍服义务兵役，高校毕业生预征人数为 3 500 人。这些措施共提供毕业生就业岗位 6 万余个，占全部高校毕业生人数的 35%。同时，以校园市场为依托，积极举办“天天招聘”等各类招聘活动。全省高校毕业生就业率达到 75%以上。

〔**规范办学行为**〕 制定下发了《关于认真落实山西省人民政府办公厅〈关于进一步加强普通高中教育管理工作的意见〉的紧急通知》，就高中教育管理的热点问题特别高考信息管理等方面的问题进行全面规范。对 4 所违规宣传高考成绩的高中学校在全省范围内进行了通报批评和行政处理。建立中职学校办学资质清查制度，对全省教育系统管理的 504 所中等职业学校的办学资质进行了全面清查，取消48所学校办学资格；对68所存在问题的学校，限期一年整改。对8所独立学院开展教学工作检查，检查结果作为今后本科专业设置和招生计划安排的重要依据。省教育厅组织各市教育行政部门、各主办学校和有关专家对各校（函授站）教学工作进行抽查、突查，并将教学检查的结果作为2010年函授站年检的重要依据，促进了全省成人高等教育教学质量进一步提高。

〔**教育交流与合作**〕　加强国际合作与交流，2009年共选派出国留学人员94人次，留学人员回国103人。新聘、延聘268名外国文教专家、外籍教师，接受、延期留学生61人。审核、批准教育系统短期出国合作研究、参加国际学术会议、短期出国考察及赴港、澳、台进行学习或学术交流百余人次，接待了来自美国、日本、俄罗斯、澳大利亚、新西兰、意大利、阿富汗、亚美尼亚、泰国等国家的教育代表团30余次，组织73名高中生分两批参加了中日政府高中生交流项目；遴选2名高中生参加2009年度中国高中生访问日本（长期）项目。加强省筹资金留学回国人员科研资助管理工作，全年共落实资助项目87项，资助经费445万元。继续强化对自费出国留学中介服务机构和中外合作办学的管理，审批了山西大同大学四个专业中外合作办学项目。加大汉语国际推广力度，山西大学、太原理工大学分别获准承担美国费佛尔大学孔子学院、牙买加西印度大学莫纳分校孔子学院的建设工作。全省已在亚洲、美洲、拉丁美洲建立了4所孔子学院，其中亚美尼亚孔子学院、阿富汗孔子学院、美国费佛尔大学孔子学院均已举行了挂牌仪式。

〔**民办教育**〕　加大对民办教育的扶持力度。深入贯彻落实《民办教育促进法》及《实施条例》，在深入调研和广泛征求意见的基础上，由省政府办公厅出台了《关于进一步促进我省民办教育发展的意见》和山西省《民办学校办学风险保证金提取及管理办法》，并结合全省民办学校实际，制定了《民办学校办学风险保证金提取及管理办法》实施办法。完成42所在山西省境内招生的民办学校招生简章和广告备案工作。批准山西广泰财贸专修学院、山西华维信息技术专修学院等4所民办非学历高等教育机构成立。组织各市对民办学校特别是民办培训机构招生工作治理整顿的专项检查，进一步规范民办学校的办学行为。

基础教育

〔**农村义务教育经费保障机制**〕　不断完善义务教育经费保障机制的落实，保证基层学校的正常运转。2009年，普遍提高了家庭经济困难寄宿学生生活补助标准和农村中小学校生均公用经费标准，将农村小学生均公用经费补助标准从上年每生254元、城镇284元统一提高到329元，农村初中从上年每生392元、城镇427元统一提高到530元。解决了学校冬季取暖经费问题。

〔**义务教育均衡发展**〕　立足城乡一体化要求，6月制定出台了《山西省义务教育阶段中小学办学标准（试行）》及配套政策文件，对教师管理、经费投入、部门职责等重大问题作出明确规定，大力推进中小学建设和管理实现标准化、规范化。组织专家对2008年通过义务教育标准化建设初评的17个县（市、区）进行了复查和复评，对按规划2009年、2010年拟接受评估验收的42个县（市、区）进行了指导。开展了“农村中小学现代远程教育工作教学应用年”活动，远程教育资源库建设和教学应用指导工作得到加强。加大了中考改革力度，进一步提高了将优质高中招生指标分配到初中学校的比例。

〔**普通高中教育**〕 全省普通高中学校数（含初高中合设）544 所，比上年减少 15 所；招生 277 882人，比上年增加 7 488 人，增长 2.77%；在校生 805 659 人，比上年增加 22 722 人，增长 2.9%；毕业生 251 434 人，比上年减少 7 355 人，降低 2.84%。其中，民办普通高中学校数 183 所，在校生 167 028 人，分别占普通高中总校数和在校生数的 33.64%和 20.73%。普通高中专任教师 51 447人，比上年增加 2 185 人。普通高中校舍建筑总面积 1 293.84 万平方米，比上年增加 62.61 万平方米。加强示范高中建设，组织专家对 2007 年通过初评的 24 所学校和 2008 年初评通过的 38 所学校进行了复评。全省共有 108 所高中学校通过省级示范高中学校的评估验收。2009 年 11 月，召开了省示范高中专家组座谈会议和全省高中教育工作会，对 6 年来山西省示范高中建设工程工作进行了全面总结。

〔**学前教育和特殊教育**〕 2009 年初下发了《山西省关于加强乡（镇）中心幼儿园建设工作的意见》，推进乡（镇）中心幼儿园建设。对五台县等五个基本满足学前三年教育的县（市、区）进行了评估验收，使通过验收的县达到 81 个。

认真贯彻第四次全国特教会议精神，起草了《关于进一步加快特殊教育事业发展的意见》；组织安排了全省特殊教育情况专项调研工作，完成了特殊教育情况调研报告；5 月份举办了全省特殊教育培智专业教师基本功大赛，6 月份配合教育部和中国教育学会特教分会在山西省举办全国培智学校“启智杯”（中西部）青年教师基本功大赛。山西省有两位教师获得一等奖。

职业教育与成人教育

〔**中职招生工作**〕 狠抓中职招生工作，积极开展面向农村青年、返乡农民工、下岗失业人员、退役军人和企业一线员工的招生工作。结合山西省煤炭企业兼并重组、技术升级和加强农村基层组织建设、促进科技致富的实际需要，采取两项措施。一是送教下矿，对煤矿关键技术岗位从业人员实施中等职业教育。二是送教下乡，选定 3 所农业类学校试点，培养农村科技致富带头人。通过这两项措施增加招生 2 万余人。2009 年，共完成了招生任务 27 万人，基本实现了中等职业教育与普通高中教育招生规模大体相当。

〔**加强职业教育基础能力建设**〕 积极申报中央财政支持的职业教育实训基地建设项目，有 9 所中等职业学校和 4 所高等职业学校获得通过，同时启动中职学校省级实训基地建设项目。支持 10 所学校建设省级实训基地，每个项目由省财政支持 100 万元，学校主管部门配套 100 万元，用于实训基地设施设备购置。努力推动县级职教中心建设，22 个县通过县级职教中心评估验收。

〔**职业院校学生技能大赛**〕 2009 年 5 月，山西省教育厅、山西省劳动竞赛委员会、山西省劳动和社会保障厅共同举办了“山西省第三届职业院校技能大赛”。大赛共分电工电子、计算机、烹饪等 17 个专业，200 多所学校 1 623 名选手参加了各专业技能比赛项目。大赛共决出一等奖 158 个、二等奖 298 个、三等奖 449 个。在 2009 年全国职业院校技能大赛上，山西省由 16 所职业院校的 99 名选手组成山西代表团，参加全部项目比赛，共获得 2 个一等奖、8 个二等奖、21 个三等奖。

〔**加强职业学校德育工作**〕 组织中职学校德育课程教师参加德育课程新大纲、新教材培训。组织全省中等职业学校师生参加第六届全国中等职业学校“文明风采”竞赛活动，共获得 9 个一等奖、

36个二等奖、27个三等奖。

〔农村教育改革〕 出台了学习型乡镇建设的标准和评估验收方案，在全省范围内进行学习型乡镇创建活动，继续在全省范围内推进科教兴乡、兴县工程。目前，全省共有48个县（市、区）、907个乡镇达到省定的科教兴乡标准。建立和完善文盲和脱盲人员档案，加大扫除剩余文盲的力度。全省全年完成了2万人的扫盲（15周岁至50周岁）任务，其中扫除青年文盲（15周岁至24周岁）5000人。

〔成人高等教育〕 完成了2009年高等学校在晋函授站年检工作，年检合格的函授站共164个。建立了山西省成人高等教育教学检查工作机制，加大了成人高等教育教学监督检查工作力度，重点对8所承担“煤矿五长班”教学任务的院校和4所医学类院校的教学情况进行了检查，保证了煤矿“五长班”和医学类成人院校的教育教学质量。顺利完成了2009年成人高等教育学生学籍和毕业生电子注册工作。

高 等 教 育

〔高等教育质量工程〕 实施高等教育强校工程初见成效。2009年，遴选出教学名师55名、省级优秀教学团队19个、省级人才培养模式创新实验区9个、省级精品课程73门、实验教学示范中心18个，评选并支持大学生创新性实验项目103个。在省级建设基础上，国家质量工程建设项目取得新进展。长治医学院魏武荣获第五届高等学校教学名师奖，有4个教学团队被评为国家级教学团队，有8门高职课程被评为国家精品课程；山西医科大学的临床技能实验教学中心、太原理工大学设计艺术实验教学中心补评为国家级实验教学示范中心；山西师范大学被列为第二批（2009年度）教师教育人才培养模式创新实验区，4所高职院校的实训基地列入国家中央财政支持的建设项目。还有7项教学改革成果被评为国家级教学成果二等奖，11个专业被评为国家级特色专业。新增太原师范学院现当代文学、大同大学凝聚态物理、长治医学院内科学为省重点建设学科；忻州师范学院中国古代文学、运城学院管理科学与工程为省重点扶持学科。山西财政税务专科学校通过“国家示范性高等职业院校建设计划”立项建设院校项目验收，山西煤炭职业技术学院通过“国家示范性高等职业院校建设计划”培育院校验收。山西工程职业技术学院代表队在大学生数模竞赛中获得了高职组全国第一名。

〔高职高专人才培养工作评估〕 根据制定下发的《山西省高等职业院校人才培养工作评估实施细则》和《山西省高职院校人才培养工作评估操作规程》，全面启动山西省新一轮高职院校人才培养工作评估。成立了新一届评估委员会，组建起由教育专家与一线教师、行业专家组成的评估专家库。完成了对忻州职业技术学院、山西警官职业学院、山西华澳商贸职业学院等三所院校的评估任务。率先成立了高职院校评估数据中心，按照教育部统一要求，实施山西省《高等职业院校人才培养工作状态数据采集平台》的建设、采集、上报和管理工作。

〔高层次人才队伍建设〕 太原理工大学以刘旭光为带头人的团队入选教育部“优秀创新团队支持计划”，又有6人入选教育部“新世纪优秀人才支持计划”。遴选出2009年度山西省高等学校优秀创新团队1个、中青年拔尖创新人才9人、优秀青年学术带头人31人。目前，全省高校共有优秀创新团队13个，中青年拔尖创新人才45人、优秀青年学术带头人159人。组织有关高校申报和遴选海外高层次人才，向省委组织部申报太原理工大学于伟泳、王进、高利珍3人进入“千人计划”；山西大学等7所高校的朱坤炎等16人进入“百人计划”。下发了《关于做好高等学校引进海外高层次人才工作的通知》，对今后5至10年的引才工作做了安排，将对提高导师队伍建设具有重要的促进作用。通过评审后确定8名高等学校重点学科引进海外高层次人才。

〔**高校科技创新**〕 2009年，高校又新增博士后科研流动站12个，教育部工程研究中心1个，获国家技术发明二等奖1项，国家教学成果奖7项，1人被评为国家教学名师，4个团队被评为国家教学团队。加强创新平台建设。中北大学“微纳惯性传感与集成测量”工程中心成为教育部工程研究中心。新增2个山西省高校人文社科重点研究基地。目前，全省高校共有教育部人文社科重点研究基地1个，省级人文社科重点研究基地12个。国家重大科学研究计划项目实现零的突破，山西大学王海作为首席科学家承担了国家重大科学研究计划项目“基于光场量子态的量子信息研究”，项目经费2 400万元。这是科技部于2006年启动重大科学研究计划以来，山西省首次主持承担该类计划。高校承担的国家自然科学基金项目首次突破100项，共承担国家自然基金126项，项目经费3 951万元，占全省总数的92%和93%；与2008年相比，项目数和项目经费分别增长46.5%和23.3%。承担国家社科基金14项，占全省项目总数的82.4%。承担教育部哲学社会科学研究项目37项，项目经费239.5万元；其中人文社会科学重点研究基地重大项目2项，项目经费各20万元。承担省发改委“十二五”规划项目24项。遴选出高校科技研究开发项目42项，资助经费100万元；高校高新技术产业化项目22项，资助经费100万元，重点支持与山西产业结构调整紧密结合的项目。遴选出哲学社会科学研究一般项目75项（含2008年34项），资助经费130万元；遴选出哲学社会科学研究基地项目20项，资助经费100万元。支持和鼓励省高校人文社科重点研究基地围绕山西省经济社会发展的重大问题选题，取得高质量的系列成果。

〔**启动国家大学科技园建设**〕 以中北大学科技园为基础，联合山西大学、太原理工大学、太原科技大学等高校建设的山西中北大学科技园，被科技部、教育部批准成为国家级大学科技园，填补了山西省国家级大学科技园的空白。目前，园区建筑面积2万平方米，孵化面积1万平方米；入驻企业及机构66家（校外企业9家），其中在孵企业58家，涉及电子信息、装备制造、新能源与节能技术、化工与环境保护、现代交通等多个领域；园区从业人员1 253人，授权专利20多项，培训学生及社会人员3 000多人，取得了良好的经济效益和社会效益。

〔**重大成果奖励**〕 太原理工大学许并社获得国家技术发明二等奖，山西省高校已连续6年获得国家级科学技术奖励。遴选出山西省高等学校科学技术奖75项，其中一等奖35项，并向省科技厅推荐参加省科学技术奖的评选。修订《山西省高等学校科学研究优秀成果奖（人文社会科学）奖励办法》，遴选出山西省高等学校科学研究优秀成果奖（人文社会科学）99项（一等奖40项），其中有7项获得教育部奖励（二等奖2项、三等奖5项），是我省高校获奖最多的年份。山西师范大学戏曲文物人文社科重点研究基地被文化部授予“非物质文化遗产保护工作先进集体”。

〔**加强高等教育信息化建设**〕 CERNET省网中心的依托单位太原理工大学荣获中国教育和科研计算机网管理委员会颁发的“突出贡献奖”。制定多种应急预案，确保高考网上录取、研究生网上报名、录取等工作的顺利进行。召开了“山西省教育科研计算机网和高校信息化建设会议”；建成了可容纳70个标准机柜、面积200平方米的CERNET省网中心标准核心机房，并投入运行；建成了CERNET网络运行监控中心，可及时了解和掌握接入中国教育与科研计算机网的全省各高校的网络运行状况，实现了实时监控，为确保CERNET信息安全奠定了基础。

〔**研究生教育**〕 全省共有培养研究生单位12个，其中普通高校9个、科研机构3个。全省共计招生 8 031 人（其中博士生 421 人、硕士生 7 610 人），比上年 6 919 人增加 1 112 人，增长 16.07%；在学研究生 21 556 人（其中博士生 1 654人、硕士生 19 902 人），比上年的 18 938 人增加 2 618 人，增长 13.82%；毕业生 5 498 人（其中博士生 281 人、硕士生 5 217 人），比上年的 4 728 人增加 770 人，增长 16.29%。

新增山西财经大学为法律硕士专业学位研究生培养单位，山西师范大学为体育硕士专业学位研究生培养单位，山西大学为艺术硕士专业学位研究生培养单位，山西财经大学为高级管理人员工商管理硕士专业学位研究生培养单位。

〔**认真实施研究生创新计划**〕 评选出研究生教育优秀创新项目 108 项，其中优秀项目 22 项。启动了研究生教育精品课程和优秀教材评选工作，评选出山西大学《国学概论》等 8 门精品课程、5 部研究生教育优秀教材。评选出优秀博士学位论文 10 篇、优秀硕士学位论文 24 篇。山西大学光学专业苏晓龙撰写的论文《连续变量四组份纠缠光场产生和量子保密通信研究》获优秀博士论文提名奖。为发挥导师和团队在研究生教育中的作用，评选出山西大学梁爱华等 14 名优秀导师和山西大学理论物理学科等 9 个优秀导师团队。

〔**加强研究生教育创新中心管理**〕 为了推动山西省研究生教育创新中心建设，更好地为创新型人才培养和企业技术创新服务，教育厅与省经委联合对已建成的 5 个山西省研究生教育创新中心进行考核评价，综合专家现场评价结果及网上材料上报情况，确定煤矿装备、煤矿工程、汾酒工程 3 个研究生创新中心为良好，催化技术、装备制造 2 个中心为合格。为了推进研究生教育培养、管理模式改革，加强创新型人才培养力度，鼓励高校教师及研究生长期深入企业从事研发及技术服务，对进入校企联合培养研究生创新中心从事研究和创新工作的在读研究生进行毕业考核和导师考核，会同省经委对进入中心并符合要求的学生颁发《研究生创新中心实践经历证书》。

撰稿 侯文一 张湘滔
审稿 李东福

内蒙古自治区教育

概　　况

〔基本情况〕

2009年各级各类学校校数、教职工、专任教师情况

	学校数（所）	教职工数（人）	专任教师数（人）
一、高等教育			
（一）研究生培养机构（不计校数）	(9)		
1. 普通高校	(8)		
2. 科研机构	(1)		
（二）普通高等学校	41	34 932	22 327
1. 本科院校	14	22 276	13 904
其中：独立学院	2	567	387
2. 高职（专科）院校	27	12 656	8 423
3. 其他机构（点）（不计校数）			
（三）成人高等学校	3	755	299
（四）民办的其他高等教育机构			
二、中等教育	1 593	149 048	113 890
（一）高中阶段教育	642	148 013	48 979
1. 高中	308	122 964	31 249
普通高中	306	122 818	31 139
成人高中	2	146	110
2. 中等职业教育	334	25 049	17 730
普通中专	99	8 521	5 346
成人中专	62	2 404	1 762
职业高中	141	10 363	7 977
技工学校	32	3 606	2 503
其他机构（教学点）（不计校数）	(85)	155	142
（二）初中阶段教育	951	1 035	64 911

续表

	学校数（所）	教职工数（人）	专任教师数（人）
1. 普通初中	890		64 217
2. 职业初中	15	738	593
3. 成人初中	46	297	101
三、初等教育	5 250	143 902	116 927
（一）普通小学	3 139	139 539	114 848
（二）成人小学	2 111	4 363	2 079
其中：扫盲班	1 572	3 625	1 390
四、工读学校			
五、特殊教育	29	997	840
六、学前教育	1 911	24 163	15 585

注：普通高中的教职工数中包含普通初中的教职工数。

2009 年各级各类学历教育学生情况

	毕业生数（人）	招生数（人）	在校生数（人）
一、高等教育			
（一）研究生	3 174	4 733	12 491
博　士	117	207	831
硕　士	3 057	4 526	11 660
（二）普通本专科	75 805	109 077	351 928
本　科	30 823	51 613	178 627
专　科	44 982	57 464	173 301
（三）成人本专科	28 360	30 338	68 627
本　科	16 333	12 525	32 135
专　科	12 027	17 813	36 492
（四）其他各类高等学历教育			
1. 在职人员攻读博士、硕士学位		1 634	5 057
2. 网络本专科生			
本　科			
专　科			
3. 其他			
二、中等教育	567 542	625 284	1 727 737
（一）高中阶段教育	268 586	345 504	879 675
1. 高中	184 035	174 338	522 777
普通高中	183 055	174 338	519 643
成人高中	980		3 134
2. 中等职业教育	84 551	171 166	356 898

续表

	毕业生数（人）	招生数（人）	在校生数（人）
普通中专	36 984	73 262	153 516
成人中专	4 718	9 613	11 766
职业高中	35 381	78 677	161 674
技工学校	7 468	9 614	29 942
（二）初中阶段教育	298 956	279 780	848 062
1. 普通初中	288 700	277 382	832 216
2. 职业初中	3 530	2 398	7 185
3. 成人初中	6 726		8 661
三、初等教育	353 083	228 806	1 577 776
（一）普通小学	279 222	228 806	1 493 013
（二）成人小学	73 861		84 763
其中：扫盲班	16 057		27 949
四、工读学校			
五、特殊教育	387	550	4 122
六、学前教育	145 713	203 440	338 049

注：特殊教育学生数中包括普通中小学随班就读的学生。

2009年各级各类非学历教育学生情况

	结业生数（人）	注册生数（人）
总计	726 091	688 339
一、高等教育	53 854	10 554
（一）研究生课程进修班	112	85
（二）自考助学班		
（三）普通预科生		1 733
（四）进修及培训	53 742	8 736
其中：资格证书培训	33 281	3 654
岗位证书培训	12 353	2 394
二、中等职业教育	672 237	677 785
其中：资格证书培训	76 209	45 779
岗位证书培训	172 720	174 354
（一）中等职业学校	124 483	71 749
其中：资格证书培训	42 156	11 767
岗位证书培训	26 911	7 595
（二）职业技术培训机构	547 754	606 036
其中：资格证书培训	34 053	34 012
岗位证书培训	145 809	166 759

2009 年各级各类民办教育基本情况

	学校数（所）	毕业生数（人）	招生数（人）	在校生数（人）	教职工数（人）	专任教师数（人）
一、民办高等教育						
（一）民办高校	7	1 656	6 131	15 080	1 349	690
本科学生			2 257	4 147		
专科学生		1 656	3 874	10 933		
其中：独立学院	2		2 257	4 147	567	387
本科学生			2 257	4 147		
专科学生						
（二）民办其他高等教育机构						
二、民办中等教育						
（一）高中阶段教育	124	12 747	26 312	60 110	6 740	4 390
1. 民办普通高中	39	6 395	6 088	16 198	3 821	2 793
2. 民办中等职业教育	85	6 352	20 224	43 912	2 919	1 597
（二）初中阶段教育	66	9 996	11 396	32 886	59	36
1. 民办普通初中	64	9 846	11 319	32 626		
2. 民办职业初中	2	150	77	260	59	36
三、民办普通小学	62	10 443	5 917	45 450	3 272	2 395
四、民办幼儿园	1 257	37 328	67 702	122 498	10 691	6 253
另有：民办培训机构（不计校数）	(207)				1 379	763

注：民办普通高中的教职工数包含民办普通初中的教职工数。

〔学习实践科学发展观活动〕　内蒙古自治区教育厅（高校工委）研究制定了《学习实践科学发展观活动整改落实方案》，提出了 9 个方面 35 项整改措施，并得到了很好的落实，成效显著。

统筹指导各级各类学校深入开展学习实践活动，研究制定了《全区高等学校深入开展学习实践科学发展观活动指导意见》和《全区中等职业学校、中小学校深入开展学习实践科学发展观活动指导意见》，积极指导各类学校将学习实践活动同加强学校内涵建设、促进学生全面发展紧密结合起来，取得了积极成效。

〔高校党的建设得到进一步加强〕　研究制定了《〈贯彻党的十七届四中全会决定和自治区党委八届十一次全委会议精神重点工作任务落实方案〉实施意见》。成立了呼和浩特地区民办高校党委，建立了向部分民办高校选派联络员制度。与自治区党委组织部联合举办了首届高校党务干部专题示范培训班。积极指导相关高校开展“党代会常任制”试点和“公推直选”干部制度改革试点工作。

〔积极协调推进中小学校舍安全工程〕　按照国家统一部署，校舍安全工程实施时间为 2009 年至 2011 年，工程目标是在中小学校开展抗震加固、提高综合防灾能力建设。内蒙古自治区于 5 月启动实施了该工程。自治区教育厅认真履行自治区校舍安全工程领导小组办公室职能，研究制定了工程实施方案，编制了三年总体规划和年度建设计划，并在组织协调、宣传动员、经费筹措及指导督查等方面做了大量卓有成效的工作。截至年底，完成了三年建设总任务的 21.4%。

〔体卫艺教育得到进一步加强〕 完成了对17个城区“33211工程”实施情况的督导评估验收，实现了“33211工程”全覆盖。深入开展阳光体育运动，学生体质健康标准排名全国第9位。学生体育竞技水平明显提升，在全国第十届中学生运动会上，包头一中女排再夺桂冠，自治区团体总分居全国第14位。以防控甲型H1N1流感为重点，全面加强学校卫生防疫工作，有效维护了师生健康安全。以新中国成立60周年庆典为契机，在全区大中小学校广泛开展了“祖国万岁歌咏活动”，举办了全区第三届中小学生艺术展演，积极推动“高雅艺术进校园”等活动，取得了较好的成效。

〔积极推动学前教育和特殊教育发展〕 召开全区农村牧区学前教育工作现场经验交流会，明确了“以农村牧区为重点，以政府投入为主，以公办园为主”的办园体制和发展思路。研究提出了《关于进一步加快我区特殊教育事业发展的意见》。

〔语言文字工作取得新进展〕 全区各地普遍开展了“中华经典诵读进校园、进课堂”活动。举办了首届全国大中小学生规范汉字书写大赛内蒙古赛区活动，有24所学校被评为第二批自治区级语言文字规范化示范校，16所学校被授予国家级语言文字规范化示范校。培训城市语言文字工作业务骨干600多人，完成了对国家二类城市鄂尔多斯市和乌海市的语言文字工作评估验收，加强了对国家三类城市语言文字工作的指导和督促。

〔深入开展教育对外交流与合作〕 继续实施“西部人才培养特别项目”等国家公派出国留学项目。汉语国际推广工作取得新的进展，内蒙古大学与俄罗斯的高校合作建立了“卡尔梅克国立大学孔子学院”并实现首批招生。对全区高校所有中外合作办学机构和办学项目开展了专项检查，会同相关部门对11家自费留学中介服务机构进行了实地检查。

〔对家庭经济困难学生的资助力度进一步加大〕 从2009年秋季学期开始，33个牧业旗市的3.6万名中职学生全部免除了学费。兑现了自治区为群众办好“十件实事”的承诺，10.2万名高校学生享受到了国家奖助学金，3.2万名高校学生享受到了财政贴息的生源地信用助学贷款，19万名中等职业学校学生享受到了国家助学金。8万名高校家庭经济困难学生领取了临时伙食补贴。592名在自治区高校就读的“5·12”地震灾区学生领取了特别资助资金。近1.6万名高中生享受到了“中央专项彩票公益金资助普通高中家庭经济困难学生项目”政策。

〔稳步推进民办教育〕 重新修订了《民办学校审批管理办法与设置标准》。制定印发了《关于做好民办中等职业学校审批及管理工作的通知》，将民办中等职业教育审批管理权限下放到盟市。组织开展民办学校年检工作，有41所民办学校被评为示范校。审批设立了11所民办非学历高等教育机构，全区民办非学历高等教育机构达到73所。

基 础 教 育

〔义务教育均衡发展取得初步成效〕 启动实施义务教育阶段学校标准化建设工程。在全区12个旗县启动了义务教育均衡发展督导评估试点研究。阿荣旗、东胜区、西乌珠穆沁旗等3个旗区被教育部评为“全国推进义务教育均衡发展工作先进地区”。东胜区成为全区第一个实现“双高普九”目标的旗县。九原区等3个旗县区被评为年度“两基”巩固提高工作先进旗县。对县级人民政府年度教育工作进行了全面督导评估，有21个旗县被确定为优秀等次。

〔全面实施普通高中新课程〕 从2009年秋季学期起，内蒙古自治区普通高中一年级学生全面实施新课程。区教育厅研究制定了《关于普通高中新课程实施学分制管理的意见》等相关文件。

〔全面规范中小学办学行为〕 制定印发了《关于进一步加强中小学管理规范办学行为的实施意见》，对中小学教学、招生、评价、收费等行为作出了明确规定，并面向各盟市开展了专项督查。制定印发了《关于严格禁止普通高中跨盟市招生的紧急通知》。加强学籍管理，对高一年级学生实行了电子学籍注册。

〔基础教育各类工程项目建设进展顺利〕 自治区年内下达“义务教育阶段校外借宿生生活用房建设工程”资金2.5亿元，批复项目学校77所，年内建设学生宿舍24万平方米、餐厅7.8万平方米。中西部农村初中校舍改造工程（一期）竣工面积6.16万平方米。新农村卫生新校园建设试点工程和中西部特殊教育学校建设工程共计投资8 832万元。台塑集团项目和邵氏基金赠款项目等工程项目到位捐赠款1 205万元。

〔全面实施义务教育学校教师绩效工资工作〕 按照国家统一部署，与相关部门联合制定出台了《关于义务教育学校教师绩效工资实施意见》、《义务教育学校教师绩效考核工作实施意见》等政策措施，积极稳妥推进此项工作。截至年底，大部分旗县兑现了绩效工资，义务教育学校教师工资水平明显提高。

〔启动实施“农村牧区义务教育学校教师特设岗位计划”〕 按照教育部要求，研究制定了工作方案，组织开展相关工作，9个盟市37个贫困旗县共招聘特岗教师889人。

〔加强中小学编制管理和校长培训工作〕 对全区中小学编制进行了专题调研，会同自治区编办对中小学编制提出了指导意见。全年共培训中小学校长2 800多人。

〔加强中小学教师培训和培训机构建设〕 启动实施2009—2012年中小学教师全员培训工作和农村牧区教师培训计划。组织开展了全区中小学教师教育技术培训与考试认证、普通高中教师新课程远程培训、教育部“国培计划”、“英特尔未来教育”项目、联合国儿童基金会项目骨干教师培训等培训活动。专项督导评估自治区级示范性旗县教师培训机构3所，自治区级示范性旗县教师培训机构达到49所。

〔义务教育经费保障水平进一步提高〕 自治区本级共下达各种义务教育保障经费19.4亿元。农村牧区义务教育阶段学校公用经费补助标准进一步提高。小学每生每年由农村牧区的265元和县镇的280元统一提高到300元，初中每生每年由农村牧区的395元和县镇的410元统一提高到500元。年内还免除了纳入义务教育经费保障机制改革实施范围学校的寄宿生住宿费，自治区按每生每年小学100元、初中120元的标准给予补助。

职业教育与成人教育

〔启动实施中等职业教育基础能力建设工程〕 2009年，自治区本级投入2亿元专项建设经费，安排了34个实训建设项目，有效改善了中职学校实训条件。年内还争取到国家和自治区投入的其他专项建设经费1.1亿元。

〔进一步深化中等职业教育改革〕 修订了《重点中等职业学校评估标准和评估指标体系》，有

3所学校被评为国家级重点学校。组织参加全国职业院校职业技能大赛，取得了较好成绩。实施中等职业学校教师素质提高计划，完成了年度骨干教师培训任务。研究制定了对盟市政府中等职业教育工作督导评估指标体系。

〔**中等职业教育招生规模进一步扩大**〕 加大中等职业教育招生工作力度，以初中毕业生为主体，同时面向未升学的高中毕业生、退役士兵、生产服务一线职工和下岗失业人员等六类人群招生。2009年共招生16.16万人，其中全日制招生14.2万人，高中阶段毛入学率达到88.34%，为普及高中阶段教育奠定了坚实的基础。

〔**创新成人教育工作方式**〕 与自治区相关厅局联合制定印发了《关于鼓励职业院校面向社会开展就业培训的通知》，积极推进职业教育服务地方经济和群众就业。继续实施“一网两工程”建设，推动继续教育工作，努力构建终身学习体系。

高等教育

〔**积极推进质量工程建设，着力提高人才培养质量**〕 组织开展了自治区级教学名师、教学团队、精品课程、品牌专业、教学成果、实验教学示范中心等评选活动。2009年，有4个教学团队被评选为国家级教学团队、1门课程被评选为国家级精品课程、4项教学成果被评为国家级教学成果，另有10个专业获得教育部“特色专业建设点”资助项目。加强对高职院校建设的指导力度，成立了土建等8个高职专业建设指导委员会，完成了对通辽职业学院等4所高职院校的新一轮人才培养工作评估，有3个实习实训基地被列为中央财政支持的建设项目，与南澳洲政府就引进TAFE学院课程和管理流程进行了多次会谈并签署了合作意向书。2009年，新增46个本科专业和57个高职专科专业。加强高校思想政治理论课教学，配合自治区党委宣传部举办了2期哲学社会科学骨干教师培训班。

〔**以学科建设为龙头，学位与研究生教育持续健康发展**〕 开展了新增博士学位授予单位立项规划和建设工作，确定内蒙古科技大学为国家2008—2015年立项建设的新增博士学位授予单位，确定内蒙古医学院和内蒙古民族大学为自治区新增博士建设单位。全区高校新增2个硕士专业学位研究生培养单位、9个硕士专业学位授权点，硕士专业学位种类和授权点分别达到14个和23个。根据自治区实施“草原英才”工程要求，研究制定了工程子项目的《自治区重点学科人才引进和培养工程实施方案》。

〔**积极推进科技平台建设，高等学校科技创新能力进一步增强**〕 组织开展了新一轮高校重点实验室、工程研究中心和人文基地建设，内蒙古大学“哺乳动物生殖生物学及生物技术”科研团队入选教育部“科技创新团队”，实现了内蒙古自治区教育部科技创新团队“零”的突破。积极组织高校申报国家和自治区各类科研项目，其中获准国家重大科技专项条件建设、重大课题、重点课题各1项，国家自然科学基金项目突破100项，“973”、“863”、“科技支撑”及其他国家级科研项目30余项，教育部相关科研项目34项。高校自主创新能力明显增强，内蒙古大学、内蒙古工业大学、内蒙古农业大学、内蒙古科技大学、内蒙古民族大学、内蒙古医学院等高校取得了一批重大科技成果。

〔**高校设置工作取得新进展，高等教育规模稳步扩大**〕 经教育部批准，组建了呼和浩特民族学院、集宁师范学院和乌兰察布医学高等专科学校，鄂尔多斯职业学院在教育部正式备案。全区普通高等学校达到43所，其中本科高校16所（含2所独立学院），高职专科学校27所（28个办学实体）。高等教育规模稳步扩大，全区在学研究生达到17 160人；区内外高校在全区共录取新生17.4万多人，录取比例达到70.73%，同比增长8.19%。全区普通本专科在校生达到35.19万人。

〔**大力加强高校毕业生就业指导工作**〕 全年通过实施"大学生村官"、"三支一扶"、"特岗教师"、"大学生志愿服务西部计划"、"民生工程"等途径选拔安排高校毕业生9 000余人。高校毕业生入伍预征人数达到1 200名。2009年，全区普通高校毕业生78 776人，平均就业率为76.50%，同比提高1.44个百分点。

民族教育

〔**"优先重点"发展民族教育的方针得到进一步贯彻落实**〕 2009年，自治区本级财政继续安排2 000万元民族教育专项资金，支持了57所民族中小学校硬件建设；安排2.72亿元对义务教育阶段蒙古语授课寄宿生给予生活补助；安排1 906万元用于蒙古语授课高中生考入区内高校的学费减免补助；安排预算内基建投资1 200万元用于7所民族中小学改善办学条件。全年争取到国家民族教育各类补助资金888万元。

〔**扎实推进"双语"教学工作，加大民族人才培养力度**〕 全年审查中小学教材和教辅用书162种；编审高等院校统编蒙古文教材45种，审查修订教材22种。正式启动《蒙古语文应用水平等级考试》项目。完成了教育部委托制定的《蒙古族中小学语文课程标准》和《蒙古族中小学蒙古语文课程标准》实验期间的前期准备工作及《农村中小学现代远程教育工程》中的蒙古文版本教学资源的开发建设任务。继续协调扩大国家部属高校和内地高校在自治区的民族预科班招生规模。完成了"少数民族高层次骨干人才计划"招生任务。

撰稿 张喜荣 肖彦辉
审稿 奇锦玉

辽宁省教育

概　　况

〔基本情况〕

2009 年各级各类学校校数、教职工、专任教师情况

	学校数（所）	教职工数（人）	专任教师数（人）
一、高等教育			
（一）研究生培养机构（不计校数）	(47)		
1. 普通高校	(33)		
2. 科研机构	(14)		
（二）普通高等学校	107	91 974	55 835
1. 本科院校	63	73 596	44 457
其中：独立学院	20	6 384	4 675
2. 高职（专科）院校	44	18 378	11 378
3. 其他机构（点）（不计校数）	(4)		
（三）成人高等学校	26	5 763	3 265
（四）民办的其他高等教育机构	79	1 305	576
二、中等教育	2 607	225 552	174 976
（一）高中阶段教育	921	225 552	73 428
1. 高中	426	180 483	43 570
普通高中	426	180 483	43 570
成人高中			
2. 中等职业教育	495	45 069	29 858
普通中专	125	16 935	10 916
成人中专	1	637	408
职业高中	224	16 740	11 279
技工学校	145	10 757	7 255
其他机构（教学点）（不计校数）	(94)		
（二）初中阶段教育	1 686		101 548

续表

	学校数（所）	教职工数（人）	专任教师数（人）
1. 普通初中	1 686		101 548
2. 职业初中			
3. 成人初中			
三、初等教育	6 037	170 584	149 711
（一）普通小学	6 037	170 584	149 711
（二）成人小学			
其中：扫盲班			
四、工读学校	10	353	243
五、特殊教育	75	2 658	2 095
六、学前教育	7 374	59 595	35 901

注：普通高中的教职工数中包含普通初中的教职工数。

2009 年各级各类学历教育学生情况

	毕业生数（人）	招生数（人）	在校生数（人）
一、高等教育			
（一）研究生	20 742	27 859	76 239
博　士	2 049	2 712	11 795
硕　士	18 693	25 147	64 444
（二）普通本专科	206 211	237 906	852 467
本　科	125 788	151 604	582 354
专　科	80 423	86 302	270 113
（三）成人本专科	92 702	82 474	218 711
本　科	43 375	31 678	88 753
专　科	49 327	50 796	129 958
（四）其他各类高等学历教育			
1. 在职人员攻读博士、硕士学位		4 999	16 232
2. 网络本专科生	27 727	47 736	119 044
本　科	15 083	24 184	63 302
专　科	12 644	23 552	55 742
3. 其他			
二、中等教育	907 838	866 573	2 631 015
（一）高中阶段教育	432 343	438 691	1 271 521
1. 高中	248 791	248 271	718 333
普通高中	248 791	248 271	718 333
成人高中			
2. 中等职业教育	183 552	190 420	553 188

续表

	毕业生数（人）	招生数（人）	在校生数（人）
普通中专	68 063	72 651	204 307
成人中专	6 695	9 315	23 425
职业高中	72 545	72 557	216 180
技工学校	36 249	35 897	109 276
（二）初中阶段教育	475 495	427 882	1 359 494
1. 普通初中	475 495	427 882	1 359 494
2. 职业初中			
3. 成人初中			
三、初等教育	428 542	337 183	2 255 977
（一）普通小学	428 542	337 183	2 255 977
（二）成人小学			
其中：扫盲班			
四、工读学校	830	821	2 109
五、特殊教育	889	846	8 776
六、学前教育	270 357	340 807	779 370

注：特殊教育学生数中包括普通中小学随班就读的学生。

2009年各级各类非学历教育学生情况

	结业生数（人）	注册生数（人）
总　计	2 477 350	2 157 474
一、高等教育	126 631	32 979
（一）研究生课程进修班	1 389	2 964
（二）自考助学班	6 496	26 907
（三）普通预科生		509
（四）进修及培训	118 746	2 599
其中：资格证书培训	30 321	968
岗位证书培训	54 562	
二、中等职业教育	2 350 719	2 124 495
其中：资格证书培训	267 327	49 383
岗位证书培训	100 439	51 014
（一）中等职业学校	234 890	90 160
其中：资格证书培训	48 673	20 785
岗位证书培训	40 166	13 209
（二）职业技术培训机构	2 115 829	2 034 335
其中：资格证书培训	218 654	28 598
岗位证书培训	60 273	37 805

2009 年各级各类民办教育基本情况

	学校数（所）	毕业生数（人）	招生数（人）	在校生数（人）	教职工数（人）	专任教师数（人）
一、民办高等教育						
（一）民办高校	36	31 526	43 535	148 524	11 827	8 390
本科学生		24 178	31 361	116 778		
专科学生		7 348	12 174	31 746		
其中：独立学院	20	18 231	23 853	90 068	6 384	4 675
本科学生		18 231	23 853	90 068		
专科学生						
（二）民办其他高等教育机构	79				1 305	576
二、民办中等教育						
（一）高中阶段教育	183	33 516	40 010	108 113	10 178	7 093
1. 民办普通高中	83	22 847	26 921	71 174	5 704	4 676
2. 民办中等职业教育	100	10 669	13 089	36 939	4 474	2 417
（二）初中阶段教育	37	13 804	16 992	47 366		
1. 民办普通初中	37	13 804	16 992	47 366		
2. 民办职业初中						
三、民办普通小学	24	4 337	3 757	24 837	1 360	1 253
四、民办幼儿园	4 848	93 669	150 468	415 941	36 252	21 093
另有：民办培训机构（不计校数）	（3 984）				34 356	20 577

注：民办普通高中的教职工数包含民办普通初中的教职工数。

〔**教育系统安全工作**〕 2009 年，辽宁省全面加强学校安全工作，努力确保全省各级各类学校及周边的安全。在新学期、寒暑假、全国两会期间、五一、国庆节前后等重点时段开展全省学校安全检查、隐患排查 6 次，检查学校 232 所，开展 4 次专项行动，通过检查与专项整治行动指导和督促学校及时消除各类安全隐患；建立完善预警、预防机制，先后下发转发预警通知 3 个，及时妥善处置校内外各类安全事件 40 余起，保证了师生安全和社会稳定。将校车管理的落实工作纳入对各市政府教育督导考核体系，对各市农村中小学校车管理工作落实情况进行督查，推动各地落实省政府文件要求，确保农村中小学生安全乘车。同时推进实施全省中小学校舍安全工程，建立工作机制，制定实施方案、时间表和路线图，精心组织、周密部署、扎实推进校舍安全工程。8 月底前，全省中小学校舍排查工作已全部结束，工程规划资金测算、信息系统建设、信息档案建设等工作正在有序展开。

〔**教育人事制度改革**〕 2009 年，辽宁省教育厅积极稳妥推进事业单位岗位设置管理工作，包括组织厅直事业单位、省属高校、中等职业学校、普通高中、幼儿园和义务教育学校分别召开专题座谈会，在摸清人员现状的基础上，经过充分论证，会同省人力资源和社会保障厅制定了《关于印发全省教育事业单位专业技术岗位结构比例控制标准的通知》。全省教育事业单位专业技术岗位结构比例控制标准的设定，为各级各类学校未来发展预留了空间。经过充分调研论证，会同省人力资源和社会保障厅研究制定了辽宁省《高等学校、义务教育学校、中等职业学校等教育事业单位岗位设置管理的三个实施办法》，对全省教育事业单位岗位设置管理制度改革提供科学合理的指导。按照《国务院办公厅转发人力资源和社会保障部财政部教育部关于义务教育学校实施绩效工资指导意见的通知》要求，配合人事、财政部门制定符合辽宁实际的贯彻落实意见，制定了《辽宁省教育厅关于义务教育学校教师绩效考核工作的意见》，指导各地切实做好教师绩效考核工作。完成省属高校及厅直事业单位提高收入水平工作。认真贯彻落实省人力资源和社会保障厅、财政厅关于“省直事业单位提高收入水平”会议精神，组织有关单位按时限和规定标准将补贴发放到所有退休人员。对部分高校在提高收入水平过程中遇到的一些突出矛盾和问题，多次与省人事、财政厅进行沟通，并及时向省政府报告，为省属高校顺利完成工作任务创造了条件。

〔**体卫艺工作**〕 2009 年，辽宁省全面贯彻落实中共中央、国务院《关于加强青少年体育增强青少年体质的意见》，开展了“千校万人大会操”评比活动，达到促德、益智、健体、审美的功效，逐步改善和提高广大青少年学生体质健康水平。全省 14 个市 101 个县（区）11 000 余所中小学校，近 400 万名中小学生参与了此项活动。开展了实施《国家学生体质健康标准》监测工作；举办李宁中国大学生足球联赛辽宁赛区比赛，全省共有 30 余所高校参加比赛；组织参加了由教育部主办的全国高校体育教育专业学生基本功大赛，大连大学代表队参加比赛并荣获团体一等奖。认真做好学校食品卫生安全工作，分两次对全省 160 所学校进行了有关食品安全的督导检查；对全省 80 名学校营养师进行了培训；完成对全省 14 个市 43 个县的农村义务教育阶段学生健康状况的调研分析，涉及 3 141 所学校的 1 779 652 名中小学生。为纪念新中国成立 60 周年，在全省范围内组织开展“祖国万岁”歌咏活动；积极参加全国第二届大学生艺术展演现场展评活动，展示了辽宁省高校大学生的艺术风采，共获得国家级各类别评比一等奖 4 个、二等奖 28 个、三等奖 35 个，高校校长风采奖 4 个，有 15 所高校获得了优秀组织奖；中央歌剧院、中央民族乐团在辽宁省安排了 8 场高雅艺术进校园演出活动，大连大学交响乐团、辽宁交响乐团在全省 7 所学校安排了演出任务，共计开展 15 场高雅艺术进校园演出活动。

〔**建立民办教育协调工作机制**〕 2009 年，为尽快启动全省民办教育协调工作机制，辽宁省教育厅在充分调研的基础上，确定了首次联席会议的主题以及需要尽快研究解决的四个紧迫性问题（违规发布教育广告及非法办学、财务监管缺失、税费不够明确以及普惠政策不落实等）。在此前提下，又进一步细化了联席会议各成员单位的分工，明确了各部门工作重点，以努力推动各成员单位着重对体制、机制和制度方面进行深度思考，逐步形成促进民办教育持续健康发展的长效工作机制。

〔**规范省管民办教育机构办学行为**〕 2009 年，辽宁省教育厅依照年检的要求，在完成对各校上报材料进行分类整理的基础上，按照“业务归口、综合协调”的原则，分送职能处室进行情况核实，并听取意见。对专修学院、厅直培训机构和中外合作办学机构进行年检，除按照每年例行的许可事项检查外，还对 17 所专修学院、8 所厅直培训机构和 18 所中外合作办学机构的办学章程进行了逐一规范。根据年检的结果，分批换发了专修学院、厅直培训机构的办学许可证，并在教育厅网站进行了公告。对年检中发现的个别中外合作办学机构不经批准擅自开设中外合作办学专业以及财务管理不规范等违规行为，及时下达《行政告知书》，并加大对这类机构的工作指导力度，纠正违规办学行为。

〔**助学工作**〕 2009 年，辽宁省国家助学贷款重新启动，省政府选择中国银行作为省属高校国家助学贷款的主办银行。截至 9 月 31 日，与中行确定的 55 所高校中已有 46 所签订了由省教育厅、省属高校、中行联合签署的《省属高校国家助学贷款及银校全面业务合作协议》，共发放国家助学贷款 9 217.48 万元，受益人数 1.14 万人。大连建行对确定的13所高校发放国家助学贷款4 000余万元。全省累计发放助学贷款余额12亿元。同时认真开展高等学校国家（政府）奖学金、国家励志奖学金、国家助学金和中等职业学校国家助学金发放工作，新增助学金向农村学生倾斜。其中：下达春季学期国家励志奖学金4 344.75万元，奖励学生1.7万人；下达春季学期国家助学金8 824.4万元，资助学生8.9万人；下达春季学期临时补助1 777万元，每生每月补助40元，安排5个月，补助8.9万人；下达春季学期特别资助政策资金800万元，补助学生1 666人。本年，为妥善解决“走进千家万户”活动中群众提出的子女就学问题，省教育厅共筹措资金353.6万元，对每位在读大学生给予1 000元至1 500元一次性补助，对每位在高中及以下学校就读的学生给予500元一次性补助，解决了4 198名家庭经济困难子女的就学问题。

〔**语言文字工作**〕 2009年，辽宁省完成了对朝阳市、本溪市、大连市所辖二类城市的语言文字评估。至此，全省已有8个城市通过评估认定。本年，全省普通话水平测试工作因测试收费被取消受到了很大冲击，省、市经费预算安排严重不足。全省仅有省本级和朝阳市安排了部分预算，13个市没有开展普通话水平测试工作，全省有70%的应试人员约7万多人未能参测。本年，协调建立2个小学规范汉字书写教材实验基地；开展“书写经典”试点工作，举办首批辽宁省中小学书法师资培训班，培训50名中小学书法教师；组织全省26万余名大中小学生参加《首届全国大中小学生规范汉字书写大赛》，4人获一等奖、6人获二等奖、23人获三等奖、32人获优秀奖；开展制定《辽宁省中长期语言文字工作改革和发展规划纲要》的初步调研工作；研究制定《辽宁省语言资源有声数据库建设试点方案》，学习试点省经验，研讨论证，正式启动辽宁省有声语音数据库试点工作。

〔**信访工作**〕 2009年，辽宁省教育厅承办建议、提案总数达117件。其中主办71件、协办42件、分别办理4件。截至年底，省人大代表、政协委员对教育厅建议、提案办理工作的满意率已达97.3%。本年1月至9月，共处理群众来信630封，接待群众来访2 102人次；其中个体访280批次、453人次，集体访71批次、1 649人次。受理并完成省人大、省信访局交办案件11件，厅领导批示件15件，复查复核案件12件，省信访局第15督导组下访交办案11件。

〔**机关党的建设**〕 2009年，按照教育厅党组的要求，厅机关党委在学习调研、分析检查前两个阶段基础上，制定《中共辽宁省教育厅党组深入学习实践科学发展观活动整改落实方案》。组织开展“党员干部走进千家万户”实践活动，筹措资金353.6万元，解决了111个省（中）直部门党员干部提出的4 198名家庭经济困难子女的就学问题。解决民办教师历史遗留问题，5 099名民办教师得到政策实惠。2009年扶贫工作实行厅包乡，事业单位包村，党员干部包户的立体帮扶格局。厅直机关共捐助扶贫资金19.92万元，捐物折款3.41万元，集中解决了北票市凉水河子乡困难家庭生活和困难家庭子女就学问题，并为遭受严重旱灾的村打深井，解决群众饮水困难。帮助凉水河子乡中心小学落实建校资金300万元。按照省委、省政府“一下三保”工作要求，组成工作组到教育厅对接单位大连机床集团公司调研，了解企业发展和项目推进中遇到的主要问题，促进企业寻找解决问题措施，帮助企业发展。通过引导和支持，大连理工大学、沈阳工业大学与企业联合申报国家工信部、科技部和国家发改委高档数控机床及基础制造装备重大专项8项，获批6项，获得政府科技专项资金资助2 000万元。

基础教育

〔加强和改进未成年人思想道德教育〕 2009年，辽宁省教育厅积极组织开展“中小学弘扬和培育民族精神月”活动，进一步加强诚信教育、民主法制教育、文明习惯养成教育、生命教育、民族团结教育和安全教育；积极开展中小学德育教师省级培训，培训中小学班主任、少先队辅导员及初、高中心理健康教师670人；评选出省三好学生540名、优秀团员141名、优秀学生干部136名、优秀团干部59名、优秀学生36名和三好班级152个。

〔农村九年一贯制（寄宿制）学校督导调研〕 根据2009年省政府与各市政府签订的教育工作目标责任状要求，4月至5月中旬，省政府督导办组织省政府督学分5组10余人赴全省14个市44个县（市、区）205所农村初中，开展以农村九年一贯制（寄宿制）学校附属设施配套建设情况为主，同时对“两类新三片”和“普九”滚动实施进展情况、农村初中“控辍保学”及中小学体育卫生工作情况进行四项督导调研。在督导调研工作中，分别对14个市44个县（市、区）的205所学校提出行之有效的建议和意见达800余条，就四项督导调研内容分别对14个市形成调研报告，同时形成全省四项工作情况督导调研报告。

〔落实和完善经费保障机制，保证义务教育投入〕 2009年，辽宁省新建150所农村九年一贯制寄宿学校，规划建设省补助项目75所，省补助资金1.77亿元，已拨付资金1.27亿元；规划建设自筹项目77所。截至年底，已完工投入使用56所，主体完工33所，在建63所，已到位资金6.8亿元。维修改造农村危旧校舍26万平方米，已完工投入使用304所，主体完工53所，在建149所。新建校舍面积32.18万平平方米，维修改造危旧校舍面积34.66万平方米，已到位资金2.39亿元。完善205所已建成的农村九年一贯制寄宿学校附属设施，确定辽西北50所学校宿舍、食堂等附属设施建设计划，安排下达补助资金1亿元。安排附属设施建设省补助资金0.18亿元，用于资助63所项目学校。已完工投入使用117所，主体完工38所，在建50所，已到位资金2.83亿元。全部取消农村义务教育阶段学生住宿费，全省有23万学生受益。规定全省农村学生公用经费定额标准小学生均由300元/年提高到350元/年（含50元取暖费）、初中生均由420元/年提高到550元/年（含50元取暖费）。

〔中小学教师教育工作〕 2009年，辽宁省落实教育部举办“知行中国——中小学班主任教师培训”项目，开展了国家首批项目的实施工作，培训1万名班主任；先后组织开展了骨干研训教师高级研修班、中小学双语教师培训班等，共培训教师820人；组织开展了辽西北中小学教师省级培训，举办了义务教育阶段的音乐、体育、美术和英语教师培训班以及阜新蒙古族中小学教师培训，培训教师1 320人；开展农村中小学英语和信息技术教师省级培训，培训农村中小学英语和信息技术教师共计2 300人；举办了高中研训教师培训班、高中样本校管理者培训班和农村县高中学科骨干教师培训班，共培训教师1 515人。

〔民族教育、学前教育、特殊教育工作〕 2009年，辽宁省落实了与内蒙古、吉林省对换培养少数民族学生计划。进一步实施乡（镇）中心幼儿园标准化建设工程，统筹调整和盘活当地的教育资源，督促、检查各地乡（镇）中心幼儿园的建设规划的实施，并在铁岭市召开了全省农村乡（镇）中心幼儿园质量提升专题研究现场会，为农村乡（镇）幼儿园的发展和质量提升提供了宝贵经验；

开展了学前教育普及县（市）区的检查验收工作，2009年有5个县区进行省级评估验收，全省已有76%的县区达到普及学前教育县区的标准；召开了省级示范性幼儿园工作会议，并历时7个月的时间，对全省182所省级示范园进行了全面复检与评估，使省级示范性幼儿园更好地发挥了示范、辐射作用；把学前教育的指标纳入到省政府考核各市政府教育工作目标考核责任状，从2009年开始，将学前教育事业发展作为对各级政府政绩考核的重要内容；开展了幼儿园教育成本与收费状况的调查，全面掌握公办幼儿园、企业事业单位办园、民办幼儿园等收费的状况，为制定合理的收费标准提供依据。提议把特殊教育纳入基础教育强县（市、区）建设计划之中，科学规划、分类指导、统一验收，推进特殊教育持续健康发展。

职业教育与成人教育

〔辽西北地区初中毕业生到沈阳等城市接受职业教育〕 为落实辽西北战略工作会议精神，支持辽西北地区初中毕业生到沈阳等城市接受职业教育，财政对每个学生按照5 000元/年的标准给予三年的补助，所需资金由省、市财政按一定比例负担。2009年共有3 000名辽西北地区初中毕业生到沈阳等城市接受职业教育。

〔实施“职业院校教师队伍建设工程”〕 2009年，辽宁省190名教师参加了国家级中等职业学校教师培训，完成了国家级中等职业学校教师培训工作任务。依托辽宁省国家级和省级中等职业教育师资培训基地，省教育厅组织开展了省级骨干教师培训工作，对15个专业的1 200余名专业骨干教师进行培训。

〔职业教育信息化教学资源建设〕 历时两年多的职业教育信息化教学资源建设项目于2009年9月底全部完成，各学校共提交31个软件。据初步统计，该项目共撰写文字脚本242万字，制作脚本309万字，图形图像15 352幅，视频、流媒体1 550分钟，Flash动画3 138个，三维动画1 224个，动画编程55 602个，网页制作1 658页，完成程序设计96万行，平均超额完成设计工作量的30%。

〔农村实用人才培训〕 2009年，辽宁省继续实施国务院六部门“阳光工程”和“教育部农村劳动力转移培训计划”，大力开展农村劳动力转移培训和进城农民工培训，全年共完成30万人的培训任务。

高等教育

〔高校思想政治理论课建设〕 2009年，辽宁省教育厅组织开展了高校思想政治理论课名师、学科带头人、骨干教师遴选活动，遴选出12名名师、22名学科带头人、48名教学骨干，并采取委托立项等方式，培育思想政治理论课名师骨干队伍；组织省内高校思想政治理论课教学科研部门负责人赴江西高校进行学习考察；推进高校思想政治理论课教师与大学生结对子活动，评选表彰结对子先进个人及高校思想政治理论课“精品教案”、“精彩一课”，培育一批理论课教学精品课程；组织编辑出版高校思想政治理论课四门课程的“百题问答”；推进理论课考试方法改革，把大学生参与社会实践情况和参加思想政治教育网络活动情况纳入学业成绩考核的内容；开展“大学生我最喜爱的经典文章”、“理论课教师推荐的经典文章”推荐活动，遴选出一批思想政治教育经典文章作为理论课教学的素材；按照国家的统一部署，对全省各普通高校思想政治理论课建设情况进行互查互检；遴选11支高校思想政治理论课优秀教学团队，推动高校按照中央要求设置独立的二级机构，配足配齐专职教师，加大政治理论教学经费投入力度

〔**高校思想政治教育工作队伍建设**〕 2009年，辽宁省继续实施“专升本”计划，选拔了28名优秀高职应届毕业生升入沈阳师范大学思想政治教育本科专业学习深造；实施高校优秀辅导员博士培养计划，依托大连理工大学面向省内高校优秀辅导员招收5名思想政治教育专业辅导员工作方向的博士生；出资50万元，利用寒假继续开展“千名辅导员万家行”活动，全省高校共有5 070人次辅导员入户走访慰问11 030户学生家庭；开展高校辅导员名师及骨干、班主任（导师）名师及骨干、心理健康教育骨干教师遴选活动；组织高校辅导员开展谈心谈话活动，评选表彰一批谈心谈话活动先进个人；培养班主任先进典型，会同省委宣传部总结宣传大连理工大学民族预科班班主任邵春亮的先进事迹；推进独立学院辅导员队伍建设，召开专题座谈会，调查了解独立学院辅导员队伍建设情况；组建辽宁省高校辅导员协会，推进辅导员队伍职业化、专业化建设。

〔**各级各类学校招生规模**〕 2009年，辽宁省加大招生计划工作宏观调控力度，以就业和社会需求为依据调整专业结构，合理安排2009年高、中等学校招生计划。本年，全省地方属研究生招生计划17 009人，比2008年增长6.7%。其中博士招生计划1 056人、硕士招生计划15 953人，分别比2008年增长2.6%和7.0%。同时，为进一步优化研究生教育结构，缓解就业压力，面向应届本科生和在职人员安排全日制专业学位硕士研究生计划2 240人。为确保辽宁省高考录取率的相对稳定，满足人民群众对高等教育的需求，实际安排高等学校招生计划247 991人，比2008年增长3%。其中：本科138 075人，比2008年增长2.4%；高职专科109 916人，比2008年增长4%。在成人高等教育方面，继续以提高教育质量为核心，压缩招生规模，共安排招生计划69 000人，比2008年减少5.5%。在中等职业教育方面，坚持以就业为导向，调整中等人才培养结构；2009年共安排普通中等专业学校招生计划9万人，比2008年减少12 138人，减少11.9%。

〔**优化高等教育资源配置**〕 2009年，辽宁省进一步推进高等职业教育和民办高等教育的发展，本年新审批3所高等职业技术学院，使高职学校数量达到44所；有3所独立学院转制为独立设置的民办本科院校，全省本科学校达到43所。继续规范民办高、中等学校和独立学院的办学行为，依法履行办学许可证管理、招生简章和广告备案管理，督促民办院校资产过户，规范办学章程，引导民办院校按办学规模充实办学条件。同时，制定辽宁省独立学院五年过渡期方案，完善独立学院的办学体制和机制，促进独立学院持续健康发展。充分发挥优质高等教育资源的作用，引进东北财经大学、辽宁科技大学、辽宁石油化工大学的特色专业，组建营口大学园，为地方经济社会发展和辽宁沿海经济带的建设服务。

〔**基本建设计划项目**〕 2009年，辽宁省按照高校在校生规模科学合理测算高校需求，经省发改委审批下达基本建设计划项目195个，总建筑面积156.3万平方米，总投资44亿元。其中2009年新建项目51个，建筑面积35.5万平方米。

〔**专业建设**〕 2009年，辽宁省开展本科特色专业、示范专业和高职品牌专业建设工作，全省35个本科特色专业被教育部批准为国家本科特色专业。组织开展了2009—2010年高等院校专业设置评议工作，坚持优化结构、重点发展、强化特色三个原则，本年新增专业的重点是为辽宁“三大任

务”服务的机械制造类、冶金材料类、软件电子类、石油化工类、轨道交通类、农学类、现代服务类等专业。

〔“高等教育教学改革与质量工程”的评审工作〕 2009年，辽宁省完成了四年一次的省级教学成果奖的评选工作，评选省级教学成果奖一等奖150项、二等奖250项、三等奖300项；其中，获国家级教学成果奖二等奖14项。完成了2009年度省级教学名师奖评选工作，共评选出第五届高等学校教学名师奖获奖教师50名；其中，获国家级教学名师奖4名。完成了2009年度省级精品课程评审工作，共评选出省级精品课程160门；其中，11门省级课程被评选为国家级精品课程。完成了2009年度省级教学团队评审工作，共评选出90个省级教学团队；其中，14个省级教学团队被评为国家级教学团队；完成了省级实验教学示范中心评审与推荐国家级实验教学示范中心工作，评出省级实验教学示范中心42个；其中，8个实验教学示范中心被评为国家级实验教学示范中心。截至年底，辽宁省共有省级实验教学示范中心115个。

〔产学研结合〕 2009年，辽宁省高校全口径科技经费达到34亿元，比去年增长10%。科技经费占高等教育总经费的比重达到20%，成为支撑高校各项事业发展的重要经费来源。承担“863”、“973”、国家科技支撑计划、国家自然科学基金和国家社科规划等国家级项目首次突破2 000项。获得国家和省科技奖励148项，占全省项目总数的44%。首次在《Nature》杂志上发表论文2篇。涌现了3兆瓦风力发电机等一批具有重大应用潜力的科研成果。新增科技部“重大新药创制综合平台”1个、科技部国家技术转移中心2个、国家级科技平台总数达到20个。新增教育部工程研究中心2个、教育部科技平台总数达到24个。4人进入两院院士第三轮评审，新增国家青年基金获得者2人。获得企业科技合作经费18亿元，占高校科技经费总数的55%。完成企业技术改造课题3 000项，转化科技成果300项，攻克一批长期困扰企业发展的重大技术瓶颈，为沈鼓“大型乙烯装置用离心机”、本钢“集装箱用SPA—H耐大气腐蚀钢”、沈机“大型系列龙门五面加工中心”等一批重大高科技产品的开发和产业化提供了强有力的技术支撑。高校科技产业预计实现产值75亿元，比去年增长25%。沈阳华创风能等一批高校高科技企业表现出强劲的发展潜力。高校与400多家企业建立产学研战略联盟，校企共建企业研发中心超过200家。省教育厅与12个市政府正式签署了高校与产业集群对接合作协议，重点围绕16个年产值有望过千亿元的产业集群开展对接合作。

〔重点学科建设〕 2009年，辽宁省组织实施了“提升高等学校核心竞争力特色学科建设工程”。通过组织省内外专家评审，已确定19个以国家一级重点学科为基础、以世界一流学科为建设目标的一流重点学科；77个以省一级重点学科为基础、以国家一级重点学科为建设目标的高水平重点学科；167个以省二级重点学科为基础、以突出本校特色和学科优势为建设目标的优势特色重点学科。经协调，省财政厅已经将7 000万元特色学科建设经费拨付有关高等学校。特色学科建设工程的实施已经显现了带动辽宁高等教育整体水平和综合实力的提升，拉动辽宁高等教育全面协调可持续发展的作用。

〔来华留学工作〕 2009年，辽宁省研究制订、修改、完善了来华留学生教育的制度、措施、办法，修订、完善了《辽宁省外国留学生管理暂行规定》(征求意见稿)。完成中国政府奖学金计划自主招生120名、辽宁省政府外国留学生奖学金计划招生34名。同时，做好各类奖学金生的年度评审工作和2010年中国政府奖学金自主招生的各项准备工作。编印《改革开放辽宁来华留学三十年》和中英文两种文字的《留学辽宁指南》。大连外国语学院等3所高校荣获全国高校“来华留学生教育先进集体”，3人荣获全国高校“来华留学生教育优秀工作者”，25人荣获全国“来华留学生教育工作20周年荣誉证书”。

〔国家公派留学和自费留学管理工作〕 2009

年，辽宁省申报国家留学基金资助出国留学人数223人，录取人数56人；地方合作项目申报人数28人，录取人数18人；其他项目录取人数33人。举办第十届辽宁国际教育展，共有80多家国内外高校、中介服务组织和使领馆参加了本次展会，咨询人数8 000多人次。2009年，新加坡教育部与我国教育部合作开展的初三学生奖学金项目共录取34名学生，于11月初赴新加坡学习；与我国教育部合作开展的高二学生奖学金项目共录取20名学生，于12月初赴新加坡学习。

〔**招生考试改革**〕 2009年，辽宁省高考重点抓了两项改革，实现了普通高校招生的两项新突破。第一项是确保高中新课改后高考改革的平稳过渡。本年是辽宁省高中课改后的第一届毕业生参加高考，因此，省教育厅在全省范围内组织了2.7万多名考生进行了高考模拟测试，认真分析总结测试过程结果，及时进行调整，为本年高考适应新课改要求奠定了基础。第二项改革是录取方式的改革。本年，辽宁省继续稳步推进平行志愿投档的录取方式，在普通高校招生普通类一批A段和B段均实行了平行志愿录取方式，并在所有录取批次中实行剩余计划重新向社会公布，补充填报志愿和录取的办法，提高了考生的志愿满足率、满意率，取得了良好的效果。2009年600分以上考生一批A、B段平行志愿的录取满足率达84.67%，比2008年提高了5.44%，比07年提高了7.65%。录取结束后，580分以上未录取考生仅剩57人（文科13人、理科44人）。

〔**高校毕业生就业创业工作**〕 辽宁省政府投资3 000余万元兴建了辽宁省大学生创业教育实训基地，旨在构建具有辽宁特色的大学生创业教育、指导服务、实训和孵化体系，推动全省高校和各市为大学生创业提供有效的指导与服务，为中小企业成长和发展服务，搭建多层次实训和孵化平台。创业教育实训基地占地面积5 000平方米，主楼建筑面积1.1万平方米，共12层。筛选出46个大学生创业企业免费入驻，有12个项目获得了辽宁省首批大学生创业扶持资金，评选出17所创业教育示范校。同时实施大学生创业引导计划。截至年底，全省已累计扶持大学生创业项目929个，发放资金1 343万元；已建大学生孵化基地84个，在孵大学生创业企业（项目）260个；累计申领《高校毕业生自主创业证》毕业生总数4 432人，带动创业群体2万人。

〔**困难家庭毕业生就业援助工作**〕 2009年，辽宁省设立困难家庭高校毕业生就业援助资金3 000万元；确定首批省示范性普通高校毕业生实习见习基地100家，提供实习见习岗位9 655个；设立23个就业技能培训基地，为1 175名家庭经济困难大学毕业生开展两期技能培训；在全省高校为237名家庭经济困难大学毕业生安排了公益性岗位；累计发放各种类型援助资金1 900多万元。通过组织就业见习、开展免费订单式技能培训、公共管理和服务岗位安置、各级政府兜底安排等一系列措施，截至年底，全省20 243名家庭经济困难大学毕业生的就业率已达95.7%。

撰稿 姜 东 李丽华 陈 洁
审稿 周浩波

大连市教育

概　　况

〔基本情况〕

2009 年各级各类学校校数、教职工、专任教师情况

	学校数（所）	教职工数（人）	专任教师数（人）
一、高等教育	37	28 301	17 454
（一）研究生培养机构（不计校数）	—	—	—
1. 普通高校	—	—	—
2. 科研机构	—	—	—
（二）普通高等学校	31	26 839	16 595
1. 本科院校	13	20 631	12 421
2. 专科院校	13	4 138	2 542
其中：职业技术学院	11	3 325	2 072
3. 分校、大专班（点）（不计校数）	—	—	—
4. 独立学院	5	2 070	1 632
（三）成人高等学校	6	1 462	859
（四）民办的其他高等教育机构	—	—	—
1. 学历文凭考试机构	—	—	—
2. 非学历文凭考试机构	—	—	—
二、中等教育	381	31 985	25 422
（一）高中阶段教育	181	16 031	11 831
1. 高中	79	8 629	7 067
普通高中	79	8 629	7 067
成人高中	—	—	—
2. 中等职业教育	102	7 402	4 764
普通中等专业学校	20	2 150	1 357
成人中等专业学校	—	—	—
职业高中（职业中专）	39	2 974	1 930

续表

	学校数（所）	教职工数（人）	专任教师数（人）
技工学校	43	2 278	1 477
其他机构（教学点）（不计校数）	—	—	—
（二）初中阶段教育	200	15 954	13 591
1. 普通初中	200	15 954	13 591
2. 职业初中	—	—	—
3. 成人初中	—	—	—
三、初等教育	794	20 577	17 581
（一）普通小学	794	20 577	17 581
（二）成人小学	—	—	—
其中：扫盲班	—	—	—
四、工读学校	1	44	27
五、特殊教育学校	11	429	343
六、幼儿园	1 369	12 339	6 884

注：成人高等学校校数、教职工数及专任教师数，均未含普通高等学校成人教育学院校数、教职工数及专任教师数。

2009 年各级各类学历教育学生情况

	毕业生数（人）	招生数（人）	在校生数（人）
一、高等教育			
（一）研究生	8 221	11 733	32 782
（二）普通本专科	54 743	66 208	236 784
（三）成人本专科	28 991	24 227	63 863
（四）其他各类高等学历教育			
1. 在职人员攻读博士、硕士学位			
2. 网络本专科生			
3. 学历文凭考试	4 227	—	—
二、中等教育	136 323	124 589	385 023
（一）高中阶段教育	71 202	65 816	202 613
1. 高中	37 897	37 643	106 296
普通高中	37 897	37 643	106 296
成人高中	—	—	—
2. 中等职业教育	33 305	28 173	96 317
普通中专	9 491	8 698	25 096
成人中专	779	922	3 104
职业高中（职业中专）	12 117	9 982	30 598
技工学校	10 918	8 571	37 519
其他机构（教学点）（不计校数）	—	—	—

续表

	毕业生数 (人)	招生数 (人)	在校生数 (人)
(二) 初中阶段教育	65 121	58 773	182 410
1. 普通初中	65 121	58 773	182 410
2. 职业初中	—	—	—
3. 成人初中	—	—	—
三、初等教育	58 436	40 917	303 167
(一) 普通小学	58 436	40 917	303 167
(二) 成人小学	—	—	—
其中：扫盲班	—	—	—
四、工读学校	129	175	187
五、特殊教育学校	154	135	1 585
六、幼儿园	36 165	32 848	115 482

2009 年各级民办教育基本情况

	学校数 (所)	毕业生数 (人)	招生数 (人)	在校生数 (人)	教职工数 (人)	专任教师数 (人)
一、民办高等教育	17	15 063	20 491	66 082	5 877	4 242
(一) 普通高校	17	15 063	20 491	66 082	5 877	4 242
(二) 成人高校	—	—	—	—	—	—
(三) 民办的其他高等教育机构	—	—	—	—	—	—
二、民办中等教育机构	39	10 267	10 543	28 097	2 056	1 313
(一) 高中阶段教育	34	9 146	9 623	25 289	1 801	1 107
其中：民办普通高中	19	6 633	7 504	18 923	1 069	770
民办中等职业教育	15	2 513	2 119	6 366	732	337
(二) 初中阶段教育	5	1 121	920	2 808	255	206
其中：民办普通初中	5	1 121	920	2 808	255	206
民办职业初中	—	—	—	—	—	—
三、民办普通小学	3	513	276	2 713	274	232
四、民办幼儿园	533	13 749	12 870	51 790	6 630	3 425

〔**教育投入持续增长**〕 2009 年，面对国际金融危机的严重冲击，各级教育投入增速不减。全市教育经费总收入 74.45 亿元，比上年增长 8%。其中国家财政性教育经费 66.68 亿元，增长 11.61%（其中预算内教育经费拨款 61.16 亿元，比上年增长 16.34%）。全市预算内教育经费支出 58.56 亿元，比上年增加 5.6 亿元，增长 10.6%。其中市本级教育支出 14.92 亿元，增加 0.52 亿元，增长 3.6%。全市教育支出占财政支出的 12.43%，与上年基本持平。各类教育事业性经费支出 51.24 亿元，其中：用于个人部分 33.82 亿元，占 66%；用于公用部分 17.41 亿元，占 34%。

教育基础设施建设力度加大。普通高校新增校舍建筑面积 22.4 万平方米，生均面积达 30 平方米，比上年增加1.4平方米。普通高中校舍建筑面积新增6.8万平方米，生均面积达14.9平方米，比上年增加0.9平方米。全市铺设中小学塑胶操场81.8万平方米。财政投入600万元，为15所农村高中新建标准的物理、化学、生物实验室53个。继续推进偏远农村寄宿制学校建设，在北三市、长海县和花园口经济区启动5所寄宿制学校的建设。

教育信息化建设取得突破。市财政投资1 100万元，实施中小学网络扩容改造工程，完成了116所幼儿园、570所村级小学的4兆宽带接入，512所初中和乡中心小学的10兆宽带接入；投入800万元，实行大连教育局网、大连教师网、大连教育网整合，开通了“大连教育”门户网站；建立市、区、校三级电子政务平台，电子政务延伸到城乡每所学校，覆盖了全市教育系统内的4.2万个用户。

〔**开展“教师素质提高年”活动**〕 2009年，大连市教育局组织开展“教师素质提高年”活动，推进教师队伍整体素质建设。

以评选与表彰“仁爱之师”、学习杨爱军（长海县第四中学原副校长）为载体，开展“践行杨爱军精神，做人民满意教师”的实践活动、“铸师魂、立师德”宣誓签名活动和“师德百日大讨论”活动，激励了广大中小学教师为人师表、无私奉献的精神。年内，选出赵林芳等10人为第二届大连市“十大仁爱之师”，由大连市人民政府予以命名表彰。

着力提升教师专业素质。市、区两级投入近5 000万元，采取外地高端培训、本地基地培训、全员校本研修等办法，对4.7万名干部、教师进行了综合素养和专业能力培训，推进了干部、教师队伍建设。中等职业教育完成了对1 765名“双师型”教师的培训。组织18名校长赴韩国考察研修，开展了“鲁班杯”青年教师专业教学技能比赛。

加强农村教师队伍建设。实施“顶岗、援岗、特岗”计划，从大连大学等院校选录师范生105人到农村中小学顶岗实习，从城镇中小学选派骨干教师230人到农村中小学支教，招聘“特岗生”73人到农村中小学任教，加大了补充农村师资的力度。继续开展城市优质学校与农村薄弱学校帮扶活动、名教师送教下乡活动、城市骨干教师到农村支教活动。

创新教师队伍管理方式。进一步严格选录教师的准入条件，推进中小学岗位设置；区域内区级以上骨干教师的交流比例达到交流教师总数的20%以上；改革教师专业技术职务评审办法，建立考评结合的中小学教师专业技术职务资格评审新机制，激发了教师的职业精神和内在动力。

〔**民生工作成绩显著**〕 2009年，大连市全面落实扶困助学政策，安排专项助学资金3.2亿元，惠及全市53.86万名大中小学生。

建立普通高中政府助学金制度，财政当年安排803.2万元，为家庭困难的普通高中生8 032人每人发放助学金1 000元。财政投入196.9万元，为涉农专业农村学生781人实施免费中等职业教育。

全面实施中小学生免费体检计划和健康饮水工程。财政投入300万元，为431所中小学配备温开水直饮机1 700台，保证绝大多数学生喝上了安全、卫生的温开水；投入419万元，为义务教育阶段学生52.4万人免费体检，并建立了体质健康信息档案。

全面启动中小学校舍安全工程，完成了所有校舍抗震等级鉴定和安全检测工作，并改造校舍12万平方米。

基础教育

〔**学前教育有新突破**〕 2009年，大连市人民政府办公厅下发《大连市人民政府办公厅转发市教育局等部门关于进一步规范城区住宅小区配套幼儿园建设管理和使用的意见的通知》，为有效解决小区配套幼儿园建设和管理问题提供了政策保障。采取挖潜、改扩建等措施，使市内四区公办幼儿园在园幼儿名额新增2 073个，托保费控制在每名幼儿每月300元以内，使幼儿入公办园难、入园贵的问题得到缓解。全市首个现代化婴幼儿早期教育机构——沙河口区婴幼儿早期教育指导中心建成并投入使用。农村新建了4个乡镇中心幼儿园和41个村级幼儿活动室，并配备价值百万元的玩具和图书。

〔**深入推进义务教育均衡发展**〕 2009年，大连市在多年实践的基础上，以条件标准化、队伍专业化、手段信息化为新特点，推进义务教育均衡发展，促进了城乡、区域、校际间办学差距的缩小。各区市县建立扶持薄弱学校的机制，分别确定2至3所相对薄弱的学校重点扶持。完善教师交流制度，增加骨干教师向薄弱学校交流的数量，市内四区交流教师647人。其中市级、区级骨干教师136人，占交流教师总数的21.6%。省重点中学和省示范性高中招生，“指标到校”生数占招公费生计划数的70%以上。薄弱学校的生源结构得以改善，办学活力进一步提高。11月，大连市被教育部评为全国推进义务教育均衡发展先进地区。

〔**课程改革取得新进展**〕 2009年，大连市继2007年制发《大连市小学生学业质量评价标准》之后，完成了《大连市初中生学业质量评价标准》的制定，并依据标准对学生的学习质量状况实施监测。开展普通高中课程改革首批优秀校本课程评选活动，从各校申报的近300门校本课程中评选出102门进行表彰。市教育局指导普通高中圆满完成普通高校招生考试普通高中学生综合素质评价工作。在7个区市县的22所学校共111个班级进行“小班教学”试点。还编成大连市中小学素质教育基地劳技和科技课程内容框架与活动模块内容标准。举行首次普通高中优秀学生社团评选活动，表彰50个学生社团、60位学生社团之星、25位学生社团工作先进个人和10所先进学校。

〔**大连八中现代化教学改革实验启动**〕 2009年9月，大连市以大连市第八中学为先行的现代化高中建设和改革实验启动。该项实验的目标，是把学校办成大连现代化高中建设的窗口、国内教育改革的先进学校。大连市第八中学把校园划为教学区、实验区、科技区、艺术区等8个功能区，教室按学科化、专业化标准设置；学生自主选课，实行走班制授课；采用“小班化管理”（每班35人以内），逐步实行导师制；实行分层次教学，实现个性化培养；构建主体型课堂，推行探究式学习；实施学分制，突出过程化评价；发展科技特色，建设精品社团；学校运行系统实现信息化管理、电子化办公。

职业教育与成人教育

〔**“做中学、做中教”人才培养模式推向深入**〕 2009年，大连市各中等职业学校以学生“怎样做”和“怎样做得更好”为主线，开展“做中学、做中教”“四个一”系列活动，促进了人才培养与企业需求同步、课程设置与就业岗位对接、专业标准与职业标准融通。全市评选出10节“双做”精品课、10本“双做”精品教材、10门“双做”精品课程和10大“双做”示范专业。“做中学、做中教”人才培养模式成为大连市职业教育的一大特色，得到教育部的充分肯定。

各职业学校积极实施“校企合作”、“产教结合”办学模式。大连轻工业学校、大连电子学校、大连综合中专、大连交通口岸学校、大连天巳汽车学校、普兰店市职教中心等校初步形成“工学交替”型、“校企合一”型、“前校后厂”型、“自办产业”型等办学模式。

县域职教培训体系进一步完善。普兰店市投资1 600万元，在该市职业教育中心建成8 000平方米的实训工厂。瓦房店市3所职业学校依据特色专业，建立了各具特色的实训基地。

〔参加职业技能大赛获优异成绩〕 2009年，在各级职业教育技能大赛中，大连市取得优异成绩。6月27日至30日，大连市组队参加2009年全国职业院校技能大赛，13所学校的69名选手在中职组8个专业31项竞赛中，共获金牌12枚、银牌25枚、铜牌15枚，总成绩列参赛的37个代表队的第四名，首次获得计划单列市和副省级城市的“双料”第一，实现了历史性突破。

〔成人职业技术培训有新拓展〕 2009年，大连市教育局遴选9所中等职业学校，为应届大学毕业生1 276人进行职业技术培训。其中1 077人取得结业证书、318人取得职业资格证书。为1 000余名退役士兵进行机械加工、汽车驾驶与维修、机电一体化、焊接等专业培训，使他们陆续走入新的工作岗位。

〔提升社区教育内涵与水平〕 2009年，大连市社区教育注重提升内涵与水平，特别是在课程建设方面突出教育性、趣味性、课程性，呈现出一区（街）一品、百花齐放的局面。全市有43门课程被评为全国社区教育特色课程，成绩列全国省辖市中第一。2009年，教育部重新确定大连市甘井子区为全国首批社区教育示范区，金州区、沙河口区、中山区为全国首批社区教育实验区，大连市所有示范区、实验区总数，居全国副省级城市之首。

高等教育

〔高校与城市互动进一步发展〕 2009年，大连市创新创业研究中心、大连半导体照明检测服务平台以及大连食品工程技术转移中心落户高校。大连理工大学、大连海事大学、大连东软信息学院与大连高新技术产业园区“区校一体化”建设战略合作协议签订，建立紧密型合作联盟，共同打造辽宁沿海经济带上的“中国硅谷”。

〔创新思想政治教育途径和方法〕 2009年，大连普通高校以先进典型和丰富多彩的校园文化活动为载体，创新大学生思想政治工作途径和方法。成功举办了“与时代同呼吸，同祖国共命运——新时期大学生成长之路论坛”；举办了以“创新、创造、创业”为主题的首届大连市大学生创新创意作品大赛，9所高校的1 044名学生、1 033项专利作品参赛，248项作品获奖。

〔实施高校毕业生储备计划〕 为应对金融危机给就业带来的不利影响，2009年，大连市政府出资2 000万元，依托部分机关事业单位，在医疗、教育、农业科技、基层社会管理等行业，购买1 000个过渡性岗位，储备1 000名高校毕业生。同时，鼓励各区市县为缓解当前毕业生就业压力和今后发展，自行储备一定数量的高校毕业生。

市委高等学校工作委员会、大连市教育局出资300多万元，启动应届大学毕业生就业培训工程，以送岗实习实践引导就业，面向职场开展培训。全市1 276人参加培训，19人到教育部门顶岗实习，培训后271人被企业招聘。

撰稿　汤启贤　武玉顺　李　赤　沙北虹

审稿　骆东升

吉林省教育

概　　况

〔基本情况〕

2009 年各级各类学校校数、教职工、专任教师情况

	学校数（所）	教职工数（人）	专任教师数（人）
一、高等教育			
（一）研究生培养机构（不计校数）	(19)	—	—
1. 普通高校	(15)	—	—
2. 科研机构	(4)	—	—
（二）普通高等学校	55	59 770	33 239
1. 本科院校	36	52 143	28 504
其中：独立学院	10	6 344	3 967
2. 高职（专科）院校	19	7 627	4 735
3. 其他机构（点）（不计校数）			
（三）成人高等学校	18	2 857	1 752
（四）民办的其他高等教育机构	15	1 631	865
二、中等教育	1 947	158 287	119 633
（一）高中阶段教育	709	157 582	51 038
1. 高中	262	123 360	27 629
普通高中	262	123 360	27 629
成人高中			
2. 中等职业教育	447	34 222	23 409
普通中专	49	6 715	4 469
成人中专	85	6 354	4 383
职业高中	181	12 661	8 450
技工学校	132	6 033	4 473
其他机构（教学点）（不计校数）	(69)	2 459	1 634
（二）初中阶段教育	1 238	705	68 595

续表

	学校数（所）	教职工数（人）	专任教师数（人）
1. 普通初中	1 226		67 985
2. 职业初中	12	705	610
3. 成人初中	—	—	—
三、初等教育	6 184	152 641	128 301
（一）普通小学	6 184	152 641	128 301
（二）成人小学	—	—	—
其中：扫盲班	—	—	—
四、工读学校	4	131	107
五、特殊教育	45	1 794	1 335
六、学前教育	2 577	23 100	14 862

注：普通高中的教职工数中包含普通初中的教职工数。

2009 年各级各类学历教育学生情况

	毕业生数（人）	招生数（人）	在校生数（人）
一、高等教育			
（一）研究生	12 739	16 845	46 774
博　士	2 109	2 342	8 690
硕　士	10 630	14 503	38 084
（二）普通本专科	127 411	155 915	530 975
本　科	88 152	106 241	386 556
专　科	39 259	49 674	144 419
（三）成人本专科	78 204	62 173	159 171
本　科	43 380	26 308	70 610
专　科	34 824	35 865	88 561
（四）其他各类高等学历教育	—	—	—
1. 在职人员攻读博士、硕士学位	—	3 914	11 872
2. 网络本专科生	10 749	12 747	31 885
本　科	9 701	7 352	21 282
专　科	1 048	5 395	10 603
3. 其他			
二、中等教育	573 218	598 731	1 711 948
（一）高中阶段教育	267 030	327 832	834 612
1. 高中	168 843	158 820	468 554
普通高中	168 843	158 820	468 554
成人高中			
2. 中等职业教育	98 187	169 012	366 058

续表

	毕业生数（人）	招生数（人）	在校生数（人）
普通中专	28 128	32 613	91 478
成人中专	7 873	36 389	51 556
职业高中	45 579	82 827	179 863
技工学校	16 607	17 183	43 161
（二）初中阶段教育	306 188	270 899	877 336
1. 普通初中	302 619	268 451	869 037
2. 职业初中	3 569	2 448	8 299
3. 成人初中	—	—	—
三、初等教育	270 309	233 984	1 461 099
（一）普通小学	270 309	233 984	1 461 099
（二）成人小学	—	—	—
其中：扫盲班	—	—	—
四、工读学校	112	257	471
五、特殊教育	861	925	6 797
六、学前教育	158 210	225 084	325 966

注：特殊教育学生数中包括普通中小学随班就读的学生。

2009 年各级各类非学历教育学生情况

	结业生数（人）	注册生数（人）
总　计	766 422	694 550
一、高等教育	98 784	18 852
（一）研究生课程进修班	936	213
（二）自考助学班	1 398	8 634
（三）普通预科生		979
（四）进修及培训	96 450	9 026
其中：资格证书培训	14 653	1 728
岗位证书培训	34 424	
二、中等职业教育	667 638	675 698
其中：资格证书培训	32 079	29 706
岗位证书培训	89 796	18 487
（一）中等职业学校	52 931	36 628
其中：资格证书培训	15 360	6 205
岗位证书培训	10 761	5 255
（二）职业技术培训机构	614 707	639 070
其中：资格证书培训	16 719	23 501
岗位证书培训	79 035	13 232

2009 年各级各类民办教育基本情况

	学校数（所）	毕业生数（人）	招生数（人）	在校生数（人）	教职工数（人）	专任教师数（人）
一、民办高等教育						
（一）民办高校	14	23 612	28 068	100 144	8 044	5 031
本科学生		21 506	25 046	92 242	—	—
专科学生		2 106	3 022	7 902	—	—
其中：独立学院	10	18 890	22 396	81 478	6 344	3 967
本科学生		18 454	20 942	78 015	—	—
专科学生		436	1 454	3 463	—	—
（二）民办其他高等教育机构	15	—	—	—	1 631	865
二、民办中等教育						
（一）高中阶段教育	93	14 687	32 815	72 094	9 203	6 000
1. 民办普通高中	24	8 169	9 457	25 180	5 820	4 028
2. 民办中等职业教育	69	6 518	23 358	46 914	3 383	1 972
（二）初中阶段教育	28	11 971	14 728	46 911	—	—
1. 民办普通初中	28	11 971	14 728	46 911	—	—
2. 民办职业初中						
三、民办普通小学	17	5 775	4 741	30 609	2 170	1 653
四、民办幼儿园	1 766	64 496	85 367	140 156	11 578	7 001
另有：民办培训机构（不计校数）	（1 082）				7 733	4 646

注：民办普通高中的教职工数包含民办普通初中的教职工数。

〔**国家中小学校舍安全工程**〕 2009 年 6 月，成立了吉林省中小学校舍安全工程领导小组，并制定下发了《吉林省中小学校舍安全工程实施方案》，计划从 2009 年起，用三年时间，对国家地震局所确定的 29 个地震重点监视防御区和地震基本烈度七度以上的区县中小学校存在安全隐患的校舍，进行加固改造或重建，使其达到当地重点类抗震设防标准。通过排查鉴定，全省需加固和重建校舍为 1 055万平方米，其中校舍加固 718 万平方米，校舍重建 337 万平方米。资金总需求初测为 69.2 亿元。2009 年，对各级各类中小学现有校舍进行了逐栋排查鉴定，形成了对每一座建筑的鉴定报告，共落实改造资金 13.2 亿元，改造面积 98 万平方米。

〔**农村中小学校公用经费**〕 2009 年吉林省农村义务教育阶段学生公用经费补助标准，小学每生每学年由上年的 290 元提高到 300 元，初中每生每学年由上年的 430 元提高到 500 元，落实资金 9.3 亿元。解决农村学校冬季采暖补助经费 4 032 万元。全年农村中小学公用经费总额达 9.7 亿元，比上年增加 1.2 亿元，增长 14%。

〔**"四室"建设**〕 为了结束农村中学生在黑板上做实验的历史，全省自 2009 年起启动了乡（镇）中学生理化实验室和微机教学室建设项目，投入资金 2.72 亿元，计划用两年时间全面建立农村乡镇初中理化生实验室和微机教学室。截至 2009 年年底，为全省乡（镇）初中物理实验室、化学实验室、生物实验室和微机教学室配备的教学仪器和仪器柜、实验台、学生凳等设备，全部达到符合国家标准的均等化配置，并配送到859所乡镇初中。

〔**补发中小学教师工资**〕 2008年9月，省政府制定了《解决拖欠中小学教师工资问题工作方案》，拟用3年时间，基本解决1993年至2004年期间拖欠的中小学教师工资，今后不再拖欠。此次共涉及31万名中小学教师、24.28亿元的历史陈欠工资。2008年，已补发10.15亿元；2009年补发7.8亿元。

〔**“普九”债务化解**〕 组织完成全省农村义务教育“普九”债务的锁定工作。1993年至2005年的农村义务教育债务为22.94亿元，其中1998年前的“普九”债务为5.97亿元，1999—2005年的义务教育债务为16.97亿元。2009年，14.62亿债务化解任务已经完成。

〔**大学生就业**〕 制定了促进高校毕业生就业的22项措施，筹措资金1 500万元为毕业生提供专门培训。共举办大型就业洽谈会34场，网络洽谈会10场，各类小型洽谈会2 000多场，参与用人单位9 000家，参会毕业生人数达15万人次。全省高校毕业生就业率达到78%。

〔**实施《吉林省促进中小学教师专业发展行动计划》**〕 对3 870名中小学教师进行了重点培训。对12个学科的9 417名教师进行了网上新课程培训。对2009—2010学年度高中一年级10 500名教师集中进行了教材培训；对高二、高三年级9 834名教师新开课程进行了视频培训，实现了新学年高中教师全员培训。完成11个学科2 000名高中骨干教师的新课程课堂教学能力培训。组织10 490名教师参加国家中西部农村义务教育教师远程培训项目，1 500人参加“英特尔未来教育”核心课程项目培训。

〔**教育法规**〕 完成《吉林省义务教育条例（修订）》培训和考试工作，全省教育系统15万余人参加了考试。重新修订了《吉林省高校招生章程审核办法》，完成省属普通高校招生章程审核工作。完成地方性教育法规清理工作，进一步完善了吉林省教育法规体系建设。举办“全省教育风险管理服务研讨培训班”，推动了教育风险管理服务工作的全面深入开展。进一步精简工作流程，形成了良好的审批秩序，高质量完成行政审批日常工作，全年共受理1 383件，全部在规定时限内办结，全年零投诉。

〔**督导评估**〕 完成了对各市（州）2008年度教育工作目标管理责任制执行情况的评比表彰奖励工作。制定了《关于吉林省2009年度教育重点工作目标管理责任制实施要点及评估指标体系》。根据2008年底督导评估结果，下发了《关于对榆树市等13个县（市、区）政府教育工作督导评估情况的通报》，并对上述县（市、区）政府教育工作在年底前进行复查。2009年年底前完成了对长春市朝阳区等12个县（市、区）政府教育工作督导评估。积极开展随机督导，9月份对德惠市等9个县（市）、18个乡镇进行了随机督导检查，并下发了情况通报。开展全省普通高中新课程实验工作专项督导，对10个地区、九个县（市）进行了专项督导，并下发了督导通报。正式开通吉林教育督导网。

〔**学校防控甲流疫情**〕 率先出台《全省教育系统防控甲型H1N1流感应急预案（试行）》、《关于我省教育系统甲型H1N1流感疫情零报告的通知》等文件。及时召开全省学校防控甲型流感及手足口病专项工作会议、经验交流会议。将防控工作纳入大中小学生健康教育课的传染病防控知识进行专题教育，积极做好各种大型活动和考试的疫情防控工作，组织实施全省学校秋季食品卫生安全及传染病防控工作专项检查，实行了24小时值班和零报告制度。

〔**严肃考风考纪**〕 加强硬件建设，进一步完善了保密室。加强制度建设，严格过程控制，加强值班制度的落实。加强网络监控，确保信息安全，及时有效地删除、拦截非法有害信息，确保考试软环境的安全。整肃考风考纪，净化考试环境。省纪委、省监察厅、省教育厅联合发文，对严肃考试纪律提出明确要求，并选派纪检干部到部分县（市、区）进行监督。

为所有考场配备了手机信号屏蔽器和金属探测仪。利用无线信号监测设备对考点周边可疑信号进行不间断的监测、定位、截断、干扰。考试期间，对凡是参与利用现代通信工具舞弊人员，一经查实，一律从重从严查处。共查处7起利用现代通信工具舞弊人员，刑事拘留14人，对2名贩卖高考舞弊器材的中学教师给予开除公职处理，并依法移送司法机关追究刑事责任，对2名参与舞弊的在校高校生给予开除学籍处理。

〔招生改革〕 普通高校招生文、理科第一批次A段实行“平行志愿”设置及投档办法，并在录取期间对生源不足学校实行网上征集志愿。编写了《平行志愿手册》，加强对考生填报志愿的指导。对高考照顾加分政策进行了调整，将7项原照顾加10分的项目调整为5分，3项原照顾加15分的项目调整为8分。对少数民族考生、烈士子女等六项加分政策未做调整。

〔汉语国际推广〕 吉林省高校与国外合作建成孔子学院9所，2009年新建3所。组织推荐公派国际汉语教师和志愿者共203名。争取孔子学院奖学金114人。承办了教育部主办的美国高中生访华夏令营活动。

〔中外合作办学〕 全省中外合作办学机构和项目共有33个。13所高校与国外的21所院校开展合作办学，在校生近万人；10所高中与国外学校合作举办外语语言培训项目，在校生近4 000人；非学历教育培训机构的学员近3 000人。全省来华外国留学生4 280人。全年共聘请外国文教专家、教师1 103人。全年接待来访教育团组23个，派出215个团组进行学术交流活动。

基础教育

〔制定《吉林省人民政府贯彻实施〈吉林省义务教育条例〉促进义务教育健康发展的若干意见》〕 这是2004年省政府印发《吉林省人民政府贯彻国务院关于加强农村教育工作决定的意见》之后，省政府第一个依法全面加强义务教育工作的重要文件，经网上公示3个月后正式印发，得到社会广泛认同。

〔经费投入〕 落实2.33亿元资金为农村中小学生免费提供教科书；落实4 929万元资金为农村家庭经济困难寄宿学生补助生活费，全省有6.8万名学生受益，占寄宿学生总数的33%；落实2.9亿元资金维修改造农村中小学危房校舍；落实1.34亿元资金免除城市义务教育阶段学校学生学杂费。

〔课程改革和考试评价改革〕 在义务教育阶段全面落实新课程标准，完善国家、地方、校本三级课程体系和新课程教学管理机制，提出《吉林省义务教育教学常规（试行）》指导意见。下发《关于进一步加强中小学教学用书管理工作的意见》，社会广为关注的中小学教学用书管理体制改革取得积极效果。推进了优质高中招生指标分配到初中的招生制度改革，指标生比例比去年提高10%。

〔农村教师“特殊岗位计划”〕 2009年，吉林省投入2 276万元，在32个县实施“农村义务教育阶段学校教师特设岗位计划”，招聘应届大学毕业生，新录用的2 801名教师到农村学校上岗工作，改善了农村学校教师结构。

职 业 教 育

〔**职业教育投入**〕 2009年，吉林省中职招生超额完成了教育部下达的13万名中职招生任务。共获得中央扩大内需投资和中央预算内投资两个批次共24个项目，总额达到6 600万元，地方配套1.27亿元。省级财政用于支持职业教育发展的专项经费增加到9 000万元，实施中职“百强校”建设后，办学质量明显提升。

〔**中职基础能力建设**〕 启动实施“职业教育实训基地建设总体规划”，获得国债支持实训基地建设项目6个。认真落实“吉林省职业院校教师素质提高计划”和“双师型”教师培训，年内培训教师1 126人次。全省41所县级职教中心的基建工作基本完成。

〔**职业教育集团**〕 围绕“汽车”、“交通”、“信息”、“旅游”、“农业”、“机电”、“数控”、“石化”、“经贸”、“医药”等十类专业领域，由高职院校牵头，吸纳中职学校和相关企事业单位参加。2009年，吉林省交通职业教育集团、吉林省农业职业教育集团、吉林省铁道职业技术教育集团、吉林电子信息旅游教育集团和吉林医药职业教育集团已经挂牌成立。

高 等 教 育

〔**提高高等教育质量**〕 打造一批国家级和省级优秀教学成果。302项被评为省级优秀教学成果奖，其中20项获得国家级优秀教学成果奖。遴选确定35位省级教学名师、85门省级精品课程、41个省级优秀教学团队、31个实验教学示范中心。99个省重点学科和12个省重点实验室建设通过专家评估。

〔**优化高校资源整合**〕 建成三个“共享平台”。“图书及文献资源共享平台”的建成，使全省高校间实现了跨校馆藏中文纸质和电子图书信息的整合与统一检索；“大学生跨校选课学分互认平台”已试运行，有2 800名在校学生通过网上注册得到确认；“大型贵重仪器设备共享平台”在长春5所院校实现运行，极大地降低了试验成本。“三个平台”的搭建，推进了优质教育教学资源的共建共享和优势互补。

〔**高校科研**〕 争取省政府确定的“双十双百”项目取得重大进展。在“双十双百”工程项目中，省属高校主持项目占到50%。省教育厅确定重点科研项目30项、攻关项目40项、人文社科重大研究项目30项、首批省属高校领军人才60名。省属高校有4个项目入选省政府10大成果转化项目、6个项目被批准确定为10大科技攻关项目。6所高校的20个项目进入“吉林省产业技术研究与开发专项项目计划”。“吉林省汽车传动工程实验室”等9个省级工程实验室获发改委批复立项建设，东北电力大学“油页岩综合利用工程研究中心”获批教育部立项建设，吉林师范大学“绿色合成与材料化学实验室”获批省部共建重点实验室。东北电力大学“大规模风力发电网运行关键技术研究”团队等 4 个高校科研团队被列为科技部创新团队计划。

撰稿　熊　越
审稿　李景春

黑龙江省教育

概　　况

〔基本情况〕

2009年各级各类学校校数、教职工、专任教师情况

	学校数（所）	教职工数（人）	专任教师数（人）
一、高等教育			
（一）研究生培养机构（不计校数）	(25)		
1. 普通高校	(17)		
2. 科研机构	(8)		
（二）普通高等学校	78	75 062	43 057
1. 本科院校	34	56 131	31 512
其中：独立学院	8	3 974	2 654
2. 高职（专科）院校	44	18 931	11 545
3. 其他机构（点）（不计校数）			
（三）成人高等学校	26	3 521	2 139
（四）民办的其他高等教育机构	18	903	508
二、中等教育	2 878	211 903	170 820
（一）高中阶段教育	1 000	211 501	67 809
1. 高中	455	173 173	40 575
普通高中	430	172 299	40 113
成人高中	25	874	462
2. 中等职业教育	545	38 328	27 234
普通中专	70	7 880	4 353
成人中专	163	7 528	5 533
职业高中	182	11 794	8 914
技工学校	130	11 101	8 417
其他机构（教学点）（不计校数）	(72)	25	17
（二）初中阶段教育	1 878	402	103 011

续表

	学校数 （所）	教职工数 （人）	专任教师数 （人）
1. 普通初中	1 817		102 719
2. 职业初中	4	119	106
3. 成人初中	57	283	186
三、初等教育	7 955	177 981	155 729
（一）普通小学	7 202	176 830	155 025
（二）成人小学	753	1 151	704
其中：扫盲班	126	254	132
四、工读学校	1	26	20
五、特殊教育	72	2 285	1 868
六、学前教育	4 092	28 883	16 768

注：普通高中的教职工数中包含普通初中的教职工数。

2009 年各级各类学历教育学生情况

	毕业生数 （人）	招生数 （人）	在校生数 （人）
一、高等教育			
（一）研究生	14 667	17 580	51 915
博　士	1 923	2 210	9 480
硕　士	12 744	15 370	42 435
（二）普通本专科	174 380	203 361	708 935
本　科	94 400	120 389	451 652
专　科	79 980	82 972	257 283
（三）成人本专科	63 925	65 779	164 719
本　科	35 864	29 177	70 778
专　科	28 061	36 602	93 941
（四）其他各类高等学历教育			
1. 在职人员攻读博士、硕士学位		3 230	12 355
2. 网络本专科生	6 808	20 702	42 323
本　科	3 622	5 063	15 047
专　科	3 186	15 639	27 276
3. 其他			
二、中等教育	770 908	808 505	2 452 019
（一）高中阶段教育	330 925	418 713	1 108 715
1. 高中	211 904	207 927	617 453
普通高中	206 616	207 927	608 221
成人高中	5 288		9 232
2. 中等职业教育	119 021	210 786	491 262

续表

	毕业生数（人）	招生数（人）	在校生数（人）
普通中专	34 407	42 954	115 624
成人中专	20 493	58 814	118 658
职业高中	38 963	64 448	155 673
技工学校	25 158	44 570	101 307
（二）初中阶段教育	439 983	389 792	1 343 304
1. 普通初中	436 335	389 674	1 338 839
2. 职业初中	257	118	1 221
3. 成人初中	3 391		3 244
三、初等教育	438 088	312 389	1 952 810
（一）普通小学	389 841	312 389	1 903 733
（二）成人小学	48 247		49 077
其中：扫盲班	2 743		2 498
四、工读学校	16	13	72
五、特殊教育	1 629	1 511	9 706
六、学前教育	301 343	288 730	424 717

注：特殊教育学生数中包括普通中小学随班就读的学生。

2009 年各级各类非学历教育学生情况

	结业生数（人）	注册生数（人）
总　计	705 810	572 010
一、高等教育	51 606	13 097
（一）研究生课程进修班	67	50
（二）自考助学班	1 798	7 132
（三）普通预科生		223
（四）进修及培训	49 741	5 692
其中：资格证书培训	10 136	
岗位证书培训	11 267	4 169
二、中等职业教育	654 204	558 913
其中：资格证书培训	60 461	32 942
岗位证书培训	73 824	48 343
（一）中等职业学校	115 515	45 153
其中：资格证书培训	27 556	7 591
岗位证书培训	39 850	11 539
（二）职业技术培训机构	538 689	513 760
其中：资格证书培训	32 905	25 351
岗位证书培训	33 974	36 804

2009年各级各类民办教育基本情况

	学校数（所）	毕业生数（人）	招生数（人）	在校生数（人）	教职工数（人）	专任教师数（人）
一、民办高等教育						
（一）民办高校	16	20 202	29 379	95 941	7 679	5 053
本科学生		9 300	18 716	64 992		
专科学生		10 902	10 663	30 949		
其中：独立学院	8	9 424	14 522	51 523	3 974	2 654
本科学生		6 054	13 645	46 405		
专科学生		3 370	877	5 118		
（二）民办其他高等教育机构	18				903	508
二、民办中等教育						
（一）高中阶段教育	135	28 633	40 253	100 545	12 759	9 155
1. 民办普通高中	70	17 630	16 923	50 059	9 435	7 311
2. 民办中等职业教育	65	11 003	23 330	50 486	3 324	1 844
（二）初中阶段教育	67	22 049	18 265	67 757		
1. 民办普通初中	67	22 049	18 265	67 757		
2. 民办职业初中						
三、民办普通小学	25	5 254	3 054	21 504	1 618	1 246
四、民办幼儿园	3 353	99 410	123 637	204 189	16 518	9 397
另有：民办培训机构（不计校数）	(555)				4 708	3 397

注：民办普通高中的教职工数包含民办普通初中的教职工数。

〔**年度工作思路**〕 2009年，全省教育工作坚持把科学发展观作为教育改革发展的根本指导方针，突出培养中国特色社会主义的合格建设者和可靠接班人这一核心任务，充分体现教育为人民服务、为全省现代化建设服务，以落实省委、省政府确定的义务教育学校标准化建设、高教强省建设和职教基础能力建设战略为实践载体，大力抓好基础教育、高等教育、职业教育和素质教育，努力推动教育事业全面协调可持续发展，努力办好人民满意的教育，为黑龙江省“八大经济区、十大工程建设”和经济社会更好更快发展提供强有力的智力支持和人才保障。

〔**教育经费投入**〕 2009年全省教育总投入345亿元，增长2%。省属高校总收入61.29亿元，其中财政拨款26.52亿元，分别比上年增长3.4%和5.2%。省属高校预算生均经费在2008年追加1.86亿元基础上，2009年再增加5 400万元，达2.4亿元。争取高教强省专项经费2亿元，集中用于14个子项目建设。省属高校生均财政拨款两年提高1 061元。启动实施中小学校舍安全工程，投入4.9亿元，开工建设项目学校456所，建设校舍658栋、131万平方米。完善农村义务教育经费保障机制，提高公用经费补助标准，全年投入12.7亿元。

〔**贫困学生救助**〕 2009年投入资金8.83亿元，资助贫困学生73万人（其中：高校助学金3.5亿元，资助17.8万人；中职助学金2.3亿元，资助15万人；普通高中助学金0.87亿元，资助8.76万人；义务教育寄宿生补助2.16亿元，资助31万人）。累计发放国家助学贷款6.2亿元，受益学生7.2万人。免费向255万名农村义务教育学生和全部特教学生提供了教科书。

〔**高校毕业生就业**〕 完善高校毕业生就业政策

体系，积极拓宽毕业生面向基层就业渠道，认真实施国家和地方基层就业项目，完成应届毕业生入伍预征工作。广泛开展创业教育及实践活动，大力推动毕业生自主创业。加强对就业困难毕业生的就业援助工作。截至2009年9月1日，全省普通高校18.95万名毕业生一次就业率达80.71%，高于全国平均水平。

〔**教育安全和稳定**〕 把维护安全稳定作为重中之重，妥善预防和处理各类突发事件，召开7次安全稳定工作会议专题部署，多次组织安全检查，学生的非正常死亡率同比下降8.6%。加强教育信访，深入开展矛盾纠纷排查化解工作，来访批次、来信总量同比下降16%、30%，确保了全省教育系统安全稳定，受到省安委会表彰。

〔**师资队伍和高层次人才队伍建设**〕 坚持以农村教师和骨干教师为重点开展教师培训，培训9万多人次。省教育厅投入1 000万元用于省级骨干教师和校长培训，免费培训农村教师近8 000人，培训各类学校校长822人。争取了“农村义务教育学校特设岗位计划”，招聘“特岗教师”1 887名。推进义务教育学校实施绩效工资，认定各类教师资格26 460人。加强岗位管理，促进教师专业技术职务评聘工作的规范化，评审通过高级专业技术职务教师5 916人。开展教师表彰奖励，表彰86名特级教师。评选全国教育系统先进集体14个，全国模范教师、全国教育系统先进工作者26人和全国优秀教师、全国优秀教育工作者70人。对全省7 000名2008年度县域优秀教育人才进行奖励，发放奖金1 400万元。新增3名院士，全省高校院士达24名，全国排名靠前。省属高校成功聘任1名“长江学者”，实现零的突破。确立首批10个科技创新团队，评选出14名省高校新世纪优秀人才、60名高校青年学术骨干、28名海外学人获科研资助，4名教育部新世纪优秀人才结题验收获得优秀。目前全省高校教育部创新团队7个，全国排名第六。省属高校教育部新世纪优秀人才25名，是地方属高校拥有量较多的省份之一。实施“龙江学者计划”，面向海内外公开招聘特聘教授和讲座教授22人，评选“龙江学者”94人。高层次人才队伍建设，提升了黑龙江省高等学校的学术地位和竞争实力。

〔**师德建设**〕 深入开展师德大讨论、先进事迹报告、经验交流等系列活动，表彰了一批师德建设先进集体和先进个人，认真总结和推广德育工作经验，提高师德建设水平。省委宣传部、省教育厅和省委、教育部先后作出了《关于开展向韩国祥同志学习活动的决定》，在全省掀起学习韩国祥同志英雄事迹的高潮，形成良好的教书育人大环境。组织报告团在哈尔滨、绥化等地举办多场报告会，为所有学校发放了报告会光碟。各地各校广泛深入开展学习韩国祥同志活动，营造了强势氛围，极大地激发了广大党员、教师爱岗敬业、无私奉献的热情。韩国祥的典型事迹报送中央学习实践办后，中共中央政治局委员、国务委员刘延东作出重要批示：“韩国祥同志30年来大爱无私的高尚师德和奋不顾身舍己救人的英雄壮举，是当前教育系统学习实践活动的生动教材，是教育系统应大力宣传的典型案例。”中共中央政治局委员、中央书记处书记、中组部部长李源潮也作出重要批示：“黑龙江韩国祥长期扎根艰苦地区，默默奉献的事迹很感人，各媒体应大力宣传。”

〔**深入学习实践科学发展观活动**〕 2009年4月以来，认真组织省属高校开展深入学习实践科学发展观活动，取得了明显的成效。解决影响科学发展、党风党纪、群众关心的实际问题等328个；为群众办好事实事191件。高校的广大党员师生员工对学习实践活动给予了积极肯定和较高评价，直接指导的29所学校的群众表示“满意”和“比较满意”平均达98%以上。省属高校的学习实践活动得到了中央巡回指导组的肯定和好评。9月中下旬以来，全省中等职业学校和中小学学习实践活动相继展开，参加学习实践活动学校共1.56万所，党员6.7万余名。省指导小组和各级指导小组切实加强对学习实践活动的指导，保证了活动健康顺利开展。教育部巡回指导组两次到黑龙江巡回指导，对黑龙江省的学习实践活动给予了充分肯定和高度评价。大力推广哈尔滨市南马路小学学习型党组织建设经验。哈尔滨市南马路小学以学习型党组织建设带动学习型学校建设，坚持15年如一日组织教师读书，在实践中学习，在学习中创新。知识素养的提高使校长和教师们对教育与教育对象的认识更加深刻，行动更加自觉，推动学校不断迈上新台阶。中共中央政治局常委、国家副主席习近平给予高度肯定，省委书记吉炳轩作了长篇批示。省指导小组认真贯彻落实中央和省委领导指示精神，进一步深入总结了南马路小学和哈尔滨市南岗区、大兴安岭等地学习型组织建设经验，为各级教育部门、中等职业学校和中小学建设学习型组织提供了有力指导。

〔**承办第24届世界大冬会**〕 2009年2月18日至2月28日，第24届世界大学生冬季运动会在黑龙江省哈尔滨市举办。自黑龙江省获得第24届世界大冬会举办权以来，教育系统认真贯彻落实省委、省政府和大冬会组委会的部署，举全系统之力，组织和参与落实了申办、场馆建设、火种采集、火炬传递、开闭幕式、运动员村、体育科学大会以及相关竞赛小组和志愿服务等一系列重要、关键的工作，实现了举办一届成功、完美、大冬会史上最出色的运动会目标，使这一届世界大冬会成为国际大学生体育联合会成立60年来无与伦比的一次世界大冬会，成为党中央国务院满意、国际社会满意、社会各界广泛赞誉、各国运动员满意的一届体育盛会。

〔**高考改革**〕 2009年12月，《黑龙江省2010年普通高等学校招生考试改革方案》正式出台。2010年普通高等学校招生考试将实行“3+文科综合/理科综合”国家统一考试与普通高中综合评价相结合的考试评价模式。与往年高考相比，使用国家试题不变、考试科目不变、总分和各科分值不变、各科考试时间不变、考试天数不变。考试范围适当增加选考内容，语文、数学、历史、地理、物理、化学、生物7个学科设选考内容。招生报名与学业水平考试适当挂钩，普通高中应届学生报考本科提前批、第一批、第二批录取院校，学业水平考试的考试成绩（不包括考查成绩）需达到10个C级及以上。对应届生实行国家统一考试与普通高中综合评价相结合的录取模式，普通高中学生综合评价信息纳入考生电子档案，作为普通高校招生录取的参考依据；实行自主招生的重点高校可在高校自主考试基础上，自行规定学业水平考试成绩等级和学生综合素质评价等级要求；省内国家级示范性高职（专科）院校进行自主规定考试科目、自主命题考试、自主招生录取的试点；省内部分高职（专科）院校相关专业逐步采用国家统一考试部分科目成绩与学业水平考试相关科目成绩相结合或以学业水平考试成绩和学生综合素质评价结果为依据的录取方式。

〔**高校思想政治工作和中小学德育**〕 进一步深化科学发展观“三进”（进教材、进课堂、进头脑）工作，分别举办了3期哲学社会科学教学科研骨干研修班、3期高校辅导员岗位培训班和高校学生工作干部高级研修班。联合下发了《黑龙江省普通高等学校辅导员队伍建设实施办法》，为稳定提高辅导员队伍建设水平提供了有力保障。开展“三型”（节约型、关爱型、文化型）校园建设调研，扎实推动创建工作深入开展。围绕庆祝新中国成立60周年，全省教育系统普遍组织了丰富多彩的纪念活动。深入贯彻中央和省委加强未成年人思想道德建设指示，通过德育队伍培训、校外活动场所建设、三级课程渗透和广泛开展“祖国在我心中”等教育体验活动，提高了德育工作者的素养和德育工作水平。

基础教育

〔**综述**〕 以义务教育标准化学校建设为重点，积极推进基础教育发展。全省累计投入19.6

亿元，643所义务教育学校达到标准化。截至2009年年底，已对112个县级政府教育工作进行了评估验收，占全省总数的77.78%。鸡西、宁安、哈尔滨市南岗区被教育部评为全国推进义务教育均衡发展先进地区。推广了哈尔滨市、绥棱县深化义务教育课改、加强标准化内涵建设的经验。普通高中教育得到较大发展，课程改革稳步推进，出台了2010年高考方案。学前教育以乡镇公办中心幼儿园为牵动，得到进一步加强。特殊教育发展迅速，哈尔滨市燎原学校和齐齐哈尔、佳木斯特殊教育学校被评为全国特殊教育先进单位。

〔**深入实施素质教育**〕　深入贯彻中央和省委未成年人思想道德建设意见，以庆祝新中国成立60周年为契机，通过德育队伍培训、校外活动场所建设、三级课程渗透和广泛开展“祖国在我心中”、《中华魂》、《新三字经》诵读等教育体验活动，提高了德育工作者的素养和学校德育工作水平。以落实中央8号和6号文件精神为主线，以北大荒精神、大庆精神、铁人精神、突破高寒禁区精神等经验为载体，以社会主义理想信念教育为核心，以树立正确的世界观、人生观、价值观为重点，推进了社会主义核心价值观教育。深入贯彻落实《关于加强青少年体育增强青少年体质的意见》，坚持做好学生每天体育活动一小时，学生身体素质明显改善。把学生冬季长跑活动与百万青少年上冰雪活动相结合，体现了黑龙江省冬季学生体育活动特色；建立了学校公共安全和学生体检数据网络上报系统，全面实现学校卫生信息、数据的自动分析和管理。推进农村中小学现代远程教育工程管理及应用工作，在全省农村快速推进了优质教育资源共享，使全省10 944所农村学校、210万农村师生受益，明显改善了农村中小学信息化的条件和环境。

〔**义务教育标准化学校建设**〕　把义务教育标准化学校达标率纳入对地市政府主要责任指标考核内容，对地市申报标准化学校的校长进行了大规模现场培训指导。推广哈尔滨市、绥棱县深化义务教育课程改革、加强标准化内涵建设的经验。全省累计投入19.6亿元，643所义务教育学校达到标准化，60.5万名学生受益。保障了16.3万名农民工子女平等接受义务教育。完成了对27个县级政府的教育工作和“双高普九”工作评估验收。截至2009年年底，已对112个县级政府教育工作进行了评估验收，占全省总数的77.78%。其中，43个县级政府通过了“双高”普九的复评，占全省总数的30%。规范办学行为，清理转制校，制止乱办班、乱补课和择校，保障了16.3万农民工子女入学，区域内义务教育水平和教育质量差距进一步缩小。

〔**加快普通高中发展**〕　全省普通高中在校生达61万，校均规模1 374人，普通高中入学率达到52%。加强示范性高中建设，完成了22所省级示范性高中创建学校的复检工作。全省有示范性普通高中89所，在校生22.25万人左右，优质资源进一步扩大，示范作用发挥明显，带动了全省普通高中整体办学水平的提高。促进普通高中教育均衡协调发展，建立了达标普通高中建设属地化管理，以县（市、区、管局）为主，实行市、省两级督导检查和指导的工作与指导机制。

〔**加强特殊教育、民族教育和学前教育**〕　将特教生均公用经费提高到1 000元，从残疾人就业保障金中安排5%用于特殊教育学校开展职业培训，培训特殊教育学校校长、骨干教师和特教行政干部170人。利用国家和省专项资金190万元，为13所特殊教育学校改善办学条件，提高办学水平。中共中央总书记、国家主席、中央军委主席胡锦涛在黑龙江省考察工作期间，到特殊教育学校——哈尔滨市燎原学校亲切看望师生，并对学校和教师的工作给予了充分肯定。落实民族教育优先发展政策，完成了省《民族教育条例》修订准备工作，加强省际教育协作，落实了少数民族630名大学生培养计划，争取国家培训项目70万元，培训教师达1 000人次；全面开展民族团结教育和民族文化基地建设，新疆班毕业生100%考入大学，85%上重点大学。进一步加强农村学前教育工作，推进农村学前教育发展的成功经验；进一步完善省级示范幼儿园评审和管理制度，充分发挥其示范和引领作用，修订了《黑龙江省示范幼儿园标准（试行）》，制定了《黑龙江省示范幼儿园评审及管理办法》，举办了全省省级示范幼儿园园长研修班。

〔**启动中小学校舍安全工程**〕 2009年，启动中小学校舍安全工程，拟用3年时间，对全省中小学校存在安全隐患的校舍进行加固、改造或重建，使其达到当地重点类抗震设防标准，并符合防御其他地质灾害和防洪、防台风、防火、防雷击等安全要求。对地震重点监视防御区、七度以上地震高烈度区、洪涝灾害易发地区、山体滑坡和泥石流等地质灾害易发地区的各级各类城乡中小学校舍进行抗震加固、迁移避险，提高综合防灾能力；其他地区按照抗震加固、综合防灾要求，集中重建整体出现险情的危房，改造加固局部出现险情的校舍，消除安全隐患。已完成排查鉴定和规划编制上报工作，开工建设项目学校456所，建设校舍658栋，建设面积131万平方米。

〔**规范办学行为**〕 认真落实教育部加强中小学管理规范办学行为现场会议精神，召开全省中小学规范办学行为工作会议。出台了《关于全省中小学深入实施素质教育规范办学行为的意见》和若干规定，形成了减轻学生课业负担、规范办学行为的治理惩处机制和督导检查机制。制定下发了督导检查方案，对13个市（地）、26个县（市、区）和30余所普通中小学校规范办学行为情况进行了督导检查。

职业教育与成人教育

〔**综述**〕 2009年，黑龙江省职业教育与成人教育紧紧围绕教育改革发展的实际，认真学习实践科学发展观，坚持以服务经济建设和“三农”为宗旨，以就业为导向，以加强基础能力建设和提高质量为重点，加快了职业教育发展。中职招生21万人，实现了高中阶段教育招生职普比大体相当。加强基础能力建设，专项推进国家两批25个学校建设项目，其中22个项目完成主体工程。中央和省财政投入2 800万元，完成了16个专业33个实训基地建设。利用省职教专项2 200万元，按区域重点投放28个实训基地建设全部完成。全省已经建成实习实训基地近200个，覆盖171所学校和107个不同专业，专业实训基地拥有率增加到70%左右。培训42%的专业教师4 600名。完成紧缺专业特聘兼职教师国家资助计划，全省职业院校特聘教师占比从2004年的不足8%，提高到18%左右。深化教育教学改革，推进专业设置指导方案的实施，拓展办学模式，加强校企合作，在大庆建立了500人规模的产业化实训基地，11所职业院校与服务外包企业签订了“订单式”人才培养协议，培养外包人才1 160名。培训企业职工和下岗职工近60万人和20万人左右，培训农村劳动力近100万人，培训转移农村劳动力25万人左右。启动实施了农村党员技能素质提高工程。

〔**扩大中等职业学校招生规模**〕 为完成教育部下达的20万人的中职招生任务，大幅度培养培训农民工和城市下岗失业人员，使他们掌握创业、就业本领，实现带技能转移就业，加快黑龙江省人力资源培养培训步伐，为黑龙江省经济和社会发展提供强有力的人才供给与人才贮备。省教育厅于2009年8月11日召开招生攻坚会议，专项推进落实。创新招生办法，扩大招生范围，哈尔滨、鸡西等一些市地教育局出台了关于县（市）职教中心开展“送教下乡”开设工学结合班的实施意见，有力地推动了全省2009年的招生工作。创新招生机制，培育招生增长点。与省委组织部联合，实施农村党员干部素质提高计划。调动行业积极性，实施职工素质提高工程。实行部门联动，统筹高中招生。完成招生21万人，超额完成教育部下达给黑龙江省的招生计划。

〔加强基础能力建设〕 2009年省教育厅一手抓实训基地和办学条件改善，一手抓师资队伍建设，不断提升职业教育人才培养培训能力和水平。先后两次召开会议，专项推进国家发改委两批25个项目学校基础能力建设项目。2009年中央和省财政资金投入2 800万元，建设完成了16个专业33个实训基地。截至2009年年底，全省已经建成各类实习实训基地近200个，覆盖了全省171所学校和107个不同专业，各级各类职业院校专业实训基地拥有率达70%左右。为贯彻落实国家和省"十一五"职业院校教师素质提高计划，2009年培训专业教师4 600名（其中出国进修18人），占全省职业学校专任教师总数的27%，占专业教师总数的42%。实行专业实习指导教师评聘制度试点，全年完成紧缺专业特聘兼职教师国家资助计划，投入50万元，资助学校10所，资助专业22个，聘请兼职教师159人，全省职业院校特聘教师占专业教师总数比例为18%左右。实行职业院校专业教师到企业实践制度，使黑龙江省职业教育师资队伍结构和整体素质发生了根本性变化，实现了从理论型向技能型的转变、从单纯教师型向"双师型"的转变，逐步适应了技能型人才培养培训的需要。提高校长的办学和管理水平。2009年4月，与香港职业训练局和黑龙江省教育国际交流中心合作，在香港成功举办了首期中等职业学校校长培训班。27所国家级、省级重点中等职业学校的30名校长参加了培训。积极组织校长参加国家级培训，共有70名校长分别参加第四轮全国职成教育管理人员高级研修班、中等职业学校校长改革创新战略专题研究班和2009年骨干校长高级研修班。

〔深化教育教学改革〕 2009年，扎实推进专业设置指导方案的实施，规范职业院校专业建设和专业教学，以此牵动全省职业学校教育教学改革；制定了《黑龙江省中等职业学校省级重点专业评估标准》，建立了中等职业教育评估专家库，为2010年启动全省中等职业学校省级重点专业评估做好了充分准备。制定黑龙江省贯彻落实《教育部关于进一步加强中等职业教育教学改革若干意见》的实施意见（征求意见稿），掀起了全省上下总结教学工作，讨论实施意见的高潮。加强课程改革和教材建设，突出对学生的能力培养，把多年来职业院校学生专业技能考核项目与理论教材有机结合起来，实现了学生实习实训课程化。进一步强化职业院校学生职业技能鉴定工作，为学生上岗就业和继续学习打通绿色通道，为"双证"制进一步实行创造有利条件。2009年4月，省教育厅举办黑龙江省中等职业学校专业技能大赛，共有1 195名选手参赛，465名选手获奖。在此基础上组建黑龙江省代表团，于6月26日至30日赴天津参加全国职业院校专业技能大赛，中职组共获得一等奖3项（3人），二等奖7项（7人），三等奖19项（28人），优秀奖18项（21人）的好成绩。

〔拓展办学模式改革〕 服务外包职教集团紧紧围绕黑龙江省服务外包产业发展做了大量工作，在大庆建立了能够容纳500人以上实训的产业化实训基地；11所职业院校与5家服务外包企业签订了"订单式"人才培养协议，培养服务外包人才1 160名。开设了服务外包人才就业信息平台，建立信息发布制度，加强服务外包知识宣传普及工作，组织人员对全省服务外包人才情况进行了调研，完成了《黑龙江省服务外包人才培养调查报告》。2009年7月举办了为期三天的服务外包师资培训班，16所职业院校的20名教师参加了培训；10月召开了"课程置换教学改革研讨会"，编写了"服务外包知识教程"。开展远程职业教育公共服务，拓展了职业教育的办学模式。广泛开展各种培训，充分发挥职业教育的服务功能。

〔职业教育对口支援灾区〕 2008年10月至2009年7月，四川省剑阁县职业高中10名专业教师来黑龙江省接受培训，分别被安排到黑龙江农业工程职业学院、黑龙江省机电工程学校、黑龙江省商务学校、大庆市交通中等职业学校和哈尔滨市工业美术设计学校等5所学校接受培训。经过一年的培训，教师实践教学能力明显增强，专业素质得到极大提高，分别获得了省级专业骨干教师培训证书。2009年2月至7月，省教育厅派出第二批15名支教教师赴剑阁县职业高中支教。2009年9月，四川省广元市举办第三届职业技能大赛，剑阁县职业高中代表队获得34块奖牌，位居全市第一。

高等教育

〔综述〕 2009年，全省普通高等教育地市级覆盖率达到100%，形成了政府、企业和个人积极兴办高等教育，公办学校和民办学校共同发展的新局面。普通高校在校生70.9万人，年招生发展到21万人，年毕业生增加到2009年的17.4万人。高等教育毛入学率达到31.2%，平均每万人口普通本专科在校生为242人，基本实现了高等教育由精英教育向大众化教育的转变。研究生培养单位25所（包括7所科研单位和省委党校），研究生院单位2所（哈尔滨工业大学和哈尔滨工程大学）。博士学位授权单位13所（其中高校12所）。全省共有一级学科博士点47个、一级学科硕士点107个。另外还有培养专业学位研究生单位11所，设置了14种专业学位。国家重点学科共有14个一级学科、77个二级学科，省级重点学科234个。在校全日制研究生达5.2万人。有国家级重点实验室9个，部级重点实验室36个、省重点实验室39个，省高校重点实验室91个，全国排名靠前。

〔高教强省建设〕 2009年3月31日，召开全省科教强省富省推进大会，动员部署全省科教强省富省工作，表彰改革开放30年来黑龙江省十大科技人物、十大科技成果，奖励全省荣获国家级教学名师、重点学科的单位和个人。省委书记吉炳轩出席会议并讲话。为了全面落实高教强省建设“五个一批”和“五个服务计划”任务，出台高等教育强省建设规划14个子计划，涵盖了高水平大学建设、重点学科（群）建设、紧缺人才培养、科技成果转化服务等高教强省建设的各个方面。推进科技研发和平台建设，进一步加强26个校企共建研发中心和6个省属高校教育部工程研究中心建设，哈尔滨理工大学、大庆石油学院大学科技园批准为国家大学科技园。认定和批准了八一农垦大学大学科技园为省级大学科技园。积极推进哈尔滨师范大学现代文化产业园、哈尔滨商业大学食品科技园、东北农大生物农业科技园的规划建设。加强省高校重点实验室和人文社科重点基地建设，建成大型仪器设备共享平台并开放运行，实现100多个重点实验室对社会开放。3个重点实验室通过教育部的可行性建设论证，省属高校教育部重点实验室已达9个。装备制造、煤电化、优势农产品生产与加工、新药、中药制药工程技术研发五个工程技术研发平台建设开始启动。依托哈尔滨工业大学建立的黑龙江省工业技术研究院揭牌成立。三批筛选259项科技成果向社会推荐，一批成果与企业形成合作协议。积极开展新农村建设科技服务，推进千亿斤粮食产能工程，各农业院校与20余个县区开展农业科技共建项目，积极开展农业新品种、新技术推广。

〔高等教育质量工程〕 推进高等教育质量工程建设项目并取得标志性成果。2009年，黑龙江省“质量工程”项目建设取得了一系列标志性成果：评选出第五届省级教学名师奖54名，获国家级5名，国家级教学名师累计达24名，全国排名第六。评选立项省级教学团队31个，获国家级12个，国家级教学团队立项累计26个，全国排名第十一。评选出省级精品课142门、累计441门，获国家级精品课14门、累计82门。建设省级重点专业70个，累计203个；获得国家级特色专业16个，省属高校累计84个。立项建设省级示范教学中心15个，累计100个；获得8个国家级实验教学示范中心，累计23个，位居国家第7位。启动了省级实验区建设，立项建设32个；获得国家实验区项目4个，累计22个。评审出240项省级教学成果奖，获得2009年国家级教学成果奖二等奖17项。此外，黑龙江省还有国家双语教学示范课程9门、国家大学生创新性实验计划项目5项；新世纪高等教育教学改革工程项目立项500余个，累计已达2 000余项。这些工作的开展，进一步推动了高等学校教育教学改革和建设工作，调动了学校、教师投身教学工作的积极性，对教学质量的提升起到了积极的作用，效果突出。通过实施“质量工程”，全省高等学校进一步树立了教学工作的中心地位，不断深化教学改革，努力提高教育教学质量，形成了自己的办学优势和特色，使黑龙江省的整体办学实力和教学质量得到了很大提升。

〔**应用型人才培养**〕 2009年根据服务外包业发展需要，下发了《关于进一步加强服务外包人才培养工作意见》。在哈尔滨工业大学软件学院和华夏计算机职业技术学院等9所院校设立了服务外包人才培养基地。成功举办了第二十届中国哈尔滨国际经济贸易洽谈会“服务外包产业发展周”校企合作项目签约仪式暨校企合作经验交流会，黑龙江省9所高校与国内外16家著名服务外包企业签订了25项合作协议。启动了应用型本科院校试点建设，加快培养一大批应用型、职业型、开放型的专门人才。已在黑龙江工程学院和东方学院进行应用型本科建设试点，积极引导试点院校紧密结合区域人文、地理、产业结构进行专业设置、人才培养和应用技术研究，高度重视应用型技术研究类学生的培养，努力将应用技术成果直接运用于生产实际过程。继续实施村大学生计划，完成了1 400名招生任务。大力推进师范生农村实习支教计划，启动了乡村教师支持计划，共有10所师范院校选派1 600名学生到农村中小学支教，对于提高农村中小学教师素质，强化师范生实践教学环节，提高大学生实践能力起到了积极的作用。

撰稿 于子超 李笑冰 许学杰
审稿 李君明

上海市教育

概　　况

〔基本情况〕

2009 年各级各类学校校数、教职工、专任教师情况

	学校数（所）	教职工数（人）	专任教师数（人）
一、高等教育			
（一）研究生培养机构（不计校数）	(52)		
1. 普通高校	(22)		
2. 科研机构	(30)		
（二）普通高等学校	66	74 540	38 134
1. 本科院校	36	65 063	32 781
其中：独立学院	5	1 110	676
2. 高职（专科）院校	30	9 477	5 353
3. 其他机构（点）（不计校数）			
（三）成人高等学校	20	2 334	1 226
（四）民办的其他高等教育机构	254	4 972	1 577
二、中等教育	918	83 807	59 468
（一）高中阶段教育	422	83 776	25 824
1. 高中	282	67 829	16 998
普通高中	273	67 614	16 896
成人高中	9	215	102
2. 中等职业教育	140	15 947	8 826
普通中专	70	9 440	4 943
成人中专	31	662	312
职业高中	26	4 189	2 739

续表

	学校数（所）	教职工数（人）	专任教师数（人）
技工学校	13	1 470	714
其他机构（教学点）（不计校数）	(4)	186	118
（二）初中阶段教育	496	31	33 644
1. 普通初中	489		33 617
2. 职业初中		17	17
3. 成人初中	7	14	10
三、初等教育	751	54 841	44 278
（一）普通小学	751	54 841	44 278
（二）成人小学			
其中：扫盲班			
四、工读学校	13	567	399
五、特殊教育	29	1 594	1 121
六、学前教育	1 111	35 985	23 632

注：普通高中的教职工数中包含普通初中的教职工数。

2009 年各级各类学历教育学生情况

	毕业生数（人）	招生数（人）	在校生数（人）
一、高等教育			
（一）研究生	28 285	37 421	103 478
博　士	4 857	6 091	23 408
硕　士	23 428	31 330	80 070
（二）普通本专科	126 925	143 497	512 809
本　科	71 908	90 344	347 422
专　科	55 017	53 153	165 387
（三）成人本专科	59 681	69 442	213 298
本　科	32 711	45 686	135 342
专　科	26 970	23 756	77 956
（四）其他各类高等学历教育			
1. 在职人员攻读博士、硕士学位		10 300	34 599
2. 网络本专科生	62 358	59 403	152 864
本　科	17 591	16 080	43 625
专　科	44 767	43 323	109 239
3. 其他			

续表

	毕业生数（人）	招生数（人）	在校生数（人）
二、中等教育	242 895	219 102	805 005
（一）高中阶段教育	142 363	109 875	374 352
1. 高中	81 787	55 842	187 159
普通高中	70 377	55 842	177 589
成人高中	11 410		9 570
2. 中等职业教育	60 576	54 033	187 193
普通中专	33 869	29 839	115 043
成人中专	5 934	8 142	20 297
职业高中	17 156	12 362	41 241
技工学校	3 617	3 690	10 612
（二）初中阶段教育	100 532	109 227	430 653
1. 普通初中	99 884	109 184	426 081
2. 职业初中	49	43	166
3. 成人初中	599		4 406
三、初等教育	113 631	138 598	671 492
（一）普通小学	113 558	138 598	671 245
（二）成人小学	73		247
其中：扫盲班			
四、工读学校	1 188	1 020	3 206
五、特殊教育	1 912	1 203	9 032
六、学前教育	98 529	121 781	353 810

注：特殊教育学生数中包括普通中小学随班就读的学生。

2009 年各级各类非学历教育学生情况

	结业生数（人）	注册生数（人）
总　计	2 675 532	2 793 911
一、高等教育	776 978	858 961
（一）研究生课程进修班	3 456	4 365
（二）自考助学班	8 753	21 813
（三）普通预科生		509
（四）进修及培训	764 769	832 274
其中：资格证书培训	76 430	47 059
岗位证书培训	357 949	472 115

续表

	结业生数（人）	注册生数（人）
二、中等职业教育	1 898 554	1 934 950
其中：资格证书培训	205 009	220 127
岗位证书培训	294 471	276 015
（一）中等职业学校	106 674	76 928
其中：资格证书培训	29 170	27 762
岗位证书培训	27 630	11 456
（二）职业技术培训机构	1 791 880	1 858 022
其中：资格证书培训	175 839	192 365
岗位证书培训	266 841	264 559

2009 年各级各类民办教育基本情况

	学校数（所）	毕业生数（人）	招生数（人）	在校生数（人）	教职工数（人）	专任教师数（人）
一、民办高等教育						
（一）民办高校	22	25 493	29 239	97 380	6 668	3 843
本科学生		4 495	8 011	30 109		
专科学生		20 998	21 228	67 271		
其中：独立学院	5	2 800	3 636	15 443	1 110	676
本科学生		2 800	3 636	15 443		
专科学生						
（二）民办其他高等教育机构	254				4 972	1 577
二、民办中等教育						
（一）高中阶段教育	71	10 625	6 367	22 172	6 550	4 621
1. 民办普通高中	65	9 347	5 442	19 027	6 339	4 488
2. 民办中等职业教育	6	1 278	925	3 145	211	133
（二）初中阶段教育	46	15 527	15 520	63 174		
1. 民办普通初中	46	15 527	15 520	63 174		
2. 民办职业初中						
三、民办普通小学	171	16 173	31 409	151 037	8 642	6 630
四、民办幼儿园	327	15 654	26 332	73 952	11 545	5 762
另有：民办培训机构（不计校数）	(593)				9 422	3 068

注：民办普通高中的教职工数包含民办普通初中的教职工数。

〔**教育经费投入与支出**〕 ①上海市教育部门财政拨款 296.05 亿元。其中：市级财政拨款 65.70 亿元；区县财政拨款 230.35 亿元。全市小学生生均支出 15 264.99 元（其中生均公用经费 3 567.43 元），比上年增加 1 670.48 元，增长 12.29%；初中生生均支出 19 563.58 元（其中生均公用经费 4 962.33 元），比上年增加 2 879.29 元，增长 17.26%；高中生生均支出 23 022.64 元（其中生均公用经费 6 394.16 元），比上年增加 2 845.72 元，增长 14.10%；职校生生均支出 16 354.41 元（其中生均公用经费 4 348.49 元），比上年增加 1 607.57 元，增长 10.90%。②上海市从教育费附加宏观调控部分安排 6 亿元，用于资助郊区农村和其他经济困难地区发展义务教育；安排 1 544 万元用于人口导入区共建配套学校开办费补助，资助区县完成市政府实事工程配套学校和新建住宅小区配套共建学校 51 所，其中中学 12 所、小学 6 所、幼儿园 33 所；安排 10 434 万元用于对内地西藏班、新疆班、回民中学专项补助和对口支援云南、西藏；安排 1 亿元用于支持幼儿园"三年行动"计划，改善幼儿园办学条件；安排 1.7 亿元用于中等职业教育实训基地和品牌学校建设；安排 2.55 亿元用于中等职业教育助学金、奖学金。③上海市教委通过教育社会事业建设费安排高校专项建设。例如，安排市委、市政府确定的项目经费 6 000 万元，包括大学生创业基金 3 000 万元，人才引进和师资队伍建设经费 3 000 万元；安排中央与地方共建高校特色优势学科实验室地方配套资金 4 000 万元；安排国家示范性高职院校建设项目配套资金 3 000 万元；安排 8 000 万元，用于高校布局结构调整和新校区配套建设。

〔**教育规划**〕 ①研究制定《上海市中长期教育改革和发展规划纲要》（以下简称《上海教育规划纲要》）。组织专家研讨上海未来 12 年教育改革和发展的若干重大问题，开展 45 个专题研究。年内，完成《上海教育规划纲要》征求意见稿并向社会公开广泛征求意见。《上海教育规划纲要》以"为了每一个学生的终身发展"为理念，围绕上海教育改革和发展的重点任务，明确若干对学生终身发展和增强教育服务经济社会能力具有重要支持作用的关键项目。②启动上海教育事业"十二五"发展规划编制工作。按照教育部和上海市共建国家教育综合改革试验区的初步意见，细化教育综合改革试验项目和重点发展项目，提出若干可操作实施的行动计划。联合市发展改革委共同开展对上海高等院校"十二五"基本建设基础数据的调研工作。

〔**扶持和规范社会力量兴办教育**〕 ①民办高校设置与管理工作。按照《上海市高等学校设置"十一五"规划》及有关文件的要求，受理上海新侨职业技术学院与上海工商学院合并的申请、上海医药职工大学转型为民办普通高校的申请等。根据《民办教育促进法》及教育部 25 号令等法律法规，受理上海邦德职业技术学院、上海托普职业技术学院、上海工商外国语职业技术学院、上海立达职业技术学院、上海建桥学院、上海东海职业技术学院等学校申请决策机构、章程、院长、法定代表人重大变更有关事项。②民办教育政策研究与制定。明确全市民办教育改革和发展的中长期目标及各项政策。落实国家关于民办教育管理体制建设的要求，筹备建立由市教委、市发展改革委、市财政局、市国税局、市地税局、市审计局、市住房保障房屋管理局等单位组成的市级民办教育联席会议制度，统筹解决民办教育发展过程中的重大问题，推进上海民办教育健康发展。③鼓励和规范民办教育健康发展。在民办教育发展政府专项资金的基础上，制定新的民办教育政府扶持资金实施方案，资金总量有较大幅度的扩增，主要用于改善民办学校教育教学条件、加强师资队伍建设等，引导民办学校坚持教育公益性，依法规范办学。民办高校教学高地第五期建设，17 所民办院校的 22 个项目获得 2 000 万元支持。印发《上海市教育委员会关于推进本市民办学校建立年金制度的通知》，鼓励各民办高校、民办中小学、民办幼儿园建立年金制度，改善教师退休后待遇，全市民办高校基本建立年金制度并开始缴费，部分民办中小学有了实质性进展。研究制定《上海市推进民办高校落实法人财产权的实施办法（征求意见稿）》，会同市财政局、市国税局等部门切实推动民办高校落实法人财产权，依法保障民办高校的办学条件。将民办高校的学费和政府专项资金纳入专户管理，建立健全收支管理的各项监督检查制度和监控机制，依法监督民办高校的资金使用和管理，保障办学经费、政府专项资金和法人财产的安全，全市大多数民办高校完成财务制度培训并开始实施新的财务制度。筹备召开上海市第二次民办教育工作会议，完善鼓励和规范民办教育健康发展的配套政策，为民办教育的发展创造良好环境。

〔**教育政策研究与教育法制工作**〕 ①提升政策研究和行政执法水平。深化“长三角教育联动发展”课题研究，与江、浙两省教育厅签订《关于建立长三角地区教育协作发展会商机制的协议书》，起草《关于与教育部共建长三角教育综合改革试验区的建议方案（草稿）》。开展“推进上海市城乡教育一体化”、“上海市全面推进素质教育”等课题研究。举办上海市教育系统行政执法人员执法理论与技能专题培训，对70余名行政执法人员进行为期3天的执法理论与技能专题培训。依法履行法定职责，共办理诉讼案件8起，其中行政诉讼案件6起，办理行政复议案件6起，妥善解决法律纠纷，依法维护教师和学生的合法权益。②推进上海市各项教育立法工作。完成《上海市实施〈义务教育法〉办法》立法相关工作，组织编写《〈实施办法〉释义》等学习宣传材料，深入基层进行宣传、宣讲工作，提升公众对《实施办法》的理解和认识，促进该法的全面有效实施。推进《上海市终身教育促进条例》的制定工作，会同市人大、市政府法制办、上海远程教育集团以及上海市教科院等单位开展立法调研，修订与完善《上海市终身教育促进条例（草案）》。③推进教育行政执法工作和法制宣传教育活动。开展《中华人民共和国民办教育促进法》及其《实施条例》的行政执法检查工作，对民办教育中的热点和难点问题进行深入调研，促进教育行政部门的依法行政和民办学校的依法治校，为制定《实施办法》作好准备。推动上海市高校章程建设工作，召开上海高校章程建设工作会，组织各高校交流经验，开展高校制订学校章程情况检查，推进高校依法治校的进程。开展各种法制宣传教育，开展“宪法宣传周”及“《行政复议法》施行十周年”等系列纪念活动，推进“法律进学校”青少年普法教育活动，被评为“五五普法中期全国先进单位”。

〔**德育工作**〕 颁发《关于进一步加强本市未成年人校外教育工作的指导意见》，出台《上海市校外教育工作发展规划（2009—2020年）（试行）》和《上海市校外教育工作三年行动计划（2009—2011年）（试行）》，编制出台《上海市0—18岁家庭教育指导内容大纲》。加强学科德育和“温馨教室”建设；印发《上海市中小学21门学科分层实施学科德育的指导意见》，构建以学科为依托的学校德育体系。组织“温馨教室”教师优秀工作团队项目评选。加强教师师德与育德能力培训。制定《上海市中小学教师师德实施意见》，开展网上师德大讨论。组织中小学骨干班主任培训，建立8个“上海市班主任带头人工作室”；召开上海市中等职业学校德育工作推进会，出台《关于加强和改进上海市中等职业学校学生德育工作的实施意见》，营建健康向上的校园文化；深化大学生思想政治教育工作，加强形势政策和主题教育。举办新中国成立60周年、五四运动90周年和迎世博等主题教育及大学生社会实践活动；推进高校思想政治理论课建设，编写《六个“为什么”》系列丛书，推进《六个“为什么”》进“思政课”课堂试点工作，增强社会主义意识形态对大学生的吸引力和凝聚力。建设第二批思政课名师工作室，抓好学科带头人跟踪培养工作。完成上海高校900余名新任辅导员的岗前培训工作以及全年30个专题的辅导员专题培训工作；加强大学生心理健康教育，举办上海高校“心理健康教育活动月”系列活动。开展上海高校心理健康教育达标中心的遴选、验收工作。出台上海市学校心理咨询专业技术水平认证（高级）认定办法。推进上海高校心理咨询协会工作，扩大大学生心理健康教育覆盖面，加大心理健康干预力度。

〔**体育卫生艺术科普安全等工作**〕 ①开展学生阳光体育运动。实施《国家学生体质健康标准》，制定《2009年初中毕业升学体育考试工作实施方案》，推动学生经常性健身锻炼。组成207人的代表团参加全国中学生运动会，代表团参加全部项目比赛，获奖牌榜第三名，团体总分第四名，荣获体育道德风尚奖。②加强甲型H1N1流感、手足口病等传染病防控工作。组织流感防控专题培训，召开专题工作会议部署教育系统的防控工作。开展甲型H1N1流感、手足口病等传染病防控措施落实检查工作，开展托幼机构和中小学校一线教师、160万中职和中小学校学生及30万农民工同住子女学校学生、外籍人员子女学校学生的甲型H1N1流感疫苗和季节性流感疫苗的接种工作。实施《改善上海市中小学校教室光环境三年行动计划(2008—2010年)》，19个区县共投入约4 900万元经费，完成630所学校共计20 764间教室的光环境改善工作，约31万学生受益。制定并实施2009—2011年建设上海市“健康校园”行动计划。③8所高校450名师生组团参加全国第二届大学生艺术展演活动，12个节目、4件作品、2篇艺术教育科研论文获一等奖，上海交通大学等16所高校荣获学校“优秀组织奖”，上海市教委获“优秀组织奖”。举办“颂祖国、迎世博”2009年上海市中小学生电影节，参与市级活动的学生人数超万名。组织开展上海市教育系统纪念西藏民主解放50周年主题庆祝活动。④围绕“科技·人·城市——与世博同行”主题，举办上海市第八届青少年科技节，共举办科普活动300余项，近百万青少年学生参加科技节活动。举办上海市第二届青少年创新峰会，近600名青少年创新人才齐聚交流。组织第七届明日科技之星评选活动，96所学校190名学生进入市级评选，共评选出20名明日科技之星。⑤加强中小学生安全教育和安全管理。对14个区县284所学校整改情况进行检查，对未完成整改任务或发现新的安全隐患的中小学幼儿园进行书面告知。自2009年春季开学起，全市中小学幼儿园全面实施校外人员访校信息登录和挂牌制度；提高校方责任险理赔标准，为学校开展素质教育创设条件；全市有1 121所中小学申报第三轮市安全文明校园，集中开展学校及周边环境专项检查，排查、整改各类安全隐患1 616处。与市文化市场行政执法总队共同制定《上海市网吧、娱乐场所违规接纳未成年学生信息告知及处理办法（试行）》。召开市中小学新型毒品预防教育观摩会，策划发行毒品预防教育附刊近10万册，预防艾滋病附刊2万余册，推进禁毒教育工作。出台《关于进一步加强本市行为不良未成年学生教育转化工作的若干意见》，继续推进工读教育内涵发展，预防未成年人违法犯罪。启动中小学校舍安全工程，计划用3年时间完成中小学校舍安全排查鉴定及抗震加固改造任务，建立市、区（县）校安全工程领导小组，落实“全面排查鉴定、科学制订规划、分类分步实施”三大环节，积极稳妥推进校舍安全工程当年项目的实施，联合市有关部门完成全市各级各类学校校舍抗震加固试点工作。

〔**教育国际与港澳台交流**〕①构建上海友好城市教育交流合作平台。举办以“探索与发展——上海特殊教育发展的政策与路径”为主题的“2009上海教育论坛”，邀请美国、英国、澳大利亚、俄罗斯、韩国以及中国台湾地区专家展开研讨。与新加坡教育部举办“上海—新加坡基础教育论坛暨第二届基础教育圆桌会议”；参加在荷兰鹿特丹举行的上海—鹿特丹特殊教育双边论坛；举办首届“上海国际友好城市青少年夏令营”，加拿大魁北克、南非夸祖鲁—纳塔尔、新西兰达尼丁、法国罗纳—阿尔卑斯、澳大利亚昆士兰、以色列海法等6个友好城市的30名学生和6名带队老师参加；举办以韩国友城的中学汉语教师为培训对象的第二期暑期汉语学习班。②海外孔子学院建设。上海师范大学、上海对外贸易学院、上海体育学院和上海大学与国外院校合作创建孔子学院。鼓励中学赴海外建设孔子课堂，中学在海外创建孔子课堂5所，搭建了汉语和中国文化教育交流平台。③推动留学生事业发展。至2009年上半年，获得上海市政府奖学金的外国留学生共计1 267人，留学生结构得到改善，学历生和长期生的比例得到迅速提升。④引进国外优质教育资源，推动引进国外知名大学在上海合作办学。对首批通过教育部复核的141家中外合作办学机构和项目颁发教育部统一印制和编号的许可证。⑤2009年，共接待来自23个国家63批514人次的来访，其中教育部团组11批次160人次

（含新加坡、欧盟、沙特阿拉伯、越南、德国和芬兰等国家部长级以上教育团组8批次89人次）。上海对外贸易学院、上海工程技术大学通过联合招生考试招收港澳台学生（及研究生）资格申请；完成港澳台学生奖学金评选，全市12所高校11名台湾学生和96名港澳侨学生获得国家奖学金。

〔**对口支援与民族教育**〕 在西部地区改建学校3所，向西部对口地区及其他地区捐赠教育经费384.96万元，捐赠各类教学仪器设备2 457台，捐赠图书资料23.68万册，资助贫困学生22 827人，接受干部、教师4 318人来沪进修、培训和挂职锻炼，选派专家、教师838人赴西部地区开展支教讲学，投入新疆高中班和西藏初中班的办学经费8 982.67万元，全年用于支援西部地区及其他地区教育发展和开展教育交流合作经费投入达31 499.2万元。17所国家级重点中等职业学校继续与云南、新疆等6个对口地区的25所中职学校开展联合招生合作办学，招生2 668人。筹备成立上海市民族教育工作协调领导小组，加强对援疆援藏教育工作的领导、协调和管理。高校西藏民族班和新疆民族班共招收学生383人，比2008年增加47%。内地新疆高中班学生2 810人，比2008年增加400人；内地西藏班办班学校6所，学生930余人。支援都江堰学校恢复重建，为都江堰市23所各类学校教育装备援建项目提供技术服务。继续选派第二批教师60人到都江堰支教，接受239名教师来沪培训。对都江堰1 145名小学和初中班主任进行培训；34所学校与当地31所学校结对合作。广泛开展民族团结教育活动，邀请领导、专家作民族团结教育专题报告，编写了《民族团结教育与国家稳定发展》专刊。根据不同年龄段学生的认知特点，建立分层递进的教育体系，推进民族团结教育进教材、进课堂、进学生头脑。举办纪念西藏民主改革50周年主题活动、图片巡展和系列讲座。"7·5"事件后，充分运用德育课程、形势报告会、主题班会等载体开展形式多样的民族团结教育。

〔**语言文字工作**〕 制定颁发《公共场所英文译写规范》地方标准，其中《第1部分：通则》由沪、江、浙共同发布，长三角地区通用。公共场所英文使用规范化管理纳入"迎世博600天行动计划"，开展集中检查整治。对部分区县和高校开展语言文字工作综合评估，对徐汇、闵行等区县开展语言文字工作专项督政督导。评定15所学校为第二批国家级语言文字规范化示范校。举办"中华诵·2009经典大赛"、"中华赞·2009诗词歌赋创作大赛"和经典诵读晚会。将在校大学生普通话水平免费测试工作扩大至全市所有高校，全年参加测试近12万人。开展百万学生"迎世博，学双语"活动。

〔**教育财务和审计工作**〕 加强教育财务管理，完成《中小学校长财务管理培训教程》编制工作，编印出版50万字的培训教材；制定《上海市民办学校财务管理办法》和《上海市民办学校会计核算方法》。加强高校财务管理，做好结余资金清理工作。推进高校企业改制和规范化建设第二阶段工作，发布《上海市属高等学校企业国有资产管理暂行办法》；加强事业单位财务管理，制定国有资产监管、企业改制、会计委派制度等三个文件。做好教育系统审计工作，针对国家审计署特派办对上海城市基础教育经费专项审计调查揭示的问题，对审计进点单位逐项落实审计整改工作。完成教育高地等专项审计11项。聘任19人为上海市教委兼职审计员。出版《教育审计工作手册》，作为上海教育内部审计督导检查的标准。

〔**政府信息公开工作**〕 ①加大招生、就业、收费等与公众利益密切相关的政府信息的公开力度；加大教育实事项目的政府信息公开力度；加大行政审批过程和结果、重大建设项目计划及其实施进展情况等方面政府信息的公开力度；加大民办非学历教育机构资讯、外来农民工同住子女就读、帮困助学等与规范办学行为、实施民生工程相关的公共管理和服务类信息的公开力度，丰富信息公开内容。截至11月，主动公开政府信息429条，全文电子化率达100%。在发布重要政策文件的基础上，制作教育专题栏目14个，整合招生、毕业就业、教育实事等事项的各类相关信息2 025条。市教委受理政府信息公开申请 33 人次，开展各类教育政策电话咨询 8 079 人次。加强与公众的互动，开展网上公示、网上调查、网上讨论、网上征求意见等互动项目 68 项，参与者达 124 316 人次。根据阶段性教育服务的特点，提供网上便民办事服务项目累计 121 项。此外，积极推动高校信息公开规范化建设，指导高校建立信息公开工作制度，规范信息公开工作程序，制定信息公开目录和信息公开指南，畅通信息公开渠道。②化解信访矛盾，维护社会稳定。贯彻中央及市委、市政府有关文件要求，创新信访工作机制，完善信访工作制度，及时反映社情民意，提出改进工作完善政策的合理化建议，注重从政策源头批量化解矛盾，维护教育和社会稳定，服务教育改革发展稳定的大局。实行转交办信访事项办理每月上报和机关处室办理情况每月通报制度，规范基层信访办理工作，提高信访办理效率。做好重要节点期间全市教育系统市重点稳控对象的稳控工作，确保国庆 60 周年庆典活动期间的信访稳定工作，全年未发生严重影响社会稳定的非正常越级上访和进京上访事件；完成市联席办交办市教委的 62 件重信重访专项治理工作，办结率 100%，其中化解 50 件，化解率为 80.7%，实现了大多数重信重访事项“案结事了、息访息诉”的工作目标。

基础教育

〔**学前教育**〕 加快园舍建设，完成郊区新增 50 所幼儿园建设任务，新增班级近 600 个，增招儿童近 2 万人，缓解因人口出生增长导致的学前教育资源紧缺矛盾。完成“上海市学前教育三年行动计划”，制定“上海市幼儿教育事业五年发展规划”，以应对新一轮入园高峰，满足市民对幼儿教育多样化的需求。加强幼儿园内涵建设，启动新一轮示范性幼儿园评审工作，开展城郊幼教结对和对口交流工作，发挥中心城区优质托幼园所的示范辐射作用，促进学前教育质量的提高。

〔**义务教育均衡发展**〕 启动第二轮农村义务教育学校委托管理，44 所农村义务教育学校由中心城区优质教育机构进行委托管理。委托管理项目荣获首届全国教育改革创新特别奖。42 万余名农民工同住子女中，28.3 万名进入公办学校就读，比上年增加 4.3 万人。鼓励社会力量举办以招收农民工同住子女为主的民办小学，对 86 所农民工子女小学共拨款 4 300 万元，改善办学设施并纳入民办管理。11.14 万余名非本市户籍人口子女在政府委托的民办小学接受免费义务教育，比上年增加 6 万余人。在公办学校就读和在政府委托的民办学校享受免费义务教育的学生共计 39.43 万人，占在沪义务教育阶段非沪籍人口子女总数的 92.7%，比上年增加 18 个百分点。浦东新区、杨浦区、青浦区获“全国义务教育均衡发展先进区”称号。启动新一轮郊区学校建设，郊区在建和开工的投资 500 万元以上（不含土地成本）的中小学幼儿园建设项目共 180 个，其中教育公建配套项目 100 个。启动郊区县 492 所学校的信息化应用推进项目，通过信息化与课程整合，提升教师教学水平。制定并颁发《上海市特殊教育三年行动计划》，提出了上海市特殊教育的发展目标、工作任务和主要举措。成立上海市特殊教育资源中心。

〔**改革和发展高中教育**〕 建立并实施普通高中学业水平考试制度，制定和印发学业水平考试方案和实施细则，于 2010 年起正式实施。郊区优质高中教育资源得到较大扩充，向明中学浦江校区、上海中学东校于 2009 年秋季开学，3 所学校通过评审成为上海市实验性示范性高中。召开全市高中教育教学改革交流会，加强对高中学校的分类指导，鼓励高中办出特色，办学多样化。首届全国高中教育改革与高校自主招生峰会成功举办。举办全国奥林匹克物理决赛，上海选手取得优异成绩。新增复旦附中等3所高中为“创新素养培育实验项目”试点学校，开展创新人才多样化培养模式的实践研究。杨浦区成为探索高等教育和基础教育联动培养创新人才运行机制的试点区。

〔**课程改革**〕 召开全市实验性示范性高中校长会议，明确示范性高中的改革责任和发展方向，推进形成一批轻负担、高质量的学校典型。推进151所二期课改实验研究基地学校全面实施课程计划，提高教学有效性。启动“提高校长课程领导力”实践课题研究。各区县因地制宜，形成一批富有特色、体现素质教育精神的改革项目。加强教研员队伍建设，实施“教研员专业能力提升工程”，33名教研员参加第一期专业培训。举办全国中小学图书馆建设论坛。开展中青年教师教学评优活动，322名教师参加教学评选，提升教师教学能力，积累优秀教学案例。开展青年教师教学研究课题的评审和教研员论文评选工作，课题共立项116项，成果共评奖51项。加强基础教育质量监测，成立上海市基础教育质量监测中心，完成国际PISA测试项目。完成义务教育阶段学校招生入学的专项督导，完善对中小学择校问题的监测机制。

〔**教师队伍建设**〕 制定全市义务教育学校实施绩效工资的指导意见和实施办法以及关于做好义务教育学校教师绩效考核工作的指导意见等。推进教育人事制度改革，颁发关于优化义务教育学校人力资源配置的指导意见和关于进一步加强教师准入制度的指导意见。实施第二期名校长名师培养工程，选拔第二期名校长后备人选108人，名师后备人选563人，设立名校长培养基地11个，名师培养基地45个，共选聘主持人84人。设立优秀青年项目，选拔优秀青年360人。促进郊区教师专业发展，对郊区县中小学、幼儿园的所有在职教师共计6.5万人开展专业培训，开发294门学科课程，完成279门学科课程资源建设。完成454名重点对象的培训者培训，为郊区县全部安装远程学习平台。在三个远郊区实施农村职初（1—5年）教师教学基本功培训项目，实施农村青年教师（5—10年）教学基本功比武项目，加速青年教师成长。共评出40名特级校长、81名特级教师。

〔**教育督政与督学**〕 加强对区县政府综合督政，继续实行区县政府依法履行教育责任公示公报制度，确保区县政府教育经费“三个增长”的落实，新增对教育公建配套和中小学教育资源保护的公示项目，推动区县政府落实教育责任；开展对徐汇区、崇明县、杨浦区、闵行区、松江区等区县政府教育综合督政工作，完成3年一轮的对区县政府的督政任务。开展对卢湾区推进区域性教育现代化的综合督政。对21项教育公建配套进行重点专项督导调研，完善监督保障机制。推动全市教育督导队伍的专业化发展，制定《关于上海市开展督学资格制试点工作的意见》，认真做好督学资格制度试点工作。

职业教育与成人教育

〔**扩大中职校招生**〕 实施中职校提前录取、推优生招生和学校自主招生等办法，扩大中等职业教育自主招生范围。2009年，上海户籍应届初中毕业生普职录取比为6∶4，中职校与普通高中在校生数比例首次达到51∶49；全市86所中职校完成教育部指导性招生计划的95%，录取沪籍和非沪籍生源5.92万人。在全国率先对中等职业教育农村、海岛家庭学生和涉农专业学生实施免费教育，免除学费及书簿费，同时每生每年发放助学金1 500元，共有4.2万人次享受免费教育政策，免除学费、书簿费及发放助学金1.1亿元。其中来自中西部地区学生10 283人，占外省市在沪学生人数65%，另有11.3万人次享有2.12亿元国家助学金。开展“1+2”分段式合作等多种模式的合作办学，落实与云南、新疆、重庆、湖北等省（区）对口支援地区合作办学工作，17所学校与对口支援地区25所学校结对子设分校，招收当地农村地区学生3 000人。共有45所中职校的147个专业招收在沪农民工同住子女，录取2 735人，全市中职校农民工同住子女在校生总数达到4 100人。

〔**提升职业教育办学能力**〕 支持和指导江南高级技工学校、临港科技学校的整体迁建工作。实施中等职业学校师资素质提高计划。为培养一批能够胜任任务引领型课程的“双师型”骨干教师，组织全市59所中职学校的326名专业教师分赴华东师范大学等7个基地参加工业与民用建筑等6个专业和现代职教理论与方法公共部分的培训，选送50名骨干教师参加国家级培训。加强实训中心建设。制定《上海市职业教育开放实训中心运行指导意见》和《上海市职业教育开放实训中心运行绩效评估指标体系》，推进对外开放，扩大职业教育资源服务社会的功能，全市80个开放实训中心涵盖12个专业大类，提供3万余个实习实训工位。

〔**职业教育集团内涵发展**〕 ①加快组建区域职教集团，制定《关于本市推进组建区域职业教育集团工作的指导意见》，完成嘉定、徐汇、闵行、黄浦等四个区域职教集团的组建。在部分中职校率先启动建立特聘兼职教师资助计划，对护理、商贸、电子、旅游等7个职业教育集团内的93名特聘兼职教师进行资助。②以职业教育集团为平台深化校企合作。上海现代护理职教集团成员单位与实习医院在实验实习教材的使用和组织护理技能考证方面开展合作。旅游职教集团与乐辰投资有限公司合作，共同开发项目，搭建学生创业平台，通过企业收购学生设计成果或给项目注资等形式帮助学生创业。③开展中高职课程衔接的研究和实践。商贸职教集团制订中高职衔接的中职学校部分8个教学标准，为即将制订的高职专业教学标准奠定基础。交通物流职教集团启动“中、高职一体化衔接课程方案设计”的实验项目，为解决“中、高职教育构建立交桥”的问题，提供集团化办学的可行性方案。④推进国家级示范性高职院校建设。上海医药高等专科学校、上海公安高等专科学校、上海工艺美术职业学院、上海旅游高等专科学校、上海医疗器械高等专科学校（重点培育）等5所院校进入国家级示范性高职建设。

〔**职业教育教学改革**〕 ①加强专业建设。对2009年仍在招生的87所中职校进行学校基本情况和专业设置情况的调研工作，对2006年备案的66个目录内专业点和2007年备案的17个目录外专业点进行检查评估，对部分新设专业进行教学质量检查和抽查评估。制定《上海市中等职业教育全面提高教学质量的行动计划（2009—2013年）》，以及《上海市中等职业学校教学质量评估实施方案》和《教学质量评估指标体系》，指导课程教学改革。②加强课程与教材建设。从2009年秋季学期开始，德育等4门课程使用教育部编写的教材，语文、数学和英语3学科选取20所中职校进行试点，约占全市中职校新生数的三分之一。审定通过数控技术、电气运行与控制、会展事务、轨道交通维修等专业的16本专业教材。③提高高职人才培养质量。安排4 000万元上海市高等职业教育专项经费扶持实训基地建设，共有31个项目通过立项，基本形成覆盖全市、布局结构合理、装备水平先进的公共服务平台。完成第二期高职教师教学能力提升培训，共涉及国际商务、电子商务等8个项目，共计培训新教师500余名、专业教师200人，选拔其中20名优秀学员赴新加坡进行进修。④提高学生综合职业能力。举办“星光计划”第三届中等职业学校职业技能大赛。大赛设16个大类共60个学生项目，9个教师项目，近10万人次的师生参与比赛，2 253人次的学生和68名教师获奖。从21所中职校中选派70名学生，参加2009年全国职业院校技能大赛8个专业31个项目比赛，共获31个一等奖，上海代表团中职组金牌总数超过上年，团体总分列全国第二名。⑤提升中职校职业指导能力与就业服务工作质量。全市三类中职校50 474名毕业生中，有48 434人实现就业，就业率为95.96%。

〔**终身教育体系平台建设**〕　①推进社区学院建设。开通终身学习网，为市民提供3 000小时的在线课件。推进街道社区学校和乡镇成人学校的标准化、规范化和信息化建设，研究制定《上海市街道社区学校建设标准》，启动2009年度创建示范性老年大学（学校）评估工作。举办第五届全民终身学习活动周。②设立第二轮上海市社区教育实验街道（乡镇）117个，开展社区教育实验项目工作，设立37个重点项目和150个一般项目。完成《创建上海市"学分银行"的理论与实践研究课题》总报告，明确终身教育"学分银行"建设方向。开展上海市终身教育促进条例立法调研工作，完成《上海市终身教育促进条例（草案）》（第五稿）。

〔**规范非学历教育**〕　规范民办非学历教育院校的办学和管理。会同上海市民政局制定颁布《上海市民办非学历教育院校（机构）审批和管理办法（试行）》和《上海市民办非学历教育院校（机构）设置标准（试行）》，下发《上海市教育委员会关于开展民办非学历教育院校（机构）规范管理工作专项调研和督查的通知》，加强和规范民办非学历教育院校管理等工作开展专项调研和督查。开展专题研究，制定《上海市民办非学历教育院校（机构）办学评估办法》，探索建立民办非学历教育办学状况评价制度。编制和出版《上海市民办非学历教育院校（机构）2007学年度资讯大全（黄页）》，免费向社会各界提供使用，畅通社会办学信息渠道。研究制定《关于普通高校进一步完善学校继续教育归口管理制度的指导意见》、《关于普通高校加强学校"校外教学场所"管理的指导意见》和《关于普通高校加强与校外机构开展合作办学管理的指导意见》等3个指导性文件，规范、完善普通高校继续教育的办学和管理。完善高等教育自学考试工作制度。完成新一届上海市高等教育自学考试委员会的调整组建，加强对高等教育自学考试工作的组织领导。

高等教育

〔**高等教育改革**〕　①实施高等教育内涵建设。下发《上海市教育委员会关于印发〈上海高等教育内涵建设"985工程"实施方案〉的通知》、《上海市教育委员会关于上海高等教育内涵建设"985工程"第二类项目建设先行先试的通知》及《"985"工程第二类项目建设管理办法（试行）》、《"985"工程第二类项目建设专项的管理办法（试行）》、《"985"工程建设财政资金绩效评价办法（试行）》等文件，在市属普通高校中选择部分高校开展先行先试工作。②开展专业学位建设研究。在应用型本科院校开展专业学位硕士研究生教育试点课题研究，上海市第二工业大学和上海立信会计学院等"办学实力较强、办学特色较为突出的学士学位授权高校"，有望成为全国非硕士学位授予单位开展硕士专业学位教育的首批试点单位。③落实全市教育系统固定资产投资计划和市级建设财力投资计划，推进上海市高校布局结构调整建设。推动上海应用技术学院奉贤校区、上海电力学院、上海金融学院、上海出版印刷高等专科学校、上海医疗器械高等专科学校浦东新校区建设等项目。上海市人民政府、中国人民解放军总后勤部签订《关于合作建设第二军医大学的协议》，第二军医大学及各附属医院纳入上海市高等教育与卫生事业整体建设和发展规划。上海市人民政府、国家海洋局签订《关于共建上海海洋大学的意见》，推进海洋人才队伍建设和海洋科技创新。推进行业办高等院校的共建共管，做好中国乒乓球学院筹建、上海外贸学院更名、上海新侨职业技术学院与上海工商学院合并、上海职工医学院转型更名等工作。④推进高校产学研合作，启动上海高校技术市场建设。组织全国57所高校参加上海工博会，参展科技成果共458项，参展项目签订的交易协议总金额为6.78亿元，比2008年增长35%。完成上海市属高校的校企规范化建设第二阶段目标。⑤加快建设以重点学科建设为依托的知识创新体系。坚持“扶需、扶特、扶强”的原则，将高校的学科调整与上海“四个率先”的建设目标紧密联系，支持各类学校错位竞争、和谐发展，构建国家、市、学校三级重点学科体系。上海市重点学科（第三期）建设计划共核定186项重点学科建设任务，并下达首期建设经费。首次召开上海市重点学科带头人工作会议，第三期重点学科带头人等50多人出席，推进上海市重点学科的内涵建设。上海市教委第五期重点学科增补22个，总数达到70个。完成对108个学科（其中38个上海市第三期重点学科和70个上海市教委第五期重点学科）共530项第二期建设任务的审核。⑥推进高校E-研究院建设。依托上海交通大学医学院，以陈国强教授为首席研究员的化学生物学E-研究院启动建设。召开2009年度上海高校E-研究院建设工作研讨会，E-研究院首席研究员10人，要求E-研究院在深化科研管理体制和运行机制改革方面大胆尝试。⑦推动高校科研创新能力建设。2009年度“曙光计划”产生曙光学者56人，“曙光计划”实施16年共有曙光学者672人。在2009年颁发的国家科技进步奖和国家技术发明奖中，14名曙光学者获得10项奖励；在国家杰出青年基金项目中，9名曙光学者获得资助，占上海地区高校40.91%。2009年，实施“晨光计划”，为青年人才脱颖而出提供平台，共确定49所高校的100位项目承担人。确定2010年度上海市教委科研创新项目、重点项目139项，一般项目242项。

〔**教育部、上海市高校共建工作**〕①2009年4月，市教委下发《关于开展“985工程”二期建设绩效考察工作的通知》并会同上海市发展改革委、市财政局对复旦大学、上海交通大学、同济大学、华东师范大学开展“985工程”二期建设绩效考察工作。②市教委会同市发展改革委、市财政局联合下发《关于加强上海高校“211工程”三期项目建设若干意见的通知》；制定《“211工程”三期建设项目上海市地方财政资金分年度投资计划表》，明确资金投入；完善《“211工程”地方财政资金重点学科建设项目申报指南》，引导上海高校的地方财政资金积极为区域经济服务；制定《关于“211工程”地方财政资金的使用管理办法》和《关于“211工程”地方财政资金绩效评价暂行办法》，加强地方财政资金规范管理和绩效考核。2009年11月，上海市政府召开“211工程”三期建设工作推进会，全市高校全面实施“211工程”三期建设。③推动省部共建重点研究基地建设。完成市属高校2009年度新建省部共建教育部重点实验室和教育部创新团队的申报工作，申报省部共建教育部重点实验室1个，申报教育部创新团队3个。对上海海事大学和上海理工大学的2个教育部工程研究中心建设项目可行性研究报告进行论证。启动市属高校上海高校创新团队（第二期）建设工作，17个团队列入建设计划。

〔**创新型人才培养**〕①开展研究生教育创新计划，培养研究生创新能力。以提高研究生创新意识、创新能力为核心，推进研究生教育创新计划的实施，设立上海研究生创新能力培养专项资金，以学位点建设为重点，通过开展产学研联合培养基地建设、优秀博士生科研创新资助、建立博士生访学制度、开展博士生学术论坛、评选优秀学位论文等创新研究生培养模式，开展社会工作等6个研究生教学开放案例库建设，共享优质教学资源，增强高校研究生培养能力。推进研究生培养过程检查，坚持并创新学位论文抽检“双盲”评议，推进全日制专业学位研究生培养工作，加强研究生培养质量监控。完成国家留学基金的申报工作，全受理各类留学申请600多人，上报国家留学基金委506人，最终录取192人。②实施本科教学质量与教学改革工程。继续实施大学生创新活动计划，举办上海市首届大学生创新活动论坛，邀请科学家、企业家等共同研讨高校创新人才培养，推动高校开展以问题和课题为核心的人才培养模式改革，评选“十佳大学生创新项目”。召开创业教育国际研讨会，成立上海市创业教育协作组，推动高校创业教育。通过开展2009年国家级教学成果奖、市级精品课程评选和国家级精品课程推荐工作，15个市级实验教学示范中心、10个国家级实验教学示范中心建设，开展高校优秀教学团队和高校教学名师奖的评选工作，推动本科教学质量的提升。③推进专业与课程建设。根据社会需求和学校专业发展规划，组织专家对2006年开设的新专业进行检查，引导学校根据社会需求明确专业发展定位，年内增设本科专业24个。完成同济大学等24所高校77个本科专业增列为学士学位授予专业的审批工作。立项建设第五期上海市教委重点课程267门，评选出市级精品课程103门，30门课程获得国家级精品课程称号。召开高校计算机基础课程暑期研讨班，开展全市大学生计算机应用能力大赛；研究和实施示范性全英语教学课程建设，支持全市高校45门示范性全英语课程建设。④实施高校文化传承计划。在学科专业布局结构优化调整中贯彻“扶需、扶特、扶强”的工作要求，促进部分人文艺术创作和表演类的特殊学科在全国处于前沿位置，确定上海大学美术创作中心等8个上海高校人文艺术创新工作室。⑤教学工作水平评估工作。2008年接受教育部本科教学工作水平评估的华东政法大学获得优秀。督促全市新建本科高校的教学建设，启动教学合格评估工作试点。按照教育部要求，运用新的评估指标体系及评估方法，对4所高职高专院校开展新一轮上海市高职高专人才培养工作水平评估。

〔**高校招生、就业与助学工作**〕 ①完成高考和录取工作。调整三类加分政策，高考加分人数从上年的5 352人减少至2 618人。推进和完善秋季招生平行志愿，保持政策稳定；探索春季高招“春季考试、秋季入学”模式，既为学生提供多次考试机会，又保证春招质量。推进专科层次依法自主招生改革试点，年内，试点学校和招生计划分别扩大到21所12 370人，录取12 178人。复旦大学、上海交通大学“高等学校自主选拔录取改革试验”自主选拔录取范围首次从上海市扩大至江、浙两省；上海大学首次在沪进行“高等学校自主选拔录取改革试点”；全市“专升本”招生院校共18所，招生计划共3 422人，比上年增加922人，成为促进高等专科学校就业的重要举措之一。②召开高校党政负责干部会议、推进高校毕业生就业及稳定工作专题会议等，推进高校毕业生就业工作。制定实施“引导升学计划”、“教育卫生人才计划”、“拓展国家就业项目计划”、“职业技能培训计划”、“加大职业见习计划”和“就业援助计划”等6项促进高校毕业生创业就业的专项计划，缓解高校毕业生就业压力，拓宽高校毕业生面向基层就业和自主创业渠道。上海高校共有3.5万名毕业生面向基层单位就业，占当年毕业生总数的22.1%。截至9月1日，上海高校2009年毕业生总数15.8万，总体就业率为90.6%。其中研究生为94.4%、本科生为90.7%、专科（高职）生为88.5%。③完善高校学生资助模式。落实新的国家资助政策，提出“民生为本，重在公平；科学为纲，重在规范；发展为先，重在育人”的资助工作理念，促进高校学生资助工作落到实处，基本实现学生资助工作全覆盖。全市高校共有63.7万人次获得8.28亿元的各类资助，100%的家庭经济困难学生通过不同方式得到资助，实现应助尽助。与中国人民银行上海分行、上海银监局等单位沟通，下达《2009—2010学年度上海市普通高校国家助学贷款计划》，计划规模比上年略有增长，确保家庭经济困难学生应贷尽贷。各级政府和各高校做好春节寒假帮困工作，全市高校约为6 000名学生提供157万元左右的冬令补助，为1万多名学生提供价值140多万元的保暖衣服，补助10 600名家庭经济困难学生交通费201万元。全市高校共有6 305名新生通过“绿色通道”顺利入学，没有一个学生因家庭经济困难而入不了学。

〔**构建高端人才体系**〕 ①继续实施“东方学者”岗位计划。制定《关于进一步完善上海高校特聘教授岗位计划实施工作的几点意见》，加大对于团队引进的高端人才支持力度，增设东方学者讲座教授岗位，在人才引进上突破工作地、工作单位和工作方式的限制。2009年共评定特聘教授44人（其中1个团队引进）、讲座教授11人。举办首届“东方学者沙龙”活动，为东方学者创造宽松自由的学术交流环境。②实施高校优秀人才队伍建设工程。制定《上海教育系统高层次创造性人才计划方案（人才白皮书）》（草案），按照国家级、地方级、校级三个层次，将“东方学者”岗位计划、人文艺术工作室（大师工作室）计划、E-研究院计划、“曙光学者”、“晨光学者”、创新团队建设计划、高校优秀青年教师科研启动基金、名师名校长工程等项目进行系统化整合，构建定位明确、层次清晰、衔接紧密、促进优秀人才可持续发展的培养和支持体系。实施地方“千人计划”，提出海外高层次人才引进标准和程序、生活待遇方面标准和程序。组织申报国家“千人计划”，年内，第一批15人获得批准。

撰稿　徐钦福　宣念蜀　沈勉荣　顾剑华
审稿　薛明扬

江苏省教育

概　　况

〔基本情况〕

2009 年各级各类学校校数、教职工、专任教师情况

	学校数（所）	教职工数（人）	专任教师数（人）
一、高等教育			
（一）研究生培养机构（不计校数）	(42)		
1. 普通高校	(28)		
2. 科研机构	(14)		
（二）普通高等学校	148	157 000	99 912
1. 本科院校	70	100 818	58 730
其中：独立学院	26	11 090	8 537
2. 高职（专科）院校	78	55 410	40 686
3. 其他机构（点）（不计校数）	(19)	772	496
（三）成人高等学校	14	2 986	1 806
（四）民办的其他高等教育机构			
二、中等教育	3 726	415 620	344 781
（一）高中阶段教育	1 459	414 950	155 938
1. 高中	938	340 015	99 523
普通高中	710	338 838	98 630
成人高中	228	1 177	893
2. 中等职业教育	521	74 935	56 415
普通中专	151	27 910	20 668
成人中专	76	4 748	2 637
职业高中	160	22 249	17 835

续表

	学校数（所）	教职工数（人）	专任教师数（人）
技工学校	134	16 208	12 563
其他机构（教学点）（不计校数）	（225）	3 820	2 712
（二）初中阶段教育	2 267	670	188 843
1. 普通初中	2 181		188 255
2. 职业初中			
3. 成人初中	86	670	588
三、初等教育	5 217	282 200	255 138
（一）普通小学	5 013	281 600	254 665
（二）成人小学	204	600	473
其中：扫盲班	10	88	88
四、工读学校	1	59	46
五、特殊教育	113	3 818	2 985
六、学前教育	4 110	105 106	71 610

注：普通高中的教职工数中包含普通初中的教职工数。

2009年各级各类学历教育学生情况

	毕业生数（人）	招生数（人）	在校生数（人）
一、高等教育			
（一）研究生	29 650	40 150	113 857
博　士	3 582	5 107	20 574
硕　士	26 068	35 043	93 283
（二）普通本专科	412 672	429 825	1 653 427
本　科	186 754	228 797	896 494
专　科	225 918	201 028	756 933
（三）成人本专科	120 926	134 290	371 675
本　科	52 063	63 611	180 690
专　科	68 863	70 679	190 985
（四）其他各类高等学历教育			
1. 在职人员攻读博士、硕士学位		9 975	38 823
2. 网络本专科生	8 806	14 033	29 461
本　科	4 619	8 521	17 766
专　科	4 187	5 512	11 695
3. 其他			

续表

	毕业生数（人）	招生数（人）	在校生数（人）
二、中等教育	1 896 920	1 706 312	5 395 327
（一）高中阶段教育	927 153	928 456	2 823 317
1. 高中	522 909	456 062	1 436 479
普通高中	513 126	456 062	1 422 174
成人高中	9 783		14 305
2. 中等职业教育	404 244	472 394	1 386 838
普通中专	177 362	209 404	681 438
成人中专	15 270	36 274	68 702
职业高中	123 815	105 154	298 023
技工学校	87 797	121 562	338 675
（二）初中阶段教育	969 767	777 856	2 572 010
1. 普通初中	962 848	777 856	2 562 224
2. 职业初中			
3. 成人初中	6 919		9 786
三、初等教育	775 979	660 473	3 964 685
（一）普通小学	772 743	660 473	3 960 228
（二）成人小学	3 236		4 457
其中：扫盲班	392		417
四、工读学校	133	30	110
五、特殊教育	5 343	4 524	30 976
六、学前教育	607 618	772 551	1 932 168

注：特殊教育学生数中包括普通中小学随班就读的学生。

2009 年各级各类非学历教育学生情况

	结业生数（人）	注册生数（人）
总　计	6 337 498	5 110 280
一、高等教育	263 911	118 677
（一）研究生课程进修班	2 012	2 722
（二）自考助学班	15 606	33 630
（三）普通预科生		397
（四）进修及培训	246 293	81 928
其中：资格证书培训	62 216	30 903
岗位证书培训	60 400	13 758

续表

	结业生数（人）	注册生数（人）
二、中等职业教育	6 073 587	4 991 603
其中：资格证书培训	854 867	765 193
岗位证书培训	902 963	645 125
（一）中等职业学校	537 278	251 303
其中：资格证书培训	140 524	75 670
岗位证书培训	190 031	63 660
（二）职业技术培训机构	5 536 309	4 740 300
其中：资格证书培训	714 343	689 523
岗位证书培训	712 932	581 465

2009年各级各类民办教育基本情况

	学校数（所）	毕业生数（人）	招生数（人）	在校生数（人）	教职工数（人）	专任教师数（人）
一、民办高等教育						
（一）民办高校	49	89 538	113 975	419 065	19 872	14 351
本科学生		59 016	78 196	307 520		
专科学生		30 522	35 779	111 545		
其中：独立学院	26	41 190	53 280	210 450	11 090	8 537
本科学生		41 190	53 280	210 450		
专科学生						
（二）民办其他高等教育机构						
二、民办中等教育						
（一）高中阶段教育	207	107 330	117 864	321 008	47 838	38 152
1. 民办普通高中	156	71 640	75 791	221 743	44 525	35 968
2. 民办中等职业教育	51	35 690	42 073	99 265	3 313	2 184
（二）初中阶段教育	234	157 071	159 918	490 180		
1. 民办普通初中	234	157 071	159 918	490 180		
2. 民办职业初中						
三、民办普通小学	152	47 533	42 326	257 168	15 256	12 658
四、民办幼儿园	1 561	149 701	210 142	524 061	38 100	24 109
另有：民办培训机构（不计校数）	（1 292）				14 652	9 836

注：民办普通高中的教职工数包含民办普通初中的教职工数。

〔**教育投入与支出**〕 2009年，全省教育经费总收入1 208.03亿元；其中地方教育经费总收入1 105.49亿元，位居全国第二，比上年增加109.10亿元，增长10.95%。教育经费总支出1 200.49亿元；其中地方教育经费总支出1 095.43亿元，比上年增加102.66亿元，增长10.34%。在总支出中，人员经费支出639.47亿元，比上年增加110.58亿元，增长20.91%；人员经费支出占总支出的58.38%，比上年增长5.11个百分点。公用经费支出411.04亿元，比上年417.46亿元减少6.42亿元，降低1.54%；公用经费支出占总支出的40.02%，比上年减少2.03个百分点。基本建设支出44.91亿元，比上年46.42亿元减少1.51亿元，降低3.25%；基本建设支出占总支出的4.10%，比上年减少0.58个百分点。全省地方各级各类学校校舍面积1.43亿平方米，年末固定资产总额达1 940.68亿元；其中房屋建筑物1 385.64亿元，专用设备271.45亿元。

〔**高校招生就业工作成绩显著**〕 在认真听取高等学校、市县教育局、普通中学、招生机构负责人和考生家长代表意见的基础上，对高考方案进行了微调完善。分别组织了教育行政部门、普通高中、高校负责人高考方案培训。切实抓好宣传、安全保密、考风考纪和录取管理，顺利完成高校招生考试任务，普通本专科共招收42.98万人。高度重视毕业生就业工作，协调制定毕业生就业促进政策，落实"百校联动"就业计划，举办各种校园就业招聘活动3 000余场。推进毕业生就业市场建设，实施就业培训"百千万"工程，拓宽毕业生就业渠道，遴选建设18所第二批省级大学生创业教育示范校，推进"一村一社区一名大学生"、大学生志愿服务计划、高校毕业生应征入伍等工作，引导毕业生到城乡基层就业，扶持毕业生自主创业，加强对困难家庭毕业生的就业援助。截至12月31日，全省高校毕业生就业签约率达92.72%，提前并超额完成省政府确定的年底前毕业生就业率不低于90%的目标任务。

〔**教师队伍建设水平持续提高**〕 省政府召开了全省师资工作会议，全面部署师资队伍建设工作。省委、省政府召开大会隆重庆祝第25个教师节。继续实施"千校万师支援农村教育工程"，苏南支援苏北、城市支援农村的机制不断完善。实施"万名大学毕业生支援农村教育工程"，选派1 448名优秀大学毕业生到农村学校任教。加强师资培训，完成省级和国家级培训近8万人，利用江苏教师教育网络平台培训教师超过12万人次，组织2 437名教师赴国外进修培训。新认定教师资格49 397人。启动了"江苏人民教育家"培养工程，评出首批培养对象50人。制定了《江苏特聘教授选聘办法》。全省高校14人入选教育部长江学者、132人入选省中青年科学技术带头人。全省新增7名国家级高校教学名师、23个全国教育系统先进集体、38名全国模范教师。评选了一批师德先进个人和十佳师德模范。全省2 130人通过高校教师高级专业技术职务任职资格评审，238人通过中专校教师高级专业技术职务任职资格评审。启动高校岗位设置管理工作，制定了岗位设置方案，开展了首次岗位聘用工作。深化中等职业学校教师职务评聘制度改革，制定了《江苏省中等职业学校教师职务资格条件》。

〔**教育国际和港澳台交流合作日益深化**〕 继续推进中外合作办学，新增23个专科项目、3个高中项目，审核上报教育部9个本科项目，促成3所高职院校与外方合作办学，江苏省审批和审核上报的中外合作办学项目累计已达404个。积极推进南京国际大学筹备工作。全省高校外国留学生规模达12 708名、中小学外国留学生规模达7 200名，全省港澳台学生达1 078人。切实加强汉语国际推广工作，全省新增6所海外孔子学院、4所海外孔子课堂。组团参加江苏—澳大利亚维州结好30周年庆祝活动和"台湾江苏周"活动。在境内外举办了江苏—澳大利亚高等教育论坛、中德职教大会、江苏—芬兰职教合作论坛、第二届江苏—台湾高职教育论坛、苏台高等教育高层研讨会和第五届江苏中小学校长国际论坛。新签署了一批中外合作项目和协议。欧普、NIIT等国际合作培养软件人才项目成效明显。全年共有来自14个国家和地区的39

批教育代表团访问江苏省教育厅，商谈教育交流合作事项。江苏政府留学奖学金选派 205 人出国留学，国家留学基金选派江苏 700 人出国留学。

〔**教育服务地方发展能力逐步增强**〕　高校科技创新能力进一步提升，全省高校有 20 项成果入选 2008 年度国家科学技术奖，获奖总数居全国前列；58 项成果获 2009 年度高校科学技术奖励；51 项成果获教育部人文社会科学研究优秀成果奖。南京工业大学科技园、常州市大学科技园被认定为国家大学科技园，批准筹建 7 个省级大学科技园。8 支高校创新团队入选教育部创新团队建设项目。66 名中青年学术骨干入选教育部新世纪优秀人才培养计划。新增苏州大学、南京中医药大学、南京邮电大学等 3 个教育部工程研究中心。遴选了首批 13 个高校哲学社会科学重点研究基地和 16 个培育点。全年立项资助 48 个重大基础研究项目、55 个高校科研成果产业化推进项目、433 个哲学社会科学项目。组织高校参与“感知中国”中心及“物联网”建设，启动“校企联盟”行动计划，近 60 所高校、2 000 个学科团队与有关市县及 3 300 家企业结对合作。积极组织高校与江苏产业调整和振兴规划纲要涉及的 12 个产业关键技术与重点项目对接。开展“江苏高校感知中国中心建设无锡行活动”、“江苏高校沿海开发科技行”活动。组织 16 所涉农高校和职业学校参加“送科技下乡、促农民增收”活动，并与 38 个县（市、区）签约“挂县强农富民”。积极推进“现代农民教育工程”，开展农村实用技术培训 120 万人次，帮助 11.56 万名农民走进工厂就业，招收 2.5 万新农民参加技能学历双提升计划。免费技能培训退役士兵 1.01 万人。与江苏省武警总队军民共建不断深化。教育对口支援工作取得成效，对拉萨、伊犁、绵竹的对口支援项目圆满完成。认定 46 所首批省级语言文字规范化示范学校，承办第 12 届全国推广普通话宣传周开幕式暨首届国家级语言文字规范化示范校校长论坛，制定并颁布了《公共场所标志英文译写规范》，新增 16 个县（市、区）通过国家三类城市语言文字工作评估。

〔**群众关心的教育热点问题得到较好解决**〕　切实规范中小学办学行为、扎实推进素质教育。省政府召开了深入实施素质教育座谈会，印发了《关于进一步规范中小学办学行为深入实施素质教育的意见》。省教育厅召开了规范办学行为现场推进会，加强对工作薄弱地区和学校的指导，推动落实省“五严”规定，全省共查处违规学校、单位 30 多家，违规补课、高中跨市招生、炒作高考状元等现象基本得到遏制，中小学生的课业负担有所减轻。以庆祝新中国成立 60 周年为主题，加强中小学德育工作。进一步加强了中小学科学教育工作。深入开展学生阳光体育运动，省人大常委会通过了《江苏省学生体质健康促进条例》。指导各地各校认真落实甲型 H1N1 流感防控措施，有效延缓甲流疫情在校园的传播蔓延。组团参加全国第十届中学生运动会取得团体总分第二名的好成绩。考核命名 68 个江苏省大学生艺术团，组织 400 余场高雅艺术进校园活动；圆满承办全国第二届大学生艺术展演活动，成功举办第三届全省中小学生艺术展演。全省在校大学生全部参加了城镇居民基本医疗保险，全省在园幼儿和大中小学生全部纳入人身意外伤害校方责任险范围。按照每生每年小学 500 元、初中 750 元的标准补助了义务教育阶段家庭经济困难寄宿生生活费；向 15 万名家庭经济困难的普通高中学生发放了助学金；按每人每年 1 500 元标准对所有中等职业学校一年级、二年级学生发放了国家助学金；向 27 万名家庭经济困难大学生发放了国家奖助学金 6.85 亿元；9 万名学生获贷国家助学贷款，贷款总额达 4.5 亿元。

〔**教育改革发展和规范管理进一步加强**〕　在省政府领导下，认真研究制定《江苏省中长期教育改革和发展规划纲要》，面向社会各界广泛征求意见，反复进行修改，形成了比较成熟的文稿。继续大力推进区域教育现代化建设，对 26 个县（市、区）教育现代化建设水平进行了现场评估。积极探索改革发展，主动发起长三角地区教育联动发展行动。研究制定了江苏省独立学院五年过渡期工作方案。严格规范民办高校办学行为，促进民办高等教育健康发展。建立并实施省属高校基建项目部门联合审批制度。进一步规范了高等教育自学考试社会助学工作。指导市、县教育行政部门做好民办中小学、幼儿园办学行为的监督管理。加强高校学生教育管理。组织两期高校学生工作分管领导赴美培训研修，开展了高校学生教育管理“创新奖”及优秀论文评选活动。进一步规范高校学籍学历管理，严格高校学籍电子注册和学历审查制度。强化教育审计，全省各级教育审计部门共完成审计项目 14 219 项，审计总金额 418.69 亿元。进一步规范教育收费行为，反映到省联席会议办公室和全国治联办的教育收费类投诉同比分别下降 48%和 30%。新增 14 个县（市、区）通过“规范教育收费示范县（市、区）”验收考核，南京、苏州、无锡、镇江达到了规范教育收费示范市标准。

〔**党的建设和思想政治教育工作扎实有效**〕　开展深入学习实践科学发展观活动。2009 年 3 月至 8 月，全省 97 所高校 14 万名党员参加了第二批学习实践科学发展观活动。9 月以来，全省13 086所中等职业学校、中小学及幼儿园 22 万名党员参加了第三批学习实践科学发展观活动。高校学习实践活动围绕“党员干部受教育、科学发展上水平、服务地方作贡献、人民群众得实惠”的总要求，加强理论学习，坚持解放思想，深入调查研究，坚持群众路线，突出实践特色，坚持学以致用，取得显著成效。中等职业学校和中小学学习实践活动围绕“重科学发展实效、办人民满意教育”的主题，科学筹划、精心组织、扎实推进，初见成效。高校党内民主建设、高职院校基层党组织建设得到进一步加强。评选了高校最佳党日活动优胜奖和党建创新奖。开展贯彻落实中央 16 号文件精神情况自查，组织全省高校新上岗辅导员和思想政治理论课教师理论与业务培训，举办了全省高校辅导员工作论坛、4 期高校哲学社会科学教学科研骨干研修班。推进大学生心理健康教育工作，评选 16 个大学生心理健康教育省级示范中心。成功举办“第三届廉洁文化活动周”活动。指导、推动全省高校制定本校构建惩防体系的具体实施办法，组织高校开展惩防体系落实情况自查、互查和抽查，高校商业贿赂案件同比下降了 57%。全力维护学校安全稳定，继续开展平安校园创建活动，强化学校周边治安综合治理，落实安全管理措施，全面排查校园安全事故隐患。继续开展高校文明食堂、文明宿舍创建工作。把维护教育系统政治稳定摆在首位，积极应对、妥善处置国际国内形势及金融危机带来的不利影响，针对敏感时期、敏感事件，多次召开会议，研究形势，落实责任，全省教育系统持续保持稳定。

基础教育

〔**综述**〕　2009 年，江苏省基础教育事业以全面推进素质教育为主线，突出抓好重点工作，着力突破难点问题，特别在规范办学行为、深化课程改革、推进教育均衡发展等方面取得可喜成绩，各项事业持续快速健康发展，全省基础教育内涵发展迈出重要步伐。

〔**基础教育事业快速协调发展**〕　①义务教育。2009 年，全省共有小学 5 013 所，比 2008 年减少了 220 所；在校学生 396.02 万人，比 2008 年减少了 12.05 万人；小学适龄儿童入学率为 99.94%，小学毕业生升入初中的入学率为 100.67%。全省共有初中 2 181 所，比 2008 年减少了 28 所；在校学生 256.22 万人，比 2008 年减少了 22.06 万人，初中在校学生数 2005 年以来持续下降；初中毕业生升入高中阶段学校的比例为 97.3%，比 2008 年上升了 1.3 个百分点。在校学生年巩固率，小学为 99.75%，初中为 98.56%。教师学历达到国家规定合格学历的比例，小学为 99.76%，比 2008 年提高了 0.07 个百分点，其中专科以上学历

81.40%，比上年上升了2.98个百分点；初中为98.68%，比2008年上升了0.44个百分点，其中本科以上学历69.54%，上升了8.14个百分点。自1996年全省普及九年义务教育以来，全省小学和初中教师合格学历比例和高一级学历比例连续12年保持上升势头。②幼儿教育。全省共有幼儿园4 110所，在园幼儿193.22万人，比上年增加了15.58万人。全省学前三年入园率超过95%，全省13个省辖市的学前三年普及率都达到90%。全省现有幼儿园专任教师71 610人，比上年增加5 862人。专任教师学历合格率为97.97%，专科及以上学历比例为68.29%，比2008年增加了3.92个百分点。全省幼教事业规模不断扩大，幼儿园布局不断调整，优质资源进一步壮大，办园质量和效益日益提高。全省共有省优质幼儿园1 523所，其中2009年新评估认定205所。③普通高中教育。全省共有普通高中710所，比上一年减少27所。年招生数45.61万人，比上一年减少2.68万人。高中毕业生数51.31万人，比上一年增加1.4万人。在校生总计142.22万人，比上一年减少7.65万人。高中专任教师98 630人，比上一年减少288人。专任教师中本科毕业及以上所占比例达到96.14%，比上一年提高2.03个百分点；其中研究生毕业占本科毕业及以上比例达4.22%，比上一年增加1.37个百分点。高中阶段教育毛入学率达到95.0%，比上一年提高5个百分点。全省四星级普通高中共187所、三星级普通高中共268所，其中2009年新评估认定11所四星级普通高中、15所三星级普通高中，三星级以上普通高中占全省普通高中总数的比例超过60%。

〔**义务教育均衡发展取得新进展**〕 ①完成农村留守少年儿童食宿条件改善工程。投入6亿多元，完成全省39个县（市、区）449所农村初中留守少年儿童食宿条件改善工程项目学校529个新建（改建）工程项目（其中宿舍项目356个，食堂项目173个），基本解决了16万留守少年儿童的在校食宿问题，农村中小学的办学条件进一步改善。②启动实施民办民工子女学校标准化建设工程。省政府将民办民工子女学校标准化建设工程列入重点工作，投入1 500万元完成了“扶持20所民工子女学校建设”的目标，进一步改善学校办学条件，促进教育公平。③义务教育均衡发展工作取得阶段性成绩。江苏省是在全国推进义务教育均衡发展现场经验交流会上作大会发言的4个省份之一，苏州市、无锡市、姜堰市被评为全国推进义务教育均衡发展工作先进地区。省教育厅评选表彰了南京市雨花台区等19个第二批全省义务教育均衡发展先进县（市、区）。

〔**幼儿教育整体水平得到迅速提升**〕 ①全力推进农村合格幼儿园建设工程。省财政投入2亿元，各地投入近10亿元，基本完成56个县（市、区）的980个省帮扶农村合格幼儿园建设项目，完成项目幼儿园的省配保教设备选配工作，极大改善了农村幼儿园的办园条件。②举办第五届幼儿园优秀教育活动评比活动。组织教师观摩各地参评的优秀教育活动，召开研讨会，进一步贯彻《幼儿园教育指导纲要》，提高教师的业务水平。③举办“安康（公益）婴幼儿成长管理系统”应用培训班。分别在南京、连云港、宿迁举办三期培训班，共培训367所幼儿园的700多名园长和教师。

〔**普通高中教育内涵发展不断推进**〕 ①全国基础教育课程改革经验交流会在江苏省召开。教育部副部长陈小娅出席会议并讲话。全国31个省、自治区、直辖市教育厅和新疆生产建设兵团教育局以及计划单列市教育部门的负责同志出席了会议，会议还特别邀请了部分师范大学和普通高中校长参加。②召开全省普通高中课程改革经验交流会。总结三年多来江苏省高中课程改革的做法和经验，深入分析当前普通高中教育面临的形势与任务，研究部署下一阶段深入推进课程改革的思路和重点工作。会后印发了《关于深化普通高中课程改革的意见》。③召开全省普通高中校长暑期学习研讨会。主题为切实规范办学行为、全面推进素质教育。

〔**特殊教育工作取得新突破**〕 ①大力发展高中阶段特殊教育。高中阶段特殊教育学校首次实现省辖市全覆盖，2009年高中阶段特殊教育学校招生数比上年增长75%，在校生数达1 525人。②特殊教育合格学校建设全面完成。省财政投入4 000多万元，全面完成特教专用设备、图书招标和配送工作，全面完成特教专用设备培训工作。③江苏省特殊教育工作受到表彰。副省长何权出席第四次全国特殊教育工作会议并作大会经验交流发言，江苏省也是全国唯一以省政府名义发言的省份。南京特殊教育职业技术学院、溧水特教学校、镇江特教中心、常州聋人学校、徐州特教中心、扬州特教学校、宿豫特教学校等7所学校被表彰为全国特殊教育先进单位。

〔**规范办学行为实施素质教育工作取得阶段性成效**〕 ①出台《关于进一步规范中小学办学行为深入实施素质教育的意见》，严格禁止下达高（中）考升学指标，严格控制学生在校集中教学活动时间，严格执行国家课程计划，严格规范考试和招生管理，严格制止义务教育办学中的违法行为。②全面部署规范办学行为工作。省政府召开深入实施素质教育工作座谈会，省长罗志军强调，要坚持深入实施素质教育，采取积极有效措施，切实减轻当前中小学生过重的课业负担，努力培养全面发展的新一代江苏人。省教育厅召开规范中小学办学行为深入实施素质教育工作推进会，对全省规范办学行为工作作出了具体部署。③推动“五严”规定的落实。一是强化政策指导。印发了《关于做好2009年中小学暑假工作的通知》、《关于禁止普通高中组织学生参加艺术类暑期补课的通知》等文件，完善《江苏省普通高中各学科课程标准教学要求》。修订各项评优表彰办法，增加“办学行为”权重，实行“一票否决制”，强化政策导向作用。二是全面深入开展专项督查行动。设立3部举报电话，组织20多次“飞行检查”，发出12次通报批评，涉及学校、教研室、校外活动场所等27家单位，对5家单位负责人告诫谈话。三是加强舆论引导。印发《致全省广大中小学生家长的一封信》，编制6期专题简报，召开2次新闻发布会，摄制规范办学行为电视专题片，真实全面反映各地各校规范中小学办学的有关情况和正反典型案例。

〔**未成年人思想道德建设工作不断加强**〕 ①开展庆祝新中国成立60周年活动。开展“我爱我的祖国”主题班团队活动、“向国旗敬礼、做一个有道德的人”网上签名寄语活动，引导中小学生增强爱国之情，树立报国之志。举办中学生庆祝新中国成立60周年知识竞赛活动，使中学生进一步了解新中国发展的光辉历程和宝贵经验。②首次评选江苏省和谐校园。在中小学、幼儿园中表彰首批488所江苏省和谐校园，进一步推动全省中小学、幼儿园全面贯彻党的教育方针，深入实施素质教育，促进学生全面和谐发展。③表彰普通高中省级三好学生和优秀学生干部。授予1 298名学生“江苏省三好学生”荣誉称号，301名学生“江苏省优秀学生干部”荣誉称号，引导广大青年学生学习先进、积极向上，努力成为全面发展的新一代江苏人。

〔**民族教育工作稳步推进**〕 根据2008年高考方案完善微调情况，及时对内地新疆班、西藏班的相关高考政策进行微调。顺利完成教育部下达的新疆班扩招11%的任务，2009年招生人数达685名。

职 业 教 育

〔**综述**〕 江苏省职业教育与社会教育工作紧紧围绕职教富民主题，抢抓发展机遇，坚持好字优先，优化资源配置，加强内涵建设，突出以生为本，促进了职业教育和社会教育健康、协调和可持续发展。

〔**继续加强职业学校基础能力建设**〕 继续组织实施中等职业学校星级评估，对材料评估、现场评估达到四星级标准的中等职业学校进行答辩评审。经过星级评估和答辩评审，认定57所四星级中等职业学校（江苏省高水平示范性中等职业学校）、74所三星级中等职业学校。继续加强省级实训基地建设，视导并认定省级实训基地46个。全省各地加大布局调整力度，对达不到教育部设置标准的职业学校停止学历教育招生，资源优质化程度明显提高，校均规模达到2 600多人，其中教育部门主管的学校校均规模超过3 000人，在全国各省市中名列第一。校均规模在5 000人以上的中等职业学校达53所。

〔**师资队伍建设措施有力**〕 认真落实中等职业学校教师素质提高计划。2009年安排310名教师出国培训、270名教师参加国家级骨干培训、800名教师参加省级骨干培训；结合全国和全省技能大赛、职业教育课程改革，组织1 000名教师参加新课程培训；结合示范专业建设、实训基地建设等重点工作，组织1 000名教师参加重点工作推进培训。进一步完善职业学校教师赴企业实践锻炼制度。制定了《江苏省中等职业学校教师专业技术资格条件(试行)》，首次实现职业学校教师专业技术职务单独评审，首次开通正高级专业技术职务评审政策。

〔**江苏代表队在全国职业院校技能大赛取得第一名**〕 2009年全国职业院校技能大赛上，江苏代表队中职组、高职组双双获得金牌总数和总分第一名的好成绩，中职组还获得全国37个代表队唯一的团体一等奖。

〔**新增两个以行业为主导的职教集团**〕 以推进行业企业牵头的职教集团建设为重点，先后成立了江苏美容美发职教集团和江苏餐饮职教集团。江苏美容美发职业教育集团是经省教育厅批准、江苏美发美容协会倡导发起，由25家美发美容企业、20所职业院校共同组成，江苏省第一个以行业协会为主导的职教集团。江苏餐饮职业教育集团经省教育厅批准同意、江苏省餐饮协会倡导发起，由92家餐饮企业、68所职业院校共同参与组成。

〔**举办江苏省职业学校公民教育项目展示活动**〕 2009年10月28日，江苏公民教育国际论坛·职业学校项目展示会在南京市金陵职业教育中心举行。来自美国、阿根廷、智利、印度尼西亚、泰国等国家的国际代表，国内部分省市的专家和江苏省13个省辖市职业教育领域的德育工作者以及南京市20多所职业学校的师生参加了论坛活动。

〔**第六届全国职业学校文明风采大赛江苏再创佳绩**〕 在教育部组织的第六届全国中等职业学校文明风采大赛上，江苏省在四个项目的竞赛中获得征文、摄影、动漫3个项目一等奖总数第一名，设计项目一等奖总数第2名；省教育厅获得唯一的特别组织贡献奖。组织首届江苏省中等职业学校“文明风采”竞赛，共收到全省171所学校的9 481份参赛作品。经省级复赛专家评审组评审，评出一等奖作品887份、二等奖作品1 941份、三等奖作品2 771份、优秀奖作品2 244份。同时根据参与的数量、质量和学校德育成效，评出学校级组织奖30名。其中一、二等奖全部作品和部分三等奖作品共计3 668份选送参加全国决赛，选送比例为38.5%。

〔**举办第五届江苏职业教育创意论坛**〕 2009年12月，第五届江苏职业教育创意论坛在无锡举行。来自全省职业教育行政部门、职教教研机构、省职业技术教育学会及各分会、省职业教育教科研中心组、第五届江苏职业教育创意论坛征文部分获奖者近250人出席了论坛活动。论坛秉承“凝聚群体智慧，创新发展路径；搭建精英平台，共筑思想高地”的宗旨，以“职业教育质量提升与生本管理”为主题，内容翔实，形式丰富，取得了良好成效。

〔**加大普通高校对口招生力度**〕 2009年全省有32 396名中等职业学校应届毕业生参加了对口单招专业技能考试，遴选组织了29 377名技能优秀的学生参加了对口单招文化基础和专业理论考试，录取1.8万名中等职业学校优秀毕业生升入高等学校继续学习。

〔**评选表彰全省职业教育与社会教育先进单位和先进个人**〕 2009 年 10 月 22 日，省教育厅在南京人民大会堂隆重召开全省职业教育表彰大会，表彰江苏省教育科学研究院职业教育与终身教育研究所等 98 个单位为“江苏省职业教育与社会教育先进单位”，表彰戚玉松等 200 名同志为“江苏省职业教育与社会教育先进个人”。

〔**开展退役士兵免费职业技能培训**〕 2009 年是江苏省开展退役士兵职业技能培训工作的第一年。共遴选 110 所重点职业学校，下达 1.2 万名培训招生计划。完成中、高级职业技能培训招生 6 579人、短期培训招生 4 827 人、复学招生 867 人，合计招生 12 273 人，占全省退役士兵培训招生总数的 60%。教育系统 4 827 名短期培训已全部结束。经过培训，有 4 680 人获得职业技能证书，获证率达 97%；有 4 440 人凭着所学技能走上工作岗位，就业率达 92%。中高级职业技能培训和复学学员继续在校学习。

〔**社区教育工作不断深化**〕 围绕江苏经济社会发展实际，按照富民惠民、建设和谐社会的要求，积极创新思路，突出工作重点，不断深化社区教育实践。2009 年教育部公布的全国社区教育实验区有 98 个，其中江苏省 16 个，总数居全国第一。全年新建 17 个省级社区教育实验区，新建 18 个省级社区培训学院。组织专家视导新建的 54 所乡镇社区教育中心，形成城乡一体的社区教育网络。启动省级社区教育示范乡镇（街道）建设。

〔**成立江苏省社会教育服务指导中心**〕 2009 年 5 月，江苏省社会教育服务指导中心在江苏广播电视大学成立。该中心是经省教育厅批准，依托省广播电视大学，为全省社会教育提供服务的专门机构。其主要职能是在省教育厅的领导下，对全省农村成人教育、社区教育、老年教育、民办非学历教育等提供理论研究、业务指导、资源开发、信息咨询和人才培训等管理、指导和服务。开通国内首家省级学习资源型网站——“江苏学习在线”。

〔**大力实施农村人才工程和现代农民教育培训工程**〕 各职业学校和成人学校联手培训，帮助 11.56 万名农民成功走进工厂就业；开展农村实用技术培训 120 万人次；积极开展内容丰富的社区教育活动，参与农民达 360 万人次。加强专题调研和督导检查，推动农民教育培训工作不断发展。积极实施新农民技能学历双提升计划。切实开展返乡农民在乡农民教育，由县级职教中心自办或在乡镇成教中心办班，职教中心每校招生 100 人以上，列入当年职教中心招生计划，通过 3 年半工半读的学习形式，毕业时发给中级技能和中等学历双证书。2009 年招收农民 25 508 人。

高 等 教 育

〔**综述**〕 2009 年，江苏省高等教育工作以实施高等教育“质量工程”为抓手，突出重点，求真务实，开拓创新，全面深化创新人才培养模式改革，全面完善教学质量保证体系，全面提升高等学校内涵和质量，为高水平高质量推进高等教育大众化、建设教育强省、率先基本实现教育现代化夯实基础。

〔**启动教育行业合作培养人才定期会商机制**〕 加强省教育厅与其他有关厅局之间的联系沟通，及时研究解决江苏省教育改革发展过程中的难点问题。2009 年 1 月，省教育厅和省农林厅、省农科院及 11 所农林高校共同建立了培养农林人才、服务“三农”科技的工作机制，14 所高校及职业学校与 38 个县（市、区）就“挂县强农富民”等活动进行了对接签约。2009 年 12 月，省教育厅、省体育局与各省辖市教育局、体育局、省内有关高校共同签约建立江苏教育体育合作培养人才联席会议机制，省教育厅与省体育局共同签署共建南京体育学院协议书。

〔**首次召开全省本科院校实验教学改革与实验教学示范中心建设现场推进会**〕 江苏省为全面总结近年来本科院校实验教学工作成效，进一步深化实验教学改革，创新人才培养模式，提升本科院校实验教学资源建设整体实力，首次召开全省本科院校实验教学改革与实验教学示范中心建设现场推进会。全省本科院校校长、分管副校长、教务处和实验室管理部门负责人等180多位代表参加了会议。

〔**召开全省高职院校新一轮人才培养工作评估推进会**〕 会议引导和推动全省高职院校以新一轮评估为机遇，深化人才培养模式改革，健全和完善人才培养质量保障体系，提高人才培养质量，形成办学特色，增强服务经济社会发展能力，切实提升江苏省高职院校办学水平和服务经济社会发展能力，进一步扩大江苏省高职教育在全国的领先优势。

〔**评选国家及省教学成果奖**〕 在第六届国家级教学成果奖评选中，江苏省共获得8项一等奖、52项二等奖，获奖数仅次于北京，列全国第二。2009年省级教学成果奖共评出特等奖20项、一等奖60项、二等奖120项。

〔**推进省级教学团队建设**〕 高等学校教学团队建设工作，旨在通过建立高效的团队合作机制，系统地推动教学内容、教学方法和人才培养模式的改革创新，促进教学研讨与教学经验交流，推进教学工作老中青相结合，发挥传帮带作用。2009年遴选42个教学质量高、群体结构优、团队效益凸显的省级优秀教学团队，新增国家级教学团队27个，国家级教学团队总数达61个，居全国第二。

〔**提升专业建设水平**〕 2009年全省高校共新增本科专业点109个。新增专业紧密结合经济社会需求，重点发展江苏省新兴产业与高新技术产业等领域急需专业，填补省内人才培养空白点。全省高校本科专业点已达到2 644个，涵盖了全部专业目录的11大学科门类，专业种类数达到283种，为创新人才培养提供了宽阔的专业平台，进一步提升了高等教育服务经济社会发展的能力。新增国家级特色专业建设点54个，累计达182个，居全国第二。

〔**推进课程与教材建设**〕 2009年江苏省高校新增国家级精品课程56门，其中本科40门、高职高专14门、网络教育2门，国家精品课程累计达到275门，居全国第二；新增国家级双语教学示范课程11门。通过构建国家、省、学校三级精品课程体系，创建优质课程资源，加强教学信息环境建设，形成多学科、多课程的网络共享平台。新增省级精品教材199部和省级立项建设精品教材199部，以立项建设与遴选评优的方式，整合全省高校专业优势与教材资源，统筹规划高水平教材建设体系。

〔**开展教学改革研究**〕 启动新一轮高等学校教学改革课题立项工作，共有10个课题列为省级教改重中之重课题，有50个课题列为省级教改重点课题，有240个课题列为省级教改课题，以理论研究指导教学改革的实践。组织2007年教学改革工程研究课题项目结题鉴定，做好研究成果的推广工作，充分发挥辐射作用，以先进的理念指导高校进一步深化教育教学改革，提升人才培养工作水平。

〔**加强大学生实践创新能力培养**〕 继续组织开展省级大学生实践创新训练计划立项建设工作，确立立项项目1 573项。其中本科院校945项、高职高专院校628项，江苏省大学生创新训练计划项目总数达到3 599项。在2009年全国大学生数学建模竞赛、第七届全国大学生力学竞赛、第九届全国大学生电子设计竞赛等多项大赛中，江苏省获奖总数均位居全国第一。在全国职业院校技能大赛高职院校组获全国第一。进一步提高大学生毕业论文和毕业设计的质量。继续开展每年一次的大学生毕业设计（论文）评优与抽检工作。首次对全省 26 所独立学院的毕业设计（论文）进行抽检。

〔继续推进示范高职院校建设〕 无锡职业技术学院和南京工业职业技术学院全面完成国家示范院校建设任务，顺利通过教育部、财政部验收，获得较高评价。完成常州市省示范高职园区建设方案论证工作，全面启动示范园区建设。通过国家与省级示范院校建设，进一步强化高职院校基础能力，创新高等职业教育人才培养模式，使高职院校的办学定位更加准确，办学实力更加雄厚，为经济社会发展的贡献更加凸显。

〔加强实践教学资源建设〕 2009 年全省高校新增 12 个国家级实验教学示范中心，累计数量已达到 38 个，在入选数量、学科分布上均名列全国第二，仅次于北京。新增中央财政支持的高职实训基地 6 个，中央财政支持的高职实训基地达到 38 个。新增省级高职实训基地 35 个，省级高职实训基地达到 91 个。有 69 个省级示范中心建设点和 15 个省级高职实训基地通过验收并挂牌。通过实验教学示范中心与高职实训基地建设，进一步整合优化实验实践教学内容、进一步共享实验实践教学资源、进一步培养大学生创新能力与实践能力。

〔推进高校图书馆建设〕 择优遴选“江苏省高等学校数字图书馆（JALIS)”三期建设 2009 年立项项目 13 个，加大统筹协调、资源整合、技术指导与项目监管力度，保证 JALIS 三期工程的建设成效与共享效益。

〔构建教学质量监控长效机制〕 完成本科院校教学状态数据库建设工作和全省高职院校人才培养工作状态数据采集上报工作，完成了年度高校实验室信息统计数据上报工作。教学基本状态数据年度采集与发布制度，将使教学评估工作与教学基本状态数据发布相结合，构建教学质量监控的长效机制。完成《全省独立学院教学工作状况调研报告》，研究制定了加强和改进独立学院教学工作的政策和措施。

〔科学规划与规范管理成人高等教育〕 印发《省教育厅关于进一步规范高等教育自学考试社会助学工作的通知》，严格规范高等教育自学考试社会助学工作，完善审查注册制度，保障助学基本条件，全面规范自考助学行为，加大评估检查力度，严格落实责任追究制度，大力整顿自考助学活动，取缔违规办学行为，消除可能影响社会和谐稳定的隐患。对成人高等教育校外教学点实现集体审批制度，对全省成人高等教育校外教学点进行年检和抽查，提高成人高等教育人才培养质量。

〔继续加强学位和研究生教育〕 遴选确定了 48 个一级学科国家重点学科培育建设点，新增 2 个博士、2 个硕士学位规划立项建设单位。启动企业研究生工作站建设，32 家企业试点挂牌建设首批企业研究生工作站。评选江苏省优秀博士论文 100 篇、优秀硕士论文 200 篇，9 篇博士论文入选全国百篇优秀博士论文。

〔高校科技创新实现新突破〕 ①2009 年全省高校拥有科技人力资源 49 188 人，其中科学家和工程师 47 941 人，分别比上年增长了 6.61% 和 6.78%。②2009 年全省高校通过各种渠道争取科技经费 70.91 亿元（其中 R&D 经费 48.19 亿元，占科技经费的 67.96%），比上年增加 7.17 亿元，增幅 11.25%。③2009 年全省高校共拥有上级主管部门批准的科技活动机构 382 个（其中 R&D 机构 365 个、其他机构 17 个），比上年增长 13.35%。机构中从业人员 10 419 人，科技活动人员 5 790 人（人年），培养研究生 19 066 人。机构当年共承担课题 9 449 项，内部支出 16.60 亿元。固定资产原值 53.74 亿元，其中仪器设备 37.05 亿元。④2009 年全省高校从各种渠道争取到科技项目 27 038 项，比上年增长 10.37%。共投入科技人力 18 862 人（人年），拨入经费 57.45 亿元，支出经费 44.80 亿元，参与课题的研究生 47 812 人，比上年增加 10 269 人，增长 27.35%。科技项目中，基础研究项目 7 689 项，应用研究项目 9 321 项，试验与发展项目 2 059 项，R&D 成果应用项目 4 053 项，其他科技服务项目 3 916 项；自然科学项目 4 925

项，工程与技术项目 16 208 项，医药科学项目 3 203 项，农业科学项目 2 702 项；国家级项目（含子课题）4 350 项（国家“973”项目 367 项、国家科技攻关项目 348 项、“863”项目 569 项、国家自然科学基金项目 3 066 项），比上年增加 546 项，增长 14.35%。⑤2009 年全省高校共实现技术转让 993 项（其中专利出售 177 项、其他知识产权出售 65 项），合同金额 3.27 亿元，当年实际收入 2.27 亿元。2009 年共申请专利 7 781 项（申请发明专利 4 408 项、实用新型 1 398 项、外观设计 1 975项），比上年增加 2 878 项，增长 58.70%；授权 3 246 项（其中授权发明专利 1 490 项、实用新型 877 项、外观设计 879 项），比上年增加 1 015 项，增长 49.53%，其中发明专利申请量和授权量分别比上年增加 26.92%和 34.23%。其他知识产权授权 401 项（其中集成电路布图 18 项、植物新品种授权 18 项、国家或行业标准 32 项）。⑥2009 年全省高校出版科技著作 248 部、大专院校教科书 904 部，编著 294 部，发表学术论文 62 636 篇，其中出版科技著作和发表学术论文分别比上年增长 27.83%和 16.3%。学术论文在国外学术刊物上发表 16 944 篇，SCIE 收录论文 8 466 篇，EI 收录 8 443 篇，ISTP 收录 4 307 篇，分别比上年增长 36.68%、19.27%、15.55%和 45.31%。南京师范大学汪永进教授主持的研究项目，成功入选 2008 年度“中国高等学校十大科技进展”和“中国基础研究十大新闻”，在当年的十大新闻中，南京师范大学是唯一的地方高校入选项目。该校沈冠军教授科研团队还在 *Nature* 上发表了关于北京猿人生存时间的最新研究成果，在国际上引起高度关注。⑦2009 年共有 209 个国家级项目通过验收（其中 42 项为与其他单位合作完成），比上年增长 46.15%。在验收的科技项目中，“973”计划 19 项，国家科技攻关计划 17 项，“863”计划 101 项，国家自然科学基金重点项目 32 项，军工项目 40 项。2009 年共鉴定科技成果 427 项，其中国际水平 110 项，国内首创 50 项，国内先进 154 项，其他 113 项。全省高校共有 27 项成果获得 2009 年度国家科学技术奖（其中一等奖 1 项、二等奖 26 项），占全国高校总奖数的 14%，获奖数量比上年度增长 35%。高校作为第一完成单位获奖数位居全国第二，获奖总数与上海市并列全国第二。全省高校共有 58 项成果获得 2009 年度高等学校科学技术奖（其中一等奖 20 项、二等奖 38 项），占全国高校总奖数的 19.3%，获奖数量比上年度增长 35%，位居全国第二。全省高校共有 48 项成果获得 2009 年度江苏省科技进步一、二等奖（其中一等奖 13 项、二等奖 35 项），占全省一、二等奖总数的 72%，获奖数量比上年度增长 50%。⑧2009 年全省高校合作研究共派遣 2 174 人次，接受 2 268人次，分别比上年增长 9.5%和 29.30%；出席国际学术会议 8 163 人次，主办国际学术会议 185 次，分别比上年增长 20.59%和 19.35%。

撰稿　张卫星
审稿　洪　流

浙江省教育

概　　况

〔基本情况〕

2009 年各级各类学校校数、教职工、专任教师情况

	学校数（所）	教职工数（人）	专任教师数（人）
一、高等教育			
（一）研究生培养机构（不计校数）	(20)		
1. 普通高校	(16)		
2. 科研机构	(4)		
（二）普通高等学校	99	77 852	49 516
1. 本科院校	52	54 270	34 160
其中：独立学院	22	10 209	7 889
2. 高职（专科）院校	47	22 880	14 908
3. 其他机构（点）（不计校数）	(3)	702	448
（三）成人高等学校	11	2 138	1 386
（四）民办的其他高等教育机构	22	2 413	956
二、中等教育	3 251	251 142	216 949
（一）高中阶段教育	1 384	250 794	97 093
1. 高中	880	207 164	61 629
普通高中	582	205 628	60 520
成人高中	298	1 536	1 109
2. 中等职业教育	504	43 630	35 464
普通中专	47	4 929	3 816
成人中专	59	1 891	1 179
职业高中	330	28 242	23 382

续表

	学校数（所）	教职工数（人）	专任教师数（人）
技工学校	68	5 785	4 907
其他机构（教学点）（不计校数）	（192）	2 783	2 180
（二）初中阶段教育	1 867	348	119 856
1. 普通初中	1 771		119 638
2. 职业初中			
3. 成人初中	96	348	218
三、初等教育	4 252	184 708	170 214
（一）普通小学	4 147	184 495	170 102
（二）成人小学	105	213	112
其中：扫盲班	71	99	51
四、工读学校	1	47	36
五、特殊教育	64	1 605	1 351
六、学前教育	10 067	139 977	87 271

注：普通高中的教职工数中包含普通初中的教职工数。

2009年各级各类学历教育学生情况

	毕业生数（人）	招生数（人）	在校生数（人）
一、高等教育			
（一）研究生	7 941	16 184	43 381
博　士	1 364	1 921	7 817
硕　士	6 577	14 263	35 564
（二）普通本专科	218 226	252 503	866 496
本　科	99 008	132 758	496 068
专　科	119 218	119 745	370 428
（三）成人本专科	128 508	104 182	269 260
本　科	42 070	33 868	87 648
专　科	86 438	70 314	181 612
（四）其他各类高等学历教育			
1. 在职人员攻读博士、硕士学位		4 175	15 743
2. 网络本专科生	16 614	16 664	40 554
本　科	14 729	15 096	38 167
专　科	1 885	1 568	2 387
3. 其他			

续表

	毕业生数（人）	招生数（人）	在校生数（人）
二、中等教育	1 272 063	1 136 744	3 470 153
（一）高中阶段教育	544 864	582 226	1 613 114
1. 高中	312 011	300 208	881 545
普通高中	285 788	300 208	855 457
成人高中	26 223		26 088
2. 中等职业教育	232 853	282 018	731 569
普通中专	30 866	37 504	95 189
成人中专	14 343	15 979	37 497
职业高中	161 270	190 643	495 021
技工学校	26 374	37 892	103 862
（二）初中阶段教育	727 199	554 518	1 857 039
1. 普通初中	591 487	554 518	1 767 195
2. 职业初中			
3. 成人初中	135 712		89 844
三、初等教育	576 063	539 051	3 255 947
（一）普通小学	572 363	539 051	3 251 416
（二）成人小学	3 700		4 531
其中：扫盲班	2 270		2 720
四、工读学校	70	60	140
五、特殊教育	1 751	1 649	12 268
六、学前教育	536 421	585 604	1 670 567

注：特殊教育学生数中包括普通中小学随班就读的学生。

2009 年各级各类非学历教育学生情况

	结业生数（人）	注册生数（人）
总　计	4 563 469	3 952 985
一、高等教育	337 133	204 771
（一）研究生课程进修班	2 005	3 358
（二）自考助学班	8 669	47 305
（三）普通预科生		28
（四）进修及培训	326 459	154 080
其中：资格证书培训	83 349	45 533
岗位证书培训	96 986	35 324

续表

	结业生数 (人)	注册生数 (人)
二、中等职业教育	4 226 336	3 748 214
其中：资格证书培训	569 862	378 974
岗位证书培训	694 443	565 417
(一) 中等职业学校	340 289	162 037
其中：资格证书培训	144 306	59 292
岗位证书培训	72 832	36 518
(二) 职业技术培训机构	3 886 047	3 586 177
其中：资格证书培训	425 556	319 682
岗位证书培训	621 611	528 899

2009年各级各类民办教育基本情况

	学校数 (所)	毕业生数 (人)	招生数 (人)	在校生数 (人)	教职工数 (人)	专任教师数 (人)
一、民办高等教育						
(一) 民办高校	35	65 880	78 818	271 606	16 270	12 150
本科学生		38 160	51 013	191 247		
专科学生		27 720	27 805	80 359		
其中：独立学院	22	37 733	43 758	173 085	10 209	7 889
本科学生		35 730	42 789	170 000		
专科学生		2 003	969	3 085		
(二) 民办其他高等教育机构	22				2 413	956
二、民办中等教育						
(一) 高中阶段教育	300	92 502	107 277	284 702	35 457	26 705
1. 民办普通高中	180	60 126	68 793	186 426	29 654	22 618
2. 民办中等职业教育	120	32 376	38 484	98 276	5 803	4 087
(二) 初中阶段教育	186	53 583	69 297	199 691		
1. 民办普通初中	186	53 583	69 297	199 691		
2. 民办职业初中						
三、民办普通小学	197	44 516	59 968	308 538	16 191	12 085
四、民办幼儿园	8 086	339 998	373 228	1 083 696	92 558	56 505
另有：民办培训机构（不计校数）	(1 214)				11 335	6 315

注：民办普通高中的教职工数包含民办普通初中的教职工数。

〔召开全省教育局长会议〕 2009年2月，浙江省教育厅在杭州市召开年度全省教育局长会议，传达学习教育部年度工作会议和省“两会”精神，深入分析经济社会发展的新形势和对教育工作提出的新要求，并研究部署2009年具体工作。会议明确2009年全省教育工作的基本思路是坚持以邓小平理论和“三个代表”重要思想为指导，深入贯彻科学发展观和省委省政府“创业富民、创新强省”总战略，全面落实党的教育方针，以“服务转型升级、提高育人质量”为主线，解放思想，改革创新，攻坚克难，着力解决围绕公平、均衡、素质、质量、协调存在的突出问题，努力办让党放心、让人民满意的教育，进一步推动教育科学和谐发展。会议明确，2009年要重点做好加强教师队伍建设、推进区域教育均衡协调发展、强化素质教育、提升发展职业教育、加强高等教育、推进教育改革和开放、维护校园和谐稳定等7个方面的工作。会议还提出了2009年教育为民办10件实事。

〔教育经费投入〕 2009年，浙江省地方教育经费总投入达到891.10亿元，比上年增长11.77%，其中，财政性教育经费594.72亿元，比上年增长14.98%，占总投入的比例为66.74%，比上年提高1.86个百分点。

各级学校生均预算内教育事业费增长情况：普通高校9 423.45元，比上年增长7.43%；职业中学5 845.64元，比上年增长3.89%；普通高中5 674.83元，比上年增长12.70%；普通初中6 886.53元，比上年增长20.60%；普通小学5 611.99元，比上年增长23.94%。

各级学校生均预算内公用经费增长情况：普通高校3 109.80元，比上年增长9.69%；职业中学1 481.74元，比上年减少12.48%；普通高中1 073.62元，比上年增长7.72%；普通初中1 072.22元，比上年增长1.99%；普通小学792.66元，比上年增长4.47%。

〔继续积极支援青川〕 2009年2月，浙江省委教育工委书记、省教育厅厅长刘希平带领有关市教育局长，到四川省青川县进行实地考察和调研。根据双方协商，2009年帮助青川县制定了中小学恢复重建专项规划方案，规划援建中小学49所，开工建设46所，竣工并交付39所。计划两年内（2009—2011年）投入6 709.7万元，使青川县中小学的学科实验室等达到教育部或四川省的配备标准，2009年援助配置了价值3 698.4万元的教育教学装备。计划三年内（2009—2012年），接收150名青川教师到浙江培训，同时选派150名教师赴青川支教，2009年接收60名青川教师到浙江参加系统性培训，并派出两批69名教师赴青川顶岗支教，完成了50名专（兼）职心理教师的培训，建立了3个心理健康教育示范基地。由浙江省人民教育基金会一次性拨付抗震救灾剩余捐款100万元，设立青川教师浙江奖励基金，每年奖励10名从事青川农村教育工作10年以上、业绩突出的教师。

〔设立并首次评选浙江省农村教师突出贡献奖〕 2009年，浙江省设立“农村教师突出贡献奖”，以奖励长期在农村任教并作出突出贡献的农村教师，激励广大优秀教师扎根农村艰苦地区，鼓励广大教师到农村任教、到条件艰苦的地方从教。该奖项每两年评选1次，每次奖励100名左右，由省政府颁发荣誉证书，并给予一次性奖励。首次评选共评出100名首届省农村教师突出贡献奖人选。其中，普通教师75人，占75%；在农村任教30年以上55人，占55%。体现了重点向一线教师倾斜、向在农村从教年限长的教师倾斜的评选原则。

〔平稳实施首次新课改高考〕 经教育部批准，浙江省自2009年起实施基于高中新课改的高考。新课改高考以原有的高考为基础，改单一的统一选拔考试为学业水平测试（高中会考）、综合素质评价和统一选拔考试三位一体的多元化招生考试评价体系，改单一考试科目为分类设置考试科目，改单一选择为多重选择，改一次考试为有条件的部分科目的多次考试，改学校集体报名为社会化报名和学校报名相结合的办法。2009年，成功组织了3次作为平时考试的信息技术、通用技术与英语听力三项考试，平稳组织了11门学科的新课改高考命题工作和考试实施，顺利完成2009年高校招生录取工作。根据“分类测试、分批选拔”的要求，不同水平的考生可选择三类不同科目组合。2009 年，单独报考一类科目组合的考生 1 058 人，单独填报三类科目组合的考生 54 076 人，选一兼报二的考生 56 119 人，选二兼报三的考生 119 389 人，一、二、三均兼报的考生 89 229 人。全省共有 34.86 万名考生报名参加考试。

〔**开展学校发展性评价**〕 2009 年，浙江省教育厅制定并下发了《关于试行学校发展性评价的指导意见》，在全省范围内开展“学校发展性评价”工作，要求各市、县（市、区）根据本地特点制定相应的实施方案，并选择不少于三分之一的学校开展学校发展性评价，争取三年内在所有的学校开展发展性评价工作。评价遵循发展性、主体性、合作性、适应性、激励性原则，指标由“基础性指标”和“发展性指标”两部分组成。

〔**简政放权**〕 2009 年，根据浙江省委、省政府扩权强县要求，浙江省教育厅启动了扩大县（市）部分教育管理权限工作，分别向义乌市、其他县（市、区）下放了 23 项和 14 项教育管理权限，取消、停止了一批检查、评估、表彰、认定项目。此外，根据高校改革发展的需要，浙江省教育厅向高校下放了 10 个教学改革与建设项目的评审权和存量专业调整权，向 22 所普通高校下放了 137 个一级学科副高专业技术职务资格评审权，进一步推动落实了高校办学自主权。

〔**实施四项经常性教育审计工作制度**〕 2009 年，浙江省教育厅建立并实施了“义务教育经费五年一轮审计制度”、“省属高校预决算四年一轮审计制度”、“厅直属单位三年一轮审计制度”和“省级教育学会审计抽查制度”，构建了四个层面的教育审计网络，建立起经常性的内部审计长效工作机制。

基础教育

〔**综述**〕 2009 年，浙江省进一步巩固普及学前三年到高中段的 15 年教育，各级各类教育协调发展，15 年教育普及率达到 96.5%。

从 2009 年春季学期开始，浙江省义务教育学生生均公用经费最低标准提高到小学 350 元、初中 550 元，分别比上年增加 50 元和 100 元。从 2009 年春季学期起，浙江省农村中小学爱心营养餐标准从原每生每年 200 元提高到 350 元，全年全省共投入资金近 1.3 亿元，惠及学生 36 万多人，占义务教育阶段学校在校生总数的 7%以上。从 2009 年秋季学期起，浙江将低收入家庭标准从农村年人均纯收入 1 500 元、城镇年人均可支配收入 3 000 元统一提高到 4 000 元。2009 年完成化解义务教育债务任务 29 亿元，占全省锁定债务总额 35 亿元的 82.9%。

〔**继续改善农村学校办学条件**〕 2009 年，浙江省农村小规模学校调整改造工程全面实施，累计完成投资 11.3 亿元，建成了 866 个拟保留项目、817 个拟合并调整项目，从根本上解决了偏远地区村小办学条件不达标问题。农村教师集体宿舍危旧房改造项目、乡镇中心幼儿园建设项目按计划启动。计划用 4 年时间（2009—2012 年），建设改造乡镇中心幼儿园 845 所，建筑面积 197.04 万平方米，添置设备 6.8 万台（套），总投资 30.7 亿元。截至 2009 年底，已开工建设 305 所，建筑面积 58.6 万平方米，添置设备 2.1 万台（套），完成投资 8 亿元。计划用 2 年时间（2009—2010 年）维修改造农村中小学教师集体宿舍项目 1 056 个，总建筑面积 107.7 万平方米，总投资 4.2 亿元。截至 2009 年年底，已开工建设项目 614 个，开工面积 60.2 万平方米，竣工面积 57.3 万平方米，累计完成投资 2.5 亿元。第二期“农远工程”蓬勃开展，

2009年为3 000所农村中小学新配备了3 500套多媒体设备，为农村中小学配送了150万册图书，为31个经济欠发达县和海岛县新建了100个高中新课改配套实验室。

〔**实施中小学校舍安全工程**〕 2009年，根据国家统一部署，浙江省启动中小学校舍安全工程，完成排查各级各类中小学7 094所，单体建筑4.9万幢，校舍建筑总面积6 976万平方米，并初步提出了全省2009—2011年校舍安全工程规划和分年度加固改造计划，计划用3年时间，全面完成安全工程的各项目标任务。

〔**启动农民工子女学校建设项目**〕 为更好地解决农民工子女入学问题，2009年，浙江省对50所接纳农民工子女入学学校建设项目进行重点扶持，规划新建、迁建和改扩建校舍40.9万平方米，计划投资7.86亿元。截至2009年年底，已有48所学校开工建设，其中22所学校已完工。

〔**继续努力推进素质教育**〕 坚持学生的全面发展，全面推进课程改革，推行选课走班教学制度，实施第三阶段的“教材瘦身”，2009年完成市县地方课程69册教材的重审工作。以11个区域推进“轻负担高质量”联系县为基地，开齐开足规定的课程，有教无类、关注全体学生，确保学生休息和体育锻炼的时间。进一步推进中考制度改革，2009年公办优质高中招生指标分配到初中的比例提高到40%。广泛开展体育艺术教育活动，抓好中小学文体活动示范区试点，完善学生体质健康监测制度，结合国际天文年和日全食观测，对200多名中小学科学骨干教师进行天文观测培训，组织全省中小学生开展天文观测活动和浙江籍天文学校巡回演讲活动。扩大全省中学生篮球联赛、中小学生乒乓球联赛和足球联赛三大赛事对学生及社会的影响力，开展第二届全省“万班千校”中学生篮球联赛，启动首届全省中小学生乒乓球联赛。

〔**大力推进教育均衡发展**〕 浙江进一步推广“名校集团化”、“城乡学校共同体”等办学模式，发挥区域内名校、强校的优质教育资源辐射作用，重点扶持薄弱学校，带动薄弱学校提高教学质量和办学水平。截至2009年底，浙江省已建立教育集团228个，参与学校729所，占全省义务教育学校的12%；城乡学校共同体361个，参与学校1 297所，占21%。

〔**做好中小学德育工作**〕 按照“守住一条底线，坚持两个信念，构建三个机制，围绕四个方面”的工作思路，构建全员德育、全程德育、全社会德育的工作机制。召开全省中小学德育工作会议暨新型“家长会”现场观摩会，制定《关于构建家校有效合作机制的指导意见》，组织毒品预防教育工作专项检查，开展第六个弘扬民族精神月活动。以新中国成立60周年为契机，广泛开展主题鲜明的爱国主义教育和民族团结教育活动，通过“开学第一课”、班队活动课、考察体验和教育挂图等多种形式，激发广大中小学生的爱国热情，增强民族自信心和自豪感。

〔**抓好中小学幼儿园安全工作**〕 2009年5月，召开全省中小学幼儿园安全工作会议暨师生应急避险演练现场会，在首个“防灾减灾日”开展“全省万校师生应急避险大演练”活动。制定了《2009年全省中小学校深化隐患排查治理工作指导意见》、《中小学校园及周边社会环境专项整治行动方案》，重新修订了《中小学平安校园创建标准》。按学校安全工作的季节特点及学生的年龄特征，编制了全年学校安全工作行事历。实施学校安全工作月报表制度和定期分析通报制度，按季度对各地中小学幼儿园的安全工作情况进行通报。

〔**实施义务教育学校绩效工资改革**〕 2009年6月，浙江省政府召开全省义务教育学校实施绩效工资工作会议，对全省义务教育学校实施绩效工资工作作出部署，要求各地充分认识义务教育学校实施绩效工资的重要意义，明确了浙江省义务教育学校实施绩效工资的主要政策。各级党委、政府高度重视，人事、财政、教育部门密切配合，分工合作，各司其职，实施进展总体平稳顺利。截至

2009年年底，浙江省所有县（市、区，含开发区）全部兑现并补发了基础性绩效工资，绝大多数义务教育学校完成了内部绩效考核和奖励性绩效工资分配方案的制定。根据教育部有关精神，浙江省教育厅草拟了《浙江省义务教育学校教师绩效考核的实施意见》，为加强教师队伍建设，深化中小学人事制度改革，推进义务教育学校绩效工资制度顺利实施提供了良好条件。

〔**全面实施"领雁工程"**〕 2009年，浙江制定了2009—2010年"领雁工程"省、市、县三级培训计划，印发了《关于农村中小学教师领雁工程省级培训项目管理与考核规定》。组建了由62位专家组成的学科指导小组和233位专家组成的讲师团，完善指导方案，开展巡回送教活动。2009年，浙江省共培训农村骨干教师14 621名（校长1 212人、德育教师1 010人、学科教师12 399人），其中培训省级骨干4 048名、市级骨干3 723人、县级骨干6 850人。

〔**继续开展支教送教**〕 按照浙江省政府办公厅关于《大力推进城镇教师支援农村教育工作实施意见》和《关于开展第二轮教育对口支援工作的实施意见》精神，启动第四批百名中小学骨干教师到欠发达地区和海岛支教工作，100多名来自教育强县的骨干教师，到与其结对的欠发达地区和海岛进行为期一年的全职支教。2009年，全省共有4 000余名中小学教师参加长期支教，6 000多人通过巡教、走教等形式开展短期支教。

〔**进一步规范办学行为**〕 2009年，浙江省教育厅印发了《关于加强义务教育中小学食堂财务管理的意见》，要求学校食堂必须按公益性的要求经营，年度结余或亏损不得超过4%，结余要用于添置食堂设备或改善学生伙食。印发了《关于加强对义务教育社会捐助资金管理的通知》，要求在收到捐款时必须出具专用票据并实行专户管理，对非定向捐赠全部统筹用于薄弱学校和农村学校建设。印发了《关于清理和规范青少年假日活动中心的通知》，要求按转为公益性、纯民办或者撤销的分类进行清理规范。

〔**启动调整杭州外国语学校办学体制**〕 2009年6月，浙江省教育厅下发《关于调整杭州外国语学校办学体制的决定》，正式启动杭州外国语学校"国有民办"办学体制调整工作，推动了全省国有民办学校体制的调整。根据调整方案，调整工作实行逐步推进的原则进行，计划到2013年，基本完成杭州外国语学校体制调整的各项目标和要求，逐步恢复学校公办性质。办学规模逐步调整为42个班，招生采取"推荐加电脑派位"办法。学校仍隶属省教育厅，整体划归浙江教育学院管理。

〔**出台《浙江省义务教育条例》**〕 2009年，浙江省教育厅历经8个月，十易其稿，形成《浙江省义务教育条例》（草案）。2009年11月27日，浙江省第十一届人民代表大会常务委员会第十四次会议通过《浙江省义务教育条例》（简称《条例》），2010年3月1日起实施。《条例》在经费保障、教育公平、均衡发展、素质教育等问题上实现了一定突破，不少条款具有鲜明的浙江地方特色，为更好地解决"公平、均衡、素质、质量、协调"问题提供了法律保障。

职业教育与成人教育

〔**综述**〕 2009年，浙江省中等职业学校办学条件继续得到改善。2009年，中职学校生均校舍建筑面积15.6平方米，比上年增加0.1平方米。生均仪器设备值3 318元，比上年增加330元。中等职业教育生师比为20.5∶1，专任教师学历合格率为91.5%，比上年提高1.6个百分点。“双师型”教师占专任教师和专业课教师的比例分别达26.6%和57.2%，分别比上年提高3个和3.6个百分点。

积极开展农村预备劳动力、企业职工、农村劳动力素质等各种类型的培训，全省组织开展农村预备劳动力培训3.65万人，超额完成全年培训任务。积极开展成人“双证制”教育培训工作，开发成人“双证制”教育培训文化课辅导教材。积极推进“双元制”成人高职教育改革试点工作，将试点学校扩大到所有国家级和省级示范性高职院校，招生规模达2 500人。

从2009年秋季开始，对符合低收入家庭子女条件的中职在校学生免除学费并提供营养餐。所需资金，省财政按结算标准和转移支付系数对各市、县（市、区）安排财政补助数，不足部分由地方财政承担。同时，对未享受免学费的其他一、二年级学生，仍按国家有关规定，提供每生每年1 500元的助学金。2009年下半年，全省有12.5万名学生享受免费，占在校生总数的24%，另有23万名学生享受助学金，共投入经费3.5亿元。

〔**继续大力实施“职业教育六项行动计划”**〕 浙江省自2006年实施“职业教育六项行动计划”(职业院校助学奖学行动计划、中等职业学校实训基地建设行动计划、中等职业学校师资队伍建设行动计划、县级骨干职业学校建设行动计划、职业教育校企合作行动计划、提升劳动力素质行动计划)以来，各级政府高度重视职业教育发展，政策和投入力度明显加大，通过强化实训基地建设和示范专业建设，专业建设水平和实训条件得到显著提升。2009年，全省新增50个省级示范专业、32个省级实训基地、7个综合性公共实训基地，省级财政补助经费达6 500万元。省级财政投入经费3 039万元用于全省42个欠发达地区骨干职业学校专业建设。6所中职学校成功创建中央财政支持职业教育实训基地。截至2009年年底，浙江省共有国家级重点职业学校105所、国家级重点技工学校15所、省级以上重点中等职业学校178所、省级重点技工学校33所；中央财政支持的职业教育实训基地48个、省级实训基地145个、省级综合性公共实训基地22个；省级示范专业311个。在省级以上重点职业学校（含技工学校）就读的学生达52.47万人，占全省中职学校在校生总数的71.72%，优质职教资源的覆盖面和受益面大大增加。

〔**强化实训基地管理水平**〕 为进一步发挥实训基地在技能型人才培养方面的功能，促进学生尽快实现“学校人”向“职业人”的有效转变，在借鉴日本、德国企业先进管理理念的基础上，浙江在中职学校全面推行以整理、整顿、清扫、清洁、素养、安全、节约等为主要内容的现代化企业管理模式和标准化管理机制。全省中等职业学校省级以上实训基地都已全面实行了规范化管理模式，地方和学校自行建设的实训基地也纷纷参照这一管理模式，建立了一整套可操作性强的规范化管理制度和运行模式。

〔**深入推进职业教育课程改革**〕 浙江省深入推进以“公共课程＋核心课程＋教学项目”为主要特征的课程改革，逐步形成独特、高效的中职教育专业课程体系。全面推行学分制、分层教学制和毕业生“双证制”，注重学生的个性发展和素质提高。2009年，浙江省正式启动物流、动漫、计算机应用与维修等第二批试点专业，命名34所中职学校为“省中等职业教育专业课程改革基地学校”，履行课改实验、示范和交流等职责。

〔**扎实推进工学结合、校企合作**〕 积极推进校企合作，组建一批紧密型的职教集团，成立各级专业教学指导委员会，积极搭建校企合作平台。全面推行工学结合、顶岗实习，学生培养与社会需求进一步接轨。2009年，先后成立了杭州市开元商贸职教集团、杭州市旅游职校教育集团、温州市职业中专教育联合体、永嘉县职业中学教育集团、天台县职教集团等5家职教集团。

〔**加强中职学校教师队伍建设**〕 推动中职“双师型”教师培养培训工作，制定《浙江省中等职业学校实习指导教师职务试行办法》，继续深入实施“中等职业学校师资队伍建设行动计划”，完成专业课教师省级培训2 294人，专业负责人培训81人，校长培训45人，举办5个职业工种的中职教师技能大赛，落实省财政支持的400名中职特聘兼职教师资助计划，并帮助四川省培训专业课教师168人。认真完成教育部“中等职业学校教师素质提高计划”的各项工作任务，组织120名专业骨干教师参加国家级培训，并遴选其中10名教师参加出国进修，落实中央财政支持的110名中职紧缺专业特聘兼职教师资助计划。

〔**推行中职学生实习责任保险**〕 在中职学校普遍推行学生实习责任保险，切实保障企业和实习学生的利益，以充分调动企业参与校企合作、接纳学生实习的积极性。据统计，目前全省已有310所职业高中投保学生实习责任保险（约占总数的90%），投保的学生达到23.43万人，约占参加实习学生总数的90%以上。

〔**召开全省中等职业学校学生德育工作会议**〕 2009年11月，浙江省教育厅联合浙江省委宣传部等五部门在衢州市召开全省中等职业学校学生德育工作会议，专题研究中职学生德育工作。会议要求，坚持育人为本、德育为先的方针，以“八个一”为工作抓手，努力开创全省中职学生德育工作新局面。一是上好一堂德育课。二是抓好一年顶岗实习。三是搭好一组活动平台。四是抓好一支德育队伍。五是建好一套管理制度。六是创设一种校园文化。七是建好一个工作网络。八是用好一个德育工作评估标准。

高等教育

〔**统筹规划院校设置**〕 2009年3月，浙江农业商贸职业学院经浙江省政府批准筹建。4月，杭州科技职业学院经浙江省政府批准正式建校，并通过教育部备案。9月，浙江传媒学院桐乡校区经浙江省政府批准同意建设。启动浙江教育学院、浙江林学院等7所高校的改制、升格、更名工作。截至2009年年底，完成全国高校设置评议委员会专家组对浙江教育学院、浙江工业大学浙西分校、浙江林学院等3所院校的考察工作。

〔**推进教学改革**〕 2009年，浙江省建立并强化分类管理机制，强调项目申报、建设、验收、成果交流与推广并重，力求教学建设与改革取得实效。首次在浙江省教育厅门户网站上向社会发布2008年全省地方高校本科教学质量监测结果，积极探索教学质量的长效保障机制和社会监督机制。2009年，浙江省共有39项高等教育教学成果获得国家奖励表彰，获奖率60%，位居全国第一。

〔**专业与课程建设**〕 积极开展高校专业结构优化工作，以“服务转型升级，提高育人质量”为主题，以“需求导向、基础依据、特色发展、整体提高”为原则，遵循教育教学内在发展规律，构建全方位、多层次服务于浙江经济社会发展的高素质创新型人才培养体系。改进高校专业增设、调整申报和审批工作办法，根据院校、申报专业性质的不同，自2009年起，对专业增设和调整试行分类指导，合理控制专业总量，强化行业和企业参与论证制度，建立专业增设与就业状况挂钩制度。2009年，全省30所普通本科高校共177个本科专业，21所独立学院共580个本科专业，21所本科高校、2所独立学院、47所高职（高专）院校、2所成人高校共1 514个普通高职（高专）专业。经教育部批准，2009年度浙江省共有28个专业点（包括浙江大学直报5个）入选第四批高等学校特色专业建设点，共有45门省级精品课程被评为国家精品课程，包括本科课程20门，高职高专课程25门，占2009年度国家精品课程总数的6.9%。

〔**实施“重中之重学科”建设**〕 启动第一批“重中之重学科”的验收工作，在认真总结第一批10个“重中之重学科”建设经验的基础上，全面启动第二批20个“重中之重学科”的建设。第二批“重中之重学科”建设更加注重学科的原有基础、水平与学校的实际，实行每一个学科分别制定目标建设方案与经费使用方案的办法；进一步明确了学校自筹及其他渠道投入的资金可根据实际需要确定用途；经费资助中加大了队伍建设的比例，为学科持续健康高水平发展创造了条件。2009年，浙江高校以第一单位获得国家科学技术奖17项，占全省的89%。其中浙江大学9项，省属高校8项，省属高校获奖项目全部出自“重中之重学科”。

〔**示范性高职建设**〕 2009年，浙江省正式启动20所省级示范高职及2所重点培育单位的立项建设工作。在广泛征求相关院校与专家的基础上，研究制定了《关于省级示范性高等职业院校建设的指导意见》，明确了浙江省级示范性高等职业院校的建设重点。要求各省级示范性高职院校根据建设重点，参照国家示范性高等职业院校的建设标准，正确把握高等职业教育的发展方向，明确办学定位，确定建设目标。参照国内同行业岗位先进水平的标准，准确设定人才培养目标，细化人才培养方案。努力通过示范建设，使建设院校的办学实力和办学效益有明显提升，办学优势和办学特色进一步凸显。三年建设期间（2009年6月至2012年6月），浙江省将对示范性高职院校建设成效进行评估，对中期检查考核结果不理想的院校第三年建设经费将削减20%。对通过最终考核验收的院校授予“浙江省示范性高等职业院校”称号。

〔**加强师资队伍建设**〕 启动高校海外高层次人才引进计划，赴美国和加拿大参加“浙江省海外高层次人才恳谈会”，期间共有15名海外高层次人才与浙江省高校签订了协议。2009年，共有19人入选中组部“海外高层次人才支持计划”（“千人计划”）引进人才；有11人入选浙江省首批“海外高层次人才支持计划”创新类人才。启动了高校创新团队支持计划，遴选产生了25个高校创新团队进行重点支持；招聘了15名“钱江学者”特聘教授；以项目的形式资助了400名高校优秀青年教师。下放普通本科院校副高级专业技术职务资格评审权，从2009年起，将省高校教师高级专业技术职务资格评审委员会高校副高级专业技术职务评审组设置权扩大至所有已取得学士学位授予权的普通本科院校。重新组建了省高校教师高级专业技术职务资格评审委员会专家库，专家库的人数增加了一倍，更新人数达到三分之二，一批年轻的教授进入了专家库；在坚持公开、公平，保证质量的原则下，完成了1 900名高校教师的专业技术职务资格的评审工作。开展各种形式的教师培训。2009年，共有5 000余名新教师参加了浙江省教育厅组织的高校教师岗前培训。做好访问学者选派工作。选派了157名青年教师到国内重点大学做访问学者，其中51人被列入教育部青年骨干教师国内高级访问学者资助名单。截至2009年年底，浙江省高校共有“两院”院士25名，“长江学者”特聘教授48人、讲座教授15人，“百千万人才工程”国家级人选85人，浙江省特级专家35名，浙江省“钱江学者”特聘教授44名。

〔**建立普通高校绩效评价与财政拨款挂钩制度**〕 为提高省属高校本科教学质量，浙江省教育厅与浙江省财政厅印发了《关于试行省属普通高等学校本科教学业绩考核结果与财政拨款挂钩办法的通知》，对省属普通高校本科教学业绩进行考核，并将考核结果与财政拨款挂钩。考核指标体系包括师资队伍、教学资源、教学建设与改革、质量监控、培养质量和社会评价等6个一级指标以及细化的25个二级指标组织，另设“特色与创新”附加指标。省财政厅、省教育厅根据考核结果，确定各省属高校预算拨款浮动系数，据以分配并核拨经费。

〔**建设“平安校园”**〕 2009年，浙江省制定并下发了《关于深化“平安校园”建设工作的意见》、《浙江省高等学校校园安全稳定月度工作重点》，要求各高校建立大学生思想动态定期研判制度，组织开展高校安全隐患排查化解工作，有效处置各类校园突发事端。认真组织开展“庆祝新中国成立60周年”主题教育活动和“民族团结教育”主题活动，全力做好敏感时期高校安全稳定工作。积极组织形势政策报告会，邀请赵洪祝、吕祖善等近20位省领导分别到高校为1万多名师生作形势政策报告。全面加强校园宣传文化阵地管理。组织专家编写《高校心理委员培训教程》，制定《大学生心理危机干预工作程序》。

〔**开展“5111”校企对接活动**〕 以服务企业特别是中小企业为重点，以企业对接帮扶和培训企业职工为主要内容，集中开展有针对性的服务活动，开展了“5111”校企对接活动（组织省内高校500名教授，开展10场校企对接活动，力争建设100个服务企业的平台，惠及全省1 000家以上企业）。截至2009年底，参与的高校达到40余所，教授博士1 200余人次；举办对接活动20多场，直接服务的企业达到2 000家以上，签订高校与地方政府的全面合作协议10余个，学校与企业的合作协议300多个，协议资金1.3亿元；建立各种科技与人才培养服务平台110多个，直接为企业培训员工3 000多人。

〔**组织“百名博士下百家企业”**〕 2009年2月，浙江省教育厅组织在杭16所高校的109名博士与杭州市下沙开发区百家科技型企业进行结对，开展科技项目合作、技术难题联合攻关，计划在项目对接的基础上，联合共建研发中心、技术中心、联合实验室等10个以上，建立人才培训基地50个以上。活动启动以来，百名博士带着感情、带着项目、带着科研，分组、分行业深入企业，为高校和企业搭建科技创新的桥梁，把高校科研创新成果转化为现实生产力。截至2009年年底，浙江省教育厅和杭州经济技术开发区联合组织开展了4场博士与企业的专题对接活动，涉及材料、机械、电子等多个领域，已促成了浙江大学、浙江工业大学、杭州电子科技大学、浙江工商大学等7所高校与7家企业、8个项目的正式签约，19个项目达成合作意向。

〔**召开高校党建工作会议**〕 按照中央“抓基层、打基础”的工作要求，2009年11月，浙江省教育厅召开全省高校党建工作会议，对基层党建进行专题研究，制定了《加强高校基层组织建设指导意见》、《加强和改进民办高校党建工作的若干意见》和《党代会代表任期制实施细则》等3个规范性文件，切实提高高校基层组织建设工作水平。

〔**设立浙江省政府来华留学生奖学金**〕 2009年，浙江省正式设立政府来华留学生奖学金，每年500万元。经过层层推荐、评选、公示，2009年全省高校共评选出300名A、B、C类奖学金获得者。2009年，浙江省外国留学生规模达到8 217人，比去年增加11.1%。其中长期生6 727人，占留学生总数的82%；学位生2 727人，比去年增加21.4%。

〔**大学生纳入城镇居民基本医疗保障制度**〕 为贯彻落实国家有关精神，经浙江省政府同意，从2009年秋季开始，浙江将大学生纳入城镇居民基本医疗保险范围。纳入参保范围的大学生包括民办高校在内的全日制本专科学生、研究生。

〔**高校毕业生就业工作**〕 2009年3月，浙江省政府办公厅出台《关于加强普通高校毕业生就业工作的意见》，提出鼓励高校毕业生到城乡社区和基层公共服务领域就业、支持高校毕业生自主创业、引导高校毕业生到中小企业和非公有制企业就业、挖掘国有企事业单位吸纳高校毕业生就业的潜力等9条意见，各地政府也采取了一系列相应的政策促进大学生就业。根据省政府有关文件精神，浙江省教育厅多次召开高校毕业生就业工作会议和就业形势分析会，研究部署毕业生就业工作：增加了专升本和研究生招生计划；鼓励高校毕业生到基层就业和到部队锻炼，鼓励和支持毕业生自主创业；在10所高校建立大学生创业实验园；出台了《关于高校毕业生从事电子商务（网店）认定自主创业的暂行办法》；推出“寒门学子就业关怀计划”，举办“寒门学子”专场招聘会等。在各方共同努力下，据国家统计局浙江调查总队抽样调查显示，浙江省2009届普通高校毕业生初次就业率达到93.30%，同比提高0.06个百分点，列全国各省（市、区）第二名。

撰稿 徐 漾
审稿 吴永良 高迎春

宁波市教育

概 况

〔基本情况〕

2009年各级各类学校校数、教职工、专任教师情况

	学校数（所）	教职工数（人）	专任教师数（人）
一、高等教育	15		
（一）研究生培养机构（不计校数）			
1. 普通高校	1		
2. 科研机构			
（二）普通高等学校	13	10 091	6 933
1. 本科院校	6	6 716	4 617
2. 专科院校	7	3 375	2 316
其中：职业技术学院	5	2 355	1 728
3. 分校、大专班（点）（不计校数）			
（三）成人高等学校	2	633	462
（四）民办的其他高等教育机构			
1. 学历文凭考试机构			
2. 非学历文凭考试机构			
二、中等教育			
（一）高中阶段教育			
1. 高中			
普通高中	82	9 797	7 774

续表

	学校数 （所）	教职工数 （人）	专任教师数 （人）
成人高中			
2. 中等职业教育	57	5 553	4 734
普通中等专业学校	7	1 342	1 152
成人中等专业学校	12	317	197
职业高中	38	3 611	3 171
技工学校			
其他机构（教学点）（不计校数）		283	214
（二）初中阶段教育			
1. 普通初中	224	16 918	14 944
2. 职业初中			
3. 成人初中			
三、初等教育			
（一）普通小学	536	23 820	21 184
（二）成人小学			
其中：扫盲班			
四、工读学校			
五、特殊教育	6	237	169
六、学前教育	1 280	22 719	12 964

注：普通高中的教职工数包含普通初中数据，技工学校无分省数据。

2009 年各级各类学历教育学生情况

	毕业生数 （人）	招生数 （人）	在校生数 （人）
一、高等教育			
（一）研究生	456	963	2 397
（二）普通本专科	36 662	41 681	135 098
（三）成人本专科	22 656	21 765	52 139
（四）其他各类高等学历教育			
1. 在职人员攻读博士、硕士学位			
2. 网络本专科生			
3. 学历文凭考试			
二、中等教育			
（一）高中阶段教育			
1. 高中			

续表

	毕业生数（人）	招生数（人）	在校生数（人）
普通高中	33 316	37 127	103 882
成人高中			
2. 中等职业教育	26 406	30 058	81 293
普通中专	2 197	4 761	8 818
成人中专	331		42
职业高中	23 878	25 297	72 433
技工学校			
（二）初中阶段教育			
1. 普通初中	76 814	73 443	229 063
2. 职业初中			
3. 成人初中			
三、初等教育			
（一）普通小学	79 440	74 952	450 322
（二）成人小学			
其中：扫盲班			
四、工读学校			
五、特殊教育	95	86	739
六、学前教育	70 593	65 349	226 366

2009 年各级各类非学历教育学生情况

	毕（结）业生数（人）	招生数（人）	在校生数（人）
一、高等教育			
（一）研究生课程进修班			
（二）自考助学班			
（三）普通预科生			
（四）证书教育	9 421		
（五）岗位培训			
（六）进修及培训	109 565		
二、中等教育			
（一）中等职业教育			
（二）职业技术培训机构			

2009 年各级民办教育基本情况

	学校数（所）	毕业生数（人）	招生数（人）	在校生数（人）	教职工数（人）	专任教师数（人）
一、民办高等教育	2	3 872	6 706	16 051	1 094	780
（一）普通高校	2	3 872	6 706	16 051	1 094	780
（二）成人高校						
（三）民办的其他高等教育机构						
二、民办中等教育机构						
（一）高中阶段教育						
其中：民办普通高中	24	7 055	9 079	23 678		
民办中等职业教育	10	1 766	1 639	5 033	314	236
（二）初中阶段教育						
其中：民办普通初中	30	8 651	11 995	34 466		
民办职业初中						
三、民办普通小学	63	12 998	12 159	72 001	3 603	2 778
四、民办幼儿园	1 059	49 670	44 442	159 293	14 958	8 474

〔**综述**〕 2009 年，宁波市共有各级各类学校 2 289 所，在校生 137.6 万人，教职工 9.1 万人，其中专任教师 7 万人。九年义务教育入学率、巩固率分别为 100%和 99.9%；初中毕业生升入高中段学校的比例为 98.7%，创历史新高；普通高校录取率达 90%，比全省平均录取率高 8 个百分点，高等教育毛入学率达到 49%，比上年增长 1 个百分点。学前三年幼儿纯入园率 99%，其中 75%的幼儿在省级以上示范性幼儿园就读。有特殊教育学校 6 所，在校学生 739 人；另有在普通学校随班就读的特教学生 380 人。全日制普通高校 13 所，在校生 13.7 万人（其中研究生 2 397 人，比上年增长 26.5%），博士点 3 个；成人高校 2 所，在校生 5.2 万人。中等职业教育共招收新生 30 058 人，与普通高中招生比例基本持平。全年成人教育培训 280 万人次，选送 242 名优秀农民进高校进修。全市有民办中小学、幼儿园 1 186 所，学生 28.9 万人，占中小学、幼儿园学生数的 27%。其中幼儿园占 70%、小学占 16%、初中占 15%、普通高中占 23%、中等职业学校占 6%。2009 年内，市教育局被教育部授予爱国歌曲大家唱——教育系统“祖国万岁”歌咏活动优秀组织奖、被省教育厅评为 2009 年度浙江省教育科学和谐发展业绩考核优秀单位、被市委市政府评为宁波市蝉联全国文明城市工作先进集体。

〔**深入开展学习实践科学发展观活动，推进实施素质教育，促进学生全面发展**〕 2009 年，市教育局制发《宁波市中小学学科德育工作纲要》、《宁波市中小学生心理健康教育促进工程实施意见》，举办全市教育系统庆祝新中国成立 60 周年大型主题歌会，开展“传承五四薪火，实践科学发展”主题活动日及“读书明智”等主题教育活动。召开市第 14 次中小学德育工作会议、高校思想政治教育研究会 2009 年年会，表彰市示范性文明学校近 120 所、高校“三优秀三文明”个人和集体 348 个。制发《进一步深化普通高中课程改革的意见》，推进普通高中新课程实验、示范学校建设。

颁发《宁波市义务教育阶段"轻负担高质量"实验学校推荐标准（试行)》，确定首批25所实验学校。

〔**继续深化服务型教育体系，提升教育服务功能**〕 高等教育服务地方能力进一步增强，推进十大应用型人才培养基地建设，评定第三期基地项目242项，落实资金1 680万元。在甬高校完成高端培训8 000余人次。数字图书馆正式建成，被誉为国内区域性数字图书馆典范。在第六届高等教育国家级教学成果奖评比中，宁波职业技术学院与海天集团共同申报的"搭建教学育人就业开放平台"办学成果获一等奖，这是宁波市高等教育历史上首次获此殊荣。另获二等奖3项。教育培训全面推进，完成企业职工培训2.5万人次，农村预备劳动力培训2 396人，成人"双证制"高中招生6 370人。

〔**以注重师德教育和能力培养为抓手，推动教师队伍建设**〕 2009年，宁波教育系统相继涌现出献身山区教育事业、被追授为宁波市优秀共产党员、宁波市劳动模范的余姚市梁弄镇初级中学校长徐立科，毕生育人的镇海区中兴中学退休教师、"关工之星"金时荣，被学生誉为"妈妈老师"的宁海县职教中心学校"终身班主任"张彩花等先进教师典型，在全市深入开展学习宣传活动，推进"群体师德创优"。完成全市500名农村中小学教师、500名幼儿园事业编制教师的定向招聘和培训工作，全年补充新教师2 300余名，全市小学、初中专任教师高一级学历达到89.4%和85%，新增"小中高"教师112名、中学高级教师678名。整合建立宁波市中小学幼儿园师干训工作领导小组，1.6万余名农村幼儿园园长、教师接受培训。推进省农村中小学教师"领雁工程"和市农村中小学"百千万"师训工程，培训市、县级骨干教师1 200余人。

基础教育

〔**综述**〕 2009年，全市共有小学536所，在校学生45.03万人。初中学校224所，学生22.9万人。高中学校82所，学生10.39万人。幼儿园1 244所，在园幼儿共23.53万人。特殊教育学校6所，学生739人。有23.4万名外来务工子女在全市义务教育阶段学校就读，九年义务教育人口覆盖率为100%，盲童、聋童、弱智等残疾儿童入学率为98.5%。初中普、职高比例继续保持1∶1。初中毕业生升入高中阶段教育比例上升到98.7%。学前三年儿童纯入园率达到99%。

〔**完善教育保障机制，有效推进教育公平**〕 免除全市城乡义务教育阶段所有学生的学杂费，免收在公办学校就读的所有外来务工子女的借读费。提高义务教育段年生均公用经费最低标准，小学从400元到450元，初中从600元到650元。出台《关于进一步做好中等职业学校低收入家庭学生免除学费工作的通知》，对家庭经济困难的中职学生，免除学费、课本作业本费、住宿费，提供营养餐并给予享受助学金，全市有9 000余名中职学生受惠，涉及经费2 300余万元。结合实施全国中小学校舍安全工程，推进小规模学校改造和义务教育段学校标准化建设，全市改造、迁建、重建校舍面积近130万平方米，完工51万平方米，义务教育段学校标准化建设的比例已达83.76%。启动农村中小学现代化远程教育工程三年规划，年内新购置计算机近3 500台，配备教室多媒体设施900余套，学生计算机教室近20个，城乡教育资源配置进一步均衡。

〔**招生制度改革稳步推进**〕 2009年进一步加大高中招生制度改革，继续实施初中毕业生学业考试与学生综合素质评价相结合的高中招生制度，首次将安全实践教育列入初中毕业生综合素质测评内容，成为高中阶段学校录取的前置条件。在中考命题中首次引入 PISA 类试题，提高宁波市初中毕业生学业考试命题工作的科学性、实效性和创新性，确保课改进一步向纵深发展。继续扩大全市省一级重点普通高中保送生比例，海曙、江东、江北及宁波国家高新区计划推荐保送生名额达 915 名，保送生比例达 51%。

〔**基础教育新课程改革顺利推进**〕 制发《进一步深化普通高中课程改革的意见》，推进普通高中新课程实验、样本学校建设，组织开展经验交流，推动学科建设。2009 年 4 万余名考生参加了新课改后的首次高考，文理本科上线比例比 2008 年上升 4.22%、5.99%。在调研和试点的基础上，制定了《宁波市义务教育阶段“轻负担高质量”实验学校推荐标准（试行）》，加强对 25 所“轻负担高质量”实验学校的科学指导和经验总结。推进中小学生课外文体活动示范区和体育艺术特色学校建设，全市已有 9 个省级文体工程示范区、35 所省体育特色学校、16 所省艺术特色学校。市三区 89%的中小学体育场馆向社区居民免费开放。

〔**中小学生德育工作深入推进**〕 2009 年召开了宁波市第十四次中小学德育工作会议，印发《宁波市中小学学科德育工作纲要》，举行学科德育观摩研讨会，在课堂具体落实中小学德育工作。积极开展新中国成立 60 周年爱国主义主题教育活动，深入开展“做一个有道德的人”道德实践活动，“传承五四薪火，实践科学发展”主题活动月及“读书明智”等多项主题教育活动，通过举办志愿者活动、爱心拍卖、主题团日观摩、青春与责任演讲比赛及暑期社会实践等，抓好社会主义核心价值观体系教育和法制教育。深入推进校园文化建设，开展第二届中小学生社团文化节等中小学生社会实践活动。制发《宁波市中小学生心理健康促进工程实施意见》，启动宁波市中小学心理健康行动工程，确定了 10 所心理教育试点学校。推荐评选市示范性文明学校近 120 所。

〔**深入开展安全教育**〕 2009 年年初召开宁波市学校安全稳定工作会议，后又相继召开各县（市）区安全联络员和直属学校分管领导会议，制定进一步深化隐患排查的目标和措施，全市一半以上县（市）区教育局已成立或将要成立安全管理专职机构。深入开展安全教育，举行宁波市学校师生应急避险大演练活动，首次将学生安全教育实践体验落实到中招综合素质评价办法中。组织两期自救互救师资培训班，在学生社会实践基地启动初三毕业学生自救互救技能培训。着手进行学校应急预案修订工作，开通宁波校园安全教育网。强化平安校园创建和督查，全市 65%省等级幼儿园和 84%的流动人口子女学校达到创建标准。全市中小学生（幼儿）非正常死亡人数比 2008 年减少 11 人。

〔**强化学前教育**〕 全市各地进一步贯彻落实宁波市人民政府《关于加快学前教育改革与发展的若干意见》，学前教育发展从普及阶段逐步进入均衡优质发展的新阶段。全市 1 244 所幼儿园中，85%的幼儿园已达到省基本标准，全市乡镇中心幼儿园建园率和标准化率均达到 100%；全市 54%幼儿园为省三级以上幼儿园，省等级幼儿园招生覆盖率达到 75.1%；全市有幼儿园专任教师 1.3 万人，学历合格率为 97.2%，其中高一级学历（大专以上）持有率为 50.9%；新招聘事业编制幼儿教师 500 名，幼儿教师的整体水平明显提高。

〔**支持特殊教育**〕 召开宁波市特殊教育学校校长工作会议，参加市政府残工委贯彻省委 3 号文件调研活动，提出关于加快推进残疾人事业发展的修改意见。加快各县（市）区培智学校布局建设工作，推进各县（市）区支持性教育资源中心和资源教室的建设。加强民族团结教育，关心宁波中学新疆班学生学习生活，组织开展民族团结教育宣传活动。

职业教育与成人教育

〔综述〕 2009年，宁波职业教育贯彻落实科学发展观，围绕“学有优教”目标，大力培养高素质技能人才，职成教事业取得新进展。全市中等职业学校招收新生3.32万人，中职教育与普通高中招生比例超过1∶1。全市独立设置的中等职业学校达41所，其中省级以上重点中等职业学校29所，国家级重点职业学校20所，中等职业学校在校生近8.4万人，职业学校优质教育资源比例超过80%。全市共建成国家级重点专业3个、省示范专业37个和市现代化专业30个、中央财政扶持的职业教育实习实训基地12个、浙江省实训基地及公共实训基地14个。

〔发展重心由基础能力建设转变为服务能力提升〕 全市基本按照区域产业发展要求完成中等职业学校专业布局调整，在职业院校建成机电、建筑、物流等10大实习实训示范基地，在宁波韵升股份有限公司、宁波公运集团有限公司、宁波石浦酒店发展有限公司、双林集团有限公司等建立了4个校外实训基地。专业建设与产业需求的紧密度进一步提升，中职教育服务经济社会的人才支撑能力进一步提高。

〔校企合作由松散合作转变为多方良性互动〕 全市中等职业学校于2009年4月份启动“2211”校企牵手活动。截至年底，各校累计走访企业（社区）3 286家，加入了51个行业协会，在职业学校新建8个技能鉴定站，新增几十个培训项目，培训企业职工或外来务工人员246 100人次，每家单位均撰写了1篇调研报告。市教育局召开表彰大会，江北区教育局等7家单位获优秀组织奖，宁波市职教中心学校等20家单位获先进单位荣誉称号，16篇调研报告获优秀奖。

〔教学改革由被动适应转变为主动转型〕 全市中等职业教育新课程改革进展顺利，市教育局制发了《关于进一步推进中等职业教育课程改革的实施意见》和《宁波市中等职业教育地方特色教材研发与管理办法》，加大力度推进中等职业教育课程改革，以省课改基地学校为核心，评选出宁波市职教中心学校等首批13所市级专业课程改革基地学校，120余本在编教材被列为地方特色专业候选教材。

〔基础能力建设不断加强〕 各县（市）区教育行政部门有重点地扶持一批地处经济发展中心区域的乡镇成人学校，在政策、资金、师资、校舍、设施设备等方面给予重点倾斜，全市各地成人学校基础能力建设发展迅猛，全年评估验收了12所省示范性成人学校（待批）和2所省一级成校，省示范性成人学校数在全省处于领先地位。截至2009年年底，全市拥有各级各类成人学校1 948所。其中，省示范性成人学校37所、省一级成校28所、省二级成校37所、省三级成校21所、市级成人学校1所、县级成人教育中心学校（社区学院）11所、村级（社区）成校1 810所。

〔社区教育从城区向农村进一步拓展〕 在宁波电大成立“宁波社区大学”，江北区和慈溪市被教育部认定为全国社区教育实验区，全市全国社区教育实验区和示范区达5个。在全市范围内组织开展了第二批社区教育示范乡镇（街道）评估工作，最终评估认定了18个乡镇（街道）为宁波市第二批社区教育示范乡镇（街道）。

〔服务经济社会发展能力全方位推进〕 全市各级各类成人学校以服务当地经济社会发展为宗旨，积极开展各类教育培训活动。全年非学历培训达280.1万人次，其中，企业职工岗位技能培训35.65万人次、农业实用技术培训16.61万人次、农村劳动力转移培训 8.79 万人次、农村预备劳动力培训 0.28 万人次、市民及外来民工各类素质培训人数为 218.77 万人次。成人高中“双证制”和成人中专招收新生 8 385 人，成人大专以上学历教育招生人数为 6 895 人。企业职工培训项目按规范操作，有序开展。2009 年度共完成 23 967 名企业职工的培训任务，下发补助经费共计 1 444.55 万元。全市完成农村劳动预备教育培训对象 2 876 名，超额完成省政府下达的 2 100 名指标任务。选送了 240 名优秀农民赴高校进修。继续开展农科教结合工作，全市选送 6 个农科教结合项目，有 4 个项目被市农科教办公室立项。

〔**终身学习宣传精彩纷呈**〕 2009 年 10 月 25 日至 31 日，举办宁波市第五届终身学习宣传周活动，本届活动以“人人学习，促进发展”为主题。全市设立一个活动中心区和 10 个县（市）、区城关活动分中心区，实行市、县、乡、村“四级联动”，活动周层次高，活动多，影响大。市政府、市政协有关领导出席了开幕式。宣传周期间还举行了向 15 个乡镇赠书活动、社区教育共建签约仪式、宁波成人教育成果展示、社区教育工作者论坛、摄影比赛、专家报告会、社区教育讲师团进社区宣讲等 1 000 多个活动项目，有近 500 家成人学校、非学历培训机构参与活动，社会各界群众参与人次达 50 余万。

高 等 教 育

〔**综述**〕 2009 年，宁波高等教育工作以党的十七大和十七届四中全会精神为指导，根据国家教育部、浙江省教育厅和宁波市教育局年度重点工作安排，大力贯彻落实科学发展观，深入构建服务型高等教育体系。全市高校总数为 15 所，其中本科院校 6 所、高职高专 7 所、成人高校 2 所。全日制普通高校在校生达 13.7 万人，其中研究生 2 878 人、本科生 7.3 万人、专科 6.2 万人，本专科比例为 53.8∶46.2。成人高等教育在校生 5.2 万人。高等教育毛入学率达到 49%。浙江省高等教育副中心的地位已牢固确立。

高校办学条件不断改善，生均资产总值、仪器设备值、藏书量等逐年提高。到 2009 年底，全市高校的占地和建筑面积分别达到了 916 万平方米和 431.6 万平方米，全市高校图书馆藏书总量 1 035.38万册（生均 76.7 册）、教学仪器设备总值 16.17 亿元（生均 1.2 万元）、固定资产总值 69.6 亿元（生均 5.16 万元）。高等教育毛入学率高于全国 20 余个百分点，在国内同类城市中居于前列。

〔**师资队伍结构不断优化**〕 在甬高校共有专任教师 7 395 人，其中正高 635 人、副高 2 070 人，博士 878 人、硕士 2 415 人。产生第二批 4 名“甬江学者”特聘教授。

〔**开展国际、国内的教育合作**〕 采用国际引进模式建成宁波诺丁汉大学，现有在校生 3 000 余人，学生来自世界上 30 多个国家，首批本科生 2008 年毕业，2009 年学校经教育部批准开展博士生教育。宁波大学已与 40 多所国外院校建立了校际交流合作关系，宁波职业技术学院与美国 PTC 公司合作，建立了国内首个 PTC 职业教育中心。浙江大学合作举办的浙江大学宁波理工学院，已经成为宁波市高等教育的重要力量；委托中国科学院管理的宁波职业技术学院成为全国首批示范性高职院校；继续与中国社会科学院全面合作，新增了 6 个研究中心、5 个委托课题研究。

〔**教育教学模式改革实现历史性突破**〕 在甬高校因校制宜，以社会需求为导向，创建了多种具有国内示范水平的人才培养模式。在 2009 年第六届高等教育国家级教学成果评审中，在甬高校获 1 项一等奖、3 项二等奖，这是宁波市在国家教学成果奖项目上实现的重大突破。2009 年，宁波职业技术学院成为国家首批示范性高职院校，浙江万里学院钱国英教授带头的“生物技术核心课程教学模式教学团队”入选国家级教学团队；浙江万里学院一学生项目获 2009 年第十一届全国“挑战杯”大学生课外学术科技作品竞赛特等奖。

〔**服务地方，贴近经济**〕 为推进经济体制转轨、发展模式转型，宁波市立足全市经济社会发展实际和人民群众的教育需求，确立了构建服务型教育体系的发展战略，强调教育要为学生全面发展服务、为提高学生的就业能力服务、为地方经济的支柱和主导产业发展服务，开展了一系列建设工作。建设了 10 大应用型专业人才培养基地。针对宁波主导产业和支柱产业的需求，通过校际合作、校企合作，全面建设石油化工、生物医药等 10 大应用型专业人才培养基地。至此，共开展人才培养模式改革、教学改革、课程教材建设、实验室及实习实训基地建设共 257 项，开设了 50 余个校企深度合作的应用型创新人才试验班。数字图书馆正式建成，被誉为国内区域性数字图书馆典范。

〔**继续深化服务型教育体系，提升教育服务功能**〕 加强校企合作，推动职业教育与经济社会联动发展。组织 40 多所中职学校、120 多所成校，走访 3 286 家企业、行业协会和社区街道，培训各类人员 24.6 万人次，共同应对金融危机。国内首部职业教育校企合作法规《宁波市职业教育校企合作促进条例》3 月 1 日起正式实施。评定市第二批特色专业中职学校 4 所（累计已达 10 所），新增 4 个省示范实训基地和 2 个省级公共实训基地。在 2009 年全国职业院校技能大赛中，宁波市获 10 项一等奖、26 项二等奖、17 项三等奖，总成绩列 37 个代表队第 5 位，比上年提升 3 位。

撰稿 王 科 余晶晶 汪维民 何健明 章敏杰 陈鸿洋
审稿 鲁焕清

安徽省教育

概　况

〔基本情况〕

2009 年各级各类学校校数、教职工、专任教师情况

	学校数（所）	教职工数（人）	专任教师数（人）
一、高等教育			
（一）研究生培养机构（不计校数）	(18)		
1. 普通高校	(16)		
2. 科研机构	(2)		
（二）普通高等学校	106	68 293	46 374
1. 本科院校	42	43 959	29 161
其中：独立学院	11	3 332	2 743
2. 高职（专科）院校	64	24 334	17 213
3. 其他机构（点）（不计校数）	(4)		
（三）成人高等学校	6	1 377	749
（四）民办的其他高等教育机构	7	1 179	698
二、中等教育	4 495	298 448	253 899
（一）高中阶段教育	1 400	298 245	92 963
1. 高中	769	256 731	63 881
普通高中	769	256 731	63 881
成人高中			
2. 中等职业教育	631	41 514	29 082
普通中专	105	11 946	7 837
成人中专	78	2 646	1 518
职业高中	355	17 918	13 737

续表

	学校数（所）	教职工数（人）	专任教师数（人）
技工学校	93	6 716	4 382
其他机构（教学点）（不计校数）	(196)	2 288	1 608
（二）初中阶段教育	3095	203	160 936
1. 普通初中	3 087		160 745
2. 职业初中	4	197	188
3. 成人初中	4	6	3
三、初等教育	15 097	258 846	248 603
（一）普通小学	14 974	258 827	248 595
（二）成人小学	123	19	8
其中：扫盲班	92	9	2
四、工读学校	3	74	33
五、特殊教育	61	1 288	1 069
六、学前教育	3 611	38 029	25 004

注：普通高中的教职工数中包含普通初中的教职工数。

2009 年各级各类学历教育学生情况

	毕业生数（人）	招生数（人）	在校生数（人）
一、高等教育			
（一）研究生	9 244	13 067	34 603
博　士	1 038	1 283	4 100
硕　士	8 206	11 784	30 503
（二）普通本专科	205 749	267 936	877 782
本　科	82 717	124 153	439 285
专　科	123 032	143 783	438 497
（三）成人本专科	80 992	71 114	156 169
本　科	34 981	26 234	63 930
专　科	46 011	44 880	92 239
（四）其他各类高等学历教育			
1. 在职人员攻读博士、硕士学位		2 329	7 708
2. 网络本专科生	2 158	586	3 088
本　科	444	164	879
专　科	1 714	422	2 209
3. 其他			

续表

	毕业生数（人）	招生数（人）	在校生数（人）
二、中等教育	1 772 710	1 770 483	5 239 743
（一）高中阶段教育	755 938	778 816	2 261 971
1. 高中	449 248	424 743	1 305 719
普通高中	449 248	424 743	1 305 719
成人高中			
2. 中等职业教育	306 690	354 073	956 252
普通中专	84 762	97 420	279 947
成人中专	13 130	23 790	51 188
职业高中	177 405	201 027	531 470
技工学校	31 393	31 836	93 647
（二）初中阶段教育	1 016 772	991 667	2 977 772
1. 普通初中	1 015 772	990 476	2 974 241
2. 职业初中	938	1 191	3 478
3. 成人初中	62		53
三、初等教育	1 004 366	838 578	4 891 189
（一）普通小学	983 747	838 578	4 868 785
（二）成人小学	20 619		22 404
其中：扫盲班	20 478		22 319
四、工读学校	3	2	15
五、特殊教育	1 629	2 435	15 144
六、学前教育	417 400	585 567	938 241

注：特殊教育学生数中包括普通中小学随班就读的学生。

2009年各级各类非学历教育学生情况

	结业生数（人）	注册生数（人）
总　计	825 028	612 236
一、高等教育	151 526	104 969
（一）研究生课程进修班	642	1 150
（二）自考助学班	1 022	11 569
（三）普通预科生		218
（四）进修及培训	149 862	92 032
其中：资格证书培训	30 957	2 146
岗位证书培训	8 753	4 567

续表

	结业生数（人）	注册生数（人）
二、中等职业教育	673 502	507 267
其中：资格证书培训	105 163	44 583
岗位证书培训	104 402	45 686
（一）中等职业学校	246 762	104 746
其中：资格证书培训	73 864	18 633
岗位证书培训	84 494	29 688
（二）职业技术培训机构	426 740	402 521
其中：资格证书培训	31 299	25 950
岗位证书培训	19 908	15 998

2009 年各级各类民办教育基本情况

	学校数（所）	毕业生数（人）	招生数（人）	在校生数（人）	教职工数（人）	专任教师数（人）
一、民办高等教育						
（一）民办高校	28	21 763	43 086	130 082	9 749	6 745
本科学生		6 750	18 132	58 671		
专科学生		15 013	24 954	71 411		
其中：独立学院	11	6 407	15 557	51 320	3 332	2 743
本科学生		6 407	15 557	51 320		
专科学生						
（二）民办其他高等教育机构	7				1 179	698
二、民办中等教育						
（一）高中阶段教育	327	88 656	120 386	320 015	40 225	28 133
1. 民办普通高中	173	49 375	60 564	169 743	32 556	23 291
2. 民办中等职业教育	154	39 281	59 822	150 272	7 669	4 842
（二）初中阶段教育	283	107 068	144 344	391 347		
1. 民办普通初中	283	107 068	144 344	391 347		
2. 民办职业初中						
三、民办普通小学	208	34 970	24 645	168 394	9 251	6 542
四、民办幼儿园	2 540	124 573	194 896	371 401	25 570	15 679
另有：民办培训机构（不计校数）	(166)				2 118	1 294

注：民办普通高中的教职工数包含民办普通初中的教职工数。

〔**教育投入与支出**〕 2009年全省教育经费收支情况。全省全口径教育经费收入共513.6亿元，比上年增加54.2亿元，增长11.8%。其中，财政预算内拨款355.5亿元，占69.2%；各级政府征收用于教育的税费19.8亿元，占3.9%；企业拨款1.2亿元，占0.2%；校办产业、社会服务收入中用于教育的经费0.2亿元，占0.03%；民办学校中举办者投入4.8亿元，占0.9%；社会捐赠2.4亿元，占0.5%；事业收入118.5亿元，占23.1%；其他收入11.3亿元，占2.2%。全省全口径教育经费支出总额504.6亿元，比上年增加54.4亿元，增长12.1%。按隶属关系分，中央部委所属在皖院校教育经费支出25.1亿元，占5%；安徽地方各级各类学校经费支出479.5亿元，占95%。

教育经费"两个比例"增长情况。全省预算内教育经费支出占财政支出比例为16.57%，比上年下降了2.67个百分点。2009年度全省国家财政性教育经费支出359.7亿元，占当年国内生产总值的3.58%，与上年持平。

各级各类学校生均预算内教育经费及生均预算内公用经费情况。普通高中为2 234.22元和453.82元，分别增长13.42%和24.58%；普通初中为3 048.55元和920.06元，分别增长20.6%和14.15%；小学为2 480.81元和609.38元，分别增长19.08%和12.93%；职业中学为2 457.67元和515.4元，分别增长18.58%和65.76%。

教育基建情况。2009年，全省普通高校校舍建筑面积为2 439.8万平方米，比上年增加167.1万平方米；其中省属高校校舍建筑面积2 228.7万平方米，比上年增加159.5万平方米。省属高校基建完成总投资27.05亿元（其中省统筹3 000万元，省、市财政专项安排1.16万元，学校自筹24.25亿元，其他1.34亿元）。当年施工面积243.75万平方米，竣工116.12万平方米。全省普通中学校舍总面积比上年增加38.06万平方米、中等职业学校校舍总面积比上年减少27.23万平方米，小学校舍总面积比上年减少88.50万平方米。

〔**深入学习实践科学发展观活动**〕 省委教育工委、省教育厅作为首批参与单位，从2008年9月到2009年2月，开展了为期半年的深入学习实践科学发展观活动。委厅以"推进教育科学发展，服务安徽奋力崛起"为主题，以解决突出问题为抓手，突出实践特色，取得了实实在在的成效。深化了对科学发展观的认识，提高了贯彻落实科学发展观的能力；进一步明晰了推进教育科学发展的总体思路；特别是推动了一些影响教育科学发展的突出问题的解决，如义务教育均衡发展问题、职教大省建设问题、高等教育改革与发展问题、高校债务问题等。2009年3月至8月，省属高校参加了第二批深入学习实践科学发展观活动。省委专门成立了省属高校学习实践活动领导小组，组织了6个指导检查组，负责领导省属48所高校、7.74万名党员的参学活动，并对其他市属高校的学习实践活动给予指导。各参学高校认真贯彻中央和省委精神，围绕主题、突出特点、联系实际、边学边改，提高了思想认识，教育了党员干部，解决了突出问题，优化了政治生态，完善了体制机制，增强了办学能力。2009年9月至2010年2月，全省2.3万所中等职业学校、中小学及幼儿园的18万多名党员参加了第三批学习实践科学发展观活动。各参学学校牢牢把握"坚持解放思想、突出实践特色、贯彻群众路线、正面教育为主"的原则，结合学习沈浩精神，大力推进义务教育均衡发展，狠抓办学条件标准化建设和办学行为规范化建设，提升办学质量；大力推进职业教育大省建设，努力建设"双师型"教师队伍，加强校企合作，着力培养学生动手能力；大力推进师德师风建设，努力建设一支高素质教师队伍。全省教育系统学习实践活动突出"三个批次联动，省、市、县联动"的特色，制定了一系列重大政策和改革措施，一些影响教育科学发展的体制机制问题得到解决。

〔**学生资助工作**〕 修订完善了安徽省高校国家励志奖学金评审办法，调整和充实国家奖学金、国家励志奖学金推荐和评审专家库，进一步规范评审工作，完善学校家庭经济困难学生基本情况数据库。完善中职资助政策，确保中职国家助学金及时、足额发放。同时，利用全国中职学生资助管理信息系统，实施了安徽省学生资助管理中心信息化工作平台建设项目，加大对国家助学金发放工作的监管力度，坚决杜绝虚报名单、套取国家助学金现象发生。全省高校学生19.3万人获得国家奖、助学金4.46亿元，中等职业学校学生2009年春秋两季共有31.9万人获得国家助学金4.79亿元。积极协调配合省财政厅、省银监局和有关金融机构，推进省农信社生源地信用助学贷款，启动国家开发银行生源地信用助学贷款，共向9.44万名高校贫困学生发放国家助学贷款、国家开发银行和省农信社生源地信用助学贷款5.17亿元。另外，高校通过设立校内奖助学金、勤工助学、特别困难补助、减免学费等方式，资助学生31.88万人次，资助金额1.21亿元。中等职业学校通过发放校内奖助学金、减免学费等方式资助了7.42万名学生，资助金额1 875.2万元。

〔**学校体育卫生工作**〕 加强制度建设，推动学校体育卫生工作走上制度化、规范化轨道。先后转发和制定了《中小学健康教育指导纲要》、《学校甲型H1N1流感防控工作方案（试行）》、《学校甲型H1N1流感防控工作方案》、《安徽省中小学生健康体检项目及费用标准》。积极推行初中毕业生升学体育考试制度。加强与卫生部门的沟通联系，完善与卫生部门的信息通报制度和应急处置联动机制，切实抓好学校甲型H1N1流感防控工作，全省无死亡学生病例。建立并不断完善学生体质健康监测制度和学生体质健康公告制度，组织专项检查督导，推动各地全面实施《国家体质健康标准》。全面开展“亿万学生阳光体育运动”，全面推进大课间体育活动，保证学生的锻炼时间。建立阳光体育竞赛制度，广泛开展形式多样的体育竞赛活动。成功举办全省第九届中学生运动会，组队参加全国第十届中学生运动会。成功组织安徽省第一届国家级重点和省级示范中等职业学校田径运动会，实施了青少年校园足球活动。举办了全省第六届高校“校长杯”乒乓球比赛、全省大学生足球联赛、篮球联赛、乒乓球比赛、健美操比赛。会同省体育局举办了全省体育传统项目学校田径、游泳、球类等各项体育竞赛活动。

〔**教师队伍建设**〕 以农村中小学为重点，大力加强教师队伍建设。积极配合省编办、省财政厅做好新一轮中小学教职工编制核定工作。全省共核定中小学教职工编制527 702名，增加编制17 907名，重点解决了山区学校编制标准偏紧、城乡学校编制标准差距过大、高中阶段教师编制紧张等问题，促进中小学师资合理配置。稳步推进义务教育学校绩效工资实施工作，并认真做好维持教师队伍稳定各项工作。创新农村学校教师补充机制，启动了“农村义务教育阶段学校教师特设岗位计划”，考试聘用特岗教师3 731人，分布在19个国贫县的农村中小学校，重点向皖北地区倾斜，向音、体、美等紧缺学科倾斜。加大农村特别是皖北地区农村教师培训力度。组织实施“上好课”中小学教师全员培训，遴选了1 678名农村骨干教师参加暑期省级培训。对阜阳、宿州、亳州等皖北地区农村学校紧缺学科3 100名教师开展了专业培训。举办了4期皖北农村中心学校校长培训班，160名校长参加了培训。开展了名师送教皖北三市六县活动。加强中职学校教师队伍建设。积极做好中职学校教职工核编工作，出台了《关于加强中等职业学校教师队伍建设的意见》。加强“双师型”教师队伍建设，选派了190余名中职专业骨干教师参加国家级培训；新建4个中职骨干教师省级培训基地，组织1 500名骨干教师参加省级培训；资助105所中职学校聘请了300名高技能特聘兼职教师。修订了中专学校教师和实习指导教师专业技术职务评审标准。加强中小学师德建设，出台了《关于贯彻落实〈中小学教师职业道德规范〉的指导意见》，并在全省中小学校普遍开展“学规范，强师德，树形象”师德主题教育活动。加大高校人才引进和培养力度，加快高层次人才队伍建设。2009年度，省属28所高校共引进各类人才1 200余名；其中，博士200余名、高级专业技术职务人员10余名。继续组织实施省学术和技术带头人及其后备人选评审、高校优秀青年人才基金项目评审等工作，继续组织实施高校博士后岗位人才引进和高职高专院校专业带头人培养计划。针对不同层次和类型教师发展的需要，通过岗前培训、访学培训、双师素质培训和主干课程培训等方式，不断提高高校教师科研和教育教学水平。指导高校稳步推动事业单位岗位设置管理工作。加强高校学术道德建设，出台了《关于加强高等学校学术道德建设的意见》。

〔教育督导工作〕 进一步完善2008年度县(市、区)党政领导干部教育工作督导考核内容和考核办法，并认真组织实施督导考核工作，进一步优化了教育发展环境，推动县级政府依法加大对教育的投入力度，促进教师队伍建设。继续组织实施了对市教育局主要工作目标管理考核，进一步加强了对各市教育局工作的指导。继续抓好安徽省教育强县的创建工作，激励和促进县级党委、政府强化责任，落实保障教育优先发展的政策和措施。按照国家督导团办公室的要求，遴选了10个县(市、区)，认真开展义务教育均衡发展督导评估试点研究，为在全国建立义务教育均衡发展督导评估制度、正式开展均衡督导评估工作积累经验，奠定基础。

〔对口支援皖北三市六县教育发展〕 认真贯彻省委、省政府关于加快皖北和沿淮地区发展的战略部署，研究出台了《关于支持皖北和沿淮部分市县教育发展的实施意见》，从基础教育、高等教育、职业教育、科技创新等四个方面，采取24项具体措施，重点支持皖北亳州、宿州、阜阳三市以及沿淮的五河、固镇、怀远、凤阳、寿县、霍邱六县教育发展，推进区域统筹协调发展。召开支持皖北和沿淮三市六县教育发展工作推进会，组织安徽大学等12所省属高校和合肥铁路工程学校等11所省属中专学校分别对口支援三市六县7所高校和17所中职学校，共签订了31份对口支援意向书。组织合肥等部分市县教育局与皖北三市六县教育局开展结对帮扶活动。

〔学校和学生安全稳定工作〕 全力维护学校稳定和师生安全，促进校园和谐稳定。强化学校周边治安综合治理，落实安全管理措施，全面排查校园安全事故隐患，继续开展平安校园创建活动。强化学生安全教育，开展了学校安全宣传教育月活动和“五防”(自然灾害、火灾、学生溺水、交通事故和公共卫生突发事件)专项行动。把维护教育系统政治稳定摆在首位，针对敏感时期、敏感事件，上下联动，研判形势，落实责任，全省教育系统持续保持稳定。高校实现了“三个没有发生”，即校园内没有发生重大安全责任事故，没有发生群体性事件，没有发生群死群伤事件。

〔教育纪检监察工作〕 全系统对556个科级以上单位进行了落实党风廉政责任制考核工作。深入开展“加强党性修养、弘扬优良作风、促进科学发展”主题教育，继续开展“廉政文化进校园”活动。继续巩固制度建设推进年活动成果，全系统新建反腐倡廉制度267项，修订完善236项。加强督查，确保将中央和省保增长保民生保稳定相关政策措施落实到位，确保项目投资安全透明、管理规范。继续深入治理教育乱收费，全年全系统查处乱收费案件62件，给予党政纪处理75余人，清退违规收费828.4万元，基本实现“教育乱收费”不再是群众和社会关注的热点问题的治理目标。印发了《关于深入推进高校节约型校园建设的实施意见》、《关于厉行节约努力降低办学管理成本的通知》，积极推动节约型机关和节约型校园建设。加强机关效能建设，进一步完善首问负责制、办文办事限时制和责任追究制，切实提升机关效能。

〔机构设置〕 为了更好地适应安徽省教育改革和发展，省教育厅通过机构调整，独立设置了思想政治工作处、发展规划处、民办教育处，将研究生教育、科学技术和哲学社会科学研究职能并入科技与研究生教育处，进一步加强了对高校的领导和管理。

基础教育

〔学前教育及普通高中教育〕 幼儿及学前教育健康发展。全省幼儿园3 611所，比上年增加379所。在园幼儿(含学前班)93.8万人，比上年增加6.3万人。幼儿园园长和教师共2.9万人，比上年增加 0.5 万人。加强学前教育和普通高中教育。制定了学前教育发展规划，完善公办幼儿园分级分类评估。利用各种资源举办学前教育，努力推动各地加强乡镇公办中心幼儿园建设。进一步加强民办幼儿园规范管理。完善普通高中有关评估办法，继续创建示范高中，扩大普通高中优质教育资源。全省已建成省级示范高中 160 所，占全省普通高中总数的 20%。省级示范高中招生规模已占全省普通高中招生数的 40%以上。

〔义务教育均衡发展〕 协调省政府办公厅印发了《关于深入推进义务教育均衡发展的意见》，明确了今后 5 年义务教育均衡发展的目标。研究制定了城乡统一的义务教育办学条件基本标准，积极推动将此项工作纳入省政府对县级政府考核指标，纳入扩权强镇试点镇的验收体系，指导各地扎实推进本地区标准化建设。建立和完善促进义务教育均衡发展的工作机制及监测制度，组织评选出合肥市瑶海区等 17 个 2008 年推进义务教育均衡发展工作先进县（区），制定了推进义务教育均衡发展工作示范区的相关标准，建立了 16 个省级推进义务教育均衡发展实验区，调动了各地的积极性。合肥市、铜陵市、界首市被教育部评为“全国义务教育均衡发展先进地区”。继续加强农村中小学现代远程教育工程建设和管理，完成了农远工程补建工程，农远工程覆盖率达到 100%。积极建设安徽教育资源中心，努力构建优质教育教学资源共享的网络体系，大力开发教学资源，并免费配送，把优质教育资源和先进教学理念传送、辐射到偏远农村中小学校，全面推动教学应用。推动中考和高中招生制度改革，示范高中 65%以上的招生指标分配到初中，缓解初中择校现象。经过持续努力，全省城区内义务教育择校生比例控制在 5%以内。城区内义务教育择校生问题基本得到解决，实现了省政府 2006 年提出的三年内基本消除择校的目标。关注农村留守儿童、进城务工人员子女以及残障学生教育。建立了农村留守儿童关爱服务体系，成立了由省委副书记王明方任组长，省人大副主任张俊、省政府副省长谢广祥、省政协副主席李宏塔任副组长，省教育厅等 20 个单位为成员单位的安徽省农村留守儿童工作协调小组，统筹领导全省留守儿童工作。认真落实进城务工人员子女免费义务教育和在流入地参加中考并报考高中阶段学校政策。90%以上的进城务工人员子女在公办学校读书。开通了“绿色通道”，确保返乡农民工子女顺利就学，全省共安置返乡农民工子女就学 8.4 万人。利用中央拉动内需项目，投资改扩建特殊教育学校 7 所。

〔义务教育经费保障机制改革〕 全省投入 49.5 亿元，免除了 800 余万名城乡义务教育阶段学生学杂费和农村 700 余万名义务教育阶段学生教科书费用，补助 14 万名农村贫困家庭寄宿生生活费，并取消了农村义务教育阶段学校寄宿生的住宿费和义务教育借读费。同时，将农村小学和初中生均公用经费基本标准分别提高到 300 元和 500 元，农村中小学经费保障水平进一步提高。与财政部门配合，进一步完善城市改革资金分担办法，同时建立健全义务教育经费保障机制改革工作重点县监管制度，进一步加强对义务教育经费保障机制改革政策执行的监管。结合市、县部门预算改革，进一步规范和加强了中小学财务预算管理和收支管理，不断提高教育经费的使用效益。

〔中央新增投资教育项目〕 安徽省新增中央投资教育项目包括农村初中校舍改造、特殊教育学校建设和中职学校基础能力建设项目三项内容，共 320 个项目。建立并实行省市两级督查制度、旬报制度、通报制度、统一招标采购制度、统一委托审计制度，积极推动中央新增投资项目早开工、快建设。2008 年、2009 年总投资计划 7.4 亿元资金已全部到位。加强对各地项目建设的管理，通过建立健全工作机构、签订项目责任状、开展省市专项督查、通报项目进展、省市会商等多种措施，积极推进项目建设。320 个教育项目全部按时开工，绝大多数项目年底前已经完工，总体进度在全国处于前列，多次得到教育部通报肯定。

〔中小学校舍安全工程〕 研究制定《安徽省中小学校舍安全工程实施方案》、《全省中小学校舍安全工程排查、鉴定和加固、改造工作完成时间表》和《各市、县级政府2009年实施全国中小学校舍安全工程“路线图”及时间表》，制定了《安徽省中小学校舍安全工程实施办法》、《安徽省中小学校舍安全工程监督检查办法》和《安徽省中小学校舍安全工程技术指导要点》等配套文件。2009年8月10日，召开全省中小学校舍安全工程工作会议，对校舍安全工程做了全面部署。建立了例会制度、月报制度、公示制度、督查制度、通报制度、简报制度、市县领导责任制和责任追究制度等七项工作制度，规范工程实施及管理。按照国家要求，加强组织领导，认真开展分级培训，加强技术指导，积极筹措资金，落实相关费用减免政策，认真编制工程三年总体规划和分年度实施计划，组织开展校舍排查鉴定工作，并积极实施加固维修改造和迁建重建工作。按时完成中小学校舍排查鉴定工作，共排查鉴定中等职业学校和中小学校19 180所，校舍119 658间，校舍面积6 144.2万平方米。当年落实资金38.9亿元，17个市均启动校舍加固改造施工，并完成加固改造总任务量30%的年度任务。

〔**规范中小学办学行为**〕 研究制定了《安徽省中小学办学行为规范（试行）》，从招生行为、办校办班行为、教学行为、教师行为、收费行为、教材管理等六个方面提出规范性要求，为全面规范中小学办学行为提供了制度性保障。采取专项行动，组织明察暗访活动，公开聘请义务监督员进行监督，发现问题严肃处理并通报全省，对存在乱补课等不规范办学行为的省示范高中给予黄牌警告，禁止幼儿园教学“小学化”。经过治理，一些学校乱办班、乱补课、乱收费现象得到有效遏制。有关措施受到了教育部和社会的好评，新华社、《人民日报》、《光明日报》、中央电视台、《中国教育报》、《中国青年报》、《安徽日报》等主流媒体都给予了高度评价。2009年全省教育乱收费的投诉比上年下降41.36%。

职 业 教 育

〔**职业教育大省建设规划**〕 2008年，省政府提出建立职教大省的战略目标。经认真调研和反复论证，2009年7月，省政府审议通过了《安徽省职业教育大省规划（2008—2012年）》，明确了职教大省建设的目标任务和工作措施。《规划》提出，到2012年，力争基本建成现代职业教育体系，职业教育规模不断扩大，职业教育办学实力显著增强，职业教育服务经济社会发展的贡献度大幅提升。《规划》提出实施骨干职业院校建设工程、实训基地建设工程、师资队伍建设工程、技能型人才培养工程、农村劳动力转移和农村实用技术培训工程、企业职工教育和就业创业培训工程、教育质量提升工程、体制机制创新工程等八大重点工程，努力实现上述目标。省教育厅积极协调省有关部门联合组成的职教大省建设领导小组，对各部门职责和任务进行了细化和分解。

〔**中职学校招生**〕 多次召开全省招生工作专题会议，研究部署不同阶段的工作重点和招生策略。不断拓宽招生渠道和招生范围，对未参加中考、辍学、流失的学生建立跟踪联系制度，加强对往届初中毕业生、具有初中及以上学历的返乡农民工、城市下岗失业和待业人员及高中毕业生等人员的招生力度。建立招生情况旬报和通报制度，督促和指导市县教育行政部门、中职学校和生源学校落实有关中职招生政策。2009年，全省共招收中等职业学校学生35.2万人（含技工学校3万人）。高度重视职业培训，组织省内203所高等院校、中职学校向社会提供了895个职业技能培训项目，全年完成社会培训132.5万人次，经培训后推荐就业101.3万人。

〔**职业学校基础能力建设**〕 加快中职学校基

础能力建设。42 所中等职业学校获得国家中等职业教育基础能力建设项目支持，建设资金总额达 2.98 亿元。55 个中等职业教育三重建设（重点学校、重点专业、重点实习实训基地）项目获得省级资金 1 750 万元。积极推动国家级示范、国家级重点、省级示范学校分类创建工作，新增省级示范学校 25 所，国家级重点学校 4 所，确定了 12 所学校为第二批县区合格职教中心。组织 15 所省属国家级重点中专学校，与皖北三市六县 22 所中职学校实行结对帮扶，提升中职教育整体实力。国家示范性高职建设取得新进展，芜湖职业技术学院通过国家示范性高等职业院校建设项目验收，安徽职业技术学院、安徽水利水电职业技术学院国家示范院校项目中期建设稳步实施。

〔**职业教育教学改革**〕　进一步深化职业教育教学改革。启动新一轮中职教育教学改革，大力推动校企合作、校校合作、工学结合。建立了全省职业院校技能大赛制度，成功举办了第三届全省职业院校技能大赛，组队参加全国职业院校技能大赛并获得 2 块银牌 18 块铜牌的较好成绩。职业教育集团化、集约化办学持续推进，新组建皖江汽车职业教育集团、安徽建设职业教育集团，职业教育集团数量增至 13 个，合肥磨店职教园区初具规模，马鞍山职教园区已经奠基，宿州、淮南、阜阳等地职教园区正在规划。进一步加强和改进中等职业学校学生思想道德教育，并召开了全省中职学校德育工作会议。召开了全省高职高专教育教学改革与专业建设研讨会，深化高等职业院校教育教学改革，推动国家级示范性院校建设进程。完成安徽省高职新一轮评估的规划工作，引导高职院校科学定位、规范管理，加强建设、改善条件，深化改革、培育特色。大力推进职业技能鉴定工作，毕业生“双证书”获取率进一步提高。大力发展成人继续教育和社区教育，合肥市蜀山区、芜湖市镜湖区和宣城市宣州区被教育部确定为全国社区教育实验区。

高等教育

〔**高校党建工作**〕　根据省委常委会意见，各市市委成立了高校党建工作领导小组，加强了对主管学校党的领导和对属地高校把握政治方向、维护安全稳定的指导。省委教育工委制定印发了《安徽省省属普通高等学校党务和校务公开实施意见》、《中国共产党安徽省省属普通高等学校委员会工作规则（试行）》和《安徽省省属普通高等学校校长工作规则（试行）》，进一步落实高校党委领导下的校长负责制，提高高校党政领导班子科学决策、民主决策、依法决策的水平和办学治校能力。在全省高校范围内推行党务公开，这在全国尚属首家。印发了《中国共产党安徽省省属普通高等学校代表大会常任制实施办法（试行）》，推进党内民主建设，并在安徽大学等 6 所高校试行党代会常任制工作。指导 4 所高校顺利完成党委换届。

〔**高校领导班子建设**〕　省委组织部、省委教育工委以部分高校党政正职新老交替为重点，为 16 所省属高校调整配备校级领导干部 37 人，其中高校党政正职 7 人。从省属高校选拔 4 名干部到市属院校任院长。深化干部人事制度改革，首次在 4 所高校开展副校长职位竞聘上岗。举办了有 45 人参加的第七期高校负责人研修班。选调 71 人到省委党校、国家教育行政学院学习。

〔**高等教育质量工程建设**〕　积极争取高等教育专项经费 2.2 亿元，重点支持和推进质量工程项目建设，13 类共 1 604 个建设项目全面启动，基本形成国家、省和高校三级质量工程体系。完成 2009 年省级质量工程项目申报工作，立项建设了 5 所示范性本科高校、56 个人才培养模式创新实验区、216门精品课程、93位教学名师、1个数字图书馆总馆和5个数字文献服务中心。完成2009年国家级质量工程项目培育、申报工作，高校共获得2名国家级教学名师、26个国家级特色专业、10项国家级教学成果奖、6个国家级教学团队、4门国家级双语教学示范课程、10门国家级精品课程，2个国家级实验教学示范中心，3个人才培养模式创新实验区。成立了“安徽省应用型本科高校联盟”和“省示范性高等职业院校合作委员会”，联盟院校与合作委员会成员学校形成了共同培养学生，互认学分和学业成绩，开展教师互聘，推进教师资源共享，互相开放并共建、共享实验实训基地的新机制。进一步推动学科专业结构调整。完成了省学位委员会换届及省新增博士、硕士学位授予单位立项建设规划编制工作。遴选确定安徽工业大学、安徽中医学院为新增博士学位国家立项建设单位，阜阳师范学院为新增硕士学位国家立项建设单位。分别设立了3所和4所院校为新增博士和硕士学位省级立项建设单位。加大了专业学位研究生教育建设力度，安徽建筑工业学院和安徽工程大学新增为工程硕士专业学位培养单位。全省高校新增专业学位博士点1个、专业学位硕士点11个。启动实施了高校与企业、科研院所联合培养研究生“千人培养计划”，年度招生341名。

〔**高校科技创新与服务社会**〕　召开了全省高校科技创新大会，出台了《关于增强高校科技创新能力，服务区域自主创新和地方经济社会发展的若干意见》，进一步推进高校科研管理体制和机制创新，增强高校科技创新能力，激发高新科技创新活力。高校共获得省级以上科学技术奖励81项，获得国家自然科学基金项目407项，获资助经费1.67亿元。获得国家社科基金项目55项，并首次获国家社科基金重大项目1项。另外还获得教育部科学技术研究重点项目6项，教育部人文社科研究项目102项。推动高校加强科技创新，积极参与地方经济建设。全省高校新增省部共建教育部重点实验室2个，教育部工程研究中心3个，新设立了省级重点实验室和人文社会科学重点研究基地5个。先后举办了“第三届皖北区域产学研对接会”、“首届皖江城市带承接产业转移示范区产学研对接会”，省内外60余所高校参加，签订合作项目838项。组织全省高校参加2009中国（合肥）自主创新要素对接会。与省科技厅、省委组织部联合，选派两批共423名科技特派员入驻企业，联合开展技术和难题攻关，开发新产品，共建创新平台等，引导科技创新资源向企业集聚。

〔**高校毕业生就业工作**〕　省教育厅积极协调有关部门，并经省政府同意，出台了一系列促进高校毕业生就业的政策措施。各高校大力开拓就业市场和就业基地，加强就业服务和指导。同时，深化人才培养模式改革，提高毕业生就业能力。经过艰苦努力，截至2009年8月底，全省高校毕业生初次就业率达88.53%，年终达到90.1%，高于上年同期水平，超过全国平均水平，受到教育部、人力资源和社会保障部的肯定。省教育厅被教育部评为“全国普通高校毕业生就业工作先进集体”。

〔**高等教育对外交流合作**〕　省教育厅与德国下萨克森州科文部签署了关于高等教育应用型人才培养全面合作协议。省长王三运率安徽省代表团访问德国下萨克森州，参加纪念友好省州25周年活动，高等教育被列为重要内容。合肥、铜陵、马鞍山、安庆等10余所职业院校与德国、韩国高校进行学生交流和教师培养项目。汉语国际推广工作健康发展。

撰稿　崔裕超　高　原
审稿　程　艺

福建省教育

概　　况

〔基本情况〕

2009年各级各类学校校数、教职工、专任教师情况

	学校数（所）	教职工数（人）	专任教师数（人）
一、高等教育			
（一）研究生培养机构（不计校数）	(11)		
1. 普通高校	(9)		
2. 科研机构	(2)		
（二）普通高等学校	84	56 334	35 841
1. 本科院校	29	37 952	23 581
其中：独立学院	9	5 140	3 707
2. 高职（专科）院校	55	17 116	11 322
3. 其他机构（点）（不计校数）	(5)	1 266	938
（三）成人高等学校	7	1 817	1 061
（四）民办的其他高等教育机构	2	114	58
二、中等教育	2 365	201 405	173 991
（一）高中阶段教育	1 025	201 371	74 519
1. 高中	619	172 397	52 350
普通高中	606	172 383	52 339
成人高中	13	14	11
2. 中等职业教育	406	28 974	22 169
普通中专	312	23 563	18 157
成人中专			
职业高中			
技工学校	94	5 227	3 879
其他机构（教学点）（不计校数）	(36)	184	133
（二）初中阶段教育	1 340	34	99 472

续表

	学校数（所）	教职工数（人）	专任教师数（人）
1. 普通初中	1 330		99 446
2. 职业初中			
3. 成人初中	10	34	26
三、初等教育	9 714	172 325	159 413
（一）普通小学	7 849	166 446	156 779
（二）成人小学	1 865	5 879	2 634
其中：扫盲班	1 472	5 602	2 564
四、工读学校			
五、特殊教育	73	1 753	1 533
六、学前教育	7 137	57 873	36 750

注：普通高中的教职工数中包含普通初中的教职工数。

2009 年各级各类学历教育学生情况

	毕业生数（人）	招生数（人）	在校生数（人）
一、高等教育			
（一）研究生	7 790	9 934	29 012
博　士	822	1 080	4 173
硕　士	6 968	8 854	24 839
（二）普通本专科	142 814	187 311	606 284
本　科	66 158	95 953	336 813
专　科	76 656	91 358	269 471
（三）成人本专科	31 092	32 661	99 471
本　科	17 674	15 810	48 574
专　科	13 418	16 851	50 897
（四）其他各类高等学历教育			
1. 在职人员攻读博士、硕士学位		3 157	11 165
2. 网络本专科生	12 338	15 457	28 206
本　科	9 633	9 093	18 955
专　科	2 705	6 364	9 251
3. 其他	108		
二、中等教育	907 824	930 746	2 762 555
（一）高中阶段教育	425 013	504 667	1 342 318
1. 高中	249 124	238 475	719 376
普通高中	248 971	238 475	719 067
成人高中	153		309
2. 中等职业教育	175 889	266 192	622 942

续表

	毕业生数（人）	招生数（人）	在校生数（人）
普通中专	134 874	181 088	458 119
成人中专	14 795	52 914	81 901
职业高中			
技工学校	26 220	32 190	82 922
（二）初中阶段教育	482 811	426 079	1 420 237
1. 普通初中	477 911	426 079	1 415 209
2. 职业初中			
3. 成人初中	4 900		5 028
三、初等教育	493 462	404 000	2 497 727
（一）普通小学	439 042	404 000	2 397 594
（二）成人小学	54 420		100 133
其中：扫盲班	50 832		92 771
四、工读学校			
五、特殊教育	6 609	5 010	34 097
六、学前教育	383 198	473 200	1 077 218

注：特殊教育学生数中包括普通中小学随班就读的学生。

2009 年各级各类非学历教育学生情况

	结业生数（人）	注册生数（人）
总　计	1 609 488	1 457 563
一、高等教育	83 280	38 378
（一）研究生课程进修班	541	1 085
（二）自考助学班	11 447	16 219
（三）普通预科生		353
（四）进修及培训	71 292	20 721
其中：资格证书培训	14 605	3 022
岗位证书培训	15 592	4 285
二、中等职业教育	1 526 208	1 419 185
其中：资格证书培训	138 142	105 962
岗位证书培训	299 214	267 231
（一）中等职业学校	236 377	164 686
其中：资格证书培训	82 200	51 935
岗位证书培训	54 469	26 534
（二）职业技术培训机构	1 289 831	1 254 499
其中：资格证书培训	55 942	54 027
岗位证书培训	244 745	240 697

2009 年各级各类民办教育基本情况

	学校数（所）	毕业生数（人）	招生数（人）	在校生数（人）	教职工数（人）	专任教师数（人）
一、民办高等教育						
（一）民办高校	35	31 715	52 718	158 904	13 368	8 841
本科学生		15 005	24 858	84 767		
专科学生		16 710	27 860	74 137		
其中：独立学院	9	10 564	19 998	67 812	5 140	3 707
本科学生		10 564	19 998	67 812		
专科学生						
（二）民办其他高等教育机构	2				114	58
二、民办中等教育						
（一）高中阶段教育	169	38 295	49 710	129 362	20 502	15 194
1. 民办普通高中	98	23 803	25 338	73 077	17 298	13 191
2. 民办中等职业教育	71	14 492	24 372	56 285	3 204	2 003
（二）初中阶段教育	95	46 466	50 005	157 075		
1. 民办普通初中	95	46 466	50 005	157 075		
2. 民办职业初中						
三、民办普通小学	114	17 853	16 463	89 269	5 192	3 747
四、民办幼儿园	4 204	150 944	206 996	489 490	36 339	20 979
另有：民办培训机构（不计校数）	(359)				3 132	1 488

注：民办普通高中的教职工数包含民办普通初中的教职工数。

〔制定《福建省 2010—2012 年教育改革和发展的重点实施意见》〕 着眼于贯彻国务院《关于支持福建省加快建设海峡西岸经济区的若干意见》对教育工作的新要求，着眼于解决当前人民群众关心的教育热点问题，着眼于衔接《国家中长期教育改革和发展规划纲要》，结合开展深入学习实践科学发展观活动，组织全省教育系统开展大讨论、大调研，对影响和制约福建省教育科学发展的突出问题进行认真查摆和梳理，进一步理清思路、谋划发展。省政府印发实施了《福建省 2010—2012 年教育改革和发展的重点实施意见》，对本届政府在义务教育均衡发展、实施素质教育、加快发展职业教育、加强高校内涵建设、积极发展学前教育和终身教育、加强教师队伍建设、推进教育重点工程建设、健全办学体制和管理制度、落实教育惠民政策和提高教育对外开放水平十大教育重点工作作出部署安排，力求在提高全民受教育程度、增强教育服务海西能力、促进教育公平、夯实教育发展保障、推动闽台教育交流合作先行先试等问题上取得新的突破。

〔教师队伍建设〕 省委、省政府隆重表彰并重奖了 33 位“第二届福建省杰出人民教师”。进一步规范教师从教行为，制定出台《中小学教师职业道德考核办法》，对师德考核不合格者实行一票否决。以农村为突破口，切实加强中小学教师队伍建设。全省核增 6 500 个编制用于补充农村紧缺学科教师，公开招聘了 1 039 名农村紧缺师资学科教师。实施“农村紧缺师资代偿学费计划”和“经济困难县新补充农村学校教师资助计划”，省级财政对到47个经济较困难县农村中小学任教的高校毕业生代偿学费，资助20个经济困难县600名新补充农村教师的工资性支出。通过实施“农村教师（校长）教育教学能力提升工程”，组织开展农村教师转岗培训，大力开展名师“送培下乡”活动等措施，全面提高农村教师队伍素质。省级培训农村教师、校长1 300多名，“送培下乡”培训2 000名农村骨干教师。全面实施中小学教师绩效工资改革，率先在全国提高了中小学教师津补贴水平。设立农村教师补贴，提高农村教师特别是偏远山区、海岛农村教师的工资待遇。继续实施“中等职业教育教师素质提高工程”，组织1 660位骨干教师进行省级培训，安排经费资助中职学校特聘兼职教师。深入实施高等学校高层次人才培养与引进工程，选派121名高校教师到国内知名高校做访问学者，高校学科带头人、中青年学术骨干、优秀人才和创新团队建设得到加强。全省高校现有6人进入国家引进海外人才千人计划，长江学者特聘教授14人、国家杰出青年科学基金获得者31人、国家级百千万人才工程34人、闽江学者特聘教授51人，专任教师中具有高级专业技术职务或博士学位的高层次人才达1.46万人，占高校专任教师总数的39.42%。

〔**闽台教育交流合作**〕 不断扩大闽台教育交流合作的规模和层次。全省闽台教育交流团组共达200批次、2 000多人次。率先成批次选派200名高校学生赴台进行为期一年的学习，积极为两岸学分和学历互认做准备。成功邀请了百名台湾校长参加“海峡论坛”，成功举办了“海峡两岸大学校长研讨会”、“海峡两岸大学生辩论赛”、“福建省高校港澳台学生普通话大赛”等一系列活动，努力打造一批具有福建特色、在两岸有广泛影响的教育交流品牌。认真做好对台招生及服务台生工作，吸引台湾学子来闽就读，现有在闽高校就读台生达858人。在教育部支持下，正式成立了由两岸职业教育界人士共同组成的“海峡两岸职业教育交流合作中心”并开始有效运作，以职业教育为突破口，推进两岸教育开展实质性合作。全省有30所高职院校与台湾33高校签订了72项合作协议书；12所高校与17所台湾高校、50多家台资企业联合实施了“校校企”合作人才培养项目。两岸教育合作试验园区、两岸职业教育师资培训基地、两岸职业教育教学资源基地“一园区两基地”已启动建设。

〔**教育为民惠民**〕 省委、省政府确定的四项教育惠民举措得到有效落实，下达农村义务教育阶段寄宿生宿舍工程项目351个，动工新建面积41万平方米；对城乡低保家庭普通高中学生实施助学金政策，资助标准为每生每学年1 500元；对2.2万名涉农专业及农村低保家庭学生实行免除学费，比全国统一部署实施提前半年；将在校大学生全部纳入城镇居民基本医疗保险范围，已有90%的在校大学生办理参保登记。实施中小学校舍安全工程，排查鉴定任务基本完成，认真编制工程规划，已开工加固、重建项目963个，开工面积183.4万平方米；已竣工加固、重建项目313个，竣工面积57.5万平方米。建立健全家庭经济困难学生助学体系，发放普通高校奖、助学金3.4亿元，惠及学生10.4万人；中等职业学校全日制在校一、二年级学生100%享受国家助学金，发放助学金4亿元，惠及学生27万人；开展生源地信用助学贷款试点工作，惠及学生2 862人。全力以赴做好毕业生就业工作，采取扩大“专升本”、招收专业学位研究生以及试行“双学位”和“双专业”教育、鼓励毕业生到基层工作等措施，高校毕业生就业率达81.1%。继续坚持以流入地为主、以公办学校为主，做好进城务工人员随迁子女入学工作，全年接收进城务工人员随迁子女入学58.59万人，其中88.2%在公办学校就读。联合有关部门对校内“午托班”进行规范管理。

〔**学校思想政治教育和德育工作**〕 实施思想政治理论课建设工程。深化思政课教学改革，继续组织思政课骨干教师“海西行”社会实践活动，增强教学针对性和实效性。深化马克思主义理论学科建设，首批遴选20位教师作为思政课学科（课程）带头人培养对象进行重点培养。实施校园文化建设工程。围绕新中国成立60周年，会同有关部门联合开展“我爱我的祖国”演讲比赛、知识竞赛、红色电影周等50余项主题教育活动，唱响“共产党好、社会主义好、伟大祖国好、各族人民好、改革开放好、海西发展好”的时代主旋律。开展向曹云露教授、付贤智院士学习活动，引导师生树立敬业奉献和开拓创新精神。实施社会实践工程。会同省委宣传部、团省委等部门组织20余万大中专学生志愿者开展“走进海西、宣传海西、服务海西”暑期社会实践活动，举办大学生社会实践活动成果巡回展。实施网络思想政治教育工程。发挥“大学生在线”等思政德育类网站的重要作用，开展校园网络思想教育阵地建设，丰富校园网络生活。实施心理健康教育工程。修订出台有关文件，进一步配齐心理健康专职教师队伍，加强对辅导员进行心理健康教育培训，加强大学生心理咨询辅导及心理危机干预工作。实施辅导员队伍建设工程。全省高校均按1∶200师生比配备辅导员，完善辅导员的选拔、培养和管理机制，开展辅导员专题培训，提高整体层次，着力打造一支辅导员和学生骨干队伍。

〔**教育系统党风廉政建设**〕 坚持以惩防体系建设为重点，以廉政制度建设为根本，有力有效推进高校党风廉政建设和反腐败斗争。督促高校抓好分解任务落实，开展贯彻落实党风廉政责任制情况点评，扎实推进高校惩防体系建设和落实党风廉政建设责任制。多形式开展高校廉政文化建设，按照中纪委四次全会和新出台的反腐倡廉文件精神，加强高校党员干部的党性党风党纪教育和警示教育，提高领导干部遵纪守法意识。针对高校近年来新校区大规模基建、校务公开工作等方面存在的问题和薄弱环节，制定《福建省加强高等学校反腐倡廉建设的意见》，并在基建、收费、财务管理、校务公开等方面制定了具体的管理和监督办法。认真开展高校领导干部经济责任审计工作，针对发现的问题，督促高校抓好问题整改。同时配合省纪委做好有关案件查办工作，调整充实高校纪检监察干部队伍，进一步提升理论水平和业务工作能力。

基础教育

〔**义务教育**〕 全省小学阶段学龄人口入学率达99.97%，初中学龄人口入学率达97.47%，三类残疾儿童义务教育阶段入学率达90%以上。义务教育各项指标继续保持在全国较高水平，实现“双高普九”目标的县（市、区）增至60个，覆盖全省人口总数的70%。强力推进义务教育均衡发展，出台《关于加快推进义务教育均衡发展的意见》，明确了全省义务教育均衡发展的目标任务，提出了政策措施和保障机制。进一步完善2008—2012年义务教育布局调整和学校建设规划，省级安排680万元专项经费推动学校标准化建设，已有400多所中小学通过标准化学校验收。进一步提高义务教育保障水平，提高农村义务教育生均公用经费定额标准，实现了城乡拨款标准的统一，并多方筹措资金化解了全省21.89亿元义务教育债务。以省级基础教育资源中心为龙头，形成全省优质教育资源共享网络体系，大力推进农村远程教育工程。推动义务教育师资均衡配置，选择11个县（市、区）开展县域内义务教育师资校际交流试点，进一步完善城镇教师农村学校任（支）教服务期制度。

〔**高中教育**〕 2009年，下达高中阶段招生指导计划46.1万人，其中普高22万人，中职24.1万人。下发《关于做好2009年高中阶段招生工作的意见》，对控制普高发展规模、严格执行“三限”（择校生限分数、限人数、限钱数）政策、规范跨地区招生行为等方面提出明确要求。积极引导各地在科学规划的基础上，进一步整合农村高中教育资源，优化普通高中布局。全省高中阶段招生达47.25万人，其中普高招生23.85万人，实现普职招生比例大体相当，高中阶段的普职比例更趋合理，高中阶段毛入学率达80.2%以上，比上年提高3.9个百分点。积极稳妥推进达标高中建设。将普通高中的工作重点由扩大规模转变为提升内涵、突出办学特色。审核批复21所普通高中达标晋级，其中一级6所、二级11所、三级4所，并组织专家组对新申报的9所创一级达标高中进行省级评估。在县级自查、设区市复查的基础上，组织对31所示范高中、一级达标高中办学情况进行省级抽查，促进普通高中进一步突出内涵建设，提升办学水平和质量。全省有80.2%在校高中生在达标高中就读。认真做好示范性高中评估课题研究。组织研究修订省级示范性高中评估方案与评估标准，引导普通高中践行科学发展观，坚持以深入实施新课程为导向，突出办学特色，增强办学活力，在抓好硬件建设的同时，花大力气加强软件建设，提高办学水平。先后组织5次课题组研讨会对省级示范高中标估方案和标准进行修订。完善“福建省普通高中新课程管理系统”的功能，指导全省普通高中学校顺利导入20多万名高中应届毕业生的学业水平考试成绩和综合素质评价表，形成全省统一的电子档案，为高招提供依据。

〔**学前教育**〕 推进幼儿教育事业健康有序发展。开展学前教育事业发展政策性意见专题调研，通过问卷和分层次座谈等形式全面了解学前教育办园体制、管理机制、保障机制等存在的主要问题，研究新的历史阶段下推进学前教育事业发展的政策意见，为出台学前教育事业发展指导性意见奠定基础。针对社会关注的幼儿园收费问题，在全省开展幼儿园收费专项检查，通过幼儿园自查、县（市、区）督查、设区市抽查等方式，进一步严肃财经纪律，规范办园行为。加强省级示范性幼儿园建设，对福州总院幼儿园等16所幼儿园进行省示范性幼儿园的确认；组织开展省优质幼儿园自查和设区市复查评估工作，充分发挥其示范和辐射作用，整体提升省级示范性幼儿园水平。推进0—3岁早教实验工作。认真实施《福建省0—3岁儿童早期教育实验工作方案》，加强0—3岁儿童早期教育师资培训，提高实验区和实验基地园早期教育师资专业素养和教育指导水平。建立以福州、泉州两所儿童发展职业学院为牵头单位的南北早教片区研究和指导平台，组织召开片区实验工作专题会，组织省专家指导组成员分赴13个省级实验区开展专项调研与指导，及时研究解决实验工作过程中存在的问题，确保实验工作顺利进行。加快农村学前教育发展步伐。加大对农村乡镇公办中心园建设的扶持力度，2009年度省级安排的幼儿教育专项资金达到450万元，比上年增加200多万元。并将其中绝大部分资金用于支持农村乡镇公办中心园改善办学条件，推进乡镇中心园办园的标准化，提升农村幼教的办学水平。

〔**特殊教育**〕 着力提高特殊教育的办学水平。组织制定“福建省特殊教育学校标准化重点建设工程”规划方案，启动《福建省特殊教育学校标准化建设评估办法》的研制工作。加强特教学校校长培训，组织全省所有正职校长赴上海参加华东师大专为福建省举办的“特殊儿童康复、教学新理念与新技术”高级研讨班，更新特教校长的教育管理理念。进一步深化特教教研活动，建立全省特殊教育联片教研工作机制，推动各地构建特教学校交流、沟通和研究的平台，提高校长和教师的教育管理、教学及研究水平。免费发放特教资源库硬盘资料，构建特教学校教育教学资源共享平台。切实加强特殊教育学校体艺工作。下发《进一步加强特殊教育学校体育工作的意见》，强化特教学校体育工作，促进残疾人身心发展。继续扶持特教学校改善办学条件，全省特教学校校数比上年增加9所，三类残疾儿童义务教育阶段入学率达90%以上。

〔**民族团结教育**〕 推进少数民族地区基础教育事业发展。通过加大扶持力度，深化课程改革，提升民族教育的质量和水平，使民族地区的义务教育与全省同步协调发展。安排民族教育专项经费，并开展专项检查，了解民族教育专项经费的落实情况。加强民族团结教育，弘扬少数民族优秀传统文化。下发《关于在普通中小学和中等职业学校开设民族团结教育课程的通知》，指导有关设区市和学校按照要求，充分运用课堂教学、主题活动、巡回演讲、民族文化交流等多种形式、途径和方法，将民族团结课程列入地方课程实施，落实各学段具体课时，并将民族团结教育内容纳入小学阶段考查和中考、高考以及中职毕业考试范围。进一步开展教育对口支援，认真办好内地西藏班和新疆班。至2009年底，全省共有3所学校办内地西藏班。其中，初中8个班，在校生320人；高中西藏插班、在校生60人。厦门市有4所一级达标普通高中举办内地新疆高中班，共14个班，在校生564人。办班学校有效开展民族团结教育，同时落实维稳措施，确保学校安定稳定。开展内地西藏、新疆班宣传报道，福建日报、福建教育电视台等媒体以“幸福像花儿一样”等为题对西藏班学生在闽学习生活情况进行了报道。

〔**中小学远程教育**〕 坚持将农村远程教育工程应用作为提高农村教育质量的重要举措摆在突出位置，采取有力措施，着力提高应用效益。建成开通了“省基础教育资源中心平台”，整合各类优质资源特别是切合本省实际的教育教学资源，为广大中小学教师运用信息技术实施课程教学、提高教学质量提供了有效支撑。继续抓好省级应用研究试点县指导工作，召开了远程教育工程项目校校长培训研讨会，并组织专家组深入基层对远程教育工程设备管理和应用情况开展专项检查，总结成功做法和经验。全省评估确认了114所第二批省级现代教育技术实验校，培育一批省级农村远程教育项目现代教育技术实验校，为远程教育工程应用研究作出示范和表率。

〔**扫盲工作**〕 加强扫盲工作推进指导力度。下发《关于做好2009年扫盲教育工作的意见》，部署安排全年扫盲工作任务。建立全省脱盲测试题库，统一扫盲测试标准，确保扫盲教学质量。印发《福建省脱盲证书样式》，实行以县（市、区）为单位印制，向脱盲人员发放统一样式、统一编号的脱盲证书，加强扫盲工作管理。确立18个省级扫盲教育样本乡镇（街道），以点带面，推动全省各地开展扫盲教育。认真抓好扫盲教育的组织实施。积极组织力量研制出版《福建省扫盲课本》同步教学光盘5万套，免费赠送各地，满足居住分散的农村文盲在教师辅导下自学的需要。举办全省扫盲教育教学骨干研修班，总结和交流扫盲教育教学经验，探讨新时期扫盲教育教学中存在的问题，有效提高扫盲教育教学质量。加大扫盲工作宣传力度。编印《福建省扫盲教育工作简报》，举办福建教育信息网“扫盲教育”专栏，向各设区市发送介绍厦门市和连城县扫盲经验的光盘，组织福建教育出版社和福建教育杂志社编辑出版《福建省识字挂历》，免费赠送各地。加强扫盲督导检查。在“对县督导”中加大扫盲指标权重，设立“扫盲任务年度完成率”指标，并纳入各设区市政府工作绩效考核体系。组织两次扫盲督导检查，督促各地完成2009年扫盲工作任务。

〔**课程改革**〕 深化义务教育阶段课程改革。以深化课堂教学改革，提高教学质量为重点，组织编写《福建省小学新课程学科教学要求》，引导教师准确理解和把握《课程标准》的内涵，组织开展以课题研究为抓手的学科教学观摩研讨活动，促进教师切实转变教学方式和学习方式，提高教学实效性。召开全省校本教研工作现场研讨会，总结交流以校为本片区教研工作经验，积极探索促进教师专业成长的有效途径。积极研究深化中考中招制度改革的政策和措施，充分发挥考试与评价制度改革在课程改革中的导向作用，积极推进素质教育。指导各地做好首届新课程高三毕业班复习和高考工作。引导普通高中学校认真研究、领会教育部《考试大纲》和福建省2009年高考《考试说明》。针对高三教学工作的实际问题，加强教育教学工作的指导，加强省质检的命题、质检情况分析反馈，积极宣传首届新课程高考改革方案，引导高中学校了解并适应新课改背景下的考试与招生形式，保障了首届新课程高中毕业生的顺利过渡。保证了高中新课程改革方案平稳实施，实现全部高考科目本省自主命题。

〔**科技教育**〕 省教育厅、省科技厅、省科协联合下发《关于加强中小学科技教育工作的意见》、《关于开展福建省科技教育基地学校创建工作的通知》，强化各级教育行政部门与学校开展科普活动职责和要求，以点带面推动各地进一步重视中小学科技教育，中小学开齐开足科学课程，着力培养学生的创新精神和实践能力，提高中小学生的科学素养。加强对青少年科技竞赛的规范管理，成功举办第24届福建省青少年科技创新大赛、第七届福建省青少年机器人竞赛、第十届全省中小学电脑制作活动和有关学科竞赛等，表彰了一批对科技创新兴趣浓厚、学有所长的学生。推进中小学校科普教育工作。积极组织各地中小学开展“节纸在我身边——2009年青少年科学调查体验活动”，引导教育广大青少年树立节约纸张、保护环境的观念。在全省开展教育工作者科技论文评选，举办福建省中小学校科技辅导员夏令营，聘请专家现场演示、传授科技实践活动的技能，带领中小学科技教师考察科技教育基地，提高科技辅导员的科学素质和业务水平。

〔**规范中小学管理**〕 规范中小学办学行为。通过受理举报、达标评估复查等，督促各地和学校全面贯彻落实中小学校历与作息时间有关规定，保证学生的体育锻炼和休息时间，减轻学生的课业负担。对义务教育阶段违规举办重点班和非重点班进行专项清理整顿，义务教育阶段公民办学校各年级必须均衡分班，并均衡配置教师和其他教育教学资源，促进教育公平。规范中考中招工作秩序，切实纠正任何将招生与经济因素挂钩的错误做法，明确中考中招政策由设区市制定，县（市、区）一级不得擅自出台有关中考中招照顾政策。规范义务教育阶段借读生接收工作。下发《关于进一步规范义务教育阶段借读生接收工作的通知》，从2009年1月1日起，取消义务教育阶段借读费收费项目，规范借读生招收行为。规范“午托班”管理工作。按照“立足校内、规范校外”的思路，积极开展“午托班”规范管理试点。省教育、财政、人事、卫生、地税及省政府纠风办等部门联合下发《关于加强小学生校内午托管理的通知》，制定小学生校外午托机构管理办法。加强中小学教学用书管理。进一步健全教科书选用制度，严格教材选用程序，建立各设区市教材选用工作报告、工作检查和责任追究制度，加大监管力度。加强义务教育阶段教辅材料的审读与管理工作，在龙岩、南平两市开展“设区市审读推荐，县（市、区）责任管理、学校确定版本、学生自愿购买、发行单位上门服务”新运行模式试点的基础上，下发《关于规范义务教育阶段中小学教辅材料征订发行管理工作的通知》，在全省推行新的运行模式，切实减轻学生负担，方便学生家长，促进学校和教师队伍的廉政建设。健全中小学新课程管理系统。组织“福建省普通初中新课程管理系统”各功能模块的测试和评估验收工作，举办17场培训班，对全省各市（县、区）教育局和所有初中学校的学籍管理员进行全面培训，指导其用好普通初中管理系统。成立“福建省小学新课程管理系统”课题组，研究新课程背景下该系统的功能，逐步完善管理系统，提升现代管理水平。

职业教育与成人教育

〔**中等职业教育**〕 省政府将“中职招生数占高中阶段教育招生总数比例”作为教育发展评估重要指数列入对设区市政府年度绩效管理指标考核体系，实行政府中职招生目标责任制。加强对高中阶段教育招生的统筹和宏观调控，下达2009年中职教育招生指导性计划24.1万人（比普通高中招生计划多2.1万人），拓展招生途径和生源渠道，动员和组织往届初中毕业生、未升学高中毕业生、现役和退伍军人、生产服务一线职工、下岗失业人员以及进城、返乡农民工等接受中等职业教育。建立中职招生专项督导制度，实行中职招生情况周通报制度，有力地促进了各地的中职招生工作。全省中等职业教育招生达26.55万人，超额完成教育部下达的招生任务；中职招生占全省高中阶段招生总数的52%左右，首次超过普通高中招生规模，实现了高中阶段教育结构战略性调整。全省高中阶段毛入学率达80.2%，比2008年提升3.9个百分点。

〔**技能型紧缺人才培养**〕 抓好“海峡西岸经济区建设技能型紧缺人才培养实施计划”的实施，引导和推动中职学校加大专业结构调整力度，在软件业、制造业、汽车业、电子通讯业、建筑业、物流业、护理业、旅游业、商贸业、现代农业等10个紧缺人才专业领域，扩大技能型人才培养规模。新建15个省级技能型紧缺人才培养基地，基地总数达31个，提前一年完成“十一五”重点项目建设任务。进一步加强重点专业建设，初步形成与职业岗位相适应的职业教育专业体系，基本覆盖了本省经济建设和社会发展所需的技能型人才培养领域。全省中职学校加工制造类、交通运输类、商贸旅游类等紧缺人才专业的毕业生达10.8万人，占全省中职当年毕业生总数的67%，比2008年提高2.5个百分点。

〔**人才培养模式改革**〕 以就业为导向，大力推行校企合作、工学结合、顶岗实习的人才培养模式改革，扩大“订单式”培养规模。全省有242所中等职业学校与2 664家企业（其中台资企业215家）开展了多种形式的校企合作。在中职学校全面推行学历证书和职业资格证书并重的“双证书”制度，加快建立校内职业技能鉴定站，中职应届毕业生取得职业资格证书的比例达92.11%。启动新一轮教育教学改革，全面实行以学分制为主的弹性学习制度，改革课程设置，更新教学内容，重视实践教学和实训环节，强化职业技能和实践能力培养。加快组建职业教育集团，新成立建筑建材、旅游、鞋服、闽台合作等4个省级行业型职业教育集团，省级职教集团达7个；新组建15个区域性职教集团，设区市区域性职教集团达28个。建立和完善技能竞赛制度，举办2009年全省职业院校职业技能大赛，在全国职业院校技能大赛中全省共有62个项目获奖，其中获得一等奖的项目数位居各省第10位。全省中职毕业生平均就业率达到96.38%，毕业生越来越受到各行各业的欢迎。

〔**基础能力建设**〕 实施“县级职教中心建设计划”，支持和指导县（市）政府建设县级职教中心。省政府安排1亿元地方政府债券资金，用于中等职业教育基础能力建设，重点支持县级职教中心主体学校学生宿舍建设；安排1 024万元省级职业教育专项资金，扶持骨干专业实训基地建设。2009年又有20个县（市）挂牌成立县级职教中心，累计挂牌成立县级职教中心已达50个。加强实训基地建设，支持中职学校加强校内生产性实训基地建设，依托企业资源开拓校外实习实训基地。新争取5所中职学校成为中央财政支持的实训基地项目学校，总数达38个；新建7个中职省级示范性实训基地，使总数达41个，提前一年完成“十一五”技能型紧缺人才培养重点项目建设任务。集中力量建设一批适应产业发展需要的重点专业，新增中职省级重点专业点20个，总数达208个。实施“中等职业教育教师素质提高工程”，组织1 660位德育和语文等七门公共基础课程骨干教师进行省级培训工作，支持和推动紧缺专业特聘兼职教师工作，落实专业教师到企业实践制度，全省中等职业学校专业教师中“双师型”的比例为34.85%，比2008年提高3.8个百分点。

〔**终身教育工作**〕 进一步完善终身教育组织机构与运行机制，全省已有89个县（市、区）成立了终身教育促进委员会，占全省县（市、区）总数的95.6%。福州台江区、漳州芗城区、三明梅列区被确定为全国社区教育实验区，带动了全省社区教育、学习型组织建设的广泛开展。充分发挥省终身教育促进委员会的作用，推动省有关部门加强终身教育制度建设，面向本系统、面向基层、面向农村开展多种形式、多种门类、多种层次的成人继续教育和培训活动，培训各类人员196万人次。发挥广播电视大学、自学考试、老年大学等教育机构的作用，先后开通了“福建终身学习在线”、“福建干部学习在线”等一批网络学习平台，为广大社会成员提供灵活多样的终身学习服务。

〔**自学考试**〕 充分挖掘非学历考试项目潜力，为自学考试事业发展注入新活力。全省自学考试在考专业已达137个（其中本科专业65个、专科专业72个）；面向社会开考的专业73个，开考体制改革试点专业86个。专业涵盖文、理、农、工、医、教育、经济、管理、政法等多学科门类，有43所高等院校担任主考学校，与15个厅局、行业合作开考33个专业。全省自学考试学历教育报考达38.5万人、76.8万科次，比2008年增加4.5万人、8.1万科次。非学历教育各考试项目报考规模比2008年又有长足的进展，全年共组织11个项目14场考试，考生人数合计89.84万人，比2008年增加13.63万人，同比增长17.87%。非学历教育后来者居上，成为福建省自学考试事业发展的新增长点。

高等教育

〔**高校专业结构调整**〕 根据省政府陆续出台的产业调整和振兴实施方案，启动软件、装备制造、汽车、钢铁及有色金属、生物与新医药、物流、交通运输、石油化工、新能源、新材料等十二大产业人才培养培训专项规划调研工作，组织制定实施集成电路产业、太阳能光伏产业、工艺美术产业人才培养培训专项规划。开展2009年度高等学校专业结构调整工作，重点支持增设机械类、电气信息类等10类本科专业和机电设备类、汽车类等10类高职高专专业。2009年新增本科专业66个、专科专业83个，其中工学类专业分别为37个和50个，工学类专业在校生比例达33.9%。建立以就业为导向的专业结构调整机制，原则上不再增设社会工作、社会学、财政学等16个本科专业，以及文秘、市场营销、应用英语等11个高职高专专业。

〔**高校本科教学**〕 深入实施高等学校本科教学质量与教学改革工程，遴选确定电子信息工程、光信息科学与技术、土木工程等40个直接为海西产业发展服务的省级本科教育特色专业点进行重点建设；在服务产业发展的重点人才培养领域确定40个产学结合的人才培养模式创新实验项目，建设40个省级教学团队，评选100门省级本科精品课程、40名省级本科教学名师、25个省级实验教学示范中心、4个国家级实验教学示范中心，以及100项第六届省级教学成果奖励项目；获得国家级教学团队5个、教学名师1人、精品课程8门、人才培养模式创新实验区4个、教学成果奖励10项；进一步加强医学人才培养培训工作，省教育、卫生等部门联合制定《关于加强我省医学人才培养培训的若干意见》，进一步明确了医学高等教育的发展定位，确定从2010年开始，将福建医科大学、福建中医学院临床医学类本科专业生均定额拨款标准系数由1.6提高至3.0，重点加强临床医学类学科专业建设、师资队伍建设和临床教学基地建设；成立福州地区大学新校区教学资源共建共享协作委员会和图书文献信息资源共建共享协作委员会，从2009年秋季开始，基本实现了新校区高校图书信息资源共享、学分互认、课程互选；在全省本科高校中试行“双证书”教育，将“双证书”教育列入教学计划，突出职业岗位能力培养和职业素养养成；在全省高校试行“双学位”、“双专业”教育，提高高校毕业生的综合素质和就业竞争能力；进一步加强高校教学工作管理，组织完成对华侨大学、厦门工学院等4所新建院校检查工作；根据教育部的部署，组织制定2009—2013年本科高校教学工作水平评估计划，并对即将迎评的福建工程学院、闽江学院、三明学院等六所新建本科院校进行评估前指导；组织福州大学与宁德师范高等专科学校开展实质性对口支援协作。

〔高职高专教育〕 深入实施高等职业教育服务海峡西岸经济区改革与建设工程，遴选确定省级高职精品专业23个、高职教育教学改革综合试验项目13个、高职教学团队20个、高职精品课程100门、省级教学名师32名；获得国家级高职教学团队1个、教学成果二等奖1个；遴选省级高职实训基地15个，4个获得中央财政支持，完成对17个中央财政支持的实训基地与28个省财政支持的实训基地的检查验收工作；遴选确定泉州医学高等专科学校、福建对外经济贸易职业技术学院为省级示范性高等职业院校，确定重点建设专业7个；新成立医药护理、商贸两个省级职业教育集团，组织协调高校与行业企业共同落实相关领域的产学结合建设项目；遴选确定福建交通职业技术学院等12所高职院校在制造业、旅游业、现代农业等紧缺人才培养领域与17所台湾职业院校和50多家相关台资企业实施“校校企”联合培养人才项目；率先成批次选派福州大学等14所高校200名学生赴台湾中兴大学、中洲技术学院、建国科技大学、朝阳科技大学等4所高校进行为期一年的学习，组织制定并实施《闽台高职院校联合培训师资规划(2009—2012年)》，全年举办了各类培训班10期，联合培训460人；组织完成对漳州卫生职业技术学院、泉州信息职业技术学院、德化陶瓷职业技术学院、厦门华天涉外职业技术学院和厦门城市职业技术学院的高职高专人才培养工作评估；组织开展全省职业技能大赛，并选派7个代表队参加全国职业院校技能大赛所有项目的竞赛，共获3个二等奖和2个三等奖。

〔学位与研究生教育〕 研究制定《关于加快专业学位研究生教育发展，努力培养海西建设高层次应用型人才的意见》，对到2012年、2015年专业学位研究生教育发展作出规划；厦门大学列入国家首批教育博士与社会工作专业硕士学位授权单位，福州大学新增地质工程、制药工程2个工程硕士授予领域。组织完成《福建省2008—2015年新增博士、硕士学位授予单位立项建设规划》编制工作，向教育部报送集美大学和福建工程学院为博士、硕士学位授予立项建设单位，并申请将漳州师范学院增列为博士学位授予立项建设单位，将闽江学院等4所学校增列硕士学位授予立项建设单位。研究制定《福建省研究生教育创新基地建设管理暂行办法》，组织开展2009年研究生创新基地建设项目的申报与遴选工作，新确定26个建设项目。继续推进“闽江学者奖励计划”，组织制定《关于实施“2010—2012年闽江学者奖励计划”的有关意见》。组织完成福州大学等15所高校81个专业申请增列学士学位授权专业的评审工作。组织开展优秀博士论文评选工作。组织完成全国专业硕士学位考试工作。

〔高校科技创新〕 组织实施高校服务海西建设重点项目建设，遴选确定98个科技创新与成果转化项目、52个经济文化建设与创新项目。全年全省获自然科学基金283项，比上年增长32%，资助经费首次突破1亿元，达1.08亿元。福州大学、福建农林大学各获两项国家科学技术进步二等奖。福州大学傅贤智教授当选中国工程院院士，有6位教授获得国家自然科学基金“杰出青年”项目资助。组织高校参加第七届“6·18”活动（中国海峡项目成果交易会）取得历史上最好成绩，现场签约34项、总投资2.86亿元；省内外高校全年对接1 601项，投资总额310.1亿元。

〔高校党建〕 推动高校认真贯彻执行党委领导下的校长负责制。健全党委中心组学习和党员领导干部民主生活会制度，加强领导干部思想政治建设，印发《高等学校党委工作报告制度》，健全落实高校领导班子、领导干部履职情况和重大事项报告制度，着力增强领导班子成员党的意识、大局意识、责任意识。按照德才兼备、以德为先的原则和“五重五不简单”的要求，推荐选拔优秀后备干部，努力配好配强高校领导班子。一年来，共调整配备高校领导干部34名，涉及20所高校。加强高校基层党组织建设，深入开展“党的建设和思想政治工作先进高校”创建活动。组织开展新一轮高校党支部工作“立项活动”，开展高校党建工作重点课题研究，推动基层党建工作创新。积极吸收符合条件的大学生、青年教师特别是学科带头人和学术骨干入党。全省高校大学生申请入党的比例达62.5%，在校生党员比例由上年的10.53%提高到11.3%，研究生党员比例占52%，35岁以下青年教职工党员比例占53%。加强民办高校党建工作。制定实施《福建省民办高校党组织工作暂行规定》，继续做好民办高校党组织负责人的选派工作，全省26所民办高校全面实现党组织设置和党组织负责人选派的“双覆盖”，得到教育部党组的充分肯定。

〔**学校统战工作**〕　引导高校广大统一战线成员和统战团体立足岗位作贡献。围绕学校改革发展稳定的中心任务和服务海西建设大局，组织全省高校师生2.2万多人次、370多支队伍，参加“海西春雨行动”，服务新农村建设。充分发挥统战对象参政议政的积极性。先后召开了两次全省高校党外代表人士教育改革发展建言献策座谈会，对所提意见建议参照政协委员提案办理方式，逐一受理并作书面反馈；组织高校统一战线成员开展“我为金融危机献一策”活动，通过省政协、省委统战部和各民主党派省委等渠道，报送150多篇献策文章，其中30多篇被中央统战部和省有关部门信息内刊采用。加强高校统战工作体系建设。进一步健全统战工作机构，目前本科高校全部单独设立统战部，高职高专院校也有专人负责统战工作。

撰稿　陈晓风　许志勇　张学强　林　菁
审稿　鞠维强

厦门市教育

概　况

〔**基本情况**〕

2009年各级各类学校校数、教职工、专任教师情况

	学校数（所）	教职工数（人）	专任教师数（人）
一、高等教育	17	14 228	8 251
（一）研究生培养机构	3	0	0
1. 普通高校	2		
2. 科研机构	1		
（二）普通高等学校	17	14 228	8 251
1. 本科院校	6	10 892	6 151
2. 专科院校	11	3 336	2 100
其中：职业技术学院	9	3 023	1 901

续表

	学校数（所）	教职工数（人）	专任教师数（人）
3. 分校、大专班（点）（不计校数）	0	0	0
（三）成人高等学校	0	0	0
（四）民办的其他高等教育机构			
1. 学历文凭考试机构	0	0	0
2. 非学历文凭考试机构	2	0	0
二、中等教育	121	12 407	10 509
（一）高中阶段教育	59	12 407	4 835
1. 高中	33	10 345	3 346
普通高中	33	10 345	3 346
成人高中	0	0	0
2. 中等职业教育	26	2 062	1 489
中等职业学校	23	1 762	1 268
技工学校	3	258	179
其他机构（教学点）（不计校数）	(5)	42	42
（二）初中阶段教育	62		5 674
1. 普通初中	62		5 674
2. 职业初中	0	0	0
3. 成人初中	0	0	0
三、初等教育	300	9 848	9 180
（一）普通小学	300	9 836	9 176
（二）成人小学	0	12	4
其中：扫盲班	0	12	4
四、工读学校	0	0	0
五、特殊教育	3	145	129
六、学前教育	544	5 871	3 397

注：①普通高中包含普通初中的教职工数；②学历文凭考试已取消；非学历文凭考试机构两所，但没有统计数据。

2009年各级各类学历教育学生情况

	毕业生数（人）	招生数（人）	在校生数（人）
一、高等教育	34 567	50 969	158 565
（一）研究生	3 214	3 843	12 173
（二）普通本专科	25 457	37 121	119 278

续表

	毕业生数（人）	招生数（人）	在校生数（人）
（三）成人本专科	5 052	5 813	16 648
（四）其他各类高等学历教育	844	4 192	10 466
1. 在职人员攻读博士、硕士学位		1 668	5 678（女 1 984）
2. 网络本专科生	844	2 524	4 788（女 2 608）
3. 学历文凭考试	0	0	0
二、中等教育	53 240	54 517	159 740
（一）高中阶段教育	29 190	26 915	82 751
1. 高中	15 119	14 422	43 258
普通高中	15 119	14 422	43 258
成人高中	0	0	0
2. 中等职业教育	14 071	12 493	39 493
中等职业学校（机构）	12 376	10 837	34 250
技工学校	1 695	1 656	5 243
（二）初中阶段教育	24 050	27 602	76 989
1. 普通初中	24 050	27 602	76 989
2. 职业初中	0	0	0
3. 成人初中	0	0	0
三、初等教育	29 680	31 382	179 397
（一）普通小学	28 642	31 382	177 879
（二）成人小学	1 038	0	1 518
其中：扫盲班	1 038	0	1 518
四、工读学校	0	0	0
五、特殊教育	78	92	537
六、学前教育	23 177	31 313	78 916

注：①2009 年无成人中学、成人初中、成人小学的统计数据；②四张表中高等教育（含成人高等教育）均为 2009 年统计数据。

2009 年各级各类非学历教育学生情况

	毕（结）业学生数（人）	招生数（人）	在校学生数（人）
一、高等教育	7 526		12 802
（一）研究生课程进修班	247		665
（二）自考助学班			
（三）普通预科生			148

续表

	毕（结）业学生数（人）	招生数（人）	在校学生数（人）
（四）证书教育	2 706		1 946
（五）岗位培训	794		2 170
（六）进修及培训	3 779		7 873
二、中等教育	120 815		103 659
（一）中等职业教育	14 921		1 213
（二）职业技术培训机构	105 894		102 446

2009 年各级民办教育基本情况

	学校数（所）	毕业生数（人）	招生数（人）	在校学生数（人）	教职工数（人）	专任教师数（人）
一、民办高等教育	11	9 980	15 336	45 982	4 240	2 716
（一）普通高校	11	9 980	15 336	45 982	4 240	2 716
（二）成人高校						
（三）民办的其他高等教育机构						
二、民办中等教育机构	32	4 822	4 350	13 789	1 337	893
（一）高中阶段教育	11	2 645	1 745	5 875	314	338
其中：民办普通高中	3	548	573	1 749		174
民办中等职业教育	8	2 097	1 172	4 126	314	164
（二）初中阶段教育	21	2 177	2 605	7 914	1 023	555
其中：民办普通初中	21	2 177	2 605	7 914	1 023	555
民办职业初中						
三、民办普通小学	27	6 271	6 478	34 758	1 856	1 463
四、民办幼儿园	280	12 214	16 880	43 182	4 470	2 370

注：①中等职业教育非学历教育的学生数采用中等职业学校（机构）统计中培训学生数（无招生数指标），职业技术培训机构未统计招生数；②由于民办初高中无法严格划分，因此，民办普通高中的教职工数全部计入民办普通初中。

〔**教育综合竞争力**〕 2009 年是厦门市教育局确立的教学质量年，全市广大教师和教育工作者认真开展深入学习实践科学发展观活动，围绕市委市政府加快海峡西岸经济区建设和破解就学难的重要工作部署，提高教学质量，服务产业发展，教育综合竞争力明显提高，在中国社科院发布的城市竞争力比较研究报告中名列全国 15 个副省级城市第三。

〔**教育投入**〕 全市教育经费 59.67 亿元，比上年增长 14.49%；其中国家财政性教育经费 46.77 亿元，比上年增长 15.34%；占国内生产总值 2.88%，比上年增长 0.28 个百分点。政府预算内教育拨款 41.09 亿元，比上年增长 18.61%。全市中小学生均预算内公用经费，小学 1 164 元，比上年增长 2.95%；初中 1 564 元，比上年增长 1.03%；高中 1 932 元，比上年增长 1.03%；职业高中 2 050 元，比上年增长 1.05%。

〔免除和补助学习费用〕 全年共免除、补助学生各类费用 2.3 亿元，其中免除城乡义务教育阶段学杂费、借读费、住宿费、体检费、课本费 1.5 亿元，补助义务教育阶段困难学生 370 万元，补助民办义务教育阶段学校学生学费减免 2 057 万元。补助普通高中贫困学生 73 万元。发放中等职业学校学生助学金 3 411 万元，免除和补助学费 108 万元。发放大学生奖学金 576 万元、助学金 842 万元，下达高校助学贷款额度 1 780 万元，13.4 万名在厦大学生参加厦门市医保。补助到厦门市中职学校就学的四川彭州市和甘肃天水市地震灾区学生 216 人 306 万元，为厦门市援建的 5 所彭州中小学配备计算机、课桌椅等教学设备 380 万元。

〔教育基建〕 教育基建重点项目全年累计完成投资 3.7 亿元，新建扩建中小学 14 所，完成厦门理工学院、华厦职业学院、工商旅游学校和集美中学高中部等部分工程建设。

〔实施中小学校舍安全工程〕 根据国务院办公厅开展全国中小学校舍安全工程部署，按照“突出重点，分步实施”的要求，研究拟订厦门市中小学校舍安全工程实施方案和建设规划，对全市 1 682幢 355 万平方米校舍进行全面排查，对 341 万平方米校舍进行抗震鉴定，完成加固和重建 9 万多平方米。

〔实施教育人事制度三项改革〕 开展岗位设置管理改革、中小学教师绩效工资改革和中小学机构设置改革。在改革过程中积极做好教师思想政治工作，依法提高中小学教师待遇。在市委市政府的领导及财政、人事等部门的鼎力支持下，在全省率先兑现中小学教师绩效工资，并实现全市六个区同城同薪，全市共增资 8 亿多元。

〔深化名校名校长名师培养〕 帮助学校提等级上水平，厦门二中、启悟中学接受一级达标高中省级评估。制定并实施中小学、中职学校校长管理办法，举行直属中小学校长聘任仪式，选送校（园）长到北京等教育发达城市挂职锻炼。制定加强中小学教师队伍建设意见，召开全市中小学教师队伍建设工作会议。“133 工程”任务完成过半，专家型教师在训 82 人，学科带头人已有 153 人，在训 250 人，骨干教师已有 2 000 多人，在训 200 多人。3 位中小学、幼儿园教师荣获福建省第二届杰出人民教师称号，中职学校“双师型”教师比率达到 40%，比 2008 年增加 7 个百分点。

〔深入开展三项主题活动〕 教师岗位大练兵主要包括青年教师、幼儿教师、实验人员的基本功大练兵、教学课件制作、主题班会课、激活课堂等大赛，以及中职教师电子、计算机、机械等职业技能和创新课竞赛；师德建设主要包括首次年段长工作交流、首次市级骨干班主任培训、首次住宿生管理研讨等；百名校长万名教师进社区进家庭活动（960 多名校领导走进社区，1.4 万名教师走进家庭）。

〔拓展对台教育交流合作〕 全年接待台湾来访师生 7 批次 250 人，组织赴台参访 19 批次 204 人；继续完善台生班招生和台生入学一站式服务，全市中小学、幼儿园现有台湾学生 1500 多人；实施厦台教育交流与合作工程，两岸职业院校积极开展“校校企”合作，启动“全面开展厦金教育交流”活动；双十中学利用 90 周年校庆之际，深化与台中双十中学的教育交流，两岸双十中学再次共同组织文艺晚会及专场音乐会等，党和国家领导人贾庆林、陈至立发来贺信。

〔承办第三届海峡两岸百名中小学校长论坛〕 2009 年 10 月，第三届海峡两岸百名中小学校长论坛在厦门成功举办。本届论坛升格为中国教育学会和市政府共同主办，教育部、国台办、全国台联有关司局领导，以及台湾国民党智库教育文化组召集人、台湾省教育会理事长参加论坛。来自台湾和大陆的120名校长围绕“教师专业成长”主题展开热烈研讨，并商定第四届论坛于2010年在台湾举办。

〔**深入开展平安校园建设**〕 开展法律进学校活动，努力创建安全、稳定、平安、和谐的校园环境；开展“防灾减灾宣传周”活动，创新防灾减灾教育形式，创办省级防灾减灾示范校；开展“安全教育周”活动，将安全教育纳入学校课程计划；开展“流动平安训练营”活动，全市47所中小学7万多名学生参加活动。

〔**加大矛盾纠纷排查调处**〕 2009年1月，恢复局长接待日活动，开通教育网站市民互动和在线访谈栏目，全年受理群众信访191件，同比下降6%；受理市长专线电话522件，同比下降27%。认真排查并妥善处置民办高校和民办非学历高等教育机构中存在的不稳定因素，被省委教育工委授予“高校维护稳定工作先进集体”。

〔**防范甲型H1N1疫情**〕 制定学校突发公共卫生事件应急预案，多次召开专题会议研究和落实防控措施，坚持每天晨检和住宿生晚检，落实测温、观察、报告、送医、隔离、追踪等制度，全市无学生死亡病例，无全校性停课。

〔**积极开展教育宣传**〕 以庆祝新中国成立60周年为契机，大力加强教育宣传工作，编印《厦门教育六十年》画册。全年在主流报纸、电视等媒体刊发教育宣传信息690多篇，其中中央级39篇、省级64篇。被省委教育工委授予“教育新闻宣传工作先进集体”。

基础教育

〔**促进义务教育均衡发展**〕 小学毕业生第12年通过电脑派位升入初中，初中毕业生全部被高中阶段学校录取，进城务工人员子女在公办义务教育学校就学的比率达到67%，比2008年提高3个百分点；一批名校和农村学校及城镇义务教育阶段学校签订合作协议，建立分校3所、附属学校3所、合作校6所；加大对农村义务教育的扶持，将教学视导重心转移到农村中小学，加强农村教师培训，组织名师讲学团送教下乡，开展农村中小学合格校评估验收；2009年11月，被教育部授予“全国推进义务教育均衡发展先进地区”。

〔**深入开展“对县级人民政府教育工作督导评估”**〕 2009年11月和12月，同安区和翔安区“对县级人民政府教育工作督导评估”分别通过省级评估。至此，厦门市成为福建省第一个全面完成省级评估的设区市。

〔**深入推进素质教育**〕 进一步规范学校的办学行为，制定出台多份减轻学生负担、提高教育质量的文件，不断完善中小学教学质量评价与监测制度，引导学校开齐开足技能类、综合类课程。采取有力措施提高课堂效率，在全省率先全面禁止寒暑假补课，切实减轻学生过重的课业负担。创建首批科技教育基地校、首批闽南方言和文化进课堂试点校及省级知识产权教育试点校，深入开展语言文字规范化示范校评估，举行中小学生规范汉字书写比赛和诵读比赛，举办第19届中小学艺术节、第27届学校音乐周，以及绘画、书法、摄影、雕塑展，校园文化生活更加丰富多彩，学生个人技艺得到充分展示和发挥。市中小学生管弦乐团的首场汇报演出产生良好的社会反响，“祖国万岁”歌咏活动荣获全国教育系统歌咏活动优秀组织奖，承办首届全国中小学生历届获奖美术作品展，得到教育部体卫艺司领导的赞誉。

〔**高中新课程实验成效显著**〕 学生的创新意识得到加强，社会实践能力得到锻炼，在教育理念和行为层面上，在实验操作系统上，在考试评价方式上呈现许多可喜变化。学生全科合格率、优良率在全省学业水平会考中成绩领先，高中奥赛取得180多个省级以上一等奖，高考上线率

93%，被北大、清华录取 66 人，均创历史新高。普高新生在一级和三级以上达标高中就学的比例分别达到 53%和 97%，比 2008 年各提高 2 个百分点。

〔深化心理健康教育〕 在全国率先成立中小学生突发事件心理干预小组，在全省率先将心理课列为中小学和中职学校必修课，组建中小学心理健康教育讲师团，协助市人防办组建市人防心理救援队伍。开通网上家长学校 62 所，用户突破 10 万人，访问量突破 36 万人次。

〔深入开展阳光体育运动〕 全面开展冬季长跑运动，选择进城务工人员子女较多的 7 所小学开展“快乐课间”体育活动，组织教师和学生分别参加市第十八届运动会和省中学生运动会，组织 16 所中小学参与国家级体育课程资源开发研究。开展健康促进活动，加强学校健康教育工作的指导，如期完成全国学生体质健康调研的监测任务。厦门二中足球队代表福建省参加全国高中足球联赛总决赛荣获第七名，取得全省历史最好成绩。

职业教育与成人教育

〔教育服务产业发展行动计划〕 2009 年 6 月，根据市委、市政府部署，研究拟订《教育服务产业发展行动计划》，努力为厦门市产业链、产业集群提供人才培养等教育服务。各职业院校结合实际制定贯彻实施意见及方案，确定对接产业发展的办学重点，建立学校与企业的对接服务机制。职业院校专业结构逐步得到优化，市属高校现有高职专业 161 个，其中对接产业发展 107 个，占 66%；中职学校将原有 130 多个专业调整为 90 个，调整幅度达 31%。

〔成立机械和商贸职教集团〕 2009 年 4 月，成立厦门商贸职业教育集团和厦门机械职业教育集团。厦门商贸职业教育集团共包括厦门工商旅游学校等 17 所职业院校，以及厦门夏商集团有限公司等 17 家商贸类企业；厦门机械职业教育集团共包括集美轻工业学校等 20 所职业院校，以及路达（厦门）工业有限公司等 15 家大型骨干企业；除本市学校外，还邀请漳州、宁德、南平、龙岩的部分职校作为集团的成员单位。

〔加强校企合作〕 职业院校走出校门深入企业，首批“订单”培养招生近 3 000 人，开展校企合作的企业达 400 多家，到企业顶岗实习的职业院校学生 2 万名。

〔职业院校毕业生就业〕 高职毕业生 8 400 多人，就业率 92%，其中在本市就业 5 600 多人，占 67%；中职毕业生 1.1 万人，就业率 97%，全部在本市就业。

〔在全国职业院校技能大赛上取得优秀成绩〕 2009 年 6 月，组成厦门市中职学校代表队参加 2009 年全国职业院校技能大赛中职组 8 大类 27 个项目竞赛，取得 3 个一等奖、4 个二等奖和 18 个三等奖。

高 等 教 育

〔高职人才培养评估〕 2009 年 12 月，厦门城市职业学院和厦门华天职业学院通过高职人才培养工作水平评估。

〔加强实训基地建设〕 2009 年 11 月，挂牌确认厦大理工实训楼、集美职校、市技师学院为“厦门市高等职业教育实训基地”，组织在厦高职院校与三个基地签订共享协议书。

〔加强高职专业和课程建设〕 全年评选高职

精品专业和精品课程 16 个，高职重点建设实训项目和教改实验项目 8 个。

〔**承办 2009 海峡两岸高等职业教育展览会**〕2009 年 4 月，组织台湾 59 家院校参加 2009 海峡两岸高等职业教育展览会，组织两岸职业院校签订合作项目 11 个。

审稿　陈江汉

撰稿　郑朝南

江西省教育

概　　况

〔基本情况〕

2009年各级各类学校校数、教职工、专任教师情况

	学校数（所）	教职工数（人）	专任教师数（人）
一、高等教育			
（一）研究生培养机构（不计校数）	(12)		
1. 普通高校	(12)		
2. 科研机构			
（二）普通高等学校	85	72 123	48 637
1. 本科院校	33	44 863	29 301
其中：独立学院	13	6 025	4 695
2. 高职（专科）院校	52	26 950	19 110
3. 其他机构（点）（不计校数）	(1)	310	226
（三）成人高等学校	10	2 298	1 413
（四）民办的其他高等教育机构	22	705	324
二、中等教育	3 175	222 131	194 700
（一）高中阶段教育	1 064	222 071	76 710
1. 高中	476	182 827	47 512
普通高中	476	182 827	47 512
成人高中			
2. 中等职业教育	588	39 244	29 198
普通中专	66	8 840	5 975
成人中专	92	1 942	1 547
职业高中	347	18 428	13 557
技工学校	83	9 531	7 754
其他机构（教学点）（不计校数）	(83)	503	365

续表

	学校数 （所）	教职工数 （人）	专任教师数 （人）
（二）初中阶段教育	2 111	60	117 990
1. 普通初中	2 103		117 933
2. 职业初中	1	42	42
3. 成人初中	7	18	15
三、初等教育	13 783	209 828	202 086
（一）普通小学	13 021	208 702	201 461
（二）成人小学	762	1 126	625
其中：扫盲班	191	133	56
四、工读学校	1	4	
五、特殊教育	69	894	764
六、学前教育	8 326	60 102	39 541

注：普通高中的教职工数中包含普通初中的教职工数。

2009年各级各类学历教育学生情况

	毕业生数 （人）	招生数 （人）	在校生数 （人）
一、高等教育			
（一）研究生	5 018	7 464	17 990
博　士	124	176	660
硕　士	4 894	7 288	17 330
（二）普通本专科	213 303	238 921	793 488
本　科	81 519	103 897	366 922
专　科	131 784	135 024	426 566
（三）成人本专科	39 502	41 281	120 365
本　科	16 607	18 283	52 633
专　科	22 895	22 998	67 732
（四）其他各类高等学历教育			
1. 在职人员攻读博士、硕士学位		1 233	6 814
2. 网络本专科生			
本　科			
专　科			
3. 其他			
二、中等教育	1 028 279	1 282 714	3 484 545
（一）高中阶段教育	508 666	585 843	1 591 187
1. 高中	279 087	250 953	772 405
普通高中	279 087	250 953	772 405
成人高中			

续表

	毕业生数（人）	招生数（人）	在校生数（人）
2. 中等职业教育	229 579	334 890	818 782
普通中专	71 946	89 025	231 772
成人中专	3 106	7 012	13 571
职业高中	108 864	169 689	393 679
技工学校	45 663	69 164	179 760
（二）初中阶段教育	519 613	696 871	1 893 358
1. 普通初中	519 065	696 726	1 892 398
2. 职业初中	279	145	621
3. 成人初中	269		339
三、初等教育	720 072	714 886	4 256 272
（一）普通小学	694 818	714 886	4 227 464
（二）成人小学	25 254		28 808
其中：扫盲班	3 552		3 816
四、工读学校			
五、特殊教育	2 189	3 808	22 979
六、学前教育	363 758	728 337	1 123 138

注：特殊教育学生数中包括普通中小学随班就读的学生。

2009年各级各类非学历教育学生情况

	结业生数（人）	注册生数（人）
总　计	447 347	429 397
一、高等教育	64 342	95 374
（一）研究生课程进修班	289	221
（二）自考助学班	12 810	69 705
（三）普通预科生		932
（四）进修及培训	51 243	24 516
其中：资格证书培训	26 793	10 763
岗位证书培训	11 170	8 691
二、中等职业教育	383 005	334 023
其中：资格证书培训	60 446	35 489
岗位证书培训	97 645	71 701
（一）中等职业学校	131 274	83 841
其中：资格证书培训	38 906	15 913
岗位证书培训	44 648	23 006
（二）职业技术培训机构	251 731	250 182
其中：资格证书培训	21 540	19 576
岗位证书培训	52 997	48 695

2009年各级各类民办教育基本情况

	学校数（所）	毕业生数（人）	招生数（人）	在校生数（人）	教职工数（人）	专任教师数（人）
一、民办高等教育						
（一）民办高校	26	41 927	57 103	177 367	17 651	12 405
本科学生		19 067	26 170	90 730		
专科学生		22 860	30 933	86 637		
其中：独立学院	13	20 946	24 440	90 906	6 025	4 695
本科学生		18 172	22 902	84 099		
专科学生		2 774	1 538	6 807		
（二）民办其他高等教育机构	22				705	324
二、民办中等教育						
（一）高中阶段教育	347	96 611	114 474	300 634	28 482	19 563
1. 民办普通高中	137	40 166	37 847	113 200	18 204	12 755
2. 民办中等职业教育	210	56 445	76 627	187 434	10 278	6 808
（二）初中阶段教育	146	35 936	48 864	135 576		
1. 民办普通初中	146	35 936	48 864	135 576		
2. 民办职业初中						
三、民办普通小学	64	16 940	10 584	81 472	5 763	3 851
四、民办幼儿园	7 720	191 240	434 010	738 854	50 189	32 397
另有：民办培训机构（不计校数）	(16)				83	60

注：民办普通高中的教职工数包含民办普通初中的教职工数。

〔综述〕　2009年，根据中央的部署，全省教育系统深入开展了学习实践科学发展观活动。各大中小学校紧扣教育实际，突出实践特色，做好“结合”文章，把科学发展观贯彻落实到教育改革发展的各个方面，贯彻落实到学校教书育人的各个方面，努力使教育更加符合学生成长规律，使学生更加符合社会发展需要，使学校更加符合人民群众对教育发展的期望，学习实践活动取得了实实在在的成效。与此同时，根据当前教育改革发展的实际，全省教育系统深入开展了“创新发展年”活动，既巩固了上年度“规范管理年”活动成果，又把工作的着力点引导到创新发展上来，引导到增添活力、提高“五率”目标上来，以改革促发展，以创新促跨越。

〔教育民生工程全面覆盖〕　教育民生工程资金占全省民生工程的四分之一。经过全省教育系统的共同努力，教育民生工程启动早、实施顺、效果好。为全省城乡义务教育阶段597万名中小学生全部免除了学杂费并全部免费提供了国家课程教科书和地方课程教科书；为34.6万名义务教育阶段家庭经济困难寄宿学生发放了生活补助；资助了8.22万名普通高中家庭经济困难学生、2.1万名考入普通高校的家庭经济困难大学生和39.2万名中等职业教育家庭经济困难学生；资助品学兼优的家庭经济困难大学生2.3万名，资助家庭经济困难大学生16.9万名。济困助学实现了从小学到大学的全覆盖，实现了从公办到民办学校的全覆盖。

〔教育项目建设成效明显〕　扩大内需的“农村初中工程”、“中等职业教育基础能力建设工程”、“特殊教育学校建设工程”等“三项工程”建设整体推进，中小学校舍安全工程进度快于全国平均水平，义务教育专项工程基本完成。投入 6 000 万元，统筹“大班化小班”工程。投入 5 000 万元，实施“农村中小学配套设施工程和农村初中实验室建设工程”。投入 3 000 万元，实施了“特殊教育学校改造工程”，为全省 35 所特教学校配备了教学仪器设备。投入 1 亿元，继续实施“职业教育基础能力建设工程”，建设 8 所县级职教中心、12 所省级示范性学校、18 个高中等职业学校实训基地和部分职教师资培训基地，整个工程进展顺利。投入 1 亿元，开始实施“江西省示范性高等职业院校建设计划”，重点建设 10 所左右示范性高等职业院校。目前，江西应用技术职业学院、江西交通职业技术学院、江西财经职业学院、江西外语外贸职业学院等首批立项建设院校已经确定，工程建设顺利启动。投入 2 000 万元，继续实施高校教育质量与改革工程。

〔**普通高中新课程实验取得初步成果**〕　省、市、县建立了新课改联合推进机制，完善了新课改保障机制。下发了 30 多个指导性文件，确立了 67 所省级样本校，确定了相对统一的新教材，初步建立了符合新课程要求的评价制度和教学管理制度，建立了实施新课程工作的评估、监控机制和专项督导机制。相继培训教育行政干部及校长 3 500 人、普通高中起始年级教师 1.8 万名、高中各学科骨干教师 6 000 余名，为新课程实验的顺利推进奠定了良好的基础。总体来看，新课改实施近两年来，教师的教学理念、教学方式和学生的学习方式有了转变，教与学更加符合素质教育的要求，社会各界对新课程实验的理解进一步加深。

〔**中等职业学校招生任务超额完成**〕　国家下达江西省的中职招生任务为 30.5 万人。为了落实教育部和省政府领导对这项工作的要求，全省建立和实施了教育行政部门和学校齐抓共管的统筹协调机制、灵活有效的招生工作机制、招生任务完成情况督查通报机制、招生激励机制和推动中职招生的舆论导向机制。进一步拓宽招生工作思路，加大招生工作力度，及时将招生对象扩展到未升学的高中毕业生、退复军人、农民工和城镇下岗职工。在全省教育战线的共同努力下，全省中职共招生 31.56 万人，超额完成任务。

〔**高校科技成果产业化进程明显加快**〕　进一步完善了高校科技创新体系，科技成果产业化进程加快。在光伏材料、陶瓷材料、半导体发光材料和中药等江西省重点产业领域，高校与企业正在形成产学研战略联盟。同时，江西省高校启动实施了科技创新“311 工程”，打造高校科技创新平台。全省高校新增教育部工程研究中心 2 个、江西省工程技术研究中心 3 个。在 2009 年“江西省技术、人才、项目对接会”上，江西省高校提供的科技成果约占“对接会”总数的四分之一，技术转让成果约占总数的五分之一。南昌大学提供的 LED、光伏、太阳能系列技术被列入省委、省政府“六个一”工程。南昌大学电动汽车、动力锂离子电池系列技术正与江西电动汽车、电动自行车等产业快速形成集群产业。江西中医学院生物制药、江西农业大学米糠油生物精炼技术等，一批拥有自主知识产权的标志性成果向产业化纵深发展。通过召开全省高职院校创特色促就业工作经验交流会，高职院校进一步强化了贴近市场办学、服务支柱产业和新兴产业特色办学的意识，社会经济效益进一步显现。

〔**高校博士、硕士学位申报立项建设成果丰硕**〕江西中医学院、景德镇陶瓷学院、华东交通大学列入国家 2008—2015 年博士学位立项建设单位；南昌航空大学列入国家 2016—2020 年博士学位立项建设预测单位；赣南医学院列入国家 2008—2015 年硕士学位立项建设单位；井冈山大学作为特殊情况以 1+1 的形式将获得国家支持。江西省成为教育部下达博士单位立项建设限额最多的省份之一，也是江西省历史上新增博士单位最多的一次。同时，专业学位得到大发展，共有 6 所高校获得 9 个种类的 12 个专业学位研究生培养权，其中 7 种专业学位类别填补了江西省空白。

〔**高校毕业生就业工作逆势上扬**〕　2009 年江西省普通高等院校毕业生总人数为 21.76 万人。面对国际金融危机对高校毕业生就业带来的不利影响，省委、省政府领导高度重视、全力推动，为做好毕业生就业工作提供了强有力保证。省教育厅提前谋划，积极应对，年初就提出了“1410”的工作目标和工作要求，即围绕一个目标、抓好四个重点、推出十项举措。充分发挥全国高校毕业生就业市场江西市场的作用，启用了毕业生就业信息共享平台，建立了毕业生资源信息和用人单位需求信息两本台账，建立了高校毕业生就业情况“周报”制度，及时加强分析指导。特别是各高校以高度的责任感和超常规工作力度，加强组织领导，普遍实施了“领导主抓、部门统筹、学院为主、全员参与”的就业工作一把手工程，构建了人人参与就业、人人服务就业、人人推动就业的工作格局，发挥了主导作用。经过方方面面的努力，2009 年全省普通高校毕业生初次就业率达到 83.69%，高于上年 0.84 个百分点，高于全国 9.69 个百分点。而且，首次出现留在本省就业的毕业生高于流向外省的喜人现象。

〔**思想政治教育工作亮点纷呈**〕　继续坚持并不断完善高校“一把手”上思政课制度、开设“大学生时政论坛”、高校师生旁听“四会”的做法。同时进一步加大创新力度，注重运用制度化方式推动高校思想政治理论课建设，建立了覆盖本科、独立学院和高职高专的思政课教育教学评估体系，启动了万名大学生成长成才跟踪调查活动。围绕庆祝新中国成立 60 周年，在全省中小学校广泛深入开展了以“我爱我的祖国”为主题的弘扬和培育民族精神月活动，实现了省情教育大中小学全覆盖。中小学校连续 9 年实现“校舍安全年”。

〔**省委书记苏荣为大学生作形势报告**〕　5 月 4 日，中共江西省委书记苏荣来到江西财经大学，与全省大学生代表共迎“五四”青年节，并作了题为《青年：实现江西崛起的希望》的形势报告，受到 3 000多名与会青年师生的热烈欢迎。

苏荣同志从继承和发扬“五四”精神、如何化危机为生机、实现“三保一弘扬”等方面详细阐述了目前经济全球化和世界多极化逐步加快的时代进程，客观分析了当前国际金融危机对我国特别是江西省保持经济社会平稳较快发展带来的严峻挑战，提出要坚持用全面、辩证、发展的观点来认识国情、省情。省委在科学把握省情规律的基础上，积极应对复杂形势，采取有力措施变压力为动力、化危机为生机，正努力将经济波动期转化为经济发展机遇期。

苏荣同志向广大青年学生提出了六点希望：一要牢记崇高使命，争做坚定理想信念的楷模；二要掌握过硬本领，争做好学上进的榜样；三要积极投身实践，争做创新创业的标兵；四要提升道德修养，争做弘扬社会主义新风尚的先锋；五要弘扬优良传统，争做新时期艰苦奋斗的表率；六要敢于直面挑战，争做实现江西崛起新跨越的中坚。

与会广大学生认为，苏荣同志的报告紧密结合国情、省情，牢牢把握青年学生特点，明确指出了当代大学生的奋斗方向，都很有针对性和指导性。大家纷纷表示，要将个人的命运与祖国的命运紧密结合起来，发奋学习，全面提升自身素质，为建设祖国打下坚实基础。

〔**“创新发展年”活动**〕　2009 年，省委教育工委、省教育厅在全省教育系统组织开展“创新发展年”活动，提出了“双十创新”的具体内容。即：教育行政部门围绕教育观念创新、发展思路创新、体制改革创新、运行机制创新、教育体系创新、培养模式创新、评价制度创新、招考就业创新、行政管理创新、队伍建设创新十个方面进行创新；各级各类学校围绕办学理念创新、发展目标创新、学校制度创新、育人模式创新、教学内容创新、技术手段创新、评价方式创新、管理方法创新、教师自我创新、学生工作创新十个方面进行创新。为组织开展好“创新发展年”活动，成立了由虞国庆书记任组长，委厅领导为副组长，各处室主要负责同志为成员的“创新发展年”活动领导小组，召开了全省教育系统开展“创新发展年”活动动员大会。通过活动的深入开展，全省教育系统逐步形成了“以创新谋发展、以创新求发展、以创新促发展”的良好氛围，涌现出一大批创新发展成果。

〔**教育招考改革成效明显**〕 2009年，江西省推行了“在第一批本科院校实行平行一志愿；一本、二本批次院校实行网上填报志愿，取消纸质志愿卡（表）；严格规范‘三校生’的报名工作；深化艺术、体育专业招生考试管理改革”四项高招改革，取得了明显成效，促进了普通高校招生更加公平、公正，受到了广大考生、家长和招生院校的欢迎。

在第一批本科院校实行平行一志愿改革尤为成功，一方面，它实现了第一志愿录取率明显提高，高分考生落选率明显降低的目标。2009年第一批本科院校一志愿录取率，由2008年的68%上升到85%。全省560分以上考生（全省文理科560分以上考生共6 147人）落选率为0.9%（58人），一本线上（全省24 686人）落选率由2008年的2.56%下降到1.6%。另一方面，实行平行一志愿使得招生院校生源质量更加稳定。同一学校录取的考生高低分差明显缩小，普遍集中在20分左右的分差区间，消除了以往常见的“大小年现象”。不少名牌大学因生源情况理想而纷纷动用预留计划在江西省扩招。2009年，省外一本院校投放机动计划在江西省扩招579名，高分考生受益明显。

〔**教育合作交流更加活跃**〕 2009年，江西省教育合作交流的水平不断提高，大型活动、会议增多，合作不断扩大。2009年，全省共137批420多人次赴美国、德国、加拿大、英国、澳大利亚、中国香港和中国台湾等三十多个国家和地区访问和学术交流，这些团都顺利完成了考察任务，并取得丰硕成果。

承办了联合国“母语日”活动、中国教育国际交流协会年会、国家留学基金委派出工作会议等全国性会议，聘请外教500多人，进一步提高了高校的外语教学水平和研究水平。建设孔子学院3个、孔子课堂1个、汉语国际推广中小学基地3个，合作交流工作出现了新的局面。8月12日，国家汉办与柬埔寨王家学院签署了合作建设王家学院金边孔子学院协议，九江学院承担了柬埔寨王家学院金边孔子学院的建设工作。12月22日，国家副主席习近平出席了金边孔子学院揭牌仪式并揭牌。2009年有150名外国留学生获得江西省来华留学奖学金。目前在江西省高校学习的来华留学生有2 000多人，分别来自印度、巴基斯坦、美国、日本、韩国、孟加拉、泰国、尼泊尔等三十多个国家。

〔**教育队伍建设推出新举措**〕 江西省高校连续两年面向国内外公开选拔50名具有博士学位的高校副校（院）长，吸引高层次人才到江西工作，高校领导班子结构进一步改善。同时，进一步创新干部教育培训制度，选派了部分高校领导干部到国外高校、国内知名高校及省属重点高校上挂锻炼和学习培训。2009年，省委教育工委、省教育厅还组织委厅机关、直属单位、设区市教育局和部分高校的52名干部，赴清华大学参加为期三周的公共管理高级研修班。从部分高校和市县教育局抽调了一批年轻干部到委厅机关挂职锻炼，增强了干部队伍的生机和活力。教师队伍建设进一步加强，尤其是“农村特岗教师”计划和《江西省义务教育学校教师绩效工资实施办法》的平稳实施，进一步稳定了教师队伍。特岗计划的推行，为全省21个国家级贫困县的471所农村学校选拔了1 825名特岗教师，缓解了农村贫困地区优秀师资缺乏的困境；绩效工资的实施，保证了全省所有县（市、区）义务教育学校教师绩效工资中的基础性工资全部兑现。

基础教育

〔**综述**〕 2009年，江西省基础教育战线积极开展“机关效能年”、“创新发展年”活动，以推进义务教育均衡发展和深化基础教育课程改革为工作重点，统筹各类教育协调发展，基础教育呈现良好的发展态势。2009 年全省小学适龄儿童入学率达 99.9%，初中阶段适龄人口入学率达 98.78%，比上年提高了 0.98 个百分点；小学辍学率和初中辍学率分别为 0.52%和 1.49%，控制在国家规定范围内；高中阶段教育毛入学率达 70.1%，比上年提高了 2.8 个百分点。

〔**德育工作**〕 坚持育人为本，不断丰富中小学德育工作内涵。紧紧围绕庆祝新中国成立 60 周年，广泛开展了以“我爱我的祖国”为主题的弘扬和培育民族精神月活动。全省义务教育阶段学校全面开设了《人杰地灵诵江西》省情教育地方课程，组织编写了普通高中省情教育地方课程教材《人杰地灵话创新》，实现了省情教育全覆盖。加强青少年学生校外活动场所建设和管理，新争取国家支持青少年学生校外活动场所建设项目 4 个，全省项目县达 94 个，建成 59 个。

〔**义务教育**〕 启动了义务教育均衡发展示范县创建活动，上高县、渝水区和东湖区获得全国推进义务教育均衡发展工作先进地区。组织开展了教育对口支援试点工作，协调南昌市教育局、东湖区教育局和西湖区教育局及委厅有关处室和直属各单位对口支援井冈山市、吉安县的教育事业发展。继续开展大中专院校结对帮扶农村中小学工作，70 所大专院校对口支援 384 所农村中小学校，结对帮扶折合资金近 700 万元。为全省义务教育阶段 590 万名学生免费提供了国家课程教科书及相关教学资源，为农村初中 150.6 万名学生免费提供综合实践活动地方课程教材。全省中考中招改革实验区扩大到 7 个设区市的 14 个县（市、区），普通高中均衡招生比例提高到 25%至 45%。继续开展县级政府教育工作督导，南昌市西湖区等 20 个县（市、区）教育工作接受了评估。

〔**高中教育**〕 进一步加强普通高中新课程实验的领导。副省长孙刚先后到抚州市、吉安县等地就普通高中新课程实验工作进行专题调研，对进一步做好实验工作提出了明确的要求。加强普通高中新课程实验管理与专业指导，省教育厅组织 11 个专家组 170 余名专家，深入样本校开展教学视导工作。组织新课程实验培训，省级培训高中校长及教育行政人员 1 500 余人，远程培训教师 41 284 人，选送 50 名校长参加国家培训。省教育厅组织了教师优秀教案和教学实录评比、“我的课改故事”征文评比、高中学生综合实践活动成果评比三项课改评比活动，将优秀成果汇编成册，免费发放供各地学习借鉴。2009 年 9 月，省教育厅在南昌召开全省 2009 年普通高中新课程实验工作经验交流会，对一年来实验工作进行总结和交流，对下一阶段工作进行了部署。孙刚副省长对会议的召开给予了充分肯定。

组织全省普通高中评估，引导学校加强内涵建设。全省新增 59 所中学为省重点中学，新增 55 所中学为省重点建设中学，进一步扩充了优质高中资源。制定下发了《江西省普通高中评估方案》，从 2010 年起，每年对 20 所普通高中进行评估。加强中小学生学籍信息化管理，制定了《江西省普通高中学生学籍管理办法》（试行），通过公开招标方式确定了全省统一使用的高中学籍管理系统软件。

〔**幼儿教育**〕 2009 年，全省注册的幼儿园 8 325 所、在园幼儿总数达 112.22 万人，与上年相比，分别增长了 25.8%、21.4%；入园率达 63.38%，比上年提高了 11.16%。

积极推进农村幼儿教育事业发展，举办了全省第一期乡镇中心幼儿园园长及骨干教师培训班，组织省级示范幼儿园和 150 所乡镇幼儿园手拉手结对子。举办了全省幼儿教育行政干部及示范性幼儿园园长培训班和第四届幼儿教师教学技能竞赛活动，提高了广大幼教管理人员专业素养。组织省级示范园的评估和复评工作，撤销 5 所省级示范幼儿园，2 所予以黄牌警告。江西省八一保育院和江西省军区幼儿园被评为“省级优秀示范园”。

〔**特殊教育**〕 全省特殊教育学校 69 所，比上年增加了 6 所，特殊教育在校生（包括随班就读）22 355 人，比上年 20 326 人增长了 10%。继续将特殊教育发展列入省政府“民生工程”，安排 3 000 万元用于特教学校仪器设备的添置。省教育厅举办了4期全省特殊教育行政干部和特教学校校长专业培训；选派19名特教骨干教师参加华东师范大学研究生班学习；组织80名聋校骨干教师赴江苏学习；组织60名培智专业教师赴北京学习；成功举办了全省第二届特教学校教师技能大赛。2009年5月11日，教育部、民政部和中国残联在北京召开第四次全国特殊教育工作会议，江西省作了题为《五措并举，夯实特殊教育发展基础》经验发言，南昌市培智学校、赣州市特殊教育学校和九江市特殊教育学校获得国家表彰。

〔**民族教育**〕 把做好内地西藏班、新疆高中班安全稳定工作放在首要、突出的位置，采取有效防范措施，确保了江西省内地民族班的安全稳定。组织开展民族团结教育，与省民宗局联合购买《民族团结教育通俗读本》免费分发到全省所有民族中小学校。全面完成了内地民族班招生任务。承办全国教育援藏工作会议、全国内地民族班工作研讨会和四校产学研协作会，教育部副部长鲁昕在会议期间视察了南昌市十七中初中西藏班，对江西省教育援藏工作尤其是西藏班工作给予了充分肯定。在全省民族团结进步表彰大会上，省教育厅获得省政府授予的全省民族团结进步模范集体称号。

〔**学校安全工作**〕 加强中小学校安全管理，牢固树立安全第一的思想，进一步加强督促检查，落实中小学安全管理责任，确保了新中国成立60周年国庆期间中小学安全稳定。利用“安全教育日”，开展安全教育和宣传活动，组织全省中小学、幼儿园参加全国学校安全年活动，上好“开学安全第一课”，增强学生的安全意识和防范能力。6所中小学获得全国第二批和谐校园称号。

〔**中小学管理**〕 坚持标本兼治，加强中小学管理，规范中小学办学行为。召开了全省加强中小学管理规范办学行为视频会议，下发了《关于切实规范中小学办学行为的若干规定》，严格规范中小学作息时间、考试行为、各类竞赛、招生行为等。建立了规范中小学办学行为长效工作机制。一是建立全省中小学规范办学行为省、市、县三级教育行政部门上下联动的工作机制，分级管理，分工负责。二是建立了省教育厅规范中小学校办学行为分片包干责任制度，由厅11个有关单位一定两年分片包干各负责一个设区市的中小学校规范办学行为工作。三是建立加强中小学管理规范办学行为工作月报和通报制度。

〔**基础教育建设工程**〕 一是启动中小学校舍安全工程。开展了排查鉴定，全省共排查学校16 641所，房屋88 839栋，排查面积5 033.36万平方米。编制了工程规划，校安工程三年规划资金总需求约为150.41亿元，将改造房屋58 976栋，改造校舍面积2 646.51万平方米。加快工程进度，2009年落实资金15.33亿元，开工学校1 265所，竣工校舍面积102万平方米，建设进度在全国居于中上水平。

二是义务教育专项工程。启动“义务教育大班化小班工程”，共建设项目学校51所，总投资3.1亿元，增加教室1 530间。实施“农村中小学配套设施和农村初中实验室建设工程”，投入5 000万元，建设了400所乡镇中心小学或完小的篮球场和310个农村初中的实验室。实施“特殊教育学校改造工程”，投入3 000万元，为全省35所特殊教育学校配备了教学及康复训练仪器设备。实施“教育捐赠工程”，争取香港邵氏基金赠款1 020万港元，4个项目获奖9万港元；争取台湾台塑集团赠款1 035万元，建设明德小学23所。

三是实施中小学教师继续教育工程。2009年暑期培训中小学班主任2 000人，培训农村教学点教师2 000人；举办通用技术、心理健康、教育技术能力、留守儿童管理等专题培训班10余个；培训各学科专业教师1 000余人。

职业教育与成人教育

〔**经费投入**〕 2009年，中央安排专项10 450万元（其中国家发改委8 400万元、中央财政2 050万元），省级财政安排专项9 300万元，建设县级中等职业学校23所、示范性中等职业学校25所，省级职业教育实训基地30个（其中中央12个）。

据统计，2009学年，全省资助中等职业学校学生32.1万人，按每人每年1 500元的发放标准，核发资助金额4.8亿元（其中中央财政2.9亿元、省财政1.9亿元），资助面约占中等职业学校在校生的90%。

2009年，中央财政下拨115万元，省财政专列900万元，共资助194所中职学校从社会上聘请了677名“特聘兼职专业教师”到学校任教。据统计，近几年省财政对中职学校特聘兼职教师拨款数额逐年上升，2007年为50万元，2008年为450万元，2009年达到900万元。

〔**办学条件**〕 近几年，随着中等职业学校基础能力建设的加强，办学条件有了明显改善。据2009年教育年报统计，全省普通中专实验、实习实训资产总值达4.38亿元，比上年增加0.69亿元；校舍面积2 713.95万平方米，比上年增加59.86万平方米。

〔**师资队伍**〕 2009年，江西省组织了177名中等职业学校专业骨干教师到全国40多个培训机构参加为期两个月的29个专业的培训。在参加培训的教师中，有21人被有关培训基地评为优秀学员，有7人出国参加培训。同时，在省内国家和省级中职师资培训基地全年培训中职学校教师1 045人。2006年至2009年，江西省已培训教师4 840人，占整个中职专任教师数的23%。

2009年，江西省还举办了首届中职教师转岗培训班。通过培训，使一部分文化课教师能上专业课，使一部分专业课教师多上一门专业课。全省9月份入学的学员有64人，培训专业有25个。

教育部、财政部对江西省2009年师资培训工作给予了充分肯定，并给予奖励资金40万元。

〔**校企对接**〕 2009年，为认真落实全省职业教育“抓对接，促就业，看发展”流动现场会精神，推进职业教育与工业园区对接工作，教育厅与人保厅、财政厅、中小企业局联合下发了《关于印发关于鼓励和引导技工院校、职业院校毕业生到省内工业园区就业的意见的通知》，出台了鼓励职业院校毕业生到省内工业园区企业就业的优惠和补贴政策，制定了鼓励职业院校毕业生前往工业园区企业就业、职业院校的学生尽可能到规模较大、科技型、实训条件较好的省内工业园区企业顶岗实习、省内园区企业与学校联合办冠名班、对于新招用毕业生的企业减免税等一系列措施，还对全省94个工业园区提出了为高校毕业生提供1万个就业岗位，每个工业园区不少于100个岗位等要求。

为了实现职业教育与园区发展的“无缝”对接，南城职业中专与企业携手合作，不断创新校企合作办学模式，大力开展“订单式”、“对接式”、“储备式”培训，有效解决了工业园区用工难的问题。学校已举办各种专业技能“订单培训”10场次，培训农民2 000余人，其中有90%的劳动力实现了在家门口就业。学校与南城县最大的外资制鞋企业开展对接培训，对新到企业的200多名员工进行岗前培训。经过培训，员工们迅速掌握了专业生产技能，保证了新开的流水线正常生产。

6月12日，教育部部长周济、副部长鲁昕专门给孙刚副省长来信，充分肯定江西“根据当地实际，推动职业教育为地方经济服务，建立了职业教育与工业园区对接‘四大机制’，明确了当前职业教育重点对接经济社会发展需求的九项具体工作要求。有力地帮助了返乡农民工顺利在工业园区就业、创业，缓解了大中专院校毕业生就业困难，解决了职业学校教育教学改革与园区产业结构调整升级之间的矛盾，强化了校企合作”。来信指出：“江西这些经验，已经成为各地学习和借鉴的典范。你省职业教育的发展，为当地经济社会发展培养了大批高素质劳动者、技能型人才和新农村建设需要的新型农民，为全国职业教育的改革发展作出了很大的贡献”。

〔**农村劳动力转移培训**〕 2009 年，江西积极创新培训模式，“送”技能到农民家门口，采取多种形式开展农村劳动力转移培训。据统计，全省全年共完成农村劳动力转移培训 1 373 016 人。其中，引导培训 533 482 人，技能性培训 607 858 人，转移后培训 231 676 人，培训后就业人数 668 749 人。具体有以下做法。

一是加强协调、精心组织。2009 年，省教育部门继续加强与农业、劳动、扶贫办等部门协调，共同做好职业学校参加农村劳动力转移培训工作。教育厅要求各职业学校利用自己的特点，大力开展农民工培训，并要求根据用人市场的需要，选择合适的专业工种，特别要把当前用工量大、农村劳动力比较容易就业的专业工种作为重点，对农村劳动力进行培训；科学制定培训教学计划，并认真组织实施，让农村劳动力在短期内真正学到一技之长，让其通过考核获得结业证书和相应的职业资格证书。地处著名花炮之乡的万载县职业技术学校，先后与十几个部门联合办学，全年培训人数达 6 000人。

二是深化改革、创新机制。2009 年，各级教育行政部门和职业学校进一步解放思想，转变观念，创新解决“三农问题”的思路和措施。赣州市把各类涉农培训资源有机整合到农民学院，根据需要设置培训课程，打造精品课程和精品工种，积极探索“一县一品”、“一乡一品”、“一村一品”模式，开展“定向培训”、“订单培训”、“菜单培训”；创新农民培训政策，实施“三免（即免去学员学杂费、免费颁发全国通用的《职业资格证书》、免费为学员推荐就业）一补（即补贴学员学习期间的基本生活费每天 9 元）两送教（即凡一个工种培训人数达 20 人以上的乡镇、企业，实行送教下乡或送教入企）”；组织暑期“两后生”（初、高中毕业后学生）培训；委托职业学校定向培养乡镇农技人员。农民教育培训新理念的确立和新政策的实施，得到了广大农民的衷心拥护，吸引了他们踊跃参训。不少农民放弃工作前来参加培训，涌现了一大批“夫妻学员”、“父子学员”、“母子学员”、“姊妹学员”。据统计，赣州市有 1 472 所学校和培训机构，共培训了学员 27.2 万人次，转移就业率达 87.6%，培训合格率达 96%以上。南康市委、市政府整合培训资源，以南康市职业中专为基础，挂出“三块牌子”（农民学院、职业中专、农村党员创业培训基地）、实行“两套机制”（农民公益性教育培训和职教学历教育）、构建了覆盖市、乡（镇、街道、园区）、村（社区）的三级农村教育培训“新体系”。教育部确定南康市为江西省唯一的“教育部新型农民培训工作联系点”。由新华网、《求是》杂志社、中共赣州市委主办的中国（赣州）社会主义新农村建设论坛在赣州举行。出席中国（赣州）社会主义新农村建设论坛嘉宾莅临南康市职业中等专业学校参观指导。《求是》杂志社总编室副主任杨进宝参观学校后说，这种农民培训，不但让农民有了技术，还让农民能够在家门口实现就业和创业；清华大学中国城乡统筹发展研究中心主任解安对该校“以课程为主体，以活动为载体，提高农民综合素质”培训做法给予了充分肯定。

抚州市教育局积极探索农村成人教育工作新模式。目前，全市已建立以中等职业学校为龙头的农村成人文化学校及其他职业培训机构 199 个，形成了完善的职业教育和职业培训网络。大力推行“一县一品”策略，着力培育“资溪面包、临川建筑、宜黄塑料、南城服装、黎川食用菌、东乡机电、广昌物流”等一批具有地方特色和竞争力的劳务品牌，有的已经成为全省乃至全国有一定影响力的特色劳务品牌。据不完全统计，现在抚州市每年有 10 万多人次参加农村劳动力各类技能培训，培训后有 8 万多人次实现就业和再就业，已呈现“外出一人、致富一家”，“外出一群、致富一方”的良好劳务输出效应。由于工作成绩突出，抚州市教育局被教育部授予2009年度全国农村成人教育先进单位。

三是加强管理，推进就业。江西省要求各地各校对农村劳动力转移培训工作加强管理，保证质量，确保就业。各地各校高度重视，认真实施，取得了实效。比如，宜春等市的中等职业学校培训工作做到了有计划、有方案、有安排、有教案、有测评、有记录、有反馈、有跟踪，并把培训后就业率作为衡量农村劳动力转移培训的重要标准。该市2009年统计结果表明，经过职业学校培训的农村劳动力，就业率达到84.8%。各级教育行政部门和职业学校加强与劳动部门、企业和职业中介机构的合作，采取与企业联合办学、合作培养，或通过劳动力市场、供需见面会等形式，为农村劳动力转移提供就业信息服务、组织服务和跟踪服务。萍乡市各县（区）、乡（镇）、村充分利用网络资源，为农村劳动力转移培训和就业提供服务。萍乡市职业教育集团于3月份正式成立了业务受理与培训就业中心，打造就业指导和就业信息平台，采取定向培养、委托培训和“订单”培训等方式拓宽就业渠道。上栗县花炮职业学校成立专门机构，组建优秀师资团队，邀请县农业局领导亲自担任“阳光工程”政策宣讲师，聘请万载县花炮方面的资深人士主讲有关专业课程，添置齐全的教学设施设备，先后开办了8个教学点，组织农民900多人就近培训花炮专业知识技能，取得了良好的社会效果。由于教师授课理论结合实际、深入浅出、通俗易懂、实用性强，深受学员的欢迎。广昌县职业技术学校近两年先后举办“农村劳动力转移培训”、“下岗工人再就业培训”等共26期，完成培训人数共计4 000多人。经过培训，大部分参训人员实现了就业或再就业，被安置在本县工业园区或外地企业工作，为社会稳定和经济发展作出了应有的贡献。

〔**第六届技能竞赛节**〕 第六届技能竞赛节，共有171所学校、829支代表队、2 404名选手、800多名指导教师参加了38项技能比赛；共产生了142个人一等奖、49个团体一等奖和17个组织奖。竞赛赛出了风格，赛出了水平，推动了全省教育教学水平的提高。组队参加了2009年6月27日至30日在天津举行的全国职业院校技能大赛。大赛分为中职学生组和高职学生组，共计12大类、35个比赛项目。其中中职组比赛项目包括8大类、31个项目，比去年增加了1个大类、11个项目；高职组比赛项目包括4大类、4个项目。江西省派出了70余名学生参加了所有项目的比赛。目前，江西省形成了“校校举办比赛、学生个个参与、教师人人辅导”的良好氛围，“普通教育有高考，职业教育有大赛”的局面逐渐形成。通过技能竞赛，有力地推动了职业学校办学水平和办学质量的提高。

高等教育

〔**布局结构与专业调整**〕 2009年是东中部省份院校设置年。江西省人民政府副省长孙刚前往教育部汇报高校设置工作。教育部将新余高等专科学校、江西公安专科学校、江西教育学院列入专家考察范围，并派出专家到上述高校进行了实地考察。

围绕国家重点领域以及江西省“鄱阳湖生态经济区建设”重大战略，加强支柱产业、紧缺人才的培养，增设了大批光伏类、微电子、电光源、稀土、材料、机械、机电、电气、化学、化工、冶金、铸造、信息工程、建筑工程等专业。2009年，全省高校共增设28个本科专业、65个高职高专专业。

2009年，全省共设有本科专业1 224个，高职高专教育专业2 521个。其中与鄱阳湖生态经济区建设和江西省重点产业相关的专业达1 392个（其中本科381个），占全省专业点总数的37%。

发布《江西省高校院系及专业设置状况白皮书》，提出了符合江西区域经济建设和社会发展需要、促进大学生就业的专业结构调整方案。

〔**质量工程**〕 在国家"高等教育教学改革和教学质量工程"中，江西省高校有2名教师获得国家级教学名师奖，5支团队入选国家级教学团队，6门课程入选国家级精品课程，2门课程入选国家级双语课程，17个专业成为国家特色专业建设点，3所高校入选人才培养模式创新实验区，1所高校入选实验教学示范中心。

江西省省级"质量工程"项目遴选与建设如期进展。遴选了70个省级人才培养模式实验区、200门省级精品课程、100门省级双语课程、27个省级实验教学示范中心，投入2 000万元专项经费进行重点建设。

6项成果获得第六届国家级教学成果二等奖，这是自设立国家级教学成果奖以来江西省高校获得奖励数量最多的一次。

启动了"江西省示范性高等职业院校建设计划"项目。省政府批准实施"江西省示范性高等职业院校建设计划"后，经专家评审，江西应用技术职业学院、江西交通职业技术学院、江西财经职业学院、江西外语外贸职业学院成为首批江西省示范性高等职业院校立项建设院校。

〔**质量监控**〕 推进江西省高等教育质量保障体系重要项目的"江西省高校教改项目"的集体结题鉴定会制度。要求课题主持人、课题组所有成员到会陈述、答辩。这一制度设计成为保证省级课题质量的有力监控措施，对于打造优秀的研究队伍、推进科学研究，对于打击学术不端行为具有现实作用，已成为防范学术腐败的重要措施。既具有重大的现实意义，也具有深远的历史意义。

对萍乡高等专科学校、新余高等专科学校、景德镇高等专科学校、江西公安专科学校进行了评估，4所学校均获得"优秀"。对2008年接受人才培养工作评估的24所高职院校进行了整改复查，确定24所高职院校均达到国家评估合格标准，予以"通过"。至此，江西省首轮高职高专院校人才培养工作水平评估结束。

启动新一轮高等职业院校人才培养工作评估。制定的新版评估方案和工作细则获教育部批准。按照新方案对江西服装职业技术学院、江西工业工程职业技术学院进行了评估。

〔**队伍建设**〕 组织选拔高校申报2009年教育部高等学校青年骨干教师国内访问学者项目，有56名教师录取到国内重点高校进修学习，录取人数在全国排名第六。对40余所高校1 800多名新进入高等学校的青年教师进行了岗前培训。组织高校302名教师参加教育部"网络精品课程培训"。组织省内高职高专骨干教师培训，培训五个专业的教师73人。

开展首届江西省高等学校大学英语教学比赛，通过大规模的比武，促进了高校英语教师的教学交流和专业发展。利用2009年全国大学生广告艺术竞赛巡讲会，提高教师的专业化水平。

在研究生导师队伍建设中，首次实施江西省高校研究生指导教师研修计划。选派22位高校研究生指导教师前往国内"985"及国外高水平高校进行为期一个学期的研修。开展了优秀导师评选活动，在教师节期间推出一批优秀导师。

重点培养学科带头人。遴选了第二批江西高校科技创新团队11个，投入80万元资助建设。11人被确定为江西省主要学科学术和技术带头人培养对象，是历年来高校入选人数最多的一次。21人入选江西省青年科学家（井冈之星），4名教师入选江西省十大科技创新人物，50名教师获得江西省第六届高等学校教学名师奖，4名教师入选教育部2009年度优秀人才支持计划。

〔**创新创业教育**〕 在全面调查研究基础上，发布《江西省高校创业教育白皮书》。将大学生科技竞赛引进创新创业教育，在确保课堂作为人才培养主战场的同时，拓展学生成才平台，为学生提供多样化的学习渠道和学习方式，缩短学生参加实际工作的适应期。

创新创业教育工作取得了新的成效。江西省"创业型人才'两层次'培养模式创新实验区"获批为国家级“人才培养模式创新实验区”，获50万元资助。江西应用技术职业学院在全国大学生数学建模竞赛中获得专科组“创新杯”（全国仅2所高校）；江西旅游商贸职业学院、上饶职业技术学院获得2009年全国大学生电子设计竞赛一等奖；南昌大学在第十一届“挑战杯”全国大学生课外学术科技作品竞赛以项目总分240分名列全国第12名。在全国大学生广告艺术竞赛中，江西省参赛作品居全国第一，获奖总数在全国排第三名，一等奖数量居全国第八名，江西省教育厅获得优秀组织奖。

〔**创新管理和规范管理**〕　在全省高校首届物流竞赛过程中，把地方物流企业引入竞赛；赛前对指导教师进行了指导培训，赛中召开了各参赛高校领队、指导教师参加的教学改革研讨会，请业界专家和学术专家作报告，赛后研究交流专业规范、实践教学、学生动手能力培养，创新了竞赛的组织模式和教师成长的新途径。

制定了江西省《优秀研究生指导教师评选暂行办法》、《研究生指导教师研修管理办法》、《研究生教学成果奖励办法》、《研究生教育教学改革研究项目管理办法》、《研究生优质课程建设项目管理办法》、《优秀硕士学位论文评选办法》，创新了研究生教育管理制度。

完成2009年高等教育新生学籍注册344 286人。完成817 946名普通高校在校生网上学年电子注册工作，完善了在校生学籍注册信息数据库。核查13 826名重名重身份证号的学生，对确定为冒名顶替的20人予以清退，维护了教育公平、公正和国家招生制度的严肃性。组织全省高校英语应用能力考试、高校计算机等级考试，共有39万名学生报名参加。完成“王氏基金会”三项奖学金的评选工作，奖励学生177名。

〔**高校科研**〕　2009年，全省高校从事科技活动人员17 793人（其中科学家与工程师17 153人，占96.4%）。全省高校获得科技经费81 934万元，比上年增加6 153.6万元。承担各级各类科技课题6 721项，当年投入经费70 615.3万元，项目数比上年增加503项。

高校承担国家重大项目的能力不断提高。全省高校承担国家级项目512项（其中国家自然科学基金项目430项、“973”计划21项、“863”计划27项、国家科技支撑计划34项），投入经费11 713.3万元。江西农业大学任军主持的国家转基因生物新品种重大专项“高繁殖力转基因猪新品种培育”，项目总经费3 800万元，标志着江西省高校自主创新能力有了质的提高。

2009年共出版科技专著20部，发表学术论文13 286篇。其中SCIE 925篇、EI 989篇、ISTP 372篇；申请专利558项，其中发明专利275项；获专利授权143项，其中发明专利47项；共获省部级以上科学技术奖励50项，其中国家科技进步二等奖1项，省部级一等奖7项、二等奖19项、三等奖23项。2009年全省高校共有35项国家级项目通过验收，其中国家科技支撑计划12项、国家自然科学基金重点项目16项、“973”计划3项、“863”计划1项。鉴定成果177项，其中达到国际水平的19项、国内首创15项、国内先进94项。

〔**创新平台建设**〕　江西省“核资源与环境”重点实验室（依托东华理工大学）被国家科技部批准新增为国家重点实验室培育基地，成为江西省第二个国家重点实验室培育基地。依托江西理工大学、江西铜业集团、瑞林公司的“国家铜冶炼及加工工程技术研究中心”获科技部批准组建。新增“核技术应用”（依托东华理工大学）和“绿色陶瓷”（依托景德镇陶瓷学院）2个教育部工程研究中心和“心脏血管疾病”、“嵌入式系统”和“核辐射探测及应用”3个江西省工程技术研究中心。

为提升江西省高校核心竞争力和对经济社会发展的贡献率，省政府决定实施江西省高校创新平台“311”工程，印发了《江西省高校高水平创新平台建设规划（2009—2012年）》，计划从2009—2012年，重点建设30个高水平学科、10个高水平实验室和10个高水平工程（技术）研究中心。

继续开展江西省高等学校科技创新团队的评审建设工作，遴选出第二批11个江西省高校科技创新团队，安排专项经费80万元。全省高校共4人入选教育部新世纪优秀人才支持计划，11人被确定为江西省主要学科学术和技术带头人培养对象，21人被确定为江西省青年科学家（井冈之星）培养对象。

高校国际交流与合作日益频繁。2009年，全省高校共派遣访问学者740人次，接受访问学者546人，出席国际学术会议640人次，交流论文732篇，作特邀报告76篇，主办国际学术会议19次。

高校与企事业单位的产学研合作进一步加强。依托“机械制造与光机电一体化”、“材料科学与工程”、“计算机与信息技术”、“化学工程与技术”、“制药工程与技术”和“食品与生物技术”产学研合作示范培育基地等6个“江西省产学研合作示范培育基地”，高校与省内外企业建立了密切的产学研合作关系。2009年，省教育厅继续全省高校内遴选了11个技术先进、产业化前景好的产学研合作项目进行开发。

〔**学位与研究生教育**〕 专业学位实现跨跃式发展。2009年江西省有6所高校获得9个种类的12个专业学位研究生培养权，其中临床医学博士、艺术硕士、公共卫生硕士、体育硕士、汉语国际教育硕士、高级管理人员工商管理硕士（EMBA）、社会工作硕士等7种专业学位类别填补了江西省空白，增幅列全国第10位，是江西高校新增专业学位最多的一年。

实现国务院学位委员会学科评议组成员零的突破。南昌大学谢明勇、江西农业大学郭晓敏被聘为国务院学位委员会第六届学科评议组成员。

首次开展江西省学位与研究生教育教学改革研究立项工作。立项资助了33个项目，其中重点项目5个。首次实施研究生优质课程建设项目，共评出20个优质课程建设项目。

全面启动江西省研究生教育创新基地建设工作。全省确定首批13个立项建设的研究生教育创新基地。开通学位与研究生教育网站。

开展第二批示范性硕士点建设，组织中期检查。开展新增学士学位授予单位和授权学科、专业的评审工作。蓝天学院、南昌理工学院新增为学士学位授予单位，16个相关学科新增为学士学位授权学科、专业。南昌大学“车辆工程”等85个学科、专业新增为学士学位授权学科、专业。

撰稿 邓 弘 杜 侦 汤泾洪 詹 斌 张桂儿 左江江
审稿 虞国庆 彭世东 刘润保

山东省教育

概　　况

〔基本情况〕

2009 年各级各类学校校数、教职工、专任教师情况

	学校数（所）	教职工数（人）	专任教师数（人）
一、高等教育			
（一）研究生培养机构（不计校数）	(30)		
1. 普通高校	(26)		
2. 科研机构	(4)		
（二）普通高等学校	126	136 753	89 734
1. 本科院校	56	89 581	57 954
其中：独立学院	12	6 487	4 249
2. 高职（专科）院校	70	46 326	31 255
3. 其他机构（点）（不计校数）	(2)	846	525
（三）成人高等学校	21	6 240	4 142
（四）民办的其他高等教育机构	104	6 107	3 804
二、中等教育	4 655	548 702	448 868
（一）高中阶段教育	1 537	548 702	188 925
1. 高中	632	442 448	112 607
普通高中	632	442 448	112 607
成人高中			
2. 中等职业教育	905	106 254	76 318
普通中专	124	19 981	13 093
成人中专	182	9 394	5 972
职业高中	403	47 504	35 043
技工学校	196	24 963	19 378
其他机构（教学点）（不计校数）	(146)	4 412	2 832

续表

	学校数（所）	教职工数（人）	专任教师数（人）
（二）初中阶段教育	3 118		259 943
1. 普通初中	3 118		259 943
2. 职业初中			
3. 成人初中			
三、初等教育	12 858	421 057	389 962
（一）普通小学	12 858	421 057	389 962
（二）成人小学			
其中：扫盲班			
四、工读学校			
五、特殊教育	144	5 661	4 401
六、学前教育	15 368	114 406	81 069

注：普通高中的教职工数中包含普通初中的教职工数。

2009 年各级各类学历教育学生情况

	毕业生数（人）	招生数（人）	在校生数（人）
一、高等教育			
（一）研究生	14 139	21 664	57 191
博　士	1 493	1 865	7 068
硕　士	12 646	19 799	50 123
（二）普通本专科	431 598	469 097	1 592 974
本　科	179 997	200 790	757 529
专　科	251 601	268 307	835 445
（三）成人本专科	105 081	136 048	377 343
本　科	45 644	60 958	171 670
专　科	59 437	75 090	205 673
（四）其他各类高等学历教育			
1. 在职人员攻读博士、硕士学位		6 393	18 363
2. 网络本专科生	23 679	30 955	69 972
本　科	11 939	14 657	33 117
专　科	11 740	16 298	36 855
3. 其他			
二、中等教育	2 145 762	2 154 506	6 554 671
（一）高中阶段教育	1 150 098	1 052 299	3 136 196
1. 高中	590 834	500 248	1 574 869
普通高中	590 834	500 248	1 574 869
成人高中			

续表

	毕业生数（人）	招生数（人）	在校生数（人）
2. 中等职业教育	559 264	552 051	1 561 327
普通中专	119 171	112 927	319 602
成人中专	47 447	47 585	124 642
职业高中	252 282	244 730	720 808
技工学校	140 364	146 809	396 275
（二）初中阶段教育	995 664	1 102 207	3 418 475
1. 普通初中	995 664	1 102 207	3 418 475
2. 职业初中			
3. 成人初中			
三、初等教育	1 094 727	1 017 777	6 268 120
（一）普通小学	1 094 727	1 017 777	6 268 120
（二）成人小学			
其中：扫盲班			
四、工读学校			
五、特殊教育	2 020	2 803	20 585
六、学前教育	655 616	899 212	1 809 475

注：特殊教育学生数中包括普通中小学随班就读的学生。

2009 年各级各类非学历教育学生情况

	结业生数（人）	注册生数（人）
总　计	4 032 364	2 507 559
一、高等教育	191 485	92 470
（一）研究生课程进修班	3 847	4 335
（二）自考助学班	5 160	29 342
（三）普通预科生		65
（四）进修及培训	182 478	58 728
其中：资格证书培训	59 825	15 294
岗位证书培训	50 004	10 420
二、中等职业教育	3 840 879	2 415 089
其中：资格证书培训	437 561	349 527
岗位证书培训	477 032	195 921
（一）中等职业学校	316 863	115 833
其中：资格证书培训	92 873	35 496
岗位证书培训	67 475	19 388
（二）职业技术培训机构	3 524 016	2 299 256
其中：资格证书培训	344 688	314 031
岗位证书培训	409 557	176 533

2009 年各级各类民办教育基本情况

	学校数（所）	毕业生数（人）	招生数（人）	在校生数（人）	教职工数（人）	专任教师数（人）
一、民办高等教育						
（一）民办高校	36	79 919	99 931	309 215	26 129	17 113
本科学生		10 674	21 385	72 896		
专科学生		69 245	78 546	236 319		
其中：独立学院	12	14 593	24 418	80 633	6 487	4 249
本科学生		9 235	16 947	60 005		
专科学生		5 358	7 471	20 628		
（二）民办其他高等教育机构	104				6 107	3 804
二、民办中等教育						
（一）高中阶段教育	295	135 680	109 375	343 554	36 380	26 623
1. 民办普通高中	115	56 895	40 416	125 299	22 956	17 912
2. 民办中等职业教育	180	78 785	68 959	218 255	13 424	8 711
（二）初中阶段教育	233	74 775	80 034	242 493		
1. 民办普通初中	233	74 775	80 034	242 493		
2. 民办职业初中						
三、民办普通小学	249	43 540	34 178	231 971	15 002	10 949
四、民办幼儿园	5 009	159 180	261 618	538 391	41 767	27 678
另有：民办培训机构（不计校数）	（870）				10 478	6 443

注：民办普通高中的教职工数包含民办普通初中的教职工数。

〔**教育发展的指导思想和总体思路**〕 2009 年山东省教育工作总的指导思想和目标是，以邓小平理论和“三个代表”重要思想为指导，认真贯彻党的十七大、十七届四中全会和省委九届八次、九次全会精神，深入落实科学发展观，坚持“完善规范、强化管理、抓好落实”的工作理念，以素质教育为主题，积极推进基础教育“基础化”、职业教育“职业化”、成人教育“成人化”、高等教育“多元化”，全省小学、初中适龄人口入学率分别保持在 99.98%、99.95%以上，学前三年毛入园率达到 54.7%，高中阶段教育毛入学率保持在 90%以上。科学规划全省教育事业发展。协助教育部编写《黄河三角洲高效生态经济区建设规划》教育发展部分。起草了《山东省中长期教育改革和发展规划纲要》，对未来十二年山东省教育事业的改革发展，提出了指导思想、发展思路、发展目标、工作重点和保障措施。根据山东省委、省政府《关于打造山东半岛蓝色经济区的意见》精神，编制完成《半岛蓝色经济区教育改革发展规划》，以发展职业教育和高等教育为重点，以优化结构、创新体制为主线，明确了教育事业在“一区三带”（“一区”就是全面打造山东半岛蓝色经济区，“三带”就是依托沿海滨州、东营、潍坊、烟台、威海、青岛、日照七市，优化涉海生产力布局，形成三个优势特色产业带：在黄河三角洲高效生态经济区规划建设区域，着力打造沿海高效生态产业带；在胶东半岛青岛、烟台、潍坊、威海着力打造沿海高端产业带；构建以日照精品钢基地为重点的鲁南临港产业带）建设中的目标和任务。

〔**学习实践科学发展观活动深入开展**〕 按照中央和省委的要求，结合山东教育实际，制定了

《关于全省中等职业学校和中小学开展深入学习实践科学发展观活动的实施方案》，提出了“一个载体、两个重点、六个推进”的具体工作要求。紧紧围绕山东省“解放思想，富民强省”的主题，确定了“全面推进素质教育、建设人力资源强省”的实践载体，突出了中职和中小学科学发展观“三进”工作和基层学校党组织建设两个重点，做到六个推进。即：通过学习实践活动着力推进素质教育深入开展，着力推进职业教育内涵发展，着力推进教师队伍素质建设，着力推进学校基层党组织建设，着力推进科学发展观“三进”工作，着力推进学校文化建设。活动开展过程中，共为全省大中小学生免费发放《科学发展观学习读本》420多万册，实现了“三进”工作在大学、中学、小学的全覆盖。全省参加第三批学习实践活动的中职和中小学有党组织6 869个，党员158 645人。

〔**教师队伍建设进一步加强**〕 推进教师教育改革，全省教师教育体系建设与完善进度明显加快。按照升格、合并、改制的模式，对现有的18所中等师范学校的调整工作进行了安排和部署。大力开展中小学校长和教师培训，组织实施了“农村中小学校长素质提高工程”，举办了普通高中政教主任、教务主任、总务主任高级研修班。组织实施了以“与新课程共同成长”为主题的全省高中教师远程研修，同时扩大到初中部分学科，全省高中15个学科106 593名教师和初中语数外3科65 146名教师参加了网上学习研修，网上调查满意率达到98%以上。组织了两期全省首届国家级、省级重点中等职业学校校长培训班，300多名中职校长参加了培训。加强中小学骨干教师队伍建设。继续实施“齐鲁名师建设工程”，启动了“齐鲁名校长建设工程”，首期共认定57名齐鲁名师。开展了第二轮“齐鲁名师建设工程”人选和第一期“齐鲁名校长建设工程”人选评选工作，各评出“建设工程”人选100名，省财政各提供专项培养经费1 000万元，在培养周期内为每位人选提供5万元的专项培养经费。大力加强高校人才工作，促进了高校教师队伍整体素质的全面提升。圆满完成“泰山学者”第一期设岗工作，全省高校110个岗位已聘“泰山学者”特聘教授103名。积极组织实施“万人计划”，加大引进海外高层次人才力度。其中有10人经省人才工作领导小组审批成为山东省高校首批引进的海外高层次人才。继续实施“青年教师成长计划”，共选派资助国际合作培养人员150名和国内访问学者275名，对1万名高校教师进行了现代教育技术培训。教育人事工作取得新的进展和突破。部署和组织义务教育学校教师实施绩效工资，建立与绩效工资分配相结合的义务教育教师考评机制。制定了《山东省义务教育学校教师考评指导意见(试行)》，通过建立符合教育教学规律和教师职业特点的教师考评制度，全面、综合、多元地考评中小学教师的德、能、勤、绩，教师考评结果作为绩效工资分配的主要依据。积极进行教师专业技术职务评审工作的探索与创新，在中小学教师高级专业技术职务评审中制定教师提交学期教案和个人精品教案办法，在高校教师高级专业技术职务评审中建立标杆一系数评价法，引导广大教师以提高教育教学能力为发展目标，形成了正确的人才评价导向和科学的人才评价机制。

〔**教育法制建设进一步加强**〕 积极推进教育普法工作，做好依法治校示范校创建工作，全省共有145所学校公布为第三批山东省依法治校示范学校。教育督导稳步推进。积极推动义务教育立法工作，山东省十一届人大常委会第十四次会议审议通过《山东省义务教育条例》，确定于2010年1月1日起实施。《条例》在管理体制、素质教育等方面取得重大突破，对“教师有偿补习”、“流动人口子女入学”、“问题学生”、“免费教科书”、“新建居民区学校规划建设”等备受关注的问题作出了明确规定，为全面提升义务教育水平提供了有力的法律保障。

〔**教育督导稳步推进**〕 突出素质教育工作在督导评估中的地位，加大了在政府考核中的权重，要求每个县（市、区）都建立素质教育督导责任区制度，对实施素质教育情况进行全方位监管。侧重于随机督查暗访，把随机督查结果作为重要指标，提高了地方规范办学的自觉性。顺利完成了对市级政府教育工作的督导评估，认真整理并反馈意见，有力促进了素质教育的深入实施和教育经费保障机制的建立完善。研究制定了《关于对2010年度教育工作进行专项督导的实施意见》及评估方案。积极开展教育示范县创建工作，2009年内5个县（市、区）获省政府命名，目前全省教育工作示范县（市、区）已达35个。

〔**平安校园建设深入开展，学校稳定局面得到巩固**〕 加强安全教育工作，狠抓学校常规管理，深入普及安全知识。山东省7所中小学被中国教育学会评为全国“和谐校园”。制定下发了《平安校园长效工作机制建设检查指标》，与省综治办、省工商局联合举办“防止传销进校园”主题活动，组织编写了《安全教育与安全管理教工必读》。继续推进“安全工作责任落实年”活动，开展了中小学校车专项排查整治工作，教育系统组织开展了“关爱生命、安全发展”为主题的“安全教育月”活动，同时扎实做好学校及周边治安综合治理工作，保持了全省教育系统安全稳定。

〔**教育国际交流与合作效果突出**〕 以友好省州、友好城市等为重点，加强对外交流，进一步深化了友好国际合作关系。正式启动与南美的教育交流与合作，开辟了与印度的教育合作关系，拓展并深化了与加拿大的教育交流与合作。中外合作办学规模进一步扩大，已举办中外合作办学机构和项目148个。其中4个本科中外合作办学机构，14个专科机构，6个本科项目，122个专科项目，2个高中项目。孔子学院、孔子课堂建设取得新进展，设立49所中小学为山东省教育国际交流与合作基地，并开展系列活动，推动了中小学的国际交流和汉语国际推广工作。年内与2个国家新建2所孔子学院，与3个国家新建15所孔子课堂。截至2009年年底，山东省有关高校和教育机构共7个单位与9个国家合作建立了14所孔子学院，有14所中小学与3个国家合作建立了15所孔子课堂。为国家汉办选拔推荐了148名汉语教师和158名志愿者，圆满完成了国家汉办“汉语桥—英、美、德三国中学生夏令营”活动。

〔**招生考试工作再上新台阶**〕 进一步加大招生考试改革力度，美术类专业测试全省首次统考，节约了考生开支，规范了专业测试项目，增加了考生录取机会。普通高考全部科目实行网上阅卷，提高了阅卷的客观性，减少了误差。注册录取规模逐步扩大，丰富录取模式，探索多种招生方式并存的途径。高校录取标准多元化取得实质性进展，选取了山东政法学院和临沂师范学院共4个专业作为高考录取改革的试点院校，将综合素质评价直接纳入录取标准，其他高校加大了综合素质评价在录取标准中的比重。高考命题继续吸收基础教育专家介入，坚持“四有利”（有利于高等学校选拔新生，有利于中学推进素质教育，有利于扩大高等学校办学自主权，有利于考试科学、公正、安全、规范）的原则，保证了命题工作平稳过渡，又体现了新课程理念，试题质量有了较大的提升，特别是在体现山东特色方面又有新的突破。

〔**学生救助体系进一步完善**〕 切实做好贫困家庭学生资助工作。2009年，全省普通高中、中等职业教育、高等教育阶段补助金额分别达到1.36亿元、7.2亿元、6.05亿元，分别惠及14.7万名、48.08万名、41.86万名学生；中央和省、市财政安排高校家庭经济困难学生伙食补贴3 626万元；国家助学贷款工作取得突破性进展，制定了《山东省生源地信用助学贷款资助对象贷款资格审核暂行办法》，累计为26.02万名学生发放助学贷款18.17亿元。关注农村留守儿童的教育，有效地解决了进城务工人员子女就近入学问题。

〔**毕业生就业工作扎实推进**〕 加强毕业生就业市场建设，组织了6场师范类普通高校毕业生就业供需见面会。大力加强就业信息网建设，为毕业生就业搭建网络平台。认真做好家庭困难毕业生就业服务工作，采取“一对一”的方式进行重点指导、重点推荐、重点帮扶，帮助家庭困难和求职有困难的毕业生解决求职问题。建立了特困家庭毕业生信息数据库，组织了师范类高校特困家庭毕业生求职补贴的申报、审批、发放、监督检查等工作。截至9月1日，全省师范类高校毕业生总体就业率达到67.70%，略高于上年同期（67.31%）水平。落实“三支一扶”计划，有1 100多名师范类高校毕业生到农村基层支教。全力做好高校毕业生入伍预征工作，积极动员高校毕业生入伍服义务兵役，确定入伍预征对象8 058人。

〔**全面做好教育对口支援工作**〕 组织40名北川教师到山东进行了10天的培训，主办了北川师生齐鲁行“爱心之旅”夏令营活动，安排20名教师赴北川任教半年。2009年中央财政安排332万元对汶川地震重灾区家庭经济困难学生免除学费、发放国家助学金；投资570万元用于西藏日喀则地区图书综合科技楼建设项目，投资10万元为西藏建设普通话培训测试中心，为日喀则地区拨付设备购置经费和家庭困难学生补助经费49万元；与新疆教育厅签订了对口援助协议，山东理工大学分6批、每批30名数学专业本科高年级学生和1名带队管理人员到新疆喀什地区实习支教；山东理工大学分3届为新疆培养375名“自治区农村‘双语’教师特培计划”学生，并纳入招生计划管理，定向招收了95名新疆学生。

基础教育

〔**素质教育得到强力推进**〕 山东省坚持“政府主导、规范管理、课程核心、评价引领、督导保障”的工作机制，坚持全省整体推进，以规范办学为切入点，以高中教育为突破口，以课程改革为核心，以督导监管为重要保障，全面推进中小学素质教育工作。一是进一步严格规范办学行为。规范课程，规范课时，要求学校全面开齐课程，开足开好课时；规范学生的作业量，按照国家要求，把书面作业量控制下来；规范学生的作息时间，保证学生的睡眠时间，给学生一定的自主学习空间。努力把时间、健康和能力还给孩子。二是进一步深化基础教育课程改革。把普通高中选课走班教学作为推进高中课程改革的重中之重，推动所有普通高中落实“选课制”、“走班制”。加强义务教育课程建设，将安全教育、环境教育、传统文化和人生规划等四门课程列为必修地方课程，构建了必修课程和选修课程相结合的地方课程体系。三是进一步完善教育评价制度。改革学校评价制度，把课程实施、办学条件、师资队伍、教学效果、办学特色、规范办学等作为评价学校的主要内容，引导学校全面实施素质教育。结合绩效工资制度，坚持内容全面、主体多元原则，努力形成促进教师职业道德建设和专业发展的评价机制。完善高中学业水平考试制度及综合素质评价制度，2009年在2所高校的4个专业进行高考录取改革试点，首次将高中学生综合素质评价信息作为录取的重要依据。深化高中招生考试制度改革，各地普通高中指标生分配数额均达到50%以上。山东省素质教育的探索被专家和媒体誉为“山东样本”，经验和做法在全国得到推广。教育部在山东省召开加强中小学管理规范办学行为现场经验交流会，认为山东“以省为单位全面推进素质教育，方向对头、切实可行”。《人民日报》、新华社、《光明日报》等中央新闻媒体专题报道山东省素质教育工作，在全国产生较大影响。在首届全国教育改革创新奖评选活动中，山东省素质教育实践荣获特别奖第一名。

〔**义务教育经费保障机制进一步完善**〕 努力提高农村中小学生均公用经费基本标准，小学生提高至400元，初中生提高至600元；城市义务教育学校学生继续按“一费制”标准免除杂费，并按小学不低于40元、初中不低于70元的标准补助公用经费，年内政府共安排免杂费及补助公用经费资金25.07亿元。继续为农村义务教育阶段学生免费提供教科书。其中，按小学每生每年90元、初中每生每年180元的标准免费提供国家课程教科书，按小学每生每年15元、初中每生每年20元的标准免费提供地方课程教科书，年内政府共安排农村义务教育阶段免费教科书资金7.9亿元，惠及740万名农村学生。提高农村义务教育阶段家庭经济困难寄宿生生活费补助标准，小学每生每年500元、初中每生每年750元，享受补助的困难学生占寄宿生的比例不低于8%。对城市义务教育学校享受城市低保家庭的寄宿生补助生活费，年内省级共安排补助寄宿生补贴0.43亿元。

〔**义务教育均衡发展稳步推进**〕 积极实施中小学项目工程，推进中小学标准化建设，全面实施中小学校舍安全工程。年底前已落实资金48.8亿元，其中中央补助资金1.6亿元，省级资金2.6亿元。全省中小学（幼儿园除外）校舍面积9 308万平方米，已全部排查鉴定完毕，并出具了鉴定报告。年内完成改造面积596.41万平方米，其中完成加固面积90.67万平方米，完成重建面积505.74万平方米。继续实施农村中小学教学仪器配备工程，年内省财政安排工程专项资金4 083万元，全省大部分农村中小学教学仪器配备达到基本的办学标准。进一步推进农村中小学“两热一暖一改”试点工作，中央财政投入2 900万元，补助116所学校进行改厕治污，建设生态校园；省级财政投入4 140万元补助76所学校利用太阳能、地热、秸秆锅炉取暖；投入400万元，专门用于民族中小学旱厕的改造。启动了普通高中探究实验室示范建设工程。省财政每年安排1 000万元、地方配套1 000万元资金，连续三年在全省60所普通高中进行探究实验室示范建设工程，推动全省普通高中探究实验室普及工作。进一步规范省级规范化学校管理。确定118所学校为第14批省级规范化学校。“明德小学”整体工作在全国名列前茅，年内接受明德项目捐赠款1 305万元，各地配套资金2 500万元。自2005年开始实施五年来，新建和改造了221所贫困地区农村小学，项目总投资达2.5亿元。其中接受捐赠9 805万元，各地配套超过1.5亿元，建成校舍面积36万平方米。

〔**学前教育、特殊教育、民族教育等有序开展**〕开展了学前教育先进县（市、区）评选工作，对组织领导、政策保证、增加投入、队伍建设、发展水平等作了明确规定，首批表彰了10个学前教育先进县。规范幼儿园办园行为，引导和鼓励农村学前班从学前一年教育向学前三年教育过渡，开展了幼儿园特色教育评选活动。大力推进残疾儿童随班就读工作，举办全省特殊儿童简易测查培训班，编写了《特殊儿童简易测查手册》，供普通学校从事随班就读工作的骨干教师和辅导教师使用。深入推进特教学校课程改革，着力提高特教学校的职业教育水平。全面完成了内地新疆班、西藏班招生和升学考试任务，加强了内地班的思想政治教育工作和安全工作。

职业教育与成人教育

〔**以就业为导向，职业教育教学改革不断深化**〕以提高质量和促进就业作为职业教育的重点，制定了《山东省教育厅关于深化职业教育教学改革提高毕业生就业质量的若干意见》，促进实训基地与工作环境的“零距离”对接、课堂教学与就业岗位的“零距离”对接。已成立省级职业教育集团8个，市级职业教育集团31个，形成了以专业为纽带，学校、企业、科研机构和行业协会共同参与的中职人才培养模式。2009年4月，山东省教育厅、财政厅、人力资源和社会保障厅、经信委四部门联合举办了山东省职业院校技能大赛，全省共有454支代表队、1 170名选手参加了11个专业39个项目的比赛。选拔93名选手参加了全国职业院校技能大赛，获得了6个一等奖、31个二等奖、38个三等奖。成功组织了全省中等职业教育优秀论文评选和第六届全国中等职业学校“文明风采”竞赛山东省复赛，推荐383件一等奖作品参加全国大赛。

〔理顺管理体制，职业教育基础能力建设进一步加强〕 深化职业教育管理体制改革，落实市级政府对本行政区域内职业教育统筹管理责任，各级政府对职业教育的投入不断加大。实施职业教育“十、百、千”建设工程、30个经济欠发达县职教中心建设工程，国家级重点中职学校已达176所，完成“十一五”职业教育基础能力建设项目114个。全省已确定69所国家级和80所省级实训基地学校，目前共拨付扶持资金1.87亿元。实施职业院校教师素质提高计划，加强了“双师型”教师的培养。

〔强化内涵建设，成人教育办学行为进一步规范〕 继续开展成人高等教育品牌专业建设工作，新立项品牌专业建设点14个。印发了《山东省教育厅关于开展成人高等教育特色课程遴选与建设工作的通知》，启动了成人高等教育特色课程遴选工作。31所高校新增成人高教专业164个。对驻鲁219个高等学校现代远程教育校外学习中心进行了全面清理整顿。继续实行函授站年检制度，完成了2009年函授站年检年报工作。以社区教育为平台，适应城乡一体化发展的需要，逐步健全农民继续教育网络，积极开展多形式、多渠道的农村劳动力转移培训和农民工专业技能培训、返乡农民工培训工作，全省农村富余劳动力转移培训达到400万人，其他各类培训达到800万人次。青岛平度市、济南济阳县、枣庄滕州市、潍坊诸城市被教育部命名为“新型农民培养培训联系点”，济南天桥区、威海环翠区、潍坊诸城市被教育部命名为国家级社区教育实验区。

〔强化监督，民办教育健康发展〕 出台了《山东省教育厅关于民办教育强化属地管理健全规章规范的意见》和《山东省民办非学历高等教育机构管理规程》，召开了全省民办教育工作会议，对各市贯彻落实情况进行了检查。组织制定了全省民办高校专项督导检查工作方案和督导检查要点，成立4个检查组对全省24所民办高校和103所非学历高等教育机构进行了督导检查，民办教育得到进一步规范和监督。

高 等 教 育

〔高等教育结构进一步优化〕 根据全省高等教育发展的实际和现有高校的人才培养能力，稳步推进院校设置工作，严格控制设置规模，重点对现有高等学校进行办学层次和学科结构的调整、优化。成立了山东理工职业学院、山东文化产业职业学院，经教育部备案于2010年正式招生。制定了《山东省独立学院五年过渡期工作方案》，提出了独立学院过渡期工作总体思路、主要措施，逐校分析了全省12所独立学院存在的问题，明确了发展方向和具体的工作进度。积极推动高校债务化解工作，省财政安排奖励资金3 000万元，对债务化解成绩突出的省属高校进行奖励。

〔高等教育品牌建设进一步推进〕 继续实施以教学团队、教学名师、精品课程、品牌专业、特色专业和实验教学示范中心建设为主要内容的教学质量工程，促进优质教育资源共享。年内山东省高等学校44门课程入围国家精品课程，国家精品课程覆盖学校达到了39所。共评选15个国家级教学团队，51个省级教学团队；7名国家级教学名师，40名省级教学名师；8个国家级实验教学示范中心立项建设项目，37个省级高等学校实验教学示范中心；9门国家级双语教学示范课程，20门首批省级双语教学示范课程。新评选品牌专业、特色专业建设点113个，其中35个专业被确定为教育部第四批特色专业建设点。评选出第六届山东省高等教育教学成果奖一等奖95项、二等奖158项、三等奖258项。其中，有33项获得第六届高等教育国家级教学成果二等奖。

〔**高等教育教学改革进一步深化**〕 进一步加大学分制改革的力度，促进大学生个性化发展和整体素质的提高。鼓励校际之间实行学分互认选修课程，建立优质教学资源共享机制。印发了《山东省高等学校双学位双专业教育管理暂行办法》，全面推行双学位双专业教育，加大高素质复合型人才培养力度。建立和完善以社会需求为导向，行业、企业广泛参与的人才培养新机制。出台了《山东省教育厅关于深化高等教育教学改革增强大学生就业能力的意见》，积极支持和鼓励各高等学校依据学校定位，面向社会需求，深化教育教学改革，提高学生的成才率。以精品课程建设为龙头，不断优化课程体系和课程结构。构建核心课程和选修课程相结合、有利于学科交叉与融合、与经济社会发展相适应的课程体系。积极推行校企合作、工学结合、顶岗实习等多样化的人才培养模式。制定了《山东省教育厅关于加强高等职业院校顶岗实习工作的意见》，推动学校不断加强产学研密切合作，加强实验、实习、实训、毕业设计（论文）等实践教学环节的管理和指导，提高大中专学生的就业竞争力，培养了大学生的团队协作意识、创新精神和动手能力，推动了大学课程体系改革。认真做好高职院校人才培养评估工作，努力构建高等职业教育质量保障体系。本着重建设、轻结论，重内涵、轻形式的原则，组织专家对13所高职院校进行了评估。

〔**"高教强省"计划深入实施**〕 加大对重点学科、重点实验室、重点人文社科研究基地的经费支持力度，省财政安排专项资金3 400万元，及时调度各建设项目的进度。印发了《山东省教育厅关于对国家重点（培育）学科进行检查评估的通知》，对山东大学等8所高校的11个国家重点培育学科进行了中期评估。加大省部共建项目建设工作力度，完成投资12 085万元。目前，全省拥有国家一级重点学科5个、国家二级重点学科42个、国家重点（培育）学科11个，具有国家重点学科的大学9所。新增山东科技大学"矿山灾害预防控制"、山东中医药大学"中医药经典理论"、青岛科技大学"生态化工"等3个教育部重点实验室，新增青岛科技大学"山东省聚合物加工工程实验室"和山东轻工业学院"山东省制浆造纸工程实验室"2个山东省工程实验室，新增26个山东省重点实验室。目前，全省共有国家重点实验室3个、国家重点实验室培育基地1个、教育部重点实验室21个、省部共建教育部重点实验室3个。

〔**高层次创新人才培养质量不断提升**〕 研究制定了《山东省教育厅山东省人民政府学位委员会关于深化研究生教育改革全面提高研究生教育质量的意见》，深入实施研究生教育创新计划，共批准141个研究生教育改革创新项目。举办了3期全省性研究生学术论坛，完成了首届山东省研究生教育优秀教学成果评选工作，共评出山东省研究生教育省级教学成果奖一等奖20项、二等奖30项、三等奖61项。批准山东省药学科学院（与山东大学合作）等95个单位为第一批山东省研究生联合培养基地。大力发展专业学位研究生教育，新增3所授权培养高校，3个类型、28个专业学位授予点，涉及13个工程硕士领域。审批新增178个学士学位授予权专业，进一步优化了学科专业结构。山东省被评为2009年度非全日制攻读硕士学位全国考试"考务工作先进单位"。目前，山东省博士、硕士学位授权一级学科点分别达到52个和172个，博士、硕士学位授权二级学科专业分别为350个和1 478个，专业学位类型18种，77个授权专业点。

〔**高校科研工作进一步强化**〕 积极做好全省高校科研计划项目立项工作。经专家评审，年内山东省高校科研计划项目共立项564个，资助经费达到900万元。认真组织申报省部和国家级科研项目，获得国家自然科学基金项目近600项、国家社科基金项目57项、教育部科学技术研究重点项目和博士点科研基金项目80余项、教育部人文社科研究项目95项、省社科规划项目400余项、省软科学计划项目300余项。切实做好科研成果奖励申报评审工作。先后组织了山东高校优秀科研成果奖评审、山东省科学技术奖初评推荐、教育部人文社科奖和全省社会科学优秀成果奖推荐等工作，共获得551项山东高校优秀科研成果奖、149项省科学技术奖、20余项教育部人文社科奖、213项山东省社会科学优秀成果奖。

撰稿　赵立辉　崔升平

审稿　陈光华

青岛市教育

概　况

〔基本情况〕

2009年青岛市各级各类学校校数、教职工、专任教师情况

	学校数（所）	教职工数（人）	专任教师数（人）
一、高等教育	20	29 554	17 739
（一）研究生培养机构（不计校数）			
1. 普通高校	7	19 493	11 412
2. 科研机构			
（二）普通高等学校	16	26 897	16 292
1. 本科院校	8	20 822	12 294
2. 专科院校	8	6 075	3 998
其中：职业技术学院	8	6 075	3 998
3. 其他机构（点）（不计校数）			
其中：独立学院	2	2 057	1 177
（三）成人高等学校	2	600	270
（四）民办的其他高等教育机构			
二、中等教育			
（一）高中阶段教育			
1. 高中			
普通高中	65		9 213
成人高中			
2. 中等职业教育	94	11 961	8 442
普通中专	3	1 033	646
成人中专	19	1 008	663

续表

	学校数（所）	教职工数（人）	专任教师数（人）
职业高中	68	9 920	7 133
技工学校	4		
其他机构（教学点）（不计校数）	(4)		
（二）初中阶段教育			
1. 普通初中	240		21 349
2. 职业初中			
3. 成人初中			
三、初等教育			
（一）普通小学	932	34 516	32 204
（二）成人小学			
其中：扫盲班			
四、工读学校			
五、特殊教育	13	566	411
六、学前教育	2 261	15 357	10 986

注：普通高等学校中两所军事院校未做统计。

2009 年青岛市各级各类学历教育学生情况

	毕业生数（人）	招生数（人）	在校生数（人）
一、高等教育			
（一）研究生	4 195	7 283	18 625
博　士	405	555	2 210
硕　士	3 790	6 728	16 415
（二）普通本专科	71 415	79 710	270 350
本　科	37 864	42 339	164 704
专　科	33 551	37 371	105 646
（三）成人本专科	26 791	31 122	88 199
本　科	8 101	11 082	33 076
专　科	18 690	20 040	55 123
（四）其他各类高等学历教育			
1. 在职人员攻读博士、硕士学位			
2. 网络本专科生			
本　科			
专　科			
3. 学历文凭考试			
4. 其他			
二、中等教育			
（一）高中阶段教育			
1. 高中			
普通高中	41 309	36 455	106 458

续表

	毕业生数（人）	招生数（人）	在校生数（人）
成人高中			
2. 中等职业教育	62 209	44 448	163 501
普通中专	8 463	8 187	22 739
成人中专	3 267	4 879	12 970
职业高中	50 479	31 382	127 792
技工学校			
（二）初中阶段教育			
1. 普通初中	75 181	85 879	270 969
2. 职业初中			
3. 成人初中			
三、初等教育			
（一）普通小学	86 115	72 214	465 031
（二）成人小学			
其中：扫盲班			
四、工读学校			
五、特殊教育	251	313	1 529
六、学前教育	57 715	53 300	177 647

2009年青岛市各级各类民办教育基本情况

	学校数（所）	毕业生数（人）	招生数（人）	在校生数（人）	教职工数（人）	专任教师数（人）
一、民办高等教育	7	18 217	20 857	67 518	7 114	4 454
（一）民办高校	5	14 064	14 525	46 688	5 057	3 277
本科学生		537	1 313	4 438		
专科学生		13 527	13 212	41 202		
（二）独立学院（不计校数）	（2）	4 153	6 332	20 830	2 057	1 177
本科学生		2 346	3 780	14 030		
专科学生		1 807	2 552	6 800		
（三）民办其他高等教育机构	58	18 733	10 088	17 265	3 988	1 122
二、民办中等教育					6 044	4 883
（一）高中阶段教育						
1. 民办普通高中	16	1 107	3 839	11 000		
2. 民办中等职业教育	39	29 382	15 288	60 079		
（二）初中阶段教育						
1. 民办普通初中	16	4 053	5 899	12 437		
2. 民办职业初中						
三、民办普通小学	11	1 680	1 437	9 386	613	508
四、民办幼儿园						
另有：民办培训机构（不计校数）			286 960	160 000	13 220	3 737

〔**统筹城乡教育发展**〕 以改造薄弱学校为重点，积极推进义务教育均衡发展。制定出台了《青岛市推进义务教育均衡发展的意见和青岛市中小学标准化建设计划》，把实施中小学标准化建设作为积极推进城乡义务教育均衡发展的重要措施。2009年教师招聘继续单列支教指标，对各区市下达支教计划，招聘支教教师500名。8月底召开了青岛市2009年城区教师到农村支教人员培训会暨支教工作总结表彰会，表彰先进单位31个、先进个人100名。聘请全国模范教师、省市特级教师等对支教教师进行岗前通识培训，并建立“农村支教园地”专题网站，为支教教师提供交流学习平台。继续开展“特级教师巡回讲学”活动，组织省市级特级教师讲学团到农村中小学、偏远学校巡回讲学。

〔**教育法制建设**〕 开展地方性教育立法修订工作。修订了《青岛市城市中小学校校舍场地管理办法》，草案经市政府常务会议审议通过，并提请市人大审议；完成《青岛市义务教育条例》修订调研和《青岛市捐资助学管理办法》的调研工作，形成了调研报告并完成草案；完成《青岛市职业学校管理条例》、《青岛市托幼管理条例》、《青岛市教育督导条例》、《青岛市中小学校园伤害事故处理暂行办法》、《青岛市民办学校教师保险管理规定》的修订调研工作，提交了调研报告。印发《青岛市教育局行政处罚裁量基准制度（试行）》。对市教育局行政许可审批事项和非行政许可审批事项进行了全面清理，将原有的6项行政许可审批事项保留1项，整合4项，取消1项；将原有的7项非行政许可审批事项保留4项，取消2项，转变管理方式1项。

〔**加强教育督导**〕 对区（市）政府教育工作目标管理绩效考核内容进行了修订，制定了以素质教育实施、义务教育均衡发展、教育经费投入为主要内容的考核体系。建立督学责任区制度，先后对12区（市）的500余所中小学进行督导检查。年内，崂山、城阳两区被授予“山东省教育工作示范县（市、区）”称号，全市七个区均已进入山东省教育工作示范区行列。在山东省教育工作示范县（区、市）创建工作经验交流会上，青岛市教育局作了典型发言。

〔**教育科学研究**〕 编撰《青岛教育年鉴》，创办《每周教育参考》，为教育决策提供支持。推进“十一五”教育科学规划课题研究，总结推广“以校为本的教育科研模式构建研究”课题成果，编著《学校教育科学课题研究导论》，由中国言实出版社出版。评选表彰青岛市教育管理（教育科研）先进集体、先进个人和优秀教育科研成果，评出获奖成果60项、先进集体50个、先进个人100名。组织青岛市中小学校千册（种）教育图书漂流接力活动，在李沧区举行了图书漂流接力活动启动仪式。全市中小学教师科研工作站招收了第三期访学教师，并在平度、城阳、市北区和李沧区各办一个分站。创新“特级教师工作室”和“首席技师工作室”活动，交流“特级教师工作室”课题研究阶段性成果。

〔**干部教师队伍建设**〕 启动并组织实施名校长培养工程。制定《青岛市普通中小学名校长培养工程实施方案》，确定了43名青岛市普通中小学名校长培养工程人选。选拔推荐山东省教育厅“齐鲁名校长建设工程”人选，共有10名中小学校长被列为“齐鲁名校长建设工程”人选。组织名校长培养人选和局属单位部分中青年校长共46人到教育部校长培训中心参加了为期22天的集中培训学习；举办4期农村初中校长培训班，五市三区共198名农村初中校长参加了培训；举办了第17期初中校长提高培训班和第25期高中校长任职资格培训班，全市近140名校长参加了培训。投入600余万元开展各种层面的中小学教师培训活动。组织全市8 588名教师和175名指导教师参加山东省普通高中教师新课程远程研修活动；组织全市810名农村初中学科教师参加的网络培训，突出“让教师与新课程同成长”培训主题；实施“青岛市中小学名师培养工程”，在五年的培训周期内，以青岛大学师范学院为基地，聘请国内知名大学教授、一线名教师任导师团成员，对60名名师人选进行专门培训。年内，推荐国家、省、市优秀教师和优秀教育工作者364人，推荐齐鲁名师4人、齐鲁名师培养人选

8人、教育创新人物1人、创新班主任提名1人，评选出青岛市青年教师优秀专业人才448名、青岛市名师培养人选60名。评选青岛市劳动模范9人，山东省富民兴鲁奖章获得者1人，山东省工人先锋号1个，青岛市工人先锋号5个。

〔**教育经费和教育基本建设**〕 2009年教育专项资金以改善农村薄弱中小学办学条件为重点，进一步加大对农村教育的投入力度，专项资金60%投入到农村教育事业发展上，增幅13%。全年各级财政共投入近2.3亿元，提高农村义务教育公用经费保障水平，使农村义务教育阶段中小学生均公用经费达到生均每年小学400元、初中600元的标准(均含取暖费)。2009年春季学期起，青岛市农村义务教育阶段公办学校5万余名住宿生不再收取住宿费。投入财政预算内资金3 600万余元，为农村义务教育阶段32万名学生免费提供教科书。市本级投入了601万元，为120万名中小学生投校方责任险。全年各级财政用于资助市属高校、普高、中职学校家庭经济困难学生奖助学金达1.7亿余元，惠及在校生22万人次；全面实施生源地信用助学贷款政策，申请贷款610余万元，1 189名青岛籍高校家庭经济困难在校生和新生得到资助。本年度将改造D级危房，每平方米测算标准由500元提高至600元，市区两级财政共投入资金8 200万元，改造农村中小学13.65万平方米的D级危房。市本级安排1 000万元专项资金，用于全市普通中小学标准化学校建设工作，安排3 000万元资金，为全市农村中小学、特殊教育学校更新和配备教育教学所需的仪器设备。市区两级财政投入资金2 770万元（其中市财政1 249万元），实施全市普通中小学校饮水设施更新工程。市区两级财政投入5 880万元（其中市财政3 531万元），改造46所中小学校取暖设施。

〔**教育基金**〕 2009年接收捐赠和增值收入共1 205.65万元，其中捐资和增值1 196.17万元，捐物9.5万元；投放资金和实物922.16万元。本年最大的一笔捐赠协议是与青岛软控股份有限公司签订了每年捐赠100万元，连续十年共1 000万元的协议。奖励大中学生600余名，发放奖励金50万元；投放寒窗基金57.63万元，资助了全市164名考入普通高校的家庭经济困难学生；奖励优秀教师1 800名，发放奖励金168万元。青岛市教育发展基金会在年度检查中连续两年被山东省民政厅评为优秀单位。

〔**民办教育**〕 印发《关于认真学习贯彻青岛市实施中华人民共和国民办教育促进法办法的通知》，对全市学习贯彻实施《青岛市实施〈中华人民共和国民办教育促进法〉办法》提出了具体要求与指导意见。市教育局会同市民管局对民办学校(民间非企业法人单位）进行联合年检，774所学校年检合格，32所学校停止办学，9所学校停止招生，4所学校被责令限期整改；对符合办学条件的民办学校重新换发了教育部民办学校办学许可证。新审批中等非学历培训学校26所，批准18所试办学校正式办学，批准32所学校进行了变更事项的变更。

〔**中外合作办学**〕 批复4个中外合作办学项目。与英国盖普合作项目交流与合作，接收GAP英语教师，分别安排到青岛第十五中学、青岛外事服务学校和青岛第六十六中学任教。与加拿大约克区教育局合作，选派20名英语教师赴加拿大培训。

〔**深入学习实践科学发展观活动**〕 全年分两批在市教育局机关18个党支部、局属37个基层党组织共2 300余名党员干部中组织开展深入学习实践科学发展观活动。围绕“科学发展、兴教惠民”主题和“全面推进素质教育、办好人民满意的教育”实践载体，突出实践特色，解决突出问题，认真做好各项工作。

基础教育

〔**综述**〕 青岛市委、市政府将全面开展中小学标准化建设和重点改造100所农村薄弱中小学列入年度工作目标，并作为2009年青岛市社会主义新农村建设工作重点要办好的30件实事之一，安排2 000万元资金支持农村改造薄弱学校154所。截至年底，全市新增365所市级标准化学校和39所市级规范化学校。全市义务教育学校共接受7.6万名外来务工人员子女就读，占在校生总数的10.7%；其中市内四区3.4万名，占在校生总数的25.3%。市教育局和平度市蓼兰镇蓼兰小学在“山东省特殊教育学校劳动和职业教育工作暨残疾儿童随班就读工作经验交流会”上作了典型发言。教育部组织《人民日报》、《光明日报》、中央人民广播电台、《中国教育报》、《中国青年报》等多家中央媒体对青岛市特殊教育工作进行了集中采访报道。青岛市中心聋校被教育部等五部委评为“全国特殊教育先进单位”。

〔**学前教育**〕　规范办园行为，联合市物价局对青岛市不同类别和性质的幼儿园落实新收费政策的情况进行检查督导。督促区市增加对学前教育投入，改善农村幼儿园办园条件。1所幼儿园晋升为省十佳幼儿园，25所幼儿园晋升为省示范幼儿园，36所幼儿园晋升为市示范幼儿园，60所幼儿园晋升为市一类幼儿园，全市一类以上幼儿园比率达到58%。

〔**义务教育**〕　制定出台《关于加强市内四区小学生托管工作的通知》（青政办字［2009］107号），切实解决部分小学生放学后无人看护的难题。完成全部15所义务教育阶段改制学校的清理规范工作，其中青岛育才中学、青岛志成实验中学等10所学校规范为公办学校，长江小学等5所学校规范为民办学校。推行了义务教育阶段教师绩效工资改革工作。

〔**普通高中教育**〕　贯彻落实《山东省普通高中课程设置及教学指导意见（试行）》，充分发挥20所省市高中课程改革定点联系学校的示范作用，推进普通高中选课和走班制度建设。目前，全市高中学校所有高二学生都按照省教育厅的要求，实施选课和走班制度。积极推进招生制度改革，中考招生继续实行一、二志愿作为平行志愿的政策，继续将优质高中计划内招生名额的50%均衡分配到初中学校。

〔**教学研究与基础教育课程改革**〕　制定从幼儿园至高中学段的《青岛市教学工作指导意见》（试行），修订各学段《青岛市教师教学常规》（试行），新建从小学至高中学段的《青岛市学生学习常规》（试行），为实施高质量的课堂教学和有效学习提供有力保障。做好课程改革的阶段总结和跟进工作，先后推出李沧小学的“目标导学”，即墨28中的“和谐互助”教学，胶南一中、青岛58中的“学案导学”，城阳实验中学的“12345教学与管理模式”等课改成果。青岛市的课程改革工作经验在“全国基础教育课程改革经验交流会”上作了交流。

〔**思想品德教育**〕　以迎接新中国成立60周年和五四运动90周年为契机，在全市中小学校广泛开展了“我爱你祖国——歌颂祖国，赞美家乡”与“美丽的青岛，我们的家园”等主题教育实践活动。组织市内四区初中、高中近5万多名学生参加了学工学农实践活动。中等职业学校启动践行“文明修身行动公约”活动，深入实施“文明修身”工程。6月底，教育部、中宣部、中央文明办等六个部门联合召开全国首次中等职业学校德育工作会议，青岛市教育局以《提升班主任专业品质，彰显德育功效》为题作书面交流，城阳职业教育中心以《加强班主任队伍建设，增强班主任工作吸引力》为题作典型发言。

〔**体育、卫生、艺术工作**〕　2009年1月，青岛市委、市政府出台《加强青少年体育增强青少年体质的意见》。青岛市被国家体育总局、教育部命名为首批全国青少年校园足球工作试点城市。10月14日，全国初中小学足球联赛开幕式在青岛举行，国务委员刘延东出席开幕式。因承担了第十一届全国运动会火炬接力、礼仪接待、运动员选调、大型活动表演等项工作，市教育局被青岛市委、市政府表彰为十一运突出贡献先进集体。5月7日，市教育局成立了防控甲型H1N1流感和手足口病工作领导小组。先后印发《青岛市教育局甲型H1N1流感防控与应急预案》等五项应急预案和制度。各区市教体局、驻青高校、各级各类学校也相应建立了防控领导小组。全市中小学校共投入资金约400万元，用于开展晨检、消毒、宣传教育活动以及物资储备等工作。

〔**共青团、少先队工作**〕 纪念五四运动90周年，开展“鉴史立志、报效祖国”主题教育活动；开展形式多样的庆祝新中国成立60周年主题活动；开展“为了明天——岛城百万未成年人网络文明工程”活动。聘请岛城知名企业家、科学家、经济学家、军事专家及党校教授等组成“青蕾”导师团，走进中学校园开展形势教育讲座。组织第二届“走进宝岛”中学生赴台文化交流活动。年内共有20所学校、13 944名学生参加军训。青岛市教育局获由中宣部、教育部、总政治部、国家国防教育办公室联合表彰的“全国国防教育先进单位”称号。

〔**现代教育技术装备配备与教育信息网络建设**〕市教育局和市财政局共同制发《关于进一步推进农村中小学教学仪器更新和特殊教育学校教学仪器配备工程的通知》和《关于做好我市农村中小学教学仪器更新工程和特殊教育学校教学仪器配备工程实施工作的通知》，年内有6个区市已提前一年完成两项工程的配备。研发完成“农村中小学现代远程教育资源应用日志管理系统”，已在近900所农远项目学校安装调试，并投入运行。全市共计建成校园网751个，628所学校实现光纤接入教育城域网，543所学校实现ADSL接入教育城域网。在全市学校联网计算机上安装绿色上网过滤软件，共安装计算机台数6.8万余台。

职业教育与成人教育

〔**综述**〕 成立青岛市中等职业教育改革与发展指导委员会，制定《青岛市创建全国中等职业教育改革发展示范学校五年规划》，提高全市中等职业教育整体办学水平。中央财政实训基地建设资金500万元支持胶州第二职业中专等3所学校的3个专业建设。莱西职教中心汽车维修专业教学实训综合楼和平度职教中心教学楼扩建工程被列为2009年国家扩内需项目，总投资达到1 901万元；其中，中央预算内投资400万元，两个项目均已开工建设。青岛市级校内实训基地建设工作启动，2009年全市共确定5个市级校内实训基地，每个给予200万元的设备支持。安排1 028万元，用于局属职业学校教学和实训设备购置与更新。推荐全市16个项目作为国家发改委中等职业学校基础能力建设二期规划（2010—2015年）项目。2009年，本市生源高中阶段职普招生比例和高中阶段普及率分别为1∶1和92%，实现了高中阶段职普协调发展和普及高中阶段教育的目标。

〔**启动职业学校布局调整工作**〕 起草《青岛市直属职业学校布局结构现状分析及调整对策研究》，印发《关于做好全市中等职业学校专业布局和结构调整工作的通知》，确定全市专业布局调整目标。出台《青岛市职业教育专业建设指导性意见》，重点围绕金融、物流、商贸流通、服务外包、旅游、会展、家电电子、机械制造等产业发展，构建职业学校、企业、社会三位一体的职业教育培训体系。

〔**学生技能考核、竞赛**〕 青岛市区共有3 675名学生参加中级职业资格考试、943名学生参加初级职业资格考试，通过率均为95%。4月，市教育局、市人力资源和社会保障局、团市委联合举办以“崇尚技能、促进就业、共铸和谐”为主题的青岛市中等职业学校职业技能大赛。大赛历时18天，共有1 270名学生、410名教师参加了种植、机械、财经、计算机、旅游等28个项目的比赛。5月，组队参加山东省教育厅、人力资源和社会保障厅等联合举办的技能大赛，共获得11个一等奖、19个二等奖、15个三等奖。6月底，组团参加2009年全国职业院校技能大赛，58位选手参加了中职组全部8大类专业的28个项目的比赛，共获得3个一等奖、17 个二等奖、11 个三等奖。

〔**农村成人教育与社区教育**〕 继续实施农村实用人才培训工程，全年完成对 6 万名农民的实用技术培训。加强示范性镇（街）成教中心建设，探索形成适应市场要求和农民需要的办学模式。抓好国家级社区教育实验区、示范区和示范街道创建工作，发挥社区教育在构建终身教育体系，促进学习型社会建立中的作用。

高等教育

〔**综述**〕 青岛地区共有高校 22 所，其中普通本科高校 8 所、独立学院 2 所、普通高职院校 8 所、成人高校 2 所、军事院校 2 所。各高校共有全日制普通在校生 29.7 万人，比去年增加 1.69 万人。各高校共占地面积 2.7 万亩，建筑面积 905 万平方米，比去年增加 17 万平方米。固定资产总值 146.4 亿元，比去年增加 15.6 亿元；其中教学仪器设备总值 30.02 亿元，比去年增加 6.18 亿元。

各高校现有专任教师 17 739 人，比上年增加 557 人。其中，具有正高专业技术职务资格的 2 126人，比上年增加 123 人；副高专业技术职务资格的 4 714 人，比上年增加 142 人。专任教师中共有专职院士 12 名，双聘院士 32 人，比上年增加 1 人；博士生导师 717 人，比上年增加 85 人；具有博士研究生学历的教师 3 055 人，比上年增加 525 人；具有硕士研究生学历的教师 7 228 人，比上年增加 867 人。

各高校现有博士后流动站 31 个、博士点 118 个、硕士点 536 个。共有国家级重点学科 15 个、省部级重点学科 82 个、市级（含）以上重点实验室 122 个。各高校图书馆共有藏书 2 391 万册，比 2008 年新增 254 万册。

〔**科研能力进一步增强**〕 2009 年，各高校共承担市级（含）以上纵向科技计划 1 333 项，共获得纵向科技经费 3.7 亿元。其中国家级科研课题 364 项、省部级科研课题 586 项、市级科研课题 383 项。高校科技成果获市级（含）以上科技奖励 427 项。其中国家技术发明一等奖 1 项、省部级二等奖以上科技奖励 86 项。高校共与地方签订横向科技合作协议 2 230 项，合同金额 5.2 亿元，实到 3.7 亿元。

〔**加强国际合作与交流**〕 各高校继续与国（境）外政府、高校等社会组织签订合作协议 194 项，签订合作意向书 49 项。在各高校任教的外籍教师共有 379 名，有 1 493 名外籍专家、学者来青进行学术交流，有 1 675 名留学生在各高校留学深造。同时，有 1 224 人出国访问、讲学。

撰稿 于立平 王宪廷
审稿 徐剑波 周民书

河南省教育

概　　况

〔基本情况〕

2009 年各级各类学校校数、教职工、专任教师情况

	学校数（所）	教职工数（人）	专任教师数（人）
一、高等教育			
（一）研究生培养机构（不计校数）	(23)		
1. 普通高校	(15)		
2. 科研机构	(8)		
（二）普通高等学校	99	103 617	71 472
1. 本科院校	43	65 291	44 637
其中：独立学院	10	5 852	4 427
2. 高职（专科）院校	56	38 326	26 835
3. 其他机构（点）（不计校数）	(11)		
（三）成人高等学校	18	5 427	3 566
（四）民办的其他高等教育机构	20	953	386
二、中等教育	7 077	533 869	454 212
（一）高中阶段教育	2 102	532 312	175 396
1. 高中	923	434 847	105 065
普通高中	868	434 544	104 855
成人高中	55	303	210
2. 中等职业教育	1 179	97 465	70 331
普通中专	163	23 101	14 676
成人中专	223	15 875	10 808
职业高中	589	40 701	31 639
技工学校	204	14 745	10 800
其他机构（教学点）（不计校数）	(204)	3 043	2 408
（二）初中阶段教育	4 975	1 557	278 816
1. 普通初中	4 703		278 050

续表

	学校数（所）	教职工数（人）	专任教师数（人）
2. 职业初中			
3. 成人初中	272	1 557	766
三、初等教育	39 704	524 265	494 493
（一）普通小学	29 420	515 839	489 139
（二）成人小学	10 284	8 426	5 354
其中：扫盲班	3 582	3 397	2 061
四、工读学校	3	66	53
五、特殊教育	121	3 404	2 872
六、学前教育	6 355	89 211	58 312

注：普通高中的教职工数中包含普通初中的教职工数。

2009 年各级各类学历教育学生情况

	毕业生数（人）	招生数（人）	在校生数（人）
一、高等教育			
（一）研究生	6 939	9 918	26 431
博　士	219	303	1 079
硕　士	6 720	9 615	25 352
（二）普通本专科	334 115	429 910	1 368 813
本　科	127 657	183 810	616 098
专　科	206 458	246 100	752 715
（三）成人本专科	81 887	101 278	277 814
本　科	31 717	36 650	107 091
专　科	50 170	64 628	170 723
（四）其他各类高等学历教育			
1. 在职人员攻读博士、硕士学位		1 709	4 711
2. 网络本专科生	5 629	20 471	56 550
本　科	2 229	9 156	26 862
专　科	3 400	11 315	29 688
3. 其他			
二、中等教育	3 050 594	2 990 555	8 818 520
（一）高中阶段教育	1 241 095	1 383 782	3 912 534
1. 高中	707 436	645 015	2 017 863
普通高中	701 747	645 015	2 011 981
成人高中	5 689		5 882
2. 中等职业教育	533 659	738 767	1 894 671
普通中专	188 561	244 614	653 611

续表

	毕业生数（人）	招生数（人）	在校生数（人）
成人中专	55 177	64 708	175 151
职业高中	223 116	330 336	808 789
技工学校	66 805	99 109	257 120
（二）初中阶段教育	1 809 499	1 606 773	4 905 986
1. 普通初中	1 631 829	1 606 773	4 742 528
2. 职业初中			
3. 成人初中	177 670		163 458
三、初等教育	2 089 908	1 845 137	10 911 924
（一）普通小学	1 657 467	1 845 137	10 520 259
（二）成人小学	432 441		391 665
其中：扫盲班	80 907		88 941
四、工读学校	70	64	300
五、特殊教育	2 057	3 076	21 069
六、学前教育	730 722	1 141 144	1 716 461

注：特殊教育学生数中包括普通中小学随班就读的学生。

2009年各级各类非学历教育学生情况

	结业生数（人）	注册生数（人）
总　计	5 489 434	5 210 991
一、高等教育	161 018	78 318
（一）研究生课程进修班	938	1 656
（二）自考助学班	4 258	27 331
（三）普通预科生		2 330
（四）进修及培训	155 822	47 001
其中：资格证书培训	48 437	15 355
岗位证书培训	24 319	10 264
二、中等职业教育	5 328 416	5 132 673
其中：资格证书培训	281 927	234 686
岗位证书培训	540 389	474 857
（一）中等职业学校	498 228	379 685
其中：资格证书培训	126 974	81 906
岗位证书培训	156 478	102 776
（二）职业技术培训机构	4 830 188	4 752 988
其中：资格证书培训	154 953	152 780
岗位证书培训	383 911	372 081

2009 年各级各类民办教育基本情况

	学校数（所）	毕业生数（人）	招生数（人）	在校生数（人）	教职工数（人）	专任教师数（人）
一、民办高等教育						
（一）民办高校	23	41 256	70 921	204 473	14 426	10 334
本科学生		16 200	30 267	94 383		
专科学生		25 056	40 654	110 090		
其中：独立学院	10	13 412	28 316	86 159	5 852	4 427
本科学生		12 475	23 628	75 507		
专科学生		937	4 688	10 652		
（二）民办其他高等教育机构	20				953	386
二、民办中等教育						
（一）高中阶段教育	481	145 255	212 749	567 578	55 836	42 391
1. 民办普通高中	182	74 958	73 486	215 503	39 839	31 384
2. 民办中等职业教育	299	70 297	139 263	352 075	15 997	11 007
（二）初中阶段教育	506	146 256	149 823	425 942		
1. 民办普通初中	506	146 256	149 823	425 942		
2. 民办职业初中						
三、民办普通小学	1 091	106 314	107 364	699 020	38 858	28 641
四、民办幼儿园	4 913	198 183	392 394	750 683	60 103	37 942
另有：民办培训机构（不计校数）	(621)				4 582	3 209

注：民办普通高中的教职工数包含民办普通初中的教职工数。

〔**年度工作方针**〕 全面贯彻党的十七大和十七届三中全会精神，以邓小平理论和“三个代表”重要思想为指导，深入贯彻落实科学发展观，全面贯彻党的教育方针，继续解放思想，坚持改革开放，扎实推进素质教育，促进义务教育均衡发展，加快普及高中阶段教育，大力发展职业教育，着力提高高等教育质量，加强教育管理，促进教育公平，努力办好人民满意的教育，建设人力资源强省。

〔**教育投入**〕 2009 年河南省教育经费（包括国家财政性教育经费、民办学校中举办者投入、社会捐赠经费、事业收入和其他收入）总投入为 763.3 亿元，比上年 656.2 亿元增长 16.3%。其中，国家财政性教育经费（包括预算内教育经费、各级政府征收用于教育的税费、企业办学中的企业拨款、校办产业等用于教育的经费）为 588.9 亿元，比上年 497.7 亿元增加 91.2 亿元，增长 18.3%，占全省教育经费总收入的 77.2%。

2009 年河南省各级政府预算内教育经费为 564.6 亿元，比上年的 473.8 亿元增长 19.17%。2009 年经常性财政收入比上年增长 9.39%，预算内教育经费的增长高于同期经常性财政收入增长幅度 9.78 个百分点。

2009 年小学预算内生均公用经费支出为 1 949 元，比上年增长 18.84%。其中农村小学预算内生均公用经费支出为 1 926 元，比上年增长 20.03%。初中预算内生均公用经费支出为 2 965 元，比上年增长 21.71%。其中农村初中预算内生均公用经费支出为 2 946 元，比上年增长 22.05%。普通高中预算内生均公用经费支出为 2 222 元，比上年增长 19.62%。全省职业高中预算内生均公用经费支出为 2 666 元，比上年增长 5.91%。普通高校预算内生均公用经费支出为 4 323 元，比上年增长

5.44%。2009年本省实施农村义务教育经费保障新机制资金总规模为86.7亿元。

〔**开展教育服务年活动**〕 为发挥教育在应对金融危机、服务“三保”（保增长、保民生、保稳定）大局的作用，河南省教育系统组织开展了教育服务年活动。①服务企业。帮助企业提升研发水平和管理水平，提高企业产品竞争力和队伍素质。2009年全省高校共承担各级各类科研项目7 000余项，获国家科技进步二等奖2项、教育部高等学校科技进步二等奖1项。与企业共建实验室150个，共建工程技术中心80个，培训企业技术人员10万余人次，选派科技人员到企业服务2 000多人次，解决技术难题近5 000个，面向企业转化技术合同、成果、专利1 160项，增加企业产值近40亿元、利润近5亿元。②服务“三农”。各高校特别是涉农高校积极选派优秀干部、教师和科研人员下乡支农，为广大农民提供科技咨询，指导生产。③服务地方。各高校主动加强与所在市、县的联系与对接，积极为政府决策提供咨询，为地方经济社会发展服务，促进了地方经济又好又快发展。完成对企业在岗、转岗、待岗人员和返乡农民工的各类职业技能培训610万人次。④服务师生。各地结合开展学习实践科学发展观活动，切实提升教育服务质量和服务水平，精简教育行政审批事项，提高行政效能，切实解决师生关注的热点、难点问题，努力改善师生的工作、学习、生活条件。

〔**庆祝新中国成立60周年系列活动**〕 围绕庆祝新中国成立60周年，在各级各类学校深入开展“我爱我的祖国”主题教育活动。按照中宣部、教育部安排部署，认真开展第二届全国道德模范推荐评选活动，积极组织广大师生参与“100位为新中国成立作出突出贡献英雄模范人物和100位新中国成立以来感动中国人物”评选活动。组织开展“欢乐中原”——全省教育系统庆祝新中国成立60周年爱国歌曲大家唱歌咏比赛活动。全省各级各类学校高度重视，精心组织，周密部署，组织开展了一系列针对性强、参与面广、丰富多彩的宣传文艺活动，广泛开展了“爱国歌曲大家唱”歌咏比赛活动，100多所大中专院校、近2万名师生踊跃参加。在全省组织的“爱国歌曲大家唱”决赛中，省教育厅、河南大学、洛阳师范学院获得金奖。

〔**体育、卫生与艺术教育**〕 阳光体育运动深入开展。参加全国亿万学生阳光体育运动现场推进会并作经验介绍，得到教育部领导充分肯定。组织召开河南省“千万学生阳光体育运动”推进会，在全省总结推广洛阳市洛龙区“大课间”体育活动的经验做法。组团参加全国第十届中学生运动会，获得17块奖牌，位列第8位，并荣获了“体育道德风尚奖”。在同期举办的科学论文报告会上，夺得了团体总分第4名，并荣获“优秀组织奖”。举办第十届中学生晨光体育夏令营活动。全省18个省辖市和6个扩权县（市）的近千名营员、指导教师和工作人员参加了比赛。

全力抓好全省学校甲流防控工作。成立防控工作领导小组和应急处理指挥部，制定下发应急预案，对防控工作做了周密部署。组织了3批督查组，深入全省各级各类学校，全系统全覆盖进行督导检查。

举办河南省第三届中小学生艺术展演活动，继续组织开展“高雅艺术进校园”活动。

〔**民办教育**〕 规范民办学校办学行为，开展民办普通高校评估，设立了民办教育发展奖励基金，对中等以下优秀民办学校、民办教育先进集体和先进个人进行了评选表彰，进一步调动社会力量办学的积极性。2009年，全省各级各类民办学校达7 034所，较上年增加885所；在校生总数达270.5万人，较上年增加31.4万人。

〔**教育对外交流**〕 继续引进国外优质教育资源，新审批中外合作办学项目22个、机构2个。来华留学生招生规模不断扩大，郑州大学被教育部批准成为招收中国政府奖学金来华留学生的高校，填补了长期以来河南无中国政府奖学金招生资格的空白。国外孔子学院工作开展顺利，截至2009年，河南省与国外合作建设了4所孔子学院（孔子课堂），开展汉语教学工作。

〔**规范招生、收费行为**〕 大力实施招生阳光工程，全省96万多人参加的高考高招、97万人参加的中考中招工作平稳顺利；认真开展规范教育收费和治理教育乱收费工作，全省共查处违规收费金额930万元，清退违规资金750万元，党政纪处分145人，撤销和免除了一些违规违纪的校长职务。

〔**语言文字工作**〕 举办首届全国大中小学生规范字书写大赛河南赛区的比赛活动，全省有11名选手获得国家一等奖，占全国总数的十分之一强。举办了“中华诵·2009年经典诵读”大赛河南赛区的决赛和颁奖活动。积极推进创建语言文字国家级示范校工作，授予16所学校（园）“国家级语言文字规范化示范校”称号。在全省小学生中开展了“爱我中华”普通话演讲及知识大赛活动。

〔**学校安全和稳定**〕 严格落实安全稳定工作责任制和责任追究制，积极做好学校安全及周边治安综合治理工作，扎实做好高校稳定工作，科学有序地做好教育系统甲型H1N1流感疫情防控工作。全年全省教育系统2 900多万教育人口中没有发生重大安全事故，教育系统持续稳定，为维护社会安全稳定大局作出了贡献。

基础教育

〔**综述**〕 农村义务教育经费保障能力显著增强。2009年全省投入保障资金86.7亿元，较上年增加12.1亿元。农村义务教育阶段1 300多万名学生获得免费教科书，小学、初中生均公用经费分别由175元、430元提高到300元、500元，80万名农村家庭经济困难的寄宿生得到生活费补助。农村学校办学条件进一步改善。义务教育均衡发展先进县（市、区）创建活动深入推进。坚持义务教育免试、就近入学制度。认真做好进城务工人员子女就学工作，入学率超过99%。全省普通高中招生计划均衡分配到初中的比例超过45%。加强城乡教育对口支援。1.5万名城镇教师到农村学校支教，2万名农村教师参加了不同形式的省级培训。扎实推进普通高中课程改革。

〔**中小学德育工作**〕 坚持把社会主义核心价值体系融入中小学教育的全过程，中小学德育工作的针对性和实效性不断得到加强。在中小学广泛开展以庆祝新中国成立60周年为主题，以“了解新中国建立历程”、“感受祖国变化”等为内容的第六个“中小学弘扬和培育民族精神月”活动。印发《中小学法制教育指导纲要》，充分发挥学校课堂教学主渠道作用，加强中小学生法制教育。2009年争取国家扶持建设县级校外活动场所14个。

〔**规范中小学办学行为**〕 8月，省政府召开全省规范中小学办学行为推进素质教育工作会议，下发了《河南省政府办公厅关于进一步规范中小学办学行为推进素质教育的意见》（豫政办［2009］132号），从规范办学行为、加强学校管理等方面作出明确规定，要求各地必须坚持统筹兼顾，加快建立规范中小学办学行为，推进素质教育的长效机制。省教育厅制定并印发了《河南省普通中小学管理基本规范（试行）》，从科学安排教学任务，加强校务管理、教育教学管理、教职工队伍管理、学生管理、校园管理、财务和后勤管理、安全管理等方面作出具体规定，规范中小学办学行为，减轻学生过重课业负担，取得了一定成效。各地按照“属地管理”和“谁主管、谁负责”的原则，对照规定，自查自纠，自我规范。省教育厅采取随机抽查、暗访、召开座谈会等多种形式，对各地规范中小学办学行为的情况进行了全面督查。

〔**推进义务教育均衡发展**〕 开展“河南省推

进义务教育均衡发展成效显著单位”评选表彰活动，并规定被评为“河南省推进义务教育均衡发展成效显著单位”、受省教育厅表彰的县（市、区），方有资格参加下年度省政府组织的先进县评选，形成了省政府和省教育厅两个层面、持续不断推进县域内义务教育均衡发展的表彰奖励机制。各地积极投入到先进县创建活动中，进一步落实政府责任，加大经费投入，完善政策措施，解决突出问题，全省上下形成了共同参与、争先创优的良好工作氛围，有力地促进了县域内义务教育均衡发展。在教育部召开的全国推进义务教育均衡发展经验交流会上，河南省在大会上作了交流发言，焦作市、新郑市和内乡县被教育部授予“全国义务教育均衡发展工作先进地区”称号。

〔**改善农村学校办学条件**〕 全力推进中小学校舍安全工程，对全省 3.6 万所中小学校、约 1.06 亿平方米校舍进行了排查鉴定和规划编制，已投入资金 51 亿元，开工项目学校 2 116 所，竣工交付使用项目学校 1 244 所。加快实施农村初中校舍改造工程、特殊教育学校建设工程、农村卫生新校园建设工程和农村中小学体育器材配备工程等“四项工程”。完成 167 个农村初改项目和 12 个特教项目，完成建设面积 41.1 万平方米。

〔**推进普通高中课程改革**〕 进一步完善相关政策，制定下发了《河南省普通高中学业水平考试方案》、《河南省普通高中通用技术专用教室装备标准》、《河南省普通高中新课程选课指导意见》、《河南省普通高中综合实践活动课程实施指导意见》等有关文件，保证新课程实验工作顺利进行。为加强实施课改后的普通高中管理，修订了普通高中学籍管理办法，开始筹建普通高中信息管理系统。召开全省普通高中课程改革样本校工作会议，总结交流新课程实验工作经验。

〔**实施“农村义务教育阶段学校教师特设岗位计划”**〕 在实施好国家计划的同时，结合河南省实际，启动实施河南省地方计划。经过组织动员、网上报名、资格审查、笔试、面试、体检、岗前培训等环节，全省 2009 年 1 万名农村义务教育阶段学校特设岗位教师招聘工作顺利实施。在“特岗计划”实施过程中，特别是招聘工作的环节中，全省各地、各部门坚持“公开、公正、公平、竞争、择优”的原则，严格执行政策，严格招聘程序，严肃招聘纪律，整个招聘工作平稳、有序。这部分人员赴农村学校上岗任教，对加强河南省农村教育工作，提高农村教师队伍整体素质，解决农村师资总量不足和结构不合理的问题，推进义务教育均衡发展都具有重要作用。

〔**中小学师资队伍建设**〕 在广大教师中开展以“我为祖国站讲台”为主题的师德教育活动和向优秀特级教师孙晨同志学习活动，组织师德演讲比赛、师德征文和师德主题巡回报告会等系列活动，在广大教师中引起了强烈反响。认真组织实施农村教师素质提高工程、中小学幼儿园名师培育工程和班主任培训、农村教育硕士师资培养等各项培训培养计划。举办了河南省第三届农村中小学青年教师技能竞赛活动、首届特殊教育教师技能竞赛活动、首届县级教师培训机构优质课大赛。开展高等院校师范教育专业毕业生基本技能竞赛和专家讲师团送课、送教下乡等工作，着力提高全省中小学教师特别是农村教师队伍素质。全年共完成农村骨干教师、省级骨干班主任、体音美骨干教师、幼儿园骨干教师、高中新课程教师等各项培训任务 5 万多人，其中省级培训教师 1 万余人。小学教师中具有专科及以上学历、初中教师中具有本科及以上学历的比例均比上年有明显提高。

〔**实施义务教育学校绩效工资改革**〕 会同有关部门研究制定了《关于做好义务教育学校教师绩效考核工作的指导意见》，认真完善教师绩效考核制度。全省各县市区教师绩效工资基本落实到位。

〔**学前教育和特殊教育**〕 学前教育进一步发展，幼儿园数、在园幼儿数及幼儿园园长和专任教师数均有所增加。深入开展幼儿教育调研。结合河南省基础教育改革发展中长期规划的制定，着眼于突破薄弱环节，提高学前三年入园率和保教保育水平，深入城乡调查了解幼儿教育的现状和制约发展的主要因素。特殊教育继续稳步发展。独立设置的特殊教育学校121所，比上年增加1所。

职 业 教 育

〔综述〕 职业院校招生数和在校生规模创历史新高。2009年中职招生73.1万人，首次超过普通高中招生规模，超额完成教育部下达的招生任务和省政府责任目标。中职在校生规模达到187.9万人，招生和在校生分别占高中阶段教育总数的53.13%和48.29%，中职毕业生就业率连续6年超过95%。各地积极整合优化资源，全省调整减少了97所“弱、小、偏”的中职学校，14个省辖市正在筹建现代化的职教园区，新乡等6个省辖市的职教园区已经开工建设或部分入驻；国家职业教育改革试验区建设开局良好。

〔大力推进职教攻坚〕 各级政府高度重视，形成了全省上下齐抓共管职业教育的良好局面。省政府成立了职教攻坚工作领导小组，建立了联席会议制度，召开了全省职教攻坚总结表彰大会，出台了《河南省人民政府关于加快推进职业教育攻坚工作的若干意见》。各市、县（区）党委、政府将职教攻坚作为“一把手工程”，党政主要负责同志亲自部署、亲自安排，积极研究出台相关政策措施，促进本地职业教育发展。

〔全面启动省部共建国家试验区工作〕 召开了省部共建国家职教改革试验区领导小组第一次会议，明确了重点试验内容，全面启动了各项试验工作，建立了5个省级职业教育改革试验区，试验区建设工作开局良好。建立了试验区工作机构。

〔多渠道筹措职教经费的新机制逐步形成〕 中央财政和省财政分别投入资金2.34亿元和3亿多元，支持全省103个“三项工程”项目、77个基础能力建设项目和37个职教实训基地建设。全省各地计划建设职教攻坚项目560多个、规划投入资金总额198.8亿元。503个建设项目已开工，到位建设资金37.14亿元。其中，财政投入13.25亿元，社会融资23.89亿元。

〔加强中职学校基础能力建设〕 全面启动职教攻坚项目建设。以省政府办公厅名义印发了《关于河南省中等职业学校布局调整的实施意见》、《关于河南省示范性职业院校建设工程的实施意见》、《关于河南省职业教育实训基地建设工程的实施意见》和《关于河南省薄弱中等职业学校建设工程的实施意见》。省教育厅、省发改委、省财政厅及省人力资源和社会保障厅等四部门联合对2009年度职教攻坚项目进行了评审，最终确定了76个中等职业教育攻坚项目。其中，省级示范性学校建设项目29个、实训基地建设项目22个、薄弱学校建设项目25个。省财政下达引导性资金3亿元，其他配套资金近10亿元。评审推荐了2009年度中央财政支持的职业教育实训基地项目，争取项目10个，中央财政资金1 640万元。

〔提高职业教育教学质量〕 职业教育办学更加贴近市场。“以服务为宗旨，以就业为导向”的办学思路和“工学结合、校企合作、顶岗实习”的人才培养模式得到推广和普及。建立了省中等职业教育技能大赛制度，努力形成“普通教育有高考、职业教育有大赛”的局面。成功举办了2009年河南省中等职业教育技能大赛活动，积极参加全国职业教育技能大赛。全省48名选手获得大赛奖项39个，一等奖获奖人数比上年翻了一番，团体成绩在全国排名第12位，比去年上升了11位。这是河南省参加全国职业院校技能大赛以来，取得奖项最多、成绩最好的一次。

〔**提升职业学校教师专业水平**〕 以省级职教专家队伍建设为龙头，培养、认定了50名省级职教专家、163名专业带头人，打造了一支职教领军团队。“双师型”专任教师达9 100人，较上年增加1 600人，增长20.57%。

〔**农村职业教育发展**〕 继续组织开展职业教育强县（市）创建活动。目前，全省共评出41个职业教育强县（市）。通过创建活动，促进了农村职业教育的发展，提高了农村职业教育服务县域经济的能力。

高等教育

〔**综述**〕 2009年，全省高等教育毛入学率达到22.02%。新设置了安阳职业技术学院等5所高职院校，河南财经政法大学、河南警察学院、郑州师范学院3所申报设置的高校通过了国家高等教育设置委员会评审。郑州大学“211工程”三期建设进展顺利，河南大学省部共建积极推进。集中力量建设了30个具有前沿性、开放性、高水平实验室，新增教育部重点实验室1个、工程研究中心1个，省重点实验室4个、省工程实验室1个、省工程技术研究中心3个。

〔**高校党建工作**〕 着眼于“围绕发展促党建，抓好党建促发展”，积极推进高校党的建设。筹备召开了第十七次全省高校党的建设工作会议，结合贯彻落实党的十七届四中全会精神，修订完善了《河南省普通高校党建工作评估指标体系》。积极做好高校党员发展工作，高校党员队伍不断壮大，学生党员占在校大学生总数的14.4%，基本达到本科高校一年级有党员，高年级有学生党支部的目标。

〔**大学生思想政治教育**〕 组织全省教育系统认真学习贯彻胡锦涛同志在纪念党的十一届三中全会召开30周年大会上的讲话、在中国农业大学师生代表座谈会上的重要讲话精神。按照教育部的统一部署，认真开展了2009年度高校师生思想政治状况滚动调研工作。组织开展高校思想政治工作奖评选工作，对200名“优秀思想政治工作者”和“优秀辅导员”予以表彰。深入开展群众性精神文明创建工作，对102所学校、300个班级、500名教师、1 000名学生予以表彰。不断加强高校思想政治理论课建设。举办高校思想政治理论课教学部主任培训班，对高校思想政治理论课2009修订版教材进行专题培训。切实加强辅导员队伍建设。加强辅导员培训，依托郑州大学、河南大学高校辅导员培训基地，全年共举办12期辅导员培训班，培训辅导员骨干1 600人次。

〔**高等教育教学质量工程**〕 不断加强学科规划和建设，全省新增本科专业点130个、专科专业点193个。积极培育发展新兴学科和交叉学科，重点建设79个省级特色专业。新增本科专业点130个、专科专业点193个。获国家级质量工程项目68个、国家级教学成果奖14项。繁荣发展高校哲学社会科学，科学研究和服务社会能力进一步增强。加强高校教学质量监控，引导高校内涵发展，办出特色。

〔**重点大学和重点学科建设实现新突破**〕 重点大学建设稳步推进，加快实施郑州大学“211工程”三期建设，河南大学省部共建取得新进展。行业特色院校建设实现突破，省政府先后与水利部、农业部、国家粮食局分别签署协议，共建华北水利水电学院、河南农业大学和河南工业大学，有力地促进了学校的学科建设、人才培养和科学研究工作。重点学科开放实验室建设进程加快，集中力量建设了30个具有前沿性、开放性、高水平实验室。目前，全省高校开放实验室总数已达55个。

〔**人才强校工作**〕　大力引进海外高层次人才，建立国家“千人计划”和省高校“百人计划”人才信息库。面向海内外引进新一批省级特聘教授，遴选出2009年度省特聘教授人选10人，上岗人员累计达到103人。组织选拔省青年骨干教师，面向全省高校选拔了200名青年骨干教师进行重点培养，现已累计培养1 300名青年教师。目前，在全省高校工作的“两院”院士和外籍院士达113人，全省普通高校专任教师达到6.5万人，具有研究生以上学历教师提高到40%，具有副高以上专业技术职务的教师提高到33%。

〔**高等职业教育攻坚**〕　加强高职示范性院校建设，落实河南省国家示范性高职院校项目建设配套资金；加强实训基地建设。加强实践性教学环节，增强高职院校学生的实践动手能力，切实推进河南省高等职业院校实践教学基地建设，组织开展了第三批省示范性实训基地建设项目遴选和中央财政支持的职业教育实训基地建设项目推荐工作。

〔**加快高校科技创新能力建设**〕　大力加强高校重点实验室建设。2009年全省高校新增省部共建教育部重点实验室1个、河南省重点实验室4个、河南省工程实验室1个。积极推进高校工程技术研究中心建设。2009年，全省高校新增教育部工程研究中心1个、河南省工程技术研究中心3个。继续推进河南省国家大学科技园建设。截至2009年底，河南省国家大学科技园共有入园企业239家，入园企业共实现技工贸总收入110 170万元、工业总产值93 563万元、税收5 402万元、利润23 415万元。着力提升高校科技创新团队培育能力和水平。以河南大学张骁教授为带头人的“生物节水的分子遗传学基础和技术团队”入选2009年度教育部“长江学者和创新团队发展计划”，另有8名中青年教授入选2009年度教育部新世纪优秀人才支持计划。

〔**毕业生就业**〕　截至2009年12月31日，全省共有32.9万名高校毕业生实现就业，同比增加4.2万人，平均就业率达90.32%，连续7年实现“双高”就业目标，省教育厅被教育部评为全国毕业生就业工作先进集体。积极搭建就业双选平台，向教育部申报并获批了“全国毕业生就业市场河南分市场”。成立河南省高等学校学生工作研究会和高校毕业生就业促进会。深入开展创业教育及实践活动，评选了首批“创业教育示范校”，举办了大学生职业规划设计大赛、大学生创新创业大赛等活动。

撰稿　韩　冰　张小茜
审稿　蒋笃运

湖北省教育

概　　况

〔基本情况〕

2009 年各级各类学校校数、教职工、专任教师情况

	学校数（所）	教职工数（人）	专任教师数（人）
一、高等教育			
（一）研究生培养机构（不计校数）	(45)		
1. 普通高校	(22)		
2. 科研机构	(23)		
（二）普通高等学校	120	123 693	73 159
1. 本科院校	66	93 642	53 299
其中：独立学院	31	17 848	12 015
2. 高职（专科）院校	54	29 675	19 574
3. 其他机构（点）（不计校数）	(5)	376	286
（三）成人高等学校	14	2 037	1 384
（四）民办的其他高等教育机构	5	392	155
二、中等教育	3 664	322 746	270 461
（一）高中阶段教育	1 234	321 635	108 958
1. 高中	624	267 388	70 875
普通高中	622	267 265	70 790
成人高中	2	123	85
2. 中等职业教育	610	54 247	38 083
普通中专	268	28 554	19 044
成人中专	30	2 865	1 793
职业高中	104	8 959	7 126
技工学校	208	12 003	8 935
其他机构（教学点）（不计校数）	(113)	1 866	1 185
（二）初中阶段教育	2 430	1 111	161 503
1. 普通初中	2 275		160 662

续表

	学校数（所）	教职工数（人）	专任教师数（人）
2. 职业初中	13	449	396
3. 成人初中	142	662	445
三、初等教育	9 009	214 019	198 678
（一）普通小学	8 544	213 347	198 188
（二）成人小学	465	672	490
其中：扫盲班	150	95	45
四、工读学校	2	50	38
五、特殊教育	76	1 708	1 444
六、学前教育	2 995	46 867	27 440

注：普通高中的教职工数中包含普通初中的教职工数。

2009 年各级各类学历教育学生情况

	毕业生数（人）	招生数（人）	在校生数（人）
一、高等教育			
（一）研究生	25 564	34 751	90 719
博　士	4 109	4 667	18 894
硕　士	21 455	30 084	71 825
（二）普通本专科	328 202	373 333	1 249 061
本　科	150 085	182 594	665 174
专　科	178 117	190 739	583 887
（三）成人本专科	102 562	99 590	276 100
本　科	48 809	32 735	113 243
专　科	53 753	66 855	162 857
（四）其他各类高等学历教育			
1. 在职人员攻读博士、硕士学位		10 620	33 556
2. 网络本专科生	40 210	42 077	103 029
本　科	15 264	16 437	44 754
专　科	24 946	25 640	58 275
3. 其他			
二、中等教育	1 821 532	1 564 382	4 955 516
（一）高中阶段教育	856 635	866 810	2 558 754
1. 高中	467 741	423 786	1 288 099
普通高中	449 917	423 786	1 286 751
成人高中	17 824		1 348
2. 中等职业教育	388 894	443 024	1 270 655
普通中专	214 866	245 250	705 801

续表

	毕业生数（人）	招生数（人）	在校生数（人）
成人中专	22 558	36 922	89 590
职业高中	70 389	84 989	246 368
技工学校	81 081	75 863	228 896
（二）初中阶段教育	964 897	697 572	2 396 762
1. 普通初中	923 759	696 261	2 363 351
2. 职业初中	4 000	1 311	4 788
3. 成人初中	37 138		28 623
三、初等教育	712 658	642 190	3 600 713
（一）普通小学	646 753	642 190	3 592 629
（二）成人小学	65 905		8 084
其中：扫盲班	5 262		3 447
四、工读学校	218	272	161
五、特殊教育	1 675	2 167	13 959
六、学前教育	256 737	537 579	831 399

注：特殊教育学生数中包括普通中小学随班就读的学生。

2009年各级各类非学历教育学生情况

	结业生数（人）	注册生数（人）
总　计	1 202 248	1 143 042
一、高等教育	165 970	147 551
（一）研究生课程进修班	2 905	2 613
（二）自考助学班	12 697	74 900
（三）普通预科生		2 292
（四）进修及培训	150 368	67 746
其中：资格证书培训	71 976	42 881
岗位证书培训	34 300	15 905
二、中等职业教育	1 036 278	995 491
其中：资格证书培训	105 668	88 642
岗位证书培训	250 404	226 033
（一）中等职业学校	520 631	442 698
其中：资格证书培训	85 130	57 499
岗位证书培训	189 541	168 441
（二）职业技术培训机构	515 647	552 793
其中：资格证书培训	20 538	31 143
岗位证书培训	60 863	57 592

2009年各级各类民办教育基本情况

	学校数（所）	毕业生数（人）	招生数（人）	在校生数（人）	教职工数（人）	专任教师数（人）
一、民办高等教育						
（一）民办高校	42	75 999	111 838	350 263	23 867	15 797
本科学生		34 798	53 478	182 415		
专科学生		41 201	58 360	167 848		
其中：独立学院	31	58 110	82 882	268 059	17 848	12 015
本科学生		33 705	51 312	175 931		
专科学生		24 405	31 570	92 128		
（二）民办其他高等教育机构	5				392	155
二、民办中等教育						
（一）高中阶段教育	250	80 323	101 228	290 095	25 712	17 627
1. 民办普通高中	139	45 230	44 091	127 207	18 709	13 500
2. 民办中等职业教育	111	35 093	57 137	162 888	7 003	4 127
（二）初中阶段教育	132	31 504	35 078	106 077		
1. 民办普通初中	132	31 480	35 078	106 077		
2. 民办职业初中		24				
三、民办普通小学	70	12 827	12 749	69 729	5 547	3 901
四、民办幼儿园	2 209	88 909	197 605	353 187	29 221	16 279
另有：民办培训机构（不计校数）	（169）				2 068	1 481

注：民办普通高中的教职工数包含民办普通初中的教职工数。

〔**综述**〕 推进义务教育均衡发展试点工作。提出“地方教育创新奖”，制定义务教育均衡发展督导评估方案，集中13个项目近2亿元资金，投入到义务教育均衡发展；启动试点地区学校标准化建设，争取武烟集团捐赠支持。5年里，每年1 000万元，用于配备电子钢琴、篮球架及实验设备。创新义务教育均衡发展模式，改革学校治理结构，实行强校和弱校合作办学，捆绑发展，集团式管理。

全面启动“城市圈教育改革”。组织武汉市7个中心城区和城市圈域内8个县（市、区）在基础教育的6个方面展开交流合作；组织4所国家示范性高职院校从8个方面对口支持圈域内4所高职院校；组织7所部属大学与城市圈内18所省属本科院校在6个方面开展合作共建。省教育厅与7个市签订合作协议，将“武汉城市圈”教育改革做法逐步推向全省。

推进职业教育“319”工程。创新职业教育园区发展模式。促进职业教育与经济更加紧密结合，调动市（州）政府发展职业教育的积极性。鄂州市、咸宁市、孝感市、黄冈市、黄石市申报筹建职教园区，省教育厅会同省发展改革委员会、省财政厅、省国土资源厅正式批复鄂州市、咸宁市职教园区。创新职业教育联合共享机制。成立33所高等职业院校和64家企业组成的“武汉城市圈高职教育联盟”，推进以高等职业院校为龙头、中等职业院校为基础、行业为纽带、校企合作的联合体，推进建立湖北海员、湖北机电、湖北食品、湖北旅游等资源共享的区域性职业教育联合体，建立职业学校技能大赛制度。

落实民生政策。2009年，全省大学生就业率92%；向25万名大学生发放国家助学金6亿元；

对70万名农村义务教育阶段家庭经济困难寄宿学生提供生活费补助4.69亿元；向9万名大学生发放5.4亿元生源地贷款，贷款发放量居全国第一；向84万名中等职业学生发放助学金11.8亿元；争取体育彩票公益金近4 000万元，资助普通高中家庭经济困难学生。

推进扩大内需项目建设。全省中小学完成校舍安全排查鉴定，制定校舍安全工程三年规划和年度实施计划。2009年，680个农村初中校舍改造工程项目已竣工632个；6个"特教工程"项目主体工程已全部完工；34个"职教工程"已开工33个，竣工9个。

改革教师队伍建设机制。创新教师补充机制。2009年，共有2 884名应届大学毕业生到乡镇学校任教，比上一年增加54.7%。有30名服务期满的"资教生"被国家汉办录取，到保加利亚等国当志愿者。选送第三批服务期满后扎根乡镇中小学的教师到英国培训。"资教计划"与"特岗计划"累计争取中央财政资金4.47亿元。创新教师培训提高机制。"农村教师素质提高工程"5年来累计培训103 039名农村教师。2009年启动的"中职教师素质提高工程"培训1 200余名中等职业学校教师。创新教师交流机制。"城镇教师援助农村教育行动计划"4年来共有327名特级教师到41个县，向37 429名农村教师传授经验。共选派1 104名城区任期届满校长交流到农村任职，1 185名城镇学校管理干部到农村和薄弱学校任职，502名农村校长到城区或者教育发达地区挂职。共组织15 628名城镇中小学教师到农村支教。

2009年，全省小学毛入学率99.85%，初中毛入学率99.59%，高中阶段毛入学率84%，普通高等教育毛入学率30.4%。其中高中和高校毛入学率分别提高1.2%和2.6%。

〔**武汉城市圈教育综合改革国家试验区建设**〕 2009年，湖北省制定《武汉城市圈教育综合改革试验工作任务分解书（2009年度）》；印发《关于建立推进武汉城市圈教育综合改革试验工作机制的通知》，建立包括目标责任考核制度、激励制度、信息工作制度等推进武汉城市圈教育综合改革试验工作机制；召开省部共建武汉城市圈教育综合改革国家试验区领导小组第一次会议，完善部省共建工作机制；修改完善《武汉城市圈教育综合改革试验总体规划》。推进"义务教育均衡发展行动计划"，指导各地制定布局规划和标准化建设工作；组织武汉市7个中心城区与圈域内8个县（市、区）开展教育行政、学校、教师和学生等各个层面的对口交流合作。推进职教资源整合，推进黄石市、鄂州市、黄冈市、孝感市、咸宁市5个职教园区建设。实施"武汉城市圈部省高校支持合作计划"，组织7所在汉教育部直属高校与武汉城市圈18所地方高校开展对口支持合作。按照分级共建、分区试验的原则，推进省部共建。先后与襄樊市政府、十堰市政府、荆州市政府签署教育合作协议书，与鄂州市政府签订《关于推进城乡一体化试点工作教育合作协议》。围绕城市圈职业教育改革发展，与孝感市签订教育合作协议，创新职教园区管理体制和运行机制。积极推进湖北省与水利部共建三峡大学、湖北省与国家民委共建湖北民族学院、湖北省与中石化等公司共建长江大学等。

〔**学生资助**〕 补助农村义务教育阶段家庭经济困难寄宿生生活费政策落实到位。2009年，全省落实资金48 459.9万元，为73万名农村义务教育阶段家庭经济困难寄宿生提供生活费补助。其中，中央资金22 436万元，省配套资金24 436万元，为70万名农村义务教育阶段家庭经济困难寄宿生补助生活费。市县财政安排资金1 587.9万元，为3万名农村义务教育阶段家庭经济困难寄宿生补助生活费。全省统一补助标准为小学每人每天2元，全年500元；初中每人每天3元，全年750元。免除教材费，农民得实惠。2009年，筹措资金5.93亿元，向521万名农村义务教育阶段学生免费提供教科书。继续采取单一来源采购方式，与湖北省新华书店、长江出版集团签订《2009年农村义务教育阶段免费教科书供书合同》。2009年春季，免费教科书循环使用科目教材按高于35%的国家规定比例配送。其中毕业年级的配送比例为70%，非毕业年级的配送比例为50%，确保"人手一套，免费使用"。免费教科书通过政府采购，综合让扣率达到5.0%，节约资金2 964万元。筹措资金11.82亿元，向84万名中等职业学校学生发放助学金。其中，中央资金7.22亿元，省配套资金4.60亿元，资助资金已全部发放到受助学生手中。高中彩票公益金教育助学项目实施。争取中央彩票公益金资助普通高中家庭经济特困学生项目。国家下达湖北省彩票公益金教育助学项目资助普通高中家庭经济特困学生人数为3.93万人，资金3 930万元。资助标准为每人每年1 000元，资助资金均已按标准分学期发放到受助学生手中。向高校25万名大学生发放国家助奖学金。9月，下达湖北省国家奖学金1 514名，下达国家励志奖学金29 755名，下达国家助学金216 108名，共计资助学生247 377名；其中中央财政资金23 548万元，省级财政配套资金14 151万元。下达中央财政奖补助学资金1 224万元，按人均2 000元共资助学生6 120名。发放高校家庭经济困难学生临时伙食补贴4 212万元，资助学生21.2万人。生源地信用助学贷款工作确保“应贷尽贷”。5月，对生源地信用助学贷款政策进行宣传，并对应届高中毕业生家庭经济困难情况进行认定。全年共向国家开发银行湖北省分行报送9万名家庭经济困难学生申请材料，全部获得审批，审批金额5.37亿元。3年累计申请发放贷款10亿元，受助学生超过17万人次。

〔援助四川地震灾区学生后续情况〕 继2008年湖北省对四川省汶川地震灾区学生开展重点资助之后，2009年，继续采取多种援助措施，关心在鄂学习的灾区学生。全省37所学校无条件地接收安置灾区学生1 028人。2009年春季，免除高校51名地震重灾区学生学费316万元，发放国家助学金105万元，共资助地震重灾区学生1 505人。对51名地震重灾区的中等职业学校家庭经济困难学生在2008—2009学年给予特别资助，发放免学费补助资金102.8万元，免除灾区学生学费102万元。

〔第十二届推广普通话活动周〕 组织“首届全国大中小学生规范汉字书写大赛”湖北赛区的初赛和复赛。全省各市（州）和41所高校共计27万余名学生参加此次大赛。截至2009年6月30日，共收到各市（州）、各高校上报的一等奖作品1 276份。7月14日，评选出一等奖108人、二等奖389人、三等奖565人及优秀奖98人。本次大赛还评选出优秀组织奖36个，优秀指导教师奖57人。在报送参加全国决赛的108份作品中，有4人获一等奖、8人获二等奖、25人获三等奖、38人获优秀奖。10月24日，在北京举行的特等奖比赛中，长江大学学生王俊平获得12个特等奖中唯一的高校组软笔特等奖。开展“中华诵·2009经典诵读大赛”和“中华赞·2009诗词歌赋创作”活动。截至9月30日，共收到各地、各校推荐的参赛视频作品180件。10月19日，选送15位选手的视频作品参加“中华诵·2009经典诵读大赛”全国网络预赛，1名选手进入全国决赛。选派3名中小学生参加8月10日至15日在江苏泰州举办的“全国中小学生‘中华诵’夏令营活动”。开展第七届“天地杯·中华赞”中小学生作文竞赛活动。全省共有51个县（市、区）设置分赛区，共有120多万名中小学生参加各赛区组织的初赛，220 061名中小学生参加全省统一组织的决赛。经竞赛组委会评选，4 423名学生荣获一等奖、7 450名学生荣获二等奖、11 106名学生荣获三等奖、10 688名学生荣获优秀奖，1 449名教师荣获优秀辅导教师奖，武穴市教育局等51个单位荣获优秀组织奖。

〔学校艺术教育〕 举办湖北省第八届黄鹤美育节。2009年4月15日，开展“三优一论文”（评选优秀音乐和美术课、优秀文艺节目、优秀美术作品，优秀艺术教育论文）评选，首次增加了校园集体舞的评选。6月13日至19日，在襄樊市举行优秀音乐和美术课评选活动。10月23日至27日，在黄石市举办本届美育节艺术展演暨闭幕式颁奖典礼。经评审委员会评选，共评选出优秀组织奖18个、承办工作贡献奖2个、优秀音乐美术课等次奖113个、优秀美术作品等次奖223个、优秀文艺节目等次奖236个。在全省中小学开展“大家唱、大家跳”的音乐普及活动。9月4日，在武汉召开全省学校“大家唱、大家跳”艺术教育普及活动座谈会。12 月，举办首届义务教育均衡发展试点县“大家唱、大家跳”艺术展演现场评选活动，全省首批义务教育均衡发展实验县（市、区）以报送“合唱、校园集体舞和广播操”录像作品的形式，参加全省评选，通过湖北教育网台进行展播交流。

参加全国第二届大学生艺术展演活动。2 月，组团参加全国第二届大学生艺术展演活动，获本届展演优秀组织奖。参加文艺节目汇演、美术作品展览和艺术教育论文三个大项展演，共获得 13 个一等奖。

继续举办高雅艺术进校园活动。5 月至 12 月，组织武汉音乐学院东方交响乐团、湖北爱乐乐团，在 10 所高校举办“走进艺术”——湖北高校普及交响乐活动。9 月至 10 月，中央芭蕾舞团和中国国家交响乐团合唱团来湖北 8 所高校举办专场演出。举办湖北高校第三届“青春歌会”。6 月 21 日至 22 日，在湖北剧院举行湖北高校第三届“青春歌会”现场评选活动。评选分甲乙两组进行，通过现场展演评选，甲组评出一等奖 6 人、二等奖 8 人、三等奖 10 人；乙组评出一等奖 4 人、二等奖 3 人、优秀组织奖 15 个。中国地质大学（武汉）以乙组第一名的成绩，获得参加由教育部、中央文明办主办，重庆市人民政府承办的“爱国歌曲大家唱——全国教育系统‘祖国万岁’歌咏大会”的展演资格。8 月至 11 月，举办 2009 年湖北高校大学生网络歌手比赛。58 所高校的 340 余名大学生通过湖北教育网台报名参加了本次比赛，其中有 170 余名选手上传音乐作品。据湖北教育网台统计，参与网络等形式投票人数达 20 万余人（次），网上浏览量达 52 万余人（次）。通过网络投票与现场评选相结合的方式，24 名选手于 2009 年 11 月在湖北教育网台演播厅参加决赛。武汉音乐学院彭甜等 11 人（含一两人组合）荣获本次比赛十佳歌手奖；武汉体育学院董德禹等 13 人荣获本次比赛优秀歌手奖。

〔**汉语国际推广**〕 2009 年共承办国家汉办师资派出项目 8 项，受理申请 473 人次，共录取外派 62 名教师赴国外孔子学院（课堂）任教。先后组织 14 名教师参加赴美国汉语志愿者遴选，24 名教师参加赴新加坡汉语教师志愿者遴选。从华中科技大学考试录取 35 名赴泰国汉语教学志愿者。首次组织 348 人参加的孔子学院（课堂）汉语教师和志愿者选拔考试，选派 25 名教师参加非英语语种外语教师培训，完成 22 人申报的国家公派汉语教师项目。完成 3 名赴香港教学指导教师的选派任务。3 月，国家汉办批准武汉大学建设汉语国际推广教学资源和开发基地；湖北经济学院、华中科技大学获批建设孔子学院，使湖北省海外孔子学院增至 15 家；全省 4 所中学基地申报 2009 年项目经费，已获拨经费共计 85 万元。5 月，接待汉语桥英国中小学校长访华之旅一行 10 人来华一周。6 月，接待汉语桥美国中小学校长访华之旅一行 104 人在华为期一周的访问。

〔**招生工作**〕 全省普通高考报名人数为 51.9 万人，比 2008 年略有减少。全国 1 537 所高校计划在湖北省招生 30.6 万人，比 2008 年同期增加约 1 万人。招生录取工作分为常规录取和高职高专补录两个阶段进行，全省常规录取和补录共录取 366 822 人。补录前，全省高校注销录取未报到新生35 454人，注销后全省实际录取新生 331 368 人。2009 年研究生考试共有 88 334 名考生报考湖北省 51 个招生单位（含高等院校、科研院所、军事院校），比 2008 年增加 1 954 人，增幅 2.3%。达到国家划定的复试分数线的有 32 202 人（含自划线的武汉大学、华中科技大学），比全省统考招生规模数多出 6 700 多人。硕士研究生录取新生 30 480人。2009 年全省成人高校招生计划 70 624 人，报考人数 102 210 人，实际考试人数 97 917 人。其中专科起点本科计划 29 785 人，报考人数 22 964 人，实际考试人数 21 968 人；高中起点本科计划 4 161 人，报考人数 4 404 人，实际考试人数 4 090 人；高中起点专科计划 36 678 人，报考人数 74 842 人，实际考试人数 71 859 人。全省中专招生采取“单独招生，集中录取，注册入学”三结合的方式进行。同时，改进普通中专招生报名与建档办法，考生既可在户口所在地的市（州）、县（市、区）招办或中专组考部门报名和填报志愿，也可直接到招生学校报名和填报志愿。截至12月10日，共录取新生13万人左右。

〔**各类考试**〕 2009年，成人高考报考人数10.22万人，较上年增加1.74万人；全省美术联考2.87万人，较上年增加2 293人；外省艺术院校在鄂招生考试14.8万人（其中美术类考生11.4万人）；体育专业术科测试1.37万人，较去年增加796人。组织自学考试4次，累计报考考生97.2万人次、238万科次；与上年相比，考生人次数增长30.92%，报考科次数增长28.73%。非学历资格证书考试报考人数5578人、13 970科次，较上年增长20.1%和29.2%；审核办理毕业证书39 097个，其中本科占81.1%。社会考试类全年累计报考人数143.2万人，较上年增加6.45万人，增幅为4.48%。其中，全国大学英语四、六级考试报考93.7万人，较上年减少1.43万人；全国计算机等级考试31.1万人，比上年增加3.0万人；省教育考试院自主开发的英语口语等级考试全年报考人数6.97万人，较上年增加2.56万人。新开考项目中国书画等级考试适度推广，2009年报考人数705人，较上年增加493人。

基础教育

〔**义务教育均衡发展行动计划**〕 2009年，湖北省教育厅适时提出"义务教育均衡发展"，并作为基础教育工作的重中之重，集中力量组织实施。湖北省委将义务教育均衡发展列入落实科学发展观的具体措施，湖北省政府常务会议专题审议并原则同意关于推进全省义务教育均衡发展的意见，成立推进义务教育均衡发展领导小组。湖北省直各部门、市县党政领导、教育行政部门、广大义务教育学校的校长和教师，都以各种形式表示对义务教育均衡发展的拥护和支持。在教育部举办的"全国义务教育均衡发展现场经验交流会上"，湖北省教育厅做了大会经验交流发言，新华社、人民日报等新闻媒体大篇幅宣传报道。

"湖北省义务教育均衡发展行动计划"主要包括"两个机制"、"三化目标"、"四项工程"。"两个机制"，即经费投入保障机制和督导评估机制。"三化目标"，即基础设施标准化、师资配备均衡化、教学质量一体化。"四项工程"，即以县域为单位实施"学校标准化建设工程"、"教师队伍建设工程"、"教学质量提高工程、"义务教育关爱工程"。根据县域经济实力、教育基础等因素，将103个县（市、区）分为三类，实行"三步走"，分批进行改革。第一批有34个县（市、区），第二批有37个县（市、区），第三批有32个县（市、区）。2009年，经17个市（州）政府推荐，确定19个县（市、区）作为省级试点单位。

〔**实施义务教育均衡发展**〕 组织湖北省义务教育均衡发展行动计划各单位到山东省等10个省（市）考察调研，使试点方案科学化。19个试点单位提出方案，经县级政府研究后，由省教育厅组织行政和专家组共同研究审核，使试点工作项目化。对19个试点单位，省教育厅厅级领导分头联系，厅机关处室蹲点包县，专家组分工指导，使试点工作推进课题化。研究制定《关于推进义务教育阶段学校标准化建设的实施意见》等4个配套文件，印发《关于开展"地方教育制度创新奖"评选活动的通知》，设立"地方教育制度创新奖"，每年评选一次，设一、二、三等奖，其中一等奖奖励100万元，使评价评审制度化。2009年共安排义务教育均衡发展试点县（市、区）义务教育保障经费7.24亿元，确保中小学的正常运转；集中13个项目近2亿元资金投入义务教育均衡发展，启动试点县（市、区）学校标准化建设，争取武烟集团捐赠支持。连续5年，每年1 000万元，专项用于改善试点县（市、区）农村中小学文体活动设施条件，为学校配备电子钢琴、篮球架及实验设备等，使硬件建设标准化。

以学校布局结构的调整来促进教育资源的共建共享。19个试点单位根据2009年至2015年的人口流动、生源变化等因素，制定中小学布局调整规划，对214个乡镇、2 661所中小学的布局调整作出规划。以学校治理结构的改革来促进教育资源的共建共享。在农村地区实行“一校制”办学模式，即以乡镇中心完全小学为依托，将该乡镇内所有初小作为其分校，中心小学校长为法人代表，对学校的人、财、物、事实行一体化管理，中心完全小学和分校的同一年级统一编班序号。在城市实行学校合并、合作办学的改革。按照以强带弱的原则，实行公办学校强校和弱校就近实质性合并，缓解“择校”的问题；推动实力较强的公办学校与民办学校合作办学，解决流动人口子女入学的问题。

〔**教育经费**〕 2009年，在项目资金的安排上对试点县（市）予以倾斜，共安排项目经费10 541万元。其中，安排教师周转房建设经费1 840万元，新农村卫生新校园800万元，明德小学捐赠项目经费700万元，农村中小学现代远程教育经费1 750万元，地方教育附加3 850万元，基础教育特殊困难补助601万元，争取武烟集团捐赠资金1 000万元，专项用于改善试点县市农村中小学文体活动设施条件。在编制第二期初中改造工程项目规划过程中，将18个试点县（市）全部纳入二期初中改造工程范围，规划资金9 200万元。

〔**农村中小学教师周转房建设**〕 从2007年起，开展“农村中小学教师周转房”建设试点工作。一是新建周转房。由当地政府无偿划拨土地，减免相关费用，在乡镇所在地或中心学校附近集中新建40平方米至50平方米、户型为一室一厅一厨一卫的教师周转房，每套建设成本3万至4万元。二是改建周转房。利用安全可用的闲置校舍，通过改造建成小户型的教师周转房，每套成本5 000元左右。周转房的产权归县（市）教育局或学校所有，免费提供给城乡交流教师、资教生（特岗教师）和无房教师使用，资金来源主要由地方政府筹措，省级以奖代补。2007年至2009年，省级投入8 700万元的以奖代补资金，带动地方投入3.1亿元，新建和改造农村中小学教师周转房6 062套，面积44.3万平方米。

〔**普通高中课程改革**〕 5月4日，省政府常务会决定2009年启动湖北省普通高中课程改革。5月5日，省教育厅向教育部提交2009年启动普通高中课程改革的请示和实施方案。5月24日，召开普通高中新课程教材选用工作会，新课程教材选用工作已于6月10日全部完成。6月17日，省政府召开湖北省普通高中课程改革电视电话会议。6月30日，省政府印发《湖北省普通高中课程改革实施方案（试行）》，明确普通高中课程改革的指导思想、目标、任务和实施措施。省教育厅先后印发《湖北省普通高中新课程教师培训工作意见》、《湖北省普通高中课程设置方案（试行）》、《湖北省普通高中综合实践活动实施意见（试行）》、《湖北省普通高中综合素质评价实施意见（试行）》、《湖北省普通高中新课程各学科教学实施指导意见（试行）》等11个文件，内容涉及人员培训、课程设置、课程实施、课程管理、课程评价、学生评价等方面，全面部署课程改革的有关工作。7月4日至17日，完成教育管理人员、教研人员、校长、教导主任等人员的培训任务。8月，开通高中课程改革网，秋季开学后，实现全省高中学生学籍网上注册。12月，启动学生综合实践活动课程管理平台。12月7日，召开全省普通高中课程改革工作推进会，交流武汉市等6个单位课程改革工作的经验，参观武汉市育才高中实施新课程的现场。

在省政府批准全省高中课改方案后，迅速研究制定全省教师培训方案。7月3日，省教育厅印发《湖北省普通高中课程改革教师培训工作实施方案》，提出实施全省高中课改教师培训的基本原则、模式和步骤及时间安排，划分省、市（州）、县（市、区）、校的职责和任务，明确全省高中课改教师培训的目标和要求。展开分层培训，确保培训实效。暑假全省依次完成省级骨干人员培训和市州级教师教材全员培训4 728人，国家级高一年级教师远程通识培训和课程标准培训2.5万多人，各市州组织的教材培训2.5万多人。

〔**省级示范高中督导评估**〕 对2002年出台的《湖北省普通中小学校办学水平综合督导评估方案》进行修订。新方案已由原来的4个A级指标、12个B级指标、36个C级指标进一步细化到5个A级指标、17个B级指标、46个C级指标。新方案在继续开展省级示范高中督导评估的同时，也适用于义务教育阶段学校标准化建设的督导评估，重点强调了义务教育均衡发展和素质教育的主题，突出了新课程改革的精神和学校内涵式发展的要求，指标体系更加健全完善、更具可操作性。稳步开展示范高中督导评估。在学校自评和市（州）评估推荐的基础上，组织专家组对湖北大学附属中学、应城市第一中学和武穴中学申报省级示范高中进行办学水平综合督导评估；对黄冈中学、钟祥市第一中学等20所已授牌的省级示范高中进行了复评，进一步加强对省级示范高中的管理。起草《湖北省示范高中管理规定（试行）》。截至2009年12月，全省共认定省级示范高中93所，占全省普通高中的14.2%。部分学校在招生、收费方面存在一些不规范的问题。为加强管理，引导示范高中健康、持续发展，起草《湖北省示范高中管理规定（试行）》，进一步就规范示范高中办学行为，发挥示范作用，建立竞争淘汰机制等问题作出明确规定。

〔**“农村教师资助行动计划”选派规模扩大**〕 “资教行动计划”得到教育部的大力支持，国家“特岗计划”实施县市由23个扩大到37个，增幅61%。4月，组织31场优秀资教生巡回报告会，直接听众达2万多人。至5月，省内外193所高校近万名大学本科毕业生报名资教，报名人数较上年翻了一番。其中，英语、信息技术、音体美等农村学校紧缺学科专业毕业生占30%以上。经过体检、考试考核和岗前培训，共选派3 642名大学本科毕业生赴81个县（市、区）农村学校任教，选派规模数、生源省份、选派学校数均为历年来最多。其中，选派特岗教师2 884名，比上年同期增加54.78%，直接争取中央财政经费1.77亿元。

〔**推进“城镇教师援助农村教育行动计划”**〕 加大城乡教师交流工作力度。坚持城乡对口援助，深入组织巡回讲学。组织了8个特级教师讲学团分赴神农架林区等8个义务教育均衡发展实验县（市、区）巡回讲学，通过上示范课、现场辅导、课题研究等形式帮助农村中小学教师提高教育教学能力，3 572名农村教师参加现场观摩学习。各地普遍建立城镇教师援教支教的领导机制，并结合本地实际开展教师对口支教、送课下乡、名师帮扶、城镇学校与农村学校“手拉手”等多种形式的支教活动。各地出台系列优惠政策，建立、完善城镇教师支教的激励政策、优惠措施和考核管理办法，探索实施“城镇教师援助农村教育行动计划”的长效机制。宜昌市启动“城乡教师援助工程”。全市280所城区学校与县市区学校、城镇学校和农村学校签订结对帮扶协议，12 400多人次城乡教师通过“班子互访、开放课堂、信息共享、培训共办、教案共用、试卷互换”等形式开展交流活动，442名湖北名师、省特级教师、省市学科带头人和骨干教师与590名农村教师建立了师徒关系。监利县按每人每年1万元的标准，支持城镇教师到农村学校支教。截至2009年12月，全省17个市（州）1 357所城镇学校共组织4 106名城镇教师到1 688所农村中小学支教，其中骨干教师1 278人；共选派583名农村中小学教师到城镇学校挂职锻炼。

〔**农村教师素质提高工程一期培训圆满完成**〕 2009年是实施“农村教师素质提高工程”的第五年，也是第一个五年计划的最后一年，共培训农村中小校校长、教师21 856人（校长1 962人、教师19 894人）；比省政府与省教育厅签订的目标责任（2万人）超出1 856人，超额9.28%。加强培训管理，健全培训机制。2009年，大规模人员聚集面临预防H1N1甲型流感的严峻形势。针对人员集中、人流量大、区域广泛、时间较长等诸多不利因素，要求培训院校强化组织管理，加强卫生防疫，实行全天监报等一系列措施，2万人培训期间未有一例甲感病例发生。在培训业务方面，进一步统筹规划、规范管理、提升质量，修订印发《湖北省“农村教师素质提高工程”工作手册》，把培训工作项目化。修订培训方案和安全预案，改善生活条件，提高服务质量。完善培训组织方式和测评方法，健全培训教学管理工作规范。适时调整内容，优化培训师资。6月，召开备课会和通气会，提高培训的针对性和实效性。以推进素质教育为主题，优化培训课程设计思路，强化培训师资队伍，拓展培训学习内容。对原有学科（类型）培训课程进行必要调整。音乐教师培训专门训练集体舞和合唱，适当穿插音乐欣赏和音乐教法等内容。初中教师培训对象为语文、数学、英语、体育、音乐、生物实验员和特校教师，小学培训语文、数学、体育、音乐等课程教师。对2007届资教生进行英特尔未来教育（教育技术）培训，对2008届资教生进行学科培训，对2009届资教生进行岗前培训。完善师资库，调整测评优良率低于90%的授课教师，新聘一批授课教师。及时回顾总结，探索长效机制。五年来，“工程”受益县（市、区）由2005年的69个扩大到2009年的87个，覆盖全省所有农村县（市、区）。从2005年到2009年，五年培训农村教师、校长103 039人（教师92 970人、校长10 069人），未发生一起集体突发事件和安全责任事故，平稳、顺利完成五年培训任务。

〔**改善办学条件**〕 国家发展改革委员会、财政部下达湖北省地震烈度7度地区校舍工程补助3亿元（全国2009年共80亿元），已全部分解到6个地震烈度7度县（市）。9月至11月，先后三次召开6县（市）校舍安全工程工作会议，建立由6个校安办成员单位与6个县实行对口包干督查的机制，并组织3个检查组赴6县对中央资金项目编制进行检查指导。将2009年农村中小学校舍维修改造长效机制资金3.267亿元，下达为全省校舍安全工程资金，推动各地校安工程的实施。截至11月，农村初中校舍改造工程680个项目已全部开工建设，其中已竣工632个，剩余48个项目主体已完工。“特教工程”6个项目主体工程已全部完工；“职教工程”34个项目，已开工33个，其中已竣工9个。2009年全省共有59个县（市）纳入国家发展改革委员会、教育部拉动内需项目——“初中工程”实施范围，批复湖北省改造农村初中学校405所，批复投资4.9亿元。其中土建总投资4.8亿元，设备购置总投资0.1亿元。截至2009年11月，405个项目工程已全部开工建设，其中已完工项目344个，占已批复项目的85%；在建项目61个，占已批复项目的15%；已交付使用项目219个，占已批复项目的54%。

〔**完善农村寄宿制中小学后勤设施**〕 重点抓好学生食堂、宿舍的硬件建设与配套。着力解决好寄宿制学生进餐难、住宿难、喝水难、如厕难、洗澡难等关系学生健康成长的“五难”问题。各地按照“以县为主”的要求，统筹资金、统一规划、合理布局，高标准、严要求稳步推进后勤配套建设。十堰市投入8 000万元，加大建设力度，加快建设步伐，推动全市学校后勤保障工作均衡发展。郧县第二批20所寄宿制学校“五改五建”工程已全面验收，部分已投入使用。房县启动2所“农村寄宿制样板学校”建设工程。郧西县改建重点已转入边远学校，不断巩固过去成果，扩大后勤建设覆盖面，并拟定下一步更高标准的配套建设规划。竹山县、竹溪县建设重点放在移民学校的搬迁建设，力求建1所，后勤设施配套1所。仙桃市投入资金1 680万元，新建改建学生食堂12个、学生宿舍14个、学生澡堂3个、水冲式卫生厕所8个。天门市投入资金1 813万元，安排36所学校改善后勤设施，总建筑面积达14 172平方米，添置餐桌凳总数1万套，添置新床铺总数1.5万套。团风县累计投入资金7 000多万元，用于规范学生食堂和后勤服务设施建设，17所寄宿制学校新建规范化学生食堂，11所按规范化要求实施改建，新增后勤设施建筑面积5万多平方米，更换添置锅炉11台，新增床铺12 140套，新添置餐桌凳15 345套。

〔**全省远程教育“班班通”建设**〕 制定《加快远程教育工程建设，促进基础教育均衡发展——湖北省义务教育均衡发展试点县农村远程教育“班班通”实施方案》，推动17个义务教育均衡发展试点县启动远程教育“班班通”建设。在兴山县召开远程教育“班班通”建设工作研讨会，学习推广宜昌市、神农架林区等地“班班通”建设经验，促使各地增强“班班通”建设紧迫感和责任感。至2009年12月，全省实现“班班通”的中小学校有720所，班级9 800多个。

职业教育

〔**实施“319工程”**〕　省教育厅、省发改委印发《关于实施“319”工程，整合中等职业教育资源的通知》（“319工程”指用3年左右时间，在全省每个县（市、区）重点建设好1所中等职业学校，在武汉城市圈内9个中心城市重点建设好职教园区）与《关于报送中等职业教育资源整合规划方案的通知》，以推动中等职业教育资源整合，促进职教向规模化、集团化、连锁化、品牌化发展。省教育厅会同省发改委、省财政厅、省国土资源厅对职教园区规划进行可行性论证，鄂州市、咸宁市2个职教园区已正式批复，涉及上千亩土地和上亿元资金投入。各市（州）均已制定资源整合方案并分步实施，宜昌市、十堰市、咸宁市、黄冈市、黄石市等地打破部门、行业的界限，办学体制改革取得明显成效。全省有81个县（市）进行了中等职业教育资源整合，占全省县市总数的80%，减少中等职业学校60所。

〔**加强基础能力建设**〕　省教育厅、省发改委、省人力资源和社会保障厅印发《关于编制2010—2012年全省中等职业教育基础能力与规划的通知》，在各地上报的基础上初步完成规划的编制。争取国家发展改革委员会2009年基础能力建设项目资金9 000万元，支持30所中等职业学校的基础能力建设；省级投入基础能力建设800万元，支持8所中等职业学校建设；省级投入600万元，支持6所省级示范中等职业学校建设。推荐上报国家级重点中等职业学校14所，评选出省级重点学校4所，省级重点专业30个。

〔**推进培养模式改革**〕　在孝感市举办武汉城市圈职业教育论坛，总结推广职教改革创新经验，在职业教育管理体制、运行机制、办学模式和人才培养模式等方面进行了交流和探索。推进“产教结合、校企一体化”培养模式改革，推广十堰职业教育（集团）学校、郧阳科技学校、武汉交通学校、孝感工业学校、罗田理工中专等学校校企合作的经验，指导各职业学校根据市场需求设置专业，根据企业的需求设置课程，改革教材和教学方法，加大实习实训力度，努力提高办学质量。提高学生实践动手能力，拓宽就业渠道，全省中等职业学校毕业生就业率达96%以上。

〔**开展职业院校技能大赛**〕　组织选手参加在天津举办的全国职业院校技能大赛，获得一等奖6人、二等奖13人、三等奖19人，获奖数居全国前十位、中西部地区首位。举办湖北省2009年中等职业学校技能大赛，大赛共设数控车工、数控铣工、普通车工、钳工、电子产品装配与调试、单片机控制装置安装与调试、汽车二级维护、汽车维修基本技能、动画片设计与制作、企业网络搭建与应用等10个项目，共300余名选手参加比赛，决出一等奖30人、二等奖56人、三等奖86人，36名中等职业学校学生晋升技师，60名中等职业学校学生晋升高级工。

高 等 教 育

〔**推进高等教育创新和资源共享建设**〕 启动实施武汉城市圈部属高校与省属高校支持合作计划。7月4日，7所教育部直属高校校长与城市圈18所省属高校校长分别签订对口支持合作协议书，标志着武汉城市圈高等教育资源联动共享机制初步建立，部省高校支持合作计划全面启动。省部高校将在人才培养、教学改革和建设、学科建设、科学研究、人才队伍建设、资源共享等方面开展对口支持合作，逐步建立多领域、深层次、全方位的支持合作关系。研究建立支持合作计划实施的政策导向机制，从政策、项目、资金等方面对各高校开展支持合作予以大力支持。建立支持合作计划项目库，实施"彩虹学者计划"，设立"彩虹学者"岗位，鼓励部属高校选派专业人才和管理干部到结对省属高校任职（挂职）。各院校对口支持合作工作按协议稳步推进。

依托湖北省教育信息化发展中心建立湖北高等教育教学资源网，全力打造湖北高等教育公共服务平台、信息交流平台和优质教学资源共享平台。网站已开通运行，高等教育教学管理工作的有关信息发布和部分教学"质量工程"项目的申报评审工作已通过该平台实现网络化运行。完成湖北省高校数字图书馆建设工作。依托武汉大学图书馆建设的湖北高校数字图书馆已建立武汉大学和华中科技大学两个数据中心、18个学科文献交流中心，数字图书馆门户网站可向全省高校提供8 000多种期刊、70多万册图书及80多万种学位论文的在线访问，为高校用户提供24小时专有的信息资源服务，实现"一次认证、任意访问"的目标。全省114所高校与数字图书馆链接并使用门户网站及各种资源，网站总访问次数达到1 593万人次，下载电子文献达758万余篇/册，每月的访问量稳定在40万人次，中文电子图书和期刊每月的全文下载量超过60万篇。

〔**推进湖北省高等学校教学改革与质量提高工程**〕 加强高等学校专业建设。确定武汉大学等15所高校的"编辑出版学"等23个专业为2009年度湖北省高等学校本科品牌专业立项建设项目。郧阳师范高等专科学校等25所高职高专院校的会计等29个专业为湖北省第六批高职高专学校教学改革试点专业。进一步调整高等学校专业结构，对各省属高校2010年拟新增本科和高职高专专业组织专家评审，增设本科专业76个、高职高专专业109个，撤销本科专业12个、高职高专专业28个。加强精品课程建设工作。评审确定武汉大学等67所高校的《大学物理》等142门课程为2009年度湖北省高等学校省级精品课程。加强教学研究，开展教学改革项目省级立项工作，武汉大学"理科化学类专业化工教学内容改革与学生创新能力培养"等413个项目为2009年湖北省高等学校省级教学研究项目。加强实践教学环节建设。评审确定武汉大学等24所高校的临床技能实验教学中心等33个实验教学中心为2009年度"湖北省高等学校实验教学示范中心"；组建5个实验教学示范中心联席会，通过联席会等方式，组织开展实验教学示范中心建设和实验教学改革的工作经验交流和研讨。确定湖北中医药高等专科学校等23所高职高专院校的中药制药技术等31个实训基地为2009年度湖北省高等职业教育实训基地建设项目。

〔**教学质量监督保障体系建设**〕 开展高职院校人才培养评估工作。完成全省第一轮高等职业院校人才培养工作水平评估。对湖北财税职业学院等10所院校开展评估。全省独立设置的高职高专院校已有46所学校通过评估。研究制定《湖北省高等职业院校人才培养工作评估实施细则》，并报教育部备案。对武汉商业服务学院、鄂东职业技术学院按新方案进行评估。组建高职院校评估专家队伍，邀请国家评估方案研制课题组专家对湖北省的评估专家进行培训。省教育厅、教育部高等教育教学评估中心举办第六期高职院校人才培养工作评估骨干专家培训班，全省高校 64 人参加学习培训，获得教育部颁发的评估培训合格证书。加强高等学校教学质量监督检查。制定《湖北省普通高等学校本科专业教学合格评估方案》（试行）和《湖北省普通高等学校本科专业教学合格评估专家组考察评估工作规程》（试行），对省属本科院校本科专业教学工作开展合格评估检查，重点评估新办专业的教学工作。在对湖北大学进行专业合格评估试点的基地上，对武汉科技大学等 22 所院校的“艺术设计”等 49 个本科专业组织专家进行现场考察评估。从全省高等学校中遴选 93 名专家教授，组建第三届湖北省高等学校巡视员队伍。分成 23 个小组赴各高校开展教学工作巡视检查。

在省高等学校教学质量工程建设的基础上，全省高校一批教学改革建设项目在 2009 年国家教学质量工程项目建设中获得立项。中南财经政法大学等 26 所高校的 37 个专业被教育部确定为第四批高等学校特色专业建设点；49 门课程被确定为 2009 年国家精品课程建设项目，其中本科课程 39 门、高职高专课程 10 门、网络教育课程 4 门；华中科技大学等 7 所高校的“儿科学”等 10 门课程入选 2009 年度国家双语教学示范课程；武汉理工大学“船舶运输实验实训教学中心”等 10 所高校的实验教学中心被教育部、财政部确定为 2009 年国家级实验教学示范中心立项建设单位；武汉大学等 12 所高校姚端正“物理基础核心理论课程教学团队”等 20 个团队入选 2009 年国家级教学团队；全国 100 个人才培养模式创新实验区建设项目，武汉大学王瀚东“多媒体时代记者型主持人培养模式创新实验区”等 11 个项目入选；长江职业学院等 4 所高职院校的动画实训基地被教育部确定为国家财政奖励支持的高职实训基地。

〔**加强高等职业教育统筹**〕　制定《省教育厅关于实施武汉城市圈高等职业院校对口支持与交流合作计划的通知》，组织武汉职业技术学院等 4 所国家示范性高等职业院校立项建设单位与咸宁职业技术学院等 4 所圈域内独立设置的高等职业院校开展对口支持与交流合作。加强武汉城市圈高职教育联盟建设。召开武汉城市圈高职教育联盟会议，就“校企合作专业建设改革工作”和“两型社会建设与高等职业教育发展”进行专题交流。推动城市圈内职业院校主动服务圈域经济，共享教育资源，实现与企业、行业的深度合作，突出办学特色，形成整体优势，增强总体实力。组织鄂西 12 所高职院校在襄樊市成立了鄂西生态文化旅游圈高职教育联盟，全力打造鄂西生态文化旅游圈内高职院校资源整合平台、信息共享平台、联合育人平台。召开鄂西生态文化旅游圈高职院校旅游管理及相关专业研讨会，专题研究服务鄂西生态文化旅游圈建设，加强校企业合作、共建旅游类专业，服务圈域经济建设。

〔**学位与研究生教育**〕　围绕“武汉城市圈研究生联合学位计划”、“武汉城市圈校所合作改革计划”和“湖北省专业学位研究生教育综合改革计划”等 3 个主要项目，坚持先行先试的原则，大力推进各项改革。启动武汉大学与武汉音乐学院、湖北美术学院，华中科技大学与武汉科技学院，华中农业大学与湖北工业大学、武汉工业学院等单位联合创建湖北空白一级学科博士点的工作。探索学位授权转移改革，江汉大学与省化学研究院签署合作办学协议，实现双方的教育资源整合，建立高校与企业的产学研合作新模式。发展硕士专业学位教育。向 12 所本科院校发放《关于非硕士学位授予单位开展专业学位教育需求的调查问卷》，启动部分高校与湖北大学、武汉工程大学开展“双证”全日制专业学位研究生教育联合培养的试点工作。

〔**优秀学位论文的评选工作和学位信息上报**〕　2009 年各学位授予单位上报博士学位论文 311 篇、硕士学位论文 674 篇、学士学位论文 5 614 篇。全省有 7 篇论文获得全国优秀，居全国第三位。学位授予信息年报数据采集量和采集质量位于全国前列。

〔**辅导员队伍建设**〕　依托 5 个培训基地实施素

质提高工程。继续投入100万元建设华中师范大学培训基地、武汉大学培训基地、中国地质大学（武汉）培训基地、华中科技大学培训基地、湖北省心理健康教育培训基地；依托5个培训基地，举办第二期高校辅导员高级研修班，100名辅导员参加培训。举办第9期高校政工干部研修班，93名学生政工干部参加为期2个月的脱产培训。举办第11、12期新聘辅导员岗前培训班，248名辅导员参加为期一周的强化培训。举办第11、12期大学生心理健康教育培训班，248名辅导员参加为期3至4天的短期培训。举办了第2期学生事务高级研修班，25名学员到香港中文大学等5校进行为期7天的全程参与式学习研修。加强辅导员队伍中的先进典型的宣传，注重发挥模范的示范和辐射作用，重点推出华中师范大学“2008全国高校辅导员年度人物”冯圣兵、中南财经政法大学“十佳辅导员博客”赵丽江的先进事迹。7月13日，第十七次全省高校党建暨大学生思想政治教育工作会议授予武汉大学应自豪等10人“湖北省高校优秀辅导员标兵”荣誉称号。

〔打造高校先进典型品牌〕 考核推荐2007—2008年度“省级文明单位”、“省级最佳文明单位”。上半年对2007—2008年度高校精神文明建设进行检查考核，推荐上报31所高校为“省级文明单位”和“省级最佳文明单位”。2009年1月，华中农业大学等6所高校获中央文明委表彰，分获全国文明单位或全国精神文明建设先进单位。组织开展多种形式的高校校园文化建设。培育凝练当代大学生精神，表彰宣传一批优秀师生典型，着重培育出长江大学“10·24”见义勇为舍己救人英雄集体，咸宁学院和咸宁职业技术学院救人大学生，三峡大学身残志坚、自强自立、热心公益、关爱他人、服务社会的学生侯海燕，先后受到党和国家领导人李长春、刘延东的重视和批示，中央主要新闻媒体集中采访，中央新闻联播进行了报道。组织长江大学“10·24”见义勇为舍己救人英雄集体先进事迹的座谈会、研讨会、命名表彰大会，做好长江大学的“维稳”工作，看望和慰问英雄家属，开展英雄事迹宣传学习活动、巡回报告会。组织全国道德模范候选人华中农业大学徐本禹和湖北职业技术学院谭之平的推荐工作。全力组织“100位为新中国成立作出突出贡献的英雄模范人物和100位新中国成立以来感动中国人物”候选人武汉大学桂希恩和华中农业大学徐本禹的推荐工作。中国地质大学（武汉）学生袁复栋、湖北职业技术学院学生谭之平当选为“2008中国大学生十大年度人物”。围绕理想信念教育、民族精神教育、公民道德教育、素质教育，深入开展专题宣传活动，在全省高校组织开展“喜迎国庆60周年唱响校园主旋律”主题形势报告会活动；针对当前经济危机对大学生就业带来的影响，组织开展“大学毕业生建功立业先进事迹报告团”巡回报告活动。

〔开展产学研合作〕 开展实施高校产学研合作项目资助计划。2009年上半年，首次启动实施高校产学研合作项目资助计划。共立项资助重大项目、重点项目和校企校地合作项目101项，资助经费900万元。下半年，开展2010年度产学研合作项目的申报工作。进一步加大对重大项目的资助力度，资助经费从30万元/项增长到50万元/项。至12月，已有28所高校申报了107个项目；其中重大项目18项、重点项目61项、校企校地项目28项，项目申报总金额达4 000多万元。承办第五届中国·湖北产学研合作项目洽谈会，共有省内外200个代表团参会，参会高校院所达110家，参会企业1 750多家，参会人员上万人次。会上展出技术成果4 100余项，签订产学研合作项目469项，较上年增加49项。支持省属高校建设产学研示范基地、高校工程中心。筹备全省高校产学研合作暨规范发展科技产业现场经验交流会，总结高校开展产学研合作、规范发展科技产业和服务湖北经济社会发展所取得的主要成绩和经验，进一步动员高校不断深化产学研合作。湖北高校与市（州）、县（市）或企业层面建立长期稳定战略合作关系达1 000余个，高校与企业共建重点实验室、工程中心等科研平台（基地）300余个。高校为地方和企业培训各类人员近10万人次，科技人员到省内地市和企业挂职1 600人次，动员专家、教授深入企业、农村开展科技攻关、成果推广、技术咨询、人员培训等共1.5万人次。

〔加强科技创新平台建设〕　加强省重点实验室建设。2009年，完成15个省重点实验室验收评估工作。至12月，依托高校建设的省重点实验室78个，占省重点实验室总数的95%以上。加强省级人文社科基地建设。开展2009年度人文社科重点研究基地申报评审工作，12所高校共申报14个基地，经评审，立项建设9个基地。全省高校累计立项建设省级人文社科基地43个，涵盖经济、管理、哲学、语言学、法学、考古、教育、体育等多个学科领域。2009年，长江大学、三峡大学、武汉工程大学申报的3个教育部工程研究中心获批准立项建设，湖北省工程研究中心立项数量在全国位居第一。省属高校先后立项建设国家重点实验室培育基地1个，省部共建教育部重点实验室10个、教育部工程研究中心6个。建有湖北省重点实验室31个，湖北省工程（技术）研究中心4个，湖北省高校人文社会科学研究基地22个。

〔实施楚天学者计划〕　拓展引进渠道，认真做好评审。开展海外人才引进工作，印制楚天学者宣传手册，广泛宣传发布。经申报评审设岗位47个，楚天学者79人。楚天学者计划实施以来，共有30所高校已设特聘教授岗位250个，评选楚天学者303人，97%以上具有国外留学或工作经历，98%以上具有博士学位。举办学者讲坛，促进学术交流。5月，在武汉科技学院举办第五届楚天学者讲坛，5个学科的8名楚天学者分享学术研究进展与成果，800余名大学教师、在校学生参加现场学习。根据省委组织部《关于开展湖北省2009年度首批“百人计划”申报工作的通知》，拟出“百人计划”重点学科创新人才评审办法的具体意见。

〔学籍学历管理〕　加强学籍学历规范化管理。2009年5月和7月，先后两次召开全省高校学籍学历管理工作会议。省教育厅印发《关于2009年暑期普通高等学校学生转学工作的通知》，对转学工作中的各项政策进行重申和宣传，提出“三个一律”的工作要求，即对于转学超过控制指标的，违反程序规定的，理由不正当的、转学材料不符合要求的，坚持原则，秉公办事，做到一律不予受理。开展学籍学历大排查活动。针对湖南罗彩霞事件和孝昌县高二学生冒名顶替上大学事件，及时召开全省高校负责人会议，印发《关于深入开展高等教育学籍学历问题排查工作的通知》，在全省范围内开展了高等教育学籍学历问题大排查工作。此次排查发现一批学籍学历管理工作中的突出问题，包括排查出冒名顶替上大学者若干名，依法依规进行严格处理。进一步加强学籍学历管理相关制度建设。认真总结成人高等教育（网络教育）学籍学历管理工作，制定《关于加强成人高等教育（网络教育）学籍学历数据管理工作的意见》，针对成人高等教育（网络教育）非正常转学、更改学习形式和大批量提前毕业等问题提出加强和改进的意见，进一步规范、完善了学籍学历数据管理工作，促进成人高等（网络）教育招生、办学和学籍学历管理规范化。做好学籍学历审核注册工作。全年共完成各级各类高等教育学生学籍学历电子信息审核注册2 510 131人。其中，完成普通高等教育2009年新生学籍电子注册432 873人、在校生学年电子注册1 409 887人、学历证书电子注册348 674人；完成成人高等教育2009年新生学籍电子注册100 403人、学历证书电子注册109 809人；完成网络教育2009年新生学籍电子注册60 761人、学历证书电子注册47 724人。制定《湖北省普通高等学校学生申诉处理暂行办法（试行）》，先后召开了4次座谈会，听取40多所高校50余人次的领导、专家、部门同志和学生的意见与建议。

〔高校毕业生就业〕　2009年，湖北省高校毕业生36.76万人。截至9月1日，全省高校毕业生平均就业率达到83.5%，比上年同期上升1.62个百分点，比全国平均就业率高出9个百分点。其中，毕业研究生86.1%，本科83.81%，高职（高专）82.84%。到基层和中小企业就业成为高校毕业生就业的主渠道。2009年全省高校毕业生到基层就业人数为18.8万人，占全省已就业人数的64.37%。全省有5 373人参加有关基层服务项目计划，其中“三支一扶”4 336人、基层人口计生服务22人、“西部计划”156人、“大学生村官”859人。全省高校毕业生到中小企业就业人数为17.6万人，占已就业毕业生60.25%。坚持校内市场与校外市场相结合、有形市场和无形市场相结合，大力推进就业市场建设。3月，组织全省高校毕业生供需见面月活动。共举办各类招聘会40场，其中综合类12场，参加企业2 319家，提供就业岗位6.5万多个，入场学生近14万人。加强校企交流，为高校和企业搭建平台。4月，考察浙江就业市场，了解需求信息，与绍兴市政府签订人才智力合作协议。9月，在广州举办第三届全国七省高校——珠三角知名企业校企交流会，参会企业180家，提供就业岗位4万多个。建立就业实习基地。通过总结推广湖北工业大学和荆门市的典型经验，推动就业实习基地建设。全省已有50%的高校在省内外建立多种形式的就业实习基地。开展高校毕业生应征入伍工作。截至7月10日，全省已有118所高校6 643名大学应届毕业生报名参加入伍预征。

撰稿　邓　荣　邓　辉
邱月琴　黄　勇
审稿　陈安丽　严学军

湖南省教育

概　况

〔基本情况〕

2009 年各级各类学校校数、教职工、专任教师情况

	学校数（所）	教职工数（人）	专任教师数（人）
一、高等教育			
（一）研究生培养机构（不计校数）	(16)		
1. 普通高校	(12)		
2. 科研机构	(4)		
（二）普通高等学校	115	94 428	58 846
1. 本科院校	43	58 839	35 049
其中：独立学院	15	5 829	4 879
2. 高职（专科）院校	72	35 589	23 797
3. 其他机构（点）（不计校数）			
（三）成人高等学校	17	1 875	1 200
（四）民办的其他高等教育机构	14	660	325
二、中等教育	4 876	340 013	281 554
（一）高中阶段教育	1 512	339 889	107 281
1. 高中	702	286 036	70 002
普通高中	684	285 576	69 652
成人高中	18	460	350
2. 中等职业教育	810	53 853	37 279
普通中专	45	5 682	3 465
成人中专	104	5 008	3 039
职业高中	533	32 023	21 919
技工学校	128	9 394	7 765
其他机构（教学点）（不计校数）	(103)	1 746	1 091
（二）初中阶段教育	3 364	124	174 273
1. 普通初中	3 348		174 179

续表

	学校数（所）	教职工数（人）	专任教师数（人）
2. 职业初中			
3. 成人初中	16	124	94
三、初等教育	13 288	267 015	250 481
（一）普通小学	13 263	266 878	250 365
（二）成人小学	25	137	116
其中：扫盲班	4	10	10
四、工读学校	1	58	44
五、特殊教育	51	1 397	1 074
六、学前教育	6 453	69 731	37 316

注：普通高中的教职工数中包含普通初中的教职工数。

2009 年各级各类学历教育学生情况

	毕业生数（人）	招生数（人）	在校生数（人）
一、高等教育			
（一）研究生	12 434	17 326	51 809
博　士	1 184	1 864	8 826
硕　士	11 250	15 462	42 983
（二）普通本专科	254 253	314 422	1 016 833
本　科	106 235	145 116	516 127
专　科	148 018	169 306	500 706
（三）成人本专科	87 674	83 172	233 140
本　科	28 932	25 427	69 432
专　科	58 742	57 745	163 708
（四）其他各类高等学历教育			
1. 在职人员攻读博士、硕士学位		3 217	15 657
2. 网络本专科生	14 415	26 995	49 968
本　科	6 005	9 581	19 638
专　科	8 410	17 414	30 330
3. 其他			
二、中等教育	1 443 038	1 485 747	4 194 634
（一）高中阶段教育	743 921	765 783	2 044 740
1. 高中	423 387	356 521	1 072 146
普通高中	415 666	356 521	1 064 265
成人高中	7 721		7 881
2. 中等职业教育	320 534	409 262	972 594
普通中专	62 410	75 028	193 952

续表

	毕业生数（人）	招生数（人）	在校生数（人）
成人中专	26 673	78 557	109 705
职业高中	184 098	195 299	505 074
技工学校	47 353	60 378	163 863
（二）初中阶段教育	699 117	719 964	2 149 894
1. 普通初中	693 293	719 964	2 143 515
2. 职业初中			
3. 成人初中	5 824		6 379
三、初等教育	718 311	833 027	4 692 071
（一）普通小学	710 261	833 027	4 691 470
（二）成人小学	8 050		601
其中：扫盲班	386		365
四、工读学校	40	105	216
五、特殊教育	1 606	2 246	13 996
六、学前教育	495 974	878 680	1 207 899

注：特殊教育学生数中包括普通中小学随班就读的学生。

2009 年各级各类非学历教育学生情况

	结业生数（人）	注册生数（人）
总　计	461 764	241 884
一、高等教育	174 448	49 499
（一）研究生课程进修班	265	483
（二）自考助学班	14 475	33 141
（三）普通预科生		1 318
（四）进修及培训	159 708	14 557
其中：资格证书培训	71 546	2 640
岗位证书培训	22 636	987
二、中等职业教育	287 316	192 385
其中：资格证书培训	83 894	34 394
岗位证书培训	56 215	27 553
（一）中等职业学校	200 242	110 740
其中：资格证书培训	80 612	31 110
岗位证书培训	48 092	19 148
（二）职业技术培训机构	87 074	81 645
其中：资格证书培训	3 282	3 284
岗位证书培训	8 123	8 405

2009 年各级各类民办教育基本情况

	学校数（所）	毕业生数（人）	招生数（人）	在校生数（人）	教职工数（人）	专任教师数（人）
一、民办高等教育						
（一）民办高校	28	40 356	58 907	200 142	13 395	9 691
本科学生		19 139	39 025	130 143		
专科学生		21 217	19 882	69 999		
其中：独立学院	15	17 891	30 903	107 269	5 829	4 879
本科学生		17 891	30 903	107 269		
专科学生						
（二）民办其他高等教育机构	14				660	325
二、民办中等教育						
（一）高中阶段教育	437	148 626	121 751	334 009	33 040	22 261
1. 民办普通高中	122	47 762	30 242	93 141	19 296	13 826
2. 民办中等职业教育	315	100 864	91 509	240 868	13 744	8 435
（二）初中阶段教育	134	55 651	68 821	194 357		
1. 民办普通初中	134	55 651	68 821	194 357		
2. 民办职业初中						
三、民办普通小学	114	17 975	21 022	121 565	8 689	5 500
四、民办幼儿园	5 624	237 952	463 935	708 441	55 954	29 421
另有：民办培训机构（不计校数）	（100）				1 240	812

注：民办普通高中的教职工数包含民办普通初中的教职工数。

〔**综述**〕　2009 年，湖南省教育系统深入学习实践科学发展观，按照省委、省政府的部署与要求，紧紧围绕建设教育强省总体目标，科学筹划与加快推进教育强省建设。先后召开全省推进教育强省工作会议，认真起草《湖南省建设教育强省规划纲要》，初步构建起教育强省推进机制和教育科学发展长效机制；组织开展教育强省专项调研督查，督促各地依法落实教育投入，重点保证了农村教育支出、教育民生支出和教育发展支出；深入实施义务教育均衡发展、职业教育基础能力建设、高等教育质量与创新、教师队伍素质整体提升等重点建设专项计划，有力推动了湖南教育又好又快发展。幼儿教育发展迅速，在园幼儿 120.79 万人，学前三年入园率提高到 47.6%；义务教育普及程度进一步巩固，全省小学、初中适龄人口入学率分别为 99.62%、99.66%；高中阶段教育普及步伐加快，初中升高中阶段比例达到 84.1%，毛入学率约为 83.2%，分别比上年提高 1.7 个与 3 个百分点；职业教育稳步推进，中职招生 35.9 万人，高职院校招生 18.7 万人，分别比上年增长了 23.6%、25.4%；高等教育大众化程度不断提高，在校生 101.68 万人，毛入学率为 20.4%，比上年增长 1.1 个百分点。

〔**大中小学开展深入学习实践科学发展观活动**〕　2009 年 3 月至 9 月，根据中央和省委的部署，湖南省委教育工委、省教育厅组织全省 76 所高校、10 万多名党员，紧紧围绕“培养什么人，怎样培养人”和“办什么样的大学，怎样办好大学”这两个根本问题，扎实开展深入学习实践科学发展观活动。各高校紧密联系高等教育实际，突出学校自身特点，精心谋划安排，认真组织实施，扎实推进学习调研、分析检查、整改落实三个阶段的工作，取得了实实在在的成效，得到中央和省委领导的充分肯定。2009年9月至2010年2月底，全省中等职业学校和中小学按要求广泛开展了学习实践活动，共有21 834所中职、中小学和幼儿园，14 168个党组织，17.4万多名党员参加。先后组织学习培训2.8万多次，调研走访6.7万多次，撰写调研报告2.5万多篇；共查找出制约科学发展的突出问题2.9万多个，已废止不合时宜制度3 700余项，新建制度7 000余项，得到了各级领导和有关部门的充分肯定，赢得了广大师生的普遍称赞。教育部部长袁贵仁高度评价长沙市雅礼中学的做法，并在长沙召开全国中职和中小学党建工作座谈会，对湖南加强中职和中小学党建工作给予充分肯定。

〔**起草《湖南省建设教育强省规划纲要》**〕　2009年初，湖南省成立专门工作班子，组织18个小组分赴各地开展教育规划纲要专项调研活动，形成了百余万字的调研材料和三十多万字的调研报告。随后，抽调工作人员，聘请有关专家，集中研究起草了《湖南省建设教育强省规划纲要》初稿，并召开座谈会广泛征求教育主管部门及广大教育工作者的意见与建议。与此同时，起草小组根据国家制定中长期教育改革和发展规划纲要的最新精神与进展情况，借鉴其他8个兄弟省份经验，对教育规划纲要初稿进行了多次修改，形成了教育规划纲要讨论稿，待《国家中长期教育改革和发展规划纲要(2010—2020年)》出台后，再适时公开征求社会各方面意见，进一步修改完善并正式颁布实施。

〔**召开全省推进教育强省工作会议**〕　2009年8月16日，湖南省委、省政府在省委礼堂召开了全省教育发展史上规模与规格空前的全省推进教育强省工作会议，全面总结近年来教育改革发展的成绩和经验，研究部署了下一阶段建设教育强省的重点工作，并与教育部签订了共建长株潭城市群教育综合改革国家试验区协议，与北京大学签订了建立全面合作关系协议。中共中央政治局委员、国务委员刘延东为大会致贺信，教育部部长周济，省委书记、省人大常委会主任张春贤，北京大学校长周其凤出席会议并讲话，省委副书记、省长周强作工作报告，省委副书记梅克保主持会议。来自全省各地的市（州）党委书记或市（州）长、分管副市（州）长、发改委主任、财政局长、教育局长，县（市、区）委书记、教育局长，高校以及省直部门负责人等共计520多人参加会议。

〔**加强教师队伍建设**〕　2009年，湖南省继续实施农村小学、幼儿园教师免费定向培养专项计划，共录取2 607名应届初中毕业生为定向免费培养专项计划新生，并扩大了本科小学教育免费师范生招生规模；以中小学薄弱学科教师为主体，加强了中小学教师学科培训和各类教师专项培训，选拔培养了一批中小学骨干教师和校长（园长）；启动了农村义务教育学校教师“特设岗位计划”，招聘了2 466名高校优秀毕业生到农村义务教育学校任教；进一步加强职业院校“双师型”专业教师队伍建设，遴选了156名省级专业带头人，加强对440名在培省级专业带头人的培养，确定了40个高等职业教育省级教学团队，组织252名中职骨干专业教师参加国家级培训；加快了高校高层次创造性人才队伍建设，选拔284人作为高校学科带头人培养对象和中青年骨干教师培养对象，有53名青年学术骨干入选全国“新世纪优秀人才支持计划”，6个团队跻身教育部高校科技创新团队，入选数分别居全国第5位、第3位，中南大学商学院陈晓红教授领衔的“复杂环境下不确定性决策的理论与应用研究”研究群体，被评为2009年国家自然科学基金管理学部唯一的1个创新群体。目前，全省义务教育阶段、高中阶段专任教师学历合格率分别为99.52%、92.28%，高等教育专任教师中有硕士及以上学位的占44.42%，均达到或超过全国平均水平。

〔**学校体育卫生艺术工作**〕　2009年，湖南省教育厅加强学校体育卫生艺术基本制度建设，先后建立高校体育工作检查制度，组织对全省14所高校体育工作进行检查，并对获得“体育工作先进单位”的高校进行表彰奖励；建立大中学生比赛常规制度，出台了《湖南省学生体育竞赛管理办法》等一系列规范性文件，对竞赛各个环节作出了明确细致的规定，制定 2009—2011 年竞赛规划。完善高校公共艺术教育课程督查制度，召开全省高校加强公共艺术课程建设专题会议，并首次组织对中南大学、湖南大学、湖南师范大学、湘潭大学、长沙理工大学公共艺术课程进行专题督查。与此同时，切实加强学校卫生防疫工作，省教育厅在紧急制定《学校甲型 H1N1 流感防控工作预案》，有效控制学校甲型 H1N1 流感疫情大规模爆发的同时，联合省卫生厅、省食品药品监督管理局对 6 市州 42 所中小学与幼儿园的食品卫生和饮用水安全进行了专项检查；成功举办了全省第三届中小学艺术展演活动，共有 28 个表演类节目、64 件艺术作品参加现场展演，受到社会各界好评；特别是圆满完成全国第十届中学生运动会承办任务，并以 8 枚金牌、6 枚银牌、9 枚铜牌，团队总分 412.5 分各列第五，取得湖南省历届全国中运会史上最好成绩。

〔**成功举办第十届全国中学生运动会**〕 2009 年 8 月 16 日至 21 日，由教育部、国家体育总局、共青团中央主办，长沙市人民政府承办，中国中学生体育协会协办的第十届全国中学生运动会在长沙市贺龙体育馆举行。中共中央政治局委员、国务委员刘延东出席开幕式并宣布开幕，教育部部长周济致开幕词，湖南省人民政府省长周强致欢迎词，国家体育总局局长刘鹏、湖南省委书记张春贤、省政协主席胡彪、教育部副部长陈小娅以及北京市等 15 个省（区、市）的领导出席开幕式。本届中学生运动会共设田径、游泳、篮球、排球、足球、乒乓球、武术、健美操等 8 个比赛项目，其中健美操第一次进入中运会。来自全国各省、自治区、直辖市、新疆生产建设兵团和香港、澳门特别行政区的 34 个代表团、2 790 名运动员参加比赛，是中运会历史上比赛项目和参赛人数最多的一届。本届中学生运动会获得了圆满成功，共有 21 人次打破中运会记录，其中田径 10 项、游泳 7 项。

〔**教育交流与合作**〕 2009 年，湖南省坚持以高层次创新人才培养和合作科研为重点，进一步扩大公派出国留学规模，国家公派出国留学项目录取 121 人，地方公派出国留学人员项目稳定在 40 人，为省属高校高层次创新型人才培养与合作科研提供了一条稳定渠道。共招收国外留学生和港澳台学生 3 000 人以上，其中攻读学位的留学生及港澳台学生近千人，均比上年有所增长。巩固发展与哈佛大学世界教学组织合作，先后为全省 31 所示范性中学聘请 68 名外籍教师，使在湘学校工作的外籍教师超过 600 人。进一步加强政府间教育交流和汉语国际推广工作，先后接待了 17 名来自英国的教育官员和校长代表团访问交流，选派 52 名汉语教师志愿者分赴泰国、美国、新加坡以及海外孔子学院从事汉语教学，并与新加坡合作在湘招收 43 名中学生。圆满完成了第八届“汉语桥”世界大学生中文比赛的组织协调与服务工作，有力推动了湖南与世界各国在政治、经济、文化、教育等领域的交流。

〔**积极争取与利用教育外资**〕 2009 年，湖南省共获得邵氏赠款、台塑集团明德小学项目赠款、吕志和基金赠款 3 000 万元。其中，获邵氏中小学项目 3 个，赠款 250 万港元，新建教学楼 7 132 平方米；2 所高校获邵氏大学项目，赠款金额为 900 万港元；台塑集团明德小学项目赠款 1 755 万元，援建 35 所学校，新建教学楼 52 584 平方米、食堂 200 平方米；吕志和基金赠款 150 万港元，援助 3 所中小学新建教学楼 8 752 平方米。同时，克服汇率变化大等不利因素，积极推进日元贷款高等教育项目，先后从日本协力银行累计提款 44.82 亿日元，支出 43.90 亿日元，完成日元贷款计划合同总额的 93.84%。

〔**积极稳妥发展民办教育**〕 2009 年，全省教育系统认真贯彻落实有关法律法规和政策措施，将民办教育工作纳入“两项督导评估”内容，采取有力措施，进一步优化环境，大力促进民办教育发展。全省共设立民办教育发展专项资金 2 796 万元，较上年增加了 549 万元；开展了全省市州民办教育管理工作年度考评活动，评选并通报表彰了 8 个综合先进单位、5 个单项先进单位；继续投入 500 万元专项资金，扶持民办教育“以奖代补”项目学校建设，并组织对项目学校进行考评，督促有关市州、县市区投入一定配套资金加强项目建设。同时，组织了300多名民办普通高校董事长、院长和民办中等职业学校举办者参加专题培训，进一步提高民办职业院校依法治校、特色兴校、内涵强校水平。积极开展民办非学历教育高等学校的全面清理规范工作，依法撤销了33所三年期满仍未正式筹建学校和15所同时举办其他学历或非学历教育学校的相应校名，停止了27所负债严重的非学历教育高等学校的招生资格；进一步加大民办教育监管力度，委托北京大公天华会计师事务所对全省民办高校进行财务和资产审计，努力提高民办高校抗风险能力；进一步规范独立学院办学行为，按照教育部第26号令《独立学院设置与管理办法》要求，及时上报独立学院发展规划方案，并督促独立学院做好向教育部申请考察验收的前期准备工作。截至2009年底，全省民办学校达到7 905所，在校生人数153.7万人，教职工总数12.2万人，占地面积54 700亩，固定资产总值达178.89亿元，办学领域覆盖从学前教育到高等教育的各个层次与类别。

〔**完善家庭经济困难学生资助体系**〕 2009年，湖南省教育厅切实加大工作力度，建立学生资助工作考核奖励机制，着力完善家庭经济困难学生资助体系，确保无一人因贫失学。重点抓好中小学学生资助工作，共发放贫困寄宿生补助3.45亿元，资助学生63万人；接收社会助学资金近1亿元，资助贫困学生13万人次；累计发放普通高中福利彩票公益助学金4 365.25万元，资助普通高中学生4.4万人次，资助人数比上年增长近一倍。认真做好各种奖助学金的评审和发放工作，全年发放中等职业学校国家助学金5.3亿元，资助中职学生71.4万人次。2009年秋季发放高校国家奖学金、励志奖学金、助学金3.4亿元，资助了222 684名大学生。继续与国家开发银行合作开展高校国家助学贷款业务，并对15个县市区开展生源地信用助学贷款发放试点工作，共下达贷款额度3亿元，实际贷款1.75亿元，资助了家庭经济困难学生32 693人。建立学生资助工作考核指标体系，对各市州和部分高校学生资助工作进行首次考评，并开展首次全省学生资助工作先进个人评选活动，通报表彰200名先进个人。

〔**招生考试工作**〕 2009年，根据教育部“保平安、保质量、保公平”的总体要求，湖南省切实加强招生考试基础设施建设，共投入5 000余万元，对全省国考考点统一配置了安检器、无线通讯屏蔽仪、挂钟等设备，共有126个保密室验收合格，并基本建成基于互联网的新一代业务处理系统，首次在高考中全面实施了网上填报志愿。深入推进“阳光工程”制度化，在继续严格执行高考“不点录”、“不降分录取”等政策的基础上，取消高职专科批补录，完善成招录取划线、计划使用等办法，并加强申诉、纠错机制建设，加大各类招考政策公开力度，努力为考生提供有效指导和帮助，切实维护考生权益。全面加强高考安全防范体系建设，采取考场安检、普及无线通信屏蔽系统、全程视频监控录像、出动无线电监测车巡查、随机编排考号等措施，有力促进了各类考试秩序和考风考纪的明显好转，其经验在全国产生重要影响。同时，切实加大了考试环境综合治理力度，首次在各级招委会中签订高考组考工作责任状，层层建立和完善责任机制与预警应急机制，有效打击了高科技团伙作弊等违法行为，成功应对甲型H1N1流感等各类突发事件，确保各类考试没有发生安全事故和群体性事件。据统计，2009年，全省教育考试总规模为232万人次，组织录取各类新生47万余人，比上年增长6.3%。普通高考考生50.8万人，比上年减少2.6万人；录取人数增加到34.1万人，录取率为67%，其中本科录取率达30%，创历史新高。成人高考在连续四年增长后出现下滑，考生人数16.8万人，下降6.9%；共录取新生12.04万人，录取率72%。研究生考试规模保持稳定，报考人数共计5.8万人。自学考试在减少一次组考的情况下，年度考生规模48.7万人，与上年基本持平。社会考试发展势头强劲，考试项目由上年9项增加到11项，考试总规模达110.1万人次，增长11.4%，年度考生规模居全国前列。

基础教育

〔**完善义务教育经费保障新机制**〕 2009年，湖南省进一步巩固完善了义务教育免费制度，城乡学生全部享受免学杂费政策，农村学生享受了免费教科书。全省63万名贫困寄宿生得到了人均500元至750元的生活补助，农村生均公用经费提前一年达到小学300元、初中500元的标准。校舍维修改造资金达4.28亿元，改造农村中小学校舍危房面积76.7万平方米，维修校舍面积108.4万平方米。与此同时，按照国务院的要求与省委、省政府的部署，湖南省教育厅联合相关部门开展专项督查，指导与督促各地落实农村“普九”债务的目标任务和具体责任，全面清偿“普九”债务。截至2009年年底，全省47亿元农村“普九”债务全部清偿完毕，使农村义务教育阶段各学校从沉重的债务纠纷中解脱出来，确保了农村义务教育经费保障机制持续健康运行。

〔**义务教育合格学校建设**〕 2009年，湖南省教育厅坚持把均衡发展作为义务教育改革发展的主题，以合格学校建设为重要抓手和主要突破口，采取定期召开汇报会、开展合格学校督导评估等措施，切实加快合格学校建设，得到教育部副部长陈小娅的充分肯定。全省各地先后共投入12.9亿元，建成合格学校1 313所，其中省实事项目500所、省备案项目500所、地方自行建设项目313所。同时，认真开展合格学校督导评估，督促各地提高义务教育均衡发展水平。省教育督导室先后公布全省义务教育合格学校督导评估规划，下发《关于进一步做好义务教育合格学校督导评估工作的通知》，进一步规范了义务教育合格学校督导评估的标准、程序和结果运用。在此基础上，组织对2008年建设的1 421所义务教育合格学校进行了抽查评估验收，共认定1 372所学校为义务教育合格学校；对2009年申报的1 111所义务教育合格学校进行抽查认定，共认定1 105所学校为义务教育合格学校，并对基本合格学校下发了限期整改通知。

〔**启动中小学校舍安全工程**〕 2009年，根据国务院部署和教育部要求，湖南省迅速成立由郭开朗副省长任组长，省政府办公厅、发改委、教育、监察、财政、建设等13个部门相关负责人为成员的全省中小学校舍安全工程领导小组及办公室，召开专题会议，建立工作机制，制定实施方案，全面启动中小学校校舍安全工程，按要求完成了阶段性工作任务。先后开展了校舍安全排查与鉴定，建立了对每一所学校和每一栋校舍排查、鉴定的纸质档案与电子档案，共确认不安全建筑物面积3 568万平方米，占校舍总面积的比例为45%；需拆除建筑面积为1 005万平方米，占校舍总面积的比例为13%。编制完成工程实施三年总体规划，预计需投入专项资金244亿元。及时下达了中央专项资金2.8亿元，共安排项目197个。其中，拆除重建项目160个、加固项目37个，重建加固面积31万平方米，全部集中在全省16个抗震设防烈度为7度县（市、区）的农村义务教育阶段公办学校。

〔**深入推进中小学素质教育**〕 2009年，湖南省教育厅指导与督促各中小学校突出德育首要地位，紧紧抓住国庆60周年契机，广泛开展了弘扬和培育民族精神月活动，如观看电影纪录片《西藏今昔》，“向国旗敬礼，做一个有道德的人”网上签名寄语等一系列以爱国主义为核心的民族精神主题教育活动。加大了教育常规管理力度，出台《关于进一步规范普通中小学办学行为的规定》等一系列文件，召开全省规范中小学办学行为工作会议，督促各中小学严格落实课程计划，严禁举办重点班和加班补课，切实减轻了学生负担。完善学生综合素质评价与招生考试制度，下发《2009年初中毕业学业考试标准》等专门文件，进一步加强初中学业考试命题质量的指导和监管，将初中综合素质评价与学业成绩作为高中招生录取的重要依据。组织对45所省示范性普通高中进行督导评估，督促学校在实施素质教育、规范办学行为等方面切实发挥示范作用。积极承办第十届全国中学生运动会，精心部署甲型H1N1流感防控工作，得到国务委员刘延东和有关部门领导的充分肯定。加强和改进青少年校外活动场所建设与管理，成功申报4个中央专项彩票公益金支持建设项目，使全省青少年校外活动场所达123个，并积极组织开展系列校外活动，有效密切了学校德育工作与校外教育的联系。同时，进一步规范了公办普通高中举办或参与举办的民办高中办学行为，对2所省级示范性普通高中给予暂停资格一年和通报批评处分。

〔**组织首次普通高中学业水平考试**〕 2009年，湖南省教育厅组织了新课程实验实施以来第一次全省普通高中学业水平考试，圆满完成了考试命题、制卷、组考、阅卷、补考和成绩录入等各项工作任务，未发生任何差错和重大责任事故，实现了考试工作“三无”目标。全省14个市（州）共设置考点281个、考室12 492个，参考人数达370 274人；先后组织80余名学科教师集中命题，印制试卷360万份，共有3 200多名教师参与了为期7天的阅卷工作，并因洪灾、甲流疫情影响组织了2次补考。同时，积极运用学业水平考试结果，初步建立起全省普通高中质量评价体系。先后表彰了38所省示范性高中和32所一般普通高中，通报批评了16所省示范性高中，暂停6所省示范性高中1年资格，摘牌处理了7所省示范性高中。

〔**加快发展普通高中教育**〕 2009年，湖南省教育厅坚持规范办学与特色发展并重，采取有力措施，积极推动高中办学模式多元化发展，着力提升普通高中教育整体发展水平。一方面，认真开展省级示范性普通高中督导评估。从10月至11月组织对2006年底以前挂牌但尚未接受评估的省示范性普通高中、2003年已评估的省示范性普通高中进行了新一轮督导评估，共评估学校45所，追补、追回学校办学经费7 808万元，并在张家界市召开全省示范性普通高中校长会议，督促全省138所省级示范性普通高中向全社会作出规范办学行为的公开承诺。另一方面，全面启动普通高中特色教育实验学校建设。制定《湖南省普通高中特色教育实验学校建设基本条件（试行）》，开展对衡阳市二中、娄底市二中创建普通高中特色教育实验学校视导考察，组织对4所农村贫困地区和民族贫困地区普通高中进行省级示范性高中评估验收，初步形成了一般普通高中、综合高中、特色高中三种办学模式新格局。

〔**规范与促进学前教育持续发展**〕 2009年，湖南省教育厅坚持以创建学前三年教育先进县为抓手，以规范办园提高质量为重点，着力加快发展学前教育事业。继续开展三年学前教育先进县市区创建评选活动，共有13个县市区申报参评，其中5个县市区被评为先进县，有效促进了县域学前教育稳步发展。组织开展了对12所申报省级示范性幼儿园评估检查，最终认定3所，使全省省级示范性幼儿园达50所。制定《湖南省幼儿园办园标准》和《湖南省简易幼儿园基本条件》，分门别类地强化幼儿园建设和管理。召开全省学前教育研修班，交流幼儿教育经验，并建立了幼儿教师用书及教育资源的审查制度，确保学前教育保教质量稳步提高。

〔**开展首次教育强县市区视导**〕 2009年2月，湖南省政府教育督导室制定下发《湖南省教育强县市区督导评估实施细则》、《湖南省教育强市州督导评估方案》，明确了督导评估的指标体系和实施办法，并选择教育发展水平较高的长沙市芙蓉区作为督导评估试点单位，多次召开会议，深入现场，指导芙蓉区按照督导评估指标体系扎实开展自查自评。12月1日至3日，组织部分省督学和有关专家对芙蓉区建设教育强区情况进行了为期2天半的视导，较为全面地了解芙蓉区建设教育强区的进展情况，为全省教育强县市区督导评估工作的开展积累了宝贵经验。

〔民族教育与援藏援疆工作〕 2009年，湖南省教育厅坚持把民族教育工作摆到重要议事日程，采取有力措施，加快推进民族地区教育事业发展。加大民族团结教育工作力度，省财政设立80万元专项经费用于实施中小学民族团结教育，将义务教育阶段民族团结教材纳入免费地方教材范围，把民族团结教育列入小学阶段考查和中考、高中学业水平考试、高考及中职毕业考试内容。加强民族地区师资队伍建设，利用北京外国语大学资源优势免费为全省民族地区培养义务教育阶段英语教师；组织99名民族地区小学、初中教师参加首期培训，选派100名民族地区初中、小学校长和幼儿园园长到省内经济较发达地区学校参加集中学习、外出考察、校内挂职锻炼等多种形式的培训。加快民族地区高层次人才培养，挂牌成立“湖南省民族预科教育基地”，将民族预科招生规模扩大到1 500人；实施“少数民族高层次骨干人才”研究生招生计划，全国各重点院校共录取湘西自治州、张家界市新生207人，比上年增加28人。与此同时，认真做好教育援藏援疆工作，全面完成“十一五”教育援藏项目基础设施援建任务，投资600万元兴建的山南一中综合办公楼和教工宿舍竣工投入使用；切实提高内地西藏班、新疆班办学质量，全省西藏班和长沙市周南中学首届新疆班学生高考上线率均达96%以上；加大学校对口援助力度，省内8所高校为吐鲁番地区中等职业学校培训教师18人，援助资金60多万元，捐赠图书、教学设备20万册（件）。

职业教育与成人教育

〔建立县级政府职业教育督导评估制度〕 2009年初，湖南省政府办公厅下发《关于建立县级人民政府职业教育工作督导评估制度的通知》，明确了县级政府职业教育工作督导评估与“两项督导评估考核”结合起来，由省政府教育督导室负责组织实施。督导评估的主要内容包括职业教育发展环境、职业教育发展规划、职业教育经费投入、职业教育发展水平等方面；督导评估结果纳入“两项督导评估考核”和教育强县市区督导评估的重要内容，作为有关项目立项、专项拨款、表彰奖励等方面的重要依据。9月份，省政府教育督导室会同有关部门制定下发了《湖南省县级人民政府职业教育工作督导评估方案》，确定了具体的指标体系、评分细则与核查办法，计划用4年时间，结合第二轮“两项督导评估考核”，完成对全省所有县市区政府职业教育工作督导评估任务。

〔出台职业院校教师编制标准〕 2009年3月，湖南省编办、省教育厅、省财政厅联合颁发了《湖南省高等学校机构编制标准（试行）》、《湖南省中等职业学校机构编制标准（试行）》，明确了按学生数核定编制数、按编制数拨付教师工资的教师管理办法，并明确了行业企业技术人员引进和兼职教师聘用办法。6月，根据这一新的教师编制标准，全省全面启动了职业院校教师核编工作。到2009年底，省教育厅配合省有关部门初步核定了省本级职业院校教师编制。

〔完成“十一五”职业教育省级重点建设项目布点工作〕 2009年，湖南省教育厅在各地各校自愿申报的基础上，遴选确定了第三批职业教育“十一五”省级重点建设项目。其中，新立项建设省级示范性高职学院10所，示范性中职学校15所，示范性县级职教中心12个，重点实习实训基地6个，职业院校教师专业技能认证培训基地3个，示范性乡镇农校34所，精品专业74个，精品课程68门，专业带头人156名。至此，全省已立项建设省级示范性高职学院22所，示范性中职学校51所，示范性县级职教中心41个，重点实习实训基地21个，职业院校专业教师专业技能教学水平认证培训基地21个，示范性乡镇农校100所，精品专业212个，精品课程205门，专业带头人596名，按计划顺利完成了“十一五”职业院校省级重点建设项目的布点工作。

〔积极争取国家级职业教育重点建设项目〕　2009年，湖南省积极组织部分职业院校申报2009年度中央财政支持的职业教育实训基地项目，开展中等职业学校基础能力建设国债投资项目及新增中央预算内投资项目的申报、立项与建设，共有13所院校成为2009年中央财政支持的职业教育实训基地，27所中等职业学校获得中央预算内专项建设资金1.42亿元。与此同时，积极组织高职院校申报国家精品课程，参评国家级教学团队，共有11门高职课程成功入选国家精品课程，使全省高职国家精品课程达49门，排全国第5位；40个高职教学团队入选高等职业教育省级教学团队，其中湖南环境生物职业技术学院园林技术专业教学团队等2个省级教学团队成功通过国家级教学团队评选。

〔深入推进职业教育办学模式改革〕　2009年，湖南省教育厅坚持以优势产业为依托，以提升产业核心竞争力为目标，以具备条件的高职学院为龙头，以产业领域内的规模企业、高中职院校为主体、以项目合作和专业群建设为纽带，以自愿和互利共赢为原则，努力构建产学研共生发展的深度协作机制，先后组建职业教育集团11家。至此，全省已成立职教集团达17家，加盟合作单位共1 153家。其中，企业677家，高中职院校326所，其他机构150家。2009年，全省高职院校共为企业“订单”培养学生2.23万人，企业接受顶岗实习学生4.34万人，培训企业员工5.31万人，教师到企业挂职（一个月以上）2 889人，企业一线专家到院校任兼职教师2 121人，实施其他合作项目671个，集团内院校新增专业建设投入共1.05亿元。

〔启动高职院校人才培养工作新方案评估〕　2009年，湖南省教育厅根据教育部《关于全面提高高等职业教育教学质量的若干意见》和《关于印发〈高等职业院校人才培养工作评估方案〉的通知》要求，研究制定了《湖南省高等职业院校人才培养工作评估实施细则》，启动了新方案人才培养工作评估，顺利完成了对邵阳职业技术学院、湖南九嶷职业技术学院、湖南安全职业技术学院等3所高职学院的人才培养工作评估，并组织对1所成人高校进行试点评估。

〔启动职业院校教育教学改革研究项目〕　2009年，湖南省教育厅认真开展了全省职业院校教育教学改革研究项目立项申报工作，组织广大职业院校教学一线的专业负责人或教学骨干，积极从职业院校教育教学管理、人才培养模式改革、课程体系改革和校园文化建设等方面开展专题研究。先后设立108个中职学校教育教学改革研究项目、115个高职学院教学改革研究项目。其中重点项目69项、一般项目154项。累计划拨职业院校教育教学改革研究项目资助经费312万元。

〔积极开展职业技能培训〕　2009年，湖南省职业院校继续坚持学历教育与职业培训并重并举的方针，面向社会，面向市场，积极开展各类职业技能培训。全年共培训27.6万人次，相对上年增加9.6万人次，增长53.3%；开展农村劳动力转移培训225万人次。

高等教育

〔高水平大学与重点学科建设〕　2009年，中南大学、湖南大学、国防科技大学“985工程”建设和中南大学、湖南大学、国防科技大学、湖南师范大学“211 工程”三期建设均按计划顺利实施。全省高校重点学科建设稳步向前推进，均完成和超计划完成了年度建设任务。全年共投入重点学科专项建设经费 3 632 万元，比上年增加 20.7%；学校配套建设资金 7 909 万元。各学科承担国家级科研项目共计 664 项，拥有省部级实验室、工程研究中心、基地 287 个；共计发表学术论文被 SCI 收录 325 篇，EI 收录 933 篇，ISTP 收录 511 篇，CSCSI 收录 1 094篇，出版专著 219 部，获得专利 385 个；培养博士研究生 992 名、硕士研究生 5 523 名。

〔**普通高等学校专业结构调整**〕 2009 年，湖南省教育厅坚持以经济社会发展需求和大学生就业为主要依据，组织专家对全省普通高等学校申报的 106 个 2010 年本专科专业进行认真评审和审核，对明显不符合学校办学实际、布点过多的 18 个专业不予受理，对布点比较集中的 22 个专业进行从严评审，对“一化三基”和“两型社会”建设急需的工科类专业、新兴交叉学科专业给予优先通过。经教育部备案或审批，2010 年全省 21 所高校共增设 50 个本科专业，8 所独立学院增设 11 个本科专业，3 所高等专科学校增设 5 个专科专业。

〔**普通高等学校教学质量与教学改革工程**〕 2009 年，湖南省教育厅深入推进普通高等学校教学质量与教学改革工程，大力推动质量工程项目建设。先后遴选并立项建设省级特色专业 102 个，省级精品课程 101 门，省级教改项目 502 项，省级基础课示范实验室 40 个，省级优秀实习基地 60 个，大学生研究性学习和创新性实验计划项目 486 个，省级教学团队 50 个，省级教学名师 22 名，省青年教学能手 97 名，省优秀教材 100 部；组织 30 个高等学校特色专业建设点、6 个实验教学示范中心建设单位、27 门精品课程、13 个教学团队等一批项目积极申报国家质量工程，5 所高校入选大学生创新性实验计划项目学校。同时，组织完成高等教育省级教学成果奖评审工作，共有 252 项成果荣获 2008 年度湖南省高等教育省级教学成果奖，其中一等奖 39 项、二等奖 80 项、三等奖 133 项，并有 22 项成果荣获第六届高等教育国家级教学成果奖，其中一等奖 3 项、二等奖 19 项，一等奖数量进入全国前列。

〔**学位工作与研究生教育**〕 2009 年，湖南省加大对学位与研究生教育的支持力度，投入 1 200 万元推动研究生教育创新工程深入实施，促进了学位与研究生教育事业又好又快发展。主要是在立项资助 200 项研究生科研创新项目、20 门研究生精品课程、19 个在建研究生培养创新基地建设和 62 项教改课题的同时，组织开展省学位委员会及学科评议组换届工作，修订了省学位委员会工作条例及学科评议组组织章程。根据“科学分工、合理定位，统筹规划、优化结构，保证质量、提高效益”的原则，按要求制定了《湖南省 2008—2015 年新增博士、硕士学位授予单位立项建设规划》；进一步优化学科专业结构和研究生培养模式，新增了 3 种专业学位，审核批准长沙医学院和湖南涉外经济学院新增为学士学位授予单位，22 所高校的 78 个学科、专业获得学士学位授予权。成功举办第二届研究生创新论坛，共有研究生代表近 500 余人参加学术交流活动。进一步完善学位论文评优和抽检办法，共评出 30 篇优秀博士学位论文、150 篇优秀硕士学位论文，其中 3 篇论文入选 2010 年全国优秀博士学位论文，居全国第 8 位。并抽检了 50 篇博士学位论文、444 篇硕士学位论文，抽检合格率为 99.5%。

〔**高校科技创新能力建设**〕 2009 年，湖南省高校科技创新平台建设取得新的突破，共新增 1 个国家工程技术研究中心、4 个教育部工程研究中心、2 个教育部重点实验室和 6 个省级重点实验室。湖南农业大学“国家植物功能成分利用工程技术研究中心”通过立项成为国家工程技术研究中心，实现了省属高校国家工程技术研究中心“零”的突破。新增国家自然科学基金项目 553 项、国家杰出青年科学基金项目 5 项、国家社会科学基金项目 94 项，分别占全省新增总量的 98.05%、100% 和 94.9%。共获得国家科技奖 14 项，占全省获奖总数的 60.87%；其中长沙理工大学主持的科研项目“膨胀土地区公路建设成套技术”获得 2009 年国家科技进步一等奖，成为全省第一个夺得此项大奖的省属高校。同时，积极推进高校与地方政府、企业建立产学研合作联盟，省教育厅与省科技厅、长沙市政府合作承办了2009中国（长沙）科技成果转化交易会，共有10所高校签约科研项目84个，项目经费达10.29亿元。

〔**高校党建工作**〕 2009年，湖南省委教育工委、省教育厅以深入学习实践科学发展观活动为契机，坚持改革创新，全面推进高校党的建设。先后出台《湖南省高等学校实行党委领导下的校长负责制实施办法》，进一步加强高校领导班子的核心能力建设；积极开展高校党建评估，共有11所高校通过验收，有力地推进了高校党建工作规范化、制度化、科学化、特色化；大力加强学生党支部建设，认真做好在大学生中发展党员工作，目前全省高校申请入党的学生达到48万多人，占大学生总数的49%，发展学生党员3万多名；调整了部分民办高校派驻的党委书记、督导专员，并下拨60万元专项经费，切实加强了民办高校党的建设。此外，下达课题经费58万元，立项支持140多项课题开展高校党建理论研究。

〔**高校毕业生就业**〕 2009年，湖南省教育系统积极争取各级党委政府和有关部门把高校毕业生就业工作放在就业工作的首位来抓，制定出台多个政策文件，基本建立起促进就业、指导教育、困难帮扶、托底保稳定的毕业生就业政策扶持体系。同时，大力开拓毕业生就业市场，加强高校毕业生就业服务平台建设，扎实做好毕业生离校前的就业指导和服务工作。先后联合有关部门和单位开展了“春暖三湘”高校毕业生就业系列活动，累计举办大型招聘会223场、用人单位宣讲会6 881场（次）；广泛宣传大学毕业生到基层就业创业的优惠政策和先进典型，积极引导近3 000名高校毕业生自主创业，带动就业近3万人；动员和组织近万名应届毕业生报名参加入伍预征，3 900人通过最后审核光荣入伍；会同有关厅局组织和发动用人单位开展“爱心送岗”活动，举办专场招聘会，为就业困难毕业生提供就业岗位5 000余个；广泛发动和组织开展了全省大学生职业生涯规划大赛，“挑战杯”大学生科技作品竞赛等一系列促进就业创业的活动，有效提高了毕业生就业能力。截至12月底，全省高校毕业生初次就业率达到74.9%，高于全国平均水平，得到国务委员刘延东同志的充分肯定。

撰稿 石灯明 王俊良 杨金洪
审稿 陈飞跃

广东省教育

概　　况

〔基本情况〕

2009 年各级各类学校校数、教职工、专任教师情况

	学校数（所）	教职工数（人）	专任教师数（人）
一、高等教育			
（一）研究生培养机构（不计校数）	(31)		
1. 普通高校	(23)		
2. 科研机构	(8)		
（二）普通高等学校	125	115 969	73 943
1. 本科院校	54	79 516	49 698
其中：独立学院	17	12 030	8 697
2. 高职（专科）院校	71	35 973	23 971
3. 其他机构（点）（不计校数）	(4)	480	274
（三）成人高等学校	17	9 434	5 685
（四）民办的其他高等教育机构	38	1 702	950
二、中等教育	5 169	511 239	434 927
（一）高中阶段教育	1 836	511 211	178 352
1. 高中	1 024	429 644	118 580
普通高中	1 020	429 596	118 549
成人高中	4	48	31
2. 中等职业教育	812	81 567	59 772
普通中专	393	41 002	29 264
成人中专	25	1 485	1 031
职业高中	152	11 763	9 566
技工学校	242	25 411	18 594
其他机构（教学点）（不计校数）	(87)	1 906	1 317
（二）初中阶段教育	3 333	28	256 575
1. 普通初中	3 322		256 571

续表

	学校数（所）	教职工数（人）	专任教师数（人）
2. 职业初中			
3. 成人初中	11	28	4
三、初等教育	18 506	477 034	418 311
（一）普通小学	18 506	477 034	418 311
（二）成人小学			
其中：扫盲班			
四、工读学校	2	224	57
五、特殊教育	69	2 444	1 858
六、学前教育	11 018	210 313	122 470

注：普通高中的教职工数中包含普通初中的教职工数。

2009 年各级各类学历教育学生情况

	毕业生数（人）	招生数（人）	在校生数（人）
一、高等教育			
（一）研究生	16 878	24 452	65 901
博　士	2 482	3 182	11 672
硕　士	14 396	21 270	54 229
（二）普通本专科	309 190	435 870	1 334 089
本　科	134 462	208 276	719 454
专　科	174 728	227 594	614 635
（三）成人本专科	135 010	166 462	463 395
本　科	52 001	64 957	155 812
专　科	83 009	101 505	307 583
（四）其他各类高等学历教育			
1. 在职人员攻读博士、硕士学位		5 534	19 512
2. 网络本专科生	17 706	24 697	60 925
本　科	10 456	13 516	34 371
专　科	7 250	11 181	26 554
3. 其他			
二、中等教育	2 453 855	3 272 007	8 807 377
（一）高中阶段教育	971 849	1 515 227	3 770 132
1. 高中	569 006	717 900	1 924 412
普通高中	568 989	717 900	1 924 412
成人高中	17		
2. 中等职业教育	402 843	797 327	1 845 720

续表

	毕业生数（人）	招生数（人）	在校生数（人）
普通中专	210 956	349 653	871 613
成人中专	13 004	92 733	124 882
职业高中	53 690	87 495	208 127
技工学校	125 193	267 446	641 098
（二）初中阶段教育	1 482 006	1 756 780	5 037 245
1. 普通初中	1 481 488	1 756 780	5 036 732
2. 职业初中			
3. 成人初中	518		513
三、初等教育	1 835 297	1 274 186	8 876 522
（一）普通小学	1 835 297	1 274 186	8 876 522
（二）成人小学			
其中：扫盲班			
四、工读学校	158	114	235
五、特殊教育	3 448	3 591	26 158
六、学前教育	978 931	1 263 992	2 494 689

注：特殊教育学生数中包括普通中小学随班就读的学生。

2009 年各级各类非学历教育学生情况

	结业生数（人）	注册生数（人）
总　计	2 210 651	2 103 977
一、高等教育	198 372	118 672
（一）研究生课程进修班	2 435	3 253
（二）自考助学班	4 314	15 437
（三）普通预科生		932
（四）进修及培训	191 623	99 050
其中：资格证书培训	45 804	37 578
岗位证书培训	31 861	13 021
二、中等职业教育	2 012 279	1 985 305
其中：资格证书培训	277 325	228 621
岗位证书培训	331 184	267 975
（一）中等职业学校	391 844	320 668
其中：资格证书培训	146 688	99 229
岗位证书培训	55 052	31 300
（二）职业技术培训机构	1 620 435	1 664 637
其中：资格证书培训	130 637	129 392
岗位证书培训	276 132	236 675

2009 年各级各类民办教育基本情况

	学校数（所）	毕业生数（人）	招生数（人）	在校生数（人）	教职工数（人）	专任教师数（人）
一、民办高等教育						
（一）民办高校	45	73 157	138 276	402 281	26 038	17 884
本科学生		18 009	57 867	178 240		
专科学生		55 148	80 409	224 041		
其中：独立学院	17	29 454	60 475	189 902	12 030	8 697
本科学生		16 802	52 034	159 659		
专科学生		12 652	8 441	30 243		
（二）民办其他高等教育机构	38				1 702	950
二、民办中等教育						
（一）高中阶段教育	269	68 058	134 489	310 223	56 808	40 124
1. 民办普通高中	120	27 242	35 641	93 056	47 341	33 966
2. 民办中等职业教育	149	40 816	98 848	217 167	9 467	6 158
（二）初中阶段教育	683	126 163	205 918	540 379		
1. 民办普通初中	683	126 163	205 918	540 379		
2. 民办职业初中						
三、民办普通小学	827	206 131	248 901	1 352 936	78 593	57 147
四、民办幼儿园	8 004	458 974	557 648	1 410 399	153 711	89 088
另有：民办培训机构（不计校数）	（1 318）				16 007	8 559

注：民办普通高中的教职工数包含民办普通初中的教职工数。

〔**综述**〕 2009 年，广东教育系统着力抓普及义务教育巩固提高和帮扶工作，县域内义务教育均衡发展取得新进步；着力抓招生建校工作，普及高中阶段教育取得阶段性重要成果，高中阶段教育毛入学率 79.9%，比上年提高 7.9 个百分点；着力抓人才培养模式改革，职业技术教育取得突破性进展；着力抓高校学科建设和科研创新能力建设，高等教育服务经济社会发展能力明显增强；着力抓解决代课人员问题和高层次人才队伍建设，师资队伍建设有较大进展，各项工作均取得了较好成绩。

〔**教育投入**〕 2009 年，广东省地方教育经费总投入 1 284.31 亿元，比上年增长 10.13%。其中，财政性教育经费为 907.36 亿元，比上年增长 13.23%。财政性教育经费占地方生产总值的比例为 2.32%，比上年提高 0.08 个百分点。预算内教育经费 855.69 亿元，比上年增长 13.7%。预算内教育经费增长高出财政经常性收入增长 6.03 个百分点。各级学校生均预算内教育事业费支出和公用经费支出情况见下表。

广东省各级各类学校生均预算内教育事业费支出和公用经费支出表

项　目	2008 年	2009 年	增长（%）
一、生均预算内教育事业费支出（元）			
普通小学	2 470.06	2 896.53	17.27
普通初中	3 206.87	3 418.71	6.61

续表

项　目	2008 年	2009 年	增长（%）
普通高中	4 311.32	4 834.38	12.13
中职学校			
普通高校	10 622.18	10 927.62	2.88
二、生均预算内公用经费支出（元）			
普通小学	543.91	652.87	20.03
普通初中	834.51	899.23	7.76
普通高中	1 074.21	1 281.70	19.32
中职学校			
普通高校	5 133.69	5 248.15	2.23

〔**解决中小学代课人员问题取得阶段性成果**〕　面向经济欠发达地区组织两轮“代转公”招录考试，24 349 名代课人员参加了考试。指导经济发达地区开展解决代课人员问题工作。截至 2009 年底，广东省中小学代课人员总数与上年同期相比减少 43%。

〔**推进中小学教师工资福利待遇“两相当”和义务教育学校实施绩效工资工作**〕　印发《广东省义务教育学校绩效工资实施意见》以及《关于做好义务教育学校教师绩效考核工作的实施意见》。下发《欠发达地区义务教育中小学校实施绩效工资政策落实“两相当”省财政奖补方案》，安排 6.69 亿元专项资金对欠发达地区 91 个县（市、区）分档予以奖补。建立“两相当”进展情况季报制度和绩效工资工作旬报制度。截至 2009 年底，90%以上的县（市、区）城乡教师工资福利待遇已实现大体相当。

〔**师德建设主题教育月活动**〕　从 2009 年起，每年 9 月为广东省师德建设主题教育月。2009 年师德建设主题教育月的主题是“爱岗敬业、奉献祖国”。

〔**庆祝 2009 年教师节暨表彰优秀教师大会**〕　2009 年 9 月 10 日在广州召开庆祝 2009 年教师节暨表彰优秀教师大会。中共中央政治局委员、广东省省委书记汪洋，省委副书记、省长黄华华等出席大会并为获得“南粤优秀教师”和“南粤优秀教育工作者”称号的同志颁奖。广东省共评选出全国模范教师 41 名，全国教育系统先进工作者 5 名，全国教育系统先进集体 24 个，全国优秀教师 101 名，全国优秀教育工作者 12 名，南粤优秀教师 961 名，南粤优秀教育工作者 110 名。

〔**体育、卫生、艺术和国防教育工作**〕　2009 年，安排 3000 万元体育卫生专项资金，用于东西两翼及粤北山区学校体育卫生器材设备的购置与补充。组建广东省中学生体育代表团参加第十届全国中运会，取得代表团金牌总数和奖品总数两项第二、代表团团体总分第三、代表团体育科学论文报告会团体总分第一的优异成绩，荣获“体育道德风尚奖代表团”光荣称号。全面实施《国家学生体质健康标准》，建立白皮书公告制度和家长知晓制度。全面实施中考体育考试。创建 325 所广东省体育特色项目学校，举办首届广东省体育教师专业技能大赛；组织广东省大中小学生单项竞赛 27 项，联合赛事 35 项，参赛学生超过 10 万人次。首次组织广东省学校体育行政管理负责人赴台湾进行工作交流。从 2009 年秋季新学年起，义务教育阶段学生每年都可以享受一次免费健康体检。

〔**教育交流与合作**〕　深化与新加坡等国政府教育部门的高层次交流，教育系统全方位、宽领域、多形式的对外交流与合作格局逐步形成。巩固和加强与港澳地区的教育合作，拓展与台湾地区的教育交流与合作。配合广东省重大发展战略推进高校国际化建设，引导和推动高校积极拓展新的合作办学项目，加强对现有中外合作办学项目的管理。探索引进境外名牌高校在广东独立举办高等教育机构的可能性。推进广东省在 CEPA 体系下教育领域"先行先试"有关政策的落实。

〔**教育信息化建设**〕　组织实施"广东省教育资源下乡行动计划"，整合、优化"广东省基础教育网"，免费向广东省中小学校开放共享。开展广东省中小学生电脑制作大赛、第六届广东省中小学电脑机器人大赛、广东省中学生物学多媒体作品大赛等信息化应用活动，参赛规模和全国获奖数再创新高，广东省教育厅获得全国活动组委会授予的最佳组织奖。

〔**学生助学工作**〕　2009 年，广东省城乡义务教育享受"两免"学生共 1 225 万人，各级财政共投入"两免"补助资金 57.6 亿元；农村义务教育享受"一补"学生共 100 万人，省财政投入"一补"资金 2.77 亿元。573 所中职学校约 47 万名学生及时、足额享受了国家助学金。110 多所普通高校（包括民办高校和独立学院）近 20 万名学生获得 32 062.6 万元"三金"资助。各高校提供校内勤工助学岗位 53 254 个，参加勤工助学的学生 230 435人次，发放勤工助学金额 1.46 亿元。37 652 名普通高校新生通过绿色通道入学，占新生注册人数的 9.64%，各高校共减免 10 336 名学生学费 5 824万元。2008—2009 学年度，广东高校筹集各类社会奖学金 4 380 万元，13 464 名家庭经济困难学生受到资助。111 所高校 7.7 万人获得 4.22 亿元国家助学贷款。

基础教育

〔**加快推进义务教育均衡发展**〕　2009 年 4 月，广东省政府办公厅印发《关于推进广东省义务教育均衡发展的实施意见》，6 月，省政府召开推进义务教育均衡发展工作电视电话会议，总结推广顺德、德庆、新兴等地推进义务教育均衡发展的经验。广东省教育厅与省财政厅联合印发《加快义务教育规范化学校建设的意见》，以规范化学校建设为抓手整合教育资源，推动各地合理调整学校布局。加强初中阶段学生"防流控辍"工作，广东省初中三年保留率比上年提高 0.9 个百分点。

〔**实施"千校扶千校"行动计划**〕　组织 1 000 所义务教育优质学校对口帮扶欠发达地区的 1 000 所学校，发动各方力量帮扶薄弱学校发展，得到中共中央政治局委员、国务委员刘延东的充分肯定，在 11 月召开的全国推进义务教育均衡发展现场经验交流会上推广。

〔**推进中小学校舍安全工程**〕　2009 年 7 月 6 日，成立由副省长宋海任组长的广东省中小学校舍安全工程领导小组，办公室设在广东省教育厅。建立每月检查汇报会制度和排查鉴定进度周报制度。10 月 23 日至 28 日，广东省政府派出 12 个督查组分赴 21 个地级以上市开展校舍安全工程专项督查。至 10 月 31 日，广东省各地均完成校舍排查鉴定工作，共排查鉴定学校 23 743 所，校舍 114 962 栋，建筑面积 1.39 亿平方米。

〔**解决非户籍人口子女义务教育问题**〕　落实"南粤春暖行动"实施方案，积极开展非户籍子女接受义务教育的工作。2009 年秋季，广东省义务教育阶段非户籍学生共 278.69 万人，比上年增加 9 万人。从 2009 年春季学期起，广东省取消义务教育阶段学生借读费。

〔**学前教育工作**〕 印发《加快农村学前教育发展的意见》。召开农村学前教育发展工作现场交流会。确定19个县区为广东省首批农村学前教育改革试点县。广东省小学一年级新生受学前教育的比例为93.10%，比上年提高0.15个百分点。

〔**特殊教育工作**〕 2009年，广东省特殊教育学校新增2所、在建（新建、扩建）12所。义务教育阶段的特殊教育学生增加了1 025人，增长4.2%，专任教师增加了145人，增长8%。

〔**民族地区教育工作**〕 顺利完成西藏、新疆班扩招任务。在江门、南海分别召开了西藏、新疆班办班工作座谈会。配合教育部、西藏及新疆教育部门开展巡回宣讲活动。在全国率先出台西藏班、新疆班教职员编制标准。

〔**富有广东特色的中小学德育模式建设**〕 开展中小学校德育督导评估试点工作，推动建立中小学德育工作绩效评价机制。以专业发展为主题，加强中小学德育工作队伍建设和管理，培养并评定首批中小学名班主任。承办全国中小学心理健康教育工作研讨会。加强校外活动场所建设和管理，发挥校外教育实践育人作用，在教育部校外教育年度工作会上介绍经验。

〔**农村教师队伍建设**〕 组织"高校毕业生到农村学校上岗退费"专场招聘会。推进师范生实习支教置换教师培训工作，实施教育人才智力扶持山区计划，农村教育硕士师资生的服务范围从16个扶贫县区扩大到经济欠发达地区的89个县区。

〔**教师及校长培训与交流**〕 启动新一周期（2009—2013年）广东省中小学骨干教师省级培训计划。培训中小学教师36.6万人。组织中小学骨干校长赴英培训，农村学校校长到珠三角地区名校挂职锻炼，发达地区校长赴江苏、上海名校开展跟岗学习。广东省10所中小学校被教育部选作中国中西部校长培训实践基地，承担2009年教育部安排的中西部六省区中小学校长培训任务。全年认定教师36 751人，组织6 854名新补充教师完成岗前培训。

〔**"名校长、名教师"评选**〕 组织开展广东省第二批"名校长、名教师"评选工作。35位校长被评定为"广东省基础教育系统名校长"，69位教师被评定为"广东省基础教育系统名教师"。

〔**推进基础教育课程改革**〕 完成教学资源库第一期资源建设工作。正式建立中小学地方教材审查委员专家库，进行教材审查委员换届，调整省中小学教材审定委员会成员和办公室成员，进一步完善教材审查管理工作和审查程序，规范审查过程，共审议中小学地方教材59套。

〔**建校工程进程**〕 完成普通高中新建扩建项目110个，建筑面积107万平方米，各级实现投入13亿元，新增学位11万个。中等职业技术教育重点工程第一批项目进入中期建设阶段，截至2009年11月，包括省财政支持项目在内，完成新建扩建项目70个，建筑面积130万平方米，投入资金20多亿元，新增学位11万个。

〔**普通高中教学水平评估工作**〕 截至2009年10月底，共有243所普通高中学校通过广东省教学水平评估，新增省一级普通高中2所、国家级示范性普通高中25所（总数达到164所）。

职业技术教育

〔**积极构建现代职业技术教育体系**〕 顺德"零学费入学、零距离上岗"人才培养模式改革第一届试点班近千名学生顺利完成学业，并实现100%就业。推进珠江三角洲地区中职学校和省属中职学校与欠发达地区中职学校联合办学，结合中职学校智力扶贫工程，省属中职学校与欠发达地区中职学校联合办学、开展三段式人才培养模式改革取得新进展。全年职业院校输送中高级技能人才突破50万人，珠三角中等职业学校培养转移带技能新增劳动力50万人。开展高等职业技术学院面向中职应届毕业生和有2年工作经验的在职人员自主招生试点。启动与新加坡实际合作项目。

〔**推进珠三角职教基地建设**〕 制定《珠江三角洲职业技术教育基地建设原则意见（草案）》。开展广东省与教育部共建珠江三角洲职业教育基地的相关工作。中山、佛山、肇庆等市级基地的建设工作已初步启动。开展广东省、广州市、萝岗区共建的省级职教基地（萝岗）选址和进驻学校遴选的前期工作。

〔**中等职业技术教育实训条件建设**〕 2008年、2009年新增中央投资中等职业教育项目新建和改扩建校舍、实验实训场地的建筑面积达62 104平方米，购置教学实训设备2 178台（套），总投资1.3亿元，建成校舍2.3万平方米，购置设备1 000多台，显著改善了一批学校的办学条件。实行中等职业教育实训中心建设专项资金竞争性分配办法。出台中等职业学校实训中心建设指导意见。

〔**中等职业技术教育教学改革**〕 三段式联合办学、工学结合校企合作等办学模式与人才培养模式改革进一步完善和推广，涌现出“企业校区”、“企业办校”、“园区办校”等多种办学模式。课程改革加速推进，确定96所学校、134个专业点开展6个专业教学指导方案的试点工作，全面启动新一轮教学改革，以学校竞标的创新形式启动新的24个专业教学指导方案的研制工作。

〔**中等职业技术学校技能大赛**〕 2009年3月，广东省第一届中等职业学校技能大赛成功举办。大赛历时一个月，共设10个专业类别21个项目，基本涵盖广东省中等职业技术教育重点建设专业以及当前经济社会发展紧缺人才建设专业，参赛学生超过12万人。在2009年全国职业院校技能大赛中，广东省中职代表队一举夺得16个一等奖、19个二等奖、14个三等奖，团体总分位居全国第三，连续三年取得优异成绩。

高等教育

〔**加大高等教育投入**〕 从2009年7月起，广东省财政调增省属学校生均经费标准及事业经费补助标准，实行生均定额拨款的高校在原6 300元基础上提高300元，没有实行生均拨款的学校核拨人员人均补助5 000元/年。2009年，广东省财政安排省属高校基本建设补助资金1亿元，安排重点学科建设专项资金1亿元、“211工程”三期建设资金2亿元、高等职业教育专项资金1亿元，安排高等教育质量水平提升工程专项补助5 000万元，专门用于高校本科教育质量和教学改革工程项目支出。

〔**高水平大学和重点学科建设**〕 完成国家序列4所“211工程”高校24个省立项重点学科建设项目，以及省序列6所“211工程”高校26个重点学科建设项目的可研报告论证和正式批复立项工作，下达建设经费50 186万元。中山大学和华南理工大学“985工程”二期建设的总结验收工作顺利开展，准备启动“985工程”三期建设工作。开展第八轮广东省重点学科中期检查，推进高校重点学科建设。

〔**高等学校教学质量与教学改革工程**〕 2009年，广东省18所高校的30个项目入选第六届高等学校国家级教学成果奖，其中本科高校21项、高职高专院校9项，比2005年第五届入选项目有较大比例的增长；新增高等学校国家精品课程44门课程，入选国家双语教学示范课程11门；入选国家人才培养模式创新实验区4个，新增高等学校国家级教学名师7人、国家级教学团队12个；入选高等学校国家特色专业建设点30个；新增国家实验教学示范中心项目9个、中央财政支持高职教育实训基地4个。组织评选第六届广东省高等教育省级教学成果奖240项（其中一等奖110项、二等奖130项）；评选2009年度省级高校精品课程114门，培育课程35门；评选立项建设省级实验教学示范中心35项；遴选第五届高校省级教学名师35人。新增广州民航职业技术学院和广东轻工职业技术学院开展国家示范性高职院校单独招生试点工作。10所高职院校代表队参加全国职业院校技能大赛取得优秀成绩，获得2个一等奖、4个二等奖、4个三等奖，获奖率达100%，团体总分列全国高职院校第四位。

〔**研究生教育创新计划**〕 根据广东省“211工程”三期建设对创新人才培养的总体要求，制定《广东省“211工程”三期研究生创新培养计划实施方案》。实施优秀博士学位论文评选、南粤优秀研究生评选、研究生学术论坛和研究生创新培养基地等项目，启动研究生暑期学校、示范课程、学位与研究生教育改革研究、优秀硕士学位论文评选等项目。举办“广东云南两省经济管理类研究生学术论坛”，推动研究生教育创新计划的跨区域交流与合作。

〔**高校新增重点实验室等情况**〕 2009年，广东高校新增国家工程技术研究中心2个、省部共建教育部重点实验室1个、教育部工程中心6个；新立项建设高校重点实验室9个、高校工程研究中心9个、高校技术开发中心6个；立项建设高校产学研结合示范（暨研究生创新培养）基地8个。

〔**高校获国家级科研项目情况**〕 2009年，广东高校在国家重点基础研究发展计划（973计划）和重大科学研究计划项目中取得历史性重大突破，获9项首席科学家项目，年度立项数及立项总数均位列全国第三；获国家社科基金后期资助项目3项；获教育部重大攻关项目2项，资助经费160万元。

〔**高校获高等级科研奖励情况**〕 2009年，广东高校获得中国高校人文社科研究最高级别奖项——高等学校科学研究优秀成果奖（人文社会科学）43项，其中一等奖3项，占全国38项的8%。广东高校获2008年度广东省科学技术奖113项，占全部288个获奖项目的40%，其中一等奖15项，占全部27项的56%。

〔**高校积极主动服务经济社会发展**〕 华南理工大学、暨南大学、中山大学等高校迅速出台与《珠江三角洲地区改革发展规划纲要》对接的行动方案，积极建设高层次创新平台，为珠三角乃至广东省经济社会科学发展提供人才支持和智力支撑。广州医学院、中山大学、华南理工大学等高校，在钟南山院士的带领下开展“应对甲型H1N1流感重点科技联合攻关项目”研究。积极实施高校“走出去”战略，组织高校参加第十二届“科博会”、第十一届“高交会”等展示洽谈活动。2008年度高校专利申请总量2 322件，同比增长45.6%。其中发明专利1 663件，同比增长32.6%。专利授权总量984件，同比增长29.6%；其中发明专利授权564件，同比增长43.3%。高校获2008年广东省科学技术奖的成果一半以上是来自于产学研合作，近三年累计新增利润76.2亿元，新增税收4.47亿元，创汇2.5亿美元，节支总额达17亿元。

〔**高层次人才培养和引进**〕 2009年，广东高校新增中国科学院院士3人、中国工程院院士1人，高校两院院士增至26人；新增教育部长江学者特聘教授4人、讲座教授7人，高校长江学者增至67人；新增“新世纪百千万人才工程”国家级人选10名、国家杰出青年科学基金获得者9人；新增珠江学者岗位14个，新上岗珠江学者16人，高校珠江学者在岗人数达到35人；广东省引进的12个创新团队中，高校有5个，引进的15名领军人才中，高校有7人。

〔高校党建和大学生思想政治工作〕 召开高校基层党组织建设经验交流会。进一步理顺民办高校党组织隶属关系，加强民办高校党建工作。召开广东省进一步加强和改进大学生思想政治教育经验交流会，会后印发《关于进一步加强高等学校思想政治理论课教师队伍建设的实施意见》、《广东省高等学校辅导员队伍建设实施办法》、《广东省普通高等学校学生心理健康教育及安全监护体系工作实施意见》和《广东省教育系统安全稳定防控体系实施方案》等文件，建立起指导广东省当前及今后一个时期大学生思想政治教育的政策文件框架。2009年10月中旬以来，汪洋、黄华华等7位省领导分别到中山大学等7所高校为2.4万名师生作形势报告，激发了广大师生的爱国和学习热情。

〔高校思想政治理论课建设和大学生教育与管理工作〕 完成27所本科及高职高专院校的思想政治理论课建设评估。通过广东省内校际对口帮扶试点，举办新任教师岗前培训及教学基本功大赛，组织国内社会实践活动等措施，提高思想政治理论课教师队伍的整体素质。在教育部开展的思想政治理论课优秀课件评选、专项课题评审中，广东省入选数均居全国之首。在华南理工大学等11所高校学生中开展探索建立大学生信用档案试点工作。

〔高校毕业生就业〕 推出促进高校毕业生就业的政策措施，加强就业服务和指导工作，鼓励支持高校毕业生面向基层就业和创业带动就业。截至2009年9月1日，广东省高校毕业生初次就业率为88.17%，其中研究生为88.95%、本科生为86.28%、专科生为89.51%，与2008年同期相比基本持平。

撰稿 王 创 徐仕敏 张振超
审稿 文传道

深圳市教育

〔基本情况〕 2009年，深圳教育行政部门和各级各类学校坚持认真贯彻落实市委市政府的各项决策部署，以办人民满意教育为目标，努力把教育作为首要民生工程抓实抓好，推动了教育各项工作又好又快发展。2009年，全市有各级各类学校1 636所，实际招生352 287人，在校学生1 267 087人，毕业生285 786人，教职工107 406人（其中专任教师74 488人）。有高等教育学校9所，其中普通高等学校8所、成人高等学校1所。全日制高校在校生达到6.69万人，比上年增加2 285人；其中研究生增加586人，增长7.5%。有小学346所，普通中学285所（初中225所、普通高中60所），学前教育机构974所，特殊教育学校（含特教、工读）2所。2009年学前教育招生8.8万人，比上年增加1.7万人。义务教育阶段招生18.4万人，比上年增加6 000人。高中阶段招生48 766人，比上年增加8 547人。有中等职业学校20所，另有3个非独立法人的中等职业办学机构（开放职业技术学校、新鹏职高、深职院五专部），全年招生18 585人，比去年增加3 293人，增长21.53%。

〔教育经费投入〕 进一步加大教育经费投入，2009年全市教育经费总投入171.12亿元（其中预算内教育经费投入130.18亿元），比上年增加27.12亿元，增长18.83%。财政性教育经费占GDP比例为1.70%，比上年的1.39%提高了0.31

个百分点。教育财政拨款占财政一般预算支出比例为13.95%，比上年的12.23%提高了1.72个百分点。强化全市教育经费统筹管理，2009年全市义务教育公办学校公用经费综合定额标准提高30%。成立学生资助管理中心，助学体系功能得到切实发挥，全年资助全市各级各类学校学生近10万人次，资助金额达1.08亿元。

〔**学校安全管理**〕 成立学校安全管理处，围绕开展"学校安全管理年"活动，与有关部门共同组织开展"校车专项整治"、"防雷安全隐患整治"、"防汛抗洪"、"警校手拉手共除火险患"、"校舍安全排查"、"净化学校及周边社会文化环境"等专项行动。全面排查出各类学校安全隐患2 395处，完成整改2 360处，整改率达98.5%。全年没有发生群死群伤和其他重大安全事故，市教育局在全市安全生产责任制考核中被评为优秀。组织对80多名学校注册安全主任进行专题培训，学生装管理和学生饮用奶准入制度与安全监管制度得到加强。以创建"安全文明校园"为抓手，探索学校安全工作评价机制，全市共有14所学校被评为"广东省安全文明校园"，23所学校被评为"深圳市安全文明校园"。900余名"新疆高中班"学生顺利回疆和返校，教育教学秩序稳定，没有发生任何政治安全和人身安全事故。

〔**基础教育**〕 市委市政府高度重视学前教育工作，年初召开了全市学前教育工作会议，明确学前教育"规范、公益、优质"的发展方向，进一步规范学前教育发展。截至2009年9月，全市幼儿园974所，在园幼儿22.1万人；与2008年同期相比，幼儿园增加109所，在园幼儿增加3万人。全市幼儿园教职工有3.3万人，其中专任教师有1.8万人。

加强基础教育信息化管理，率先在全省推行义务教育新生招生网上报名，提高了公共服务质量和效率。从2009年1月1日起，深圳市义务教育公办学校停止收取借读费。进一步推进义务教育均衡发展，到2009年底，基本完成了对特区外96所原村小的改造。积极推进义务教育规范化学校建设，全市公办义务教育学校379所，通过规范化学校验收359所，覆盖率为94.7%，高于全省平均水平。截至2009年9月，全市共有631所中小学，其中初中有225所、小学有346所。义务教育阶段在校生有81.4万人，其中非户籍学生有56.8万人，占在校生人数的70%。小学学龄儿童入学率100%，初中毛入学率111.71%，小学辍学率为零，初中辍学率0.03%，初中毕业生升学率92.8%。坚持开展课程改革，促进普高教育内涵式发展。2009年10月，教育部召开全国基础教育课程改革经验交流会，深圳中学作为唯一的基础教育阶段学校在会上交流了经验。不断提高普通高中办学水平，扩大优质学位。深圳市60所高中，现有省一级学校44所（通过广东省国家级示范普通高中督导验收的26所）、市一级学校9所，省、市一级学校在校学生占普通高中在校生总数98%以上，2009年新增学位5 000个。全市高中阶段毛入学率105%，普通高中升学率93%以上。

〔**高等教育改革发展**〕 南方科技大学筹建取得重大进展，取得了教育部和省的支持，校长朱清时院士2009年9月正式到任，校园基建前期准备工作基本完成。深圳大学完成改革方案制定，深大医学院已正式招生。深圳职业技术学院成为全国首批国家示范性高等职业院校。大学城办学体制及运行机制进一步完善，市委市政府通过了《关于加快发展深圳大学城的若干意见》，为今后的快速发展提供了重要基础。市政府与哈尔滨工业大学签订了市校合作协议。

〔**职业教育与成人教育**〕 探索建立与深圳产业发展相适应的现代职业教育体系，着力构建职教立交桥，通过"中职——电大直通车"学分制培养模式，探索"中、高职"衔接。加强进城务工人员培训和劳动力转移培训，宝安、龙岗两区和光明、坪山新区培训量就达70万人次。教育服务工作逐步向社区基层推进，组织17家单位联合举办2009年全民终身学习活动周，近600个社区教育和教育培训机构参与，超过100万人次参加各类学习培训。2009年，深圳市参加全国职业院校技能大赛中职学生组比赛，共获一等奖2项2人次、二等奖6项9人次、三等奖19项22人次；福田、南山两区被教育部重新确认为全国社区教育实验区；深圳市“全民终身学习活动周”被评为全国全民终身学习活动周“十大城市”优秀组织先进单位；福永街道怀德社区被确认为全国数字化学习社区。

〔**教师队伍建设**〕 一是努力提高教育人才队伍素质，通过狠抓校级领导培训工作，加大名校长名教师培训培养力度，做好海外培训工作等措施，扎实推进教师队伍培训培养工作，扩大规模、加大力度、提高质量，构建教育干部培训工作的长效机制。二是做好各类评选表彰、职称评审及绩效工资考核工作，强化教师人事工作对教师队伍的激励导向。全年全市8人次被评为全国模范教师等国家级先进个人，40人次被评为南粤优秀教师等省级先进个人。市里评选表彰了市级教育系统先进单位46个，教书育人模范等先进个人481名。深圳市义务教育学校、普通高中、职业高中、中专学校在编正式工作人员从2009年1月开始实行绩效工资，市教育局各直属事业单位从2009年10月开始实行绩效工资。三是积极稳妥推进临聘教师问题解决。2009年9月，以2008年全市临聘教师月人均工资为基数，提高临聘教师工资福利待遇30%；2009年10月，全市举行面向临聘教师招聘职员的第一次考试，至年底已完成第一批2 000余人的招录入编工作。

〔**教育督导**〕 编制了《2008年深圳市义务教育均衡发展督导蓝皮书》和《深圳市义务教育学校办学水平评估方案》，全年对87所学校和幼儿园进行了省、市一级专访和评估，对11所幼儿园进行省一级复评，对3所学校进行普通高中教学水平评估。组织制定深圳市义务教育规范化学校建设督导验收办法及指标体系，指导各区开展验收工作，全市462所学校通过验收或认定，公办学校通过率为94.72%。全市6区党政领导干部教育工作责任考核，通过政府、教育部门和社会各界代表民意测评、召开座谈会、专访、查阅资料等形式，有力地推动了各区落实教育优先发展战略，推动教育事业发展，6区党政领导干部考核结果均为优秀。

〔**招生考试**〕 全年共完成5大类32次国家及省、市教育考试招生任务，考生总数达70万人。义务教育新生招生在全省率先推行网上报名；普通高考组考实现保密措施“零疏漏”、全市考生“零投诉”等“七个零”，宋海副省长充分肯定“深圳高考工作细致全面”；积极主动做好考生填报志愿指导工作，建立考生志愿录取信息动态管理系统，把录取、补录等动员组织工作细化到每所中学、每个考生和家庭，实现上线多录；中考中招全面实施“阳光工程”、“阳光作业”，网上报名、网上填报志愿、网上录取，有效地保证了招生工作的公开、公平、公正。

〔**校园建设改造**〕 至2009年底，历时三年的特区外96所原村小标准化改造工作圆满完成，市、区两级财政共投入8.6亿元，改造修缮学校26所面积近19万平方米，扩建学校70所，扩建面积近28万平方米，新配置总量达4 910项的科学实验室、多功能室、图书室、多媒体教学平台和实验教学设备。通过本次改造，原村小的办学条件大大改善，达到或超过了《深圳义务教育规范化学校配置标准》，新增公办小学学位34 400个，相当于具有30个班办学规模的小学26所。在推进寄宿制高中建设工作方面，至2009年底，完成了深圳湾中学、宝安中学高中部和南头中学扩建，实现新增5 000个高中学位任务。

〔**教育科学研究**〕 正式挂牌成立市教育科学研究院这一深圳市教育科研、教学研究、培训业务指导和专业管理机构，在教育政策法规、教育发展、课程改革、教学教法、高考中考、继续教育等方面进行深入研究并取得可喜成绩。2009年，深圳市有3项课题成为全国教育科学“十一五”规划2009年度教育部重点立项课题，9项课题成为广东省教育科学“十一五”规划2009年度立项课题，1项课题成为2009年度省哲学社会科学“十一五”规划教育学心理学立项课题。编辑出版了《深圳教育蓝皮书（2007—2008年卷）》，组织开展了深圳市首届教育教学科研优秀成果奖评选工作，共评选出获奖优秀成果82项。

〔**信息化建设**〕 完成了义务教育就读信息采

集与免费资格验核系统一期工程项目，教育信息资源共建共享程度提高。全市各区用于教育装备标准化建设资金 4.5 亿元。市教育城域网实现市、区、校三级互联互通，6 个区都建成区域网络中心，98%的公办中小学接入教育网并展开各种教学活动。

〔**教育合作交流**〕 深港两地教育局签署《深圳学校试办港人子弟班合作协议》，制定《深圳学校试办港人子弟班施行细则》，确定深圳 3 所民办学校 2010 年秋季试点，择年级开设港人子弟班。新增 16 所学校加入深港中小学“姊妹学校”缔结计划，“姊妹学校”总数近 100 所。10 月中旬，深圳市副市长唐杰亲率深港教育合作调研考察团赴港，参加深港教育研讨会，就深港教育全方位交流合作进行深入探讨。与香港中文大学、香港大学等院校的合作，也取得新的进展。深澳两地教育局落实《教育合作协议》已就交流合作范围、姊妹学校缔结、教师专业研讨与交流等达成一致意见。

〔**对口帮扶**〕 积极落实广东省“千校扶千校”工作，结对帮扶揭阳、河源、汕头三市义务教育学校 116 所，是全省跨市帮扶学校最多的市；局机关 16 个党支部与龙岗区南澳街道、罗湖区翠竹街道及连平县高莞、溪山镇 32 个支部开展结对帮扶活动；安排 4 882 个中等职业教育学位用于落实广东省安排给深圳市的“双转移”任务，接收东西两翼粤北山区初中毕业生到深圳就读；派出 2 批 35 名教师赴甘肃陇南地震灾区支教。

撰稿 陆万伟 蔡茂洲 吴海萍 郑 浩 王佳斌 胡 鹏 胡爱民

审稿 范 坤

广西壮族自治区教育

概　　况

〔基本情况〕

2009年各级各类学校校数、教职工、专任教师情况

	学校数（所）	教职工数（人）	专任教师数（人）
一、高等教育			
（一）研究生培养机构（不计校数）	(11)		
1. 普通高校	(11)		
2. 科研机构			
（二）普通高等学校	68	48 304	29 459
1. 本科院校	29	30 638	18 122
其中：独立学院	9	3 750	2 681
2. 高职（专科）院校	39	17 666	11 337
3. 其他机构（点）（不计校数）			
（三）成人高等学校	7	2 685	1 685
（四）民办的其他高等教育机构			
二、中等教育	2 978	228 017	184 056
（一）高中阶段教育	924	227 796	65 697
1. 高中	479	190 776	41 470
普通高中	478	190 755	41 455
成人高中	1	21	15
2. 中等职业教育	445	37 020	24 227
普通中专	392	32 479	20 743
成人中专			
职业高中			
技工学校	53	4 424	3 429
其他机构（教学点）（不计校数）	(12)	117	55
（二）初中阶段教育	2 054	221	118 359

续表

	学校数（所）	教职工数（人）	专任教师数（人）
1. 普通初中	2 019		118 241
2. 职业初中			
3. 成人初中	35	221	118
三、初等教育	14 725	246 873	221 454
（一）普通小学	14 290	245 745	220 832
（二）成人小学	435	1 128	622
其中：扫盲班	197	531	242
四、工读学校	3	38	26
五、特殊教育	57	1 072	825
六、学前教育	5 053	44 730	26 333

注：普通高中的教职工数中包含普通初中的教职工数。

2009 年各级各类学历教育学生情况

	毕业生数（人）	招生数（人）	在校生数（人）
一、高等教育			
（一）研究生	4 959	7 326	18 748
博　士	88	171	584
硕　士	4 871	7 155	18 164
（二）普通本专科	121 457	168 942	528 342
本　科	42 382	66 792	238 647
专　科	79 075	102 150	289 695
（三）成人本专科	53 672	63 974	144 417
本　科	25 442	25 928	57 636
专　科	28 230	38 046	86 781
（四）其他各类高等学历教育			
1. 在职人员攻读博士、硕士学位		959	3 158
2. 网络本专科生			
本　科			
专　科			
3. 其他			
二、中等教育	1 060 628	1 308 407	3 553 400
（一）高中阶段教育	413 503	582 137	1 483 851
1. 高中	236 672	262 594	752 967
普通高中	236 627	262 594	752 797
成人高中	45		170
2. 中等职业教育	176 831	319 543	730 884

续表

	毕业生数（人）	招生数（人）	在校生数（人）
普通中专	142 363	189 610	532 274
成人中专	5 179	85 301	96 614
职业高中			
技工学校	29 289	44 632	101 996
（二）初中阶段教育	647 125	726 270	2 069 549
1. 普通初中	644 905	726 270	2 065 476
2. 职业初中			
3. 成人初中	2 220		4 073
三、初等教育	741 470	752 468	4 382 551
（一）普通小学	730 648	752 468	4 367 767
（二）成人小学	10 822		14 784
其中：扫盲班	1 100		1 677
四、工读学校	26	29	34
五、特殊教育	1 556	2 442	16 213
六、学前教育	536 115	841 561	1 128 170

注：特殊教育学生数中包括普通中小学随班就读的学生。

2009 年各级各类非学历教育学生情况

	结业生数（人）	注册生数（人）
总　计	1 399 114	1 373 828
一、高等教育	78 896	43 371
（一）研究生课程进修班	235	674
（二）自考助学班	3 265	10 179
（三）普通预科生		869
（四）进修及培训	75 396	31 649
其中：资格证书培训	33 403	18 870
岗位证书培训	18 496	7 547
二、中等职业教育	1 320 218	1 330 457
其中：资格证书培训	75 110	71 925
岗位证书培训	57 463	32 395
（一）中等职业学校	176 234	144 749
其中：资格证书培训	56 194	49 251
岗位证书培训	47 874	28 140
（二）职业技术培训机构	1 143 984	1 185 708
其中：资格证书培训	18 916	22 674
岗位证书培训	9 589	4 255

2009年各级各类民办教育基本情况

	学校数（所）	毕业生数（人）	招生数（人）	在校生数（人）	教职工数（人）	专任教师数（人）
一、民办高等教育						
（一）民办高校	20	17 131	32 050	98 408	7 549	5 049
本科学生		7 261	15 016	52 362		
专科学生		9 870	17 034	46 046		
其中：独立学院	9	7 261	15 016	52 362	3 750	2 681
本科学生		7 261	15 016	52 362		
专科学生						
（二）民办其他高等教育机构						
二、民办中等教育						
（一）高中阶段教育	242	51 517	63 319	177 488	16 694	10 951
1. 民办普通高中	90	19 951	20 899	59 530	9 294	6 689
2. 民办中等职业教育	152	31 566	42 420	117 958	7 400	4 262
（二）初中阶段教育	134	22 319	25 913	74 800		
1. 民办普通初中	134	22 319	25 913	74 800		
2. 民办职业初中						
三、民办普通小学	195	17 304	20 595	112 073	6 403	4 669
四、民办幼儿园	4 449	127 537	256 424	424 191	32 695	18 796
另有：民办培训机构（不计校数）	（161）				4 448	3 248

注：民办普通高中的教职工数包含民办普通初中的教职工数。

〔**教育投入**〕 2009年，广西教育经费总收入为387.33亿元，比上年增加39.7亿元，增长11.42%。其中，预算内教育经费292.15亿元，比上年增加41.22亿元，增长16.43%。2009年，广西教育经费总支出383.77亿元，比上年增加41.79亿元，增长12.22%。其中，事业性经费支出375.04亿元，比上年增长37.46亿元，增长11.1%。

〔**教育人事制度改革**〕 2009年，成立了义务教育学校实施绩效工资工作领导小组，组织制定并下发了《广西壮族自治区义务教育学校教职工绩效考核工作实施意见（试行）》（桂教人［2009］68号），指导全区义务教育学校做好绩效考核和奖励性绩效工资分配。会同自治区人力资源和社会保障厅组织制定并下发了《关于印发广西壮族自治区普通中小学、幼儿园岗位设置结构比例指导标准的通知》（桂人发［2009］52号），《关于印发广西壮族自治区中等职业学校岗位设置结构比例指导标准的通知》（桂人发［2009］53号）和《关于印发广西壮族自治区高等学校岗位设置结构比例指导标准的通知》（桂人发［2009］54号），指导各级各类学校试行岗位设置管理。指导桂林电子科技大学等5所高校组建副教授评审委员会并开展自主评审；推进教师专业技术职务评审信息化建设工作，全部实现全程无纸化评审。

〔**学生资助工作**〕 2009年，全区75所高校共评选发放国家奖助学金3.34亿元，资助贫困学生15.1万人；发放自治区人民政府奖学金1 000万元，资助贫困生3 333人。发放特殊困难补助7 987.86万元，实施贫困生学费减免422.14万元；设置勤工助学岗位19 661个，发放资助资金

2 930.36万元。国家助学贷款新增实际发放金额为2.5亿元，全面启动了生源地信用助学贷款工作，生源地信用助学贷款覆盖率占全区所有县（市、区）的96.4%。全区共发放中等职业学校（含技工学校）国家助学金5.1亿元，共资助学生约34.63万人；全区大力推行职教攻坚，对10.8万名特定人员共资助9 000万元学费，对2.5万名就读特定专业的学生补助第三学年生活费1 876万元，对5 000名品学兼优的学生共颁发1 000万元自治区奖学金。全区23 113名普通高中特困生获中央财政彩票公益金资助2 311.3万元；自治区本级财政下达广西普通高中助学金4 000万元；各地级市财政共安排普通高中助学金1 490万元，用于普通高校家庭经济困难学生的资助。全区继续大力开展资助贫困家庭新生上大学工作，各级财政累计发放资助贫困生上大学款项共3 718.84万元。其中，自治区本级财政1 000万元，市级财政1 268.09万元，县级财政1 450.75万元，共资助3.9万当年考上大学的贫困新生。

〔**教育督导**〕 2009年，出台了《广西壮族自治区“两基”巩固提高工作评估标准和复查办法》，对10个县的“两基”巩固提高工作进行复查。开展全区职教攻坚、农村学校“特岗计划”、教育经费督查和审计，督促各地落实好教育政策，保障教育质量，促进教育发展。在武鸣等14个县（区）开展义务教育均衡发展督导评估试点研究工作。

〔**学校体育、卫生与艺术教育**〕 2009年，组团参加了全国第十届中学生运动会，获一金一银两铜的优异成绩，并获“体育道德风尚奖”，实现广西中学生新中国成立60年来在全国中学生运动会上集体项目金牌零的突破。举办广西千万中小学生广播操大赛、“全区青少年校园足球活动”、广西大学生桥牌比赛。广泛开展青少年阳光体育运动，开展自治区卫生优秀学校申报评定工作；召开全区学校体育、卫生、艺术教育管理工作现场会；连续下发《关于进一步落实甲型H1N1流感防控措施的通知》等20个文件，指导全区学校做好甲型H1N1流感防控工作。组成广西大学生艺术代表团，参加全国第二届大学生艺术展演活动并获优异成绩，获一等奖总数与江苏省并列全国第一，艺术教育科研论文获一等奖总数名列全国第一。举办第三届全区中小学生艺术展演活动，在全区各级各类学校开展“爱国歌曲大家唱——‘祖国万岁’歌咏活动”，庆祝新中国成立60周年。

〔**语言文字工作**〕 2009年，推进计算机辅助普通话水平测试工作。对全区1 450名普通话水平测试员进行培训和考核，组织完成第四届全国普通话培训测试学术研讨会论文撰写及报送工作，我区成为获奖最多的省份之一并获得了最佳组织奖。完成第二批自治区级语言文字规范化示范校评选和第二批国家级语言文字规范化示范校申报、推荐工作。组织第12届“推普周”系列大型活动，举办“广西第12届‘全国推普周’开幕式暨经典诵读进校园活动启动仪式”，举办“广西第二届中华经典诵读大赛暨全国中华诵·2009经典诵读大赛选拔赛决赛”。组织“首届全区大中小学生规范汉字书写大赛既全国大中小学生规范汉字书写大赛选拔赛”活动，广西选送的参赛选手摘取全国高中硬笔组最高奖项——特等奖。举办第四期少数民族教师普通话培训班，培训100名少数民族教师。

〔**教育交流与合作**〕 2009年，广西财政资助出国留学经费从每年300万元提高到1 000万元，自治区财政资助出国留学82人，全区37人被国家留学基金委公派出国留学项目录取。全区各学校聘请长期外籍教师111人，共邀请外籍人员168人来广西参观访问、进行教育文化交流。广西高校招收外国自费留学生2 401人；新招收本科台湾学生6人，本科香港学生51人；招收中国政府奖学金来华留学生100人，招收广西政府奖学金老挝留学生17人。分别派出30名、91名汉语志愿者教师赴菲律宾、泰国教授汉语。国家汉办/孔子学院总部批准广西民族大学和老挝国立大学合作共建老挝国立大学孔子学院。广西大学、广西师范大学、广西民族大学等3所学校获得接收“孔子学院奖学金”来华留学生接收学校资格。举办广西国际教育展和泰国教育展。

〔**教育科学研究**〕 2009年，出版《广西教育发展报告（1998—2007年）》，完成《广西教育发展报告（2008年）》撰写工作，《高职高专教育专业结构调整的研究与实践》项目获2009年广西教改特等奖。组织开展《2009年广西教育事业数据分析》研究工作。开展或完成十多项涉及基础、中等、高等教育的调查研究工作，开展十多次教育决策调研。成功承办全国“高职高专教育专业结构调整的研究与实践”专家鉴定会和“高等学校本科专业状态数据信息系统建设”研讨会，举办“中小学科研与学校特色办学研讨会”。

〔**教育项目建设年**〕 2009年，全区教育系统超额完成自治区人民政府下达的全年90亿元固定资产投资任务，共完成固定资产投资119.91亿元，比2008年增长101.1%，完成全年投资目标任务的133.2%。2009年，教育行业固定资产投资占全区固定资产投资的2.1%。全区共有51个教育项目列入自治区层面统筹推进重大项目，当年新开工项目达12项，已完成投资45亿元。全区教育系统共培训基本建设和项目管理人员6 000人次以上，覆盖全区市、县、乡镇教育项目管理人员的98%以上。全区109个县（市、区）实现了“县县有项目，周周有开竣工”的目标。

基础教育

〔**义务教育学校常规管理年活动**〕 2009年，制定下发《广西壮族自治区义务教育学校常规管理规定》、《广西壮族自治区义务教育学校常规管理达标县（市、区）评估工作方案》、《广西壮族自治区义务教育学校常规管理达标县（市、区）评估标准及评估办法》、《关于开展广西壮族自治区义务教育学校常规管理达标县（市、区）评估工作的通知》等四个文件。召开全区“义务教育学校常规管理年”启动视频会议，部署“义务教育学校常规管理年”活动工作任务，全面启动管理年的各项工作，将2009年和2010年两年定为“广西义务教育学校常规管理年”。对2 000多名市、县教育局长和乡镇中心校校长进行义务教育学校常规管理专题培训。

〔**义务教育经费保障机制改革**〕 2009年，全区共有600万名农村义务教育阶段学生享受免费教科书和免学杂费政策资助，141.23万名农村家庭经济困难寄宿生享受生活费补助。县镇小学、农村小学、县镇初中、农村初中学生公用补助标准从2008年的240元、225元、390元、375元提高到2009年的小学300元、初中500元，提高幅度分别达25%、33%、28%、33%。全区631所农村义务教育学校纳入2009年校舍维修改造工程，涉及单项工程683项。中央和自治区各级政府共投入农村义务教育经费保障机制改革资金457 670.23万元，其中免费教科书资金61 789万元、补助公用经费资金225 366.67万元、补助家庭经济困难寄宿生生活费资金98 430.54万元、农村中小学校舍维修改造资金72 084.02万元。深入实施免除城市义务教育阶段学生学杂费政策，全区共有57.57万名城市义务教育阶段学生享受免学杂费，6 093名家庭经济困难的义务教育学生获得免费教科书资助，2 340名家庭经济困难寄宿生享受生活费补助。2009年中央和自治区各级政府共投入免学杂费政策资金24 115.68万元，其中免学杂费资金15 073.2万元、补助公用经费资金2 188.84万元、免费教科书资金89.72万元、补助家庭经济困难寄宿生生活费资金247.51万元、校舍维修改造资金6 576.41万元。

〔**中小学教育专项工程**〕 2009年，全区共组织实施十项中小学教育专项工程，总投资30.14亿元，建设学校3 695所，建设校舍332万平方米。

一是2007—2009年度中西部农村初中校舍改造工程总投资4.31亿元，建设学校311所，建设校舍54万平方米。二是2008年度农村中小学校舍维修改造长效机制项目总投资6.23亿元，建设学校1 458所，建设校舍84万平方米。三是2008年度特殊教育学校建设工程总投资0.44亿元，建设学校7所，建设校舍3万平方米，购置特殊教育教学仪器设备、图书以及康复训练设施一批。四是2008—2009年中职能力建设项目总投资2.92亿元，建设学校51所，土建面积20万平方米。五是2008年度新农村卫生新校园建设工程总投资0.47亿元，建设214所农村中小学厕所、沼气池及食堂改灶，土建面积3万平方米。六是边境国门学校建设工程总投资2亿元，建设学校138所，建设面积19万平方米。七是2009年度校舍安全工程（含2009年中小学校舍维修改造项目）总投资12.66亿元，建设学校1 367所，建设校舍137.31万平方米。八是2009年度中央救灾专项工程总投资0.13亿元，建设学校34所，建设校舍面积2.5万平方米。九是桂西五县基础设施建设大会战教育项目总投资0.3亿元，建设学校27所，建设校舍面积3.87万平方米。十是兴边富民行动基础设施建设大会战教育项目总投资0.45亿元，建设学校65所，建设面积5.01万平方米。2009年，累计完成投资22亿元（不包含市县资金项目），已竣工学校2 842所，竣工面积248万平方米。

〔**中小学校舍安全工程**〕 2009年，成立了全区中小学校舍安全工程领导小组和办公室。制定了《广西中小学校舍安全工程实施方案》并印发全区实施。完成全区中小学校舍安全工程校舍排查鉴定工作，排查鉴定的学校总数为17 585所，鉴定单体建筑物合计96 450栋，面积6 136.80万平方米。2009年到位资金29.94亿元，其中中央资金到位12.58亿元、省级资金到位6.06亿元、市县配套资金11.3亿元。编制《广西中小学校舍安全工程规划》并报全国校安办。

〔**全区“农村中小学财务管理年”活动**〕 2009年，为加强广西农村中小学财务管理，提高中小学校长的理财能力，加强中小学财务队伍建设，提高财务管理人员的业务素质和管理水平，提高教育经费的使用效益，推进农村教育事业改革与发展，启动并组织全区开展“农村中小学财务管理年”活动，制定下发《广西中小学财务管理规范暂行标准》和《广西中小学财务管理规范检查评分细则》。指导武鸣县等14个县（市区）开展中小学财务管理规范示范县建设和达标验收工作。

〔**进城务工人员子女及农村留守儿童义务教育工作**〕 2009年，春季学期共接收农村留守儿童152.3万人，秋季学期共接收农村留守儿童139.07万人；秋季学期共接收进城务工人员随迁子女接收义务教育30.93万人，全部取消收取借读费。

〔**义务教育课程改革**〕 2009年，自治区中小学免费发送1 000套小学、初中探究课比赛获奖教学光盘及优秀教案。组织有关教研机构和高等院校开展《广西基础教育课程改革评价体系的研究》等9个有关基础教育课程改革的研究，内容涉及学校管理、课程实施、教学评价等方面。协助教育部基础教育一司开展“义务教育学校布局调整问题研究”。印发广西2009年中考指导意见，审批各地级市中考实施方案，全区有13个市实行初中毕业考试与升学考试“两考合一”。

〔**普通高中教育**〕 2009年，自治区本级首次设立并下达示范性普通高中建设奖励专项经费3 000万元，16所学校的17个项目受益，各市县投入近1亿元资金用于示范性普通高中建设。年内新立项建设10所自治区示范性普通高中，新评估认定5所学校为自治区示范性普通高中，全区自治区示范性普通高中达到102所。组织广西普通高中课程改革考察团赴山东、海南、广东三省考察学习。编印《广西普通高中课程改革学习手册》（三）（四）合订本，免费发送全区共计10 000册。

〔**学前教育**〕 2009年，承办全国学前教育研讨会。开展自治区示范幼儿园评估工作，开展全区幼儿园成本调查工作。召开全区学前教育工作会议。在平果、那坡、隆林三个项目县实施儿童早期教育发展试点实验。指导平果县实施完成联合国儿基会“家长干预对儿童入学准备的影响（PTC）”项目实验任务。

〔**特殊教育**〕 2009年，开展全区特殊教育发展现状调研。举办第二期自治区级特殊教育学校校长高级研修班，培训60多位分管特殊教育工作的行政管理干部、30多位特殊教育学校校长；举办自治区级特殊教育学校骨干教师高级研修班，培训90多位特殊教育学校骨干教师。

〔**扫盲教育**〕 2009年，依托广西师范大学教科院建设广西扫盲教育培训与研究基地，完成联合国教科文组织委托在龙胜县开展的扫盲项目，举办全区扫盲教育工作培训班。

〔**中小学德育工作**〕 2009年，免费向全区中小学发放爱国主义图书《莫忘国耻》、《中华正气》5 000套共1万本；发放爱国主义教育影片光盘《闪闪的红星》、《火烧圆明园》、《万水千山》、《雷锋》2 000套共8 000张；发放爱国主义教育歌曲集1万本。在全区中小学开展“庆祝新中国成立六十周年爱国主义教育活动”。评选表彰100所“全区中小学校园文化建设先进学校”。

〔**中小学安全工作**〕 2009年，开展“安全教育活动月”和“防灾减灾”主题活动，全区16 000多所中小学，600多万名学生参加活动。编印《广西中小学幼儿园安全工作学习手册》，免费发送全区各级教育行政部门和中小学，开展净化学校周边社会文化环境和治安环境专项行动。

职业教育与成人教育

〔**国家民族地区职业教育综合改革试验区建设**〕 2009年3月，自治区主席马飚与教育部部长周济签署了《广西壮族自治区人民政府 教育部共建国家民族地区职业教育综合改革试验区协议》，在广西壮族自治区共建“国家民族地区职业教育综合改革试验区”。协议商定主要试验内容是：广西壮族自治区人民政府和教育部共同建立广西省会城市南宁职教园区、广西北部湾职教园区、工业基地柳州市职教园区、边境国门崇左市职业教育园区等建设项目；继续实施“广西壮族自治区中等职业教育攻坚方案”；实施“城市职教园区建设项目”，形成职教跨越式发展的龙头带动作用；重点加强农村中等职业教育发展，全面开展县级职教中心建设；大力推行工学结合、校企合作、顶岗实习的人才培养模式；在全面落实中等职业教育学生资助政策的基础上，自2009年起，启动农村家庭经济困难学生和涉农专业学生免费就读中等职业学校工作，逐步实行免费中等职业教育；推进职业教育办学体制机制改革创新，进一步理顺职业教育管理体制，探索建立和完善政府主导、行业企业、社会和学校共同参与的职业教育运行机制。共建试验区工作暂定为5年，期限自2009年至2013年。2009年1月、8月，分别召开了全区职业教育攻坚工作会议及全区职业教育攻坚工作现场会，促进职教攻坚的深入推进。

〔**中等职业教育实训基地建设**〕 2009年，制定了《广西中等职业教育实训基地建设管理暂行办法》、《广西中等职业教育实训基地建设指导标准（暂行）》，安排职业教育攻坚中等职业教育专项经费1.43亿元，支持47所中等职业学校实训基地建设，获得2009年度中央财政支持的职业教育实训基地建设项目共1 230万元，建设8所学校的8个实训基地。对2007年度广西获中央财政支持的11

个实训基地建设项目和2008年度自治区财政支持的39个实训基地建设项目进行检查。对学校申报的94个校内示范性实训基地、23个校外实训基地进行评审并实地考察评估，认定63个中等职业教育（校内）自治区示范性实训基地、10个中等职业教育（校外）自治区示范性实训基地。

〔**中等职业学校专业建设**〕 2009年，开展区直中等职业学校新设置专业评审及市属学校新设置专业核准备案工作，审批区直中职学校新增设26个专业（点），同意市属中职学校260个新增设专业（点）备案，开展自治区示范性专业点评估工作，认定47个自治区示范性专业点。2009年，全区中等职业学校开设有173个专业，3 178个专业点，有56个示范性专业，188个示范性专业点。

〔**中等职业学校队伍建设**〕 2009年，组织自治区示范性中等职业学校53名校长到清华大学参加校长培训班；举办2期中等职业学校校级领导全员培训班，培训255名校级领导；组织中等职业学校10名副校长到上海市骨干学校挂职学习3个月，学习上海职业教育发达地区先进的办学理念、教育教学改革思路和学校管理艺术。

〔**中等职业学校品牌建设**〕 2009年，组织自治区示范性中等职业学校评审，认定广西银行学校等53所学校为第一批自治区示范性中等职业学校，广西城市建设学校等35所学校为自治区立项建设示范性学校。对广西银行学校等28所学校进行国家级重点中等职业学校复评暨教学水平评估，通过率达100%，其中优秀率达60.7%；对申报“合格学校”的28所学校进行验收，7所学校通过验收。2009年，全区中等职业学校（含技工学校）国家级重点学校49所、省级重点学校46所、合格学校235所，未评等级学校55所。

〔**中等职业教育教学改革**〕 2009年，启动新一轮中等职业教学改革工作。组织布置语文等12门公共基础课课程教学大纲和新教材培训，培训相关科目教师1 500多人。对桂林市旅游职业中等专业学校、广西药科学校等27所学校进行第二轮的重点中等职业学校复评及教学水平评估工作，18所学校获“优秀”等级，8所学校获“良好”等级，1所学校获“合格”等级。开展教学改革成果评奖，共评出获奖项目42个。对92所学校375个新申报项目进行评审，确定278个项目为2009年度广西中等职业教育教学改革立项项目。组织开展2009年全区中等职业教育技能比赛工作，全区49个代表队、120所学校、927名（人次）学生参加比赛，共评出奖项453项。组成广西职业院校代表团参加2009年全国职业院校技能比赛，广西参赛选手共获得68枚奖牌，中职学校代表队获得一等奖1项、二等奖17项、三等奖29项、优秀奖12项；三等奖以上奖项获奖率达80%，比全国平均水平高20个百分点；在全国37个代表队中，广西中职学校代表队团体总分与四川代表队并列第9位，广西被授予优秀组织奖。举办数控技术等8个专业技能比赛培训班，培训专业教师800名；邀请2009年全国职业院校各项目裁判长和评委16人、区内专家10人对全国、全区中等职业学校技能比赛进行总结和上课。开展向全区中等职业学校征集评选优秀多媒体课件活动，共征集多媒体课件290件，评选出优秀多媒体课件184件。

〔**职业教育攻坚**〕 2009年，职教攻坚项目各市县筹措资金21.5亿元，完成投入20.95亿元，建设项目460个。完成《广西壮族自治区职业教育条例》草案起草工作并通过了自治区人大预审，自治区人民政府出台《自治区人民政府关于大力发展职业教育的若干规定》、《广西壮族自治区中等职业教育奖优扶先办法》、《广西壮族自治区职业教育攻坚工作标准和评估验收办法》，自治区机构编制办印发《广西壮族自治区中等职业学校机构编制管理暂行规定》。2009年，全区中等职业学校招生31.95万人，占职教攻坚年度招生任务30万人的106%，超额完成教育部下达31万人的招生任务。面向返乡农民工、进城务工人员、企业在岗人员、农村务农人员实施中等职业非全日制学历教育，共招收成人在职类学生8.94万人，为更多群体接受中等职业教育提供方便。评选表彰了80个招生工作先进集体和200名个人先进工作者，对8个市教育局和21所区直学校完成送生或招生工作进行专项奖励。审定公布具有招生资格的435所学校名单和招生专业名称，取消或暂停了一批办学条件不符合标准的学校的招生资格。

〔**高等职业教育示范建设**〕 2009年，安排3 000万元高职能力建设专项经费，专项资助18个项目院校的21个自治区示范高职实训基地建设以及2所国家示范高职院校、1所国家示范重点培育高职院校的建设。确定桂林旅游高等专科学校、广西交通职业技术学院为第二批自治区示范性高等职业院校，确定广西生态工程职业技术学院、广西工业职业技术学院、柳州铁道职业技术学院、广西电力职业技术学院和广西工商职业技术学院等5所院校为自治区示范性高等职业院校重点培育单位。南宁职业技术学院的国家示范性高等职业院校建设顺利通过教育部、财政部验收，正式成为国家示范性高等职业院校。认定30个自治区示范性高等职业教育实训基地，其中5个获得教育部、财政部认定的中央财政支持的职业教育实训基地。参加全国高职技能大赛4个项目的比赛，取得了4项二等奖、2项三等奖和1项优胜奖的成绩。

〔**服务新农村建设**〕 2009年，举办全区乡镇成人文化技术学校、中心小学技术教育学校教师400人的计算机操作技能培训班；动员全区约80所中职学校、200所乡镇成人文化技术学校争取“阳光工程”、“温暖工程”、“再就业培训工程”、“扶贫工程”等国家、自治区的项目经费，承担并完成了农村劳动力转移就业培训15万人，农村实用技术培训约45万人（次）。

高等教育

〔**高等学校质量工程**〕 2009年，首次设立广西高校质量工程专项经费1 800万元。13个专业获得教育部第一类特色专业建设点，1个专业获得教育部第二类特色专业建设点。新增自治区级精品课程102门，10门课程获得国家精品课程。确定首批30个自治区级人才培养模式创新实验区，获得国家级人才培养模式创新实验区4个。认定30个自治区级实验教学示范中心，1个实验中心获得国家级实验教学示范中心建设单位。广西师范大学罗星凯教授和广西交通职业技术学院彭朝晖教授荣获教育部高等学校教学名师奖。评选表彰29名自治区级教学名师奖。确定自治区级教学团队45个，有5个教学团队获得国家级教学团队。广西大学、桂林理工大学和梧州学院共有3门课程被评为国家级双语教学示范课程。评出新世纪广西高等教育教学改革工程“十一五”第五批立项共426项。开展四年一度的自治区级教学成果奖的组织申报、评审和立项工作，共评出自治区级教学成果奖228项，其中特等奖9项、一等奖42项、二等奖71项、三等奖106项，推荐29项成果参加国家级教学成果奖的评审，有8项成果获得国家级教学成果二等奖。从2009年的质量工程专项经费中拨出370万元，专项用于支持18对受援高校和支援高校推进对口支援工作。启动评估新方案评估试点工作，并完成对柳州医学高等专科学校的新方案试点正式评估工作，结论为合格。

〔**高等学校党建工作**〕 2009年，会同自治区党委组织部完成了面向海内外公开招聘高校副校长的工作，共有28人到28个高校副职岗位任职。向北京科技大学、武汉大学选派了14名挂职干部。对8名选派到民办高校担任党组织负责人、督导专员的同志进行了届中考察。实施“大学生党的基本知识教育工程”，开展2008年直属高校优秀学生党支部和“党在我心中”优秀组织单位评选表彰活动，评选表彰25个“广西高校优秀学生党支部”

并奖励5万元建设经费，评选表彰8个“党在我心中”优秀组织单位并奖励4万元经费。开展党建立项研究工作，确定15项重点立项研究课题和40项一般立项研究课题，资助科研经费15.5万元。开展“七一”表彰激励工作，共评选表彰99个全区高校先进基层党组织、198名优秀共产党员、100名优秀党务工作者。推荐上报3名自治区先进基层党组织、优秀共产党员、优秀党务工作者并获自治区党委表彰。会同自治区党委组织部在北海举办新任高校领导干部培训班，培训81名新任高校领导干部。举办高校党务工作系列培训班，培训高校干部402名。指导高校开展深入学习实践科学发展观活动，编辑出版了分析检查报告、宣传报道和高校领导干部优秀调研报告丛书，自治区党委书记郭声琨为三本丛书作序。在全区普通本科高校开展统战工作先进单位评选活动，评选表彰12个优秀单位，7个先进单位。

〔**大学生思想政治教育**〕 2009年，成立了中国教育电视台广西记者站、广西电视台驻教育厅记者站、广西人民广播电台驻教育厅记者站，与广西电视台联合举办第25个教师节文艺晚会。与教育部高等学校社会科学发展研究中心、《学校党建与思想教育》杂志社在南宁联合举办“新中国成立60年高校党建理论与实践”学术论坛。举办纪念百色起义80周年暨百色起义纪念馆基本陈列走进南宁高校系列活动。在全区教育系统下发《关于围绕庆祝新中国成立60周年深入开展我爱我的祖国主题教育活动的通知》，在全区学校广泛开展群众性爱国主义教育活动，庆祝新中国成立60周年。与自治区文明办、广电局、团区委联合举办全区“迎国庆讲文明树新风”礼仪知识竞赛活动，选派的高校代表队获得特别奖奖励。邀请自治区党委书记郭声琨、自治区主席马飚、自治区副主席陈章良分别到广西大学、广西民族大学、广西师范学院为大学生作形势政策报告。全年高校举办各类报告会1 500多场次，听众60多万人次。举办首届广西高校辅导员论坛暨全区高校优秀辅导员表彰大会，表彰95名优秀辅导员和20名优秀班主任。在广西师范大学、北京科技大学举办两期辅导员培训班，培训辅导员300多名。举办“全区高校思想政治理论课骨干教师培训班”暨“新中国成立60周年与大学生爱国主义教育研讨会”。自治区党委宣传部与教育厅联合举办全区高校哲学社会科学教学科研骨干研修班，培训学员70名。组织青年教师到广州参加广东、广西、海南三省区高校思想政治理论课青年教师基本功大赛。评选表彰41名全区优秀学生、1 984名全区三好学生、1 002名全区优秀学生干部、561个全区先进班集体、20名“广西大学生奋进之星”。评选表彰5个高校五四红旗团委、48个高校五四红旗团支部（总支），49名高校优秀共青团干部，87名高校优秀共青团员。联合自治区团委、卫生厅开展“学会感恩、珍爱生命”广西大学生心理健康教育宣传周活动。下发《2009年学校人员密集场所消防安全专项整治方案》，集中开展学校消防安全专项整治工作。开展全区高校安全文明校园创建活动，评比表彰了17所全区高校安全文明校园。

〔**学位与研究生教育**〕 2009年，全区高校共有博士学位授予单位3个、博士点22个，硕士学位授予单位11个、硕士点428个，硕士专业学位授予单位9个、硕士专业学位授权种类14个、硕士专业学位授权点25个。完成了《广西壮族自治区2008—2015年新增博士、硕士学位授予单位立项建设规划》和《项目建设规划》并报送国务院学位委员会。国务院学位委员会批准广西新增13个专业学位研究生培养单位，数量之多列全国第三、西部地区第一。其中，新增广西医科大学为博士专业学位研究生培养单位，实现了广西博士专业学位研究生教育零的突破。启动了2009年度学位授权点学科建设计划。共安排资金800万元，支持7个博士点和32个硕士点学科建设。立项672项研究生教育创新计划，资助200万元项目经费。评审确定35篇2009年广西优秀硕士学位论文。新增贺州学院和钦州学院为学士授予权单位。召开自治区学位委员会第十次全体会议，表决并通过了广西2008—2015年新增博士、硕士学位授予单位的立项建设单位名单，桂林电子科技大学、广西民族大学和桂林理工大学被确定为新增博士学位立项建设单位，右江民族医学院被确定为新增硕士学位立项建设单位。

〔**高等学校科技创新和服务**〕 2009年，全区高校共有国家重点学科、重点研究机构19个，自治区重点研究机构16个，广西高校重点学科100个，广西高校重点实验室（基地）92个。全区高校获科研项目立项11 029项、R&D经费达5.4亿元。高校获2009年广西科技进步奖一等奖2项、二等奖16项、三等奖38项，获奖总数达到56项，占高校推荐总数75项的74.6%，占全区总获奖项目数151项的37.1%。高校发明专利申请数量达到235项。开展“服务企业年”活动，组织实施了“科技特派员工程”和“产业技术创新战略联盟”。举办“2009·高校三对创新行动计划——桂林（恭城）科技活动”，30多所高校、100多位专家学者参加活动。开展“广西高校首届杰出科技人才”评选，对在科学研究取得杰出成就的杨绿峰等31位同志授予了荣誉称号和表彰。组织高校参加2009年第十八届广西科技活动周，并首次设立“广西高校科研成就展”专馆，获得“最佳组织奖”。

〔**高等学校教师队伍建设**〕 2009年，全区高校专任教师31 144人。其中，具有硕士学位以上的人数达到13 559人（其中博士2 205人、硕士11 354人），具有硕士学位以上的人数占专任教师的比例为43.5%，比2005年的29.8%增长了13.7个百分点。具有博士学位的专任教师比2005年的933人增加了1 272人，增幅为136.3%；在专任教师中所占比例比2005年的4.3%增长了2.8个百分点。具有硕士学位的专任教师比2005年的5 484人增加了5 870人，增幅为107%；在专任教师中所占比例比2005年的25.5%增长了11个百分点。全区高校具有高级专业技术职务的教师10 260人（其中正高2 413人、副高7 847人），具有高级专业技术职务的教师占专任教师的比例为32.9%（其中正高7.7%、副高25.2%），比2005年的31.8%增长了1.1个百分点；其中，正高的比例增长了1.4个百分点。广西大学引进了一名教育部“长江学者”讲座教授。组织修订了广西高校人才小高地创新团队和学术带头人评选办法，并组织了第三批高校人才小高地的评选工作，评选了19个创新团队，聘任了19名团队带头人“八桂学者”；完成对第一批9个高校人才小高地的评估验收工作；组织了“广西高校优秀人才资助计划”评选，有59位高校教师入选。组织实施了“广西高校骨干教师培养计划”，有63名骨干教师正式入选。

〔**高等学校毕业生就业工作**〕 2009年，全区共举办了5场全区性现场“双选会”，各高校共举办了130场校园大型“双选会”和3 803场用人单位专场宣讲会，协助国家有关部门举办了5场毕业生“网上双选会”。成立了“广西毕业生就业促进会”，投入了约180万元，对“广西毕业生就业网”进行升级改造。确定38家企业作为首批自治区级高校毕业生就业见习基地。2009年，全区“选调生”、“三支一扶”、“西部计划”、“‘特岗’教师”、“‘村官’计划”等基层项目共招募高校毕业生6 553人，比上年多1 726人。截至2009年9月1日，全区区内高校的毕业生为126 868人，比上年同期增加10 777人，增长率为9.29%。由于金融危机的影响，全区高校毕业生就业总人数为108 386人，总体就业率为85.46%，比上年同期下降5个百分点。其中，毕业研究生就业率为86.29%，比上年同期下降5个百分点；本科毕业生就业率为80.8%，比上年同期下降近8个百分点；高职高专毕业生就业率为87.85%，比上年同期下降近4个百分点。

〔**平安高考**〕 2009年，广西高考试卷印制、包装、运送和保管安全保密，考场秩序、考纪考风良好，没有发生任何安全保密事故和群体舞弊现象，实现了“平安高考”目标。各级招生考试部门深入实施高校招生“阳光工程”，维护了高校招生的公平公正，保障了考生和家长的切身利益。广西普通高校招生实行考生志愿填报和录取投档模式改革，全部14个录取批次中有7个批次按平行志愿模式填报志愿和投档，减少了考生填报志愿风险、高分落榜、生源“撞车”和“断档”、退档等现象的发生，改革目标基本实现。2009年，广西报名参加高考人数为301 761人，比2008年减少2 019人，减幅0.66%。2009年，全区普通高校总的招生计划为184 338人，比上年增加20 288人，增幅12.37%。区内外普通高校在广西共录取本专科新生191 812人，比原计划多录取7 474人，增加了4.05%。

〔**国家开发银行贷款高等院校校园建设项目**〕 2009年，与国家开发银行签订了广西壮族自治区普通高等院校校园建设贷款协议，经自治区人民政府常务会议审定，确定国家开发银行贷款广西普通高等院校校园建设项目（第一批）贷款金额21.725亿元，项目涉及广西大学等16所高校，总投资32.848 2亿元，建设规模达到140万平方米。

〔**高等学校后勤工作**〕 2009年，全区落实中央和自治区春季学期普通高校家庭经济困难学生临时伙食补贴2 338万元，共补贴70所高校困难学生121 563人；每生每月20元，补贴3至7个月，有效缓解经济困难学生生活压力，确保高校和社会稳定。组织实施高校学生食堂和学生公寓标准化评估建设，完成了首批17所院校25个学生食堂和110栋学生公寓楼（区）现场评估验收工作，促进高校后勤管理规范化、科学化发展。

民族教育

〔**少数民族高层次骨干人才计划**〕 2009年，完成少数民族高层次骨干人才培养计划广西生源地考生报名资格确认约1 150人，完成了录取硕士生270名、博士生74名的招生计划。

〔**大学民族预科班**〕 2009年，全区少数民族预科学生招生计划为1 116人，录取后报到1 112人，完成招生计划率为99.64%。11个世居少数民族中的壮族、瑶族、苗族、侗族、京族、仫佬族、毛难族、水族等8个少数民族均完成了招生计划，录取的少数民族学生生源地分布覆盖50个老、少、边、山、穷县，全部集中在广西民族大学预科教育学院学习一年。

〔**中小学寄宿制民族班**〕 2009年，承办自治区中小学寄宿制民族班的学校有109所，在校生为24 390人。其中九年义务教育阶段初中、小学有62所学校，学生18 060人；高中班有47所学校，学生6 330人。自治区财政投入2 240万元用于中小学寄宿制民族班学生生活补助。

〔**壮汉双语教学**〕 2009年，继续开展壮文进校和壮汉双语教学工作，指导壮文小学教师按照“以壮为主、壮汉结合、以壮促汉、壮汉兼通”十六字方针，有效开展壮汉双语教学。一是努力提高教师学历水平，与广西民族大学共同举办中国少数民族语言文学专业函授学历本科班。二是举办壮汉双语教师基础知识培训班和壮文小学骨干教师培训班。三是完成壮文教材和课外读物的编写、编译、出版任务。上半年编译出版发行了4个版本16种壮文教材，保证了2009年秋季学期壮文学校教师、学生的教学用书；组织专家学者编译出版《红旗飘飘》、《西游记》和《敌后武工队》等76本壮文连环画。四是完成了对壮文小学毕业班壮语文科素质测试工作，全区共有24个县3 000多名小学毕业生参加测试。

撰稿　李清先　赵益真　廖国良
审稿　高　枫

海南省教育

概　　况

〔基本情况〕

2009年各级各类学校校数、教职工、专任教师情况

	学校数（所）	教职工数（人）	专任教师数（人）
一、高等教育			
（一）研究生培养机构（不计校数）	(2)		
1. 普通高校	(2)		
2. 科研机构			
（二）普通高等学校	17	11 666	7 303
1. 本科院校	6	7 853	4 800
其中：独立学院	1	1 338	716
2. 高职（专科）院校	11	3 813	2 503
3. 其他机构（点）（不计校数）			
（三）成人高等学校	1	115	50
（四）民办的其他高等教育机构			
二、中等教育	649	47 564	38 441
（一）高中阶段教育	211	47 519	13 681
1. 高中	108	40 117	9 118
普通高中	108	40 117	9 118
成人高中			
2. 中等职业教育	103	7 402	4 563
普通中专	25	2 543	1 430
成人中专	7	241	158
职业高中	57	2 928	2 039
技工学校	14	1 690	936
其他机构（教学点）（不计校数）	(7)		
（二）初中阶段教育	438	45	24 760

续表

	学校数（所）	教职工数（人）	专任教师数（人）
1. 普通初中	434		24 760
2. 职业初中			
3. 成人初中	4	45	
三、初等教育	2 971	58 089	52 647
（一）普通小学	2 520	57 299	52 368
（二）成人小学	451	790	279
其中：扫盲班	399	190	79
四、工读学校			
五、特殊教育	4	144	105
六、学前教育	785	10 305	5 677

注：普通高中的教职工数中包含普通初中的教职工数。

2009 年各级各类学历教育学生情况

	毕业生数（人）	招生数（人）	在校生数（人）
一、高等教育			
（一）研究生	591	1 007	2 546
博　士	15	27	107
硕　士	576	980	2 439
（二）普通本专科	30 844	46 392	142 082
本　科	10 609	21 253	70 116
专　科	20 235	25 139	71 966
（三）成人本专科	7 874	8 614	26 263
本　科	2 686	4 215	10 734
专　科	5 188	4 399	15 529
（四）其他各类高等学历教育			
1. 在职人员攻读博士、硕士学位		315	1 143
2. 网络本专科生			
本　科			
专　科			
3. 其他			
二、中等教育	230 942	276 953	754 361
（一）高中阶段教育	78 081	127 559	308 421
1. 高中	51 332	54 829	155 893
普通高中	51 332	54 829	155 893
成人高中			
2. 中等职业教育	26 749	72 730	152 528

续表

	毕业生数（人）	招生数（人）	在校生数（人）
普通中专	16 909	32 849	75 574
成人中专	14	316	316
职业高中	5 080	24 199	45 701
技工学校	4 746	15 366	30 937
（二）初中阶段教育	152 861	149 394	445 940
1. 普通初中	152 741	149 394	445 840
2. 职业初中			
3. 成人初中	120		100
三、初等教育	172 313	108 144	836 005
（一）普通小学	169 341	108 144	834 016
（二）成人小学	2 972		1 989
其中：扫盲班	972		989
四、工读学校			
五、特殊教育	524	559	2 971
六、学前教育	48 145	82 761	142 920

注：特殊教育学生数中包括普通中小学随班就读的学生。

2009 年各级各类非学历教育学生情况

	结业生数（人）	注册生数（人）
总　计	172 447	74 584
一、高等教育	1 066	2 218
（一）研究生课程进修班		
（二）自考助学班		2 005
（三）普通预科生		120
（四）进修及培训	1 066	93
其中：资格证书培训		
岗位证书培训	991	
二、中等职业教育	171 381	72 366
其中：资格证书培训	8 548	7 104
岗位证书培训	6 738	4 004
（一）中等职业学校	32 305	11 359
其中：资格证书培训	7 227	5 783
岗位证书培训	6 654	3 908
（二）职业技术培训机构	139 076	61 007
其中：资格证书培训	1 321	1 321
岗位证书培训	84	96

2009 年各级各类民办教育基本情况

	学校数（所）	毕业生数（人）	招生数（人）	在校生数（人）	教职工数（人）	专任教师数（人）
一、民办高等教育						
（一）民办高校	7	7 580	15 632	42 710	3 680	2 091
本科学生		636	6 955	18 533		
专科学生		6 944	8 677	24 177		
其中：独立学院	1	874	4 996	16 409	1 338	716
本科学生		636	4 996	16 012		
专科学生		238		397		
（二）民办其他高等教育机构						
二、民办中等教育						
（一）高中阶段教育	55	5 008	11 854	27 217	5 034	3 155
1. 民办普通高中	22	3 403	5 148	12 264	3 965	2 571
2. 民办中等职业教育	33	1 605	6 706	14 953	1 069	584
（二）初中阶段教育	77	8 099	11 674	31 757		
1. 民办普通初中	77	8 099	11 674	31 757		
2. 民办职业初中						
三、民办普通小学	75	12 503	10 858	75 363	5 468	3 580
四、民办幼儿园	686	26 162	43 628	91 669	8 243	4 413
另有：民办培训机构（不计校数）	（37）				204	188

注：民办普通高中的教职工数包含民办普通初中的教职工数。

〔**教育投入与支出**〕 2009 年全省教育经费总投入为 114.91 亿元，比上年增长 23.69%。全省国家财政性教育经费投入为 88.56 亿元，比上年增长 28.91%。预算内教育经费总投入为 81.84 亿元，比上年增长 36.4%。单纯投入教育部门的预算内教育经费为 70.04 亿元，比上年增长 22.45%。其中，预算内教育事业费拨款为 60.94 亿元，比上年增长 26.27%；基建拨款为 4.81 亿元，比上年下降 8.38%。

2009 年全省教育经费总支出为 111.37 亿元，比上年增长 23.96%。全省教育及其他部门办高等学校教育经费支出为 13.36 亿元，比上年增长 2.4%；全省教育及其他部门办中等职业学校教育经费支出为 12.37 亿元，比上年增长 19.4%；全省教育及其他部门办中学教育经费支出为 30.2 亿元，比上年下降 1.3%；全省教育及其他部门办小学教育经费支出为 30.99 亿元，比上年增长 10.72%。

〔**各级各类学校生均办学条件**〕 小学生均占地面积 48.84 m^2，生均校舍面积 6.09 m^2，生均教学仪器设备 321.36 元，生均图书 11.49 册，百名学生拥有计算机 3.13 台；普通中学生均占地面积 42.87 m^2，生均校舍面积 10.42 m^2，生均教学仪器设备 957.90 元，生均图书 14.62 册，百名学生拥有计算机 7.12 台；中等职业学校生均占地面积 27.90 m^2，生均校舍面积 10.94 m^2，生均教学仪器设备 2 146.37 元，生均图书 11.35 册，百名学生拥有计算机 10.17 台；普通高校生均占地面积 96.99 m^2，生均教学行政用房 13.02 m^2，生均教学仪器设备 5 425.08 元，生均图书 68.11 册，生师比 18.63∶1，具有研究生学位教师占专任教师比例为42.54%。

〔**周济部长抵琼调研**〕 2009年2月25日至26日，周济部长来琼出席全国职业教育与成人教育工作会议暨职业教育集团化办学经验交流会。周济部长充分肯定了海南职业教育尤其是中等职业教育近年来的发展成绩，认为海南职教发展的一些举措，如推行“三段式”培养模式，开设“村官班”培养农村“双带头人”，实行中职涉农专业免学费教育，实施集团化办学战略等，已经走在全国前面。周济强调，海南要继续发挥特区优势，为全国职教发展创造更多新鲜经验，要做到“以服务为宗旨，在贡献中发展”，服务于现代化建设，服务于海南的经济社会发展，服务于老百姓的需求，为海南经济社会发展作出贡献。

〔**教育移民（扶贫）工程**〕 2008年教育扶贫（移民）工程在陵水、保亭、五指山、琼中、白沙5个国贫市县和昌江、屯昌、定安、乐东、东方5个省贫市县试点实施，面向全国招聘10所思源实验学校的10名校长及114名学科带头人。上述10所学校于2009年秋季正式开学，18 632名来自贫困地区的学生享受到了与城里孩子一样的优质教育资源，撤并边远、贫困地区82所小学、22所初中。2009年在文昌、琼海、万宁、澄迈、儋州5个市县建设的9所教育扶贫移民学校正在施工中，竣工后将再新增5 500个优质学位。教育扶贫移民工程的建设得到中央领导的高度肯定和社会各界的广泛关注，国务委员刘延东先后两次批示要总结推广海南经验，并在2009年11月召开的全国义务教育均衡发展现场经验交流会上专门作了经验介绍。

〔**农垦中小学校移交地方管理**〕 原农垦中小学校移交地方工作于2008年下半年启动。2009年3月12日，省政府召开全省农垦中小学移交地方管理工作动员大会，农垦中小学移交进入全面推进阶段。2009年4月23日至24日，省教育厅联合省农垦总局组织举办了农垦中小学校移交地方管理实施工作培训班，编印有关文件汇编，解读有关政策，促进移交工作顺利开展。截至2009年6月底，各市县均已签署了农垦中小学移交协议，原直属于农垦总局的省农垦中学、省农垦实验中学、省农垦加来高级中学也移交省教育厅代管，共计移交原农垦中小学494所，教职工1.3万多人，学生13.8万人。移交的农垦中小学于2009年9月实现了顺利过渡、平稳开学。

〔**教育法制工作**〕 促成省人大、省政府有关立法部门将《海南省实施〈中华人民共和国通用语言文字法〉办法（稿）》从原定的预研项目正式列入2009年审议出台的立法项目。深入推进海南省教育依法行政工作，严格把好厅机关规范性文件和其他部门送来征求意见的法规、规章和政策性文件等文稿的审查工作。大力加强学校普法工作，与省法学会共同起草开展大中专院校法制宣讲活动实施方案，在全省大中专院校集中开展法制宣讲活动。与省法宣办联合开展了“学法用法守法，建设美好祖国”全省青少年法律知识竞赛，全省20所大中专院校派代表队参加。与省司法厅、省法宣办联合为全省17所大专院校改选、配备了法制副校长。积极推进全省各级各类学校依法治校示范校创建工作，45所中小学校被评为2009年“海南省依法治校示范校”。积极开展“法律进机关”工程活动，组织全体公务员参加学法用法考核，提高公务员队伍的法律意识和法制水平。

〔**教育督导工作**〕 建立督导责任区制度和过程性督导与审核性评估相结合制度，定期收集市县规范化学校推进和评估情况，认真分析市县创建工作的成绩、问题和建议等，掌握全省中小学规范化学校创建的总体情况。对海口、文昌、定安、洋浦等市县（局）申报的12所规范化学校进行评估。对中等职业学校的办学情况进行调研，为制订中等职业学校办学水平督导评估指标和实施方案，开展中等职业学校办学水平督导评估打好基础。对在第一轮市县政府教育工作督导评估中存在问题整改情况进行督查，督促市县落实教育职责，加快推动职业教育中心建设步伐。做好2009年“两基”奖励专项资金的安排工作，对被教育部表彰的义务教育均衡发展先进单位三亚市、琼海市、屯昌县和在第一轮市县政府教育工作存在问题整改中取得相对较好成绩的白沙黎族自治县、琼中黎族苗族自治县等5个县（市）进行表彰奖励。完成海南省普通高中一级学校办学水平督导评估方案的修订、印制工作。对海口市美兰区、屯昌县、白沙黎族自治县开展义务教育均衡发展督导评估试点工作。组织多名督导干部参加教育督导学会举办的教育督导培训，提高教育督导队伍的理论水平。

〔**体育、卫生与艺术教育**〕 深入开展学生阳光体育运动，大力推广《学生体质健康标准》工作，抓好初中毕业升学体育考试工作，组织各类学生体育竞赛活动，学生体质不断得到增强。文昌中学男子排球队参加2009年全国中学生排球锦标赛获得冠军；省中学生体育代表团参加第十届全国中学生运动会勇夺排球赛冠军。积极开展对外体育交流活动，迎接韩国济州道中学生足球代表团来访海南省。积极开展学校传染病、地方病健康教育工作，加大食品卫生安全监管工作，确保学生身体健康。全力抓好学校甲型H1N1流感防控工作，没有发生1例学生死亡病例。积极抓好学校艺术工作，开展高雅艺术进校园活动，扎实推进校园文化建设和社会主义精神文明建设。大力抓好国防教育工作，进一步规范普通高校、高级中学和中等职业学校学生军训工作。认真做好全省军事理论教师参赛的推荐选拔工作，海南大学黄海宁、海南医学院邝家旺两位教师在全国比赛中分别获得二、三等奖。加强征兵宣传工作力度，做好应届毕业生入伍预征报名工作。

〔**资助贫困学生就学**〕 全年高校生源地信用助学贷款11 166人，发放金额6 596.79万元。教育部门中职学校全年享受国家助学金学生130 672人，资助金额9 892.49万元；享受减免学费、住宿费特困学生和村官班以及涉农专业学生24 097人，资助金额2 463.67万元。继续抓好彩票公益金项目和复星光彩基金等项目，逐步形成资助贫困优秀高中生的长效机制。

〔**大中专毕业生就业率**〕 据统计，2009年全省高校毕业生30 461人，中等职业学校毕业生14 263人，全省大中专毕业生初次就业率平均为86.87%，其中高校84.28%、中专学校92.42%，完成了年初制定的目标任务。

〔**教育国际交流与合作**〕 成功接待2009年俄罗斯学生冬令营代表团来访并在海南国兴中学举行了中俄学生交流营地挂牌仪式。认真做好海南省2009年申报公派留学和地方合作项目受理工作，2009年海南省公派留学全额资助项目共录取2人，地方合作项目共录取14人。做好新加坡教育部初三项目和高二项目在海南省的招生工作，共有16名学生被录取。承办中德职业教育工作会议，开展了海南省中职、高职教师赴德进修项目工作，26名职业院校骨干教师赴德进修40天。组织海南省公派汉语教师推荐选拔工作，派出57名赴泰国际汉语教师志愿者和45名赴菲律宾国际汉语教师志愿者，海南师范大学申报东南亚汉语国际推广师资培训基地获教育部批准。与（美国）教育国际交流协会共同举办第六届少数民族地区中小学英语教师暑期培训班，培训来自保亭、陵水、白沙等少数民族地区的中小学英语教师40余人。

〔**教育纪检监察**〕 联合省纠风、物价、财政、审计、农业等部门在全省教育系统开展春季教育收费情况检查，切实规范中小学收费行为；开展了城市学校服务性收费和代收费的专项检查，认真处理群众的投诉。召开了全省教育系统党风廉政建设工作会议，扎实推进惩防体系建设，深入开展反腐倡廉建设工作，厅党组与厅机关和厅直属学校单位负责人签订2009年党风廉政建设责任书。抓好《建立健全惩治和预防腐败体系2008—2012年工作规划实施意见》的贯彻落实，出台了省委教育工委、省教育厅党组贯彻落实该办法的实施方案，制定了厅机关及教育工委系统开展“制度执行推进年”活动实施方案，制定了《加强高校反腐倡廉建设考核办法》，开展了廉政风险排查活动。加强监督检查，认真查办各类案件，对群众反映的私设小金库问题、有关乱收费问题及高考移民问题等进行了调查核实，并及时将调查结果反馈给有关部门及厅领导。

〔**教育信息化建设**〕 组织对2008年实施农村中小学现代远程教育工程的市县进行省级验收工作。举办全省农村中小学远教工程资源应用说课比赛，有力地提高了农村中小学校的办学条件和水平。召开了全省中小学校教育信息化工作会议，起草了《关于加快推进海南省中小学“校校通”工程建设的实施意见》，并与中国电信海南分公司签订了海南省中小学“校校通”信息联网合作协议书，着力解决全省中小学“校校通”、“班班通”以及校园网建设中存在的问题。召开教育系统电子政务工作会议，加强电子政务的应用，推进无纸化办公。组织教师参加“全国课题实验学校中小学（幼儿园）教师优质课评选活动”。进一步加强省教育厅门户网站建设工作。

〔**勤工俭学**〕 2009年海南省中、初等学校校办产业（勤工俭学）创造产值可达1.1亿元以上，创造纯利润3 500万元以上，为教育事业补充经费3 000万元以上；全省共3 000所学校开展了勤工俭学活动，创办劳动素质教育基地达3 400个，年接纳学生参加劳动生产实践教育达100万以上人次，勤工俭学就业人数为2万人，救助贫困学生达9 000人以上。继续加大农村学校土地确权工作力度，防止学校土地流失，促进校园经济建设。目前全省做得较好的有陵水县，中小学土地持证率达到100%，其余市县也基本完成学校土地确权工作。

〔**语言文字工作**〕 成立了海南省语言文字工作委员会。组织开展第十二届推普周活动。开展全国首届大中小学生规范汉字书写大赛活动，海南省获得了二等奖2名、三等奖9名、优秀奖44名。举办了海南省第三期少数民族教师普通话培训班，培训了来自少数民族边远地区的教师50名。选派海南省软件学院和海南大学三亚学院两支代表队参加了国家语委举办的“中华诵”网络大赛。选拔海口市英才小学张沁同学、文昌中学林道声同学和屯昌中学符芳宇同学参加了2009年全国中小学生“中华诵”夏令营活动。完成海南省语言文字网页的部分建网工作。继续推进海南省的普通话水平测试工作，共测试6 152名学生和社会人员，获得三级或三级以上资格证书的有4 025人次。

〔**教育信访**〕 全年处理来信620件，接待来访201批、692人次。处理上级交办事项17件，下函交办51件，转办信件92件。组织4次矛盾排查化解工作，查出师范生就业、高考移民、农垦中小学校教师移交地方管理问题过程中人员安置、师生权益保障、退休教师绩效工资等五类较为突出的问题28件，并逐一分解到各有关单位落实处置。先后9次派出18名（人次）干部下访和调查，对高考报名资格问题、农垦中小学校教师管理问题、举报反映学校领导管理等问题进行调处，妥善处理了25件群众反映的信访突出问题。全年有4位厅领导轮流接待群众上访49批次、185人次。在排查出的五类较为突出的信访问题28件中以及教育厅承办上级交办事项17件，向下属单位交办信访事项51件，均得到妥善处理。

〔**行政审批工作**〕 制定出台《海南省教育厅行政许可和行政审批暂行管理办法》，从制度上保证省教育厅行政审批工作的科学化、规范化。根据工作需要，建立起初审、复审和终审三级审核与专家评议相结合的审批模式，形成权力的相互制约机制，确保审批质量。为提高行政审批效率，对现有的26个行政许可和行政审批项目办事事项进行重新优化组合，并将处室依次办理的串联审批模式改为多个处室同时办理的并联审批模式，缩短了公文流转的时间，提高办事效率。2009年，省教育厅行政审批办共受理和办结5 005项行政审批事项，提前办结率和按时办结率均达到100%，被省政府政务中心评为优质服务单位。

〔**中小学教师绩效工资**〕 认真贯彻教育部《关于做好义务教育学校绩效考核工作的指导意见》，对原《海南省义务教育阶段中小学校绩效考核实施意见》（试行）修订完善，印发《海南省中小学教师绩效考核办法》，赋予市县、学校充分的考核自主权。教育厅与省人力资源和社会保障厅、省财政厅共同起草《海南省义务教育学校绩效工资实施意见》报经省政府同意，对全省中小学教师绩效工资水平的核定做出了详细规定。省教育厅和省人力资源和社会保障厅、省财政厅贯彻省政府为进一步拉平义务教育学校教师与当地公务员的收入差距的决定，联合印发有关文件，规定2009年教师岗位绩效津贴增为450元/人月，农村义务教育学校教师增加津贴100元/人月。认真组织全省市县教育部门和直属中学领导参加了义务教育学校实施绩效工资国家级远程专题培训，以做好绩效工资实施和教育系统维稳工作。

〔**中小学教师培训**〕　召开2009年度海南省师资队伍建设暨师资培训工作会议。代拟了《省政府关于进一步加强农村中小学教师队伍建设的意见》，报省政府常务会审议，从制度层面改善农村中小学师资结构和资源配置。全面启动教师全员培训工作，部署2009—2013年中小学教师继续教育工作。对各市县单位实施第二轮（2004—2008年）中小学教师继续教育进行终结性督导评估，促进市县培训机构基地标准化建设和继续教育管理工作科学规范化。组织乐东县、琼中县教师共3 425人暑假期间参加教育部“2009年中西部农村义务教育学校教师远程培训”。广泛深入开展师德教育巡回报告活动，大力宣传琼中县王升超、王文周“以背为桥”，几十年如一日背学生过河读书及万宁市陈昭霞的先进事迹，进一步加强师德师风教育。

〔**上海市支援海南省基础教育师资培训计划**〕　继续实施上海市教育委员会支持海南省基础教育师资培训项目。4月选派全省第3批中小学骨干教师共50人赴上海跟班培训学习至6月底。10月选派三亚、琼海、文昌、东方、乐东、琼中、昌江等7市县重点中小学21名校长、教师赴上海跟班培训，并迎接上海对口支教人员挂职指导。

〔**顶岗支教与脱产培训**〕　认真组织实施第4期中小学教师脱产提高培训工作和第5期教师脱岗培训及海南师范大学实习生顶岗支教工作，从11个少数民族和贫困市县组织选派500名农村中小学教师到海南师范大学接受为期2个月的脱产提高培训，同时派遣500名实习生下乡顶岗支教。从11个民族和贫困市县选派280名农村中小学教师进入海南师大、琼州学院、琼台师专和省教育研究培训院接受为期一年的脱产提高培训学习。

〔**农村义务教育阶段学校教师特设岗位计划**〕　2009年海南省继续实施“农村义务教育阶段学校教师特设岗位计划”，为儋州、东方、定安、临高、屯昌、保亭、琼中、白沙、陵水、乐东、昌江11个市县招聘716名特岗教师。有4 700多人报名，核准2 500多人参加考试，对通过考试的549人进行岗前培训，到市县学校上岗人数为516人。

〔**教师职称评审与资格认定**〕　办理完成2008年教师专业技术职务任职资格评审发证工作。印发2009年各教师系列专业技术职务任职资格评审聘任工作指导文件，启动2009年全省教师系列职称评聘工作，对5 829人（含农垦学校申报人员）进行教师各系列中高级专业技术职务评审。组织5 441人参加教育教学能力考试。

〔**教师节评优表彰及慰问活动**〕　在第25个教师节来临之际，根据国家人力资源和社会保障部、教育部工作部署，海南省开展了2009年全国及全省教育系统先进集体、优秀教师、优秀教育工作者评选表彰工作。国家部委表彰海南省8个单位为“全国教育系统先进集体”，5人为“全国模范教师”，1人为“全国教育系统先进教育工作者”，19人为“全国优秀教师”，2人为“全国优秀教育工作者”，3人为“全国中小学优秀班主任”。省有关部门表彰18个单位为“全省教育系统先进集体”，16人为“全省模范教师”，3人为“全省教育系统先进教育工作者”，85人为“全省优秀教师”，11人为“全省优秀教育工作者”，8人为“全省中小学优秀班主任”。此外，海南省还开展了一系列的慰问活动。9月5日上午，全省高等教育工作座谈会在省政府11楼常务会议室召开，罗保铭省长、姜斯宪副省长、胡光辉厅长、谭基胡副厅长参加座谈会，会议代表在会前还参观了海南医学院、海南广播电视大学办学情况。9月9日下午，省教育厅厅长胡光辉代表省政府分别到海南白驹学校、海南国兴中学进行慰问，为两校的教师送上了节日的问候以及慰问金等。9月10日上午，海南省庆祝2009年教师节暨表彰大会在省人大会堂隆重举行，省委副书记、省长罗保铭在会上作重要讲话。大会由省委副书记于迅主持，省委常委、秘书长许俊，省委常委、宣传部长谭力，省人大常委会副主任康耀红，副省长、省教育工委书记姜斯宪，省政协副主席王路，省政府秘书长徐庄出席会议。姜斯宪在会上宣读了有关表彰决定，表彰了国家人力资源和社会保障部、国家教育部、全国妇联联合表彰的一批先进集体和先进个人代表；表彰了省人力资源和社会保障厅、省教育厅、省妇联联合表彰的一批先进集体和先进个人代表。与会省领导为获奖代表颁了奖，优秀教师代表史济纯和先进集体代表马向阳在会上分别发言。大会结束后，来自全省各类学校的师生们表演了丰富多彩的文艺节目，罗保铭等领导同志观看了演出。9月10日下午，全省中职教育工作座谈会在省机电工程学校召开，罗保铭省长出席会议并作重要讲话，副省长、省教育工委书记姜斯宪主持会议，省政协副主席、省农垦总局党委书记张力夫，省政府秘书长徐庄出席会议。

〔**安全稳定工作**〕 认真做好第十四个“全国中小学生安全教育日暨海南省学校安全教育月”活动，举办了安全知识教育培训班，开展学校安全工作专项检查。积极做好学校及周边治安综合治理工作，重新调整了省综治委学校及周边治安综合治理工作领导小组成员和领导小组办公室人员，组织开展了中小学校园及周边环境专项检查工作。组织开展各级各类学校安全稳定问题排查工作，认真排查各种可能引发学校群体性事件的矛盾纠纷和问题，维护了校园的安全稳定。认真做好重大节假日和敏感日学校安全稳定工作，加强值班和信息报送工作，通过实行“零报告”制度和周密细致的工作，及时处置了个别学校发生的一些不安全、不稳定的苗头。倡导健康文明的生活方式，确保全省180多万在校学生远离毒品。

〔**深入学习实践科学发展观活动**〕 按照省委、省政府的统一部署，省教育厅继续开展深入学习实践科学发展观活动，认真抓好厅机关学习实践活动整改落实的后续工作和“回头看”工作。指导第二批高校和厅直属中专试点学校深入开展学习实践活动工作，海南省参加第二批学习实践活动的省属高校有16所，有16所高校的党委、84个党总支、528个党支部，共14 626名党员参加学习。启动了第三批中小学、中职学校学习实践科学发展观活动，参加第三批学习实践活动的中等职业学校和中小学共有16个党委、49个党总支、1 271个党支部，参学党员人数共29 742人。

基础教育

〔**提高中小学教育教学质量**〕 分别于春秋两季组织开展了开学检查，检查内容涉及开学常规、“农村义务教育经费保障机制”落实、农远工程应用、学校安全与德育、校园文化建设等多方面内容；要求各地以规范化学校创建工作为抓手，切实落实创建规划，从硬件建设和软件管理两方面入手，促进学校各项工作规范化进行。督促市县落实2008年印发的六个教育教学文件，指导中小学建立和完善教学常规制度。进一步加强基础教育质量监控工作，召开全省基础教育质量工作会议，发布中考、小学毕业水平测试成绩分析，指导市县基础教育质量监控工作科学化、规范化开展。进一步加强教研队伍建设，协调省编办、省人力资源和社会保障厅、省财政厅联合印发了《关于加强我省教研队伍建设的意见》（琼教［2009］12号），督促各市县抓好教学研究工作，为提高教育教学质量提供专业支持。

〔**农村义务教育经费保障机制改革**〕 海南省从2009年春季学期开始提高农村中小学校生均公用经费基本标准，小学生每生每年由249.50元提高到300元，初中生每生每年由397.50元提高到500元；全年投入45 520万元，135.5万名学生受益。提高财政免费提供教科书补助标准，实施范围是全省义务教育阶段公办学校学生，全年投入16 550万元，124.16万名学生受益。提高寄宿生生活费补助标准，农村义务教育阶段家庭经济困难寄宿生的生活费补助每生每年小学生补助500元，初中生补助750元；全年投入8 330万元，14.28万名学生受益。农村义务教育阶段中小学校舍维修改造的测算单价标准为每平方米400元。2009年，全省预算投入农村中小学校舍维修改造资金6 827万元，其中中央专项资金3 300万元、省财政安排2 066万元、市县财政资金1 461万元。

〔**农村初中校舍改造工程**〕 农村初中校舍改造工程项目总体进展较为顺利。全省“初中工程”新增中央投资项目2009年共2批82所项目学校，总投资13 000万元，已全部批复至各项目县；土建面积99 019平方米，全部项目已开工，完工54所，交付使用9所；已完成投资10 762.9万元，占总投资的82.7%。

〔**特殊学校建设工程**〕 特殊学校建设工程2009年第一批项目学校2所，即三亚市特殊教育学校和临高县特殊教育学校。项目总投资1 040万元，其中中央资金660万元、三亚市配套380万元，全部资金已到位。

〔**中小学校舍安全工程**〕 按照国务院的部署，从2009年至2011年，海南省预计共投入18亿元，全面改善中小学校舍。为抓好此项工作，2009年海南省成立了校舍安全工程领导小组，省政府与市县签署了校舍安全工程责任书，印发了《全省中小学校舍安全工程实施方案》、《中小学校舍安全工程“路线图”和时间表》，对全省中小学校舍安全工程工作进行了统一部署。共筹措工程资金21 631万元，分别于7月14日和8月19日下达给项目市县，中央下达的1.2亿元也下达到市县。截至10月底，全省校舍排查工作已全部完成，共排查了学校3 417所，校舍17 556栋，面积1 233.57万平方米；鉴定学校904所，鉴定校舍4 834栋，面积400多万平方米；加固维修校舍53栋，面积3.61万平方米；拆除重建校舍15栋，面积2.88万平方米。

〔**中小学德育**〕 组织召开中小学德育现场经验交流会。广泛开展“向国旗敬礼，做一个有道德的人”网上签名寄语活动、第六个“中小学弘扬和培育民族精神月”活动、新中国60年教育挂图走进中小学校园活动和爱国主义影视教育活动，对广大中小学生进行全面深入的爱国主义教育。积极开展中小学生文明养成教育活动和文明出行宣传活动，养成文明习惯，做一个文明人。召开中小学心理健康教育学会年会，举办“2009年度海南省中小学心理健康教育专题培训”，进一步加强中小学生心理健康教育。进一步加强校外教育工作，做好2008年度国家扶持海南省建设青少年学生校外活动场所建设项目申报工作，制定海南省2008年度青少年学生校外活动场所建设中央专项彩票公益金使用方案，并对陵水、五指山等9个市县青少年活动中心设备器材实行政府采购。组织全省各市县青少年活动中心管理人员和骨干教师共39人参加青少年校外活动场所建设项目人员培训班。

〔**基础教育课程改革**〕 成立新的课程改革工作领导小组，姜斯宪副省长任组长，省教育厅、省财政厅、省发改委、省人社厅、省编办、省委宣传部、团省委等部门领导任小组成员。召开了两次领导小组和一次课改办会议，研究了《关于加强我省教研队伍建设的意见》、《关于加强省级教研机构建设解决专业支持力量不足等问题的建议》、《关于深化推进普通高中教师网络远程研修项目工程的请示》、《关于启动海南省普通高中通用技术课程专用教室配备工程的请示》等文件，确定海南省和山东省教育厅合作开发普通高中课程资源及网络远程研修项目等议题。继续强化专业研修、专业支持、项目研究和样本校建设等工作，先后举办了普通高中校长新课程主题研修活动，高中新课程教师全员远程研修，召开了海南省基础教育课程改革实验专家工作组会议，召开了各学科中心教研组全体成员会议，举办了市县教育竞争力研究报告会，召开高中样本校项目研究成果推广论证会等。学习外省课改先进经验，组织本省专家和骨干教师对宁夏、福建、江苏和上海等省区市进行了专题学习考察。参加教育部召开的全国课改经验交流会并作经验介绍，增强课改工作的影响力。

〔**普通高中教育**〕 督促各市县不断改善普通高中办学条件，加快普通高中教育内涵式发展。从2008年起，5年内全省各市县及省农垦总局重点高中要全部达到"省一级学校"标准。省农垦中学、儋州一中等学校创建"省一级学校"的工作稳步进行，定安中学高中部已迁入新址办学，使办学条件得到进一步改善，为实现工作目标打下了基础。做好2009年高中招生录取工作，2009年普通高中招生计划为5.6万人，实际录取近5.4万人，完成计划96%。其中进入重点高中的比例达到60%以上，逐步向"高位均衡"发展。积极实施培养优秀贫困高中学生计划，继续办好美籍华人林汉克先生捐助的海南中学"宏志班"和中央文明办安排"西部助学工程"——海南中学、国兴中学"宏志班"项目，2009年秋季"宏志班"共招生150人。

〔**幼儿教育**〕 2009年全省共有幼儿园785所，比上年减少47所；在园（包括学前班）人数113 207人，比上年减少22 811人。学前教育毛入园率达到36.7%。举办学前教育专题讲座及教学观摩活动培训班，全省共有幼教干部、幼儿园园长、业务园长和骨干教师600余人参加培训。组织省内幼教工作者参加第五届"宋庆龄幼儿教育奖"评选活动，大力宣传优秀幼教工作者事迹，提高幼儿教师的社会地位和影响。

〔**特殊教育**〕 2009年全省共有特殊教育学校4所，特殊教育招生559人，在校学生2 971人，分别比上年增加179人和438人。认真做好全国培植学校"培植杯"（中西部）青年教师基本功大赛的参赛组织工作。完成海南省推荐参加全国特教学校三级研修和"言语语言康复"研究生课程进修人员工作。组织开展我省第十九次"全国助残日"活动。督查国家彩票公益金助残资金落实情况。

〔**中招工作**〕 制定了《2009年海南省中等学校招生工作意见及实施细则》，进一步推进初中毕业学业考试、综合素质评价和普通高中招生制度等方面的改革，顺利稳妥完成了2009年全省初中毕业学业命题考试和招生录取各项任务。全省2009年初中毕业生13.2万人，报名参加中考人数为11.8万人，报考率90%。各类学校招生执行计划12.85万人，实际招生计划12.85万人，共录取12.1万人，实际录取率为94.16%，占报考人数的102.5%，占毕业人数的91.67%。

〔**高中会考**〕 高中基础会考管理工作进一步加强，指导性作用得到增强。2009年全省共有48 757人参加了高中基础会考，比2008年减少了2 786人。会考命题工作管理严密，考试组织管理力度加大，完善了考试实施程序，确保了考试顺利进行。

〔**教材管理**〕 根据教育部发布的教科书目录，结合海南省教科调研结果，制定并印发《2009年秋季海南省中小学教学用书目录》，供中小学选用，并与省新华书店共同做好义务教育免费提供教科书的工作。努力推进义务教育阶段部分学科教材循环使用制度，小学有《科学》等4个学科，初中有《音乐》等4个学科的教材列入循环使用的范围。认真做好《写字》、《海南历史》、《海南地理》、《生态文明教育》等地方教材的审定工作，通过审查后及时印刷供中小学生使用，既进一步规范了地方教材的审查制度，又丰富了海南省中小学教材结构。

〔**规范中小学校办学行为**〕 认真落实教育部加强中小学管理规范办学行为现场经验交流会精神，制定了《关于加强中小学管理 规范中小学办学行为若干问题的通知》。全面整治中小学校违规补课和教师有偿家教问题，严肃查处在职中小学教师有偿补课行为，通报了一批违规学校和教师。加强学籍规范管理，认真复查了2009年高考给予不限报资格的45名学生的学籍情况，共查出弄虚作假申请不限报资格的考生6人，提交省考试局作出限报处理。加快推进中小学电子学籍管理系统的建设工作，与广东启明公司签订软件开发及5年服务合同，并在琼海市开展试点工作，硬件设备已到位，正在安装调试。大力解决好海南实验中学恢复国有办学问题，省政府已同意海南实验中学收归国有办学，现行的收费标准予以取消，由省财政拨给办学运行经费。目前对海南实验中学的审计工作已经完成，已督促海南实验中学根据审计结果尽快制定详细的还款计划。

〔**扫盲教育工作**〕 做好扫盲资金分配和使用管理工作。制订2009年省级扫盲资金和2008年中央扫盲资金共计130万元使用方案。会同财政部门做好2009年中央扫盲资金申报工作。对省和国家扫盲资金资助的扫盲示范点开展督查工作。组织开展全省扫盲专干培训工作，邀请省外专家对全省扫盲专干进行培训，并赴省外考察、学习。

职业教育与成人教育

〔**职业教育投入**〕 2009年，全省职业教育投入共计5.2亿元。其中：中央财政投入1.15亿元，实施职业教育基础能力建设项目9个，建设专业性实训基地7个，资助中等职业学校学生14.2万人；省政府投入1.5亿元，建设9个县级职教中心、6所重点骨干学校和1个共享型实训基地，配套资助中职生；海口、三亚等市县财政共投入2.27亿元用于职业学校、职教中心校舍建设、设备购置和资助中职学生。

〔**职业教育宣传与招生**〕 制定职教宣传方案，实行分时间段统一开放宣传的办法，各中等职业学校在开放期间集中到开放宣传的市县，改变以往各校自行到中学宣传的情况，使职教宣传工作取得较好效果。进一步统筹普职招生，严把普高招生计划、分数，放宽对中职招生的限制，在投档、录取等方面确保职教顺利进行。市县教育部门与省教育厅签定了招生责任书，积极发动在家往届初高中毕业生、返乡青年、退伍军人等积极报读职业学校。在多方的努力下，2009年全省中职共招收新生67 255人，超额完成了教育部下达的中职招生6.55万人的艰巨任务；比上一年增加15 237人，增长29%，全省中职学校在校生人数达到15万人。

〔**中等职业学校基础能力建设**〕 出台了《海南省中等职业教育涉农专业学生免除学费实施方案》、《海南省市县职业学校公用经费标准》、《海南省县级职业教育中心建设基本标准（试行）》等6个文件，从制度层面为海南省职业教育的健康快速发展提供了保障。进一步加快扩大内需中央投资项目建设，2009年全省中等职业教育扩大内需中央投资项目分二批15个项目，总投资7 495万元。其中，中央资金4 500万元，市县配套650万元，其他资金2 345万元，总土建面积60 739平方米。第一批6个项目有5个完工，1个项目延缓；第二批9个项目，2个已经完工，4个在建，3个在报建审批中。进一步加快省级重点示范校建设，2009年有省农业学校、省工业学校、省华侨商校、省卫生学校4所学校获得省财政重点支持，现正在加快施工进度。进一步加快职业教育实训基地建设，2008年度3个获得中央财政支持的专业性职业教育实训基地建设项目有2个已经建成投入使用，1个在建设中；2009年度我省又获得中央财政支持的实训基地建设项目7个。省级工科类共享型实训基地已基本建成投入使用。

〔**职业教育教学改革**〕 组织召开了新一轮教

育教学改革研讨会。进行了全省中职德育课、文化基础课的新大纲、新教材培训。举办全省中职师生技能大赛，共有29所学校派出395名选手参赛，角逐8个专业大类29个项目；并选拔58名选手代表海南省参加了在天津举办的2009年全国职业院校技能大赛，有21名选手获得了6个二等奖、13个三等奖，我省代表队获得优秀组织奖。认真组织第六届"文明风采"竞赛活动，并遴选出100余份优秀作品代表海南省参加全国决赛。对全省各中职学校进行全面的教育教学质量检查，从规范教育教学管理入手，促使各学校完善教育教学管理制度，抓好日常教学环节的管理，促使教师改进课堂教学、实训操作方法，让学生既能学懂理论又能掌握操作技术技能，不断提高教育教学质量。

〔**中等职业教育师资队伍建设**〕　大力加强职教师资队伍建设。一方面多层次培训职教师资，2009年从各职业院校选拔了15名旅游、酒店专业骨干教师赴德国参加为期40天的专业培训；遴选出20名专业教师参加国家级骨干教师培训；派出136名专业骨干教师参加省级骨干培训。另一方面，充分利用"特岗、特聘、特邀"政策，吸纳大批专业技术人员和优秀毕业生进职校，有效补充学校专业教师的不足。

〔**中等职业教育学籍管理**〕　在全省各中职学校开展全面的学籍清理整顿工作，对新生备案、学籍登记、学生留级、休学、退学、转学、辍学和学生半工半读、勤工俭学、顶岗实习等审核审批程序进行了规范，清理了部分开除、退学、流失的学生学籍，制止了学校多报学生名单领取财政生均定额经费、多领国家助学金，封堵了省外学生通过中职进行高考移民的路子，使学生管理工作逐步规范。全面启用全国中等职业学校学生管理系统，通过管理系统对职业学校学生进行实名制全面登记审核，杜绝学校虚报学生人数、空挂学籍现象。

〔**顶岗实习和毕业生就业工作**〕　各职业学校充分挖掘企业资源，广泛联系合作企业，千方百计做好学生顶岗实习工作。一是调整专业结构，适应市场需求。针对服务业类人才需求量较大的形势，立足海南省第三产业和建设国际旅游岛的需要，加大现代服务业类专业招生比例。二是调整教学计划，使之与企业生产对劳动力需求同步，以适应企业用工需要。三是加大政策扶持力度，开发涉农专业。不仅可以满足海南省第一产业和新农村建设的需求，还可以引导学生进行专业分流，减少非农专业学生人数，减轻就业压力。四是发挥职业教育集团化办学的就业优势。每个集团都有上百企业成员，企业可以为职教集团毕业生提供就业岗位。2009年全省有中职毕业生2.6万人，中职毕业生就业率达到95.3%。其中，就业率最高的是第一产业（农业类）专业，达到98%；其次是第三产业（服务业类）专业，占95.4%；第二产业（工科类）专业就业率94%。

〔**成人高考与自学考试**〕　2009年成人高考比2008年略低。自学考试的报考人数继续回升，自学考试比2008年增加了9 630人和20 153科次，增幅分别为23%和21%。

高等教育

〔**高水平大学建设**〕　海南大学"211工程"建设进展顺利，《海南大学"211工程"三期建设方案》编制工作已经完成，为海南大学全面推进"211工程"建设奠定了坚实基础；6个重点学科建设项目已经教育部"211工程"部际协调办公室正式立项，完成了"海洋、材料、法学"等学科申报新增博士点相关材料的编撰工作，并报送国家学位与研究生教育评估中心；加大高层次人才引进力度，2009年引进教师68人，其中教授、博士生导师2人，博士40人，硕士26人；加强科研平台建设，获得省部级以上科研立项200多项，各类科研立项经费总额达3 582万元，海洋生物实验教学中心还跻身教育部“2008年度国家级实验教学示范中心建设单位”行列。海南职业技术学院国家示范性高职院校建设项目全面启动，《海南职业技术学院国家示范性高职院校建设方案》和《国家示范性高职院校项目建设任务书》已经教育部、财政部审议通过，国家下拨的项目建设经费和省政府配套建设经费已经到位，各项建设项目正按计划展开。海南师范大学和海南医学院新增博士、硕士学位授予单位立项规划工作顺利完成，并已呈报国务院学位办审核。积极推进省市共建琼州学院工作，进一步加快琼州学院三亚校区建设，促进琼州学院的改革和发展。

〔**高校党建**〕 认真组织指导省属16所高校参加第二批深入学习实践科学发展观活动。指导各高校开展学习宣传贯彻党的十七大和十七届四中全会精神的活动，进一步加强党员干部的思想政治建设。各高校把学习党的十七大精神融入到学校党团组织各种活动中，融入到了思想政治课等各门课程的教学之中，使党的十七大精神“进教材、进课堂、进头脑”取得了较好的效果。认真做好高校党员发展和教育工作，有18 000多名入党积极分子参加了培训。进一步规范党费的收缴、管理和使用，指导各学校统一设立党费账户，严格做好党费账簿建账记账工作并对部分高校的党费收缴、使用和管理情况进行了全面检查。组织开展道德模范的评选推荐工作，推荐教育系统1名代表为全国道德模范，多名为全省道德模范。积极开展爱国主义主题教育活动，组织开展省“深入开展群众性爱国主义教育活动努力推进国际旅游岛建设”读书活动演讲比赛。开展“100位为新中国成立作出突出贡献的英雄模范人物和100位新中国成立以来感动中国人物”评选活动的推荐和投票工作。

〔**大学生思想政治教育**〕 举办了3期海南省高校哲学社会科学骨干研修班，200多名骨干参加了研修，进一步加强省高校哲学社会科学教学科研和大学思想政治教育工作骨干队伍建设。大力加强高校思政课教师队伍建设，召开了全省高校社科部主任会议，与广西、广东联合举办了三省（区）高校思想政治理论课青年教师教学比赛，与广东省联合召开了形势与政策课集体备课会，举办了两期全省高校形势与政策课集体备课会。进一步加强和改进大学生心理健康教育，对全省高校辅导员进行了普及心理健康基本知识的培训，并召开了全省高校心理健康教育工作督导会，各高校心理健康教育与心理咨询骨干教师50多人参加会议。进一步加强高校辅导员队伍建设，制定了《关于对我省高校辅导员进行轮训和岗前培训的实施意见》，举办了两期高校辅导员轮训班，100多名辅导员参加了培训。

〔**实施高等教育质量工程**〕 组织开展了第五届普通高等学校教学名师奖评选工作，12名教师被授予省级教学名师奖，推荐海南大学王崇敏教授参加国家级教学名师奖评选。组织开展了2009年度国家和省级精品课程的评选工作，25门课程被评为省级精品课程，有1门本科课程和1门高职高专课程荣获国家精品课程。组织开展了2009年国家和省级教学团队的评选工作，10个教学团队被评为省级教学团队，有1个教学团队荣获国家级教学团队。组织开展了国家和省级特色专业建设点评选工作，8个专业被评为省级特色专业建设点，3个特色专业建设点被评为国家级特色专业建设点。对琼台师范高等专科学校和海南外国语职业学院进行高职院校人才培养工作水平评估。对2009年有首届毕业生的本科专业进行评估，25个新办本科专业全部通过评估。组织开展了省外高校海南函授站的年检工作。

〔**科研教改工作**〕 组织开展了2009年省级教学成果奖评选工作，评选出省级教学成果一等奖10项，二等奖15项，并推荐10个获奖项目申报第六届高等教育国家级教学成果奖，有1个项目荣获第六届高等教育国家级教学成果二等奖。成立了海南省高等教育学会教学工作委员会和本、专科院校部分学科（专业）教学指导委员会，并举办了学术年会，加强对高校教学工作的研究和指导。成立了海南省高职高专院校长联席会议，为高职高专院校长搭建了一个交流平台，有利于促进高职高专教育重大问题的研究。组织开展了第六届全省高校青年教师教学大赛。

〔**学位与研究生教育**〕 规范了学士学位授权审核工作制度，制定了新增学士学位授予单位评审指标体系和新增学士学位授予专业评审指标体系。编制完成了《海南省新增博士、硕士学位授予单位立项建设规划（2008—2015年）》，并呈报国务院学位委员会办公室。对琼州学院申请增列学士学位授予单位工作进行了现场考察评估，同意增列琼州学院为学士学位授予单位，并已呈报国务院学位委员会办公室备案。组织开展了2009年优秀博士、硕士学位论文评选工作，对2篇优秀博士学位论文和9篇优秀硕士学位论文进行了表彰。组织开展了2009年研究生创新科研课题的申报和评审工作，对7个博士研究生科研课题和22个硕士研究生科研课题予以立项。组织开展了2009年度研究生学位论文抽样检查工作，研究、分析全省研究生教育培养现状，为进一步提高研究生教育质量和水平提供依据。

〔**高校创新平台和公共服务体系建设**〕 申报国家重点科研项目和“新世纪优秀人才支持计划”取得重大成绩，有29个项目获得国家自然科学基金科研项目立项、2个项目获得教育部重点科研项目立项；2位教师被教育部确定为“新世纪优秀人才支持计划”入选人员。组织开展了2009年度省教育厅高校教师科研项目立项评审工作，对332个项目进行立项。组织开展了2009年高校教师科研项目结题验收工作，海南省2004、2005年度入选教育部“新世纪优秀人才支持计划”的5位教师顺利通过结题验收，132个省教育厅高校教师科研项目也通过结题验收。2009年海南省高校教师获得教育部人文社科成果奖2项、省级科技进步奖17项、省教育厅高校优秀科研成果奖53项。海南省教育科研数字图书馆正式挂牌运作。

〔**学历证书电子注册**〕 顺利完成2009年各类高等教育学历证书电子注册工作，共注册40 824人，比2008年增加8 258人。其中，研究生教育535人（博士12人、硕士523人）；普通本专科教育30 005人（本科10 580人、专科19 425人）；成人教育10 284人（本科3 984人、专科6 300人）。完成2009年普通本专科特殊类型（专升本和五年一贯制）数据审核上报工作以及各高校普通本专科、研究生新生学籍电子注册以及成人教育新生学籍网上核对工作。完成2009年普通本专科生、研究生学年电子注册工作。完成2008—2009学年度学位授予信息年报工作，共授予学位11 621人，其中博士学位15人、硕士学位864人、学士学位10 742人。

〔**大学生创新活动**〕 举办了首届海南省大学生日语演讲比赛，全省7所高校的31名选手参加了比赛，共评出一等奖1名、二等奖2名、三等奖3名。组织3名大学生赴天津参加全国高职院校职业技能大赛“电子产品设计与制作”项目的比赛，并获得优秀奖。组织开展了全国大学生电子设计竞赛海南赛区的比赛。举办了海南省第六届高职高专学生实用英语口语大赛，15所高校的32名选手参加了比赛，共评出一等奖2名、二等奖4名、三等奖6名。举办了第十届全省高校大学生英语演讲比赛暨2009年CCTV杯全国大学生英语演讲比赛海南赛区复赛，6所本科院校的30名选手参加了比赛，共评出一等奖3名、二等奖5名、三等奖9名。组织开展了全国大学生数学建模竞赛海南赛区的比赛，全省17所普通高校共组织了165个队参赛。

〔**桂林洋高校区建设**〕 桂林洋高校区建设进展顺利，已完成总投资14.185亿元，占规划设计总投资的22%；已完成的教学楼、辅助教学用房及学生公寓等设施建筑面积52.05万平方米的，占总规划设计面积的30.2%；海南师范大学、琼台师范高等专科学校、海南经贸职业技术学院等3所桂林洋高校区入驻学生2.2万人。海口经济学院规划建设面积为1 700亩，已完成征地1 100亩，目前正在开展校舍建设。针对桂林洋高校后勤管理中存在的问题，省教育厅与省农垦总局下发《关于完善桂林洋高校区学生后勤管理工作的通知》（琼教计〔2009〕2号），制定了《关于完善桂林洋高校区学生后勤管理工作实施方案》，成立了临时协调工作领导小组，推动学生公寓管理权移交和学生食堂产权回购等工作的开展。

〔**普通高校招生**〕　2009年海南省高考报考人数近5.8万人，比2008年增加了8 000多人。所有取得报考资格的考生，均通过各种方式进行公示，广泛接受社会监督。经审查，确认限报考生179人，其中“高考移民”62人，仅占考生总数的0.1%。考试没有出现任何安全事故、泄密事件和甲型H1N1流感疫情，实现“平安高考”；违纪违规考生人数15人，比2008年减少了22人，是海南省历年来违纪违规人数最少的一年。2009年全国共有1 138所高校在海南省招生，比2008年增加了47所；全国高校在海南省计划招生近4.7万人，比2008年增加了8 700多人，增长率18.6%。2009年海南省首次实行平行志愿投档录取模式，生源结构更趋合理，考生填报志愿的难度减小，风险降低，社会对平行志愿招生录取模式改革普遍给予了较高评价。

撰稿　徐光锋

审稿　胡光辉

重庆市教育

概　况

〔基本情况〕

2009年各级各类学校校数、教职工、专任教师情况

	学校数（所）	教职工数（人）	专任教师数（人）
一、高等教育			
（一）研究生培养机构（不计校数）	（13）		
1. 普通高校	（11）		
2. 科研机构	（2）		
（二）普通高等学校	50	47 173	29 883
1. 本科院校	22	35 238	22 065
其中：独立学院	7	5 776	3 718
2. 高职（专科）院校	28	11 828	7 745
3. 其他机构（点）（不计校数）	（1）	107	73
（三）成人高等学校	6	1 922	1 154
（四）民办的其他高等教育机构	8	778	392
二、中等教育	1 652	145 640	123 888
（一）高中阶段教育	550	145 416	47 280
1. 高中	279	122 358	30 108
普通高中	267	122 328	30 093
成人高中	12	30	15
2. 中等职业教育	271	23 058	17 172
普通中专	24	3 220	2 035
成人中专	53	2 881	1 781
职业高中	114	10 979	8 562
技工学校	80	4 983	4 219
其他机构（教学点）（不计校数）	（52）	995	575

续表

	学校数（所）	教职工数（人）	专任教师数（人）
（二）初中阶段教育	1 102	224	76 608
1. 普通初中	1 037		76 451
2. 职业初中			
3. 成人初中	65	224	157
三、初等教育	7 867	129 221	117 996
（一）普通小学	7 096	128 118	117 460
（二）成人小学	771	1 103	536
其中：扫盲班	279	581	344
四、工读学校	5	76	53
五、特殊教育	36	837	699
六、学前教育	3 700	27 656	16 579

注：普通高中的教职工数中包含普通初中的教职工数。

2009年各级各类学历教育学生情况

	毕业生数（人）	招生数（人）	在校生数（人）
一、高等教育			
（一）研究生	9 759	14 159	39 080
博　士	668	1 147	4 737
硕　士	9 091	13 012	34 343
（二）普通本专科	114 515	149 332	484 199
本　科	61 175	85 176	301 780
专　科	53 340	64 156	182 419
（三）成人本专科	46 327	50 970	134 644
本　科	20 188	11 729	39 043
专　科	26 139	39 241	95 601
（四）其他各类高等学历教育			
1. 在职人员攻读博士、硕士学位		3 174	10 370
2. 网络本专科生	30 726	46 436	84 870
本　科	18 047	22 234	47 808
专　科	12 679	24 202	37 062
3. 其他			
二、中等教育	740 015	851 791	2 482 250
（一）高中阶段教育	311 346	411 812	1 143 573
1. 高中	162 066	220 899	593 031
普通高中	161 360	220 899	591 983
成人高中	706		1 048

续表

	毕业生数（人）	招生数（人）	在校生数（人）
2. 中等职业教育	149 280	190 913	550 542
普通中专	34 821	40 269	110 553
成人中专	22 334	11 599	50 791
职业高中	65 065	103 035	263 926
技工学校	27 060	36 010	125 272
（二）初中阶段教育	428 669	439 979	1 338 677
1. 普通初中	407 488	439 979	1 328 175
2. 职业初中			
3. 成人初中	21 181		10 502
三、初等教育	449 282	321 333	2 097 160
（一）普通小学	431 041	321 333	2 081 367
（二）成人小学	18 241		15 793
其中：扫盲班	1 584		1 688
四、工读学校	103	74	114
五、特殊教育	2 186	1 971	13 189
六、学前教育	233 671	412 453	632 170

注：特殊教育学生数中包括普通中小学随班就读的学生。

2009 年各级各类非学历教育学生情况

	结业生数（人）	注册生数（人）
总　计	2 736 009	1 983 888
一、高等教育	761 301	52 926
（一）研究生课程进修班	1 732	1 890
（二）自考助学班	7 881	16 538
（三）普通预科生		2 351
（四）进修及培训	751 688	32 147
其中：资格证书培训	41 360	18 153
岗位证书培训	5 417	4 360
二、中等职业教育	1 974 708	1 930 962
其中：资格证书培训	64 138	44 265
岗位证书培训	127 881	113 126
（一）中等职业学校	154 048	90 150
其中：资格证书培训	39 841	17 473
岗位证书培训	48 998	30 241
（二）职业技术培训机构	1 820 660	1 840 812
其中：资格证书培训	24 297	26 792
岗位证书培训	78 883	82 885

2009 年各级各类民办教育基本情况

	学校数（所）	毕业生数（人）	招生数（人）	在校生数（人）	教职工数（人）	专任教师数（人）
一、民办高等教育						
（一）民办高校	16	21 764	32 271	90 232	9 344	5 843
本科学生		8 517	14 819	47 394		
专科学生		13 247	17 452	42 838		
其中：独立学院	7	14 516	21 297	66 748	5 776	3 718
本科学生		8 517	14 819	47 394		
专科学生		5 999	6 478	19 354		
（二）民办其他高等教育机构	8				778	392
二、民办中等教育						
（一）高中阶段教育	70	28 642	28 202	88 373	9 452	6 689
1. 民办普通高中	19	5 224	8 562	22 469	5 561	4 141
2. 民办中等职业教育	51	23 418	19 640	65 904	3 891	2 548
（二）初中阶段教育	85	13 761	23 420	66 926		
1. 民办普通初中	85	13 761	23 420	66 926		
2. 民办职业初中						
三、民办普通小学	129	8 638	8 005	46 171	3 013	2 070
四、民办幼儿园	2 627	79 622	169 339	279 908	20 362	11 434
另有：民办培训机构（不计校数）	（217）				2 084	1 162

注：民办普通高中的教职工数包含民办普通初中的教职工数。

〔**统筹城乡教育综合改革**〕 积极贯彻落实国务院 3 号文件精神，大力推进统筹城乡教育综合改革，在全市确定了 19 个单位进行 9 个综合类改革项目试点，75 个单位进行 40 个单项类改革项目试点。开展统筹城乡教育综合改革专项调研和重大软科学课题研究。5 月，王鸿举市长与教育部部长周济在重庆举行了部市战略合作高层会谈，扩大了部市战略合作。召开了重庆市建设国家统筹城乡教育综合改革试验区推进会，统筹城乡教育综合改革试验整体推进。

〔**《重庆教育规划纲要》编制**〕 市政府制发了《关于制定重庆市中长期城乡教育改革和发展规划纲要的意见》（渝府发〔2009〕4 号）。在市教委、西南大学、市教科院分别组织专家平行起草了规划纲要文本的基础上，市教委综合形成了规划纲要初稿，举办了 12 场专题论证会对规划纲要内容进行论证，并通过多种渠道广泛征求意见。

〔**"五个校园"建设**〕 深入贯彻落实建设"五个校园"战略部署，在全市大中小学开展平安校园、健康校园、绿色校园、数字校园、人文校园"五个校园"建设。市委办公厅、市政府办公厅印发了《关于建设"五个校园"的意见》（渝委办〔2009〕159 号），市政府召开了"五个校园"建设启动大会。市教委会同相关部门，分项制定并启动实施"五个校园"建设实施方案。

〔**教育管理体制创新**〕 2009 年，成立了重庆市教育考试院和重庆市教育评估院，为市教委直属的事业单位。在市教委统筹管理下，市教育考试院、市教育科学研究院、市教育评估院各司其职，实现了政事分开、“管、办、评”分离，构建起“一委三院”的教育管理新格局，得到了教育部主要领导的充分肯定。

〔**教育人事制度改革**〕 完成了教育系统事业单位岗位设置及结构比例核准和首次竞聘工作，建立起以岗位管理为基础的教师聘用制度。2009 年 6 月底，全市从 2009 年 1 月 1 日开始实施的义务教育学校教师绩效工资政策在全国率先兑现到位，纳入实施范围的教师共 31.7 万人，共投入资金 49 亿元。对 10 个教师高级专业技术职务资格申报评审条件进行了修订，强化了教学业绩考评。市教委、市编办、市财政局联合下发了《关于贯彻三部办中小学教职工编制标准有关问题通知的意见》，实施县镇、农村中小学教职工编制同一标准的政策。将教师资格考试由每年一次调整为每年两次，并改革考试内容和方式。

〔**教师队伍建设**〕 加大国家“特岗计划”实施力度，为 13 个区县选派国家特岗教师 1 247 名，正式启动市级“特岗计划”，为 9 个农村区县选派市级特岗教师 686 名。选派 420 名具有中级专业技术职务以上教师参加了“三支”行动计划，选派 800 名高师院校师范学生到 14 个边远贫困区县顶岗实习支教。开展了 1 430 名骨干教师市级培训、1 600 名农村中小学英语教师培训、2 万名小学班主任远程培训，1.8 万名中小学教师现代教育技术培训、音体美兼职教师培训、“村小”教师和“代转公”教师培训。在全国率先启动了全科型教师培养模式改革试点。加强高层次人才队伍建设，在全市高校 33 个学科设立“巴渝学者”特聘教授岗位并遴选特聘教授，启动实施了首批重庆市优秀人才支持计划，从近 100 个申报项目中择优资助 30 个科研项目，高校（不含军事院校）17 人被推荐为国家“百千万人才计划”人选，高校 16 人被评为重庆市有突出贡献的中青年专家，新增长江学者特聘教授、讲座教授各 1 名。进一步加强师德师风建设，制定下发了《重庆市中小学教师职业道德教育大纲》，对社会反映强烈的有偿家教问题进行了严肃查处，全市教育系统共有 73 个单位、565 名教师获得国家、市级表彰奖励。

〔**干部队伍建设**〕 市委组织部、市教委联合出台了《关于实施市属高校后备干部队伍“4050”工程的意见》和《市属高校领导班子和领导干部年度考核办法（试行）》，开展了“4050”工程后备干部民主推荐工作；对 17 所市属高校 49 名校级干部进行了调整，是直辖以来高校领导班子调整充实最大的一次。先后对 500 余名中小学校长进行了培训，举办了高中新课程实验领导干部高级研修培训、高校和教委直属单位领导干部科学发展观专题研讨培训、高校领导干部办学治校能力专题培训、高校处级干部培训，选派 37 名干部参加了国家教育行政学院调训。

〔**教育经费投入**〕 2009 年，全市投入教育经费共 331.00 亿元，比 2008 年增加 64.74 亿元。其中，财政性教育经费投入共 232.45 亿元，比 2008 年增加 51.09 亿元。财政性教育经费占全市教育总经费的 70.23%，比 2008 年提高 2.12 个百分点。全市城乡义务教育全部实行免费，全年共投入保障资金 26.6 亿元，生均公用经费达到国家规定的小学每生每年 300 元、初中每生每年 500 元。成立了重庆教育发展基金会，收到社会各界捐赠 4 500 余万元。

〔**学生资助**〕 义务教育阶段：全年预算安排义务教育保障经费 26.7 亿元，惠及义务教育阶段学生 360.6 万人；享受“零学费”贫困女童 43 万人；对全市 49 万名义务教育阶段家庭经济困难寄宿学生发放生活补助，小学每生每年 500 元、初中每生每年 750 元，共安排资金 3.3 亿元；继续对全市特殊教育学校在校学生每天供应一袋鲜牛奶，惠及学生 3 125 人。高中教育阶段：在继续对品学兼优的经济困难家庭高中学生生活费予以资助的同时，2009 年秋季学期开始实施资助城乡普通高中低保家庭学费政策，共拨付经费 3 651 万元，资助学生 4.16 万人；全年已拨付中等职业学校学生资助资金约 6.7 亿元，惠及中职学生 37 万人；免费中职试点区县由 6 个增加到 10 个，享受免费中职教育的学生达到17万人。高等教育阶段：2009年，共有12万名大学生获得国家奖助学金资助，共计资金1.65亿元，4万人获生源地信用助学贷款，全年共发放2.79亿元。

〔**教育系统党建工作**〕　深入推进学习实践科学发展观活动。在深入抓好市教委机关（第一批）学习实践活动的基础上，开展了高校和教委直属单位（第二批）与全市中职学校和中小学（第三批）学习实践活动，取得了良好的成效。中职学校和中小学学习实践活动经验先后两次在中央和教育部会议上交流。初步制定了《重庆高校“抓党建、促三风、建三高”2009—2013年工作规划》，召开全市高校党建工作会议，进一步推进“抓党建、促三风、建三高”工作。加强了民办高校党建工作。

〔**教育系统党风廉政建设**〕　进一步健全党风廉政建设和反腐败领导体制机制，加强廉洁自律教育，严格实行党风廉政建设报告、谈话、评议、考核和责任追究等制度。以基建工程和教材图书、仪器设备大宗物资、药品医疗器械、学具教具等大宗物资采购为重点，完善相关制度。以基建工程和大宗物资招投标、招生考试、干部选拔任用等为重点，进一步加强监督工作。加大查处违纪违法案件的力度，市教育纪工委全年共查结违纪违法案件8件，给予党纪政纪处分8人，其中处级以上7人，涉案金额336.65万元，挽回经济损失336.37万元。

〔**教育系统安全稳定工作**〕　在全市所有高校开设安全教育必修课，在有条件的高校设置安全教育类专业，在中职学校开设职场安全教育课，在中小学开设法制安全教育课。编印出版并免费发放《大学生安全知识手册》15万册。全市教育系统全年开展交通、消防、自然灾害、反恐防恐等各种形式的安全教育和应急演练5 000余次，免费发放应急疏散演练手册60万册。开展安全管理“三项行动”、交通和消防安全隐患排查整治执法行动、安全隐患百日整改行动、校园及周边环境专项整治行动，切实加强安全隐患排查整改工作。加强信访稳定工作，妥善处理了一批积案和遗留问题。市教委安全稳定办公室被中央社会治安综合治理委员会、人力资源和社会保障部表彰为2004—2008年度“全国社会治安综合治理先进集体”。

〔**教育法制建设**〕　开展了《重庆市义务教育实施条例》修订工作，启动了《重庆市学前教育条例》立法调研，受教育部委托开展了《职业教育法》修订课题研究和专家建议文本起草工作，取得了阶段性成果。市教委对直辖以来颁布的地方性法规逐条进行了清理。深入开展了青少年法制教育调研，积极推进在全市中小学配备专兼职法制副校长，继续将中小学法制课全面纳入地方课程，每月2课时。

〔**体育、卫生、艺术教育**〕　中小学体育课时增加到每周4节，小学音乐和美术课时增加到每周4节，初中音乐和美术课时增加到每周3节，健康教育课时每学期不少于7课时，组织专家编写了《重庆市中小学健康教育实用基础教案》，新修订的健康教育教材于秋季投入使用。承办了全国亿万学生阳光体育运动推进会及现场观摩活动、“爱国歌曲大家唱”——全国教育系统“祖国万岁”歌咏大会，举办了重庆市第一届“健康校园杯”学生运动会、高雅艺术进校园活动和第五届中小学生艺术展演活动。实施体育、艺术、科技“2+2”项目，将体育考试以50分计入中考总分；实施《学生体质健康标准》，把学生体质健康水平纳入对学生的综合评价内容。加强教育系统卫生防疫与食品卫生安全工作，落实甲型H1N1流感防控工作的各项措施；制发了《重庆市学生健康体检项目及经费标准》，把学生健康体检经费纳入学生公用经费予以统筹解决。

〔**教育信息化建设**〕　基础教育方面：投入7 000万元为义务教育阶段教师配备2万台笔记本电脑，建成了全市中小学学籍管理平台，开发了远程教育应用监测与管理平台；全市新增教育城域网区县8个（累计33个）、建成校园网的中小学233所（累计1 317所）、计算机教室306间（累计

4 974间)、实现“班班通”3 529 个班（累计15 444个班)、多媒体教室194间（累计4 830间)、电子教学资源1 200 GB（累计5 000 G)。中等职业教育方面：开通了“重庆职教网”，完善了重庆市中职学校学籍注册系统、招生录取软件系统，升级和改版了“重庆市中等职业教育管理信息系统”，实现分区域、分行业、分办学层次对全市范围内的中职学校进行数据管理；2009 年，全市 218 所中职学校全部配置有专业计算机教室，73%以上中职学校配备了数字图书馆、电子期刊、数据光盘、电子教材等电子信息资源，所有重点中职学校全部建成了信息资源查询检索系统，学籍、学分、人事、财务或后勤等业务管理等信息系统，全市中职学校已建成计算机网络教室1 673间，并制定了进一步加强网络教室建设规划。高等教育方面：2009 年，各高校完善了网络教学平台及科研、人事、财务和学生思想政治工作平台，形成了科研管理数据库；大学城资源共享网络平台建设全面展开，“一中心三库九系统”建设初步建成。

〔**民办教育**〕 2009 年，新设立民办高职学院3所、民办中职学校7所、民办普通高中2所。对14所民办高校给予了共1 000万元专项经费支持，民办学校通过教育担保有限责任公司获得担保贷款2.2亿元。制定重庆市民办学校年检细则，健全民办教育年检制度。进一步加强民办高校招生简章和广告备案管理，维护民办高校招生秩序。召开了义务教育阶段民办教育工作会，下发了《关于解决农村义务教育阶段民办学校有关问题的意见》，按照“优质、转向、退出”的工作原则，妥善解决了有关区县义务教育阶段民办学校有关问题。制定独立学院过渡方案，妥善处置了重庆海联职业技术学院的产权和债务纠纷。

〔**教育国际合作与交流**〕 成功举办第二届“汉语桥”世界中学生中文比赛，29 个国家的 105 名选手和 36 名领队教师来渝参赛。接待“汉语桥”校长访华之旅代表团 171 人，“汉语桥”学生夏令营 408 人。录取孔子学院奖学金生 196 人，在海外新建 4 所孔子学院，派出各类汉语教师、志愿者115人。公派留学和来华留学生规模扩大，486 人获得国家公派留学资格，在渝外国留学生达到3 416人。加拿大阿尔伯特大学学者团、澳大利亚学者团、瑞典学者代表团来访，签署合作协议 48个。外国文教专家聘请资格单位增加到 83 个，聘请长期外籍教师465人、短期讲学者1 091人。俄罗斯、韩国和德国在渝建立了语言中心。继 2008年与威尔士 43 个学校结对之后，2009 年又有 22所重庆学校与英国、美国学校结为友好学校。与英国总领事馆联合举办了2009中英（重庆）技能培训及就业论坛。引入英国国际金融师、会计师、皇家营建师协会、德国欧洲职教协会数控技术等多个职业资格证书。与澳大利亚坎培门理工学院合作举办了管理人员和职教师资培训。

〔**教育督导工作**〕 全市“两基”复查实现区县全覆盖。在5个区开展区县政府教育工作督导评估和义务教育均衡发展督导评估“两项督导”试点，对规划2010年接受督导评估的10个区开展过程督导，对12个区县开展了中小学德育工作专项督导。成立了重庆市基础教育质量监测中心，在 9个区县开展 2009 年国家义务教育阶段学生语文、科学两门学科学习质量监测工作。制发了《关于进一步加强区县教育督导工作管理的通知》、《关于印发教育督导信息管理工作的通知》，促进督导工作规范化。举办了重庆市首届督学论坛，开展《义务教育均衡发展督导评估》和《督学资格制度》课题研究，完善片区教育督导制度，加强片区教育督导交流。召开第三届市政府督学和特约教育督导员聘任大会，对市政府督学进行了培训。

〔**语言文字工作**〕 深入推进以传统节日为主题的“经典诵读”活动，先后举办了“天地正气”、“青春飞扬”等全市大中小学生经典诵读汇演。确定了经典诵读实验区县 6 个、实验学校 100 所。大力抓好普通话培训和水平测试，18 个区县、高校申请建立普通话水平智能测试站，8 个已经建成投入使用。举办了重庆市中小学教师普通话网络大赛。继续开展城市语言文字工作评估，对荣昌县、南川区、武隆县、开县等区县的城市语言文字工作进行了达标评估。加大执法检查力度，发动中小学生开展“啄木鸟”行动，促进社会用语用字规范化。

基础教育

〔**改善学校办学条件**〕 2009年，继续实施农村寄宿制学校建设工程、中小学塑胶运动场建设工程、农村初中改造工程。投入资金11.14亿元，建成寄宿制学校513所（累计达到1 600余所），竣工面积103.31万平方米，惠及30.7万名寄宿学生。投入资金64 107万元，建成中小学校塑胶运动场329片（累计达到586片）。投入8亿元，完成192所农村初中共234个项目的改造任务。全面推进中小学校舍安全工程，各区县全面完成校舍排查鉴定工作，积极编制工程规划，203所学校加固改造项目开工，98所竣工交付使用。此外，落实2009年有关企业捐赠项目，用于改善中小学办学条件。

〔**义务教育均衡发展**〕 巫溪县、城口县“两基”工作通过复查验收，全市40个区县“两基”复查验收全面完成。制发了《关于深入推进义务教育均衡发展的实施意见》，进一步明确了义务教育均衡发展的目标任务和主要举措。召开了全市义务教育均衡发展现场经验交流会，总结推广有关区县“大班额”化解、中小学标准化建设、保障进城农民工子女平等就学权利、素质教育工程、潼南县加强师德师风建设等经验，推动全市义务教育优质均衡发展。开通了义务教育阶段学籍管理信息化平台，实现对全市适龄儿童少年就学状况的实时监控和动态管理。在全国推进义务教育均衡发展现场经验交流会上，重庆作典型经验交流发言，万州区、綦江县、黔江区被教育部表彰为“全国推进义务教育均衡发展先进地区”。中央政府门户网站刊登了重庆义务教育均衡发展“机制优先、师资优化、育人优质”等经验。

〔**普通高中教育**〕 制定了《重庆市普通高（完）中的办学基本要求及检查验收细则（试行）》，构建起了比较完善的普通高（完）中、重点中学、示范高中分类评估与管理政策体系。全市普通高中招生22.1万人，在校生近60万人。新增市级重点中学7所，累计达到104所，接受优质普通高中教育的学生比例达到57.6%。组织所有市级重点中学分别“捆绑”一所一般高中发展，发挥优质资源辐射作用。《中国教育报》刊登了重庆“捆绑”发展的经验。重庆完善政策、经费、制度“三大保障体系”，实施目标驱动、项目带动、经费推动、质量引动、改革拉动、帮扶促动“六轮联动战略”的经验，被中央政府门户网站刊登。

〔**幼儿教育**〕 以加快农村中心幼儿园建设和幼儿园规范化建设为重点，全面提高城乡幼儿教育发展水平。印发了《重庆市幼儿园等级标准》和《关于进一步规范幼儿园收费行为的通知》，举办了首届民办幼儿园园长专业素质展示活动，召开了全市幼儿教育工作现场会。幼儿毛入园率由2008年的68%提高到69.3%，高于全国平均水平20个百分点；小学新生中接受过学前教育的儿童比例由2008年的93.66%提高到94.83%；每10万人口平均在园幼儿数高于全国和西部地区平均水平。

〔**特殊教育**〕 市政府办公厅转发了《市教委等部门关于进一步加快特殊教育事业发展的意见》，对特殊教育事业发展的目标任务、重点措施、保障体系等作出了明确规定，残疾儿童在校生生均财政预算内教育经费、生均公用经费按不低于普通学生生均公用经费的5倍标准执行，特殊教育班和随班就读学生参照4倍标准执行，对在校寄宿的贫困残疾儿童按照每人每年100元给予生活补助。

〔**德育工作**〕 加强德育管理规范化，印发了

《重庆市中小学课程育德指导纲要》、《重庆市中小学德育工作督导评估细则》、《重庆市中小学学科育德基本要求》等文件，深入推进“和谐育德”教育创新工程和校园文化建设示范学校创建活动，评选出第三批100名市级优秀班主任、第二届市优秀德育工作者，举办了第四届班主任基本功大赛。加强德育活动系列化，大力开展“唱红歌、读经典、讲故事、传箴言”四位一体校园文化活动，举办了“风雅颂”、“天地正气”、“自古英雄出少年”、“快乐的童年”等一系列主题活动，命名了33所重庆市科技教育特色学校，初步构建起了具有重庆本土特色的中小学德育活动体系。加强德育渠道网络化，重庆德育网点击率突破140万次，开展了区县优秀德育网站评选活动，打造区县优秀德育网站或频道75个。

〔课程改革〕 制发了《关于加强教学工作管理深化基础教育课程改革的意见》、《重庆市普通高中新课程实验工作方案》，深入推进义务教育课程改革，积极筹备普通高中课程改革。深入挖掘、全面推广綦江县“区域整体推进课堂教学改革”经验，召开了全市基础教育课程改革暨綦江课程改革现场会。在全国基础教育课程改革经验交流会上，綦江县作为中西部地区唯一发言单位交流发言。

〔招生考试制度改革〕 将重点中学高中统招计划按分配到辖区内的初中学校的比例提高到50%—70%，高中联招考生实行考后网上填报志愿，确定綦江县、潼南县、江津区为自主招生考试改革试点区县。在教育部召开的全国会议上，重庆介绍了深化招生考试制度改革的经验。教育部门户网站登载了重庆中考改革“四个结合”（即“区域联合＋自主招生”的组织模式、“指标到校＋考试入学”的招生办法、“综合录取＋特长录取”的入学制度、“考后填报＋网上填报”的志愿填报方法）经验。

〔评价制度改革〕 将初中生综合素质评价结果全面纳入普通高中招生录取的重要内容。积极探索有利于推进素质教育的学生评价新模式，綦江县开展了“发展性增量评价”机制研究，用“增值分”考察学校的教学质量，被《中国教育报》称之为“激活学校的试金石”。大力推进综合素质评价由终结性评价向过程性评价转型，北碚区学生综合素质过程性评价取得突破性进展。

〔规范办学行为〕 深入开展了规范中小学办学行为专项调研，先后召开了市教委直属中小学、主城区规范办学行为工作会议。以违规补课、违规招生、违规收费、违规增加学生课业负担等热点问题为重点，进一步完善了督察制度，加大查处力度，全市中小学办学行为明显规范。重庆规范办学行为“六个必须”（即教育规律必须尊重、教育属性必须重视、教育公平必须正视、教育行为必须规范、素质教育必须推进、教育形象必须提升）的要求被中央政府门户网站刊登。

职业教育与成人教育

〔高等职业教育概况〕 2009年，新组建了江津职业学院、重庆能源职业学院、重庆商业职业学院和重庆交通职业学院等4所高职学院，全市高等职业院校达到29所。万州区管理的重庆三峡医药高等专科学校、重庆三峡职业学院，涪陵区管理重庆工贸职业学院3所高职学院划转市直管。2009年，新增市级示范高职院校建设项目立项单位1所、市级示范院校建设项目培育单位2所。全市高等职业教育（含普通本科院校高职）招生6.7万人、在校生182 419人。

〔中等职业教育概况〕 2009年，新建了重庆市万州工业技术学校、黔江经济技术管理学校等7所民办中职学校，全市参与中等职业教育招生的学校218所（其中国家级重点中职学校49所，市级重点中职学校37所）。全市中职学校共开设13个大类460余个专业，全年中职学校共招生21.2万人，在校生55.2万人，毕业生16.5万人，高中阶段普职两类教育规模大体相当。

〔**办学模式改革**〕 推进“园校互动、校企融合”。到2009年底，全市已建设“黔江职教园区孵化区”、“江津职教创业园区暨移民就业培训基地”、“巫山职教工业与农业园区”、“铜梁教育（职教）科技园区”等6个职教园区，规划新建8个职教园区。推进“产教互动、集团发展”。组建了重庆职教基地机电职教集团、重庆职教基地财经职教集团、重庆工商职教集团和重庆旅游职教集团，坚持校校联合、产学研结合，建立纵向贯通、横向联合的产教互动办学模式。推进“城乡互动、联合办学”。充分利用城市地区优质中职教育资源，积极开展城市与农村职业学校联合招生、合作办学。2009年，全市有56所中职学校开展了城乡合作办学，联合招生6 500多人。

〔**规范教育管理**〕 加强统筹管理，统一了普通中专、成人中专、职业高中和技工学校收费标准，完善了全市中等职业学校学籍管理系统和学籍管理办法，完成了与资助信息管理系统和全国学籍管理系统的对接。清查办学资质，停止了55所办学条件不达标的中职学校招生资格；通过兼并、重组、划转、托管等方式，对办学规模偏小、教学水平较差、就业质量偏低的民办中职学校进行了整合。加强招生管理，通过主流新闻媒体公布了具有中职招生资格的学校名单，建立了中职招生工作人员审查备案制度，严禁非法中介参与招生，规范了学籍注册。完善评价机制。完成了重庆市中等职业学校评议委员会换届选举，成立了第二届中等职业学校评议委员会。组建了中等职业教育教学指导委员会，下设12个专委会，负责开展教学研究、咨询、指导、审议和服务等工作。

〔**基础能力建设**〕 加强优质学校建设。新增国家级和市级重点中等职业学校各5所。10所“创重”学校两年多方投入3.69亿元。2009年，中央和市级财政共安排重庆中等职业教育实习实训基地建设专项资金1.026亿元。加强学校专业建设。出台了《重庆市教育委员会关于规范中等职业学校专业设置工作的意见》，加强对专业设置的审批管理和分类指导，重点中等职业学校实行专业设置备案制，非重点中等职业学校实行专业设置申报审批制。

〔**增强服务能力**〕 举办了重庆市第二届中等职业学校职业技能大赛，建立了中等职业学校毕业生创业园区，出台优惠政策和扶持措施，中职毕业生一次性就业率达到97%。2009年，全市教育系统完成农村劳动力转移培训13.8万人次、农村实用技术培训273.4万人次、再就业人员培训8.1万人次、移民技能培训15.2万人次。新建了农民工培训集团1个、农民工培训基地4个。2009年，全市中等职业学校招收农民工3.2万人，免费发放《农民工培训读本》2万册。

〔**三峡库区职业教育和技能培训实验区建设**〕 2009年3月12日，教育部、国务院三峡办、重庆市政府、湖北省政府签署了《共建三峡库区职业教育和技能培训试验区协议》。建立了由市领导任召集人、市教委等相关单位为成员的试验区建设联席会议制度。巫山县试点工作进展良好。2009年，巫山县与广东省、北碚区分别签订了1万人的用工协议。对13.9万名库区家庭经济困难中职学生予以资助，其中2.3万名移民接受了免费中等职业教育。全市中等职业学校招收了库区群众子女8.3万名，其中移民1.2万名。投入资金6.95亿元，推进“1+15”三峡移民职业教育与培训基地建设。全市累计完成移民技能培训28.3万人，移民劳动力就业和转移就业24.2万人。

高等教育

〔综述〕 2009年，新设立高职院校4所（含重庆交电职工大学改制为重庆商务职业学院），重庆工学院更名为重庆理工大学。在渝高校达到60所。全市高校招生21.7万人（“专升本”学生2 671人）。比2008年增加1.4万人，在校生规模达到71万人，高等教育毛入学率达到27%。有学位授予单位19所（含军队院校），其中，博士学位授予单位7所、硕士学位授予单位15所、学士学位授予单位19所。各类在校全日制研究生39 080人（不含军队院校）。全市高校共有博士学位授权一级学科33个、二级学科199个，硕士学位授权一级学科97个、二级学科644个。研究生专业学位达到18种。一级学科国家重点学科3个、二级学科国家重点学科21个（不含一级学科覆盖），市级重点学科123个、市级立项建设重点学科26个。有部属院校2所，市属本科院校13所，普通本科教育在校生规模达到301 780人（不含军队院校）。有各类成人高等教育机构44个，其中普通高等学校成人教育学院38所、独立设置的成人高校6所，在校生134 644人。在渝登记备案的成人高等教育函授辅导站104个；在渝登记备案的现代远程教育校外学习中心40个，在册学生近8.1万人。出台了《关于进一步规范成人高等教育招生及办学行为的若干意见》，规范成人高等教育招生和办学行为取得显著成效。

〔教学改革〕 2009年，在全国第六届高等教育国家级教学成果奖评奖中，在渝高校获一等奖5项（军队院校、部属高校、市属本科院校、新建本科院校、高职高专院校五类高校各1项），二等奖20项；一等奖数量列全国第4位，西部省区市第1位。制发了《重庆市高等教育教学改革研究项目管理办法》，建立了培育高等教育教学成果的长效机制。批准了教改研究重大项目21个、重点项目136个、一般项目201个，连续三年每年资助经费100余万元。新增4所学分制改革试点高校，累计达到14所。制定了《重庆市高职高专院校人才培养工作评估方案实施细则》，对4所院校进行了评估。

〔专业设置〕 开展专业排序工作，促进专业结构优化。2009年，在渝普通高校设置本科专业11个学科门类，专业206种，专业点742个，设置高职高专教育专业19个大类、265种专业、1 010个专业点；新增37个本科专业点，其中10种为重庆首次设置；新增高职高专教育专业点88个，21种专业为重庆首次设置；8所本科院校共停招了12个本科专业点，21所高职高专院校共停招55个高职高专教育专业点，20所本科院校调减了133个专业招生计划，38所院校调减了272个高职高专专业点招生计划。完成学士学位授权专业的审核工作，新增22个学士学位授权专业。

〔质量工程〕 2009年，新增市级特色专业建设点30个（累计114个），国家级特色专业建设点18个（累计51个）；新增市级教学团队35个（累计116个），国家级教学团队6个（累计14个）；新增重庆市高等学校精品课程50门（累计307门），国家级精品课程20门（累计60门）。新增市级实验教学示范中心14个（累计54个），国家级实验教学示范中心4个（累计13个）；新增双语教学示范课程、人才培养模式创新实验区2个项目，遴选市级双语教学示范课程19门；新增国家级双语示范课程3门（累计8门），遴选市级人才培养模式创新实验区26个，新增国家级人才培养创新实验区2个（累计8个）。

〔研究生教育〕 《重庆市新增博士、硕士学位授予单位立项建设规划（2008—2015年）》经市政府批准实施：重庆邮电大学、四川外语学院为近期立项建设新增博士学位授予单位，重庆三峡学院为近期立项建设新增硕士学位授予单位。根据国发3号文件的战略任务和主要目标，调整了重庆市学科建设与发展规划，从重庆市的支柱产业和主要服务领域出发，补充、优化了八大学科群建设框架。专业学位教育取得重大进展，6所高校共新增加11个硕士专业学位教育举办权。至此，高校已获得除军事学以外的所有专业学位研究生教育举办权。

〔**科技工作**〕　2009年，市教委批准立项科技项目292项。在渝高校获国家自然科学基金468项，资助经费14 179.2万元，项目总数和资助经费双双创历史新高。第三军医大学研制的“口服重组幽门螺杆菌疫苗”和西南大学的“40个基因组的重测序揭示了蚕的驯化事件及驯化相关基因”研究成果，跃居国际领先水平；重庆邮电大学“TD-SCDMA终端核心芯片平台关键技术及应用”获国家发明二等奖；重庆大学“多相振荡射流及其在低透气性煤层中抽采瓦斯的关键技术研究与应用”、“振动利用与控制工程的若干关键理论、技术及应用”，重庆医科大学“癫痫发病机制及防治的系列研究”获国家科技进步二等奖。重庆大学的机械传动实验室建立与西南大学的家蚕基因组框架图绘制入选新中国成立60周年“重庆十大科技事件”。同时，科技部批准第三军医大学组建“国家免疫生物制品工程技术研究中心”，国家发改委批复重庆大学复杂煤气层瓦斯抽采和第三军医大学多肽药物两个实验室为国家地方联合工程实验室。产学研结合和校地合作深入推进，市教委与市经信委联合下达第一批指导项目80项，其中高校与企业合作共同申请69项。召开了产学研对接交流会，多所高校与区县签署了校地合作协议。

〔**哲学社会科学研究**〕　2009年，重庆高校在全国第五届高等教育科学研究优秀成果奖评选中取得重大突破，7所学校的19项成果获奖，其中一等奖2项，居西部省区市第一、全国第五，市属高校获奖数（5项）在列全国第9位。在重庆市第六次社会科学148项获奖成果中，教育系统获得125项。承办了全国高等教育界“应对国际金融危机高层论坛”、2009年中国高校哲学社会科学发展论坛等大型活动。完成了重庆市第一批16个人文社科重点研究基地评估工作。2009年，重庆高校共获各类人文社科项目2 223项，批准经费1.193 5亿元。出版学术著作552部，发表学术论文8 083篇，举办国际国内学术会议117场。

〔**思想政治教育**〕　承担教育部哲学社会科学研究重大课题委托研究项目“大学生思想政治教育测评体系研究”，研究成果被教育部采纳。大力推进科学发展观进课堂，对全市高校党委分管领导、思想政治理论课骨干教师、党委宣传部负责人进行了集中培训，组织编写了《古往今来发展思想论述精粹》，发放《社会主义核心价值体系学习读本》和《中国特色社会主义理论体系学习读本》4万册。开展大学生在线“传箴言”、“短信DIY比赛”、“校园短信大使评选”等活动，进一步推进社会主义核心价值体系建设。重庆工商大学学生徐茂成功当选“第二届全国道德模范”，掀起学习宣传道德模范热潮。切实加强校园文化建设，涌现出西南政法大学《学英雄楷模，传校友精神——培育“校友事迹教育在校大学生”校园文化》等13项校园文化建设优秀成果。

〔**毕业生就业**〕　2009年，市委、市政府将促进高校毕业生就业纳入八大“民心工程”。市政府制发了《关于促进大学生就业的意见》，出台了包括加大到基层就业的引导力度、支持鼓励毕业生自主创业、实施国有企业人才储备计划、鼓励中小企业吸纳毕业生等10条促进高校毕业生就业的重要政策。举办了“送关怀·振信心·促就业”毕业生就业专场双选会等上千场双选活动，开展了“助跑2009高校毕业生就业援助行动”、“找准定位，赢在职场”巡回宣讲活动、“重庆市首届大学生创业文化节”活动。全市高校毕业生就业率达90%。

〔**高校基本建设**〕　2009年，全市高校新征建设用地3 300亩，新建校舍132万平方米，完成投资35亿元。在重庆理工大学花溪校区建成了重庆市首个“市级应急避难场所”。大学城高校新开工校舍面积130万平方米，新建校舍80万平方米（累计410万平方米），完成投资28亿元（累计87亿元），新入住师生2万人（累计12万人）。大学城建设已进入完善城市功能、增强城市活力的平稳发展阶段，大学城“五个一体化”建设稳步推进，校园绿化“提档升级”。

撰稿　郑靖波

审稿　彭智勇

四川省教育

概　　况

〔基本情况〕

2009 年各级各类学校校数、教职工、专任教师情况

	学校数（所）	教职工数（人）	专任教师数（人）
一、高等教育			
（一）研究生培养机构（不计校数）	(37)		
1. 普通高校	(20)		
2. 科研机构	(17)		
（二）普通高等学校	92	97 568	61 772
1. 本科院校	44	72 451	45 023
其中：独立学院	13	10 986	7 406
2. 高职（专科）院校	48	25 117	16 749
3. 其他机构（点）（不计校数）			
（三）成人高等学校	26	3 837	2 328
（四）民办的其他高等教育机构	29	1 538	779
二、中等教育	5 561	379 333	323 153
（一）高中阶段教育	1 435	378 888	120 426
1. 高中	758	317 312	77 088
普通高中	758	317 312	77 088
成人高中			
2. 中等职业教育	677	61 576	43 338
普通中专	268	27 601	17 750
成人中专	33	2 114	1 324
职业高中	255	20 433	16 405
技工学校	121	10 404	7 074
其他机构（教学点）（不计校数）	(66)	1 024	785

续表

	学校数（所）	教职工数（人）	专任教师数（人）
（二）初中阶段教育	4 126	445	202 727
1. 普通初中	4 051		202 326
2. 职业初中	10	322	296
3. 成人初中	65	123	105
三、初等教育	12 710	331 823	306 765
（一）普通小学	12 437	331 434	306 528
（二）成人小学	273	389	237
其中：扫盲班	232	389	237
四、工读学校	5	138	95
五、特殊教育	95	1 854	1 572
六、学前教育	8 562	74 257	45 136

注：普通高中的教职工数中包含普通初中的教职工数。

2009年各级各类学历教育学生情况

	毕业生数（人）	招生数（人）	在校生数（人）
一、高等教育			
（一）研究生	17 754	24 317	71 105
博　士	2 023	2 658	11 699
硕　士	15 731	21 659	59 406
（二）普通本专科	252 214	299 650	1 035 934
本　科	124 952	166 798	593 687
专　科	127 262	132 852	442 247
（三）成人本专科	111 905	116 400	302 264
本　科	39 139	28 464	85 247
专　科	72 766	87 936	217 017
（四）其他各类高等学历教育			
1. 在职人员攻读博士、硕士学位		7 513	21 664
2. 网络本专科生	45 115	93 806	168 062
本　科	16 486	36 706	76 747
专　科	28 629	57 100	91 315
3. 其他			
二、中等教育	1 932 487	2 286 932	6 394 314
（一）高中阶段教育	779 423	1 107 731	2 801 284
1. 高中	449 660	515 321	1 435 520
普通高中	449 660	515 321	1 435 520
成人高中			

续表

	毕业生数（人）	招生数（人）	在校生数（人）
2. 中等职业教育	329 763	592 410	1 365 764
普通中专	151 952	237 751	587 725
成人中专	16 713	35 760	77 010
职业高中	117 884	254 564	538 415
技工学校	43 214	64 335	162 614
（二）初中阶段教育	1 153 064	1 179 201	3 593 030
1. 普通初中	1 121 999	1 177 004	3 554 513
2. 职业初中	2 822	2 197	9 746
3. 成人初中	28 243		28 771
三、初等教育	1 187 503	945 131	6 189 831
（一）普通小学	1 166 577	945 131	6 170 471
（二）成人小学	20 926		19 360
其中：扫盲班	18 391		16 886
四、工读学校	160	378	529
五、特殊教育	5 933	6 483	41 767
六、学前教育	841 483	1 119 209	1 707 263

注：特殊教育学生数中包括普通中小学随班就读的学生。

2009 年各级各类非学历教育学生情况

	结业生数（人）	注册生数（人）
总　计	3 214 719	2 427 644
一、高等教育	274 580	71 913
（一）研究生课程进修班	5 374	2 061
（二）自考助学班	5 158	17 490
（三）普通预科生		3 204
（四）进修及培训	264 048	49 158
其中：资格证书培训	62 394	14 422
岗位证书培训	85 152	12 293
二、中等职业教育	2 940 139	2 355 731
其中：资格证书培训	204 938	191 658
岗位证书培训	264 462	264 723
（一）中等职业学校	450 693	212 960
其中：资格证书培训	100 827	64 353
岗位证书培训	63 463	40 233
（二）职业技术培训机构	2 489 446	2 142 771
其中：资格证书培训	104 111	127 305
岗位证书培训	200 999	224 490

2009 年各级各类民办教育基本情况

	学校数（所）	毕业生数（人）	招生数（人）	在校生数（人）	教职工数（人）	专任教师数（人）
一、民办高等教育						
（一）民办高校	24	34 452	57 425	183 518	15 715	10 282
本科学生		15 339	29 676	98 575		
专科学生		19 113	27 749	84 943		
其中：独立学院	13	22 834	38 746	126 836	10 986	7 406
本科学生		15 339	29 676	98 575		
专科学生		7 495	9 070	28 261		
（二）民办其他高等教育机构	29				1 538	779
二、民办中等教育						
（一）高中阶段教育	321	115 676	202 902	492 284	38 753	26 112
1. 民办普通高中	72	17 711	23 240	61 239	18 287	13 028
2. 民办中等职业教育	249	97 965	179 662	431 045	20 466	13 084
（二）初中阶段教育	166	48 455	65 168	183 921		
1. 民办普通初中	166	48 400	65 168	183 921		
2. 民办职业初中		55				
三、民办普通小学	433	37 806	41 123	238 860	12 471	9 369
四、民办幼儿园	7 319	332 887	492 657	835 140	54 603	31 218
另有：民办培训机构（不计校数）	(241)				2 678	1 991

注：民办普通高中的教职工数包含民办普通初中的教职工数。

〔**年度工作方针**〕 2009 年四川省教育工作的总体要求是：全面贯彻落实党的十七届三中全会和省委九届六次全会精神，坚持以科学发展观为指导，立足四川实际，抓住灾后恢复重建和扩大内需两大机遇，以开展深入学习实践科学发展观活动为主线，以灾区学校恢复重建为重点，以提高教育教学质量为核心，以实施素质教育为主题，以队伍建设为根本，进一步加快发展步伐，加大改革力度，扩大对外开放，加快完成教育灾后恢复重建任务，努力实现四川教育的恢复、发展和振兴。

〔**教育投入与支出**〕 2009 年全省教育经费投入总额为 901.06 亿元，比上年增长 21.99%。① 其中：在川的中央属学校经费 93.88 亿元，增长 15.45%；地方属学校经费 807.18 亿元，增长 22.80%；全省教育财政预算内拨款 631.32 亿元，比上年增长 26.65%；多渠道投入的经费总额为 269.7 亿元，比上年增长 12.31%。

全省地方教育预算内生均教育事业费支出情况见下表。

① 灾后重建是四川教育投入增长的一个重要因素。从 2008 年至 2010 年 6 月，中央对四川教育灾后重建投入达到 180.75 亿元，省级投入达到 17.89 亿元。

2009年四川省地方教育预算内生均教育事业费支出情况

项目 类别	生均教育事业费 (元)	生均公用经费 (元)
普通高校	4 766.95	2 386.99
普通高中	2 247.75	401.68
普通初中	3 438.86	933.71
职业高中	3 012.47	797.83
小学	2 824.93	629.34

〔灾后学校恢复重建〕 按照中央“三年目标任务两年基本完成”的要求，及时调整工作安排，确立了“加快灾区学校重建步伐，确保2009年底95%以上的学生都能在永久性校舍学习；2010年春季开学，灾区学生告别板房进入永久性建筑学习”的学校灾后重建总体目标。省教育厅及时制定下发针对性指导意见，组成厅领导带队的11个工作组，分片包干灾区各市州，加强动态管理，强化监督检查，抓好指导协调；灾区各级政府切实承担学校灾后恢复重建的主体责任，做到优先研究和安排学校重建工作，优先解决学校重建遇到的重大问题，优先安排和落实学校重建资金，优先审批学校重建项目，优先提供学校建设用地和建材等物资保障。始终强调坚持科学重建，坚持建设标准和建设质量，强调把落实项目法人责任制、招投标制、合同管理制、工程监理制和质量责任终身制作为重建工作基本准则，把杜绝奢侈浪费作为硬性要求；切实加强省属学校、港澳援建、特殊党费等省直管重点项目的监管，顺利完成规划中期调整和评估；进入四季度，及时把工作重点从抓开工率转到抓竣工上来，奋战120天，实施学校灾后重建攻坚。灾区各级教育部门和学校把恢复重建作为头等大事，加强组织领导，完善工作机制，发挥职能作用，精心组织实施，确保了灾后重建工作有力、有序、有效推进。

截至12月底，国定39个重灾县累计开工建设学校2 973所，占需恢复重建学校3 002所的99.03%；省定12个重灾县累计已开工建设学校988所，占恢复重建学校995所的99.30%，实现了95%以上的灾区学生在永久性校舍中学习的目标。学校灾后恢复重建工作的进度居全省前列，教育战线向党和政府、向人民群众交上了一份满意的答卷。2009年底，受中共中央政治局委员、国务委员刘延东委托，教育部部长袁贵仁同志专程来四川视察学校灾后重建，对四川工作给予了高度评价。

〔学习实践科学发展观活动〕 按照中央、省委和教育部的部署，组织高校、中职学校和中小学深入开展学习实践活动。围绕推进科学发展上水平的主线，紧扣提高教育教学质量，服务“两个加快”，办人民满意学校主题，重点抓好三个结合，即紧密结合学校实际，凝练活动主题，设计实践载体；紧密结合国际国内形势发展变化和教育改革发展的实际，确定调研方向，查找突出问题；紧密结合学校广大党员和党员干部的思想实际，深入学习，破解发展难题，积极推进学习实践活动的深入开展。通过学习实践活动，全省高校、中等职业学校和中小学党员干部对科学发展观的科学内涵、精神实质有了更深刻的理解，进一步理清了发展思路，明确了办学定位、人才培养、构建和谐校园等方面的目标，为推动学校又好又快发展夯实了基础。四川民办高校攻坚破难健康发展，四川高校为灾后重建作贡献等做法多次被中央实践办、教育部实践办、省委实践办以及新闻媒体转发和报道。

〔教育民生工程〕 全面落实农村义务教育经费保障机制改革各项政策，安排落实春秋学期农村中小学公用经费专项资金350 405万元；其中中央280 873万元、省级69 532万元。对974万多义务教育阶段学生全部免除学杂费，对876万农村义务教育阶段学生免费提供教科书，向139.69万农村寄宿贫困学生发放生活费补助。

全面落实学生资助政策。全省普通高校资助学生32.8万人（资助比例达到在校学生的38.3%）；其中，11.8万地震灾区学生获得资助。全省中职学校资助一、二年级学生78.9万，普通高中资助学生21.27万人；其中17.9万名地震灾区学生获得资助。积极开展生源地贷款政策宣传引导工作，1.1万名学生获得生源地贷款。

保障弱势群众接受义务教育的权利，义务教育阶段在校残疾学生人数达到4.1万人，全省进城务工人员子女接受义务教育人数达39.6万人。

〔**学生思想政治和德育工作**〕 开展庆祝新中国成立60周年系列主题教育活动、全省中小学民族团结教育活动和藏区中小学爱国主义教育活动，增强了广大学生维护祖国统一、民族团结和谐的自觉性和责任感。关注地震灾区师生心理健康，开展系列夏令营活动。积极推进校外活动场所建设和管理，申报16个青少年活动场所建设项目。加强班主任和德育队伍建设，学习贯彻教育部新颁布的《中小学班主任工作规定》。表彰了721名普通高中“三好”学生、562名优秀学生干部、211个先进班集体和53名省优秀学生。命名成都市第十九中等14所中小学校为四川省校风示范学校。积极推进思想政治教育进网络、进公寓、进社团。开展2009年四川大学生心理健康教育宣传月活动。组织2009年高校师生思想状况滚动调查，进行“精彩一课”评比竞赛，开展思想政治教育课督查。请省委书记刘奇葆、省长蒋巨峰等领导深入高校为四川大学、西南财经大学、西南科技大学等校师生作形势报告会，加强大学生思想政治教育。组团参加全国第十届中学生运动会和全国第二届大学生艺术展演活动，取得优异成绩，分别获得体育道德风尚奖代表团称号和教育部优秀组织奖。组织四川省2009年高雅艺术进校园活动，举办四川省第六届中小学生艺术节。召开全省农村中小学艺术教育现场会，推进农村中小学艺术教育。

〔**教师队伍建设**〕 按照国家总体部署，抓住政策制定、落实兑现、维护稳定三个关键环节，省教育厅会同相关部门大力推进绩效工资实施工作。开展专题培训，加强指导，积极做好改革配套相关工作。加强宣传和引导，督促指导各地认真做好思想政治工作和政策解释工作，妥善处理好实施过程中的矛盾和问题。截至2009年9月30日，全省义务教育学校1月至9月基础性绩效工资（离退休生活补贴）全部兑现到位，奖励性绩效工资将在年底考核后发放。这项政策的落实惠及全省义务教育学校在职教职工59.7万人，退休教职工25.5万人。其中，在职教职工人均工资预计净增13 598元，增幅67.1%；退休人员人均退休费净增9 095元，增幅47.7%，得到广大教职工的衷心拥护。

推进以岗位设置管理为重点的教育人事制度改革，调整9所学校编制，缓解了部分高校人员紧张的压力。实施中小学教师素质能力建设“三大计划”，培训了2 400名省级骨干教师、6 000多名农村教师、3.35万名民族地区中小学校长、教师。建立地震灾区教师心理辅导和心理健康教育长效机制，举办地震重灾区中小学校长、教师心理康复培训班和高校心理健康教育骨干教师培训班。在全省统筹选派104名教师赴地震灾区支教，招聘3 708名特岗教师赴地震灾区和民族地区、边远山区的农村学校任教，有效缓解地震灾区学校和农村学校师资紧缺矛盾。全省被人事部、教育部联合表彰“全国教育系统先进集体”26个、“全国模范教师”41名、“全国教育系统先进工作者”4名；被教育部表彰“全国优秀教师”102名和“全国优秀教育工作者”11名；省人事厅、教育厅联合表彰“四川省教育系统优秀教师”370名、“四川省教育系统优秀教育工作者”30名。评选国家级教学名师5名、省级教学名师50名，国家级教学团队15个、省级教学团队61个。组织高校主动对接中央“千人计划”，重点争取省“百人计划”，推荐报送29名人选。

〔**学校安全稳定工作**〕 增强意识，完善工作机制，落实责任，针对不同阶段的任务和特点，突出重点，排查化解不稳定因素，切实做好重大纪念日和敏感期维稳工作，妥善处理涉灾、涉藏稳定问题。面对来势凶猛的甲型H1N1流感疫情，全面落实防控措施，努力把危害减少到最低程度。做好校园安全教育和管理工作，全省教育系统继续保持安全稳定。

〔**城乡环境综合治理“进学校”活动**〕 为贯彻落实省委、省政府关于开展城乡环境综合治理“七进”（进机关、进企业、进学校、进社区、进家庭、进村社、进景区）活动要求，6月，省教育厅召开会议安排部署，全面启动了城乡环境综合治理“进学校”活动。9月，制发了《关于全面深入开展城乡环境综合治理“进学校”活动的意见》，掀起了“进学校”活动的高潮。12月，召开全省高校城乡环境综合治理“进学校”活动现场交流会，推动建立健全“进学校”活动的长效机制。活动中，全省教育系统组织宣传队伍4.5万余支，参加宣传、文明劝导和义务劳动达1 300万余人次；印发宣传资料830万余份（册），环境综合治理课堂教育92万余课时，党团班队活动32万余次，新增机动车、非机动车停车场点12万余处，新增绿地面积169万余平方米，总计投入经费9亿余元，学校育人环境得到优化。省教育厅、电子科技大学、四川国际标榜职业学院、乐山市沙湾区教育局被评为省城乡环境综合治理“七进”活动先进集体。

〔**语言文字工作**〕 指导各地开展市级示范校创建工作，组织选送14所省级示范校参加第二批国家级语言文字规范化示范校评比创建工作，修改完善中小学语言文字规范化示范校评估标准和体系。做好普通话水平测试有关工作。开展丰富多彩的推普宣传活动，组织开展书写规范汉字和经典诵读大赛。完成省语委换届工作，新一届语委包括34名委员，进一步加强语言文字工作。

〔**对外交流与合作**〕 继续做好接受国际援助及地震灾区青少年疗养访问团有关工作，促进灾区学校恢复重建及教师、学生的心理康复。组织地震灾区100名中学生访问菲律宾；组织地震灾区60名中学生赴蒙古国休养，并参加国际夏令营活动；组织340名地震灾区中小学生赴俄罗斯疗养；组织86名地震灾区高中生赴日本访问；CSC-SUNY 150项目学生完成在美一年学习回国，省教育厅积极协调各部门，做好防控甲型H1N1流感等工作；顺利组织第三期阿迪达斯“快乐足球体验营”活动。成功举办国际教育展、中外校长论坛；积极开展汉语国际推广；不断探索国际教育合作新模式，拓展国际合作项目，促进中外合作办学。省教育厅与美国纽约州立大学签订教育合作交流协议，搭建四川学校对外交流与合作的新平台。

〔**新中国成立60周年教育成就**〕 新中国成立前，四川仅有各级各类学校（含幼儿园）2.1万所，在校生154.6万人，学龄儿童入学率20%左右，每万人口中有小学生仅243人。60年来，全省已初步构建起具有四川特色的国民教育体系，各级各类学校3.7万所，在校生1 876.9万人，教职工90.1万人。

实现了九年义务教育全面普及的历史性跨越。2008年底，181个县（市、区）已有178个实现“普九”。义务教育学校1.8万所，在校生1 012.2万人，小学、初中学龄儿童少年入学率分别达到99.13%和95.9%。

实现高等教育大众化的历史性跨越。目前全省拥有普通高校92所，其中国家“211工程”高校5所、“985”重点建设高校2所、国家示范性高职院校6所，普通高等教育在校生105.6万人，毛入学率22%。

实现了民族地区教育大发展的历史性跨越。从2001年启动实施《四川省民族地区教育发展十年行动计划》至2009年，51个民族县（市）有48个实现“普九”，人口覆盖率提高到95.6%，义务教育阶段学校达4 432所，在校生132.8万人；高中阶段教育稳步发展，学校136所，在校生达12.9万人；职业教育加快发展，2008年启动实施职业教育攻坚计划，办学规模大幅增加，拥有中职学校676所（含技工校105所），招生规模超过普通高中，在校生达122.5万人。

教育体制实现大转变，教育对外开放不断扩大。改革管理体制，省、市、县分级管理教育体制逐步建立，义务教育实行“国务院领导下由地方政府负责、分级管理、以县为主”的管理体制，职业教育实行“省政府领导下市州政府负责、分级管理、政府统筹、社会参与”的管理体制，高等教育形成“三级办学、两级管理、以省为主，市州或行业共建共管，多种模式并存”的管理体制。改革投入体制，财政拨款为主、多渠道筹措教育经费的体制逐步确立，义务教育全面纳入公共财政保障范围，高等教育成本分担机制初步建立。改革办学体制，政府为主、社会各界共同参与办学的体制逐步形成，民办教育逐步发展，投资主体和办学模式日益多样化。改革毕业生就业体制，毕业生通过人才市场自主择业的机制逐步完善。教育对外开放不断扩大，与世界60余国家和地区建立教育交流与合作关系，中外合作办学机构和项目达 50 个。

坚持教育为人民服务的宗旨，教育公平迈出重大步伐。一是大力实施教育民生工程，解决涉及人民群众切身利益的热点难点问题。全面落实义务教育经费保障机制改革各项政策，大力实施“两免一补”，全面实现了真正意义上的免费义务教育。建立和完善高校和中职学校贫困生资助体系，对就读中职学校的农村一、二年级学生发放助学金，对 20% 以上的贫困大学生给予国家资助。推动公共教育资源向农村、民族地区、困难群体倾斜，切实解决进城农民工子女、农村留守儿童和残疾儿童接受义务教育问题。二是坚持公正公开，形成促进教育公平的制度环境。在全省开展“规范教育收费示范县”创建活动，大力规范教育收费行为。坚持规范办学，清理整顿中小学转制和成人高教校外教学站点，实施高校招生“阳光工程”。大力推进依法治教和政务公开、校务公开，促进教育管理科学化和民主化。

充分发挥人才资源优势，服务经济社会能力显著提升。全省高校已与近 200 个市县及 1 000 余个企业建立了科技合作关系。1977—2008 年共获国家级科技奖 232 项。目前，高校有各类国家级实验室 41 个、研究中心和科技园（基地）27 个，省重点实验室 25 个。高校已成为四川基础研究的主力军和应用研究、技术开发的生力军。

素质教育全面实施，教育教学改革不断深化。一是义务教育阶段新课程改革取得显著成效，现代教育技术广泛应用，优质教育资源实现共享。职业教育以就业为导向，校企合作、工学结合、半工半读的人才培养模式得到广泛推广。高等教育以实施本科教学评估和质量工程为抓手，由注重外延发展向内涵发展转变。学生思想道德建设在加强中改进创新，学校体育、美育、劳动教育和心理健康教育越来越受到重视。二是招生和考试评价制度改革在探索中前进。中考改革试点取得突破并在全省推开，等级制考核、综合素质评价广泛采用。高校招生考试改革稳步推进，考试内容、形式和招生模式逐步多样化。三是教师队伍建设取得显著成效。专任教师学历合格率大幅度提高，高学历教师比例逐年增加。教师资格制度和中小学教师继续教育工程全面实施。职业教育“双师型”教师队伍建设取得明显成效。高等学校“高层次创造性人才计划”实施顺利。师德建设不断推进，特别是在汶川特大地震中，广大教师经受住严峻考验，赢得党和政府的高度评价与广大人民群众的由衷赞誉。

基础教育

〔**综述**〕 义务教育全面纳入公共财政保障范围，农村义务教育经费保障机制改革各项政策全面落实。由于学龄人口的变化，义务教育阶段学生数有所减少。2009 年，全省共有幼儿园 8 562 所，在园幼儿（包括学前班）170.72 万人，比上年增加 10.93 万人。3—5 岁幼儿毛入园率 71.49%，比上年增加 5.6 个百分点。全省义务教育阶段（普通小学、普通初中、职业初中、特殊教育学校及普通学校附设特教班）在校学生 974.29 万人，比上年减少 37.87 万人。全省共有普通小学 1.24 万所，初中 4 061 所（其中职业初中 10 所），特殊教育学校 95 所，小学学龄儿童入学率 99.64%。普通高中 758 所，比上年减少 17 所，在校生 143.55 万人，比上年减少 2.43 万人。

〔**义务教育均衡发展**〕 一是通过实施乡村教育发展留守儿童寄宿制学校建设等工程，大力加强城乡薄弱学校建设，着力改善农村中小学办学条件。2009 年新增中央投资项目初中工程 109 所，投资 3.5 亿元。启动了中小学校舍安全工程，筹集和下达中央和省级专项资金 8 亿元，超额完成国务院规定完成整个工程量 30% 的任务。二是大力推进中小学教育技术装备标准化建设、教育信息化资源建设和农村中小学现代远程教育工作，促进优质资源共享。2009年按新标准装备中学156所、小学275所，装备计算机学校404所，新增计算机27 066台，新建网络教室511间。建立了四川基础教育资源网，现有资源超过20万条，容量超过3 100 G，注册教师已有3万多人。三是积极组织开展义务教育均衡发展督导评估。组织25个县开展义务教育均衡发展督导评估监测。完成对郫县和成都市金牛区"四川省义务教育示范县"评估验收，对新津等24个县（市、区）政府的教育工作进行督导评估。成都市、绵阳市涪城区、宜宾市南溪县被教育部评为全国推进义务教育均衡发展工作先进地区。

〔**规范中小学办学行为**〕　认真贯彻教育部要求，集中力量解决社会反映强烈、影响学生健康发展的难点热点问题。制定了《四川省人民政府办公厅关于规范办学行为深入推进素质教育的意见》，发出《四川省教育厅关于〈四川省人民政府办公厅关于规范办学行为深入推进素质教育的意见〉的实施意见》及《四川省教育厅四川省人民政府教育督导团中共四川省委宣传部关于在全省开展规范中小学办学行为专项督导检查的通知》，重点对规范教学行为、招生行为、办校办班行为、考试评价行为、教材使用、教师行为、收费行为等方面提出了具体要求。结合学习实践科学发展观活动，将规范中小学办学行为作为推进基础教育科学发展的重要内容，并组织开展专项督导检查。省教育厅与各市（州）教育局签订责任书，重点整治在职教师有偿补课和参与社会收费培训、占用学生节假日集体补课和上新课、下达升学指标并以考试成绩排名排位等三个突出问题。

〔**普通高中教育**〕　积极推进普通高中课程改革工作。成立四川省普通高中课程改革工作领导小组，制定《关于推进普通高中课程改革的意见》及课改方案。研究确定四川普通高中课程改革省级样本校方案，在全省建立了62所省级样本校。组建"基础教育课程研究中心"，确定了30余项省级课改研究课题。完成2009年省级以上示范性普通高中招生计划切块分配到校工作。

〔**幼儿教育**〕　评估验收11所省级示范性幼儿园。完成"四川省幼儿教育发展现状调查研究"课题。开展幼儿教育收费情况调研。做好联合国儿基会"早期儿童发展"工作，召开宜宾、井研、松潘三县主任工作会，并组织专家进行实地指导。

职业教育与成人教育

〔**综述**〕　2009年是职教攻坚的关键年。各地运用政策优势，规范招生秩序，积极动员和引导适龄青年接受职业教育，继续对农村特困、城镇低保、库区移民、扶贫易地安置家庭子女及退伍军人、孤残学生和藏区学校的中职一、二年级学生免除学费。共完成中职招生55.6万人，超额完成省政府下达的目标任务，全省高中阶段教育招生职普比达到5.2∶4.8。

〔**实施藏区"9＋3"免费职业教育计划**〕　为推进四川省藏区经济社会发展，实现藏区长治久安，同时也为了全面提升中职办学水平和教育质量，省委、省政府决定，从2009年至2013年，实施藏区"9＋3"免费职业教育5年计划。即对藏区学生在完成九年义务教育的基础上，实施3年免费职业教育。为此，计划组织藏区初中毕业生和未升学的高中毕业生到本省其他地区职业学校免费接受教育，每年组织1万人，5年组织5万人以上；同时积极支持藏区发展职业教育，办好中等职业学校，使藏区内中等职业学校年招生规模由现在的不到3 000人发展到4 000人。到2013年，中职学校与普通高中的招生比由2.6∶7.4提升到6∶4，藏区初中毕业生升学率由70%提升到95%，基本普及高中阶段教育，为提高藏区人口的文化技能水平和实现长治久安奠定坚实基础。

为确保计划的顺利实施，四川采取了多项政策措施。一是对到本省其他地区中职学校就读的藏区中职学生给予免除学费、补助生活费和杂费的资助。具体标准是：学制3年的免除学费3年，每生每年2 000元；生活费补助3年，前两年每生每年3 000元，第三年每生1 500元，不足部分通过工学结合、顶岗实习获得报酬；交通、住宿、书本等杂费补助3年，每生每年1 500元。对就读中职学校学制1年的高中毕业生免除学费，生活费补助、交通、住宿、书本等杂费等补助标准，按中职学生前两年标准，补助1年。二是对在藏区就读中职学校的学生给予免除学费、补助生活费的资助。具体标准是：学制3年的免除学费3年，每生每年2 000元；生活费补助3年，前两年每生每年1 500元，第三年每生750元，不足部分通过工学结合、顶岗实习获得报酬。对就读中职学校学制1年的高中毕业生免除学费、生活费补助按中职学生前两年标准，补助1年。三是把到本省其他地区中职学校就读的藏区学生整体纳入当地“城镇居民基本医疗保险”范围，参保资金中的财政补助资金按现行政策执行，个人缴费部分由省财政补助。此外，省上还安排了每生300元的制装费，为接受学校安排每生1 000元的工作经费。

在省委、省政府的统一领导，省教育厅会同相关部门精心策划、统筹安排，认真组织实施。全省教育系统高度重视计划实施工作，成立领导小组，组建工作班子，深入开展调研，科学制定工作方案。3月，甘孜州首批300名藏族学生到内地重点职业学校学习。在此基础上，9月，全省全面启动藏区“9+3”免费教育计划，1万余名藏族学生进入全省85所重点中职学校免费学习。针对新生教育管理方面存在的问题，及时组织开展集中军训和入学教育工作，加强对学校工作的督查指导。通过各方共同努力，藏区新生逐渐适应内地中职学习生活，保证他们健康成长、顺利成才的长效机制已初步建立。国务委员刘延东就四川藏区“9+3”免费职业教育工作作出专门批示，给予充分肯定。

〔**基础能力建设**〕 一是推动各地加强中职学校基础能力建设工作取得新成绩，中央和省共投入3.84亿元重点支持129所中职学校改善办学条件。二是教师培训工作走出新路子。寻求兄弟省市支持，首次派出327名教师赴江苏、浙江两省参加其省级培训，并组织410名教师参加国家级师资培训。竞标遴选17个省内职教师资培训基地，开设22个培训项目，1 241名教师参加省级培训。为适应中职新课程改革，组织了德育、文化基础课程教师培训2 600多人。全年教师培训4 578人，占全省专任教师总数的13%，是近年教师培训规模最大的一年。

〔**职业教育教学改革**〕 积极引导支持各地整合资源、产教结合，组建职业教育园区和职业教育集团。坚持适应需求、服务市场、就业导向，紧扣企业行业发展，拓宽工学结合、校企合作的人才培养途径，着力提高教育质量。全省组团参加2009年全国职业院校技能大赛，共获得4金、22银、21铜，团体总分第9名的好成绩。

〔**农村劳动力转移培训**〕 全省职业院校紧密结合地方经济社会发展实际，大力实施“农村劳动力转移培训计划”和“农村实用技术培训计划”，共培训农民工236.4万人，农村实用技术培训近200万人。

高等教育

〔**综述**〕 2009年，经教育部批准，设立四川民族学院、四川幼儿师范高等专科学校和西南交通大学希望学院，高等教育结构进一步优化。全省本科高校（含独立学院）达到44所，高职专科学校达到48所。调整完善政策规定，招生改革稳步推进。2009年全国1 528所院校在川招生，招生总计划305 937名，共录取新生343 558名，完成招生计划的112.3%；报考成人高校考生198 473人，比上年增加20 879人，增长11.76%。在川招生成人高校141所，招生117 878名。2009年，全省高等教育总规模达到157.73万人（包括研究生、普通本专科、成人本专科、网络本专科），比上年增加13.84万人，高等教育毛入学率为24%。

〔**教学工作**〕 以高校精品课程、学科专业和教学示范中心建设“三大建设”为重点，切实提高人才培养质量。全省新增立项建设国家精品课程33门、省级精品课程204门，国家特色专业28个、省级特色专业72个，省级重点学科29个，国家级实验教学示范中心5个、省级实验教学示范中心28个。启动“地方属高校人才培养模式创新实验区”，立项建设13个省级人才培养模式创新实验区。

〔**高职院校建设**〕 以示范性高职院校建设为动力，推动全省高职院校整体发展。做好示范高职院校单独招生试点工作，做好成都航空职院、四川建筑职院、四川工程职院、四川交通职院4所院校单独招生试点的指导和管理工作。在大力推进国家示范性高职院校建设的同时，为启动“四川省示范性高职院校建设计划”做好相关准备，以此促进高职高专学校整体办学水平的提高。

〔**成人高等教育**〕 以构建终身教育体系为方向，探索成人高教发展。推动成人高教领域深化改革，拓展功能，明确定位，服务社会。加强高校函授站、校外联合办学点的管理监控，审定新增专业和校外站点，完成站点的公布和抽查工作，督促高校规范办学行为，维护成人高教正常的办学秩序和社会稳定。

〔**学位与研究生教育**〕 完成四川省2008—2015年新增博士、硕士学位授予单位立项及建设规划制定工作，组织实施2009年西南地区研究生教育创新计划。16所高校启动“双学位”教育工作。开展2009年省优秀博士、硕士学位论文评选和新增学士学位授权单位、专业审核工作，新增57个学士学位授予专业。

〔**科技工作**〕 加强科技创新平台建设，2个省部共建教育部重点实验室通过专家验收，5个重点实验室建成省重点实验室，新增7个省高校重点实验室，认定2个省教育厅人文社科重点研究基地。全省高校获得国家科学进步奖9项，教育部“高等学校科学研究优秀成果奖”17项；高校获省科技进步奖78项，占全省总数的32.10%，其中一等奖13项，占全省总数的56.52%。

〔**毕业生就业工作**〕 全力促进大学毕业生就业。2009年全省高校毕业生达27.63万，其中研究生1.79万、本科生12.64万、高职高专生13.2万。全省高校毕业生实现就业23.76万，就业率85.98%，超额完成目标任务。

民族地区教育

〔**两基攻坚工作**〕 继续实施《民族地区教育发展十年行动计划》，启动190个校舍建设项目，开工建设和改造教师周转房2 000套，建成86个小农（牧）场。为27.74万名家庭贫困的寄宿学生提供生活补助，为新增寄宿学生提供免费卧具4 723套。美姑、色达两县如期实现“普九”，全省

"两基"人口覆盖率达到99.99%。实施2009年度藏区牧民定居行动计划教育项目和大骨节病防治"易地育人"项目，完成富民安康工程内地甘孜高中班300名学生的招生任务。组织开展《2011—2020年四川省民族地区教育发展十年行动计划》的调研论证工作。

〔**民族文字教材教师建设**〕 组建新一届四川省中小学彝文教材审查委员会，审定中小学彝文教材25种，审查各种名词术语近1 000条。针对一类模式高中教师的实际情况，开展了民族地区一类模式高中各科教师培训，137名各科教师参加了培训，提升了民族地区高中教师的专业素质和理论素养。开展了中国少数民族汉语水平等级考试（简称"MHK"）教师培训，推动"MHK"在全省民族地区一类模式高中学校的实施。

撰稿 何 浩 陈 玲
审稿 涂文涛

贵州省教育

概　　况

〔基本情况〕

2009年各级各类学校校数、教职工、专任教师情况

	学校数（所）	教职工数（人）	专任教师数（人）
一、高等教育			
（一）研究生培养机构（不计校数）	(8)		
1. 普通高校	(7)		
2. 科研机构	(1)		
（二）普通高等学校	47	29 006	19 634
1. 本科院校	25	20 650	13 755
其中：独立学院	8	2 680	2 253
2. 高职（专科）院校	22	8 356	5 879
3. 其他机构（点）（不计校数）			
（三）成人高等学校	4	490	282
（四）民办的其他高等教育机构	3	34	
二、中等教育	2 979	171 455	152 967
（一）高中阶段教育	764	170 603	44 309
1. 高中	451	152 175	31 413
普通高中	451	152 175	31 413
成人高中			
2. 中等职业教育	313	18 428	12 896
普通中专	97	6 957	4 712
成人中专	22	1 805	1 201
职业高中	136	6 214	4 698
技工学校	58	3 016	2 007

续表

	学校数（所）	教职工数（人）	专任教师数（人）
其他机构（教学点）（不计校数）	（40）	436	278
（二）初中阶段教育	2 215	852	108 658
1. 普通初中	2 163		107 889
2. 职业初中	30	798	739
3. 成人初中	22	54	30
三、初等教育	22239	233 881	204 970
（一）普通小学	12 862	208 696	199 189
（二）成人小学	9 377	25 185	5 781
其中：扫盲班	8 822	24 321	5 667
四、工读学校	4	84	75
五、特殊教育	49	867	740
六、学前教育	2 063	21 829	13 105

注：普通高中的教职工数中包含普通初中的教职工数。

2009年各级各类学历教育学生情况

	毕业生数（人）	招生数（人）	在校生数（人）
一、高等教育			
（一）研究生	2 706	3 908	10 169
博　士	68	98	324
硕　士	2 638	3 810	9 845
（二）普通本专科	64 212	95 375	299 072
本　科	30 730	49 298	165 388
专　科	33 482	46 077	133 684
（三）成人本专科	28 147	26 966	86 209
本　科	15 287	14 964	46 349
专　科	12 860	12 002	39 860
（四）其他各类高等学历教育			
1. 在职人员攻读博士、硕士学位		818	2 504
2. 网络本专科生			
本　科			
专　科			
3. 其　他			
二、中等教育	884 865	1 163 140	3 134 422
（一）高中阶段教育	260 462	396 803	1 004 010
1. 高中	165 392	219 062	581 604
普通高中	165 392	219 062	581 604
成人高中			

续表

	毕业生数（人）	招生数（人）	在校生数（人）
2. 中等职业教育	95 070	177 741	422 406
普通中专	48 909	79 923	206 692
成人中专	3 594	10 394	20 230
职业高中	30 096	72 514	159 943
技工学校	12 471	14 910	35 541
（二）初中阶段教育	624 403	766 337	2 130 412
1. 普通初中	615 496	762 312	2 112 917
2. 职业初中	4 454	4 025	11 858
3. 成人初中	4 453		5 637
三、初等教育	1 027 596	698 976	4 871 002
（一）普通小学	784 574	698 976	4 568 716
（二）成人小学	243 022		302 286
其中：扫盲班	209 436		259 388
四、工读学校	930	253	271
五、特殊教育	1 799	2 616	16 507
六、学前教育	334 120	623 660	747 351

注：特殊教育学生数中包括普通中小学随班就读的学生。

2009 年各级各类非学历教育学生情况

	结业生数（人）	注册生数（人）
总　计	2 743 511	2 870 697
一、高等教育	41 458	46 452
（一）研究生课程进修班	96	242
（二）自考助学班	749	3 258
（三）普通预科生		1 903
（四）进修及培训	40 613	41 049
其中：资格证书培训	7 943	8 154
岗位证书培训	3 060	3 060
二、中等职业教育	2 702 053	2 824 245
其中：资格证书培训	59 803	69 330
岗位证书培训	68 564	85 684
（一）中等职业学校	184 735	197 040
其中：资格证书培训	46 540	50 103
岗位证书培训	39 372	40 407
（二）职业技术培训机构	2 517 318	2 627 205
其中：资格证书培训	13 263	19 227
岗位证书培训	29 192	45 277

2009年各级各类民办教育基本情况

	学校数（所）	毕业生数（人）	招生数（人）	在校生数（人）	教职工数（人）	专任教师数（人）
一、民办高等教育						
（一）民办高校	9	7 899	14 259	50 636	3 062	2 528
本科学生		7112	12 654	45 628		
专科学生		787	1 605	5 008		
其中：独立学院	8	7 112	12 654	45 628	2 680	2 253
本科学生		7 112	12 654	45 628		
专科学生						
（二）民办其他高等教育机构	3				34	
二、民办中等教育						
（一）高中阶段教育	154	20 651	43 975	101 538	11 150	7 446
1. 民办普通高中	88	11 579	15 855	38 134	8 710	5 999
2. 民办中等职业教育	66	9 072	28 120	63 404	2 440	1 447
（二）初中阶段教育	222	24 788	31 982	92 642		
1. 民办普通初中	222	24 788	31 982	92 642		
2. 民办职业初中						
三、民办普通小学	297	26 442	27 899	167 078	7 161	5 922
四、民办幼儿园	1 382	61 180	157 104	215 624	13 264	6 758
另有：民办培训机构（不计校数）	（126）				1 373	822

注：民办普通高中的教职工数包含民办普通初中的教职工数。

〔**重点围绕两项中心任务狠抓师德建设**〕 为加强全省中小学教师队伍师德建设，全省重点围绕两项中心任务进行。一是深入学习和贯彻实施《中小学教师职业道德规范》，切实抓好教师的职业精神引领和行为规范。二是抓好《省教育厅关于建立中小学教师师德建设长效机制的意见》（黔教师发［2008］361号）的贯彻落实。同时，通过召开全省师德经验交流会和成功举办全省师德论坛，进一步加强了全省师德建设工作，使师德建设工作常规化、制度化、规范化。

〔**大力推进中小学教师继续教育工程，培训中小学教师2万余人**〕 贵州省教育厅继续推进全省中小学教师继续教育工程，通过实施“两项工程”（“农村教师素质提升工程”、“骨干教师队伍建设百千万工程”）和“两项计划”（“万名中小学班主任远程培训计划”、“教育技术能力远程培训计划”），加大各类中小学教师省级培训力度。共举办中小学教师各类省级培训60期，培训教师21 300人。

〔**深入实施“农村教师素质提升工程”**〕 为加大农村中小学教师培训力度，贵州省教育厅深入实施“农村教师素质提升工程”。2009年是“农村教师素质提升工程”的第三年，全年安排培训经费250万元并完成对全省20个国家扶贫开发重点县农村中小学开展校长及骨干教师培训17期，培训骨干教师2 300余人。

〔**组织实施“骨干教师队伍建设‘百千万’工程”**〕 为加强省级中小学骨干教师队伍建设，在2008年对全省百名“省级教育名师培训对象”进行培训和为期半年跟踪考查的基础上，省教育厅举行了“省级教育名师培训对象论文答辩暨学术交流活动”，并认定了95名省级教育名师，认定429名培训对象为省级骨干教师。另外，通过全省各市（州、地）选拔推荐，省教育厅确认了全省“十一五”第二批中小学省级骨干教师培训对象580人，并在省级培训基地完成了培训任务。

〔招聘“农村义务教育阶段学校特设岗位教师”7 000余名〕 为加强农村义务教育阶段学校教师队伍建设，逐步解决教师总量不足和结构不合理问题，2009年全省争取中央财政支持，继续实施国家“农村义务教育阶段学校教师特设岗位计划”，并参照该项计划模式，同时实施了县级“农村义务教育阶段学校教师特设岗位计划”。通过笔试、面试、体检、培训、签订聘任合同等程序，面向社会公开招聘录用了7 012名大学毕业生到威宁等36个“两基”攻坚县与国家扶贫开发工作重点县乡（镇）的农村小学和初中任教。其中国家“特岗计划”教师3 894名、县“特岗计划”教师3 118名。一定程度上解决了贵州省农村教师数量不足、质量不高的问题。

〔继续实施“万名城镇教师支援农村学校计划”〕 为优化教师配置，促进城乡教育均衡发展，全省继续实施为期五年（2006—2010年）的“万名城镇教师支援农村学校计划”。2009年，省教育厅及时下发有关文件并指导各市（州、地）开展工作。经考核，2008—2009学年度全省共有2 122名支教人员获得省教育厅颁发的支教考核合格证书。2009—2010学年度全省9个市（州、地）共选派了2 303名城镇学校教师到农村中小学校支教1年。

基础教育

〔顺利通过国家“两基”督导检查〕 在省委、省政府的高度重视和正确领导下，通过加强统筹协调、创新工作机制、加大经费投入力度、不断改善办学条件等多项措施，2009年6月，贵州省“两基”工作顺利通过国家督导检查，并得到教育部领导及国家“两基”督导检查组的高度评价和充分肯定。教育部部长周济说：贵州省大力实施“两基”攻坚，使义务教育的面貌发生了根本性改观。所取得的成就，将在贵州和中国教育发展史上留下浓墨重彩的一笔，必将为贵州省经济社会发展奠定坚实的基础。教育部副部长陈小娅评价道：贵州省形成的“两基”攻坚精神，不仅是贵州教育发展的宝贵财富，一定程度上也是我们国家教育发展的宝贵财富，是中国特色教育发展的一条路子、一个缩影。

〔加快普通高中教育事业发展〕 完成20万人的普通高中招生任务，实际招生21.9万人，全省普通高中在校学生达58.16万人，高中阶段毛入学率达51.7%。继续开展省级示范性普通高中建设评估工作，新增省级示范性普通高中6所，全省省级示范性普通高中学校达到63所。

〔研究制定新时期继续推动全省义务教育事业持续、快速、健康发展的意见〕 2009年6月，贵州省顺利通过了国家“两基”督导检查，义务教育发展进入一个新的历史时期。为推动全省义务教育持续、快速、健康发展，迈向更高的水平，按照林树森省长关于制定全省新时期以县为单位义务教育新标准的指示要求，贵州省教育厅研究制定了《贵州省关于进一步巩固“两基”成果提高义务教育水平的意见》及评估标准，拟用10年左右的时间，整体提升全省义务教育水平和质量，使全省义务教育接近全国平均水平。从2010年起，全省将把凤冈县等10个县（市）作为第一批试点县，启动进一步巩固“两基”成果，提高义务教育水平工作。

〔**制定《建立县级党政主要领导教育工作督导考核制度的意见》**〕　为进一步强化政府主要领导的教育责任，建立健全促进县域教育持续发展的长效机制，2009年4月，中共贵州省委组织部、省教育厅、省人民政府教育督导室联合下发了《关于建立县级党政主要领导教育工作督导考核制度的意见》，将县级党政主要领导履行教育工作职责、优化教育发展环境、加强教师队伍建设、保障教育经费投入、改善办学条件、提高教育发展水平等情况列为督导考核内容，明确了督导考核的标准、原则、程序，将督导考核结果列为省委、省政府对县级党政主要领导政绩考核的重要内容，从而在全省创新性地建立了对县级党政主要领导教育工作督导考核制度。

〔**推动进城务工人员随迁子女和农村留守儿童教育工作**〕　组织开展了对全省农村留守儿童教育情况的调研，为做好此项工作提供政策建议和决策依据。根据国家有关要求，结合全省实际，以调研结果为基础，制定下发了《贵州省教育厅关于进一步做好进城务工人员随迁子女和农村留守儿童教育工作的意见》，指导和推动全省进城务工人员随迁子女和农村留守儿童教育工作。

〔**完成9所特殊教育学校建设任务**〕　根据国家的安排原则和要求，2009年全省遵义市等9所特殊教育学校进入规划建设，其中新建5所、改扩建4所；新建学校按380万元/所，改扩建学校按280万元/所的标准建设，国家一共下达资金3 020万元（其中，2 300万元用于项目学校土建，720万元用于为项目学校购置教学康复训练设备）。

〔**“农村初中校舍改造工程”初见成效**〕　2009年，各有关部门坚决贯彻中央“扩大内需、促进经济平稳较快发展”的精神，加快“农村初中校舍改造工程”的实施，取得了显著成效。至年底，全省共获得“农村初中校舍改造工程”中央专项资金58 212万元，开工建设项目学校302所，占国家批复计划数的100%；完工265所，占计划数的88%；为项目学校采购学生用床114 953张，餐桌凳137 050单人套，占计划数的100%。

〔**进一步实施农村义务教育阶段薄弱学校改造工程**〕　2009年共建设“薄弱学校改造工程”项目学校683所，消除新产生的D级危房5万平方米，新建、改扩建校舍62万平方米。极大地改善了农村中小学办学条件，大大超过了年初确定的200所项目学校的建设任务。

〔**开展受地质灾害威胁学校搬迁治理工作**〕　根据省政府的部署，各有关部门抓紧落实受地质灾害威胁学校的搬迁工作。2009年，全省69所受地质灾害威胁严重的学校中，42所已搬迁建设，其中19所已经竣工；其余进行原址治理的学校中，10所已竣工；累计完成投资11 201万元。

〔**启动“中小学校舍安全工程”**〕　按照中央的统一部署，贵州省启动了“中小学校舍安全工程”，计划用三年的时间，对中小学校舍安全情况进行必要的加固或重建，使其达到重点设防类抗震设防标准，并符合各种防灾避险的要求。2009年，全省组织进行了中小学校舍安全排查鉴定工作，编制完成了贵州省“中小学校舍安全工程”规划。同时，中央下达专项资金2.6亿元，用于全省4个按7度抗震设防的县及贵阳市中小学校舍的改造，共计划建设学校152所，加固校舍6.3万平方米，重建校舍19.4万平方米。

〔**继续实施“明德小学”项目**〕　2009年，台塑集团向全省提供赠款1 170万元，再建明德小学10所，建设校舍面积2.1万平方米。至此，台塑集团已向全省捐赠6 865万元，建设明德小学146所，建设校舍面积20.6万平方米。

〔**“大班额”问题得到有效解决**〕　省级财政下达资金2.46亿元，帮助威宁等20个困难较大的县改善办学条件。20个县共计划建设项目学校807所，建筑校舍面积82万平方米，从而可基本消除其“大班额”现象。

〔扎实开展中小学校长培训，进一步推进校长队伍建设〕 2009年，组织完成中小学校长省级集中培训1 012人次、远程培训480人次、外派参加国家级培训21人次。同时，组织落实教育部“2009—2011年中国移动中小学校长培训项目”2009年度培训任务，参训校长共580名（远程培训500名、省内影子培训50名、省外影子培训30名）。通过实施个人自学、教师讲授、辅导讨论、实地考察、案例分析和远程教育相结合的多元化教学模式，并结合省情、教情、校情，突出校本研修，促进了培训成果的转化运用。参训校长普遍反映培训的针对性、实效性更强了，在进一步增强理论认识、感性认知的同时，实践运用能力也得到了提升，尤其是在解决学校管理难点问题、提炼管理经验、策划个性化办学、优化内部管理等方面切实发挥了指导和推进作用。

〔普通高中特困生获国家助学金资助2 030.9万元〕 全省通过中央彩票公益金教育助学项目，资助全省83个县的263所县镇以下普通高中学校的2.03万名特困生，资助金额达2 030.9万元。

职业教育

〔完成中等职业教育招生任务20.9万人〕 为完成2009年中等职业招生任务，省教育厅高度重视，于3月26日下发了《省教育厅关于下达2009年中等职业教育招生任务的通知》、《省教育厅关于做好2009年中等职业学校招生工作的意见》，将任务层层分解，签订目标责任书。为检查、督促中等职业教育招生工作，在8月进行中职招生工作调研，10月配合省政府督查室开展了中职招生督查。并继年度工作会布署中职招生后，分别于9月23日、10月19日召开中职招生专题工作会议。省政协副主席、省教育厅厅长孔令中在会上作了《迎难而上，克难攻坚，确保完成中等职业教育招生任务》的报告。招生期间，加强上下联系，及时解决招生遇到的困难，为有效掌握招生进度，实行了旬报制度。通过上下努力拼搏，2009年完成中职招生任务20.9万人。

〔中职学校学生思想道德教育得到加强和改进〕 具有职教特色的德育教育进一步加强。2009年，全省各级职业院校认真落实“全国中等职业学校德育工作会议”精神，按照《中等职业学校德育大纲》要求，进一步确立以人为本的德育工作指导思想，突出加强爱国主义、弘扬民族精神、职业道德与职业纪律、敬业创新、诚实守信等教育。进一步加强德育工作队伍建设，着力做好德育教育目标任务的落实、提高德育工作者思想道德素质、完善德育规章制度，改善德育教育方法等工作。

科学发展观在职教战线进一步深入贯彻落实。2009年省教育厅下发《省教育厅关于印发中等职业学校和中小学开展深入学习实践科学发展观活动具体指导意见的通知》，强调职业教育的学习实践活动要与服务经济社会结合起来，要与服务“三农”和建设社会主义新农村结合起来，要与学生创业和就业结合起来，要与教育教学改革、提高教学质量结合起来。通过学习实践科学发展观活动，办出职教特色、输出职教品牌、办出社会效益。

〔职教基础能力建设得到加强〕 2009年投入省级财政职教专项资金8 000万元，建设37个县级职教中心、10个实训基地、9所重点院校、7所高职学院、4个省属中职学校。同时争取了中央财政投入全省职业院校建设资金近亿元，全省各市（州、地）、县投入职业教育基础能力建设资金也持续增长。

〔师资队伍建设水平得到进一步提高〕 完成

了旅游等7个专业骨干教师省级培训450人，遴选和推荐了100名骨干教师参加国家级培训，完成了国家新一轮规划教材师资培训1 000余人，完成了中职德育课教师师资培训400余人。

〔**着力建设重点示范性职业院校**〕 2009年，瓮安县职业高中、思南县中等职业学校、安顺职业高中、省医护士学校、贵阳铁路工程学校、开阳县职业学校、丹寨县民族职校等七所中职学校和安顺市职业学校分别被评为国家级和省级重点中等职业学校。铜仁职业技术学院、贵州省工业职业技术学院、贵州电子信息职业技术学院被列为省级示范性高职学院建设行列。2009年，全省有国家级重点中等职业学校41所，省级重点中等职业学校44所。

〔**21万名学生获中职国家助学金**〕 制定出台《贵州省中等职业学校国家助学金资金监督管理暂行办法》。全省共有267所中职学校的21万名学生获中职国家助学金，金额达3.19亿元。

高等教育

〔**深入开展学习实践科学发展观活动**〕 中共贵州省委教育工委认真督导全省39所高校2 433个党组织47 094名党员绝大多数积极投入学习实践科学发展观活动，取得显著成效。广大党外同志深受感召，积极参加活动。

一抓主题。在深入学习、调研基础上，确定以“推动高等教育科学发展，构建高等学校和谐校园”为高校学习实践活动主题。各校在这一主题下，结合实际，明确了更为具体的活动主题。

二抓机制。在工委、学校和二级学院成立了学习实践活动领导小组、领导小组成员联系点和责任制，派出指导检查组，实行一级抓一级、层层抓落实的领导体制和工作机制。

三抓队伍。活动启动前就组织培训各校骨干力量，活动中又组织高校干部在省委活动办跟班学习。各校建立了宣传报道、文档整理干部队伍。

四抓教育。党员、干部通读了中央规定的书籍，学校党校把科学发展观作为必修课。举办解放思想大讨论1 100多场次，发放征求意见表20 700份，领导干部领题调研234个课题。征集到各类意见建议6 000余条，经梳理后基本纳入学校分析检查报告和整改方案。

五抓督导。召开全省高校党建工作会，对全省高校学习实践活动进行动员部署。制定省直高校学习实践活动方案，参加省直高校党委民主生活会，指导提高质量；审核全省各高校分析检查报告和整改方案；四次召开活动推进会，两次组织参观考察有关高校活动实况；两次组织全省高校参加教育部党组召开的视频会议；与省委活动办对省直高校活动评估验收。

六抓载体。一是举办“贵州高等教育科学发展”论坛和理论研讨会。北京师范大学校长钟秉林为贵州省高校处级以上干部作《坚持科学发展推进高校创新》的报告。二是召开全省高校党建理论研讨会，评选优秀论文并给予奖励。三是征集学习实践科学发展观优秀调研报告并印发高校。四是开展学习实践科学发展观网上知识竞赛，近15万人参加。五是举办处级以上党员干部和讲师以上党员教师“科学发展在身边”演讲比赛。六是分别举办处级干部、组织人事干部学习实践科学发展观培训班。七是开展《推动高等教育科学发展构建高等学校和谐校园》电视访谈，社会各界200余人为高校科学发展建言献策。八是指导各校组织372个工作队、22 425人开展“四联四帮——党员干部大深入”、暑期“四深入、四实践”、“结对帮扶”、“十万干部下基层”活动1 600余次，宣讲科学发展观，开展应对金融危机和推进科技创新咨询、文化宣传、农民工培训等服务。

七抓典型。培育表彰57个省直高校系统五好基层党组织，其中10个被省委命名为全省五好基层党组织；开展“树当代大学生党员形象”活动，表彰51名活动标兵；评选高校基层党组织主题实践活动优秀方案，31个方案获奖；宣传学校具有特色和成效的活动载体，组织全省高校参观民族学院“爱心互动超市”活动。

八抓实效。一是广大党员、干部加深了对科学发展观的理解，学习实践科学发展观的自觉性和坚定性增强，贯彻落实科学发展观的能力提高。在明确办学定位、深化教育改革、提高教育质量、扩大办学规模、构建和谐校园等重大问题上，形成了共识，明确了方向，并认真整改落实，取得了推进科学发展的显著成绩。二是解决一批突出问题。完善党委领导下的校长负责制，着力提高领导班子和领导干部驾驭学校改革发展的能力。对应教学、科研、管理、服务机构建立健全教职工党支部，坚持大学生党支部建在班上；积极推进在科研团队、大学生实习团队等临时团队和大学生公寓、社团、校园网建立党的组织和阵地，贴近党员、群众的工作、学习、生活开展党的活动，实现党组织和党的工作全覆盖。集中进行“废、改、立”，清理1 589个制度，废除202个、修改完善617个、建立442个，形成了科学、规范、高效运行的长效机制。加大发展党员工作力度，大学生党员比例达到16.1%，稳步实现“低年级有党员、高年级有党支部”目标。

各高校的学习实践活动，群众满意度均在98%以上。

〔**继续实施省属高校发展贴息资金政策，基本建设贴息资金1 500万元**〕　为了进一步贯彻落实省人民政府2001年第121期省长办公会议纪要精神，继续改善省属高校学校办学条件，帮助省属高校上规模、上水平。2009年全省继续实施省属高校发展贴息资金政策，下达省属高校基本建设贴息资金1 500万元，安排贴息贷款项目19个，计划建筑面积387 910平方米，总投资92 617万元，贴息金额1 500万元。

〔**高校学费标准略微上调**〕　为进一步缓解高校办学经费不足的压力，促进全省高等教育事业的快速发展，按照省委、省政府的指示，省物价局、省教育厅、省财政厅于上半年进一步调整了全省普通高校学费收费标准，印发了《贵州省物价局贵州省教育厅贵州省财政厅关于理顺普通高等学校学费标准的通知》（黔价费［2009］49号）。从2009年秋季开学起，本科专业每生每年平均学费由2 800元调整为3 200元，专科由2 200元调整为2 600元。

〔**探索建立省级高等教育质量保障体系**〕　为巩固教育部本科教学工作水平评估成果，探索建立和完善政府、高校、社会共同参与，相互协作，共同促进的省级高等教育质量保障体系，确保高校评建工作的制度化、常态化和科学化，进一步确立教学和人才培养工作的中心地位，成立了“贵州省高等教育督导团”。督导团成员主要由各高等院校的专家、教授、教育系统外的社会人士担任，主要开展教育教学质量督导的日常评估工作并为全省高等教育改革发展献计献策。

〔**大力实施和推进高等教育“质量工程”建设**〕　制定下发了《省教育厅关于进一步加强全省高等学校教育教学工作的意见》，用以指导全省高校教学工作。开展了国家级质量工程项目的推荐上报工作，获得国家级特色专业8个、教学团队2个、双语教学示范课程1门、教学成果二等奖1项；完成了省级特色专业、教学名师、教学团队的遴选工作；对已设立的33门省级“精品课程”进行督促检查和指导。充分发挥国家、省质量工程项目的示范、带动和辐射作用。

〔**普通高校招生录取率较2008年提高10.37%**〕　2009年全省招生工作认真实施科学招生、阳光招生、公平招生、廉洁招生、满意招生、平稳招生、和谐招生，采取了以下的新思路、新举措。

一是实行平行志愿改革，为考生提供了更多选择志愿的机会，降低了考生填报志愿的风险，提高了录取率。

二是实行网上填报志愿改革，以科技手段引领招生考试管理，不断提高管理水平，全面实行科学化、信息化的管理方式。

三是积极探索招生考试机制创新，积极开展自主招生改革。

四是认真总结调研和改进规范三本、高职（专科）院校划线、填报志愿、投档和录取办法，有效地组织生源，切实保证了三本、专科院校招生录取工作的顺利实施。

五是积极争取优质计划，缓解升学矛盾。在教育部的大力支持和省招委、省教育厅党组的领导下，抢抓机遇，全力做好争取高校招生计划工作。2009 年在全省招生的高校为 1 314 所，较 2008 年增加 155 所，实际录取考生 135 729 人，较 2008 年实际录取考生 112 902 人增加 22 827 人。其中省外高校录取 51 185 人，较 2008 年录取考生 38 328 人增加 12 857 人。全省录取率达 58.16%，较 2008 年提高 10.37%。

〔**成人高校招生报考人数增长**〕 贵州省积极探索成人高考发展的新途径，按照教育部要求，强化和细化成人高考管理规则，努力扩大生源规模，促进成人高等教育的新发展。2009 年，全省报考总人数 40 093 人，较 2008 年增加 1 395 人，增长率 3.6%；共录取 34 064 人，录取率 85%。

〔**自学考试考生总数增加**〕 2009 年，贵州省高等教育自学考试共设置专业 62 个（本科 40 个、专科 22 个），比 2008 年增加 2 个专业，完成了 152 门课程 557 套试卷的命题、审校工作，分别在 1 月、4 月、7 月、10 月组织了 4 次考试，考生总数 102 982 人次、报考 272 340 科次，分别较 2008 年增加 19 210 人次、54 920 科次。全年共审核、办理毕业证书 7 778 人，其中专科有 2 244 人、本科 5 534 人。审核办理了 9 129 科次免考，组织完成了 20 个专业 3 837 科次的实践环节考试工作。

〔**大学生就业率与 2008 年同期基本持平**〕 2009 年，贵州省委、省政府下发了《关于鼓励高校毕业生到基层就业创业的意见》（黔党发［2009］6 号），为引导和鼓励高校毕业生就业创业提供了政策保障。黔党发［2009］6 号明确规定从放宽准入政策、实行试营业制度、收费优惠政策、税收优惠政策、贷款优惠政策、社会保险补贴政策、实施“五个一创业工程”等政策措施促进高校毕业生就业创业。2009 年，全省共有高校毕业生 66 933 人，统计截至 9 月 1 日，毕业生就业率为 74.15%，与上年同期比基本持平。

〔**将全省大学生纳入城镇居民基本医疗保险范围**〕 贵州省教育厅配合省有关部门落实中央惠民政策，与省属高校签订责任书，将全省大学生纳入城镇居民基本医疗保险范围，2009 级大学新生近 100%参保，使广大学生得到了实惠。

〔**创新国家助学贷款机制，扩大高校学生资助面**〕 制定出台《贵州省生源地信用助学贷款工作实施方案》和《实施细则》，获贷人数 52 507 人，金额 2.49 亿元，分别比上学年增长 28.06%和 35.32%。全省生源地信用助学贷款做到了“应贷尽贷”，被中央电视台进行了长达 10 分钟的宣传报导，获得财政部、教育部 3 200 万元的奖励资金。全省高校有 84 515 名学生获国家奖助学金资助，金额 1.99 亿元，高校贫困学生资助面达到全覆盖，做到了“应助尽助”，兑现了省政府向全社会“只要考得上，就一定读得起”的承诺。

〔**顺利开展第二届“中国—东盟教育交流周活动”**〕 2009 年 8 月 5 日至 9 日，由外交部、教育部、贵州省人民政府联合举办，贵州省教育厅、贵州大学承办的第二届“中国—东盟教育交流周活动”顺利开展。来自东盟秘书处、东盟大学网络、东盟 10 国 27 所高校 57 名代表、国内 43 所高校 121 名代表，教育部、外交部的官员，贵州、福建、广东、云南、广西教育厅负责人等共 300 人参加了第二届“中国—东盟国家大学校长论坛”、“中国—东盟教育行政官员研讨会”、“中国—东盟国家环境教育研修班”、“中国—东盟青少年夏令营”等活动。15 所东盟大学与 26 所中国大学签署了 80 份校际合作协议，全省 16 所高校校长参加了大学校长论坛，其中省内9所大学与东盟国家签订了45份校际合作协议。

民族教育

〔扩招普通高校本科少数民族预科班，在示范性高中举办少数民族班〕 为加快培养少数民族地区建设人才，省政府决定扩招省直高校少数民族预科学生、在省级示范性高中举办少数民族班。制定并下发了《关于进一步加强全省高校少数民族预科、普通高中少数民族班工作方案》，2009年在贵州大学等7所省直本科高校举办了19个少数民族预科班，实际招收2 321名少数民族预科学生，比2008年1 240名增加1 081名，增长幅度达87.2%，工作成效显著。在贵阳一中等8所省级示范性高中首批举办了8个民族班，招收新生406名高一新生。省教育厅、省民委对预科班和少数民族班每班给予10万元办学经费支持。

〔继续选派农村中小学校长赴省外挂职锻炼〕 为提高全省农村中小学管理水平，继续实施“校长提高计划”。本年度分春秋两季选派了180名中小学校长赴省外挂职锻炼，地点仍为北京、深圳、宁波、青岛、大连。被选送的挂职校长在挂职学校担任校长助理，全过程参与挂职学校的教育教学管理工作，有效地促进了原任职学校办学水平的提高。

〔对民族地区寄宿制小学办学情况进行调研〕 2009年4月，省教育厅组织相关处室赴黔东南自治州丹寨、麻江两县实地考察民族寄宿制小学办学情况，并对全省此项工作进行了全面统计。撰写调研报告、总结了工作经验、分析问题，提出了对策。

〔完成少数民族高层次骨干人才培养相关工作〕 2009年为实施培养少数民族高层次骨干人才计划的第五年，完成了2009年274名硕士生和92名博士生录取定向协议签订工作。通过认真宣传、组织、动员，分别有1 117人和336人报考本计划2010年度硕士生和博士生。贵州省成为本计划实施以来获得招生计划数较多的省份之一。

〔发放贫困寄宿生生活费近4.5亿元〕 2009年度，全省农村义务教育阶段贫困寄宿生生活费补助了62.9万人次；其中：小学生89 268人次、初中生539 870人次。补助标准为小学生500元/生·年、初中生750元/生·年，中央和省级补助资金按照5∶5比例分担，共计44 954万元。

撰稿 段志茹 谢旌 崔华明 欧阳嘉 刘春 冷新梅 罗忠勇 童刚 步岚 李春妍 杨光宇 周世林 曹宝杰 蔡志坚 赵祥 白冰 严卫 黄燕 詹中志 周玉林

审稿 赵廷昌

云南省教育

概　　况

〔基本情况〕

2009 年各级各类学校校数、教职工、专任教师情况

	学校数 （所）	教职工数 （人）	专任教师数 （人）
一、高等教育			
（一）研究生培养机构（不计校数）	(17)		
1. 普通高校	(11)		
2. 科研机构	(6)		
（二）普通高等学校	61	37 896	24 893
1. 本科院校	26	26 680	17 100
其中：独立学院	7	3 731	2 448
2. 高职（专科）院校	35	11 216	7 793
3. 其他机构（点）（不计校数）			
（三）成人高等学校	2	1 885	940
（四）民办的其他高等教育机构			
二、中等教育	2 704	207 605	177 840
（一）高中阶段教育	898	207 161	61 954
1. 高中	457	175 959	39 728
普通高中	457	175 959	39 728
成人高中			
2. 中等职业教育	441	31 202	22 226
普通中专	94	11 434	7 443
成人中专	135	3 698	2 518
职业高中	176	11 440	9 203
技工学校	36	4 140	2 785
其他机构（教学点）（不计校数）	(71)	490	277

续表

	学校数（所）	教职工数（人）	专任教师数（人）
（二）初中阶段教育	1 806	444	115 886
1. 普通初中	1 791		115 487
2. 职业初中	15	444	399
3. 成人初中			
三、初等教育	15 937	249 620	234 619
（一）普通小学	15 826	247 201	233 811
（二）成人小学	111	2 419	808
其中：扫盲班	68	1 573	403
四、工读学校	1	49	40
五、特殊教育	25	792	631
六、学前教育	3 381	40 322	25 339

注：普通高中的教职工数中包含普通初中的教职工数。

2009年各级各类学历教育学生情况

	毕业生数（人）	招生数（人）	在校生数（人）
一、高等教育			
（一）研究生	5 760	8 309	22 191
博　士	262	469	1 895
硕　士	5 498	7 840	20 296
（二）普通本专科	85 891	127 287	393 601
本　科	42 770	67 368	226 564
专　科	43 121	59 919	167 037
（三）成人本专科	48 337	61 297	173 664
本　科	20 193	27 374	78 417
专　科	28 144	33 923	95 247
（四）其他各类高等学历教育			
1. 在职人员攻读博士、硕士学位		2 646	8 254
2. 网络本专科生			
本　科			
专　科			
3. 其他	971		
二、中等教育	942 503	1 155 789	3 217 619
（一）高中阶段教育	318 568	456 119	1 171 080
1. 高中	183 772	220 325	611 471
普通高中	183 772	220 325	611 471
成人高中			

续表

	毕业生数（人）	招生数（人）	在校生数（人）
2. 中等职业教育	134 796	235 794	559 609
普通中专	63 063	97 922	233 712
成人中专	2 447	1 449	6 291
职业高中	51 726	103 816	231 927
技工学校	17 560	32 607	87 679
（二）初中阶段教育	623 935	699 670	2 046 539
1. 普通初中	620 762	697 045	2 038 185
2. 职业初中	3 173	2 625	8 354
3. 成人初中			
三、初等教育	934 178	694 956	4 600 290
（一）普通小学	733 099	694 956	4 441 438
（二）成人小学	201 079		158 852
其中：扫盲班	113 324		77 092
四、工读学校	50	48	128
五、特殊教育	2 880	4 188	23 697
六、学前教育	474 927	699 478	921 745

注：特殊教育学生数中包括普通中小学随班就读的学生。

2009 年各级各类非学历教育学生情况

	结业生数（人）	注册生数（人）
总　计	5 811 640	4 126 811
一、高等教育	58 255	15 894
（一）研究生课程进修班	623	1 154
（二）自考助学班		
（三）普通预科生		1 910
（四）进修及培训	57 632	12 830
其中：资格证书培训	22 403	6 999
岗位证书培训	9 106	5 168
二、中等职业教育	5 753 385	4 110 917
其中：资格证书培训	354 939	207 183
岗位证书培训	299 261	87 684
（一）中等职业学校	502 748	202 750
其中：资格证书培训	219 875	107 726
岗位证书培训	101 308	22 402
（二）职业技术培训机构	5 250 637	3 908 167
其中：资格证书培训	135 064	99 457
岗位证书培训	197 953	65 282

2009 年各级各类民办教育基本情况

	学校数（所）	毕业生数（人）	招生数（人）	在校生数（人）	教职工数（人）	专任教师数（人）
一、民办高等教育						
（一）民办高校	16	16 129	33 213	94 319	7 124	4 595
本科学生		8 641	15 777	52 471		
专科学生		7 488	17 436	41 848		
其中：独立学院	7	8 641	15 777	52 471	3 731	2 448
本科学生		8 641	15 777	52 471		
专科学生						
（二）民办其他高等教育机构						
二、民办中等教育						
（一）高中阶段教育	98	18 094	39 669	90 313	8 871	6 311
1. 民办普通高中	52	9 058	13 218	33 149	6 105	4 615
2. 民办中等职业教育	46	9 036	26 451	57 164	2 766	1 696
（二）初中阶段教育	85	12 202	15 176	46 610		
1. 民办普通初中	85	12 202	15 176	46 610		
2. 民办职业初中						
三、民办普通小学	130	12 469	18 892	105 220	4 999	3 928
四、民办幼儿园	2 430	106 047	220 488	324 262	23 740	13 671
另有：民办培训机构（不计校数）	(139)				9	8

注：民办普通高中的教职工数包含民办普通初中的教职工数。

〔**综述**〕　2009 年，云南教育系统认真贯彻落实党的十七大和十七届三中、四中全会精神，在教育工作中深入贯彻落实科学发展观，抓住机遇，深化改革，加快云南教育的现代化进程，较好地完成了年度各项工作任务，取得了可喜的成绩，实现全省 129 个县（市、区）按规划如期完成“两基”目标。全省小学适龄儿童入学率和初中毛入学率分别达到 98.3%和 103.12%。普及高中阶段教育进程加快，普通高中在校生达 61.15 万人，中等职业学校在校生达 56.19 万人，分别比 2008 年增加 1.68 万人、3.88 万人；高中阶段教育毛入学率达到 58.6%，比 2008 年增长 6.6%。学前教育、特殊教育和民族教育取得新成绩。高等教育规模、结构、质量、效益趋向协调发展，新增高校 2 所；高等教育在学人数达 58.95 万人，比 2008 年增加 5.95 万人；高等教育毛入学率达 17.57%，比 2008 年增加 1.4%。圆满完成普通高校招生录取工作，比 2008 年多招收大学生 2.3 万人，为全省考生争取到了更多接受优质高等教育的机会；普通高中毕业生升学率达 68.13%，比 2008 年提高 4.69%。

〔**教育经费收入与支出情况**〕　2009 年，云南省国内生产总值 6 168 亿元，比上年增长 12.1%。地方教育经费总收入 441.31 亿元，比上年增加 99.01 亿元，增长 28.92%。其中：预算内教育经费收入 360.53 亿元，增加 91.63 亿元，增长 25.42%；教育事业费拨款 289.73 亿元，增加 67.18 亿元，增长 30.19%；教育费附加 10.23 亿元，比上年减少 0.57 亿元，减少 5.28%；地方教育附加费 0.93 亿元，增加 0.45 亿元，增长 93.75%；学、杂费收入 42.54 亿元，增加 4.14 亿元，增长10.78%；社会捐赠办学经费1.69亿元，减少0.57亿元，减少25.22%；民办学校中举办者投入1.74亿元，增加1.26亿元，增长262.5%；企业办学中的企业拨款为0.46亿元，减少0.97亿元，减少67.83%。

2009年，全省财政支出1 952.3亿元，比上年增加481.6亿元，增长32.75%。地方教育经费总支出438.30亿元，比上年增加99.03亿元，增长29.19%。教育事业性经费支出414.73亿元，比上年增加82.42亿元，增长24.8%。其中：工资福利支出188.25亿元，增加45.87亿元，增长32.22%；对个人和家庭的补助支出80.7亿元，增加4.91亿元，增长6.48%；商品和服务支出73.71亿元，增加13.87亿元，增长23.18%；其他资本性支出72.07亿元，增加17.77亿元，增长32.73。基本建设支出23.56亿元，比上年增加16.6亿元，增长238.51%。2009年中央和省级财政补助各州市、县各种教育专款76.9亿元，其中中央专款56.1亿元、省级专款20.8亿元，对全省的义务教育保障和中小学校舍建设维修改造起到较好的保障和促进作用。

〔**深入学习实践科学发展观**〕 云南省教育部门以机关深入学习实践科学发展观活动回头看为契机，结合组织和指导高校、中等职业学校和中小学参加全省第二批、第三批学习实践科学发展观活动，有效加强教育系统各批次学习实践活动的联系；坚持把开展学习实践活动作为应对国际金融危机、坚持改善民生、推动云南教育科学发展的强大动力，紧紧围绕“党员干部受教育，科学发展上水平，人民群众得实惠”的目标，围绕教育改革与发展的各项任务，结合教育工作实际，把科学发展观内化为教育发展观，推动云南教育科学发展。

〔**进一步加强学校现代管理**〕 9月17日，云南省教育系统召开加强学校现代管理工作会议，全省7 000余人参加视频会议，紧紧围绕提高办学质量和效益，全面部署全省各级各类学校现代管理工作，并制定下发《关于加强学校现代管理的实施意见》、《云南省普通中小学校现代管理办法》、《云南省中等职业学校现代管理办法》、《云南省高等学校现代管理办法》和《云南省初中教育评价制度改革》等一系列加强学校现代管理的指导性文件，明确提出加强学校现代管理的理念、目标、任务和措施。学生学风、教师教风和领导者服务作风三位一体的校风建设取得新成绩，校园文化建设不断加强。治理教育乱收费、规范办学行为取得新成果，自觉接受各界监督，认真办复省人大代表建议79件、省政协提案117件，处理群众来信来访2 400多件，促进教育的科学管理、民主管理和依法管理。

〔**以“三生教育”为载体，推进素质教育取得显著成效**〕 云南省教育系统全面贯彻党和国家的教育方针，紧紧围绕社会主义核心价值体系建设的总要求，在全省各级各类学校中全面实施生命教育、生存教育和生活教育，使“三生教育”在认知、体验、感悟各环节取得成果，家庭、学校、社会互动取得实效。成立云南省“三生教育”研究会。“三生教育”教学资源建设、教师队伍建设、课程规范建设、实践基地建设、文化建设、育人合力建设和科研建设取得显著成效。在人民大会堂举办的“中国生命生存生活教育论坛”以及中央电视台《新闻调查》栏目对云南省实施“三生教育”的专题报道，引起社会各界人士、各级领导对“三生教育”的高度关注和大力支持。“三生教育”的实施为推进素质教育、建设社会主义核心价值体系提供可供借鉴的经验。云南省的“三生教育”教材进入13个省（区、市），其中被10个省（区、市）列入地方教材目录，陕西、四川、江苏、上海等8个省市学习云南成功经验开始在本地推广“三生教育”。

〔**帮困助学工作进一步完善**〕 2009年，云南省共下达城市义务教育免除学杂费补助资金5 100万元，补助学生36.81万人；下达贫困家庭寄宿生生活补助资金6.49亿元，补助学生203.63万人；下达国家和地方免费教科书资金3.24亿元，补助学生640.13万人，除民办学校以外，义务教育阶段公办学校所有学生均享受到免费教科书。全省普通高校和中职学校共投入助困资金13.86亿元。其中普通高校各类资助投入8.39亿元，资助人数超过15万人，覆盖在校生的35%以上；中职学校国家助学金投入5.47亿元，资助37.16万人，100%覆盖中职学校一二年级学生。全面启动生源地信用助学贷款工作，全省129个县全部与国开行云南省分行签订合作协议，2009年共审批高校国家助学贷款2.46万人、发放贷款金额达1.28亿元。

〔**学校内部管理体制改革进一步深化**〕 云南省在全省中小学、中等职业学校全面推行校长公选、教职工全员聘任和绩效工资制。制定义务教育学校绩效工资实施方案，从内部分配制度入手将工资构成中的70%作为基础性绩效工资、30%作为奖励性绩效工资，2009年底全省已经全部兑现基础性绩效工资。深化中小学校校长公选的改革，全省3 896所中小学实行校长公选。对44.5万名教职工进行新一轮全员聘任。加大高等学校聘用制改革实施力度，全面推行教职工全员聘任。

〔**教师队伍管理进一步加强**〕 云南省第一次面向应届毕业生开展教师资格认定“两学”考试，共3.2万余人参加。开展面向2009年应届毕业生和社会人员认定教师资格工作，全省共认定近2万人，认定高校教师资格约1 500人。完成全省高校、中专、中学年度专业技术职务任职资格评审工作，已评审通过中专高级讲师239人、中学高级教师4 183人，非主系列中级职务133人，推荐晋升高级职务77人，高校教授、副教授评审731人。云南省举办首届“云南教育功勋奖”评选活动，通过推荐申报、初审和网上公开评选，共表彰刀应良等100名优秀教育工作者，对他们授予“云南教育功勋奖”荣誉称号。

〔**教育科研工作成绩显著**〕 云南省教育科研部门对“十五”以来教育科研课题的结题情况进行清理，完成76项省级课题的结题验收工作。规范全省教育科研课题管理，积极组织全国课题申报，2009年向全国规划办报送课题157项，最终有11项课题立项。开展云南省教育科学“十一五”规划2009年度课题的申报工作，共收到各级各类学校重点招标课题申报材料4项、其他课题申报材料468项，共有163项课题获准立项，其中重点课题18项、一般课题47项、规划课题98项、云南省教育厅重点委托研究基金项目13项。

〔**抗灾救灾情况**〕 2009年，云南省部分州市发生地震、洪涝、泥石流等自然灾害，灾区学校校舍、附属设施和教学设备不同程度遭到损毁。为确保学校按时开学，云南省调整2 000万元资金支持开学前不能按时完成校舍维修改造、抗震加固和拆除重建任务的学校恢复重建，及时协调省建设部门调拨1万平方米活动板房，省民政部门调拨部分帐篷教室支援灾区学校。在省级下拨的中央和省级应急救灾资金8 800万元中争取到中央和省级财政补助资金2 586.77万元，专项用于校舍恢复重建。2009年10月，还争取到中央救灾补助资金3 000万元，及时下拨到受灾学校。

〔**甲型H1N1流感防控情况**〕 2009年9月以来云南省部分学校出现甲型H1N1流感聚集性病例，省委、省政府高度重视，对全省教育系统防控甲型H1N1流感疫情工作迅速作出部署，先后印发《云南省教育厅关于进一步加强甲型H1N1流感防控措施的紧急通知》等20余份指令性和指导性文件，制定《云南省教育系统防控甲型H1N1流感疫情应急预案》，省委、省政府领导亲临一线抓好应急处置，加强督导检查，实行防控问责，加强部门沟通配合，实行联防联控，严防疫情扩散，全力做好甲型H1N1流感防控工作，确保全省教育系统的安全稳定。

基础教育

〔综述〕 云南省多渠道筹措资金，全面落实"普九"各项指标任务，圆满完成鲁甸、镇雄、澜沧3个县的"普九"攻坚任务。全省129个县（市、区）按计划如期实现基本普及九年义务教育目标。实行扫盲工作责任目标管理制度，动员10多万名文盲参加学习培训，全年青壮年文盲率控制在5%以内。关注弱势群体的受教育问题，加强寄宿制学校建设和特殊教育学校建设，做好进城务工人员子女、残疾儿童少年和农村留守儿童接收义务教育的工作。完善农村义务教育经费保障机制，不断提高经费保障水平。全力实施中小学校舍安全工程，进一步推进中小学布局调整，提高办学集中度。切实加强农村教师队伍建设，优化农村教师配置。大力发展现代远程教育，不断提高中小学的信息化水平。

〔学前教育和特殊教育发展加快〕 云南省坚持发展与规范并重，整合中小学布局调整资源，以新建、改扩建等方式大力推动乡镇中心幼儿园和省级示范性幼儿园建设，加快普及学前教育。2009年全省幼儿园园数达3 381所，在园（班）幼儿数达92.17万人，3岁至6岁幼儿入园（班）率为54.52%。以推进特殊教育学校建设和扩大随班就读规模为重点，加快发展特殊教育，提高残疾儿童少年入学率，确保残疾儿童少年接受义务教育。全省义务教育阶段特殊教育学校有25所，在校学生3 890人，在普通学校随班和设置的特教班就读的学生19 729名，全省残疾儿童少年在校生共有23 619名，残疾儿童少年入学率为88.78%。

〔义务教育保障经费投入进一步加大〕 云南省不断完善农村义务教育经费保障机制，落实"两免一补"政策，全省2009年投入义务教育保障经费43亿元。2009年共下达农村中小学公用经费补助资金21.66亿元，补助标准提高到小学300元/生·年、初中500元/生·年，达到全国基准水平。享受义务教育免费教科书的范围由农村学生扩大到城市义务教育阶段学生，2009年安排国家课程免费教科书专款58 984万元，春秋两季采购发放国家课程免费教科书共安排资金62 240万元。2009年下达农村义务教育阶段家庭经济困难寄宿学生生活费补助资金15.43亿元，生活费补助标准为小学生500元/生·年、初中生750元/生·年，藏区学生全部享受标准为1 000元的生活补贴，全省共有245.8万名学生享受生活费补助，占义务教育阶段学生总数的32%。

〔普通高中新课程改革正式启动〕 8月24日，教育部副部长陈小娅在昆明与云南省教育厅、部分州市教育局及学校负责人举行座谈，专题调研云南义务教育阶段和普通高中阶段课程改革工作，云南省副省长高峰出席座谈会。省教育厅在充分调研论证和借鉴先进省（区、市）课程改革经验的基础上，结合全省经济社会发展的现状和基础教育改革发展的实际，研究制定相关配套文件13个，组建高中课改专家组，加强对州市县课程改革的指导，安排高中课改专项资金1 000万元。教育部于2009年5月底正式批准云南启动高中新课改，9月入学新生成为云南实施高中新课改的第一届学生。

〔中小学校舍安全工程稳步实施〕 云南省、市、县三级政府成立以主要领导为组长的中小学校舍安全工程领导小组，确定实施中小学校舍安全工程的"路线图"和时间表。2009年全省投入中小学校舍安全工程资金达45.47亿元（中央资金9.45亿元，省级资金6.25亿元，州市、县级筹资14.89亿元，其他渠道投入资金14.88亿元）。按期完成拉网式排查鉴定任务，全省共排查鉴定中小学20 022所，建筑单体133 654幢，面积5 359.92万平方米，存在安全隐患的校舍共3 442.6万平方米，包括需加固改造的校舍，面积为 1 613.24 万平方米；需拆除重建的校舍，面积为 1 829.36 万平方米。完成全省中小学校舍安全工程总体规划编制工作。抓紧推进校舍加固改造、重建和迁建工作，2009 年全省已开工 420.5 万平方米，主体完工 223.19 万平方米，竣工验收 146.66 万平方米。下发了《关于减免中小学校舍安全工程建设有关收费的通知》，减免行政性收费 2 313.91 万元，服务性收费 14 678.64 万元，减免费用占总投资的 4.13%。

〔**中小学布局调整成效明显**〕 云南省政府在楚雄州召开全省中小学布局调整工作会，制定了《云南省中小学区域布局调整指导意见》，对全省新一轮中小学布局调整工作作出部署。逐步收缩农村中小学校点，扩大农村中小学办学规模。小学集中到乡镇或行政村，初中集中到县城或乡镇，高中集中到州、市或县城。截至 2009 年底，全省共撤并中小学校（含教学点）4 155 所，其中普通初中 23 所、小学 747 所、教学点 3 385 个（含“一师一校”点 2 715 个），超额实现省政府提出全年完成撤并工作总量 10%的任务。

〔**“兴边富民”工程和边疆“解五难”惠民工程快速推进**〕 云南省结合中小学排危和农村初中改造工程，对 25 个边境县的“两免一补”、中小学排危工程、中等职业教育从扩大范围和提高标准两方面进一步倾斜支持，在边境和藏区 28 个县率先推进免除农村义务教育阶段学生学杂费、教科书费和对寄宿制贫困学生发放生活补助的工作，边境县“班班通”工程建设快速推进。

〔**民族地区教育获得长足发展**〕 云南省采取强有力措施，促进民族地区教育事业发展。加强双语教学工作，组织审订 18 个文种民族语文教材 42 本，在暑期举办傣、景颇、哈尼、彝、傈僳、拉祜、纳西等 7 个民族双语教师培训班。在普通高考录取中，通过实施少数民族预科班制度、民族考生照顾加分政策、政法系统少数民族干部定向招考、对 7 个人口较少民族指定选拔、最大限度保证藏族双语考生录取、特有民族班录取和培养等措施，加大少数民族人才的选拔和培养力度。加强对全省民族中小学的管理。维护民族团结和边疆稳定，加大民族团结教育力度，下发了《关于全面开展学校民族团结教育活动的通知》，在全省各级各类学校全面开展民族团结教育活动，做好民族团结教材循环使用工作。

〔**现代远程教育工程顺利实施**〕 云南省启动中小学远程教育“班班通”建设试点项目，涉及 7 个县（市、区），67 所初中（含九年一贯制学校）的 1 151 个教学班，542 所完小的 4 490 个教学班，108 所初级小学的 146 个教学班，所有项目学校都按数据直通和光盘教学两种模式配置设备。组织 9 000 余名教师参加“中西部农村义务教育学校教师远程培训”，有 8 878 名教师培训合格。实施“云南省中小学教师教育技术能力远程培训项目”，利用远程培训和集中面授方式，培训中小学教师 1.9 万余人，组织 16 928 人参加全国中小学教师教育技术水平考试，有 14 353 人合格，合格率为 84.79%。

职业教育与成人教育

〔**综述**〕 全省完成中等职业教育招生 23 万人的任务，比教育部下达的招生任务多 1 万人。新组建 7 个省级职业教育集团，比年初确定的任务超额完成 5 个，已组建云南省旅游职业教育集团等 15 个省级职教集团和玉溪烟草职业教育集团等 10 个州市级职教集团。实施中等职业学校改扩建工程，加强职教中心建设，新建面积突破 90 万平方米，切实改善中职学校的办学条件，曲靖市、普洱市、楚雄州等地加快职业教育中心建设，累计投入 20.94 亿元。新增 11 个职业院校公共实训基地，比计划超额完成2个。新增一批国家级和省部级重点中职学校，优质职业教育资源进一步扩大。教学质量全面提高，职业教育教学成果突出，在全国职业院校技能大赛中，全省共获得二等奖2项、三等奖8项、优秀奖76项的成绩，从一个侧面展示全省近年来职业教育的成就。中等职业学校毕业生就业率达97%。各地继续抓好农村实用技术培训工作，完成500万人次的各种实用技术培训，为农民增收致富提供智力和技术支持。并配合人保、农业和扶贫部门开展农村劳动力转移培训180万人次。

〔**召开全省职业教育工作会议**〕 4月9日，云南省政府在大理州召开“全省中等职业教育发展现场会”。副省长高峰在会上作了重要讲话。高副省长指出，全省经济社会发展的形势和任务给职业教育工作提出了更高的要求，各地、各部门、各学校一定要深入贯彻落实科学发展观，站在全局的战略高度，深刻认识加快发展中等职业教育的重要性和紧迫性，把加快发展中等职业教育作为深入贯彻落实科学发展观的战略重点，作为整个教育事业改革和发展的重要战略突破口，解放思想，抓住机遇，扎实工作，为建设富裕民主文明开放和谐云南作出更大贡献。省教育厅厅长罗崇敏强调，职业教育在完成招生任务、扩大办学规模的同时，还要提高中等职业教育的教育教学质量，要培养学生的职业思维、职业兴趣、职业理念和职业道德。要在学生中开展生命、生存和生活的“三生教育”，使广大学生热爱生命、学会生存、幸福生活，成为爱岗敬业的高素质劳动者和高技能人才。

〔**召开全省中等职业学校德育工作会议**〕 10月21日，云南省中等职业学校德育工作会议召开，会议落实《中共中央国务院关于进一步加强和改进未成年人思想道德建设的若干意见》，传达贯彻全国中等职业学校德育工作会议精神。会议强调，要以创新的思路和方法加强新形势下的中等职业学校德育工作，积极引导和帮助学生树立正确的世界观、人生观和价值观，全省职业教育工作者要本着务实的态度，在提高认识，落实育人为本、德育为先上下功夫；在丰富内容，增强德育工作针对性、时代感上下功夫；在创新形式，增强德育工作实效性、吸引性上下功夫，通过加强全省中等职业学校的现代管理、加强校园文化建设、加强德育队伍建设、加强学生德育主体作用的发挥，真正把中等职业学校的德育工作抓出成效，推进中等职业教育又好又快发展。这是云南省第一次召开的以中等职业学校德育工作为主题的专门工作会议。

〔**中职招生规模不断扩大**〕 云南省积极深化中等职业学校招生制度改革，加强招生服务，加大职业教育宣传力度，及时发放中职学校学生生活补助费。2009年教育部下达云南省的中等职业学校招生计划22.5万人，在招生非常困难的情况下，中等职业学校计划完成率达103.56%，较2008年增长15.12%，普通高中在校生与中职学校在校生比例为1∶0.92。加强就业指导和服务，帮助毕业生转变就业观念，提高就业能力。全省中职学校毕业生就业率达97%，形成职业教育出口畅、进口旺的新局面。

〔**职教基础能力建设进一步加强**〕 云南省抓住中央财政大力支持的机遇，积极落实配套资金，大力推进示范性中等职业学校建设、县级职教中心建设、职业教育实训基地建设，努力提高职业学校教师素质，切实加强职业教育基础能力建设。有29所职业院校被确定为国家职业教育实训基地项目学校，完成1.2亿元的设备采购（其中获中央财政资金4 770万元），17所中等职业学校获得国家新增预算内基建项目，项目共计投入11 373万元建设资金，大大增强职业院校的办学实力和专业能力。大理、曲靖、楚雄、昆明、玉溪、普洱等州市采取置换、融资、引资、集资等多渠道筹措资金，以分散和集中等模式建设职教中心，目前已投入26亿元以上资金。仅2009年，全省中职学校就新增校舍90万平方米以上，是多年来云南中等职业教育基础建设完成建筑面积最多的一年。中职学校的办学条件有较大改善。全省国家级和省部级重点中职学校增加到53所、56所，优质职业教育资源进一步扩大。

〔**职教集团数量增多**〕 云南省探索以专业发

展为纽带，以校企合作为重点，实现职业教育规模化、集约化和连锁化办学的职业教育发展新模式。2009年新成立3所由高校牵头组建的职业教育集团，分别是：西南林学院牵头的云南林业职业教育集团、云南国土资源职业学院牵头的云南国土资源职业教育集团、云南文化艺术职业学院牵头的云南文化艺术职业教育集团，至此全省由高校牵头组建的职业教育集团已达9所。全省已组建旅游、冶金矿业、交通等15个省级职教集团和玉溪烟草职业教育集团等10个州市级职教集团。职业教育集团在更好地为云南省培养高技能人才中发挥着重要作用。

〔农村实用技术培训蓬勃开展〕 云南省依托以县级职教中心为骨干、乡村成人文化技术学校为基础的农村实用技术培训网络，通过“三教统筹”、“农科教”结合等方式，整合各类资源，发挥农村初级中学、农村小学以及各种农业技术推广培训机构的作用，扩大培训范围和培训规模，大力开展农村实用技术培训，每年培训农民500万左右人次，提高农民发展现代农业的能力，为农民增收致富提供智力和技术支持。2009年全省乡、村两级成人文化技术学校与农业、科技等部门通力合作，把广泛开展科技培训和科技示范、培植新兴产业、推广优良品种、开发特色产品、增加农民收入作为重点，以在乡劳动者为主要对象，培训农民502万人次。积极开展农村劳动力转移培训工作，全省有139所职业院校、6 019所农村成人文化技术学校参与农村劳动力转移培训，培训180万人。

高等教育

〔综述〕 2009年，云南省不断完善高等教育体系，毛入学率提高到17.57%。加快呈贡高校新校区建设，提前超额完成省委、省政府确定的年度建设任务，整个项目累计开工面积已超过500万平方米（含教职工住宅），完成投资113亿元。已有近4万大学生入住呈贡新校区。深入实施高等教育“质量工程”，高等教育质量显著提高，高校科研平台建设加快，高校教师队伍结构优化，新增了一批国家级和省级特色专业建设点、精品课程、双语示范课程、人才培养模式创新实验区、实验教学示范中心、大学生创新实验计划、示范实习实训教学基地。

〔云南农村干部学院成立〕 5月8日，云南农村干部学院揭牌仪式在云南农业大学举行。省委书记、省人大常委会主任、云南农村干部学院名誉院长白恩培与农业部副部长陈晓华共同为学院揭牌，省委副书记、云南农村干部学院院长李纪恒主持揭牌仪式，该学院成为全国首家省级农村干部学院。揭牌仪式结束后，云南农村干部学院第一期培训班开学，来自全省各地的230名县级涉农部门负责人、乡镇党政领导班子成员、村“两委”负责人成为首批学员。

〔举行首届高校管理者论坛〕 7月17日，由国家教育行政学院主办，云南师范大学、昆明学院承办的首届高校管理者论坛举行，来自全国数十所高校的百余名管理者及专家学者聚集一堂，专家们就“高等教育质量与教学评估”、“创新型人才培养的经验探讨”、“高等教育战略发展中的重要问题”等课题进行了专题研讨。

〔高等学校教学质量显著提高〕 云南省制定了《关于实施云南省高等学校教学质量与教学改革工程的意见》，全省高校获国家级特色专业点16个、精品课程7门、教学团队3个、双语教学示范课程3门、人才培养模式创新实验区3个、实验教学示范中心2个。全省高校新增省级特色专业36个、精品课程60门、教学名师41名、教学团队25个、双语教学示范课程12门、人才培养模式创新实验区15个、实验教学示范中心15个、大学生创新实验计划建设学校5所、优秀教材60门。目前，全省高校已有国家及部委级重点学科9个，省级重点学科94个。学位工作也有新进展，全省现有5所高校为博士学位授予单位，11所高校为硕士学位授予单位，新增一批博士学位和硕士学位授权点。

〔**高校教师水平进一步提高**〕 云南省认真实施“教学名师工程”和“跨世纪优秀人才支持计划”等项目，不断加大高校人才培养和引进力度，采取各种形式培养和引进优秀人才，改善高校教师队伍结构，提升整体素质。加强教学团队建设，加大省级教学团队遴选和培养力度。全省已有国家级人才培养模式创新实验区8个，教学名师6人，教学团队8个；有省级人才培养模式创新实验区15个，教学名师91人，教学团队36个。获教育部“跨世纪优秀人才支持计划”9名。云南大学获得“长江学者”和国家“千人计划”各1名，实现历史性突破。昆明医学院成功引进新加坡首席科学家肖志成博士及其团队。2009年首批资助建设21个高校“名师工作室”，要求每一位名师都带出一个学科、一个专业、一支队伍、一批成果。

〔**省院省校教育合作进一步加强**〕 云南省完成了2009年省院省校合作人文社会科学研究项目的评审工作。全省有36名高校教师及科研人员攻读合作院校博士、硕士学位，资助经费94.8万元；选派进修教师（访问学者）44名，资助金额42.2万元；合作召开国际国内学术会议8个，资助金额26万元；立项资助人文社会科学研究项目15项，资助金额197万元。

〔**云南大学“211工程”三期建设正式启动**〕 教育部批准云南大学“211工程”三期建设规划，执行期为2008—2011年，由研究生科技创新服务中心、科技服务中心、科研信息网、云南高等教育文献信息保障系统以及大型仪器设备和优质资源共享系统四个项目组成。云南省政府高度重视云南大学“211工程”三期建设，明确了“211工程”建设经费和规模，完成了研究生科技创新服务中心和科技服务中心两个项目方案的设计。

〔**高校科技基础平台建设进程加快**〕 进一步加强高校科技工作，根据全省产业结构调整的要求，大力发展应用学科，培育新兴学科，优先发展高新技术学科。昆明理工大学承建的“西部矿产资源高效利用教育部工程中心”和西南林学院承建的“西南地区生物多样性保育国家林业局重点实验室”顺利通过验收，获批立项建设昆明理工大学“冶金节能减排教育部工程研究中心”、云南师范大学“西部资源环境地理信息技术教育部工程研究中心”。全省建成国家及省部重点实验室9个，国家及省部工程研究中心8个，省级重点实验室11个，有3个实验室进入省级重点实验室的筹备建设。

〔**高校校办科技产业有新发展**〕 成立了昆明理工大学科技园，顺利通过教育部、科技部组织的申报国家级大学科技园专家答辩考察，成为最后一批成建制申报国家级大学科技园的高校之一。成立“云南省大学科技园资产管理公司”，建立“一园四基地”的构架和模式，把产学研运作机制有机结合起来。

〔**院校设置及学分制改革有新突破**〕 云南省政府新审批并获得教育部备案同意设置德宏职业学院、云南三鑫职业技术学院两所普通高等学校，均为专科层次的高等职业院校，其中德宏职业学院在原德宏卫生学校的基础上组建，云南三鑫职业技术学院为民办高校。截至2009年底，全省已有高校63所，其中普通高校61所。2009年，下发了《云南省教育厅关于印发云南省普通高等学校加快推进学分制改革实施意见的通知》，提出到2010年底全省普通本科院校原则上应实施学分制，70%的高职高专院校应实施学分制，2009年底全省实施学分制的高校达15所。

撰稿 孙丹榜 张 伟 黄 强

审稿 和福生

西藏自治区教育

概 况

〔基本情况〕

2009 年各级各类学校校数、教职工、专任教师情况

	学校数（所）	教职工数（人）	专任教师数（人）
一、高等教育			
（一）研究生培养机构（不计校数）	(3)		
1. 普通高校	(3)		
2. 科研机构			
（二）普通高等学校	6	3 082	1 969
1. 本科院校	3	1 933	1 226
其中：独立学院			
2. 高职（专科）院校	3	647	420
3. 其他机构（点）（不计校数）	(3)	502	323
（三）成人高等学校			
（四）民办的其他高等教育机构			
二、中等教育	124	13 046	12 099
（一）高中阶段教育	30	13 046	3 322
1. 高中	24	12 249	2 721
普通高中	24	12 249	2 721
成人高中			
2. 中等职业教育	6	797	601
普通中专	6	698	556
成人中专			
职业高中			
技工学校			
其他机构（教学点）（不计校数）	(3)	99	45

续表

	学校数（所）	教职工数（人）	专任教师数（人）
（二）初中阶段教育	94		8 777
1. 普通初中	94		8 777
2. 职业初中			
3. 成人初中			
三、初等教育	1 207	19 962	19 031
（一）普通小学	884	19 293	18 686
（二）成人小学	323	669	345
其中：扫盲班	323	669	345
四、工读学校			
五、特殊教育	1	38	33
六、学前教育	88	1 281	850

注：普通高中的教职工数中包含普通初中的教职工数。

2009年各级各类学历教育学生情况

	毕业生数（人）	招生数（人）	在校生数（人）
一、高等教育			
（一）研究生	140	228	589
博　士		3	6
硕　士	140	225	583
（二）普通本专科	8 454	9 020	30 264
本　科	4 682	5 010	19 371
专　科	3 772	4 010	10 893
（三）成人本专科	1 728	2 340	6 958
本　科	1 074	1 538	4 906
专　科	654	802	2 052
（四）其他各类高等学历教育			
1. 在职人员攻读博士、硕士学位			
2. 网络本专科生			
本　科			
专　科			
3. 其他			
二、中等教育	59 316	74 964	202 927
（一）高中阶段教育	16 915	24 922	59 740
1. 高中	13 312	13 884	38 383
普通高中	13 312	13 884	38 383
成人高中			

续表

	毕业生数（人）	招生数（人）	在校生数（人）
2. 中等职业教育	3 603	11 038	21 357
普通中专	3 603	11 038	21 357
成人中专			
职业高中			
技工学校			
（二）初中阶段教育	42 401	50 042	143 187
1. 普通初中	42 401	50 042	143 187
2. 职业初中			
3. 成人初中			
三、初等教育	109 472	53 682	382 482
（一）普通小学	50 850	53 682	305 235
（二）成人小学	58 622		77 247
其中：扫盲班	58 569		77 194
四、工读学校			
五、特殊教育	4	11	200
六、学前教育	4 557	7 627	16 068

注：特殊教育学生数中包括普通中小学随班就读的学生。

2009年各级各类非学历教育学生情况

	结业生数（人）	注册生数（人）
总　计	6 652	3 026
一、高等教育	1 092	1 175
（一）研究生课程进修班		83
（二）自考助学班		
（三）普通预科生		
（四）进修及培训	1 092	1 092
其中：资格证书培训	719	719
岗位证书培训	322	322
二、中等职业教育	5 560	1 851
其中：资格证书培训	1 026	657
岗位证书培训	1 663	
（一）中等职业学校	5 560	1 851
其中：资格证书培训	1 026	657
岗位证书培训	1 663	
（二）职业技术培训机构		
其中：资格证书培训		
岗位证书培训		

2009年各级各类民办教育基本情况

	学校数（所）	毕业生数（人）	招生数（人）	在校生数（人）	教职工数（人）	专任教师数（人）
一、民办高等教育						
（一）民办高校						
本科学生						
专科学生						
其中：独立学院						
本科学生						
专科学生						
（二）民办其他高等教育机构						
二、民办中等教育						
（一）高中阶段教育	2	275	23	207	30	27
1. 民办普通高中	2	275	23	207	30	27
2. 民办中等职业教育						
（二）初中阶段教育	2	141	131	329		
1. 民办普通初中	2	141	131	329		
2. 民办职业初中						
三、民办普通小学	3	334	421	1 388	77	47
四、民办幼儿园	19	1 414	1 680	4 524	374	146
另有：民办培训机构（不计校数）						

注：民办普通高中的教职工数包含民办普通初中的教职工数。

〔**教育投入**〕　2009年全区财政预算内教育投入57.6亿元，其中教育事业费48.24亿元、基本建设投入9.36亿元；与上年同口径相比增加10.1亿元，增幅为21.26%。

〔**扎实推进学习实践科学发展观活动**〕　2009年3月，根据中央部署和区党委、教育部有关文件精神，西藏自治区教工委、教育厅紧紧围绕“党员干部受教育、科学发展上水平、人民群众得实惠、社会稳定见成效”的总要求，在成功开展第一批学习实践活动的基础上，又先后组织开展了第二、三批深入学习实践科学发展观活动。

第二批学习实践活动自2009年3月开始，9月底基本结束，参学单位主要是区属各高校。在区党委的统一部署和教工委的具体安排下，各高校紧密联系高校知识分子密集、学生党员多的实际，教育引导广大师生高举旗帜、坚定信念，增强对中国特色社会主义的思想认同、增强对中华民族的感情认同；紧密联系保增长、保民生、保稳定的形势和任务，加强对大学生就业的指导和服务，帮助毕业生渡过就业难关，组织动员广大师生和科研人员通过各种形式，为地方、企业和农牧民群众应对危机、克服困难提供智力支持和技术服务；针对西藏反分裂斗争形势的长期性、艰巨性和复杂性，深入细致地做好维护高校稳定和谐的各项工作。

第三批学习实践活动自2009年8月底开始，计划到2010年2月基本结束，参学单位主要是全区中等职业学校和中小学。在全国中职和中小学学习实践活动指导小组第五巡回指导组、区党委学习实践活动领导小组协调一组的具体指导下，全区中职和中小学结合实际，深入开展了“三问”活动，即：问一问学生学习在校，我尽了哪些力？学生生活在校，我尽了哪些心？学生成长在校，我尽了哪些责？各学校依托“三问”活动，深入课堂、深入教师和学生中间，充分将“三问”活动与师德师风建设、提高教育教学质量、完善体制机制结合起来，贯穿于学习实践活动的始终，问出了广大教职员工尤其是学校党员领导干部求发展的事业心和沉甸甸的责任感。

全区教育系统在前后三个批次的学习实践活动中，紧密联系实际，抓住关键环节，拓展学习内容，突出实践特色，坚持边查边整边改，取得了良好的成效，上级部门和相关领导给予了充分肯定和高度评价。在 2009 年 11 月 15 日中央学习实践活动领导小组召开的部分省区深入学习实践科学发展观活动座谈会上，区党委书记张庆黎汇报西藏第三批学习实践活动情况时，中央领导同志对教育系统开展的“三问”活动等好的做法给予了充分肯定。全国中等职业学校和中小学深入学习实践科学发展观活动指导小组成员兼办公室主任、教育部党组成员、部长助理吴德刚指出，“西藏教育系统开展学习实践活动情况非常好，超乎预料，我们非常满意、深受教育，就全国来看，西藏中等职业学校和中小学校开展第三批学习实践活动也是走在前面的。”

〔**加强和改进思想政治工作**〕　2009 年，围绕新中国成立 60 周年、西藏百万农奴解放纪念日等活动，通过开展“我爱我的祖国”、“百部爱国主义影片进校园”、“民族团结教育”等主题活动，广泛深入地开展“新西藏、新发展、新变化、新生活”的宣传教育、新旧西藏历史对比教育，不断加强对青少年学生的爱国主义、集体主义、社会主义和社会公德、传统美德教育。先后召开了内地西藏班（校）思想政治教育和德育骨干教师培训会、全区中小学和中等职业学校思想政治工作会议，对做好青少年学生思想政治工作进行了全面部署。在编制 2009 年教育事业经费预算中，按照大学生年生均 100 元、中职和中小学生年生均 50 元的标准，单列思想政治工作专项经费，以确保青少年思想政治工作的有效开展。

〔**完善贫困家庭学生资助体系**〕　农牧民、城镇低保户和企业困难家庭子女就读高中、中职和大学的各类资助政策进一步完善，认真组织实施助学金、奖学金、勤工助学、特殊困难补助、助学贷款等制度，减免学费和住宿费，畅通入学“绿色通道”。从 2009 年秋季开学起，对上述三类学生就读中等职业学校实行免费教育，免费标准为年生均 4 000 元；对考入高校的师范及农、牧、林、水、地矿类所有新生在免除学费、住宿费的同时，给予每生每年 1 500 元的生活补助。据统计，2009 年共落实各项助学金、奖学金和资助资金约 7 750 多万元。各级各类学校贫困学生资助体系的完善，确保了贫困家庭学生公平接受教育的权利。

〔**全面推行“阳光工程”**〕　坚持“以公开促公正，以公开促发展”的原则，把治理教育乱收费与推行校务公开结合起来，及时公开收费项目、收费标准、收费依据以及收费资金使用情况，确保教育收费规范、合理、公开、透明。坚持全程参与、重点监督，完善招生考试及录取监督办法，强化对重点岗位、重点环节、重点时段的职责监督，有效推进了招生“阳光工程”的顺利开展。在教育基建方面，成立了专门的基建工作领导小组，严格实行项目立项和重大变更集体决策，严格实行工程管理部门与承办部门分离、项目管理与财务管理分开，严格执行建设项目招标投标、合同管理、工程监理、财务管理，严格执行建设项目全过程审计和基建干部离任审计等制度规定，教育纪检、监察、审计等监督机关全过程参与监督，最大限度地减少了腐败行为发生的机会。

〔**均衡配置教育资源**〕　对教育项目统筹规划，确保资源均衡配置。一是做好学校灾后重建和大骨节病区学生异地就读学校建设工作。2008 年仲巴、当雄地震灾情发生后，自治区教育厅高度重视，于 2009 年 2 月下达学校灾后恢复建设资金 6 400 万元。其中：日喀则地区仲巴县、拉孜县、谢通门县 2 623 万元，拉萨市当雄县、尼木县、曲水县、堆龙德庆县 3 070 万元，下达大骨节病区学生异地就读学校建设资金 707 万元，用于昌都地区洛隆县、芒康县、八宿县、边坝县县小学扩建。二是确保一批重大项目开工建设。2009 年自治区教育厅进一步加大对教育项目资金落实和工程建设力度，认真贯彻落实中央和自治区扩大内需、保增长、调结构决策部署，确保教育 180 项目建设的加快进行。三是制定《关于加快寄宿制学校建设的意见》。根据中央领导同志指示精神，结合自治区教育工作实际，进一步提高义务教育集中办学程度，加快寄宿制学校建设步伐，为提高教育教学质量和人才培养水平提供基础条件。

〔**加强教育信息化建设**〕 通过实施全区中小学教育电视"班班通"建设项目和自治区教育信息化建设项目，进一步提升了教育信息化水平。两个项目分别完成投资 2 325 万元和 500 万元，新建计算机网络教室 26 间，在 476 所学校新建有线教育电视系统，改扩建 340 所学校教育电视系统。截至 2009 年年底，通过国家农远工程、自治区基础教育信息化建设项目的实施，现代远程教育"三种模式"和电视"班班通"基本覆盖全区中小学，极大地改善了基础教育办学条件。在已研制完成小学一至三年级藏语文、数学、科学等学科资源的基础上，2009 年研制开发了小学四年级藏语文、数学、科学三门学科的教育资源。另外，按照"三种方言"、"五省区"共享的建设原则，编译制作了《身边的科学》、《学生教育片》128 集和 19 部专题类教育资源，已通过国家验收，并在教育部基础教育资源网上免费播出。

〔**清理整顿民办教育机构**〕 为规范各级各类民办教育机构的办学行为，2009 年对西藏民办教育机构进行了进一步清理整顿。本着"属地管理"的原则，组织专门力量对西藏民办教育机构进行了认真的清理整顿，对存在问题和不足的民办学校提出了相应的整改措施，对不符合办学条件的民办学校坚决予以取缔。本次清理整顿，共取消了 9 所存在严重问题的民办教育机构，其中幼儿园 2 所、中学 2 所、培训机构 5 所。

基础教育

〔**综述**〕 全区"两基"攻坚任务如期完成，全面实施城乡免费义务教育，这是西藏教育事业的一个历史性跨越。小学适龄儿童入学率达到 98.8%，初中入学率达到 96.4%，全区青壮年文盲率下降到 1.8%，人均受教育年限达到 6.8 年。积极推进义务教育经费保障机制改革，全区 45 万多名义务教育阶段学生受惠。再次提高了"三包"经费标准，年生均达到 1 800 元，2009 年财政投入"三包"经费达到 4.2 亿元。中小学年生均公用经费分别提高到 300 元、500 元，中小学教师人均年公用经费提高到 3 400 元。

在全区开展了校舍安全大排查，并启动了中小学校舍安全工程。以农村寄宿制初中建设和乡镇小学规范化建设为重点，加大对农村中小学建设投入力度，义务教育工程项目建设扎实推进。加强农村中小学现代远程教育工程资源建设和应用，大力推进教育信息化建设，农村中小学办学条件得到进一步改善，区域内义务教育均衡发展取得新进展。以"两基"评估验收和"两基"巩固提高复查为重点，加大对"两基"攻坚工作的督导评估力度，教育督导工作在促进各级政府履行教育职责、确保各项政策落实等方面发挥了重要作用。拉萨市和山南地区义务教育均衡发展态势良好，受到教育部的表彰。

积极发展普通高中教育。高中在校生 3.8 万人，中职在校生 2.1 万人，高中阶段入学率达到 56.5%。学前教育、特殊教育得到进一步加强，启动了拉萨市、日喀则地区特殊教育学校和 10 个县幼儿园建设工程。制定了《关于努力实现基础教育科学发展、规范办学行为的若干意见》，推动基础教育上质量、上水平。

〔深入推进新课程改革〕 把加快转变培养模式作为培养“靠得住、用得上、留得下”的社会主义事业建设者和接班人的战略举措，以深化基础教育课程改革为核心，大力加强中小学生创新精神和实践能力培养，全面提高西藏基础教育质量和现代化水平。认真总结义务教育新课程改革取得的经验，巩固改革成果，形成基本制度，健全机制，加强建设，重点突破。在中小学普遍建立以校为本的教学研究制度，深化教学改革，转变教学观念，推动研究性学习的开展。重视发挥各级教研部门和教育学会在教学改革中的研究、指导和服务职能，教研部门加强对新课程实施情况调研与指导。高中新课程改革如期启动。自治区教工委、教育厅高度重视高中新课程改革工作，把高中新课改作为自治区进一步深化基础教育改革，实现自治区基础教育跨越式发展的重要契机和提高自治区普通高中教育水平的一次重要机遇。年初印发了《西藏自治区普通高中新课程改革工作方案》，成立了由教育厅厅长宋和平任组长、自治区教育厅助理巡视员韩志洪任副组长、教育厅相关处室和部门主要负责人为成员的西藏自治区普通高中新课程改革领导小组。成立了自治区普通高中新课程改革工作专家指导组，为全区普通高中新课程改革工作提供指导和专业支持。2009 年 3 月，由厅领导带队，组织厅机关相关处室和部分高中校长到内地先期进入普通高中新课改的 5 个省（区、市）进行学习考察，在此基础上，组织区内专家起草了 11 个西藏自治区普通高中新课改指导意见（试行）。2009 年 8 月 28 日，西藏自治区高中新课改培训会议在拉萨召开，自治区教工委书记、教育厅副厅长拉巴作动员讲话，教育部基础教育二司巡视员、教育部基础教育课程教材发展中心主任朱慕菊莅临会议并作重要讲话。本次培训分为教育管理人员培训和学科教师培训，全区各地（市）教（体）局局长、副局长、相关业务部门负责人、高中校长、副校长、教务主任等 100 多人参加了普通高中新课改管理人员培训，600 多名高中教师参加了学科教师培训。管理人员培训由区内外高中课改专家担任授课教师，学科教师培训由人民教育出版社和广东教育出版社专家担任授课教师。为期 5 天的培训达到了提高认识、统一思想、转变观念、振奋精神、增强信心的目标，为下一步在自治区全面推行高中新课改打下了良好的基础。

〔教材编译工作取得新进展〕 以服务新课程改革为重心，进一步做好基础教育阶段的教材编译工作。一是认真做好基础教育课程改革相关教材的编写工作，完成了小学阶段藏语文 3 种课本、3 种教参、5 种教学辅助用书、初中教材的编写工作和高中新课改藏语文 4 种课本、2 种教参的编写工作。编写、修订、再版教材 68 种，总字数约为 500 万字。二是认真做好新课改教材翻译工作，完成了教材及教辅材料的翻译 23 种，其中教材 9 种、教参 6 种、教辅 8 种，翻译教材总字数达 289.9 万字。三是审定了新课程改革教材所涉及的名词术语 6 000 多条。

〔以立德树人为根本，全面实施素质教育〕 坚持“育人为本，德育为先”的理念，以党的十七大和十七届三中、四中全会精神为指引，进一步改进和加强中小学生思想道德建设，紧密结合一系列重大纪念日，深入开展“红色文化”进校园工程；积极推进教体结合，加强对学校体育、卫生和艺术工作的指导与管理，大力推行“亿万学生阳光体育运动”，落实每天一小时体育锻炼时间，组织举办各类体育比赛和文化艺术活动。广大青少年学生通过各类主题活动，进一步坚定了信念、陶冶了情操、强健了体魄、提升了素质。

以新中国成立 60 周年、西藏民主改革 50 年和改革开放 30 年为契机，深入开展宣传教育活动。3 月 12 日至 4 月 10 日，组织专家和退休干部在全区各级各类学校与内地西藏班（校）深入开展西藏近现代史教育和设立“西藏百万农奴纪念日”的意义、西藏民主改革 50 年成就的宣传教育。通过广泛深入地开展“新西藏、新发展、新变化、新生活”的宣传教育、新旧西藏历史对比教育，引导广大师生员工牢记历史经验、加强民族团结、坚定理想信念、珍惜幸福生活。特别是通过中央和全国人民对西藏各项事业的特殊关怀与大力支持，进一步感受到祖国大家庭的温暖，感受到社会主义制度的无比优越性。

以纪念新中国成立 60 周年、西藏民主改革 50 周年、五四运动 90 周年为契机，在学生中广泛开展“我爱我的祖国”、“红色歌曲、红色书籍、红色影片”进校园等主题教育活动。在各级各类学校掀起唱红歌、看红色影片、读红色书籍的高潮，让爱国主义影片和歌曲深入人心。在校园内进一步唱响共产党好、社会主义好、改革开放好、人民军队好、各族群众好、伟大祖国好的时代主旋律。

7 月 25 日至 8 月 5 日在拉萨举办了全区第九届中学生运动会。本届中学生运动会共设田径、篮球、足球三个大项，56 个小项目，100 多个赛事。全区共有 10 个代表团 600 多名运动员参加各项目的角逐，在本届运动会上 14 个项目 26 人次打破全区中学生运动会记录。组织学生参加了 8 月 16 日在湖南长沙举行的全国第十届中学生运动会，西藏代表团参加了田径项目，获得了代表团和田径队两个“体育道德风尚奖”。

全力做好防控甲型 H1N1 流感工作。密切与卫生疾控部门的沟通联系，强化对全区各级各类学校防控甲型 H1N1 流感工作的指导检查，妥善处置拉萨墨竹工卡县中学出现的西藏首例甲型 H1N1 流感病例，协助卫生部门开展甲型 H1N1 流感首批疫苗接种工作，确保了校园卫生安全与和谐稳定。

从自治区拉萨中学选拔 40 名中学生参加了在重庆举办的全国教育系统爱国主义歌咏比赛活动，并获得“优秀演唱奖”。

〔**加强农村学校师资队伍建设**〕 2009 年，共招录师范毕业生 1 541 人，公开招考录用非师范毕业生 485 人，其中 90%以上分配到基层、边远学校，农村学校师资力量得到充实。教师继续教育得到进一步加强，组织开展新招录用教师培训、中小学骨干教师培训、中小学校长培训和职业学校“双师型”骨干教师培养，共培训教师 1 120 人次、校长 360 人次。将思想政治理论纳入教师培训和教师专业技术职务资格确认的重要内容，逐步建立了教师职业道德考核制度。全面贯彻落实新修订的《中小学教师职业道德规范》，教师队伍师德修养水平和思想政治觉悟得到了进一步提高。农村学校师资队伍建设得到加强，整体素质不断提高，为进一步提高农村教育质量提供了根本保障。

职业教育与成人教育

〔**综述**〕 职业教育基础能力建设明显增强，办学规模继续扩大，完成中职招生任务 13 200 人，高中阶段教育结构趋于合理。西藏职业技术学院在校生规模达到 5 000 人，顺利通过高等职业院校人才培养工作评估，办学结构层次进一步拓展，办学能力进一步增强。各职业学校以就业为导向，加大专业设置调整力度，加强课程改革和教材建设，改进教学方法，职业学校学生培养质量进一步提高。

职业教育不断转变办学思想，创新人才培养模式，建立与经济社会发展和劳动就业紧密结合的新机制。以提高学生的技能水平为核心，深化教育教学改革，积极开展工学结合、半工半读实验，探索更加灵活开放的办学模式。推行“双证书”制度，加快重点行业技能型人才的培养。积极开展农村劳动力培训，县级职教中心直接面向农牧区、面向农牧民，共开展农牧民转移培训 2.5 万人。

〔**完善制度政策，加强宏观指导**〕 坚持大力发展职业教育的方针，加强职业教育的宏观管理和政策措施的制定与落实。一是进一步完善中等职业教育家庭经济困难学生助学制度，扩大资助覆盖面，提高资助强度。逐步建立以国家助学金为主，以工学结合、顶岗实习为辅的中等职业教育资助政策体系。中职学生在校三年期间，国家资助两年，每生每年 1 500 元，所有农牧区学生和城镇低收入家庭学生都能得到资助。二是实施中等职业学校免费教育制度，促进职业教育发展和教育公平。根据国家有关规定，从 2009 年 9 月 1 日起，西藏农牧民子女及城镇困难家庭子女考入中等职业学校的新生及在校生实行免费教育制度。所有农牧区学生和城镇低收入家庭学生都能享受到国家的这一惠民政策。这对改变社会上鄙薄职业教育的观念，促进职业教育发展和教育公平起到了重要作用。三是做好中职学生实习管理及就业指导与服务工作。要求各级教育行政部门加强中等职业学校学生顶岗实习的管理工作，建立健全实习管理制度，加强监督检查，协调有关职能部门、实习单位和其他有关方面，共同做好实习管理工作，保证实习工作的健康、安全和有序开展。积极与劳动人事等部门协作，建立中等职业学校毕业生就业服务信息网络平台和工作机制，加强与企业和人才劳务市场的紧密联系，广泛收集市场需求信息，为毕业生提供准确、快捷的就业信息服务和就业指导。四是指导西藏职业技术学院顺利通过了高职高专人才培养工作水平评估。

〔**进一步扩大招生规模**〕 进一步提高高中阶段中等职业教育所占比例，促进高中阶段职业教育与普通教育协调发展，推广职业教育加基础教育的办学模式，扩大职业教育面向农村的招生规模，继续推进东部对西部、城市对农村中等职业学校联合招生、合作办学工作，推动各地认真做好中等职业学校招收和培养未升学普通高中毕业生的工作，努力扩大职业教育办学规模，逐步缩小中等职业教育与普通高中招生规模的差距。2009 年，西藏自治区中等职业教育实际录取新生 13 929 人；在 2008 年的基础上，中等职业教育招生规模有所扩大，招生数量有所增加，超额完成了 12 700 人的招生计划，中等职业技术教育呈现出良好的发展态势。

〔**创办内地西藏中职班**〕 为贯彻落实《国务院关于大力发展职业教育的决定》精神，逐步建立和完善适应西藏经济社会发展的、灵活开放的西藏职业教育体制，提高中等职业教育为西藏各项建设事业培养职业技能型人才的能力，根据教育部、国家发展改革委员会、财政部《关于在内地部分省市举办内地西藏中职班的意见》，2009 年创办了内地西藏中职班，圆满完成了 3 000 人的招生计划。

〔**大力改善办学条件**〕 通过对职业教育基础能力建设情况的检查摸底和调研，与有关部门配合，2009 年继续做好职业教育基础能力建设工作，大力改善中等职业学校办学条件。一是落实西藏职业技术学院国家示范性职业院校实训基地建设项目投资 1 100 万元，用于职教实训设备购置。二是落实中等职业技术学校实训基地职教设备购置项目投资 940 万元，用于 4 所中等职业技术学校的 4 个专业实训基地所需的实验实训仪器设备购置。三是新增中央预算内投资补助项目 4 个，项目投资资金 4 510万元。其中：自治区体育中专学校建设项目 675 万元，昌都地区中等职业技术学校改扩建工程 1 300 万元，林芝地区中等职业技术学校实训楼、学生宿舍及附属设施 1 025 万元，山南地区中等职业技术学校实训楼、学生宿舍及附属设施 1 510 万元。四是加强县级职教中心建设。对发展职业教育积极性高、发展前景好的县级职教中心作为示范性县级职教中心进行重点建设，共落实 11 个县级职教中心建设项目职教专款 1 240.36 万元。

〔**深化教育教学改革**〕 大力推进教学管理制度改革，强化实践能力和职业技能的培养，加快推进职业学校学生获取职业资格证书工作。各职业技术学校进一步更新观念，改革创新，坚持以服务为宗旨、以就业为导向，走灵活开放、特色鲜明、产教结合的办学路子。针对西藏经济和社会发展的实际，结合农牧业、旅游服务业等主导产业以及青藏铁路建设对技能型人才的需求，加快建设畜牧兽医、计算机、电工电子、铁路运输、建筑、旅游等重点专业。同时，深入进行教学内容、教学方法和评价体系的改革，加强内部管理，全面提高教学质量。为适应大力发展西藏职业教育的需要，下发了《关于改革职业高中管理办法的通知》（藏教职〔2009〕10 号），将原来有关县级职教中心举办的职业高中纳入普通中职统一管理。制定了《西藏自治区中等职业学校学生管理暂行规定》，加强中职学生管理工作。启动新一轮中等职业学校德育课课程改革，将反对分裂、维护西藏稳定作为自治区职业学校德育内容。组织3所职业学校参加了2009年全国职业院校技能大赛，3所学校均获得了优秀组织奖。其中西藏职业技术学院参赛选手江白获得汽车车身涂漆项目全国三等奖，山南地区职业技术学校参赛选手措姆吉巴获得烹饪面点项目全国三等奖，实现了西藏获奖项目零的突破。

〔**加强双师型师资队伍建设**〕 继续实施中等职业技术学校教师素质提高计划，2009年选派20名中职骨干教师参加了国家级培训，并推荐其中2名出国进修。落实中等职业学校特聘兼职教师资助项目，不断完善中等职业学校教师队伍建设的保障机制，争取国家中等职业学校特聘兼职教师资助专项经费10万元。继续做好中等职业学校骨干校长研修工作，选派2名自治区级重点中等职业技术学校校长参加骨干校长研修班。启动了职业学校教师素质提高计划专业骨干教师培训省（自治区）级培训项目，选派6所中等职业技术学校及43所县级职教中心的职教专业骨干教师100名在区内外进行了培训，培训专业为工艺美术、计算机应用技术、畜牧兽医、种养殖4个，培训期30天。其中畜牧兽医、种养殖两个专业分别安排在西藏职业技术学院和西藏大学农牧学院培训，工艺美术、计算机应用技术两个专业分别安排在苏州工艺美术职业技术学院和重庆科技学院接受培训。

高 等 教 育

〔**综述**〕 高等教育规模稳步扩大，毛入学率达到22.4%。高等学校“质量工程”全面推进，质量保障体系进一步健全，4个自治区教学团队、6门自治区特色专业、11门自治区精品课程得到重点建设。教学工作得到加强，实训、实习基地建设取得成效，创新能力进一步提高。又有一批教学名师、创新团队、特色专业、科研项目列入国家支持计划，一批教学、科研成果获得国家奖励。重点学科、重点实验室、人文社科基地建设有新的进展。高校与行业、企业联合，产学研合作和科技成果转化有新的突破，高等教育服务西藏经济社会发展的能力进一步提高。研究生招生规模进一步扩大，高层次人才队伍建设得到加强。高校内部管理体制改革不断深化，人才奖励机制和激励机制不断完善，人才强校战略深入推进。

〔**继续抓好重点支持西藏大学建设工作**〕 2009年3月，教育部、财政部和国家发改委为西藏大学“211工程”确定了专项建设资金4 000万元，自治区党委、政府落实了2 000万元配套资金，支持学校开展重点学科建设工作。6月，自治区组织包括对口支援高校在内的有关专家对《西藏大学“211工程”三期建设方案》、《“211工程”三期重点学科建设项目可行性研究报告》、《“211工程”三期重点学科建设项目申报书》和《学校创新人才培养和队伍建设计划》等规划材料进行了审核论证，并顺利通过了教育部、国家发改委、财政部审批。

〔**加强高等教育内涵建设**〕 一是继续开展自治区教学团队和第一类特色专业建设工作。确定西藏大学“计算机及藏文信息技术教学团队”等4个教学团队为2008年度自治区级教学团队；确定西藏大学音乐学等6门专业为2008年度自治区级特色专业建设点。二是继续推进自治区级精品课程建设工作。2009年评出自治区级精品课程11门，其中本科8门、专科3门。推荐国家级精品课程4门（本科3门、高职高专1门）。至此，自治区共有区级精品课程52门。三是组织完成了国家级教学团队、第四批特色专业及实验教学示范中心等项目的推荐和申报工作。推荐西藏大学“计算机及藏文信息技术教学团队”为国家级教学团队；推荐西藏大学音乐学专业、西藏大学农牧学院动物科学专业为教育部第四批特色专业建设点。四是完成了西藏自治区 2008—2015 年新增博士学位授予单位立项建设规划工作，决定西藏大学为立项建设博士单位，推荐西藏藏医学院作为服务国家特殊需求的单位，以特殊类申报 2008—2015 年立项建设，由国家统筹考虑。五是完成了 2009 年度新增本科专业申报、审批工作，批准西藏大学农牧学院、西藏民族学院增设农村区域发展等 6 个专业；完成了 2010 年拟招生的 72 个高职高专专业的备案、审批工作。

〔稳步推进科研工作〕 高校科研工作稳步推进，服务自治区经济社会发展的能力逐步提高。2009 年获国家科技部“973”前期预研项目 1 项、科技部国际合作项目 1 项、国家社科基金项目 9 项、国家自然科学基金项目 8 项、国家民委科研项目 9 项、教育部科学技术研究重点项目 3 项，获自治区发改委、科技厅的科研项目逐年稳步增加，自治区“十一五”教育科研规划课题陆续进入结题阶段。

撰稿 江长洲 韩晓悟
审稿 宋和平

陕西省教育

概　　况

〔基本情况〕

2009 年各级各类学校校数、教职工、专任教师情况

	学校数（所）	教职工数（人）	专任教师数（人）
一、高等教育			
（一）研究生培养机构（不计校数）	(50)		
1. 普通高校	(24)		
2. 科研机构	(26)		
（二）普通高等学校	89	96 485	56 171
1. 本科院校	51	75 731	43 789
其中：独立学院	12	5 983	3 777
2. 高职（专科）院校	38	20 754	12 382
3. 其他机构（点）（不计校数）	(7)		
（三）成人高等学校	19	3 645	2 271
（四）民办的其他高等教育机构	11	927	342
二、中等教育	3 694	253 871	204 905
（一）高中阶段教育	1 268	251 730	86 888
1. 高中	588	198 686	53 098
普通高中	586	198 656	53 070
成人高中	2	30	28
2. 中等职业教育	680	53 044	33 790
普通中专	52	6 650	4 011
成人中专	10	1 473	789
职业高中	336	22 675	15 796
技工学校	282	21 929	12 947
其他机构（教学点）（不计校数）	(53)	317	247

续表

	学校数 （所）	教职工数 （人）	专任教师数 （人）
（二）初中阶段教育	2 426	2 141	118 017
1. 普通初中	1 923		117 107
2. 职业初中			
3. 成人初中	503	2 141	910
三、初等教育	14 487	198 614	180 671
（一）普通小学	11 583	193 530	178 320
（二）成人小学	2 904	5 084	2 351
其中：扫盲班	2 706	3 602	1 669
四、工读学校	1	46	37
五、特殊教育	39	922	714
六、学前教育	2 902	39 079	24 538

注：普通高中的教职工数中包含普通初中的教职工数。

2009 年各级各类学历教育学生情况

	毕业生数 （人）	招生数 （人）	在校生数 （人）
一、高等教育			
（一）研究生	20 953	27 374	80 006
博　士	2 074	2 984	14 078
硕　士	18 879	24 390	65 928
（二）普通本专科	211 963	264 676	893 748
本　科	109 036	140 447	507 213
专　科	102 927	124 229	386 535
（三）成人本专科	59 563	66 036	171 901
本　科	35 625	23 549	70 242
专　科	23 938	42 487	101 659
（四）其他各类高等学历教育			
1. 在职人员攻读博士、硕士学位		4 097	15 401
2. 网络本专科生	27 115	45 460	91 613
本　科	16 189	23 290	54 464
专　科	10 926	22 170	37 149
3. 其他			
二、中等教育	1 347 414	1 233 086	3 752 276
（一）高中阶段教育	585 466	687 208	1 843 722
1. 高中	325 684	334 887	944 611
普通高中	325 393	334 887	944 083
成人高中	291		528

续表

	毕业生数（人）	招生数（人）	在校生数（人）
2. 中等职业教育	259 782	352 321	899 111
普通中专	52 842	46 025	155 577
成人中专	3 172	4 011	10 916
职业高中	128 580	196 384	459 014
技工学校	75 188	105 901	273 604
（二）初中阶段教育	761 948	545 878	1 908 554
1. 普通初中	663 225	545 878	1 802 742
2. 职业初中			
3. 成人初中	98 723		105 812
三、初等教育	707 346	409 900	2 881 129
（一）普通小学	555 577	409 900	2 714 408
（二）成人小学	151 769		166 721
其中：扫盲班	65 834		65 157
四、工读学校	29	10	71
五、特殊教育	1 492	1 335	8 010
六、学前教育	229 019	367 764	573 573

注：特殊教育学生数中包括普通中小学随班就读的学生。

2009 年各级各类非学历教育学生情况

	结业生数（人）	注册生数（人）
总　计	2 317 442	2 304 959
一、高等教育	138 661	52 829
（一）研究生课程进修班	360	56
（二）自考助学班	7 451	20 601
（三）普通预科生		419
（四）进修及培训	130 850	31 753
其中：资格证书培训	57 061	9 600
岗位证书培训	24 864	6 208
二、中等职业教育	2 178 781	2 252 130
其中：资格证书培训	160 901	128 154
岗位证书培训	187 173	173 447
（一）中等职业学校	160 280	127 417
其中：资格证书培训	46 908	26 724
岗位证书培训	30 536	31 965
（二）职业技术培训机构	2 018 501	2 124 713
其中：资格证书培训	113 993	101 430
岗位证书培训	156 637	141 482

2009 年各级各类民办教育基本情况

	学校数（所）	毕业生数（人）	招生数（人）	在校生数（人）	教职工数（人）	专任教师数（人）
一、民办高等教育						
（一）民办高校	30	46 011	78 740	246 125	21 633	12 381
本科学生		14 438	29 559	104 691		
专科学生		31 573	49 181	141 434		
其中：独立学院	12	9 643	19 219	70 448	5 983	3 777
本科学生		9 643	18 092	68 876		
专科学生			1 127	1 572		
（二）民办其他高等教育机构	11				927	342
二、民办中等教育						
（一）高中阶段教育	285	72 309	107 827	263 033	24 515	16 490
1. 民办普通高中	119	31 322	37 068	97 709	15 608	11 306
2. 民办中等职业教育	166	40 987	70 759	165 324	8 907	5 184
（二）初中阶段教育	91	39 260	41 957	132 323		
1. 民办普通初中	91	39 260	41 957	132 323		
2. 民办职业初中						
三、民办普通小学	204	22 372	16 273	120 091	9 168	6 267
四、民办幼儿园	2 289	89 678	175 211	303 950	25 614	15 496
另有：民办培训机构（不计校数）	(973)				12 632	6 321

注：民办普通高中的教职工数包含民办普通初中的教职工数。

〔**年度工作方针**〕　2009 年陕西省教育工作的指导思想和总体要求是：全面贯彻党的十七大、十七届三中全会精神，深入贯彻落实科学发展观，继续解放思想，坚持改革开放，在省委、省政府的正确领导下，按照“推动教育科学发展、努力建设教育强省、办好人民满意教育”的要求，围绕一个主线，大力实施六大工程，着力抓好六项重点工作，抓重点、攻难点、创亮点，为富裕三秦百姓、建设西部强省作出新的贡献。一个主线就是开展深入学习实践科学发展观活动；六大工程是指素质教育推进工程、民生八大工程基础教育项目、人人技能工程、高等学校教学质量和重点学科建设工程、高等学校科技创新工程、师资队伍建设工程；着力抓好的六项重点工作是高校毕业生就业指导工作、学校绩效工资制度改革、鼓励和规范民办学校健康发展、帮助高校解决发展中的难题、家庭经济困难学生资助工作、教育系统稳定安全等。

〔**纪检监察工作**〕　2009 年，陕西省教育系统纪检监察工作坚持“标本兼治、综合治理、惩防并举、注重预防”方针，深入学习贯彻中央纪委十七届三次全会和省纪委三次全会及全国教育纪检监察工作会议精神，结合实际情况，努力开创纪检监察工作新局面。①召开会议，分解任务。一是教育纪工委在 3 月分五片召开工作会议，部署全省教育系统进一步加强党风廉政建设，全面落实党风廉政建设责任制工作。二是将反腐倡廉的工作任务分解为落实领导干部廉洁自律、高校基建工程招投标等 13 个子项，并通过签党风廉政建设责任书将责任层层落实到人。三是召开党风廉政专题教育大会，作专题廉政教育报告，全省高校举办党风廉政教育专题报告会达 185 场次。②以预防为主，抓源头治理。一是结合学习实践科学发展观活动，对教育系统党员干部进行警示教育，对系统管钱管物管人的如基建、资金、干部人事等部门的干部进行集中警示教育；高考招生前给进驻招生点的招生人员作警示教育报告；对成人高校招生、普通高校招生、中专招生进行全程的跟踪监督等，达到了超前防范和动态监督。二是倡导各级各类学校开展崇廉尚廉的廉洁文化教育活动，营造反腐倡廉的社会氛围和风清气正的校园文化。长安大学、陕西师范大学、陕西中医学院等高校都精心组织了廉政歌曲演唱、廉政书画展、廉政教育报告等内容丰富、形式多样的活动。教育纪工委在全省教育系统开展廉政文化进校园书画作品征集活动，共征集作品近 1 000 件，遴选出 400 多幅比较好的作品在长安大学、西安市高级中学等校进行了巡展。三是开展了专项治理工作。对公务用车、教育项目资金管理和使用、公费出国（境）情况进行了自查清查；做好教育审计工作，对加强教育系统内部管理，提高办学效益，推进教育改革和发展的顺利进行发挥了重要保障作用；开展了小金库专项治理，全省教育系统自查自纠共涉及问题资金总额 1 477.66 万元，问题资金都已纳入各单位财务统一管理。③创新工作机制，健全和创新工作制度。例如，西安交大制定了《监察工作条例》，西北工业大学制定了《纪律处分权限及程序的规定》，渭南市教育局建立了《中小学校教师廉洁档案》制度等。④加大力度，严肃查处违纪违法案件。全年全省教育纪检监察系统共受理群众来信来访 265 件，上级转办 172 件，立案 7 起，处理人员 17 名，挽回经济损失 54.2 万元。对一些带有苗头性和倾向性的线索，省教育纪工委及早介入，抓小抓早，通过廉政谈话、诫勉谈话，坚持“一案两报告”制度，使广大党员干部吸取教训，受到教育，从而保持自省，使反腐倡廉警钟长鸣。⑤加强教育行风建设。一是全面推行各级各类学校收费公示制度，对教育收费的政策和标准及时在省、市各大新闻媒体、报刊上进行公示，主动接受媒体、社会和舆论监督，做到学校收费政策家喻户晓，收费标准人人皆知。二是严肃查处违规收费案件。全年教育纪工委共接到违规收费问题举报 48 件，上级转来 15 件，处理学校负责人 3 人。全省系统围绕治理工作开展各类培训 14 班次，培训人数达 3 880 人。三是开展行风建设活动，在高等学校开展民主评议行风工作；在基础教育方面，以创建收费示范县为抓手，深入开展规范教育收费示范县创建活动，全年共评选出 13 个县为陕西省 2008 年度“规范教育收费示范县（区）”。

〔**民办教育**〕 ①从严规范民办学校的办学行为。一是两次召开民办院校招生管理工作会议，就进一步加强管理，规范招生行为作出安排部署；对 18 所民办高校、12 所独立学院、42 所民办非学历高等教育机构学校、6 所民办中职学校的招生简章和广告进行了备案审查；制定印发了《关于做好 2009 年民办高等学校、独立学院招生工作的通知》、《关于做好 2009 年民办非学历高等教育机构学校和中等职业学校招生工作的通知》；组织人力对民办院校的招生宣传开展了两次检查；依法停止了 1 所民办高职、1 所独立学院、4 所民办非学历高等教育机构学校和 4 所民办中职的招生，限制了 1 所民办高职的招生，吊销了 1 所民办非学历高等教育机构学校的办学许可证，严肃查处并大会通报批评了 9 所学校的违规招生行为；制定印发了《关于继续开展“放心上民校”活动的通知》，在西安市举办了民办高校招生咨询会，逾 10 万考生及家长咨询；制定印发了《陕西省民办非学历高等教育机构学校管理暂行规定》、《关于进一步加强全省民办幼儿园管理的通知》、《关于对全省民办非学历教育学校进行清理整顿的通知》，从建立制度入手，加强管理，同时，省教育厅统一部署，由省、市、县三级教育行政部门重点对民办非学历高等教育机构学校、短期培训机构、幼儿园进行了全面清理整顿。②大力扶持，正确引导，推动内涵发展。一是设立 100 万元民办高等教育质量提高扶持奖励资金，重点用于学科专业、实训基地、科研和教师队伍建设等内涵发展项目的扶持。要求学校按 1：2 的比例予以配套。经评审，从 18 所民办高校申报的 23 个项目中选定 11 个项目予以扶持。二是组织了 21 位专家，历时半个月，对民办高校、独立学院和民办非学历高等教育机构学校、民办中职学校进行了年检，以此督促引导民办院校加强学校管理，进一步完善法人治理结构，加强学科专业建设、教师队伍建设和改善教师待遇，全面提高教育质量，走内涵发展的路子。三是强力扶持民办高等教育上层次上水平。继西安培华学院之后，又有4所民办本科高校获得学士学位授予权资格，学校数、所涉及专业数、学生数均列全国第一；5所民办本科高校和4所独立学院的部分优势专业被纳入二本批次招生，并全部招满。这两大举措极大地增强了陕西省民办高校的竞争力和后续发展动力。三是经过专家评估验收，认定了2所民办中职学校和1所民办基础教育学校为省级示范校，抓点带面，推广这些学校的办学经验。四是依法理顺管理体制。原由西安市教育局管理的5所规模在5 000人以上的学校已移交省教育厅管理，给这些学校创造了新的发展平台和空间。③筹备成立陕西省民办教育协会，2009年6月获正式批准；组建了由43位同志组成的陕西省民办教育评估工作专家库。

〔**家庭经济困难学生资助工作**〕 ①资助机构建设日趋完善。省政府成立了由主管教育的副省长朱静芝为组长，教育厅、财政厅、发改委等相关部门负责人为成员的陕西省家庭经济困难学生资助工作领导小组，并在省教育厅成立学生资助管理中心，确定专人负责此项工作。各市、县以及各普通高等学校、中等职业学校按照有关要求，也成立相应的领导和工作机构，加强对此项工作的领导与管理。②各项资助政策进一步落实。各高校和中职学校本着“公开、公平、公正”的原则，严格按照个人申请、民主评议、院（系）初审、学校联评、全校公示等规定程序，认真完成各项评审工作，确保国家奖学金真正落实给全省特别优秀的学生，国家励志奖学金落实到全省品学兼优的家庭经济困难学生手中，国家助学金落实到家庭经济困难学生手中。③为保证资助工作高效运转，建立资助工作上下互动机制，及时交流沟通信息，印制了全省高校、中等职业学校、县级学生资助中心资助工作通讯录，发放到全省各级各类学生资助中心。同时，创建了全省高校、中等职业学校资助工作交流平台QQ群。④为加强对资助工作的科学管理，组织专家开发了“陕西省高等学校家庭经济困难学生资助管理信息系统”、“陕西省中等职业学校家庭经济困难学生资助管理信息系统”、“陕西省高等学校国家助学贷款管理信息系统软件”，建立了覆盖全省高等学校和中等职业学校的基础信息数据库，形成了省与市、部门与学校互动的一体化资助工作信息网络。建立健全了受助学生身份认证制度、信息发布制度、受助学生流失报告制度和资助经费使用的监督检查制度，防止资助资金流失，确保资助经费不被任何单位和个人截留、滞留、挤占和挪用。⑤全省各高校全部开通了“绿色通道”，制定“绿色通道”办理办法，对家庭经济困难新生，凭有关证明先办理入学手续，再根据核实的情况，分别采取“奖、贷、助、补、减”等不同措施进行资助，确保了高校家庭经济困难新生顺利入学。2009年通过“绿色通道”入学的新生为2.22万人，占入学新生人数的10.5%，通过“绿色通道”入学的学生缓交学费9 667.22万元。⑥采用各种办法和途径，使新生尽早了解国家新资助政策体系的具体内容和学校的相关扶贫助学政策：编印了《陕西省家庭经济困难学生新资助工作资料汇编》和《扶困助学助你成才》等宣传资料，免费发放到各高校；建立了家庭经济困难学生资助专题网站，开设了公示公告、先进典型和曝光台等栏目；为及时让家庭经济困难学生了解生源地信用助学贷款认定办法，省教育厅将2009年生源地信用助学贷款认定办法、高校学生和中职学生资助政策编发简要材料，送各主要新闻媒体，新华社、中华人民共和国政府网、《中国教育报》、《陕西日报》、《西安晚报》、《华商报》等及时刊登了这些宣传材料；结合录取工作，将20万余份《高等学校学生资助政策简介》发放到各高校，各高校将《简介》随新生录取通知书邮寄到每位高考录取新生手中等，力争使这项惠民政策家喻户晓、深入人心，保证“应助尽助”政策全面落实。

〔**稳定安全工作**〕 一是认真落实维护稳定工作责任制。年初即召开了全省教育系统稳定安全工作会议，对2009年工作进行了全面安排部署。委、厅与各市教育局、各高校签订了稳定安全目标责任书。各市教育局、各高校在本系统、本单位也层层签订责任书，细化分解责任，从而在全省教育系统建立起了纵向到底、横向到边的责任体系。同时针对排查出的18项重点问题，认真落实领导、处室包抓责任制，由包抓领导和处室负责落实有关措施，推动了工作的进展。二是全力抓好重要敏感节点的维稳工作。每季度都召开形势分析研判会，在每一个节点之前，都提早安排落实了信息收集和形势研判工作、重点环节和重点人员的防范控制工作，重点加强了对学生的思想引导工作、校园网络管理工作、毕业生离校工作、暑假留校生管理工作和国庆期间维护稳定工作。由于防范和处置措施到位，确保了全省教育系统各敏感节点的大局稳定。三是深入开展矛盾隐患排查整改，推动平安校园创建。根据近年来稳定安全工作面临的形势和矛盾隐患排查情况，在全省教育系统建立了风险评估机制。结合平安校园创建，深入开展了“三项行动”（安全执法行动、治理行动、宣传教育行动）和校园及周边治安综合治理“百日行动”，组织各地教育行政部门、各级各类学校集中开展了矛盾纠纷和安全隐患的排查整改，对排查出的问题及时研究落实整改措施，对此项工作省上进行了4次抽查。省教育厅会同省综治办、省公安厅对2009年被评为省级平安校园的16所高校、中等专业学校和110所中小学、幼儿园进行了表彰。四是扎实开展安全教育和安全培训工作。向全省中小学发放教育部赠送的安全教育资料2.4万余册（套），向各高校发放反邪教光盘400套，推动各地、各学校开展稳定安全宣传教育工作。组织2 900余名中小学教师参加了教育部举办的暑期安全管理和安全教育远程培训。承办了教育部在陕西省举办的安全管理面授培训，共培训580余人。组织各地全面推动中小学教师安全管理专项培训，举办省级中小学教师安全培训班14期，全省分级培训10万余名教师。举办高校稳定办主任、保卫处长稳定安全和应急管理培训班1期、市县教育局分管安全工作局长培训班1期，提高了学生的安全防范能力和学校应急管理水平。五是果断处置突发事件，维护了全省教育系统特别是高校的稳定大局。六是通过反复调研摸底，形成了《关于我省曾经在民办教师岗位上工作过的人员和代课人员上访情况的调研报告》，并在此基础上，与省人社厅、财政厅联合出台了《关于对曾经在民办教师岗位上工作过的人员和代课人员发放养老补助的通知》，对初步解决两类人员的实际生活困难，化解长期以来的上访矛盾，维护社会稳定，起到了积极作用。

基础教育

〔**中小学德育工作**〕 ①继续推进中小学心理健康教育工作。一是启动实施了市级中小学心理健康教育骨干教师培训计划，对市级培训项目提出了明确要求，并下达了市级培训补助专款。二是举办了4期省级中小学心理健康教育骨干教师培训班，共培训中小学心理健康教育省级骨干教师410人。三是通过调研，总结了石泉县留守儿童教育管理模式和效能模式，印发了《陕西省留守儿童心理健康教育辅导手册》、《陕西省留守儿童心理健康教育自助漫画读本》。四是以陕西师大附中为典型，积极探索专家、教师和教育行政人员相结合的工作新机制。②进一步加强中小学生社会实践工作。一是5月21日至22日，在宁陕县召开全省中小学社会实践活动现场研讨会，通过全面总结、提升、推广宁陕县中小学开展社会实践活动的典型经验，推进全省面上工作上了一个新台阶。二是制定下发了陕西省教育厅《关于进一步加强全省中小学社会实践活动的指导意见》，明确了中小学生参加社会实践活动的目的和原则，确定了中小学生社会实践活动的时间、内容和途径及管理体制、机制和措施。三是以新中国成立60周年为契机，在全省中小学校全面开展了第六个“中小学弘扬和培育民族精神月”

系列活动。四是推进以小发现、小发明、小制作等科技创新为主要内容的创新实践活动。③中小学校园文化建设。一是将中小学影视教育作为创建中小学校园文化的一个重要“抓手”，下发了《关于进一步加强中小学影视教育的通知》和《陕西省中小学影视教育实施办法》（试行），对全省中小学影视教育活动进行了安排部署。二是制定下发了《关于印发全省中小学开展“感恩教育”活动方案的通知》，在全省中小学生中广泛开展了“感恩教育”活动。④积极构建学校、家庭、社会“三位一体”的中小学德育工作体系。一是进一步加快全省青少年校外活动场所建设、管理和使用。充分发挥联席会议职能，制定下发了《陕西省青少年校外活动中心评估标准》、《陕西省青少年校外活动中心主任联谊会章程》，成立了联谊会并召开了第一次全体会议。落实了全省青少年校外活动中心骨干教师培训计划，培训教师 220 名（赴京培训 120 名、省内培训 100 人）。组织全省举办了“童心迎国庆，丹青颂辉煌”书法、绘画、摄影作品展览。二是从 8 月初开始，组织专家，按照国家和省上制定的评估检查验收标准，集中检查评估了全省 10 个市和杨凌示范区的 74 所校外活动中心。三是落实省委集中为未成年人办实事的安排部署，圆满完成省委确定的“加强未成年人思想道德建设”和“加强青少年校外活动场所建设、管理和使用”两件实事。四是积极与省委宣传部、文明办、共青团、妇联、省宋庆龄基金会、关工委协作配合，先后在全省中小学开展了“感恩教育”系列征文活动，全省青少年“辉煌六十年”爱国主义读书教育活动，第五届全省少年儿童书信文化活动，中小学生作文大赛，气象防灾减灾科普知识有奖问答活动，全省第六届青少年文学创作大赛，陕西省第二十四届青少年科技创新大赛，“明天小小科学家”评选活动，全省中小学生作文大奖赛等一系列主题教育活动，共同促进未成年人思想道德教育工作。⑤评优树模工作。一是在上年全省中小学表彰 207 名优秀班主任的基础上，按照《关于开展全省中小学班主任优秀案例征集评选工作的通知》要求，在全省中小学组织开展了中小学班主任优秀案例征集评选工作。编辑出版了《陕西省中小学班主任优秀工作案例选编》，并对获奖的优秀案例进行了通报表彰。二是在全省普通中学集中评选表彰了 406 名省级“三好学生”和 276 名“优秀学生干部”。三是根据教育部《中小学班主任工作规定》，提出了《陕西省教育厅关于贯彻〈中小学班主任工作规定〉的实施意见》，就进一步加强全省中小学班主任队伍建设工作作出了明确规定。四是树立德育工作先进典型。提升泾阳县德育工作经验，在省内外引起反响，12 月 17 日，《中国教育报》头版头条以《做好小事情，养成好品德》为题，专题介绍了泾阳县德育工作的经验。五是坚持德育年报制度。

〔**教育现代化建设**〕 ①陕西省基础教育专网建设。制定并下发了《专网接入实施工作细则》。对专网接入方式、专网接入申报流程、专网培训、高中学校的网络接入都作了详细规划。已完成省教育厅和咸阳、汉中两市专网数据网络中心机房建设，以及专网业务平台的割接工作，在咸阳、汉中、西安开通了 VPN 电路，实现了省教育厅中心机房与三个试点市的专网骨干线路的连通。②对“陕西省教育资源网”进行了全新的改版。在栏目分类、功能设计、访问安全方面都有了显著的改进，栏目设置涵盖各类教育领域，初步建成了 11 个资源库（素材、课件、教案、试题试卷、卫星资源、视频、教育论文、竞赛作品、管理资源、应用软件、图书期刊）。③省教育厅门户网站及电子政务建设。对省教育厅门户网站进行了改版并丰富了网站内容。完成了陕西省留学网、省教育厅新闻中心、陕西省教师教育网、陕西省教研网、陕西省教育督导网、陕西省基础教育财务信息管理系统、陕西普通高中教育教学综合管理系统等处室网站的开发工作。④基础教育资源建设。11 月下旬，召开了陕西省 2010 年春季中小学电教教材选用和审定会议，邀请专家对 1 000 余条电教教材进行了审定，选用适合本省基础教育实际情况的优质电教教材 318 条。制定了《陕西省基础教育资源 2010—2012 年建设规划》。发文面向全省教育机构及省内外相关教育资源开发、出版单位征集优质教育资源。⑤教师教育技术能力培训。年初制定了《陕西省 2009 年度中小学教师教育技术能力培训工作实施方案》。省上完成骨干教师培训1 200人的任务，各市完成主讲教师2 400名的培训任务。举办了陕西省中小学教师教育技术能力建设应用成果评比活动，共评出教师获奖作品97件，其中一等奖15件、二等奖20件、三等奖25件、优秀奖37件。各市、各县（区）进行了《远程教育学科教学应用指导手册》的本土化改造工作。⑥技术支持服务体系建设。市县电教馆（中心）标准化建设任务全面完成。“陕西省农村中小学现代远程教育工程技术支持服务管理系统”于2009年3月正式开通运行，并采取措施确保各学校在设备出现故障时，能及时上报，各级项目办、各中标企业能及时地了解故障情况，及时进行网上指导或现场维修。据统计，各中标企业和县区电教中心解决设备故障解决率为72.8%。

〔**义务教育课改成果展评活动**〕 ①为全面总结全省义务教育课改八年来的成果和经验，深化和提升课改工作水平，从年初就对开展全省基础教育课程改革成果展评活动进行了部署，下发了《关于开展全省义务教育课程改革成果评选活动的通知》。②为切实组织好展评活动，4月，举办全省基础教育课改展评工作研训会议，对各市、县（区）的教育行政部门、教研、电教和教育技术装备部门的200多人进行了培训。③各地对课改展评活动高度重视，在6月至10月分别集中安排进行了各项展评活动。通过展评，推动各地教育部门和中小学校总结基础教育课程改革实施以来取得的成就，发现和树立典型以及形成的新的教学模式，还有名师、名校等，进一步推进了课程改革的实施。④市、县两级的展评活动结束后，市、县将评选的文本类、多媒体类、自制教玩具类、校本课程类四大类别的1 300多件优秀成果，以及39个先进课改工作模式、15个优秀教学法、25套教育教学管理制度、59个科研兴校明星学校和158个课改先进集体和先进个人等报省上参评。⑤12月17日至18日两天，在西安市成功举办了“陕西省基础教育课程改革成果展示暨经验交流会”，省教育厅领导及有关处室和直属单位负责人，各市、县（区）教育局长、分管局长和教研室、电教馆负责人，省内15所高校的专家，新闻媒体的记者等200余人参加了会议。会议总结了全省课程改革工作的主要成效、基本经验，表彰了课改先进集体和个人，以及821件优秀教学成果和213节义务教育新课程优质课。

〔**考试招生制度改革**〕 ①为配合高考高招改革，普通高中开始实行学业水平考试。一是由省考试管理中心和省教育厅技术装备管理中心组织完成了全省普通高中第一次学业水平考试（包括物理、化学、生物、历史、地理的书面考试和物理、化学、生物实验操作考试）。二是由省教科所和省教育厅技术装备管理中心组织专门人员，对学业水平考试的各学科试卷和成绩进行分析，并形成初步分析评价报告。三是按照教育部要求，进一步完善本省的普通高中学业水平考试政策。②中考、中招制度改革的一些难点有所突破。一是为促进初中教育均衡发展，大多数市县逐步落实了把优质高中10%以上的招生指标分配到初中学校的政策。二是各市基本实施了中考成绩以等级制形式呈现，改变了将分数简单相加作为高中录取唯一根据的做法。三是大部分市区将体育成绩按50分加入中考总分，促进了“阳光体育活动”的开展。四是学生综合素质评价已逐步成为中招的标准之一。五是特长生招生制度进一步落实，进一步扩大了学校招生的自主权。

〔**教育督导工作**〕 ①为总结近几年县级党政领导履行教育工作职责督导考核工作，完善县级党政领导抓教育的机制和措施，省委、省政府于10月21日在吴起县召开全省县级党政领导优先发展教育现场会。现场会规模大、规格高，影响大。现场会的召开，进一步深化了全省各级党政领导对教育优先发展战略的认识，夯实了县级党政领导优先发展教育的责任，增强了县级党政领导迎难而上、加快县域教育发展的信心，对推动全省教育事业健康发展具有十分重要的意义。②进一步完善督政工作的三项制度（即县级党政领导履行教育工作职责督导考核制度、义务教育均衡发展评估验收制度和双高普九评估验收制度），并对1个县的义务教育均衡发展进行了过程督导和评估验收；对8个县区的“双高普九”工作进行了过程督导和评估验收；对8个县区的县级党政领导履行教育工作职责情况进行了督导考核。这9个县区在近几年的义务教育均衡发展合格县和“双高普九”县区的创建中，共投入14.2亿元，在过程督导中，共追回不到位的资金2.3亿元，所有这些经费全部用于改善办学条件，加强教师队伍建设，使得这些县区的教育综合实力在“两基”达标后又得到了显著提升。③全面启动“学校发展水平督导评估316工程”（“316工程”即指对中等和中等以下学校、幼儿园进行督导评估，全省每三年一轮，每年督导评估6 000所学校），实现了陕西省的教育督导工作由以督政为主向督政、督学并重转移。“316工程”指标体系分为办学方向、办学经费、办学条件、教师队伍建设、学校管理与教育教学、教育教学质量等6大块内容，涉及学校的内外环境、硬件软件。为推进“316工程”，全年共召开4次工作会议。2009年，全省共完成6 067所学校的评估任务。此项工作得到国家教育督导团高度评价。④开展控辍保学督导检查，努力推进教育公平。针对部分地区出现的义务教育阶段学生流失的情况，在全省范围内开展了控辍保学专项督导检查。在督导检查过程中帮助学校完善学籍管理制度、流失学生劝返制度和辍学报告制度，有效推进了教育公平。

职业教育与成人教育

〔**中等职业教育招生**〕 2009年，教育部下达陕西省中等职业教育招生任务36.55万人，比上年增加3.55万人。在生源较上年减少7.4%的情况下，为确保这一任务的顺利完成，陕西省采取有力措施，狠抓落实，促进了招生任务的完成。一是两次召开中职招生会议，专题安排部署招生工作。二是在下发了《关于做好2009年全省中等职业学校招生工作的通知》后，教育厅与人力资源和社会保障厅等七部门又联合下发了《关于进一步做好中等职业学校招生工作的通知》，提出8项措施强力推动。三是开辟新路，积极拓宽生源渠道，扩大中职招生对象和范围，在最大限度招收应届初高中毕业生，积极动员和组织农村青年、进城务工人员、返乡农民工、下岗失业人员、退役军人等社会适龄青年接受中等职业教育的同时，从2009年起，面向企业，特别是第三产业招收在职员工，采取注册入学、减免学费的办法，有效扩大生源范围。四是大力开展东西部联合招生合作办学。为了充分挖掘招生潜力，2009年3月，由陕西省教育厅承办，在西安市召开了全国中等职业学校联合招生合作办学协作会成立大会暨首届东西部联合招生合作办学洽谈会，陕西省教育厅被推举为全国中等职业学校联合招生合作办学协作会会长单位。五是进一步加强对中职招生工作的宣传报道。在陕西日报、华商报上对省内358所中等职业学校进行公示，省委教育工委与教育厅分管领导参加华商报等省内主要媒体的中职宣传栏目，亲自解读国家和陕西省关于大力发展职业教育和中职招生政策措施以及中职学生资助政策。六是组织力量分赴有关地市和中等职业学校，对中职招生工作进行督导检查，重点纠正违规招生。2009年全省中等职业学校共招生36.6万人，超额完成教育部下达的任务。到2009年，全省中等职业学校在校生达到85.4万人，占高中阶段在校生数的47.5%，基本实现中等教育阶段普通高中教育与中等职业教育两类教育规模大体相当的目标。

〔**实施“两大”工程**〕 “两大”工程即“人人技能工程”和“一网两工程”。“人人技能工程”实施工作于2009年进入第三年。根据《陕西省职业教育实施“人人技能工程”总体规划（2007—2010年）》要求，省教育厅在《关于做好2009年职成教重点工作的通知》中，对2009年“人人技能工程”培训任务进行了分解，进一步明确和强化了“人人技能工程”实施工作的各项政策措施，并加强对此项工作的检查和指导。2009年全省教育系统“人人技能工程”实施工作总体情况良好，全省共培训未升学初、高中毕业生10.36万人，宁强、旬阳、洛南、米脂、蒲城、岐山、彬县等县的培训规模都在1 000人以上，为陕西新增劳动力学习技能和实现就业创造了条件。同时，积极推进“一网两工程”，努力构建覆盖城乡的职业教育网络，继续加强乡镇示范成人文化技术学校建设。建成省级示范成人文化技术学校101所，开展农村劳动力转移培训和实用技术培训各100万人次，实现了“双百万”的培训目标。

〔**职业教育集团化办学**〕 陕西省以做大做强职业教育、全面提升职业教育综合实力和办学水平为目标，坚持“统筹规划、分类指导、稳步推进”的原则，进一步加大了职业教育资源统筹力度。一是以各市职业教育综合性实训基地建设为抓手，推动市级政府加大统筹力度，建立市级职业教育中心、市级中职师资培训基地、区域性职业教育集团。2009年，有3个市先后组建了市级职业教育中心，汉中市建立了区域职业教育集团。二是以国家级、省级示范性职业院校为龙头，依托行业，新组建成立了陕西装备制造业、交通物流、航空等10个行业性职业教育集团。三是进一步加强县级政府在资源、政策、资金、培训等方面的统筹。通过总结商洛市洛南县的经验，不断打破行业、部门界限，将县域内的教师进修学校、农广校等职业教育资源统一纳入职教中心管理，增强了职教中心的办学实力。白河、商南、彬县、南郑等县整合职教资源成效都很显著。

〔**全国职业院校技能大赛**〕 ①陕西省通过认真准备，精心组织，加大赛前训练，组成130余人的职业教育代表团，参加了在天津举办的2009年全国职业院校技能大赛。陕西中职组在8大类专业31个项目比赛中，共获得一等奖3个、二等奖12个、三等奖24个，团体总分居全国第13位，比2008年提升3个位次。②12月中旬，省教育厅和省人力资源和社会保障厅成功举办了2009年中等职业学校技能大赛，全省163所中职学校的1 303名选手参加了10个专业38个项目的竞赛，成为陕西省历史上规模最大、项目最多、规格最高的一次技能比赛。③陕西省建立并已形成“全国有大赛，层层有比赛，校校有选拔”的竞赛机制，通过技能大赛活动的深入开展，提升了陕西省职业教育整体办学水平，扩大了职业教育的社会影响。

〔**成人继续教育和社区教育工作**〕 2009年，陕西省进一步加强成人继续教育和社区教育工作。一是确定西安电子科技大学等12个单位为全省第三批成人继续教育、社区教育培训基地，全省成人继续教育、社区教育基地至此建成31个，提前完成“十一五”目标任务。二是确定西安市未央区和宝鸡市渭滨区为省级社区教育实验区，使全省省级社区教育实验区达到16个，其中有国家级社区教育实验区3个、国家级社区教育示范区1个。三是评选和表彰了57个优秀成人教育培训机构。同时，召开优秀成人教育培训机构经验交流会，并推荐6家单位参加全国优秀成人教育培训机构评选。四是做好培训工作。据统计，2009年各成人继续教育和社区教育基地的培训总量达到11.3万人次；参加职工教育企业职工905 853人，占全省企业职工总数的42.3%。

高等教育

〔**高校党建**〕 ①开展学习实践科学发展观活动。3月18日开始，到9月15日基本结束，历时半年时间，经历了学习调研、分析检查、整改落实三个阶段，涉及学校53所、基层党组织3 667个、党员 99 276 人。全省高校在学习调研阶段，举办各类培训班、研讨会 4 765 次，培训人员 22.1 万人次；在分析检查阶段，累计发放问卷调查表 7.51 万份，收集意见建议 3.42 万条，形成调研报告 1 451 份，完成省级调研课题 131 项；在整改落实阶段，召开民主生活会 1 148 次，解决了一大批制约和影响学校科学发展的突出问题。②按照中组部和省委组织部的统一部署，继续组织高校开展“结对帮扶、传递爱心”活动，帮助汉中、安康、宝鸡等 3 市、30 个地震受灾村恢复重建。在这项工作中，有关高校共抽调专职人员 49 人，驻村时间长达 9 个多月，所承担的 30 个村级活动场所建设任务全面完成。共计新建场所 24 个，面积 6 648.4平方米；维修场所 7 个，面积 2 745 平方米。投入资金、物品折合人民币 662.85 万元，做到了人员、资金、项目落实“三到位”。③探索加强和改进民办高校党建工作的机制体制。按照教育工委的要求，多数民办高校加快了内设机构、干部任用、人事制度、分配制度等方面工作的改革步伐，调整和理顺了二级学院的管理体制，建立和完善了干部考核任免机制，推行了竞聘上岗制度，并在教职工收入分配等方面进行了有益探索。一些学校积极推行校级党政领导班子成员“双向进入、交叉任职”，在二级学院建立了党总支，在系部建立了党支部，在班级建立了党小组，并配备了专职党总支书记和总支秘书等，进一步增强了民办高校基层党组织的凝聚力、战斗力。④按照“坚持标准、保证质量，改善结构、慎重发展”的方针，以解决青年教师党员比例偏低和大学生入党动机多样化的问题为重点，进一步规范发展程序、加强教育培训，着力提高党员发展质量。截至 2009 年 6 月底，党组织关系隶属教育工委的 54 所高校申请入党的人数达到 318 178 人，上半年共发展党员 34 332 人。其中，发展教职工党员 600 人、学生党员 33 732 人。教职工党员比例达到 47.24%，学生党员比例达到 16.81%。⑤开展“评优树模、评选表彰”活动，省委教育工委于“七一”前夕表彰了 17 个高校先进基层党委、84 个先进基层党组织、127 名优秀党务工作者、284 名优秀共产党员。

〔**高等学校质量工程**〕 陕西省为了进一步引导全省高校加强内涵建设，凝练办学特色，按照“质量第一，特色优先”的原则，全力推进“高等学校质量工程”，大力支持高校加强课程、专业、名师、教材等优质教育教学资源的培育，积极引导高校根据自身优势开展人才培养模式创新，探索实践教学新模式，鼓励高校建立“质量工程”的国家、地方、高校三级建设体系，取得明显成效。2009 年，全省新立项建设国家级精品课程 28 门、教学团队 16 个、实验教学示范中心 8 个，教学名师 2 人，第四批特色专业 31 个，人才培养模式创新实验区 5 个，第五批特色专业 1 个，国家级双语示范课程 7 门。同时，培育建设了省级特色专业 51 个、精品课程 103 门、教学团队 54 个、实验教学示范中心 30 个，教学名师 52 名、人才培养模式创新实验区 55 个、优秀教材 89 部。通过以上项目的培育和建设，有力推动了高等教育教学质量和高校办学实力的整体提高。

〔**教学成果奖评选**〕 为把具有代表性的高水平教学成果选拔出来，确保获取的教育部国家级教学成果奖在全国的领先地位，陕西狠抓了三方面工作。一是由教育厅领导亲自带队，开展了对西安交通大学等 7 所高校申报国家级教学成果奖准备情况的调研工作。二是根据省政府办公厅《关于设立陕西省普通高校优秀教学成果奖的通知》精神，省教育厅与省人力资源和社会保障厅联合组织专家，对 2009 年全省申报的 308 项教学成果进行了严格审核，评选出省级教学成果奖 157 项。三是选拔推荐 80 项教学成果参加第六届国家级教学成果奖的评选，最终获奖 38 项，获奖数量全国排名第 5 位；其中普通本科院校获奖 37 项，居全国本科院校获奖数量第 3 位。本年度有 7 所省属本科院校首次实现国家级教学成果奖零的突破，显示了省属高等学校的教学水平和教学质量得到明显提升。

〔**高校专业建设与管理**〕 在专业建设方面，陕西在 2009 年主要抓了三项工作，以加快紧缺人才培养，为全省高校专业优化、调整作准备。一是根据当前陕西经济社会发展需要，结合高校发展实际，对全省高校艺术类、管理类、医疗卫生类等相关专业设置情况进行了调研，为全省高等教育专业结构调整和建立以就业为导向的专业设置预警机制提供了依据。二是根据省委、省政府要求，实施《陕西太阳能光伏和半导体人才培养计划》、《陕西医疗卫生人才培养计划》、《陕西能源化工人才培养工作计划》，在西安交通大学、西北大学、陕西工业职业技术学院等高校建立了相关专业人才培养基地。三是不断加大专业结构调整力度，优化人才培养结构。引导高校培育优势明显、特色鲜明的专业，并积极与用人单位联系，及时设置新专业、调整专业方向，培养社会急需的专门人才。2009 年，全省共有 68 所高校申报了 263 个新增专业，新批准了 157 个。同时，根据调研的情况，撤销了 4 所高校的 9 个专业。

〔**高水平大学和重点学科建设**〕 ①2009 年，高水平大学和重点学科建设工程进展顺利，西安交通大学等 3 所高校，完成了“985 工程”二期建设的总结和学校验收工作，共获得国家“985 工程”二期建设投资 11.25 亿。西北大学等 8 所高校，全面启动了“211 工程”三期建设，共设立建设项目 93 个，其中重点学科项目 77 个。三期建设中央专项计划总投入 6.31 亿元，2009 年到位资金 1.32 亿元。其中西北大学中央专项 2 525 万元，省政府配套 6 566 万元。“985 工程”二期建设、“211 工程”三期建设均取得很大成绩；新的标志性成果不断产出，创新人才培养和师资队伍建设成效明显，核心竞争力进一步提升，高水平大学建设的进程进一步加快。比如，第四军医大学连续两年获国家科技进步一等奖各 1 项；西安电子科技大学 2 个项目、西北农林科技大学的 1 个项目获国家科技进步二等奖；2009 年陕西 211 高校，新增院士 2 名，入选长江学者岗位教授 14 名，入选国务院学位委员会学科评议组成员共 48 名。②开展了陕西省高校重点学科专项资金建设项目的年度检查工作。6 月至 10 月，省学位办按照单位自查总结、填报项目绩效考核表、专家评审、进校检查等环节，对 25 所高校 152 个重点学科建设项目的进展、执行、建设情况及 2010 年项目的资金需求情况等进行了全面检查，并提出了 2009—2010 年度项目经费划拨方案。年度检查情况显示，2008—2009 年度省重点学科建设专项资金吸引了社会、学校资金投入共 7 939 万元，促进了学科基础平台建设、高水平人才团队建设，在科学研究能力与水平以及创新人才培养和国际交流等方面均取得较大成效，省属高校的核心竞争力正在逐步增强。③实施陕西省普通高校哲学社会科学特色学科建设计划。在调查研究和专家论证的基础上，制定并印发了《省高校哲学社会科学学科特色学科建设项目管理暂行办法》，开展了省高校哲学社会科学学科特色学科建设项目的申报和评审立项工作。到 11 月，共在 16 所省属高校设立 32 个省高校哲学社会科学学科特色学科建设项目，下达项目建设资金 400 万元。

〔**科研科技项目工作**〕 2009 年陕西省继续实施项目带动战略，积极组织各级各类项目申报工作。使高校申报的项目数量和质量有了较大突破，承担国家和地方高层次、重大、重点项目数明显增加，实现了多个国家级项目“零的突破”。①教育厅 2009 年度科研计划申请项目的评审工作共受理 31 个申报学校 1 725 项各类科研计划申请项目，较上年的 1 126 项增加近 600 项。按照鼓励创新、突出重点的原则，主要资助了一批具有显著创新性和产业化前景、能为陕西省地方经济建设与社会发展服务的科学和技术研究项目，共资助科研计划专项 845 项，重点实验室科研项目 106 项，高校哲学社会科学重点研究基地科研项目 46 项，产业化中试项目 20 项，2008 年产业化培育续接项目 18 项。科研经费支持比上一年度增加了 53%，有了大幅度提高。立项中产业化培育（中试）项目评审首次全部引入企业科技人员参与评审，使立项项目与企业的实际需求紧密结合，有利于产学研合作和成果转化。②高校申报省“13115”科技创新工程重大科技专项计划项目 40 项，获准立项 39 项，立项率达到了 97.5%；申报专利产业化孵化计划项目 7 项；申报省重大科技创新专项资金项目 15 项，获准立项 12 项。另外，依托高校建设的 5 个研究院获得 10 项；获准立项省科学研究与发展计划项目 420 项。③全省高校申报教育部 2009 年度人文社会科学研究项目获准立项80项；申报教育部哲学社会科学研究后期资助项目3项；申报教育部2010年科学技术研究重点项目9项。

〔**高校毕业生就业工作**〕 截至2009年10月底，全省高校毕业生总体平均签约率为81.47%，其中本科生签约率为84.58%、高职高专生签约率为77.65%、研究生签约率为85.62%。①召开全省普通高校毕业生就业工作会议，全面安排了2009年普通高校毕业生就业工作。下发了《关于切实做好2009年普通高校毕业生就业工作的意见》，提出了促进高校毕业生充分就业的有关政策和措施。②省教育厅下发有关文件，对大学生就业指导课程列入教学计划，建立就业指导教研室，加强就业指导教师队伍建设，认真编写就业指导教材等提出了明确要求，各高校根据要求已把就业指导课列入必修课或选修课。③全方位做好高校毕业生就业服务工作。一是在促进毕业生就业工作服务的重心上实现了“三个转移”：从侧重全面推动就业工作转移到更加重视解决重点、难点问题；从侧重改善教育外部就业制度环境转移到更加重视教育内涵建设；从侧重政策管理转移到更加注重就业指导服务。二是进一步完善了就业信息网，开发并启动了“大学生就业公共服务立体化平台”。组织高校参加了由教育部等国家有关部门和省上有关部门组织的30场网上招聘活动，取得了显著的成效。三是创新了招聘会的形式，加强了招聘会的场所建设，提高了招聘会的质量，先后为2009届高校毕业生举办了45场规模较大的分科类、滚动式毕业生就业招聘会，为毕业生提供了30万个就业岗位。④落实高校毕业生下基层项目，“农村基层人才队伍振兴计划”招录近7 000名毕业生，“选聘高校毕业生到村任职计划招聘3 000名，“选调生计划”招聘350名，“大学生志愿服务西部计划”招录1 000名，高校毕业生下基层的规模和数量较上年有较大的增加。⑤广泛宣传国家、省两级有关自主创业的各项扶持政策，引导毕业生自主创业。各高校分发《国家促进普通高校毕业生就业政策百问》18.87万册；陕西省和西安市分别设立5 000万高校毕业生创业基金；加大创业培训力度，2009年西安市大学生自主创业培训班的350名学员已结业。⑥对西安理工大学、西安建筑科技大学等13所高校毕业生就业工作情况进行了实地调研。调研组认真分析和研究了高校毕业生就业工作的现状与存在的主要问题，提出了今后应采取的对策和建议。⑦高校毕业生入伍预征是一项新举措，全省高校共有2 825名高校应届毕业生报名入伍预征。⑧做好普通高校毕业生就业见习工作，完成了2009年省政府给教育厅下达的6 000名高校毕业生就业见习任务。

撰稿 魏天纬 刘伟宾
审稿 曹普选

甘肃省教育

概　　况

〔基本情况〕

2009 年各级各类学校校数、教职工、专任教师情况

	学校数（所）	教职工数（人）	专任教师数（人）
一、高等教育			
（一）研究生培养机构（不计校数）	(17)		
1. 普通高校	(9)		
2. 科研机构	(8)		
（二）普通高等学校	39	31 576	19 629
1. 本科院校	19	23 272	13 758
其中：独立学院	5	2 468	1 712
2. 高职（专科）院校	20	8 304	5 871
3. 其他机构（点）（不计校数）			
（三）成人高等学校	10	1 494	984
（四）民办的其他高等教育机构	30	476	225
二、中等教育	2 495	153 039	134 646
（一）高中阶段教育	840	152 737	53 917
1. 高中	465	128 801	36 610
普通高中	463	128 635	36 450
成人高中	2	166	160
2. 中等职业教育	375	23 936	17 307
普通中专	139	12 904	9 116
成人中专	37	1 570	827
职业高中	121	5 194	4 389
技工学校	78	4 205	2 928
其他机构（教学点）（不计校数）	(20)	63	47

续表

	学校数（所）	教职工数（人）	专任教师数（人）
（二）初中阶段教育	1 655	302	80 729
1. 普通初中	1 618		80 433
2. 职业初中	7	9	7
3. 成人初中	30	293	289
三、初等教育	18 404	157 916	146 191
（一）普通小学	12 637	144 144	139 966
（二）成人小学	5 767	13 772	6 225
其中：扫盲班	5 005	10 670	3 544
四、工读学校			
五、特殊教育	16	477	380
六、学前教育	2 452	18 156	12 365

注：普通高中的教职工数中包含普通初中的教职工数。

2009 年各级各类学历教育学生情况

	毕业生数（人）	招生数（人）	在校生数（人）
一、高等教育			
（一）研究生	6 122	8 463	23 469
博　士	663	887	3 153
硕　士	5 459	7 576	20 316
（二）普通本专科	84 082	109 452	361 490
本　科	39 628	62 493	219 103
专　科	44 454	46 959	142 387
（三）成人本专科	26 120	30 263	89 601
本　科	12 942	12 227	38 522
专　科	13 178	18 036	51 079
（四）其他各类高等学历教育			
1. 在职人员攻读博士、硕士学位		1 158	4 461
2. 网络本专科生	1 753	8 263	17 026
本　科	1 367	4 660	11 988
专　科	386	3 603	5 038
3. 其他			
二、中等教育	763 056	869 502	2 460 623
（一）高中阶段教育	291 272	387 169	1 043 058
1. 高中	194 609	216 982	632 120
普通高中	192 269	216 982	630 654
成人高中	2 340		1 466

续表

	毕业生数（人）	招生数（人）	在校生数（人）
2. 中等职业教育	96 663	170 187	410 938
普通中专	51 817	76 039	196 608
成人中专	3 872	9 592	19 787
职业高中	28 425	55 850	123 483
技工学校	12 549	28 706	71 060
（二）初中阶段教育	471 784	482 333	1 417 565
1. 普通初中	463 372	482 318	1 410 974
2. 职业初中	15	15	45
3. 成人初中	8 397		6 546
三、初等教育	872 983	372 767	2 940 923
（一）普通小学	492 700	372 767	2 525 962
（二）成人小学	380 283		414 961
其中：扫盲班	223 103		257 634
四、工读学校			
五、特殊教育	1 965	1 954	13 687
六、学前教育	140 262	214 315	358 748

注：特殊教育学生数中包括普通中小学随班就读的学生。

2009年各级各类非学历教育学生情况

	结业生数（人）	注册生数（人）
总　计	1 124 043	957 241
一、高等教育	163 756	41 898
（一）研究生课程进修班	529	643
（二）自考助学班	3 640	9 868
（三）普通预科生		1 691
（四）进修及培训	159 587	29 696
其中：资格证书培训	45 248	9 308
岗位证书培训	45 771	6 956
二、中等职业教育	960 287	915 343
其中：资格证书培训	76 397	46 754
岗位证书培训	105 350	88 491
（一）中等职业学校	149 376	74 323
其中：资格证书培训	33 328	15 523
岗位证书培训	40 257	16 876
（二）职业技术培训机构	810 911	841 020
其中：资格证书培训	43 069	31 231
岗位证书培训	65 093	71 615

2009 年各级各类民办教育基本情况

	学校数（所）	毕业生数（人）	招生数（人）	在校生数（人）	教职工数（人）	专任教师数（人）
一、民办高等教育						
（一）民办高校	6	9 605	14 224	43 672	2 912	2 057
本科学生		5 242	10 910	34 722		
专科学生		4 363	3 314	8 950		
其中：独立学院	5	7 788	10 910	35 807	2 468	1 712
本科学生		5 242	10 910	34 722		
专科学生		2 546		1 085		
（二）民办其他高等教育机构	30				476	225
二、民办中等教育						
（一）高中阶段教育	84	12 947	25 969	63 223	4 239	3 116
1. 民办普通高中	52	10 642	13 305	34 382	2 898	2 199
2. 民办中等职业教育	32	2 305	12 664	28 841	1 341	917
（二）初中阶段教育	16	2 755	3 201	10 771		
1. 民办普通初中	16	2 755	3 201	10 771		
2. 民办职业初中						
三、民办普通小学	15	1 248	1 224	7 193	582	454
四、民办幼儿园	1 109	40 371	64 159	125 627	6 961	4 301
另有：民办培训机构（不计校数）	（443）				4 087	2 905

注：民办普通高中的教职工数包含民办普通初中的教职工数。

〔**年度工作思路**〕 2009 年，全省教育工作的总体思路是：认真贯彻党的十七大和十七届三中全会精神，以邓小平理论和“三个代表”重要思想为指导，深入贯彻落实科学发展观，全面贯彻落实党的教育方针和省委、省政府的教育工作部署，着力提高教育质量，促进教育公平，办人民满意的教育事业，努力建设西部教育强省。主要工作任务是：深入学习实践科学发展观，加强教育系统自身建设；以推进义务教育均衡发展为重点，推进区域基础教育协调发展；大力发展职业教育，重点加强农村中等职业教育；着力推动高等教育内涵发展，提高高等教育质量和服务能力；加强农村教师队伍建设，全面提高教师素质；全面推进素质教育，进一步把立德树人的任务落到实处；积极推进教育改革开放，提高教育管理水平；解决人民群众关心的教育热点问题，办人民满意的教育。

〔**学习实践科学发展观活动**〕 省教育厅（省高校工委）历时半年的学习实践科学发展观活动全面结束。通过学习实践活动，查找并整改 16 项制约教育事业科学发展的突出问题，形成《关于深化教育体制机制改革创新的意见》以及四个配套制度，群众满意度测评满意率达到 98.3%，比较满意率 1.7%，达到了“党员干部受教育、科学发展上水平、人民群众得实惠”的学习目的。省教育厅（省高校工委）学习实践科学发展观活动结束后，着重抓好高等学校（第二批学习实践单位）、中等职业学校和中小学（第三批学习实践单位）深入学习科学发展观的检查指导工作。通过搭建工作机构，组建工作班子，召开专题会议，制定实施意见，加强督促检查等一系列措施，推动高等学校、中等职业学校和中小学学习实践科学发展观活动展开，甘肃省教育系统和各级各类学校学习实践科学发展观活动的各项任务圆满完成。

〔**教育法制工作**〕《甘肃省职业教育发展条例》正式颁布施行，为甘肃省职业教育再上新台阶、实现新跨越奠定了坚实的基础。结合甘肃省实际起草了《甘肃省语言文字工作条例（草案）》和《甘肃省实施〈义务教育法〉办法（修订草案）》。进一步加强青少年法制教育工作，推动“法律进学校”活动的开展，强化各项教育法律法规的贯彻落实，对全省14个市州青少年法制宣传活动进行了全面检查，成效显著。甘肃省青少年法制教育工作经验作为14个省（区、市）经验之一在全国进行交流。依法行政不断加强，确定保留的行政许可项目14项，非行政许可审批项目2项。不断完善行政执法责任制，研究制定了《教育系统规范行政处罚自由裁量权工作方案》。

〔**规范教育收费工作**〕继续开展创建规范教育收费示范县（区）活动，命名金塔县等8个县（市、区）为第二批“甘肃省规范教育收费示范县（市、区）”。加大教育不规范收费整治力度，严格执行公办普通高中招收择校生“三限”政策，多次对教育收费进行专项检查。大力推行高校招生“阳光工程”，严禁与招生录取挂钩的收费和乱收费行为。坚决制止各种形式的乱收费行为，主动接受社会与媒体监督，通过以“落实‘两免一补’政策，规范教育收费”为主题的“政风行风热线”节目纠正了一批不规范收费行为。

〔**教育审计**〕认真贯彻落实《甘肃省教育系统内部审计工作规定》，加大重点领域审计监督力度，先后对兰州交通大学等高校以及省职教中心等直属单位进行预算执行审计。同时，围绕教育改革与发展重点工作，开展了4次专项审计检查。2009年全省教育系统共完成审计和审计调查项目3 522项，审计资金总额62.5亿元，提出合理化建议571条，促进增收节支7 761万元。评选表彰“甘肃省教育系统内部审计先进单位”3个，“甘肃省教育系统内部审计先进集体”6个，“甘肃省教育系统内部审计先进工作者”17名。

〔**教育督导**〕制定了《甘肃省县级人民政府教育工作督导评估实施办法》及方案，进一步规范县级政府教育工作督导评估的内容、程序。积极开展县级政府教育工作督导评估，督促县级政府教育职责的落实。开展了新一轮中小学综合督导评估工作，对甘肃省中小学布局结构调整、农村寄宿制初中建设工程等进行调研督导。推动义务教育监测评估工作，研制修订监测软件、教材，对32个试点县的监测工作进行了跟进指导。开展职业教育专项督导调研和义务教育质量监测试点、义务教育均衡发展试点工作。

〔**学校体育、艺术工作**〕精心筹备甘肃省第一届中学生运动会。本届运动会得到省委、省政府高度重视，升格为由省政府主办的省级学生体育运动赛事。围绕庆祝新中国60华诞，在教育系统广泛开展“祖国万岁”歌咏活动。在中央文明办、教育部举办的“祖国万岁”歌咏比赛中，兰州十四中荣获中学组第一名，省教育厅等43个单位荣获“优秀组织奖”。组织开展“向祖国致敬”全省庆祝新中国成立60周年大学生文艺汇演，省委书记陆浩、省长徐守盛等领导现场观看了汇报演出。全年各级各类学校组织庆祝活动1万多场次。推动高雅艺术进校园，累计组织专场演出14场次。在第二届全国大学生艺术展演活动和全省第六届敦煌艺术奖、文艺突出贡献奖评选中，甘肃省高校40余件作品获奖。国防教育深入开展，邀请省委常委、省军区政委刘巨魁少将先后在9所高校进行国防教育知识讲座。全省12所高校统一编入预备役师。

〔**教育国际合作与交流**〕组织地震灾区110名师生赴俄疗养，组织40余名高中学生赴日本进行文化交流，产生良好社会影响，得到国家领导人的充分肯定。继续做好留学生工作，58名高中毕业生和10名初中生分赴古巴、新加坡留学；西北师范大学等3所高校2009年招收144名中国政府奖学金来华留学生和134名孔子学院奖学金来华留学生，至此在甘肃学习的各类来华留学人员接近600人。进一步加强汉语国际推广工作，甘肃省已有5名国家公派对外汉语教师、40名对外汉语教学志愿者和4名孔子学院汉语教师被选派到国外，西北师范大学与摩尔多瓦国立自由大学和苏丹喀土穆大学合作设立的孔子学院分别挂牌成立。在甘长期外籍语言教师和专家数量持续增加，达到172人。

〔**语言文字工作**〕 平凉、嘉峪关、酒泉、张掖4个国家二类城市顺利通过省级语言文字评估验收。至此，全省13个二类城市中有9个已经通过评估，达标率69.2%。语言文字规范化示范校创建活动扎实推进，建成国家级示范校12所、省级示范校36所。普通话测试工作进入新阶段，张掖等4个城市和西北师范大学等3所高校的普通话水平计算机智能测试站先后建成并投入使用。总结推广庆阳市开展中华经典诵读工作的成功经验和做法，开展了以庆祝新中国成立60周年为主题的中华诵·2009经典诵读大赛活动。

〔**民族教育**〕 积极推进“双语”教育，召开了甘肃省少数民族“双语”教育工作座谈会，全面开展“双语”教育调研和“双语”教师培训工作。深入藏区开展专题调研，形成了《甘肃藏区教育事业发展行动实施方案》，设计了藏区义务教育办学水平和教育质量提升等5个工程项目。落实省委、省政府《关于进一步加强藏区工作的若干意见》，积极争取少数民族教育项目，落实项目资金500万元，全部用于改善藏区学校办学条件。重视民族团结教育和民族地区人才培养工作，开展了以“关注散杂居少数民族发展进步”为主题的民族团结进步宣传月活动，牵头制定了《甘肃省贯彻落实〈学校民族团结教育指导纲要〉的实施意见》。协调有关省、区完成2009年度面向民族地区的对等招生和省内民族高中班招生工作。

〔**教育工程项目建设**〕 启动实施中小学校舍安全工程，成立了由省委常委、常务副省长冯健身任组长、副省长郝远任副组长的中小学校舍安全工程领导小组，制定了《甘肃省中小学校舍安全工程实施方案》，完成了中小学校舍安全排查鉴定工作，共安排项目学校309所，投入资金5.5亿元，规划建筑面积45.3万平方米。安排农村初中校舍改造工程中央预算内投资2.5亿元，项目123个，建筑面积18.85万平方米，已完成项目50个，完工面积6.17万平方米。顺利实施全省农村寄宿制初中建设和义务教育阶段中小学危房改造工程，农村寄宿制初中建设项目资金2.3亿元，项目学校57所；中小学危房改造投入2.34亿元，安排项目学校109所，共排除中小学危房105.35万平方米，农村初中寄宿生比去年增加14.09万人。新农村卫生新校园建设工程在42个县109所项目学校投入资金3 000万元；第二十二批邵逸夫赠款400万港币和邵氏基金“5·12”地震赈灾项目2 500万元港币共安排项目学校14所；王永庆先生捐款明德小学项目1 575万元，安排项目学校35所。

〔**教育系统灾后重建**〕 召开灾后恢复重建现场会，确定文县等8个重灾县区学校布局结构调整规划。稳步推进受灾学校灾后重建工作，已到位资金14.83亿元，已落实来源的资金32.29亿元。规划重建学校847所，重建建筑面积249万平方米，维修加固校舍41万平方米，规划投资46.02亿元。截至2009年年底，已开工学校551所，开工建筑面积140.05万平方米，其中在建322所，竣工229所，竣工面积58.07万平方米。启动联合国儿童基金会——教育部甘肃省西和县“重建更美好”援助项目，受益资金达2 600多万元。认真总结抗震救灾经验，大力弘扬抗震救灾精神，组织编撰了《甘肃省教育系统抗震救灾志》等文献资料。

〔**学校安全稳定和周边环境治理工作**〕 全面贯彻落实“稳定压倒一切”的要求，不断强化各项维稳措施，在重大敏感节庆期间组织人员进驻有关市州和高校指导维稳工作，实行领导带班和24小时值班制度以及每天“零报告”制度，确保教育系统稳定大局。认真贯彻落实中央和省上关于甲型H1N1流感防控工作的精神和要求，全力防控甲型流感，认真落实晨检制度和报告制度，加强对全省各级各类学校甲型H1N1流感防控工作的检查监督，广泛开展卫生知识和疾病防治知识教育，完善学校卫生疫情的监测和防控机制，47万多名学生注射了甲型H1N1流感疫苗，有力控制甲流在教育系统的蔓延。针对广大师生员工反映强烈的突出问题，协调多个部门深入开展校园及周边治安专项整治行动，各级各类学校的周边治安环境得到明显改善，一大批难整治、易反复的问题得到较好解决。定期开展矛盾纠纷排查化解活动，通过厅领导定期接访、包案督办、干部下访等活动实行分类化解，将一大批矛盾纠纷化解在基层、化解在萌芽状态。

〔**学生资助工作**〕 落实省委、省政府中等职业学校2009年新招学生减免学费政策，共为16.74万名学生减免学费4 196.7万元。与省扶贫办联合，利用扶贫资金积极开展贫困地区“两后生”培训工作，落实培训资金6 141.15万元，培训“两后生”30 951人。切实做好中等职业学校家庭经济困难学生资助工作，共为46.2万名中等职业学校家庭经济困难学生发放国家助学金3.3亿元。大力推进生源地信用助学贷款，86个县级学生资助管理中心与6.5万余名家庭经济困难学生签订了贷款合同，实际发放贷款8.5万人，发放金额4.15亿元。全年共向37所高校的9.41万人发放国家奖助学金1.33亿元，对43个国扶县和少数民族自治县中小学家庭经济困难学生8 579人发放助学金183.22万元。

基础教育

〔**“两基”工作**〕 省政府和省教育厅分别召开了“两基”攻坚工作会议和“两基”攻坚现场推进会，推动“两基”攻坚，巩固“两基”成果，宕昌县顺利通过“两基”达标验收，如期完成“两基”攻坚任务，使甘肃省实现“两基”的县（市、区）达到83个，人口覆盖率达到97.93%。以“两基”迎“国检”为契机，深入开展“两基”工作“回头看”，广河县“两基”复查通过教育部审定。召开全省扫盲工作会议，与各市州政府签订了责任书，确定了三年扫盲工作目标，扫盲教材正式出版并在5个县开始实验。

〔**普通高中教育**〕 积极做好普通高中课程改革工作。成立了以副省长郝远为组长的甘肃省普通高中新课程实验工作领导小组，组建了甘肃省普通高中新课程实验教材选用委员会学科专家库，制定了《甘肃省普通高中新课程实验教材选用规程（试行）》，确定兰州一中等50所普通高中为甘肃省高中课程实验样本校，为2010年正式启动普通高中课程改革工作奠定了良好的工作基础。加强省级示范性普通高中管理，对6所第三批省级示范性普通高中进行了督导复评。积极推进研究性学习在普通高中的有效开展，广泛开展普通高中学生研究性学习优秀案例评选活动，共评选一等奖14项，二等奖24项，三等奖30项。

〔**特殊教育**〕 贯彻落实第四次全国特殊教育工作会议精神，研究制定了《关于进一步加快甘肃省特殊教育发展的意见》。推动特殊教育事业健康快速发展，争取国家特教项目10个，总投资4 546万元，计划总建筑面积3.37万平方米。组织开展全省特殊教育工作先进单位和先进个人评选表彰活动，兰州市教育局等30个单位获得“甘肃省特殊教育先进单位”称号，牛玉彪等74人获得“甘肃省特殊教育先进个人”称号。承办西部地区特殊教育学校校长培训班，甘肃、陕西、青海、宁夏四省区特教学校的校长、教师共120人参加了培训。

〔**幼儿教育与留守儿童教育工作**〕 组织开展省级示范性幼儿园评估工作，命名金昌市幼儿园、武威市凉州区第一幼儿园、兰州市实验幼儿园、景泰县幼儿园、兰化东苑小区幼儿园、酒泉市第一幼儿园、张掖市幼儿园等7所幼儿园为省级示范性幼儿园。高度重视并切实做好留守儿童教育工作。与省妇联合作，组织实施“留守儿童之家”建设项目。该项目总投资 2 452 万元，计划在全省建设1 226所留守儿童之家，实行留守儿童之家建设覆盖所有乡镇。

〔**中小学德育**〕 围绕庆祝新中国成立 60 周年，举办以“我爱我的祖国”为主题的全省少年儿童“六一”庆祝活动。同时，从 2009 年起省委省政府将“六一”儿童节纳入地方政府重大节庆活动，建立了庆祝“六一”主题活动的长效机制。广泛开展以“了解新中国建立历程”、“感受祖国变化”、“我为祖国服务”为内容的中小学弘扬和培育民族精神月活动，效果明显。落实“品德教育工程”，实施中小学生“心理健康课程培训、研究与推广”项目和“心理健康教育试点基地建设与咨询”项目，确定 28 项心理健康课题为省级立项专项课题，重点支持 30 所学校建设心理咨询（辅导）室。青少年学生校外活动场所建设取得长足进展，新增 8 个县区青少年学生校外活动场所建设项目，基本实现了国家彩票公益金扶持建设青少年学生校外活动场所覆盖到县（市、区），覆盖率达 96%。

〔**中小学教师队伍建设**〕 积极推进农村义务教育阶段学校教师特设岗位计划，公开招聘录取4 000余名高校毕业生到 46 个县以下农村学校任教，妥善安置首批服务期满的 593 名特岗教师扎根基层从事农村教育事业。省委、省政府出台政策，从普通高校毕业生中为农村中小学选拔教师 5 000 名。落实省属师范院校本科毕业生到农村中小学任教以奖代补政策，确定符合以奖代补政策的毕业生 979 人。启动义务教育阶段学校实施绩效工资工作，省政府制定了《甘肃省义务教育学校绩效工资实施意见》，省教育厅、人力资源和社会保障厅、财政厅联合制定了《甘肃省义务教育学校及教职工绩效考核办法（试行）》，14 个市（州），86 个县（区）的 11.2 万名义务教育阶段教职工全部兑现绩效工资中 70% 的基础性部分。大力开展教师培训工作，培训省级中小学骨干教师 400 余人次，培训普通高中教师 4 400 名，依托中小学教师教育技术能力建设项目培训中小学教师 1.6 万名。

〔**农村义务教育经费保障机制改革**〕 农村义务教育经费保障机制改革工作自 2006 年正式实施以来，到 2009 年新机制基本完善，其中农村义务教育阶段学校公用经费达到了中央基准定额，即小学 300 元/生·年、初中 500 元/生·年，中央财政和省级财政共下达公用经费 13.54 亿元；中央财政安排农村中小学取暖补助 3.06 亿元。家庭经济困难寄宿生生活费补助标准提高到小学 500 元/生·年、初中 750 元/生·年，寄宿生生活补助资金 4.64 亿元；农村义务教育阶段学校在校生全部享受免费教科书，用于免费教科书的资金达 3.83 亿元。进一步完善城市义务教育经费保障机制，会同省财政厅制定印发了城市义务教育阶段学校公用经费基本标准，对在财政预算内足额落实城市义务教育阶段学校公用经费基本标准的市、区进行奖励性补助，下达奖励性补助资金 3 675 万元。

职业教育

〔**管理体制改革**〕 积极稳妥地推进职业教育管理体制改革工作，省工商行政管理学校、财贸学校、广播电视学校、经济贸易学校、水利水电学校、艺术设计学校、经济学校、理工中等专业学校、庆阳林业学校 9 所中等职业学校和甘肃林业职业技术学院、交通职业技术学校、工业职业技术学院、建筑职业技术学院、畜牧工程职业技术学院 5 所高等职业院校正式整体移交省教育厅管理。成功组建了甘肃省“两后生”职教集团和机电职教集团，为推动全省中等职业教育规模化、集约化发展奠定了坚实基础。为加快各地中等职业教育资源整合速度，提升中等职业学校办学层次，提高校均办学规模和办学质量，降低学校办学成本，对办学规模在1 000人以上，被评为市级重点或是县级骨干职业学校的15所职业高中（职教中心）提前破格改制为职业中专。

〔**实训基地建设**〕 2009年，国家发改委安排甘肃省职业教育国债项目21个，共投入资金6 500万元，重点支持21所中等职业学校改善基础办学条件。财政部和教育部实施的中央财政支持的职业教育实训基地建设项目投入1 540万元，甘肃省地方和学校配套1 000万元，重点支持平凉信息工程学校数控技术专业、庆阳理工中专综合机械化采煤专业等9所职业学校9个专业的实训基地建设。省级财政职教专项资金重点支持了23所中等职业学校的实训基地建设，项目资金总额为2 129万元，其中省级安排1 550万元，地方和学校配套579万元，主要用于电工电子、汽车维修、机械加工等专业的实训基地建设。

〔**师资培训**〕 2009年，教育部下达甘肃省国家级培训资金172万元，155名骨干教师参加了培训；下达甘肃省特聘教师资金40万元，为38所职业学校招聘专业课教师40人。省级骨干教师培训工作深入开展，省级财政安排资金220万元，共完成了14个专业470名职业学校骨干教师和80名学校管理干部的培训工作。深圳职业技术学院无偿为甘肃省跟班培训骨干教师10人。

〔**职业技能大赛**〕 积极参加全国中等职业学校技能大赛，甘肃省52名学生参加了8个项目的比赛，获二等奖1个、三等奖5个、优秀奖27个，是甘肃省参加全国技能大赛以来取得的最好成绩。与省人力资源和社会保障厅在兰州市和天水市共同举办2009年甘肃省中等职业学校技能大赛，经专家组严格评审，61名学生获得一等奖、123名学生获得二等奖、189名学生获得三等奖、141人获得优秀教师指导奖；共评选出团体一等奖9个、二等奖17个、三等奖33个，优秀组织奖8个。为表彰先进，树立榜样，促进学生技能水平提高，省教育厅对参加国家技能大赛和省级技能大赛的获奖选手进行表彰奖励。

高 等 教 育

〔**高校党建与大学生思想政治教育**〕 召开了第十七次全省高校党建工作会议，研究部署了加强高校党的建设特别是在少数民族大学生中发展党员工作，制定了《关于加强和改进高校发展少数民族学生党员的意见》。进一步加强和改进大学生思想政治教育，全面总结回顾了中央16号文件实施五年以来甘肃省大学生思想政治教育工作。积极推进高校思想政治理论课建设，累计培训思政课教师和心理辅导教师300余人次，正式成立了“甘肃省高校思想政治理论课教学研究会”，组织编撰了全省高校大学生形势与政策教学教材，甘肃省高校拥有了具有甘肃特色的专门教材。加强高校辅导员队伍建设，通过“请进来”专题学习，“走出去”调研考察等多种培训形式，累计培训各类学生工作者430余人次。

〔**管理体制改革**〕 深化高等教育管理体制改革，优化布局结构和资源配置，西北师范大学实现“省部共建”，教育部将对西北师范大学的改革、建设、发展等给予更多的关注和支持。合作民族师范高等专科学校升本为甘肃民族师范学院，甘肃机械电子职工大学改制为甘肃机电职业技术学院。

〔**学科专业建设**〕 召开2009年大学校长咨询

会，研究安排了高等学校专业结构布局调整工作。按照“适度控制办学规模，合理调整专业结构，突出省属高校特色，着力提高教育质量”的工作思路，新设或筹建41个专业。确定甘肃中医学院为博士立项建设单位，新增7个博士后科研流动站，增列9类14个专业研究生学位和19个专业为学士学位授权专业，批准兰州城市学院和西北师范大学知行学院、兰州商学院陇桥学院、兰州交通大学博文学院、兰州商学院长青学院、兰州理工大学技术工程学院成立学位评定委员会。

〔**高等教育质量工程**〕 2009年，甘肃省高校共获国家级教学成果奖4项。其中，兰州大学任继周等申报的《草业科学学科设计与人才培养体系建设》成果被评为国家级教学成果特等奖（全国仅2项）。评选出国家级教学名师2名，省级教学名师12名。建成国家级精品课程1门，省级精品课程60门。建成省级实验教学示范中心16个，申报国家级实验教学示范中心6个。建成国家级（省级）特色专业15个；国家级教学团队4个，省级教学团队15个；国家级人才培养模式创新实验区2个；国家级双语教学示范课程2门。

〔**科研工作**〕 高校科研工作取得重大进展，新增“两院”院士3人，新增省部共建教育部重点实验室、教育部工程研究中心和创新团队各1个。至此，甘肃省共建成省部共建教育部重点实验室6个、教育部工程研究中心7个、教育部创新团队4个。西北师范大学王嘉毅主持完成的《西北少数民族基础教育发展现状与对策研究》获得教育部高等学校科学研究优秀成果奖（人文社科）一等奖，实现了甘肃省该类奖项零的突破。同时，高等学校的187项科研成果获省部级以上奖励，其中国家科技进步二等奖和国家自然科学奖二等奖各1项。

〔**教学评估**〕 经教育部批准，制定并实施了新的《甘肃省高等职业院校人才培养工作评估实施细则（试行）》，从2009年起，所有高职高专院校须按新方案进行新一轮评估。受教育部委托，对平凉医学高等专科学校、张掖医学高等专科学校、兰州外语职业学院等3所高职高专院校按新方案进行了人才培养水平评估。

撰稿　焦鹏宁

审稿　白继忠

青海省教育

概　　况

〔基本情况〕

2009 年各级各类学校校数、教职工、专任教师情况

	学校数（所）	教职工数（人）	专任教师数（人）
一、高等教育			
（一）研究生培养机构（不计校数）	(5)		
1. 普通高校	(3)		
2. 科研机构	(2)		
（二）普通高等学校	9	6 418	3 757
1. 本科院校	4	5 147	2 884
其中：独立学院	1	238	191
2. 高职（专科）院校	5	1 271	873
3. 其他机构（点）（不计校数）			
（三）成人高等学校	2	668	428
（四）民办的其他高等教育机构			
二、中等教育	507	28 845	25 132
（一）高中阶段教育	183	28 832	11 335
1. 高中	126	23 587	7 518
普通高中	126	23 587	7 518
成人高中			
2. 中等职业教育	57	5 245	3 817
普通中专	31	2 574	2 011
成人中专	3	460	379
职业高中	5	106	90
技工学校	18	2 105	1 337
其他机构（教学点）（不计校数）	(13)		

续表

	学校数（所）	教职工数（人）	专任教师数（人）
（二）初中阶段教育	324	13	13 797
1. 普通初中	323		13 790
2. 职业初中	1	13	7
3. 成人初中			
三、初等教育	2 047	27 814	26 794
（一）普通小学	2 047	27 814	26 794
（二）成人小学			
其中：扫盲班			
四、工读学校			
五、特殊教育	10	158	130
六、学前教育	466	5 356	3 143

注：普通高中的教职工数中包含普通初中的教职工数。

2009 年各级各类学历教育学生情况

	毕业生数（人）	招生数（人）	在校生数（人）
一、高等教育			
（一）研究生	444	729	1 825
博　士	30	33	94
硕　士	414	696	1 731
（二）普通本专科	10 437	12 605	43 782
本　科	5 537	7 320	26 678
专　科	4 900	5 285	17 104
（三）成人本专科	4 020	5 041	14 232
本　科	2 861	3 148	8 626
专　科	1 159	1 893	5 606
（四）其他各类高等学历教育			
1. 在职人员攻读博士、硕士学位		113	764
2. 网络本专科生			
本　科			
专　科			
3. 其他			
二、中等教育	124 455	157 253	423 589
（一）高中阶段教育	58 743	79 193	208 560
1. 高中	34 396	36 571	107 783
普通高中	34 396	36 571	107 783
成人高中			

续表

	毕业生数（人）	招生数（人）	在校生数（人）
2. 中等职业教育	24 347	42 622	100 777
普通中专	14 227	25 893	60 750
成人中专	2 538	4 375	10 273
职业高中	2 591	1 624	5 352
技工学校	4 991	10 730	24 402
（二）初中阶段教育	65 712	78 060	215 029
1. 普通初中	65 712	77 914	214 883
2. 职业初中		146	146
3. 成人初中			
三、初等教育	78 005	87 157	533 255
（一）普通小学	78 005	87 157	533 255
（二）成人小学			
其中：扫盲班			
四、工读学校			
五、特殊教育	231	466	2 761
六、学前教育	61 720	66 756	101 425

注：特殊教育学生数中包括普通中小学随班就读的学生。

2009 年各级各类非学历教育学生情况

	结业生数（人）	注册生数（人）
总　计	444 685	437 550
一、高等教育	10 091	1 839
（一）研究生课程进修班		
（二）自考助学班	418	802
（三）普通预科生		1 037
（四）进修及培训	9 673	
其中：资格证书培训	3 921	
岗位证书培训	3 180	
二、中等职业教育	434 594	435 711
其中：资格证书培训	8 303	3 673
岗位证书培训	30 405	27 399
（一）中等职业学校	35 197	11 422
其中：资格证书培训	7 628	2 998
岗位证书培训	6 278	635
（二）职业技术培训机构	399 397	424 289
其中：资格证书培训	675	675
岗位证书培训	24 127	26 764

2009 年各级各类民办教育基本情况

	学校数（所）	毕业生数（人）	招生数（人）	在校生数（人）	教职工数（人）	专任教师数（人）
一、民办高等教育						
（一）民办高校	1	388	650	2 299	238	191
本科学生		388	650	2 299		
专科学生						
其中：独立学院	1	388	650	2 299	238	191
本科学生		388	650	2 299		
专科学生						
（二）民办其他高等教育机构						
二、民办中等教育						
（一）高中阶段教育	11	796	1 424	3 894	505	252
1. 民办普通高中	6	576	605	1 855	340	179
2. 民办中等职业教育	5	220	819	2 039	165	73
（二）初中阶段教育	1	278	409	1 143	13	7
1. 民办普通初中		278	263	997		
2. 民办职业初中	1		146	146	13	7
三、民办普通小学	5	219	521	2 033	161	100
四、民办幼儿园	313	13 380	19 759	41 863	3 290	1 880
另有：民办培训机构（不计校数）	(211)				338	36

注：民办普通高中的教职工数包含民办普通初中的教职工数。

〔**年度工作总体思路和重点工作**〕　2009 年青海省教育工作的总体思路是：高举中国特色社会主义伟大旗帜，以邓小平理论和“三个代表”重要思想为指导，深入学习贯彻落实科学发展观，按照青海省委十一届五次全会、青海省十一届人大二次会议和教育部 2009 年度工作会议对教育工作的总体部署，全面推进抓规划，制度创新抓政策，外延发展抓项目，内涵建设抓质量，加快各级各类教育发展步伐，着力提高办学质量效益，努力办好人民满意的教育事业，闯出一条欠发达地区教育实践科学发展观的成功之路。

重点工作：深入开展学习实践科学发展观活动，促进教育又好又快发展；深入推进“两基”攻坚，全面提高中小学办学质量效益；做大做强中等职业骨干学校，不断创新体制机制，加快推进中等职业教育改革发展；提高高等教育质量，增强高素质人才培养、科技创新和社会服务能力；加强和改进“双语”教学，提高民族地区教育教学质量；多措并举，全面加强教师队伍建设；推进素质教育，着力培养学生创新精神和实践能力；落实教育惠民政策，努力办好人民满意的教育事业。

〔**学习实践科学发展观活动**〕　2009 年全省各级教育行政部门及各级各类学校牢牢把握“党员干部受教育、科学发展上水平、人民群众得实惠”的总体要求，结合各自实际，精心组织，扎实推进学习实践科学发展观活动。2 月，第一批学习实践科学发展观活动结束后，省委教育工委、省教育厅把落实整改任务作为确保活动取得成效的关键，明确责任，强化措施，推进了整改工作的落实。从 3 月至 8 月，作为第二批学习实践活动的各高校围绕“培养什么人、怎样培养人”和“办什么样的大学、怎样办好大学”这两个根本问题，紧密联系形势，突出高校自身特点，以领导班子和党员领导干部为重点，把务求实效贯穿于活动全过程，强化领导责任、推进学习调研、分析检查、整改落实，学习实践活动各项任务圆满完成。从9月开始的第三批中小学和中职学校学习实践活动，围绕“提高育人质量，办人民满意学校”这个主线，从加强学校领导班子建设和充分发挥党员教师作用两方面着手，各校结合实际，扎扎实实地开展了学习实践活动，为师生办实事，强化师德师风建设，完善学校各项制度，制订学校发展规划，学习实践活动取得良好效果。

〔**教育投入**〕 2009年全省预算内教育经费拨款70.58亿元，比上年增长32.56%；经常性财政收入83.25亿元，比上年增长21.14%；预算内教育经费拨款比例高于财政经常性收入11.42个百分点。

〔**中小学重点项目建设**〕 2009年全省教育项目总投资达到18.06亿元，建设学校204所，建设面积达97.99万平方米。特别是中小学的投资相当于2001—2008年投资的总和，是青海省有史以来投资规模最大、覆盖范围最广、建设任务最重的一年。其中：扩大内需教育工程建设项目中央投入专项资金25 960万元，安排项目学校92所，建设面积16.09万平方米；未“普九”县寄宿制学校建设项目总投资65 793万元，建设项目学校26所，总建筑面积26.2万平方米；中小学校舍安全工程中央下达专项资金1.8亿元、地方筹措资金4.32亿元，加固改造和拆除重建的学校325所，其中加固校舍面积15.48万平方米，拆除重建面积18.69万平方米，合计改造面积34.17万平方米。新农村卫生新校园项目下达专项资金1 553万元，安排项目学校31所；在黄南州河南县两所学校投资220万元实施了教师周转房试点项目；捐赠款项目包括台塑集团明德捐助项目1 365万元，邵逸夫赠款项目1 630万元，北京市原副市长张百发率团捐赠500万元，建设项目学校13所，建筑面积2.2万平方米。

〔**师资队伍建设**〕 组织开展了全国教育系统先进集体、全国模范教师、全国优秀教师、全国优秀教育工作者和青海省第三届中小学“十杰教师”、“十杰校长”、100名“优秀教师”、“优秀乡村教师”、30名“优秀教育工作者”的评选活动，并于教师节期间召开了表彰大会。招录“特岗教师”1 218名，2006年到期“特岗教师”编制内解决达到了80%。制定下发了《关于开展本专科师范生“顶岗支教实习”工作的通知》以及《实施方案》，落实了专项经费，青海师大首批830余名本专科师范学生已于2009年9月赴9个“两基”攻坚县顶岗支教实习。认真实施义务教育阶段教师绩效工资制度改革，省教育厅会同省人社厅、财政厅制定下发了《青海省义务教育学校教职工绩效考核和奖励性绩效工资分配指导意见（试行）》。

〔**教育交流与合作**〕 积极组织省内高校、科研院所及企事业单位的教学科研人员申报国家留学基金委公派出国留学项目和西部地区人才培养特别项目。制定了《2009年青海省“西部地区人才培养特别项目”实施方案》，确定了2009年省上重点资助的公派出国领域。全省共有81人申报公派留学出国项目，经过评审，38名长期在教学和科研一线工作的人员被录取为西部项目出国人员。鼓励各单位积极拓宽外国文教专家聘请渠道，实行网上招聘和推荐相结合的方法，全省教育系统共聘请外国文教专家75名，比2008年增加了23名。来青留学生规模稳步增长，2009年全省高校接收来华留学生207名。

青海省教育厅与中国国际贸易促进委员会青海省分会在西宁市举办了“青海首届马来西亚教育展”，教育展的举办为青海省学生留学马来西亚搭建了一个相互交流、开展合作的平台，也为广大学生提供了多渠道的留学途径。加大教育交流与合作力度，2009年共派出出访团组24个，112人次赴美国、澳大利亚、日本、中国香港和中国台湾等十几个国家与地区访问及学术交流。接待了23批来自世界各地的代表团161人次。

〔**体育、艺术、国防教育**〕 组团参加了全国第十届中学生运动会，获得了女子3 000米竞走第六名，青海省代表团荣获“体育道德风尚奖”。举办了2009年“全国亿万学生阳光体育运动青少年冬季长跑活动启动仪式”暨全民健身大型广场千人拉丁舞展示比赛活动。举办了青海省第十二届CUBA中国大学生篮球联赛青海赛区选拔赛。举办了全省项目地区防治艾滋病宣传教育项目管理者、骨干教师、同伴教育者（学生）培训班，教育部派出的专家组以生动活泼的教学形式为青海省项目地区的教师、学生进行了培训。组团赴南京参加了全国第二届大学生艺术展演活动和组织开展了全省第三届中小学生艺术展演活动，举办了青海省2009年“高雅艺术进校园”活动。在全省大、中、小学校开展了师生共参与的“祖国万岁”群众性歌咏活动，举办了全省大学生“祖国万岁”歌咏比赛活动，参加了全国爱国歌曲大家唱——全国教育系统“祖国万岁”歌咏活动并获省级优秀组织奖。在全省高校开展了“国防教育进校园”系列活动，举办了学生国防知识竞赛活动和“走进绿色军营、深化国防教育”军事日活动。

〔**毕业生就业指导工作**〕 2009年，青海省省属高校毕业生11 248人，比2008年增加了1 100人，增幅约为10%。除一部分出省就业的毕业生外，留在省内就业的毕业生约1.6万人。加上历年未就业的1.6万人，2009年全年就业的人数为3.2万人。青海省教育厅组织高校举办了12场针对2009届普通高校毕业生的大型供需洽谈会，有915家用人单位提供了9 515个用人岗位，共有1万多人次的毕业生参加了洽谈活动。各高校还根据用人单位的需求灵活组织了120多场小型洽谈会，为用人单位和毕业生提供了双向选择的平台。

〔**高校和中等职业学校学生资助工作**〕 2009年中央和青海省财政出资9 612.186万元，共资助大学生、中职生、高中生92 434人（次）。全年共发放国家助学贷款5 264万元，合计1.49亿元，使高校的资助面达到了45%，中职的资助面达到了96%；高中的资助面除西宁四区外达到了6%。其中：发放高校国家奖学金66.4万元，受奖学生83人；发放高校国家励志奖学金843.5万元，受助学生1 687人，受助面为在校生的4%；发放高校国家助学金2 361.9万元，受助学生11 810人，受助面为在校生的28%；发放中职学校国家助学金5 205.5万元，资助34 703人，受助面为在校生一、二年级学生的96%；中国教育发展基金会对青海省普通高中家庭经济困难学生资助533.4万元，受助学生5 334人；高校、社会及个人发放各种奖学金、助学金达到21 005人次，金额1 372.934万元；实行特殊困难学生补助制度，各高校共发放贫困生补助831.569 1万元，受助学生28 726人（次），中央和地方财政共发放601.486万元，受助学生38 817人（次）；高校通过组织贫困生开展勤工助学活动共资助1 190人次、金额68.5万元；推行部分特困生学费减免制度，共对31名学生减免学费11万元；通过其他方式共资助了199人，金额96.5万元。

〔**青海省中长期教育改革和发展规划纲要**〕 根据党中央、国务院关于研究制定《国家中长期教育改革和发展规划纲要》的重要部署，青海省在对“十一五”教育发展规划总体目标和重点项目完成情况进行客观分析、查找问题和总结经验的基础上，进一步研究明确教育改革发展的指导思想和政策措施，提出了“十二五”期间教育发展的工作目标、基本思路、对策建议、重点工作及2020年远景目标，已制定完成《青海省中长期教育改革和发展规划纲要》初稿。

基础教育

〔**“两基”攻坚和巩固提高工作**〕 召开了全省“两基”攻坚和迎“国检”工作会议，全面部署了工作，明确了目标任务，完善了“两基”攻坚县联点制度，加强了对“两基”攻坚县的督察和指导力度。如期对海南州同德县进行了“两基”达标省级验收，全省“两基”人口覆盖率达到94%，小学学龄儿童入学率达99.52%，初中入学率达84.41%。坚持一手抓普及，一手抓巩固提高，以加强农村义务教育为重点，深化保障机制改革，优化资源配置，促进义务教育与非义务教育协调发展，城乡教育均衡发展，全面提高基础教育办学质量效益。在充分调研的基础上，修订颁布了《青海省实施〈中华人民共和国义务教育法〉办法》。

〔**义务教育经费保障机制改革工作**〕 2009年全省下达义务教育各类保障机制资金61 916.7万元。其中：下达寄宿生生活补助费22 041.8万元，享受生活补助的寄宿生达到18.12万人；非寄宿贫困学生助学金658.4万元，享受助学金的非寄宿贫困生达到14.72万人；农村牧区中小学公用经费21 946.1万元，农村牧区中小学公用经费保障水平达到小学每生每年300元、初中每生每年500元的基准定额；取暖费补助资金6 463.2万元；免费教科书经费6 311万元，全省中小学有66.5万人享受到免费提供教科书；城市免除学杂费资金4 496.2万元，免除学生人数为13.1万人。

〔**中小学布局结构调整工作**〕 认真贯彻青海省政府《关于全省农村牧区中小学布局调整工作指导意见》，积极推进全省农牧区中小学布局调整。海南州调整优化学校布局试点工作成效显著，全面完成了67项单体校舍建设工程以及17所学校附属设施建设，配备了教学设备及生活设施。结合未“普九”县寄宿制学校建设工程对9个县中小学布局进行调整工作正在顺利实施，项目完成后60%左右的小学生集中在县城就读，初中生全部集中到县城就读，总体实现“县办初中、乡办小学”的布局目标。全省其他地区布局调整工作结合项目实施，全面推进。2009年全省中小学总数已由2008年的3 047所，调整为2 497所，减少550所。校均规模进一步扩大，办学效益进一步提高，是新世纪以来，全省中小学布局调整力度最大的一年。

〔**基础教育课程改革工作**〕 为进一步贯彻落实青海省教育厅提出的“教育质量年”的要求，推进课程改革工作，印发了《关于开展学习湟中经验，深化课程改革，提高教育质量的若干意见》，并组成课改经验讲师团，分赴全省进行巡回宣讲，加大了对深化课程改革的宣传力度，推进课改向纵深发展。起草制定了《青海省普通高中课程改革实施方案》等指导性文件，为青海省进入高中课程改革做了前期准备工作。

〔**中小学德育工作**〕 一是继续在全省中小学校深入开展弘扬和培育民族精神及省情教育活动。二是在各地中小学校开展庆祝新中国成立60周年活动，并以“新中国60年辉煌成就图片进校园活动”为载体加强爱国主义教育，各地中小学开展了丰富多彩的活动；开展了以“热爱祖国，知我青海”为主题的第四届中小学读书知识竞赛、征文和演讲活动，产生了良好的社会影响。三是制定并印发了《青海省中小学德育工作评估办法》及《评估细则》，为各地开展德育工作督导评估工作提供了依据。四是完成了《青海省情读本》大、中、小学三个版本的编写任务，2010年春季可提供给大中小学学生。五是加强了青少年校外活动场所建设，刚察等4个县青少年校外活动中心建设项目全部开工建设，同时2009年又积极申报同德等8个县的建设项目，获得教育部批准。

〔**中小学教师队伍培训**〕 制定下发了《教育行政管理人员和各级各类校长培训实施意见》、《青海省2009—2012年中小学教师素质三年提升计划》和《青海省2009年中小学教师培训计划》，对全省教育行政管理干部和各级各类学校校长、教师的培训作出了安排。组织完成了由国家语委、教育部基础教育一司、联合国儿基会下达的教师培训任务，共培训教师2 060名；完成了青海省人力资源和社保厅下达的100名农村中小学骨干教师培训任务；组织400名基层幼儿园教师到省级示范幼儿园进行了培训，开展了教学观摩活动。

〔**学校安全工作**〕 2009年先后两次召开全省

学校及周边治安综合治理工作领导小组成员单位扩大会议，部署工作，集中开展了专项整治行动，使学校及周边治安环境明显好转，全省中小学校安全事故和学生伤害事故控制在最低限度，人民群众对学校及周边治安状况满意率不断提高。制定了《关于建立全省学校及周边治安综合治理长效机制的意见》，进一步明确了各部门的工作职责，并以省综治委名义下发各地贯彻执行。加强了对全省“平安校园”建设工作的指导，制定了《青海省“平安校园”建设评估办法》，加强了管理，到2009年底，全省各地被当地党委政府或综治部门命名为“平安校园”的学校已达3 000所。

职业教育与成人教育

〔**综述**〕 2009年，全省职业教育和成人教育按照青海省教育厅党组提出的“抓住重点，突破难点，突出特点，干出亮点”的要求和整体推进抓规划，体制创新抓政策，外延发展抓项目，内涵建设抓质量的总体部署，采取有力措施，扩大中等职业教育招生办学规模，加强基础能力建设，深化体制机制改革，提高教育教学质量，推动全省职业教育又好又快发展。超额完成了教育部和青海省政府确定的2.8万人的招生任务，共招生33 519人（除技工学校外），省外招生1 627人，省内招生31 892人，在校生达76 375人，比2008年增长12.45%。中等职业教育占高中阶段教育招生及在校生的比例分别为47.8%和41.47%，高中阶段教育招生和在校生职普比趋于协调和合理。全省中等职业教育毕业生就业率为95.5%，其中省内就业率达69%，比上年提高9个百分点。

〔**基础能力建设**〕 2009年，中央、省级财政、州（地、市）、县级财政都加大了对中等职业学校基础能力建设的投入。据统计，2009年全省中等职业学校各项投入达35 076万元，仅中央和省级专项已经落实职业教育专项资金1.299亿元。其中：中央财政投入职业学校基础能力建设项目资金4 200万元，分别扩建了省艺术学校、体育学校、西宁市世纪职校、卫生职校、湟中、民和、循化、平安县职校等8所学校的建设；对2005—2007年中央财政实施职业教育实训基地建设项目进行了评估检查，省教育厅和省财政厅联合编制了《青海省2009年职业教育实训基地建设方案》，据此中央财政下达资金620万元，建设了青海交通职业技术学院物流专业、青海省乐都县职业技术学校电工电子专业、青海省海南州职业技术学校藏医医疗专业、青海省西钢职业技术学校有色金属冶炼专业实训基地；省财政投入职业教育专项经费5 000万元，省级教育费附加470万元，省政府信用平台投入2 700万元，一批中等职业学校得到程度不同的扩建，省工业学校城南校区已经开始启用；编制了《青海省职业教育公共实训中心可行性研究报告》，完成了《青海省职教公共实训中心区域规划及单体建筑方案设计》工作，完成了科威特贷款前期准备协调工作。

〔**办学体制机制改革工作**〕 随着青海省中等职业教育连续多年扩招，在校生大幅度增加，出现了中等职业教育校舍、设备、师资等办学资源紧缺的困难。为弥补办学资源不足、促进毕业生就业，2009年青海省教育厅将中等职业学校东西部、城乡间校际、校企联合招生合作办学作为工作的重点之一，年内先后五次组织联合办学洽谈活动。其中组织部分学校分别参加了教育部在西安、昆明、杭州召开的东西部联合办学洽谈会，组织部分学校赴天津、青岛和江苏实地考察与洽谈联合办学事宜。到2009年底全省所有的中等职业学校均与东部发达地区的中等职业学校建立了合作办学的关系，纷纷开展联合招生合作办学，实行“一年在省内或者农牧区职业学校学习、一年在东部或城市职业学校学习、一年在企业实习”的分阶段、分地区完成教学任务的“三段式”的办学模式和“一年学基础知识、一年学职业技能、一年顶岗实习”的工学结合“三段式”的办学模式。全省中等职业教育校际、校企联合办学规模再上新台阶。据统计，2009年东西部、城乡联合招生、合作办学规模达到20 185人，其中与省外学校、企业合作办学规模达8 160人，有效解决了资源不足的难题。

〔**制定中长期发展规划**〕 针对青海省职业教育基础薄弱、区域发展不平衡的难点，在认真学习、加强调研的基础上，编制了《青海省中等职业教育中长期发展规划（2009—2020年)》。测算了2009—2020年高中阶段教育发展规划中的主要指标，对全省职业教育今后一个时期的办学规模、办学水平、办学效益等方面进行了规划，理清了全省中职教育的发展思路，将有力指导全省职业教育今后的发展。在此基础上青海省教育厅与省发改委联合编制了《青海省中等职业学校“十二五”建设规划》，编制了《青海省藏区中等职业教育中长期发展规划》。

〔**教师队伍建设**〕 2009年青海省教育厅和省财政厅联合出台了青海省中等职业学校开展特聘教师工作办法，开展了全省中等职业学校“特聘教师”工作，动态支持一批专业师资紧缺的中等职业学校，按照有关程序向社会公开聘请专业技术人员和能工巧匠担任职业学校专业教师和实习指导教师。据统计，全年共招聘519名特聘教师，有效地缓解了教师队伍总量不足和结构性短缺的困难。继续有计划、分层次地开展了国家级、省级骨干教师和管理干部培训，全年国家级、省级骨干教师培训达到271名，占专任教师总数的9.15%。其中，35名教师参加了2009年中职国家级骨干教师培训(2人出国培训)，5名校长分别参加中等职业学校骨干校长国内高级研修（3人赴德国、澳大利亚考察)，231名专业骨干教师和管理干部分别赴广东技术师范学院、天津工程师范学院、西安交通大学等国家级职业教育教师培训基地分别学习了饭店服务与管理、三维动画设计高级工程师、网络管理工程师、班主任管理等省级培训，其中38名教师免费参加了德国汉斯赛德尔基金会举办的烹饪、焊接、汽车维修等技能培训。对409名全省文化基础课教师进行了全省中等职业教育教学大纲使用培训。进一步落实中等职业学校教师到企业实践的制度，全年有652名教师到省内外的199个企业实践，其中达到两个月以上的有66人。涌现出了一批教书育人的模范教师，西宁市第一职业学校薛卫星被中国职业教育学会评为首届全国职业教育“教学名师”、西宁市世纪职业技术学校校长范宣琦、青海交通职业技术学院院长李文时被评为全国职业教育“杰出校长”。西宁市第一职业技术学校机械加工专业教师李建宁爱岗敬业、无私奉献，因连续数月训练学生，积劳成疾，倒在工作岗位上，被青海省委教育工委、省教育厅追授为“青海省优秀教师”。

〔**教育教学质量**〕 结合全省教育质量年，为提升职业教育办学水平，制定出台了《青海省省级重点中等职业学校标准》和《青海省省级重点中等职业学校评估指标体系》。从办学条件、办学规模、毕业生就业、教师队伍、教育教学等方面做了定性规定，既有对办学条件的具体要求，又有对学校办学规模、办学质量和办学效益方面的量化规定。同时，依此对现有的省级重点中等职业学校进行动态监测，规范办学行为，提高办学水平。2009年经过中等职业学校评估和实训基地评估工作，确定乐都县职业技术学校和海南州职业技术学校为省级重点中等职业学校，得到了中央财政的重点支持；推荐乐都县职业技术学校为国家级重点职业学校。在德育工作方面，将德育课作为学校德育工作的主渠道，要求学校开设从职业生涯规划、职业道德与法律、经济政治与社会、哲学与人生等四门必修课，执行教育部颁布的教学大纲，使用教育部规划教材，举办了德育科科长培训班和德育课骨干教师培训班，并明确在今后评价中等职业学校教育质量中将德育作为其中的一项重要指标。继续加强教育教学管理，从教学核心工作抓起，重视标准制定，加强学校和专业建设，公布了《青海省省级重点中等职业学校标准》。同时启动了新一轮中等职业教育的课程改革，要求学校开足开齐各种文化、专业课程，其中文化基础课执行教育部颁布的教学大纲和国家规划教材，学校可自主选用德育课、文化基础课等国家规划的不同版本的新教材。审定出版了海南州职业技术学校编写的中等职业教育藏医医疗与藏药24本专业教材。

高 等 教 育

〔**综述**〕 2009年青海省高等教育进一步加强教学科研管理，优化学科专业布局，加强高水平教学科研团队和重点学科、重点实验室建设，增强科技创新和服务功能，提高人才培养质量，支持高校办出特色、办出优势、办出活力，为新青海建设发挥了应有的作用。截至2009年底，全省高校在校生规模达到5.96万人，其中普通本专科生4.38万人、成人本专科生1.42万人、研究生1 825人（含科研机构研究生)。2009年普通高校在青招生3.06万人，录取率达到73.4%，比2008年提高3.7个百分点。

〔**实施质量工程**〕 认真贯彻和落实《教育部、财政部关于实施高等学校本科教学质量与教学改革工程的意见》和《教育部关于全面提高高等职业教育教学质量的若干意见》，狠抓质量工作。申报国家“质量工程”获批项目10个，比2008年增加了5个；获中央建设资金380万元，比2008年增加了240万元。继续加强省级重点学科、重点实验室建设，争取省财政专项建设资金2 300万元，用于省级重点学科、重点实验室建设，比2008年增加了1 600万元。积极推进青海牧职院“高职示范院校”建设，4个重点专业和5个主要实训基地建设项目进展顺利。组织青海大学与清华大学签订了新一轮对口支援协议，5所高职院校与天津市高职院校对口交流合作项目进展顺利，3所本科院校和5所高职院校与北京市有关高校建立了对口交流合作关系。组织完成了2009年青海省高校中青年教师教学竞赛活动，33人获优秀奖。组织举办了青海省普通高校首届理工类大学生人文科学知识竞赛，全省8 000多名大学生参加了竞赛活动。组织高校开展“教育质量年”活动，召开了省属高校开展“教育质量年”活动经验交流会，有力地促进了高校“教育质量年”活动的深入开展。

〔**高校师资队伍建设**〕 完成了2009年全省高校教师名师奖评选工作，有5位高校教师获“青海省第三届高校教学名师”称号。在省外知名高校和科研院所遴选了11名“昆仑学者”计划人选，遴选了31名教师到省外知名高校做国内高级访问学者。组织150名教师接受20门国家级精品课程培训，160名教师参加高校中青年教师岗前培训，对39名高校骨干教师进行了培养中期检查，对12名第6期省内高校访问学者进行了结业考核，组织21名骨干教师赴香港中文大学进行了为期10天的培训学习。继续用好省财政高校师资队伍建设专项资金60万，支持48名在职教师攻读博士学位、40名在职教师攻读硕士学位。积极申报教育部“新世纪优秀人才支持计划”，1名教师获批，获科研经费50万元。组织召开了2009年高校师资工作座谈会，交流了经验，寻找了差距，提出了整改措施，明确了工作重点。对高职院校管理人员进行了一次“高等职业院校人才培养工作状态数据采集平台”操作培训，并从高职院校选派了12名中层管理人员参加了教育部组织的高等职业院校人才培养工作评估专家培训班学习，为今后的评估工作打下了坚实的基础。

〔**高校思政工作**〕 深入贯彻全国高校思政理论课工作会议精神，制定了《关于进一步加强和改进思想政治理论课教师队伍建设的实施意见》，积极推进社会主义核心价值体系，马克思主义中国化最新理论成果“三进”工作。加强思想政治理论课教育教学，强化民族政策和民族理论课及形势政策教育，开展高校思想政治理论课教学竞赛活动，开展了高校思想政治教育评估工作。举办12期全省高校思想政治理论课教育培训班和辅导员培训班，培训思想政治理论课教师及辅导员150人。选派9名思想政治理论课骨干教师、辅导员参加了教育部组织的培训考察活动。组织了高校辅导员年度人物评选活动，青海大学杨文宏等2人入选全国高校辅导员年度人物评选前20名及入围奖。组织开展思想政治教育课题研究工作，8项研究课题立项。组织开展了全省高校思想政治教育优秀工作成果（案例）评选工作。进一步加强了心理健康教育工作，培训全省心理健康教师60名。

〔**高校稳定工作**〕 一是完善维稳制度措施，强化学校安全管理。2009年组织召开全省维护学校稳定工作会议2次，学校及周边治安综合治理工作领导小组扩大会议2次，维护高校稳定工作会议20余次。制定了《关于进一步做好全省教育系统维稳工作的意见》、《青海省教育系统应急管理平台建设规划》（草案）等一系列维稳安全文件，全面安排部署学校维稳工作。二是加强专题教育，强化维稳意识。坚决贯彻中央和省委、省政府对高校维稳工作提出的新要求，创新正面教育载体，抢占舆论宣传阵地。紧密联系省情和学校的实际情况，指导青海师范大学等高校及时编印形势与政策宣讲教育系列手册，组织全体学生认真学习讨论，对于维护校园稳定起到了十分积极的作用。三是全力以赴维护稳定。重点加强了各个敏感节点和时段的防范工作，提前进行研究部署，思想上保持高度警觉，部署上缜密细致，行动上迅速快捷。省教育厅多次深入学校进行督导检查，掌握学生思想动态，解决突出问题，确保高校的安全稳定。

〔**高校科研工作**〕 组织高校积极争取科研项目177个，获科研经费3 357.6万元，联系青海省盐湖化工、水利水电、石油天然气、有色金属、高原医学等重要产业开展科学研究。组织申报2009年度国家级教学成果奖，获得国家级教学成果二等奖1项。组织评选2009年度省级教学成果奖，共评出省级一等奖5项、二等奖10项。组织专家对青海师范大学“省部共建教育部重点实验室青藏高原生物技术实验室”进行了验收，并获教育部通过。

〔**学籍管理**〕 举办了两期高校学籍管理培训班，就“普通高校学籍管理规定”（教育部第21号令）进行了辅导培训。完成了2009年15 692名毕业生资格审查工作。完成了42 692名在校生学籍电子档案动态管理工作，解决了青海省2001—2009年3 638名普通和成人本专科毕业生学历信息数据漏报错报问题，完成了青海省2008级政法院校培养体制改革试点班155名学生学籍电子注册工作，并上报了教育部。开通了青海省自1991年以来各级各类高等教育毕业生学历证书信息网上免费查询系统。

〔**制度创新**〕 在充分调研的基础上，先后制定出台了《关于进一步规范成人高等教育办学行为的意见》、《青海省重点学科管理办法》、《青海省高等学校省级重点实验室建设与管理暂行办法》、《青海省高等学校教学名师奖评选表彰奖励办法》、《青海教育厅关于规范普通高等学校学生转学工作的通知》、《青海省高等学校“昆仑学者”计划实施办法》、《青海省高校重点学科、重点实验室建设及质量工程专项资金管理办法》、《青海省学位委员会关于进一步加强学位与研究生教育的意见》、《青海省高等学校省级骨干教师选拔与培养办法》、《青海省优秀研究生评选办法》、《关于高等院校实施校务公开的意见》等11个规范性文件。

民族教育

〔**综述**〕 2009年，青海省民族教育紧紧抓住国家实施的一批重点项目，加大未实现“两基”地区的攻坚力度，优化民族地区中小学布局结构，加强“双语”教学，推进民族教育综合改革，提高教育教学质量。少数民族中小学生达到14.97万人，占全省中小学生总数的46.38%；全省共有民族中小学1 166所，占全省中小学数的46.7%；少数民族学龄儿童入学率98.75%，初中入学率80.95%。

〔**双语教学**〕　制定了藏汉“双语”教学体系研究方案和政策方案，探索建立适合藏区教材、师资、教学模式的“双语”教学体系。制定了《青海省寄宿制民族中小学评估标准（试行）》，并在黄南州的河南、泽库两县试点。将藏族小学《汉语会话》课列入地方必修课程计划，并纳入地方免费教科书范围。结合教育质量年，省教育厅多次组织人员到黄南州指导工作，扎实推进黄南州以强化《汉语会话》教学，广泛应用《汉字宫》等视频教材，推进汉语等级水平考试，加强信息技术和实验课教学，积极开发地方教材，民族文化进校园等为内容的民族教育综合改革试验工作。启动了“双语”教师培训计划，截至12月底，共举办各类培训班9期，培训教师1 110名，超额完成600名的目标任务。

〔**对口支援与对外交流合作工作**〕　选送了200名民族中小学骨干教师、6名高校中层领导干部、6名中小学校长、6名州县教育局长赴辽宁参加为期30天的免费培训和挂职。与此同时，从辽宁争取了640名普通高校招生计划、100名民族预科招生计划；选派了50名民族小学数学骨干教师、8名州县教育局长和8名高校中层领导干部赴天津师范大学和有关区县参加为期30天的培训和挂职；根据有关协议选派50名民族小学汉语骨干教师赴浙江师范大学参加培训。青海省政府与北京市政府签署了《关于加强科技教育合作协议》，召开了北京、青海科技教育工作座谈会，并签订了教育合作交流备忘录。召开了省内外异地办班招生工作暨研讨会，专题研究了内地进入高中课改的办班学校对青海籍学生教学与高考衔接问题；研究落实了2009年度省内民族高中和省外内地青海高中班招生计划，截至2009年9月底共招生600余名。

〔**民族团结教育**〕　针对2009年的形势，青海省教育厅会同省民族宗教事务委员会下发了切实加强民族团结教育等方面的文件，加强引导教育系统开展民族团结教育活动。青海省教育厅会同省财政厅将教育部、国家民族宗教事务委员会等部门编写的《中华大家庭》、《民族常识》、《民族政策常识》等教材列入地方课程计划，纳入地方免费教科书范围，征订量达到21.4万册，做到各年级段的学生基本人手一册。对全省各级各类学校开展民族团结教育活动和在寺未成年人入学校接受义务教育工作情况进行了深入细致的调研，并形成调研报告。

撰稿　丁生东

审稿　王予波

宁夏回族自治区教育

概　　况

〔基本情况〕

2009 年各级各类学校校数、教职工、专任教师情况

	学校数（所）	教职工数（人）	专任教师数（人）
一、高等教育			
（一）研究生培养机构（不计校数）	(5)		
1. 普通高校	(3)		
2. 科研机构	(2)		
（二）普通高等学校	15	8 599	5 136
1. 本科院校	7	6 353	3 669
其中：独立学院	2	767	498
2. 高职（专科）院校	8	2 246	1 467
3. 其他机构（点）（不计校数）			
（三）成人高等学校	1	109	65
（四）民办的其他高等教育机构			
二、中等教育	416	35 691	30 524
（一）高中阶段教育	142	35 641	12 219
1. 高中	83	29 927	8 562
普通高中	82	29 920	8 556
成人高中	1	7	6
2. 中等职业教育	59	5 714	3 657
普通中专	16	1 527	939
成人中专	4	295	176
职业高中	19	1 274	1 087
技工学校	20	2 388	1 309
其他机构（教学点）（不计校数）	(20)	230	146

续表

	学校数 （所）	教职工数 （人）	专任教师数 （人）
（二）初中阶段教育	274	50	18 305
1. 普通初中	273		18 255
2. 职业初中		38	38
3. 成人初中	1	12	12
三、初等教育	3 142	37 084	35 131
（一）普通小学	2 131	33 979	33 406
（二）成人小学	1 011	3 105	1 725
其中：扫盲班	997	2 557	1 177
四、工读学校			
五、特殊教育	6	186	169
六、学前教育	334	6 191	4 172

注：普通高中的教职工数中包含普通初中的教职工数。

2009 年各级各类学历教育学生情况

	毕业生数 （人）	招生数 （人）	在校生数 （人）
一、高等教育			
（一）研究生	690	1 087	2 850
博　士	3	21	45
硕　士	687	1 066	2 805
（二）普通本专科	16 391	22 402	75 564
本　科	7 659	13 289	46 346
专　科	8 732	9 113	29 218
（三）成人本专科	6 724	11 288	27 863
本　科	2 528	3 048	9 090
专　科	4 196	8 240	18 773
（四）其他各类高等学历教育			
1. 在职人员攻读博士、硕士学位		204	491
2. 网络本专科生			
本　科			
专　科			
3. 其他			
二、中等教育	163 909	207 991	557 827
（一）高中阶段教育	69 531	99 476	257 414
1. 高中	44 730	48 084	141 193
普通高中	44 190	48 084	140 653
成人高中	540		540

续表

	毕业生数（人）	招生数（人）	在校生数（人）
2. 中等职业教育	24 801	51 392	116 221
普通中专	11 349	23 468	51 119
成人中专	3 164	4 138	6 750
职业高中	6 034	18 233	38 579
技工学校	4 254	5 553	19 773
（二）初中阶段教育	94 378	108 515	300 413
1. 普通初中	93 231	108 435	298 922
2. 职业初中	684	80	1 028
3. 成人初中	463		463
三、初等教育	130 148	104 390	685 257
（一）普通小学	111 121	104 390	670 621
（二）成人小学	19 027		14 636
其中：扫盲班	16 907		12 636
四、工读学校			
五、特殊教育	190	197	1 476
六、学前教育	54 940	82 754	124 903

注：特殊教育学生数中包括普通中小学随班就读的学生。

2009 年各级各类非学历教育学生情况

	结业生数（人）	注册生数（人）
总　计	174 430	130 412
一、高等教育	22 806	21 312
（一）研究生课程进修班	118	108
（二）自考助学班		
（三）普通预科生		1 166
（四）进修及培训	22 688	20 038
其中：资格证书培训	6 953	4 614
岗位证书培训	12 596	11 537
二、中等职业教育	151 624	109 100
其中：资格证书培训	24 606	19 407
岗位证书培训	16 343	7 966
（一）中等职业学校	62 462	32 511
其中：资格证书培训	21 360	19 171
岗位证书培训	12 032	6 208
（二）职业技术培训机构	89 162	76 589
其中：资格证书培训	3 246	236
岗位证书培训	4 311	1 758

2009 年各级各类民办教育基本情况

	学校数（所）	毕业生数（人）	招生数（人）	在校生数（人）	教职工数（人）	专任教师数（人）
一、民办高等教育						
（一）民办高校	4	2 741	5 808	16 953	1 623	1 038
本科学生		1 230	4 218	11 849		
专科学生		1 511	1 590	5 104		
其中：独立学院	2	945	3 024	7 597	767	498
本科学生		945	3 024	7 597		
专科学生						
（二）民办其他高等教育机构						
二、民办中等教育						
（一）高中阶段教育	15	1 610	3 452	9 601	1 201	955
1. 民办普通高中	11	1 442	2 083	6 397	937	771
2. 民办中等职业教育	4	168	1 369	3 204	264	184
（二）初中阶段教育	5	2 893	3 874	11 075		
1. 民办普通初中	5	2 893	3 874	11 075		
2. 民办职业初中						
三、民办普通小学	5	622	653	4 410	313	226
四、民办幼儿园	234	14 504	24 292	46 504	3 816	2 366
另有：民办培训机构（不计校数）	(14)				137	112

注：民办普通高中的教职工数包含民办普通初中的教职工数。

〔**校舍安全改造工程**〕 2009 年 3 月宁夏全面启动实施中小学校舍安全工程，规划改造学校 230 所，新建校舍面积 36.6 万平方米，投资 5.1 亿元。截至 9 月底，已下达资金 4 亿元，竣工并投入使用学校 191 所，建成校舍面积 22.99 万平方米。学校建设完成率为 83%，建筑面积完成率 62.8%。全区中小学校舍排查工作已全部结束，共排查学校 3 015所，单体建筑物 17 735 栋。校舍安全工程正在建设学校 37 所，建筑面积 11.47 万平方米，占规划建设校舍面积的 31.4%；未开工建设学校 2 所，规划建设面积 2.14 万平方米，占规划建设校舍面积的 5.8%。

2007 年国家开始启动实施“中西部农村初中校舍改造工程”，三年中央共安排投资 27 137 万元，安排 96 所学校 23 万平方米学生生活设施改造。其中 2009 年（含 2008 年新增投资项目）中央安排资金 17 600 万元，安排 61 所学校 13.24 万平方米学生生活设施改造。至年底已完工 90 所，建成校舍面积 21.8 万平方米；在建学校 6 所，在建校舍面积 1.2 万平方米。“明德小学”共安排资金 1 631 万元，其中捐增资金 675 万元，完成 8 所学校 1.2 万平方米校舍改造。“新农村卫生新校园建设工程”中央安排资金 1 300 万元，完成 36 所学校 1.2 万平方米厕所改造和沼气综合利用项目。“自治区政协组建项目”共安排捐增资金 367 万元，完成 16 所学校校舍改造。“中小学标准化操场建设工程”完成 66 所中小学操场标准化改造。“普通高中标准化建设工程”自治区财政安排资金 2 亿元，安排 7 所标准化高中建设。

〔**支持学校改扩建工程**〕 支持固原职教中心、石嘴山职教中心、中卫职教中心建设，完成吴忠民族职业教育学院一期建设工程。2009年在职业教育专项资金中安排固原职教中心200万元，石嘴山职教中心、中卫职教中心、吴忠民族职业教育学院各300万元建设实训基地。目前4所学校项目全部完成并投入使用。完成10所回民中小学标准化建设任务。

支持新建特殊教育学校。2009年完成了西吉县、银川市两个新建特殊学校项目工程。新建银川市特殊学校总面积为3 331平方米，总投资790万元；新建西吉县特殊学校总面积2 690平方米，投资381万元。支持改扩建石嘴山市、吴忠市特殊教育学校。石嘴山市改扩建工程已完工，建筑面积2 053平方米，投资450万元；吴忠市改扩建工程正在施工，建筑面积1 688平方米，投资282万元。

〔继续完善教育经费保障机制和资助体系〕 按照全国和全区调整完善农村义务教育经费保障机制改革相关政策要求，从2009年春季学期开始，全区中小学公用经费保障水平得到提高，农村中小学公用经费保障水平达到国家基准定额，即小学、初中每生每年分别达到300元、500元，比上年分别增加46元、110元。县城小学、初中分别达到366元、570元，分别比上年增加46元、110元。城市小学、初中分别达到432元、650元，分别比上年增加86元、170元。全区义务教育阶段贫困家庭学生得到有效资助，全区81万多名学生享受到国家免费提供的教科书和自治区免费提供的教辅资料，约占全区义务教育阶段学生总数的80%以上。有6万多名家庭经济困难寄宿学生享受到生活费补助，补助标准为小学每生每年500元，初中每生每年750元，享受人数约占全区义务教育阶段寄宿学生总数的60%以上。义务教育阶段中小学公用经费资金39 914万元已全部下达各市、县（区）；安排免费教科书和教辅资料资金7 679万元，其中中央7 140万元、自治区539万元；家庭经济困难寄宿生生活费补助共安排补助资金4 332万元（中央2 166万元），享受补助人数60 022人，全区享受免费教科书和教辅资料81万人，已经达到规定的标准。

普通高中阶段教育加大家庭经济困难学生资助力度。2009年2月自治区人民政府办公厅下发了《关于开展普通高中家庭经济困难学生资助制度试点工作的通知》，在南部山区的固原市、原州区、西吉县、隆德县、彭阳县、泾源县、同心县、盐池县、海原县、红寺堡开发区九县区开展了普通高中家庭经济困难学生资助试点工作。2009年春季学期自治区已向10 297名符合条件的学生下达资助金386.14万元，每生每天补助3元、每学年共750元生活费，以保障普通高中家庭经济困难学生顺利完成学业。

高校生源地信用助学贷款有效推进。2009年教育厅会同财政厅、宁夏银监局和国家开发银行，根据《自治区财政厅自治区教育厅宁夏银监局关于开展宁夏生源地信用助学贷款工作的通知》，强化合作机制，国家开发银行宁夏分行先后与全区14个市、县（区）签订生源地信用助学贷款协议，使生源地信用助学贷款业务覆盖全区的88%。同时，对市、县（区）教育厅要求未开展此项业务的各市、县（区）教育行政部门加快生源地信用助学贷款进程。2009—2010学年共为全区8 870名大学新生发放贷款4 588.3万元，获贷人数占申请人数的91%，人均贷款5 000元左右。

继续做好福彩助学项目，该项目是为资助宁夏贫困学生提供的专项助学金。2009年受助学生250人，每人受助金额1 000元，累计资助金额25万元。联系深圳迪特科技教育有限公司为全区585所中小学捐赠语音室、电子词典等教学仪器总价值1 515 500元。

〔进一步规范教育收费〕 为贯彻落实《关于2009年规范教育收费，进一步治理教育乱收费工作的实施意见》和《关于认真做好教育收费项目和标准清理规范工作紧急通知》精神，对各级各类学校收费项目、收费标准以及相关政策文件进行了一次全面清理。2009年8月，自治区有关厅局联合下发了《关于清理后各级各类学校收费项目和标准有关问题的通知》，对宁夏各级各类学校收费项目和标准做了明确的规定，并在自治区政府、物价、教育网站进行公布，要求各市、县（区）教育、物价、财政行政主管部门认真执行。各级各类学校要将新公布的收费项目、标准及政策依据、监督电话等，在校内通过公示栏、公示牌、公示墙、校园网等形式向学生公布。对按规定应当公布而未公布的收费，学生有权拒绝缴纳。

〔**广泛开展学习实践科学发展观活动**〕 根据中央和自治区党委的统一安排部署，自治区教育工委、教育厅组织全区中小学和中等职业学校（含民办学校、幼儿园）作为第三批参学单位于 2009 年 9 月初广泛开展了深入学习实践科学发展观活动。参加这批学习实践活动的全区中小学和中等职业学校（含民办学校、幼儿园）共有 2 804 所，涉及基层党组织 1 643 个，教职工党员 24 895 名，学生党员 134 名。在学习贯彻活动之初，教育工委、教育厅就建立了领导班子成员及学习实践活动领导小组成员联系点制度和包片指导制度，建立 18 个联系点，实现了对 5 市、38 所中等职业学校、11 所厅直属学校指导工作的全覆盖，确保了教育系统第三批学习实践活动扎实有序推进，并取得了初步成效。

〔**“特岗计划”招聘和考核**〕 为了进一步优化中小学教师队伍结构，有效缓解农村学校师资短缺和学科结构性短缺问题。4 月，自治区教育厅、财政厅、人力资源和社会保障厅、自治区编办联合下发了《关于 2009 年实施国家“农村义务教育阶段学校教师特设岗位计划”和宁夏地方中小学教师特设岗位计划》的通知和招聘简章，自治区人民政府决定并经国家教育部同意，2009 年继续在全区县以下农村学校实施“农村义务教育阶段学校教师特设岗位计划”，同时实施“宁夏回族自治区地方中小学教师特设岗位计划”，通过公开报名、资格审查、笔试面试等公开选拔过程以及两次调剂补录，历时 5 个月，招聘 2 912 名大学毕业生（含 106 名硕士研究生）补充到农村中小学校任教。

按照 2006 年国家四部委《关于实施农村义务教育阶段学校教师特岗计划的通知》（教师［2006］1 号）规定，2009 年 4 月中旬宁夏教育、编制、财政、人事部门召开协调会并下发了《关于农村义务教育阶段学校特岗教师和宁夏地方中小学特设岗位教师三年服务期考核聘用的实施意见》，并结合《宁夏回族自治区特岗教师暂行办法》，对全区 2006 年招聘的 934 名特岗教师进行了认真的考核。达到三年服务期满的 810 人，合格 808 人，不合格 2 人，对考核合格的 808 名特岗教师全部进入了全额预算编制，在原“特岗”县落实了教师岗位。

〔**加强师德建设**〕 根据国家人力资源和社会保障部、教育部《关于评选全国教育系统先进集体和全国模范教师全国教育系统先进工作者的通知》、《关于认真做好 2009 全国优秀教师和全国优秀教育工作者评选表彰工作的通知》和《关于认真做好评选推荐 2009 年全区教育系统先进集体和优秀教师、优秀教育工作者的通知》文件精神，在全区开展了教育系统先进集体和先进个人推荐评选工作。2009 年，自治区有 9 所学校荣获国家人力资源和社会保障部、教育部表彰的“全国教育系统先进集体”，受教育部表彰的“全国模范教师”、“全国教育系统先进工作者”、“全国优秀教师”和“全国优秀教育工作者”26 名，获自治区人民政府表彰奖励的区教育系统先进集体 20 个，自治区优秀教师 45 名、优秀教育工作者 5 名。

2009 年 9 月 8 日在宁夏武警礼堂隆重召开了“全国政协慰问团慰问宁夏教师暨自治区庆祝第 25 个教师节表彰大会”。全国政协副主席郑万通、全国政协副秘书长蒋作君、全国政协教科文卫体委员会副主任江绍高一行 30 余人来宁参加了表彰会，并慰问了 70 名职业教育的优秀教师和校长代表。自治区党委书记、人大常委会主任陈建国，自治区党委副书记、自治区政府主席王正伟，自治区政协主席项宗西等出席庆祝表彰大会。同时选派 4 名受国家表彰的中小学先进集体、模范（优秀）教师代表参加了教育部组织的教师节庆祝表彰大会。

〔**加强教师队伍建设**〕 根据自治区人力资源和社会保障厅《关于做好 2009 年职称评审工作的通知》精神，3 月教育厅及时下发了《自治区教育厅关于做好 2009 年高教、中专、中小学（幼儿园）系列教师专业技术资格评审工作的通知》。2009 年全区共认定中小学幼儿园教师资格 5 959 人，受理认定高等学校教师资格517人，打印教师资格证书6436本，补发、换发教师资格证书103本。2009年为全区高等、中等学校287名教师评定了中、高级专业技术职务任职资格；为全区571名中小学（幼儿园）教师评定了中、高级专业技术职务任职资格。

根据自治区人事厅、教育厅《关于赴部分重点师范类大学为自治区有关中学招聘教师工作方案》，自治区人力资源和社会保障厅、教育厅与宁夏六盘山高中、宁夏育才中学组成联合招聘工作组，于2009年3月分别赴华东师大、东北师大、陕西师大、西北师大等重点师范类大学，采用面试、考核的方式分别为六盘山高中、育才中学选聘了30名优秀本科毕业生和38名优秀硕士研究生。为宁夏建院选聘了3名双师型高层次人才，为宁夏财经职院选聘了7名优秀硕士研究生，为宁夏工商职业学院选聘了5名优秀硕士研究生。

〔继续做好支教工作〕 认真落实城镇教师定期支教、机关及事业单位定点支教、闽宁对口支教、大中专毕业生和研究生志愿者支教等。2009年，全区共有7支支教队伍，2722名支教人员在南部山区9县区开展支教工作，各支教单位共向南部山区捐款捐物851.22万元。2009年，教育厅组织人员先后3次前往南部山区9县（区），检查了167个支教点，与200多名支教队员和支教教师进行座谈。

〔甲型H1N1流感防控工作〕 2009年4月宁夏发现首例甲型H1N1流感病例。自治区教育厅按照自治区党委、政府有关甲型H1N1流感防控工作会议精神和“高度重视、积极应对、联防联控、依法科学处置”的工作要求，认真落实教育系统甲型H1N1流感防控工作，及时成立甲型H1N1流感防控工作领导小组，从5月6日起实行甲型H1N1流感防控工作24小时值班制度，严密监控疫情。秋季开学前，教育厅联合卫生厅及时制定下发了《关于印发〈全区学校甲型H1N1流感防控工作方案（试行）〉的通知》、《关于做好全区学校秋季开学甲型H1N1流感防控工作的意见》、《关于进一步做好学校秋季开学公共卫生事件防控工作落实甲型H1N1流感防控措施的紧急通知》等文件，要求各学校进一步完善工作方案，及早做好开学后学校甲型H1N1流感及秋冬季流行传染病的防控工作，确保学校稳定。秋季开学后，宁夏部分学校相继发现甲型H1N1流感确诊病例，教育厅在第一时间启动了防控工作应急预案，相继召开了全区各市、县（区）教育局主管局长、大中专院校主管校长和教育厅直属学校预防甲型H1N1流感专题会议，传达国务院及自治区党委有关秋冬季防控甲型H1N1流感的会议精神，召开区内高校甲型H1N1流感防控工作紧急会议和全区高校及厅直属学校甲型H1N1流感防控工作专题会议，与各学校签订甲型H1N1流感防控工作责任书，与自治区卫生厅联合下发了《关于开展学校甲型H1N1流感防控督导检查的紧急通知》和《关于我区学校首例甲型H1N1流感确诊病例情况的通报》等文件，对全区教育系统做好甲型H1N1流感防控工作做了进一步安排部署，要求教育部门积极配合卫生和疾病防控部门执行和落实好甲型H1N1流感各项防控措施，全力控制疫情蔓延。针对当前全区教育系统甲型H1N1流感防控工作的严峻形势，体卫艺处自9月份以来，积极采取措施，加强防范工作。加大宣传力度，于9月24日在银川市举办了“全区高校和银川地区中小学校校医和兼职卫生健康教师甲型H1N1流感防控工作培训班”，对110余名校医进行了培训。安排教育电视台在每天教育新闻之前和新闻中加强甲型H1N1流感防控知识的宣传，开学之前在宁夏电视台、宁夏报业集团等新闻媒体宣传关于防控甲型流感的相关政策和规定。各级教育行政部门和学校进一步加大甲型H1N1流感可防、可控、可治的宣传力度，把普及甲型H1N1流感防控知识作为当前一个时期学校宣传教育重点，通过健康教育课、讲座、班会、板报、“致家长的一封信”、“校信通”、“告知书”等宣传形式向学生及家长宣传预防甲型H1N1流感的相关知识，切实提高广大师生对甲型H1N1流感防控知识的知晓率，培养学生健康行为和良好的卫生习惯。会同卫生厅组织对学校进行预防甲型H1N1流感的培训，加大督察力度，先后多次到学校对学校防控工作进行督察，指导各级各类学校认真落实学生晨检、因病缺勤病因追查与登记制度和甲型流感信息“零报告”制度，做好教室、校舍等相关场所等消毒处理，强化与卫生行政部门和疾控部门的信息沟通，实行联防联控，确保各项防控措施的顺利实施。

〔**做好学校体育工作**〕 2009年7月5日至7日，教育厅与自治区体育局联合在六盘山高级中学成功举办了“神宁杯”第十届全区中学生运动会，全区共20个县市区的近万名中学生分别参加了开幕式表演和篮球、足球与田径项目的比赛。在全区中学生运动会成功举办的基础上，宁夏选拔了22名中学生组团参加了全国第十届中学生运动会。宁夏代表团被组委会授予“体育道德风尚奖”。在同时举办的体育科学论文报告会上，组委会对宁夏学校体育工作的成绩予以充分肯定，宁夏上报参赛的论文有15篇获奖，被授予“突出进步奖”。

及时安排部署了初中毕业升学体育考试工作和《国家学生体质健康标准》测试工作，各地教育行政部门严格按照有关要求组织实施了中考体育工作。10月开展了自治区《国家学生体质健康标准》测试赛，抽调专业人员组成测试组对全区十个县市区的30所学校90个自然班近1 800名中小学生进行标准测试。

为推进全国亿万学生阳光体育冬季长跑活动深入持久的开展，自治区教育厅、体育局、团委在2009年10月联合下发了《关于开展第三届全国亿万学生阳光体育冬季长跑活动宁夏地区活动的通知》，联合开展了“第三届全国亿万学生阳光体育冬季长跑活动”宁夏地区活动，到2009年年底全区有一半以上的县市区举行了冬季长跑活动启动仪式，各级各类学校均按方案要求将冬季长跑活动纳入日常教学计划，与体育课、早操、大课间活动及课外活动有机结合起来，提高学生机体免疫力，增强身体素质。8月8日至13日在北方民族大学成功举办了第十三届全国大学生羽毛球锦标赛。2009年6月联合自治区体育局对全区“全国第二批学校体育场馆向公众开放单位”的8所学校场馆对外开放情况进行了督导检查，对开放工作措施不到位的学校限期整改。2009年“隆湖杯”全区足球公开赛于8月21日至9月1日在银川举行，教育厅组队参赛，被组委会授予“公平竞赛奖”。8月在宁夏育才中学举办了为期一周的全区第二届体育传统项目学校体育骨干教师专业技能培训班，来自40多所学校的140名教师接受培训。8月19日中国首届民族民间体育开发研究会在宁夏大学举行，会议将回族地区学校体育特色推向全国。2009年10月至12月，举办了全区大学生CUBA篮球联赛、“李宁杯”足球联赛、大中专学生冬季越野赛等(13所学校30支代表队参赛)。宁夏代表队分别获得男子篮球和足球第一名，将代表宁夏参加全国大学生北方赛区的比赛。

〔**搞好校园文化艺术活动**〕 2009年2月8日至15日宁夏组团参加了在南京举行的全国第二届大学生艺术展演活动，宁夏教育厅、北方民族大学、宁夏财经职业技术学院、宁夏司法警官职业学院均被评为全国第二届大学生艺术展演优秀组织奖。

根据《教育部关于举办全国第三届中小学生艺术展演活动的通知》精神，宁夏教育厅年初下发通知对全区中小学生艺术展演活动进行了部署，10月对全区各市、县（区）上报参选的341件艺术作品、57个艺术表演类节目、94篇艺术类论文进行了评选，按规定选出一部分优秀作品参加全国展演活动，宁夏有17个艺术表演类节目获奖（二等奖4个、三等奖13个)；46件艺术作品获奖（一等奖6件、二等奖13件、三等奖27件)；6篇艺术教育论文获奖（二等奖2篇、三等奖4篇)；另有42位教师获优秀指导教师奖；宁夏教育厅和吴忠市教育局等5市县（区）被教育部评为全国中小学生艺术展演活动优秀组织奖。

为庆祝新中国成立60周年，于3月起在全区各级各类学校中广泛开展以“歌颂伟大祖国，肩负神圣使命”为主题的“祖国万岁”歌咏活动。全区各级各类学校开展歌咏活动的覆盖面超过了90%，充分结合五四、六一、教师节、十一等节日的庆祝活动，扎实开展“祖国万岁”歌咏活动，形成了“校校有活动、班班有歌声、人人唱好歌、师生共参与”的校园文化氛围。9月，教育部在重庆举行了爱国歌曲大家唱——全国教育系统“祖国万岁”歌咏活动集中展演，北方民族大学合唱团以总分排名第七的优异成绩获得了优秀演唱奖，宁夏教育厅和5所高校及9市（县、区）教育局均被教育部评为“优秀组织奖”。

2009年6月先后在宁夏高等学校师资培训中心举办了第二届全区美术教师“民间剪纸”培训班和全区中小学音乐教师“送培下乡”合唱指挥培训班，同时于9月组织全区40名音乐骨干教师参加了教育部组织的培训。

〔继续抓好语言文字应用工作〕 继续抓好普通话培训测试工作。2009年在抓好大中专院校学生普通话培训测试的同时，加强国家公务员、事业单位工作人员的普通话培训测试管理，今年普通话培训测试共9 274名，其中大中专学生7 679名、公务员200名、社会人员1 395名。

为庆祝新中国成立60周年，充分展示语言文字工作成就，宁夏高度重视，指定专人负责，成立编写小组。通过向各市、县（区）印发通知、收集原始材料、查阅历史文献资料，历时近三个月时间，完成了宁夏首部《新中国语言文字工作60年纪事（宁夏卷）》的撰写。上报教育部语言文字应用管理司审核出版。

开展全国普通话培训测试现状调研活动。根据《国家语委关开展全国普通话培训测试现状调研活动的通知》精神，印发了《自治区教育厅办公室关于开展全区普通话培训测试现状调研活动的通知》文件，测试中心组织部分国家级、自治区普通话水平测试员，对所辖银川市、石嘴山市、吴忠市、固原市和中卫市5个地级市53个单位的语言文字工作情况进行调研，形成专题报告上报国家语委普通话培训测试中心。

开展大中小学生规范汉字书写大赛活动。根据《教语用司关于举办“首届全国大中小学规范汉字书写大赛”的通知》要求，在全区大中小学中开展了规范汉字书写大赛活动。通过银川市、石嘴山市、吴忠市、固原市、中卫市的初评，全区共征集大、中、小学生硬笔、软笔书法586件。通过聘请专家评选，131件作品获全区一、二、三等奖。推荐参加全国大赛中，有32件作品分别获国家一、二、三等奖，43件获国家优秀奖。小学二组全国一等奖获得者银川二十一小蔡嘉琪和长庆九年制学校何碧琦在北京参加了全国特等奖现场竞技活动。

开展了第二批自治区、国家级语言文字示范校评审认定工作。根据教育部、国家语委要求，下发了《自治区语委关于开展申报、认定自治区级和第二批国家级语言文字规范化示范校工作的通知》，通过组织专家评审和实地抽查等方式，认定了20所自治区级语言文字规范化示范校，并从中推荐有15所中小学校被国家语委认定为第二批国家级语言文字规范化示范校。

建立了宁夏语言文字网。自2007年8月宁夏语言文字网建立以来，先后开设了“政策法规”、“组织机构”、“新闻动态”、“语文教育”、“语言常识”、“普通话测试”、“工作动态”等小板块。2009年11月24日，在教育部语言文字信息管理司主办的“全国语言文字工作系统网站建设评估交流会”上，宁夏语言文字网荣获“网站发展进步奖”。

开展了第12届全国推广普通话宣传周活动。2009年9月13日至19日是第12届全国推广普通话宣传周。自治区语委围绕“热爱祖国语言文字，构建和谐语言生活”的主题开展活动。据统计，本次宣传周活动，全区共发放宣传传单116 300份，开展不同层次的“中华颂”、“中华赞”演讲比赛活动286场（次），征集大中小学学生硬笔、软笔书法作品682件，通过评选向国家推荐各类作品86件，各单位悬挂“推普周”宣传主题横幅528幅。宁夏电视台、宁夏教育电视台刊发公益宣传口号30余条，播放专题新闻3次，广造声势，集中宣传，极大地提高了本次宣传周的宣传效果。

基础教育

〔**扎实做好德育工作**〕 2009年5月16日，在人民大会堂举行了由自治区教育工委、自治区教育厅和宁夏人民出版社联合举办的2009年全区学生“孝敬父母月”活动启动暨《百善孝为先》丛书赠书仪式，宁夏大中专院校、中小学生代表接受了自治区赠送的《百善孝为先》丛书5万册。宁夏自治区党委副书记于革胜，自治区党委常委、秘书长蔡国英，自治区人大副主任冯炯华等自治区领导参加了赠书仪式。会上对全区开展2009年学生“孝敬父母月”活动进行了安排部署。各地各学校认真贯彻落实《自治区教育工委、教育厅关于认真开展好2009年“孝敬父母月”活动的通知》精神，积极响应，广泛参与，组织开展了各种丰富多彩的“孝敬父母月”教育活动。

利用庆祝新中国成立60周年的良好时机，深入开展爱国主义教育系列活动。根据教育部和自治区党委的要求，2009年5月制定下发了《自治区教育工委、教育厅关于全区教育系统庆祝新中国成立60周年深入开展爱国主义教育系列活动的通知》，在全区各级各类学校倡导开展了以“我爱我的祖国”为主题的“六个一”活动，即举办一场以世情、国情、党情、区情、校情“五情”教育为主题的形势政策报告会，举办一次以“祖国万岁”为主题的歌咏活动，组织开展一次以“我与宁夏同发展”为主题的社会实践活动，举办一场“我与祖国共成长”为主题的演讲比赛，开展一次爱国主义知识竞赛，集中表彰一批全区“三好学生”、“优秀学生干部”、“优秀班集体”和“优秀教师”、“教育工作者”。

中小学思想政治教育和德育工作坚持育人为本、德育为先原则，2009年3月自治区文明办、自治区教育厅联合下发了“关于开展千名美德少年评选活动的通知”。8月底，教育厅、银川市、石嘴山市、吴忠市、固原市、中卫市文明办完成美德少年的推荐工作，确认自治区级美德少年参评人选。9月下旬，全区召开精神文明建设表彰大会对自治区级美德少年进行表彰奖励，教育厅直属中小学评选出200名“美德少年”，受到自治区文明委的表彰。2009年中央文明办、教育部、共青团中央、全国妇联决定在六一国际儿童节前后，组织广大未成年人开展“向国旗敬礼，做一个有道德的人”网上签名寄语活动；6月自治区教育厅下发了关于在全区开展“向国旗敬礼，做一个有道德的人”网上签名寄语活动的通知，按照要求各县（市、区）教育局、厅直属中小学在5月20日至6月10日期间在中国文明网、央视网等网站参与签名寄语活动。9月自治区教育厅转发了教育部基础教育一司《关于组织开展优秀童谣投票活动的通知》，组织各市、县（区）教育部门开展了中小学评选投票优秀童谣的活动。2009年继续实施“德育工作七个一计划”，即每所学校建设一个过硬的领导班子，培养一支过硬的班主任、辅导员队伍，每所学校都有一个健全完善、工作得力的德育工作体系，中小学每周上好一节中华民族传统文化课、学生每周背一首中国古典诗词，每个县市区建设一个青少年校外活动场所，开辟一个爱国主义教育基地。自治区教育厅于2009年4月启动了全区中小学“书香校园”创建活动，全区各级教育行政部门和学校严格按照《宁夏回族自治区中小学创建“书香校园”指标体系》要求，积极开展此项活动。经过各市、县（区）教育局组织验收和自治区教育厅严格审查遴选，于12月命名25所中小学作为“自治区书香校园”学校，并予以挂牌。2009年10月，确定50所中小学为宁夏第二批德育示范学校。2009年4月组织召开了“全区青少年校外教育工作总结暨表彰会议”，对灵武市等5个青少年校外活动中心进行了表彰奖励。组织10个市、县的管理人员赴上海参加了教育部举办的青少年校外场所管理人员培训班。

加强和改进中小学心理健康教育，进一步发挥心理健康示范学校的作用，抓住每年4月份的“心理健康周”和10月份“心理健康教育月”活动，做好心理健康教育工作，举办全区普通高中教师心理健康教育培训班，邀请全国知名专家、上海市七宝中学的杨敏毅来宁夏作专题讲座。

〔**做好学校安全管理工作**〕 依据季节和节假日学校安全工作的特点和规律，针对交通安全、公共卫生事件防控、大型集体活动的安全管理、安全教育、应急演练等工作，2009年教育厅先后下发了“关于全区学校安全工作2009年第1号、第2号、第3号预警通知”和《关于预防暑期学生溺水事故的通知》等安全预警和管理类文件，利用春、秋季开学“六项工作”督察的有力时机对各地落实情况进行实地检查，对存在的安全隐患要求限期整改。

开展“和谐校园”验收工作。按照《宁夏创建和谐校园实施方案》的创建进程安排，5月18日至22日组织六个专家组对各市、县（区）上报的81所学校进行遴选和实地验收，确定银川一中等31所学校为“自治区级和谐校园”。

按照自治区综治委学校及周边治安综合治理工作领导小组统一部署，5月制定了《2009年全区学校及周边治安秩序整治专项行动实施方案》，在国庆节前进行以党风廉政建设、规范教育收费、校务公开、规范学校办学行为、学校安全及学校开学常规管理等“六项工作”为主要内容对全区整治情况开展了为期一周的检查。2009年5月12日是我国第一个“防灾减灾日”，每年5月7日至13日为防灾减灾宣传周，宁夏教育厅组织全区教育系统开展了一系列提高防灾减灾能力和学生应急避险自救能力的教育活动，全区各级各类学校在宣传周期间100%开展了主题教育和应急演练工作。为深入开展学校防震减灾科普教育活动，增强广大青少年的公共安全意识，提高他们的地震灾害防御和自救互救能力，自治区地震局、教育厅、科技厅、科协在全区开展了创建防震减灾科普示范学校活动。5月19日，全区首批12所防震减灾科普示范学校授牌仪式在银川九中举行，组织各地教育、地震部门的会议代表现场观摩银川九中的防震应急演练活动。为进一步提升中小学安全教育与安全管理的水平，在教育部的支持下，教育厅在石嘴山市等四个县（区）组织实施了“2009年中小学国家级安全教育与安全管理远程专题培训”，有800名中小学校长和学校安全管理人员参加培训。

〔**推进义务教育均衡发展**〕 2009年在全面落实“宁夏义务教育均衡发展行动计划”的基础上，按照“因地制宜、分类推进、分步实施”的原则，启动了创建义务教育均衡发展示范县（区）活动。并制定了义务教育均衡发展示范县（区）的评价标准，从办学条件均衡、师资队伍均衡、教学质量均衡几个方面作了明确要求，深入推进“义务教育均衡发展行动计划”的实施。以办好每一所学校为宗旨，以加强薄弱学校为重点，以均衡配置教育资源为手段，对城市（镇）学校进行了大规模改造，并在全区各地广泛开展了优质学校与薄弱学校之间的“强弱联合”、“以强带弱”、“捆绑式”一体化发展战略，积极探索建立教育管理资源和教师资源定向交流制度，以整体提升义务教育学校办学水平。灵武、大武口、青铜峡三县（区）被教育部评为全国义务教育均衡发展先进地区。

〔**启动基本普及高中阶段教育工作**〕 根据党的十七大提出的“加快普及高中阶段教育”的要求，自治区党委、人民政府在巩固提高“两基”工作的意见中，确定了“在2012年全区基本普及高中阶段教育”的工作目标，到2012年全区高中阶段毛入学率达到85%以上，高中阶段教育在校生人数达到27万人以上，初中毕业生升学率要达到95%以上。根据8月2日自治区人民政府第42次常务会议研究并原则通过的《自治区基本普及高中阶段教育实施方案》，在西部各省区中率先启动基本普及高中阶段教育。规划：2009年，银川市、石嘴山市的市区基本普及高中阶段教育；2010年，银川市、石嘴山市所辖县（市），吴忠市利通区、青铜峡市，中卫市市辖区、中宁县基本普及高中阶段教育；2011年，吴忠市盐池县、红寺堡开发区，固原市原州区、隆德县、彭阳县基本普及高中阶段教育；2012 年，高中阶段教育基本普及。按照《方案》要求，教育厅下发了《宁夏普及高中阶段教育评估验收指标体系的说明》和建档目录。为了推进此项工作，2009 年 10 月 22 日全区普及高中阶段教育暨深入实施基础教育学校综合管理质量工程工作会议在银川召开，会议就全区普及高中阶段教育工作进行了全面部署。要求银川市和石嘴山市市区要在 2009 年年底前实现普及高中阶段教育目标。

12 月上旬，自治区人民政府组织专家组对银川市兴庆区、金凤区、西夏区，石嘴山市大武口区、惠农区进行评估验收，全区有 5 个市辖区基本实现了普及高中阶段教育目标。2009 年高中阶段毛入学率比 2008 年提高 7.38 个百分点，宁夏基本普及高中阶段教育取得突破性进展。为实现基本普及高中阶段教育的目标，宁夏教育厅加大对示范性高中建设力度，自治区投资 2 亿多元，新建和改扩建红寺堡高级中学、盐池中学、中宁中学、西吉四中、彭阳二中等 12 所高中，扩大优质高中资源。

〔深入推进创建教育强县（区）工作〕 2009 年 11 月，随着中卫市沙坡头区、吴忠市盐池县通过自治区人民政府的教育强县评估验收，全区有 14 个县（市、区）实现了教育强县（区）目标，占全区县（市、区）总数的 63.6%，川区县（市、区）全部实现了教育强县（区）目标；并在山区县启动创建教育强县（区）工作，按照“整体规划、分步实施、分类推进”的原则，2009 年初，南部山区创建教育强县工作也正式启动。在征求各县（区）意见的基础上，确定 25 个乡（镇）2009 年要实现教育强乡（镇），期间，教育厅多次组织专人深入创建一线进行检查指导，已有 32 个乡（镇）实现了教育强乡（镇）目标，超额完成了年初确定的工作任务。

〔深化评价制度改革〕 2009 年 3 月制定下发了《自治区教育厅关于 2009 年初中毕业考试和普通高中招生考试制度改革有关问题的通知》，决定继续增加优质普通高中招生指标分配到初中学校招生录取比例，由去年的 35%增加到 50%，使薄弱学校的学生也有机会到优质普通高中学校接受教育。

〔加强教育科研工作〕 坚持教育科研服务思想，不断加大教育科研为教育行政决策服务，为基层学校教育教学改革服务的力度。完成了《宁夏教育厅关于贯彻执行〈自治区党委、人民政府关于切实保障和改善民生的决定〉实施方案》、《宁夏民办教育发展若干意见》、《关于宁夏教育统计数据几个问题的分析说明》、《2008 年宁夏教育事业发展简明统计分析》、《改革创新谋发展继往开来铸辉煌》等报告。组织全区教师申报 2009 年度“全国教育科学规划课题”140 余项，经评审上报教育部 30 余项。50 余人次深入基层学校对课题单位进行培训、引领与指导，分别在吴忠市、石嘴山市、银川市召开了《全区“十一五”教育科学规划课题》中期评估及经验交流指导会。完成《宁夏教育科学“十五”规划课题成果集》、《宁夏教育科研》和《教育信息》四期的编辑出版工作。启动“宁夏百标学校内涵式发展行动研究”课题研究，深入 9 所实验学校开展研究工作。完成“世界银行贷款/英国政府赠款”提高《宁夏民族贫困农村地区学校教育质量效益行动研究》征文评选活动，评出一等奖 10 篇、二等奖 20 篇、三等奖 30 篇；同时开展了《宁夏民族贫困农村地区学校教育质量效益行动研究》17 所实验学校的咨询指导工作。完成《宁夏教育年鉴》（2001—2005）稿件的撰写、审稿工作和 2008 年《宁夏年鉴》（教育部分）、《中国教育年鉴（2009）》（宁夏教育部分）及宁夏回族自治区教育系统《汶川特大地震抗震救灾志》的撰稿和图片收集工作，已上报有关部门审阅编辑出版。

〔做好各类师资培训工作〕 组织开展中小学教师继续教育全员岗位培训。2009 年 1 月印发了《关于做好 2009 年全区中小学幼儿园教师继续教育全员岗位培训考核工作的通知》，对全区中小学幼儿园教师继续教育全员岗位培训考核工作做了统一安排部署。3 月，按学科，分六期举办了自治区级培训者培训班，来自全区 840 余名教研员及一线骨干教师参加了自治区级培训。9月，组织开展全区中小学教师全员岗位培训专业课考试。采用送培到市的方式，在全区开展了“以规范教学行为，构建有效课堂”为主题的信息技术学科教师全员培训。组建区级学科专家和骨干教师服务团，6月3日至27日，分赴银川市、石嘴山市、吴忠市、固原市、中卫市，历时25天，参与授课教师23人，培训信息技术学科教师2 100多人。

完成自治区级骨干教师培养培训。3月至8月，按学科，分六期举办了第三批357名自治区级中小学骨干教师培养对象第二、第三阶段学科研修班。目前，全区按照骨干教师培养计划，分三批全面完成了1 155名自治区级骨干教师的培训、实践、考核、认定工作。

举办高职院校教学管理人员研修班。2009年4月举办了首届高职院校教学管理人员研修班。全区有140余名高职院校教学管理人员和业务骨干参加了培训学习。

继续实施“牵手工程”。宁夏从2007年正式启动了“牵手工程”。2009年，在自治区党委组织部人才处的支持配合下，积极同江苏省协调增加挂职培训人数，由银川市、石嘴山市、吴忠市、固原市、中卫市推荐选派共75名中小学校长到江苏苏州市、常州市、无锡市进行为期一学期的挂职学习。2007年到2009年，宁夏先后选派190名中小学校长赴上海、江苏、深圳进行为期一学期的挂职锻炼。

组织开展农村中小学校长远程提高培训。7月至10月，利用现代远程教育资源，依托教育部小学校长培训中心和全国中小学教师继续教育网先后组织实施全区农村小学校长（正职）自治区级远程提高培训和农村义务教育中小学校长预算管理国家级培训，共培训中小学校长1 288人。

启动和实施中国移动中小学校长培训项目。为提高中西部地区中小学校长办学治校能力，提升中西部地区中小学管理水平，教育部、中国移动通信有限公司联合实施2009—2011年中国移动中小学校长培训项目。通过实地考察确定银川二中、银川实验中学2所高级中学，银川三中、银川回中2所初级中学，银川二十一小、银川二十小、银川景岳小学、银川唐徕小学4所小学作为宁夏区内培训项目实训基地学校。由银川市、石嘴山市、吴忠市、固原市、中卫市推荐确定区内外培训中小学校长69名，其中29名确定为区外培训人员；同时确定石嘴山市、吴忠市为基地组织远程培训本市中小学校长各100名。这一项目10月19日通过远程方式已经全面启动。

做好教育部援助边疆民族地区中小学骨干教师培训项目。8月15日至24日，组织实施了“2009教育部援助宁夏中小学教师培训”项目。来自全区26个市、县（区）的1 000名中小学骨干教师在宁夏医科大学参加培训，参训教师覆盖全区的456所中小学校，涉及小学、初中、高中三个学段的语文、数学、英语、物理10个学科。参训教师中有70%来自农村一线，有50%以上的教师是没有参加过县级以上培训的。本次培训是由教育部提供专项资金，利用省外高等师范院校资源在宁夏开展的中小学骨干教师国家级培训。这样大规模的集中培训在宁夏是首次，自治区领导高度重视。8月15日开班典礼，自治区党委副书记于革胜、自治区人大副主任冯炯华、教育部师范教育司司长管培俊以及陕西师范大学、教育厅领导和相关部门负责同志参加会议。中国教育报、宁夏日报、宁夏电视台、宁夏教育电视台等多家新闻媒体记者报道本次培训。与此同时，由教育部提供专项资金，实施的“2009年教育部中西部地区中小学骨干教师培训项目”在宁夏启动。为了提高宁夏薄弱学科骨干教师课堂教学实践能力，12月中旬由宁夏组建专家培训中小学教师200名，涉及小学英语、小学科学、初中历史、初中思想品德和初中信息技术五个学科。

实施农村骨干教师队伍建设计划。根据2008年自治区教育厅《宁夏农村中小学骨干教师培养培训计划》，用3年时间，重点遴选一批热爱农村教育的中青年教师和特岗教师，通过自治区、市、县三级培训，培养1 000名农村骨干教师，其中培养自治区级农村中小学骨干教师300名。第一批162名农村骨干教师第二阶段的集中培训学习已完成。2009年仍然把农村特岗教师作为重点培养对象，按照思想政治教育和师德修养、素质教育和基础教育课程改革理论、专业知识拓展与教材教法、课堂教育能力的训练与提高、班主任工作基本知识五个专题模块，采取集中学习、跟班听课、专题研讨等形式，成功举办了三、四两期农村特岗教师自治区级培训班，共有180名优秀农村特岗教师参加培训学习。充分利用教育部项目资源优势，采用远程教育资源手段，有针对性地开展教师培训工作。充分发挥“农村中小学现代远程教育工程”的应用效应和全国教师教育网络联盟的作用，采用以卫星电视为主的远程教育方式，暑假在同心县分两批组织开展了义务教育学校教师语文、数学、英语、品德与生活和初中语文、数学、英语、思想品德、物理、地理等10门学科的培训学习。学员通过网上互动、跟贴留言，与专家对话，集中学习、小组学习、小组交流、网上自学等形式。培训采用混合学习和在线学习两种形式，参与培训教师1 937人，其中小学教师1 519人、初中教师418人，混合学习1 937人，在线学习150人。继续实施“儿基会”、英特尔未来教育项目，2009年又有900名学科教师参加了英特尔未来教育在职和职前培训，取得合格证书。

实施“百校牵手”城镇学校帮扶农村学校计划。在全区选择100所办学水平好、师资力量强、教育质量高的城市中小学与100所农村学校结成对口帮扶关系，建立长期稳定的城乡联动机制。本着“帮扶一所，提高一所，示范一所”的原则，以城市带农村、优质带薄弱，资源共享，逐步实现农村学校规章制度进一步健全，办学行为进一步规范，教育教学质量进一步提高的工作目标，为全区城乡教育均衡发展提供有力支撑。

〔加强学前教育和特殊教育〕 为了提高农村学前教育水平，2009年8月，教育厅组织召开了第二期全区农村学前班教师培训会暨2009年度ECD（早期儿童养育与发展）项目工作会，参加培训的教师达500人，占全区学前教师总数的三分之一。选派了两名幼儿园园长参加了教育部组织的首批幼儿园园长培训班。积极协调相关厅局，调整了幼儿园收费标准，自治区级示范园由1999年确定的每生每月110元标准提高到260元，其他各类幼儿园收费标准相应提高。组织开展了第五批自治区级示范园评估工作。印发了《关于开展自治区级示范园评估验收工作的通知》，全区申报示范园的共8所，10月底已对拟申报的幼儿园进行了过程性督查，12月完成评估和命名工作。起草了《宁夏民办幼儿园管理办法》和《宁夏学前教育发展规划》，全面规划今后几年宁夏学前教育发展，提出了具体的目标。

全面完成儿基会ECD项目的各项省、县级活动，并将ECD项目工作与全区学前教育工作相结合，将儿基会项目全纳教育和儿童优先教育理论在全区学前教育机构推广，进一步扩大了项目实施的效益，为学前教育的发展提供理论支持。完成了儿基会教学质量监测项目的培训和组织测试工作。

着力发展特殊教育，认真实施中西部地区特殊教育学校建设工程，加强工作进度监管，对工程进度实行了月报制度，目前中央投资的西吉县、兴庆区、吴忠市3所学校的新建和改扩建任务已全部完成，新增特殊教育学校建筑面积7 697平方米。加强特殊教育师资队伍培训，聘请南京特殊教育职业技术学院专家对自治区所有特殊教育学校、特教班专任教师进行培训，有210名教师参加培训。组织安排人员参加教育部特殊教育学校高级研修班和教师研究生课程进修班，自治区有4名特殊教育学校校长参加高级研修班，有3名教师参加教师研究生班学习。

职业教育与成人教育

〔完成中职招生任务〕 2009年教育部下达宁夏4.3万人的中职招生任务，全区初中毕业生9.3

万人，普通高中招生4.8万人，中职招生任务十分艰巨。为了确保中职招生任务的完成，自治区教育厅在《宁夏日报》等区内主流媒体开展中职招生宣传工作，让更多的老百姓了解职业学校；同时组织全区30多所职业院校制作近200块展板到全区各市县举办职业教育成果巡回展示暨招生宣传活动，介绍国家有关中等职业学校的资助政策、奖学金、学费减免政策和优秀毕业生在工作岗位上的业绩，吸引更多的家长和学生关注职业教育，积极报名接受职业教育。以就业为导向，全力扩大中等职业教育规模，推进“技能致富”计划的实施，建立目标责任制，将招生任务分解到市、县和学校，以保证不能升入普通高中学习的初中毕业生都能接受职业教育或专业培训。宁夏连续七年超额完成中职招生任务。2009年宁夏中职招生扩大了招生对象，在应届初中毕业生，应届高中毕业生、往届初高中毕业生、回乡农村青年、返乡农民工、企业员工、退役士兵等各类人群中进行招生。中等职业学校的大门向所有接受过九年义务教育的群众敞开。各级教育行政部门层层抓落实，将招生工作细化到每个学校、每个班级、每个班主任和教师，宣传职业教育，让普通学校的教师、学生更加深入了解职业教育，有了更广阔的选择空间。宁南山区各县区早动手、早部署、早安排，主要在往届初、高中毕业生上下功夫，到7月份，春季招生已经完成全年任务的一半以上，为完成全年招生计划打下坚实的基础。完成中等职业教育招生任务43 963万人，超额完成自治区党委政府确定的4万人招生任务。2009年中等职业教育在校生大幅增长，比上年提高23.5个百分点；普通高中和中等职业教育协调发展。

〔**东西部联合招生合作办学**〕 拓展东西中等职业教育联合办学合作招生范围。2009年5月，在银川召开了东西部联合招生合作办学洽谈会，邀请鲁、闽、苏、津等4个省市的15个市、县（区）教育行政部门领导和90所中职学校的校长共计140余人来宁参加洽谈会。全区各中职学校与东部中职学校共签订125项合作办学协议，涉及173项次专业，签约人数达1.38万人，2009年累计签约1.8万人。同时，教育厅还与江苏、山东两省达成协议，为宁夏中职学校培养培训紧缺专业“双师型”教师100名，并为中职学校校长提供挂职锻炼岗位，使东西部职业教育合作办学深入开展。积极响应教育部号召，组织职业学校参加全国中等职业教育东西部联合招生合作办学洽谈会，签订意向性协议5 000多人。到11月中旬，完成职业教育东西部联合招生合作办学15 615万多人，超额完成了自治区党委、政府年初确定的1.5万人的招生任务。从2006年开始，4年来，全区赴东部职业学校学习、实习和就业的学生总数已超过5万人，其中近2万余名学生已经成功就业。

〔**职业教育基础能力建设**〕 建设自治区职业教育基地是自治区党委、政府加快宁夏职业教育跨越式发展的重大战略部署，是2009年教育系统的“一号工程”，事关宁夏职业教育改革发展大局。按照规划设计，基地占地8.8平方公里，涉及12所学校的调整，建成后可同时容纳10万人学习和实验实训，在西北乃至全国都会占有一席之地，产生重要影响。2009年启动四大建设工程，总概算投资21亿元，完成宁夏职业教育实验实训基地、宁夏职业技术学院、银川市职业中心一期建设工程，5 000名学生入住。支持固原职教中心、自治区职业教育实验实训基地、银川市职教中心、石嘴山职教中心、中卫南华山职教中心、吴忠民族职业教育学院完成一期建设工程。2009年在职业教育专项资金中安排自治区职业教育实验实训基地1 300万元，固原职教中心200万元，银川市职教中心、石嘴山职教中心、中卫市职教中心吴忠民族职业教育学院各300万元建设实训基地。目前支持项目全部完成。支持隆德、彭阳、西吉、海原、永宁、灵武、平罗、青铜峡等县市迁建或改扩建县级职教中心，其中永宁、灵武、平罗、青铜峡建成并投入使用。汽车维护保养、电子电工、服务设计、餐饮酒店服务、数据机床、煤炭化工等一批实训基地建成，实验实训条件等得到极大改善。

〔**职业教育教学改革**〕 认真贯彻落实《教育部关于进一步深化中等职业教育教学改革的若干意

见》精神，从计划招生、“双师型”教师培养培训、实训基地建设、经费投入等方面给予支持，引导职业院校打造优势特色专业，提高人才培养质量。2009年对中等职业学校1 053名公共基础课和德育课教师进行了新课程集中培训，并由自治区地方财政出资100万元，组织120名专业课、“双师型”教师、15名校长到江苏培训和挂职。积极组织参加教育部举办的国家级骨干教师培训和到国外进修等活动。实施涉农专业和农村家庭贫困学生的中等职业教育免费政策试点，制定试点方案，组织在盐池职教中心和固原农校开展试点工作，2010年将按照国家规定正式推广。建立中等职业教育技能竞赛制度，引导职业院校改革培养模式，强化技能教学。

〔**实施职业教育专业建设计划**〕　教育厅从专业设置、师资队伍、教学改革、办学条件、教学管理和社会认可度等方面，对全区高职院校和中等职业学校专业设置进行了全面评估，认定19个自治区高职骨干特色专业、32个自治区中职骨干特色专业，23所职业院校得到了专业建设资金支持，较好地解决了各学校专业设置过于重复、特色优势专业不够明显等突出问题。构建了以2所国家示范性高等职业学院、12所国家级重点中等职业学校、5所自治区级重点中等职业学校为示范的职业教育骨干办学体系。在广泛调研论证的基础上，制定了自治区职业教育实验实训基地管理运行实施方案，并制定了入驻职业教育基地学校、教师、专业、基础设施整合方案，后勤社会化管理办法和职业教育创业园区运行方案，有效整合了职业教育资源。

〔**举办中等职业教育技能大赛**〕　2009年4月，成功举办了全区首届中等职业教育技能大赛，给获技能大赛各职业（工种）第一名的学生颁发相应职业（工种）高级工《国家职业资格等级证书》、参加比赛的其他学生颁发相应中级工《国家职业资格等级证书》，在大赛期间，部分企业慕名而来，现场招聘，在宁夏交通学校承办的汽修专业的比赛中获得第一、二名的学生与企业直接签订就业合同。同时通过这次技能大赛选拔出的多名优秀学生参加了全国职业教育技能大赛，获得7个三等奖，为宁夏教育赢得了荣誉。

〔**构建农村职业教育培训网络**〕　认真组织实施“成人继续教育和再就业工程”、“农村适用型人才培训工程”、“农村劳动力转移培训工程”，努力构建以县职教中心为龙头、乡（镇）农民文化技术学校为骨干、村级农民文化技术学校为基础的农村职业教育培训网络。特别是面对金融危机农民工返乡的情况，全区各职业学校、县级职教中心积极承担农民工返乡后的技能培训，去冬今春利用寒假期间培训农民工1万多人。同时，扩大农村中小学现代远程教育工程应用范围，形成了覆盖广大农村地区的中小学信息技术教育网络，充分发挥了“一网多用”功能，在服务教育教学的前提下，积极服务农村党员干部培训和农民实用技术培训，将农村现代远程教育中心建成为农村科学知识、农业技术和先进文化的传播中心，社会主义新农村建设的重要阵地。

高等教育

〔**认真抓好高校党务工作**〕　认真贯彻落实第十七次全国高校党建会议精神，形成了《第十七次全国高校党建会议精神汇报提纲》，就全区贯彻落实会议精神提出了意见和建议，向自治区党委常委会作了专题汇报。筹备召开了第十七次全区高校党建工作会议，全面总结了改革开放以来全区高等教育事业和高校党建工作的成绩，并对全面推进全区高校党建工作进行了全面安排和部署。积极协调落实自治区党委常委联系高校制度，组织实施了党委常委联系高校“四个一”活动（即党委常委听取一次所联系学校的整体工作汇报，帮助学校解决实际困难和问题；为所联系学校的师生作一次形势与政策报告，加强对广大师生的国情和区情教育；参加一次所联系学校的校园文化活动；每年召开一次与所联系学校师生代表的座谈会，听取广大师生对自治区经济社会发展的意见和建议），各高校先后邀请自治区党委副书记于革胜，自治区党委常委、银川市委书记崔波，自治区党委常委、组织部长徐松南，自治区党委常委、自治区副主席齐同生，自治区委常委、宣传部部长杨春光，自治区党委常委、秘书长蔡国英等自治区领导到学校指导办学，协调解决学校改革发展中的问题和困难，并为师生作了4场形势政策报告。

〔**做好大学生思想政治教育工作**〕　紧紧抓住新中国成立60周年和“五四”运动90周年的重要契机，以加强爱国主义教育为核心，不断创新工作思路和载体，积极开展高品位、高质量、高水平的思想政治教育活动。4月27日，会同自治区广电总台举办了“陈建国书记与青年学子面对面”活动，邀请自治区党委书记陈建国走进宁夏广电总台直播间，与在校大学生面对面亲切交流，共话青春、理想和人生，并回答了大学生关心的就业、创业等问题。活动期间，自治区党委书记陈建国，自治区党委常委、宣传部部长杨春光，自治区党委常委、秘书长蔡国英等自治区领导用自己的亲身经历、热情洋溢的语言激励和发自肺腑的深情祝福，感染和激励着每一位在场的师生。自治区教育工委书记黄占华、自治区教育厅厅长郭虎回答了学生的提问。自治区广电总台于5月4日向全区播放大型访谈节目《书记学子面对面》，引起全区高校师生和社会各界强烈反响。为庆祝新中国成立60周年，纪念五四运动90周年，5月4日，在宁夏体育馆由自治区教育工委、自治区教育厅、自治区团委等共同主办的宁夏高校“我和我的祖国”大型主题教育活动隆重举行，全区有15所高校的近4 000名师生参会。自治区党委书记陈建国、自治区主席王正伟、自治区党委副书记于革胜到会，并为获奖的全区高校65名“三好学生”、25名“优秀学生干部”和20个“优秀班集体”颁奖。

认真组织实施高校思想政治理论课“四大工程”，即“名师培养工程”、“教学改革和教学质量提高工程”、“优质课程建设工程”和“保障体系建设工程”，切实加强思想政治理论课教学管理、学科建设和师资队伍建设，改进思想政治理论课教学方式方法，提高教学质量，有效增强思想政治理论课的吸引力和感染力。2009年举办全区高校思想政治理论课教师培训班，邀请武汉大学戴德铮教授、中国人民大学吴潜涛教授和张雷声教授等知名专家学者作了专题讲座，明确了新时期新形势下开展思政课教育教学工作的指导思想、目标任务、主要内容和教学方法。发挥全区高校思想政治理论课学科专业委员会的重要作用，加强对“马克思主义基本原理”、中国特色社会主义理论体系概论、中国近现代史纲要、思想道德修养与法律基础等课程教育教学的指导，推进中国特色社会主义理论体系和科学发展观进教材、进课堂、进学生头脑工作。

〔**阳光招生，确保教育公平**〕　2009年，教育厅继续以各种有效的政策措施来实施“阳光招生”政策，进一步增强招生政策、程序、结果的透明度，将高考招生大型电子显示屏、专用咨询电话开通到每个市县（区），让招生录取工作全过程公开，自觉接受社会监督。同时，2009年是全区首次实行平行志愿录取改革的第一年。为实现平稳过渡，教育部门提早准备，吸引了大批重点大学对宁夏的关注，清华、北大在自治区招生名额增加到60人，比去年增加一倍；上海6所教育部直属重点大学在自治区投放计划121名，比去年增长20%。为切实维护国家教育考试公平公正，2009年依据政策对77名违规考生进行了严肃处理，对39名考生给予取消各科成绩与下一年度报名资格的处理。进一步加大对高生移民的治理力度，会同公安、监察部门依据群众举报线索查处高考移民164名并全部取消录取资格，有关部门对相关责任人和责任学校也正按照有关规定进行调查处理。

〔**推进高等教育质量工程**〕　2009年依据《自

治区教育厅、财政厅关于实施高等学校本科教学质量与教学改革工程的若干意见》，组织实施“质量工程”，围绕教学关键环节，采取示范带动、点面结合，加大投入，深化改革，规范管理，有效提升高校人才培养质量。坚持“优势突出、特色鲜明、新兴交叉、社会急需”的原则，构建适应地方经济社会发展需要的专业体系。2009 年新增本科专业 14 个，高职高专专业 16 个。加强课程建设，促进优质教育资源共享。继续推进国家、自治区、学校三级精品课程建设和网络资源开发。所有精品课程实现网上开放、共享，为师生自主学习、创新发展提供便利条件。

〔**宁夏大学“211 工程”实施**〕 组织成立了自治区“211 工程”高校建设工作委员会，组织专家组对宁夏大学“211 工程”三期 7 个重点学科建设项目方案进行论证，使宁夏大学“211 工程”建设稳步推进。2009 年制定了宁夏大学“211 工程”建设规划，为了全面落实宁夏大学“211 工程”建设任务，加强对宁夏大学“211 工程”建设的组织领导、管理、协调工作，根据国家“211 工程”部级协调小组办公室的要求，根据教育厅宁教高[2009] 87 号和 305 号文件，教育厅向自治区人民政府申请成立了“自治区 211 工程高校建设工作委员会”，自治区党委副书记于革胜任主任，自治区政府副主席郝林海为副主任，教育厅厅长郭虎、副厅长冀永强为委员。委员会下设办公室，设在自治区教育厅，办公室主任由教育厅副厅长冀永强担任。其主要工作职能，一是对自治区“211 工程”高校建设的指导方针、目标任务、政策制定等重大问题进行决策；二是通过厅级联席会议制度，研究、协调、解决自治区“211 工程”高校建设有关问题；三是按照国务院“211 工程”建设部级协调小组及自治区党委、政府对自治区“211 工程”高校建设要求，监督检查宁夏大学“211 工程”建设各项任务的落实情况。“自治区 211 工程高校建设工作委员会”办公室是“自治区 211 工程高校建设工作委员会”的工作机构，主要职责是负责自治区“211 工程”高校建设工作的日常工作。

〔**高校教育成果和优秀学位论文评选**〕 2009 年开展了自治区教育成果奖评选活动，共评选出 2009 年度自治区级教学成果特等奖 3 项、一等奖 10 项、二等奖 29 项。同时推荐 10 项自治区教学成果参加国家教学成果奖的评选。已遴选建设 3 个国家级实验教学示范中心、17 个自治区实验教学示范中心。高等学校教育教学改革项目 20 项，大学生创新性实验计划项目 20 项，人才培养模式创新实验区 3 个。为保证优秀博士、硕士学位论文评选质量，采取区外专家通讯评审的方式，委托天津市学位办组织专家对宁夏高校推荐的 69 篇学位毕业论文进行评审，评选出优秀论文 30 篇（博士 1 篇、硕士 29 篇）。

〔**做好高校科研项目申报管理工作**〕 2009 年，各高校申报立项国家自然科学基金项目 51 项，国家社科基金项目 15 项，国家科技支撑计划项目 3 项，共获得国家级资助经费 3 040 万元；立项自治区自然科学基金项目 83 项，自治区社科基金项目 24 项，自治区科技攻关计划项目 17 项，共获得自治区级各类资助经费 384.5 万元。申报立项教育部“春晖”计划项目 21 项，获得资助经费 51 万元；2 项人文社科研究项目研究成果获得全国高等学校人文社科类科学研究优秀成果奖三等奖。还先后推荐教育部科学技术重点研究项目候选项目 13 项，教育部人文社会科学研究项目候选项目 33 项和教育部“新世纪优秀人才支持计划”候选项目 8 项。各类项目立项数量和获资助额度均有大幅提高。

2009 年宁夏高校申报科研项目 137 项，通过评审立项宁夏高校科研项目 96 项，资助经费 100 万元。针对高职院校科研水平较弱的现状，在高校科研项目验收及中期检查工作会上，组织所有高职院校在研项目进行项目进展情况汇报，请专家组针对项目进展情况提出意见建议。

〔**加强高校科技创新平台建设**〕 为各高校申报国家级、省部级科技创新平台提供各种便利条件，先后推荐宁夏大学王玉炯教授申报教育部“长江学者与创新团队发展计划”，推荐宁夏医科大学

“宁夏生殖与遗传重点实验室”申报2009年度省部共建教育部重点实验室。宁夏大学“旱区现代农业水资源高效利用工程研究中心，组织专家组论证，已通过教育部评审即将立项建设。加大对科技创新平台的管理，先后组织开展了1项教育部重点实验室验收、2项教育部新世纪优秀人才支持计划项目验收和10多项教育部科学技术研究重点项目的验收工作。

〔**加快研究生教育步伐**〕 为了加快宁夏学位与研究生教育工作的步伐，提高研究生培养质量。按照国务院学会委员会《关于做好新增博士、硕士学位授予单位工作的指导意见》，开展了宁夏学科和学位点中长期规划和新增博士学位授权单位建设规划工作。组织专家组对宁夏医科大学和北方民族大学的新增博士单位建设规划进行了论证，并经自治区学位委员会会议审定，已上报国务院学位委员会审核。2009年组织编制完成了《自治区高等学校2009—2015年学科和学位点建设发展规划》和《自治区高等学校2008—2015年新增博士学位授予单位立项建设规划》，并组织专家组对宁夏医科大学和北方民族大学的新增博士单位建设规划进行了论证，已上报国务院学位委员会审核。实施研究生创新计划，制定了《2009年高等学校研究生教育创新活动和落实区域工作方案》，从研究生培养模式、优质课程、学术论坛、科研活动、基地建设等方面入手，组织实施研究生教育创新计划项目。创新计划项目在各高校遴选申报的基础上，组织专家对77个申请研究生教育创新计划项目进行了评审，批准立项38项。

〔**扩大高等教育国际交流与合作**〕 2009年组织实施“西部项目”及各类国家公派留学项目。组织自治区高校、行政和企事业单位教师、管理人员和技术人员及中学英语教师等共计72人申报“西部项目”，经评审面试，共录取47人出国研修。为做好下一期“西部项目”签约工作，编制并上报了《宁夏自治区2010—2012年“西部地区人才培养特别项目”规划方案》及子项目建设方案。分别推荐5名国家公派留学项目申请人和6名“新加坡南洋理工大学高校英语教师进修项目”申请人参加评审，经评审，录取2名国家公派研究学者和1名“新加坡南洋理工大学高校英语教师进修项目”人员。2009年自治区各类公派留学人员录取总数为50人，比2008年增加了7人。

为了加强外教聘请管理工作，督促学校完成“十一五”外籍文教专家聘请计划，为7所高校及中学核拨资助外国文教专家聘请专项经费85万元。配合自治区外国专家管理局做好聘请外国专家单位资格核查及年检工作，共对3所学校聘请外国专家单位资格进行了实地核查，并认真做好外教聘请年度信息统计工作。

做好外国留学生审核管理工作。通过协调沟通，推荐宁夏大学申请“中国政府奖学金来华留学生招收院校”资格，经教育部国际合作和交流司评估，9月正式批准宁夏大学进入“中国政府奖学金来华留学生招收院校”行列。2009年，全区共有来华留学生325人，其中学历生102人、非学历生223人。受理高校外国留学生毕业预报16人，经国家留学基金委审核，已办理毕业证审核及发放。

支持高校扩大对外合作交流，促进高校与国内外高校间的合作，目前宁夏高校与几十所欧美发达国家的高校建立了友好合作关系。2009年共推荐30名高校青年骨干教师申报“高校青年骨干教师国内访问学者项目”，选派8名学生和教师赴马来西亚大学攻读硕士、博士学位。

〔**切实做好维护高校稳定工作**〕 教育工委、教育厅先后8次召开维护稳定工作专题会议，及时对维护稳定工作安排部署：建立全区维护高校稳定工作信息联络制度，及时收集和掌握各类苗头性问题；全年实行“24小时值班制度”、“稳定信息日报制”和“零报告制度”；建立突发事件应急管理制度，完善应急预案，开展应急演练，切实落实维稳责任。

〔**做好学生学籍学历管理工作**〕 根据教育部统一要求和安排，2009年顺利完成了26 482名本专科新生学籍电子注册、72 438名在校学生学年电子注册和15 796名本专科学历证书电子注册工作，审核办理各类高校学生转学79人次、转专业555人次，并对全区高校589名重名重身份证号的学生学籍进行了清查和整改。10月召开全区高校毕业生图像信息采集工作会议，对2009年学生图像信息采集工作进行了安排部署。加强高校学历证书审核认证工作，2009年度共审核各类高校学历证书2 870证次；配合全区事业单位、公务员和农村特岗教师等招考录用工作，共审核高校学历证书近1.3万证次。

〔**推进高校毕业生就业工作**〕 受金融危机等多种因素的影响，大学生就业形势严峻，工作任务艰巨。对此，教育厅加强工作部署，狠抓工作落实，积极应对毕业生人数大幅度增加和严峻就业形势的双重挑战：在2009年年初召开全区大中专院校毕业生就业工作会议，及时组织大中专院校认真学习中央和自治区关于做好毕业生就业工作的一系列重要会议和指示精神，并对教育系统做好毕业生就业工作进行全面部署和安排。会同自治区党委政研室、督查室、人力资源和社会保障厅等部门积极开展毕业生就业工作调研，及时研究工作中出现的新情况和新问题，并向自治区党委、政府领导汇报。坚持实行毕业生就业情况月报制度，并定期召开全区高校毕业生就业工作联系会，及时了解和掌握各高校毕业生就业工作的进展情况，加强对各高校工作的指导和检查。切实加强毕业生就业指导课程建设，组织有关专家编写和修订了自治区高校毕业生就业指导课统编教材《大学生职业发展实用教程》，指导宁夏高校全部开设了毕业生就业指导课程，重点开展对毕业生职业生涯发展规划能力的培养和指导。积极开展创业教育，先后会同自治区工商联等有关部门组织实施“创业大讲堂——优秀民营企业家进高校”活动，邀请新东方教育科技集团董事长俞敏洪、宝塔石化集团董事长孙珩超、新思路房地产公司总经理陈舒等著名民营企业家到高校作创业报告，加强对大学生创业知识与技能的教育培训。利用“福特基金项目”组织实施“提高高校贫困生能力”工程，组织开展了家庭经济困难大学生“走进社会、体验就业”等活动，切实加强对家庭经济困难学生特别是毕业生的能力建设，切实帮助他们解决经济上、心理上和求职过程中的实际问题，实现顺利就业。6月会同宁夏军区征兵办召开全区高校毕业生入伍服役义务兵役预征工作会议，全面部署自治区普通高等学校毕业生入伍预征工作。自治区教育工委副书记李秋玲、宁夏军区副参谋长王建军参加会议并讲话，来自全区各市、县（区）征兵部门、教育行政部门和部分高等学校的负责同志100多人参加了会议。会后通过讲座、校报、网络、广播、电视等途径，积极做好入伍优惠政策宣传；积极指导各高校、各地教育部门切实做好预征报名、身体初检、政治初审等工作。切实加强毕业生就业市场建设，2009年指导各大中专学校共召开毕业生招聘会12场次，为毕业生提供就业岗位约1.1万个，努力确保毕业生充分就业。充分发挥“宁夏毕业生就业网”的重要作用，2009年先后配合教育部、商务部、科技部等部门开展了8场次毕业生网上求职招聘会，提供就业岗位信息3 200个。认真做好毕业生就业安全工作，指导各高校加强毕业生思想政治工作，稳定毕业生心态。积极配合有关部门做好毕业生就业双选活动的管理和监察，严厉打击各类招聘欺诈和传销陷阱，确保就业安全和校园稳定。截至10月底，自治区高校毕业生就业率达到了81.4%。

民族教育

〔**实施二期“百所回民中小学标准化建设工程”**〕 2009年初，宁夏回族自治区教育厅积极协调自治区民委、财政厅和发改委，认真做好实施二期“百所回民中小学标准化建设工程”（以下简称

"百标工程")的各项准备工作。4 月 20 日，自治区政府召开主席办公会议，决定继续实施二期"百标工程"。按照要求，"百标工程"办公室在较短的时间内完成了 2009 年度项目学校确定、采购计划审核、设备招标采购等项工作。7 月举办了 2009 年项目学校校长及理化生、科学实验、电教教师培训班。对项目学校承担的教育教学科研课题开展了结题验收及中期检查工作，10 月底组织专家组对 2009 年项目学校进行检查、评估验收，完成了 11 所回民中小学标准化建设任务。

为了进一步提高"百标工程"项目学校教育教学质量，宁夏教育厅民族处与宁夏教育科学研究所共同立项《"百标工程"学校内涵式发展行动研究》课题，由宁夏教育科学研究所主持承担。确定九所中小学为课题实验学校，探讨如何利用"百标工程"项目学校良好的办学条件，通过校长、教师专业化发展和课程教学改革等，探索适合"百标工程"项目学校内涵式发展的途径。

〔做好"少数民族高层次骨干人才"研究生培养〕 2009 年教育部下达宁夏"少数民族高层次骨干人才"硕士生招生计划 128 人，全区硕士生报考人数 774 人，已正式录取 114 人，拟录取、已与教育厅签订协议的人数 36 人；博士生报考人数 146 人，已正式录取 36 人，拟录取、已与教育厅签订协议的人数 10 人。

首届"少数民族高层次骨干人才"计划研究生已于 2009 年毕业。为进一步做好国家定向培养少数民族高层次骨干人才硕士、博士毕业研究生就业指导工作，教育厅民族处主动加强与自治区人力资源和社会保障厅的联系和沟通，提供毕业生名单和基本信息，共同出台了《关于印发国家定向培养我区少数民族高层次骨干人才研究生就业工作实施意见的通知》，做好衔接和服务工作。

〔加强学校民族团结教育〕 2009 年自治区教育厅与自治区民委制定下发了《进一步加强学校民族团结教育工作的实施意见》，决定在全区中小学校统一开设民族团结教育课程，使用经全国中小学教材审定委员会审查通过的民族团结教育系列教材。并积极争取自治区财政厅的支持，联合下发《关于 2009 年秋季全区中小学民族团结教育教学用书有关问题的紧急通知》，将民族团结教育统一列入全区中小学地方课程，义务教育阶段免费提供，高中阶段按教材征订，尽快落实民族团结教育教材进学校、进课堂。

撰稿 陈惠英
审稿 陈晓东

新疆维吾尔自治区教育

概　　况

〔基本情况〕

2009 年各级各类学校校数、教职工、专任教师情况

	学校数（所）	教职工数（人）	专任教师数（人）
一、高等教育			
（一）研究生培养机构（不计校数）	(12)		
1. 普通高校	(9)		
2. 科研机构	(3)		
（二）普通高等学校	37	26 635	16 234
1. 本科院校	16	17 657	10 258
其中：独立学院	5	666	510
2. 高职（专科）院校	21	8 978	5 976
3. 其他机构（点）（不计校数）			
（三）成人高等学校	8	5 111	2 920
（四）民办的其他高等教育机构			
二、中等教育	1 866	152 148	127 151
（一）高中阶段教育	659	151 968	45 666
1. 高中	413	128 155	29 402
普通高中	413	128 155	29 402
成人高中			
2. 中等职业教育	246	23 813	16 264
普通中专	80	9 578	6 086
成人中专	24	2 285	1 954
职业高中	82	3 432	2 431
技工学校	60	8 479	5 760
其他机构（教学点）（不计校数）	(33)	39	33

续表

	学校数（所）	教职工数（人）	专任教师数（人）
（二）初中阶段教育	1 207	180	81 485
1. 普通初中	1 197		81 440
2. 职业初中			
3. 成人初中	10	180	45
三、初等教育	4 111	152 367	134 935
（一）普通小学	3 651	149 838	134 263
（二）成人小学	460	2 529	672
其中：扫盲班	396	1 851	511
四、工读学校			
五、特殊教育	10	429	319
六、学前教育	2 256	21 234	12 322

注：普通高中的教职工数中包含普通初中的教职工数。

2009 年各级各类学历教育学生情况

	毕业生数（人）	招生数（人）	在校生数（人）
一、高等教育			
（一）研究生	3 021	4 189	11 635
博　士	121	195	653
硕　士	2 900	3 994	10 982
（二）普通本专科	57 071	67 648	241 637
本　科	27 741	33 201	135 071
专　科	29 330	34 447	106 566
（三）成人本专科	19 381	18 499	51 418
本　科	7 972	6 546	18 818
专　科	11 409	11 953	32 600
（四）其他各类高等学历教育			
1. 在职人员攻读博士、硕士学位		549	1 846
2. 网络本专科生			
本　科			
专　科			
3. 其他			
二、中等教育	564 133	599 839	1 713 091
（一）高中阶段教育	208 601	258 870	683 626
1. 高中	137 290	148 869	417 139
普通高中	137 290	148 869	417 139

续表

	毕业生数（人）	招生数（人）	在校生数（人）
成人高中			
2. 中等职业教育	71 311	110 001	266 487
普通中专	41 866	53 692	147 439
成人中专	8 665	6 549	15 339
职业高中	8 883	28 243	54 777
技工学校	11 897	21 517	48 932
（二）初中阶段教育	355 532	340 969	1 029 465
1. 普通初中	354 969	340 969	1 027 697
2. 职业初中			
3. 成人初中	563		1 768
三、初等教育	435 074	318 488	2 109 436
（一）普通小学	339 836	318 488	1 973 890
（二）成人小学	95 238		135 546
其中：扫盲班	57 148		125 278
四、工读学校			
五、特殊教育	935	869	5 991
六、学前教育	179 889	340 116	490 610

注：特殊教育学生数中包括普通中小学随班就读的学生。

2009年各级各类非学历教育学生情况

	结业生数（人）	注册生数（人）
总　计	1 508 180	1 735 020
一、高等教育	82 638	17 768
（一）研究生课程进修班		324
（二）自考助学班		589
（三）普通预科生		258
（四）进修及培训	82 638	16 597
其中：资格证书培训	21 247	2 442
岗位证书培训	17 712	1 071
二、中等职业教育	1 425 542	1 717 252
其中：资格证书培训	51 996	38 629
岗位证书培训	24 857	19 419
（一）中等职业学校	85 750	48 336
其中：资格证书培训	34 018	22 151
岗位证书培训	16 578	10 301
（二）职业技术培训机构	1 339 792	1 668 916
其中：资格证书培训	17 978	16 478
岗位证书培训	8 279	9 118

2009年各级各类民办教育基本情况

	学校数（所）	毕业生数（人）	招生数（人）	在校生数（人）	教职工数（人）	专任教师数（人）
一、民办高等教育						
（一）民办高校	8	4 591	6 388	23 911	1 569	1 165
本科学生		3 005	3 767	15 395		
专科学生		1 586	2 621	8 516		
其中：独立学院	5	3 005	3 767	15 395	666	510
本科学生		3 005	3 767	15 395		
专科学生						
（二）民办其他高等教育机构						
二、民办中等教育						
（一）高中阶段教育	44	8 188	7 212	23 848	3 212	2 018
1. 民办普通高中	34	5 498	4 486	14 800	2 886	1 873
2. 民办中等职业教育	10	2 690	2 726	9 048	326	145
（二）初中阶段教育	29	6 113	4 906	16 400		
1. 民办普通初中	29	6 113	4 906	16 400		
2. 民办职业初中						
三、民办普通小学	29	6 248	5 477	31 181	1 808	1 350
四、民办幼儿园	840	37 496	61 081	108 490	9 383	5 225
另有：民办培训机构（不计校数）	(67)				634	329

注：民办普通高中的教职工数包含民办普通初中的教职工数。

〔**深入学习实践科学发展观活动**〕 教育工委、教育厅深入学习实践科学发展观活动。根据《自治区党委关于在全区开展深入学习实践科学发展观活动的安排意见》部署，自治区教育工委、教育厅作为第一批学习实践活动单位，自2008年10月13日至2009年2月26日，开展了以“践行科学发展，办好人民满意教育”为实践载体的学习实践活动。委（厅）党组高度重视，成立了以赵德忠书记为组长、吐尔逊·伊不拉音厅长任副组长的学习实践活动领导小组，制定了委（厅）学习实践活动实施方案。在学习调研、分析检查、落实整改三个阶段工作中，认真组织开展思想动员、集中学习培训、专题报告讲座、讨论座谈交流、深入基层调研、广泛征求意见、深刻分析检查、开好民主生活会、做好群众评议等各项工作。特别是在整改落实阶段，委（厅）党组围绕分析评议阶段群众提出的150余条意见和建议，梳理出了16个方面具体问题，逐项分解落实到领导班子成员，以《自治区教育工委、教育厅领导班子分析检查报告》为依据，在多次征求意见、反复研究修改的基础上，最终形成了《自治区教育工委、教育厅深入学习实践科学发展观整改落实方案》，确定了整改落实工作的总体目标和具体措施、时限及相关责任人。坚持边查边改，边整边改，突出实践特色。在加强体制、制度创新方面，废止和修改不符合科学发展的规定和制度13项。例如，为了加强农村中小学教师队伍建设、规范中小学教辅材料的选购和完善中等职业学校资助政策，制定了《关于取消自治区〈普通中小学教辅材料推荐目录〉的通知》、《新疆维吾尔自治区中等职业学校国家助学金管理实施办法》，并将自治区“国家农村义务教育阶段学校教师特设岗位计划”与“自治区人才储备编制计划”合并执行；抓紧制定《中小学教师绩效工资管理实施办法》。

自治区高等院校深入学习实践科学发展观活动。根据自治区党委《关于在全区开展深入学习实践科学发展观活动的安排意见》（新党发［2008］15号）和《自治区第二批开展深入学习实践科学发展观活动实施方案》（新学组发［2009］4号），自治区第二批深入学习实践科学发展观活动于2009年2月正式启动，到8月结束。新疆大学、新疆农业大学、新疆医科大学、新疆师范大学、新疆财经大学、新疆艺术学院、新疆工业高等专科学校、新疆职业大学、新疆教育学院、新疆广播电视大学、新疆天山职业技术学院、新疆现代职业技术学院等12所高等院校作为第二批深入学习实践活动单位相继开展了学习实践活动。

为积极配合自治区学习实践活动领导小组工作，联系指导掌握高校开展学习实践科学发展观活动情况，具体指导两所民办高校的学习实践活动，教育工委、教育厅成立了联系高校学习实践科学发展观活动领导小组、自治区民办高校学习实践科学发展观活动检查指导组，建立了委（厅）领导联系高校制度，制定了指导民办高校学习实践活动的方案。在推进各高校学习贯彻落实中央学习实践活动领导小组、教育部、自治区学习实践活动领导小组的有关会议精神和工作部署，总结交流推广学习实践活动的好经验、好做法，推动各高校结合自身特点、确定活动主题、创新活动方式、解决实际问题等各项工作中，较好地履行了联系沟通、检查指导、服务保障的工作职责。

自治区中等职业学校和中小学深入学习实践科学发展观活动。按照中央中等职业学校和中小学开展深入学习实践科学发展观活动的总体部署，从2009年8月开始，自治区5 221所中等职业学校和中小学（以下简称“学校”），59个党委、264个党总支、6 907个党支部，82 245名党员参加了第三批学习实践活动。各级教育行政部门和各类学校紧密结合实际，认真贯彻中央精神和胡锦涛总书记关于新疆工作的一系列重要讲话，紧紧围绕“提高教书育人质量、办人民满意教育”这一主题，把“加强民族团结、维护社会稳定”，坚决抵制民族分裂和宗教渗透，大力推进素质教育和“双语”教学，充分发挥学校党组织的领导核心作用，切实提高教师队伍政治素质、能力水平作为开展学习实践活动的目标任务，周密部署，精心组织，扎实推进，学习实践活动取得了显著成效。

各学校认真开展了规章制度的废、改、立工作，明确废改立的制度28 630多个，其中废除原有制度规定4 380多个，修改原有制度规定18 860多个，新建制度规定5 390多个，为学校科学发展提供了机制体制保障。全区学校通过开展学习实践活动，集中解决了涉及学校党建、德育、思想政治工作、师资队伍建设、教育教学管理、后勤服务、学校软硬件建设等方面的突出问题34 850多个。

学习实践活动初期，自治区公办、民办学校未建立党组织的有819所，通过各级教育行政部门的高度重视和积极努力，通过把扩大党组织覆盖面作为学习实践活动的主要目标之一，目前在667所学校建立健全了党组织。

〔**自治区通过“国检”，实现“两基”目标**〕2009年9月18日至26日，由教育部总督学顾问王湛任组长，8名国家督学为组员的国家“两基”督导检查组对自治区的“两基”工作进行了督导检查。检查组听取了自治区人民政府靳诺副主席关于“两基”工作的汇报，重点检查了喀什地区伽师县、阿克苏地区库车县、巴音郭楞蒙古自治州轮台县和伊犁哈萨克自治州新源县，抽查了4个县的9个乡镇、36所学校。随后又考查了乌鲁木齐市、和田地区、吐鲁番地区、哈密地区的9个县（区）、29所学校。同期，教育部副部长陈小娅也深入到塔城地区、阿勒泰地区、克拉玛依市和昌吉回族自治州的学校了解情况，检查“两基”工作。国检组共对自治区12个地（州、市）的18个县（市、区）及80多所学校进行了督导检查。

1995年，新疆全面启动“两基”工作。到20世纪末，全区93个县（市、区）中，有65个实现了“两基”。2004年，国家实施《西部地区“两基”攻坚计划》，自治区人民政府制定了新疆“两基”攻坚实施规划。在中央的大力支持下，自治区举全区之力，奋力攻坚，截至2009年3月，28个攻坚县全部实现“两基”，全区“两基”人口覆盖率达到了100%。

根据全国和新疆维吾尔自治区教育事业统计，结合“国检”督导检查中自治区人民政府的工作汇报和检查组的检查情况，新疆维吾尔自治区2008年“两基”主要指标完成情况如下。

1. 普及程度。小学入学率为99.81%，辍学率为0.05%，15周岁人口初等教育完成率为99.44%；初中阶段入学率为101.33%，初中辍学率为0.19%，17周岁人口初级中等教育完成率为96.01%；残疾儿童少年入学率为86.38%。

2. 师资水平。小学、初中专任教师学历合格率分别为99.45%、99.22%；小学、初中新补充教师学历合格率均为100%。小学、初中校长接受岗位培训并取得合格证书的比例均为100%。

3. 办学条件。小学、初中生均校舍面积分别为4.69平方米、7.27平方米。小学、初中仪器设备配备率达到规定标准，生均图书分别为11.12册、16.49册（不含电子图书）。消除了中小学D级危房。

4. 教育经费。2005年至2007年，财政对教育的拨款做到了“三个增长”（其中2007年预算内教育拨款增长比例低于财政经常性收入增长比例，2008年底自治区已安排专项经费将欠拨资金1.97亿元予以补齐）。教职工工资按时足额发放。

5. 教育质量。小学、初中毕业率分别为99.35%、99.16%。

6. 扫盲工作。全区青壮年人口非文盲率达到99.57%以上，复盲率控制在5%以内。

根据上述指标完成情况，国家教育督导团认为，新疆各县（市、区）“两基”工作在自治区评估验收后，继续巩固提高，全区“两基”主要指标基本符合国家和自治区规定的验收标准。

2009年9月26日，国家“两基”督导检查工作总结会在乌鲁木齐市举行。国家“两基”督导检查组组长王湛反馈了督导检查意见。

中共中央政治局委员、自治区党委书记王乐泉，教育部部长周济，国家总督学、教育部副部长陈小娅出席总结会并作重要讲话。自治区党委副书记、自治区主席努尔·白克力主持会议并代表自治区人民政府作了表态性发言。自治区、兵团领导韩勇、李屹、白志杰、尔肯江·吐拉洪、杜秦瑞、靳诺、宋建业和国家“两基”督导检查组成员出席了总结会。

2009年10月12日，国家教育督导团向自治区人民政府办公厅下发了《国家教育督导团对新疆维吾尔自治区“两基”督导检查的意见》（国教督[2009]4号）。

2009年10月26日，教育部向自治区人民政府下发了《教育部关于认定新疆维吾尔自治区实现“两基”目标的意见》（教督函[2009]3号），认定自治区实现了“两基”目标。经过六十年的努力，十五年的攻坚，新疆的“两基”规划目标终于提前一年实现并通过了国家的全面督导检查和验收确认。

〔教育经费投入〕 2009年，新疆各级各类教育经费实现全面增长，年度教育总投入达到298.48亿元，比上年增长了18.41%。落实自治区本级财政拨付专项资金48.14亿元。

〔教育基建工程项目〕 中小学校舍安全工程。2009年4月，国务院正式启动实施全国中小学校舍安全工程后，自治区安排20亿元地方债券资金启动中小学校舍安全工程。其中6.6亿元用于消除中小学D级危房，安排项目学校338所，建设任务72.85万平方米，改造D级中小学校危房66万平方米；另13.4亿元用于中小学校舍抗震加固改造项目，安排抗震加固工程任务372.09万平方米，更新改造工程任务14.16万平方米。

农村初中校舍改造工程。2008年底至2009年共下达项目资金3.55亿元，批复建设面积32.4万平方米，建设项目学校107所。

〔落实和完善农村义务教育经费保障机制〕 2009年，全区落实并下达农村义务教育经费共计18.5亿元，其中中央资金13.7亿元，自治区本级资金3.3亿元，地县资金1.5亿元。其中，下达农村中小学公用经费补助8.9亿元，取暖费1.6亿元；下达农村家庭经济困难寄宿生生活补助2亿元，共有28.72万名贫困寄宿生享受生活补助，占全区农村义务教育阶段寄宿生总数的95%；下达中小学校舍维修改造资金3.64亿元，计划建设面积39.3万平方米，已完工36.3万平方米；下达免费教科书中央资金2.4亿元，对236万名中小学生免费提供了教科书。

2009年，自治区总结了近年来落实和完善农村义务教育经费保障新机制工作的经验与不足，重点在制度建设、监督检查、业务培训、政策宣传等四方面加大了工作力度。一是继续推行"校财局管校用"的管理模式。二是积极配合做好"两基"巩固提高工作，逐步建立和完善农村中小学预算制度、资金管理制度、固定资产管理制度、票据审批及管理制度、结算及转账制度等各项财务管理制度。三是继续加大调研、指导力度。多次组织专业技术人员对新机制工作进行了检查，及时发现存在的问题，并两次召开专题汇报会对有关领导进行问责，要求有关县（市）具体落实整改情况，不断加强对中小学财务活动的监管，提高资金使用效益。四是加大财务人员培训力度，提高财务人员自身素质和业务水平。组织开展了两期培训班，共对260名基层财务人员进行了培训。五是广泛开展政策宣传，接受舆论监督，使党和政府"种田不交税、上学不缴费"的惠民政策家喻户晓，深入人心。

〔免除城市义务教育阶段学生学杂费〕　2009年，全区共拨付免除城市义务教育阶段学生学杂费资金1.07亿元，其中中央资金5 353万元、自治区本级资金1 857.1万元、地县配套3 495.9万元。共有64.31万名学生享受这一政策，覆盖全区所有城市义务教育阶段学生。

〔各级各类学生资助〕　2009年自治区共下达各项助学资金3.3亿元。其中，拨付高校国家奖学金257.6万元，资助标准为8 000元/人·学年，资助学生322人，约占在校生总数的0.16%；拨付高校国家励志奖学金2 871万元，资助标准为5 000元/人·学年，资助学生5 742人，约占在校生总数的2.87%；拨付高校国家助学金10 513.7万元，资助标准为1 000元/人·学期，资助学生105 137人次。拨付中职国家助学金16 813.65万元，资助标准为750元/人·学期，资助学生224 182人次；拨付2009年春季学期汶川地震灾区学生中央特别资助经费179.2万元，其中普通高校168万元，中等职业学校11.2万元；拨付2009—2010学年中央专项彩票公益金教育助学项目资金2 414万元，资助标准为1 000元/人·学年，资助学生24 140人，占农村（含县、镇）普通高中在校生总数的15%。2009年秋季，全区各高校共有2 232名新生通过"绿色通道"顺利入校。

2009年3月，教育厅对全区15个地州，99个县、市教育局学生资助管理中心及200余所中等职业学校具体负责资助工作的人员进行了全国中等职业学校学生信息管理系统的培训。2009年秋季学期起，国家拨付自治区4 880万元用于免除中等职业学校农村家庭经济困难学生和涉农专业学生学费，惠及南疆三地州所有农村户籍中职学生。

2009年10月，自治区机构编制委员下发了《关于地（州、市）、县（市、区）学生资助管理中心机构编制有关事宜的通知》（新机编办［2009］186号）文件，为今后落实各地学生资助管理中心的人员和编制，改变全区各县级资助中心无机构、无编制、无专职人员的现状，为顺利实施生源地信用助学贷款工作奠定了基础。

〔高校学生伙食补贴〕　2009年中央、自治区共下达补贴资金4 956.87万元。其中：2009年春季中央拨付的普通高校家庭经济困难学生临时伙食补贴资金822万元，补贴标准为每生每月40元，补贴期限为5个月，享受人数为4.11万人，覆盖面为在校生总数的20.6%。2009年春季和秋季自治区拨付的高校伙食补助每人每月20元（按一个学期5个月计算，共计10个月），共补助资金4 134.87万元，享受人数覆盖面达到100%，资金拨付到食堂。同时要求学校从事业收入中按每人每月20元的标准配套，配套资金的75%用于学生食堂补助，25%用于困难学生补助。确保学校食堂"价格不涨、份量不减、质量不降"。

〔化解高校债务，落实高校生均经费增长〕　按照“2008年6月11日，自治区党委常委会议纪要（新党常［2008］24号）中：2007年末自治区本级高校的贷款由自治区财政和有关高校按一定比例共同承担，从2009年起逐步偿还”的决定，2009年根据自治区财经领导小组会议精神，制定了2009年自治区普通高校2亿元贷款债务的化解方案，11月份资金已拨付到位。

根据财政部、教育部《关于完善中央高校拨款制度的通知》精神，参照部属高校生均经费拨款的分配方法，会同财政部门对2010—2012年新一轮高校生均经费拨款进行测算，并提出了相关分配方案。经自治区党委财经领导小组研究决定，2010—2012年自治区高校生均经费拨款在2009年的基础上每年新增1亿元，三年累计增加6亿元。2010年高校新增1亿元的资金分配方案已经落实，并已编入部门预算。

〔**“七·五”事件大事记**〕 7月5日14：00时，接到昌吉学院“发现网上号召维吾尔族学生当日北京时间19点在乌鲁木齐市人民广场聚集”的信息情况报告后，委（厅）党组一面及时向自治区党委、政府有关领导报告情况，一面紧急部署各高校、各地教育行政部门做好排查、防范工作。18：00时许，委（厅）主要领导亲自前往人群聚集地和游行路线沿途了解情况，组织高校领导、辅导员和班主任，寻找学生并做劝返工作。

20：30时，根据自治区党委安排，召开乌昌地区高校书记、校长紧急会议，部署防控工作，努尔·白克力主席作重要讲话，就专题部署防控工作提出要求。同时，各高校加强力量深入人群聚集一线现场，跟踪查找劝回本学校参与聚集学生。

21：00时，委（厅）领导以及各高校主要领导立即赶回本单位，全面部署相关工作，实施24小时值班制。机关办公室召集委（厅）机关反恐应急分队，确保机关大楼和家属区安全，并通知要求各高校实行零报告制度，及时掌握高校动态。同时，根据事态发展的新情况，及时将事件不断升级的严峻形势在第一时间通报全区高校，并提出具体要求：一是一个不漏地清查人员在位情况；二是加强学校、院（系）各级全天候值班；三是严密关注和掌握本校区、本区域事态发展；四是坚决防止和控制学生在校内聚集；五是强化校园安全管理，封闭校门，全时巡逻；六是畅通信息渠道，每两小时上报一次情况。

事发当天，自治区教育厅一名借调干部（新疆艺术学院教师王磊）、一名事业单位退休干部被杀害，一名机关司机被打受重伤，三辆卧车不同程度遭打砸损坏，厅机关大楼一至三楼部分临街门窗玻璃被砸毁。

7月6日，凌晨1点，教育工委、教育厅向教育部上报及时了解到的“七·五”事件的初步情况。

凌晨4点，组织机关办公楼内的全体干部收看了努尔·白克力主席的电视讲话。委（厅）领导就如何贯彻落实努尔·白克力主席讲话精神提出要求：一是所有处室全面清查干部、职工在位情况；二是教育引导干部职工要认清事件真相，绝对不能上敌人的当；三是要切实履行职责，全身心投入到维护教育系统稳定上来。

早晨8：30时，委（厅）主要领导前往新疆大学，部署新疆大学校园稳定工作。根据自治区党委安排，决定吐尔逊·伊不拉音厅长坐镇新疆大学指导稳定工作。

13：00时，委（厅）主要领导参加自治区“七·五”事件通报大会之后，立即召开机关和直属事业单位干部大会，将会议精神传达到全体党员干部。同时，通知要求各地教育行政部门、各高校及区属中等职业学校切实落实好自治区党委部署，并结合《中共教育部党组关于坚决贯彻中央决策部署，切实维护教育系统稳定的紧急通知》（教电［2009］1959号）的精神，强化职责、明确任务、细化责任，以实际行动贯彻落实好自治区“七·五”事件通报大会精神。

18：30时，自治区党委副书记、自治区主席努尔·白克力亲临新疆大学召开师生座谈会，对进一步做好高校稳定工作作出重要指示。

自7月6日起至10日，委（厅）领导陪同自治区党委、人民政府有关领导在新疆农业大学、新疆医科大学、新疆师范大学、新疆财经大学、新疆艺术学院、新疆工业高等专科学校、乌鲁木齐职业大学等十几所高校检查指导学校安全稳定工作，召开干部师生座谈会，传达自治区党委部署和领导讲话精神，了解学生思想动态，教育引导学生正确认识事件的性质，认清“三股势力”的本质和危害，坚定立场，切实增强师生员工维护学校稳定的信心和决心，把思想统一到自治区党委决策和部署的精神上来。

7月7日，根据自治区党委［党办发电63号］通知要求，自治区教育工委、教育厅立刻通知机关各处室、各直属单位的全体干部职工以及离退休职工，于17：00时准时收看中共中央政治局委员、自治区党委书记王乐泉的重要电视讲话。随后，赵德忠书记就如何贯彻落实好党委和王乐泉同志讲话精神提出了几点要求。一是所有处室、单位再次逐一清点本单位干部、职工人数，明确去向，确保全厅干部及家属无一人参加游行、示威、围观、聚集活动。二是目前自治区的总体形势是平稳的，自治区党委、人民政府正在积极妥善地处置后续事宜，全体干部职工要充分相信党委、政府有能力处置好、平息好“七·五”事件。绝对不能上敌人挑起民族仇恨的当，要把仇恨集中在以热比娅为首的“世维会”和境内外敌人身上，集中在打、砸、抢、烧、杀的严重暴力犯罪分子身上，而不能集中在我们的民族兄弟身上，千万不能干让亲者痛、仇者快的事。三是各处室、各单位领导要切实履行好职责，管好自己的门、看好自己的人，将干部、职工组织起来，守卫好机关和单位，确保一方平安。

7月9日，中共中央政治局委员、国务委员刘延东在新华社《供中办国办秘书局信息专稿》（第1 500期）“新疆医科大学应对措施得当，1.8万各族师生无人参与暴力活动”上批示：“新疆医科大学领导班子具有高度政治敏感和政治责任心，旗帜鲜明而又周密部署，维护了校园稳定和师生安全。请向校班子和广大师生表示慰问！”

7月10日，中共中央政治局常委、政法委书记周永康到新疆师范大学，与新疆师范大学各族学生、教师代表座谈。国务委员、公安部部长孟建柱，中央政法委秘书长周本顺，国家民委党组书记杨传堂，中央办公厅副主任赵胜轩，国务院副秘书长汪永清，中央统战部副部长李东生以及自治区有关部门领导参加了座谈。中共中央政治局委员、自治区党委书记王乐泉主持座谈会。

周永康在座谈会上作了重要讲话，对新疆师范大学各族师生在“七·五”事件中的表现给予了充分的评价和肯定。同时，希望师大的领导、教师和全校同学，经受这样的洗礼，能更快地成长、更好地成长，能够真正承担起社会赋予的历史责任。

王乐泉要求学校把周永康同志对广大师生的肯定、鼓励、勉励的意见尽快地传达到全校师生员工当中去。

自治区教育工委、教育厅召开干部大会，强烈谴责、声讨“七·五”暴力恐怖事件。机关全体干部职工、直属事业单位领导共260余人参加了大会。15名厅级领导干部和4名处级干部代表进行了声讨发言，大家谈认识、讲立场、表决心，强烈谴责“七·五”暴行，愤怒声讨“三股势力”的罪行。会后，截至12日，厅机关及直属单位干部职工为“七·五”事件受伤害群众共捐款近11万元。

7月12日，教育工委、教育厅向各高校、各地州下发《关于做好暑期学生思想政治教育工作的紧急通知》（新教电36号）和《关于做好内高班、协作计划学生暑期稳定工作的通知》（新教电37号），同时转发了自治区党委《关于进一步做好返乡学生宣传教育工作的通知》（新党办发［2009］69号），紧密结合教育系统实际，对组织开展全区暑期返乡学生宣传宣讲、思想政治教育工作做了全面的安排部署。

7月16日，自治区大中专院校教师声讨“七·五”严重暴力犯罪事件座谈会在新疆大学召开。自治区党委常委尔肯江·吐拉洪、自治区副主席靳诺、自治区人民政府副秘书长刘华及自治区教育工委书记赵德忠、教育厅厅长吐尔逊·伊不拉音等教育厅领导和18所大中专院校的28名各民族教师代表参加了会议。

自治区教育工委、教育厅召开干部大会传达自治区7月15日下午干部大会有关会议精神及自治区党委、自治区人民政府关于处置乌鲁木齐“七·五”打砸抢烧严重暴力犯罪事件、维护新疆社会稳定的重要工作部署。重点学习了中共中央政治局委员、自治区党委书记王乐泉在自治区干部大会上的讲话以及自治区党委副书记、自治区主席努尔·白克力的讲话。厅机关全体干部、直属事业单位领导班子成员、离退休干部代表共200余人参加了会议。

7月23日，教育工委、教育厅印发《关于做好秋季开学后大中专院校师生员工思想教育的意见》的通知（新教党建［2009］2号）。

7月24日，自治区召开区属中等职业学校“七·五”以来维稳工作情况汇报会，就中职学校进一步加强民族团结教育和师生思想政治教育、促进社会和谐稳定作出工作部署。自治区党委常委尔肯江·吐拉洪，教育工委、教育厅党组书记赵德忠，教育厅厅长吐尔逊·伊不拉音和自治区人力资源和社会保障厅、林业厅等相关厅局领导及乌鲁木齐市的19所中职学校领导参加了会议。

7月25日17：00时，召开了“自治区中小学深入开展民族团结教育电视电话会议”。自治区、地（州、市）、县（市、区）三级党委、政府主管教育的领导，三级教育行政部门的领导，全区中小学校（含中等职业学校）校长、书记参加了电视电话会议。自治区党委常委尔肯江·吐拉洪作重要讲话，教育工委、教育厅党组书记赵德忠宣读《关于进一步做好当前形势下中小学民族团结教育工作的通知》。会议由自治区副主席靳诺主持。

7月29日，受国务委员刘延东和教育部部长周济的委托，教育部副部长鲁昕一行赴乌鲁木齐检查指导教育系统稳定工作，专门听取新疆教育系统针对“七·五”事件，在暑期及开学前后大中小学校师生集中专题教育情况的汇报。自治区党委常委尔肯江·吐拉洪、自治区副主席靳诺等自治区领导，自治区教育工委书记、教育厅党组书记赵德忠，自治区教育厅厅长吐尔逊·伊不拉音等教育厅领导和主要处室负责人参加了汇报会。

7月30日，自治区党委常委尔肯江·吐拉洪召集各高校团委书记开会，听取“七·五”以来各高校共青团组织的工作情况汇报并对下一阶段共青团的工作提出要求。教育工委书记、教育厅党组书记赵德忠，教育工委副书记赵卫山，教育厅副厅长孙也刚参加了会议。

8月18日，自治区高校领导班子全体成员、乌昌地区中等职业学校党政一把手暑期集中学习培训班开班。培训班主要任务是进一步认清“七·五”事件真相本质，总结梳理大中专院校在“七·五”事件中的经验教训，查找反思工作中的不足和问题，培训部署秋季开学前后师生集中专题学习教育工作。中共中央政治局委员、自治区党委书记王乐泉在开班仪式上强调，全区各大中专院校领导干部要充分认识做好当前师生员工思想教育引导工作的极端重要性，深入、扎实地开展好秋季开学前后师生的集中专题学习教育活动，确保学校师生思想稳定，有力地维护全区社会政治大局的稳定。自治区党委副书记、自治区主席努尔·白克力主持开班仪式。自治区领导韩勇、白志杰、尔肯江·吐拉洪、靳诺出席开班仪式。

基础教育

〔幼儿园规范化建设〕 2009年8月，自治区教育厅制定印发了《新疆维吾尔自治区示范性幼儿园评估标准（试行）》和《新疆维吾尔自治区示范性幼儿园评估实施办法》，建立自治区、地、县、乡四级示范性幼儿园评估体系，计划利用5年至10年时间，在全区建设100所对各级各类学前教育机构起示范、引领、辐射作用的高水平、高质量的自治区示范性幼儿园。

〔普通高中新课程改革〕 为指导普通高中做好选修课程的开设，2009年10月，自治区教育厅制定印发了《新疆维吾尔自治区普通高中选修Ⅰ模块开设指导意见》。为贯彻落实国家和自治区普通高中课程管理的有关规定，自治区人民政府办公厅下发《关于做好普通高中通用技术课程开设工作的通知》，自治区教育厅印发了《自治区普通高中通用技术专用教室建设方案（试行）》，明确通用技术专用教室设施配备、经费保障、课程开设、教育教学等方面的要求，指导各地各学校落实高中课改要求，开好通用技术课程。加强基础教育课程改革课题研究工作，组织专家对各地申报的260多项自治区普通高中课程改革研究课题研究项目进行评审，其中《普通高中新课程背景下学生学习方式的研究》等55项课题通过了评审并立项。

3月22日至4月1日，组织举办了自治区高中课改专业指导人员高级研修班，全疆各地、州、市125名学员参加了研修。

3月30日至3月31日，组织举办自治区普通高中通用技术课程培训班，各地、州、市、县的普通高中通用技术学科授课教师、部分中学校长、教研员和仪器站站长共201人参加了培训。

10月25日至11月14日，组织开展自治区普通高中课程改革样本学校评估工作，对全区15个地、州、市51所样本学校新课程实施情况进行评估，总结了各学校好的经验和成果，对样本学校在高中课程改革推进过程中出现的困难和问题进行了专业指导与答疑，提出了加强和改进普通高中课程改革的建议与对策。

〔**特殊教育**〕　2009年8月，自治区人民政府公办厅下发《新疆维吾尔自治区特殊教育教师培养培训规划》，计划从2009年起，实施新建和改扩建特殊教育学校教师岗前培训、现有特殊教育学校骨干教师培训、特殊教育学校教师全员轮训、教师培养培训院校和实习基地“培训者”培训等四个培训项目，进一步提升新疆特殊教育教师专业水平。全区特殊教育教师培训工作纳入自治区中小学教师继续教育管理及教师培训计划。自治区财政下达首批培训经费92.5万元。9月6日，新疆2009年新建和改扩建特殊教育学校教师岗前培训班顺利开班，9所项目学校的50名教师在南京特殊教育职业技术学院进行为期一年的系统培训。

11月，自治区编办下发了《新疆维吾尔自治区特殊教育学校教职员编制标准暂行办法》，明确特殊教育学校内设机构、教职员组成及编制标准，规定特殊教育学校班额8—12人，盲生班班师比为1∶4，聋（哑）班班师比为1∶3.5，智障班班师比为1∶4.5，普通中小学附设的特教班班师比为1∶4。

〔**中小学安全教育**〕　为进一步加强自治区中小学安全教育活动，按照全国中小学“安全教育日”主题活动有关要求，自治区教育厅决定从2009年起启动自治区中小学校“安全教育周”主题活动，在下发的《关于开展自治区中小学“安全教育周”主题活动的通知》中，确定每年3月的最后1周为自治区中小学“安全教育周”。要求各地、各学校高度重视“安全教育周”活动，结合全国中小学“安全教育日”主题活动，围绕交通事故、溺水、拥挤踩踏、食物中毒、药物不良反应、火灾、校园暴力和校园设施安全、网络安全以及各种自然灾害等主题，确定“安全教育周”活动内容，对学生进行内容丰富、形式多样的安全教育工作，使安全教育工作贯穿于学校教育教学活动的全过程，使广大师生牢固树立“珍爱生命，安全第一，遵纪守法，和谐共处”的思想意识，不断提高中小学校安全管理水平。

〔**校外教育**〕　为加强校外活动场所规范化建设，制定下发了《新疆维吾尔自治区青少年学生校外活动场所评估标准》。会同财政厅、建设厅、团委、科协等部门，对伊犁地区、塔城地区、阿勒泰地区、博州、喀什地区、克州等6个地州的30多所青少年学生校外活动场所进行了专项检查指导。2009年12月，教育部、财政部公布2009年度中央彩票公益金支持青少年学生校外活动场所建设项目名单，乌鲁木齐市头屯河区、克拉玛依市乌尔禾区、博尔塔拉蒙古自治州阿拉山口口岸等3个青少年校外活动中心建设项目获批。至此，全区校外活动场所建设项目达到89个。

职业教育与成人教育

〔中等职业学校基础能力建设〕 组织实施对23个中等职业教育基础能力建设项目的动态监测工作，建立项目进展情况旬报制度，并及时责成新疆供销学校、奇台县成职教中心等项目单位按照国家发改委对国家新增投资项目建设的要求进行整改。组织完成了2009年中央财政支持的职业教育实训基地项目单位评审推荐和申报工作，共有新疆钢铁学校等4所中等职业学校获得支持。会同自治区发改委、人力资源和社会保障厅完成了《自治区关于2010年中等职业教育基础能力（二期）建设项目中央投资计划》的申报工作，推荐上报阿勒泰畜牧学校等11所中等职业学校。

〔自治区示范性中等职业学校建设工程〕 在"重点中等职业学校人才培养能力评估"工作的基础上，启动了"自治区示范性中等职业学校建设工程"。从8所申报此项目的中职学校中，确定乌鲁木齐铁路运输学校、新疆化学工业学校、昌吉卫生学校、新疆水利水电学校、伊宁卫生学校等5所学校为首批"自治区示范性中等职业学校建设项目"单位。5所学校立项建设实施方案经专家评审组评审论证通过后，10月份正式立项并下拨首批1 085万元建设资金予以支持。

〔重点中等职业学校人才培养能力评估〕 为促进重点中等职业学校提升办学质量，6月11日至7月2日，自治区组织专家评审组对伊犁州财贸学校等9所重点中等职业学校进行了实地评估。最终确定新疆林业学校、巴州卫生学校、新疆电力学校、喀什卫生学校和新疆竞技体育运动学校等5所学校为"优秀"，伊犁州财贸学校、新疆供销学校、喀什财贸学校、奇台县职教中心等4所学校为"良好"。

〔中等职业学校精品专业和精品课程建设工程〕 继续实施第二批自治区中等职业学校精品专业、精品课程评审论证工作。2009年有24所学校的22个专业和24门课程申报自治区中等职业学校精品专业和精品课程。通过初审、答辩论证、专家组综合评议和教育厅审核，新疆水利水电学校的"水利水电工程技术"等10个专业和乌鲁木齐市职业中等专业学校的"中餐服务"等10门课程被评定为自治区第二批中等职业学校精品专业和精品课程建设项目，并下拨专项资金300万元予以支持。

〔全区职业院校技能大赛暨全国职业院校技能大赛〕 2009年度自治区职业院校技能大赛暨全国职业院校技能大赛新疆区预赛于5月9日至10日，16日至17日分别在乌鲁木齐市和喀什市举办。来自自治区和生产建设兵团的99所职业院校的843名选手参加了13个专业大类42个比赛项目的角逐。其中，中职学生组设计算机应用技术、数控技术、电工电子、烹饪、汽车运用与维修、模特表演、美容美发、建筑工程等11个专业大类37个比赛项目；高职学生组设数控机床装配、调试与维修，产品造型设计及快速成型，3G基站建设维护及数据网组建，电子产品设计及制作，企业经营管理沙盘模拟5个项目。另外，还结合自治区实际，增设了护理、民间传统工艺等竞赛项目。大赛共产生综合团体一等奖2个、二等奖3个、三等奖5个；团体比赛项目一等奖11组、二等奖10组、三等奖13组、优秀奖19组；个人比赛项目一等奖34名、二等奖48名、三等奖65名、优秀奖102名。

从自治区大赛的优胜选手中选拔出76名优秀选手和9名领队及29名指导教师与有关厅局工作人员共同组成新疆代表队，参加了6月27日至30日在天津举办的2009年全国职业院校技能大赛，最终获得4个二等奖、19个三等奖、18个优秀奖（含高职3个）。

〔**中等职业学校师资队伍建设**〕　2009年，通过国家和自治区两级共培训各类中职骨干教师和管理干部923人次。先后选派21个专业的178名中等职业学校骨干教师，到全国29个国家级职教师资培训基地参加为期2个月国家级骨干教师培训，其中6名培训成绩优异的教师被选派前往国外参加集训；依托自治区本级职教师资培训基地，培训中等职业学校自治区级骨干教师347名；选派50名中等职业学校骨干教师到企业顶岗培训；选送包括3G移动新技术、通信网络传输技术应用、三维动画制作技术等31个专业项目的114名职业院校教师到深圳职业技术学院、天津职业大学和四川工程职业技术学院参加培训；选派22名校长参加了教育部组织的中等职业学校骨干校长培训；与德国汉斯·赛德尔基金会合作，免费为自治区87名中等职业学校教师开展了专项技能强化培训。举办自治区民办教育管理人员专题培训班，各地（州、市）教育行政部门及民办中小学和中等职业学校的法定代表人或主要负责人、教育厅直接管理的民办中高等职业院校和非学历教育培训机构的法定代表人或主要负责人共119名参加了培训。实施中等职业学校紧缺专业特聘兼职教师资助项目，资助250人。

由于自治区在实施"中等职业学校教师素质提高计划"工作中，推进力度大，任务完成好，教育部下拨50万元奖励资金给予鼓励。

〔**民办中等职业学校和非学历教育培训机构管理**〕　积极推动《新疆维吾尔自治区加强民办中等职业学校和教育培训机构及职业培训机构办学管理暂行规定》（新政办发［2009］81号文件）的颁布与实施，依法规范民办中等职业学校和成人非学历教育培训机构办学行为。依照属地管理原则，将新疆和田玉才中等职业学校等3所民办学校分别移交学校所在地教育行政部门统筹管理；依法批准并妥善处理新疆创奇外事职业学校终止办学及善后问题，共安置学生641名，完成退费318 752元（注：该学校2006年11月经自治区教育厅批准成立。2008年12月，因资金短缺、运作不顺，学校申请终止办学。2009年1月8日，自治区教育厅厅务会议依据《民办教育促进法》的有关规定，同意其终止办学）；妥善处理各类针对民办中等职业学校和成人非学历教育培训机构学生、教师上访和举报投诉问题，切实维护民办教育的正常办学秩序；对新疆基石学校和新疆高级职业学校的行政处罚整改工作落实情况开展专项督导检查。及时查处和清理不符合办学条件和违规办学的民办学校（机构）。依法收缴了新疆商业职业学校和新疆科学技术学院的《办学许可证》，终止其办学资质；依法吊销了新疆基石学校的《办学许可证》。

组建自治区民办教育检查督导组，于11月3日至13日对新疆鹏程职业学校等14所民办学校（机构）进行督导检查（其中中等职业学历教育学校4所、自学考试助学机构3所、培训机构7所）。

高 等 教 育

〔**高等教育教学改革**〕　针对自治区高校本专科专业种类和布点基本满足自治区经济社会发展需求的实际情况，坚持从严控制专业设置，积极推动交叉学科新专业建设和优先扶持特色、优势新专业的原则，初步评审出13个新增本科专业和8个本科专业方向。其中4个目录外专业或国家控制布点专业，审定同意新增高职高专专业31个，9个筹建专业，已报教育部审备。根据教育部要求，开展了自治区高校按艺术类专业招生办法招生的非艺术类专业清查工作，并上报教育部。加强和督促指导自治区重点产业紧缺人才专业建设，组织实施了对紧缺人才专业建设中期检查工作，扩大了招生计划，拨付专业建设经费 2 200 万元和“自治区重点产业紧缺人才专业特聘岗位”专项资金 370 万元。参与自治区经济贸易与信息化委员会等有关单位联合开展的自治区煤炭及煤化工专业人才培养调研，加大对相关专业投入建设力度。对新疆大学和新疆工业高等专科学校涉煤专业学生免费培养，积极指导、协调新疆大学在采矿工程专业设立采煤工程方向，当年安排 62 人招生计划（实招 82 人）；在机械制造及其自动化专业设立矿山机电方向，在化学工程与工艺专业设立煤化工方向，将上述专业方向纳入自治区紧缺人才建设计划。

组织遴选推荐新疆大学《践行创新人才培养理念，构建本科实践教学新体系》等 11 所高校 20 个教学成果申报高等教育第六届国家级教学成果奖；组织开展了自治区第四届高等学校教学名师评审工作，评选出新疆大学等 10 所高校共 16 位自治区级教学名师；开展 2009 年度自治区精品课程评选工作，共评选出 35 门自治区级精品课程，推荐其中 12 门申报国家级精品课程；开展 2009 年度自治区级教学团队评选工作，共评选出 19 个自治区级教学团队，推荐其中 3 个申报国家级教学团队；组织专家评选了 2009 年度自治区级实验教学中心，评出 10 个自治区级实验教学中心，推荐 5 个申报国家级实验教学中心；组织专家评审、推荐新疆大学土木工程等 5 个专业为教育部“第四批高等学校特色专业建设点”；组织区属高校积极申报教育部第二类特色专业建设点。为自治区 18 所本科和高职高专学校拨付 2009 年度高等学校本科质量工程建设经费 305 万元，获国家资助 750 万元。

组织开展了新疆大学等 4 所高校的 2008 年中央与地方共建项目执行情况、2009 年申报项目预算的审核工作。2009 年共上报申请财政部资助区属 9 所高校实验室项目 24 项，其中，新疆大学、新疆医科大学、新疆农业大学等 16 个项目经批准立项并获得中央财政资助经费 5 000 万元。截至 2009 年底，新疆共有 8 所普通本科高校获批中央与地方共建项目计 68 项，总投入 2.526 亿元，其中获得中央财政专项资金 1.93 亿元，自筹 5 220 万元，地方财政投入 742.45 万元。

组织完成了 2009 年度“自治区高等学校特色和民文教材建设计划”申报、立项评审工作。共受理高校申报教材 37 种，最终立项 14 所高校 31 种教材，拨付资助专项经费 69.5 万元。

〔**高校科研**〕 在自治区教育厅宏观指导，严格审核，加强监督的前提下，2009 年起委托自治区高等学校科研管理研究会承办自治区高校科研计划项目的申报、评审、中期检查及成果验收等具体工作。组织了年度科研规划项目评审，组织申报了教育部科学技术重点项目 10 项，推荐申报教育部创新团队一个（新疆医科大学的“复杂性疾病新疆特高发病种维医病证的临床、基础及其方药的一体化研究”团队），教育部 2009 年度新世纪优秀人才支持计划项目 10 项，申报教育部重点实验室两个（新疆大学“先进功能材料重点实验室”、新疆医科大学“新疆重大疾病及再生医学动物实验研究重点实验室”）。新疆大学“可再生能源发电与并网”教育部工程研究中心获准立项建设。配合教育部组织完成了新疆大学“石油天然气精细化工省部共建重点实验室”和“新疆医科大学维吾尔族高发病省部共建重点实验室”验收，完成了教育部 4 项重点项目验收和 4 项教育部新世纪优秀人才支持计划项目的验收。按照《自治区高校 2008—2012 年科研工作规划》要求，组织完成了 2009 年度自治区高校科研计划项目申报、立项评审工作，共批准立项 158 项，其中重点项目 49 项、青年教师培育项目 109 项，并资助项目经费 389 万元。组织完成了首次自治区高校科研管理先进单位和先进个人的评选表彰工作，共评出先进单位 7 个，先进个人 10 名。

〔**高职高专教育**〕 继续加强高职高专规模、结构、质量、效益方面的建设。根据教育部通知要求，完成了“国家示范性高等职业院校建设计划”2006 年度 28 所立项建设院校验收工作，新疆农业职业技术学院获良好成绩。启动了自治区级示范性高等职业院校建设计划项目，确定乌鲁木齐职业大学和昌吉职业技术学院为自治区级示范性高职，新疆机电职业技术学院和新疆交通职业技术学院为重点培育院校，自治区拨付示范校建设资金 1 500 万元。完成全疆 27 所高校（含 1 所成人院校）2010

年高职高专拟招生729个专业的审核上报工作。组织完成克拉玛依职业技术学院和新疆农业职业技术学院2所国家示范性高职院校2009年单独招生改革试点拟招生工作计划，共单独招生340人。组织实施了自治区高等职业教育质量工程建设项目评选工作，评选出“自治区级高职精品课程”15门，有1门课程被评为“国家精品课程”；评出“自治区级教学团队”7个，有1个团队入选“国家教学团队”；评出“区级特色专业”11个，其中培育扶持专业2个，拨付自治区高等职业教育质量工程专项资金600万元。完成第五轮中央财政支持的职业教育实训基地建设项目设点院校的遴选工作，4所高职院校获中央财政支持资金720万元。完成对新疆交通职业学院和新疆维吾尔医学高等专科学校的人才培养工作评估。参与自治区政协关于职业教育发展调研和自治区高职院校机构编制标准的调研工作。完成2010—2015年自治区高等职业教育人才队伍、实训基地建设、信息工程建设等项目规划。组织开展自治区高职院校技能大赛，并选派学校参加了国家职业院校技能大赛高职组竞赛。完成自治区煤炭煤电煤化工调研工作，申请自治区财政拨付涉煤专业教师培训费及采煤技术专业学生免费培养。

〔**高校教师队伍建设**〕　全年共完成高校教师岗前培训1 267人次。经学校推荐选拔90名优秀青年骨干教师参加自治区第二十期高校青年骨干教师英语、俄语强化班和内地高校外语强化培训班。推荐43名高校青年教师为2008年度高等学校青年骨干教师国内访问学者，赴内地有关高校和科研院所进行研修。做好教育部“新世纪优秀人才支持计划”、中组部“海外高层次人才千人计划”和“西部之光”国内访问学者的政策宣传与选拔推荐工作，继续开展高校精品课程教师网络培训工作。完成了2009年国家支援新疆高等职业院校汉语骨干教师工作，共派出100名骨干教师赴北京大学等5所高校参加培训。继续实施“民语言高层次专门人才特培计划”，通过学费补贴、优秀本科生推免研究生、加强实践锻炼等措施，吸引更多优秀生源报考民语言类专业，充实民语言类专业队伍，2009年新增400个名额，新疆农业大学和新疆财经大学也加入“特培计划”本科生培养单位。2009年，6所民语言专业本科生培养单位共向4所推免硕士研究生招生单位推免硕士生150名。

〔**大学生基层实习支教**〕　2009年春季开学共有区内外16所高校的2 500余人次到南北疆基层学校实习支教。支教点拓展到喀什、和田、阿克苏、巴州、吐鲁番、哈密、伊犁、阿勒泰、塔城等九个地州的县、市、乡、镇学校。为切实解决好实习支教开展过程中的各项保障工作，加强与区外师范院校的联系与交流，建立了共同选派师范生到自治区基层实习支教以及合作开展基础教育教师培养培训工作的良好关系，与陕西师范大学、甘肃天水师范学院等高校签订了共同开展教师教育和实习支教工作协议书。

乌鲁木齐“七·五”事件发生后，及时向区外有关院校致函说明新疆形势，为确保实习支教师生安全，提请自治区人民政府办公厅印发《关于做好大学生实习支教有关工作的通知》（新政办发明电[2009] 220号），就安全稳妥地推进大学生实习支教工作进行总体部署，要求各级党政及教育部门、受援学校建立健全组织领导机构，制定处置突发事件的应急预案，实行安全管理目标责任制，并按照“成组配置，集中管理”的原则，妥善安排大学生实习支教期间的工作和生活，统筹考虑实习支教布点，对地理位置偏远、交通不便、社情复杂的支教点提前予以撤销和调整，切实保障实习支教工作安全顺利进行。截至9月上旬，落实选派区内9所高校、2所中等师范院校，区外6所高校共3 317名学生赴自治区10个地（州、市）53个县（市）近600所基层学校实习支教。随着陕西师范大学、天水师范学院以及昌吉学院、新疆教育学院“自治区农村双语教师特培计划”支教学生到岗，使巴州、昌吉州、克州3个地区首次纳入实习支教计划受援范围，“计划”覆盖面扩大到全区11个地（州、市）。及时申请自治区财政拨付18所院校实习支教专项经费909.82万元。

〔**高校毕业生就业服务和指导**〕　认真贯彻落

实国家和自治区各项毕业生就业政策，主要开展了以下工作。一是自治区人民政府召开了全区高校毕业生就业工作电视电话会议。二是与自治区劳动和社会保障厅联合举办了《就业政策进校园》系列活动。三是与自治区党委宣传部组织实施了“自治区大中专毕业生就业创业典型事迹巡回报告活动”，在全区 36 所普通高校巡回宣讲报告 26 场。四是协助自治区人民政府和中央电视台经济频道，组织新疆大学等 5 所高校举办“青年创业·中国强——2009 新疆·创业课堂”大型电视活动。五是与自治区劳动和社会保障厅举办了自治区首届高校创业培训师资培训班，培训了全区 33 所高校 108 名教师。与自治区劳动和社会保障厅在新疆大学、新疆师范大学等 8 所院校举办 32 个示范性大学生创业培训班，共培训 800 名学生。六是根据《教育部办公厅关于评选全国普通高校毕业生就业工作先进集体和先进个人的通知》（教学厅函［2009］26 号，认真组织开展了评选工作。评选出新疆师范大学、新疆工业高等专科学校为全国普通高校毕业生就业工作先进集体，新疆医科大学王逸文同志、新疆农业职业技术学院艾健同志为全国普通高校毕业生就业工作先进个人。七是举办了为期 1 个多月 305 场高校毕业生校园招聘会，共有 2 227 家用人单位参加了招聘会，提供岗位 30 989 个，招聘活动中签约 4 014 人。采取多种措施，深化毕业生就业制度改革，积极拓宽毕业生就业渠道，进一步加强高校毕业生就业工作的服务和指导，确保了毕业生就业工作的平稳进行。截至 2009 年底，研究生就业率为 65.85%，师范类本专科毕业生就业率为 86%。

〔**学位与研究生教育**〕　学位管理。完成了第三届自治区学位委员会及其学科评议组换届工作。编制了自治区《2008—2015 年新增博士、硕士学位授权单位立项建设规划》，立项建设新疆师范大学和新疆财经大学为博士学位授予单位、新疆艺术学院为硕士学位授予单位。经国务院学位办批准，自治区新增了 8 个专业学位研究生培养单位，其中新增汉语国际教育硕士、体育硕士、艺术硕士和高级管理人员工商管理硕士（EMBA）等 4 种专业学位类别，填补了自治区专业学位研究生教育领域的空白。目前，在国家开设的 19 种专业学位类别中，新疆已经有 14 种。

研究生教育。为了进一步加强研究生教育管理，启动建立了应届毕业硕士研究生信息库和导师信息库，制定并印发了《新疆维吾尔自治区硕士学位论文抽检评议工作实施办法》（试行），首次开展了应届毕业硕士研究生学位论文抽检评议工作。根据教育部《关于进一步做好研究生培养机制改革试点工作的通知》精神，批准新疆医科大学开展研究生培养机制改革试点。经自治区人民政府同意，自治区教育厅、科学技术厅、国有资产监督管理委员会、经济和信息化委员会联合印发《关于印发〈新疆维吾尔自治区产学研联合培养研究生示范基地建设项目实施与管理办法〉的通知》（新教研［2009］5 号），启动了自治区产学研联合培养研究生示范基地建设工作。

学科建设。启动开展了自治区重点学科建设规划（2010—2014 年）的编制工作，结合自治区经济社会发展需要和高校自身优势与特色，指导、协助高校完成了重点学科建设规划工作。下达了 2009 年度自治区重点学科建设经费 415 万元。完成了《新疆维吾尔自治区重点学科建设与管理暂行办法》的制定工作，并向全区有关高校征求了意见，《管理办法》将在 2010 年正式印发。

〔**高等教育招生**〕　普通高校招生。全区报考人数达 16.45 万，在多年连续保持增长后首次停止增长（较上年减少 0.35 万人）。录取考生 10.6 万余名（较上年增加 0.68 万人），其中，本科录取 5.8 万余名，专科录取 4.5 万余名，“三校”生录取 3 000 余名。总录取率 64%（较上年增加 5%），居全国中等水平。治理“高考移民”、打击招生中介诈骗等打假治乱工作取得明显成效，取消了 572 名假户籍、假学籍考生资格，查处 20 余个违规、非法招生宣传及非法招生代理机构。

硕士研究生招生。全区报名参加 2009 年全国硕士研究生统一入学考试共有 13 079 名考生，较上年增加了 4.8%。全区共录取硕士研究生 4 099 人，比上年增加 683 人，增幅为 19%；其中录取少数民族考生 650 人，比去年增加了 130 人，占我区录取总人数的16%。

成人高校招生。在去年试点的基础上，2009年自治区成人高考首次全面成功实施网上报名。全区共有42 951名考生报名参加考试，共录取新生34 102人，总录取率79.4%。其中：专升本共录取11 967人（含免试生2人），高起本共录取124人，高升专共录取22 011人。2009年已是自治区成人高考报考人数与招生计划连续倒挂的第6年，计划完成率达84.8%（原计划44 412人，执行计划40 214人）。

民族教育

〔**综述**〕 2009年，自治区学前、中小学（含职业高中）在校少数民族学生总数2 437 931人，其中学前在园少数民族幼儿数297 842人、中小学（含职业高中）在校少数民族学生数2 140 089人。学前和中小学（含职业高中）少数民族学生中接受“双语”教学的学生数753 337人（比上年增加152 438人），占少数民族学生总数的30.9%（比上年增加5.5%），其中少数民族“双语”幼儿263 932人，占少数民族在园幼儿数的88.6%。中小学（含职业高中）少数民族接受“双语”教育的学生489 405人，占少数民族在校生数的22.9%。学前和中小学（含职业高中）“民考汉”学生总数240 948人（比上年增加44 066人），占少数民族在校生总数的9.9%（比上年增加1.6%）。其中，学前“民考汉”26 199人，占少数民族在园幼儿数的8.8%；中小学（含职业高中）“民考汉”学生214 749人，占少数民族在校生数的10%。学前和中小学（含职业高中）接受“双语”教育和“民考汉”的少数民族学生为994 285人（较上年增加196 504人），占少数民族在校生总数的40.8%（较上年增加7.1%）。学前和中小学（含职业高中）少数民族专任教师总数148 680人，其中少数民族“双语”教师28 345人，占少数民族教师总数的19.1%。全区“双语”学校总数5 975所，其中，学前“双语”教育机构2 973所；中小学“双语”学校3 002所。“双语”教学班23 301个，其中学前“双语”教学班8 723个、中小学“双语”教学班14 578个。

〔**少数民族“双语”幼儿园建设**〕 2009年，国家批准实施《新疆少数民族学前“双语”教育发展规划调整方案》，计划投入40.2亿元用于扶持喀什、和田、克州、阿克苏、伊犁州、塔城、阿勒泰等七地州所属县市及托克逊县、吐鲁番市、伊吾县、巴里坤县、木垒县、温泉县、若羌县、尉犁县、和静县等九个县市发展学前“双语”教育。

2009年，国家投入基建资金4.8亿元、运行保障经费3.5亿元用于新建和改扩建南北疆七地州及九县市465所“双语”幼儿园；自治区投入1.35亿元用于扶持幼儿接受学前“双语”教育；兵团和亿阳集团分别投入700万和100万元支持“双语”幼儿园建设。7月31日，自治区党委、自治区人民政府召开《2009年国家少数民族“双语”幼儿园建设工程电视电话会议》；10月14日，在和田召开《自治区“双语”幼儿园建设培训会议》；制定印发了《自治区“双语”幼儿园建设管理办法》、《关于进一步加强少数民族“双语”幼儿园建设工程管理工作的意见》，保证了“双语”幼儿园项目工程建设的顺利进展和规范管理。

〔**“双语”教学指导与管理**〕 加快《自治区“双语”教育十年规划》课题研究，加大对“双语”教学的指导力度，自治区教育厅制定印发了《关于加快推进学前和中小学“双语”教学工作的通知》、《关于调整少数民族“双语”教学班学生相关考试招生政策的意见》、《关于加强自治区农村“双语”幼儿园管理的意见》、《新疆维吾尔自治区农村“双语”幼儿园（学前班）教育指导纲要》及《课程设置方案》。组织16名专家、骨干教师到哈密、吐鲁番地区开展为期4天的“双语”课堂教学指导活动，共有1 000余名一线“双语”教师参加了课堂教学指导培训。积极推动实施远程同步直播课堂示范课教学，扩大优质“双语”教育资源覆盖范围。

圆满举办了有近200位区内外专家学者参加的首届新疆“双语”教学论坛、征集文章达2 495篇的“我与‘双语’教学”征文大赛、历时半年近103.7万名学前和中小学学生参加的第二届少儿“双语”口语大赛、少数民族“双语”教师教学技能比赛，全方位营造了“双语”教学的良好氛围。

〔区内初中班、高中班〕 2009年，内初班报考人数达4.74万余人，录取新生5 000人，其中农牧民子女录取率达90%。首次招收了1名图瓦族学生，实现了图瓦族学生上内初班零的突破。内初班第三届近5 000名毕业生中，近3 000名（约占60%）升入内地新疆高中班，674名升入区内高中班（使区内高中班在校生人数达1 500人），首次招收760名内初班毕业生升入区内中师、中职学校学习。

2009年，自治区编办下达区内初中班教职工编制320名（已累计达2 400名）、区内高中班教职工编制144名。自治区财政下拨区内初中班各项经费10 775万元（其中，经常性经费7 500万元、学生大病医疗救助基金100万元、教师补助经费2 700万元、教学仪器设备专款475万元），下拨区内高中班经常性经费2 384万元。

为切实抓好甲型H1N1疫情防控工作，印发了《关于进一步加强内初班、区内高中班甲型H1N1疫情防控工作的通知》，完成了1.5万名内初班学生和1 500名区内高中班学生的疫苗接种工作。

〔内地新疆高中班〕 2009年，内高班报考人数达3.55万余人，录取新生5 500名，较上年增加了88人。农牧民子女录取比例达到71.7%，比上年提高了3.7%。首次招收了2名图瓦族学生，实现了图瓦族学生上内高班零的突破。截至2009年9月，内高班办班省（市）13个，办班城市29个，办班学校52所，在校学生近2万人。

2009年，自治区财政全年下达内高班各项经费5 947万元，其中，经常性经费5 346万元、内派管理教师补贴和补助经费501万元、学生大病医疗救助基金100万元。

2009年第六届2 849名内高班毕业生参加高考，录取率达到96.1%，其中，本科录取率达到95.6%。

研究制定了加强内高班德育和思想政治教育工作的21项具体措施，出台了《内高班学生休学、转学管理规定》、《内高班管理补充规定》、《内高班新疆厨师管理办法》等一系列加强内高班教育和管理工作的制度规定。3月份在乌鲁木齐市举办了第三期内地新疆高中班德育和思想政治教育专题培训班，来自全国50所办班学校的81名学校领导和教师参加了培训。经组织考察、集中培训，选派了107名内派管理教师赴内地新疆高中班办班学校工作。

〔内地高校支援新疆协作计划〕 2009年，完成内地高校支援新疆协作计划招生任务3 200名。国家向内地高校拨付新疆少数民族困难学生专项经费2 200万元，自治区财政下达内地高校新疆管理干部补助经费271万元。经选拔、培训，派遣72名高校干部、教师赴内地协作院校，协助开展新疆少数民族学生的教育和管理工作。

〔少数民族高层次骨干人才计划〕 2009年，“少数民族高层次骨干人才计划”共录取新疆395名硕、博士生（其中236名硕士研究生、159名博士研究生），计划完成率继续高于全国水平，博士研究生计划完成情况比2008年提高50%。2009年，教育厅报请自治区党委、人民政府下发了《关于做好自治区少数民族高层次骨干人才计划研究生招生考试组织工作的通知》（新政办〔2009〕158号），2010年报名工作采取分行业分级负责、定额完成报名指标进行。全自治区共有3 802人报考2010年度“骨干人才计划”硕、博士研究生，其中在职人员2 351人。报名人数比2009年高出近1倍。

撰稿 贺 锋
审稿 赵德忠

新疆生产建设兵团教育

概　况

〔基本情况〕

2009 年各级各类学校校数、教职工、专任教师情况

学校类别	学校数（所）	教职工数（人）	专任教师数（人）
合　计	558	43 431	34 351
一、普通学校	555	42 390	33 696
1. 普通高校	4	4 150	2 582
其中：本科			
研究生			590
其中：博士生			
硕士生			
2. 中等职业学校	22	2 019	1 227
其中：中等技术学校	20	1 884	1 137
中等师范学校	1	109	74
职业高中	1	26	16
其他机构（教学点）	3		
3. 普通中学	256	17 490	14 305
其中：高中	61		4 250
初中	195		10 055
4. 小学	105	15 846	13 820
5. 幼儿园	168	2 885	1 762
二、成人学校	3	1 041	655
1. 成人高校	2	957	585
其中：普通高校成教院	2		
2. 成人中专学校	1	84	70
其中：教师进修学校			

〔综述〕　2009 年国家下达兵团研究生招生计划 790 人，其中博士 35 人、硕士 755 人，博士计划完成 102.86%、硕士计划完成 103.97%。下达兵团普通高等教育本专科生招生计划 12 595 人，其中本科 8 472 人、专科 4 123 人，本科完成招生 7 967 人、专科完成招生 3 389 人。2009 年国家下

达兵团成人高等学校本专科生招生计划 4 000 人，其中本科招生计划 1 300 人、专科招生计划 2 700 人。

〔**邵逸夫先生继续支持兵团教育事业**〕　2009 年邵逸夫先生向兵团捐赠 320 万港币，用于资助 4 所中学建设。目前这些项目正按计划和要求实施。自 1994 年以来，兵团共获邵氏教育捐赠项目 14 批，累计捐助金额 7 020 万港元，安排项目 161 个，总投资 37 087 万元，新建、改扩建校舍 368 783 平方米。

〔**西部人才培养特别项目**〕　2009 年兵团“西部地区人才培养特别项目”共选派 41 名各类教师和科研人员出国进修访问学习，其中中学英语、高级行政管理两个子项目派出 17 人，较好地完成了年初计划。兵团自 2003 年实施该项目以来，已录取各类留学人员 214 人，其中子项目录取 94 人。截至年底已派出 126 人，其中子项目派出 75 人。

〔**基础教育行政干部出国培训项目**〕　2009 年 9 月兵团继续选派了 18 名中学校长和师教育局长赴英国里丁大学培训，学习国外先进的教育理念和教育方法以及教育技术的运用，并赴英国中学进行实地考察。通过培训使校长和局长们更新了观念、开拓了视野，提高了领导能力和管理水平。自 2007 年实施该项目以来，兵团已选派了 35 名中学校长和师教育局长赴英培训学习。

〔**王盛水贫困女童助学基金会继续资助兵团贫困高中学生**〕　2009 年中国老教授协会副会长王盛水教授设立的“王盛水贫困女童助学基金”资助农十师北屯高级中学 20 名优秀贫困高中女生，每人每年资助 500 元，从高一连续资助到高三，共计金额 3 万元。截至 2009 年，王盛水共资助兵团四批 80 名高中贫困学生，资助总金额为 12 万元。

〔**教育行政干部培训**〕　根据教育部《中小学校长培训规定》，2009 年继续加大校长队伍培训的力度，举办各类校长培训班 4 期，共培训中小学校长 206 人次。举办任职资格培训班 2 期，培训中小学校长 94 人；在华东师范大学举办中小学校长提高培训班 1 期，培训 50 人；由教育部、中国移动通信有限公司联合实施“中国移动中小学校长培训项目”培训班 1 期，培训 30 人；同时，组织参加教育部中小学校长培训中心培训校长 18 人，首次派 1 人参加了教育部举办的地市级分管教育的行政领导培训班，组织各师教育局长、科长参加国家教育行政学院专题培训、高级研修班等，共计培训教育局长（科长）22 人次。

〔**特设岗位计划**〕　2009 年国家下达兵团特岗教师计划 800 名，为了将计划落到实处，组织好招聘工作，兵团教育局等四部门下发《关于继续组织实施团场义务教育阶段学校教师特设岗位计划的通知》（兵教发〔2009〕11 号），制定《兵团 2009 年团场义务教育阶段学校教师特设岗位计划实施方案》。共有 11 434 人报名应聘，其中 8 843 人符合初审条件进入考试。招聘工作坚持公平、公正、公开的原则，招聘工作规范有序。应聘者通过教育理论考试、课堂教学技能测试、体检等程序，共招聘 791 名特岗教师。

〔**治理教育乱收费**〕　2009 年兵团各级党政继续加大治理教育乱收费工作力度，会同纠风办、监察局、财务局、发改委、审计局、新闻出版局联合制定印发了《关于 2009 年规范教育收费进一步治理教育乱收费工作的实施意见》（兵教发〔2009〕34 号），认真落实治理教育乱收费工作目标责任制，春、秋两季开学后对学校收费情况进行专项检查，重点对落实义务教育经费保障机制、在职教师有偿补课行为、中小学教辅材料管理等方面进行检查。通过加大检查和宣传工作力度，学校收费行为进一步规范，群众投诉大幅度减少，教育乱收费治理工作取得明显成效。全年共计检查各级各类学校 284 所，共查出违规收费金额 1.6 万元，并全部清退。

基 础 教 育

〔普通高中课程改革〕 普通高中课程改革工作进入第二年。兵团普通高中课程改革工作积极稳妥推进。一是继续大力开展教师培训工作。先后举办高中课改专业指导人员高级研修班、通用技术与综合实践活动课程培训班、“中澳中学校长论坛”，组织团场高中学校领导赴内地学习考察，组织样本学校校长参加教育部高中新课程专题培训班，组织高中教师参加暑期新疆远程教育培训，共培训学校领导及教师 2 520 人次。二是继续完善制度建设。出台《普通高中选修Ⅰ模块开设指导意见》，设立兵团高中课改样本学科联络员，印发《关于加强样本学科建设的指导意见》、《样本学科工作评估方案》，积极配合自治区组织对《新疆维吾尔自治区 2011 年普通高校招生考试改革方案》意见征求工作。三是聚焦课堂观摩研讨。在兵团二中、石河子二中与石河子高级中学、华山中学、农五师高级中学先后举办跨区域的教学观摩研讨活动，涉及语文、数学、英语、思想政治、地理、物理、化学、生物、音乐等 9 个学科。来自兵团各师及部分地方学校的教师共 1 200 余人参加，深化了教师对课堂教学改革的认识。四是重视过程强化管理。年内先后召开兵团高中课改“立项课题研究进展汇报会”、“样本学科工作座谈会”，组织评审 27 个样本学科《建设规划与活动方案》，开展高中新课改教务管理软件意见征求工作。五是围绕课改重点及时组织检查。根据兵团普通高中课改办的统一部署，各普通高中学校 9 月下旬开展了自查，10 月中下旬各师组织了检查。六是认真做好参加全国基础教育课程改革经验交流会准备工作。

〔中小学校舍安全工程〕 2009 年 6 月兵团全面启动并实施“中小学校舍安全工程”，计划从 2009 年至 2011 年，经过三年的努力把兵团所有的中小学校舍建成最牢固、最安全、家长最放心的地方。2009 年顺利地完成了兵团中小学校舍的排查鉴定工作，共排查鉴定学校 367 所，排查鉴定校舍 3 154 栋，排查鉴定校舍面积 377.7 万平方米。规划工程资金 19.94 亿元，其中，15.68 亿元对不符合当地现行抗震设防标准及 C 级危房 217.2 万平方米校舍加固改造，3.97 亿元对无加固改造价值及 D 级危房校舍 29.7 万平方米拆除重建，其他附属设施投入 0.29 亿元。截至 2009 年底，兵团中小学校舍安全工程累计投入资金 3.03 亿元，其中，中央资金 1.46 亿元，兵团资金 0.93 亿元，师、团及学校投入 0.64 亿元。

〔团场初中校舍改造工程〕 2009 年兵团团场初中校舍改造工程投资 1.66 亿元，其中中央投资 1.54 亿元，师团配套 1 200 万元，涉及 69 个项目团场的 72 所项目学校，新建生活用房面积 13.5 万平方米。兵团加大对新增项目实施的管理，确保了工程的顺利实施。截至 2009 年底，所有新增项目均已竣工。兵团自 2007 年实施“团场初中校舍改造工程”以来，中央投入专项资金 23 575 万元，用于支持 91 个团场的 103 所项目学校初中生活设施的建设，累计新建校舍面积 21.67 万平方米，使项目学校寄宿学生生活设施达到或接近国家标准，消除了“大通铺”和校外租房现象。

〔团场中小学水冲式厕所建设工程〕 作为为职工群众办“十件实事”之一，2009 年兵团共建设团场学校水冲厕所 80 座，建筑面积 15 071 平方米，总投资 1 843 万元，其中兵团本级 1 600 万元，师团配套 243 万元。自 2007 年兵团实施“团场中小学水冲式厕所建设工程”（以下简称工程）以来，共新建了水冲式厕所 240 座，建设面积 5 万平方米。工程改善了校园环境，受到团场职工、师生的欢迎。

〔南疆三地州兵团垦区民汉合校建设〕 2009 年，国家支持兵团实施南疆三地州兵团垦区民汉合校建设工程，计划从 2009 年至 2010 年在南疆三地州兵团垦区 15 个团场建设一批民汉合一学校，共规划 23 个建设项目，总投资 1.85 亿元，新建校舍

8.7 万平方米。当年国家安排 8 所项目学校的基础设施建设经费 7 900 万元，新建设校舍 4.07 万平方米，目前项目正在实施中。

〔**内地新疆高中班**〕 根据《教育部办公厅关于下达 2009 年内地新疆高中班招生计划的通知》(教民厅［2009］3 号)，兵团 2009 年内地新疆高中班招生计划 150 人（少数民族 75 名、汉族 75 名，主要招收农牧团场职工子女)。招生工作坚持“面向全兵团，机会均等；德智体全面考核；公平竞争，公正选拔，择优录取”的原则，经过广泛宣传，精心选拔，共录取 150 名合格学生分别安排在内地 28 个城市的 58 所普通高中就读。

〔**中小学生艺术展演活动**〕 根据《教育部关于举办全国第三届中小学生艺术展演活动的通知》(教体艺［2008］9 号)，兵团共报送中小学生各类艺术作品、节目共计 376 余件（个）及教师艺术教育论文 60 多篇。经过教育部组织专家评审，兵团上报的节目、作品及论文共荣获包括优秀节目奖、作品奖、论文奖、辅导教师奖、优秀组织奖在内的各类奖励 135 项。其中 12 个（件）节目（作品）荣获全国一等奖，18 个（件）节目（作品）荣获全国二等奖。其中建工师第一中学选送的舞蹈《山鹰少年》、农一师第一中学选送的校园剧《我有一个强大的祖国》赴上海参加了现场展演，赢得现场观众的一致好评。

〔**组团参加第十届全国中学生运动会**〕 第十届全国中学生运动会于 2009 年 8 月 16 日至 21 日在湖南长沙举行。本届运动会共设 8 个大项，来自全国各省、区、市，新疆生产建设兵团，香港、澳门特别行政区的 34 个代表团报名参加。兵团中学生代表团由 44 人组成，兵团党委常委、副司令员宋建业任名誉团长，兵团体育局局长高继宏任团长。兵团共参加篮球、田径、武术、乒乓球 4 个项目，其中篮球参加了 1 月 29 日至 2 月 17 日在西安举办的全国第十届中学生运动会的篮球预赛，篮球队获得“体育道德风尚奖”；兵团中学生代表团获得了男子跳高 1 枚铜牌、男子铁饼第四名、女子 3 000米第五名、女子铁饼第七名和第八名、男子太极拳和三人对练分别获得第五名和第七名，总分 24 分，有 1 名运动员达到国家一级运动员标准，代表团获得“体育道德风尚奖”。

职业教育与成人教育

〔**中等职业学校教师素质提高计划**〕 2009 年组织 2 名兵团级重点中职学校校长参加全国中职学校骨干校长高级研修班，组织 74 名中职学校专业骨干教师赴同济大学、湖北工业大学等 19 个职教师资培训基地参加国家级和兵团级培训。参加国家级培训的 30 名教师中有 16 名获评优秀学员，优秀率达到 50%以上；其中 2 名学员获得赴德国进修的机会，中职专业骨干教师培训取得较好成效。兵团继续实施紧缺专业特聘兼职教师资助项目，中央和兵团共设立 40 万元专项经费，资助 6 所学校、12 个专业的 28 名兼职特聘教师，对中职学校补充教师数量、优化教师结构、创新用人机制、密切与行业企业联系，提高职业教育教学质量发挥了积极的引导作用。

〔**中等职业学校技能竞赛**〕 组织 12 所兵团中等职业学校 130 名学生，参加 2009 年自治区职业院校技能大赛暨全国职业院校技能大赛新疆区预赛 9 个专业类别 20 个竞赛项目的比赛，荣获各类奖项 34 个。同时组织兵团代表团 106 人，参加由教育部、信息产业部、交通部、天津市政府等 12 个单位联合举办的全国职业院校职业技能大赛，52 名学生参加 9 个专业类别 25 个中高职项目的比赛，获各类奖项 39 个。这是自 2007 年以来，兵团参赛选手首次通过校校比赛、层层选拔的方式参加全国大赛，参赛人数及专业数量之多均属首次，标志着兵团职业院校技能大赛竞赛机制初步建立，对培养学生实践能力和职业技能，提高教师实践教学能力具有重要意义。

〔**中等职业教育基础能力建设规划编制和实施**〕 2008年、2009年新增中央投资项目安排中等职业教育基础能力建设12个项目，项目计划总投资8 700万元。其中新增中央预算内投资6 000万元，地方配套资金2 700万元，已累计建成中等职业学校4.22万平方米，购置设备328台（套件）。项目实施后，12所项目学校教学实训条件明显改善，2009年招生人数达8 000人，占中职招生总人数的50%以上。项目建设过程中对于扩大就业、促进经济增长发挥了积极作用。2009年10月，兵团教育局又会同兵团发展改革委员会、兵团劳动和社会保障局共同制定了《兵团中等职业教育基础能力建设规划（2010—2015年）》上报国家部委，为“十二五”期间兵团中等职业教育可持续发展奠定了坚实基础。

〔**中等职业学校德育工作**〕 为落实中职教育坚持把立德树人放在首位的重要任务，2009年8月，兵团教育局首次召开中等职业学校德育工作会议，对加强和改进中等职业学校的思想道德教育提出了明确要求。印发相关文件对德育课程设置与教学安排作出部署，进一步加强和改进了中等职业学校德育课教学工作，逐步建立了具有职业教育特色的德育课程体系。积极拓展德育工作的实践形式，组织兵团中职学校参加第六届全国中等职业学校“文明风采”竞赛活动，7所学校开展校级初赛，选送了123件作品参加了4个类别9个竞赛项目的兵团复赛，55件作品获奖。选送36件作品参加全国决赛，35件作品获奖。各项德育实践活动既充分展示了中职学生的文明风采和艺术教育的成果，又丰富了校园文化生活，全员育人、全过程育人的意识和氛围明显增强，学生思想道德素质不断提高。

〔**中等职业教育免学费政策**〕 2009年12月，财政部、国家发改委、教育部、人力资源和社会保障部联合下发的《关于中等职业学校农村家庭经济困难学生和涉农专业学生免学费工作的意见》，标志着以国家助学金和免学费为主体的中等职业教育资助政策体系已经建立。随后，兵团教育局会同相关部门制定了《2009年秋季学期至2011年春季学期中等职业学校农村家庭经济困难学生和涉农专业学生免学费工作方案》和《2010年兵团中等职业教育资助工作要点》，并召开兵团中等职业学校农村家庭经济困难学生和涉农专业学生免学费培训工作会议，全面部署并立即启动这项工作，使中等职业学校学生免学费工作顺利实施有了良好开端。

高 等 教 育

〔**刘延东视察石河子大学**〕 2009年8月30日，中共中央政治局委员、国务委员刘延东视察石河子大学并发表重要讲话。刘延东提出石河子大学要继承和发扬优良传统，要立足于当前建设中国特色社会主义现代化实际，要认真学习和贯彻中央领导同志关于新疆和兵团的讲话精神，切实把学校的建设目标和整个新疆、兵团的发展紧密结合，和国家的需求紧密结合，重点在人才培养、科学研究、社会服务上进一步上水平，在新的起点上真正将大学建设成为一所西部先进、区域一流、国际知名的有特色、高水平大学。

〔**高校党的建设**〕 2009年1月15日，兵团高等学校党的建设工作座谈会召开。会议主要是深入贯彻党的十七大和十七届三中全会精神，传达贯彻第十七次全国高等学校党的建设工作会议精神，以开展深入学习实践科学发展观活动为主线，以培养中国特色社会主义合格建设者和可靠接班人为目标，研究部署兵团高校党建工作。兵团党委常委、副司令员宋建业在讲话中指出，第一，要认清形势，提高认识，统一思想，既要看到高校党建工作取得的成绩，又要认识到存在的问题和不足，要以科学发展观为指导，以改革创新精神为动力，以统一思想为原则，以切实加强高校党的建设工作来加以解决。第二，要坚持和丰富高校党建工作的成功经验，以改革创新精神推进兵团高校党建工作。一是要深入开展学习实践科学发展观活动，在新的历史起点上切实加强高校党的建设，实现高等教育新发展。二是要从狠抓高校党的思想理论建设、加强领导班子建设、完善党委领导下的校长负责制、加强高校党组织建设和思想政治工作等方面进一步加强兵团高校党建工作。第三，要完善工作机制，加大工作力度，确保兵团稳定。

〔**高等学校本科教学质量和教学改革工程**〕 2009年，兵团高校获得“高等学校本科教学质量和教学改革工程”（以下简称“质量工程”）立项项目6项：石河子大学的《农业机械化及其自动化》、《临床医学》和塔里木大学的《生物技术》专业列为第四批高等学校特色专业建设点；石河子大学以李炳奇为带头人的基础化学系列课程教学团队被列为2009年度国家级教学团队；石河子大学以李锋为课程带头人的《病理学》课程列为2009年度“双语”教学示范课程；石河子大学以危常州为课程带头人的《土壤肥料学》课程被列为2009年度国家精品课程。

〔**普通高校新增本专科专业**〕 2009年，经兵团高等学校专业设置评审委员会评审，兵团高校新增科学教育、化学工程与工艺、机械电子工程3个本科专业和化学设备维修技术、城市热能应用、机械制造与自动化、新型纺织机电技术4个高职专业。以上新增专业待教育部批准备案后将于2010年正式招生。

〔**兵团高校精品课程评审和建设**〕 为促进兵团高等教育教学质量提高，也为兵团高校进入国家精品课程建设搭建良好的省级平台支持，2009年经兵团精品课程专家组评审并经教育局审核，兵团确立并建设5门兵团级本科精品课程和4门高职精品课程。目前，兵团已建设的兵团级本科精品课程有25门，高职高专精品课程13门，兵团有3门省级精品课程入选国家精品课程。

〔**教育部新世纪优秀人才支持计划入选者项目顺利通过验收**〕 2009年6月23日，受教育部委托，兵团教育局组织的验收组对石河子大学获得2005年教育部新世纪优秀人才支持计划入选者项目进行结题验收。经过现场查看相关材料、提问答疑，结合验收评分指标，专家组一致同意石河子大学2005年教育部新世纪优秀人才支持计划入选者吕新主持的项目通过验收。

〔**高校毕业生就业工作**〕 2009年4月22日，兵团教育局在石河子市召开兵团高校毕业生就业工作座谈会。会议主要贯彻落实中央、国务院加强高校毕业生就业工作的一系列指示精神，针对2009年高校毕业生就业的严峻形势，交流和研讨兵团各高校毕业生就业工作的经验以及面临的困难和问题，对进一步做好高校毕业生就业工作进行部署。会议要求各高校要高度重视毕业生就业工作，学校领导班子定期进行专题研究。要把毕业生就业工作与学校稳定工作结合起来，要保持清醒头脑，从稳定大局出发，增强使命感和责任感，努力做好毕业生离校前的就业指导工作。要把毕业生就业工作与推进学校教育教学改革结合起来。要把人才培养模式改革纳入当前学习实践科学发展观的活动中，进一步明确办学定位，理清学校发展思路，从专业设置、学科建设等方面认真进行深刻反思，在人才培养上真正做到以学生为本，将学习实践科学发展观活动落到实处。

〔**高校科研工作**〕 2009年，兵团高校获得教育部科学技术研究重点项目立项3个，获取国家支持科研经费6万元。这三个立项项目分别为：石河子大学曹红主持的《固定化β-普葡萄糖醛酸苷酶在离子液体中催化合成GAMG的研究》；马蓉主持的《基于机采棉测产的棉田分区配方施肥研究》；塔里木大学关统伟主持的《新疆古老盐湖沉积环境嗜（耐）盐放线菌物种多样性及PKS基因研究》。

〔**高校学生资助工作**〕 高校学生资助工作顺利进行。石河子大学科技学院被列入中央部门所属高校，享受国家资助政策，所有资助经费由中央财政全部承担。2009年，兵团5所高校享受国家奖学金、国家励志奖学金、国家助学金人数共计12 354人，比2008年的11 113人增加1 241人，资助总金额达1 880.4万元。其中享受国家奖学金人数达298人，资助金额达238.4万元；享受国家励志奖学金人数达1 091人，资助金额达545.5万元；享受国家助学金人数达10 965人，资助金额达1 096.5万元。

撰稿　尹若强

审稿　高继宏

香港特别行政区教育情况简介

根据香港特区政府2010年发布的《香港便览》相关材料，在2009—2010年度，香港特区在教育方面经核准的公共开支达617亿港元，占公共开支总额的19.3%。

香港的学校可分为三大类，即完全由政府办理的官立学校、完全由政府资助并由志愿团体管理的资助学校以及私立学校，其中有部分私立学校接受政府资助。官立及资助学校推行政府建议的学习课程，并提供免费的小学及中学教育。

此外，香港有15间由英基学校协会主办的学校，为使用英语的儿童提供教育。还有其他国际学校，为学生提供非本地课程，主要供非华语及外籍学童就读。

自2008—2009学年起，政府向公营学校提供的免费教育由9年延伸至12年。此外，政府亦全面资助职业训练局为修毕中三的学生而开办的全日制课程，为高中学生提供主流教育以外的另一个免费进修途径。

幼稚园：幼稚园为三至五岁学童提供幼稚园教育服务，由志愿机构或私人团体营办，全属私营性质。所有幼稚园均须向教育局注册，并受该局监管。2008年9月，共有137 630名儿童在964所幼儿园就读。

小学教育：香港特区儿童从约6岁开始接受六年制的小学教育，上课模式分为上午班、下午班和全日制三种。在特区政府推动下，大多数小学已采用全日制授课。通过参加“小一入学统筹办法”，所有符合资格的儿童均可获分配官立或资助小学的小一学位。该办法分为“自行分配学位”及“统一派位”两个阶段。在“自行分配学位”阶段，家长可按其意愿向一所官立或资助小学递交申请，而学校则会按照教育局所定的准则，决定取录与否。在“统一派位”阶段，教育局会根据学校网、家长选择及随机编号来分配小一学位。大多数小学都使用中文授课，并以英文为第二语文。

2008年9月，共有310 400名学童在490所官立和资助小学就读。

中学教育：学童修毕小学课程后，可通过所就读小学参加“中学学位分配办法”，以获分配资助中一学位。该办法分为“自行分配学位”和“统一派位”两个阶段。在“自行分配学位”阶段，中学可根据自行制定的准则录取学生；在“统一派位”阶段，学位的分配是以学生的派位组别、家长选校意愿和随机编号作为分配准则。

目前，中学主要提供三年初中课程和两年高中课程，学生修业期满可参加香港中学会考，然后升读两年制中六预科课程，继而参加香港高级程度会考，从而申请入读高等教育院校。

2008年9月，共有401 200名学生在402所官立及资助中学就读。

三年高中学制于2009年在中四级实施。高中教育将由中四开始，为期三年，学生修业期满可参加香港中学文凭考试（代替原有的香港中学会考及香港高级程度会考）。在新学制下，所有学生均可接受六年中学教育（即三年初中及三年高中）。首批三年制高中课程的学生会于2012年毕业。

特殊教育：在2008—2009学年，共有60所特殊学校，包括一所医院学校（该校在18所医院内开设班级），为视障、听障、肢体伤残、适应有困难及智障的儿童提供学额。这些特殊学校由政府资助并由参与特殊教育工作的非政府机构主办。其中有部分亦担当资源中心的角色，为录取有特殊教育需要学童的普通学校提供支持。

随着新高中学制于2009—2010学年推行，特区政府将为智障学生提供12年教育服务。在“同一课程架构”的原则下，课程内容和学习成果会有所调适及修订，以丰富学生的学习经验，同时充分照顾他们的学习需要。

语文政策：为促进学习成效，特区政府一直以来都致力推行以母语（中文）为本地学校的主流教学语言。由于中文和英文同是香港的法定语文，所以政府亦投放大量资源，以培训学生两文（中文和英文）三语（广东话、普通话和英语）的能力。

专业师资培训：香港教育学院是大学教育资助委员会资助的院校之一，宗旨是提高师资培训的素质。目前，香港教育学院开设多个副学位、学士学位课程及研究院课程，供职前及在职教师修读。在2008—2009学年，修读获教资会资助的教育学院全日制和兼读制课程的学生约有6 700名。

香港浸会大学、香港中文大学和香港大学亦设有学位及研究院课程，供职前和在职教师修读。香港公开大学则开办荣誉教育学士学位课程供在职教师修读，并开办学位教师教育文凭课程供职前及在职中小学教师修读。这些院校也根据教育局的要求和社会需要，不定期为在职教育工作者举办短期课程。

专上教育：在2008—2009学年，共有21所院校开办经本地评审的自负盈亏副学位、学位及衔接学位课程，提供逾3.1万个学额。职业训练局、香港城市大学、香港理工大学、香港演艺学院及香港教育学院亦有开办公帑资助副学位课程，于2008—2009学年，提供约8 300个学额。

高等教育：香港有12所颁授学位的高等教育院校，其中8所由大学教育资助委员会资助。在2008—2009学年，共有全日制学生60 512人和兼读制学生4 506人就读受公帑资助的学士学位课程和研究院课程。

职业教育：职业训练局（职训局）负责向政府建议所需的各项措施，以确保香港具备完善的职业教育及培训制度，配合最新的发展及人力需要。

职训局下辖的香港专业教育学院、香港知专设计学院、工商信息学院、青年学院等学院旨在为学生的个人及专业持续发展打好基础，并为将来就业和继续升学作好准备。2008—2009学年，共有近4.5万名全日制学生及逾2.7万名兼读制学生修读有关课程。

撰稿　申玉彪
审稿　丁雨秋

澳门特别行政区教育情况简介

根据澳门特别行政区教育行政主管部门教育暨青年局和高等教育辅助办公室2009年公布的统计资料，澳门特别行政区现有幼儿教育、小学教育、中学教育及特殊教育、职业教育、回归教育的学校共80所（2008年86所），学生总数77 192人（2008年83 790人），教师数4 984人（2008年4 739人）。高等教育机构仍为10所，近300个不同层次的高等教育课程，当中既有工商、科技、工程类课程，也有医学、社会科学、人文及艺术类课程，注册学生数约为2.7万人。

根据2009年澳门特区政府行政长官的施政报告，在非高等教育方面，在各教育阶段推行优化班师比和师生比政策，同时关顾学生个别差异，透过更多的师生互动开展教学，借以提升学生的学习效果；制定教学人员制度法规，优化专职人员计划，构建健康校园；支持学校改善教学环境，积极推进家校合作。另外通过稳步推进课程发展，积极促进教学变革，加强区域交流与合作，检视和保障教育品质来进一步推进素质教育；通过积极贯彻义务教育，支持各类学习辅助计划，优化特殊教育，协助新来澳门的学生成功学习，拓展职业技术教育，鼓励学生继续升读高等教育来提供均等的教育机会；通过开展更灵活的回归教育课程，完善持续教育资助计划，积极推进家长参与，制作“动感教育”电视节目，推广终身学习理念来稳步发展持续教育；通过构建青年研究机制，拓展青年多元服务，从而优化青年工作系统。

在高等教育方面，澳门十所高等院校的运作良好，基础日渐稳固，部分院校制订了五至十年的发展计划，拓展新的学术领域，课程设计更加多元化，预计开办包括国际关系、临床心理、犯罪学、数码媒体等方面的课程。科研方面，计划大力发展结构力学及城市环境管理、计算机可视化实景及机器翻译、机器人技术、中医药质量评估等项目。特区政府通过不同形式，大力支持各院校开展各项建设及发展计划，政府继续推动高教改革，以健全的法规保证高教素质。一方面推行评审制度，加强院校办学自主及自我监督的能力，另一方面跟进《高等教育制度》法律及其配套法规的修订工作。同时，政府也支持各院校进一步加强师资力量，发展科研，并发挥其服务社会的功能。具体包括促进高校多元发展，鼓励开办特色课程；持续优化师资队伍，适度提高收生水平；加大科研发展力度，发展卓越研究项目；强化教学素质管理，修订高教法律制度，拓展对外交流合作，提升院校国际地位；完善校园硬件建设，优化行政管理程序；提倡人文精神教育，鼓励市民升学进修；支持课程多元建设，推广专业技能培训；增添对外合作伙伴，加强学术文化交流；培养学生综合能力，配合全人教育发展，优化高教资料搜集，提升服务市民水平等。

撰稿　刘建丰
审稿　丁雨秋

文件选编

国务院办公厅转发教育部等部门关于进一步加快特殊教育事业发展意见的通知

（2009年5月7日）

各省、自治区、直辖市人民政府，国务院各部委、各直属机构：

教育部、发展改革委、民政部、财政部、人力资源和社会保障部、卫生部、中央编办、中国残联《关于进一步加快特殊教育事业发展的意见》已经国务院同意，现转发给你们，请认真贯彻执行。

国务院办公厅

关于进一步加快特殊教育事业发展的意见

教育部　发展改革委　民政部　财政部

人力资源和社会保障部　卫生部　中央编办　中国残联

为贯彻党的十七大精神，全面落实科学发展观，促进和谐社会建设，认真贯彻落实《中共中央国务院关于促进残疾人事业发展的意见》（中发〔2008〕7号）精神，进一步加快我国特殊教育事业发展，根据《中华人民共和国义务教育法》、《中华人民共和国残疾人保障法》和《残疾人教育条例》，对当前和今后一个时期我国特殊教育事业发展提出以下意见。

一、全面提高残疾儿童少年义务教育普及水平，不断完善残疾人教育体系

1. 继续提高残疾儿童少年义务教育普及水平。城市和经济发达地区，适龄视力、听力、智力残疾儿童少年（以下简称三类残疾儿童少年）入学率要基本达到当地普通儿童少年水平；已经“普九”的中西部农村地区，其三类残疾儿童少年入学率要逐年提高；未“普九”地区要将残疾儿童少年义务教育作为普及九年义务教育的重要内容，三类残疾儿童少年入学率达到70%左右。积极创造条件，以多种形式对重度肢体残疾、重度智力残疾、孤独症、脑瘫和多重残疾儿童少年等实施义务教育，保障儿童福利机构适龄残疾儿童少年接受义务教育。

2. 加快发展以职业教育为主的残疾人高中阶段教育，为残疾学生就业和继续深造创造条件。具备条件的地市要举办残疾人高中阶段教育。特殊教育学校要根据需要举办残疾人高中教育部（班）；残疾人中等职业学校要积极拓宽专业设置，扩大招生规模；普通高中要招收具有接受普通教育能力的残疾学生；中等职业学校要积极开展残疾人职业教育。

3. 加快推进残疾人高等教育发展。进一步完善国家招收残疾考生政策，普通高校应依据有关法律和政策招收符合录取标准的残疾考生，不得因其残疾而拒绝招收。高等特殊教育学院（专业）要在保证质量的基础上，扩大招生规模，拓宽专业设置，提高办学层次。各地要为残疾人接受成人高等学历教育、自学考试、远程教育等提供更多方便，满足残疾人接受高等教育的需求。

4. 因地制宜发展残疾儿童学前教育。有条件的城市和农村地区要基本满足残疾儿童接受学前教育的需求。地方各级教育、民政、卫生部门和残联要相互协作，采取多种形式，在有条件地区积极举办0—3岁残疾儿童早期干预、早期教育和康复训练机构。鼓励社会力量举办学前特殊教育机构。

5. 大力开展面向成年残疾人的职业教育培训。以就业为导向，开展多种形式的残疾人技能培训，提高残疾人的就业和创业能力。

6. 采取多种措施，扫除残疾青壮年文盲。将扫除残疾青壮年文盲纳入当地扫盲工作整体规划，同步推进。残疾人教育机构、各有关部门和民间组织、残疾人所在单位要积极开展扫除残疾青壮年文盲工作，使残疾青壮年文盲率显著下降。

二、完善特殊教育经费保障机制，提高特殊教育保障水平

7. 全面实施残疾学生免费义务教育。对义务教育阶段残疾学生在“两免一补”基础上，针对残疾学生的特殊需要，进一步提高补助水平。各地应按照彩票公益金的使用宗旨，结合本地实际，支持残疾儿童少年特殊教育。

8. 加强特殊教育学校建设。国家支持中西部地区特殊教育学校建设，在人口30万以上或残疾儿童少年相对较多，尚无特殊教育学校的县，独立建设一所特殊教育学校；不足30万人口的县，在地市范围内，统筹建设一所或几所特殊教育学校。各地要统筹规划、合理布局，坚持标准，确保质量。东部地区也要加大投入，按照本地区特殊教育规划和国家有关建设标准做好特殊教育学校建设工作。

各地要统筹安排在普通学校、儿童福利机构或者其他机构附设的特教班、高中阶段特殊教育学校（班）和高等特殊教育专业的建设。

9. 做好中等教育和高等教育阶段残疾学生资助工作。普通高校全日制本专科在校生中家庭经济困难的残疾学生和中等职业学校一、二年级在校生中残疾学生要全部享受国家助学金。在特殊教育学校职业高中班（部）就读的残疾学生也应享受国家助学金。

10. 加大投入，确保特殊教育学校（院）正常运转。各地要从特殊教育学校（院）人均成本高的实际出发，研究制定特殊教育学校（院）生均公用经费标准，保证学校（院）正常的教育教学需求。

中央财政将继续设立特殊教育补助专款，地方各级人民政府要继续设立特殊教育专项补助费并不断提高。中央财政加大专项补助资金投入，鼓励和支持地方办好现有的面向全国招生的高等特殊教育学院。

各地要从残疾人就业保障金中安排一定比例的资金用于特殊教育学校（院）开展包括社会成年残疾人在内的各种职业教育与培训。

三、加强特殊教育的针对性，提高残疾学生的综合素质

11. 根据残疾学生的身心特点和特殊需求，加强教育的针对性。注重学生的潜能开发和缺陷补偿，培养残疾学生乐观面对人生，全面融入社会的意识和自尊、自信、自立、自强精神。加强残疾学生的法制教育、心理健康教育和安全教育。

在课程改革中，要充分考虑残疾学生特点，注重提高其生活自理、与人交往、融入社会、劳动和就业等能力的培养。

12. 全面推进随班就读工作，不断提高教育质量。重点推进县（区）级随班就读支持保障体系的建立和完善。所有实施义务教育的学校要积极创造条件，接收具有接受普通教育能力的适龄残疾儿童少年随班就读，不断扩大随班就读规模。

建立特殊教育学校定期委派教师到普通学校巡回指导随班就读工作的制度，确保随班就读的质量。

13. 大力加强职业教育，促进残疾人就业。特殊教育学校要在开足开好劳动技术、综合实践活动等课程的同时，开设符合学生特点、适合当地需要的职业课程。根据市场和社会需求，加强残疾人中等职业学校骨干专业课程的建设。不断更新高等特殊教育院校教学内容，合理调整专业结构。加强学生的生产实习和社会实践，促进职业教育实训基地共建共享。做好学生的就业指导工作。鼓励和扶持各类特殊教育学校（院）、职业学校及职业培训机构，开展各种形式的残疾人职业培训。各级政府和有关部门要加大残疾人职业培训经费投入，在生产实习基地建设、职业技能鉴定、就业安置等方面制定优惠政策和具体扶持保护措施。

14. 加快特殊教育信息化进程。建好国家特殊教育资源库和特教信息资源管理系统，促进优质特殊教育资源共享。地方各级人民政府要加强特殊教育信息化软硬件建设。特教学校要根据残疾学生的特点积极开展信息技术教育，大力推进信息技术在教学过程中的应用，提高残疾学生信息素养和运用信息技术的能力。

15. 深入开展特殊教育研究。建设一支理论素养高、专业能力强的特殊教育科研骨干队伍，提高特殊教育科研质量和水平。各省、市（地）教育行政部门所属的教学研究部门和科学研究部门应配备专职或兼职特教教研人员，组织并指导学校开展教育教学研究。继续开展盲文、手语研究，使之更加科学、实用。

四、加强特殊教育师资队伍建设，提高教师专业化水平

16. 加强特殊教育教师培养培训工作。要适应残疾儿童少年教育普及水平提高的需要，加强特殊教育师范院校专业建设。统筹规划，合理布局，加大特教师资的培养力度。鼓励和支持各级师范院校与综合性院校举办特殊教育专业或开设特殊教育课程。各地在实施师范生免费教育时，要把特教师资培养纳入培养计划。加大特殊教育或相关专业研究生培养力度。注重特殊教育专业训练，提高培养质量。鼓励优秀高校毕业生到特殊教育学校、儿童福利机构等单位任教。

各地要将特殊教育教师培训纳入教师继续教育培训计划，对在职教师实行轮训，重点抓好骨干教师特别是中青年骨干教师培训。要加强对在普通学校、儿童福利机构或其他机构中从事特殊教育工作的教师和特殊教育学校巡回指导教师的培训。要高度重视残疾人职业教育专业课教师培训。依托高等特殊教育学院、其他有关院校和专业机构建设“特殊教育教师培训基地”。

17. 配齐配足教师，确保特殊教育学校正常教学和管理工作。省级有关部门要根据特殊教育学校学生少、班额小、寄宿生多、教师需求量大的特点，合理确定特殊教育学校教职工编制并保障落实。

18. 要切实采取措施落实特殊教育教师待遇。《中华人民共和国义务教育法》明确规定特殊教育教师享有特殊岗位补助津贴。各地要采取措施，确保国家规定的特殊教育教师工资待遇政策得到落实。要将承担随班就读教学与管理人员的工作列入绩效考核内容。要在优秀教师和优秀教育工作者表彰中提高特教教师和校长的比例。

五、强化政府职能，全社会共同推进特殊教育事业发展

19. 进一步强化政府发展特殊教育的责任。各地要把各级各类特殊教育纳入当地经济和社会发展整体规划，把特殊教育发展列入议事日程。各级人民政府要进一步明确和落实教育、发展改革、公安、民政、财政、人力资源社会保障、卫生、税务、残联等部门和社会团体发展特殊教育的职能和责任，在保障残疾孩子入学、孤残儿童抚育、新生儿疾病筛查与治疗、学校建设、经费投入、教师编制配备、工资待遇、校园周边环境治理、特教学校企业税收减免、残疾人口统计等方面通力合作，各司其职，齐抓共管，加快特殊教育事业发展。

20. 全社会共同关心支持特殊教育事业。加大特殊教育宣传力度，在全社会形成关心支持特殊教育、尊重特殊教育教师和残疾人教育工作者的舆论氛围。进一步落实国家关于捐赠及免税的政策，积极鼓励个人、企业和民间组织支持特殊教育，广泛动员和鼓励社会各界捐资助学。

国务院办公厅关于加强普通高等学校毕业生就业工作的通知

（2009年1月19日）

各省、自治区、直辖市人民政府，国务院各部委、各直属机构：

普通高等学校毕业生（以下简称高校毕业生）是我国宝贵的人力资源。当前，受国际金融危机影响，我国就业形势十分严峻，高校毕业生就业压力加大。各地区、各有关部门要把高校毕业生就业摆在当前就业工作的首位，采取切实有效措施，拓宽就业门路，鼓励高校毕业生到城乡基层、中西部地区和中小企业就业，鼓励自主创业，鼓励骨干企业和科研项目单位吸纳和稳定高校毕业生就业。为进一步加强高校毕业生就业工作，经国务院同意，现就有关问题通知如下。

一、鼓励和引导高校毕业生到城乡基层就业。鼓励高校毕业生积极参加社会主义新农村建设、城市社区建设和应征入伍。围绕基层面向群众的社会管理、公共服务、生产服务、生活服务、救助服务等领域，大力开发适合高校毕业生就业的基层社会管理和公共服务岗位，引导高校毕业生到基层就业。对到农村基层和城市社区从事社会管理和公共服务工作的高校毕业生，符合公益性岗位就业条件并在公益性岗位就业的，按照国家现行促进就业政策的规定，给予社会保险补贴和公益性岗位补贴，所需资金从就业专项资金列支；对到农村基层和城市社区其他社会管理和公共服务岗位就业的，给予薪酬或生活补贴，所需资金按现行渠道解决，同时按规定参加有关社会保险。对到中西部地区和艰苦边远地区县以下农村基层单位就业、并履行一定服务期限的高校毕业生，以及应征入伍服义务兵役的高校毕业生，按规定实施相应的学费和助学贷款代偿。对具有基层工作经历的高校毕业生，在研究生招录和事业单位选聘时实行优先，在地市级以上党政机关考录公务员时也要进一步扩大招考录用的比例。

继续实施和完善面向基层就业的专门项目，扩大项目范围。相关项目由各有关部门继续加强组织领导，省级人民政府负责做好各类基层就业项目之间的政策衔接。2009年，中央有关部门继续组织实施“选聘高校毕业生到村任职”、“三支一扶”（支教、支农、支医和扶贫）、“大学生志愿服务西部计划”、“农村义务教育阶段学校教师特设岗位计划”等项目，各地也要因地制宜开展地方项目，鼓励和引导更多的高校毕业生报名参加。鼓励高校毕业生在项目结束后留在当地就业，今后相对应的自然减员空岗全部聘用服务期满的高校毕业生。对参加项目的高校毕业生给予生活补贴，所需资金按现行资金渠道解决，同时按规定参加有关社会保险。各专门项目相关待遇政策的衔接办法，由人力资源和社会保障部、财政部、教育部、中央组织部、共青团中央等有关部门另行研究制定。

二、鼓励高校毕业生到中小企业和非公有制企业就业。各类中小企业和非公有制企业是高校毕业生就业的主要渠道。要进一步清理影响高校毕业生就业的制度性障碍和限制，为他们提供档案管理、人事代理、社会保险办理和接续、职称评定以及权益保障等方面的服务，形成有利于高校毕业生到企业就业的社会环境。对企业招用非本地户籍的普通高校专科以上毕业生，各地城市应取消落户限制（直辖市按有关规定执行）。企业招用符合条件的高校毕业生，可按规定享受相关就业扶持政策。劳动密集型小企业招用登记失业高校毕业生等城镇登记失业人员达到规定比例的，可按规定享受最高为200万元的小额担保贷款扶持。

三、鼓励骨干企业和科研项目单位积极吸纳和稳定高校毕业生就业。鼓励国有大中型企业特别是创新型企业创造条件，更多地吸纳有技术专长的高校毕业生就业。充分发挥高新技术开发区、经济技术开发区和高科技企业集中吸纳高校毕业生就业的作用，加强人才培养使用和储备。各地在实施支持困难企业稳定员工队伍的工作中，要引导企业不裁员或少裁员，更多地保留高校毕业生技术骨干，对符合条件的困难企业可按规定在2009年内给予6个月以内的社会保险补贴或岗位补贴，由失业保险基金支付；困难企业开展在岗培训的，按规定给予资金补助。承担国家和地方重大科研项目的单位要积极聘用优秀高校毕业生参与研究，其劳务性费用和有关社会保险费补助按规定从项目经费中列支，具体办法由科技、教育、财政等部门研究制定。高校毕业生参与项目研究期间，其户口、档案可存放在项目单位所在地或入学前家庭所在地人才交流中心。聘用期满，根据工作需要可以续聘或到其他岗位就业，就业后工龄与参与项目研究期间的工作时间合并计算，社会保险缴费年限连续计算。

四、鼓励和支持高校毕业生自主创业。鼓励高校积极开展创业教育和实践活动。对高校毕业生从事个体经营符合条件的，免收行政事业性收费，落实鼓励残疾人就业、下岗失业人员再就业以及中小企业、高新技术企业发展等现行税收优惠政策和创业经营场所安排等扶持政策。在当地公共就业服务机构登记失业的自主创业高校毕业生，自筹资金不足的，可申请不超过5万元的小额担保贷款；对合伙经营和组织起来就业的，可按规定适当扩大贷款规模；从事当地政府规定微利项目的，可按规定享受贴息扶持。有创业意愿的高校毕业生参加创业培训的，按规定给予职业培训补贴。强化高校毕业生创业指导服务，提供政策咨询、项目开发、创业培训、创业孵化、小额贷款、开业指导、跟踪辅导的“一条龙”服务。各地要建设完善一批投资小、见效快的大学生创业园和创业孵化基地，并给予相关政策扶持。鼓励支持高校毕业生通过多种形式灵活就业，并保障其合法权益，符合规定的，可享受社会保险补贴政策。

五、强化高校毕业生就业服务和就业指导。充分发挥人力资源市场配置资源的作用，强化公共就业服务的功能。人力资源社会保障、教育等部门及高校要加强协作，采取网络招聘、专场招聘、供求洽谈会和用人单位进校园等多种方式，大力开展面向高校毕业生的就业服务系列活动，为应届高校毕业生提供更多、更快、更好的免费就业信息和各类就业服务。高校要强化对大学生的就业指导，开设就业指导课并作为必修课程，重点帮助毕业生了解就业政策，提高求职技巧，调整就业预期。加强高校就业指导服务机构建设，落实人员、场地和经费。加强人力资源市场管理，严厉打击违法违规行为，加强招聘活动安全保障，维护高校毕业生就业权益。

六、提升高校毕业生就业能力。大力组织以促进就业为目的的实习实践，确保高校毕业生在离校前都能参加实习实践活动。完善离校未就业高校毕业生见习制度，鼓励见习单位优先录用见习高校毕业生。见习期间由见习单位和地方政府提供基本生活补助。拓展一批社会责任感强、管理规范的用人单位作为高校毕业生实习见习基地。从2009年起，用3年时间组织100万未就业的高校毕业生参加见习。加强高等职业院校学生的技能培训，实施毕业证书和职业资格证书“双证书”制度，努力使相关专业符合条件的应届毕业生通过职业技能鉴定获得相应职业资格证书。人力资源和社会保障部门根据高校毕业生需要，提供专场或其他形式的职业技能鉴定服务，教育部门及高校要给予积极配合。对符合就业困难人员条件的高校毕业生，按规定给予鉴定补贴。

七、强化对困难高校毕业生的就业援助。对困难家庭的高校毕业生，高校可根据实际情况给予适当的求职补贴。各级机关考录公务员、事业单位招聘工作人员时，免收困难家庭高校毕业生的报名费和体检费。对离校后未就业回到原籍的高校毕业生，各地公共就业服务机构要摸清底数，免费提供政策咨询、职业指导、职业介绍和人事档案托管等服务，并组织他们参加就业见习、职业技能培训等促进就业的活动。对登记失业的高校毕业生，各地要将他们纳入当地失业人员扶持政策体系。对就业困难的高校毕业生和零就业家庭的高校毕业生，实施一对一职业指导、向用人单位重点推荐、公益性岗位安置等帮扶措施，按规定落实社会保险补贴、公益性岗位补贴等就业援助政策。

八、加强领导，明确责任。各地要加强对高校毕业生就业工作的组织领导，将高校毕业生就业纳入当地就业总体规划，统筹安排，确定目标任务，实行目标责任制，加强工作考核和督查。各有关部门要切实发挥职能，落实工作责任。各级人力资源社会保障部门要牵头制定和实施高校毕业生就业政策，并做好高校毕业生离校后的就业指导和就业服务工作。教育部门要指导高校大力加强在校生的就业指导和服务工作，并继续深化高等教育改革。财政部门要根据高校毕业生就业形势和实际需要，统筹安排资金用于促进高校毕业生就业。其他有关部门要认真履行职责，加强协调配合，共同推动工作。要大力开展高校毕业生就业工作的宣传，引导高校毕业生树立正确的就业观和成才观，形成全社会共同促进高校毕业生多渠道就业的良好舆论环境。各地要按照本通知要求，结合本地实际，制定切实有效的政策措施，创造性地开展工作，千方百计促进高校毕业生就业。

中华人民共和国国务院办公厅

教育部 国家发展改革委 人力资源和社会保障部关于废止《高等学校毕业生调配派遣办法》的通知

（2009年5月18日）

各省、自治区、直辖市教育厅（教育局）、发展改革委、人力资源和社会保障（人事、劳动保障）厅（局）：

教育部、原国家计委、国家人事局1981年发布的《高等学校毕业生调配派遣办法》（(81)教学字048号）的适用对象是计划体制下的国家包“分配”的高校毕业生。随着国家有关高等学校毕业生就业制度改革，该办法有关规定已与国家现行有关人事管理政策和劳动合同法的规定不一致，实际已不执行。经研究，决定废止《高等学校毕业生调配派遣办法》。

特此通知。

科技部　教育部　财政部
人力资源和社会保障部　国家自然科学基金委
关于鼓励科研项目单位
吸纳和稳定高校毕业生就业的若干意见

（2009 年 2 月 27 日）

各有关科研项目承担单位：

根据国务院办公厅《关于加强普通高等学校毕业生就业工作的通知》（国发办〔2009〕3 号）精神，为进一步加强高校毕业生就业工作，促进科研项目单位吸纳和稳定高校毕业生就业有关政策的贯彻实施，充分发挥科技工作培养人才、促进就业的作用，现就承担重大科研项目的单位（以下简称项目承担单位）聘用优秀高校毕业生就业的有关工作提出如下意见。

一、项目承担单位聘用高校毕业生参与重大科研项目研究的重要意义。优秀高校毕业生特别是研究生是国家科技创新的一支重要生力军。项目承担单位选聘优秀高校毕业生参与研究工作，对加快科研项目实施、提高科研项目研究水平具有积极作用，对促进高校毕业生就业、培养高素质人才、增强国家科技创新能力具有重要的意义，是推动建设创新型国家和人力资源强国的一项重要举措。

二、项目承担单位聘用高校毕业生参与重大科研项目研究的范围。国家鼓励高校、科研机构和企业，按照公开、自愿、双向选择的原则，在所承担的民口科技重大专项、973 计划、863 计划、科技支撑计划项目以及国家自然科学基金的重大重点项目实施过程中，聘用高校毕业生作为研究助理或辅助人员参与研究工作，并根据国家有关规定签订服务协议，明确双方的权利、责任和义务，聘用对象主要以优秀的应届毕业生为主，包括高校以及有学位授予权的科研机构培养的博士研究生、硕士研究生和本科生。

三、项目承担单位聘用高校毕业生参与重大科研项目研究的经费渠道。项目承担单位聘用高校毕业生参与研究，其劳务性费用和有关社会保险费补助按规定从项目经费中的“劳务费”科目列支。具体操作办法如下：

在研项目在不改变研究目标和经费预算的前提下，采用调整项目经费支出结构的办法，统筹安排聘用高校毕业生需要支出的劳务性费用和社会保险费补助。项目（课题）组根据聘用计划提出预算调整意见，报项目承担单位批准同意后，按照相关经费管理制度规定调整执行。

新立项项目在编制预算前，要结合项目研究实际需求做好聘用计划，认真测算相应经费需求并纳入项目预算申请，按照相关经费管理制度规定核批下达。

四、相关经费的审核、管理和监督。重大科研项目聘用高校毕业生作为研究助理和辅助人员参与研究，其劳务性费用和社会保险费补助开支标准，原则上按相应岗位在当地的实际情况由项目承担单位确定。项目承担单位要加强对相关经费的财务管理，各项费用必须纳入单位财务统一核算，并按照单位工资的发放程序和方法以及社会保险缴费的有关规定执行。单位内部财务（审计）和监察部门要加强对相关经费的日常监督，确保资金支出的科学、合理和安全。

五、项目承担单位聘用高校毕业生的相关就业政策。高校毕业生参与项目研究期间，其户口、档案可存放在项目承担单位所在地或入学前家庭所在地人才交流中心。聘用期满，根据工作需要可以续聘或到其他岗位就业，就业后工龄与参与项目研究期间的工作时间合并计算，社会保险缴费年限合并计算。

六、加强重大科研项目聘用高校毕业生工作的组织领导。国家鼓励重大科研项目聘用优秀的高校毕业生参与研究工作。项目承担单位要结合项目研究工作需求，统筹安排，做好重大科研项目吸纳和稳定高校毕业生工作，为聘用的高校毕业生提供良好的科研和生活保障。高校和相关科研机构要加强宣传和引导，鼓励优秀的毕业生参与重大科研项目研究工作。各有关部门要切实发挥职能，落实工作责任，确保相关就业政策的落实，解决毕业生的后顾之忧。

七、各有关部门要切实履行职责，加强对相关经费使用情况的监督检查，提高财政资金的使用效益。同时，加强对重大科研项目聘用高校毕业生工作进展情况的跟踪指导和监督，认真研究解决执行中出现的问题，为相关工作的稳步推进创造良好的政策环境。

八、各地方要积极鼓励本地区设立的重大科研项目聘用高校毕业生参与研究工作，促进高校毕业生就业。具体措施办法可结合各地方实际，参照本意见另行制定。

教育部　商务部关于加强服务外包人才培养促进高校毕业生就业工作的若干意见

（2009 年 3 月 18 日）

各省、自治区、直辖市教育厅（教委）、商务主管部门，新疆生产建设兵团教育局、商务局，教育部直属各高等学校：

为贯彻落实《国务院办公厅关于促进服务业外包产业发展问题的复函》（国办函〔2009〕9 号）和《教育部 国家发展改革委 财政部 人事部 科技部 国资委关于进一步加强国家重点领域紧缺人才培养工作的意见》（教高〔2007〕16 号）的精神，现就加快培养服务外包人才，提升我国服务外包产业人员素质，促进高校毕业生就业提出如下意见。

一、培养服务外包人才的重要意义

服务外包产业是智力人才密集型现代服务业，具有信息技术承载高、附加值大、资源消耗低、环境污染小、国际化水平高等特点。大力培养服务外包人才，提高高校毕业生就业能力，有利于加快经济发展方式的转变，促进区域经济协调发展，优化外贸结构，提高利用外资水平，对全面贯彻落实科学发展观，实现“保增长、扩内需、调结构”的目标具有重要意义。

二、明确服务外包人才培养工作的目标

高校要根据服务外包产业快速发展的需要，调整服务外包人才培养结构，扩大服务外包人才培养规模，着力提高人才培养质量。服务外包产业涉及软件研发、产品技术研发、工业设计、信息技术研发、信息技术外包服务、技术性业务流程外包等领域，各类高校要在相关专业开展服务外包人才培养工作，在高职高专、本科、研究生等层次培养高质量的服务外包人才，力争在 5 年内培养和培训 120 万服务外包人才，新增 100 万高校毕业生就业，实现 2013 年承接国际服务外包业务 300 亿美元。

三、建立服务外包人才培养培训体系

商务部和教育部负责联合认定中国服务外包示

范城市设立的“服务外包人才培训中心”，并制定“服务外包人才培训中心”、社会培训机构、从业人员等标准。“服务外包人才培训中心”负责组织协调当地高校、社会培训机构、服务外包企业开展服务外包人才培养、培训和实训、实习工作。各地要加强对“服务外包人才培训中心”、高校和社会培训机构的政策支持，采取有效措施提升培养培训质量，满足服务外包企业用人要求。高校和社会培训机构按照相关标准开展服务外包人才培养、培训工作。鼓励服务外包企业组织和接纳高校学生实习和社会实践。商务部和教育部定期公布服务外包企业录用各个高校和经社会培训机构培训的高校学生数量。商务部、教育部会同有关部门建立服务外包人才库，加强服务外包人才储备。

四、调整专业结构适应服务外包产业需要

地方所属高校的计算机科学与技术专业要以造就应用型人才为主要目标，大力培养服务外包人才。示范性软件学院和示范性职业技术软件学院要把培养服务外包人才作为一项十分重要的任务来完成，其中，示范性软件学院以培养高端服务外包人才为主，促进中国服务外包产业的总体创新能力和竞争实力的提升。“中国服务外包示范城市”的各类高校应在服务外包产业所涉及的专业增设服务外包专业方向。

五、采取灵活措施培养服务外包人才

高校要根据服务外包产业所涉及专业的特点，采取灵活措施，按照国际先进技术和全球化的理念，探索多种模式培养服务外包人才。可在原有专业内开设服务外包专业方向，增设服务外包课程。可引入社会培训机构开设服务外包课程。可将服务外包企业的岗位培训前移至校内完成，帮助高校毕业生能够直接上岗工作。

六、加强高校学生实习实训工作

“中国服务外包示范城市”设立的“服务外包人才培训中心”，要按照商务部和教育部联合制定并发布的有关标准，认定符合条件的服务外包企业、社会培训机构和高校为“服务外包大学生实训实习基地”，实习实训质量需得到参加实习实训高校和企业的认可。高校要积极改革原有的实习模式，与服务外包企业共同制订实习方案，共同指导学生实习。要签订学校、企业和学生的三方实习实训协议，保护学生的合法权益，不能加重实习实训学生的经济负担。服务外包企业要积极接收高校学生实习和勤工俭学。商务部、教育部将服务外包企业接收高校学生实习实训工作情况作为服务外包示范城市评价的重要指标之一。

七、深化高校与服务外包企业的合作

教育部和商务部将邀请“中国服务外包示范城市”人民政府、服务外包企业和高校，成立服务外包校企合作联盟，推进企业和高校的战略合作。参加合作联盟的有关企业和高校，在人才培养、产品和技术研发、高校毕业生就业等方面积极开展多边和双边合作。各地要加强对合作联盟的政策支持。合作联盟要促进人才交流，根据校企达成的共识，鼓励企业派遣工作经验丰富的专家到学校兼职，高校派遣教师到服务外包企业挂职。

八、建立服务外包课程教师培训网络平台

教育部将建立服务外包课程教师培训网络平台，充分利用合作联盟企业和高校的优质资源，大力培训服务外包课程教师。高校要将教师参加培训和到企业挂职计入教师工作量。

九、努力做好服务外包人才就业工作

要把推动服务外包产业发展促进高校毕业生就业放在突出重要的位置。各地商务、教育部门要按照每年促进服务外包领域全国新增20万高校毕业生就业的目标，制定本地区的具体工作目标及实施方案。商务部门要切实落实有关优惠政策，加强引导和服务，积极鼓励服务外包企业吸纳高校毕业生。教育行政部门要指导高校广泛联系并吸引服务外包企业到校园开展招聘活动；加强对毕业生的就业指导和宣传引导，积极鼓励高校毕业生到服务外包企业就业。服务外包企业和高校要充分利用全国大学生就业公共服务立体化平台、中国服务外包网等信息发布平台，及时发布高校服务外包相关专业及毕业生情况、服务外包企业招聘信息和接收高校学生实习的信息，增加高校毕业生到服务外包企业的就业机会。

十、加大对服务外包人才培养的财政支持力度

鼓励高校与服务外包企业合作培养服务外包人才。按照《国务院办公厅关于促进服务业外包产业发展问题的复函》(国办函〔2009〕9号)的要求,对符合条件的技术先进型服务外包企业,每录用1名大专以上学历员工从事服务外包工作并签订1年期以上劳动合同的,给予企业不超过每人4 500元的培训支持;对符合条件的培训机构培训的从事服务外包业务人才(大专以上学历),通过服务外包专业知识和技能培训考核,并与服务外包企业签订1年期以上劳动合同的,给予培训机构每人不超过500元的培训支持。

各地教育、商务部门要结合当地服务外包产业人才需求情况,研究出台支持本地区高校培养服务外包产业人才的政策,促进本地区承接国际服务外包业务持续、协调、有序发展。

人力资源和社会保障部　教育部　工业和信息化部　国务院国有资产监督管理委员会　国家工商行政管理总局　中华全国工商业联合会　共青团中央关于印发三年百万高校毕业生就业见习计划的通知

(2009年4月2日)

各省、自治区、直辖市人力资源和社会保障(人事、劳动保障)厅(局)、教育厅(教委)、工业和信息化厅(局)、中小企业厅(局、办)、国资委、工商行政管理局、工商联、共青团:

为贯彻落实《国务院办公厅关于加强普通高等学校毕业生就业工作的通知》(国办发〔2009〕3号),进一步做好离校未就业高校毕业生见习工作,提升高校毕业生就业能力,人力资源和社会保障部、教育部、工业和信息化部、国资委、工商总局、全国工商联和共青团中央共同制定了《"三年百万"高校毕业生就业见习计划》,决定自2009年至2011年,用3年时间组织100万离校未就业高校毕业生参加就业见习。现将《"三年百万"高校毕业生就业见习计划》印发给你们,请结合实际情况,落实目标任务,制定工作方案,抓紧组织见习单位的申报和认定,做好计划的组织实施工作。请各地于4月底前将具体承办部门联系人和联系方式、工作方案报送人力资源社会保障部就业促进司。

联系人:杨颖琳　高婷

联系电话:010-84201537、84202539(传真)

Email:yangyinglin@mohrss.gov.cn,gaoting@mohrss.gov.cn

"三年百万"高校毕业生就业见习计划

一、指导思想

贯彻落实《国务院办公厅关于加强普通高等学校毕业生就业工作的通知》的要求,把高校毕业生就业摆在当前就业工作的首位,充分发挥政府有关部门、社会各方面的力量,帮助离校未就业的高校毕业生通过就业见习提升就业能力,尽快实现就业。

二、目标任务

总体目标:2009—2011年,组织100万离校未就业的高校毕业生参加就业见习;拓展和规范一批用人单位作为高校毕业生见习基地；进一步完善离校未就业高校毕业生见习制度；通过努力，提高参加见习的高校毕业生的综合素质和就业能力，丰富工作经验，增强市场就业竞争力。

计划任务：2009年30万人，2010年35万人，2011年35万人。

三、工作内容

（一）确定见习单位。各地要在现有见习单位的基础上，根据当地高校毕业生就业形势和见习任务需要，建立并拓展一批见习单位。确定见习单位的具体要求：

1. 见习单位应具有较强的社会责任感，管理规范，能够持续提供一定数量的见习岗位。优先吸纳规模较大并有一定社会影响力的企事业单位作为见习单位；

2. 见习单位的行业分布，应优先考虑当地重点发展的优势产业，同时尽可能吸纳不同行业的企事业单位参加，以满足高校毕业生的不同需求；

3. 见习单位提供的见习岗位，应具备一定的技术含量和业务内容，以确保不同专业的高校毕业生提高技能水平和工作能力；

4. 见习单位应明确每年度所能提供的见习岗位数量、岗位职责、岗位要求和见习时间等有关内容；

5. 见习单位应能够为参加见习的高校毕业生提供部分基本生活补助，并办理人身意外伤害保险。

在各地确定见习单位的基础上，人力资源和社会保障部将会同相关部门定期共同确定一批国家级高校毕业生就业见习示范基地，统一挂牌，统一管理。

（二）明确目标任务。各地要按照《“三年百万”高校毕业生就业见习计划2009年度目标任务安排》（见附件），层层分解见习任务，落实责任部门。要重点组织离校未就业的高校毕业生在入学前户籍所在地城市参加见习，并积极探索对尚未离校的应届高校毕业生开展见习。有条件的城市可探索开展非本地户籍高校毕业生和在校生的就业见习活动。

（三）组织参加见习。各地要对未就业的高校毕业生情况进行摸底调查，制定高校毕业生就业见习计划，明确年度见习目标任务和工作安排。人力资源和社会保障部门要组织开展离校未就业高校毕业生的登记工作，鼓励和引导他们参加就业见习。有条件的省市，应建立就业见习网站或网页，方便毕业生通过网络报名。

（四）加强见习管理。见习之前，要指导见习单位和参加见习的高校毕业生签订就业见习协议，明确见习期限、岗位职责、见习待遇、见习计划安排，以及见习单位和见习人员的权利义务。见习期间，见习单位应指定专人加强对见习人员的工作指导，努力提高见习质量；加强对见习人员的管理，维护见习人员的合法权益，妥善处理见习期间产生的问题。高校毕业生见习期间由见习单位和地方政府提供基本生活补助。要发挥社会各方面积极性，积极探索高校毕业生就业见习的社会化、市场化运作机制。见习期满，见习单位应为见习人员出具见习证明，作为用人单位招聘选用的依据之一。高校毕业生在同一单位见习时间一般为3—12个月。见习期间或期满后被见习单位正式录用的，单位应及时与高校毕业生签订劳动合同，缴纳社会保险。见习时间可作为工龄计算。

（五）提供见习服务。各地要将见习工作纳入高校毕业生就业服务的整体工作。要通过媒体以及公共就业服务机构、人才服务机构等多种渠道，加强见习信息发布，公布见习单位名单、岗位数量、期限、人员要求等有关内容。见习之前，各地要积极为参加见习的高校毕业生开展职业指导，要对见习单位开展政策宣传，包括就业形势、见习政策、人力资源和社会保障政策法规等内容。公共就业服务机构、人才服务机构应及时组织开展见习单位和高校毕业生的双向选择活动，并在见习期间，为参加见习的高校毕业生免费提供人事档案托管服务。见习期满未被见习单位录用的高校毕业生，可继续享受政府提供的免费就业信息和各类就业服务；对有创业愿望的，要提供项目开发、方案设计、风险评估、开业指导、融资服务、跟踪扶持等“一条龙”创业服务。

（六）确定重点联系城市。人力资源和社会保障部将确定一批高校毕业生数量多、见习工作基础较好、见习规模较大的城市作为全国高校毕业生就业见习工作重点联系城市。指导重点联系城市大胆探索，结合实际创造性地开展工作。组织经验交流活动，以推动全国就业见习工作的开展。

四、组织实施

（一）加强组织领导。各地要高度重视高校毕业生就业见习工作，将其作为促进高校毕业生就业的重要措施，加大资金投入和政策支持，确保见习工作顺利开展。相关部门要加强对高校毕业生见习的组织管理，总结和推广有效做法，及时解决存在的问题。要建立见习统计制度，及时掌握工作进度。各地和有关部门已开展的高校毕业生就业见习工作，可纳入到“三年百万”高校毕业生就业见习计划。

（二）明确职责分工。高校毕业生就业见习工作由人力资源和社会保障部牵头，教育部、工业和信息化部、国资委、工商总局、全国工商联、共青团中央共同组织实施。人力资源和社会保障部门要做好见习的指导和协调工作，做好离校未就业高校毕业生登记、见习信息发布、见习单位的日常管理工作，以及见习过程的跟踪管理和服务；教育部门要做好校园内就业见习政策宣传工作，指导高校将就业见习作为就业指导的重要内容；中小企业主管部门要推荐一批经营管理规范、效益和信誉好的中小企业作为见习单位，国有资产监督管理部门要组织一批国有大中型企业作为见习单位，工商行政管理部门要充分发挥各级个体劳动者协会、私营企业协会的作用，动员引导一批管理规范、经营稳定、信誉良好的非公有制企业作为见习单位，工商联要组织一批信誉好、就业和社会保障制度健全的民营企业作为见习单位，形成人力资源和社会保障部门牵头、有关部门协助配合的见习工作机制；共青团要继续做好“青年就业创业见习基地”创建工作，组织实施青年就业见习活动，其中高校毕业生见习纳入“三年百万”高校毕业生就业见习计划。

（三）确保经费到位。各地要按照国务院要求，认真落实有关规定，确保见习期间的基本生活补助经费足额到位。见习期间，由见习单位和地方政府提供基本生活补助，保障高校毕业生见习期间的基本生活，具体标准和操作办法由各地制定。

（四）开展评选表彰。人力资源和社会保障部、教育部、工业和信息化部、国资委、工商总局、全国工商联、共青团中央定期对见习单位的工作情况进行考核和评价，对提供岗位数量多、岗位质量高、见习待遇好、吸纳高校毕业生就业多的见习单位予以表彰和奖励。

（五）做好宣传工作。要广泛动员社会资源，营造关心帮助高校毕业生参加就业见习的社会氛围。要大力加强舆论宣传，采用各种形式，宣传见习政策和意义，宣传毕业生参加就业见习后成功就业的典型。要大力宣传行业、企事业单位开展就业见习的经验做法，树立见习单位的良好社会形象，以推动更多的用人单位主动承担见习任务，促进更多的高校毕业生通过见习实现就业。（附件略）

中组部　人力资源和社会保障部　教育部　财政部　农业部　卫生部　国务院扶贫开发领导小组办公室　共青团中央关于做好2009年高校毕业生“三支一扶”计划实施工作的通知

（2009年4月18日）

各省、自治区、直辖市、新疆生产建设兵团党委组织部、人力资源和社会保障（人事、劳动保障）厅（局）、教育厅（教委）、财政厅（局）、农业（农牧）厅（委、局）、卫生厅（局）、扶贫开发领导小组办公室、团委：

为贯彻落实党的十七大和十七届三中全会精神，继续做好高校毕业生到农村基层从事支教、支农、支医和扶贫工作（简称“三支一扶”计划），引导和鼓励高校毕业生面向基层就业，根据《关于引导和鼓励高校毕业生面向基层就业的意见》（中办发〔2005〕18号）、《国务院办公厅关于加强普通高等学校毕业生就业工作的通知》（国办发〔2009〕3号）和《关于组织开展高校毕业生到农村基层从事支教、支农、支医和扶贫工作的通知》（国人部发〔2006〕16号）要求，现就做好2009年高校毕业生“三支一扶”计划实施工作通知如下。

一、高度重视2009年高校毕业生“三支一扶”计划实施工作

当前，受国际金融危机影响，我国就业形势十分严峻，特别是高校毕业生就业压力进一步加大。做好“三支一扶”计划实施工作，进一步发挥其引导和鼓励高校毕业生面向基层就业的示范带动作用，是解决农村基层人才匮乏、促进青年人才健康成长的重要途径，也是国家实施更加积极的就业政策、全方位促进就业的重要内容。各地要增强全局意识，把思想统一到中央精神上来，加强组织领导，完善工作机制，加大财政保障，发挥职能作用，采取有效措施，把“三支一扶”工作抓紧抓好，取得更显著的成效。

二、切实加强2009年高校毕业生“三支一扶”计划的组织管理工作

各地要按照中央要求，结合本地实际，认真开展2009年的组织招募与岗前培训，进一步完善各项工作制度，全面加强对在岗服务人员的管理、培养与服务。

（一）统筹开展招募工作。2009年全国计划招募约2万名高校毕业生。各地要将2009年招募计划于4月30日前报送全国“三支一扶”办公室审核同意，在6月30日前完成招募工作。

“三支一扶”计划的实施要与“选聘到村任职工作”、“特岗计划”、“西部计划”的实施工作，协调推进，统筹实施。

（二）认真做好岗前培训。各省级“三支一扶”办公室要组织好“三支一扶”大学生上岗前的集中培训，培训内容主要是党和国家有关基层工作特别是农业、农村等方面的方针政策、本地区基层工作的现状、拟服务单位和岗位的基本情况、乡镇共青团有关工作等。

（三）适当提高工作、生活补贴标准。各地要加大财政支持力度，适当提高“三支一扶”大学生的生活补贴标准。从2009年起，“三支一扶”大学生在服务期间参照本地乡镇事业单位从高校毕业生中新聘用工作人员试用期满后工资收入水平的标准，确定工作、生活补贴标准，按月发放。

（四）抓紧落实社会保险政策。“三支一扶”大学生在服务期间，按照当地规定，参加相应的社会保险，以提高其保障水平。其中在建立补充医疗保险制度的地方，应在参加社会医疗保险的基础上，为其办理补充医疗保险。

社会保险的单位缴纳部分，由负责发放“三支一扶”大学生工作、生活补贴的部门缴纳，个人缴纳部分由负责发放“三支一扶”大学生工作、生活补贴的部门在个人补贴中代扣代缴，具体手续由县（市、区）负责发放“三支一扶”大学生工作、生活补贴的部门到当地社会保险经办机构办理。其中按照《工伤保险条例》的规定，应由用人单位支付的工伤待遇，由负责发放“三支一扶”大学生工作、生活补贴的部门发放。相关费用，纳入财政给予的工作、生活补贴范围。

（五）切实加强管理服务。各省级“三支一扶”办公室要结合本地实际，完善“三支一扶”大学生管理规定，明确责任，加强监督。县级“三支一扶”工作管理部门要负责指导、协调服务单位健全日常考评制度，落实“三支一扶”大学生的服务岗位、住宿以及安全、健康、卫生等后勤保障，并积极为其提供业务培训机会，帮助解决“三支一扶”大学生遇到的困难和问题。要抓紧完善“三支一扶”大学生信息库，做好信息采集、管理、更新等工作。做好大学生服务期间职业资格评定等相关工作。

（六）扎实开展期满考核。各地要尽快部署，组织各级管理部门和大学生所在单位对其服务期内的工作、学习和思想状况进行全面的总结考核。期满考核的工作程序可参照国家有关规定进行。对服务期满、考核合格的“三支一扶”大学生，颁发《高校毕业生“三支一扶”服务证书》，加盖省级“三支一扶”办公室印章，作为高校毕业生参加“三支一扶”计划的凭证及享受相关优惠政策的重要依据。省级“三支一扶”办公室负责做好《高校毕业生“三支一扶”服务证书》的发放管理工作。

（七）进一步加大宣传力度。要充分利用广播、电视、报刊、互联网等各类媒体，广泛宣传“三支一扶”工作。各省级“三支一扶”办公室要在今年持续开展主题突出、内容丰富、形式多样的宣传报道活动，大力宣传“三支一扶”工作的重要意义和基本政策，广泛宣传大学生在基层服务的突出业绩和先进事迹，深入宣传各地及用人单位好的做法和经验，为工作的健康发展营造良好舆论氛围。

三、全力做好服务期满高校毕业生的就业服务工作

各地要认真贯彻《国务院办公厅关于加强普通高等学校毕业生就业工作的通知》精神，全力做好服务期满高校毕业生的就业服务工作，将“三支一扶”大学生就业问题纳入高校毕业生就业工作一并考虑安排。

（一）健全就业服务工作机制。各省级“三支一扶”办公室要切实加强对服务期满大学生就业服务工作的指导和协调工作。各地人力资源和社会保障（人事、劳动保障）部门要指定专人负责服务期满“三支一扶”人员的就业工作，确保各项政策落实。各级政府部门所属人才服务机构要设立“三支一扶”大学生就业服务窗口，并加强与公共就业服务机构的沟通与服务衔接，为服务期满大学生提供全方位的公共服务。

（二）加大事业单位吸纳“三支一扶”大学生就业力度。各有关部门要充分挖掘本系统就业岗位，积极吸纳“三支一扶”大学生进入本系统工作。各地基层社会公共服务岗位，也应积极吸纳“三支一扶”大学生就业。原服务单位有职位空缺或有相对应的自然减员需补充人员时，要聘用服务期满考核合格的“三支一扶”大学生。各省（区、市）县以上相关事业单位公开招聘工作人员，应拿出不低于40%的比例，聘用具有两年以上基层工作经历的高校毕业生，在同等条件下要优先聘用“三支一扶”大学生。在事业单位服务的“三支一扶”大学生服务满一年后，在现岗位空缺情况下，经考核合格，可与所在单位签订不少于三年的聘用合同。

（三）落实“三支一扶”大学生报考公务员相关政策。各省（区、市）市（地）级以上党政机关录用公务员，要坚持凡进必考，并明确录用具有两年以上基层工作经历人员的比例。乡镇党政机关招考方面，按相关规定执行。各地要认真解决报考过程中报考资格、录用比例等操作问题，保证政策落实。

（四）支持“三支一扶”大学生自主创业。各地应将服务期满“三支一扶”大学生纳入高校毕业生自主创业政策支持范围，为有自主创业愿望的“三支一扶”大学生提供政策咨询、项目开发、创业培训、创业孵化、小额贷款、开业指导、跟踪辅导等“一条龙”服务。按照有关政策，对从事个体经营符合条件的可免收行政事业性收费；对通过各种形式灵活就业的，符合规定的可享受社会保险补贴。

（五）扶助“三支一扶”大学生自主择业。鼓励“三支一扶”大学生服务期满后留在当地就业。对自主择业的“三支一扶”大学生，各级“三支一扶”办公室要认真摸清底数，切实帮助落实就业岗位。各级政府部门所属人才服务机构、公共就业服务机构要为其免费提供政策咨询、职业指导和职业介绍服务；组织他们参加职业资格培训、职业技能鉴定或就业见习，按规定给予职业培训补贴等；对服务期满后失业时间较长的“三支一扶”大学生要进行重点帮扶。

（六）做好相关政策衔接。高职（高专）毕业生参加“三支一扶”，服务期满考核合格的，可免试入读成人高等学历教育专科起点本科。对服务期满报考研究生的，要落实相关加分等优惠政策。对已落实就业岗位的大学生，各级“三支一扶”办公室要按规定落实助学贷款代偿政策、工龄计算、服务年限视同社会保险缴纳年限等政策。其户籍、档案转移接续手续按《关于做好2008年高校毕业生“三支一扶”计划实施工作的通知》（人社厅发〔2008〕6号）的规定执行。

高校毕业生“三支一扶”计划实施工作政策性强，涉及面广，各地组织、人力资源和社会保障、教育、财政、农业、卫生、扶贫、团委等部门要密切配合，认真组织，加强协调，狠抓政策落实，努力把2009年高校毕业生“三支一扶”计划实施工作进一步引向深入，为加强基层人才队伍建设、促进高校毕业生就业作出新贡献。

中华全国总工会 教育部关于开展“困难职工家庭高校毕业生阳光就业行动”的通知

（2009年4月28日）

各省、自治区、直辖市总工会、教育厅（教委）：

为贯彻落实《国务院办公厅关于加强普通高等学校毕业生就业工作的通知》（国办发〔2009〕3号），积极应对当前国际金融危机对高校毕业生就业的影响，推动解决困难职工家庭高校毕业生就业问题，中华全国总工会、教育部决定在全国范围内实施“困难职工家庭高校毕业生阳光就业行动”。现就有关事项通知如下。

一、充分认识当前做好困难职工家庭高校毕业生就业工作的重要意义

当前，国际金融危机仍在蔓延，对高校毕业生就业和困难职工生活带来较大影响。做好困难职工家庭高校毕业生就业工作，对于帮助困难职工家庭摆脱贫困，解决职工群众最关心、最直接、最现实的利益问题，保障和改善民生，保持国家就业形势的基本稳定，促进经济平稳较快发展，都具有非常重要的意义。各级工会、教育部门要从党和国家工作大局出发，本着对困难职工家庭高校毕业生高度负责的精神，切实增强使命感、责任感和紧迫感，采取强有力的措施，把这项工作抓实抓好，抓出成效。

二、深入调查摸底，明确工作目标

各级工会、教育部门要密切配合，深入高校，深入困难职工家庭中开展普遍调查。各高校负责全面摸清应届和往届未就业的困难职工家庭高校毕业生基本情况，将学生名单报送当地教育部门；高校所在地总工会要与生源地总工会加强协作，依据困难职工档案和金秋助学档案，与当地教育部门共同研究确定就业帮扶对象和人数，建立就业帮扶档案，并根据其所学专业、就业意向、困难程度等情况，研究制订阳光就业行动实施方案和帮扶措施，明确目标任务，落实工作责任，努力保证困难职工家庭高校毕业生顺利实现就业。

三、优先安排实习培训，提升就业创业能力

各级工会、教育部门要发挥各自的资源优势，充分利用自办或与社会联办的就业技能培训基地、高校毕业生实习见习基地等，优先安排困难职工家庭高校毕业生在离校前参加实习实践活动。各级工会要充分发挥广泛联系企业的优势，密切结合用人单位需求，积极向他们提供有针对性的就业技能培训服务，向有创业意愿的毕业生提供创业培训，并帮助他们通过职业技能鉴定获得相应职业资格证书，积极配合人力资源和社会保障部门，对符合条件的毕业生给予职业技能鉴定补贴。各级工会、教育部门要加强对毕业生的就业指导，帮助他们树立正确的择业观念，调整就业预期，提高求职技巧，用好就业政策，提高就业创业能力。

四、广泛开辟就业渠道，努力帮助实现就业

各级工会、教育部门要加强配合协作，充分发挥高校就业指导服务中心、工会困难职工帮扶中心和职业介绍机构的作用，通过网络招聘、专场招聘、供求洽谈会和用人单位进校园等就业服务系列活动，向困难职工家庭高校毕业生提供就业信息，优先推荐就业。各级工会要发挥组织体系健全的优势，充分运用国有大中型企业、劳模企业、社会爱心企业及政府公益性岗位等资源，加强与高新技术园区、创业园区的沟通协调，鼓励吸纳困难职工家庭高校毕业生就业。积极鼓励和扶持困难职工家庭高校毕业生以集体或个体自主创业的形式实现就业，强化对他们的创业指导和服务，为他们提供创业培训、政策咨询、项目开发、创业孵化、小额贷款、开业指导、跟踪服务的“一条龙”服务。

五、加强协调配合，落实就业扶持政策

各级工会、教育部门要加强与人力资源和社会保障、财政、税务、工商等部门的协调配合，积极推动和督促落实好政府对困难家庭高校毕业生在学费补偿和助学贷款代偿资助、就业培训和职业技能鉴定补贴、社会保险补贴、公益性岗位补贴、创业贷款和税收优惠等扶持政策。对享受国家优惠政策后经济上仍有困难的职工家庭高校毕业生，高校所在地工会和生源地工会要加强协调，从帮扶资金中给予资助，用于补贴他们求职过程中的交通、培训、食宿、职业介绍等费用，并通过工会与高校联合发放、生源地工会发放等方式，及时将资金发放到学生手中，保证他们不因经济困难而影响求职就业。各级教育部门及高等学校也要筹措资金，参照工会的资助标准，对其他经济困难的高校毕业生实施就业帮助，努力使每一个困难家庭高校毕业生都能够顺利完成学业并实现就业，切实感受到政策的阳光和社会的温暖。

人力资源和社会保障部　教育部　财政部 中国残疾人联合会关于进一步做好高等学校残疾人毕业生就业工作的通知

（2009年5月6日）

各省、自治区、直辖市及计划单列市人力资源和社会保障（人事、劳动保障）厅（局）、教育厅（教委、局）、财政厅（局）、残疾人联合会，新疆生产建设兵团人事局、劳动保障局、教育局、财务局、残疾人联合会：

残疾人是一个数量众多、特性突出、特别需要帮助的社会群体，普通高等学校残疾人毕业生（含高等特教学院全日制本专科残疾人毕业生，以下简称高校残疾人毕业生）同样是宝贵的人力资源。在国际金融危机影响进一步蔓延，就业形势仍然严峻，高校毕业生就业压力加大的情况下，高校残疾人毕业生就业问题更加突出。为贯彻落实《中共中央国务院关于促进残疾人事业发展的意见》（中发〔2008〕7号）、《国务院办公厅关于加强普通高等学校毕业生就业工作的通知》（国办发〔2009〕3号）和国务院召开的全国普通高校毕业生就业工作电视电话会议精神，进一步做好高校残疾人毕业生就业工作，现就有关工作通知如下。

一、认真落实国家规定，确保高校残疾人毕业生享受相关政策

（一）把高校残疾人毕业生纳入现行政策扶持范围。各地要按照党中央、国务院统一部署，高度重视发展残疾人事业，大力支持高校残疾人毕业生就业工作。要切实将高校残疾人毕业生纳入国家促进高校毕业生就业政策扶持范围，统筹规划、同步实施、兼顾特点、整体推进，确保国家促进高校毕业生就业的各项政策措施惠及高校残疾人毕业生。

（二）对高校残疾人毕业生实施重点扶助。各地制定促进高校毕业生就业配套政策和具体实施办法，要充分考虑残疾人毕业生特殊困难，切实体现党和政府的特别关怀，给予适当倾斜照顾。在开拓就业渠道、落实就业政策、提供就业服务过程中，应本着优先、优惠、优质的原则，把高校残疾人毕业生作为就业困难人员，给予优先扶持，实施重点援助。

二、积极采取针对性政策措施，促进高校残疾人毕业生就业

（三）鼓励用人单位安排高校残疾人毕业生就业。发挥按比例安排残疾人就业政策的特殊保护作用，动员和鼓励社会用人单位为高校残疾人毕业生开发就业岗位。用人单位安排高校残疾人毕业生就业，在享受国家统一规定政策基础上，按规定对超比例安置残疾人就业的单位给予奖励。2009 年至 2011 年，执行按比例就业的用人单位每安排一名高校残疾人毕业生就业，按安排两名残疾人计入所安排的残疾人职工人数之内。从 2009 年起，县级以上残联及直属单位新录用、聘用工作人员中，高校残疾人毕业生不得少于 20%。

（四）鼓励和引导高校残疾人毕业生到城乡基层就业。各地区、各有关部门开发的城市社区和农村基层社会管理和公共服务岗位，同等条件下，优先录用高校残疾人毕业生。各地要继续开发乡镇（街道）残疾人专干和社区残疾人专职委员等适合残疾人就业的岗位，优先招用高校残疾人毕业生就业。对符合公益性岗位就业条件并在公益性岗位就业的高校残疾人毕业生，按规定给予岗位补贴、社会保险补贴等。

（五）鼓励支持高校残疾人毕业生自主创业。高校残疾人毕业生有创业意愿并参加创业培训的，可按规定享受培训补贴。自主创业、从事个体经营、自愿组织起来就业并取得营业执照的，可按规定使用残疾人就业保障金扶持其集体从业、个体经营；针对盲人、聋人就业最难、最不稳定等现实状况，对这两类高校残疾人毕业生可适当提高扶持标准。

（六）强化高校残疾人毕业生就业服务和就业指导。各高校要针对残疾人身体、心理状况，强化对残疾人毕业生的就业指导，帮助其了解就业政策、调整就业预期，优先安排其参加实习实践，重点组织培训以提高其就业能力，优先推荐就业岗位。各级公共就业服务机构要将高校残疾人毕业生作为重点帮助对象，为其提供更多、更快、更好的免费就业信息和各类就业服务。各级残疾人就业服务机构要组织开展残疾人就业服务系列活动，把招聘会、供求洽谈会、用工需求、扶持政策等信息送进校园、送进残疾人家庭，切实让每一位求职的高校残疾人毕业生免费享受公共就业服务；要加强与高校和公共就业服务机构间的协作，通过多种形式的就业服务促进高校残疾人毕业生就业；抓紧建立完善残疾人就业信息网，建立残疾人大学生数据库，发挥网络功能作用。有条件的地区，可动员组织一些有强烈社会责任感的用人单位，作为高校残疾人毕业生实习见习基地。

（七）加强对高校残疾人毕业生的就业援助。各高校可根据实际情况对残疾人毕业生给予求职补贴。对离校回到原籍未就业的高校残疾人毕业生，公共就业服务机构要按规定提供相应就业服务，对其中符合规定的人员落实就业援助政策。对未就业的高校残疾人毕业生，生源地有关部门和残联应鼓励其参加当地的职业培训，符合条件的按规定从就业专项资金、残疾人就业保障金中给予职业培训补贴和职业技能鉴定补贴。对返回原籍求职的高校残疾人毕业生，所在市、县残联及残疾人就业服务机构，应将其列为重点援助服务对象，通过建立帮扶责任制，实施一对一职业指导、鼓励用人单位安排、开发公益岗位安置、支持自主创业等帮扶措施，帮助其实现就业。

三、建立密切合作关系，共同做好高校残疾人毕业生就业工作

（八）加强部门、机构之间的联系与合作。各级人力资源社会保障部门、教育部门、财政部门、残联之间，各高校、公共服务机构、残疾人就业服务机构之间，要建立联系沟通渠道，加强政策协调，细化具体措施，进行密切合作，共同抓好落实。各部门和机构要充分发挥职能作用，落实工作责任。人力资源和社会保障部门要把扶助高校残疾人毕业生就业贯彻到高校毕业生就业政策制定和实施的全过程，公共就业服务机构要进一步加强高校残疾人毕业生就业指导和就业服务工作。教育部门要指导高校加强对残疾人大学生的求职心理辅导、就业指导和服务工作。财政部门要通过就业专项资金、残疾人就业保障金等渠道，支持高校残疾人毕业生就业。各级残联及残疾人就业服务机构要把促进高校残疾人毕业生就业摆在当前残疾人就业工作的首位，尽快摸清底数、重点研究、提出对策，充分发挥自身优势，千方百计开发就业岗位，认真落实各项政策措施，规范强化就业服务，为高校残疾人毕业生实现就业和稳定就业创造条件。

（九）做好宣传引导工作。要加强对高校残疾人毕业生就业工作的宣传，以政策措施引导高校残疾人毕业生树立正确的就业观和成才观，用党和政府的特别关怀引导全社会支持高校残疾人毕业生就业。要及时总结、宣传和推广高校残疾人毕业生就业工作经验做法，使不同地区相互学习借鉴，扩大社会影响。要通过宣传高校残疾人毕业生创业典型，引导和激励更多的高校残疾人毕业生和在校残疾人大学生走创业之路。

教育部　卫生部关于加强医学教育工作提高医学教育质量的若干意见

（2009 年 2 月 20 日）

各省、自治区、直辖市教育厅（教委）、卫生厅（局），新疆生产建设兵团教育局、卫生局，教育部有关直属高等学校，卫生部有关直属单位：

近年来，我国医学教育事业快速发展，在深化教育改革、提高教育质量等方面进行了积极的探索和实践，取得了显著成效。为贯彻党的十七大精神，以科学发展观统领医学教育全局，进一步提高医学教育质量，构建具有中国特色社会主义医学教育体系，办好人民满意的医学教育，促进基本医疗卫生制度建立和人人享有基本医疗卫生服务，现就今后一个时期加强医学教育工作提出以下意见。

一、统一思想，充分认识医学教育在社会发展中的地位和作用

健康是人全面发展的基础，关系千家万户幸福。卫生事业关系到人民群众的生活质量和健康水平，关系到经济社会和谐发展，体现社会主义核心价值。卫生事业的发展关键在人才。医学教育承担着培养高素质卫生人才的重要使命，其根本任务就是要以医疗卫生人才需求为导向，培养和造就一支为社会主义现代化建设服务，具有职业素质、实践能力和创新精神的卫生人才队伍，为经济社会的发展提供卫生人力资源、科技成果和社会服务，促进我国卫生事业发展和社会全面进步。

在我国全面建设小康社会的进程中，随着人民群众卫生服务需求的日益增长、卫生服务模式的重大变革以及国际医学教育的发展趋势，医学教育的改革与发展面临着新形势和新问题。实现建设人力资源强国和人人享有基本医疗卫生服务的战略目标，医学教育承担着重要的任务。各级教育、卫生行政部门和医学院校，要高度重视卫生人才培养工作，根据我国卫生事业发展的客观需求，科学、合理制定医学教育的发展规划，处理好改革与发展、规模与质量的关系，规范管理，加大投入，深化改革，提高质量，促进医学教育全面协调可持续发展。

二、提高质量，加快医学人才培养模式创新

提高人才培养质量是加强医学教育工作的核心，人才培养模式改革是提高医学教育质量的关键。医学院校要根据现代医学模式和我国卫生服务的发展要求，改革人才培养模式，适时修订各类人才培养目标和规格。积极进行课程体系改革，构建

人文社会科学知识、自然科学知识与医学知识相结合，基础医学与临床医学相结合的知识、能力、素质协调发展的新型课程体系；建立以学生为中心的自主学习模式，确立学生在教学中的主体地位，着力推进教学方法的改革与实践，加强学生终身学习能力、批判性思维能力和创新能力的培养。加强学生公共卫生和全科医学教育，培养学生基层卫生服务能力；坚持基础理论、基本知识、基本技能教学要求，提倡早期接触临床，密切理论与实践的结合；积极探索在培养过程中有利于学生个性发展的机制；加强考试和教学评价方法改革，逐步建立科学的考试方法和教学评价制度；充分利用现代信息技术推进教学改革。

三、德育为先，促进医学生的全面发展

医学教育，德育为先。要将德育和职业素质培养列为医学教育人才培养的重要内容。培养学生爱国主义、社会主义、集体主义和人道主义精神，树立科学的世界观、人生观、价值观和社会主义荣辱观，增强发展祖国卫生事业和保障人类身心健康的使命感。要进一步加强以医学职业道德、职业态度和职业价值观为基本内容的职业素质教育，培养学生的道德责任感，重视伦理问题，将预防疾病、解除病痛和维护民众的健康利益作为自己的终身职业责任；以多种形式开展文化素质教育，增强学生心理健康素质，强化人际沟通能力和人文关怀精神的培养，提高学生理解文化价值的能力，培养学生关爱病人、尊重他人、尊重生命的职业操守和团队合作精神。

四、加大投入，切实保障医学教育教学工作运行

各级教育和卫生行政部门要与同级财政部门积极协调，根据医学教育高成本的特点，加大对医学教育的支持力度，逐步提高医学教育的生均拨款。中央财政从2008年开始，将中央部委所属高校医学本科生的生均拨款定额标准予以大幅度提高；中央财政在安排有关专项资金时，将对中央部委所属高校的医学教育予以倾斜。教育部将把地方对医学教育的生均拨款情况作为审批医学类专业（指毕业生可参加医师资格考试的专业）的重要指标。学校要加大医学教育的教学经费投入，切实把教学工作作为经费投入的重点，特别要加大实践教学专项经费投入。学校要加强对实践教学基地建设的投入，改善实践环节教学条件，保障教学运行需要。附属医院和承担实践教学任务的医疗卫生机构应不断加强教学条件建设，保证临床教学质量。

五、重视实践，加强医学生实践能力培养

实践教学是保证和提高医学人才培养质量的重要环节和必要手段。要认真落实卫生部、教育部共同制订颁布的《医学教育临床实践管理暂行规定》，规范临床实践教学行为，在保障患者合法权益的前提下，保证临床实践教学活动的开展。教育、卫生行政部门要进一步完善、落实各类临床教学基地的评估和认可制度，建设一批高水平的临床教学基地和社区教学基地。为保障医学临床教学质量，举办医学教育的高等学校应使医学类专业在校生数与附属医院和教学医院床位数之比达到1∶1，毕业实习生生均实际管理病床不少于6张。在高等学校医学教育认证工作及教学水平评估中，要加强对临床实践教学的考察，实践教学环节不合格的学校应削减医学教育招生计划。

高等学校要积极创新医学实践教学体系，加强实践能力培养平台的建设。积极推进实验内容和实验模式的改革，提高学生分析问题和解决问题的能力；要组织学生早期接触临床，使学生在医疗卫生环境中树立牢固的专业思想；要有计划地安排医学生到农村和城市社区进行社会实践，系统培养学生社会适应能力；要建立稳定的临床教学管理机构和队伍，完善临床教学工作协调制度和机制，保证教学秩序，及时研究解决临床教学中的问题；严格临床教学人员的聘任制度，明确临床教学人员的职责；完善临床见习、毕业实习和社区卫生服务实习实践教学大纲，提倡以临床二级学科为基础的宽口径临床实践教学平台建设，加强对学生临床实践的管理和考核。

六、建设队伍，充分发挥教师教书育人的作用

积极实施人才强校战略，大力加强教师队伍建设。牢固确立教师在办学中的主体地位，充分发挥教师在教书育人中的主导作用。建立有效的激励机制，不断深化教师聘任制改革，全面推进高等学校和附属医院的岗位设置管理工作，逐步建立健全岗位绩效工资制度，调动和发挥教师教学的积极性。进一步加强教师培养工作，建立促进教师专业发展的长效机制。引导教师转变教育教学观念，支持教师开展教育教学研究，鼓励名师、名医为本科生授课。完善临床教师编制管理，加强临床教师队伍建设，制定政策、完善制度促进临床医务人员提高临床教学水平。加强师德、医德建设，不断强化教师教学工作制度，完善教师教学考核机制，大力宣传在教学第一线做出突出贡献的教师。优化教师队伍结构，加强教学团队建设，提高教师队伍整体素质，建设一支学风优良、富有创新精神和国际视野的医学教育教师队伍。

七、实施认证，保证医学教育教学质量

建立政府、社会和学校有机结合的医学教育质量保证体系。实施医学教育认证，开展以本科医学教育标准为依据的医学教育专业认证工作，以认证结果作为审核医学教育招生规模的依据，并将认证结果通过适当方式向社会公布。

各医学院校在实行本科医学教育标准的过程中，要创造性地加强和改进教学工作，努力探索和建立健全学校内部的教学质量保证体系和运行机制，完善相关的规章制度，保证教育教学质量的稳步提高。

八、创新管理，建立统筹协调的医学教育管理体制和运行机制

建立和完善教育、卫生行政部门医学教育宏观管理协调机制，充分发挥其对医学教育的宏观指导与管理的作用，及时研究解决医学教育工作中存在的新情况和新问题。以卫生需求为导向，促进医学教育事业健康发展。教育部和卫生部共建一批高等医学院校，切实加强高水平医学院建设。

承担教学工作是附属医院的基本任务之一，要把教学建设纳入附属医院发展的整体规划，促进附属医院医疗、教学和科研工作的协调发展。

巩固高等教育管理体制改革成果，进一步完善促进医学教育发展的运行机制。要充分发挥高等学校学科综合优势，加强医学科研平台建设，促进学科交叉、融合，优化整合资源，创新人才培养模式，促进拔尖创新卫生人才的培养和创新性重大科技成果的产出。

九、完善体系，促进毕业后医学教育与继续医学教育工作稳步发展

进一步明确院校医学教育、毕业后医学教育和继续医学教育三个阶段的目标和任务。毕业后医学教育是临床医师培养的必需阶段，要建立和完善适合我国国情的以住院医师规范化培训为重点的毕业后医学教育制度，完善培训标准和培训基地标准，组织审定培训基地；研究制订与毕业后医学教育制度相关的人事管理、资金筹措等配套政策；充分发挥有关高等学校、医疗卫生机构及社团组织在毕业后医学教育中的作用。

加强对继续医学教育的管理，开展多种形式的继续医学教育活动，积极推动继续医学教育发展。健全管理机构，规范基地的审定与管理。加强对培训过程的监管，完善运行机制，保证培训质量。将继续医学教育与卫生技术人员考核、聘任、晋升等人才管理制度相结合，保证卫生技术队伍素质的不断提高。认真研究和把握远程教育的特点，推进远程继续医学教育工作，扩大继续医学教育的覆盖面。

十、统筹规划，科学调控医学教育的发展规模与层次结构

医学教育的改革与发展要以科学发展观为统领，要以卫生服务需求和区域卫生规划为引导，综合考虑医学教育资源等因素，确定总体规模，统筹规划各学科（专业）、各层次、各阶段医学教育，科学调控医学教育的发展速度和招生规模。遵循医学教育规律，严格控制医学类专业招生规模，积极发展护理、药学等卫生职业教育。教育行政部门要依据国家和地区卫生人才需求状况、办学条件、实践基地、毕业生就业率等因素审核医学教育招生计划。

医学类专业以修业年限五年制为主体，现阶段适量保留三年制，控制长学制医学教育。根据人民群众不断增长的卫生服务需求，逐步提高医学教育办学层次，积极探索建立科学合理并适应中国国情的医学学位体系。遵循中医药人才培养的特点和规律，进一步研究加强中医药教育。构建院校教育、毕业后教育和继续教育各阶段合理衔接的医学教育体系。

十一、加强指导，规范医学教育学科专业设置管理

高等学校增设医学类本科和专科专业，须经省级教育行政部门报教育部，教育部征求卫生部、国家中医药管理局意见后审批；增设医学相关类、药学类本科和专科专业，须报省级教育行政部门，由省级教育行政部门征求省级卫生行政部门意见后批准，本科专业报教育部备案。严格控制中等教育医学类专业招生。职业技术学院原则上不新增医学类专业点，未经教育部批准的医学类专业一律停止招生。进一步规范本、专科医学类专业名称，未经批准不得在专业名称前、后加注专业方向。

成人高等教育举办的医学类专业、医学相关类专业、药学类专业的学历教育，只允许招收已取得卫生类执业资格的人员，其中自学考试不得举办医学类专业学历教育，各类高等学校远程教育未经教育部批准不得举办医学类专业的学历教育。高等学校不得以联合办学形式在中等学校举办普通高等医学教育、成人高等医学教育。试办初中毕业五年制医学教育必须经教育部、卫生部批准。

十二、强化措施，积极为农村培养适宜卫生人才

农村卫生工作是我国卫生工作的重点，为农村培养、培训卫生人才是医学院校的重要任务，也是医药卫生体制改革的重点工作。高等医学院校要加大为农村培养适宜卫生人才力度，鼓励高等医学院校毕业生到农村和边远地区、贫困地区服务。采取定向免费培养等多种方式，为贫困地区农村培养实用的医疗卫生人才。医学毕业生到农村基层服务，按有关规定享受相关优惠政策。对省级政府安排高等医学院校面向国家扶贫开发工作重点县（市）培养卫生人才可以申请安排定向就业招生计划。地方政府与医学院校联合制定为农村乡（镇）、村卫生机构培养卫生人才方案，其中列入普通高等学校招生计划的考生，省级高校招生委员会按定向就业招生管理办法，适当降低录取分数。

各级卫生行政部门应采取有效措施，建立健全在岗培训制度，制定规范和要求，选择有条件的医院和其他卫生机构，建立面向农村卫生技术人员的培训基地，积极开展各类农村卫生人员的培训工作。医学院校要积极组织支援农村的培训项目，充分利用各种形式，拓宽在职、在岗培训渠道，提供培训机会。

十三、狠抓落实，加强社区卫生人才培养工作

加强社区卫生人才培养是发展城市社区卫生服务，实现人人享有基本医疗卫生服务目标的重要措施。高等学校要加强全科医学和社区护理学的课程建设、学科建设和师资队伍建设，积极探索全科医学研究生学位教育，培养学科带头人。鼓励在有条件的高等学校中建设为本地区服务的全科医学培训中心。认真组织实施社区卫生人员岗位培训工作，促进社区卫生人员转变服务理念与服务模式，切实提高专业技能和服务水平。积极推进全科医师规范化培训和基地建设，进一步完善相关配套政策和培训补偿机制，在5—10年内培养出一大批合格的全科医师。完善社区卫生人员继续教育制度，采用多种渠道、多种方式大力开展具有社区卫生服务特点的、针对性和实用性强的继续教育，并将社区卫生人员参加继续教育的情况作为人才管理使用的重要依据。

加快社区卫生人才培养能力建设。遴选和建设一批社区卫生人才培养的社区教学示范基地，鼓励条件较好的医疗卫生机构积极承担各种培训任务，加强教材建设，组织编制一批高质量的适合不同层次人才培养需要的全科医学、社区护理学等培训教材。

教育部　财政部　人力资源和社会保障部　中央编办关于继续组织实施“农村义务教育阶段学校教师特设岗位计划”的通知

（2009年2月23日）

山西、内蒙古、安徽、江西、河南、湖北、湖南、广西、海南、重庆、四川、贵州、云南、陕西、甘肃、宁夏、新疆、青海省（自治区、直辖市）教育厅（教委）、财政厅（局）、人事厅（局）、编办，新疆生产建设兵团教育局、财务局、人事局、编办：

根据《国务院办公厅关于加强普通高等学校毕业生就业工作的通知》（国办发〔2009〕3号）关于继续组织实施“农村义务教育阶段学校教师特设岗位计划”（以下简称“特岗计划”）的要求，现就有关工作通知如下。

一、深入实施“特岗计划”，鼓励引导高校毕业生到农村学校任教

2006年，教育部、财政部、人事部、中央编办下发了《关于实施农村义务教育阶段学校教师特设岗位计划的通知》（教师〔2006〕2号），并联合启动实施“特岗计划”，公开招聘高校毕业生到“两基”攻坚县农村义务教育阶段学校任教。2006—2008年，共招聘特岗教师5.9万多人，覆盖400多个县、6 000多所农村学校。“特岗计划”的实施有力地缓解了农村地区教师紧缺和结构性矛盾，促进了农村学校面貌的变化，受到各地的普遍欢迎。当前，高校毕业生就业形势严峻，就业压力加大；同时，部分农村学校特别是中西部边远贫困地区农村学校教师仍然紧缺。毕业生下不去，合格教师难以补充。为了进一步加强农村师资力量，并有效地促进高校毕业生就业，2009年继续实施“特岗计划”，并将实施范围扩大到中西部地区国家扶贫开发工作重点县，国家计划的名额将视各地实施国家“特岗计划”的情况以及是否实施地方“特岗计划”的情况进行分配。特岗教师招聘、培训、管理等政策按教师〔2006〕2号通知要求执行。各地要做好与其他引导和鼓励高校毕业生到农村基层服务项目的衔接。

二、提前做好服务期满特岗教师的工作安排

教师〔2006〕2号通知要求，“鼓励特岗教师3年聘期结束后，继续扎根基层从事农村教育事业。对自愿留在本地学校的，要负责落实工作岗位，将其工资发放纳入当地财政统发范围，保证其享受当地教师同等待遇”。2006年起实施“特岗计划”的省（区、市）第一批特岗教师三年服务期将于今年期满，做好服务期满特岗教师工作岗位安排意义重大。相关省（区、市）要采取切实措施，鼓励服务期满考核合格的特岗教师继续留在当地从教。今后城市、县镇义务教育阶段学校教师空缺需补充人员时，同等条件下应优先聘用服务期满特岗教师。相关省（区、市）教育、人事、编办、财政部门要加强沟通协调，提前研究制订方案，确保服务期满考核合格且愿意留任的特岗教师全部落实工作岗位，做好人事、工资关系等接转工作。

三、采取有力措施，创新教师补充机制，建设高素质教师队伍

各地要根据国家“特岗计划”的原则精神和促进高校毕业生就业工作的总体部署，全面推进地方“特岗计划”，采取有力措施，吸引大批高校毕业生到农村学校任教，为中小学及时补充合格教师，着力解决教师队伍结构性矛盾，并有效地促进高校毕业生就业。各省级教育行政部门要统一掌握本地区中小学教师岗位需求情况，会同有关部门统筹安排全省中小学教师自然减员补充。从2009年开始，各地中学和小学教师补充应全部采取公开招聘的办法，同等条件下优先聘用高校毕业生（含引导和鼓励高校毕业生到农村基层服务期满人员），不得再以其他方式和途径自行聘用教师。

中小学教师补充要充分考虑教师队伍建设总体规划、人员编制情况和学科结构等因素，在核定的编制总额内，按需设岗，规范招聘程序，严格招聘条件，确保新教师的质量。要抓住贯彻落实《国务院办公厅转发人力资源和社会保障部 财政部 教育部关于义务教育学校实施绩效工资指导意见的通知》（国办发〔2008〕133号）的有利时机，加大教师用人制度改革力度，进一步完善并严格实施教师资格准入制度，严把教师入口关。要加强对拟聘教师的岗前培训，免费进行教师资格认定，确保持证上岗。

四、认真履行职责、密切配合、相互支持，切实做好“特岗计划”实施工作

省级教育行政部门要结合本地实际，认真做好教师公开招聘、岗前培训、跟踪管理服务等各项工作，加强对实施县工作的指导和检查；省级财政部门要负责统筹协调特岗的经费保障，落实资金，规范管理；省级人力资源和社会保障部门要协同教育行政部门做好教师招聘工作；机构编制部门要加强中小学编制工作的监督、检查；设置特岗县的县级有关部门，要为特岗教师提供周转宿舍及其他必要的生活条件。

要加强“特岗计划”实施工作的动态管理。对“特岗计划”实施情况进行督导检查。各实施省（区、市）要建立特岗教师数据库，及时掌握特岗教师的基本信息；要定期检查督促特岗教师工资待遇等各项政策落实情况，确保特岗教师在工资待遇、职称评聘、评优评先、年度考核等方面与当地公办学校教师同等对待，鼓励吸引大批优秀高校毕业生到农村从教。

五、大力加强“特岗计划”宣传，形成良好的环境氛围

各地要采取多种方式，充分利用广播电视、报刊、互联网等各类媒体，广泛宣传“特岗计划”的方针政策和工作成效，将特岗教师招聘工作与引导和鼓励高校毕业生面向基层就业结合起来，吸引更多优秀高校毕业生报名应聘。要大力宣传各地推进“特岗计划”的好经验、好做法，不断创新教师补充机制。要采取切实措施，提高特岗教师教书育人的能力，帮助他们尽快成长为骨干教师，同时注意发现特岗教师中的优秀典型，加大特岗教师典型宣传力度，进一步营造良好的工作氛围。

教育部 民政部 中国残联关于表彰全国特殊教育先进单位的决定

（2009年4月22日）

自2001年第三次全国特殊教育工作会议以来，在党中央、国务院和地方各级党委、政府的领导下，经过广大特殊教育工作者的艰苦努力和社会各界的大力支持，我国特殊教育事业的改革和发展取得了显著成就。特殊教育规模不断扩大，办学条件显著改善，教师队伍持续增长且专业化程度明显提高，具有中国特色的特殊教育体系更加完善。在推动特殊教育事业发展过程中，涌现出一批办学思想端正，富有特色，成绩显著，具有表率作用的先进单位。为了大力宣传其先进事迹和经验，在特殊教育战线树立一批可资学习的典型，在全社会切实形成关心特殊教育的良好氛围，使我国特殊教育工作更加健康迅速的发展，教育部、民政部、中国残疾人联合会决定授予北京市盲人学校等106个单位“全国特殊教育先进单位”光荣称号。

希望受表彰的单位发扬成绩、戒骄戒躁、不断开拓进取，再创佳绩，为我国特殊教育工作持续发展做出新的贡献。同时，希望各有关单位向他们学习，高举邓小平理论和“三个代表”重要思想伟大旗帜，深入贯彻落实科学发展观，认真学习贯彻第四次全国特殊教育工作会议精神，振奋精神，开拓创新，齐心协力，狠抓落实，为实现特殊教育事业新的发展而奋斗，为构建社会主义和谐社会做出积极贡献。

附件：

全国特殊教育先进单位名单

北京市　5

北京市盲人学校
北京市第二聋人学校
北京市海淀区培智中心学校
北京市朝阳区新源西里小学
北京联合大学特殊教育学院

天津市　5

天津市河西区启智学校
天津市南开区育智学校
天津市红桥区培智学校
天津市宝坻区博爱学校
天津理工大学聋人工学院

河北省　5

秦皇岛市特殊教育学校
石家庄市特殊教育学校
张家口市特殊教育学校
唐山市盲聋哑学校
安国市特殊教育中心

山西省　2

山西省特殊教育中等专业学校
山西省长治市特殊教育学校

内蒙古自治区　2

巴彦淖尔市特殊教育学校
赤峰市民族特殊教育学校

辽宁省　3

沈阳市铁西区春晖学校
辽宁省残疾人中等职业技术学校
辽宁省孤儿学校

吉林省　5

长春大学特殊教育学院
长春市特殊教育学校
吉林特殊教育实验学校
四平盲童学校
吉林省孤儿职业学校

黑龙江省　3

哈尔滨市燎原学校
齐齐哈尔市特殊教育学校
佳木斯市特殊教育中心学校

上海市　5

上海市卢湾区辅读学校
上海市徐汇区董李凤美健康学校
上海市浦东新区特殊教育学校
上海市启心学校
上海应用技术学院艺术与设计学院

江苏省　7

溧水县特殊教育学校
常州市聋人学校
扬州市特殊教育学校
宿迁市宿豫区特殊教育学校
徐州市特殊教育中心
镇江市特殊教育中心
南京特殊教育职业技术学院

浙江省　6

浙江省盲人学校

杭州聋人学校
杭州市杨绫子学校
衢州市聋哑学校
浙江省华强中等职业学校
浙江省民政康复中心

安徽省 5

亳州市特殊教育学校
马鞍山市特殊教育学校
淮北市特殊教育学校
全椒县特殊教育学校
芜湖市盲人学校

福建省 3

福州市聋哑学校
泉州市盲聋哑学校
三明市特殊教育学校

江西省 3

赣州市特殊教育学校
南昌市培智学校
九江市特殊教育学校

山东省 6

济南市社会福利院
山东省特殊教育中等专业学校
滨州医学院
青岛市中心聋校
淄博市盲人学校
济南市七里山小学

河南省 4

中州大学
郑州市盲聋哑学校
信阳市特殊教育学校
河南省针灸推拿学校

湖北省 4

湖北省聋儿康复中心
湖北省天门市特殊教育学校
武汉市武昌区培智中心学校
湖北省宜昌市特殊教育学校

湖南省 4

长沙市特殊教育学校
衡阳市特殊教育学校
湘潭市特殊教育学校
汨罗市特殊教育学校

广东省 4

阳江市特殊教育学校
深圳元平特殊教育学校
广州市社会福利院
江门市新会区特殊教育学校

广西壮族自治区 2

南宁市盲聋哑学校
桂林市培智学校

海南省 1

海口市培智学校

重庆市 3

重庆市盲人学校
长寿区聋哑儿童学校
重庆市儿童福利院

四川省 4

成都市特殊教育学校
乐山市特殊教育学校
眉山市东坡区特殊教育学校
绵阳市涪城区特殊教育学校

贵州省 2

贵州省贵阳市盲聋哑学校
黔南州贵定特殊教育学校

云南省 3

云南省华夏中等专业学校
云南省昆明市盲哑学校
玉溪市特殊教育学校

西藏自治区 1

拉萨市特殊教育学校

陕西省 2

西安市盲哑学校
安康市阳光学校

甘肃省 2

兰州市盲聋哑学校
张掖市聋人学校

青海省 1

西宁市聋哑学校

宁夏回族自治区 1

宁夏特殊教育学校

新疆维吾尔自治区 2

昌吉回族自治州聋哑学校
新疆残疾人职业中专学校

新疆生产建设兵团 1

新疆生产建设兵团农六师一〇三团子女学校

教育部　国务院纠风办　监察部　国家发展改革委　财政部　审计署　新闻出版总署关于2009年规范教育收费进一步治理教育乱收费工作的实施意见

（2009年4月30日）

各省、自治区、直辖市教育厅（教委）、纠风办、监察厅（局）、发展改革委、物价局、财政厅（局）、审计厅（局）、新闻出版局，新疆生产建设兵团教育局、纠风办、监察局、发展改革委、物价局、财务局、审计局、新闻出版局，有关部门（单位）教育司（局），教育部部属各高等学校：

为认真贯彻落实第十七届中央纪委第三次全会和国务院第二次廉政工作会议精神，深入推进治理教育乱收费工作，进一步规范教育收费，现就2009年工作提出以下意见。

一、指导思想

以邓小平理论和“三个代表”重要思想为指导，深入贯彻落实科学发展观，坚持“谁主管、谁负责”的原则和相关部门各司其职、齐抓共管的工作格局；坚持教育、制度和监督并重，进一步完善规范教育收费的长效机制；坚持解放思想、求真务实，狠抓各项方针政策措施的贯彻落实，巩固已取得的工作成果，防止反弹；坚持学校收费工作透明公开制度，加强社会监督；推进教育协调发展，为促进教育公平，构建社会主义和谐社会作出贡献。

二、主要任务

1. 深入推进义务教育经费保障机制改革，严禁“一边免费、一边乱收费”。

各地要切实履行好教育投入和收费监管责任，加强统筹协调，确保义务教育经费保障机制改革顺利运行和国家免费义务教育各项措施落到实处。严禁任何部门和单位截留、平调、挤占、挪用义务教育保障经费。要严格执行《教育部　国务院纠风办　监察部　国家发展改革委　财政部关于在农村义务教育经费保障机制改革中坚决制止学校乱收费的通知》（教财〔2006〕6号）规定。农村义务教育阶段住宿费取消后，各地要采取措施，切实保障学生宿舍维修、日常管理等相关费用的正常开支。使用非财政资金建设学生宿舍形成的债务，各地要结合实际，制定方案，逐步妥善解决。要继续加大教育投入，加强教育收费监管，严禁“一边免费、一边乱收费”。

2. 严格教育收费审批权限，稳定各级各类学校收费标准。

各地要按照国家有关规定，进一步严格收费项目审批和标准核定工作。从2009年1月1日起，取消义务教育借读费。凡未经国务院同意或财政部、国家发展改革委、教育部批准，不得擅自设立教育收费项目。要切实做好教育收费文件的清理工作，坚决纠正越权设立教育收费项目、违规制定收费标准的行为。2009年8月底前各地要完成对涉及教育收费的文件清理工作，并将清理后所保留的收费项目、收费标准及举报电话通过当地省（区、市）政府网站等有关新闻媒体及时向社会公布，接受社会和人民群众的监督。2009年秋季开学前，各地要将文件清理工作情况分别报教育部、国家发展改革委、财政部。

要严格执行《国务院关于建立健全普通本科高校、高等职业学校和中等职业学校家庭经济困难学生资助政策体系的意见》（国发〔2007〕13号）的各项规定。除国家另有规定外，各级各类学校收费标准应保持基本稳定且不高于2006年秋季学期收费水平。按照《民办教育促进法》及其实施条例的规定，民办学校的收费标准由各地根据办学成本变化情况作适当调整。地方各级价格主管部门要会同同级财政部门进一步加强对学校收费标准的监管，切实稳定学校收费标准。

3. 采取有力措施，继续做好改制学校清理规范工作。

按照《国家发展改革委、教育部关于做好清理整顿改制学校收费准备工作的通知》（发改价格〔2005〕2827号）和《教育部关于贯彻〈义务教育法〉进一步规范义务教育办学行为的若干意见》（教基〔2006〕19号）的要求，巩固义务教育阶段改制学校清理规范工作取得的成果。对于没有达到清理规范工作目标的义务阶段改制学校，要按照属地原则采取有力措施，加大工作力度，继续向前推进，确保2009年秋季开学前全面完成义务教育阶段改制学校清理规范工作。对于已经清理规范后的改制学校要严格按相关标准要求进行复核检查，严禁假清理、走过场，保证清理质量。2009年下半年，我们将对各地义务教育阶段改制学校清理规范情况进行检查。

各地要对公办普通高中改制学校情况进行调查摸底，区分不同情况，制订积极稳妥的工作方案，组织开展清理规范工作，拟用三年左右的时间完成普通高中改制学校的清理规范工作。坚决防止和纠正借改制之名的乱收费行为。

4. 大力推进区域内义务教育均衡发展，认真解决城市义务教育阶段“择校”乱收费问题。

认真落实《义务教育法》，切实加大政府投入，加强薄弱学校建设，合理配置公共教育资源，积极推进区域内义务教育均衡发展。逐步取消义务教育阶段各类重点学校和重点班。教育部在调查研究的基础上，提出解决城市义务教育阶段“择校”问题的政策措施。各省（区、市）要结合当地实际情况，制定解决城市义务教育阶段“择校”问题的实施办法，并向社会公示。部际联席会议将对各地具体的实施情况进行统计上报，进行量化管理，对各地工作开展情况，适时组织检查，总结交流经验，推动各地落实。

5. 加强对学校办学行为和收费行为的监管，促进各级各类学校依法办学、规范收费。

深入了解教辅材料散滥的问题，进一步加强对教辅材料编写、出版、发行和印制活动的管理，严禁任何部门、单位或个人在教辅材料编写、出版、发行过程中违规收取费用；严禁违反出版管理规定，擅自编印、统一征订教辅材料；严禁将教辅材料纳入《教学用书目录》、印发教辅材料《推荐目录》、搭售教辅材料以及强迫学生购买教辅材料等违规行为；严厉打击盗版和非法出版教辅材料等活动。

严禁举办各类收费补习班。中小学生在校期间的学习活动，必须纳入学校的正常教学活动范围，不得以任何名义另行收费，所有教学内容（包括复习）必须全部纳入正常教学过程之中。严禁学校、教师举办或与社会办学机构合作举办向学生收费的各种培训班、补习班、提高班等有偿培训。

要严格按照国家有关规定加强对中外合作办学收费的管理，杜绝以中外合作办学名义乱收费的行为。经依法批准的中外合作办学机构或项目，其收费按办学所在地省（区、市）人民政府的规定执行。对违反国家有关规定，超越职权审批或未经批准擅自设立或举办的中外合作办学机构或项目，应坚决取缔。

要严格执行《教育部关于进一步加强考研辅导活动管理的通知》（教学〔2008〕1号）规定，严禁高等学校及其教职工举办或与社会办学机构联合举办任何形式的考研辅导活动，高校教职工不得参与社会上组织的各种考研辅导活动和编写考研辅导书籍或资料，不得组织学生参加社会上各种考研辅导活动。加强对社会办学机构举办考研辅导活动的监管力度。

三、主要措施

1. 加强宣传培训，接受社会监督。

要结合学习贯彻党的十七大精神，围绕国务院深化义务教育经费保障机制改革等重大决策，切实做好宣传培训工作，提高管理水平，增强政策透明度。全国治理教育乱收费部际联席会议各成员单位将结合各自的职能，有计划、有重点开展宣传、培训和指导工作。依照此精神，各地要结合实际，积极开展宣传、培训工作，并实行量化管理，建立统计上报制度。要充分发挥新闻媒体的作用，在全社会努力营造有利于治理工作深入开展的良好氛围。

2. 切实加强学校服务性收费、代收费管理。

各省级人民政府要按照国家有关政策，结合本地情况，制定学校服务性收费和代收费管理办法，逐步建立规范学校服务性收费和代收费的长效机制。学校服务性收费和代收费必须坚持学生自愿和非盈利原则，即时发生即时收取，据实结算，多收的部分应及时退还；不得与学费合并统一收取，不得从中牟利，侵害学生利益。严禁将讲义资料、取暖、电子阅览等教学管理范围内的事项，作为服务性或代收费事项收费。严禁学校强制服务并收费，或只收费不服务，不得在代办收费中加收任何费用。

3. 加强学校收费资金管理，完善学校经费收入、资金使用公示制度和经常性审计及审计公告制度。

各地要严格按照《财政部、教育部关于严禁截留和挪用学校收费收入加强学校收费资金管理的通知》（财综〔2003〕94号）的规定，加强对学校收费资金的管理。各级各类学校都要健全财务制度，严格执行“收支两条线”管理规定，合理编制预算；要严格教育收费公示制度，加强动态管理；要完善学校经费收入使用情况定期审计和公示制度，主动接受监督；严禁任何单位部门以任何形式截留、平调、挤占、挪用学校收费收入。

民办学校要严格执行国家发展改革委、教育部、原劳动和社会保障部《民办教育收费管理暂行办法》（发改价格〔2005〕309号）、《国务院办公厅关于加强民办高校规范管理引导民办高等教育健康发展的通知》（国办发〔2006〕101号）的有关规定，对收取的各项费用和使用情况应按规定予以公示。

4. 严格执行公办普通高中招收择校生“三限”政策。

公办高中招收择校生以学校为单位计算，每个学校招收择校生的比例要控制在本校当年招收高中学生计划数（不包括择校生数）的30%以下，低于此比例的不得提高。严禁在“三限”政策之外以其他任何名义招收高收费学生。公办普通高中招收择校生，收取择校费后一律不准再收取学费。有条件的地区要逐步降低公办高中招收择校生的比例和收费标准，直至全部取消。

要切实加大公办普通高中招收择校生的信息公开力度，把招生资格和计划、收费项目和标准、学生入学条件和录取结果及时向社会全部公开。

5. 继续实行高校招生“阳光工程”，严禁与招生录取挂钩的乱收费行为。

规范高校招生行为，尤其要规范民办高校（包括独立学院等）招生行为。要加强招生信息管理与服务平台建设，继续加大信息公开力度，确保所有学生可在高考招生各阶段了解和查询到应知、须知的招生政策及相关信息；严格按照规定要求及时对有关考生资格及录取信息进行公示；严禁体制外招生、冒用学历教育名义招生等违规行为；要加强对高校自主招生和特殊类型招生问题的调查研究，提出进一步促进招生工作公平公正的意见和建议，要严禁与招生录取挂钩的各种乱收费行为，切实加大对高校招生收费工作的监管。

6. 深入开展创建规范教育收费示范县活动。

继续深入扎实地开展规范教育收费示范县（市、区）活动。全国治理教育乱收费部际联席会议办公室将对工作进展情况实行量化管理，宣传和交流一些地方好的做法和经验。

7. 加强监督检查工作，严肃查处教育乱收费案件。

继续在全国组织开展治理教育乱收费专项检查和督查工作，坚持检查通报、反馈制度。严格实行责任追究制度。对涉及教育乱收费的案件，发现一起，查处一起；对典型案件要及时曝光；对情节严重、影响恶劣的案件，不但要严肃追究当事人的责任，还要追究相关领导的责任；充分发挥案件查处的警示作用。

教育部　中央文明办　国家广电总局　共青团中央　中国科协关于开展“节约纸张、保护环境——2009年青少年科学调查体验活动”的通知

（2009年4月30日）

各省、自治区、直辖市教育厅（教委）、文明办、广电局、团委、科协，新疆生产建设兵团教育局、广电局、科协：

为贯彻落实《全民科学素质行动计划纲要》，落实未成年人科学素质行动的任务和要求，增强未成年人的创新精神和实践能力，提高未成年人科学素质，根据《未成年人科学素质行动实施方案》（全科组办发〔2007〕6号），教育部、中央文明办、广电总局、共青团中央、中国科协决定，2009年围绕《全民科学素质行动计划纲要》主题开展青少年科学调查体验活动，活动主题为“节约纸张，保护环境”。

为做好2009年科学调查体验活动，现将有关事项通知如下。

一、活动目的

我国是一个用纸大国，纸张与我们的生活密切相关。通过开展“节约纸张，保护环境——2009年青少年科学调查体验活动”，旨在使广大青少年深入学习并了解纸张的生产流程，主要原材料，生产工艺以及资源、能源消耗情况，污染和治理情况，了解我国纸张消耗和浪费情况，认识节约纸张对节约能源资源、保护生态环境的重要意义。

通过科学调查体验活动，培养青少年对科学研究的兴趣，增强他们节约纸张的意识和社会责任感，并通过青少年的实际行动带动和影响其他社会人群，促进节约型社会的建设与发展。

二、活动形式

在学习节约纸张与保护环境问题相关知识的基础上，开展家庭、小组、班级、网站等系列体验活动，对家庭、学校以及社会存在的浪费纸张现象进行调查研究。在此基础上分析浪费纸张的原因，提出节约纸张的建议，并提交活动信息和活动成果，经专家评审后向全社会公布。

三、时间安排

全国的科学调查体验活动于2009年5月正式启动。6月至8月开展相关调查体验活动，9月中旬在“全国科普日”活动期间向社会展示活动成果。

四、具体要求

（一）提高认识，统一思想，高度重视青少年科学调查体验活动的重要意义

青少年科学调查体验活动是一项由教育部、中央文明办、广电总局、共青团中央、中国科协等部门联合开展的以培养青少年科学研究兴趣、发展科学探究能力、增强创新意识和实践能力的全国性科学普及活动，各地教育、文明办、广电局、共青团、科协等部门要从推动学校科学教育发展，增强未成年人的创新精神和实践能力，提高未成年人科学素质的高度，深刻认识开展青少年科学调查体验活动的重要意义，进一步加强领导，做好动员组织工作。

（二）精心组织，周密安排，确保青少年科学调查体验活动取得实效

1. 地方各级教育行政部门要结合中小学校科学课或社会实践课的具体内容，积极动员和引导学校利用课余时间和暑假组织学生参加活动，为学校、学生参与活动提供便利。要将青少年科学调查

体验活动与科技活动示范学校创建工作结合起来，将学生参与科学调查体验活动的情况作为科技活动示范学校创建工作的重要依据进行评价。

2. 地方各级文明办要把青少年科学调查体验活动与未成年人思想道德建设密切结合起来，充分发挥科学调查体验活动益智养德的社会效用，加强指导。组织当地新闻单位做好宣传工作。

3. 地方各级广电部门要充分利用广播电台和电视台的科技、教育、少儿频道或栏目，及时宣传报道活动开展情况，营造全社会关注青少年科学素质提高和思想道德建设的良好氛围。

4. 地方各级共青团和少先队组织应广泛动员和积极组织广大共青团员和少先队员积极参与科学调查体验活动。围绕节约纸张的相关内容，广泛开展主题团日或主题队日活动。

5. 地方各级科协要将青少年科学调查体验活动作为科协系统推进青少年科学普及，实施未成年人科学素质行动的一项重要内容，充分发挥科普资源、科技专家的优势，为活动开展提供服务。要通过丰富多彩的科普活动，吸引更多的青少年参与调查体验活动。

（三）加强安全教育，做好安全工作

青少年科学调查体验活动是一项密切联系生产、生活实际的、实践性很强的科学普及活动。在活动开展过程中，各部门各单位要加强青少年的安全教育。在活动的各个环节，要采取有效措施，提出具体要求，防止安全事故发生。

附件：“节约纸张，保护环境——2009年青少年科学调查体验活动”实施方案（略）

科技部 人力资源和社会保障部 农业部 教育部 中宣部 国家林业局 共青团中央 中国银监会 关于印发《关于深入开展科技特派员农村科技创业行动的意见》的通知

（2009年5月31日）

各省、自治区、直辖市、计划单列市科技厅（委、局）、人力资源和社会保障（人事、劳动保障）厅（局）、农业厅（局）、教育厅（教委、局）、宣传部、林业厅（局）、团委，新疆生产建设兵团科技（人事、劳动保障、农业、教育）局、宣传部、团委，有关单位：

为贯彻党的十七大和十七届三中全会精神，深入贯彻落实科学发展观，充分发挥科技特派员工作在推进城乡经济社会一体化发展中的重要作用，应对当前国际金融危机，发展现代农业，推进社会主义新农村建设，科技部、人力资源和社会保障部、农业部、教育部、中宣部、国家林业局、共青团中央、中国银监会决定，启动科技特派员农村科技创业行动，并研究制定了《关于深入开展科技特派员农村科技创业行动的意见》（见附件）。现印发给你们，请结合各地实际，认真贯彻落实。

附：

关于深入开展科技特派员农村科技创业行动的意见

科技部　人力资源和社会保障部　农业部　教育部
中宣部　国家林业局　共青团中央　中国银监会

为全面贯彻党的十七大和十七届三中全会精神，深入贯彻落实科学发展观，适应国际国内形势的新变化，实现农村改革发展的战略目标，充分发挥科技在发展现代农业、建设社会主义新农村、推进城乡经济社会一体化发展中的重要作用，科技部、人力资源和社会保障部、农业部、教育部、中宣部、国家林业局、共青团中央、中国银监会决定联合开展科技特派员农村科技创业行动，现提出如下意见。

一、实施科技特派员农村科技创业行动的意义

科技特派员工作源于基层探索、群众需要、实践创新，是农村改革发展的重要成果。自2002年开展科技特派员试点工作以来，各地方在实践中创造了各具特色的科技特派员创业与服务模式，在全国形成了充满生机的良好格局。目前，已有7.2万余名科技特派员长期活跃在农村基层、农业一线，围绕当地产业和科技需求，与农民建立“风险共担、利益共享”的利益共同体，开展创业和服务，有力推动了农业科技成果转化和应用，形成了科技人员深入农村开展创业和服务的有效机制，为增加农民收入、发展农村经济做出了重要贡献。科技特派员工作得到了党中央、国务院领导的充分肯定，受到了广大农民的积极欢迎。

科技特派员工作通过体制机制创新，充分调动了科技人员和农民创业积极性，引导科技人员深入农村创业服务，鼓励科技特派员领办、创办、协办科技型农业企业和专业合作经济组织，培育新型农村生产和经营主体，将科技、知识、资本、管理等生产要素向农村聚集，为农村改革发展注入新的活力。党的十七届三中全会明确指出，我国总体上已进入以工促农、以城带乡的发展阶段，进入加快改造传统农业、走中国特色农业现代化道路的关键时刻。新形势下，开展科技特派员农村科技创业行动，依靠科技创新发展现代农业，建设社会主义新农村，统筹城乡发展，实现农村经济社会全面、协调、可持续发展具有重要意义。

二、指导思想、发展目标和实施原则

（一）指导思想

以邓小平理论和“三个代表”重要思想为指导，全面贯彻落实党的十七大和十七届三中全会精神，深入贯彻落实科学发展观，按照加快形成城乡经济社会发展一体化新格局的根本要求，紧紧围绕我国现代农业和新农村建设对科技的需求，以科技特派员创业链建设为重点，以体制机制创新为动力，以政策引导支持为保障，促进科技要素带动资金、人才、信息、管理等其他生产要素向农村聚集，加速农业科技成果转化，促进区域优势特色产业及县域经济发展，推动农村经济社会又好又快发展。

（二）发展目标

力争用5年的时间，使科技特派员工作多部门联合推动机制更加健全，农村科技创业政策环境不断优化，全国性互联互通的科技特派员农村科技创业服务平台基本建立，科技特派员培训体系基本完善，科技特派员社会化服务组织逐步健全，科技特派员服务领域大大拓展，区域优势特色产业不断壮大，当地农业产业化水平显著提升，基本形成科研单位、高等院校、涉农企业、农林业技术推广机构、农业产业化经营组织、广大乡土人才全面参与，科技特派员来源渠道不断拓展的科技特派员农村科技创业新局面。

——培养一批科技创业人才。建设一支15万人的科技特派员队伍，使科技特派员工作覆盖全国75％以上的县（市、区、旗），提高基层科技创新和服务能力。

——培育壮大一批区域优势特色产业。建设

150个科技特派员创业链，建设一批科技特派员创业基地和科技成果转化中心，促进150个区域优势特色产业发展，有力推进县域经济发展。

——转化一大批科技成果。引进农林动植物新品种5万个，推广先进适用新技术5万项，大幅度提高科技成果转化率，促进农业与农村经济增长方式的转变。

——带动一批大学毕业生和农民工就业。带动5万名大学生和农民工参与科技特派员农村科技创业行动，开展科技创业和服务，创造一批新的就业载体，以创业带动就业，以创业实现就业。

——扶持一批科技型农村生产经营主体。引导科技特派员领办、创办、协办2万个农村科技型企业，扶持和培育2万个农民专业合作社，提高农民组织化程度。

——带领广大农民致富。通过开展科技特派员农村科技创业行动，推动传统农业技术改造、升级和创新，培育农村新的经济增长点，直接带动农户人均收入年同比增长10%左右，促进农民增收致富。

（三）实施原则

——以人为本，尊重首创。坚持以人为本，尊重农民和科技特派员的意愿，实现双向选择，保护科技特派员和农民的合法利益。不断创新科技特派员工作方法和模式。

——统筹规划，分类指导。统筹规划全国科技特派员农村科技创业工作，加快农村基层科技能力建设。按照不同区域农村科技发展的基础和潜力，因地制宜，分类指导，突出特色。

——突出创业，强化服务。突出科技创业，在创业中强化服务功能，推动多元化农村科技服务体系建设，为农民提供就业创业、民生、健康等方面的科技服务。

——着眼产业，关注民生。立足于壮大区域优势特色产业，发展现代农林业，推进新农村建设，把科技创业和科技服务的领域由产中向产前和产后延伸，由生产向市场和流通延伸，由发展经济向改善农村生活环境和生态环境拓展。

——创新机制，系统推进。推进体制机制创新，坚持政府引导，集成政策、资金、项目等科技资源，加大投入。坚持市场驱动，通过建立风险共担、利益共享利益共同体，实现互利共赢。注重社会参与，发挥科技创业协会等中介机构的作用。

三、主要任务

（一）以科技特派员创业链建设为核心，培育壮大区域优势特色产业，推进县域经济发展

1. 建设一批科技特派员创业链。科技特派员创业链是指科技特派员参与创业的产业链。围绕区域优势特色产业，建设一批科技特派员创业链。整合资源、营造环境，引导科技特派员带领农民创办、领办、协办科技型企业、科技服务实体或合作组织，培育和壮大一批区域优势特色产业，促进县域经济发展。

2. 实施科技特派员创业重大项目。围绕科技特派员创业链建设，针对农业产业链关键环节和瓶颈问题，实施一批重大科技创业项目，集成转化应用一批先进科技成果，提升农业产业链科技含量。

3. 深入产业链各环节开展创业和服务。用新型工业化的思路发展现代农业，按照市场需求和比较优势，对农业产业链合理分工，支持科技特派员在产业链各个环节开展创业和服务。以科技特派员创办的实体为载体，将信息、科技、金融等生产要素植入产业链，并进行有效集成。

4. 提高农民组织化程度。支持科技特派员通过创业，组建专业协会、合作社和企业，培育壮大农村生产经营主体，实现小生产与大市场的有效链接，提高农民组织化程度和农业抗风险能力。

（二）搭建全国性互联互通的科技特派员创业服务平台，为科技特派员创业提供有力支撑

1. 创业信息服务平台。结合农村信息化建设，建设省级农村科技创业信息服务平台。建设一支农村信息科技特派员队伍，结合“星火科技12396”农村科技信息工作，推进资源共享、互联互通、专家与农民有效互动的农村信息化服务。

2. 创业孵化器平台。建设一批农村科技孵化器，改善农村科技创业条件，培育新型农村科技企业；鼓励科技特派员进入国家和地方孵化器创业。

3. 创业技术专利与产权交易平台。整合资源，合理布局，在全国选择部分具备条件的城市，支持发展若干区域性技术专利与产权交易中心，推动地

方科技特派员创业技术专利与产权交易网络平台建设。

4. 创业成果展示交流平台。建立科技特派员创业成果数据库，构建虚实结合的科技特派员成果展示交流平台，充分利用交易会、展示会等多种形式组织开展科技特派员创业成果展示交流，发挥网络、报刊、电视等新闻媒体的作用，充分展示交流科技特派员科技创业的成果。

5. 创业金融服务平台。搭建科技部门与金融部门，金融机构与科技特派员创办经济实体之间的沟通平台，促进科技特派员工作与金融服务的结合；充分发挥现有金融机构作用，探索建立新型农村金融机构，发展农村各种微型金融服务，加大对涉农科技型中小企业的信贷支持力度；探索建立科技特派员信用体系和授信制度，进一步拓展科技金融工作。

（三）建立健全培训体系，不断提高科技特派员创业能力

1. 建立培训基地。科学规划，合理布局，在全国建立有分工、有特色的科技特派员培训网络和体系。支持建立一批具有地方特色的省级培训基地。鼓励有办学条件的地方，建立科技特派员培训基地或科技特派员创业学院。动员共青团组织及其他社会力量开展培训。充分利用高等院校、共青团就业创业见习基地、农村青年就业创业培训基地、社会各类职业教育培训机构、星火学校等开展形式多样的科技特派员培训。

2. 完善培训内容。围绕提升科技特派员创业服务能力，因地制宜，科学规划培训内容，重点开展生产技术、企业管理、市场营销、电子商务、法律法规、财税政策、金融保险等全方位的创业技能培训，不断增强科技特派员的发展后劲，把科技特派员队伍培养成为一支精业务、懂技术、会经营、善管理、扎根基层的科技队伍。

3. 加强科技创业培训。依托科技特派员培训基地，发挥科技特派员传、帮、带的作用，开展农民科技致富能人、农村科技示范户、农村中小企业从业人员、农村经济人、农民技术员等乡土科技带头人，高校毕业生，农村初、高中毕业后未能继续升学的人员，大学生村官的培训，提高创业人员的创业能力。

（四）通过体制机制创新，建立新型社会化农村科技推广服务体系

1. 建立健全科技特派员社会化服务组织。鼓励科技特派员协办领办创办农民专业合作经济组织。通过建立农民专业合作经济组织，提高农民组织化程度，引导加工、流通、储运设施建设向优势产区聚集，提高农业的抗风险能力。探索建立科技特派员创业协会，为科技特派员创业提供服务。探索建立科技特派员创业基金会，为科技特派员创业提供公益性社会资助。

2. 继续推进多元化农村科技服务体系建设。在加快科技特派员社会化服务组织建设的同时，继续支持科研院所、高等院校发挥科技、人才等方面的优势，围绕区域优势特色产业，继续完善农业专家大院、农业科技园区、“星火科技 12396”等科技服务模式，推进产学研、农科教结合，完善多元化的农村科技服务体系建设，为发展现代农业、新农村建设提供形式多样的科技服务。

3. 引导社会力量支持和参加农村科技创业。鼓励引导各类民间社会资本支持科技特派员农村科技创业，加强与共青团组织等社会团体及民间组织合作，将科技特派员农村科技创业融入到各种惠农社会活动中，探索建立科技特派员社会奖励机制。

四、政策措施

（一）完善科技特派员选派政策

1. 拓宽科技特派员来源渠道。进一步拓宽选派渠道和范围，坚持“以人为本、双向选择”原则，鼓励科研院所、高等院校、农林科技人员深入农村开展创业服务。支持鼓励高校毕业生、返乡农民工、农村青年致富带头人、大学生村官、离退休人员及企业人员，参与科技特派员农村科技创业行动。

2. 创新科技特派员选派方式。继续支持科技人员以科技特派员或科技特派团的方式深入基层、进入企业开展创业和服务，支持鼓励事业单位、企业和农村合作经济组织以法人科技特派员的形式参与创业，支持跨区域选派科技特派员。鼓励高等院校、科研机构组成科技特派团到边疆、贫困地区及灾区开展创业和服务。

3. 探索科技特派员利益机制。按照市场经济规律解决科技成果与农民的结合问题，鼓励科技特派员以项目支撑、资金入股、技术参股、技术承包、有偿服务等形式，与农民尤其是专业大户、农民专业合作经济组织、龙头企业等结成利益共同体，实行“风险共担，利益共享”，形成科技特派员创业的利益激励机制。

4. 建立健全科技特派员创业保障机制。落实国务院《关于发挥科技支撑作用促进经济平稳较快发展的意见》精神，科技特派员在派出期间，其原职级、工资福利和岗位保留不变，工资、职务、职称晋升和岗位变动与派出单位在职人员同等对待，并把科技特派员的工作业绩，作为评聘和晋升专业技术职务（职称）的重要依据。对于作出突出贡献的，优先晋升职务、职称。落实《中华人民共和国科学技术进步法》，制订职务科技成果股权激励的政策细则，对做出突出贡献的科技特派员按照规定实施期权、技术入股和股权奖励等形式的股权激励。

（二）加强财政金融支持

1. 加大财政支持力度。加大科技特派员农村科技创业行动的资金投入，以项目、贴息或后补助等形式，支持科技特派员创业。各地要结合当地实际，增加财政科技投入，研究设立地方科技特派员专项资金，支持科技特派员农村科技创业行动。

2. 集成现有资源。引导各类科技资源有效集成，加强优化配置，集成国家科技计划、地方科技计划，带动相关行业和领域的项目、资金等各类科技资源向科技特派员工作倾斜，支持科技特派员创新创业和服务。

3. 拓展融资渠道。探索建立科技特派员农村科技创业担保机制，探索设立担保基金，帮助科技特派员企业获得资金支持；开展对科技特派员的授信业务和农村科技小额贷款试点业务，支持农业科技成果转化和产业化；开展科技保险试点工作和支持科技型中小企业信贷的科技金融创新合作模式；鼓励科技特派员、农民和企业按有关规定出资组建担保基金或担保公司等。

4. 创新科技金融机制。科技部门和金融监管部门要为金融机构和科技特派员企业搭建沟通交流平台，创新金融服务品种或工具；推动风险投资和科技创新紧密结合，支持和培育具有较强自主创新能力和高增长潜力的涉农科技企业进入创业板融资，逐步建立多元化、多渠道、高效率的科技特派员创业投资支持体系。

5. 落实税收减免政策。科技特派员创办的企业，享受企业研发费用加计扣除政策。法人科技特派员、科技特派员创办的企业、农村专业合作经济组织，可按规定享受国家相关支农优惠政策。

五、组织实施

1. 建立部门联合推动机制。加强部门协调与合作，科技部、人力资源和社会保障部、农业部、教育部、中宣部、国家林业局、共青团中央、中国银监会联合成立科技特派员农村科技创业行动协调指导小组和协调指导小组办公室，办公室设在科技部，建立完善部门联合推进机制，为科技特派员工作提供有力的组织保障。

2. 强化绩效考核。坚持导向性与实用性相结合、定量指标与定性指标相结合、目标责任与评估监督相结合，研究制定科技特派员农村科技创业行动目标责任制考核管理办法，把科技特派员工作纳入到市（区、县、旗）工作的考核范围。

3. 健全激励机制。适时对做出突出贡献的优秀科技特派员、科技特派员团队以及科技特派员工作组织管理机构等予以表彰奖励，调动科技特派员基层创业的积极性，激发创新创业精神。积极支持和倡导社会各界参与科技特派员工作，探索社会力量设奖，对科技特派员农村科技创业行动中的优秀科技特派员予以奖励。

4. 注重舆论宣传。将科技特派员工作纳入中宣部等部门开展的文化、科技、卫生“三下乡”活动中，通过举办讲座、组织巡讲团、召开工作经验交流会、开展典型事迹新闻专访、开辟专刊专栏等多种方式，宣传科技特派员基层创业的典型经验、典型事迹和奉献精神，营造良好的舆论环境。

六、充分发挥地方作用，鼓励基层创新

科技特派员工作是基层探索和实践创新的产物。各地要继续因地制宜、积极创新，建立健全科技特派员工作的长效机制。

1. 加强组织领导。鼓励各地建立多部门联合的科技特派员工作协调机制，设立专门工作机构，配备专门人员，为科技特派员工作提供组织保障；探索成立科技特派员创业协会，扩大科技特派员工作的社会参与。

2. 完善政策措施。各地要针对科技特派员工作任务目标、科技特派员待遇、教育培训等方面制定指导意见和措施，为科技特派员农村科技创业提供政策保障和支撑条件，营造良好的政策环境。

3. 创新体制机制。鼓励各地推进体制机制创新，建立和完善科技特派员工作的投入机制、激励机制、协调机制、选派机制和管理机制等，形成推动科技特派员工作健康发展的长效机制。

4. 加强队伍建设。鼓励各地建立和完善科技特派员选派机制，更广泛地吸引科技人员、乡土人才、企业和社会团体、大中专院校毕业生、返乡农民工等，加入科技特派员行列，到农村开展创业和服务。

5. 建立激励机制。各地方要建立和完善激励机制，对做出突出贡献的科技特派员、科技特派员派出单位、管理部门及相关人员给予表彰奖励；制定科技特派员目标责任制绩效考核管理办法，完善科技特派员工作绩效评价考核机制。

教育部　卫生部关于印发《学校甲型H1N1流感防控工作方案（试行）》的通知

（2009年6月22日）

各省、自治区、直辖市教育厅（教委）、卫生厅（局），新疆生产建设兵团教育局、卫生局，有关部门（单位）教育司（局），教育部属各高等学校，中国疾病预防控制中心：

根据国务院的部署和要求，为科学有序地做好教育系统甲型H1N1流感疫情防控工作，提高甲型H1N1流感的防控和应对能力，教育部、卫生部组织专家制定了《学校甲型H1N1流感防控工作方案（试行）》，现印发给你们，请遵照试行。

学校甲型H1N1流感防控工作方案

（试行）

为科学有序地做好教育系统甲型H1N1流感疫情防控工作，提高防控和应对甲型H1N1流感的能力，有效控制疫情在学校、托幼机构的传播、蔓延，保障学生、教职员工的身体健康和生命安全，维护正常的教育教学秩序和生活秩序，特制定本工作方案。

本方案适用于各级各类学校、托幼机构以及各部门举办的各类教育培训机构、学生夏令营和冬令营等。

一、学校甲型H1N1流感疫情划分

（一）学校未发现甲型H1N1流感疫情

在学校内未发现甲型H1N1流感疑似或确诊病例。

（二）学校出现非校内感染病例

在学校内发现甲型H1N1流感疑似或确诊病例，但传播链清晰，病例感染来源为学校外部甲型H1N1流感确诊病例或其污染的环境，疾病危害尚不严重。

（三）学校出现校内感染病例

第一类情况，在学校一个班级内发现散发的感染来源不明的甲型H1N1流感确诊病例，或由输入性病例引起的二代病例。

第二类情况，在学校内出现多起感染来源不明的甲型H1N1流感确诊病例，形成学校局部疫情暴发，且有流行趋势。学校局部疫情暴发，指在同一学校同一个年级两至三个班级，14天内，出现多个甲型H1N1流感校内感染病例的确诊病例，且病例呈现明显的聚集性。

第三类情况，在学校内出现甲型H1N1流感流行，疫情迅速在全校扩散，且有波及学校周边地区的趋势。学校流行，指在14天内，在同一学校不同年级或同一年级三个班级以上，出现多起甲型H1N1流感学校局部疫情暴发，且有持续传播现象。

二、职能分工

按照属地化管理、联防联控的原则，在地方政府及其甲型H1N1流感联防联控工作机制或防控指挥部的领导下，教育、卫生行政等部门密切配合，共同督导和指导所辖学校、教育机构、医疗卫生机构做好学校甲型H1N1流感防控工作，形成各司其职、各负其责的学校甲型H1N1流感联防联控工作格局。

（一）卫生行政部门

指导学校甲型H1N1流感防控工作，帮助教育行政部门和学校完善防控预案；负责组织协调和督促医疗卫生机构对学校甲型H1N1流感防控工作进行指导；及时向教育行政部门和学校通报全国及行政区域内甲型H1N1流感疫情，并根据疫情变化情况，指导教育行政部门和学校及时调整和完善防控措施。

（二）医疗及疾病预防控制机构

各级各类医疗及疾病预防控制机构负责指导学校甲型H1N1流感防控工作；负责辖区内学校疫情分析报告、病例诊治、流行病学调查；协调和指导学校落实密切接触者的管理；学校暴发甲型H1N1流感时，按照卫生部相关防控方案和技术文件，做好学校甲型H1N1流感暴发疫情的处理等工作；负责指导学校根据疫情变化及时调整和完善防控措施。

（三）教育行政部门

与卫生等部门配合，共同制定符合本地区实际的学校应对甲型H1N1流感的对策、措施及应急预案；督促落实学校甲型H1N1流感的信息报告人并及时上报相关信息；配合卫生部门，严密监测行政区域内学校甲型H1N1流感发生情况，并适时做出预警；指导下级教育行政部门及学校紧急应对和处置甲型H1N1流感疫情；检查督促行政区域内学校落实各项应对甲型H1N1流感的措施；协调解决学校应对甲型H1N1流感所需的物质、经费等保障；学校暴发甲型H1N1流感时，配合卫生部门做好学校甲型H1N1流感暴发疫情的处理等工作。

（四）学校

在卫生部门指导下，根据教育行政部门的部署，制定本校的甲型H1N1流感应急预案；建立一把手负总责与分管校长具体抓的学校甲型H1N1流感防控工作责任制，并将责任分解到部门、落实到人；明确并落实甲型H1N1流感的信息报告人；具体落实学校防控甲型H1N1流感各项措施；保障防控甲型H1N1流感所必须的物质、场所、人员与经费；学校暴发甲型H1N1流感时，配合卫生部门做好学校甲型H1N1流感暴发疫情的处理等工作。

（五）其他相关部门

在地方政府及其甲型H1N1流感联防联控工作机制或防控指挥部的领导下，依据各自职责，全力支持和做好相关的学校甲型H1N1流感防控工作。

三、防控措施

（一）学校未发现甲型H1N1流感疫情

1. 制订应对学校甲型H1N1流感疫情的预案、工作方案。

2. 组织校医院、校医或负责学校卫生工作的人员参加甲型H1N1流感防控知识及技术的培训和演练。

3. 加强疫情应对物资准备。

4. 积极开展多种形式的健康宣教，普及甲型H1N1流感防治知识，倡导环境卫生、科学洗手等卫生行为，提高广大学生、教职员工对流感防治的正确认识和自我防护能力。

5. 加强教室、图书馆（阅览室）、教研室、宿舍等学生和教职员工学习、工作、生活场所卫生与通风，保持空气流通。

6. 落实晨检制度、因病缺课登记追踪制度，发现流感样疫情要在第一时间（2 小时内）报告当地疾病预防控制机构和教育行政部门。

7. 建立健全校内有关部门和人员、学校与家长、学校与当地医疗机构及教育行政部门联系机制，完善信息收集报送渠道，保证信息畅通。

8. 建立与卫生部门信息联动机制，及时收集所在地区甲型 H1N1 流感发生信息，及时准确地进行预警。

（二）学校出现非校内感染病例

在强化上述学校未发现甲型 H1N1 流感疫情时各项防控措施的同时，需采取以控制传染源管理为主的综合性防控措施，及时发现输入病例，追踪和管理密切接触者，严防疫情传播。

卫生防控措施

1. 病例应按照当地卫生部门的要求，及时接受隔离治疗。

2. 卫生部门在学校的配合下，开展对病例密切接触者的追踪，并实施集中医学观察或居家医学观察。中小学生中的密切接触者原则上以居家医学观察为主，高校学生中的密切接触者原则上以集中医学观察为主。

病例所在学校建立与居家医学观察者的联系，及时了解其每日健康状况，并将密切接触者健康状况报告当地疾病预防控制部门和教育行政部门。医疗卫生机构负责每日对集中医学观察者实行随访、报告。

3. 卫生部门指导、协助学校加强当地学校晨午检工作，加强学校发热、咳嗽或咽痛等流感样症状监测和因病缺课监测，及时发现、报告和诊治可疑病例。

4. 卫生部门指导学校对教室、图书馆（阅览室）、教研室、宿舍等师生学习、工作、生活场所进行消毒。采取消毒、感染控制等措施，做好疫情控制工作。

5. 卫生部门及时公布疫情和防控措施信息，加强区域内的信息公布和通告工作，稳定学生和教职员工的情绪。教育和卫生部门共同做好媒体沟通工作，发挥媒体传播信息和引导舆论的作用。

学校防控措施

1. 经当地政府批准同意，对出现病例的托幼机构实施全园停课 7 天（或 7 天以上）的措施。卫生、教育等相关部门在当地政府的领导下，加强放假儿童的校外管理，避免其在学校外的相互接触和聚集。

托幼机构复课后，应继续加强晨检和病例报告，并向属地疾病预防控制机构和教育部门每日报告全校学生和教职员工的健康状况，至少持续 14 天。

2. 中小学校和高校等教育机构加强对学校人员出入的管理，严格控制外来人员进入校园。

3. 如疫情传播风险较大，经当地政府批准同意，中小学校和高校可按照由班级到年级的原则采取临时停课措施。

4. 按照国家和当地政府有关规定，在卫生部门的具体指导下落实其他应急处置措施。

（三）学校出现校内感染病例

及时调整防控策略，采取以控制传染源、切断传播链、保护高危人群等为主的综合性防控措施，防止或减缓疫情扩散，减少病例，减轻疫情危害。

出现第一类情况时，在加强非校内感染病例的卫生防控措施的基础上，采取以下措施。

卫生防控措施

1. 卫生部门指导、协助当地所有学校开展晨午检和疫情日报、零报告。

2. 卫生部门指导学校加强校内环境消毒。

3. 卫生部门指导学校加强居家隔离观察者的管理，要求其主动接受监测，每日定时报告身体状况。

4. 按卫生部门要求，对重点或高危人群进行预防性服药和免疫接种。

学校防控措施

1. 学校停止举办校内各种大型师生集会和会议等活动。

2. 在卫生部门指导下，学校加强宣传教育工作。

3. 根据当地（县级以上）人民政府的决定，学校采取临时停课或暂时关闭措施。

(1) 原则上，停课的范围应根据疫情波及的范围和发展趋势，由小到大，如由班级到年级，由年级到全校，由一个学校到多所学校等。

(2) 如果14天内，同一班级出现2例及以上甲型H1N1流感病例时，该班级可停课；如果14天内，同一学校有2个及以上班级需要停课时，该班级所在年级可停课；如果14天内，同一学校有2个及以上年级需要停课时，该学校可以全体停课。

(3) 停课前，除应告知学生、家长及教职员工甲型H1N1流感相关知识外，应让学生、家长及教职员工与学校保持联系，报告其是否出现流感样症状。学校应向属地疾病预防控制机构和教育行政部门每日报告学生和教职员工的健康状况。

(4) 停课时间不少于7天，自最后一例甲型H1N1流感病例被隔离或离校之日算起。可根据放假学生和教职员工的健康状况，随时调整放假期限。

(5) 中小学校停课放假后，卫生、教育等相关部门应在当地政府的领导下，加强放假学生校外管理，避免其在学校外的相互接触和聚集。高校停课后，要加强停课学生的在校管理。

(6) 复课前，必须对教室、阅览室、食堂、厕所等场所进行彻底清扫消毒；因甲型H1N1流感暂时停课的学生，必须在恢复健康，经有关卫生部门确定没有传染性并出具有效的复课证明后方可复学。

(7) 复课后，未痊愈的学生应继续居家隔离治疗，至其病后7天或症状完全消失后24小时（以两者之间较长者为准），方可上学。

(8) 复课后，学校或托幼机构还应继续加强晨检和病例报告，并向属地疾病预防控制机构和教育行政部门每日报告全校学生和教职员工的健康状况，至少持续14天。

4. 按照国家和当地政府有关规定，在卫生部门的具体指导下落实其他应急处置措施。

出现第二类情况时，强化病例诊治、校内环境消毒、隔离医学观察者管理，加强当地学校疫情监测、对重点或高危人群进行预防性服药和免疫接种等卫生防控措施。

重点加强相关学校防控措施的实施。经当地政府批准同意，对出现病例的中小学、幼儿园等实施全校（园）停课措施；对出现病例的高校实施学生停课不离校，在校进行观察措施。卫生、教育等相关部门在当地政府的领导下，加强放假学生的校内外管理，避免学生聚集活动；并做好被隔离高校师生的日常生活保障。

学校复课后，应继续加强晨检和病例报告，并向属地疾病预防控制机构和教育部门每日报告全校学生和教职员工的健康状况，至少持续14天。

出现第三类情况时，重点加强医疗救治工作，尤其是重症病例的诊疗救治工作，做到早发现、早诊治，降低病死率。对重点或高危人群采取必要的预防性服药和免疫接种措施；合理调配医疗卫生资源，确保防控工作科学、有序、有效。

经当地政府批准同意，对当地所有学校实施停课措施。强化放假学生的校内外管理，避免学生聚集活动，并重点做好被停课高校学生的日常生活保障。

教育、卫生和相关部门要在当地政府领导下，强化风险沟通工作，发挥媒体传播信息和引导舆论的作用，维护社会稳定。

四、停课、放假的实施程序

当发现甲型H1N1流感疫情后，如需要采取停课、放假等疫情防控措施，应按下列程序组织实施。

1. 当地卫生部门在当地教育部门配合下，组织调查，核实疫情情况。

2. 当地卫生行政部门组织专家组，对疫情风险进行评估。

3. 当地卫生行政部门根据风险评估结果，会商当地教育行政部门，共同向当地政府、甲型H1N1流感联防联控工作机制或防控指挥部提出停课、放假的建议。

4. 当地政府、甲型H1N1流感联防联控工作机制或防控指挥部审核批准后，宣布执行。

5. 当地卫生行政部门和教育行政部门在开展相关工作时，应及时上报上级卫生行政部门和教育行政部门，并争取相关工作指导和技术支持。

6. 停课期间，如有新病例发生，可适当延长停课时间。

7. 当停课、放假时间超过7天，由当地卫生行政部门组织专家组评估。达到复课条件的，商当地教育行政部门，报请当地政府、甲型H1N1流感联防联控工作机制或防控指挥部批准后执行。

各部门举办的各类教育培训机构、学生夏令营和冬令营等防控甲型H1N1流感，参照本工作方案执行。

中宣部　教育部　国家民委关于在学校开展民族团结教育活动的通知

（2009年8月20日）

各省、自治区、直辖市党委宣传部门、教育工作部门、教育厅（教委）、民（宗）委（厅、局），新疆生产建设兵团党委宣传部、教育局、民宗局，教育部直属各高等学校：

为贯彻落实中央要求，在学校广泛开展民族团结教育，现将有关事项通知如下。

一、深刻认识在学校开展民族团结教育的重要性和紧迫性

我国是各族人民共同缔造的统一的多民族国家，中华民族是由各民族共同组成的大家庭，各民族共同发展了灿烂的中华文明，各民族的大团结具有深厚的历史渊源和广泛的现实基础。加强民族团结，事关实现全面建设小康社会的奋斗目标，事关建设中国特色社会主义事业的全局，事关国家的统一和长治久安。青少年学生是祖国的未来、民族的希望。在学校全面、深入、持续地开展民族团结教育，引导各族青少年学生牢固树立正确的国家观、民族观，牢固树立中华民族是一个大家庭的思想，牢固树立汉族离不开少数民族、少数民族离不开汉族、各少数民族之间也相互离不开的思想，是加强和改进未成年人思想道德建设、大学生思想政治教育，培养德智体美全面发展的中国特色社会主义合格建设者和可靠接班人的必然要求，是不断增强中华民族凝聚力和向心力，确保中国特色社会主义事业不断前进的根本保证。

我国正处于并将长期处于社会主义初级阶段，正确处理民族问题涉及我国现代化建设的各个方面，切实维护民族团结的任务繁重而艰巨。去年以来，境内外敌对势力策划组织拉萨“3·14”和乌鲁木齐“7·5”严重暴力犯罪事件，加紧对学校的渗透，与我争夺人心、争夺青少年，充分暴露他们破坏民族团结、煽动民族仇恨、制造民族分裂的险恶用心，充分说明反分裂斗争的严峻性、复杂性和长期性。在学校开展民族团结教育，使民族团结意识深深植根各族青少年学生的心中，是当前一项十分紧迫的工作，更是一项长期的战略任务。必须增强政治意识、大局意识、责任意识，以对国家和民族高度负责的态度，切实把在学校开展民族团结教育的工作抓紧抓好。

二、立足当前，深入开展“民族团结教育”主题活动

各级各类学校要充分利用暑期时间，认真研究制定有针对性的活动方案，精心准备、精心部署，在今年秋季开学后立即开展“民族团结教育”主题活动。着重进行维护国家统一和热爱伟大祖国的宣传教育、党的民族理论的宣传教育、民族政策和民族区域自治制度的宣传教育、各民族团结友爱的宣传教育、民族地区发展成就的宣传教育、维护社会稳定和社会主义法制的宣传教育，把民族团结进步事业的主流讲充分，把乌鲁木齐“7·5”事件的性质和危害讲清楚，把“团结稳定是福、分裂动乱是祸”的道理讲透彻，引导广大学生进一步增强稳定压倒一切意识、民族团结意识、遵纪守法意识和社会责任意识，人人争做民族团结的维护者、促进者。

各级各类学校要紧紧围绕活动主题，抓住课堂教学、社会实践、校园文化等重要环节，把教育活动开展到每一个班级、覆盖到每一个学生。要组织学习《民族团结教育通俗读本》。结合“我爱我的祖国”主题暑期社会实践活动，有针对性地增加民族团结教育的内容；结合今年“中小学弘扬和培育民族精神月”活动，在秋季开学之际上好民族团结教育第一课；结合“爱国歌曲大家唱”——教育系统“祖国万岁”歌咏活动，积极学唱、传唱民族团结歌曲。组织学生集中开展一次民族团结教育主题党日、主题团日、主题班（队）日活动；充分利用升旗仪式、报告讲座、墙报板报等多种形式，增强教育活动的吸引力、感染力；积极开展各族师生互访，增进相互了解和沟通，促进各族师生相互学习、共同进步。高等学校要加大民族团结教育力度，适当调整思想政治理论课教学计划，增加讲授课时，在“形势与政策”课中集中安排不少于3学时的民族团结专题教育；邀请有关部门领导干部为学生作民族团结的报告。注意做好穆斯林留学生的教育引导工作。

新疆维吾尔自治区各级各类学校要在自治区党委、政府的领导下，从当前实际出发，有针对性地开展民族团结教育活动。要利用暑期时间，集中进行学校领导班子、教师的民族团结教育全员培训，把思想和行动进一步统一到党中央对形势的分析判断和对工作的决策部署上来。组织教师进行家访，对各族学生进行心理抚慰。秋季开学后专门安排一段时间集中对全体学生进行民族团结教育。开发地方课程和校本课程，增强民族团结教育的现实感和针对性。发挥学校党团组织优势，深入细致地做好学生思想政治工作，增强广大学生对祖国的认同、对中华民族的认同、对中华文化的认同、对中国特色社会主义的认同。其他民族地区各级各类学校，内地各民族院校和民族中小学，内地有民族班、预科班的学校，要结合本地本校的特点和实际，结合学生返校的思想动态，把“民族团结教育”主题活动抓实抓好。

三、着眼长远，进一步加强学校民族团结教育工作

充分发挥课堂教学的主渠道作用，扎实推进民族团结教育进教材、进课堂、进学生头脑。各中小学要根据各学科课程标准，在思想品德类课程的框架内，在小学进行中华民族大家庭教育，在初中进行民族团结常识教育，在高中阶段进行民族团结政策教育；在语文、历史、地理等课程中加强民族团结方面的教学。高等学校要将民族团结教育内容有机融入《思想道德修养和法律基础》、《毛泽东思想和中国特色社会主义理论体系概论》和“形势与政策”等思想政治理论课教育教学中；要结合民族团结教育要求，加强哲学社会科学有关课程的教材建设和教学方法改革；民族院校要专门开设民族团结教育有关课程。

切实加强民族团结教育教材建设和师资队伍建设。有关部门和各地、各级各类学校要组织力量抓紧编写高质量的教材和学习辅导材料。将民族团结教育教学内容纳入小学阶段考查和中考、高考及中职毕业考试范围。加强民族团结教育理论和实践研究，推出一批有价值、有分量的研究成果。加强对教师队伍的教育培训，不断提高思想政治素质和教学水平，更好地发挥他们在民族团结教育中的主导作用。

充分运用多种形式、途径和方法开展民族团结教育。各级各类学校要根据自身实际和学生思想情况，因时因地制宜，注意综合运用各种民族团结教育方法和途径，增强民族团结教育的针对性、实效性和吸引力、感染力。中小学要组织开展生动活泼的民族团结体验活动。高等学校要积极引导广大学生通过社会调查、志愿服务等形式，深入了解民族地区的发展变化，积极投身民族地区的生产建设；邀请各级党政领导、专家学者定期为师生作民族团结教育专题形势报告。各级各类学校要抓住重要纪念日、民族传统节日特别是少数民族传统节日等契机，组织开展民族歌曲传唱、民族舞蹈演出、少数民族特色文化展示等形式多样的文体活动，充分展示各族人民团结一心、共创和谐的精神风貌。充分利用爱国主义教育基地和民族团结进步教育基地开展专题教育和实践活动。积极聘请各民族为民族团结进步事业做出突出贡献的先进模范人物担任民族团结教育的工作顾问和校外辅导员，促进民族团结教育活动的有效开展。

四、切实强化对在学校开展民族团结教育工作的组织领导

开展民族团结教育政治性、政策性、敏感性强，各级党委宣传部门、教育工作部门和民族工作部门要切实加强对在学校开展民族团结教育工作的领导，把民族团结教育作为围绕庆祝新中国成立60周年加强爱国主义教育的重要工作，作为一项关系长远的战略任务，摆上重要位置，周密细致地做出安排。各级各类学校要利用暑期做好充分准备，既立足当前又着眼长远，采取切实可行的措施，在今年秋季开学后，迅速掀起民族团结教育活动的热潮。要建立完善学校、家庭、社会相结合的民族团结教育网络，推动民族团结教育制度化、经常化。要充分利用报刊、广播、电视、互联网等媒体，做好在学校开展民族团结教育活动的宣传报道，大力营造加强民族团结的浓厚氛围。要关注社会舆情和学生思想动态，加强工作指导和督促检查，及时评估民族团结教育的效果和影响，协调解决工作中遇到的问题。通过扎实有效的工作，把各族青少年学生凝聚在党的周围，为实现中华民族伟大复兴贡献智慧和力量。

各地各校开展民族团结教育的情况请及时报教育部。

教育部 财政部关于批准第四批高等学校特色专业建设点的通知

（2009年9月4日）

各省、自治区、直辖市教育厅（教委）、财政厅（局），新疆生产建设兵团教育局、财务局，有关部门（单位）教育司（局）、财务司（局），教育部直属各高等学校：

根据《教育部财政部关于实施高等学校本科教学质量与教学改革工程的意见》（教高〔2007〕1号）和2009年度高等学校特色专业建设点的规划，在有关学校和单位推荐基础上，经研究，现批准北京大学“理论与应用力学”等671个专业点为第四批高等学校特色专业建设点（其中经费自筹建设点71个，名单见附件），并将有关事宜通知如下。

一、建设高等学校特色专业是优化专业结构，提高人才培养质量，办出专业特色的重要措施。项目承担学校和项目负责人要充分认识建设特色专业的重要意义，按照两部有关加强“质量工程”本科特色专业建设的要求，紧密结合国家、地方经济社会发展需要，改革人才培养方案、强化实践教学、优化课程体系、加强教师队伍和教材建设，切实为同类型高校相关专业和本校的专业建设与改革起到示范带动作用。各地教育行政部门和中央有关部门（单位）要负责指导、检查、监督所属高等学校特色专业建设点项目的建设工作。在建设过程中，有关问题和建议请及时反馈至质量工程领导小组办公室。

二、高等学校特色专业建设点项目管理按照《教育部财政部关于实施高等学校本科教学质量与教学改革工程的意见》（教高〔2007〕1号）和《高等学校本科教学质量与教学改革工程项目管理暂行办法》（教高〔2007〕14号）执行。质量工程领导小组办公室将根据《高等学校特色专业建设点任务书》进行检查和验收。

项目资助经费按照每个建设点20万元的标准拨付，超出资助经费的部分由学校配套解决。项目经费管理按照《高等学校本科教学质量与教学改革工程专项资金管理暂行办法》（财教〔2007〕376号）执行。有关单位和学校要落实经费自筹建设点的经费。

三、高等学校特色专业建设点项目的承担学校应在学校网站设立专栏，对外公布项目的建设内容、实施方案和进展程度等相关信息，加强有关建设成果的宣传推广，充分发挥项目的示范作用。

附件：

第四批高等学校特色专业建设点名单

项目编号	学校名称	专业名称	备注
TS11198	北京大学	国际政治	
TS11199	北京大学	地理科学	
TS11200	北京大学	地球物理学	
TS11201	北京大学	理论与应用力学	
TS11202	中国人民大学	宗教学	
TS11203	中国人民大学	计算机科学与技术	
TS11204	中国人民大学	会计学	
TS11205	清华大学	材料科学与工程	
TS11206	清华大学	测控技术与仪器	
TS11207	清华大学	生物医学工程	
TS11208	清华大学	工业工程	
TS11209	北京交通大学	交通工程	
TS11210	北京科技大学	机械工程及自动化	
TS11211	中国石油大学（北京）	应用化学	
TS11212	中国矿业大学（北京校区）	地质工程	
TS11213	中国矿业大学（北京校区）	工程力学	
TS11214	中国地质大学（北京）	土地资源管理	
TS11215	北京邮电大学	信息工程	
TS11216	北京化工大学	应用化学	
TS11217	北京化工大学	自动化	
TS11218	中国农业大学	电气工程及其自动化	
TS11219	中国农业大学	农村区域发展	
TS11220	北京林业大学	风景园林	
TS1Z202	北京林业大学	野生动物与自然保护区管理	经费自筹
TS11221	北京师范大学	思想政治教育	
TS11222	北京师范大学	化学	

续表

项目编号	学校名称	专业名称	备注
TS11223	北京师范大学	环境科学	
TS11224	北京外国语大学	法语	
TS11225	北京外国语大学	新闻学	
TS11226	北京语言大学	日语	
TS1Z203	北京语言大学	阿拉伯语	经费自筹
TS11227	对外经济贸易大学	金融工程	
TS11228	中央财经大学	税务	
TS11229	中国政法大学	社会学	
TS11230	中央民族大学	舞蹈学	
TS11231	中央民族大学	历史学	
TS1Z204	中央民族大学	艺术设计	经费自筹
TS11232	中国人民公安大学	交通管理工程	
TS11233	北京体育大学	运动人体科学	
TS11234	北京理工大学	机械工程及自动化	
TS11235	北京理工大学	武器系统与发射工程	
TS11236	北京航空航天大学	材料科学与工程	
TS11237	北京航空航天大学	电气工程及其自动化	
TS11238	北京信息科技大学	自动化	
TS1Z205	北京信息科技大学	计算机科学与技术	经费自筹
TS11239	北京工商大学	会计学	
TS1Z206	北京工商大学	食品科学与工程	经费自筹
TS11240	北京联合大学	旅游管理	
TS11241	北京工业大学	建筑环境与设备工程	
TS11242	北方工业大学	电子信息工程	
TS1Z207	北方工业大学	机械设计制造及其自动化	经费自筹
TS11243	首都医科大学	预防医学	
TS11244	首都师范大学	汉语言文学	
TS11245	首都经济贸易大学	统计学	
TS11246	中国传媒大学	广告学	
TS11247	中国传媒大学	录音艺术	
TS11248	国际关系学院	国际经济与贸易	
TS1Z208	中国青年政治学院	法学	经费自筹
TS1Z209	中华女子学院	女性学	经费自筹
TS11249	北京建筑工程学院	土木工程	
TS11250	北京服装学院	服装设计与工程	

续表

项目编号	学校名称	专业名称	备注
TS11251	北京农学院	动物医学	
TS11252	北京第二外国语学院	英语	
TS11253	南开大学	政治学与行政学	
TS11254	南开大学	数学与应用数学	
TS11255	南开大学	物理学	
TS11256	天津大学	应用化学	
TS11257	天津大学	信息工程	
TS11258	天津大学	水利水电工程	
TS11259	天津大学	工程力学	
TS1Z210	中国民航大学	飞行技术	经费自筹
TS11260	天津工业大学	轻化工程	
TS11261	天津科技大学	生物工程	
TS11262	天津理工大学	机械工程及自动化	
TS11263	天津医科大学	护理学	
TS11264	天津中医药大学	针灸推拿学	
TS11265	天津师范大学	法学	
TS11266	天津财经大学	工商管理	
TS11267	天津商业大学	金融学	
TS11268	天津体育学院	体育教育	
TS11269	华北电力大学	环境工程	
TS11270	华北电力大学	工程管理	
TS11271	河北大学	哲学	
TS11272	河北工业大学	电气工程及其自动化	
TS11273	燕山大学	材料成型及控制工程	
TS1Z211	燕山大学	自动化	经费自筹
TS11274	河北理工大学	化学工程与工艺	
TS11275	河北科技大学	制药工程	
TS11276	河北工程大学	土木工程	
TS11277	河北农业大学	土木工程	
TS11278	河北医科大学	口腔医学	
TS1Z212	河北医科大学	预防医学	经费自筹
TS11279	河北师范大学	地理科学	
TS11280	河北经贸大学	国际经济与贸易	
TS11281	河北经贸大学	金融学	
TS11282	中国人民武装警察部队学院	火灾勘查	

续表

项目编号	学校名称	专业名称	备注
TS1Z213	中央司法警官学院	行政管理	经费自筹
TS1Z214	华北科技学院	自动化	经费自筹
TS11283	石家庄铁道学院	交通工程	
TS11284	石家庄铁道学院	工程管理	
TS11285	石家庄经济学院	土地资源管理	
TS11286	华北煤炭医学院	护理学	
TS11287	承德医学院	临床医学	
TS11288	廊坊师范学院	汉语言文学	
TS11289	河北体育学院	运动训练	
TS11290	石家庄学院	制药工程	
TS11291	山西大学	计算机科学与技术	
TS11292	太原理工大学	计算机科学与技术	
TS11293	中北大学	特种能源工程与烟火技术	
TS11294	太原科技大学	自动化	
TS11295	山西农业大学	农业资源与环境	
TS11296	山西医科大学	预防医学	
TS11297	山西师范大学	物理学	
TS11298	山西大同大学	化学	
TS11299	山西财经大学	统计学	
TS1Z215	忻州师范学院	化学	经费自筹
TS11300	太原师范学院	数学与应用数学	
TS11301	内蒙古大学	化学	
TS1Z216	内蒙古大学	计算机科学与技术	经费自筹
TS11302	内蒙古科技大学	小学教育	
TS11303	内蒙古民族大学	药物制剂	
TS11304	内蒙古工业大学	电气工程及其自动化	
TS11305	内蒙古农业大学	林学	
TS1Z217	内蒙古农业大学	水文与水资源工程	经费自筹
TS11306	内蒙古师范大学	心理学	
TS1Z218	内蒙古师范大学	体育教育	经费自筹
TS11307	内蒙古财经学院	财政学	
TS11308	大连理工大学	材料成型及控制工程	
TS11309	大连理工大学	热能与动力工程	
TS11310	大连理工大学	环境工程	
TS11311	大连理工大学	工程力学	

续表

项目编号	学校名称	专业名称	备注
TS11312	东北大学	矿物加工工程	
TS11313	东北大学	材料成型及控制工程	
TS1Z219	东北大学	生物医学工程	经费自筹
TS11314	大连海事大学	交通运输	
TS11315	辽宁大学	财政学	
TS11316	辽宁大学	国民经济管理	
TS11317	大连大学	生物工程	
TS11318	沈阳理工大学	机械设计制造及其自动化	
TS11319	辽宁工程技术大学	信息管理与信息系统	
TS11320	沈阳工业大学	机械设计制造及其自动化	
TS1Z220	沈阳工业大学	测控技术与仪器	经费自筹
TS11321	沈阳建筑大学	无机非金属材料工程	
TS11322	沈阳建筑大学	机械设计制造及其自动化	
TS11323	辽宁石油化工大学	应用化学	
TS11324	大连交通大学	材料成型及控制工程	
TS11325	辽宁科技大学	机械设计制造及其自动化	
TS11326	大连工业大学	生物工程	
TS11327	沈阳农业大学	农学	
TS11328	中国医科大学	护理学	
TS11329	大连医科大学	药学	
TS11330	辽宁中医药大学	护理学	
TS11331	沈阳药科大学	药物制剂	
TS11332	辽宁师范大学	化学	
TS1Z221	沈阳师范大学	英语	经费自筹
TS11333	东北财经大学	统计学	
TS11334	大连民族学院	生物工程	
TS1Z222	大连民族学院	电子信息工程	经费自筹
TS11335	中国刑事警察学院	信息安全	
TS11336	沈阳航空工业学院	机械设计制造及其自动化	
TS11337	沈阳医学院	预防医学	
TS11338	大连外国语学院	俄语	
TS11339	吉林大学	政治学与行政学	
TS11340	吉林大学	考古学	
TS11341	吉林大学	地下水科学与工程	
TS11342	吉林大学	材料成型及控制工程	

续表

项目编号	学校名称	专业名称	备注
TS11343	东北师范大学	思想政治教育	
TS11344	东北师范大学	环境科学	
TS11345	延边大学	化学	
TS11346	北华大学	园林	
TS11347	长春理工大学	机械设计制造及其自动化	
TS11348	长春理工大学	光电信息工程	
TS1Z223	长春理工大学	计算机科学与技术	经费自筹
TS11349	长春工业大学	高分子材料与工程	
TS1Z224	长春工业大学	化学工程与工艺	经费自筹
TS11350	吉林农业大学	动物科学	
TS11351	吉林农业大学	农林经济管理	
TS1Z225	吉林农业大学	家政学	经费自筹
TS11352	长春中医药大学	针灸推拿学	
TS11353	吉林师范大学	小学教育	
TS11354	吉林师范大学	汉语言文学	
TS11355	东北电力大学	热能与动力工程	
TS11356	东北电力大学	电气工程及其自动化	
TS1Z226	东北电力大学	自动化	经费自筹
TS11357	长春税务学院	税务	
TS11358	长春税务学院	工商管理	
TS1Z227	长春税务学院	日语	经费自筹
TS11359	东北林业大学	森林工程	
TS11360	东北林业大学	森林资源保护与游憩	
TS1Z228	东北林业大学	生物技术	经费自筹
TS11361	哈尔滨工业大学	光信息科学与技术	
TS11362	哈尔滨工业大学	焊接技术与工程	
TS11363	哈尔滨工业大学	土木工程	
TS11364	哈尔滨工业大学	环境工程	
TS11365	哈尔滨工程大学	核工程与核技术	
TS11366	黑龙江大学	哲学	
TS11367	黑龙江大学	计算机科学与技术	
TS11368	佳木斯大学	材料成型及控制工程	
TS1Z229	佳木斯大学	制药工程	经费自筹
TS11369	齐齐哈尔大学	生物科学	
TS1Z230	齐齐哈尔大学	艺术设计	经费自筹

续表

项目编号	学校名称	专业名称	备注
TS11370	哈尔滨理工大学	机械设计制造及其自动化	
TS11371	东北农业大学	动物科学	
TS11372	黑龙江八一农垦大学	农业机械化及其自动化	
TS11373	哈尔滨医科大学	医学影像学	
TS11374	黑龙江中医药大学	针灸推拿学	
TS11375	哈尔滨师范大学	汉语言文学	
TS11376	哈尔滨师范大学	英语	
TS11377	哈尔滨商业大学	会计学	
TS11378	大庆石油学院	化学工程与工艺	
TS11379	黑龙江科技学院	电气工程及其自动化	
TS11380	复旦大学	经济学	
TS11381	复旦大学	历史学	
TS11382	复旦大学	数学与应用数学	
TS11383	复旦大学	化学	
TS11384	同济大学	地质学	
TS11385	同济大学	地质工程	
TS11386	同济大学	机械设计制造及其自动化	
TS11387	同济大学	历史建筑保护工程	
TS1Z231	同济大学	生物信息学	经费自筹
TS11388	上海交通大学	热能与动力工程	
TS11389	上海交通大学	自动化	
TS11390	上海交通大学	工程力学	
TS11391	上海交通大学	生物工程	
TS11392	上海交通大学	护理学	
TS11393	华东理工大学	社会工作	
TS11394	华东理工大学	自动化	
TS11395	东华大学	日语	
TS11396	东华大学	高分子材料与工程	
TS11397	华东师范大学	哲学	
TS11398	华东师范大学	学前教育	
TS11399	上海外国语大学	俄语	
TS11400	上海财经大学	统计学	
TS1Z232	上海大学	电子信息科学与技术	经费自筹
TS11401	上海海事大学	轮机工程	
TS11402	上海工程技术大学	交通运输	

续表

项目编号	学校名称	专业名称	备注
TS11403	上海海洋大学	水产养殖学	
TS11404	上海中医药大学	针灸推拿学	
TS11405	上海师范大学	广告学	
TS11406	上海政法学院	监狱学	
TS11407	上海电机学院	机械设计制造及其自动化	
TS11408	上海电力学院	热能与动力工程	
TS11409	上海对外贸易学院	金融学	
TS11410	上海戏剧学院	广播电视编导	
TS11411	上海商学院	连锁经营管理	
TS11412	南京大学	历史学	
TS11413	南京大学	化学	
TS11414	南京大学	生物科学	
TS11415	东南大学	测控技术与仪器	
TS11416	东南大学	热能与动力工程	
TS11417	东南大学	城市规划	
TS11418	东南大学	工程管理	
TS11419	中国矿业大学	机械工程及自动化	
TS11420	中国矿业大学	测绘工程	
TS11421	河海大学	热能与动力工程	
TS11422	河海大学	工程力学	
TS11423	江南大学	艺术设计	
TS11424	江南大学	自动化	
TS1Z233	江南大学	化学工程与工艺	经费自筹
TS11425	南京农业大学	食品科学与工程	
TS11426	南京农业大学	园艺	
TS11427	南京理工大学	材料科学与工程	
TS11428	南京理工大学	机械工程及自动化	
TS1Z234	南京理工大学	电子科学与技术	经费自筹
TS11429	南京航空航天大学	信息工程	
TS11430	苏州大学	物理学	
TS11431	扬州大学	水利水电工程	
TS11432	江苏大学	金属材料工程	
TS11433	南京邮电大学	计算机科学与技术	
TS1Z235	南京邮电大学	自动化	经费自筹
TS11434	江苏科技大学	信息管理与信息系统	

续表

项目编号	学校名称	专业名称	备注
TS11435	南京工业大学	土木工程	
TS11436	南京林业大学	农林经济管理	
TS1Z236	南京林业大学	机械设计制造及其自动化	经费自筹
TS11437	南京医科大学	口腔医学	
TS1Z237	南京医科大学	康复治疗学	经费自筹
TS11438	南京中医药大学	针灸推拿学	
TS1Z238	南京中医药大学	中药资源与开发	经费自筹
TS11439	南京师范大学	法学	
TS11440	徐州师范大学	教育技术学	
TS11441	南京财经大学	会计学	
TS11442	南通大学	汉语言文学	
TS11443	南京信息工程大学	环境科学	
TS1Z239	南京信息工程大学	电子信息工程	经费自筹
TS11444	淮阴工学院	生物工程	
TS11445	徐州工程学院	财务管理	
TS11446	淮海工学院	水产养殖学	
TS11447	常州工学院	土木工程	
TS11448	徐州医学院	临床医学	
TS11449	淮阴师范学院	思想政治教育	
TS11450	盐城师范学院	汉语言文学	
TS11451	江苏警官学院	治安学	
TS11452	南京体育学院	体育教育	
TS11453	南京艺术学院	音乐学	
TS11454	三江学院	新闻学	
TS11455	浙江大学	物理学	
TS11456	浙江大学	机械工程及自动化	
TS11457	浙江大学	电气工程及其自动化	
TS11458	浙江大学	信息工程	
TS11459	浙江大学	环境工程	
TS11460	宁波大学	法学	
TS11461	浙江工业大学	制药工程	
TS11462	浙江工业大学	生物工程	
TS1Z240	浙江工业大学	应用化学	经费自筹
TS11463	杭州电子科技大学	软件工程	
TS1Z241	杭州电子科技大学	电子科学与技术	经费自筹

续表

项目编号	学校名称	专业名称	备注
TS11464	浙江理工大学	电子信息工程	
TS11465	浙江理工大学	服装设计与工程	
TS11466	浙江中医药大学	中药学	
TS11467	浙江师范大学	汉语言文学	
TS1Z242	杭州师范大学	计算机科学与技术	经费自筹
TS11468	浙江工商大学	会计学	
TS11469	中国计量学院	自动化	
TS11470	浙江科技学院	化学工程与工艺	
TS1Z243	浙江科技学院	艺术设计	经费自筹
TS11471	浙江海洋学院	海洋渔业科学与技术	
TS11472	浙江林学院	园林	
TS11473	温州医学院	医学检验	
TS11474	湖州师范学院	小学教育	
TS11475	浙江传媒学院	广播电视编导	
TS11476	浙江财经学院	经济学	
TS1Z244	浙江财经学院	金融学	经费自筹
TS11477	中国美术学院	美术学	
TS11478	合肥工业大学	机械设计制造及其自动化	
TS11479	合肥工业大学	制药工程	
TS11480	合肥工业大学	食品科学与工程	
TS11481	中国科学技术大学	计算机科学与技术	
TS11482	安徽大学	电子信息工程	
TS11483	安徽大学	计算机科学与技术	
TS11484	安徽理工大学	地质工程	
TS11485	安徽工业大学	化学工程与工艺	
TS11486	安徽农业大学	植物保护	
TS11487	安徽医科大学	临床医学	
TS11488	安徽师范大学	英语	
TS11489	安徽师范大学	音乐学	
TS11490	安徽财经大学	经济学	
TS11491	安徽工程科技学院	艺术设计	
TS11492	安徽建筑工业学院	无机非金属材料工程	
TS11493	安徽中医学院	药学	
TS11494	淮北煤炭师范学院	计算机科学与技术	
TS11495	安庆师范学院	环境科学	

续表

项目编号	学校名称	专业名称	备注
TS1Z245	安徽科技学院	生物科学	经费自筹
TS11496	阜阳师范学院	数学与应用数学	
TS11497	合肥学院	电子信息工程	
TS1Z246	合肥学院	物流管理	经费自筹
TS1Z247	黄山学院	林学	经费自筹
TS1Z248	铜陵学院	国际经济与贸易	经费自筹
TS1Z249	滁州学院	地理信息系统	经费自筹
TS11498	厦门大学	经济学	
TS11499	厦门大学	财政学	
TS11500	厦门大学	物理学	
TS1Z250	厦门大学	英语	经费自筹
TS11501	华侨大学	机械工程及自动化	
TS11502	华侨大学	旅游管理	
TS11503	福建农林大学	林学	
TS11504	福建农林大学	蜂学	
TS11505	福州大学	电气工程与自动化	
TS11506	福州大学	化学工程与工艺	
TS11507	福建医科大学	预防医学	
TS11508	福建师范大学	数学与应用数学	
TS11509	福建师范大学	地理科学	
TS11510	福建中医学院	护理学	
TS11511	泉州师范学院	音乐学	
TS11512	福建警察学院	刑事科学技术	
TS11513	南昌大学	汉语言文学	
TS11514	南昌大学	生物科学	
TS11515	江西农业大学	农林经济管理	
TS11516	江西师范大学	应用化学	
TS11517	江西财经大学	信息管理与信息系统	
TS11518	井冈山大学	生物科学	
TS11519	景德镇陶瓷学院	机械设计制造及其自动化	
TS11520	南昌工程学院	水利水电工程	
TS11521	江西中医学院	药学	
TS11522	赣南师范学院	化学	
TS11523	江西科技师范学院	旅游管理	
TS11524	上饶师范学院	化学	

续表

项目编号	学校名称	专业名称	备注
TS11525	九江学院	国际经济与贸易	
TS11526	宜春学院	生物工程	
TS11527	山东大学	金融工程	
TS11528	山东大学	法学	
TS11529	山东大学	自动化	
TS11530	山东大学	护理学	
TS11531	中国海洋大学	海洋科学	
TS11532	中国海洋大学	药学	
TS11533	中国石油大学（华东）	过程装备与控制工程	
TS11534	中国石油大学（华东）	自动化	
TS11535	青岛大学	汉语言文学	
TS11536	山东科技大学	计算机科学与技术	
TS11537	山东理工大学	电气工程及其自动化	
TS11538	聊城大学	汉语言文学	
TS11539	烟台大学	药学	
TS11540	青岛科技大学	机械工程及自动化	
TS1Z251	青岛科技大学	应用化学	经费自筹
TS11541	青岛理工大学	建筑学	
TS11542	济南大学	应用化学	
TS11543	山东建筑大学	土木工程	
TS11544	山东农业大学	生物技术	
TS11545	山东农业大学	植物保护	
TS11546	青岛农业大学	动物科学	
TS11547	山东师范大学	历史学	
TS11548	山东师范大学	化学	
TS11549	曲阜师范大学	物理学	
TS11550	鲁东大学	历史学	
TS1Z252	鲁东大学	化学	经费自筹
TS11551	山东轻工业学院	生物工程	
TS11552	潍坊学院	数学与应用数学	
TS11553	潍坊医学院	护理学	
TS11554	泰山医学院	护理学	
TS11555	滨州医学院	护理学	
TS11556	济宁医学院	临床医学	
TS11557	山东经济学院	信息管理与信息系统	

续表

项目编号	学校名称	专业名称	备注
TS11558	山东财政学院	国际经济与贸易	
TS11559	山东工商学院	计算机科学与技术	
TS11560	郑州大学	预防医学	
TS11561	河南大学	教育学	
TS11562	河南科技大学	计算机科学与技术	
TS11563	河南理工大学	土木工程	
TS1Z253	河南理工大学	工商管理	经费自筹
TS11564	河南工业大学	电子商务	
TS11565	河南农业大学	植物保护	
TS11566	河南师范大学	数学与应用数学	
TS11567	华北水利水电学院	水利水电工程	
TS11568	郑州轻工业学院	热能与动力工程	
TS11569	郑州航空工业管理学院	工业工程	
TS1Z254	中原工学院	建筑环境与设备工程	经费自筹
TS11570	河南工程学院	安全工程	
TS11571	河南中医学院	针灸推拿学	
TS11572	新乡医学院	护理学	
TS11573	信阳师范学院	思想政治教育	
TS1Z255	南阳师范学院	生物科学	经费自筹
TS11574	洛阳师范学院	物理学	
TS11575	商丘师范学院	数学与应用数学	
TS11576	安阳师范学院	计算机科学与技术	
TS11577	河南财经学院	会计学	
TS11578	黄淮学院	动画	
TS11579	河南科技学院	食品科学与工程	
TS11580	武汉大学	数学与应用数学	
TS11581	武汉大学	地理信息系统	
TS11582	武汉大学	计算机科学与技术	
TS11583	武汉大学	图书馆学	
TS11584	中南财经政法大学	金融学	
TS11585	华中科技大学	广播电视新闻学	
TS11586	华中科技大学	光信息科学与技术	
TS11587	华中科技大学	药学	
TS11588	华中科技大学	物流管理	
TS11589	武汉理工大学	轮机工程	

续表

项目编号	学校名称	专业名称	备注
TS11590	武汉理工大学	船舶与海洋工程	
TS11591	中国地质大学（武汉）	宝石及材料工艺学	
TS11592	中国地质大学（武汉）	水文与水资源工程	
TS11593	华中农业大学	农业资源与环境	
TS11594	华中农业大学	动物医学	
TS11595	华中师范大学	历史学	
TS11596	华中师范大学	物理学	
TS1Z256	华中师范大学	体育教育	经费自筹
TS11597	中南民族大学	电子信息工程	
TS11598	湖北大学	汉语言文学	
TS11599	长江大学	石油工程	
TS11600	江汉大学	美术学	
TS11601	三峡大学	医学影像学	
TS11602	武汉科技大学	自动化	
TS11603	武汉工程大学	过程装备与控制工程	
TS11604	武汉科技学院	轻化工程	
TS11605	武汉工业学院	包装工程	
TS11606	湖北汽车工业学院	机械设计制造及其自动化	
TS11607	郧阳医学院	护理学	
TS11608	黄冈师范学院	生物科学	
TS11609	孝感学院	生物科学	
TS11610	湖北经济学院	金融学	
TS11611	湖北美术学院	艺术设计	
TS11612	武汉音乐学院	音乐学	
TS11613	咸宁学院	生物医学工程	
TS11614	襄樊学院	地理科学	
TS11615	黄石理工学院	环境工程	
TS11616	中南大学	采矿工程	
TS11617	中南大学	冶金工程	
TS11618	中南大学	机械设计制造及其自动化	
TS11619	湖南大学	金融学	
TS11620	湖南大学	自动化	
TS11621	湖南大学	环境工程	
TS1Z257	湖南大学	软件工程	经费自筹
TS11622	湘潭大学	计算机科学与技术	

续表

项目编号	学校名称	专业名称	备注
TS11623	湘潭大学	旅游管理	
TS11624	湖南科技大学	安全工程	
TS11625	长沙理工大学	热能与动力工程	
TS11626	长沙理工大学	港口航道与海岸工程	
TS11627	南华大学	工商管理	
TS11628	湖南工业大学	机械设计制造及其自动化	
TS1Z258	湖南工业大学	艺术设计	经费自筹
TS11629	湖南农业大学	食品科学与工程	
TS11630	湖南师范大学	数学与应用数学	
TS1Z259	湖南师范大学	历史学	经费自筹
TS11631	湖南城市学院	城市规划	
TS11632	湖南工程学院	纺织工程	
TS11633	湖南理工学院	人力资源管理	
TS11634	湘南学院	应用化学	
TS11635	衡阳师范学院	物理学	
TS11636	湖南商学院	市场营销	
TS11637	湖南文理学院	汉语言文学	
TS1Z260	湖南人文科技学院	体育教育	经费自筹
TS11638	邵阳学院	管理科学	
TS11639	中山大学	哲学	
TS11640	中山大学	人类学	
TS11641	中山大学	生物技术	
TS11642	华南理工大学	数学与应用数学	
TS11643	华南理工大学	材料科学与工程	
TS11644	华南理工大学	自动化	
TS11645	暨南大学	生物技术	
TS11646	暨南大学	临床医学	
TS11647	汕头大学	机械设计制造及其自动化	
TS11648	五邑大学	机械工程及自动化	
TS11649	广东工业大学	材料成型及控制工程	
TS11650	广东工业大学	土木工程	
TS11651	华南农业大学	动物医学	
TS11652	广东海洋大学	动物科学	
TS11653	南方医科大学	护理学	
TS11654	华南师范大学	思想政治教育	

续表

项目编号	学校名称	专业名称	备注
TS11655	华南师范大学	地理科学	
TS11656	广东外语外贸大学	会计学	
TS11657	肇庆学院	体育教育	
TS11658	茂名学院	化学工程与工艺	
TS11659	东莞理工学院	电子信息工程	
TS11660	仲恺农业工程学院	园艺	
TS11661	惠州学院	服装设计与工程	
TS11662	韶关学院	机械设计制造及其自动化	
TS11663	嘉应学院	化学	
TS11664	韩山师范学院	化学	
TS11665	广东金融学院	金融学	
TS11666	广东商学院	金融学	
TS11667	广东警官学院	经济犯罪侦查	
TS11668	广东技术师范学院	装潢设计与工艺教育	
TS11669	广西大学	自动化	
TS11670	广西大学	工商管理	
TS11671	桂林电子科技大学	机械设计制造及其自动化	
TS11672	桂林理工大学	勘查技术与工程	
TS11673	广西医科大学	护理学	
TS11674	广西师范大学	历史学	
TS11675	广西师范大学	数学与应用数学	
TS11676	广西民族大学	档案学	
TS1Z261	广西工学院	自动化	经费自筹
TS11677	广西中医学院	中医学	
TS11678	广西师范学院	地理信息系统	
TS11679	广西艺术学院	艺术设计	
TS11680	梧州学院	电子信息工程	
TS11681	海南大学	农学	
TS11682	海南师范大学	小学教育	
TS11683	海南医学院	药学	
TS11684	重庆大学	测控技术与仪器	
TS11685	重庆大学	工程管理	
TS11686	重庆大学	工商管理	
TS1Z262	重庆大学	城市规划	经费自筹
TS11687	西南大学	思想政治教育	

续表

项目编号	学校名称	专业名称	备注
TS11688	西南大学	英语	
TS11689	西南大学	农业资源与环境	
TS11690	重庆交通大学	港口航道与海岸工程	
TS11691	重庆邮电大学	计算机科学与技术	
TS11692	重庆理工大学	材料成型及控制工程	
TS11693	重庆医科大学	药学	
TS11694	重庆工商大学	国际经济与贸易	
TS11695	西南政法大学	行政管理	
TS11696	四川外语学院	俄语	
TS11697	四川美术学院	艺术设计	
TS11698	四川大学	英语	
TS11699	四川大学	化学	
TS11700	四川大学	计算机科学与技术	
TS11701	四川大学	护理学	
TS11702	西南交通大学	通信工程	
TS11703	西南交通大学	建筑学	
TS1Z263	西南交通大学	交通工程	经费自筹
TS11704	电子科技大学	网络工程	
TS11705	电子科技大学	电磁场与无线技术	
TS11706	西南财经大学	法学	
TS11707	西南民族大学	汉语言文学	
TS1Z264	西南民族大学	旅游管理	经费自筹
TS11708	成都理工大学	地质学	
TS11709	成都理工大学	地球化学	
TS11710	西华大学	车辆工程	
TS11711	西南科技大学	环境工程	
TS11712	西南科技大学	农学	
TS11713	四川农业大学	草业科学	
TS11714	成都中医药大学	中西医临床医学	
TS11715	四川师范大学	英语	
TS11716	四川师范大学	历史学	
TS11717	四川师范大学	地理科学	
TS11718	西华师范大学	物理学	
TS11719	西南石油大学	勘查技术与工程	
TS11720	西南石油大学	测控技术与仪器	

续表

项目编号	学校名称	专业名称	备注
TS11721	四川理工学院	生物工程	
TS11722	成都信息工程学院	电子科学与技术	
TS11723	成都体育学院	民族传统体育	
TS11724	贵州大学	机械设计制造及其自动化	
TS11725	贵州大学	自动化	
TS11726	贵州师范大学	历史学	
TS11727	贵阳医学院	预防医学	
TS11728	遵义医学院	临床医学	
TS11729	贵阳中医学院	药物制剂	
TS11730	贵州财经学院	旅游管理	
TS11731	贵州民族学院	法学	
TS11732	云南大学	汉语言文学	
TS1Z265	云南大学	国际经济与贸易	经费自筹
TS11733	昆明理工大学	矿物加工工程	
TS11734	昆明理工大学	信息管理与信息系统	
TS11735	云南农业大学	动物科学	
TS11736	云南师范大学	教育学	
TS1Z266	云南师范大学	艺术教育	经费自筹
TS11737	西南林学院	木材科学与工程	
TS11738	昆明医学院	法医学	
TS11739	云南中医学院	中医学	
TS11740	曲靖师范学院	汉语言文学	
TS11741	云南警官学院	禁毒学	
TS11742	西藏大学	音乐学	
TS11743	西藏大学	动物科学	
TS11744	西安交通大学	过程装备与控制工程	
TS11745	西安交通大学	能源动力系统及自动化	
TS11746	西安交通大学	电气工程与自动化	
TS11747	西安交通大学	化学工程与工艺	
TS11748	长安大学	水文与水资源工程	
TS11749	长安大学	交通工程	
TS11750	西安电子科技大学	机械设计制造及其自动化	
TS11751	西北农林科技大学	生物工程	
TS11752	西北农林科技大学	动物科学	
TS11753	陕西师范大学	思想政治教育	

续表

项目编号	学校名称	专业名称	备注
TS11754	陕西师范大学	教育学	
TS11755	西北工业大学	飞行器动力工程	
TS11756	西北大学	汉语言文学	
TS11757	西北大学	考古学	
TS11758	延安大学	汉语言文学	
TS11759	西安理工大学	材料科学与工程	
TS11760	西安理工大学	电气工程及其自动化	
TS11761	西安建筑科技大学	建筑学	
TS11762	西安建筑科技大学	建筑环境与设备工程	
TS11763	西安科技大学	自动化	
TS11764	西安科技大学	土木工程	
TS11765	西安石油大学	资源勘查工程	
TS11766	西安工程大学	服装设计与工程	
TS11767	西安工业大学	机械设计制造及其自动化	
TS11768	西安外国语大学	法语	
TS11769	陕西科技大学	艺术设计	
TS11770	陕西中医学院	中医学	
TS11771	陕西理工学院	机械设计制造及其自动化	
TS11772	渭南师范学院	教育技术学	
TS11773	西安财经学院	财政学	
TS11774	西安美术学院	雕塑	
TS11775	兰州大学	物理学	
TS11776	兰州大学	生物科学	
TS11777	兰州大学	理论与应用力学	
TS1Z267	兰州大学	经济学	经费自筹
TS11778	西北民族大学	汉语言	
TS11779	兰州理工大学	过程装备与控制工程	
TS1Z268	兰州理工大学	土木工程	经费自筹
TS11780	兰州交通大学	自动化	
TS1Z269	兰州交通大学	车辆工程	经费自筹
TS11781	甘肃农业大学	土地资源管理	
TS11782	西北师范大学	物理学	
TS1Z270	西北师范大学	历史学	经费自筹
TS11783	甘肃中医学院	中西医临床医学	
TS11784	天水师范学院	小学教育	

续表

项目编号	学校名称	专业名称	备注
TS11785	兰州商学院	会计学	
TS1Z271	青海大学	草业科学	经费自筹
TS11786	青海师范大学	计算机科学与技术	
TS11787	青海民族大学	艺术设计	
TS11788	北方民族大学	信息与计算科学	
TS11789	宁夏大学	英语	
TS11790	宁夏医科大学	预防医学	
TS11791	新疆大学	土木工程	
TS11792	石河子大学	农业机械化及其自动化	
TS1Z272	石河子大学	临床医学	经费自筹
TS11793	新疆农业大学	种子科学与工程	
TS11794	塔里木大学	生物技术	
TS11795	新疆医科大学	临床医学	
TS11796	新疆师范大学	美术学	
TS11797	新疆财经大学	会计学	

共青团中央　教育部　全国少工委关于表彰“全国优秀少先队员”、“全国优秀少先队辅导员”、“全国优秀少先队集体”的决定

（2009 年 10 月 13 日）

为展示当代少年儿童和少先队辅导员的精神风貌，推动少先队基层组织建设和基层工作，激励全国广大少先队员和少先队辅导员，共青团中央、教育部、全国少工委决定，授予马伊娜等 63 名少先队员“全国优秀少先队员”称号，授予刘珊珊等 63 名少先队辅导员“全国优秀少先队辅导员”称号，授予北京市大兴区第十小学少先队大队等 200 个少先队大队、中队“全国优秀少先队集体”称号。

这次表彰的全国优秀少先队员是广大少先队员中的优秀代表。他们思想纯洁，品行端正，素质全面，模范遵守队章，是少年儿童身边真实、可学的榜样。他们的事迹，充分体现了当代少年儿童按照党的要求“勤奋学习，快乐生活，全面发展”的精神风貌。

这次表彰的全国优秀少先队辅导员是广大少先队辅导员、志愿辅导员中的优秀代表。他们政治坚定，责任心强，能够认识和把握少先队组织属性，履行新的历史条件下少先队工作的根本任务，是少先队员亲密的朋友和指导者。他们的事迹，充分体现了广大少先队辅导员、志愿辅导员为服务少年儿

童健康成长、推进少先队事业的新发展作出的不懈努力和积极贡献。

这次表彰的全国优秀少先队集体是在各级少先队组织大力加强基层组织建设和基层工作中涌现的先进典型。表彰的少先队大队、中队组织健全，凝聚力强，队员朝气蓬勃、积极向上，辅导员配备整齐，队活动主题鲜明、丰富多彩，阵地建设有特色，工作制度完善。这次表彰的全国优秀少先队集体，充分体现了少先队基层组织建设和基层工作取得的成果。

这次表彰的“全国优秀少先队员”、“全国优秀少先队辅导员”、“全国优秀少先队集体”是在纪念少先队建队60周年之际涌现出的先进典型，集中体现了少先队组织近年来在党的领导下、在共青团的带领下的育人成果和自身建设取得的新成绩。

希望受到表彰的少先队员、少先队辅导员和少先队集体以此为新的起点，珍惜荣誉，再接再厉，争取新的成绩。全国广大少先队员要向受到表彰的优秀少先队员学习，从小培养对党和社会主义祖国的朴素感情，勤奋学习，快乐生活，全面发展，努力成长为中国特色社会主义事业的合格建设者和接班人。全国广大少先队辅导员、基层少先队组织要以受到表彰的先进个人和先进集体为榜样，脚踏实地，积极进取，为少年儿童的健康成长做出新的更大贡献。各级少先队组织要进一步深入贯彻落实《中共中央　国务院关于进一步加强和改进未成年人思想道德建设的若干意见》精神，牢牢把握少先队的组织属性，履行新的历史条件下少先队工作的根本任务，认真总结经验，研究规律，大力加强基层组织建设和基层工作，不断推进少先队事业的新发展。

各级共青团、少先队组织和教育行政部门要宣传好“全国优秀少先队员”、“全国优秀少先队辅导员”、“全国优秀少先队集体”的先进事迹，激励广大少先队员、少先队辅导员、基层少先队组织学习先进，奋发进取，按照党的要求不断取得新的进步。

“全国优秀少先队员”名单

马伊娜（女，回族）　北京市昌平区北七家镇燕丹学校
吴梓曼（女）　北京市海淀区今典小学
于烺幁（女）　天津市河东区第一中心小学
张雨晨（女）　天津市宁河县芦台镇第一中学
苗　雨（女）　河北省邯郸市汉光中学
郑嘉璐（女，满族）　河北省沧州市实验小学
吕思嘉（女）　山西省左权县宏远学校
连泽垚　山西省长治市实验中学
查干莲花（女，蒙古族）　内蒙古自治区东乌珠穆沁旗蒙古族实验小学
胡·乌达木（蒙古族）　内蒙古自治区阿拉善盟蒙古族完全中学
卢　帅　辽宁省阜蒙县八家子乡八家子小学
宋一格（女，满族）　辽宁省丹东市实验小学
王者清　吉林省东北师范大学第二附属小学
张锦添（女，蒙古族）　吉林省松原市逸夫小学
王秉仑　黑龙江省佳木斯市第六小学
乔　雪（女）　黑龙江省七台河市第九小学
胡安君（女）　上海市长宁区民办新世纪小学
朱天轶　上海市徐汇区世界外国语中学

高　悦（女）　江苏省南京市江宁区铜山中心小学
闵正红（女）　江苏省金湖县闵桥镇中心小学
傅晨帆　浙江省舟山市定海区第二中学
包　宁（女）　浙江省杭州市求是星洲小学
白晓菲（女，回族）　安徽省颍上县第三中学
李　菁（女）　安徽省铜陵市第十中学
陈山海　福建省周宁县第十中学
林　湉（女）　福建省永安市北门小学
陈小雨　江西省铅山县紫溪中学
徐欣仪（女）　江西省新余市第四中学
牛　承　山东省济南市甸柳第一中学
刘迪一（女）　山东省淄博市张店区建桥实验学校
钱　源（女）　河南省义马市第一初级中学
任雨萌（女，回族）　河南省南阳市第十五小学
余　米（女，土家族）　湖北省长阳县龙舟坪中学
王宸宇　湖北省武汉市二中广雅中学
龚林俊（女，土家族）　湖南省张家界市永定区大桥街道办事处中心学校
刘玉书（土家族）　湖南省保靖县实验小学
蒋坤成　广东省东莞市可园中学
韩清宇　广东省广州市越秀区东山培正小学
黄陈丹蕾（女，壮族）　广西壮族自治区南宁市三美学校
黄钰清（女）　广西壮族自治区柳州市第八中学
林苑柔（女）　海南省文昌市第二小学
陈　睿（女）　海南省海口市琼山区第三小学
李特特（女）　重庆市渝中区第二实验小学
李诗雨（女）　重庆市渝中区巴蜀小学
何　亮（女）　四川省通江县诺江镇第二完全小学
白玛拥珍（女，藏族）　四川省康定县东大街小学
肖吉雅（女，苗族）　贵州省铜仁市第二中学
张家秀（女）　贵州省兴仁县回龙镇回龙小学
赵睿童（女，白族）　云南省大理白族自治州实验小学
茅楚涵（女）　云南师范大学附属小学文林校区
达瓦桑珠（藏族）　西藏自治区白朗县完全小学
索巴旺姆（女，藏族）　西藏自治区申扎县完全小学
李丁若玉（女）　陕西省略阳县东关小学
杨紫曦（女）　陕西省神木县第一小学
滕　浩　甘肃省武威师范学校附属小学
聂雨琪（女）　甘肃省酒泉师范附属小学
曹萌勋（藏族）　青海省共和县第二完全小学
王茜芮（女）　青海省民和县红卫小学

苏启航　宁夏回族自治区银川市第一中学
马蓓蕾（女，回族）　宁夏回族自治区石嘴山市第二中学
艾丽菲热·艾尼瓦尔（女，维吾尔族）　新疆维吾尔自治区乌鲁木齐市第十三中学
陈妍榕（女）　新疆维吾尔自治区托里县第一小学
吴　聪　新疆生产建设兵团农三师51团中学

“全国优秀少先队辅导员”名单

刘珊珊（女）　北京市崇文区崇文小学少先队大队辅导员
陈晓辉（女）　北京市丰台区教委少工委办公室主任
高　洁（女）　天津市静海县实验小学少先队大队辅导员
庞　琨（女）　天津市河北区新开小学少先队大队辅导员
杜玉波（女）　河北省石家庄市桥东区少先队总辅导员
宋士儒（女）　河北省承德县实验小学少先队大队辅导员
王艳敏（女）　山西省太原市杏花岭区虹桥小学少先队大队辅导员
王建丽（女）　山西省临汾市尧都区临钢小学少先队大队辅导员
王斯琴（女，蒙古族）　内蒙古自治区库伦旗红旗小学少先队大队辅导员
张　巍（女）　内蒙古自治区乌兰浩特市教育局少先队总辅导员
韦　萍（女）　辽宁省鞍山市立山区少先队总辅导员
王　欢（女）　辽宁省沈阳市铁西区勋望小学少先队大队辅导员
刘环菲（女）　吉林省白山市八道江区实验小学少先队大队辅导员
杨　娜（女）　吉林省长春市南关区树勋小学少先队大队辅导员
刘晶波（女）　黑龙江省鹤岗市公园小学少先队大队辅导员
崔玉秋（女）　黑龙江省齐齐哈尔市龙沙区龙沙小学中队辅导员
伍旭梅（女）　上海市浦东新区浦兴中学少先队大队辅导员
朱立红（女）　上海市闵行区青少年活动中心少先队教研员
顾惠芳（女）　江苏省常熟市石梅小学少先队大队辅导员
马　娅（女）　江苏省扬州市三元桥小学副校长、开发区总辅导员
张澄波　浙江省宁波市少先队总辅导员
余强锋　浙江省永嘉县少先队总辅导员
李　静（女）　安徽省马鞍山市珍珠园小学少先队大队辅导员
李　志　安徽省滁州市会峰小学少先队大队辅导员
曾皖鲤（女）　福建省泉州市培元中学少先队总辅导员
黄惠卿（女）　福建省厦门市特殊教育学校少先队总辅导员
李千铎　江西省德安县少先队总辅导员
王　莉（女）　江西省萍乡师范附属小学少先队大队辅导员
李懿冰（女）　山东省青岛市市南区少先队总辅导员
王世朋　山东省博兴县店子镇张侯小学少先队大队辅导员
李　晖（女）　河南省许昌市实验小学少先队中队辅导员
龚　艳（女）　河南省鹤壁市少先队总辅导员

董　静（女）　　湖北省黄石市市府路小学少先队大队辅导员
吴凤玲（女）　　湖北省武汉市江岸区新村小学少先队志愿辅导员
孔永平（女）　湖南省常德市武陵区北正街小学少先队大队辅导员
胡　清（女）　　湖南省湘潭市雨湖区金庭学校少先队大队辅导员
刘康文（女）　　广东省广州市海珠区少先队副总辅导员
穆　洋（女）　　广东省深圳市福田区荔园小学少先队大队辅导员
叶良筝　　广西壮族自治区防城港市防城区防城镇第二小学总辅导员
余胜湘（女，壮族）　　广西壮族自治区平南县平南镇少先队总辅导员
陈兴武　　海南省琼海市第一小学少先队大队辅导员
林师能　　海南省三亚市第九小学少先队大队辅导员
吴艳华（女，苗族）　　重庆市渝北区金港国际实验小学少先队大队辅导员
李　亚（女）　　重庆市荣昌县玉屏实验小学少先队大队辅导员
漆巨馥（女）　　四川省成都市武侯区少先队总辅导员
陈　穗（女）　　四川省关工委少儿工作委员会主任
黄　贵　　贵州省六盘水市钟山区第二小学少先队大队辅导员
周小军　　贵州省黔东南州消防支队司令部参谋
杨　莉（女，傣族）　　云南师范大学附属小学少先队大队辅导员
余　溪　　云南省玉溪市红塔区少工委副主任、区少先队总辅导员
罗　琼（藏族）　　西藏自治区拉萨市师范附属小学少先队大队辅导员
扎西平措（藏族）　　西藏自治区日喀则市第二小学少先队大队辅导员
蔡玮炜（女）　　陕西省宁陕县宁陕小学少先队中队辅导员
李琦华（女）　　陕西省西安市未央区西航四校少先队大队辅导员
赵　莉（女）　　甘肃省兰州市安宁区少先队总辅导员
张　宏　　甘肃省张掖市甘州区青年东街小学少先队大队辅导员
赵　婧（女，藏族）　　青海省德令哈市第二中学少先队大队辅导员
赵虹蕊（女）　　青海省西宁市城西区新宁路小学少先队大队辅导员
马文强　　宁夏回族自治区吴忠市利通二小少先队大队辅导员
马晓丽（女，回族）　　宁夏回族自治区彭阳县第四小学少先队中队辅导员
胡有才　　新疆生产建设兵团农八师石河子市第二小学志愿辅导员
崔海东（维吾尔族）　　新疆维吾尔自治区吐鲁番市公安局高昌路派出所民警
阿里亭古力·都拉提巴依（女，哈萨克族）　　新疆维吾尔自治区新源县中心小学少先队中队辅导员

“全国优秀少先队集体”名单

大队（100个）

北京市大兴区第十小学少先队大队
北京市东城区府学胡同小学少先队大队
北京市延庆县第四小学少先队大队
天津市和平区岳阳道小学少先队大队
天津市天津师范大学第二附属小学少先队大队

天津市南开区中心小学少先队大队
河北省张家口市桥西区北新村小学少先队大队
河北省唐山市路北区祥荣外国语实验小学少先队大队
河北省保定师范学校附属小学少先队大队
河北省冀州市小寨乡第二小学少先队大队
山西省阳泉市城区北大街小学少先队大队
山西省太原市迎泽区双西小学少先队大队
山西省柳林县穆村镇杨家坪示范小学少先队大队
内蒙古自治区新巴尔虎右旗第一小学少先队大队
内蒙古自治区东乌珠穆沁旗蒙古族第二学校少先队大队
内蒙古自治区鄂尔多斯市东胜区第四小学少先队大队
辽宁省沈阳市实验学校少先队大队
辽宁省庄河市第二实验小学少先队大队
辽宁省抚顺市新抚区大官小学少先队大队
吉林省敦化市第二实验小学少先队大队
吉林省辉南县实验小学少先队大队
吉林省吉林市第二实验小学少先队大队
黑龙江省大庆市大庆石化第七小学少先队大队
黑龙江省哈尔滨市花园小学少先队大队
黑龙江省牡丹江市立新实验小学少先队大队
上海市普陀区武宁路小学少先队大队
上海市奉贤区育秀实验学校少先队大队
上海市闸北区中山北路小学少先队大队
江苏省无锡市东林小学少先队大队
江苏省扬州市梅岭中学少先队大队
江苏省南京市中山小学少先队大队
浙江省长兴县第二小学少先队大队
浙江省绍兴市蕺山中心小学少先队大队
浙江省金华市江滨小学少先队大队
安徽省合肥市永红路小学少先队大队
安徽省黄山市屯溪区黎阳小学少先队大队
安徽省蚌埠市第一实验小学少先队大队
安徽师范大学附属小学少先队大队
福建省大田县第五中学少先队大队
福建省武平县岩前中心学校少先队大队
福建省厦门市何厝小学少先队大队
江西省鹰潭市第五小学少先队大队
江西省景德镇市实验小学少先队大队
江西省吉安市吉州区石阳小学少先队大队
山东省潍坊市中新双语学校少先队大队

山东省东营市实验小学少先队大队
山东省烟台市芝罘区通伸小学少先队大队
山东省文登市第二实验小学少先队大队
河南省郑州市金水区文化路第一小学少先队大队
河南省新乡市外国语小学少先队大队
河南省濮阳市油田第一小学少先队大队
河南省周口市七一路第一小学少先队大队
湖北省沙市实验小学少先队大队
湖北省武汉市江汉区红领巾学校少先队大队
湖北省襄樊市第一实验小学少先队大队
湖南省衡阳市船山实验小学少先队大队
湖南省浏阳市奎文实验小学少先队大队
湖南省湖南大学子弟小学少先队大队
广东省江门市新会圭峰小学少先队大队
广东省高州师范附属第一小学少先队大队
广东省阳江市雏鹰学校少先队大队
广东省河源市连平县第一小学少先队大队
广西壮族自治区柳州市景行小学少先队大队
广西壮族自治区桂林市力创小学少先队大队
广西壮族自治区藤县藤城中心校少先队大队
海南省海口市第二十五小学少先队大队
海南省陵水县中山小学少先队大队
海南省乐东县莺歌海盐场联合中学少先队大队
重庆市人民小学少先队大队
重庆市人和街小学少先队大队
重庆市江北区新村小学少先队大队
四川省成都市实验小学少先队大队
四川省绵竹市天河小学少先队大队
四川省资阳市雁江区第七小学少先队大队
四川省西昌市大箐小学少先队大队
贵州省贵阳市省府路小学少先队大队
贵州省贵阳市第二实验小学少先队大队
贵州省余庆县实验小学少先队大队
云南省昆明市五华区龙翔小学少先队大队
云南省江川县大街镇大街小学少先队大队
云南省楚雄师范学院附属小学少先队大队
西藏自治区堆龙德庆县中学少先队大队
西藏自治区隆子县隆子镇新巴完全小学少先队大队
西藏自治区昌都地区第一小学少先队大队
陕西省西北工业大学附属小学少先队大队

陕西省咸阳市天王小学少先队大队
陕西省宝鸡市渭滨区经二路小学少先队大队
甘肃省庆城县庆华小学少先队大队
甘肃省金昌市实验小学少先队大队
甘肃省陇西县城关第一小学少先队大队
青海省尖扎县马克唐第一完全小学少先队大队
青海省乐都县高庙镇明德中心学校少先队大队
青海省西宁市胜利路小学少先队大队
宁夏回族自治区银川市第二十一小学少先队大队
宁夏回族自治区银川市唐徕回民小学少先队大队
宁夏回族自治区同心县实验小学少先队大队
新疆维吾尔自治区喀什市第十小学少先队大队
新疆维吾尔自治区拜城县第二小学少先队大队
新疆维吾尔自治区木垒县第三小学少先队大队
新疆生产建设兵团农七师131团小学少先队大队

中队（100个）

北京市平谷区东高村镇第一学区中心小学五（1）中队
北京市房山区燕山向阳小学404“爱之旅”中队
北京市宣武区康乐里小学六（2）中队
天津市宝坻区建设路小学五（1）中队
天津市北辰区华辰学校六（1）中队
天津市塘沽区上海道小学五（5）中队
河北省秦皇岛市青云里小学五（3）中队
河北省廊坊市第十四小学四（2）中队
河北省邢台市金华实验小学五（7）中队
山西省朔州市第六小学六（1）中队
山西省忻州市七一路小学五（6）中队
山西省绛县第二实验小学六（3）“红领巾之声”中队
山西省阳城县蟒河镇石臼完全小学五（1）中队
内蒙古自治区陈巴尔虎旗民族小学六（2）中队
内蒙古自治区包头市青山区一机第七小学五（1）中队
内蒙古自治区丰镇市黑土台小学五（1）中队
辽宁省盘锦市辽化小学五（7）中队
辽宁省营口市站前区青年小学六（3）中队
辽宁省葫芦岛市第二实验小学六（2）中队
辽宁省本溪市明山区联丰小学“赵一曼”英雄中队
吉林省辽源市龙山区多寿路小学四（6）中队
吉林省梨树县实验小学三（2）中队
吉林省洮南市第二小学五（3）中队
黑龙江省黑河市黑河小学五（3）中队

黑龙江省双鸭山市平行路小学六（2）中队
黑龙江省伊春市实验小学六（4）中队
上海市宝山区实验小学“春苗”中队
上海市松江区岳阳小学四（3）“扬帆”中队
上海市闵行区实验小学五（1）“阳光号”帆船中队
江苏省常州市武进区湟里中心小学“小主人”中队
江苏省泰兴市泰兴镇中心小学六（3）“八一”中队
江苏省丰县华山中心小学四（1）“小白鸽”中队
江苏省东台市实验小学四（2）中队
浙江省衢州市柯城区实验小学“孝心”特色中队
浙江省嘉兴市平湖师范附属小学“杨利伟”中队
浙江省台州市椒江区实验小学五（4）中队
浙江省丽水市莲都区大洋路学校603中队
安徽省桐城市三十铺中心小学401中队
安徽省庐江县城关小学校园“110”中队
安徽省淮南师范附小六（5）中队
福建省福清市元洪高级中学初二（8）中队
福建省漳浦县八一希望小学六（2）中队
福建省莆田市实验小学三（1）中队
福建省武夷山市兴田中心小学六（1）中队
江西省赣州市文清路小学五（5）中队
江西省抚州市临川区一小三（6）中队
江西省宜春市实验小学六（8）中队
山东省临沂市第二实验小学六（16）中队
山东省枣庄市薛城区临山小学四（4）中队
山东省德州市实验小学五（4）中队
河南省平顶山市湛河区沁园小学五（2）中队
河南省焦作市龙源湖学校六（4）中队
河南省商城县实验小学六（1）中队
湖北省鄂州市新民街小学“手”护家园中队
湖北省红安县将军城小学“秦基伟”中队
湖北省十堰市东风52小学5242中队
湖南省岳阳市长炼小学四（4）中队
湖南省邵东县两市镇第三完全小学“120”中队
湖南省株洲市芦淞区贺家土小学五（2）中队
广东省中山市实验小学五（8）中队
广东省揭东县第一小学六（3）中队
广东省大埔县田家炳小学六（7）中队
广西壮族自治区南宁市华强路小学四（3）中队
广西壮族自治区北海市海城区第八小学四（6）中队

广西壮族自治区容县容州镇第三小学五（1）中队
海南省屯昌县屯城镇向阳中心小学五（4）中队
海南省三亚市第七小学五（1）中队
海南省海口市琼山区府城镇国兴中学初二（1）中队
重庆市万州区鸡公岭小学2013（5）中队
重庆市南岸区珊瑚实验小学五（11）中队
重庆市西藏中学初2012（4）中队
四川省成都市锦江区三圣小学“紫薇”中队
四川省阆中市石子中心学校六年级中队
四川省广元市利州区北街小学六（1）中队
贵州省织金县第三小学“宝桢”中队
贵州省六盘水市钟山区实验小学“圆梦”中队
贵州省都匀市第四小学五（4）中队
云南省曲靖市麒麟区北关小学四（3）中队
云南省开远市东城小学六（4）中队
云南省景洪市第一小学179中队
西藏自治区林芝地区第二小学六（1）中队
西藏自治区拉萨市城关区第二小学三（4）中队
西藏自治区萨迦县萨迦镇中心小学五（1）中队
陕西省西安市高新第三小学六（1）中队
陕西省渭南市临渭区贠张小学六（1）中队
陕西省延安市创新实验小学六（1）中队
陕西省咸阳市杨陵区张家岗小学六（4）中队
甘肃省白银市白银区第三小学四（1）中队
甘肃省嘉峪关市第二中学初三（4）中队
甘肃省天水市长城中学小学部三（1）中队
青海省贵德县河阴小学六（4）中队
青海省海北州祁连山小学六（1）中队
青海省西宁市七一路小学四（1）中队
宁夏回族自治区银川市兴庆区满春中学七（10）中队
宁夏回族自治区泾源县兴盛乡民族小学五（2）中队
宁夏回族自治区银川市兴庆区长庆九年制学校六（6）中队
新疆维吾尔自治区克拉玛依市第十五小学六（3）“彩虹”中队
新疆维吾尔自治区哈密市哈密石油第一学校“新星”中队
新疆维吾尔自治区博乐市第八中学“团结”中队
新疆生产建设兵团农五师89团中心小学四（1）“红色风采”中队

教育部关于切实做好返乡农民工职业教育和培训等工作的通知

（2009年2月20日）

各省、自治区、直辖市教育厅（教委），各计划单列市教育局，新疆生产建设兵团教育局：

最近，国务院办公厅印发了《关于切实做好当前农民工工作的通知》（国办发〔2008〕130号），要求各地人民政府和国务院各部委采取切实措施，加强农民工职业教育和技能培训，促进农民工就业，及时妥善安排返乡农民工子女入学。为贯彻落实国办发130号《通知》精神，积极配合各地人民政府，进一步做好返乡农民工工作，现将有关要求通知如下。

1. 要充分认识做好返乡农民工职业教育、技能培训和子女入学工作的重要意义。积极开展返乡农民工职业教育和技能培训，切实保障农民工子女及时入学接受教育，不仅有利于返乡农民工实现就业、再就业和创业，而且对促进农民增收、城乡发展与稳定、构建社会主义和谐社会都具有积极意义和重大作用。各级教育行政部门和学校要把做好返乡农民工职业教育、技能培训和子女入学作为当前重要而紧迫的任务，采取强有力的措施，切实抓紧抓好。

2. 努力招收返乡农民工接受中等职业教育。2009年，要进一步加大高中阶段教育结构调整的力度，重点加快发展中等职业教育。中等职业教育招生总规模在2008年招生810万人的基础上，再扩大招生50万人，达到860万人。要通过国家财政补贴等措施，把招收有学习愿望的返乡农民工接受中等职业学历教育作为扩招工作的重要任务。

3. 积极主动开展返乡农民工的技能培训。各级教育行政部门要在当地政府统一领导下切实发挥好培训的主力军和工作平台作用，积极组织职业学校、成人学校帮助返乡农民工获得必要的职业技能，提高就业和再就业能力，尽快重返就业岗位。要充分利用职业学校、成人学校的资源，面向返乡农民工、进城农民工、青年农民、乡镇企业职工、退役士兵、未升学高中毕业生和下岗轮岗职工开展职业技能培训。继续推进教育部“农村劳动力转移培训计划”和“农村实用技术培训计划”的实施，力争培训规模达到9 000万人次。其中，面向返乡农民工和农村劳动力转移培训3 000万人次，为促进农民工就业、再就业和创业做出新贡献。

4. 切实落实开展返乡农民工职业教育和技能培训的学校。地方各级教育行政部门要在返乡农民工集中的地区，根据需要确定一批有条件的中等职业学校，争取成为地方开展农民工职业技能培训的基地，发挥主力军作用，组织返乡农民工就近接受职业教育或技能培训。省级以上重点中等职业学校、省级示范乡镇成人教育学校必须开展农民工职业技能培训工作。省级以上重点中等职业学校每年培训农民工和城乡劳动者的数量要与在校学生规模大体相当。

5. 精心组织实施教育培训工作。要围绕市场需求开展订单培训和定向培训，提高返乡农民工择业竞争能力；围绕产业结构调整和企业技术改造新开项目开展职业技能培训，提高返乡农民工就业的适应能力；围绕返乡创业组织开展创业培训，提高返乡农民工的自主创业能力；围绕返乡农民工的需要，选择培训课程和专业（工种），增强课程的针对性和有效性，提高农民工的就业率。要以就业为导向，采取日校办夜校、办周末学校、集中培训、播放教学光盘、现场实习等灵活多样的形式，培训学习时间宜长则长，宜短则短。寒暑假期间可集中力量举办返乡农民工脱产学习班。

6. 确保返乡农民工子女及时入学接受教育。各地教育行政部门要逐级建立工作责任制，采取切实措施保证返乡农民工子女在春季开学时按时入学；要按照就近入学的原则，安排义务教育阶段返乡农民工子女入学，学校不得以任何借口拒绝接受返乡农民工子女入学。各地要按照农村义务教育经费保障机制的要求，足额落实包括返乡农民工子女在内的各项教育经费，为返乡农民工子女提供良好的教育环境。教育行政部门和教材出版发行部门要密切合作，尽快做好返乡农民工子女教材订购工作，保证做到在春季开学前到书。学校要及时掌握返乡农民工子女在外地学习的实际情况，有针对性地开展教学辅导工作，使他们能够尽快适应本地的教学进度。

7. 加强督导检查。各地教育行政部门要将面向返乡农民工开展职业教育、技能培训和子女教育工作，作为对职成教育、基础教育工作和职成学校、普通中小学工作考核的重要内容，加强督导检查。

8. 多渠道解决经费投入。各地教育行政部门要积极争取地方政府和劳动、农业、扶贫、科技等相关部门经费和政策的支持，对职业学校、成人学校开展返乡农民工培训、农村劳动力转移培训和解决返乡农民工子女入学工作提供必要的投入。

我部将采取有力措施，推动做好返乡农民工职业教育、技能培训和子女入学工作。在今后安排有关专项经费和项目时，向返乡农民工职业教育培训、子女入学工作成绩突出的地区和学校实行政策倾斜。

做好返乡农民工职业教育、技能培训和子女入学工作是一项十分紧迫的任务。请根据本通知精神，抓紧制订具体的实施意见和工作计划，利用当前农民工集中返乡的时机，迅速开展工作。各地贯彻落实情况请及时报告。

教育部关于公布2009年普通高等教育高职高专专业设置整理结果的通知

（2009年2月20日）

各省、自治区、直辖市教育厅（教委），新疆生产建设兵团教育局：

按照《普通高等学校高职高专教育指导性专业目录（试行）》（以下简称《目录》）和《普通高等学校高职高专教育专业设置管理办法（试行）》，我部组织专家对各地上报的2009年拟招生的普通高等教育高职高专专业点进行了汇总、整理，完成了年度专业设置整理工作。现将结果公布如下。

一、专业核定情况。

1. 本次专业审核工作共核定《目录》内专业点44 134个。

2. 本次整理后核定招生的《目录》外专业共292种（见附件1），专业点数1 030个，其中2009年新增设的专业44种。2009年新增设《目录》外专业原则上限定在本地区招生。

3. 核定具有普通高等教育高职高专教育类专业招生资格的高等学校310所。其中，普通高等学校282所，成人高等学校28所（见附件2）。

4. 根据我部2009年普通高等教育高职高专招生专业备案工作的要求，普通高等教育高职高专临床医学类专业按照《教育部办公厅关于进一步加强和改进高等学校本科专业备案和审批管理工作的通知》（教高厅〔2007〕2号）要求报送、审批。结果见《教育部关于公布2008年度高等学校专业设置备案或审批结果的通知》（教高〔2008〕10号）。

5. 根据《教育部　公安部关于举办公安类专业教育有关问题的意见》（教高〔2006〕18号），核定2009年准许招生的公安类专业共19种，168个专业点（见附件3）。

二、2009年普通高等教育高职高专专业整理结果数据库将继续与招生来源计划管理系统相衔接，数据共享。

三、高校上报的全部2009年拟招生普通高等教育高职高专专业点的整理、审核情况，可登陆高职高专专业管理工作平台（网址：www.techoa.cn）查询。

四、各地2009年普通高等教育高职高专招生专业的名称、代码及招生范围均以本通知核定的内容为准。

附件1：

2009年核定招生的《普通高等学校高职高专教育指导性专业目录（试行）》外专业名单

共292个专业

序号	专业名称	省区市	专业代码
1	茶艺	云南省	510112（滇）
		广西壮族自治区	510112（桂）
		江苏省	510112（苏）
		安徽省	510112（皖）
2	绿色食品生产与经营	黑龙江省	510113（黑）
		浙江省	510113（浙）
3	绿色食品生产与检验	黑龙江省	510114（黑）
		北京市	510114（京）
		浙江省	510114（浙）
4	都市园艺＊	江苏省	510115（苏）
5	设施园艺工程＊	江苏省	510116（苏）
6	药用植物栽培加工	河南省	510130（豫）
7	食药用菌	吉林省	510131（吉）
8	商品花卉	云南省	510211（滇）
		山西省	510211（晋）
		湖南省	510211（湘）
		浙江省	510211（浙）
9	城市园林	广西壮族自治区	510213（桂）
		黑龙江省	510213（黑）
		上海市	510213（沪）
		福建省	510213（闽）
		湖南省	510213（湘）

续表

序号	专业名称	省区市	专业代码
9	城市园林	河南省	510213（豫）
		广东省	510213（粤）
10	动物医学	广西壮族自治区	510310（桂）
		黑龙江省	510310（黑）
		上海市	510310（沪）
		江苏省	510310（苏）
		河南省	510310（豫）
11	宠物养护与疫病防治	黑龙江省	510320（黑）
		河北省	510320（冀）
		辽宁省	510320（辽）
		山东省	510320（鲁）
		江苏省	510320（苏）
		湖南省	510320（湘）
		河南省	510320（豫）
12	猪生产与疾病防制 *	河南省	510321（豫）
13	宠物医学	湖北省	510323（鄂）
		黑龙江省	510323（黑）
		内蒙古自治区	510323（蒙）
		青海省	510323（青）
		江苏省	510323（苏）
14	宠物护理与美容	江苏省	510326（苏）
15	宠物训导与保健	江苏省	510327（苏）
16	宠物药学	江苏省	510328（苏）
17	蚕桑技术	广西壮族自治区	510350（桂）
		山东省	510350（鲁）
18	动物科学与技术	上海市	510351（沪）
		青海省	510351（青）
		安徽省	510351（皖）
19	农业技术与管理	四川省	510506（川）
20	林业信息工程与管理	广西壮族自治区	510507（桂）
21	都市林业资源与林政管理	上海市	510551（沪）
22	农村行政与经济管理	湖南省	510599（湘）
23	工程机械技术服务与营销	云南省	520111（滇）
		山东省	520111（鲁）
		湖南省	520111（湘）

续表

序号	专业名称	省区市	专业代码
24	公路机械化施工技术	云南省	520112（滇）
		辽宁省	520112（辽）
25	公路工程管理	四川省	520113（川）
		青海省	520113（青）
		江苏省	520113（苏）
26	公路工程检测技术＊	山西省	520115（晋）
		内蒙古自治区	520115（蒙）
27	高速动车组检修技术	湖北省	520210（鄂）
28	高速动车组驾驶	湖北省	520211（鄂）
29	高速铁路工程及维护技术	湖北省	520212（鄂）
30	船机制造与维修	天津市	520409（津）
		山东省	520409（鲁）
		浙江省	520409（浙）
31	国际邮轮乘务	上海市	520410（沪）
		海南省	520410（琼）
32	船舶舾装	山东省	520411（鲁）
33	船舶电气工程技术＊	山东省	520412（鲁）
		广东省	520412（粤）
34	航空港管理	海南省	520514（琼）
35	飞机维修	湖南省	520516K（湘）
36	飞机控制设备与仪表	湖南省	520517K（湘）
37	航空发动机装配与试车	湖南省	520520（湘）
38	民航空中安全保卫	四川省	520521（川）
39	航空港安全检查	海南省	520524K（琼）
40	港口与航运管理	辽宁省	520606（辽）
		广东省	520606（粤）
41	港口机械应用技术	河北省	520607（冀）
		山东省	520607（鲁）
42	港口物流管理	广东省	520608（粤）
43	港口电气技术＊	山东省	520609（鲁）
44	交通运营管理	上海市	520801（沪）
		浙江省	520801（浙）
45	化工装备技术	江苏省	530210（苏）
		湖南省	530210（湘）
46	化工设备与机械	河北省	530211（冀）

续表

序号	专业名称	省区市	专业代码
46	化工设备与机械	辽宁省	530211（辽）
47	花炮生产与管理	湖南省	530221S（湘）
48	火工工艺技术	湖南省	530222S（湘）
49	烟花爆竹安全与质量技术	湖南省	530223S（湘）
50	技术监督与商检	北京市	530406（京）
51	化妆品营销与使用技术 *	广东省	530409（粤）
52	宝玉石鉴定与营销	云南省	540111（滇）
53	珠宝鉴定与营销	广东省	540113（粤）
54	地质灾害与防治技术	云南省	540208（滇）
		重庆市	540208（渝）
55	环境地质工程技术	湖南省	540209（湘）
56	地质信息技术	云南省	540219（滇）
57	岩土工程技术	吉林省	540251（吉）
		湖南省	540251（湘）
58	矿山安全技术与监察	安徽省	540311S（皖）
		湖南省	540311S（湘）
59	综合机械化采煤	内蒙古自治区	540312（蒙）
60	煤层气抽采技术 *	山西省	540338（晋）
61	石油工程技术	湖北省	540407（鄂）
		黑龙江省	540407（黑）
		河北省	540407（冀）
		天津市	540407（津）
		山东省	540407（鲁）
		河南省	540407（豫）
62	瓦斯综合利用技术	安徽省	540408（皖）
63	煤化工生产技术	河北省	540510（冀）
		山西省	540510（晋）
		宁夏回族自治区	540510（宁）
64	测绘与地理信息技术	辽宁省	540608（辽）
		黑龙江省	540608（黑）
65	测绘工程技术	云南省	540609（滇）
66	测绘与地质工程技术	湖南省	540610（湘）
67	无机非金属材料工程技术	云南省	550107（滇）
		安徽省	550107（皖）
68	建筑材料工程技术	黑龙江省	550108（黑）

续表

序号	专业名称	省区市	专业代码
69	磨料磨具制造	河南省	550109（豫）
70	光伏材料加工与应用技术	江西省	550110（赣）
71	硅材料技术 *	四川省	550118（川）
72	首饰设计与工艺	云南省	550119（滇）
73	制冷与空调技术	湖北省	550205（鄂）
		广西壮族自治区	550205（桂）
		上海市	550205（沪）
		北京市	550205（京）
		山东省	550205（鲁）
		江苏省	550205（苏）
		安徽省	550205（皖）
		湖南省	550205（湘）
		重庆市	550205（渝）
74	工业热工控制技术	重庆市	550206（渝）
75	风能与动力技术	天津市	550207（津）
		辽宁省	550207（辽）
		甘肃省	550207（陇）
		江苏省	550207（苏）
76	新能源应用技术	江西省	550208（赣）
		山西省	550208（晋）
77	节能工程技术	湖北省	550209（鄂）
78	反应堆及加速器技术	四川省	550211（川）
79	光伏发电技术及应用 *	江西省	550212（赣）
		江苏省	550212（苏）
80	供用电技术	江西省	550306（赣）
81	太阳能光电应用技术 *	海南省	550313（琼）
82	电力客户服务与管理	江西省	550314（赣）
83	城镇艺术设计 *	黑龙江省	560107（黑）
84	城镇建设	辽宁省	560203（辽）
85	土木工程检测技术	湖北省	560304（鄂）
		山东省	560304（鲁）
		安徽省	560304（皖）
86	建筑钢结构工程技术 *	江苏省	560305（苏）
		安徽省	560305（皖）
87	混凝土构件工程技术 *	黑龙江省	560306（黑）

续表

序号	专业名称	省区市	专业代码
88	工业设备安装工程技术	四川省	560405（川）
		山西省	560405（晋）
		辽宁省	560405（辽）
		湖南省	560405（湘）
89	电力工程管理	河北省	560505（冀）
		山东省	560505（鲁）
		浙江省	560505（浙）
90	建筑工程项目管理	上海市	560507（沪）
		陕西省	560507（陕）
91	建筑工程质量与安全技术管理＊	四川省	560508（川）
92	水利工程实验与检测技术	河南省	570213（豫）
93	水利水电工程造价管理＊	河南省	570214（豫）
94	光电制造技术	重庆市	580113（渝）
95	激光加工技术	湖北省	580114（鄂）
96	飞行器制造工艺	四川省	580115（川）
		重庆市	580115（渝）
97	钢结构建造技术	四川省	580116（川）
		湖北省	580116（鄂）
		河北省	580116（冀）
		江苏省	580116（苏）
		重庆市	580116（渝）
		浙江省	580116（浙）
98	家具设计与制造	广西壮族自治区	580117（桂）
		黑龙江省	580117（黑）
		辽宁省	580117（辽）
		浙江省	580117（浙）
99	假肢与矫形器设计与制造	湖南省	580118（湘）
100	机械质量管理与检测技术	安徽省	580119（皖）
101	内燃机制造与维修	河北省	580120（冀）
102	药剂设备制造与维护	上海市	580121（沪）
		山东省	580121（鲁）
103	服装机械及其自动化	浙江省	580122（浙）
104	武器制造技术	湖南省	580123（湘）
105	机械制造工艺及设备	上海市	580124（沪）
106	机械制造生产管理	上海市	580125（沪）

续表

序号	专业名称	省区市	专业代码
106	机械制造生产管理	浙江省	580125（浙）
107	风力发电设备制造与安装	湖南省	580127（湘）
108	金属制品加工技术＊	天津市	580130（津）
109	电线电缆制造技术	辽宁省	580150（辽）
		江苏省	580150（苏）
		河南省	580150（豫）
110	锁具设计与工艺	浙江省	580151（浙）
111	乐器制造技术	浙江省	580153（浙）
112	农业机械制造与装配＊	黑龙江省	580158（黑）
113	电气测控技术	河北省	580211（冀）
114	电气工程技术	河北省	580212（冀）
115	玩具质量检验与管理＊	广东省	580213（粤）
116	医疗电子工程	广东省	580306（粤）
117	设备安装技术	河北省	580307（冀）
118	医用治疗设备应用技术	上海市	580308（沪）
119	导弹维修	湖南省	580309K（湘）
120	放射治疗技术及设备＊	上海市	580310（沪）
121	冶金设备应用与维护	河北省	580311（冀）
		安徽省	580311（皖）
		吉林省	580311（吉）
122	电气设备应用与维护	山东省	580312（鲁）
123	物流工程技术	云南省	580313（滇）
		吉林省	580313（吉）
		湖南省	580313（湘）
		广东省	580313（粤）
124	光机电应用技术＊	湖北省	580314（鄂）
125	冶金动力工程	河北省	580315（冀）
126	汽车运用与维修	安徽省	580407（皖）
		上海市	580407（沪）
127	摩托车制造与维修	重庆市	580408（渝）
128	农业机械应用技术	四川省	580410（川）
		黑龙江省	580410（黑）
		湖南省	580410（湘）
		江苏省	580410（苏）
		新疆生产建设兵团	580411（兵团）

续表

序号	专业名称	省区市	专业代码
129	汽车服务与管理	广西壮族自治区	580411（桂）
130	二手车鉴定与评估	天津市	580412（津）
131	汽车定损与评估	四川省	580414（川）
		辽宁省	580414（辽）
		江苏省	580414（苏）
132	汽车造型技术 *	吉林省	580416（吉）
133	计算机网络与安全管理	山东省	590111（鲁）
		安徽省	590111（皖）
		广东省	590111（粤）
134	网站规划与开发技术	广西壮族自治区	590112（桂）
		黑龙江省	590112（黑）
		吉林省	590112（吉）
		河北省	590112（冀）
		天津市	590112（津）
		山西省	590112（晋）
		广东省	590112（粤）
135	游戏软件	四川省	590113（川）
		湖北省	590113（鄂）
		黑龙江省	590113（黑）
		河北省	590113（冀）
		天津市	590113（津）
		山西省	590113（晋）
		北京市	590113（京）
		辽宁省	590113（辽）
		江苏省	590113（苏）
		湖南省	590113（湘）
		广东省	590113（粤）
		浙江省	590113（浙）
136	航空计算机技术与应用	湖南省	590115K（湘）
137	软件开发与项目管理	山东省	590116（鲁）
		湖南省	590116（湘）
138	三维动画设计	江苏省	590118（苏）
139	计算机音乐制作	河北省	590119（冀）
		山东省	590119（鲁）
		内蒙古自治区	590119（蒙）

续表

序号	专业名称	省区市	专业代码
139	计算机音乐制作	江苏省	590119（苏）
		湖南省	590119（湘）
		浙江省	590119（浙）
140	软件测试技术	湖北省	590120（鄂）
		黑龙江省	590120（黑）
		上海市	590120（沪）
		北京市	590120（京）
		湖南省	590120（湘）
		广东省	590120（粤）
141	嵌入式技术与应用	黑龙江省	590121（黑）
		天津市	590121（津）
		辽宁省	590121（辽）
		山东省	590121（鲁）
		福建省	590121（闽）
		内蒙古自治区	590121（蒙）
		江苏省	590121（苏）
		安徽省	590121（皖）
		河南省	590121（豫）
		广东省	590121（粤）
142	网络软件开发技术	黑龙江省	590124（黑）
143	软件外包服务	四川省	590125（川）
		山东省	590125（鲁）
		江苏省	590125（苏）
		湖南省	590125（湘）
144	物流信息技术 *	湖南省	590126（湘）
145	网络营销 *	山东省	590155（鲁）
146	光电子技术	云南省	590214（滇）
		湖北省	590214（鄂）
		福建省	590214（闽）
		江苏省	590214（苏）
147	信息技术应用	湖南省	590216（湘）
148	音响工程	广西壮族自治区	590217（桂）
149	电光源技术	湖北省	590218（鄂）
150	电子产品质量检测	江苏省	590219（苏）
		湖南省	590219（湘）

续表

序号	专业名称	省区市	专业代码
150	电子产品质量检测	河南省	590219（豫）
151	飞行器电子装配技术	四川省	590220（川）
152	数字媒体技术	四川省	590222（川）
		湖北省	590222（鄂）
		江西省	590222（赣）
		山西省	590222（晋）
		北京市	590222（京）
		福建省	590222（闽）
		江苏省	590222（苏）
		湖南省	590222（湘）
		河南省	590222（豫）
		浙江省	590222（浙）
153	无损检测技术	河北省	590223（冀）
		辽宁省	590223（辽）
		江苏省	590223（苏）
154	电子组装技术与设备	陕西省	590225（陕）
		江苏省	590225（苏）
		湖南省	590225（湘）
155	嵌入式系统工程	四川省	590226（川）
		湖北省	590226（鄂）
		河北省	590226（冀）
		北京市	590226（京）
		辽宁省	590226（辽）
		山东省	590226（鲁）
		福建省	590226（闽）
		内蒙古自治区	590226（蒙）
		江苏省	590226（苏）
		安徽省	590226（皖）
		湖南省	590226（湘）
156	电子电路设计与工艺	江苏省	590227（苏）
		湖南省	590227（湘）
157	计算机速录 *	河北省	590240（冀）
158	通信线路	安徽省	590308（皖）
159	光纤通信	四川省	590309（川）
		湖南省	590309（湘）

续表

序号	专业名称	省区市	专业代码
160	邮政通信	黑龙江省	590310（黑）
161	通信工程设计与管理	湖南省	590350（湘）
162	电信商务	江苏省	590351（苏）
163	移动通信运营与服务 *	天津市	590352（津）
164	环境工程技术	湖南省	600109（湘）
165	核辐射检测与防护技术	湖南省	600111（湘）
166	安全保卫	吉林省	600304（吉）
		安徽省	600304（皖）
167	化工生产安全技术 *	湖南省	600309（湘）
168	皮革制品设计与工艺	山东省	610151（鲁）
		内蒙古自治区	610151（蒙）
		湖南省	610151（湘）
169	纺织品设计	山东省	610209（鲁）
		江苏省	610209（苏）
		安徽省	610209（皖）
		河南省	610209（豫）
170	服装工艺技术	江西省	610210（赣）
		辽宁省	610210（辽）
		山东省	610210（鲁）
		安徽省	610210（皖）
		河南省	610210（豫）
		浙江省	610210（浙）
171	服装设计与加工	河北省	610211（冀）
		山东省	610211（鲁）
172	服装制版与工艺	湖北省	610212（鄂）
		江西省	610212（赣）
		山东省	610212（鲁）
		江苏省	610212（苏）
173	家用纺织品设计	江苏省	610213（苏）
174	服用材料设计与应用	四川省	610214（川）
		江西省	610214（赣）
175	服装营销与管理	江苏省	610215（苏）
		河南省	610215（豫）
176	棉花检验加工与经营	新疆生产建设兵团	610216（兵团）
177	针织品工艺与贸易 *	江苏省	610220（苏）

续表

序号	专业名称	省区市	专业代码
178	鞋类设计与工艺	湖北省	610251（鄂）
		江西省	610251（赣）
		河北省	610251（冀）
		山东省	610251（鲁）
		福建省	610251（闽）
		重庆市	610251（渝）
		浙江省	610251（浙）
179	营养与配餐	山东省	610309（鲁）
		安徽省	610309（皖）
180	食品检测及管理	广西壮族自治区	610312（桂）
		山西省	610312（晋）
		山东省	610312（鲁）
		湖南省	610312（湘）
		河南省	610312（豫）
		浙江省	610312（浙）
181	酿酒技术	湖北省	610313（鄂）
182	粮油储藏与检测技术	黑龙江省	610314（黑）
		辽宁省	610314（辽）
		山东省	610314（鲁）
183	乳品工艺	黑龙江省	610315（黑）
		内蒙古自治区	610315（蒙）
184	发酵技术	江苏省	610316（苏）
		湖南省	610316（湘）
185	食品工艺与检测	上海市	610317（沪）
		重庆市	610317（渝）
186	营养与食品卫生	上海市	610318（沪）
		江苏省	610318（苏）
187	马铃薯生产加工	内蒙古自治区	610322（蒙）
188	制糖生产技术与管理	广西壮族自治区	610323（桂）
189	肉品加工与检测 *	黑龙江省	610346（黑）
190	食品质量与安全监管 *	黑龙江省	610347（黑）
		山东省	610347（鲁）
191	电子出版技术	安徽省	610408（皖）
192	版面编辑与校对	湖北省	610409（鄂）
		北京市	610409（京）

续表

序号	专业名称	省区市	专业代码
192	版面编辑与校对	安徽省	610409（皖）
193	出版信息管理	安徽省	610410（皖）
194	出版与电脑编辑技术	上海市	610411（沪）
		福建省	610411（闽）
195	丝网工艺	河北省	610412（冀）
196	数字印刷技术	湖北省	610413（鄂）
		上海市	610413（沪）
		安徽省	610413（皖）
197	信用管理	广西壮族自治区	620114（桂）
		辽宁省	620114（辽）
		浙江省	620114（浙）
198	农村合作金融	浙江省	620115（浙）
199	机动车保险实务	新疆维吾尔自治区	620121（新）
200	国际贸易实务	广东省	620304（粤）
201	广告经营与管理	辽宁省	620406（辽）
202	招商管理	广西壮族自治区	620509（桂）
203	采购供应管理	广西壮族自治区	620510（桂）
204	拍卖与典当管理 *	湖南省	620518（湘）
205	项目管理	贵州省	620551（黔）
		陕西省	620551（陕）
		湖南省	620551（湘）
		新疆维吾尔自治区	620551（新）
206	维药学	新疆维吾尔自治区	630303（新）
207	中药鉴定与质量检测技术	山西省	630304（晋）
208	现代中药技术	山西省	630305（晋）
209	医疗仪器维修技术	江苏省	630411（苏）
210	实验动物技术	北京市	630413（京）
211	康复工程技术	上海市	630415（沪）
		山东省	630415（鲁）
212	临床工程技术	上海市	630416（沪）
213	会展策划与管理	四川省	640107（川）
		云南省	640107（滇）
		湖北省	640107（鄂）
		江西省	640107（赣）
		广西壮族自治区	640107（桂）

续表

序号	专业名称	省区市	专业代码
213	会展策划与管理	黑龙江省	640107（黑）
		上海市	640107（沪）
		吉林省	640107（吉）
		河北省	640107（冀）
		天津市	640107（津）
		山西省	640107（晋）
		北京市	640107（京）
		辽宁省	640107（辽）
		山东省	640107（鲁）
		福建省	640107（闽）
		内蒙古自治区	640107（蒙）
		海南省	640107（琼）
		陕西省	640107（陕）
		江苏省	640107（苏）
		安徽省	640107（皖）
		湖南省	640107（湘）
		新疆维吾尔自治区	640107（新）
		重庆市	640107（渝）
		河南省	640107（豫）
		广东省	640107（粤）
		浙江省	640107（浙）
214	历史文化旅游	山西省	640108（晋）
		福建省	640108（闽）
215	旅游服务与管理	湖北省	640151（鄂）
		黑龙江省	640151（黑）
216	休闲服务与管理	四川省	640161（川）
		广西壮族自治区	640161（桂）
		山东省	640161（鲁）
		江苏省	640161（苏）
		浙江省	640161（浙）
217	中西面点工艺＊	黑龙江省	640203（黑）
218	西餐工艺	四川省	640221（川）
		黑龙江省	640221（黑）
		上海市	640221（沪）
		山东省	640221（鲁）

续表

序号	专业名称	省区市	专业代码
218	西餐工艺	江苏省	640221（苏）
219	体育场馆管理	北京市	650110（京）
220	电子政务	湖北省	650209（鄂）
		江西省	650209（赣）
		北京市	650209（京）
		内蒙古自治区	650209（蒙）
		湖南省	650209（湘）
221	社会救助	湖南省	650210（湘）
222	灾害救援与管理 *	北京市	650211（京）
223	国际质量管理体系认证	湖北省	650251（鄂）
		重庆市	650251（渝）
		浙江省	650251（浙）
224	保安保卫管理 *	山东省	650299（鲁）
225	手语翻译 *	江苏省	650309（苏）
226	应用西班牙语	湖北省	660119（鄂）
		广西壮族自治区	660119（桂）
		上海市	660119（沪）
		河北省	660119（冀）
		天津市	660119（津）
		北京市	660119（京）
		山东省	660119（鲁）
		江苏省	660119（苏）
		湖南省	660119（湘）
		重庆市	660119（渝）
		浙江省	660119（浙）
227	应用阿拉伯语	甘肃省	660120（甘）
		广西壮族自治区	660120（桂）
		上海市	660120（沪）
		河北省	660120（冀）
		山西省	660120（晋）
		山东省	660120（鲁）
		宁夏回族自治区	660120（宁）
		浙江省	660120（浙）
228	应用意大利语	辽宁省	660122（辽）
		山东省	660122（鲁）

续表

序号	专业名称	省区市	专业代码
229	应用越南语	云南省	660130（滇）
		广西壮族自治区	660130（桂）
230	应用泰国语	云南省	660131（滇）
		广西壮族自治区	660131（桂）
231	应用缅甸语	云南省	660132（滇）
		广西壮族自治区	660132（桂）
232	应用柬埔寨语	广西壮族自治区	660133（桂）
233	应用老挝语	云南省	660134（滇）
234	中国少数民族语言文化	四川省	660135（川）
		河北省	660135（冀）
		内蒙古自治区	660135（蒙）
		青海省	660135（青）
		新疆维吾尔自治区	660135（新）
235	书法教育	广西壮族自治区	660136（桂）
		山东省	660136（鲁）
		湖南省	660136（湘）
236	茶文化	四川省	660137（川）
		湖北省	660137（鄂）
		江西省	660137（赣）
		福建省	660137（闽）
		河南省	660137（豫）
		浙江省	660137（浙）
237	应用外国语	广西壮族自治区	660138（桂）
		湖南省	660138（湘）
238	应用葡萄牙语 *	河北省	660139（冀）
		山东省	660139（鲁）
239	应用荷兰语 *	山东省	660140（鲁）
240	文秘速录 *	黑龙江省	660150（黑）
241	综合文科教育	安徽省	660219（皖）
		广西壮族自治区	660219（桂）
		河北省	660219（冀）
		河南省	660219（豫）
		吉林省	660219（吉）
		江苏省	660219（苏）
		江西省	660219（赣）

续表

序号	专业名称	省区市	专业代码
241	综合文科教育	内蒙古自治区	660219（蒙）
		宁夏回族自治区	660219（宁）
		西藏自治区	660219（藏）
242	综合理科教育	安徽省	660220（皖）
		广西壮族自治区	660220（桂）
		河北省	660220（冀）
		河南省	660220（豫）
		江苏省	660220（苏）
		宁夏回族自治区	660220（宁）
243	计算机教育	安徽省	660221（皖）
		福建省	660221（闽）
		广东省	660221（粤）
		河北省	660221（冀）
		河南省	660221（豫）
		湖南省	660221（湘）
		江苏省	660221（苏）
		内蒙古自治区	660221（蒙）
		山东省	660221（鲁）
		四川省	660221（川）
		西藏自治区	660221（藏）
		新疆维吾尔自治区	660221（新）
		云南省	660221（滇）
244	应用心理学	安徽省	660222（皖）
		河北省	660222（冀）
		河南省	660222（豫）
		湖南省	660222（湘）
		四川省	660222（川）
245	对外汉语 *	内蒙古自治区	660224（蒙）
246	舞蹈教育	河南省	660227（豫）
247	心理咨询与心理健康教育	广西壮族自治区	660230（桂）
248	民族传统体育	山东省	660241（鲁）
249	艺术教育	福建省	660242（闽）
		湖南省	660242（湘）
		陕西省	660242（陕）
250	科学教育	安徽省	660243（皖）

续表

序号	专业名称	省区市	专业代码
250	科学教育	河南省	660243（豫）
		湖北省	660243（鄂）
		湖南省	660243（湘）
		江西省	660243（赣）
		四川省	660243（川）
		西藏自治区	660243（藏）
251	武术	湖北省	660308（鄂）
		安徽省	660308（皖）
		湖南省	660308（湘）
252	运动休闲服务与管理 *	四川省	660309（川）
		上海市	660309（沪）
		海南省	660309（琼）
253	听力语言康复技术	北京市	660411（京）
254	音乐康复技术	山西省	660412（晋）
255	应用艺术设计	上海市	670114（沪）
		山东省	670114（鲁）
		江苏省	670114（苏）
256	陶瓷艺术设计	河北省	670115（冀）
		江苏省	670115（苏）
		湖南省	670115（湘）
		河南省	670115（豫）
257	广告与会展	湖北省	670116（鄂）
		黑龙江省	670116（黑）
		河北省	670116（冀）
		山东省	670116（鲁）
		江苏省	670116（苏）
		安徽省	670116（皖）
258	美术	黑龙江省	670118（黑）
		河北省	670118（冀）
		山西省	670118（晋）
		北京市	670118（京）
		山东省	670118（鲁）
		浙江省	670118（浙）
259	舞台艺术设计	广西壮族自治区	670119（桂）
		山西省	670119（晋）

续表

序号	专业名称	省区市	专业代码
259	舞台艺术设计	湖南省	670119（湘）
		重庆市	670119（渝）
260	首饰设计	江苏省	670123（苏）
		广东省	670123（粤）
261	皮具设计	广东省	670124（粤）
262	动画设计	吉林省	670125（吉）
		辽宁省	670125（辽）
263	木雕设计与制作	浙江省	670126（浙）
264	展览展示艺术设计	四川省	670127（川）
		天津市	670127（津）
		辽宁省	670127（辽）
		江苏省	670127（苏）
		湖南省	670127（湘）
265	景观设计＊	江苏省	670130（苏）
266	模特与礼仪	河北省	670208（冀）
267	钢琴调律	湖北省	670211（鄂）
		黑龙江省	670211（黑）
		河北省	670211（冀）
		北京市	670211（京）
268	乐器维护服务	上海市	670213（沪）
		辽宁省	670213（辽）
269	钢琴伴奏	河北省	670214（冀）
270	歌舞表演＊	山西省	670299（晋）
271	新闻与传播	湖北省	670311（鄂）
		上海市	670311（沪）
		河北省	670311（冀）
		江苏省	670311（苏）
272	信息传播与策划	四川省	670312（川）
		黑龙江省	670312（黑）
		北京市	670312（京）
		福建省	670312（闽）
		湖南省	670312（湘）
273	传媒策划与管理	湖北省	670313（鄂）
		广西壮族自治区	670313（桂）
		黑龙江省	670313（黑）

续表

序号	专业名称	省区市	专业代码
273	传媒策划与管理	江苏省	670313（苏）
		安徽省	670313（皖）
		湖南省	670313（湘）
		重庆市	670313（渝）
		浙江省	670313（浙）
274	现代传播	湖南省	670314（湘）
275	影视灯光艺术	安徽省	670315（皖）
276	网络新闻与编辑	安徽省	670316（皖）
277	舞台影视技术	浙江省	670317（浙）
278	数字传媒艺术	广西壮族自治区	670318（桂）
279	电视摄像	山西省	670330（晋）
280	摄影	河北省	670331（冀）
		山西省	670331（晋）
281	作曲技术	河北省	670332（冀）
		广东省	670332（粤）
282	录音技术与艺术	山西省	670334（晋）
		江苏省	670334（苏）
283	检察事务	河南省	690107（豫）
284	经济法律事务	内蒙古自治区	690108（蒙）
285	监狱管理	山东省	690204（鲁）
286	劳教管理	山东省	690205（鲁）
287	社区矫正 *	浙江省	690206（浙）
288	应用法制心理技术	吉林省	690306（吉）
289	罪犯心理测量与矫正技术	云南省	690307（滇）
		湖南省	690307（湘）
290	司法会计	海南省	690308（琼）
291	涉毒人员矫治	云南省	690309（滇）
		福建省	690309（闽）
292	职务犯罪预防与控制 *	河南省	690311（豫）

注：①专业代码加有“K”者为国家控制专业，加有“S”者为在少数高校试点的专业，以上两类专业可全国招生；②师范类目录外专业招生的院校应为“具有普通高等教育高职高专教育类专业招生资格的高等学校名单”范围内的院校；③带“*”为 2009 年增设的新专业。

附件 2：

具有普通高等教育高职高专教育类专业招生资格的高等学校名单

共 310 所

序 号	省区市	学 校	备 注
1	安徽省	安徽教育学院	成人高校
2		安徽科技学院	
3		安徽体育运动职业技术学院	
4		安庆师范学院	
5		蚌埠高等专科学校	
6		亳州师范高等专科学校	
7		巢湖学院	
8		池州师范专科学校	
9		滁州学院	
10		阜阳职业技术学院	
11		淮南师范学院	
12		黄山学院	
13		马鞍山师范高等专科学校	
14		宿州学院	
15		铜陵学院	
16		皖西学院	
17	北京市	北京城市学院	
18		北京汇佳职业学院	
19		北京理工大学	
20	福建省	福建教育学院	成人高校
21		福州教育学院	成人高校
22		龙岩学院	
23		宁德师范高等专科学校	
24		莆田学院	
25		三明学院	
26		武夷学院	
27		厦门城市职业学院	
28		漳州城市职业学院	
29	甘肃省	定西师范高等专科学校	
30		甘肃联合大学	

续表

序 号	省区市	学 校	备 注
31	甘肃省	合作民族师范高等专科学校	
32		酒泉职业技术学院	
33		兰州城市学院	
34		兰州教育学院	成人高校
35		陇东学院	
36		陇南师范高等专科学校	
37		武威职业学院	
38	广东省	佛山科学技术学院	
39		广东教育学院	成人高校
40		广东省外语艺术职业学院	
41		广州大学	
42		广州体育学院	
43		韩山师范学院	
44		华南农业大学	
45		华南师范大学	
46		惠州学院	
47		嘉应学院	
48		江门职业技术学院	
49		茂名学院	
50		汕头职业技术学院	
51		韶关学院	
52		深圳大学	
53		五邑大学	
54		星海音乐学院	
55		湛江师范学院	
56		肇庆学院	
57		珠海城市职业技术学院	
58	广西壮族自治区	百色学院	
59		广西教育学院	成人高校
60		广西师范学院	
61		广西体育高等专科学校	
62		桂林师范高等专科学校	
63		河池学院	
64		贺州学院	
65		柳州师范高等专科学校	

续表

序号	省区市	学校	备注
66	广西壮族自治区	南宁地区教育学院	成人高校
67		南宁师范高等专科学校	
68		钦州学院	
69		梧州学院	
70	贵州省	安顺学院	
71		毕节学院	
72		贵州教育学院	成人高校
73		凯里学院	
74		六盘水师范高等专科学校	
75		黔南民族师范学院	
76		黔西南民族师范高等专科学校	
77		铜仁学院	
78	海南省	琼台师范高等专科学校	
79		琼州学院	
80	河北省	保定学院	
81		沧州师范专科学校	
82		承德民族师范高等专科学校	
83		邯郸学院	
84		河北北方学院	
85		河北科技师范学院	
86		河北农业大学	
87		河北师范大学	
88		河北体育学院	
89		衡水学院	
90		廊坊师范学院	
91		石家庄学院	
92		唐山师范学院	
93		邢台学院	
94		张家口教育学院	成人高校
95	河南省	安阳师范学院	
96		河南教育学院	成人高校
97		鹤壁职业技术学院	
98		黄淮学院	
99		焦作师范高等专科学校	
100		开封教育学院	成人高校

续表

序　号	省区市	学　　校	备　注
101	河南省	洛阳师范学院	
102		南阳理工学院	
103		南阳师范学院	
104		平顶山教育学院	成人高校
105		平原大学	
106		濮阳职业技术学院	
107		商丘师范学院	
108		新乡师范高等专科学校	
109		信阳职业技术学院	
110		许昌学院	
111		许昌职业技术学院	
112		郑州师范高等专科学校	
113		中州大学	
114		周口师范学院	
115	黑龙江省	鹤岗师范高等专科学校	
116		黑龙江幼儿师范高等专科学校	
117		鸡西大学	
118		佳木斯市教育学院	成人高校
119		牡丹江大学	
120		齐齐哈尔高等师范专科学校	
121	湖北省	长江大学	
122		鄂州职业大学	
123		恩施职业技术学院	
124		湖北第二师范学院	
125		湖北民族学院	
126		湖北师范学院	
127		黄冈师范学院	
128		黄石理工学院	
129		荆楚理工学院	
130		荆州教育学院	成人高校
131		十堰教育学院	成人高校
132		咸宁学院	
133		咸宁职业技术学院	
134		襄樊学院	
135		孝感学院	

续表

序号	省区市	学校	备注
136	湖北省	宜昌市教育学院	成人高校
137		郧阳师范高等专科学校	
138	湖南省	长沙师范学校	
139		长沙职业技术学院	
140		湖南第一师范学校	
141		湖南民族职业学院	
142		湖南女子职业大学	
143		湖南人文科技学院	
144		湖南涉外经济学院	
145		湖南体育职业学院	
146		怀化学院	
147		吉首大学	
148		湘南学院	
149	吉林省	白城师范学院	
150		北华大学	
151		吉林师范大学	
152		松原职业技术学院	
153		通化师范学院	
154		延边大学	
155	江苏省	江苏教育学院	成人高校
156		连云港师范高等专科学校	
157		南京特殊教育职业技术学院	
158		苏州职业大学	
159		泰州师范高等专科学校	
160		徐州工程学院	
161		扬州市职业大学	
162	江西省	东华理工学院	
163		赣南教育学院	成人高校
164		赣南师范学院	
165		江西教育学院	成人高校
166		江西科技师范学院	
167		江西师范大学	
168		井冈山学院	
169		景德镇高等专科学校	
170		九江学院	

续表

序　号	省区市	学　　校	备　注
171	江西省	九江职业大学	
172		南昌教育学院	成人高校
173		南昌师范高等专科学校	
174		萍乡高等专科学校	
175		上饶师范学院	
176		新余高等专科学校	
177		宜春学院	
178	辽宁省	鞍山师范学院	
179		渤海船舶职业学院	
180		朝阳师范高等专科学校	
181		大连职业技术学院	
182		抚顺师范高等专科学校	
183		阜新高等专科学校	
184		锦州师范高等专科学校	
185		辽东学院	
186		辽阳职业技术学院	
187		盘锦职业技术学院	
188		沈阳大学	
189		沈阳师范大学	
190		沈阳音乐学院	
191		铁岭师范高等专科学校	
192		营口职业技术学院	
193	内蒙古自治区	赤峰学院	
194		河套大学	
195		呼和浩特职业学院	
196		呼伦贝尔学院	
197		集宁师范高等专科学校	
198		内蒙古科技大学	
199		内蒙古民族大学	
200		内蒙古民族高等专科学校	
201		内蒙古师范大学	
202		通辽职业学院	
203		锡林郭勒职业学院	
204		兴安职业技术学院	
205	宁夏回族自治区	宁夏大学	

续表

序号	省区市	学校	备注
206	宁夏回族自治区	宁夏师范学院	
207	青海省	青海民族学院	
208		青海师范大学	
209	山东省	滨州学院	
210		德州学院	
211		东营职业学院	
212		菏泽学院	
213		济南大学	
214		济宁学院	
215		聊城大学	
216		聊城教育学院	成人高校
217		临沂师范学院	
218		青岛职业技术学院	
219		曲阜师范大学	
220		山东省教育学院	成人高校
221		山东师范大学	
222		山东艺术学院	
223		泰山学院	
224		威海职业学院	
225		潍坊教育学院	成人高校
226		潍坊学院	
227		枣庄学院	
228		淄博师范高等专科学校	
229	山西省	长治学院	
230		晋中学院	
231		吕梁高等专科学校	
232		山西大同大学	
233		山西师范大学	
234		太原大学	
235		太原师范学院	
236		忻州师范学院	
237		运城学院	
238		运城幼儿师范高等专科学校	
239	陕西省	安康学院	
240		宝鸡文理学院	

续表

序号	省区市	学校	备注
241	陕西省	汉中职业技术学院	
242		陕西教育学院	成人高校
243		商洛学院	
244		铜川职业技术学院	
245		西安外国语大学	
246		西安文理学院	
247		西北大学	
248		咸阳师范学院	
249		延安职业技术学院	
250		榆林学院	
251	上海市	华东师范大学	
252	四川省	阿坝师范高等专科学校	
253		成都学院	
254		达州职业技术学院	
255		康定民族师范高等专科学校	
256		乐山师范学院	
257		泸州职业技术学院	
258		眉山职业技术学院	
259		绵阳师范学院	
260		内江师范学院	
261		南充职业技术学院	
262		攀枝花学院	
263		四川教育学院	成人高校
264		四川理工学院	
265		四川文理学院	
266		四川职业技术学院	
267		西昌学院	
268		西华师范大学	
269		雅安职业技术学院	
270		宜宾学院	
271	天津市	天津师范大学	
272		天津体育学院	
273	西藏自治区	拉萨师范高等专科学校	
274	新疆维吾尔自治区	阿克苏职业技术学院	
275		昌吉学院	

续表

序号	省区市	学校	备注
276	新疆维吾尔自治区	和田师范专科学校	
277		喀什师范学院	
278		乌鲁木齐职业大学	
279		新疆教育学院	成人高校
280		新疆师范大学	
281		新疆职工大学	
282		伊犁师范学院	
283	云南省	保山师范高等专科学校	
284		德宏师范高等专科学校	
285		昆明学院（筹）	
286		丽江师范高等专科学校	
287		临沧师范高等专科学校	
288		曲靖师范学院	
289		思茅师范高等专科学校	
290		文山师范高等专科学校	
291		西双版纳职业技术学院	
292		昭通师范高等专科学校	
293	浙江省	杭州师范学院	
294		湖州师范学院	
295		嘉兴学院	
296		金华职业技术学院	
297		丽水学院	
298		宁波大学	
299		宁波教育学院	成人高校
300		绍兴文理学院	
301		台州学院	
302		温州大学	
303		浙江工业大学浙西分校	
304		浙江师范大学	
305	重庆市	长江师范学院	
306		三峡学院	
307		西南师范大学育才学院	
308		重庆教育学院	成人高校
309		重庆师范大学	
310		重庆文理学院	

附件3：

2009年核定招生的全国普通高等学校
高职高专公安类专业点名单

共168个专业点

序　号	学　　校	专业代码	专业名称
1	甘肃警察职业学院	680101	侦查
2	四川警察学院	680101	侦查
3	广东警官学院	680101	侦查
4	山东警察学院	680101	侦查
5	上海公安高等专科学校	680101	侦查（社区警务）
6	西藏警官高等专科学校	680101	侦查
7	安徽公安职业学院	680101	侦查
8	重庆警官职业学院	680101	侦查
9	青海警官职业学院	680101	侦查
10	江苏警官学院	680101	侦查
11	广西警官高等专科学校	680101	侦查
12	天津公安警官职业学院	680101	侦查
13	河南公安高等专科学校	680101	侦查
14	浙江公安高等专科学校	680101	侦查
15	山西警官高等专科学校	680101	侦查
16	河北公安警察职业学院	680101	侦查（侦查）
17	江西公安专科学校	680101	侦查
18	南京森林公安高等专科学校	680101	侦查
19	湖北警官学院	680101	侦查（预审）
20	湖南公安高等专科学校	680101	侦查
21	湖北警官学院	680101	侦查
22	甘肃警察职业学院	680101	侦查（刑事技术）
23	新疆警官高等专科学校	680101	侦查（反恐侦查）
24	新疆警官高等专科学校	680101	侦查（刑事侦查）
25	江西公安专科学校	680102	经济犯罪侦查
26	湖南公安高等专科学校	680102	经济犯罪侦查
27	新疆警官高等专科学校	680102	经济犯罪侦查
28	甘肃警察职业学院	680102	经济犯罪侦查
29	山西警官高等专科学校	680102	经济犯罪侦查
30	湖北警官学院	680102	经济犯罪侦查

续表

序　号	学　　校	专业代码	专业名称
31	河南公安高等专科学校	680102	经济犯罪侦查
32	安徽公安职业学院	680102	经济犯罪侦查
33	浙江公安高等专科学校	680102	经济犯罪侦查
34	青岛求实职业技术学院	680103	安全保卫
35	山西警官高等专科学校	680103	安全保卫
36	商丘科技职业学院	680103	安全保卫
37	河北政法职业学院	680103	安全保卫
38	海南政法职业学院	680103	安全保卫
39	浙江警官职业学院	680103	安全保卫
40	湖南公安高等专科学校	680103	安全保卫
41	新疆兵团警官高等专科学校	680103	安全保卫
42	上海政法学院	680103	安全保卫
43	西藏警官高等专科学校	680103	安全保卫
44	新疆警官高等专科学校	680103	安全保卫
45	天津公安警官职业学院	680103	安全保卫
46	湖北警官学院	680103	安全保卫
47	安徽公安职业学院	680103	安全保卫
48	北京政法职业学院	680103	安全保卫
49	河南司法警官职业学院	680103	安全保卫
50	河南公安高等专科学校	680103	安全保卫
51	广西警官高等专科学校	680103	安全保卫
52	嵩山少林武术职业学院	680103	安全保卫（安全防范管理）
53	江苏警官学院	680103	安全保卫
54	广西警官高等专科学校	680105	治安管理
55	河南公安高等专科学校	680105	治安管理
56	安徽公安职业学院	680105	治安管理
57	湖北警官学院	680105	治安管理
58	天津公安警官职业学院	680105	治安管理
59	广东警官学院	680105	治安管理
60	甘肃警察职业学院	680105	治安管理
61	甘肃警察职业学院	680105	治安管理（特警）
62	新疆警官高等专科学校	680105	治安管理
63	江苏警官学院	680105	治安管理
64	重庆警官职业学院	680105	治安管理
65	西藏警官高等专科学校	680105	治安管理

续表

序　号	学　　校	专业代码	专业名称
66	上海公安高等专科学校	680105	治安管理（巡逻警务）
67	山东警察学院	680105	治安管理
68	四川警察学院	680105	治安管理
69	辽宁警官高等专科学校	680105	治安管理
70	新疆兵团警官高等专科学校	680105	治安管理
71	湖南公安高等专科学校	680105	治安管理
72	南京森林公安高等专科学校	680105	治安管理
73	江西公安专科学校	680105	治安管理
74	河北公安警察职业学院	680105	治安管理
75	山西警官高等专科学校	680105	治安管理（特警方向）
76	浙江公安高等专科学校	680105	治安管理
77	海南政法职业学院	680105	治安管理
78	山西警官高等专科学校	680105	治安管理
79	青海警官职业学院	680105	治安管理（汉藏双语教学）
80	河南公安高等专科学校	680106	交通管理
81	江苏警官学院	680106	交通管理
82	天津公安警官职业学院	680106	交通管理
83	浙江公安高等专科学校	680106	交通管理
84	新疆警官高等专科学校	680106	交通管理
85	广西警官高等专科学校	680106	交通管理
86	江西公安专科学校	680106	交通管理
87	山西警官高等专科学校	680106	交通管理
88	安徽公安职业学院	680106	交通管理
89	湖南公安高等专科学校	680106	交通管理
90	四川警察学院	680106	交通管理
91	湖北警官学院	680106	交通管理
92	海南政法职业学院	680106	交通管理
93	上海公安高等专科学校	680106	交通管理
94	重庆警官职业学院	680106	交通管理
95	甘肃警察职业学院	680106	交通管理
96	甘肃警察职业学院	680107	警察管理
97	天津公安警官职业学院	680107	警察管理
98	湖北警官学院	680107	警察管理
99	河南司法警官职业学院	680107	警察管理
100	河南公安高等专科学校	680107	警察管理

续表

序　号	学　　校	专业代码	专业名称
101	广西警官高等专科学校	680107	警察管理
102	浙江公安高等专科学校	680107	警察管理
103	山西警官高等专科学校	680107	警察管理（文秘方向）
104	山西警官高等专科学校	680107	警察管理
105	南京森林公安高等专科学校	680107	警察管理
106	西藏警官高等专科学校	680107	警察管理
107	重庆警官职业学院	680107	警察管理（公安文秘方向）
108	新疆警官高等专科学校	680107	警察管理
109	山西警官高等专科学校	680108	公共安全管理
110	上海公安高等专科学校	680108	公共安全管理（巡逻警务）
111	河南公安高等专科学校	680108	公共安全管理
112	辽宁公安司法管理干部学院	680108	公共安全管理（安保策划）
113	四川警察学院	680109	信息网络安全监察
114	湖北警官学院	680109	信息网络安全监察
115	天津公安警官职业学院	680109	信息网络安全监察
116	新疆警官高等专科学校	680109	信息网络安全监察
117	山西警官高等专科学校	680109	信息网络安全监察
118	广西警官高等专科学校	680109	信息网络安全监察
119	江西公安专科学校	680109	信息网络安全监察
120	河南公安高等专科学校	680109	信息网络安全监察
121	南京森林公安高等专科学校	680109	信息网络安全监察
122	安徽公安职业学院	680109	信息网络安全监察
123	湖南公安高等专科学校	680109	信息网络安全监察
124	山西警官高等专科学校	680110	防火管理
125	辽宁公安司法管理干部学院	680110	防火管理（工程技术）
126	四川警察学院	680110	防火管理
127	贵州警官职业学院	680110	防火管理
128	江苏警官学院	680110	防火管理
129	南京森林公安高等专科学校	680111	森林消防
130	新疆警官高等专科学校	680113	边境管理
131	湖北警官学院	680113	边境管理
132	安徽公安职业学院	680114	禁毒
133	湖南公安高等专科学校	680114	禁毒
134	广西警官高等专科学校	680114	禁毒
135	甘肃警察职业学院	680114	禁毒

续表

序　号	学　　校	专业代码	专业名称
136	浙江公安高等专科学校	680114	禁毒
137	广西警官高等专科学校	680201	警察指挥与战术
138	河南公安高等专科学校	680201	警察指挥与战术
139	安徽公安职业学院	680201	警察指挥与战术
140	湖北警官学院	680201	警察指挥与战术
141	新疆警官高等专科学校	680201	警察指挥与战术
142	重庆警官职业学院	680201	警察指挥与战术
143	浙江公安高等专科学校	680201	警察指挥与战术
144	上海公安高等专科学校	680201	警察指挥与战术（特警）
145	辽宁警官高等专科学校	680201	警察指挥与战术
146	浙江公安高等专科学校	680201	警察指挥与战术（反恐防暴方向）
147	南京森林公安高等专科学校	680201	警察指挥与战术
148	江西公安专科学校	680201	警察指挥与战术
149	公安海警高等专科学校	680203	边防船艇指挥（船艇长方向，航通长方向，枪帆长方向，海上执法方向）
150	公安海警高等专科学校	680204	边防通信指挥
151	广西警官高等专科学校	680301	刑事技术
152	青海警官职业学院	680301	刑事技术
153	安徽公安职业学院	680301	刑事技术
154	天津公安警官职业学院	680301	刑事技术
155	新疆警官高等专科学校	680301	刑事技术
156	重庆警官职业学院	680301	刑事技术
157	河南公安高等专科学校	680301	刑事技术
158	山西警官高等专科学校	680301	刑事技术
159	山东警察学院	680301	刑事技术
160	四川警察学院	680301	刑事技术
161	湖南公安高等专科学校	680301	刑事技术
162	南京森林公安高等专科学校	680301	刑事技术
163	江西公安专科学校	680301	刑事技术
164	江西公安专科学校	680301	刑事技术（法庭科学（中英合作））
165	浙江公安高等专科学校	680301	刑事技术
166	公安海警高等专科学校	680303	船艇动力管理
167	公安海警高等专科学校	680305	边防机要（机要指挥方向，机要技术方向）
168	公安海警高等专科学校	680403	部队后勤管理（财务管理，军需管理，营房管理，军械管理，运输管理）

教育部关于当前加强中小学管理规范办学行为的指导意见

（2009年4月22日）

各省、自治区、直辖市教育厅（教委），新疆生产建设兵团教育局：

进入新世纪以来，我国基础教育事业快速发展，整体上进入更加注重内涵发展和提高质量的新阶段。加强中小学规范管理，办好每一所学校，成为新时期基础教育实现科学发展的必然要求。近些年来，教育部相继出台了一系列规章制度，各地也进行了积极有益的探索和实践，加强了中小学校的管理。但目前一些地方和学校仍然存在着办学行为不规范的突出问题，不符合素质教育的要求，不能很好地适应基础教育发展的新形势，制约着新时期基础教育持续健康发展，成为人民群众普遍关注的热点问题。为进一步全面贯彻党的教育方针，大力推进素质教育，切实加强中小学管理，现提出如下指导意见。

一、强化责任，进一步明确和落实地方各级教育行政部门和学校的管理职责和工作任务

1. 加强省级统筹，整体提升本行政区域内中小学管理水平。省级教育行政部门应加强对本行政区域内中小学管理工作的监督指导，将其列入重要议事日程，提出整体推进的政策措施。

——制定和完善本地区中小学校管理基本规范，组织排查突出问题，有针对性地提出加强中小学管理规范办学行为的目标任务和工作要求。

——加强对地（市）、县级教育行政部门的指导，大力倡导科学的教育发展观和政绩观，建立健全学业水平考试和教育质量监测制度，坚决禁止下达升学指标和简单用升学率奖惩教育工作的做法，形成有利于推进素质教育的工作机制。

——加强教育经费统筹，切实保障区域内基础教育学校的基本办学条件，为实施规范化管理奠定良好基础。

——组织开展全省（区、市）范围内的中小学管理随机督导检查，督促地（市）、县（区）教育行政部门切实履行管理职责，落实规范办学的各项要求。

——积极营造尊重教师、尊重教育的良好社会风气，依法保障学校的办学自主权，为学校实施素质教育，提高教育质量创造良好社会环境。

2. 强化以县为主管理，切实把各项要求落实到每一所学校。县级教育行政部门要把加强中小学管理规范办学行为作为“以县为主”管理的重要内容，完善工作机制，依法实施管理。

——具体分析当地中小学办学行为、学生课业负担及体质健康状况，研究制定符合当地实际的管理办法，建立督学责任区制度，及时纠正行政区域内各种不规范办学行为，切实维护区域内中小学校正常教学秩序和办学秩序。

——加强教育质量管理，指导和保障学校科学安排课程，全面落实国家教育教学基本要求。切实加强学生成长和教师队伍建设，组织落实对校长、教师的培训。

——均衡配置县域内义务教育公共资源，加大对农村学校和薄弱学校的扶持力度，进一步缩小校际之间差距。指导中小学校合理编制经费预算。规范学校收费，加强学校财务管理。坚决抵制截留、挤占、挪用教育经费和学校资源的违法违规行为。

——完善和强化乡镇中心学校的管理功能，健全覆盖所有学校和教学点的管理体系。协调各有关部门共同维护校园及周边秩序，做好学校安全教育和管理，确保师生安全。

3. 坚持依法治校，科学规范学校内部管理。中小学校要严格遵守国家法律法规，形成依法办学、自我约束的发展机制。

——依法落实校长负责制，健全校内各项规章制度，完善教职工代表大会制度，实行民主管理，坚持校务公开，接受社会监督。

——坚持育人为本、德育为先。认真执行国家课程方案，严格遵循教育规律，不随意提高教学难度，不组织学生参加各种有违教育规律的竞赛和不当竞争，不占用学生法定休息时间加班加点或集体补课。坚持健康第一，注重创新精神培养，不挤占体育课、艺术课、综合社会实践等教学时间。切实加强安全教育和管理。

——认真贯彻《中小学教师职业道德规范》，强化教师教书育人职责和岗位要求。注重教师专业成长，努力提高教师职业道德水平和教学业务能力。保障教师身心健康。

——加强学校财务管理和资产管理。科学编制学校预算，严格执行财务制度。坚持收支公开，主动接受审计，坚决杜绝学校设立小金库和账外账，规范各种收费。

二、抓住重点，认真解决好当前一些违背教育规律、影响正常教育教学秩序的突出问题

当前要集中力量解决好人民群众普遍关心、社会反响强烈的热点难点问题，力争在较短时间内取得明显成效。

1. 科学安排作息时间，切实减轻学生过重课业负担。地方各级教育行政部门要根据当地实际情况，按照不同学段和年级、走读生和寄宿生的实际需要，对学生休息时间、在校学习（包括自习）时间、体育锻炼时间、在校活动内容和家庭作业等方面作出科学合理安排和严格规定，并组织全面检查。坚决纠正各种随意侵占学生休息时间的做法，正确引导家长和社会积极参与，切实把课内外过重的课业负担减下来，依法保障学生的休息权利。

2. 严格执行课程计划，切实提高教育教学质量。省级教育行政部门要研究制定实施国家课程、地方课程和学校课程的相关政策和管理制度。地（市）、县（区）教育行政部门要全面督促落实本地区课程实施计划，并坚决纠正任何违背教育规律、随意加深课程难度、随意增减课程和课时、赶超教学进度和提前结束课程的现象。坚持学生每天锻炼一小时，保障学校开展团队活动和社会实践活动时间。鼓励和表彰在规定教学时间内、通过提高课堂教学效果和学生学习效率、提高教育质量的先进学校和优秀教师，大力倡导和推广一些地方和学校减负增效的成功做法。

3. 严格规范考试科目与次数，逐步完善教育评价办法。各地要对小学、初中、高中的考试科目和考试次数在全面排查的基础上加以科学规范。坚决制止随意组织学校参加各种统考、联考或其他竞赛、考级等现象。学校考试命题要科学合理，考试内容要符合课程方案的基本要求，不得随意提升考试难度，增加考试次数。积极探索以完成本学段国家规定教育目标为基本标准、以学业水平测试和学生综合素质等为主要指标的综合评价体系。不以升学率对学校排队，不以考试成绩对学生排名。加强高考信息管理，制止对高考成绩的各种炒作。

4. 加强招生管理，严格规范招生秩序。义务教育阶段学校坚持免试就近入学原则，不得违规提前招生和举行任何形式的选拔性考试。制止各种学科竞赛、特长评级与义务教育阶段学校录取相挂钩。要及时根据生源变化情况合理调整学校招生范围，每学年向社会公布行政区域内各义务教育阶段学校招生范围、招生时间、招生计划及有关要求。普通高中招生要坚持全面评价、择优录取原则，将初中学生综合素质评价结果作为招生录取的重要参考依据，积极倡导和逐步推行将示范性高中大部分招生指标均衡分配到区域内初中的办法。严格执行高中“三限”政策。

5. 合理规划学校布局，避免简单撤点并校。各地要按照国家规定的基本办学要求，统筹城乡学校建设和改造规划。在优先方便学生就近入学、不加重农民负担的前提下，根据学龄人口变化，合理布局农村义务教育阶段学校，因地制宜地科学配置教育资源。撤点并校要十分慎重，坚持一切从实际出发，防止“一刀切”和“一哄而起”。采取有效措施，认真解决城镇化以及学校布局调整过程中出现的大班额现象和农村校舍闲置等问题。

6. 健全工作机制，强化农村寄宿制学校管理。地方各级教育行政部门要建立健全寄宿制学校管理制度，争取和落实相关编制，配备必要的管理人员，促进寄宿制学校管理的规范化和科学化。特别要加强学生宿舍、食堂、厕所和校园周边安全管理，重视食品和饮水卫生，防止传染病流行；改善寄宿制学校师生的学习、工作和生活条件，丰富寄宿制学生业余生活，重视寄宿制学生的身心健康。

7. 重视学校安全管理，确保师生安全。地方各级教育行政部门和学校要建立和完善重大突发事件的应急预案，在当地政府的领导下认真实施好全国中小学校舍安全工程。建立健全校内各项安全管理制度和安全应急机制，切实落实各项安全防范措施，及时报告和消除各种安全隐患。

8. 大力推进义务教育均衡发展，有效化解择校现象。各地要进一步加大推进义务教育均衡发展的力度，公平配置公共教育资源并向农村学校、薄弱学校倾斜。切实加强农村学校教师队伍建设，积极实施好农村教师特设岗位计划。推动校长和教师的交流，加强对农村学校和薄弱学校的对口支援。大力发展现代远程教育，促进优质教育资源共享。各地特别是大中城市要结合当地实际，加强调查研究，完善政策措施，研究提出本地区治理义务教育择校乱收费现象的政策措施和实施步骤。

三、加强领导，建立和完善加强中小学管理规范办学行为的工作机制

地方各级教育行政部门和广大中小学校要进一步提高认识，统一思想，从贯彻落实科学发展观、构建社会主义和谐社会的高度，把加强中小学管理规范办学行为工作摆上突出位置，切实抓紧抓好。

1. 省级教育行政部门每年要确定本行政区域内加强中小学管理规范办学行为的工作重点，提出明确要求，做出专门工作部署，采取有力措施，加大落实力度，并把落实情况上报教育部。

2. 各地各级教育督导部门要加强对中小学管理规范办学行为的督导检查，将其作为新时期教育综合督导的重要内容，作为衡量巩固提高义务教育工作和推进基础教育现代化的重要指标，作为表彰奖励、行风评议、政绩考核的重要依据，强化监管，建立全方位、经常化的督导检查机制。

3. 教育部将组织对各地规范办学进行随机性的国家督导和工作抽查，对教育工作先进地区进行表彰。省级和地（市）级教育行政部门要建立健全中小学管理工作推进机制，交流经验，及时推广。凡是对本行政区域内中小学不规范办学行为长期视而不见、不能及时制止和纠正的，上一级教育行政部门应及时通报当地政府，要求限期改正，进行责任追究。

4. 地方各级教育行政部门要将加强学校管理和规范办学行为的有关规定、解决问题的进展情况和规范办学行为的督导结果在本行政区域内予以公告，并主动接受学生、家长、社会各界和舆论监督。

教育部关于印发《中小学班主任工作规定》的通知

（2009年8月12日）

各省、自治区、直辖市教育厅（教委），新疆生产建设兵团教育局：

为了进一步加强中小学班主任工作，发挥班主任在中小学教育中的重要作用，保障班主任的合法权益，全面推进素质教育，特制定《中小学班主任工作规定》，现印发给你们，请遵照执行。

附件：

中小学班主任工作规定

第一章 总则

第一条 为进一步推进未成年人思想道德建设，加强中小学班主任工作，充分发挥班主任在教育学生中的重要作用，制定本规定。

第二条 班主任是中小学日常思想道德教育和学生管理工作的主要实施者，是中小学生健康成长的引领者，班主任要努力成为中小学生的人生导师。

班主任是中小学的重要岗位，从事班主任工作是中小学教师的重要职责。教师担任班主任期间应将班主任工作作为主业。

第三条 加强班主任队伍建设是坚持育人为本、德育为先的重要体现。政府有关部门和学校应为班主任开展工作创造有利条件，保障其享有的待遇与权利。

第二章 配备与选聘

第四条 中小学每个班级应当配备一名班主任。

第五条 班主任由学校从班级任课教师中选聘。聘期由学校确定，担任一个班级的班主任时间一般应连续1学年以上。

第六条 教师初次担任班主任应接受岗前培训，符合选聘条件后学校方可聘用。

第七条 选聘班主任应当在教师任职条件的基础上突出考查以下条件：

（一）作风正派，心理健康，为人师表；

（二）热爱学生，善于与学生、学生家长及其他任课教师沟通；

（三）爱岗敬业，具有较强的教育引导和组织管理能力。

第三章 职责与任务

第八条 全面了解班级内每一个学生，深入分析学生思想、心理、学习、生活状况。关心爱护全体学生，平等对待每一个学生，尊重学生人格。采取多种方式与学生沟通，有针对性地进行思想道德教育，促进学生德智体美全面发展。

第九条 认真做好班级的日常管理工作，维护班级良好秩序，培养学生的规则意识、责任意识和集体荣誉感，营造民主和谐、团结互助、健康向上的集体氛围。指导班委会和团队工作。

第十条 组织、指导开展班会、团队会（日）、文体娱乐、社会实践、春（秋）游等形式多样的班级活动，注重调动学生的积极性和主动性，并做好安全防护工作。

第十一条 组织做好学生的综合素质评价工作，指导学生认真记载成长记录，实事求是地评定学生操行，向学校提出奖惩建议。

第十二条 经常与任课教师和其他教职员工沟通，主动与学生家长、学生所在社区联系，努力形成教育合力。

第四章 待遇与权利

第十三条 学校在教育管理工作中应充分发挥班主任的骨干作用，注重听取班主任意见。

第十四条 班主任工作量按当地教师标准课时工作量的一半计入教师基本工作量。各地要合理安排班主任的课时工作量，确保班主任做好班级管理工作。

第十五条 班主任津贴纳入绩效工资管理。在绩效工资分配中要向班主任倾斜。对于班主任承担超课时工作量的，以超课时补贴发放班主任津贴。

第十六条 班主任在日常教育教学管理中，有采取适当方式对学生进行批评教育的权利。

第五章 培养与培训

第十七条 教育行政部门和学校应制订班主任培养培训规划，有组织地开展班主任岗位培训。

第十八条 教师教育机构应承担班主任培训任务，教育硕士专业学位教育中应设立中小学班主任工作培养方向。

第六章 考核与奖惩

第十九条 教育行政部门建立科学的班主任工作评价体系和奖惩制度。对长期从事班主任工作或在班主任岗位上做出突出贡献的教师定期予以表彰奖励。选拔学校管理干部应优先考虑长期从事班主任工作的优秀班主任。

第二十条 学校建立班主任工作档案，定期组织对班主任的考核工作。考核结果作为教师聘任、奖励和职务晋升的重要依据。对不能履行班主任职责的，应调离班主任岗位。

第七章 附则

第二十一条 各地可根据本规定，结合当地实际情况，制定中小学班主任工作的具体实施办法。

第二十二条 本规定自发布之日起施行。

教育部关于授予徐彬程等15名同学“全国见义勇为舍己救人大学生英雄集体”荣誉称号并追授陈及时、何东旭、方招同学“全国舍己救人优秀大学生”荣誉称号的决定

（2009年10月28日）

2009年10月24日，长江大学陈及时、何东旭、方招、徐彬程、李佳隆、龚想涛、张荣波、姜梦淋（女）、黄检（女）、孔璇（女）、昌子琪（女）、万莉莎（女）、贾云芸（女）、李立科、孟亮雨等15名同学冒着生命危险，跳入长江荆州宝塔湾江段，救起了两名不慎落水滑入江中的少年。其中，陈及时、何东旭、方招三名同学不幸被江水吞没，献出了年轻的生命。

陈及时等同学在人民群众生命受到严重威胁的危急关头，不怕牺牲，挺身而出的先进事迹，充分体现了中华民族临危不惧、见义勇为的传统美德，在高校和社会各界引起了强烈反响。他们用实际行动展示了当代大学生高度的社会责任感和良好的精神风貌，是当代大学生的优秀代表。为表彰他们的先进事迹，教育部决定授予徐彬程等15名同学“全国见义勇为舍己救人大学生英雄集体”荣誉称号，追授陈及时、何东旭、方招同学“全国舍己救人优秀大学生”荣誉称号。广大青年学生要向他们学习，学习他们奋不顾身、不怕牺牲的英雄气概，学习他们心系社会、关爱他人的广阔胸怀，学习他们自强自立、奋发向上的进取精神，学习他们不为名利、乐于奉献的优秀品质。

各地教育部门和各高等学校要精心组织，加强领导，认真开展向英雄集体学习的活动，大力加强和改进大学生思想政治教育。要充分发挥先进典型的示范作用，教育和引导广大青年学生自觉以英雄楷模为榜样，牢固树立科学的世界观、人生观、价值观和荣辱观，努力学习科学文化知识，积极加强品德修养，自觉践行社会主义核心价值体系，全面提高自身素质，努力成为德智体美全面发展的中国特色社会主义合格建设者和可靠接班人。

中共教育部党组关于在教育系统开展向长江大学"全国见义勇为舍己救人大学生英雄集体"学习活动的通知

（2009年11月9日）

各省、自治区、直辖市党委教育工作部门、教育厅（教委），新疆生产建设兵团教育局，部属各高等学校党委：

2009年10月24日，长江大学徐彬程等15名学生冒着生命危险，跳入长江荆州宝塔湾江段，救起了两名不慎落水滑入江中的少年。其中，陈及时、何东旭、方招三名同学不幸被江水吞没，献出了年轻的生命。为表彰他们的先进事迹，10月28日，我部授予徐彬程等15名同学"全国见义勇为舍己救人大学生英雄集体"荣誉称号，追授陈及时、何东旭、方招同学"全国舍己救人优秀大学生"荣誉称号。为深入学习、宣传和弘扬他们的先进事迹和崇高精神，中共教育部党组决定，在教育系统开展向长江大学"全国见义勇为舍己救人大学生英雄集体"（以下简称大学生英雄集体）学习活动。现将有关事项通知如下。

一、深刻领会大学生英雄集体的精神价值，充分认识开展向大学生英雄集体学习活动的重要意义

长江大学"全国见义勇为舍己救人大学生英雄集体"是践行社会主义核心价值体系的模范，是当代大学生群体的优秀代表，是新时代青少年的楷模。他们在人民群众生命受到严重威胁的关键时刻，将个人安危置之度外，用满腔热血直至宝贵生命诠释了当代中国青少年的价值追求和崇高使命，谱写出了当代大学生的壮美之歌。在他们身上集中展现了忠于祖国、热爱人民的赤子情怀，临危不惧、见义勇为的传统美德，舍己救人、不怕牺牲的英雄气概，心系社会、关爱他人的优秀品德，乐于奉献、甘于献身的高尚情操，众志成城、团结协作的集体主义精神。这种精神价值是激励广大青少年学生发奋学习、健康成才的强大精神支柱，是激励广大教育工作者爱岗敬业、教书育人、为人师表的重要力量源泉，是确保中国特色社会主义事业兴旺发达、后继有人的坚实思想基础。在教育系统开展向大学生英雄集体学习活动，对于进一步加强和改进未成年人思想道德建设和大学生思想政治教育工作，激励和引导广大青少年学生树立正确的世界观、人生观、价值观和荣辱观，努力成为德智体美全面发展的中国特色社会主义合格建设者和可靠接班人；对于进一步激励和引导广大教育工作者增强责任感、使命感，不断提高师德水平和业务能力，为办好人民满意的教育而努力奋斗，具有十分重要的意义。

二、精心组织，迅速掀起学习大学生英雄集体的热潮

各地教育部门和各级各类学校要把学习大学生英雄集体活动作为当前的一项重要工作抓紧抓实抓好，在教育系统迅速掀起学习大学生英雄集体的热潮，用大学生英雄集体的先进事迹和崇高精神激发广大师生的爱国之情、报国之志，不断增强为中华民族伟大复兴而刻苦学习勤奋努力的历史使命感和社会责任感。教育宣传部门要精心谋划，坚持弘扬主旋律，在教育系统和全社会范围内宣传大学生英雄集体的先进事迹和崇高精神，生动展现当代大学生"值得信赖，堪当重任，大有希望"的群体形象；要持续关注和宣传更多优秀青少年学生的先进事迹，让全社会更深入、更全面地了解青少年学生，关心青少年学生的健康成长。各级各类学校要抓住契机，在广大青少年学生中普遍开展一次以"学习时代楷模、弘扬英雄精神"为主题的班会、队会、团日、党日活动；要组织开展报告会、座谈会、研讨会、主题演讲、主题征文等，深化学习活动；要组织青少年学生积极参加社会实践、志愿服务，让大学生英雄集体的先进事迹在广大青少年学生中广为传颂，教育引导他们把对英雄的仰慕转化为具体的行动，从我做起、从现在做起、从小事做起，自觉践行社会主义核心价值体系，使大学生英雄集体的优秀品德和崇高精神在广大青少年学生中发扬光大。各级各类学校要通过党支部、教研室组织教师开展一次“培养什么人、怎样培养人”的专题学习讨论，把大学生英雄集体的崇高精神转化为立德树人的强大动力，加强师德师风修养，以丰富的学识魅力和崇高的人格魅力教育引导学生。中小学思想品德类课程教师和高校思想政治理论课教师要把大学生英雄集体的先进事迹纳入教学作为生动鲜活的教学案例予以讲解，着力教育和引导广大青少年学生在人生关键时期牢固树立起坚定的理想信念，牢固树立起正确的世界观、人生观、价值观和荣辱观，毫不动摇地走中国特色社会主义道路，矢志不渝地为建设和发展中国特色社会主义伟大事业而奋斗。

三、切实加强组织领导，进一步加强和改进未成年人思想道德建设和大学生思想政治教育工作

各地教育部门和各级各类学校要加强对学习大学生英雄集体活动的组织领导，精心组织。要把学习活动与学习贯彻党的十七届四中全会精神、以改革创新精神加强和改进高校党的建设结合起来，把全面贯彻党的教育方针，培养中国特色社会主义合格建设者和可靠接班人贯穿高校党组织活动始终，切实加强高校党的思想建设、组织建设、作风建设、制度建设和反腐倡廉建设，充分发挥高校党组织在推进教育改革、抓好教书育人、加强教师队伍建设中的领导核心作用。要把学习活动与不断推动学习实践科学发展观向深度和广度发展结合起来，中小学和中等职业学校要切实抓好深入学习实践科学发展观活动，高校要切实抓好学习实践活动整改落实后续工作，适时组织进行“回头看”，切实把科学发展观的要求转化为正确的办学方向、办学理念、发展思路和改革措施，把科学发展观贯彻落实到学校全部工作之中，着力促进各级各类教育的科学发展，努力办人民满意的教育、建设人力资源强国。要把学习活动与纪念《中共中央国务院关于进一步加强和改进未成年人思想道德建设的若干意见》（中发〔2004〕8号）和《中共中央国务院关于进一步加强和改进大学生思想政治教育的意见》（中发〔2004〕16号）印发实施五周年结合起来，科学总结五年来的做法、成效和经验，深入分析面临的新形势新任务新要求，在加强领导、改革创新、破解难题、完善制度、深化研究上下功夫，深入推动中国特色社会主义理论体系进教材、进课堂、进头脑，深入开展社会主义核心价值体系学习教育，进一步提高未成年人思想道德建设和大学生思想政治教育工作水平。

各地教育部门和各级各类学校的学习情况请及时报我部思想政治工作司。

教育部办公厅　中国轻工业联合会关于在高等职业教育食品工程与生物技术专业、玩具设计与制造专业实施“双证书”制度的通知

（2009年8月19日）

各省、自治区、直辖市教育厅（教委）、轻工业行业部门（局、行管办、公司、联社、联合会、协会），轻工各行业协会、学会，新疆生产建设兵团教育局、轻工业公司：

为贯彻《国务院办公厅关于加强普通高等学校毕业生就业工作的通知》精神，切实落实《教育部关于全面提高高等职业教育教学质量的若干意见》和《教育部关于加快高等职业教育改革 促进高等职业院校毕业生就业的通知》要求，以就业为导向，加快高等职业教育教学改革，提高人才培养质量，促进毕业生就业，教育部、中国轻工业联合会决定在高等职业教育食品工程与生物技术专业、玩具设计与制造专业实施“双证书”制度，现就有关工作通知如下。

一、实施目的

适应经济社会发展和国家就业准入制度要求，针对食品生产、玩具制造行业企业的人才需求，推动高等职业院校食品工程与生物技术专业、玩具设计与制造专业建设和人才培养模式改革，提高人才培养质量，提升学生职业素养和就业能力，促进毕业生就业。

二、实施对象范围与内容

1. 实施对象：高等职业院校食品工程与生物技术专业、玩具设计与制造专业全日制普通在校生。

2. 实施范围：设置食品工程与生物技术专业、玩具设计与制造专业的高等职业院校自愿申请参加。

3. 实施内容：凡通过资质审核的食品工程与生物技术专业、玩具设计与制造专业，其毕业生在取得学历证书的同时，获得由人力资源和社会保障部颁发、并由中国轻工业联合会验印的相应国家职业资格中（高）级证书（详见附件）；各地食品生产、玩具制造企业在招录员工时，同等条件下优先录用具有“双证书”的高职毕业生。

三、申报条件

1. 申报专业须为在教育部招生备案专业。

2. 申报专业的人才培养方案和核心课程以及综合技能训练环节，须涵盖相应中（高）级国家职业资格标准所要求的全部知识、技能和职业素养要求。

3. 有稳定的校内外实训基地和职业技能鉴定站（所），实训条件满足职业技能训练和鉴定的要求。

4. “双师”结构师资队伍满足学生职业技能培养要求。

四、组织实施

1. 组织机构：在教育部高等教育司、中国轻工业联合会人事教育部领导下，委托中国轻工业职业技能鉴定、指导中心和教育部高等教育教学评估中心负责具体组织实施，提供相关服务。

2. 实施时间：2009 年 10 月启动。

3. 实施细则：由中国轻工业职业技能鉴定、指导中心和教育部高等教育教学评估中心另行联合制订，经教育部（高等教育司）、中国轻工业联合会（人事教育部）审核同意后发布。

4. 首次实施为期 3 年。之后，教育部高等教育司和中国轻工业联合会人事教育部将在对实施工作进行总结和必要调整的基础上继续加以实施。

五、相关费用

毕业生办理国家职业资格证书时，只需交纳证书工本费。

六、联系方式

教育部高等教育司联系人：林 宇 任占营

联系电话：010-66096232

E-mail:gjsgz@moe.edu.cn

中国轻工业联合会人事教育部联系人：孟 琪 陈莎莎

联系电话：010-68396343 010-68396346

E-mail:qinggongjdzx@sina.com

qinggongjdzx@sohu.com

本文件相关资料可登录中国高等职业教育双师双证工作网 www.hvetedc.edu.cn 或中国高职高专教育网 www.tech.net.cn 浏览下载。

实施“双证书”制度是我国高等职业教育改革与发展的重大举措，本项工作是落实“双证书”制度的具体措施。各地要充分认识其重要意义，高度重视，认真组织，确保实施工作的顺利进行。

教育部办公厅　卫生部办公厅关于进一步加强和规范学生健康服务工作管理的通知

（2009 年 3 月 19 日）

各省、自治区、直辖市教育厅（教委）、卫生厅（局），新疆生产建设兵团教育局、卫生局：

最近一个时期，重庆、四川、甘肃等地陆续发生一些机构或单位借义务开展生殖健康服务为名，到学校进行非法或不规范医疗活动的事件，影响了学校正常教学秩序和学生身心健康。为加强和规范学生健康服务工作管理，保障学生身心健康发展，现就有关要求通知如下。

一、切实重视为学生提供健康服务工作。为学生提供健康服务是新时期学校卫生工作的需要，也是预防和控制学校传染病的有效手段。地方各级教育行政部门和学校要充分认识为学生提供健康服务的意义，将做好此项工作作为落实“学校教育要树立健康第一指导思想”的具体举措和构建“和谐、文明、健康、平安”校园的具体体现。

二、加强和规范学生健康体检。地方各级教育行政部门和学校要严格按照卫生部、教育部印发的《中小学生健康体检管理办法》所规定的健康体检项目、经费解决途径、体检机构资质、健康检查结果反馈与档案管理等方面的要求，组织开展学生健康体检工作。

因疾病防控需要，确需扩大体检项目的，必须经县级以上卫生、教育行政部门审批，并报同级政府批准方可实施。

体检单位应按照要求，将学生的身体健康情况和医生的建议及时通知家长，需要进一步进行治疗的，由家长选择相应的治疗措施和手段。

任何机构和单位不得借健康体检或为小学生进行生殖健康检查为名，进行非法医疗活动。

三、加强和规范学生预防接种工作。地方各级教育、卫生行政部门和学校要严格按照《传染病防治法》、《疫苗流通和预防接种管理条例》规定，依法管理学校预防接种工作。

为预防、控制传染病的发生、流行，需要对学校人群实施群体性预防接种的，必须由学校所在地县级以上卫生行政部门报经本级人民政府决定，并报省级人民政府卫生行政部门备案。任何单位和个人不得擅自组织学校人群进行群体性预防接种。

传染病暴发、流行时，需要采取应急措施的，依照《传染病防治法》、《疫苗流通和预防接种管理条例》以及《突发公共卫生事件应急条例》的规定执行。

凡经县级以上人民政府决定，在学校实施的群体预防接种，卫生行政部门应会同教育行政部门制订详细的工作方案，由学校统一向学生发放由卫生行政部门制定的预防接种宣传单，并告知家长带学生到卫生行政部门指定的接种单位和地点进行接种。

承担群体性预防接种工作的接种单位，在实施接种时，应严格按照《预防接种工作规范》的要求进行。

四、加强和规范学生常见病、地方病等疾病群体防治工作。学生常见病等疾病的群体防治工作应当纳入地方政府疾病防治规划，统一管理和实施。

组织开展学生常见病群体性防治工作，必须事先经专家论证。如确有必要组织学生进行群体性防治，必须经县级以上卫生行政部门商同级教育行政部门同意并制定详细的防治方案后，方可实施。

在地方病高发地区组织开展学生群体性防治工作，除经专家论证外，必须经省级卫生行政部门商同级教育行政部门制订详细的防治方案，并报经同级人民政府批准后，方可实施。

经批准后组织开展学生常见病、地方病等群体服药时，必须坚持学生和家长自愿参加的原则，同时必须有卫生技术人员进行现场指导，并密切注视学生有无不良反应或副作用发生。

用于学生常见病、地方病群体性防治的药品必须经药品监督管理部门进行严格审查和批准，并向当地证照俱全的正规医药生产、经营企业购买。

任何单位或个人不得擅自或越权在学校开展预防性群体服药工作。

五、加强和规范入托、入学儿童预防接种证查验工作。地方各级教育行政部门应加强对托幼机构和学校查验预防接种证工作的领导和管理，将其纳入传染病防控管理内容，开展定期检查。地方各级卫生行政部门应加强对漏种儿童补种工作的领导和管理，疾病预防控制机构应积极指导托幼机构和学校开展预防接种宣传工作。

托幼机构和学校要按照《疫苗流通和预防接种管理条例》和《卫生部教育部关于做好入托、入学儿童预防接种证查验工作的通知》（卫疾控发〔2005〕408号）要求，认真落实儿童入托、入学查验预防接种证工作。预防接种证查验情况必须如实填写并登记造册。托幼机构和学校发现未依照要求接种纳入国家免疫规划疫苗的儿童，或无预防接种证的儿童，应当在30日内向所在地的接种单位或县级疾病预防控制机构报告，同时将卫生部门印发的补种（补证）通知单交儿童监护人，督促监护人带儿童到当地规定的接种单位补种。

加强儿童补种或补证后复验预防接种证工作。托幼机构和学校要主动与当地疾病预防机构沟通联系，了解儿童补种或补证情况，确保落实儿童接种上漏种疫苗。托幼机构或学校对学期中新接收的转学儿童也应当查验其预防接种证，漏种儿童应按要求补种或补证。

六、地方各级教育行政部门和学校应加强以传染病防控为重点的健康教育和健康促进工作。要认真组织开展多种形式的健康教育活动，教育广大师生树立良好的个人卫生习惯，提高其防控各类传染病的能力。

教育部办公厅关于做好2009年“农村义务教育阶段学校教师特设岗位计划”实施工作的通知

（2009年3月20日）

山西、内蒙古、安徽、江西、河南、湖北、湖南、广西、海南、重庆、四川、贵州、云南、陕西、甘肃、宁夏、新疆、青海省、自治区、直辖市教育厅（教委），新疆生产建设兵团教育局：

根据《国务院办公厅关于加强普通高等学校毕业生就业工作的通知》（国办发〔2009〕3号）和《教育部财政部人力资源和社会保障部中央编办关于继续组织实施“农村义务教育阶段学校教师特设岗位计划”的通知》（教师〔2009〕1号）精神，现就做好2009年农村义务教育阶段学校教师特设岗位计划（以下简称“特岗计划”）实施工作的有关事宜通知如下。

一、高度重视，全面推进“特岗计划”

实施“特岗计划”是加强农村教师队伍建设，引导和鼓励高校毕业生从事农村教育工作的重要举措。当前2009届高校毕业生就业在即，各地要在省级政府统筹下，切实加强对这项工作的组织领导。各省级教育行政部门要会同有关部门按照教师

[2006] 2号、教师 [2009] 1号文件精神，结合当地实际，认真研究制订本省（区、市）全面推进2009年“特岗计划”的方案，并迅速启动实施工作。

二、科学设岗，抓紧做好2009年国家计划的申报工作

各地要进行深入细致的调查研究，按照四部门文件规定的实施范围，尽快摸清拟设岗县教师队伍实际情况（见附件1，略），研究提出实施计划的县（市）、学校和教师需求数量（见附件2，略），并于4月8日前将申报计划报我部。我部和财政部将根据各地教师队伍实际情况、“特岗计划”实施情况和2009年申报数等予以核定。

三、广泛宣传，动员和激励更多优秀高校毕业生报名

要采取多种方式，进一步加大宣传力度，向社会公开发布信息，广泛深入地宣传“特岗计划”政策。省级教育行政部门要组织本地区高校尤其是高等师范院校，动员和鼓励更多优秀毕业生参加报名。

我部已在全国大学生就业公共服务立体化平台（www.ncss.org.cn）上开设“特岗计划”窗口，请各地尽快确定并公布用于特岗教师招录报名等工作的网站，并与全国大学生就业公共服务立体化平台链接，做到及时传递招聘信息。请各地于4月8日前将招聘报名的网站名及负责人联系方式等信息报送我部师范教育司。

四、创新机制，切实做好特岗教师的招聘工作

要按照四部门文件要求，加强省级统筹，认真做好特岗教师招聘工作。要严格掌握用人标准，以应届本科生为主，吸引有志于从事农村教育事业的优秀人才到中小学任教。要加强对拟聘教师的岗前培训，在其上岗前免费进行教师资格认定，发放教师资格证书，确保持证上岗。

五、以人为本，做好特岗教师跟踪管理和服务工作

各地要采取有效措施，落实好特岗教师工资发放、住房安排等相关生活待遇保障工作。同时，要加强对特岗教师的跟踪管理工作。各省级教育行政部门要加强对实施县工作的指导，定期对“特岗计划”实施情况进行督导检查。

2006年起实施“特岗计划”的省（区、市）要提前研究制订第一批服务期满特岗教师的工作安排计划。鼓励特岗教师继续留在当地从教，对考核合格且自愿留任的特岗教师要保证落实工作岗位，做好人事、工资关系等接转工作。

教育部办公厅关于印发《2009年中小学教师国家级培训计划》的通知

（2009年7月7日）

各省、自治区、直辖市教育厅（教委），新疆生产建设兵团教育局，教育部直属师范大学：

为贯彻落实党的十七大关于“加强教师队伍建设，重点提高农村教师素质”的要求，加大中小学教师培训工作力度，根据教育部《2009—2012年中小学教师国家级培训计划》总体部署，现将《2009年中小学教师国家级培训计划》印发给你们。请认真组织实施，确保中小学教师国家级培训计划各培训项目开局良好，实施顺利，以推动全国范围大规模中小学教师培训的开展，提高中小学特别是农村中小学教师队伍的整体素质。

《2009年中小学教师国家级培训计划》有关项目的具体实施工作另行通知。

附件：

2009年中小学教师国家级培训计划

根据党的十七大关于“加强教师队伍建设，重点提高农村教师素质”的精神，为进一步加大中小学教师培训的支持力度，重点加强农村教师培训，提高教师队伍的整体素质和教育教学能力，促进基础教育改革发展，根据教育部《2009—2012年中小学教师国家级培训计划》总体部署，组织实施2009年中小学教师国家级培训计划。

一、中西部地区中小学骨干教师培训项目

为加强中西部地区教师队伍建设，促进基础教育质量的提高，重点对中西部地区11 000名中小学骨干教师进行60学时的培训，提高教育教学能力水平，使他们在推进素质教育、实施基础教育课程改革和大规模教师培训中发挥骨干带头作用。

——培训对象主要是中西部22个省（区、市）的中小学学科骨干教师。每省（区、市）平均500名。其中县以下小学和初中骨干教师不少于70%，县以下高中骨干教师不少于50%。

——创新培训模式。依托高水平师范院校，调动、整合和开发优质培训资源，组成高水平专家团队，采取以“送培到地（市）”为主、集中培训的方式，进行骨干教师研修培训。其中，省域外优质培训资源、省级优质培训资源和当地优质培训资源原则上各占三分之一。培训专家团队中，来自全国各地中小学教育教学第一线的特级教师和优秀骨干教师不低于50%。

——培训内容主要围绕全面实施素质教育和推进基础教育课程改革的要求，根据中小学教师队伍建设的实际需要，以问题为中心，以案例为载体，理论与实践相结合，研究总结教育教学经验，帮助教师解决教育教学过程中所面临的实际问题。培训重点为：实施素质教育的理论与实践，有效教学方式方法，现代教育技术的应用，师德教育和教师专业发展。

——培训计划由教育部组织实施，各省配合。教育部制订培训计划总体实施方案，审核确定培训机构，进行指导和全程监管。各有关省级教育行政部门按照教育部要求，制定具体实施方案，遴选参训骨干教师，推荐高水平师范院校、培训机构和专家。

——教育部划拨专项经费支持。项目经费主要用于学员培训期间的培训费、食宿费、资料费和交通费补助等。

二、边境民族地区中小学骨干教师培训项目

为提高边境民族地区中小学教师队伍素质，教育部组织东北师范大学等部属师范大学对内蒙古等省区的3 000名中小学学科骨干教师进行50学时的培训，提高边境民族地区中小学骨干教师教育教学的能力和水平。

——由东北师范大学对口内蒙古自治区、陕西师范大学对口宁夏回族自治区、西南大学对口贵州省，采取“送培到省”、“送教上门”集中培训的方式，分别为上述省（区）培训1 000名中小学骨干教师，其中县以下教师不少于选派教师总数的70%。同时，将培训资源制作成光盘，辐射到本区域广大农村教师。

——各有关师范大学要根据实施素质教育和基础教育课程改革要求，在对受援地区中小学深入调研的基础上，针对农村中小学教师实际需要，会同受援地区教育行政部门共同研究培训方式，制定实施方案；要调动和整合一切优质培训资源，充分发挥学校包括附属中小学师资和教学资源的优势，遴选熟悉中小学教学实际的专家和中小学教育教学一线的优秀教师授课，其中，中小学特级教师和优秀骨干教师不少于60%。培训实施方案和培训专家人选报教育部核准后实施。

——有关省级教育行政部门要配合上述师范大学做好项目实施的相关组织管理工作和支持服务工作。

——教育部划拨专项经费支持。项目经费主要用于学员培训期间的培训费、食宿费、资料费和交通费补助等。

三、中西部农村义务教育学校教师远程培训项目

紧密配合基础教育课程改革，充分运用现代远

程教育手段，组织对中西部100个县30万农村义务教育阶段学科教师进行30学时的培训，提高中西部地区义务教育学校教师教育教学能力水平。

——培训内容围绕实施素质教育和推进基础教育课程改革的要求，以基础教育新课程标准为依据，针对中西部农村教师在实施课程改革过程中所面临的主要问题和实际需要确定。培训学科为小学品德与生活（品德与社会）、语文、数学、英语和初中思想品德、语文、数学、英语、地理、物理等10个学科。

——采取卫星电视播放、网络在线研讨和集中辅导答疑相结合的方式实施培训。

——教育部制订培训计划总体方案并组织实施，对培训工作进行监管和评估。中央电教馆具体负责制订教学方案、组织专家队伍、开发卫星电视课程和组织实施培训等任务。中国教育电视台具体承担培训课程播出任务。有关省级教育行政部门按照教育部统一要求，负责当地项目实施的统筹协调和具体组织工作。有关县级教育行政部门具体负责培训学员遴选，管理和技术人员配备，培训场地及设备安排、教学组织与管理、考核和学分登记等项工作。

——教育部划拨专项经费，主要用于卫星电视课程资源开发、制作、播放和专家教学及辅导等，并给予项目县适当培训经费补助。各地对项目县予以适当配套经费支持。

四、普通高中课改实验省教师远程培训项目

紧密配合普通高中新课程的实施，采取现代远程教育手段，对2009年新进入高中课程改革实验的河北等省（区）高中学科教师进行50学时的专题培训，提高普通高中教师实施新课程的能力和水平。

——培训对象主要是2009年进入高中课改实验的河北、内蒙古、湖北、云南等省（区）起始年级的高中教师，约8万人左右。

——培训内容主要围绕高中课程改革学科课程标准，针对普通高中学科教师实施新课程面临的教学主要问题按需施教。培训学科为高中思想政治、语文、数学、英语、物理、化学、生物、历史、地理、音乐、美术、体育与健康、信息技术、通用技术、综合实践活动等学科。

——运用远程教育手段，采取网络自主学习与网上网下集中研讨相结合方式实施培训。

——教育部制订培训计划、开发课程资源、组织专家队伍、审核培训方案，进行培训指导、监管和评估。有关省级教育行政部门和培训机构做好当地培训的具体组织管理和支持服务工作。

——教育部划拨专项经费，主要用于课程资源开发、专家教学及辅导、网络平台技术服务等。有关省级教育行政部门对相关项目组织实施工作予以配套经费支持。

五、培训者培训项目

为加强各级教师培训机构培训者队伍建设，2009年遴选有关高等学校对500名骨干培训者进行50学时的专项培训，提高培训者的专业能力，促进中小学教师培训质量的提高。

——培训内容以有效教师培训为主题，学习研讨现代培训理论，了解国外教师培训发展特点和趋势，探索培训规律，总结培训经验，提炼典型案例。培训重点包括教师培训项目的设计与策划、教师培训内容的筛选与优化、有效教师培训的模式与方法，现代远程教育与组织，校本研修的设计与指导，教师培训的组织与管理等。

——遴选有关高等学校采取集中培训、案例研讨及观摩考察相结合的方式实施培训。

——教育部负责培训工作的组织实施，遴选培训机构，审核培训方案，对培训进行指导和监管。各省级教育行政部门负责做好学员遴选推荐和管理等具体工作。

六、援助地震灾区中小学教师培训项目

为支持灾区中小学教师队伍建设，推动灾后教育重建工作持续健康发展，组织有关高等学校对四川等地震灾区的1 200名中小学教师进行50学时的综合素质提高培训，帮助灾区教师恢复调整身心状态，提高灾区教师教育教学能力和教育教学质量。

——培训对象是四川、甘肃、陕西等地震重灾区未参加过2008年国家级培训的中小学教师。其中为四川省极重灾区培训1 000名教师，为甘肃和陕西省地震灾区各培训100名教师。

——培训内容主要针对灾区中小学教师的实际需求，以心理健康教育为主要内容，同时包括学校公共卫生及安全、基础教育课程改革、班主任工作、教育教学技能和教育实践活动等。

——组织有关高等学校组成高水平专家团队，开发和整合优质培训资源，采取集中培训、专题研讨和实践考察相结合的方式实施培训。

——教育部负责培训工作的组织实施，遴选培训机构，审核培训方案，指导培训机构开展培训，对培训进行监管等。四川、甘肃和陕西省教育厅负责培训学员的遴选和管理等，配合做好培训项目的具体组织实施工作。有关高等学校按照教育部确定的培训方案实施培训。

——教育部划拨专项经费支持，主要用于学员培训期间的培训费、食宿费、资料费和交通费补助等。

七、中小学体育和艺术教师培训项目

为提高中西部地区中小学体育和艺术教师教育教学能力，遴选有关高等学校，组织实施对中西部地区 1 200 名中小学专职体育和艺术骨干教师进行 50 学时的专项培训，提高中西部地区中小学体育、艺术教师教育教学水平。

——培训对象为西部地区小学专职体育骨干教师 600 人，中西部地区中小学艺术教育骨干教师 600 人。

——围绕全面实施素质教育和基础教育课程改革要求，针对中西部地区体育和艺术教育教师的实际安排培训内容。其中体育骨干教师培训内容主要是小学体育教学基本运动项目，基础专业技能和基本教育教学技能的培训；艺术教育骨干教师培训内容主要是指导中小学校学生合唱的基础专业技能和基本教学技能。

——组织有关高等学校组成高水平专家团队，开发和整合优质资源，组织对教师进行集中培训。

——教育部负责培训项目的组织实施，组织专家队伍，审核培训方案，进行指导和监督管理等。各省级教育行政部门负责统筹协调学员遴选推荐和管理等各项具体工作。

——教育部划拨专项经费支持，主要用于培训学员培训期间的培训费、食宿费、资料费等。

八、知行中国—中小学班主任教师培训项目

为提高中小学班主任队伍整体素质履行岗位职责的能力，采取网络培训与集中研修的方式，组织对 10 万名小学一线班主任教师进行 50 学时的专项培训，促进中小学班主任工作质量的提高。

——培训对象为辽宁、江苏、浙江、福建、河南、湖北、广东、重庆、云南、陕西等省（市）的小学班主任。

——培训内容针对小学班主任教师在日常工作中面临的主要问题，包括“班主任的每一天”、“班主任的每一学年”、“班主任与每次活动”、“班主任与每个班级”、“班主任与每个学生”、“班主任的基本技能”等六个模块。

——采取集中研修与远程培训相结合。在组织对 1 040 名小学骨干班主任（兼远程辅导教师）进行集中培训基础上，利用网络远程教育方式组织对 10 万名左右小学一线班主任教师进行培训。

——教育部研究制订培训计划总体方案、确定培训机构、审核培训实施方案、对培训进行监督管理等工作。有关省级教育行政部门负责协调和具体组织本省项目的实施工作。县级教育行政部门负责统筹协调本县项目实施中的有关具体工作。县级教师培训机构负责做好项目实施中有关培训场地及设备安排、班级组织管理、学习讨论交流、考核登记及信息反馈等工作。

——由“知行中国教师专业成长扶助基金”提供专项资金，主要用于培训课程资源开发、培训组织管理和技术支持服务等项目，并予以项目县适当经费补助。

资料汇编

2009年全国十大教育新闻

一、胡锦涛视察中国农大　勉励大学生爱国奉献

5月2日，胡锦涛总书记来到中国农业大学，与师生共迎五四青年节。他勉励同学们把爱国主义作为始终高扬的光辉旗帜，把勤奋学习作为人生进步的重要阶梯，把深入实践作为成长成才的必由之路，把奉献社会作为不懈追求的优良品德，在实现中华民族伟大复兴的历史征程上谱写出更加辉煌的青春乐章。5月4日，纪念五四运动90周年大会在京举行。教育部党组发出通知，要求学习贯彻胡锦涛总书记重要讲话，弘扬五四精神，促进教育事业全面科学发展。

二、温家宝进中学听课　推进课程教学改革

9月4日，第25个教师节来临之前，国务院总理温家宝冒雨来到北京市第三十五中听课。温家宝在第三十五中的初二（5）班连续听了数学课、语文课、研学课、地理课、音乐课等5节课，并作了详细笔记。在之后的座谈会上，温家宝对所听的5节课作了点评，并向北京市教师代表作了题为《教育大计　教师为本》的发言。温家宝总理对教育和教师的热切关注引起了社会各界的强烈反响。

三、义务教育绩效工资正式实施　各地积极采取措施确保落实

1月1日，义务教育学校教师绩效工资正式开始实施。按照国务院决定，各地积极采取措施，确保义务教育教师绩效工资的落实，以保障义务教育教师平均工资水平不低于当地公务员平均工资水平，同时对义务教育学校离退休人员发放生活补贴。

四、研究制定教育规划纲要　首次面向社会征求意见

1月7日，《国家中长期教育改革和发展规划纲要（2010—2020年）》工作小组办公室发布公告，就《教育规划纲要》制定向社会各界公开征求意见。在文本制定前就公开向社会征求意见，这在国家组织制定的文件中还是第一次。到2月下旬，社会各界人士通过教育部门户网站及社会网站、校园网、电子邮件、信件、征文等多种渠道和形式，共发表意见建议210多万条，表现出对教育事业的热情关注，对教育改革的热烈期盼。

五、教育系统学习实践科学发展观　50多万所大中小学校开展活动

2月28日，第二批部属高校学习实践活动启动，教育系统开始分批开展深入学习实践科学发展观活动，用中国特色社会主义理论体系武装高校党员干部、教育广大师生员工。在第二批部属高校学习实践活动中，全国2 263所普通高校、2.6万个院系党组织、14.7万个党支部参加了学习实践活动。9月中旬，第三批中等职业学校和中小学学习实践科学发展观活动在全国范围内启动，各地教育行政部门牵头成立指导小组、巡回指导组，指导学习实践活动，50多万所学校结合自身实际深入开展了学习实践活动。

六、中等职业教育逐步免除学费　农村贫困生和涉农专业受惠

3月5日，温家宝总理在《政府工作报告》中

指出，“大力发展职业教育，特别要重点支持农村中等职业教育。逐步实行中等职业教育免费，今年先从农村家庭经济困难学生和涉农专业做起”。财政部、国家发展改革委、教育部和人力资源社会保障部联合发文，从2009年秋季学期起，对公办中等职业学校全日制正式学籍一、二、三年级在校生中农村家庭经济困难学生和涉农专业学生逐步免除学费，免学费补助资金由中央财政统一按照每生每年平均2 000元标准，与地方财政按比例分担。

七、国家投入80亿元专项资金　建设最安全放心中小学校舍

4月1日，国务院召开常务会议，决定正式启动全国中小学校舍安全工程。要求用3年时间，对地震重点监视防御区、七度以上地震高烈度区、洪涝灾害易发地区、山体滑坡和泥石流等地质灾害易发地区的各级各类城乡中小学存在安全隐患的校舍进行抗震加固、迁移避险，提高综合防灾能力，使学校校舍达到重点设防类抗震设防标准。2009年中央新增专项资金80亿元，重点支持中西部地震重点监视防御区及其他地质灾害易发区的校舍安全工程，确保把学校建成最安全、家长最放心的地方。

八、新中国成立60周年　近20万师生参与盛典

10月1日，首都举行盛大庆典庆祝中华人民共和国成立60周年，来自首都大中小学的20多万名学生参与了庆典和联欢活动。新中国成立60年来，教育事业取得了历史性跨越，九年义务教育全面普及，高等教育进入大众化阶段，职业教育在改革创新中加快发展，实现教育公平迈出重大步伐，确立了中国特色社会主义教育体系基本框架，培养了一代又一代社会主义建设者和接班人，中国正从人力资源大国向人力资源强国迈进。

九、大学生结“人链”救落水少年　长江大学英雄群体深受赞誉

10月24日，为抢救两名落水少年，长江大学15名大学生手挽手结成“人链”，展开了生死救援，两名落水少年得救，陈及时、何东旭、方招三位大学生却献出了自己的年轻生命。10月28日，教育部授予15名大学生“全国见义勇为舍己救人大学生英雄集体”荣誉称号，追授三位牺牲大学生“全国舍己救人优秀大学生”荣誉称号，并决定在教育系统开展向长江大学“全国见义勇为舍己救人大学生英雄集体”学习活动。

十、北大实名推荐清华等五校联招　高校自主招生改革深入推进

11月8日，北京大学公布了2010年自主招生试点推出的“中学校长实名推荐制”的实施方案。全国39所中学的校长获得推荐资格，11月30日，90名被推荐学生的名单被公示并全部通过。他们将直接参加北大自主招生面试，面试合格高考可降30分。此前的10月19日，上海交通大学、中国科学技术大学、西安交通大学、南京大学和清华大学（按笔画为序）5所高校招生部门联合发布消息，在2010年自主选拔录取中开展合作，为考生提供更优质的服务，更加公平、科学、高效地选拔优秀人才。高等学校自主招生改革新举频出。

2009年度中国教育新闻人物

由中国教育报、中国教育电视台联合主办的2009年度中国教育新闻人物评选结果在京揭晓，并举行隆重颁奖仪式。教育部副部长李卫红在颁奖仪式举行前会见了获奖代表，并出席颁奖仪式为获奖者颁奖。

李卫红在会见获奖代表时说，获奖的年度教育新闻人物是教育的模范，他们的事迹让很多人感动，他们的行为得到广泛赞誉。这不仅仅是一个颁奖仪式，更是一个弘扬主旋律、弘扬正气的活动。她希望获奖者再接再厉，用实际行动感染更多的人，同时希望更多的人关心、支持教育。

获奖名单

特别奖

钱学森

集体奖

长江大学舍己救人英雄群体

参加国庆60周年庆典学生群体

新闻人物

于　漪　上海市杨浦高级中学名誉校长、语文特级教师

马鹏飞　辽宁省沈阳市第147中学学生

云　丹　西藏自治区浪卡子县普玛江塘乡完小校长

李桂林、陆建芬　四川省凉山彝族自治州甘洛县乌史大桥乡二坪村小学教师

张素珍　山西省长治第一职业中学校长

张凯亮　北京市丁香小学教师

邵春亮　大连理工大学民族预科班班主任

皇晓东　湖南科技大学土木工程学院辅导员

徐光宪　北京大学化学与分子工程学院教授

韩国祥　黑龙江省肇东市宋站镇新光小学校长

2009年度中国高等学校十大科技进展

1. 北京大学等单位

数字视频编解码技术研究与国家标准制定

数字音视频领域基础性国家标准《信息技术先进音视频编码》（简称AVS）十个部分今年制定完成，每年能节省上百亿元专利费，对我国音视频产业实现“由大变强”战略转型意义重大。

历经八年实践，AVS探索出了“技术、专利、标准、产品、应用”相互促进的“大团队、大循环”创新模式。北京大学、清华大学、浙江大学、武汉大学、华中科技大学、中国科技大学等高校和中国科学院计算技术研究所等科研机构与华为等通力合作，提出了50多项自主专利技术，制定出的标准复杂度低、方案简洁而性能与国外同类标准相当。2009年4月，欧洲信号处理学会《视频通信学报》出版了AVS专辑，10月，国际电信联盟（ITU）正式将AVS列为网络电视支持的视频标准之一。

AVS已成为国际范围本领域三大主流标准之一。我国以及美、欧、日、韩等国的十多家企业开发的AVS编解码芯片进入市场，上海、杭州、陕西、河北、新疆、青岛、无锡等地已经采用AVS开展数字电视播出，采用AVS的中国蓝光高清晰度光盘机已经批量上市，北京大学有线网对60周年国庆盛典进行了高清转播。在国家相关部门的支持下，AVS正在通过数字电视等视听产品迅速进入千家万户，成为支撑自主数字视听产业健康发展的重要力量。

2. 第二军医大学

抗病毒感染新型免疫分子机制的研究

我国是一个病毒性疾病高发的大国，乙肝病毒感染患者估计有1.2亿，SARS也曾于2003年在我国流行，HIV以及流感病毒暴发也时刻威胁着国民的健康。I型干扰素（IFNα/β）是治疗病毒性感染的重要分子，研究I型干扰素产生的分子机制将为寻求新的药物靶标和抗病毒药物提供指导。

该项目立足于1998年自主发现的一种新型免疫分子Nrdp1，研究了其在天然免疫中的作用和分子机制，利用动物模型（转基因小鼠）、细胞模型（巨噬细胞）和分子技术手段（基因克隆表达、相互作用分子、蛋白活性分析等）系统、深入、立体地进行了研究，首次发现Nrdp1抑制细菌感染引

起的炎症因子分泌和肝损伤，促进IFNβ的产生和抑制病毒感染，提示Nrdp1在抗炎和抗病毒感染方面均具有极大的应用前景。

该项目还分析了DNA病毒识别和清除的免疫机制的研究现状并提出了新的发展方向。该项目提出Nrdp1可能是一种新的抗感染治疗的药物靶标，而且病毒的识别和清除存在新的机制。相关研究结果分别于2009年7月以论文形式和2009年10月以述评形式发表于*Nature Immunology*杂志。目前针对Nrdp1的抗细菌感染和抗病毒感染活性新申请国家发明专利两项。*Nature China*为Nrdp1的研究发表了专题述评，认为该研究是当月自然科学的亮点之一，并且受到了国内外免疫学界的关注和好评。

3. 国防科学技术大学

天河一号高性能计算机系统

天河一号高性能计算机系统是国防科学技术大学于2009年9月自主研制成功的我国首台千万亿次高性能计算机系统，实现了我国自主研制高性能计算机能力从百万亿次到千万亿次的跨越，使我国成为继美国之后世界上第二个能够研制千万亿次高性能计算机的国家。

天河一号是国际上首台采用GPU和CPU异构并行体系结构的64位千万亿次高性能计算机系统，全系统包含6 144个通用处理器和5 120个加速处理器，内存总容量98TB，点点通信带宽40Gbps，共享磁盘总容量为1PB。系统峰值性能每秒1 206万亿次双精度浮点运算，LINPACK实测性能563.1万亿次，居2009年度中国超级计算机前100强之首，列11月17日国际TOP500组织公布的第34届世界超级计算机前500强第五、亚洲第一，列11月20日国际Green500组织公布的世界最节能的超级计算机前500强第八。

天河一号高性能计算机系统作为国家超级计算天津中心的业务主机和中国国家网格主结点，将广泛应用于石油勘探数据处理、生物医药研究、航空航天装备研制、资源勘测和卫星遥感数据处理、金融工程数据分析、气象预报、气候预测、海洋环境数值模拟、短临时地震预报、新材料开发和设计、土木工程设计、基础科学理论计算等众多领域。

4. 南开大学等单位

禽流感病毒聚合酶关键亚基的结构与机制研究

近年来，由H5N1、H1N1等不同亚型流感病毒引起的疫情，对全球的人类健康造成了严重的威胁，带来了严重的经济损失。流感病毒聚合酶由PA、PB1和PB2三个蛋白质组成，是负责病毒基因组转录和复制的核心，一旦伴随着病毒侵入正常细胞，就开始利用正常细胞内的原料进行病毒基因组的复制。其中，高度保守的PA亚基由于参与到聚合酶的形成和基因组复制等核心的生命过程，因此成为认识聚合酶作用机制、开发广谱抗流感药物的重要靶点蛋白质。

饶子和教授研究组与中科院生物物理研究所刘迎芳教授研究组合作，2008年成功解析了PAC端结构域与PB1N端多肽的复合物结构，揭示了流感病毒聚合酶的组装模式（Nature 2008 Aug 28; 454(7208): 1123-6）。在此基础上，今年又成功解析了PAN端结构域独立的晶体结构，首次揭示了该蛋白典型的核酸酶结构特征，推翻了原来公认的PB1行使核酸酶活性的观点，证实了核酸酶活性对于流感病毒复制的关键作用（Nature 2009 Apr 16; 458(7240): 909-13）；通过进一步解析PAN与底物/抑制剂复合物的晶体结构，阐释了PA蛋白发挥功能的分子机制，发现了一系列对PA蛋白有良好抑制效果的抑制剂，为设计和开发针对流感病毒聚合酶的高效药物提供了重要信息，同时还应邀在*Influenza: Molecular Virology*一书中发表了相关综述。

5. 清华大学

微波通信用高温超导接收前端

高温超导滤波器具有常规滤波器无可比拟的近于理想的滤波性能，可广泛应用于移动通信、军事通信、卫星通信等领域，大幅度提高灵敏度和抗干扰能力，市场前景巨大。但在该项目实施前，受到国外技术封锁，许多关键技术有待攻克，在我国没有获得实际应用。

清华大学物理系曹必松教授带领的团队经过十多年研究，发明了高性能高温超导滤波器、零下200度工作的低噪声放大器的设计制备技术和超导—金属接触电极制备工艺，研制成功了第一台适合于我国CDMA移动通信用的超导前端，在北京建成了我国首个高温超导移动通信应用示范基地并成功地连续运行超过三年，每天为十多万居民提供优质服务，使手机发射功率下降一半以上，大幅提高了基站的覆盖范围和通话质量，实现了高温超导在中国通信领域的首次应用和批量长期应用，使我国成为继美国之后，世界上第二个成功地将高温超导技术应用于移动通信的国家。

该项目关键技术指标处于国际先进水平。获得授权中国发明专利9项，授权美国发明专利1项，获2009年国家技术发明奖二等奖，2008年教育部技术发明一等奖，2007年信息产业部信息产业重大技术发明（十项之一）。该技术已与十多家用户签订了合同、协议，研制、生产超导前端并实现其在多种通信设备中的应用。

6. 上海交通大学

成年哺乳动物雌性生殖干细胞的发现及其生物学特性研究

20世纪20年代以来，科学家们一直认定：女性和绝大多数雌性哺乳动物卵母细胞的产生仅发生在胎儿期。出生后卵母细胞数目不再增加，只会不断减少，即出生后雌性哺乳动物卵巢内，没有生殖干细胞存在。上海交通大学生命学院吴际教授团队经不懈探究首次发现和分离出生后小鼠（包括成年小鼠）卵巢中雌性生殖干细胞，经摸索培养条件得到能长期自我更新的生殖干细胞株并鉴定和研究其生物学特性。然后将此细胞移植于不孕小鼠体内，证实能产生新的卵母细胞，与雄性交配后生出正常后代。这一发现改变了八十多年生殖与发育的传统观点，开辟出一个崭新研究领域。该成果2009年5月发表在 *Nature Cell Biology* 上，受到国际学术界广泛关注，*Science*，*Nature*、*Nature Medicine* 和众多杂志刊发评论文章，*Nature China* 将这一成果列入最新研究亮点，世界各媒体（路透社、纽约时报、华盛顿邮报、ABC News、The Times等）纷纷报道。该成果能为动物生物技术和人类提供卵母细胞新来源，建立性细胞途径转基因动物和开发优良动物品种，对治疗卵巢功能早衰，不育症等雌性生殖细胞发生障碍性疾病，再生医学及抗衰老，避孕药开发，人口调控，濒危动物保存等都具有重要意义。

7. 沈阳师范大学

世界最早的带羽毛恐龙的发现

鸟类最早何时出现问题一直是鸟类起源研究最薄弱的环节之一，鸟类是否由恐龙起源也长期存在争论。沈阳师范大学古生物研究所课题组2009年10月1日在英国《自然》杂志报道了产自辽宁省西部建昌地区距今约1.6亿年的侏罗纪带羽毛恐龙——“赫氏近鸟龙”的新发现，其时代早于德国“始祖鸟”数百万年至1 000万年。该化石属于兽脚类恐龙中的伤齿龙类，全身广泛被羽毛覆盖，特别是其脚部长有较长的正羽毛，证实了在恐龙向鸟类的演化过程中内部骨骼与体表衍生物之间的复杂配置关系，代表了目前世界上最早的长有羽毛的物种和最早的带毛恐龙。该成果首次揭示了世界最早的带毛恐龙早于“始祖鸟”已存在，首次提出了兽脚类恐龙分异的时间框架假说，解决了有关鸟类起源的“时间倒置论”等问题，为鸟类起源于恐龙提供了新的证据，并支持恐龙演化过程中曾存在“四翼”阶段的假说。该项成果代表了鸟类起源研究一个新的、国际性的重大突破，有力地推动了鸟类起源研究和恐龙演化研究，为全球鸟类起源研究作出了重大贡献，是2009年国际古生物学领域最重大的科学发现之一。

8. 天津大学

电力系统安全域预警监控理论及其工程应用

电力系统作为国家的重要基础设施，保证其安全稳定运行意义重大，而发展先进的安全预警与监控技术是实现这一目标的关键。该项目旨在发展基于安全域理论的电力系统安全性综合预警与监控理论、方法与技术，并与已有理论和方法互为补充，构建科学的在线综合预警与监控系统，保障电力系统安全、稳定和高效运行。

该项目在理论研究方面，系统地发展了电力系统综合安全域理论，证明了综合安全域的一些重要微分拓扑学和非线性动力学性质，为其实用化提供坚实的理论保障；在技术研发方面，发明了安全域边界的快速求解、预想事故快速扫描和概率安全评估等多种实用技术，极大地提高了安全域的计算速度和在线安全监控的运算效率；该项目发展了高维安全域智能化降维方法以及多种安全域可视化展示技术；基于安全域理论研制了集在线安全分析、概率安全评估、控制方案优化、安全性信息可视化展示为一体的电力系统安全性预警与监控系统，提高了复杂电网的安全性运行水平，对防范大停电事故有积极作用。

该成果已成功应用于国家电网公司调度中心等部门，社会效益显著。出版专著2部，申请发明专利19项，获软件著作权4项。

9. 中国科学技术大学

基于自旋的量子调控实验研究

将量子力学和计算机科学结合并实现量子计算是人类的一大梦想，而实现这一梦想的关键挑战之一就是量子调控的研究。中国科学技术大学微尺度物质科学国家实验室（筹）的杜江峰研究小组在基于自旋的量子调控实验研究方面通过采用核磁共振技术对核自旋、电子自旋进行精密量子调控，在退相干研究、量子模拟和量子计算等研究方向取得了重要的创新性成果，推动了实用性量子计算机的研究。

量子系统不可避免的信息流失严重制约着量子计算的研究进程。杜江峰与其同事的研究（Nature 461，1265（2009））表明，通过精巧的脉冲控制，可以使固态体系中环境对电子量子比特的不利影响被降到最小，大大减少量子体系中量子信息的流失，并成功厘清各种退相干机制在此类固体体系中的影响。同期发表的专文评述指出："他们所使用的量子相干调控技术被证明是一种可以帮助人们理解并且有效对抗量子信息流失的一个重要资源……从而朝实现量子计算迈出重要的一步。"

与此同时，他们在实验上第一次观测了一个复杂量子体系（同时包含二体和三体相互作用）基态的纠缠量子相变过程，采用量子纠缠见证的手段探测了由于三体相互作用导致的一类新的量子相变（Physical Review Letters 103，140501（2009）），该成果被认为是对量子模拟实验研究的重要贡献。

10. 中国科学技术大学

双功能单分子器件的设计与实现

中国科学技术大学合肥微尺度物质科学国家实验室单分子物理化学研究团队，利用低温超高真空扫描隧道显微镜，巧妙地对三聚氰胺小分子进行了单分子手术，将其从普通化工原料转变为既有二极管效应又有机械开关效应的双功能单分子器件，为单分子器件的多功能化开辟了新的思路。这一成果发表在2009年9月8日的美国《国家科学院院刊》上。

自1974年Aviram和Ratner提出单分子整流器件的概念以来，科学家们在搜寻功能化单分子电子器件的研究中历经了35年的历程，但在有效构建单分子功能器件中仍然面临许多困难。

该项工作是该团队在利用分子手术实现对单分子磁性控制后，再次成功地通过分子手术技术取得的重要研究成果。美国《国家科学院院刊》审稿人认为，该工作"结果可靠，创新性强，代表了这个领域的发展水平"。《自然》子刊《*Nature Chemistry*》杂志在短期内两次介绍和评价该工作，在9月4日的Research Highlights栏目以"分子电子器件：可控的导电性"介绍该工作，又在11月发表专文，评价该工作为单分子器件研究两种新的研究途径之一。

（摘自《中国教育报》2009年12月24日）

高校获2009年度国家技术发明奖项目

一等奖通用项目2项

序号	获奖编号	项目名称	主要完成人	学校
1	F-203-1-01	海洋特征寡糖的制备技术（糖库构建）与应用开发	管华诗、于广利、于文功、李英霞、耿美玉、毛文君	中国海洋大学
2	F-223-1-01	空地协同的民航空域监视新技术及装备	张　军、朱衍波、薛　瑞、吕小平、蔡开泉、张学军	北京航空航天大学

二等奖通用项目29项

序号	获奖编号	项目名称	主要完成人	学校
1	F-202-2-01	人造板优质高效胶粘剂制造及应用关键技术	李建章、雷得定、于志明、陈红兵、李黎、周文瑞	北京林业大学
2	F-203-2-01	鸡分子标记技术的发展及其育种应用	李　宁、杨　宁、邓学梅、胡晓湘、吴常信、黄银花	中国农业大学
3	F-211-2-01	超分子结构无铅热稳定剂	李殿卿、林彦军、段　雪、刘振宇、张法智、李　峰	北京化工大学
4	F-212-2-01	聚四氟乙烯复合膜共拉伸制备方法与层压覆膜技术	郭玉海、张建春、张卫东、陈建勇、张华鹏、张　华	浙江理工大学
5	F-212-2-02	抗菌纤维材料功能化过程的界面物理与化学研究	许并社、魏丽乔、戴晋明、刘旭光、马印、张书才	太原理工大学
6	F-212-2-03	纺织印染废水微波无极紫外光催化氧化分质处理回用技术	曾庆福、夏东升、张跃武、戴守华、阮新潮、杨　俊	武汉科技学院
7	F-213-2-01	超细耐磨钛酸盐纤维制备新技术及其应用	陆小华、冯　新、王昌松、刘　畅、汪怀远、史以俊	南京工业大学
8	F-213-2-02	渗透汽化透水膜、膜组件及其应用技术	陈翠仙、李继定、蒋维钧、张立平、秦培勇	清华大学
9	F-213-2-05	聚醚醚酮酮树脂的制备及应用技术	姜振华、王贵宾、吴忠文、陈春海、关绍巍、杨延华	吉林大学
10	F-214-2-01	高性能聚合物/超细无机粉体复合材料制备的关键技术	傅　强、黄　锐、张　琴、王　旭、陈海涛、杜荣昵	四川大学
11	F-214-2-02	高性能丙烯酸树脂的制备新技术及其在涂层中的应用	武利民、周树学、顾广新、游　波、陈敏	复旦大学
12	F-215-2-04	从含铟粗锌中高效提炼金属铟的技术	杨　斌、刘大春、戴永年、杨部正、马文会、徐宝强	昆明理工大学

续表

序号	获奖编号	项目名称	主要完成人	学校
13	F-216-2-01	邮资机关键技术及其应用	张立彬、史伟民、胥　芳、占红武、叶宝荣、姜子法	浙江工业大学
14	F-216-2-02	深海极端环境探测与采样装备技术	陈　鹰、杨灿军、顾临怡、叶　瑛、李世伦、金　波	浙江大学，杭州电子科技大学
15	F-216-2-03	大型回转机械结构裂纹的动态定量诊断技术与应用	何正嘉、陈雪峰、訾艳阳、李　兵、张周锁、王为民	西安交通大学
16	F-217-2-01	高效低阻气体强化传热技术及其应用	何雅玲、陶文铨、屈治国、王学军、何建龙、唐桂华	西安交通大学
17	F-219-2-01	微波通信用高温超导接收前端	曹必松、张晓平、魏　斌、郭旭波、郜龙马、朱美红	清华大学
18	F-219-2-02	硅基集成型功率MOS器件及高低压集成技术与应用	时龙兴、孙伟锋、陆生礼、苏　巍、易扬波、宋慧滨	东南大学
19	F-220-2-01	新一代控制系统高性能现场总线--EPA	褚　健、金建祥、冯冬芹、于海斌、仲崇权、王　平	浙江大学
20	F-220-2-02	基于神经网络逆的软测量与控制技术及其应用	戴先中、孙玉坤、刘国海、马旭东、张凯锋、朱湘临	东南大学
21	F-221-2-01	适用于西部干燥地区的间接蒸发冷水机	江　亿、于向阳、谢晓云	清华大学
22	F-231-2-01	化工园区工业废水处理新技术及工程应用	任洪强、丁丽丽、严永红、伦世仪、张国平、王路光	南京大学
23	F-234-2-01	人工种植龙胆等药用植物斑枯病的无公害防治技术	王喜军、曹洪欣、孙海峰、孙　晖、马伟、王富龙	黑龙江中医药大学
24	F-235-2-01	一类新药重组成纤维细胞生长因子关键工程技术及应用	李校堃、吴晓萍、冯成利、黄志锋、黄亚东、初彦辉	暨南大学/温州医学院
25	F-239-2-01	涂料工业清洁生产工艺和方法	曾光明、单文伟、汤　琳、牛承岗、肖汉宁、李小明	湖南大学
26	F-239-2-02	油气集输的节能减排和安全高效关键工艺及装备	郭烈锦、白博峰、张西民、张少军、王鑫、冉新权	西安交通大学
27	F-251-2-01	食品功能因子高效分离与制备中的分子修饰与吸附分离耦合技术	任其龙、杨亦文、吴平东、苏　云、苏宝根、黄　梅	浙江大学
28	F-252-2-01	难处理氧化铜矿资源高效选冶新技术	张文彬、蒋开喜、方建军、刘殿文、顾晓春、文书明	昆明理工大学
29	F-252-2-02	精度优于±5″的自动陀螺定向与亚毫米级精度机器人位移监测技术	张学庄、王爱公、张　驰、朱建军、简务人、朱陶业	中南大学

高校获2009年度国家自然科学奖项目

二等奖16项

序号	获奖编号	项目名称	主要完成人	学校
1	Z-101-2-01	湍流热对流的实验研究	夏克青	香港中文大学
2	Z-101-2-03	堆积理论中若干问题的研究	宗传明	北京大学
3	Z-102-2-03	非线性科学在心颤机理及系统生物学中细胞周期控制上的应用研究	欧阳颀、王宏利、周路群、李方廷	北京大学
4	Z-102-2-04	过渡族金属氧（硫）化物的电磁行为研究	张裕恒、孙玉平、杨昭荣、谭　舜、戴建明	中国科学技术大学
5	Z-103-2-02	若干手性催化合成方法学及其在多肽研究中的应用	王　锐、许兆青、杨晓武	兰州大学
6	Z-103-2-03	超支化聚合物的可控制备及自组装	颜德岳、周永丰、高　超、朱新远、周志平	上海交通大学
7	Z-104-2-02	大气颗粒物及其前体物排放与复合污染特征	贺克斌、郝吉明、段凤魁、陈泽强、杨复沫	清华大学
8	Z-105-2-01	若干重要药用植物的成分研究	谭仁祥、郑荣梁、贾忠建、孔令东、郑汉其	南京大学
9	Z-106-2-01	血压波动性和器官损伤的研究	苏定冯、缪朝玉、沈甫明、谢和辉、刘建国	第二军医大学
10	Z-107-2-01	微器件光学及其相关现象的研究	吴　颖、杨晓雪	华中科技大学
11	Z-107-2-02	盲信号的分离和辨识理论及其应用	谢胜利、李远清、谭洪舟、谭　营、何昭水	华南理工大学
12	Z-107-2-03	离散事件动态系统的优化理论与方法	曹希仁、赵千川、陈　曦、贾庆山	香港科技大学
13	Z-107-2-04	特征抽取理论与算法研究	杨静宇、杨　健、金　忠、洪子泉	南京理工大学
14	Z-108-2-01	新概念有机电致发光材料	马於光、王　悦、沈家骢	吉林大学
15	Z-109-2-01	红外热辐射光谱特性与传输机理研究	谈和平、刘林华、夏新林、阮立明、余其铮	哈尔滨工业大学
16	Z-109-2-03	复杂防洪调度系统的多目标决策及径流预报理论	程春田、李登峰、周国荣	大连理工大学

2009年度人才培养模式创新实验区名单

序号	学校	负责人	实验区名称
1	北京大学	俞　虹 邱章红	领导型数字媒体创意人才培养创新实验区
2	清华大学	何　洁	综合学科背景下艺术教育创新实验区
3	北京联合大学	鲍　泓	服务外包人才培养模式创新实验区
4	北方工业大学	罗学科	分层分流人才培养模式创新实验区
5	首都医科大学	线福华 付　丽	农村卫生人才培养模式创新实验区
6	首都经济贸易大学	张连城	经济学国际化人才培养实验区
7	中国传媒大学	高晓虹	广播电视编导人才培养模式创新实验区
8	中央音乐学院	余志刚	西方音乐史教研人才培养模式创新实验区
9	北京建筑工程学院	朱　光	建筑行业应用型人才实践教学创新实验区
10	北京服装学院	廖　青	艺工融合应用型现代服装高级人才培养模式创新实验区
11	南开大学	薛　义	“开放式艺术设计工作室”模式人才培养实验区
12	天津医科大学	田　心	医学模式生物医学工程人才培养模式创新实验区
13	天津中医药大学	张艳军	研究型中药产业拔尖人才培养模式创新实验区
14	天津商业大学	王文君	国际酒店管理人才培养创新实验区
15	山西师范大学	武海顺	教师教育人才培养模式创新实验区
16	中国医科大学	乔　敏	宽口径医学本科教育人才培养模式
17	沈阳建筑大学	刘亚臣	工程管理人才培养创新实验区
18	大连交通大学	黄　明	五年制双专业复合型人才模式创新实验区
19	大连工业大学	任　戬	艺术设计生态教学体系人才培养模式创新实验区
20	沈阳航空工业学院	林　峰	航空航天主机专业应用型人才培养模式创新实验区
21	东北师范大学	王稼之	学研产复合型影视艺术专业人才培养模式创新实验区
22	延边大学	金英花	朝鲜族舞蹈应用型人才培养模式
23	长春理工大学	曹国华	机械工程“教学、科研、生产”创新型人才培养模式实验区
24	长春中医药大学	张大方	中药学“两段双向型”人才培养模式创新实验区
25	东北林业大学	朱　毅	艺术设计（室内与家具设计人才培养模式创新实验区）
26	黑龙江大学	樊志辉	黑龙江大学哲学基础理论人才培养创新实验区
27	黑龙江八一农垦大学	李伟凯	农业电气化应用型人才培养模式创新实验区
28	哈尔滨师范大学	郁正民	农村与少数民族地区音乐教师培养模式创新实验区
29	上海立信会计学院	邵瑞庆	立信会计人才培养模式创新实验区
30	扬州大学	梁建生	地方综合性大学生物技术创新型人才培养模式创新实验区

续表

序号	学校	负责人	实验区名称
31	江苏大学	王贵成	面向“长三角”国际制造中心机械专业创新创业人才培养模式实验区
32	南京工业大学	沈晓冬	基于生涯规划的材料科学与工程创新人才多元化培养模式实验区
33	南京师范大学	汤国安	地理信息系统专业人才培养模式创新实验区
34	江苏工业学院	杨　燕	石油化工国际化工程人才培养实验区
35	徐州医学院	吴永平	麻醉学专业人才培养创新实验区
36	南京艺术学院	周京新	美术学学科人才培养模式创新实验区
37	浙江工业大学	陈建孟	环境工程专业创新人才培养模式实验区
38	中国计量学院	李　青	具有计量、质量、标准化特色的机电类专业复合型创新人才培养实验区
39	浙江工商大学	孔庆江	执业技能法律人才培养模式实验区
40	中国美术学院	王　赞	造型艺术类人才培养模式创新实验区
41	浙江警察学院	寿远景	国际警务合作人才培养模式创新实验区
42	安徽大学	李龙澍	计算机应用技术创新实验区
43	安徽建筑工业学院	汪炳璋	建筑类高校动画人才培养模式创新实验区
44	安庆师范学院	金根山 韩再芬	黄梅戏本科复合型人才培养模式创新实验区
45	福建医科大学	姜小鹰	应用型护理学人才培养模式创新实验区
46	福建师范大学	张涵劲 黄汉升	体育学本科专业人才培养模式改革与创新实验区
47	福建中医学院	李灿东	中医师承人才培养模式创新实验区
48	泉州师范学院	王　珊	南音人才培养模式创新实验区
49	华东交通大学	高海生	指挥类国防生培养模式创新实验区
50	江西理工大学	罗嗣海	基于“3个紧密结合＋全面素质教育”的自动化专业人才培养模式创新实验区
51	南昌航空大学	黄月胜	南昌航空大学国防生培养创新实验区
52	山东大学	李晓峰	艺术产业化人才培养实验区
53	青岛大学	李荣贵	复合型生物技术人才培养模式创新实验区
54	山东科技大学	曹茂永	具有地方与行业双重特色的电气信息类专业人才培养模式创新实验区
55	山东农业大学	侯加林	现代农业工程类专业创业型人才培养模式创新实验区
56	山东师范大学	徐继存	定向山东农村基础教育的“3＋1”教师培养模式创新实验区
57	青岛理工大学	杨向荣	地方院校“六纵十横”体验式创业教育人才培养模式创新实验区
58	山东工艺美术学院	董占军	创新型应用艺术设计人才培养实验区
59	河南大学	陈家海	“两台一线”式的音乐人才培养模式创新实验区

续表

序号	学校	负责人	实验区名称
60	河南农业大学	吴一平	农村发展与管理创业型人才培养模式创新实验区
61	河南工业大学	卞 科	粮油食品类工程应用型人才培养模式创新实验区
62	洛阳师范学院	王利亚	中学名师培养模式创新实验区
63	武汉大学	王瀚东	多媒体时代记者型主持人培养模式创新实验区
64	华中科技大学	黄建军	基于工程技术平台的艺术设计人才培养模式创新实验区
65	武汉理工大学	潘长学	行业背景下的工业设计人才培养模式创新实验区
66	中国地质大学（武汉）	余瑞祥	基于自然景观资源的环境艺术设计人才培养模式创新实验区
67	湖北大学	马 勇	旅游管理专业创新创业人才培养模式实验区
68	武汉科技大学	陈奎生	面向冶金行业复合型人才培养模式创新实验区
69	襄樊学院	张增常	基于技术教育基地的人才培养模式创新实验区
70	长江大学	胡文宝	土建类应用型人才培养模式创新实验区
71	武汉工程大学	王存文	“E＋”双专业一体化复合型人才培养模式创新实验区
72	武汉科技学院	徐卫林	适应纺织服装产业发展的应用型创新人才培养模式实验区
73	湖北美术学院	许 奋	“1＋3”视觉艺术人才培养模式创新实验区
74	湖南大学	何人可	具有国际竞争力的艺术设计人才培养模式创新实验区
75	湖南科技大学	钟新谷	地方高校土木工程专业高素质应用人才培养模式创新实验区
76	湖南师范大学	尹笃林	“理工教融合”化学化工人才培养模式创新实验区
77	华南师范大学	刘 鸣	华南师范大学跨学科拔尖创新人才培养实验区
78	广东外语外贸大学	仲伟合	国际化商务人才培养模式创新实验区
79	广州大学	王首程	“2＋2”新闻人才培养模式创新实验区
80	广东商学院	曾小彬	具有企业家精神和潜质的经济管理人才培养实验区
81	广西医科大学	周 诺	口腔医学专业人才培养模式创新实验区
82	桂林电子科技大学	古天龙	电子信息类工程应用型人才培养模式创新实验区
83	桂林理工大学	阮百尧	桂林理工大学资源勘查工程应用型人才培养模式创新实验区
84	广西艺术学院	雷务武	创新型实践型艺术人才培养实验区
85	海南师范大学	韩显中	基于黎锦文化传承的艺术设计人才培养模式创新实验区
86	重庆大学	张春新	复合型视觉艺术人才培养模式创新实验区
87	重庆交通大学	许锡宾	“港口航道与海岸工程”专业人才培养模式创新实验区
88	四川大学	黄宗贤	综合大学创新型艺术人才培养模式实验区
89	贵州大学	何 锋	产学研密切结合的机械工程专业人才培养模式创新实验区
90	贵州财经学院	张瑞彬	“面向基层、面向三农”的金融类应用型人才培养模式创新实验区
91	云南大学	田卫民	工商管理类本科专业创业人才培养模式实验区
92	云南农业大学	文 俊	边疆民族地区农业工程创业人才培养模式创新实验区
93	云南师范大学	武友德	面向东南亚跨国创业型人才双向培养模式创新实验区
94	西安建筑科技大学	黄廷林	环境类专业通用人才培养创新实验区

续表

序号	学校	负责人	实验区名称
95	西安科技大学	李树刚	应用型安全技术及工程人才培养模式创新实验区
96	西安外国语大学	李瑞林	应用型翻译人才培养模式创新实验区
97	西安美术学院	任焕斌	工艺美术人才培养模式创新实验区
98	第四军医大学	樊代明	军事生物技术研发型人才培养模式创新实验区
99	兰州交通大学	党建武	交通信息类创新人才培养模式实验区
100	甘肃政法学院	李玉基	法学应用性人才培养模式创新实验区
101	青海大学	周立柱	面向西部地区的信息技术专业应用型人才培养模式创新实验区

2009年具有普通高等学历教育招生资格的高等学校名单

教育部按语：

为加强高等教育的宏观管理，引进社会监督机制，增强政府信息服务功能，确保普通高等学历教育必要的规格、质量和正常的办学秩序，现将2009年具有普通高等学历教育招生资格的普通高等学校、独立学院和分校办学点的名单（截至2009年4月14日）予以公布。

本名单按学校所在地、办学类型、科类等排列，分为四部分，第一部分是普通本科院校（共770所）；第二部分是普通高职院校（共1 207所）；第三部分是经国家批准设立的独立学院（共318所）；第四部分是经国家审定的分校办学点（共85个）。不含军事院校和港澳台高校。除本次公布的高等学校名单外，其他任何机构（包括经批准筹建的高等学校）均不具备普通高等学历教育的招生资格。对于违规招生的单位，其所招学生的学籍、发放的毕业证书国家均不予承认。请今年参加普通高等学校统一招生考试的考生在报名前注意查询本名单，以免失误。

在公布的普通高等学校和独立学院名单中，对办学条件低于限制招生（黄牌）规定要求的学校，在其校名前以“*”号标注（共24所），主管部门必须严格控制学校今年的招生规模，并切实增加投入，充实办学条件。对2008年违规、违纪招生办学的学校，确定为限制招生（黄牌）学校，在其校名前以“▲”号标注（共6所），主管部门必须严格控制学校今年的招生规模，并切实加强监督管理，规范招生、办学秩序。

2009年具有普通高等学历教育招生资格的高等学校名单

一、普通本科院校（共770所）

北京市（58所）

北京大学
中国人民大学
清华大学
北京交通大学
北京航空航天大学
北京理工大学
北京科技大学
北京化工大学
北京邮电大学
华北电力大学

中国石油大学（北京）
中国矿业大学（北京校区）
中国地质大学（北京）
中国农业大学
北京林业大学
北京中医药大学
北京师范大学
北京外国语大学
北京语言大学
中国传媒大学
中央财经大学
对外经济贸易大学
中国人民公安大学
中国政法大学
北京体育大学
中央民族大学
北京电子科技学院
北京协和医学院
外交学院
中华女子学院
国际关系学院
中国青年政治学院
中国劳动关系学院
中央音乐学院
中央美术学院
中央戏剧学院
北京联合大学
北京工业大学
北方工业大学
北京信息科技大学
首都医科大学
首都师范大学
北京工商大学
首都经济贸易大学
北京城市学院
北京服装学院
北京印刷学院
北京建筑工程学院
北京石油化工学院
首钢工学院
北京农学院
北京第二外国语学院
北京物资学院
首都体育学院
中国音乐学院
中国戏曲学院
北京电影学院
北京舞蹈学院

天津市（19 所）

南开大学
天津大学
中国民航大学
天津科技大学
天津工业大学
天津理工大学
天津医科大学
天津中医药大学
天津师范大学
天津商业大学
天津财经大学
天津天狮学院
天津城市建设学院
天津农学院
天津工程师范学院
天津外国语学院
天津体育学院
天津音乐学院
天津美术学院

河北省（33 所）

华北科技学院
防灾科技学院
中国人民武装警察部队学院
中央司法警官学院
河北大学
河北工程大学
河北工业大学
河北理工大学
河北科技大学

燕山大学
河北农业大学
河北医科大学
河北师范大学
河北经贸大学
石家庄学院
河北建筑工程学院
石家庄铁道学院
唐山学院
北华航天工业学院
华北煤炭医学院
河北北方学院
承德医学院
保定学院
唐山师范学院
廊坊师范学院
衡水学院
邯郸学院
邢台学院
河北科技师范学院
石家庄经济学院
河北金融学院
河北体育学院
河北传媒学院

山西省（17所）

山西大学
山西大同大学
太原科技大学
中北大学
太原理工大学
山西农业大学
山西医科大学
山西师范大学
山西财经大学
晋中学院
长治学院
运城学院
太原工业学院
长治医学院
山西中医学院
太原师范学院
忻州师范学院

内蒙古自治区（12所）

内蒙古大学
内蒙古科技大学
内蒙古民族大学
内蒙古工业大学
内蒙古农业大学
内蒙古师范大学
赤峰学院
呼伦贝尔学院
内蒙古医学院
集宁师范学院
内蒙古财经学院
呼和浩特民族学院

辽宁省（43所）

大连理工大学
东北大学
大连海事大学
中国刑事警察学院
大连民族学院
辽宁大学
渤海大学
沈阳大学
大连大学
沈阳工业大学
沈阳理工大学
辽宁科技大学
辽宁工程技术大学
辽宁石油化工大学
大连交通大学
大连工业大学
沈阳建筑大学
辽宁工业大学
沈阳农业大学
中国医科大学
大连医科大学

辽宁中医药大学
沈阳药科大学
辽宁师范大学
沈阳师范大学
东北财经大学
沈阳航空工业学院
沈阳化工学院
辽宁科技学院
沈阳工程学院
大连东软信息学院
大连水产学院
辽宁医学院
沈阳医学院
鞍山师范学院
大连外国语学院
辽宁对外经贸学院
辽东学院
辽宁财贸学院
沈阳体育学院
沈阳音乐学院
鲁迅美术学院
大连艺术学院

吉林省（26所）

吉林大学
东北师范大学
延边大学
北华大学
长春大学
长春理工大学
东北电力大学
长春工业大学
吉林农业大学
长春中医药大学
吉林师范大学
吉林建筑工程学院
吉林化工学院
长春工程学院
吉林农业科技学院
吉林医药学院
通化师范学院
吉林工程技术师范学院
长春师范学院
白城师范学院
吉林华桥外国语学院
长春税务学院
吉林工商学院
吉林体育学院
吉林艺术学院
吉林动画学院

黑龙江省（26所）

哈尔滨工业大学
哈尔滨工程大学
东北林业大学
黑龙江大学
佳木斯大学
齐齐哈尔大学
哈尔滨理工大学
黑龙江八一农垦大学
东北农业大学
哈尔滨医科大学
黑龙江中医药大学
哈尔滨师范大学
哈尔滨商业大学
哈尔滨学院
绥化学院
黑龙江东方学院
黑河学院
黑龙江科技学院
大庆石油学院
黑龙江工程学院
牡丹江医学院
齐齐哈尔医学院
牡丹江师范学院
大庆师范学院
哈尔滨德强商务学院
哈尔滨体育学院

上海市（31所）

复旦大学

上海交通大学
同济大学
华东理工大学
东华大学
华东师范大学
上海外国语大学
上海财经大学
上海海关学院
上海大学
上海理工大学
上海海事大学
上海工程技术大学
上海海洋大学
上海中医药大学
上海师范大学
华东政法大学
上海电力学院
上海应用技术学院
上海电机学院
上海第二工业大学
上海对外贸易学院
上海立信会计学院
上海金融学院
上海杉达学院
上海商学院
上海建桥学院
上海政法学院
上海体育学院
上海音乐学院
上海戏剧学院

江苏省（44所）

南京大学
东南大学
江南大学
南京航空航天大学
南京理工大学
中国矿业大学
河海大学
南京农业大学
中国药科大学
苏州大学
江苏大学
南通大学
扬州大学
西交利物浦大学
江苏科技大学
南京工业大学
南京邮电大学
南京信息工程大学
南京林业大学
南京医科大学
南京中医药大学
南京师范大学
徐州师范大学
南京财经大学
三江学院
江苏工业学院
盐城工学院
苏州科技学院
常熟理工学院
淮阴工学院
常州工学院
南京工程学院
淮海工学院
徐州工程学院
金陵科技学院
徐州医学院
淮阴师范学院
盐城师范学院
南京晓庄学院
江苏技术师范学院
南京审计学院
江苏警官学院
南京体育学院
南京艺术学院

浙江省（30所）

浙江大学
温州大学

宁波大学
宁波诺丁汉大学
杭州电子科技大学
浙江工业大学
浙江理工大学
浙江中医药大学
浙江师范大学
杭州师范大学
浙江工商大学
台州学院
嘉兴学院
中国计量学院
浙江万里学院
浙江科技学院
宁波工程学院
浙江树人学院
宁波大红鹰学院
浙江海洋学院
浙江林学院
温州医学院
湖州师范学院
绍兴文理学院
丽水学院
浙江传媒学院
浙江越秀外国语学院
浙江财经学院
浙江警察学院
中国美术学院

安徽省（31所）

中国科学技术大学
合肥工业大学
安徽大学
安徽工业大学
安徽理工大学
安徽农业大学
安徽医科大学
安徽师范大学
安徽财经大学
黄山学院
滁州学院
安徽工程科技学院
安徽建筑工业学院
安徽三联学院
合肥学院
蚌埠学院
安徽新华学院
蚌埠医学院
皖南医学院
安徽中医学院
阜阳师范学院
安庆师范学院
淮北煤炭师范学院
皖西学院
宿州学院
巢湖学院
淮南师范学院
安徽科技学院
池州学院
合肥师范学院
铜陵学院

福建省（20所）

厦门大学
华侨大学
集美大学
福州大学
福建农林大学
福建医科大学
福建师范大学
仰恩大学
武夷学院
三明学院
龙岩学院
莆田学院
福建工程学院
闽江学院
厦门理工学院
闽南理工学院
福建中医学院

泉州师范学院
漳州师范学院
福建警察学院

江西省（20所）

南昌大学
井冈山大学
华东交通大学
东华理工大学
南昌航空大学
江西理工大学
江西农业大学
江西师范大学
江西财经大学
宜春学院
江西蓝天学院
九江学院
景德镇陶瓷学院
南昌工程学院
南昌理工学院
江西中医学院
赣南医学院
上饶师范学院
赣南师范学院
江西科技师范学院

山东省（45所）

山东大学
中国石油大学（华东）
中国海洋大学
济南大学
聊城大学
鲁东大学
青岛大学
烟台大学
山东科技大学
青岛科技大学
青岛理工大学
山东建筑大学
山东理工大学
山东农业大学
青岛农业大学
山东中医药大学
山东师范大学
曲阜师范大学
德州学院
滨州学院
泰山学院
济宁学院
菏泽学院
青岛滨海学院
枣庄学院
潍坊学院
烟台南山学院
山东英才学院
山东轻工业学院
山东交通学院
潍坊科技学院
潍坊医学院
泰山医学院
滨州医学院
济宁医学院
山东万杰医学院
临沂师范学院
山东经济学院
山东工商学院
山东财政学院
山东警察学院
山东政法学院
山东体育学院
山东艺术学院
山东工艺美术学院

河南省（33所）

郑州大学
河南大学
河南理工大学
河南工业大学
河南科技大学
河南农业大学

河南师范大学
黄淮学院
华北水利水电学院
郑州轻工业学院
中原工学院
洛阳理工学院
安阳工学院
河南工程学院
南阳理工学院
河南城建学院
黄河科技学院
▲郑州科技学院
郑州华信学院
河南中医学院
新乡医学院
河南科技学院
信阳师范学院
周口师范学院
安阳师范学院
许昌学院
南阳师范学院
洛阳师范学院
商丘师范学院
平顶山学院
新乡学院
河南财经学院
郑州航空工业管理学院

湖北省（35 所）

武汉大学
华中科技大学
中国地质大学（武汉）
武汉理工大学
华中农业大学
华中师范大学
中南财经政法大学
中南民族大学
长江大学
湖北大学
江汉大学
三峡大学
武汉科技大学
武汉工程大学
▲湖北工业大学
襄樊学院
孝感学院
咸宁学院
武汉科技学院
武汉工业学院
湖北汽车工业学院
黄石理工学院
荆楚理工学院
武汉生物工程学院
湖北中医学院
郧阳医学院
湖北师范学院
黄冈师范学院
湖北第二师范学院
湖北经济学院
湖北警官学院
武汉体育学院
湖北美术学院
武汉音乐学院
湖北民族学院

湖南省（28 所）

湖南大学
中南大学
湘潭大学
吉首大学
湖南科技大学
南华大学
长沙理工大学
湖南工业大学
湖南农业大学
中南林业科技大学
湖南中医药大学
湖南师范大学
湘南学院
邵阳学院

怀化学院
湖南文理学院
湖南人文科技学院
湖南城市学院
湖南涉外经济学院
湖南理工学院
湖南科技学院
长沙学院
湖南工程学院
湖南工学院
长沙医学院
衡阳师范学院
湖南第一师范学院
湖南商学院

广东省（37 所）

中山大学
暨南大学
华南理工大学
汕头大学
深圳大学
广州大学
五邑大学
广东工业大学
华南农业大学
广东海洋大学
广州中医药大学
南方医科大学
华南师范大学
广东外语外贸大学
韶关学院
惠州学院
肇庆学院
嘉应学院
茂名学院
佛山科学技术学院
北京师范大学—香港浸会大学联合国际学院
广东白云学院
东莞理工学院
仲恺农业工程学院
广州医学院
广东医学院
广东药学院
韩山师范学院
湛江师范学院
广东技术师范学院
广东商学院
广东金融学院
广东培正学院
广东警官学院
广州体育学院
广州美术学院
星海音乐学院

广西壮族自治区（20 所）

广西大学
桂林电子科技大学
桂林理工大学
广西医科大学
广西师范大学
广西民族大学
河池学院
百色学院
梧州学院
钦州学院
贺州学院
广西工学院
右江民族医学院
广西中医学院
桂林医学院
广西师范学院
广西民族师范学院
玉林师范学院
广西财经学院
广西艺术学院

海南省（5 所）

海南大学
海南师范大学
琼州学院

海南医学院
海口经济学院

重庆市（15所）

重庆大学
西南大学
重庆邮电大学
重庆交通大学
重庆理工大学
重庆医科大学
重庆师范大学
重庆工商大学
西南政法大学
重庆文理学院
重庆三峡学院
重庆科技学院
长江师范学院
四川外语学院
四川美术学院

四川省（31所）

四川大学
西南交通大学
电子科技大学
西南财经大学
西南民族大学
中国民用航空飞行学院
西华大学
西南石油大学
成都理工大学
西南科技大学
四川农业大学
成都中医药大学
四川师范大学
西华师范大学
西昌学院
宜宾学院
四川文理学院
成都学院
攀枝花学院
成都信息工程学院
四川理工学院
泸州医学院
川北医学院
成都医学院
绵阳师范学院
内江师范学院
乐山师范学院
四川民族学院
四川警察学院
成都体育学院
四川音乐学院

贵州省（17所）

贵州大学
贵州师范大学
毕节学院
贵阳学院
贵阳医学院
遵义医学院
贵阳中医学院
遵义师范学院
铜仁学院
兴义民族师范学院
安顺学院
凯里学院
黔南民族师范学院
六盘水师范学院
贵州师范学院
贵州财经学院
贵州民族学院

云南省（19所）

云南大学
昆明理工大学
云南农业大学
云南师范大学
云南财经大学
云南民族大学
大理学院

红河学院
昆明学院
西南林学院
昆明医学院
云南中医学院
曲靖师范学院
保山学院
玉溪师范学院
楚雄师范学院
文山学院
云南警官学院
云南艺术学院

西藏自治区（3 所）

西藏大学
西藏藏医学院
西藏民族学院

陕西省（39 所）

西安交通大学
西北工业大学
西安电子科技大学
长安大学
西北农林科技大学
陕西师范大学
西北大学
延安大学
西安理工大学
西安工业大学
西安建筑科技大学
西安科技大学
西安石油大学
陕西科技大学
西安工程大学
西安外国语大学
西北政法大学
西安文理学院
安康学院
西安培华学院
西安外事学院
陕西理工学院
西安邮电学院
西京学院
西安思源学院
陕西中医学院
西安医学院
宝鸡文理学院
咸阳师范学院
渭南师范学院
榆林学院
商洛学院
西安翻译学院
西安财经学院
西安欧亚学院
陕西国际商贸学院
西安体育学院
西安音乐学院
西安美术学院

甘肃省（14 所）

兰州大学
西北民族大学
兰州理工大学
兰州交通大学
甘肃农业大学
西北师范大学
兰州城市学院
河西学院
甘肃中医学院
陇东学院
天水师范学院
甘肃民族师范学院
兰州商学院
甘肃政法学院

青海省（3 所）

青海大学
青海师范大学
青海民族大学

宁夏回族自治区（5 所）

北方民族大学
宁夏大学
宁夏医科大学
宁夏理工学院
宁夏师范学院

新疆维吾尔自治区（11 所）

新疆大学
石河子大学
塔里木大学
新疆农业大学
新疆医科大学
新疆师范大学
新疆财经大学
昌吉学院
喀什师范学院
伊犁师范学院
新疆艺术学院

二、高职（专科）院校（共 1 207 所）

北京市（24 所）

北京青年政治学院
北京工业职业技术学院
北京信息职业技术学院
北京电子科技职业学院
北京京北职业技术学院
北京交通职业技术学院
北京农业职业学院
北京政法职业学院
北京财贸职业学院
北京北大方正软件职业技术学院
北京经贸职业学院
北京经济技术职业学院
北京戏曲艺术职业学院
* 北京汇佳职业学院
北京现代职业技术学院
北京科技经营管理学院
北京吉利大学
* 北京科技职业学院
北京培黎职业学院
北京经济管理职业学院
北京劳动保障职业学院
北京社会管理职业学院
* 北京新圆明职业学院
北京体育职业学院

天津市（26 所）

天津医学高等专科学校
天津职业大学
天津中德职业技术学院
天津滨海职业学院
天津工程职业技术学院
天津青年职业学院
天津渤海职业技术学院
天津电子信息职业技术学院
天津机电职业技术学院
天津现代职业技术学院
天津公安警官职业学院
天津轻工职业技术学院
天津对外经济贸易职业学院
天津国土资源和房屋职业学院
天津开发区职业技术学院
天津艺术职业学院
天津交通职业学院
天津冶金职业技术学院
天津石油职业技术学院
天津城市职业学院
天津铁道职业技术学院
天津工艺美术职业学院
天津城市建设管理职业技术学院
天津生物工程职业技术学院
天津海运职业学院
天津广播影视职业学院

河北省（58 所）

河北工程技术高等专科学校
承德民族师范高等专科学校

沧州师范专科学校
承德石油高等专科学校
邢台医学高等专科学校
沧州医学高等专科学校
石家庄医学高等专科学校
石家庄人民医学高等专科学校
河北工业职业技术学院
邯郸职业技术学院
石家庄职业技术学院
张家口职业技术学院
邢台职业技术学院
河北软件职业技术学院
河北石油职业技术学院
河北建材职业技术学院
河北政法职业学院
沧州职业技术学院
河北能源职业技术学院
石家庄铁路职业技术学院
保定职业技术学院
秦皇岛职业技术学院
石家庄计算机职业学院
石家庄外国语职业学院
唐山职业技术学院
衡水职业技术学院
唐山工业职业技术学院
石家庄法商职业学院
*河北省艺术职业学院
河北旅游职业学院
石家庄外经贸职业学院
河北交通职业技术学院
河北化工医药职业技术学院
石家庄信息工程职业学院
河北外国语职业学院
石家庄东方美术职业学院
保定科技职业学院
保定电力职业技术学院
河北机电职业技术学院
渤海石油职业学院
廊坊职业技术学院
唐山科技职业技术学院
石家庄邮电职业技术学院
河北公安警察职业学院
石家庄工商职业学院
石家庄理工职业学院
石家庄外语翻译职业学院
石家庄科技信息职业学院
河北司法警官职业学院
河北女子职业技术学院
石家庄外事职业学院
冀中职业学院
石家庄科技工程职业学院
河北劳动关系职业学院
石家庄科技职业学院
廊坊东方职业技术学院
泊头职业学院
宣化科技职业学院

山西省（46所）

太原电力高等专科学校
吕梁高等专科学校
山西省财政税务专科学校
山西警官高等专科学校
运城幼儿师范高等专科学校
太原大学
*长治职业技术学院
山西艺术职业学院
晋城职业技术学院
山西建筑职业技术学院
山西生物应用职业技术学院
山西工程职业技术学院
山西交通职业技术学院
山西兴华职业学院
北岳职业技术学院
山西机电职业技术学院
山西戏剧职业学院
山西财贸职业技术学院
山西林业职业技术学院
山西水利职业技术学院
阳泉职业技术学院
临汾职业技术学院

山西综合职业技术学院
山西煤炭职业技术学院
山西金融职业学院
太原城市职业技术学院
山西信息职业技术学院
山西工商职业学院
山西体育职业学院
山西警官职业学院
山西国际商务职业学院
潞安职业技术学院
太原旅游职业学院
山西旅游职业学院
山西管理职业学院
山西电力职业技术学院
忻州职业技术学院
山西同文外语职业学院
晋中职业技术学院
山西华澳商贸职业学院
山西运城农业职业技术学院
山西老区职业技术学院
山西经贸职业学院
朔州职业技术学院
运城职业技术学院
山西轻工职业技术学院

内蒙古自治区（27所）

乌兰察布医学高等专科学校
内蒙古建筑职业技术学院
内蒙古丰州职业学院
河套大学
包头职业技术学院
兴安职业技术学院
呼和浩特职业学院
包头轻工职业技术学院
内蒙古电子信息职业技术学院
内蒙古机电职业技术学院
内蒙古化工职业学院
内蒙古商贸职业学院
锡林郭勒职业学院
内蒙古警察职业学院
内蒙古体育职业学院
乌兰察布职业学院
通辽职业学院
科尔沁艺术职业学院
内蒙古交通职业技术学院
包头钢铁职业技术学院
乌海职业技术学院
内蒙古科技职业学院
内蒙古北方职业技术学院
赤峰职业技术学院
*内蒙古经贸外语职业学院
包头铁道职业技术学院
鄂尔多斯职业学院

辽宁省（43所）

朝阳师范高等专科学校
抚顺师范高等专科学校
锦州师范高等专科学校
铁岭师范高等专科学校
阜新高等专科学校
辽宁警官高等专科学校
辽宁交通高等专科学校
营口职业技术学院
大连职业技术学院
辽宁农业职业技术学院
抚顺职业技术学院
辽阳职业技术学院
盘锦职业技术学院
沈阳航空职业技术学院
辽宁体育运动职业技术学院
辽宁职业学院
辽宁林业职业技术学院
沈阳职业技术学院
锦州商务职业学院
大连商务职业学院
大连艺术职业学院
大连东软信息技术职业学院
辽宁金融职业学院
辽宁信息职业技术学院
辽宁广告职业学院

辽宁机电职业技术学院
辽宁经济职业技术学院
辽宁石化职业技术学院
渤海船舶职业学院
辽宁美术职业学院
大连软件职业学院
大连翻译职业学院
辽宁商贸职业学院
大连枫叶职业技术学院
辽宁装备制造职业技术学院
辽河石油职业技术学院
辽宁地质工程职业学院
辽宁铁道职业技术学院
辽宁建筑职业技术学院
大连航运职业技术学院
大连装备制造职业技术学院
大连汽车职业技术学院
辽宁现代服务职业技术学院

吉林省（19 所）

长春汽车工业高等专科学校
长春金融高等专科学校
吉林公安高等专科学校
长春医学高等专科学校
白城医学高等专科学校
辽源职业技术学院
四平职业大学
吉林交通职业技术学院
*长春东方职业学院
吉林司法警官职业学院
吉林电子信息职业技术学院
吉林工业职业技术学院
吉林农业工程职业技术学院
长春职业技术学院
长春信息技术职业学院
松原职业技术学院
吉林铁道职业技术学院
白城职业技术学院
长白山职业技术学院

黑龙江省（43 所）

齐齐哈尔高等师范专科学校
哈尔滨金融高等专科学校
鹤岗师范高等专科学校
大庆医学高等专科学校
黑龙江幼儿师范高等专科学校
伊春职业学院
牡丹江大学
鸡西大学
黑龙江工商职业技术学院
哈尔滨华夏计算机职业技术学院
黑龙江建筑职业技术学院
黑龙江艺术职业学院
大庆职业学院
黑龙江林业职业技术学院
黑龙江农业职业技术学院
黑龙江农业工程职业学院
黑龙江农垦职业学院
黑龙江司法警官职业学院
齐齐哈尔职业学院
哈尔滨电力职业技术学院
哈尔滨铁道职业技术学院
大兴安岭职业学院
黑龙江畜牧兽医职业学院
黑龙江农业经济职业学院
哈尔滨职业技术学院
哈尔滨现代公共关系职业学院
黑龙江生物科技职业学院
黑龙江商业职业学院
黑龙江公安警官职业学院
黑龙江信息技术职业学院
黑龙江北开职业技术学院
黑龙江农垦农业职业技术学院
黑龙江旅游职业技术学院
*黑龙江三江美术职业学院
黑龙江生态工程职业学院
黑龙江煤炭职业技术学院
七台河职业学院
黑龙江民族职业学院

黑龙江交通职业技术学院
哈尔滨应用职业技术学院
哈尔滨科学技术职业学院
黑龙江粮食职业学院
佳木斯职业学院

上海市（30所）

上海医疗器械高等专科学校
上海旅游高等专科学校
上海公安高等专科学校
上海出版印刷高等专科学校
上海医药高等专科学校
上海东海职业技术学院
上海新侨职业技术学院
上海行健职业学院
上海城市管理职业技术学院
上海交通职业技术学院
上海海事职业技术学院
上海电子信息职业技术学院
上海震旦职业学院
上海民远职业技术学院
上海欧华职业技术学院
上海思博职业技术学院
上海立达职业技术学院
上海工艺美术职业学院
上海济光职业技术学院
上海工商外国语职业学院
上海科学技术职业学院
上海农林职业技术学院
上海邦德职业技术学院
*上海托普信息技术职业学院
上海中侨职业技术学院
上海建峰职业技术学院
上海电影艺术职业学院
▲上海中华职业技术学院
上海工会管理职业学院
上海体育职业学院

江苏省（78所）

南京森林公安高等专科学校
镇江市高等专科学校
连云港师范高等专科学校
泰州师范高等专科学校
民办明达职业技术学院
无锡职业技术学院
徐州建筑职业技术学院
南京工业职业技术学院
南通纺织职业技术学院
苏州工艺美术职业技术学院
连云港职业技术学院
南通职业大学
苏州职业大学
沙洲职业工学院
扬州市职业大学
江苏经贸职业技术学院
南京特殊教育职业技术学院
九州职业技术学院
紫琅职业技术学院
硅湖职业技术学院
泰州职业技术学院
常州信息职业技术学院
江苏联合职业技术学院
江苏海事职业技术学院
应天职业技术学院
无锡科技职业学院
盐城卫生职业技术学院
扬州环境资源职业技术学院
南通农业职业技术学院
苏州经贸职业技术学院
苏州工业职业技术学院
苏州托普信息职业技术学院
苏州卫生职业技术学院
无锡商业职业技术学院
南通航运职业技术学院
南京交通职业技术学院
淮安信息职业技术学院
江苏畜牧兽医职业技术学院
常州纺织服装职业技术学院
苏州农业职业技术学院
苏州工业园区职业技术学院

太湖创意职业技术学院
炎黄职业技术学院
南京化工职业技术学院
正德职业技术学院
钟山职业技术学院
无锡南洋职业技术学院
江南影视艺术职业学院
金肯职业技术学院
常州轻工职业技术学院
常州工程职业技术学院
江苏农林职业技术学院
江苏食品职业技术学院
建东职业技术学院
南京铁道职业技术学院
徐州工业职业技术学院
江苏信息职业技术学院
宿迁职业技术学院
南京信息职业技术学院
江海职业技术学院
常州机电职业技术学院
江阴职业技术学院
无锡城市职业技术学院
无锡工艺职业技术学院
金山职业技术学院
健雄职业技术学院
盐城纺织职业技术学院
江苏财经职业技术学院
扬州工业职业技术学院
苏州港大思培科技职业学院
昆山登云科技职业学院
南京视觉艺术职业学院
江苏城市职业学院
南京机电职业技术学院
苏州高博软件技术职业学院
南京旅游职业学院
江苏建康职业学院
苏州信息职业技术学院

浙江省（47所）

公安海警高等专科学校
浙江水利水电专科学校
浙江医药高等专科学校
浙江医学高等专科学校
宁波职业技术学院
温州职业技术学院
浙江交通职业技术学院
金华职业技术学院
宁波城市职业技术学院
浙江电力职业技术学院
浙江同济科技职业学院
浙江工商职业技术学院
台州职业技术学院
浙江工贸职业技术学院
浙江机电职业技术学院
浙江建设职业技术学院
浙江艺术职业学院
浙江经贸职业技术学院
浙江商业职业技术学院
浙江经济职业技术学院
浙江旅游职业学院
浙江育英职业技术学院
浙江警官职业学院
浙江金融职业学院
浙江工业职业技术学院
杭州职业技术学院
嘉兴职业技术学院
湖州职业技术学院
绍兴托普信息职业技术学院
衢州职业技术学院
丽水职业技术学院
浙江东方职业技术学院
义乌工商职业技术学院
浙江纺织服装职业技术学院
浙江长征职业技术学院
嘉兴南洋职业技术学院
浙江广厦建设职业技术学院
杭州万向职业技术学院
浙江邮电职业技术学院
宁波天一职业技术学院
台州科技职业学院

浙江国际海运职业技术学院
浙江体育职业技术学院
温州科技职业学院
浙江汽车职业技术学院
浙江横店影视职业学院
杭州科技职业技术学院

安徽省（64所）

安徽中医药高等专科学校
安徽医学高等专科学校
亳州师范高等专科学校
马鞍山师范高等专科学校
安庆医药高等专科学校
安徽职业技术学院
淮北职业技术学院
芜湖职业技术学院
淮南联合大学
安徽商贸职业技术学院
安徽水利水电职业技术学院
阜阳职业技术学院
铜陵职业技术学院
民办万博科技职业学院
安徽警官职业学院
淮南职业技术学院
安徽工业经济职业技术学院
合肥通用职业技术学院
民办安徽文达信息技术职业学院
安徽工贸职业技术学院
宿州职业技术学院
六安职业技术学院
安徽电子信息职业技术学院
民办合肥经济技术职业学院
安徽交通职业技术学院
安徽体育运动职业技术学院
巢湖职业技术学院
滁州职业技术学院
池州职业技术学院
宣城职业技术学院
安徽广播影视职业技术学院
民办合肥滨湖职业技术学院
民办安徽外国语职业技术学院
安徽电气工程职业技术学院
安徽冶金科技职业学院
安徽城市管理职业学院
安徽机电职业技术学院
安徽工商职业学院
安徽中澳科技职业学院
阜阳科技职业学院
亳州职业技术学院
安徽国防科技职业学院
安庆职业技术学院
安徽艺术职业学院
安徽财贸职业学院
安徽国际商务职业学院
安徽公安职业学院
安徽林业职业技术学院
安徽审计职业学院
安徽新闻出版职业技术学院
安徽邮电职业技术学院
安徽工业职业技术学院
芜湖信息技术职业学院
民办合肥财经职业学院
安徽涉外经济职业学院
安徽绿海商务职业学院
合肥共达职业技术学院
蚌埠经济技术职业学院
民办安徽旅游职业学院
徽商职业学院
马鞍山职业技术学院
安徽现代信息工程职业学院
安徽矿业职业技术学院
合肥信息技术职业学院

福建省（55所）

宁德师范高等专科学校
福建商业高等专科学校
厦门医学高等专科学校
泉州医学高等专科学校
福建交通职业技术学院
漳州职业技术学院

闽西职业技术学院
黎明职业大学
福建华南女子职业学院
福州职业技术学院
福建林业职业技术学院
福建信息职业技术学院
福建水利电力职业技术学院
福建电力职业技术学院
厦门海洋职业技术学院
福建农业职业技术学院
福建卫生职业技术学院
福州英华职业学院
厦门华夏职业学院
▲泉州纺织服装职业学院
泉州华光摄影艺术职业学院
泉州理工职业学院
福建警官职业学院
福州外语外贸职业技术学院
福建金融职业技术学院
闽北职业技术学院
福州黎明职业技术学院
泉州信息职业技术学院
*厦门演艺职业学院
▲厦门华天涉外职业技术学院
*福州科技职业技术学院
泉州经贸职业技术学院
福建对外经济贸易职业技术学院
湄洲湾职业技术学院
福州海峡职业技术学院
福建生物工程职业技术学院
福建艺术职业学院
厦门城市职业学院
德化陶瓷职业技术学院
三明职业技术学院
宁德职业技术学院
福州软件职业技术学院
厦门兴才职业技术学院
厦门软件职业技术学院
福建体育职业技术学院
漳州城市职业学院
厦门南洋职业学院
厦门东海职业技术学院
漳州天福茶职业技术学院
漳州吉马印刷职业技术学院
武夷山职业学院
漳州卫生职业学院
泉州泰山航海职业学院
泉州轻工职业学院
厦门安防科技职业学院

江西省（52所）

景德镇高等专科学校
萍乡高等专科学校
江西公安专科学校
新余高等专科学校
南昌师范高等专科学校
江西中医药高等专科学校
江西工业职业技术学院
九江职业大学
九江职业技术学院
江西渝州科技职业学院
江西司法警官职业学院
江西陶瓷工艺美术职业技术学院
江西旅游商贸职业学院
江西电力职业技术学院
江西环境工程职业学院
江西艺术职业学院
鹰潭职业技术学院
江西城市职业学院
江西信息应用职业技术学院
江西交通职业技术学院
江西财经职业学院
江西应用技术职业学院
江西现代职业技术学院
江西工业工程职业技术学院
江西机电职业技术学院
江西服装职业技术学院
江西科技职业学院
江西大宇职业技术学院
江西赣江职业技术学院

江西外语外贸职业学院
江西工业贸易职业技术学院
宜春职业技术学院
江西应用工程职业学院
江西生物科技职业学院
江西建设职业技术学院
抚州职业技术学院
江西先锋软件职业技术学院
江西经济管理职业学院
江西制造职业技术学院
江西工程职业学院
江西青年职业学院
上饶职业技术学院
江西航空职业技术学院
江西农业工程职业学院
赣西科技职业学院
江西护理职业技术学院
江西太阳能科技职业学院
江西枫林涉外经贸职业学院
江西泰豪动漫职业学院
江西冶金职业技术学院
江西管理职业学院
江西新闻出版职业技术学院

山东省（71所）

山东医学高等专科学校
菏泽医学专科学校
山东电力高等专科学校
淄博师范高等专科学校
山东中医药高等专科学校
山东商业职业技术学院
日照职业技术学院
曲阜远东职业技术学院
青岛职业技术学院
威海职业学院
济南铁道职业技术学院
山东劳动职业技术学院
莱芜职业技术学院
济宁职业技术学院
潍坊职业学院
烟台职业学院
东营职业学院
聊城职业技术学院
滨州职业学院
山东科技职业学院
山东服装职业学院
德州科技职业学院
山东力明科技职业学院
山东圣翰财贸职业学院
山东水利职业学院
山东畜牧兽医职业学院
青岛飞洋职业技术学院
山东大王职业学院
山东交通职业学院
淄博职业学院
山东外贸职业学院
青岛酒店管理职业技术学院
山东信息职业技术学院
淄博科技职业学院
青岛港湾职业技术学院
青岛恒星职业技术学院
山东胜利职业学院
山东经贸职业学院
山东工业职业学院
山东化工职业学院
青岛黄海职业学院
*青岛求实职业技术学院
山东现代职业学院
济南职业学院
山东协和职业技术学院
烟台工程职业技术学院
山东凯文科技职业学院
山东外国语职业学院
潍坊工商职业学院
德州职业技术学院
枣庄科技职业学院
济南工程职业技术学院
山东电子职业技术学院
山东华宇职业技术学院
山东旅游职业学院

山东铝业职业学院
山东杏林科技职业学院
泰山职业技术学院
山东外事翻译职业学院
山东药品食品职业学院
山东商务职业学院
山东丝绸纺织职业学院
山东城市建设职业学院
烟台汽车工程职业学院
山东司法警官职业学院
菏泽家政职业学院
山东传媒职业学院
临沂职业学院
枣庄职业学院
山东理工职业学院
山东文化产业职业学院

河南省（56所）

铁道警官高等专科学校
郑州牧业工程高等专科学校
信阳农业高等专科学校
河南机电高等专科学校
河南商业高等专科学校
河南财政税务高等专科学校
河南公安高等专科学校
郑州电力高等专科学校
郑州澍青医学高等专科学校
郑州师范高等专科学校
焦作师范高等专科学校
漯河医学高等专科学校
南阳医学高等专科学校
商丘医学高等专科学校
河南职业技术学院
漯河职业技术学院
三门峡职业技术学院
郑州铁路职业技术学院
中州大学
开封大学
焦作大学
濮阳职业技术学院
黄河水利职业技术学院
许昌职业技术学院
商丘职业技术学院
平顶山工业职业技术学院
周口职业技术学院
济源职业技术学院
河南司法警官职业学院
鹤壁职业技术学院
河南工业职业技术学院
郑州经贸职业学院
郑州交通职业学院
河南检察职业学院
商丘科技职业学院
河南质量工程职业学院
郑州信息科技职业学院
郑州电子信息职业技术学院
信阳职业技术学院
嵩山少林武术职业学院
郑州工业安全职业学院
永城职业学院
河南经贸职业学院
河南交通职业技术学院
河南农业职业学院
郑州旅游职业学院
郑州职业技术学院
河南工业贸易职业学院
郑州电力职业技术学院
周口科技职业学院
河南建筑职业技术学院
漯河食品职业学院
郑州布瑞达理工职业学院
安阳职业技术学院
新乡职业技术学院
驻马店职业技术学院

湖北省（54所）

郧阳师范高等专科学校
湖北财经高等专科学校
湖北中医药高等专科学校
武汉职业技术学院

黄冈职业技术学院
长江职业学院
沙市职业大学
十堰职业技术学院
鄂州职业大学
武汉商业服务学院
湖北职业技术学院
武汉船舶职业技术学院
恩施职业技术学院
襄樊职业技术学院
*武汉工贸职业学院
荆州职业技术学院
武汉工程职业技术学院
仙桃职业学院
湖北轻工职业技术学院
湖北交通职业技术学院
武汉航海职业技术学院
武汉铁路职业技术学院
武汉软件工程职业学院
湖北三峡职业技术学院
随州职业技术学院
武汉电力职业技术学院
湖北水利水电职业技术学院
湖北城市建设职业技术学院
武汉警官职业学院
湖北生物科技职业学院
湖北开放职业学院
武汉科技职业学院
武汉外语外事职业学院
武汉信息传播职业技术学院
武汉语言文化职业学院
武汉商贸职业学院
湖北艺术职业学院
武汉交通职业学院
咸宁职业技术学院
长江工程职业技术学院
江汉艺术职业学院
武汉工业职业技术学院
武汉民政职业学院
鄂东职业技术学院
湖北财税职业学院
黄冈科技职业学院
湖北国土资源职业学院
湖北生态工程职业技术学院
三峡电力职业学院
湖北科技职业学院
湖北青年职业学院
黄石职业技术学院
三峡旅游职业技术学院
武汉城市职业学院

湖南省（66所）

长沙航空职业技术学院
湖南财经高等专科学校
湖南公安高等专科学校
怀化医学高等专科学校
湖南中医药高等专科学校
邵阳医学高等专科学校
长沙师范学校
益阳医学高等专科学校
长沙民政职业技术学院
湖南工业职业技术学院
湖南信息职业技术学院
湖南女子职业大学
湖南大众传媒职业技术学院
永州职业技术学院
湖南铁道职业技术学院
湖南科技职业学院
湖南生物机电职业技术学院
湖南交通职业技术学院
湖南商务职业技术学院
湖南体育职业学院
湖南工程职业技术学院
保险职业学院
湖南对外经济贸易职业学院
湖南网络工程职业学院
邵阳职业技术学院
湖南司法警官职业学院
长沙商贸旅游职业技术学院
湖南环境生物职业技术学院

长沙通信职业技术学院
湘潭职业技术学院
郴州职业技术学院
娄底职业技术学院
张家界航空工业职业技术学院
长沙环境保护职业技术学院
湖南艺术职业学院
湖南机电职业技术学院
长沙职业技术学院
怀化职业技术学院
岳阳职业技术学院
常德职业技术学院
潇湘职业学院
湖南化工职业技术学院
湖南城建职业技术学院
湖南石油化工职业技术学院
湖南民族职业学院
湘西民族职业技术学院
衡阳财经工业职业技术学院
益阳职业技术学院
湖南同德职业学院
湖南信息科学职业学院
湖南工艺美术职业学院
湖南九嶷职业技术学院
湖南理工职业技术学院
湖南科技经贸职业学院
株洲职业技术学院
长沙电力职业技术学院
湖南水利水电职业技术学院
湖南现代物流职业技术学院
湖南交通工程职业技术学院
湖南铁路科技职业技术学院
湖南安全技术职业学院
湖南电气职业技术学院
湖南外国语职业学院
湖南都市职业学院
湖南电子科技职业学院
湖南科技工业职业技术学院

广东省（71所）

广州民航职业技术学院
广州航海高等专科学校
民办南华工商学院
私立华联学院
肇庆医学高等专科学校
顺德职业技术学院
广东轻工职业技术学院
广东交通职业技术学院
广东水利电力职业技术学院
＊潮汕职业技术学院
深圳职业技术学院
广东财经职业学院
广州番禺职业技术学院
广东松山职业技术学院
广东农工商职业技术学院
＊广东新安职业技术学院
佛山职业技术学院
广东科学技术职业学院
广东食品药品职业学院
南海东软信息技术职业学院
广州康大职业技术学院
珠海艺术职业学院
广东行政职业学院
广东体育职业技术学院
广东纺织职业技术学院
广东建设职业技术学院
广东女子职业技术学院
广东机电职业技术学院
广东岭南职业技术学院
汕尾职业技术学院
罗定职业技术学院
＊阳江职业技术学院
河源职业技术学院
广东邮电职业技术学院
汕头职业技术学院
揭阳职业技术学院
深圳信息职业技术学院
清远职业技术学院
广东工贸职业技术学院
广东司法警官职业学院
广东亚视演艺职业学院

广东省外语艺术职业学院
广东文艺职业学院
广州体育职业技术学院
广州工程技术职业学院
中山火炬职业技术学院
江门职业技术学院
茂名职业技术学院
珠海城市职业技术学院
广州工商职业技术学院
广州涉外经济职业技术学院
广州南洋理工职业学院
广州科技职业技术学院
惠州经济职业技术学院
东莞南博职业技术学院
肇庆科技职业技术学院
肇庆工商职业技术学院
广州现代信息工程职业技术学院
广东理工职业学院
广州华南商贸职业学院
广州华立科技职业学院
广州城市职业学院
广东工程职业技术学院
广州铁路职业技术学院
广东科贸职业学院
广州科技贸易职业学院
中山职业技术学院
广州珠江职业技术学院
广州松田职业学院
湛江现代科技职业学院
广州城建职业学院

广西壮族自治区（39 所）

广西体育高等专科学校
柳州师范高等专科学校
桂林师范高等专科学校
桂林航天工业高等专科学校
桂林旅游高等专科学校
柳州医学高等专科学校
广西警官高等专科学校
广西幼儿师范高等专科学校
广西机电职业技术学院
南宁职业技术学院
邕江大学
广西水利电力职业技术学院
广西职业技术学院
柳州职业技术学院
广西生态工程职业技术学院
广西交通职业技术学院
广西工业职业技术学院
广西国际商务职业技术学院
广西农业职业技术学院
柳州运输职业技术学院
广西建设职业技术学院
贵港职业学院
河池职业学院
北海职业学院
北海艺术设计职业学院
桂林山水职业学院
广西经贸职业技术学院
广西工商职业技术学院
*广西演艺职业学院
广西东方外语职业学院
广西电力职业技术学院
广西城市职业学院
广西英华国际职业学院
柳州城市职业学院
百色职业学院
广西工程职业学院
广西理工职业技术学院
梧州职业学院
广西经济职业学院

海南省（11 所）

琼台师范高等专科学校
海南职业技术学院
三亚城市职业学院
海南软件职业技术学院
海南政法职业学院
海南外国语职业学院
海南经贸职业技术学院

海南万和信息职业技术学院
三亚航空旅游职业学院
海南科技职业学院
三亚理工职业学院

重庆市（28所）

重庆电力高等专科学校
重庆三峡医药高等专科学校
重庆医药高等专科学校
重庆航天职业技术学院
重庆工业职业技术学院
重庆三峡职业学院
重庆工贸职业技术学院
重庆机电职业技术学院
重庆正大软件职业技术学院
重庆电子工程职业学院
重庆海联职业技术学院
重庆信息技术职业学院
重庆传媒职业学院
重庆警官职业学院
重庆城市管理职业学院
重庆工程职业技术学院
重庆巴渝职业技术学院
重庆城市职业学院
重庆水利电力职业技术学院
重庆工商职业学院
重庆民生职业技术学院
重庆青年职业技术学院
重庆财经职业学院
重庆科创职业学院
重庆建筑工程职业学院
重庆江津职业学院
重庆能源职业学院
重庆商务职业学院

四川省（48所）

阿坝师范高等专科学校
成都电子机械高等专科学校
四川烹饪高等专科学校
成都纺织高等专科学校
民办四川天一学院
四川中医药高等专科学校
四川幼儿师范高等专科学校
成都航空职业技术学院
四川电力职业技术学院
成都职业技术学院
成都东软信息技术职业学院
四川化工职业技术学院
四川水利职业技术学院
南充职业技术学院
内江职业技术学院
四川航天职业技术学院
四川邮电职业技术学院
四川机电职业技术学院
绵阳职业技术学院
四川交通职业技术学院
四川工商职业技术学院
四川工程职业技术学院
四川建筑职业技术学院
达州职业技术学院
四川托普信息技术职业学院
四川国际标榜职业学院
成都农业科技职业学院
宜宾职业技术学院
泸州职业技术学院
眉山职业技术学院
成都艺术职业学院
四川职业技术学院
乐山职业技术学院
雅安职业技术学院
四川商务职业学院
四川司法警官职业学院
广安职业技术学院
四川信息职业技术学院
四川警安职业学院
四川文化传媒职业学院
四川华新现代职业学院
四川管理职业学院
四川艺术职业学院
四川科技职业学院

四川文化产业职业学院

四川财经职业学院

四川城市职业学院

四川现代职业学院

贵州省（22 所）

黔南民族医学高等专科学校

*贵州商业高等专科学校

遵义医药高等专科学校

贵州警官职业学院

贵州交通职业技术学院

贵州航天职业技术学院

贵州电子信息职业技术学院

安顺职业技术学院

黔东南民族职业技术学院

黔南民族职业技术学院

遵义职业技术学院

*贵州亚泰职业学院

贵州工业职业技术学院

贵州电力职业技术学院

六盘水职业技术学院

铜仁职业技术学院

黔西南民族职业技术学院

贵州轻工职业技术学院

贵阳护理职业学院

贵阳职业技术学院

毕节职业技术学院

贵州职业技术学院

云南省（35 所）

昭通师范高等专科学校

思茅师范高等专科学校

昆明冶金高等专科学校

云南医学高等专科学校

曲靖医学高等专科学校

楚雄医药高等专科学校

保山中医药高等专科学校

丽江师范高等专科学校

德宏师范高等专科学校

临沧师范高等专科学校

云南国土资源职业学院

云南交通职业技术学院

昆明工业职业技术学院

云南农业职业技术学院

云南司法警官职业学院

云南文化艺术职业学院

云南体育运动职业技术学院

云南经济管理职业学院

云南科技信息职业学院

西双版纳职业技术学院

昆明艺术职业学院

玉溪农业职业技术学院

云南能源职业技术学院

云南热带作物职业学院

云南国防工业职业技术学院

云南机电职业技术学院

云南林业职业技术学院

云南北美职业学院

昆明扬帆职业技术学院

云南爱因森软件职业学院

*云南新兴职业学院

云南锡业职业技术学院

云南经贸外事职业学院

云南三鑫职业技术学院

德宏职业学院

西藏自治区（3 所）

西藏警官高等专科学校

拉萨师范高等专科学校

西藏职业技术学院

陕西省（37 所）

西安航空技术高等专科学校

西安电力高等专科学校

西安医学高等专科学校

陕西工业职业技术学院

杨凌职业技术学院

陕西能源职业技术学院

陕西国防工业职业技术学院

西安航空职业技术学院

陕西财经职业技术学院
陕西交通职业技术学院
陕西职业技术学院
西安高新科技职业学院
西安三资职业学院
陕西服装艺术职业学院
陕西铁路工程职业技术学院
宝鸡职业技术学院
陕西航空职业技术学院
西安科技商贸职业学院
＊陕西电子信息职业技术学院
陕西邮电职业技术学院
西安海棠职业学院
西安汽车科技职业学院
陕西警官职业学院
陕西经济管理职业技术学院
西安铁路职业技术学院
咸阳职业技术学院
西安职业技术学院
商洛职业技术学院
汉中职业技术学院
延安职业技术学院
渭南职业技术学院
安康职业技术学院
铜川职业技术学院
陕西青年职业学院
陕西纺织服装职业技术学院
陕西电子科技职业学院
陕西旅游烹饪职业学院

甘肃省（20 所）

平凉医学高等专科学校
陇南师范高等专科学校
兰州工业高等专科学校
定西师范高等专科学校
张掖医学高等专科学校
兰州石化职业技术学院
甘肃联合大学
甘肃建筑职业技术学院
酒泉职业技术学院
兰州外语职业学院
兰州职业技术学院
甘肃警察职业学院
甘肃林业职业技术学院
甘肃工业职业技术学院
武威职业学院
甘肃交通职业技术学院
兰州资源环境职业技术学院
甘肃农业职业技术学院
甘肃畜牧工程职业技术学院
甘肃钢铁职业技术学院

青海省（5 所）

青海卫生职业技术学院
青海警官职业学院
青海畜牧兽医职业技术学院
青海交通职业技术学院
青海建筑职业技术学院

宁夏回族自治区（8 所）

宁夏民族职业技术学院
宁夏工业职业学院
宁夏职业技术学院
宁夏工商职业技术学院
宁夏财经职业技术学院
宁夏司法警官职业学院
宁夏建设职业技术学院
银川科技职业学院

新疆维吾尔自治区（20 所）

和田师范专科学校
新疆工业高等专科学校
新疆维吾尔医学专科学校
新疆警官高等专科学校
新疆兵团警官高等专科学校
新疆农业职业技术学院
乌鲁木齐职业大学
克拉玛依职业技术学院
新疆机电职业技术学院
新疆轻工职业技术学院

＊新疆能源职业技术学院
昌吉职业技术学院
伊犁职业技术学院
阿克苏职业技术学院
巴音郭楞职业技术学院
新疆建设职业技术学院
新疆现代职业技术学院
新疆天山职业技术学院
新疆交通职业技术学院
新疆石河子职业技术学院

三、独立学院（共318所）

北京市（5所）

首都师范大学科德学院
北京工商大学嘉华学院
北京邮电大学世纪学院
北京工业大学耿丹学院
北京第二外国语学院中瑞酒店管理学院

天津市（10所）

南开大学滨海学院
天津外国语学院滨海外事学院
天津体育学院运动与文化艺术学院
天津商业大学宝德学院
天津医科大学临床医学院
北京科技大学天津学院
天津师范大学津沽学院
天津理工大学中环信息学院
天津大学仁爱学院
天津财经大学珠江学院

河北省（18所）

河北理工大学轻工学院
河北工程大学科信学院
华北电力大学科技学院
河北科技大学理工学院
河北大学工商学院
河北师范大学汇华学院
河北医科大学临床学院
河北经贸大学经济管理学院
河北工业大学城市学院
燕山大学里仁学院
石家庄铁道学院四方学院
石家庄经济学院华信学院
河北农业大学现代科技学院
华北煤炭医学院冀唐学院
中国地质大学长城学院
北京化工大学北方学院
北京中医药大学东方学院
北京交通大学海滨学院

山西省（8所）

山西大学商务学院
太原理工大学现代科技学院
山西农业大学信息学院
山西师范大学现代文理学院
中北大学信息商务学院
太原科技大学华科学院
山西医科大学晋祠学院
山西财经大学华商学院

内蒙古自治区（2所）

内蒙古大学创业学院
内蒙古师范大学鸿德学院

辽宁省（20所）

大连理工大学城市学院
沈阳航空工业学院北方科技学院
沈阳大学科技工程学院
大连交通大学信息工程学院
渤海大学文理学院
东北财经大学津桥商学院
大连工业大学艺术与信息工程学院
辽宁科技大学信息技术学院
中国医科大学临床医药学院
辽宁石油化工大学顺华能源学院
辽宁师范大学海华学院
沈阳建筑大学城市建设学院
辽宁中医药大学杏林学院

沈阳农业大学科学技术学院
沈阳理工大学应用技术学院
沈阳医学院何氏视觉科学学院
辽宁医学院医疗学院
大连医科大学中山学院
沈阳工业大学工程学院
沈阳化工学院科亚学院

吉林省（10 所）

吉林建筑工程学院建筑装饰学院
吉林建筑工程学院城建学院
长春大学光华学院
长春工业大学人文信息学院
长春理工大学光电信息学院
长春税务学院信息经济学院
吉林农业大学发展学院
东北师范大学人文学院
吉林师范大学博达学院
长春大学旅游学院

黑龙江省（8 所）

哈尔滨理工大学远东学院
哈尔滨师范大学恒星学院
哈尔滨工业大学华德应用技术学院
*东北农业大学成栋学院
黑龙江大学剑桥学院
哈尔滨商业大学广厦学院
大庆石油学院华瑞学院
*黑龙江工程学院昆仑旅游学院

上海市（3 所）

上海外国语大学贤达经济人文学院
上海师范大学天华学院
复旦大学上海视觉艺术学院

江苏省（26 所）

江南大学太湖学院
东南大学成贤学院
中国矿业大学徐海学院
南京大学金陵学院
南京理工大学紫金学院
南京航空航天大学金城学院
中国传媒大学南广学院
南京理工大学泰州科技学院
南京师范大学泰州学院
南京工业大学浦江学院
南京师范大学中北学院
南京医科大学康达学院
南京中医药大学翰林学院
南京信息工程大学滨江学院
苏州大学文正学院
苏州大学应用技术学院
苏州科技学院天平学院
江苏大学京江学院
扬州大学广陵学院
徐州师范大学科文学院
南京邮电大学通达学院
南京财经大学红山学院
江苏科技大学南徐学院
江苏工业学院怀德学院
南通大学杏林学院
南京审计学院重审学院

浙江省（22 所）

浙江大学城市学院
浙江大学宁波理工学院
浙江工业大学之江学院
浙江师范大学行知学院
宁波大学科学技术学院
杭州电子科技大学信息工程学院
浙江理工大学科技与艺术学院
浙江海洋学院东海科学技术学院
浙江林学院天目学院
温州医学院仁济学院
浙江中医药大学滨江学院
杭州师范大学钱江学院
湖州师范学院求真学院
绍兴文理学院元培学院
温州大学瓯江学院
浙江工商大学杭州商学院

中国计量学院现代科技学院
浙江财经学院东方学院
嘉兴学院南湖学院
温州大学城市学院
同济大学浙江学院
上海财经大学浙江学院

安徽省（11 所）

安徽大学江淮学院
安徽师范大学皖江学院
安徽农业大学经济技术学院
安徽医科大学临床医学院
安徽工业大学工商学院
安徽财经大学商学院
淮北煤炭师范学院信息学院
安徽建筑工业学院城市建设学院
安徽工程科技学院机电学院
阜阳师范学院信息工程学院
河海大学文天学院

福建省（9 所）

厦门大学嘉庚学院
福州大学阳光学院
福建师范大学协和学院
福建农林大学东方学院
福建师范大学闽南科技学院
华侨大学厦门工学院
集美大学诚毅学院
福州大学至诚学院
福建农林大学金山学院

江西省（13 所）

南昌大学科学技术学院
江西农业大学南昌商学院
江西师范大学科学技术学院
华东交通大学理工学院
江西理工大学应用科学学院
东华理工大学长江学院
南昌航空大学科技学院
江西中医学院科技学院
江西财经大学现代经济管理学院
赣南师范学院科技学院
景德镇陶瓷学院科技艺术学院
江西科技师范学院理工学院
南昌大学共青学院

山东省（12 所）

中国石油大学胜利学院
烟台大学文经学院
青岛理工大学琴岛学院
山东科技大学泰山科技学院
中国海洋大学青岛学院
山东经济学院燕山学院
青岛农业大学海都学院
曲阜师范大学杏坛学院
山东财政学院东方学院
山东师范大学历山学院
聊城大学东昌学院
济南大学泉城学院

河南省（10 所）

河南理工大学万方科技学院
河南大学民生学院
中原工学院信息商务学院
安阳师范学院人文管理学院
河南师范大学新联学院
新乡医学院三全学院
河南科技学院新科学院
信阳师范学院华锐学院
河南农业大学华豫学院
河南财经学院成功学院

湖北省（31 所）

华中科技大学武昌分校
武汉大学东湖分校
华中师范大学汉口分校
华中科技大学文华学院
中南财经政法大学武汉学院
武汉理工大学华夏学院
湖北大学知行学院

三峡大学科技学院
武汉科技大学中南分校
中南民族大学工商学院
武汉科技大学城市学院
湖北工业大学工程技术学院
湖北工业大学商贸学院
武汉工业学院工商学院
武汉工程大学邮电与信息工程学院
武汉科技学院外经贸学院
江汉大学文理学院
湖北汽车工业学院科技学院
湖北经济学院法商学院
武汉体育学院体育科技学院
湖北师范学院文理学院
孝感学院新技术学院
湖北民族学院科技学院
郧阳医学院药护学院
襄樊学院理工学院
中国地质大学江城学院
▲长江大学文理学院
长江大学工程技术学院
华中师范大学武汉传媒学院
华中农业大学楚天学院
武汉大学珞珈学院

湖南省（15 所）

湖南师范大学树达学院
湖南商学院北津学院
中南林业科技大学涉外学院
湖南农业大学东方科技学院
长沙理工大学城南学院
湖南科技大学潇湘学院
湖南工业大学科技学院
湘潭大学兴湘学院
南华大学船山学院
湖南文理学院芙蓉学院
湖南理工学院南湖学院
吉首大学张家界学院
湖南工程学院应用技术学院
湖南中医药大学湘杏学院
衡阳师范学院南岳学院

广东省（17 所）

北京师范大学珠海分校
电子科技大学中山学院
华南师范大学增城学院
广东工业大学华立学院
广州大学松田学院
北京理工大学珠海学院
吉林大学珠海学院
东莞理工学院城市学院
中山大学新华学院
华南农业大学珠江学院
广州大学华软软件学院
广东技术师范学院天河学院
中山大学南方学院
华南理工大学广州汽车学院
广东商学院华商学院
广东海洋大学寸金学院
广东外语外贸大学南国商学院

广西壮族自治区（9 所）

广西师范大学漓江学院
桂林电子科技大学信息科技学院
桂林理工大学博文管理学院
广西工学院鹿山学院
广西师范学院师园学院
广西民族大学相思湖学院
广西大学行健文理学院
广西中医学院赛恩斯新医药学院
北京航空航天大学北海学院

海南省（1 所）

海南大学三亚学院

重庆市（7 所）

西南大学育才学院
四川外语学院重庆南方翻译学院
重庆师范大学涉外商贸学院
重庆工商大学融智学院

重庆工商大学派斯学院
重庆邮电大学移通学院
重庆大学城市科技学院

四川省（13 所）

成都理工大学工程技术学院
成都理工大学广播影视学院
成都信息工程学院银杏酒店管理学院
四川师范大学文理学院
四川师范大学成都学院
四川外语学院成都学院
电子科技大学成都学院
四川大学锦城学院
西南科技大学城市学院
四川音乐学院绵阳艺术学院
四川大学锦江学院
西南财经大学天府学院
西南交通大学希望学院

贵州省（8 所）

贵州大学科技学院
贵州大学明德学院
贵州师范大学求是学院
遵义医学院医学与科技学院
贵阳中医学院时珍学院
贵州财经学院商务学院
贵州民族学院人文科技学院
贵阳医学院神奇民族医药学院

云南省（7 所）

云南大学滇池学院
云南师范大学商学院
云南大学旅游文化学院
昆明医学院海源学院
云南艺术学院文华学院
云南师范大学文理学院
昆明理工大学津桥学院

陕西省（11 所）

西安交通大学城市学院
西北大学现代学院
西安建筑科技大学华清学院
西安财经学院行知学院
陕西科技大学镐京学院
西安工业大学北方信息工程学院
延安大学西安创新学院
西安电子科技大学长安学院
西北工业大学明德学院
西安科技大学高新学院
西安理工大学高科学院

甘肃省（5 所）

西北师范大学知行学院
兰州商学院陇桥学院
兰州交通大学博文学院
兰州商学院长青学院
兰州理工大学技术工程学院

宁夏回族自治区（2 所）

宁夏大学新华学院
中国矿业大学银川学院

青海省（1 所）

青海大学昆仑学院

新疆维吾尔自治区（4 所）

新疆大学科学技术学院
新疆农业大学科学技术学院
新疆财经大学商务学院
新疆医科大学厚博学院

四、分校办学点（共 85 个）

北京市

北京科技大学延庆分校

天津市

天津市工会管理干部学院

河北省

张家口教育学院

石家庄职工大学
中国环境管理干部学院
河北管理干部学院
河北青年管理干部学院
河北地质职工大学

山西省

广播电影电视管理干部学院
山西职工医学院
山西煤炭管理干部学院
山西青年管理干部学院
山西政法管理干部学院

吉林省

吉林省教育学院
吉林省经济管理干部学院

辽宁省

辽宁文化艺术职工大学
辽宁公安司法管理干部学院

黑龙江省

哈尔滨市职工医学院
黑龙江省农垦管理干部学院
黑龙江省政法管理干部学院
黑龙江省教育学院

江苏省

江苏教育学院
南京人口管理干部学院
江苏省青年管理干部学院
江苏省省级机关管理干部学院

浙江省

浙江工业大学浙西分校
浙江教育学院
宁波教育学院

安徽省

安徽经济管理干部学院

福建省

福建教育学院
福州教育学院
福建经济管理干部学院
福建财会管理干部学院
福建政法管理干部学院

江西省

江西医学院上饶分院
南昌钢铁有限责任公司职工大学
江西教育学院
南昌教育学院
赣南教育学院

山东省

青岛远洋船员学院
山东省经济管理干部学院
山东省农业管理干部学院
山东省青年管理干部学院
山东省工会管理干部学院
山东省教育学院
潍坊教育学院
山东省聊城教育学院

河南省

河南教育学院
开封教育学院
河南政法管理干部学院
河南卫生职工学院
第一拖拉机制造厂拖拉机学院
平顶山教育学院

甘肃省

甘肃机械电子职工大学
白银有色金属公司职工大学
兰州教育学院
兰州航空工业职工大学
兰州铁路工程职工大学

广西壮族自治区

广西壮族自治区经济管理干部学院
广西政法管理干部学院
广西壮族自治区卫生管理干部学院
广西教育学院
南宁地区教育学院

湖北省

丹江口工程管理局职工大学
湖北省经济管理干部学院
十堰教育学院
荆州教育学院
武汉冶金管理干部学院

湖南省

株洲市职工大学
南方动力机械公司职工工学院
长沙教育学院
湘潭教育学院

广东省

广东教育学院

新疆维吾尔自治区

新疆教育学院

重庆市

重庆教育学院

四川省

中国工程物理研究院职工工学院
四川教育学院

陕西省

陕西工运学院
陕西航天职工大学
西安航空职工大学
西安飞机工业公司职工工学院
西安铁路工程职工大学
西安电力机械制造公司机电学院
陕西省建筑工程总公司职工大学
陕西教育学院

2009年具有成人高等学历教育招生资格的成人高等学校名单

教育部按语：

为保证成人高等教育教学质量，维持正常的办学秩序，进一步完善社会监督机制，并向广大考生提供准确的报考信息，现将2009年具有成人高等学历教育招生资格的成人高等学校名单予以公布。这次向社会公布今年具有招生资格的成人高校共295所，名单按学校所在地排序，包括广播电视大学、职工（农民）高等学校、管理干部学院、教育（教师进修）学院及独立设置的函授学院。除本次公布的成人高等学校及具有函授、夜大学办学资格的普通高校之外，任何其他机构均不具备2009年成人高等学历教育招生资格。请今年报考成人高等学校的考生注意查阅本名单，以免失误。

注：中央广播电视大学经教育部批准面向全国举办专科和专科起点本科远程开放教育，不通过全国成人高考招收学生，不包括在此名单中。

2009年具有成人高等学历教育招生资格的成人高等学校名单

北京市（19所）

国家检察官学院
国家法官学院
公安部管理干部学院
民航管理干部学院
北京市建设职工大学
首都联合职工大学
北京市房地产职工大学
北京市西城经济科学大学
北京市丰台区职工大学
北京广播电视大学
北京教育学院
北京市东城区职工业余大学
北京市总工会职工大学
北京市海淀区职工大学
北京市崇文区职工大学
北京宣武红旗业余大学
北京市石景山区业余大学
北京市朝阳区职工大学
北京医药集团职工大学

天津市（12所）

天津市工会管理干部学院
天津市职工经济技术大学
天津市政法管理干部学院
天津市财贸管理干部学院
天津市广播电视大学
天津市渤海化工职工学院
天津市南开区职工大学
天津市红桥区职工大学
天津市建筑工程职工大学
天津市河东区职工大学
天津市河西区职工大学
天津市和平区新华职工大学

河北省（7所）

河北地质职工大学
河北青年管理干部学院
河北管理干部学院
石家庄职工大学
河北省广播电视大学
张家口教育学院
中国环境管理干部学院

山西省（15所）

山西煤炭职工联合大学
阳泉市教育学院
山西青年管理干部学院
山西政法管理干部学院
山西煤炭管理干部学院
山西省广播电视大学
长治市教育学院
山西省吕梁市教育学院
山西省职工工艺美术学院
太原钢铁（集团）有限公司职工钢铁学院
山西机电职工学院
太原化学工业集团有限公司职工大学
山西兵器工业职工大学
广播电影电视管理干部学院
山西职工医学院

内蒙古自治区（2所）

包头市职工大学
内蒙古自治区广播电视大学

辽宁省（17所）

海军职工大学
辽宁公安司法管理干部学院
阜新矿务局职工大学
大连市广播电视大学
沈阳机械工业职工大学

辽宁文化艺术职工大学
阜新煤炭职工医学专科学校
辽宁广播电视大学
大连市教育学院
朝阳职工工学院
沈阳市广播电视大学
鞍山钢铁集团公司职工大学
辽宁兵器工业职工大学
本溪钢铁公司职工工学院
大连工人大学
大连职工大学
抚顺矿务局职工工学院

吉林省（14所）

延边职工大学
吉林省经济管理干部学院
吉林广播电视大学
长春教育学院
吉林省教育学院
梨树农村成人高等专科学校
延边黎明农民大学
吉林职工医科大学
通化钢铁公司职工大学
长春职工医科大学
长春市建筑职工业余大学
长春职工大学
长春广播电视大学
通化市职工大学

黑龙江省（17所）

哈尔滨市广播电视大学
黑龙江省社会科学院职工大学
黑龙江省经济管理干部学院
黑龙江省商业职工大学
黑龙江省广播电视大学
黑龙江省绥化地区教育学院
黑龙江省教育学院
黑龙江省政法管理干部学院
哈尔滨市职工医学院
黑龙江省农垦管理干部学院
黑龙江省职工体育运动技术学院
黑龙江兵器工业职工大学
哈尔滨航空职工大学
齐齐哈尔市建设职工大学
齐齐哈尔市职工大学
鹤岗矿务局职工大学
哈尔滨市职工大学

上海市（16所）

上海医药职工大学
上海职工医学院
上海工商学院
上海青年管理干部学院
上海纺织工业职工大学
上海市静安区业余大学
上海市经济管理干部学院
上海市黄浦区业余大学
上海市虹口区业余大学
上海科技管理干部学院
上海市卢湾区业余大学
上海市徐汇区业余大学
上海市长宁区业余大学
上海市宝山区业余大学
上海市普陀区业余大学
上海市杨浦区业余大学

江苏省（11所）

空军第一职工大学
江苏教育学院
江苏省青年管理干部学院
江苏省省级机关管理干部学院
江苏省广播电视大学
扬州教育学院
南京市广播电视大学
常州市职工大学
南京市职工大学
南京人口管理干部学院
南通市工人业余大学

浙江省（10所）

浙江教育学院

宁波市广播电视大学
浙江嘉兴教育学院
浙江经济管理职工大学
浙江省广播电视大学
金华教育学院
温州市工人业余大学
杭州市工人业余大学
浙江省省级机关职工业余大学
宁波教育学院

安徽省（5所）

淮南市职工大学
合肥职工科技大学
合肥市职工大学
安徽经济管理干部学院
安徽省广播电视大学

福建省（6所）

福建教育学院
福建经济管理干部学院
福建省广播电视大学
福建财会管理干部学院
福建政法管理干部学院
厦门市广播电视大学

江西省（8所）

江西教育学院
赣南教育学院
江西经济管理干部学院
江西省广播电视大学
南昌市职工科技大学
南昌钢铁有限责任公司职工大学
江西行政管理干部学院
南昌教育学院

山东省（15所）

山东省工会管理干部学院
山东省聊城教育学院
山东省广播电视大学
兖州矿区职工大学
山东省青年管理干部学院
青岛市广播电视大学
山东财政职工大学
山东省经济管理干部学院
青岛远洋船员学院
潍坊教育学院
山东兵器工业职工大学
山东省水利职工大学
新汶矿务局职工大学
山东省农业管理干部学院
山东省教育学院

河南省（17所）

磨料磨具工业职工大学
焦作职工医学院
河南政法管理干部学院
河南卫生职工学院
河南省广播电视大学
平顶山教育学院
开封教育学院
河南教育学院
驻马店教育学院
郑州市职工业余大学
长城铝业公司职工工学院
河南省化工职工大学
洛阳市职工科学技术学院
第一拖拉机制造厂拖拉机学院
洛阳轴承厂职工大学
洛阳有色金属职工大学
开封市职工业余大学

湖北省（7所）

湖北省直属机关业余大学
荆州教育学院
武汉冶金管理干部学院
湖北省广播电视大学
武汉市广播电视大学
湖北省经济管理干部学院
十堰教育学院

湖南省（12 所）

益阳教育学院
衡阳工业职工大学
长沙工业职工大学
湖南省广播电视大学
湖南有色金属职工大学
湖南纺织职工大学
南方动力机械公司职工工学院
湘潭教育学院
长沙教育学院
中钢集团衡阳重机职工大学
株洲市职工大学
湖南工业科技职工大学

广东省（12 所）

广东新华教育学院
广东省广播电视大学
广东社会科学大学
广东青年管理干部学院
广州市广播电视大学
广东教育学院
深圳市广播电视大学
湛江教育学院
韶关市职工大学
汕头市业余大学
广东省国防工业职工大学
南海成人学院

广西壮族自治区（7 所）

广西壮族自治区经济管理干部学院
广西壮族自治区卫生管理干部学院
南宁地区教育学院
广西政法管理干部学院
广西教育学院
桂林市职工大学
广西壮族自治区广播电视大学

海南省（1 所）

海南省广播电视大学

重庆市（6 所）

重庆市广播电视大学
重庆化工职工大学
重庆冶金成人学院
重庆电力职工大学
重庆职工会计专科学校
重庆教育学院

四川省（19 所）

成都市职工大学
南充市职工大学
四川教育学院
四川省广播电视大学
四川农业管理干部学院
中国工程物理研究院职工工学院
广元职工医学院
四川省职工运动技术学院
四川省东方动力职工大学
成都市广播电视大学
四川核工业职工大学
四川科技职工大学
四川省化工职工大学
成都电子职工大学
国营涪江机器厂职工大学
成都冶金职工大学
第五冶金建设公司职工大学
成都工业职工大学
成都飞机工业公司职工工学院

贵州省（2 所）

贵州航空工业职工大学
贵州广播电视大学

云南省（1 所）

云南广播电视大学

陕西省（17 所）

西安市职工大学
西安市广播电视大学

陕西工运学院
陕西省广播电视大学
陕西省宝鸡教育学院
陕西教育学院
宝鸡市职工大学
陕西省建筑工程总公司职工大学
西安电力机械制造公司机电学院
陕西电子工业职工大学
陕西兵器工业职工大学
西安飞机工业公司职工工学院
西安航空职工大学
陕西航天职工大学
西北电业职工大学
西安铁路工程职工大学
西安外贸职工大学

甘肃省（9所）

甘肃省广播电视大学
兰州教育学院
兰州服装职工大学
白银有色金属公司职工大学
兰州铁路工程职工大学
甘肃机械电子职工大学
银光化学材料厂职工大学
甘肃核工业职工大学
兰州航空工业职工大学

青海省（2所）

青海省联合职工大学
青海省广播电视大学

宁夏回族自治区（1所）

宁夏回族自治区广播电视大学

新疆维吾尔自治区（8所）

和田地区教育学院
新疆生产建设兵团教育学院
喀什教育学院
新疆教育学院
新疆维吾尔自治区广播电视大学
阿克苏教育学院
新疆维吾尔自治区钢铁公司职工大学
新疆生产建设兵团广播电视大学

2009 年教育大事记

1月

1月2日 教育部公布2009年教育工作要点，把发展职业教育列为2009年教育工作的要点。

1月4日 教育部公布2009年的工作要点之一，是“开展化解高校债务风险工作”，这是教育部首次将“化解高校债务风险”列入年度工作要点。

△ 教育部办公厅印发《关于公布2008年认定的国家级重点中等职业学校名单的通知》。

1月5日 中共中央组织部副部长李建华在清华大学宣布了中共中央关于清华大学党委书记的任免决定，胡和平同志任清华大学党委书记（副部长级）；因工作调动，陈希同志不再担任清华大学党委书记职务。教育部党组书记、部长周济以及北京市有关领导同志出席宣布大会并讲话。

1月6日 教育部印发《关于制定中等职业学校教学计划的原则意见》。

1月7日 国务院总理温家宝主持召开国务院常务会议，会议中强调要部署做好高校毕业生就业工作，会议指出，高校毕业生是我国宝贵的人力资源。面对当前国际金融危机蔓延、我国就业形势十分严峻的情况，必须把高校毕业生就业摆在就业工作的首位。会议还研究确定了加强高校毕业生就业工作的7项措施。

△ 教育部印发《关于做好国家中长期教育改革和发展规划纲要公开征求意见工作的通知》。

△ 《教育规划纲要》工作小组办公室向全社会发出公告，提出各界人士可通过电子邮件和来函形式对《国家中长期教育改革和发展规划纲要》提出意见和建议。希望社会各界围绕36个问题积极建言献策。

△ 中共中央办公厅转发《中央人才工作协调小组关于实施海外高层次人才引进计划的意见》，要求各地区各部门进一步解放思想，完善体制机制，健全政策措施，以更宽的眼界、更宽的思路和更宽的胸襟做好海外高层次人才引进工作。

△ 2009年全国高等教育招生计划工作会议在北京召开。教育部党组副书记、副部长袁贵仁出席会议并讲话。袁贵仁在讲话中总结了2008年全国高等教育事业发展情况，深刻分析了当前和今后一个时期我国高等教育发展面临的形势和任务，并强调指出，要贯彻“提高质量、促进公平、优化结构、加强管理”的工作方针，把高等教育工作重点真正放在提高质量上。

△ 教育部印发《教育部2009年工作要点》和周济部长在教育部2009年度工作会议上的讲话的通知以及《关于开展“谋划教育事业科学发展——我为纲要献计献策”主题有奖征文活动的通知》。

1月7—10日 教育部副部长、国家总督学陈小娅到山东专题调研和实地考察素质教育工作。陈小娅表示，山东的实践证明，以省为单位全面推进素质教育是可行的，山东的探索为在更大范围内推进素质教育提供了宝贵的经验，也增强了我们全面推进素质教育的坚定信心。她希望山东认真总结，及时研究实施过程中面临的新问题、新情况，不断改进、提升和完善，使其探索的经验全国共享。

1月8日 国务委员刘延东在北京会见了到访的美国宾夕法尼亚大学校长埃米·古德曼一行。双方就进一步加强中美教育交流与合作交换了意见。刘延东指出，中国教育要进一步面向现代化、面向世界、面向未来，建设一批国际知名高水平大学，需要在高层次人才培养和高水平科研合作上加强国际合作。中国政府高度重视中美教育领域的交流与合作。教育部部长周济陪同会见。

△ 全国人大常委会副委员长、民进中央主席严隽琪到教育部调研工作并出席座谈会。教育部部长周济就当前教育改革与发展的情况及教育部今年的主要工作进行了汇报。

△ 教育部办公厅印发《关于做好2009年普通高校招收高水平运动员工作的通知》。

1月9日 2008年度国家科学技术奖励大会在北京人民大会堂隆重举行。中共中央总书记、国家主席、中央军委主席胡锦涛向获得2008年度国家最高科学技术奖的中国工程院院士王忠诚、中国科学院院士徐光宪颁奖。党和国家领导人胡锦涛、温家宝、李长春、习近平、李克强出席大会并为获奖代表颁奖。温家宝代表党中央、国务院在大会上讲话。李克强主持大会。会上，颁布了2008年度国家科学技术奖励获奖人选和项目。2008年度国家自然科学奖二等奖授奖项目34项；国家技术发明奖授奖项目55项，其中一等奖3项、二等奖52项；国家科学技术进步奖授奖项目254项，其中特等奖3项、一等奖26项、二等奖225项；授予3名外籍科学家中华人民共和国国际科学技术合作奖。

1月9—11日 中共中央政治局常委、国务院总理温家宝到江苏省考察工作。在考察常州市高等职业教育园时，温家宝强调，要把教育与经济社会发展紧密结合起来，把人才培养与就业紧密结合起来。

1月13日 教育部语言文字应用管理司在天津召开2009年第一次《国家中长期语言文字工作改革和发展规划纲要》拟订研讨会，着重听取了地方对中长期语言文字工作改革和发展的意见与建议。

1月14日 中共中央组织部副部长李建华在复旦大学宣布了中共中央、国务院关于复旦大学校长的任免决定，杨玉良任复旦大学校长（副部长级），王生洪因年龄原因不再担任复旦大学校长职务。教育部党组书记、部长周济及上海市有关领导出席了宣布大会并讲话。

△《教育部关于进一步深化中等职业教育教学改革的若干意见》正式下发，要求加强学生职业技能培养，进一步完善学生到企业顶岗实习的制度，努力形成以学校为主体，企业和学校共同教育、管理和训练学生的教学模式。

1月15日 教育部召开学习实践科学发展观活动整改落实阶段动员大会，教育部党组书记、部长、部学习实践活动领导小组组长周济总结了分析检查阶段的工作，对整改落实阶段的工作进行了部署。中央第8指导检查组副组长王玉庆出席会议并讲话。会议由教育部党组副书记、副部长、部学习实践活动领导小组副组长袁贵仁主持。在京的教育部党组成员出席会议。教育部机关各司局和各直属单位主要负责同志参加了会议。

1月16日 2007—2008学年度国家奖学金获奖者名单公布，共有49 983名大学生获得每人8 000元奖励。教育部和财政部联合成立了国家奖学金评审领导小组，设立了国家奖学金评审委员会，对各省（区、市）、计划单列市及新疆生产建设兵团教育行政部门，中央有关部门（单位）教育司（局）和教育部直属各高等学校报送的国家奖学金评审材料进行了认真的评审。

1月18日 由北京语言大学和商务印书馆联合主办的《汉语方言地图集》出版发布会在京举行。《汉语方言地图集》的出版填补了汉语方言研究的空白，对中国语言资源的保存和梳理有重要的价值和意义。

1月19日 由中国教育报、中国教育电视台联合主办，教育科学出版社协办的2008年度中国教育新闻人物评选结果在京揭晓，并举行颁奖晚会。全国人大常委会副委员长陈至立接见2008年度中国教育新闻人物并为获奖者颁奖；教育部党组书记、部长周济，教育部副部长李卫红等出席颁奖晚会并为获奖者颁奖。

△ 由共青团中央建立的首批1952个共青团“青年就业创业见习基地”公布。

△ 国务院办公厅印发《关于加强普通高等学校毕业生就业工作的通知》。

1月20日 教育部党组书记、部长周济一行在河北省副省长龙庄伟等领导的陪同下，来到张家口市亲切慰问农村中小学教师，并就义务教育绩效工资实施和职业教育发展情况进行调研。

△ 教育部学位与研究生教育发展中心公布2007—2009年全国81个一级学科排名。据介绍，一级学科排名第一比较集中的高校有清华大学（12个）、北京大学（9个）、中国人民大学（7个）等。

△ 为引导青少年重视规范汉字书写能力，增强对汉字书写艺术、祖国语言文字和中华传统文化的热爱，由教育部语言文字应用管理司举办的“首

届全国大中小学生规范汉字书写大赛"正式启动。本次大赛的参赛者覆盖31个省（区、市）及港澳台地区的大中小学生，外国留学生也有参赛。大赛分小学、中学、高校3个大组别，软、硬笔分别包括楷书、行书、隶书3种书体。

△ 教育部、财政部印发《关于批准2008年度人才培养模式创新实验区建设项目的通知》和《关于批准2008年度国家级实验教学示范中心建设单位的通知》。

1月21日 在教育部思想政治工作司指导下，由中国高等教育学会辅导员工作研究分会、中国教育报、中国教育电视台共同主办的"2008全国高校辅导员年度人物"评选活动正式启动。

1月22日 中共中央政治局委员、国务委员刘延东代表党中央、国务院到北京西藏中学看望师生，并向各地西藏中学、西藏班以及全国广大师生祝贺新春快乐。刘延东向学校赠送了一间35台计算机的多媒体电子教室，向全校学生送了复读机，并用藏语送上新春祝福："扎西德勒!"教育部部长周济、北京市市长郭金龙等领导陪同慰问。

1月23日 为深入学习实践科学发展观，推动教育部直属高校加快建立新型的产业管理体制，加强高校企业规范管理与运营，采取有力措施应对金融危机、防范风险，促进高校产业科学发展，教育部高校产业规范化建设领导小组办公室在北京召开2009年度教育部直属高校产业工作会议。教育部党组副书记、副部长陈希代表教育部党组，就深入推进高校产业规范化建设工作、强化高校企业风险管控、推动高校产业科学发展等问题作了重要讲话。会议明确了2009年教育部直属高校产业工作的主要任务：一是继续深入推进高校产业规范化建设工作，取得规范化建设的决定性胜利；二是积极应对当前严峻的经济形势，采取有力措施，强化高校企业风险管控，抓住机遇、振奋精神，推动高校产业科学发展。

2月

2月3日 教育部办公厅印发《关于高校出版社转制工作有关规程的通知》。

2月5日 为深化教育人事制度改革，推进义务教育学校绩效工资制度顺利实施，教育部发布《关于做好义务教育学校教师绩效考核工作的指导意见》，根据该《意见》，义务教育学校教师绩效工资分配将以绩效考核结果为主要依据。

2月9日 由教育部和江苏省政府共同举办的第二届全国大学生艺术展演活动现场集中展演拉开帷幕，来自全国131所高校的168个节目在古都南京的舞台上陆续登场亮相。

2月10日 教育部印发《关于公布2009年普通高等教育高职高专专业设置整理结果的通知》。

2月11日 教育部办公厅印发《关于2009年学校突发公共卫生事件防控工作第一次预警通知》。

2月14—15日 2009年全国教育新闻宣传工作会议在京召开，会议总结了以往教育新闻宣传工作的宝贵经验，并就2009年工作的新思路、新举措进行了研究和谋划。教育部党组成员、副部长李卫红出席会议并讲话。

2月15日 中共中央政治局常委、国务院总理温家宝到南开大学亲切看望大学生。他勉励同学们要心系国家，努力学习，甘于奉献，树立正确的择业观念。

2月15—16日 教育部党组在京召开全国教育纪检监察工作会议，学习贯彻胡锦涛总书记重要讲话和第十七届中央纪委三次全会精神，研究部署2009年教育系统反腐倡廉建设工作。教育部党组书记、部长周济要求教育系统认清形势，高度重视，明确责任，狠抓落实，认真学习贯彻十七届中央纪委三次全会精神，进一步抓好党风廉政建设工作，促进教育事业科学发展。

2月16日 中共中央政治局委员、国务委员刘延东在教育部直属高校工作咨询委员会第十九次全体会议上强调，要深入贯彻落实科学发展观，坚持从中国国情出发，面向现代化、面向世界、面向未来，加快有特色、高水平大学建设步伐，努力满足国家现代化建设重大战略需要，努力提升中国大学在世界上的竞争力和影响力。

2月16—22日 为期3天的教育部直属高校工作咨询委员会第十九次全体会议在京召开。会上，与会代表对《国家中长期教育改革和发展规划纲要（草稿）》提出意见和建议，并讨论如何在科学发展观指导下加快高水平大学建设。中共中央政治局委员、国务委员刘延东在大会上作重要讲话，教育部部长周济主持大会，副部长袁贵仁介绍了《国家中长期教育改革和发展规划纲要》起草情况，副部长陈希在闭幕式上作了总结讲话。出席会议的领导还有财政部副部长张少春、国务院研究室副主任江小涓、教育部副部长李卫红、中纪委驻教育部纪检组组长王立英、教育部部长助理杨周复等。会上，南京大学、西安交通大学、哈尔滨工业大学、北京科技大学、华中农业大学、江南大学、西北农林科技大学、浙江大学、北京邮电大学、东华大学、中山大学等学校的书记校长作交流发言。

2月18日 中共中央政治局委员、国务委员刘延东在黑龙江省哈尔滨市会见了国际大学生体育联合会主席基里安一行。国家有关部委负责人和黑龙江省有关负责人陪同会见。

△ 第24届世界大学生冬季运动会在黑龙江省哈尔滨市开幕。中共中央政治局委员、国务委员刘延东出席开幕式并宣布运动会开幕。这是中国首次举办世界综合性冬季运动会。

△ 教育部发出通知，经过专家组对各地备选学校的评审，中国音乐学院附属中等音乐专科学校等110所学校被确立为2008年国家级重点中等职业学校。这110所学校的分布情况大致如下：北京1所，河北省13所、山西省3所、内蒙古自治区7所、辽宁省15所、吉林省4所、黑龙江省3所、江苏省3所、安徽省3所、福建省9所、江西省3所、山东省4所、湖北省11所、广东省3所、广西壮族自治区1所、重庆市4所、四川省7所、贵州省2所、云南省3所、陕西省2所、甘肃省6所、宁夏回族自治区3所。

△ 教育部印发《关于做好2009年度直属高校产业工作的意见》。

△ 教育部办公厅印发《关于中小学幼儿园安全工作2009年第1号预警通知》。

2月20日 教育部印发《关于切实做好返乡农民工职业教育和培训等工作的通知》和《关于加快高等职业教育改革 促进高等职业院校毕业生就业的通知》。

2月21日 国务院办公厅下发了《关于加强普通高等学校毕业生就业工作的通知》，要求把高校毕业生就业摆在当前就业工作的首位，采取切实有效措施，拓宽就业门路。

2月22日 2007—2008学年度国家奖学金颁奖大会在北京人民大会堂举行。

2月23日 全国人大常委会副委员长、全国妇联主席陈至立在全国文明家庭及小公民道德建设活动协调小组会议上强调，要以“和谐家庭创建行动”和小公民道德建设暨“双合格”家庭教育宣传实践活动为载体，推动文明和谐家庭建设，促进少年儿童健康成长及社会和谐稳定。

△ 教育部召开座谈会，就减轻中小学生课业负担听取来自社会各界人士，包括校长、教研员、学者、家长等的意见和建议。中央教科所所长袁振国主持会议，教育部有关司局负责人到会听取意见。

△ 教育部、财政部、人力资源和社会保障部、中央编办联合印发《关于继续组织实施“农村义务教育阶段学校教师特设岗位计划”的通知》。

2月23—24日 全国少工委五届五次全委会在江苏省无锡市召开。共青团中央书记处第一书记陆昊在会上指出，少先队工作要注重党、团、队组织意识的衔接，灌输培养少年儿童对党和社会主义祖国的朴素感情。教育部副部长陈小娅、团中央书记处书记罗梅出席会议并讲话。

2月24日 周济部长在教育部会见了来访的新加坡教育部黄永宏部长一行，向客人介绍了我国改革开放30年来在教育领域所取得的成就、经验以及面临的任务。

△ 2009年度语言文字工作会议在京召开，教育部副部长、国家语委主任赵沁平出席会议并讲话。会上决定，国家语委2009年将首次推出汉语综合能力评价的国家标准，填补我国在母语能力评价标准方面的空缺。

2月26日 2009年度职业教育与成人教育工作会议暨全国职业教育集团化办学经验交流会在海南召开。教育部部长周济出席会议并讲话。他强调，要以科学发展观为指导，把职业教育的战略重点放到提高质量上，同时进一步扩大规模，实现又好又快发展。

△　教育部考试中心与商务日语能力考试（BJT）举办机构日本汉字能力检定机构协会召开新闻发布会。商务日语能力考试是继日本语能力测试（JLPT）后，又一个引进国内的权威的职业日语能力考试。教育部考试中心于2007年年底与日本贸易振兴机构（JETRO）签约承接了该考试。从2009年开始，日本汉字能力检定机构协会将接替日本贸易振兴机构（JETRO）成为商务日语能力考试日方主办单位。

2月27日　《国家中长期教育改革和发展规划纲要（2010—2020年）》工作小组办公室专门就农村教育发展问题召开征求意见座谈会，普通教师、校长、教育局局长等关心农村教育发展的社会各界人士，受邀畅谈想法和建议。《规划纲要》工作小组办公室成员、调研组组长、教育部发展规划司司长韩进主持会议，教育部有关司局的同志也参加了会议。

△　教育部部长周济在教育部会见了香港理工大学新任校长唐伟章一行。

2月27—28日　教育部新时期高校文科人才培养和学术繁荣工作座谈会在京召开。教育部党组副书记、副部长陈希在会上强调，高校文科人才培养和学术研究工作要为全面建设小康社会、创新型国家，为社会主义文化大发展大繁荣，增强软实力作出新的更大贡献。

2月28日　第24届世界大学生冬季运动会在哈尔滨闭幕，中共中央政治局委员、国务委员刘延东致信大冬会组委会，向大冬会成功举办，向全体大学生运动员特别是获奖运动员致以热烈祝贺！向为筹办此次大冬会付出辛勤努力并出色完成任务的组委会，教育部，国家体育总局，黑龙江省委、省政府，中国大学生体育协会表示衷心感谢！向关心支持大冬会和中国体育事业的国际大体联等国际体育组织表示诚挚谢意。刘延东最后祝贺第24届世界大学生冬季运动会圆满成功，并祝各国大学生运动员在下一届大冬会上取得更好成绩！

△　部属高校深入学习实践科学发展观活动动员大会在京举行。教育部党组书记、部长、部属高校深入学习实践科学发展观活动领导小组组长周济出席大会并讲话。会议由中组部副部长、部属高校深入学习实践科学发展观活动领导小组副组长李建华主持。教育部党组成员、副部长、部属高校深入学习实践科学发展观活动领导小组成员李卫红传达了中央第一批深入学习实践科学发展观活动总结暨第二批动员会议精神。教育部党组副书记、副部长袁贵仁，教育部党组副书记、副部长、部属高校深入学习实践科学发展观活动领导小组副组长陈希和部属高校深入学习实践科学发展观活动领导小组全体成员出席大会，部属高校深入学习实践科学发展观活动领导小组办公室全体成员、指导检查组负责人、各有关部属高校党委书记、校长共300余人参加大会。

△　由浙江省普通话培训测试中心和浙江科技学院等联合开发的“国家普通话水平网络评测与管理系统”通过了教育部和国家语委的鉴定。这是国家普通话水平测试网络化管理方面第一个通过国家专业鉴定的项目。该系统围绕普通话水平测试与管理的现状和发展需求，历经两年近万人次的测试实践，在测试的组织模式与信息化管理方面都有创新，达到了国内先进水平，具有广泛的应用和推广价值。

3月

3月1日　部属高校深入学习实践科学发展观活动指导检查工作培训会在京举行。部属高校深入学习实践科学发展观活动领导小组组长、教育部党组书记、部长周济出席会议并讲话。部属高校深入学习实践科学发展观活动领导小组成员、教育部党组成员、中纪委驻教育部纪检组组长王立英在会上传达了李源潮同志在中央巡回检查组培训会上的讲话精神。教育部有关司局、14个指导检查工作组的全体成员100余人参加了培训会。

△　部属高校开展深入学习实践科学发展观活动专题培训班在浙江大学举行，培训班对部属高校开展学习实践活动进行了具体部署和专题指导。部属高校学习实践活动领导小组副组长，教育部党组副书记、副部长陈希出席开班仪式并讲话；部属高校学习实践活动领导小组成员、办公室主任，教育部党组成员、副部长李卫红主持培训班开班仪式。

3月2日 全国专业学位教育指导委员会联席会年度工作会议在北京召开。全国16个专业学位教育指导委员会的负责同志、教育部有关司局负责同志及有关高校的校长、研究生院院长130余人参加了会议。会议总结交流了各专业学位教育指导委员会2008年工作、研讨部署了2009年工作，重点研究了如何抓住机遇，积极调整硕士研究生的培养结构，改革研究生培养模式，加快培养应用型专门人才。

△ 教育部、国家发展改革委印发《关于下达2009年全国研究生招生计划的通知》。

△ 教育部办公厅印发《关于做好2009年教育审计工作的通知》。

3月2—3日 由中国联合国教科文组织全委会、联合国教科文组织北京办事处和联合国儿基会中国代表联合举办的“第四届全民教育国家论坛暨全球监测报告研讨会”在北京举行。教育部副部长陈小娅出席了研讨会。

3月3日 教育部印发《关于做好2009年普通高等学校招生工作的通知》。

3月4日 教育部部长周济会见香港特区人大代表罗范淑芬女士。周济对罗范淑芬女士长期以来对内地教育事业的关心和支持表示感谢，听取了她关于进一步加强香港和内地教育交流的有关意见与建议，并向她介绍了内地教育改革和发展情况。

3月5日 受国务院委托，财政部向十一届全国人大二次会议提交了关于2008年中央和地方预算执行情况与2009年中央和地方预算草案的报告。2009年中央财政教育支出1 980.62亿元，增加382.08亿元，增长23.9%。

△ 教育部公布了第十五批实现“两基”县的名单和第十四批“两基”县复查结果。

3月8日 国务委员刘延东在人民大会堂会见美国乔治敦大学校长约翰·德吉奥亚一行。德吉奥亚一行是应中国人民对外友好协会邀请来华访问的。教育部部长周济、对外友协副会长李小林会见时在座。

△ 教育部印发《关于高等学校招生全国统一考试考务工作规定的通知》。

3月10日 国务委员刘延东在北京会见香港“薪火相传”国民教育活动系列委员会主要负责人访京团。刘延东指出，由香港特区政府推动成立的“薪火相传”国民教育活动系列委员会，是香港回归以来在校学生国民教育的重要突破，标志着香港青少年学生国民教育踏入了新的里程。她希望委员会成为特区推进青少年国民教育坚定的先行者，特区政府教育政策有力的护航者，培养壮大新一代爱国爱港力量积极的实践者。中央驻港联络办副主任彭清华、王志民，国务院港澳办副主任周波参加了会见。

△ 国家教育行政学院举行2009年春季开学典礼，教育部部长周济出席并讲话。教育部干部培训工作领导小组副组长、国家教育行政学院院长郑树山主持了开学典礼。第34期全国高校领导干部进修班、第31期全国高校中青年干部培训班、第25期全国地市教育局长研修班全体学员和国家教育行政学院干部、教师参加了开学典礼。

△ 教育部印发《关于做好2009年中等职业学校招生工作的通知》。

3月11日 广西壮族自治区人民政府、教育部在京共同签署了区部共建国家民族地区职业教育综合改革试验区协议，探索加快民族地区职业教育发展的路子。广西壮族自治区主席马飚，教育部党组书记、部长周济分别在签字仪式上发表讲话。广西壮族自治区党委书记、自治区人大常委会主任郭声琨，教育部党组副书记、副部长陈希等出席了签字仪式。共建试验区工作暂定为5年，期限自2009年至2013年。

△ 中国科学院、教育部和安徽省人民政府在京签署持续重点共建中国科学技术大学的协议。三方决定，在1999年、2004年两次签订三方协议、重点共建中国科大的基础上，在2009年至2013年持续重点共建中国科大，努力将中国科大办成世界一流研究型大学。教育部副部长、党组副书记陈希等参加了签字仪式。

△ 财政部、教育部印发《关于高等学校毕业生学费和国家助学贷款代偿暂行办法的通知》。

3月12日 中国人民政治协商会议第十一届全国委员会第二次会议在人民大会堂闭幕。会议通过了政协第十一届全国委员会提案委员会关于政协十一届二次会议提案审查情况的报告。报告显示，本次政协会议共收到提案5 571件，其中教育和就业方面的提案最多，分别为657件和632件。教育方面提案提出的主要意见建议有：加强农村基础教育师资建设，促进义务教育均衡发展；优化教育结构，大力发展职业教育。就业方面的主要意见建议有：加大政策、资金、信贷等支持力度，促进高校毕业生和农民工就业创业。

△ 全国政协委员、教育部副部长章新胜，全国人大代表、中国人民大学校长纪宝成，全国人大代表、武汉大学校长顾海良，厦门大学校长朱崇实，以及国家汉办主任、孔子学院总部总干事许琳，就孔子学院的发展问题接受了两会中外记者采访。

△ 教育部印发《关于〈高等学校科学研究优秀成果奖（人文社会科学）奖励办法〉的通知》。

3月13日 教育部召开“农村义务教育阶段学校教师特设岗位计划”工作会议。教育部部长周济强调，扩大实施“特岗计划”，是加强教师队伍建议的重要机遇。要周密部署，精心实施，全面推进，创新教师队伍补充机制。

△ 教育部印发《关于对中国政府奖学金本科来华留学生开展预科教育的通知》。

3月15日 教育部在京召开高校学术风气建设座谈会，与会人员围绕目前高校学风建设的现状、存在的主要问题及产生原因进行了深入讨论，并就进一步加强和改进高校学风建设提出了建议和意见。教育部部长周济强调，必须标本兼治，惩防并举，切实加强高校学术道德和学风建设。教育部副部长陈希主持会议，副部长李卫红、中央纪委驻教育部纪检组长王立英出席会议，专家学者代表和部分高校领导共二十余人参加了座谈会。

3月16日 教育部党组成员、副部长李卫红同志在中央财经大学宣布了中共教育部党组关于中央财经大学党委书记的任免决定，胡树祥同志任中央财经大学党委书记，邱东同志不再担任中央财经大学党委书记职务。北京市有关方面负责同志出席宣布大会。

3月17日 教育部副部长陈希在教育部会见思爱普（SAP）公司全球运营总裁孟鼎铭（Bill McDermott）一行，就双方进一步加强继续合作进行了深入讨论。陈希还会见了IBM副总裁兼大中华区总裁钱大群。陈希介绍了中国在培养和培训高端应用管理人才方面的情况，并希望与IBM加强在这方面的合作。同时，双方还回顾了十多年来的合作情况，商讨了进一步加强合作的领域和项目。

△ 教育部、商务部印发《关于加强服务外包人才培养促进高校毕业生就业工作的若干意见》。

3月19日 教育部办公厅、卫生部办公厅印发《关于进一步加强和规范学生健康服务工作管理的通知》。

△ 教育部发布《2009年普通高等学校招生工作规定》。

△ 教育部印发《关于做好全日制硕士专业学位研究生培养工作的若干意见》和《关于严肃处理高等学校学术不端行为的通知》。

3月20日 教育部下发通知，公布2009年研究生招生计划安排47.5万人，其中博士生6万人、硕士生41.5万人。

△ 2009至2010年度中国和德国科学教育年在德国首都柏林开幕。德国教育和科研部与中国科技部、教育部在开幕活动上签署了两项合作谅解备忘录。百余名中德科教界人士出席了开幕式。

△ 教育部、卫生部印发《关于加强医学教育工作提高医学教育质量的若干意见》。

△ 教育部办公厅印发《关于做好2009年“农村义务教育阶段学校教师特设岗位计划”实施工作的通知》。

3月22日 教育部与陕西省人民政府在西安签署共建西北大学协议书。教育部部长周济和陕西省省长袁纯清在共建协议上签字并讲话。陕西省委书记赵乐际出席，陕西省委副书记、教工委书记王侠宣读共建协议书。

△ 教育部党组书记、部长、部属高校学习实践活动领导小组组长周济在陕西调研高校深入学习实践科学发展观活动时强调，高等学校要把深入学习实践科学发展观活动作为当前最重要的政治任务和中心工作来抓，认真谋划，广泛动员，进一步明确学校定位和发展思路，促进科学发展，为国家和地方经济社会发展作出新的更大的贡献。

3月23日 由中央教育科学研究所和美国安生文教交流基金会共同举办的中美高中特色办学研讨会在北京召开。中美两国专家和近400名普通高中校长，就如何举办有特色、高质量的普通高中进行了广泛深入的研讨。教育部副部长陈小娅出席会议并讲话。

3月24日 教育部副部长章新胜会见德国国际继续教育协会总裁塞巴斯蒂安·鲍斯特一行，并代表中国教育部授予前任总裁乌里希·鲍勃博士“教育部职业技术教育中心研究所职业教育政策荣誉顾问”称号。中国教育部与德国国际继续教育协会的合作已成为中外教育领域合作的典范。

△ 由教育部、国家语委组织研制的语言文字规范《现代常用字部件及部件名称规范》和《现代常用独体字规范》发布，自2009年7月1日起试行。

△ 部属高校学习实践活动领导小组（以下简称领导小组）召开第二次会议。领导小组组长、教育部党组书记、部长周济主持会议，领导小组副组长、中组部副部长李建华等出席会议。会议强调，要按照中央的统一部署，进一步加强对部属高校学习实践活动的指导，推进高校学习实践活动向纵深开展。

△ 由教育部思想政治工作司指导，全国高校辅导员工作研究会、中国教育报、中国教育电视台共同主办，新华网提供独家网络支持的“2008全国高校辅导员年度人物”评选活动初评工作结束。100名入围候选人名单揭晓。

△ 教育部办公厅印发《关于进一步改进和加强办事公开工作的意见》。

3月25日 国务委员刘延东在京会见到访的英国剑桥大学校长艾莉森·理查德一行，双方就进一步加强中英教育交流与合作交换了意见。

△ 教育部办公厅印发《关于加强普通高等学校学生就业思想政治教育的通知》和《关于进一步做好中小学教师补充工作的通知》。

3月26日 教育部部长周济与到访的欧盟多语言事务委员列奥纳多·奥尔班举行会谈。会后，双方共同签署了《中国-欧盟语言合作联合声明》。

△ 由联合国教科文组织、中国联合国教科文组织全国委员会和国家汉办共同举行的“建立多语言学习网络空间”国际专家会议在北京开幕。教育部副部长、中国联合国教科文组织全国委员会主任章新胜出席开幕式并致辞。

△ 国家教育行政学院举办2009年春季教育论坛。教育部副部长袁贵仁出席并作主旨演讲。

3月27日 中国“俄语年”开幕式在京隆重举行。

△ 教育部召开会议部署2009年度直属机关反腐倡廉工作具体任务分工。部党组成员、中央纪委驻部纪检组组长王立英同志出席会议并作重要讲话。

△ 科技部、教育部、财政部、人力资源和社会保障部、国家自然科学基金委员会共同印发《关于鼓励科研项目单位吸纳和稳定高校毕业生就业的若干意见》。

3月28日 教育部印发《关于做好2009年现代远程教育试点高校网络高等学历教育招生工作的通知》。

3月29日 国务委员刘延东一行，到河北省廊坊市香河一中，参加由全国绿化委员会、教育部、国家林业局和中国生态文化协会共同主办的“弘扬生态文明，共建绿色校园”活动启动仪式，并参加植树活动。

△ 《李岚清中国近现代音乐笔谈》首发式暨2009年高雅艺术进校园活动开幕式在国家大剧院举行。教育部部长周济在仪式上致辞。

3月30日 2009年3月30日是第十四个全国中小学生安全教育日。教育部等部门在北京市西城外国语学校联合主办了以“加强防灾减灾，建设和谐校园”为主题的宣传教育活动。

△ 教育部办公厅印发《关于在高校思想政治理论课中开展科学发展观专题教育活动的通知》。

3月31日 中国留学服务中心在京举行茶话会，隆重纪念成立20周年。教育部部长周济为留学服务中心成立20年发贺信，教育部副部长章新胜、李卫红前往祝贺。

4月

4月1日 国务院总理温家宝主持召开国务院

常务会议，决定正式启动全国中小学校舍安全工程。

△ 教育部、财政部、工业和信息化部、国务院新闻办印发《关于做好中小学校园网络绿色上网过滤软件安装使用工作的通知》。

4 月 2 日 国务院召开全国普通高校毕业生就业工作电视电话会议。

△ 根据 2008 年施行的《政府信息公开条例》的相关要求和国务院办公厅的通知精神，教育部在调研全国学校开展校务公开工作情况的基础上，拟定了《高等学校信息公开实施办法（征求意见稿）》，并从即日起，面向全社会公开征求意见。

4 月 3 日 北京语言大学国际汉语教学研究基地揭牌仪式举行。国家汉办主任、孔子学院总部总干事许琳和北京语言大学党委书记王路江共同为研究基地揭牌。

4 月 5 日 教育部、四川省人民政府与成都市人民政府共同签署了共建统筹城乡教育综合改革试验区合作协议。教育部部长周济，四川省委副书记、省长蒋巨峰，四川省委常委、成都市委书记李春城，成都市委副书记、市长葛红林出席了签字仪式。周济、蒋巨峰和葛红林分别代表教育部、四川省人民政府和成都市人民政府，签署了合作协议。

4 月 7 日 教育部印发《关于授予侯海燕同学“全国自强奉献优秀大学生”荣誉称号的决定》。

△ 教育部办公厅印发《关于 2009 年学校突发公共卫生事件防控工作第二次预警通知》。

4 月 9 日 中共中央政治局委员、国务委员刘延东出席全国治理教育乱收费部际联席会议第九次会议。

△ 教育部印发《关于高等学校科学研究优秀成果奖（科学技术）奖励办法》的通知。

4 月 10 日 教育部召开“发挥高校科技支撑作用、服务经济平稳较快发展”视频会议。教育部部长周济出席会议并讲话。会议由教育部副部长鲁昕主持，清华大学党委书记胡和平、上海交通大学校长张杰围绕高校如何发挥自身优势应对金融危机作了发言。

4 月 11 日 中共教育部党组发出《关于围绕庆祝新中国成立 60 周年在各级各类学校深入开展“我爱我的祖国”主题教育活动的通知》。

4 月 13 日 国务委员刘延东出席纽约州立大学石溪分校孔子学院揭牌仪式，并向该院捐赠汉语教材。

△ 国务委员刘延东出席康奈尔大学中国真菌标本捐回仪式，并接见在纽约州立大学学习的四川地震灾区学生代表。四川汶川地震发生后，纽约州立大学邀请来自地震灾区的 150 名在校大学生到该大学的 22 所院校学习。

△ 由教育部、人力资源和社会保障部共同主办的 2009 年高校毕业生就业政策网上咨询周活动正式启动。这是继教育部印发《国家促进普通高校毕业生就业政策公告》之后，有关部门面向高校毕业生开展就业政策宣传的又一重要举措。

△ 部属高校学习实践活动领导小组（以下简称领导小组）召开第三次会议。领导小组副组长、中组部副部长李建华主持会议，领导小组副组长、教育部党组副书记、副部长袁贵仁，领导小组副组长、教育部党组副书记、副部长陈希出席会议并讲话。

4 月 14 日 教育部印发《关于举办 2009 年全国职业院校技能大赛的通知》。

4 月 15 日 国务委员刘延东在耶鲁大学发表了题为《深化人文交流与合作，开辟中美关系的新境界》的演讲。演讲前，刘延东会见了耶鲁大学校长理查德·莱文，并接受了耶鲁大学授予的“豪兰德杰出学者”荣誉奖章。

△ 部属高校学习实践活动领导小组分别在西安、武汉召开了西北片区、华中片区高校深入学习实践科学发展观活动交流座谈会。部属高校学习实践科学发展观活动领导小组副组长、教育部党组副书记、副部长陈希，部属高校学习实践活动领导小组成员、办公室主任、教育部党组成员、副部长李卫红分别出席会议并作了重要讲话。

4 月 16 日 国务委员刘延东在华盛顿出席美国亚洲协会和大学理事会联合举办的晚宴，并就中美关系和两国人文交流发表讲话。

△ 为推动高等学校学习实践科学发展观活动扎实深入开展，部属高校学习实践活动领导小组副组长、教育部党组副书记、副部长陈希一行到上海

师范大学进行调研，并在同济大学出席了华东片区高校学习实践活动交流座谈会。

△　以“金融危机下的亚太高等教育：发展领导能力与增进和谐”为主题的亚洲太平洋国际教育协会（APAIE）2009年年会，在中国人民大学开幕。教育部副部长郝平出席了开幕式并致辞。

△　教育部印发《关于公布2009年暂停招生（红牌）和限制招生（黄牌）高等学校名单的通知》。

4月15—18日　经中央学习实践活动领导小组同意，部属高校学习实践活动领导小组（以下简称领导小组）在西北、华中、华东、西南、东北、华南、华北等7个片区，相继召开了高校深入学习实践科学发展观活动交流座谈会。领导小组副组长、教育部党组副书记、副部长陈希，领导小组成员、教育部党组成员、副部长李卫红分别出席交流座谈会并作了重要讲话。

4月16—17日　为进一步贯彻党的教育方针，加快推进素质教育，切实解决好人民群众普遍关心、社会反响强烈的教育热点难点问题，减轻学生过重负担，保障学生全面发展，教育部在山东济南召开了加强中小学管理规范办学行为现场经验交流会。教育部副部长、国家总督学陈小娅出席会议。各省、自治区、直辖市和计划单列市教育行政部门的负责同志参加了此次会议。

4月17日　国务委员刘延东考察美国乔治敦大学，与美国乔治敦大学校长约翰·德吉奥亚举行会谈。

△　教育部发出通知，要求进一步加强对现代远程教育试点高校网络高等学历教育招生工作的规范管理，切实做好2009年的招生录取工作。

△　教育部办公厅印发《关于第二届“助学政策　助我成才”征文评选结果的通报》。

4月18日　部属高校学习实践活动领导小组成员、教育部党组成员、副部长李卫红在联系点华南理工大学进行了调研，并在该校深入学习实践科学发展观活动报告会作专题辅导报告。

△　华北片区高校学习实践科学发展观活动交流座谈会在京举行。部属高校学习实践活动领导小组副组长、教育部党组副书记、副部长陈希出席会议并讲话。

4月19日　在美国访问的国务委员刘延东在西雅图考察了微软公司和波音公司，刘延东还会见了华盛顿大学和加州大学总校负责人，了解学校教学科研情况及经验，并就进一步加强中美教育交流与合作交换意见。

4月20日　教育部党组成员、副部长陈小娅到东北师范大学进行深入学习实践科学发展观活动调研，听取了学校领导班子和部属高校学习实践活动第五指导检查工作组的工作汇报，与学校领导班子成员和中层管理干部、中青年骨干教师、免费师范生代表进行了座谈，全面深入地了解了东北师范大学学习实践活动的进展情况。

4月21日　国务委员刘延东在旧金山与华人专家学者座谈，就研究制定《国家中长期教育改革和发展规划纲要》听取意见。刘延东还相继考察了斯坦福大学、圣何塞州立大学、旧金山城市学院、谷歌公司和世界著名的劳伦斯伯克利国家实验室等美教育和科研机构。

4月21—22日　为进一步落实教育部直属师范大学师范生免费教育示范性举措，教育部在东北师范大学召开“教师教育创新平台计划启动暨师范生免费教育工作会议”，交流6所部属师范大学免费师范生培养改革及教育实践教学情况，部署“教师教育创新平台计划”实施工作，讨论免费师范毕业生就业和攻读教育硕士等相关政策的实施细则。

4月22日　十一届全国人大常委会第八次会议在人民大会堂举行第二次全体会议，听取和审议国务院关于农村社会保障体系建设情况的报告、关于职业教育改革与发展情况的报告、关于大气污染防治工作进展情况的报告等。吴邦国委员长出席会议。受国务院委托，教育部部长周济向会议报告了我国职业教育改革与发展情况。

△　教育部印发《关于当前加强中小学管理规范办学行为的指导意见》。

△　教育部、民政部、中国残联印发《关于表彰全国特殊教育先进单位的决定》。

4月23日　中央组织部、人力资源和社会保障部、教育部、财政部、农业部、卫生部、国务院扶贫办、共青团中央等8部门，联合召开2009年高校毕业生“三支一扶”计划实施工作电话会议。

2009年继续招募约2万名高校毕业生参加“三支一扶”计划（支教、支农、支医和扶贫）。

△ 中国教育及科研计算机应用与网络研讨大会在成都举行。教育部副部长郝平等出席会议并致辞。研讨会由教育部科学技术司、国际合作与交流司与Sun计算机系统（中国）有限公司联合主办。

4月24日 为进一步深化教师教育改革，提高中小学教师培养质量，教育部在京召开教师教育专家委员会会议，宣布组成第二届教师教育专家委员会。27位专家受聘为委员，北京师范大学教授顾明远任主任委员。教育部副部长陈小娅出席会议并为专家颁发聘书。

△ 为进一步全面贯彻党的教育方针，大力推进素质教育，教育部印发《关于加强中小学管理规范办学行为的指导意见》，要求各地强化责任，抓住重点，切实加强中小学管理。

△ 教育部网站公布2009年具有普通高等学历教育招生资格的高等学校名单，有24所学校因办学条件不达标而被限制招生，另有6所学校因违规、违纪招生也被限制招生规模。

4月25日 教育部举行新时期高校艺术类人才培养和学术繁荣工作座谈会。教育部党组副书记、副部长陈希出席座谈会并讲话。全国近30所专业艺术院校党委书记、院长及长期从事艺术教育的专家学者共80余人参加了座谈会。

4月26—27日 教育部党组副书记、副部长陈希在安徽省调研，他强调，高校要继续保持为国家、地方经济建设和社会发展服务的特色，进一步拓展产学研合作服务的空间，通过学习实践活动的深入开展，充分调动全校师生员工的主观能动性，进一步增强师生员工的进取心、全局观念和责任意识，为国家和区域经济社会发展作出更大的贡献。

4月27日 教育部、文化部、财政部印发《关于开展2009年高雅艺术进校园活动的通知》。

4月28日 由中国教育电视台联合东方卫视、中国农业大学共同主办的“青春之歌——纪念五四爱国主义运动九十周年”主题晚会在中国农业大学举办，用新的历史时期诞生的青春事件与青年人物，表达了对“五四”精神的传承与发扬。教育部部长周济，来自北京大学、清华大学、中国农业大学等10余所高校领导及部分首都大学生代表在现场观看了晚会。

△ 上海市普教系统卓越校长培养基地、北京市普教系统先锋校长培养基地落户中国人民大学附属中学，中国人民大学附属中学校长刘彭芝被聘为两个基地的主持人。教育部副部长李卫红出席揭牌仪式并讲话。

4月29日 由中国青年报、中国教师报主办，财政部教科文司、教育部新闻办、全国学生资助管理中心为指导单位的第二届“助学政策 助我成才”征文活动颁奖仪式在陕西师范大学举行。北京林业大学学生刘春华等10人获得特别奖，北京大学学生况文婷等90人获得优秀奖，中国地质大学（北京）等10所学校和4个省级学生资助管理中心获得优秀组织奖。

△“2008中国大学生年度人物”评选活动颁奖典礼举行，教育部副部长李卫红出席典礼并讲话。“中国大学生年度人物”评选活动由教育部思想政治工作司、共青团中央学校部、人民日报教科文部共同指导，人民网和大学生杂志社联合主办。

4月30日 国务委员刘延东在中南海紫光阁会见越南副总理兼教育和培训部长阮善仁。

△ 教育部部长周济在京与来访的越南副总理兼教育培训部部长阮善仁举行会谈。会谈后，双方签署了《中越关于相互承认高等教育学历和学位的协定》。

△ 教育部关工委在京举办全国省（区、市）教育关工委和教育部直属高校关工委领导干部学习班。教育部党组副书记、副部长袁贵仁就教育改革发展形势作了专题报告，深刻分析阐述了当前我国教育的形势和今后一个时期我国教育的主要思路、主要任务及主要举措等。教育部关工委主任田淑兰出席开班式并讲话。

△ 教育部、中央文明办、国家广电总局、共青团中央、中国科协联合印发《关于开展“节约纸张、保护环境——2009年青少年科学调查体验活动”的通知》。

5月

5月2日 中共中央总书记、国家主席、中央军委主席胡锦涛在中国农业大学，同广大师生共迎五四青年节，并代表党中央向全国各族各界青年致以节日的祝贺。

5月3日 温家宝总理与清华大学毕业生在清华大学图书馆内，与一批即将赴祖国西部和基层就业的清华大学应届毕业生代表举行了座谈会。中共中央政治局委员、国务委员刘延东参加了座谈。

5月4日 中共中央宣传部、教育部、共青团中央联合在北京人民大会堂举行纪念五四运动90周年大会。胡锦涛、吴邦国、温家宝、贾庆林、李长春、习近平、李克强、贺国强、周永康等党和国家领导人出席大会。李长春同志代表党中央、国务院在大会上作重要讲话。中央领导同志的重要讲话高屋建瓴、思想深刻，具有很强的政治性、理论性，对新形势下进一步加强和改进中小学德育和大学生思想政治教育工作、办好人民满意的教育具有重大指导意义。

△ 由中宣部、教育部、共青团中央共同主办的“我与祖国共奋进——纪念五四运动90周年主题歌会”在北京大学百周年纪念讲堂举办。中宣部副部长翟卫华，教育部副部长郝平，共青团中央书记处常务书记王晓、书记处书记周长奎出席了主题歌会。

△ 教育部党组书记、部长周济主持召开部党组会议，认真学习讨论了胡锦涛总书记在与中国农业大学师生代表座谈时的重要讲话、温家宝总理与清华大学毕业生代表座谈时的重要讲话、李长春同志在纪念五四运动90周年大会上的重要讲话精神。

△ 中共教育部党组印发《关于学习贯彻胡锦涛总书记在中国农业大学师生代表座谈会上重要讲话精神的通知》。

△ 教育部办公厅印发《关于支持开展“高等教育自学考试义务教育专业”课程与在职中小学教师非学历培训课程学分互认试点工作的通知》。

5月5日 中共教育部党组印发《关于学习贯彻纪念五四运动90周年大会精神的通知》。

△ 教育部办公厅印发《关于2009年度教育电子政务建设实施要点的通知》。

5月6日 中华全国总工会与教育部联合发出《关于开展“困难职工家庭高校毕业生阳光就业行动”的通知》。

5月7日 为进一步提高国民语言文化素质，由国家语委、中央文明办调研组联合举办的“中华诵·2009经典诵读大赛”和“中华赞·2009诗词歌赋创作大赛”在京启动。

△ 教育部关工委在上海召开了全国省级教育系统关工委秘书处工作座谈会，这是教育系统关工委成立以来召开的第一次专题研究秘书处工作的会议。教育部关工委主任田淑兰出席了会议并讲话。

△ 教育部召开2009年全国普通高校招生考试工作电视电话会议。

△ 国务院办公厅转发教育部等部门《关于进一步加快特殊教育事业发展意见的通知》。

5月8日 全国中小学校舍安全工程电视电话会议在国务院小礼堂召开。中共中央政治局委员、国务委员刘延东作了重要讲话。

5月9日 高校深入学习实践科学发展观活动视频会议在京召开，部属高校学习实践活动领导小组副组长、中组部副部长李建华传达了中共中央政治局常委、中央书记处书记、国家副主席、中央学习实践活动领导小组组长习近平在高校学习实践活动座谈会上的重要讲话精神。部属高校学习实践活动领导小组组长、教育部党组书记、部长周济就扎实推进高校学习实践活动作出部署。

5月10日 部属高校学习实践活动领导小组副组长、教育部党组副书记、副部长袁贵仁到南开大学调研，并参加学校领导班子专题民主生活会。部属高校深入学习实践科学发展观活动领导小组办公室负责人、部属高校深入学习实践科学发展观活动指导检查第四工作组负责人以及南开大学有关领导和教师代表参加了会议。

△ 在“5·12”汶川特大地震一周年前夕，“为了灾区书声琅琅——教育部赴地震灾区干部工作纪实图片展”在教育部办公楼举行，展览用生动翔实的图片回顾过去一年来教育系统在抗震救灾中所付出的努力和所取得的成果，进一步弘扬伟大的抗震救灾精神。教育部部长周济、副部长李卫红参观了图片展。

5月8—11日 由教育部语言文字信息管理司、语言文字应用研究所、国家汉办联合主办，徐州师范大学承办的第三届语言与国家高层论坛暨第二届全国应用语言学系主任（所长）论坛，在江苏省徐州市举办。

5月11日 教育部、国家民委在北京联合召开了全国中小学民族团结教育工作视频会议。教育部党组成员、副部长鲁昕和国家民委党组成员、驻委纪检组组长杜鹃出席会议并讲话。

△ 由复旦大学主办的“上海论坛2009”在上海召开。2009年论坛的主题为“经济全球化与亚洲的选择：危机·合作·发展”。上海市市长韩正、教育部副部长郝平、中国人民银行副行长苏宁等出席会议并致辞。

5月13日 周济部长在教育部会见来访的瑞士苏黎世联邦理工学院（简称苏黎世高工）主席拉尔夫·艾希勒教授（Ralph Eichler）一行。

△ 教育部副部长、北京外国语大学校长郝平来到联系点北京外国语大学，参加学校领导班子专题民主生活会。部属高校深入学习实践科学发展观活动领导小组办公室负责人、部属高校深入学习实践科学发展观活动第一指导检查组负责人，以及北京外国语大学有关领导和教师代表参加了民主生活会。

△“重庆市大中小学唱红歌读经典讲故事汇报演出”在重庆巴蜀中学鲁能校区举行。中共中央政治局委员、重庆市委书记薄熙来，教育部部长周济，重庆市市长王鸿举，教育部副部长陈小娅等观看了演出。

△ 教育部办公厅印发《关于进一步落实甲型H1N1流感防控措施的通知》。

5月14日 全国亿万学生阳光体育运动推进会在重庆举行。教育部部长周济出席会议并讲话。

△ 教育部在京召开“小金库”专项治理工作动员部署视频会议，对2009年“小金库”专项治理工作进行动员部署，要求教育部各司局、各直属高校、事业单位和驻外机构要高度重视此项工作，坚决贯彻落实中央的决策部署，确保工作取得实效。教育部党组副书记、副部长袁贵仁，中央治理“小金库”领导小组办公室副主任韩文博出席会议并讲话。教育部党组成员、中纪委驻教育部纪检组组长王立英主持会议。

△ 教育部与重庆市政府共建教育综合改革试验区高层会谈在重庆举行。教育部部长周济、重庆市市长王鸿举出席会议并讲话。会议由教育部副部长陈小娅主持，重庆市副市长谢小军、教育部相关司局负责人、重庆市相关负责人出席了会议。

△ 教育部副部长郝平率团抵越南河内，出席第二届亚欧教育部长会议，并以会议协办国代表的身份，发表了题为“优先发展教育，促进人力资源可持续发展”的主旨讲话。

5月15日 教育部党组副书记、副部长袁贵仁专程来到中国人民大学调研，并参加学校领导班子专题民主生活会。中央学习实践活动领导小组办公室指导协调二组成员、部属高校学习实践活动领导小组办公室负责人、部属高校学习实践活动指导检查第三工作组负责人、教育部有关司局负责人以及中国人民大学有关领导和教师代表参加了会议。

△“2009全国民营企业招聘周”启动仪式在京举行。教育部部长周济出席仪式并讲话。全国民营企业招聘周活动至今已连续举办了五届，前四届全国累计有40.2万家民营企业参加了招聘活动，提供空岗信息799万条，有260万名求职者签订了就业意向协议。

5月16日 中共中央政治局委员、国务院副总理、国务院残疾人工作委员会主任回良玉，来到北京市第二聋人学校，看望慰问师生员工，考察特殊教育工作，向全国广大残疾人、残疾人亲属和残疾人工作者致以节日的问候和良好的祝愿。

△ 由教育部倡议支持建立的海峡两岸职业教育交流合作中心在厦门正式成立，教育部副部长袁贵仁、中国高等教育学会会长周远清等出席中心揭牌仪式并致辞，福建省教育厅厅长鞠维强主持揭牌仪式。

5月16—17日 部属高校深入学习实践科学发展观活动领导小组组长、教育部党组书记、部长周济在西北农林科技大学，出席了学校领导班子专题民主生活会，并前往延安大学、杨凌职业技术学院调研高校学习实践活动。

5月18日 教育部副部长鲁昕在武汉理工大

学参加了该校深入学习实践科学发展观领导班子专题民主生活会。

△ 中欧教育专家教育规划研讨会在京举行。来自欧盟的教育专家就中国制定《国家中长期教育改革和发展规划纲要》专程来华开展研讨，提出了积极的意见和建议，中欧双方的教育专家和官员还就各自的教育政策等进行了信息交流。教育部副部长袁贵仁出席研讨会，并作总结讲话。

5月19日 部属高校学习实践科学发展观活动领导小组副组长、教育部党组副书记、副部长陈希在清华大学调研并参加学校领导班子专题民主生活会。

△ 教育部副部长郝平会见了来访的欧盟委员会教育文化总司长奥蒂尔·坎坦女士一行。双方积极评价了中欧教育合作取得的成果。郝平指出，中方高度重视与欧盟的教育合作与交流，愿与欧盟共同努力，在巩固现有合作的同时，不断开拓新的合作空间，实现与欧盟的全面合作。会见结束后，双方召开第二次中欧教育政策对话司局级磋商机制会议，就教育政策与合作进行了充分的交流和讨论。

5月20日 由中央音乐学院主办的“2009北京现代音乐节”在北京音乐厅拉开帷幕。中共中央政治局委员、国务委员刘延东观看了开幕式音乐会。教育部部长周济、文化部部长蔡武等一同观看了开幕式音乐会。

5月21日 教育部党风廉政建设领导小组在京召开直属机关新任司局级干部廉政座谈会，教育部党组成员、中央纪委驻教育部纪检组组长王立英，教育部党组成员、副部长李卫红出席会议并讲话。

△ 教育部教育管理中心在山西太原召开“2009年教育电子政务（电子校务）建设工作研讨会”。会议研讨了新形势下进一步深化教育电子政务应用、提高教育管理和公共服务效能的有关内容。

5月22日 部属高校学习实践科学发展观活动领导小组副组长、教育部党组副书记、副部长陈希在同济大学进行调研，并参加了学校领导班子专题民主生活会。

△ 2009年全国普通高校毕业生入伍预征工作会议在南京举行。来自各省（区、市）征兵部门、教育行政部门和部分高等学校的负责同志近200人参加了会议。

5月23日 “中华诵·2009经典诵读晚会（端午篇）”在京录制完成。教育部副部长、国家语委主任郝平，北京市副市长、北京市语委主任黄卫，国家语委咨询委员会副主任柳斌参加了晚会录制。

5月26日 教育部印发《关于授予付冬梅同学“舍己救人优秀学生”荣誉称号的决定》。

5月30日 2009年全国教育科学规划工作年会暨全国教育科研管理专业委员会成立大会在北京召开。会议的主题是“创新科研管理体制 提高教育科研质量”。

5月31日 中共中央总书记、国家主席、中央军委主席胡锦涛前往北京市海淀区巨山小学和朝阳区芳草地国际学校，亲切看望中外小朋友，代表党中央，向全国各族少年儿童表示节日的祝贺，向全国广大少年儿童工作者表示崇高的敬意。

△ 2009年“六一”国际儿童节晚会《童心如歌》在中央电视台举行，中共中央政治局常委李长春与孩子们一起共庆佳节，向全国各族少年儿童致以节日问候，祝小朋友们健康成长、全面发展。

6月

6月1日 应温家宝总理邀请，参加北京市中关村第三小学“欢聚北京、祝福祖国、共庆六一”活动的56个民族的近百名小学生代表，来到向往已久的中南海。

△ 教育部副部长陈希会见来访的美国天普大学校长安·韦弗·哈特一行。

△ 教育部办公厅印发《关于认真做好爱国歌曲大家唱——教育系统“祖国万岁”歌咏活动的补充通知》。

6月2日 教育部召开“我爱我的祖国”主题教育活动视频会议，教育部部长周济参加会议并发表题为“歌唱祖国 热爱祖国”的讲话。

6月3日 教育部党组副书记、副部长陈希在中央戏剧学院宣布了中共教育部党组关于中央戏剧学院党委书记的任免决定，刘立滨任中央戏剧学院党委书记，刘国富因年龄原因不再担任中央戏剧学院党委书记职务。中共北京市委有关方面负责同志出席大会。

△ 教育部副部长、党组副书记陈希，部长助理、党组成员林蕙青专程前往高考命题会场看望参加 2009 年高考入闱命题的教师，并对高考命题、考务管理及评卷工作提出要求，确保 2009 年高考顺利平稳进行。

△ 教育部办公厅印发《关于积极组织广大师生参与"100 位为新中国成立作出突出贡献的英雄模范人物和 100 位新中国成立以来感动中国人物"评选活动的通知》。

6月4日 全国农村学校教师特岗计划实施工作会议在郑州召开，会议强调，要进一步加大工作力度，确保特岗计划的实施进度和完成质量。

△ 教育部办公厅印发《关于在教育系统做好"中华诵"经典诵读工作的意见》。

6月5日 教育部党组副书记、副部长陈希在对外经济贸易大学宣布教育部关于对外经济贸易大学校长的任免决定，施建军任对外经济贸易大学校长，免去陈准民的对外经济贸易大学校长职务（另有任用）。中共北京市委有关方面负责同志出席大会。

△ 为贯彻落实中央精神，帮助广大高校师生深入把握社会主义核心价值体系，教育部在中国人民大学召开高校师生学习《六个"为什么"》座谈会。教育部部长助理、党组成员吴德刚出席座谈会并讲话。

△ 教育部办公厅印发《关于组织实施"知行中国——中小学班主任教师培训项目"的通知》。

6月7日 教育部副部长、党组副书记陈希，教育部党组成员、中纪委驻教育部纪检组组长王立英，教育部部长助理、党组成员林蕙青，到教育部国家教育考试考务指挥中心亲切看望高考一线的工作人员，并通过国家教育考试指挥平台视频巡查系统检查全国高考组织工作，巡查了解部分省市区的考场情况。

6月8日 浙江省人民政府和教育部共建浙江工业大学协议书签约仪式在杭州举行，教育部部长、党组书记周济和浙江省委书记、省人大常委会主任赵洪祝在签字仪式上讲话，周济和浙江省省长吕祖善分别代表教育部和浙江省签署了共建协议书。浙江省领导李强、黄坤明、郑继伟出席。

6月9日 教育部部长周济会见了来访的沙特高等教育大臣安卡利一行。

△ 教育部办公厅、公安部办公厅印发《关于普通高等学校毕业生应征入伍服义务兵役办理就业手续的通知》。

△ 教育部办公厅印发《关于全国高校开展"喜迎国庆 60 周年唱响校园主旋律"主题形势报告会活动的通知》和《关于学习贯彻全国安全生产电视电话会议精神　加强学校安全工作的通知》。

6月10日 中国联合国教科文组织全国委员会第 26 次全体会议在北京举行。中国联合国教科文组织全国委员会主任、教育部副部长郝平出席会议并讲话。来自全委会委员单位和合作伙伴单位的 100 多位代表参加了会议。

△ 由教育部、国家体育总局联合推出的全国青少年校园足球活动在北京回民中学举行启动仪式。教育部副部长陈小娅出席并讲话，教育部、国家体育总局及 31 个省、自治区、直辖市教育和体育部门的相关负责人出席了会议。

△教育部办公厅印发《关于做好普通高职（专科）毕业生服义务兵役退役和"下基层"服务期满后接受本科教育招生工作的通知》。

6月11日 教育部部长周济会见德国联邦教研部部长安妮特·沙万女士。

6月12日 教育部办公厅印发《关于做好 2009 年普通高校招生执法监察工作的通知》。

6月14日 教育部、青海省人民政府《关于大力支持青海省教育事业改革发展的合作协议》签字仪式，在青海省西宁市举行。教育部部长周济、青海省省长宋秀岩以及教育部和青海省有关方面负责人出席签字仪式，青海省副省长吉狄马加主持会议，教育部副部长鲁昕宣读了协议。

6月15日 为贯彻落实《中央人才工作协调小组关于实施海外高层次人才引进计划的意见》和中央领导同志关于加快实施"千人计划"的指示精神，教育部在京召开高等学校实施"千人计划"视频会议，对高等学校加快实施"千人计划"进行动员部署。中央组织部副部长、中央人才工作协调小组副组长李智勇，教育部部长周济出席会议并讲话。

6月17日 中共教育部党组印发《关于学习贯彻温家宝总理在清华大学同应届毕业生、在西安交通大学和湖南大学同学生重要谈话精神的通知》。

△ 教育部办公厅印发《关于做好暑期学校甲型H1N1流感防控工作的通知》。

6月18日 教育部办公厅印发《关于当前做好高校困难毕业生就业帮扶工作的通知》。

6月19日 第25届世界大学生夏季运动会中国代表团成立暨动员大会在北京师范大学举行。教育部党组成员、中纪委驻教育部纪检组组长王立英出席会议并讲话。

△ 教育部印发《关于做好2009年全国成人高校招生工作的通知》。

6月19—20日 首届外语院校繁荣发展哲学社会科学高层论坛暨外语院校科研协作会在北京举行。

6月21日 由中宣部、教育部、共青团中央联合组织的“先进模范人物爱国奉献事迹报告团”在北京航空航天大学举行首场报告会，8位新时期的先进模范以各自爱国奉献的事迹，感动和激励了广大首都高校师生代表。这次活动是围绕庆祝新中国成立60周年开展的群众性爱国主义教育活动的重要组成部分。

6月22日 教育部、卫生部印发《关于学校甲型H1N1流感防控工作方案（试行）》的通知。

6月23日 教育部印发《关于深入推进学生志愿服务活动的意见》和《关于做好2009年全国普通高等学校招生录取工作的通知》。

6月24日 第四届中英教育部长峰会在伦敦兰开斯特宫举行，双方就进一步加强中英双方在教育和科研方面的合作进行了讨论。教育部部长周济和英国商务、创新与技能部国务大臣麦克法登就中英双边教育交流与合作进行了广泛和深入的讨论，特别就中英卓越奖学金项目、高等教育领域合作、大学生实习项目、学历学位互相承认以及文化和语言合作等方面交换了意见。

△ 教育部副部长郝平会见并宴请了随同阿披实总理访华的泰国教育部部长朱林·拉萨纳维诗一行，双方就加强两国教育交流与合作交换了意见。在温家宝总理和泰国阿披实总理的见证下，郝平与朱林·拉萨纳维诗签署了《中华人民共和国教育部与泰王国教育部教育合作协议》。

△“汉语桥——美国中小学校长访华之旅”在北京人民大会堂拉开帷幕。教育部副部长郝平出席欢迎仪式并致辞。

△ 教育部、中宣部、中央文明办、人力资源和社会保障部、共青团中央、全国妇联印发《关于加强和改进中等职业学校学生思想道德教育的意见》。

6月25日 国务委员刘延东在中南海紫光阁会见了美国大学理事会主席卡伯顿一行。刘延东对美国大学理事会率美国40个州430名中小学校长来华参加“汉语桥”活动表示欢迎，对理事会为推动美国中小学生学习汉语和中国文化所作出的努力表示赞赏。

6月26日 国务委员刘延东到天津轻工职业技术学院2009年全国职业院校技能大赛现场看望参赛学生，并预祝选手取得优异成绩。教育部、天津市及其他有关部委领导陪同考察。

6月28日 经过充分调研、论证和筹备，北京师范大学教育学部正式挂牌成立，由此在全国高校拉开了学部制改革的帷幕。

6月29日 国务委员刘延东在北京会见美国前国务卿基辛格。基辛格一行是应外交学会邀请来访的。

△ 教育部办公厅印发《关于做好普通高等学校按艺术类专业招生办法招生的非艺术类本科专业清理审核工作的通知》。

6月30日 新中国成立以来的第一次全国中等职业学校德育工作会议在天津召开。会议由教育部、中宣部、中央文明办、人力资源和社会保障部、共青团中央、全国妇联联合召开。会议由教育部副部长鲁昕主持。各省、自治区、直辖市，计划单列市，新疆生产建设兵团教育部门、文明办、人力资源和社会保障部门、共青团、妇联等部门有关负责人出席了会议。

△ 教育部办公厅印发《关于组织实施2009年中西部农村义务教育学校教师远程培训计划的

通知》。

7月

7月1日 教育部、中宣部、中央文明办、人力资源和社会保障部、共青团中央、全国妇联等六部门就加强和改进中职学生思想道德教育出台意见，要求充分认识加强和改进中职学生思想道德教育的重要性和紧迫性，积极应对挑战，采取有效措施，开创新时期新阶段中职学生思想道德教育工作的新局面。

7月2日 高等学校深入学习实践科学发展观活动视频会议在京召开。部属高校学习实践活动领导小组副组长、中组部副部长李建华在会上传达了习近平同志在中央学习实践活动领导小组第八次会议上的重要讲话精神和习近平、刘延东、李源潮同志近期就高校学习实践活动的重要批示精神和讲话精神。部属高校学习实践活动领导小组组长、教育部党组书记、部长周济出席会议并讲话。

7月3日 中法教育混委会第三次会议在巴黎召开。此次混委会会议，中方代表团由中国教育部国际合作与交流司司长张秀琴女士率领；法方代表团由法国外交及欧洲事务部全球化、发展与合作伙伴关系总司人才交流与吸引政策司司长伊莲·杜珊纳女士和法国国民教育、高等教育与科研部国际关系与合作司副司长雷诺·西姆先生率领。

△ 教育部、中央宣传部、中央文明办、共青团中央印发《关于组织开展2009年“中小学弘扬和培育民族精神月”活动的通知》。

7月4日 国务委员刘延东出席全国高校学生“我爱我的祖国”主题暑期社会实践活动启动仪式并讲话。教育部部长周济在会上以“到祖国和人民最需要的地方建功立业”为题，发表了重要讲话。

7月6日 教育部部长周济在法国巴黎出席联合国教科文举办的“世界高等教育大会”，期间分别会见了法国国民教育部长吕克·夏岱尔和法国高等教育与科研部长瓦莱里·贝克雷斯女士。

△ 教育部社科委学风建设委员会组织编写的《高校人文社会科学学术规范指南》由高等教育出版社出版发行。这是继2004年教育部社科委出台《高等学校哲学社会科学研究学术规范》之后，又一关于人文社会科学研究学术规范建设的重要举措。

7月7日 教育部办公厅印发《2009年中小学教师国家级培训计划》。按照计划，2009年国家级培训共有8个项目，全国有近50万名中小学教师将接受国家级培训。培训由教育部师范教育司牵头实施，所需经费由中央财政支持。

7月9日 教育部直属高校咨询委员会在武汉大学召开高校内部管理体制改革专题研讨会，这是咨询委员会围绕同一专题连续举行的第三场研讨会。先后有40多所高校的咨询委员和部分特邀学校的书记、校长参加研讨。教育部党组副书记、副部长陈希，党组成员、部长助理林蕙青出席研讨会。

7月9—10日 全国中小学校舍安全工程领导小组办公室（以下简称“全国校安办”）在京召开全国中小学校舍安全工程培训会议和7月份视频调度会议，进一步推进和部署中小学校舍安全工程实施工作。教育部副部长、全国校安办主任鲁昕出席会议并作重要讲话。

7月11日 上午9时，一代国学大师、北京大学资深教授季羡林先生在北京301医院辞世，享年98岁。

7月12日 武汉大学举行经典诵读晚会，拉开了“中华诵”经典诵读进高校校园的序幕，近千名师生齐声朗诵《少年中国说》，将晚会推向高潮。教育部副部长、国家语委主任郝平出席晚会并讲话。

7月15日 教育部副部长郝平会见了来访的美国前总统国家安全事务助理、美国石桥国际集团董事长塞缪尔·伯杰先生一行。

7月20日 教育部部长周济在成都主持召开中小学教师队伍建设座谈会，强调要以抗震救灾精神为动力，把教师队伍建设作为学习实践科学发展观、加快灾后学校恢复重建的一项重要工作切实抓紧抓好。

△ 教育部部长周济到四川省成都市棠中外语学校，看望即将启程赴俄罗斯参加疗养活动的中小学生。他亲切地勉励孩子们在俄期间安心疗养，快乐生活，健康成长，做中俄人民友好的小使者。

△ 教育部办公厅印发《关于启动实施“2009—2011年中国移动中小学校长培训项目”有关工作的通知》。

7月21日 国家民委副主任吴仕民在国务院新闻办公室新闻发布会上回答记者提问时说，少数民族考生享有加分等优惠政策是根据中国实际情况制定的，不会改变。

△“2009年普通高中课改实验省教师远程培训项目”在北京开班，教育部师范教育司和基础教育二司有关领导出席开班仪式，河北、内蒙古、湖北、云南4个省区同时开设了视频现场。这意味着面向2009年进入高中课改实验4个省区的8万名高中教师的国家级远程培训正式开始。

△ 教育部印发《关于授予邵春亮同志“全国优秀教师”荣誉称号的决定》。

7月23日 国务委员刘延东给中山大学研究生支教团回信给予勉励，以实际行动诠释“奉献友爱互助进步”的志愿精神。

△ 教育部“2009年中小学教师国家级培训计划”启动实施。教育部副部长陈小娅出席启动仪式并讲话。

△ 全国高校辅导员研究会会长、秘书长会议在山东大学威海校区召开。教育部副部长李卫红出席并讲话。

7月24日 中宣部、中央文明办、教育部、共青团中央、全国学联联合发出通知，启动2009年全国大中专学生志愿者暑期“三下乡”社会实践活动。

7月26日 教育部、中宣部、中央文明办、共青团中央日前发出通知，开展以庆祝新中国成立60周年为主题的第六个“中小学弘扬和培育民族精神月”系列活动。

7月27日 《五经》研究与翻译国际学术委员会第一次工作会议在京举行。中共中央政治局常委李长春、国务委员刘延东分别发来贺信。全国人大常委会原副委员长许嘉璐等出席。

△ 国际人类学与民族学联合会第十六届大会在昆明召开，中共中央政治局委员、国务院副总理回良玉出席开幕式并致辞。

7月28日 教育部在内蒙古呼和浩特市召开中小学教师培训工作座谈会，来自内蒙古、河北、山西、贵州、陕西、甘肃、宁夏、青海等8省区教育行政部门与部属师范大学代表就有效开展中小学教师培训工作的经验和做法进行了深入的交流与研讨。同时，会议对教育部2009年中小学教师国家级培训计划的实施工作进行了研究部署。教育部副部长陈小娅出席会议并讲话。

△ 教育部副部长郝平会见了欧洲议会体育委员会前主席希顿·哈里斯先生。郝平向客人介绍了中国政府近年来为促进教育事业改革和发展采取的一系列政策措施与着力解决的重点问题，并就如何进一步促进中欧、中英在教育和学生体育方面的合作交换了意见。

7月29日 教育部部属高校学习实践科学发展观活动领导小组组长、教育部党组书记、部长周济来到联系点西北农林科技大学，参加学校领导班子党性党风党纪建设专题会并发表讲话。他强调，高等学校要组织党员干部进一步认真学习胡锦涛总书记在十七届中央纪委三次全会上的重要讲话精神，把加强党员干部党性修养、大力弘扬优良作风作为重要内容，纳入学习实践活动抓紧抓好，以坚强的党性和优良的作风保证学校科学发展。

△ 教育部副部长郝平看望了启程赴蒙古国度假的四川地震灾区中学生代表团，并与代表团全体成员合影留念。

7月30日 部属高校学习实践活动领导小组副组长、教育部党组副书记、副部长袁贵仁到联系点南开大学，参加学校领导班子党性党风党纪建设专题会议。

△ 由中国教育报刊社、中国教育报、中国教育新闻网主办的“60周年，中国教材建设之路”高层论坛在京举行。来自国内近20家教育出版社负责人对新中国成立60年来我国教材建设的经验、当前的热点和难点问题进行了交流。本次论坛由中国教育报刊社社长史习江主持。

7月31日 2009年全国中等职业学校招生工作会议在兰州召开。教育部副部长鲁昕出席会议并讲话。她强调，中等职业学校招生860万人是今年教育工作的战略重点。各地要加强领导，加强协调，加强合作，努力完成中等职业学校的招生任务。

△ 在京参加驻外使节会议的30余位使节代表，专程来到孔子学院总部参观。教育部副部长郝平发表了热情洋溢的致辞。

8月

8月2日 教育部印发《关于重新公布全国社区教育实验区名单的通知》。

8月6日 教育部关工委在京举行学习贯彻部党组20号文件、做好新时期关工委工作座谈会，教育部关工委主任田淑兰主持会议并讲话。田淑兰指出，最近教育部党组下发的《关于加强全国教育系统关心下一代工作委员会建设的意见》，是教育系统关工委成立以来以党组名义下发的第一个文件，充分体现了部党组对教育系统关心下一代工作的重视，教育系统关工委要充分认识部党组文件对进一步加强教育系统关工委工作的重要意义。

△ 由外交部、教育部和贵州省政府联合主办，贵州大学、贵州省教育厅、贵州省政府外办和中国教育国际交流协会共同承办的第二届“中国-东盟教育交流周”，在贵阳正式拉开帷幕。外交部部长杨洁篪、教育部部长周济和贵州省省长林树森代表主办单位分别发来贺信。教育部副部长郝平、贵州省委常委龙超云、贵州省副省长刘晓凯、外交部参赞马明强等领导，以及来自东盟十国27所高校和中国43所高校的校领导、东盟秘书处、东盟大学网络、国际大学生体育联合会等机构的代表近300人参加了开幕式。

8月8日 中组部部长李源潮在井冈山与高校党委书记校长座谈时指出要深入学习实践科学发展观，为建设高教强国提供强大动力，教育部部长周济等参加座谈会。

8月12日 教育部、国家语委在京召开《通用规范汉字表》公开征求意见工作部署会，对教育部、国家语委开展《通用规范汉字表》公开征求意见工作进行部署，教育部副部长、国家语委主任郝平出席会议并讲话。

8月12—13日 教育部党组副书记、副部长陈希赴青海省调研，召开了西部高校改革发展座谈会。青海、内蒙古、贵州、甘肃等4个省（自治区）教育厅的有关负责同志，以及青海大学、青海师范大学、青海民族大学、云南大学、宁夏大学、广西大学等6所高校的校领导参加了座谈会。座谈会上，与会代表结合《国家中长期教育改革和发展规划纲要》的制定，围绕西部高校改革发展面临的形势和问题，以及推动西部高校改革发展的政策建议等进行了深入交流。

△ 教育部印发《关于印发〈中小学班主任工作规定〉的通知》。

8月14日 教育部出国留学人员培训部成立30周年纪念大会在重庆举行。教育部副部长郝平发来贺信。据介绍，教育部出国留学人员培训部自1979年成立以来，累计培训学员近40万人，其中，受训结业的国家公派出国留学人员近10万人次。

8月14—16日 中共中央政治局委员、国务委员刘延东冒着酷暑考察湖南教育。

8月16日 中国赴日本国留学生预备学校30周年校庆活动在东北师范大学隆重举行。教育部副部长郝平出席并致辞，与日本文部科学省文部科学审议官森口泰孝共同为留日预校30周年校庆中日友谊树纪念石揭幕。日本国驻华大使馆宫本雄二大使发来贺信。中日双方有关人士及校友近300人出席了该活动。

△ 由教育部、国家体育总局、共青团中央主办，长沙市人民政府承办，中国中学生体育协会协办的第十届全国中学生运动会，在湖南省长沙市贺龙体育中心盛大开幕。教育部部长周济致辞，湖南省委书记张春贤、省长周强和教育部副部长陈小娅出席了开幕式。

8月17日 中共中央政治局委员、国务委员刘延东近日在湖南调研时强调，要深入贯彻落实科学发展观，全面实施科教兴国和人才强国战略，培养更多优秀人才，增强自主创新能力，大力促进中部地区崛起。

△ 教育部部长周济接受中央主要媒体采访，谈新中国60年教育改革发展。

8月18日 国务委员刘延东出席中国职业教育社第十次全国代表大会并讲话。

△ 国务委员刘延东在内蒙古调研时强调，边

疆民族地区必须将教育摆在优先发展的战略地位。

8月19日 教育部部长周济和副部长郝平分别会见并宴请了古巴国务委员会官员、古巴政府单方奖学金项目总协调人里斯特·迪亚斯·卡斯特罗博士率领的古巴代表团一行。双方就中古教育交流深入交换了意见。

△ 教育部办公厅、中国轻工业联合会印发《关于在高等职业教育食品工程与生物技术专业、玩具设计与制造专业实施“双证书”制度的通知》。

8月24日 国务委员刘延东在四川会见优秀教师代表时强调弘扬抗震救灾精神，做师德高尚人民满意的教师。

△ 中央宣传部、教育部、国家民委召开深入开展民族团结宣传教育活动电视电话会议，中宣部部长刘云山讲话，国务委员刘延东出席并讲话。

8月25日 国务委员刘延东在西藏调研时强调，加快民族地区教育科技和文化事业发展，为西藏跨越式发展和长治久安提供有力支撑。

8月26日 教育部部长周济接受中央人民广播电台独家专访，《让所有的孩子同在蓝天下共同健康成长》。

△ 2009年教育部“国培计划”、“知行中国——中小学班主任教师国家级远程培训”在京启动。此后一个月，辽宁、江苏、浙江、福建、河南、湖北、广东、重庆、云南、陕西等省市的10万名小学班主任教师将接受教育部组织的50学时的专题远程培训。教育部副部长陈小娅出席开班仪式并讲话。

8月27日 国务委员刘延东在京会见了美国加州大学圣巴巴拉分校校长杨祖佑和加州理工学院校长钱缪一行。

△ 为贯彻落实中共中央办公厅、国务院办公厅印发的《关于深入开展民族团结宣传教育活动的意见》以及中央宣传部、教育部、国家民委印发的《关于在学校开展民族团结教育活动的通知》精神，教育部、中央统战部、中央政法委、国家民委联合在京召开了大力加强内地民族班民族团结教育和学校管理工作会议。会议全面部署了内地西藏班（校）、新疆高中班、高校民族预科班、少数民族高层次骨干人才硕士研究生基础培训基地（以下简称内地民族班）民族团结教育工作，对今后内地民族班进一步加强学生爱国主义和民族团结教育提出了明确要求。教育部部长周济、中央统战部副部长陈喜庆、中央政法委副秘书长鲍绍坤、国家民委副主任吴仕民出席会议并讲话，教育部副部长鲁昕作了会议总结，教育部副部长李卫红主持了会议。

8月29日 部属高校学习实践活动指导检查工作座谈会在京召开。14个指导检查工作组的代表交流了所联系高校整改落实阶段的情况，并对如何巩固扩大学习实践活动成果，建立科学发展长效机制提出意见和建议。座谈会由教育部党组成员、副部长李卫红主持。教育部党组副书记、副部长陈希出席会议并讲话。

8月31日 国务委员刘延东在新疆调研时强调，发挥教育科技文化支持作用，建设繁荣富裕和谐的社会主义新疆。

8月31日至9月1日 中央纪委驻教育部纪检组和中央纪委研究室共同组织的“新中国党风廉政建设60年理论与实践研讨会暨全国高校廉政研究机构第四次联席会议”在福建农林大学召开。教育部党组成员、中央纪委驻教育部纪检组组长王立英出席会议并作重要讲话。

9月

9月1日 国务委员刘延东在“中小学弘扬和培育民族精神月”启动仪式上讲话。

△ 新学期开学在即，为深入开展“我爱我的祖国”主题教育活动，教育部与中央电视台联合制作了以爱国主义为主题的电视节目《开学第一课·我爱你中国》。

△ 教育部印发《关于表彰全国优秀教师和全国优秀教育工作者的决定》。

9月2日 国家教育行政学院2009年秋季开学典礼在京举行。教育部部长周济出席开学典礼并讲话。

9月3日 国务委员刘延东在北京会见美国耶鲁大学校长理查德·莱文教授。

△ 教育部部长周济在教育部会见了联合国儿童基金会副执行主任萨阿德·胡瑞先生及东亚地区办主任辛格女士。

9月4日 国务院总理温家宝在北京市第三十五中学调研时强调，努力提高教学水平，做一名合格的人民教师。

△ 教育部、财政部印发《关于批准第四批高等学校特色专业建设点的通知》。

9月5日 应中俄教育合作分委会俄方主席、俄联邦教育署长布拉耶夫邀请，分委会中方主席、教育部副部长郝平率中国教育代表团访问俄罗斯，与布拉耶夫署长共同主持召开分委会第九次会议。

9月6日 教育部印发《关于公布2008年度长江学者特聘教授、讲座教授和长江学者成就奖获奖者名单的通知》。

9月8日 第四届全国师德论坛在京举行，主题为“教师大计 师德为魂”。十届全国人大常委会副委员长许嘉璐、教育部部长周济参会并讲话。

9月9日 庆祝教师节暨全国教育系统先进集体和先进个人表彰大会在京举行，胡锦涛、温家宝、李长春、习近平会见全体代表。国务委员刘延东出席表彰大会并作题为《国家发展在教育，办好教育希望在教师》的讲话。下午刘延东先后看望了清史研究专家、中国人民大学戴逸教授和全国首批特级教师、北京市第二实验小学霍懋征老师，并向全国广大教育工作者致以节日问候。

9月11日 全国征兵工作电视电话会议在北京召开。会议全面部署了今冬征兵工作任务，强调要把做好征集高校毕业生入伍工作作为今年征兵工作的重中之重。会议指出，今冬的征兵工作将体现两大“优先”战略：同等条件下，学历高的青年优先；同等学历下，应届毕业生优先。会议还强调，高校毕业生应征入伍将优先得到批准，即在县（市、区）范围内合格的非农业户口青年中，大专以上文化程度的青年未被批准入伍前，各地兵役部门不得批准高中文化程度青年入伍。

△ 国务院新闻办公室举行新中国60年教育改革发展成就新闻发布会，教育部部长周济在概述了新中国60年教育改革发展的成就及经验后，回答了记者的提问。

△ 教育部原副部长浦通修同志，因病医治无效，在北京逝世，享年89岁。

9月12日 国务院三峡工程建设委员会在重庆召开“三峡工程移民职业教育和技能培训工作会议”，会议全面总结回顾17年来三峡工程移民职业教育培训工作成绩和经验并表彰先进，同时部署今后的工作。教育部副部长陈小娅、国务院三峡办主任汪啸风等出席会议。

9月13日 中国职业技术教育学会在北京隆重召开华中数控杯首届中国职业院校教学名师、天煌杯第二届中国职业教育杰出校长表彰大会。全国人大常委会副委员长陈至立、全国政协副主席黄孟复和教育部等有关部门领导出席大会，并为获奖代表颁发奖章和证书。

9月14日 教育部印发《关于做好2009年全国职工教育统计工作的通知》。

9月15日 “中华诵·2009经典诵读晚会（中秋篇）”在青岛市奥帆中心海上剧院录制完成。2009年的“中华诵”经典诵读晚会由教育部、中宣部、人力资源和社会保障部、文化部、国家广播电视总局、国家语委、解放军总政治部、共青团中央和青岛市人民政府共同主办。教育部副部长、国家语委主任郝平，山东省委常委、宣传部长李群及有关部委领导出席录制晚会现场。

△ 教育部、财政部印发《关于批准2009年度双语教学示范课程建设项目的通知》和《关于立项建设2009年国家级教学团队的通知》。

9月16日 共商教育大势，展望女性未来。由中国传媒大学、中国教育国际交流协会、韩国高等教育财团共同主办的“第四届世界大学女校长论坛”在中国传媒大学南广学院开幕。全国政协副主席林文漪、教育部副部长李卫红等出席会议。

△ 由联合国教科文组织国际教育规划研究所与上海市教育科学研究院联合主办的“变迁世界中的成功教育体系：教育系统效能监测与评估”政策研讨会在上海师范大学开幕。教育部副部长陈小娅到会并作题为“监测基础教育的新尝试：中国的实践”的主题演讲。

9月17日 “中国移动慈善基金会成立暨与教育部合作开展教育捐助提升计划签字仪式”在京举行。教育部副部长李卫红出席并致辞。

9月18日 国务委员刘延东到北京第二实验小学看望师生，并对该校百年校庆表示祝贺。

9月19日 兰州大学举行建校100周年庆祝大会。中共中央总书记、国家主席胡锦涛致信兰州大学表示祝贺。中共中央政治局委员、国务委员刘延东在庆祝大会上宣读胡锦涛总书记的贺信并作重要讲话。以不同形式向兰州大学建校100周年表示祝贺的还有宋平、韩启德、陈至立、蒋树声。

9月20日 第二届全国道德模范评选表彰颁奖典礼——“道德的力量”在京举行，共评出55位全国道德模范，262人获得全国道德模范提名奖。其中，教育系统有7人获全国道德模范称号，35人获全国道德模范提名奖。

△ “中华诵·首都大学生庆祝新中国成立60周年诵读晚会”在北京交通大学举行。教育部副部长、国家语委主任郝平出席晚会录制现场。

9月24日 国务院总理温家宝考察四川灾后恢复重建工作时第七次到北川中学看望师生。

9月25日 教育部部长周济会见了美国戴尔公司董事长兼首席执行官迈克尔·戴尔先生。双方共同出席了戴尔公司支持中国基础教育发展合作谅解备忘录的签字仪式。

△ 教育部部长周济会见了由罗斯托副总校长率领的纽约州立大学代表团一行。代表团成员还包括纽约州长代表胡思源先生以及其他来自纽约州立大学各个分校的代表。

△ 教育部印发《关于做好2010年“农村学校教育硕士师资培养计划”实施工作的通知》。

9月28日 教育部印发《关于追授卢帅同学“全国舍己救人优秀大学生”荣誉称号的决定》。

9月29日 教育部印发《关于做好2010年招收攻读硕士学位研究生工作的通知》。

10月

10月6日 瑞典皇家科学院宣布，将2009年诺贝尔物理学奖授予英国华裔科学家高锟以及两位美国科学家。高锟获奖，是因为他在“有关光在纤维中的传输以用于光学通信方面”作出了突破性成就。

10月9日 国务委员刘延东到家中看望贝时璋院士，并致以亲切的慰问和生日的祝福。

△ 教育部办公厅印发《关于下达2010年“少数民族高层次骨干人才”研究生招生计划的通知》。

10月10日 教育部副部长陈小娅就中等职业学校和中小学学习实践科学发展观活动及义务教育均衡发展问题，在河北唐山进行调研。

10月11日 国务委员刘延东来到中央财经大学，祝贺建校60周年，向全校师生员工和海内外校友致以亲切问候。她强调，要弘扬优良传统，积极改革创新，彰显特色，提高质量，努力建设特色鲜明、国际知名的高水平大学。

△ 教育部党组书记、部长、中等职业学校和中小学学习实践活动指导小组组长周济来到学习实践活动联系点——四川省成都市彭州市职业中学调研指导，并考察彭州市实验小学，分别召开了中职和中小学学习实践活动座谈汇报会。周济强调，要以科学发展观为指导，扎实推进中职和中小学又好又快发展。

10月12日 中共中央政治局常委、中央纪委书记贺国强，中共中央政治局委员、国务委员刘延东分别发贺信祝贺重庆大学80华诞并向全校师生员工和海内外校友致以诚挚问候，中共中央政治局委员、重庆市委书记薄熙来出席了庆祝大会。

△ 国家建设高水平大学公派研究生项目工作会议在京召开。教育部部长周济出席会议并讲话，教育部副部长郝平主持会议并作会议总结。

△ 教育部副部长郝平会见了来访的加拿大魁北克省国际关系部部长皮埃尔·阿尔康一行。会后，双方签署了《中华人民共和国教育部与魁北克省政府高等教育合作协议》。

△ 中国计算机科学2020研讨会在清华大学开幕。本次研讨会由清华大学理论计算机科学研究中心姚期智发起举办，来自哈佛大学、加州大学伯克利分校、斯坦福大学、麻省理工学院、普林斯顿大学等世界一流大学的14位世界计算机科学的领军人物、图灵奖获得者应邀参加会议。教育部党组成员、部长助理林蕙青出席并致辞。

10月13日 中国少年先锋队建队60周年纪念日。中共中央总书记、国家主席、中央军委主席胡锦涛致信全国少先队员和广大少先队工作者，代表党中央，向全国少先队员表示热烈祝贺，向为红领巾事业付出心血和汗水的广大少先队工作者表示诚挚问候。

10月14日 中共中央政治局委员、国务委员刘延东到中国矿业大学（北京）进行考察，祝贺建校100周年，并向全校师生员工和海内外校友致以亲切问候。她强调，要弘扬优良传统，突出行业特色，创新教育模式，为国家经济社会发展培养高素质矿业专门人才。

△ 第六届全国师范大学联席会议在重庆师范大学召开。38所师范大学和重庆4所师范院校的校领导围绕“落实科学发展观，推进教师教育改革创新”的主题，就优秀教师培养与师范大学使命，创新教师人才培养模式、改革课程和教学，推进师范生实习支教、强化师范生实践教学等问题进行深入交流和研讨。教育部副部长陈小娅、重庆市常务副市长黄奇帆出席会议并讲话。

10月15日 由中国教育部主办、南开大学承办的第六届中日大学校长论坛于10月15日至16日在天津南开大学召开。中国教育部部长周济和日本文部科学省大臣川端达夫分别发来贺信。中国教育部副部长袁贵仁，日本文部科学省文部科学审议官清水洁，天津市委常委、天津市教育卫生工作委员会书记苟利军出席了该活动。

10月16日 由中国教育国际交流协会主办的第十届中国国际教育论坛暨2009中国国际教育展在北京开幕。全国政协副主席张榕明、第十届全国人大常委会副委员长顾秀莲出席开幕式活动。教育部部长助理吴德刚、林蕙青分别在会议主论坛和开幕式上作专题报告和致辞。

10月16—17日 由中央广播电视大学和全国高校远程教育协作组共同主办的“2009国际远程开放教育论坛”在北京举行，国际远程开放教育理事会、英联邦学习共同体、欧洲远程电子学习网络协会3个国际组织和美国、加拿大、以色列、日本、马来西亚等10个国家的国际远程教育代表参加了会议。教育部党组成员、部长助理林蕙青出席论坛开幕式并致辞。

10月17日 教育部、财政部印发《关于批准2009年度国家精品课程建设项目的通知》。

△ 南开大学举行建校90周年庆祝大会。中共中央政治局委员、国务委员刘延东发来贺信，中共中央政治局委员、天津市委书记张高丽，天津市市长黄兴国出席庆祝大会。海内外知名高校和科研机构的代表，南开大学师生和历届校友代表等4000余人出席庆祝大会。

10月18日 在中国矿业大学建校100周年之际，中共中央总书记、国家主席胡锦涛致信表示祝贺。中共中央政治局常委、国务院总理温家宝在批示中勉励该校毕业生。

△ 中央广播电视大学建校30周年庆祝大会在人民大会堂举行。中共中央政治局委员、国务委员刘延东为大会发来贺信。教育部副部长李卫红出席大会并讲话。

10月19日 以“团结、鼓励、创新、发展”为主题的中国民办教育发展大会暨中国民办教育协会年会在湖南韶山召开，中共中央政治局委员、国务委员刘延东为大会发来贺信，全国政协副主席张榕明、全国人大常委会原副委员长许嘉璐出席会议，湖南省委副书记梅克保、教育部部长助理吴德刚等出席会议并讲话。

△ 教育部、公安部公布《高等学校消防安全管理规定》，自2010年1月1日起施行。

10月20日 国际教育业协会“教育和终身学习展”在捷克第二大城市布尔诺开幕。“21世纪中国高等教育展”作为中国展区同时同地举行，国内28家高校与来自英国、德国、捷克、丹麦等国的120余所高校同台亮相，共同展示高等教育的发展成果。这是21世纪以来中国高教展首次进入东欧，也是该项活动首次和国外教育展合作、以中国展区的形式进行教育交流。

10月21日 延边大学迎来建校60周年纪念日。中共中央政治局委员、国务院副总理张德江，全国人大常委会副委员长、全国妇联主席陈至立，全国政协原副主席赵南起等发来贺信。吉林省委书记王珉、教育部副部长鲁昕等领导出席了庆典活动。

10月22日 由教育部高等学校社会科学发展研究中心发起主办、北京师范大学承办的新中国成立60周年“高校德育创新发展研究”论坛如期举行，教育部副部长李卫红出席论坛并讲话。

△ 2009中俄大学生艺术联欢节开幕式暨文艺演出在北京外国语大学体育馆举行，在“青春、和谐、未来、梦想”的主题下，近2 000名中俄大学生代表在现场感受着民族艺术的魅力，也用青春与激情诠释着和平与友谊。中俄“语言年”中方组委会执行副主席、中国教育部副部长郝平，俄罗斯驻华使馆公使陶米恒出席开幕式并致辞。

△ 教育部办公厅印发《关于印发〈国家建设高水平大学公派研究生项目学费资助办法（试行）的通知〉》。

△ 教育部党组印发《关于高等学校认真学习贯彻党的十七届四中全会精神的通知》。

10月22—24日 以“可持续发展教育：国际发展趋势和中国实践模式”为主题的第四届可持续发展教育国际论坛在北京举行。本次论坛由中国联合国教科文组织全国委员会主办。教育部副部长陈小娅出席会议并致辞。

10月26日 由中国高等教育学会和浙江省人民政府联合主办的“2009年高等教育国际论坛”在杭州开幕，全国人大常委会副委员长陈至立，浙江省委副书记、省长吕祖善，中国高等教育学会会长周远清出席开幕式并讲话。教育部部长助理、党组成员吴德刚也出席了会议。

10月26—29日 由联合国教科文组织国际农村教育研究与培训中心、联合国教科文组织终身学习所联合举办的“九个人口大国农村地区基本文化与成人学习研讨会”在北京师范大学召开。来自教科文组织总部、教科文地区办事处和九个人口大国的官员、专家共80多人与会，教育部副部长陈小娅出席开幕式并致辞。

10月27日 教育部中学校长培训中心成立20周年庆祝大会暨“走向教育家”全国中学校长论坛在华东师范大学举行。教育部副部长李卫红出席大会并讲话。

10月28日 第十一届“挑战杯”全国大学生课外学术科技作品竞赛决赛开幕，来自内地、港澳台及国外的近500所高校的4 000多名师生齐聚北京航空航天大学，共享这一大学生科技盛事。中国科协常务副主席、书记处第一书记邓楠，团中央书记处第一书记陆昊，教育部副部长郝平，工业和信息化部副部长陈求发，北京市副市长黄卫等出席了开幕式。

△ 教育部公布《关于授予徐彬程等15名同学“全国见义勇为舍己救人大学生英雄集体”荣誉称号并追授陈及时、何东旭、方招同学“全国舍己救人优秀大学生”荣誉称号的决定》。

10月29日 教育部办公厅印发《关于成立教育部学风建设协调小组的通知》。

10月30日 第二届世界汉学大会在中国人民大学开幕。中共中央政治局委员、国务委员刘延东发来贺信表示祝贺。

10月31日 第十一届全国人民代表大会常务委员会第十一次会议经表决决定，免去周济的教育部部长职务，任命袁贵仁为教育部部长。国家主席胡锦涛签署主席令，公布了这一决定。

△ 教育部召开机关和直属单位司局级以上干部会议。中共中央政治局委员、国务委员刘延东出席会议并作重要讲话。中共中央组织部副部长李建华在会上宣布了中央关于教育部主要领导职务变动的决定：袁贵仁任教育部部长、党组书记；周济不再担任教育部部长、党组书记，另有任用。

△ 全国基础教育课程改革经验交流会在南京闭幕。

△ 中国共产党的优秀党员，忠诚的共产主义战士，享誉海内外的杰出科学家和我国航天事业的奠基人，中国科学院、中国工程院资深院士，中国人民政治协商会议第六届、七届、八届全国委员会副主席钱学森同志，因病在北京逝世，享年98岁。

11月

11月1日 清华大学复建国学研究院。教育部副部长李卫红和清华大学校长顾秉林为研究院揭牌，李卫红致辞。

11月3日 中华女子学院喜庆建校60周年。中共中央政治局委员、国务委员刘延东致信祝贺，全国人大常委会副委员长、全国妇联主席陈至立出席庆祝大会并讲话。

11月4日 教育部和湖北省委在地处湖北荆州的长江大学举办学习“10·24”见义勇为舍己救人大学生英雄集体先进事迹座谈会，部署进一步推动高校优秀学生典型宣传，深化创新大学生思想政治教育工作。会上宣读了教育部授予长江大学徐彬程等15名同学“全国见义勇为舍己救人大学生英雄集体”荣誉称号，追授陈及时、何东旭、方招同学“全国舍己救人优秀大学生”荣誉称号的表彰决定。教育部副部长李卫红出席会议并讲话。

11月6日 中共中央政治局委员、国务委员刘延东在河北省邯郸市出席全国推进义务教育均衡发展现场经验交流会时强调，要深入贯彻科学发展观，坚持以人为本，采取有效措施，大力推进义务教育均衡发展，让更多学生享受高质量教育，让广大人民群众共享教育改革发展成果。

△ 由北京大学、北京市教委和韩国高等教育财团联合主办的北京论坛第六届年会——北京论坛(2009)在钓鱼台国宾馆开幕。联合国副秘书长约瑟夫·里德，全国人大常委会副委员长、民盟中央主席蒋树声，全国政协前副主席、中国人权研究会会长罗豪才，教育部副部长郝平出席开幕式。联合国秘书长潘基文为论坛开幕发来视频贺辞。

△ 由中国戏曲学院与美国宾汉顿大学共同建立的全球第一家戏曲孔子学院在美国宾汉顿大学挂牌成立。

△ 教育部、卫生部印发《关于印发〈学校甲型H1N1流感防控工作方案〉的通知》。

11月7日 全国推进义务教育均衡发展现场经验交流会在河北省邯郸市闭幕。教育部部长袁贵仁出席闭幕会议并讲话。他强调，各地要认真学习、深刻领会中共中央政治局委员、国务委员刘延东在此次会议上的重要讲话精神，把义务教育作为教育改革与发展的重中之重，把均衡发展作为义务教育的重中之重，把义务教育均衡发展作为国家推动教育发展的奠基工程和贯彻落实《义务教育法》的重要工程，进一步完善政策措施，加大工作力度，切实抓紧抓好抓出成效。

11月8日 华南农业大学建校100周年庆祝大会在广州隆重举行。中共中央政治局委员、国务院副总理回良玉，中共中央政治局委员、国务委员刘延东，中共中央政治局委员、广东省委书记汪洋分别致信表示祝贺，并向全校师生员工和海内外校友致以诚挚的问候。全国政协副主席罗富和出席庆祝大会，全国政协副主席陈宗兴题词祝贺。

11月9日 教育部部长袁贵仁会见了来访的美国教育部长高级顾问马歇尔·史密斯博士。史密斯博士对袁贵仁就任教育部部长表示祝贺，期待双方在教育领域的交流与合作取得进一步发展。

△ 北京大学公布：2010年北京大学的自主招生将试行“中学校长实名推荐制”，在北京、天津、重庆、黑龙江、吉林、江苏、浙江、河南、湖南、湖北、广东、陕西、新疆等省、自治区、直辖市招收综合素质优秀或学科特长突出的高中毕业生。

△ 教育部副部长郝平会见了出席北京论坛的韩国高等教育财团事务总长金在烈博士，并授予其“国际学术交流贡献奖”。

△ 教育部党组印发《关于在教育系统开展向长江大学“全国见义勇为舍己救人大学生英雄集体”学习活动的通知》。

11月10—12日 中国教育部与美国教育部联合举办的2009年中美科学教育专家研讨会在北京召开。教育部副部长陈小娅及美国教育部长高级顾问马歇尔·史密斯博士出席了开幕式并致辞。

△ 教育部、国家统计局、财政部公布《关于2008年全国教育经费执行情况统计公告》。

11月11日 教育部部长袁贵仁在北京会见了以汉娜·维拉库宁部长为首的芬兰教育代表团。双方在热情友好的气氛中就进一步加强中芬教育合作与交流，尤其是大学间的人员流动、高层次人才培养和科研合作深入地交换了意见。会谈后袁贵仁与汉娜·维拉库宁共同签署了《中华人民共和国教育部与芬兰共和国教育科学部关于建立战略对话机制的谅解备忘录》。芬兰教育代表团是应我国教育部邀请来华访问的。

11月15日 中国教育学会成立30周年纪念会在教育部报告厅举行。教育部党组成员、部长助理吴德刚代表教育部党组对纪念会召开表示祝贺，并代表教育部党组书记、部长袁贵仁宣读了“下大决心，花大力气，努力培养创新人才”的书面发言。袁贵仁充分肯定了中国教育学会30年来对推动我国教育事业改革与发展所作的贡献，并对教育学会的同志提出四点希望。

△ 由清华大学发起的“清华大学—剑桥大学—麻省理工学院低碳能源大学联盟”（以下简称“三校联盟”）在京成立。国务院原副总理曾培炎，中国工程院党组副书记周济，教育部副部长、党组副书记陈希等出席成立大会。

11月16日 庆祝宝钢教育基金设立20周年暨2009年宝钢教育奖颁奖大会在宝钢集团举行。教育部发信向庆祝大会致贺。997名来自全国各地的高校师生荣获本年度宝钢教育奖，其中北京师范大学张斌贤等10名教师荣获特等奖。

11月17日 上海合作组织大学中方项目院校工作会议和上海合作组织大学中俄双方研讨会在北京召开。教育部副部长郝平出席中方项目院校工作会议并讲话。北京大学、清华大学、华中科技大学等10所上海合作组织大学中方项目院校的26名校长、副校长和代表出席了中方项目院校工作会议，并与来自俄联邦教科部、教育署和5所俄方项目院校的12名代表就上海合作组织大学的创建工作进行了研讨。

△ 中国教育部与欧特克有限公司在京签署《支持中国工程技术教育创新的合作备忘录》。根据该《备忘录》，欧特克公司将向中国高校和职业学校捐赠价值3.5亿元人民币的最新软件。双方将通过全面合作，开展中国工程技术领域教学和师资培训的合作，促进中国新一代工程技术创新人才的培养。教育部副部长郝平和欧特克公司总裁兼首席执行官卡尔·巴斯等出席了《备忘录》签字仪式。

△ 教育部办公厅印发《关于印发〈2010年中小学教学用书目录（变动部分）〉的通知》。

11月18日 中共中央政治局委员、国务委员刘延东到北京市东城区史家小学看望师生，并对该校70年校庆表示祝贺。

△ 教育部印发《关于授予刘家霖同学“全国见义勇为优秀大学生”荣誉称号的决定》。

11月19日 第三批深入学习实践科学发展观活动中南六省区中等职业学校校长座谈会在广州举行。教育部副部长、中职和中小学深入学习实践科学发展观活动指导小组成员鲁昕在座谈会上强调，要对照科学发展观的要求，找准并认真分析中等职业教育目前存在的问题和不足，结合经济与社会发展的实际，理清进一步推动中等职业教育发展的思路。

11月20日 教育部召开2010年全国普通高校毕业生就业工作视频会议。教育部部长、党组书记袁贵仁在会上强调，各地教育部门和高等学校要不松懈、不动摇，继续深入贯彻党中央、国务院“把高校毕业生就业摆在当前就业工作的首位”的重要决策，认清形势，树立信心，全力以赴做好2010年高校毕业生就业工作。

△ 教育部、财政部、中国保险监督管理委员会印发《关于在中等职业学校推行学生实习责任保险的通知》。

△ 教育部办公厅、卫生部办公厅印发《关于切实加强农村学校甲型H1N1流感防控工作的通知》。

11月21日 全国大学生优秀创业团队大赛启动仪式暨2009年百所高校昆山行产业科技人才合作洽谈会在江苏省昆山市举行。教育部党组成员、部长助理林蕙青出席启动仪式并讲话。

△ 教育部办公厅印发《关于公布新型农民培训工作联系点名单的通知》。

11月23日 教育部办公厅印发《关于成立教育部对口支援西部地区高等学校工作协调小组的通知》。

11月24日 教育部、江苏省人民政府共建河海大学协议签字仪式在南京举行。教育部部长袁贵仁、江苏省省长罗志军分别在协议书上签字，江苏省副省长曹卫星宣读了共建协议。

11月25日 教育部办公厅印发《关于印发〈中小学实验室规程〉的通知》。

11月28日 教育部、财政部印发《关于批准2009年度国家级实验教学示范中心建设单位的通知》。

11月29日 “中德职教合作三十周年庆典暨中德职教合作发展论坛”在北京国家会议中心隆重举行，教育部副部长鲁昕出席开幕式并宣读国务委员刘延东的贺信，教育部副部长郝平出席庆典晚宴并致辞。

11月30日 在长沙参加全国未成年人思想道德建设经验交流会的教育部副部长陈小娅，专门考察了湖南的中小学教育。她提出，要着力推进义务教育均衡发展，促进普通高中多样化、有特色地发展。

12月

12月1日 为积极应对当前大学生就业形势，充分发挥高校在指导毕业生就业中的主导作用，更有力地促进毕业生就业信息服务和交流，最大限度地帮助2010届高校毕业生实现就业，教育部定于2009年12月1日至31日举办“2009年全国高校毕业生就业指导中心联合招聘月”。

12月3日 教育部部长袁贵仁出席国务院总理温家宝和加拿大总理哈珀共同见证的两国协议签字仪式和温家宝总理为哈珀总理访华举行的欢迎晚宴，并代表教育部和加拿大农业与农业食品部部长Gerry Ritz共同签署了两国《关于科学技术合作与人才培养的谅解备忘录》。

12月4日 教育部副部长郝平会见来访的美国艾森豪威尔基金会执行委员会主席，美国新泽西州前任州长克里斯汀·托德·惠特曼一行。

12月5日 由中国教育学会、北京师范大学联合主办的京师教育论坛在京举办。

12月6日 中共中央政治局委员、国务委员刘延东出席2009博鳌青年论坛（香港）酒会并发表题为“携手把握时代机遇，共促民族复兴伟业”的演讲，对香港、澳门与两岸青年关注民族命运的情怀以及对祖国改革开放和现代化建设的贡献表示充分肯定，希望青年朋友携手并肩，在推进中华民族伟大复兴的征程中实现人生价值。

12月7日 教育部党组召开会议，传达学习中央经济工作会议精神。教育部党组书记、部长袁贵仁在主持会议时强调，当前要认真领会、贯彻落实中央经济工作会议精神，扎实安排好2010年以及今后一个时期教育改革发展稳定的各项工作，特别是修改完善《国家中长期教育改革和发展规划纲要》、研究制定《教育部2010年工作要点》和做好岁末年初工作。

12月8日 北京大学国际汉学家研修基地揭牌仪式在京举行，教育部副部长郝平、国务院新闻办副主任王仲伟、国家汉办主任许琳等共同为研修基地揭牌。

△ 教育部办公厅印发《关于做好冬季中小学幼儿园安全工作的通知》。

12月7—9日 2009年驻外使领馆教育处组工作会议在北京召开。会议期间，教育部部长袁贵仁会见了与会代表。教育部副部长陈希、李卫红、郝平，中央纪委驻教育部纪检组组长王立英出席会议，并分别就中国高等教育改革和发展、驻外干部队伍建设、教育外事工作以及党风廉政建设作了专题报告。

12月10日 2009年全国教育外事工作会议在北京召开。教育部部长袁贵仁主持会议并讲话，外交部部长杨洁篪就当前国际形势和我国外交工作作了专题报告，教育部副部长郝平作总结讲话。

12月11日 中共中央政治局委员、国务委员、孔子学院总部理事会主席刘延东在出席第四届孔子学院大会时强调，要相互尊重，友好协商，携手同心，平等合作，办好每一所孔子学院，推动国际汉语教育事业又好又快发展。

△ 由国家语委主办、北京科技教育促进会承办的“雅言华章，和谐中华——新中国语言文字工作60年成就展”在北京国家会议中心开幕。教育部部长袁贵仁，教育部副部长、国家语委主任郝平观看了展览。

12月12日 北京师范大学哲学与社会学学院迎来成立30周年院庆。教育部部长袁贵仁，北京师范大学校长钟秉林，国际哲学学会会长、美国普渡大学教授麦克以及来自全国哲学社科界的专家学者300余人出席了庆典。“传统与当代世界”国际学术研讨会也于同日在北京师范大学举行。

△ 2010年语言文字工作研讨会在京召开。教育部副部长、国家语委主任郝平出席并讲话。

12月16日 由中国教育报、中国教育电视台主办的2009中国教育年度新闻人物评选活动候选人确定，长江大学舍己救人英雄群体等入选。

12月17日 清华大学数学科学中心正式挂牌成立，国际数学界最高荣誉“菲尔兹奖”获得者、美国科学院院士、哈佛大学教授丘成桐受聘担任中心主任。教育部党组副书记、副部长陈希出席揭牌仪式。

12月18日　教育部党组中心组举行专题学习报告会，邀请国务院研究室党组副书记、副主任江小涓作关于中央经济工作会议精神的辅导报告。报告会由教育部党组书记、部长袁贵仁主持。

△　首都高等教育研究院成立大会在北京师范大学举行，教育部党组成员、部长助理林惠青，北京市副市长黄卫出席并为研究院揭牌。研究院实行理事会领导下的院长负责制，由北京市教委和北京师范大学共建共管，成果共享，是政府与高校在合作模式创新方面的有益探索。

12月19日　第三届高水平行业特色型大学发展论坛暨共建工作座谈会在西安召开。教育部党组副书记、副部长陈希，陕西省副省长朱静芝出席会议并讲话。陈希指出，高水平行业特色型大学在长期办学过程中，与相应行业共同发展、共同进步，今后要坚持走"有特色、高水平"办学的道路，不断丰富自己的内涵，实现可持续发展。

△　由中国民办教育协会中小学专业委员会、学前教育专业委员会和中国教师发展基金会联合举办的全国优秀民办中小学幼儿园表彰活动表彰大会在京召开。全国人大常委会原副委员长许嘉璐发来贺信。教育部副部长陈小娅出席大会。中国民办教育协会会长陶西平，中国民办教育协会顾问、中国教育学会会长顾明远等出席并给获奖者颁奖。

△　2009年下半年全国大学英语四六级考试(CET)平稳结束，全国共有874万考生报名参加。各级教育行政部门、考试机构在考前和考试实施期间严格按照教育部的统一部署，采取多项措施，认真做好安全保密和考场管理工作，考试总体情况平稳。

12月20日　由中国教育报、中国教育新闻网联合举办的首届全国教育改革创新奖颁奖典礼暨中国教育创新论坛在京举行，来自全国各地的130个单位和局长、校长、教师获得表彰。教育部副部长李卫红出席颁奖典礼并讲话。

12月21日　教育部部长袁贵仁应何厚铧邀请在澳门出席"2009两岸四地大学校长高峰会"。这次高峰会是在澳门回归祖国10周年之际，由澳门特别行政区政府主办、澳门大学承办的，来自内地和港澳台地区的近30位大学校长到会，围绕经济全球化背景下高等教育发展问题展开研讨。

△　第二届丘成桐中学数学奖在清华大学颁奖。来自中国、美国、新加坡等地的中学生分获不同奖项，其中，中国人民大学附属中学高中生马悦然等获得银奖，金奖由美国华人学生陈智欣获得。

12月21—22日　全国基础教育教学研究工作研讨会在北京召开。教育部副部长陈小娅出席会议并讲话。陈小娅在讲话中高度评价了各级教研部门8年来为基础教育课程改革作出的贡献。她同时指出，在深化基础教育课程改革的新阶段，教学研究系统面临着新的机遇和挑战，从教研队伍自身看，面对上千万的教师队伍，教研队伍总量依然不足，普遍存在着结构性缺编的问题，教研机构的职能定位还不明确，观念还需进一步转变。

12月22日　中华诵·经典诵读晚会暨"中华诵·2009经典诵读大赛"颁奖晚会在京举办。教育部副部长、国家语委主任郝平出席晚会，与现场观众共同欣赏了这场语言文化的视听盛宴。

12月23日　2009年度教育部科技委全会暨科技委换届大会在京召开。第六届科技委增设了战略研究指导委员会、学风建设委员会，在原来10个学部的基础上，增设了国防科学学部。教育部部长、党组书记袁贵仁在会议期间亲切会见了与会代表。

△　教育部副部长郝平会见了应邀来华访问的塞尔维亚教育部长扎尔科·奥布多拉维奇一行。

12月24日　财政部、国家发展改革委员会、教育部和人力资源社会保障部在京联合召开视频会议，部署中等职业学校农村家庭经济困难学生和涉农专业学生免学费政策工作。

12月26日　教育部党组在京召开教育系统党风廉政建设工作会议，学习贯彻党的十七届四中全会精神，总结2009年教育系统反腐倡廉工作，部署2010年工作任务。教育部党组书记、部长袁贵仁在会上强调，教育系统各级党组织要深入学习贯彻党的四中全会精神，把党风廉政建设和反腐败工作作为一项重大政治任务，以更大的决心、更坚定的态度、更有力的措施抓紧抓好，始终保持惩治腐败的高压态势，坚决遏制腐败现象在一些领域的多发势头，决不让腐败玷污学校这一"教书育人"的神圣殿堂。

△ 北京市委社会工委与北京师范大学在京宣布，双方合作共建北京师范大学北京社会建设研究院。

12月30日 高等学校科学研究优秀成果奖（人文社会科学）颁奖大会在人民大会堂举行。中共中央政治局委员、国务委员刘延东出席会议并发表讲话。

△ 国家语言资源监测与研究中心、北京语言大学、中国传媒大学、华中师范大学、中国新闻技术工作者联合会、中国中文信息学会在北京联合发布“2009年度中国主流媒体十大流行语”。

前进中的
中国教育事业

北京理工大学

学校夜景

北京理工大学隶属于工业和信息化部，是一所理工为主、工理管文协调发展的全国重点大学，是新中国成立以来国家历批次重点建设的高校，首批设立研究生院，首批进入国家“211工程”和“985工程”建设行列。

学校占地面积4 342亩（含中关村校区1 063亩、西山实验区251亩、秦皇岛分校28亩、良乡校区3 000亩），建筑面积117余万平方米，固定资产超过30亿元。学校现有教职工3 405人，其中专任教师1 953人。教师中有全职工作的中国科学院院士、中国工程院院士8人，国家级有突出贡献专家17人，国家级教学名师4人，“长江学者奖励计划”特聘教授和讲座教授22人，国家杰出青年科学基金获得者13人，国家“新世纪百千万人才工程”国家级入选者19人，教育部“新世纪（含跨世纪）优秀人才”71人。此外，拥有教育部创新团队5个、国防科技工业创新团队12个。全日制在校生23 216人，其中，本专科学生14 065人、硕士生5 546人、博士生2 727人、留学生416人、预科生462人。

学校建有研究生院、基础教育学院，设有17个专业学院和继续教育学院、高等职业技术学院、秦皇岛分校；拥有4个国家重点一级学科，5个国家重点二级学科，3个国家重点培育学科，24个国防特色学科，3个一级北京市重点学科，4个二级北京市重点学科，2个交叉学科北京市重点学科，学科专业涉及10个学科门类；拥有19个博士后流动站，19个一级学科博士学位授权点，95个二级学科博士学位授权点，35个一级学科硕士学位授权点，196个二级学科硕士学位授权点，11个专业学位授权点，61个本科专业（其中10个国防特色专业）；拥有1个国家重点实验室，1个国家工程实验室，3个国防科技重点实验室，4个国家重点学科点专业实验室，3个国防重点学科实验室，3个教育部重点实验室，1个教育部部门开放实验室，5个北京市重点实验室，1个教育部研究生教育创新计划研究生开放实验室；4个国防科技工业研究生教育创新基地，10个校级研究生教学实验基地，3个国家级教学基地，2个国家级实验教学示范中心、11个北京市实验教学示范中心；建有国家大学科技园。

学校始终继承和弘扬延安精神，精心培育德才兼备的国家栋梁。发挥国防学科专业优势，培养重大工程领军人才，是我国国防高级科技人才培养和国防科学技术研究的重要基地之一。

学校坚持“立足国防、面向全国、服务地方”的服务面向定位，积极与省市地方政府、大型企业开展科技合作，先后与北京、云南、吉林、辽宁、内蒙古等省（区、市）人民政府及全国40多个地市人民政府签订了省校、市校合作协议，与百余家企事业单位特别是军工企事业系统建立了产学研联合体，形成了稳定持续的合作关系，探索了学校与地方政府、企业合作的新机制。学校高度重视国际交流与合作，先后与国外141所大学或企业合作，开展了广泛的学术交流。2007年，学校以办学指标全部优秀的成绩通过了教育部组织的“本科教学工作水平评估”；2009年，以优秀的成绩通过了工信部组织的“研究生教育优秀工程评估”；2010年，以优秀的成绩通过了工信部部属高校“党建创优工程评估”。

毕业学生

中心教学楼

面向未来，学校将进一步瞄准国家重大战略需求和世界科技发展前沿，发挥党建和思想政治工作的导向、动力、保证作用，始终牢记徐特立老院长“实事求是，不自以为是”的教诲，弘扬“团结、勤奋、求实、创新”的校风。坚持“理工并重、工理管文协调发展、多学科交叉融合”的理念，按照“强地、扬信、拓天”的特色发展路径，实施学科优化战略、强师兴校战略、教育创新战略、科研提升战略、开放发展战略、深化改革战略，践行“干部要为教师服务，教师要为学生服务，所有工作要为人才培养服务”的工作理念和“志向高远、学术精深、体魄强健、心境恬美”的育人目标，树立“引领之雄心、育才之恒心、报国之决心”，坚持一切从提高教学质量出发，一切从培养学生全面发展出发，一切从奉献伟大祖国出发，坚持正确的办学方向，努力培养高素质人才，大力增强科学研究能力，进一步突出国防科技办学特色，着力打造优秀的北理工文化，努力建设成为特色鲜明、理工为主的世界一流大学。

领导参观学校科技成果展

张德江副总理视察北理工

2010年9月26日上午9：00，中共中央政治局委员、国务院副总理张德江来到北理工参观视察有关实验室、科技成果展、电动车辆国家工程实验室研制的纯电动客车等，接见了学校领导并与有关人员座谈。随后参加校庆庆典大会并发表了题为“承继传统，开拓创新，努力建设成为世界一流理工大学”的重要讲话，殷切期望学校要有领引之雄心、育才之恒心、报国之决心，坚持一切从提高教学质量出发，一切从培养学生全面发展出发，一切从奉献伟大祖国出发，努力建设成为世界一流的理工大学。

召开徐特立教育思想研讨会

2010年9月25日，北京理工大学在人民大会堂召开徐特立教育思想研讨会，纪念学校前身自然科学院院长、伟大的共产主义战士、杰出的革命教育家徐特立先生。大会以“继承和发扬徐特立教育思想，全面推动教育事业科学发展”为主题。

中共中央政治局委员、国务委员刘延东致贺信，高度评价了徐特立先生的教育思想和北京理工大学建校70年来的办学成绩，并对北京理工大学的建设发展提出了殷切希望。全国人大常委会原委员长李鹏作书面讲话指出，召开徐特立教育思想研讨会，对于贯彻落实全国教育工作会议精神、建设教育强国和人力资源强国具有重要意义。

徐特立教育思想研讨会

全国人大副委员长陈至立出席大会并作了题为“溯本追源、开拓创新，走中国特色教育强国之路”的讲话，高度评价了徐老光辉伟大的一生，对北京理工大学办学历程给予充分肯定。她指出，学校始终大力弘扬延安精神传统，始终与党和国家同呼吸、共命运，坚持服从、服务于国家重大战略需求，艰苦奋斗，勤俭办学，形成了鲜明的国防特色和突出的工程技术优势，学校综合实力日渐雄厚，各项事业蓬勃发展。北京理工大学的历程，也是徐特立先生教育教学思想不断践行、丰富和发展乃至实现的过程，充分体现了对高等教育规律不懈的探索、追求的精神。

举行建校七十周年庆祝大会

郭大成书记

胡海岩校长

七十年前，中华民族挽救危亡的关键时刻，中国共产党领导的延安自然科学院诞生了。历经七十年的风雨，脱胎于延安自然科学院的北京理工大学创立了中国现当代教育史中的几个第一：中国共产党创办的第一所理工科大学、新中国第一所国防工业大学、新中国第一所开展国防科技学科研究生教育的大学……推动新时期中国高等教育的科学发展。

2010年9月26日，北京理工大学迎来建校七十周年华诞。中共中央政治局委员、国务院副总理张德江，中央纪委委员、教育部党组书记、部长袁贵仁，国务院副秘书长肖亚庆，工业和信息化部副部长、国防科技工业局局长陈求发，北京市委副书记、教育工委书记王安顺，以及学校政界、军界、企业界知名校友和师生员工代表万余人出席了庆祝大会。

大会宣读了李长春、刘延东、李鹏、曾庆红、叶选平等党和国家领导人发来的贺信、贺词，他们都高度肯定了学校建校七十年来，在党的领导下，坚持社会主义办学方向，坚持服从、服务于国家重大战略需求，形成了鲜明的国防特色和突出的工程技术优势，为国家工业化、信息化和国防现代化建设作出了积极贡献。叶选平校友为学校建校七十周年题词：教学育人。

校长、中国科学院院士胡海岩回顾了学校成立七十年来不平凡的办学历程，介绍了学校四个重要历史时期的办学思想、育人目标和取得的成就。党委书记郭大成指出，全校师生员工将认真贯彻落实科学发展观，全面贯彻全国教育工作会议精神，深入实施《国家中长期教育改革和发展规划纲要（2010—2020年）》，解放思想，改革创新，激情进取，科学发展，努力开创高水平研究型大学建设的新局面！

北京体育大学

学校荣获中共中央国务院授予的“北京奥运会、残奥会先进集体”荣誉称号

学校荣获第29届奥运会科研攻关与科技服务组织奖

北京体育大学是新中国成立后国务院确定的首批全国重点院校、国家“211工程”重点建校，是唯一拥有体育学一级学科国家重点学科的高等院校和唯一进入“111引智计划”的高等院校，在国内外享有盛誉。学校隶属国家体育总局。

学校筹建于1952年，1953年举行开学典礼，原名中央体育学院，1956年更名为北京体育学1993年更名为北京体育大学。学校位于海淀区信息路，毗邻圆明园遗址公园，占地面积1 340余建筑面积约55万平方米。

学校设有7个学院4个系2所附属学校。国家体育总局干部培训中心设在学校。学校现有4个级重点学科、12个省部级重点学科、2个省部级优秀重点学科、4个省部级重点实验室、1个国实验教学示范中心、2个北京市高校实验教学示范中心、1个省部级人文社会科学重点研究基地校设有体育学博士后科研流动站，拥有体育学一级学科博士、硕士学位授予权，3个学科门类6士学位授予点和5个学科门类10个硕士学位授予点，体育硕士专业学位授权点，高校师资学位点，12个本科专业，其中3个国家级特色专业建设点，4个北京市特色专业建设点。

学校现有各级各类在籍学生约15 000人，其中本科生7 895人、研究生1 868人（硕士生1 581博士生287人）。

学校现有教职工1 286人，其中师资606人，高级专业技术职务人员365人，博士生导师90人士生导师145人，在国际国内各类体育组织任职人员231人次。

建校50多年来，学校牢记“增强民族体质、弘扬体育精神、探索科学真理、引领文明进步办学理念与使命，秉承“追求卓越”的校训，发扬“爱国、拼搏、求实、创新”的校风，为国养了一大批享誉国内外的专家学者、教师、教练员、运动员和高级管理干部等优秀人才，为中育事业的发展作出了突出贡献。

排球运动系列课程教学团队被评为国家级教学团队

学生圆满完成新中国成立60周年庆典活动“青春中国”方阵表演任务

学校参加中国体育60周年辉煌成就展

近年来，学校全面回应国家重大需求，在北京奥运会的筹办和举办期间，圆满完成了竞技备战参赛、科技攻关服务、场馆服务保障、奥运人才支持、奥运志愿者、奥运遗产传承、奥运平安行动等任务。学校师生取得14金6银2铜的优异成绩。学校被中共中央国务院授予“北京奥运会、残奥会先进集体”荣誉称号，3人被授予“北京奥运会、残奥会先进个人”荣誉称号。

学校授予克罗地亚前总理、克罗地亚奥委会主席马泰沙博士学位

《奥林匹克宣言》全球首发仪式在学校举行

在建设高等教育强国、体育强国进程中，北京体育大学将乘中国教育、体育事业快速发展的东风，以科学发展观为统领，进一步加快“三结合地、“211工程”和世界一流体育大学建设的进程，为中国体育事业和体育教育事业的发展，为国家的昌盛、民族的强大、社会的和谐、人民的幸福作大的贡献。

人民教育出版社
PEOPLE'S EDUCATION PRESS

人民教育出版社是一家主要从事基础教育教材和其他各级各类教材及教育图书研究、编写、编辑、出版和发行的大型专业出版社，成立于1950年12月1日。毛泽东同志题写社名。为了加强基础教育课程和教材的研究工作，1983年经教育部党组批准，成立课程教材研究所，与人民教育出版社合署办公。邓小平同志题写所名。

建社以来，人民教育出版社在教育部党组的领导下，主持或参与拟定了2000年以前历次中小学各科教学大纲；根据我国教育改革和发展的需要，先后研究、编写、出版了10套全国通用的中小学教材；累计出版各类出版物4万余种，发行量逾600亿册。近年来，荣获国家图书奖、中国图书奖、中国出版政府奖、国家音像制品奖、国家电子出版物奖、国家期刊奖、中华优秀出版物奖等数十项荣誉。

经过60年的发展，人民教育出版社已成为我国中小学教材和教育图书的建设基地，形成了以研究、编写、编辑、出版和发行中小学教材和其他各级各类教材、教育图书为核心业务，以纸介质图书、电子音像和多媒体产品的出版和印制，版权贸易和图书进出口，图书及相关产品的物流服务，网站建设和网络出版等为辅助业务的经营格局，为进一步做强做大奠定了坚实的基础。

高等教育出版社成立于1954年，是教育部直属的以出版高等教育、职业教育、社会学习和终身教育等各级各类教育教材和提供优质教学资源服务为主的大型综合性出版社。1983年，邓小平同志为高等教育出版社亲笔题写了社名。

高等教育出版社坚持“植根教育、弘扬学术、繁荣文化、服务社会”的办社宗旨，出版了大量优秀图书、音像制品、电子和互联网出版物，其中1 000余种产品分获中国出版政府奖、中华优秀出版物奖、国家优秀教学成果奖、科技进步奖、“五个一”工程奖等各种国家和省部级奖项，荣获“全国优秀出版社”、“全国百佳图书出版单位”等荣誉称号。

改革开放以来，高等教育出版社总体事业稳步发展，已从单一教材出版单位逐步发展成为以教育出版为主体，学术出版、文化出版及数字化出版初具规模，教学仪器设计制造、教师培训等业务多元发展的出版企业。

在未来的发展中，高等教育出版社将以党和国家在教育、科技、文化领域的一系列重大战略部署为指导，通过制定和实施“十二五”发展规划，进一步解放思想、深化改革、科学发展，努力实现从出版大社到出版强社的转变。

中国教育报
ZHONGGUO JIAOYU BAO
努力开创大学科技园建设发展新局面
实现由人口大国到人力资源大国的历史转变
——教育部部长袁贵仁谈"十一五"教育成就
北京四成大学生村官离任不离农
国家科学技术奖励大会在京隆重举行 胡锦涛等出席
中國教師報
郑州变法
——河南省郑州市区域教育均衡发展制度创新实践纪
感恩无尽
人民教育
People's Education
2010.21
人才培养模式改革重在理念和机制
中华人民共和国教育部创办
中国高等教育
2010
大学文化应是"育人为本"的文化
文化自觉与高水平大学建设
神州学人
CHINA SCHOLARS ABROAD
2010年第4期总第242期
程京
两会，春天的焦点
用理性爱国的视角思考
欢迎点击 神州学人 网
www.chisa.edu.cn
ZHONGGUOMINZUJIAOYU
中国民族教育
中华人民共和国教育部 主管
2010 9

国際関係学院
UNIVERSITY OF INTERNATIONAL RELATIONS

国际关系学院地处北京市西北郊风景区，西临颐和园，东望圆明园，毗邻北大、清华、中央党校等著名学府和中关村科技园区中心区，精英荟萃，人杰地灵，地理位置和教育科研环境十分优越。

“中国公共采购发展研究基地”揭牌仪式

国际关系学院是一所与共和国同龄的全国重点大学，是全国首批获得硕士学位授予权的院校之一。建校以来，已逐步发展成为以国际问题和外语教学科研为重点、多学科协调互动、精细办学、特色鲜明、在国内外享有较高声誉的知名学府，为政府部门、传播媒体、科研院所等单位输送了大批优秀人才。

目前，学院拥有一级学科5个，博士学位授权点1个，硕士学位授权点8个，北京市重点学科1个，部级重点学科2个，教育部特色专业3个。学院下设10个教学系（部）以及7个研究机构，其中国际战略与安全研究中心、公共市场与政府采购研究所都是全国高校中的首创。

学院设有英语、日语、法语、国际政治、国际经济与贸易、传播学、法学、信息管理与信息系统、行政管理、公共管理10个本科专业以及英语翻译、政府采购、汉语国际传播等共13个专业方向。学院本科教学实行学分制，长期坚持小班教学和精细化培养，尤其注重外语基础、综合分析和应用能力的培养。学院现有英语、日语、法语、国际关系、国际政治、世界经济、通信与信息系统、应用化学等19个专业方向的硕士点。学院与中国现代国际关系研究院联合培养国际关系方向的博士研究生。学院已成为国际问题与国家安全领域培养应用研究型人才的重要基地。

应对全球金融与经济危机——政府采购与公共市场机制改革论坛

国际关系学院志愿者参加新中国成立60周年广场联欢活动

学院拥有本专科成人学历教育、成人非学历教育及外国留学生教育的举办权，与美国、日本、丹麦等多个国家的大学建立了合作关系，并开展了广泛、密切的教育合作和学术交流。

学院现有在校本科生2 132人，研究生332人，成人教育本专科生898人，研究生课程进修班280人。学院拥有一支治学严谨、忠诚敬业的优秀教师队伍，现有教职工332人，专任教师中有教授22人、副教授58人，博士生导师5人、硕士生导师158人，享受政府特殊津贴专家5人，外籍教师7人。

学院拥有优越的教学条件和保障体系。学院建有先进的网络信息系统和电化教学设施：图书馆设备先进，藏书丰富；学生公寓设施完备；体育场馆功能齐全。学校的办学条件以及生均占有资源达到国内高校的领先水平。

学院坚持“忠诚、勤奋、求实、创新”的校训，重视发挥学生组织“自我教育、自我管理、自我服务”的功能，第二课堂、社会实践和青年志愿者等活动十分丰富。2009年，学院建校60周年，全院师生围绕着“梳理历史，总结经验；凝练精神，突出主题；面向未来，谋求发展”的校庆主题开展了系列庆祝活动，充分展示了过硬的政治素养和优秀的综合素质，得到了社会各界的高度赞誉。

国际关系学院60周年校庆大会

国际关系学院是一所有着光荣传统的高等学府，学院的不断发展凝聚了新中国几代领导人的关怀和重托。周恩来总理曾亲自批准建校并到校视察，陈毅元帅亲笔题写院名，江泽民同志亲笔题词：“努力把国际关系学院办成富有特色的一流大学。”一代一代的国关人总是以国家的发展、振兴和安全为己任，励志图强，与时俱进，为把国际关系学院建设成为富有特色和一流水平的涉外多学科教学研究型大学而忠诚奉献、不懈奋斗！

北京市求实职业学校

求实进取　开拓创新

学校承办2010年全国首届责任教育论坛暨教育部重点课题“增强学生责任感的公民教育实践模式研究”研讨会——中职分论坛

北京市求实职业学校是国家级重点中等职业学校，北京市职业教育先进单位，首都文明单立标兵，文明礼仪示范校，校园安全示范校，奥运“同心结”交流校。开设专业涉及文秘、金融商贸、计算机网络、航空服务四大类行业，其中文秘和金融事务（银行）专业为北京市中等只业学校骨干特色专业，文秘和计算机网络技术专业为北京市重点建设专业和实训基地，航空服务和金融事务专业为朝阳区重点建设专业和实训基地。

学校承办2010年北京市职业院校文秘专业技能大赛

文秘专业是北京市创新团队，负责北京市职业院校教师素质提高工程文秘专业师资培训项目；是北京市历届职业技能大赛文秘专业技能比赛的组织者，均以囊括前八名的绝对优势获得大赛一等奖。计算机网络专业连续两年获北京市职业技能大赛第一名，全国职业技能大赛团体一等奖。金融事务专业2008年获得北京市“金蝶杯”金融财会技能大赛团体亚军，2009年获得北京市财会综合技能比赛团体第一名。航空服务专业教师编著的专业英语教材由高等教育出版社出版，已在全国发行万余册。

学校占地面积近150亩，多址办学，校园环境优美，教学设备先进。文秘实训楼、金融事务实训中心、计算机网络实训基地和计算机综合实训室、航空服务综合实训基地、学生宿舍、师生食堂、标准跑道操场、多功能体育馆、网球馆、花园等设施设备，为师生工作、学习、实践、生活、锻炼提供了良好的物质条件。

学校有在校生近万名，其中学历教育4 000多人，非学历教育5 000多人，生源遍布全国13个省地市。继2005届文秘专业学生王晓荟被教育部、团中央授予“全国十佳中学生”称号后，2007届航空服务专业张晶晶同学又被评为“北京市优秀学生”，被市教委推荐为奥运火炬护跑手，参加了新中国成立60周年大阅兵的女民兵方阵。学校拥有一支“淡泊名利、志存高远、静心教书、潜心育人”的高素质教师队伍，有市级学科带头人、市级骨干教师、区级骨干和优秀青年教师数十名，专任教师均为“双师型”，现已为社会输送了近万名合格毕业生。

金融事务（银行）专业实训基地

民航服务专业飞机模拟舱

学校是最早与国外教育机构建立友好交流、合作的学校之一。已接待英、美、德、日、韩等国家的政府官员和教师学生访问团3 000多人次，每年派教师和学生赴国外短期学习和修学旅行。现已引进国外平面设计、商业管理、航空服务等课程，同时学校具备接收外籍学生和外籍教师的资质。

学校以“科学发展，持续改进，建设家长、学生、社会满意的职业学校”为办学质量方针，坚持“开放式、国际化、经营型、机制活”的办学指导思想，实行校企联合，订单培养。各专业成立了行业专家委员会，与行业、企业合作建设实习、实训场地，共同开发专业课程和教材。学校还成立了教育教学督导委员会和家长委员会，建立起行业、企业、家长、学校、社会共同参与的全方位、立体化的人才质量监控体系，确保人才培养质量。以服务为宗旨，以就业为导向，学历与非学历教育并重，北京市求实职业学校将在为首都经济建设服务中打造自己更加辉煌的品牌！

学校与联想集团举行“求实—联想职业教育战略合作签约仪式”

北京国际职业教育学校

校长王越

伴随着首都现代化步伐的加快，为了配合北京市建设世界城市的整体规划，东城区政府提出了打造“国际化、现代化新东城”的战略目标。经市区领导研究决定，原北京市财经学校和东城区职业教育中心学校两所国家级重点中等职业学校，于2010年2月联合重组为“北京国际职业教育学校”。

北京国际职业教育学校提出了新的办学理念——“厚德尚学、求实强能、和谐发展、多元提升”，本着“尊重、诚信、合作、创新”的校训精神，努力将学校建设成为立足北京、辐射全国、面向世界，在国内外有一定影响、促进中等职业教育对外交流的窗口学校。

学校教育资源丰富，文化底蕴深厚。学校共有五个校区，分别为：总部校区、北京站校区、鼓楼校区、安定门校区、和平里校区。学校共开设五大专业群、十九个专业，包括中外合作办学项目专业群、财经商贸类专业群、信息类专业群、现代服务类专业群和特色专业群。学校注重发挥自身办学优势，着重培养学生的实践能力和创新精神，实现了“出国有门，升学有道，就业有路”的发展路径，使每名学生都走上了实现个人梦想的星光之路。

学校积极构建学习型组织，促进内涵发展，形成了作风硬、肯奉献、能力强的管理队伍和师德高尚、业务精湛的“双师型”、专业化教师队伍。

在校园文化建设上，学校注重物质与精神、科学与人文、道德与审美的统一，多层面立体化展现先进的办学理念、特色文化和优秀学生事迹，形成了和谐向上的学校文化氛围。

学校在先进教育理念的引领下，育人成果显著。在校学生参加各类专业技能大赛，屡获金、银奖，在职教领域和行业内产生了广泛的影响。经学校中外合作项目出国留学的学生达500多人，他们表现出良好的公民素质和礼仪风貌，受到国外院校和教师的一致称赞。学校每年接待近千人次的参观交流和研讨活动，学生所表现出来的自信、乐观、向上的精神风貌，给众多来访者留下了深刻的印象。

在市区各级领导的关心支持下，学校加快实训基地建设，完成了烹饪实训基地、金融实训基地、计算机网络实训基地、园林基地、幼儿教育基地、服装专业实训基地二期工程等项目，总投资上千万元，集现代化、时尚感和创新性于一体，充分满足培养学生、提升教师和服务社会的需求。

服装表演专业学生获得2009年全国职业院校技能大赛一等奖1人、二等奖2人

英国教育部副部长到学校参观时体验中国书法

学校聘请国家总督学顾问担任学校总顾问

今后，北京国际职业教育学校将继续依托首都经济发展与现代化建设的独特优势，立足区域发展的整体规划，用现代化教育的先进理念统领起学校办学思路，用国际化办学的宏观视野统筹学校各项工作，继续走“高端、精品、特色”发展之路，争创国家中等职业教育改革发展示范学校，为职业教育的发展创造更大的辉煌！

中外合作办学项目赴英留学生毕业合影

学校地址：北京市东城区南河沿大街19号
联系电话：010-65253392（传真）
邮政编码：100006
网　址：http://www.bjive.net/

北京市延庆县第一职业学校

北京市延庆县第一职业学校是一所“国家级重点中等职业学校”，位于县城湖南东路8号。学校占地面积170亩，建筑面积4万余平方米，建有教学楼、信息楼、学生公寓楼、食堂、400米标准塑胶田径运动场、塑胶篮球场。校外建有育新餐厅、育新宾馆、育新康美缘美容美发厅、育新美艺、有机蔬菜种植基地、民俗旅游培训基地等8个实习实训基地，接纳学生实训，面向社会服务，获得良好的育人效益、社会效益和经济效益。

◀ 北京市中等职业教育德育督导工作现场会在学校召开，图为来宾观看升旗仪式

1988年建校以来，学校获得了北京市中等职业学校骨干示范校、首都精神文明单位、国家级重点中等职业学校、北京市职业教育先进单位、北京市首家“希望工程职业教育助学计划”实施学校、北京市绿色学校、北京市健康促进学校、北京市文明礼仪示范学校、首都绿化美化花园式单位、首都未成年人思想道德建设工作先进集体等荣誉称号。

北京市社会大课堂观摩活动在延庆一职实训基地举行 ▶

学校开设烹饪、幼儿教育、饭店服务、商务英语、美容美发与形象设计、汽车运用与维修、园林、计算机、电子技术、工业与民用建筑、物业管理（楼宇智能化）等14个专业，有83个教学班，2 659名在籍生。学校和四川广元、宁夏、吉林辽源等地的十几所学校进行联合办学；学校还接收美国、德国、法国、意大利、韩国、泰国、挪威、芬兰、哈斯克斯坦等11个国家的留学生和交换生109人进行汉语学习。

◀ 参加世博实习服务的师生与澳大利亚前总理陆克文在一起

学校拥有一支以北京市特级教师、市级学科带头人和市级骨干教师为支撑，以高、中级教师为主体，以外聘行业专家为补充的专兼职结合的教师队伍。

与专业教学相配套，学校建有烹饪操作间、酒吧、茶艺模拟实训室、中西餐模拟餐厅、汽修实践场、电子电动实训室、美容美发操作间、形体房、琴房、休闲体育实训室、计算机房、现代化自控温室等。互联网覆盖全校，为学生提供了优质便捷的信息环境。

延庆一职外国学生教育管理工作评估会召开 ▶

▲ 延庆一职与全聚德和平门店签约共建文明单位

▲ 举办“育新杯”汽车维修技能大赛

天津电子信息职业技术学院

天津电子信息职业技术学院是公办全日制独立设置的高等职业技术学院，为国家示范性高等职业院校建设单位。学院身之一是1953年创办的天津无线电机械学校，曾隶属第四机械工业部、电子工业部，1987年划归天津市电子仪表工业管局。2000年1月，为适应天津电子信息产业的快速发展，经天津市教委批准，与天津市仪表无线电工业学校及国营第4508厂合并组建为天津电子信息学校。2001年1月，为满足电子信息产业对高等职业技术教育的需求，与天津市职工电子仪表工程学院合并，组建为天电子信息职业技术学院。

▲ 学校领导班子规划发展远景

学院现有7系3部；有1个国家级精品专业，3个天津市精品专业；有4门国家级精品课程19门天津市精品课程。教学设施完备，拥有国内先进水平的各类专业实验室、实训基地5个。现有在校生6 200余人。

学院有一支专业素质较高、师德教风良好的教师队伍，具有较高的教学实习水平和较的科研能力。拥有国家级优秀教学团队1个、市级优秀教学团队2个；天津市教学名师1人，授、副教授等194人，硕士54人，"双师素质"教师达80%。

学院是国家计算机应用与软件技术专业领域技能型紧缺人才培养培训示范基地，教部、天津市滨海新区技能型紧缺人才培养基地，天津市软件人才培养示范基地和示范性实基地，天津市电子信息技术高技能人才培训基地，国家教师科研基金科研兴教示范单位。

近年来，学院以国家示范校为抓手，以滨海新区开发开放为依托，充分利用天津八大势产业，积极发挥行业办学的特点，确定覆盖服务优势产业的人才培养目标，明确职业力，制订人才培养方案。以重点建设计算机网络技术等六大重点专业群为龙头，带动其他个专业群共同发展，不断为天津市经济建设和滨海新区发展作出贡献。毕业生就业率达95%。

2010年年底，学院迁入天津海河教育园区，该园区是国家级高等职业教育改革示范区，位于海河中游南岸津南区。其中学院占地面积800亩，一期建筑面积16.9万平方米，包括教学楼、实验楼、图书馆、宿舍楼、运动场、食堂、办公楼、会议中心等。新院区从规划设计、建设施工、景观绿化、设备配置、工学结合、校企合作，每一个环节都体现着国际一流和国内领先的理念及标准，8 000名学生将学习生活在丰富多彩的空间层次与和谐宜人的环境之中。

进入海河教育园区后，学院将加强内涵建设，突出特色办学，尤其要把企业办学优势和特点充分展现出来。要把企业与研究机构建制引入学院，校企深度合作和无缝隙结合，为学生搭建一个实习实训、生产产品、新产品试制、新工艺建设、提高技能的真实的广阔平台，更加突出企业办学特色，努力为国家培养更多的高素质技能型人才。

新院区、新视野、新理念、新力量，天津电子信息职业技术学院在新的征程上一定会创造出更加辉煌的业绩，实现更大的飞跃。

▲ 天津市领导出席滨海新区技能型紧缺人才培养基地授牌仪式

学院现地址：

天津市红桥区光荣道大新街183号（地铁一号线洪湖里站对面）

电话：022-26583516 86521817　　传真：022-26526787

邮编：300132

网址：www.tjdz.net

学院新地址：

天津市津南区咸水沽镇外环与津沽路交口

▼ 海河教育园区新院址效果图

天津市滨海新区塘沽第十五中学

教研活动

学校的科技小组活动

学校的责任教育讲解团

天津市滨海新区塘沽第十五中学是一所位于城郊结合部的普通国办初中校，始建于1989年。学校现有教职工117人，教学班24个，在校学生近千名；各种教学设施完备，达到天津市义务教育学校现代化建设标准。

学校秉承“人人有才，人人成才”的办学理念，向全体师生提出了“追求卓越”的校训共勉。师生为实现目标逐渐形成了“规范、文明、和谐、向上”的良好校风，呈现出“敬业、民主、创新、高效”的教风，彰显出“勤奋、科学、自主、合作”的学风。学校以“科研兴校、名师强校、质量立校”的办学思路向教职工提出了“创天津市一流、全国知名学校”的奋斗目标。2010年，学校获得了“全国教育科研先进集体”、“天津市德育工作先进学校”、“天津市绿色学校”等荣誉称号。2010年5月，《天津教育》刊登了国家督学刘长兴撰写的文章《把“一般”校办得“不一般”》，再现了学校办学经验；2010年9月，《天津教育》封面写有“塘沽第十五中学的变化生成之道”的标题，并翔实地报道了学校变化发展的历程；2010年11月26日，《中国教育报》以“潘怀林让每一个学生都成功”为题，全面报道了学校发展之路。

教师队伍建设

学校坚持“请进来、走出去、自挖潜”的培养方向，先后8次请专家、学者、名师来校讲学；推出教师到外省市学校学访、交流、说教材、作课达20余次，与天津一中结为共同发展协作校，与天津开发区国际学校结为合作校；校级干部承担各级各类业务培训，建立“教师成长记录手册”，成立“青年教师文化沙龙”和“名师工作室”。培养举措的实施使教师迅速成长，2010年，学校涌现出区级学科带头人6名，区级骨干教师8名，区命名的校级骨干教师11名。

教育科研

学校专设教学科研处负责教育科研工作。科研梯队分为三层：第一层是“核心层”，由学校领导组成，担当重大课题研究工作；第二层是“骨干层”，由优秀教师组成，承担市、区级重点课题；第三层是“群体层”，由群体教师组成，参与具体子课题研究工作。学校承担中国教育学会“十一五”重点科研课题子课题两项，已通过结题鉴定；承担天津市教育科学“十一五”规划课题四项，均已通过天津市教育科学规划办A级鉴定，其中《新形势下教师队伍发展建设的战略研究》荣获天津市第二届教育科学研究优秀成果一等奖、教育部中国教师发展基金会优秀科研成果一等奖。

分层教学

学校着力推广《分层教学模式的研究》科研成果（该成果获天津市第四届基础教育教学成果一等奖），贯彻分层教学“十抓”策略，即：抓学生的分层和分组，抓教学目标的分层，抓备课的分层，抓授课的分层，抓课堂练习的分层，抓作业布置的分层，抓作业批改的分层，抓阶段测试的分层，抓课后辅导的分层，抓教学评价的分层。“分层教学”助推了课堂教学向纵深发展，学校课堂教学突出了“一种理念”作为支撑——课堂教学必须贯彻分层教学思想，实施“一种模式”进行操作——“学练议”教学模式，采取“一项措施”作为载体——“学练卷”。“分层教学”的探索让教师找到了一条课堂教学高效之路。

“三心”教育

为实现在教育改革中确保教育教学质量——“让每个学生都成功”，学校开始实施“三心教育”，即：信心教育+静心教育+责任教育。践行“信心教育”，帮助教师树立信心，在校内外开展和参与“说教材”、“教改大课堂”活动；帮助学生树立信心，以特色活动为载体，社团活动、国旗班、课间操、“责任教育学生讲解团”等都是信心教育内容。践行“静心教育”，学校向师生分别提出“七静三品四用”要求，规定教师每学年完成“五个一”和“四个二”教学研究指标；倡导学生自主上自习课，学生阅读课表化，提倡教师让学生上讲台研讨一个问题、展现一个解题思路、示范一个实验。践行“责任教育”，学校精心策划出“责任教育基地”，校园内设有“责任教育”系列展牌30块，分为10个篇章，并有《责任教育100问读本》作为校本教材，定期开展教育活动。

学校的国旗班

全国各地代表观摩学校大课间活动

天津市河东区实验小学

建校五十周年庆典

天津市河东区实验小学创建于1960年。五十年来，河东区实验小学走过一段不平凡的发展历程，学校的历史是一部艰苦创业、自强不息、成就辉煌的奋斗史。五十年风雨兼程，五十年薪火相传。学校在艰苦岁月中诞生，在风雨中成长，在改革中发展，在前进中壮大，培养了数以万计的志士俊才，为祖国的建设、民族的兴盛作出了贡献。

五十年栉风沐雨，五十年春华秋实。河东区实验小学一代又一代师生艰苦奋斗，锐意进取，秉承“六年奠基一生”的办学理念，遵循“做家长满意的教师，创家长满意的学校，办家长满意的教育”的办学方向，凝练出“好习惯、负责任、高质量”的校训，以前瞻性的办学视野、现代化的办学理念，紧跟新课程改革步伐，坚定不移走内涵发展之路，致力于文化理校、思想办校、民主管校、科研兴校、发展促校、质量亮校、个性强校。在充满希望的教育征途上，学校不断推进教育教学改革，历经风雨沧桑，创造了一个又一个辉煌，成为一所家长信任、社会信赖、同行信服的优质学校。

五十年励精图治，五十年追求卓越。学校办学规模不断壮大，质量不断提高，今日的河东区实验小学已在全市乃至全国享有很高的声誉。学校成为首批“天津市三A学校”、“天津市义务教育示范校”、“天津市素质教育示范校”、“全国现代教育技术实验校”，荣获“全国巾帼文明示范岗”、“全国艺术教育工作先进学校”、“全国语言文字示范校”、“天津市五一劳动奖状先进单位”、“天津市文明学校”、“天津市红领巾示范校”、“天津市心理健康教育先进学校”、“天津市师德建设先进单位”、“天津市法制教育示范校”等各种荣誉称号，先后涌现出多名“津门童星”、“红星少年”、“市级文明学生”，每年有千余名学生荣获市区校级“三好学生”称号，千余名学生在各类比赛中获奖。

河东区实验小学是一所环境幽雅、格调高雅的花园式学校；是一所追求理想教育、实现教育理想的现代化学校；是一所提升师生生命价值、实现人的全面发展的学习型学校。学校充分利用强大的专家顾问团和教育资源优势，站在时代的前列，凝聚一流的教育理念，建立、完善学校教育教学质量保证体系，引领教师的专业发展和学生的健康成长，努力成为集实验性、示范性、国际化、信息化、现代化和社区化于一体的全国名校。

美国校长代表团来访

澳大利亚北悉尼教育局代表团来访

学校80位骨干教师在北京师范大学参加培训学习

开放式图书馆

博学楼——四层皆为专用教室

学校骨干教师赴美国姊妹校学访交流

唐山工业职业技术学院
河北省唐山市技师学院

面积达2万平方米的全国农民工培训示范基地、国家电工电子实训基地

唐山工业职业技术学院是经河北省人民政府批准建立的市属高职院校，与河北省唐山市技师学院实行一体化管理。

学院设有机械工程系、艺术设计系、信息工程系、管理工程系、自动化工程系5个系，面向现代制造业和现代服务业开设34个专业。

学院建有综合实训基地、机电实习厂、数控实训中心、美术实习厂等校内生产性实训基地，形成了“前校后厂、产学一体，贴近区域、开放办学”的集团化办学特色，其特色科研成果获河北省教学成果一等奖及中国职业教育科研成果一等奖。学院与河北津西钢铁集团股份有限公司、唐山盾石电气公司、唐山金方圆陶瓷公司、唐山轨道客车有限公司、唐山普林亿威公司等多家大型企业开展订单培养，签订了“津西班”、“金方圆班”、“三友班”的培养协议。在校企共同研讨的基础上，新增和调整了动车组技术、港口业务管理、石油化工技术、汽车电子技术等新兴产业急需的专业；按照企业的要求开设课程，开发电动汽车轮毂电机技术项目。唐山金方圆骨质瓷公司投入1 000万元在校内建设陶瓷艺术专业生产性实训基地。

唐山市领导亲切会见学院第二轮高等职业院校人才培养工作评估专家组

学院2010级津西钢铁订单培养班揭牌

全国劳动模范担任自动化系兼职教师

德国专家为自动化工程系汽车检测与维修技术专业学生进行操作指导

学院先后与瑞士、爱尔兰、德国、荷兰、比利时等国有关院校开展对等交流与合作。2010年，实现了与印度RVS教育集团领导互访、教师引进、制订深度合作方案等；针对北车集团对焊接技术人才需求的实际，学院与德国IB集团在院内共建焊接技术学生实训基地，在动车组车间建立职工培训及学生顶岗实习岛。

2007年，学院高职高专人才培养工作水平评估为“优秀”；2008年，学院被列为河北省重点建设的示范性高职院校；2010年，学院在河北省首家通过了新一轮高职院校人才培养工作评估，教育部、财政部正式确定学院为100所国家骨干高职院校立项建设单位之一，填补了唐山市高等职业教育无国家示范校的空白。动车组技术、港口物流管理、陶瓷艺术设计、数控技术、机电设备维修与管理五个专业全部列为中央财政支持的重点建设专业。学院是国家教育部等三部委确定的全国数控技能紧缺人才培训基地，是国家七部委确定的百所职业院校推进实施职业资格证书制度的国家试点单位，是人力资源和社会保障部确定的国家农民工培训示范基地建设单位，是全国教育网络建设单位。学院数控实训中心、电工电子与自动化实训基地是中央财政支持奖励的重点项目；建有国家职业技能鉴定所。学院为教育部高等学校创业教育指导委员会委员，中国高技能人才培养联合委员会成员单位，河北省曹妃甸工业职业教育集团牵头单位。2010年，经河北省教育厅审批，学院正式成为北京师范大学远程教育唐山学习中心。学院先后获得“河北省职业教育先进单位”、“河北省文明单位”、“振兴唐山先进单位”等荣誉称号，2009年获河北省“五一奖状”。学院的“高职教育集团化发展模式”被列入唐山科学发展模式，并获得创新成果奖。学院服务社会的能力不断增强，面向全国招生就业进出两旺，毕业生就业率连续四年平均在95%以上，实现金融危机下就业率的逆势增长。2009年11月16日，由政府代建，占地面积1 644亩，建筑面积50万平方米，投资15亿元的生态型、数字化、开放型、国际化的新校园正在全面建设之中。

曹妃甸新校区鸟瞰图

校长张昆明

河北省涿州市职业技术教育中心

团结的领导班子

河北省涿州市职业技术教育中心成立于1994年，坐落在涿州市经济开发区内，是国家级重点中等职业学校。十六年来，在上级领导和社会各界的大力支持下，立足于为经济建设服务，依托京津就业市场，大胆改革创新，不断发展壮大。学校于2002年、2005年两次被评为“全国职业教育先进单位”，2007年又被评为“全国教育系统先进集体”，2010年获“国家中等职业教育改革发展示范学校”称号。

建校十六年来，学校共获得各级各类荣誉称号160多个，学校毕业生就业率连续十六年保持100%。《人民日报》、《中国教育报》、中央电视台等新闻媒体多次报道涿州职教中心的办学经验。2010年1月15日，校长张昆明应邀参加了温家宝总理主持召开的“国家教育改革发展规划纲要座谈会”，作为职教系统校长的代表，张校长就学校的办学情况、涉农专业的改革和职教吸引力等问题，向总理作了详细汇报，得到了总理的充分肯定。

学校占地面积385亩，有教学楼、公寓楼、实训楼、综合楼、游泳馆等主要建筑16栋，建筑面积16万平方米。汽修、计算机、餐饮等专业的实训设施价值超过3 000万元。所有教室都装有多媒体系统、闭路电视教学系统和全程监控系统。图书馆藏书30多万册。学校现有210个教学班，在校生11 216人。分为信息技术系、电气工程系、综合服务系、农学系，开设计算机动漫制作、会计电算化、商务英语、工程造价、土建工程检测、电气技术应用、航空、旅游、幼儿教育、化妆、摄影等30多个专业。

实训基地内计算机专业学生在上专业课

学校现有教职工585人，其中专任教师426人，中级以上职称教师占76%，“双师型”教师比例达60%。学校在河北省组织的师生技能大赛上屡次获奖，特别是2010年，学校共派出九个专业代表队参赛，其中汽车二保维修、电子装接工、计算机企业网搭建、计算机园区网搭建、信息化办公（一）（二）、会计电算化（一）（二）八个队获团体一等奖，动漫制作代表队获团体三等奖，35名学生获个人一等奖，充分显示了学校的教学质量。

涿州职教中心凭着一流的办学质量、良好的社会声誉吸引了大批的合作伙伴。从2004年开始，学校先后与黑龙江五常职教中心、黑龙江庆安职教中心、陕西耀州职业高中、安徽颍上职教中心、安徽萧县职教中心开展联合办学，扩大了学校的影响，增加了学校的生源。学校与LG集团、北京净雅集团、北京电信集团、北京歌华集团等100多家企业建立了校企合作关系。

十六年来，涿州职教中心向高校输送了5 600多名毕业生，圆了他们的大学梦。

十六年来，涿州职教中心为社会输送了28 000多名专业技术人才，在京津各大中型企业到处都有他们辛勤工作的身影，他们凭着过硬的专业技能和良好的职业道德，创立了涿州职教中心毕业生的品牌。

涿州职教中心经过十六年的奋发求索，不断发展壮大，捷报频传，成绩斐然，真正做到了让学生满意、让家长放心、让社会认可。

与天津光电集团开展校企合作

汽修专业学生正在上专业课

餐旅专业学生正在上专业课

抓管理 促质量

——前进中的河北教育报刊社

河北教育报刊社拥有《河北教育》、《初中生周报》、《小学生必读》、《农村青少年科学探究》等多种报刊，这些报刊先后获得“中国期刊方阵双效期刊”、“中国北方优秀期刊”、“中国优秀少儿报刊金奖”、“河北省优秀期刊”等多种荣誉。

《河北教育》（半月刊）面向基础教育阶段教育行政干部、学校管理人员，发挥教育系统宣传主阵地作用，权威解读教育政策，指导全省基础教育阶段学校管理与教育教学工作实践，为促进教育事业又好又快发展创造良好舆论环境。传播先进教学理念，精选最新教改成果，服务一线教师需求。在推动全省教育改革和发展中，发挥了重要的作用。

《初中生周报》（周三刊）坚持帮助学生学会学习、学会做人、学会生活，成为一代代初中生“步入人生征途的向导，迈向科学宫殿的桥梁”。

《小学生必读》（旬刊）以帮助学生养成良好学习习惯，指导学生掌握正确学习方法，关注学生良好品德和行为习惯的形成为宗旨，生动活泼，童趣盎然。

《农村青少年科学探究》紧密配合中学理科教学，展示和交流探究性活动成果，普及最新科技知识，极大地增强了学生科学探究的兴趣。

太原理工大学

TAIYUAN UNIVERSITY OF TECHNOLOGY

太原理工大学前身是创立于1902年的国立山西大学堂西学专斋。经过百余年的传承与发展，学校已经建设成为一所以工为主，理工结合，多学科协调发展的高等学府，是山西省唯一一所国家“211工程”重点建设大学，也是国家中部地区重点建设的五所高校之一。

一个多世纪以来，太原理工大学秉承“敢为人先、敢于创新、勇于竞争”的传统精神，努力构建多层次、多规格的复合型人才培养模式，业已为国家和社会培养16万余名栋梁之材，先后被评为“普通高等学校本科教学工作优秀单位”、“全国精神文明创建工作先进单位”，荣膺“全国五一劳动奖状”。

学校面向全国31个省、区、市招生，现有全日制在校本科生20 000余名，博士、硕士研究生5 800余名；设有66个本科专业，78个硕士点，25个博士点，6个博士后流动站，20个工程领域有工程硕士学位授予权，10个教师领域有高校教师硕士学位授予权；拥有3个国家重点学科，1个省部共建国家重点实验室培育基地，1个国家级教学团队，3个国家级实验教学示范中心，5个国家级特色专业建设点，1门国家级精品课程，1门国家级双语教学示范课程，4个教育部重点实验室，1个教育部工程研究中心，13个山西省重点学科，4个山西省重点实验室，10个山西省工程研究中心，3个山西省优秀教学团队，8个山西省教学示范中心，3个省级人才培养模式创新实验区，5个省级研究生教育创新中心，16个省级品牌专业，23门省级精品课程。

学校师资力量雄厚，现有专任教师1 895名，具有教授、副教授等高级专业技术职称人员1 140名，博士生导师106名，有中国工程院院士3名，全国杰出专业技术人才2名，国家级教学名师1名，“长江学者奖励计划”特聘教授1名，教育部科技委学部委员2名，国家杰出青年基金获得者4名，“新世纪百千万人才工程”国家级人选5名，教育部新世纪优秀人才6名，中央联系的高级专家10名，有两人获全国百篇优秀博士论文，山西省“新世纪学术技术带头人333人才工程”18名，山西省科技功臣4名，省级优秀专家11名，省级教学名师30名，山西省委联系的高级专家61名，享受政府特殊津贴教授125名，140余名国内外著名学者被聘为名誉教授、客座教授或兼职教授。

着眼于培养高素质创新型人才，学校实行了“双学位和辅修、选拔优秀本科生免试攻读硕士研究生、硕博连读”制度，入选教育部首批“卓越工程师教育培养计划”试点高校和国家“大学生创新实验计划”实施学校，学校还是北京军区在山西省的第一个后备军官选拔培训试点高校。

学校大力推进科学研究和技术开发，积极开展应用基础研究，连续两次作为首席科学家单位承担国家重点基础研究发展计划（“973”计划）项目，并承担了包括“863”计划项目在内的国家高新技术发展计划项目、国家科技攻关项目、国家杰出青年基金等国家级各类项目440项，获得国家和省部级科研奖383项，教学成果奖119项。科技开发的成果产出和转化带动了校办高科技产业的蓬勃发展，更加凸显山西高科技产业创新发展重要龙头的引领作用，在实施科教兴国战略中为区域和行业经济建设提供了强有力的技术支撑和人才支持。学校不断加快产学研一体化进程，大大增强服务地方的能力，几年来先后与全国十几个地市和400余家企业签订了长期合作协议，成果项目转化累计为地方政府和企业创造经济效益达30亿元。

学校进一步彰显多年来形成的“以人为本，文体为舟，承载德智，全面发展”的办学特色，在各级各类文体赛事中取得丰硕成果：学校连续多次在山西省“兴晋挑战杯”竞赛中取得优异成绩；素有“西北王”美誉的男子篮球队10次获得CUBA西北赛区冠军，是唯一一支每届进入CUBA八强的队伍，2010年夺得第十二届CUBA全国总冠军；学校女篮、女排、男足、田径、武术等运动队也多次进入全国大型比赛的决赛，并取得骄人战果。特别是在第十五届多哈亚运会上，太原理工大学学生袁晓超获得男子长拳全能比赛的冠军，为山西省和学校争得了荣誉。

近年来，学校不断加大国际交流与合作的力度，先后与美国、日本、英国、澳大利亚、加拿大、德国、俄罗斯、法国、意大利等国的多所高校开展多层次、双向人才培养合作办学，与国际间的学术高层往来更加密切，在海内外的知名度与日提升。

回望百年，代代理工大学人用责任与信念，铸就了世纪学府的使命与光荣；翘首明天，三万余名理工大师生正用智慧与勤奋，演绎着百年老校的希冀与辉煌。在新的历史征程上，太原理工大学必将继续贯彻落实科学发展观，深入推进教育改革，着力强化教学管理，全面提高办学水平和人才培养质量，在努力建设好研究教学型大学的基础上，向高水平研究型大学迈进！

学院新校区教学楼

内蒙古财经学院

内蒙古财经学院始建于1960年，1979年恢复本科教育，1980年经国务院批准重建。学院坐落在内蒙古自治区首府呼和浩特市，占地面积2 026.9亩，校舍筑面积57万平方米。现设有会计学院等18个二级学院（系），7个科研教辅机构。在校学生总数为22 000人。

教学设施

学院建有经济管理实验实训中心、网络中心和各个专业的实验室或模拟训练教学设施。其治区最大的文科实验中心——经济管理实验实训中心成为国家级实验教学示范中心建设计算机信息管理实验教学中心被评为自治区级实验教学示范中心，会计等4个实验室被评治区"双基"合格实验室。目前实验室面积达到4 279平方米。学院图书馆现有馆藏图书150册，引进了CNKI系列数据库等17个数据库，实现了图书信息管理服务现代化。学院已经建成盖全院的校园网，实现了教学及管理的信息化。

学院图书馆

国家级实验教学示范中心

师资队伍

学院坚持"人才强校"战略，以高层次人才队伍建设为重点，优化师资队伍结构。学院现有教职工1 422人，其中，专任教师856人，在校博士教师160人，具有硕士以上学位的教师占专任教师的比例达到65.4%，具有高级职称的教师399人。有自治区突出贡献中青年专家12人，享受政府特殊津贴9人，自治区"新世纪321人才工程"一、二层次人选16人，自治区高等教育人才培养"111工程"人选4人。

专业设置

经过50年的建设和发展，学院已发展成为以经济学、管理学学科为主，经、管、法、文、理、大学科相互支撑、协调发展的学科体系。现设有经济、管理类9个硕士专业，财政学等51个专业（含11个蒙语授课专业）和16个高职专业，有5个中外合作办学专业。建成了会计学、学2个国家级特色专业，财政学、会计学、统计学、政治经济学、企业管理5个自治区重点学金融学、旅游管理2个自治区重点培育学科和金融学等14个自治区品牌专业，统计学等25门区精品课程。

与外教交谈

科学研究

学院现设有内蒙古经济与资源开发研究所等7个专业科研机构，是内蒙古党委组织部干部培训基地之一，有内蒙古产业发展研究基地、中小企业发展基地和内蒙古社情民意调查研究中心等多家研究机构。目前学院共承担各类科研项目462项，其中"十一五"期间获得国家级项目24项，出版专著教材部，发表在核心期刊上的论文有815篇。

内蒙古化工职业学院

校企合作洽谈会

内蒙古化工职业学院坐落在美丽的草原青城呼和浩特市，是内蒙古自治区唯一一所化工类全日制普通高等职业学院。学院全面贯彻党的教育方针和党的民族政策，励精图治，艰苦奋斗，先后荣获“全国职业教育先进单位”、“全国职业院校就业指导先进单位”、“石油和化学工业全国示范性实训基地”、“全国最受欢迎职业院校”、“自治区级文明单位”、“全区党的基层组织先进单位”和“依法治校示范校”等多项荣誉。学院在2008年教育部高职高专人才培养工作水平评估中被评为“优秀”学校。

学院总占地面积892亩，总建筑面积33.68万平方米，固定资产总值5.28亿元，全日制高职在校生9 029人。学院拥有设施先进、功能齐全的校内实训基地（中心）54个，其中石油和化工实训基地、电工电子及自动化实训基地、数控技术实训基地是中央财政支持的国家级实训基地，石油和化工实训基地被中国石油和化学工业联合会命名为国家级示范性实训基地；还有神华集团内蒙古煤制油分公司、中海油内蒙古天野化工股份有限公司、内蒙古亿利化工有限公司等稳定的校外实训基地201个。学院设有国家化工、建材两个行业特有工种职业技能鉴定站，可开展69个工种中、高级工的培训和鉴定工作。

电工电子及自动化实训

学院开设化工、材料、自动化、电子信息和管理类高职专业36个，自治区级品牌业7个、自治区级精品课程6门。现有专任教师321人，副高级以上职称98人，另有兼职师161人。专任教师中有全国化工高等职业教育教学指导委员会副主任1人，分委会委27人，教育部高职高专化工技术类专业教学指导委员会委员1人；学院是内蒙古自治区职高专生化与药品类专业建设指导委员会主任委员单位。近三年，学院教师主编或编的教材达60种；省（部）级科研立项49项，发表教科研论文519篇，“工业分析与验专业教学改革方案”和“高职化工类专业人才培养模式研究”获自治区级教学成二等奖。

学院积极适应自治区能源工业和化学工业等支柱产业发展对高素质技能型人才的需要，及时调整专业结构，不断深化订单培养、工学交替的人才培养模式改革，积极推行任务驱动、项目导向的教学模式，不断创新校企合作、工学结合的体制机制，在内蒙古高校中率先成立了“校企合作委员会”，成功举办了四届校企合作洽谈会，开拓了涵盖华北、东北、西北、长三角等六个区域的毕业生就业市场。连续6年毕业生就业率在同类院校中名列前茅。学院被自治区人民政府评为2009年度“全区就业培训先进院校”。

站在新的历史起点上，学院将紧紧把握国家大力发展职业教育、建设人力资源强国、深入实施西部开发战略、推进新型工业化的历史机遇，立足化工，服务行业，改革创新，开放办学，努力把学院建设成为质量优良、特色鲜明的国家骨干高等职业院校，为自治区富民强区、边疆稳定作出新的更大的贡献。

化工工艺实训

化工设备实训

学院前身为创建于1952年的内蒙古工业学校，是新中国成立后内蒙古自治区第一所中等专业学校，2003年升格为高等职业技术学院。2006年，成立于1956年的内蒙古水利学校整体并入内蒙古机电职业技术学院。建校58年来，学院始终立足于能源、冶金、装备制造和水利行业，服务于自治区经济建设，共培养了30 000多名毕业生，在推动自治区工业化进程中发挥了重要作用。

学院现设机电工程系、电气工程系、冶金与材料工程系、水利与土木建筑工程系、信息与管理工程系和五年高职中专部6个教学系部，38个专业，基本形成了能源、材料、机械制造、自动化、水利工程与管理类5个专业群。现有8个自治区级品牌专业，9门自治区级精品课程。

学院占地面积840亩，建筑面积24万平方米。现有在校生10 297人，教职工526人；其中专任教师344人，具有副高级以上职称的教师151人，博士和硕士112人，“双师”素质教师189人，自治区教学名师3人。

学院建有3个中央财政支持的职业教育实训基地，9个具有教学和生产双重功能的“校中厂”实训基地，97个模拟仿真实训室，教学仪器设备总值达到9 100万元。始建于1956年的教学实习工厂，有各类机床及工装设备310台（套），是自治区同类院校中规模最大、工种最齐全的校内生产性实训基地。

学院充分利用校内实习工厂，并与企业紧密合作，积极探索形成“校厂一体、产学结合”的人才培养模式。2009年“汽车电子技术专业‘校企结合、双向介入’人才培养模式改革与实践”教学改革项目获自治区高等教育教学成果一等奖。

学院在长期职业教育实践中始终坚持“五个结合”，即“传统技术与现代技术相结合、教学与生产相结合、校内与校外实训相结合、职业技能培养与职业道德教育相结合、校园文化与企业文化相结合”，培养高素质高级技能型专门人才，提高了学生的职业素质。2006年、2008年、2009年学院先后三次代表自治区参加全国数控技能大赛，2006年获第二届全国数控技能大赛学生组数控车工第四名、加工中心操作工第十三名和数控铣工第十八名，是全国参赛院校中比赛成绩全部进入前二十名的三所院校之一；在2008年第三届全国数控技能大赛中，取得了学生组数控铣工第三名、数控车工第五名的优异成绩；在2009年全国技能大赛中，取得了数控机床装配、调试与维修团体二等奖的优异成绩。

近年来，毕业生就业率一直在95%以上，其中77%以上的毕业生在大中型企业就业。在内蒙古自治区教育厅公布的高等学校毕业生就业率排行榜上，学院一直位居前列，连续多年被评为全区普通高校毕业生就业工作先进集体。

学院自2003年升格以来，抢抓机遇、克服困难，实现了三次历史性跨越：2008年人才培养工作水平评估获得“优秀”，进入自治区高职高专院校的前列；2009年8月，搬迁入驻新校区，办学条件得到彻底改善；2010年12月，被教育部、财政部确定为国家骨干高职院校立项建设单位，成为国家百所骨干高职院校之一，进入国家高职院校的前列。

中央职业教育示范性数控实训基地

大连女子职业中专

教育部领导来学校视察时与同学们合影

大连女子职业中专位于大连市的中心地段，校园环境优美、绿树成阴、空气清新，极具现代人文气息，是陶冶情操、求学、求知、求职的理想之地。这里是全国第一所综合性女子职业学校、全国第一批国家级重点职业学校之一、大连市第一所国家级重点职业学校。学校曾先后荣获国家、省、市级各种荣誉称号。学校以先进的办学理念、规范的科学管理、过硬的师资队伍、优雅的育人环境和出色的办学成果，成为职业教育的窗口和对外开放单位。联合国和外国友人以及党和国家领导人也多次视察过学校，并给予高度评价。2001年时任辽宁省省长的薄熙来同志在沈阳欣闻学校取得的丰硕成果时，特亲笔题写了“大连女子职业中专”的学校名称。学校践行“紧扣市场脉搏，内抓质量，外塑品牌，培养社会最需要的女性人才，构建人本化、特色化、欢乐、和谐的女性校园”的办学理念，着力培养一专多能的女性职业人才。学校的教学水平和人才培养质量得到社会的广泛认可和充分肯定。自1984年建校以来向社会输送了万余名毕业生，因其综合素质好，适应能力强，符合社会需求，深受用人单位的青睐，分配率一直稳定在99%以上。

学校实行开放式办学，组成了由各行业专家组成的行业指导委员会，参与学校管理，使学校的教育教学与市场同步。学校坚持“以素质教育为基础，以专业教育为主干，以教学质量为核心”的教育教学理念，积极推进教学改革，精心锻造教学特色，努力提高教学质量，培养素质好、技能强、上手快的专业骨干。

教育部职成司领导和同学们在一起

2008年、2009年，学校美容美发专业学生参加全国职业院校技能大赛中职组技能比赛，取得一特、两金、八银、九铜、九优的好成绩。2009年5月，在“开元杯”全国旅游院校服务技能大赛中，学校旅游专业代表队荣获一金、二铜、一优，摘取东北三省唯一的金牌。2008年、2009年，幼师专业学生参加“魅力校园”第三届、第四届全国校园文艺会演连续获得金奖、银奖。学校既注重对学生因材施教、因性施教，又兼顾职业教育、女性教育特点，使每位学生都获得成功，并成为掌握多种技能、优雅自信的复合型女性人才。一年一度的教师专业技能展演，已经成为大连女子职业中专每年一度教学工作会议的重头戏。通过教师技能展示，在全校逐步形成了教师练技能、比技能的良好氛围，为培养“双师型”教师搭建了基础平台，为有效地推行“做中学、做中教”提供了师资保证。教师专业技能展演又极大地开拓了学生的视野，让学生学有榜样、学有动力、学有激情，更加融洽了师生的关系，是学校创建“育人为本，和谐校园”的重要组成部分。

目前，学校正进一步加强校园建设、队伍建设和文化建设，加强教育科研，大胆改革创新，力争使大连女子职业中专真正成为在职教战线上叫得响的品牌，为大连市经济建设、振兴东北老工业基地培养更多的巾帼人才。

校歌舞蹈

空乘礼仪表演

哈尔滨工程大学

Harbin Engineering University

工操场

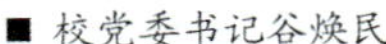

■ 校党委书记谷焕民

■ 校长刘志刚

…为“计算机界奥林匹克…”的第34届ACM国际大…程序设计大赛2010年…总决赛在学校举办

哈尔滨工程大学坐落于美丽的松花江畔——北国冰城哈尔滨市。学校是首批入选国家“211工程”建设和设有研究生院的全国重点大学，是我国“三海一核”（船舶工业、海军装备、海洋开发、核能应用）领域重要的人才培养和科学研究基地。学校前身是创建于1953年的中国人民解放军军事工程学院（简称“哈军工”）。2007年，由原国防科工委、教育部、黑龙江省政府、海军四方共建。学校现隶属于工业和信息化部。

学校目前占地面积126万平方米，设有20个学院（系部、中心），拥有40多个科研机构以及150多个科研和教学实验室，其中国家级重点实验室2个，教育部重点实验室（中心）3个，国防重点学科实验室2个，国家级学科创新引智基地2个，国家电工电子教学基地1个，国家级实验教学示范中心4个，国家大学生文化素质教育基地1个。

学校具有“三海一核”领域主体学科特色鲜明、相关学科支撑配套、专业结构布局合理的学科专业体系。现有本科专业61个、硕士学位授权点95个、一级博士学位授权学科6个、二级博士学位授权学科25个、博士后科研流动站、工作站12个。拥有院士、长江学者、国家教学名师、国家级突出贡献专家、教育部“新世纪优秀人才支持计划”入选人员等一大批高层次人才。学校被教育部、解放军总政治部列入“21世纪人才强军计划”，是海军在东北地区唯一选拔培养后备军官的依托学校。

学校以精英教育为目标，着力培养高素质的创新型人才。毕业生以“可靠顶用”而受到用人单位的广泛赞誉，本科生一次就业率保持在95%以上，连续多年位列黑龙江省高校第一名。2006年，学校通过教育部本科教学工作水平评估并获得“优秀”。2009年，被教育部评为全国普通高校毕业生就业工作先进集体。

学校在船海核领域保持着很强的技术储备，水下机器人、船舶减摇、组合导航、水声定位、核动力仿真等技术居国内领先或国际先进地位。“十五”以来，学校承担国家重大科技攻关、“973”计划、“863”计划等一大批科研项目，获得省部级以上奖励200余项。设有国家大学科技园，校办科技产业蓬勃发展。2009年，科技部授予学校“国际科技合作基地”称号。

学校坚持国际化、开放式办学，先后与20多个国家和地区的100多所大学及科研机构建立了合作关系，是“中国政府奖学金”、“国家建设高水平大学公派研究生”项目实施高校。

半个多世纪以来，学校秉承和发扬“哈军工”精神，确立了“大工至善，大学至真”的校训，形成了“忠诚、坚韧、团结、创新”的校风，实现了自身的快速发展和办学水平的不断提升。当前，学校以服务国家工业化、信息化和国防现代化为使命，正在向着特色鲜明的高水平研究型大学目标阔步迈进。

■ 学校独立研制的“蓝鲸号”双工型潜水器

黑龍江農業經濟職業學院

▲ 党委书记、院长孙绍年

黑龙江农业经济职业学院是国家级示范性高等职业院校立项建设单位，建校于1958年。学院位于黑龙江省牡丹江市，占地面积126.3万平方米，建筑面积27.11万平方米，固定资产2.82亿元。现有教职员工560人，其中专任教师411人，副高级以上职称教师157人，“双师”素质教师387人。有国家级优秀教学团队1个，省级优秀教学团队2个，省级名师5人，教育部种植类等专业教学指导委员会委员4人；全日制高职在校生8 615人；图书馆藏书80万册，其中纸质图书58万册；教学仪器设备总值9 116万元。

学院现开设高职专业48个，其中涉农类国家示范院校重点建设专业4个、国家级教学改革试点专业1个、省级教学改革试点专业2个；拥有各类实训室及基地128个，其中国家级职教实训基地2个、省级重点实验室1个，省科技厅确立的省级示范园区1个；拥有国家级精品课程3门、教育部教指委精品课程3门、省级精品课程17门。

▲ 多功能日光温室

学院现为教育部种植类、工商管理类专业教学指导委员会委员单位、全国农业职业教育常务理事单位、中国职教学会农专委专家单位、中国职教学会教学工作委员会理事单位，省高职高专种植类、制药类、艺术教育类专业教学指导委员会主任单位、省食用菌协会常务副会长及秘书长单位、省经济开发建设促进会副会长单位、省振兴老工业基地研究会常务理事单位、省高教强省成员单位、省政府农业科技合作共建单位、第七届中国西部地区教育顾问单位。

经过多年的发展，黑龙江农业经济职业学院在办学实力、管理水平、人才培养质量、服务地方经济等方面均得到了全方位提升。先后荣获“省职业教育改革先进单位”、“省级文明单位标兵”、“省级花园式单位”、“省级绿色学校”、“省级综合治理先进单位”、“省级安全文明校园”、“省级高校安全保卫工作先进单位”、“省级后勤管理先进单位”、“省级标准化食堂”等光荣称号，2007年以优秀的成绩通过教育部人才培养工作水平评估，2008年被国家教育部、财政部批准为国家级示范性职业院校立项建设单位，成为全国百所国家示范院校之一，在省内乃至全国有了一定的知名度和影响力。

▲ 图书馆

上海商学院

上海商学院是市属公办本科普通高校，她的前身是1950年建校的中央税务学校华东分校。

半个多世纪以来，学校坚持与时俱进、不断创新，先后为全国和上海的经济建设战线输送了数以万计的党政领导和经济管理干部，为社会培养了大量的大学生，其中不少毕业生走上了局、处级或大中型企业的领导岗位，有的已成为国内外著名企业家。

▲ 学校举行与澳大利亚北悉尼学院中澳合作十周年庆典暨合作项目签约仪式

▲ 上海商学院校庆60周年教师艺术作品展

现有专任教师500余人，其中博士生、硕士研究生以上学历占49.1%，副高以上职称占37.1%，具有博导和硕导经历的28人，享受国务院政府特殊津贴专家4人。拥有一支由百余名国内外著名企业集团董事长、总裁等高级管理人员组成的客座教授队伍。

目前全日制在校生11 000多名，下设管理学院、经济学院、财会学院、生态旅游学院、艺术设计学院、外语学院（国际交流学院）、信息与计算机学院、法政学院、食品系、新闻与传播系、基础部、成人教育学院等12个院系（部）。

目前拥有学科门类6个，涉及13个一级学科，20个二级学科，形成覆盖管、经、文、法、工和农六大学科门类的学科体系。有22个本科专业、46个高职专业和7个中外合作专业，其中有2个国家级和1个市级教学改革试点专业。

商品流通学被上海市教委批准为上海市重点学科（培育）（第二期），商务传播学被上海市教委批准为上海市教育委员会重点学科（第五期）；连锁经营管理专业作为教育部专业目录外的本科专业，被上海市教委批准为本科教育高地建设项目；另外，电子商务概论、物流基础和职业发展规划与设计为国家级精品课程，电子商务概论、基础会计学、职业生涯规划与管理、计算机应用基础和经济法为上海市精品课程，会计学基础等12门课程为上海市教委重点建设课程。学校流通现代化实验教学中心被市教委评为实验教学示范中心；获国家级和部市级奖励26项，其中国家级教学成果二等奖1个、上海市教学成果一等奖3个；成功申报国家社科规划办、教育部、上海市教委、上海市经委等各类课题（项目）近200项；出版各类教材、专著、译著160多部。

◀ 长三角公关论坛——商业文化与企业责任论坛在学校举行

经市教委批准，学校牵头组建了上海商贸职业教育集团，学校产学研合作教学模式受到教育部领导充分肯定，现已被外省市兄弟院校借鉴嫁接，开花结果。良好的教学资源、正确的办学定位、不断深化的教学改革，进一步提升了教学质量，学生综合素质明显提高。2000年以来，学校毕业生就业率连续保持在95%以上，位居上海高校前列。

改革开放以来，学校先后建立了上海连锁经营研究所、上海电子商务教育研究所、现代发展研究院、日本商业研究所、日本学研究所、上海市高校商贸类职业技能鉴定所、全国高职高专教育师资培训上海基地、上海商业人才开发服务中心等体现办学特色和学科优势、具有一定社会影响力的科研和培训机构，完成了一批具有前瞻性、综合性、学术价值较高、对上海乃至全国经济建设和社会发展有重要作用和意义的研究课题，为国家、上海经济等领域的重大改革提供依据，产生了良好的社会效益。学校创办了公开出版学术刊物《上海商学院学报》，主办国内商贸类核心刊物《上海商业》，并协办中国经济类核心期刊《华东经济管理》等杂志。

▲ 体育馆

上海大学

Shanghai University

党委书记于信汇

常务副校长周哲玮

上海大学是上海市属、国家“211工程”重点建设的综合性大学。上海大学校长是我国近代力学奠基人之一，著名的科学家、教育家，杰出的社会活动家，中国科学院资深院士钱伟长（2010年7月30日因病逝世）。现任党委书记是于信汇教授，常务副校长是周哲玮教授。

1922年10月，国共合作曾创建了上海大学，校长为于右任，教务长为瞿秋白。这是一所被誉为“武有黄埔、文有上大”的革命学校，1927年“四一二”反革命事变后，被国民党当局强行关闭。

校园景观

1994年5月，上海工业大学（成立于1960年）、上海科学技术大学（成立于1958年）、原上海大学（成立于1983年）和上海科技高等专科学校（成立于1959年）合并，组建为新的上海大学。上海大学的广大师生立志继承与发扬“老上大”的革命传统，为建设有中国特色的社会主义而作出更大贡献。著名的科学家、教育家，杰出的社会活动家，中国科学院资深院士钱伟长教授于1983年出任上海工业大学校长，1994年续任上海大学校长，他独树一帜的教育思想和治校方略开创了学校思想解放和学术繁荣的新局面，推进了学校各项事业的新发展。

上海大学现设有28个学院和2个校管系；设有71个本科专业、131个学术型硕士学位授权点、13个专业硕士学位授予类别（其中工程硕士学位授予类别中含18个专业领域）、35个二级学科博士学位授权点、5个一级学科博士学位授权点、19个自主增设二级学科博士专业、13个博士后科研流动站；拥有4个教育部重点学科、9个上海市重点学科；拥有2个科技部与上海市共建的国家重点实验室培育基地，1个国家体育总局体育社会科学重点研究基地，1个教育部重点实验室，1个教育部省部共建重点实验室，1个教育部工程研究中心，1个教育部特色专业建设点，2个上海市人文社会科学重点研究基地。

上海大学积极实施人才强校战略，初步形成了由大师领衔、层次清晰、结构合理的国际化、高素质、基本满足学校发展需要的师资队伍，并已在多数学科领域中形成了若干有特色、有影响、有潜力的学科团队。现有专任教师2 752人，其中具有博士学位的教师1 312人，占专任教师的47.7%；教授486人，占专任教师的17.7%；副教授842人，占专任教师的30.6%。现有中国科学院院士、工程院院士9人，博士生导师400余人；入选中组部“千人计划”4人，教育部“长江学者”4人；获得国家自然科学基金委员会“杰出青年基金”6人，国家级有突出贡献的中青年科技专家5人；享受政府特殊津贴专家51人。

上海大学是上海市招生规模最大的高等学校，是上海市重要的人才培养基地。学校建立了以学分制、选课制、短学期制为核心的特色鲜明的人才培养模式，毕业生素以“知识面宽、适应能力强、与人相处好、发展后劲足”的特点而受到用人单位的青睐，学校被教育部评为首批50所“就业经验典型高校”之一。2003年10月，学校率先通过了由国家教育部举行的首轮本科教学工作水平评估，并获得“优秀”。学校现有学生38 728人，其中研究生8 860人、本科生25 819人、高职生4 049人。另外，还有成人教育学生12 000余人。

上海大学的科研实力在全国高校中处于先进水平。现建有国家大学科技园和高新技术开发区，还有各类研究所、研究中心100多个。近五年来，学校科研经费一直位于全国高校20位左右，国际三大检索（SCI、EI、ISTP）收录的学术论文数一直位于全国高校30位左右，专利申请与授权数位于全国高校20位左右。随着学校文科的快速发展，文科科研实力大为增强，2010年获得国家社科基金项目13项、教育部人文社会科学研究一般项目39项、上海市哲学社会科学项目26项。

上海大学积极实施国际化战略，开展了广泛的国际交流与合作。迄今已与40多个国家和地区建立了合作交流关系，中外合作办学稳步发展。与此同时，学校不间断地派遣教师出国进修、考察和开展学术交流。学校在校的外国留学生2 800余人。学校与海外高校共建了4所孔子学院，为推广中国语言文化、增进中外人民的相互了解和友谊作出了积极贡献。

上海大学校园占地面积近200万平方米，校舍建筑面积100余万平方米，形成了以宝山校区为“一体”、延长校区和嘉定校区为“两翼”的“一体两翼”的校园格局。图书馆建筑面积5.47万平方米，馆藏图书近360万册，中外报刊3 450余种，其中中文纸本报刊3 000余种、外文纸本报刊450余种。校园通信光缆连接三个校区以及所有大楼，建成了较完整的信息网络服务体系。学校体育场馆功能最全、设施先进。学校还建成了一批先进的基础教学实验中心和多媒体教室。

行政楼

上海大学一贯重视党的建设与精神文明建设。1998年荣获全国“党的建设与思想政治工作先进高等学校”称号。1994年以来，学校已7次被评为上海市文明单位，并且是全国绿化模范单位。2008年上海大学被评为全国精神文明建设工作先进单位。

如今的上海大学，无论是办学水平与效益，还是整体办学条件，在全国高校中都已跻身前列。钱伟长校长倡导的“自强不息”、“先天下之忧而忧，后天下之乐而乐”的校训和“求实、创新”的学风在这里发扬光大、生生不息。

展望未来，上海大学将继续发扬优良传统，深化改革，开拓创新，不断优化富有上海大学特色的办学模式，进一步推进内涵建设，提高办学水平，改善办学条件，建立与上海现代化国际大都市地位相适应的高层次人才培养体系和科技创新体系，努力朝着国际知名、国内一流的综合性研究型大学的建设目标迈进。

全国领先、国际一流、教育高质、管理高效

First in China, first-rate in the world high quality in education and high-efficiency in administration

上海市上海中学

校长、党委书记唐盛昌

上海市上海中学的前身是创建于1865年的龙门书院。学校素以管理严谨、名师荟萃、教育高质、英才辈出而享誉海内外。历届校友中有以曾庆红、李源潮、王志珍等为代表的曾任或现任党和国家以及省部级以上领导100多位，两院院士53名，中国人民解放军将领29人。

学校现占地面积340余亩，绿化覆盖率达42%，为上海市最早颁发国际文凭的学校、首批上海市实验性示范性高中，上海市文明单位、全国绿化模范单位、全国电化教育先进单位。在编教职工280余人，海外留学人员40余人，全英语教学师资超过120人，另聘有外籍教师90余人。中外学生4 000余名，其中有来自60多个国家和地区的2 800多名国际部学生。学校被授权开设PSAT、SAT、TOFEL考点与AP课程。

学生在各类平台上崭露头角，如获世界数学奥林匹克竞赛与世界中学生乒乓球赛事冠军 38 个

现任校长唐盛昌是“上海市教育功臣”、上海市特级校长、数学特级教师，全国教育系统劳动模范，国家基础教育课程教材专家咨询委员会委员。进入21世纪以来，学校秉承“自强不息·乐育菁英”的办学理念，聚焦资优生教育，在教育现代化、国际化、信息化的开创性探索实践中，取得了突出的实绩，办学目标从“全国一流、国际知名”发展到“全国领先、国际一流”。本部毕业生99%进入全国重点大学，进入“211工程”高校超过90%，进入“985工程”高校与香港高校达80%。国际部毕业生进入欧美一流大学超过75%。一批学生进入哈佛大学、剑桥大学、耶鲁大学、麻省理工学院等世界一流名校深造，毕业生素养深受国内外大学好评。

学校在教育现代化、国际化、信息化的开创性实践中，进一步彰显学校教育特色与品牌，在全市乃至全国发挥了良好的示范、辐射效应。形成的主要特色有：

上海中学标志性建筑——龙门楼

●全国最早提出“资优生德育”并进行创造性实践。从认知、实践、体验、反思统一的视野创设领导与组织（LO）课程、创造·实践·服务（CPS）课程等颇具特色的资优生必修课。

●立足于学生志趣聚焦与创新素养培育，构建与资优生教育相匹配的学校课程期望图谱，注重前瞻性、现代性、选择性、适切性、系统性，能提供近千门的科目与模块供学生选择学习。

●教育的国际化基本形成。具有中国特色的国际教育品牌彰显，成为中外文化交流的窗口。学生优异的学业水平获国际公认，国外高层访问团纷至沓来，与美、英、法、加、日等国家的十余所世界顶级中学建立合作伙伴关系。

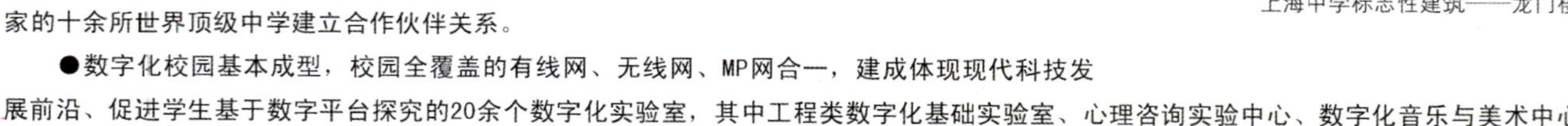

●数字化校园基本成型，校园全覆盖的有线网、无线网、MP网合一，建成体现现代科技发展前沿、促进学生基于数字平台探究的20余个数字化实验室，其中工程类数字化基础实验室、心理咨询实验中心、数字化音乐与美术中心等均属全国中学首创。

●建构高绩效组织，激发了公办学校内部活力，促进了学校的和谐、优化、高效、可持续发展。

学校被誉为“上海素质教育的一面旗帜”、“上海基础教育的领头羊”和“东西方文化交流的窗口”。在新的时代背景下，学校致力于构建世界一流的中国名校，率先开展“学生创新素养培育实验”，探索以“聚焦志趣”为突破口的创新人才早期培育新路，为构建创新型国家、建设人力资源强国与实现中华民族伟大复兴乐育英才。

上海市上海中学南大门

苏州大学坐落于素有“人间天堂”之称的古城苏州，是国家“211工程”重点建设高校和江苏省属重点综合性大学，其前身为创建于1900年的东吴大学。作为全国最早创建的现代高等学府之一，苏州大学曾创造了中国近代高等教育史上的若干个第一：第一家以西式教育方式办学，第一家创办学报，现存高校中最早开展研究生教育并授予硕士学位，第一家开设法学教育等。1952年全国院系调整时，东吴大学文理学院与苏南文化教育学院、江南大学数理系合并为苏南师范学院，同年定名为江苏师范学院，在原东吴大学校址办学。1982年，经国务院批准改办为苏州大学。经教育部和江苏省人民政府批准，苏州蚕桑专科学校、苏州丝绸工学院、苏州医学院先后于1995年、1997年、2000年并入苏州大学。到目前为止，苏州大学已发展成为一所拥有哲学、经济学、法学、教育学、文学、历史学、理学、工学、农学、医学、管理学等十一大学科门类，具有相当规模，基础较为雄厚，办学效益显著，在国内外具有一定知名度的地方综合性大学。

苏州大学现有20个博士后流动站、6个一级学科博士学位授权点、85个博士学位授权点（含自设专业）、1个一级学科专业学位博士点、209个硕士点（含自设专业）以及13个专业学位硕士点，108个本科专业，4个国家级重点学科、1个国家工程实验室、1个国家级重点实验室培育建设点、2个国家级公共服务平台、2个国家级实验教学示范中心，1个国家文科基础学科人才培养基地、1个国家理科基础科学研究和教学人才培养基地、1个教育部人文社科重点研究基地、1个国家体育总局社会科学重点研究基地。目前，拥有各类在校生约50 000人，其中在校各类研究生13 493人，本科生24 062人，成人学历教育10 065人；教职工4 283人，院士4人（其中中国工程院院士3人，中国科学院院士、第三世界科学院院士1人），具有副高职称及以上人员1 669人，一支力量比较雄厚、结构比较合理的师资队伍已初步形成。

苏州大学现有5个校区，占地面积3 118余亩，建筑面积155.8万平方米。学校图书资料丰富，图书馆馆藏图书近400万册，中外期刊2 800余种。苏州大学积极扩大开放，与日本、法国、韩国、新加坡、德国、美国、加拿大、澳大利亚等国家以及香港、台湾等地区的100多所高校建立了校际交流关系，每年接收外国留学生、进修生近2 000人次来校学习汉语言文学和其他有关专业。

近年来，苏州大学注重依托本省、特别是苏南地区雄厚的经济实力和优越的人文、地域条件，积极探索为经济建设和社会发展服务的有效途径，并以此作为学校鲜明的办学特色和动力。目前，天堂学府——苏州大学正以前所未有的气魄与胆识，紧密围绕创建“国内一流、国际知名高水平大学”这一既定目标奋勇前进。

Suzhou Art & Design Technology Institute

苏州工艺美术职业技术学院

学院师生共同完成的上海世博苏州馆水墨图

苏州工艺美术职业技术学院是一所以工艺美术设计和现代艺术设计教育为主体，兼设各类成人教育的高等职业艺术院校。学院以“建成一所社会认可、百姓满意的高水平示范性高等职业艺术院校”为目标，坚持“质量立院、特色强院、科技兴院”，深入开展教育教学改革，优化人才培养模式，切实培养“具有社会责任感、有社会主义觉悟、有独立批判和创造精神、有较强创新能力和实践能力的高级艺术设计人才”。

党建和大学生思政教育是学院党委工作的重头戏。学院坚持以邓小平理论和“三个代表”重要思想为指导，围绕根本目标，推行“小行政、大系部”的院系两级管理体制改革，逐步形成了适应高等职业院校办学模式的管理体制。学院坚持“育人为本”的工作理念，开展了“六大工程”，相应出台了《大学生素质教育纲要》，搭建了“素质育化信息平台”，打造出“学生素质育化”和“专业课程”双体系。同时，为了提升学生人文和专业素质，学院还组织开展了“国粹京剧专场”、“青春飞扬流行音乐专场”和毕业设计开放展示周等一系列具有美院特色的文化活动。

教育教学改革是学院内涵建设的中心任务。学院推行以“工作室制”为核心的人才培养模式，开展“大专业平台、小专门化方向”的专业改革，形成了现代艺术设计与工艺美术设计两大系列、6个专业群、21个专业、54个专业方向，开创了一批教育部和省级的特色专业。在深化教育教学改革过程中，学院坚持产学研相结合，先后建成全国重点建设职教师资培养培训基地、中法江苏艺术设计教育研究中心、江苏省工艺美术专业技术人员继续教育基地、江苏省职业技能鉴定基地、中国工艺美术研究院等10个国家级、省市级项目。此外，学院作为一所以文化创意产业为依托的高等职业院校，在发展定位上，立足传统与现代两个基点，致力于苏州传统文化和民间工艺保护、传承的同时，积极吸收西方先进文化，创新融合，用双面刺绣的绝活，实现了东西方文化的对接，形成了独特而鲜明的办学特色。

国际交流与合作

对外交流与合作是学院创新发展的特色招牌。为了加快教育国际化进程，学院近年来在更大范围、更广领域、更高层次上加大了对外开放和办学的力度。不断加强中法江苏艺术设计教育研究中心的建设。在以法国和英国为主体交流合作的框架形成后，推出的“主题教学法”和去服装设计主题教学丛书》在全省艺术院校中得到了推广与应用。学院于2008年启动了驻法艺术设计工作室，开展教师培训、专家讲学等活着力培养具有国际化视野的师资队伍。2009年11月，学院与英国的南安普敦大学、温彻斯特艺术学院共同创办的中英苏州艺术设计教育创新正式成立，进一步推动了学院各系与国内外相关院校专业的广泛合作。

近几年学院先后被评为“江苏省职业教育先进单位”、“江苏省文明学校”、“江苏省高校思想政治教育工作先进集体”、“江苏省高校毕就业工作先进集体”、“江苏省创业教育示范建设校”、“文化部非物质遗产保护工作先进集体”等。2010年学院成功申报为国家骨干高职建设院校。

江苏畜牧兽医职业技术学院

江苏畜牧兽医职业技术学院是中国南部地区唯一的高等畜牧兽医学院，是国家级示范性（骨干）高职院校、省首批人才培养水平评估优秀高校、省示范性高职院校、全国办学规模最大的动物科技类高校。学院占地面积3 092亩，建筑面积49万平方米。学院设有10个院系，开设52个专业。学院被评为省大学生创业教育示范校、江苏省农民培训工程先进集体。

教学改革

2009年，学院在专业建设、课程建设、教育研究等方面，取得显著成绩。畜牧兽医专业“三业互融、工学结合”人才培养模式的建立研究被确定为省教育厅教学改革课题。畜牧兽医通过省品牌专业验收；“家禽生产”被评为国家级精品课程，“猪生产技术”被评为教育部动物生产类教育教学指导委员会精品课程。《宠物内科病》获省高等学校优秀教材，《化学分析技术》获省高等学校立项教材。两项实践成果获得省高等教育成果二等奖。学院教师获全国农业职业教育优秀成果一等奖1项、二等奖2项、三等奖1项；获省教育厅优秀教育教学成果奖二等奖2项；获省高职教育研究会优秀教育教学成果奖一等奖2项、二等奖1项；获省高教学会优秀教育教学成果奖三等奖1项。“畜禽生产与疾病防治课程群”教学团队被评为省级优秀教学团队。

党委书记吉文林

师资队伍建设

学院全年引进博士、硕士等各类人才21名，教师全年发表论文345篇。128名教师晋升或转评职称，其中5人次晋升正高职称，18人次晋升副高职称。各有1人被评为“新中国60年畜牧兽医科技贡献杰出人物”、“中组部‘博士服务团’成员”、“新中国成立60周年江苏农林系统先进人物”、“全国农业职业教育教学名师”、“省优秀教育工作者”、“省‘送科技下乡促农民增收’活动优秀科技特派员”。3人被评为“江苏省333高层次人才培养工程”第三层次第二批中青年科学技术带头人；9人被评为“泰州市311工程培养对象”第三层次培养人才；8人被评为“江苏省优秀辅导员（班主任）”。

院长徐向明

科研工作

学院成功申报省高技术研究重点实验室和省级企业院士工作站，成为全省高职院校中唯一获此殊荣的单位。“仔猪大肠杆菌病的毒力因子分析及其免疫防治研究”、“法国番鸭选育与利用研究”分获省科技进步二、三等奖，其中二等奖是学院历史上主持获得的省科技进步奖最高奖项；参与完成的“扬州鹅培育与推广”获2009年神农中华农业科技奖二等奖。

社会服务

学院以实施“挂县强农富民”工程为抓手，切实开展科技服务“三农”活动，社会服务成绩显著。为滨海县制订了四大畜牧产业发展规划，推广了3个畜牧业发展新模式，为两种农产品开辟新市场。开展农业技术集中培训26场次，促使各对接服务村主导产业的产量提升了30%以上，科技示范户增产增收效果明显。工程得到了江苏省委常委、副省长黄莉新同志的高度评价。

基地一：倍康药业有限公司

学生管理

学院成功举办第七届大学生科技文化艺术节、第七届大学生社团巡礼节和校内外志愿服务等活动。在省大学生跆拳道交流赛、第五届全国大学生跆拳道锦标赛、企业管理沙盘模拟赛等活动中，学院10个项目或人次获奖。在全国高职高专生物技术技能大赛中，获得食品检验工一等奖1名、二等奖2名及团体一等奖。在第二届全国高等职业院校农业职业技能大赛中，2人获得动物外科手术项目一等奖，学院获优秀组织奖。

基地二：现代畜牧科技示范园

招生就业创业

2009年，学院招收新生4287名，毕业生就业率为97.26%。4名同学组成的“颇非特”创业团队，通过竞争承包了宠物美容中心，成为大学生创业的典型；4名同学获“金蝶杯”全国大学生创业大赛华东赛区高职高专组二等奖。

后勤服务

2009年，学院获得了省“文明宿舍”、“文明食堂”荣誉称号。后勤服务注重加强制度建设，重视抓好安全工作，认真贯彻落实《食品安全法》、《社会治安综合治理和消防安全责任书》，加强管理，及时维修。

江苏省淮阴商业学校

江苏省淮阴商业学校于1983年经江苏省人民政府批准兴办，2006年淮安市城镇建设学校的并入，实现了强强联合、优势互补，为学校的腾飞插上了翅膀。新校区坐落于风景秀丽、人文气息浓郁的淮安市高教园区，占地面积425亩，总投资近3亿元人民币，校舍面积12万平方米，发展规模1.2万人，拥有淮安市中等职业教育一流的办学条件。

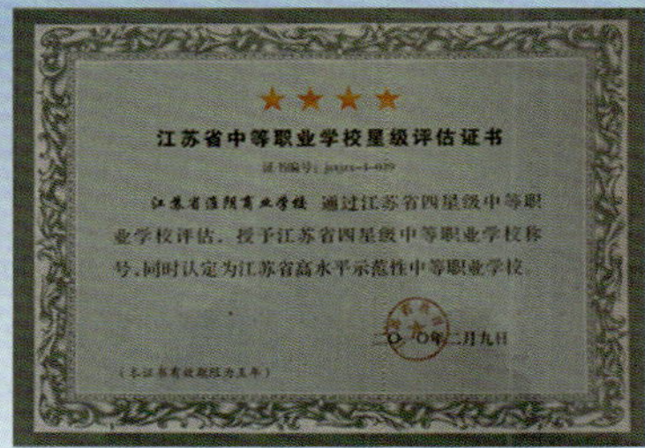

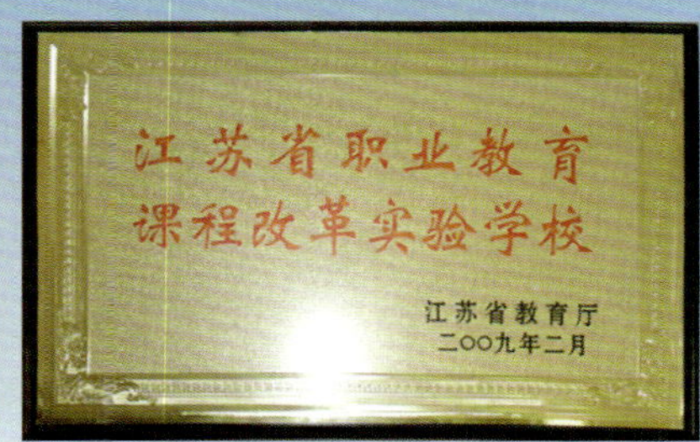

专业建设贯穿品牌战略

学校努力将骨干专业建成市内成品牌、省内有地位、国内有影响的特色专业，培养"有技能、肯吃苦、会创新"的技能型人才，提高服务经济社会发展的水平。会计、建筑、烹饪、计算机应用专业为省级示范专业，学校为江苏省首批职业学校课程改革试验学校。会计专业是学校的奠基专业和拳头专业，是学校首个省级示范专业、省课程改革实验点。建筑专业紧紧依托淮安市支柱产业——建筑业，做大做强专业，现已成为中国建设集团总公司出国劳务人员考培中心、淮安市城乡建设人才培训中心、江苏中淮建设集团有限公司研发基地，为省内外建筑行业培养了一万多名生力军，为新农村建设和现代化城市建设作出了应有的贡献。烹饪专业应淮安市特色产业——淮扬菜而生，现已成为淮扬菜研发、培训基地，为淮安市历届淮扬菜美食文化节的成功举办作出了突出贡献。

实训条件凸显先进水平

学校拥有一座现代化的、淮安市中等职业教育中唯一的国家级实训基地，建有各专业校内实训基地和40多个校外实训基地。建立了国家职业技能考核鉴定所，承担14个工种技能考核鉴定任务。

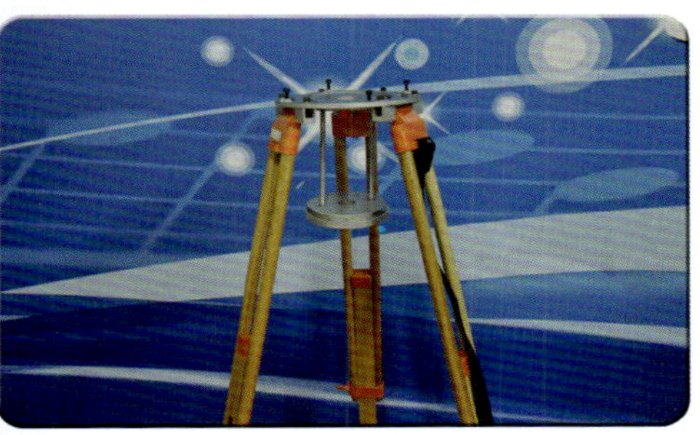

第十九届全国发明展览会金奖、特等奖作品——带自动安平装置的三脚架

"三创"能力得到大力培养

组织学生开展职业生涯设计竞赛等活动，加强学生的职业意识和创业能力培养。建立学生创业廊，为学生创业提供平台。建立6个创新工作室，全面推进创新教育和实践。两年来，11件具有广阔市场前景的学生创新作品获得国家专利；在省创新大赛上，无论是参赛数量还是获得的奖项，均居全省前列、全市首位；在第十九届全国发明展览会上，11件创新作品参展，共获得1项宝钢青少年发明奖加金奖、3项银奖、6项铜奖，获奖率达90%，名列全国同类学校前茅。加强对学生的技能训练，在近三年省技能大赛中取得了5个一等奖、18个二等奖、41个三等奖的优异成绩，位列全市之首。

办学育人突出以生为本

学校始终坚持以生为本的办学育人理念，着力于学生职业素养的养成，尽力满足不同层次学生的学习需求。学校先后与南京航空航天大学、南京财经大学、江苏经贸学院、济南大学、四川大学以及菲律宾亚当森大学和伊密里欧学院等国内外高校联手，为有高学历需求的学生提供服务。学校于1999年首创在深圳设立就业安置办事处，2003年办事处迁往苏州，为学生就业提供全程服务，既疏通了出口也推动了进口的畅通，使学校自2000年以来的招生一直保持强劲的势头。

学校已于2004年顺利成为国家级重点中等职业学校，2009年又成为江苏省四星级中等职业学校和江苏省高水平示范性中等职业学校。学校将借全国和全省教育工作会议的东风，加速向国家级高水平示范性中等职业学校迈进。

与菲律宾高校签订联合办学协议

地址：江苏省淮安市高教园区枚乘东路6号　邮编：223003　网址：http://www.hysx.cn
电话：0517-83615006 83615888　传真：0517-83615006

江苏省锡山高级中学

季羡林 题

江苏省锡山高级中学迄今有103年的历史，早期为无锡私立匡村中学，民国时期饮誉江浙，20世纪80年代末90年代初率先在全国进行校本化课程探索，90年代中期取得成功并渐为国内基础教育界所熟知，之后学校一直以课改探路者的形象活跃在全国基础教育改革的最前沿。

2007年，锡山高中借助百年校庆契机，以现代教育视角对话、择取和解读自身百年传统，系统归理自己的百年办学经验，重新思考学校的教育哲学和育人方向，把“人的成全”作为自己的至上教育追求，在办学思想上重新明晰并确认了学校应有的坚守。

▲ 由教育部校长培训中心和江苏省教育科学研究院联合举办的“唐江澎教育思想研讨会”在锡山高中召开

2007年至今，锡山高中围绕“体魄强健、品行高尚、智慧能干、持俭耐苦、阳光乐观”的育人核心理念，在课程建设、评价改革、现代学校制度构建、教育文化传承、教师专业发展、有效课堂教学探索、国际教育交流等方面做了大量扎实而有效的工作，学校呈现出前所未有的蓬勃发展态势。四年间，锡山高中一面向学校的历史要积淀，一面向现实的教育要变革，以坚实的行动实践自己的教育哲学。在新一轮校本课程领域的探索中，在课堂有效教学领域的实验中，在教育评价领域的改革中，在学校教育文化的传承与发展中，锡山高中均取得了让基础教育领域瞩目的成绩，其中“红地毯”现象、“敞开式校史博物馆”、基于课程标准的教学目标分解行动、促进学习的课堂评价研究、研究性学习课程常态化实施研究、新课改背景下校本课程中国化的课程开发路径等，均引起了基础教育界广泛而持续的关注。

锡山高中近年来的教育努力换来了丰厚的回报。2008年，学校成为教育部校长培训中心高中新课程样本校校长实践考察基地。2009年，学校成为教育部“影子校长”培训项目学习考察基地、广东省高中校长赴江苏跟岗学习基地、中国人民大学国学院教育研究实验基地、澳洲新南威尔士大学江苏无锡地区教师培训基地。2010年，学校被确定为长三角中小学名师名校长实践培训基地、澳洲新南威尔士大学预科学院优秀海外课程教学基地；学校的研究性学习课程建设成果获得江苏省基础教育教学成果特等奖、教育部优秀课程资源奖，校本课程研究成果获得教育部基础教育课程改革教学研究成果二等奖。

教育是今天，更是明天。锡山高中人相信，不论时代正在发生怎样的剧变，让教育离人近些、再近些，离功利远些、再远些，是最本真的教育。“人的成全”教育会让学校踏实地走向光明的未来。

▲ 锡山高中健美操队在全国校园青春健美操大赛中获得特等奖

◀ 锡山高中2010年的体育与健康节主题是“和谐中华”，全校56个班级分别代表56个民族开展体育活动

锡山高中与澳大利亚新南威尔士大学联合开办UFY课程班，首届23名毕业生全部考入世界前100名大学 ▶

江苏省无锡市藕塘中心小学

廖静文女士来校参观考察

江苏省无锡市藕塘中心小学坐落在美丽的太湖之滨——无锡市惠山区钱桥街道，是一所有着99年办学历史的苏南农村小学，现有32个教学班，近1 500位师生员工。现在的校舍由原藕塘镇投资近2 000万元于2003年易地新建。学校占地面积近40 000多平方米，建筑面积近14 000平方米，另有占地约10 000平方米的“少年农学院”。校舍布局合理，环境幽雅，校园文化、艺术气息浓厚。目前，学校的艺术楼、专业楼拥有美术室、国画室、书法室、陶艺室、军校陈列馆、生态电子阅览室、科技室、师生阳光读吧及塑胶运动场、室内体育馆等多个专用室和专用场馆。

学生在阳光读吧中静心阅读

新课程实施以来，藕塘中心小学以“质量上乘、特色鲜明、学生活泼、社会赞誉”为办学愿景，把“一切为了引导、服务、支撑、促进人的成长”作为工作的出发点和落脚点，坚持“学生为本、质量为基、口碑为重、健康第一”的工作方针，努力践行“唯真、唯善、唯美，求实、求质、求新”的教育价值观，致力于培养“知书达理、勤学善思、能说会做”的心灵阳光的人。

在“为人服务”的核心价值观指引下，学校致力于以儿童视角和服务理念为出发点构建个性化的教育模式，推行校本化的全面质量管理，用心构建支撑型的物化环境，稳步推进“四维”课改，真心倡导生态阅读，潜心培植少年农学院、少年书画院和少年军校三大校本特色课程，全力打造文化藕小。

阳光读吧

学生在农学院中为桃树点花授粉

学校在打造阳光教育品牌和创建办学特色过程中，师生的综合素质不断提升，教育质量日益提高，办学特色逐步彰显，学校事业蓬勃发展。2010年3月，《“少年农学院”——校本课程一奇葩》喜获首届江苏省基础教育教学成果评选特等奖；2010年12月，又获全国基础教育课程改革教学研究成果二等奖。目前，学校是江苏省实验小学、无锡徐悲鸿美术学校、无锡市艺术特色学校，荣获“全国‘双有’活动先进学校”、“江苏省绿色学校”、“江苏省青少年科技教育先进学校”、“江苏省优秀少年科学院”、“无锡市课改示范点学校”、“无锡市先进学生军（警）校”等多项荣誉。《无锡日报》、《江南晚报》、《惠山新闻》、无锡电视台《新闻60分》、《阿福聊斋》、无锡教育电视台、无锡教育网等多家媒体报道过学校办学特色与成果。

浙江交通職業技術學院

学院院长向浙江省领导汇报关于学院办学质量、就业、教学成果等方面的情况

浙江交通职业技术学院前身为创建于1958年的浙江省交通学校，1999年经教育部批准成立，属公办普通高等学校。

学院于2001年被教育部确定为全国示范性职业技术学院建设单位，2002年被评为全国职业教育先进单位，2004年被评为全国交通职业教育先进单位。2005年被浙江省教育厅评为全省普通高校毕业生就业工作优秀单位，同年被浙江省综治委学校及周边治安综合治理工作领导小组授予“平安校园”称号并保持至今。2006年被浙江省人民政府授予“浙江省职业教育先进单位”称号，在同年高职高专院校人才培养水平评估中获得优秀等级。2007年学院汽车系被评为全国教育系统先进集体。2008年学院荣获“改革开放三十年浙江交通创业创新先进集体”荣誉称号。2009年被列为省级示范性高等职业院校建设计划立项建设单位。2010年被交通运输部评为交通职业教育示范院校，被教育部、财政部列入“国家示范性高等职业院校建设计划”，成为骨干高职院校立项建设单位。

学院占地面积606亩，总建筑面积238 941平方米，固定资产5.4亿元，拥有现代化、数字化的教育教学基础设施和先进的现代教育教学技术设备。

学院现有全日制在校生8 000余名，教职工496名，专任教师325人，其中高级职称117人，硕士以上学历134人。现有国家级教学名师1名，省级教学名师2名，全国交通高等职业教育专业带头人4名，浙江省高校中青年学科带头人1名，省交通系统“283”拔尖人才9名，省“新世纪151人才工程”培养人员5名，省高校青年教师资助计划对象15名，省高职高专专业带头人培养对象9名，省高校教坛新秀3名。

国家教学名师指导学生实训

学院设有路桥学院、汽车学院、海运学院、机电学院、信息学院、人文学院、运输管理学院、成人教育学院等教学部门，开设30个全日制高职专业，其中道路桥梁工程技术、航海技术和轮机工程技术三个专业分别被确定为国家精品专业、教育部教学改革试点专业和省重点专业。

学院以社会需求为目标，以就业为导向，培养适应生产、建设、管理和服务第一线需要的高等技术应用性专门人才。学生毕业时，拥有相应的专业岗位技能资格证书，做到毕业、上岗“零距离”，历届毕业生深受用人单位欢迎。

学院为企业职工和社会成员提供多样化继续教育，为中职毕业生在岗接受高等学历教育创造条件，开设16个成人高职专业，设有同济大学、大连海事大学、武汉理工大学等4所高校8个专业的函授、网络教育专科及“专升本”教育，学生在校学习期间可以参加相应专业的自学考试，也可以在毕业前参加由省教育厅组织的“专升本”考试。

德国外贸交通学院师生到学院参观交流

学院建立了一系列的“奖、助、贷、减、补”等制度和措施，并为学生提供大量勤工助学的机会，帮助和扶持贫困学生完成学业。学院高度重视对外交流与合作，与丰田汽车（中国）有限公司合作T－TEP项目（丰田教育项目），并专门开设了丰田班。

学院与浙江省邮电工程建设有限公司共同成立校企合作实践基地

学院现有具有独立法人资格的“浙江省交通科学研究所”；还有院级研究所七个：现代物流研究所、汽车运用技术研究所、顾客满意度测评研究所、水运经济研究所、桥隧工程研究所、德育研究所、交通文化研究所。

学院遵循“以人为本，提供优质教育服务，培养交通建设和社会需要的高技能人才”的质量方针，以“提高教育质量、创立品牌”为目标，以内涵求发展，坚持“立足交通行业，面向浙江经济，以工科专业为主，兼顾经管类专业”的办学特色和专业特点，充分依托行业优势，结合市场需求，增强专业的适应性。

学院的发展目标是建设一所办学理念先进、行业特色鲜明、人才培养质量高、社会服务能力强、具有可持续发展能力的一流高等职业技术学院。

学院学生荣获全国职业院校技能大赛（高职组）建筑楼宇——楼宇智能化系统安装与调试技能比赛一等奖

院长许华春

浙江广厦建设职业技术学院

1：1建筑模型

浙江广厦建设职业技术学院是经浙江省人民政府批准、教育部备案，由广厦控股公司投资近五亿元创办的全日制高职学院。学院占地面积1 000亩，建筑面积30万平方米，藏书达120万册，教学科研仪器设备资产7 000多万元；下设5个二级学院，开设27个专业；在校生12 000余名，教职员工800余人；拥有4幢实训大楼，33个实验实训中心，148个实验实训室，160多个校外实训实习基地。校园环境幽雅，拥有一流的生活、文化娱乐设施。学院投资方中国广厦控股公司以建筑和房地产为主导产业，是浙江省人民政府重点培育的26家大型企业之一，全国民营企业排名第五，在浙江省民营企业中名列前茅。

学院认真贯彻《高等教育法》、《民办教育促进法》等国家法律法规，规范办学。投资者以“回报社会，回报家乡”为办学宗旨，投资到位，产权明晰，不求回报。院长在董事会领导下，独立行使职权。学院以教育部等三个高职文件精神为指针，定位准确，创新管理，坚持以育人为中心，从严治院，形成了全员育人格局，教学和生活秩序井然。坚持以就业为导向，紧密结合区域经济和社会需求设置专业，形成了“一主两翼”，即建设类专业为主体，先进制造类和现代服务类专业为两翼的格局。着重建设木雕等特色专业。全院27个专业中，15个为建筑类及建筑相关专业。形成了先进的高职教育理念，不断加强内涵建设，积极推行工学结合、校企合作，进行课程整合，实行模块化教学，强调学以致用，突出技能培养；重视思想宣传文化建设，开展“思想四对照”等主题教育活动。教学质量不断提高，学生在各项竞赛中硕果累累，2006年至今共获120多项大奖，就业率连续多年居浙江省同类院校前列。设有培训中心和国家职业技能鉴定所，开展各项培训和技能鉴定，积极为社会服务。习近平同志、张德江同志及教育部原部长周济等先后视察学院，对各项工作予以高度肯定。学院先后获得“中国十大优秀民办高校”、“全国优秀技能人才培养基地”、“全国高等职业院校就业质量50强”、“浙江省平安校园”、“浙江省高校学生工作创新单位”、“浙江省高校科研工作先进单位”、“浙江省高校实验工作先进集体”及“金华市文明单位”等称号，被教育部和建设部列为建设行业紧缺人才培养培训基地。

开设了全国唯一一个高职木雕专业

浙江交通高级技工学校

浙江交通高级技工学校创办于1974年，是一所直属于浙江省交通运输厅的国家级重点技工学校。2008年被国家人力资源和社会保障部确定为“首批国家高技能人才培养示范基地”，并被授予“国家技能人才培育突出贡献奖”。2010年被浙江省人力资源与社会保障厅确定为浙江省高技能人才公共实训基地。

学校占地面积337亩，建筑总面积8.5万平方米，总资产2.8亿元。开设交通、机电、信息技术、经贸人文四大类10多个专业。在校生5 100余人，在编正式教职工285人。建有汽车、机电、现代物流、电子商务等专业覆盖面较齐全、软硬件配套的校内实训基地群，拥有实验实训室95个，是中央财政支持的实训基地。

一、教学管理

学校坚持“德育为先，能力为本，知行并重，全面发展”的教育理念，按照ISO9001-2008标准，实施质量管理。专业课实行模块式理实一体化教学法，2004年起引入德国行为导向教学法，是全国首批综合教改实验学校，2008年又被人力资源和社会保障部确定为“全国职业核心能力示范培训试点单位”。

浙江省交通运输厅领导来校视察

二、校企合作

学校按照职业院校人才培养目标，不断扩大校企合作范围，形成了多样化的校企合作模式，培养的技能人才更加符合企业的需要。2006年开始，先后与丰田公司、北京现代汽车公司等知名企业开展合作办学，并成为全国丰田钣喷五大培训基地之一。2010年，被丰田公司授予“重点合作院校”和“T-TEP优秀学校”。

三、技能水平

学校重视对学生实践操作技能的培养，推行“双证书”制度，建有国家职业技能鉴定所，学生职业资格鉴定合格率达94%以上，师生技能水平持续提升。2005年以来，学校选派师生参加全国及全省汽车专业技能竞赛，多次荣获团体第一名。

四、实习就业

学校每年举办就业推介会，并与省内外近300多家用人单位合作建立实习就业基地，毕业生就业率一直保持在96%以上。同时，鼓励和支持学生自主创业，专门在校内建立学生创业基地，帮助学生积累创业经验。

五、教育科研

学校大力实施教研亮校工程，积极鼓励教师开展职业教育教学理论研究。近三年来，教师主持或参与部级课题7项，省级课题10项，参加编写全国通用教材18部，公开发表论文219篇，其中不少项目被认为达到国内先进水平。

六、校园文化

学校以建立融校园文化、企业文化、交通文化于一体的具有职业教育和行业特色的校园文化为目标，形成了以校训“厚德精艺”为核心的学校精神体系。校园文化活动丰富多彩，有效提高了学生职业综合素质，达到了培养全面发展合格人才的目的。

学校地址：浙江省金华市望府街1158号
联系电话：0579-82173808

车身修复实训

田径运动会

汽车专业教学

浙江省绍兴市职业教育中心

浙江省绍兴市职业教育中心（绍兴市技工学校、浙江绍兴旅游学校）坐落于文化古城绍兴城东新区。学校创建于1958年，是一所集技能培养、职业培训、学历教育及技能鉴定为一体的公办中等职业学校。学校是首批国家级重点职业学校，国家重点建设示范性中等职业学校，省重点技工学校，2010年被教育部、人力资源和社会保障部、财政部确定为首批中等职业教育改革发展示范学校。学校占地面积150亩，总建筑面积近8万平方米，建有符合国家建设和安全标准的教学楼、信息化实训大楼、计算机信息中心、烹饪实训大楼和体育馆。专业实训场所完善，设施设备完备，达到国内先进水平，2009年被评审为浙江省综合性公共实训基地。现有在校生5 000多名，教职工200多名，99%以上的教师具有本科及以上学历，且高级职称占三分之一；“双师型”教师占专业教师的80%以上。设有美术设计、餐饮旅游等六大专业群近20个专业。工艺美术、餐饮旅游、网络信息、电子技术应用、数控技术为省级骨干示范专业，电子制造专业是首批省先进制造业技能型人才培养培训示范基地，电子信息专业是首批省高技能人才培训基地，电子与计算机技术是省中职学校综合性公共实训基地，网络技术专业是国家级技能型紧缺人才培养培训基地，计算机与软件技术实训基地是长三角地区第一批中职教育共享实训基地。

▲ 团结奋进、开拓创新的学校领导班子

学校以科学发展观为指导，以“励志、精业、务实、创新”为校训，以“身正技高”为校风，坚持“以人为本，以德育人，就业有路，升学有望”的质量方针，实施“以德治校、技能强校、科研兴校、品牌立校”的办学策略，实行产教结合、校企合作的人才培养模式。企业“冠名班”和浙江广厦建设集团、力博集团等大企业联合办学，是由浙江旅游职业学院、绍兴旅游集团等单位组成的浙江旅游职业教育集团的副理事长单位。以技能培养为基础，提高学生综合职业素质，在各类竞赛中成果丰硕，是绍兴市中职学校中唯一一所省首批艺术教育特色学校和“市十佳高技能人才培养基地”。围绕适应经济和社会发展对高素质、高技能和创新型人才不断增长的需求和人民群众对就业质量不断提高的要求，学校办学水平和效益不断提高，近几年来实现了跨越性发展。学校获得“全国教育系统先进集体”、“浙江省文明学校”、“省职业教育先进单位”、“省艺术特色学校”、“省绿色学校”、“省教科研先进集体”、“省现代教育技术实验学校”、“省依法治校示范学校”、“省五四红旗团委”等多项荣誉，2009年被评为“浙江省中职30强学校”。

▲ 餐旅专业学生在北京市朝阳区政府接待中心实习时的合影

▲ 实训中心现代化实训设备齐全的数控车间

▲ 全国中等职业学校尝试教学创新研讨观摩会现场

▲ 财贸商务专业的学生进行商务模拟谈判

◀ 每年举行的服装设计专业学生毕业作品展

校星海艺术团舞蹈《青石板》获国家群众文化最高奖——群星奖 ▶

浙江省桐乡市职业教育中心学校

领导班子

浙江省桐乡市职业教育中心学校位于桐乡市区梧桐街道中山西路588号，是首批国家级重点中等职业学校、全国德育管理先进单位、浙江省中职学校30强、浙江省职业教育先进单位、浙江省先进制造业实训基地、浙江省现代服务业实训基地。

学校创办于2002年，由原桐乡市信息技术学校、原桐乡市外国语学校、原嘉兴市服装学校合并而成。2008年，原桐乡市农技校并入职教中心。

学校占地面积278亩，建筑面积10万多平方米，分教学区、活动区、实训区、生活区。共有10幢教学大楼，2幢实训大楼，1幢两层体育馆，11个篮球场，1个标准型塑胶田径场，8幢学生宿舍，1幢三层食堂。现有实验实训设备总价值2 000多万元，共有服装实训工场19个，机电实训工场10个，汽修实训工场8个，网络实验室2个，旅游烹饪实训工场16个，商务外贸、财会实训工场8个，工艺美术实训工场6个，模拟餐厅、模拟客房6个，舞蹈形体房2个，多媒体教室18个，计算机机房28个，各类校外实训基地20多个。

学校现有全日制教学班165个，在校学生5 647人，在编教职工347人，本科以上学历286人，硕士研究生16人，高级职称85人，“双师型”教师139人，技师61人，高级技工45人。学校实施名师培养工程，着力培养教学能手、学科带头人和名师，目前有嘉兴市、桐乡市学科带头人11人，桐乡市骨干教师27人。

学校设有八大类21个专业，服装专业、商务外语专业是浙江省示范专业，计算机、财会、旅游、烹饪、动漫专业为嘉兴市示范专业。按专业分服装与艺术部、外贸与财经部、旅游与烹饪部、信息与机电部、升学预备部五个专业教学部，实行校部二级管理模式。

学校坚持“德育为首，专业优先，技能本位，服务社会”的办学理念，始终把德育工作放在首位，以“学会做人”为主线，以“培养学生良好的职业道德”为根本任务，开展集体主义、爱国主义、社会主义教育，培养学生成为思想品德高尚、身心健康、举止文雅的准职业人。学校年年被评为“综合治理先进单位”。

实训工场

文艺演出

学校坚持以教学为中心，以提高学生的职业技能为核心任务，走“校企合作、产教研结合”办学之路，每年为当地经济建设培养技能型人才1 500多名，向大专院校输送300多名优秀毕业生。学校参加技能竞赛、文体比赛成绩斐然，近三年有43人次获省学生技能大赛奖项，其中有3人次获国家级奖项。

目前，全校师生正奋发有为，铸就新的辉煌！

浙江省衢州中等专业学校

浙江省衢州中等专业学校是衢州市政府开办的综合性普通中专，创办于1987年。校园占地面积430亩，建筑面积14万平方米，全日制在校生6 000人。学校荣获“首批国家级重点中等职业学校”、“全国教育系统先进集体”、“全国职业教育先进单位”等国家级荣誉10多项。2010年被教育部列入首批全国中等职业教育改革发展示范学校建设计划项目单位。

学校现有五大类17个专业，拥有工艺美术、数控技术应用、光伏技术应用、电子与信息4个省级示范性专业，有旅游服务与管理、服装工艺与设计、财务会计、学前教育等8个市级示范性专业，光伏技术实训基地为国家级实训基地，机电机械实训基地为省级综合性公共示范性实训基地。

学校领导班子

学校根据中职教育特点，大力推行“全纳教育”理念，接纳所有学生，把学生的缺点当特点，为学生提供公平的教育机会，给予每个学生平等的尊重地位。在“全纳教育”理念的引领下，以“关爱、感恩、赞美”为主题，创建“阳光、快乐、和谐”校园，宏观上营造氛围，微观上个性调控，以丰富多彩的活动让学生展现自我，感受快乐，体验成功。学校被教育部授予“全国中等职业学校德育工作先进集体”。

校企对接现场招聘会

学校做好全日制办学的同时，大力开展全民职业教育，积极推进农村扶贫开发和新农村建设，实施“培养一人，脱贫一家，稳定一方”的新型农民培训工程，推行“两单、一卡、一打造”，即政府买单、订单培训，发放创业绿卡、打造劳动力品牌的培训“衢州模式”，积累了丰富的经验。学校被确定为国务院全国农村劳动力转移培训示范基地、科技部农民科技培训星火学校，被授予“全国农村青年转移就业先进单位”荣誉称号，被誉为“现代农民讲习所”。全球扶贫大会中国东部案例考察团及商务部“反贫困高级研修团”等国际高级行政官员两次来校考察，全国百名县长考察团实地观摩，每年有来自全国各地200多批党政、教育代表团来校考察。

目前，学校正以争创国家中等职业教育改革发展示范校为目标，努力打造职业教育著名品牌，力争在全国的职业教育中起到引领、骨干和示范作用，为衢州市打造浙、闽、赣、皖四省边际人才培训中心，打造衢州职业教育名城作出贡献。

学生礼仪展示

高雅艺术进校园

技能操练

浙江省绍兴市中等专业学校

浙江省绍兴市中等专业学校于1984年经浙江省人民政府批准建立，是国家级重点职业学校、国家中职德育实验基地学校。2007年起由绍兴市人民政府投资1.5亿元异地新建，现位于绍兴市城南鉴湖大道，占地170亩，建筑面积7.6万平方米。校本部目前全日制在校生近3 700人，78个班级，另有各类学历培训生400余人，学校学生总数超4 000人。

2009年全国技能大赛化工专业获一等奖

2009年全国技能大赛建筑测量获第一名

2010年全国技能大赛建筑测量再获第一名

① 办学宗旨

学好文化，学精技能，学会做人，服务社会。

② 管理模式

以人为本，分级管理，学区自治，和谐发展。

③ 专业建设及教学设施

学校现有化工染整、建筑工程、机械电子、财会电商和外语五大类专业，其中建工、化工工艺、电子商务专业为省级示范专业，外语、机电、财会专业均为市级示范专业，建工专业同时是中央专项财政支持的职教实训基地，化工实训基地为省级实训基地。学校是省化工专业理事长学校、省外语专业副理事长学校。学校建有功能齐全、设施配套的教学楼、实验实训楼、图书馆、学生公寓楼、400米塑胶跑道、体育馆、网球场，各类实验实训工场60多个。

④ 教师队伍建设

学校现有在编教职员工144名，其中硕士（含在读）35名，占专任教师的29%，中高级职称教师占74.3%，“双师型”教师47名，外籍教师1名，省、市级名师名校长培养对象9名。近六年来，承担过省市级各类教科研课题36项，出版中职教科书18部，发表及获奖教育教学论文近千篇，各类技能竞赛获奖88项。学校先后四次被评为省、市级教科研先进集体。

⑤ 办学理念和特色

学校实行学区化管理制度，分级聘任、分区管理。在“全人教育”理念指引下，注重德育的有效性研究与实践，倡导“专业教育为学生就业服务，学科教学为学生职业能力服务”，推行“做中学、赛中练”的技能教学模式。最近五年中，学生参加各级各类竞赛获奖250余项，参加各类国家专业资格考试通过率100%，优秀率85%以上。学校在全国技能大赛中取得了辉煌的成绩：2009年6月，在全国中职学生技能比赛中获得测量项目团体第一名和算量项目团体二等奖；2009年12月，在全国化工学校学生技能大赛上，获得化学分析检验项目团体一等奖；2010年6月，在全国技能大赛中蝉联建筑测量项目团体第一名，获得建筑算量项目一等奖、机电一体化项目团体一等奖、装配钳工项目二等奖；2010年7月，又获得了全国技能大赛外贸单证技能一等奖和口语两个项目的一等奖。

2010年全国技能大赛机电专业获一等奖

2010年全国技能大赛外贸专业获一等奖

网址：http://www.sxzz.cn

联系电话：0575-88589100　传真：0575-85155277

学校地址：浙江省绍兴市城南鉴湖大道

浙江省嵊州市职业教育中心

学校创办于1984年，办学历史悠久。2006年9月，浙江省嵊州市人民政府异地新建嵊州市职业教育中心。学校坐落于市区城西，是财政投资1个多亿建成的公办学校。学校现有教学班51个，在校学生3 230人，教职工174人。经过四年努力，学校形成了鲜明的办学特色。

天津全国中等职业学校教师素质提高计划成果展

1.专业特色彰显

学校立足嵊州市领带服装、机械电机、电器厨具三大支柱产业和根雕木雕特色产业，开设服装设计与工艺、电子技术应用、工艺木雕三大主体专业和专业集群。三大主体专业均被评为省级示范专业，服装实训基地被评为省级实训基地。工艺木雕专业的办学经验在2009年7月全省“特色专业建设”研讨会上被介绍。2010年12月，学校代表浙江省（三所职校之一）参加在天津举行的全国中等职业学校教师素质提高计划成果展。学校专业特色鲜明，受到高度赞评。

2.校企合作紧密

学校有紧密型合作企业30家，实行订单式、互动式、共建式合作，有稳定的校外实习基地，形成“学校主导、行业指导、企业引导”的三位一体职教发展模式，让本地知名企业深度参与学校的教育教学改革，使培养的人才顶岗适用。雅戈尔服装工艺生产线投入使用，引进天乐集团电子技术应用生产线。校企合作经验在2009年4月全省“中职学校实训基地建设”现场会上被介绍并推广。

学生木雕作品陈列室

田径场

3.德育体系完善

学校构建“一个核心、三全管理、十德教育、专题教育”的校本德育体系，“三全”管理模式在绍兴市内推广。

4.师资队伍优质

学校重视师资培训，实施名师工程，中高级职称教师比率达69.8%，“双师型”教师比率达84.9%。

5.教学改革深化

学校以“专业设置产业化、专业内容项目化、专业教师技师化、学生技能工人化”为指导，优化专业结构，开发校本教材，搞好就业指导，加强质量监控，提升教学质量。2007—2010年，在全国中职学生技能大赛中，学校有77人次获奖。

公共实训基地

浙江省杭州市余杭高级中学

“风蒲猎猎弄轻柔，欲立蜻蜓不自由。五月临平山下路，藕花无数满汀洲。”这是北宋诗人道潜笔下的临平写照。位居昔日藕花深处的浙江省杭州市余杭高级中学，是浙江省一级重点中学、新课程实验样本学校，其前身为临平中学，创建于1952年。学校占地面积120亩，校园布局整齐，设施完善，四季常青，万紫千红。建校以来，师生共同创造了58年的灿烂辉煌。

先进的学校理念

学校以“厚德博学，开物成务”作为校训，坚持“德为先、生为本、师为重”的办学宗旨，坚持“文化立校、质量强校、科研兴校、特色弘校”的办学定位，走“面向国际、依托高校、联姻名校、发展自我”的办学之路，致力于构建“大气、包容、和谐、进取”的校园文化，打造高质量、人文化、有特色的现代教育品牌学校。

全国普通高中课堂观察展示与研讨会

优秀的教师团队

学校注重以合作的理念促进教师专业成长，大力推进中青年教师成长、培养计划，把教研组建设作为促进教师专业发展的重要载体。目前学校173位专任教师中，具有硕士及以上学位22人、研究生课程班结业86人，具有高级教师职称70人，获全国十佳卓越校长1人、全国优秀教师4人、省特级教师5人。

领先的教育科研

青年教师校本研训启动仪式上的导师聘任活动

近年来，学校先后开展了“学生自主创新学习”、“高中导师制”、“综合实践活动”、“课堂观察”等课题研究。学校2005年起与华东师范大学课程与教学研究所建立办学合作关系，进一步深化了学校教育科研工作。2007年成功举办全国普通高中课堂观察研讨会，2010年研究成果《课堂观察LICC模式的研究与推广》获首届国家基础教育改革成果二等奖。

创新的育人模式

学校创新开展新课程实验各项工作，积极探索促进学生全面而有个性发展的导学育人模式。综合实践活动课程实施得到国家课程专家的好评，成为全国高中新课程培训的课程案例。学校的“三走进”（走进乡镇、走进社区、走进企业）社会实践、“回报母校、感谢师恩”活动、长乐林场基地实践、博物馆志愿讲解、三级业余党校等颇具特色的活动，成为学生历练才能的重要平台。

高雅的校园文化

余高大讲堂、余高电视台、广播站、记者团、天文台、文学社、诗社、漫画社、街舞社、书画社等社团活动生机勃勃；校园樱花节、社团节、科技节、读书节、体育节、艺术节、寝室文化节等专题节日精彩纷呈；铜管乐队、师生合唱队、无线电测向、机器人制作等专项团队赫赫有名。学校积极开展国外文化交流，先后与美国、德国知名中学结为姐妹学校，并长期开展交流互访活动。

学校先后荣获“全国科研兴教先进单位”、“全国青少儿艺术教学先进单位”、“浙江省绿色学校”、“浙江省语言文字规范化示范校”、“浙江省教育科研百强学校”、“杭州市文明单位”等荣誉称号。

“三走进”之走进企业——走进华鼎集团

安徽电气工程职业技术学院

ANHUI ELECTRICAL ENGINEERING PROFESSIONAL TECHNIQUE COLLEGE

安徽电气工程职业技术学院是一所以工科为主，工、管、财学科相结合，特色鲜明的电力高等职业院校。2008年成为安徽省首批示范性高职院校，2010年成为国家骨干高职院校。

悠久的办学历史

学院于2003年由安徽电力职工大学、合肥电力学校合并组建而成。安徽电力职工大学始建于1979年，被原国家教委评为“全国成人高等教育评估优秀学校”；合肥电力学校创办于1964年，是首批“国家级重点中专学校”。两校为安徽省电力及相关行业培养了一大批生产技术骨干和管理人才。

求实的办学理念

学院践行“求真、崇善、守诚、躬行”的校园精神，坚持“以人为本、特色兴校、厚德重技、知行合一”的办学理念和“立足行业、面向社会、培养高素质电力电气技术应用型人才”的办学定位，努力实现“办学规模适度、专业结构合理、就业前景良好、学院特色鲜明”的发展目标。

雄厚的师资力量

学院现有专任教师199人，其中教授、副教授102人，国家级教学名师1人，国家有突出贡献专家1人，省级教学名师3人，省级专业带头人6人，省级优秀教学团队一个。学院还从著名高校、科研院所、大型企业聘请了工程技术专家作为兼职教授，特聘了安徽电网系统首席技师担任技能实训指导教师，形成了专兼结合、结构合理、优势互补的专业教学团队。

优良的实训条件

学院建有90多个专业实验实训室，其中有600兆瓦超临界和300兆瓦亚临界火电仿真系统、循环流化床仿真系统、500千伏和220千伏变电仿真系统、220千伏区域电网调度运行仿真系统、高级电工、PLC、ERP、继电保护、电力营销、综合布线以及财会实训室等。

丰硕的质量工程建设成果

学院建设有国家级精品课程3门、省级精品课程10门；获中央财政支持的实训基地1个、省级示范实训中心1个、省级人才培养模式创新实验区1个。发电厂及电力系统专业是省级示范专业，电厂热能动力装置专业是省级特色专业。出版国家和省“十一五”规划教材11部、实训教材53部、“工学结合”教材10余部。

学院承担省级重大教学教研项目4项，有8项教研成果获省教育厅奖励，7项科研成果获省科技进步奖，在核心期刊上发表论文130余篇。

在两届全省高职院校学生技能大赛中，学院团体总分名列前茅，均获个人一、二、三等奖。在全国数模竞赛中，学院获得全国二等奖、安徽赛区一等奖。在全国企业经营沙盘演练竞赛中，学院选手获创业教育论文一等奖，安徽赛区沙盘模拟比赛二等奖。

良好的校企合作机制和就业前景

学院与省内外30多家知名企业、大中型企业紧密合作，建立实训基地，进行“订单培养”，推行“工学结合”，强化“顶岗实习”。近三年，学院每年为电力行业培训员工7 000人次，技能鉴定3 000多人次。2009—2010年，学院为赤道几内亚电力公司举办了一期电力技术人员培训班。

学院近几年就业率均在95%以上，连续两年获安徽省高职院校“就业先进单位”称号。学院毕业生因为培养目标明确、专业特色鲜明、职业素质优良、职业技能突出等优势，在企业“用得上、留得住、干得好”，深受企业欢迎，赢得了良好的社会声誉。

“国家级名师”黄蔚雯

学生在现场实习

电网调度实训室

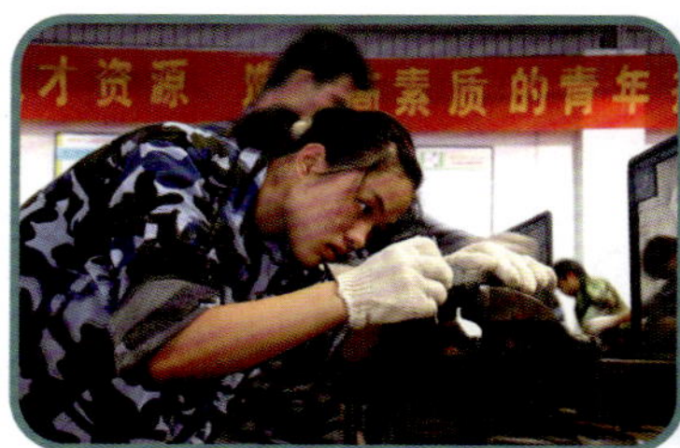

学院注重学生技能培养

学院为赤道几内亚电力公司培训电力技术人才

学院与企业共同研讨人才培养模式

学生在安徽省首届职业院校技能大赛中荣获一、二、三等奖

学院举办大型校企合作招聘会

安徽阜阳职业技术学院

安徽阜阳职业技术学院建于1956年，1981年经安徽省人民政府批准为独立设置的成人高校阜阳教育学院。1998年开始举办高等职业教育，是安徽省起步较早的两所高职院校之一。2001年6月，改制转型为阜阳职业技术学院。2008年，被授予安徽省首批省级示范性职业技术学院。2010年列入国家百所骨干高职院校立项建设单位。

学校坚持为地方和区域经济服务的办学方向，紧密结合阜阳市作为农业大市的市情，响应市政府“工业强市”的战略部署，确立了“以农学为基础，以工学为主干，多科类协调发展”的办学定位，积极探索“瞄准市场，校企结合；双证融通，强化技能；工学交替，实境教学；崇德尚能，学用一体”的人才培育模式。基本形成了工科类、农科类、三产服务类三大专业群，着力培养适应生产、建设、管理、服务第一线需要的高技能人才。

学校现有三里桥、七里铺两个校区，占地面积413亩，校舍建筑面积22万多平方米，教学仪器设备总值4 200多万元，馆藏纸质图书42万多册，建有各类实验室及实训场所82个、120多个校外实习实训基地。经批准设立的国家职业技能鉴定所开展19个工种的中、高级工的职业技能鉴定和培训工作。

安徽省教育厅领导视察学院建设

目前，学校有专任教师310人，校外兼职教师138人，其中具有教授、副教授、高级工程师、高级实验师、高级会计师等高级职称的占26%，具有讲师、工程师、经济师、律师、会计师等中级职称的占32%，拥有博士、硕士学位的70多人，“双师型”教师占51%，两位教师荣获曾宪梓教育基金奖，18位教师荣获国家级和省级以上表彰。近年出版“十一五”规划教材50多部，公开发表各类教科研论文600余篇。

学校设工程科技学院、生化工程学院、人文社科系、外语系、经济贸易系、基础教学部、中专部等2院3系2部，设置42个专业。其中，计算机系统与维护专业是教育部确定的国家级高职高专教学改革试点专业，文秘专业为安徽省精品专业，机电一体化和园艺技术专业是安徽省高职高专教学改革试点专业，数控技术、微生物技术与应用、酒店管理专业为省级特色专业。

阜阳市领导视察学院国家级数控实训基地

外籍教师进行外语教学

学生在钳工车间实习

近年来，学院学生在全国、全省技能大赛中取得优异成绩，30多名选手跻身大赛前三名。在2009年安徽省第三届数控大赛中，白计宾同学荣获全省工具钳工组第一名。在2008年安徽省“我与奥运”大学生演讲比赛中，周倩同学夺得皖北赛区冠军，并在全省决赛中荣获第二名。在2009年安徽省职业院校技能大赛中，获2个一等奖，4个三等奖。2010年，三名学生代表安徽省参加全国模具技能大赛，获全国三等奖。在2010年安徽省职业技能大赛（高职组）中，获数控编程加工与装配项目组三等奖。2010年4月，在由安徽省教育厅牵头举办的职业技能大赛中，学院张璐和马蒙蒙两位同学分获景观与环境艺术设计项目第二名、第三名。在2010年10月全国高职高专生物技术技能大赛中，学院食品专业学生获1个二等奖，2个三等奖，1个团体二等奖，1个团体三等奖。学院毕业生就业率连年超过95%，居全省同类院校前列。2008年学院2名毕业生获“安徽省大学生创业校外辅导员”称号。2010年，学院学生高晓晓荣获“2010年上海世博会安徽形象大使”称号。

学院充分利用自己的专业平台、教学资源和人才优势，主动适应区域经济社会需要，积极开展技术服务和社会培训工作。积极探索建立校企合作办学、合作育人、合作就业、合作发展的新机制，并且坚持科研强校战略，鼓励教师参加科研活动，学术交流活动蓬勃开展。

学院是中央财政支持的国家级数控实训基地、国家三维CAD教育培训基地、美国微软IT认证教育基地等。学院还是“阜阳市文明单位”、“红旗单位”、“社会治安治理先进单位”、“城市造林绿化先进单位”、“园林式单位”和安徽省首批50家“花园式”单位之一。

学院学生荣获
“2010年上海世博会安徽形象大使”称号

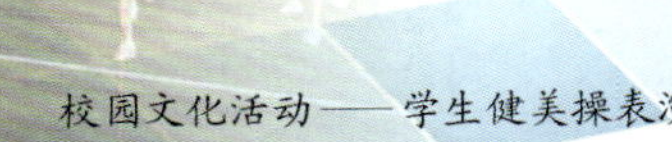
校园文化活动——学生健美操表演

跃上葱茏的

九江学院

——聚庐山灵气、如长江奔流、展鄱湖浩瀚

九江学院是经国家教育部批准设立的国有公办全日制本科综合性大学，面向全国30个省、区、市招生。办学历史可上溯至1901年由美国基督教卫理公会创办的但福德学校，现办学体制为军地共建、省市共建。

学校坐落在长江中下游的历史文化名郡——江西省九江市，位于庐山之麓、长江之滨、鄱湖之畔，校园美丽宜居，环境优越，蕴育着名城名山名江名湖之灵气，承载着千年白鹿洞书院和濂溪书院的脉理文风。

学校占地面积2 700多亩，共有四个校区，设有1所直辖“三级甲等”附属医院，1所省重点附属中学。全日制在校生3.6万余人。现有专任教师1 847人，其中有副高以上职称的550余人；有博士、硕士学位的近900人；研究生导师38人。学校还聘请了100多位知名专家学者为学校兼职和客座教授。

▲ 九江学院和柬埔寨王家学院共建的孔子学院大楼奠基仪式

◀ 九江学院图书馆

学校现有21个二级学院，设有经济学、法学、教育学、文学、历史学、理学、工学、学、医学、管理学等十大学科门类；有本、专科专业165个，其中国家级、省级“质量工程特色专业5个、省高职高专示范专业8个；有省级重点学科6个，并设立了“流域管理与生态护”博士后科研工作站。建有庐山文化研究中心、鄱阳湖经济研究中心、沿江产业开发研中心等科研机构28个、各类实验室162个（其中中央与地方共建基础实验室和高校特色优势科实验室20个）、校外实习基地200多个；图书馆藏有纸质和电子图书480万余册。学校不加强基础设施建设，教学条件优越。

学校在教学科研和国际合作与交流方面取得了重大成果。近年来，获得国家级“质量工程”特色专业2个，国家自然科学基金项目12项、国家社会科学基金项目5项。学校各类科研项目经费达2 000万元。现已与美国、法国、英国、泰国、印度等10多个国家的高校与科研机构建立了稳定的合作与交流关系，并招收来自世界各国的留学生200余人；同柬埔寨王家学院等合作建立了柬埔寨第一所孔子学院，国家副主席习近平出席了孔子学院揭牌仪式，并誉之为“中柬人文交流的里程碑”。学校还与中国361度有限公司等企业在人才培养、学生实习就业以及科研成果转化等方面进行了深度合作，积极服务地方经济社会发展。

▲ 九江学院与郑州大学开展“书院文化之旅”活

◀ 九江学院“厚德楼”

学校全面推进素质教育，“竞知向学、厚德笃行”的校训不断深入人心，“濂溪讲坛”术品味高尚，科学技术与人文精神交融。在全国大学生数学建模竞赛、全国英语演讲比赛、国大学生广告艺术大赛、国际大学生龙舟邀请赛等赛事中均取得优秀成绩。学校重视毕业生业工作，大力开展就业指导与推介，建立和扩大就业基地，毕业生受到用人单位的好评。

江西现代职业技术学院

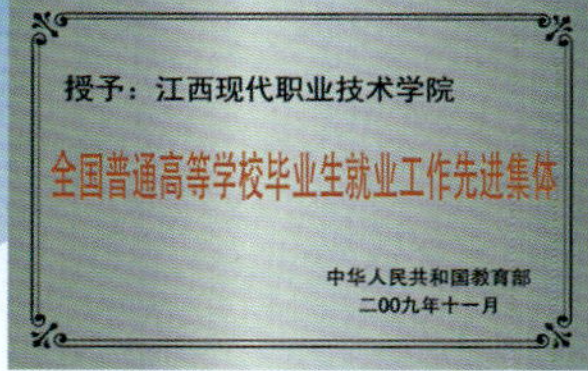

江西现代职业技术学院创建于1978年，前身为江西省建筑材料工业学校，2002年升格更名为江西现代职业技术学院。2008年以来，学院先后入选教育部、财政部“国家示范性高等职业院校建设计划”国家重点培育院校、国家骨干院校，是江西省人民政府与中国建筑材料集团公司共建的单位。在30多年的发展历程中，学院秉承“知行合一，止于至善”的校训，稳健地走在江西职业教育的前沿，为中国建材及地方产业输送了5万多名优秀专业人才。

学院位于江西省南昌市昌东大学园区，占地面积663亩，建筑面积44.39万平方米，固定资产总额6亿元，教学仪器设备总值7 477万元，图书馆藏书80.97万册。全日制高职在校生9 072名，设有建设工程学院、机械学院、信息工程学院等十个院系，48个招生专业。现有专职教师915名，其中教授32名、副教授170余名，专业教师中“双师”素质教师占80.9%，聘请行业技术骨干296名。

近两年来，学院以示范建设为契机，以材料工程技术、工业分析与检验、建筑工程技术、电子信息技术、计算机网络技术、汽车检测与维修、软件技术七个重点专业为龙头，积极探索并践行“一订二融三结合”人才培养模式，示范建设成果显著，整体办学实力大幅提升。目前，学院已拥有国家重点培育专业3个、国家教学改革试点专业4个、省级示范专业8个；拥有国家级精品课程1门、省级精品课程21门；拥有省级以上优秀教学团队4个、省级教学名师4名，省级骨干教师20名。学院拥有良好的教学基础设施，建有各类理论实践教学一体化或生产性的校内实验、实训场馆92个，校外实习基地188个。学院现拥有教育部数控技术实训基地、建设行业技能型紧缺人才培养培训基地、电子信息产业国家高技能人才培养基地、国家计算机软件技术技能紧缺型人才培养基地4个国家级基地，设有国家一级职业技能鉴定所和全国计算机信息高新技术考试站，是中国建筑材料集团公司高技能人才培训中心、江西省下岗职工再就业培训中心、江西省高技能人才培训样板基地、江西省职业教育师资培养培训基地、江西省国资委系统高技能人才培训基地。

中国建筑材料集团公司与学院签订合作协议

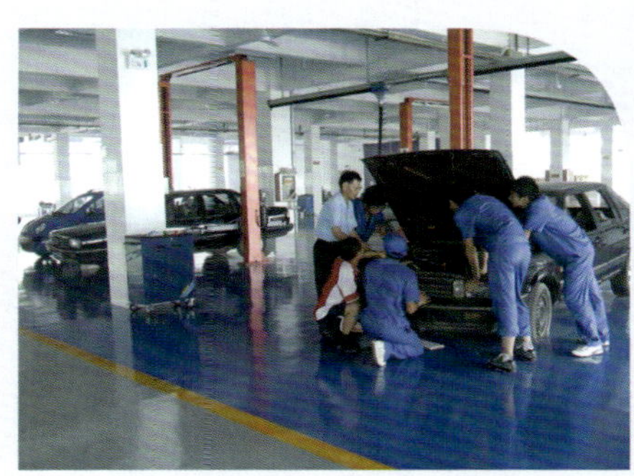
校企共建的中锐汽车实训基地

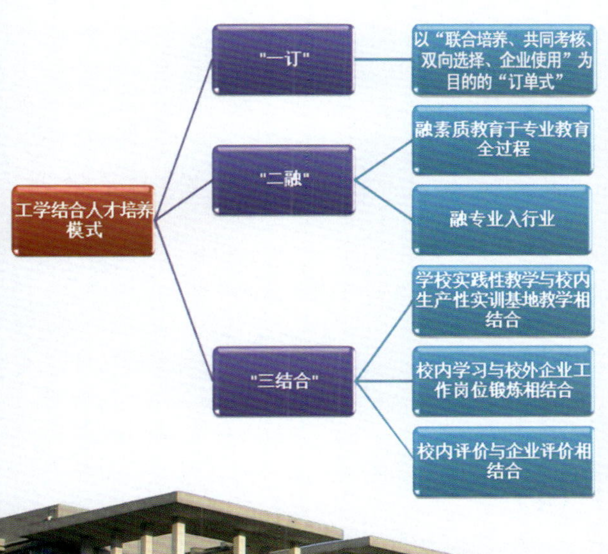

学院以深化课程改革为切入点，打破学科知识本位授课体系，全面推行基于工作过程的系统化课程开发，完成了24门优质核心课程的建设，使学院内涵建设迈上一个新台阶。学院依托建材行业和江西省支柱产业，积极探索和完善“工学结合、校企合作”的人才培养模式。目前与中国建筑材料集团公司、深圳中兴通讯有限公司、上海中锐华汽教育集团、深圳斯洛模具有限公司等两百余家企业进行了深度融合，不断提升资源共享、互利双赢成效，形成行业、企业争相参与、支援学院发展与专业建设的局面，校企合作成果在社会上产生了广泛的影响。

学院在多年的办学实践中获得了较高的声誉，历年来毕业生就业率一直位居全省同类院校前列，先后荣获全国普通高等学校毕业生就业工作先进集体、全国农村青年转移就业先进单位、国家百家职业技能鉴定“直通车”试点单位、江西省高职高专人才培养工作水平评估优秀学校、江西省职业教育工作先进单位、江西省文明单位等荣誉称号。

伴随着江西鄱阳湖生态经济区建设上升为国家战略，学院将紧跟区域经济建设的步伐，对接建材等支柱产业的发展，为中国建材产业发展与江西的绿色崛起培养出更多更好的建设人才。

山东省定陶县职业教育中心

学校领导和教师到深圳看望实习学生

山东省菏泽市定陶县职业教育中心属国家级重点中等职业学校，占地面积160亩，总建筑面积7. 2万平方米。学校建有教学楼、综合办公楼、学生宿舍楼、伙房、餐厅、礼堂和塑胶运动场等设施，配有能基本满足教学实习需要的电工电子实验室、电力拖动实验室、钳工工艺实习室、机加工实习车间、数控编程室、数控实训室等。开设机电技术应用、机械加工技术、数控技术应用、电子与信息技术、计算机及应用、财会、护理等专业。现有教职工256人，专任教师188人，全日制注册学生达5 000余名。为扩大办学规模，学校在县新城区重新规划建设新校区，新校区占地面积100亩，建筑面积56 000平方米，总投资约6 000万元，办学规模66个教学班，容纳学生4 000人。

定陶职教中心校级领导

菏泽市领导来校视察

学校把培养动手能力强、综合素质好的“实用型”技术工人作为培养目标。经过几年的探索与实践，2009年实施“工学交替”的办学模式，实现了招生与招工同步，教学与生产同步，实习与就业联体。2010年，学校积极探索和实施“农学结合，送教下乡”的人才培养模式。经过几年的探索，初步走出了一条经济欠发达地区的特色办学之路。学校引入企业经营管理模式，借鉴企业质量管理经验，推行学校全面质量管理。教育教职工要“以学生为本”，“以企业为本”，视学生及家长为教育服务的消费者，视企业为用户，把全心全意为人民服务的思想落实到具体工作当中，全心全意为学生、为用人单位服务好。

办学理念的改革，促进了学校教学内容、方法、手段的改革和创新。学校一改重视文化理论课的“先理论—后实践—再理论”的传统教学模式，率先推行突出实训课的“先实践—后理论—再实践”的新型教学模式和“四段式教学法”，让学生在学中做、在做中学，边做边学，教、学、做合一，手、口、脑并用，从而激发了学生的学习兴趣，增强了专业技能，提高了综合素质和就业适应能力。两年来，学校已有21名学生在省、市级专业技能大赛中获奖。2009年、2010年对口本、专科升学率分别达到96%、99%，走在了菏泽市前列。

学校为建设高素质的教师队伍，坚持“请进来，送出去”的原则，加强对教师的指导和培训。一是采取“请进来”的方式邀请省职教师资培训中心的老师或企业的工程师、技工担任学校培训指导教师。二是采取“走出去”的方式每年暑假都选派一批优秀教师参加国家级、省级骨干教师培训。三是进行校本培训和转型培训。现在已有不少教师成为既有“讲师”又有“工程师”证书的“双师型”教师。

2007年以来，学校调整毕业生推荐安置思路，按照“双向选择、优劳优酬、学以致用、专业对口”的原则，实行毕业生专业对口安置。2009年，学校毕业班就业率达到100%，对口就业率达到85%。“要就业、找职教中心”，“就好业、上职教中心”已被越来越多的群众接受。

校企合作

职业技能比赛场景

机械加工实训中心

山东省特殊教育中等专业学校

厚德自强 修技立身

山东省特殊教育中等专业学校1989年由全省人民和港澳台同胞集资兴建，以招收盲、聋、肢体残疾学生为主，中高等教育兼容，承担着残疾人和残疾人康复教育工作者中、高等学历教育和职业技能培训鉴定任务，是山东省残疾人职业技能培训鉴定基地、中国西部教育顾问单位。目前，学校开设12个专业，跨6个学科，面向全国招生，有在校生近1 500人，是国家级重点中专、全国德育工作实验基地、全国德育工作实验单位，先后荣获全国职业教育先进单位、全国特殊教育先进单位、全国教育系统先进集体、全国职业教育管理创新学校、东西部学校结对帮扶工作先进单位和山东省“富民兴鲁”五一劳动奖状等30多项荣誉，并被确定为“十一五”规划国家重点课题研究基地和山东省教育科学“十一五”规划重点课题研究基地。

多年来，在各级党政领导的关怀和社会各界的大力支持帮助及省残联的正确领导下，学校以推动残疾人回归主流社会，更好地“平等、参与、共享”社会生活为目标，在实践中形成了“以市场为导向，以就业为目标，以能力为本位”的办学理念和“教师教书育人、行政管理育人、后勤服务育人、校园环境育人”的全方位育人思想，不断探索“校企结合、残健结合、长短结合”，“与就业接轨、与市场接轨、与国际接轨”的办学路子，开创了“教室车间化、专业产业化、学生作品商品化”的培养模式，走出了一条特色职业教育之路，成为一所专业设置合理、师资队伍优良、教学设施先进、教科研成果丰硕的现代化职业教育学校。

学校听障学生创作的艺术作品曾先后三次在中国美术馆展出，两次走出国门，赴丹麦和德国作艺术创作交流与展示；六件木雕和六件蜡染艺术作品被中国美术馆永久性收藏。2006年，在山东省第三届残疾人职业技能大赛中，学校17名学生参加了与开设专业相关的13个项目的比赛，获12个第一名，5个第二名，总分居全省第一。2007年，学校承担并圆满完成有学校17名学生参加的全国第三届残疾人技能大赛山东代表队选手的集训工作，山东代表团取得了总分全国第二名的好成绩。2008年，学校学生作品参加中国聋人大中专学生艺术作品展，荣获3金、6银、1铜，占总奖项的20%，排名全国第一。2009年，学校3名学生被山东省人力资源和社会保障厅授予“山东省职业技术能手”称号。2010年8月，在第五届中国民间工艺品博览会上，学校听障学生创作的陶艺作品《沂蒙情深》和木雕作品《天•地•人》均获金奖。2010年9月，在中残联教就部、中国就业培训技术指导中心、教育部职业技术教育中心研究所共同举办的首届全国残联系统中等专业学校职业技能竞赛中，学校囊括了WWW网页设计、FLASH动画制作、盲人保健按摩三个参赛项目的第一名和WWW网页设计、FLASH动画制作项目的第二名，荣获团体第一名和优秀组织奖。

学校重视学生综合素质的培养。自2006年至今，学校学生在国际赛事中先后夺得11枚金牌、3枚铜牌，破2项世界纪录。2006年10月，学校第一次独立组队参加山东省第七届残疾人运动会，获金牌41枚、银牌18枚、铜牌8枚，破2项世界纪录、1项全国纪录。2009年7月，学生姜珊在全国残疾人乒乓球锦标赛上荣获单打第一名。

学校艺术团参加省级、国家级比赛成绩优异。2009年，学校艺术团荣获省级比赛3项金奖、国家级比赛2项一等奖和1个优秀奖；在中央电视台第五届CCTV电视舞蹈大赛中，学校艺术团听障学生表演的女群舞《谁不说俺家乡好》作为山东省唯一进入决赛的舞蹈，荣获优秀奖，为山东省争得了荣誉。2010年7月，学校艺术团男女舞蹈都进入第七届中国舞蹈“荷花奖”半决赛，其中舞蹈《谁不说俺家乡好》荣获第七届中国舞蹈“荷花奖”校园舞蹈大赛“评委会特别奖”。这一切，充分展示了学校较强的综合培养能力和良好的培养质量。

由于学校毕业生具有较高的综合素质、职业技能和创新实践能力，自2003年以来，学校毕业生连年供不应求，对口就业率达80%以上。省内外许多特教学校都有学校毕业生任职。毕业生追踪调查表明，学校80%以上的毕业生当年工资收入达到同等健全人的水平，20%超过健全人。更有一些毕业生，通过奋斗，当上了老板，开起了连锁店，安置了更多的残疾人就业，为残疾人的奔康致富作出了贡献。毕业生的社会认可度证明了学校的办学理念和教育管理模式符合经济社会建设需要，符合职业教育发展方向。

第十九个全国助残日，学校党委书记向省领导赠送学生创作的珐琅彩作品

中残联领导视察学校珐琅彩工作室

部职成教司领导和省教育厅职成处领导学校视察指导工作

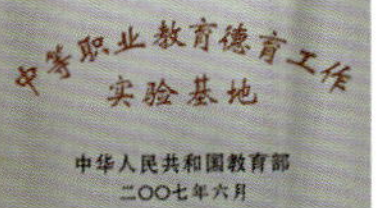

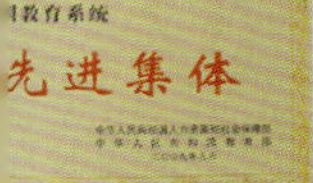

济南市历城区双语实验学校

南依泰山，北跨黄河，位居山东腹地的济南市，有着灿烂悠久的历史。深厚的文化底蕴和积极进取的时代精神孕育了一颗璀璨的教育明珠——济南市历城区双语实验学校。这是一所九年一贯制的省级规范化学校，占地面积近100亩，现有58个教学班，2 683名在校生，182名教职工。2008年，学校面向全国公开招聘校长、全区遴选优秀教师组建中学教师队伍，近两年又面向全国公开招聘优秀教师，现如今双语学校终于师资“羽翼”渐丰，正在成长为一所渐趋成熟的“潜质型”学校。

独轮车已发展成学校校本课程

一、“书写大写的人”，为学子们一生沉淀素养

学校遵循“潜心塑造具有民族灵魂和世界眼光的合格公民”的育人目标，秉承“书写大写的人”的核心理念，坚持“爱心、诚心、恒心、信心”的校训，努力培养学生的良好道德品质和行为习惯。把教育渗透到学生的学习生活中，使学生懂得“感恩父母”、“强健身心”、“精细做事”、“诚信做人”，开展“争做双语明星”等专项活动，让每一位学生享受成功的快乐。

唐诗宋词　传古诗美韵

二、双语教学，成就学子们一生的梦想

学校以双语教育特色为办学突破口，引领艺术教育、体育活动、经典诵读等特色教育全面推进。目前，学校艺术教育红红火火，合唱获济南市一等奖，管乐荣膺四届“金号奖”；体育教育生动活泼，女足连续五年获济南市冠军，独轮车发展成校本课程；经典诵读活动如火如荼；双语教育稳步发展。“高效课堂”的全面推进，有效提高了教育教学质量，为培养学生的综合能力提供了保障。

击缶而歌　诵华夏经典

三、专家型教师，为学子们成长搭建平台

学校重视师资队伍建设，启动了青年教师培养和名师发展战略。定期邀请特级教师、教育专家到校进行教学交流，邀请邱学华、陶继新等30多位专家莅临学校指导教学；对全体教师进行管理、礼仪、人际关系培训及英语普及培训等，这些都加快了教师向专才、多才方向发展的速度。目前学校有全国百佳创新型教师3人，省优秀教师3人，市优秀班主任、百佳教师20人，区骨干教师、学科带头人35人。

楚辞美文　燃国学情怀

四、花开有声，成绩铸就辉煌

“桐花万里丹山路，雏凤清于老凤声”，短短几年学校先后获得“全国管理名校”、“全国创新型实验学校”、“全国小甲A足球优秀俱乐部”、“山东省素质教育先进单位”、“山东省航海模型示范学校”、“济南市科普示范学校”等荣誉称号。

学校与国际间的交流日益加强，美国、韩国首尔、蒙古国、新加坡、印尼等教育考察团都到学校进行教育交流。国际间的教育交流为学生发展开辟了更为广阔的空间。

展望未来，光荣与梦想同在，历城双语实验学校必将潜心培育一流品质合格公民，倾情打造双语精品特色学校，努力实现“历城一流、济南品牌、齐鲁知名、华夏典范”的办学目标。

舞动红扇　展经典魅力

席地而坐　显国学神韵

发挥办学特色和优势
建设教学研究型大学

河南科技学院

河南科技学院始建于1949年，前身是渊源于延安自然科学院生物系的北京农业大学长治分校和平原省立农业学校，先后历经平原农学院、百泉农学院、百泉农业专科学校、河南职业技术师范学院等重要历史时期，2004年更名为河南科技学院。

六十多年来，河南科技学院始终秉承“艰苦奋斗、自强不息”的学院精神，发挥优势，突出特色，在人才培养、科技创新、社会服务等方面成就卓著。目前有各类在校生28 000多人，形成了以本科教育为主体，兼有研究生教育、高职教育、成人高等教育等多层次、多科性的办学格局。学校设15个教学院（系），47个本科专业，学科专业涵盖农学、工学、教育学、管理学、文学、理学、经济学、法学8大学科门类。有3个国家级特色专业，9个省特色专业和名牌专业，3个省级重点学科，13个硕士学位授权学科；建有省重点学科开放实验室、省高等学校工程技术研究中心、省高等学校重点实验室培育基地、省人文社科重点研究基地、省高等学校实验教学示范中心10个；省科技创新团队、省高等学校科技创新团队、省高等学校教学团队6个；是“全国重点建设职教师资培训基地”、“国家高职高专师资培训基地”。

河南科技学院始终以人才培养质量为办学生命线，构建了由通识教育平台、学科教育平台、专业教育平台、拓展教育平台和实践教学环节组成的“四平台一环节”新课程结构体系；创造性地构建了在全国颇有影响的“双师型素质、双基地建设、双技能训练、双证书制度”“四双”工程人才培养模式，探索实践了“双岗实习、置换培训”的职教师资培养培训新模式；开展了“专业+专项”和“学科+专业+基地+公司+农户（企业）”的人才培养模式创新实践，培养了一大批“有知识、强能力、懂经营、能创业”的应用创新型专门人才。2001年以来，完成教育部教改项目8项、河南省教改项目42项，获国家级、省级教学成果奖35项，其中，国家级教学成果二等奖2项。

富有鲜明特色的培养模式的实施，使学生综合素质和创新能力稳步提升。近三年来，学校学生在数学建模竞赛、ITAT工程教育技能大赛等全国各类学科竞赛中，共获国际级奖6项，国家级一等奖2项、二等奖6项、三等奖9项，省级奖105项。毕业生就业率连续稳定在95%以上。

河南科技学院根据“科教兴豫、人才强省和自主创新跨越发展战略，加快创新型河南建设”的总体要求，确立了“以应用研究为主，积极推进应用基础研究，积极推进应用技术开发和成果转化”的“一主两推进”科技工作思路，科技创新能力显著增强，服务社会能力不断提升。改革开放以来，完成国际合作项目、国家“863”、“973”、自然科学基金、重大科技攻关、支撑计划、转基因生物重大科技专项等科研课题1 070项，获科技成果奖415项，其中国家技术发明二等奖2项，国家科技进步奖6项，国家发明专利多项。学校培育的小麦高产品种“百农3217”，获国家发明二等奖；双价转基因抗虫棉花新品种“百棉1号”，通过国家农作物新品种审定，获国家农业转基因生物安全证书和植物新品种权证书，在全国大面积种植并推广到吉尔吉斯斯坦等中亚国家，累计增产效益超过20亿元；“百农矮抗58”小麦新品种四年累计推广1亿多亩，累计增产效益超100亿元，已成为黄淮麦区第一大品种，为国家粮食核心区建设作出了积极贡献。

站在新的历史起点，河南科技学院将继续大力实施“人才强校、质量立校、科技兴校”三大战略，与时俱进，开拓创新，向着建设特色更加鲜明，优势更加突出，在同类院校有重要影响、在国内有一定知名度的教学研究型大学阔步前进，为全面建设小康社会谱写更为绚丽辉煌的新篇章。

河南商业高等专科学校

综合实训楼

河南商业高等专科学校位于河南省郑州市，创办于1960年，是河南省最早设
接面向商贸流通领域的全日制普通高等院校。

多年来，学校坚持“围绕商业办教育、办好教育促商业”的指导思想，形
“坚持方向、面向经济、围绕商科、突出能力”的办学特色，始终以“传商源
之论，穷商是论衡之理，育商兴经纬之才，谋商都发展之路”为己任，积淀出
信、自立、自强”的商专精神，培养出了一大批懂经营、会管理、适应能力强的
高级专门人才，毕业生遍布全省乃至全国各地，在各自的工作岗位上做出了骄人
绩，成为各领域的领军人物、领导干部、技术骨干，为河南经济社会建设和区域
发展作出了重要贡献。新世纪伊始，学校自筹资金数亿元，完成了新校区的建设
现了万名大学、千亩校园的建设目标，在学校跨越式发展史上谱写了新的篇章。

团结奋进的学校领导班子

五十载春华秋实，几代人躬耕树蕙。今天的河南商业高等专科学校已发展成为一所以经济、管理类专业为主，集文、工、法于一体的高等院校，现设有工商管理、营销、会计、计算机应用、经济贸易、旅游管理、商务秘书、艺术设计、软件职业技术学院和继续教育学院等10个系院，开设有会计、国际贸易实务、市场营销、商务英语、物流管理、计算机应用技术、室内设计技术、旅游管理等41个专业，其中物流管理、市场营销、酒店管理专业被评为河南省特色专业，会计电算化专业被确定为河南省高职高专教育示范专业，计算机网络技术专业被确定为河南省高职高专教育教学改革试点专业，同时物流管理、会计等6门课程被确定为省级精品课程。

学校现有教职工800余名，其中具有副教授以上职称教师251人，中青年骨干教师172人，硕士以上学位教师228人，河南省厅级学术技术带头人21人，荣获“全国师德先进个人”、省级“师德标兵和师德先进个人”等称号26人。众多优秀教师凭借专业优势，直接策划、参与了葛洲坝集团、三峡大坝工程、中石油天然气公司、索菲特国际酒店、宋河集团等单位的商业运作、包装上市、会计核算、审计、软件开发等工作，创造了良好的社会效益。

第四届中国中部地区商业经济论坛在河南商专召开

学校高度重视对学生实施职业技能训练和职业素质培养，建有现代化图书馆、综合实验中心和中心，拥有校内实验实训室76个，其中计算机应用与网络技术实训基地入选中央职业教育实训基地，管理与电子商务实训基地、食品加工与饭店工艺实训基地、艺术设计实训基地被确定为河南省示范基地。同时，学校与“三全食品”、“宇通客车”等省内外知名企业合作建设了140余个校外实训基地全国烹饪技能大赛、全省会计知识大赛、全省营销知识大赛、全国物流技能大赛、全国企业经营管理模拟大赛、全省大专辩论赛等多项赛事中，商专学子多次荣获一、二等奖；2008年，学校130名烹饪专校生被北京奥组委选中，直接服务于北京奥运会、残奥会，受到了赛事组委会的一致好评。近年来，在招生、就业等方面的工作在全省同类院校中名列前茅，2009年，学校荣获高职高专教育类“河南最具力的十大教育品牌”。

商专学子在首届高等学校烹饪技能大赛中荣获团体银奖和“节能降耗之星”称号

2010年5月26日，河南商业高等专科学校迎来了建校50周年庆典。全校师生以50年校庆为新的历点，凝练办学特色，狠抓内涵建设，提升办学层次，继续发扬“自信、自立、自强”的商专精神，努学校建设成为一所直接面向商贸流通领域的特色鲜明的高校，为打造中原物流商贸城、促进区域经济和实现中原崛起提供更高层次的智力支撑和人才保障。

学生宿舍楼

图书馆

平顶山工业职业技术学院

Pingdingshan Industrial College of Technology

平顶山工业职业技术学院是由河南省人民政府批准、教育部备案的一所普通高等职业院校，是首批国家示范性高职院校、全国普通高校毕业生就业工作先进集体、全国文明单位。

学院占地面积1 226亩，建筑面积37万平方米，固定资产3.29亿元，其中教学仪器设备总值12 793万元。开设高职专业（专业方向）51个，中职专业12个，其中国家高职重点建设专业6个，省级高职教学改革试点专业7个，国家级精品课程6门，省级精品课程17门（含教职委），省级特色专业建设点5个，国家级教学成果二等奖1项。现有各类在校生22 970人，其中高职在校生15 951人。

学院现有教职工898人，专任教师668人，具有高级职称教师173人，其中省级教学团队3个、国家级教学团队1个，省级教学名师3人，学术技术带头人10人。

学院建有院士实验楼、中央财政支持的煤矿安全实训基地、河南省政府支持建设的瓦斯防治实验室、中平能化集团国家级技术中心重点实验室和博士后科研工作站。拥有与设置专业配套的、具有真实场景或仿真的实验、实训室（车间）92个，校外实习基地81个，设有省内最大的职业技能鉴定站。图书馆藏书90.8万册。建有多媒体教室51个，4个标准化学生食堂和26栋标准化学生公寓。体育运动设施完善，拥有现代化运动场、体育馆、网球场等体育教学设施。

在近四十年的办学实践中，学院始终坚持“以人为本，质量立校，让每个学生走向成功”的办学理念，注重学员整体素质的提高和职业技能的培养，已向企业和社会输送各类毕业生3.1万人，为企业培训在职人员5.6万余人，行业主体专业毕业生100%实现就业，行业相关专业毕业生就业率保持在95%以上。近几年，在实施国家示范性院校项目建设过程中，根据高等职业教育的特点和人才培养目标，探索实施了“校矿一体、产学融合”的办学模式，着力推行“招、培、就一体化”培养机制和“2+1”、“233”人才培养模式，“三个文明”齐抓共管，和谐发展，办学质量、办学效益位居全国同类高职高专院校先进水平，走出了一条切实可行、企业和社会认可的高职教育办学之路。

校址：河南省平顶山市水库路3号院　邮编：467001
电话：0375-2066473　传真：0375-2066471
电子信箱：office@pzxy.edu.cn　网址：www.pzxy.edu.cn

河南工业职业技术学院坐落在历史悠久、山川秀丽、物华天宝、人杰地灵的国家级历史文化名城、中国优秀旅游城市——南阳市，是隶属于河南省人民政府的一所普通高等院校，是教育部高职高专院校人才培养工作水平评估优秀院校、河南省示范性高等职业院校建设计划立项建设院校和国家示范性高等职业院校建设计划骨干高职院校立项建设单位。

党委书记唐伯武

院长李生平

学院创建于1973年，目前占地面积657亩，建筑面积37.2万平方米，开设40个高职专业，其中4个省级特色专业，3个省级教改试点专业，4门国家级精品课程，6门省级精品课程，各类在校生15 000余人。学院是中央财政支持建设的数控技术专业、计算机应用与软件技术实训基地，是教育部等六部委确定的“国家数控类紧缺人才培养基地”，人力资源和社会保障部确定的“国家职业技能鉴定所”，原国家国防科工委确定的河南省唯一一家军工实训基地，成立了河南省柔性制造高校工程技术研究中心，是河南省人力资源和社会保障厅确认的“高技能人才培训基地”。

学院高度重视师资队伍建设，建立起了一支治学严谨、业务精湛、数量充足、结构合理的教师队伍。其中享受国务院特殊津贴专家2人，省管优秀专家2人，省级教学名师2人，省级学术技术带头人12人，国家级教学团队1个，河南省教学团队2个。教授、副教授、高级工程师180多人，专任教师中博士、硕士研究生学历占51%以上，专业课教师中“双师”比例达82%。目前，学院有国家级规划教材9部，国家级精品教材2部；省级教学成果16项，省级教学成果奖7项；校内实验、实训室131个，稳定的校外实训基地282个。近年来，学院教师主持或参与地厅级以上科研项目283项，获得地厅级以上科研奖励578人次，公开发表学术论文1 505篇。

学院十分重视校企合作和毕业生就业工作，初步形成了“集团化办学”、“校县合作”、“校中厂”、“厂中校”等校企合作机制。学院建立了学生就业服务大厅、学生综合事务大厅，为学生就业提供“一站式”服务，毕业生一次就业率连年保持在98%以上。

长期的军工办学实践，学院把军工精神、军工标准、军工质量融入到人才培养之中，形成了鲜明的军工办学特色。以学院为依托成立的河南国防科技工业高等职业教育集团，在河南省乃至全国高职高专领域走出了一条“校企合作、双赢共进”的校企合作集团化培养优秀高技能人才之路。

中央财政支持的数控技术中心

近年来，学院明确提出了“强化特色、提高质量、创新引领、内涵发展”的办学思路，先后荣获“国家技能人才培育突出贡献奖”、“河南省普通高等学校德育工作评估优秀单位”、“河南省职业教育先进单位”、“河南省文明单位”、“河南省普通大中专毕业生就业工作先进集体”、“河南省最具特色的十佳职业院校”、“河南省职业教育攻坚工作先进单位”、“河南省防震减灾科普示范校”、“河南省大中专学生志愿者暑期文化科技卫生‘三下乡’社会实践活动先进单位”及“全国群众体育先进单位”等多项殊荣。

准确的办学定位、先进的办学理念、完善的办学条件、雄厚的师资力量、优美的育人环境、科学规范的教育教学管理和热情周到细致的后勤服务，使学院成为特色鲜明、综合实力雄厚、发展势头强劲的示范性高等职业技术学院。

河南省灵宝市职业中等专业学校

校长建转锋

河南省灵宝市职业中等专业学校创建于1986年，原名灵宝县第一职业高级中学；1993年，灵宝撤县设市，更名为三门峡市灵宝园艺职业中专；1997年，更名为灵宝市职业中等专业学校；2000年，学校荣膺首批国家级重点职业学校；2002年，学校被评为“全国职业教育先进单位”；2009年，学校被评为“全国教育系统先进集体”；2010年，学校被评为首批国家级改革发展示范学校。2004年5月，河南省教育厅厅长蒋笃运、同年10月河南省教育厅副厅长崔炳建、2005年省人大副主任亢宗仁等上级领导先后到学校视察，对学校科学规范的管理模式、先进完善的教学设施、门类齐全的专业设置、高质量的教育教学水平给予了高度赞誉。

随着一系列教育改革政策的颁布实施，灵宝市职业中等专业学校得到了飞速发展，现占地面积130亩，建筑面积达12.6万平方米。学历教育在校生5 548人，100个教学班。现有教职工290人，其中专任教师263人，本科学历教师237人，高级职称教师66人，“双师型”教师125人。开设有计算机及应用、机电技术、电子技术应用、旅游服务与管理、幼儿教育、服装设计与制作、果品生产与加工、数控技术应用、物业管理、汽车运用与维修、美容美发与形象设计、烹饪、音乐、美术等16个专业，其中电子技术应用专业、计算机及应用专业为省级重点专业，电子、机电、计算机、幼儿教育专业为学校骨干专业。

学校设施完善，环境优美。拥有一流的教学楼、办公楼、培训楼、教师公寓、图书室、实验楼，有满足学生学习生活所需的高标准礼堂餐厅、学生公寓，有满足学生实践实习的计算机、机电、电子、旅游、幼师、服装等六大专业实训中心，有微机室、家电实训室、编程实训室、模拟餐厅、模拟客房、舞蹈排练厅等各类实验、实训室45个，拥有机电专业实训工厂1个，汽车驾驶标准化训练场地6个。

学校始终坚持“依法办学，依章治校，以人文精神让学生享受快乐的学习时光”为办学理念，加强对口高招和学生就业工作，打造“升学”和“就业”品牌，关注学生心理健康和心灵感受，实行严格管理和人文关怀相结合，科学评价和活动育人相结合，注重学生个性发展，促进学生综合素质提高。坚持“以服务为宗旨，以就业为导向”的办学宗旨，把“师德高、理念新、业务精、技能强”作为教师发展目标，把“志向高远、人格健全、基础扎实、技能精湛”作为学生发展目标。建校以来，各项工作持续开展，已为省内外高等院校输送2 000余名优秀毕业生，为社会培养了20 000余名合格的初、中级技术人才。

近年来，学校深化内部管理体制改革，推行专业部管理；加强“双师型”教师队伍建设，提高专业教师的实践技能；强化实践性教学，提高学生动手操作能力；深化教学改革，尝试模块化教学；创新办学机制，实行“2+1”、“1+1”人才培养模式。经过多年努力，学校取得了累累硕果，先后被评为首批国家级改革发展示范学校、“全国职业教育先进单位”、“全国教育系统先进集体”、“省职业教育教学研究工作先进集体”、“省劳务输出先进单位”、省示范性中等职业学校、省示范性县级职教中心、“三门峡市教育教学工作先进单位”、“三门峡市德育工作先进单位”等。《中国教育报》、《青年导报》、《教育时报》、《三门峡日报》等主流媒体对学校的办学成果进行了深入报道，省内外多所职业学校纷纷来学校参观学习，学校已经成为豫西地区的职教名校，对豫西地区的职业教育发展起到了骨干示范引领作用。

广场文艺晚会

数控车床操作

歌咏比赛

美容美发与形象设计专业实训课

河南许昌技术经济学校

河南许昌技术经济学校（长葛市职业技术教育中心）始建于1987年，是全日制普通中等专业学校，是省级文明单位、国家级重点中等职业学校、省级先进基层党组织、省再就业定点学校、省农村劳动力转移培训阳光工程示范基地，建有国家级数控实训基地，于2010年9月被评为河南省示范性中等职业学校，11月被确定为国家中等职业教育改革发展示范学校。

中心广场

目前，学校占地面积930亩，建筑面积12.5万平方米。教职工及医护人员609人，企业、行业兼职教师62人。现有在籍学生9 875人。开设有机电、计算机、财经、护理、艺术五大专业门类，共20个专业。学校拥有电子电工实验室、财会模拟实验室、数控实验室、计算机实训室等实验实训室。学校积极开展工学结合、顶岗实习，在校内建有电子产品研发基地、数控车间、焊接车间、机加工车间等生产车间。对外加工产品，对内满足学生实习，实现了“教室与车间合一，教师与师傅合一，学生与徒弟合一，作业与产品合一，产学研一体化”的办学模式。

校长武建民

学生在现场作画

学校走集团化办学之路，2010年5月，以学校为依托成立了长葛市职业教育集团，将黄河集团、森源电器等10家大型企业及长葛市相关局委、各乡（镇）政府吸纳为理事单位，实现了五个对接：教育与产业、学校与企业、专业设置与职业岗位、教材内容与岗位技术标准、职业教育与市场需求的深度对接，引企入校，校企之间密切合作，资源共享，实施“工学交替、顶岗实习”的教学模式。2010年8月，学校又与富士康科技集团签订协议，依托学校成立了富士康河南省长葛市基础人力培训中心，三年合作培养10万名员工，为学生就业提供了更广阔的空间。

同时，各级政府高度重视学校发展，长葛市人民政府启动了“万名农民读中职学技术工程”，已得到省、市教育部门的肯定，并在12个乡镇成立了12个分校，深化了长葛市职业教育集团的办学内涵。长葛市职业教育集团建设项目被列为长葛市重点项目、许昌市重点项目、河南省“双千”工程项目。该项目规划占地720亩，目前一期工程已完成建筑面积50 000平方米，并已投入使用，计划在2012年完成二期工程，即体育馆、图书馆、中心广场、职教集团东大门、实训中心项目建设，建成后可满足10 000人教学生活所需。

二十余年来，学校通过围绕需求办学、坚持特色培养、打造发展潜能、依靠社会评价的办学实践，为经济社会发展培养了数以万计的生产、管理、建设、服务一线的技能人才。办学以来，学校毕业生就业质量高，就业率一直保持在95%以上，并深受用人单位欢迎。涌现出众多创业就业典型：毕业生薛军锋自己创业，成立了长葛市力驼电器有限公司，总资产1 200万元以上；毕业生黄晓华在昆山市自主创业，开了两个建筑材料店铺，生意兴隆；毕业生谷新杰自己投资成立“跑腿公司”，安置大中专毕业生20余名，为长葛市的企业作宣传业务；毕业生潘金攀在长葛宇龙公司成为业务主管，业务遍及非洲、东南亚市场；毕业生韩金娟成为上市公司众品食业有限公司的人事经理；毕业生张高文在科特迪瓦做电力工程。

学生公寓

湖北十堰职业技术学院

向国家骨干高职院校迈进

湖北十堰职业技术学院的前身是1976年开办的十堰师范高师班和1983年成立的十堰职业大学，1998年更名为十堰职业技术学院，是湖北省示范性高职院校，2010年10月成功申报为国家骨干高职院校立项建设单位。

学院所在地十堰市是世界三大商用车生产基地之一的新型现代化城市，域内，武当山是举世闻名的旅游风景区，丹江口水库是国家南水北调中线程核心水源区，拥有独特而又厚重的地方产业背景。学院依据技术应用能力主线设计人才培养方案，并将产业、行业、企业、职业和实践等五要素断融入到办学模式、内部管理运行机制和人才培养全过程，打造了鲜明的高职教育特色。

产业园一景

近年来，学院通过政、校、行、企和谐互动，搭建了坚实的校企合作平台，初步形成了“双园融合”的办学模式。“双园”是指校园和校内产业园，产业园是学院总体规划的重要组成部分，用于引进以汽车零部件制造为主的先进制造类和现代服务类企业，搭建校企深度、全程、紧密、持久的合作平台。“双园融合”是指学院资源与企业资源配置及利用、教学与生产、校园文化与企业文化等方面高度融合，校企共建生产性实训基地，共育高素质技能型专门人才，共训教师和员工，共谋学生就业，共担人才培养责任，共研新技术、新产品、新工艺，共享优质资源和发展成果，形成真正意义的“厂中校”和“校中厂”。“双园融合”办学模式已具雏形，随着模式的逐步完善，将形成人才共育、过程共管、成果共享、责任共担的良好局面。截至2010年7月，已引进6家企业的分公司及相应的生产线入驻校园，企业捐赠建设厂房11 000平方米，捐赠设备总值1 200万元；与十堰市旅游局合作共建的“十堰市旅游行业从业人员培训基地”已落户学院，与十堰市经济和信息化委员会、市电子信息行业共同组建的“十堰市电子信息工程中心”已在学院挂牌。

学院开设了“东风精铸班”、“夏普电子班”、“联通班”、“广电班”；探索并实施“整体滚动递进式”、“职业活动导向技能三段式”等人才培养模式；以“整体滚动递进式”才培养模式探索为核心的《高职艺术设计专业教学改革研究》获国家教学成果二等奖。

学院根据地方产业优势与特色，确立了以汽车、制造类专业为主，多专业协调发展的战略和点建设汽车检测与维修技术、旅游管理等专业的思路，形成了较为鲜明的专业特色。现有国家教学成果二等奖1项（2009年），国家精品课程2门，中央财政支持实训基地3个，国家教学队1个，省级重点专业3个，省级教学团队3个，省级精品课程9门，省级教学成果奖2项等。

学院重视社会服务能力建设，近三年校企合作开展应用技术研究30余项，为合作企业节省设投入约800万元；积极开展社会培训，年培训人次与在校生人数之比为1∶1；发起组建了秦巴区高职教育论坛，初步形成了学院与区域经济社会和谐发展的可喜局面。

“十二五”期间，学院将重点做好校企合作、“双园融合”办学模式体制机制建设，重点专建设与人才培养模式改革，师资队伍与领导能力建设，教学质量保障体系建设，社会服务力建设，学生素质拓展教育体系建设，校园文化建设等，努力将学院建成区域领先、在国内较大影响的国家骨干高职院校。

汽车维修实训中心

数控加工实训中心

导游数字仿真实训室

网络工程实训室

书馆

樱花长廊

开拓创新　跨越发展　努力打造有特色的职教品牌

湖北东风汽车公司高级技工学校（技师学院）

湖北东风汽车公司高级技工学校（技师学院）历经30多年的开拓创新，跨越发展，努力打造有特色的职教品牌。2007年被国家人事部、教育部授予全国教育系统先进集体，2008年成为第一批国家高技能人才培养示范基地，2009年成为首批全国技工院校师资培训基地，2010年被评为全国中等职业学校德育工作先进集体、全国机械行业校企合作与人才培养优秀职业院校、全国机械行业骨干职业院校。

学校领导班子合影

开拓进取　深化教改

学校办学规模、发展空间迅速扩大，在校学生人数突破万人，招收层次涵盖中专+技工、大专+高级工、本科+技师，拥有十堰、武汉、广州、襄阳四大校区，教学质量稳步提高。模具制造、数控加工、汽车维修三个专业是全国机械行业技能人才培养特色专业，数控机床加工是湖北省技工学校一级重点专业，电气维修、汽车维修、数控机床维修、模具制造与维修、冷作技术是湖北省技工学校二级重点专业。70多名学生公费派往德国、日本深造，近20名学生被天津工程师范学院普本录取。办学层次呈现多样化，办学效益显著提高，学校事业发展实现新突破。

校企合作开班仪式

校企合作　输送人才

学校与东风汽车公司等40多家企业及一些国际著名公司签订了校企合作、工学结合、半工半读协议，相继推出了技师班、中德班、神龙汽车有限公司六大工种定向班等多种办学形式和层次，学生就业率超过了98%，其中75%分布在东风公司所属企业。自开展校企合作以来，学校已成功为东风神龙汽车有限公司输送了4 000多名员工和各类优秀的技术人才，如今有不少毕业生已经走上了技术和管理岗位。在东风本田公司3 000多名员工中，学校毕业生就有1 000多人；在东风乘用车公司900多名生产员工中，学校毕业生已达到700多人。

2010年国家教育部骨干师资培训班开班

加强培训　打造品牌

作为国家教育部确定的全国中等职业学校骨干教师培训基地，截至目前，学校承担了由国家教育部、人力资源和社会保障部、湖北省教育厅、人力资源和社会保障厅、德国汉斯·赛德尔基金会组织的中等职业学校专业骨干教师培训、“双师型”教师培训、工长班培训、校长培训等多项师资培训项目，开办培训班近20期，为来自全国各地的教师开展培训1 000余人次，开展在职职工培训达16 000余人次。2010年12月，学校成功承办了全国机械行业技工院校教育改革研讨会。学校还积极支援西部教育建设，帮助甘肃、西藏、新疆等地的多所学校修建了多个专业的实训车间，为当地学校培训职教教师累计达几百人，培训工作满意度达到95%以上。

巩固成果　加强合作

1994年，经原国家劳动部批准，学校成为国家重点技工学校；1996年，经原国家劳动部和国家计委联合批准，成为高级技工学校；2005年，成立东风汽车公司技师学院，学校办学层次不断提升。1985年，学校在国内率先引进德国“双元制”职业教育培训模式。中德双方合作20多年来，学校分别引进了双元制一级、二级培训模式、双元制“BA”模式和德国工商行会AHK技工认证标准。合作领域和层次的不断拓宽，为学校新时期的发展提供了新优势。

学生在企业实习

世界 行世界 学世界

湖南涉外经济学院

湖南涉外经济学院是湖南猎鹰实业有限公司投资兴建的一所民办普通本科院校。学校创办于1997年 2000年纳入国家计划招生，2005年升为本科院校，2009年学院加入劳瑞德国际大学联盟。

学校坐落于长沙市国家高新技术产业开发区麓谷园，占地面积1 700亩。学校现有统招本专科在校学生21 940人，教职员工1 779人，专教师909人。专职教师中有教授78人，副教授175人，博士69人，硕士学位的教师501人，享受国务院特殊津贴的专家6人，外籍教师17人，形了一支以专职教师为主体，教授、博士为龙头的高水平教师队伍。

西院教学楼群

学校设有30个本科专业，26个专科专业，基本形成了以涉外经济、涉外管理类专业为主要特色，计算机、电子、数控、通信等理工类专业重点建设，文、法、艺术专业协调发展的格局。学校高度注重学科与专业建设，现有省级重点建设学科1个，省级精品课程6门，省级以上特色专业3个。

学校以创建“百年涉外，一流涉外”为目标，以“至善至美，自立自强”为校，坚持“普通教育与职业教育并举”、“规模与质量协调发展”、“诚信办学”三大办学原则，提出了“让学生真正学到东西”的九字目标和“平等、尊重、敬、高效”的机关作风八字方针，形成了自己独特的校园文化。

学校图书馆

学校体育馆

学校大力推行“专业+外语+技能+创业素质”的人才培养模式，注重培养学生外语水平、实践能力和创业能力，毕业生就业率一直保持在90%以上。

学校连续被湖南省人民政府、湖南省教育厅评选为“湖南省民办教育先进单位”、“湖南省十佳民办学校”，相继入选“中国十大万人著名民办高校”、“中国十大品牌民办高校”、“中国民办高校综合实力20强”、“中国民办高校教育教学质量20强”。近五年来，学校在中国民办高校排行榜上稳居前三名，被誉为中国最年轻、最具发展潜力的民办本科院校之一。

址：湖南省长沙市岳麓区高新技术产业开发区麓谷园
编：410205
址：www.hunaneu.com
院电话：0731-88101451
生电话：0731-88100988

湖南永州职业技术学院

省领导视察学院本部建设

【概况】

学院占地面积3 362亩，建筑面积43万平方米，固定资产总值8亿多元，教学设备总值1亿元，图书馆藏书82万册。现有17个教学系、2个教学部，全日制高职专业40个，面向全国2个省（区、市）招生。学院有在校高职大专学生11 000余人，中职学生4 000人，成人教育学1 000余人。现有教职员工943人，其中专任教师572人，专任教师中具有副高以上职称的3人，具有硕士博士学位的140人。

外籍专家现场指导教学

【示范项目建设】

示范院校建设取得了阶段性成果。1个专业被评为省级精品专业，3门课程被评为省级精品课程，积极组织做好2009年度省级重点项目的申报评审工作。

【教育教学】

大力推行工学结合的人才培养模式改革。投入500万元建设了医学检验技术、农产品质量检测实验室等。继续与三一重工等126家院外实习实训基地签订了长期合作协议。

【师资队伍建设】

继续推进“人才兴校、名师强校”战略，年内申请国内访问学者1人，省级青年骨干教师培养对象2人，4人被评为省级学科带头人，1人被评为全国优秀教师，2人被评为湖南省优秀教师，1人被评为省级教学名师。10人晋升正高职称，22人晋升副高职称，41人晋升中级职称。

组培实验室

【班子建设】

调整、配强了领导班子和中层处室，贯彻落实党风廉政建设责任制，加强制度的执行和监督检查。

【招生与就业】

坚持以就业为导向，广辟生源渠道。全年招收全日制新生6 659人，各类成人招生604人，短期培训学员5 000人次。订单培养人数达招生人数的30%。2009届毕业生人数3 026人，初次就业率为82.06%，年终就业率为94%。学院被评为“湖南省就业工作先进单位”。

团结务实的领导班子

【党建与思想政治工作】

学院组织深入学习实践科学发展观活动，取得一定成效，获得湖南省委教育工委和永州市委的充分肯定。认真做好迎接湖南省委育工委的党建评估工作，顺利通过专家组的合格评估。大学生思想治教育工作取得新成效，学院被评为湖南省大学生思想政治教育、学生心理健康教育先进单位。1人被评为湖南省大学生思想政治教十佳优秀领导者，并记湖南省一等功，12名教师被评为湖南省大学思想政治教育工作先进个人。

【科研与教改】

申报国家课题2项，省级课题30项，市级课题22项；获得省立课题23项，市立项课题16项；获市科技进步二等奖1项、三等奖1项全年公开发表论文600余篇。

【院本部建设】

2009年年底，学院实行了全面整合、管理统一的运行体制。学院本部建设稳步推进，投入建设资金1.2亿多元，完成了教学楼、学生公寓、行政公楼、图书馆、学生宿舍的建设任务，建筑面积达10万平方米。

【校办产业】

实习农场进一步加强牲猪品改，提高了出栏猪的质量，全年产值达2 000万元，通过了省一级原种扩繁猪场评审。组培中心成功开发了13个林业、花卉、药材新品种，实现产值12万元。附属医院不断提高管理和医疗技术水平，全年诊治门诊病人5万余人次，实现业务总收入5 000余万元。

国家级教学团队——护理系教学团队

湖南科技职业学院

HUNAN VOCATIONAL COLLEGE OF SCIENCE AND TECHNOLOGY

革制品实习工厂

湖南科技职业学院于2001年8月经湖南省人民政府批准成立，由湖南省教育厅主管，湖南省中华职业教育社主办，是湖南省人民政府与中华职业教育社共建的公办高等职业学院。2003年，学院被教育部批准成为首批试办国家示范性软件职业技术学院。2005年，通过了教育部高职高专院校人才培养工作水平评估，获优秀等级。2007年，成为首批湖南省示范性高职院校建设单位。2009年，获得“中国软件产业发展推动机构”称号。2010年，获得第二届全国“黄炎培职业教育优秀学校奖”。2010年，经教育部、财政部批准，学院成为“国家示范性高等职业院校建设计划”骨干高职院校立项建设单位。

学院位于湖南省省会长沙市，面向全国26个省（区、市）招生，现有在校生万余人。设有软件技术、艺术设计、轻化工程、机电工程与技术、电子信息工程与技术、经贸商务、音乐7个系（院），以电子信息、艺术设计传媒和轻化工为重点建设专业大类，开设31个专业，确立了“立足湖南，面向轻工，学历教育与职业培训并举，培养高级技能型专门人才”的办学定位。

学院专任教师中有教授17名、副教授（含高级工程师、高级工艺美术师）165名，全国模范教师1名，省级专业带头人11名，省级青年骨干教师8名。有软件技术、室内设计技术、装潢艺术设计、高分子材料加工、数控技术5个省级优秀教学团队。

现有1个计算机应用与软件技术国家级实训基地，4门国家级精品课程，6门省级精品建设课程，6个省级精品建设专业，以及艺术设计省级重点实习实训建设基地和计算机应用与软件技术专业课教师专业技能教学水平认证培训省级重点建设基地。

“教、学、做一体化”艺术设计工作室

学院建有121个专业实训场所，教学仪器设备总值6 000余万元。学院积极开展校企合作，先后与179家知名企业合作办学，建立了一批稳定的校外实训基地，大规模实行订单教育，为学生实践训练与就业创造了良好的条件。同时，多家企业在学院设立了专项奖学金。

学院积极实施科研强校战略，科研实力逐年提升。近几年来，共承担国家级和省部级立项课题120余项，横向应用课题38项，获得专利35项，获国家级、省级科研和教学成果奖12项。

学院是全国温暖工程农民转移培训基地、湖南省贫困地区农民工培训基地，自2004年来学院已培训转移贫困地区青年农民8 000余人。从2008年12月开始，先后举办了15期社会主义新农村建设带头人培训班，共培训村级干部1 900余名，产生了良好的社会影响。学院先后被评为“全国实施温暖工程先进单位”、“全国青年农民转移就业先进单位”。

近年来，学院先后与爱尔兰卡洛理工学院、印度国家信息技术学院（NIIT）、印度国际信息学院（IIIT）和泰国兰实大学等国外高校开展合作办学，引进国外优质教育资源，全面提高人才培养质量。2006—2009年先后有48名毕业生赴印度、爱尔兰、法国等国家与学院合作的高校留学深造。

湖南科技职业学院把握发展机遇，全面提高教育教学质量、科研水平和社会服务能力，正朝着国内一流示范性高等职业学院的目标努力奋进。

彩绘实习实训室

湖南娄底职业技术学院

湖南娄底职业技术学院是2001年8月经湖南省人民政府批准成立的公办全日制普通高等学校，2002年6月正式挂牌运行。2006年6月在国家教育部高职高专人才培养工作水平评估中获得“优秀”等级，2008年6月成功入围湖南省示范性高等职业院校建设项目，2010年10月成功入围国家骨干高职院校建设项目，跻身国家高职教育第一方阵，成为国家重点建设的高等职业院校之一。

学院占地面积1 045亩，建筑面积20余万平方米，资产总值超过4.28亿元。现有各类在校学生11 000余人，在编在岗教职工631人，教师554人，其中“双师型”教师295人，教授、副教授252人，具有博士、硕士学位的教师132人，从企业行业聘请兼职教师148人。会计专业团队、模具设计与制造专业团队、软件技术专业团队被评为湖南省高职教育教学团队。

团结务实、开拓进取的领导班子

学院现有煤矿开采与安全技术实训中心、现代制造技术中心、电子电气技术实训中心、商务实训中心、计算机高新技术实训中心、建筑技术实训中心、农林技术实训中心和公共实验实训中心8个实训中心，其中煤矿开采与安全技术实训中心是中央财政支持的重点实习实训基地；还有数控、车工等138个实验实训室。图书馆共有纸质藏书74万册、各类期刊650余种，教学仪器设备总值4 000余万元。

学院设有电子信息工程系、机电工程系、建筑与艺术设计系、农林工程系等12个教学系部，开设了机电一体化技术、模具设计与制造、工程造价、煤矿开采技术、畜牧兽医等38个专业，其中机电一体化技术、模具设计与制造、煤矿开采技术3个专业为省级精品专业，机电一体化技术、畜牧兽医、煤矿开采技术3个专业为国家重点建设专业，专业紧密对接地方产业，形成了地方高职院校服务地方经济发展的专业建设格局。

学院坚持创新办学体制机制，坚持服务地方经济社会发展，坚持以教学为中心，以应用技术研究和教学研究为重点，按照“对接地方产业，产学研结合创新，推动教学改革，服务地方经济”的思路，对接娄底煤炭产业，与湖南华南煤矿机械制造有限公司合作组建了华南娄职煤矿安全生产服务有限公司；对接娄底农机产业，与湖南湘丰农业装备有限公司合资组建湖南湘丰娄职农业装备有限公司；对接农业现代化和新农村建设，与娄底经济开发区中阳村签署了院村合作协议。2009年，共有18项厅局级以上科研课题得到立项，教师已公开发表各类论文310余篇，出版专著5部，主编教材9部，参编教材23部，申报专利2项。

学院教授主讲“三湘论坛”

服务新农村——院村合作签字仪式

学院致力于“校企深度融合、工学有机结合”的人才培养模式创新，坚持“教、学、做合一”，建立了“教室、车间合一”、“学生、学徒合一”、“做中学、做中教、做中考”的教学模式，形成了“课证相融、训赛相通、教学相长”的实践教学机制，促进了学生技能水平的稳步提高。设立在学院的国家职业技能鉴定所能组织网络编辑师、花卉园艺工、动物检疫检验员、焊工、钳工等29种职业资格证书和技能等级证书的鉴定和发证。近年来，职业资格鉴定学生取证通过率达100%，学生就业竞争力明显增强，毕业生就业率一直保持在95%以上。

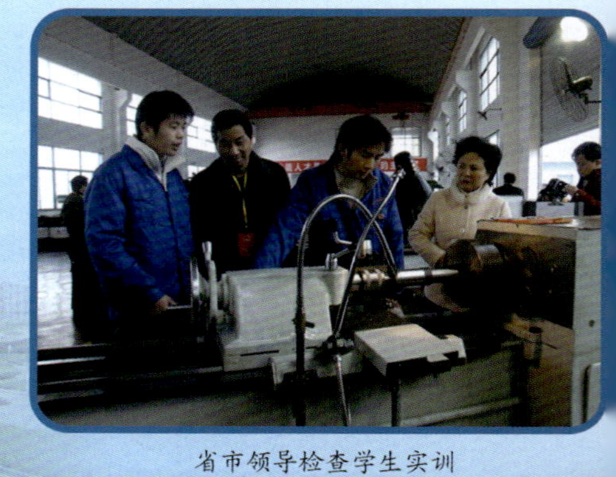

省市领导检查学生实训

湖南科技经贸职业学院

院长刘福生

湖南科技经贸职业学院坐落在历史文化名城、中国五岳名山之一的南岳衡山所在地衡阳市。该院规划用地1 000余亩，现有面积36.8万平方米。建有功能齐全的万人教学大楼、万人实训大楼、万人图书信息大楼、万人多功能体育馆，开通了万兆宽带信息网络，建立了完善的办公自动化管理系统，是中央财政重点资助的“国家级综合性实训基地”。

衡阳市领导视察学生创业公司

该院实施专家治校、人才强校战略，每年投入200万元用于师资队伍建设，培养和引进学科带头人和“双师型”骨干教师、技师。现有专兼职教师520人，其中博士生导师2人，教授21人，副高职称256人，博士和硕士研究生52人，“双师型”教师236人，占专业课教师比例的75%。学院设有4院1系1部，开设了31个热门专业，拥有在校学生13 000多人。

近年来，该院投入上亿元资金用于软、硬件设施建设，完善了教学、实验、实训、工作、生活等各项设备。建立了校内十大实训中心，设有计算机网络中心，各专业实验室115个，语音室、多媒体教室设备先进。机械加工、数控、模具制造、汽车维修、电工、电子、数控车、铣、磨、钻、线切割、电火花加工等教学实训设施设备一应俱全。该院还有驾校、汽车修理厂、校外实训基地77个。

学生在数控车床上实训

在旗利得工作的学生留影

笔记本电脑生产线

为提升学生的创业意识，让学生在校就学会自己开公司、当老板、搞研发、懂经营、学管理，该院投入300多万元在全国率先创办了“大学生创业一条街”，成立了38个学生创业公司。开辟了笔记本电脑生产线、3G手机生产线、电子产品生产线、大屏幕液晶电视生产线、液晶显示屏生产线、电梯生产线。

历年来，该院教师的科研成果和论文获奖数在全省同类院校中都名列前茅；学生参加国家、省、市各级技能大赛都取得了优异的成绩，其中物流专业获得全省第一名的优秀成绩，并代表湖南省参加全国竞赛。

为了确保学生就业，该院与300多家世界500强和国内大中型企业建立良好的校企合作关系，向学生作出实习、就业、再就业“三个”100%的郑重承诺，并在学生入学时就签订具有法律效力的《学生就读就业协议书》，使学生的就业率达到100%。

该院环境幽雅，竹木流翠，芳草萋萋，小桥流水，鸟语花香。50亩绿色生态文化广场上，高达10.1米的毛泽东铜像耸立在正中央，20尊中外名人的铜像古朴逼真，矗立于广场两侧，彰显出浓郁的湖湘文化底蕴。

先进的设施设备、浓郁的文化氛围、鲜明的办学特色、丰硕的教学成果使该院被评为教育部人才培养工作水平评估优秀学院、全国高校就业工作先进单位、全国高等教育助学示范单位、湖南省职业教育先进单位，赢得了良好的社会声誉。中央电视台、新华网、《人民日报》、《中国教育报》、中国教育宣传网、《消费日报》、《现代教育报》、《湖南日报》、湖南电视台、《当代商报》、衡阳电视台、《衡阳日报》等各级新闻媒体均报道该院先进的办学理念、办学宗旨和办学成果。

湖南诺贝尔摇篮教育集团

2000年7月，湖南诺贝尔摇篮在长沙著名景点世界之窗古巴比伦空中花园播种下第一颗种子——诺贝尔摇篮世界之窗幼稚园。十一年的岁月洗礼 诺贝尔摇篮已从世界之窗园里的一株名不见经传的幼苗，发展成为涉足学前教育、小学教育、校外教育、玩具设计和制作、教材研发和特殊教育 多个领域，拥有15家直营教育实体的大型民办教育集团，其卓越品质在湖南省民办教育界和家长群体中有口皆碑，其盛名也已传遍九州大地。

集团领导陪同省领导视察湖南省青少年活动中心

本着“把幼儿园当大学办”的办学方针，诺贝尔摇篮坚持“科研兴园，科研兴教”，成立十 年来，先后独立承担了教育部教育科学“十五”规划课题《学前教育体系创新与诺贝尔摇篮教育实 研究》、“十一五”规划课题《幼儿园课程开发与管理研究》，并成为总课题组组长单位。200 10月，诺贝尔摇篮成为中国教育学会“十一五”重点课题《0-3岁早期教育师资培训研究》总课题 副组长单位。2009年，诺贝尔摇篮又受邀担任教育部教育科学“十一五”规划重点课题《中国民办 范性幼儿园的创建和评估研究》总课题组常务副组长单位，主持该课题的具体进程。此外，诺贝尔 篮还承担和参与了多项省级科研课题，是全国最重视教育科研的学前教育机构之一，也是全国主持 参与国家级和省级课题最多的学前教育机构之一。

2005年，诺贝尔摇篮被评为全国优秀民办教育机构；2009年12月19日，在中国教师发展基金会和中国民办教育协会联合举行的首届全国优秀民办中小学幼儿园评选活动中，诺贝尔摇篮教育集团荣获全国“优秀民办幼儿园”称号，并在教育部大礼堂接受表彰；2009年12月30日，诺贝尔摇篮幼稚园通过省级示范性幼儿园验收，正式挂牌“湖南省示范性幼儿园”，成为长沙市第一家民办省示范性幼儿园。

2010年2月4日，诺贝尔摇篮教育集团谢庆董事长作为全国学前教育界的唯一代表，参加《国家中长期教育改革和发展规划纲要（2010-2020年）》基础教育领域座谈会，在中南海受到国务院总理温家宝的亲切接见。这是党和政府给予诺贝尔摇篮最大的肯定和鼓励。

诺贝尔摇篮金帆小区幼稚园

谢庆董事长参加基础教育领域座谈会

谢庆董事长和孩子们在一起

“路漫漫其修远兮，吾将上下而求索。”2 纪的第一个十年，虽只是诺贝尔摇篮教育集 出的一小步，但却是诺贝尔摇篮人坚实的一 是走向辉煌的第一步！

诺贝尔摇篮早教研究所实验幼稚园

网址：www.nobelcradle.cn　　邮编：410005

地址：湖南省长沙市开福区营盘路108号领御大厦六楼

广州市华师附中番禺学校

▲专业、团结、奋进的学校领导班子

★广东省一级学校
★广东省现代教育技术实验学校
★广东省十佳民办中小学校
★中国教育学会新课堂教学实验学校
★全国中学教育科研联合体常务理事学校
★2009年获得“广州市红十字会抗震救灾先进集体”称号
★2009年被团中央等单位授予“全国素质教育先进集体”称号
★2010年获得“二十一世纪中国教育改革卓越成就奖”

学校概况

华师附中番禺学校建于2001年，是由华南师范大学附属中学和合生创展（集团）有限公司联合举办的一所全日制完全中学。地处广州市番禺区珠江岸边的华南新城内，设施设备一流。现有初中36个教学班，高中12个教学班，共2 100余名学生，教职员工220余人。

▲学校学生

▲广播体操表演

办学理念

办学理念：以完整的现代教育塑造高素质的现代人

校训：规矩、诚信　责任、理想

校风：尊师爱校，文明守纪　好学进取，立志成才

学风：认真，刻苦　求实，创新

教风：勤、严、实、巧

办学特色

华师附中番禺学校实施“文化育人”战略，坚持引导学生“学会利用教科书进行学习，学会利用图书馆进行学习，学会利用社会大课堂进行学习”，倡导“为个人的终身发展而读书，为民族的伟大复兴而读书”，使阅读成为师生共同的生活方式，使学习成为校园生活的第一需要。

“文化育人”战略的核心价值在于：追求在丰富多彩的校园文化和社会文化的熏陶下，开拓学生的视野，锻炼学生的生存能力、创新能力、发展能力，使培养出来的学生不局限于现有的书本知识，善于接受古今中外各国各民族的文化精华，更加适应时代发展和国家建设的需要。

办学成绩

华师附中番禺学校扎实、全面实施素质教育，学生文明向上，全面发展，积极主动学习蔚然成风，应用创新能力得到锻炼，综合素质不断提升。一批又一批优秀毕业生成为学校的骄傲，体现了学校超强的教学能力和发展后劲。

2009年第八届读书节诗文吟诵会

天文观测小组观察太阳黑子▶

自2004年起，华师附中番禺学校七届初中毕业生参加广州市中考，成绩稳居广州市民办学校前列，五次夺得番禺区初中毕业班工作一等奖。四届高中毕业生参加高考，升学率稳定在85%以上，连年夺得番禺区高中毕业班工作一等奖。

地　　址：广州市番禺区南村镇兴南大道163号华南新城内
邮　　编：511442
电话（传真）：（020）34765916　34765966
电子邮箱：zhicheng603@tom.com
学校网址：www.hsfzpy.net

深圳職業技術學院

"糖果总动员"系列电视动画片制作校企合作签约仪式

创建全国文明城市先进工作单位和先进个人代表合影

深圳职业技术学院于1993年建校，是全国最早从事高职教育的院校之一。目前，学院总面积168万平方米，校舍建筑面积57万平方米，固定资产总值7.37亿元（校舍除外）。设有13个二级学院和体育部、华侨城校区等教学单位。在编在岗教师中有教授117人，副教授471人，博士154人；在校全日制学生2万余人。

学院坚持和完善开放办学，初步形成了"官校企行四方联动、产学创用立体推进"的办学模式，较好地实现了由规模速度发展向科学发展的历史转型。

学院着力培养"德业并进、学思并举、脑手并用"的高素质、高技能应用型人才。近三年，全院学生就有1 555人次获得市级及以上奖励和表彰，其中国际与国家级大赛获奖869人次。毕业生平均一次性就业率达到98%以上，被评为"全国普通高校毕业生就业工作先进集体"。

学院紧贴高新技术、金融、物流、文化等支柱产业和新能源、互联网、生物等战略性新兴产业，形成了技术应用、管理服务、创意设计、应用外语、医学技术五大专业布局。学院坚持校企合作，推进项目化课程建设，探索与创新多元化的高职教学模式和教学方法。目前已与1 851家企业开展深度合作，来自企业、行业一线的2 000余名专家通过专业委员会直接参与课程建设。

学院坚持应用研发导向。与企业签订的横向项目占到学院科研项目总数的76.6%，为地方社会经济发展建设的各类科技服务平台、与企事业单位合作的横向项目情况均位居广东省100余所高校的前列。

学院加强师资建设。推进"双师工程"：聘请企业一线兼职教师1 626人，专兼职教师比例达到1∶1.65，"双师"比例达82%。推进"国际化工程"：引进海归人才100余人，教师中具有海外留学背景的占教师总数的35%。推进"名师工程"：国家级教学名师、国家级优秀教学团队实现零的突破，副高以上职称教师占在编教师的45%。

学院不断提高国际化办学水平。已与境外77所高校与研究机构开展深度合作，作为全国首家通过单独考试招收港澳台学生的高职院校，已培养港澳台籍毕业生32人，目前港澳台在校生134人。

学院强化社会服务。近三年为社会提供职业技能鉴定与培训总量达14.21万人次，完成政府委托的培训总量达1.13万人次，完成企业职工继续教育培训、农村劳动力转移培训等3.75万人次；对口支援全国26所高职院校、168所中职学校，工作量和工作成效在全国同类院校居于领先水平。

学院强化体制机制创新。学院从应对未来三十年深圳经济社会发展着眼，结合落实《珠江三角洲地区改革发展规划纲要》和《深圳市综合配套总体改革方案》，制定了《深圳职业技术学院综合改革方案》，确定了以“四二四”框架为核心的十大综合改革体制。即推进“四项改革”：以高技能人才培养模式为核心的教学改革，以应用性研究和技术服务为特色的高职院校科研模式改革，以高职院校人事管理和队伍建设为主要内容的人事改革，以公益性、市场化、专业化、集约化为特点的后勤改革；“两项创新”：高职院校社会服务模式创新，以全人教育和自主管理为核心的学生管理模式创新；“四大工程”：以建构中国特色高职教育院校制度为主要内容的管理工程，以契合深圳建设国际化城市、服务珠三角外向型产业为要求的国际化工程，以凝聚核心价值、建设和谐校园为主要内涵的大学文化工程，以建设一流基础设施为目标的基础保障工程。

深圳职业技术学院与甲骨文公司合作

人文素质大讲堂

学生创意创业园开园

学院的发展得到了中央、省、市领导的积极肯定。中共中央政治局常委、国务院总理温家宝2005年9月12日亲临学院视察并发表重要讲话；原中共中央政治局常委、国务院副总理李岚清两次为学院题词，并于1998年11月、2005年3月两度亲临学院视察；中共中央政治局委员、国务院副总理张德江在担任广东省省委书记时两次对学院工作作出重要批示；全国人大副委员长陈至立于1997年11月、2007年5月两度视察深圳职业技术学院，并要求“为全国高职教育出理论、出经验、出成果”。

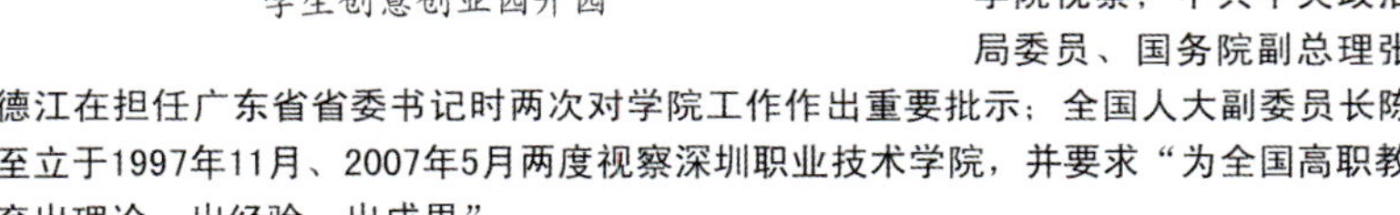

广西医科大学坐落在广西壮族自治区首府南宁市，创建于1934年11月21日，是全国建校较早的22所医学院校之一，是全国最早定点招收外国留学生、港澳台学生和华侨学生的8所医学院校之一，是全国首批有资质开展全英授课的30所高校之一，是广西政府重点建设的大学之一，是广西医学教育、医学研究、临床医疗和预防保健的中心。

团结奋进的学校领导班子

学校现设有23个二级学院，1个教学部，11所附属“三级甲等”医院（含8所非直属医院），71个教学实习基地。其中第一附属医院、肿瘤医院、口腔医院3所直属附属医院分别是广西规模最大的“三甲”综合医院和专科医院，均获“百姓放心医院”称号；第一附属医院是全国“百佳医院”。

学校办学历史悠久，创建时称广西省立医学院，之后校名曾先后改为广西大学医学院、广西军医学校、广西省立医药专科学校、广西省医学院、广西医学院。校址也因时局多次变迁，1954年7月，学校从桂林搬迁到南宁现址。1996年6月，国家教育部批准更名为广西医科大学。

学校拥有临床医学、基础医学、药学、公共卫生与预防医学4个博士后科研流动站，1个临床医学博士专业学位授权点，儿科学、人体解剖与组织胚胎学、药理学、肿瘤学、病理学与病理生理学、耳鼻咽喉科学、内科学、外科学、流行病与卫生统计学9个学科有博士学位授予权，4个一级学科（生物医学工程、基础医学、临床医学、公共卫生与预防医学）和39个二级学科硕士点，临床医学硕士、口腔医学硕士、公共卫生硕士（MPH）3个专业学位授权点；有1个七年制临床医学专业，临床医学、口腔医学、预防医学、药学、护理学、信息管理与信息系统（医学）、医学检验、英语、公共事业管理、生物医学工程、社会工作、生物技术等12个本科专业，9个高职专科专业（医疗美容技术、康复治疗技术、医学检验技术、口腔医学技术、药学、护理学、计算机信息管理、心理咨询、医学营养）；有临床医学、口腔医学、预防医学、护理学、药学5个国家级特色专业建设点。2004年获广西高校第一批“广西临床医学人才小高地”。

学校设有73个教研室（组），开设400多门必修课和200多门选修课。拥有国家精品课程1门、国家级人才培养模式创新实验区2个、国家教学团队1个、双语教学示范课程建设项目1个；省级人才培养模式创新实验区4个、精品课程25门、实验教学示范中心7个、教学团队5个。拥有国家重点（培育）学科、省部共建重点实验室、国家中医药管理局“十一五”重点专科各1个，省级重点实验室6个，省级重点学科10个。

图书馆美景

2008年，学校获教育部本科教学工作水平评估优秀成绩。目前，全校师生员工秉承“造就本省人才，为本省之用”的办学传统，牢记“厚德励志，博学弘医”的校训，以国家发展战略和广西经济社会发展人才需求为导向，积极实施科学发展三年计划，向着“立足广西，面向全国，辐射东盟，走向世界，努力建设区域性具有特色优势，以医学为主，理、工、文、管、法等学科协调发展的教学研究型医科大学”的目标不断迈进！

全国首批28所、广西第一所国家示范性高等职业院校

南宁职业技术学院

NCVT NANNING COLLEGE FOR VOCATIONAL TECHNOLOGY

南宁职业技术学院前身为创建于1984年的南宁职业大学，是由南宁市人民政府举办、区市共建的一所全日制综合性高等职业院校。2009年12月，学院通过教育部、财政部示范建设验收，成为全国首批28所、广西首家国家示范性高职院校。

学院占地面积130多公顷，校舍建筑面积40余万平方米。学院全日制高职在校生15 800多人，成人继续教育学生4 230多人。

党委书记朱朝霞

院长陈建新

学院紧跟广西及北部湾经济的产业布局和结构调整来构建专业体系，开设有11个二级学院，61个高职专业，其中室内设计技术、机电一体化技术、物流管理、酒店管理、应用泰语等5个专业为国家示范建设重点专业及相关专业群。

学院有国家级教学成果奖2项，国家级精品专业1个、国家级精品课程9门，是目前广西唯一拥有国家级精品专业、唯一连续六年获得国家级精品课程的高等院校。

学院拥有一支以国家教学名师和国家优秀教学团队为领军人物的专兼职“双师”素质教学团队。在编在岗教职员工500多人，有国家优秀教学团队1个，国家教学名师1人；自治区教学名师1人，自治区优秀教学团队8个。

学院坚持“砺志、崇实、强技、尚新”的校训，初步形成了“校政互动、校企互融、产学研创四位一体”人才培养模式。通过政府支持、社会融资、企业投入的多渠道形式，建立了以西班牙政府贷款项目建设的工业实训中心为骨干的六大校内生产性实训基地，设备总值1.2亿元，为学生的职业技能素质培养构筑了良好的基础。

学院坚持开放办学，与东盟国家12所高校签订了校际合作协议，跨国工学结合培养应用型人才1 100多人；与区内外10多所高职院校结成了对口支援关系，与230多家行业骨干、龙头企业建立了合作关系。

近年来，学院毕业生就业率均在92%以上，连续八年获“广西高校毕业生就业先进集体”称号。建校至今，已为社会培养输送10多万名高技能应用型人才，为区域经济建设和社会发展提供了有力的人才支持。

多年来，学院发展得到了各级领导、政府以及社会各界的大力支持与肯定，为学院的快速、健康、持续发展奠定了坚实的基础。2008年12月，中共中央政治局委员、国务委员刘延东和有关部委领导到学院视察，称赞学院办学有特色，有成效，并勉励学院“要成为职业教育事业发展的排头兵！”

广西壮族自治区教育厅领导转发教育部和财政部授予学院的“国家示范性高等职业院校”牌匾

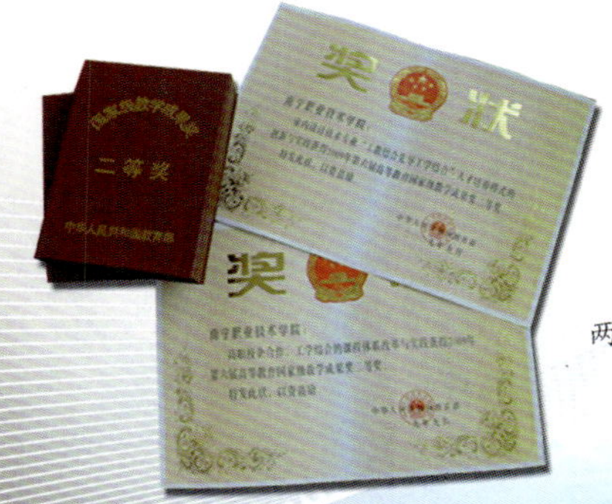

两项成果获国家级教学成果奖

学生在就业推介会上展示自己设计的服装

广西英华国际职业学院
Talent International College Guangxi

学院概况

广西英华国际职业学院（Talent International College Guangxi）坐落在美丽的滨海城市、海豚之乡——广西壮族自治区钦州市，是一所由广西自治区人民政府批准、教育部备案、具有独立颁发国家承认学历文凭资格的国际型三年制普通专科学院。

学院占地面积16.5万平方米，已经完成的建筑面积约14万平方米，现学院配备有全新的教学楼、实验楼、体育场、图书馆、网络中心、专家楼、公寓、食堂、商铺等一批现代化设施。校园环境优美，基础设施完备，办学条件优良，实训设施齐全。学院现有八个系，在校生7 000多人，29个专业个专业方向。学科涵盖了文、理、工、经济管理、艺术等学科门类。

学院的办学宗旨是“加强对外交流与合作、促进教育事业的发展”，进一步推广国际先进的教育模式和经验，在国内新兴和急需的学科专业领域合作办学，面向东南亚，服务大西南，凭借面向中国—东盟自由贸易区、位居广西北部湾经济区、毗邻珠三角经济区的区位优势，与国内外著名品牌强强联合，确保毕业生优质就业。

学院努力打造国际院校品牌，坚持以德树人、以技立业、以特兴校的开放办学理念，十分注重内涵建设。依托国际化优势，培养“有爱心、有心、掌握一门技能、通晓一门外语、熟悉国际惯例”的复合型、高技能人才。

办学特色

订单培养 学院与国内外100多家著名的企业合作，根据企业用人标准，实行“订单式”培养和企业文化与毕业生零距离接触，确保毕业生优质就业。

名师执教 学院聘请大批国内外著名企业家、专家、高校名师参与课堂教学及实训基地现场教学，强化学生动手能力，教会学生先做人，后做事，确保学生一毕业即能上岗就业。

双语教学 以培养具有国际视野、国际理念、掌握一门外语、具有“双语”沟通能力的实用型人才为办学模式。

国际合作 学院与英国、美国、日本、泰国、越南、加拿大、澳大利亚、西班牙等多个国家的著名高校合作办学。

专业灵活 学院专业设置经过市场调研、专家论证，是社会企事业单位紧缺的热门专业。学生入校后，可根据人才需求及个人的兴趣爱好申请调整专业或选修第二专业，使学生所学的知识更符合市场需求，更适应学生个性特点。

模式创新 以市场为导向，把技能培养与就业融为一体，按市场需求设置特色专业，依照岗位和行业要求，全力为学生建立科学合理的知识构架，强化能力培养，重视相关领域活动能力的锻造以及人格魅力的塑造。

学院与英国互动设计学院签署合作办学协

学院2006级高尔夫专业学生在广西北海海门高尔夫俱乐部就业

就业优势

学院以就业为导向，由就业指导中心专门研究国内外的就业形势，搭建了北京、山东、长江三角洲、珠江三角洲及广西大中型企事业单位的多元化就业平台，优秀学生可推荐到三资企业、国际知名企业就业。

学生毕业后可在国际贸易、商业服务、经济管理、国际商务、高级艺工等高薪职位就业，也可进入外贸企业、合资企业以及国内外知名的大中型企事业单位就业，让学生拥有一个心动的职位，一份满意的薪水。

钦州“保税港区”的成立，是广西英华国际职业学院蓬勃发展的大好时机。学院将依托英华国际教育集团的背景优势，在广西拓展办学合作，以意在长远的战略定位有效整合教育资源，有效提升学院产学合作的层次，集聚办学力量，形成鲜明的办学特色，促进学院核心竞争力的形成。学院也将会焕发强大的生命力，成为西南地区最具备国际化特色的高等学府。

学院地址：广西壮族自治区钦州市西环南路188号
邮政编码：535000
电　　话：0777-2808789
传　　真：0777-2808991
学院网址：www.tic-gx.com.cn

广西机械高级技工学校

校长何阳春

学校领导班子

广西机械高级技工学校坐落于广西工业重镇——柳州市，始建于1956年，是广西建校最早、规模最大、办学实力最强的机电类国家重点技工学校。

目前，学校学历制在校生13 090多人，其中高级工、技师2 526人，套读大专1 337人。开设专业（工种）32个，其中数控加工、机械设备维修、电气自动化设备安装与维修专业被认定为“全国机械行业技能人才培养特色专业”，数控机床加工、电气自动化设备安装与维修、模具制造与维修、机床切削加工、机械设备维修、汽车修理专业被列为广西重点骨干专业，数控机床加工和模具制造与维修两大专业已发展成为广西的品牌专业。

学校拥有一支结构合理、业务素质过硬、教学能力突出的教师队伍，其中全国技术能手3人，广西技工院校学科带头人18人，高级职称教师54人，“双师型”教师159人。学校拥有各类实训设备783台（套），计算机950台，价值3 400多万元。

建校以来，学校综合实力不断提升，1993年被评为首批“国家重点技工学校”，1994年成为广西第一所高级技校，2002年被列为首批“国家机电类高技能人才培训基地”，2005年被认定为“国家职业教育数控技术实训基地”，2007年被中国机械工业联合会评为“高技能人才队伍建设先进集体”，2009年被评为“广西示范性中等职业学校”，2010年被评为“全国机械行业骨干职业院校”和“全国机械行业校企合作优秀职业院校”。

何阳春校长与上汽通用五菱汽车公司负责人签订联合办学协议

学生荣获全国职业院校技能大赛数控铣工项目一等奖

在历年的全国技能大赛中，学校分别获得优秀教学组织奖和优秀技能人才培育突出贡献奖。参赛选手获得前十名的国家级奖励8人次，前三名省级奖励54人次，其中，获国家级一等奖2人次，4人次获国家级奖励，创广西当年最好的获奖成绩。

学校始终坚持走校企合作、产学研结合的办学道路，在校内建立基础性实训基地，在企业建立生产性实习基地，为学生的实习与就业提供保障。目前，学校分别与广西玉柴股份公司、上汽通用五菱公司等二十多家企业建立了战略伙伴关系，并在企业内建立实习基地。学校每年都派出3 000多名高年级学生到各有关企业顶岗实习，企业也根据其自身的用工需要，委托学校定向培养中高级技术工人，并在学校设立学生奖学金，奖励刻苦学习、成绩优秀的学生。通过校企合作，校企双方取得了共赢。

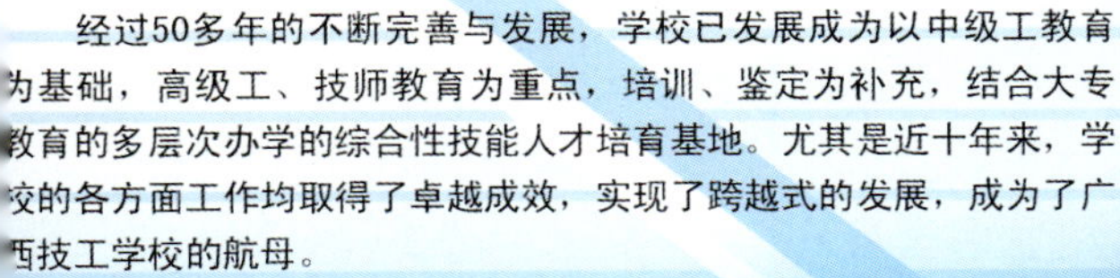

经过50多年的不断完善与发展，学校已发展成为以中级工教育为基础，高级工、技师教育为重点，培训、鉴定为补充，结合大专教育的多层次办学的综合性技能人才培育基地。尤其是近十年来，学校的各方面工作均取得了卓越成效，实现了跨越式的发展，成为了广西技工学校的航母。

国家级示范性数控实训基地——数控铣床、加工中心实训车间

努力建设有特色、高水平“211工程”大学

海南大学
HAINAN UNIVERSITY

▲ 在校学生赴波兰参加国际艺术节

▲ 学校举行50周年校庆并启动“211工程”建设项目

海南大学是2007年由原华南热带农业大学和原海南大学合并组建而成的省属综合性重点大学，是海南省人民政府与教育部共建高校和国家“211工程”重点建设高校。

学校现有海甸、儋州和城西三个校区，校园占地面积5 180多亩。在校生32 000余人，其中普通本科生28 500余人，硕士、博士研究生3 240余人，培养留学生2 000余人。教职工2 500余人，其中专任教师1 400余人；拥有中科院“百人计划”入选者、“国家杰出青年科学基金”获得者等优秀专家250余人。

▲ 教师节前夕，海南省领导到学校慰问教师

学校学科涵盖哲学、经济学、法学、文学、理学、工学、农学、管理学等八大门类；设有四大学部、20个学院（部），作物遗传育种为国家级重点学科，热带生物资源可持续利用实验室为国家级重点实验室（培育基地），在热带农业、海洋生物、化工材料等领域有三个教育部重点实验室；建有6个国家“211工程”重点建设学科、1个国家级实验教学示范中心；博士后流动站1个、本科专业70个、硕士点77个、博士点11个；国家级教学团队2个、国家级特色专业7个、国家精品课程2门、国家级双语教学示范课程1门和“全国专业技术人才先进集体”1个，在热带农业、海洋生物、生命科学、信息技术和法律等领域有博士招生培养资格。

▲ 学校与英国纽卡斯尔大学正式签署学生交换项目实施细则

学校大力推进教育教学改革，创新人才培养模式。推出冬季小学期，聘请国内外著名专家学者在冬季来海南授课；选拔优秀学生组建文理科实验班，培养拔尖人才；实施“教学质量工程”，完善教学质量监控体系，加强教学督导，定期评选“十佳教师”，树立良好的教风、校风和学风；与对口支援高校天津大学实施本科生“1+2+1”联合培养计划；作为海南省唯一具有推荐优秀应届本科毕业生免试攻读硕士学位研究生资格的高校，学校外推本科生到中科院、北京大学、清华大学、浙江大学、天津大学等高校或科研机构继续深造；创办大学生创新院，设立大学生科技创新基金。近三年生源质量大幅提升，毕业生初次就业率一直保持在85%以上，学校吸引力和竞争力明显增强。

学校紧紧围绕“热带、海洋、特区”三大特色，充分发挥人才和学科优势，针对海南发展战略和重大需求组建特色科研团队，成立海南国际旅游岛发展研究院和海南低碳经济政策与产业技术研究院，设立教师科研基金，全面提升科技创新能力。近三年先后获得各类科研立项1 200多项，资助经费1.14亿元，其中国家重大专项、国家“863”计划项目、“973”前期专项、国家重点国际合作项目、国家自然科学基金项目、国家社科基金项目等200余项。

▲ 学校承办全国新增高校“211工程”建设研讨会

学校以开放的国际眼光，全方位构建对外交流与国际合作新格局，与境外20多个国家和地区的70多所高校建立了校际合作关系，开展“1+2+1”、“2+2”、“3+1+1”等多种形式的培养计划。每年选派百余名优秀本科生、研究生前往美国、英国、法国、加拿大、新加坡、俄罗斯、日本等国家和台湾地区的高校学习深造。

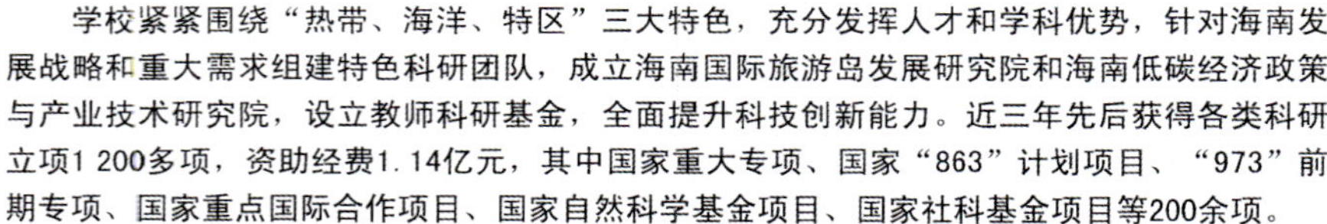

学校“立足海南、面向全国、辐射东南亚”，紧紧抓住海南国际旅游岛和“211工程”大学建设两大机遇，制定了学校事业总体发展规划、学科建设规划、人才队伍建设规划和校园建设规划，力争经过十年左右的努力，把海南大学建设成为有特色、高水平“211工程”大学。

▲ 2009级文理科实验班开学典礼

国家重点中专学校　　海南机电职业教育集团龙头学校
全国示范校　　全国中等职业学校德育工作先进集体

海南省机电工程学校

数控车床理实一体化实训基地

学校领导班子共商学校发展大计

海南省机电工程学校创建于1958年，至今已有50多年的办学历史，系海南省教育厅直属的国家级重点中专学校、全国示范校。学校位于海南省海口市，拥有桂林洋新校区、府城校区和文澫校区，总占地面积420亩。学校现有教职工300多人、在校生6 737人。学校常年开设汽车、机电、电子、计算机四大类34个专业，其中汽车运用与维修专业被评定为全国示范专业，机电技术应用、电子技术应用、计算机应用等专业被评为省重点专业。各专业教学设备先进且配套齐全，中央财政支持在校内建起汽修、数控、机械制造、电子电工4个大型实训基地。2008年1月，经省教育厅批准由学校牵头组建海南省第一个职教集团——海南机电职业教育集团。2009年，学校学生参加全国技能大赛荣获4个三等奖，参加省技能大赛荣获8个一等奖，参加省中专生篮球赛荣获男子组冠军，参加省舞蹈大赛荣获中专组一等奖。2010年，学校学生参加全国技能大赛荣获1个二等奖、3个三等奖，参加省技能大赛荣获7个一等奖。由于近年来办学业绩突出，学校先后被评为“全国中等职业学校德育工作先进集体”、“全国机械行业骨干职业院校”、“海南省首届职业教育杰出创业人才培养学校”、“海南省德育教育示范基地”、“海南省高技能人才考核培训基地”。学校的培养目标是“优秀人品＋熟练技能”，培养规模是“中专＋中级工”，培养模式是“两年校内学习＋一年顶岗实习”，教学模式是“模块化课程+行动导向教学法”。学校目前已建立起大机电就业网络，省内外200多家大中型企业参与安置学生的实习和就业，顺利实现毕业生的充分就业和优质就业，每年就业率达到96%以上。学校今后发展目标为“将学校打造成学生的理想乐园、教工的幸福家园、企业的人才公园、海口的绿色花园、海南的品牌校园、国家的知名学园”。

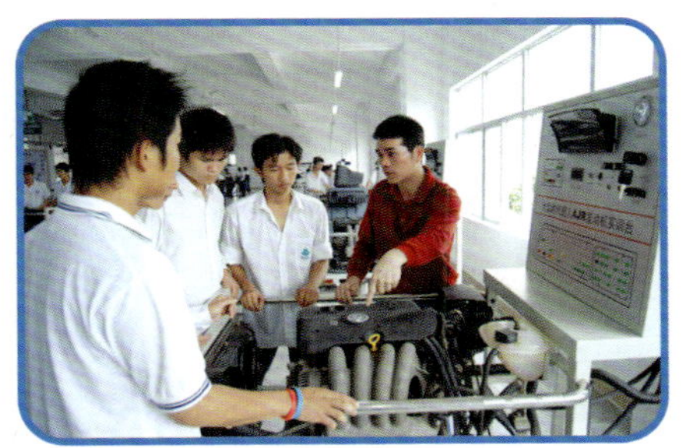
汽修专业理实一体化教学

电子电工专业PLC理实一体化教学

美丽壮观的校园

机电专业楼

汽车专业楼

海南省农业学校　海南省科技学校

海南省农业学校、海南省科技学校为两块牌子，一套人马，直属海南省教育厅，是省财政全额拨款的事业单位。学校创办于1946年，2001年春季被教育部认定为国家级重点中专学校，2003年被教育部授予“全国职业指导工作先进学校”称号，2009年被教育部、国家人力资源和社会保障部联合评定为全国教育系统先进集体。

学校位于海口市城西路41号，占地面积105亩，另有两个实习农场770亩。学校办学基础条件较好，有教学和学生生活用房约4万平方米。实验实习条件逐步完善，有15个固定实习基地，21个实验室，8个实训中心。

学校师资力量雄厚，现有教职工210人，专任教师170人，高级讲师（含高级技师）55人，特聘特邀专家型教师60多人。现开设种植技术、养殖技术、观光农业、农村经济、信息工程、汽车工程等六大类24个专业，中专学历在校学生10 233人。每年培训农村实用技术人才3 000多人次。

原教育部职成司领导率全国职教大会代表来学校召开现场经验交流会

海南省领导来学校视察指导

经费投入

2009年财政拨款2 495.7万元，学校收取学费及住宿费分成款561万元。

招生就业

（1）通过全体教职员工的共同努力，2009年学校实现在校学生人数达10 233人。（2）与中国农业大学网络教育学院联合办学，目前有大专、本科在校生500多人。（3）经海南省人劳厅核实，2009年学生就业率达98.13%。

教学管理

（1）为教师搭建对外交流学习的平台，协助教师进修转型。充分发挥老教师余热，让经验丰富的老教师对年轻教师进行传帮带，促进年轻教师尽快成长。（2）在教学常规管理方面，坚持教学常规检查，做好查堂记录，做好教师的量化管理考核。（3）开展内容丰富、形式多样的教研教改活动，以项目任务为目标的教学模式探讨、模块教学、学分制完善等教改工作，并取得初步成果。

学生工作

（1）落实好班主任岗位责任制，实行班主任值日制度和值周卫生检查制度，签订班级治安安全管理目标责任书，做好班主任量化考核工作。（2）组织开展主题班会等活动，狠抓校风建设。充分利用入学教育、每周日晚修的班会等形式，开展“社会公德”、“构建和谐校园”等主题班会，加强对学生的纪律教育、文明行为教育，纠正学生的不良行为。

海南省领导和教育厅领导指导学校改革创

基建工作

2009年，省政府投资2 570万元、国家发改委投资400万元在学校兴建两栋学生宿舍、1栋教学楼和学生食堂。学校高度重视基建工程质量和工期，除了专门的监理公司进行正常的工程进度监理外，还成立了领导工作小组和施工推进质量监督小组，坚持每天对工程进度、工程质量进行监督，确保工程能够按时保质完成。

安全卫生

（1）学校在校门、教学楼、综合楼、学生宿舍等公共区域部位安装了闭路电视监控系统，对校园各重点区域进行24小时监控。（2）2009年5月26日，海南省委常委、政法委书记肖若海同志带领参加全省政法会议的领导，莅临学校参观指导，对学校“平安校园”创建工作给予高度评价。

学校校长在人民大会堂全国会议上介绍经

党群工作

（1）一年来，学校理论学习中心组7次集中系统地学习了省党代会报告和十七届四中全会报告。（2）2009年已完成了接收5名预备党员、确定43名发展对象和112名入党积极分子的相关工作，13名预备党员转正办理报批手续。（3）聘请海南大学教授来校作了学习科学发展观的专题辅导报告。

校园文化建设

（1）2009年，在全体教职工的共同努力下，学校被评为“全国教育系统先进集体”。同时，陆红专校长被评为全省教育系统先进教育工作者。（2）教师积极参加各项文体活动，获得优异成绩。（3）一年来分别举办了“青春的足迹，和谐的旋律”主题校园十大歌手大赛、“校园社团风采文艺晚会”、中职生“文明风采”大赛等系列校园文化活动，学生合唱队在全省中职学生文艺比赛中荣获一等奖。

重庆城市管理职业学院

团结进取的学院领导班子

重庆城市管理职业学院是由重庆市人民政府主办、国家民政部与重庆市人民政府共建、重庆市教委直属的全日制公办普通高等学校，是重庆市首批市级示范性高等职业院校立项建设单位、“国家示范性高等职业院校建设计划”骨干高职院校立项建设单位。学校始建于1984年，原为国家民政部创办的民政部重庆民政学校，2001年3月升格为重庆社会工作职业学院，2006年3月更名为重庆城市管理职业学院。

学院位于重庆大学城，占地面积450亩。学院实验、实训设备先进，拥有校内实践教学基地（中心）12个，下设102个实训室，校外实习实训基地236个，建有重庆一流的数字化校园。图书馆藏书39万余册，报刊800余种。生活服务设施配套，文化体育设施一流，校园文化生活丰富多彩，为学生的全面发展提供了优越条件。

学院与美国韦德纳大学签订合作协议

学院现有社会工作学院、信息工程学院、工商管理学院、文化产业管理学院、工程管理系、会计与贸易系、基础教学部、继续教育学院、思想政治理论课教研部等9个二级教学单位，招生专业44个，面向全国31个省（区、市）招生，现有在校生近10 000人。有重庆市教改示范、试点专业6个，中澳职教项目成果推广专业1个，国家技能型紧缺人才培养专业4个。建成国家级精品课程1门，市级精品课程7门。获国家级教学成果二等奖1项，重庆市教学成果一等奖2项。

学院大力实施“双师”、“双高”促进工程，打造专兼结合的教学团队。现有专兼职教师400余人，其中教授23人，副教授及其他副高职称95人，博士、硕士142人，重庆市有突出贡献中青年专家1人，重庆市中青年骨干教师3人，“双师素质”教师153人。学院建有由100余名行业专家、能工巧匠组成的兼职教师资源库。教师教学科研成果丰硕。

学院与重庆绿云尚都国际时装城共建服装专业学生创业孵化基地挂牌仪式

学院积极开展人才培养模式改革和教学质量工程，深化校企合作，与130余个政府机构、行业协会、企事业单位建立了深度合作关系，大力推进工学结合、“订单式”培养，形成了“三结合”人才培养模式和“四合一”教学模式，积极推动项目导向、任务驱动教学改革。学院大力推进素质教育和创新创业教育，着力培养学生良好的职业道德、熟练的职业技能和科学的创新精神，人才培养质量显著提高，毕业生深受用人单位的好评。学院被评为“全国普通高校毕业生就业工作先进集体”、“全国职业教育先进单位”、“高职高专人才培养工作水平评估优秀院校”、“新中国成立60年重庆教育著名高职院校”、“国家示范性高等职业院校建设计划”骨干高职院校立项建设单位。

学院建立有国家职业技能鉴定所，可对57个职业（工种）进行技术等级鉴定。学院还被命名为国家计算机应用与软件技术紧缺人才培养基地、国家计算机信息技术考试站、国家民政行业特有工种职业技能鉴定站、全国人事人才职业资格认证授权培训中心、教育部教育管理信息中心远程培训点等。

学院分批组织教师赴香港职业训练局培训

学院积极开展国际交流与合作，同美国、澳大利亚、德国、挪威、韩国等国家和香港地区的同类型院校开展多种合作，为师生提供学习和交流的平台。

学院立足现代城市服务和民政社会工作，服务和谐社会构建，积极培养德智体全面发展，满足现代城市建设、管理、服务第一线需要的服务型高技能专门人才，努力建设西部领先、国内一流的示范高等职业院校。

浙江省宁波市镇海区民政系统来学院举行专场招聘会

重庆科技学院

学校与重庆微电园签订产学研合作协议

重庆科技学院的前身可追溯到为了我国钢铁工业和石油工业发展，始建于1951年的西南工业部钢铁工业管理局专修科和西南石油工业专科学校。1985年1月和1994年5月分别发展成为重庆钢铁专科学校和重庆石油高等专科学校。1998年7月，重庆钢铁高等专科学校由原冶金部划转重庆市，次年2月更名为重庆工业高等专科学校。1998年10月，重庆石油高等专科学校遴选为全国示范性高工专重点建设学校，2003年12月由中国石油天然气集团公司划转重庆市。2004年5月，重庆工业高等专科学校与重庆石油高等专科学校合并组建重庆科技学院，实行中央与重庆市共建、以重庆市管理为主的管理体制。

“中国安全生产科学研究院安全工程实验与研发基地”实地选址考察

国家安监总局领导考察筹建中的中国安科院安全工程技术实验与研发基地

国家环境保护垃圾焚烧处理与资源化工程技术中心来校调研考察

台湾中央大学来校访问

重庆科技学院是重庆市人民政府重点支持整体搬迁、异地新建的高校，坐落于重庆大学城。现已成为一所以工为主，理、工、经、管、文多学科协调发展，行业特色鲜明、区位优势突出的全日制普通本科院校。学校占地面积1 884.60亩，校舍已建成面积479 659平方米，在建62 874.23平方米，教学科研仪器设备总值1.42亿元，馆藏印刷型图书90.31万册。设有14个教学院（系），33个本科专业，全日制在校学生17 564人。在职教职工1 453人，其中教授71人、博士109人、硕士547人。学校学习、生活和文化体育运动设施完善，校园环境优美，是重庆市依法治校示范学校、民主管理示范学校和“文明单位”。

美国卡万塔公司高级代表团实地考察垃圾焚烧发电技术中试基地

团结奋进的学校领导班子

党委书记魏世宏

校长严欣平

五十九年来，学校始终与祖国同呼吸、共命运，先后向社会输送各类合格人才6万余人，涌现出诸如周寿桓院士、全国“五一劳动奖章”获得者周华安、西南铝业集团董事长赵世庆、中国海洋石油集团公司人事部部长唐代治等一大批杰出校友。学校在油气井控制、冶金与航天航空材料、垃圾焚烧技术研究等多个领域取得了丰硕成果，为石油、冶金工业和地方经济发展作出了积极贡献。

“863”重大专项首席专家检查“泥浆密度动态调节装置研制”项目的进展情况

学生作品在第十一届“挑战杯”航空航天全国大学生课外学术科技作品竞赛中获二、三等奖

重庆市级电工电子实验教学示范中心

学校女子足球队荣获2009—2010全国大学生女子足球联赛季军

中石油天然气总公司捐赠750万元建设石油天然气工程实践教学平台签字仪式

地址：重庆市沙坪坝区虎溪镇重庆大学城　邮编：401331　电话：023-65022514

西南财经大學

教育部领导莅临学校指导实践科学发展观活动

西南财经大学是教育部直属的国家“211工程”重点建设大学，现由光华、柳林两个区组成，总占地面积2 300余亩。

学校创办于1952年，初名四川财经学院，1985年更名为西南财经大学。半个多世纪以来学校先后归四川省、中国人民银行、教育部主管，逐步构建起以银行、保险、证券期货为体，其他相关学科为支撑的大金融优势学科群，发展成为以经济学、管理学为主体，金融为重点，多学科协调发展的高水平特色型大学和中国西部的财经智库，成为国家经济学、理学高层次人才培养的重要基地，国家和西部地区金融、经济、管理科学研究的重要基地西部财经学科国际交流的中心。

西南财经大学发展研究院成立暨《中国经济形势分析与预测》发布会

创建特色鲜明高水平财经大学座谈会

中国留学服务中心/西南财经大学共建出国留学培训基地协议签字仪式

目前，学校共有27个学院（中心、部）；拥有教职工1 700人，其中，教师和研究人员1 100人，“长江学者”5名，特聘海外院长6名，全职海外士100余名；各类在校学生22 000多名；有32个博士点，64个硕士点，32个本科专业，有理论经济学、应用经济学和工商管理3个博士后流动站；有融学、政治经济学、会计学和统计学4个国家级重点学科，1个国家经济学基础人才培养基地、国家大学生文化素质教育基地和国家级社科研究基地。校已与世界上30多个国家和地区的50多所大学建立了良好的校际交流关系，每年聘请长短期外国专家100多人到校授课，有来自10多个国家和地区的期留学生近300人。

西南财经大学认真贯彻国家科教兴国战略，紧紧抓住高等教育发展机遇，坚持走特色发展之路、走国际化之路、走改革创新之路，充分发挥自身势，正朝着建设国内一流、部分学科国际知名的高水平研究型财经大学迈进。

构建学习型组织——党委中心组理论学习会

校园风光

地址：四川省成都市温江柳台大道555号
四川省成都市光华村街55号
邮编：611130（柳林校区）
邮编：610074（光华校区）
网址：www.swufe.edu.cn

新中国成立六十周年全国教育管理优秀成果

成都铁路工程学校

全国职业教育管理创新学校

中国教育学会教育管理分会

二〇〇九年五月

成都铁路工程学校

一、基本概况

学校领导向四川省领导汇报学校情况

成都铁路工程学校始建于1951年，原为铁道部部属学校，2000年划归四川省属地管理。学校占地面积173.4亩，建筑面积40 000平方米；现有教职工210人，其中专任教师110人（专业课教师“双师型”比例达70%），在校生人数5 000余人。

二、办学特色

（一）建校历史悠久，办学成果丰硕。建校近六十年来，学校累计为社会培养输送了4万余名技能型人才，毕业生任局、处级以上领导干部近千人，拥有中级以上职称的各类专业技术人才近万人。他们中有多人荣获全国“五一”劳动奖章、全国科技成果奖励，成为享受政府津贴专家。

（二）依托企业办学，突出办学特色。依托中铁二局等国有大中型企业的资源优势，学校建有稳定的校外实训基地，校内有设备完善、功能齐全的实验、实习中心和3个一流的专业教室，实验自开率和实习开出率均达100%。学生动手能力强，多次在省部级技能大赛中获奖。学校现开设有铁道施工与养护、测量工程技术、工程机械运用与维修、公路与桥梁、工业与民用建筑等7个专业，其中铁道施工与养护、测量工程技术、工程机械运用与维修3个专业是四川省重点（示范）专业，教学设备总值1 800余万元。

校企联合

（三）注重师资队伍，创新教育模式。教师积极钻研教学业务，积极参加实践锻炼，理论和实践教学能力强；积极开展教育教学研究、教材撰写和科研开发，专业课教师数量充足，结构合理，配置得当，学历、职称、“双师型”比例、专业实践年限和教学工作年限等完全符合要求。实行“2+1”教学模式，全面实行了学历教育和技能证书“双轨制”，面向学生广泛开展职业技能培训和鉴定。

学生实习

三、学校管理

（一）紧贴市场需求，调整设置专业。学校依托铁道施工与养护、测量工程技术、工程施工机械运用与维修三个具有厚重历史积淀、紧贴行业需求、师资力量雄厚、教学设备精良、实训基地广阔、毕业生供不应求的省级重点专业，培育和开设了适应市场需求的道路与桥梁、工业与民用建筑、汽车运用与维修等专业，其毕业生吃苦耐劳、解决基层技术问题“有方”，深受用人单位欢迎。

（二）注重品德教育，提高综合素质。坚持“中专三年，受益终身”的长线培养，致力培养学生“生存、做人、求知、发展”四种能力。教育教学以培养“求知”、“发展”能力为目的，学生管理以培养“生存”、“做人”能力为目的，长期开办业余党校、业余团校、升旗仪式、读书论坛、第二课堂，使学生“做人”能力得到升华。系统教育与日常管理相结合，自律与他律相结合，内在要求与外在约束相结合，促使学生综合素质明显提高，家长放心、社会满意。

学校校庆

2006年五十周年校庆演出

四、办学成就

学校坚持以发展为第一要务，以服务为宗旨，以就业为导向，全力把工学结合、校企合作、顶岗实习作为学校重要的办学模式和特色来抓，先后与中铁二局、中铁八局等5家企业签订了合作协议，形成了“课堂教学、实习操作、技能鉴定一体化”的教学模式，学生实训开出率达98%，实习课程教学时间达到60%及以上；学生就业率连续保持在98%以上，年非学历培训超过3 000人次。先后荣获国家级重点中等职业学校、全国建筑行业技能型紧缺人才培养培训基地、成都市文明单位、成都市职业教育先进单位和全国职业教育管理创新学校、全国职业技术教育就业示范学校等殊荣。2009年秋季被确定为四川省实施藏区“9+3”免费教育计划学校之一，成为首批国家级中等职业教育示范学校。

成都铁路工程学校

成都纺織高等專科學校

CHENGDU TEXTILE COLLEGE

成都纺织高等专科学校创立于1939年，原名为“国立中央技艺专科学校”，迄今已有70余年的办学历史。目前，学校是中国西南地区唯一一所独立建制的纺织类全日制普通高等学校，是四川省首批示范性高等职业院校建设单位，是国家首批骨干高等职业院校立项建设单位，隶属四川省教育厅。

党委书记王允昌

校长尹析明

多年以来，学校坚持以就业为导向，不断调整专业结构，加强师资队伍和实验实训基地建设，形成了以纺织、服装、染化专业为龙头，以机械、电气、电子信息、建筑专业为骨干，艺术、经贸、管理和英语专业等并举的专业格局。学校教学单位设有九系三部，即纺织工程与材料系、服装艺术与工程系、染化与环境工程系、电子信息与电气工程系、机械工程与自动化系、经贸与管理系、外语系、艺术系、建筑系、基础教学部、体育工作部、思想政治理论教学部，可招生专业54个，现有在校生9 355人。

学校原有三瓦窑老校区和犀浦新校区两个校区。新校区于1997年开始征地进行建设，1999年入住第一批学生，2004年学校又抓住机遇，果断买下了与新校区仅一路之隔的原成都世界乐园的土地及附属物。2007年学校成功将三瓦窑老校区进行了置换。目前学校犀浦校区校园面积616亩，固定资产3亿余元，校舍面积16.9万平方米。

近年来，学校加大了教师送培力度，大力引进高学历、高职称人才，使学校的师资结构更加优化。学校现有正式教职员工580人，各类外聘人员262人。正式职工中正高职称30人（含美籍华人教授1人），副教授、高级工程师、高级实验师等138人，博士7人，在读博士17人，特聘教授6人。全国优秀教师中有全国及省部级优秀教师4人，享受国务院颁发政府津贴的专家2人，“四川省有突出贡献的优秀专家”3人，省级劳动模范1人，省级教学名师3人，省级师德标兵3人，省级教学团队4个。2001年，学校被中国和意大利政府选定为中、意政府合作职业培训项目执行学校，获项目资金320余万欧元。迄今已有50余名教师和管理干部被派往美国、意大利、日本、瑞士等国家的高等学府学习交流。

学校现有国家精品课程1门，国家级试点专业3个，省级试点专业3个，省级精品专业3个，省级精品课程18门。2003年，学校被列为四川省首批进行IT类高职教育改革试点专业。学校扎实推进科研工作，引进成都电子科大太赫兹研究中心、美国田纳西大学纺织及无纺研究中心的科研力量和TTRC共同合作成立“成都纺织高等专科学校太赫兹研究中心”，进行太赫兹在纺织行业中的应用研究。学校承担省级及以上科研课题34项，主持或参与了6项国家“职业技能鉴定标准”的制定；转化科技成果28项，获国家专利15项、省部级科技成果奖9项。

四川省领导和省教育厅领导莅临学校指导工作

学校坚持以就业为导向，不断深化教育教学改革，适时调整专业结构，重点培养学生社会适应能力和实践动手能力，不断提高教学质量，造就学生较强的从业、创业能力。近年来，学生在各类竞赛中获国家级奖励10余项、省部级奖励26项。服装专业学生曾白子在“益鑫泰杯”第五届中国时装设计大赛中荣获一等奖；电子商务专业学生何欣在中国首届电子商务大赛中夺取国家级银奖；在校学生曹于亚同学荣获中宣部、中央文明办“全国孝老爱亲道德模范”称号。经贸与外语系社会实践小分队荣获中宣部“全国高校社会实践先进集体”称号。学校连续17年一次性就业率保持在90%以上，因此得到教育主管部门和社会各界的充分肯定，连续多年被四川省教育厅评为“普通高等学校毕业生就业工作先进集体”。学校还荣获了成都市“先进基层党组织”、“思想政治工作优秀单位”、“树师表形象、创文明校风先进集体”等称号。2006年，学校党委被四川省委授予“先进基层党组织”称号。2007年，学校被四川省委组织部、省教育工委授予“四川高校领导班子开展‘四好’活动先进单位”称号。2008年，学校荣获“四川省教育系统第二批抗震救灾先进集体”称号，同时被四川省委、省委教育工委列为四川省第一批深入学习实践科学发展观试点单位，圆满完成了试点工作任务。2009年，学校作为高职院校代表参加了第十八次全国高校党建会。

师生共庆新中国成立60周年

四川省商业服务学校

四川省商业服务学校是1976年经四川省政府批建的一所中等职业学校。1996年被评为省、部级重点中等职业学校，2002年被国家教育部评为首批七所烹饪“全国示范专业”学校之一，2005年被国家教育部评为国家级重点中等职业学校，是四川省劳务外派（烹饪、服务业）培训基地、省级劳务培训基地、国家职业技能鉴定所，是省人事厅指定的全省机关事业单位厨师工资升等培训考试的牵头负责学校和省属单位厨师工资升等培训考试定点学校，是省政府指定的北京人民大会堂选调川厨的学校，是中央直属机关“川菜技术提高班”的指定培训学校。

学校现开设烹饪类、餐旅类、信息与经贸类五年制高职大专、三年制普通中专及技术层次共8个专业，还与其他高等院校联合开办了“3+2”大中专套读班、高中一年制专班以及对口专业的专科和本科教育。学校师资力量雄厚，教学管理严谨，拥有一支结构合理、素质高、技能强、教学经验丰富的“双师型”队伍，现拥有四川烹饪大师、烹饪名师和服务名师18人。近几年，学校发展迅速，专业特色突出，办学成绩显著，办学规模逐年扩大，在校生规模已达2 000余人。学生“进出两旺”，毕业生供不应求，受到企业普遍欢迎。人民大会堂每年到学校选招学生实习和工作。

省委老领导为学校题词：
“川菜第一校，美名五洲扬”

学校餐旅专业学生服务礼仪表演

学校坚持“道德高尚、技艺精湛”的校训，坚持“培养高素质、高技能、适用型人才及部分行业拔尖人才”的培养方向，师生专业技能强，多次在各级各类烹饪、餐饮服务和茶艺技能比赛中获奖。2002年7月，烹饪专业学生代表四川省参加全国首届中等职业学校烹饪技能大赛，取得了四个比赛项目均获金牌的骄人成绩。2004年10月，学校烹饪教师陈书伟参加第五届世界烹饪大赛，夺得了金牌。2007年，烹饪专业师生组队代表四川省参加了教育部全国中职学校“石浦杯”烹饪技能大赛，荣获八块金牌、两块银牌和两块铜牌。餐旅专业学生在2007年四川省“普利杯”四川茶馆形象大使选拔赛中，以总分第一名的成绩夺得四川茶馆形象大使奖。2009年，学校烹饪专业师生再次代表四川省参加了在天津举办的2009年教育部全国中职学校烹饪技能大赛，取得了一金、六银、两铜的好成绩。

为了使学校得到更大的发展，学校正在郫县安靖镇建设新校区，新校区占地面积166亩，总建筑面积90 000平方米，总投资1.3亿元，已于2009年4月开工建设，并于2010年年底迁址办学。新校区可容纳在校生4 500人以上，拥有更完善而先进的教育教学设施，充分满足教育教学需要。学校面貌焕然一新，办学条件大大改善，整体形象大幅提升，将带来更大的发展机遇。

学校郫县安靖新校区效果图

参加首届中职学生烹饪技能大赛获奖雕刻作品——《牡丹瓜灯》

参加首届中职学生烹饪技能大赛获奖冷拼作品——《茁壮成长》

漂亮的阅读角

成都市金沙小学

成都市金沙小学于2007年9月正式开学，是成都市青羊区教育局主管下的公立学校，位于成都市市区的西北部西二环与三环路之间，与金沙遗址博物馆比邻而居。

金沙小学文化建设研究在钟樱校长的带领下从2005年就开始了。学校以挖掘金沙文化服务教育为思想源泉，解放每一个孩子，追逐美好的梦想，注重建设一所“没有观念围墙、没有心灵围墙、没有精神围墙”的现代化、国际化学校，形成了开放教育、探究学习、均衡发展、和谐校园的办学策略，在“追逐梦想，从心绽放”的办学理念引领下，实现高起点、跨越式发展。

收获劳动的果实

在物质文化建设中，金沙小学实现开放式的校园环境，构筑学生多目的性、多功能性、高效性、生态化的学习空间，开放的图书馆、科学馆、艺术馆形成学校独有的开放式环境文化，最终从环境的开放实现教育的开放，人的解放。

金沙小学拥有一支高素质的管理队伍和教师队伍，实施一整套现代教育管理制度，努力探索开放、民主的管理机制。构建了“民管会”领导下的教师中心、学生中心、家长中心，激励教师、学生、家长自主管理学校。同时，改革评价体系，推行教师专业发展“导师制”、学生发展“职级制”，增强教育管理的科学性和高效性。

金沙小学和众多国内外教育机构、教育专家有良好的合作交流机制，聘请了中国教育学会陶西平副会长、美国教育部前副部长苏珊女士为名誉校长。专家学者的熏陶与引领，提高了金沙小学现代教育思想水平。学校锐意改革，建立起一套符合现代教育理念、国际化与本土化相统一的课程体系。现代国学、英语、科学、体育等已逐渐形成学科特色，还根据地域特点，形成了学校独具特色的金沙体验课，全面落实素质教育。

开放的图书走廊

研究学生的个体差异，制定适合儿童个体需求的发展设计在今天至关重要。金沙小学着手“班级教育均衡”研究，重点关注班级中的弱势群体，关注学生的多元发展，让每一个学生感受成长的快乐。金沙小学通过建立学生个性档案、填写三问关爱手册、组建社区学习小组、开展“分层次课堂教学模式”研究、开展“今日有约”的“一对一”辅导活动、开设全校每人参与的免费选修课、针对特长突出的学生设立“每周一练”等行之有效的办法，让每一名学生主动探索，激发潜能，获得归属感，在学习中体验成功。

金沙的目标就是要建设一所理想中的学校，让每一个孩子从现在开始就幸福，金沙希望学校能真正成为学习的乐园，学生能在校园真正感受生命的精彩。在美好的校园中，每一朵花都会绽放。

让阅读成为一种习惯

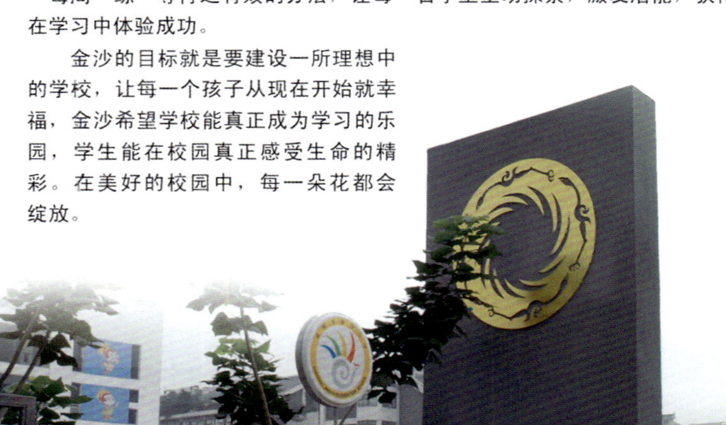

们的足迹↓↓↓

《教育导报》

2008年

荣获省级“抗震救灾先进单位”荣誉称号

2009年

在全国教育类报纸的质量排名中，

名列第七，进入前十名。

《四川教育》

1995年

四川省委宣传部、省新闻出版局、省科委、

省期刊协会评为“四川省十佳期刊”

2001年

新闻出版总署“中国期刊方阵·双效期刊”

005—2006年 2007—2008年

连续两次获得四川期刊的最高政府奖

“四川出版·期刊奖”

2008年

荣获中国期刊协会

“全国抗震救灾宣传报道先进期刊”称号

《少年百科知识报》

1996年 1998年

质量评定中均获“四川省一级报纸”称号

2005年

获中国少儿报刊工作者协会

“中国优秀少年儿童报刊”称号

2006年

“少年百科知识竞赛”活动获

少儿报刊工作者协会“创新活动特别奖”

2008年

川省未成年人思想道德建设先进集体奖”

2008年 2009年

向全国青少年推荐的“优秀少儿报刊”称号

《今日中学生》

2001年

新闻出版总署“中国期刊方阵·双效期刊”

2005年

获中国少儿报刊工作者协会

“中国优秀少年儿童报刊”称号

《当代职校生》

被评为“四川省整体设计优秀期刊”

四川省期刊质量评比中，《四川教
《今日中学生》、《当代职校生》
评定为“四川省一级期刊”。

——四川教育报刊社

跬步江山即寥廓

林无静树，川无停留。所有一切都在变化，唯有变化不变。

四川教育报刊社面对日趋激烈的媒体竞争，是在市场经济大海中游泳，如过太行路，行巫峡水……

但我们相信，只要有崭新的意志，强大的勇气，就有希望在。“人生万事须自为，跬步江山即寥廓。”

“5·12”大地震和灾后重建创造了四川教育报刊社历史上在最短时间派出记者最多、报道地点最广、采写量最大、独家新闻最多、转载量最大的纪录。检验了我们的职业精神和应急策划协调能力。证明我们有一支敬业、专业、敢打敢拼的队伍。

我们要向广大师生大力宣传社会主义核心价值观，首先追求的是社会效益，不汲汲乎投奔商业，而是强调与文化文明的对接。

做新闻实际上就是做人。未曾有豪气贯日月、英风动大地的奢望，只是想以冰霜作骨，玉雪为容，既充盈浩然之气，又飘逸素襟清韵。为此，我们须意旨磅礴，扶一往无前之志，具百折不回之气；须夙光夜寐，以勤补拙，公而忘私，见义勇为，还要有草鞋踏雪步步成踪的真实。为此，我们更须有朗如日月的胸襟、尽守本职的安详和舒泰宽广的视野。

纵览古今，环视宇宙，人生顷刻，如白驹过隙。我们当志存高远，以不息为体，日新为道，为构造和谐教育，团聚精力，知难而上，勇猛精进，携手奔向海阔天空之境。

当教育得到优先发展，当《国家中长期教育改革和发展规划纲要（2010—2020年）》一步步落到实处，当教师这一职业真正被人羡慕，当广大偏远农村的孩子也都真正能坐进宽敞明亮的教室安心读书，当人民群众满意我们的教育的时候，请允许我们暂且放下手中的笔，以手臂作枕，与广大师生读者分享晴朗之夜仰望星空的愉悦，那时刻，星光何灿烂，薰风正轻吹……

冶　金　矿　业　高　技　能　人　才　的　摇　篮

昆明冶金高等专科学校

昆明冶专改革发展迅速

学校领导班子

近十年来，学校获得了多项荣誉，2001年成为全国16所国家重点建设示范性高职院校之一；2002年成为云南省高职教育排头兵院校；2003年被评为首批8所全国评估优秀高职院校之一；2004年成为首批全国实施职业资格证书试点院校；2005年学校被评为“全国职业教育先进单位”和首届“中国职业教育杰出校长”院校，教育部原部长周济到校视察并肯定学校的改革发展成果；2006年被评为“全国大学生心理健康教育先进单位”；2007年被评为首届“全国黄炎培职业教育优秀学校”；2008年成为国家重点建设示范性高职院校和“全国精神文明建设先进单位”；2009年被评为“全国职业教育管理创新学校”和“全国冶金高职先进院校”；2010年被评为“全国普通高校就业工作先进集体”和“全国大学生心理健康教育先进单位”。

昆明冶专声誉不断提升

与德国合作办学

与老挝合作办学

主要体现在三方面。

第一，形成了雄厚的办学实力。一是设有教学单位18个学院。二是拥有在校生13 000多人。三是开职专业70个，其中国家精品专业1个，国家示范建设专业6个，教育部教改试点专业3个，省级特色（重示范）专业10个。四是建设有国家级精品课程4门，省级精品课程12门，教指委精品课程20多门。五是教职工1 000人，专职教师超过700人，正副教授370多人，其中教授超过60人，并拥有二级教授2人、三授15人，具有技师、高级技师资格的教师370人，全国优秀教师3人，国家有突出贡献的技术专家1人，高教公关名师2人，省级教学名师4人，全国冶金职教名师5人，国家级优秀教学团队2个，省级优秀教队4个，“双师型”教师400多人；教师担任主编的全国高职教材超过150种、“十一五”国家级规划教种。六是建设实习实训基地500多个，其中中央财政支持实训基地1个，省级示范基地7个。七是拥有资3亿元，即将形成10亿元左右优质教学资产。八是馆藏图书120多万册。九是就业率高达95%，连续9年成绩优秀，上百名学生到境外就业；在28名上海世博会志愿者和90%签约上海大企业的毕业生中，涌现一大批领导干部、企业家和技术管理骨干；成长起10多位亿万富翁和20多位千万富翁，甚至涌现出了著名的宝石鉴定专家等，为昆明冶专增添了光彩，提高了声誉。十是培训鉴定人数超过6万人，其中为培养输送了4万多名高技能人才，技师、高级技师4 000多人。

第二，建成了一大批培训基地。建设有西门子（中国）公司昆明培训基地、中德职业教育师资培地、全国冶金行业高技能人才培养基地、全国高职高专创新教育重点基地、全国高校公关昆明培训基全国实施职业资格证书国家级试点院校、中国创造学会创造教育实验基地、云南省高技能人才培养基云南省外派劳务冶金矿业专业基地和云南省知识产权教育试点院校，还有一个中央财政支持实训基地云南省示范性实训基地。

第三，取得了示范性领先成果。通过“高职211工程”——国家示范院校建设，昆明冶专在有色冶才培养、测绘专业人才培养、创新创业活动开展、心理健康教育开展、东盟国际合作推进和网考自主推进六个方面取得了领先成果，起到示范作用。学校在与20多个国家和组织开展国际合作的情况下，国内外企业和组织签订了合作协议，并相继合作举办了“昆明冶专云锡采矿班”等定向培养班，合作了“昆明冶专昆明财兴盛矿冶学院”等。

昆明冶专发展任重道远

58周年校庆活动现场

昆明冶专未来发展的主要方向，就是要在“学会求知、学会做事、学会合作、学会发展”的终身教育“四大支柱”的理念指导下，紧紧围绕“把促进学生健康成长作为学校一切工作的出发点和落脚点”的总体要求和“优先发展、育人为本、改革创新、促进公平、提高质量”的20字方针，继续扩大国际视野，把昆明冶专融入世界经济社会变化之中，筹划如何办好人民满意且具有中国特色的高职教育。坚持“以服务为宗旨，以就业为导向，走产学研结合发展道路”的办学方针，通过“合作办学、合作育人、合作就业和合作发展”的办学途径，探索“双主体”培养高技能人才的新机制，遵循“通过科学求真、运用人文求善、坚持艺术求美”的育人规律，实施“学中做、做中学”，“工学结合、校企合作”和“国际化、东盟开发”三大战略，尽快建成在校生达到18 000—20 000人的省内领先、国内一流、东盟地区知名的全国一流示范“绿色高校”，为把学生培养成能够传承优秀文化的现代文明人和具有全球视野的国际人，成为卓越的工程师、高级技师、优秀企业家和技术发明家，为云南和国家经济社会发展作出更大的贡献而努力奋斗！

地　　址：云南省昆明市学府路388号
邮　　编：650033
网　　址：www.kmyz.edu.cn
联系电话：0871-6051153
传　　真：0871-5522096

西北农林科技大学

容纳万余名学子的北校区八号教学楼

西北农林科技大学前身为1934年成立的国立西北农林专科学校，1999年由2所大学和5个科研机构合并组建而成，现为国家“985工程”和“211工程”重点建设高校，设有研究生院。学校地处国家杨凌农业高新技术产业示范区。

学校现设22个学院（系、部、所），有64个本科专业，涵盖11个学科门类。有7个国家重点学科，2个国家重点（培育）学科和25个部省级重点学科。有1个国家重点实验室，15个部省级重点实验室，18个国家、部省级研究中心，3个国家野外台（站）。有12个博士后流动站、11个博士学位授权一级学科、71个博士点、18个硕士学位授权一级学科和105个硕士点。

现有教职工4 559名，其中专任教师1 494人，博士生导师265人、硕士生导师706人。有两院院士2人，双聘院士7人，“千人计划”入选者1人，“长江学者”特聘教授1人、讲座教授2人，国家杰出青年3人，国家“百千万人才工程”入选者11人，国家级有突出贡献专家4人，教育部“跨世纪优秀人才”1人，教育部“新世纪优秀人才支持计划”入选者39人。

2009年，学校有全日制本科生21 492人，各类研究生7 100余人，其中学历研究生5 940余人，成人教育学生8 150人。建校70多年来，先后培养输送各类人才10万余名，毕业生遍布海内外，为西北乃至全国农业及农村社会发展作出了巨大贡献。

学校占地面积45 274亩，其中校园面积5 913亩，校舍建筑面积89万平方米。仪器设备总值近5亿元，图书馆藏书270万册，拥有大量的数字资源和先进的网络检索查询系统。现有16家农、林、水专业学会挂靠学校，编辑出版20种学术期刊，建有大学出版社。

建于1934年的北校区三号教学楼

陕西省领导视察学校

农业专家考察学校选育的小麦新品种推广示范情况

杨凌国际农业科技论坛现场

建校七十余年来，学校始终坚持“民为国本，食为民天”的办学理念，以推进旱区农业发展为己任，先后取得科研成果5 000余项，获奖成果1 800余项，其中国家级奖励104项。特别是在小麦育种、体细胞克隆技术、胚胎干细胞、生态环境治理等方面取得了一大批重大研究成果。学校在国内率先提出并探索以大学为依托的农业科技推广模式，积极开展科技示范推广和产业化工作，受到了国家高度重视和社会广泛关注。

按照学校新的规划目标和战略思路，全校师生正在为创建产学研紧密结合、特色鲜明的世界一流农业大学而努力奋斗！

西北政法大学

NORTHWEST UNIVERSITY OF POLITICS & LAW

2006年，经教育部批准更名为西北政法大学

西北政法大学位于世界历史文化名城西安，是一所中央与地方共建、由陕西省人民政府主普通高等院校。学校立足陕西、面向西北、服务全国，在长期的办学实践中，为国家特别是西区的经济社会发展和民主法制建设培养了大批优秀人才，是一所法学特色鲜明，哲学、经济理、文学等多学科相互支撑、协调发展的多科性大学，是全国法律人才培养的重要基地、西北法学研究的中心、陕西省人文社会科学研究的重要基地。

目前，学校有雁塔、长安两个校区，占地面积1 347亩，校舍面积60余万平方米。雁塔、长区各有一个图书馆，馆藏图书172万余册。学校现有16个教学单位，21个硕士学位授权点，5个学科硕士学位授予权，24个本科专业，辐射哲学、法学、公安、经济、管理、人文等专业大类中哲学专业、新闻学专业、侦查学专业为国家级特色专业，法学专业为陕西省名牌和特色专业政管理专业、英语专业为省级特色专业。2008年起，学校与吉林大学合作培养法学博士生。在年教育部本科教学工作随机性水平评估和2007年教育部本科教学工作水平评估中，学校均获得秀”成绩。

学校汇集了一支博学敬业的优秀师资队伍。现有教职工1 300余人，其中专任教师800余人，具有高级职称的教师400余人，具有博士学位和正在攻读博士学位的教师200余人，享受政府津贴的专家16人。先后有60余人次分别获得全国十大杰出青年法学家、全国师德先进个人、司法部优秀教师、陕西省优秀教师、陕西省教学名师、陕西省师德标兵、陕西省十大杰出青年、陕西省新长征突击手等荣誉和奖励，90多人担任全国以及省级学术团体的会长、副会长等。此外，学校还有一支由著名学者、实务专家组成的客座教授和兼职教授队伍。

学校积极实施人文社会科学理论创新工程，不断提高学术水平，注重以高质量的科研成果来带动和提升教学。设有法学研究所、马克思主义研究所、高教研究所和48个学术研究中心，建有省部级重点学科及省级人文社会科学重点研究基地。近五年来，承担国家社会科学基金项目47项、省部级科研项目128项，80余项优秀成果获得省部级以上奖励。学校主办的学术刊物《法律科学》是享誉全国的法学核心期刊。

一年一度的校园文化艺术节

学校高度注重教师、学生实践能力的培养，倡导理论联系实际、知行合一的价值取向，把实践育人作为培养优秀人才的重要途径。依据本科人才培养目标定位，构建了“课堂实践教学、社会实践和专业实习”三位一体、四年不断线的实践教学体系。近年来，先后推出的教授挂职担任法院副院长、检察院副检察长，青年法学教师担任基层法院法官助理，硕士研究生实行半年实训教学，与地方政府、公检法机关合作研究实践难题等改革措施，取得了良好的效果，得到中央有关部门的肯定，在全国引起了广泛关注。

学校坚持走开放式办学道路，积极开展对外交流与合作，先后与美国、英国、德国、法国、俄罗斯、韩国等国家和地区的40多所著名大学或研究机构建立了校际交流与合作关系，先后邀请400多位国内外著名专家来校访问和讲学，同时选派教师出外进修、讲学、攻读学位，不断拓宽学术视野，增强学校对外影响力。学校与美国福特海斯大学合作开展“3+1”办学项目，与北阿拉巴马州立大学合作开展刑事司法硕士办学项目，与韩国庆尚大学、韩南大学等开始了每年互派留学生的合作。

精英人才从这里走出

法律文化景观

学校在长安校区建设过程中，发现了西汉御史大夫张汤的墓葬，在其发掘遗址上建有考古发碑、中国法制文物与法律文化展览馆和纪念亭。最高人民法院院长、首席大法官王胜俊题名“廉校长贾宇教授撰写《西汉御史大夫张汤墓——廉亭记》。一所现代化的政法校园里发现汉代主管律的廉吏墓葬，对于学校进一步弘扬法治精神、崇尚廉政文化，意义深远。具有汉代风格的碑、建筑群已成为西北政法大学独具特色的法律文化景观。

学校从1937年的陕北公学一路走来，七十三年艰苦卓绝的办学实践，实现了由主要服务政法服务全国和地方民主法制建设、经济社会发展，由以法学单科为主到法学与哲学、经济学、新语、管理学等多学科协调发展，由以教学为主到教学与科学研究并重的重大跨越，正在为建设全的教学研究型政法大学而努力奋斗。

大雁塔晨钟暮鼓，终南山绿树积雪，西北政法大学现代化、园林式的校园，已经成为来自全莘莘学子治学、修身、成才的理想家园。

西北政法大学长安校区

宁夏回族自治区中卫职业技术学校

宁夏回族自治区中卫职业技术学校整合迁建两年多来，在各级领导的高度重视和大力关怀下，通过全体师生凝聚心智、艰苦奋斗，学校办学规模迅速扩大，办学条件全面改善，办学质量显著提高。

校园风景

一是着力推进基本建设，为学校跨越式发展奠定坚实的基础。

实现了办学条件的跨越：校园占地506亩，建筑单体17个，新增价值2 200多万元的实训设备，建成91个实验实训室和各类功能室。实现了办学规模的跨越：现有学生7 299名。实现了教师队伍的跨越：教师人数由原来的58名扩充到现在的247名，“双师型”教师达到43人。实现了专业设置的跨越：专业设置由2007年的8个扩充到现在的8类28个。实现了政府财政保障的跨越：2010年秋，市政府对就读学生实行免学费、免课本费、免住宿费的“三免”政策。实现了办学质量的跨越：在全区中等职业教育技能大赛中，共获二等奖8项、三等奖10项、集体奖8项；在全国职业院校技能大赛中，取得机电一体化项目三等奖的好成绩。

二是着力完善实训条件，为提高教学质量提供物质保障。

学校争取各类项目资金3 780多万元，在占地118亩的实训基地，建成实训楼3栋，实训车间3个，培训楼1栋。购置了各类设备，备了实验实训室和各类功能室共91个。

校园雪景

三是着力强化师资培训，全面提升教师队伍素质。

为提高师资水平，学校采用“分层培养，全面提高”的方式，专业带头人培养和骨干教师培训为重点，全员分层分段实施。派考察、培训的骨干教师、班主任共133人次。

学校代表队参加全区技能大赛

四是着力推进管理改革，有效提高办学水平。

随着办学规模的扩大，专业设置门类的增加，原有学科部管理模式已不能适应学校发展的需要。在广泛调研的基础上，学校提出了“校部二级管理”体制改革，将11个学科部按照专业特点整合重组为五大专业部，使管理重心下移，责权明晰，并在经费上切块给予保障。

五是着力打造校园精品文化，创设一流育人环境。

学校以“相互激励、和谐共进”为校园文化总基调，着力打造了富含职业教育思想的育人环境，“宁山”、“镜湖”、“砵桥”、“通衢”、“慧桥”和“揽秀亭”、“慧中亭”、“校训浮雕”、“劝学长廊”以及鲁班园、瓦特广场等一系列匠心独运、底蕴厚重的人文景观；在绿化美化上，红楼碧草、微地疏林相互映衬，乔、灌、草与亭、廊、碑、石有机结合，形成了具有园林风格的文化景观。

与此同时学校还创编了校园文化读本——《我们的校园》，创办了校报《中职艺苑》，为打造百名校、砥砺精品文化夯实了基础。

通过两年勤奋不懈的努力，学校普及高中阶段教育工作顺利通过了宁夏回族自治区人民政府验被教育部、人力资源和社会保障部、财政部批准为国家中等职业教育改革发展示范学校。

回首过去，在艰难跨越中，我们磨砺出执著不二的精神；展望未来，充满希冀深感责任重大，纵观历程，汗水和心血已成光彩的业绩，特别是喜获“国家等职业教育改革发展示范校”荣誉之后，我们更要砺志敏行，以综合提升战思路“技能强校、环境立校、改校、依法治校”为动力，使学真正实现跨越式发展！

西宁市世纪职业技术学校

教育部领导视察学校

青海省领导来学校视察

西宁市世纪职业技术学校成立于1985年，是西宁市教育局隶属的公办全日制中等职业技术学校，是国家级重点中等职业学校，位于西宁（国家级）经济技术开发区东川园区金汇路28号。学校占地面积90 667.12平方米，建筑面积58 402.07平方米，其中专业实训室建筑面积为23 355.7平方米，教学楼建筑面积9 507.62平方米，学生公寓建筑面积16 412.84平方米，学生食堂餐厅建筑面积3 158.52平方米，400米塑胶操场。学校总投资11 005万元，其中专业实训设备2 773万元。

学校现有专任教师155名，其中专业教师108名（含外聘专业教师24名），“双师型”教师81名，具有国家级、省级技能鉴定考评员资格的21名，学生4 734名。近年来，就业率一直保持在98%左右。

学校现开设烹饪、导游服务、旅游服务与管理、美容美发与形象设计、学前教育、舞蹈表演、工艺美术、数字媒体技术应用、计算机应用、计算机网络技术、通信技术、电子技术应用、供用电技术、焊接技术应用、机电技术应用、机械加工技术、数控技术应用、汽车运用与维修等18个专业，其中烹饪、计算机类、美容美发、导游服务、旅游服务与管理专业为国家教育部确定的示范、骨干专业，烹饪、导游服务、旅游服务与管理、美容美发、学前教育、汽车运用与维修、计算机类专业为省级重点专业。

2006年，学校被评为青海省职业教育先进学校、西宁市标准化学校、西宁市绿化先进学校、西宁市卫生先进学校、西宁市示范家长学校。

2007年4月，根据省“十一五”职业教育发展规划，增挂“青海省三江源商务职业技术学校”校牌，并面向三江源地区招生。

2008年，学校被评为西宁市“青年文明号”、西宁市第一届“青年民族团结进步先进集体”，被西宁市精神文明指导委员会评为“文明校园”，被评为“青海省档案管理一级单位”，被西宁市政府授予“全市维护社会稳定先进集体”、2008年度“社会综合治理暨平安建设工作先进集体”称号，被西宁市教育局评为2008年度“联片教研实绩突出片区”。

2009年，学校成为全国教育科学“十一五”教育部规划课题实验基地学校，荣获第九届“青海省青年民族团结进步先进集体”、青海省“农牧区劳动力转移就业工作先进集体”、“青海省建设健康教育省级示范单位”、西宁市经济技术开发区东川工业园区“平安校园”、“社会综合治理先进集体”、西宁市“先进基层党组织”、西宁市“创建国家级卫生城市先进单位”、2009年度“联片教研实绩突出片区”等荣誉。

2010年，学校荣获全国中等职业学校“德育工作先进集体”、青海省“中职资助工作先进单位”荣誉称号，被青海省饭店协会、青海省烹饪协会授予2010年青海省餐饮业行业“优秀教育奖”，被西宁市教育局评为“教育质量提升工程优秀学校”，被西宁市教育局、西宁市地震局授予2010年度西宁市防震减灾科普教育示范学校综合评比一等奖。

青海省、西宁市领导视察学校

机电一体化专业学生实训

学前教育专业活动课实训

导游服务专业实践教学

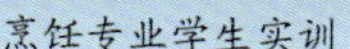

烹饪专业学生实训

信息技术专业学生实训

学前教育专业学生实训

学校在全国及省、市级职业学校历届师生技能大赛上共获得一等奖76次、二等奖128次、三等奖159次、团体奖52次、特别奖2次、优秀组织奖4次。

建校二十余年来，学校以合理的专业设置、学生过硬的专业技能、优秀的专业毕业生赢得了各类企业和用工单位的普遍赞誉，得到了教育行政部门和行会协会的认可，取得了社会各界及学生和家长的广泛信任。国家、省、市有关部门领导多次亲临学校视察指导工作。天津、山东、广东、浙江、海南、甘肃、新疆等省区市教育考察团来学校考察指导。德国赛尔基金会职教专家和学者、澳大利亚天鹅理工学院学者和日本协力机构学者、美国英语学会学者也来学校访问、讲学。

如今全校上下正认真学习和贯彻全国和青海省、西宁市教育工作会议精神，以全省经济结构调整和企业发展为导向，进一步优化专业设置，不断改革创新职业教育的教学模式，加强职业学校德育工作，强化专业建设和课程体系建设，提升教育教学质量，塑造职教品牌，走职校内涵发展之路，提高职业教育吸引力，建设国家中等职业改革发展示范学校。

汽修专业学生实训

青海省职业技能大赛在学校举行

西宁市职业学校技能大赛在学校举行

数控专业学生实训

美发专业学生实训

机械加工专业学生实训

青海大学是一所以工、农、医、管四大学科为主干，其他学科协调发展的地方综合性大学；是国家“211工程”重点建设大学和清华大学对口支援的高校。

青海大学目前设有医学院、附属医院、农牧学院、化工学院、财经学院、农林科学院、畜牧兽医科学院、成人教育学院等10个院、29个系和18个专业研究所；设有2个博士点、18个硕士点、62个本科专业；有7个国家“211工程”重点建设学科，14个省级重点学科，5个省级医学重点学科，6个国家级特色专业建设点，2个国家级教学团队，1个国家级人才培养模式创新实验区；有35个省部级重点实验室（中心）及1个省级实训基地。

党委书记乔正孝

校长梁曦东

藏区义诊

学校校园占地面积2 883亩，建筑面积54万平方米；固定资产总值8.97亿元，其中教学科研仪器设备9 345.57万元、医疗仪器设备2.02亿元；图书馆藏书119.4万余册。

目前共有各类在校生21 458人，其中博士、硕士研究生480人，普通全日制本科生11 9人。现有教职工4 177人，其中专任教师1 189人，科研医护人员2 115人。专业技术人员中正职称282人，副高职称848人，享受政府津贴专家19人，入选国家新世纪优秀人才、国家新世百千万人才工程、全国杰出专业技术人才等8人，全国及省级优秀教师14人，省级教学名师省级骨干教师等60人，省级名医、省级首席医学专家等17人，省级自然科学与工程技术学科头人76人，省级优秀专家、省级优秀专业技术人才等22人。

近年来，学校主持完成的科研成果获得国家科技进步奖2项，青海省科技进步奖17项，青海省哲学社会科学奖7项。其中《慢性高原病诊断学及其防治措施的研究》、《青藏高原严酷环境中高性能水泥基材料的研究和应用》两项成果达到国际领先水平，《慢性高原病国际诊断标准》还被国际高原医学会命名为“青海标准”；《青海道地药材唐古特大黄指纹图谱研究》等4项成果达到国际先进水平，另有49项达到国内领先水平。

微型薯分级

学校设置的学科和专业与青海四大支柱产业（电力、石油天然气、盐化工、有色金属）和四大优势产业（冶金、医药、建材、农畜产品加工）切相关，并在三江源生态环境与草地畜牧业、青藏高原冷凉作物遗传育种盐湖化工、高原医学、青藏高原可再能源与特色材料、藏医药学继承与创研究、青藏高原资源型产业与企业管学等方面形成了独有的学科优势和学特色，培养了一大批应用型人才，青海经济建设和社会发展作出了积贡献。

强技尚行铸特色　励志笃学育英才

乌鲁木齐职业大学

团结奋进的领导班子

乌鲁木齐职业大学位于新疆维吾尔自治区乌鲁木齐市幸福路723号，学校占地面积2 351亩（其中2 080亩新校区中一期已建成），总资产达2.65亿元，教学实验仪器设备总值6 700万元，建设108个校内实验（实训）室、128个校外实训室，图书馆藏书60多万册。

学校现有在编教职工696人，在校生达1.5万人，有16个教学单位62个专业。学校实施人才兴校战略，积极推进“三项计划”、“五大工程”，专任教师中“双师”素质教师比例达到45%。拥有自治区级教学团队2个，自治区级教学名师1名，各专业都建有骨干教师梯队；拥有自治区示范建设专业4个（艺术设计、旅游管理、印刷技术、物流管理），自治区特色专业2个（会计与审计、计算机信息管理），重点建设专业11个，自治区级精品课程10门。

在“工学结合”办学思想的指导下，学校积极推行“校企合作、工学结合、顶岗实习、半工半读”的职业教育人才培养模式，形成了校、政、行、企合作的“多元育人模式”。在课程建设中，与企业工程技术人员共同探索、开发“工学结合”的课程体系：以实训为中心，融“教、学、做”为一体，建立强化学生能力培养的实训指导性课程；实施“教、学、做”一体的“项目导向”和“任务驱动”教学模式。努力构建学生“人格培育体系和大德育体系”的教育机制，完善以“一年级新生军训、二年级拾棉支农社会实践、三年级顶岗实习（实习支教）”为主体的社会实践体系。大力开展各类培训工作，服务社会能力不断增强。积极承办疆内外职业教育大型会议，发挥现代服务业理事长单位引领作用；积极承办并组织学生参加多项国家和自治区职业院校技能大赛，并取得优异的成绩；积极推行“双证制”，毕业生“双证”获取率达80%以上。学校开展大学生“三下乡”社会实践活动，连续19年被中宣部、团中央授予“先进单位”荣誉称号。

自治区领导来学校视察

学生创业ERP获奖

三十五年来，学校始终坚持高职教育的办学方向，积极探索具有中国高职教育特色之路。坚持“以服务为宗旨，以就业为导向，走产学研结合”的发展道路，坚持“以教学为中心，以学生为重点，以稳定为前提，面向市场，背靠企业，办出特色，服务地方”的办学方针，坚持“特别能战斗、特别能吃苦、特别能奉献”的职大精神，坚持“求真务实、开拓创新、厚德载物、自强不息”的校风，坚持走内涵建设之路，综合办学实力和整体水平逐年上升。2005年，学校接受了国家教育部高职高专人才培养工作水平评估，获得优秀，成为自治区第一所全国优秀高等职业院校；2006年，成为自治区现代服务业职教园区理事长单位；2007年，原乌鲁木齐职业大学与乌鲁木齐成人教育学院合并；2008年，新校区建设列为乌鲁木齐市重点建设项目；2009年，成为自治区示范性高等职业院校建设单位；2010年，进入国家示范性骨干高职院校行列。自建校以来，学校已经为自治区培养了6万余名各类人才，毕业生就业率稳定在95%以上，毕业生深受用人单位欢迎，不少毕业生已成为业务骨干或行业领军人物。

实训室中的学生

万里扬帆风正劲，风生水起即远航。在推进新疆跨越式发展和长治久安进程中，乌鲁木齐职业大学将以“瞄准国家一流，保持疆内领先”为目标，提升办学层次，努力把学校建成新疆高技能人才及高新技术研发、承接、转移的基地，成为一所体现现代教育管理理念、特色鲜明、产学研紧密结合的国家骨干高职院校。

景区开发与管理授课现场

新疆昌吉卫生学校

中央教科所专家为学校题词

新疆昌吉卫生学校始建于1959年，是新疆维吾尔自治区建校最早的卫生学校之一。2001年被批准为国家级重点中等职业学校，2002年被评为自治区精神文明单位，2003年国家教育部对国家级重点中专复评中，专家组认为学校在全疆中等职业学校中具有较强的典型示范作用，2004年成为国家教育部确定的65所“全国护理专业技能型紧缺人才示范性培训基地”院校之一。建校五十一年来，学校为社会培养了一大批卫生技术人才，受到社会广泛赞誉。中国工程院院士钟世镇来校视察后，为学校题词：“昌吉卫校办成了特色鲜明、优势突出、品牌显著、凝聚力强的国家级重点中专学校。”

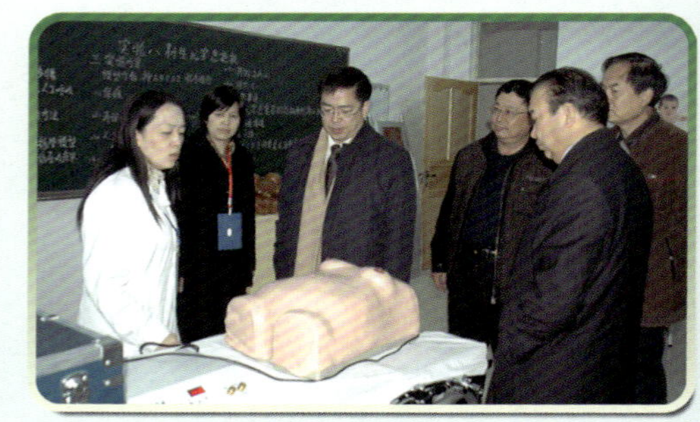

卫生部科教司领导来校视察工作

学校占地面积117亩，建筑面积38 108平方米，校内固定资产总值6 076万元，教学仪器设备总值1 778万元，拥有校园网、多媒体、闭路电视双向控制系统、双卫网、VOD视频点播等先进的电化教学设备。图书馆建筑面积1 870平方米，印本藏书10万余册，电子阅览室计算机80台，电子藏书8万余册。体育场面积1.7万平方米，有250米塑胶环形跑道及篮球场、乒乓球场等，另有1 184平方米的室内运动场，装备有现代化的电子体育设施和健身器械，能够满足体育教学和各类活动的需要。

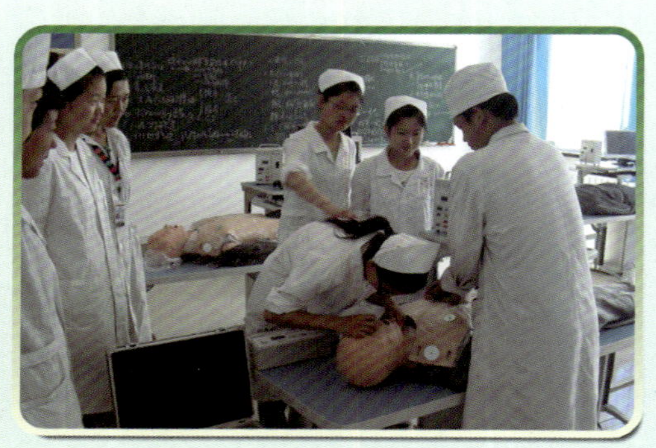

心脏复苏技能实训

学校开设有护理、药剂、口腔工艺技术等15个专业，设有护理、药学、三理、解剖、生物与微生物、临床等13个教研组，建立了解剖、病理、中草药等标本室和基础护理、临床护理、药剂、临床检验等45个实验实训室。现有在校生4 300余人，各专业平均就业率连续多年保持在90%以上。

学校是全国高等卫生职业技术教育协作会常务理事单位、全国医疗卫生信息技术培训与认证指定培训基地、新疆中等职业教育医药卫生专业指导委员会主任单位、新疆中等医学教育研究会主任单位、新疆职业院校思想政治教育研究会副会长单位。2007年，在全疆卫生职业学校专业设置评估中取得最好成绩；2008年，在全疆第一批重点中等职业学校人才培养水平评估中取得第一名。2008年、2009年、2010年连续三年获得全疆护理技能大赛团体一等奖，2009年8月10日，获得全国职业院校护理技能操作大赛团体一等奖。学校先后荣获全国十佳办学单位、中国校园文化建设百佳示范学校、全国教育网络系统示范单位、全国中职学校德育工作先进集体和区、州多项荣誉称号。《中国教育报》、《人民日报》、《昌吉日报》等媒体多次大篇幅报道了学校特色办学情况。

经过多年的办学实践，学校逐步形成了“立足昌吉、面向新疆，立足中专、面向高职，立足教学、面向医疗，服务社会、服务基层，自加压力、自我发展”的办学特色，走出了一条“招得进、管得严、推得出”的自主办学道路，为地方经济和社会发展培养了一大批高质量的实用型卫生技术人才。

图书馆

学生公寓楼

医护实训楼

新疆喀什卫生学校

党委书记卢华东

少数民族学生在上语音课

新疆喀什卫生学校成立于1956年9月，是南疆三地州建校最早、规模最大的一所集教学、医疗、科研为一体的全日制、民汉合一的中等卫生职业学校。学校招生面向喀什地区，辐射南疆三地州。学校目前开设护理、药剂、医学检验、助产、卫生保健5个专业，教育层次为中等职业教育，学制三年（不含民语系学生预科一年）。现有教职员工235人，专任教师168人，拥有本科及以上学历152人，高级职称34人。

学校占地面积9.2万平方米，校区占地面积7万余平方米，校区建筑面积41 565平方米，现有教学楼、实验楼、学生公寓楼等九栋。学校藏书9.56万册，电子图书1.2万册，各专业配有实验实训设备，固定资产6 544.9万元。

学生参加自治区“天堰杯”护士风采大赛

目前在校学生2 496人（不含预科生和实习生），有汉族、维吾尔族、回族、藏族等8个民族，少数民族学生占90%。年均招生1 200人以上，毕业生主要通过参加“补充乡村医护人员考试”约60%到乡村医疗卫生单位就业，约20%到民营医疗卫生机构就业，约10%继续升学或自主创业，综合就业率达90%以上。建校五十四年来共培养了12 000多名大中专毕业生，占南疆三地州在岗医药卫生专业技术人员的60%，发挥了人才供给的主渠道功能，为区域医药卫生事业和各族群众的健康事业作出了应有的贡献。

护理技能竞赛

学校通过了自治区教育厅历次办学条件评估、办学水平评估，2001年学校获得自治区级精神文明单位荣誉称号；2003—2005年获自治区后勤管理先进单位；2004年获国家级重点中等职业学校荣誉称号；2007年学校护理、医学检验、药剂三个专业被自治区教育厅确定为“特色专业”，人才培养能力评估定等优秀；2008年获自治区“天堰杯”护士风采大赛团体二等奖；2009年获全国少数民族汉语教学先进单位、自治区职业院校思想政治工作先进学校、自治区职业院校护士技能操作大赛团体三等奖、自治区级医学检验精品专业、自治区计算机考核点先进单位等荣誉称号；2006—2009年均获得地区教育系统先进单位等荣誉称号；2010年被自治区确认为自治区级示范性学校，获自治区职业院校“医模杯”护士风采大赛团体三等奖、自治区职业教育学会2009—2010年科研规划重点课题和规划课题各1项。

根据各族群众接受职业教育的强烈愿望、国务院32号文件精神、区域经济社会发展规划，学校将力争在“十二五”期间建成卫生专科学校，达到在校学生6 000人的规模，让本地青年能够得到高水平的教育，让各族群众享受到高水平的医疗保健服务。

新疆生产建设兵团农二师华山中学

党委书记李荣

校长邱成国

学校领导班子合影

位于新疆库尔勒市的新疆生产建设兵团农二师华山中学，始建于1960年。到20年，学校已发展成由义务部校区和高中部校区两部分组成，校园（两个校区）占地面330亩，建有各类教学设施，建筑面积达90 000余平方米。学校现有教职工596名，特级师3名，中高级教师210名，其中研究生学历4名，研究生课程班结业102名。学校教学有142个，在校学生近8 000人。

经过五十年的发展，华山中学办学的品牌效益、质量效益和规模效益已初步形成在库尔勒、巴州、兵团乃至新疆享有较高的社会声誉，形成了特有的“华山”品牌。党委一班人和广大教职员工的不懈努力下，华山中学在近年来取得了一系列荣誉：19年学校被国家教育部授予“现代教育技术实验学校”；2000年荣获教育部授予的“全电化教育工作先进集体”；2000年荣获“兵团先进少年军校”；2001年获教育部授予“全国教育技术实验学校评估成果突出学校”；2001年被中国少年军校总校授予 “全少年军校示范校”；2001年学校荣获国家体育总局授予的“全国群众体育先进单位”2002年荣获“自治区绿色学校”称号；1999—2004年连续荣获“兵团级文明单位”“自治区级文明单位”；2005年学校荣获“全国‘双合格’优秀（示范）家长学校”“全国绿色学校”、兵团“争做合格家长培养合格人才”家庭教育优秀家长学校、“团关心下一代工作先进集体”、兵团级文明单位、全国精神文明建设工作先进单位2006年被评为“全国精神文明创建先进单位”；2007年被评为“全国教育系统先进位”；2009年学校被评为“全国精神文明单位”、“全国群众体育先进单位”、“全科普教育基地”等。

作为一所兵团学校，华山中学继承了兵团人特别能吃苦、特别能战斗、特别能奉献的精神，为屯垦戍边、兴疆稳疆贡献自己的力量。2006年，正式成立了 “华山中学国际部”，加强了国际间的交流与合作，华山人从此与国际接轨，学校迎来了前所未有的好局面。

学校足球场和生活区全景

多年来华山中学一直在走兵地融合的发展道路，为巴州和库尔勒经济文化建设作出了突出贡献，在库尔勒、巴州、兵团乃至新疆享有很高的社会声誉，形成了特有的“华山”品牌。在学校党委的带领和全体教师的共同努力下，华山中学办学质量稳步提高，社会声誉越来越高。特别是通过近几年的高考，学校在新疆巴州地区已经确立了领先地位。

学校实行在党委领导下的校长负责制。通过不懈的努力，创建了“整体优化”的管理机制、“系统工程”的德育格局、“质量核心”的教学模式、“群专结合”的体艺网络、“优质高效”的后勤服务、“处处育人”的环境特色和“稳定合格”的教师队伍，铸就出具有特色、享有较高社会声誉的学校。

学校学生放学

学校图书馆

中国教育年鉴

CHINA EDUCATION YEARBOOK

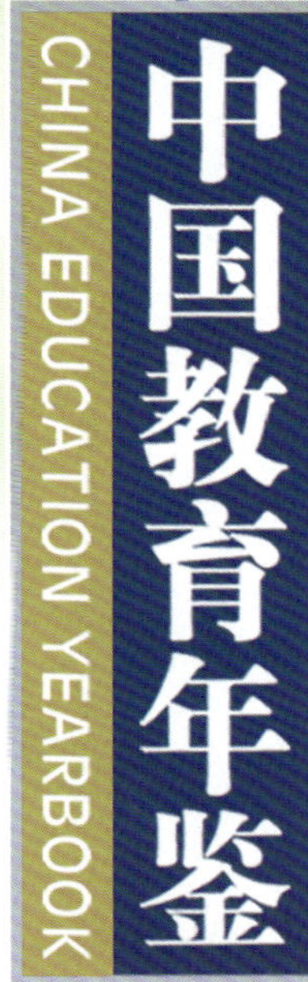

《中国教育年鉴》是由教育部办公厅组织编撰，按年度向国内外发布中国教育改革和发展情况的专业性志书，是各级教育行政部门、各级各类学校执行党和国家的教育法律法规与方针政策、做好教育工作的经验总结，是中国教育事业发展进程的真实记录。1982年，《中国教育年鉴》作为新中国成立以来出版的第一部教育工作资料工具书问世，1987年开始按照年度出版，迄今已经出版二十余卷。

作为教育管理决策、教育科研的参考，教育系统沟通信息、交流经验的园地，宣传中国教育改革与发展成就的窗口，传播中国教育信息资料的载体，经过二十多年的实践与发展，《中国教育年鉴》在承担着准确、系统记载我国教育改革与发展历程，鉴往知来，服务现实，保存史料，惠及后代的历史使命的同时，更是各级领导、专家学者、教育工作者认识、分析、研究教育的重要帮手，对我国教育事业的改革和发展起着存史、资政、育人的独特作用。

《中国教育年鉴》的基本内容有：教育部领导关于教育工作的重要讲话或专文，党和国家领导人出席重要教育活动的报道或综述，年度教育工作要点，教育发展统计，教育综合管理（教育新闻宣传、教育政务公开、教育法制建设等），教育人事管理，先进集体与先进人物表彰，教育财务与审计，基础教育，职业教育与成人教育，高等教育，师范教育，民族教育，学校体育、卫生、艺术与国防教育，教育考试，教育信息化建设与远程教育，语言文字工作，国际与港、澳、台教育合作与交流，教材建设与教学仪器研究，教育科研与学术活动，教育新闻媒体，各省、自治区、直辖市教育，香港、澳门教育情况简介，教育工作文件选编与资料汇编，教育大事记，等等。

《中国教育年鉴》因其重要性已得到了社会各界的普遍重视，并销往部分国家和地区，成为教育使领馆的必备赠书和国外研究中国教育的重要参考书。近几年来，《中国教育年鉴》不断探索创新，稳中求变，取得了积极的进展，在各级各类质量评比中获得优异成绩。在新时期、新形势下，《中国教育年鉴》将进一步提高编撰质量，使编撰工作不断迈上新台阶，以便更好地为教育改革和发展服务，为社会大众服务。

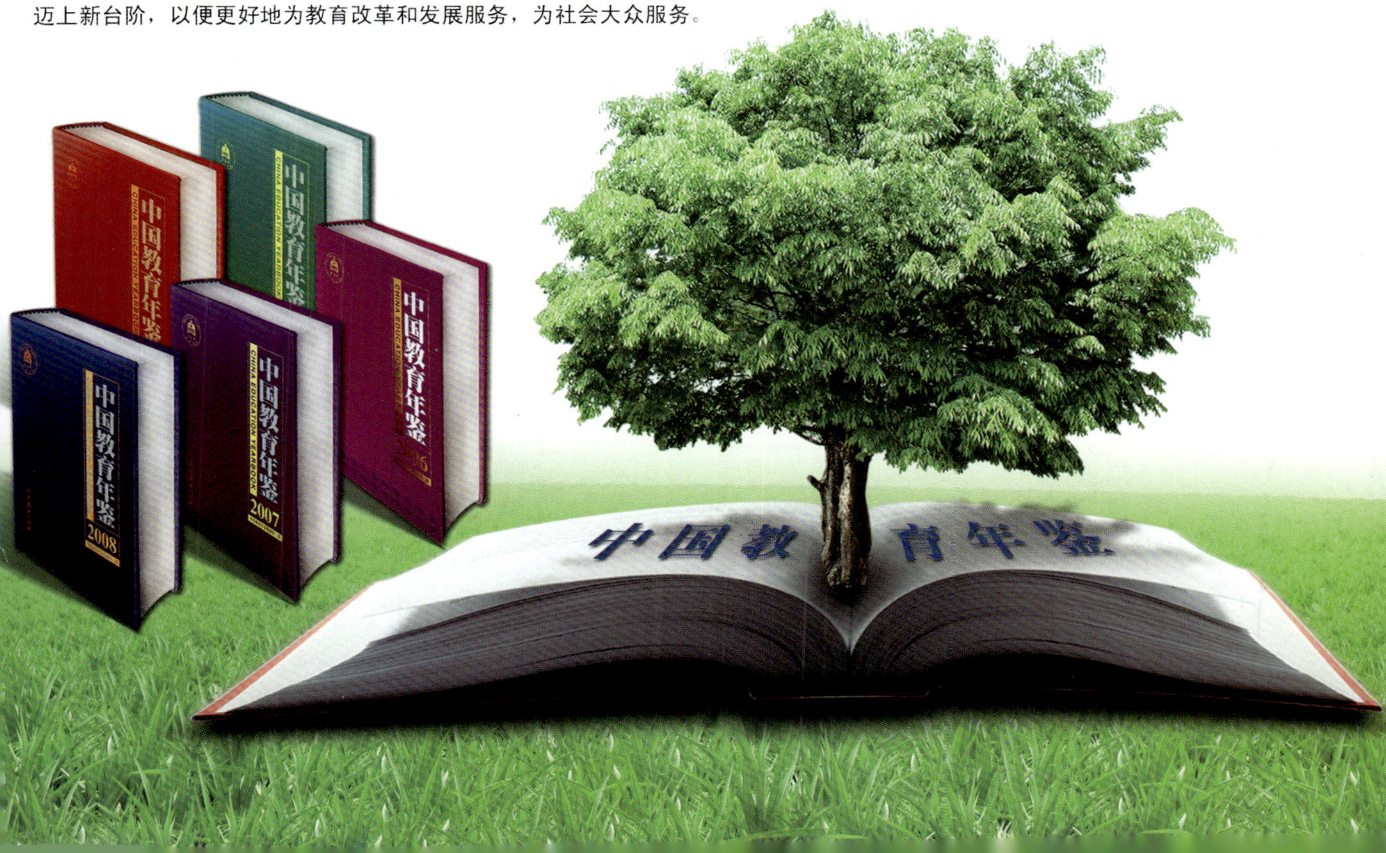